Erwin Brügger

**SchKG Gerichtspraxis
1946–2005**

SchKG Gerichtspraxis 1946–2005

Sammlung publizierter Entscheidungen
des Bundesgerichts und von kantonalen Gerichten
und Aufsichtsbehörden

Erwin Brügger

orell füssli Verlag AG

© 2006 Orell Füssli Verlag AG, Zürich
www.ofv.ch
Alle Rechte vorbehalten
Druck: Ebner & Spiegel, Ulm
Printed in Germany
ISBN 3-280-07111-9
ISBN 978-3-280-07111-3

Bibliografische Information der Deutschen Bibliothek:
Die Deutsche Bibliothek verzeichnet diese Publikation in der
Deutschen Nationalbibliografie;
detaillierte bibliografische Daten sind im Internet abrufbar über
http://dnb.ddb.de

Inhaltsverzeichnis

Vorwort 7

Abkürzungsverzeichnis 9

Gesetzestext 11

Nr. 1 Bundesgesetz über Schuldbetreibung und Konkurs (SchKG) 12

    Erster Titel: Allgemeine Bestimmungen 12
        I. Organisation 12
        II. Verschiedene Vorschriften 72

    Zweiter Titel: Schuldbetreibung 80
        I. Arten der Schuldbetreibung 80
        II. Ort der Betreibung 95
        III. Geschlossene Zeiten, Betreibungsferien und Rechtsstillstand 112
        IV. Zustellung der Betreibungsurkunden 123
        V. Anhebung der Betreibung 138
        VI. Betreibung eines in Gütergemeinschaft lebenden Ehegatten 153
        VII. Betreibung bei gesetzlicher Vertretung oder Beistandschaft 154
        VIII. Zahlungsbefehl und Rechtsvorschlag 155
        IX. Fortsetzung der Betreibung 269

    Dritter Titel: Betreibung auf Pfändung 275
        I. Pfändung 275
        II. Verwertung 397

    Vierter Titel: Betreibung auf Pfandverwertung 444

    Fünfter Titel: Betreibung auf Konkurs 457
        I. Ordentliche Konkursbetreibung 457
        II. Wechselbetreibung 479
        III. Konkurseröffnung ohne vorgängige Betreibung 489
        IV. Widerruf des Konkurses 499

Sechster Titel: Konkursrecht 501
    I. Wirkungen des Konkurses auf das Vermögen des Schuldners 501
    II. Wirkungen des Konkurses auf die Rechte der Gläubiger 515

Siebenter Titel: Konkursverfahren 530
    I. Feststellung der Konkursmasse und Bestimmung des Verfahrens 530
    II. Schuldenruf 542
    III. Verwaltung 544
    IV. Erwahrung der Konkursforderungen. Kollokation der Gläubiger 561
    V. Verwertung 580
    VI. Verteilung 597
    VII. Schluss des Konkursverfahrens 612

Achter Titel: Arrest 615

Neunter Titel: Besondere Bestimmungen über Miete und Pacht 650

Zehnter Titel: Anfechtung 662

Elfter Titel: Nachlassverfahren 673
    I. Nachlassstundung 673
    II. Allgemeine Bestimmungen über den Nachlassvertrag 686
    III. Ordentlicher Nachlassvertrag 695
    IV. Nachlassvertrag mit Vermögensabtretung 697
    V. Nachlassvertrag im Konkurs 707
    VI. Einvernehmliche private Schuldenbereinigung 708

Zwölfter Titel: Notstundung 710

Dreizehnter Titel: Schlussbestimmungen 714
    Schlussbestimmungen der Änderung vom 16. Dezember 1994 714
    Schlussbestimmung zur Änderung vom 24. März 2000 715

Anhang *717*

Nr. 2   Verordnung des Bundesgerichts über die Zwangsverwertung von Grundstücken (VZG) 718

Nr. 3   Verordnung über die Geschäftsführung der Konkursämter (KOV) 784

Nr. 4   Gebührenverordnung zum Bundesgesetz über Schuldbetreibung und Konkurs (GebV SchKG) 813

Sachregister *827*

Vorwort

Vor 22 Jahren erschien die erste Ausgabe über die zusammengefasste Gerichtspraxis im Schuldbetreibungs- und Konkursrecht, die in der Fachwelt eine gute Aufnahme gefunden hatte, was in Publikationen und Zitierungen in zahlreichen Gerichtsentscheiden in allen Instanzen zum Ausdruck kam.

Die mit der Revision des SchKG auf 1.1.1997 aufgenommene neuere Gerichtspraxis wurde in der Überarbeitung überprüft und trägt dem Wunsch nach Weiterführung dieser Sammlung Rechnung. Wie bei den bisherigen beiden Ausgaben besteht der Inhalt in der unkommentierten Zusammenfassung von Gerichtsentscheiden mit Angabe der Quelle.

Einen besonderen Dank richte ich an meine Ehefrau für das Verständnis meiner Abwesenheiten sowie an den Verlag für die wertvolle Unterstützung.

Adligenswil, im Juli 2006   Erwin Brügger

Abkürzungsverzeichnis

AB	Aufsichtsbehörde
AGVE	Aargauische Gerichts- und Verwaltungsentscheide (Aarau)
AHVG	Bundesgesetz über die Alters- und Hinterlassenenversicherung vom 20. Dezember 1946 (SR 831.10)
AS	Amtliche Sammlung der Bundesgesetze und Verordnungen
ATSG	Bundesgesetz über den Allgemeinen Teil des Sozialversicherungsrecht (SR 830.1)
BA	Betreibungsamt
BankG	Bundesgesetz über die Banken und Sparkassen vom 8. November 1934 / 11. März 1971 (SR 952.0)
BB	Betreibungsbeamter
BezGer	Bezirksgericht
BG	Bundesgesetz
BGBB	Bundesgesetz über das bäuerliche Bodenrecht vom 4. Oktober 1991 (SR 211.412.11)
BGE	Amtliche Sammlung der Entscheidungen des Schweizerischen Bundesgerichtes (Lausanne)
BGer	Bundesgericht
BJM	Basler Juristische Mitteilungen (Basel)
BlSchK	Blätter für Schuldbetreibung und Konkurs (Wädenswil)
BR	Bundesrat
BV	Bundesverfassung der Schweizerischen Eidgenossenschaft vom 18. April 1999 (SR 101)
EG	Einführungsgesetz
EMRK	Konvention zum Schutze der Menschenrechte und Grundfreiheiten vom 4. November 1950 (SR 0.101)
Extraits	Extraits des principaux arrêts rendu par les diverses sections du tribunal cantonal de l'état de Fribourg
GebV SchKG	Gebührenverordnung zum Bundesgesetz über Schuldbetreibung und und Konkurs vom 23. September 1996 (SR 281.35)
GVP	Gerichts- und Verwaltungspraxis der Kantone Appenzell Ausserrhoden, St. Gallen, Zug
HRegV	Handelsregisterverordnung vom 7. Juni 1937 (SR 221.411)
IPRG	Bundesgesetz über das Internationale Privatrecht vom 18. Dezember 1987 (SR 291)
JT	Journal des Tribunaux (Lausanne)
KA	Konkursamt
KB	Konkursbeamter
KG	Kantonsgericht
KOV	Verordnung über die Geschäftsführung der Konkursämter vom 13. Juli 1911 / 5. Juni 1996 (SR 281.32)
LGVE	Luzerner Gerichts- und Verwaltungsentscheide (Luzern)

Abkürzungsverzeichnis

LugÜ	Übereinkommen über die gerichtliche Zuständigkeit und die Vollstreckung gerichtlicher Entscheidungen in Zivil- und Handelssachen vom 16. September 1988 (SR 0.275.11)
Max.	Maximen, Entscheidungen des Obergerichts LU (bis 1970)
ObGer	Obergericht
OG	Bundesgesetz über die Organisation der Bundesrechtspflege vom 16. Dezember 1943 (SR 173.110)
OR	Schweizerisches Obligationenrecht vom 30. März 1911 (SR 220)
PKG	Praxis des Kantonsgerichts Graubünden (Chur)
Praxis	Die Praxis des Bundesgerichtes (Basel)
Rep.	Repertorio di Giurisprudenza Patria (Bellinzona)
SchKG	Bundesgesetz über Schuldbetreibung und Konkurs vom 11. April 1889 / 16. Dezember 1994 (SR 281.1)
SchKK	Schuldbetreibungs- und Konkurskammer
SchKKomm	Schuldbetreibungs- und Konkurskommission
Semaine	Semaine Judiciaire Genève
SHAB	Schweizerisches Handelsamtsblatt (Bern)
SJZ	Schweizerische Juristen-Zeitung (Zürich)
SR	Systematische Sammlung des Bundesrechts
StG	Steuergesetz
StGB	Schweizerisches Strafgesetzbuch vom 21. Dezember 1937 (SR 311.0)
VV	Vollziehungsverordnung
VVAG	Verordnung des Bundesgerichts über die Pfändung und Verwertung von Anteilen an Gemeinschaftsvermögen vom 17. Januar 1923 / 5. Juni 1996 (SR 281.41)
VVG	Bundesgesetz über den Versicherungsvertrag vom 2. April 1908 (SR 221.229.1)
VZG	Verordnung des Bundesgerichts über die Zwangsverwertung von Grundstücken vom 23. April 1920 / 5. Juni 1996 (SR 281.42)
ZBJV	Zeitschrift des Bernischen Juristenvereins (Bern)
ZGB	Schweizerisches Zivilgesetzbuch vom 10. Dezember 1907 (SR 210)
ZPO	Zivilprozessordnung
ZR	Blätter für zürcherische Rechtsprechung (Zürich)
ZSR	Zeitschrift für schweizerisches Recht (Basel)
ZWR	Zeitschrift für Walliser Rechtsprechung (Sion)

Gesetzestext

Nr. 1 Bundesgesetz über Schuldbetreibung und Konkurs (SchKG)

vom 11. April 1889 (Stand am 8. Juni 2004)

SR 281.1

Die Bundesversammlung der Schweizerischen Eidgenossenschaft,
gestützt auf Artikel 64 der Bundesverfassung,
beschliesst:

Erster Titel: Allgemeine Bestimmungen
I. Organisation

Art. 1 A. Betreibungs- und Konkurskreise

[1] Das Gebiet jedes Kantons bildet für die Durchführung der Schuldbetreibungen und der Konkurse einen oder mehrere Kreise.

[2] Die Kantone bestimmen die Zahl und die Grösse dieser Kreise.

[3] Ein Konkurskreis kann mehrere Betreibungskreise umfassen.

1 Von Bundesrechts wegen lässt sich nicht zu beanstanden, dass zwei oder mehr Konkursämter örtlich zusammengelegt werden und damit in ihrem Amtssitz vereinigt sind und dieselbe Ämter derselbe Konkursbeamte vorsteht. Diese Anordnung fällt in die den Kantonen belassene Kompetenz, die Organisation der Konkursämter und deren personelle Besetzung grundsätzlich selber zu bestimmen (BGE 114 III 1).

Art. 2 B. Betreibungs- und Konkursämter
1. Organisation

[1] In jedem Betreibungskreis besteht ein Betreibungsamt, das vom Betreibungsbeamten geleitet wird.

[2] In jedem Konkurskreis besteht ein Konkursamt, das vom Konkursbeamten geleitet wird.

[3] Jeder Betreibungs- und Konkursbeamte hat einen Stellvertreter, der ihn ersetzt, wenn er in Ausstand tritt oder an der Leitung des Amtes verhindert ist.

[4] Das Betreibungs- und das Konkursamt können zusammengelegt und vom gleichen Beamten geleitet werden.

[5] Die Kantone bestimmen im Übrigen die Organisation der Betreibungs- und der Konkursämter.

Art. 3 2. Besoldung

Die Besoldung der Betreibungs- und der Konkursbeamten sowie ihrer Stellvertreter ist Sache der Kantone.

Art. 4 C. Rechtshilfe

[1] Die Betreibungs- und die Konkursämter nehmen auf Verlangen von Ämtern, ausseramtlichen Konkursverwaltungen, Sachwaltern und Liquidatoren eines andern Kreises Amtshandlungen vor.

² Mit Zustimmung des örtlich zuständigen Amtes können Betreibungs- und Konkursämter, ausseramtliche Konkursverwaltungen, Sachwalter und Liquidatoren auch ausserhalb ihres Kreises Amtshandlungen vornehmen. Für die Zustellung von Betreibungsurkunden anders als durch die Post sowie für die Pfändung, die öffentliche Versteigerung und den Beizug der Polizei ist jedoch allein das Amt am Ort zuständig, wo die Handlung vorzunehmen ist.

Art. 5   D. Haftung
          1. Grundsatz

¹ Der Kanton haftet für den Schaden, den die Beamten und Angestellten, ihre Hilfspersonen, die ausseramtlichen Konkursverwaltungen, die Sachwalter, die Liquidatoren, die Aufsichts- und Gerichtsbehörden sowie die Polizei bei der Erfüllung der Aufgaben, die ihnen dieses Gesetz zuweist, widerrechtlich verursachen.

² Der Geschädigte hat gegenüber dem Fehlbaren keinen Anspruch.

³ Für den Rückgriff des Kantons auf die Personen, die den Schaden verursacht haben, ist das kantonale Recht massgebend.

⁴ Wo die Schwere der Verletzung es rechtfertigt, besteht zudem Anspruch auf Genugtuung.

1   Ein Verantwortlichkeitsanspruch gemäss Art. 5 SchKG ist kein Rechtsanspruch, der Bestandteil der Konkursmasse ist und daher auch nicht nach Art. 260 SchKG abtretbar. Er steht den einzelnen geschädigten Gläubigern persönlich zu (BE, AB, 26.09.1949, ZBJV 1950, S. 463, BlSchK 1952, S. 75).

2   Die Beurteilung von Schadenersatzansprüchen aus angeblicher Amtspflichtverletzung von BB ist nicht Sache der AB über Schuldbetreibung und Konkurs, sondern des ordentlichen Richters (GR, AB, 14.06.1968, BlSchK 1971, S. 52).

3   *Blosse Feststellung (allfällig) pflichtwidrigen Handelns* einer Betreibungsbehörde als Vorbereitung einer Schadenersatzklage kann nicht Gegenstand einer Beschwerde bilden (BS, AB, 03.10.1977, BlSchK 1978, S. 110).

4   (In Verbindung mit dem Kreisschreiben Nr. 11 des Plenums des BGer vom 20.10.1917) – *Unterlassung der Zustellung der Spezialanzeige an den Inhaber von Rechten bei Fahrnissteigerung* im Konkurse ändert an der Gültigkeit der Gant nichts. Davon unberührt bleibt aber die Frage der vom Richter zu beurteilenden Haftbarkeit für allfälligen Schaden. Zur blossen Feststellung einer Pflichtwidrigkeit kann keine Beschwerde erhoben werden (BS, AB, 06.05.1976, BlSchK 1979, S 40).

5   Eine nach Vollstreckungsrecht zu erbringende Zahlung kann – im Unterschied zum Schadenersatz nach Art. 5 SchKG – auf dem Beschwerdeweg eingefordert werden (BGE 73 III 84).

6   *Haftung bei irriger Gesetzesauslegung?* Da in kleinen Betreibungs- und Konkurskreisen die Betreibungs- und Konkursbeamten ihr Amt vielfach nur als Nebenbeschäftigung ausüben, darf kein allzu strenger Massstab an die verlangten Kenntnisse gestellt werden. Was speziell die irrige Auslegung eines Gesetzes durch den Betreibungs- oder Konkursbeamten betrifft, so liegt nach der Rechtsprechung des BGer kein Verschulden[1] vor, wenn der Beamte in einer durch das Gesetz nicht ausdrücklich gelösten zweifelhaften Fragen sein Verhalten anders eingerichtet hat, als die AB nachher auf Beschwerde hin entschieden (BGE 36 II 269 ff.; LU, SchKKomm 22.09.1950, Max. IX, Nr. 780, BlSchK 1952, 139, SJZ 1953, S. 261).

7   Der KB des schweizerischen Rechts ist ein Beamter, und die allenfalls gemäss Art. 237 Abs. 2 SchKG von den Gläubigern gewählte (sog. ausseramtliche) Konkursverwaltung bekleidet eine öffentliche Stellung und führt einen öffentlichen Auftrag aus, versieht ein öffentliches Amt (BGE 38 I 199; vgl. BGE 94 III 59; BGE 94 III 95).

---

1   Nach dem revidierten SchKG ist für die Geltendmachung eines Schadenersatzanspruches kein Verschulden nachzuweisen.

8   Folgen einer *fehlenden Geldhinterlegung durch das Betreibungsamt*. Unzulässigkeit der Beschwerde. – Wenn die AB nach der Feststellung, dass Geldsummen durch das Amt hätten hinterlegt werden müssen, dem Beschwerdeführer die verlangten Zinsen nicht zuspricht, liegt darin kein offensichtliches Versehen im Sinne von Art. 63 Abs. 2 OG. Im Beschwerdeverfahren kann die AB die Unterlassung eines Amtes nur berichtigen, wenn dadurch ein Mangel des Zwangsvollstreckungsverfahrens behoben werden soll, d.h. wenn es darum geht, den ordnungsgemässen Ablauf einer Betreibung zu wahren. Wenn der Beschwerdeführer Schadenersatz verlangt, steht nur der Weg der gerichtlichen Klage offen (BGE 118 III 1).

9   Kantonale Urteile über Staatshaftungsklagen gemäss Absatz 1 sind mit Verwaltungs- gerichtsbeschwerde an das BGer weiterzuziehen (BGE 126 III 431).

Art. 6   2. Verjährung

¹ Der Anspruch auf Schadenersatz verjährt in einem Jahr von dem Tage hinweg, an welchem der Geschädigte von der Schädigung Kenntnis erlangt hat, jedenfalls aber mit dem Ablauf von zehn Jahren von dem Tage der Schädigung an gerechnet.

² Wird jedoch der Schadenersatzanspruch aus einer strafbaren Handlung hergeleitet, für die das Strafrecht eine längere Verjährung vorschreibt, so gilt diese auch für ihn.

1   Bei einer *Zwangsversteigerung* handelt es sich nicht um einen privatrechtliche Verkauf, aus der von einer auf dem Obligationenrecht beruhenden Haftung aus culpa in contrahendo in Frage kommen könnte. *Für die Verjährung* gilt, folglich nicht Art. 127 OR, sondern ausschliesslich Art. 6 SchKG, wonach der Anspruch auf Schadenersatz in einem Jahr von dem Tage hinweg verjährt, an welchem der Geschädigte von der Schädigung Kenntnis erhalten hat (BGer II. Zivilabteilung, 08.11.1960 BlSchK 1962, S. 118).

Art. 7   3. Zuständigkeit des Bundesgerichts

Wird eine Schadenersatzklage mit widerrechtlichem Verhalten der oberen kantonalen Aufsichtsbehörden oder des oberen kantonalen Nachlassgerichts begründet, so ist das Bundesgericht als einzige Instanz zuständig.

Art. 8   E. Protokolle und Register
1. Führung, Beweiskraft und Berichtigung

¹ Die Betreibungs- und die Konkursämter führen über ihre Amtstätigkeiten sowie die bei ihnen eingehenden Begehren und Erklärungen Protokoll; sie führen die Register.

² Die Protokolle und Register sind bis zum Beweis des Gegenteils für ihren Inhalt beweiskräftig.

³ Das Betreibungsamt berichtigt einen fehlerhaften Eintrag von Amtes wegen oder auf Antrag einer betroffenen Person.

1   *Die Bestätigung eines Postbeamten* über die Zustellung eines Zahlungsbefehls qualifiziert sich als amtliche Urkunde mit entsprechender Beweiskraft (GR, AB, 15.11.1955, BlSchK 1958, S. 45).

2   Die eingehenden Betreibungsbegehren sind in der Regel im Eingangs- und im Betreibungsregister einzutragen, und es bleibt alsdann dieser Eintrag bestehen, auch wenn das betreffende Amt die Betreibung wegen örtlicher Unzuständigkeit nicht durchführen kann. Erkennt das Amt aber seine örtliche Unzuständigkeit sogleich nach Eingang des Begehrens, so hat es lediglich einen Tagebuchvermerk vorzunehmen und ein Rückweisungsschreiben an den Gläubiger zu richten (BGE 95 III 1).

Erster Titel: Allgemeine Bestimmungen Art. 8a

3   Diese Bestimmung ist nicht nur auf die im Gesetz vorgeschriebenen Register anwendbar, sondern auch auf die beim Betreibungsamt befindlichen Pfändungsakten und, wo ein Verlustscheinregister geführt wird, auf dieses (VD, Tribunal cantonal, 8.12.1984, BlSchK 1986, S. 17).

4   Löschung des Eintrages einer nichtigen Betreibung im Betreibungsregister. – Wird eine Betreibung nichtig erklärt, so ist deren Eintrag im Betreibungsregister nicht seinerseits nichtig; der Betriebene hat die Löschung ausdrücklich zu verlangen, und das Eingreifen der Aufsichtsbehörden von Amtes wegen ist ausgeschlossen. – Die Löschung einer nichtig erklärten Betreibung besteht darin, dass der Registereintrag mit dem Vermerk versehen wird, die Betreibung sei durch Entscheid der Aufsichtsbehörde vom fraglichen Datum nichtig erklärt worden; die so gekennzeichnete Betreibung darf dann in Registerauszügen nicht mehr erwähnt werden (BGE 115 III 24).

5   Eine Betreibung, welche vom Gläubigere nachgewiesenermassen irrtümlich angehoben worden ist, ist auf Verlangen des Betriebenen im Betreibungsregister entsprechend zu kennzeichnen und darf in den Registerauszügen nicht mehr erwähnt werden (ZH, BezGer Uster, 27.10.1992, BlSchK 1993, S. 23).

Art. 8a   2. Einsichtsrecht

¹ Jede Person, die ein Interesse glaubhaft macht, kann die Protokolle und Register der Betreibungs- und der Konkursämter einsehen und sich Auszüge daraus geben lassen.

² Ein solches Interesse ist insbesondere dann glaubhaft gemacht, wenn das Auskunftsgesuch in unmittelbarem Zusammenhang mit dem Abschluss oder der Abwicklung eines Vertrages erfolgt.

³ Die Ämter geben Dritten von einer Betreibung keine Kenntnis, wenn:
a. die Betreibung nichtig ist oder aufgrund einer Beschwerde oder eines Urteils aufgehoben worden ist;
b. der Schuldner mit einer Rückforderungsklage obsiegt hat;
c. der Gläubiger die Betreibung zurückgezogen hat.

⁴ Das Einsichtsrecht Dritter erlischt fünf Jahre nach Abschluss des Verfahrens. Gerichts- und Verwaltungsbehörden können im Interesse eines Verfahrens, das bei ihnen hängig ist, weiterhin Auszüge verlangen.

I. Betreibungsverfahren

1   Auskunft über Betreibungen und Verlustscheine. *Bei einem Prozessverhältnis* liegt ein schützenswertes Interesse vor (BE, AB, 14.06.1946, BlSchK 1947. S. 5).

2   Nicht schutzwürdig ist das Interesse einer *Kreditschutzorganisation* an der Zustellung einer Gläubigerliste durch den Sachwalter zum Zwecke der *Werbung von Kunden* (SG, AB, 28.01.1955, SJZ 1956, S.13, BlSchK 1957, S. 138).

3   (§ 78 Gemeindegesetz Kt. Luzern) – *Befugnis der Gemeindeorgane zur Einsicht in die Betreibungsbücher* (LU, SchKKomm 15.05.1970, Max. XI, Nr. 775).

4   Auch ein Rechtsanwalt muss durch Vorweisung oder Bekanntgabe von Unterlagen sein Interesse an der Auskunftserteilung glaubhaft machen. In dem blossen Hinweis auf den Auftrag eines Klienten ist kein ernsthaftes Indiz für das Bestehen eines Interesses zu erblicken (BGE 105 III 38).

5   *«Jedermann»* mit schutzwürdigem Interesse kann Einsicht in die Verfahrensakten erhalten (BS, AB, 15.10.1979, BlSchK1982, S.184).

6   Ein Anspruch auf Einsicht in die Betreibungsregister ist sowohl für die *eigene Person* als auch für Dritte, sofern die Voraussetzungen gemäss Art. 8a SchKG vorliegen, auch gegen BÄ ausserhalb des ordentlichen Betreibungsortes zu bejahen. Sofern eine Person im Betreibungskreis des angefragten BA wohnhaft war, ist im Auszug festzuhalten, ab welchem Zeitpunkt dieser ordentliche Betreibungsort nicht mehr gilt (BL, AB, 16.09.2002, BlSchK 2003, S. 224, SJZ 2003, S. 591).

7   Eine *AHV-Ausgleichskasse*, die vor Einleitung einer Betreibung für AHV-Beiträge vom BA Auskunft darüber verlangt, ob gegen den Schuldner in letzter Zeit Verlustscheine ausgestellt wurden, *hat die Gebühr im Sinne von Art. 12 GebV SchKG nicht zu bezahlen* (Art. 93 AHVG vom 20.12.1946) (BGE 77 III 40).

8   *Auskünfte des BA an eine Behörde sind nicht kostenfrei*, jedoch ist von der Behörde kein Kostenvorschuss zu verlangen. Die Auskunft wird erteilt gegen «Kostenzusage» oder Rechnung, selbst wenn der BB im Sportelsystem besoldet wird (ZH, ObGer, II. Ziv.Kammer, 02.10.1997, ZR 2000 Nr. 38).

9   Der BB ist nicht verpflichtet, einem Interessenten *telefonische Auskunft* zu erteilen (FR, SchKK, 28.10.1958, Extraits 1958, S. 56, SJZ 1960, S. 126, BlSchK 1961, S. 41).

10 Das *Recht zur Einsichtnahme in die Protokolle* erstreckt sich auch auf die den Protokoll- und Registereintragungen zugrundeliegenden Parteibegehren (z.B. Betreibungs- und Fortsetzungsbegehren) (LU, SchKKomm, 30.04.1986, Max. Nr. 420, BlSchK 1967, S. 115).

11 Wenn das BA einem Beteiligten gestattet, Einsicht in bestimmte Belege *sowie Abschriften davon zu nehmen*, muss es auch die *Anfertigung von Fotokopien gestatten* (FR, SchKK, 20.05.1970, Extraits 1970, S. 86, SJZ 1972, S. 113 und 333, BlSchK 1974, S. 75).

12 Das *Recht eines Dritten auf Einsichtnahme* in die den Schuldner betreffenden Protokolle des BA besteht so lange, als das BA gestützt auf die Verordnung des BGer über die Aufbewahrung der Betreibungs- und Konkursakten vom 14.03.1938 (neu vom 05.06.1996; SR 281.33) verpflichtet ist, die fraglichen Akten aufzubewahren. Ist zwischen dem Dritten und dem Schuldner ein Erbteilungsprozess hängig, darf dieses Recht auf Einsichtnahme nicht auf die Zeit nach Eröffnung des Erbganges beschränkt werden (BGE 99 III 41).

13 Das *Recht auf Erstellung eines Auszuges aus den Betreibungsprotokollen* geht grundsätzlich ebenso weit wie das Einsichtsrecht. In den Auszug sind daher auch die Namen der Gläubiger, die Forderungssummen und der Stand der Verfahren aufzunehmen, wenn der Gesuchsteller es verlangt (BGE 102 III 61).

14 *Umfang des Einsichtsrechts.* – Ein Gläubiger, der zur Stellung des Pfändungsbegehrens berechtigt ist, hat Anspruch darauf, Gläubiger, Forderungen und Pfändungsurkunden der laufenden seinen Schuldner betreffenden Pfändungen zu kennen. Dies, um sich über die Chancen eines eigenen Pfändungsbegehrens ins Bild setzen zu können (GE, 14.02.1995, BlSchK 1997, S. 37).

15 *Einsichtsrecht und Erstellen von Auszügen aus Protokollen und Registern* (i.V.m. Art. 275 SchKG) – Arrest auf einen Wechsel. Begehren der Schuldnerin, einem von ihr beauftragten Notaren Einsicht in die Wechsel- und Protesturkunde zu gewähren und eine von ihm beglaubigte Kopie davon zu erstellen. Allein der BB ist befugt, bei glaubhaft gemachten Interesse, Auszüge aus den Protokollen und Registern sowie Kopien der beim Amt verwahrten Aktenstücke zu erstellen (GE, Autorité du surveillance, 06.03.1997, BlSchK 1998, S. 104).

16 Diese Bestimmung ist *nicht nur auf die im Gesetz vorgeschriebenen Register* anwendbar, *sondern auch auf* die beim BA befindlichen *Pfändungsakten und, wo ein Verlustscheinregister* geführt wird, auf dieses (VD, Tribunal cantonal, 28.12.1984, BlSchK 1986, S. 17).

17 *Löschung des Eintrages einer nichtigen Betreibung* im Betreibungsregister – Die Löschung einer nichtig erklärten Betreibung besteht darin, dass der Registereintrag mit dem Vermerk versehen wird, die Betreibung sei durch Entscheid der AB vom fraglichen Datum nicht erklärt worden; die so gekennzeichnete Betreibung darf dann in Registerauszügen nicht mehr erwähnt werden (BGE 115 III 24).

18 Löschung von verjährten Betreibungen von Amtes wegen. Der BB ist nicht befugt, Betreibungen von Amtes wegen zu löschen, bei denen der Gläubiger innert Frist kein Fortsetzungsbegehren gestellt hat, auch wenn der diesen aufgefordert hat, das Rechtsöffnungsbegehren zu stellen (GE, Autorité de surveillance, 12.09.2001, BlSchK 2002, S. 41).

19 Bleibt eine Betreibung im Zustand des erhobenen Rechtsvorschlages, ohne dass der Gläubiger Anerkennungsklage erhebt oder die Rechtsöffnung begehrt, so kann der zu Unrecht betriebene Schuldner vom BA nicht verlangen, dem Gläubiger eine Verwirkungsfrist zum Handeln anzusetzen.

Ihm steht mangels Klage gemäss Art. 85a SchKG die allgemeine Klage auf Feststellung des Nichtbestehens der Schuld offen, und er kann, falls mit dem Urteil die Nichtigkeit der Betreibung festgestellt wird, die Kenntnisgabe der Betreibung an Dritte gestützt auf Art. 8a Abs. 3 lit. a SchKG verhindern (BGE 128 III 334).

20 Durch die Überprüfung der Kreditwürdigkeit eines Geschäftspartners anhand des Betreibungsregisters werden nicht nur Debitorenverluste, sondern unter Umständen auch weitere Zwangsvollstreckungsverfahren gegen einen bereits im Betreibungsregister aufgeführten Schuldner vermieden. Die aufgrund von Art. 8a Abs. 1 SchKG gegebene Möglichkeit, *sich Auszüge aus dem Betreibungsregister geben zu lassen, liegt daher im öffentlichen Interesse*, hinter welchem der Gedanke des Persönlichkeitsschutzes grundsätzlich zurückzutreten hat (vgl. BGE 115 III 24) (BGE 115 III 81, Praxis 79, Nr. 226).

21 Die *Löschung einer auf Irrtum* des Gläubigers beruhenden Betreibung hat analog zur nichtigen Betreibung (BGE 115 III 24 ff.) zu geschehen. Der Registereintrag ist mit dem Vermerk zu versehen, dass die Betreibung vom Gläubiger irrtümlicherweise angehoben worden ist. Die so gekennzeichnete Betreibung darf fortan in den Registerauszügen nicht mehr erwähnt werden (BGE 121 III 81).

22 Auskunft aus dem Betreibungsregister, Akteneinsicht. *Wenn das Erstellen* von Auszügen dem Betreibungs- oder Konkursamt *ein Übermaß an Arbeit* mit sich bringen würde, steht es diesem auch frei, den Auskunftsuchenden aufzufordern, die Akten persönlich einzusehen und sich gewisse Dokumente fotokopieren zu lassen (NE, 22.03.1995, BlSchK 1997, S. 55).

23 (i.V.m. Art. 85a SchKG) – Negative Feststellungsklage nach erhobenem Rechtsvorschlag; Rechtsschutzinteresse des für eine Nichtschuld Betriebenen. – Die Klage nach Art. 85a SchKG zeitigt sowohl materiell- als auch betreibungsrechtliche Wirkungen; sie führt nicht nur zur Klärung der materiellen Rechtslage und zur Aufhebung oder vorläufigen Einstellung der Betreibung, sondern auch zudem zur Folge, dass Dritte von der Betreibung keine Kenntnis erhalten. Mit Blick auf das Rechtsschutzintereresse des für eine Nichtschuld Betriebenen ist daher die negative Feststellungsklage auch dann gegeben, wenn Rechtsvorschlag erhoben wurde und die Betreibung während der Gültigkeitsdauer des Zahlungsbefehls nicht weitergeführt und auch nicht zurückgezogen wurde (ZH, ObGer, II. Ziv.Kammer, 18.03.1998, (ZR 1999, Nr. 16).

24 (Abs. 3 lit. a) – Keine Kenntnis von einer Betreibung darf nur gegeben werden, wenn sich aus dem Ergebnis eines Verfahrens ohne Weiteres ergibt, dass die Betreibung bei ihrer Einleitung ungerechtfertigt gewesen ist. Ein blosser Abschreibungsbeschluss genügt diesem Erfordernis nicht (BGE 125 III 334).

25 Als Interessennachweis genügt nicht die einseitige Erklärung einer Firma, geschäftlichen Kontakt mit der Person, über welche eine betreibungsamtliche Auskunft verlangt wird, wegen der Führung einer Vertretung aufnehmen zu wollen (BS, AB, 14.04.1986, BlSchK 1988, S. 96).

26 (i.V.m. StGB Art. 320) – Auskunft des Betreibungsbeamten über betreibungsrechtliche Tatsachen an Dritte. Abgrenzung zwischen berechtigter Auskunft und strafbarer Verletzung des Amtsgeheimnisses. Das Interesse braucht nicht notwendigerweise finanzieller Art zu sein. Es genügt auch rechtliches Interesse anderer Art (BGE 105 III 39). Ob und wie weit einem Interessenten Einsicht in das Betreibungsregister zu gewähren und welche Auskunft ihm allenfalls zu erteilen sei, muss von Fall zu Fall aufgrund des Interessennachweises entschieden werden (BGE 95 III 5). In Bezug auf die Strafbarkeit der Preisgabe betreibungsrechtlicher Tatsachen ist festzustellen, dass der gesetzliche Rechtfertigungsgrund solche Tatsachen, die an sich geheim und deshalb des strafrechtlichen Schutzes gemäss Art. 320 StGB teilhaftig sind, an Dritte preiszugeben, nur soweit recht, wie die Berechtigung des Betreibungsbeamte zur Auskunft nach Abs. 2, d.h. der Rechtfertigungsgrund des Betreibungsbeamten reicht nicht weiter, als eine Verpflichtung zur Auskunft besteht. Der Betreibungsbeamte begeht daher immer eine Verletzung des Amtsgeheimnisses, wenn er einer unberechtigten Person Auskunft erteilt. Dabei macht es keinen Unterschied, ob er den Mangel des rechtlichen Interesses sofort erkennt oder dem Gesuchsteller leichthin vertraut und auf Glaubhaftmachung verzichtet; damit nimmt er zumindest in Kauf, dass das behauptete Interesse möglicherweise nicht existiert (OW, ObGer-Komm. 26.02.1985, SJZ 1987, S. 203).

27 Durch die Überprüfung der Kreditwürdigkeit eines Geschäftspartners anhand des Betreibungsregisters werden nicht nur Debitorenverluste, sondern unter Umständen auch weitere Zwangsvollstreckungsverfahren gegen einen bereits im Betreibungsregister aufgeführten Schuldner vermieden. Die aufgrund von Art. 8a Abs. 1 SchKG gegebene Möglichkeit, sich Auszüge aus dem Betreibungsregister geben zu lassen, liegt daher im öffentlichen Interesse, hinter welchem der Gedanke des Persönlichkeitsschutzes grundsätzlich zurückzutreten hat (vgl. BGE 115 III 24). Dem Begehren eines Auskunftseinholenden, der für sich einen Betreibungsauszug verlangt, der jedoch nur die offenen Betreibungen oder solche, die noch in der Rechtsöffnungsfrist liegen, aufzeigen soll, hat das Betreibungsamt nicht nachzukommen (BGE 115 III 81, Praxis 79, Nr. 226).

28 (i.V.m. Art. 2 Abs. 2 und Art. 28 ZGB) Nichtigkeit der Betreibung wegen Rechtsmissbrauch und Persönlichkeitsverletzung. – Betreibt ein «Gläubiger» seine Betreibungsschuldner klarerweise für Nichtschulden und stellen seine Vorbringen in Brief, Betreibungsbegehren und Briefumschlägen ausnahmslos persönliche Verunglimpfungen derselben dar, so geht es ihm mit der Schuldbetreibung einzig um deren Schikanierung. Solches Verhalten ist als Rechtsmissbrauch zu qualifizieren, das keinen Schutz verdient. Zudem stellt es im vorliegenden Fall auch noch eine widerrechtliche Verletzung der beruflichen und wirtschaftlichen Ehre im Sinne von Art. 28 ZGB dar. Dies führt zur Nichtigkeit der Betreibungshandlungen und Löschung im Betreibungsregister (BE, AB, 19.04.1990, BlSchK 1991, S. 111).

29 Grundlage für die Auskunftserteilung gilt das Kreisschreiben Nr. A 26 der Berner AB betreffend die Auskunftserteilung gemäss Art. 8/8a SchKG. Anzugeben sind demnach die unverjährten Verlustscheine mit Ausnahme der getilgten Verlustscheinforderungen. Konkursverlustscheine sind darin grundsätzlich inbegriffen (BE, AB, 06.01.1998, BlSchK 2000, S. 28 mit Anmerkung der Redaktion).

30 Betriebene Forderungen, welche vom Schuldner an das Betreibungsamt bezahlt worden sind, sind von der Auskunftserteilung aus dem Betreibungsregister nicht ausgenommen (ZH, ObGer, 28.06.1999; vom BGer mit Urteil vom 21.07.1999 bestätigt, BlSchK 2000, S. 88).

31 Voraussetzung zur Löschung einer Betreibung. Wenn einem Gläubiger keine Rechtsöffnung erteilt wurde und deshalb die Betreibung nicht fortsetzen kann, ist davon auszugehen, dass ein bedingungsloser Rückzug des Rechtsöffnungsbegehrens ein Rückzug der Betreibung einschliesst nachdem eine Fortsetzung der Betreibung verunmöglicht wird. Die Betreibung kann deshalb im Betreibungsregister gelöscht werden (BL, AB, 16.03.1999, SJZ 2000, S. 540).

32 Hat der Gläubiger die Betreibung zurückgezogen, darf das BA Dritten keine Kenntnis geben. Dabei spielt es keine Rolle, wann der Rückzug erfolgt, insbesondere ob er vor oder nach der Zahlung stattgefunden hat (BGE 126 III 476).

33 Der Betreibungsbeamte darf keine Erklärung vom Gläubiger über den Rückzug einer Betreibung verlangen. Allein der Rückzug einer Betreibung, aus welchem Grund auch immer, führt dazu, dass Dritten von einer Betreibung keine Kenntnis mehr gegeben werden darf. Es spielt keine Rolle, wann der Rückzug der Betreibung erfolgt, insbesondere ob er vor oder nach der Zahlung stattgefunden hat (BGer 02.10.2000, Praxis 2001, Nr. 14).

34 Rückzug einer Betreibung durch den Gläubiger – Betreibungen, welche vom Nachlassvertrag erfasste Forderungen betreffen und mit dessen Bestätigung dahinfallen, können zurückgezogen werden, sofern die notwendige Erklärung des Gläubigers vorliegt. Von Amtes wegen wird das Dahinfallen der Betreibung nach Mitteilung der Bestätigung des Nachlassvertrages im Betreibungsregister durch den Buchstaben «E» (Erlöschen aus anderen Gründen) vermerkt (BGE 129 III 284).

II. Konkurs- und Nachlassvertragsverfahren

35 Wieweit geht *die Akteneinsicht im Konkursverfahren?* – Das BGer hat sich zu einer sehr weitgehenden Lösung entschlossen. Im Konkurs haben die Gläubiger nicht nur Einsicht in die Protokolle, sondern in alle Akten, die sich im Besitze des KA befinden (BGE 85 III 118).

36 Im Konkurs dürfen die Gläubiger grundsätzlich *alle im Besitze des KA befindlichen Aktenstücke einsehen*, so auch die Buchhaltung des Konkursiten. Dies gilt auch für einen Gläubiger, der früher Verwaltungsrat und Direktor der konkursiten Firma war und gegen den ein Verfahren wegen Ver-

antwortlichkeit eingeleitet wurde. Dabei bilden praktische Schwierigkeiten der Einsichtnahme keinen Hinderungsgrund (BGE 91 III 94).

37 Unter welchen Voraussetzungen haben *Dritte Anspruch auf Einsicht in die Konkursakten?* Es muss ein besonderes und gegenwärtiges Interesse rechtlicher Natur, das Schutz verdient, vorhanden sein. Ein solches Interesse hat ein Dritter, der prüfen will, ob die Bank, die als seine Treuhänderin dem Schuldner Darlehen gewährt hat und auch seine Interessen im Konkurse zu wahren hatte, die ihr übertragenen Geschäfte getreu und sorgfältig ausgeführt habe. Die Akteneinsicht kann nicht zur Wahrung von Geschäftsgeheimnissen der Bank verweigert werden; denn die Bank schuldet ihrem Auftraggeber gemäss Art. 400 Abs. 1 OR Rechenschaft und muss sich gefallen lassen, dass in diesem Zusammenhang auch ihre eigenen Geschäfte geprüft werden. Schliesslich wird das berechtigte Interesse des Dritten auch dadurch nicht aufgehoben, dass es für die Konkursmasse keine Rolle spielt, ob die Bank ihre Pflichten gegenüber ihrem Auftraggeber richtig erfüllt habe (BGE 93 III 4).

38 Das KA darf einem Anwalt, der die Interessen eines Konkursgläubigers und gleichzeitig einer Person vertritt, gegen welche die Konkursmasse Verantwortlichkeitsansprüche aus Organhaftung erhebt, die *Einsicht in die Akten des Konkursverfahrens und in die Skripturen* des Schuldners *nicht verweigern*. Das Akteneinsichtsrecht darf nur in zwingenden Gründen verweigert werden» (BS, AB, für SchK, 22.04.1973, BlSchK 1974, S. 170).

39 Der Konkursgläubiger ist berechtigt, in die Protokolle des Gläubigerausschusses im Konkursverfahren Einsicht zu nehmen (FR, Tribunal cantonal, 17.08.1971, BlSchK 1975, S. 23).

40 Ein Konkursgläubiger hat schon vor der Kollokation seiner eigenen Forderung Anspruch darauf, Einsicht in die Konkursakten, insbesondere das Gläubigerverzeichnis nehmen zu können (GE, 21.07.1995, BlSchK 1996, S. 233).

41 Erteilung von Auskünften und Erstellen entsprechender Auszüge durch das KA. Das Auskunftsrecht ist nicht auf die vom Amt erstellten Protokolle und Register beschränkt, sondern erfasst auch die zugehörigen, diesen zugrundeliegenden Aktenstücke und Parteibegehren, die sich im Besitze des Amtes befinden. Auf Fragen, die nicht durch die Zustellung von Auszügen aus den Akten oder durch die persönliche Einsichtnahme des Gesuchstellers in die Akten beantwortet werden, sondern auf eine Würdigung der Protokolle und Belege hinauslaufen, brauchen die Betreibungs- und Konkursämter jedoch keine Antwort zu erteilen. Das Recht auf Erstellung eines Auszuges geht in der Regel ebensoweit wie das Einsichtsrecht. Grenzen sind allenfalls dort zu ziehen, wo die Erstellung eines Auszuges dem Amte unzumutbaren Arbeitsaufwand verursacht, so dass ihm das Recht zuzustehen wäre, den Gesuchsteller auf die persönliche Einsichtnahme zu verweisen. Die Gewährung der Akteneinsicht, die Erteilung von Auskünften sowie die Zustellung entsprechen der Auszüge sind gebührenpflichtig. Die Gebühr ist in sinngemässer Anwendung von Art. 68 Abs. 1 SchKG grundsätzlich vorzuschiessen (BE, AB, 20.12.1995, BlSchK 1996, S. 63).

42 Akteneinsichtsrecht findet auch Anwendung im Nachlass- bzw. Liquidationsverfahren – Das Eintrittsrecht bezieht sich auf alle zum betreffenden Verfahren gehörenden Aktenstücke, die sich im Besitze des KA oder Konkursverwaltung, eingeschlossen die Buchhaltung des Schuldners samt Belegen sowie vorhandene Protokolle der Sitzungen der Organe des Konkursiten. Dieses Recht steht auch demjenigen Gläubiger zu, dessen Forderung durch die Konkursverwaltung abgewiesen wurde, sofern er den Kollokationsplan mit rechtzeitiger Kollokationsklage anficht (BGE 91 III 96). Das Akteneinsichtsrecht als Minimalgarantie gemäss Art. 4 BV umfasst den Anspruch, die Akten am Sitze der Behörden einzusehen und davon Notizen zu machen. Ebensoweit geht in der Regel das Recht, normalformatige Fotokopien gegen Gebühr erstellen zu lassen oder auf einem Kopiergerät der Verwaltung gegen Gebühr selber herzustellen, sofern es für die Verwaltung zu keinem unverhältnismässigen Aufwand führt (BE, AB, 03.07.1997, BlSchK 1997, S. 144).

43 Recht auf Einsicht in die Akten eines widerrufenen Konkurses. Berechtigtes Interesse des Schuldners. – Das Recht, die Akten einzusehen und sich daraus Auszüge geben zu lassen, besteht – unter der Voraussetzung eines ausgewiesenen Interesses – so lange, als die Betreibungs- und Konkursämter nach Massgabe der Verordnung des BGer über die Aufbewahrung der Betreibungs- und Konkursakten (SR 281.33) verpflichtet sind, die Register und Protokolle aufzubewahren. Das in Abs. 1

verankerte Recht, die Protokolle einzusehen und sich Auszüge daraus geben zu lassen beinhaltet auch den Anspruch auf Einsicht in die entsprechenden Aktenstücke und Belege. Das Recht auf Erstellung eines Auszuges geht in der Regel ebensoweit wie das Einsichtsrecht (BGE III 110, Praxis 74, Nr. 107).

44 (i.V.m. Art. 660 ff. OR, insbesondere Art. 697 und 702 OR) – Wie weit geht das Einsichtsrecht von Aktionären und Verwaltungsräten in die Akten und Protokoll einer in Konkurs geratenen Gesellschaft? Beschränkt sich das Einsichtsrecht nur auf Gläubiger der konkursiten Gesellschaft oder sind auch Dritte einsichtsberechtigt? Voraussetzung für das Einsichtsrecht ist jedenfalls ein berechtigtes Interesse. Das BGer schliesst Dritte nicht grundsätzlich von diesem Recht aus (BGE 93 III 10). Solange kein Verzicht der Konkursverwaltung auf Geltendmachung des Anspruchs aus Verantwortlichkeit im Konkurse einer AG vorliegt, liegt kein berechtigtes Interesse zur Einsicht in die Akten vor (BE, AB, 23.02.1987, BlSchK 1989, S. 172).

45 Einsichtsrecht einstiger Parteien im Zwangsvollstreckungsverfahren – Das Recht des Schuldners auf Einsicht in die vernichtbaren, aber nicht vernichteten Akten des erledigten Konkurses wird durch die Frist zur amtlichen Aufbewahrung nicht beschränkt (Praxisänderung) (BGE 130 III 42).

46 Recht zur Einsicht in die Konkursakten. Dieses Recht steht – in den vom BGer festgelegten Schranken – auch einem potentiellen Drittansprecher zu (BL, AB, 06.07.1999, BlSchK 2000, S.145).

47 Umfassendes Einsichtsrecht der Gläubiger während der Nachlassstundung, auch in die Verwaltungsratsprotokolle der sich in Nachlassstundung befindlichen Gesellschaft (BezGer Zürich, 31.03.2003, BlSchK 2003, S. 263).

Art. 9 F. Aufbewahrung von Geld oder Wertsachen

Die Betreibungs- und die Konkursämter haben Geldsummen, Wertpapiere und Wertsachen, über welche nicht binnen drei Tagen nach dem Eingange verfügt wird, der Depositenanstalt zu übergeben.

1 Geldsummen sind vom BA dort zu deponieren, wo sie die kantonale Gesetzgebung vorsieht (BE, AB, 05.03.1953, BlSchK 1954, S. 68).

2 Berichtigung der Unterlassung der Geldhinterlegung durch Beschwerde? – Folgen einer fehlenden Geldhinterlegung durch das Betreibungsamt. Unzulässigkeit der Beschwerde. Wenn die AB nach der Feststellung, dass Geldsummen durch das Amt hätten hinterlegt werden müssen, dem Beschwerdeführer die verlangten Zinsen nicht zuspricht, liegt darin kein offensichtliches Versehen im Sinne von Art. 63 Abs. 2 OG (BGE 118 III 1).

3 Im Beschwerdeverfahren kann die AB die Unterlassung eines Amtes nur berichtigen, wenn dadurch ein Mangel des Zwangsvollstreckungsverfahrens behoben werden soll, d.h., wenn es darum geht, den ordnungsgemässen Ablauf einer Betreibung zu wahren. Wenn der Beschwerdeführer Schadenersatz verlangt, steht nur der Weg der gerichtlichen Klage offen (BGE 118 III 1).

Art. 10 G. Ausstandspflicht

¹ Die Beamten und Angestellten der Betreibungs- und der Konkursämter sowie die Mitglieder der Aufsichtsbehörden dürfen keine Amtshandlungen vornehmen:
1. in eigener Sache;
2. in Sachen ihrer Ehegatten, Verlobten, Verwandten und Verschwägerten in auf- und absteigender Linie sowie ihrer Verwandten und Verschwägerten in der Seitenlinie bis und mit dem dritten Grad;
3. in Sachen einer Person, deren gesetzliche Vertreter, Bevollmächtigte oder Angestellte sie sind;
4. in Sachen, in denen sie aus anderen Gründen befangen sein könnten.

Erster Titel: Allgemeine Bestimmungen — Art. 10

² Der Betreibungs- oder der Konkursbeamte, der in Ausstand treten muss, übermittelt ein an ihn gerichtetes Begehren sofort seinem Stellvertreter und benachrichtigt davon den Gläubiger durch uneingeschriebenen Brief.

1   Ist für den Ausstand von Mitgliedern der AB auch anwendbar. Ein Ausstandsbegehren ist nur gegenüber einzelnen Mitgliedern, nicht gegen die ganze Behörde als solche möglich (AR, AB, 11.02.1960, BlSchK 1962, S. 109).

2   Da im Kanton Freiburg die Betreibungsämter nicht gemeindeweise, sondern nach *Bezirken* organisiert sind, besteht für *diese Ämter keinerlei Ausstandspflicht im Falle von Betreibungen gegen Gemeinden*. Sie haben daher solche Betreibungen wie andere an die Hand zu nehmen (FR, Weisung der SchKK, 12.03.1959, SJZ 1962, S. 308).

3   *Stellung des Sachwalters im Allgemeinen.* Im gewöhnlichen Nachlassverfahren steht der nicht beamtete Sachwalter unter der Disziplinargewalt der Nachlassbehörde. Das Gleiche gilt für den Sachwalter im Nachlassverfahren der Banken und Sparkassen. Die Nachlassbehörde hat auch Streitigkeiten darüber zu beurteilen, ob diese Organe nach dem auf sie entsprechend anzuwendenden Art. 10 SchKG zum Ausstand verpflichtet sind (BGE 94 III 55).

4   Keine Abberufung oder Ausstandsgrund des Sachwalters wegen einer *angeblich voreiligen oder unrichtigen Mitteilung*. Der Sachwalter begeht keine Pflichtverletzung und zeigt sich in keiner Weise befangen, wenn er dem Anfragenden mitteilt, dass seine Forderung nicht privilegiert sei. Ein *blosser Irrtum über die Rechtslage ist kein Absetzungsgrund* (BGE 94 III 63).

5   Das SchKG kennt keine *Ablehnungsgründe, sondern bloss Ausstandsgründe* (BE, AB, 27.06.1967, BlSchK 1968, S. 116).

6   In einer *Betreibung des Kantons gegen Dritte haben kantonale Beamte* nicht schon deshalb in den Ausstand zu treten, weil sie Angestellte des Betreibungsgläubigers sind. Eine Ausstandspflicht wäre höchstens dann anzunehmen, wenn der mit der Betreibung befasste Beamte in einem besonders engen Verhältnis zur staatlichen Stelle stünde, von der die Betreibung ausgeht (BGE 97 III 105).

7   *Der KB, der Vertreter bzw. Organ eines Konkursgläubigers ist*, hat nicht nur beim Erlass derjenigen Verfügungen in den Ausstand zu treten, die sich direkt auf die Forderung dieses Gläubigers bezieht, sondern seine Ausstandspflicht erstreckt sich auf das gesamte Konkursverfahren (BGE 99 III 46).

8   Es darf als allgemein geltender Rechtsgrundsatz bundesrechtlicher Verfahren angesehen werden, dass niemand eine Entscheidung oder Verfügung erlassen soll, wenn mit Grund mangelnde Unbefangenheit zu befürchten ist. Es ist nicht einzusehen, dass dieser Grundsatz im Konkursverfahren nicht gelten sollte, wo doch dem KB im Rahmen des SchKG eine weitgehende Entscheidungs- und Verfügungsbefugnis zukommt (LU, ObGer SchKKomm, 06.01.1972, Max. XII, Nr. 92, BlSchK 1975, S. 173).

9   *Ausstand und Ablehnung einer betreibungsrechtlichen AB: Zuständigkeit, Befangenheitsgründe.* – Weder das SchKG noch das kantonale Recht bestimmen ausdrücklich, wer zuständig ist, über ein Ausstands- oder Ablehnungsbegehren zu befinden, das sich gegen einen Amtsgerichtspräsidenten als untere AB über Schuldbetreibung und Konkurs richtet. Trotzdem kann nicht zweifelhaft sein, dass die Behandlung eines solchen Antrages in die Zuständigkeit der SchKKomm als obere kantonale AB fällt. – Die Frage des Ausstandes oder der Ablehnung eines Mitgliedes einer betreibungsrechtlichen AB ist grundsätzlich nach den bundesrechtlichen Vorschriften des SchKG zu beantworten. Der einschlägige Art. 10 SchKG hat – trotz seiner etwas unklaren Formulierung auch für die AB Geltung (BGE 97 III 106, 54 III 277). Für den Bereich des Schuldbetreibungs- und Konkursrechts sind die Kantone – entgegen der sonst üblichen Regelung (BGE 100 Ia 31) – nicht zur selbständigen Umschreibung der Ausstands- und Ablehnungstatbestände befugt. Ablehnungsgründe, welche nur auf Antrag einer Partei zu beachten sind, werden im SchKG nicht ausdrücklich erwähnt. Das heisst aber nicht, dass das Rechtsinstitut der Ablehnung eines Beamten oder Richters dem schweizerischen Schuldbetreibungs- und Konkursrecht fremd wäre. Ein Ablehnungsgrund der Befangenheit ist immer dann gegeben, wenn eine vernünftig denkende Partei bei objektiver Betrachtung nicht mehr mit einer unparteiischen Beurteilung ihres Begehrens rechnen kann (LGVE 1976 I Nr. 307 und 308; Max

XII Nr. 24 und 150, XI Nr. 319; BGE 97 I 5, 92 I 275). Hat dagegen eine Partei bloss subjektiv die Auffassung ein Richter oder Beamter stehe ihr nicht unparteiisch gegenüber, ohne dass für diese Meinung objektive Gründe sprechen würden, muss das Ablehnungsbegehren als unbegründet abgewiesen werden; dies gilt insbesondere auch dann, wenn ein Ablehnungsbegehren lediglich aus trölerischen oder querulantorischen Motiven gestellt wird. Es darf auch nicht bloss auf äussere oder formale Tatsachen abgestellt werden, vielmehr sind alle Umstände zu berücksichtigen. Die Befangenheit eines Richters kann daher nicht allein mit dem Hinweis darauf begründet werden, dieser Richter habe schon in einem früheren Verfahren gegen den Gesuchsteller mitgewirkt und allenfalls eine für diesen ungünstige Entscheidung getroffen. Ebenso wenig kann die Befangenheit damit begründet werden, der Gesuchsteller habe gegen diesen Richter eine Beschwerde eingereicht. Derartige Hinweise vermögen – für sich allein – noch keine Zweifel an der Unparteilichkeit des Richters zu schaffen. Befangenheit ist nur dann anzunehmen, wenn sich aus der Gesamtheit aller Umstände ergibt, dass der Gesuchsteller nicht mehr mit einer unvoreingenommenen Prüfung und Beurteilung seiner Begehren rechnen könnte (LU, ObGer SchKKomm, 10.02.1977, LGVE 1977 I Nr. 38).

10 Bei Betreibungen des Staates ist das ObGer nicht zum Ausstand verpflichtet (LU, ObGer SchKKomm 18.01.1980, LGVE 1980 I Nr. 588).

11 Kann der ausseramtlichen Konkursverwaltung ein KB angehören, der vor der Konkurseröffnung als Sachwalter im Sinne von Art. 725 Abs. 4 OR amtete? Der Umstand, *Sachwalter gewesen zu sein, ist kein Hindernis für die Zugehörigkeit zu einer ausseramtlichen Konkursverwaltung;* die Mitglieder einer solchen Verwaltung versehen wie der Sachwalter ein öffentliches Amt (BGE 94 III 95 E. 6b) und die beiden Tätigkeiten werden nicht neben-, sondern nacheinander ausgeübt (BGE 104 III 1).

12 Die Ausstandsbestimmungen sollen die Unabhängigkeit der Beamten und damit die sachliche, unparteiische, jeden Interessenkonflikt vermeidende Amtsführung gewährleisten. Ein KB, der Vertreter eines Gläubigers ist, hat sich nicht nur beim Erlass derartiger Verfügungen in den Ausstand zu begeben, die sich direkt auf die Forderung dieses Gläubigers beziehen, sondern seine Ausstandspflicht erstreckt sich auf das gesamte Konkursverfahren (BGE 99 III 46, N 7). Gleiches muss gelten, wenn der Beamte in einem engen Verhältnis zu den kollozierten Forderungen steht (Personalunion von Grundbuch- und Konkursamt). Die Ausstandspflicht bezieht sich jedoch nicht auf ein Amt, sondern nur auf einzelne Amtspersonen. Amtshandlungen, die ein zum Ausstand verpflichteter Beamter vornimmt, sind nicht nichtig, sondern bloss durch Beschwerde anfechtbar. Forderungen aus öffentlichem Recht, welche auf einem rechtskräftigen Entscheid beruhen, sind ohne Weiteres zu kollozieren. Liegt noch kein rechtskräftiger Entscheid vor, so kann die Kollokation solcher Forderungen unter Umständen wegen Verletzung der Ausstandspflicht durch die AB als nichtig erklärt werden (SO, AB, 04.11.1982, BlSchK 1986, S. 91).

13 Ein Betreibungsbeamter hat auf Antrag des Gläubigers in den Ausstand zu treten, wenn er mit dem Betriebenen durch einen Domizilhaltevertrag verbunden ist. Hingegen sind Amtshandlungen eines Betreibungsbeamten, die in Verletzung der Ausstandspflicht vorgenommen worden sind, grundsätzlich nur anfechtbar, d.h. sie halten ihre Gültigkeit, sofern nicht dagegen innert Frist Beschwerde erhoben worden ist. Nichtigkeit solcher Amtshandlungen ist nur in krassen Fällen anzunehmen, z.B. dann, wenn der Betreibungsbeamte amtet, obwohl er mit dem Betriebenen nahe verwandt ist (LU, SchKKomm, 24.08.1989, LGVE 1989 I 29).

14 Die Frage des Ausstandes oder Ablehnung eines Betreibungs- oder Konkursbeamten ist, jedenfalls im Kanton Bern, aufgrund der ZPO zu beurteilen (BE, AB, 10.05.1993, BlSchK 1984, S. 51).

15 Ausstandspflicht von Mitgliedern der kantonalen AB – Der Entscheid über ein Ausstandsbegehren ist nicht mit Beschwerde gemäss Art. 19 Abs. 1 SchKG an das BGer weiterziehbar; er kann nur auf dem Weg der staatsrechtlichen Beschwerde angefochten werden (BGE 129 III 88).

16 Der von der Konkursmasse mit der Geltendmachung von deren Rechten beauftragte Anwalt ist kein Masseorgan. Im Gegensatz zur Beauftragung eines Sachverständigen oder eines Dritten mit dem Mietzinseinzug bildet die Ernennung eines Anwalts für die Prozessführung keine anfechtbare Verfügung. Die Ausstandsregeln dieser Bestimmung kommen hier nicht zu Anwendung (BGer 14.07.2003, BlSchK 2005, S. 141).

Art. 11 H. Verbotene Rechtsgeschäfte

Die Beamten und Angestellten der Betreibungs- und der Konkursämter dürfen über die vom Amt einzutreibenden Forderungen oder die von ihm zu verwertenden Gegenstände keine Rechtsgeschäfte auf eigene Rechnung abschliessen. Rechtshandlungen, die gegen diese Vorschrift verstossen, sind nichtig.

1 Ersteigerung von Schuldbriefen durch einen Mitarbeiter des Betreibungsamtes. Dass das betreffende Pfandverwertungsverfahren abgeschlossen ist, steht der Feststellung der Nichtigkeit des Steigerungszuschlages nicht entgegen (BGE 112 III 65).

2 Anwendbarkeit des Verbots, für eigene Rechnung Rechtsgeschäfte abzuschliessen in Bezug auf Mitglieder des Gläubigerausschusses im Rahmen der Durchführung eines Nachlassvertrages mit Vermögensabtretung. Der anlässlich einer öffentlichen Versteigerung bei Durchführung eines Nachlassvertrages mit Vermögensabtretung erfolgte Zuschlag eines Grundstückes an ein Mitglied des Gläubigerausschusses ist ungültig nach Massgabe von Art. 11 SchKG (BGE 122 III 335).

3 Die Gesellschaft, die mit der Verwaltung eines zur Konkursmasse gehörenden Immobilienkomplexes betraut ist, fällt als Hilfsperson des KA unter das Selbstkontrahierungsverbot des Art. 11 SchKG. Die von ihr im Namen einer andern Gesellschaft eingereichte Offerte für einen Freihandverkauf des Immobilienkomplexes würde zu einem nichtigen Akt führen und ist daher unbeachtlich (BGE 127 III 229, SJZ 2001, S. 352).

Art. 12 I. Zahlungen an das Betreibungsamt

¹ Das Betreibungsamt hat Zahlungen für Rechnung des betreibenden Gläubigers entgegenzunehmen.

² Die Schuld erlischt durch die Zahlung an das Betreibungsamt.

1 Bei Pfändung oder Arrestierung einer in Betreibung gesetzten Forderung kann sich der Schuldner dieser Forderung durch *Zahlung an das pfändende bzw. arrestierende BA befreien.* Das BA, das die Betreibung gegen den zahlenden Schuldner führt, hat eine solche Zahlung in gleicher Weise wie eine bei ihm selber geleistete zu berücksichtigen, sobald sie ihm vom Schuldner nachgewiesen oder vom andern Amt angezeigt wird (BGE 73 III 69).

2 *Die Schuld erlischt durch Bezahlung an das BA. Direkte Zahlungen an den Gläubiger sind vom BA nicht zu überprüfen.* Die Kognition darüber, ob durch Quittungen, Korrespondenzen usw. die Tilgung der Betreibungsforderung ausgewiesen sei, kommt dem Richter, nicht den Betreibungsbehörden zu (SG, AB, 03.01.1950, BlSchK 1950, S. 165).

3 *Zahlt der Schuldner direkt an den Gläubiger,* so muss die Betreibung dennoch ihren Fortgang nehmen, wenn der Gläubiger das Fortsetzungsbegehren stellt. Nicht direkte Zahlungen an das BA befreien den Schuldner nicht ohne Weiteres (BE, AB, 03.11.1950/01.02.1952, BlSchK 1952, S. 20, 1953, S. 13).

4 Durch Zahlungen an den Gläubiger ist die Schuld nicht sicher getilgt. Lediglich Zahlungen an das BA befreien von der Schuldpflicht (BE, AB, 12.05.1953, BlSchK 1954, S. 105)

5 Der BB darf die Betreibung nur dann als durch Zahlung erloschen ansehen, wenn *der Betriebene die ganze Schuld samt Zinsen und Kosten an das BA bezahlt hat,* keinesfalls aber schon dann, wenn der Betriebene erklärt (und vielleicht durch Quittungen belegt), dass er die Schuld anderweitig beglichen habe. Im letzteren Falle ist es Sache des Richters – und nicht des BB – zu entscheiden, ob die Betreibung aufzuheben ist (Art. 85 SchKG) (LU, ObGer SchKKomm 02.08.1961, Max. XI, Nr. 45).

6 Zahlungen, die der Schuldner direkt an den Gläubiger leistet, bewirken nicht ohne weiteres die Aufhebung der Betreibung im Umfang der gemachten Zahlung. Der Schuldner hat nicht in allen Fällen Anspruch auf Zahlung von Achtelsraten. Die Gewährung des Verwertungsaufschubes liegt im Ermessen des BA (SG, AB, 13.06.1961, BlSchK 1963, S. 177).

7 (Art. 68 SchKG) – Der Schuldner hat die *Betreibungskosten auch dann zu tragen,* wenn er die in Betreibung gesetzte Forderung *direkt an den betreibenden Gläubiger oder seinen Vertreter bezahlt* (GR, AB, 21.05.1979, BlSchK 1982, S. 221).

8 *Aufhebung der Betreibung bei Bezahlung an das BA.* Zuständigkeit der Betreibungsbehörde und des Richters. *Fall der Zahlung durch einen Dritten.* – Mit der Zahlung wollte sich hier der Dritte an die Stelle des bisherigen Gläubigers setzen. Der Standpunkt, dass der Schuldner die Einmischung unter dem Gesichtspunkte der Geschäftsführung ohne Auftrag gefallen lassen müsse, die dessen Verbot weder unsittlich noch rechtswidrig erscheine (Art. 420 Abs. 2 OR), kann nicht geltend gemacht werden. Es stellt keinen Missbrauch dar, wenn sich der Schuldner dieser Einmischung widersetzt, die ihn unter Umständen mit einer Regresspflicht belasten würde. Die Aussicht, in einen weiteren Prozess verwickelt zu werden, bildet einen ernsthaften Grund, die Zahlung durch den Dritten abzulehnen (BGE 72 III 6).

9 Die von *einem Dritten erfolgte Zahlung* der Betreibungssumme hat nicht ohne weiteres das Erlöschen der Betreibung zur Folge. Der die Zahlung leistende Dritte ist zur Beschwerde nicht legitimiert (SG, AB, 04.01.1946, BlSchK 1948, S. 12).

10 *Bezahlt ein Dritter ohne Vorbehalt für den Schuldner eine in Betreibung* gesetzte Forderung, so steht ihm gegenüber dem BA kein Rückerstattungsrecht zu (BGer 29.08.1957, BlSchK 1958, S. 120).

11 (i.V.m. Art. 61 VZG) – Ein Zahlungsversuch bei der Gantbeamtung an die Gläubigerin während laufender Versteigerung erfolgt zu Unzeit und führt nicht zur Unterbrechung der Versteigerung. Insbesondere erlischt eine Schuld nur durch Bezahlung an das BA (TG, Rekurskom. ObGer, 05.05.1997, BlSchK 2000 S. 95).

12 Ein Zahlungsversuch des Schuldners nach eingeleiteter Betreibung durch Postanweisung an den Gläubiger, bei welchem das Geld mangels Abholung durch den Adressaten an den Schuldner zurückgeht und von diesem «zur Verfügung des Gläubigers» gehalten wird, ist betreibungsrechtlich nicht zu beachten. Der Schuldner hat die ergangenen Betreibungskosten – auch diejenigen der Konkursandrohung – zu bezahlen (BS, AB, 31.08.1977, BlSchK 1978, S. 79).

13 Betreibung in der Schweiz für eine im Ausland erfüllbare, auf fremde Währung lautende Forderung. Vorbehalt der Zahlung gemäss dem Schuldverhältnis. Bedeutung einer Zahlung an das BA (BGE 72 III 100).

14 Die Pflicht des Amtes, mit befreiender Wirkung für den Schuldner jede für Rechnung des betreibenden Gläubigers eingehende Zahlung anzunehmen, setzt ein Zahlungsangebot in schweizerischer Währung voraus. Das gilt auch bei ursprünglich auf fremde Währung lautenden Schulden (BGE 77 III 97).

15 *Hinterlegung der Betreibungssumme durch einen Dritten* zur Abwendung einer bevorstehenden Pfändung. Ist dieser Zweck gegenstandslos geworden, so ist der hinterlegte Betrag zurückzugeben. Das BA darf ihn nicht einem andern als dem vom Hinterleger verfolgten Zweck widmen (BGE 90 III 67)

16 Das BA hat von sich aus *nur die durch seine Vermittlung erfolgten Zahlungen an die Betreibung anzurechnen,* andernfalls erfolgt die Aufhebung der Betreibung durch den Richter (BL, AB, 17.08.1960, BJM 1960, S. 297).

17 Wenn ein von mehreren Gläubigern betriebener Schuldner an das BA eine Zahlung leistet mit der genauen Weisung, sie einem bestimmten Gläubiger zukommen zu lassen, so hat sich das BA an diesen Willen zu halten (BGE 96 III 1).

18 Intervention des Arbeitgebers des Schuldners durch Ablieferung von nicht gepfändetem Lohn (Herbstzulage). Eine solche Zahlung ist nur wirksam mit Zustimmung des Schuldners oder kraft einer auf sie ausgedehnte Lohnpfändung. – Rückerstattungspflicht des Amtes gegenüber dem Schuldner im Rahmen des Existenzminimums, auch wenn es über den nicht gepfändeten Lohnbetrag bereits verfügt hat (BGE 76 III 81).

19 (i.V.m. Art. 85 SchKG) – Direktzahlungen des Schuldners darf das BA nur protokollieren und berücksichtigen, wenn ihm die entsprechende Zahlungsmeldung durch den Gläubiger zugeht. Eine allfällige Zahlungsmeldung des Schuldners ändert hieran nichts. Es ist Sache des Schuldners, den Gläubiger anzuhalten, die ihm zugekommene Zahlung dem BA zur Kenntnis zu bringen oder aber gegen den Gläubiger auf richterliche Aufhebung der Betreibung zu klagen (BS, AB, 04.12.1980, BlSchK 1985, S. 18).

20 (i.V.m. Art. 85 und 88 SchKG) – Das BA hat einem Fortsetzungsbegehren die gesetzliche Folge zu geben, sofern ein allfällig erhobener Rechtsvorschlag rechtskräftig durch Rechtsöffnungsentscheid beseitigt und die Forderung mitsamt Zinsen und Kosten nicht durch Zahlung an das BA getilgt worden ist. Macht der Schuldner geltend, die Forderung sei nach dem Rechtsöffnungsentscheid durch direkte Zahlung an den Gläubiger getilgt oder von diesem gestundet worden, so hat er gemäss Art. 85 SchKG beim Gericht (und nicht bei den Aufsichtsbehörden) die Aufhebung bzw. die Einstellung der Betreibung zu verlangen (BE, AB, 24.01.1983, BlSchK 1986, S. 186).

21 (i.V.m. Art. 1 Abs. 2 ZGB) – 1. Nach geltendem Recht kann das BA keine Zahlung für eine gelöschte Betreibung entgegennehmen. – 2. Solange der Schuldner nicht beweist, dass der Inhaber eines Verlustscheines unauffindbar ist, stellt sich die Frage einer Lücke im Gesetz nicht (BGE 117 III 1).

22 Die Bezahlung des Betrages der gepfändeten Forderung an das Amt ist nicht nur einer Verwertung gleich zu setzen, sondern damit erlischt auch die Schuld gemäss Art. 12 SchKG; am Tag der Zahlung hört der Lauf der vertraglichen Zinsen auf. Der Umstand dass eine Widerspruchsklage hängig und/oder eine strafrechtliche Beschlagnahme verfügt ist, verpflichtet das Amt lediglich, den Betrag zu hinterlegen und nach Wegfall der besagten Hindernisse mit den Zinsen der Hinterlegung zu verteilen (BGE 127 III 182).

Art. 13 K. Aufsichtsbehörden
1. Kantonale
a. Bezeichnung

¹ Zur Überwachung der Betreibungs- und der Konkursämter hat jeder Kanton eine Aufsichtsbehörde zu bezeichnen.

² Die Kantone können überdies für einen oder mehrere Kreise untere Aufsichtsbehörden bestellen.

1 Eine in *Missachtung von Art. 392 Ziff. 2 ZGB angehobene Betreibung ist von Amtes wegen aufzuheben.* Würden indessen durch diese Massnahme die Rechte eines Dritten verletzt, so ist sie nur zu treffen, wenn er sich Rechenschaft geben konnte von der zwischen Vormund und Mündel bestehenden Interessenkollision (BE, AB, 27.04.1949, ZBJV 1950, S. 527).

2 Der *Liquidator im Nachlassvertragsverfahren mit Vermögensabtretung untersteht nicht nur der Aufsicht und Kontrolle des Gläubigerausschusses,* sondern auch der *Aufsicht der betreibungsrechtlichen AB,* wobei er von dieser entlassen und durch einen andern ersetzt werden kann (LU, SchKKomm, 04.10.1961, Max. XI, Nr. 45).

3 Die AB für Schuldbetreibung und Konkurs sind nicht zuständig, *das Honorar des Sachwalters* im Sinne von Art. 725 Abs. 4 OR festzusetzen (BGE 98 III 41)

4 Erscheint eine Beschwerde des Gläubigers als gegenstandslos, so hat die AB von Amtes wegen für die Behebung der Rechtsverzögerung zu sorgen (ZH, ObGer, II. Zivilkammer, 08.07.1960, BlSchK 1962, S. 86).

5 Auch die *ausseramtliche Konkursverwaltung* unterliegt wie die ordentliche, *der Überwachung durch die AB.* Somit können Gläubiger wie Schuldner gegen gesetzwidrige oder auch bloss unangemessene Verfügungen Beschwerde führen, sofernsie dadurch in ihren rechtlich geschützten Interessen betroffen sind. Kraft ihres Aufsichtsrechts können die AB aber auch ohne Beschwerde eingreifen und der Konkursverwaltung Weisungen erteilen, wenn sich dies als erforderlich erweisen sollten (Jaeger N 1c zu Art. 241, N 1 zu Art. 13 SchKG) (BGE 101 III 49).

6 Das Beschwerde- und Rekursverfahren vor den kantonalen AB wird durch kantonales Recht bestimmt. Das BGer entscheidet nur bei Verletzung von Bundesrecht (BE, Autorité de cantonale surveillance, 26.07.1972, BlSchK 1977, S. 172).

7 Instanzenzug im kantonalen Beschwerdeverfahren. – Wo das kantonale Recht eine untere und eine obere AB vorsieht, haben diese den Instanzenzug von Bundesrecht wegen zu beachten. Die obere AB ist deshalb nicht befugt, eine Beschwerde als erste und einzige kantonale Instanz zu beurteilen (BGE 113 III 113).

8 (i.V.m. Art. 17 und 21 SchKG) – Befugnis der AB, eine Beschwerde bei schwerwiegenden Rügen als Anzeige zu behandeln, auch wenn auf sie nicht einzutreten ist (SH, AB, 26.11.1998, BlSchK 1999, S. 173).

9 Instanzenzug im kantonalen Beschwerdeverfahren. – Die obere kantonale AB, die einen Nichteintretenseintscheid einer unteren AB aufhebt, ist von Bundesrechts wegen nicht verpflichtet, die Sache zur materiellen Beurteilung an die Vorinstanz zurückzuweisen; sie darf die Beschwerde selbst behandeln; dies ist dem kantonalen Recht vorbehalten (Präzisierung der Rechtsprechung) (BGE 127 III 171).

Art. 14   b. Geschäftsprüfung und Disziplinarmassnahmen

¹ Die Aufsichtsbehörde hat die Geschäftsführung jedes Amtes alljährlich mindestens einmal zu prüfen.

² Gegen einen Beamten oder Angestellten können folgende Disziplinarmassnahmen getroffen werden:
1. Rüge;
2. Geldbusse bis zu 1000 Franken;
3. Amtseinstellung für die Dauer von höchstens sechs Monaten;
4. Amtsentsetzung.

1 Der Liquidator im *Nachlassvertragsverfahren mit Vermögensabtretung* untersteht nicht nur der Aufsicht und Kontrolle des Gläubigerausschusses, *sondern auch der Aufsicht der betreibungsrechtlichen AB*, wobei er von dieser entlassen und durch einen andern ersetzt werden kann (LU, ObGer, SchKKomm 04.10.1961, Max. XI, Nr. 46).

2 Auch die *ausseramtliche Konkursverwaltung untersteht der disziplinarischen Kontrolle durch die AB*. Diese Kontrolle kann auch eine *juristische Person* erfassen. Dies gilt vor allem für die beiden schwersten Disziplinarmassnahmen, die zeitweilige Amtseinstellung und die Amtsentsetzung. Bei den restlichen zwei vorgesehenen Sanktionen wären gegenüber den Organen einer juristischen Person auszusprechen, was ihre Wirksamkeit nicht beeinträchtigen würde (BGE 101 III 49).

3 *Disziplinarbefugnisse stehen nur den kantonalen AB*, nicht dem BGer zu. Letzteres kann daher auch nicht über eine Kostenauflage in einer Disziplinarbeschwerde entscheiden. Die Kostenauflage ist stets zu begründen (ZH, ObGer, II. Kammer, 09.07.1946, BGer SchKK, 12.09.1946, ZR 1947, Nr. 17).

4 Disziplinarische Bestrafung eines BB wegen Blossstellung eines Schuldners begangen durch vorzeitige Anzeige der in Art. 99 SchKG vorgesehenen Zahlungssperre (ZH, ObGer, II. Kammer, 21.02.1947, ZR 1948, Nr. 32, BlSchK 1950, S. 6).

5 Dem BGer stehen gegenüber kantonalen Betreibungs- und Konkursbeamten keine Disziplinarbefugnisse zu (BGE 79 III 150, 90 III 25, 91 III 41).

6 Kein Rekurs gegen Disziplinarverfügungen der AB über das BA und KA möglich (BS, Appellationsgericht, 11.11.1947, Entscheidungen, Bd. 9, 1. Heft, S. 250).

7 Gläubiger und Schuldner haben *keinen Anspruch auf disziplinarische Ahndung des BB*, sondern nur ein Verzeigungsrecht (ZH, BezGer Zürich, 20.01.1953, ObGer II. Zivilkammer, 21.03.1953, BlSchK 1954, S. 50).

Erster Titel: Allgemeine Bestimmungen Art. 14

8 Im Beschwerdeverfahren nach Art. 17 SchKG kann keine Disziplinierung des BB verlangt werden. Der Beschwerdeführer hat lediglich ein Verzeigungsrecht (LU, SchKKomm 11.12.2000, LGVE 2000 I 49, BlSchK 2002, S.45).

9 Im Disziplinarverfahren gegen einen Beamten ist der Anzeiger nicht Partei und kann nicht unter Androhung von Sanktionen vor die AB geladen werden. Amtspflichtverletzungen sind im Disziplinarverfahren von Amtes wegen abzuklären (AG, ObGer SchKK 28.05.1962, AGVE 1962, S. 97, SJZ 1964, S. 272).

10 Die *Androhung polizeilicher Vorführung* für den Fall des Nichterscheinens auf der zweiten Vorladung an den Pfändungsschuldner ist «*keine unbillige Härte*». Eine deswegen auf Disziplinierung des betreffenden Pfändungsbeamten abzielende Beschwerde ist unbegründet (BS, AB, 15.08.1963, BGer SchKK, 02.09.1963, BlSchK 1965, S. 20).

11 Der *Beschwerdeführer ist nicht legitimiert*, die von der unteren AB einem BB erteilte Rüge als zu mild anzufechten und zu verlangen, dass sie durch eine strengere Disziplinarstrafe ersetzt werde (SG, AB, 25.11.1965, GVP 1965, S. 64, SJZ 1968, S. 121).

12 *Amtspflichtverletzung eines BB. Gläubigerbegünstigung* – Amtsenthebung als Nebenstrafe. Gewährung des bedingten Strafvollzuges nur für die Hauptstrafe, nicht aber für die Nebenstrafe (BGer SchKK, 01.06.1951, BlSchK 1952, S. 121).

13 Die kantonale AB kann einen BB wegen Verfehlungen, die zwar mit seiner Amtstätigkeit nicht im Zusammenhang stehen, aber das Vertrauen, das ihm Behörden und Publikum schenken müssen, zerstören, in analoger Anwendung von Art. 352 OR entlassen (ZR 1936, S. 143) (LU, ObGer, SchKKomm 11.07, 1946, Max. IX, Nr. 447).

14 Zur Anordnung einer vorsorglichen Amtsentsetzung ist die untere AB zuständig; Voraussetzungen: Die bundesrechtlich vorgesehene Amtsentsetzung muss in schwerwiegenden Fällen schon im Laufe des Disziplinarverfahrens vorsorglich angeordnet werden können, um die Funktionsfähigkeit und Vertrauenswürdigkeit des betroffenen Amtes zu wahren. Nach den im Beamtenrecht des Bundes zur vorläufigen Amtsenthebung entwickelten Grundsätzen entwickelten Grundsätzen setzt eine vorsorgliche Massnahme voraus, dass Gefahr in Verzug ist und das öffentliche Interesse ein sofortiges Handeln erfordert. An das Verhalten eines Bundesbeamten oder Betreibungsbeamten sind in disziplinarrechtlicher Hinsicht keine erheblich voneinander Anforderungen zu stellen (LU, SchKKomm, 21.11.1984, LGVE 1984 I 26).

15 Absetzung einer ausserordentlichen Konkursverwaltung durch die kantonale AB. – Zulässigkeit der staatsrechtlichen Beschwerde – Ein Rekurs ans BGer gemäss SchKG Art. 19 Abs. 1 ist nur zulässig, wenn gerügt wird, dass die AB zur Disziplinierung nicht zuständig gewesen sei oder dass sie eine Massnahme verhängt habe, die im Gesetz nicht vorgesehen sei. Voraussetzungen der Amtsenthebung: Von den vier in Absatz 2 des Art. 14 SchKG aufgeführten Disziplinarmassnahmen ist die Absetzung ohne Zweifel die strengste Ordnungsstrafe gegen ein Exekutivorgan. Die AB wird sie deshalb nur dann aussprechen, wenn offensichtliche Verletzungen bzw. Handlungen vorliegen, die zeigen, dass es unmöglich ist, den Verantwortlichen im Amte funktionieren zu lassen. Ein gelegentlicher Fehler genügt aber nicht ohne weiteres zu dieser Massnahme. Ebenso reichen Vorwürfe der Unfähigkeit und der Parteilichkeit, die sich bloss auf Verdächtigungen stützen, nicht aus, sondern es müssen diese konkret durch einen Nachteil oder durch eine drohende Gefährdung der Parteiinteressen zutagegetreten sein (BGE 112 III 67/68, Praxis 78, Nr. 140).

16 Die AB kann den Nachlassverwalter (im Nachlassvertrag mit Vermögensabtretung) mit einer Ordnungsstrafe im Sinne von Abs. 2 belegen (BGE 114 III 120).

17 Betroffene können Verfehlungen von Betreibungs- oder Konkursbeamten der AB anzeigen. Es handelt sich dabei nicht um eine Beschwerde im Sinne des Art. 17 SchKG (BE, AB, 10.05.1993, Bl SchK 1994 S. 49).

18 Absetzung der Konkursverwaltung durch die AB aus disziplinarischen oder anderen wichtigen Gründen. Im vorliegenden Fall lässt es die AB trotz erheblicher Vorwürfe gegenüber der ausseramtlichen

Konkursverwaltung bei einer Rüge bewenden, da deren Amtsenthebung eine erhebliche Verfahrensverzögerung und -verteuerung zur Folge hätte (SH, AB, 08.07.1994, BlSchK 1994, S. 222).

19 (i.V.m. Art. 295 SchKG) – Gemäss Art. 295 Abs. 3 SchKG untersteht der Sachwalter im Nachlassverfahren der Disziplinarhoheit der AB (ZH, BezGer, 25.03.1999, BlSchK 2001, S. 151).

Art. 15 2. Bundesgericht

¹ Das Bundesgericht übt die Oberaufsicht über das Schuldbetreibungs- und Konkurswesen aus und sorgt für die gleichmässige Anwendung dieses Gesetzes.

² Es erlässt die zur Vollziehung dieses Gesetzes erforderlichen Verordnungen und Reglemente.

³ Es kann an die kantonalen Aufsichtsbehörden Weisungen erlassen und von denselben jährliche Berichte verlangen.

⁴ Es sorgt insbesondere dafür, dass die Betreibungsämter in den Stand gesetzt werden, Verzeichnisse der in ihrem Kreise wohnenden, der Konkursbetreibung unterliegenden Personen zu führen.

1 Unter welchen Voraussetzungen sind die kantonalen AB und das BGer befugt, fehlerhafte Verfügungen von Amtes wegen aufzuheben? Verfügungen der Betreibungs- und Konkursämter sind von Amtes wegen aufzuheben, wenn sie gegen eine Vorschrift verstossen, die schlechthin zwingend oder durch deren Missachtung wenigstens im konkreten Fall öffentliche Interessen oder Interessen Dritter, am Verfahren nicht beteiligter Personen verletzt werden (vgl. BGE 30 I 83, 51 III 66, 52 III 11 und 82, 68 III 35, 69 III 50, 76 III 3 f. und 50, 77 III 55 und 58, 78 III 51, 79 III 5/6). Das BGer, das die Oberaufsicht über das Schuldbetreibungs- und Konkurswesen ausübt, kann jedenfalls dann in dieser Weise eingreifen, wenn es sich infolge eines gültigen Rekurses gegen einen Entscheid der kantonalen AB mit den betreffenden Betreibungs- oder Konkursverfahren zu befassen hat (BGE 79 III 6).

2 Die Pflicht des BB zur Feststellung, ob der Schuldner im Handelsregister eingetragen ist, erstreckt sich auf die im betreffenden Registerbezirk des Wohnsitzberechtigten (Appenzell AR, AB für SchK, 21.08.1954, BlSchK 1956, S. 12).

3 Stellungnahme des BGer zu grundsätzlichen Fragen ausserhalb eines Beschwerdeverfahrens. – Zwischen der staatsrechtlichen Beschwerde gegen kantonale Verfügungen wegen Verletzung verfassungsmässiger Rechte und der betreibungsrechtlichen Beschwerde bestehen Unterschiede, die im fraglichen Punkt eine verschiedene Behandlung der beiden Rechtsmittel rechtfertigen. Bei der betreibungsrechtlichen Beschwerde geht es jedenfalls in der Regel nicht um den Schutz von verfassungsmässigen Rechten, sondern um die Wahrung von Interessen weniger hohen Ranges. Vor allem aber kann die staatsrechtliche Kammer zu Fragen von grundsätzlicher Bedeutung, die sich im Anschluss an eine kantonale Verfügung erheben, nur auf Beschwerde hin Stellung nehmen. Demgegenüber haben die kantonalen Aufsichtsbehörden in Schuldbetreibungs- und Konkurssachen und das BGer als Oberaufsichtsbehörde in diesem Gebiete die Möglichkeit, sich zu vollstreckungsrechtlichen Fragen grundsätzlicher Art auch ausserhalb eines Beschwerdeverfahrens oder im Zusammenhang mit einer verfahrensrechtlich nicht wirksamen Beschwerde oder Weiterziehung zu äussern. *Dieser Weg steht namentlich dem BGer offen.* Es kann nötigenfalls Verordnungen und Reglemente erlassen oder den kantonalen Aufsichtsbehörden (und durch sie den Betreibungs- und Konkursämtern) Weisungen erteilen. Ferner kann es grundsätzliche Fragen, die ihm von solchen Instanzen (oder allenfalls sogar von Privaten) vorgelegt werden, in Form eines «Bescheids» beantworten (BGE 99 III 62).

4 Es liegt in der alleinigen Kompetenz der Kantone darüber zu entscheiden, ob sie einem Betreibungsamt die Zusammenarbeit mit einem ausserkantonalen EDV-Anbieter erlauben wollen oder nicht (BGE 122 III 34).

⁵ Mit Beschwerde nach Art. 19 Abs. 1 SchKG kann vom BGer nicht verlangt werden, Weisungen an die kantonalen Aufsichtsbehörden zu erlassen (BGE 129 III 556).

Art. 16   L. Gebühren

¹ Der Bundesrat setzt den Gebührentarif fest.[2]
² Die im Betreibungs- und Konkursverfahren errichteten Schriftstücke sind stempelfrei.

Art. 17   M. Beschwerde
1. An die Aufsichtsbehörde

¹ Mit Ausnahme der Fälle, in denen dieses Gesetz den Weg der gerichtlichen Klage vorschreibt, kann gegen jede Verfügung eines Betreibungs- oder eines Konkursamtes bei der Aufsichtsbehörde wegen Gesetzesverletzung oder Unangemessenheit Beschwerde geführt werden.
² Die Beschwerde muss binnen zehn Tagen seit dem Tage, an welchem der Beschwerdeführer von der Verfügung Kenntnis erhalten hat, angebracht werden.
³ Wegen Rechtsverweigerung oder Rechtsverzögerung kann jederzeit Beschwerde geführt werden.
⁴ Das Amt kann bis zu seiner Vernehmlassung die angefochtene Verfügung in Wiedererwägung ziehen. Trifft es eine neue Verfügung, so eröffnet es sie unverzüglich den Parteien und setzt die Aufsichtsbehörde in Kenntnis.

I. Verfahren

1   Die in einem Beschwerdeverfahren verfügte *Kompetenzgutzuteilung hat auch in einem parallel laufenden zweiten Betreibungsverfahren Geltung*, trotzdem der Schuldner es unterlassen hat, einen förmlichen Beschwerdeantrag neu zustellen (BS, AB, 14.05.1946, BlSchK 1946, S. 162).

2   Dem Beschwerdegegner ist regelmässig *Gelegenheit zur Vernehmlassung* zu geben (SG, AB, 08.10.1945, BlSchK 1947, S. 77).

3   Von den Parteien des Beschwerdeverfahrens *nicht angefochtene Punkte* müssen von der AB nicht überprüft werden (ZH, ObGer, II. Ziv.Kammer, 04.10.1946, BGer SchKK, 30.10.1946, ZR 1947, Nr. 24).

4   *Grenzen des Beschwerderechts nach Abschluss der Betreibung.* Dass nach Abschluss einer Betreibung auch Nichtigkeitsgründe nicht mehr zur Beschwerde hinreichende Veranlassung geben können (BGE 44 III 195) trifft nach der neueren Rechtsprechung nicht unbedingt zu (BGE 72 III 42, 73 III 23). Voraussetzung des Beschwerderechts ist jedoch stets die Möglichkeit der wirksamen Berichtigung der angefochtenen Handlung (BGE 77 III 77).

5   Das an die Beschwerde sich anschliessende Verfahren ist nicht ein summarisches (LU, SchKKomm, 13.04.1950, Max. IX, Nr. 781).

6   Die Erteilung der *aufschiebenden Wirkung im Rechtsmittelverfahren* über die Rechtsöffnung ist von Amtes wegen zu beachten. Sie *wirkt vom Zeitpunkte des Erlasses an*, auch wenn sie dem BA nicht zur Kenntnis gelangt. Trotzdem ergangene Amtshandlungen sind von Amtes wegen aufzuheben (ZH, ObGer, II. Ziv.Kammer, 30.04.1948, ZR 1950, Nr. 48).

7   Die *Vorauswürdigung von Zeugenaussagen ist zulässig*. Für die Zeugeneinvernahme sind die kantonalen Verfahrensvorschriften durch das Bundesrecht nicht verdrängt (ZH, ObGer, II. Ziv.Kammer, 23.07.1949, BGer SchKK, 05.09.1949, ZR 1950, Nr. 113).

---

2   Hiezu wird auf die Gebührenverordnung zum Bundesgesetz über Schuldbetreibung und Konkurs (GebVSchKG) vom 23.09.1996 verwiesen.

8 Das Bundesrecht und kantonales Recht. – *Kantonalrechtliches Verbot der Änderung der Rechtsbegehren*. Auslegung der mit Beschwerde und kantonalem Rekurs gestellten Anträge (BGE 82 III 145).

9 *Offizialmaxime für die Ermittlung der für die Pfändungsbeschränkung massgeblichen tatsächlichen Verhältnisse*. Offizialmaxime und Säumnisfolgen kann offenbleiben, da im Beschwerdeverfahren die Beschwerdeinstanzen ex officio alle Akten zu berücksichtigen haben, namentlich auch solche, die der Vorinstanz nicht vorlagen. Das Verhältnis zwischen dem Offizialprinzip und den einzelnen Prozessregeln ist jeweils im Einzelfall aus der Auslegung des betreffenden Prozessgesetzes zu gewinnen. Steht dem Schuldner ein Unterhaltsgläubiger gegenüber, so kann sich auch auf der Gläubigerseite die Frage der Sicherstellung des Existenzminimums aufdrängen. Aufgrund der erheblichen Bedeutung der Existenzsicherung sowie den einschneidenden Folgen, eines allfälligen Eingriffs in das Existenzminimum für die Betroffenen muss daher in Fällen, wo sich die Frage auf Schuldner- und auf Gläubigerseite stellt, der Offizialmaxime besonderes Gewicht beigemessen werden (ZH, ObGer, II. Ziv.Kammer, 12.05.1986, ZR 1986, Nr. 101).

10 *Der Beschwerdegegenstand* bestimmt sich nach den geltend gemachten Beschwerdegründen. *Eine Erweiterung* durch Vorbringen des Beschwerdegegners *in der Vernehmlassung zur Beschwerde ist nicht möglich* (ZH, ObGer, II. Ziv.Kammer, 07.10.1986, ZR 1987, Nr. 61).

11 Es *obliegt dem Zivilrichter und nicht den AB* im Rahmen eines Beschwerdeverfahrens über die *Frage der Anwendung von Art. 583 ZGB auf laufende Betreibungsverfahren zu befinden* und zu entscheiden, ob die Einrede der Annahme der Erbschaft unter öffentlichem Inventar der Untätigkeit eines Gläubigers während des öffentlichen Rechnungsrufes entgegengehalten werden kann (BGE 116 I-115).

12 Das *Zürcher kantonale Rekursverfahren*, das im Beschwerdeverfahren zur Anwendung gelangt, *kennt in der Regel eine Rückweisung nicht*, da die von der unteren AB zur Prüfung der Rechtzeitigkeit angestellten Erwägungen zugleich auch die materielle Streiterledigung enthalten (ZH, ObGer, II. Ziv.Kammer, 27.01.1948, ZR 1950, Nr. 47).

13 Der *Rekurs an das ObGer* ist nur gegen eine *prozesserledigende Erkenntnis der unteren kantonalen AB zulässig*, nicht aber gegen Beschlüsse, mit denen nur über *vorsorgliche Massnahmen* entschieden und die Aufrechterhaltung des tatsächlichen Zustandes bezweckt wird (ZH, ObGer, II. Ziv.Kammer, 15.07.1955, ZR 1960, Nr. 92).

14 Es gibt *keine betreibungsrechtliche Feststellungsbeschwerde*. Auf Begehren, die nicht schon Gegenstand des erstinstanzlichen Verfahrens waren, kann im Rekursverfahren nicht eingetreten werden (SG, AB, 08.09.1960, BlSchK 1963, S. 44).

15 Das *Beschwerde- und Rekursverfahren vor den kantonalen AB* wird durch kantonales Recht bestimmt. Das BGer entscheidet nur bei Verletzung von Bundesrecht (BE, Autorité de surveillance, 26.07.1972, BlSchK 1977, S. 172).

16 (i.V.m. Art. 79 Abs. 1 OG) – Ein *Rekurs, der den gesetzlichen Anforderungen an die Begründung nicht entspricht*, ist unzulässig und im Übrigen unbegründet, nachdem sich die kantonale AB zu Recht geweigert hat, auf eine Beschwerde gegen ein Konkursdekret einzutreten. Aufgabe der SchKK des BGer: sie besteht weder in der Instruktion und der Beurteilung eines Rechtsstreites zwischen der Rekurrentin und einem Dritten noch in der Aufhebung eines angeblich willkürlich eröffneten Konkurses (BGE 119 III 49).

17 Unter dem Vorbehalt gewisser bundesrechtlich geregelter Punkte (namentlich Fristen), ist es *Aufgabe des kantonalen Rechts, das Beschwerdeverfahren vor den kantonalen AB zu bestimmen*. So kann das kantonale Recht eigenhändige Unterschrift für Beschwerden verlangen. Auch für Rekurse an das BGer ist eigenhändige Unterschrift notwendig. Rekurse ohne Unterschrift stellen keine rechtserhebliche Erklärung dar (BGE 86 III 1 und 3).

18 *Eine mit zwei Unterschriften versehene Beschwerde* ist dahingehend zu interpretieren, dass beide Mitunterzeichner sich zu beschweren wünschen, insofern sie hiezu überhaupt legitimiert sind (BGE 90 III 67).

19 *Reicht der Beschwerdeführer die angefochtene Verfügung des BA bzw. den angefochtenen Entscheid der unteren AB nicht ein*, so kann eine kurze Frist zur nachträglichen Einreichung angesetzt werden mit der Androhung, dass bei Nichtbefolgung auf die Beschwerde bzw. Rekurs nicht eingetreten werde (SG, AB, 29.08.1963, BlSchK 1965, S. 135).

20 Wer in einem Prozessverfahren auf Ergreifung von Rechtsmitteln gegen ein als ungerecht empfundenes Urteil verzichtet, kann in einem auf das Urteil gestützten Betreibungsverfahren nicht durch eine betreibungsrechtliche Beschwerde nachholen, was er prozessual verpasst hat (BS, AB, 27.10.1978, BlSchK 1981, S. 106).

21 *Ziel einer Beschwerde* kann (abgesehen von Rechtsverweigerung oder Rechtsverzögerung) nur die *Aufhebung oder Abänderung einer Verfügung* sein. Kann eine angefochtene Verfügung nicht mehr rückgängig gemacht werden, so besteht folglich auch kein Beschwerderecht mehr. – Haltlose und trölerische Beschwerden führen mitunter zu Busse und Kostenauferlegung (BS, AB, 22.08.1972, BlSchK 1975, S. 11).

22 Im Beschwerdeverfahren nach Art. 17 SchKG *kann keine Disziplinierung des BB verlangt werden*. Der Beschwerdeführer hat lediglich ein Verzeigungsrecht (LU, SchKKomm, 11.12.2000, LGVE 2000 I Nr. 49, BlSchK 2002, S. 45.

23 *Trölerische Beschwerden* führen mitunter zu Bussen (BS, AB, 16.09.1964, 06.04.1977, BlSchK 1967, S. 46 und 1980, S. 161).

24 Die *Nichteinreichung einer Strafanzeige durch das BA* gegen einen Schuldner bildet *keinen Beschwerdegrund* (AR, AB, 29.08. und 17.11.1986, BlSchK 1988, S. 17).

25 Ein Entscheid einer unteren AB kann auch durch eine zur Beschwerde grundsätzlich legitimierten *Person, die vor der unteren AB nicht als Beschwerdeführerin aufgetreten* ist, an die obere AB weitergezogen werden (SG, AB, 16.05.1967, GVP 1967, S. 125, SJZ 1969, S. 332).

26 Ist die Revision eines Beschwerdeentscheides nach dem SchKG statthaft? Über die Möglichkeit der Revision eines Beschwerdeentscheides schweigt sich das SchKG aus und überlässt ein allfälliges Verfahren dem kantonalen Recht. Von *Bundesrechts wegen besteht keine Veranlassung das Rechtsmittel der Revision nicht zuzulassen* (vgl. Art. 78 Abs. 2 OG) (BL, AB, 16.09.1968, BlSchK 1970, S. 49).

27 Das *Rechtsöffnungsverfahren kann nicht mit dem Beschwerdeverfahren verbunden werden*. Es handelt sich um zwei verschiedene Verfahren, für die in Bezug auf Zuständigkeit, Vorgehen, Beweismöglichkeiten und Rechtsmittel ganz verschiedene Vorschriften gelten (LU, SchKKomm 16.04.1970, Max. XI. Nr. 773).

28 Die *AB haben* im Beschwerde- und Rekursverfahren *zu prüfen, ob die Person*, der *Betreibungsurkunden für die unverteilte Erbschaft* zugestellt worden sind oder die eine andere Person *zu deren Entgegennahme bevollmächtigt hat, zu dem in Art. 65 Abs. 3 SchKG genannten Kreis von Personen gehört* (BGE 101 III 1).

29 Der Entscheid einer AB, ein Verfahren zu sistieren, bis ein ausländisches Gericht ein Urteil erlassen hat in einem Prozess über eine unverteilte Erbschaft, in welchem der beschwerdeführende Erbschaftsgläubiger nicht Partei ist, kann eine formelle Rechtsverweigerung oder Rechtsverzögerung bedeuten. *Die AB sind im Beschwerde- bzw. Rekursverfahren befugt, vorfrageweise eine Rechtsfrage aus einem anderen Rechtsgebiet zu prüfen* (BGE 101 III 1).

30 Die Durchführung eines *zweiten Schriftenwechsels im Beschwerdeverfahren* ist in das Ermessen der AB gestellt. Die Parteien besitzen keinen Anspruch darauf (GR, PKG 1953, S. 133, BlSchK 1955, S. 178).

31 Die Vernehmlassung des Beschwerdeführers durch die kantonale AB ist im Bundesrecht nicht vorgeschrieben (BGer 17.01.1975, BlSchK 1977, S. 63).

32 Lohnpfändung zu Lasten des Ehemannes, um der Ehefrau die regelmässige Zahlung des im Trennungsurteil festgesetzten Unterhaltsbeitrages zu sichern. Reduktion des pfändbaren Betrages durch die AB auf Beschwerde des Ehemannes hin, ohne dass die Gläubigerin zu den Vorbringen des Schuldners hätte Stellung nehmen können. – Im Beschwerdeverfahren ist der *Anspruch auf rechtli-*

ches Gehör, wozu insbesondere das Recht auf Beschwerdeantwort und auf Stellungnahme gehört, durch das Bundesrecht garantiert. Die Verweigerung des rechtlichen Gehörs kann jedoch nicht mit einer Beschwerde wegen (formeller) Rechtsverweigerung gemäss Art. 19 Abs. 2 SchKG gerügt werden, sondern gegen eine innert zehn Tagen anfechtbare Massnahme ist die staatsrechtliche Beschwerde wegen Verletzung verfassungsmässiger Recht zulässig (Bestätigung und Präzisierung der Rechtsprechung (BGE 101 III 68).

33 *Rechtliches Gehör* – Wird die Rechtsstellung eines Beteiligten im Beschwerdeverfahren zu seinem Nachteil abgeändert, ohne dass ihm Gelegenheit gegeben worden wäre, sich zur Beschwerde zu äussern, so verletzt dies den durch Art. 4 BV gewährleisteten Anspruch auf rechtliches Gehör. Eine Gehörsverweigerung kann jedoch nicht mit dem Rekurs im Sinne von Art. 19 SchKG, sondern nur mit staatsrechtlicher Beschwerde gerügt werden (BGE 105 III 33).

34 *Art. 8 ZGB ist im Beschwerdeverfahren* nach Art. 17/18 SchKG *analog anwendbar*. Dabei dürfen nicht so strenge Anforderungen an das Anerbieten von Beweisen gestellt werden wie in einem Zivilprozess (BGE 107 III 1).

35 *Rechtsmittelbelehrung im Beschwerdeverfahren*. – Die kantonalen AB sind von Bundesrechts wegen nicht verpflichtet, ihre Entscheide mit einer Rechtsmittelbelehrung zu versehen. Eine Rechtsmittelbelehrung ist jedoch zu empfehlen (BGE 101 III 97).

36 Jede betreibungsrechtliche Beschwerde ist durch einen förmlichen Entscheid zu erledigen, solange sie nicht gegenstandslos geworden ist (SG, AB, 29.10.1947, Amtsbericht 1947, S. 10, BlSchK 1950, S. 10).

37 Eine *staatsrechtliche Beschwerde* kann nicht ohne äusserliche und inhaltlich klare Trennung in einer einzigen Eingabe mit einem Rekurs an die SchKK des BGer verbunden werden (BGE 120 III 64).

38 (i.V.m. Art. 58 Abs. 3 BG über das Verwaltungsverfahren (VwVG) – Wiedererwägung der angefochtenen Verfügung. *Ersetzt das BA die angefochtene Pfändungsurkunde durch eine neue*, so ist dem hängigen Beschwerdeverfahren die Grundlage entzogen. Das Beschwerdeverfahren ist folglich als gegenstandslos abzuschreiben. Dies gilt in der Regel auch dann, wenn mit der neuen Verfügung die Anträge des Beschwerdeführers nur teilweise berücksichtigt worden sind. Eine Fortsetzung des bisherigen Beschwerdeverfahrens ist jedenfalls dann nicht zulässig, wenn die neue Verfügung in die Rechtsstellung der bisherigen Gegenpartei eingreift (LU, SchKKomm 20.02.1997, LGVE I 1997, Nr. 53, BlSchK 1998, S. 208).

39 Es liegt keine Verletzung des Paktes über die bürgerlichen und politischen Rechte durch die AB in französischer Sprache verfassten Beschwerde entgegenzunehmen über Schuldbetreibung- und Konkurs des Kantons Solothurn vor, wenn sie sich geweigert hat, eine in französischer Sprache verfasste Beschwerde entgegenzunehmen (BGE 124 III 205).

40 (i.V.m. Art. 155 Abs. 2 SchKG) – Bei der *Mitteilung des Verwertungsbegehrens* durch das BA *handelt es sich nicht um eine anfechtbare Verfügung* im Sinne von Art. 17 SchKG (SH, AB, 02.07.1993, BlSchK 1994, S. 8).

41 (i.V.m. Art. 91 SchKG) – Will der Gläubiger *ergänzend zur Pfändungsurkunde weitere Vermögensgegenstände* des Schuldners *eingepfändet haben*, hat er dies dem BA anzuzeigen. Das Erheben einer Beschwerde ist hiezu nicht der richtige Weg (BE, AB, 30.07.1993, BlSchK 1994, S. 10).

42 *Armenrecht (Art. 152 OG)* – *Beweismittel und Beweiserhebung* im betreibungsrechtlichen Beschwerdeverfahren; Nova (Art. 79 Abs. 1 zweiter Satz OG). – Im Rekursverfahren gemäss Art. 78 ff. OG besteht weder für die Gewährung der unentgeltlichen Rechtspflege noch für die Bestellung eines Armenanwaltes eine gesetzliche Grundlage. – Die Frage der Zulässigkeit von Beweismitteln und der Form der Beweiserhebung im betreibungsrechtlichen Beschwerdeverfahren richtet sich nach dem Verfahrensrecht, das weitgehend den Kantonen vorbehalten ist (BGE 102 III 10).

43 Der Anspruch auf einen *unentgeltlichen Rechtsvertreter* ist grundsätzlich auch für das Beschwerdeverfahren gewährleistet (Änderung der Rechtsprechung). Formelle Voraussetzungen an das Gesuch gemäss Beschleunigungsgebot. Der Gesuchsteller hat – gleichzeitig mit der Beschwerde oder den Bemerkungen – alle Dokumente einzureichen und alle für die Beurteilung der Voraussetzungen re-

levanten Beweismittel anzugeben, wobei es um die Suche der gefragten Dokumente zu erleichtern und ein Verzögerungsverhalten zu verhindern, zweckmässig ist, wenn darum ausdrücklich ersucht wird, eine Notfrist zu gewähren, die nicht länger ist als die Beschwerdefrist. Ohne Anspruch auf Vollständigkeit *muss der Beschwerdeführer einreichen:*
- Steuererklärung,
- die letzte Steuereinschätzung,
- eine Bescheinigung der Gemeindeexekutive bezüglich der am Ort bekannten Ertrags- und Vermögenskraft, unter Angabe des Zeitpunktes, ab welchem der Gesuchsteller Wohnsitz oder Aufenthalt in der Gemeinde genommen hat,
- eine Erklärung des BA des Wohnsitzortes des Gesuchstellers bezüglich der laufen den Betreibungen inkl. die Verlustscheine (TI, AB, 08.03.1996, BlSchK 1996, 79).

44 *Unentgeltliche Rechtspflege in Beschwerdeverfahren* – Auch in dem vom Untersuchungsgrundsatz beherrschten betreibungsrechtlichen Beschwerdeverfahren nach der Art. 17 ff. SchKG kann sich die Verbeiständung durch einen Rechtsanwalt als notwendig erweisen, wenn der Sachverhalt oder die sich stellenden Fragen komplex sind, wenn die Rechtskenntnisse des Gesuchstellers unzureichend sind oder wenn bedeutende Interessen auf dem Spiele stehen (Präzisierung der Rechtsprechung). Gewährung der unentgeltlichen Rechtspflege gestützt auf Art. 152 Abs. 2 OG (BGE 122 III 392).

45 Das Beschwerdeverfahren ist unentgeltlich (BGE 90 III 99).

46 (i.V.m. Art. 61 Abs. 2 und Art. 62 Abs. 2 Geb.VO) – Bei Schuldbetreibungs- und Konkursbeschwerden *kann kein Kostenvorschuss* verlangt werden, da das Verfahren vor der AB grundsätzlich unentgeltlich ist und eine Parteientschädigung nicht zugesprochen werden darf (GR AB, 23.09.1985, BlSchK 1988, S. 18).

47 Im Beschwerdeverfahren dürfen nur die im Gebührentarif erwähnten Kosten, Auslagen und Bussen auferlegt werden. *Parteientschädigungen können*, da der Gebührentarif keine Parteientschädigung vor den AB erwähnt, in konstanter Rechtsprechung *nicht verfügt werden* (BGE 85 III 57).

48 (i.V.m. Art. 6 Ziff. 1 EMRK) – *Kein Anspruch auf öffentliche Parteiverhandlung im Beschwerdeverfahren* nach Art. 17 SchKG. – Eine solche ist auch nicht durch Art. 6 MERK geboten, da der Anwendungsbereich dieser Bestimmung allenfalls auf vollstreckungsrechtliche Klagen, die sich auf den Bestand eines zivilrechtlichen Anspruchs beziehen, nicht aber auf das Beschwerdeverfahren gemäss Art. 17 SchKG, in dem nicht über Zivilansprüche befunden wird, erstreckt. Auch das BGer hat in einem nicht publizierten Entscheid vom 25.11.1992 die Anwendbarkeit von Art. 6 EMRK auf das Beschwerdeverfahren gemäss Art. 17 SchKG verneint (BL, AB, 12.08.1996, BlSchK 1997, S. 108).

49 Kein Anspruch auf öffentliche Verhandlung im Sinne von Art. 6 Ziff. 1 EMRK im Verfahren nach Art. 17 SchKG. – Das Beschwerdeverfahren nach Art. 17 f. SchKG ist im Kanton Luzern in beiden Instanzen schriftlich. Es findet demnach keine Verhandlung statt. Ein Anspruch auf öffentliche Verhandlung lässt sich auch nicht aus Art. 6 EMRK ableiten, da sich der Anwendungsbereich dieser Bestimmung nicht auf das Beschwerdeverfahren gemäss Art. 17 SchKG erstreckt (LU, SchKKomm 23.03.2001, LGVE 2001 Nr. 40, BlSchK 2003, S. 82).

50 *Kantonalrechtliches Verbot der Änderung der Rechtsbegehren.* Auslegung der mit Beschwerde und kantonalem Rekurs gestellten Anträge (BGE 82 III 145).

51 Fortsetzung des Beschwerdeverfahrens nach der Wiedererwägung der betreibungsamtlichen Verfügung. – Ist eine Verfügung nach Rechtshängigkeit einer Beschwerde durch das BA in Wiedererwägung gezogen worden, so ist die Behandlung der Beschwerde durch die AB insoweit fortzusetzen, als mit der Wiedererwägung dem im Beschwerdeverfahren gestellten Begehren nicht entsprochen worden und damit die Beschwerde nicht gegenstandslos geworden ist (BGE 126 III 85).

II. Form und Inhalt der Beschwerde

52 Auf eine Beschwerde kann nur eingetreten werden, wenn daraus hervorgeht, was für ein *Rechtsschutzziel* der Rekurrent anstrebt (GE, AB, 25.07.1951, BlSchK 1954, S. 13).

53 Auf dem Beschwerdeweg lässt sich eine *detaillierte Kostenrechnung unentgeltlich nicht beschaffen* (BS, AB, 18.09.1996, BlSchK 1962, S. 168).

54 Ein an *ein BA oder KA gerichtetes Schreiben* ist nur dann als Beschwerde im Sinne von Art. 17 SchKG zu werten, wenn darin der Wille zum Ausdruck kommt, den Entscheid einer Oberbehörde anzurufen (BE, AB, 09.07, 1962, BlSchK 1963, S. 42)

55 Ein *Schreiben eines Gläubigers an ein BA* kann nicht ohne weiteres als Beschwerde gewertet werden. Hier wurde lediglich um eine Stellungnahme des BA ersucht (BE, AB, 20.08.1962, BlSchK 1964, S. 11).

56 *Form und Inhalt der betreibungsrechtlichen Beschwerde.* – Aus der Beschwerde muss zumindest ersichtlich sein, was der Beschwerdeführer begehrt und worauf er sich zur Begründung seines Antrages berufen will; blosse Beschwerdeankündigung genügt nicht. Eine Nachreichung der Begründung der Beschwerdeerklärung nach Ablauf der Frist gilt als verspätet, sofern die Beschwerdefrist nicht verlängert wurde (GR, AB, 11.04.1984, PKG 1984, Nr. 45).

57 Eine *Beschwerde bedarf der Begründung*. Diese muss in der Beschwerdeschrift selber stehen. Der Amtsgerichtspräsident hat es daher mit Recht abgelehnt, auf Ausführungen, die in anderen Eingaben gemacht wurden, abzustellen (LU, SchKKomm 11.03.1965, Max. XI, Nr. 421; ein hiergegen eingereichter Rekurs wurde vom BGer abgewiesen).

58 Es ist Sache des Beschwerdeführers, *die Verfügung namhaft zu machen und wenigstens kurz zu begründen,* weshalb sie angefochten wird. Andernfalls riskiert er Nichteintritt auf die Beschwerde und Tragung der Kanzleikosten (BS, AB, 19.02.1975, BlSchK 1978, S. 141).

59 Die Beschwerde ist nur zulässig, wenn der Beschwerdeführer damit im Falle ihrer Gutheissung einen *praktischen Zweck* auf dem Gebiete der Zwangsvollstreckung *erreichen kann*. Auf Beschwerden zum *blossen Zweck, die Pflichtwidrigkeit* einer Handlung oder Unterlassung eines Vollstreckungsorgan *feststellen zu lassen*, ist nicht einzutreten (Art. 21 SchKG, Bestätigung der Rechtsprechung). Befugnis der kantonalen AB und des BGer als Oberaufsichtsbehörde, zu grundsätzlichen Fragen des Vollstreckungsrechts ausserhalb eines Beschwerdeverfahrens Stellung zu nehmen (BGE 99 III 58).

60 Die *blosse Feststellung pflichtwidrigen Verhaltens* des BA (Verzögerung des Pfändungsvollzuges) kann nicht Gegenstand eines Beschwerdeverfahrens sein (BS, AB, 01.03.1979, BlSchK 1981, S. 133).

61 Die Beschwerde nach Art. 17 SchKG *zielt nur auf Aufhebung, Änderung oder Anordnung einer Massnahme des BA*, nicht aber die Feststellung der Schuld oder Nichtschuld (GE, Autorité de surveillance, 22.10.1975, BlSchK 1980, S. 9).

62 *Der Beschwerdegegenstand* bestimmt sich nach den geltend gemachten Beschwerdegründen. Eine Erweiterung durch Vorbringen des Beschwerdegegners in der Vernehmlassung zur Beschwerde ist nicht möglich (ZH, ObGer, II. Ziv.Kammer, 07.10.1986, ZR 1987, Nr. 61).

III. Noven

63 Das *Vorbringen von Nova im Beschwerdeverfahren ist unzulässig* (SO, AB, 19.05.1944, ObGer-Bericht 1955, S. 130, BlSchK 1957, S. 98).

64 Auch wer im kantonalen Verfahren die Gelegenheit, *sich der Beschwerde zu widersetzen*, *nicht benutzt hat, ist zur Weiterziehung* des die Beschwerde gutheissenden Entscheides *befugt*. Der nun erst gestellte Antrag auf Ablehnung der vom Beschwerdeführer verlangten Massnahme *ist kein «neuer»* im Sinne von Art. 79 Abs. 1 ObGer (BGE 86 III 57).

65 Über die *Zulässigkeit neuer Vorbringen vor der oberen kantonalen AB* – Das Luzerner Recht enthält keine ausdrückliche Vorschrift über die Zulässigkeit neuer Vorbringen vor den oberen kantonalen AB. Nach der bisherigen Praxis blieben Rügen unbeachtlich, die ein Beschwerdeführer erst vor zweiter Instanz vorbrachte (Max. XI, Nr. 424, IX, Nr. 49). Als *zulässig wurden immerhin solche Noven erklärt*, die ein Beschwerdeführer *lediglich zur Stützung seiner rechtzeitig vor erster Instanz erhobenen Rügen vorbrachte* (LU, SchKKomm 22.06.1977 und 03.11.1982, LGVE 1982 I 38).

Erster Titel: Allgemeine Bestimmungen **Art. 17**

66 (i.V.m. § 27 EG SchKG Zur Regelung der Novenfrage sind auch nach der Revision des SchKG der kantonale Gesetzgeber bzw. die kantonalen Rechtspflegeorgane zuständig. Im *aufsichtsrechtlichen Beschwerdeverfahren* vor ObGer *bleiben Noven* nach wie vor *in der Regel unbeachtlich* (LU, SchKKomm 30.01.1997, LGVE 1997 I 54, BlSchK 1998, S. 211).

IV. Betreibungsarten

67 (i.V.m. Art. 41 SchKG) – Wird eine *ordentliche Betreibung auf Pfändung oder Konkurs anstelle der* von Art. 41 Abs. 1 SchKG vorgesehene *Betreibung auf Pfandverwertung* eingeleitet, so ist die Zustellung des Zahlungsbefehls innert der zehntägigen Frist des Art. 17 SchKG anzufechten. Ebenso hat der Weiterzug innert der zehntägigen Frist der Art. 18 Abs. 1 bzw. Art. 19 Abs. 1 SchKG zu erfolgen (BGE 120 III 105).

68 Wenn der Gläubiger die *Betreibung auf Verwertung eines Grundpfandes anstelle der Betreibung auf Verwertung eines Faustpfandes* gewählt hat, so muss der Schuldner sich *dagegen mittels Rechtsvorschlag zur Wehr setzen* und kann nicht den Beschwerdeweg gemäss Art. 17 ff. SchKG beschreiten (BGE 122 III 295).

69 Will der mit *gewöhnlicher Betreibung* ins Recht gefasste Schuldner *geltend machen, die Schuld sei pfandgesichert* und er begehre deshalb die Betreibung auf Pfandverwertung, so hat er *gegen den Zahlungsbefehl Beschwerde* zu führen (NE, AB, 30.06.1992, BlSchK 1994, S. 183).

70 Lautet ein *Zahlungsbefehl abweichend vom Begehren des Gläubigers* auf *eine ordentliche* Betreibung *statt auf eine Betreibung auf Pfandverwertung*, so ist er nicht nichtig, sondern nur anfechtbar, da eine blosse Abweichung von einem Parteibegehren keine Verletzung der öffentlichen Ordnung darstellt (BL, ObGer, 12.07.1994, SJZ 1996, S. 130).

V. Legitimation/Parteifähigkeit (siehe auch unter «Arrestverfahren»)

71 Eine *einfache Gesellschaft* oder Geschäftsstelle einer solchen ist nicht partei- und prozessfähig, da sie keine Rechtspersönlichkeit besitzt (BGE 96 III 103).

72 (i.V.m. Art. 560 und 602 ZGB), § 5 ZPO BS) – Zur Frage der *Parteifähigkeit einer Erbschaft in einem Zivilprozess* – Die passive Parteifähigkeit eines Nachlasses im Zivilprozess ist Kraft eidgenössischen Rechts gegeben. Insoweit es sich darum handelt, ein Urteil als Grundlage für eine Betreibung eines Nachlasses zu erwirken, geht die passive Parteifähigkeit aus Art. 49 SchKG hervor, da dort einer Erbschaft die passive Betreibungsfähigkeit zuerkannt wird (Guldener, Bundesprivatrecht und kantonales Zivilprozessrecht, ZSR 80 II, S. 37). (BS, Zivilgericht, 12.03.1971, BJM 1973, S. 171).

73 (i.V.m. Art. 602 ZGB) – *Die Erbengemeinschaft,* für die nicht gemäss Art. 602 ZGB eine Vertretung bestellt worden ist, ist nicht parteifähig und demnach nicht zur Beschwerde legitimiert (BE, AB, 22.12.1972, BlSchK 1977, S. 46).

74 Für die *Legitimation als Beschwerdeführer ist die Verletzung eines eigenen rechtlich geschützten Interesses* Voraussetzung des Beschwerderechts (BGE 96 III 60).

75 *Nur derjenige ist zur Beschwerde legitimiert*, welcher durch die angefochtene Massnahme *in seinen rechtlich geschützten Interessen verletzt wird* (GE, Autorité de surveillance, 11.02.1981, BlSchK 1982, S. 94).

76 Zur *Bestreitung der Legitimation* im betreibungsrechtlichen Beschwerdeverfahren *sind* neben dem *beschwerdebeklagten Amt auch Schuldner oder Gläubiger zuständig* (SO, AB, 21.09.1953, ObGer-Bericht 1953, S. 128, BlSchK 1955, S. 139).

77 Anfechtbare Verfügung – Eine dem Schuldner *erteilte Weisung im Sinne von Art. 298 SchKG.* – Ein davon *betroffener Gläubiger und Zessionar ist* zur Beschwerde *legitimiert* (BGE 82 III 131).

78 Zur Beschwerde *gegen Verfügungen der Konkursverwaltung sind nur Personen legitimiert,* die durch den angefochtenen Akt in *ihrem rechtlich geschützten Interesse betroffen sind.* Ein im Konkursverfahren rechtskräftig abgewiesener Gläubiger kann sich auf dieses Interesse nicht berufen, wenn die Konkursverwaltung der Gläubigerschaft den Verzicht der Konkursmasse auf dubiose Forderungsansprüche beantragt (BS, AB, 20.08.1980, BlSchK 1985, S. 27).

79 Zur Beschwerde ist gegenüber Verfügungen der Organe des Konkurses grundsätzlich auch ein nicht anerkannter Konkursgläubiger befugt, dessen Forderung noch den Gegenstand eines hängigen Rechtsstreites bildet. Er hat jedoch kein Beschwerderecht gegenüber einer Verfügung, welche die Weiterführung des Prozesses über seine Forderung durch die Masse betrifft (BGE 90 III 86).

VI. Des Schuldners

80 Befugnis des Schuldners, Massnahmen zur Erfassung und Sicherung von Vermögenswerten der Konkursmasse wegen *Gesetzwidrigkeit oder wegen Unzuständigkeit des handelnden KA durch Beschwerde und Rekurs* anzufechten (BGE 94 III 83).

81 Auch dem Schuldner steht ein *Beschwerderecht in beschränktem Umfange zu*. Dieses Beschwerderecht des Schuldners wird bei der Verwertung der Konkursmasse akut. Das BGer billigt ihm eine Beschwerde bezüglich der Liquidation der Masse zu, aber nur insoweit, als der Schuldner auf eine rechtmässige Art der Liquidation hinwirken kann. Daher wird ihm das *Beschwerderecht nur gegeben wegen Rechtsverweigerung, Rechtsverzögerung und Rechtswidrigkeit.* Dagegen kann er sich wegen Unangemessenheit einer Verfügung nicht beschweren (BGE 33 I 483, 42 III 88 425, 50 III 91) (BGE 85 III 175).

82 Zur Beschwerde wegen ungesetzlicher Einleitung eines Widerspruchsverfahrens ist auch der Schuldner berechtigt (BGE 86 III 57).

83 Der Schuldner, der bestreitet, Eigentümer der mit Arrest belegten Gegenstände zu sein, ist zur Beschwerde befugt (BGE 111 III 49).

84 Bei einer *Betreibung gegen die Erbschaft ist der einzelne Erbe*, auch wenn alle Erben bekannt sind und ihnen allen der Zahlungsbefehl zugestellt werden konnte, *allein zur Beschwerde legitimiert*, dies deshalb, weil im Beschwerdeverfahren rasches Handeln geboten ist und dem einzelnen Erben nicht zugemutet werden kann, vor seinem Entscheid betreffend die Rechtsvorschlagserklärung oder Rechtsmittelergreifung noch die übrigen Erben zu konsultieren (BL, ObGer, 28.02.1992, SJZ 1993, S. 344).

VII. Des Schuldners im Konkurs- und Nachlassverfahren

85 (i.V.m. Art. 268 OR) – Ein Schuldner *ist nicht legitimiert*, sich gegen die *konkursrechtliche Verwertung von Fahrnis* unter Berufung auf das seinem Vermieter daran (angeblich) zustehenden Retentionsrecht auf dem Beschwerdeweg zur Wehr zu setzen (BS, AB, 09.09.1965, BlSchK 1966, S. 168).

86 *Wirkungen des vom Sachwalter im Konkursaufschubverfahren angeordneten Entzuges der Geschäftsführung und Vertretungsbefugnis des Schuldners. Dieser bleibt aktiv legitimiert* zur Beschwerdeführung im Sinne von Art. 17 und 19 SchKG. Der Schuldner kann im Konkursaufschubverfahren betreibungsrechtliche Aufsichtsbeschwerden gegen Verfügungen des Sachwalters, hingegen nicht gegen Verfügungen des Konkursrichters oder des von diesem provisorisch eingesetzten Geschäftsführers richten (ZH, ObGer, II. Ziv.Kammer, 07.07.1970, ZR 1970, Nr. 113).

87 *Beschwerderecht* des Schuldners *zur Wahrung seiner rechtlich geschützten Rechte und Interessen* nicht nur hinsichtlich der Verwertung, *sondern auch hinsichtlich der Erfassung und Sicherung von Konkursaktiven* (BGE 95 III 25).

88 (i.V.m. Art. 740 Abs. 5 OR) – *Befugnis der Organe einer im Konkurs befindlichen Aktiengesellschaft* zur Beschwerdeführung (LU, SchKKomm 10.08.1972, Max. XII, Nr. 94).

89 *Legitimation einer konkursiten AG* – Legitimation einer konkursiten Aktiengesellschaft und ihren bisherigen Organe als Drittpfandeigentümer zur Beschwerde in der Betreibung auf Pfandverwertung (GR, AB, 03.02.1992, PKG 1992, S. 175).

90 *Der alleinige Aktieninhaber einer Aktiengesellschaft*, die sich in Konkurs befindet, ist *nicht berechtigt, im Namen der AG* Beschwerde einzureichen (NE, Autorité de surveillance, 04.07.1974, BlSchK 1977, S. 25).

91 Auch der im *Ausland niedergelassene ausländische Schuldner* ist zur Beschwerde gegen *Massnahmen des KA legitimiert* (BGE 94 III 83).

92 Der Schuldner kann *Verfügungen der Konkursverwaltung und Gläubigerbeschlüsse über die Verwertung von Aktiven anfechten, wenn sie in seine gesetzlich geschützten Rechte und Interessen eingreifen.* Für eine im Konkurse befindliche Aktiengesellschaft können in einem solchen Fall die bisherigen Organe handeln (Art. 740 Abs. 5 OR). *Einzelnen Aktionären fehlt die Beschwerdelegitimation* (BGE 88 III 28).

93 Legitimation des unbeschränkt haftenden Gesellschafters der Schuldnerin – Kognition der AB – Nach der Praxis ist der Schuldner befugt, Gläubigerbeschlüsse über die Verwertung mit Beschwerde anzufechten, wenn sie in seine gesetzlich geschützten Rechte und Interessen eingreifen, was namentlich dann der Fall ist, wenn sie den gesetzlichen Vorschriften über das Verwertungsverfahren widersprechen und dadurch sein Interesse an der Erzielung eines möglichst günstigen Verwertungserlöses verletzen. Die AB haben bei einer Beschwerde des Schuldners lediglich die Gesetzmässigkeit des Gläubigerbeschlusses zu überprüfen (BGE 101 III 44, 95 III 28/29, 94 III 88/89, 88 III 34/35 u. 77, 85 III 180). In diesem beschränkten Ausmasse ist ein unbeschränkt haftender Gesellschafter als Vertreter der Schuldnerin zur Beschwerde legitimiert (BGE 103 III 23).

94 (i.V.m. Art. 34 und 36 VZG) – Nicht Bestreitung, sondern Beschwerde muss erhoben werden, wenn geltend gemacht wird, das Lastenverzeichnis sei nicht den Eingaben oder den Einträgen im Grundbuch entsprechend erstellt worden oder es gäbe nur unklar Auskunft über eine Last. *Beschränkte Beschwerdelegitimation des Schuldners.* Wo es darum geht, dass eine in den öffentlichen Registern angemeldete oder eingetragene Last nicht oder nicht richtig ins Lastenverzeichnis aufgenommen wurde, *können nur die berechtigten Gläubiger Beschwerde erheben* (Favre, Schuldbetreibungs- und Konkursrecht, 1956, S. 209; Jaeger, Schuldbetreibung und Konkurs N 7 zu Art. 140 SchKG9 (BE, AB, 30.08.1978, BlSchK 1982, S. 8).

95 Legitimation des Nachlassschuldners zur Beschwerde gegen eine provisorische Verteilungsliste; zulässige Rügen und Prüfungsbefugnis der AB. Im Konkurs ist der Schuldner gegen die provisorische Verteilungsliste nicht legitimiert, ausgenommen, wenn die Liquidation einen Aktivenüberschuss ergibt. Dasselbe gilt für den Schuldner beim Nachlassvertrag mit Vermögensabtretung. Die Zulassung des Nachlassschuldners zur Beschwerde gegen eine provisorische Verteilungsliste umfasst nicht die Befugnis, Bestand und Umfang der in die Verteilungsliste aufgenommenen Forderungen anzufechten. Der Nachlassschuldner kann lediglich geltend machen, dass die Verteilungsliste nicht dem Kollokationsplan entspricht und dass die Voraussetzungen dafür nicht erfüllt sind, den rechtskräftigen Kollokationsplan nachträglich abzuändern (BGE 102 III 155 und 158) (BGE 129 III 599).

VIII. Dritte

96 Die von einem Dritten erfolgte Zahlung der Betreibungssumme hat nicht ohne weiteres das Erlöschen der Betreibung zur Folge. *Der die Zahlung leistende Dritte ist zur Beschwerde nicht legitimiert* (SG, AB, 04.01.1946, BlSchK 1948, S. 12).

97 *Eine Person,* der in ihrer Eigenschaft als *angebliche (nicht gesetzliche) Vertreterin des Betriebenen ein Zahlungsbefehl zugestellt wird,* kann ihre Befugnis, an Stelle des Betriebenen Betreibungsurkunden entgegenzunehmen, auf dem Wege der Beschwerde bestreiten (TI, SchKKomm 18.04.1956, Rep. 89, S. 283, SJZ 1957, S. 292).

98 Der *Arbeitgeber* des Lohnpfändungsschuldners *ist ohne Auftrag des Letzteren nicht zur Anhebung einer Beschwerde* gegen die Lohnpfändung *legitimiert* (SO, AB, 04.05.1959, BlSchK 1960, S. 83).

99 *Arrestvollzug – Zulässigkeit der Beschwerde eines Dritten –* Das Beschwerderecht steht nicht nur den Parteien (dem Arrestgläubiger und dem Arrestschuldner) zu, sondern *auch dem Dritten,* sofern die Art des Arrestvollzuges geeignet ist, wesentliche Eingriffe in seine Interessen zu bringen (BGE 80 III 124, 96 III 109). Diese Voraussetzung wurde als gegeben betrachtet, als der Dritte sich darüber beschwerte, dass das BA ihn unter Strafandrohung zur Auskunft über die Aktiven des Arrestschuldners und zur Herausgabe der verarrestierten Gegenstände aufgefordert hatte (BGE 75 III 106 ff., BGE 60 III 14) (ZH, ObGer, II. Ziv.Kammer, 07.03.1975, SJZ 1975, S. 315).

100 Bei Grundstücksteigerungen ist der *Ersteigerer nicht legitimiert,* die Steigerungsbedingungen anzufechten (LU, SchKKomm, 17.12.1981, LGVE 1981 I 34).

101 Für die Legitimation als Beschwerdeführer ist *die Verletzung eines eigenen, rechtlich geschützten Interesses Voraussetzung* des Beschwerderechts (BGE 96 III 60) (GE, Autorité de surveillance, 11.03.1981, BlSchK 1982, S. 94).

102 Zur *Beschwerde* über die *Anordnung der amtlichen Verwahrung* einer gepfändeten Sache *ist ein das Eigentum ansprechender Dritter nicht befugt,* wenn der Schuldner alleinigen Gewahrsam hat und die Sache nicht zum Nutzen des Dritten verwendet (BGE 82 III 97).

103 *Anfechtbare Verfügung* – Eine dem Schuldner *erteilte Weisung im Sinne von Art. 298 SchKG* – Ein davon betroffener Gläubiger und Zessionar ist zur Beschwerde legitimiert (BGE 82 III 131).

104 Die *Beschwerdelegitimation Dritter:* Das *BGer hat dies* in einem Falle (BGE 80 III 124) zu Gunsten einer Bank, die Schuldnerin des Arrestschuldners war, *bejaht,* weil der Vollzug des Arrests stark in ihren Geschäftsbetrieb eingriff. Ähnlich ist die Lage, wenn die Art des Arrestvollzuges geeignet ist, wesentliche Eingriffe in die Interessen des Dritten zu bringen (BGE 96 III 109).

105 *Faustpfandberechtigte an Schuldbriefen sind im Konkurse* des Grundeigentümers legitimiert, gegen eine Verfügung des KA, die den Umfang der Pfandhaft betrifft, Beschwerde zu führen (BGE 99 III 66).

106 Die *Bank, der die Arrestierung von Vermögenswerten, die sie allenfalls verwahren sollte, angezeigt worden ist, ist befugt,* auf dem Beschwerdeweg zu verlangen, dass die Arrestanzeige ergänzt werde (BGE 103 III 36).

107 *Legitimation des Drittansprechers des Arrestobjektes* zur Beschwerde *gegen den Arrestvollzug.* Wenn es darum geht, im Beschwerdeverfahren nicht seine Drittansprache zu verteidigen, sondern den *Arrest wegen Unzulässigkeit* zu beseitigen, liegt ein schützenswertes Interesse vor, denn der Arrest greift empfindlich in die ihm behaupteten Recht an den Arrestgegenständen ein (BGE 103 III 86).

108 (i.V.m. Art. 92 SchKG) – Die *Angestellten des Schuldners sind nicht legitimiert,* Beschwerde wegen Unpfändbarkeit zu erheben (GE, Autorité des surveillance, 12.04.1978, BlSchK 1979, S. 182).

109 *Gegen eine Pfändung oder Retention kann der Dritteigentümer* nur aus einem Grunde selbständig Beschwerde führen, wenn er nämlich *eine Verletzung von Art. 97 Abs. 2 geltend machen will,* wonach das BA nicht mehr Gegenstände pfänden darf, als nötig sind, um die pfändenden Gläubiger für ihre Forderung zu befriedigen (BE, AB, 30.08.1977, BlSchK 1977, S. 174).

110 In Bezug auf die Beschwerdelegitimation *gilt die vom Ehemann getrennt lebende Ehefrau als Drittperson* (ZH, ObGer, II. Ziv.Kammer, 07.05.1946, ZR 1947, Nr. 14).

111 Zur Beschwerde ist der *Ehegatte des Betreibungsschuldners legitimiert,* wenn er geltend machen will, es sei *zu Unrecht eine Drittansprache seinerseits* vorgemerkt worden (ZH, ObGer, II. Ziv.Kammer, 28.06.1949, ZR 1950, Nr. 112, BlSchK 1952, S. 77).

112 *Lohnpfändung* – Wegen einer Lohnpfändung können sich *ausser dem Schuldner auch die auf sein Einkommen angewiesenen Familienangehörigen* beschweren (Änderung der Rechtsprechung) (BGE 82 III 54).

113 *Beschwerderecht einer Ehefrau, die zugleich Arbeitgeberin ihres Mannes ist,* gegen eine bei diesem vorgenommene Lohnpfändung. Wann kann sie als Ehefrau, wann als Arbeitgeberin Beschwerde führen? Als Ehefrau steht ihr gegenüber Pfändung von Gegenständen und Lohnpfändungen im Sinne von Art. 93 SchKG ein eigenes Beschwerderecht zu. In der *Eigenschaft als Arbeitgeberin des Schuldners müsste sie,* um zur Beschwerdeführung legitimiert zu sein, *in ihren eigenen Rechten beeinträchtigt sein* (BL, AB, 22.08.1960, BlSchK 1962, S.44).

114 Wenn aus den Umständen zu schliessen ist, dass *bei Gütertrennung der eine Ehegatte im Interesse des Andern handelt, ist seine Beschwerde und Rekurslegitimation gegeben.* Dies trifft insbesondere dann auch zu, wenn die Beschwerde die Pfändbarkeit von Mobiliar beschlägt, das dem gemeinsamen Haushalt der unter Gütertrennung lebenden Ehegatten entnommen werden soll (BGE 88 III 103).

115 Legitimation zur Beschwerde *gegen Zurückweisung des Rechtsvorschlages. Beschwerdelegitimiert ist nur der Schuldner,* nicht auch seine Ehefrau (BS, AB, 18.11.1966, BJM 1968, S. 54).

Erster Titel: Allgemeine Bestimmungen Art. 17

116 *Die Ehefrau des Schuldners ist zur Beschwerde legitimiert, sofern die Verfügung in ihre Rechtslage eingreift* oder jene auch nur mittelbar betroffen ist. *Voraussetzung* jeder Beschwerdeführung ist, dass die Beschwerde der Erreichung eines praktischen Verfahrenszweckes und nicht der blossen Feststellung einer Pflichtwidrigkeit dient (BE, AB, 28.03.1972, BlSchK 1973, S. 79).

117 Die Beschwerdelegitimation des *Ehemannes gegen die Pfändung des Anspruches der Ehefrau* aus ZGB (alt) Art. 164 verneint. Dem Ehemann steht am gepfändeten Rechtsanspruch kein eigenes Recht zu. Auch kann er nicht als gesetzlicher Vertreter der Ehefrau handeln. Eine Beschwerdelegitimation lässt sich auch nicht aus der ehelichen Beistandspflicht ableiten (BGE 114 III 80).

118 Der *Vater des Schuldners ist nicht legitimiert*, gegen die *Zustellung eines Zahlungsbefehls*, die er als ungesetzlich erachtet, Beschwerde zu führen, denn er hat kein eigenes und rechtlich geschütztes Interesse, eine solche Handlung anzufechten (GE, Autorité de surveillance, 26.09.1984, BlSchK 1986, S. 96).

119 *Beschwerdelegitimation des Drittinhabers ohne eigene Beanspruchung eines besseren Rechts* in Bezug auf Arrestanzeige. – Dieses Recht hat das BGer einem *Drittinhaber unter der Voraussetzung zugestanden, dass* «die Art des Arrestvollzuges» geeignet ist, wesentliche Eingriffe in die Interessen des Dritten zu bringen (BGE 96 III 109). Dieser Fall trifft hier zu, indem als Arrestgegenstände u.a. aufgeführt sind, «sämtliche Vermögensgegenstände des Arrestschuldners ... soweit sie unter dem Namen des Arrestschuldners oder unter einem Decknamen figurieren». Unter dieser Voraussetzung wird die Beschwerdelegitimation bejaht (BS, AB, 25.10.1985, BJM 1986, S. 33).

120 Legitimiert zur Beschwerdeführung sind nicht nur die Betreibungsparteien, sondern auch *Dritte, deren berechtigten Interessen durch eine Amtshandlung verletzt* werden (SH, AB, 01.12.1989, BlSchK 1990, S. 228).

121 Legitimation *des Staates* zur Beschwerde und zum Rekurs gegen den Arrestvollzug, der Vermögenswerte einer öffentlich-rechtlichen und seiner Ministerien unterstellten Körperschaften erfasst (BGE 120 III 42).

122 Legitimation *des BB* zur Beschwerde – Der BB ist zur Beschwerde nur legitimiert gegenüber einem Entscheid, der ihn in seinen materiellen Interessen verletzt, nicht dagegen dann, wenn die AB ihn anweist, eine bestimmte Amtshandlung vorzunehmen (ZH, ObGer, II. Ziv.Kammer, 26.10.1945, ZR 1945, S. 342, BlSchK 1946, S. 161).

123 Der *BB* ist nur dann zur *Anfechtung eines Entscheides der AB* legitimiert, wenn seine persönlichen und materiellen Interessen unmittelbar verletzt sind (SG, AB, 19.07.1948, BlSchK 1948, S. 81).

IX. Betroffene Ämter

124 Zur Beschwerdeführung sind grundsätzlich nur die *Betreibungsparteien* (Schuldner und Gläubiger) *legitimiert. Der BB nur dann*, wenn seine *eigenen, persönlichen und materiellen Interessen* auf dem Spiele stehen (AG, SchKK, 17.11.1964, BlSchK 1965, S. 111).

125 Im *Konkurse* sind nicht nur Gläubiger, der Schuldner in beschränktem Umfange und Dritte zur Beschwerde legitimiert, *sondern auch das KA selbst.* In seiner Eigenschaft als Konkursverwalter hat das KA die Interessen der Masse zu wahren. Es hat daher das Recht, Beschwerde zu führen (BGE 54 III 101, 55 III 64, 75 III 21, 85 III 90).

126 Die *Konkursverwaltung* ist zur Einreichung einer Beschwerde *gegen einen Beschluss einer Gläubigerversammlung nicht befugt* (FR, Chambre des poursuites et faillites, 03.01.1972, Extraits 1972, S. 36, SJZ 1974, S. 301, BlSchK 1975, S. 148).

127 Legitimation des *ersuchenden BA* zur Beschwerde *gegen das ersuchte BA.* Die Beschwerdelegitimation ist dem ersuchenden Amt dann zuzuerkennen, wenn es infolge einer formellen Rechtsverweigerung oder Rechtsverzögerung des ersuchten Amtes an einer gesetzmässigen Erfüllung seiner Obliegenheiten gehindert wird, z.B. wenn ihm unverschuldet die Gefahr droht, selber wegen Rechtsverweigerung oder Rechtsverzögerung ins Recht gefasst zu werden (LU, SchKKomm 26.01.1972, Max. XII, Nr. 93, BlSchK 1976, S. 6).

128 *Nachlassvertrag mit Vermögensabtretung* – Rekurslegitimation der Liquidatorin ist gegeben, wenn sie Interessen der Masse vertritt (BGE 105 III 28).

129 *Legitimation zu Rekursen an das BGer* – Alle am Betreibungsverfahren beteiligte Personen haben Anspruch darauf, dass die AB in einem Beschwerdeverfahren nichts Ungesetzliches anordnen. Daher können *selbst solche am Betreibungsverfahren Beteiligte, die vor der kantonalen AB keinen Antrag gestellt haben*, aber nun durch deren Verfügung beschwert sind, wegen *Gesetzwidrigkeit* der aufsichtsbehördlichen Verfügung an das BGer rekurrieren (BGE 86 III 57).

130 Beschwerdebefugnis *jedes (auch eines nicht betreibenden) Grundpfandgläubigers* gegenüber den die Verwertung des Grundstückes betreffenden Massnahmen. Wer nicht als Grundpfandgläubiger aus dem Grundbuch hervorgeht, hat sich sowohl bei der Anmeldung seiner Ansprüche zur Aufnahme ins Lastenverzeichnis wie auch allenfalls bei der Beschwerdeführung über seine Gläubigereigenschaft auszuweisen (BGE 87 III 1).

131 Der *Bürge einer Hypothekarforderung ist nicht* zur Anfechtung *des Steigerungszuschlages* legitimiert (TG, Rekurskom. 13.06.1956, BlSchK 1958, S. 103).

132 Die *Verteilungsliste* kann sowohl von *einem Pfandgläubiger als auch von einem Bürgen*, der diesem neben dem Pfandobjekt haftet, *angefochten werden* (BGE 103 III 28).

133 Einem *«Gläubiger», dessen Forderung* im Kollokationsverfahren *rechtskräftig abgewiesen* worden und der in keiner Weise mehr am Konkurse beteiligt ist, steht mangels Legitimation *kein Beschwerderecht mehr zu* (BS, AB, 08.08.1978, BlSchK 1980, S. 103).

134 Der *Beteiligte, der nicht bei der AB eine neue Schätzung* durch Sachverständige verlangt, *ist befugt*, die *betreibungsamtliche Schätzung* durch die betreibungsrechtliche Beschwerde *anzufechten* (LU, SchKKomm, 19.05.1954, Max. X, Nr. 280).

135 Die *AB einer Stiftung* ist als Gläubigerin unter bestimmten Voraussetzungen zur *Beschwerdeführung namens der Stiftung* im Beschwerdeverfahren *legitimiert* (BGE 103 III 79).

136 Nur eine *Person*, die wenigstens in *ihren tatsächlichen Interessen betroffen ist*, kann die *Nichtigkeit einer Handlung des BA* geltend machen. Erhebt jemand, der völlig ausserhalb des Betreibungsverfahrens steht, Beschwerde gegen eine Verfügung des BA wegen absoluter Nichtigkeit, so kann die AB höchstens im Sinne einer Anzeige, welche ein Einschreiten von Amtes wegen rechtfertigt, darauf einzugehen. Dadurch erhält der Anzeiger im Verfahren jedoch keine Parteistellung, weshalb er weder die Fällung eines Entscheides verlangen noch gegen einen solchen Entscheid Rekurs einlegen kann (BGE 112 III 1, Praxis 75 Nr. 195).

X. Handlungsunfähige

137 Der *bevormundete Schuldner*, gegen den eine Lohnpfändung verfügt wurde, kann sich, auch wenn er urteilsfähig ist, *nicht selbständig* wegen Verletzung von Art. 93 SchKG *beschweren* (BGE 75 III 79).

138 Einem *bevormundeten Schuldner* steht in der Regel *kein Beschwerderecht zu*. Hingegen hat ein Bevormundeter, wie auch sein Vormund, *Anspruch auf Zustellung* einer Abschrift der Pfändungsurkunde (SO, AB, 28.02.1962, BlSchK 1963, S. 47).

139 Betreibung gegen einen Bevormundeten – Beschwerdelegitimation – Der Bevormundete kann *Beschwerde nicht selber führen*. Dagegen ist ein von einem Anwalt eingereichter, vom Vormund genehmigter Rekurs wirksam, selbst wenn diese Genehmigung erst nach Ablauf der Rekursfrist erfolgt (BGE 88 III 7).

140 Von einem Handlungsunfähigen eingereichten Begehren *kommt keine rechtliche Wirkung zu*, solange sie nicht vom Vormund genehmigt sind (BS, AB, 21.12.1966, BlSchK 1969, S. 30, BJM 1968, S. 182).

141 Ein entmündigter Schuldner kann *rechtswirksam nur durch seinen Vormund Beschwerde* führen (BS, AB, 22.04.1969, BlSchK 1971, S. 86; SO AB, 20.06.1972, BlSchK 1973, S. 78).

142 Befugnis des unter *Verwaltungsbeiratschaft stehenden Schuldners*, der wegen angeblicher Verletzung von Art. 92 SchKG (Retention unpfändbarer Gegenstände) *selbständig Beschwerde führen* (BGE 102 III 138).

143 Eine *Betreibung*, die *freies Kindesvermögen im Sinne von Art. 323 ZGB betrifft*, ist *ausschliesslich gegen den Minderjährigen anzuheben und durchzuführen*. Der Inhaber der *elterlichen Gewalt* ist in einem solchen Fall *nicht Kraft seiner Stellung als gesetzlicher Vertreter*, sondern nur *mit besonderer Ermächtigung* befugt, Beschwerde zu führen (BGE 106 III 8).

144 Derjenige, dem die *Handlungsfähigkeit vorläufig entzogen ist*, bedarf für jene Rechtshandlungen, die ein Bevormundeter nicht ohne Einverständnis des Vormundes vornehmen kann, *der Mitwirkung des gesetzlichen Vertreters*, einschliesslich in Schuldbetreibungssachen (BGE 113 III 1, Praxis 75, Nr. 127).

XI. Örtliche Zuständigkeit

145 Beschwerde wegen ungerechtfertigter öffentlicher Zustellung des Zahlungsbefehls. *Wo ist die Beschwerde zu führen, wenn die Betreibung nicht dort, wo sie angehoben wurde, sondern anderswo fortgesetzt wird und das mit der Forderung befasste Amt einer anderen AB untersteht als dasjenige, das den Zahlungsbefehl erlassen hat?* Vorgehen, wenn nur bei einer dieser beiden Behörden Beschwerde geführt wird. – Ein Zahlungsbefehl der, öffentlich bekannt gemacht wurde, ohne dass die Voraussetzungen von Art. 66 Abs. 4 SchKG erfüllt sind, auch wenn sie von einer ausserkantonalen Behörde ausgeht. Eine bereits vollzogene Pfändung ist von Amtes wegen aufzuheben, wenn der Zahlungsbefehl, der die Grundlage der Betreibung bildet, von der hiefür zuständigen Behörde aufgehoben wird. B) Wendet sich der Schuldner nur an die AB gegen das Amt, das die Betreibung weiterführt, so steht es dieser nicht zu, vorfrageweise selber darüber zu befinden, ob der Zahlungsbefehl gültig zugestellt worden sei, denn der Streit hierüber betrifft die Rechtmässigkeit einer Verfügung eines Amtes, das nicht ihrer Aufsicht untersteht und daher auch nicht verpflichtet ist, ihr Rede zu stehen, wie es für eine richtige Instruktion erforderlich ist. Dagegen hat sie dafür zu sorgen, dass dieser Streit vor der AB über das für die Zustellung verantwortliche Amt zum Austrag kommt. Zu diesem Zwecke kann sie dem Schuldner eine zehntägige Frist setzen, um bei der zuständigen Behörde nachträglich noch Beschwerde gegen den Zahlungsbefehl zu führen. Eine innert dieser Frist eingereichte Beschwerde ist als rechtzeitig entgegenzunehmen. Der Entscheid über die Beschwerde gegen die Fortsetzung der Betreibung ist im Falle solcher Fristsetzung bis zum Ablauf der Nachfrist und, wenn diese benützt wird, bis zur Erledigung der zweiten Beschwerde auszusetzen. Lässt der Schuldner die Nachfrist unbenützt verstreichen, so ist auf die Beschwerde gegen die Fortsetzung der Betreibung nicht einzutreten, es sei denn, dass sich der Schuldner nicht bloss wegen unrichtiger Zustellung des Zahlungsbefehls, sondern auch noch aus andern Gründen dagegen beschwerte. Macht der Schuldner dagegen von der Nachfrist Gebrauch und wird die Beschwerde gegen den Zahlungsbefehl gutgeheissen, so ist ohne weiteres auch die Beschwerde gegen die Fortsetzung der Betreibung zu schützen. *Ist die Zulässigkeit der öffentlichen Zustellung der einzige Streitpunkt*, so lässt sich das Vorgehen unter Umständen in der Weise vereinfachen, dass die vom Schuldner angerufene AB die AB über das für die Zustellung des Zahlungsbefehls verantwortliche Amt darum ersucht, die Beurteilung der zulässigerweise bei ihr eingereichten Beschwerde gegen die Fortsetzung der Betreibung zu übernehmen und dass sich die ersuchte Behörde hiezu bereit erklärt. Dieses Verfahren wird namentlich im Verhältnis zwischen zwei unteren AB des gleichen Kantons in Frage kommen, die von der kantonalen AB nötigenfalls dazu angehalten werden können, so vorzugehen. Es verstösst aber auch nicht gegen Bundesrecht, wenn sich Behörden verschiedener Kantone in diesem Sinne verständigen (BGE 75 III 81).

146 *Gegen das BA, das auf Ersuchen eines andern Amtes handelt*, kann sich eine Beschwerde nur richten, wenn es selbständige Amtshandlungen vorzunehmen hatte oder wenn sich die Beschwerde nur auf die Art und Weise des Vollzuges des Auftrages bezieht (ZH, ObGer, II. Ziv.Kammer, 26.09.1944, ZR 1945, S. 156, BlSchK 1946, S. 53).

147 *Zuständige Beschwerdeinstanz bei Requisitionspfändung* ist diejenige Behörde, die dem ersuchten Amt vorsteht (SG, AB, 07.11.1950, Amtsbericht 1950, S. 11, BlSchK 1952, S. 268).

148 Eine Beschwerde wegen *unrichtiger Anwendung von Art. 92 SchKG bei einer Requisitionspfändung* ist bei der AB des ersuchten Amtes anzubringen (BGE 84 III 33).

149 Zuständige Beschwerdeinstanz in Requisitionsfällen – In der Regel ist bei Requisitionsfällen bei *der AB des requirierenden Amtes Beschwerde zu führen*, weil die requirierten Ämter nur Hilfsfunktionen zu versehen haben. Von diesem Grundsatz ist aber *dann abzuweisen, wenn das requirierte Amt gewisse Funktionen selbständig ausübt* und dabei von seinem eigenen Ermessen selbständigen Gebrauch macht, sofern sich die Beschwerde nicht gegen die Anordnung der betreffenden Amtshandlung, sondern gegen die Art und Weise ihrer Durchführung richtet (vgl. Komm. Jaeger und Jaeger/Daeniker, N 5 zu Art. 17 SchKG) (GR, PKG 1954, S. 129, BlSchK 1957, S. 16).

150 Bei *Requisitionen* ist grundsätzlich eine Beschwerde bei derjenigen AB einzureichen, der das beschwerdelegitimierte Amt untersteht. Unterstehen aber ersuchendes und ersuchtes Amt der gleichen AB, so hat diese eine Beschwerde entgegenzunehmen und zu behandeln, auch wenn sich die Beschwerde formell gegen das nicht beschwerdelegitimierte Amt richtet (BGE 85 III 11).

151 Die Beschwerde wegen *Rechtsverweigerung im Rechtshilfeverfahren* ist zulässig, wenn der Richter die Zustellung des Arrestbefehls eines zuständigen deutschen Richters über ausschliesslich in Deutschland liegende Vermögenswerte an den im Kanton Zürich wohnhaften Arrestschuldner ohne zutreffenden Grund ablehnt (ZH, ObGer, Verwaltungskomm. 16.05.1962, ZR 1963, Nr. 71).

152 Beschwerden betreffend *Handlungen des requirierenden Amtes* sind bei der für dieses zuständigen AB und nicht bei derjenigen für das requirierte Amt zu erheben (BS, AB, 09.08.1962, BlSchK 1964, S. 45).

153 Beschwerden wegen *Verletzung von Art. 93 SchKG* sind bei den *dem ersuchten Amt vorgesetzten AB* anzubringen, *wenn dasselbe die Lohnpfändung auch vollzogen hat*. Widrigenfalls sind sie bei den AB des ersuchenden Amtes anzubringen, welche jedoch bei der Berechnung des Existenzminimums die Ansätze und Berechnungsregeln anzuwenden haben, wie sie am Wohnsitze des Schuldners gelten (BGE 91 III 81).

154 (i.V.m. Art. 46 SchKG) – Welche AB ist zur *Aufhebung eines unbestritten gebliebenen Zahlungsbefehls* örtlich zuständig, welcher *rechtsunwirksam* an die Eltern der *anderswo wohnhaften Schuldnerin zugestellt* worden ist, welche sich gegen die auf Grund dieses Zahlungsbefehls erlassene Pfändungsankündigung des örtlich zuständigen BA bei dessen AB beschwert? Die Rechtzeitigkeit der Beschwerde bejaht, auch wenn diese bei der als unzuständig bezeichneten AB innert der zehntägigen Frist eingegangen ist. Hier wurde die AB des BA, das den Zahlungsbefehl erlassen hat, als zuständig erklärt (GR, AB, 21.03.1979, BlSchK 1983, S. 97).

155 Beschwerde gegen eine durch ein *rechtshilfebeauftragtes Amt erlassenen Verfügung*. Wenn sich die Anordnung der Handlung nicht auf das ersuchende Amt bezieht, sondern auf die Art und Weise der Ausführung durch das ersuchte Amt, so ist die Beschwerde bei der AB des ersuchten Amtes anzubringen. Pflicht zu Weiterleitung der bei der örtlich unzuständigen AB des ersuchenden Amtes eingereichten Beschwerde an die AB des ersuchten Amtes (GR, AB, 21.03.1994, PKG 1994, S. 111).

156 *Beschwerden sind* von der AB nicht nur dann an *die zuständige Instanz weiterzuleiten, wenn sie bei einer* dem Grade nach unzuständigen, sondern *auch wenn sie* bei einer *örtlich unzuständigen kantonalen AB* eingereicht worden sind (Birchmeier, Organisation der Bundesrechtspflege, S. 269; Fritzsche, Schuldbetreibung, Konkurs und Sanierung, Bd. I, S. 43) (LU, SchKKomm, 16.08.1955, Max. X, Nr. 354).

157 Die *unrichtige Bezeichnung einer Beschwerde als «Rechtsvorschlag»*, die aufgrund der Begründung *eindeutig als solche erkennbar ist*, schadet dem Beschwerdeführer nicht. Art. 75 OG ist analog auf den Fall anzuwenden, in welchem die betreibungsrechtliche Beschwerde beim BA statt bei der AB eingereicht worden ist (AG, ObGer, SchKK., 16.08.1968, AGVE 1968, S. 78, SJZ 1970, S. 278).

158 Überweisung einer Beschwerde, die aufgrund einer unrichtigen Rechtsmittelbelehrung bei einer örtlich unzuständigen Behörde eingereicht wurde, an die zuständige Behörde (BGE 96 III 98b).

159 Wird eine *Beschwerde* gegen eine Verfügung des BB *versehentlich beim BA statt bei der zuständigen AB* eingereicht, so ist sie von Amtes wegen an die AB zu überweisen und gilt der Zeitpunkt der Einreichung beim BA als Zeitpunkt der Beschwerdeführung (Änderung der Rechtsprechung) (BGE 100 III 8).

160 Die *Beschwerde* gegen eine Verfügung *muss bei der AB des betreffenden BA eingereicht* werden. Die bei einer unrichtigen AB angehobene Beschwerde ist von dieser an die zuständige AB weiterzuleiten (GE, Autorité de surveillance, 10.03.1975, BlSchK 1977, S. 119).

161 *Wahrung der Beschwerdefrist bei Einreichung einer Beschwerde beim Bezirksgerichtspräsidenten statt bei der AB.* In Berücksichtigung, dass von rechtsunkundigen Laien nicht verlangt werden kann, dass sie über die subtilen Grenzfragen, ob die von ihnen vorgebrachte Rüge durch nachträglichen Rechtsvorschlag oder durch Beschwerde erhoben werden muss, Bescheid wissen, anerkennt die AB von Basel-Land die fristgerechte Einreichung der Beschwerde beim Bezirksgerichtspräsidenten als gültig (BL, AB, 17.11.1987, BJM 1988, S. 145).

XII. Örtliche Zuständigkeit im Konkursverfahren

162 *Unzuständigkeit der AB* für Beschwerden gegenüber *Anordnungen des Konkursrichters* (AR, AB, 30.04.1956, BlSchK 1958, S. 74).

163 Wird der Konkursverwalter ermächtigt, die *Versteigerung* eines Grundstückes in einem *anderen Kanton* selbst durchzuführen, so *bleibt* die *AB des Konkursortes* zur Beurteilung von Beschwerden *zuständig* (AR, AB, 04.12.1970, SJZ 1971, S. 230).

164 (i.V.m. Art. 18 und 241 SchKG und Art. 98 KOV). – Die *ausseramtliche Konkursverwaltung* untersteht der *Aufsicht des Kantons, in welchem der Konkurs eröffnet wurde*, und zwar unabhängig vom Sitz der ausseramtlichen Konkursverwaltung (LU, ObGer SchKKomm, 01.03.1995, LGVE 1995 I Nr. 52).

XIII. Fristen

165 *Art. 139 OR* ist auf Rechtsmittelfristen, insbesondere auf die Beschwerdefrist des Art. 17 SchKG *nicht entsprechend anwendbar* (BGE 96 III 95).

166 Eine Beschwerde nach Art. 17 SchKG muss binnen 10 Tagen seit Kenntnisnahme von der angefochtenen Verfügung angebracht werden. Die Kenntnisnahme des Beschwerten setzt keine förmliche Eröffnung voraus, nötig ist nur, dass die Verfügung dem Betroffenen mit hinreichender Gewissheit und Genauigkeit zur Kenntnis gelangt (BGE 85 III 6).

167 Eine Beschwerde muss, soweit nicht Rechtsverweigerung oder Rechtsverzögerung im Sinne von Art. 17 Abs. 3 SchKG gerügt wird, binnen 10 Tagen seit Kenntnisnahme von der Verfügung angebracht werden (BS, AB, 22.09.1976, BlSchK 1981, S. 36).

168 Für die Rechtzeitigkeit einer Beschwerde, die vom oder für den in seiner Handlungsfähigkeit Eingeschränkten persönlich erhoben wird, ist der Zeitpunkt massgebend, da dieser selbst von der betreibungsamtlichen Verfügung Kenntnis erlangt hat (BGE 102 III 138/139).

169 Wenn auch die gesetzliche Anfechtungsfrist erst bei Kenntnisnahme der betreffenden Verfügung zu laufen beginnt, so gelten Sendungen, die mit eingeschriebenem Brief spediert werden, nach Art. 15 Abs. 1 und Art. 157 der Vollziehungsverordnung I des BG über den Postdienst am siebten und letzten Tag der Abholfrist als zugestellt (BS, AB, 20.08.1980, BlSchK 1985, S. 27).

170 Die Beschwerdefrist (gemäss Art. 89 Abs. 1 OG) beginnt erst von jenem Zeitpunkt an zu laufen, da der Dritte vom Arrest tatsächlich Kenntnis erlangt hat (BGE 109 III 121, Praxis 73, Nr. 117).

171 Nehmen mehrere Gläubiger nacheinander an einer Lohnpfändung teil, so ist der Schuldner anlässlich jedes Pfändungsanschlusses befugt, eine Herabsetzung des gepfändeten Betrages zu verlangen, jedoch immer nur binnen zehn Tagen seit Empfang der die Teilnahme vermerkenden Pfändungsurkunde. Siegt er, so gilt die Entscheidung gegenüber allen Gläubigern der Gruppe (BGE 78 III 75/76).

172 Frist für Beschwerde gegen Betreibungsart. Sie ist binnen 10 Tagen seit dem Tage, an welchem der Beschwerdeführer von der (die Betreibungsart festlegende) «Verfügung Kenntnis erhält» anzubringen (BS, AB, 13.04.1967, BJM 1968, S. 73).

173 Die Verfügung eines Amtes, auf das Wiedererwägungsgesuch betreffend eine frühere Verfügung nicht einzutreten, eröffnet keine neue Beschwerdefrist bezüglich der ersten Verfügung (FR, Chambre des poursuites et faillites, 19.03.1974, Extraits 1974, S. 94, BlSchK 1978, S. 175).

174 Wenn das BA *bestimmte betreibungsrechtliche Vorkehren schriftlich ablehnt*, so kann die Abweisung *nur innerhalb 10 Tagen* durch Beschwerde angefochten werden (GE, Autorité de surveillance, 19.03.1975, BlSchK 1977, S. 47).

175 *Wahrung der Beschwerdefrist* durch *Einreichung* des Rechtsmittels *bei einer unzuständigen* Behörde (GR, AB, 01.03.1976, BlSchK 1979, S. 140).

176 Die Frage, ob eine *Beschwerde rechtzeitig erhoben* worden ist, muss von der AB auf jeden Fall dann *von Amtes wegen geprüft werden*, wenn es ohne weiteres als möglich erscheint, dass die Beschwerdefrist eingehalten worden ist (BGE 102 III 127).

177 Beschwerden betreffend *Erstreckung der Frist* zur Geltendmachung der im Konkurse *abgetretenen Rechtsansprüche*. Die Frist liegt im alleinigen Interesse der Konkursmasse; *keine Beschwerde des Dritten* bei Nichtbeachtung der Frist durch die Abtretungsgläubiger. Erlöschen der Klageermächtigung der Abtretungsgläubiger erst mit Widerruf durch das KA (nicht Verwirkungs-, sondern bloss Ordnungsfrist) (ZH, ObGer, II. Ziv.Kammer, 11.01.1979, ZR 1979 Nr. 54).

178 Die Beschwerdefristen in Schuldbetreibungs- und Konkurssachen sind gesetzliche Fristen (Art. 17 Abs. 2, Art. 18 Abs. 1, Art. 19 Abs. 1 SchKG). Das bedeutet, dass innert der Beschwerdefrist eine rechtsgenügend begründete Beschwerdeschrift einzureichen ist. Eine nach Ablauf der Beschwerdefrist eingereichte Ergänzungsschrift kann nicht mehr berücksichtigt werden, selbst wenn sie in der rechtzeitigen Beschwerdeerklärung angekündigt wurde. Eine *ungenügende Begründung der Beschwerde ist nicht ein verbesserlicher Fehler* im Sinne von Art. 32 Abs. 4 SchKG (BGE 126 III 30).

179 Die Frist zur Anfechtung *der Schätzung der Vermögensstücke des Nachlassschuldners beginnt* für alle Gläubiger *mit der öffentlichen Aktenauflage* und endet erst mit dem Tage der Gläubigerversammlung (BGE 94 III 25, Klarstellung Rechtsprechung).

180 Die Beschwerdefrist kann wie die *Frist für den Rekurs an das BGer und* die Frist für die *Weiterziehung von der unteren an die obere kantonale AB wiederhergestellt* werden, wenn die Voraussetzungen von Art. 35 OG erfüllt sind (BGE 81 III 81).

181 Zur Frage der *Wiederherstellung der Beschwerdefrist* – Bei der Frist für den Weiterzug eines Beschwerde-Entscheides an die obere kantonale AB ist bei unverschuldeten Hindernissen die Möglichkeit einer Wiederherstellung im Sinne des OG an und für sich gegeben. Nach Art. 35 Abs. 1 OG kann eine *Wiederherstellung gegen die Folgen der Versäumung einer Frist* nur dann erteilt werden, wenn der Gesuchsteller oder sein Vertreter durch *ein unverschuldetes Hindernis* abgehalten worden ist, innert der Frist zu handeln und binnen 10 Tagen nach Wegfall des Hindernisses unter Angabe desselben die Wiederherstellung verlangt und die versäumte Rechtshandlung nachholt (LU, SchKKomm 17.12.1957, Max. X, Nr. 509).

182 *Nach Ablauf* der Beschwerdefrist kann der Beschwerde *nicht von Amtes wegen sistierende Wirkung zuerkannt werden*. Die schon abgelaufene Frist wird durch eine solche Verfügung nicht wiederhergestellt (LU, SchKKomm 22.09.1958, Max. X, Nr. 598, BlSchK 1961, S. 11).

183 Nach Art. 35 Abs. 1 OG kann die *Wiederherstellung gegen die Folgen der Versäumung* einer Frist *nur dann erteilt* werden, wenn der Gesuchsteller oder sein Vertreter *durch ein unverschuldetes Hindernis abgehalten* worden ist, innert der Frist zu handeln und binnen 10 Tagen nach Wegfall des Hindernisses unter Angabe desselben die Wiederherstellung verlangt und die versäumte Rechtshandlung nachholt. Diese Vorschrift gilt nach der neueren Rechtsprechung des BGer (BGE 81 III 81, 86 III 35) nicht nur für die Fristen im bundesgerichtlichen Verfahren, sondern auch für die Beschwerdefrist des Art. 17 Abs. 2 SchKG (BGE 96 III 96).

184 Die Beschwerdefrist des Art. 17 Abs. 2 *läuft von dem Tage an, an dem der Beschwerdeführer* von der angefochtenen *Verfügung Kenntnis erhalten hat*, auch wenn er den Beschwerdegrund erst später entdeckt. Die Beschwerdefrist kann wiederhergestellt werden, jedoch nur, wenn der Gesuchsteller oder sein Vertreter durch ein unverschuldetes Hindernis abgehalten worden sind, innert der Frist

Erster Titel: Allgemeine Bestimmungen — Art. 17

zu handeln (Art. 35 OG) und nicht deshalb, weil sie nicht rechtzeitig um den Beschwerdegrund wussten. Die Möglichkeit, betreibungsrechtliche Fristen gemäss Art. 66 SchKG zu verlängern, besteht nur zugunsten des Schuldners (ZH, ObGer, II. Ziv.Kammer, 7.04.1959, BGer SchKK, 21.06.1959, ZR 11961, Nr. 88, BlSchK 1963, S. 20).

185 Auf eine *nach Fristablauf eingereichte Beschwerde ist einzutreten*, wenn die *Nichtigkeit* einer Betreibungshandlung *geltend gemacht wird*, welche die AB bei Kenntnis des Sachverhaltes zum Einschreiten von Amtes wegen veranlassen würde (LU, SchKKomm 11.07.1986, LGVE 1986 I 33, BlSchK 1989, S. 13).

186 Die Frist für den Gläubiger zur Beschwerdeführung *gegen die Ausscheidung von Kompetenzstücken* läuft vom Empfange der Pfändungsurkunde an und wird dadurch, dass der Gläubiger innert derselben beim BA ein Verzeichnis der Kompetenzstücke verlangt, nicht verlängert (BGE 73 III 114, BE, AB, 14.01.1966, BlSchK 1966, S. 135).

187 Eine *verspätete Kompetenzansprache* kann nur berücksichtigt werden, sofern die Pfändung oder der Arrest augenscheinlich und *beträchtlich in das zum Leben Notwendige eingreift* und den Schuldner in eine unhaltbare Notlage zu bringen droht (SG, AB, 05.05.1953, BlSchK 1955, S. 103).

188 *Wann beginnt die Frist* zur Beschwerde wegen *Unpfändbarkeit*, wenn die Pfändungsurkunde *nicht klar angibt, was gepfändet und was als Kompetenzstücke ausgeschieden ist?* Hier erfuhr der Beschwerdeführer erst durch die mit der Mitteilung des Verwertungsbegehrens verbundene Ankündigung der Wegnahme, dass er Gefahr laufe, die betreffenden Gegenstände durch Verwertung zu verlieren. Angesichts eines widerspruchsvollen Inhalts der Pfändungsurkunde wäre es gegen Treu und Glauben, die Beschwerde als verspätet zu erklären (BGE 79 III 63).

189 *Kompetenzanspruch* nach Art. 224 i.V.m. Art. 92 SchKG — *Verwirkung des Beschwerderechts mit Bezug auf diesen Anspruch.* Im Konkursinventar, dessen Vollständigkeit der Schuldner unterschriftlich anzuerkennen hat (Art. 29 Abs. 3 und 4 KOV), sind die Kompetenzstücke gemäss Art. 31 KOV ausdrücklich auszuscheiden. In aller Regel weiss der Schuldner somit *bei der Unterzeichnung des Inventars*, ob ein Vermögensstück als Kompetenzgegenstand anerkannt worden ist oder nicht; *zu diesem Zeitpunkt beginnt* daher grundsätzlich auch die *Beschwerdefrist* zu laufen (vgl. BGE 321 I 224, Jaeger N 7 zu Art. 197, SchKG, BGE 106 III 77).

190 Frist für die Beschwerde *gegen die Fortsetzung der Betreibung* — Die Frist für die Beschwerde, mit der geltend gemacht wird, das BA habe zu *Unrecht den Rechtsvorschlag als ungültig* oder eine ihn zurückziehende Erklärung als gültig beurteilt, *läuft von der Zustellung der Pfändungsurkunde an*, wenn das BA dem Schuldner seine Entscheidung lediglich durch die Fortsetzung der Betreibung zur Kenntnis gebracht hat (Änderung der Rechtsprechung). Vom gleichen Zeitpunkt an läuft die Frist für die Beschwerde, mit welcher der Schuldner zulässigerweise die Fortsetzung der Betreibung wegen ungerechtfertigter öffentlicher Zustellung des Zahlungsbefehls anficht (BGE 75 III 81).

191 Beginn der Beschwerdefrist bei *Nichtanerkennung des Rechtsvorschlages durch das BA.* — Darüber, ob ein gültiger und rechtzeitig erhobener Rechtsvorschlag vorliegt oder nicht, entscheidet nicht der Richter, sondern das BA und auf Beschwerde hin die AB. Wird mit einer Beschwerde geltend gemacht, *das BA habe die Gültigkeit des Rechtsvorschlages zu Unrecht verneint*, so *beginnt die Beschwerdefrist mit der Zustellung der Pfändungsurkunde* zu laufen, es sei denn, das BA habe dem Schuldner seinen Entscheid über die Gültigkeit des Rechtsvorschlages schon vor der Fortsetzung der Betreibung eröffnet (BGE 91 III 4, 101 III 10) (GR, AB, 01.03.1976, BlSchK 1979, S. 72).

192 Der durch den BB *mündlich von der Pfändung in Kenntnis* gesetzte Miterbe kann die Zustellung der Pfändungsurkunde abwarten, bevor er Beschwerde erhebt. Die *Beschwerdefrist läuft vom Tag der Zustellung der Pfändungsurkunde* an (BGE 107 III 7).

193 Die Beschwerdefrist beginnt erst *mit der Zustellung der Pfändungsurkunde* und nicht mit der Anzeige der Lohnpfändung an den Arbeitgeber (ZH, ObGer, II. Ziv.Kammer, 25.05.1945, ZR 1945, S. 344, BlSchK 1947, S. 7).

194 Massgebend für den Beginn der Beschwerdefrist *gegen den Vollzug der Pfändung* ist die *Zustellung der Abschrift der Pfändungsurkunde*. Die blosse Kenntnis von der Pfändung setzt den Fristenlauf nicht in Gang (BE, AB, 14.09.1978, BlSchK 1981, S. 129).

195 Beginn der Beschwerdefrist *gegen die Pfändungsankündigung* bei Widerruf des Rückzuges des Rechtsvorschlages. – Wurde dem Schuldner in einer Verfügung unmissverständlich die Fortsetzung der Betreibung angekündigt, löst auch *die mehrmalige Verschiebung der angekündigten Pfändung keine neue Beschwerdefrist aus* (BGE 109 III 14).

196 *Gegen Verfügungen über Lohnpfändungen* beginnt die Beschwerdefrist mit der Eröffnung der Verfügung zu laufen, nicht erst mit dem Zeitpunkt des Bekanntwerdens der einzelnen Elemente der Verfügung (SO, AB, 22.09.1955, ObGer-Bericht 1955, S. 131, BlSchK 1957, S. 101).

197 Die *Unpfändbarkeit* kann auch ausserhalb der Beschwerdefrist geltend gemacht werden, sofern der Fortbestand der *Pfändung den öffentlichen Interessen widerspricht* (ZH, ObGer, II. Ziv.Kammer, 15.10.1948, ZR 1950, Nr. 49).

198 Die Beschwerde wegen *Unpfändbarkeit* ist unter besonderen Umständen auch *nach Ablauf der Beschwerdefrist möglich*, nämlich dann, wenn der Schuldner durch die Wegnahme der gepfändeten Sache in eine unhaltbare Lage zu geraten droht (BE, AB, 13.07.1970, BlSchK 1972, S. 46 und 04.03.1974, BlSchK 1976, S. 83).

199 Auf eine *verspätete Beschwerde* ist dann einzutreten, wenn der Schuldner durch die Pfändung in eine unhaltbare Lage gebracht wird (BS, AB, 04.01.1980, BlSchK 1984, S. 67).

200 Die Betreibungsbeschwerde *gegen eine Pfändung der zum Unterhalt unentbehrlichsten Gegenstände* ist auch nach Ablauf der Beschwerdefrist zulässig (BGer SchKK, 22.09.1945, BlSchK 1946, S. 62).

201 Die Beschwerdefrist *gegen eine vollzogene Pfändung* beginnt grundsätzlich mit der Zustellung der Pfändungsurkunde *und nicht erst* nachdem der zur Beschwerde Legitimierte auf sein Ersuchen *vom BA ergänzende Aufschlüsse erhalten hat* (SO, AB, 21.10.1982, BlSchK 1986, S. 103).

202 *Keine Frist für nichtige Betreibungshandlungen* – Nichtige Betreibungshandlungen sind jederzeit von der AB, sobald sie hievon Kenntnis erhält, aufzuheben (BS, AB, 09.08.1965, BJM 1968, S. 60).

203 Die *Mitteilung, mit der das BA* auf eine Reklamation des Schuldners, der keine neuen Tatsachen geltend macht, einfach seine *frühere Verfügung bestätigt*, setzt keine neue Beschwerdefrist in Gang (FR, SchKK, 13.04.1970, Extraits 1970, S. 85, SJZ 1972, S. 113 und 333).

204 Wenn die *Arrestgegenstände nur der Gattung nach* bezeichnet sind, so bleibt die Beschwerdefrist *bis zur Spezifikation und Schätzung* der in Frage stehenden Vermögenswerte offen (GE, Autorité de surveillance, 15.10.1975, BlSchK 1977, S. 141).

205 Auch bei Gegenständen, die der Schuldner als *Eigentum Dritter bezeichnet*, ist er zur Geltendmachung von Kompetenzansprüchen an die *seit Kenntnisnahme vom konkursamtlichen Inventar* laufende Beschwerdefrist des Art. 17 SchKG gebunden. Die Nichtigkeit einer negativen Kompetenzverfügung ergäbe sich nur dann, wenn dem Schuldner gewisse lebensnotwendige Gegenstände aus Gründen der Menschlichkeit und der öffentlichen Ordnung zu belassen wären (BS, AB, 12.10.1978, BlSchK 1981, S. 171).

206 Ein *fehlerhaft zugestellter Zahlungsbefehl* entfaltet seine Wirkung dennoch, sobald der Schuldner von ihm Kenntnis erhält. Die Frist zur Erhebung einer Beschwerde *gegen die Zustellung oder eines Rechtsvorschlages* beginnt in einem solchen Fall mit der tatsächlichen Kenntnisnahme zu laufen (BGE 104 III 12).

207 Ist *gegen eine Verfügung* von Gesetzes wegen die *Beschwerde gegeben und setzt das Amt* statt dessen *fälschlicherweise eine Klagefrist* an, so läuft trotz dieser falschen Rechtsmittelbelehrung die Beschwerdefrist. Die dadurch benachteiligten Empfänger der Verfügung können jedoch innert 10 Tagen von der Entdeckung des Irrtums an gerechnet die Wiederherstellung gegen die Folgen der Fristversäumnis verlangen. Hiezu haben sie *a)* ein Wiederherstellungsgesuch einzureichen und *b)* gleichzeitig die versäumte Beschwerde nachzuholen (BGE 86 III 31).

208 Das *Übersehen einer Frist* ist unerheblich und *führt zur Rechtskraft* der Verfügung. Ausnahmsweise kann bei einer *verspäteten Kompetenzbeschwerde* aus Gründen der öffentlichen Ordnung *dann eingetreten* werden, wenn die Verfügung offenkundig und beträchtlich in das zum Leben Notwendige eingreift und den Schuldner in eine völlig unhaltbare Lage zu bringen droht (BGer SchKK, 27.08.1965, BlSchK 1966, S. 184).

209 Bei Ablehnung einer Amtshandlung durch das BA ist *die Beschwerde wegen Rechtsverweigerung trotz Fristansetzung jederzeit zulässig*, solange ein rechtliches Interesse an der Beseitigung des Zustandes besteht (SG, AB, 24.02.1947, Amtsbericht 1947, S. 12, BlSchK 1950, S. 43).

210 (i.V.m. Art. 86 SchKG) – Eine Betreibung, durch welche eine Person gezwungen wurde, *die Schuld eines Dritten zu bezahlen,* verstösst gegen die öffentliche Ordnung; sie ist als *nichtig* zu erklären, auch wenn die Beschwerdefrist nicht eingehalten wurde (GE, Autorité de surveillance, 17.04.1983, BlSchK 1984, S. 93).

211 Mit dem Tode erlischt zwar der Pensions-(Lohn)anspruch des Schuldners und die Pfändung wird damit hinfällig. Die vorher entstandenen Ansprüche bleiben aber von der Pfändung erfasst. Das BA ist befugt, mit dem Vollzug der Aufhebung der Pfändung bis zum Ablauf der Beschwerdefrist zuzuwarten (BE, AB, 22.01.1957, BlSchK 1958, S. 78).

212 (i.V.m. Art. 242 und 249 SchKG) – Enthält eine Kollokationsverfügung gleichzeitig die Abweisung eines Herausgabeanspruchs, so ist für den Beginn des Fristenlaufs der betreibungsrechtlichen Beschwerde gegen die Abweisungsverfügung die individuelle Zustellung massgebend und nicht die öffentliche Bekanntmachung des Kollokationsplanes (LU, SchKKomm, 30.08.2001, LGVE 2001 I Nr. 39).

XIV. Verfügungen

213 Eine bloss in Aussicht gestellte, künftige Verfügung kann nicht Gegenstand einer Beschwerde sein (BE, AB, 26.12.1956, BlSchK 1958, S. 46).

214 Der *Vermerk einer Abtretung* der Forderung im *Eigentumsvorbehaltsregister* und der Bezug der Gebühr für diese Massnahme, die der Gläubiger nicht verlangt hatte, sind Verfügungen des Amtes, die *nicht jederzeit, sondern* nur binnen der Notfrist *von 10 Tagen* angefochten werden können (BGE 80 III 133).

215 Innert 10 Tagen sind nicht nur die vom BA positiv getroffenen Anordnungen und Massnahmen anzufechten. Als *Verfügung gilt* auch die *Ablehnung* eine vom Beteiligten verlangten oder sonstwie in Betracht kommenden *Anordnungen oder Massnahmen*, sofern die Ablehnung ausdrücklich ausgesprochen wird oder sich aus dem Vorgehen des BB unzweifelhaft ergibt. Die Kenntnisnahme des Beschwerten setzt keine förmliche Eröffnung der Verfügung (soweit nicht besondere Eröffnung vorgeschrieben) voraus, nötig ist nur, dass die Verfügung dem Betroffenen mit hinreichender Gewissheit und Genauigkeit zur Kenntnis gelangt (BGE 85 III 6).

216 Die *Verletzung einer* reinen *Ordnungsfrist* hat die Anfechtbarkeit, *nicht aber die Nichtigkeit der* betreffenden *Verfügung* zur Folge. Es ist in einem solchen Falle die 10-tägige Beschwerdefrist einzuhalten (SG, AB, 07.01.1969, BlSchK 1975, S. 46).

217 *Meinungsäusserungen* eines Amtes, eines Sachwalters oder eines Liquidators haben *keinen Verfügungscharakter* und können daher nicht angefochten werden. Ebensowenig können auf dem Wege einer Beschwerde umstrittene Rechtsfragen geklärt werden (BS, AB, 04.07.1975, BlSchK 1979, S. 29).

218 Anfechtbar ist nur eine Verfügung des BA- oder KA. Eine Betreibungspartei, die vorsorglich ihre Rechte wahrt und darauf vom BA bloss *eine schriftliche Meinungsäusserung* erhält, kann sich dagegen nicht beschweren (LU, SchKKomm 10.10.1984, LGVE 1994 I 37).

219 Eine anfechtbare *Verfügung ist der Zuschlag eines Grundstückes im Konkurse*. Es können dabei auch zivilrechtliche Gründe geltend gemacht werden (BGE 79 III 116 u. 95 III 21).

220 Es sind nur die nach aussen wirkenden Anordnungen der Konkursverwaltung beschwerdefähige Verfügungen, nicht aber die Beschlüsse des Gläubigerausschusses. Der Gläubigerausschuss hat keine vollziehende Gewalt (BGE 95 III 25).

221 Verfügungen von Betreibungs- und Konkursämter können (mit Aussicht auf Erfolg) nur mit der Behauptung angefochten werden, sie verletzen Vorschriften des Gesetzes oder sie erschienen den Verhältnissen nicht angemessen (BS, AB, 13.10.1965, BlSchK 1967, S. 13).

222 Die in Art. 8 SchKG vorgeschriebene Protokollführung, insbesondere die Eintragung, die von Art. 8 ff. der VO Nr. 1 des BR zum SchKG vorgeschriebenen Register, betreffen die innere Organisation der Ämter und stellen keine nach aussen wirkende Verfügungen wie etwa die Eintragungen im Eigentumsvorbehaltsregister dar. Sowohl das Unterbleiben wie auch die Unklarheit oder Unrichtigkeit einer Eintragung kann jedoch ein Grund zur Beschwerde bilden und ebenso die ungerechtfertigte Erteilung oder Verweigerung einer auf diese amtliche Aufzeichnungen gestützten Auskunft (BGE 95 III 3).

223 Begriff der Verfügung: Wenn ein BA oder KA eröffnet, es gebe einem Rechtshilfegesuch Folge und nennt die Massnahmen, die es zu diesem Zwecke treffe bekannt, so ist dies nicht bloss eine Mitteilung, wie es in Zukunft beim Eintritt bestimmter Tatsachen zu handeln gedenke, sondern eine Verfügung im Sinne von Art. 17 SchKG Abs. 1 (BGE 94 III 83, vgl. BGE 85 III 92 E.2).

224 Begriff der Verfügung: Eine Bemerkung des KA im Kollokationsplan, die Dividende werde «nur auf die bei Abschluss des Konkursverfahrens allfällig noch bestehende Restschuld ausgerichtet» ist nicht eine Verfügung in diesem Sinne. Es kann darin bloss eine Ankündigung erblickt werden, nach welchen Regeln das KA in einem späteren Verfahrensstadium handeln werde, wenn bis dahin gewisse nicht bestimmt voraussehbare Tatsachen (hier Teilzahlungen anderer Wechselverpflichteter in unbekannter Höhe) eintreten sollten. Solche Äußerungen eines Amtes sind nicht durch Beschwerde anzufechten, weil dadurch die Rechtsstellung der Personen, an die sie sich richten, noch nicht in bestimmter konkreter Weise beeinträchtigt wird (vgl. BGE 43 III 93, 85 III 92, 94 III 88). Die Beschwerde hat sich vielmehr gegebenenfalls erst gegen die Anordnungen zu richten, die das Amt nach Eintritt der ins Auge gefassten Tatsachen in Anwendung der von ihm verkündeten Richtlinien trifft (BGE 96 III 44).

225 *Begriff der Verfügung:* Der *Abschluss eines Dienstbarkeitsvertrages* durch die Konkursverwaltung zu Lasten eines schuldnerischen Grundstückes stellt *keine Verfügung*, sondern eine rechtsgeschäftliche Handlung dar, die nicht der Beschwerde an die AB unterliegt (BGE 108 III 1).

226 Eine *Verfügung muss nicht als solche bezeichnet werden*, um angefochten werden zu können. Stellt eine Mitteilung eine Rechtsverweigerung dar, kann dagegen jederzeit Beschwerde geführt werden (LU, SchKKomm 01.09.1970, Max. XI, Nr. 774).

227 Als Verfügung gilt auch die Ablehnung einer von Beteiligten verlangten Anordnung oder Massnahme, sofern die Ablehnung ausdrücklich ausgesprochen wird oder sich aus dem Vorgehen des BA unzweifelhaft ergibt (SH, AB, 07.09.2001, BlSchK 2002, S. 45/47).

228 (i.V.m. Art. 12 VVAG und Art. 609 Abs. 1 ZGB) – Eine beschwerdefähige Verfügung kann auch in einer Anweisung der AB an das BA liegen. Ist ein Betreibungsverfahren in das Verwertungsstadium getreten und ist sein Gegenstand *der Anspruch des Schuldners an einer unverteilten Erbschaft*, so findet für die Frage der amtlichen Mitwirkung nach Art. 609 Abs. 1 ZGB die Verordnung des BGer über die Pfändung und Verwertung von Anteilen an Gemeinschaftsvermögen (VVAG) Anwendung (LU, SchKKomm 23.02.1984, LGVE 1984 I 27).

229 *Einladungen oder Absichtserklärungen* von Betreibungs- oder Konkursämtern sind *keine beschwerdefähigen Verfügungen* (LU, SchKKomm 26.01.1982, 1983 LGVE I 37).

230 Eine einfache *Mitteilung des BA*, womit dieses dem Gläubiger die Absicht kundtut, seinem allfälligen Fortsetzungsbegehren keine Folge zu leisten, kann *nicht durch Beschwerde angefochten* werden (GE, Autorité de surveillance, 14.03.1984, BlSchK 1985, S. 145).

231 Mit einer *nach Erlass der angefochtenen Verfügung des BA eingetretenen Änderung* der Verhältnisse des Schuldners kann *die Beschwerde nicht begründet werden*. In diesem Falle kann jederzeit

beim BA eine Revision beantragt werden (ZH, ObGer, II. Ziv.Kammer, 09.03.1956, ZR 1960, Nr. 89).

232 Eine *Verfügung*, durch welche die Konkursverwaltung eine zur Zeit der Konkurseröffnung bereits *im Prozess liegende Forderung* gegen den Schuldner *abweist*, statt sie zunächst lediglich pro memoria (Art. 63 KOV) im Kollokationsplan vorzumerken, ist *nicht schlechthin nichtig, sondern nur* innert der Frist von Art. 17 SchKG *anfechtbar* (BGE 93 III 84).

233 *Widerruf einer betreibungsamtlichen Verfügung* während der Beschwerdefrist ist an keine Form gebunden und kann auch einem Dritten zuhanden eines Beteiligten mitgeteilt werden. Durch *diesen Widerruf wird eine Fristansetzung aufgehoben* und es hat eine neue Fristansetzung zu erfolgen (BGE 76 III 87).

234 Eine *nichtige Verfügung kann durch das BA*, das sie getroffen hat oder durch eine ihm übergeordnete AB jederzeit *aufgehoben werden*. Das BA ist jedoch hiefür nicht mehr zuständig bei Hängigkeit einer wegen Nichtigkeit geführten Beschwerde, sobald diese vollen Devolutiveffekt erlangt hat (BGE 78 III 49).

235 Die *AB sind befugt*, von Amtes wegen und, gleichgültig, ob rechtzeitige Beschwerde geführt wurde, die *Verfügungen der Betreibungsämter aufzuheben*, die gegen die schlechthin zwingende Gesetzesvorschrift verstossen oder im Einzelfalle öffentliche Interessen oder Interessen Dritter, die am Betreibungsverfahren nicht teilnehmen, verletzen (BGE 81 III 3/4).

236 Wird der Gläubiger *während des Aufschubes gemäss Art. 123 SchKG zur Vorschussleistung* für die Kosten allfällig durchzuführenden Verwertung aufgefordert, ist *diese Verfügung* mangels aktuellen Interesses *nichtig* (BGE 77 III 23).

237 Das *BA kann* auf eine getroffene *Verfügung während der Beschwerdefrist zurückkommen* auch wenn eine Beschwerde bereits angehoben ist (SG, AB, 26.02.1952, BlSchK 1954, S. 45).

238 *Widerruf von Verfügungen* – Das BA oder das KA kann eine von ihm erlassene Verfügung nur während der Beschwerdefrist widerrufen, es wäre denn, sie sei nichtig (BGE 88 III 12).

239 *Gesetzeswidrige oder unangemessene Verfügungen* kann das Amt von sich aus *aufheben*, solange sie noch nicht rechtskräftig geworden sind (BS, AB, 13.03.1968, BlSchK 1969, S. 168).

240 Eine Beschwerde, die einzig *die Feststellung der Unrichtigkeit einer Verfügung* des BA bezweckt, *ist unzulässig*. *Ziel* einer Beschwerde kann *nur die Aufhebung oder Berichtigung* einer bestimmten Verfügung oder die Vollziehung von Handlungen, deren Vornahme unbegründeterweise verweigert oder verzögert worden ist, sein (BGE 81 III 72, 85 III 31/32).

241 Wo eine *bestimmte Amtshandlung* oder *Verfügung* beim Vorliegen der *gesetzlichen Voraussetzungen geboten* ist, sei es, dass sie auf Antrag eines Berechtigten, sei es, dass sie von Amtes wegen vorgenommen oder getroffen werden soll, *bleibt kein Raum für die Verweigerung oder Unterlassung aus Gründen der Angemessenheit oder Zweckmässigkeit*. So ist z.B. die Anwendung des Art. 171, 172 189 und 190 SchKG keine Frage der Angemessenheit (BGE 85 III 156).

242 *Nichtig und daher jederzeit unabhängig* von der gesetzlichen Beschwerdefrist *rügbar ist eine Verfügung*, die gegen zwingendes, d.h. im öffentlichen oder im Interesse eines bestimmten Kreises Dritter aufgestelltes Recht verstösst (BGE 86 III 20).

243 Die *Zustellung des Gläubigerdoppel des Zahlungsbefehls* mit Rechtsvorschlagsvermerk ist *keine beschwerdefähige Verfügung*. Grundsätzlich kann ein BA auf eine Verfügung zurückkommen und sie widerrufen, aber nur solange die Beschwerdefrist gegen sie noch läuft (BGE 88 III 14).

244 (i.V.m. Art. 76 Abs. 2 SchKG) – Die Zustellung der für den Betreibenden bestimmten Ausfertigung des Zahlungsbefehls per Nachnahme stellt eine mit Beschwerde anfechtbare Betreibungshandlung im Sinne von Art. 17 SchKG dar. Ein Anwalt, der ohne sein Wissen als Vertreter des Betreibenden bezeichnet worden ist, ist befugt, gegen die ihn persönlich treffende Vorkehr Beschwerde zu führen. – Der BB ist nicht gehalten, von Amtes wegen die Vertretungsvollmacht eines Anwalts zu prüfen, der nach kantonalem Recht befugt ist, berufsmässig Parteien in Zwangsvollstreckungsverfahren vor den BA- und Konkursämtern zu vertreten. Pflicht der AB, das im Beschwerdeverfahren festgestellte Fehlen einer Vertretungsvollmacht zu beachten (BGE 130 III 231).

245 *Voraussetzungen der von Amtes wegen festzustellenden Nichtigkeit* betreibungs- oder konkursamtlicher *Verfügungen*. – Eine solche Verfügung ist ohne Rücksicht darauf, ob sie wegen des begangenen Verfahrensfehlers rechtzeitig durch Beschwerde angefochten wurde, als schlechthin nichtig von Amtes wegen aufzuheben (BGE 96 III 77).

246 Ein BA oder KA *kann eine* von ihm getroffene *Verfügung* (gleichgültig, ob sie nichtig oder bloss anfechtbar ist) *nicht mehr selber aufheben*, sobald dagegen Beschwerde erhoben worden ist und diese ihren *vollen Devolutiveffekt* entfaltet hat. Ein solcher Widerruf ist nichtig, auch wenn er auf Veranlassung der mit der Beschwerde gefassten AB erfolgte, es liegt an dieser, ordnungsgemäss über die Beschwerde zu entscheiden. Einschreiten des BGer von Amtes wegen (BGE 97 III 3).

247 *Widerruf einer provisorischen Verteilungsliste* mit nichtiger Kostenverlegung durch das KA nach Rechtshängigkeit einer dagegen gerichteten Beschwerde. Nach bisheriger Rechtsprechung sind die Betreibungs- und Konkursämter befugt, auf ihre Verfügungen im Sinne der Änderung oder des Widerrufs zurückzukommen, solange diese nicht rechtskräftig geworden sind. Aus Gründen der Verfahrensökonomie kann ein Widerruf selbst dann erfolgen, wenn gegen den betreffenden Akt bereits Beschwerde bei der AB angehoben worden ist. Die beim Gericht anhängige Beschwerde wird diesfalls gegenstandslos. Nach Ablauf der Beschwerdefrist wird dagegen in der Regel ein Widerruf unzulässig, es sei denn, die Verfügung habe gar nicht rechtskräftig werden können, weil sie schlechthin nichtig ist und eine diesbezügliche Beschwerde bei der AB habe noch nicht ihren vollen Devolutiveffekt entfaltet (ZH, ObGer, II. Ziv.Kammer, 21.03.1979, ZR 1979, Nr. 105).

248 Das Betreibungs- und Konkursamt sind nicht befugt, eine bereits *in Rechtskraft erwachsene Verfügung zu widerrufen* (GE, Autorité de surveillance, 21.03.1984, BlSchK 1984, S. 207).

249 Die *postalische Zustellung an in Spanien wohnende Personen ist ungültig*. Die AB kann Verfügungen der Betreibungs- und Konkursämter von Amtes wegen jederzeit aufheben, wenn sie gegen zwingende Vorschriften verstossen oder durch deren Missachtung im konkreten Falle, öffentliche Interessen, verletzt werden (AR, AB, 01.06.1961, SJZ 1963, S. 173).

250 Wenn auch die gesetzliche Anfechtungsfrist erst bei Kenntnisnahme der betreffenden Verfügung zu laufen beginnt, so *gelten Sendungen, die mit eingeschriebenem Brief* spediert werden, nach Art. 15 Abs. 1 und Art. 157 der Vollziehungsverordnung I des BG über den Postdienst am siebten und letzten Tag der Abholfrist als zugestellt (BS, AB, 20.08.1980, BlSchK 1985, S. 27).

251 In der *Aufforderung der Konkursverwaltung* an einen Dritten zur *Herausgabe* von in seinem Besitze befindlichen *Massawerten mit Fristansetzung* und unter Androhung der Vindikationsklage liegt *keine anfechtbare Verfügung* im Sinne von Art. 17 SchKG vor (SG, AB, 13.04.1946, BlSchK 1948, S. 56).

252 Die Beschwerde hat sich vielmehr gegebenenfalls *erst gegen die Anordnungen* zu richten, die das Amt *nach Eintritt der* ins Auge gefassten *Tatsachen* in Anwendung der von ihm verkündeten Richtlinien trifft (BGE 96 III 44).

253 Die an einen Gläubiger gerichtete *Aufforderung des KA*, ihm einen *zu Unrecht bezogenen Betrag zurückzuerstatten, ist keine* im Sinne von Art. 17 SchKG anfechtbare *Verfügung*. Dem KA steht die Klage aus ungerechtfertigter Bereicherung offen (Bestätigung der Rechtsprechung) (BGE 123 III 335).

254 Auch Verfügungen eines *Hilfsorgans eines Betreibungs- oder Konkursamtes* sind beschwerdefähig. Voraussetzung ist das Vorliegen einer hinreichenden Kompetenzdelegation. Dies trifft für Handlungen von Polizeiorganen einer Gemeinde zu (BGer, 29.04.2004, Praxis 2004, Nr. 148).

XV. Im Betreibungsverfahren

255 (Art. 31 und 37 der Übereinkunft von Wien vom 18.06.1961) – Betreibungshandlungen gegen einen Schuldner, der *diplomatische Immunität* geniesst, sind nichtig (GE, Autorité de surveillance, 07.09.1977, BlSchK 1981, S.12).

256 *Rückzug der Betreibung* – Gänzliche Nichtigkeit aller nachfolgenden Betreibungshandlungen. Diese Nichtigkeit kann jederzeit vor der AB jeder Instanz gemacht werden (BGE 77 III 75).

Erster Titel: Allgemeine Bestimmungen   Art. 17

257 Die im Sinne von Art. 109 Abs. 5 SchKG erfolgte Einstellung der Betreibung ist von Amtes wegen zu beachten (ZH, ObGer, II. Ziv.Kammer, 18.10.1949, ZR 1950, Nr.114, BlSchK 1952, S. 76).

258 Findet sich auf dem Gläubigerdoppel des Zahlungsbefehls unter der Rubrik *Rechtsvorschlag eine Erklärung des Schuldners*, so muss *der Gläubiger* innert 10 Tagen seit Empfang des Zahlungsbefehls *Beschwerde führen*, wenn er sie nicht als Rechtsvorschlag gelten lassen will (LU, SchKKomm, 14.07.1950, Max. IX, Nr. 782) .

259 Die Beschwerde ist auch das Rechtsmittel, um ein BA, das eine von ihm nach Vollstreckungsrecht zu erbringende Zahlung (z.B. Art. 144 Abs. 4 SchKG) nicht erbringt, zur Zahlung zu zwingen. Dies gilt auch für den Fall, dass das Amt das einkassierte Geld bereits anders verwendet hat (BGE 72 III 88, 75 III 84/85) (BGE 85 III 31).

260 Gegen die Nichtigkeit einer Betreibungshandlung steht die auf 10 Tage befristete Beschwerde offen, nicht die unbefristete Rechtsverweigerungsbeschwerde (SO, AB, 02.09.1955, ObGer-Bericht 1955, S. 131, BlSchK 1957, S. 99).

261 Ist der *Zahlungsbefehl einer im Betreibungsbegehren gar nicht erwähnten Person zugestellt worden*, so liegt ein Fall von Rechtsverweigerung vor, so dass auch auf eine verspätet eingereichte Beschwerde noch einzutreten ist. Art. 17 findet auch bei der Wechselbetreibung Anwendung (GE, Autorité de surveillance, 21.09.1962, Sem. 86 (1964), S. 29, SJZ 1964, S. 365).

262 Anfechtung einer *Konkursandrohung* – Weder Direktzahlungen noch Stundungsvereinbarungen unter den Parteien vermögen die Gültigkeit einer Konkursandrohung zu beeinflussen; sie sind damit für das BA unbeachtlich. Die Konkursandrohung kann somit bei der AB aus diesen Gründen nicht angefochten werden. Vorbehalten bleibt dagegen die richterliche Aufhebung oder Einstellung der Betreibung auf entsprechendes Begehren des Schuldners (BS, AB, 12.12.1967, BJM 1968, S. 85).

263 Bekommt ein Schuldner *die für ihn bestimmte Betreibungsurkunde nie zu Gesicht*, so ist die Betreibung auf Beschwerde hin als nichtig zu erklären (BE, AB, 31.05.1968, BlSchK 1969, S. 77).

264 Gegen eine *vorschriftswidrige Zustellung von Betreibungsurkunden* kann der Schuldner innert 10 Tagen Beschwerde erheben. Unterbleibt diese, so wird die Zustellung wirksam (BE, AB, 23.04.1968, BlSchK 1969, S. 43/44).

265 Betreibung gegen eine unverteilte Erbschaft. Dass die betriebene, zur *Vertretung der Erbschaft nicht legitimierte Person* diesen Mangel *erst im Pfändungsstadium geltend macht*, ist unerheblich. Trifft dieser Mangel zu, darf das BA nicht zur Pfändung schreiten (TI, SchKK, 06.05.1969, Rep. 1970, S. 71, SJZ 1972, S. 223).

266 Gegen die Ausstellung eines *Zahlungsbefehls* kann jederzeit Beschwerde geführt werden, wenn die *Schuldnerbezeichnung* über die *Identität des Schuldners Zweifel* offen lässt (GE, Autorité de surveillance, 15.07.1975, BlSchK 1979, S. 19).

267 (i.V.m. Art. 22 SchKG und Art. 90, 97 VZG) – Die Anmeldung einer Verfügungsbeschränkung im Grundbuch durch das BA ist als betreibungsrechtliche Handlung mit Beschwerde nach Art. 17 SchKG anfechtbar. Verstösst eine solche Anmeldung gegen die Art. 90 bzw. 97 VZG, hat dies keine Nichtigkeit zur Folge (LU, SchKKomm, 05.01.2004, LGVE 2004 I 51).

268 Das BA hat grundsätzlich *jedem Betreibungsbegehren* Folge zu geben *ohne Rücksicht* darauf, dass *andere Betreibungen zwischen den gleichen Parteien hängig sind* und in welchem Stadium sie sich befinden. Das gilt auch dann, wenn einzelne Betreibungshandlungen Gegenstand einer Beschwerde bilden, ebenso, wenn einer Beschwerde aufschiebende Wirkung erteilt worden ist oder hätte erteilt werden müssen. Die *aufschiebende Wirkung gilt nur für die angefochtene Betreibungshandlung, jedoch nicht für spätere Betreibungen.* Eine weitere Betreibung ist nur dann nicht zuzulassen, wenn die Identität zweier betriebener Forderungen unzweifelhaft feststeht und wenn der Gläubiger im früheren Betreibungsverfahren das Fortsetzungsbegehren gestellt hat oder zu stellen berechtigt ist (BGer SchKK 06.05.1981, BlSchK 1983, S. 128).

269 Wird ein *Zahlungsbefehl öffentlich bekannt gemacht, ohne dass die Voraussetzungen dazu erfüllt sind*, so ist diese Gesetzesverletzung grundsätzlich innert der Frist des Art. 17 Abs. 2 SchKG zu rügen. Auf die Beschwerde muss auch eingetreten werden, wenn durch den Vertreter des Beschwer-

deführers keine förmlich Vollmacht beigebracht wird. Nur wenn der Beschwerdegegner die Vertretungsbefugnis bestreitet, ist die entsprechende Partei durch die AB aufzufordern, sich über die Bevollmächtigung innert bestimmter Frist auszuweisen. Bis dahin darf das Eintreten auf die Rechtsvorkehren des sich als Vertreter ausgebenden Anwalts nicht mangels Vollmacht abgelehnt werden (SH, AB, 20.02.1987, BlSchK 1988, S. 22/23).

270 In einem Beschwerdeverfahren nach Art. 17 SchKG kann unter *Berufung auf Art. 2 ZGB* jedenfalls insoweit *keine Aufhebung des Betreibungsverfahrens* erreicht werden, als sich der Vorwurf des Rechtsmissbrauchs darauf bezieht, der umstrittene Anspruch werde rechtsmissbräuchlich erhoben. Der Entscheid hierüber bleibt dem ordentlichen Richter vorbehalten (BGE 113 III 2, Praxis 76, Nr. 154).

271 Beschwerde gegen die *Zustellung von Betreibungsurkunden.* Der Beschwerdeführer muss klar angeben, was er von der AB verlangen will (NE, 10.03.1995, BlSchK 1996, S. 137).

272 (i.V.m. Art. 155 Abs. 2 SchKG) – Bei der Mitteilung des *Verwertungsbegehrens* durch das BA handelt es sich *nicht um eine anfechtbare Verfügung* im Sinne von Art. 17 SchKG (SH, AB, 02.07.1993, BlSchK 1994, S. 8).

273 Verhafteten hat das BA *bei jeder einzelnen Betreibung vor Erlass des Zahlungsbefehls Frist zur Bestellung eines Vertreters* anzusetzen, sofern sie keinen solchen haben und nicht der Vormundschaftsbehörde die Ernennung obliegt. Missachtung dieser Vorschrift bedeutet Rechtsverweigerung. Indem der Schuldner Rechtsvorschlag zu erheben sucht, verzichtet er nicht auf die Geltendmachung dieses Verfahrensmangels (BGE 77 III 145).

274 Die *örtliche Unzuständigkeit des BA, das den Zahlungsbefehl erlässt,* macht diesen nach ständiger Rechtsprechung des BGer *nicht nichtig,* sondern nur anfechtbar (BGE 68 III 35, 79 III 15, 82 III 74, 83 II 50, 88 III 11). Sie ist demzufolge von den AB nicht von Amtes wegen zu berücksichtigen. Will der Schuldner sie geltend machen, so hat er dies mittels Beschwerde nach Art. 17 SchKG innert 10 Tagen nach Zustellung des Zahlungsbefehls zu tun (LU, SchKKom. 03.11.1966, Max. XI, Nr. 497, BlSchK 1968, S. 180).

275 Eine Beschwerde gegen eine in bereits abgeschlossener Betreibung erlassene Verfügung dient keinem praktischen Zweck der Vollstreckung mehr, deshalb ist darauf nicht einzutreten (BL, AB, 30.06.1983, BlSchK 1987, S. 57).

XVI. Rechtsvorschlag

276 *Findet auf dem Gläubigerdoppel* des Zahlungsbefehls unter der *Rubrik Rechtsvorschlag eine Erklärung,* so muss der Gläubiger innert 10 Tagen seit Empfang des Zahlungsbefehls Beschwerde führen, wenn er sie nicht als Rechtsvorschlag gelten lassen will (LU, SchKKomm 14.07.1950, Max. IX, Nr. 782).

277 Ist in einem Betreibungsverfahren eine *Beschwerde hängig,* so kann der Schuldner schon *während der Dauer der* erteilten *aufschiebenden Wirkung Rechtsvorschlag erheben.* Ebenso steht nicht entgegen, dass der Gläubiger das Rechtsöffnungsbegehren stellt (ZH, ObGer, III. Ziv.Kammer, 08.05.1972, SJZ 1973, S. 106).

278 Will der Schuldner bei einer *gewöhnlichen Betreibung* (auf Pfändung oder Konkurs) die *Einrede erheben, dass die Forderung pfandversichert* und deshalb nur die Betreibung auf Pfandverwertung zulässig sei, so hat er dies innert 10 Tagen seit Zustellung des Zahlungsbefehls *durch Beschwerde geltend* zu machen (BE, AB, 15.10.1973, BlSchK 1975, S. 155).

279 Durch *Rechtsvorschlag und nicht durch Beschwerde* geltend zu machen, der Gläubiger habe statt einer *Faustpfand-* eine *Grundpfandbetreibung* durchzuführen (ZH, ObGer, II. Ziv.Kammer, 06.12.1968, SJZ 1970, S. 153).

280 Darüber, ob ein *gültiger und rechtzeitig erhobener Rechtsvorschlag* vorliegt oder nicht, entscheidet *nicht der Richter, sondern das BA und auf Beschwerde hin, die AB.* Wird mit einer Beschwerde geltend gemacht, das BA habe die Gültigkeit des Rechtsvorschlages zu Unrecht verneint, so beginnt die Beschwerdefrist mit der Zustellung der Pfändungsurkunde zu laufen, es sei denn, das BA habe

dem Schuldner seinen Entscheid über die Gültigkeit des Rechtsvorschlages schon vor der Fortsetzung der Betreibung eröffnet (BGE 91 III 4, 101 III 10; GR, AB, 01.04.1976, BlSchK 1979, S. 72).

281 Will der Schuldner die betriebene Forderung oder das Recht, sie auf dem Betreibungsweg geltend zu machen, bestreiten, so hat er gegen den Zahlungsbefehl Rechtsvorschlag zu erheben und nicht Beschwerde bei der AB einzureichen. Der BB hat nicht von Amtes wegen zu prüfen, ob die Personen, die im Betreibungsbegehren im Namen des Gläubigers unterzeichnet haben, die beanspruchte Vertretungsmacht wirklich besitzen. Er hat deshalb auch keine schriftliche Vollmacht zu verlangen. – Unrichtige Adressangabe des Gläubigers kann wohl Beschwerdegrund bilden. Eine entsprechende Beschwerde kann aber nur zum Erfolg führen, wenn der Schuldner an der Angabe des richtigen Wohnorts seines Gläubigers ein schützenswertes Interesse besitzt (SO, AB, 10.07.1979, BlSchK 1984, S. 17/18).

282 Über die *Gültigkeit des Rechtsvorschlages* haben die AB zu urteilen. Dem Betreibenden ist es daher verwehrt, im Rahmen des Rechtsöffnungsverfahrens die Gültigkeit oder Ungültigkeit eines Rechtsvorschlages feststellen zu lassen (BE, Appellationshof, I. Ziv.Kammer, 08.01.1980, ZBJV 1981, S. 544).

283 Erklärt das BA einen *Rechtsvorschlag als gültig*, setzt aber aufgrund einer *nachträglichen teilweisen Forderungsanerkennung* des Schuldners *die Betreibung fort*, so beginnt die Beschwerdefrist gegen den Entscheid über den Rechtsvorschlag nicht erst mit der neuen Verfügung (ZH, ObGer, II. Ziv.Kammer, 03.11.1944, BGer 27.11.1944, ZR 1945, S. 159, BlSchK 1946, S. 76).

284 *Nichtbeachtung eines unzweideutig erklärten Rechtsvorschlages* bedeutet Rechtsverweigerung (ZH, ObGer, II. Ziv.Kammer, 16.05.1947, ZR 1948, Nr. 37).

285 Die Bestreitung einer Schuld kann lediglich Gegenstand eines Rechtsvorschlages, nicht aber einer Beschwerde an die AB sein (FR, Trib.cant. 21.11.1971, BlSchK 1975, S. 10).

286 (i.V.m. Art. 76 SchKG) – *Der Rechtsvorschlag ist auf beiden Ausfertigungen des Zahlungsbefehls zu protokollieren.* Vergisst der Postbeamte den bei der Zustellung des Zahlungsbefehls erhobenen Rechtsvorschlag des Schuldners auf der Ausfertigung für den Gläubiger zu wiederholen, so kann der Schuldner Beschwerde führen (NE, Autorité de surveillance, 10.11.1998, BlSchK 2000, S. 30).

XVII. Pfändungsverfahren

287 Die Pfändung einer *behördlich beschlagnahmten Sache* ist nicht eo ipso nichtig. Sie wird daher bei Unterlassung einer Beschwerde auch gegenüber der beschlagnahmenden Amtsstelle rechtskräftig (TG, Rekurskom., 12.07.1945, SJZ 1947, S.61).

288 Wenn der Schuldner anlässlich der Pfändung sein *Vermögen verheimlicht*, so ist *nicht Beschwerde* gegen das BA zu führen, *sondern die Nachpfändung* zu verlangen (BE, AB, 18.06.1973, BlSchK 1977, S. 53).

289 Keine Beschwerde ohne rechtliches Beschwerdeinteresse – Nach *Wegfall einer Pfändung* kann nicht nachträglich wegen angeblich falscher Kompetenzberechnung Beschwerde erhoben werden (BS, AB, 07.05.1965, BJM 1968, S. 52).

290 *Kognition der AB bei Retention* – Die AB kann nicht überprüfen, ob die Forderung des Gläubigers zu Recht besteht und ob sich das Retentionsrecht auf die ganze Forderung oder nur einen Teil davon erstreckt. Dies zu entscheiden ist vielmehr Sache des Richters im Prozess, den die Gläubigerin anzuheben hat, falls der Betreibene in der gegen ihn erfolgten Betreibung Rechtsvorschlag erhoben hat. Ebenso bezieht sich die Kognition der AB auch nicht auf den Einwand, dass retinierte Gegenstände zum Teil Eigentum der Ehefrau des Betriebenen seien. Diese Frage ist im Widerspruchsverfahren abzuklären (BL, AB, 08.02.1957, BJM 1957, S. 160).

291 Aufhebung einer Pfändung aus Gründen der öffentlichen Ordnung auch in Fällen von unbedingt benötigten Wohnungsgegenständen (hier ein Couch als Schlafgelegenheit) (SO, AB, 22.12.1955, ObGer-Bericht 1955, S. 132, BlSchK 1957, S. 100).

292 Der Beschluss der unteren AB, eine *Einigungsverhandlung im Sinne von Art. 9 VVAG anzuordnen* ist nicht ein blosser Zwischenentscheid in einem Beschwerde- oder Rekursverfahren, der nicht weiter-

ziehbar wäre, sondern eine der Weiterziehung unterliegende Massnahme im Vollstreckungsverfahren (BGE 98 III 22).

293 Die *Zulassung* des Anschlusses *eines zweiten Gläubigers an eine Pfändung* lässt für den ersten *keine neue Frist zur Beschwerde* über die Pfändung selbst laufen (BGE 72 III 50).

294 Die *trotz Erlöschen der Betreibung vorgenommene Pfändung* ist nichtig. Anfechtung ist zulässig ohne Rücksicht auf die Fristen des Art. 17 ff. SchKG (BGE 77 III 56).

295 Eine nur hinsichtlich der *Höhe angefochtene Lohnpfändung* kann von der AB auch nach ihrer grundsätzlichen Zulässigkeit überprüft und allenfalls aufgehoben werden (BGE 82 III 51).

296 Der mit der Widerspruchsklage befasste Richter kann deren materielle Beurteilung wegen Nichtigkeit der Betreibung oder Pfändung ablehnen, ohne vorher die Betreibungsbehörden über diesen Punkt entscheiden zu lassen, wenn die Nichtigkeit ausser Zweifel steht und selbst für den Fall einer abweichenden Auffassung der Betreibungsbehörden nicht damit zu rechnen ist, dass der Pfändungsbeschlag bestehen bleibt (Änderung der Rechtsprechung BGE 96 III 119 b).

297 (i.V.m. Art. 91 SchKG) – Will der Gläubiger ergänzend zur Pfändungsurkunde weitere Vermögensgegenstände des Schuldners eingefändet haben, hat er dies dem BA anzuzeigen. Das Erheben einer Beschwerde ist hiezu nicht der richtige Weg (BE, AB, 30.07.1993, BlSchK 1994, S. 10).

298 (i.V.m. Art. 58 Abs. 3 BG über das Verwaltungsverfahren (VwVG) – Wiedererwägung der angefochtenen Verfügung. *Ersetzt das BA die angefochtene Pfändungsurkunde durch eine Neue*, so ist dem hängigen Beschwerdeverfahren die Grundlage entzogen. Das Beschwerdeverfahren ist folglich als gegenstandslos abzuschreiben. Dies gilt in der Regel auch dann, wenn mit der neuen Verfügung die Anträge des Beschwerdeführers nur teilweise berücksichtigt worden sind. Eine Fortsetzung des bisherigen Beschwerdeverfahrens ist jedenfalls dann nicht zulässig, wenn die neue Verfügung in die Rechtsstellung der bisherigen Gegenpartei eingreift (LU, SchKKomm 20.02.1997, LGVE 1997 I 53, BlSchK 1998, S. 20).

XVIII. Konkursverfahren

299 Die AB kann nicht darüber entscheiden, ob es sich um eine Schuld des Konkursiten oder um eine Massaschuld handelt (FR, Chambre des poursuite et faillites, 11.12.1978, BlSchK 1980, S. 136).

300 *Gegen den Antrag des KA auf Einstellung des Konkursverfahrens* ist eine Beschwerde nicht zulässig (SG, AB, 09.06.1954, BlSchK 1956, S. 93; LU SchK-Komm. 08.04.1997, BlSchK 1999, S. 13; eine dagegen erhobene Beschwerde wurde vom BGer abgewiesen).

301 Keine Beschwerde *gegen den Antrag* der Konkursverwaltung auf Widerruf des Konkurses (BS, AB, 10.04.1964, BJM 1968, S. 59).

302 Es ist nicht willkürlich, wenn der Konkursrichter den Widerruf des Konkurses verfügt, nachdem sich ergeben hat, dass alle im Konkurs angemeldeten Forderungen zurückgezogen oder bezahlt sind und dass andere Forderungen unbegründet seien (BGer 25.05.1990, unveröffentlichter Entscheid).

303 *Nach Konkurswiderruf* ist die ehemalige Konkursverwaltung *nicht mehr befugt, eine Verfügung zu treffen* und kann hiezu auch auf dem Beschwerdeweg nicht verhalten werden (BGE 81 III 66). Der durch ein ungesetzliches Vorgehen der Konkursverwaltung geschädigte Gläubiger hat den ordentlichen Richter anzurufen. – Dagegen kann der Anspruch auf Aushändigung des gesamten Überschussbetrages vom früheren Schuldner auch nach dem Konkurswiderruf gegen das KA auf dem Beschwerdeweg geltend gemacht werden (LU, SchKKomm 16.02.1957, Max. X, Nr. 510).

304 Ausübung eines im Grundbuch vorgemerkten Rückkaufsrechtes im Konkurse des Käufers. Bewilligung der Rückübertrag durch die Konkursverwaltung. Eine solche von der Konkursverwaltung an Stelle des Schuldners vorgenommene rechtsgeschäftliche Handlung unterliegt nicht der Beschwerdeführung nach Art. 17 SchKG. Vorbehalten bleibt eine gerichtliche Anfechtung der Rückübertragung durch die Konkursmasse gemäss Art. 975 ZGB. Auf Begehren eines Konkursgläubigers ist darüber ein Gläubigerbeschluss herbeizuführen und bei Verzicht der Masse ist Art. 260 SchKG anzuwenden (BGE 86 III 106).

305 Es sind nur die nach aussen wirkenden Anordnungen der Konkursverwaltung beschwerdefähige Verfügungen, nicht aber die Beschlüsse des Gläubigerausschusses. Der Gläubigerausschuss hat keine vollziehende Gewalt (BGE 95 III 25).

306 Auch Beschlüsse der zweiten Gläubigerversammlung unterliegen der Anfechtung durch Beschwerde wegen Gesetzwidrigkeit (BGE 87 III 111).

307 Die Betreibungs- und Konkursämter sind berechtigt, sich im Beschwerde- und Rekursverfahren vor den AB durch einen Rechtsanwalt vertreten zu lassen (BGE 100 III 57).

308 Die AB hat sich Einblick in die für die Entscheidung wesentlichen Aktenstücke zu verschaffen und sie selbständig zu würdigen; sie darf das Ergebnis der Würdigung durch die Konkursverwaltung nicht unbesehen hinnehmen (BGE 91 III 87).

309 (i.V.m. Art. 79 Abs. 1 OG) – Ein Rekurs, der den gesetzlichen Anforderungen an die Begründung nicht entspricht, ist unzulässig und im Übrigen unbegründet, nachdem sich die kantonale AB zu Recht geweigert hat, auf eine Beschwerde gegen ein Konkursdekret einzutreten. Aufgabe der SchKK des BGer: sie besteht weder in der Instruktion und der Beurteilung eines Rechtsstreites zwischen der Rekurrentin und einem Dritten noch in der Aufhebung eines angeblich willkürlich eröffneten Konkurses (BGE 119 III 49).

310 *Faustpfandberechtigte an Schuldbriefen* sind im Konkurse des Grundeigentümers legitimiert, gegen eine Verfügung des KA, die den Umfang der Pfandhaft betrifft, Beschwerde zu führen (BGE 99 III 66).

XIX. Kollokationsplan

311 *Kollozierung einer angeblichen Massaschuld, Beschwerde oder Klage?* Eine Anfechtung auf dem Beschwerdeweg ist nur möglich, wenn sich die Verfügung als formeller Mangel des Kollokationsplanes qualifizieren würde. Die erfolgte Kollozierung bedeutet eine Ablehnung der nachgesuchten Privilegierung und damit eine Bestreitung des geltend gemachten besonderen Charakters und der Entstehungsgeschichte der streitigen Forderung. Sie involviert damit eine materielle konkursrechtliche Verfügung über die Forderung, die nur auf dem Wege der Klage vor dem Zivilrichter angefochten werden kann (GR, AB, 08.02.1965, BlSchK 1967, S. 115).

312 Der Kollokationsplan kann *wegen Formmangels durch Beschwerde angefochten werden.* Die Gründe der gänzlichen oder teilwesen Abweisung einer Eingabe unterliegen dagegen der richterlichen Überprüfung im Kollokationsprozess (BGE 83 III 80).

313 Gegen einen *gesetzlichen Verfahrensregeln widersprechenden Kollokationsplan kann Beschwerde erhoben werden.* Durch Missachtung von Art. 63 KOV wird kein zwingendes Recht verletzt. Dieser Verstoss führt daher nicht zur Nichtigkeit des Kollokationsplanes. Er kann aber durch Beschwerde gerügt werden (BGE 86 III 23).

314 *Verfahrensfehler,* die bei der Aufstellung des Kollokationsplanes begangen worden sein sollen, sind *durch Beschwerde* geltend zu machen (BGE 96 III 42).

315 Eine *materiellrechtliche Anfechtung* des Kollokationsplanes auf dem *Beschwerdeweg ist nicht möglich* (BS, AB, 20.07.1960, BlSchK 1962, S. 19).

316 Rechtsverzögerungsbeschwerde im Kollokationsverfahren. Das BGer hat festgestellt, dass Verfügungen, die einen Entscheid nicht endgültig im positiven oder negativen Sinn treffen, sondern ihn bis auf Weiteres ausstellen, die Beschwerden wegen Rechtsverzögerung nicht ausschliessen (BGE 88 III 34, 50 III 91) (BL, AB, 06.04.1970, BJM 1970, S. 140).

317 Beschwerde des Schuldners gegen die Kollokation einer Ersatzforderung nach Art. 327 ZGB. Der Schuldner kann nur wegen Verletzung der Prüfungspflicht durch die Konkursverwaltung Beschwerde erheben (ZH, ObGer, II. Ziv.Kammer, 01.12.1982, ZR 1984, Nr. 44).

318 Einem *Gläubiger, dessen Forderung* im Kollokationsverfahren *rechtskräftig abgewiesen* worden und der in keiner Weise mehr am Konkurse beteiligt ist, steht mangels Legitimation *kein Beschwerderecht mehr zu* (BS, AB, 08.08.1978, BlSchK 1980, S. 103).

319 Zur Beschwerde gegen Verfügungen der Konkursverwaltung sind nur Personen legitimiert, die durch den angefochtenen Akt in ihrem *rechtlich geschützten Interesse* betroffen sind. Ein im Konkursverfahren rechtskräftig *abgewiesener Gläubiger* kann *sich nicht auf dieses Interesse berufen*, wenn die Konkursverwaltung der Gläubigerschaft den Verzicht der Konkursmasse auf dubiose Forderungsansprüche beantragt (BS, AB, 20.08.1980, BlSchK 1985, S. 27).

320 *Mit Beschwerde kann nur die Verletzung von Verfahrensvorschriften, nicht aber der materiellrechtliche Inhalt von Kollokationsverfügungen gerügt werden.* Das auf der gemeinschaftlichen Stammparzelle zugelassene, allen anderen Pfandrechten vorgehende gesetzliche Pfandrecht für öffentlichrechtliche Forderungen kann nicht mit Beschwerde angefochten werden (GR, AB, 07.11.1989, PKG 1989, S. 180).

321 (i.V.m. Art. 106 ff., 140 Abs. 2 SchKG und Art. 37 Abs. 2, Art. 40 VZG) Voraussetzungen der *Abänderung des Lastenverzeichnisses.* – Bei nachträglicher Abänderung oder Ergänzung des Lastenverzeichnisses durch das BA hat dieses die Betroffenen auf die Bestreitungsmöglichkeit gemäss Art. 37 Abs. 2 VZG hinzuweisen und nach erfolgter Bestreitung das Widerspruchsverfahren nach Art. 106 ff. SchKG durchzuführen (LU, SchKKomm 16.04.1998, LGVE 1998 I 38, Das BGer hat die dagegen erhobene Beschwerde am 19.05.1998 abgewiesen).

322 Wenn der Kollokationsplan eine so *unklare Verfügung* über eine angemeldete Forderung enthält, dass ihretwegen der Plan als Grundlage für die *Erstellung der Verteilungsliste* schlechterdings *untauglich ist*, (keine klare Zulassung oder Abweisung einer Forderung, sondern lediglich Vormerkung «angemeldet») muss noch eine Beschwerde im Verteilungsverfahren möglich sein (BGE 85 III 93).

323 Begriff der Verfügung – Eine Bemerkung des KA im Kollokationsplan, die Dividende werde «nur auf die bei Abschluss des Konkursverfahrens allfällig noch bestehende Restschuld ausgerichtet, ist nicht eine Verfügung im diesem Sinne. Es kann darin bloss eine Ankündigung erblickt werden, nach welchen Regeln das KA in einem späteren Verfahrensstadium handeln werde, wenn bis dahin gewisse nicht bestimmt voraussehbare Tatsachen (hier Teilzahlungen anderer Wechselverpflichteter in unbekannter Höhe) eintreten sollten. Solche Äusserungen eines Amtes sind nicht durch Beschwerde anzufechten, weil dadurch die Rechtsstellung der Personen, an die sich richten, noch nicht in bestimmter konkreter Weise beeinträchtigt wird (vgl. BGE 43 III 93, 85 III 92) (94 III 88).

324 Mit Beschwerde gegen die Verteilungsliste lässt sich die Unterlassung einer Kollokationsklage nicht beheben (BGer SchKK, 31.08.1961, BlSchK 1963, S. 88).

325 Verhältnis *von Aufsichtsbeschwerde und Kollokationsklage* – Will ein Gläubiger des Konkursiten geltend machen, ein Dritter, der Gläubiger und Schuldner der Masse ist, habe nach Verrechnung seiner Forderung mit der Gegenforderung des Konkursiten nicht nur keine (Rest-)Forderung mehr, sondern eine (Rest-)Schuld, so muss er mit der Kollokationsklage die Zulassung der (Rest-) Forderung dieses Dritten anfechten und mit der Aufsichtsbeschwerde verlangen, dass die Konkursverwaltung es der Gläubigergesamtheit ermögliche, über das Vorgehen hinsichtlich der behaupteten (Rest-)Schuld zu entscheiden (ZH, ObGer, III. Ziv.Kammer, 27.12.1976; ObGer, II. Ziv.Kammer, 16.03.1977, BGer SchKK, 28.04.1977, BlSchK 1977, S. 175, ZR 1977 Nr. 33).

326 (i.V.m. Art. 247 und 242 SchKG) – Die Konkursverwaltung hat *nicht im Kollokationsplan über die Gültigkeit einer Forderungszession zu entscheiden.* Der Kollokationsplan kann in diesem Punkt auf dem Beschwerdeweg berichtigt werden. Er betrifft die Passiven und nicht Aktiven der Konkursmasse. Wenn ein Dritter behauptet, Gläubiger einer Forderung zu sein, welche die Konkursverwaltung als dem Gemeinschuldner zustehend erachtet, hat sie dem Dritten mitzuteilen, dass sie seinen Anspruch bestreite und ihm gegebenenfalls eine zehntägige Frist zur Klage auf dem ordentlichen Prozessweg anzusetzen (VD, Tribunal cantonal, 29.06.1983, BlSchK 1984, S. 222).

327 Die Unterlassung der zur Erwahrung der eingegebenen Forderungen nötigen Erhebungen durch das KA kann durch Beschwerde gerügt werden (BS, AB, 03.05.1979, BlSchK 1985, S. 91, vgl. BGE 96 III 106).

XX. Verwertungshandlungen

328 Eine Beschwerde gegen die *Versteigerung sämtlicher Kompetenzstücke* ist auch noch gegen die Auflage der Verteilungsliste zulässig. Wurden die Kompetenzgegenstände vom KA versteigert, so kann der Schuldner den daraus erzielten Erlös beanspruchen (BS, AB, 04.02.1955, BJM 1955, S. 88, BlSchK 1977, S. 17).

329 *Freihandverkauf* durch KA – Kein Beschwerderecht übergangener Kaufinteressenten (TG, Rekurskom., 08.02.1974, BlSchK 1978, S. 48).

330 Eine bereits *durchgeführte Auktion* kann auf dem Beschwerdeweg nicht rückgängig gemacht werden (BGE 105 III 67).

331 *Art. 125 Abs. 3 SchKG* enthält keine blosse Ordnungsvorschrift, die Nichtbeachtung rechtfertigt die Aufhebung der Steigerung. Wer durch Missachtung des Art. 125 Abs. 3 SchKG betroffen ist, kann die Steigerung selbst innerhalb der Frist des Art. 17 durch Beschwerde anfechten (BGE 82 III 35/36).

332 Ob eine *öffentliche Bekanntmachung* (hier einer Steigerung) ausser in den Amtsblättern noch in weiteren (ev. Fach-) Blättern erfolgen soll, *ist Ermessensfrage*, daher ist in dieser Beziehung nur Beschwerde an die kantonale AB, *nicht aber an das BGer* gegeben (BGE 82 III 8).

333 Bei der *Versteigerung von Grundstücken* muss eine Beschwerde innert 10 Tagen nach der Versteigerung selber angebracht werden (TG, Rekurskom. 13.06.1956, BlSchK 1958, S. 103).

334 Die Frist zur Anhebung einer Beschwerde *gegen einen Steigerungszuschlag* beginnt mit dem Tag der Steigerung (BE, AB, 17.04.1967, BlSchK 1968, S. 49).

335 Bei Grundstücksteigerungen ist der *Ersteigerer nicht legitimiert, die Steigerungsbedingungen* anzufechten (LU, ObGer SchKKomm, 17.12.1981, LGVE 1981 I 34).

336 Der *Bürge einer Hypothekarforderung ist nicht* zur Anfechtung *des Steigerungszuschlages* legitimiert (TG, Rekurskom. 13.06.1956, BlSchK 1958, S.103).

337 (i.V.m. Art. 132a SchKG) – Eine Beschwerde gegen den *Zuschlag an einer öffentlichen Versteigerung* kann nur zur Aufhebung der Steigerung und zur Anordnung einer neuen Steigerung führen und nicht zu einem einfachen Austausch des Steigerungskäufers (BGE 119 III 74).

338 (i.V.m. Art. 18 und 22 Abs. 1 SchKG, Art. 230 Abs. 1 OR u. Art. 68 BGBB) – Grundsatz der Chancengleichheit bei der *Versteigerung eines Objektes mit einem Maximalpreis im Sinne von BGBB Art. 68 BG*. Die Gründung von Gesellschaften zur Ersteigerung eines Objekts auf gemeinsame Rechnung ist sittenwidrig im Sinne von Art. 230 Abs. 1 OR, wenn dadurch der Wettbewerb unter den Mitbietenden verfälscht wird. Ist die Gleichbehandlung aller Steigerungsteilnehmer nicht mehr gegeben, ist der Zuschlag in Anwendung von Art. 22 Abs. 1 SchKG von Amtes aufzuheben (LU, ObGer SchKKomm, 01.04.1998; das BGer hat die dagegen erhobene Beschwerde abgewiesen; LGVE 1998 I 37).

339 Im Beschwerdeverfahren betreffend *Anordnung des Doppelaufrufes* wird nicht über die materiellrechtliche Frage des Vorrangs eines Pfandrechtes gegenüber einem Wohnrecht entschieden (LU, ObGer SchKKomm, 16.04.1998, LGVE 1998 I 38).

XXI. Im Nachlassvertragsverfahren

340 Im Nachlassvertrag mit Vermögensabtretung besteht in den *Fällen, die nicht unter Art. 320 SchKG fallen* oder in denen nicht *der Weg der gerichtlichen Klage vorgeschrieben* ist, ein direktes Beschwerderecht an die betreibungsrechtliche AB, obwohl dies im Gesetz nicht ausdrücklich vorgeschrieben ist (BE, AB, 30.05.1978, BlSchK 1981, S. 161).

341 Wo eine obere kantonale Nachlassbehörde besteht, können Schuldner und Gläubiger ihre Beschwerde *gegen die Ernennung des Sachwalters* führen; die gegenteilige Auffassung ist willkürlich und verstösst gegen BV 4 (BGE 103 IA 76).

342 Nachlassvertrag mit Vermögensabtretung – *Rekurslegitimation der Liquidatoren* ist gegeben, wenn sie Interessen der Masse vertritt (BGE 105 III 28).

343 Erstreckung der *Pfandhaft auf die Mietzinserträgnisse* (Art. 806 ZGB). – Die Frage, ob sich die Pfandhaft auch beim *Nachlassvertrag mit Vermögensabtretung* im Sinne von Art. 806 ZGB auf die

Mietzinserträgnisse erstrecke, kann nicht im Beschwerdeverfahren, sondern muss durch den Richter entschieden werden (BGE 105 III 28).

344 Das Vorgehen des Sachwalters oder der Konkursverwaltung beim *Vollzug eines Nachlassvertrages kann nicht Gegenstand einer Beschwerde* im Sinne von Art. 17 SchKG sein. Die Funktion des Sachwalters und der Konkursverwaltung gehen mit der Bestätigung des Nachlassvertrages bzw. mit dem darauf folgenden Widerruf des Konkurses zu Ende (BGE 81 III 30).

345 Die Frist zur Anfechtung der *Schätzung der Vermögensstücke des Nachlassschuldners* beginnt für alle Gläubiger mit der öffentlichen Aktenauflage und endigt erst mit dem Tage der Gläubigerversammlung (BGE 94 III 25).

XXII. Rechtsverweigerung

346 Bei *Ablehnung einer Amtshandlung* durch das BA ist die Beschwerde wegen Rechtsverweigerung trotz Fristansetzung *jederzeit zulässig*, solange ein rechtliches Interesse an der Beseitigung des Zustandes besteht (SG, AB, 24.02.1947, Amtsbericht 1947, S. 12, BlSchK 1950, S. 43).

347 *Nichtbeachtung* eines unzweideutig *erklärten Rechtsvorschlages* bedeutet Rechtsverweigerung (ZH, ObGer, II. Ziv.Kammer, 16.05.1947, ZR 1948, Nr. 37).

348 Hat ein streitiger Anfechtungsanspruch der Masse nach Art. 285 ff. SchKG nicht Gegenstand eines Gläubigerbeschlusses gebildet, so können die Gläubiger während der ganzen Dauer des Konkurses verlangen, dass dies nachgeholt werde. Lehnt die Konkursverwaltung ein solches Begehren lediglich deshalb ab, weil sie den Anspruch nicht für begründet hält, so kann sich der Gesuchsteller darüber jederzeit wegen Rechtsverweigerung beschweren (BGE 77 III 79 und BS, AB, 31.07.1978, BlSchK 1981, S. 146).

349 Rechtsverweigerung durch das BA, indem es nichts vorkehrt, um von Amtes wegen *die Pfändbarkeit der zu arrestierenden Gegenstände abzuklären* BGE 79 III 71/72).

350 Rechtsverweigerung *begangen durch mangelhaften Pfändungsvollzug?* Kann die Pfändung eines Kleider- und Wäscheschrankes gegen die öffentliche Ordnung verstossen? – Nach ständiger Praxis ist grundsätzlich keine Rechtsverweigerung anzunehmen, wenn das Amt eine bestimmte Massnahme (Verfügung) getroffen hat, die sich mit einer Beschwerde anfechten lässt. Hier handelt es sich auch nicht um eine nichtige Pfändung, die um der öffentlichen Ordnung willen jederzeit aufzuheben wäre, weil sie den Schuldner oder seine Angehörigen geradezu in eine unhaltbare Notlage bringen oder seine Menschenwürde verletzen würde (vgl. BGE 71 III 148, 76 III 33). Das Fehlen eines Kleider- und Wäscheschrankes, auch wenn er bei rechtzeitiger Beschwerde als unpfändbar, weil unentbehrlich erscheint, ist nicht derart anstössig, dass die Pfändung bei Versäumnis der Beschwerdefrist nicht rechtskräftig zu werden verdiene (BGE 80 III 20/21).

351 Rechtsverweigerung durch *Ablehnung der Rechtshilfe?* – Die Zustellung eines von einem *deutschen Gericht erlassenen Arrestbefehls und Pfändungsbeschlusses* an einen in der Schweiz wohnenden Drittschuldner griffe als Vollstreckungshandlung des deutschen Gerichts in die schweizerische (auch kantonale) Gebietshoheit ein. Eine Rechtshilfe ist deshalb zu verweigern (ZH, ObGer, Verwaltungskom. 08.10.1953, ZR 1954, Nr. 21).

352 Es liegt weder Rechtsverweigerung noch Rechtsverzögerung noch sonst ein gesetzwidriges Verhalten des BA vor, wenn es einem Begehren bis zur Bezahlung des gesetzlichen Kostenvorschusses keine Folge gibt (BS, AB, 07.02.1969, BlSchK 1971, S. 118).

353 Beschwerde wegen Rechtsverweigerung, wenn sich *der Beamte weigert, eine formelle Verfügung zu treffen*. Legitimiert zur Beschwerde ist jeder Konkursgläubiger, der eine Forderung eingegeben hat, auch wenn diese noch in einem hängigen Kollokationsprozess zu beurteilen ist (AG, AB, Zurzach, 30.11.1977, BlSchK 1978, S. 24).

354 (i.V.m. Art. 229 Abs. 2 SchKG) – Gegen die *Weigerung der Konkursverwaltung*, ihm einen *Unterhaltsbeitrag zu gewähren*, kann der Schuldner Beschwerde führen (BGE 106 III 75).

355 Formelle Rechtsverweigerung liegt unter anderem auch dann vor, wenn das Amt seine *ablehnende Verfügung* zwar *schriftlich erlässt*, seiner *Weigerung aber keine oder lediglich eine absolut ge-

schäftsfremde Begründung beifügt. Dasselbe gilt, wenn das Schreiben einem rechtsunkundigen Beschwerdeführer *nicht als förmliche Verfügung* mit entsprechender *Rechtsmittelbelehrung* eröffnet worden ist (BE, AB, 20.12.1995, BlSchK 1996, S. 63).

XXIII. Rechtsverzögerung

356 Ein Verfahren auf Bewilligung des Wechselrechtsvorschlages darf nicht bis zum Abschluss eines möglicherweise präjudiziellen anderen Rechtsverfahren eingestellt werden (ZH, ObGer, Verwaltungskomm., 16.06.1956, ZR 1957, Nr. 46).

357 Rechtsverzögerung *liegt keine vor,* wenn in einem Zwangsvollstreckungsverfahren eine *bestimmte Massnahme* unter Angabe sachlicher Gründe *abgelehnt wird.* Wird indessen eine *solche Massnahme* nicht ein für allemal abgelehnt, sondern nur *«bis auf weiteres»,* so kann es sich um einen Fall von Rechtsverzögerung handeln, d.h., dass auch auf eine an sich verspätet eingereichte Beschwerde eingetreten werden kann (BGE 88 III 28).

358 Stellt die kantonale AB eine Rechtsverzögerung fest, die *auf eine generelle Überlastung* des betreffenden Amtes zurückzuführen ist, so darf sie sich nicht mit einer blossen Feststellung des Missstandes begnügen, sondern sie hat dafür zu sorgen, dass der Missstand behoben wird (BGE 107 III 3).

XXIV. Arrestverfahren

359 Wenn die Arrestgegenstände *nur der Gattung nach* bezeichnet sind, so *bleibt die Beschwerdefrist* bis zur Spezifikation und Schätzung der in Frage stehenden Vermögenswerte *offen* (GE, Autorité de surveillance, 15.10.1975, BlSchK 1977, S.141).

360 Beschwerden gegen den *Arrestvollzug sind innert 10 Tagen seit Zustellung der Arresturkunde* zu erheben. Bei nachfolgender Pfändung der Arrestgegenstände (hier künftige Guthaben) kann auf deren allfällige Unpfändbarkeit nicht mehr zurückgekommen werden (BS, AB, 08.10.1972, BlSchK 1976, S. 19).

361 Arrestvollzug – *Zulässigkeit der Beschwerde eines Dritten* – Das Beschwerderecht steht nicht nur den Parteien (dem Arrestgläubiger und dem Arrestschuldner) zu, sondern auch dem Dritten, sofern die Art des Arrestvollzuges geeignet ist, wesentliche Eingriffe in seine Interessen zu bringen (BGE 80 III 124 u. 96 III 109). Diese Voraussetzung wurde als gegeben betrachtet, als der Dritte sich darüber beschwerte, dass das BA ihm unter Strafandrohung zur Auskunft über die Aktiven des Arrestschuldners und zur Herausgabe der verarrestierten Gegenstände aufgefordert hatte (BGE 75 III 106; ebenso BGE 60 III 14) (ZH, ObGer, II. Ziv.Kammer, 07.03.1975, SJZ 1975, S. 315).

362 Grundsätzlich kann gepfändet werden, was gültig verarrestiert worden ist. Die *Einrede der Unpfändbarkeit* ist innert 10 Tagen seit Zustellung der Arresturkunde durch Beschwerde geltend zu machen (BE, AB, 21.12.1972, BlSchK 1976, S. 15/16).

363 Im Beschwerdeverfahren kann die AB den Arrest praktisch nur dann aufheben, wenn der Gläubiger selbst das Eigentum an den im Arrestbefehl bezeichneten Gegenständen einem Dritten zuschreibt (LU, SchKKomm. 11.07.1986, LGVE 1986 I 33).

364 Sowohl eine nachträgliche *Ausdehnung des Arrestbeschlages* durch das BA als auch die *Ablehnung eines Gesuches um Zustellung der definitiven Arresturkunde* stellen anfechtbare Verfügungen dar. Die Ablehnung kann nach unbenütztem Ablauf der Beschwerdefrist nicht später unter dem Vorwand der Rechtsverweigerung angefochten werden (BGE 91 III 29).

365 Wenn die Arrestgegenstände nur der Gattung nach bezeichnet sind, so bleibt die Beschwerdefrist bis zur Spezifikation und Schätzung der in Frage stehenden Vermögenswerte offen (GE, Autorité de surveillance, 15.10.1975, BlSchK 1977, S. 141).

366 (i.V.m. Art. 60 SchKG) – Wird der Schuldner erst nachträglich, d.h. nach Zustellung der Arresturkunde zur Bestellung eines Vertreters eingeladen, so beginnt die Beschwerdefrist erst mit dem ersten Tag nach Ablauf der im Sinne von Art. 60 SchKG angesetzten Frist (BGE 108 III 3, Praxis 71, Nr. 159).

367 Beschwerden gegen die Arrestierung von *Vermögenswerten, von denen der Gläubiger selbst nicht behauptet, dass sie dem Schuldner gehören.* Die Bank ist als Drittinhaberin der mit Arrest belegten

Vermögensstück zur Beschwerde legitimiert, selbst wenn sie die Auskunft über das Vorhandensein von Arrestgegenständen verweigert (BGE 108 III 114).

368 Die Beschwerdelegitimation Dritter: Das BGer hat dies in einem Falle (BGE 80 III 124) zu Gunsten einer Bank, *die Schuldnerin des Arrestschuldners war, bejaht,* weil der Vollzug des Arrestes stark in ihren Geschäftsbetrieb eingriff. – Ähnlich ist die Lage, wenn die Art des Arrestvollzuges geeignet ist, wesentliche Eingriffe in die Interessen des Dritten zu bringen (BGE 96 III 109).

369 Der Schuldner, der bestreitet, Eigentümer der mit Arrest belegten Gegenstände zu sein, ist zur Beschwerde befugt (BGE 111 III 49).

370 *Beschwerdelegitimation des Dritthabers ohne eigene Beanspruchung eines besseren Rechts in Bezug auf Arrestanzeige.* – Dieses Recht hat das BGer einem Dritthaber unter der Voraussetzung zugestanden, dass «die Art des Arrestvollzuges geeignet ist, wesentliche Eingriffe in die Interessen des Dritten zu bringen» (BGE 96 III 109). Dieser Fall trifft hier zu, indem als Arrestgegenstände u.a. aufgeführt sind «sämtliche Vermögensgegenstände des Arrestschuldners .... soweit sie unter dem Namen des Arrestschuldners oder unter einem Decknamen figurieren». Unter dieser Voraussetzung wird die Beschwerdelegitimation bejaht (BS, AB, 25.10.1985, BJM 1986, S. 33).

Art. 18 2. An die obere Aufsichtsbehörde

¹ Der Entscheid einer unteren Aufsichtsbehörde kann innert zehn Tagen nach der Eröffnung an die obere kantonale Aufsichtsbehörde weitergezogen werden.

² Wegen Rechtsverweigerung oder Rechtsverzögerung kann gegen eine untere Aufsichtsbehörde jederzeit bei der oberen kantonalen Aufsichtsbehörde Beschwerde geführt werden.

1 Vor der kantonalen AB sind innert der Beschwerdefrist *neue tatsächliche Ausführungen, nicht aber neue Anträge* zulässig (ZH, ObGer, II. Ziv.Kammer, 23.5.1947, ZR 1948 Nr. 33).

2 Die *Ablehnung* eines Gesuches um Erteilung der *sistierenden Wirkung stellt keinen* an die obere AB *weiterziehbaren Entscheid* dar (LU, SchKKomm, 13.05.1964, Max. XI, Nr. 334).

3 Reicht der Beschwerdeführer die angefochtene Verfügung des BA bzw. der angefochtenen Entscheid der unteren AB nicht ein, so kann eine kurze Frist zur *nachträglichen Einreichung angesetzt werden* mit der Androhung, dass bei Nichtbefolgen auf die Beschwerde bzw. den Rekurs nicht eingetreten werden (SG, AB, 29.08.1963, BlSchK 1965, S. 135).

4 Ist die *Revision eines Beschwerdeentscheides* nach dem SchKG statthaft? Über die Möglichkeit der Revision eines Beschwerdeentscheides schweigt sich das SchKG aus und überlässt ein allfälliges Verfahren dem kantonalen Recht. Von Bundesrecht wegen besteht keine Veranlassung, das Rechtsmittel der Revision nicht zuzulassen (vgl. Art. 28 Abs. 2 OG) (BL, AB, 16.09.1968, BlSchK 1970, S. 49).

5 Die Betreibungs- und Konkursämter sind berechtigt, sich im Beschwerde- und Rekursverfahren vor den AB durch einen Rechtsanwalt vertreten zu lassen (BGE 100 III 57).

6 Die AB haben im Beschwerde- und Rekursverfahren zu prüfen, ob die *Person, der Betreibungsurkunden für die unverteilte Erbschaft zugestellt worden sind* oder die eine *andere Person zu deren Entgegennahme bevollmächtigt hat,* zu dem in Art. 65 Abs. 3 *genannten Kreis von Personen gehört.* – Die AB sind im Beschwerdeverfahren bzw. Rekursverfahren befugt, vorfrageweise eine Rechtsfrage aus einem andern Rechtsgebiet zu prüfen (BGE 101 III 1).

7 Die Vernehmlassung des Beschwerdeführers durch die kantonale AB ist im Bundesrecht nicht vorgeschrieben (BGer 14.01.1975, BlSchK 1977, S. 63).

8 Die *Beschwerde- und Rekursverfahren vor den kantonalen AB* wird durch kantonales Recht bestimmt. Das BGer entscheidet nur bei Verletzung von Bundesrecht (BE, Autorité de cantonale surveillance, 26.07.1972, BlSchK 1977, S. 172).

9 *Rückzug der Betreibung. – Gänzliche Nichtigkeit* aller nachfolgenden Betreibungshandlungen. Diese Nichtigkeit kann jederzeit vor den AB jeder Instanz geltend gemacht werden (BGE 77 III 75).

10 Unter welchen *Voraussetzungen* sind die *kantonalen AB und das BGer befugt, fehlerhafte Verfügungen* von Amtes wegen *aufzuheben?* Verfügungen der Betreibungs- und Konkursämter sind von Amtes wegen aufzuheben, wenn sie eine Vorschrift verstossen, die schlechthin zwingend oder durch deren Missachtung wenigstens im konkreten Fall öffentliche Interessen oder Interessen Dritter, am Verfahren nicht beteiligter, Personen verletzt werden (vgl. BGE 30 I 83, 51 III 66, 52 III 11 u. 82, 68 III 35, 69 III 50, 76 III 3/4 u. 50, 77 III 55 u. 58, 78 III 51, 79 III 5/6). Das BGer, das nach Art. 15 SchKG die Oberaufsicht über das Schuldbetreibungs- und Konkurswesen ausübt, kann jedenfalls dann in dieser Weise eingreifen, wenn es sich infolge eines gültigen Rekurses gegen einen Entscheid der kantonalen AB mit den betreffenden Betreibungs- und Konkursverfahren zu befassen hat (BGE 79 III 6).

11 Eine *Sistierungsverfügung* der unteren AB *ist kein Entscheid im Sinne von Art. 18 Abs. 1 SchKG, kann aber* gegebenenfalls *wegen Rechtsverweigerung oder Rechtsverzögerung* mit Beschwerde gemäss Art. 18 Abs. 2 SchKG *angefochten werden*. Anspruch auf rechtliches Gehör der Parteien vor Erlass einer Sistierungsverfügung (LU, SchKKomm 16.09.1985, LGVE 1985 I 34, BlSchK 1987, S. 186).

12 *Einreichung* bei der *nicht zuständigen AB* – Die Bestimmung des OG Art. 75 Abs. 2 erfasst auch den Fall, dass eine Eingabe, mit der ein Entscheid der unteren AB an die kantonale AB weitergezogen wird, unmittelbar bei der kantonalen AB statt bei der unteren AB oder bei unteren AB statt unmittelbar bei der kantonalen AB eingereicht wird (96 III 97).

13 Die *keine Unterschrift tragende Weiterziehungserklärung* ist zur Behebung des Mangels zurückzuweisen (LU, SchKKomm 11.10.1949, Max. IX, Nr. 693, SJZ 1951, S. 362, BlSchK 1952, S. 77).

14 Unterzeichnung von Rechtsschriften. – Verfahren vor den kantonalen AB. Anwendbarkeit des kantonalen Rechts. Das *Erfordernis eigenhändiger Unterzeichnung* der Rechtsschriften ist nicht bundeswidrig (BGE 86 III 1).

15 Ein formeller *Mangel der Beschwerdeschrift (Unterlassung einer Begründung)*, welcher der unteren kantonalen AB verwehrte, auf die Beschwerde einzutreten, kann nicht mit dem Rekurs behoben werden. Analoge Anwendung der für den Rekurs geltenden Bestimmung der Zürcher ZPO, auf die betreibungsrechtliche Beschwerde (ZH ObGer, II. Ziv.Kammer, 15.01.1957, ZR 1960, Nr. 91).

16 Gemäss § 69 Luzerner ZPO, welche Bestimmung auch für andere Verfahren gilt, muss eine *Rechtsschrift die genaue Bezeichnung der Prozessparteien enthalten*. Dazu gehört auch die Adresse (Max. X, Nr. 187). Gegebenenfalls kann das Rückweisungsverfahren nach Art. 71 ZPO Platz greifen (LU, SchKKomm, 30.03.1965, Max. XI, Nr. 422).

17 Anforderungen an den *Inhalt einer Rekursschrift*: Das Rechtsmittelverfahren im Sinne von Art. 18 SchKG ist schriftlich (§ 27 Abs. 1 des EG zum SchKG). Die Eingabe, mit welcher der Entscheid einer unteren AB angefochten wird, bedarf notwendigerweise der Begründung. Begründen heisst, sich mit dem gefällten Entscheid mindestens summarisch auseinanderzusetzen. Es genügt daher nicht, die Weiterziehung, im Kanton Luzern als Rekurs bezeichnet, lediglich anzumelden oder nur auf das schon vorher vor der unteren AB oder in anderen Eingaben Vorgebrachte zu verweisen. (Max. VIII, Nr. 323 und 414) (LU, SchKKomm, 27.12.1965, Max. XI, Nr. 423).

18 Anforderungen an die *Begründungspflicht beim Beschwerdeweiterzug* – Nach konstanter Praxis gehört zu einer formrichtigen Begründung einer Beschwerde, dass sich der Beschwerdeführer mindestens summarisch mit dem angefochtenen Entscheid auseinandersetzt. Da der Bürger im Zwangsvollstreckungsverfahren seine Rechte auch ohne Rechtsbeistand muss wahrnehmen können, sind grundsätzlich die Anforderungen an die Begründungspflicht nicht hoch zu stellen; doch hat der Beschwerdeführer wenigstens auszuführen, inwiefern er den angefochtenen Entscheid für falsch hält (LU, SchKKomm 08.07.1988, LGVE 1988 I 37, BlSchK 1991, S. 114).

19 Über die *Zulässigkeit neuer Vorbringen* vor der oberen kantonalen AB – Das Luzerner Recht enthält keine ausdrückliche Vorschrift über die Zulässigkeit neuer Vorbringen vor der oberen kantonalen

AB. Nach der bisherigen Praxis blieben Rügen unbeachtlich, die ein Beschwerdeführer erst vor zweiter Instanz vorbrachte (Max. XI, Nr. 424, IX Nr. 49). Als zulässig wurden immerhin solche Noven erklärt, die ein Beschwerdeführer lediglich zur Stützung seiner rechtzeitig vor erster Instanz erhobenen Rügen vorbrachte (LU, SchKKomm, 03.11.1982, LGVE 1982 I 38).

20 Reicht ein *nicht zur Vertretung befugtes Organ Beschwerde ein* und wird diese nach Ablauf der Beschwerdefrist genehmigt, so können mit der Genehmigung keine neuen Beschwerdepunkte erhoben werden (BGE 114 III 5).

21 *Noven sind* im betreibungsrechtlichen Beschwerdeverfahren *vor der oberen kantonalen AB grundsätzlich unzulässig* (LU, SchKKomm 12.04.1992, LGVE 1992 I 43).

22 Zur *Beschwerdeführung sind* grundsätzlich nur *die Betreibungsparteien (Schuldner und Gläubiger) legitimiert.* Der BB nur dann, wenn seine eigenen, persönlichen und materiellen Interessen auf dem Spiele stehen (AG, ObGer, SchKK, 17.11.1964, BlSchK 1965, S. 111).

23 Der *Entscheid einer unteren AB kann* auch durch eine zur Beschwerde *grundsätzlich legitimierten Person*, die vor der unteren AB *nicht als Beschwerdeführer aufgetreten ist, an die obere AB weitergezogen werden* (SG, AB, 16.05.1967, GVP 1967, S. 125, SJZ 1969, S. 332).

24 *Das KA ist nicht befugt,* gegen einen Entscheid der AB, mit dem angewiesen wurde, bestimmte Vermögensstücke im Verfahren nach Art. 169 SchKG zu verwerten, *Beschwerde zu führen* (BGE 108 III 77).

25 Streitigkeiten, welche die *Anwendung des Gebührentarifs* zum SchKG betreffen, *können vom BA* an die AB *weitergezogen werden* (BGE 115 III 6).

26 Gemäss ständiger Rechtsprechung kommt einem von einer *unter Vormundschaft stehender Person eingereichter Rekurs keine rechtliche Wirkung zu*, solange dieser *vom Vormund nicht genehmigt ist*. Hier hat der Vormund die Genehmigung sogar verweigert (VD, Tribunal cantonal, 23.01.1987, SJZ 1989, S. 49).

27 *Legitimation des Ehemannes der Schuldnerin* zum Beschwerdeweiterzug *bei Lohnpfändung.* – Gemäss Bundesgerichtsentscheid 82 III 54 können sich bei Lohnpfändung auch die auf das Einkommen des Schuldners angewiesenen Familienangehörigen beschweren. Im Hinblick auf das neue Eherecht und die sich darauf stützende neue Berechnungsart zur Ermittlung der pfändbaren Lohnquote eines Ehegatten, werden auch die rechtlich geschützten Interessen des Ehegatten des Betriebenen tangiert (LU, SchKKomm 22.03.1990, LGVE 1990 I 32).

28 Die *zehntägige Frist für die Weiterziehung* an die kantonale AB in Anwendung des kantonalen Prozessrechts *abzukürzen, ist unzulässig* (BGE 84 III 8).

29 Die Berücksichtigung von erst im Rekurs vorgebrachten Rügen liefe auf eine (unzulässige) Verlängerung der Beschwerdefrist von zehn Tagen (Art. 17) hinaus (Max. IX, Nr. 49) (LU, SchKKomm, 11.03.1965, Max. XI Nr. 42).

30 Eine *versäumte Weiterzugsfrist kann* nach Art. 35 OG *wiederhergestellt werden*, wenn der Gesuchsteller durch *ein unverschuldetes Hindernis abgehalten* worden ist, innert der Frist zu handeln (ZH, AG, II. Ziv.Kammer, 18.10.1971, BlSchK 1973, S. 109).

31 Nach Art. 35 Abs. 1 OG kann *Wiederherstellung gegen die Folgen der Versäumung einer Frist* nur dann erteilt werden, wenn der Gesuchsteller oder sein Vertreter durch ein unverschuldetes Hindernis abgehalten worden ist, innert der Frist zu handeln und binnen 10 Tagen nach Wegfall des Hindernisses unter Angabe desselben die Wiederherstellung verlangt und die versäumte Rechtshandlung nachholt. Diese Vorschrift gilt nach der neueren Rechtsprechung des BGer (BGE 81 III 81 ff., 86 III 35) nur für die Fristen im bundesgerichtlichen Verfahren, sondern auch für die Beschwerdefrist des Art. 17 Abs. 2 SchKG BGE 96 III 96).

32 Eine *Fristerstreckung zur Ergänzung der Rekursbegründung* ist unzulässig (ZH, ObGer, II. Ziv.Kammer, 28.04.1983, ZR 1984, Nr. 38).

33 Eine Sistierungsverfügung der unteren AB ist kein Entscheid im Sinne von Art. 18 Abs. 1 SchKG, kann aber gegebenenfalls wegen Rechtsverzögerung mit Beschwerde gemäss Art. 18 Abs. 2 SchKG

angefochten werden. Anspruch auf rechtliches Gehör der Parteien vor Erlass einer Sistierungsverfügung (LU, SchKKomm 16.09.1985, LGVE 1985 I 34, BlSchK 1987, S. 186).

34 Rechtsverweigerung liegt nur vor, wenn die Vorinstanz untätig bleibt, nicht aber dann, wenn sie einen förmlichen Entscheid fällt (ZH, ObGer, II. Ziv.Kammer, 18.10.1971, BlSchK 1973, S. 80).

35 Auf einen Beschwerdeweiterzug, der fälschlicherweise bei einer ausserkantonalen AB eingereicht wurde, kann nicht eingetreten werden, wenn die Beschwerde erst nach Ablauf der Rechtsmittelfrist der zuständigen AB weitergeleitet wird. Im Luzerner Zivilprozess ist der Grundsatz entwickelt worden, wonach es zur Fristwahrung genüge, wenn eine Eingabe innert Frist bei einer für Zivilstreitsachen zuständigen kantonalen Instanz eingereicht werde (LGVE 1986 I 309). Diese Rechtsprechung wird auch auf die mit dem Schuldbetreibungs- und Konkursrecht befassten kantonalen Instanzen angewendet. Voraussetzung ist also, dass es sich im innerkantonalen Verhältnis handelt (LU, SchKKomm 09.09.1988, LGVE 1989 I 30).

Art. 19   3. Ans Bundesgericht

¹ Der Entscheid der oberen kantonalen Aufsichtsbehörde kann innert zehn Tagen nach der Eröffnung wegen Verletzung von Bundesrecht oder von völkerrechtlichen Verträgen des Bundes sowie wegen Überschreitung oder Missbrauch des Ermessens an das Bundesgericht weitergezogen werden.

² Wegen Rechtsverweigerung oder Rechtsverzögerung kann gegen die obere kantonale Aufsichtsbehörde jederzeit beim Bundesgericht Beschwerde geführt werden.

1 *Welche Verfügungen unterliegen dem Rekurs* an das BGer nach Art. 19? Allgemeine Weisungen, die eine kantonale AB einem oder mehreren, allenfalls sämtlichen ihm unterstellten Ämtern erteilt, haben grundsätzlich nicht als weiterziehbare Entscheide im Sinne des Art. 19 zu gelten. Jedoch aber dann, wenn die AB, sei es auch ohne mit einer Beschwerde oder einem Rekurs befasst zu sein oder ausserhalb der mit einem solchen Rechtsmittel gestellten Anträge, kraft ihres Aufsichtsrechtes (Art. 13) in ein hängiges Vollstreckungsverfahren eingreift (BGE 86 III 124).

2 *Rekurs* an das BGer *gegen kantonale Rechtsvorschriften oder interne Dienstanweisungen der kantonalen AB?* Im Rekursverfahren an das BGer können nur die in konkreten Fällen getroffenen Entscheidungen, nicht aber kantonale Rechtsvorschriften oder die internen Dienstanweisungen der kantonalen AB wegen Gesetzwidrigkeit aufgehoben oder abgeändert werden. Das BGer kann zu solchen Anweisungen im Rekursverfahren nur insofern Stellung nehmen, als es dann, wenn die kantonalen Instanzen sie in einem bestimmten Falle angewendet haben, frei prüfen kann, ob sie mit dem Bundesrecht vereinbar seien (BGE 83 III 1).

3 Im Berufungsverfahren unterliegen der *Berichtigung* durch das BGer *nur Feststellungen, die auf einem offensichtlichen Versehen über den Akteninhalt beruhen*. Eine dahingehende Rüge lässt sich nicht auf neue Aktenstücke stützen (vgl. hiezu auch Art. 43 Abs. 3, Art. 55 Abs. 1 lit. d und Art. 63 Abs. 2 OG) (BGE 87 III 79).

4 Ob eine *öffentliche Bekanntmachung* (hier einer Steigerung) ausser in den Amtsblättern noch in weiteren (ev. Fach-) Blättern erfolgen soll, *ist Ermessensfrage,* daher ist in dieser Beziehung nur Beschwerde an die kantonale AB, *nicht aber an das BGer gegeben* (BGE 82 III 8).

5 Der Beschwerdeführer hat dafür zu sorgen, dass ihm der Entscheid *bei längerer Abwesenheit vom Wohnort* gleichwohl zugestellt werden kann (BGE 82 III 14).

6 Der *Rekurs* an das BGer ist nur *gegen Entscheide der kantonalen AB* nach Art. 17/18 SchKG, *nicht aber gegen Entscheide richterlichen Instanzen* in casu Berufungsentscheid gemäss Art. 85 SchKG *zulässig* (BGE 82 III 49).

7 Inwiefern kann das BGer *Schätzungsentscheide der oberen kantonalen AB* überprüfen? Nach Art. 9 Abs. 2 VZG werden Streitigkeiten über die Höhe der Schätzung endgültig durch die kantonalen AB beurteilt. Solche Streitigkeiten können nicht an das BGer weitergezogen werden. Dieses kann

Schätzungsentscheide nur daraufhin überprüfen, ob die bundesrechtlichen Vorschriften über das der Schätzung einzuschlagende Verfahren richtig angewendet worden ist (BGE 83 III 65).

8 *Kantonale Rechtsvorschriften unterliegen nicht dem Rekurs.* Mit dem Rekurs kann nur geltend gemacht werden, der angefochtene Entscheid verletze Bundesrecht (Art. 81 und 43 OG) (BGE 96 III 15).

9 Gemeint sind *nur Entscheide, die gegen schweizerisches Bundesrecht* (mit Einschluss der Staatsverträge des Bundes) *verstossen.* Wer zur Entgegennahme einer für eine juristische Person im Ausland bestimmten Urkunde befugt ist, bestimmt sich nach dem Rechte des um die Zustellung ersuchten ausländischen Staates, dessen Anwendung das BGer im Rekurs nicht zu überprüfen hat (BGE 96 III 62).

10 Befugnis des BGer, nichtige Betreibungshandlungen trotz Ungültigkeit des Rekurses aufzuheben. Nichtigkeit der Handlungen, mit denen eine Betreibung unrichtigerweise auf Pfändung statt auf Konkurs oder auf Konkurs statt auf Pfändung fortgesetzt wird (BGE 94 III 65, 97 III 11).

11 *Keine Befugnis* des BGer, Handlungen aufzuheben, *wenn kein Entscheid* der *kantonalen AB* vorliegt (BGE 97 III 104).

12 *Freie Prüfungsbefugnis des BGer* hinsichtlich der Frage, *ob der Betriebene,* der für die *Übermittlung des Rechtsvorschlages* an das BA *die Post benützt,* die Gefahr des Verlustes seiner Sendung bei der Post trage. Ebenso hat das BGer im Rekursverfahren frei zu prüfen, ob die Vorinstanz die Beweislast richtig verteilt habe (BGE 97 III 14/15).

13 Das BGer kann bei Ermessensentscheiden nur überprüfen, ob die AB ihr Ermessen überschritten oder missbraucht habe (BGE 97 III 126).

14 Die AB haben im Beschwerde- und Rekursverfahren zu prüfen, ob die Person, der Betreibungsurkunden für die unverteilte Erbschaft zugestellt worden sind oder die eine andere Person zu deren Entgegennahme bevollmächtigt hat, zu dem in Art. 65 Abs. 3 SchKG genannten Kreis von Personen gehört. – *Die AB* sind im Beschwerde- bzw. Rekursverfahren *befugt, vorfrageweise eine Rechtsfrage aus einem anderen Rechtsgebiet* zu prüfen (BGE 101 III 1).

15 *Zulässigkeit neuer Beweismittel,* die der Rekurrent im kantonalen Verfahren anzubringen keine Veranlassung hatte (BGE 102 III 132).

16 Das *Beschwerde- und Rekursverfahren vor den kantonalen AB wird durch kantonales Recht bestimmt.* Das BGer entscheidet nur bei Verletzung von Bundesrecht (BE, Autorité de cantonale surveillance, 26.07.1972, BlSchK 1977, S. 172).

17 Das BGer ist befugt, auf einen *ungültigen* (z.B. verspäteten) *Rekurs* hin schlechthin nichtige *Verfügungen eines BA oder KA* (z.B. eine Konkursandrohung in einer nach Art. 43 SchKG auf Pfändung fortzusetzenden Betreibung) *von Amtes wegen aufzuheben* (BGE 94 III 65).

18 *Rückzug der Betreibung* – Gänzliche Nichtigkeit aller nachfolgenden Betreibungshandlungen. Diese *Nichtigkeit kann jederzeit vor den AB jeder Instanz geltend gemacht* werden (BGE 77 III 75).

19 *Keine Rechtsverweigerung durch stillschweigende Ablehnung* eines Rechtsstandpunktes, wenn die Entscheidung vor dem Gesetze standhält (BGE 91 III 52).

20 *Unzulässigkeit des Rekurses gegen einen Zwischenentscheid.* Wenn die obere kantonale AB die Sache an die untere AB zurückweist zur Ergänzung des Sachverhaltes und zu neuem Entscheid im Sinne der Erwägungen, fällt sie keinen Entscheid im Sinne von Art. 19 SchKG. Es handelt sich um einen Zwischenentscheid, gegen den der Rekurs an das BGer nicht zulässig ist (BGE 111 III 50, Praxis 74, Nr. 95).

21 Eine Anfechtung von Zwischenentscheiden (hier einer unteren kantonalen AB) beim BGer ist nach der Praxis ausgeschlossen. Offen gelassen wurde die Frage, ob das kantonale Recht für seinen Bereich dies vorsehen könnte (Praxis 2002, Nr. 155).

22 (i.V.m. Art. 79 Abs. 1 OG) – Die *Vereinigung eines Rekurses in Schuldbetreibungs- und Konkurssachen und einer staatsrechtlichen Beschwerde* in einer einzigen Eingabe ist nur unter der Vorausset-

zung zulässig, dass die wesentlichen Elemente jedes der beiden Rechtsmittel klar auseinandergehalten werden (BGE 113 III 120/121).

23 Im Rahmen eines *Konkursverfahrens* kann *ein einzelner Gläubiger* sich bei der AB über Handlungen oder Unterlassungen der Konkursverwaltung beschweren; doch wenn er *vor den kantonalen Behörden keine Parteistellung* gehabt hat, *kann er nicht* gestützt auf Art. 19 SchKG *Rekurs gegen den einem anderen Gläubiger günstigen Entscheid erheben, es sei denn, er sei in seinen eigenen schutzwürdigen Interessen berührt* (BGE 112 III 5, Praxis 75, Nr. 102).

24 (i.V.m. Art. 78 ff. OG) – *Entgelt des Sachwalters im Nachlassverfahren* (Art. 55 Abs. 1 GebVOSchKG). Verurteilung zu den Verfahrenskosten bei böswilliger oder mutwilliger Beschwerdeführung. – Der Rekurs, der darauf abzielt, *nach Ablauf der Nachlassstundung ein Versagen des Sachwalters feststellen zu lassen, ist mangels aktuellen und praktischen Interesses unzulässig.* Das *Entgelt des Sachwalters* im Nachlassverfahren kann *nicht Gegenstand einer Beschwerde oder eines Rekurses* im Sinne der Art. 17 ff. SchKG bilden. Verurteilung eines Doktors der Rechte und Advokaten zu den wegen seiner Untätigkeit im Nachlassverfahren und offensichtlich unzulässiger Anträge im Beschwerde- und Rekursverfahren (BGE 120 III 107).

25 Mit dem Rekurs nach Art. 19 SchKG kann einzig die Missachtung von Bundesrecht mit Einschluss von Staatsverträgen des Bundes vorgebracht werden; *die Verletzung verfassungsmässiger Rechte ist hingegen mit staatsrechtlicher Beschwerde zu rügen* (BGE 119 III 70).

26 (i.V.m. Art. 15 und 2 Abs. 3 SchKG) – Anfechtungsgegenstand im Rekursverfahren gemäss Art. 19 Abs. 1 SchKG ist immer ein gesetzwidriger Entscheid einer kantonalen AB. – Das BGer hat keinen Anlass, gestützt auf Art. 15 SchKG zur Frage, ob die Kantone einem BA die Zusammenarbeit mit einem ausserkantonalen EDV-Anbieter erlauben wollen oder nicht, Stellung zu nehmen (BGE 122 III 34).

27 Für die Besoldung des Konkursbeamten ist dies eine Sache der Kantone. Die SchKK des BGer hat keine Entscheidkompetenz (BGE 124 III 247).

28 Der Entscheid über ein Ausstandsbegehren ist nicht mit Beschwerde an das BGer weiterziehbar; er kann nur auf dem Wege der staatsrechtlichen Beschwerde angefochten werden (BGE 129 III 88).

29 Frist zur Einreichung des Rekurses an das BGer – eine an einen Postfachinhaber adressierte eingeschriebene Sendung ist erst in jenem Zeitpunkt als zugestellt zu betrachten, da sie am Postschalter abgeholt wird. Geschieht dies nicht innerhalb der in Art. 169 Abs. 1 lit. 4 der VO (1) zum Postverkehrsgesetz vorgesehenen Abholfrist von sieben Tagen, gilt die Sendung nach der Rechtsprechung als am letzten Tag dieser Frist zugestellt, sofern der Adressat mit der Zustellung hatte rechnen müssen (BGE 117 III 4).

30 Analog der Regelung bei *Briefkasten- und Postfachzustellung gilt bei Vorliegen eines Zurückbehaltungsauftrages* im Sinne von Art. 145 Abs. 2 PVV 1 zum PVG eine eingeschriebene Sendung als am Letzten Tag einer Frist von sieben Tagen ab Eingang bei der Poststelle am Ort des Empfängers zugestellt (BGE 123 III 492).

31 Zustellung des Entscheides der kantonalen AB und *Fristbeginn für den Rekurs*. – Wird ihr Entscheid vom Beschwerdeführer nicht abgeholt und nimmt die kantonale AB eine erneute Zustellung vor, so hindert dieses Vorgehen den Fristbeginn für die Einreichung des Rekurses nicht. Wann eine solche Zustellung im Hinblick auf den Fristbeginn für die Einreichung eines Rekurses an das BGer als vorgenommen zu gelten hat, richtet sich nach dem Bundesrecht. Ein kantonales Verfahrensrecht, das die erneute Zustellung von Vorladungen und Entscheiden vorsieht, ändert daran nichts (BGE 120 III 3).

32 *Legitimation eines KA zum Rekurs* in einem Falle, da die Nichtigkeit einer amtlichen Verfügung geltend gemacht wird (BGE 117 III 39).

33 Das BA ist im Beschwerdeverfahren nur in Ausnahmefällen (Anwendung des Gebührentarifs, wenn der Entscheid in die materiellen oder persönlichen Interessen des BB oder in fiskalische Interessen des betreffenden Kantons eingreift (BGE 117 III 39, 105 III 35, 79 III 145) zur Weiterziehung eines Entscheids der kantonalen AB an das BGer befugt (BGer 26.03.2002, BlSchK 2003, S. 68).

34 (i.V.m. Art. 169 ZGB) – Hat es der *Schuldner unterlassen, mit dem Rechtsvorschlag* den Bestand des *Pfandrechtes zu bestreiten*, so kann *er dies nicht durch Beschwerde* und Rekurs im Sinne von Art. 17 ff. SchKG *nachholen*; denn über den Bestand des Pfandrechtes – eine materiellrechtliche Frage – haben nicht das BA und die AB, sondern der Richter zu befinden.

Wird ein *Ehegatte betrieben*, so sieht das Gesetz – *ausser im Falle der Gütergemeinschaft* – *keine Möglichkeit* vor, *welche es dem anderen Ehegatten erlauben würde*, sich *der Betreibung zu widersetzen. Der andere Ehegatte ist zur Beschwerde* oder zum Rekurs im Sinne der Art. 17 ff. SchKG *nicht legitimiert* und aus diesem Grunde mit der Einrede ausgeschlossen, er habe der Pfandbelastung des als Familienwohnung dienenden Miteigentumsanteils die Zustimmung im Sinne von Art. 169 ZGB nicht erteilt (BGE 119 III 100).

35 (i.V.m. Art. 174 SchKG) – Unzulässigkeit eines gegen das Konkursdekret gerichteten Rekurses. Nichtigkeit einer Betreibungshandlung; *Frage der für die Nichtigerklärung zuständigen Instanz.* – Die Nichtigkeit einer Betreibungshandlung kann wohl jederzeit geltend gemacht werden, doch muss dies vor der sachlich zuständigen Instanz geschehen. Die SchKK des BGer ist nur dann befugt, die Nichtigkeit einer Betreibungshandlung festzustellen, wenn sie mit einem Rekurs gegen einen Entscheid einer (oberen) AB angerufen worden ist (BGE 118 III 4).

36 Die Beschwerde gemäss Art. 19 Abs. 1 SchKG wegen Verletzung von Bundesrecht und wegen Ermessensüberschreitung oder –missbrauch ist nicht zulässig gegen Entscheide über Disziplinarmassnahmen. Gegen diese Entscheide steht als einziges Rechtsmittel die staatsrechtliche Beschwerde offen (Änderung der Rechtsprechung) (BGE 128 III 156).

37 Die Verletzung des Internationalen Pakts über bürgerliche und politische Rechte vom 16.12.1966 (UNO-Pakt II; SR 0.103.2) ist nicht mit Beschwerde gemäss Art. 19 SchKG, sondern mit staatsrechtlicher Beschwerde zu rügen (Änderung der Rechtsprechung) (BGE 128 III 244).

Art. 20   4. Beschwerdefristen bei Wechselbetreibung

Bei der Wechselbetreibung betragen die Fristen für Anhebung der Beschwerde und Weiterziehung derselben bloss fünf Tage; die Behörde hat die Beschwerde binnen fünf Tagen zu erledigen.

1 Gegen die Einleitung einer Wechselbetreibung am unrichtigen Ort kann jederzeit Beschwerde geführt werden (SH, AB, 23.11.1962, Amtsbericht 1962, S. 69, BlSchK 1965 S. 39, SJZ 1964, S. 157).

Art. 20a   5. Verfahren

¹ Die Verfahren sind kostenlos. Bei böswilliger oder mutwilliger Beschwerdeführung können einer Partei oder ihrem Vertreter Bussen bis zu 1500 Franken sowie Gebühren und Auslagen auferlegt werden.

² Für das Verfahren vor den kantonalen Aufsichtsbehörden gelten überdies folgende Bestimmungen:

1. Die Aufsichtsbehörden haben sich in allen Fällen, in denen sie in dieser Eigenschaft handeln, als solche und gegebenenfalls als obere oder untere Aufsichtsbehörde zu bezeichnen.
2. Die Aufsichtsbehörde stellt den Sachverhalt von Amtes wegen fest. Sie kann die Parteien zur Mitwirkung anhalten und braucht auf deren Begehren nicht einzutreten, wenn sie die notwendige und zumutbare Mitwirkung verweigern.
3. Die Aufsichtsbehörde würdigt die Beweise frei; unter Vorbehalt von Artikel 22 darf sie nicht über die Anträge der Parteien hinausgehen. Bei mündlicher Verhandlung sind Artikel 51 Absatz 1 Buchstaben b und c des Bundesrechtspflegegesetzes vom 16. Dezember 1943 entsprechend anwendbar.

Erster Titel: Allgemeine Bestimmungen **Art. 21**

4. Der Beschwerdeentscheid wird begründet, mit einer Rechtsmittelbelehrung versehen und den Parteien, dem betroffenen Amt und allfälligen weiteren Beteiligten schriftlich eröffnet.

³ Im Übrigen regeln die Kantone das Verfahren.

1 Untersuchungsgrundsatz, Mitwirkungspflicht – Gemäss Abs. 2, Ziff. 2 stellt die AB den Sachverhalt von Amtes wegen fest. Sie kann die Parteien zur Mitwirkung anhalten und braucht auf deren Begehren nicht einzutreten, wenn sie die notwendige und zumutbare Mitwirkung verweigern. Die Bestimmung hält den Untersuchungsgrundsatz fest und entspricht im Übrigen inhaltlich den Art. 12 und 13 VwVG. Das kann aber nicht bedeuten, dass die AB über Schuldbetreibung und Konkurs in jedem Falle so umfangreiche Nachforschungen anstellen, wie es im Verwaltungsverfahren von der Sache her erforderlich sein mag (vg. BGE 119 V 208). Wo zur Feststellung des Sachverhalts eine Beweiserhebung unumgänglich ist, sollen zwar auch die AB über Schuldbetreibung und Konkurs zu den prozessüblichen Beweismitteln – insbesondere Urkunden, Zeugen und Sachverständige – greifen; aber ihre Erhebungen sollen sich in vernünftigem Rahmen bewegen und nicht ausser Acht lassen, dass sich das Zwangsverwertungsverfahren (in welchem materiellrechtliche Fragen nicht mehr zur Diskussion stehen) speditiv abzuwickeln hat.

Die am Zwangsverwertungsverfahren Beteiligten trifft andererseits eine Mitwirkungspflicht dahingehend, dass sie die AB bei der Ermittlung des Sachverhaltes nach bestem Wissen und Gewissen zu unterstützen haben. Es kann von ihnen nicht anders als im Verwaltungsverfahren – erwartet werden, dass sie sich entsprechend den U ständen äussern; tun sie dies nicht, so haben die AB nicht nach Tatsachen zu forschen, die nicht aktenkundig sind (BGE 123 III 328).

2 (Abs. 1) – Das Beschwerdeverfahren gemäss Art. 17 ff. SchKG ist grundsätzlich kostenlos. Es ist *nicht zulässig*, dass von einem Beschwerdeführer *ein Kostenvorschuss* im Hinblick darauf *verlangt wird*, dass ihm ausnahmsweise – nämlich wegen böswilliger oder mutwilliger Beschwerdeführung – die Verfahrenskosten oder eine Busse auferlegt werden (BGE 125 III 382).

3 Gemäss dieser Bestimmung können Gebühren und Auslagen nur wegen böswilliger oder mutwilliger Beschwerdeführung auferlegt werden, nicht aber wegen Verletzung des Anstandes. Für diesen Tatbestand bleibt auf Grund von Art. 20a Abs. 3 SchKG eine Sanktion dem kantonalen Recht vorbehalten (BGE 127 III 178).

4 Das Verfahren betreffend Neuschätzung eines Grundstückes in der Grundpfandverwertung gemäss Art. 9 Abs. 2 VZG ist grundsätzlich kostenlos. Neben den Expertenkosten *dürfen keine Gerichtskosten erhoben werden*. Gegenstand des Beschwerdeverfahrens ist die Festsetzung des mutmasslichen Verkaufswertes durch das BA und dessen Überprüfung durch die AB. Es liegt demnach ein kostenfreies Beschwerdeverfahren vor, das es nicht erlaubt, den Beschwerdeführern neben den Expertenkosten weitere Kosten z überbinden (LU, SchKKomm, 23.03.2001, LGVE 2001 I 41).

5 (i.V.m. Art. 49 Ziff. 3 StGB) – Umwandlung einer im Rahmen eines SchK-Beschwerdeverfahrens auferlegten Busse in Haft? Bussen, die gestützt auf Art. 20a Abs. 1 SchKG ausgefällt werden, haben nicht den Charakter von strafrechtlichen Bussen, sondern es handelt sich lediglich um Ordnungsbussen, auf die Art. 49 Ziff. 3 StGB keine Anwendung findet und die nicht der Umwandlung in Haft unterliegen (ZH, ObGer, 10.08.2001, BlSchK 2003, S. 82).

Art. 21 6. Beschwerdeentscheid

Die Behörde, welche eine Beschwerde begründet erklärt, verfügt die Aufhebung oder die Berichtigung der angefochtenen Handlung; sie ordnet die Vollziehung von Handlungen an, deren Vornahme der Beamte unbegründetermassen verweigert oder verzögert.

1 *Grenzen des Beschwerderechts nach Abschluss der Betreibung.* – Dass nach Abschluss einer Betreibung auch Nichtigkeitsgründe nicht mehr zur Beschwerde hinreichende Veranlassung geben können (BGE 44 III 195) trifft nach der neueren Rechtsprechung nicht unbedingt zu (BGE 72 III 42, 73 III

23). Voraussetzung des Beschwerderechts ist jedoch stets die Möglichkeit der wirksamen Berichtigung der angefochtenen Handlung (BGE 77 III 77).

2 Die *Beschwerde* kann nur *zur Erreichung eines praktischen Verfahrenszweckes dienen* und nicht zur blossen Feststellung einer Pflichtwidrigkeit erhoben werden, da über Schadenersatzansprüche lediglich der ordentliche Richter zu befinden hat, dessen Entscheid die AB in keiner Weise vorgreifen dürfen (BGE 91 III 41).

3 *Ausgeschlossen ist die Ungültigerklärung einer Verfügung*, wenn die in Frage stehende Anordnung *nicht mehr rückgängig gemacht oder berichtigt werden kann* (BGE 94 III 71, 96 III 105).

4 Die Beschwerde kann *nur zur Erreichung eines praktischen Verfahrenszweckes dienen* und nicht zur blossen nachträglichen Feststellung einer allfälligen Pflichtwidrigkeit erhoben werden (BE, Kant. AB, 29.04.1971, BlSchK 1972, S. 75).

5 (i.V.m. Art. 83 SchKG) – Die *Verfügungen bezüglich einer definitiven Pfändung* sind rückgängig zu machen, so weit das noch möglich ist, wenn im Beschwerdeverfahren festgestellt wird, dass *nur eine provisorische Pfändung möglich* gewesen wäre. Insbesondere kann der Betriebene die Rückforderung von Zahlungen geltend machen, die er zur Verhinderung der Verwertung geleistet hat (Lausanne, Tribunal cantonal, 13.10.1975, BlSchK 1979, S. 171).

6 (i.V.m. § 188 Zürcher ZPO). – Der BB hat, sobald ihm *veränderte Einkommensverhältnisse beim Schuldner bekannt werden, eine neue Schätzung* in den von ihm geführten Betreibungen vorzunehmen. Gehen gepfändete Lohnanteile nicht mehr ein, so hat er beim Arbeitgeber den Grund zu ermitteln. Ohne formelle Revision der Lohnpfändung bleibt diese gültig. Zeigt sich im Verlaufe des Rekursverfahrens, dass dieses keinem praktischen Zweck der Vollstreckung dient, weil kein Rechtsschutzinteresse mehr besteht, ist der Rekurs unzulässig. Ob dem Betreibenden durch eine Unterlassung des Amtes ein von diesem zu verantwortender Schaden entstanden ist, haben nicht die AB, sondern der ordentliche Richter zu beurteilen (ZH, ObGer, II. Ziv.Kammer, 16.10.1979, ZR 1979, Nr. 139).

7 Art. 31 und 37 der Übereinkunft von Wien vom 18.06.1961. – Betreibungshandlungen gegen einen Schuldner, der diplomatische Immunität geniesst, sind nichtig (GE, Autorité de surveillance, 07.09.1977, BlSchK 1981, S. 12).

8 (i.V.m. Art. 13 und 17 SchKG) – Befugnis der AB, eine Beschwerde bei schwerwiegenden Rügen als Anzeige zu behandeln, auch wenn auf sie nicht einzutreten ist (SH, AB, 26.11.1998, BlSchK 1999, S. 173).

Art. 22   N. Nichtige Verfügungen

¹ Verstossen Verfügungen gegen Vorschriften, die im öffentlichen Interesse oder im Interesse von am Verfahren nicht beteiligten Personen erlassen worden sind, so sind sie nichtig. Unabhängig davon, ob Beschwerde geführt worden ist, stellen die Aufsichtsbehörden von Amtes wegen die Nichtigkeit einer Verfügung fest.

² Das Amt kann eine nichtige Verfügung durch Erlass einer neuen Verfügung ersetzen. Ist bei der Aufsichtsbehörde ein Verfahren im Sinne von Absatz 1 hängig, so steht dem Amt diese Befugnis bis zur Vernehmlassung zu.

1 (i.V.m. Art. 2 Abs. 2 ZGB) – Der Missbrauch müsste offensichtlich sein und in die Augen springen, was im vorliegenden Fall nicht zutrifft. Die Tatsache, dass der Gläubiger der Aufforderung des BA im Sinne von Art. 73 Abs. 1 SchKG, den Forderungstitel einzureichen, nicht nachgekommen ist, weist für sich allein nicht auf Rechtsmissbräuchlichkeit hin (SH, AB, 28.08.1992, BlSchK 1994, S. 96).

2 Fehlt auf Seiten eines Betreibungsschuldners die Urteilsfähigkeit, so ist die gegen ihn gerichtete Betreibungshandlung, insbesondere die Zustellung des Zahlungsbefehls, nichtig und – entgegen der Rechtsprechung des BGer (BGE 104 III 4) – nicht die Betreibung als solche. Dies, da auch der Urteilsunfähige betreibungsrechtlich rechtsfähig bzw. parteifähig ist (BS, AB, 08.07.1998, BlSchK 1999, S. 94).

Erster Titel: Allgemeine Bestimmungen Art. 23

3   (i.V.m. Art. 49 SchKG) – Eine Erbschaft bzw. ein Nachlass kann als solche nicht Betreibungsgläubigerin sein, da sie betreibungsrechtlich nicht rechts- oder parteifähig ist. Die entsprechende Betreibung ist als solche nichtig (BS, AB, 10.07.1998, BlSchK 1999, S. 118).

4   (i.V.m. Art. 17, 18 SchKG, Art. 230 Abs. 1 OR und Art. 68 BGBB). Grundsatz der Chancengleichheit bei Versteigerung eines Objekts mit einem Maximalpreis im Sinne von Art. 68 BGBB. Die Gründung von Gesellschaften zur Ersteigerung eines Objekts auf gemeinsame Rechnung ist sittenwidrig im Sinne von Art. 230 Abs. 1 OR, wenn dadurch der Wettbewerb unter den Mitbietenden verfälscht wird. Ist die Gleichbehandlung aller Steigerungsteilnehmer nicht mehr gegeben, ist der Zuschlag in Anwendung von Art. 22 Abs. 1 SchKG von Amtes wegen aufzuheben (LU, ObGer SchKKomm 01.04.1998; LGVE 1998 I 37; Das BGer hat die dagegen erhobene Beschwerde am 20.05.1998 abgewiesen).

5   Öffentliche Versteigerung. Anfechtbarkeit des Zuschlages. – In der Betreibung auf Pfandverwertung hat die unterlassene Mitteilung des Lastenverzeichnisses an den Pfandgläubiger – dem ein unmittelbares gesetzliches Pfandrecht zusteht und dessen rechtzeitig eingegebene Forderung aus offensichtlichem Versehen des BA nicht im Lastenverzeichnis aufgeführt worden ist – keineswegs die Nichtigkeit der Versteigerung zur Folge, sondern nur ihre Anfechtbarkeit (BGer 12.04.2000, BlSchK 2001 S. 4).

6   Als nichtig gilt die Fortsetzung der Betreibung auf dem Weg der Pfändung statt des Konkurses und umgekehrt (ZH, Bez.Gericht Meilen, 21.02.2001, ZR 2002, Nr. 16, BlSchK 2002, S. 226).

7   (i.V.m. Art. 159 und 174 SchKG) – Nichtigkeit der Konkursandrohung bei nur teilweise rechtskräftigem Zahlungsbefehl. Die Konkursandrohung setzt voraus, dass der Gläubiger mit Erfolg das Einleitungsverfahren durchgeführt hat. Wurde die Rechtsöffnung für einen kleineren Betrag gewährt als in Betreibung gesetzt worden ist, liegt ein rechtskräftiger Zahlungsbefehl nur in diesem Umfang vor (LU, SchKKomm, 08.04.2002, LGVE 2002 I 51, BlSchK 2003, S. 174).

8   (i.V.m. Art. 17 SchKG und Art. 90, 97 VZG) – Die Anmeldung einer Verfügungsbeschränkung im Grundbuch durch das BA ist als betreibungsrechtliche Handlung mit Beschwerde nach Art. 17 SchKG anfechtbar. Verstösst eine solche Anmeldung gegen die Art. 90 bzw. 97 VZG, hat dies keine Nichtigkeit zur Folge (LU, SchKKomm, 05.01.2004, LGVE 2004 I 51).

Art. 23   **0. Kantonale Ausführungsbestimmungen**
1. Richterliche Behörden

Die Kantone bezeichnen die richterlichen Behörden, welche für die in diesem Gesetze dem Richter zugewiesenen Entscheidungen zuständig sind.

1   Die Kantone können vorsehen, dass dem *Kollokationsprozess* gemäss Art. 250 SchKG *ein Vermittlungsverfahren vorauszugehen* habe. Machen sie von dieser Möglichkeit Gebrauch, so ist es auch ihnen überlassen, innerhalb des Bezirks des Konkursgerichts das für das Vermittlungsverfahren zuständige Vermittleramt zu bezeichnen (BGE 100 III 35).

Art. 24   **2. Depositenanstalten**

Die Kantone bezeichnen die Anstalten, welche gehalten sind, in den in diesem Gesetze vorgesehenen Fällen Depositen anzunehmen (Depositenanstalten). Sie haften für die von diesen Anstalten verwahrten Depositen.

1   Die Hinterlegung von Geld und Wertsachen ist eine blosse Ordnungsvorschrift und kann auch bei einem anderen Geldinstitut als der als kantonale Depositenanstalt bezeichneten Graubündner Kantonalbank erfolgen (GR, AB, 09.02.1988, PKG 1988, Nr. 45, BlSchK 1991, S. 217).

2   Folgen einer fehlenden Geldhinterlegung durch das BA. Unzulässigkeit der Beschwerde. Wenn die AB nach der Feststellung, dass Geldsummen durch das Amt hätten hinterlegt werden müssen, dem

Beschwerdeführer die verlangten Zinsen nicht zuspricht, liegt darin kein offensichtliches Versehen im Sinne von Art. 63 Abs. 2 OG (BGE 118 III 1).

3 Im Beschwerdeverfahren kann die AB die Unterlassung eines Amtes nur berichtigen, wenn dadurch ein Mangel des Zwangsvollstreckungsverfahrens behoben werden soll, d.h. wenn es darum geht, den ordnungsgemässen Ablauf einer Betreibung zu wahren. Wenn der Beschwerdeführer Schadenersatz verlangt, steht nur der Weg der gerichtlichen Klage offen (BGE 118 III 1).

Art. 25   3. Prozessbestimmungen

Die Kantone erlassen:
1. die Prozessbestimmungen für die Streitsachen, welche im beschleunigten Verfahren zu behandeln sind. Dieses Verfahren ist so einzurichten, dass die Parteien auf kurz bemessenen Termin geladen werden und die Prozesse binnen sechs Monaten seit Anhebung der Klage durch Haupturteil der letzten kantonalen Instanz erledigt werden können;
2. die Bestimmungen über das summarische Prozessverfahren für:
   a. Entscheide, die vom Rechtsöffnungs-, vom Konkurs-, vom Arrest- und vom Nachlassrichter getroffen werden,
   b. die Bewilligung des nachträglichen Rechtsvorschlages (Art. 77 Abs. 3) und des Rechtsvorschlages in der Wechselbetreibung (Art. 181),
   c. die Aufhebung oder Einstellung der Betreibung (Art. 85),
   d. den Entscheid über das Vorliegen neuen Vermögens (Art. 265a Abs. 1–3);
3. Aufgehoben.

1 Kein Rechtsanspruch des Rechtsöffnungsklägers auf eine schriftliche Replik zu Protokollerklärungen der Gegenpartei (LU, SchKKomm 24.07.1981, LGVE 1981 I 35).

2 *Amtssprache vor dem Konkursrichter* – Für den Verkehr mit ihren Behörden dürfen die Kantone ihre Amtssprache vorschreiben und die Übersetzung der in einer anderen Sprache – sei es auch eine andere Landessprache – abgefassten Verfahrensakten verlangen. Ein auf Deutsch abgefasstes, beim Genfer Gericht eingereichtes Konkursbegehren muss von Amtes wegen zurückgewiesen werden (nicht publ. Entscheid des BGer, 25.04.1997, BlSchK 1998, S. 37).

3 (i.V.m. Art. 8 Abs. 2 BV, Art. 6 EMRK, Art. 14 UNO-Pakt). Amtssprache im summarischen Verfahren – Das schriftliche Gesuch und die darauf folgende Verhandlung müssen im Kanton Tessin in italienischer Sprache abgewickelt werden. Die beigelegten Urkunden gelten dagegen auch in deutscher und französischer Fassung (TI, Aufs.Beh., 09.03.2000, BlSchK 2000, S. 173/174).

Art. 26   4. Öffentlichrechtliche Folgen der fruchtlosen Pfändung und des Konkurses

¹ Die Kantone können, soweit nicht Bundesrecht anwendbar ist, an die fruchtlose Pfändung und die Konkurseröffnung öffentlich-rechtliche Folgen (wie Unfähigkeit zur Bekleidung öffentlicher Ämter, zur Ausübung bewilligungspflichtiger Berufe und Tätigkeiten) knüpfen. Ausgeschlossen sind die Einstellung im Stimmrecht und im aktiven Wahlrecht sowie die Publikation der Verlustscheine.

² Die Rechtsfolgen sind aufzuheben, wenn der Konkurs widerrufen wird, wenn sämtliche Verlustscheingläubiger befriedigt oder ihre Forderungen verjährt sind.

³ Kommt als einziger Gläubiger der Ehegatte des Schuldners zu Verlust, so dürfen keine öffentlich-rechtlichen Folgen der fruchtlosen Pfändung oder des Konkurses ausgesprochen werden.

Art. 27   5. Gewerbsmässige Vertretung

[1] Die Kantone können die gewerbsmässige Vertretung der am Zwangsvollstreckungsverfahren Beteiligten regeln.[3] Sie können insbesondere:
1. vorschreiben, dass Personen, die diese Tätigkeit ausüben wollen, ihre berufliche Fähigkeit und ihre Ehrenhaftigkeit nachweisen müssen;
2. eine Sicherheitsleistung verlangen;
3. die Entschädigungen für die gewerbsmässige Vertretung festlegen.

[2] Wer in einem Kanton zur gewerbsmässigen Vertretung zugelassen ist, kann die Zulassung in jedem Kanton verlangen, sofern seine berufliche Fähigkeit und seine Ehrenhaftigkeit in angemessener Weise geprüft worden sind.

[3] Niemand kann verpflichtet werden, einen gewerbsmässigen Vertreter zu bestellen. Die Kosten der Vertretung dürfen nicht dem Schuldner überbunden werden.

1   (Abs. 3) Diese Bestimmung bezieht sich nur auf das vom Bundesrecht geregelte eigentliche Vollstreckungsverfahren. Für die Kosten des Rechtsöffnungs- und Konkurseröffnungsverfahren findet diese Bestimmung keine Anwendung (BGE 113 III).

Art. 28   P. Bekanntmachung der kantonalen Organisation

[1] Die Kantone geben dem Bundesgericht die Betreibungs- und Konkurskreise, die Organisation der Betreibungs- und der Konkursämter sowie die Behörden an, die sie in Ausführung dieses Gesetzes bezeichnet haben.

[2] Das Bundesgericht sorgt für angemessene Bekanntmachung dieser Angaben.

Art. 29   Q. Genehmigung kantonaler Ausführungsvorschriften

Die von den Kantonen in Ausführung dieses Gesetzes erlassenen Gesetze und Verordnungen bedürfen zu ihrer Gültigkeit der Genehmigung des Bundes.

Art. 30   R. Besondere Vollstreckungsverfahren

[1] Dieses Gesetz gilt nicht für die Zwangsvollstreckung gegen Kantone, Bezirke und Gemeinden, soweit darüber besondere eidgenössische oder kantonale Vorschriften bestehen.

[2] Vorbehalten bleiben ferner die Bestimmungen anderer Bundesgesetze über besondere Zwangsvollstreckungsverfahren.

Art. 30a   S. Völkerrechtliche Verträge und internationales Privatrecht

Die völkerrechtlichen Verträge und die Bestimmungen des Bundesgesetzes vom 18. Dezember 1987 über das Internationale Privatrecht sind vorbehalten.

1   (i.V.m. Art. 38 SchKG) – Gegen internationale Organisationen dürfen keine Betreibungshandlungen ausgeführt werden, auch wenn die Forderung des Gläubigers auf nicht hoheitlichem Handeln einer solchen Organisation beruht. Der Gläubiger kann sich in Genf an das kantonale Justiz- und Polizeidepartement oder an die Schweizer Vertretung bei den Vereinten Nationen wenden, die ihm gege-

3   Vgl. Art. 4 Bundesgesetz über den Binnenmarkt vom 06.10.1995 (SR 943.02).

benenfalls ihre guten Dienste zur Erledigung des Rechtsstreits zur Verfügung stellen können (GE, Autorité de surveillance, 09.04.1997, BlSchK 1998, S. 220).

2 Wird die Vollstreckbarkeitserklärung für ein ausländisches zu einer Geldleistung verpflichtendes Urteil im Rahmen des auf definitive Rechtsöffnung gerichteten Verfahrens verlangt, ist es nicht willkürlich, anzunehmen, dass die Frist für das Einlegen eines Rechtsmittels nicht durch Art. 36 LugÜ festgelegt wird, sondern durch das kantonale Prozessrecht; allerdings kann Letzteres in diesem Punkt auf die Regelung im Konventionsrecht verweisen (BGE 125 III 386).

3 (LugÜ Art. 33, 46, 47, 48) — Mit dem Nachweis über die Zustellung eines (deutschen) Mahnbescheids wird ein Vollstreckungsbescheid auch in der Schweiz vollstreckbar, so dass darauf die definitive Rechtsöffnung erteilt werden kann (LU, SchKKomm, 29.09.1999, LGVE 1999 I 40).

4 Das Lugano-Übereinkommen findet auf die nicht kontradiktorischen Vollstreckungshandlungen, zu welchen auch der Zahlungsbefehl gehört, gemäss bundesgerichtlicher Rechtsprechung und der überwiegenden Lehre keine Anwendung, d.h. der Erlass eines Zahlungsbefehls am Arrestort gilt auch gegenüber Angehörigen von Vertragsstaaten des Lugano-Übereinkommens als zulässig (BL, AB, 25.09.2001, SJZ 2002, S. 446).

5 Art. 16 Ziff. 1 lit. a LugÜ kommt nur zur Anwendung, wenn das dingliche Recht selbst Gegenstand der Klage ist. Es reicht nicht aus, dass ein dingliches Recht berührt wird oder die Klage damit im Zusammenhang steht. Im Anwendungsbereich des LugÜ ist der Ort, an dem provisorische Rechtsöffnung erteilt wurde, auch ein Gerichtsstand für die Aberkennungsklage. Dies gilt auch bei Vorliegen einer Gerichtsstandsvereinbarung (ZH, ObGer, I. Ziv.Kammer, 02.09.2002, ZR 2003, Nr. 1).

II. Verschiedene Vorschriften

Art. 31 A. Fristen
1. Berechnung

¹ Ist eine Frist nach Tagen bestimmt, so wird derjenige Tag nicht mitgerechnet, von welchem an die Frist zu laufen beginnt.

² Ist eine Frist nach Monaten oder nach Jahren bestimmt, so endigt sie mit demjenigen Tage, der durch seine Zahl dem Tage entspricht, mit welchem sie zu laufen beginnt. Fehlt dieser Tag in dem letzten Monat, so endigt die Frist mit dem letzten Tage dieses Monats.

³ Fällt der letzte Tag der Frist auf einen Samstag, einen Sonntag oder einen staatlich anerkannten Feiertag, so endigt sie am nächstfolgenden Werktag.

⁴ Aufgehoben.

I. Allgemein

1 Das *Übersehen einer Frist* ist unerheblich und führt zur Rechtskraft der Verfügung. Ausnahmsweise kann bei einer verspäteten Kompetenzbeschwerde aus Gründen der öffentlichen Ordnung dann eingetreten werden, wenn die Verfügung offenkundig und beträchtlich in das Leben Notwendige eingreift und den Schuldner in eine völlig unhaltbare Lage zu bringen droht (BGer SchKK, 27.08.1965, BlSchK 1966, S. 184).

2 *Berechnung der Fristen bei einer automatischen Briefkastenleerung.* Bei der automatischen Briefkastenleerung kann es bei Tag 30 Minuten dauern, bis die eingeworfene, auf Fliessband weiterbeförderte Sendung vom Beamten abgestempelt wird. Zur Nachtzeit dauert es aber länger, weil kein ununterbrochener Dienstbetrieb herrscht. Das hat zur Folge, dass ein nach 23 Uhr eingeworfener Brief erst zwischen 1 und 2 Uhr zur Abstempelung gelangt. Der Rekurrentin muss aber die Möglichkeit geboten werden, die dem Poststempel innewohnende Vermutung, die für den Ablauf der Frist spricht durch konkrete Beweise, z.B. Zeugenaussagen, zu entkräften (BGer Staatsrechtliche Kammer, 29.03.1972, BlSchK 1974, S. 181/182 und BGE 82 III 101).

Erster Titel: Allgemeine Bestimmungen — Art. 32

3 (i.V.m. Art. 56 Ziff. 1 und 2 SchKG) – Die Gleichstellung des Samstags mit einem staatlich anerkannten Feiertag *beeinflusst nur das Ende, nicht aber den Beginn der Fristen.* Die Frist zur Erhebung des Rechtsvorschlages eines an einem Samstag zugestellten Zahlungsbefehls beginnt damit gemäss Art. 31 Abs. 1 am darauffolgenden Tag zu laufen (BGer SchKK 21.12.1988, BlSchK 1989, S. 116).

4 (i.V.m. Art. 145 Abs. 2 PVV 1) – Zurückhaltungsauftrag – Beginn des Fristenlaufes. Analog der Regelung bei Briefkasten- und Postfachzustellung gilt bei Vorliegen eines Zurückbehaltungsauftrages im Sinne von Art. 145 Abs. 1 PVV 1 zum PVG eine eingeschriebene Sendung als am letzten Tag einer Frist von sieben Tagen ab Eingang bei der Poststelle am Ort des Empfängers zugestellt. Ein Zurückbehaltungsauftrag gegenüber der Post vermag den Beginn der Beschwerdefrist nicht hinauszuschieben (BGE 123 III 492).

5 *Wiederherstellung der Frist zur Aberkennungsklage.* Die Frist zur Einreichung der Aberkennungsklage kann wiederhergestellt werden. Anwendbar sind nur die Bestimmungen des Bundesrechts. – Die Frist zur Einreichung des Wiederherstellungsgesuches gemäss Art. 35 OG kann erst beginnen, wenn der Kläger davon erfahren hat, dass nach bisheriger Rechtsprechung in Art. 32 SchKG nur die schweizerische Post verstanden werde. Auch ein Rechtsirrtum kann zur Wiederherstellung führen. Zulässigkeit des Rekurses gegen eine Verweigerung der Wiederherstellung (ZH, ObGer, I. Ziv.Kammer, 01.03.1961, ZR 1963, Nr. 102).

II. Betreibungen

6 Verlängerung der während der *Betreibungsferien* Ende gehenden Fristen im Falle, dass der *letzte Tag der Ferien ein Sonn- oder Feiertag ist.* Art. 31 Abs. 3 SchKG ist auf die Betreibungsferien nicht anwendbar. Die Frist verlängert sich deshalb bis zum dritten Werktag nach Ende der Ferien (BGE 80 III 103, LU SchKKomm 18.07.56, Max. X, Nr. 430, BlSchK 1958, S. 139).

7 Die *Zustellung von Betreibungsakten während der Betreibungsferien* hat als einzige Konsequenz, dass sie ihre *Wirkungen bis nach Ablauf der Betreibungsferien hinausschiebt,* wie wenn die Zustellung am ersten darauf folgenden Werktag erfolgt wäre (FR, Cour de cassation civile, 06.05.1980, BlSchK 1983, S. 25).

8 Wird ein an das BA gerichtetes Schreiben erst nach Schluss der Bürozeit in den Briefkasten gelegt, so trägt der Einwerfer die Last des Beweises des rechtzeitigen Einwerfens (SO, AB, 25.05.1965, BlSchK 1966, S. 17).

9 Die Zustellung des Gläubigerdoppels mit Rechtsvorschlagsvermerk ist eine beschwerdefähige Verfügung. Die *Rechtsvorschlagsfrist beginnt mit der tatsächlichen Zustellung des Zahlungsbefehls an den Schuldner zu laufen* und nicht schon am Tage des ergebnislosen Postzustellungsversuches oder der Aufforderung zur Abholung einer «B-Urkunde» auf dem Postbüro (BGer 04.09.1962, BJM 1963, S. 172, BlSchK 1964, S. 91).

III. Konkurs

10 *Fristwahrung bei der Kollokationsklage* – Die Frist für die Kollokationsklage beginnt nur dann mit der öffentlichen Bekanntmachung zu laufen, wenn am Tage dieser Bekanntmachung das KA der Öffentlichkeit zugänglich ist, so dass Gläubiger Einsicht in den Kollokationsplan nehmen können. Trifft dies nicht zu, so fällt für die Fristberechnung gemäss Art. 250 Abs. 1 i.V.m. Art. 31 Abs. 1 erst jener der öffentlichen Bekanntmachung folgende Werktag in Betracht, an welchem das KA, wo der Kollokationsplan aufliegt, dem Publikumsverkehr geöffnet ist (BGE 112 III 42).

Art. 32   2. Einhaltung

¹ Schriftliche Eingaben nach diesem Gesetz müssen spätestens am letzten Tag der Frist der Behörde eingereicht oder zu deren Handen der schweizerischen Post oder einer schweizerischen diplomatischen oder konsularischen Vertretung übergeben werden.

² Die Frist ist auch dann gewahrt, wenn vor ihrem Ablauf eine unzuständige Behörde angerufen wird; diese überweist die Eingabe unverzüglich der zuständigen Behörde.

³ Ist eine Klage nach diesem Gesetz wegen Unzuständigkeit des Gerichts vom Kläger zurückgezogen oder durch Urteil zurückgewiesen worden, so beginnt eine neue Klagefrist von gleicher Dauer.

⁴ Bei schriftlichen Eingaben, die an verbesserlichen Fehlern leiden, ist Gelegenheit zur Verbesserung zu geben.

1   Die Frage, unter welchen Voraussetzungen die Frist für die Weiterziehung eines Entscheides der unteren an die obere Nachlassbehörde bei Benützung der Post gewahrt sei, beurteilt sich nach Art. 32 SchKG. Für die Zeit der Postaufgabe gilt der Poststempel nicht absolut als Beweis; der Gegenbeweis, dass die Sendung entgegen dem Poststempel rechtzeitig der Post übergeben wurde, kann nicht nur durch Bescheinigung oder Zeugnis eines Postbeamten, sondern irgendeiner Person erbracht werden. Dem Einwerfen in den Briefkasten ist die Übergabe in die Hand des Bahnbeamten, der diesen Briefkasten kurze Zeit danach zu leeren hat, gleichzusetzen (BGer II. Zivilabteilung, 14.06.1950, ZR 1951, Nr. 86).

2   Fristwahrung durch Postaufgabe – Der Aufgabestempel der Post gilt als Datumsausweis für und gegen den Absender. Macht dieser geltend, er habe den Brief am Vortag in einen Postbriefkasten geworfen, so hat er es zu beweisen (BGE 82 III 101).

3   (i.V.m. Art. 32 und 169 OG) – *Beschwerden* sind nur dann rechtzeitig eingereicht, wenn sie spätestens bis 24.00 Uhr des letzten Tages der Beschwerdefrist der *schweizerischen Post* übergeben wurde (BS, AB, 10.08.1965, BlSchK 1966, S. 44, BJM 1968, S. 51).

Weitere Entscheide betreffend rechtzeitiger Postaufgabe: BGE 97 III 14, BE, AB, 20.10.1969, BlSchK 1971, S. 14, BS, AB, 10.07.1963, BlSchK 1965, S. 80, BJM 1964, S. 206.

4   Die Rechtzeitigkeit der Postaufgabe hat derjenige zu beweisen, der die Einhaltung der Frist geltend macht. Das *mit der Frankiermaschine auf das Kuvert aufgedruckte Datum ist nicht beweiskräftig* (SO, ObGer, 24.11.1969, BlSchK 1977, S. 11).

5   Der *Schuldner trägt das Risiko, dass ein am letzter Tag der Frist in einen Postbriefkasten eingelegter Rechtsvorschlag den Poststempel des folgenden Tages trägt* und damit als verspätet zurückgewiesen wird. Wohl ist der Beweis für den rechtzeitigen Einwurf der Sendung in den Briefkasten zuzulassen; allein die entsprechenden Beweismittel müssen bereits im kantonalen Verfahren genannt werden (BGer, 08.06.1972, BlSchK 1975, S. 20).

6   *Begriff der «Post»* – Unter Post im Sinne von Art. 32 SchKG ist nur die schweizerische Post zu verstehen (Bestätigung der bundesgerichtlichen Rechtsprechung und Ablehnung der in ZR 1963, Nr. 102 vertretenen Auffassung) (ZH, ObGer, II. Ziv.Kammer, 05.09.1978, ZR 1979, Nr. 55, SJZ 1981, S. 46).

7   Die Frist gilt als eingehalten, wenn die *Aufgabe der Sendung zur (schweizerischen) Post* vor Ablauf der Frist erfolgt. Sendungen aus dem Ausland müssen vor Ablauf der Frist in den Besitz der schweizerischen Post gelangen (BGer SchKK, 07.03.1980, BlSchK 1983, S. 14).

8   Die Regel, wonach eine *zur Post aufgegebene Mitteilung*, die dem Adressaten nicht direkt übergeben werden konnte und von diesem trotz entsprechendem Avis während der *siebentägigen Abholungsfrist am Postschalter nicht bezogen worden ist, als zugestellt betrachtet* wird, *gilt auch für die* in Art. 168 SchKG vorgesehene *Vorladung zur Konkursverhandlung* (FR, Cour d'appel, 31.01.1979, BlSchK 1983, S. 99).

9   (i.V.m. Art. 179 SchKG) – Aufgabe des BA ist, die *Rechtzeitigkeit* auch *eines Rechtsvorschlages in der Wechselbetreibung, welcher im Ausland zur Post aufgegeben* wurde, zu überprüfen. Sache des Richters ist es dagegen, einen rechtzeitig erhobenen Wechselrechtsvorschlag allenfalls zu bewilligen. Beweispflichtig für die rechtzeitige Postaufgabe ist der Absender; damit obliegt ihm auch der Beweis, dass die Sendung rechtzeitig in den Besitz der schweizerischen Post gelangt ist (GR, AB, 19.01.1978, BlSchK 1984, S. 94).

Erster Titel: Allgemeine Bestimmungen | **Art. 33**

10 Abs. 2) – *Wechselbetreibung:* Wird der *Rechtsvorschlag* am letzten Tage der Frist statt an das BA *an den zur Bewilligung zuständigen Richter aufgegeben*, so *gilt er als rechtzeitig*, wenn der Richter, der ihn tags darauf erhält, ihn unverzüglich dem BA überweist (BGE 73 III 38).

11 (Abs. 4 i.V.m. Art. 154 SchKG) – Als *verbesserlicher Fehler* im Sinne von Art. 32 Abs. 4 SchKG ist es zu bezeichnen, wenn der *Gläubiger in der Betreibung auf Pfandverwertung* anstelle des Verwertungsbegehrens *fälschlicherweise ein Fortsetzungsbegehren* einreicht (BGer SchKK 12.01.1999, BlSchK 1999, S. 134).

12 Im betreibungsrechtlichen Beschwerdeverfahren hat die kantonale AB einer vertretenen Partei eine angemessene Notfrist anzusetzen, damit eine fehlende Vollmacht beigebracht werden kann (BGer, 23.01.03, SJZ 2003, S. 184).

13 (Abs. 3 und 4) – Das Nichteintreten auf die Klage mangels Leistung des Kostenvorschusses stellt keinen Anwendungsfall von Art. 32 Abs. 3 SchKG dar und ebensowenig einen verbesserlichen Fehler im Sinne von Art. 32 Abs. 4 SchKG und Art. 139 OR (BGE 126 III 288).

14 Eine ungenügende Begründung der Beschwerde ist nicht ein verbesserlicher Fehler im Sinne von Absatz 4 (BGE 126 III 30).

15 Das einem örtlich nicht zuständigen BA eingereichte Betreibungsbegehren muss von Amtes wegen dem zuständigen BA überwiesen werden, sofern dieses anhand der Angaben im Begehren erkennbar ist (BGE 127 III 567).

16 Das BA ist nicht verpflichtet, einen über die Büroöffnungszeiten hinaus zugänglichen Briefkasten zur Verfügung zu halten. Nach Büroschluss steht dem Schuldner die Möglichkeit offen, den postalischen Weg zu benutzen (LU, SchKKomm, 07.01.1999, LGVE 1999 I 39, BlSchK 2001, S. 6).

17 Tilgung der Konkursforderung anlässlich des Vorladungstermins an das Konkursgericht zuhanden des Gläubigers; gegebenenfalls ist die Zahlung im Sinne von Art. 32 Abs. 2 SchKG an das zuständige BA weiterzuleiten (ZH, ObGer, II. Ziv.Kammer, 22.06.2001, ZR 2000, Nr. 17, BlSchK 2003, S. 126).

18 Von Bundesrechts wegen besteht für Klagen nach SchKG, die bei einem unzuständigen Gericht eingereicht worden sind, keine Weiterleitungspflicht. Das kantonale Prozessrecht kann jedoch eine Prozessüberweisung von Amtes wegen vorsehen (BGE 130 III 515).

Art. 33 3. Änderung und Wiederherstellung

¹ Die in diesem Gesetze aufgestellten Fristen können durch Vertrag nicht abgeändert werden.

² Wohnt ein am Verfahren Beteiligter im Ausland oder ist er durch öffentliche Bekanntmachung anzusprechen, so kann ihm eine längere Frist eingeräumt oder eine Frist verlängert werden.

³ Ein am Verfahren Beteiligter kann darauf verzichten, die Nichteinhaltung einer Frist geltend zu machen, wenn diese ausschliesslich in seinem Interesse aufgestellt ist.

⁴ Wer durch ein unverschuldetes Hindernis davon abgehalten worden ist, innert Frist zu handeln, kann die Aufsichtsbehörde oder die in der Sache zuständige richterliche Behörde um Wiederherstellung der Frist ersuchen. Er muss, vom Wegfall des Hindernisses an, in der gleichen Frist wie der versäumten ein begründetes Gesuch einreichen und die versäumte Rechtshandlung bei der zuständigen Behörde nachholen.

1 Die Möglichkeit, diese Fristen zu verlängern, besteht nur zu Gunsten des Schuldners (ZH, ObGer, II. Ziv.Kammer, 17.04.1959, BGer SchKK, 21.05.1959, ZR 1961, Nr. 88, BlSchK 1963, S. 20).

2 (Abs. 2) Diese Bestimmung ist nicht auf den Schuldner anwendbar, der zwar Wohnsitz im Ausland, hat, dem aber die Arresturkunden anlässlich eines Aufenthaltes in der Schweiz zugestellt wurden (BGE 111 III 2).

3 (Abs. 2 und i.V.m. Art. 278 Abs. 1 SchKG) – Einsprache gegen den Arrestbefehl. – Fristverlängerung durch das BA – Dem mit dem Arrestvollzug befasste BB steht die Kompetenz zu, die gesetzliche Frist zur Arresteinsprache in Anwendung von Art. 33 Abs. 2 SchKG zu verlängern. Dies gilt selbstredend einzig für die in Art. 278 Abs. 1 SchKG vorgesehene Einsprachefrist an den Arrestrichter und nicht für die in Art. 278 Abs. 3 SchKG statuierte Frist zur Weiterziehung des Entscheides des Arrestrichters an die die obere Gerichtsinstanz (ZH, ObGer, II. Ziv.Kammer, 22.01.1998, ZR 2000, Nr. 18, BlSchK 2000, S. 147).

4 (Abs. 2) Verlängerung der Rechtsvorschlagsfrist wegen ausländischem Domizil des Schuldners. In der Entgegennahme eines verspäteten Rechtsvorschlages kann eine zulässige stillschweigende Fristverlängerung liegen (BGE 91 III 1).

5 (Abs. 4 und i.V.m. § 233 Abs. 1 ZPO) – (Nachträglicher Rechtsvorschlag) – Aus dieser Bestimmung ergibt sich kein Anspruch der Parteien auf Vorladung zu einer mündlichen Verhandlung (LU, ObGer SchKKomm, 22.02.1996, LGVE 1996 I 40).

6 Wiederherstellung der Frist für die Erhebung des Rechtsvorschlages. Das geltend gemachte Hindernis muss absolut sein. Der Beschwerdeführer wäre hier fähig gewesen, rechtzeitig die geeigneten Vorkehren zur Wahrung seiner Interessen für die Zeit zu treffen, in der vorhersehbar die Gefahr bestand, dass er nicht selber handeln kann (ZG, AB, 19.04.2000, GVP 2000, S. 144).

7 (Abs. 4) – Das Verfahren betreffend Wiederherstellung der Frist zur Erhebung des Rechtsvorschlages ist kostenpflichtig. Zur Anwendung gelangt Art. 48 GebVO. Die Frage bleibt offen, ob der Entscheid der kantonalen AB an das BGer weitergezogen werden kann (BL, AB, 22.09.1998, BlSchK 2000, S. 29 mit Anmerkung der Redaktion).

8 (i.V.m. Art. 278 Abs. 1 SchKG) – Einsprache gegen den Arrestbefehl – Fristverlängerung durch das BA – Dem mit dem Arrestvollzug befasste BB steht die Kompetenz zu, die gesetzliche Frist zur Arresteinsprache in Anwendung von Art. 33 Abs. 2 SchKG zu verlängern (ZH, ObGer, II. Ziv.Kammer, 22.01.1998, ZR 2000, Nr. 18, BlSchK 2000, S. 147).

9 Verlängerung der Frist für die Einreichung der Beschwerde – Abs. 2 ist auf den Schuldner nicht anwendbar, der zwar Wohnsitz im Ausland hat, dem aber die Arresturkunden anlässlich eines Aufenthaltes in der Schweiz zugestellt wurden (BGE 111 III 5).

10 Verlängerung der Rechtsvorschlagsfrist, wenn der Schuldner im Ausland wohnt, vor Zustellung des Zahlungsbefehls aber einen Rechtsvertreter in der Schweiz ernennt. Durfte sich dieser auf die «falsche» Rechtsvorschlagsfrist von 30 Tagen verlassen? Die Frage ist im Sinne des Vertrauensschutzes in falscher Rechtsmittelbelehrung zu bejahen (BE, AB, 27.09.1989, BlSchK 1990, S. 194).

11 Zustellung eines Zahlungsbefehls an den Verwaltungsrat einer Aktiengesellschaft fünf Tage vor dessen Abreise in die Ferien. Die Ferienabwesenheit des Verwaltungsratspräsidenten im Zeitpunkt des Ablaufs der Rechtsvorschlagsfrist kann nicht als unverschuldetes Hindernis im Sinne von Art. 33 Abs. 4 anerkannt werden (BL, AB, 04.01.2000, SJZ 2001, S. 282).

12 (i.V.m. Art. 174 SchKG) Voraussetzungen und funktionale Zuständigkeit zur Wiederherstellung der zehntägigen Frist zur Weiterziehung des konkursrichterlichen Entscheides. Die Voraussetzungen für die Restitution der Weiterziehungsfrist gemäss Art. 174 Abs. 1 SchKG beurteilen sich nicht nach § 169 GVG, sondern nach Art. 33 Abs. 4, SchKG. Wird das Restitutionsrecht erst nach erfolgter Mitteilung des (zweitinstanzlichen) Endentscheides (im Rahmen einer gegen diese erhobene Nichtigkeitsbeschwerde) beim Kassationsgericht gestellt, so richtet sich die funktionale Zuständigkeit zur Beurteilung desselben nach § 200 Abs. 2 GVG (ZH, Kassationsgericht, 11.12.02, ZR 2003, Nr. 29).

13 Hat der Schuldner ohne eigenes Verschulden die Rechtsvorschlagsfrist verpasst, so muss er binnen zehn Tagen nach Wegfall des Hindernisses Rechtsvorschlag erheben und die AB um Wiederherstellung der Frist ersuchen. Ein verschuldetes Versäumnis liegt vor, wenn der Schuldner seine Hausgenossen weder über mögliche Betreibungen gegen ihn informiert noch sie über das Vorgehen im Falle der Zustellung eines Zahlungsbefehls instruiert (VD, Tribunal cantonal, 21.02.2003, BlSchK 2004, S. 93).

Art. 34   B. Mitteilungen der Ämter
1. Schriftlich

Alle Mitteilungen der Betreibungs- und der Konkursämter werden schriftlich erlassen und, sofern das Gesetz nicht etwas anderes vorschreibt, durch eingeschriebenen Brief oder durch Übergabe gegen Empfangsbescheinigung zugestellt.

1 Die Rechtshilfe eines andern BA ist erforderlich für Amtshandlungen in dessen Kreis; sie ist aber nicht erforderlich für Forderungspfändungen, Zustellungen und Anzeigen. Wenn eine *Zustellung entgegen der gesetzlichen Vorschrift,* statt durch eingeschriebene Sendung durch gewöhnlichen uneingeschriebenen Brief erfolgt, *so hat die* zustellende *Amtsstelle im Bestreitungsfalle den Beweis dafür zu erbringen, dass die Sendung dem Adressaten in einem bestimmten Zeitpunkte zugekommen ist* (SG, AB, 19.08.1948, Amtsbericht 1948, S. 10, BlSchK 1950, S. 44).

2 *Verwendung der obligatorischen Formulare ist bloss Ordnungsvorschrift.* Ihre Verletzung hat nicht schon an sich die Nichtigkeit zur Folge. Ob die Verfügung trotz trotzdem gültig ist, hängt von ihrem Inhalt ab (GR, AB, 16.06.1955, BlSchK 1958 , S. 48). – (vgl. auch Verordnung über die im Betreibungs- und Konkursverfahren zu verwendenden Formulare und Register sowie die Rechnungsführung vom 05.06.1996, SR 281.31, und Anleitung über die bei der Zwangsverwertung Grundstücken zu errichtenden Aktenstücke vom 7.10.1920/20.11.1976/22.07.1996).

3 Der Empfänger kann die *Zustellung einer Betreibungsurkunde nicht vereiteln, in dem er die Annahme der Urkunde ablehnt* oder die Empfangsbescheinigung verweigert, noch dadurch, dass er die Urkunde in Gegenwart des zustellenden Boten vernichtet (BGE 91 III 41).

4 (Weisung der SchKKomm des ObGer des Kantons Luzern vom 19.02.1980). – *Mitteilung über das Ausstellen von Verlustscheinen an die Schuldner.* – Die Schuldner sind mit dem Formular Nr. 327 über das Ausstellen von Verlustscheinen zu orientieren, wobei dieses Formular entweder durch eingeschriebenen Brief oder gegen Empfangsbescheinigung zuzustellen ist (LGVE 1980 I Nr. 589).

5 (i.V.m. Art. 64 SchKG) – *Als Betreibungsurkunden gelten Zahlungsbefehl und Konkursandrohung,* da nur diese beiden den Schuldner zur Befriedigung des Gläubigers auffordern und gleichzeitig auf bestimmte Rechtsfolgen im Unterlassungsfalle hinweisen (Amonn/Gasser, Grundriss des Schuldbetreibungs- und Konkursrechts 5 A, Bern, 1993). Das BGer lässt zwar offen, ob noch weitere betreibungsamtliche Akten unter den Begriff der Betreibungsurkunden fallen, schliesst dies aber dann aus, wenn der betreffende betreibungsamtliche Akt keine Betreibungshandlung darstellt, d.h. kein Eingreifen in die Rechtsstellung des Schuldners zum Zwecke der Gläubigerbefriedigung zum Gegenstand hat (BGE 120 III 57).

6 Die an den Gläubiger gerichtete Fristansetzung zur Klage auf Aberkennung eines Anspruchs im Lastenverzeichnis ist eine Mitteilung im Sinne von Art. 34 SchKG. Die Zustellung durch eingeschriebenen Brief oder durch Übergabe gegen Empfangsbescheinigung soll sicherstellen, dass dem Beamten jederzeit der Beweis für die Mitteilung zur Verfügung steht (BGE 121 III 11).

7 (i.V.m. Art. 64 SchKG und Art. 37 Abs. 2 VZG) – Abgrenzung zwischen Mitteilungen und Betreibungsurkunden. Der Zahlungsbefehl und die Konkursandrohung gehören zu den Betreibungsurkunden und wohl auch die Pfändungsurkunde. Spezialanzeigen gemäss Art. 37 Abs. 2 VZG gehören eindeutig zu den Mitteilungen (SchKK des BGer, 25.09.2002, Praxis 2003, Nr. 198, BlSchK 2003, S. 113).

Art. 35   2. Durch öffentliche Bekanntmachung

¹ Die öffentlichen Bekanntmachungen erfolgen im Schweizerischen Handelsamtsblatt und im betreffenden kantonalen Amtsblatt. Für die Berechnung von Fristen und für die Feststellung der mit der Bekanntmachung verbundenen Rechtsfolgen ist die Veröffentlichung im Schweizerischen Handelsamtsblatt massgebend.

Art. 36

² Wenn die Verhältnisse es erfordern, kann die Bekanntmachung auch durch andere Blätter oder auf dem Wege des öffentlichen Ausrufs geschehen.

1 Auf die im Schweizerischen Handelsamtsblatt veröffentlichte Frist zur Anfechtung des Kollokationsplanes darf sich ein gutgläubiger Leser verlassen. Allenfalls wäre gegen eine durch eine unrichtige (offensichtliche fehlerhafte) Veröffentlichung verursachte Versäumnis, soweit zulässig, Wiederherstellung zu erteilen (ZH, ObGer, II. Ziv.Kammer, 22.04.1952, ZR 1952, Nr. 82, BlSchK 1954, S. 13).

2 Sind die im kantonalen Amtsblatt und im Schweizerischen Handelsamtsblatt angegebenen Fristen unterschiedlich, ist die Publikation im Schweizerischen Handelsamtsblatt massgebend. Insbesondere, wenn dabei die im Handelsamtsblatt publizierten Fristen richtig sind (LU, SchKKomm 13.11.1990, LGVE 1990 I 33, auch BS, Zivilgericht, 15.11.1963, BJM 1966, S. 30).

3 Ob eine öffentliche Bekanntmachung (hier Steigerung) ausser in den Amtsblättern noch in weiteren (ev. Fach-) Blättern erfolgen soll, ist Ermessensfrage; daher ist in dieser Beziehung nur Beschwerde an die kantonale AB, nicht aber an das BGer gegeben (BGE 82 III 8).

4 (i.V.m. Art. 29 Abs. 2 VZG) – Bei der Publikation einer Grundstücksteigerung in der Tagespresse müssen Name und Wohnort des Schuldners nicht zwingend angegeben werden. Die fehlende Publikation dieser Angaben gäben nur dann Anlass zum Einschreiten, wenn dadurch der Publikationszweck in Frag gestellt würde, der darin besteht, eine möglichst grosse Anzahl Interessierter zu erreichen (BGE 110 III 31) (LU, SchKKomm 26.06.2001; auf eine eingereichte Beschwerde ist das BGer am 31.08.01 nicht eingetreten; LGVE 2001 I 42, BlSchK 2004, S. 68).

Art. 36   C. Aufschiebende Wirkung

Eine Beschwerde, Weiterziehung oder Berufung hat nur auf besondere Anordnung der Behörde, an welche sie gerichtet ist, oder ihres Präsidenten aufschiebende Wirkung. Von einer solchen Anordnung ist den Parteien sofort Kenntnis zu geben.

1 *Von welchem Zeitpunkt an sind die Entscheidungen der AB vollziehbar?* Der Vollzug eines Entscheides schafft häufig einen Tatbestand, der sich nachträglich nicht mehr ändern lässt, so dass ein gegenteiliger Entscheid der oberen Behörde undurchführbar wäre. Würden also die Ämter die Entscheide der AB jeweilen sogleich vollziehen, so wäre nicht nur die Möglichkeit wertlos, aufschiebende Wirkung zu gewähren, sondern würde sich das in SchKG Art. 18/19 vorgesehene Rekursrecht in vielen Fällen als illusorisch erweisen. Die Ämter haben daher im Allgemeinen den Vollzug bis zum Ablauf der Rekursfrist und, wenn der Rekurrent aufschiebende Wirkung verlangt hat, bis zum Entscheid über dieses Gesuch aufzuschieben (vgl. Art. 80 Abs. 2 OG). Es ist ihnen jedoch erlaubt, nicht zuzuwarten, wenn Gefahr im Verzug ist. Nur diese Art des Vorgehens, die übrigens mit den von der Rechtsprechung aufgestellten Grundsätzen im Einklang steht, wahrt alle Interessen (BGE 78 III 58).

2 *Zeitpunkt der Konkurseröffnung* – Ist einem vom Schuldner gegen das Konkurserkenntnis eingelegten Rechtsmittel *aufschiebende Wirkung erteilt,* so wird auch der Eintritt der Wirkungen des Konkurses auf das Vermögen des Schuldners (namentlich der Dispositionsunfähigkeit gemäss Art. 204 SchKG) und auf die Rechte der Gläubiger gehemmt (BGE 79 III 43).

3 *Aufschiebende Wirkung der Beschwerde gegen Klagefristansetzung?* Die Einreichung einer Beschwerde gegen eine Fristansetzung hemmt den Ablauf der Frist nicht von selbst, sondern nur dann, wenn die AB oder deren Präsident der Beschwerde aufschiebende Wirkung erteilt (BGE 81 III 7).

4 *Nach Ablauf der Beschwerdefrist kann der Beschwerde nicht von Amtes wegen sistierende Wirkung zuerkannt werden.* Die schon abgelaufene Frist wird durch eine solche Verfügung nicht wiederhergestellt (LU, SchKKomm, 22.09.1958, Max. X, Nr. 598).

5 Mit dem Tode erlischt zwar der Pensions-(Lohn-)anspruch des Schuldners und die Pfändung wird damit hinfällig. Die vorher entstandenen Ansprüche bleiben aber von der Pfändung erfasst. – *Das*

BA ist befugt, mit dem Vollzug der Aufhebung der Pfändung bis zum Ablauf der Beschwerdefrist zuzuwarten (BE, AB, 22.01.1957, BlSchK 1958, S. 78).

6   Wird in der Berufung gegen *ein Konkursdekret aufschiebende Wirkung erteilt, so tritt die Wirkung der Konkurseröffnung erst in dem Moment ein, welchem die aufschiebende Wirkung entfällt. Dieser Moment gilt sodann als Datum der Konkurseröffnung.* Rechtsgeschäfte, die der Schuldner bis dahin abschliesst, gelten als vor der Konkurseröffnung abgeschlossen (BGE 85 III 146).

7   Die *Ablehnung eines Gesuches um Erteilung der sistierenden Wirkung stellt keinen an die obere AB weiterziehbaren Entscheid dar* (LU, SchKKomm, 13.5.1964, Max. XI, Nr. 334).

8   Die Gewährung aufschiebender Wirkung ist als Ermessensfrage der Überprüfung durch das BGer entzogen (BGE 95 III 92).

9   Die Gutheissung oder Abweisung eines Gesuches um Erteilung der aufschiebenden Wirkung nach Art. 36 SchKG kann nicht mit einem Rekurs beim BGer angefochten werden (BGE 100 III 11).

10 Bei Berufung gegen ein Konkurserkenntnis mit Gewährung des Suspensiveffektes gilt, *wenn die Berufung abgewiesen wird, für die Wirkung der Konkurseröffnung nicht das Datum des erstinstanzlichen Erlasses.* Entscheidend ist allgemein der Zeitpunkt des Rückzuges der Berufung, der Aufhebung der Suspensivwirkung oder des Urteils der Berufungsinstanz (VS, KG, 07.09.1971, ZWR 1972, S. 247, SJZ 1974, S. 231).

11 *Staatsrechtliche Beschwerde, Erschöpfung des kantonalen Instanzenzuges* (Art. 86 Abs. 2 und 87 OG). SchKG Art. 279 Abs. 1, wonach gegen den Arrestbefehl weder Berufung noch Beschwerde stattfindet, *schliesst ausserordentliche kantonale Rechtsmittel mit ähnlicher Funktion wie die staatsrechtliche Beschwerde wegen* nicht aus *Verletzung von BV Art. 4* (hier Nichtigkeitsbeschwerde gemäss Zürcher ZPO) nicht aus (BGE 103 Ia 494).

12 (i.V.m. Art. 106 ff SchKG) – Ist einer Beschwerde, welche sich *gegen die Fristansetzung der Klage im Widerspruchverfahren richtet,* aufschiebende Wirkung erteilt worden, so weist die AB mit ihrem Endentscheid das BA an, die Frist neu anzusetzen. Im Falle der Abweisung der Beschwerde oder des Nichteintretens geschieht dies gegenüber jener Partei, welcher das BA schon zuvor die Frist zur Klage angesetzt hatte (BGE 123 III 330).

Art. 37   D. Begriffe

¹ Der Ausdruck «Grundpfand» im Sinne dieses Gesetzes umfasst: Die Grundpfandverschreibung, den Schuldbrief, die Gült, die Grundpfandrechte des bisherigen Rechtes, die Grundlast und jedes Vorzugsrecht auf bestimmte Grundstücke, sowie das Pfandrecht an der Zugehör eines Grundstücks.

² Der Ausdruck «Faustpfand» begreift auch die Viehverpfändung, das Retentionsrecht und das Pfandrecht an Forderungen und anderen Rechten.

³ Der Ausdruck «Pfand» umfasst sowohl das Grundpfand als das Fahrnispfand.

1   (i.V.m. Art. 206 SchKG) – Das *Retentionsrecht des Vermieters* von Geschäftsräumen (Art. 268 ff. OR) wird wegen Art. 37 Abs. 2 SchKG *betreibungsrechtlich zwar als Faustpfand betrachtet* und demzufolge ist die Retention durch *Betreibung auf Pfandverwertung zu prosequieren.* Doch kann das Retentionsrecht der *Pfandbestellung durch einen Dritten gleichgestellt werden,* welche nach der Ausnahmeregelung des Art. 206 SchKG Abs. 1 zweiter Satz, im Konkurse des Schuldners die Aufhebung der Betreibung verhindert. Fällt der Mieter in Konkurs, so muss der Vermieter von Geschäftsräumen seine Forderung und das Retentionsrecht im Konkurse anmelden (BGE 124 III 215).

Zweiter Titel: Schuldbetreibung

I. Arten der Schuldbetreibung

Art. 38 A. Gegenstand der Schuldbetreibung und Betreibungsarten

¹ Auf dem Wege der Schuldbetreibung werden die Zwangsvollstreckungen durchgeführt, welche auf eine Geldzahlung oder eine Sicherheitsleistung gerichtet sind.

² Die Schuldbetreibung beginnt mit der Zustellung des Zahlungsbefehles und wird entweder auf dem Wege der Pfändung oder der Pfandverwertung oder des Konkurses fortgesetzt.

³ Der Betreibungsbeamte bestimmt, welche Betreibungsart anwendbar ist.

1. Verfahren

1 Die nicht im Handelsregister eingetragene kaufmännische Kollektivgesellschaft kann weder auf Pfändung noch auf Konkurs betrieben werden (LU, SchKKomm 27.06.1953, Max. X, Nr. 270, BlSchK 1955, S. 181, SJZ 1955, S. 364).

2 Betreibung gegen eine einfache Gesellschaft – Für Schulden einer einfachen Gesellschaft können nur die einzelnen Gesellschafter gesondert betrieben werden. Für ihre Schulden muss jeder einzelne Gesellschafter getrennt am richtigen Betreibungsort betrieben werden (BE, AB, 18.08.1993, BlSchK 1994, S. 184).

3 (i.V.m. Art. 30a SchKG) – Betreibung gegen Internationale Organisationen – *Gegen Internationale Organisationen dürfen keine Betreibungshandlungen ausgeführt werden,* auch wenn die Forderung des Gläubigers auf nicht-hoheitlichem Handeln einer solchen Organisation beruht. Der Gläubiger kann sich in Genf an das kantonale Justiz- und Polizeidepartement oder an die Schweizer Vertretung bei den Vereinten Nationen wenden, die ihm gegebenenfalls ihre guten Dienste zur Erledigung des Rechtsstreits zur Verfügung stellen können (GE, Autorité de surveillance, 09.04.1997, BlSchK 1998, S. 220).

4 Eine nach Rechtskraft des Zahlungsbefehls in einer ordentlichen Betreibung auf Pfändung oder Konkurs erfolgte Pfandbestellung zur Sicherung der Forderung vermag jene nicht zur Pfandbetreibung zu ändern (BS, AB, 13.04.1967, BJM 1968, S. 72, BlSchK 1968, S. 180).

5 Die *einmal gewählte Betreibungsart ist* während der ganzen Dauer des Verfahrens *beizubehalten,* selbst wenn nachträglich ein Pfand errichtet wird (BE, AB, 06.04.1972, BlSchK 1973, S. 81).

6 Die einmal *eingeleitete Betreibung auf Pfändung ist so weiterzuführen,* auch wenn der Gläubiger *nachträglich ein Pfand geltend macht* (GE, Autorité de surveillance, 24.05.1978, BlSchK 1980, S. 136).

7 *Folgen einer falschen Betreibungsart –* Gegen eine falsche Betreibungsart (Betreibung auf Pfändung oder Konkurs statt Pfandverwertung) muss der Schuldner rechtzeitig Beschwerde einreichen, ansonst die Betreibung weitergeht (eventuell aber später scheitert, wie z.B. eine Betreibung auf Pfandverwertung ohne Pfand) (BS, AB, 19.07.1966, BJM 1968, S. 53).

8 Ein *irrtümlicherweise gegen einen der Konkursbetreibung unterliegenden Schuldner angehobenes Pfändungsverfahren.* Einstellung des Verfahrens durch das BA, welches die rechtswidrigen Handlungen aufhebt und die Konkursandrohung erlässt. Wenn sich das BA aus einem Grund, der nichts mit dem Gläubiger zu tun hat, entschliesst, im Laufe des Pfändungsverfahrens gesetzwidrige Betreibungshandlungen aufzuheben, stellt es nur die frühere Rechtslage wieder her, so dass die korrekt erlassenen Betreibungshandlungen nicht als nichtig erklärt werden müssen (BGE 101 III 18).

9 (§ 245 Ziff. 2 Aargauer ZPO) – Die *Durchführung der Betreibung obliegt* unter Vorbehalt der im SchKG ausdrücklich vorgesehenen Ausnahmen *grundsätzlich den Betreibungsbehörden* mit der Folge, dass nicht vom Richter im Befehlsverfahren nach § 245 Ziff. 2 ZPO eine vorsorgliche Verfügung auf Einstellung der Betreibung erwirkt werden kann (AG, ObGer, 11.07.1975, AGVE 1975, Nr. 27, SJZ 1976, S. 296).

10 *Verjährungsunterbrechung bei wechselmässigen Ansprüchen* Art. 1070 OR). – Zur Unterbrechung der Verjährung genügt, dass das Betreibungsbegehren beim Amt gestellt wurde; die Zustellung eines Zahlungsbefehls ist nicht erforderlich (BGE 104 III 20).

11 Eine *auf Geldzahlung gerichtete Betreibung kann* nach der Zustellung des Zahlungsbefehls *nicht in eine Betreibung auf Sicherheitsleistung umgewandelt werden* (LU, SchKKomm 27.02.1986, LGVE 1986 I 34, BlSchK 1988, S. 180).

12 *Betreibung ohne vorherige Mahnung* – Die Einleitung einer Betreibung für eine fällige Forderung ohne vorherige Mahnung ist nicht rechtsmissbräuchlich. Wenn auch üblicherweise vorerst gemahnt wird, so stellt eine Einleitung einer Betreibung ohne Mahnung für eine seit Monaten fällige Forderung kein offensichtlicher Rechtsmissbrauch im Sinne von Art. 2 Abs. 2 ZGB dar (ZH, ObGer, I-II. Ziv.Kammer, 11.02.1993, BlSchK 1993, S. 221).

13 Unzulässigkeit der Zusprechung einer Geldsumme als vorsorgliche Massnahme im arbeitsrechtlichen Prozess. – In einem arbeitsrechtlichen Prozess, in welchem der Arbeitnehmer gegen die Arbeitgeberin auf Bezahlung von Lohn klagt, ist es unzulässig, die Arbeitgeberin im Rahmen von vorsorglichen Massnahmen zur Bezahlung eines Teils des Lohnes (bzw. des Existenzminimums) zu verpflichten (ZH, ObGer, I. Ziv.Kammer, 20.10.1995, ZR 1997, Nr. 42). Betreibung auf Sicherheitsleistung.

14 Bei *Betreibungen auf Sicherheitsleistung* ist mangels eines besonderen Formulars der vorgedruckte Text des Zahlungsbefehls entsprechend abzuändern. – Das BA hat im Zahlungsbefehl die Betreibung ausdrücklich als auf Sicherheitsleistung gerichtet zu bezeichnen und den vorgedruckten Text auf dem Formular des Zahlungsbefehls abzuändern, dass der Schuldner *aufgefordert* wird, den Gläubiger für *die angegebene Forderung samt Betreibungskosten sicherzustellen* (BL, AB, 30.04.1959, BJM 1959, S. 208, BlSchK 1960, S. 176).

15 Betreibung auf Sicherheitsleistung: Der *Zweiterwerber einer Liegenschaft, der vom Erstveräusserer und Steuerschuldner Sicherheit für den* noch nicht rechtskräftig auferlegten *Nachsteuerbetrag verlangt,* hat sein Begehren nicht im Befehlsverfahren, sondern durch Betreibung auf Sicherheitsleistung geltend zu machen (ZH, ObGer, II. Ziv.Kammer, 17.04.1959, ZR 1960, Nr. 93).

16 Die Betreibung auf Sicherheitsleistung ist nur in dem Falle zulässig, wo das Gesetz dem betreibenden Gläubiger diese Befugnis ausdrücklich einräumt. Ausser dem Falle, wo eine Parteivereinbarung dieses Recht ausdrücklich vorsieht, fällt derjenige in Betracht, wo das Recht auf Richterspruch beruht (Genève, Cour de Justice, 15.09.1963, Sem. 84, (1962) S. 442, SJZ 1964, S. 272).

17 Wird vom Gläubiger ausdrücklich eine Betreibung auf Sicherheitsleistung verlangt, darf das BA nur die formellen Voraussetzungen hiefür prüfen. Ob der geltend gemachte Grund oder die dafür angerufene Forderungsurkunde ein Anspruch auf Sicherheitsleistung materiell begründet, ist nicht von den Betreibungsbehörden, sondern im Streitfall vom zuständigen Richter zu entscheiden (ZG, AB, 16.09.2003, GVP 2003, S. 189).

18 Betreibung auf Sicherheitsleistung – Werden in einer solchen Betreibung die durch den Schuldner beigebrachten Naturalsicherheiten vom Gläubiger nicht angenommen, hat das BA nicht zu prüfen, ob diese ausreichend wären und die Einstellung der Betreibung zu rechtfertigen vermöchten. Die Beurteilung dieser Frage fällt im Rahmen des Art. 85 SchKG in die Zuständigkeit des Richters (BGE 110 III 1, Praxis 73, Nr. 186).

19 Die Frage, ob für einen *Anspruch auf Sicherheitsleistung ein Arrest erwirkt werden kann,* wurde vom BGer offen gelassen. Bei *Bejahung dieser Frage* müsste *der Arrestbefehl klar zum Ausdruck bringen, dass der Arrest für einen solchen Anspruch vollzogen werden soll.* Ein Arrest für eine Geldforderung lässt sich nicht durch eine Klage auf Sicherheitsleistung aufrechterhalten. Die Zwangsvollstreckung auf Sicherheitsleistung kann nur zur Durchsetzung eines Anspruches darauf dienen, dass der Schuldner für die Erfüllung einer ihm obliegenden Pflicht eine Sicherheit leiste, auf die gegriffen werden kann, wenn er seine Pflicht nicht erfüllt (BGE 93 III 72).

20 Betreibung *auf Sicherheitsleistung im Zusammenhang mit einer Nacherbeneinsetzung* – Anforderungen an den provisorischen Rechtsöffnungstitel (Art. 490 ZGB). – Für die Rechtsöffnung bei einer Betreibung auf Sicherheitsleistung im Zusammenhang mit einer Nacherbeneinsetzung genügt, dass

dem Richter neben der Schuldanerkennung oder öffentlichen Urkunde betreffend den Forderungsbetrag der Beweis vorgelegt wird, dass durch Verfügung von Todes wegen der Schuldner als Vorerbe und der Gläubiger als Nacherbe eingesetzt wurde. Da die Pflicht des Vorerben zur Sicherstellung des Nacherben von Gesetzes wegen vorgesehen ist, erübrigt sich, den Nachweis einer rechtsgeschäftlichen Verpflichtung des Schuldners zur Sicherstellung zu verlangen. Dabei genügt es, wenn sich erst aus der Zusammensetzung mehrerer Urkunden der notwendige Rechtsöffnungstitel ergibt (BL, ObGer, 16.01.1990, BJM 1991, S. 181).

21 Natur der Sicherheiten – Die Betreibung auf Sicherheitsleistung im Sinne von Art. 38 SchKG ist nicht auf Sicherheiten in Geld beschränkt (BGE 129 III 193).

22 *Voraussetzungen für die Vollstreckung von Sicherheitsleistungen* (Bankgarantie) auf dem Wege der Schuldbetreibung. Ansprüche auf Sicherheitsleistung können zumindest dann nicht auf dem Wege der Schuldbetreibung vollstreckt werden, wenn der Schuldner verpflichtet ist, Sicherheit in einer anderen Form als in Geld zu leisten (BlSchK 1943, S. 70) (SO, ObGer, ZK, 13.01.1993, SJZ 1995, S. 260).

23 Abs. 1 und i.V.m. Art. 82 SchKG) – Zur Betreibung auf Sicherheitsleistung – Eine vom Schuldner unterzeichnete, an Bedingungen geknüpfte Verpflichtung zur Sicherheitsleistung berechtigt nur zur provisorischen Rechtsöffnung, wenn der Gläubiger den Eintritt der Bedingungen nachweist (GR AB, 23.09.1996, PKG 1996, S. 111).

2. Pfandbetreibung

24 Wenn in einer Pfandbetreibung, gegen die kein Rechtsvorschlag erhoben wurde, das Pfand wegen einer Drittansprache nicht verwertet werden kann, ist dem Betreibenden kein Pfandausfallschein auszustellen und er kann nicht verlangen, dass die Betreibung auf dem Wege der Pfändung oder des Konkurses fortgesetzt werde (BGE 79 III 124).

25 Für die Einleitung der Betreibung auf *Pfandverwertung ist das Betreibungsbegehren des Gläubigers massgebend*, an welches sich der BB zu halten hat. Art. 41 Abs. 1 SchKG, wonach für pfandversicherte Forderungen die Betreibung auf Pfandverwertung einzuleiten ist, ist nicht zwingend (AR, AB, 10.08.1956, BlSchK 1958, S. 76).

26 Eine Betreibung, die mit einem Zahlungsbefehl für die *Betreibung auf Pfandverwertung* eingeleitet worden ist, *kann nicht auf dem Wege der Pfändung oder des Konkurses fortgesetzt werden*, selbst wenn der Gläubiger im Fortsetzungsbegehren erklärt, das Pfandrecht sei weggefallen (BGE 87 III 50).

27 *Das BA hat* bei Einleitung einer Faustpfandbetreibung *nicht zu prüfen, ob das behauptete Pfandrecht bestehe* (Art. 106 SchKG). Weitere Pfändungsgläubiger haben die Möglichkeit, im Widerspruchsverfahren das behauptete Pfandrecht zu bestreiten. – Ein *Gläubiger kann nicht für die gleiche Forderung zwei Betreibungen* (Betreibung auf Pfändung und Faustpfandbetreibung) *führen* (BE, AB, 03.01.1963, BlSchK 1964, S. 13).

28 Leitet das BA an Stelle der gewöhnlichen Betreibung versehentlich eine solche auf Grundpfandverwertung ein, so kann das BA – auch nach unbenütztem Ablauf der Beschwerde- und Rechtsvorschlagsfrist die irrtümlich angehobene Grundpfandbetreibung aufheben (AG, AB, 05.03.1965, BlSchK 1966, S. 18).

29 *Bestreitung der vom Gläubiger gewählten Betreibungsart* – Wenn der Gläubiger die Betreibung auf Verwertung eines Faustpfandes gewählt hat, so muss der Schuldner sich dagegen mittels Rechtsvorschlag zur Wehr setzen und kann nicht den Beschwerdeweg gemäss Art. 17 ff. SchKG beschreiten (BGE 122 III 295).

30 *Betreibungsart – Bauhandwerkerpfandrecht* – Eine Betreibung auf Pfandverwertung kann erst eingeleitet werden, wenn das Bauhandwerkerpfandrecht definitiv im Grundbuch eingetragen ist. Vorher – wenn zur Sicherung des Pfandrechtsanspruches erst die vorläufige Eintragung vorgemerkt ist – ist nur die ordentliche Betreibung auf Pfändung oder Konkurs zulässig (BGE 124 III 248).

31 *Betreibung auf Leistung von Zahlungen an Dritte – Arrestprosequierung* – Identität zwischen Gegenstand der Klage und Forderung, für welche der Arrest bewilligt wurde bei Vertrag zugunsten

Dritter. Das Betreibungsverfahren ist auch auf Geldzahlungen an Dritte gestützt auf Verträge zugunsten Dritter, anwendbar. Für die Prosequierung des Arrestes genügt die materielle Identität zwischen Gegenstand der Klage mit der im Arrest- und Zahlungsbefehl bezeichneten Forderung; einer Klarstellung, wonach die Zahlung an einen Dritten zu erfolgen habe, bedarf es nicht (ZH, Kassationsgericht, 09.03.1983, ZR 1983, Nr. 58).

3. Zu Absatz 3

32 Nach dieser Bestimmung *entscheidet das BA über die Art der Betreibung.* Hat der Gläubiger oder sein Vertreter auf dem Betreibungsbegehren nichts anderes vermerkt, so muss das BA das gewöhnliche Betreibungsverfahren einleiten (BL, AB, 12.11.1969, BlSchK 1971, S. 136).

33 *Prüfungspflicht des BA.* Der BB bestimmt, welche Betreibungsart (auf Pfändung oder Konkurs) anwendbar ist. Die Wechselbetreibung indessen darf er nur einleiten, wenn diese der Gläubiger ausdrücklich verlangt (Jaeger, N 2 zu Art. 39 SchKG) In diesem Falle ist er verpflichtet, das Handelsregister zu prüfen, darf sich dann allerdings auf dessen Einträge verlassen (BGE 80 III 98). Hier unterblieb diese Prüfung. Zufolge fehlenden Handelsregistereintrages ist daher die eingeleitete Konkursbetreibung nichtig und ist von Amtes wegen aufzuheben (BGE 79 III 16) (TG, AB, 10.06.1974, BlSchK 1978, S. 80).

Art. 39 B. Konkursbetreibung
  1. Anwendungsbereich

¹ Die Betreibung wird auf dem Weg des Konkurses, und zwar als «Ordentliche Konkursbetreibung» (Art. 159–176) oder als «Wechselbetreibung» (Art. 177–189), fortgesetzt, wenn der Schuldner in einer der folgenden Eigenschaften im Handelsregister eingetragen ist:

1. als Inhaber einer Einzelfirma (Art. 934 und 935 OR);
2. als Mitglied einer Kollektivgesellschaft (Art. 554 OR);
3. als unbeschränkt haftendes Mitglied einer Kommanditgesellschaft (Art. 596 OR);
4. als Mitglied der Verwaltung einer Kommanditaktiengesellschaft (Art. 765 OR);
5. als geschäftsführendes Mitglied einer Gesellschaft mit beschränkter Haftung (Art. 781 OR);
6. als Kollektivgesellschaft (Art. 552 OR);
7. als Kommanditgesellschaft (Art. 594 OR);
8. als Aktien- oder Kommanditaktiengesellschaft (Art. 620 und 764 OR);
9. als Gesellschaft mit beschränkter Haftung (Art. 772 OR);
10. als Genossenschaft (Art. 828 OR);
11. als Verein (Art. 60 ZGB);
12. als Stiftung (Art. 80 ZGB).

² Aufgehoben.

³ Die Eintragung äussert ihre Wirkung erst mit dem auf die Bekanntmachung im Schweizerischen Handelsamtsblatt folgenden Tage.

1 Bei Anwendung dieser Bestimmung ist der *Stand des Handelsregistereintrages massgebend.* Der Einwand, die Eintragung bestehe nicht zu Recht, ist nicht zu hören (BGE 80 III 97).

2 (i.V.m. Art. 40 SchKG) – Das BA darf einen auf einem offensichtlichen Irrtum des Registerführers gründenden Eintrag im Handelsregister als in seinen betreibungsrechtlichen Wirkungen nicht mehr gültig oder umgekehrt eine erfolgte Löschung als unwirksam betrachten (ZG, Justizkomm. Zivilrecht, 26.01.01, GVP 2001, S. 150).

3   Die *Pflicht des BB zur Feststellung*, ob der Schuldner im Handelsregister eingetragen ist, *erstreckt sich auf die im betreffenden Registerbezirk Wohnsitzberechtigten* (AR, AB, 21.08.1954, BlSchK 1956, S. 12).

4   Betreibungen gegen eine nicht im Handelsregister eingetragene Gesellschaft. – Vorgehen des BA – Schuldner, die nicht im Handelsregister eingetragen sind, können weder auf Konkurs noch auf Pfändung betrieben werden. Trotzdem darf das Begehren nicht zurückgewiesen werden. Dem Betreibungsbegehren darf nur dann keine Folge gegeben werden, wenn dem BA zuverlässig bekannt ist, dass die betriebene Gesellschaft kein Handels-, Fabrikations- oder anderes nach kaufmännischer Art geführtes Gewerbe betreibt. Im andern Fall hat das BA, sobald eine Betreibung gegen eine nicht im HR eingetragene Gesellschaft angehoben wird, spätestens aber, sobald sie fortgesetzt werden will, die Frage nach der Eintragungspflicht den Handelsregisterbehörden vorzulegen (BS, AB, 31.10.2001, BJM 2003, S. 28, BlSchK 2004, S. 144).

5   Der Schuldner *unterliegt der Konkursbetreibung*, wenn er *zur Zeit der Einreichung des Fortsetzungsbegehrens im Handelsregister eingetragen ist*. Es gilt nicht etwa der Zeitpunkt der Anhebung der Betreibung (GE, Autorité de surveillance, 29.06.1972, BlSchK 1974, S. 76).

6   Wer *in irgendeiner Eigenschaft im Handelsregister eingetragen ist*, unterliegt der Konkursbetreibung auch für seine ausserhalb des Geschäftsbetriebes eingegangenen Schulden (BS, AB, 06.02.1973, BlSchK 1975, S. 115).

7   Der als Inhaber einer Einzelfirma im Handelsregister eingetragene Schuldner unterliegt *sowohl für Geschäftsschulden wie auch für seine persönlichen Schulden der Konkursbetreibung* (GE, Autorité de surveillance, 12.09.1974, BlSchK 1976, S. 49).

8   *Der Gesellschafter* einer in Konkurs befindlichen Kollektivgesellschaft *unterliegt für persönliche Verpflichtungen noch während sechs Monaten nach Schluss des Konkursverfahrens über die Gesellschaft der Konkursbetreibung* (SG, AB, 02.05.1946, BlSchK 1948, S. 46).

9   Die Betreibung gegen ein *Mitglied einer Kollektivgesellschaft* hat solange auf Konkurs zu erfolgen, *als der Eintrag im Handelsregister besteht*, auch wenn ein über diesen Gesellschafter eröffneter Konkurs mangels Aktiven eingestellt werden musste (ZH, ObGer, II. Ziv.Kammer 15.11.1946, BGer SchKK, 16.12.1946, ZR 1947, Nr. 21).

10 (i.V.m. Art. 647 Abs. 3 OR) – Wann wird die Eintragung einer Statutenänderung betreffend den Sitz einer Aktiengesellschaft im Handelsregister betreibungsrechtlich wirksam? – Bei einer Aktiengesellschaft entfaltet der Beschluss über die Statutenänderung – und dazu gehört auch der Beschluss über die Sitzverlegung der AG – sowohl im Innen- wie im Aussenverhältnis seine Wirkung mit der Eintragung im Handelsregister und nicht erst mit der entsprechenden Publikation im SHAB. Einzig in Fällen, wo gegen die (erfolgte) Eintragung (Art. 32 HRegV) Einspruch erhoben wird oder der Handelsregisterführer von Amtes wegen ein Hindernis aufdeckt (und – so ist daraus zu schliessen – die Eintragung nicht vornimmt), bleibt die Aktiengesellschaft am bisherigen Sitz belangbar. Unzulässig wäre eine rechtsmissbräuchliche Sitzverlegung, was zutreffen würde, wenn sie beispielsweise ausschliesslich bezweckte, einen betreffenden Gläubiger durch die damit verknüpfte Änderung des Gerichtsstandes die Rechtsverfolgung zu erschweren (ZBJV 86, S. 582; Guhl/Merz/Kummer, OR, 7. Aufl., S. 616) (SO, ObGer, 29.12.1981, SOG 1981, Nr. 6, SJZ 1983, S. 164).

11 Eine Betreibung gegen die als Aktiengesellschaft im Handelsregister eingetragene Leitung eines Anlagefonds auf Erbringung der ihr durch Verfügung der Eidg. Bankenkommission auferlegten Sicherheitsleistung (Art. 43 Abs. 2 des BG über die Anlagefonds vom 01.07.1966) ist nicht gemäss Art. 43 SchKG auf Pfändung, sondern gemäss Art. 39 auf Konkurs fortzusetzen (BGE 94 III 65).

12 Die Betreibungsbehörden haben nicht zu prüfen, ob die im Handelsregister erfolgten Eintragungen und Löschungen gerechtfertigt seien oder nicht. Gegen den Rekurrenten, der im Zeitpunkt der Fortsetzung der *Betreibung als Mitglied einer Kollektivgesellschaft* im Handelsregister eingetragen ist, ist die Betreibung gemäss Art. 39 Abs. 1, Ziff. 2 SchKG auf Konkurs fortzusetzen. Die in Art. 39 SchKG bezeichneten Einzelpersonen unterliegen der Konkursbetreibung *für sämtliche Schulden, auch für die nicht aus dem Geschäftsbetrieb herrühren den* (BGE 120 III 4).

Zweiter Titel: Schuldbetreibung Art. 39

13 (i.V.m. Art. 40 SchKG) – Bei der Anwendung von Art. 39 und 40 SchKG ist allein der Stand des – von den Betreibungsbehörden nicht zu überprüfenden – Handelsregisters massgebend. Der als Mitglied einer – zufolge Konkurses gesellschaftsrechtlich aufgelösten, registerrechtlich nach der Einstellung des Konkurses mangels Aktiven aber (zu Recht oder zu Unrecht) noch nicht gelöschten – Kollektivgesellschaft eingetragene Schuldner unterliegt sowohl für seine Geschäfts- als auch für seine Privatschulden der Konkursbetreibung (GR, AB, 06.12.1993; Das BGer hat die dagegen erhobene Beschwerde am 21.01.1994 abgewiesen; PKG 1993, S. 107).

14 Die Kollektivgesellschaft bleibt auch betreibungsfähig, wenn einzelne Gesellschafter gestorben sind (LU, SchKKomm 15.10.1953, Max. X, Nr. 208, SJZ 1955, S. 364).

15 Erfolgt die Fortsetzung einer Betreibung auf dem Wege der Pfändung anstatt auf Konkurs, so ist die Pfändung von Amtes wegen aufzuheben und die Betreibung durch die Ausstellung einer Konkursandrohung fortzusetzen. (AR, AB, 23.11.1971, BlSchK 1972, S. 141).

16 Befugnis des BGer, nichtige Betreibungshandlungen trotz Ungültigkeit des Rekurses aufzuheben. Nichtigkeit der Handlungen, mit denen eine Betreibung unrichtigerweise auf Pfändung statt auf Konkurs oder auf Konkurs statt auf Pfändung fortgesetzt wird (BGE 94 III 65, 97 III 11).

17 (i.V.m. Art. 647 Abs. 3 und Art. 932 Abs. 3 OR) – Zeitpunkt, in welchem die Eintragung der Sitzverlegung einer Aktiengesellschaft gegenüber Dritten wirksam wird; Art. 39 SchKG findet auf die Sitzverlegung einer Aktiengesellschaft keine Anwendung. Gemäss Art. 647 Abs. 3 OR entfaltet bei der Aktiengesellschaft der Beschluss über die Sitzverlegung sowohl im Innen- wie im Aussenverhältnis seine Wirkungen mit der Eintragung im Handelsregister und nicht erst mit der entsprechenden Publikation im SHAB (ZH, ObGer, II. Ziv.Kammer, 30.09.1987, ZR 1988, Nr. 26, BlSchK 1989, S. 223).

18 Ist gegen eine Gesellschaft der Konkurs nicht eröffnet worden, weil zu wenig Konkursaktiven vorgefunden wurden und der Gläubiger auch keinen Kostenvorschuss im Sinne von Art. 169 Abs. 2 SchKG geleistet hat, so kann die Gesellschaft in einem neuen Betreibungsverfahren wiederum nur auf Konkurs betrieben werden. Eine analoge Anwendung von Art. 230 Abs. 3 SchKG, wonach der Schuldner nach der Einstellung des Konkursverfahrens während zwei Jahren auch auf Pfändung betrieben werden kann, ist nicht gerechtfertigt (BGE 113 III 116).

19 Zur Betreibungsfähigkeit der Gemeinschaft der Stockwerkeigentümergemeinschaft. Die Stockwerkeigentümergemeinschaft unterliegt nicht der Konkursbetreibung. In Art. 39 SchKG sind die der Konkursbetreibung unterliegenden Schuldner abschliessend aufgezählt. In allen anderen Fällen, was für die Stockwerkeigentümergemeinschaft zutrifft, wird die Betreibung gemäss Art. 42 Abs. 1 SchKG auf dem Wege der Pfändung fortgesetzt (GR. AB, 21.03.1995, PKG 1995, S. 129).

20 (i.V.m. Art. 206, 208 und 230 Abs. 1 SchKG) – Einstellung des Konkursverfahrens mangels Aktiven – Betreibungsfähigkeit und Betreibungsart – Eine rechtskräftige, nicht widerrufene Konkurseröffnung über eine Aktiengesellschaft schliesst weitere Betreibungen auf Konkurs und somit weitere Konkurseröffnungen aus, selbst wenn das Verfahren mangels Aktiven eingestellt und die Gesellschaft im Handelsregister noch nicht gelöscht worden ist. Die Bejahung der Anwendbarkeit von Art. 230 Abs. 3 SchKG auf juristische Personen verschafft dem Gläubiger die Möglichkeit, für seine Forderung auf dem Wege der Pfandbetreibung zumindest einen definitiven Pfändungsverlustschein zu erhalten, welcher insbesondere zum Arrest und zur Anfechtungsklage berechtigt und eine zwanzigjährige Verjährungsfrist der Forderung herbeiführt (Konkursrichter des Bezirks ZH, 22.11.1994, ZR 1995, Nr. 52).

21 Der Konkursbetreibung unterliegt *nur der Geschäftsführer einer GmbH, der zugleich auch deren Gesellschafter ist* (SG, AB, 13.10.1998, BlSchK 1999, S. 136).

Art. 40 2. Wirkungsdauer des Handelsregistereintrages

¹ Die Personen, welche im Handelsregister eingetragen waren, unterliegen, nachdem die Streichung durch das Schweizerische Handelsamtsblatt bekanntgemacht worden ist, noch während sechs Monaten der Konkursbetreibung.

² Stellt der Gläubiger vor Ablauf dieser Frist das Fortsetzungsbegehren oder verlangt er den Erlass eines Zahlungsbefehls für die Wechselbetreibung, so wird die Betreibung auf dem Weg des Konkurses fortgesetzt.

1 Nachwirkung der Handelsregistereintragung nach Löschung – Musste die *Streichung* eines Eingetragenen *zufolge Konkurses* erfolgen, so unterliegt der betreffende Schuldner sofort nach Schluss des Konkursverfahrens der Betreibung auf Pfändung (SO, AB, 11.05.1945, BlSchK 1947, S. 142).

2 Bei der Anwendung dieser Bestimmung ist der Stand des Handelsregisters massgebend. Der Einwand, die Eintragung bestehe nicht zu Recht, ist nicht zu hören (BGE 80 III 97).

3 Absatz 1 gelangt dann nicht zur Anwendung, wenn eine *Kollektivgesellschaft wegen Umwandlung in eine andere Gesellschaft oder in eine Einzelfirma* im Handelsregister gestrichen worden ist (LU, SchKKomm 29.08.1953, Max. X, Nr. 209, BlSchK 1954, S. 134, SJZ 1955, S. 365).

4 Im Handelsregister eingetragene Personen (hier eine Kollektivgesellschaft) unterliegen, nachdem die Streichung durch das SHAB bekannt gemacht worden ist, noch während sechs Monaten der Konkursbetreibung. Daran ändert nichts, dass der verbleibende Gesellschafter das Geschäft als Einzelfirma weiterführt (BS, AB, 14.07.1976, BlSchK 1979, S. 97).

5 (i.V.m. Art. 589 OR) – Konkurseröffnung über eine im Handelsregister «gelöschte», materiell aber noch nicht vollständig liquidierte Kollektivgesellschaft. Die Löschung einer Kollektivgesellschaft im Handelsregister vor Beendigung der Liquidation ist rechtswidrig. Die Gesellschaft bleibt trotz Löschung rechtsfähig und bis sechs Monates nach der Löschung konkursfähig (ZH, PG, II. Ziv.Kammer, 21.06.2002, ZR 2003, Nr. 41; BLSchK 2004, S. 145).

6 *Der Gesellschafter einer in Konkurs befindlichen Kollektivgesellschaft unterliegt* für persönliche Verpflichtungen *noch während sechs Monaten nach Schluss* des Konkursverfahrens über die Gesellschaft *der Konkursbetreibung* (SG, AB, 02.05.1946, BlSchK 1948, S. 46).

7 Einer Kollektivgesellschaft kann trotz Liquidation innerhalb sechs Monaten seit Löschung im Handelsregister Nachlassstundung gewährt werden (LU, ObGer, Justizkomm., 27.03.1951, Max. X, Nr. 54, BlSchK 1953, S. 96).

8 Die Kollektivgesellschaft kann auch nach der Löschung nur am Geschäftssitz betrieben werden; bei dem Wohnsitz des Gesellschafters, dem die Betreibungsurkunden zuzustellen sind, kommt es nicht an (LU, SchKKomm 26.06.1956, Max. X, Nr. 431; das BGer hat die dagegen eingereichte Beschwerde abgewiesen).

9 Die Kollektivgesellschaft ist *nach durchgeführter Liquidation und Löschung* nicht mehr betreibungsfähig. Wie für die gelöschten juristischen Personen kommt hier Art. 40 SchKG nicht zur Anwendung (BL, AB, 22.06.1999, BlSchK 2000, S. 175).

10 Die Bestimmungen des Art. 40 SchKG gilt nicht für juristische Personen. Eine im Handelsregister gestrichene Aktiengesellschaft kann deshalb nicht mehr betrieben bzw. in Konkurs gesetzt werden (NE, 05.10.1993, BlSchK 1995, S. 63; vgl. auch BlSchK 1982, S. 11).

11 Die Sechsmonatefrist beginnt erst von der Eintragung der Beendigung der Liquidation der aufgelösten Kollektivgesellschaft an zu laufen. Dies gilt auch bei der Liquidation im Nachlassverfahren mit Vermögensabtretung (BE, AB, 16.12.1955, BlSchK 1957, S. 37).

12 Betreibung einer *im Ausland domizilierten Aktiengesellschaft* am angeblichen *Sitz einer schweizerischen Zweigniederlassung*. Betreibungsort: Wenn die Schuldnerin den Zahlungsbefehl nicht angefochten, sondern lediglich Rechtsvorschlag erhoben hat, ist das Beschwerdeverfahren verwirkt. – *Betreibungsart:* Pflicht des BA, nach einem (allenfalls gelöschten, aber noch beachtlichen) Eintrag im Handelsregister zu forschen. – Nichtigkeit der Konkursandrohung beim Fehlen eines solchen Ein-

trages. Wird eine bisher fehlende Eintragung nachgeholt, so muss eine neue Konkursandrohung erfolgen (BGE 79 III 13).

13 Betreibung gegen eine *Anstalt in Liechtenstein* – Die Löschung einer Anstalt in Liechtenstein im dortigen Handelsregister, die trotzdem Liegenschaften im Tessin behält, schliesst die Betreibung gegen die Anstalt und die Pfändung der auf ihren Namen eingetragenen Liegenschaften nicht aus, da die Löschung einer Anstalt ohne vorherige Liquidation ihres Vermögens gegen den schweizerischen Ordre public verstösst (TI, SchKK, 24.02.1970, Rep. 1970, S. 291, SJZ 1972, S. 223).

14 Gegen eine *AG* kann vom *Moment der Löschung* im Handelsregister an *eine Betreibung weder eingeleitet noch fortgesetzt werden*. Für eine nachträgliche Betreibung besteht allenfalls die Möglichkeit, die Wiedereintragung im Handelsregister zu verlangen (ZH, ObGer, II. Ziv.Kammer, 24.04.1978, BlSchK 1982, S. 11).

15 (Abs. 1 i.V.m. Art. 309 SchKG) – Es obliegt den Gläubigern, während der Dauer einer Nachlassstundung ihre Rechte wahrzunehmen. Sie müssen daher unter Umständen während der Nachlassstundung ein Fortsetzungsbegehren stellen, um den Schuldner noch innert der Frist des Art. 40 Abs. 1 SchKG auf Konkurs betreiben zu können (BGE 122 III 204).

16 Die sechsmonatige Frist, während welcher eine Person, die im Handelsregister eingetragen gewesen ist, noch der Konkursbetreibung unterliegt, wird durch ein das Betreibungsverfahren hemmendes Rechtsöffnungs- oder Gerichtsverfahren nicht verlängert (NE, Autorité de surveillance, 15.12.1997, BlSchK 1999, S. 50).

17 (i.V.m. Art. 39 SchKG) – Bei der Anwendung von Art. 39 und 40 SchKG ist allein der Stand des – von den Betreibungsbehörden nicht zu überprüfenden – Handelsregisters massgebend. Der als Mitglied einer zufolge Konkurses gesellschaftsrechtlichen aufgelösten, registerrechtlich nach der Einstellung des Konkurses mangels Aktiven aber (zu Recht oder zu Unrecht) noch nicht gelöschten Kollektivgesellschaft eingetragene Schuldner unterliegt sowohl für seine Geschäfts- als auch für seine Privatschulden der Konkursbetreibung (GR, AB, 06.12.1993; das BGer hat die dagegen erhobene Beschwerde am 21.01.1994 abgewiesen; PKG 1993, S. 107).

Art. 41 C. Betreibung auf Pfandverwertung

¹ Für pfandgesicherte Forderungen wird die Betreibung, auch gegen die der Konkursbetreibung unterliegenden Schuldner, durch Verwertung des Pfandes (Art. 151–158) fortgesetzt.

¹bis Wird für eine pfandgesicherte Forderung Betreibung auf Pfändung oder Konkurs eingeleitet, so kann der Schuldner mit Beschwerde (Art. 17) verlangen, dass der Gläubiger vorerst das Pfand in Anspruch nehme.

² Für grundpfandgesicherte Zinse oder Annuitäten kann jedoch nach der Wahl des Gläubigers entweder die Pfandverwertung oder, je nach der Person des Schuldners, die Betreibung auf Pfändung oder auf Konkurs stattfinden. Vorbehalten bleiben ferner die Bestimmungen über die Wechselbetreibung (Art. 177 Abs. 1).

I. Begriff Pfand

1 Wird aufgrund eines verpfändeten *Inhaberschuldbriefes* die Grundpfandbetreibung angehoben, so steht dem Schuldner das Beschwerderecht nur zu, wenn der Gläubiger anerkennt, bloss ein Faustpfandrecht zu haben (BE, AB, 09.07.1963, BlSchK 1964, S. 133).

2 Im Falle eines *gesetzlichen Grundpfandrechtes, das auf kantonalem Recht beruht* (Art. 836 ZGB), kann dieses das Recht des Schuldners, den Gläubiger vorerst auf das Pfand zu verweisen (beneficium excussionis realis) von vorneherein ausschliessen oder zulassen, dass der Gläubiger dem Dritteigentümer des Pfandes verspricht, er werde dieses erst nach dem eigenen Vermögen des Schuldners in Anspruch nehmen (BGE 84 III 67).

3   *Zu den Pfandrechten*, deren Vorausverwertung der Schuldner verlangen kann, *gehört auch das Retentionsrecht*. – Hat der Gläubiger mehrere durch ein einziges Pfand gesicherte Forderungen gegen denselben Schuldner, so steht es ihm grundsätzlich frei, für welche dieser Forderungen er die Sicherheit beanspruchen will (BGE 104 III 8).

4   Die Einrede der Vorausvollstreckung setzt voraus, dass sich der Schuldner auf ein Pfandrecht im eigentlichen Sinne und nicht bloss auf eine Sicherungszession oder eine Zession zahlungshalber beruft (BGE 106 III 5).

5   Vor der definitiven Eintragung des Bauhandwerkerpfandrechts im Grundbuch kann weder Gläubiger auf Pfandverwertung betreiben noch der Schuldner einer Betreibung auf Pfändung oder Konkurs die Einrede der Vorausverwertung (beneficium excussionis realis) entgegenhalten (BE, AB, 25.04.1996, BlSchK 1996, S. 100).

6   Drittpfandeigentümer und Gläubiger (Pfandnehmer) können vereinbaren, dass eine pfandgesicherte Forderung auf dem Wege der ordentlichen Betreibung auf Pfändung oder Konkurs geltend zu machen ist (LU, SchKKomm 19.03.1971, Max. XII, Nr. 27, BlSchK 1973, S. 142, SJZ 1973, S. 75).

7   Wird ein Pfandrecht erst nach der Zustellung des Zahlungsbefehls – und nachdem dieser rechtskräftig geworden ist – begründet, so kann der Schuldner nicht die Einrede des Rechts auf Vorausverwertung des Pfandes erheben (BGE 121 III 483).

II. Verfahren

8   Die Vorschrift, wonach für pfandgesicherte Forderungen die Betreibung auf Pfandverwertung einzuleiten ist, ist nicht zwingend (AR, AB, 10.08.1956, BlSchK 1958, S.76).

9   Das BA hat bei Einleitung einer Faustpfandbetreibung nicht zu prüfen, ob das behauptete Pfandrecht bestehe (BE, AB, 03.01.1963, BlSchK 1964, S. 13).

10 Leitet das BA anstelle der gewöhnlichen Betreibung versehentlich eine solche auf Grundpfandverwertung ein, so kann das BA – auch nach unbenütztem Ablauf der Beschwerde- und Rechtsvorschlagsfrist – die irrtümlich angehobene Grundpfandbetreibung aufheben (AG, AB, 05.03.1965, BlSchK 1966, S. 18).

11 Bestellung eines *Faustpfandes für die Forderungen mehrerer Gläubiger. Verzicht eines einzelnen Gläubigers auf das Pfandrecht.* Beschwerde des Schuldners gegen die von diesem Gläubiger angehobene Betreibung auf Pfändung oder Konkurs. Ist ein Faustpfand für die Forderung mehrerer Gläubiger bestellt, ist es Sache des Richters, abzuklären, ob das Pfand die Forderungen der einzelnen Gläubiger oder nur die den Gläubigern gemeinsam zustehenden Forderungen sichere. Es ist auch Sache des Richters und nicht des BA zu entscheiden, ob ein von einem einzelnen Gläubiger erklärter Verzicht auf das Pfandrecht gültig sei. Im vorliegenden Fall war zu verhindern, dass die meisten Gläubiger auf nicht verpfändete Vermögensstücke greifen, während andere oder nur ein einziger das Pfand zurückbehalten und den Schuldner daran hindern, es für die Befriedigung aller Gläubiger heranzuziehen, wozu es nach dem klaren Parteiwillen bestimmt war. Aufhebung der streitigen Betreibung (BGE 93 III 11).

III. Voraussetzungen zur Pfandbetreibung

12 *Der Schuldner, der Pfandverwertungsbetreibung verlangt, muss in liquider Weise dartun,* dass für die betriebene Forderung ein Pfandrecht besteht (ZH, ObGer, II. Kammer, 19.09.194, ZR 1945, S. 192, BlSchK 1946, S. 150).

13 Wenn *der Schuldner*, gegen welchen eine Betreibung auf Pfändung oder Konkurs eingeleitet worden ist, behauptet, es sei nur eine Betreibung auf *Faustpfandverwertung zulässig*, so *muss er beweisen*, dass die Forderung pfandversichert ist (BE, Autorité cantonal de surveillance, 11.05.1973, BlSchK 1973, S. 143).

14 Die Rüge der *Verletzung der Regel über die Beweislastverteilung* ist unbegründet, wenn die Tatsache – vorliegend das Bestehen eines Hypothekarkredits – von Amtes wegen festgestellt oder durch jene Partei dargetan wird, welche nicht die Beweislast trägt (BGE 119 III 103).

15 *Pfand im Ausland gelegen* – Grundsätzlich ist eine Betreibung auf Pfandverwertung nicht zulässig, wenn sich das Pfand im Ausland befindet (GR, AB, 01.04.1968, BlSchK 1970, S. 85).

16 *Verhältnis des Schuldbriefes zum ursprünglichen Schuldverhältnis* – Die Regel des Art. 855 ZGB, wonach mit der Errichtung des Schuldbriefes das ihr zugrunde liegende Schuldverhältnis durch Neuerung getilgt wird (Abs. 1), stellt dispositives Recht dar; die Parteien können daher übereinkommen (Abs. 2), dass die ursprüngliche oder kausale Forderung neben der abstrakten, grundpfandgesicherten Forderung bestehen bleiben soll. Aufhebung eines Entscheides, der dem Schuldner das beneficium excussionis realis gemäss verweigerte, weil es ohne vorgängige Prüfung als Tatsache hingestellt wurde, dass die ursprüngliche Forderung neben der im Schuldbrief verkörperten Forderung erhalten geblieben sei. Rückweisung der Sache an die kantonale Behörde zur Klärung der Frage (BGE 119 III 105).

17 *Betreibung* gegen den Schuldner *für eine Schadenersatzforderung, der eine Haftpflichtversicherung abgeschlossen* hat. *Kann der Schuldner den Gläubiger*, der gemäss Art. 60 VVG *am Ersatzanspruch des Schuldners gegen den Versicherer ein Pfandrecht besitzt*, auf den Weg der Betreibung auf Pfandverwertung verweisen? Diese Verweisung bleibt ausgeschlossen für den das Pfandrecht am Ersatzanspruch gemäss Art. 60 VVG übersteigenden Betrag. Der Geschädigte, dem lediglich ein Pfandrecht nach Art. 60 VVG zusteht, hat anders als der Inhaber eines vertraglich begründeten Pfandrechts auf den Umfang des Pfandes keinerlei Einfluss (Jaeger N 24 zu Art. 60 VVG; Oftinger, Schweiz. Haftpflichtrecht I, 2. Aufl., S. 406, Ziff. 3) (BGE 86 III 41).

IV. Zeitpunkt der Pfandbestellung

18 Die Einrede der Pfandsicherung durch Faustpfand (beneficium excussionis realis) ist auch dann verspätet, wenn das Faustpfand erst nach Ablauf der mit Zustellung des Zahlungsbefehls für eine ordentliche Betreibung beginnenden Beschwerdefrist bestellt worden ist (ZH, ObGer, II. Ziv.Kammer, 06.11.1964, ZR 1965, Nr. 165).

19 Hat die Pfandbestellung erst nach der Zustellung des Zahlungsbefehls für eine gewöhnliche Betreibung stattgefunden, so ist die Betreibung auf dem Wege der Pfändung bzw. des Konkurses fortzusetzen (ZH, ObGer, II. Ziv.Kammer 06.11.1964, BlSchK 1966, S. 137).

20 Wird ein Pfandrecht erst nach der Zustellung des Zahlungsbefehls – und nachdem dieser rechtskräftig geworden ist – begründet, so kann der Schuldner nicht die Einrede des Rechtes auf Vorausverwertung des Pfandes erheben (BGE 121 III 483).

V. Mit Bezug auf Arrestbetreibung

21 Der *Arrest ist zulässig für* den vermutlich *nicht gedeckten Teil einer pfandgesicherten Forderung.* Zur Arrestprosequierung ist nicht die ordentliche Betreibung, sondern die Betreibung auf Pfandverwertung einzuleiten (GE, Autorité de surveillance, 22.04.1971, BlSchK 1973, S. 119).

22 (i.V.m. Art. 271 Abs. 1 und 278 Abs. 2 SchKG) – Beschwerde gegen eine Arrestbetreibung unter Berufung auf ein bestehendes Pfandrecht. Bei einer Arrestbetreibung kann die Einrede, die Forderung sei pfandversichert, einzig *mit einer Einsprache gegen den Arrestbefehl* (Art. 278 SchKG) geltend gemacht werden (BGE 117 III 74).

23 Für pfandgesicherte Forderungen ist auf Pfandverwertung zu betreiben. Die Frage des Vorliegens einer Pfandsicherung steht einem Arrestgrund gleich. Die Existenz eines Pfandes nach der Arrestbewilligung kann nur durch Einsprache beim Arrestrichter als Spezialnorm geltend gemacht werden (SchKKammer des BGer, 20.12.1991, Praxis 1993, S. 42).

VI. Vereinbartes Selbstverkaufsrecht

24 Wie ist ein beneficium excussionis realis bei pfandgesicherter Schuld geltend zu machen? In der Regel durch Beschwerde gegen die ordentliche Betreibung. Ist aber dem Gläubiger ein Selbstverkaufsrecht eingeräumt, so ist Recht vorzuschlagen und zur Entscheidung über Bestand und Tragweite des beneficium ist der Richter zuständig (BGE 73 III 13).

25 Der Gläubiger kann nicht auf den Weg der Betreibung auf Pfandverwertung verwiesen werden, wenn ihm ein Selbstverwertungsrecht (beneficium excussionis realis) eingeräumt wurde. Es ist Recht vorzuschlagen (BE, AB, 19.06.1956, BlSchK 1957, S. 102).

VII. Verzicht des Schuldners auf das beneficium excussionis realis

26 Der *Schuldner kann den Gläubiger* schon vor Anhebung der Betreibung ermächtigen, statt der Betreibung auf Pfandverwertung, die *ordentliche Betreibung einzuleiten*. In dieser Ermächtigung liegt *ein Verzicht* des dem Pfandschuldner vom Gesetz eingeräumten beneficium excussionis realis (BS, AB, 06.08.1959, BlSchK 1960, S. 136).

27 Die *Berufung auf das Privileg der Vorausliquidation* (beneficium excussionis realis), welche durch Beschwerde zu erfolgen hat, *ist dann unbeachtlich, wenn der Schuldner den Gläubiger* vor Anhebung der Betreibung rechtswirksam *ermächtigt hat,* statt der Betreibung auf Pfandverwertung *die ordentliche Betreibung auf Pfändung oder Konkurs einzuleiten.* Mit einer zuvor in Aussicht gestellten Anhebung einer Faustpfandbetreibung verzichtet der Gläubiger nicht auf die Ausübung seines Wahlrechts in Bezug auf die Betreibungsart (BS, AB, 19.09.1980; BGer SchKK, 28.10.1980, BlSchK 1985, S. 57).

28 Verzicht auf das beneficium excussionis realis im Pfandvertrag. Verpfändung von Forderungen, die durch eine Grundpfandverschreibung gesichert sind. Keine besondere Formvorschrift für Verzicht auf beneficium excussionis realis. Ein Verzicht im Formularvertrag ohne besondere Hervorhebung ist zulässig (BL, AB, 06.12.1994, BJM 1995, S. 139).

VIII. Beneficium excussionis realis

29 Die Einrede, dass die in Betreibung gesetzte Forderung pfandgesichert sei und deshalb zunächst das Pfand in Anspruch genommen werden müsse, ist *durch Beschwerde zu erheben und nicht durch Rechtsvorschlag. Auslegung einer Pfandklausel in einer Scheidungskonvention:* Im Hinblick auf das Grössenverhältnis zwischen den Forderungen der Gläubigerin und dem Werte des Pfandes und namentlich auf die Tatsache, dass diese Forderungen nicht miteinander, sondern im Laufe der auf die Scheidung folgenden Jahre oder Jahrzehnte nacheinander fällig werden bzw. entstehen, muss also die Klausel, die der Gläubigerin das Pfandrecht für alle ihre Forderungen gewährt, nach Treu und glauben in dem Sinne ausgelegt werden, dass der Schuldner damit auf die Einrede verzichtet hat, die Rekurrentin müsse zuerst das Pfand in Anspruch nehmen (BGE 77 III 1).

30 Der Betriebene, der auf dem Beschwerdeweg unter Berufung auf das beneficium excussionis realis die Aufhebung der gegen ihn eingeleiteten gewöhnlichen Betreibung verlangt, hat in liquider Weise darzutun, dass die in Betreibung gesetzte Forderung durch ein Pfand im Sinne von Art. 37 SchKG gesichert ist. *Letzteres ist bei einer mietrechtlichen Sicherheitsleistung nach Art. 257e OR gegeben* (BGE 129 III 360).

31 Folgen einer falschen Betreibungsart: Gegen eine falsche Betreibungsart (B auf Pfändung oder Konkurs statt auf Pfandverwertung) muss der Schuldner rechtzeitig Beschwerde einreichen, ansonst die Betreibung weitergeht (ev. aber später scheitert, wie z.B. eine Betreibung auf Pfandverwertung ohne Pfand) (BS, AB, 19.07.1966, BJM 1968, S. 53).

32 Das beneficium excussionis realis ist dem auf Pfändung oder Konkurs betriebenen *Schuldner auch dann zu gewähren*, wenn er das *Bestehen eines Pfandrechtes bestreitet*, aber klar nachweist, dass der Gläubiger ihm gehörende Vermögensstücke als Pfand beansprucht und ihn so an der freien Verfügung über diese Gegenstände hindert (BGE 77 III 100).

33 *Rückgriff unter Solidarbürgen* – Anspruch auf Vorausverwertung der für die Hauptschuld belasteten Pfänder? Einfluss der Zahlung der Hauptschuld auf die dafür belasteten Pfandrechte (Art. 507 OR). – Gilt eine Bestimmung des Bürgschaftsvertrages, wonach die Bürgen vor Verwertung der Pfänder belangt werden können, auch im Verhältnis unter mehreren Solidarbürgen? (Frage offen gelassen). Der zahlende Solidarbürge kann auf jeden Fall dann vor Verwertung der Pfänder auf die anderen Solidarbürgen zurückgreifen, wenn der Hauptschuldner in Konkurs geraten ist (BGE 94 III I).

34 Recht auf Vorausliquidation. Leitet der Gläubiger einer grundpfändlich gesicherten Forderung gleichzeitig für den *Kapitalbetrag und die darauf verfallenen Zinsen die ordentliche Betreibung* ein und beruft sich der Schuldner auf sein Recht auf Vorausliquidation gemäss Abs. 1bis, so *kann die Betreibung für die Zinsen gleichwohl auf dem ordentlichen Weg fortgesetzt werden.* Die unterschiedliche Behandlung pfandgesicherter Kapital- und grundpfandgesicherter Zinsforderungen ist rein vollstreckungsrechtlicher Natur. Nur ist der Gläubiger an die einmal getroffene Wahl gebunden (BGE 97 III 50/51).

35 Wird für eine pfandversicherte Forderung Betreibung auf Pfändung oder Konkurs eingeleitet, so kann der Schuldner innert 10 Tagen durch Beschwerde bei der AB verlangen, dass der Gläubiger vorerst das Pfand in Anspruch nehme (ausser bei der Betreibung für grundpfandversicherte Zinsen oder Annuitäten) (BS, AB, 07.04.1966, BlSchK 1966, S. 169; *weitere Entscheide bezüglich Einrede der Vorausliquidation:* BE, Autorité cantonale de surveillance, 25.10.1973, BlSchK 1975, S. 155, BS, AB, 17.03.1976, BlSchK 1979, S. 174, NE, 30.06.1993, BlSchK 1994, S. 183).

36 Der Anspruch auf Vorausverwertung von Pfändern ist auch *im Falle der Betreibung auf Konkurs* mit Beschwerde gegen den Zahlungsbefehl geltend zu machen (BGE 110 III 5, Praxis 73, Nr. 222).

37 Hat der *Schuldner seinen Anspruch*, dass der Gläubiger Betreibung *auf Pfandverwertung* anstrengt, *nicht rechtzeitig geltend gemacht, ist er verwirkt* und es wird die ordentliche Betreibung auf dem Wege der Pfändung oder des Konkurses weitergeführt (BGE 101 III 18).

38 Wechseln einer Betreibung auf Pfändung oder Konkurs auf Pfandverwertung – Wird eine ordentliche Betreibung auf Pfändung oder Konkurs anstelle der von Art. 41 Abs. 1 SchKG vorgesehen Betreibung auf Pfandverwertung eingeleitet, so ist die Zustellung des Zahlungsbefehls innert der zehntägigen Frist des Art. 17 SchKG anzufechten. Ebenso hat der Weiterzug innert der zehntägigen Frist der Art. 18 Abs. 1 bzw. Art. 19 Abs. 1 SchKG zu erfolgen (BGE 120 III 105).

Art. 42   D. Betreibung auf Pfändung

¹ In allen andern Fällen wird die Betreibung auf dem Weg der Pfändung (Art. 89–150) fortgesetzt.

² Wird ein Schuldner ins Handelsregister eingetragen, so sind die hängigen Fortsetzungsbegehren dennoch durch Pfändung zu vollziehen, solange über ihn nicht der Konkurs eröffnet ist.

Art. 43   E. Ausnahmen von der Konkursbetreibung

Die Konkursbetreibung ist in jedem Fall ausgeschlossen für:
1. Steuern, Abgaben, Gebühren, Sportln, Bussen und andere im öffentlichen Recht begründete Leistungen an öffentliche Kassen oder an Beamte;

1bis. Prämien der obligatorischen Unfallversicherung;
2. periodische familienrechtliche Unterhalts- und Unterstützungsbeiträge;
3. Ansprüche auf Sicherheitsleistung.

I. Verfahren

1 Während der Dauer *eines Konkursaufschubes* (Art. 725a OR) darf in Pfändungsbetreibungen gegen den Schuldner (für öffentlich-rechtliche Forderungen) keine Verwertung stattfinden (BGE 77 III 37).

2 Ist ein Konkursbegehren hängig, so kann der Konkursrichter *das Konkurserkenntnis* nach Einreichung eines *Gesuches um Bewilligung einer Nachlassstundung* aussetzen. Diese Massnahme *hat jedoch keine Wirkung für die Fortsetzung von Betreibungen* für öffentlich-rechtliche Forderungen des gemäss Art. 43 SchKG (BE. AB, 15.01.1968, BlSchK 1969, S. 141).

3 Die Betreibung ist gegen den der Konkursbetreibung unterliegenden Schuldner auf *Konkurs fortzusetzen*, auch wenn die Forderung letztlich *von Steuern (Wust bzw. MwSt)* herrührt, *aber Teil des Kaufpreises bildet* (BE, AB, 06.12.1976, BlSchK 1977, S. 183, SJZ 1979, S. 286).

4 Die Wechselbetreibung aufgrund eines Wechselakzeptes für die Steuerschuld eines Dritten ist nicht zulässig (BS, AB, 22.07.1959, S. 249).

5 Wechselbetreibung für AHV-Beitragsforderungen ist möglich, wenn sich eine Ausgleichskasse für AHV-Beiträge ein Zahlungsversprechen in Form einer Wechselverbindlichkeit geben lässt (BE, AB, 31.01.1956, BlSchK 1957, S. 103).

6 Ausschluss der Wechsel- bzw. Konkursbetreibung gegen den (zweiten) Gesellschafter einer einfachen Gesellschaft, welche für die Steuerschuld ihres (ersten) Gesellschafters einen Wechsel ausstellte. Mitverpflichtung als Beitritt zur Steuerschuld gewertet (BS, AB, 22.07.1959, BlSchK 1960, S. 137).

7 Betreibungshandlungen, welche gegen die Gesetzesbestimmung verstossen, sind nichtig. So auch die Konkursandrohung, wenn ein dieser unterliegender Schuldner für öffentlich-rechtliche Geldforderungen auf Konkurs statt auf Pfändung betrieben wird (SO, AB, 02.06.1987, BlSchK 1988, S. 99).

II. Im öffentlichen Recht begründete Leistungen

1. Begriff

8 Unter im «öffentlichen Recht begründete Leistungen an öffentliche Kassen» im Sinne von Art. 43 SchKG sind nicht alle Forderungen zu subsumieren, die sich nach den allgemeinen Kriterien als öffentlich-rechtliche qualifizieren. Er ist nicht anzuwenden, wenn der Staat Leistungen in Konkurrenz mit Privaten anbietet, wodurch der Bürger die freie Wahl hat, bei wem er die Forderung begründenden Beziehungen aufnehmen will. Dies gilt auch dann, wenn sich die Forderung des Gemeinwesens alsdann nach öffentlichem Recht bestimmt (ZH, BezGer, 6. Abt., 03.06.1992, SJZ 1994, S. 14).

9 Für die dem Kanton durch eine Ersatzvornahme (Abräumen von Altholz) erwachsenen Kosten ist die Konkursbetreibung ausgeschlossen (BGE 129 III 54).

2. Für Energielieferungen

10 Betreibungen für *Wasser- und Stromrechnungen von öffentlich-rechtlichen Institutionen* müssen auf dem Wege der Pfändung fortgesetzt werden, auch dann, wenn der Schuldner der Konkursbetreibung unterliegt. – Handelt es sich jedoch um Forderungen von *privaten Wasserversorgungsgenossenschaften*, so hat die Fortsetzung der Betreibung gegen die im Handelsregister eingetragenen Personen auf Konkurs zu erfolgen (AG, AB, 31.01.1969, BlSchK 1970, S. 49).

3. Telekommunikationsunternehmungen

11 (i.V.m. Art. 24 des Telekommunikationsunternehmungsgesetzes (TUG)) – Zu den Aktiven, die von der PTT auf die Swisscom AG übergegangen sind, zählen sowohl die durch Verfügung begründeten als auch die unmittelbar auf öffentlichem Recht beruhenden Forderungen. Gemäss den Übergangsbestimmungen ist das bisherige Recht nur auf Verfügungen anwendbar. Telefonrechnungen der früheren PTT sind keine Verfügungen. In prozessrechtlicher Hinsicht unterstehen sie deshalb dem neuen Recht, auch wenn sie ihren Rechtsgrund nach wie vor im bisherigen (öffentlichen) Recht haben. Art. 43 SchKG schliesst die Konkursbetreibung für Gebührenforderungen aus. Dieser Ausschluss gilt nicht für die auf die Swisscom AG übergegangenen, nicht durch eine Verfügung der PTT begründeten Telefongebührenforderungen. Der Ausschluss rechtfertigt sich nur dort, wo sich der betreibende Gläubiger per Verfügung einen definitiven Rechtsöffnungstitel setzen kann (Art. 80 SchKG). Für die Swisscom AG ist dies nicht der Fall. Zudem handelt es sich bei der Swisscom AG nicht um eine öffentliche Kasse im Sinne von Art. 43 SchKG. Der Vertrauensschutz steht diesem Ergebnis nicht entgegen (ZH, ObGer, II. Ziv.Kammer 2910.1998, ZR 1998, Nr. 49).

4. Versicherungseinrichtungen
a) Krankenkassen

12 Betreibungen für *Beiträge an öffentliche Krankenkassen, die vom Gemeinwesen betrieben werden*, sind auf dem Wege der Pfändung fortzusetzen (BL, AB, 10.11.1952, BlSchK 1954, S. 106).

13 Um die Betreibung auf Konkurs eines im Handelsregister eingetragenen Schuldners auszuschliessen, müssen kumulativ die Voraussetzungen erfüllt sein, dass die betriebene Forderung im öffentlichen Recht begründet ist und dass der Gläubiger ein Rechtssubjekt des öffentlichen Rechts ist. – Die zweite *Voraussetzung ist nicht gegeben,* wenn die betreibende *Krankenversicherung eine Aktiengesellschaft* ist. Die Einführung des Versicherungsobligatoriums am 01.01.1996 hat an den erwähnten Voraussetzungen des Schuldbetreibungs- und Konkursrechts nicht geändert (BGE 125 III 250).

14 Diese Bestimmung findet keine Anwendung für eine betreibende Krankenkasse, die wohl vom Bund anerkannt, aber keine öffentliche Kasse im Sinne von Art. 2 Abs. 1 lit. B KVG ist (BE, AB, 05.08.1994, BLSchK 1995, S. 64 bestätigt vom BGer mit Urteil vom 20.09.1994).

15 Privatrechtliche Versicherungseinrichtungen gelten nicht als «öffentliche Kassen», auch wenn sie dem öffentlichen Recht unterstehen (TG, Rekurskomm., 09.07.1996/AG, AB, 30.01.1998, BlSchK 1998, S. 213/215).

16 Die Herbeiführung des Konkurses für öffentlich-rechtliche Forderungen ist jedenfalls dann ausgeschlossen, wenn der Tatbestand des angerufenen materiellen Konkursgrundes die Anhebung einer Betreibung auf Pfändung nicht schlechthin verunmöglicht oder nicht als aussichtslos erscheinen lässt. Begriff der Zahlungseinstellung und der betrügerischen Handlung (ZH, ObGer, II. Ziv.Kammer, 31.08.1984, ZR 1985, Nr. 99).

17 (i.V.m. Art. 15 Abs. 2 AHVG) – Ausnahmen von der Konkursbetreibung. Der Ausschluss der Konkursbetreibung gilt auch für Forderungen der AHV-Ausgleichskassen. Der Passus «in der Regel» bezieht sich auf den Fall, dass ausnahmsweise für Prämienforderungen der AHV auch die Konkurseröffnung möglich sein muss; dann nämlich, wenn die Voraussetzungen für eine Konkurseröffnung ohne vorgängige Betreibung nach Art. 190 SchKG erfüllt sind (ZH, Bez.Gericht Meilen, 21.09.2001, ZR 2002 Nr. 16, BlSchK 2002, S. 226).

b) BVG-Beiträge

18 Die Ausnahmebestimmung, wonach die Betreibung für Steuern, Abgaben, Gebühren, Sporteln, Bussen und andere im öffentlichen Recht begründete Leistungen an öffentliche Kassen oder an Beamte auch gegen der Konkursbetreibung unterliegende Schuldner auf dem Wege der Pfändung zu erfolgen hat, ist nicht ausdehnend zu interpretieren. Sie gilt nicht für Forderungen einer *privatrechtlichen Stiftung*, welche *Prämien für die berufliche Alters-, Hinterlassenen- und Invalidenvorsorge (BVG)* geltend macht (BS, AB, 30.06.1988, BlSchK 1989, S. 59; Das BGer trat auf den eingereichten Rekurs nicht ein).

19 Betreibung einer Aktiengesellschaft für Beiträge der beruflichen Vorsorge für Arbeitnehmer (BVG Art. 48 Abs. 2). – Die Zwangsvollstreckung gegen eine Aktiengesellschaft zwecks Eintreibung der Beiträge der beruflichen Vorsorge für Arbeitnehmer ist nur unter der Voraussetzung, dass der Gläubiger eine Anstalt des öffentlichen Rechts ist, durch Betreibung auf Pfändung fortzusetzen (BGE 115 III 89).

20 (i.V.m. Art. 39 SchKG) – Keine Ausnahme von Generalexekution (Konkurs) für BVG-Beiträge an eine privatrechtliche Stiftung. Dass es sich bei einer Forderung um Arbeitgeber- und Arbeitnehmerbeiträge handelt, die ausschliesslich im Rahmen der obligatorischen Versicherung geschuldet sind, genügt, wie auch die Unterstellung unter die öffentliche Aufsicht (Art. 61 ff. BVG), nicht, um die Anwendung von SchKG Art. 43 auf eine Betreibung zur Durchsetzung von Beiträgen zu rechtfertigen. Die im Bereich des Obligatoriums weitgehende Unterstellung des Rechtsverhältnisses unter das öffentliche Recht ändert nichts daran, dass die in Frage stehenden Leistungen nicht einer öffentlichen Körperschaft oder Anstalt zugute kommen, wie z.B. der SUVA geschuldeten Beiträge. Dass die Leistung einer öffentlichen Kasse geschuldet sind, ist eine kumulative Voraussetzung (OW, Obergerichtskomm. 14.12.1989, SJZ 1991, S. 361).

21 Die Anwendung dieser Bestimmung, welche für öffentlich-rechtliche Forderungen auch gegen der Konkursbetreibung unterliegende Schuldner die Betreibung auf Pfändung vorschreibt, ist nicht nur für Prämienforderungen privatwirtschaftlicher Stiftungen für die berufliche Vorsorge, sondern auch für solche der Auffangeinrichtung gemäss Art. 54 BVG, welche gemäss Art. 60 Abs. 2, lit. a BVG verpflichtet ist, Arbeitgeber, die ihrer Pflicht zum Anschluss an eine Vorsorgeeinrichtung nicht nachkommen, anzuschliessen, nicht anwendbar. Diese weist ebenfalls die Rechtsnatur einer privatrechtlichen Stiftung auf. Es ist im Weiteren auch nicht gerechtfertigt, die Auffangeinrichtung bezüglich ihrer Prämienforderungen anders zu behandeln als die übrigen Personalvorsorgestiftungen (BL, ObGer, 16.11.1992, SJZ 1993, S. 344).

22 Betreibung von Arbeitgeberbeiträgen aus der beruflichen Vorsorge für Arbeitnehmer. – Ein Schuldner, welcher der Konkursbetreibung unterliegt, kann sich nicht auf Art. 43 SchKG berufen, wenn er zwecks Ablieferung von Arbeitgeberbeiträgen aus beruflicher Vorsorge für Arbeitnehmer an eine Auffangeinrichtung ohne öffentlich–rechtlichen Charakter betrieben wird. Diese geschuldeten Beiträge sind keine Abgaben, die dem Staat oder einer öffentlich-rechtlichen Kasse zu erbringen sind, wie dies bei den AHV-Beiträgen der Fall ist (BGE 118 III 13).

c) Ausnahmen

23 Für an öffentliche Kassen oder Beamte geschuldete Leistungen aus öffentlichem Recht kann die Konkurseröffnung *ohne vorgängige Betreibung* verlangt werden, sofern sie das öffentliche Recht selber für die entsprechenden Leistungen nicht ausschliesst (VD, Tribunal cantonal, 21.11.1985, BlSchK 1985, S. 16).

24 (i.V.m. Art. 190 SchKG) – Konkurseröffnung ohne vorgängige Betreibung wegen Zahlungseinstellung ist auch für öffentlichrechtliche Forderungen (Steuern) zulässig. Dies im Hinblick, dass in diesen Fällen eine vollständige Befriedigung der Gläubiger als zweifelhaft oder als gefährdet erscheinen lässt. Diese besondere Situation lässt selbst die Konkurseröffnung über Schuldner zu, die im Rahmen einer ordentlichen Betreibung nicht konkursfähig wären. E contrario muss auch die objektive Beschränkung der Vollstreckung gemäss Art. 43 SchKG zurückstehen (LU, SchKKomm, 18.08.1991, LGVE 1991 I 40).

Art. 44 F. Vorbehalt besonderer Bestimmungen
1. Verwertung beschlagnahmter Gegenstände

Die Verwertung von Gegenständen, welche auf Grund strafrechtlicher oder fiskalischer Gesetze mit Beschlag belegt sind, geschieht nach den zutreffenden eidgenössischen oder kantonalen Gesetzesbestimmungen.

1 *Beim Angeschuldigten beschlagnahmtes Vermögen.* Verwendung in erster Linie zur Deckung öffentlich-rechtlicher Forderungen strafrechtlicher oder fiskalischer Natur. Nur ein allfälliger Überschuss kommt den gewöhnlichen Gläubigern in Konkurrenz mit den im Strafprozess Geschädigten zu (ZH, ObGer, II. Kammer A, 16.01.1945, ZR 1945, S. 371, BlSchK 1946, S. 16).

2 Die im *kantonalen Strafprozessrecht vorgesehene Beschlagnahme von Vermögen* des Angeschuldigten zur Deckung von Prozesskosten und Busse ist auch insoweit nicht bundesrechtswidrig, als sie bereits gepfändetes oder zu einer Konkursmasse gezogenes Vermögen erfasst. – Die von der kantonalen Strafbehörde angeordnete Beschlagnahme ist – unter Vorbehalt der dagegen zulässigen kantonalen Rechtsmittel und der staatsrechtlichen Beschwerde – für die Betreibungs- und Konkursbehörden verbindlich; es steht diesen nicht zu, ihr eine eigene Verfügung entgegenzusetzen, die von der Strafbehörde nach Art. 17 ff. SchKG anzufechten wäre (BGE 78 I 215).

3 Retention eines *von der Staatsanwaltschaft beschlagnahmten Gegenstandes.* – Die Beschlagnahme von Vermögensgegenständen zur Sicherung der künftigen Vollstreckung eines Strafurteils ist vom BA zu beachten. Neben den auf öffentlichem Recht beruhenden Ansprüchen der Staatsanwaltschaft haben Ansprüche anderer Gläubiger keinen Raum (BL, AB, 29.11.1952, BlSchK 1954, S. 136).

4 *Vom Strafverfahren betroffene Dritte* (z.B. Kautionssteller oder die Konkursmasse) müssen sich auch am Rechtsmittelverfahren beteiligen können. Einer Beschlagnahme für öffentlich-rechtliche Ansprüche kommt der Vorrang vor allen privatrechtlichen Forderungen zu (BS, Appellationsgericht, 25.01.1965, BlSchK 1967, S. 71, BJM 1965, S. 88).

5 *Arrest und strafrechtliche Beschlagnahme.* Eine vorher von einer Strafbehörde angeordnete Beschlagnahme hindert den Vollzug eines Arrestes im Sinne von Art. 271 SchKG nicht, geht diesem aber im Falle eines Konfliktes vor (BGE 93 III 89).

6 Die Verwertung von Gegenständen, welche aufgrund strafrechtlicher oder fiskalischer Gesetze mit Beschlag belegt sind, geschieht nach den zutreffenden eidgenössischen oder kantonalen Gesetzesbestimmungen. – *Die Betreibungs- und Konkursbehörden sind nicht berechtigt, einer strafrechtlichen oder fiskalischen Beschlagnahme eine gegenteilige Verfügung entgegenzusetzen* (BE, AB, 26.01.1970, BlSchK 1972, S. 21).

7 Können die kantonalen Steuerbehörden in jedem Stadium eines Betreibungs- oder Konkursverfahrens mit einer Beschlagnahmeverfügung eingreifen und gepfändete oder zur Konkursmasse gehörende Vermögenswerte für die Deckung von Steuerforderungen gegen den Schuldner beanspruchen? Jedenfalls kann der Verwertungserlös von den Steuerbehörden nicht beschlagnahmt werden, da er nicht dem Schuldner gehört (BGE 107 III 113).

8 Eine auf kantonalem Recht beruhende Sicherstellungsverfügung ist insofern unbeachtlich, als sie einem Arrestbefehl gleichgestellt wird, der nur gestützt auf Bundesrecht, namentlich Art. 271 SchKG, erlassen werden kann. Dass das Bundesrecht selbst eine als Arrestbefehl ausgestaltete Sicherstellungsverfügung vorsieht, vermag daran nichts zu ändern (GE, Autorité de surveillance, 12.09.1984, BlSchK 1986, S. 66).

9 Aufgrund von Art. 44 SchKG können die Kantone die Beschlagnahme von Vermögen des Angeschuldigten zur Deckung von Untersuchungs-, Prozess- und Strafvollzugskosten vorsehen. Diese Beschlagnahmemöglichkeit erstreckt sich nicht nur auf Gegenstände oder Vermögenswerte, die einen bestimmten Zusammenhang mit den verfolgten Straftaten aufweisen (Präzisierung der Rechtsprechung) (BGE 115 III 1, Praxis 79, Nr. 140).

Art. 45 2. Forderungen der Pfandleihanstalten

Für die Geltendmachung von Forderungen der Pfandleihanstalten gilt Artikel 910 des Zivilgesetzbuches.

Keine Entscheidungen.

II. Ort der Betreibung

Art. 46 A. Ordentlicher Betreibungsort

¹ Der Schuldner ist an seinem Wohnsitze zu betreiben.

² Die im Handelsregister eingetragenen juristischen Personen und Gesellschaften sind an ihrem Sitze, nicht eingetragene juristische Personen am Hauptsitze ihrer Verwaltung zu betreiben.

³ Für die Schulden aus einer Gemeinderschaft kann in Ermangelung einer Vertretung jeder der Gemeinder am Orte der gemeinsamen wirtschaftlichen Tätigkeit betrieben werden.

⁴ Die Gemeinschaft der Stockwerkeigentümer ist am Ort der gelegenen Sache zu betreiben.

I. Wohnsitz

1 Als Betreibungsort gilt in der Regel der Wohnsitz des Schuldners. Massgebend für die *Bestimmung des Wohnsitzes* sind die Normen des Zivilgesetzbuches (Art. 23–26 ZGB). Danach befindet sich der

Wohnsitz einer Person, wo sie sich mit der Absicht dauernden Verbleibens aufhält, namentlich am Ort seiner Familie. Der Arbeitsort oder der Ort, wo der Schuldner seine persönlichen Schriften hinterlegt hat, gelten in diesem Falle nicht als Betreibungsort (ZH, Bez.Gericht Meilen, 02.07.1970, BlSchK 1972, S. 47).

2 Der Wohnsitz befindet sich dort, wo *die Familie, der Schuldner mehrmals im Monat besucht,* verblieben ist, nicht am auswärtigen Arbeitsort (zumal bei blossem Volontariat) und auch nicht dort, wo der Schuldner seine persönlichen Schriften hinterlegt hat (BGE 88 III 135).

3 Als Wohnsitz gilt der Ort, *wo sich der Mittelpunkt der Lebensverhältnisse einer natürlichen Person* befindet. Üblicherweise ist dies bei verheirateten Schuldnern der Ort, wo sich die Familie befindet (SO, AB, 11.07.1961, BlSchK 1962. S. 110).

4 (i.V.m. Art. 23 und 24 ZGB) – Das einmal begründete Domizil bleibt bis zum Erwerb eines neuen Wohnsitzes bestehen (BS, AB, 28.07.1969, BlSchK 1971, S. 119).

5 *Betreibungsort ist nicht* schlechthin der *Hinterlegungsort der Schriften,* sondern der *tatsächliche Wohnsitz* (SO, AB, 07.03.1973, BlSchK 1974, S. 112).

6 Besteht keine Absicht, am *Hinterlegungsort der Schriften dauernd zu verbleiben,* und dort den *Mittelpunkt der Lebensbeziehungen* zu schaffen, so vermag die *Schriftendeposition keinen zivilrechtlichen Wohnsitz zu begründen* (ZG Justizkom. 29.10.1982, BlSchK 1985, S. 153, SJZ 1985, S. 342).

7 Der *Wohnsitz ist trotz anders lautenden amtlichen Papieren,* wie Führerausweis und Fahrzeugausweis, *dort, wo der Schuldner den Mittelpunkt seiner Lebensbeziehungen hat,* d.h. wo seine Familie wohnt, mit der er eine enge Beziehung hat, wo er beruflich tätig ist und wo er erreichbar ist (BGer, 18.02.1999, Praxis 1999, Nr. 136).

8 (i.V.m. Art. 23 Abs. 1 ZGB) – Mit einer blossen *Postfachadresse* lässt sich ein *Wohnsitz* im Sinne des Gesetzes *nicht begründen.* Auch eine Wohnsitzbestätigung der betreffenden Gemeinde ändert nichts daran, wenn der Schuldner nicht in dieser Gemeinde wohnt und dauernd verbleibt (LU, SchKKomm 27.09.1984, LGVE 1984 I 28).

9 (i.V.m. Art. 48 SchKG) – Der *Betreibungsort ist grundsätzlich identisch mit dem zivilrechtlichen Wohnsitz.* Massgebend ist somit der Ort, wo sich eine Person mit der Absicht dauernden Verbleibens aufhält und den sie zum Mittelpunkt ihrer persönlichen Lebensbeziehungen gesetzt hat. Ob dort auch die *Ausweisschriften deponiert sind, ist dabei nicht entscheidend.* Hat jemand seinen Wohnsitz aufgegeben und *einen neuen nicht begründet,* so gilt im Betreibungsrecht – anders als im Zivilrecht (Art. 24 Abs. 1 ZGB) – der Aufenthaltsort als Betreibungsort (BS, AB, 08.10.1985, BlSchK 1988, S. 228).

10 Begriff des *Wohnsitzes bei geschiedenen Personen.* Wenn der Schuldner von seiner Frau geschieden ist, ist der Ort als Wohnsitz zu betrachten, wo er wohnt. Damit ein Ort als effektiver Wohnsitz, d.h. als Lebensmittelpunkt einer Person geltend kann, ist zuallererst erforderlich, dass sie sich dort aufhalte (BGE 85 I 15, 94 I 325/26). Dieser Aufenthalt darf nicht in einer blossen Anwesenheit bestehen, sondern erforderlich ist viel mehr ein «Wohnen», wozu die Benützung von Räumen gehört (Egger, N 20 zu Art. 23 ZGB). Steht einer Person an einem Ort eine solche Wohngelegenheit zur Verfügung, so dauert ihr Wohnsitz an diesem Ort auch fort, wenn sie für Ferien, aus beruflichen oder sonstigen Gründen während kürzerer oder selbst längerer Zeit vorübergehend abwesend ist (BGer, Staatsrechtl. Abt. 27.05.1970 (BE, AB, 24.07.1972, BlSchK 1973, S. 145).

11 Betreibungsort des *verheirateten Schuldners, der teils bei seiner Ehefrau, teils bei seiner Mutter wohnt.* Für den Entscheid über die Frage, ob und wo jemand Wohnsitz habe, sind seine gesamten Lebensverhältnisse zu berücksichtigen. Dabei ist der Mittelpunkt des Lebens auch für den Berufsmann dort zu suchen, wo seine persönlichen Interessen liegen, namentlich am Ort, wo seine Familie weilt, die er, soweit es ihm seine berufliche Tätigkeit erlaubt, immer wieder aufsucht (BGE 88 III 135 N 2 oben). Entscheidend sind nicht Überlegungen und Absichten, sondern objektive Kriterien (AG, AB, 03.02.1965, BlSchK 1966, S. 170).

II. Einzelfirma

12 Für eine Einzelfirma ist der *faktische Wohnsitz und nicht der Eintrag im Handelsregister massgebend* (BE, AB24.10.1947, BlSchK 1950, S. 83; weitere Entscheide: BL AB.10.02.1958, BlSchK 1960, S.138, BS, AB, 30.07.1964, BlSchK 1966, S. 46, VD, Tribunal cantonal, 08.11.1979, BlSchK 1982, S. 13, GR, AB, 15.12.1992, PKG 1992, S. 176).

13 Der Sitz der Einzelfirma ist am Wohnort des Schuldners (BL, AB, 07.01.1955, BJM 1955, S. 26).

14 Der Inhaber einer Einzelfirma ist an seinem Wohnsitz und nicht an seinem Geschäftssitz zu betreiben. Der durch ein örtlich unzuständiges BA ausgestellte Zahlungsbefehl ist nicht nichtig, sondern innert der Frist von Art. 17 Abs. 2 SchKG anfechtbar. Die *Nichtigkeit der nachfolgenden Betreibungshandlungen* ist hingegen jederzeit von Amtes wegen zu beachten (GE, Autorité de surveillance, 30.03.1983, BlSchK 1984, S. 176/177).

III. Einfache Gesellschaft

15 Die Betreibung einer einfachen Gesellschaft als solche ist nicht zulässig. Die Betreibung ist gegen jeden einzelnen Gesellschafter zu richten (FR, AB, 16.04.1973, BlSchK 1978, S. 44)

IV. Aufgabe des Wohnsitzes

16 (i.V.m. Art. 48 SchKG) – Schuldner die *weder in der Schweiz noch im Ausland einen festen Wohnsitz* haben, können an ihrem schweizerischen Aufenthaltsort betrieben werden; diese Regelung gilt ohne Weiteres auch für die Betreibung auf Konkurs. Gibt der Schuldner seinen bisherigen Wohnsitz in der Schweiz auf, ohne dass er irgendwo einen neuen begründet, so ist Art. 24 Abs. 1 ZGB nicht anwendbar. Er kann nun allenfalls an einem besonderen Betreibungsort belangt werden. Aufenthalt bedeutet Verweilen an einem bestimmten Ort, wobei eine bloss zufällige Anwesenheit nicht genügt. Soweit einem Schuldner Betreibungsurkunden zugestellt werden können, sei es, dass er persönlich oder über seine Ehefrau erreichbar ist, kann davon ausgegangen werden, dass keine zufällig Anwesenheit vorliegt (BGE 119 III 51 und 54).

17 Hat der Schuldner *weder Wohnsitz noch Aufenthaltsort* befindet sich aber noch in der Schweiz und *können ihn Zustellungen erreichen*, so bleibt der frühere Betreibungsort am letzten Wohnsitz oder Aufenthaltsort bestehen, solange der Schuldner nicht wenigstens einen neuen Aufenthaltsort begründet hat (BGE 72 III 38/39)

18 *Behauptet der Schuldner*, er habe den *früheren Wohnsitz aufgegeben*, und einen neuen begründet, so ist er hiefür beweispflichtig. Bis zur Beibringung dieses Beweises gilt als Betreibungsforum der alte Wohnsitzort (SO, AB, 18.10.1965, BlSchK 1966, S. 75).

19 Wenn *der Schuldner geltend machen will*, es sei, weil er seinen Wohnsitz gewechselt habe, *am falschen Ort betrieben worden*, hat er dies spätestens binnen zehn Tagen seit Zustellung des Zahlungsbefehls *auf dem Beschwerdeweg geltend zu machen*. Jedenfalls bleibt ihm aber das Recht, sich anlässlich der Pfändung auf seinen Domizilwechsel zu berufen, da diese zwingend am Betreibungsort seines Wohnsitzes durchgeführt werden muss (NE, AB, 10.05.1993, BlSchK 1994, S. 54).

20 (Abs. 1 und i.V.m. Art. 48 und 50 Abs. 2 SchKG) – Wer seinen *schweizerischen Wohnsitz aufgibt*, kann an diesem ordentlichen Betreibungsort *nicht mehr betrieben werden*. Massgebend ist die Gesamtheit der Lebensumstände einer Person, wobei die Schriftenniederlegung immer nur ein Indiz für die Absicht dauernden Verbleibens bildet, das selbstständig zu würdigen ist. Bei Wohnsitz im Ausland oder bei Fehlen eines festen Wohnsitzes überhaupt, kann der Schuldner an dem von ihm gewählten Spezialdomizil betrieben werden; der Zahlungsort auf einem Wechsel gilt als solcher nur bei eindeutigen Ortsangaben (BGE 119 III 54).

21 Der Schuldner, der seinen *Wohnsitz in der Schweiz aufgibt* und sich *ins Ausland begibt, ohne einen neuen Wohnsitz oder Aufenthalt zu begründen*, muss an seinem letzten Wohnsitz in der Schweiz betrieben werden. In einem solchen Fall darf das für die Pfändung zuständige BA sich nicht mit der Feststellung begnügen, dass die Pfändung nicht durchgeführt worden sei; vielmehr muss es gemäss den Art. 89 ff. SchKG vorgehen und eine Pfändungsurkunde im Sinne der Art. 112 bis 115 SchKG erstellen (BGE 120 III 110).

V. Studiumsaufenthalte

22 Wohnsitz des *Studierenden* – Der ausländische Student, der mit der Absicht in die Schweiz kommt, hier bis zum Abschluss seines Studiums zu verweilen, begründet hier Wohnsitz. Dem Art. 26 ZGB kommt nur der Charakter einer Vermutung zu (ZH, ObGer, 1. Ziv.Kammer, 09.05.1951, ZR 1952, Nr. 167, BlSchK 1954, S. 15).

23 Betreibungsort beim *Besuch einer Lehranstalt ausserhalb des Wohnsitzes bleibt der bisherige Wohnsitz*. Mit dem Besuch einer Lehranstalt wird kein Wohnsitz begründet. Dass der Schuldner sein Studium selbst verdient, ändert nichts daran (BE, AB, 21.06.1946, BlSchK 1947, S. 8).

24 Mangelnder fester Wohnsitz einer *Seminaristin*. – Ein Wohnsitz wird nicht aufgegeben, indem man sich zum Besuch einer Schule an einen andern Ort begibt und von der bisherigen Gemeindekanzlei eine Abschrift des Heimatscheines verlangt, weil dieser für einen mehrjährigen Aufenthalt am Schulort benötigt wird. Der *Aufenthalt an einem Orte zum Zwecke des Besuches einer Lehranstalt* begründet keinen Wohnsitz. Ein Wohnsitz wird nicht aufgegeben, wenn bei Angehörigen gelebt wurde und während den Ferien und an Wochenenden zu diesen zurückgekehrt wird. Die Dauer des Studienaufenthaltes ist für die Beurteilung der Wohnsitzfrage unerheblich (BGE 82 III 12).

25 Betreibungsort von *Angestellten der Saisonhotellerie* – Bei Hotelangestellten, die in der Zwischensaison regelmässig an den gleichen Ort zurückkehren, dort ihre Familie haben oder bei ihren Eltern wohnen, wird in der Regel der Arbeitsort *nicht als Wohnsitz* betrachtet werden können. Dies könnte dagegen der Fall sein bei Hotelpersonal, das je nach der Saison seinen Arbeitsort und Aufenthalt während der toten Zeit wechselt, ohne feste Beziehungen zu einem bestimmten Ort zu unterhalten (GR, AB, 15.11.1951, BlSchK 1954, S. 15).

26 Der Betreibungsstand am Aufenthaltsort ist nur gegeben, wenn der Schuldner weder in der Schweiz noch im Ausland einen festen Wohnsitz hat, also gewissermassen vagabundiert. Es geht nicht an, irgendwo gegen einen Schuldner eine Betreibung anzuheben, um es dann dem BA zu überlassen, über den Wohnsitz des Schuldners Nachforschungen anzustellen. Aufgabe des BA ist, seine eigene Zuständigkeit zu überprüfen (ZH, Bez.Gericht Winterthur, 17.03.1980, BlSchK 1984, S. 55).

VI. Mit ausländischem Bezug

27 Der *in der Schweiz wohnhafte ausländische Schuldner* ist auch an seinem Wohnort zu betreiben, wenn die Forderung aus seinem Heimatland stammt (GE, Autorité de surveillance, 12.03.1975, BlSchK 1977, S. 49).

28 *Wohnsitz des Schuldners mit ausländischer Staatsangehörigkeit* (Art. 20 IPRG). Eine natürliche Person hat ihren Wohnsitz an dem Ort, wo sie sich in für Dritte objektiver und erkennbarer Weise mit der Absicht dauernden Verbleibens aufhält. Als in der Schweiz wohnhaft wird jener ausländische Schuldner betrachtet, der am Herkunftsort nur Aufenthalt – namentlich aus gesundheitlichen Gründen – hat, aber den Mittelpunkt seiner Lebensbeziehungen in der Schweiz beibehält. Zuständig zur Prüfung der Rüge, dass die Betreibung am unrichtigen Ort angehoben oder fortgesetzt worden sei, ist die AB über Schuldbetreibung und Konkurs und nicht der Rechtsöffnungsrichter (BGE 120 III 7).

29 Der Aufenthalt im Ausland, auch aufgrund eines langfristigen Anstellungsvertrages hebt den schweizerischen Betreibungsort noch nicht ohne Weiteres auf (SG, AB, 28.06.1955, BlSchK 1957, S. 138, SJZ 1959, S. 45).

VII. Juristische Personen

30 Eine *Versicherungsgesellschaft* ist an ihrem Sitze zu betreiben, also nicht etwa am Wohnsitz ihres Generalagenten im Wohnsitzkanton des Versicherten. Das Versicherungsaufsichtsgesetz vom 23.06.1978 bestimmt lediglich, dass eine Versicherungsgesellschaft in jedem Kanton, in dessen Gebiete sie Geschäfte betreibt, ein Rechtsdomizil zu verzeigen habe, an welchem sie belangt werden kann, während dort von einem besonderen Betreibungsort nicht die Rede ist (TI, AB, 16.02.16.02.1952, Rep. 85 (1952), S. 55, SJZ 1952, S. 380, BlSchK 1954, S. 15 und BE 96 III 89).

31 (i.V.m. Art. 50 SchKG) – Eine juristische Person kann am *Sitz der Geschäftsniederlassung in der Schweiz* für deren Verbindlichkeiten nur betrieben werden, wenn ihr *Hauptsitz im Ausland ist* (GE, Autorité de surveillance, 19.07.1972, BlSchK 1973, S. 110).

32 Der Sitz einer *Aktiengesellschaft über die der Konkurs eröffnet worden ist*, bleibt bestehen. Die Konkurseröffnung hat nicht zur Folge, dass die Gesellschaft sofort untergeht. Sie tritt vorerst in ein Auflösungsstadium ein, während der sie als juristische Person (allerdings mit eingeschränkter Zielsetzung) weiterexistiert (ZH, ObGer, II. Ziv.Kammer, 01.10.1981, BlSchK 1984, S. 115).

VIII. Sitzverlegungen

33 Bei einer *Aktiengesellschaft* wird die Sitzverlegung im Hinblick auf Art. 647 Abs. 3 OR unmittelbar mit der Eintragung in das Handelsregister wirksam. Die Gesellschaft ist daher von diesem Tag an am Ort des neuen Sitzes zu betreiben. Auf die Publikation der Sitzverlegung im Schweizerischen Handelsamtsblatt kommt es dabei – entgegen der sonst geltenden Regel – nicht an (BGE 116 III 1).

34 *Verlegung des Firmensitzes, Eintragungswirkungen* – Die Eintragungswirkungen der Verlegung des Firmensitzes beginnen erst mit dem Eintrag ins HR, weshalb bis dahin an die am bisherigen Sitz vorgenommenen betreibungsrechtlichen Handlungen ihre Wirkung behalten. Nach der Registereintragung muss die Betreibung, die noch nicht bis zur gültigen Pfändung oder Konkursandrohung gelangt ist, am neuen Sitz angehoben werden oder fortgesetzt werden (ZH, Konkursrichter Bezirk Zürich, 01.07.1993, ZR 1995, Nr. 54).

35 Verlegt eine *in Betreibung gesetzte Aktiengesellschaft* ihren Sitz, so gilt als Betreibungsort im Sinne dieses Artikels Abs. 2 der bisherige Sitz bis zum Zeitpunkt, wo er im dortigen Handelsregister gelöscht worden ist (BGE 123 III 137).

36 *Sitzverlegung nach Zustellung der Konkursandrohung. Zustellung von Betreibungsurkunden* – Gegen die Zustellung einer Betreibungsurkunde in ungesetzlicher Form oder an einen nicht legitimierten Empfänger kann sich der Schuldner bei der AB beschweren und deren Aufhebung verlangen. Verzichtet er auf die Beschwerde oder steht fest, dass er die Urkunde trotz des Zustellungsfehlers erhalten hat, ist die Zustellung wirksam und die Urkunde gültig. Eine Zustellung ist nur dann nichtig, wenn die Betreibungsurkunde infolge fehlerhafter Zustellung überhaupt nicht in die Hände des Betriebenen gelangt (Konkursrichters des Bezirks ZH, 20.10.1993, ZR 1995, Nr. 53).

IX. Besonderer Betreibungsort

37 In der Wechselbetreibung muss der Schuldner, wenn er einwenden will, der Gläubiger habe eigenmächtig und entgegen den Abmachungen einen anderen Ausstellungsort (der den Betreibungsort fixiert) in den Wechsel eingesetzt, wegen Betreibung am falschen Ort *nicht Beschwerde* erheben, sondern *um Bewilligung des Rechtsvorschlages* nachzusuchen (BGE 86 III 81).

38 Ort der Betreibung gegen den *Arrestgläubiger* – Eine Arrestnahme eröffnet dem Arrestschuldner in einer gegen den Arrestgläubiger gerichteten Betreibung nicht den Betreibungsort des Arrestes, im Unterschied zum umgekehrten Fall (BGE 112 III 81).

X. Zustellungen Zahlungsbefehl

39 *Zustellungen am unrichtigen Ort. Bedeutung für die Fortsetzung der Betreibung* – Die Zustellung des Zahlungsbefehls durch ein örtlich unzuständiges BA begründet lediglich die Anfechtbarkeit der betreffenden Amtshandlung innert der Beschwerdefrist nach Art. 17 SchKG. Nach unbenütztem Ablauf der Beschwerdefrist bildet der zugestellte Zahlungsbefehl Grundlage für weitere Betreibungshandlungen. – Soweit *das Pfändungsverfahren in Frage steht*, ist der Betreibungsstand des Wohnsitzes *unter allen Umständen zu beachten*. Eine Beschwerde gegen eine Pfändungsankündigung, die sich über diesen Grundsatz hinwegsetzt müsste daher, selbst nach Ablauf der Frist des Art. 17 Abs. 2 SchKG, geschützt werden (GR, AB, 08.01.1964, BlSchK 1966, S. 76).

40 *Zustellung am Arbeitsort* – Obwohl das Gesetz die Zustellung von Betreibungsurkunden am Arbeitsort zulässt, ist es unerlässlich, dass der Gläubiger die *Wohnadresse des Schuldners* im Begehren aufführt (GE, Autorité des surveillance, 04.04.1978, BlSchK 1980, S. 107).

41 Können *Zustellungen an den Schuldner an seinem Wohnort nicht vorgenommen werden* (hier wegen Verschleierung der Wohnsitzverhältnisse), so darf der Gläubiger die Zustellung des Zahlungsbefehls am Aufenthalts- bzw. Arbeitsort des Schuldners verlangen (ZH, Bez.Gericht Horgen, 06.05.1988, BlSchK 1990, S. 192).

42 *Ediktalzustellung* – Die Zustellung von Betreibungsurkunden auf dem Weg der *öffentlichen Bekanntmachung* (Ediktalzustellung) *ist nur zulässig*, wenn *in der Schweiz ein Betreibungsort besteht*. Die genannte Bestimmung begründet kein Betreibungsdomizil (ZH, ObGer, II. Ziv.Kammer, 25.05.1979, ZR 1979, Nr. 56).

XI. Fortsetzung der Betreibung

43 Das BA hat die Frage des Wohnsitzes des Schuldners *vor der Pfändung von Amtes wegen zu prüfen*, auch wenn der Schuldner keine Unzuständigkeitseinrede erhebt (GR, AB, 22.04.1963, BlSchK 1966, S. 21).

44 Die am Ort der Zweigniederlassung einer Gesellschaft zugestellte Konkursandrohung ist aufzuheben (FR, Tribunal cantonal, 02.06.1971, BlSchK 1974, S. 14).

45 Das bei einem örtlich unzuständigen BA eingereichte Fortsetzungsbegehren ist nichtig (FR, Tribunal cantonal, 28.08.2003, BlSchK 2005, S. 103).

46 Das Fortsetzungsbegehren gegen einen *im Ausland wohnhaften Schuldner* ist, ohne Rücksicht auf die Beschwerdefrist, von Amtes wegen aufzuheben, *soweit der Gläubiger auch im Ausland wohnt* (GE, Autorité de surveillance, 30.01.1974, BlSchK 1975, S. 108).

47 Der *Ort der Pfändung* braucht *nicht mit dem Ort der Betreibung* übereinzustimmen. Wenn in der Wohnung des Schuldners, wie aufgrund der letzten Pfändung festgestellt wurde, kein Vermögen mehr vorhanden ist, kann die neuerliche Pfändung und insbesondere auf entsprechende Hinweise des Gläubigers, am Arbeitsort des Schuldners vorgenommen werden (BE, AB, 22.02.1989, BlSchK 1990, S. 94).

48 *Verletzung der Zuständigkeitsordnung bei der Pfändung* – Keine Nichtigkeit der Pfändung bzw. des Verlustscheines bei Verletzung der Zuständigkeitsordnung, *sofern keine Drittinteressen tangiert sind*. Wenn gepfändete Aktiven einen «Non-Valeur» darstellen, sind Anschlussrechte allfälliger anderer Gläubiger in der gleichen Betreibung nicht beeinträchtigt (TG, Rekurskomm., 05.08.1996, BlSchK 1998, S. 158).

XII. Nicht nichtige, aber anfechtbare Handlungen

49 Ein von einem *örtlich unzuständigen BA erlassener Zahlungsbefehl* ist nicht von Amtes wegen, sondern *auf rechtzeitige Beschwerde aufzuheben* (BGE 82 III 63); weitere Entscheide: BS, BlSchK 1965, S. 40, BlSchK 1961, S. 146, GR, BlSchK 1963, S. 48, LU, Max XI, Nr. 497, BlSchK 1968, S. 180, BE, BlSchK 1972, S. 107, GE, Sem. 85 (1963), S. 159, SJZ 1964, S. 272, GE, BlSchK 1980, S. 163, BlSchK 1986, S. 179; vgl. auch N 16 und 37).

50 Die unrichtigerweise in der Schweiz erfolgte Pfändung eines im Ausland wohnenden Schuldners ist nicht nichtig, sondern bloss anfechtbar, weil hier keine öffentlichen Interessen verletzt werden (SZ, KG, 13.03.2000, BlSchK 2000, S. 177).

51 Besitzt ein an seinem *Aufenthaltsort betriebener Schuldner* nachweisbar einen festen Wohnsitz, so kann er innert zehn Tagen seit der Zustellung des Zahlungsbefehls – Aufhebung der Betreibung wegen örtlicher Unzuständigkeit des BA verlangen (BS, AB, 09.11.1972, BlSchK 1975, S. 14).

52 Besitzt der Schuldner zur *Zeit der Zustellung des Zahlungsbefehls* nachweisbar keinen anderweitigen Wohnsitz, so ist zu Zuständigkeit des BA am Aufenthaltsort gegeben. Im Übrigen gilt ein durch ein örtlich unzuständiges Amt erlassener Zahlungsbefehl nach ständiger Rechtsprechung nicht als nichtig, sondern nur als anfechtbar (BS, AB, 07.03.1977, BlSchK 1978, S. 80)

XIII. Verhältnis der Gerichtsinstanzen zu Verfahrensfragen

53 (i.V.m. Art. 193/194 SchKG; Art. 573 Abs. 1 ZGB, Art. 28 NAG) – Zulässigkeit des Rekurses gegen die Anordnung der konkursamtlichen Nachlassliquidation und Legitimation der Erben zu dessen Er-

greifung. Örtliche Zuständigkeit, wenn der schweizerische Erblasser zur Zeit des Todes Wohnsitz in Italien hatte: Nach italienischem IPR sind Ausländer mit letztem Wohnsitz in Italien hinsichtlich der Folgen der Erbausschlagung ihrem Heimatrecht und Heimatgerichtsstand unterworfen (ZH, ObGer, II. Ziv.Kammer, 14.06.1978, ZR 1978, Nr. 98, SJZ 1979, S. 147, BlSchK 1983, S. 77).

54 Der um Eröffnung des Konkurses ersuchte Richter hat von Amtes wegen zu prüfen, ob die Vorschriften über den Betreibungsort beachtet wurden. Ist das offensichtlich nicht der Fall, so kann er sich unzuständig erklären. Hat er Zweifel über seine Zuständigkeit, z.B. wenn fraglich ist, wo der Schuldner seinen Wohnsitz hat, so hat der Richter die Entscheidung über das Konkursbegehren auszusetzen und den Fall in Anwendung von Art. 173 Abs. 2 SchKG der AB vorzulegen (BGE 96 III 31).

55 (i.V.m. Art. 82 SchKG) – Der Rechtsöffnungsrichter hat von Amtes wegen und ungeachtet des summarischen Verfahrens mit allen Beweismitteln abzuklären, ob er örtlich zuständig ist (LU, SchKKomm, 03.01.1983, LGVE 1983 I Nr. 27).

56 Welche AB ist zur Aufhebung eines unbestritten gebliebenen Zahlungsbefehls örtlich zuständig, welcher rechtsunwirksam an die Eltern der anderswo wohnhaften Schuldnerin zugestellt worden ist, welche sich gegen die aufgrund dieses Zahlungsbefehls erlassene Pfändungsankündigung des örtlich zuständigen BA bei dessen AB beschwert? Rechtzeitigkeit der Beschwerde bejaht, auch wenn diese bei der als unzuständig bezeichneten AB innert der zehntägigen Frist eingegangen ist (Art. 32 Abs. 2 SchKG). – Hier wurde die AB des Ba, das den Zahlungsbefehl erlassen hat, als zuständig erklärt (GR, AB, 21.03.1979, BlSchK 1983, S. 97).

XIV. Verschiedenes

57 Das BA hat seine Zuständigkeit von Amtes wegen zu prüfen und darf nicht einfach auf die bezügliche Behauptung des Gläubigers abstellen (BGer, SchKK 25.03.1954, BlSchK 1954, S. 126).

58 Örtliche Zuständigkeit des BA – Vermag ein BA ohne Weiteres zu erkennen, dass nicht die eigene örtliche Zuständigkeit, sondern diejenige eines andern BA in Frage steht, ist das Betreibungsbegehren an dieses weiterzuleiten (BGE 127 III 567, SJZ 2002, S. 80).

59 Eine Betreibung für Rekurskosten kann gegen Schuldner, die im Kanton keinen Wohnsitz haben beim BA des *Sitzes der Behörde angehoben werden,* welche die Kostenforderung geltend macht (Bez.Gericht Zürich, 125.03.1957, ZR 1961, Nr. 89).

59 Wird die Betreibung bei einem örtlich unzuständigen BA angehoben, so ist nicht bloss der entsprechende Zahlungsbefehl, sondern die Betreibung als solche aufzuheben. Anders ist hingegen die Rechtslage bei Verletzung von Zustellvorschriften. Ein fehlerhaft zugestellter Zahlungsbefehl kann nach seiner Aufhebung bzw. Nichtigerklärung wiederholt werden (BS, AB, 08.01.2001, BlSchK 2003, S. 84).

60 Der Schuldner ist grundsätzlich an seinem Wohnsitz durch das örtlich zuständige Amt zu betreiben. – *Die Gebühr für den Zahlungsbefehl* ist mit dessen Ausstellung und Zustellung bzw. versuchter Zustellung verfallen. Ein nicht zustellbarer Zahlungsbefehl ist dem Gläubiger zu übergeben (BE, AB, 12.05.1982, BlSchK 1986, S. 20).

61 Courtageforderungen für im Ausland gelegene Liegenschaften gegenüber einer in der Schweiz ansässigen Person sind betreibungsrechtlich an deren Wohnsitz geltend zu machen (BS, AB, 24.07.1980, BlSchK 1984, S. 139).

XV. Lugano-Übereinkommen

62 Unter welchen Voraussetzungen in einem Vertragsstaat eine Zwangsvollstreckung durchgeführt werden kann, regelt das Lugano-Übereinkommen nicht; ebensowenig wird diese Frage vom IPRG beantwortet. Allein das schweizerische Recht als lex fori bestimmt, ob ein Vermögensgegenstand in der Schweiz belegt ist und hier verwertet werden kann. Selbst wenn Grundstücke Bestandteil des gemeinschaftlichen Vermögens bilden, begründet die Belegung von Nachlassvermögen in der Schweiz keine Zuständigkeit der schweizerischen Vollstreckungsbehörden zur Verwertung des Liquidationsanspruchs der Erben, wenn der Schuldner und seine Miterben im Ausland wohnen und sich der letzte Wohnsitz des Erblassers im Ausland befand (BGE 124 III 505).

63 Zustellung einer Betreibungsurkunde, Begriff des Wohnsitzes, örtliche Zuständigkeit, Arrestprosequierung gegen einen Schuldner mit Wohnsitz in einem Vertragsstaat des LugÜ. – Grundsätzlich befindet sich der ordentliche Betreibungsort am Wohnsitz des Schuldners, wobei auf den zivilrechtlichen Wohnsitz nach Art. 23 ZGB abzustellen ist. Wohnt ein Schuldner im Ausland und könnte er sonst mangels eines ausserordentlichen Betreibungsortes in der Schweiz nicht betrieben werden, so können Forderungen, für die Arrest gelegt worden ist, dort betrieben werden, wo sie sich befinden. Die Konkursandrohung und die Konkurseröffnung können indes nur da ergehen, wo ordentlicherweise die Betreibung stattzufinden hat (Konkursrichter des Bezirks ZH, 20.10.1993, ZR 1995, Nr. 53, S. 161).

Art. 47

Aufgehoben.

Art. 48   B. Besondere Betreibungsorte
1. Betreibungsort des Aufenthaltes

Schuldner, welche keinen festen Wohnsitz haben, können da betrieben werden, wo sie sich aufhalten.

1 Hat der Schuldner *weder Wohnsitz noch Aufenthalt* mehr, befindet er sich aber noch in der Schweiz und können ihn Zustellungen erreichen, so bleibt der frühere Betreibungsort am *letzten Wohnsitz oder Aufenthaltsort bestehen,* solange der Schuldner nicht wenigstens einen neuen Aufenthaltsort begründet hat (BGE 72 III 38/39).

2 *Aufgabe des Wohnsitzes ohne Begründung eines neuen* führt zur Betreibung am Aufenthaltsort (ZH, ObGer, II. Ziv.Kammer, 05.12.1944, BGer 28.12.1945, ZR 1945, S. 206, BlSchK 1946, S. 78).

3 *Mangelnder fester Wohnsitz.* Wohnsitz einer Seminaristin – Ein Wohnsitz wird nicht aufgegeben, indem man sich zum Besuch einer Schule an einen andern Ort begibt und von der bisherigen Gemeindekanzlei eine Abschrift des Heimatscheines verlangt, weil dieser für einen mehrjährigen Aufenthalt am Schulort benötigt wird. Der Aufenthalt an einem Ort zum Zwecke des Besuches einer Lehranstalt begründet keinen Wohnsitz. Ein Wohnsitz wird nicht aufgegeben, wenn bei Angehörigen gelebt wurde und während den Ferien und an Wochenenden zu diesen zurückgekehrt wird. Die Dauer des Studienaufenthaltes ist für die Beurteilung der Wohnsitzfrage unerheblich (BGE 82 III 12).

4 Betreibung am Aufenthaltsort in der Schweiz gegenüber einem Schuldner, der seinen Wohnsitz in Amerika tatsächlich aufgegeben hat und sich seit fast drei Jahren in der Schweiz aufhält. Mangels Nachweises eines festen Wohnsitzes kann sich der Schuldner nicht gegen die am Aufenthaltsort angehobene Betreibung auflehnen (AR, AB, 03.03.1958, BlSchK 1960, S. 46).

5 Behauptet der Schuldner, er habe *den früheren Wohnsitz aufgegeben und einen neuen begründet,* so ist er hiefür beweispflichtig. Bis zur Beibringung dieses Beweises gilt als Betreibungsforum der alte Wohnsitzort (SO, AB, 18.10.1965, BlSchK 1966, S. 75).

6 Dieser Fall trifft z.B. dann zu, wenn sich der Schuldner vom bisherigen Wohnsitz in der Absicht entfernt, hier nicht mehr dauernd zu verbleiben und an andern Orten seinen Aufenthalt stets wechselt (sog. Scheindomizile begründet) (BL, AB, 10.04.1969, BlSchK 1972, S. 22).

7 Besitzt ein an seinem *Aufenthaltsort betriebener Schuldner nachweisbar einen festen Wohnsitz,* so kann er innert zehn Tagen seit Zustellung des Zahlungsbefehls *Aufhebung der Betreibung* wegen örtlicher Unzuständigkeit des BA verlangen (BS, AB, 09.11.1972, BlSchK 1975, S. 14).

8 (i.V.m. Art. 26 ZGB) – Der sich in der Strafanstalt aufhaltende Schuldner, der seinen Wohnsitz vollständig aufgegeben hat, ist am Aufenthaltsort zu betreiben (ZH, AB, 14.03.1975, BlSchK 1977, S. 50).

9 Die Bestimmung des Art. 24 ZGB ist in der Betreibung nicht anwendbar. Der Schuldner, der seinen Wohnsitz aufgegeben hat, kann am Aufenthaltsort betrieben werden (GE, Autorité de surveillance, 15.06.1977, BlSchK 1978, S. 14).

10 Besitzt der Schuldner zur Zeit der Zustellung des Zahlungsbefehls *nachweisbar keinen anderweitigen Wohnsitz,* so ist die Zuständigkeit des BA am Aufenthaltsort gegeben. Im Übrigen gilt ein durch ein örtlich unzuständiges Amt erlassener Zahlungsbefehl nachständiger Rechtsprechung nicht als nichtig, sondern nur als anfechtbar (BS, AB, 07.03.1977, BlSchK 1978, S. 80; vgl. Art. 46, N 25).

11 (i.V.m. Art. 46 Abs. 1 SchKG) – Schuldner, die weder in der Schweiz noch im Ausland einen festen Wohnsitz haben, können an ihrem schweizerischen Aufenthaltsort betrieben werden; diese Regelung gilt ohne Weiteres auch für die Betreibung auf Konkurs (BGE 119 III 51).

12 (i.V.m. Art. 46 Abs. 1 und 50 Abs. 2 SchKG) – Wer seinen schweizerischen Wohnsitz aufgibt, kann an diesem ordentlichen Betreibungsort nicht mehr betrieben werden. Massgebend ist die Gesamtheit der Lebensumstände einer Person, wobei die Schriftenniederlegung immer nur ein Indiz für die Absicht dauernden Verbleibens bildet, das selbständig zu würdigen ist. Für die Betreibung an einem schweizerischen Aufenthaltsort genügt die bloss zufällige Anwesenheit des Schuldners nicht. Bei Wohnsitz im Ausland oder bei Fehlen eines festen Wohnsitzes überhaupt, kann der Schuldner an dem von ihm gewählten Spezialdomizil betrieben werden; der Zahlungsort auf einem Wechsel gilt als solcher nur bei eindeutigen Ortsangaben (BGE 119 III 54).

13 Ein Schuldner ohne festen Wohnsitz ist an jenem von mehreren Aufenthaltsorten zu betreiben, zu dem die stärkeren Beziehungen bestehen. Der schweizerische Ferienort, wo der sich ansonsten im Ausland aufhaltende Schuldner lediglich zufällig für zwei Wochen verweilt, stellt keinen Aufenthaltsort im Sinne von Art. 48 SchKG dar (GR, AB, 07.11.1995, PKG 1995, S. 130).

14 Betreibung eines Schuldners am Aufenthaltsort, der weder in der Schweiz noch im Ausland einen festen Wohnsitz hat. Hier hatte sich der Schuldner an unterschiedlichen Adressen in der Schweiz aufgehalten und es werde sich auch weiterhin so verhalten. Unter diesen Umständen kann er gemäss Art. 48 SchKG am Aufenthaltsort betrieben werden (ZG, ObGer, 01.06.2001; vom BGer mit Entscheid v. 02.08.2001 bestätigt, BlSchK 2002, S. 15).

15 Ein Indiz für den Aufenthaltsort bildet, dass ein Schuldner seine persönlichen Effekten an einem Ort deponiert hat und dass er dort mehr als zufällig anwesend ist. Eine Bestätigung einer anderen Gemeinde (v. 02.11.01) über einen dortigen Wohnsitz vermag nicht zu beweisen, dass der Schuldner (am 23.10.01) ca. zwei Wochen vorher, nicht bloss einen Aufenthaltsort hatte und die Vornahme der Pfändung am Aufenthalts rechtswidrig gewesen ist (Praxis 2002, Nr. 131).

Art. 49   2. Betreibungsort der Erbschaft

Die Erbschaft kann, solange die Teilung nicht erfolgt, eine vertragliche Gemeinderschaft nicht gebildet oder eine amtliche Liquidation nicht angeordnet ist, in der auf den Verstorbenen anwendbaren Betreibungsart an dem Ort betrieben werden, wo der Erblasser zur Zeit seines Todes betrieben werden konnte.

1 Die *amtliche Liquidation* (Art. 593/594 ZGB) *schliesst die Anhebung wie auch die Fortsetzung einer Betreibung gegen die Erbschaft aus.* Das folgt aus dieser Bestimmung und entspricht auch dem Zwecke der amtlichen Liquidation, insbesondere wenn sie auf Begehren von Gläubigern des Erblassers angeordnet worden ist (BGE 72 III 33)

2 (i.V.m. Art. 593 ZGB) – Die amtliche Liquidation schliesst sowohl die Fortsetzung wie auch die Einleitung von Betreibungen gegen die Erbschaft aus, ausgenommen im Fall der Verwertung von Miteigentumsanteilen oder von Anteilen an Gemeinschaftsvermögen (GE, Autorité de surveillance, 14.03.1979, BlSchK 1982, S. 141).

3 Betreibung der *Erbschaft eines in Italien verstorbenen Schweizers.* Staatsvertraglich befindet sich der Gerichtsstand für Erbschaftsstreitigkeiten am Heimatort, dessen Recht anwendbar ist. Art. 65 Abs. 3

SchKG begründet keinen von Art. 49 SchKG verschiedenen Betreibungsort (ZH, ObGer, II. Ziv.Kammer, 28.09.1948, BGer 05.11.1948, ZR 1950, Nr. 51).

4 *Arrestbetreibung gegen eine unverteilte ausländische Erbschaft.* – Die Betreibungsurkunden können an einen vom Gläubiger angegebenen Vertreter der Erbengemeinschaft zugestellt werden (SO, AB, 26.04.1949, ObGer-Bericht 1949, S. 184, BlSchK 1952, S. 43).

5 *Wirkungen der Anordnung der konkursamtlichen Liquidation und der Einstellung dieses Verfahrens mangels Aktiven.* Neben einer konkursamtlichen Liquidation ist kein Raum für Spezialexekutionen. Gläubigern, die vor Anordnung der konkursamtlichen Liquidation die Pfändung erwirkt hatten, ist erlaubt, nach Einstellung und Schliessung dieses Verfahrens mangels Aktiven, ihre Betreibung zu Ende zu führen (BGE 79 III 164).

6 Die *Betreibung einer Erbschaft ist* auch dann *ausgeschlossen*, wenn *am letzten Wohnsitz des schweizerischen Erblassers im Ausland eine der amtlichen Liquidation* des ZGB entsprechende Massnahme *angeordnet worden ist.* Dies trifft zu, wenn der Nachlass nach dänischem Recht «im öffentlichen Verfahren» behandelt wird (Art. 28 NAG, Art. 593 ff. ZGB) (ZH, ObGer, II. Ziv.Kammer, 10.10.1951, ZR 1952, Nr. 81, BlSchK 1954, S. 16).

7 Nach Eröffnung der konkursamtlichen Liquidation einer Erbschaft (Art. 573 ZGB) Art. 193 SchKG) kann diese nicht mehr betrieben werden. Das gilt grundsätzlich auch, wenn der Konkurs mangels genügender Aktiven gemäss Art. 230 SchKG eingestellt und geschlossen wird. Lediglich die zuvor zugunsten einzelner Gläubiger vollzogene, infolge der Konkurseröffnung nach Art. 206 SchKG dahingefallenen Pfändungen leben in diesem Falle wieder auf, so dass die betreffenden Gläubiger nun diese Gegenstände für sich verwerten lassen können. Andere Gläubiger haben keinen Zugriff auf etwa nicht sonst vorhandene Erbschaftsaktiven; diese fallen nach Analogie des Art. 573 Abs. 2 ZGB an die ausschlagenden Erben (BGE 87 III 72).

8 *Kann sich ein testamentarisch Enterbter gegen die Betreibung einer Erbengemeinschaft wehren?* Wenn der testamentarisch Enterbte es unterlassen hat, die Gültigkeit der letztwilligen Verfügung in rechtsgültiger Form anzuerkennen, ist das BA dazu nicht die richtige Instanz. Mit der Ausstellung des Verlustscheines darf das BA nicht zuwarten, bis die Gültigkeit oder Ungültigkeit der Enterbung zweifelsfrei feststeht (GR, AB, 26.02.1969, BlSchK 1971, S. 181).

9 Das BA, das ein Betreibungsbegehren gegen eine Erbschaft erhält, hat sich zu vergewissern, ob diese bereits amtlich liquidiert worden ist. Ist dies der Fall, so hat es das Begehren zurückzuweisen. Dagegen hat es nicht von Amtes wegen abzuklären, ob die Erbteilung bereits auf andere Art erfolgt sei. Wird dies jedoch vom Empfänger des Zahlungsbefehls behauptet, so hat das Amt und auf Beschwerde hin die AB die diesbezüglich vorgelegten Beweise zu berücksichtigen bzw. den Betreffenden aufzufordern, Beweise beizubringen (BGE 99 III 51).

10 (i.V.m. Art. 65 Abs. 3, Art. 70 Abs. 2 SchKG, Art. 602, 603 Abs. 1 ZGB) – *Betreibung von Erbschaftsschulden: Unklare Schuldnerbezeichnung.* Bei einer Betreibung von Erbschaftsschulden *hat sich der Gläubiger klar darüber auszusprechen, gegen wen er die Betreibung richten will,* ob gegen die Erbschaft oder einzelne Erben (Kreisschreiben Nr. 18 vom 03.04.1925) Escher, Komm. N 66 zu Art. 602 ZGB und dortige Zitate; Schneider, Die Betreibung einer Erbschaft, BlSchK 1958, S. 166; Schwartz, Die Bezeichnung der Parteien in den Betreibungsurkunden, BlSchK 1955, S. 1 ff.). *Unklare Begehren sind* von den Betreibungsämtern *zurückzuweisen.* Ist dies nicht geschehen, so ist zu prüfen, ob sich der Betreibungsschuldner nicht doch eindeutig aus den Umständen ergibt. Nach Schwartz (a.a.O. S. 16) hat jede ungenaue Parteibezeichnung, die eine Unsicherheit über die Identität der dergestalt bezeichneten Partei zu schaffen geeignet ist, die Nichtigkeit der betreffenden Betreibungshandlungen zur Folge, ausgenommen wenn die mangelhafte Bezeichnung die Beteiligten tatsächlich nicht irregeführt hat. Es sind in dieser Beziehung alle Umstände zu berücksichtigen, die den Beteiligten über die Identität einer ungenau bezeichneten Partei hätten Gewissheit verschaffen müssen. Bei einer Betreibung gegen die «Erben X, vertreten durch A» nebst einem Anhang, auf welchem die Namen aller Erben standen, erklärte das Bundesgericht, ergebe sich die Absicht, die Erbschaft zu betreiben und nicht die einzelnen Erben. Obwohl die im Zahlungsbefehl enthaltene Schuldnerbezeichnung zu Zweifel habe Anlass geben können, ob sich die Betreibung gegen die Erb-

schaft oder das Vermögen der einzelnen Erben richte, habe A klar sein müssen, dass er den Zahlungsbefehl als Verteter der Erbengemeinschaft und nicht für sich und die einzelnen Erben persönlich erhalten habe und dass somit die Zwangsvollstreckung auf den Nachlass gerichtet gewesen sei (BGE 43 III 296 ff.). Die unklare Bezeichnung der Schuldnerin hat nicht die Nichtigkeit des Zahlungsbefehls zur Folge, wenn als Betreibungssubjekt die Erbschaft betrachtet wird (LU, SchKKomm. 08.03.1974, LGVE 1974, I Nr. 205).

11 Die *Betreibung gegen eine unverteilte Erbschaft ist nichtig*, wenn *der Zahlungsbefehl* an einen *vom Gläubiger bezeichneten Vertreter zugestellt worden ist*, der nicht bevollmächtigt ist/BE, Autorité de surveillance, 19.03.1973, BlSchK 1975, S. 48).

12 Der *Willensvollstrecker ist zur Entgegennahme* der für die unverteilte Erbschaft bestimmten *Betreibungsurkunden legitimiert*. Die AB haben im Beschwerde- und Rekursverfahren zu prüfen, ob die Person, der Betreibungsurkunden für die unverteilte Erbschaft zugestellt worden sind oder die eine andere Person zu deren Entgegennahme bevollmächtigt hat, zu dem in Art. 65 Abs. 3 SchKG genannten Kreis von Personen gehört (BGE 101 III 1).

13 (i.V.m. Art. 560 und 602 ZGB, § 5 ZPO BS) – Zur Frage der Parteifähigkeit einer Erbschaft in einem Zivilprozess. – Die passive Parteifähigkeit eines Nachlasses im Zivilprozess ist Kraft eidgenössischen Rechts gegeben; insoweit es sich darum handelt, ein Urteil als Grundlage für eine Betreibung eines Nachlasses zu erwirken, geht die passive Parteifähigkeit aus Art. 49 SchKG hervor, da dort einer Erbschaft die passive Betreibungsfähigkeit zuerkannt wird (Guldener, Bundesprivatrecht und kantonales Zivilprozessrecht, ZSR 80 II S. 37) (BS, Zivilgericht, 12.03.1971, BJM 1973, S. 171).

14 Die Erbengemeinschaft, für die nicht gemäss Art. 602 ZGB eine Vertretung bestellt worden ist, ist nicht parteifähig und demnach nicht zur Beschwerde legitimiert (BE, AB, 22.12.1972, BlSchK 1977, S. 46).

15 *Wohnt der Schuldner nicht in der Schweiz oder* hat er *keinen festen Wohnsitz*, so ist sein *Anspruch auf den Liquidationsanteil an einer unverteilten Erbschaft* am *Betreibungsort der Erbengemeinschaft* gemäss Art. 49 SchKG zu arrestieren, und zwar unabhängig davon, wo sich die einzelnen zur Erbschaft gehörenden Vermögensstücke befinden (BGE 109 III 90).

16 Kann eine unverteilte Erbschaft – beschränkt auf die Vermögenswerte des Nachlasses – als solche betrieben werden, so ist sie unter denselben Voraussetzungen auch im Rechtsöffnungsverfahren passivlegitimiert (BGE 113 III 79).

17 (i.V.m. Art. 22 SchKG) – Eine Erbschaft bzw. ein Nachlass kann als solche nicht Betreibungsgläubigerin sein, da sie betreibungsrechtlich nicht rechts- oder parteifähig ist. Die entsprechende Betreibung ist als solche nichtig (BS, AB, 10.07.1998, BlSchK 1999, S. 118).

Art. 50   3. Betreibungsort des im Ausland wohnenden Schuldners

¹ Im Auslande wohnende Schuldner, welche in der Schweiz eine Geschäftsniederlassung besitzen, können für die auf Rechnung der letztern eingegangenen Verbindlichkeiten am Sitze derselben betrieben werden.

² Im Auslande wohnende Schuldner, welche in der Schweiz zur Erfüllung einer Verbindlichkeit ein Spezialdomizil gewählt haben, können für diese Verbindlichkeit am Orte desselben betrieben werden.

I. Begriff Geschäftsniederlassung in der Schweiz

1 Der Wunsch eines Gläubigers, eine ausländische Gesellschaft in der Schweiz belangen zu können, vermag die Wiedereintragung einer im Handelsregister gelöschten schweizerischen Niederlassung, die keine Geschäfte mehr betreibt, nicht zu rechtfertigen. *Der Betreibungsort* gemäss dieser Bestimmung *hängt nicht von einer Eintragung im Handelsregister ab*. Er setzt das *Bestehen einer schweizerischen Geschäftsniederlassung* des im Ausland domizilierten Schuldners *voraus* (BGE 98 Ib 100).

2 Zum *Begriff der Geschäftsniederlassung einer im Ausland domizilierten Unternehmung*. Lehre und Rechtsprechung verstehen unter Geschäftsniederlassung entweder ein Geschäft im Sinne des Handelsregisterrechts, das eine für Dritte und gegen Entgelt produzierende private Leistungseinheit ist oder den Bestandteil eines Geschäfts, d.h. eine Leistungseinheit innerhalb eines zusammengesetzten Geschäftes. Im zweiten Fall stellt die Leistungseinheit jedenfalls dann eine Geschäftsniederlassung im Sinne von Art. 50 Abs. 1 SchKG dar, wenn sie auf die Dauer gerichtet ist sich als Zweigbetrieb und nicht als blosse Betriebsabteilung qualifiziert. Die dauernde Leistungseinheit innerhalb eines Geschäftes steht dabei im Gegensatz zur vorübergehenden. Der Zweigbetrieb geniesst wirtschaftlich und geschäftliche Selbständigkeit; er übt als Betrieb in eigenen Lokalitäten eine dauernde und gleichartige Tätigkeit wie das Hauptunternehmen aus. Jede Zweigniederlassung ist eine Geschäftsniederlassung im Sinne von Art. 50 Abs. 1 SchKG, jedoch nicht umgekehrt. Für das Vorliegen eines Betreibungsortes bleibt es gleichgültig, ob der Zweigbetrieb eine geschäftliche Leistungseinheit im engen oder weiten Sinn ist, also unmittelbar für Dritte produziert oder bloss dadurch, dass er mit ihrer Produktion einen Beitrag zur entgeltlichen Produktionstätigkeit leistet, welche das Geschäft für Dritte entfaltet. Auch eine gesonderte Buchhaltung ist kein Begriffsmerkmal einer Zweigniederlassung (LU, SchKKomm 17.01.1975, LGVE 1975 I Nr. 263).

3 Damit der im *Ausland wohnende Schuldner in der Schweiz betrieben werden kann, genügt es nicht, dass er hier ein Domizil verzeigt* oder sich für streitige *Prozesse der Gerichtsbarkeit eines schweizerischen Richters unterworfen hat*. Vielmehr muss aus der Vereinbarung deutlich hervorgehen, dass an dem betreffenden Ort die Erfüllung einer Verbindlichkeit stattfinden sollte. Dagegen ist nicht erforderlich, dass sich an dem betreffenden Ort Vermögen des Schuldners befinde (VD, KG SchKK, 11.08.1948, JT 97 II, S. 120, SJZ 1951, S. 61).

4 Betreibung einer *im Ausland domizilierten Aktiengesellschaft* am angeblichen *Sitz einer schweizerischen Zweigniederlassung, Betreibungsort*. Wenn die Schuldnerin den Zahlungsbefehl nicht angefochten, sondern lediglich Rechtsvorschlag erhoben hat, ist das Beschwerderecht verwirkt. – *Betreibungsart:* Pflicht des BA, nach einem (allenfalls gelöschten, aber nach Art. 40 SchKG noch beachtlichem) Eintrag im Handelsregister zu forschen. Nichtigkeit der Konkursandrohung beim Fehlen eines solchen Eintrages. Wird eine bisher fehlende Eintragung nachgeholt, so muss eine neue Konkursandrohung erfolgen (BGE 79 III 13).

5 Über eine Gesellschaft kann der Konkurs ohne vorgängige Betreibung nur am ordentlichen Betreibungsort eröffnet werden, über eine Aktiengesellschaft mithin an dem Orte, wo diese ihren Sitz hat und wo sie im Handelsregister eingetragen sein muss (BGE 107 III 53).

6 (i.V.m. Art. 31 der Wiener Konvention vom 24.04.1963 über die konsularischen Beziehungen) – Die Unverletzlichkeit von konsularischen Räumlichkeiten hat insbesondere zur Folge, dass die Behörden des Residenzstaates nicht befugt sind, gerichtliche Akten für Parteien, welche dort angeblich Domizil zur Vollstreckung einer Verbindlichkeit erwählt haben zuzustellen (GE, Autorité de surveillance, 30.04.1980, BlSchK 1982, S. 187).

II. Spezialdomizil

7 Zur Frage, ob durch den hier *vorliegenden Vertrag die Parteien ein Betreibungsdomizil vereinbart haben*. Ziff. 12 dieses Vertrages bestimmt: «Für die Beurteilung aller Rechtsverhältnisse zwischen dem Kreditnehmer und der Gläubigerin nimmt der Kreditnehmer Domizil bei der X-Gesellschaft in Luzern und anerkennt somit den Gerichtsstand in Luzern. Immerhin räumt er den X-Gesellschaft das ausdrückliche Recht ein, ihn an seinem jeweiligen Wohnsitz und nach dem gültigen Recht zu belangen.« Luzern» wird in dieser Vertragsbestimmung nicht ausdrücklich als Betreibungsort bezeichnet. Mit dem Gerichtsstand ist nicht ohne weiteres ein Spezialdomizil für die Betreibung gegeben. Aber die konkreten Umstände zeigen, dass die Parteien offenkundig Luzern als Betreibungsort erwählen wollten (LU, SchKKomm, 22.11.1948, Max. IX, Nr. 604).

8 *Begründung* eines betreibungsrechtlichen *Spezialdomizils in der Schweiz* für in der Schweiz *eingegangene Wechselverpflichtungen*. Die Frage, ob der Unterschrift des Wechselausstellers seine Schweizeradresse beigefügt wird, die Erwählung eines Spezialdomizils zu erblicken sei, ist nicht

endgültig entschieden. Sofern sich der Schuldner auf eine Betreibung einlässt, so steht der Durchführung der Betreibung nichts entgegen (BGE 79 III 15 und dort zitierte Entscheide). Es kann daher nicht Sache des BA sein, die Anhandnahme der Betreibung von Amtes wegen zu verweigern (LU, SchKKomm 10.02.1959, BlSchK 1960, S. 85).

9   Ein Spezialdomizil (Wahldomizil) für Massnahmen des Gläubigers geltendes Domizil fällt nicht notwendigerweise mit dem Orte zusammen, wo der Schuldner die Verbindlichkeit zu erfüllen hat. – Ob ein Wahldomizil oder bloss eine Zustelladresse gemeint sei, ist eine Frage der Auslegung (BGE 89 III 1).

10 *Das Spezialdomizil* für die auf Rechnung der *schweizerischen Geschäftsniederlassung eingegangenen Verbindlichkeiten hat keine Geltung für Forderungen anderer Art* (GE, Autorité de surveillance, 07.05.1975, BlSchK 1977, S. 122).

11 Es ist nicht erforderlich, dass die Geschäftsniederlassung in der Schweiz eines im Ausland wohnenden Schuldners im Handelsregister eingetragen ist, um den schweizerischen Betreibungsort zu begründen (BGE 114 III 6).

12 Die Begründung eines Spezialdomizils setzt eine Willenskundgabe des ausländischen Schuldners gegenüber einem bestimmten Gläubiger sowie ein Vertragsverhältnis zwischen diesen Beiden voraus. Der Parteiwille, insbesondere derjenige des ausländischen Schuldners, der sich freiwillig der Zwangsvollstreckung in der Schweiz zu unterziehen bereit erklärt, ist dafür eine unabdingbare Voraussetzung. Mit einer Gerichtsstandsvereinbarung ist noch nicht ohne Weiteres ein spezielles Betreibungsdomizil im Sinne von Art. 50 Abs. 2 SchKG gegeben. Dasselbe gilt, wenn Gläubiger und Schuldner einen bestimmten Erfüllungsort vereinbart haben (LU, SchKKomm 19.07.1991, LGVE 1991 I Nr. 41).

13 (i.V.m. Art. 91 und 149 SchKG) – Wird in einer Betreibung gegen einen im Ausland wohnenden Schuldner, welcher in der Schweiz zur Erfüllung einer Verbindlichkeit ein Spezialdomizil gewählt hat, eine (ergebnislose oder die Forderung nicht voll deckende) Pfändung vollzogen, hat der Gläubiger Anspruch auf die Ausstellung eines Verlustscheines auch dann, wenn der Schuldner der Pfändung nicht beiwohnte. Die Möglichkeit, dass der Schuldner im Ausland Vermögenswerte besitzen könnte, ist kein Grund, die Ausstellung eines Verlustscheines zu verweigern (Bez.Gericht Zürich, BlSchK 1987, S. 59).

14 (i.V.m. Art. 46 Abs. 1 und 48 SchKG) – Wer seinen schweizerischen Wohnsitz aufgibt, kann an diesem ordentlichen Betreibungsorte nicht mehr betrieben werden. Massgebend ist die Gesamtheit der Lebensumstände einer Person, wobei die Schriftenniederlegung immer nur ein Indiz für die Absicht des dauernden Verbleibens bildet, das selbstständig zu würdigen ist. Für die Betreibung an einem schweizerischen Aufenthaltsort genügt die bloss zufällige Anwesenheit des Schuldners nicht. Bei Wohnsitz im Ausland oder bei Fehlen eines festen Wohnsitzes überhaupt, kann der Schuldner an dem von ihm gewählten Spezialdomizil betrieben werden; der Zahlungsort auf einem Wechsel gilt als solcher nur bei eindeutigen Ortsangaben (BGE 119 III 54).

15 Die nicht im Handelsregister eingetragene Zweigniederlassung in der Schweiz einer Aktiengesellschaft mit Sitz im Ausland ist dort zu betreiben, wo sie tatsächlich ihre Geschäftstätigkeit ausübt. – Der Gläubiger, der beim zuständigen BA einen unwidersprochen gebliebenen Zahlungsbefehl erwirkt hat, kann beim örtlich zuständigen BA die Fortsetzung der Betreibung verlangen (GE, Autorité de surveillance, 07.11.1984, BlSchK 1985, S. 215).

16 Der Betreibungsstand des gewählten Spezialdomizils eines im Ausland wohnenden Schuldners wird nicht schon durch eine Gerichtsstandsklausel oder die Vereinbarung des Erfüllungsortes für die Schuld geschaffen (ZH, ObGer, II. Ziv.Kammer, 24.09.1957, ZR 1960, Nr. 94, BlSchK 1961, S. 100).

17 Die *Begründung eines Spezialdomizils* wird angenommen, wenn zwischen den Parteien des Rechtsverhältnisses, auf das sich die Betreibungsforderung stützt, ausdrücklich ein schweizerisches Betreibungsdomizil, auch bei Wohnsitz des Schuldners im Ausland vereinbart wurde oder dies sich sinngemäss der zwischen den Parteien getroffenen Vereinbarung entnehmen lässt (BL, ObGer, 20.03.1993, SJZ 1994, S. 330).

18 Eine gegenüber dem BA bekannt gegebene *Vollmacht* an eine in der Schweiz wohnhafte Person *zur Entgegennahme betreibungsamtlicher Dokumente* allein *genügt hierfür nicht*. Daran ändert auch der in der Vollmacht enthaltene Satz, dass die Bevollmächtigte als Zustelladresse agierten, nichts. Damit wird nur die im ersten Satz der Vollmacht verliehene Befugnis der Bevollmächtigten zur Entgegennahme von betreibungsamtlichen Dokumenten mit andern Worten umschrieben (BL, ObGer, 20.03.1993, SJZ 1994, S. 330).

19 (Abs. 2) – Für die Bestimmung eines Spezialdomizils durch den Schuldner gibt es keine Formvorschriften (NE, AB, 27.04.1995, BlSchK 1996, S. 176).

20 (Abs. 2 i.V.m. Art. 74 SchKG) – Am Spezialdomizil erhobener Rechtsvorschlag. – Der BB hat sich zu vergewissern, dass die Person, welcher der Zahlungsbefehl am gewählten Spezialdomizil zugestellt wird und welche Rechtsvorschlag erhebt, dazu auch befugt ist. Ist dies nicht der Fall, ist der Rechtsvorschlag als ungültig zu bezeichnen (NE, AB, 07.07.1995, BlSchK 1996, S. 179).

21 (Abs. 2 i.V.m. Art. 54 und 158 SchKG) – Betreibungsort des im Ausland wohnenden Schuldners. Das gewählte Spezialdomizil gilt nur gegenüber demjenigen Gläubiger, gegen welchem die Domizilerklärung erfolgt ist. Da am Konkurs eine Vielzahl von Gläubigern beteiligt sein können, ist die Konkursbetreibung an diesem Spezialdomizil ausgeschlossen. Darüber, ob die Voraussetzungen eines Konkurses ohne vorgängige Betreibung am letzten Schweizer Wohnsitz des Schuldners gegeben sind, hat der Konkursrichter und nicht die AB zu entscheiden (GE, Autorité de surveillance, 11.06.1997, BlSchK 1999, S. 99).

22 Für die Vereinbarung eines betreibungsrechtlichen Spezialdomizils in der Schweiz bedarf es keiner besonderen Form. Enthält die Vereinbarung keine Vollmacht an den Gläubiger oder eine andere Person zur Entgegennahme von Betreibungsurkunden, müssen diese gemäss Art. 66 Abs. 3 SchKG dem Schuldner im Ausland zugestellt werden (BS, AB, 18.01.2002, BlSchK 2002, S. 195).

23 Zur Wahl eines Spezialdomizils gemäss Abs. 2. Aus einem solchen Spezialdomizil ergibt sich nicht auch schon der Zustellungsort für die Betreibungsurkunden gemäss Art. 66 Abs. 1 SchKG (BS, AB, 18.01.2002, BJM 2002, S. 323).

Art. 51 4. Betreibungsort der gelegenen Sache

¹ Haftet für die Forderung ein Faustpfand, so kann die Betreibung entweder dort, wo sie nach den Artikeln 46–50 stattzufinden hat, oder an dem Ort, wo sich das Pfand oder dessen wertvollster Teil befindet, eingeleitet werden.

² Für grundpfandgesicherte Forderungen findet die Betreibung nur dort statt, wo das verpfändete Grundstück liegt. Wenn die Betreibung sich auf mehrere, in verschiedenen Betreibungskreisen gelegene Grundstücke bezieht, ist dieselbe in demjenigen Kreise zu führen, in welchem der wertvollste Teil der Grundstücke sich befindet.

I. Faustpfänder

1 Faustpfandbetreibungen können entweder am Wohnsitz des Schuldners oder am Ort der gelegenen Sache angehoben werden. – Wird ein *gepfändeter Gegenstand bei einem Faust- oder Mietpfandgläubiger* zwecks Verwertung *im Pfändungsverfahren einbezogen*, so ist er *nach Rückzug* des entsprechenden Begehrens *wiederum in den Gewahrsam des Pfandgläubigers zurückzugeben* (BS, AB, 14.04.1965, BlSchK 1966, S. 47).

2 *Verpfändete Forderungen, die nicht in einem Wertpapier verkörpert sind*, befinden sich am Wohnsitze des Pfandgläubigers. – Ein Wertpapierdepot, das der Bank verpfändet ist, die das Depotkonto führt, befindet sich am Sitze dieser Bank, wo immer die einzelnen Papiere aufbewahrt werden (BGE 105 III 117).

II. Grundpfänder

3 Hat der Schuldner gegen eine am *unrichtigen Ort eingeleitete Betreibung auf Grundpfandverwertung* weder Rechtsvorschlag noch Beschwerde erhoben, so kann der Grundpfandgläubiger *trotzdem*

beim BA des richtigen Betreibungsortes (also am Ort der gelegenen Sache) das *Verwertungsbegehren stellen* (TG, Rekurskomm. 04.07.1960, BlSchK 1962, S. 47).

4 (i.V.m. Art. 41 Abs. 1bis SchKG) – Betreibungen für grundpfandversicherte Forderungen sind ausschliesslich am Ort der gelegenen Sache anzuheben (BS, AB, 04.07.1967, BJM 1968, S.74).

5 Am *Wohnsitz* des Schuldners *erlassene Zahlungsbefehle* für *pfandgesicherte Forderungen* bezüglich eines in einem *anderen Betreibungskreis liegenden Grundstückes* sind bei Geltendmachung des beneficium excussionis realis wegen Nichtigkeit aufzuheben. Stillschweigen des Gläubigers zur Frage, ob die in Betreibung gesetzte Forderung identisch mit einer durch definitives Bauhandwerkerpfandrecht gesichert sei, wird als Zustimmung betrachtet (BS, AB, 17.03.1970, BlSchK 1971, S. 137).

6 (i.V.m. Art. 836 ZGB; Art. 109 Berner EG z. ZGB). – Für Forderungen der Gemeinden im Kanton Bern, für *Wasserzins, Grundgebühr und Zählermiete besteht kein gesetzliches Grundpfandrecht*. Ort der Betreibung ist daher der Wohnsitz des Schuldners (BE, AB, 27.01.1977, ZBJV 1978, S. 363).

Art. 52   5. Betreibungsort des Arrestes

Ist für eine Forderung Arrest gelegt, so kann die Betreibung auch dort eingeleitet werden, wo sich der Arrestgegenstand befindet. Die Konkursandrohung und die Konkurseröffnung können jedoch nur dort erfolgen, wo ordentlicherweise die Betreibung stattzufinden hat.

1 Arrestbetreibung gegen eine *unverteilte ausländische Erbschaft* – Die Betreibungsurkunden können an einen vom Gläubiger angegebenen Vertreter der Erbengemeinschaft zugestellt werden (SO, AB, 26.04.1949, ObGer-Bericht 1949, S. 184, BlSchK 1952, S. 43).

2 *Fällt der Arrestort mit dem ordentlichen Betreibungsort des Schuldners zusammen,* so braucht sich die Arrestbetreibung nicht auf die Pfändung und Verwertung der Arrestobjekte zu beschränken (BE, AB, 22.01.1960, BlSchK 1961, S. 50)

3 *Kann Einrede des vertraglichen Gerichtsstandes* in einer Arrestprosequierungsbetreibung *auf dem Beschwerdeweg geltend gemacht werden*? Frage (andeutungsweise, aber überzeugend) verneint (BS, AB, 10.09.1965, BlSchK 1966, S. 44).

4 Das Forum einer am Arrestort angehobenen Prosequierungsbetreibung kann nicht in Frage gestellt werden, solange kein Einspracheentscheid gegen den Arrestbefehl (Art. 279) getroffen worden ist; wird die Einsprache gegen den Arrestbefehl gutgeheissen, so ist das Amt gehalten, den Vollzug des Arrestes und die diesem folgenden Akte aufzuheben (GE, Autorité de surveillance, 02.12.1981, BlSchK 1983, S. 137/138).

5 Bei der *Arrestbetreibung setzt der Pfändungsanschluss voraus,* dass *sich der Arrest auf in der Hauptpfändung mit Beschlag belegte Vermögenswerte erstreckt,* dass der *Arrest durch Einleitung der Betreibung prosequiert* und dass im Rahmen dieser Betreibung *innert der Frist des Art. 110 Abs. 1 SchKG das Pfändungsbegehren gestellt werde* (BGE 110 III 27, Praxis 73, Nr. 226).

6 (i.V.m. Art. 110 und 281 SchKG) – *Die Teilnahme von anderen* (gewöhnlichen*) Gläubigern* an einer *am Arrestort erwirkten Pfändung* im Rahmen einer dort erwirkten Arrestprosequierungsbetreibung *ist ausgeschlossen* (GE, Autorité de surveillance, 20.08.1980, BlSchK 1982, S. 225).

7 *Voraussetzung für den Hinfall einer Arrestprosequierungsbetreibung* und – damit verbunden – die Gegenstandslosigkeit des anschliessenden Rechtsöffnungsverfahrens, insbesondere wegen Erfolglosigkeit des Arrests. – Ein Rechtsöffnungsverfahren ist dann als gegenstandslos abzuschreiben, wenn die Arrestbetreibung durch eine nachträgliche Aufhebung des Arrests dahingefallen ist oder wenn in einer auf den Arrestort beschränkten Arrestbetreibung sich der Arrestvollzug im Nachhinein als gänzlich erfolglos erweist. Wenn der Arrestort und der ordentliche Betreibungsort zusammenfällt, ist die Voraussetzung für den Hinfall der Betreibung nicht erfüllt, solange nicht feststeht, ob sich die Arrestprosequierungsbetreibung auf die Arrestgegenstände beschränkt oder nicht (LU, SchKKomm, 03.12.1985, LGVE 1985 I 35, BlSchK 1988, S. 181).

8   *Ort der Betreibung gegen den Arrestgläubiger* – Eine Arrestnahme eröffnet dem Arrestschuldner in einer gegen den Arrestgläubiger gerichteten Betreibung nicht den Betreibungsort des Arrestes, im Unterschied zum umgekehrten Fall (BGE 112 III 81).

9   Über eine Gesellschaft kann der Konkurs ohne vorgängige Betreibung nur am ordentlichen Betreibungsort eröffnet werden, über eine Aktiengesellschaft mithin an dem Ort, wo diese ihren Sitz hat und wo sie im Handelsregister eingetragen sein muss (BGE 107 III 7, VD, Tribunal cantonal, 06.11.1980, BlSchK 1981, S. 142).

Art. 53   C. Betreibungsort bei Wohnsitzwechsel

Verändert der Schuldner seinen Wohnsitz, nachdem ihm die Pfändung angekündigt oder nachdem ihm die Konkursandrohung oder der Zahlungsbefehl zur Wechselbetreibung zugestellt worden ist, so wird die Betreibung am bisherigen Orte fortgesetzt.

1   Einfluss des Wohnsitzwechsels des Schuldners auf die *Zuständigkeit des Rechtsöffnungsrichters.* – Bei Wohnsitzwechsel nach Zustellung des Zahlungsbefehls, ist der neue Wohnort für die Rechtsöffnung massgebend (TG, Rekurskomm. 16.12.1946, BlSchK 1948, S. 82).

2   Verlegt der Betriebene seinen Wohnsitz nach Einleitung des Rechtsöffnungsverfahrens, berührt dies die Zuständigkeit des Rechtsöffnungsrichters – entgegen Art. 53 SchKG – nicht mehr (ZH, ObGer, II. Ziv.Kammer, 14.03.1992, ZR 1991, Nr. 63).

3   Der Richter des Betreibungsortes kann über ein Rechtsöffnungsgesuch entscheiden; er hat von Amtes wegen seine Zuständigkeit zu prüfen, wenn der Schuldner seinen Wohnsitz nach Zustellung des Zahlungsbefehls gewechselt hat (VD, Tribunal cantonal, 06.04.1978, BlSchK 1980, S. 42).

4   Requisitionsweise Revision einer Lohnpfändung durch das BA des neuen Wohnortes, wenn der Schuldner *während der Dauer der Lohnpfändung den Wohnort gewechselt hat* (BE, AB, 30.07.1947, ZBJV 1948, S. 185, BlSchK 1949, S. 42).

5   Das Amt, in dessen Kreis der Schuldner zur Zeit der *ersten gültigen Pfändungsankündigung seinen Wohnsitz hatte, bleibt für das weitere Verfahren zuständig.* Verändert der Schuldner seinen Wohnsitz im Laufe einer Betreibung, so ist von Amtes wegen zu prüfen, ob dies vor oder nach jenem Zeitpunkt geschehen ist (BGE 80 III 99).

6   Der Aufenthalt im Ausland, auch aufgrund eines langfristigen Anstellungsvertrages, hebt den schweizerischen Betreibungsort noch nicht ohne Weiteres auf (SG, AB, 28.06.1955, BlSchK 1957, S. 138, SJZ 1959, S. 45).

7   Art. 53 *bestimmt nicht den Gerichtsstand der Nachlassstundung* (BS, Appellationsgerichtsausschuss, 10.08.1957, BJM 1957, S. 279.

8   Der Schuldner, der zur Zeit der Pfändungsankündigung die durch *konkludente Handlungen* und *ausdrückliche Erklärungen bezeugte Absicht* hat, sich an *einem bestimmten Ort dauernd niederzulassen, hat dort seinen Wohnsitz,* auch wenn er sich in jenem Zeitpunkt krankheitshalber anderswo aufhält (BGE 89 III 7).

9   *Erlässt ein Amt eine Konkursandrohung* (bzw. Pfändungsankündigung oder Zahlungsbefehl zur Wechselbetreibung) *nach Wohnsitzwechsel des Schuldners,* so ist die entsprechende Betreibungsurkunde nichtig und zwar selbst dann, wenn der Schuldner seine Wohnsitzveränderung dem Amt nicht gemeldet und den Erlass der betreffenden Urkunde nicht innert der ordentlichen Beschwerdefrist angefochten hat. Zur Aufhebung hängiger Konkursbegehren aufgrund nichtiger Konkursandrohungen ist nicht die AB zuständig; dagegen sind dem Konkursrichter Beschwerdeschrift und -entscheid bezüglich der betreffenden Konkursandrohungen zur Kenntnis zu bringen (BS, AB, 16.06.1980, BlSchK 1984, S. 208/209).

10 Gegen die Pfändungsankündigung am unrichtigen Betreibungsort kann sich der Schuldner nur beschweren, wenn seit Erlass des Zahlungsbefehls ein Wohnsitzwechsel stattgefunden hat, nicht

aber dann, wenn die Pfändung am Betreibungsort des Zahlungsbefehls ergeht und gegen den Zahlungsbefehl keine Beschwerde geführt worden ist (SZ, KG, 13.03.2000, BlSchK 2000, S. 177).

11 Anwendung von Art. 53 SchKG auf den Konkurs ohne vorgängige Betreibung. – Art. 53 SchKG ist auch auf den Konkurs ohne vorgängige Betreibung anwendbar. Der Richter, der im Zeitpunkt der Zustellung der Vorladung zur Konkursverhandlung an den Schuldner örtlich zuständig ist, bleibt es auch dann, wenn dieser in der Folge sein Domizil wechselt (BGE 121 III 13).

12 (i.V.m. Art. 190 SchKG) – Art. 53 ist auch auf den Konkurs ohne vorgängige Betreibung anwendbar. Der Richter, der im Zeitpunkt der Zustellung der Vorladung zur Konkursverhandlung an den Schuldner örtlich zuständig ist, bleibt es auch dann, wenn dieser in der Folge sein Domizil wechselt (BGE 119 III 13).

13 Die *Eintragungswirkungen der Verlegung des Firmensitzes beginnen erst mit dem Eintrag ins HR*, weshalb bis dahin die am bisherigen Sitz vorgenommenen betreibungsrechtlichen Handlungen ihre Wirkungen behalten. Nach der Registereintragung muss die Betreibung, die noch nicht bis zur gültigen Pfändung oder Konkursandrohung gelangt ist, am neuen Sitz angehoben werden oder fortgesetzt werden (Konkursrichter Bezirk Zürich, 01.07.1993, ZR 1995, Nr. 54).

14 *Massgebend für den Zeitpunkt der Sitzverlegung einer AG* ist gemäss BGE 116 III 1 ff. nicht die Publikation im Schweizerischen Handelsamtsblatt, sondern die Eintragung im Handelsregister. Abzustellen ist dabei nicht auf die Eintragung der Löschung im Handelsregister am ehemaligen Sitz, sondern auf das Eintragungsdatum der Sitzverlegung am neuen Domizil (AG, ObGer, 18.02.1994, BlSchK 1994, S. 132).

Art. 54　D. Konkursort bei flüchtigem Schuldner

Gegen einen flüchtigen Schuldner wird der Konkurs an dessen letztem Wohnsitze eröffnet.

1 Bei Schuldenflucht ist auch *die Spezialexekution* (Einzelbetreibung) zulässig (LU, SchKKomm 20.05.1949, Max. IX, Nr. 694, BlSchK 1952, S. 78).

2 (i.V.m. Art. 50 Abs. 2 und Art. 158 SchKG) – Betreibungsort des im Ausland wohnenden Schuldners. Das gewählte Spezialdomizil gilt nur gegenüber demjenigen Gläubiger, gegenüber welchem die Domizilerklärung erfolgt ist. Da am Konkurs eine Vielzahl von Gläubigern beteiligt sein können, ist die Konkursbetreibung an diesem Spezialdomizil ausgeschlossen. Darüber, ob die *Voraussetzungen eines Konkurses ohne vorgängige Betreibung* am letzten Schweizer Wohnsitz des Schuldners gegeben sind, hat *der Konkursrichter* und nicht die AB zu entscheiden (GE, Autorité de surveillance, 11.06.1997, BlSchK 1999, S. 99).

Art. 55　E. Einheit des Konkurses

Der Konkurs kann in der Schweiz gegen den nämlichen Schuldner gleichzeitig nur an einem Orte eröffnet sein. Er gilt dort als eröffnet, wo er zuerst erkannt wird.

1 Stellt ein Gläubiger in der *Wechselbetreibung das Konkursbegehren*, so kann darüber entschieden werden, auch wenn ein Rechtsmittelverfahren betreffend eine vorangehende Konkurseröffnung noch anhängig ist (ZH, ObGer, III. Ziv.Kammer, 04.09.1958, SJZ 1958, S. 347).

2 *Mehrfache Konkurseröffnung* über denselben Schuldner ist möglich, wenn zur Zeit der Behandlung eines späteren Konkursbegehrens ein Rechtsmittel gegen die frühere Konkurseröffnung anhängig ist und ihm die aufschiebende Wirkung erteilt worden ist (ZH, ObGer, II. Ziv.Kammer, 29.05.1969, Kassationsgericht, 17.07.1959, ZR 1961, Nr. 95, BlSchK 1963, S. 71).

3 (i.V.m. Art. 175 SchKG) – Zeitpunkt der Konkurseröffnung und Einheit des Konkurses – Der gleichzeitig mit mehreren Konkursbegehren befasste Richter entscheidet über jedes Begehren, spricht die Konkurseröffnung aber nur einmal auf einen bestimmten Zeitpunkt aus (FR, Tribunal Cantonal, 07.12.2004, RFJ 2005, S. 52).

4 Konkurs der Schweizerfiliale eines Unternehmens, dessen Hauptsitz sich in Frankreich befindet (Art. 6 des französisch-schweizerischen Vertrages über den Gerichtsstand und die Vollziehung von Urteilen in Zivilsachen vom 15.06.1869). – Solange der Konkurs über die Firma am Hauptsitz nicht eröffnet worden ist, verletzt der schweizerische Richter den Grundsatz der Einheit des Konkurses nicht, wenn er die Eröffnung über das Filialunternehmen ausspricht. Seine Zuständigkeit ist deshalb zu bejahen (BGE 93 I 716).

III. Geschlossene Zeiten, Betreibungsferien und Rechtsstillstand

Art. 56 A. Grundsätze und Begriffe

Ausser im Arrestverfahren oder wenn es sich um unaufschiebbare Massnahmen zur Erhaltung von Vermögensgegenständen handelt, dürfen Betreibungshandlungen nicht vorgenommen werden:
1. in den geschlossenen Zeiten, nämlich zwischen 20 Uhr und 7 Uhr sowie an Sonntagen und staatlich anerkannten Feiertagen;
2. während der Betreibungsferien, nämlich sieben Tage vor und sieben Tage nach Ostern und Weihnachten sowie vom 15. Juli bis zum 31. Juli; in der Wechselbetreibung gibt es keine Betreibungsferien;
3. gegen einen Schuldner, dem der Rechtsstillstand (Art. 57–62) gewährt ist.

I. Allgemeines

1 Grundgedanke der Betreibungsferien: Der Schuldner soll während bestimmten Zeiten der Sorge um gegen ihn gerichtete Betreibungen enthoben sein (BGE 96 III 77).

2 Auf Entscheide betreffend die Aufhebung oder Einstellung der Betreibung gelangen weder die kantonalrechtlichen Vorschriften über die Gerichtsferien noch die bundesrechtlichen Bestimmungen über die Betreibungsferien zur Anwendung (LU, SchK Komm. 04.02.1977, LGVE 1977 I 382).

3 Das Verbot der Vornahme von Betreibungshandlungen richtet sich nur insofern an die AB, als diese selbständig in das Verfahren eingreifen und dem BB die Vornahme einer Betreibungshandlung vorschreiben. Wenn demgegenüber die AB nur über die Begründetheit einer Beschwerde oder eines Rekurses entscheiden, liegt keine Betreibungshandlung im Sinne dieses Artikels vor. Die Vorschrift von Art. 63 SchKG, wonach die Frist bis zum dritten Tag nach dem Ende der Ferienzeit oder des Rechtstillstandes verlängert wird, ist deshalb nicht anwendbar, wenn ein solcher Entscheid einer AB weitergezogen wird (BGE 115 III 6 und 11).

4 Über eine Aberkennungsklage kann auch in den Betreibungsferien entschieden werden (BS, Dreiergericht 18.12.1956, BJM 1957, S. 226).

5 Eine bei der Europäischen Menschenrechtskommission eingereichte Beschwerde hindert die Fortsetzung der Betreibung nicht (GR, AB, 25.08.1976, BlSchK 1978, S. 176).

6 Sobald in einer Betreibung auf Grundpfandverwertung die Steigerung durchgeführt ist und der Zuschlag nicht mehr angefochten werden kann, kommt Art. 56 Ziff. 2 SchKG nicht mehr zur Anwendung. Für den Schuldner, der während der Betreibungsferien auf dem Amt vom Verteilungsplan Kenntnis erhält, beginnt die Frist zur Erhebung einer Beschwerde deshalb nicht erst nach Ende der Ferien zu laufen (BGE 114 III 60).

7 Der *Samstag gilt nicht als staatlich anerkannter Feiertag* im Sinne dieser Bestimmung. An Samstagen dürfen deshalb unter anderem Pfändungen vollzogen werden (BE, AB, 15.02.1995, BlSchK 1995, S. 155).

8 *Die Vorschriften* über die Betreibungsferien und den Rechtsstillstand sind auf die *Verfügungen des Sachwalters im Nachlassverfahren* und auf die Frist zur Beschwerde gemäss Art. 295 Abs. 3 SchKG *nicht anwendbar* (BGE 73 III 91).

Zweiter Titel: Schuldbetreibung Art. 56

II. Sichernde Massnahmen

9 Nach der Praxis der Basler Gerichte gehört eine *Konkurseröffnung ohne vorgängige Betreibung* zu den sichernden Massnahmen im Sinne dieser Bestimmung, weshalb über ein entsprechendes Begehren auch während des Rechtsstillstandes entschieden werden kann (BS, Ziv.Gericht, 21.12.1959, Appellationsgericht 18.03.1960; eine staatsrechtliche Beschwerde gegen diesen Entscheid am 13.07.1960 durch BGer abgewiesen, BJM 1960, S. 125).

10 Die in *Art. 98 ff. SchKG* vorgesehenen *Sicherungsmassnahmen* dienen der Erhaltung von Vermögenswerten und können *in dringenden Fällen* deshalb auch *während der Betreibungsferien angeordnet werden* (BGE 107 III 67).

III. Betreibungshandlungen

11 Während der Betreibungsferien vorgenommene Betreibungshandlungen sind unwirksam, wenn sie gemäss ihrem Wortlaut sofort in Kraft treten sollen (BGE 100 III 12).

12 Die Zustellung von Betreibungsakten während der Betreibungsferien hat als einzige Konsequenz, dass sie ihre Wirkungen bis nach Ablauf der Betreibungsferien hinausschiebt, wie wenn die Zustellung am ersten darauf folgenden Werktag erfolgt wäre (FR, Cour de cassation civile, 06.05.1980, BlSchK 1983, S. 25).

13 Die *Voraussetzungen* für die ausnahmsweise *Zustellung einer Betreibungsurkunde während* den gemäss Art. 56 Ziff. 1 *verbotenen Zeiten* sind erfüllt, wenn die Zustellungsversuche *durch die Post als auch durch die Polizei scheiterten*. Die Zustellung führt nicht zur Ungültigkeit des Zahlungsbefehls, sondern sie bewirkt nur, dass die Kenntnisnahme als am nächstfolgenden Werktag erfolgt gilt und die Rechtsvorschlags- und Rechtsmittelfrist erst ab diesem Zeitpunkt zu laufen beginnt (BL, AB, 31.08.1992, BlSchK 1994, S. 100; SJZ 1993, S. 344).

14 Die *Zustellung während der Betreibungsferien* macht Betreibungshandlungen *nicht ungültig*. Dagegen werden ihre Wirkungen auf den später liegenden ersten möglichen Tag der Zustellung verlegt (BL, AB, 19.11.1945, BlSchK 1947, S. 143; *weitere Entscheide:* BGE 82 III 51, BE, 14.04.1956, BlSchK 1957, S. 105, BE 25.08.1969, BlSchK 1971, S. 53, BGger. SchKK, 16.07.1968, BlSchK 1970, S. 22, GE, 03.11.1982, BlSchK 1984, S. 59, BGE 121 III 284).

15 Die Missachtung von Ziff. 2 hat einzig zur Folge, dass die Betreibungshandlung ihre Rechtswirkung erst am ersten Tag nach Ablauf der Betreibungsferien entfaltet (BGE 121 III 284) (127 III 173/176).

16 Zulässigkeit der *Zustellung eines Zahlungsbefehls an einem Samstag*. Der Samstag ist weder ein Sonntag noch ein staatlich anerkannter Feiertag im Sinne dieses Artikels (i.V.m. Art. 69 SchKG) – Die Ausstellung des Zahlungsbefehls bringt den Betreibenden seinem Ziel (noch) nicht näher und greift in die Rechtsstellung des Betriebenen nicht ein, weshalb sie nicht zu jenen Betreibungshandlungen gehört, die in den Betreibungsferien nicht vorgenommen werden dürfen. Gemäss Art. 38 Abs. 2 beginnt die Schuldbetreibung erst mit der Zustellung des Zahlungsbefehls (BGE 120 III 9).

17 Zur Frage der *Wirksamkeit einer Pfändung*, die dem Schuldner *nicht angekündigt und erst nach 20 Uhr vorgenommen wird*. Der Umstand, dass eine Lohnpfändung dem Schuldner nicht zuvor angekündigt wurde, macht sie nach der Rechtsprechung nicht ungültig, wenn der Schuldner tatsächlich beiwohnte und dabei seine Rechte waren konnte (BGE 79 III 150, vgl. auch BGE 77 III 106/107).

18 Eine *während der Betreibungsferien vollzogene Pfändung*, die wegen des Verhaltens des Schuldners vor den Betreibungsferien nicht mehr vollzogen werden konnte, ist gültig. Nur ihre Wirkungen werden auf den später liegenden ersten möglichen Tag der Zustellung verlegt (ZH, BezGer, 27.04.1951, BlSchK 1952, S. 141).

19 *Zustellung einer Pfändungsurkunde* während der Betreibungsferien hat keine Nichtigkeit zur Folge; vielmehr entfaltet die Zustellung ihre Wirkung erst am ersten Tag nach Ablauf der Ferien (BS, AB, 09.02.1971, BlSchK 1972, B. 141).

20 *Findet sich der Schuldner zum* ordnungsgemäss *angekündigten Pfändungsvollzug nicht ein*, ist das BA befugt, *die Pfändung in seiner Abwesenheit zu vollziehen*, indem es Vermögenswerte, von denen es aus einer früheren Betreibung Kenntnis hat, mit Beschlag belegt. Die *Pfändung entfaltet ihre*

Wirkungen jedoch erst *mit der Zustellung der Pfändungsurkunde an den Schuldner*. Dass die Pfändungsurkunde während der Betreibungsferien aufgenommen wurde, ist in einem solchen Falle unerheblich, vorausgesetzt, dass sie erst nach dem Betreibungsstillstand zugestellt wurde (BGE 112 III 14).

IV. In Rechtsöffnungssachen

21 Wird eine Rechtsöffnungsverfügung während der Betreibungsferien zugestellt, so treten die Wirkungen erst nach deren Ablauf ein; die Frist zur Nichtigkeitsbeschwerde beginnt erst da zu laufen (ZH, ObGer, III. Ziv.Kammer, 07.02.1963, ZR 1963, Nr. 104).

22 Die Rekursfrist gegen einen während der Betreibungsferien zugestellten Rechtsöffnungsentscheid beginnt am ersten Werktag nach Ablauf der Ferien zu laufen (LU, SchKKomm 21.07.1985, LGVE 1985 I 36, BlSchK 1987, S. 187).

23 Auf die Rechtsmittelfristen in Rechtsöffnungsverfahren finden nicht die Ferienbestimmungen der kantonalen ZPO, sondern ausschliesslich diejenigen des SchKG Anwendung (LU, SchKKomm, 09.05.1990, LGVE 1990 I 34).

V. In Konkurssachen

24 Die Handlungen des KA und der Konkursverwaltung sind keine Betreibungshandlungen im Sinne dieser Bestimmung BGE 96 III 77).

25 Die in Art. 309 SchKG zur Verfügung gestellte zwanzigtägige Frist wird gewahrt durch das vom Gläubiger innert der zufolge Betreibungsferien gemäss Art. 63 SchKG eintretenden Fristverlängerung gestellte Konkursbegehren (LU, SchKKomm 13.11.1947, Max. IX, Nr. 525, BlSchK 1949, S. 140/141).

26 Rechtsstillstand und Betreibungsferien gelten auch für die Konkurseröffnung und die Rekursfrist gegen eine solche (ZH, ObGer, II. Ziv.Kammer, 233.01.1951, ZR 1955, Nr. 156).

27 Bei der Berechnung der Rechtsmittelfristen gegen ein Konkurserkenntnis sind die Vorschriften über die Betreibungsferien zu beachten (LU, SchKKomm, 16.10.1984, LGVE 1984 I 29).

Art. 57 B. Rechtsstillstand
1. Wegen Militär-, Zivil- oder Schutzdienst
a. Dauer

¹ Für einen Schuldner, der sich im Militär-, Zivil- oder Schutzdienst befindet, besteht während der Dauer des Dienstes Rechtsstillstand.

² Hat der Schuldner vor der Entlassung oder Beurlaubung mindestens 30 Tage ohne wesentlichen Unterbruch Dienst geleistet, so besteht der Rechtsstillstand auch noch während der zwei auf die Entlassung oder Beurlaubung folgenden Wochen.

³ Für periodische familienrechtliche Unterhalts- und Unterstützungsbeiträge kann der Schuldner auch während des Rechtsstillstandes betrieben werden.

⁴ Schuldner, die aufgrund eines Arbeitsverhältnisses zum Bund oder zum Kanton Militär- oder Schutzdienst leisten, geniessen keinen Rechtsstillstand.

1 Ein *Militärpatient*, der sich in Heimpflege befindet und Leistungen der Militärversicherung erhält, hat *kein Anspruch auf Rechtsstillstand*. Er untersteht nicht der militärischen Befehlsverhältnis und trägt auch keine Uniform (BE, AB, ZBJV 1931, S. 144 und 17.02.1949, BlSchK 1950, S. 84).

2 Der Rechtsstillstand *gilt nicht für* einen in einer *Klinik untergebrachten Patienten* der Militärversicherung, der *keinen Sold, sondern eine Invalidenrente bezieht* (BGE 95 III 6).

3 Das BA hat dem Schuldner den *in einer Lohnpfändung abgezogenen Lohn zurückzuzahlen, der ihm während seinem Militärdienst abgezogen worden ist* (GE, Autorité de surveillance, 19.01.1977, BlSchK 1981, S. 39).

4 Rechtsstillstand aufgrund dieser Bestimmung besteht auch während eines freiwilligen Einsatzes für die OSZE (BL, AB, 10.02.1998, SJZ 1999, S. 356, BlSchK 1999, S.138).

5 Zustellung des Zahlungsbefehls während des Militärdienstes. Die Zustellung eines Zahlungsbefehls während des Rechtsstillstandes wegen Militärdienst oder wegen anderen Gründen hat entgegen einer älteren Bundesgerichtspraxis (BGE 67 III 69) nicht die Nichtigkeit zur Folge, sondern ist lediglich anfechtbar. Die Anfechtungsfrist läuft ab Beendigung des Rechtsstillstandes (BL, AB, 06.07.1999, BlSchK 2000, S. 181).

6 Die *Zustellung* von Zahlungsbefehlen während *eines Zivildienstes* des Betriebenen ist nichtig (BGE 127 III 173).

7 Der Gläubiger kann das *Konkursbegehren gültig stellen*, unbekümmert um den Militärdienst des Schuldners (BE, App.Hof, II. Ziv.Kammer, 17.06.1955, ZBJV 1956, S. 235).

8 Die Ausstellung des *Urteils im Forderungsprozess nach Art. 79 SchKG* ist trotz der darin eingeschlossenen definitiven Rechtsöffnung keine Betreibungshandlung (BGE 81 III 133/134).

Art. 57a   b. Auskunftspflicht Dritter

¹ Kann eine Betreibungshandlung nicht vorgenommen werden, weil der Schuldner sich im Militär-, Zivil- oder Schutzdienst befindet, so sind die zu seinem Haushalt gehörenden erwachsenen Personen und, bei Zustellung der Betreibungsurkunden in einem geschäftlichen Betrieb, die Arbeitnehmer oder gegebenenfalls der Arbeitgeber bei Straffolge (Art. 324 Ziff. 5 StGB) verpflichtet, dem Beamten die Dienstadresse und das Geburtsjahr des Schuldners mitzuteilen.

¹bis Der Betreibungsbeamte macht die Betroffenen auf ihre Pflichten und auf die Straffolge bei deren Verletzung aufmerksam.

² Die zuständige Kommandostelle gibt dem Betreibungsamt auf Anfrage die Entlassung oder Beurlaubung des Schuldners bekannt.

³ Abgehoben.

Keine Entscheidungen.

Art. 57b   c. Haftung des Grundpfandes

¹ Gegenüber einem Schuldner, der wegen Militär-, Zivil- oder Schutzdienstes Rechtsstillstand geniesst, verlängert sich die Haftung des Grundpfandes für die Zinse der Grundpfandschuld (Art. 818 Abs. 1 Ziff. 3 ZGB) um die Dauer des Rechtsstillstandes.

² In der Betreibung auf Pfandverwertung ist der Zahlungsbefehl auch während des Rechtsstillstandes zuzustellen, wenn dieser drei Monate gedauert hat.

Keine Entscheidungen.

Art. 57c   d. Güterverzeichnis

¹ Gegenüber einem Schuldner, der wegen Militär-, Zivil- oder Schutzdienstes Rechtsstillstand geniesst, kann der Gläubiger für die Dauer des Rechtsstillstandes verlangen, dass das Betreibungsamt ein Güterverzeichnis mit den in Artikel 164 bezeichneten Wirkungen aufnimmt. Der Gläubiger hat indessen den Bestand seiner Forderung und ihre Gefährdung durch Handlungen des Schuldners oder Dritter glaubhaft zu machen, die auf eine Begünstigung einzelner Gläubiger zum Nachteil anderer oder auf eine allgemeine Benachteiligung der Gläubiger hinzielen.

² Die Aufnahme des Güterverzeichnisses kann durch Sicherstellung der Forderung des antragstellenden Gläubigers abgewendet werden.

Keine Entscheidungen.

Art. 57d   e. Aufhebung durch den Richter

Der Rechtsstillstand wegen Militär- oder Schutzdienstes kann vom Rechtsöffnungsrichter auf Antrag eines Gläubigers allgemein oder für einzelne Forderungen mit sofortiger Wirkung aufgehoben werden, wenn der Gläubiger glaubhaft macht, dass:
1. dass der Schuldner Vermögenswerte dem Zugriff der Gläubiger entzogen hat oder dass er Anstalten trifft, die auf eine Begünstigung einzelner Gläubiger zum Nachteil anderer oder auf eine allgemeine Benachteiligung der Gläubiger hinzielen, oder
2. der Schuldner, sofern er freiwillig Militär- oder Schutzdienst leistet, zur Erhaltung seiner wirtschaftlichen Existenz des Rechtsstillstandes nicht bedarf, oder
3. der Schuldner freiwillig Militär- oder Schutzdienst leistet, um sich seinen Verpflichtungen zu entziehen.

Keine Entscheidungen.

Art. 57e   f. Militär-, Zivil- oder Schutzdienst des gesetzlichen Vertreters

Die Bestimmungen über den Rechtsstillstand finden auch auf Personen und Gesellschaften Anwendung, deren gesetzlicher Vertreter sich im Militär-, Zivil- oder Schutzdienst befindet, solange sie nicht in der Lage sind, einen andern Vertreter zu bestellen.

Keine Entscheidungen.

Art. 58   2. Wegen Todesfalles in der Familie

Für einen Schuldner, dessen Ehegatte, dessen Verwandter oder Verschwägerter in gerader Linie oder dessen Hausgenosse gestorben ist, besteht vom Todestag an während zwei Wochen Rechtsstillstand.

Keine Entscheidungen.

Art. 59   3. In der Betreibung für Erbschaftsschulden

[1] In der Betreibung für Erbschaftsschulden besteht vom Todestage des Erblassers an während der zwei folgenden Wochen sowie während der für Antritt oder Ausschlagung der Erbschaft eingeräumten Überlegungsfrist Rechtsstillstand.

[2] Eine zu Lebzeiten des Erblassers angehobene Betreibung kann gegen die Erbschaft gemäss Artikel 49 fortgesetzt werden.

[3] Gegen die Erben kann sie nur dann fortgesetzt werden, wenn es sich um eine Betreibung auf Pfandverwertung handelt oder wenn in einer Betreibung auf Pfändung die in den Artikeln 110 und 111 angegebenen Fristen für die Teilnahme der Pfändung bereits abgelaufen sind.

1   Zulassung einer Betreibung aufgrund von ausserordentlichen Verhältnissen und weil zwingend angenommen werden muss, dass die im Ausland wohnende eingesetzte Erbin die Erbschaft ausschlagen würde, wenn sie erreichbar wäre (SO, AB, 23.11.1945, BlSchK 1947, S. 144).
2   Die amtliche Liquidation schliesst sowohl die Fortsetzung als auch die Einleitung von Betreibungen gegen die Erbschaft aus, ausgenommen im Falle der Verwertung von Miteigentumsanteilen oder

von Anteilen an Gemeinschaftsvermögen (GE, Autorité de surveillance, 14.03.1979, BlSchK 1982, S. 141).

Art. 60 4. Wegen Verhaftung

Wird ein Verhafteter betrieben, welcher keinen Vertreter hat, so setzt ihm der Betreibungsbeamte eine Frist zur Bestellung eines solchen, sofern nicht von Gesetzes wegen der Vormundschaftsbehörde die Ernennung obliegt. Während dieser Frist besteht für den Verhafteten Rechtsstillstand.

1 Die *Rechtsvorschlagsfrist, die während der Verhaftung auslaufen* würde, *verlängert sich um drei Tage.* Der Rechtsvorschlag kann direkt beim BA angebracht werden. Aber auch die Bewilligung eines nachträglichen Rechtsvorschlages durch den Richter ist möglich (BE, App.Hof, III. Ziv.Kammer, 03.07.1947, ZBJV 1948, S. 459, BlSchK 1949, S. 77).

2 Die Frist zur Bestellung eines Vertreters ist dem verhafteten Betriebenen *bei jeder einzelnen Betreibung erneut zu setzen* (BE, AB, 29.04.1974, BlSchK 1976, S. 129).

3 Wird ein Schuldner betrieben, der eine Freiheitsstrafe von einem Jahr oder mehr verbüsst, so ist er nicht zur Bestellung eines Vertreters aufzufordern. Der Zahlungsbefehl ist auch nicht einem vom Gemeinderat bezeichneten Familienangehörigen zuzustellen, sondern dem Gemeinderat, der als Vormundschaftsbehörde bis zur Bestellung des Vormundes für den Schuldner zu handeln hat (AG, ObGer SchKKomm, 17.11.1964, AGVE 1964, S. 48, SJZ 1966, S. 220).

4 Der Schuldner, der sich am Arrestort in der Schweiz in Gefangenschaft befindet, kann nicht die Zustellung von Betreibungsurkunden an seinem Wohnsitz im Ausland beantragen (GE, Autorité de surveillance, 15.10.1973, BlSchK 1974, S. 172).

5 Zustellung einer Arresturkunde an einen Schuldner, der sich in Untersuchungshaft befindet – Dem *inhaftierten Schuldner muss auch im Sinne von Art. 60 SchKG* eine *Frist zur Bestellung eines Vertreters angesetzt werden, wenn ihm eine Arresturkunde zuzustellen ist* (Bestätigung der Rechtsprechung). Die Missachtung von Art. 60 SchKG hat in diesem Falle jedoch *nicht die Ungültigkeit der Zustellung zur Folge* (Änderung der Rechtsprechung). – Wird der Schuldner erst nachträglich, d.h. nach der Zustellung der Arresturkunde, zur Bestellung eines Vertreters eingeladen, so beginnt die Beschwerdefrist erst mit dem ersten Tag nach Ablauf der im Sinne von Art. 60 SchKG angesetzten Frist (BGE 108 III 3).

6 Die Annahme, für eine *Kommanditgesellschaft* bestehe kein Rechtsstillstand, wenn sich der *einzige vertretungsbevollmächtigte Komplementär in Haft befindet,* verstösst nicht gegen klares Recht (ZH, ObGer, III. Ziv.Kammer, 17.05.1962, SJZ 1962, S. 319).

7 *Gilt auch für Gesellschaften, deren sämtliche Organe verhaftet worden sind,* insbesondere wenn es sich dabei um den einzigen Verwaltungsrat einer Einmannaktiengesellschaft handelt (solange dieses Gebilde von der Rechtsordnung geduldet wird) und wenn die Organe nicht in der Lage sind, rechtzeitig einen Vertreter zu bestellen (BGE 96 III 6/8).

8 Rechtsstillstand gilt grundsätzlich auch für Gesellschaften, deren sämtliche Organe verhaftet sind, es sei denn, diesen ist das Datum des Strafantritts längere Zeit im Voraus bekannt (BS, AB, 11.05.2001, BJM 2003, S. 29).

9 Wenn nicht sämtliche Organe einer Gesellschaft verhaftet und wenn – wie hier – ein neuer Direktor sowie überdies ein Rechtsvertreter bestellt worden sind, kann jener *kein Rechtsstillstand gewährt werden.* Dabei spielt es keine Rolle, dass alle entscheidenden Gesellschaftsorgane verhaftet sind (BS, AB, 09.02.1977, BlSchK 1978, S. 113).

10 Die Zustellung eines Zahlungsbefehls an einen Verhafteten, der keine Gelegenheit hatte, einen Vertreter zu bestellen, ist nichtig (GE, Autorité de surveillance, 10.10.1984, BlSchK 1986 S. 68; siehe auch Rz 5).

11 Betreibung eines Strafgefangenen, der entgegen Art. 371 ZGB keinen Vormund hat. Art. 60 SchKG schreibt zwingend vor, dass das BA einem inhaftierten Schuldner Frist zur Bestellung eines Vertreters anzusetzen hat, sofern er nicht bereits einen besitzt. Die Zustellung eines Zahlungsbefehls ohne Fristansetzung zur Vertreterbestellung bedeutet Rechtsverweigerung, die – unter Vorbehalt eines ausdrücklichen oder konkludenten Verzichts – jederzeit gerügt werden kann. Bei mehrfachen Betreibung, ist Art. 60 bei jeder Betreibung neu zu befolgen (SO, ObGer, AB, 27.09.1991 Bls.bK 1993, S.100).

12 (i.V.m. Art. 56 Ziff. 3 und Art. 64 SchKG) – Zustellung von Betreibungsurkunden an einen Schuldner mit Aufenthalt im Ausland. Haft im Ausland. Legitimation des Ehegatten zur Entgegennahme von Betreibungsurkunden, nicht aber zur Vornahme von prozessualen Handlungen. Da ein Ehegatte eines Schuldners allein im Rahmen seiner ehelichen Vertretungsbefugnis nach Art. 166 ZGB nicht zur Vornahme von prozessualen Handlungen, namentlich auch nicht in einem Betreibungsverfahren, berechtigt ist, ist auch einem verheirateten Schuldner, sofern er seinen Ehegatten nicht bereits bevollmächtigt hat, Zeit zur Benennung eines Vertreters einzuräumen. Eine Nichtgewährung des Rechtsstillstandes stellt eine Rechtsverweigerung dar (BS, AB, 01.06.1995, BJM 1995, S. 314).

Art. 61   5. Wegen schwerer Erkrankung

Einem schwerkranken Schuldner kann der Betreibungsbeamte für eine bestimmte Zeit Rechtsstillstand gewähren.

I. Voraussetzungen zur Gewährung des Rechtsstillstandes

1 Beim Rechtsstillstand gemäss Art. 61 SchKG ist insbesondere zu beachten, dass dieser Artikel einem *Gebot der Menschlichkeit* entspricht (hiezu BlSchK 1962, S. 111) (BE, AB, 17.06.1964, BlSchK 1965, S. 41).

2 Grund zur Gewährung des Rechtsstillstandes kann zwar auch der *Verlust des Arbeitsverdienstes zufolge Krankheit* sein, jedoch nur, wenn die bestehende Zahlungsunfähigkeit auf den Abbruch der Arbeit zurückzuführen ist (BGE 74 III 37).

3 *Militärpatient in Hauspflege* – Nachdem Art. 57 SchKG auf den Militärpatienten, der sich in Hauspflege befindet, nicht anwendbar ist, steht andererseits einer Anwendung von Art. 61 SchKG auf ihn nichts entgegen, sofern die besonderen Voraussetzungen dieser Bestimmung erfüllt sind. Erforderlich ist aber auf jeden Fall eine ausdrückliche Verfügung des BB, dass einem bestimmten Schuldner wegen schwerer Erkrankung für gewisse Zeit Rechtsstillstand gewährt werde (BE, AB, 17.02.1949, BlSchK 1950, S. 84).

4 Auch bei einer *chronischen Krankheit* darf dem schwerkranken Schuldner nur auf eine bestimmte Zeit Rechtsstillstand gewährt werden (SO, AB, 17.01.1968, BlSchK 1969, S. 106).

5 Was ist *schwere Erkrankung*? Die durch die Krankheit bedingte Arbeitsunfähigkeit muss Ursache der Zahlungsunfähigkeit sein (SG, AB, 30.09.1952, BlSchK 1954, S. 46).

6 Zur Auslegung dieser Bestimmung – Rechtsstillstand ist dann am Platze, wenn die Zahlungsschwierigkeiten des Schuldners mit seiner Krankheit zusammenhängen, d.h. wenn erwartet werden kann, dass er nach seiner Genesung die Gläubiger voraussichtlich zu befriedigen vermag (BGE 58 III 18, 74 III 31) (LU, SchKKomm, 31.01.1959, Max. X, Nr. 678).

7 Die Gewährung eines Rechtsstillstandes wegen schwerer Erkrankung des Schuldners ist im Wesentlichen Ermessenssache. Dabei sind aber die gesamten Umstände des konkreten Falles abzuwägen und die Voraussetzungen einer eher strengen Prüfung zu unterziehen. *Vorbedingung* für die Gewährung des Rechtsstillstandes ist *nicht allein der Nachweis einer schweren Erkrankung, sondern auch*, dass die darauf beruhende *Verdienstlosigkeit* die *Zahlungsunfähigkeit* verursacht hat (SO, AB, 13.10.1982, BlSchK 1986, S. 180).

8 Rechtsprechung und Literatur nennen drei *unabdingbare Voraussetzungen*, die die *Gewährung eines begrenzten Rechtsstillstandes* wegen Krankheit rechtfertigen:

Zweiter Titel: Schuldbetreibung | Art. 61

- wenn der Schuldner derart schwer krank ist, dass ihm die Bestellung eines Vertreters nicht möglich ist;
- wenn der Schuldner durch die Krankheit arbeitsunfähig und erwerbslos ist und die Zahlungsunfähigkeit auf den Abbruch der Arbeit zurückzuführen ist;
- wenn der Schuldner wohl schwer krank ist und einen Vertreter bestimmen könnte, ihm dies aber den Umständen halber nicht zuzumuten ist (BGE 58 III 18 und 74 III 37 sowie Abhandlung Bütikofer in BlSchK 1956, S. 40) (ZG, AB, 13.09.1963, BGer SchKK, 14.10.1963, BlSchK 1964, S. 176).

9 Unter *schwerer Krankheit* ist eine solche zu verstehen, die den Schuldner am Arbeiten hindert und nicht bloss eingeschränkt wird. Nach der bundesgerichtlichen Rechtsprechung (BGE 74 III 37) kann Grund zur Gewährung des Rechtsstillstandes zwar der Verlust des Arbeitsverdienstes zufolge Krankheit sein, jedoch nur, wenn die bestehende Zahlungsunfähigkeit auf den Abbruch der Arbeit zurückzuführen ist und nicht, wenn der Schuldner in den letzten Jahren mit geschäftlichen Schwierigkeiten zu kämpfen hatte (SO, AB, 23.09.1965, BlSchK 1966, S. 49).

10 Das Bestehen einer schweren Krankheit gibt *nicht ohne Weiteres Anspruch auf Rechtsstillstand*. Nach der Rechtsprechung des BGer besteht hiezu dann Grund, wenn der Schuldner ausserstande ist, einen Vertreter zu bestellen, oder wenn der Schuldner auf Arbeitserwerb angewiesen und infolge Krankheit verdienstlos ist (BGE 58 III 18, 74 III 37) (LU, SchKKomm 05.02.1969, Max. XI, Nr. 712).

11 Für einen schwerkranken Schuldner kann ein Rechtsstillstand *nur dann gewährt* werden, wenn die Krankheit derart ist, dass sie dem Schuldner *die Bestellung eines Vertreters* zur Besorgung seiner Angelegenheiten *unmöglich macht* (LU, AB, 25.05.1960, BlSchK 1962, S. 82).

12 Rechtsstillstand ist einem schwerkranken Schuldner zu gewähren, wenn er ausserstande ist, einen Vertreter zu bestellen oder wenn er auf Arbeitserwerb angewiesen und infolge Krankheit verdienstlos ist. Tuberkulose stelle dann eine schwere Krankheit dar, wenn sie zur Hospitalisierung führt. Bei einem verheirateten Schuldner kann er sich durch seine Ehefrau vertreten lassen. Ein Schuldner, der für die Beschwerdeführung einen Vertreter bestellen kann, ist auch imstande, für seine Betreibungssachen einen Vertreter zu bestellen (LU, SchKKomm, 06.08.1971, Max. XII, Nr. 28, SJZ 1973, S. 75).

13 Der Umstand, dass der Gläubiger durch den einem schwerkranken Schuldner in gesetzlichem Rahmen gewährten Rechtsstillstand in eine prekäre Lage gerät, kann für dessen Bewilligung keine Rolle spielen (BS, AB, 30.06.1971, BJM 1972, S. 32, BlSchK 1972, S. 176).

14 *Summarisch gehaltene Arztzeugnisse ohne Diagnose*, wonach der Schuldner «wegen Krankheit handlungs- und arbeitsunfähig» sei, *dürfen nicht unbesehen übernommen werden* und können auch nicht als ausschliessliche Grundlage für die Verlängerung eines bereits gewährten Rechtsstillstandes wegen schwerer Erkrankung dienen. Schwere Erkrankung allein gibt noch keinen Anspruch auf Rechtsstillstand. Als Grund dafür kommt einmal in Betracht, dass *der Schuldner ausserstande ist, einen Rechtsvertreter zu bestellen*, oder dass die bestehende Zahlungsunfähigkeit auf den Abbruch der Arbeit infolge Krankheit und entsprechender Verdienstlosigkeit zurückzuführen ist (vgl. BGE 74 III 37, 58 III 18). Bei chronischer Krankheit kann kein dauernder Rechtsstillstand gewährt werden (GR, AB, 09.07.1979, BlSchK 1983, S. 99/100).

II. Keine Gewährung des Rechtsstillstandes

15 Rechtsstillstand wegen schwerer Erkrankung kann auch bei *chronischer Erkrankung* gewährt werden. Das Zeugnis muss von einem patentierten Arzt ausgestellt sein. Blosse *Ferienbedürftigkeit* vermag einen Rechtsstillstand nicht zu begründen (SO, AB, 28.11.1951, ObGer-Bericht 1951, S. 166, BlSchK 1953, S. 46).

16 Voraussetzungen für die Gewährung des Rechtsstillstandes wegen schwerer Erkrankung des Schuldners. – Ein Schuldner, der *sich um die Bezahlung einer Forderung mit allen Mitteln zu drücken versucht*, verdient den Schutz eines Rechtsstillstandsbegehrens nicht (AR, AB, 12.09.1952, BlSchK 1954, S. 48)

17 Die *Schwangerschaft und Entbindung* berechtigt in der Regel nicht zu einem Rechtsstillstand (SH, AB, 27.07.1956, BlSchK 1957, S. 106).
18 Migränenanfälligkeit und Geschäftssorgen fallen nicht unter den Begriff «schwere Erkrankung» (SO, AB, 19.05.1959, BlSchK 1960, S. 113).
19 Rechtsstillstand *kann nicht gewährt werden*, wenn die kranke Schuldnerin bereits einen Rechtsvertreter hat (FR, AB, 26.04.1964, Extraits 1967, S. 95, SJZ 1969, S. 333).
20 Die Voraussetzungen eines Rechtsstillstandes sind nicht gegeben, wenn der Schuldner in der Lage ist, einen Vertreter zu bestellen, dies umso mehr, wenn er bereits einen Anwalt, wenn auch für einen andern Auftrag – zugezogen hat (BS, AB, 17.04.1963, BJM 1965, S. 24).
21 Partielle Arbeitsunfähigkeit nach vorausgegangener Arbeitsunfähigkeit ist kein Grund zur Gewährung eines Rechtsstillstandes. Die *Krankheit muss die Ursache für die eingetretene Zahlungsunfähigkeit sein*, d.h. dass einem Schuldner, der schon vor der Krankheit betrieben war, kein Rechtsstillstand gewährt werden kann (BE, AB, 08.09.1961, BlSchK 1962, S. 111).
22 Die Frage, ob der in Art. 61 SchKG vorgesehene Rechtsstillstand auch gewährt werden kann, *wenn eine Krankheit des Schuldners diesem zwar die Ausübung der Erwerbstätigkeit verunmöglicht, die Zahlungsunfähigkeit jedoch auf andere Umstände zurückzuführen ist*, wurde vom BGer verneint, insbesondere, weil die Zahlungsunfähigkeit schon vor seiner Arbeitsunfähigkeit eingetreten ist (BGE 105 III 101).

III. Personenkreis

23 Die Gewährung eines Rechtsstillstandes gegenüber einer *Kollektivgesellschaft* wegen schwerer *Erkrankung eines Gesellschafters* ist grundsätzlich *zulässig* (TG, AB, 05.06.1957, BlSchK 1959, S. 141).
24 Auch *Drittschuldnern* kann mitunter im Rahmen pflichtgemässen Ermessens Rechtsstillstand wegen schwerer Erkrankung gewährt werden. Zum Beispiel dann, wenn dem Dritteigentümer eines Grundpfandtitels kein Doppel des Zahlungsbefehls zugestellt worden ist (Art. 153 SchKG und Art. 88 VZG). (BS, AB, 24.04.1965, BlSchK 1967, S. 14).
25 Gilt auch *für den Drittpfandgeber*. Der Drittpfandgeber ist als Mitbetriebener zu betrachten. (vgl. BGE 51 III Nr. 25). Danach darf eine Pfandverwertung so lange nicht durchgeführt werden, als nicht dem Drittpfandgeber auch ein Zahlungsbefehl zugestellt wurde (BS, AB, 26.04.1965, BJM 1968, S. 54).
26 Gesuch um Rechtsstillstand abgelehnt, bei einem Malermeister, der trotz Krankheit 10 Arbeiter beschäftigt. Rechtsstillstand zu verlangen, um die für die Sanierung erforderliche Zeit zu gewinnen, ist missbräuchlich (ZH, AB, 04.11.1947, BGer, 04.12.1947, ZR 1948, Nr. 35, BlSchK 1949, S. 176).
27 Kein Rechtsstillstand für einen *Unternehmer oder Inhaber eines Gewerbebetriebes*, der neben seinem Berufskönnen noch *mechanische Hilfsmittel in grösserem Umfange* verwendet und der Betrieb trotz seiner Krankheit – wenn auch nicht mehr lukrativ – weitergeführt werden kann (SO, AB, 10.01.1967, BlSchK 1967, S. 116).
28 Ein in einer Mietzinsbetreibung gewährter Rechtsstillstand kann nach Treu und Glauben in einem parallel hängigen Ausweisungsverfahren beachtlich sein (LU, SchK Komm. 12.08.1987, LGVE 1987 I 95, BlSchK 1989, S. 225).

IV. Zuständigkeit für Bewilligung des Rechtsstillstandes

29 Zuständig zur Bewilligung ist das BA (nicht das KA und nicht der Konkursrichter) auch dann, wenn in den gerade anhängigen Betreibungen das Konkursbegehren bereits gestellt worden ist (ZH, ObGer, II. Kammer, 04.11.1947, BGer 04.12.1947, ZR 1948, Nr. 35, BlSchK 1949, S. 176).
30 Der vom BB des Wohnorts bewilligte Rechtsstillstand ist auch an den andern Orten, wo noch Betreibungen gegen den Schuldner hängig sind, wirksam (BE, AB, 05.01.1956, BlSchK 1957, S. 38)
31 Die dem Schuldner während der Betreibungsferien zur Verhandlung vor dem Konkursrichter zugestellte Vorladung ist nicht unbeachtlich. Erst nach der erstinstanzlichen Konkurseröffnung geschaf-

fene Konkurshindernisse sind von der Rekursinstanz zu berücksichtigen, sofern dem Schuldner die rechtzeitige Abwendung der Konkurseröffnung durch ein unvorhergesehenes und unverschuldetes Hindernis verunmöglicht worden ist. *Für die Gewährung eines Rechtsstillstandes ist auch nach Erlass der Konkursandrohung nur das BA zuständig.* Auch einer *juristischen Person kann ein Rechtsstillstand gemäss Art. 61 SchKG bewilligt werden*, wenn ihr einziges zeichnungsberechtigtes Organ krank ist und andere vertretungsberechtigte Personen fehlen. – Wirkung eines dem Schuldner erst nach erfolgter Konkurseröffnung (rückwirkend) gewährten Rechtsstillstand. Eine *nach Konkurseröffnung erteilte Bewilligung* des Rechtsstillstandes *kann die Konkurseröffnung nicht beeinflussen*, auch dann nicht, wenn sie mit rückwirkender Kraft ausgestattet ist (ZH, ObGer, II. Ziv.Kammer, 11.11.1955, ZR 1956, Nr. 146, BlSchK 1957, S. 77).

V. Dauer des Rechtsstillstandes

32 Auch ein an einer chronischen Krankheit leidender Schuldner kann nicht Rechtsstillstand beanspruchen, bis sich sein Befinden (vielleicht einmal) bessere. Elf Monate sind in diesem Falle als ausreichend erachtet worden. Das BGer ist nicht befugt, Ermessensentscheide der Betreibungsämter und der kantonalen AB zu überprüfen (ZH, ObGer, II. Ziv.Kammer 21.11.1960, BGer, SchKK 08.12.1960, ZR 1961, Nr. 91, BlSchK 1963, S. 57).

33 Weil eine Krankheit weiter andauert (unbestrittener Dauerzustand), darf ein Betreibungsverfahren ohne besonderen Grund nicht immer wieder zum Stillstand gebracht werden (LU, SchKKomm, 06.01.1963, Max. XI, Nr. 255, BlSchK 1965, S. 174).

34 Mit der Ausdehnung des Rechtsstillstandes bis auf 15 Monate wird bei einem schweren Unfall kein Dauerzustand geschaffen (BGer SchKK, 14.05.1969, BlSchK 1970, S. 93).

35 Die Gewährung des Rechtsstillstandes *kann nicht auf unbestimmte Zeit erfolgen*, sondern nur bis zu dem Zeitpunkte, bei welchem der Schuldner seine Interessen wahren, also z.B. bis er einen Vertreter bestimmen kann (GE, Autorité de surveillance, 22.08.1972, BlSchK 1973, S. 83).

Art. 62   6. Bei Epidemien oder Landesunglück

Im Falle einer Epidemie oder eines Landesunglücks sowie in Kriegszeiten kann der Bundesrat oder mit seiner Zustimmung die Kantonsregierung für ein bestimmtes Gebiet oder für bestimmte Teile der Bevölkerung den Rechtsstillstand beschliessen.

Art. 63   C. Wirkungen auf den Fristenlauf

Betreibungsferien und Rechtsstillstand hemmen den Fristenlauf nicht. Fällt jedoch für den Schuldner, den Gläubiger oder den Dritten das Ende einer Frist in die Zeit der Betreibungsferien oder des Rechtsstillstandes, so wird die Frist bis zum dritten Tag nach deren Ende verlängert. Bei der Berechnung der Frist von drei Tagen werden Samstag und Sonntag sowie staatlich anerkannte Feiertage nicht mitgezählt.

I. Keine Anwendung auf:

1 Verfügungen des Sachwalters im Nachlassverfahren und auf die Frist zur Beschwerde gemäss Art. 295 Abs. 3 SchKG (BGE 73 III 91).

2 Für die Fristen im Konkursverfahren (BGE 88 III 28, 96 III 77).

3 Einreichung einer Beschwerde gegen einen während der Betreibungsferien aufgelegten Verteilungsplan im Grundpfandverwertungsverfahren (BGE 114 III 60).

II. Anwendung bei Konkurseröffnung und Rekursfrist

4 Rechtsstillstand und Betreibungsferien gelten auch für die Konkurseröffnung und die Rekursfrist gegen eine solche (ZH, ObGer, II. Ziv.Kammer, 23.01.1951, ZR 1955, Nr. 156, SJZ 1951, S. 125).

5 Bei der Berechnung der Rechtsmittelfristen gegen ein Konkurserkenntnis sind die Vorschriften über die Betreibungsferien zu beachten (LU, SchKKomm 16.10.84, LGVE 1984 I 29).

III. Weitere Anwendungen
1. Für Gläubiger

6 Die in Art. 309 SchKG zur Verfügung gestellte 20-tägige Frist wird gewahrt durch das vom Gläubiger binnen der zufolge Betreibungsferien gemäss Art. 63 SchKG eintretenden Fristverlängerung gestellte Konkursbegehren (LU, SchKKomm 13.11.1947, Max. IX, Nr. 525; die dagegen eingereichte Beschwerde beim BGer wurde abgewiesen., BlSchK 1949, S. 141).

7 Der Gläubiger kann das Konkursbegehren gültig stellen, unbekümmert um den Militärdienst des Schuldners (BE, AB, 17.06.1955, ZBJV 1956, S. 235).

2. Betreibungshandlungen

8 *Verlängerung der während der Betreibungsferien* zu Ende gehenden Fristen im Falle, dass der letzte Tag der Ferien ein Sonn- oder Feiertag ist. *Art. 31 Abs. 3 ist auf die Betreibungsferien nicht anwendbar.* Die Frist verlängert sich bis zum dritten Werktag nach Ende der Ferien (BGE 80 III 103).

9 Eine während der Betreibungsferien erfolgte Zustellung entfaltet ihre Wirkungen erst am ersten Tag nach Ablauf der Ferien (BGE 91 III 1).

10 Die *Rechtsvorschlagsfrist*, die während der Verhaftung auslaufen würde, verlängert sich um drei Tage (BE, AB, 03.07.1947, ZBJV 1949, S. 459, BlSchK 1949, S. 77).

11 Zustellung des *Rechtsöffnungsentscheides* während des Rechtsstillstandes. Völlige Nichtigkeit einer Zustellung wird dann angenommen, wenn sie während des Militärdienstes erfolgt (BGE 67 III 69) und 74). Die Zustellung während der Betreibungsferien ist nicht nichtig, aber ihre Wirkungen treten erst nach Ablauf der Betreibungsferien ein, was insbesondere auch für den Fristenlauf für Rechtsmittel gegen den Entscheid selbst gilt (BGE 49 III 76) (ZH, ObGer, III. Ziv.Kammer, 07.02.1963, ZR 1963, Nr. 104).

12 Bei Zustellung eines *Rechtsöffnungsentscheides* während der Betreibungsferien, beginnt die Rekursfrist am ersten Tag danach. Art. 63 SchKG findet Anwendung, wenn die Rekursfrist vor den Betreibungsferien begonnen hat (VD, Tribunal cantonal, 19.06.1980, BlSchK 1982, S. 56).

13 Dieser Artikel kann nicht nur vom betriebenen Schuldner und vom betreibenden Gläubiger angerufen werden, sondern auch vom *Drittansprecher*, dem in einer Betreibung auf Pfandverwertung Frist zur Klage gesetzt worden ist (BGE 80 III 3).

14 Diese Bestimmung gilt auch für die *Frist zur Leistung eines Kostenvorschusses*, die bei der *Zwangsverwertung eines Grundstückes* demjenigen angesetzt wird, welcher gemäss Art. 9 Abs. 2 eine *neue Schätzung* des Grundstückes durch Sachverständige verlangt (BGE 84 III 9).

15 Die Fristverlängerung bewirkt einen Aufschub des Fristablaufes um drei Werktage. Verlängert wird nach dieser Vorschrift u.a. auch die Frist zur Einleitung der Aberkennungsklage (ZH, ObGer, I. Ziv.Kammer, 01.06.1982, ZR 1983, Nr. 29).

16 (i.V.m. Art. 83 Abs. 2 SchKG und § 267 Abs. 2 LU ZPO) – Die Frist zur Anhebung der Aberkennungsklage beginnt mit der formellen Rechtskraft des Rechtsöffnungsentscheides. Wenn kein ordentliches Rechtsmittel gegeben ist, tritt die formelle Rechtskraft mit der Eröffnung des Rechtsöffnungsentscheides ein (LU, SchKKomm 03.12.1997, LGVE 1997, Nr. 43, BlSchK 1999, S. 53).

17 Das Verbot der Vornahme von Betreibungshandlungen gemäss Art. 56 SchKG richtet sich nur insofern an die AB, als diese selbständig in das Verfahren eingreifen und dem BB die Vornahme einer Betreibungshandlung vorschreiben. Wenn demgegenüber die AB nur über die Begründetheit einer Beschwerde oder eines Rekurses entscheiden, liegt keine Betreibungshandlung im Sinne von Art. 56 SchKG vor. Die Vorschrift von Art. 63 SchKG, wonach die Frist bis zum dritten Tag nach dem Ende der Ferienzeit oder des Rechtsstillstandes verlängert wird, ist deshalb nicht anwendbar, wenn ein solcher Entscheid einer AB weitergezogen wird (BGE 115 III 6 und 11).

IV. Zustellung der Betreibungsurkunden

Art. 64 A. An natürliche Personen

¹ Die Betreibungsurkunden werden dem Schuldner in seiner Wohnung oder an dem Orte, wo er seinen Beruf auszuüben pflegt, zugestellt. Wird er daselbst nicht angetroffen, so kann die Zustellung an eine zu seiner Haushaltung gehörende erwachsene Person oder an einen Angestellten geschehen.

² Wird keine der erwähnten Personen angetroffen, so ist die Betreibungsurkunde zuhanden des Schuldners einem Gemeinde- oder Polizeibeamten zu übergeben.

I. Betreibungsurkunden, Begriff

1 Unter Betreibungsurkunden kann nur eine Urkunde verstanden werden, worin der Schuldner zur Befriedigung des Gläubigers aufgefordert und für den Unterlassungsfall mit einer bestimmten Rechtsfolge bedroht wird. Nebst Zahlungsbefehl und Konkursandrohung sind darunter die Pfändungsankündigung, Fristansetzungen zur Bestreitung eines Drittanspruches oder des privilegierten Anschlusses, Zustellung der Pfändungsurkunde, Mitteilung über den Eingang des Verwertungsbegehrens und der Steigerungsanzeige, Zustellung der Spezialanzeige der Steigerungspublikation (Art. 13 SchKG), Mitteilung des Lastenverzeichnisses zu verstehen (ZH, Bez.Gericht Hinwil, 17.11.1983, BlSchK 1987, S. 23).

2 Schätzungsurkunde ist keine – Die Schätzungsurkunde ist den am Betreibungsverfahren Beteiligten als Mitteilung und nicht als Betreibungsurkunde zuzustellen. Die Zustellung der Schätzungsurkunde ist weder auf die Einleitung noch auf die Fortsetzung des Verfahrens ausgerichtet, das seinerseits darauf abzielt, den Gläubiger auf dem Weg der Zwangsvollstreckung aus dem Vermögen des Schuldners einzugreifen; eine Betreibungshandlung im Sinne der Rechtsprechung ist nicht gegeben (BGE 115 III 11). Setzt das BA die Beteiligten über das Ergebnis der Schätzung in Kenntnis, so handelt es sich hierbei vielmehr um eine der zahlreichen Tätigkeiten, die sich aus der gesetzeskonformen Durchführung des Betreibungsverfahrens ergeben. Mit ihr sind jedoch keinesfalls Rechtswirkungen verbunden, die eine formelle Zustellung nach Art. 64 ff. SchKG erfordern (BGE 120 III 57).

3 (i.V.m. Art. 34 SchKG und Art. 37 Abs. 2 VZG) – Abgrenzung zwischen Mitteilungen und Betreibungsurkunden. Der Zahlungsbefehl und die Konkursandrohung gehören zu den Betreibungsurkunden und wohl auch die Pfändungsurkunde. Spezialanzeigen gemäss Art. 37 As. 2 VZG gehören eindeutig zu den Mitteilungen (BGer 25.09.2002, Praxis 2002, Nr. 198, BlSchK 2003, S. 113).

4 (i.V.m. Art. 34 SchKG und Art. 37 Abs. 2 VZG) – Abgrenzung zwischen Mitteilungen und Betreibungsurkunden. Der Zahlungsbefehl und die Konkursandrohung gehören zu den Betreibungsurkunden und wohl auch die Pfändungsurkunde. Spezialanzeigen gemäss Art. 37 Abs. 2 VZG gehören eindeutig zu den Mitteilungen (SchKK des BGer, 25.09.2002, Praxis 2002, Nr. 198, BlSchK 2003, S. 113).

II. Zustellungen
1. Formelles

5 Die Zustellung der *Anzeige über die Konkursverhandlung* hat nach den Regeln des SchKG zu erfolgen, nicht nach kantonalem Prozessrecht (BS, Appellationsgericht, 19.06.1951, Entscheidungen, 10. Bd., 1. Heft, S. 49, SJZ 1952, S. 127).

6 Die *Bestätigung eines Postboten* über die *Zustellung eines Zahlungsbefehls qualifiziert sich als amtliche Urkunde* mit entsprechender Beweiskraft (GR, AB, 15.11.1955, BlSchK 1958, S. 45).

7 Darf dem Schuldner, dem eine *B-Urkunde aus der Schweiz im Ausland zugestellt* wird, die Annahme verweigern? Es besteht keine Rechtspflicht der Betreibungsbehörden, ihn zu solchem Verhalten zu ermächtigen. Verweigert der Adressat die Entgegennahme einer Mitteilung, so gilt diese im Zeitpunkt der versuchten Übergabe als erfolgt (BGE 90 III 8).

8 *Zustellung am Ort der Berufsausübung* ist auch gegenüber Selbständigerwerbenden zulässig. Der Wohnung kommt kein Vorrang zu (BGE 91 III 41).

9 (i.V.m. Art. 320 Ziff. 1 StGB) – Der BB, welcher einem Schuldner eine Betreibungsurkunde in den Briefkasten am Arbeitsort legt, macht sich nicht der Amtsgeheimnisverletzung schuldig; dies selbst dann nicht, wenn die Urkunde in einem unverschlossenen Couvert liegt und von Mitarbeitern wahrgenommen werden kann (Bez.Gericht Zürich, 30.04.1998, BlSchK 1999, S. 198).

10 *Zustellung von eingeschriebenen Sendungen an Postfachinhaber* – Eine an einen Postfachinhaber adressierte eingeschriebene Sendung ist erst in jenem Zeitpunkt als zugestellt zu betrachten, in welchem sie am Postschalter abgeholt wird. Geschieht dies nicht innert der Abholungsfrist, so *gilt die Zustellung am letzten Tag dieser Frist als erfolgt* (BGE 100 III 3).

11 Wenn das BA bisher dem *angeblich unbekannt wo lebenden Schuldner* B-Urkunden *durch Vermittlung seiner Grossmutter*, bei welcher *er Wohnsitz verzeichnet*, zustellte, *so hat es* sich folgerichtig auch *weiterhin an dieses Zustelldomizil zu halten* und den Schuldner zur Einvernahme vorzuladen, nötigenfalls unter Androhung der polizeilichen Vorführung (SO, AB, 15.06.1979, BlSchK 1984, S. 16).

12 *Vereinbarung über Zustellung mit dem Schuldner* – Eine der Formvorschriften nicht entsprechende Zustellung von Zahlungsbefehlen (Einlegen in den Briefkasten) kann dann rechtswirksam sein, wenn sie aufgrund einer entsprechenden Vereinbarung mit dem Schuldner erfolgte. Die nachträgliche Berufung auf einen Formmangel erscheint missbräuchlich und deshalb unbeachtlich (BS, AB, 31.01.1983, BlSchK 1986, S. 138)

13 (i.V.m. Art. 46 und 72 SchKG) – Die Frage, ob die Zustellung des Zahlungsbefehls an die 14-jährige Tochter des Schuldners, welche im Haushalt der von diesem getrennt lebenden Ehefrau wohnt, die von der Praxis verlangte «erforderliche Reife» besitze, wird offen gelassen, weil der Schuldner unterlassen hat, sich über die vorschriftswidrige Zustellung des Zahlungsbefehls rechtzeitig zu beschweren (BE, AB, 21.03.1983, BlSchK 1987, S. 20).

14 *Zustellungen nach Deutschland* – Die unkorrekte *Zustellung eines Arrestbefehls* auf gewöhnlichem Wege an einen Schuldner im Ausland berührt die Gültigkeit des Arrestes als solchen nicht (GR, AB, 23.09.1985, PKG 1985, Nr. 48, BlSchK 1988, S. 18).

15 Die Praxis, wonach eine eingeschriebene Briefpostsendung, die vom Adressaten nicht entgegen genommen worden ist, als am letzten Tag der siebentägigen Abholfrist zugestellt gilt, setzt voraus, dass eine Abholungseinladung in den Briefkasten (oder das Postfach) des Adressaten gelegt worden ist. *Bei postlagernd adressierten Sendungen* ist Letzteres naturgemäss nicht möglich. Frage offengelassen, ob für diesen Fall angenommen werden kann, eine nicht abgeholte Sendung gelte als am letzten Tag der einmonatigen Aufbewahrungsfrist gemäss Art. 166 Abs. 2 lit. a PVV zugestellt (BGE 116 III 59).

2. Fehlerhafte

16 Eine Ersatzzustellung ist wirkungslos, wenn der Schuldner keine Mitteilung erhält (BE, AB, 11.08.1947, BlSchK 1948, S. 49).

17 Die Zustellung der B-Urkunden an den Schuldner kann nur in den in Art. 64 SchKG bestimmten Formen erfolgen. Jede andere Zustellung ist rechtsungültig. Es genügt nicht, *die Pfändungsurkunde* für den Schuldner *zwischen die Fenster seiner Wohnung zu legen* (AR, AB, 23.04.1947, SJZ 1949, S. 348, BlSchK 1950, S. 108).

18 Das Einwerfen des *Zahlungsbefehls in den Briefkasten* des Schuldners ist unzulässig und anfechtbar. Die Ungültigkeitserklärung ist gegeben, wenn ein rechtliches Interesse an der nochmaligen Zustellung besteht (SO, AB, 23.06.1948, ObGer-Bericht 1948, S. 164, BlSchK 1950, S. 142).

19 Die Zustellung des für den Schuldner bestimmten Zahlungsbefehls durch *Einwurf in den Briefkasten seitens des Postboten ist unzulässig* und kann auf Beschwerde hin als ungültig erklärt werden (BE, AB, 26.07.1967, BlSchK 1969, S. 8).

20 Ein *Zahlungsbefehl darf auch dann nicht in den Briefkasten* des Schuldners gelegt werden, wenn dieser zuvor zu verstehen gegeben hat, dass er den Zahlungsbefehl nicht entgegennehmen werde. Nötigenfalls ist für die Zustellung die Hilfe der Polizei in Anspruch zu nehmen (BGE 117 III 7). Diese verankerte Praxis ist dahingehend präzisiert, dass dies dann eine *gültige Zustellung ist,* wenn der Schuldner *vorher wiederholt erklärt hat, er nehme keine Zahlungsbefehle entgegen* (Art. 72 SchKG) (Praxis 2003 Nr. 35).

21 (i.V.m. Art 72 SchKG) – Das *Einlegen des Zahlungsbefehls in den Briefkasten* des Schuldners ist rechtswidrig, auch wenn dieser dazu seine Ermächtigung gab. Kommt die Urkunde trotz rechtswidriger Zustellung in die Hände des Schuldners, wird der Mangel behoben. Das BA darf sich nicht vom Schuldner zu dieser rechtswidrigen Handlung bevollmächtigen lassen (BGer, 17.02.1998, BlSchK 2003, S. 116).

22 (i.V.m. Art. 320 Ziff. 1 StGB) – Der BB, der einem Schuldner eine *Betreibungsurkunde* (Pfändungsankündigung) *in den Briefkasten am Arbeitsort legt,* macht sich nicht der Amtsgeheimnisverletzung schuldig; dies selbst dann nicht, wenn *die Urkunde in einem unverschlossenen Couvert* liegt und von Mitarbeitern wahrgenommen werden kann (ZH, BezGer 30.04.1998; das Urteil wurde vom Zürcher ObGer bestätigt, BlSchK 1999, S. 198).

23 Die Zustellung von B-Urkunden *auf andere Weise als durch persönliche Übergabe ist unzulässig* (hier Zustellung des Zahlungsbefehls durch Anheften an die Wohnungstüre) (BE, AB, 03.03.1971, BlSchK 1972, S. 76).

24 Die *Zustellung* eines *Zahlungsbefehls an den Ehemann darf nicht am Arbeitsort der Ehefrau,* sondern *muss am Wohnort oder Arbeitsort des Ehemannes selbst erfolgen* (SO, AB, 20.09.1951, ObGer-Bericht 1951, S.166, BlSchK 1953, S. 170).

25 Die *mangelhafte Zustellung eines Zahlungsbefehls ist gültig,* wenn der Schuldner dennoch *rechtzeitig* vom Zahlungsbefehl *Kenntnis erhält* um seine Rechte wahren zu können (BE, AB, 26.11.1953, BlSchK 1954, S. 185).

26 *Keine Wiederholung eines mangelhaft zugestellten Zahlungsbefehls bei fehlendem Rechtsschutzinteresse.* Eine mangelhafte Zustellung ist nicht zu wiederholen, wenn die erneute und ordentliche Zustellung des Zahlungsbefehls am Wohnsitz dem Rekurrenten keine zusätzlichen Erkenntnisse über die angehobene Betreibung verschafft und dessen Rechte trotz der mangelhaften Zustellung gewahrt worden sind (BGE 112 III 81).

27 *Mangelhafte Zustellung des Zahlungsbefehls.* – Erhält der Schuldner mit der Konkursandrohung Kenntnis von der Betreibung, ist die mangelhafte Zustellung des Zahlungsbefehls bloss anfechtbar. Sein Rechtsschutzinteresse an einer erneuten, ordentlichen Zustellung, liegt vor, wenn aus der Konkursandrohung der Forderungsgrund nicht klar ersichtlich ist (BS, AB, 25.08.03, BlSchK 2004, S. 184).

28 *Zustellung* des Zahlungsbefehls *am unrichtigen Ort.* Bedeutung für die Fortsetzung der Betreibung. Die Zustellung des Zahlungsbefehls durch ein örtlich unzuständiges BA begründet lediglich die Anfechtbarkeit der betreffenden Amtshandlung innert der Beschwerdefrist nach Art. 17 SchKG. Nach unbenütztem Ablauf der Beschwerdefrist bildet der zugestellte Zahlungsbefehl Grundlage für weitere Betreibungshandlungen. – Soweit das *Pfändungsverfahren in Frage steht, ist der Betreibungsstand des Wohnsitzes unter allen Umständen zu beachten.* Eine Beschwerde gegen eine Pfändungsankündigung, die sich über diesen Grundsatz hinwegsetzt, müsste daher – selbst nach Ablauf der Frist des Art. 17 Abs. 2 SchKG – geschützt werden (GR, AB, 08.01.1964, BlSchK 1966, S. 76).

29 Ein fehlerhaft zugestellter Zahlungsbefehl entfaltet seine Wirkung dennoch, sobald der Schuldner von ihm Kenntnis erhält. Die Frist zur Erhebung einer Beschwerde (gegen die Zustellung) oder eines Rechtsvorschlages beginnt in einem solchen Falle mit der tatsächlichen Kenntnisnahme zu laufen (BGE 104 III 12).

30 Gelangt der Zahlungsbefehl trotz fehlerhafter Zustellung gleichwohl in die Hände des Betriebenen, so beginnt mit dessen tatsächlicher Kenntnisnahme die Frist zur Erhebung des Rechtsvorschlages zu laufen (BGE 120 III 114).

31 Keine Nichtigkeit der Zustellung einer Pfändungsurkunde durch ein örtlich unzuständiges BA, ist aber u.U. nach Art. 17 SchKG anfechtbar (BGE 91 III 41).

32 Bekommt ein Schuldner eine für ihn bestimmte Betreibungsurkunde nie zu Gesicht, so ist die Betreibung auf Beschwerde hin als nichtig zu erklären (BE, AB, 31.05.1968, BlSchK 1969, S. 77).

33 Ist der Zahlungsbefehl infolge fehlerhafter Zustellung nicht in die Hände des Betriebenen gelangt, so ist die Betreibung nichtig; die Nichtigkeit kann jederzeit festgestellt werden (BGE 110 III 9).

34 Ist der Zahlungsbefehl einer im Betreibungsbegehren gar nicht erwähnten Person zugestellt worden, so liegt ein Fall von Rechtsverweigerung vor, so dass auch auf eine verspätet eingereichte Beschwerde noch einzutreten ist (GE, Autorité de surveillance, 21.09.1962, Sem. 86 (1964), S. 29, SJZ 1964, S. 365).

35 Ein am unrichtigen Ort zugestellter Zahlungsbefehl ist nicht nichtig, sondern nur anfechtbar (BS, AB, 07.09.1967, BJM 1968, S. 75, BlSchK 1969, S. 45).

36 Zahlungsbefehl gegen *eine Ehefrau, die in Gütertrennung lebt*. Die *Zustellung an* den *Ehemann ist anfechtbar*, wenn diese an die anwesende Ehefrau hätte erfolgen können (VD, Tribunal cantonal, 16.03.1971, BlSchK N 36 1977 S. 121).

37 Ein fehlerhafter, hier nicht dem in *B wohnhaften Schuldner, sondern* der von ihm *getrennt lebenden Ehefrau in M*, zugestellter und nicht dem Schuldner zugekommener Zahlungsbefehl ist nichtig (BL, AB, 19.08.1996, BlSchK 1996, S. 121).

38 Eine *Abholungseinladung* betreffend Zahlungsbefehl *darf nicht* – im Gegensatz zu solchen betreffend die Mitteilungen des BA im Sinne von Art. 34 – *in das Postfach des Schuldners gelegt werden* (BGE 116 III 8).

39 Die Zustellung von Betreibungsakten ist nichtig, wenn diese gegen die gesetzlichen Vorschriften verstösst (GE, Autorité de surveillance, 08.11.1978, BlSchK 1980, S. 138).

40 Das BA darf dem Schuldner *keine Akten zustellen, wenn dieser unzurechnungsfähig ist* (GE, Autorité de surveillance, 19.07.1978, BlSchK 1981, S. 13).

41 Wird die *Gültigkeit eines Zahlungsbefehls* in der Betreibung, die *zur Ausstellung eines Verlustscheines führte, bestritten*, so hat *der Schuldner die Nichtigkeit der Zustellung dieses Zahlungsbefehls glaubhaft zu machen*. Ein mangelhaft zugestellter Zahlungsbefehl ist gültig, wenn der Schuldner weitere Betreibungshandlungen, aus denen sich deren Inhalt des Zahlungsbefehls ergibt, widerspruchslos hingenommen hat (LU, SchKKomm, 15.10.2000, LGVE 2000 I 50, BlSchK 2002, S. 51).

3. An Vertreter des Schuldners

42 Die *Zustellung von Betreibungsurkunden* durch das *örtlich unzuständige BA* an den vertraglichen Vertreter des Schuldners ist, ausser im Falle entsprechender ausdrücklicher Ermächtigung des Schuldners oder einer von diesem erteilten Generalvollmacht (BGE 43 III 22), auch dann statthaft, wenn der Schuldner entweder seine Adresse verschweigt bzw. über keine feste Unterkunft verfügt und auch das BA seine Adresse nicht ermitteln kann (BL, AB, 22.11.1979, SJZ 1980, S. 334).

43 *Wohnt der Schuldner am Betreibungsort und ist er nicht abwesend, können Betreibungsurkunden nicht* an einen *vertraglich bestellten Vertreter* des Schuldners *zugestellt werden* (ZH, Bez.Gericht Hinwil, 17.11.1983, BlSchK 1987, S. 23).

44 Zustellung an eine zur Entgegennahme ermächtigte Person (hier Vorladung zur Konkursverhandlung). Für die Entgegennahme von Betreibungsurkunden ist nicht massgebend, welcher Art das interne Verhältnis ist, ob dauernde oder vorübergehende Anstellung, festes Verhältnis, einzelner Auftrag oder blosse Gefälligkeit; *erforderlich und genügend ist* einzig, dass der *betreffende Empfänger als Hilfsperson* und damit als *zur Entgegennahme ermächtigt zu gelten hat* (BS, Appellationsgericht, 01.11.1951, SJZ 1953, S. 145).

45 Zustellung des an eine *Aktiengesellschaft* adressierten Zahlungsbefehl *an die Ehefrau des Geschäftsführers* und Vertreters dieser Gesellschaft *ist zulässig* (LU, SchK-Komm., 10.09.1982, LGVE 1982 I 39).

Zweiter Titel: Schuldbetreibung | Art. 64

46 Die *Zustellung* des Zahlungsbefehls an einen vom Schuldner zur Entgegennahme von Betreibungsurkunden *nicht bevollmächtigten Anwalt ist nichtig* (BE, AB, 11.08.1987, BlSchK 1989, S. 174).

47 Zustellung von Betreibungsurkunden und Mitteilungen an *gewillkürte Vertreter der Betreibungsparteien*. Verpflichtung des BA zur Zustellung an den ihm bekannt gegebenen gewillkürten Vertreter. Heilung der mangelhaften Zustellung an den Vertretenen statt an den Vertreter, wenn die Rechte des Vertretenen trotz der mangelhaften Zustellung gewahrt worden sind (GR, AB, 06.07.1994, PKG 1994, S. 118).

48 (i.V.m. Art. 56 Ziff. 3 und Art. 60 SchKG) – Zustellung von Betreibungsurkunden an einen Schuldner mit Aufenthalt im Ausland. Haft im Ausland. – Legitimation des Ehegatten zur Entgegennahme von Betreibungsurkunden, nicht aber zur Vornahme von prozessualen Handlungen. Da ein Ehegatte eines Schuldners allein im Rahmen seiner ehelichen Vertretungsbefugnis nach Art. 166 ZGB nicht zur Vornahme von prozessualen Handlungen, namentlich auch nicht in einem Betreibungsverfahren berechtigt ist, ist auch einem verheirateten Schuldner, sofern er seinen Ehegatten nicht bereits bevollmächtigt hat, Zeit zur Benennung eines Vertreters einzuräumen. Eine Nichtgewährung des Rechtsstillstandes stellt eine Rechtsverweigerung dar (BS, AB, 02.06.1995, BJM 1995, S. 314).

4. Ort

49 Betreibung am letzten Wohnsitz. Wenn der Schuldner seine Stelle oft wechselt, ist eine Betreibung am Aufenthaltsort unmöglich (BE, AB, 31.08.1948, BlSchK 1949, S. 106).

50 Der Wohnsitz befindet sich dort, wo die Familie die der Schuldner mehrmals im Monat besucht, verblieben ist, und nicht am auswärtigen Arbeitsort (zumal bei blossem Volontariat) und auch nicht dort, wo der Schuldner seine persönlichen Schriften hinterlegt hat (BGE 88 III 135).

51 Die *Zustellung* von Betreibungsurkunden *an eine physische Person* ist am Ort ihrer Wohnung oder ihrer Berufsausübung in gleicher Weise zulässig (BS, AB, 23.03.1972, BlSchK 1975, S. 142).

52 Obschon das Gesetz die Zustellung von Betreibungsurkunden am Arbeitsort zulässt, ist es *unerlässlich, dass der Gläubiger die Wohnadresse des Schuldners im Begehren aufführt* (GE, Autorité de surveillance, 08.11.1978, BlSchK 1980, S. 107).

53 *»Angestellter«* des Schuldners ist, wer als *ihm untergeordnete Hilfsperson bei der Ausübung seines Berufes mitwirkt*. Ein dauerndes Arbeitsverhältnis ist nicht erforderlich (BGE 72 III 78).

54 Der *Zimmervermieter des Schuldners ist nicht* eine zu seiner *Haushaltung gehörende Person* (ZH, ObGer, II. Zivilkammer, 13.10.1944, ZR 1945, S. 194, BlSchK 1946, S. 56).

55 Die Betreibungsurkunden können *nicht einer Angestellten des Vermieters* zu Handen des Mieters zugestellt werden (BE, AB, 29.05.1946, BlSchK 1946, S. 162).

56 Die Zustellung eines Zahlungsbefehls an die *Zimmervermieterin des Schuldners ist unzulässig* (BGer, SchKK, 16.07.1968, BlSchK 1970, S. 22).

57 Betreibungsurkunden können *einem Mieter des Schuldners nicht zugestellt werden* (GE, Autorité de surveillance, 09.11.1977, BlSchK 1980, S. 44).

58 Der Schuldner ist *nicht berechtigt, die Zustellung von Betreibungsurkunden* an seine zu *seiner Haushaltung gehörenden Person zu untersagen* und damit die Zustellung zu erschweren (BGer, SchKK 14.10.1949, BlSchK 1950, S. 120).

59 *Zustellung an* eine *zur Haushaltung* des Schuldners *gehörende erwachsene Person*. – Diese Regelung kann nach ihrem Sinn *dann nicht gelten, wenn die zum Haushalt gehörende Person*, welcher ein Zahlungsbefehl übergeben wird, *Gläubiger oder Ehegatte des Gläubigers ist*. In einem solchen Fall entsteht eine so schwerwiegende Interessenkollision, dass Art. 64 Abs. 1 SchKG nicht zur Anwendung gelangen kann (SO, AB, 15.04.1950, ObGer-Bericht 1950, S. 156, BlSchK 1952, S. 169).

60 Die Zustellung an einen *entmündigten Hausgenossen* wäre nur dann ungültig, wenn dieser der zur vernunftsgemässen Behandlung der Zustellung erforderlichen Urteilsfähigkeit ermangelte (LU, SchKKomm, 01.07.1954, Max. X, Nr. 281).

61 *Die Zustellung an einen entmündigten Hausgenossen und Angestellten* setzt voraus, dass Betreibungsort und Wohnort zusammenfallen (SO, AB, 14.01.1956, BlSchK 1958, S. 140).

62 Ein *13½-jähriger Knabe ist nicht als erwachsene Person anzusehen*. Wirkung einer trotzdem erfolgen Zustellung. – Die Zustellung bleibt zunächst, d.h. bis der Schuldner tatsächlich von der Zustellung des Zahlungsbefehls Kenntnis erhält und seine Rechte wahrnehmen kann, wirkungslos. Dagegen tritt die Wirkung der Zustellung im Zeitpunkt der Kenntnisnahme des Schuldners von der Zustellung bzw. vom Inhalt des Zahlungsbefehls ein (SG, AB, 13.03.1958, BlSchK 1960, S. 177).

63 Die Zustellung des Zahlungsbefehls an eine *Person, die nicht mit dem Schuldner in Hausgemeinschaft lebt,* ist *ungültig* (BS, AB, 05.08.1968, BlSchK 1970, S. 11).

64 Die Aushändigung eines Zahlungsbefehls an eine *Person, die nur zum Briefkastenleeren beauftragt ist, ist unzulässig* (GE, Autorité de surveillance, 18.09.1975, BlSchK 1977, S. 138).

65 Die Zustellung einer Betreibungsurkunde an eine zur Haushaltung des Schuldners gehörende Person ist bei dessen Abwesenheit gesetzeskonform und damit rechtsgültig (BS, AB, 13.11.1975, BlSchK 1978, S. 143).

66 Die Zustellung an ein *Familienmitglied, das lediglich die Ferien beim Schuldner verbringt*, ist nicht gültig (GE, Autorité de surveillance, 12.10.1977, BlSchK 1979, S. 77).

67 Die Zustellung eines Zahlungsbefehls an eine *Angestellte des Schuldners* ist gültig, wenn dieser nicht anwesend ist (GE, Autorité de surveillance, 08.03.1978, BlSchK 1980, S. 10).

68 Ein Zahlungsbefehl *gilt* grundsätzlich *auch dann als zugestellt,* wenn der *Hausgenosse des Schuldners*, dem der BB die Urkunde übergeben will, *die Annahme verweigert*. Erlangt der Schuldner im Falle der Übergabe an einen Hausgenossen oder an einen Angestellten erst nach Ablauf der zehntägigen Frist des Art. 74 SchKG von einem Zahlungsbefehl Kenntnis, steht ihm allenfalls der Weg des verspäteten Rechtsvorschlages im Sinne von Art. 33 Abs. 4 SchKG offen (BGE 109 III 1)

69 Absolviert ein Schuldner auswärts ein zweimonatiges Praktikum, so besitzt der an seinem ordentlichen Wohnort zum gleichen Haushalt gehörende Grossvater ungeachtet der Abwesenheit des Schuldners durch dieses Praktikum, die Eigenschaft eines Hausgenossen im Sinne dieses Artikels (BL, ObGer, 27.06.1989, SJZ 1990, S. 343).

70 Zustellung der Betreibungsurkunden an eine Mitarbeiterin des Wohnheimes der Heilsarmee, in welchem der Empfänger lebt, ist gültig. Ist der Zahlungsbefehl durch einen Dritten vernichtet worden, nachdem der Schuldner die Entgegennahme verweigert hat, so führt dies nicht zur Ungültigkeit der Zustellung (BGE 117 III 5/6, Praxis 1992, S. 609).

5. Durch Gemeinde- oder Polizeibeamten

71 Solange ein Schuldner noch als Mieter einer Wohnung zu betrachten ist, in welcher sich ihm gehörende Sachen befinden, kann nicht angenommen werden, dass er sich entfernt habe ohne eine Adresse zu hinterlassen. Die Betreibungsurkunde ist daher einem Gemeinde- oder Polizeibeamten zum Zwecke der Zustellung zu übergeben (GE, Autorité de surveillance, 13.01.1961, Sem. 84 (1962), S. 474, SJZ 1964, S. 272).

72 *Voraussetzungen und Durchführung dieser Massnahme*. Die AB über Schuldbetreibung und Konkurs haben nur zu prüfen, ob die gesetzlichen Voraussetzungen für die Übergabe des Zahlungsbefehls an einen Gemeinde- oder Polizeibeamten erfüllt waren und ob die Zustellung aufgrund der Vorkehren dieses Beamten als vollzogen gelten kann. Mit der vom SchKG nicht geregelten Frage, *wie* dieser Beamte *die Zustellung erreicht*, namentlich ob die Polizei den Schuldner zu diesem Zwecke auf den Polizeiposten führen lassen darf, haben sie sich nicht zu befassen. Hierüber haben gegebenenfalls die Behörden zu entscheiden, welche die Aufsicht über die in Frage stehenden Beamten ausüben (BGE 97 III 107).

73 Wenn der Schuldner noch an seiner Stelle empfangsberechtigte Personen angetroffen werden können, weil sie oft abwesend sind, ist es durchaus gerechtfertigt und dem Gesetz entsprechend, die Polizei mit der Zustellung zu beauftragen (GE, Autorité de surveillance, 26.09.1984, BlSchK 1986, S. 96).

74 Der *Zweck dieser Zustellungsart* liegt darin, *den Schuldner ausfindig zu machen* und den *Nachweis der erfolgten Zustellung zu erbringen*, wobei anzunehmen ist, dass dies der am Zustellungsort täti-

gen Amtsperson am ehesten möglich ist (Fritzsche/Walder, Schuldbetreibung und Konkurs nach schweizerischem Recht, Bd. 1, S. 172). Es geht darum, die Zustellungsaufgabe des BB zu erleichtern und Gewissheit darüber zu verschaffen, ob sich der Schuldner tatsächlich am vermuteten Wohnort aufhalte, mithin ob das angerufene Betreibungsforum gegeben sei. Dies ist weder schikanös noch verletzt es die Grundrechte des Schuldners (LU, SchKKomm 26.07.1988, LGVE 1988 I 38, BlSchK 1990, S. 90).

Art. 65 B. An juristische Personen, Gesellschaften und unverteilte Erbschaften

¹ Ist die Betreibung gegen eine juristische Person oder eine Gesellschaft gerichtet, so erfolgt die Zustellung an den Vertreter derselben. Als solcher gilt:
1. für eine Gemeinde, einen Kanton oder die Eidgenossenschaft der Präsident der vollziehenden Behörde oder die von der vollziehenden Behörde bezeichnete Dienststelle;
2. für eine Aktiengesellschaft, eine Kommanditaktiengesellschaft, eine Gesellschaft mit beschränkter Haftung, eine Genossenschaft oder einen im Handelsregister eingetragenen Verein jedes Mitglied der Verwaltung oder des Vorstandes sowie jeder Direktor oder Prokurist;
3. für eine anderweitige juristische Person der Präsident der Verwaltung oder der Verwalter;
4. für eine Kollektivgesellschaft oder Kommanditgesellschaft jeder zur Vertretung der Gesellschaft befugte Gesellschafter und jeder Prokurist.

² Werden die genannten Personen in ihrem Geschäftslokale nicht angetroffen, so kann die Zustellung auch an einen andern Beamten oder Angestellten erfolgen.

³ Ist die Betreibung gegen eine unverteilte Erbschaft gerichtet, so erfolgt die Zustellung an den für die Erbschaft bestellten Vertreter oder, wenn ein solcher nicht bekannt ist, an einen der Erben.

I. Formelle Anforderungen

1   *Mangelnde Angabe des Vertreters der zu betreibenden juristischen Person im Betreibungsbegehren.* – Wenn der Schuldner eine juristische Person ist, hat der Gläubiger den Namen eines berechtigten Vertreters anzugeben, dem der Zahlungsbefehl zugestellt werden kann. Die blosse Angabe des Schuldners ohne Nennung eines berechtigten Vertreters auf dem Betreibungsbegehren genügt nicht, um eine richtige Zustellung im Sinne des Abs. 1 Ziff. 2 zu erlauben. Fehlen diese Angaben, so hat das BA den Gläubiger unverzüglich davon in Kenntnis zu setzen und ihm Gelegenheit zur Ergänzung zu geben (BGE 109 III 4).

2   (i.V.m. Art. 34 und 42 der Genfer ZPO) – Die Notifikation eines Urteils, die an einem andern als von der Partei verzeigten Domizil erfolgte, ist ungültig. Ein der Schuldnerin an ihre Wohnadresse zugestellter Rechtsöffnungsentscheid ist nicht gültig eröffnet, wenn die Schuldnerin Zustellungsdomizil bei ihrem Rechtsanwalt verzeigt hatte (GE, Autorité de surveillance, 13.02.1985, BlSchK 1988, S. 21).

II. Zustellungen an Vertreter
1. Gemäss Ziffer 2

3   Zustellung an eine betriebene Aktiengesellschaft. Zunächst muss die Zustellung an ein *Mitglied der Verwaltung* oder einen *Prokuristen* versucht werden. Nur wenn ein solcher *Vertreter der Gesellschaft* in dem Lokal, wo er seine Tätigkeit für diese auszuüben pflegt, *nicht angetroffen wird*, darf die *Zustellung an einen andern, im gleichen Lokal tätigen Angestellten erfolgen*. Sie ist auch gültig, wenn der Angestellte *nicht im Dienst der betriebenen*, sondern einer *anderen im gleichen Lokal tätigen Gesellschaft* steht. Bei ungerechtfertigter Verweigerung der Annahme gilt die Zustellung als erfolgt (BGE 96 III 6; LU, SchKKomm 13.11.1967, Max. XI, Nr. 570, BlSchK 1969, S. 135).

4 Die Zustellung von Betreibungsurkunden an eine Aktiengesellschaft kann an *jedes Mitglied der Verwaltung* und an *jeden Prokuristen*, bei deren Abwesenheit auch an einen andern Beamten oder Angestellten erfolgen (BS, AB, 16.10.1972, BlSchK 1975, S. 109).

5 Zustellung von Betreibungsurkunden – Entsprechend der Vorschrift von Art. 65 Abs. 1, Ziff. 2 SchKG sind an eine Aktiengesellschaft gerichtete Betreibungsurkunden – insbesondere der Zahlungsbefehl – einem Mitglied der Verwaltung oder einem Prokuristen zuzustellen. Eine *Ersatzzustellung gemäss Art. 65 Abs. 2 SchKG ist nur zulässig, wenn die Zustellung an einen Vertreter im Sinne der zuerst erwähnten Bestimmung erfolglos versucht worden ist.* Das Recht der Stellvertretung im Sinne der Art. 32 ff. OR (im vorliegenden Fall die Anscheins- oder Duldungsvollmacht) hat neben der präzisen Anweisung des Art. 65 SchKG keinen Platz (BGE 118 III 10).

6 Wurde der Zahlungsbefehl allein deshalb (in sinngemässer Anwendung von Art. 68c Abs. 1 SchKG) der Vormundschaftsbehörde am Sitz der betriebenen Aktiengesellschaft übergeben, weil diese an der im Handelsregister vermerkten Adresse über keine Geschäftsräumlichkeiten mehr verfügt und die einzige Verwaltungsrätin nicht mehr in der Schweiz wohnt, ist er nicht gültig zugestellt worden. Falls die Betriebene trotz fehlerhafter Zustellung vom Inhalt des Zahlungsbefehls Kenntnis erhält, entfaltet dieser damit seine Wirkungen; im Zeitpunkt der Kenntnisnahme beginnt demnach auch die Frist zur Erhebung des Rechtsvorschlages zu laufen (BGE 128 III 101).

7 (i.V.m. Art. 67 und 173 SchKG) – Die «faktische Geschäftsführerin» einer GmbH ohne eingetragene Geschäftsführung bzw. zeichnungsberechtigte Gesellschafter ist nicht legitimiert, Betreibungsurkunden für die GmbH entgegenzunehmen und Rechtsmittel zu erheben. Ein Gläubiger hat grundsätzlich bereits im BB den Namen eines berechtigten Vertreters anzugeben, dem die Urkunden zugestellt werden sollen. Fehlen diese Angaben im BB, so hat das BA den Gläubiger unverzüglich hiervon in Kenntnis zu setzen und ihm Gelegenheit zur Ergänzung zu geben, sofern das Amt selbst nicht schon aufgrund der von ihm zu führenden Handelsregister-Kartei (Art. 15 Abs. 4 SchKG) in der Lage war, die zum Empfang der Betreibungsurkunden berechtigten Personen zu ermitteln (ZH, ObGer, II. Ziv.Kammer, 06.11.03, ZR 2005, Nr. 10).

2. Gemäss Ziffer 3

8 Betreibung gegen die StW-Eigentümerschaft – Bei der Anhebung einer Betreibung gegen die Stockwerkeigentümergemeinschaft erfolgt deren Vertretung durch den Verwalter. Verfügt die Gemeinschaft über keinen Verwalter, kann der betreibende Gläubiger die Ernennung eines Verwalters durch das Gericht beantragen (Art. 712g Abs. 2 ZGB). Kann ausnahmsweise auf die Ernennung eines Verwalters im Betreibungsverfahren verzichtet und ein Stockwerkeigentümer als Vertreter der Gemeinschaft betrachtet werden, wenn er einen Vertrag in deren Namen abgeschlossen hat? Diese Ausnahme ist nicht gestattet. Die Vorschriften über Zustellungen von B-Urkunden lassen dies nicht zu. Die Stockwerkeigentümergemeinschaft ist einer anderweitigen juristischen Person im Sinne von Art. 65 Ziff. 3 SchKG gleichzustellen. Danach erfolgt die Zustellung von Betreibungsurkunden an den Präsidenten der Verwaltung oder an den Verwalter (BL, AB, 24.04.01, SJZ 2002, S. 446).

9 Zustellung von Betreibungsurkunden an eine juristische Person:
  – Bei Zustellung des Zahlungsbefehls an einen nicht berechtigten Vertreter ist die Betreibung nichtig. Die fehlerhafte Zustellung wird indessen geheilt, wenn der Zahlungsbefehl der Betriebenen trotz der mangelhaften Zustellung zugekommen ist und sie ihre Rechte durch Rechtsvorschlag gewahrt hat;
  – Bestellung eines Beistandes für eine juristische Person, der die erforderlichen Organe mangeln. (GR, AB, 10.05.1993, PKG 1993, S. 113).

10 Zustellung ZB an eine juristische Person oder Gesellschaft im Ausland – Fehlt es an einer staatsvertraglichen Regelung der Zustellung und erfolgt diese auf diplomatischem oder konsularischem Weg, findet Art. 65 SchKG auch im Ausland wenigstens sinngemäss Anwendung. – Die Behörde trägt die Beweislast für die ordnungsgemäss Zustellung von Betreibungsurkunden; ihr obliegt insbesondere auch der Nachweis der Voraussetzungen für die Ersatzzustellung gemäss Art. 65 Abs. 2 SchKG (BGE 117 III 10).

3. Gemäss Ziffer 4 und Absatz 2

11 Die Betreibungsurkunden können den als Vertreter genannten Personen auch ausserhalb des Geschäftslokals gültig zugestellt werden. Wird der Vertreter im Sinne von Abs. 1 in seiner Wohnung oder an dem Orte, wo er seinen Beruf auszuüben pflegt, nicht angetroffen, so kann die Zustellung auch an eine zu seiner Haushaltung gehörende erwachsene Person oder an einen Angestellten erfolgen (Art. 64 Abs. 1), und zwar selbst dann, wenn die betriebene juristische Person oder Gesellschaft ein Geschäftslokal besitzt (BGE 72 III 71).

12 Die *Zustellung einer Betreibungsurkunde an eine Person, die nicht berechtigt ist, sie für den Schuldner entgegenzunehmen*, ist nicht schlechthin nichtig. Eine solche Zustellung wird dann wirksam, wenn die Urkunde tatsächlich gleichwohl dem Schuldner (bzw. im Falle der Betreibung einer Aktiengesellschaft einem Mitglied der Verwaltung oder einem Prokuristen) zugeht und der Schuldner (bzw. die betriebene Aktiengesellschaft) binnen zehn Tagen von da an gegen die vorschriftswidrige Zustellung keine Beschwerde einreicht (BGE 88 III 12).

13 Betreibungsurkunden *können bei Abwesenheit des Geschäftsführers oder eines Prokuristen auch einem Angestellten einer andern Gesellschaft zugestellt werden, die in den gleichen Räumen tätig ist* (GE, Autorité de surveillance, 19.11.1975, BlSchK 1979, S. 100).

14 Die Zustellung des Zahlungsbefehls an das Verwaltungsratsmitglied ist auch dann gültig, wenn dieses die Betreibungsforderung dem Gläubiger abgetreten hat. Ein Zustellungsfehler ist unbeachtlich, wenn die Urkunde an den Schuldner weitergeleitet wurde und dieser in der Wahrung seiner Interessen nicht behindert war (LU, SchK-Komm. 03.11.1948, Max. IX, Nr. 605).

15 Die Zustellung der *Vorladung zur Konkursverhandlung* gegen eine AG an *ein aus dem Verwaltungsrat ausgeschiedenes*, aber *noch im Handelsregister eingetragenes Mitglied* erfolgt rechtsgültig, solange der Eintrag im Handelsregister nicht gelöscht ist, auch wenn der betreffende Verwaltungsrat dem Konkursrichter mitgeteilt hat, er sei aus dem Verwaltungsrat ausgeschieden. Der Konkursrichter ist berechtigt, die Vorladung auch einer vom Gläubiger nicht bezeichneten, aber in Art. 65 Abs. 2, Ziff. 2 SchKG SchKG aufgeführten Personen zuzustellen, wenn dies – z.B. weil sich der Geschäftssitz der Schuldnerin im Ausland befindet – der beförderlichen Behandlung der Sache dient (ZH, ObGer, II. Ziv.Kammer, 14.02.1973, ZR 1973, Nr. 61).

16 Zustellung des *an eine Aktiengesellschaft adressierten Zahlungsbefehls an die Ehefrau des Geschäftsführers* und Vertreters dieser Gesellschaft ist zulässig (LU, SchK-Komm. 10.09.1982, LGVE 1982 I 39).

17 (i.V.m. Art. 64 Abs. 1 SchKG) – *Die Zustellung des eine juristische Person betreffenden Zahlungsbefehls in der Privatwohnung des Vertreters derselben an dessen Ehefrau. Betreibungsurkunden können für betriebene juristische Personen auch ausserhalb des Geschäftslokales der Betriebenen gültig zugestellt werden*. Die Zustellung an die Privatadresse der in Art. 65 Abs. 1 genannten Vertreter ist in der Praxis denn auch nichts Ungewohntes. Wird der Vertreter in seiner Wohnung oder am Ort, wo er seinen Beruf auszuüben pflegt, nicht angetroffen, so kann die Zustellung auch an eine zu seiner Haushaltung gehörenden erwachsenen Person oder einen Angestellten geschehen, und zwar nicht nur dann, wenn die betriebene juristische Person oder Gesellschaft kein Geschäftslokal hat, sondern auch dann, wenn sie ein solches besitzt. Von den erwachsenen Hausgenossen und Angestellten des Vertreters darf erwartet werden, dass sie die ihnen zugestellten Urkunden richtig weiterleiten (SH, AB, 03.12.1993, BlSchK 1994, S. 185).

18 *Betreibungsurkunden können* den in Art. 65 Abs. 1 SchKG als Vertreter genannten Personen *auch ausserhalb des Geschäftslokal der betriebenen juristischen Person oder Gesellschaft zugestellt werden*, ohne dass vorgängig versucht werden muss, sie im Geschäftslokal zuzustellen (BGE 125 III 384).

19 Es ist wichtig, dass für eine juristische Person oder eine Gesellschaft bestimmte Betreibungsurkunden in die Hände einer physischen Person gelangen, welche berechtigt sind, in der fraglichen Betreibung für deren Rechnung zu handeln. Nötigenfalls besitzt das Amt – wie in Art. 64 SchKG vorgesehen – die Möglichkeit, einen Zahlungsbefehl am bekannten schweizerischen Wohnsitz des

Verwalters zuzustellen, bei Abwesenheit des Letzteren an dessen Ehefrau (GE, Autorité de surveillance, 08.12.1982, BlSchK 1984, S. 141/142).

20 Sowohl der nicht dem Verwaltungsrat angehörende Geschäftsführer als auch der Prokurist einer Aktiengesellschaft muss zur Entgegennahme einer Betreibungsurkunde berechtigt sein (BGE 121 III 16).

21 Bei juristischen Personen muss der Zahlungsbefehl dem verantwortlichen Organ zugestellt werden, damit dieses darüber entscheiden kann, ob Rechtsvorschlag erhoben werden soll (BGE 116 III 8).

22 Die Zustellung von Betreibungsurkunden an juristische Personen oder Gesellschaften hat an deren Vertreter zu erfolgen. Als solcher gilt für eine Aktiengesellschaft, eine Genossenschaft oder einen im Handelsregister eingetragenen Verein jedes Mitglied der Verwaltung oder des Vorstandes oder jeder Prokurist. Die Beweispflicht für die ordnungsgemässe Zustellung obliegt im Falle der Anfechtung dem Betreibungsamt. Falls sich der nötige Nachweis dafür nicht voll aus der Bescheinigung ergibt, kann er auch auf andere Weise erbracht werden. Die mängelfreie Zustellbescheinigung ist also nicht Voraussetzung für die Gültigkeit der betreffenden Betreibungsurkunde, sondern nur ein qualifiziertes Beweismittel für die richtige Zustellung (SO, AB, 07.04.1982, BlSchK 1985, S. 182).

23 (i.V.m. Art. 66 SchKG) – Begründet eine Aktiengesellschaft ihr Domizil bei einer Aktiengesellschaft, so nimmt diese die Stellung eines Bevollmächtigten ein, wie ihn der am Betreibungsort nicht anwesende Schuldner bestimmen kann. Ist die Zustellung an einen zuständigen Vertreter der Domizilhalterin erfolglos versucht worden, so darf die Betreibungsurkunde einem andern Angestellten des Betriebes ausgehändigt werden (BGE 119 III 57).

24 (i.V.m. Art. 66 Abs. 1 SchKG) – Die Zustellung von Betreibungsurkunden *an den Domizilhalter* einer Gesellschaft, die am Ort ihres statutarischen Sitzes kein Geschäftsbüro hat, ist rechtmässig (BGE 120 III 64).

25 Zustellung des Zahlungsbefehls und Befugnis zum Rechtsvorschlag *bei einem Wechsel in der Verwaltung einer Genossenschaft.* Bei der engen Befristung des Rechtsvorschlages auf eine Zeitdauer von zehn Tagen ist bei einer Änderung der Vertretungsbefugnis nicht alleine auf die Eintragung im Handelsregister, sondern nötigenfalls auch auf interne, noch nicht publizierte Beschlüsse abzustellen (AR, AB, 10.07.1968, BlSchK 1969, S. 170).

26 Die Zustellung von Betreibungsurkunden an den gesetzlichen Vertreter einer juristischen Person ist ungültig, wenn es sich um eine Betreibung handelt, bei welcher dieser Vertreter als Gläubiger auftritt. Ungültig ist auch die Zustellung an die Ehefrau dieses Vertreters (GE, Autorité de surveillance, 04.11.1960, Sem. 84 (1962), S. 252, SJZ 1964, S. 272).

III. Fehlerhafte Zustellungen zu Ziffer 2

27 Die Zustellung von Betreibungsurkunden an den gesetzlichen Vertreter einer juristischen Person ist ungültig, wenn es sich um eine Betreibung handelt, bei welcher dieser Vertreter als Gläubiger auftritt. Ungültig ist auch die Zustellung an die Ehefrau dieses Vertreters (GE, Autorité de surveillance, 04.11.1960, Sem. 84 (1962, S. 252, SJZ 1964, S. 272).

28 Bei einem Gläubiger, der als Angestellter einer Aktiengesellschaft den von ihm veranlassten Zahlungsbefehl gegen diese entgegennimmt, besteht eine schwere Interessenkollision; die Zustellung ist fehlerhaft. Wird deren Heilung nicht nachgewiesen, erweist sich die Zustellung als ungesetzlich und ist unter Vermeidung von Interessenkollisionen zu wiederholen (BE, AB, 07.12.1989, BlSchK 1990, S. 235).

29 Zustellung eines Zahlungsbefehls durch Übergabe an einen subalternen Angestellten einer AG, der auf das Postbüro gekommen ist, um die Post abzuholen, entspricht nicht den Vorschriften (Art. 45 Postdienstverordnung und Art. 65 SchKG) und ist aufzuheben (FR, AB, 15.10.1970, Extraits 1970, S. 92, SJZ 1972, S. 333).

30 Die Zustellung eines Zahlungsbefehls an den hierzu nicht bevollmächtigten Concierge eines Appartementhauses im Ausland zuhanden des dort zeitweise wohnenden einzigen Verwaltungsrates und Zeichnungsberechtigten der schuldnerischen Gesellschaft ist rechtsunwirksam (BS, AB, 31.05.1977, BlSchK 1978, S. 82).

31 Bei der Zustellung des Zahlungsbefehls an einen nicht berechtigten Vertreter einer juristischen Person ist die Betreibung nichtig. Die fehlerhafte Zustellung wird indessen geheilt, wenn der Zahlungsbefehl der Betriebenen trotz der mangelhaften Zustellung zugekommen ist und er seine Rechte durch Rechtsvorschlag gewahrt hat (GR, AB, 10.051993, PKG 1993, S. 113).

32 Wurde der Zahlungsbefehl allein deshalb (in sinngemässer Anwendung von Art. 68c Abs. 1 SchKG) der Vormundschaftsbehörde am Sitz der betriebenen Aktiengesellschaft übergeben, weil diese an der im Handelsregister vermerkten Adresse über keine Geschäftsräumlichkeiten mehr verfügt und die einzige Verwaltungsrätin nicht mehr in der Schweiz wohnt, ist er nicht gültig zugestellt worden.

Falls die Betriebene trotz fehlerhafter Zustellung vom Inhalt des Zahlungsbefehls Kenntnis erhält, entfaltet dieser damit seine Wirkungen; im Zeitpunkt der Kenntnisnahme beginnt demnach auch die Frist zur Erhebung des Rechtsvorschlages (BGE 128 III 101).

33 (i.V.m. Art. 260 SchKG) – Die Zustellung einer Abtretungsofferte gemäss Art. 260 SchKG an das ehemalige Rechtsdomizil einer Aktiengesellschaft bei einer Treuhandgesellschaft, die zur Entgegennahme nicht bevollmächtigt war und die Mitteilung auch nicht an den Verwaltungsrat weitergeleitet hat, ist nicht rechtswirksam erfolgt. In diesem Falle wären bereits an andere Gläubiger erfolgte Abtretungen nichtig, soweit sie die von der Beschwerdeführerin beanspruchten Ansprüche beträfen (vgl. BGE 79 II 6) (GR AB, 04.12.1990; BlSchK 1993, S. 140).

IV. Zu Absatz 3

1. Allgemeines

34 *Das BA, das ein Betreibungsbegehren gegen eine Erbschaft erhält, hat sich zu vergewissern, ob diese bereits amtlich liquidiert worden sei.* Ist dies der Fall, so hat es das Begehren zurückzuweisen. Dagegen hat es *nicht von Amtes wegen abzuklären, ob die Erbteilung* bereits auf *andere Weise erfolgt sei.* Wird dies jedoch doch vom Empfänger des Zahlungsbefehls behauptet, so hat das Amt, und auf Beschwerde hin, die AB die diesbezüglich vorgelegten Beweise zu berücksichtigen bzw. den Betroffenen aufzufordern, Beweise beizubringen (BGE 99 III 51).

35 Wer einen Zahlungsbefehl einem Miterben zustellen lässt, von dem er annimmt, dass dieser den Rechtsvorschlag unterlassen werde, während er den Miterben, von dem er mit Sicherheit einen Rechtsvorschlag zu gewärtigen hat, übergeht, handelt rechtsmissbräuchlich (BGE 107 III 7).

36 Befugnis des BA, einen *Verwertungsüberschuss* dem Erben auszuzahlen, dem die Betreibungsurkunden zuzustellen waren (BGE 91 III 13).

2. Ausländische Erbschaften

37 *Zustellung des Zahlungsbefehls – Testamentsvollstrecker –* Gegenüber einer ausländischen (hier überseeischen) Erbschaft ist dem Gläubiger die Anhebung eines Arrestverfahrens wie auch der daran schliessenden Betreibung bis und mit der Pfändung (die dem Schuldner noch kein Eigentumsrecht entzieht) ohne Erkundigung über das Bestehen einer Erbenvertretung am ausländischen Ort der Erbschaft zu gestatten. Solchenfalls können die Betreibungsurkunden gültig dem von ihm angegebenen Erben zugestellt werden, sofern nicht etwa ihm selbst oder dem BB das Bestehen einer Erbenvertretung bekannt ist. Die Auszahlung eines gepfändeten Guthabens an den Gläubiger kann aber mit Recht an die Bedingung geknüpft werden, dass vorerst die vom Gläubiger behauptete Gläubigerqualität nachgewiesen werden. Wenn dieser nicht Erbe sein sollte, könnten die an ihn erfolgten Zustellungen keine Wirkung gegenüber der betriebenen Erbschaft haben. Der Arrest könnte allerdings gleichwohl bestehen bleiben; die Arresturkunde und der Zahlungsbefehl müssten aber nochmals zugestellt werden, dies mal an den mittlerweile bekannt gewordenen Testamentsvollstrecker, dem die ihm ZGB vorgesehenen Befugnisse zustehen (BGer, SchKK 18.11.1949, BlSchK 1950, S. 123).

38 Betreibung einer *Erbschaft eines in Italien verstorbenen Schweizers.* Staatsvertraglich befindet sich der Gerichtsstand für Erbschaftsstreitigkeiten am Heimatort, dessen Recht anwendbar ist. Art. 65 Abs. 3 SchKG begründet keinen von Art. 49 SchKG verschiedenen Betreibungsort (ZH, ObGer, II. Ziv.Kammer, 28.09.1948, BGer SchKK, 05.11.1948, ZR 1950, Nr. 51).

39 *Arrestbetreibung* gegen eine unverteilte ausländische Erbschaft – Die Betreibungsurkunden können an einen vom Gläubiger angegebenen Vertreter der Erbengemeinschaft zugestellt werden (SO, AB, 26.04.1949, ObGer-Bericht 1949, S. 184, BlSchK 1952. S. 43).

3. Erbenvertreter

40 Ein Erbe, der im Zahlungsbefehl als Erbenvertreter bezeichnet ist, gilt auch im weiteren Betreibungsverfahren als Vertreter (BGE 91 III 13).

41 Die Betreibung gegen eine unverteilte Erbschaft ist nichtig, wenn *der Zahlungsbefehl* an einen vom Gläubiger bezeichneten *Vertreter zugestellt* worden ist, der *nicht bevollmächtigt ist* (BE, Autorité de surveillance, 19.03.1973, BlSchK 1975, S. 48).

42 Der *Willensvollstrecker ist zur Entgegennahme* der für die unverteilte Erbschaft bestimmten *Betreibungsurkunden legitimiert.* Die AB haben im Beschwerde- und Rekursverfahren zu prüfen, ob die Person, der Betreibungsurkunden für die unverteilte Erbschaft zugestellt worden sind oder die eine andere Person zu deren Entgegennahme bevollmächtigt hat, zu dem in Abs. 3 genannten Kreis von Personen gehört (BGE 101 III 1).

43 Die Gültigkeit der Zustellung des Zahlungsbefehls an den Willensvollstrecker hängt nicht davon ab, ob dieser bzw. der Betreibende gutgläubig ist (BGE 102 III 1).

44 Betreibung gegen eine unverteilte Erbschaft. Dass die betriebene, zur Vertretung der Erbschaft nicht legitimierte Person, diesen Mangel erst im *Pfändungsstadium* geltend macht, ist unerheblich; trifft der Mangel zu, darf das BA nicht zur Pfändung schreiten (TI, SchKK, 06.06.1969, Rep. 1970, S. 71, SJZ 1972, S. 223).

4. Schuldnerbezeichnung

45 (i.V.m. Art. 49, 70 Abs. 2 SchKG, Art. 602, 603 Abs. 1 ZGB) – Betreibung von Erbschaftsschulden: Unklare Schuldnerbezeichnung. Bei einer Betreibung von Erbschaftsschulden hat sich der Gläubiger klar darüber auszusprechen, gegen wen er die Betreibung richten will, ob gegen die Erbschaft oder einzelne Erben (Kreisschreiben Nr. 16 vom 03.04.1925; Jaeger/Daeniker, Taschenausgabe D III a6; Escher Komm. N 66 zu Art. 602 ZGB und dortige Zitate; Schneider, Die Betreibung einer Erbschaft, BlSchK 1958, S. 166, Schwartz, Die Bezeichnung der Parteien in den Betreibungsurkunden, BlSchK 1955, S. 1 ff.). Unklare Begehren sind von den Betreibungsämtern zurückzuweisen. Ist dies nicht geschehen, so ist zu prüfen, ob sich der Betreibungsschuldner nicht doch eindeutig aus den Umständen ergibt. Es sind alle Umstände zu berücksichtigen, die den Beteiligten über die Identität einer ungenau bezeichneten Partei hätten Gewissheit verschaffen müssen. Bei einer Betreibung gegen die Erben X, vertreten durch....» nebst einem Anhang, auf welchem die Namen aller Erben standen, erklärte das BGer, ergebe sich die Absicht, die Erbschaft zu betreiben und nicht die einzelnen Erben. Obwohl die im Zahlungsbefehl enthaltene Schuldnerbezeichnung zu Zweifeln habe Anlass geben können, ob sich die Betreibung gegen die Erbschaft oder das Vermögen der einzelnen Erben richte, habe A klar sein müssen, dass er den Zahlungsbefehl als Vertreter der Erbengemeinschaft und nicht für sich und die einzelnen Erben persönlich erhalten habe und dass somit die Zwangsvollstreckung auf den Nachlass gerichtet gewesen sei (BGE 43 III 196 ff. Die unklare Bezeichnung der Schuldnerin hat nicht die Nichtigkeit der Zahlungsbefehls zur Folge, wenn als Betreibungssubjekt die Erbschaft betrachtet wird (LU, SchKKomm 08.03.1974, LGVE 1974 I Nr. 205).

Art. 66 C. Bei auswärtigem Wohnsitz des Schuldners oder bei Unmöglichkeit der Zustellung

¹ Wohnt der Schuldner nicht am Orte der Betreibung, so werden die Betreibungsurkunden der von ihm daselbst bezeichneten Person oder in dem von ihm bestimmten Lokale abgegeben.

² Mangels einer solchen Bezeichnung erfolgt die Zustellung durch Vermittlung des Betreibungsamtes des Wohnortes oder durch die Post.

³ Wohnt der Schuldner im Ausland, so erfolgt die Zustellung durch die Vermittlung der dortigen Behörden oder, soweit völkerrechtliche Verträge dies vorsehen oder wenn der Empfängerstaat zustimmt, durch die Post.

⁴ Die Zustellung wird durch öffentliche Bekanntmachung ersetzt, wenn:
1. der Wohnort des Schuldners unbekannt ist;
2. der Schuldner sich beharrlich der Zustellung entzieht;
3. der Schuldner im Ausland wohnt und die Zustellung nach Absatz 3 nicht innert angemessener Frist möglich ist.

⁵ Aufgehoben.

I. Zu Absatz 1

1. Für eine *Kollektivgesellschaft* gilt als Betreibungsort der Ort, wo der *Gesellschaftssitz im Handelsregister eingetragen ist*. Betreibungsurkunden sind nach Art. 66 zuzustellen, wenn am Sitz der Gesellschaft niemand anzutreffen ist (BE, AB, 11.08.1947, BlSchK 1948, S. 146).

2. Eine Zustellung von Betreibungsurkunden *an Hausgenossen und Angestellte* setzt voraus, dass *Betreibungsort und Wohnort zusammenfallen* (SO, AB, 14.01.1956, BlSchK 1958, S. 140).

3. Der Schuldner, der sich am *Arrestort in der Schweiz in Gefangenschaft* befindet, kann die Zustellung der Betreibungsurkunden an seinem Wohnsitz im Ausland nicht beantragen (GE, Autorité de surveillance, 15.10.1973, BlSchK 1974, S. 172).

4. (i.V.m. Art. 65 SchKG) – Begründet eine Aktiengesellschaft ihr Domizil bei einer Aktiengesellschaft, so nimmt diese die Stellung eines Bevollmächtigten ein, wie ihn der am Betreibungsort nicht anwesende Schuldner bestimmen kann. Ist die Zustellung an einen zuständigen Vertreter der Domizilhalterin erfolglos versucht worden, so darf die Betreibungsurkunde einem andern Angestellten des Betriebes ausgehändigt werden (BGE 119 III 57).

5. (i.V.m. Art. 65 SchKG) – Die Zustellung von Betreibungsurkunden an den Domizilhalter einer Gesellschaft, die am Ort ihres statutarischen Sitzes kein Geschäftsbüro hat, ist rechtmässig (BGE 120 III 64).

II. Zu Absatz 2

6. Die Zustellung der *Vorladung zur Konkursverhandlung* gegen eine Aktiengesellschaft an ein aus dem *Verwaltungsrat ausgeschiedenes,* aber im Handelsregister eingetragenes Mitglied, *erfolgt rechtsgültig*, solange der *Eintrag* im Handelsregister *nicht gelöscht* ist, auch wenn der betreffende Verwaltungsrat dem Konkursrichter mitgeteilt hat, er sei aus dem Verwaltungsrat ausgeschieden. Der Konkursrichter ist berechtigt, die Vorladung auch einer vom Gläubiger nicht bezeichneten, aber in Art. 65 Abs. 1, Ziff. 2 SchKG aufgeführten Personen zuzustellen, wenn dies – z.B. weil sich der Geschäftssitz der Schuldnerin im Ausland befindet – der beförderlichen Behandlung der Sache dient (ZH, ObGer, II. Ziv.Kammer, 14.02.1973, ZR 1973, Nr. 61).

7. Das BA hat ordentlicherweise Zustellungen ausserhalb seines Kreises nicht selbst vorzunehmen, sondern durch örtlich zuständige Amt des Zustellungsortes. Die unmittelbare Zustellung durch einen Weibel des die Betreibung führenden Amts verletzt aber keine wichtigen Interessen des Schuldners oder dritter Personen. Sie kann höchstens einen Grund zur Anfechtung binnen der Beschwerdefrist des Art. 17 SchKG bilden (BGE 91 III 41).

III. Zu Absatz 3: Ausland allgemein

8. Analoge Anwendung der Arrestverfolgungsfrist gemäss Art. 279 SchKG auf Forderungen öffentlichen Rechts; Wahrung der Frist durch gültige Anhebung der Betreibung auch bei unzureichender Angabe der Schuldneradresse durch den Gläubiger. Keine Pflicht zur Leistung des Kostenvorschusses für öffentliche Zustellung des Zahlungsbefehls binnen der Frist von Art. 279. Keine Zustellung von Betreibungsurkunden in fiskalischen Sachen durch Vermittlung ausländischer Behörden. *Zustellung durch die Post gültig, wenn keine vollstreckungsrechtliche Vorschrift verletzt wird* und der *aus-*

ländische Staat keinen Einspruch erhebt (ZH, ObGer, II. Ziv.Kammer, 30.08.1957, BGer SchKK, 17.09.1957, ZR 1959, Nr. 9).

9   Darf der Schuldner, dem eine Betreibungsurkunde aus der Schweiz im Ausland zugestellt wird, die Annahme verweigern? Es besteht keine Rechtspflicht der Betreibungsbehörden, ihn zu solchem Verhalten zu ermächtigen. Verweigert der Adressat die Annahme, so gilt diese als im Zeitpunkt der versuchten Übergabe als erfolgt (vgl. BGE 59 III 67) (BGE 90 III 8).

10 Vorrang staatsvertraglicher Abmachungen: Die Regelung gemäss Art. 66 Abs. 3 SchKG gilt jedoch nur unter Vorbehalt abweichender staatsvertraglicher Abmachungen, die dem internen schweizerischen Recht vorgehen. Auch kann jeder Staat, soweit dem nicht ein Staatsvertrag entgegensteht, die Postzustellung aus dem Ausland verbieten und die Mitwirkung seiner Behörden bei der Zustellung ausländischer Gerichts- und Betreibungsurkunden vorschreiben (BGE 76 III 76 ff.; vgl. auch 82 III 75 Abs. 1) (BGE 94 III 35).

11 (i.V.m. Art. 72 Abs. 2 SchKG) – Bei der Zustellung eines Zahlungsbefehls *auf diplomatischem Weg* an einen *im Ausland wohnenden Schuldner* ist belanglos, wenn die Zustellungsbescheinigung nicht auf dem Zahlungsbefehl selbst angebracht ist. Es ist zulässig, dass die zustellende Behörde den Schuldner eine separate Empfangsbestätigung unterzeichnen lässt (GE, Autorité de surveillance, 09.03.1970, BlSchK 1972, S. 85).

12 Haager Übereinkunft betreffend Zivilprozessrecht vom 01.03.1954 und Haager Übereinkommen von 1965, Art. 5 Abs. 2) – Die Übereinkunft gewährt dem Empfänger von Betreibungsurkunden das Recht, eine Übersetzung der Urkunden in die Amtssprache seines Wohnsitzes zu verlangen. Dagegen auferlegt die Übereinkunft nicht die Verpflichtung, dass die Zustellung in der Sprache des Wohnsitzes des Empfängers erfolgen muss, widrigenfalls die Urkunde nichtig wäre. Ist der Empfänger zur Annahme einer nicht in seiner Sprache abgefassten Urkunde bereit, so kann die Zustellung (ausgenommen in dem in Art. 3 der Übereinkunft vorgesehenen Fall) durch eine Übergabe bewirkt werden (BGE 103 III 69).

IV: Ausland im Speziellen
1. Europa

13 Schweizerische Betreibungsämter dürfen Zustellungen nach Slowakischen Republik und nach Tschechien nicht direkt durch die Post vornehmen, sondern haben die Bestimmungen des Abkommens zwischen der Schweiz und der Tschechoslowakischen Republik vom 21.12.1926 über die gegenseitige Rechtshilfe in Zivil- und Handelssachen zu beachten. – Art. 6 der Internationalen Übereinkunft betreffend Zivilprozessrecht vom 17.07.1905, der sowohl die Schweiz wie auch die (damalige) Tschechoslowakei beigetreten sind, erklärt für die Frage nach der Zulässigkeit postalischer Zustellungen im Geltungsbereich bilateraler Abkommen diese für massgebend (BGE 76 III 76).

14 Die postalische Zustellung an in *Spanien* wohnende Personen ist *ungültig*. Die AB kann Verfügungen der Betreibungs- und Konkursämter von Amtes wegen jederzeit aufheben, wenn sie gegen zwingende Vorschriften verstossen oder durch deren Missachtung, im konkreten Fall, öffentliche Interessen verletzt werden (AR, AB, 01.06.1961, SJZ 1963, S. 173).

15 Die Zustellung von Betreibungsurkunden nach *Italien durch die Post ist unzulässig* (Änderung der Rechtsprechung). Eine solche Zustellung ist nichtig. Die Zustellung hat durch Vermittlung des kantonalen ObGer und des zuständigen italienischen Appellationshofes zu erfolgen (Art. 6 der Haager Übereinkunft betreffend Zivilprozessrecht vom 01.03.1954; Art. 9 Abs. 1 des Niederlassungs- und Konsularvertrages zwischen der Schweiz und Italien vom 22.07.1868; Art. 111 des Protokolls vom 01.05.1869 betreffend die Vollziehung des schweizerisch-italienischen Abkommen vom 22.07.1868) (BGE 94 III 35).

16 Zustellung eines Zahlungsbefehls in der *Bundesrepublik Deutschland*. Die Anerkennung der Zustellung eines Zahlungsbefehls in der Bundesrepublik Deutschland durch Niederlegung beim zuständigen Amtsgericht im Sinne von § 182 der deutschen ZPO verstösst nicht gegen den schweizerischen ordre public (BGE 107 III 11; LU, SchKKomm 06.06.1989, LGVE 1989 I 31).

17 Die (direkte) postalische Zustellung einer Konkursandrohung an die Adresse eines in Deutschland wohnenden Gesellschafters ist nichtig (BGE 131 III 448).

2. Israel

18 Anwendung des Haager Übereinkommen vom 15.11.1965 über die Zustellung gerichtlicher und aussergerichtlicher Schriftstücke im Ausland in Zivil- und Handelssachen. Gültigkeit einer dem israelischen Recht entsprechenden Zustellung durch Anheften an die Wohnungstür des Empfängers (BGE 122 III 395).

3. USA

19 Zustellungen an den (Arrest)-Schuldner in den USA dürfen durch die Post erfolgen (BGE 90 III 8).

20 Ausstellung von Betreibungsurkunden an einen in den Vereinigten Staaten von Amerika wohnhaften Schuldner. Hindernis zur Zustellung der Abschrift der Arresturkunde hat nicht Hinfall des Arrests zur Folge (LU, SchKKomm, 02.09.1965, Max. XI, Nr. 425, BlSchK 1967, S. 117).

21 Bei Zustellung einer Arresturkunde und des zur Arrestprosequierung erwirkten Zahlungsbefehls hat sich das BA an die auf dem Arrestbefehl vermerkte Adresse zu halten. Es verstösst nicht gegen Bundesrecht, Arresturkunde *und* Zahlungsbefehl in den USA (durch Vermittlung des schweizerischen Generalkonsulats) per Post zuzustellen, auch dann nicht, wenn dies durch Übergabe an einen Angestellten des Schuldners geschieht (BGE 109 III 97).

V. Zu Absatz 4: Öffentliche Bekanntmachung

22 Öffentliche Bekanntmachung eines Zahlungsbefehls in einem Falle, wo zwar der ausländische *Wohnort des Schuldners bekannt, die Übermittlung der Urkunde* aus bestimmten Gründen (die auf Seiten der Schweiz liegen) *jedoch ausgeschlossen ist.* Das BGer hat bereits früher in einem Zustellungsnotstand die öffentliche Bekanntmachung auch gegenüber einem Schuldner mit bekanntem Wohnsitz zugelassen, wenn der Gläubiger in der Schweiz wohnt oder wenigstens über einen schweizerischen (oder diesem durch internationale Übereinkunft gleichgestellten ausländischen) Vollstreckungstitel verfügt. Diese Praxis wurde dahin ergänzt, dass gleichgültig ist, ob das Zustellungshindernis im Ausland oder im Inland gesetzt wird (BGE 103 III 1).

23 Die Zustellung von Betreibungsurkunden auf dem Wege öffentlicher Bekanntmachung (Ediktalzustellung) ist nur *zulässig, wenn in der Schweiz ein Betreibungsort besteht.* Die genannte Bestimmung begründet kein Betreibungsdomizil (ZH, ObGer, II. Ziv.Kammer, 25.05.1979, ZR 1979, Nr. 56).

24 Die Zustellung des Zahlungsbefehls durch öffentliche Bekanntmachung ist letztes Mittel; zu ihr darf nicht Zuflucht genommen werden, bevor vom Gläubiger *und* vom *BA* alle der Sachlage entsprechenden Nachforschungen unternommen wurden, um eine mögliche Zustelladresse des Schuldners herauszufinden. Die *Banken sind* gegenüber den Betreibungsbehörden *zur Auskunft über Wohnort oder Zustelldomizil eines Schuldners, der verarrestierbare Vermögenswerte bei ihnen hinterlegt hat, verpflichtet* und können die Auskunft nicht unter Berufung auf das Bankgeheimnis verweigern (BGE 112 III 6, Praxis 75, Nr. 168).

25 Wird ein *Zahlungsbefehl öffentlich bekannt gemacht, ohne dass die Voraussetzungen dazu erfüllt sind,* so ist diese Gesetzesverletzung grundsätzlich innert der Frist des Art. 17 Abs. 2 SchKG zu rügen. Auf die Beschwerde muss auch eingetreten werden, wenn durch den Vertreter des Beschwerdeführers keine förmliche Vollmacht beigebracht wird. Nur wenn der Beschwerdegegner die Vertretungsbefugnis bestreitet, ist die entsprechende Partei durch die AB aufzufordern, sich über die Bevollmächtigung innert bestimmter Frist auszuweisen. Bis dahin darf das Eintreten auf die Rechtsvorkehren des sich als Vertreter ausgebenden Anwalts nicht mangels Vollmacht abgelehnt werden. Die Zustellung durch öffentliche Bekanntmachung darf erst erfolgen, wenn entweder durch das BA oder durch den Gläubiger selbst die den Umständen entsprechenden Nachforschungen vorgenommen wurden, also nur, wenn der Schuldner trotz Anwendung der zu Gebote stehenden Auskunftsmittel unerreichbar bleibt oder eine Nachforschung als aussichtslos erscheint (SH, AB, 20.02.1987, BlSchK 1988, S. 22/23).

26 Die öffentliche Bekanntmachung darf erst erfolgen, wenn entweder durch das BA oder durch den Gläubiger selbst die den Umständen entsprechenden Nachforschungen vorgenommen worden sind, also nur, wenn der Schuldner trotz Anwendung der zu Gebote stehenden Auskunftsmittel unerreichbar bleibt (ZH, AB, Horgen, 07.10.1988, BlSchK 1989, S. 176).

27 Pflicht des BA, die Angaben des Gläubigers zum Wohnort oder zu einer möglichen Zustelladresse des Schuldners zu überprüfen. Das Amt kann namentlich aus den Akten eines anderen Amtes auf den Wohnort schliessen, doch wenn diese das Fehlen eines bekannten Wohnortes festgestellt hat, braucht es nicht weitere Nachforschungen bei diesem dazu anzustellen. – Treu und Glauben widersprechende Haltung des Bevollmächtigten des Schuldners, der einerseits behauptet, dass von ihm jede Auskunft über die Frage des Wohnortes eines Klienten zu erhalten ist, und andererseits einen abschlägigen Bescheid auf eine Anfrage erteilt, welche ihm diesem Zweck unterbreitet wird (BGE 119 III 60).

28 Selbst bei rechtzeitig erhobenem Rechtsvorschlag kann der Betriebene, dem ein Zahlungsbefehl *zu Unrecht durch öffentliche Bekanntmachung zugestellt wurde*, deren Aufhebung unter Berufung auf die gesetzwidrige Art der Mitteilung verlangen, da mit der Ediktalzustellung Gebühren und insbesondere die Beeinträchtigung moralischer Interessen verbunden sein können. Im konkreten Fall Aufhebung eines Entscheides, mit dem ohne Beachtung dieser Rechtsprechung jegliches schutzwürdige Interesse an einer erneuten gewöhnlichen Zustellung des Zahlungsbefehls abgesprochen wird (BGE 128 III 465).

29 Die Publikation des Zahlungsbefehls kommt erst in Frage, wenn vorher alle Mittel ausgeschöpft wurden, diesen tatsächlich zuzustellen. Die Zustellung durch öffentliche Bekanntmachung ist letztes Mittel, wenn keine andere Möglichkeit mehr besteht, den Schuldner zu erreichen, sei es durch Zustellung an seinem Wohn- oder Arbeitsort oder durch Ersatzzustellung. Sie darf u.a. dann erfolgen, wenn der Schuldner sich beharrlich einer Zustellung entzieht. Von einer polizeilichen Zustellung bzw. einem Zustellversuch kann nur dann gesprochen werden, wenn die Polizei sich mit dem Zahlungsbefehl zum Schuldner begibt. Bevor dies nicht erfolgt ist, kann nicht davon gesprochen werden, der Schuldner habe sich einer Zustellung beharrlich entzogen (LU, SchKKomm, 04.01.2001, LGVE 2001 I 43, BlSchK 2003, S. 85 mit Anmerkung der Redaktion; auf eine erhobene Beschwerde ist das BGer nicht eingetreten).

30 Voraussetzungen der Zustellung von Betreibungsurkunden durch Publikation, wenn sich der Schuldner beharrlich der Zustellung entzieht. – Vorgehen des BA in den Fällen, wo nur noch die Zustellung durch Publikation möglich ist. Das BA kann dem Gläubiger Frist zur Stellung eines Publikationsbegehrens und zur Leistung eines Kostenvorschusses setzen und ihn gleichzeitig unter Rechtsmittelbelehrung darauf hinweisen, dass bei unbenütztem Fristablauf die Betreibung eingestellt werde (BA, AB, 19.12.2000, BlSchK 2002, S. 53).

31 Die Zustellung einer Betreibungsurkunde durch öffentliche Bekanntmachung, wie sie in Abs. 4 Ziff. 3 für einen im Ausland wohnenden Schuldner vorgesehen ist, kann nur ausnahmsweise erfolgen (BGE 129 III 556).

V. Anhebung der Betreibung

Art. 67   A. Betreibungsbegehren

¹ Das Betreibungsbegehren ist schriftlich oder mündlich an das Betreibungsamt zu richten. Dabei sind anzugeben:

1. der Name und Wohnort des Gläubigers und seines allfälligen Bevollmächtigten sowie, wenn der Gläubiger im Auslande wohnt, das von demselben in der Schweiz gewählte Domizil. Im Falle mangelnder Bezeichnung wird angenommen, dieses Domizil befinde sich im Lokale des Betreibungsamtes;

2. der Name und Wohnort des Schuldners und gegebenenfalls seines gesetzlichen Vertreters; bei Betreibungsbegehren gegen eine Erbschaft ist anzugeben, an welche Erben die Zustellung zu erfolgen hat;
3. die Forderungssumme oder die Summe, für welche Sicherheit verlangt wird, in gesetzlicher Schweizerwährung; bei verzinslichen Forderungen der Zinsfuss und der Tag, seit welchem der Zins gefordert wird;
4. die Forderungsurkunde und deren Datum; in Ermangelung einer solchen der Grund der Forderung.

² Für eine pfandgesicherte Forderung sind ausserdem die in Artikel 151 vorgesehenen Angaben zu machen.

³ Der Eingang des Betreibungsbegehrens ist dem Gläubiger auf Verlangen gebührenfrei zu bescheinigen.

I. Allgemeines

1 Das Betreibungsbegehren ist in schriftlicher Form auch ohne Verwendung des obligatorischen Formulars gültig. Auch in der Form eines Zahlungsbefehl, soweit derselbe vom BA ergänzt und vervollständigt wird (BGer, SchKK, 16.08.1949, BlSchK 1950, S. 87).

2 Betreibungsfähig ist nur, wer nach Massgabe des Zivilrechts handlungsfähig ist. Das Betreibungsbegehren eines *Urteilsunfähigen* darf der Betreibungsbeamte zurückweisen (BGE 99 III 4).

3 Es ist zulässig, eine zurückgezogene oder dahin gefallene Betreibung neu anzuheben, sofern dieses Vorgehen im konkreten Fall nicht als rechtsmissbräuchlich oder willkürlich erscheint, gegen Treu und Glauben verstösst oder indirekt gesetzliche Rechte des Schuldners verletzt (ZH, ObGer, II. Ziv.Kammer, 04.01.1972, ZR 1972, Nr. 19, SJZ 1972 S. 239, BlSchK 1974, S. 36).

4 Aufschub der Konkurseröffnung über eine Aktiengesellschaft – Ein richterliches Verbot neuer Betreibungen ist für die Betreibungsbehörden verbindlich (BGE 104 III 20).

5 *Mehrere Betreibungen für die gleiche Forderung.* Eine weitere Betreibung für eine bereits in Betreibung gesetzte Forderung ist nur dann nicht zulässig, falls der Gläubiger im früheren Betreibungsverfahren das Fortsetzungsbegehren gestellt hat oder zu stellen berechtigt ist (BGE 100 III 41).

6 *Gültigkeit einer zweiten Betreibung für die gleiche Forderung* – Eine zweite Betreibung für die gleiche Forderung ist nur dann unzulässig, wenn der Gläubiger in der ersten Betreibung das Fortsetzungsbegehren bereits gestellt hat oder zu stellen berechtigt ist (Bestätigung der Rechtsprechung). Die provisorische Pfändung nach Art. 83 SchKG ist keine eigentliche Massnahme zur Fortsetzung der Betreibung im Sinne von Art. 88, welche die Einleitung einer zweiten Betreibung für die gleiche Forderung verhindert (BGE 128 III 383).

7 Wird die Betreibung auf *Verwertung eines Faust- oder Grundpfandes* verlangt, so empfiehlt es sich, dies auf dem Betreibungsbegehren ausdrücklich zu vermerken (BE, AB, 19.06.1969, BlSchK 1970, S. 147).

II. Prüfungsbefugnisse des BA

8 Das BA hat grundsätzlich jedem Betreibungsbegehren Folge zu geben ohne Rücksicht darauf, dass andere Betreibungen zwischen den gleichen Parteien hängig sind und in welchem Stadium sie sich befinden. Das gilt auch dann, wenn einzelne Betreibungshandlungen Gegenstand einer Beschwerde bilden, ebenso wenn einer Beschwerde aufschiebende Wirkung erteilt worden ist oder hätte erteilt werden müssen. Die *aufschiebende Wirkung gilt nur für die angefochtene Betreibungshandlung*, jedoch nicht automatisch für spätere Betreibungen. – Eine weitere Betreibung ist nur dann *nicht zuzulassen, wenn die Identität zweier betriebene Forderungen unzweifelhaft feststeht* und wenn der Gläubiger im *früheren Betreibungsverfahren das Fortsetzungsbegehren bereits gestellt oder zu stellen berechtigt ist* (BGer SchKK, 06.05.1981, BlSchK 1983, S. 128).

9 *Pflicht des BA, die Namen und Adressen genau festzustellen.* Ungenügende *Angaben dürfen nicht durch das BA ergänzt werden.* Die Parteien zu bezeichnen steht als Recht und Pflicht einzig dem

Betreibenden zu; nur er ist in der Lage, eine Unklarheit richtig zu stellen (BE, AB, 24.09.1946, BlSchK 1947, S. 165).

10 *Mangelhafte Gläubigerbezeichnung* im Arrestbefehl oder Betreibungsbegehren – Über Bestand der arrestierten Forderung haben grundsätzlich die Betreibungsbehörden nicht zu entscheiden. Die Gläubigerbezeichnung X Deutschland», ist nicht geeignet, die Person der Gläubigerin zu identifizieren. Die blosse Angabe «Deutschland» statt des genaueren Wohnortes verstösst auch gegen die spezielle Vorschrift des Art. 274 Abs. 2 Ziff. 1 SchKG. Doch ist dieser Mangel nicht geeignet, den tatsächlich erfolgten Vollzug ungültig zu machen (BGE 47 III 121). Das BA hat dem Gläubigervertreter Gelegenheit zur Ergänzung der unvollständigen Angaben zu geben (BGE 82 III 129).

11 Betreibungsbegehren, deren *Angaben zur Individualisierung des Schuldners nicht genügen*, sind zurückzuweisen. Es ist Sache des Gläubigers, dem BA die nötigen Angaben zu beschaffen (BS, AB, 14.07.1956 und 05.07.1958, BlSchK 1957, S. 175 und BlSchK 1960, S. 140).

12 Betreibung gegen eine *nicht im Handelsregister eingetragene Gesellschaft.* Vorgehen des BA? Einem Betreibungsbegehren darf nur dann keine Folge gegeben werden, wenn dem BA zuverlässig bekannt ist, dass die betriebene Gesellschaft kein Handels-, Fabrikations- oder ein anderes nach kaufmännischer Art geführtes Gewerbe betreibt. In diesem Falle hat das BA, sobald eine Betreibung gegen eine nicht im Handelsregister eingetragene Gesellschaft angehoben wird, spätestens aber, sobald sie fortgesetzt werden will, die Frage nach der Eintragungspflicht den Handelsregisterbehörden vorzulegen (BGE 55 III 151, 56 III 135). Dieses Vorgehen rechtfertigt sich umso mehr, als ein Gläubiger bei Einleitung einer Betreibung nicht zu wissen braucht, ob die von ihm als Betreibungsschuldnerin vorgesehene Kollektivgesellschaft ihrer Pflicht zur Anmeldung im Handelsregister nachgekommen ist (BS, AB, 31.10.01, BJM 2003, S. 28).

13 Solange bei einem Betreibungsbegehren die *gesetzlich vorgeschriebenen Angaben fehlen* (so u.a. die genaue Adresse des persönlichen Domizils des Schuldners) darf das *BA dem Begehren keine Folge leisten* (GE, Autorité de surveillance, 25.09.1974, BlSchK 1977, S. 13).

14 *Mangelnde Angabe* des Vertreters *der zu betreibenden juristischen Person* im Betreibungsbegehren. Wenn der Schuldner eine juristische Person ist, hat der Gläubiger den Namen eines berechtigten Vertreters anzugeben, dem der Zahlungsbefehl zugestellt werden kann. Die blosse Angabe des Schuldners ohne Nennung eines berechtigten Vertreters auf dem Betreibungsbegehren genügt nicht, um eine richtige Zustellung im Sinne von Art. 65 Abs. 1 Ziff. 2 SchKG zu erlauben. Fehlen diese Angaben, so hat das BA den Gläubiger unverzüglich davon in Kenntnis zu setzen und ihm Gelegenheit zur Ergänzung zu geben (BGE 109 III 4).

15 (i.V.m. Art. 65 und 173 SchKG) – Die «faktische Geschäftsführerin einer GmbH ohne eingetragene Geschäftsführung bzw. zeichnungsberechtigte Gesellschafter ist nicht legitimiert, Betreibungsurkunden für die GmbH entgegenzunehmen und Rechtsmittel zu erheben. Ein Gläubiger hat grundsätzlich bereits im BB den Namen eines berechtigten Vertreters anzugeben, dem die Urkunden zugestellt werden sollen. Fehlen diese Angaben im BB, so hat das BA den Gläubiger unverzüglich hiervon in Kenntnis zu setzen und ihm Gelegenheit zur Ergänzung zu geben, sofern das Amt selbst nicht schon aufgrund der von ihm zu führenden Handelsregisterkartei (Art. 15 Abs. 4 SchKG) in der Lage war, die zum Empfang der Betreibungsurkunden berechtigten Personen zu ermitteln (ZH, ObGer, II. Ziv.Kammer, 06.11.2003, ZR 2005, Nr. 10).

16 *Die Umrechnung einer auf eine fremde Währung lautenden Schuld* in gesetzliche Schweizer Währung *ist Sache des Gläubigers* und nicht des BA. Dieses kann ein auf fremde Währung lautendes Betreibungsbegehren zurückweisen (ZH, ObGer, II. Ziv.Kammer, 02.12.1955, ZR 1960, Nr. 96, BlSchK 1961, S. 102).

17 Welche *Angaben* sind zur Bezeichnung von *Zinsforderungen notwendig*? Folgen der ungenügenden Bezeichnung einer solchen Forderung. Ist eine durch Abzahlungen nach und nach verminderten Kapitalschuld in Betreibung gesetzt und die Zinsen nicht nur von dem bei Einleitung der Betreibung noch geschuldeten Betrag, sondern – bis zum Zeitpunkt der Zahlung – auch von den abbezahlten Teilbeträgen verlangt, so ist dem Gläubiger zuzumuten, die geforderten Zinsen mit Ausnahme derjenigen, die auf dem noch ausstehenden Kapitalbetrag seit der letzten Abzahlung laufen, in einer

Summe anzugeben. Zum Mindesten muss hier verlangt werden, dass genau an gegeben wird, welche Summe ursprünglich und nach jeder Abzahlung geschuldet war und von wann bis wann eine jede dieser Kapitalsumme zu verzinsen ist (vgl. BGE 56 IIIIII 166). Betreibungsbegehren, die *diesen Anforderungen nicht entsprechen, sind zurückzuweisen*. Erlässt das BA einen Zahlungsbefehl, der die Angaben des mangelhaften Betreibungsbegehren wiederholt, so ist der Zahlungsbefehl wenigstens in Bezug auf die ungenügend bezeichnete Zinsforderung als nichtig anzusehen, da die auf die klare Bezeichnung der Forderung bezüglichen Bestimmungen wie z.B. diejenigen, die eine *eindeutige Bezeichnung des Gläubigers* verlangen, zwingender Natur sind (BGE 81 III 49).

18 Der Betreibungsbeamte ist, auch wenn er den vom Gläubiger im Betreibungsbegehren geforderte *Zins für wucherisch hält, nicht befugt*, diesen Betrag im Zahlungsbefehl *herabzusetzen*. Es bleibt ihm lediglich vorbehalten, bei den Strafbehörden Anzeige zu erstatten und der Schuldner hat das Recht, mit Bezug auf den von ihm als unberechtigt angesehenen Teil der Forderung Rechtsvorschlag zu erheben (FR, SchKK, 04.08.1959, SJZ 1962, S. 308).

19 Enthält das Betreibungsbegehren *weitschweifige Ausführungen* über den *Umfang und Grund der Forderung*, so ist es zulässig, im Zahlungsbefehl nur deren wesentlichen Inhalt anzugeben (GR, AB, 16.03.1951, BlSchK 1954, S. 17).

20 Ist auf dem Betreibungsbegehren der *Forderungsgrund bzw. die Forderungsurkunde mangelhaft substantiert*, so ist das Begehren an den Gläubiger zur Ergänzung zurückzuweisen, Die Bezeichnung «*Pfändungsverlustschein vom ...*» *ist ungenügend* (Bez. Gericht Zürich, II. Abt., 03.02.1967, BlSchK 1967, S. 165).

21 (i.V.m. Art. 149 und 150 SchKG) – Das BA widersetzt sich zu Recht, einem Gläubiger, der die *Beträge nicht in der Originalwährung angibt*, für welche er Betreibungen in Schweizer Franken anheben muss. Die Pflicht, erhaltene Teilzahlungen in gesetzlicher Währung in die Ursprüngliche umzurechnen, ist zu wiederholten Malen vom BGer und durch die neuere Rechtsprechung bestätigt worden (GE, Autorité de surveillance, 08.09.1982, BlSchK 1984, S. 61).

22 *Auch der im Ausland wohnhafte Gläubiger*, der in der Schweiz ein Zustellungsdomizil zu bezeichnen hat, muss im Betreibungsbegehren *seinen wirklichen Wohnort angeben*. Unterlässt er dies, so hat das BA ihm oder seinem Vertreter dazu eine peremptorische Frist anzusetzen (GE, Autorité de surveillance, 16.11.1983, BlSchK 1985, S. 218).

23 Stellt der Schuldner fest, dass der auf den Mitteilungen des BA *angegebene Wohnsitz des Gläubigers nicht mit dessen wirklichem Wohnsitz übereinstimmt*, kann er binnen zehn Tagen seit Erhalt der Mitteilung mit Beschwerde die Aufhebung der entsprechenden Verfügungen des BA verlangen. *Das BA hat den Gläubiger* oder seinen Vertreter eine *angemessene Frist anzusetzen*, innert der er seinen wirklichen Wohnsitz mitzuteilen hat. Kommt er der Aufforderung nicht nach, werden die angefochtenen Verfügungen aufgehoben (GE, Autorité de surveillance, 22.08.1984, BlSchK 1986, S. 98).

24 *Betreibung eines «Sekretariats»* – Ausdehnung der Betreibung auf weitere Beteiligte einer Tagungsorganisation? – Eine solch gewählte Schuldnerbezeichnung ist unklar, die vom BA zurückgewiesen werden sollte. Ein Sekretariat kann betrieben werden, wenn der Name des Sekretärs aufgeführt wird oder mindestens bestimmbar ist. Wenn das «Sekretariat» möglicherweise als einfache Gesellschaft gedacht ist, so sind die weiteren Mitglieder dieser Gesellschaft für die Verbindlichkeiten der Gesellschaft solidarisch haftbar (Art. 544 Abs. 3 OR), was aber nicht bedeutet, dass eine Betreibung gegen das «Sekretariat» im Stadium der Pfändung auf andere Gesellschafter ausgedehnt werden könnte. Wer sich bei einem Auftrag als «Sekretariat» bezeichnet, wird persönlich haftbar, wenn nicht das Bestehen einer juristischen Person nachgewiesen wird (AR, Aufs. AB, 30.09.1983, BlSchK 1986, S. 183).

25 Der Betreibungsbeamte hat *nicht von Amtes wegen zu prüfen*, ob die Personen, die ein Betreibungsbegehren im Namen des Gläubigers unterzeichnet haben, die beanspruchte *Vertretungsvollmacht wirklich besitzen*. Er kann deshalb auch keine schriftliche Vollmacht verlangen (SO, AB, 10.07.1979, BlSchK 1984, S. 17/18).

26 (i.V.m. Art. 13 und 24 OR) – *Vorgedruckte Unterschriften* – hier auf Rückzugserklärung – vermögen eigenhändige Unterschriften nicht zu ersetzen. Auch bei betreibungsrechtlichen Erklärungen muss eine Erklärung dem Erklärenden zweifelsfrei zugeordnet werden können. Dies ist bei einer gedruckten Unterschrift nicht möglich, da für den Empfänger des Schriftstückes nicht klar ist, dass Unbefugte sich dieser bedienen. Aus diesen Gründen ist ein Schriftstück mit vorgedruckter Unterschrift gleich zu behandeln, wie ein solches ohne jede Unterschrift. Es besteht kein Anlass, die privatrechtliche Regelung nicht auch für betreibungsrechtliche Erklärungen anzuwenden (BezGer, Zürich, II. Abt., 04.12.1987, BlSchK 1989, S. 198).

27 Von einer Aktiengesellschaft eingereichtes Betreibungsbegehren, das von deren nur *kollektiv zeichnungsberechtigtem Verwaltungsratspräsidenten allein unterzeichnet* ist. Beschwerde der betriebenen AG, deren Verwaltungsräte gleichzeitig Vizepräsident und Sekretär der Betreibungsgläubigerin sind. – Der *Betreibungsbeamte hat nicht von Amtes wegen zu prüfen, ob die namens des Gläubigers unterzeichnende Person* auch tatsächlich zu dessen *Vertretung befugt ist.* Will der Schuldner die Vertretungsbefugnis bestreiten, so hat er den Beschwerdeweg zu beschreiten (NE, AB, 16.02.1993, BlSchK 1994, S. 101).

28 Betreibungsbegehren sind grundsätzlich zu unterzeichnen. Die *Unterzeichnung nur eines Begleitschreibens* genügt, sofern die eingereichten Betreibungsbegehren daraus genügend identifizierbar sind (BGE 119 III 4).

29 *Änderung der Schuldnerbezeichnung* im Betreibungsbegehren *durch das BA* kann Nichtigkeit der bis zur Konkurseröffnung gediehenen Betreibung nach sich ziehen (BS, AB, 26.04.1957, BlSchK 1959, S. 41).

III. Verjährung

30 (i.V.m. Art. 135 Ziff. 2 OR) – Die Verjährung wird bereits mit der *formrichtigen Einreichung des Betreibungsbegehrens beim zuständigen BA* und nicht erst mit dem Erlass oder der Zustellung des Zahlungsbefehls an den Schuldner *unterbrochen* (BS, AB, 14.09.1978, BlSchK 1980, S. 139).

31 Zur Unterbrechung der Verjährung genügt, dass das Betreibungsbegehren beim Amt gestellt wurde; die Zustellung eines Zahlungsbefehls ist nicht erforderlich (BGE 104 III 20).

32 Unterbrechung der Verjährung durch Betreibung – Negative Feststellungsklage des Betriebenen. Das BGer prüft auf Berufung des Beklagten hin, ob die kantonale Instanz das Feststellungsinteresse zu Unrecht bejaht habe (Praxisänderung). Eine Klage des Betriebenen auf Feststellung, dass er die in Betreibung gesetzte Summe nicht schulde, wird durch das Betreibungsrecht nicht ausgeschlossen, doch begründet die Betreibung für sich allein noch kein Feststellungsinteresse (BGer, I. Ziv. Abt., 30.10.1984, Praxis 74, Nr. 80).

33 Nichtigkeit der Betreibung wegen Rechtsmissbrauch (Art. 2 Abs. 2 ZGB) – Auf Nichtigkeit einer Betreibung wegen Rechtsmissbrauch kann nur in Ausnahmefällen erkannt werden, nämlich wenn es offensichtlich ist, dass der Gläubiger mit der Betreibung Ziele verfolgt, die nicht das geringste mit der Zwangsvollstreckung zu tun haben, im vorliegenden Fall, um den Betriebenen zu bedrängen. – Die Zustellung von vier Zahlungsbefehlen innert fünfzehn Monaten, die sich auf dieselbe Forderung von insgesamt Fr. 775'000.– stützen, erscheint, da der Gläubiger nie Rechtsöffnung verlangt oder die Forderung gerichtlich durchzusetzen versucht hat, grundsätzlich als rechtsmissbräuchlich. Liegt im konkreten Fall kein Rechtsmissbrauch vor? Frage offen gelassen, da der Rekurrent sich darauf beschränkt hat, den eigenen bösen Glauben zu bestreiten ohne indessen einen Umstand geltend zu machen, der geeignet wäre, den Vorwurf rechtsmissbräuchlichen Handelns zu widerlegen (BGE 115 III 18).

34 Anhebung einer rechtsmissbräuchlichen Betreibung? Jeder Gläubiger darf eine Betreibung einleiten, ohne Bestand und Höhe seiner Forderung nachweisen zu müssen. Ein Zahlungsbefehl kann selbst dann erwirkt werden, wenn gar keine Schuld besteht. Ob aber ein Anspruch materiell begründet sei, darf von der AB nicht überprüft werden. – Eine rechtsmissbräuchliche Betreibung ist etwa dann zu bejahen, wenn ein (angeblicher) Gläubiger mit dem Betreibungsverfahren Ziele verfolgt, die mit der Zwangsvollstreckung nichts zu tun haben, den Betriebenen z. B. bedrängen oder an seinem Kredit

schädigen will (BGE 113 III 2, 115 III 18). Eine strittige und nicht durch Urkunden belegte Forderung vor Anhebung eines Prozesses in Betreibung zu setzen, um damit die Verjährung zu unterbrechen, ist nicht rechtsmissbräuchlich (SO, ObGer, AB, 10.06.1991, BlSchK 1993, S. 174).

35 Offensichtlich unbegründetes Betreibungsbegehren – Kreditschädigung – Die Annullation einer Betreibung wegen Rechtsmissbrauch durch die AB ist nur in den Fällen möglich, wo sich das Vorgehen des Gläubigers als absolut unvereinbar ist den Regeln des guten Glaubens zeigt. So, wenn die Betreibung offensichtlich nicht den Einzug einer Forderung bezweckt (NE, 28.03.1995, BlSchK 1997, S. 60). Anforderungen an die Parteibezeichnung und Legitimation.

36 Eine Betreibung kann nur von einer rechtlich existenten Person ausgehen und sich auch nur gegen eine solche richten. Das Fehlen der Rechtspersönlichkeit ist von Amtes wegen in jedem Stadium der Betreibung zu beachten (GR, AB, GPK 1952, S. 118, BlSchK 1955, S. 47).

37 Die Hauptniederlassung einer Aktiengesellschaft ist berechtigt, in einer Betreibung das Fortsetzungsbegehren zu stellen, in welcher das Betreibungsbegehren von ihrer seither aufgegebenen Zweigniederlassung gestellt worden ist (LU, SchKKomm, 02.01.1946, Max. IX, Nr. 453; ein Rekurs wurde vom BGer abgewiesen, BlSchK 1948, S. 177).

38 *Tod eines der Betreibenden bei einer gemeinschaftlichen Betreibung* – Wenn bei gemeinschaftlicher Betreibung einer der Betreibenden stirbt, können die andern die Betreibung aus eigenen Rechten fortsetzen . – Will der Schuldner diesen verbliebenen Gläubigern das Recht absprechen, so kann er (nachträglichen) Rechtsvorschlag erheben (BGE 76 III 90).

39 Es ist zulässig als Bezeichnung der *Gläubiger «XY und dessen Ehefrau Z»* im Zahlungsbefehl zu bezeichnen. In unserem und dem übrigen Europa streng monogam ausgestaltete Eherecht lässt es als unzweifelhaft erscheinen, dass sich die Anzahl der Ehegatten auf Zwei beschränkt (BS, AB, 24.08.1955, , BJM 1955, S. 305, BlSchK 1957, S. 174).

40 Die Gläubigerbezeichnung ist genügend, wenn der Schuldner über die *Identität des Gläubigers nicht im Zweifel* sein kann (SG, AB, 31.10.1956, BlSchK 1958, S. 141).

41 Die Angabe des Gläubigers im Betreibungsbegehren und im Zahlungsbefehl muss so gefasst sein, dass sie *jeden Zweifel darüber ausschliesst, wer als Gläubiger auftritt*. Besteht darüber kein Zweifel, so folgt selbst aus *unrichtiger Gläubigerbezeichnung keine Nichtigkeit* der Betreibung (BS, AB, 17.03.1958, BlSchK 1959, S. 43).

42 *Unklare Gläubigerbezeichnung führt zur Nichtigkeit der Betreibung*. Es genügt aber, wenn dem betriebenen Schuldner bis zum Zeitpunkt der Betreibung – wenn auch ausserhalb des Zahlungsbefehls (BGE 62 III 123) – *unzweideutig bekannt* gegeben worden ist, welche von *mehreren in Betracht kommenden juristischen Personen die Betreibungsforderung gegen ihn geltend machen wird*. Nichtigkeit wegen unklarer Gläubigerbezeichnung liegt nur vor, wenn die Betreibung im Namen einer *nicht existierenden Person* erhoben wird oder die Person des Gläubigers nicht in klarer, unzweideutiger Weise angegeben wird (BGE 65 III 99). (BS, AB, 16.11.1966 und 15.02.1968, BJM 1968, S. 54 und BlSchK 1970, S. 52).

43 Die Tatsache, dass der *Betreibende ein Pseudonym verwendet*, hat dann nicht die Nichtigkeit der Betreibung zur Folge, wenn der Betreibene über die *Identität des Gläubigers keine Zweifel haben konnte*. Das BA hat lediglich den Namen des Betreibenden zu berichten (BGE 102 III 133/134).

44 Die *ungenaue Bezeichnung* des Gläubigers, welche *die Rechte des Schuldners nicht verletzt*, zieht die Ungültigkeit der Betreibung nicht nach sich; die Bezeichnung ist lediglich zu ergänzen (GE, Autorité de surveillance, 16.08.1978, BlSchK 1980, S. 44).

45 *Die formellen Anforderungen an die Parteibezeichnung* im Betreibungsverfahren *dürfen nicht überspannt werden*. Eine ungenaue Bezeichnung, die Unsicherheit über die Identität der fraglichen Partei zu schaffen geeignet ist, soll nur dann zur Nichtigkeit der betreffenden Betreibungshandlung führen, wenn sie die Beteiligten auch tatsächlich irregeführt hat. Wie ist im Übrigen vorzugehen, wenn der Gläubiger während des Verfahrens stirbt? Es ist dann die ursprüngliche Bezeichnung des Gläubigers formell anzupassen, indem angegeben wird: X..., gestorben am ...., Testamentsvollstrecker Y, vertreten durch ... (BS, AB, 02.02.1979, BlSchK 1981, S. 165).

46 Verweigert wird die Rechtsöffnung auf Grund eines Pachtvertrages, welcher als Verpächter mehrere physische Personen «und Konsorten» aufführt, und eines Zahlungsbefehls mit der gleichen Gläubigerbezeichnung. Solche Akten erlauben nicht, den bestehenden Zweifel in Bezug auf die Identität der Betreibenden zu zerstreuen; der Richter kann deren Identität nicht abklären, und der Schuldner weiss nicht, wem er schuldet und gegen wen er gegebenenfalls Aberkennungsklage einleiten muss (VD, Tribunal cantonal, 28.09.1978, BlSchK 1982, S. 144).

47 *Bezeichnung des Schuldners* mit seinem richtigen Namen ist nicht schlechthin Gültigkeitserfordernis für die Betreibung. Soweit *durch eine unrichtige (oder unvollständige) Namensnennung keine Unklarheit über die Identität der Betreibungspartei* entsteht, liegt *kein schützenswertes Interesse für die Aufhebung der Betreibung* vor (BS, AB, 28.07.1956, BlSchK 1957, S. 177).

48 Analoge Anwendung der Arrestverfolgungsfrist gemäss Art. 279 SchKG auf Forderungen öffentlichen Rechts; Wahrung der Frist durch gültige Anhebung der Betreibung auch bei *unzureichender Angabe der Schuldneradresse* durch den Gläubiger (ZH, ObGer, II. Ziv.Kammer 30.08.1957, BGer SchKK, 17.09.1957, ZR 1959, Nr. 9).

49 Gegen die Ausstellung eines Zahlungsbefehls kann jederzeit Beschwerde geführt werden, wenn die Schuldnerbezeichnung über die Identität des Schuldners Zweifel offen lässt (GE, Autorité de surveillance, 15.07.1975, BlSchK 1979, S. 19).

50 Obschon das Gesetz die Zustellung von Betreibungsurkunden am Arbeitsort zulässt, *ist es unerlässlich, dass der Gläubiger die Wohnadresse des Schuldners im Begehren aufführt* (GE, Autorité de surveillance, 0.04.1979, BlSchK 1980, S. 107).

51 Eine *Kollektivbezeichnung* ist nur statthaft, wenn der fraglichen Personenmehrheit Rechts-, Partei-, Handlungs-, Prozess- und Betreibungsfähigkeit zukommt; dies ist bei einer einfachen Miteigentümerschaft im Sinne von Art. 646 ff. ZGB nicht der Fall (GR, AB, 05.06.1984, PKG 1984, Nr. 46).

52 (i.V.m. Art. 69 Abs. 2 Ziff. 2 SchKG) – Die *Verwechslungsgefahr*, die *durch unvollständige Angaben im Betreibungsbegehren* hervorgerufen werden kann, ist von Fall zu Fall abzuwägen. Dies gilt insbesondere dann, wenn der Gläubiger dem Familiennamen des Schuldners nur die Initiale des Vornamens beifügt (GE, Autorité de surveillance, 13.03.1985, BlSchK 187, S. 103).

53 (i.V.m. Art. 197 SchKG und Art. 736, 738 und 739 OR) – *Fortsetzung einer Betreibung bei Konkurs der Gläubigerin*. Wenn über den Gläubiger der Konkurs eröffnet worden ist, hat dies keine Nichtigkeit einer von ihr zuvor vollzogenen Betreibungshandlung zur Folge. Eine solche Betreibung kann durch die Konkursverwaltung fortgesetzt werden. Handelt es sich beim Gläubiger um eine juristische Person, ist Grund vorhanden, die Firma durch «in Liquidation» zu ergänzen. Eine Unterlassung dieses Zusatzes hat aber keine Nichtigkeit der Betreibung zur Folge (BGE 90 II 247) (GE, Autorité de surveillance, 03.11.1982, BlSchK 1984, S. 59).

54 Betreibungsurkunden, in denen die *Person des Schuldners nicht klar und unzweideutig bezeichnet wird*, sind nichtig, was auch der Rechtsöffnungsrichter zu beachten hat (GR, AB, 17.12.1986, PKG 1986, Nr. 23).

55 (i.V.m. Art. 69 Abs. 2 Ziff. 1 SchKG) – *Betreibungen der Zweigniederlassung* im Rahmen ihres Geschäftsbetriebes (Art. 642 Abs. 3 OR). – Der Zweigniederlassung fehlt die Parteifähigkeit, weil sie über keine Rechtspersönlichkeit verfügt. Wird ihr in einer Betreibung dennoch die Rolle der Gläubigerin oder Schuldnerin zugeteilt, während in Tat und Wahrheit nur die Gesellschaft, der sie angehört, Partei ist, liegt im Allgemeinen bloss eine fehlerhafte Parteibezeichnung vor. Ein solcher Mangel wird geheilt, wenn – wie im vorliegenden Fall – die andere Partei über die Identität der betreffenden Person keine Zweifel hegen konnte und durch Nichts in ihren Interessen beeinträchtigt war (BGE 120 III 11).

IV. Mehrere Gläubiger in einer Betreibung

56 Mehrere Gläubiger können nur dann gemeinsam in einer einzigen Betreibung gegen den Schuldner vorgehen, wenn es sich um die gleiche Forderung handelt (Amtsgericht Luzern-Stadt, untere AB, 03.02.1947, BlSchK 1950, S. 45).

57 Die Verwendung *eines Sammelnamens*, der nicht die klare Bezeichnung einer *parteifähigen Personenverbindung* oder Vermögensmasse ist, sowie die Angabe eines *Haupt- oder eines Eventualgläubigers sind unzulässig*. Befugnis des Willensvollstreckers zur Eintreibung von Erbschaftsforderungen im eigenen Namen (BGE 80 III 7).

58 Bei Betreibungen gegen den gleichen Schuldner für Gesamt- oder Solidarforderungen verschiedener Gläubiger mit gemeinsamen Vertreter, genügt ein einziger Zahlungsbefehl (Amtsgericht Luzern-Stadt, untere AB, 09.08.1958, BlSchK 1961, S. 42).

59 *Nur Gesamthaft- oder Solidargläubiger können gemeinsam betreiben.* Den Mangel eines solchen Rechtsverhältnisses hat der Schuldner durch Rechtsvorschlag, nicht durch Beschwerde geltend zu machen (ZH, ObGer, II. Ziv.Kammer, 22.02.1957, ZR 1960, Nr. 95).

60 Bei einer Mehrheit betreibender Gläubiger sind alle Gläubiger einzeln aufzuführen (BE, AB, 28.08.1970, BlSchK 1972, S. 50).

61 Die Betreibung ist nichtig, wenn nicht Namen und Adressen aller Gläubiger aufgeführt sind, auch wenn die Betreibung lediglich zur Unterbrechung der Verjährung eingeleitet worden ist (BE, Autorité cantonal de surveillance, 26.07.1972, BlSchK 1974, S. 113).

62 Ein *urteilsfähiger Unmündiger* ist mit Zustimmung des gesetzlichen Vertreters *berechtigt*, in der Betreibung als Gläubiger aufzutreten (BE, AB, 29.11.1971, BlSchK 1973, S. 43).

63 (i.V.m. Art. 87 Abs. 2 OR) – Betreibung für Unterhaltsbeiträge der geschiedenen Ehefrau und der Kinder. Es ist nicht klares Recht, dass in diesem Falle eine gemeinsame Betreibung für Einzelforderungen unzulässig ist. Analoge Anwendung von Art. 87 Abs. 2 OR, wenn gleichzeitig Alimentenforderungen des geschiedenen Ehegatten und der ihm anvertrauten Kinder bestehen (ZH, ObGer, I-II. Ziv.Kammer, 21.10.2004; SJZ 2005, S. 348).

V. Aktivlegitimation der Parteien

64 Parteifähigkeit des Betreibungsgläubigers. – Einrede der fehlenden Parteifähigkeit, erhoben gegen eine *ausländischen Gesellschaft* mit der *Begründung, ihr Sitz sei fiktiv*. Die Betreibungsbehörden sind nicht verpflichtet, auf die Einrede einzutreten, wenn die ihr zu Grunde liegenden Tatsachen nicht bewiesen oder glaubhaft gemacht werden (BGE 105 III 107).

65 Der *Inhaber der elterlichen Gewalt* kann die Rechte der *minderjährigen Kinder im eigenem Namen ausüben* und gerichtlich geltend machen oder in Betreibung setzen, indem er persönlich als Partei auftritt (LU, SchKKomm 28.04.1959, Max. X. Nr. 681, BlSchK 1960, S. 126).

66 Der *minderjährige Gläubiger* kann ohne seinen gesetzlichen Vertreter *keine Betreibung einleiten* (GE, Autorité de surveillance, 05.10.1977, BlSchK 1979, S. 78).

67 *Keine Nichtigkeit* der Betreibung wegen fehlender Aktivlegitimation, wenn die *geschiedene Ehefrau des Schuldners* rückständige *Alimente für die inzwischen volljährig gewordenen Kinder geltend macht* (GE, Autorité de surveillance, 30.11.1983, BlSchK 1986, S. 21).

68 Rechtsbeständigkeit einer unbestritten gebliebenen Betreibung bei nachträglicher Behauptung des Schuldners, die (nicht bevormundete) Gläubigerin sei zur Zeit der Betreibungsanhebung handlungsunfähig gewesen. Abweisung des Begehrens des Schuldners um Aufhebung einer gegen ihn erfolgten Lohnpfändung zufolge Handlungsunfähigkeit der Gläubigerin, da die Voraussetzungen einer Bevormundung fehlt (BS, AB, 16.06.1959, BlSchK 1960, S. 134).

69 Betreibungsbegehren eines *Anlagefonds* – Ein Anlagefonds im Sinne von Art. 2 Abs. 2 des BG über die Anlagefonds (AFG; SR 951.31) *ist nicht aktiv betreibungsfähig;* die von einem solchen erwirkten Betreibungshandlungen sind nichtig (BGE 115 III 11). Legitimiert zur Geltendmachung von Schadenersatzansprüchen nach Art. 23 Abs. 2 AFG und zur Einleitung einer entsprechenden Betreibung ist nur der einzelne Anleger, auch wenn der geforderte Betrag nicht diesem zu zahlen ist; dass die Betreibungsforderung in den Anlagefonds einzuwerfen ist, ergibt sich für den Betriebenen aus dem im Zahlungsbefehl angegebenen Grund der Forderung mit hinreichender Klarheit (BGE 115 III 16).

70 Eine Betreibung im Namen sowohl der Gläubigergemeinschaft als auch sämtlicher einzelner Anleihensgläubiger ist unzulässig (BGE 107 III 49).

71 (i.V.m. Art. 53 u. 54 ZGB) – Die *Partei- und Prozessfähigkeit sind Prozessvoraussetzungen* und damit *unabdingbare Erfordernisse auch für das Betreibungsverfahren*. Rechts- und Handlungsfähigkeit eines in Auflösung begriffenen Vereins. Wenn im Protokoll einer Vereinsversammlung der Vereinspräsident namentliche erwähnt wird, kann die *Rechts- und Handlungsfähigkeit des Vereins nicht bezweifelt oder verneint werden*, dies ändert auch nicht, wenn der Verein möglicherweise keine Mitglieder mehr hat und sich der Verein in Liquidation befindet. Gerade diese zuständige Personen als Organ des Vereins haben die Liquidationshandlungen vorzunehmen, wie z.B. das Bezahlen von Schulden oder das Inkasso von Forderungen vorzunehmen (LU, ObGer, SchKKomm, 13.09.1994, LGVE 1984 I Nr. 39).

72 Eine *ausländische Konkursmasse* ist nicht aktiv legitimiert, in der Schweiz ihr zustehende Forderungen in Betreibung zu setzen (BGE 129 III 683/688).

VI. Betreibungsfähigkeit von Körperschaften

73 Aktive Betreibungsfähigkeit kommt *der Gemeinde* und nicht dem ihr zugeordneten Verwaltungszweig zu. Im Falle der Betreibung zu Gunsten des Verwaltungszweiges liegt eine mangelhafte Gläubigerbezeichnung vor. Eine mangelhafte Gläubigerbezeichnung, welche aber den handlungs- und parteifähigen, wirklichen Gläubiger erkennen lässt, gilt als unbedeutender Mangel, der keinen Anlass zur Aufhebung der Betreibung gibt. Eine derart schwerwiegende Massnahme könnte höchstens dann vorgenommen werden, wenn die unrichtige Bezeichnung missverständlich wäre, der Schuldner dieser Unklarheit zum Opfer fiele und die Aufrechterhaltung der Betreibung ihn in seinen Interessen schädigte (BGE 90 III 10).

74 *Betreibungslegitimation der Munizipalgemeinde* als Steuerbezugsstelle. – Im Betreibungsbegehren und Zahlungsbefehl muss der Name des Gläubigers eindeutig angegeben sein, ansonst die Betreibung nichtig ist (BGE 80 III 9). Es *genügt* aber, wenn *statt der Gemeinde ein Verwaltungszweig und statt des Steuergläubigers dessen Bezugsstelle aufgeführt ist* (BGE 90 II 10, 98 III 24, BlSchK 1952, S. 170, SJZ 39, S. 42). Hier zieht die Munizipalgemeinde Kraft Gesetzes die Steuern für die berechtigten Gemeinwesen ein, ist also Bezugsgemeinde (§ 119 Abs. 1 StG). Bezugsstelle innerhalb der Munizipalgemeinde ist die Gemeinde- bzw. Stadtkasse (§ 119 Abs. 2 StG). Wenn es nun angeht, statt des steuerberechtigten Gemeinwesen seine Bezugsstelle als Gläubigerin im Betreibungsverfahren auftreten zu lassen, muss es auch genügen, die der Bezugsstelle übergeordnete Bezugsgemeinde im Zahlungsbefehl als Gläubigerin aufzuführen. Auch so kann der Schuldner nicht zweifeln, wer in welchem Umfange Steuergläubiger ist; wurden ihm doch Einschätzungsmitteilung und Steuerrechnung zugestellt. – Die steuerberechtigten Gemeinwesen bilden zudem nicht eine gewöhnliche Gläubigermehrheit, bei der jeder für sich allein auftreten könnte. Die Kompetenz zur Steuereintreibung liegt für alle einzig bei der Munizipalgemeinde. Der Steuerschuldner kann auch nicht nach Belieben die eine oder andere Gemeinde befriedigen. Die Munizipalgemeinde steht sowohl zu den übrigen Gemeinden wie auch zum Schuldner in einem Rechtsverhältnis besonderer Art, als Quasi-Gläubiger (TG, Rekurskomm., 17.04.1974, BlSchK 1978, S. 45).

75 *Eine Verwaltungsstelle des Kantons*, welche in dessen Name und im Rahmen ihrer gesetzlichen Befugnisse handelt, *bedarf* zur betreibungsrechtlichen Geltendmachung der ihrer Einzugspflicht unterliegenden Forderungen (Steuern) *keiner besonderen Vollmacht* (BS, AB, 15.10.1979, BlSchK 1982, S. 189).

76 Die hier als aufgetretene Gläubigerin «Psychiatrische Klinik O» hat weder eine Rechtspersönlichkeit noch ist sie partei- noch handlungsfähig. Partei kann nur der Verein der Kongregation der Barmherzigen Brüder O. Z. sein. Diese Lage ist vergleichbar mit Fällen, wo an Stelle des Rechtsträgers die Firma oder gar eine Geschäftsbezeichnung verwendet wird. Hier kann auf Grund der engen und weithin bekannten, jedenfalls ohne weiteres erkennbaren Beziehung zwischen dem Rechtsträger und der von ihm betriebenen Klinik der Erstere ohne Weiteres individualisiert werden. Es liegt daher weder eine ungültige Betreibung noch ein Mangel hinsichtlich der Parteifähigkeit der Gläubigerin vor, es genügt vielmehr, wenn die Parteibezeichnung richtig gestellt wird (LU, SchK-Komm., 24.09.1982, LGVE 1982 I 40).

VII. Erben/Erbengemeinschaften

77 Eine Erbengemeinschaft als solche kann nicht als Gläubiger oder Prozesspartei auftreten. In den Betreibungs- und Prozessakten sind die Erben einzeln aufzuführen (GR, AB, 12.12.1961, BlSchK 1964, S. 46).

78 (i.V.m. Kreisschreiben Nr. 16 des BGer vom 03.04.1925) – Die Bezeichnung «Erbengemeinschaft des X» als Gläubiger oder Schuldner im Zahlungsbefehl genügt nicht. Betreibungen mit solchen Kollektivbezeichnungen sind nichtig und jederzeit von Amtes wegen aufzuheben (BS, AB, 18.08.1980, BlSchK 1985, S. 94).

79 In einer Betreibung wegen Schulden einer unverteilten Erbschaft hat der Gläubiger genau anzugeben, gegen wen sich die Betreibung richten soll (GR, AB, 12.03.1984, PKG 1984, Nr. 29).

80 (i.V.m. Art. 70 SchKG) – Gegen die Erben sind je einzelne Betreibungen anzuheben und den jeweiligen persönlich haftenden Erben gesondert ein Zahlungsbefehl zuzustellen. Ein Rechtsanwalt gilt nicht als gemeinsamer Vertreter für die Zustellung. Eine Betreibung, die dieser Vorschrift widerspricht, ist von Amtes wegen nichtig zu erklären (LU, SchKKomm 26.11.1993, LGVE 1994 I Nr. 40).

81 (i.V.m. Art. 69 SchKG) – eine Betreibung ist nicht ungültig (nichtig), wenn die Mitglieder einer Erbengemeinschaft aus einer dem Zahlungsbefehl angehefteten Beilage ohne weiteres ersichtlich sind (LU, SchKKomm, 20.03.1996, LGVE 1996 I Nr. 39).

VIII. Gläubigervertreter

82 *Zahlungsverkehr zwischen dem Amt und dem Gläubigervertreter.* – Der BB und der KB ist grundsätzlich befugt, im Interesse seiner eigenen Sicherheit, bei Auszahlung von Geldern eine Vorlegung einer Inkassovollmacht zu verlangen. – Der praktizierende solothurnische Fürsprecher und Notar kann auch im Betreibungs- und Konkursverfahren ohne Vollmacht für seinen Auftraggeber auftreten. Er ist auch ohne Vollmacht inkassoberechtigt, wenn nicht die besonderen Verhältnisse des Einzelfalles zur eigenen Sicherheit des verantwortlichen Beamten die Vorlegung einer Vollmacht als nötig erscheinen lassen (SO, AB, 11.09.1947, Bericht ObGer 1947, S. 160, BlSchK 1949, S. 104).

83 Der *Einwand, die für den Gläubiger handelnde Person sei nicht vertretungsberechtigt,* ist nicht durch Rechtsvorschlag, sondern durch Beschwerde zu erheben. – Beim Entscheid darüber, wer eine Aktiengesellschaft vertreten könne, haben sich die Betreibungsbehörden grundsätzlich an die Eintragungen im Handelsregister zu halten. Ein hiernach nur zu Kollektivunterschrift berechtigtes Mitglied eines zweigliedrigen Verwaltungsrates kann das *Betreibungsbegehren nicht allein stellen, wenn das zweite Mitglied die Mitwirkung ablehnt* (BGE 84 III 72).

84 Betreibungsbegehren eines *vollmachtlosen Stellvertreters.* Das Betreibungsbegehren eines vollmachtlosen Stellvertreters ist gültig, wenn es im Beschwerdeverfahren durch den Vertretenen genehmigt wird. Muss dem Stellvertreter oder dem Vertretenen eine Frist zur Beibringung der Genehmigung angesetzt werden? Frage offen gelassen. (BGE 107 III 49).

85 *Keine Nichtigkeit* einer Betreibung, wenn *der Gläubiger* vor Anhebung der Betreibung *gestorben ist* und sein Vertreter (Rechtsanwalt) eine Prozessvollmacht, die ihn auch zur Eintreibung der Prozessforderung ermächtigt, besitzt (ZG, AB, 17.12.1957, BlSchK 1958, S. 169).

IX. Erfordernisse zu den Angaben im Betreibungsbegehren
1. Zu Ziff. 1: Wohnort des Gläubigers

86 Der Wohnort des Gläubigers muss auch dann im Betreibungsbegehren angegeben werden, wenn über seine Person Gewissheit besteht und er in der Betreibung durch einen Bevollmächtigten vertreten wird. Hat der Gläubiger keinen wirklichen Wohnort, so ist seine Aufenthaltsadresse anzugeben (BGE 87 III 54).

87 Anzugeben ist der *tatsächliche Wohnort* (kein «Briefkastendomizil»), sonst ist dem Begehren keine Folge zu geben (BGE 47 III 123/124, 82 III 129), und der Zahlungsbefehl ist auf Beschwerde des Schuldners hin aufzuheben, wenn der Gläubiger innert einer ihm anzusetzenden Frist die Angaben nicht nachholt. – Fortsetzungs- und Verwertungsbegehren und die darauf erlassenen Betreibungsurkunden – mit Ausnahme der Konkursandrohung (Art. 160 Abs. 1 Ziff. 1 SchKG) – müssen die An-

gabe des Wohnortes des Gläubigers nur dann enthalten, wenn dieser Ort nicht mehr derselbe ist wie beim Erlass des Zahlungsbefehls (BGE 93 III 45).

88 Fehlt die *Angabe eines Domizils in der Schweiz* in einem von einem *ausländischen Gläubiger* gestellten Betreibungsbegehren, so ist dasselbe nicht zurückzuweisen, sondern es gilt alsdann das Amtslokal als Domizil (BE, AB, 04.07.1963, BlSchK 1964, S. 134).

89 *Unrichtige Adressangabe* des Gläubigers *kann wohl Beschwerdegrund bilden*, eine entsprechende Beschwerde kann aber nur zum Erfolg führen, wenn der Schuldner an der Angabe des richtigen Wohnorts seines Gläubigers ein schützenswertes Interesse besitzt (SO, AB, 10.07.1979, BlSchK 1984, S. 17/18).

2. Zu Ziff. 3: Forderungssumme

90 Die Forderungssumme muss im Betreibungsbegehren klar und unzweideutig bezeichnet werden (BS, AB, 21.10.1946, BlSchK 1947, S. 167).

91 Wenn die Betreibungssumme im Zahlungsbefehl nur in der Weise angegeben wird, dass die ursprüngliche Forderung genannt und zum Ausdruck gebracht wird und dass hievon die bezifferte Gegenforderung des Betriebenen in Abzug zu bringen ist, so hat dies nicht die Aufhebung des Zahlungsbefehls zur Folge (LU, SchKKomm, 23.11.1948, Max, IX, Nr. 606, SJZ 1951, S. 379).

92 Ein Zahlungsbefehl, in dem die ziffernmässige Angabe der Betreibungssumme fehlt, ist nichtig (SG, AB, 29.07.1955, BlSchK 1957, S. 140).

93 Im Zahlungsbefehl muss der Forderungsbetrag ziffernmässig genau angegeben werden (AR, AB, 21.04.1964, BlSchK 1965, S. 175).

94 Ist die Forderungssumme im Zahlungsbefehl weder ziffernmässig bestimmt noch bestimmbar, so genügt dies den Anforderungen an den Inhalt des Zahlungsbefehls nicht; er ist nichtig (SH, AB, 21.07.1989, BlSchK 1991, S. 141).

95 *Umrechnung in Schweizer Währung* für eine im *Ausland erfüllbare*, auf fremde Währung lautende Forderung bewirkt keine Neuerung der Schuld. Umrechnung in Schweizer Währung – Bestimmung des Umrechnungskurses (BGE 72 III 100).

96 Soll eine auf *fremde Währung lautende Forderung* in Betreibung gesetzt werden, so ist sie *zum Tageskurs im Zeitpunkt der Betreibung* in Schweizer Währung umzuwandeln (GE, Cour de Justice, 17.04.1951, Sem. 73 (1951), S. 564, SJZ 1952, S. 275).

97 Dem Fortsetzungsbegehren ist grundsätzlich nur zu entsprechen, wenn die Forderungssumme im Urteil oder Vergleich wie im Betreibungsbegehren und im Fortsetzungsbegehren in gesetzlicher Schweizer Währung angegeben ist. Ein Vergleich, wonach sich der Betriebene zu einer Überweisung in *WIR-Checks* verpflichtet, erlaubt die *Fortsetzung der Betreibung nicht* (BGE 94 III 74).

98 Die Umrechnung einer fremden Währung in Schweizer Franken kann zum Kurse des Verfalltages der Forderung vorgenommen werden, sofern das Fremdgeld zur Zeit der Anhebung des Betreibungsbegehrens abgewertet worden ist (Lausanne, Tribunal cantonal, 15.11.1973, BlSchK 1977, S. 11).

99 Die Bezifferung der Betreibungsforderung in Fremdwährung macht den Zahlungsbefehl nicht nichtig, bloss anfechtbar gemäss Art. 17 SchKG. Das BA und die Betreibungsbehörden können die Art der Umrechnung jedoch nicht verbindlich feststellen. Auch ist die Umrechnung Sache des Gläubigers und nicht des BA (BlSchK 1961, S. 102). Dem Schuldner erwachsen auch insofern keinerlei Nachteile aus der fehlenden Umrechnung, erhält er doch im Rahmen des Rechtsöffnungsverfahrens Gelegenheit, sich vor dem ohnehin dafür zuständigen Richter zur Frage des Umrechnungskurses zu äussern (BL, ObGer, 21.03.1978, BJM 1979, S. 309).

100 Für die Umrechnung der Fremdwährungsforderung ist der am Tag der Betreibung gültige Kurs massgebend. Es genügt, wenn die Rechtskraftbescheinigung des (ausländischen) Urteils dem Rechtsöffnungsrichter vor Erlass seines Entscheides vorliegt. Ein gerichtlicher Vergleich bedarf infolge Annahme durch beide Parteien keiner Rechtskraftbescheinigung (BS, Dreiergericht für Zivilsachen, 03.08.1978, BlSchK 1981, S. 75).

101 Betreibung für eine in ausländischer Währung festgesetzte Forderung. Der Betriebene, der einen in ausländischer Währung festgesetzten Geldbetrag schuldet und in der hierfür eingeleiteten Betreibung den in Schweizer Franken angegebenen Betrag an das BA bezahlt hat, kann nicht dessen Rükkumrechnung die Rückerstattung eines sich dabei ergebenden Differenzbetrages verlangen (BGE 112 III 86).

102 Die Anwendung von Art. 84 Abs. 2 hat zur Folge, dass die Vollstreckung einer durch Urteil festgesetzten Fremdwährungsschuld auf dem Wege des SchKG erfolgen muss, d.h. die Fremdwährung ist in Schweizerwährung umzurechnen (ZH, Kassationsgericht 22.12.2001, ZR 2002 Nr. 54).

3. Zu Ziff. 4: Forderungsurkunde

103 *Unrichtige Angabe über die Forderungsurkunde* bzw. den Forderungsgrund machen einen Zahlungsbefehl nicht ungültig (LU, SchKKomm 14.05.1965, Max. XI, Nr. 426).

104 Ist im Betreibungsbegehren der Forderungsgrund bzw. die Forderungsurkunde mangelhaft substanziiert, so ist das Begehren an den Gläubiger zur Ergänzung zurückzuweisen. Die *Bezeichnung «Pfändungsverlustschein» vom ...»* ist ungenügend (ZH, BezGer, II. Abt. 03.02.1967, BlSchK 1967, S. 165).

105 Diese Bestimmung verpflichtet den Gläubiger nicht, im Betreibungsbegehren den Titel anzugeben, Kraft dessen die Forderung fällig ist (BGE 95 III 33).

106 Gibt der Gläubiger im Betreibungsbegehren als Datum der Forderungsurkunde dasjenige eines Konkursverlustscheines an, so hat er gleichzeitig auf das Bestehen eines solchen Verlustscheines hinzuweisen. Das im entsprechenden Zahlungsbefehl enthaltene, nach Konkurseröffnung gelegene Datum allein legt dem Schuldner nämlich den Schluss nahe, dass die Forderung nach der Konkurseröffnung entstanden und die Einrede des mangelnden neuen Vermögens nicht möglich sei (BS, AB, 07.01.1993, BlSchK 1993, S. 59).

107 Mit dem *Vermerk «Schadenersatz»* wird der *Forderungsgrund* auf dem Zahlungsbefehl *nur dann genügend* umschrieben, *falls dem Betriebenen* aus dessen *Gesamtzusammenhang klar wird*, wofür er belangt wird (BGE 121 III 18).

108 (i.V.m. Art. 69 SchKG) – Gibt der Gläubiger im Betreibungsbegehren als Datum der Forderungsurkunde dasjenige eines Konkursverlustscheines an, so hat der gleichzeitig auf das Bestehen eines solchen Verlustscheines klar hinzuweisen. Es muss dem Schuldner klar werden, um welche Forderung es sich genau handelt (BS, AB, 07.01.1992, BJM 1992, S. 89).

109 Auch wenn die in Betreibung gesetzte Forderung auf einem Konkursverlustschein beruht, ist der Gläubiger nicht verpflichtet, im Betreibungsbegehren darauf hinzuweisen. Nimmt er erst im Fortsetzungsbegehren darauf Bezug, so handelt das BA gesetzeswidrig, wenn es dem Schuldner die Möglichkeit zur Erhebung des nachträglichen Rechtsvorschlages einräumt (ZH, Bez.Gericht Bülach, 13.06.1991, BlSchK 1992, S. 103).

Art. 68   B. Betreibungskosten

¹ Der Schuldner trägt die Betreibungskosten. Dieselben sind vom Gläubiger vorzuschiessen. Wenn der Vorschuss nicht geleistet ist, kann das Betreibungsamt unter Anzeige an den Gläubiger die Betreibungshandlung einstweilen unterlassen.

² Der Gläubiger ist berechtigt, von den Zahlungen des Schuldners die Betreibungskosten vorab zu erheben.

I. Begriff Betreibungskosten

1 (i.V.m. Art. 97 Abs. 2 und 275 SchKG) – Zu den Betreibungskosten zählen nur die Betreibungs- und Rechtsöffnungskosten sowie allenfalls die Kosten des Arrestbefehls und Vollzugs; ausser Betracht fallen die Kosten ordentlicher Prozesse, z.B. des Aberkennungsprozesses sowie eines Einspracheverfahrens gegen den Arrestbefehl, Widerspruchs- oder Kollokationsprozesses (BGE 73 III 133).

2 Die Kosten der AB, die aus der Bestimmung des VVAG v. 17.01.1923/05.06.1996 erwachsen, sind Betreibungskosten und als solche zu behandeln (ZH, ObGer, II. Zivilkammer, 21.09.1948, ZR 1950, Nr. 53).

3 Zu den Betreibungskosten zählen nur die Rechtsöffnungskosten, nicht aber die ordentlichen Prozesskosten (BL, Amtsbericht des ObGer 1953, S. 66, BlSchK 195, S. 140; BE, AB, 08.02.1963, BlSchK 1964, S. 75; AR, AB, 21.04.11964 und 23.04.1980, BlSchK 1965, S. 175 und BlSchK 1985, S. 65).

4 Die Kosten für das Einholen der Rechtskraftbescheinigung oder einer Bescheinigung des Vermittleramtes zählen nicht zu den Betreibungskosten (SG, AB, 15.04.1955, GVP 1955, S. 79, SJZ 1959, S. 46).

5 Gerichtskosten und Parteientschädigung – Die in einem ordentlichen Zivilprozess dem Schuldner auferlegten Gerichtskosten und die auferlegte Parteientschädigung sind auch dann keine Betreibungskosten, wenn in diesem Prozess der Rechtsvorschlag beseitigt worden ist. Sie können deshalb nicht in die bereits laufende Betreibung eingezogen werden (BGE 119 III 63).

6 (i.V.m. Art. 265a SchKG) – Die Kosten des Verfahrens zur Feststellung neuen Vermögens nach Art. 265a Abs. 1 SchKG sind Betreibungskosten im Sinne von Art. 68 Abs. 1 SchKG und somit vom Gläubiger vorzuschiessen (NW, ObGer, 10.09.1998, Gerichts- und Verwaltungspraxis 1997–2000, S. 94).

II. Ohne Vorschuss keine Handlung

7 *Das BA hat zu prüfen*, ob der auf dem Begehren vermerkte Kostenvorschuss wirklich miteingereicht wurde. Bei Fehlen der aufgeführten Beilage hat das BA dem Gläubiger sofort Mitteilung zu machen, andernfalls es die Vermutung gegen sich gelten lassen muss, dass es diese (hier der Kostenvorschuss) tatsächlich erhalten habe (GR AB, PKG 1952, S. 110, BlSchK 1955, S. 47).

8 Die vom Gläubiger zu erbringenden *Kostenvorschüsse bestimmt das BA*. Deren Bemessung ist eine Frage der Angemessenheit. Das BA darf den vom Gläubiger zu leistenden Kostenvorschuss auch erhöhen, wenn sich der zuerst verlangte Betrag bei neuer Prüfung des zu erwartenden Aufwandes, namentlich bei genauer Bestimmung der zu treffenden Massnahmen (z.B. bei Liegenschaftsverwaltung) als ungenügend erweist. Nur Missbrauch oder offensichtliche Überschreitung des Ermessens wäre eine vom BGer überprüfbare Gesetzwidrigkeit (BGE 85 III 81).

9 Das BA ist grundsätzlich *nicht verpflichtet, Betreibungshandlungen vor Eingang* des vom Gläubiger zu leistenden *Kostenvorschusses vorzunehmen* (BS, AB, 14.09.1978, BlSchK 1980, S. 139).

10 *Vor Eingang des* gesetzlich geregelten *Kostenvorschusses ist kein BA verpflichtet,* einen Zahlungsbefehl zu erlassen oder sonst irgend eine gebührenpflichtige Handlung vorzunehmen (BS, AB, 19.08.1966, BJM 1968, S. 51).

11 (i.V.m. Art. 98 und 275 SchKG) – Kosten der *Verwahrung von Arrestgegenständen* – Der Gläubiger, der einen Arrestbefehl erwirkt hat, hat die Kosten einer Verwahrung der Arrestgegenstände zu tragen, solange der Arrest besteht. Dies ist auch der Fall, wenn er einem von einem Dritten angehobenen Widerspruchsverfahren unterliegt (GE, Autorité de surveillance, 19.02.1997, BlSchK 1998, S. 155).

12 (i.V.m. Art. 97 Abs. 1 SchKG) – Die *Betreibungskosten sind* vom Gläubiger für jede einzelne der von ihm beantragten Betreibungshandlungen *vorzuschiessen*. *Kommt er der* entsprechenden *Aufforderung nicht nach, kann das BA* unter Anzeige an den Gläubiger die *Betreibungshandlungen einstweilen einstellen* (SO, AB, 03.04.1979, BlSchK 1984, S. 98).

13 Für nicht vorgeschriebene, *unnötige oder nicht vorgenommene Amtshandlungen besteht keine Gebührenpflicht* (ZH, ObGer, II. Ziv.Kammer, 29.10.1948, BGer, SchKK 1.12.1948, ZR 1950, Nr. 54).

14 Wird der Gläubiger während des Aufschubes gemäss Art. 123 SchKG zur Vorschussleistung für die Kosten der allfällig durchzuführenden Verwertung aufgefordert, so ist diese Verfügung mangels aktuellem Interesse nichtig (BGE 77 III 23).

15 (Leistung und Rückerstattung des Kostenvorschusses) – *Der Kostenvorschuss ist von jenem Gläubiger zu leisten, der das Verwertungsbegehren gestellt hat.* Hat ein Gläubiger einer nachgehenden Pfändungsgruppe das Verwertungsbegehren gestellt, so sind nach der Regel von Art. 144 Abs. 3 SchKG vorab die Kosten der Verwertung und Verteilung zu bezahlen und somit ist auch der geleistete Kostenvorschuss zurückzuerstatten; lediglich der Nettoerlös, der nach Abzug der Kosten verbleibt, kommt den Gläubigern der vorangehenden Pfändungsgruppen zugute. Die Erwartung, dass die Kosten der Verwertung und Verteilung ohne Weiteres durch den Erlös gedeckt werden können, befreit den die Verwertung begehrenden Gläubiger nicht von der Leistung eines Kostenvorschusses (BGE 111 III 63, Praxis 75, Nr. 103).

16 Bei Nichtbezahlung des Kostenvorschusses bei Stellung des Verwertungsbegehrens darf das BA ohne Weiteres von einem Rückzug des Verwertungsbegehrens ausgehen, nicht hingegen einen Verlustschein ausstellen (BL, AB, 12.08.2003, SJZ 2004, S. 363).

17 Es steht im pflichtgemässen Ermessen des BA, in welcher Höhe es einen Kostenvorschuss für eine Betreibungshandlung einverlangt. Der Gläubiger hat keinen Anspruch, lediglich Kosten in der Höhe der Kostenvorschüsse tragen zu müssen (BGE 130 III 520).

III. Tragung der Kosten durch den Schuldner

18 Art. 68 bringt einen allgemeinen gültigen Grundsatz zum Ausdruck, dass letztlich der Schuldner für die Kosten einzustehen hat, die dem Gläubiger bei seinen Bemühungen erwachsen um im Rahmen der Zwangsvollstreckung zur Deckung seiner Ansprüche zu kommen. Verhältnis dieser Bestimmung zu Art. 169 SchKG – Sofern liquide Mittel der Konkursmasse durch Vermischung ins Eigentum des KA übergehen, so darf das KA nach Einstellung des Konkursverfahrens den Herausgabeanspruch des Konkursiten seine eigene Forderung auf Deckung der Konkurskosten entgegenhalten und beide miteinander zu errechnen. Namentlich schliesst das SchKG die Errechnungsmöglichkeit für das KA nicht aus (BS, AB, 12.05.2003, BJM 2004, S. 323).

19 Wenn der Schuldner die Forderung nach Einleitung der Betreibung vollständig bezahlt, wird für die Betreibungskosten keine Rechtsöffnung erteilt. Die Zahlung bedeutet die Anerkennung der Schuld; der Richter stellt demnach den Rückzug des Rechtsvorschlages fest (VD, Tribunal cantonal, 16.11.1972, BlSchK 1974, S. 173/174).

20 Ein Zahlungsversuch des Schuldners nach eingeleiteter Betreibung durch Postanweisung an den Gläubiger, bei welchem das Geld mangels Abholung durch den Adressaten an den Schuldner zurückgeht und von diesem «zur Verfügung des Gläubigers» gehalten wird, ist betreibungsrechtlich nicht zu beachten. Der *Schuldner hat die ergangenen Betreibungskosten – auch diejenigen der Konkursandrohung, die in Unkenntnis des Zahlungsversuchs erfolgt ist – zu bezahlen* (BS, AB, 31.08.1977, BlSchK 1978, S. 77).

21 Zur *Abwendung einer Konkurseröffnung* muss der Schuldner auch die *Kosten des konkursrichterlichen Verfahrens* vor dem erstinstanzlichen Entscheid über das Konkursbegehren *bezahlen oder sicherstellen* (ZH, ObGer, Verwaltungskomm., 07.07.1951, ZR 1952, Nr. 53, BlSchK 1954, S. 26).

22 Der Schuldner hat die Betreibungskosten auch dann zu tragen, wenn er die in Betreibung gesetzte Forderung direkt an den betreibenden Gläubiger oder seinen Vertreter bezahlt (GR, AB, 21.05.1979, BlSchK 1982, S. 221).

23 *Die Einstellung der Betreibung* gemäss Art. 78 SchKG *hemmt auch die Einforderung der Kosten* des Zahlungsbefehls beim Schuldner (SO, AB, 30.12.1950, ObGer-Bericht 1950, S. 156, BlSchK 1952, S. 171).

IV. Zu Abs. 2

24 Einem Arrestgläubiger sind neben den Pfändungskosten nur die Kosten der Arrestbewilligung und des Arrestvollzuges, nicht auch die Kosten der Arrestbetreibung, die Rechtsöffnungskosten und die im Rechtsöffnungsverfahren zuerkannte Parteientschädigung vorweg zuzuweisen (BGE 90 III 36).

25 Diese Bestimmung betrifft nur die Art der Anrechnung des einem einzelnen Gläubiger zufliessenden Betrages. Für die *Verteilung* des Verwertungsergebnisses *unter mehrere beteiligte Gläubiger sind*

die Artikel 144 ff. SchKG massgebend. Der Reinerlös ist nach Abzug der Pfändungskosten *gleichmässig auf die im gleichen Rang stehenden Gläubiger* zu verteilen. Dabei ist die Gesamtforderung jedes dieser Gläubiger mit Einschluss seiner Betreibungs- und allfälligen Rechtsöffnungskosten (inkl. Parteientschädigung) in Rechnung zu stellen (BGE 90 III 36).

26   Selbst bei *Nichtbezahlung von «nur» Fr. 1.80 Betreibungskosten bleibt die Betreibung* für die Forderung im Umfange dieses Betrages *hängig*, weil der Gläubiger berechtigt ist, von den Zahlungen des Schuldners die Betreibungskosten vorab zu decken (LU, SchKKomm, 27.02.1963, Max. XI, Nr. 256).

27   Die Annahme, ein Gläubiger habe das Recht gemäss Abs. 2 verwirkt, weil er dem Schuldner nicht ausdrücklich mitgeteilt habe, dass er die geleistete Zahlung vorab an die Betreibungskosten anrechne, verletzt klares Recht. Abzugsberechtigung nur für die notwendigen Betreibungskosten (BE Appellationshof, I. Ziv.Kammer, 10.11.1948, ZBJV 1950, S. 356).

V. Diverse Anwendungen

28   Die Prozessentschädigungen, die dem im Aberkennungsprozess obsiegenden Gläubiger einer pfandversicherten Forderung gesprochen werden, sind ohne besondere Parteiabmachung bei der Begründung des Pfandrechts nicht pfandversichert (ZH, ObGer, II. Kammer, 28.04.1944, ZR 1945, S. 194, BlSchK 1946, S. 152).

29   (i.V.m. ZPO ZH) – Betreibungskosten, im Besonderen Kosten der Nichtigkeitsbeschwerde gegen Entscheidungen des Einzelrichters im summarischen Verfahren in Schuldbetreibungs- und Konkurssachen. – Dem Nichtigkeitskläger kann zwar die unentgeltliche Prozessführung nicht bewilligt werden, doch besteht die Möglichkeit, ihn von der Pflicht, die Prozesskosten durch einen Vorschuss sicherzustellen, zu entbinden (Änderung der bisherigen Rechtsprechung der II. Zivilkammer des ObGer) (ZH, ObGer, III. Ziv.Kammer, 14.08.1953, ZR 1953, Nr. 187).

30   (i.V.m. Art. 9 Abs. 2 VZG) – Jeder Beteiligte, also auch der Schuldner, kann innert der Beschwerdefrist bei *Vorschuss der Kosten der Neuschätzung* einer gepfändeten Liegenschaft anbegehren (BS, AB, 17.03.1970, BJM 1970, S. 199, BlSchK 1971, S. 139).

31   Unter welchen Bedingungen kann die Betreibung für den Betrag der Kosten fortgesetzt werden? Ein Rechtsvorschlag, mit dem allein der Anspruch auf Ersatz der Kosten bestritten wird, ist unzulässig und folglich vom BB nicht zu beachten. – Zahlt der Betriebene , der Rechtsvorschlag erhoben hat, den Betrag der Forderung an das BA, so gibt er damit dem Amt zu erkennen, dass er die Forderung und das Betreibungsrecht des Gläubigers nicht mehr bestreiten will. Eine solche Zahlung schliesst den Rückzug des Rechtsvorschlages in sich. Der Gläubiger kann deshalb in einem solchen Falle für die Kosten bzw. für den nicht gedeckten Teil der Forderung die Betreibung fortsetzen. Einer Zahlung, die der Betriebene nach erhobenem Rechtsvorschlag direkt an den Gläubiger leistet, kann dagegen nicht die gleiche Bedeutung beigemessen werden. Zahlt der Schuldner aber vor Empfang des Zahlungsbefehls an den Gläubiger, so hat diese Zahlung auf die Betreibung überhaupt keinen Einfluss, selbst wenn das BA davon erfährt und wahrscheinlich ist, dass der Betriebene damit die in Betreibung stehende Forderung tilgen wollte (BGE 77 III 5).

32   Für Betreibungskosten ist keine Rechtsöffnung zu erteilen (LU, SchKKomm, 23.08.1982, LGVE 1982 I 41).

33   Dem BA ist nicht zuzumuten, vor Abschluss eines Verfahrens über den geleisteten (Pfändungs-)Kostenvorschuss abzurechnen (BS, AB, 30.06.1960, BlSchK 1961, S. 174).

34   (i.V.m. Art. 251 Abs. 2 SchKG) – Durch verspätete Konkurseingaben verursachte Kosten – Die Nichtleistung des von der Konkursverwaltung verlangten Kostenvorschuss, der aber nicht zur Deckung der Kosten der Prüfung der Forderung bestimmt ist, berechtigt die Konkursverwaltung dazu, alle mit der verspäteten Eingabe zusammenhängenden Vorkehren zu unterlassen (VD, Tribunal cantonal, 21.09.1984, BlSchK 1985, S. 230).

35   *Unentgeltliche Rechtspflege im Rechtsöffnungsverfahren* – Das Bundesrecht regelt die Kosten; es sieht für die Rechtsöffnung keine unentgeltliche Rechtspflege vor. Die Frage, ob Letzteres mit einer verfassungsmässigen Auslegung vereinbar ist, wurde offen gelassen. Die Kosten sind bescheiden

und können auch im Rahmen des Existenzminimums geleistet werden (BGE 114 III 69, Praxis 78, Nr. 24).

36 Bundesrecht verbietet dem Schuldner, im Rechtsöffnungsverfahren vom Gläubiger gestützt auf kantonales Prozessrecht Sicherstellung der Parteientschädigung zu verlangen (BGE 123 III 271).

37 (i.V.m. Art. 84 SchKG) – Zustellung des Rechtsöffnungsentscheides unter Erhebung der Verfahrenskosten per Nachnahme. Die Zustellung des Rechtsöffnungsentscheides an den Gläubiger ist ohne dessen ausdrückliche oder stillschweigende Ermächtigung nicht zulässig und löst bei Nichtabholung die Frist zur Rechtsöffnungsbeschwerde nur aus, wenn Art und Höhe der Gebühr aus der Sendung unzweideutig ersichtlich sind, ohne dass diese geöffnet werden muss (GR, AB, 23.09.1996, PKG 1996, S. 111).

VI. Betreibung eines in Gütergemeinschaft lebenden Ehegatten

Art. 68a   A. Zustellung der Betreibungsurkunden. Rechtsvorschlag

¹ Wird ein in Gütergemeinschaft lebender Ehegatte betrieben, so sind der Zahlungsbefehl und alle übrigen Betreibungsurkunden auch dem andern Ehegatten zuzustellen; das Betreibungsamt holt diese Zustellung unverzüglich nach, wenn erst im Laufe des Verfahrens geltend gemacht wird, dass der Schuldner der Gütergemeinschaft untersteht.

² Jeder Ehegatte kann Rechtsvorschlag erheben.

³ Aufgehoben.

1 Wird ein Ehegatte betrieben, so sieht das Gesetz – ausser im Falle der Gütergemeinschaft – keine Möglichkeit vor, welche es dem andern Ehegatten erlauben würde, sich der Betreibung zu widersetzen (BGE 119 III 100).

2 Auszug aus den Anweisungen der SchKK gemäss Schreiben an die Betreibungs- und Konkursämter (11.12.1987):

Jeder Ehegatte kann Rechtsvorschlag erheben, indem er Bestand oder Höhe der Forderung bestreitet oder indem er schon in diesem Stadium des Betreibungsverfahrens geltend macht, dass nicht das Gesamtgut, sondern nur das Eigengut und der Anteil des Schuldners am Gesamtgut haften (Ziff. 1.2.2).

Der Gläubiger, der Kenntnis davon hat, dass der Schuldner in Gütergemeinschaft lebt, muss mit dem Betreibungsbegehren verlangen, dass der Zahlungsbefehl und alle übrigen Betreibungsurkunden auch dem andern Ehegatten zugestellt werden (Ziff. 1.22.1).

Kennt der Gläubiger den Güterstand nicht und fehlt demnach im Betreibungsbegehren ein entsprechender Hinweis auf den Güterstand, so hat der Schuldner, der in Gütergemeinschaft lebt, dies dem Betreibungsamt mitzuteilen (Ziff. 5.2.2.) (BGE 113 III 50).

Art. 68b   B. Besondere Bestimmungen

¹ Jeder Ehegatte kann im Widerspruchsverfahren (Art. 106–109) geltend machen, dass ein gepfändeter Wert zum Eigengut des Ehegatten des Schuldners gehört.

² Beschränkt sich die Betreibung neben dem Eigengut auf den Anteil des Schuldners am Gesamtgut, so kann sich überdies jeder Ehegatte im Widerspruchsverfahren (Art. 106–109) der Pfändung von Gegenständen des Gesamtgutes widersetzen.

³ Wird die Betreibung auf Befriedigung aus dem Eigengut und dem Anteil am Gesamtgut fortgesetzt, so richten sich die Pfändung und die Verwertung des Anteils am Gesamtgut nach Artikel 132; vorbehalten bleibt eine Pfändung des künftigen Erwerbseinkommens des betriebenen Ehegatten (Art. 93).

⁴ Der Anteil eines Ehegatten am Gesamtgut kann nicht versteigert werden.

⁵ Die Aufsichtsbehörde kann beim Richter die Anordnung der Gütertrennung verlangen.

Keine Entscheide. Es wird auf die erschienenen Kommentare verwiesen.

VII. Betreibung bei gesetzlicher Vertretung oder Beistandschaft

Art. 68c 1. Schuldner unter elterlicher Gewalt oder Vormundschaft

¹ Steht der Schuldner unter elterlicher Gewalt oder unter Vormundschaft, so werden die Betreibungsurkunden dem gesetzlichen Vertreter zugestellt; hat er keinen gesetzlichen Vertreter, so werden sie der zuständigen Vormundschaftsbehörde zugestellt.

² Stammt die Forderung jedoch aus einem bewilligten Geschäftsbetrieb oder steht sie im Zusammenhang mit der Verwaltung des Arbeitsverdienstes oder des freien Vermögens (Art. 321 Abs. 2, 323 Abs. 1, 412, 414 ZGB), so werden die Betreibungsurkunden dem Schuldner und dem gesetzlichen Vertreter zugestellt.

³ Hat der Schuldner einen Verwaltungsbeirat (Art. 395 Abs. 2 ZGB) und verlangt der Gläubiger nicht nur aus den Einkünften, sondern auch aus dem Vermögen Befriedigung, so werden die Betreibungsurkunden dem Schuldner und dem Beirat zugestellt.

1 Die Betreibung gegen einen *Urteilsunfähigen ist nichtig*, wenn nicht dessen gesetzlicher Vertreter bzw. die Vormundschaftsbehörde mitwirkt. Ebenso *kann ein Urteilsunfähiger* als Gläubiger *selbst keine Betreibung anheben*. Die Frage der Urteilsfähigkeit des Betriebenen ist von Amtes wegen zu prüfen, wenn berechtigte Zweifel an deren Vorhandensein bestehen. Allenfalls darf und muss ein solches Betreibungsbegehren zurückgewiesen werden (BGE 99 III 6; 104 III 4).

2 Eine Betreibung, die *freies Kindesvermögen* im Sinne von Art. 323 Abs. 1 ZGB betrifft, ist *ausschliesslich gegen den Minderjährigen anzuheben* und durchzuführen. Der Inhaber der elterlichen Gewalt ist in einem solchen Fall nicht Kraft seiner Stellung als gesetzlicher Vertreter, sondern nur mit besonderer Ermächtigung befugt, Beschwerde zu führen (BGE 106 III 8).

3 Derjenige, dem die *Handlungsfähigkeit vorläufig entzogen* ist, bedarf für jene Rechtshandlungen, die ein Bevormundeter nicht ohne Einverständnis des Vormundes vornehmen kann, der Mitwirkung des gesetzlichen Vertreters, einschliesslich in Schuldbetreibungssachen (BGE 113 III 1).

4 Betreibungsfähigkeit einer unter Verwaltungsbeiratschaft stehenden Person (Art. 395 Abs. 2 ZGB). Bezüglich der Erträgnisse des Vermögens und des Erwerbseinkommens ist der Verbeiratete handlungs- und damit betreibungsfähig, so dass er insoweit ohne Einbezug des Verwaltungsbeirats an seinem Wohnsitz betrieben werden kann. Soweit der verbeiratete Schuldner hingegen aus seiner Vermögenssubstanz in Anspruch genommen werden will, ist die Betreibung am Wohnsitz des Verwaltungsbeirats als des gesetzlichen Vertreters zu führen und der Zahlungsbefehl diesem zuzustellen (GR, AB, 07.09.1994, PKG 1994, S. 115).

Art. 68d 2. Schuldner unter Beistandschaft

Hat der Schuldner einen Beistand und wurde die Ernennung veröffentlicht oder dem Betreibungsamt mitgeteilt (Art. 397 ZGB), so werden die Betreibungsurkunden zugestellt:
1. bei einer Beistandschaft nach Artikel 325 des Zivilgesetzbuches dem Beistand und dem Inhaber der elterlichen Gewalt;
2. bei einer Beistandschaft nach den Artikeln 392–394 des Zivilgesetzbuches dem Schuldner und dem Beistand.

Keine Entscheide.

Art. 68e 3. Haftungsbeschränkung

Haftet der Schuldner nur mit dem freien Vermögen, so kann im Widerspruchsverfahren (Art. 106–109) geltend gemacht werden, ein gepfändeter Wert gehöre nicht dazu.

Keine Entscheide.

VIII. Zahlungsbefehl und Rechtsvorschlag

Art. 69 A. Zahlungsbefehl
   1. Inhalt

¹ Nach Empfang des Betreibungsbegehrens erlässt das Betreibungsamt den Zahlungsbefehl.

² Der Zahlungsbefehl enthält:
1. die Angaben des Betreibungsbegehrens;
2. die Aufforderung, binnen 20 Tagen den Gläubiger für die Forderung samt Betreibungskosten zu befriedigen oder, falls die Betreibung auf Sicherheitsleistung geht, sicherzustellen;
3. die Mitteilung, dass der Schuldner, welcher die Forderung oder einen Teil derselben oder das Recht, sie auf dem Betreibungswege geltend zu machen, bestreiten will, innerhalb zehn Tagen nach Zustellung des Zahlungsbefehls dem Betreibungsamte dies zu erklären (Rechtsvorschlag zu erheben) hat;
4. die Androhung, dass, wenn der Schuldner weder dem Zahlungsbefehl nachkommt, noch Rechtsvorschlag erhebt, die Betreibung ihren Fortgang nehmen werde.

I. Zu Ziffer 1: Allgemeines

1   Der von der SchKK des BGer festgelegte *Wortlaut der Betreibungsformulare ist für die ganze Schweiz einheitlich angelegt* und kann nicht durch Beschwerde gegen ein BA angefochten werden (BE, AB, 02.06.1959, BlSchK 1960, S. 141).

2   Der *Zahlungsbefehl bildet die Grundlage einer Betreibung*. Seine *Wirkung ist* allerdings *rein betreibungsrechtlich* und liefert noch keinen Beweis für das tatsächliche Bestehen einer Forderung (AR, AB, 07.10.1966, BlSchK 1967, S. 118).

3   Die Unterschrift des BB unter dem Zahlungsbefehl ist Gültigkeitserfordernis. Ist die *Zustellung eines nicht unterzeichneten*, doch im Übrigen mangellosen *Zahlungsbefehls* an den Schuldner erfolgt, so würde es aber einen verfahrensmässigen Leerlauf bedeuten, ihn auf Beschwerde hin aufzuheben. *Trotz des formellen Mangels ist der Zahlungsbefehl* in einem solchen Fall *als gültig zu bezeichnen* (SH, AB, 11.12.1992, BlSchK 1993, S. 142).

4   *Leitet das BA an Stelle der gewöhnlichen Betreibung versehentlich* eine solche auf *Grundpfandverwertung* ein, so kann das BA – auch nach unbenütztem Ablauf der Beschwerde- und Rechtsvorschlagsfrist – *die irrtümlich angehobene Grundpfandbetreibung aufheben* (AG, SchKKomm, 05.03.1965, BlSchK 1966, S. 18).

5   Der BB hat *nicht von Amtes wegen zu prüfen, ob die Personen*, die ein Betreibungsbegehren im Namen des Gläubigers unterzeichnet haben, *die beanspruchte Vertretungsvollmacht wirklich besitzen*. Er hat deshalb auch keine schriftliche Vollmacht zu verlangen (SO, AB, 10.07.1979, BlSchK 1984, S. 17).

6   *Der BB ist*, auch wenn er den vom Gläubiger im Betreibungsbegehren *geforderte Zins* für wucherisch hält, *nicht befugt, diesen Betrag im Zahlungsbefehl herabzusetzen*. Es bleibt ihm lediglich vorbehalten, bei den Strafbehörden Anzeige zu erstatten, und der Schuldner hat das Recht, mit Bezug

auf den von ihm als unberechtigt angesehenen Teil der Forderung Rechtsvorschlag zu erheben (FR, SchK Komm., 04.08.1959, SJZ 1962, S. 308).

7 Gibt der Zahlungsbefehl *nicht den richtigen Wohnort des Schuldners* an, so ist er aufzuheben, auch wenn sich die richtige wie die angegebene Wohngemeinde im Kreis des BA, von dem der Zahlungsbefehl ausgeht, befindet, jedoch zu einem anderen Gerichtssprengel gehört (BGE 80 III 1).

8 Bei einer Betreibung auf Pfandverwertung ist das zu verwertende Pfand im Betreibungsbegehren und im Zahlungsbefehl genau zu bezeichnen (BGE 81 III 3/4).

9 Eine *auf Geldzahlung gerichtete Betreibung kann* nach der Zustellung des Zahlungsbefehls *nicht in eine Betreibung auf Sicherheitsleistung umgewandelt werden* (LU, SchKKomm, 27.02.1986, LGVE 1986 I 34).

10 Betreibungsbegehren mit *ungenügender Gläubigerbezeichnung* können verbessert werden. Dem Datum des Zahlungsbefehls kommt keine rechtliche Bedeutung zu (BS, AB, 21.12.1951, BGer, SchKK, 14.01.1952, BlSchK 1954, S. 70).

II. Parteibezeichnungen

11 Die Bezeichnung des *Schuldners mit seinem richtigen Namen ist nicht schlechthin Gültigkeitserfordernis für die Betreibung*. Soweit durch eine unrichtige (oder unvollständige) Namensnennung keine Unklarheit über die Identität der Betreibungspartei entsteht, liegt kein schützenswertes Interesse für die Aufhebung der Betreibung vor (BS, AB, 28.07.1956, BlSchK 1957, S. 177).

12 Erfordernis einer klaren Bezeichnung. Die *Verwendung eines Sammelnamens, der nicht die klare Bezeichnung einer parteifähigen Personenverbindung* oder Vermögensmasse sowie die *Angabe eines Haupt- und eines Eventualgläubigers sind unzulässig.* – *Befugnis des Willensvollstreckers zur Eintreibung von Erbschaftsforderungen im eigenen Namen* (BGE 80 III 7).

13 Die Gläubigerbezeichnung ist genügend, wenn der Schuldner über die Identität des Gläubigers nicht im Zweifel sein kann (SG, AB, 31.10.1956, BlSchK 1958, S. 141).

14 (i.V.m. Art. 67 Abs. 1 Ziff. 2 SchKG) – Bezeichnung der Parteien in den Betreibungsurkunden. *Die Verwechslungsgefahr, die durch unvollständige Angaben* im Betreibungsbegehren hervorgerufen werden kann, *ist von Fall zu Fall abzuwägen*. Dies gilt insbesondere dann, wenn der Gläubiger dem Familiennamen des Schuldners die Initialen des Vornamens beifügt (GE, Autorité de surveillance, 13.03.1985, BlSchK 1987, S. 103).

15 Die *Angabe des Gläubigers* im Betreibungsbegehren und im Zahlungsbefehl *muss so gefasst sein, dass sie jeden Zweifel darüber ausschliesst, wer als Gläubiger auftritt*. Besteht darüber kein Zweifel, so folgt selbst aus unrichtiger Gläubigerbezeichnung keine Nichtigkeit der Betreibung (BS, AB, 17.03.1958, BlSchK 1959, S. 43).

16 Die *ungenaue Bezeichnung des Gläubigers*, welche die Rechte des Schuldners nicht verletzt, zieht die Ungültigkeit der Betreibung nicht nach sich; die Bezeichnung ist lediglich zu ergänzen (GE, Autorité de surveillance, 16.08.1978, BlSchK 1980, S. 44).

17 Nichtigkeit eines Zahlungsbefehls, in welchem die Gläubigerbezeichnung fehlt (BL, AB, 26.08.2003, BlSchK 2005, S. 147).

18 *Unrichtige Adressangabe des Gläubigers* kann wohl Beschwerdegrund bilden. Eine entsprechende Beschwerde kann aber nur zum Erfolg führen, wenn *der Schuldner an der Angabe des richtigen Wohnortes* seines Gläubigers *ein schützenswertes Interesse besitzt* (SO, AB, 10.07.1979, BlSchK 1984, S. 17).

19 Betreibungsurkunden, in denen *die Person des Gläubigers nicht klar und unzweideutig genannt ist, sind grundsätzlich nichtig*. Lässt sich hingegen die mangelhafte Gläubigerbezeichnung den handlungs- und parteifähigen *wirklichen Gläubiger ohne Weiteres erkennen*, ist die Urkunde zu berichtigen und die Betreibung weiter zu führen. Dies gilt auch bei rechtzeitiger Anfechtung der Urkunde durch den Schuldner (BGE 98 III 24 und 102 III 63).

20 (i.V.m. Art. 67 Abs. 1 Ziff. 2 SchKG) – Anspruch des Schuldners auf Bezeichnung mit dem amtlichen Namen (Art. 160 ZGB). Das Gesetz *versteht unter dem Namen des Schuldners dessen amtliche Be-*

Zweiter Titel: Schuldbetreibung Art. 69

zeichnung, soweit sie zur Identifikation nötig ist. Der Allianzname ist nicht amtlicher Name. Das BA kann den Schuldner mit dem Allianznamen bezeichnen, wenn dies nötig ist, um Verwechslungen zu vermeiden. Wer ein Anspruch geltend machen will, nicht mit dem Allianznamen, sondern nur mit dem amtlichen Namen bezeichnet zu werden, muss nachweisen, dass er durch die Verwendung des Allianznamens in seinem schützenswerten Interessen verletzt worden ist (BGE 120 III 60).

21 Wegen *Fehlens der Angabe des Wohnortes des Gläubigers* im Zahlungsbefehl kann sich der Schuldner beschweren ohne dass ihm Rechtsmissbrauch vorgeworfen werden könnte (BGE 87 III 54).

22 Schuldnerbezeichnung bei einer Personenmehrheit. *Als Schuldner kann* in einem Zahlungsbefehl *nur entweder eine natürliche Person, eine juristische Person oder eine unter gemeinsamer Firma im Handelsregister eingetragene Personenmehrheit* figurieren. Die Schuldnerbezeichnung «H. S. & Sohn, Bauunternehmung» entspricht diesen Bedingungen nicht (GR, AB, 14.06.1968, BlSchK 1971, S. 15).

23 (i.V.m. Kreisschreiben Nr. 16 des BGer vom 03.04.1925) – Die Bezeichnung «*Erbengemeinschaft des X*» als Gläubiger oder Schuldner im Zahlungsbefehl genügt nicht. *Betreibungen mit* solchen *Kollektivbezeichnungen sind nichtig* und je derzeit von Amtes wegen aufzuheben (BS, AB, 18.08.1980, BlSchK 1985, S. 94; GR, AB, 12.12.1961, BlSchK 1964, S. 46).

24 Eine Betreibung ist nicht ungültig (nichtig), wenn die Mitglieder einer Erbengemeinschaft aus einer dem Zahlungsbefehl angehefteten Beilage ohne Weiteres ersichtlich sind (LU, SchKKomm, 20.02.1996, LGVE 1996 I 39).

25 Die Kombination der Betreibungen *zweier verschiedener Gläubiger* für zwei verschiedene Forderungen *in einem Zahlungsbefehl ist unzulässig* (GR, AB, 10.12.1965, BlSchK 1967, S. 169).

26 *Der Zweigniederlassung fehlt die Parteifähigkeit*, weil sie über keine Rechtspersönlichkeit verfügt. Wird ihr in einer Betreibung dennoch die Rolle der Gläubigerin oder Schuldnerin zugeteilt, während in Tat und Wahrheit nur die Gesellschaft, der sie angehört, Partei ist, liegt im Allgemeinen bloss eine fehlerhafte Parteibezeichnung vor. Ein solcher Mangel wird geheilt, wenn die andere Partei über die Identität der betreffenden Person keine Zweifel hegen konnte und durch Nichts in ihren Interessen beeinträchtigt war (BGE 120 III 11).

27 Die Frage, ob die *mehreren Kindern zustehenden Unterhaltsansprüche in einer einzigen Betreibung* geltend gemacht werden dürfen, ist von der AB zu entscheiden. Der Rechtsöffnungsrichter könnte hiezu höchstens dann vorfrageweise Stellung nehmen, wenn die Rechtsöffnung, weil eine Fortsetzung der Betreibung unmöglich erscheint, zum Vorneherein wertlos wäre (LU, SchKKomm, 15.10.1958, Max. X, Nr. 599, BlSchK 1961, S. 15).

28 *Solidarbetreibungen sind vollständig getrennte Betreibungsverfahren*. Wird die eine Betreibung durch Zahlung erledigt, so ist die andere gleichwohl durch Ausstellung eines Verlustscheines abzuschliessen, wenn der Gläubiger nicht den Rückzug erklärt oder der Schuldner die richterliche Aufhebung der Betreibung erwirkt (BS, AB, 15.10.1951, BlSchK 1954, S. 72).

III. Zu Ziff. 2

1. Betreibung auf Sicherstellung

29 Bei Betreibungen auf Sicherstellung ist mangels eines besonderen Formulars der vorgedruckte Text des Zahlungsbefehls entsprechend abzuändern. Das BA hat im Zahlungsbefehl die Betreibung ausdrücklich als auf Sicherheitsleistung gerichtet zu bezeichnen und den vorgedruckten Text auf dem Formular des Zahlungsbefehls dahingehend abzuändern, dass der Schuldner aufgefordert wird, den Gläubiger für die angegebene Forderung samt Betreibungskosten sicherzustellen (BS, AB, 30.04.1959, BlSchK 1960, S. 176, BJM 1959, S. 208).

30 Eine hängige Klage vermag den Arrest nur Aufrecht zu erhalten, wenn sie die Arrestforderung betrifft (Art. 278 SchKG). Sollte ein Arrest für einen Anspruch auf Sicherheitsleistung zulässig sein (Frage offen gelassen), so müsste aus dem Arrestbefehl gegebenenfalls klar hervorgehen, dass der Arrest für einen solchen Anspruch zu vollziehen ist. Ein Arrest für eine Geldforderung lässt sich nicht durch eine Klage auf Sicherheitsleistung aufrecht erhalten (BGE 93 III 72).

2. Die Forderung betreffend

31 Welche Angaben zur Bezeichnung von Zinsforderungen notwendig sind (siehe Art. 67 N 17).

32 Ein Zahlungsbefehl, in dem die ziffernmässige Angabe der Betreibungssumme fehlt, ist nichtig (SG, AB, 29.07.1955, BlSchK 1957, S. 140).

33 Unrichtige Angabe über die Forderung bzw. den Forderungsgrund machen einen Zahlungsbefehl nicht ungültig (LU, SchKKomm, 14.05.1965, Max. XI Nr. 426).

34 Mit der Bezeichnung «Schadenersatz» wird der Forderungsgrund auf dem Zahlungsbefehl nur dann genügend umschrieben, falls dem Betriebenen aus dessen Gesamtzusammenhang klar wird, wofür er belangt wird (BGE 121 III 18).

35 Wenn die Betreibungssumme im Zahlungsbefehl nur in der Weise angegeben wird, dass die ursprüngliche Forderung genannt und zum Ausdruck gegeben wird, dass hievon die bezifferte Gegenforderung des Betriebenen in Abzug zu bringen ist, so hat dies nicht die Aufhebung des Zahlungsbefehl zur Folge (LU, SchKKomm 23.11.1948, Max. IX, Nr. 606, SJZ 1951, S. 379).

IV. Zu Ziff. 3 Rechtsvorschlag

36 Der Einwand, die für den Gläubiger handelnde Person sei nicht vertretungsberechtigt, ist nicht durch Rechtsvorschlag, sondern durch Beschwerde zu erheben. – Beim Entscheid darüber, wer eine Aktiengesellschaft vertreten könne, haben sich die Betreibungsbehörden grundsätzlich an die Eintragungen im Handelsregister zu halten. Ein hiernach nur zu Kollektivunterschrift berechtigtes Mitglied eines zweigliedrigen Verwaltungsrates kann das Betreibungsbegehren nicht allein stellen, wenn das zweite Mitglied die Mitwirkung ablehnt (BGE 84 III 72)

37 Will der Schuldner die betriebene Forderung oder das Recht, sie auf dem Betreibungsweg geltend zu machen, bestreiten, so hat er gegen den Zahlungsbefehl Rechtsvorschlag zu erheben und nicht Beschwerde bei der AB einzureichen (SO, AB, 10.07.1979, BlSchK 1984, S. 171).

38 (i.V.m. Art. 33 Abs. 2 SchKG) – Das BA kann die Fristen dem im Ausland wohnenden Schuldner den Umständen gemäss verlängern. Eine vom BA verlängerte Frist kann nach ihrem Ablauf von den AB nicht auf Begehren eines Gläubigers verkürzt werden. Hat der Schuldner die verlängerte Frist eingehalten, so muss seine Rechtshandlung (hier Rechtsvorschlag) als rechtzeitig erfolgt anerkannt werden, auch wenn die Verlängerung das gerechtfertigte Mass überschritten hätte (ZH, ObGer, II. Ziv.Kammer, 25.08.1959, ZR 1961, Nr. 92).

39 Die Rechtsvorschlagsfrist, die während der Verhaftung des Schuldners ablaufen würde, verlängert sich um drei Tage nach Art. 63 SchKG (BE, Appellationshof, III. Ziv.Kammer, 03.07.1947, ZBJV 1948, S. 459).

Art. 70 2. Ausfertigung

¹ Der Zahlungsbefehl wird doppelt ausgefertigt. Die eine Ausfertigung ist für den Schuldner, die andere für den Gläubiger bestimmt. Lauten die beiden Urkunden nicht gleich, so ist die dem Schuldner zugestellte Ausfertigung massgebend.

² Werden Mitschuldner gleichzeitig betrieben, so wird jedem ein besonderer Zahlungsbefehl zugestellt.

1 Mehrere Gläubiger können nur dann *gemeinsam in einer einzigen Betreibung* gegen den Schuldner vorgehen, wenn es sich um die gleiche Forderung handelt (LU, AB, Luzern-Stadt, 03.02.1947, BlSchK 1950, S. 45).

2 Es *kann nicht in einem und demselben Arrestverfahren gegen mehrere Schuldner vorgegangen werden*, der Gläubiger muss gegen jeden einzelnen Schuldner einen Arrestbefehl erlangen. Ein Arrestbefehl, der beide Ehegatten als Schuldner bezeichnet, ist daher nicht vollziehbar (BGE 80 III 91).

Zweiter Titel: Schuldbetreibung | **Art. 71**

3 *Mehrere Betreibungen für die gleiche Forderung.* Eine weitere Betreibung für eine bereits in Betreibung gesetzte Forderung ist nur dann nicht zulässig, falls der Gläubiger im früheren Betreibungsverfahren das Fortsetzungsbegehren gestellt hat oder zu stellen berechtigt ist (BGE 100 III 41).

4 Die *Identität des Betriebenen mit dem Arrestschuldner ist gegeben*, auch wenn von mehreren durch gemeinsamen Arrestbefehl belangten Schuldnern *nur einer betrieben wird*. Auch in einem solchen Fall ist dem für die ganze Arrestforderung gestellten Betreibungsbegehren zu entsprechen. Will der Schuldner die solidarische Verpflichtung bestreiten, so kann er Recht vorschlagen (BGE 86 III 130).

5 Die Betreibung zweier (vermeintlicher) Solidargläubiger ist wegen urteilsmässigen Abweisung des Einen und der damit notwendig verbundenen Änderung der Gläubigerschaft nicht durch eine neue Betreibung zu ersetzen, sondern kann im Namen des (allein verbliebenen) Gläubigers fortgesetzt werden (BS, AB, 14.08.1956, BlSchK 1957, S. 180).

6 Die gemeinsam mit einem einzigen Zahlungsbefehl gegen Ehegatten als Mitschuldner gerichtete Betreibung ist nichtig. Die Nichtigkeit kann jederzeit geltend gemacht werden, solange die Betreibung nicht abgeschlossen ist (AR, AB, 14.11.1958, BlSchK 1960, S. 86; GR, AB, 04.01.1960, BlSchK 1963, S. 48).

7 Haften beide Ehegatten für ein Darlehen als Mitschuldner, so ist jedem Ehegatten ein besonderer Zahlungsbefehl zuzustellen. Die gemeinsame Betreibung eines Ehepaares ist unzulässig (AR, AB, 23.11.1971, BlSchK 1973, S. 9).

8 Gleichzeitige Betreibung von Mitschuldnern. Mehrere Solidarschuldner können gemeinsam mit dem gleichen Zahlungsbefehl betrieben werden, wenn einem gemeinsamen Verfahren keine Hindernisse entgegenstehen und eine Verwechslungsgefahr oder irgendwelche Nachteile für Gläubiger oder Schuldner nicht zu befürchten sind (GR, AB, 28.08.1985, PKG 1985, Nr. 43, BlSchK 1988, S. 182).

9 Gleichzeitige Betreibung mit Mitschuldnern. – Die gemeinsame Betreibung von Ehegatten mit dem gleichen Zahlungsbefehl ist nichtig, wenn aus dem Zahlungsbefehl nicht hervorgeht, für welchen Betrag anteilsmässig oder solidarisch jeder Schuldner betrieben wird und zudem persönliche Gläubiger nur des einen Ehegatten teilnehmen wollen. Für persönliche Gläubiger eines Mitschuldners kann aber nicht eine einzige Pfändung vorgenommen werden, da Vermögenswerte des einen Mitschuldners nicht für persönliche Schulden anderer Mitschuldner haften (GR, AB, 12.12.1988, PKG 1988, S. 161, BlSchK 1991, S. 92).

10 (i.V.m. Art. 67 Abs. 1 Ziff. 2 SchKG) – Betreibung einer Erbengemeinschaft. Gegen die Erben sind je einzelne Betreibungen anzuheben und den jeweiligen persönlich haftenden Erben gesondert ein Zahlungsbefehl zuzustellen. Ein Rechtsanwalt gilt nicht als gemeinsamer Vertreter für die Zustellung. Eine Betreibung, die dieser Vorschrift widerspricht, ist von Amtes wegen nichtig zu erklären (LU, SchKKomm, 26.11.1993, LGVE 1994 I Nr. 40).

Art. 71 3. Zeitpunkt der Zustellung

¹ Der Zahlungsbefehl wird dem Schuldner nach Eingang des Betreibungsbegehrens zugestellt.

² Wenn gegen den nämlichen Schuldner mehrere Betreibungsbegehren vorliegen, so sind die sämtlichen Zahlungsbefehle gleichzeitig zuzustellen.

³ In keinem Falle darf einem später eingegangenen Begehren vor einem frühern Folge gegeben werden.

1 Zweite Zustellung des Zahlungsbefehls wegen Ungültigkeit der Ersten (unter Verletzung von Art. 60 SchKG). Der *auf die erste Zustellung hin erklärte Rechtsvorschlag bleibt wirksam*. Das BA darf nicht stillschweigend die erste Zustellung aufheben, ohne den Schuldner darauf aufmerksam zu machen und ihm zu erklären, dass es den darauf erhobenen Rechtsvorschlag als ungültig betrachte (BGE 78 III 155).

2 Zustellung des Zahlungsbefehls an dem auf den Eingang des Betreibungsbegehrens folgenden Tag. – Dies ist eine Ordnungsvorschrift, die in der Praxis aus verschiedenen Gründen nicht immer befolgt werden kann. Wird sie einmal nicht eingehalten, so ist die nach Ablauf der Frist erfolgte Zustellung dennoch gültig (SH, Aufs.Beh., 27.07.1990, BlSchK 1991 S. 93).

Art. 72   4. Form der Zustellung

¹ Die Zustellung geschieht durch den Betreibungsbeamten, einen Angestellten des Amtes oder durch die Post.
² Bei der Abgabe hat der Überbringer auf beiden Ausfertigungen zu bescheinigen, an welchem Tage und an wen die Zustellung erfolgt ist.

I. Zustellungen durch die Post

1 Die Postzustellung ist ohne Weiteres zulässig. Sie ergibt sich aus dem Gesetz und kann grundsätzlich nicht beanstandet werden (BE, AB, 06.02.1954, BlSchK 1955, S. 72).

2 Wird dem Betriebenen eine Abholungsanzeige in den Briefkasten gelegt, so gilt die Sendung in dem Zeitpunkte als zugestellt, in welchem sie der Adressat auf der Post abholt, spätestens aber am *letzten Tag der siebentägigen Abholungsfrist*. Diese Frist gilt auch für Postfachinhaber (BGE 100 III 3).

3 Der Betriebene, welcher im Zeitpunkt der Zustellung des Zahlungsbefehls durch einen Funktionär der Post oder durch einen Briefträger Rechtsvorschlag erhebt, soll sofort prüfen, ob sein Rechtsvorschlag nach seinen Angaben in der entsprechenden Rubrik vorgemerkt und von der zustellenden Person unterschriftlich bescheinigt worden ist. Um einen Zahlungsbefehl, auf welchem der Rechtsvorschlag figurieren sollte, berichtigen zu können, muss geprüft werden, ob der Betriebene tatsächlich Rechtsvorschlag erhoben hat. Der Beweis dafür obliegt dem Betriebenen (GE, Autorité de surveillance, 09.05.1984, BlSchK 1984, S. 211).

4 Die AB hat keine Kompetenz, im Falle von Zustellungsmängeln bei der postalischen Zustellung direkte Anordnungen gegenüber den Mitarbeitern der Post zu treffen. Zahlungsbefehle können «offen gefaltet oder verschlossen aufgegeben werden». Die Zustellung des Zahlungsbefehls besteht darin, dass die Betreibungsurkunde dem Schuldner offen übergeben wird, wobei dieser Vorgang gleichzeitig auf dem Original und einem Doppel vom zustellenden Betreibungsbeamten oder Angestellten oder – bei Zustellung durch die Post – vom Briefträger zu bescheinigen ist.

Daraus folgt, dass Gesetz und Praxis keinerlei Massnahmen vorsehen, um zu verhindern, dass Angestellte der Post vom Inhalt der zuzustellenden Zahlungsbefehl Kenntnis erhalten. Die kantonale AB kann an dieser bundesrechtlichen Ordnung nichts ändern (SH, AB, 26.11.1998, BlSchK 1999, S. 173).

5 Die Schuldnerin beschwert sich gegen die Zustellung einer Konkursandrohung, weil sie den Zahlungsbefehl nicht erhalten habe. Dieser ist in der Tat mit gewöhnlicher Post zugestellt worden. Aufhebung wegen Verletzung der vorgeschriebenen Zustellungsform (vgl. BGE 83 III 15 N 16 und 120 III 117 N 14), (NE, cantonal de surveillance, 15.12.1992, BlSchK 1993, S. 225).

6 Die Übergabe des Zahlungsbefehls am Postschalter ist der Zustellung durch den Postboten gleichzustellen, selbst wenn der Schuldner den Zahlungsbefehl nicht mitnimmt, sondern auf den Schaltertisch zurückwirft (BGE 98 III 27).

7 Der Rechtsvorschlag kann anlässlich der Zustellung des Zahlungsbefehl gegenüber dem Postbeamten erklärt werden. Bei der Zustellung des Zahlungsbefehls durch die Post handelt der Postbeamte als Betreibungshilfe (BGE 119 III 8).

II. Fehler- oder mangelhafte Zustellungen

8 Wegen vorschriftswidriger Zustellungsweise ist ein Zahlungsbefehl nach der Rechtsprechung nicht aufzuheben, wenn feststeht, dass der Schuldner ihn trotzdem bei der Zustellung begangenen Fehler persönlich erhalten hat (BGE 54 III 250). Die *Kosten* eines solchen Zahlungsbefehls sind *nicht zurück zu erstatten* (BGE 81 III 67/68).

Zweiter Titel: Schuldbetreibung Art. 72

9 Ein fehlerhaft zugestellter Zahlungsbefehl entfaltet seine Wirkung dennoch, sobald *der Schuldner von ihm Kenntnis erhält*. Die Frist zur Erhebung einer Beschwerde (gegen die Zustellung) oder eines Rechtsvorschlages beginnt in einem solchen Fall mit der tatsächlichen Kenntnisnahme zu laufen (BGE 104 III 12).

10 Wenn der Schuldner persönlich von der erfolgten Betreibung Kenntnis erhalten und in den Zahlungsbefehl Einsicht genommen hat, so macht eine vorschriftswidrige Zustellweise die Betreibung nicht ungültig (BE, AB, 01.08.1973, BlSchK 1977, S. 51).

11 Das Einlegen des Zahlungsbefehls in den Briefkasten des Schuldners ist rechtswidrig, auch wenn dieser dazu seine Ermächtigung gab. Kommt die Urkunde trotz rechtswidriger Zustellung in die Hände des Schuldners, wird der Mangel behoben. Das BA darf sich nicht zu dieser rechtswidrigen Handlung bevollmächtigen lassen (BGer 17.02.1998, BlSchK 2003, S. 116)

12 Die Übergabe des Zahlungsbefehls hat persönlich zu erfolgen. *Zustellung durch Einwerfen in den Briefkasten ist anfechtbar*, selbst wenn der Schuldner damit einverstanden war. Die Anfechtung *ist aber ausgeschlossen*, wenn der Schuldner trotz des Zustellungsfehlers den Zahlungsbefehl so rechtzeitig erhielt, dass er seine Interessen noch rechtzeitig wahren konnte (BS, AB, 27.11.1990, BlSchK 1991, S. 94).

13 Auch ein vorschriftswidrig zugestellter Zahlungsbefehl kann wirksam werden, wenn feststeht, dass der Schuldner ihn trotzdem erhalten hat (LU, SchKKomm, 20.07.1990, LGVE 1990 I 36).

14 (i.V.m. Art. 46 und 64 SchKG) – Bei fehlender Zustellung des Zahlungsbefehls ist für den Beginn der Rechtsvorschlagsfrist nicht das Datum der Zustellung massgebend, sondern der Zeitpunkt der tatsächlichen Kenntnisnahme durch den Schuldner (BE, AB, 21.03.1983, BlSchK 1987, S. 20).

15 (i.V.m. Art. 64 und 74 Abs. 1 SchKG) – Gelangt der Zahlungsbefehl trotz fehlerhafter Zustellung gleichwohl in die Hände des Betriebenen, so beginnt mit dessen tatsächlicher Kenntnisnahme davon die Frist zur Erhebung des Rechtsvorschlages zu laufen. Nachträglicher Rechtsvorschlag ungeachtet seines später auf Grund des Entscheides des BA, die Zustellung für nichtig zu erklären, erfolgten Rückzuges als Bestreitung der ganzen Betreibungsforderung betrachtet (BGE 120 III 114).

16 Ein Zahlungsbefehl, der dem Schuldner *nicht zugestellt wurde.* bzw. dessen ordnungsgemässe *Zustellung nicht beweisbar ist*, ist unwirksam und demzufolge das auf den unwirksamen Zahlungsbefehl folgende Verfahren von Amtes wegen als nichtig zu betrachten (SG, AB, 22.07.1959, BlSchK 1962, S. 50).

III. Zustellungsbescheinigung

17 Das *Fehlen einer Zustellungsbescheinigung* auf dem für den Schuldner bestimmten Exemplar macht *die Zustellung nichtig* und ist von Amtes wegen aufzuheben (BGE 83 III 15).

18 Bei der Zustellung eines Zahlungsbefehls auf *diplomatischem Weg an einen im Ausland wohnenden Schuldner* ist es belanglos, wenn die Zustellungsbescheinigung nicht auf dem Zahlungsbefehl selbst angebracht ist. Es ist zulässig, dass die zustellende Behörde den Schuldner eine separate Empfangsbestätigung unterzeichnen lässt (GE, Autorité de surveillance, 09.03.1970, BlSchK 1973, S. 85).

19 Die Unterlassung der vorgeschriebenen Bescheinigung der Zustellung hat nicht ohne Weiteres die Nichtigkeit der betreffenden Zustellung zur Folge, wenn die richtige Zustellung auf andere Weise bewiesen werden kann (AR, AB, 22.04.1960, BlSchK 1962, S. 112).

20 Der Hauptbeweis für die ordnungsgemässe Zustellung eines Zahlungsbefehls obliegt der zustellenden Behörde. Das Zustellungszeugnis sichert in der Regel den Beweis; dem Schuldner bleibt aber der Gegenbeweis vorbehalten. Dieser ist an keine besondere Form gebunden; es genügt, begründete Zweifel an der Richtigkeit des beurkundeten Inhalts zu erwecken (ZH, ObGer, II. Ziv.Kammer, 09.06.1986, ZR 1987, Nr., BlSchK 1988, S. 231).

21 Die Bescheinigung, an welchem Tag und an wen die Zustellung des Zahlungsbefehls erfolgt ist, muss jener Betreibungsbeamte oder Angestellte des BA ausstellen, der den Zahlungsbefehl tatsächlich übergeben hat. Es ist untersagt, den Zahlungsbefehl in den Briefkasten des Schuldners zu legen und es ist unzulässig, eine den Zahlungsbefehl betreffende Abholungseinladung in das Postfach des

Art. 73

Schuldners zu legen. Die fehlerhafte Zustellung des Zahlungsbefehls ist eine nichtige Betreibungshandlung, die von Amtes wegen jederzeit festgestellt werden kann und muss (BGE 120 III 117).

IV. Übrige Rechtsprechung

22 Die *Zustellung an ein Familienmitglied*, das lediglich *die Ferien beim Schuldner verbringt*, ist nicht gültig (GE, Autorité de surveillance, 12.10.1977, BlSchK 1979, S. 77).

23 Wenn weder der Schuldner noch an seiner Stelle empfangsberechtigte Personen angetroffen werden können, weil sie oft abwesend sind, ist es durchaus gerechtfertigt und dem Gesetz entsprechend, die Polizei mit der Zustellung zu beauftragen (GE, Autorité de surveillance, 26.09.1984, BlSchK 1986, S. 96).

Art. 73   B. Vorlage der Beweismittel

¹ Auf Verlangen des Schuldners wird der Gläubiger aufgefordert, innerhalb der Bestreitungsfrist die Beweismittel für seine Forderung beim Betreibungsamt zur Einsicht vorzulegen.

² Kommt der Gläubiger dieser Aufforderung nicht nach, so wird der Ablauf der Bestreitungsfrist dadurch nicht gehemmt. In einem nachfolgenden Rechtsstreit berücksichtigt jedoch der Richter beim Entscheid über die Prozesskosten den Umstand, dass der Schuldner die Beweismittel nicht hat einsehen können.

1 Die Vorlagepflicht des BA erschöpft sich darin, dass es dem Schuldner diejenigen Forderungstitel zur Einsichtnahme auflegt, welche es vom Gläubiger zu diesem Zwecke zugestellt erhalten hat (BS, AB, 15.10.1979, BlSchK 1982, S. 189).

2 Die Bestimmung soll dem Schuldner die Prüfung und Beurteilung der gegen ihn in Betreibung gesetzten Forderung erleichtert werden (BGE 121 III 18).

3 Die Tatsache, dass der Gläubiger der Aufforderung des BA, den Forderungstitel einzureichen, nicht nachgekommen ist, weist für sich allein nicht auf Rechtsmissbräuchlichkeit hin. Es kann aus der Nichteinreichung der Forderungstitel jedoch nicht geschlossen werden, der Betreibung liege keine Schuld zu Grunde. Weitere betreibungsrechtliche Folgen, als die Berücksichtigung der Prozesskosten, können durch dieses Verhalten des Gläubigers nicht beigelegt werden (SH, AB, 28.08.1992, BlSchK 1994, S. 96).

Art. 74   C. Rechtsvorschlag
          1. Frist und Form

¹ Will der Betriebene Rechtsvorschlag erheben, so hat er dies sofort dem Überbringer des Zahlungsbefehls oder innert zehn Tagen nach der Zustellung dem Betreibungsamt mündlich oder schriftlich zu erklären.

² Bestreitet der Betriebene die Forderung nur teilweise, so hat er den bestrittenen Betrag genau anzugeben; unterlässt er dies, so gilt die ganze Forderung als bestritten.

³ Die Erklärung des Rechtsvorschlags ist dem Betriebenen auf Verlangen gebührenfrei zu bescheinigen.

I. Legitimation
1. Natürliche Personen

1 Die Personen, denen der Zahlungsbefehl zugestellt werden darf, können für den Schuldner Rechtsvorschlag erheben. Ein besonderer Hinweis auf das Vertretungsverhältnis ist dabei nicht erforderlich (GR, AB, 08.11.1950, BlSchK 1953, S. 84).

2 Ist eine Person längere Zeit mit unbekanntem Aufenthalt abwesend, so sind ihre mutmasslichen Erben weder in eigenem Namen noch als Geschäftsführer ohne Auftrag befugt, an ihrer Stelle

Rechtsvorschlag zu erheben. Befugt ist der gemäss Art. 393 Ziff. 1 bzw. 392 Ziff. 1 ZGB zu bestellende Beistand (ZH, ObGer, III. Ziv.Kammer, 16.07.1952, ZR 1952, Nr. 163, SJZ 1953, S. 178, BlSchK 1954, S. 18).

2. Organe von juristischen Personen

3 In einer gegen eine Stiftung eingeleiteten Betreibung ist auch ein *nicht zeichnungsberechtigtes Mitglied des Stiftungsrates* zur Erhebung des Rechtsvorschlages legitimiert (LU, SchKKomm, 03.01.1948, Max. IX, Nr. 607, ZBJV 1948, S. 95, BlSchK 1948, S. 177).

4 Rechtsvorschlag kann für eine Handelsgesellschaft oder juristische Person ein Gesellschafter bzw. ein Mitglied der Verwaltung oder des Vorstandes erheben, auch wenn er bzw. es nur kollektiv zeichnungsberechtigt ist. Bei uneinigem Vorstand einer Genossenschaft ist deren Präsident unter Berufung auf eine Mehrheit der Mitglieder auch befugt im Namen der Genossenschaft zu rekurrieren (BGer, 28.01.1964, BlSchK 1964, S. 178, BJM 1964, S. 208).

5 Der von einem (gemäss Handelsregistereintrag) nicht zur Vertretung befugten Angestellten einer juristischen Person erhobenen Rechtsvorschlag ist nicht zum Vorneherein ungültig. Auf Ersuchen des Betreibungsgläubigers hat jedoch das BA bzw. die AB zu prüfen, ob der Angestellte mit Ermächtigung der Organe handelte oder diese zumindest nachträglich den Rechtsvorschlag genehmigt haben (BGE 97 III 113, 107 III 49, 111 III 85).

6 Die Beamten und Angestellten einer juristischen Person sind ebenfalls berechtigt, in einer gegen die Firma eingeleiteten Betreibung Rechtsvorschlag zu erheben (GE, Autorité de surveillance, 16.03.1973, BlSchK 1975, S. 111).

7 Bei einer juristischen Person kann im Falle kollektiver Zeichnungsberechtigung jeder Zeichnungsberechtigte einzeln, d.h. ohne Mitwirkung des Andern, gültig Rechtsvorschlag erheben (BE, AB, 24.07.1974, BlSchK 1977, S. 15).

3. Geschäftsführung ohne Auftrag

8 Der Rechtsvorschlag kann auch auf dem Wege der Geschäftsführung ohne Auftrag erklärt werden (SO, AB, 01.04.1953, ObGer-Bericht 1953, S. 128, BlSchK 1955, S. 141).

9 Neben dem Schuldner kann jede handlungsfähige Person, die von ihm beauftragt worden ist, in seinem Namen Rechtsvorschlag erheben (BE, AB, 09.07.1973, BlSchK 1977, S. 53).

4. Überprüfung der Legitimation durch BA

10 Der BB hat von Amtes wegen zu überprüfen, ob die Person, die Recht vorschlägt, die von ihr beanspruchte Vertretungsmacht wirklich besitzt. Um einem eventuell hieraus resultierenden Missbrauch zu begegnen, ist dem Gläubiger die Beschwerde an die AB gegeben (GR, AB, 04.02.1959, BlSchK 1961, S. 82).

11 Anfechtung der Legitimation zum Rechtsvorschlag. Kein verbindlicher Rückzug des Rechtsvorschlages, wenn ein rechtsgenügliches Stellvertretungsverhältnis nicht vorliegt (SO, AB, 22.04.1964, BlSchK 1965, S. 42).

12 Legitimation zum Rechtsvorschlag ist durch Beschwerde anfechtbar. Eine solche Beschwerde, die erst nach Rückzug des schuldnerischen Rechtsvorschlages erfolgt, ist missbräuchlich (BL, AB, 16.07.1947, BlSchK 1949, S. 79).

II. Rechtsvorschlag oder Beschwerde

13 Durch Rechtsvorschlag und nicht durch Betreibungsbeschwerde ist geltend zu machen, der Gläubiger habe statt einer *Faustpfand- eine Grundpfandbetreibung durchzuführen* (ZH, ObGer, II. Ziv.Kammer, 06.12.1968, SJZ 1970, S. 153).

14 Die Bestreitung einer Schuld kann lediglich Gegenstand eines Rechtsvorschlages, nicht jedoch einer Beschwerde an die AB sein (FR, Tribunal cantonal, 21.11.1971, BlSchK 1975, S. 10).

15 Ist in einem Betreibungsverfahren eine Beschwerde gemäss Art. 17 SchKG anhängig, so kann der Schuldner schon während der Dauer der erteilten aufschiebenden Wirkung Rechtsvorschlag erhe-

ben; ebenso steht nichts entgegen, dass der Gläubiger das Rechtsöffnungsbegehren stellt (ZH, ObGer, III. Ziv.Kammer, 08.05.1972, SJZ 1973, S. 106).

III. Anforderungen an die Erklärung

16 Die Bemerkung «Rechtsvorschlag» ist genügend. Die nähere Begründung ist für den Gläubiger von Belang, nicht aber für das BA (BE, AB, 18.10.1949, BlSchK 1950, S. 169).

17 An die Erhebung des Rechtsvorschlages dürfen keine strengen Anforderungen gestellt werden (LU, SchKKomm, 15.09.1972, BlSchK 1974, S. 175).

18 *Mindestanforderungen* an die Erklärung des Rechtsvorschlages. – *Die Erklärung muss* den Willen des Schuldners *zum Ausdruck bringen, die in Betreibung gesetzte Forderung zu bestreiten oder* zumindest seine Absicht, sich *der Fortsetzung der Betreibung zu widersetzen*. Die Erklärung «Ich erhebe Rechtsvorschlag gegen ausgeführte Arbeiten im Badezimmer sowie auch am Täfer» genügt diesen Anforderungen nicht (GE, Autorité de surveillance, 16.01.1985, BlSchK 1986, S. 226).

19 Der Rechtsvorschlag unterliegt keinen formellen Anforderungen. Die *blosse Unterschrift des Betriebenen* in der Rubrik «Rechtsvorschlag» auf dem Zahlungsbefehl *genügt*, mit Ausnahme der Fälle, in denen der Rechtsvorschlag notwendigerweise zu begründen ist (BGE 108 III 6).

20 Für den Rechtsvorschlag *genügt jede Erklärung*, aus der sich ergibt, *dass der Betriebene die Schuldpflicht bestreiten will*. Die Praxis ist dabei entgegenkommend; sie berücksichtigt auch weitgehend den Bildungsgrad des Schuldners (Fritzsche, Schuldbetreibungs- und Konkursrecht, 2. Aufl., S. 125 und 127) (GR, AB, 15.09.1972, SJZ 1974, S. 227).

21 *Erklärungen des Schuldners* im Rechtsvorschlag *sind im Zweifel zu seinen Gunsten auszulegen* (BS, AB, 26.06.1956, BJM 1957, S. 143, BlSchK 1957, S. 182).

22 *Fehlt auf dem Zahlungsbefehl in der Rubrik «Rechtsvorschlag» jeglicher Vermerk*, so ist darauf noch nicht der Schluss zu ziehen, der Schuldner habe Rechtsvorschlag erhoben (GR, AB, PKG 1952, S. 112, BlSchK 1955, S. 48).

23 Ein *ohne Einschränkung erhobener Rechtsvorschlag* bezieht sich auf die ganze Forderung, selbst wenn er mit einer Begründung versehen ist, die scheinbar nur auf einen Teil derselben zutrifft (BGE 100 III 44).

24 Rechtsvorschlag kann nur gegen die in Betreibung gesetzte Forderung erhoben werden. Ein *Rechtsvorschlag bloss gegen die Betreibungskosten ist unzulässig*. Dagegen umfasst ein die Forderung und deren Vollstreckung betreffender Rechtsvorschlag ohne Weiteres auch die Kostenbelastung als Nebenfolge der Betreibung. *Wird ein derartiger Rechtsvorschlag nicht beseitigt*, so bleibt es bei der vorschussweisen Bezahlung der Betreibung durch den Gläubiger, und *es ist eine Fortsetzung der Betreibung bloss für die Betreibungskosten ausgeschlossen*. – Eine Beseitigung des ursprünglichen Rechtsvorschlages zum Zwecke der Fortsetzung der Betreibung *für die in einem Vergleich vergessenen Zahlungsbefehlskosten ist nicht mehr möglich* (BGE 85 III 124).

25 *Rechtsmissbräuchliche Unterlassung des Rechtsvorschlages*, wenn sich die Schuldnerin gegen die Betreibung eines «neuen Gläubigers» (hier in Konkurrenz mit einem Gläubiger aus einem Konkursverlustschein) auf den ganzen – anscheinend noch nicht fälligen – Restbetrag eines Darlehens nicht wehrt unter Berufung auf fehlende Abrede über Ratenzahlungen? Das Appellationsgericht BS erblickt hier kein Rechtsmissbrauch. Schon deshalb nicht, weil die Pfändungsgruppe des neuen Gläubigers derjenigen des Alten vorginge, falls diesem gemäss Urteil über neues Vermögen die Pfändung ermöglicht würde. Als *rechtsmissbräuchlich* erschiene das Verhalten des Schuldners etwa *dann, wenn er mit dem neuen Gläubiger eine Abmachung getroffen hätte,* wonach dieser *die Betreibung nach Abschluss dieses Prozesses sofort wieder zurückziehen sollte*. Nicht zu schützen wäre auch, wenn *der Schuldner sofort nach Begleichung dieser Schuld in leichtfertiger Weise neue Schulden eingehen würde* (BS, Appellationsgericht, 12.02.1965, BJM 1965, S.141).

26 Erhebt der Schuldner «Rechtsvorschlag, da kein neues Vermögen vorhanden», so ist zu vermuten, dass er nur das Vorhandensein neuen Vermögens, nicht aber die Schuld bestreite (BGE 109 III 7/8).

Zweiter Titel: Schuldbetreibung Art. 74

27 Gegen die Ablehnung des nachträglichen Rechtsvorschlages durch den Richter steht nur die staatsrechtliche Beschwerde offen. Auch wenn ein Gläubigerwechsel erst stattfindet, nachdem bereits ein ordentlicher Rechtsvorschlag erhoben worden ist, kann der nachträgliche Rechtsvorschlag nicht zusätzlich bewilligt werden, weil der Rechtsvorschlag die Einstellung der Betreibung bewirkt hat und dadurch der Zweck des nachträglichen Rechtsvorschlages bereits erreicht wurde (BGer, II. Ziv.Abt., 23.11.1998, Praxis 1999, Nr. 56).

IV. Mündlicher (telefonischer) Rechtsvorschlag

28 Voraussetzungen, unter denen ein *telefonisch erklärter Rechtsvorschlag gültig ist*. Der Rechtsvorschlag, den der Betriebene oder eine für ihn handelnde Person dem BA gegenüber telefonisch erklärt, *genügt grundsätzlich den Anforderungen* dieser Bestimmung Abs. 1. Das BA muss sich aber davon Rechenschaft geben können, *wer den Rechtsvorschlag erklärt*, weil hievon die Gültigkeit des Rechtsvorschlages abhängen kann, zwar *ist auch der von einem nicht ermächtigten Vertreter erhobene Rechtsvorschlag gültig, wenn der Betriebene oder eine zu dessen Vertretung befugte Person ihn nachträglich genehmigt* (BGE 97 III 115/116 mit Hinweisen). Es ist aber nicht gleichgültig, wer den Rechtsvorschlag erklärt. Um beurteilen zu können, ob der Rechtsvorschlag ohne Weiteres oder nur im Falle der Genehmigung gültig sei, muss das Amt wissen und muss der Betreibende vom Amt erfahren können, *wer ihn erhoben hat*. Wecken besondere Umstände beim BA ausnahmsweise *Zweifel über die Person des Erklärenden*, so bleibt es ihm vorbehalten, *die Entgegennahme des telefonischen Rechtsvorschlages abzulehnen* und den Anrufenden aufzufordern, den Rechtsvorschlag schriftlich oder auf dem Amt mündlich zu erklären. Wie schon früher entschieden, muss diese Aufforderung gegebenenfalls sofort (bei Gelegenheit des Anrufes) erfolgen (BGE 59 III 141). Das Amt ist dagegen nicht verpflichtet, sich durch einen telefonischen Rückruf über die Identität des Anrufenden zu vergewissern (BGE 99 III 63).

29 Mündlicher Rechtsvorschlag *am Postschalter, wenn der Betriebene Inhaber eines Postfaches* ist. Nach allgemeiner Praxis genügt die blosse Glaubhaftmachung der rechtzeitigen Erklärung, um den Rechtsvorschlag zuzulassen (vgl. BGE 98 III 30) (AR, AB, 27.05.1974, BlSchK 1977, S. 184).

30 Der Rechtsvorschlag des Betriebenen ist an keine besondere Form gebunden. Sie kann auch mündlich erfolgen. In diesem Falle hat sich das BA mit deren Protokollierung im Betreibungsbuch, ohne Erstellung einer Abschrift für die Akten, zu begnügen. Will ein Betriebener, der mündlich Recht vorgeschlagen hat, dies später bestreiten, so wäre er dafür beweispflichtig, wenn das Amt den Rechtsvorschlag ordnungsgemäss im Betreibungsbuch, Rubrik «Rechtsvorschlag» protokolliert und dem Betriebenen mitgeteilt hat (ZH, ObGer, Verwaltungskomm., 05.03.1951, ZR 1952, Nr. 52, BlSchK 1954, S. 18).

31 Im Falle der mündlichen Erklärung des Rechtsvorschlages trägt der Schuldner die Gefahr der richtigen Protokollierung durch das BA (AR, AB, 02.09.1950, Rechenschaftsbericht 1949/50, S. 46, BlSchK 1952, S. 110).

32 Der Rechtsvorschlag kann auch telefonisch erklärt werden. Der Beweis dafür, dass das in unmissverständlicher Weise geschehen ist, obliegt jedoch dem Schuldner (FR, SchKKomm, 11.09.1958, SJZ 1960, S. 127).

33 Ein telefonisch erklärter Rechtsvorschlag ist, wenn er vom BA nicht sofort abgelehnt wird, grundsätzlich gültig (GR, AB, 22.06.1976, BlSchK 1979, S. 79).

34 Ein beim BA telefonisch erhobener Rechtsvorschlag ist grundsätzlich gültig, sofern sich *das Amt darüber im Klaren ist, wer die Erklärung abgibt*. Bei Zweifel an der Identität des Erklärenden bleibt es dem Amt vorbehalten, die Entgegennahme des telefonischen Rechtsvorschlages abzulehnen und den Anrufenden aufzufordern, jenen schriftlich oder auf dem Amt mündlich zu Protokoll abzugeben (BE, AB, 13.03.1979, BlSchK 1980, S. 46).

35 Besteht Zweifel in Bezug auf den bei Zustellung des Zahlungsbefehls mündlich erhobenen, auf der Urkunde aber nicht vorgemerkten Rechtsvorschlag, soll dieser Zweifel dann zu Gunsten des gutgläubigen Schuldners auswirken, welcher der Meinung war, gültig Rechtsvorschlag erhoben zu haben. Dies jedenfalls dann, wenn sich bei der Stellung des Fortsetzungsbegehrens – hier rund ein

Jahr nach Erlass des Zahlungsbefehls – keine Einzelheiten mehr feststellen lassen (GE, Autorité de surveillance, 08.12.1976, BlSchK 1982, S. 143).

36 Ein Rechtsvorschlag kann innert der zehntägigen Frist seit der Zustellung des Zahlungsbefehls mündlich oder schriftlich erklärt werden. Grundsätzlich genügt sogar ein Rechtsvorschlag, den der Betriebene oder eine für ihn handelnde Person dem BA gegenüber telefonisch erklärt, es sei denn, der auf diese Weise erhobene Rechtsvorschlag werde ausnahmsweise abgelehnt, so wenn besondere Umstände Zweifel bezüglich der Identität des Erklärenden wecken. Auch ein durch eine Sekretärin der schuldnerischen Firma telefonisch durchgegebener Rechtsvorschlag ist gültig, wenn der Betriebene oder ein zu seiner Vertretung Befugter ihn nachträglich genehmigt (BE, AB, 21.12.1979, BlSchK 1984, S. 178).

37 *Wer nur mündlich (telefonisch) Rechtsvorschlag erhebt, hat die Folgen der Beweislosigkeit hiefür zu tragen.* Durch die Gefahr der richtigen Protokollierung des telefonisch abgegebenen Rechtsvorschlages durch das BA, kann der Betriebene zur Beweissicherung die gebührenfreie Bescheinigung der Erhebung des Rechtsvorschlages verlangen (OW, ObGer-Komm., 23.03.1984, SJZ 1987, S. 259).

38 Erhebt der Schuldner zunächst mündlich und ohne Begründung Rechtsvorschlag, bringt diesen aber auf Ersuchen des Zustellungsbeamten auch noch schriftlich unter Angabe einer ungültigen Erklärung an, so soll ihm daraus kein Rechtsnachteil erwachsen (BE, AB, 01.05.1996, BlSchK 1996, S. 141).

39 Die Erklärung eines Rechtsvorschlages per Telefax ist grundsätzlich zulässig, sofern keine Zweifel über den Inhalt oder den Absender bestehen (BGer, 15.11.2000, SJZ 2001, S. 59).

V. Erklärungen gegenüber der Post

40 Die Post ist nicht verpflichtet, das für den Schuldner bestimmte Exemplar des Zahlungsbefehls mit dem Rechtsvorschlagsvermerk ohne Umschlag, Adresse und Frankatur an das BA weiterzuleiten. Ein demzufolge mit Verspätung beim BA eingelangter Rechtsvorschlag gilt als nicht erfolgt (GR, AB, 18.02.1960, BlSchK 1963, S. 49).

41 Ein mündlich erhobener Rechtsvorschlag (hier vor dem zustellenden Postboten) wird als gültig anerkannt; *die Gefahr des Unterbleibens der Protokollierung* sowie der *Nichtübermittlung an das BA trägt jedoch der Betreibungsschuldner,* der für die Rechtzeitigkeit des Rechtsvorschlages den Beweis anzutreten hat (BS, AB, 16.09.1964, BJM 1968, S. 51).

42 Befugnis des Betriebenen, bei der Zustellung des Zahlungsbefehls durch die Post gegenüber dem Postboten oder – im Falle der Abholung auf dem Postamt – gegenüber dem Funktionär der Post sogleich mündlich oder schriftlich Rechtsvorschlag zu erheben. Bedeutung der Bescheinigung des Rechtsvorschlages auf dem Zahlungsbefehl: Die in Art. 45 Abs. 4 der VVO vom 01.09.1967 zum PVG und im obligatorischen Formular für den Zahlungsbefehl vorgesehene Bescheinigung des Rechtsvorschlages auf beiden Doppeln des Zahlungsbefehls durch den Zusteller ist kein Gültigkeitserfordernis, sondern dient nur dazu, dem Schuldner den Nachweis der mündlichen Erklärung zu erleichtern (vgl. BGE 85 III 167/169). Bei der Postzustellung kann daher ein gültiger Rechtsvorschlag erfolgt sein, auch wenn eine solche Bescheinigung fehlt. Ein Schuldner, dem die ihm vom Postboten ausgehändigte Betreibungsurkunde nach kurzer Einsicht auf den Schaltertisch zurückwirft mit der Bemerkung, er habe mit dieser Sache nichts zu tun und verweigere diesen Zahlungsbefehl, gilt als gültiger Rechtsvorschlag (BGE 98 III 27).

43 Der bei der Postzustellung erklärte Rechtsvorschlag gilt als an das BA selbst gerichtet (AR, AB, SJZ 1975, S. 43).

44 Der gegenüber dem Postboten erklärte Rechtsvorschlag gilt grundsätzlich an das BA gerichtet und ist sogleich wirksam. Pflegt jedoch der Schuldner regelmässig Rechtsvorschlag durch Unterschrift in der entsprechenden Rubrik des Gläubigerdoppels und nicht durch mündliche Erklärung gegenüber dem Postboten zu erheben, so genügt die nachträgliche Behauptung, es sei vergessen worden, den Rechtsvorschlag auch auf dem Gläubigerdoppel anzubringen, zu dessen Gültigkeit nicht (BS, AB, 17.08.1976, BlSchK 1980, S. 11).

45 Der Betriebene, welcher im Zeitpunkt der Zustellung des Zahlungsbefehls durch einen Funktionär der Post oder durch einen Briefträger Rechtsvorschlag erhebt, soll sofort prüfen, ob sein Rechtsvorschlag nach seinen Angaben in der entsprechenden Rubrik vorgemerkt und von der zustellenden Person unterschriftlich bescheinigt worden ist. Um einen Zahlungsbefehl, auf welchem der Rechtsvorschlag figurieren sollte, berichtigen zu können, muss geprüft werden, ob der Betriebene tatsächlich den Rechtsvorschlag erhoben hat. Der Beweis dafür obliegt dem Betriebenen (GE, Autorité de surveillance, 09.05.1984, BlSchK 1984, S. 211).

46 Massgebend für den Rechtsvorschlag ist nicht die Abschrift auf dem Zahlungsbefehl, sondern der Rechtsvorschlag als solcher. – Wenn der Zahlungsbefehl, ohne Rechtsvorschlag von der Post zurück gekommen ist, so hat der Schuldner zu beweisen, dass er Rechtsvorschlag erhoben hat (Lausanne, , Tribunal cantonal, 24.07.1980, BlSchK 1982, S. 16).

47 Der Rechtsvorschlag kann anlässlich der Zustellung des Zahlungsbefehls gegenüber dem Postboten erklärt werden, der als Betreibungsgehilfe handelt. *Wird der* erhobene *Rechtsvorschlag von Postfunktionär nicht verurkundet*, so ist die Annahme nicht willkürlich, dass diese Unterlassung durch Beschwerde nach Art. 17 SchKG bei der AB hätte angefochten werden können. Nicht willkürlich ist die Auffassung, es dürfe von jedem im Geschäftsleben tätigen Menschen erwartet werden, dass er korrekt Rechtsvorschlag erhebt. Vor allem wer erstmals im Leben einen Zahlungsbefehl erhält, muss das Formular genau lesen um seiner Sorgfaltspflicht zu genügen (BGE 119 III 8).

VI. Fristen

48 Die Rechtsvorschlagsfrist beginnt mit der tatsächlichen Zustellung des Zahlungsbefehls an den Schuldner zu laufen und nicht schon am Tag des ergebnislosen Postzustellungsversuchs oder der Aufforderung zur Abholung einer «B-Urkunde» auf dem Postbüro (BGer, SchKK, 04.09.1962, BlSchK 1964, S. 91).

49 Bei der Berechnung der Frist von 10 Tagen ist im Zweifelsfall bei unklarer Schrift auf das für den Schuldner günstigere Datum abzustellen (BE, AB, 07.03.1966, BlSchK 1966, S. 175).

50 Die Sekretärin eines Anwalts hat den Brief mit einem Rechtsvorschlag nicht rechtzeitig zur Post gebracht. Der Anwalt muss für ihren Fehler einstehen. Die betreibungsrechtlichen Folgen treffen die von ihm vertretene Partei (TG, Rekurskomm. 20.10.1965, BlSchK 1967, S. 17).

51 Die Rechtsvorschlagsfrist gilt als eingehalten, wenn der Rechtsvorschlag vor deren Ablauf entweder bei der ersuchenden oder bei der ersuchten (requirierten) Amtsstelle eingereicht wird (ZH, AB, 22.02.1967, BlSchK 1968, S. 80).

52 Für die Berechnung der Rechtsvorschlagsfrist ist das im Schuldnerdoppel des Zahlungsbefehls angegebenen Zustellungsdatum massgebend (BS, AB, 21.11.1968, BlSchK 1970, S. 52).

53 (i.V.m. Art. 46 SchKG) – Ein vom örtlich unzuständigen BA erlassener Zahlungsbefehl ist nicht nichtig, sondern lediglich anfechtbar und auf rechtzeitige Beschwerde hin aufzuheben. Für die Fristenwahrung – hier in Bezug auf den Rechtsvorschlag – gilt das Recht des Kantons, dessen Amt den Zahlungsbefehl erlassen hat (BS, AB, 07.03.1977, BlSchK 1978, S. 111).

54 Ein fehlerhaft zugestellter Zahlungsbefehl entfaltet seine Wirkung dennoch, sobald der Schuldner von ihm Kenntnis erhält. Die Frist zur Erhebung einer Beschwerde (gegen die Zustellung) oder eines Rechtsvorschlages beginnt in einem solchen Falle mit der tatsächlichen Kenntnisnahme zu laufen (BGE 104 III 12).

55 Ein dem Beamten bei der Zustellung des Zahlungsbefehls erklärter Rechtsvorschlag ist sogleich wirksam und gilt als beim BA selbst erhoben, selbst wenn dieses wegen einer Unterlassung des zustellenden Beamten hievon keine Kenntnis erhält (BGE 85 III 165).

56 Ein mündlich erklärter Rechtsvorschlag, den der Schuldner bei der Zustellung des Zahlungsbefehls dem Postboten erklärt, ist gültig und vom BA entgegen zu nehmen, und zwar auch dann, wenn die Bescheinigung des Rechtsvorschlages auf dem Zahlungsbefehl unterlassen wurde (GE, Autorité de surveillance, 18.06.1975, BlSchK 1977, S. 82).

57 (i.V.m. Art. 31 Abs. 1 SchKG) – Das BG vom 21.06.1963 über den Fristenlauf an Samstagen (SR 173.110.3) regelt nicht die Frage der sog. geschlossenen Zeiten im Sinne von Art. 56 Ziff. 1 und 2 SchKG. Die Gleichstellung des Samstags mit einem staatlich anerkannten Feiertag beeinflusst nur das Ende, nicht aber den Beginn der Fristen. Die Frist zur Erhebung des Rechtsvorschlages eines an einem Samstag zugestellten Zahlungsbefehls beginnt damit gemäss Art. 31 Abs. 1 SchKG am darauf folgenden Tag zu laufen (BGE 114 III 55, Praxis 78, Nr. 177, BlSchK 1989, S. 116).

58 (i.V.m. Art. 64 und 72 SchKG) – Gelangt der Zahlungsbefehl trotz fehlerhafter Zustellung gleichwohl in die Hände des Betriebenen, so beginnt mit dessen tatsächlicher Kenntnisnahme davon die Frist zur Erhebung des Rechtsvorschlages zu laufen. Nachträglicher Rechtsvorschlag ungeachtet seines später aufgrund des Entscheides des BA, die Zustellung für nichtig zu erklären, erfolgten Rückzuges als Bestreitung der ganzen Betreibungsforderung betrachtet (BGE 120 III 114).

59 Das BA ist nicht verpflichtet, bis Mitternacht für die freie Zugänglichkeit eines Briefkastens besorgt zu sein. Dem Schuldner steht die Möglichkeit offen, den postalischen Weg zu benutzen (LU, SchKKomm, 07.01.1999, LGVE 1999 I 39).

VII. Fristverlängerung

60 Auf Grund von Art. 33 Abs. 2 kann der BB diese Frist dem im Ausland wohnenden Schuldner den Umständen gemäss verlängern. Zu dieser Fristverlängerung ist das BA nicht nur befugt, sondern verpflichtet (BGE 43 III 11, 47 III 197). Kommt es dieser Pflicht nicht nach, so kann es ihr auch noch durch eine Verfügung entsprechen (BGE 47 III 197). Eine vom BA verlängerte Frist kann nach ihrem Ablauf von der AB nicht auf Begehren eines Gläubigers verkürzt werden. Hat der Schuldner die verlängerte Frist eingehalten, so muss seine Rechtshandlung (Rechtsvorschlag) als rechtzeitig erfolgt anerkannt werden, auch wenn die Verlängerung das gerechtfertigte Mass überschritten hätte (ZH, ObGer, II. Ziv.Kammer, 25.08.1959, ZR 1961, Nr. 92).

61 Die Frist zur Beschwerdeführung gegen eine Zulassung oder Nichtzulassung des Rechtsvorschlages läuft von dem Tage an, an dem die Beteiligten vom Entscheid des BA Kenntnis erhalten haben. Verlängerung der Rechtsvorschlagsfrist wegen ausländischen Domizils des Schuldners. Stillschweigende Verlängerung durch Entgegennahme des Rechtsvorschlages (BGE 91 III 1).

VIII. Wiederherstellung versäumter Fristen

62 War der Schuldner ohne seine Schuld verhindert, innert Frist Rechtsvorschlag zu erheben, so kann er gemäss Art. 33 Abs. 4 SchKG innert zehn Tagen seit Wegfall des Hindernisses bei der AB ein begründetes Wiedereinsetzungsgesuch einreichen. Unterlässt der Schuldner dies, so bleibt ihm nach der Bezahlung einer Nichtschuld noch der Weg der Rückforderungsklage im Sinne von Art. 86 SchKG offen (BS, AB, 16.11.1979, BlSchK 1983, S. 66).

IX. Beweispflicht

63 Die Postaufgabe hat am letzten Tag spätestens bis 24.00 Uhr zu erfolgen. Massgebend hiefür ist der Poststempelaufdruck. Wurde jedoch der Poststempelaufdruck erst am folgenden Tag angebracht, so ist der Rechtsvorschlag gleichwohl als gültig anzusehen, wenn der Schuldner den Beweis der rechtzeitigen Postaufgabe erbringen kann (ZH, AB, 07.01.1959, BlSchK 1959, S. 173).

64 Dem Schuldner obliegt der Beweis für die rechtzeitige Erhebung des Rechtsvorschlages, wenn er diesen am letzten Tag der Frist in einen Postbriefkasten legt und der Briefumschlag den Aufgabestempel des folgenden Tages trägt (BS, AB, 10.07.1963, BlSchK 1965, S. 80, BJM 1964, S. 206).

65 Wird ein an das BA gerichtetes Schreiben erst nach Schluss der Bürozeit in den Briefkasten gelegt, so trägt der Einwerfer die Last des Beweises des rechtzeitigen Einwerfens (SO, AB, 25.05.1965, BlSchK 1966, S. 17).

66 Der Schuldner trägt das Risiko, dass ein am letzten Tag der Frist in einen Postbriefkasten eingelegter Rechtsvorschlag den Poststempel des folgenden Tages trägt und damit als verspätet zurückgewiesen wird. Wohl ist der Beweis für den rechtzeitigen Einwurf der Sendung in den Briefkasten zuzulassen; allein die entsprechenden Beweismittel müssen bereits im kantonalen Verfahren genannt werden (BGer, SchKK 08.06.1972, BlSchK 1975, S. 20).

67 Der Nachweis, dass eine (angeblich) mit gewöhnlicher Post an das BA spedierte Rechtsvorschlagserklärung den Adressaten erreicht hat, obliegt dem Absender (BS, AB, 23.08.1977, BlSchK 1978, S. 83).

68 Weist der Schuldner die rechtzeitige Erhebung des Rechtsvorschlages nach, so besitzt dieser die Gültigkeit auch dann, wenn die entsprechende Erklärung auf dem BA verloren gegangen ist (BE, AB, 11.04.1979, BlSchK 1980, S. 108).

69 Der Schuldner hat seine Behauptung, Rechtsvorschlag erhoben zu haben, zu beweisen (GE, Autorité de surveillance, 01.04.1971, BlSchK 1973, S. 146; 09.11.1977, BlSchK 1981, S. 40).

70 Hat der Schuldner nachweisbar Rechtsvorschlag erhoben, so kann ihm die Angabe im Gläubigerdoppel des Zahlungsbefehls, es sei kein Rechtsvorschlag erfolgt, nicht schaden. Die Unrichtigkeit dieser Angabe kann durch einen Bericht des BA nachgewiesen werden (BGE 84 III 13).

71 *Nach der Praxis des BGer ist es zulässig, dass ein Schuldner*, der schriftlich Rechtsvorschlag erheben will, jedoch dafür nicht die Post in Anspruch nimmt, *die schriftliche Erklärung in den Briefkasten des BA einwirft*. In diesem Falle hat der Schuldner für ein ordentliches Zugehen der Erklärung besorgt zu sein. Die schriftliche Erklärung muss in den Machtbereich des BA in der Weise gelangen, dass die verantwortlichen Personen ohne Weiteres davon Kenntnis nehmen können. So ist die Erklärung entweder persönlich dem BB oder einem Angestellten zu übergeben oder aber die Erklärung in den Briefkasten einzuwerfen. Dafür ist der Schuldner beweispflichtig. Er hat nachzuweisen, dass er den schriftlichen Rechtsvorschlag rechtzeitig, d.h. vor Ablauf der gesetzlichen Frist in den Briefkasten eingeworfen hat (LU, SchKKomm, 17.10.1990, LGVE 1990 I 37).

X. Zum Voraus erklärter Rechtsvorschlag

72 Gültigkeit eines vor Zustellung des Zahlungsbefehls, aber in genauer Kenntnis der Betreibung erklärten Rechtsvorschlages (BGE 91 III 1).

73 Das BA kann einen Rechtsvorschlag auch vor der Zustellung des Zahlungsbefehls entgegennehmen, wenn der Betriebene erklärt, er sei über diese Betreibungsangelegenheit genau orientiert (GE, Autorité de surveillance, 18.07.1973, BlSchK 1975, S. 81/82).

74 Ein vorsorglich zum Voraus erklärter Rechtsvorschlag ist unzulässig und deshalb ungültig (GE, Autorité de surveillance, 30.01.1985, BlSchK 1987, S. 105).

75 Ein Rechtsvorschlag gegen unbestimmt viele Zahlungsbefehle, quasi vorsorglich auf Vorrat und vor deren Zustellung ist grundsätzlich ungültig. Der Rechtsvorschlag bedeutet ein Widerspruch des Betriebenen gegenüber dem Zahlungsbefehl. Er ist deshalb an die 10-tägige Frist gebunden und setzt voraus, dass die Zustellung tatsächlich erfolgt ist. Ein solcher Rechtsvorschlag bezieht sich dann immer auf eine bestimmte Betreibung, die bereits eingeleitet wurde. So kann dann auch nicht von einem Rechtsvorschlag «auf Vorrat» oder zum Voraus gesprochen werden (ZH, Justizkomm., 15.12.1992, SJZ 1994, S. 271).

XI. Zuständigkeit

76 Massgebend ist *die Erklärung des Rechtsvorschlages* durch den Schuldner *an das BA*, nicht dessen Mitteilung an den Gläubiger (ZH, ObGer, II. Ziv.Kammer, 16.05.1947, ZR 1948, Nr. 37, BlSchK 1949, S. 181).

77 Ein *versehentlich an ein unzuständiges BA* gerichteter Rechtsvorschlag ist gültig (BGE 101 III 9).

78 Der Rechtsvorschlag kann auch gegenüber dem *ersuchten (auch ausländischen) Amt* erklärt werden (GR, AB, 01.03.1976, BlSchK 1979, S. 72).

79 Ein *beim Gläubiger* statt beim BA *eingereichter* Rechtsvorschlag *wird nicht als gültig anerkannt*. Dem Schuldner darf zugemutet werden, dass er den im Zahlungsbefehl enthaltenen ausdrücklichen Hinweis auf den Einreichungsort des Rechtsvorschlages liest. Vom Gläubiger kann auch unter dem Gesichtspunkt von Treu und Glauben nicht verlangt werden, dass er den Schuldner auf den Formfehler aufmerksam macht oder den Rechtsvorschlag von sich aus dem BA weiterleitet (BL, AB, 17.11.1987, BJM 1988, S. 145, SJZ 1988, S. 420).

80 (i.V.m. Art. 50 Abs. 2 SchKG) – Am *Spezialdomizil erhobener Rechtsvorschlag*. Der BB hat sich zu vergewissern, dass die Person, welcher der Zahlungsbefehl am gewählten Spezialdomizil zugestellt wird und welche Rechtsvorschlag erhebt, dazu auch befugt ist. Ist dies nicht der Fall, ist der Rechtsvorschlag als ungültig zu bezeichnen (NE, 07.07.1985, BlSchK 1996, S. 179).

XII. Rückzug des Rechtsvorschlages

81 Ein Rückzug des Rechtsvorschlages seitens des Schuldners ist dem BA gegenüber zu erklären und nicht dem betreibenden Gläubiger, es sei denn, dieser werde gleichzeitig ausdrücklich beauftragt und ermächtigt, die Rückzugserklärung an das Amt weiter zu leiten (BS, AB, 07.08.1947, BlSchK 1948, S. 51).

82 Der *Rückzug* eines vom Schuldner erhobenen Rechtsvorschlages *durch einen Dritten* ist nur gültig, wenn er im Auftrag und im Einverständnis des Schuldners erfolgt (SZ, Justizkomm., 16.10.1950, Rechenschaftsbericht 1950, S. 34, BlSchK 1952, S. 172).

83 *Zahlt der Betriebene*, der Rechtsvorschlag erhoben hat, *die betriebene Schuld an das BA*, so gibt er damit dem Amt zu erkennen, dass er die Forderung des Gläubigers nicht mehr bestreiten will. Eine solche *Zahlung gilt als Rückzug* des Rechtsvorschlages. – Für eine allfällige Restanzforderung sowie für die Betreibungskosten kann der Gläubiger die Fortsetzung der Betreibung verlangen (BGer, SchKK, 21.02.1951, BlSchK 1952, S. 93).

84 Ein erklärter *Rechtsvorschlag kann vom Schuldner jederzeit zurückgezogen werden*. Zu seiner Wirksamkeit muss der Rückzug an das BA zu richtende Willenserklärung an dieses und nicht an den betreibenden Gläubiger abgegeben werden, es sei denn, der Gläubiger werde gleichzeitig ausdrücklich beauftragt und ermächtigt, die Rückzugserklärung an das Amt weiterzuleiten (BE, AB, 13.07.1983, BlSchK 1987, S. 63).

85 Ein Rückzug des Rechtsvorschlages, der weder durch den Schuldner selber noch durch seinen bevollmächtigten Vertreter erfolgt ist, ist unbeachtlich. *Ohne ausdrückliche Vollmacht kann die Ehefrau* den von ihrem Ehemann erhobenen *Rechtsvorschlag nicht zurückziehen*, sofern die Betreibung nicht eine Schuld betrifft, die zur Bestreitung der laufenden Bedürfnisse des Haushaltes eingegangen wurde (GE, Autorité de surveillance, 09.01.1985, BlSchK 1986, S. 184).

XIII. Handlungen oder Unterlassungen des BA

86 Wird der erhobene Rechtsvorschlag durch das BA abgewiesen und gibt es daher dem Fortsetzungsbegehren des Gläubigers Folge, so liegt darin für den Schuldner nicht eine Rechtsverweigerung im Sinne von Art. 17 Abs. 3 SchKG vor, sondern es ist die vom Empfang der Pfändungsankündigung an laufende Beschwerdefrist zu beobachten, ansonst die Fortsetzung der Betreibung in Rechtskraft tritt und auf die Frage, ob entgegen der Annahme des BA ein Rechtsvorschlag vorliege, nicht mehr zurückgekommen werden kann (BGE 73 III 152).

87 Zweite Zustellung des Zahlungsbefehls wegen Ungültigkeit der ersten (unter Verletzung von Art. 60 SchKG erfolgten). *Der auf die erste Zustellung hin erklärte Rechtsvorschlag bleibt wirksam*. Das BA darf nicht stillschweigend die erste Zustellung aufheben, ohne den Schuldner darauf aufmerksam zu machen und ihm zu erklären, dass es den darauf erhobenen Rechtsvorschlag als ungültig betrachte. Wenn ein Dritter den Rechtsvorschlag erhebt, genügt die Genehmigung durch den Schuldner zur Wirksamkeit (BGE 78 III 155).

88 Versehentliches Unterlassen der Mitteilung des erfolgten Rechtsvorschlages an den Gläubiger. – Ein gültiger Rechtsvorschlag verhindert auch dann die Fortsetzung, wenn er dem Gläubiger nicht mitgeteilt wurde oder wenn das Amt dem Gläubiger ausdrücklich bestätigt, dass kein Rechtsvorschlag erhoben worden sei. Es ist selbstverständlich, dass ein Versehen des Amtes nicht den Schuldner um sein ordnungsgemäss ausgeübtes Rechtsvorschlagsrecht bringen und gleichzeitig dem Gläubiger einen Vorteil verschaffen kann, auf den er keinen Anspruch hat (GR, AB, 26.03.1956, BlSchK 1959, S. 44).

89 Hat der Schuldner Rechtsvorschlag erhoben und beachtet ihn das BA nicht, ohne hievon den Schuldner formell in Kenntnis zu setzen, so kann der Schuldner nach BGE 78 III 88 noch binnen 10

Tagen nach Erhalt der Pfändungsurkunde durch Beschwerde die Einstellung der Betreibung verlangen. Liegt die Nichtbeachtung des Rechtsvorschlages lediglich in einem «Betriebsunfall» des BA, das einen ihm zugekommenen Rechtsvorschlag gar nicht als ungültig zurückweisen will, so ist eine Fortsetzung der Betreibung überhaupt nichtig und jederzeit aufzuheben (BGE 85 III 14 und 165).

90 Ein in Unkenntnis des Rechtsvorschlages vorgenommene Pfändung ist rechtsunwirksam und von Amtes wegen aufzuheben (BS, AB, 09.01.1970, BlSchK 1971, S. 141).

XIV. Gültiger Rechtsvorschlag

91 Wird die Forderung vom Schuldner nur dem Umfange nach bestritten, so ist im Zweifel der Rechtsvorschlag als gültig zu betrachten (SH, AB, 28.07.1952, BlSchK 1953, S. 46).

92 Notwendiger Inhalt des Rechtsvorschlages – In der Erklärung «anderseits hat Herr XY keinerlei Ansprüche bei uns zu erheben» liegt eine eindeutige Bestreitung der in Betreibung gesetzte Forderung (BGE 73 III 152).

93 Ein gültiger Rechtsvorschlag bleibt wirksam, auch wenn sich die Zustellung des Zahlungsbefehls als fehlerhaft erweist (BGE 91 III 1).

94 Gültiger Rechtsvorschlag mit der Anbringung der Bemerkung auf dem Empfangsschein für den Zahlungsbefehl: «Wir bemerken, dass wir gegen den Zahlungsbefehl .... Rekurs eingelegt haben». Ausländischen Schuldnern ist die Sprachverschiedenheit zu Gute zu halten (ZH, ObGer, II. Kammer, 10.06.1947, BGer 08.09.1974, ZR 1948, Nr. 38).

95 Die dem Rechtsvorschlag beigefügte Begründung «da das Guthaben dieser Firma weit unter diesem Betrag steht» macht die Erklärung nicht nach Abs. 2 ungültig (BGE 79 III 97).

96 »Ich erhebe Rechtsvorschlag. Es ist mir aus beruflichen Gründen nicht möglich, den ganzen Betrag zu bezahlen. Ich werde dies in Raten nachholen.» Mit dem ersten Satz wurde in Bezug auf den Inhalt der umstrittenen Erklärung (»Ich erhebe Rechtsvorschlag») dem Wortlaut nach eindeutig Rechtsvorschlag erhoben (BS, AB, 30.10.1953, BlSchK 1955, S. 49).

97 Unterstreichen des in der Rubrik «Rechtsvorschlag» des Zahlungsbefehls als Überschrift dienenden Wortes Rechtsvorschlag ist ein gültiger Rechtsvorschlag (BE, AB, 04.03.1955, BlSchK 1957, S. 40).

98 Ein schriftlicher Rechtsvorschlag, der sich auf dem Zahlungsbefehlsdoppel befindet, wird als vom Schuldner herrührend präsumiert, auch wenn er nicht unterzeichnet ist (BE, AB, 26.11.1955, BlSchK 1957, S. 41).

99 »Wir bestreiten die Forderung ihrer Höhe nach» gilt als wirksamer Rechtsvorschlag. Diese Formulierung lässt sich nicht als unbezifferte und deshalb unwirksame Teilbestreitung auslegen (BS, AB, 11.10.1957, BlSchK 1959, S. 45).

100 Damit eine Erklärung als gültiger Rechtsvorschlag angesehen werden kann, muss aus ihr selbst eine eindeutige Bestreitung der Schuldpflicht hervorgehen (SG, AB, 09.09.1957, BlSchK 1959, S. 172).

101 Wird ein Rechtsvorschlag mit den Ausführungen, die Forderung sei übersetzt, aber ohne einen anerkannten Betrag anzugeben, erhoben, stellt sich die Frage, ob ein vollumfänglicher oder ein nach Abs. 2 unbeachtlicher Rechtsvorschlag vorliege. Lässt das BA die Erklärung dadurch schlüssig zu, dass es sie kommentarlos als Rechtsvorschlag dem Gläubiger übermittelt, so beantwortet es die Frage zu Gunsten des vollumfänglichen Rechtsvorschlages (ZH, ObGer, II. Ziv.Kammer, 06.03.1959, BlSchK 1961, S. 104).

102 Eine Rechtsvorschlagserklärung mit der Klausel «Rechtsvorschlag erhoben wegen Überforderung» wird als gültig angesehen (GR, AB, 08.06.1962, BlSchK 1965, S. 10).

103 Zur Gültigkeit eines Rechtsvorschlages ist inhaltlich eine Bestreitung der Forderung oder des Rechts, sie auf dem Betreibungsweg geltend zu machen, erforderlich (BE, Autorité de surveillance, 24.04.1974, BlSchK 1976, S. 7).

104 Zur Gültigkeit eines Rechtsvorschlages ist inhaltlich eine eindeutige Bestreitung jeglicher Ansprüche des Gläubigers erforderlich (BE, AB, 03.12.1973, BlSchK 1976, S. 50).

105 Der in der Rubrik Rechtsvorschlag des Zahlungsbefehls angebrachte und unterzeichnete Hinweis des Schuldners auf Rechtsstillstand infolge Militärdienst stellt, auch wenn er unzutreffend ist, einen gültigen Rechtsvorschlag dar (GR, AB, 16.09.1986, PKG, 1986, Nr. 39).

106 Bei der Erklärung «Erhebe Rechtsvorschlag» handelt es sich auch dann um einen gültigen Rechtsvorschlag, wenn eine nachfolgende Begründung oder ein entsprechender Nachsatz sich nicht gegen den Bestand der Forderung oder das Recht, diese in Betreibung zu setzen, richtet. – Hier wurde Rechtsvorschlag mit der Wendung erhoben: «Erhebe Rechtsvorschlag, kein Einkommen zufolge Strafvollzug bis Ende August 1986». Da der Rechtsvorschlag nicht begründet werden muss, sind allenfalls beigegebene unnütze oder offensichtlich unhaltbare Begründungen dem Schuldner auch dann nicht schädlich, es sei denn in einem späteren Prozess (Fritzsche/Walder, Schuldbetreibung und Konkurs nach schweizerischem Recht, Bd. 1 § 17 Rz 35) (SO, AB, 30.12.1986, BlSchK 1989, S. 61, SJZ 1988, S. 200).

107 (i.V.m. Art. 265a SchKG) – Die vom Schuldner auf dem Zahlungsbefehl angebrachte Formulierung «ich erhebe Rechtszuschlag, ich kann nichts zahlen» gilt als Einrede fehlenden neuen Vermögens nach Art. 265a SchKG. Der Rechtsvorschlag ist deshalb dem Richter vorzulegen (SG, Kant. AB, 13.10.2003, BlSchK 2004, S. 192).

108 *Teilweise gültiger Rechtsvorschlag* bei Grenzziffern. Bei der Formulierung «Obiger Betrag wird um 70 bis 80 % verweigert infolge absichtlicher Täuschung durch Befangenheit» wurde der vorbehaltlose und unzweideutig bestrittene Anteil mit 70 % festgesetzt (BGer, 14.02.1949, BlSchK 1950, S. 125).

XV. Ungültiger Rechtsvorschlag

109 Ablehnung als Rechtsvorschlag: «Leider schtimmt da etwas nicht ganz mit dieser Betreibung von XY in Z., den er ist im besitze fon diesen Motorrad und ferlangt denoch den ganzen betrag was gar nicht stimmen kann ich habe im jetzt geschrieben u. hoffe er werde es ins reine bringen for dem Betreibungstermin. Ich hoffe bald bericht zu erhalten besten Dank.» Der Schuldner hat nicht wörtlich erklärt, er erhebe Rechtsvorschlag. Auch dem Inhalte nach, kann das Schreiben nicht als Rechtsvorschlag gewertet werden. Es ist darauf kein Wille des Schuldners erkennbar, die Forderung oder das Recht, sie auf dem Betreibungsweg geltend zu machen, zu bestreiten (BS, AB, 07.12.1953, BlSchK 1955, S. 50).

110 Die Erklärung des Schuldners, er anerkenne die Forderung nicht und werde Rechtsvorschlag erheben, gilt nicht als erfolgt (BGE 86 III 4).

111 Ergibt sich aus der schuldnerischen Bemerkung in der Rubrik «Rechtsvorschlag» keine klare Bestreitung der ganzen Forderung oder eines bezifferten (oder bezifferbaren) Teilbetrages, so ist der Zahlungsbefehl als unbestritten zu betrachten; (hier: «Ich habe heute Fr. 100.– überweisen lassen und erwarte von der Gemeinde einen Vorschlag, um die Steuern abzutragen) (BS, AB, 25.03.1968, BlSchK 1969, S. 172).

112 (i.V.m. Art. 17 und 407 ZGB) – Ein von einem bevormundeten Schuldner erhobener Rechtsvorschlag ist ohne Genehmigung des Vormundes unbeachtlich (BS, AB, 04.12.1968, BlSchK 1970, S. 110).

113 Mit der Erklärung des Betriebenen «In obigem Zahlungsbefehl erhebe ich Rechtsvorschlag. Begründung (bitte mitteilen): Der Betrag wird bis .... anstandslos bezahlt, wodurch der Zahlungsbefehl dann ungültig wird» liegt kein gültiger Rechtsvorschlag vor, da sich aus der Erklärung eindeutig ergibt, dass der Betriebene weder die Forderung noch ihre Geltendmachung auf dem Betreibungsweg bestreitet (BS, AB, 05.05.1969, BJM 1970, S. 136, BlSchK 1971, S. 140).

114 Begnügt sich der Schuldner nicht mit der einfachen Erklärung, «Rechtsvorschlag» zu erheben, so muss aus seiner anderweitigen Äusserung der Wille hervorgehen, die Forderung oder die Zulässigkeit ihrer Geltendmachung auf dem Betreibungsweg zu bestreiten. Eine lediglich die Zahlungsunfähigkeit anführende Erklärung ist als Rechtsvorschlag ungenügend (BS, AB, 15.05.1975, BlSchK 1979, S. 43).

115 Genaue Angabe des bestrittenen Teilbetrages ohne Nennung von Ziffern. Ein Rechtsvorschlag mit «Ich anerkenne keine Umtriebskosten» ist «genau» im Sinne von Abs. 2. Wenn der Forderungs-

grund mit Fr. XY und Anteil an Umtriebskosten angegeben wird, kann der Betrag zweifelsfrei errechnet werden (BGE 89 III 10).

116 Eine innert der Rechtsvorschlagsfrist erfolgte Eingabe, in der der Schuldner, ohne das Wort «Rechtsvorschlag» zu verwenden, um Aufschub von zwei bis drei Monaten ersucht, damit er das Geld für die Betreibung beschaffen kann, stellt keinen gültigen Rechtsvorschlag dar (BL, AB, 02.12.1996, SJZ 1997, S. 284).

117 Bei einem Rechtsvorschlag per Telefax sind die für den telefonisch erklärten Rechtsvorschlag geltenden Grundsätze sinngemäss anwendbar (BGE 127 III 181).

Art. 75   2. Begründung

¹ Der Rechtsvorschlag bedarf keiner Begründung. Wer ihn trotzdem begründet, verzichtet damit nicht auf weitere Einreden.

² Bestreitet der Schuldner, zu neuem Vermögen gekommen zu sein (Art. 265, 265a), so hat er dies im Rechtsvorschlag ausdrücklich zu erklären; andernfalls ist diese Einrede verwirkt.

³ Vorbehalten bleiben die Bestimmungen über den nachträglichen Rechtsvorschlag (Art. 77) und über den Rechtsvorschlag in der Wechselbetreibung (Art. 179 Abs. 1).

1 Die erst im Rechtsöffnungsverfahren erhobene Einwendung des mangelnden neuen Vermögens ist unbeachtlich, auch wenn der Schuldner dem Gläubiger schon vor der Einleitung der Betreibung mitgeteilt hat, er besitze kein neues Vermögen. Die Pflicht zur Geltendmachung der Einrede durch (begründeten) Rechtsvorschlag ergibt sich aus Art. 69 Ziff. 3 und steht mit Art. 75 nicht im Widerspruch (ZH, ObGer, IV. Kammer, 25.04.1946, SJZ 1947, S. 90, BlSchK 1947, S. 124 und 146).

2 Setzt der Gläubiger eine Forderung in Betreibung, für die *kein Konkursverlustschein ausgestellt* worden ist, die jedoch gemäss der Bestimmung von Art. 276 SchKG den nämlichen Beschränkungen unterliegt, so bedeutet es keine Verletzung klaren Rechts, wenn der Rechtsöffnungsrichter die vom Schuldner erst im Rechtsöffnungsverfahren erhobene Einrede des mangelnden neuen Vermögens gelten lässt (ZH, ObGer, IV. Kammer, 11.09.1947, SJZ 1948, S. 208).

3 Ein ohne Einschränkungen erhobener Rechtsvorschlag bezieht sich auf die ganze Forderung, selbst wenn er mit einer Begründung versehen wird, die scheinbar nur auf einen Teil derselben zutrifft (BGE 100 III 44).

4 Schlägt der Betriebene Recht vor mit den Worten «Rechtsvorschlag, nicht zu neuem Vermögen gekommen», so ist dies *als Bestreitung der Schuld und Einrede des mangelnden neuen Vermögens* zu verstehen (BGE 103 III 31).

5 Erhebt der Schuldner «Rechtsvorschlag *da* kein neues Vermögen vorhanden» so ist zu vermuten, dass er nur das Vorhandensein neuen Vermögens, nicht aber die Schuld bestreite (BGE 109 III 7/8).

6 Erhebt der Schuldner gleichzeitig Rechtsvorschlag *und* die Einrede des mangelnden neuen Vermögens, kann die Betreibung erst fortgesetzt werden, wenn beide Rechtsvorkehren durch die zuständigen Richter abgewiesen worden sind (BGE 103 III 32).

7 Die Einrede des mangelnden neuen Vermögens kann nicht gehört werden, wenn sie erst in zweiter Instanz vorgebracht wird und der Schuldner, der von der Zustellung des Zahlungsbefehls keine Kenntnis hatte, da dieser seinem Beirat zugestellt worden war, sie in der Rechtsöffnungsverhandlung hätte vorbringen können (VD, Tribunal cantonal, 12.01.1984, BlSchK 1986, S. 71).

8 Auch in den Fällen, in denen der Rechtsvorschlag zu begründen ist, schreibt das Gesetz dafür keinen bestimmten Wortlaut vor. Tragweite der Wendung «Situation unverändert» als Einrede des mangelnden neuen Vermögens. Das KG der Waadt erachtet diese Begründung als genügend klar als Einrede des mangelnden neuen Vermögens (VD, Tribunal cantonal, 26.09.1985, BlSchK 1988, S. 38).

9 Es liegt in der Zuständigkeit des BA, die Einrede des mangelnden neuen Vermögens zurückzuweisen, wenn sie in einer Betreibung erhoben wird, die sich gar nicht auf einen Konkursverlustschein

stützt. Der Zahlungsbefehl ist zuzustellen, wenn den Angaben im Betreibungsbegehren entnommen werden kann, dass die Forderung nach Konkurseröffnung entstanden ist (GE, Autorité de surveillance, 27.03.1985, BlSchK 1988, S. 78).

10 (Abs. 2 i.V.m. Art. 265a SchKG) – Das BA prüft die Zulässigkeit eines Rechtsvorschlages nur in formeller Hinsicht. Es hat aber nicht zu prüfen, ob die Einrede des mangelnden neuen Vermögens im konkreten Fall zulässig ist. Darüber hat der Richter zu befinden (Bestätigung der Rechtsprechung) (BGE 124 III 379).

11 (Abs. 2 i.V.m. Art. 265a SchKG) – Soweit Zweifel hinsichtlich der Erklärung des Rechtsvorschlages bestehen, wird der Grundsatz «in dubio pro debitore» angewendet. Dies geschieht in Abwägung der beidseitigen Interessen, die zeigt, dass der Schuldner von der Aufhebung des Rechtsvorschlages viel schwerer getroffen wird als der Gläubiger von seiner Aufrechterhaltung (BGE 108 III 6). Bei der Einrede des mangelnden neuen Vermögens ist allzu grosse Strenge gegenüber dem Schuldner umso weniger angebracht, als die Rechtsstellung des Gläubigers betreffend Feststellung des neuen Vermögens mit der Teilrevision des SchKG verbessert worden ist.

Wenn im Zahlungsbefehl der Hinweis des Gläubigers auf Aufgabe eines Landwirtschaftsbetriebes und auf den Verkauf von Vieh aufgeführt wird, wird sinngemäss geltend gemacht, dass der Schuldner daraus zu neuem Vermögen gekommen sei. Mit dem Einwand des Schuldners gegenüber dem BA, er habe den Landwirtschaftsbetrieb bereits vor einigen Jahren aufgegeben und habe auch noch das vorhandene Vieh verkauft, kann dies als Einrede des mangelnden neuen Vermögens anerkannt werden (LU, ObGer SchKKomm, 16.09.1997, LGVE 1997 I 55, BlSchK 1999, S. 54, SJZ 1999, S. 16).

Art. 76   3. Mitteilung an den Gläubiger

¹ Der Inhalt des Rechtsvorschlags wird dem Betreibenden auf der für ihn bestimmten Ausfertigung des Zahlungsbefehls mitgeteilt; erfolgte kein Rechtsvorschlag, so ist dies auf derselben vorzumerken.

² Diese Ausfertigung wird dem Betreibenden unmittelbar nach dem Rechtsvorschlag, und wenn ein solcher nicht erfolgt ist, sofort nach Ablauf der Bestreitungsfrist zugestellt.

1 Wird trotz erfolgtem Rechtsvorschlag eine Betreibung fortgesetzt, so ist diese als nichtig von Amtes wegen aufzuheben (BGE 73 III 154 und 85 III 14).

2 Die Zustellung des Gläubigerdoppels mit Rechtsvorschlagsvermerk ist eine beschwerdefähige Verfügung (BGer, 04.09.1992, BlSchK 1964, S. 91).

3 Ein versehentlich an ein unzuständiges BA gerichteter Rechtsvorschlag ist gültig. Die *Frist für die Beschwerde*, mit der geltend gemacht wird, das BA habe das Vorliegen eines gültigen Rechtsvorschlages zu Unrecht verneint, beginnt erst *mit der Zustellung der Pfändungsurkunde zu laufen*, es sei denn, das BA habe dem Schuldner seinen Entscheid über die Gültigkeit des Rechtsvorschlages schon vor der Fortsetzung der Betreibung durch eine formelle Verfügung eröffnet (BGE 101 III 9).

4 Erhebt der Schuldner gleichzeitig Rechtsvorschlag und die Einrede mangelnden neuen Vermögens, kann die Betreibung erst fortgesetzt werden, wenn beide Rechtsvorkehren durch die zuständigen Richter abgewiesen worden sind (BGE 103 III 31).

5 Der Rechtsvorschlag ist auf beiden Ausfertigungen des Zahlungsbefehls zu protokollieren. Vergisst der Zustellungsbote der Post den bei der Zustellung des Zahlungsbefehls erhobenen Rechtsvorschlag des Schuldners auf der Ausfertigung für den Gläubiger zu wiederholen, so kann der Schuldner Beschwerde führen (NE, Autorité de surveillance, 10.11.1998, BlSchK 2000, S. 30).

6 (i.V.m. Art. 17 SchKG) – Die Zustellung der für den Betreibenden bestimmten Ausfertigung des Zahlungsbefehls per Nachnahme stellt eine mit Beschwerde anfechtbare Betreibungshandlung im Sinne von Art. 17 SchKG dar. Ein *Anwalt, der ohne sein Wissen als Vertreter des Betreibenden bezeichnet worden ist*, ist befugt, gegen die ihn persönlich treffende Vorkehr Beschwerde zu führen. – Der BB ist nicht gehalten, von Amtes wegen die Vertretungsvollmacht eines Anwalts zu prüfen, der

Zweiter Titel: Schuldbetreibung Art. 77

nach dem kantonalen Recht befugt ist, berufsmässig Parteien in Zwangsvollstreckungsverfahren vor den Betreibungs- und Konkursämtern zu vertreten. Pflicht der AB, das im Beschwerdeverfahren festgestellte Fehlen einer Vertretungsvollmacht zu beachten (BGE 130 III 231).

Art. 77 4. Nachträglicher Rechtsvorschlag bei Gläubigerwechsel

¹ Wechselt während des Betreibungsverfahrens der Gläubiger, so kann der Betriebene einen Rechtsvorschlag noch nachträglich bis zur Verteilung oder Konkurseröffnung anbringen.
² Der Betriebene muss den Rechtsvorschlag innert zehn Tagen, nachdem er vom Gläubigerwechsel Kenntnis erhalten hat, beim Richter des Betreibungsortes schriftlich und begründet anbringen und die Einreden gegen den neuen Gläubiger glaubhaft machen.
³ Der Richter kann bei Empfang des Rechtsvorschlags die vorläufige Einstellung der Betreibung verfügen; er entscheidet über die Zulassung des Rechtsvorschlages nach Einvernahme der Parteien.
⁴ Wird der nachträgliche Rechtsvorschlag bewilligt, ist aber bereits eine Pfändung vollzogen worden, so setzt das Betreibungsamt dem Gläubiger eine Frist von zehn Tagen an, innert der er auf Anerkennung seiner Forderung klagen kann. Nutzt er die Frist nicht, so fällt die Pfändung dahin.
⁵ Das Betreibungsamt zeigt dem Schuldner jeden Gläubigerwechsel an.

Hinweis: Die neue Fassung dieses Artikels umfasst nur noch den Rechtsvorschlag im Falle eines Gläubigerwechsels. Für den nachträglichen Rechtsvorschlag zufolge Fristversäumnis kommen die Bestimmungen des Art. 33 Abs. 4 SchKG zur Anwendung.

1 Befugnis des Schuldners die Gültigkeit der Abtretung zu bestreiten. Die Betreibungsbehörden dürfen die Gültigkeit der Abtretung summarisch prüfen. *Folgen der Bewilligung des Rechtsvorschlages:* Die bereits vollzogene Pfändung wird aufrecht erhalten, *jedoch bloss als provisorische* und es wird dem neuen Gläubiger gemäss Kreisschreiben Nr. 7 des BGer vom 15.11.1899 eine Frist zur Anrufung des Richters anzusetzen sein (BGE 82 III 18 und 91 III 7/8).

2 Es ist nicht willkürlich, dem Betriebenen, der in der vom Zedenten angehobenen Betreibung rechtzeitig Recht vorgeschlagen hat, die Bewilligung des nachträglichen Rechtsvorschlages in der Betreibung des Zessionars zu verweigern und ihn für die Geltendmachung der gegenüber dem Zessionar bestehenden Rechte in das dem erhobenen Rechtsvorschlag entsprechende Rechtsöffnungsverfahren zu verweisen (BGE 125 III 42).

3 Gegen die Ablehnung des nachträglichen Rechtsvorschlages durch den Richter steht nur die staatsrechtliche Beschwerde offen. Auch wenn ein Gläubigerwechsel erst stattfindet, nachdem bereits ein ordentlicher Rechtsvorschlag erhoben worden ist, kann der nachträgliche Rechtsvorschlag nicht zusätzlich bewilligt werden, weil der Rechtsvorschlag die Einstellung der Betreibung bewirkt hat und dadurch der Zweck des nachträglichen Rechtsvorschlages bereits erreicht wurde (BGer, II. Ziv.Abt., 23.11.1998, Praxis 1999, Nr. 56).

Art. 78 5. Wirkungen

¹ Der Rechtsvorschlag bewirkt die Einstellung der Betreibung.
² Bestreitet der Schuldner nur einen Teil der Forderung, so kann die Betreibung für den unbestrittenen Betrag fortgesetzt werden.

1 Der Rechtsvorschlag bewirkt die Einstellung der Betreibung. Auch wenn der Schuldner die Hauptforderung *vor Zustellung des Zahlungsbefehls* bezahlt hat, kann das BA dem Fortsetzungsbegehren

des Gläubigers für verbleibende Kosten ohne Rechtsöffnungsentscheid (oder materielles Urteil) keine Folge geben (SO, AB, 15.01.1979, BlSchK 1984, S. 20/21).

2   Massgebend ist die Erklärung des Rechtsvorschlages durch den Schuldner *an das BA*, nicht dessen Mitteilung an den Gläubiger (ZH, ObGer, II. Kammer, 16.05.1947, ZR 1948, Nr. 37).

3   Die Einstellung der Betreibung hemmt auch die Einforderung der Kosten des Zahlungsbefehls beim Schuldner (SO, AB, 30.12.1950, Rechenschaftsbericht 950, S. 156, SJZ 1953, S. 244).

4   Eine Konkursandrohung, die trotz bestehendem Rechtsvorschlag erlassen wurde, ist nicht nur anfechtbar, sondern nichtig (SZ, AB, 05.07.1952, Bericht des KG, 1952, S. 30, BlSchK 1954, S. 139).

5   Eine in Unkenntnis des Rechtsvorschlages vorgenommene Pfändung ist rechtsunwirksam und von Amtes wegen aufzuheben (BS, AB, 09.01.1970, BlSchK 1971, S. 141).

6   Liegt die Nichtbeachtung des Rechtsvorschlages lediglich in einem «Betriebsunfall» des BA, das einen ihm zugekommenen Rechtsvorschlag gar nicht als ungültig zurückweisen will, so ist eine Fortsetzung der Betreibung überhaupt nichtig und jederzeit aufzuheben (BGE 85 III 14 und 165).

7   Ein Rückzug des Rechtsvorschlages seitens des Schuldners ist *dem BA gegenüber* zu erklären und nicht dem betreibenden Gläubiger, es sei denn, dieser werde gleichzeitig ausdrücklich beauftragt und ermächtigt, die Rückzugserklärung an das Amt weiter zu leiten (BS, AB, 07.08.1947, BlSchK 1948, S. 51).

8   Ein erklärter Rechtsvorschlag kann vom Schuldner jederzeit zurückgezogen werden. Zu seiner Wirksamkeit muss der Rückzug als an das BA zu richtende Willenserklärung an dieses (und nicht an den betreibenden Gläubiger) abgegeben werden, es sei denn, der Gläubiger werde gleichzeitig ausdrücklich beauftragt und ermächtigt, die Rückzugserklärung an das Amt weiter zu leiten (BE, AB, 13.07.1983, BlSchK 1987, S.63).

9   Der *Rückzug* eines vom Schuldner erhobenen Rechtsvorschlages *durch einen Dritten* ist nur gültig, wenn er im Auftrage und im Einverständnis des Schuldners erfolgt (SZ, Justizkomm., 16.10.1950, Rechenschaftsbericht 1950, S. 34, BlSchK 1952, S. 172).

10   (i.V.m. Art. 166 ZGB und Art. 38 Abs. 1 OR) – Ein Rückzug des Rechtsvorschlages, der weder durch den Schuldner selber noch durch seinen bevollmächtigten Vertreter erfolgt ist, ist unbeachtlich. Ohne ausdrückliche Vollmacht kann die Ehefrau den von ihrem Ehemann erhobenen Rechtsvorschlag nicht zurückziehen, sofern die Betreibung nicht eine Schuld zum Gegenstand hat, die zur Bestreitung der laufenden Bedürfnisse des Haushaltes eingegangen wurde (GE, Autorité de surveillance, 09.01.1985, BlSchK 1986, S. 184).

11   (i.V.m. Art. 83 Abs. 2 SchKG) Einreichung der Aberkennungsklage vor dem Rechtsöffnungsentscheid; Folgen für die Betreibung. – Reicht der Betriebene Aberkennungsklage ein, bevor über den Rechtsvorschlag entschieden ist, so bleibt die Betreibung eingestellt und kann somit nicht fortgesetzt werden, denn nach konstanter Praxis des BGer hält auch eine vor dem Rechtsöffnungsentscheid eingereichte Aberkennungsklage des Provisorium aufrecht (BGE 117 III 17).

Art. 79   D. Beseitigung des Rechtsvorschlages
1. Im ordentlichen Prozess oder im Verwaltungsverfahren

¹ Ein Gläubiger, gegen dessen Betreibung Rechtsvorschlag erhoben worden ist, hat seinen Anspruch im ordentlichen Prozess oder im Verwaltungsverfahren geltend zu machen. Er kann die Fortsetzung der Betreibung nur aufgrund eines rechtskräftigen Entscheids erwirken, der den Rechtsvorschlag ausdrücklich beseitigt.

² Ist der Entscheid in einem andern Kanton ergangen, so setzt das Betreibungsamt dem Schuldner nach Eingang des Fortsetzungsbegehrens eine Frist von zehn Tagen, innert der er gegen den Entscheid Einreden nach Artikel 81 Absatz 2 erheben kann. Erhebt der Schuldner solche Einreden, so kann der Gläubiger die Fortsetzung der Betreibung erst verlangen, nachdem er einen Entscheid des Rechtsöffnungsrichters am Betreibungsort erwirkt hat.

I. Zu Absatz 1

1 Die Betreibungsbehörden (BA, kantonale AB, BGer als eidgenössische AB) besitzen kein Recht, die Berechtigung einer gerichtlichen Aufhebung des Rechtsvorschlages zu überprüfen (BGer, 05.07.1974, BlSchK 1976, S. 149).

2 (i.V.m. Art. 82 ff. SchKG) – Zum Verhältnis zwischen Anerkennungsklage und Rechtsöffnungsverfahren – Die Anhebung der Anerkennungsklage beinhaltet implizit den Verzicht auf die Weiterführung des hängigen Rechtsöffnungsverfahrens. Dieser Verzicht gründet in der Tatsache, dass bei Gutheissung der Anerkennungsklage durch den ordentlichen Richter für den zugesprochenen Betrag der erhobene Rechtsvorschlag beseitigt werden kann und es bedarf eines rein vollstreckungsrechtlichen Verfahrens, wie es ein im Rechtsöffnungsverfahren eines darstellt, nicht mehr (GR, AB, 16.10.1996, PKG 1996, S. 107).

3 Eine nach erfolgter Rechtsvorschlagserklärung vom betriebenen Schuldner ausgestellte teilweise Schuldanerkennung gilt nicht als Rückzug des Rechtsvorschlages (SH, AB, 02.05.1947, BlSchK 1947, S. 167).

4 Wenn der Schuldner im ordentlichen Prozess, den der Gläubiger auf den Rechtsvorschlag hin eingeleitet hat, die Klage anerkennt, so kann der Gläubiger wie im Falle der Gutheissung der Klage das Fortsetzungsbegehren stellen (BGE 77 III 148).

5 Der Gläubiger kann den ordentlichen Prozessweg beschreiten, auch wenn er einen provisorischen Rechtsöffnungstitel besitzt (ZH, BezGer, 17.05.1951, SJZ 1952, S. 127).

6 Ist ein Rechtsvorschlag durch einen gerichtlichen Vergleich zurückgezogen worden, so kann es den Betreibungsbehörden gleichgültig sein, unter welchen Rechtstiteln die Anerkennung der Forderung erfolgte (BE, AB, 21.10.1952, BlSchK 1953, S. 86).

7 Ein Prozessabschreibungsbeschluss infolge Klageanerkennung bildet einen Ausweis für die Beseitigung des Rechtsvorschlages (SZ, Rechenschaftsbericht KG 1951, S. 24, BlSchK 1953, S. 171).

8 Urteile der Anwaltskammer werden erst nach Ablauf der Frist zur Einreichung der Kassationsbeschwerde (Nichtigkeitsbeschwerde) rechtskräftig und vollstreckbar. Vor diesem Zeitpunkt ist die Fortsetzung der Betreibung nicht zulässig (LU, SchKKomm, 24.07.1956, Max. X, Nr. 432).

9 Wird eine Zivilklage aus strafbarer Handlung im Anschluss an das Strafverfahren vom Strafrichter gutgeheissen, so kann aufgrund des vom Strafgericht gefällten Urteils die Fortsetzung der Betreibung verlangt werden. Eine Nichtigkeitsbeschwerde an den Kassationshof des BGer hat ohne ausdrückliche Sistierungsverfügung keine aufschiebende Wirkung (BE, AB, 14.11.1956, BlSchK 1958, S. 49).

10 Im gutheissenden Urteil ist *nicht von definitiver Rechtsöffnung zu sprechen* bzw. diese zu erteilen, sondern der Rechtsvorschlag *als aufgehoben zu erklären* (ZH, ObGer, I. Ziv.Kammer, 14.11.1957, ZR 1959, Nr. 76).

11 Derjenige, der auf einen Rechtsvorschlag hin seine Ansprüche nach Massgabe des Art. 79 SchKG hat anerkennen lassen, kann direkt die Fortsetzung der Betreibung verlangen, ohne dass er das Rechtsöffnungsverfahren gemäss Art. 80 SchKG zu durchlaufen hätte; das Gleiche gilt, wenn ein Entscheid im Sinne von Art. 79 SchKG von einer Behörde oder einem Verwaltungsgericht des Bundes bzw. desjenigen eines Kantons stammt, in welchem die Betreibung angehoben worden ist (Bestätigung der Rechtsprechung). Das Dispositiv des Zivilurteils oder des Verwaltungsentscheides hat jedoch *mit Bestimmtheit auf die hängige Betreibung Bezug zu nehmen* und den *Rechtsvorschlag ausdrücklich als aufgehoben* zu erklären, sei es vollumfänglich oder in einer bestimmten Höhe (BGE 107 III 60/61).

12 Im ordentlichen Prozess wird nicht die Rechtsöffnung erteilt, sondern der Rechtsvorschlag aufgehoben. Dies hat nicht nur formale Gründe, sondern es geht namentlich darum, zu vermeiden, dass sich der Beklagte, in der Annahme, das Verfahren sei tatsächlich ein Rechtsöffnungsverfahren, nicht zum Bestand der eingeklagten Forderung äussert, sondern nur geltend macht, es liege kein Rechtsöffnungstitel vor (ZH, Handelsgericht, 20.12.1991, ZR 1991, Nr. 80).

13 *Mögliche Rechtsvorschläge in der Betreibung auf Pfandverwertung eines Pfandes, das einem Dritten gehört:* Es kann vier Rechtsvorschläge geben, je einen für den Schuldner betreffend Forderung und Pfandrecht und je einen des Dritten betreffend Forderung und Pfandrecht. Dementsprechend kann die Betreibung nur fortgesetzt werden, wenn alle beseitigt sind (LU, SchKKomm, 14.04.1961, Max. XI, Nr. 60).

14 Eine Erbengemeinschaft als solche kann nicht als Gläubiger oder Prozesspartei auftreten. In den Betreibungs- und Prozessakten sind die Erben einzeln aufzuführen (GR, AB, 12.12.1961, BlSchK 1964, S. 46).

15 Fortsetzung der Betreibung auf Grund eines im Forderungsprozess abgeschlossenen gerichtlichen Vergleichs: Führt die vom Gläubiger nach Art. 79 angehobene Klage zur gänzlichen oder teilweisen Anerkennung der Forderung, sei es durch rechtskräftiges Urteil, sei es durch gerichtlichen Vergleich, so kann der Gläubiger die Betreibung fortsetzen, ohne dass es noch eines besonderen Rechtsöffnungsentscheides bedarf. – Legt der Vergleich aber ausserdem eine Verpflichtung des Gläubigers fest, die nach Behauptung des Schuldners zuerst oder Zug und Zug mit der seinigen zu erfüllen ist, so ist die Fortsetzung der Betreibung nur zulässig, wenn der Gläubiger definitive Rechtsöffnung oder ein ergänzendes materielles Urteil zu seinen Gunsten erwirkt (vgl. BGE 67 III 116) (BGE 90 III 71).

16 Eine *Abtretung nach Art. 131 Abs. 2 SchKG dient nicht als Rechtsöffnungstitel.* Bei Rechtsvorschlag ist der ordentliche Prozessweg zu beschreiten (Amtsgerichtspräsident III Luzern-Land, 16.08.1965, BlSchK 1966, S. 79).

17 Eine *eindeutige* (ganze oder teilweise) *Schuldanerkennung im Prozess ist vom BA als (ganzer oder teilweiser) Rückzug des Rechtsvorschlages zu betrachten* und berechtigt den Gläubiger zur Fortsetzung der Betreibung im entsprechenden Umfang (SG, AB, 17.08.1967, BlSchK 1971, S. 15 und 1975, S. 174).

18 Staatsrechtliche Beschwerde: Letztinstanzliche kantonale Entscheide betreffend Bewilligung oder Verweigerung der provisorischen Rechtsöffnung. Zulässigkeit der Beschwerde wegen Verletzung von BV Art. 4 (Unterscheidung von Zwischen- und Endentscheiden im Sinne von OG Art. 87; Letztinstanzlichkeit) (BGE 94 I 365).

19 Aberkennungsklage/Einrede der Rechtshängigkeit; Zürcher ZPO Art. 127 Ziff. 2. – Erwirkt der Gläubiger nach Anhängigmachen der Leistungsklage im ordentlichen Prozess überdies die provisorische Rechtsöffnung, woran er ein schützenswertes Interesse haben kann (prov. Pfändung, Güterverzeichnis), so ist die Aberkennungsklage des Schuldners nicht nötig. Ihr steht die Einrede der Rechtshängigkeit infolge der Leistungsklage entgegen. Sie ist auch nicht etwa aus formalen betreibungsrechtlichen Gründen erforderlich, denn *die provisorische Rechtsöffnung kann nicht definitiv werden, solange der ordentliche Prozess über die Forderung schwebt* (ZH, Handelsgericht, 05.02.1975, ZR 1976, Nr. 33).

20 (i.V.m. Art. 18 und 216 OR und Art. 2 Abs. 2 ZGB) – Verhältnis zwischen Anerkennungsprozess und Verfahren betreffend provisorische Rechtsöffnung. Einwand der Nichtigkeit des der Schuldanerkennung zu Grunde liegenden Grundgeschäfts wegen Formmangels. Simulation? Entkräftung des schuldnerischen Einwandes mit Berufung auf Rechtsmissbrauch? Rechtsmissbrauch kann vorliegen, wenn man sich auf einen Formmangel beruft, sich aber selbst ein rechtsmissbräuchliches Verhalten zu Schulden kommen lässt (BL, ObGer, 06.09.1983, BJM 1984, S. 174).

21 Rechtsvorschlag kann nur durch ein vollstreckbares Urteil oder einen gleichwertigen Rechtstitel beseitigt werden. Ob einer Abstandserklärung nach bernischem Zivilprozessrecht dieselbe Wirkung zukommt wie einem Urteil, entscheidet sich nach kantonalem Recht, dessen Anwendung vom BGer im Rahmen des Rekursverfahrens gemäss Art. 19 SchKG nicht überprüft werden kann (BGE 110 III 13, Praxis 73, Nr. 188).

22 Der Gläubiger, der auf einen Rechtsvorschlag hin seine Forderung nach Massgabe von Art. 79 SchKG anerkennen lässt, kann für den anerkannten Betrag direkt Fortsetzung der Betreibung verlangen, ohne dass er das Rechtsöffnungsverfahren zu durchlaufen hätte. Für alle Beteiligten muss

jedoch unzweifelhaft feststehen, dass es sich beim anerkannten Betrag um die in Betreibung gesetzte Forderung handelt (LU, SchKKomm, 14.11.1984, LGVE 1984 I 30).

23 Zuständigkeit des Sozialversicherungsrichters als Rechtsöffnungsrichter – Das Eidg. Versicherungsgericht hat bereits wiederholt (BGE 99 V 78–80, EVGE 1958, S. 19) festgestellt und hier erneut bestätigt, dass der Versicherungsrichter in den in seinen Aufgabenbereich fallenden Streitigkeiten der «ordentliche Richter» im Sinne von Art. 79 SchKG sei und besitze daher die Kompetenz, durch ein Urteil in der Sache auch die Rechtsöffnung zu erteilen (EVG, 23.02.1983, Praxis 73, Nr. 195).

II. Beseitigung des RV im Verwaltungsverfahren
1. Durch eidgenössische oder innerkantonale Verwaltungen

24 Der zweite Satz dieser Bestimmung ermächtigt den ordentlichen Richter oder die Verwaltungsbehörde ausdrücklich zur Beseitigung des Rechtsvorschlages, so dass im Anschluss an deren Verfahren – unter Vorbehalt von Art. 79 Abs. 2 SchKG – nicht auch noch das Rechtsöffnungsverfahren durchlaufen werden muss (Eidg. Versicherungsgericht, 25.06.1999, BlSchK 2000, S. 16).

25 Betreibung für öffentlich-rechtliche Forderungen. – Aufgrund eines Verwaltungsentscheides im Sinne von Art. 80 Abs. 2 SchKG oder Art. 162 OG, den er auf den Rechtsvorschlag hin erstritten hat (Art. 79 SchKG), kann der Gläubiger ohne Weiteres Fortsetzung der Betreibung verlangen (BGE 75 III 44).

26 Aufgrund eines vom Gläubiger nach erfolgtem Rechtsvorschlag erstrittenen rechtskräftigen innerkantonalen oder eidgenössischen Verwaltungsentscheids kann ohne Weiteres die Fortsetzung der Betreibung verlangt werden (Amtsgerichtspräsident II Luzern-Land, 27.12.1968, BlSchK 1970, S. 12).

27 Wenn der Schuldner im ordentlichen Prozess, den der Gläubiger auf den Rechtsvorschlag hin eingeleitet hat, die Klage anerkennt, so kann der Gläubiger wie im Falle der Gutheissung der Klage das Fortsetzungsbegehren stellen (BGE 77 III 148).

28 Die Behörde (Eidg. Steuerverwaltung), welche auf erhobenen Rechtsvorschlag hin ihre Forderung gemäss Art. 79 SchKG hat anerkennen lassen, kann direkt und ohne Beschreiten des Rechtsöffnungsverfahrens die Fortsetzung der Betreibung verlangen (Bestätigung der Rechtsprechung) (BGer 18.07.1994; unveröffentlichter Entscheid; BlSchK 1995, S. 10).

2. Durch Sozialversicherungen

29 Analog dem Entscheid des BGer (BGE 107 III 60/61) kann ein Entscheid im Sinne von Art. 79 SchKG von einer Behörde oder einem Verwaltungsgericht des Bundes bzw. desjenigen Kantons ausgehen, in dem die Betreibung angehoben worden ist, sofern das eidg. oder kant. Recht den auf eine Geldzahlung lautenden Entscheid die Vollstreckbarkeit verleiht. Ebenso kann eine *Krankenkasse als juristische Person des öffentlichen Rechts* sowohl gestützt auf eidg. wie auf kant. Recht ihren Mitgliedern gegenüber vollstreckbare Verfügungen erlassen. Erwächst eine solche Verfügung, die den Rechtsvorschlag ausdrücklich aufhebt, in Rechtskraft, hat das BA die Betreibung auf Gesuch des Gläubigers hin fortzusetzen (Eidg. Versicherungsgericht, 23.02.1983, Praxis 73, Nr. 195).

30 Im Gegensatz zu den Krankenkassen kann die *Auffangeinrichtung der beruflichen Vorsorge nicht selber den Rechtsvorschlag beseitigen*, den der Arbeitgeber in der für die Beiträge eingeleiteten Betreibung erhoben hat (BGE 115 III 95).

31 Beseitigung des Rechtsvorschlages im Verwaltungsverfahren durch formelle Verfügung. *Anforderungen an den Inhalt des Verfügungsdispositivs*. – Betrifft die Betreibung eine im öffentlichen Recht begründete Forderung, über die eine Verwaltungsbehörde zu befinden hat, so ist unter dem Betreten des ordentlichen Prozessweges gemäss Art. 79 SchKG die Geltendmachung der Forderung vor dieser Behörde zu verstehen. Eine Ausgleichskasse kann für ihre Geldforderungen die Betreibung grundsätzlich auch ohne rechtskräftigen Rechtsöffnungstitel einleiten, im Falle des Rechtsvorschlages nachträglich eine formelle Verfügung erlassen und nach Eintritt der Rechtskraft derselben die Betreibung fortsetzen. Voraussetzung für eine solche direkte Fortsetzung der Betreibung ohne Durchlaufen des Rechtsöffnungsverfahrens nach Art. 80 SchKG ist allerdings, dass das Dispositiv der

Verwaltungsverfügung *mit Bestimmtheit auf die hängige Betreibung Bezug nimmt und den Rechtsvorschlag ausdrücklich als aufgehoben erklärt*, sei es vollumfänglich oder in einer bestimmten Höhe. Die Verwaltungsbehörde hat demnach in ihrer Verfügung nicht bloss einen sozialversicherungsrechtlichen Sachentscheid über die Verpflichtung des Versicherten zu einer Geldzahlung zu fällen, sondern gleichzeitig auch als Rechtsöffnungsinstanz über die Aufhebung des Rechtsvorschlages zu befinden (BGE 107 III 65, 119 V 331) (BE, AB, 23.02.1996, BlSchK 1996, S. 101).

32 (Art. 80 Abs. 2 SchKG, Luzern: § 9 der VO über die Taxen in den kantonalen Heilanstalten, Taxverordnung I) – Bei Streitigkeiten erlässt die Verwaltung eine Verfügung mit Rechtsmittelbelehrung. In der Verfügung ist ein allfälliger Rechtsvorschlag aufzuheben (LU SchKKomm 27.09.1977, LGVE 1977 I 383).

33 Krankenkassen – Mahnverfahren – Fällige Prämien und Kostenbeteiligungen sind vor Einleitung eines Vollstreckungsverfahrens zu mahnen (BGE 131 V 147).

34 Im Bereich der obligatorischen Krankenversicherung können die Krankenkassen gemäss konstanter Rechtsprechung den gegen ihre Betreibung erhobenen Rechtsvorschlag mittels Verfügung selber beseitigen und definitive Rechtsöffnung erlangen. *Voraussetzung* ist, dass dies *nur für im öffentlichen Recht begründete Forderungen möglich ist und für Krankenkassenprämien gemäss Art. 1 Abs. 1 KVG nur im Bereich der obligatorischen Krankenversicherung und der freiwilligen Taggeldversicherung* zur Anwendung kommt (Uster, 18.05.1999; bestätigt durch Zürcher ObGer und durch BGer, BlSchK 2000, S. 96).

35 Beseitigt eine Krankenkasse ausserhalb des Kantons, in dem die Betreibung geführt wird, mit der Verfügung über die Zahlungspflicht des Versicherten auch den Rechtsvorschlag, bleiben die Einreden nach Art. 81 Abs. 2 SchKG erhalten und es ist das Verfahren nach Art. 79 Abs. 2 SchKG einzuschlagen.

Das BA entscheidet im Rahmen von Art. 79 Abs. 2 SchKG einzig darüber, ob die Äusserung des Schuldners formell als Einrede gemäss Art. 81 Abs. 2 SchKG zulässig ist (BGE 128 III 246).

36 Beseitigt die Krankenkasse den Rechtsvorschlag selbst, wird damit ein neues Verfahren eröffnet. Die Zustellfiktion hinsichtlich des Rechtsöffnungsentscheides gilt nicht und die Betreibung kann daher nicht fortgesetzt werden. Die Zustellfiktion gilt nur, wenn die Zustellung eines behördlichen Aktes mit einer gewissen Wahrscheinlichkeit erwartet werden muss und gilt nur für ein bereits hängiges bzw. laufendes Verfahren (BGE 130 III 396).

37 (i.V.m. Art. 80 SchKG und Art. 58 Abs. 1 BV, Art. 6 Ziff. 1 EMRK und Art. 30 KUVG (neu im ATSG) – Nach jüngster Rechtsprechung des Europäischen Gerichtshofes für Menschenrechte ist Art. 6 Ziff. 1 EMRK bei Beitragsstreitigkeiten im sozialen Versicherungsbereich anwendbar. Entscheid in der Sache bei gleichzeitiger Beseitigung des Rechtsvorschlages durch die Krankenkasse. Dieses Vorgehen widerspricht Art. 58 Abs. 1 BV und Art. 6 Ziff. 1 EMRK nicht (BGE 121 V 109).

38 (i.V.m. Art. 55 RTVG und Art. 48 RTVV) – Möglichkeit zur Beseitigung des Rechtsvorschlages im Verwaltungsverfahren. – Der BR hat die im BG über Radio und Fernsehen (RTVG) enthaltene Gesetzesdelegation nicht überschritten, wenn er der Schweizerischen Inkassostelle für Radio und Fernsehempfangsgebühren (Billag) die Befugnis zum Erlass von Verfügungen zur Erhebung von Empfangsgebühren übertragen hat (BGE 128 III 39).

III. Zu Absatz 2

39 Ist gegen den auf Pfändung betriebenen Schuldner in einem andern Kanton ein Urteil erwirkt worden, so hat ihm das BA eine Frist von 10 Tagen anzusetzen, innerhalb welcher er eine der in Art. 81 SchKG vorgesehenen Einreden erheben kann (FR, SchKK, 06.04.1961, Extraits 1961, S. 99, SJZ 1964, S. 272).

40 (i.V.m. Art. 81 Abs. 2 SchKG) – Das BA, an das ein auf ein Urteil eines ausserkantonalen Gerichts gestütztes Fortsetzungsbegehren gerichtet wird, muss im Sinne des Kreisschreibens Nr. 26 dem Schuldner eine Frist von zehn Tagen ansetzen, um ihm Gelegenheit zu geben, ausser den in Art. 81 Abs. 2 SchKG ausdrücklich genannten Einreden auch die Einrede der Nichtvollstreckbarkeit des Urteils (Art. 81 Abs. 1 SchKG) zu erheben (BGE 120 III 119).

41 Fortsetzung der Betreibung aufgrund eines in einem andern Kantons ergangenen Entscheids. Stammt das Urteil aus einem andern Kanton als demjenigen, in dem die Betreibung geführt wird, muss dem Schuldner vom Fortsetzungsbegehren des Gläubigers vorher Kenntnis gegeben werden, damit dieser Gelegenheit hat, Einreden einer mangelhaften Ladung oder fehlenden gesetzlichen Vertretung geltend zu machen. Einreden, die dem Schuldner gegen ein ausserkantonales Urteil ihm – auch im förmlichen Rechtsöffnungsverfahren – zustehen. Erhebt der Schuldner diese Einrede nicht ausdrücklich oder nicht innert Frist, so kann die Betreibung fortgesetzt werden (UR, AB, 28.08.1997, BlSchK 1998, S. 222).

42 Wenn einem Schuldner keine Frist für Einreden gegen einen ausserkantonalen Rechtsöffnungsentscheid angesetzt worden ist, so hat er nach der Zustellung der Konkursandrohung gegen diese innert Frist Beschwerde zu erheben. Unterlässt er dies, wird die Konkursandrohung rechtskräftig, und er kann nicht mehr durch die Weiterziehung des Konkurseröffnungsentscheides auf die unterlassene Bestreitung der Gültigkeit der Konkursandrohung darauf zurückkommen (AG, ObGer 12.01.1999, BlSchK 2000, S. 187).

Art. 80 2. Durch definitive Rechtsöffnung
a. Rechtsöffnungstitel

¹ Beruht die Forderung auf einem vollstreckbaren gerichtlichen Urteil, so kann der Gläubiger beim Richter die Aufhebung des Rechtsvorschlags (definitive Rechtsöffnung) verlangen.

² Gerichtlichen Urteilen sind gleichgestellt:
1. gerichtliche Vergleiche und gerichtliche Schuldanerkennungen;
2. auf Geldzahlung oder Sicherheitsleistung gerichtete Verfügungen und Entscheide von Verwaltungsbehörden des Bundes;
3. innerhalb des Kantonsgebiets Verfügungen und Entscheide kantonaler Verwaltungsbehörden über öffentlich-rechtliche Verpflichtungen, wie Steuern, soweit das kantonale Recht diese Gleichstellung vorsieht.

I. Verfahren/Formelles/Prozessuales

1 Verletzung einer bestimmten Vorschrift des Schuldbetreibungsrechts, wenn ein Rechtsöffnungsgesuch abgewiesen wird, weil es sich *nicht gegen den betriebenen Schuldner richtet*. Das Urteil muss auf Nichteintreten lauten (BE, Appellationshof, III. Ziv.Kammer, 19.04.1948, ZBJV 1949, S. 554).

2 Die *Rechtsöffnung kann solange geltend gemacht werden, als das Betreibungsverfahren noch fortgesetzt werden kann* (Art. 88 Abs. 2 SchKG). Die Vorschrift von Art. 153a Abs. 1 SchKG bezieht sich sowohl auf die Grundpfand- als auch auf die Faustpfandbetreibung. Sie regelt lediglich die Folgen eines Rechtsvorschlages und seiner Beseitigung bezüglich der Ausdehnung der Pfandhaft auf Miet- und Pachtzinse. Im Übrigen kann der Betreibungsgläubiger aber die die Beseitigung des Rechtsvorschlages verlangen, solange das Betreibungsverfahren noch fortgesetzt werden kann (BS, AB, 30.07.2003, BJM 2005, S. 45).

3 (i.V.m. Art. 179 Abs. 2 ZGB) – Kompetenz des Rechtsöffnungsrichters zur Überprüfung der sachlichen Voraussetzungen von Art. 179 Abs. 2 ZGB (Wiederaufnahme des gemeinsamen Haushalts). Ist der gemeinsame Haushalt im Sinne von Art. 179 Abs. 1 ZGB wieder aufgenommen worden, fällt nach dem Wortlaut dieser Bestimmung u.a. der früher zugesprochene Unterhaltsbeitrag des pflichtigen Ehegatten weg, ohne nach einer erneute Trennung wiederum aufzuleben (LU, ObGer, 19.02.2003, BlSchK 2005, S.75).

4 (i.V.m. Art. 156 Abs. 2 ZGB) – Der Ehegatte, unter dessen elterlichen Gewalt ein Kind gestellt wurde, ist gegenüber dem beitragspflichtigen Gatten *persönlich anspruchsberechtigt* (LU, SchKKomm, 02.02.1950, Max. IX, Nr. 784 und SchKKomm, 17.07.1996, LGVE 1996 I 41).

5   Wird im Zahlungsbefehl *statt des Gemeinwesens die zum Einzug der Forderung zuständige Behörde als Gläubigerin* aufgeführt, so ist die Betreibung nicht nichtig, weshalb auf das Rechtsöffnungsbegehren einzutreten ist (AG, ObGer, 03.03.1950, AGVE 1950, S. 76, BlSchK 1952, S. 170).

6   *Erben als Betreibende* – Die Parteibezeichnung «Erbschaft X» oder «Die Erben X» als Betreibungsgläubigerschaft ist unzulässig. Sie ist selbst dann ungültig, wenn ein Erbenvertreter ernannt worden ist (GR, AB, 12.12.1961, SJZ 1963, S. 173).

7   Kann eine *unverteilte Erbschaft*, beschränkt auf die Vermögenswerte des Nachlasses, als solche betrieben werden, so ist sie unter denselben Voraussetzungen auch im Rechtsöffnungsverfahren passivlegitimiert (BGE 113 III 79).

8   Folgen von *Formfehlern des Rechtsöffnungsbegehrens*. – Unrichtige rechtliche Umschreibungen des Rechtsöffnungsbegehrens werden wenigstens dann von Amtes wegen korrigiert, wenn es weiter geht als nach den Akten zulässig ist. Für den Rechtsöffnungsrichter ist in erster Linie wesentlich, dass der Gläubiger die Beseitigung des erhobenen Rechtsvorschlages verlangt. Was sich daraus ergibt, ob die definitive oder nur die provisorische Rechtsöffnung, richtet sich nach den vorgelegten Urkunden. Nachteile aus dieser Praxis sind nicht zu befürchten (TG, Rekurskomm., 11.12.1951, BlSchK 1953, S. 50).

9   *Rechtsöffnungsbeklagte*, der von den *Mitgliedern einer einfachen Gesellschaft, deren Mitglied er ist*, betrieben wird, kann nicht mit Erfolg geltend machen, dass die einem Gesellschafter zur Durchführung der Betreibung erteilte Generalvollmacht dahingefallen sei, weil er diese Vollmacht widerrufen habe (LU, SchKKomm, 07.11.1955, Max. X, Nr. 357).

10 Der italienisch sprechende Einwohner des Kantons Graubünden hat ein Recht darauf, dass die kantonale Verwaltung und die Gerichtsbehörden mit ihm in seiner Muttersprache verkehren. Wenn er die Zustellung eines Erkenntnisses in einer andern als seiner Muttersprache nicht entgegennehmen will, ist er indessen verpflichtet, ohne Verzug von der Behörde einen italienisch redigierten Entscheid einzuverlangen (GR, AB, 21.08.1957, SJZ 1958, S. 364).

11 Ein in einem früheren Betreibungsverfahren erwirkter Rechtsöffnungsentscheid kann in einem späteren nicht als Rechtsöffnungstitel dienen (GR, AB, 10.06.1957, SJZ 1960, S.128, BlSchK 1961, S. 44).

12 Keine res iudicata des Rechtsöffnungsentscheides für Rechtsöffnung in einer neuen Betreibung, auch wenn keine Veränderungen der Verhältnisse eingetreten sind (BL, ObGer, 09.02.1993, BJM 1994, S. 208).

13 Wann ist eine Spezifikation der Betreibungsforderung in der Rechtsöffnungsklage erforderlich? Eine Spezifikation, welche Raten im Einzelnen betrieben sind bzw. für welche Raten die Rechtsöffnung verlangt wird, entspricht allgemein prozessualen Grundsätze und der Praxis. Sind laut Schuldurkunde mehr Raten verfallen als der Gläubiger betrieben hat, so obliegt es diesem, anzugeben, auf welche sich die Betreibung bezieht. Ohne eine solche Erklärung ist der Rechtsöffnungsrichter nicht in der Lage, einen eindeutigen Entscheid zu fällen (LU, SchKKomm, 23.01.1961, Max. XI, Nr. 48).

14 Es ist Pflicht des Gläubigers, Zahlungsbefehl und Schuldurkunde auch im Verfahren vor der Rekursinstanz in einem Rechtsöffnungsverfahren aufzulegen (LU, SchK-Komm., 24.02.1964, Max. XI, Nr. 337).

15 Eine in Betreibung gesetzte Forderung kann an einen Dritten abgetreten werden, in dem Sinne, dass der Zessionar zur Fortsetzung der Betreibung ermächtigt ist (FR, Cour de cassation, 11.04.1960, Extraits 1960, SJZ 1964, S. 273).

16 Der gerichtliche Vergleich stellt auch für den Zessionar der Vergleichsforderung einen Titel für die definitive Rechtsöffnung dar (LU, SchKKomm, 23.07.1952, Max. X, Nr. 126, BlSchK 1954, S. 140).

17 Ist eine Forderung durch richterliches Urteil festgestellt worden und hat sie der Gläubiger an einen Dritten abgetreten, so kann der Zessionar im Allgemeinen nur die provisorische und nicht die definitive Rechtsöffnung für diese Forderung verlangen, da jedenfalls dem Schuldner die Erhebung persönlicher Einreden gegen den Zessionar nicht abgeschnitten werden darf (VD SchKK, 30.06.1960, SJZ 1961, S. 372).

18 (i.V.m. Art. 149 Abs. 2 SchKG) – Bei öffentlichrechtlichen Forderungen berechtigt der Pfändungsverlustschein zur definitiven Rechtsöffnung. Gewährung der definitiven statt der provisorischen Rechtsöffnung von Amtes wegen (LU, SchKKomm, 04.02.2003, LGVE 2003 I 50).

19 *Anforderungen an eine Rekursbegründung.* Der rekurrierende Schuldner muss mindestens das Vorhandensein eines Rechtsöffnungstitel bestreiten oder Einwendungen im Sinne von Art. 81 oder 82 Abs. 2 SchKG geltend machen (LU, SchKKomm, 21.09.1965, Max. XI, Nr. 428).

20 Der *Rekursentscheid in Rechtsöffnungssachen ist kein Urteil*, gegen das die Kassationsbeschwerde (Nichtigkeitsbeschwerde) ans Gesamtobergericht gegeben ist (LU, Gesamtobergericht, 11.10.1968, Max. XI, Nr. 652).

21 *Novenverbot* – Beschränkte Untersuchungsmaxime im Nichtigkeitsbeschwerdeverfahren gegen einen Rechtsöffnungstitel. – Auch die im Rechtsöffnungsverfahren geltende beschränkte Untersuchungsmaxime, wonach der Richter von Amtes wegen zu prüfen hat, ob ein Rechtsöffnungstitel im Sinne des Gesetzes vorliegt, schränkt das Novenverbot nicht ein. Der Grundsatz bedeutet immerhin, dass der Richter – unabhängig von den Bestreitungen und Einwendungen des Schuldners – die erstinstanzlich eingereichte Urkunde untersuchen und sich in freier Beurteilung über deren Qualität als Rechtsöffnungstitel aussprechen muss. Ein offensichtlicher Mangel des fraglichen Rechtsöffnungstitels ist daher selbst dann zu berücksichtigen, wenn auf diesen Mangel nicht oder erst in der Nichtigkeitsbeschwerde hingewiesen wird (LU, SchKKomm 10.09.2001, BlSchK 2004, S. 68).

22 Wird über den *Nachlass des Betreibungsschuldners* die *konkursamtliche Liquidation verfügt*, kann ein Rechtsöffnungsgesuch nicht fortgesetzt werden (SZ, AB, 12.06.1967, BlSchK 1971, S. 18).

23 Für *jede Betreibung ist ein besonderes Rechtsöffnungsgesuch zu stellen* und ein besonderer Rechtsöffnungsentscheid zu erlassen (LU, SchKKomm, 04.02.1972, Max. XII, Nr. 96).

24 Der Kläger hat im Rechtsöffnungsverfahren weder einen Anspruch auf mündliche Verhandlung noch auf eine Replik (LU, SchKKomm, 18.09.1972, Max.XII, Nr. 97).

25 Ist in einem Betreibungsverfahren *eine Beschwerde gemäss Art. 17 SchKG anhängig*, so *kann der Schuldner schon während der Dauer der erteilten aufschiebenden Wirkung Rechtsvorschlag erheben*, ebenso steht nicht entgegen, dass der Gläubiger das Rechtsöffnungsbegehren stellt (ZH, ObGer, III. Ziv.Kammer, 08.05.1972, SJZ 1973, S. 106).

26 Geht *die Schuld nach Erlass des Zahlungsbefehls unter*, so ist die Rechtsöffnung zu verweigern (ZH, ObGer, III. Ziv.Kammer, 21.08.1972, ZR 1973, Nr. 63, SJZ 1973, S. 313).

27 Wird ein Betreibungsverfahren, in welchem für den in Betreibung gesetzten Betrag definitive Rechtsöffnung erteilt wurde, nicht fristgemäss durch ein Pfändungsbegehren im Sinne von Art. 88 Abs. 2 SchKG fortgesetzt, kann in der gleichen Sache erneut ein Betreibungsverfahren eingeleitet und in diesem über die definitive Rechtsöffnung entschieden werden (AG, ObGer, Ziv.Kammer, 04.06.1976, AGVE 1976, Nr. 20, SJZ 1978, S. 108).

28 *Formelle Rechtsverweigerung im Rechtsöffnungsverfahren* – Ein Gesuch um definitive Rechtsöffnung wurde vom Amtsgerichtspräsidenten mit der Begründung verweigert, die Gläubigerin habe die massgebenden Zahlen des Landesindexes der Konsumentenpreise und damit die Anspruchsgrundlage für die indexbedingte Erhöhung der im Ehescheidungsurteil zugesprochenen Unterhaltsbeiträge nicht urkundlich nachgewiesen. Das ObGer hiess die gegen diesen Entscheid geführte Beschwerde gut: Das Ehescheidungsurteil war der Vorinstanz bekannt. Der massgebende Indexstand hätte von ihr im Statistischen Jahrbuch der Schweiz nachgeschlagen oder beim BIGA, beim Statistischen Amt des Kantons Luzern oder bei einer anderen Stelle telefonisch erfragt werden können. Bei dieser Sachlage stellt die Verweigerung der Rechtsöffnung mit der Begründung, die Klägerin habe die Anspruchsgrundlagen nicht nachgewiesen, überspitzten Formalismus, also eine formelle Rechtsverweigerung dar (LU, SchKKomm, 19.08.1980, LGVE 1980 I S. 593).

29 Bewilligung der Rechtsöffnung für einen von mehreren betreibenden Gläubigern, wenn die anderen das Rechtsöffnungsbegehren, nicht aber die Betreibung an sich zurückziehen. – Nach der bundesgerichtlichen Rechtsprechung steht fest, dass mehrere Gläubiger der gleichen Forderung gemeinsam eine Betreibung anheben können und dass das Ausscheiden eines von ihnen infolge Rückzuges oder

Todes die Weiterführung der Betreibung durch den oder die andern nicht hindert (vgl. BGE 75 III 90, 71 III 164, 58 III 115). Nicht entschieden hat das BGer bisher die Frage, ob einem von mehreren gemeinsam betreibenden Gläubigern die Rechtsöffnung erteilt werden kann. Bis heute hat das BGer jedoch durchwegs Fälle beurteilt, in denen der Gläubiger die Betreibung zurückgezogen hat oder aus andern Gründen daraus ausgeschieden ist. Hier sind aber die einen nur aus dem Rechtsöffnungsverfahren, nicht aber aus der Betreibung ausgeschieden. Sie haben somit den geltend gemachten Anspruch, Gläubiger des Beschwerdegegners zu sein, nicht aufgegeben. Bedenken, bei mehreren, auf dem gleichen Zahlungsbefehl aufgeführten Gläubigern dem einen die Rechtsöffnung zu gewähren, sie dem andern aber zu verweigern, bzw. ihn bei seinem Rückzug zu behaften, lassen sich vielmehr sachlich begründen und sind nicht von voneherein willkürlich. Auch ist die Auffassung vertretbar, eine einmal eingeleitete Betreibung lasse sich nicht nachträglich in mehrer Betreibungen mit allenfalls unterschiedlichem Fortgang aufteilen. Da das Gesetz die gemeinsame Betreibung durch mehrere Gläubiger zusammen nicht regelt, drängt sich auch unter diesem Gesichtspunkte eine extensive Auslegung nicht auf (BS, AB, 13.12.1977, BJM 1978, S 81).

30 Bei Wohnsitzwechsel nach Einleitung der Betreibung ist der Rechtsöffnungsrichter des neuen Wohnsitzes zuständig (LU, SchKKomm, 01.01.1959, Max. X, Nr. 682).

31 *Gerichtsstand für die Rechtsöffnung* – Örtlich zuständig für die Rechtsöffnung ist grundsätzlich der Richter des Ortes, wo die Betreibung angehoben wurde. Hat der Betriebene *inzwischen den Wohnsitz verlegt*, so ist das Rechtsöffnungsgesuch beim Richter des neuen Wohnsitzes zu stellen, sofern der Betriebene dem Gläubiger die Wohnsitzverlegung angezeigt oder dieser sonstwie davon erfahren hat. Auch in diesem Falle bleibt jedoch der Richter des ursprünglichen Betreibungsortes zuständig, wenn sich der Betriebene nicht darauf beruft, er habe seinen Wohnsitz seit Anhebung der Betreibung verlegt (Präzisierung der Rechtsprechung) (BGE 112 III 9/10).

32 *Örtlich zuständig* zur Erteilung der Rechtsöffnung ist einmal der Richter am Ort, wo die Betreibung tatsächlich angehoben wurde, ohne dass der Schuldner hiergegen mit Erfolg Beschwerde geführt hat (BGE 39 I 278, 76 I 49), des Weiteren aber auch der Richter am wirklichen Wohnort bei Einleitung des Rechtsöffnungsverfahrens (vgl. Max. X, Nr. 215) (LU, SchKKomm 17.10.1961/22.11.1961, Max. XI, Nr. 47).

33 Stützt der Gläubiger seine Forderung neben einem Verlustschein noch auf ein unverjährtes gerichtliches Urteil, so ist definitive Rechtsöffnung zu gewähren (BL, Arlesheim, Bez.Gerichtspräsident, 07.05.1946, SJZ 1946, S. 276).

34 Zuständigkeit für die Rechtsöffnung nach vorangegangener *Betreibung am falschen Ort.* – Hier wurde das Rechtsöffnungsbegehren beim an sich zuständigen Richter (nämlich am richtigen Betreibungsort) gestellt. Der Richter betrachtete sich als örtlich zuständig, umso mehr als sich der Beschwerdegegner vorbehaltlos auf das Rechtsöffnungsverfahren eingelassen hat (BS, Appellationsgericht, 15.01.1969, BJM 1969, S. 280).

35 Gerichtsstand für das Rechtsöffnungsverfahren ist der Ort, wo die Betreibung angehoben wurde, und zwar gleichgültig, ob dies der richtige Betreibungsort war oder nicht, sofern er nur seitens des Schuldners nicht rechtzeitig auf dem Weg der Beschwerde nach Art. 17 SchKG beanstandet wurde (LU, SchKKomm, 06.12.1989, LGVE 1990 I 38).

36 Gerichtsstand für die Rechtsöffnung ist der Betreibungsort bzw. der Ort desjenigen BA, das den Zahlungsbefehl zugestellt hat. Der Schuldner, der sich nicht wegen Unzuständigkeit dieses Amtes beschwerte, kann diese Einrede nicht im Rechtsöffnungsverfahren erheben. An jenem Ort kann die Rechtsöffnung vielmehr auch dann verlangt werden, wenn der Schuldner inzwischen den Wohnort wechselte, ohne den Gläubiger davon zu benachrichtigen und ohne dass dieser es sonstwie vernommen hätte (TG, Rekurskomm., 05.08.1991, BlSchK 1993, S. 185).

37 Bei feststehender Kapitalschuld ist auch für die Verzugszinse von Gesetzes wegen die nachgesuchte Rechtsöffnung zu bewilligen (GR, AB, 15.05.1956, SJZ 1957, S. 292).

38 Die Rechtskraft des die Rechtsöffnung verweigernden Entscheides erstreckt sich nur auf diejenige Betreibung, in welcher die Entscheidung ergangen ist (ZH, Kassationsgericht, 20.09.1956, SJZ 1957, S.28).

39 Dem Entscheid über die Bewilligung oder Verweigerung der definitiven Rechtsöffnung wohnt keine materielle Rechtskraft inne (TI, SchKK, 10.03.1961, SJZ 1962, S. 308).

40 Wer einem Advokaten (mit dem üblichen gedruckten Vollmachtsformular) Vollmacht u.a. zur Anerkennung einer Klage erteilt hat, kann im Verfahren um Bewilligung der definitiven Rechtsöffnung die aufgrund der durch den Advokaten ausgesprochenen Klageanerkennung verlangt wird, nicht einwenden, die Klageanerkennung sei gegen seinen Willen erfolgt (BS, Dreiergericht, 19.11.1956, BJM 1957, S. 225).

41 Derjenige, der auf einen Rechtsvorschlag hin seine Ansprüche gemäss Art. 79 SchKG hat anerkennen lassen, kann direkt die Fortsetzung der Betreibung verlangen, ohne dass er das Rechtsöffnungsverfahren gemäss Art. 80 SchKG zu durchlaufen hätte; das Gleiche gilt, wenn ein Entscheid im Sinne von Art. 79 SchKG von einer Behörde oder einem Verwaltungsgericht des Bundes bzw. desjenigen Kantons stammt, in welchem die Betreibung angehoben worden ist (Bestätigung der Rechtsprechung). Das *Dispositiv des Zivilurteils oder des Verwaltungsentscheides hat jedoch mit Bestimmtheit auf die hängige Betreibung Bezug zu nehmen* und den Rechtsvorschlag ausdrücklich *als aufgehoben zu erklären*, sei es vollumfänglich oder in einer bestimmten Höhe (BGE 107 III 60/61).

42 Dispositiv des Zivilurteils oder des Verwaltungsentscheides hat jedoch *mit Bestimmtheit auf die hängige Betreibung Bezug zu nehmen und den Rechtsvorschlag ausdrücklich als aufgehoben zu erklären*, sei es vollumfänglich oder in einer bestimmten Höhe (Änderung der Rechtsprechung) (BGE 107 III 60/61) (LU, SchKKomm, 14.11.1984, LGVE 1984 I 30).

43 Wenn auf Grund eines Rekurses das angerufene Gericht (hier BGer, Staatsrechtliche Abteilung) der Vollstreckung des Urteils aufschiebende Wirkung zuerkannt hat, kann eine definitive Rechtsöffnung nicht bewilligt werden (VD, Tribunal cantonal, 12.03.1981, BlSchK 1984, S. 63/64).

44 Der Grundsatz, wonach der Gläubiger für jede Betreibung ein gesondertes Rechtsöffnungsgesuch zu stellen hat, stellt eine Form- und Ordnungsvorschrift dar. Es liegt im Ermessen des Rechtsöffnungsrichters, ob er ein einziges eingereichtes Rechtsöffnungsgesuch für zwei Betreibungen zur Verbesserung zurückweisen will oder nicht. Der Rechtsöffnungsrichter muss jedoch für jede Betreibung gesondert entscheiden (LU, SchKKomm, 15.03.1985, LGVE 1985 I 38).

45 Verhältnis zwischen Rechtsöffnungsverfahren und Befehlsverfahren nach § 304 Abs. 2 Zürcher ZPO. – Vollstreckung der Geldleistung eines Urteils bzw. Urteilssurrogates, in welchem die Pflicht zur Zahlung einer Geldsumme vom Eintritt einer Bedingung oder von der gehörigen Erfüllung einer Gegenleistung abhängig ist. Im Rechtsöffnungsverfahren ist eine vorfrageweise Prüfung gemäss § 304 Abs. 2 ZPO über diese Frage nicht zulässig. Die Frage darüber, ob dies im Befehlsverfahren nach dieser Bestimmung oder in einem neuen ordentlichen Verfahren zu entscheiden ist, wird offen gelassen (ZH, ObGer, II. Ziv.Kammer, 08.05.1985, ZR 1985, Nr. 69).

46 Rechtsöffnung für Prozessentschädigung – Abweisung eines durch den Rechtsvertreter im eigenen Namen *eingereichten Rechtsöffnungsbegehrens*, da die *Höhe der abgetretenen Forderung unbestimmt ist*. Hier wurde mit Vollmacht die der Klientin zugesprochene Prozessentschädigung dem Rechtsöffnungsuchenden abgetreten, jedoch nur «bis zur Höhe seiner Ansprüche». Solange aufgrund der vom Kläger eingereichten Akten die Höhe seiner Ansprüche und damit die Höhe des ihm zustehenden Forderungsbetrages nicht bestimmbar ist, ist die Rechtsöffnung zu verweigern (Bez.Gericht Bülach, 25.10.1985, ZR 1986, Nr. 53).

47 Rechtsöffnung ist auch für kleine Beträge (hier für Fr. 14.30) zu erteilen, wenn die Voraussetzungen erfüllt sind (ZH, ObGer, III. Ziv.Kammer, 15.01.1986, ZR 1986, Nr. 42, BlSchK 1988, S. 183).

48 (i.V.m. Art. 34 und 42 der Genfer ZPO) – Die Notifikation eines Urteils, die an einem andern als von der Partei verzeigten Domizil erfolgte, ist ungültig. Ein der Schuldnerin an ihre Wohnadresse zugestellter Rechtsöffnungsentscheid ist nicht gültig eröffnet, wenn die Schuldnerin Zustellungsdomizil

bei ihrem Rechtsanwalt verzeigt hatte (GE, Autorité de surveillance, 13.02.1985, BlSchK 1988, S. 21).

49 (i.V.m. § 99 Abs. 1 ZPO (LU) – Kein Verstoss gegen den Grundsatz der Rechtsanwendung von Amtes wegen, wenn die beantragte definitive Rechtsöffnung mangels eines definitiven Rechtsöffnungstitels abgewiesen und die provisorische Rechtsöffnung mangels eines entsprechenden Antrages nicht erteilt wird (LU, SchKKomm, 01.04.1999, LGVE 1999 I 42; die dagegen erhobene staatsrechtliche Beschwerde wurde vom BGer abgewiesen).

50 (i.V.m. Art. 153 Abs. 2 SchKG, Art. 85 VZG u. § 60 ZPO (LU) – Pfandverwertung des im Dritteigentum der Käufer stehenden Grundstückes für Grundstückgewinnsteuern. In der Betreibung auf Pfandverwertung setzt die Erteilung der Rechtsöffnung für das Pfandrecht einen entsprechenden Antrag voraus. Der Nachweis der Tilgung kann im Verfahren der definitiven Rechtsöffnung nur mit eindeutiger Urkunde erbracht werden (LU, ObGer, SchKKomm, 18.12.1998, LGVE 1999 I 41).

51 (i.V.m. Art. 276 und 289 ZGB) – Gläubigereigenschaft und Aktivlegitimation des (ehemaligen) gesetzlichen Vertreters mit Bezug auf Kinderalimente, die den Zeitraum vor der Mündigkeit des Kindes betreffen, aber nach Eintritt der Mündigkeit in Betreibung gesetzt werden (TG, ObGer, 09.09.2002, SJZ 2004, S. 190).

II. Vollstreckbare Entscheide und Rechtskraft

52 *Das Fehlen einer Rechtsmittelbelehrung* steht der Vollstreckbarkeit eines Zivilurteils nicht entgegen (BE, Appellationshof, II. Ziv.Kammer, 29.05.1946, ZBJV 1946, S. 385).

53 (i.V.m. § 265 ff. Luzerner ZPO) – Das Urteil des Amtsgerichtspräsidenten, gegen das ohne Erfolg Nichtigkeitsbeschwerde eingereicht wurde, wird *mit der Zustellung des Nichtigkeitsentscheides vollstreckbar* (LU, SchKKomm, 09.03.1948, Max., IX, Nr. 610).

54 *Rechtshilfe zur Vollstreckung öffentlich-rechtlicher Ansprüche. Anforderungen an den Nachweis der Vollstreckbarkeit. Pflicht zur Übersetzung von Urkunden, die nicht in der Amtssprache des ersuchten Kantons abgefasst sind?* Die Vorschriften des Konkordates über die für die Rechtsöffnung erforderlichen Unterlagen haben den Sinn, dafür Gewähr zu bieten, dass jene nur für solche öffentlich-rechtliche Ansprüche erteilt wird, die sich auf einen in gesetzmässiger Weise zu Stande gekommenen Entscheid stützen. Dabei kann den vom Konkordat verlangten Bescheinigungen nicht allen die gleiche Bedeutung beigemessen werden. Schlechthin unerlässlich für die Entscheidung des Rechtsöffnungsrichters sind die vollständige Ausfertigung des Verwaltungsentscheides und die Bescheinigung seiner Rechtskraft. Sie können überhaupt nur von der Behörde des die Vollstreckung begehrenden Kantons ausgestellt und durch keinerlei Prüfung des Rechtsöffnungsrichters ersetzt werden. Ähnlich verhält es sich scheinbar mit der Beglaubigung der Echtheit der Unterschrift auf der Ausfertigung des Entscheides. Indessen kann die durch die Beglaubigung zu bezeugende Tatsache dem Richter auch auf andere Weise bewiesen werden. Wenn mittelbar aus den Umständen hervorgeht, dass die Ausfertigung des Entscheides mit einer echten Unterschrift versehen ist, so ist dem Erfordernis des Konkordates Genüge getan, und der Richter darf, sofern auch die übrigen Voraussetzungen erfüllt sind, die Rechtsöffnung erteilen, ohne dass damit der Beklagte in seinen Rechten verkürzt wird. – Die Gerichtspraxis hat sich bis dahin entwickelt, dass wenigstens, was das Französische und das Italienische anbelangt, der Regel nach kein fremdsprachiges Schriftstück zurückgewiesen werde. Wenn fremdsprachige Urkunden in Prozessen vorgelegt würden, so werde von den Parteien in den seltensten Fällen deren Übersetzung verlangt; der Richter nehme sie ohne Weiteres entgegen, wenn er im Stande sei, ohne Schwierigkeiten davon Kenntnis zu nehmen (ZR 29, Nr. 126, SJZ 27, S. 186). Beizufügen ist jedoch, dass der Richter nicht verpflichtet ist, jedem Gesuch um Übersetzung oder Rückweisung fremdsprachiger Urkunden zu entsprechen. Die Pflicht zur Übersetzung fremdsprachiger Urkunden ist lediglich unter dem Gesichtspunkte der Wahrung des rechtlichen Gehörs zu beurteilen. Eine Partei hat nur dann Anspruch darauf, dass den von der Gegenpartei eingereichten fremdsprachigen Urkunden eine Übersetzung beigelegt werde, wenn der Richter oder sie selber die betreffende fremde Sprache nicht versteht (ZH, ObGer, IV. Ziv.Kammer, 09.09.1948, SJZ 1949, S. 136).

Zweiter Titel: Schuldbetreibung | Art. 80

55 Ein Entscheid ist im Sinne dieser Bestimmung nur dann vollstreckbar, wenn die formelle Rechtskraft gegeben ist (LU, SchKKomm, 15.11.1955, Max. X. Nr. 356, ZBJV 1956, S.33, BlSchK 1957, S. 142).

56 Zur Frage der Vollstreckbarkeit eines auf Zahlung monatlicher Unterhaltsbeiträge lautenden Urteils. – Der Arrest bewirkt nicht erst künftig entstehende Unterhaltsforderung. Der Rechtsöffnungstitel muss schon zu Beginn der Betreibung bestanden haben (LU, SchKKomm, 09.11.1963, Max. XI, Nr. 260).

57 Zur Frage der Vollstreckung eines Urteils, das dem Schuldner *wahlweise zu einer Sachleistung oder zu einer Geldzahlung verhält.* – Wenn im Urteil nicht zum Ausdruck kommt, wem das Wahlrecht zwischen den beiden Lieferungen (Sacherfüllung oder Zahlung) zusteht, ist im Sinne des Art. 72 OR der Schuldner als wahlberechtigt anzusehen. Solange das Wahlrecht nicht ausgeübt ist, geht dem Gläubiger die Befugnis ab, bloss eine der beiden Leistungen zu verlangen (von Thur/Siegwart, OR I, S. 72). Das Urteil bildet daher unter diesen Umständen weder einen Vollstreckungstitel für den Anspruch auf Realersatz noch einen solchen für den Anspruch auf Zahlung. Hat der Schuldner dagegen von seinem Wahlrecht Gebrauch gemacht, wird nurmehr diejenige Leistung geschuldet, für die er sich entschieden hat (von Thur/Siegwart, OR I, a.a.O.) (LU, SchKKomm, 15.03.1956, Max. X, Nr. 434, BlSchK 1958, S. 143).

58 Für die *Vollstreckung ausserkantonaler Bussenentscheide* gilt nicht das Konkordat betreffend Gewährung gegenseitiger Rechtshilfe zur Vollstreckung öffentlichrechtlicher Ansprüche vom 18.02.1911, sondern Art. 380 StGB (LU, SchKKomm, 04.11.1957, Max. X, Nr. 514).

59 (i.V.m. dem Konkordat über die Gewährung gegenseitiger Rechtshilfe zur Vollstreckung öffentlichrechtlicher Ansprüche, Art. 2, 3 und 6) – *Beschlüsse und Entscheide von Verwaltungsbehörden* sind vom *Rechtsöffnungsrichter* dahin *zu überprüfen, ob die Vollstreckbarkeit im Sinne von Art. 2 und 3 des Konkordates gegeben sind.* Tätigwerden einer Behörde *nicht innerhalb,* sondern im Hinblick *auf ein erwartetes Baugesuch,* also *ausserhalb des Verwaltungsverfahrens,* erfüllt die Voraussetzungen *des Konkordates nicht.* Zudem ist mangelnde Gesetzmässigkeit der Verfügung als Nichtigkeitsgrund zu betrachten (GL, Zivilgerichtspräsident, 20./31.10.1978, BlSchK 1978, S. 178).

60 (i.V.m. Art. 18 der Ausführungs-VO GR) – Erfordernis der Vollstreckbarkeit von Verwaltungsentscheiden. Das fristgemäss bei *einer unzuständigen Behörde eingereichte Rechtsmittel* – hier eine bei der kantonalen Kreissteuerkommission statt bei der zu ständigen Gemeindebehörde – eingereichte *Einsprache gegen die Veranlagungsverfügung* für die Gemeindesteuern *hemmt den Eintritt der Rechtskraft* (GR, AB, 14.03.1995, PKG 1995, S. 98).

61 Materielle Rechtskraft eines Rechtsöffnungsentscheides – Der Rechtsöffnungsentscheid *erwächst nur für die betreffende Betreibung, nicht auch für eine neue Betreibung für die gleiche Forderung in materielle Rechtskraft,* so dass der abgewiesene Gläubiger sein Rechtsöffnungsbegehren zwar in der betreffenden Betreibung nicht mehr erneuern kann, wohl aber in einer neuen Betreibung für die gleiche Forderung (GR, AB, 27.03.1996, S. 109).

62 (i.V.m. § 110 VRG; § 33 Abs. 1 EGGSchG) – *Voraussetzungen für die* Erteilung der *definitiven Rechtsöffnung, gestützt auf die Verfügung einer Verwaltungsbehörde.* Damit die Verfügung einer Verwaltungsbehörde als definitiver Rechtsöffnungstitel im Sinne von Art. 80 SchKG gelten kann, muss sie formell rechtskräftig, d.h. nicht mehr durch ein ordentliches Rechtsmittel anfechtbar sein und u.a. auf einen bestimmten oder in seiner Höhe ohne Weiteres sofort bestimmbaren Geldbetrag lauten. *Dem Schuldner muss erkennbar sein, dass die Verfügung vollstreckt werden kann, wenn er gegen sie kein Rechtsmittel ergreift* (LU, SchKKomm, 26.01.2000, LGVE 2000 I 51).

63 Rechtsöffnung und Vollstreckungserklärung ausländischer Urteile können nicht über die Bestimmungen allfälliger Staatsverträge hinaus gewährt werden. *Britische Schiedssprüche sind in der Schweiz nicht vollstreckbar, wenn beide Parteien ordentlicherweise schweizerischer Gerichtsbarkeit unterstehen* (ZH, ObGer, II. Ziv.Kammer, 22.11.1951, ZR 1955, Nr. 157).

64 Rechtsöffnung und Vollstreckung eines *deutschen Gerichtsentscheides* – Auch wenn formell zutreffenderweise nur ein Rechtsöffnungsbegehren gestellt, aber vorfrageweise über die Vollstreckbarkeit eines deutschen Gerichtsentscheides zu befinden ist, steht gegen den Entscheid des Einzelrichters

der Rekurs offen. Die Entscheidung der Frage, ob der ausländische Entscheid lediglich eine öffentliche Urkunde sei, der zu provisorischer Rechtsöffnung berechtige, kann dagegen bloss mit der Nichtigkeitsbeschwerde angefochten werden. Die Feststellungsvermerk einer Konkursforderung in der Konkurstabelle durch ein deutsches Gericht ist keine in einem ordentlichen Prozessverfahren ergangenen Entscheidung im Sinne des deutsch-schweizerischen Vollstreckungsabkommens und daher kein vollstreckbarer Titel (ZH, ObGer, II. Ziv.Kammer, 24.02.1964, ZR 1968, Nr. 112).

65 *Vorläufig vollstreckbare ausländische Urteile* berechtigen nicht zu definitiver Rechtsöffnung (TG, Rekurskomm., 02.02.1966, Rechenschaftsbericht 1966, S. 77, SJZ 1968, S. 123).

66 Keine definitive Rechtsöffnung für *deutsche Gerichtsurteile*, wenn deren Rechtskraft sich weder aus dem Entscheid noch aus einer sonstigen öffentlichen Urkunde ergibt (TG, Rekurskomm., 24.01.1972, BlSchK 1976, S. 131).

67 *Deutsche Zahlungsbefehle mit Vollstreckungsbefehl* berechtigen zur definitiven Rechtsöffnung (BS, Appellationsgericht, 10.10.1955, BJM 1955, S. 273, BlSchK 1956, S. 140).

68 Die Vollstreckbarkeit eines deutschen Vollstreckungsbescheids ist gemäss Lugano-Übereinkommen in der Schweiz gegeben (LU, SchKKomm, 29.09.1999, LGVE 1999 I 40).

69 (i.V.m. dem *Haager Abkommen* über die Anerkennung und Vollstreckung von Entscheidungen auf dem Gebiete der *Unterhaltspflicht gegenüber Kindern* vom 15.04.1958 (HA I) sowie dem Haager Abkommen über die *Anerkennung und Vollstreckung von Unterhaltsentscheidungen* vom 02.10.1973 (HA II). Nach Art. 2, Ziff. 2 (HA I) ist einem Urteil die Vollstreckung unter anderem zu versagen, wenn die beklagte Partei nicht ordnungsgemäss geladen oder vertreten war und in Art. 6 HA II wird bestimmt, dass ein Versäumnisurteil nur vollstreckt werden kann, wenn das Verfahren einleitende Schriftstück mit den wesentlichen Klaggründen der säumigen Partei nach dem Recht des Ursprungsstaates zugestellt worden ist und wenn diese Partei eine nach den Umständen ausreichende Frist zu ihrer Verteidigung hatte. Frage der Verletzung des (schweizerischen) ordre public wegen verfügter Rückwirkung des Unterhaltsanspruches offen gelassen (BS, Dreiergericht für Zivilsachen, 06.09.1978, BlSchK 1981, S. 108).

70 Rechtsöffnung und Vollstreckung eines *deutschen Gerichtsentscheides* – Auch wenn formell zutreffenderweise nur ein Rechtsöffnungsbegehren gestellt, aber vorfrageweise über die Vollstreckbarkeit eines deutschen Gerichtsentscheides zu befinden ist, steht gegen den Entscheid des Einzelrichters der Rekurs offen. Die Entscheidung der Frage, ob der ausländische Entscheid lediglich eine öffentliche Urkunde sei, der zu provisorischer Rechtsöffnung berechtige, kann dagegen bloss mit der Nichtigkeitsbeschwerde angefochten werden. Die Feststellungsvermerk einer Konkursforderung in der Konkurstabelle durch ein deutsches Gericht ist keine in einem ordentlichen Prozessverfahren ergangene Entscheidung im Sinne des deutsch-schweizerischen Vollstreckungsabkommens und daher kein vollstreckbarer Titel (ZH, ObGer, II. Ziv.Kammer, 24.02.1964, ZR 1968, Nr. 112).

71 (i.V.m. Art. 2 u. 4 Ziff. 2, 6 und 9 des *Haager Übereinkommens* über die Vollstreckung von Entscheidungen auf dem Gebiete der *Unterhaltspflicht gegenüber Kindern* (SR 0.211.221.432)). – Vollstreckbarkeit der in einer Ehesache ergangenen einstweiligen Anordnung eines *deutschen Amtsgerichts* in der Schweiz. Tragung der Verfahrenskosten. – Bezüglich einer angeblich fehlenden Rechtskraft ist vorliegend Art. 2 Ziff. 3 zweiter Satz des Haager Übereinkommens anwendbar, wonach vorläufig vollstreckbare Entscheidungen und vorsorgliche Massnahmen, trotz der Möglichkeit, sie anzufechten, für vollstreckbar zu erklären sind, wenn gleichartige Entscheidungen auch hier erlassen und vollstreckt werden können. Hinsichtlich der Kosten ist zu berücksichtigen, dass gemäss Art. 9 der anwendbaren Haager Übereinkunft den Parteien keine Gerichtskosten überbunden werden dürfen, da beide im Verfahren, das zum hier streitigen Gerichtsbeschluss des Amtsgerichts Lüdenscheid führte, das Armenrecht zugesprochen erhalten haben. Der Umfang des Armenrechts wird indes durch das Recht des Vollstreckungsstaates bestimmt. Ein Anspruch auf armenrechtliche Vertretung im Rechtsöffnungsverfahren besteht praxisgemäss nicht (Max. XI, Nr. 40). Die Partei- und Anwaltskosten sind bei diesem Ausgang des Verfahrens somit wettzuschlagen (LU, SchKKomm, 20.10.1982, LGVE 1982 I 42).

72 Definitive Rechtsöffnung aufgrund eines deutschen Versäumnisurteils unter Anwendung des Haager Übereinkommens über Anerkennung und Vollstreckung von Unterhaltsentscheidungen vom 02.10.1973 (SH, OF 21.01.2000, BlSchK 2001, S. 66).

73 (i.V.m. Art. 1 *des deutsch-schweizerischen Abkommens* über die gegenseitige Anerkennung und Vollstreckung gerichtlicher Entscheidung) – *Deutsche Vollstreckungsbefehle als Rechtsöffnungstitel:* Mit ihrer Rechtskraft stellen solche Befehle Entscheidungen über einen materiellen Anspruch und damit gültige Rechtsöffnungstitel im Sinne dieses Artikels dar (TG, AB, Rechenschaftsbericht 1988, S. 131, BlSchK 1990, S. 30).

74 (i.V.m. Art. 28, 33, 46 und 47 LugÜ und § 264 ZPO/LU) – Voraussetzung für die Vollstreckung (definitive Rechtsöffnung) eines *in Deutschland ergangenen Versäumnisurteils*. – Hier geht es um die Vollstreckung eines Versäumnisurteils des Landesgerichts Ulm, mit welchem der Beklagte zur Bezahlung einer Forderung nebst Zinsen verurteilt wurde. Das LugÜ regelt die Vollstreckung der in einem andern Vertragsstaat ergangenen Entscheidungen in den Art. 31–45. Geltung haben auch die «gemeinsamen Vorschriften» gemäss Art. 46–49 LugÜ. Wer eine Entscheidung in einem andern Vertragsstaat zwangsvollstrecken will, hat gemäss Art. 33 Abs. 3 LugÜ seinen Antrag die in den Art. 46 und 47 angeführten Urkunden beizufügen. Die ersuchende Partei hat nach Art. 47 Ziff. 1 LugÜ die Urkunden vorzulegen, aus denen sich ergibt, dass die Entscheidung nach dem Recht des Ursprungsstaates vollstreckbar ist und dass sie zugestellt worden ist. Die Zustellung durch «Aufgabe zur Post» nach deutschem Prozessrecht (§ 175 DZPO) widerspricht weder dem massgebenden Staatsvertragsrecht (Haager Zustellungsübereinkommen; HZÜ) noch der hiesigen öffentlichen Ordnung (LU, SchKKomm, 12.01.1998, LGVE 1998 I 39, BlSchK 2000, S. 32).

75 Der Grundsatz, dass das Urteil eines inländischen Verbandsschiedsgerichts im Streit zwischen einem Verbandsmitglied und einem Nichtmitglied nicht als Vollstreckungstitel anerkannt werden , ist nicht anwendbar auf ausländische Schiedssprüche, sofern sich deren Vollstreckung nach dem Protokoll über die Schiedsklauseln dem – 346 -vom 24.09.1923 und dem Genfer Abkommen zur Vollstreckung ausländischer Schiedssprüche vom 26.09.1927 richtet (ZH, Bez.Gericht Horgen, 12.12.1951, SJZ 1952, S. 175).

76 Auf Grund eines *ausländischen Urteils wird keine definitive Rechtsöffnung* gewährt, wenn es am *Zustellungsnachweis und an der Rechtskraftbescheinigung mangelt* und das Urteil demnach dem schweizerischen ordre public widerspricht (LU, SchKKomm, 17.03.1988, LGVE 1988 I 39, BlSchK 1990, 137).

77 Zu den staatsvertraglichen Vollstreckungsvoraussetzungen nach dem *Abkommen zwischen der Schweiz und Italien* über die Anerkennung und Vollstreckung gerichtlicher Entscheidungen vom 03.01.1933. Der Nachweis der Zustellung des Urteils ist – anders als der Nachweis der gehörigen Ladung der säumigen Partei – nicht Vollstreckungsvoraussetzung und ergibt sich auch nicht aus dem schweizerischen ordre public (GR, AB, 16.08.1993, PKG 1993, S. 68).

78 Vollstreckbarkeit eines *österreichischen Urteils; definitive Rechtsöffnung*. – Grundlage bildet das Vollstreckungsabkommen zwischen der Schweizerischen Eidgenossenschaft und der Republik Österreich über die Anerkennung und Vollstreckung gerichtlicher Entscheidungen vom 16.12.1960 (AS 1962, S. 2865 ff.) Soweit ein solcher Staatsvertrag über die Vollstreckung besteht, ist im Rechtsöffnungsverfahren vorfrageweise zu entscheiden, ob das auf Geldzahlung oder Sicherheitsleistung gerichtete ausländische Urteil zur Vollstreckung zuzulassen sei, wobei der Betriebene gemäss Art. 81. Abs. 3 SchKG die im Staatsvertrag vorgesehenen Einwendungen erheben kann (SJZ 1968, S. 372). Die Zuständigkeit des Urteilsstaates ist im anderen Staat anzuerkennen , wenn eine der in Art. 2 des Abkommens aufgeführten Zuständigkeitsvoraussetzungen gegeben ist. Literatur und Praxis nehmen dann eine vorbehaltlose Einlassung auf den Rechtsstreit im Sinne von Ziff. 2 von Art. 2 an, wenn ein Beklagter in einem vor einem nach Art. 59 BV unzuständigen Gericht anhängigen Verfahren den Willen kundtut, vorbehaltlos, d.h. ohne Bestreitung der Zuständigkeit des angerufenen Richters, zur Hauptsache zu verhandeln (BGE 57 I 23, Kallmann, Anerkennung und Vollstreckung ausländischer Zivilurteile und gerichtliche Vergleiche, S. 100/101). Eine sachliche Überprüfung ist nach dem Vollstreckungsabkommen nicht erlaubt. Die schweizerische öffentliche Ordnung ist im Übrigen auch

nicht schon dann verletzt, wenn ein ausländisches Gericht ein Streitverhältnis unrichtig beurteilt hat (BGE 78 II 250) (ZH, Einzelrichter Bez.Gericht Winterthur, 18.01.1973, BlSchK 1976, S. 131).

79 (i.V.m. Art. 81 Abs. 3 SchKG und Art. 1 des Vertrages zwischen der Schweizerischen Eidgenossenschaft und der Republik Österreich über die Anerkennung und Vollstreckung gerichtlicher Entscheidungen) – *Österreichischer Zahlungsbefehl als definitiver Rechtsöffnungstitel* – Anders als der schweizerische Zahlungsbefehl – welcher nur betreibungsrechtliche Wirkung zeigt – erwächst der österreichische Zahlungsbefehl nach unbenütztem Ablauf der Einsprachefrist von 14 Tagen in formelle und materielle Rechtskraft, und zwar gleich einer im ordentlichen Verfahren ergangenen Entscheidung. Schliesslich gilt es zu beachten, dass der Kläger bei einer Forderung unter öS 30'000.–, sofern nicht eine mandatsfähige Urkunde im Sinne von § 548 öZPO vorliegt (vgl. § 448 Abs. 1 öZPO) – gar keine Möglichkeit hat, das ordentliche Verfahren zu ergreifen; ein entsprechendes Begehren würde von Amtes wegen in das Mahnverfahren verwiesen (Bundesamt für Justiz (VPA/JAAC 52 (1986) Nr. 23, S. 137). Damit ist der österreichische Zahlungsbefehl als gerichtliche Entscheidung im Sinne von Art. 1 Abs. 1 bzw. Art. 5 Abs. 1 des Vollstreckungsvertrages zu qualifizieren (GR, AB, 03.08.1994, PKG 1994, S. 89).

III. Bedingte Vergleiche und Urteile

80 Für Forderungen, die sich auf ein bedingtes Urteil stützen, kann definitive Rechtsöffnung gewährt werden, wenn der Eintritt der Bedingungen einwandfrei nachgewiesen wird (SZ, Rechenschaftsbericht des KG 1953, S. 31, BlSchK 1955, S. 142).

81 Bedingtes Urteil oder Zusprechung einer resolutiv bedingten Forderung? Dass für die Letztere die Resolutivbedingung eingetreten sei, kann der Betreibungsschuldner als Rechtsöffnungsbeklagter geltend machen, soweit er den Beweis durch Urkunden erbringen kann (LU, SchKKomm, 17.12.1957, Max. X, Nr.513, BlSchK 1959, S. 111).

82 Ein bedingter gerichtlicher Vergleich oder eine bedingte Schuldanerkennung berechtigen nur dann zur Rechtsöffnung, wenn der Eintritt der Bedingung einwandfrei feststeht (ZH, ObGer, IV. Kammer, 15.09.1945, SJZ 1946, S. 217, BlSchK 1947, S. 80).

83 Aufgrund gerichtlicher Vergleiche und Urteile, in denen der Schuldner nur gegen Empfang der vom Gläubiger zu liefernden Ware zur Zahlung verpflichtet wird, kann Rechtsöffnung bewilligt werden, wenn die Gegenleistung erbracht oder angeboten wurde (LU, SchKKomm, 26.11.1951, Max. X, Nr. 45).

84 Definitive Rechtsöffnung bei gerichtlichen Vergleichen und Schuldanerkennungen, die mit Bedingungen verknüpft sind. Die definitive Rechtsöffnung im Sinne des Art. 80 Abs. 1 SchKG kann nur gewährt werden, wenn die Bedingung, die im gerichtlichen Vergleich oder in der gerichtlichen Anerkennung genannt wurde, nachgewiesen erfüllt wurde (LU, SchKKomm, 29.06.1977, LGVE 1977 I 384).

85 Ob eine an die Verpflichtung zum Rückzug des Rechtsvorschlages geknüpfte Bedingung, nämlich der Zahlungsverzug des Schuldners hinsichtlich einzelner, im Vergleich festgesetzter Raten eingetreten sei, kann nicht das BA oder die AB, sondern nur der Richter entscheiden (BL, Amtsbericht ObGer, 1951, S. 62, BlSchK 1953, S. 153).

IV. Gerichtliche Urteile und Vergleiche

86 Wird im Urteil der Beklagte nicht zur Bezahlung von Verzugszinsen verpflichtet, so kann dafür Rechtsöffnung erst vom Zeitpunkte an, wo die Hauptforderung nach Erlass des Urteils geltend gemacht wurde, bewilligt werden (LU, SchKKomm, 26.08.1948, Max. IX, Nr. 611).

87 (i.V.m. Art. 272 Abs. 2 ZGB) – Verweigerung der definitiven Rechtsöffnung in einer durch das volljährige Kind eingeleiteten Betreibung für Unterhaltsbeiträge. Die Rechtsöffnung wäre nur zu bewilligen, wenn das Scheidungsurteil expressiv verbis und betragsmässig beziffert vorsehen würde, dass die Unterhaltsbeiträge über die Volljährigkeit hinaus bis zum Abschluss der Berufsausbildung geschuldet sind (VD, Tribunal cantonal, 11.03.2004, BlSchK 2005, S. 148).

88 Ein *strafgerichtliches Urteil*, wodurch dem Zivilkläger ein Geldbetrag zugesprochen wird, bildet keinen Rechtsöffnungstitel, solange gegen das Urteil im Strafpunkt noch eine Nichtigkeitsbeschwerde beim eidg. Kassationshof hängig ist. Unwesentlich ist dabei, ob der Nichtigkeitsbeschwerde durch den Kassationshof oder durch seinen Präsidenten aufschiebende Wirkung erteilt wurde (VD, Tribunal cantonal, 28.08.1946, JT 95 II S. 89, SJZ 1948, S. 343).

89 Die von einem Angeschuldigten in *einer Strafuntersuchung abgegebene Erklärung*, dass er dem Kläger einen bestimmten Betrag schulde, stellt nicht ohne Weiteres eine gerichtliche, zur definitiven Rechtsöffnung berechtigende Schuldanerkennung dar (LU, SchKKomm, 27.10.1958, Max. X, Nr. 600).

90 Die *Anerkennung einer Forderung im Nachlassvertrag durch den Schuldner* verschafft dem Gläubiger keinen definitiven, sondern *nur einen provisorischen Rechtsöffnungstitel* (ZH, ObGer, I-II. Ziv.Kammer, 27.10.1978, ZR 1978, Nr. 103, SJZ 1979, S. 144).

91 Weder die vom Sachwalter im *Nachlassverfahren unterzeichnete Richtigbefundanzeige noch die Kollokation der Forderung im Konkurs des persönlich haftenden Schuldners* berechtigen für sich allein zur Rechtsöffnung in der Betreibung auf Verwertung eines Drittpfandes (GR, AB, 25.04.1985, PKG 1985, Nr. 31, BlSchK 1988, S. 102).

92 *Ausserkantonale gerichtliche Schuldanerkennung. Irrtumseinrede* – Eine ausserkantonale gerichtliche Schuldanerkennung kann Rechtsöffnungstitel sein, auch wenn die Prozesserledigung entsprechend dem einschlägigen Prozessgesetz durch *Gerichtsbeschluss erfolgt ist. Unzulässigkeit der Irrtumseinrede* (ZH, ObGer, III. Ziv.Kammer, 03.12.1952, ZR 1953, Nr. 29).

93 *Wann liegt eine gerichtliche Schuldanerkennung im Sinne von Art. 80 SchKG vor?* Unter einer gerichtlichen Schuldanerkennung ist eine innerhalb eines Prozesses abgegebene schriftliche Erklärung des Beklagten hinsichtlich des streitigen Anspruches zu verstehen, welche an das Gericht, vor welchem der Prozess hängig ist, gerichtet und von diesem zur Kenntnis genommen wurde. Unter welchen Voraussetzungen im Übrigen eine solche gerichtliche Schuldanerkennung zu Stande kommt, bestimmt sich nach dem kantonalen Prozessrecht (BS, Dreiergericht, 24.02.1955, BJM 1955, S. 86).

94 Eine *gerichtliche Anerkennung*, die zur definitiven Rechtsöffnung berechtigt, *liegt nur dann vor, wenn die Anerkennung den Prozess ganz oder teilweise zum Abschluss bringt*, nicht aber wenn trotz der im Gerichtsprotokoll enthaltenen Anerkennung die Klage zur Zeit abgewiesen wird (BS, Dreiergericht, 17.01.1956, BJM 1956, S. 164).

95 Ein vor *einer Gerichtsbehörde abgeschlossener Vergleich* gilt nur dann als Titel für die definitive Rechtsöffnung, wenn der Richter diese Vereinbarung zu Protokoll genommen und das Verfahren als geschlossen erklärt hat (VD, SchKK, 10.01.1957, JT 105 (1957), II S. 62, SJZ 1968, S. 62)

96 *Gerichtlicher Vergleich und Fortsetzung der Betreibung* – Führt die vom Gläubiger nach Art. 79 SchKG angehobene Klage zur gänzlichen oder teilweisen Anerkennung der Forderung, sei es durch rechtskräftiges Urteil, sei es durch gerichtlichen Vergleich, so kann der Gläubiger die Betreibung fortsetzen, ohne dass es noch eines besonderen Rechtsöffnungsentscheides bedarf. Legt der Vergleich aber ausserdem eine Verpflichtung des Gläubigers fest, die nach Behauptung des Schuldners zuerst oder Zug um Zug mit der Seinigen zu erfüllen ist, so ist die Fortsetzung der Betreibung nur zulässig, wenn der Gläubiger definitive Rechtsöffnung oder ein ergänzendes materielles Urteil zu seinen Gunsten erwirkt (BGE 90 III 71).

97 *Rechtsöffnung – Vergleich – Schiedsmannsspruch* – Ein Urteil oder ein einem solchen gleichgestellter Akt, so ein *gerichtlicher Vergleich*, vermögen die *definitive Rechtsöffnung nur zu rechtfertigen, wenn sie die zu zahlende Summe nennen*. – Es genügt aber, dass der vom Schuldner anerkannte Betrag auf Grund der Akten leicht bestimmbar ist. Die Schuldanerkennung kann aus einer Gesamtheit von Aktenstücken hervorgehen. Sie kann sich z.B. aus einem Vergleich ergeben, gemäss welchem eine Partei sich verpflichtet, eine von einem sachverständigen Schiedsmann zu bestimmende Summe zu bezahlen und der vom Bericht dieses Letzteren begleitet ist (VD, KG SchKK, 20.02.1964, JT 112 (1964) II S. 53, SJZ 1965, S. 342).

98 Rechtsöffnung aufgrund eines gerichtlichen Vergleichs. – Verlangt der Betreibungsgläubiger *aufgrund eines gerichtlichen Vergleichs provisorische Rechtsöffnung*, so kann der Rechtsöffnungsrichter dennoch *die definitive aussprechen*, da es unzulässig ist, dem Betriebenen noch die Möglichkeit einer Aberkennungsklage gemäss Art. 83 Abs. 2 SchKG zu lassen, welcher zum Voraus die Einrede des gerichtlichen Vergleichs entgegenstünde (TI, SchKK 16.05.1969, Rep. 1970, S. 92, SJZ 1972, S. 223).

99 Der *gerichtliche Vergleich* kann durch *einfache Anfechtungserklärung einer Partei seiner Qualität als Rechtsöffnungstitel nicht beraubt werden*, es bedarf hiezu eines ordentlichen Prozesses. Wohl kann die Anfechtung eines prozesserledigenden Vergleichs mittels einfacher Privaterklärung erfolgen, doch bedeutet dies nicht, dass der Prozessvergleich dadurch ohne Weiteres seine Rechtswirkungen einbüsst. Ist umstritten, ob der Vergleichsabschluss mit einem Willensmangel behaftet war, so ist über dessen Vorhandensein vom Richter im ordentlichen Verfahren zu entscheiden. Im Vollstreckungsverfahren ist die Einwendung ausgeschlossen, der Vergleich sei ungültig, sofern seine Ungültigkeit nicht bereits gerichtlich festgestellt ist. Im Vollstreckungsverfahren kann daher die Gültigkeit des Vergleichs sowenig geprüft werden wie die Gesetzmässigkeit eines rechtskräftigen Urteils (ZG, Justizkomm., 17.09.1985, SJZ 1988, S. 218).

100 Einem *kantonalen Urteil, gegen welches staatsrechtliche Beschwerde eingelegt worden ist, die mit einem Vergleich der Parteien endete, wird die Rechtskraft entzogen und damit auch dessen Kostenentscheid.* Dies selbst dann, wenn weder im Vergleich selbst noch im Abschreibungsbeschluss des BGer darüber etwas gesagt wird. Die vom Rekurrenten im Rechtsöffnungsverfahren (die ihm zu Grunde liegende Betreibung stütze sich auf die im kantonalen Urteil festgelegten Kosten) gerügte Gehörsverweigerung (keine Möglichkeit zur Stellungnahme zu eingeholter amtlicher Erkundigung) und Willkür (Missachtung der Tatsache, dass der Vergleich im staatsrechtlichen Beschwerdeverfahren das kantonale Urteil aufgehoben hat) führen zur Gutheissung der Beschwerde und damit zur Abweisung des Begehrens um Erteilung der definitiven Rechtsöffnung (BS, AB, 13.01.1989, BlSchK 1990, S. 64).

101 Zur Frage, ob eine formgültige Teilanerkennung vorliegt – Vor dem *Friedensrichter hat der Schuldner einen Teil des Rechtsbegehrens, nämlich die Kapitalforderung vorbehaltlos anerkannt, aber die Zinsforderung bestritten.* Die Frage, ob der Friedensrichter diese Erklärung in einer dem Gesetze entsprechenden Weise protokolliert hat, muss hier bejaht werden. Es wäre aber klarer gewesen, wenn der Friedensrichter die Teilanerkennung zugleich mit dem Beklagten unterzeichnet hätte. Statt dessen hat er am Schluss des Protokolls, und zwar erst nach Ausstellung des Weisungsscheines unterzeichnet, wobei aber die Unterschrift offensichtlich den ganzen Protokollinhalt decken soll. Die Praxis hat stets gezeigt, dass die das friedensrichterliche Verfahren regelnden Bestimmungen nicht zu eng ausgelegt werden dürfen, soll den Parteien nicht allzu leicht aus formellen Mängeln Nachteile erwachsen (LU, SchKKomm, 06.06.1947, Max. IX, Nr. 526).

102 Auf die Einrede, es leide der vor dem *Friedensrichter abgeschlossene Vergleich an einem Willensmangel*, kann im Verfahren betreffend die Bewilligung der definitiven Rechtsöffnung nicht eingetreten werden (LU, SchKKomm, 22.10.1955, Max. X, Nr. 359).

103 Ein vor einem zürcherischen *Friedensrichter* im Sühneverfahren *abgegebene (Teil-) Schuldanerkennung* ist eine gerichtliche und stellt daher einen definitiven Rechtsöffnungstitel dar (ZH, ObGer, II. Ziv.Kammer, 21.07.1967, SJZ 1967, S. 343).

V. Schiedsgerichtsurteile

104 *Rechtskräftiges Schiedsurteil auf* blosse *Verpflichtung eines Schuldners zur Entlastung des Gläubigers* von dessen Verbindlichkeiten gegenüber Dritten bildet bei Selbstzahlung des Gläubigers keinen Rechtsöffnungstitel für seine daraus gegen den Schuldner hergeleitete Ersatzforderung (SG, Rekursrichter, 14.12.1944, BlSchK 1946, S. 17).

105 Das Urteil eines *Verbandsschiedsgerichts*, das zwischen Mitgliedern und Nichtmitgliedern des Verbandes ergeht, bildet nur dann einen Rechtsöffnungstitel im Sinne von Art. 80 SchKG, wenn die *Pa-*

rität der Parteien sichergestellt ist. Dies trifft nicht zu, wenn die Schiedsrichter ausschliesslich vom Verband gewählt und entschädigt werden (BL, ObGer, 24.09.1946, SJZ 1948, S. 26).

106 Die Urteile des *Schiedsgerichts des Schweiz. Buchdruckervereins* bilden definitive Rechtsöffnungstitel (SZ, Justizkomm., 17.04.1953, Rechenschaftsbericht 1953, S. 21, SJZ 1955, S. 44).

107 Ein *schiedsgerichtlicher Vergleich,* dessen Genehmigung *nicht die Unterschrift sämtlicher Schiedsrichter trägt,* berechtigt nicht zur definitiven Rechtsöffnung (BE, Appellationshof, 17.03.1959, ZBJV 1960, S. 518).

108 *Einwendungen gegen den als Rechtsöffnungstitel* in Anspruch genommenen Schiedsspruch sind, wenn sie mit dem Rechtsmittel der Nichtigkeitsbeschwerde hätten geltend gemacht werden können, im Rechtsöffnungsverfahren nicht zu hören (LU, SchKKomm, 22.11.1962, Max. XI, Nr. 51, BlSchK 1964, S. 135).

109 Schiedsspruch als Rechtsöffnungstitel – Einen definitiven Rechtsöffnungstitel bildet der Schiedsspruch eines unabhängigen Schiedsgerichts in einem Kanton, der solchen Sprüchen Vollstreckbarkeit zuerkennt. Bei einem Schiedsspruch aus einem andern als dem Kanton der Betreibung, muss das BA mit der Pfändungsankündigung den Schuldner darauf hinweisen, dass er die Einrede gemäss Art. 81 Abs. 2 SchKG erheben kann (TI, SchKK, 16.05.1969, Rep. 1970, S. 91, SJZ 1972, S. 223).

110 (i.V.m. Art. 1 Abs. 1 lit. e, Art. 149 und 190 IPRG) – Es ist nicht willkürlich, gestützt auf einen Schiedsspruch definitive Rechtsöffnung zu gewähren, obwohl der Gläubiger die dem Schiedsspruch zugrunde liegende Schiedsvereinbarung nicht vorgelegt hat. Die fehlende Begründung des Schiedsspruchs bildet keinen Anfechtungsgrund; dieser Umstand steht daher auch der Gewährung der definitiven Rechtsöffnung gestützt auf den Schiedsspruch nicht entgegen.

Da die Erläuterungen des Schiedsspruchs mit Beschwerde hätte angefochten werden können, eine Anfechtung aber unterblieben ist, erweist sich die Annahme der kantonalen Instanz nicht als willkürlich, es stehe ihr im Rahmen des Rechtsöffnungsverfahrens nicht zu, die Einwendung der mangelhaften Erläuterung zu prüfen.

Mangels Beschwerde gegen den Schiedsspruch ist die Auffassung der kantonalen Instanz nicht willkürlich, sie habe im Rechtsöffnungsverfahren nicht zu prüfen, ob dem Schiedsgericht eine Klage bzw. ein Rechtsbegehren unterbreitet worden sei (BGE 130 III 125).

VI. Verfügungen und Entscheidungen kantonaler Verwaltungsbehörden (vgl. auch Art. 79)

111 Aufgrund eines Verwaltungsentscheides im Sinne von Art. 80 Abs. 2 Ziff. 3 oder Art. 162 OG, den er auf den Rechtsvorschlag hin erstritten hat (Art. 79) kann der Gläubiger ohne Weiteres Fortsetzung der Betreibung verlangen (BGE 75 III 44).

112 Voraussetzungen einer rechtskräftigen, einem vollstreckbaren Gerichtsurteil gleichgestellten Entscheidung einer Verwaltungsbehörde. – *Verfügung einer AHV-Ausgleichskasse.* – Gemäss Art. 97 AHVG stehen die auf Geldzahlung gerichteten rechtskräftigen Verfügungen der Ausgleichskasse vollstreckbaren Gerichtsurteilen im Sinne von Art. 80 SchKG gleich. In einer blossen amtlichen Aufforderung zur Zahlung einer Gebühr kann keine zureichende Verfügung erblickt werden (Panchaud/Caprez, Die Rechtsöffnung, § 122, Ziff. 5, S. 185). Eine solche liegt nur dann vor, wenn der Betroffene ohne Mühe erkennen kann, dass es sich um eine Entscheidung der Verwaltungsbehörde handelt, die rechtskräftig wird, wenn er nicht Beschwerde gegen sie erhebt (ZH, ObGer, II. Ziv.Kammer, 19.12.1951, ZR 1952, Nr. 164, BlSchK 1954, S. 23).

113 (i.V.m. Art. 97 Abs. 2 AHVG) – Anerkennung einer nach Einleitung der Betreibung erlassenen *AHV-Beitragsverfügung mit Rektifikationsvorbehalt als Rechtsöffnungstitel?* – Der Rektifikationsvorbehalt bei Steuereinschätzungen aufgrund von Jahreseinkommen einer früheren Steuerperiode kann auf eine entsprechende Anwendung von Art. 25 Abs. 3 AHVG gestützt werden, der bei erstmaliger Einschätzung bzw. bei einer Zwischentaxation ein Nachforderungsrecht bzw. eine Rückzahlungspflicht der Ausgleichskasse aufgrund der später eingegangenen Steuermeldung vorsieht. Aus dieser Bestimmung ergibt sich, dass in Bezug auf den in der mit Rektifikationsvorbehalt versehenen Beitragsverfügung veranlagten Beitrag nach Eintritt deren Rechtskraft eine vorbehaltlose Zahlungspflicht be-

steht. Der Rektifikationsvorbehalt stellt somit kein Hindernis für die Gewährung der Rechtsöffnung dar (BL, ObGer, 21.04.1978, BJM 1980, S. 31).

114 (i.V.m. Art. 53 und 97 AHVG) – Die *Beschlüsse der Ausgleichskasse*, die sich auf Bezahlung der AHV-Beiträge beziehen, berechtigen zur definitiven Aufhebung des Rechtsvorschlages (VD, Tribunal cantonal, 01.11.1973, BlSchK 1976, S. 174).

115 Der *Entscheid einer Verwaltungsbehörde*, auf dem *die Unterschrift des verantwortlichen Beamten fehlt*, kann nicht als Rechtsöffnungstitel zugelassen werden (GR, AB, 28.01.1942, BlSchK 1946, S. 110).

116 Die *Rechnungen der Gefängnisverwaltung und der Bezirksgerichtskasse für Strafvollzugskosten* (Verpflegung, Arzt und Apotheke, die nach dem Inkrafttreten des EG zum StGB entstanden sind, *stellen keine rechtsgültige Entscheide* der zuständigen Verwaltungsbehörden im Sinne von § 285, lit. c Zürcher ZPO, und daher keine Rechtsöffnungstitel dar (ZH, ObGer, IV. Kammer, 16.11.1944, ZR 1945, S. 381, BlSchK 1946, S. 164).

117 Der *in Anwendung von Art. 63 eidg. Jagdgesetz* ergangene *Entscheid* der Verwaltungsbehörde *über die privatrechtliche Schadenersatzpflicht des Wildfrevlers* stellt einen definitiven Rechtsöffnungstitel dar (ZH, Bez.Gericht Meilen, 29.05.1948, SJZ 1949, S. 172).

118 Veranlagungsentscheid betreffend *Grundstückgewinnsteuer* als definitiver Rechtsöffnungstitel. Wird im Veranlagungsentscheid ein sogenannter Steueraufschub gewährt, so gilt der Entscheid nur als Rechtsöffnungstitel, wenn die Bedingungen des Aufschubs darin selbst klar enthalten sind (ZG, Justizkomm., 27.11.1997, BlSchK 1998, S.224).

119 Der Verwaltungsentscheid, durch welchen eine *Mehrheit von Personen als Solidarschuldner erklärt wird*, stellt demjenigen gegenüber, dem er zugestellt wurde, auch dann ein Rechtsöffnungstitel dar, wenn anzunehmen wäre, dass eine rechtswirksame Zustellung an die anderen Verpflichteten nicht erfolgt sei (LU, SchKKomm, 09.10.1952, Max. X, Nr. 125).

120 Rechtskräftige *Wasserzinsforderungen eines Gemeindewerkes* sind Titel zur definitiven Rechtsöffnung (TG, Rekurskomm., 21.02.1951, BlSchK 1953, S. 48).

121 Die über *öffentlich-rechtliche Verpflichtungen ergangenen Beschlüsse* und *Entscheide der Verwaltungsorgane* bilden auch dann einen *definitiven Rechtsöffnungstitel*, wenn durch sie *die öffentliche Hand und nicht der Private verpflichtet wird* (GR, AB, 12./22.01.1952, SJZ 1953, S. 245).

122 Dem Entscheid des Regierungsrates, worin die *Einwohnergemeinde verhalten wird, an den Neubau* des Klägers *eine Subvention zu bezahlen*, kommt der Charakter eines *definitiven Rechtsöffnungstitels* zu (AG, ObGer, I. Abt., 28.04. und 25.08.1950, AGVE 1950, S. 78 SJZ 1953, S. 243).

123 Ein *Verwaltungsentscheid* bedeutet nur dann einen Titel für die definitive Rechtsöffnung, wenn der Betriebene daraus ersehen konnte, dass der Titel innert bestimmter Frist nach der Zustellung rechtskräftig werde, sofern dagegen kein Rechtsmittel ergriffen werden sollte (VD, SchKK, 10.01.1957, JT 105 (1957) II, S. 60, SJZ 1958, S. 62).

124 Auf Grund eines vom Gläubiger *nach erfolgtem Rechtsvorschlag erstrittenen rechtskräftigen Verwaltungsentscheides* kann ohne Weiteres Fortsetzung der Betreibung verlangt werden (BGE 75 III 44) (LU, SchKKomm, 01.05.1958, Max. X, Nr. 601).

125 Aufgrund einer objektiv zeitgemässen Auslegung müssen Urteile *ausserkantonaler Verwaltungsgerichte über öffentlich-rechtliche Ansprüche* als Urteile im Sinne von Art. 80 Abs. 1 SchKG gelten, gestützt auf welche *definitive Rechtsöffnung* verlangt werden kann (AG, ObGer, 2. Ziv.Kammer, 12.02.1997, BlSchK 1997, S. 112).

126 Entscheide der *Vormundschaftsbehörde* über die Festsetzung des Honorars für die Bemühungen des Beistandes sind *vollstreckbaren Urteilen gleichgestellt* und können auf Verfahrensmängel hin überprüft werden (BS, AB, 03.02.1960, BJM 1960, S. 7, SJZ 1961, S. 159).

127 *Definitive Rechtsöffnung* aufgrund der vom Kassier einer *kommunalen Viehversicherungsanstalt* erstellten mit Stempel und Unterschrift versehenen Prämienrechnung (GR, AB, 02.05.1960, SJZ 1961, S. 223).

128 Der *Entscheid des Meliorationsamtes*, der dem Grundeigentümer die *Rückerstattung von Beiträgen auferlegt*, ist ein *vollstreckbarer Verwaltungsentscheid* über eine öffentlich-rechtliche Verpflichtung und bildet daher einen *Rechtsöffnungstitel* im Sinne dieses Artikels (VD, AB, 15.07.1964, JT 113 (1965) II, S. 114, SJZ 1966, S. 347).

129 (i.V.m. § 9 VO über die *Taxen in den kant. Heilanstalten* v. 06.12.1988) – Zahlungsverfügung der Spitalverwaltung als definitiver Rechtsöffnungstitel (LU, SchKKomm, 27.09.1977, LGVE 1977 I 383).

130 (i.V.m. Art. 40 des BG über das Verwaltungsverfahren) – Wird in der Betreibung einer *Bundesverwaltungsstelle* Rechtsvorschlag erhoben, so kann die *entsprechende Verwaltungsbehörde eine Verfügung auf Geldzahlung oder Sicherheitsleistung* gegen den Schuldner *erlassen*, welche mit ihrer Rechtskraft einem vollstreckbaren Urteil im Sinne von Art. 80 SchKG gleichsteht (BS, AB, 16.03.1979, BlSchK 1980, S. 47).

131 Rechtskräftige Entscheide über öffentlich-rechtliche Ansprüche eines *innerkantonalen Organs*, welches der betreffende Kanton in Anwendung von Art. 80 Abs. 2 SchKG vollstreckbaren Gerichtsurteilen gleichgestellt hat, machen dann ein *Rechtsöffnungsverfahren unnötig, wenn sie* auf den entsprechenden *Rechtsvorschlag hin erwirkt worden sind* (BS, AB, 24.08.1979, BlSchK 1983, S. 22).

132 Der *Entscheid eines Gemeinderates* über einen Unterhaltsanspruch nach Art. 325 Abs. 2 ZGB bildet *keinen Rechtsöffnungstitel*. Zu den *Voraussetzungen für die definitive Rechtsöffnung auf Grund eines Verwaltungsentscheides* gehört, dass es sich um einen *Entscheid über öffentlich-rechtliche Verpflichtungen handelt* und dass der Entscheid von der zuständigen Behörde oder einem zuständigen Organ ausgegangen ist (LU, SchKKomm, 30.05.1956, Max. X, Nr. 435, ZBJV 1956, S. 340, SJZ 1958, S. 294).

133 (i.V.m. § 110 Abs. 1 it. e des Gesetzes über die Verwaltungsrechtspflege VRG und § 18, 24, 27 und 28 der Perimeterverordnung) – Eine *Verfügung für Perimeterbeiträge* bilden keinen definitiven Rechtsöffnungstitel, wenn sie keine Unterschrift aufweist und nicht mit einer Rechtsmittelbelehrung versehen ist (LU, SchKKomm, 15.01.1996, LGVE 1996 I 42).

134 Die *Unterschrift ist nicht Gültigkeitsvoraussetzung für Verwaltungsverfügungen*, die in grosser Zahl auf *elektronischem oder mechanischem Weg* erlassen werden (ZH, ObGer, II. Ziv.Kammer, 21.10.1993, ZR 1994, Nr. 70).

VII. Verfügungen privater Organisationen und Gesellschaften

135 Die *Konventionalstrafverfügung einer paritätischen Berufskommission* berechtigt nicht zur Rechtsöffnung (AR, ObGer, 02.04.1962, SJZ 1963, S. 255).

136 Für *Krankenkassenbeiträge* kommt nur die definitive Rechtsöffnung in Frage. *Voraussetzung ist eine rechtskräftige Kassenverfügung* (LU, SchKKomm, 16.01.1969, Max. XI, Nr. 713, SJZ 1971, S. 231).

137 Nach Ansicht der AB wird im Zusammenhang mit der Festsetzung der Krankenkassenprämien mit der Einleitung der Betreibung noch kein Prozessrechtsverhältnis begründet, das in Bezug auf nachfolgende Massnahmen der Kasse zur Festsetzung eines durch Rechtsvorschlag bestrittenen Anspruches bereits die Zustellfiktion, d.h. die Annahme, dass die betreffende Sendung als am letzten Tag der Abholungsfrist zugestellt ist, auslöst. Eine *Krankenkassenverfügung*, welche den Rechtsvorschlag beseitigt, die aber dem *Schuldner nicht zugestellt werden konnte*, stellt auch nach Ablauf der ab letztem Tag der Abholfrist gerechneten Einsprachefrist, *keinen gültigen Titel für die Fortsetzung der Betreibung dar* (BL AB, 13.10.1998, SJZ 1999, S. 356).

138 Beseitigt die Krankenkasse den Rechtsvorschlag selbst, wird damit ein neues Verfahren eröffnet. Die Zusstellfiktion hinsichtlich des Rechtsöffnungsentscheides gilt nicht und die Betreibung kann daher nicht fortgesetzt werden. Die Zustellfiktion gilt nur, wenn die Zustellung eines behördlichen Aktes mit einer gewissen Wahrscheinlichkeit erwartet werden muss und *gilt nur für ein bereits hängiges bzw. laufendes Verfahren* (BGE 130 III 396).

139 Der durch Bundesratsbeschluss *allgemein verbindlich erklärte Gesamtarbeitsvertrag ist privatrechtlicher Natur und berechtigt weder zur definitiven Rechtsöffnung* für die durch ihn begründeten Forderung *noch stellt er einen provisorischen Rechtsöffnungstitel* für solche Forderungen *gegen Arbeit-*

nehmer dar, die ihm zwar unterstellt, aber *nicht Mitglieder eines als Vertragspartner aufgeführten Verbandes sind* (AG, ObGer, Ziv.Kammer, 12.08.1974, SJZ 1975, S. 144).

140 Rechtskräftige Verfügung *privater Versicherungseinrichtungen betreffend die obligatorische Unfallversicherung* sind *vollstreckbaren Urteilen* im Sinne von Art. 80 SchKG *gleichgestellt und berechtigen zur definitiven Rechtsöffnung* (GR, AB, 10.10.1989, PKG 1989, Nr. 29)

141 (i.V.m. Art. 30 KUVG (neu im ATSG) – Um einen definitiven Rechtsöffnungstitel zu begründen, muss *der Administrativentscheid dem Empfänger eröffnet worden sein unter Angabe von Rekursweg und Rekursfrist.* – Der formelle Beweis von dessen (tatsächlichen) Eröffnung muss durch die betreibende Behörde erbracht werden, welche den Empfangsschein oder die Postquittung der eingeschriebenen Sendung vorlegen wird; dieser Beweis ist nicht erforderlich, wenn der Betriebene anerkennt, den Entscheid erhalten zu haben (BGE 105 III 43, JT 1980 II 117), (VD, Tribunal cantonal, 26.08.1982, BlSchK 1984, S. 180).

142 (i.V.m. Art. 19 Abs. 2 des Gesetzes über die Familienzulagen des Kantons Waadt, Art. 130 Abs. 2, Art. 131 Abs. 1 und 2, 133a). – Zur definitiven Rechtsöffnung berechtigt nur ein Beitragsentscheid der allgemeinen staatlichen Familienausgleichskasse. Für die *Kassen der Berufsverbände* kommt lediglich die *provisorische Rechtsöffnung in* Frage. Der Gläubiger, der Inhaber eines Postscheckkontos ist, anerkennt, dass der Schuldner durch Einzahlung oder Überweisung auf dieses Konto mit befreiender Wirkung zahlen kann. Nimmt der Gläubiger am Verfahren für Einzahlungsscheine mit Referenznummer teil, so übernimmt er das Risiko, verspätet von befreienden Zahlungen des Schuldners Kenntnis zu erhalten (VD, Tribunal cantonal, 25.07.2985, BlSchK 1987, S. 19.

VIII. In Bezug auf familienrechtliche Unterhaltsansprüche

143 Die Frage, ob *die mehreren Kindern zustehenden Unterhaltsansprüche in einer einzigen Betreibung* geltend gemacht werden dürfen, ist von der AB zu entscheiden. Der Rechtsöffnungsrichter könnte hiezu höchstens *dann vorfrageweise Stellung* nehmen, wenn die *Rechtsöffnung,* weil eine Fortsetzung der Betreibung unmöglich erscheint, zum Vorne herein wertlos wäre (LU, SchKKomm. 15.10.1958, Max. X, Nr. 599).

144 (i.V.m. Art. 145 ZGB) – Für Unterhaltsbeiträge, die für den Zeitraum nach Eintritt der Teilrechtskraft des Scheidungsurteils im Scheidungspunkte verlangt werden, kann die Rechtsöffnung gestützt auf ein vor dem Urteil ergangenen Massnahmebeschluss nicht erteilt werden, da der Unterhaltsanspruch gemäss Art. 160 Abs. 2 ZGB dahingefallenn ist. Der geschiedenen Ehefrau können jedoch Beiträge gestützt auf Art. 145 ZGB einem neuen Massnahme-Entscheid zugesprochen werden, zumal dann, wenn ihr das teilweise weitergezogene Scheidungsurteil Ansprüche gemäss Art. 151 und 152 ZGB zuerkannt hatte (ZH, ObGer, III. Ziv.Kammer, 07.07.1969, SJZ 1970, S. 38, ZR 1971, Nr. 63).

145 Ist im Scheidungsurteil die grundsätzliche *Verpflichtung zur Ablieferung von Kinderzulagen festgelegt,* so kann *für Beträge, die der Pflichtige* nach den Akten einwandfrei *als Kinderzulagen erhält,* der *Inhaberin der elterlichen Gewalt definitive Rechtsöffnung erteilt werden* (ZH, ObGer, I-II. Ziv.Kammer, 03.04.1973, ZR 1973, Nr. 64).

146 (Art. 158 Ziff. 5 ZGB) – *Vereinbarungen, die erst nach rechtskräftiger Beendigung eines Ehescheidungs- oder Ehetrennungsprozesses über Vermögensleistungen* des einen an den anderen Ehegatten getroffen werden, bedürfen zu ihrer Rechtsgültigkeit keiner gerichtlichen Genehmigung. Werden durch solche *nachträglichen Vereinbarungen die Vermögensleistungen herabgesetzt, so verliert das rechtskräftige Gerichtsurteil* in diesem Umfange *seine Bedeutung als definitiver Rechtsöffnungstitel* bzw. es ist die gerichtlich festgelegte Forderung in diesem Umfange als getilgt zu betrachten (AI, Bez.Gerichtspräsidium, 08.08.1973, SJZ 1975, S. 165).

147 Nicht willkürlich ist die *Verweigerung der definitiven Rechtsöffnung für Kinderzulagen,* die gemäss Scheidungsurteil zusätzlich zu den Unterhaltsbeiträgen für die Kinder geschuldet sind, *wenn der Zahlungspflichtige arbeitslos* geworden ist und von der Arbeitslosenversicherung Zuschläge für die Kinder bekommt (BS, AB, 04.07.1978, BJM 1979, S. 70).

148 Zu den Urteilen, die zur definitiven Rechtsöffnung berechtigen, gehören auch die Entscheidungen von Verwaltungsbehörden über zivilrechtliche Ansprüche. Zuständig *zur Festsetzung der Unterhalts-*

Zweiter Titel: Schuldbetreibung **Art. 80**

ansprüche der Kinder gegen die Eltern *bei Entzug der elterlichen Gewalt* durch die Administrativbehörden *ist der Gemeinderat* am Wohnsitz des Unterhaltspflichtigen (LU, SchKKomm, 26.09.1961, Max. XI, Nr. 49).

149 (i.V.m. Art. 291 ZGB) – Die *richterliche Anweisung an den Arbeitgeber*, die durch Urteil festgesetzten *Unterhaltsbeiträge an den gesetzlichen Vertreter des Kindes zu leisten, berechtigt nicht zur Rechtsöffnung gegen den Angewiesenen*, wenn er nicht Prozesspartei war (VD, Tribunal cantonal, 01.12.1983, BlSchK 1986, S. 100).

150 (i.V.m. Art. 285 Abs. 2 ZGB) – Art. 285 Abs. 2 ZGB, wonach *Kinderzulagen zusätzlich zu den Kinderalimenten zu bezahlen sind*, sofern der Richter nichts anderes angeordnet hat, *begründet für sich allein keinen Rechtsöffnungstitel im Sinne von Art. 80 SchKG*. Enthält das Scheidungsurteil keine Bestimmung darüber, was in Bezug auf die Kinderzulagen zu gelten habe, *so fehlt es hiefür an einem Rechtsöffnungstitel, jedenfalls dann, wenn das fragliche Scheidungsurteil noch vor Inkrafttreten des neuen Kindesrechts ergangen ist* (BGE 113 III 6).

151 Scheidungsurteil mit Indexklausel als Rechtsöffnungstitel, wenn die Zahlung des Teuerungsausgleichs nur dann vorzunehmen ist, wenn sich auch das Einkommen des Pflichtigen erhöht hat. Die Beweispflicht obliegt hier dem Pflichtigen. Währenddem ein Unselbstständigerwerbender diesen Beweis mit einem Lohnausweis seines Arbeitgebers nachweisen kann, stehen einem Selbständigerwerbenden keine anderen Unterlagen als die Jahresabschlüsse seines Betriebes zur Verfügung. Bei Uneinigkeit der Parteien über die Aussagekraft der Jahresabschlüsse steht nur die Durchführung eines ordentlichen Beweisverfahrens zur Verfügung, das in einem ordentlichen Prozessverfahren abzuklären ist. Solche Abklärungen sind jedoch mit summarischen Rechtsöffnungsverfahren nicht zu vereinbaren (BL, ObGer, 22.05.1984, BJM 1985, S. 260).

152 Resolutiv bedingte Alimentenverpflichtung – Wegfall der Verpflichtung bei «Zusammenleben mit einem anderen Mann». – Der Eintritt einer Bedingung hat im Rechtsöffnungsverfahren mittels Urkunden nachgewiesen zu werden, andernfalls ist der Eintritt der Bedingung in einem separaten Prozess festzustellen, es sei denn, der Eintritt der Bedingung sei notorisch. Über den Eintritt (vorliegend bezüglich des Begriffs des Zusammenlebens) darf der Rechtsöffnungsrichter nicht befinden (ZH, ObGer, III. Ziv.Kammer, 08.07.1988, ZR 1988, Nr. 62, BlSchK 1991, S. 33).

153 Ein Massnahme-Entscheid nach Art. 145 ZGB ist definitiver Rechtsöffnungstitel für Unterhaltsbeiträge vor der Scheidung. – Das Scheidungsurteil stellt einen solchen für die Alimente nach der Scheidung (entgegen Panchaud/Caprez, Die Rechtsöffnung, 1980, § 100, Ziff. 3) dar. Anders wäre nur zu entscheiden, wenn das Scheidungsurteil Bezug auf allfällig noch ausstehende Unterhaltsbeiträge für die Zeit vor der Scheidung nähme, diese zahlenmässig zusammenfassen und den Betrag an rückständigen Alimenten im Dispositiv festhalten würde; dann würde der Entscheid bzw. die Vereinbarung nach Art. 145 ZGB die Eigenschaft als Rechtsöffnungstitel verlieren (BE, Appellationshof, I. Ziv.Kammer, 14.08.1986, ZBJV 1989, S. 107).

154 (i.V.m. Art. 164 Abs. 1 OR) – Für im Scheidungsurteil festgesetzte Unterhaltsbeiträge gemäss Art. 151 ZGB kann definitive Rechtsöffnung verlangt werden. Wird die Vollstreckung des Unterhaltsanspruchs mittels Inkassoabtretung einer Gemeinde oder Behörde übertragen, so verliert die im Urteil genannte Unterhaltsberechtigte die Gläubigerstellung. Dem Gläubigerwechsel steht die Natur des Rechtsverhältnisses nicht entgegen (LU, SchKKomm, 10.08.1989, LGVE 1989 I 32).

155 (i.V.m. § 44 Abs. 2 SHG (Sozialhilfegesetz)). Zwischen rechtskräftig geschuldeten Kinder- und nachehelichen Ehegattenalimenten besteht betreffend das Alimenteninkasso (inkl. Vollstreckungsverfahren) kein Unterschied. Art. 131 Abs. 1 ZGB bietet eine ausreichende gesetzliche Grundlage dafür, dass die Alimenten-Inkassostellen im Kanton Luzern gestützt auf § 44 Abs. 2 SHG berechtigt sind, Ehegatten bei der Vollstreckung ihrer persönlichen Unterhaltsbeiträge, somit auch im Rechtsöffnungsverfahren zu vertreten. Das Anwaltsmonopol wird insoweit durchbrochen/LU, SchKKomm, 11.02.2003, LGVE 2004 I 52).

156 (i.V.m. Art. 286 Abs. 1 ZGB) – Welche Anforderungen müssen einschränkende Indexklauseln in Scheidungsurteilen erfüllen, um im Betreibungsverfahren berücksichtigt werden zu können? In BGE 98 II 257 ff. bezeichnete das BGer die Indexierung von Unterhaltsbeiträgen für eheliche oder aus-

sereheliche Kinder durch den Richter als grundsätzlich zulässig. Voraussetzung für die Indexierung ist aber in jedem Falle, dass der Pflichtige selber auf seinem Einkommen den vollen Teuerungsausgleich erhält. Indexklauseln müssen zweifelsfrei und eindeutig formuliert sein. Andernfalls können sie im Betreibungsverfahren keine Berücksichtigung finden. Dies gilt auch dann, wenn sie mit gewissen Einschränkungen versehen sind. Bei bedingten Urteilen stellt sich die Frage, ob der Rechtsöffnungsrichter auch zu beurteilen hat, ob eine im Urteil enthaltene Bedingung erfüllt sei. Wird der Eintritt der Bedingung vom Rechtsöffnungsrichter beurteilt, besteht die Gefahr, dass damit eine über den Inhalt des vorgelegten Urteils hinausgehende materielle Entscheidung getroffen wird, was mit dem Wesen des Rechtsöffnungsverfahrens als Urkundenprozess unvereinbar ist (BGE 67 III 118 ff.). Bei bedingten Urteilen ist der berechtigten Partei zuzumuten, dass sie den Eintritt der Bedingung als Voraussetzung der Vollstreckbarkeit in einem zusätzlichen Prozess nachweist (BGE 94 II 270), sofern der Eintritt der Bedingung nicht ohne Weiteres durch unanfechtbare Urkunden belegt werden kann. Anders verhält es sich nur, wenn der Eintritt einer Bedingung notorisch ist (TG, Rekurskomm., 19.06.1989, BlSchK 1991, S. 29).

157 Ein aussergerichtlich abgeschlossener Vertrag über Unterhaltsbeiträge berechtigt nur zur provisorischen, nicht zur definitiven Rechtsöffnung (TG, Rekurskomm., 23.10.1989, BlSchK 1991, S. 95).

158 (i.V.m. Art. 285 Abs. 2 ZGB und § 11 des zürch. Kinderzulagengesetzes) – Eine definitive Rechtsöffnung verstösst gegen klares materielles Recht, wenn der vorgelegte Titel die Forderung nicht bestimmt beziffert, sondern der Auslegung bedarf und zu Berechnungen Anlass gibt, welche auf Grund der Akten nicht einfach und sicher vorzunehmen sind und wenn sie Kinderzulagen gewährt, obgleich im Rechtsöffnungstitel keine Rede davon ist (ZH, ObGer, III. Ziv.Kammer, 25.01.1985, ZR 1985, Nr. 59, SJZ 1986, S. 30).

159 Rechtsöffnung für Scheidungsrenten; Indexklausel – Ist die Erhöhung einer Scheidungsrente entsprechend dem Lebenskostenindex an die Voraussetzung geknüpft worden, dass sich das Einkommen des Pflichtigen dem Anstieg der Lebenshaltungskosten anpasst, so fragt sich nur, ob sich sein Einkommen insgesamt entsprechend der Teuerung erhöht hat. Es ist willkürlich, nur die in Form von Teuerungszulagen erfolgten Lohnerhöhungen zu berücksichtigen, die Reallohnerhöhungen aber ausser Acht zu lassen (BGE 116 III 62).

160 Unterhaltsverträge als provisorischer Rechtsöffnungstitel. Von der *Vormundschaftsbehörde genehmigte Unterhaltsverträge* stellen, entgegen neueren Lehrmeinungen, nur einen provisorischen Rechtsöffnungstitel dar. Das ergibt sich aus dem Wortlaut des SchKG. Für diese Lösung sprechen zudem das ungenügend und uneinheitlich geregelte vormundschaftliche Genehmigungsverfahren, das Bedürfnis und Einwendungen zuzulassen, die bei definitiven Rechtsöffnungstiteln ausgeschlossen sind, sowie praktische Überlegungen (Bez.Gericht Zürich., 28.04.1998, SJZ 1999, S. 98).

IX. In Steuersachen

161 Wer sich der Entscheidungsgewalt der luzernischen Steuerbehörde nicht unterzogen hat, ist befugt, die auf das Doppelbesteuerungsverbot gestützte Unzuständigkeitseinrede im Rechtsöffnungsverfahren zu erheben (Max. XIII, Nr. 785). – Das Steuerdomizil eines ledigen Unselbständigerwerbenden, der seine dienstfreien Tage regelmässig bei den Eltern verbringt, befindet sich am Wohnsitz der Eltern (LU, SchKKomm, 27.11.1954, Max. X, Nr. 283).

162 Steuerabkommen können Titel für die definitive Rechtsöffnung darstellen (LU, SchKKomm, 16.05.1946, Max. IX, Nr. 448, BlSchK 1948, S. 177).

163 Rechtsöffnungstitel für die Kirchensteuer. – Bleibt eine Steuernote bezüglich der Feststellung der Konfessionszugehörigkeit unangefochten, liegt auch in dieser Hinsicht ein rechtskräftiger Verwaltungsentscheid im Sinne von Abs. 2 vor (LU, SchKKomm, 03.10.1961, Max. XI, Nr. 50).

164 Persönliche Mahnung ist gesetzliche Bedingung, nicht aber Entstehungsgrund einer auf einem rechtskräftigen Steuerentscheid beruhenden Verzugszinsforderung (LU, SchK-Komm., 23.05.1980, LGVE 1980 I 592).

165 Der mit der Zustellung der provisorischen Steuernote ausgelöste gesetzliche Verzugszins kann nach rechtskräftiger definitiver Steuerveranlagung vollstreckt werden (LU, SchKKomm, 01.07.1981, LGVE 1981 I 36).

166 Der Beweis für die ordnungsgemässe Zustellung der Veranlagungsverfügung, die Voraussetzung der Rechtskraft des Steuerregisters ist, obliegt der Verwaltung (BE, Appellationshof, II. Ziv.Kammer, 30.05.1979, ZBJV 1981, S. 178).

167 Betreibung einer Steuerschuld, deren Taxation erst nach Bewilligung einer Nachlassstundung in Rechtskraft erwachsen ist. Rechtsvorschlag und Verweigerung der Rechtsöffnung. Gutheissung des Rekurses (VD, Tribunal cantonal, 07.02.1980, BlSchK 1983, S. 139).

168 Das (freiburgische) Fiskalbodereau, gestützt auf eine provisorische Steuereinschätzung, bildet einen vollstreckbaren Entscheid im Sinne von Abs. 2, wenn dagegen weder Beschwerde noch Rekurs erhoben worden ist (FR, Cour de cassation civile, 20.06.1980, BlSchK 1984, S. 22).

169 Steuerrechnungen, aus denen sich nicht ergibt, dass der Steuerpflichtige rechtskräftig veranlagt worden ist, sind keine Rechtsöffnungstitel (LU, SchKKomm, 18.12.1984, LGVE 1984 I 31).

170 (i.V.m. Art. 149 OR) – Solidarische Mithaftung im Steuerrecht. Beim Rückgriff auf den Steuerpflichtigen (sog. interner Steuerregress) kann sich der Zahlende nicht auf den rechtskräftigen Veranlagungsentscheid als definitiven Rechtsöffnungstitel berufen, da er nicht Kraft gesetzlicher Subrogation in die öffentlich-rechtliche Stellung des Gemeinwesens getreten ist (LU, SchKKomm 19.10.1995, LGVE 1995 I 53).

171 (i.V.m. Art. 81 Abs. 1 SchKG § 207 Abs. 2 VRG; §§ 78 und 146 StG) – Eine Steuerveranlagungsverfügung, die trotz eingetretener Veranlagungsverjährung ergeht, ist anfechtbar, nicht aber nichtig. Wurde sie nicht im ordentlichen Rechtsmittelverfahren angefochten, hat sie im Vollstreckungsverfahren als Rechtsöffnungstitel Bestand (LU, SchK Komm., 19.08.1996, LGVE 1996 I 43).

172 Abgesehen vom Gültigkeitserfordernis der Unterschrift bei in grosser Zahl mittels Computer erlassenen Veranlagungsverfügungen für Steuern (Änderung der Rechtsprechung) (GR, AB, 15.01.1993, PKG 1993, S. 137).

173 Definitive Rechtsöffnung für Verzugszinse auf rechtskräftig veranlagten Steuerforderungen (direkte Bundes- und Kantonssteuern) – Die Rechtsöffnung für Verzugszinse kann – jedenfalls wenn es sich nicht um einen geringfügigen, leicht feststellbaren und liquiden Betrag handelt – nur gewährt werden, wenn sich der Beginn des Zinsenlaufes und die Höhe des Zinsfusses direkt aus dem Gesetz ergibt. Die Gewährung definitiver Rechtsöffnung erfordert die Vorlage einer in Rechtskraft erwachsenen Verzugszinsrechnung (GR, AB, 29.06.1993, PKG 1993, S. 71).

174 Kantonale und kommunale Steuerforderungen – Als Rechtsöffnungstitel vorzulegen ist die rechtskräftige Veranlagungsverfügung selbst und nicht nur eine darauf Bezug nehmende Rechtskraftbescheinigung und die Rechnung (GR, AB, 15.05.1995, PKG 1995, S. 97; auf die dagegen eingereichte Beschwerde ist das BGer nicht eingetreten).

175 Die provisorische Steuerveranlagung gemäss § 139 des revidierten Luzerner Steuergesetzes vom 01.01.1995 stellt, wenn sie dem Steuerpflichtigen rechtmässig eröffnet worden und in Rechtskraft erwachsen ist, einen definitiven Rechtsöffnungstitel dar (LU, Amtsgericht Luzern-Land, 15.07.1996, BlSchK 1996, S. 183).

176 Sind *Steuerforderungen Gegenstand des Pfändungsverlustscheines*, kann nur definitive Rechtsöffnung erteilt werden (LU, SchKKomm, 05.03.1991, LGVE 1991 I 51).

X. Rechtsöffnungsrichter – Aufgaben/Zuständigkeit

177 Nur in völlig liquiden Fällen darf der Rechtsöffnungsrichter mit der Begründung, die Betreibung sei nicht mehr fortsetzungsfähig, ein Rechtsöffnungsgesuch nicht in materielle Behandlung ziehen (LU, SchKKomm, 29.09.1948, Max. IX, Nr. 608).

178 (i.V.m. Art. 125 Ziff. 2 OR) – Zur Stellungnahme des Rechtsöffnungsrichters zur Frage der *Verrechenbarkeit von Unterhaltsbeiträgen*. – Über diese Frage braucht nicht entschieden zu werden, wenn der Richter den Unterhaltsbeitrag als unbedingt notwendig angesehen hat. Der Rechtsöff-

nungsrichter darf sich nicht über diese Feststellung hinwegsetzen (LU, SchKKomm, 24.09.1948, Max. IX, Nr. 609).

179 Der Rechtsöffnungsrichter ist nicht befugt zu prüfen, ob und inwieweit die gesetzlichen Voraussetzungen für gerichtlich zugesprochene Unterhaltsbeiträge noch gegeben sind; er kann nur feststellen, dass die Betreibungsforderung aus irgendeinem zivilrechtlichen Grunde untergegangen ist (LU, SchKKomm, 01.09.1953, Max. X, Nr. 212, SJZ 1956, S. 64).

180 (i.V.m. Art. 179 Abs. 2 ZGB) – Kompetenz des Rechtsöffnungsrichter zur Überprüfung der sachlichen Voraussetzungen von Art. 179 Abs. 2 ZGB (*Wiederaufnahme des gemeinsamen Haushaltes;* LU, SchKKomm, 19.02.2003, LGVE 2003 I 49).

181 Auch im Rechtsöffnungsverfahren gilt der Grundsatz, dass der Richter nicht über die Parteianträge hinausgehen soll (BL, ObGer, 04.03.1955, BJM 1955, S. 201).

182 Der Rechtsöffnungsrichter hat *weder über die Gültigkeit des Rechtsvorschlages noch über seine Auslegung durch die Betreibungsbehörden zu urteilen* (BS, Dreiergericht, 13.11.1956, BJM 1957, S. 224).

183 *Umfang der Prüfungspflicht des Rechtsöffnungsrichters.* – Der Rechtsöffnungsrichter hat keine Veranlassung, von sich aus nach allen denkbaren Mängel zu fahnden, an denen ein Kostenentscheid des Friedensrichters möglicherweise leiden kann, wenn der Beklagte innert eingeräumter Frist die Vollstreckbarkeit nicht bestritt. Solche Mängel sind vom Beklagten wenigstens geltend zu machen (LU, SchKKomm, 12.03.1963, Max. XI, Nr. 258).

184 Der Rechtsöffnungsrichter hat *vorfrageweise über die Nichtigkeit einer Betreibung* zu befinden, sofern diese Frage von der betreibungsrechtlichen AB nicht bereits entschieden worden ist (AG, ObGer, Zivilkammer, 06.11.1964, AGVE 1964, S. 52, SJZ 1966, S. 219).

185 *Offizialtätigkeit des Richters* im Verfahren betreffend *definitive Rechtsöffnung* (LU, SchKKomm, 21.05.1968, Max. XI, Nr. 653, BlSchK 1970, S. 85).

186 Der *Rechtsöffnungsrichter hat allein darüber zu befinden, ob der Schuldner zu Recht Rechtsvorschlag erhoben hat.* Das ist unter anderem dann der Fall, wenn die in Betreibung gesetzte Forderung im Zeitpunkt des Zahlungsbefehls noch nicht fällig war, die Fälligkeit jedoch noch vor Stellung des Rechtsöffnungsbegehrens eintritt (ZH, ObGer, III. Ziv.Kammer, 29.10.1976, ZR 1976, Nr. 105, SJZ 1977, S. 65).

187 Der Rechtsöffnungsrichter *ist befugt, eine Rechtskraftbescheinigung auf ihre materielle Richtigkeit zu überprüfen* und urkundenmässig belegte Einwände gegen diese zu schützen. Wohl hat das Bundesbericht in BGE 89 I 242 ff. erklärt, dass es nicht willkürlich sei, wenn der Rechtsöffnungsrichter auf eine Rechtskraftbescheinigung abstelle, ohne zu prüfen, ob diese zu Recht erteilt worden sei. Daraus lässt sich jedoch in keiner Weise folgern, dass dem Rechtsöffnungsrichter eine solche Überprüfung verboten ist. Der Rechtsöffnungsrichter nimmt mit der Zulassung von Einwänden gegen eine Rechtskraftbescheinigung keine Überprüfung des Urteilsinhalts vor, sondern es geschieht damit nichts anderes, als dass die formellen Vollstreckungsvoraussetzungen umfassend überprüft werden (BL, ObGer, 12.08.1975, Amtsbericht 1975, S. 47, SJZ 1977, S. 82).

188 Rechtsöffnung für *Beiträge an Strassengenossenschaften*. Die «Mitleidenheitsverteilung» des Gemeinderates, welche die Beiträge *nicht ziffernmässig bestimmt, stellt keinen tauglichen Rechtsöffnungstitel dar*. Welche Instanz zuständig ist, den Beitrag ziffernmässig festzusetzen, hat nicht der Rechtsöffnungsrichter zu entscheiden (LU, SchKKomm, 29.06.1963, Max. XI, Nr. 259).

189 Bestimmung des anwendbaren Rechts für die Modalitäten der Schulderfüllung im Rahmen eines Rechtsöffnungsverfahrens (BS, ObGer, 181.04.1978, BJM 1979, S. 193).

190 Der Richter kann die definitive Rechtsöffnung nicht gestützt auf die ihm bekannten Akten gewähren, wenn der Gesuchsteller das Urteil nicht vorlegt oder wenn sich der Anspruch auf ein Urteil stützt, das den Betriebenen persönlich nicht berührt (VD, Tribunal cantonal, 01.05.1975, BlSchK 1979, S. 80).

191 Stützt der Gläubiger seine Forderung *neben einem Verlustschein* noch auf ein *unverjährtes gerichtliches Urteil*, so ist definitive Rechtsöffnung zu gewähren (BL, Bez. Gerichtspräsident, 07.05.1946, SJZ 1946, S. 276).

192 Überprüfungskompetenz des Rechtsöffnungsrichters – Rechtskräftige *Beschlüsse einer Behörde* des Kantons Zürich *über die Verfahrenskosten* im Sinne von § 285 lit. a Zürcher ZPO *sind keine Rechtsöffnungstitel* im Sinne der Art. 80/81 SchKG, wenn sie *an Nichtigkeit leiden oder willkürlich sind* (ZH, Einzelrichter Bez.Gericht, 18.03.1948, SJZ 1948, S. 210).

193 Der Rechtsöffnungsrichter ist nicht befugt, zu prüfen, ob die Verfügung zur Leistung von AHV-Beiträgen nachträglich (vor Ablauf der ordentlichen Geltungsdauer) dahin gefallen ist (LU, SchKKomm 15.06.1951, Max. X, Nr. 46, die dagegen eingereichte Beschwerde wurde vom BGer abgewiesen).

194 Rechtskräftige Steuereinschätzung als Rechtsöffnungstitel – Der Rechtsöffnungsrichter darf die *sachliche Begründetheit der Steuerforderung nicht überprüfen* (ZH, ObGer, III. Ziv.Kammer, 18.01.1957, ZR 1957, Nr. 115).

195 Einwand der Doppelbesteuerung gegenüber dem Rechtsöffnungsbegehren für eine auswärtige Steuerforderung – Gemäss BGE 51 I 202 ff. ist der *Rechtsöffnungsrichter befugt, die Frage der Doppelbesteuerung zu überprüfen,* sofern der Betriebene den bestrittenen Steuerentscheid nicht an die kantonale Rekursinstanz weiter gezogen hat und sofern er die Steuerhoheit des betreffenden Gemeinwesens über ihn grundsätzlich in Abrede stellt und nicht nur dem Umfange nach die Steuerforderung bestreitet (BS, Appellationsgericht, 03.07.1957, BJM 1957, S. 230).

196 (i.V.m. Art. 85 ff. KVG) – Der Rechtsöffnungsrichter hat bei Vorliegen einer Verfügung einer Krankenkasse lediglich zu prüfen, ob diese rechtskräftig und damit vollstreckbar ist (VD, Tribunal cantonal, 01.11.1973, BlSchK 1975, S. 174).

197 *Offizialtätigkeit des Rechtsöffnungsrichters* in (definitiven) Rechtsöffnungssachen. *Keine Rechtsöffnung für 1/3 des 13. Monatslohnes.* – Der Rechtsöffnungskläger ist beweispflichtig und es obliegt ihm, das Vorliegen eines gültigen Rechtsöffnungstitels nachzuweisen. Den vom Kläger geführten Nachweis hat der Rechtsöffnungsrichter von Amtes wegen zu überprüfen. Diese Offizialtätigkeit des Rechtsöffnungsrichters ist gerade bei der definitiven Rechtsöffnung unerlässlich, weil der Schuldner keine Möglichkeit mehr hat, einen Aberkennungsprozess zu führen. Mit der Verpflichtung an einen Beklagten, der Klägerin unmittelbar nach Auszahlung von 1/3 des 13. Monatslohnes zu übergeben, ist die Forderung nicht genügend bestimmt beziffert (LU, SchKKomm, 11.12.1985, LGVE 1985 I 37, BlSchK 1988, S. 186).

198 Wird über den *Nachlass des Betreibungsschuldners die konkursamtliche Liquidation* verfügt, kann ein *Rechtsöffnungsverfahren nicht fortgesetzt werden* (SZ, Justizkomm., 12.05.1967, BlSchK 1971, S. 18).

199 Der Grundsatz, wonach der Gläubiger für jede Betreibung ein gesondertes Rechtsöffnungsgesuch zu stellen hat, stellt eine Form- und Ordnungsvorschrift dar. Es *liegt im Ermessen des Rechtsöffnungsrichters,* ob er ein einziges eingereichtes Rechtsöffnungsgesuch für zwei Betreibungen zur Verbesserung zurückweisen will oder nicht. Der Rechtsöffnungsrichter muss jedoch für jede Betreibung gesondert entscheiden (LU, SchKKomm, 15.03.1985, LGVE 1985 I 38).

200 Der Kläger hat im Rechtsöffnungsverfahren *weder einen Anspruch auf mündliche Verhandlung noch auf eine Replik* (LU, SchKKomm, 18.09.1972, Max. XII, Nr. 97).

201 Ist in einem Betreibungsverfahren *eine Beschwerde gemäss Art. 17 SchKG* hängig, so kann der Schuldner schon *während der Dauer der erteilten aufschiebenden Wirkung Rechtsvorschlag erheben;* ebenso steht nicht entgegen, dass *der Gläubiger das Rechtsöffnungsbegehren stellt* (ZH, ObGer, III. Ziv.Kammer, 08.05.1972, SJZ 1973, S. 106).

202 Geht die *Schuld nach Erlass des Zahlungsbefehls unter,* so ist die Rechtsöffnung zu verweigern (ZH, ObGer, III. Ziv.Kammer, 21.08.1972, ZR 1973, Nr. 63, SJZ 1973, S. 313).

XI. Rechtsöffnungsverfahren

203 Bei der *Beurteilung eines Rechtsöffnungsbegehrens* ist vom Sachverhalt bei der Urteilsfällung auszugehen. Die Ansicht, dass der Zeitpunkt der Zustellung des Zahlungsbefehls massgebend sei, verletzt nicht klares Recht. – Zuspruch einer Nichtigkeitsklage wegen offenbar unrichtiger Anwendung von Art. 124 Abs. 1 OR, wenn eine Verrechnungseinrede geschützt wurde, die nicht zur Kenntnis der Gegenpartei gelangt war (BE, Appellationshof, I. Ziv.Kammer, 19.07.1949, ZBJV 1951, S. 263).

204 Rechtsöffnungsverfahren sind nach Bundesrecht (Art. 84 SchKG) rasch zu entscheiden. *Sistierungen sind grundsätzlich nicht zulässig*, insbesondere auch nicht im Hinblick auf allfällige verrechenbare Gegenforderungen (LU, SchKKomm, 23.08.1978, LGVE 1978 I 444).

205 Aufgrund eines *ausländischen Urteils wird keine definitive Rechtsöffnung gewährt*, wenn es *am Zustellungsnachweis und an der Rechtskraftbescheinigung mangelt* und das Urteil demnach dem schweizerischen ordre public widerspricht (LU, SchKKomm, 17.03.1988, LGVE 1988 I 39, BlSchK 1990, S. 137).

206 Definitive Rechtsöffnung in der *Betreibung auf Sicherheitsleistung* – Definitive Rechtsöffnung ist in einer Betreibung auf Sicherheitsleistung *nur zu bewilligen, wenn das Urteil nicht nur zur Zahlung* von Unterhaltsbeiträgen, sondern *auch auf Leistung einer Sicherheit verpflichten* würde (ZH, Bez.Gericht, 23.02.1995, BlSchK 1995, S. 190).

207 Kann sich der *Zessionar auf ein vom Zedenten erstrittenes Urteil als definitiver Rechtsöffnungstitel berufen?* Mit der Abtretung der Forderung gehen die Vorzugs- und Nebenrechte über, mit Ausnahme derer, die untrennbar mit der Person des Abtretenden verknüpft sind. Als Vorzugsrecht gehen von Gesetzes wegen die Betreibungsrechte in der Zwangsvollstreckung über. Durch die Zession darf aber der Schuldner nicht schlechter gestellt werden, weshalb ihm Einwände etwa gegen die Gültigkeit der Zession selber, alle Verteidigungsmittel, die er gegen den Zedenten gehabt hätte und zudem alle persönlichen Einreden gegen den Erwerber, insbesondere auch die Verrechnungseinrede zustehen. Die Abtretung einer Forderung, die sich auf einen definitiven Rechtsöffnungstitel abstützt, eröffnet dem Schuldner aufgrund des Abtretungsrechts Einredemöglichkeiten, die ihm bei einer definitiven abgeschnitten werden. Im Hinblick auf den Schuldnerschutz im Abtretungsrecht ist der Zessionar in Bezug auf die Vollstreckbarkeit der abgetretenen Forderung anders zu behandeln als der Zedent. Die zedierte Forderung beruht insofern nicht mehr auf einem vollstreckbaren gerichtlichen Urteil im Sinne von Art. 80 Abs. 1 SchKG. Es ist deshalb die provisorische Rechtsöffnung zu erteilen (SZ, Kantonsgricht, 11.09.1997, EGV SZ 1997, Nr. 43).

208 *Definitive Rechtsöffnung bei Antrag auf provisorische Rechtsöffnung* – Sind die Voraussetzungen für die Erteilung der definitiven Rechtsöffnung erfüllt, so ist diese auszusprechen, auch wenn der Gläubiger provisorische beantragt (SH, ObGer, 26.06.1998, SJZ 1999, S.504).

209 Betreibung auf Pfandverwertung; definitive Rechtsöffnung – *Bei einem unmittelbaren gesetzlichen Pfandrecht muss dieses durch eine Verfügung festgestellt sein, damit definitive Rechtsöffnung erteilt werden kann.* Es bedarf aber keiner expliziten Erwähnung des Pfandrechts in der Verfügung, da dieses ipso iure bei deren Rechtskräftigkeit entsteht (SG, Präsidium Bez.Gericht, 06.01.1999, BlSchK 1999, S. 179).

210 Es ist nicht willkürlich, *definitive Rechtsöffnung aufgrund eines Urteils* zu gewähren, in dem *die Aberkennungsklage abgewiesen wurde*, die der Betriebene im Zuge einer *früheren und nunmehr verwirkten Betreibung bezüglich derselben Forderung* angehoben hatte (BGE 127 III 232/233).

XII. Kostenentscheide

211 Das Kostendekret, mit dem nicht einer Prozesspartei, sondern deren Anwalt eine aussergerichtliche Entschädigung zugesprochen wird, darf als Rechtsöffnungstitel nicht zugelassen werden, auch wenn es formell bereits in Rechtskraft erwachsen ist. Somit verfällt der *Friedensrichter* den nicht erschienen Beklagten in die Tageskosten, ohne von dieser Verfügung *dem Beklagten Kenntnis zu geben*, so kommt für die Kostenforderung *definitive Rechtsöffnung nicht in Frage*. Die Aufnahme der Verfügung in den Weisungsschein bleibt ohne Rechtswirkung (LU, SchKKomm 07.08.1950, Max. IX, Nr. 785).

212 Der *Moderationsentscheid über eine Anwaltsrechnung* stellt keinen provisorischen oder definitiven Rechtsöffnungstitel dar (VD, Tribunal cantonal, 10.06.1982, BlSchK 1984, S. 144).

213 Wird das ObGer vom BGer zur *Neubeurteilung eines Falles* verhalten, so ist es befugt, einen dem neuen Urteil entsprechenden Kostenentscheid zu fällen. Die *Kostenverfügung des aufgehobenen Urteils kommt als Rechtsöffnungstitel nicht mehr in Frage* (LU, SchKKomm, 27.06.1955, Max. X, Nr. 360, SJZ 1958, S. 258).

214 Für die Kosten eines *Entmündigungsverfahrens*, welche mit Entscheid der Vormundschaftsbehörde der Stadt Zürich dem Betriebenen überbunden wurden, kann vom luzernischen Richter die definitive Rechtsöffnung nicht bewilligt werden (LU, SchK-Komm., 27.06.1955, Max. X, Nr. 360, SJZ 1958, S. 258).

215 (i.V.m. Art. 150 Abs. 3 OR) – Die Zahlung der durch Gerichtsentscheid zugesprochenen Kosten, welche der Schuldner dem Gläubiger (direkt) zukommen lässt, kann dem bevollmächtigten Vertreter des Gläubigers, welcher der Zahlung nicht durch eigene Betreibung zuvorgekommen ist, entgegengehalten werden. Der Rechtsanwalt, der in der Betreibung als dessen bevollmächtigter Vertreter aufgetreten ist, muss angesehen werden, wie jemand, der auf die Aufteilung der Kosten verzichtet hat (VD, Tribunal cantonal, 09.04.1981, 09.04.1981, BlSchK 1983, S. 216).

216 *Vollstreckung für Konkurskosten des für die Kosten haftenden Gläubigers* – Erhebt der für die Konkurskosten haftende Gläubiger Rechtsvorschlag, so ist auf Grund der rechtskräftigen Kostenverfügung des KA definitive Rechtsöffnung zu bewilligen (ZH, Bez.Gericht, 13.10.1993, BlSchK 1994, S. 30).

217 Natur der Entscheide der Aufsichtskommission über die Rechtsanwälte betreffend die Offenbarung des Berufsgeheimnisses. Der Entscheid der Aufsichtskommission betreffend die Rückerstattung der Kosten durch den unterliegenden Beklagten an den vorschusspflichtigen Kläger stellt einen Rechtsöffnungstitel dar (ZH, ObGer, III. Ziv.Kammer, 20.06.1996, ZR 1997, Nr. 40).

218 Legitimation der Rechtsöffnungsklägerin für ihr gerichtlich zugesprochene Parteientschädigung, wenn diese gemäss Vollmachtsformular des Hauptprozesses zahlungshalber an den Anwalt abgetreten sind. Nachdem die fraglichen Rechtsöffnungstitel alle auf die Klägerin als Gläubigerin lauten, hat der Rechtsöffnungsrichter keine weitergehende Identitätsprüfung hinsichtlich der berechtigten Person vorzunehmen, da durch Urteil festgestellt ist, wem die Forderung zusteht (LU, SchKKomm, 24.06.2003, LGVE 2003 I 48).

XIII. In Arrestsachen

219 Arrestbefehl ist kein Rechtsöffnungstitel (GR, AB, 260.07.1943, BlSchK 1946, S. 168).

220 Zur Frage der Vollstreckbarkeit eines auf Zahlung monatlicher Unterhaltsbeiträge lautenden Urteils. *Der Arrest bewirkt nicht erst künftig entstehende Unterhaltsforderung.* Der Rechtsöffnungstitel muss schon zu Beginn der Betreibung bestanden haben (LU, SchKKomm, 09.11.1963, Max. XI, Nr. 260).

221 Der hängige Arrest hindert weder die definitive noch die provisorische Rechtsöffnung in der bezüglichen Betreibung (VD, Tribunal cantonal, 11.01.1973, BlSchK 1975, S. 113).

222 *Voraussetzungen für den Hinfall einer Arrestprosequierungsbetreibung* und – damit verbunden – die Gegenstandslosigkeit des anschliessenden Rechtsöffnungsverfahrens, insbesondere wegen Erfolglosigkeit des Arrestes. – Ein Rechtsöffnungsverfahren ist dann als gegenstandslos abzuschreiben, wenn die Arrestbetreibung durch eine nachträgliche Aufhebung des Arrestes dahingefallen ist oder wenn in einer auf den Arrestort beschränkten Arrestbetreibung sich der Arrestvollzug im Nachhinein als gänzlich erfolglos erweist. *Wenn der Arrestort und der ordentliche Betreibungsort zusammenfällt, ist die Voraussetzung für den Hinfall der Betreibung nicht erfüllt, solange nicht feststeht, ob sich die Arrestprosequierungsbetreibung auf die Arrestgegenstände beschränkt oder nicht.* Bei Ungewissheit über das Vorhandensein von arrestierten, jedoch unangefochtenen Guthaben, kann im Rahmen des summarischen Rechtsöffnungsverfahrens nicht von einem Hinfall der Betreibung wegen fehlenden Interesses gesprochen werden. Dies auch deshalb, weil der kostenvorschusspflichtige Kläger die Folgen einer ergebnislosen Arrestbetreibung tragen müsste (LU, SchKKomm, 03.12.1985, LGVE 1985 I 35, BlSchK 1988, S. 181).

223 (i.V.m. Art. 271 SchKG) – Kein Hinfall der Arrestprosequierungsbetreibung bei blosser Ungewissheit über das Vorhandensein von arrestierten Werten. Zweifel oder Streitigkeiten über das Eigentum an arrestierten Sachen oder Rechten ziehen nicht die Nichtigkeit des Arrestes nach sich, sondern verpflichtet das BA bloss, das Widerspruchsverfahren einzuleiten. Bereits 1985 (LGVE 1985 I 35) hat das Luzerner ObGer diese Auffassung vertreten, dass bei Ungewissheit über das Vorhandensein arrestierter Werte jedenfalls im Rahmen eines summarischen Rechtsöffnungsverfahren nicht bereits von einem Hinfall der Arrestbetreibung wegen fehlenden Rechtsschutzinteresses des Gläubiger gesprochen werden könne (LU, SchKKomm, 20.09.1989, LGVE 1989 I 33).

Art. 81 b. Einwendungen

¹ Beruht die Forderung auf einem vollstreckbaren Urteil einer Behörde des Bundes oder des Kantons, in dem die Betreibung eingeleitet ist, so wird die definitive Rechtsöffnung erteilt, wenn nicht der Betriebene durch Urkunden beweist, dass die Schuld seit Erlass des Urteils getilgt oder gestundet worden ist, oder die Verjährung anruft.

² Handelt es sich um ein in einem andern Kanton ergangenes vollstreckbares Urteil, so kann der Betriebene überdies die Einwendung erheben, er sei nicht richtig vorgeladen worden oder nicht gesetzlich vertreten gewesen.

³ Ist ein Urteil in einem fremden Staat ergangen, mit dem ein Vertrag über die gegenseitige Vollstreckung gerichtlicher Urteile besteht, so kann der Betriebene die Einwendungen erheben, die im Vertrag vorgesehen sind.

I. Verfahrensfragen

1   In Rechtsöffnungsstreitigkeiten ist die *Berufung an das BGer nicht zulässig*, da es sich dabei nicht um Zivilsachen handelt (BGE 72 II 52; 116 II 628).

2   Das *Fehlen einer Rechtsmittelbelehrung* steht der Vollstreckbarkeit eines Zivilurteils nicht entgegen (BE, Appellationshof, II. Ziv.Kammer, 29.05.1946, ZBJV 1946, S. 385).

3   *Verweigerung der Rechtsöffnung*, wenn die Einrede erhoben wird, dass die *Forderung im öffentlichen Inventar nicht angemeldet* worden ist (AG, ObGer, I. Abteilung, 17.10.1947, SJZ 1947, S. 364).

4   Verlangt der Gläubiger *infolge clearingrechtlicher Bestimmungen Rechtsöffnung für einen höheren Betrag als die Parteien durch Vergleich vereinbart haben*, so ist die privatrechtliche Schuldpflicht vorerst auf dem Wege des ordentlichen Prozesses festzustellen (BL, ObGer, 17.12.1946, SJZ 1948, S. 106).

5   Das Urteil in einem Schiedsgerichtsprozess, bei dem die Parteien nicht plädieren konnten, darf nicht vollstreckt werden (BS, Appellationsgericht, 24.10.1972, BJM 1973, S. 118).

6   Die *Einrede der unrichtigen Vertretung* ist nur in den Fällen zugelassen, in denen die Vertretung einer Partei durch das Gesetz vorgeschrieben ist. Wer geltend machen will, dass der für ihn vor Gericht erschienene *Anwalt von ihm nicht bevollmächtigt* gewesen sei, kann nur gehört werden, wenn er mit dieser Behauptung die Einrede der unrichtigen Ladung verbindet (BE, Appellationshof, I. Ziv.Kammer, 19.01.1951, ZBJV 1952, S. 352).

7   Der Gläubiger *kann nicht die definitive Rechtsöffnung verlangen*, wenn er in der *gleichen Betreibung und für den gleichen Betrag bereits die provisorische erhalten* hat (BL, ObGer, 04.03.1955, BJM 1955, S. 201).

8   Zwischen *betriebener Schuld und anerkannter Schuld* muss *strenge Identität herrschen*, insbesondere bei Schulden aus Wechselforderungen (SO, ObGer, 04.09.1957, BlSchK 1959, S. 142).

9   Es ist *Pflicht des Gläubigers, Zahlungsbefehl und Schuldurkunde* auch im Verfahren *vor der Rekursinstanz* in einem Rechtsöffnungsverfahren aufzulegen (LU, SchK Komm., 24.02.1964, Max. XI, Nr. 337).

10 Wird über *den Nachlass* des Betreibungsschuldners die *konkursamtliche Liquidation verfügt*, kann *ein Rechtsöffnungsverfahren nicht fortgesetzt werden* (SZ, Justizkomm., 12.05.1967, BlSchK 1971, S. 18).

11 Der Grundsatz, wonach der Gläubiger für *jede Betreibung ein gesondertes Rechtsöffnungsgesuch zu stellen hat*, stellt eine Form- und Ordnungsvorschrift dar. Es liegt *im Ermessen des Rechtsöffnungsrichters*, ob er ein *einziges eingereichtes Rechtsöffnungsgesuch für zwei Betreibung zur Verbesserung zurückweisen will oder nicht*. Der Rechtsöffnungsrichter muss jedoch *für jede Betreibung einen besonderen Rechtsöffnungsentscheid erlassen* (LU, SchKKomm, 04.02.1972, Max. XII, Nr. 96 und 15.03.1985, LGVE 1985 I 38).

12 Der *hängige Arrest* hindert weder die definitive noch die provisorische Rechtsöffnung in der bezüglichen Betreibung (VD, Tribunal cantonal, 11.01.973, BlSchK 1975, S. 113).

13 Ist in einem Betreibungsverfahren eine Beschwerde gemäss Art. 17 SchKG anhängig, so kann der Schuldner schon während der Dauer der erteilten aufschiebenden Wirkung Rechtsvorschlag erheben; ebenso steht nicht entgegen, dass der Gläubiger das Rechtsöffnungsbegehren stellt (ZH, ObGer, III. Ziv.Kammer, 08.05.1972, SJZ 1973, S. 106).

14 *Unzulässigkeit eines Rekurses* [§ 377 Abs. 2 ZPO (ZH)] – Stützt sich ein Rechtsöffnungsbegehren auf eine Verfügung eines schweizerischen Eheschutzrichters und wendet der Rechtsöffnungsbeklagte ein, die Ehe sei inzwischen durch ein ausländisches Gericht geschieden worden, so ist bezüglich der vorfrageweisen Beurteilung der Anerkennung des ausländischen Scheidungsurteils kein Rekurs möglich (ZH, ObGer, II. Ziv.-Kammer, 19.11.1974, ZR 1976, Nr. 8).

15 *Anforderungen an eine Rekursbegründung* – Der rekurrierende Schuldner muss mindestens das Vorhandensein eines Rechtsöffnungstitels bestreiten oder Einwendungen im Sinne von Art. 81 oder 82 Abs. 2 SchKG geltend machen (LU, SchK-Komm., 21.09.1965, Max. XI, Nr. 428).

16 [i.V.m. § 262 ZPO (LU)] – Im Verfahren der definitiven Rechtsöffnung kann die Einrede der *Tilgung durch Verrechnung* nur mit eindeutigen Urkunden – Urteil oder vorbehaltlose Schuldanerkennung – erbracht werden. Auch diese sind vom Rekurrenten innerhalb der Rekursfrist (bzw. vom Rekursgegner innerhalb der Rekursantwortfrist einzureichen, ansonsten sie nicht mehr berücksichtigt werden können (LU, SchK-Komm. 10.12.1996, LGVE 1996 I 44).

17 Der Rechtsöffnungsrichter handelt nicht willkürlich, wenn er beim Entscheid darüber, ob ein von einem ordentlichen Gericht eines *andern Kantons gefälltes Urteil* rechtskräftig und vollstreckbar sei, *auf die Rechtskraftbescheinigung abstellt*, die der Schreiber des ausserkantonalen Gerichts in gehöriger Form auf dem Urteil angebracht hat (BGE 89 I 242/243).

18 *Verfahrensmängel* bei Entscheiden der eigenen Verwaltung hindern die Rechtsöffnung nicht (BS, Appellationsgericht, 03.02.1960, BJM 1960, S. 7).

19 Konkordat über die Schiedsgerichtsbarkeit; Prüfungsbefugnis des Rechtsöffnungsrichters. – Während der die Vollstreckbarkeit bescheinigende Richter zur Prüfung befugt ist, ob ein Schiedsspruch die Voraussetzungen eines Schiedsgerichtsentscheides erfülle oder ob es sich nicht lediglich um ein vom Konkordat nicht erfasste Schiedsgutachten handle, *steht eine solche Prüfungsbefugnis dem Rechtsöffnungsrichter nicht zu*. Im Rahmen des Konkordatsrechts bleibt für eine Auslegung insoweit Raum, als aus der Bezeichnung einer juristischen Person als Schiedsrichter auf bestimmte natürliche Personen geschlossen werden kann (BGE 117 III 57).

20 Ist gegen den auf Pfändung betriebenen Schuldner *in einem andern Kanton ein Urteil erwirkt worden*, so hat ihm das BA eine Frist von 10 Tagen anzusetzen, innerhalb welcher er Einrede erheben kann (FR, AB, 06.04.1961, Entscheidungen 1961, S. 99, SJZ 1964, S. 272).

21 Für die Frage der *Zulässigkeit der Weiterführung einer Betreibung* (nach erhobenem Rechtsvorschlag ergangenem Rechtsöffnungsentscheid und abgewiesener Aberkennungsklage) kommt es *allein auf die Rechtskraft des Aberkennungsurteils an*, soweit nicht eine der nach Art. 81 Abs. 2 SchKG zulässigen Einreden erhoben wird (ZH, AB, 20.10.1978, BlSchK 1980, S. 142).

22 Ein Urteil, das dem Beklagten nicht eröffnet worden ist, kann diesem gegenüber nicht Rechtsöffnungstitel sein (BS, Appellationsgericht, 07.01.1972, BJM 1972, S. 140).

23 *Nicht regelrechte Ladung* – Diese Einwendung ist im Rechtsöffnungsverfahren gegenüber einem ausserkantonalen Urteil auch dann begründet, wenn der Schuldner in jenem Prozess die Zustellungen und Vorladungen erhalten hat, aber nicht auf dem staatsvertraglich vorgeschriebenen Weg und wenn die Einwendung erst im Rechtsöffnungsverfahren erhoben wird (BS, Appellationsgericht, 30.11.1978, SJZ 1979, S. 195).

24 Da das Vorliegen eines Rechtsöffnungstitels von Amts wegen zu prüfen ist, können Einwendungen gegen diesen Titel im Rekursverfahren auch vom erstinstanzlich säumigen Schuldner vorgetragen werden. Macht der Schuldner im Sinne von Abs. 2 geltend, *er sei nicht richtig vorgeladen worden,* obliegt es dem Gläubiger diese Einwendung zu entkräften. Gelingt ihm dies nicht, ist das Rechtsöffnungsgesuch abzuweisen (LU, SchKKomm, 27.01.2004, LGVE 2004 I 52).

25 Da das Vorliegen eines Rechtsöffnungstitels von Amtes wegen zu prüfen ist, können Einwendungen gegen diesen Titel im Rekursverfahren auch vom erstinstanzlich säumigen Schuldner vorgetragen werden. Macht der Schuldner im Sinne von Absatz 2 geltend, er sei nicht richtig vorgeladen worden, obliegt es dem Gläubiger, diese Einwendungen zu entkräften. Gelingt ihm dies nicht, ist das Rechtsöffnungsgesuch abzuweisen (LU, SchKK, 27.01.2004, LGVE 2005 I 52).

26 Für *Betreibungskosten ist keine Rechtsöffnung zu erteilen* (LU, SchKKomm, 23.08.1982, LGVE 1982 I 41).

27 Definitive Rechtsöffnung aufgrund der Abschreibung des Aberkennungsprozesses gemäss *kantonalen Prozessbestimmungen* (Art. 83 Abs. 3 SchKG und Art. 155 Abs. 1 des sanktgallischen Gesetzes über die Zivilrechtspflege). Sieht das kantonale Prozessrecht vor, dass eine wegen Nichtleistung des Kostenvorschusses abgeschriebene Klage innert Jahresfrist wieder anhängig gemacht werden kann, so bleibt dies jedenfalls für die Fortsetzung des Betreibungsverfahrens ohne Bedeutung. Dem Schuldner kann von Bundesrechts wegen nicht zugestanden werden, das *Betreibungsverfahren durch blosses Anheben der Aberkennungsklage und Nichtleisten des Kostenvorschusses um ein Jahr hinauszuzögern* (BGE 113 III 86).

28 *Rechtsmissbräuchliche Berufung auf einen definitiven Rechtsöffnungstitel. Verrechnungseinrede im Verfahren der definitiven Rechtsöffnung* – Die Ehefrau wurde in einem Massnahmeverfahren gemäss Art. 145 aZGB verpflichtet, aus den Unterhaltsbeiträgen die Hypothekarzinsen zu bezahlen. Dieser Schuldpflicht ist sie nicht nachgekommen und verlangt nun vom Ehemann, der inzwischen gezwungenermassen die Hypothekarzinsen bezahlt hatte, um eine Betreibung auf Grundpfandverwertung zu verhindern, dass er ihr den vollen Unterhaltsbeitrag bezahlt und bestreitet eine Verrechnungsmöglichkeit. Dieses Vorgehen ist rechtsmissbräuchlich und verdient keinen Rechtsschutz (LU, SchKKomm25.03.2002 (LGVE 2002 I 52, BlSchK 2003, S. 170).

II. Vollstreckbarkeit und Rechtskraft

29 *Rechtskräftige Beschlüsse einer Behörde* des Kantons Zürich *über die Verfahrenskosten* im Sinne von § 285 lit. a Zürcher ZPO sind *keine Rechtsöffnungstitel im Sinne der Art. 80/81SchKG,* wenn sie an *Nichtigkeit leiden oder willkürlich* sind. Überprüfungskompetenz des Rechtsöffnungsrichters (Bez.Gericht Zürich, 18.03.1948, SJZ 1948, S. 210).

30 Vollstreckbarkeit der *aussergerichtlichen Entschädigungsforderung der ungeschiedenen Ehefrau* aus dem Scheidungsprozess bei Abtretung an einen Dritten (SG, KG, Rekurskomm., 21.01.1946, Amtsbericht 1946, S. 56, SJZ 1948, S. 343).

31 Voraussetzungen einer rechtskräftigen, einem vollstreckbaren Gerichtsurteil gleichgestellten Entscheidung einer Verwaltungsbehörde. *Verfügung einer AHV-Ausgleichskasse.* – Gemäss Art. 97 Abs. 4 lit. a AHVG stehen die auf Geldzahlung gerichteten rechtskräftigen Verfügungen der Ausgleichskasse vollstreckbaren Gerichtsurteilen im Sinne von Art. 80 SchKG gleich. In einer *blossen amtlichen Aufforderung zur Zahlung einer Gebühr kann keine zureichende Verfügung erblickt werden* (Panchaud/Caprez, Die Rechtsöffnung, § 122 Ziff. 5, S. 185). Eine solche liegt nur dann vor, wenn der Betroffene ohne Mühe erkennen kann, dass es sich um eine Entscheidung der Verwaltungsbehörde handelt, die rechtskräftig wird, wenn er nicht Beschwerde gegen sie erhebt (ZH, ObGer, II. Ziv.Kammer, 19.12.1951, ZR 1952, Nr. 154).

32 Gerichtlicher *Vergleich mit bedingter Schuldanerkennung* als Rechtsöffnungstitel. – Enthält ein gerichtlicher Vergleich nur eine bedingte Schuldanerkennung, so kann die definitive Rechtsöffnung nur erteilt werden, wenn der Eintritt der Bedingung einwandfrei feststeht. Die Beweislast hiefür trifft den Gläubiger und der Schuldner ist bei seiner Verteidigung nicht auf die Einrede des Art. 81 Abs. 1 SchKG und den sofortigen Beweis durch Urkunden beschränkt (ZH, ObGer, III. Ziv.Kammer, 17.12.1952 ZR 1953, Nr. 30).

33 Ein Entscheid ist im Sinne dieser Bestimmung nur dann vollstreckbar, wenn die formelle Rechtskraft gegeben ist (LU, SchKKomm, 15.11.1955, Max. X, Nr. 356, BlSchK 1957, S. 142).

34 Vollstreckung aufgrund *ausserkantonalem Übertretungsrecht rechtskräftig ausgestellter Geldbussen*. – Für das Nichtigkeitsverfahren ist ein dem erstinstanzlichen Hauptverfahren entsprechender zweimaliger Schriftenwechsel nicht vorgesehen. Gegenüber einer vollstreckbaren Bussenverfügung nach kantonalem Recht stehen dem Betriebenen nur die Einwendungen aus Art. 81 SchKG zu. Seinem Anspruch auf regelrechte Vorladung ist Genüge getan, wenn er sich in der vom massgeblichen Prozessrecht vorgeschriebener Form äussern konnte (ZH, ObGer, III. Ziv.Kammer, 09.02.1956, ZR 1956, Nr. 143).

35 *Einwendungen gegen die Vollstreckbarkeit eines Urteils* im Rechtsöffnungsverfahrens. Nicht jede in einem rechtskräftigen Urteil festgelegte Leistung ist vom Richter als absolute, von nichts weiter abhängige Schuld gedacht und damit unter allen Umständen sofort vollstreckbar. Der Richter kann eine Leistung in der Form einer Bedingung vom Eintritt eines Ereignisses und er kann sie auch von der vorgängigen oder gleichzeitigen Erbringung einer Gegenleistung abhängig machen. Massgebend ist der Wille des Urteils (BL, ObGer, 02.10.1992, BJM 1963, S. 23).

36 *Herausgabe einer beweglichen Sache und Vollstreckbarkeit der Schadenersatzforderung bei nicht Erzwingbarkeit der Herausgabepflicht.* Hat der erkennende Richter den Beklagten zur Herausgabe einer beweglichen Sache verpflichtet und gleichzeitig den Geldwert für den Fall gesetzt, dass der Beklagte dieser Pflicht nicht nachkommen sollte, so ist die Ersatzforderung grundsätzlich dann vollstreckbar, wenn die Herausgabe der Sache nicht erzwingbar ist und der Schuldner nicht durch Urkunden nachweist, dass er entweder die Sache herausgegeben oder die Ersatzforderung getilgt hat. Dies gilt jedenfalls dann, wenn der Schuldner einwendet, die Sache herausgegeben zu haben (ZH, ObGer, III. Ziv.Kammer, 14.06.1966, SJZ 1967, S. 217).

37 *Prüfung der formellen Rechtskraft eines ausserkantonalen Zivilurteils* durch den Rechtsöffnungsrichter. – Der Rechtsöffnungsrichter darf sich nicht mit der Feststellung, das Urteil sei dem Beklagten seinerzeit nicht ausgehändigt worden begnügen und daraus auf eine formell ungenügende Eröffnung schliessen. Die zürcherische Praxis steht auf dem Standpunkt, dass die Nichtabholung einer zwei Mal avisierten Gerichtsurkunde jedenfalls dann als Zustellung gilt, wenn eine Partei in Kenntnis eines hängigen Gerichtsverfahrens sie beim wiederholten Zustellungsversuch nicht bis zum Ablauf der vom Postboten auf der Abholungseinladung vermerkten Frist in Empfang nehme (ZR 1977, Nr. 9, 56) (LU, SchKKomm, 20.04.1982, LGVE 1982 I 43).

38 *Prüfung der sachlichen und örtlichen Zuständigkeit eines ausserkantonalen Zivilgerichts in einer arbeitsrechtlichen Streitigkeit.* – Wird die Rechtsöffnung aufgrund eines in einem anderen Kanton ergangenen vollstreckbaren Urteil verlangt, so kann der Betriebene ausser den in Abs. 1 aufgeführten Einwendungen, die Kompetenz des Gerichtes, welches das Urteil erlassen hat, bestreiten oder die Einwendung erheben, dass er nicht regelrecht vorgeladen worden oder nicht gesetzlich vertreten gewesen sei. Für Streitigkeiten aus dem Arbeitsverhältnis lässt Art. 343 Abs. 1 OR wahlweise den Gerichtsstand des Wohnsitzes des Beklagten oder des Ortes des Betriebes oder Haushalts, für den der Arbeitnehmer Arbeit geleistet hat, zu. Wenn davon ausgegangen werden kann, dass der an sich für Streitigkeiten aus einem Arbeitsvertrag zuständige Richter geamtet hat, ist dann nur noch abzuklären, ob die von ihm beurteilten Forderungen tatsächlich eine arbeitsrechtliche Streitigkeit gemäss Art. 343 Abs. 1 OR betreffe. Nur wenn dies nicht oder nur teilweise zutrifft, müsste die Kompetenz des ausserkantonalen Richters im Sinne von Abs. 2 dieses Artikels verneint und eine Vollstreckung verneint werden (LU, SchKKomm, 18.07.1986, LGVE 1986 I 35, BlSchK 1989, S. 62).

39 Fortsetzung der Betreibung aufgrund eines ausserkantonalen Anerkennungsentscheides. – Die Schweizerische Inkassostelle für Radio- und Fernsehempfangsgebühren (BILLAG) erlässt für das ganze Gebiet der Schweiz in Anwendung des VwVG erstinstanzlich Verfügungen, welche beim Bundesamt für Kommunikation (BAKOM) und letztinstanzlich beim BGer angefochten werden können. Sie ist vollumfänglich in das Verwaltungsverfahren des Bundes eingebettet und damit eine Bundesbehörde im Sinne von Art. 1 Abs. 2 lit. e VwVG und auch von Art. 81 Abs. 1 SchKG. Dem *Schuldner bleiben deshalb die Einwendungen des Art. 81 Abs. 2 SchKG versagt* (BGE 130 III 524).

40 *Für die definitive Rechtsöffnung ist die Fälligkeit nicht Voraussetzung* – Gegen über einem definitiven Rechtsöffnungstitel kann der Schuldner nicht einwenden, die Forderung sei im Zeitpunkt der Betreibung nicht fällig gewesen. Es genügt, wenn im Zeitpunkt der Rechtsöffnung ein vollstreckbares Urteil vorliegt. Die frühere Auffassung verschiedener Gerichte, dass in der provisorischen Rechtsöffnung der Rechtsöffnungstitel älter sein müsse als der Zahlungsbefehl, wurde inzwischen aufgegeben. Heute ist anerkannt, dass provisorische Rechtsöffnung selbst aufgrund einer erst nach Zustellung des Zahlungsbefehls erfolgten Schuldanerkennung erfolgen kann. Der Gläubiger muss mit der Einleitung der Betreibung nicht zuwarten, bis er ein vollstreckbares Urteil besitzt, sondern er ist befugt, seine Forderung zunächst mittels Zahlungsbefehl geltend zu machen und auf erfolgten Rechtsvorschlag hin sich den definitiven Rechtsöffnungstitel zu erwerben. Es genügt, wenn im Zeitpunkt der Rechtsöffnung ein vollstreckbares Urteil vorliegt (LU, SchKKomm, 16.10.1995, LGVE 1995 I 54).

III. In Bezug auf ausländische Urteile und Staatsverträge

41 Vorläufig vollstreckbare ausländische Urteile berechtigen nicht zu definitiver Rechtsöffnung (TG, Rekurskomm., 02.02.1966, Rechenschaftsbericht 1966, S. 77, SJZ 1968, S. 123).

42 Rechtsöffnung und Vollstreckbarerklärung ausländischer Urteile können nicht über die Bestimmungen allfälliger Staatsverträge hinaus gewährt werden. Britische Schiedssprüche sind in der Schweiz nicht vollstreckbar, wenn beide Parteien ordentlicherweise schweizerischer Gerichtsbarkeit unterstehen (ZH, ObGer, II. Ziv.Kammer, 22.11.1951, ZR 1955, Nr. 157).

43 Vollstreckbarkeit eines deutschen Schiedsspruches gemäss New Yorker Abkommen vom 10.06.1958, (BS, Appellationsgericht, 06.09.1968, BJM 1968, S. 235).

44 Über die Vollstreckung auf Geldzahlung oder Sicherheitsleistung lautender ausländischer Urteile ist im Rechtsöffnungsverfahren zu entscheiden, sofern eine staatsvertragliche Regelung besteht (GR, KG, 16.10.1972, SJZ 1973, S. 313).

45 Ein Urteil der *Schiedsgerichtskommission* der Handelskammer der Rumänischen Volksrepublik ist grundsätzlich in der Schweiz vollstreckbar (BS, Appellationsgericht, 14.10.1976, BJM 1977, S. 191).

46 Konkordat über die Schiedsgerichtsbarkeit; Prüfungsbefugnis des RÖ-Richters – Während der die Vollstreckbarkeit bescheinigende Richter zur Prüfung befugt ist, ob ein Schiedsspruch die Voraussetzungen eines Schiedsgerichtsentscheides erfülle oder ob es sich nicht lediglich um ein vom Konkordat nicht erfasstes Schiedsgutachten handle, steht eine solche Prüfungsbefugnis dem Rechtsöffnungsrichter nicht zu. Im Rahmen des Konkordatsrechts bleibt für eine Auslegung insoweit Raum, als aus der Bezeichnung einer juristischen Person als Schiedsrichter auf bestimmte natürliche Personen geschlossen werden kann (BGE 117 III 57).

47 Urteile polnischer Gerichte betreffend Unterhaltsbeiträge werden in der Schweiz grundsätzlich vollstreckt. Hingegen verstösst es gegen den schweizerischen ordre public, wenn der Unterhaltsbeitrag erst lange nach Auflösung der ehelichen Gemeinschaft und Scheidung der Ehe zugesprochen wird (BS, Zivilgericht, 09.07.1975, Bestätigung durch Appellationsgericht, 03.02.1976, BJM 1977, S. 151).

48 (i.V.m. Art. 2 und 4 Ziff. 2, 6 und 9 des Haager Übereinkommens *über die Vollstreckung von Entscheidungen auf dem Gebiete der Unterhaltspflicht gegenüber Kindern)*. – Vollstreckbarkeit der in einer Ehesache ergangenen einstweiligen Anordnung eines deutschen Amtsgerichts in der Schweiz. Tragung der Verfahrenskosten. – Bezüglich einer angeblich fehlenden Rechtskraft ist vorliegend Art. 2 Ziff. 3 zweiter Satz des Haager Übereinkommens anwendbar, wonach vorläufig vollstreckbare

Entscheidungen und vorsorgliche Massnahmen, trotz der Möglichkeit, sie anzufechten, für vollstreckbar zu erklären sind, wenn gleichartige Entscheidungen auch hier erlassen und vollstreckt werden können. – Hinsichtlich der Kosten ist zu berücksichtigen, dass gemäss Art. 9 der anwendbaren Haager Übereinkunft den Parteien keine Gerichtskosten überbunden werden dürfen, da beide im Verfahren, das zum hier streitigen Gerichtsbeschluss des Amtsgerichts Ledenscheid führte, das Armenrecht zugesprochen erhalten haben. Der Umfang des Armenrechts wird indes durch das Recht des Vollstreckungsstaates bestimmt. Ein Anspruch auf armenrechtliche Vertretung im Rechtsöffnungsverfahren besteht praxisgemäss nicht (Max. XI, Nr. 40). Die Partei- und Anwaltskosten sind bei diesem Ausgang des Verfahrens somit wettzuschlagen (LU, SchKKomm, 20.10.1982, LGVE 1982 I 42).

49 Zwangsvollstreckung einer in einem ausländischen Urteil anerkannten Forderung. – Eine aufgrund eines völkerrechtlichen Vertrages mit dem Staat, in dem das Urteil gefällt wurde, ausgesprochene Vollstreckbarerklärung wirkt im ganzen Gebiet der Eidgenossenschaft. *Ist demgegenüber das Exequatur gestützt auf kantonales Verfahrensrecht erteilt worden, so erstreckt es sich nur auf den betreffenden Kanton.* Bevor die Betreibung in dem Kanton, wohin der Schuldner seinen Wohnsitz verlegt hat, fortgesetzt werden kann, muss der Gläubiger dort das ausländische Urteil voll streckbar erklären lassen und gestützt auf dieses Exequatur, noch einmal definitive Rechtsöffnung verlangen (BGE 115 III 28).

50 (i.V.m. OG Art. 84 I c) – Vollzug des Urteils eines deutschen Gerichts. *Bestreitung der Zuständigkeit der deutschen Gerichte.* Rechtswahl für eine Bürgschaftserklärung. – Fehlen der öffentlichen Beurkundung ist kein Hindernis für die Durchsetzung einer streitigen Bürgschaftsforderung, die aufgrund eines in der BRD abgeschlossenen Bürgschaftsvertrages erhoben wurde. Wahl des anwendbaren materiellen Rechts kann auch stillschweigend erfolgen. Der schweiz. ordre public verlangt keinen besonderen Schutz des in der Schweiz wohnhaften Bürgen, der einen Bürgschaftsvertrag mit internationaler Verflechtung abschliesst. Das schweiz. internationale Privatrecht steht einer Rechtswahl selbst im Bürgschaftsrecht grundsätzlich nicht entgegen. Diese staatsvertragliche Bestimmung enthält zwar einen Vorbehalt zu Gunsten der Rechtsordnung des Vollstreckungsverfahrens, insofern die Handlungsfähigkeit zur Beurteilung steht. Sie kommt aber nur zum Zug, wenn dem Urteil, für welches die Vollstreckung verlangt wird, andere als die nach dem internationalen Privatrecht des Vollstreckungsstaates anzuwendenden Gesetzes zugrunde gelegt worden sind (BGE 111 II 175, Praxis 75, Nr. 52).

51 (i.V.m. Art. 27 IPRG) – *Keine definitive Rechtsöffnung für ein ausländisches Urteil wegen fehlender gehöriger Ladung.* – Verweigerung der definitiven Rechtsöffnung für ein ausländisches Urteil wegen fehlender gehöriger Ladung. Eine Vorladung erfolgt dann nicht gehörig, wenn sie überhaupt nicht zugestellt wurde oder aber nicht auf dem völkerrechtliche vorgeschriebenen Wege (z.B. durch blosse öffentliche Bekanntmachung). Ob der Beklagte von der Ladung tatsächlich Kenntnis genommen hat, spielt keine Rolle. Nicht gehörige Vorladung führt auf Einrede hin zur Nichtanerkennung des gefällten Urteils (LU, SchKKomm, 11.02.1992, LGVE 1992 I 45).

52 (i.V.m. Art. 36 LugÜ) – Wird die Vollstreckbarkeitserklärung für ein ausländisches zu einer Geldleistung verpflichtendes Urteil im Rahmen des auf definitive Rechtsöffnung gerichteten Verfahrens verlangt, ist es nicht willkürlich, anzunehmen, dass die Frist für das Einlegen eines Rechtsmittels nicht durch Art. 36 LugÜ festgelegt wird, sondern durch das kantonale Prozessrecht; allerdings kann Letzteres in diesem Punkt auf die Regelung im Konventionsrecht verweisen (BGE 125 III 386).

53 *New Yorker Übereinkommen* vom 10.06.1958 über die Anerkennung und Vollstreckung ausländischer Schiedssprüche; Haager Übereinkommen über die Zustellung gerichtlicher und aussergerichtlicher Schriftstücke im Ausland in Zivil- und Handelssachen vom 15.11.1965. – Vollstreckung eines ausländischen Schiedsspruchs im Rahmen eines RÖ-Verfahrens. Einwendungen der fehlenden deutschen Übersetzung, der übermässigen Dauer des Schiedsverfahrens und der ordre public-Widrigkeit des Rechtsmittelverzichts. – Für die Behauptung, dass ein Schiedsverfahren zu lange gedauert habe, trägt der Beschwerdeführer die Beweislast. – Wenn ein Schiedsspruch nach dem von den Parteien gewählten Verfahrensrecht keinem Rechtsmittel unterworfen ist, besteht unter dem Gesichtspunkt

des schweizerischen ordre public kein Grund, die Vollstreckung im Inland zu verweigern. Auch das New Yorker-Abkommen setzt nicht voraus, dass ein Schiedsspruch der Kontrolle durch ein staatliches Gericht unterworfen sein muss (BGE 108 Ib 85 E. 3b; 110 Ia 131 E. 2a) (BS, Appellationsgericht, 05.11.2003, SJZ 2005, S. 177).

54 Vollstreckbarkeit von *Unterhaltsentscheidungen* (italienisches «verbale separazione coniugi» und italienischer «atto di precetto» stellt keine vollstreckbare Entscheidung dar. Der «precetto» erweist sich als eine vom Gläubiger im Hinblick auf die eigentliche Zwangsvollstreckung zu erbringende Vorhandlung. Auf schweizerische Rechtsverhältnisse übertragen könnte er am ehesten mit dem Zahlungsbefehl verglichen werden. Während dieser jedoch durch das BA aus- und zugestellt wird, obliegt es in Italien dem Gläubiger, den «precetto» an den Schuldner abzufassen. Amtlich hat einzig die postalische Aufgabe einer dem Original entsprechenden Abschrift des «precetto» an den Schuldner bestätigt zu werden (GR, AB, 16.12.1996, PKG 1996, S. 101).

55 Vollstreckung eines auf Geldzahlung lautenden ausländischen Urteils. – Die in einem *richterlichen «verbale separazione coniugi»* als vorsorgliche Massnahme im Scheidungsverfahren festgesetzte Unterhaltsverpflichtung ist gemäss Art. 4 Abs. 2 HUVÜ in der Schweiz vollstreckbar und stellt einen definitiven Rechtsöffnungstitel dar (GR, AB, 16.12.1996, PKG 1996, S. 101).

IV. Einreden

1. Durch Tilgung

56 Rechtsöffnung für Kinderzulagen aufgrund eines Scheidungsurteils. – *Tilgung durch den Arbeitgeber* der geschiedenen Ehefrau in Erfüllung einer gesetzlichen Pflicht? – Der geforderte Urkundenbeweis ist dann überflüssig, wenn die betreffende Tatsache vom Gläubiger im Rechtsöffnungsverfahren selbst anerkannt wird (BGE 38 I 29/30, BGer 18.09.1963, BJM 1963, S. 269).

57 Die *Berufung auf Strafakten genügt nicht*, um im Sinne von Art. 81 SchKG den Urkundenbeweis für die Tilgung einer Schuld zu erbringen (ZH, ObGer, IV. Kammer, 16.11.1945, BlSchK 1946, S. 156).

58 Der von Zivilrechts wegen Unterhaltspflichtige wird *durch die Unterstützung der Sozialbehörde gegenüber dem Unterhaltsberechtigten von der Schuld nicht befreit* und dem säumigen Alimentenschuldner steht im Rechtsöffnungsverfahren unter Berufung auf die Leistungen der Sozialbehörde die Einrede der Tilgung nicht zu. Erteilung der definitiven Rechtsöffnung, obgleich nur die Provisorische verlangt wurde (BE, Appellationshof, 21.01.1958, SJZ 1958, S. 331).

59 Als Tilgung im Sinne von Abs. 1 fällt auch die Verrechnung in Betracht, sofern diese *Einrede durch Urkunden bewiesen wird*, d.h. die Gegenforderung des Schuldners durch gerichtliches Urteil oder durch vorbehaltlose Anerkennung der Gegenpartei belegt ist und die übrigen gesetzlichen Voraussetzungen der Verrechnungen dargetan sind (BL, ObGer, 22.11.1977, BlSchK 1979, S. 177).

60 Die aus der *vorbehaltlosen Quittung für jüngere periodische Forderungen* folgende gesetzliche Vermutung für die Bezahlung älterer Forderungen (Art. 89 Abs. 1 OR) *genügt nicht als urkundlicher Beweis der Tilgung* im Sinne von Abs. 1; die gegenteiligen Annahme ist willkürlich (BGE 104 Ia 14).

61 Die *Ausrichtung der Kinderzulagen an die geschiedene Ehefrau anstatt* wie bisher *an den unterhaltspflichtigen geschiedenen Ehemann* bedeutet eine Tilgung seiner Alimentenschuld im Umfang der Kinderzulagen, soweit diese im Unterhaltsbeitrag inbegriffen waren (BS, Appellationsgericht, 15.05.1963, SJZ 1964, S. 273).

62 *Geht die Schuld nach Erlass des Zahlungsbefehls unter*, so ist die Rechtsöffnung zu verweigern (ZH, ObGer, III. Ziv.Kammer, 21.08.1972, ZR 1973, Nr. 63, SJZ 1973, S. 313).

63 Es ist nicht willkürlich, davon auszugehen, dass gerichtlich festgelegte Unterhaltsbeiträge durch *eine direkt an die* unterhaltsberechtigte *Ehefrau ausbezahlte Zusatzrente* gemäss Art. 34 Abs. 1 und 3 IVG getilgt werden und die definitive Rechtsöffnung zu verweigern, soweit der Unterhaltsverpflichtete durch eine *Bestätigung der Ausgleichskasse* die direkte Auszahlung der Zusatzrente an die unterhaltsberechtigte *Ehefrau beweist* (BGE 113 III 82).

64 Tilgung durch Verrechnung – Da die Tilgung einer durch einen definitiven Rechtsöffnungstitel ausgewiesenen Forderung nur möglich ist, wenn sie «seit Erlass des Urteils» erfolgte, genügt es im Fal-

le der Tilgung durch Verrechnung nicht, dass diese seit Erlass des Urteils geltend gemacht wurde, falls die für die Tilgung massgebende Kompensationsanlage schon vor Erlass des Urteils bestand. *Anforderungen an den Beweis der einredeweise geltend gemachten Tilgung der Forderung.* Nach dem Willen des Gesetzgebers darf der Richter im Rechtsöffnungsverfahren die Einrede der Tilgung nur anerkennen, wenn dafür der Urkundenbeweis erbracht wird. Sofern die Tilgung auf die Verrechnung mit einer Gegenforderung gestützt wird, muss nach Lehre und Rechtsprechung die Gegenforderung des Schuldners ihrerseits durch eine vorbehaltlose Anerkennung der Gegenpartei belegt sein (OW, ObGer, 22.10.1990, BlSchK 1993, S. 155).

65 Gemäss dieser Bestimmung kann der Richter nur eng beschränkte Mittel zur Abwehr zulassen, die der Schuldner durch Urkunden zu beweisen hat. *Bei teilweiser Tilgung der Schuld* kann definitive Rechtsöffnung daher nur für den erloschenen Teil der Schuld verweigert werden; der Schuldner hat durch Urkunden den Grund der teilweisen Tilgung und den entsprechenden Betrag darzulegen, ansonsten definitive Rechtsöffnung für die ganze Schuld zu erteilen ist. Im vorliegenden Fall verletzt der Entscheid, die Rechtsöffnung nicht zu gewähren diese Grundsätze und führt darüber hinaus zu einem willkürlichen Ergebnis, indem der Gläubigerin und ihrem Sohn die gestützt auf ein vollstreckbares Urteil geschuldeten Unterhaltsbeiträge vorenthalten werden (BGE 124 III 501).

66 Ist die *teilweise Tilgung einer Schuld nicht durch Urkunden erstellt*, wird die definitive Rechtsöffnung für den gesamten Forderungsbetrag erteilt. Der Beweis, dass die Schuld getilgt ist, obliegt dem Schuldner. Im Falle einer teilweisen Tilgung der Schuld ist der Grund und der genaue Betrag der teilweisen Tilgung durch Urkunden zu beweisen, ansonsten muss der Richter die definitive Rechtsöffnung für den gesamten Forderungsbetrag erteilen (BGer, 05.11.1998, Praxis 1999, Nr. 137).

67 (i.V.m. Art. 153 Abs. 2 SchKG, Art. 85 VZG u. § 60 ZPO LU) – Pfandverwertung des *im Dritteigentum der Käufer stehenden Grundstückes für Grundstückgewinnsteuern*. In der Betreibung auf Pfandverwertung setzt die Erteilung der Rechtsöffnung für das Pfandrecht einen entsprechenden Antrag voraus. Der Nachweis der Tilgung kann im Verfahren der definitiven Rechtsöffnung nur mit eindeutiger Urkunde erbracht werden (LU, SchKKomm, 18.12.1998, LGVE 1999 I 41).

2. Durch Verrechnung

68 *Zur Verrechnung gestellte Gegenforderungen sind durch Urkunden zu beweisen.* Als solche können nur Akten angesehen werden, die ihrerseits zum Mindestens zur provisorischen Rechtsöffnung berechtigen würden (ZH, ObGer, IV. Kammer, 16.11.1945, SJZ 1946, S. 77).

69 Steht eine Forderung der durch Urteil festgestellten verrechenbar gegenüber, so ist im Verfahren betreffend die Erteilung der definitiven Rechtsöffnung der urkundliche Beweis dieser Gegenforderung notwendig (BE, Appellationshof, II. Ziv.Kammer, 01.12.1944, SJZ 1945, S. 485, BlSchK 1946, S. 19).

70 Berufung auf *Tilgung durch Verrechnung ist unzulässig, wenn die Verrechnungserklärung nicht im Verfahren, das zur Ausstellung des Rechtsöffnungstitels führten abgegeben wurde.* – Verrechnung einer Schuld mit einer höheren eigenen Gesamtforderung ohne Bezeichnung bestimmter, zur Verrechnung gestellter Einzelposten (Art. 120 OR) (BS, Appellationsgericht, 08.05.1954, BJM 1954, S. 218).

71 Die Verrechnungseinrede hindert die definitive Rechtsöffnung nur dann, wenn die zur Verrechnung gestellte Forderung im Rechtsöffnungsverfahren durch Urkunden bewiesen wird (ZH, ObGer, I-II. Ziv.Kammer, 01.02.1965, SJZ 1966, S. 129).

72 *Gegenüber der* in einem vollstreckbaren *Urteil festgestellten Forderung kann* der Schuldner *die Verrechnung nicht geltend machen, wenn* seine *eigene Forderung vom Richter noch nicht beurteilt worden ist* (FR, Cour de cassation civile, 13.01.1977, BlSchK 1980, S. 75).

73 Gegenüber einer auf einem *rechtskräftigen Kostenentscheid* gestützten Klage *kann weder Verrechnung mit einer Gegenforderung geltend gemacht werden noch Widerklage erhoben* werden (BS, Appellationsgericht, 13.10.1949, Entscheidungen, Appellationsgericht BS, 10. Bd., 1. Heft, S. 85).

74 (i.V.m. Art. 158 Ziff. 5 ZGB) – Vereinbarungen, die erst nach rechtskräftiger Beendigung eines Ehescheidungs- oder Ehetrennungsprozesses über Vermögensleistungen des einen an den andern

Ehegatten getroffen werden, bedürfen zu ihrer Rechtsgültigkeit keiner gerichtlichen Genehmigung. Werden durch solche *nachträgliche Vereinbarungen die Vermögensleistungen herabgesetzt, so verliert das rechtskräftige Gerichtsurteil in diesem Umfange seine Bedeutung als definitiver Rechtsöffnungstitel* bzw. es ist die gerichtlich festgelegte Forderung in diesem Umfang als getilgt zu betrachten (AI, Bezirksgerichtspräsidium, 08.08.1973, SJZ 1975, S. 165).

75 (i.V.m. Art. 265 Abs. 2 SchKG) – In BGE 102 Ia 363 ff. wird ein vom Betreibungsschuldner vorgelegter *gegen den Betreibungsgläubiger ausgestellter Verlustschein* im Verfahren gemäss Art. 81 und 85 SchKG auch dann *nicht als taugliche Beweisurkunde für den Bestand einer Gegenforderung anerkannt*, wenn der Schuldner keine andere Möglichkeit hat, diesen Bestand zu beweisen (vgl. dazu Aufsatz von I. D. Lifschitz, Fürsprecher, Bern) (BGE 102 Ia 363, SJZ 1977, S. 356).

76 (i.V.m. Art. 265 Abs. 1 SchKG) – Der *Konkursverlustschein bildet keinen urkundlichen Beweis für den Bestand einer Gegenforderung*, die dem Begehren um definitive Rechtsöffnung im Sinne von Art. 81 Abs. 1 SchKG verrechnungsweise entgegengehalten werden könnte (BGE 116 III 66).

77 (i.V.m. Art. 63 Abs. 2 OR) – Bei Zahlung einer Nichtschuld ist die Rückforderung bzw. Verrechnung ausgeschlossen, wenn die Zahlung in Erfüllung einer sittlichen Pflicht erfolgte (SH, Bez.Richter, 28.05.1986, BlSchK 1988, S. 29).

78 (i.V.m. Art. 272 SchKG) – Auch bei fehlender Verrechnungsmöglichkeit im Rechtsöffnungsverfahren ist die Verarrestierung einer Forderung, die gegen den Arrestgläubiger selbst gerichtet ist, als unzulässig zu betrachten, weil damit das abschliessende Einredesystem des Art. 81 SchKG umgangen werden könnte (ZH, Kassationsgericht, 05.11.1991, ZR 1991, Nr. 87).

79 Die Verrechnungseinrede im Rechtsöffnungsverfahren muss urkundenmässig in liquider Weise, d.h. durch Urkunden, die ihrerseits als Titel für die provisorische Rechtsöffnung taugen belegt sein (TG, Rekurskomm., 14.10.1996, BlSchK 1998, S. 224).

3. Verjährung

80 Verjährungseinrede gegenüber definitiven Rechtsöffnungstiteln (Urteile) – Die gerichtlich festgestellte Forderung unterliegt nach Rechtskraft des Urteils, sofern es sich nicht um den Anspruch auf periodische Leistungen erst für die Zukunft handelt, der allgemeinen Verjährungsfrist von zehn Jahren nach Art. 127 OR. Wenn die Frage der Verjährung bereits vom ordentlichen Richter materiell und rechtskräftig beurteilt wurde, ist es schlechthin unvorstellbar, dass der Rechtsöffnungsrichter dieselbe Verjährungsfrage in einem Rechtsöffnungsverfahren nochmals überprüfen dürfte (LU, SchKKomm., 30.05.1988, LGVE 1988 I 40, BlSchK 1990, S. 236).

81 Einrede der Verjährung bei definitiver Rechtsöffnung *in Steuersachen*. Das Steuergesetz des Kantons Luzern kennt nach seinem Wortlaut zwei Arten von Verjährung von Steuerforderungen, die Veranlagungsverjährung gemäss § 142 StG und die Bezugsverjährung gemäss § 143 StG. Nach § 142 erlischt das Recht, eine Veranlagung einzuleiten, fünf Jahre nach Abschluss der Veranlagungsperiode. Wird die Veranlagung rechtzeitig eingeleitet, so läuft ab diesem Datum wieder eine fünfjährige Verwirkungsfrist für die Durchführung der Veranlagung. Der Vollständigkeit halber ist darauf hinzuweisen, dass die Verwirkung von Steuerforderungen von Amtes wegen geprüft werden muss/Fellmann Walter, Leitsätze zum Luzerner Steuergesetz, S. 229 f.). Ob diese Offizialität unbesehen auch im definitiven Rechtsöffnungsverfahren gilt oder die Verjährung gemäss Art. 81 Abs. 1 SchKG vielmehr die eigentliche Vollstreckungsverjährung meint, hat die SchKKomm. offen gelassen. Doch wurde schon entschieden, dass die Verjährung von bundesrechtlichen Abgabeforderungen vom Rechtsöffnungsrichter von Amtes wegen zu berücksichtigen ist (Panchaud/Caprez, Die Rechtsöffnung, 1980, § 146 Ziff. 2, mit Hinweis auf BGE 73 I 125) (LU, SchKKomm, 04.10.1989, LGVE 1989 I 34).

V. Einwendungen in Steuersachen

82 Die Annahme, eine Steuerforderung werde durch die Taxation begründet, verletzt klares Recht. Eine Steuerforderung für die Zeit nach Gewährung der Nachlassstundung fällt nicht unter die Wirkungen

des Nachlassvertrages. Erteilung der definitiven Rechtsöffnung (BE, Appellationshof, I. Ziv.Kammer, 19.09.1960, ZBJV 1961, S. 402).

83 Auf die Einrede der Doppelbesteuerung kann im Rechtsöffnungsverfahren nicht eingetreten werden. Dies hätte sofort nach Zustellung der Steuerveranlagungsverfügung mit den Rechtsmitteln des kantonalen Steuerrechts und nötigenfalls mit der staatsrechtlichen Beschwerde zu erfolgen (vgl. BGE 51 I 211) (ZH, ObGer, III. Ziv.Kammer, 12.01.1949, ZR 1949, Nr. 160).

84 Gegenüber Steuerforderungen können im Rechtsöffnungsverfahren die Einreden der Doppelbesteuerung und der Unzuständigkeit der Veranlagungsbehörden geltend gemacht werden (SZ, Justizkomm., 01.12.1962, Rechenschaftsbericht 1962, S. 43 SJZ 1966, S. 128).

85 Einrede der *mangelhaften Eröffnung einer Steuerveranlagungsverfügung*. Für die gesetzmässige Eröffnung hat der Steuergläubiger den Beweis zu erbringen (LU, SchKKomm, 03.06.1964, Max. XI, Nr. 339).

86 Der Kanton des *früheren Wohnsitzes verlangt* für einen Steuerrestbetrag *im neuen Wohnsitzkanton Rechtsöffnung*. Der Betriebene kann im Rechtsöffnungsverfahren das Doppelbesteuerungsverbot des Art. 46 Abs. 2 BV anrufen, mit dem Nachweis, dass er im neuen Kanton für die Zeit, seit er dessen Steuerpflicht untersteht, die Steuern bezahlt hat (VD, Tribunal cantonal, 29.05.1964, JT 113 (1965) II S. 28, SJZ 1966, S. 347).

87 Einrede der *Doppelbesteuerung* im Rechtsöffnungsverfahren. Die Praxis lässt die Einrede des Doppelbesteuerungsverbots im Rechtsöffnungsverfahren dann nicht mehr zu, wenn ein Betriebener die Entscheidungsgewalt der zuständigen Steuerbehörde ausdrücklich und vorbehaltlos anerkannt hat, indem er z.B. Einsprache oder Steuerrekurs erhob (Panchaud/Caprez, Die Rechtsöffnung, 1980, § 40 N 4; BGE 51 I 202). Treffen diese Voraussetzungen nicht zu, dann kann der Betriebene die Einrede im Rechtsöffnungsverfahren zwar erheben, aber er hat den Nachweis zu erbringen, dass er im Verlaufe der massgeblichen Steuerperiode den Wohnsitz gewechselt hat, im neuen Kanton für die entsprechende Zeit tatsächlich besteuert wurde und die Steuern dort auch bezahlt hat (SJZ 62, Nr. 209) (LU, SchKKomm, 17.06.1981, LGVE 1991 I 37).

88 Auch der Basler Staatsangestellte, der *zur Bezahlung von Steuern Lohnabzüge vornehmen lässt*, hat im Falle einer Rechtsöffnung durch *Urkunden zu beweisen, dass die* in Betreibung gesetzte *Forderung durch die Abzüge getilgt ist* (BS, Appellationsgericht, 10.08.1978, BJM 1979, S. 31).

89 Die definitive Rechtsöffnung darf nur erteilt werden, wenn der Rechtsöffnungstitel das zur Vollstreckbarkeit gehörende Erfordernis der formellen Rechtskraft aufweist; insbesondere muss die *Zustellung einer Steuerveranlagungsverfügung nachgewiesen sein. Bestreitet der Betroffene die Zustellung* einer mit *einfachem Brief versandten Verfügung, genügt eine Rechtskraftbescheinigung der verfügenden Behörde nicht* zum Nachweis der Zustellung. Der Nachweis kann indessen gestützt auf die gesamten Umstände erbracht werden (BGE 106 III 43).

90 (i.V.m. § 207 Abs. 2 VRG und § 142 u. 154 StG) – Steuerveranlagungverfügung trotz eingetretener Veranlagungsverjährung als Rechtsöffnungstitel. – Eine Steuerveranlagungsverfügung, die trotz eingetretener Veranlagungsverjährung ergeht, ist anfechtbar, nicht aber nichtig. Wurde sie nicht im ordentlichen Rechtsmittelverfahren angefochten, hat sie im Vollstreckungsverfahren als Rechtsöffnungstitel Bestand (LU, SchKKomm, 19.08.1996; LGVE 1996 I 43).

VI. In Bezug auf familienrechtliche Zahlungen

91 (i.V.m. Art. 156 Abs.2 ZGB) – Der Ehegatte, unter dessen elterlichen Gewalt ein Kind gestellt wurde, ist gegenüber dem beitragspflichtigen Gatten *persönlich anspruchsberechtigt* (LU, SchKKomm, 02.02.1950, Max. IX, Nr. 784 und SchK-Komm., 17.07.1996, LGVE 1996 I 41).

92 Der Unterhaltsverpflichtete darf die *von der Ausgleichskasse seines Arbeitgebers dem Berechtigten ausgerichtete Kinderzulage* nicht vom Betrag der im Vaterschaftsprozess bestimmten Unterhaltsleistungen abziehen (SZ, Justizkomm., 02.12.1969, EVG SZ, 1969, S. 49, SJZ 1971, S. 113).

93 Rechtsöffnung für *Kinderzulagen aufgrund eines Scheidungsurteils. Tilgung durch den Arbeitgeber* der geschiedenen Ehefrau in Erfüllung einer gesetzlichen Pflicht? – Der geforderte Urkundenbeweis

ist dann überflüssig, wenn die betreffende Tatsache vom Gläubiger im Rechtsöffnungsverfahren selbst anerkannt wird (BGE 38 I 29/30) (BGer 18.09.1963, BJM 1963, S. 269).

94 Der von Zivilrechts wegen *Unterhaltspflichtige wird durch die Unterstützungen der Sozialbehörde* gegenüber dem Unterhaltsberechtigten *von der Schuld nicht befreit* und dem säumigen Alimentenschuldner steht im Rechtsöffnungsverfahren unter Berufung auf die Leistungen der Sozialbehörde die Einrede der Tilgung nicht zu. Erteilung der definitiven Rechtsöffnung, obgleich nur die provisorische verlangt wurde (BE, Appellationshof, 21.01.1958, SJZ 1958, S. 331).

95 Die *Ausrichtung der Kinderzulagen* an die *geschiedene Ehefrau anstatt* wie bisher *an den unterhaltspflichtigen geschiedenen Ehemann bedeutet eine Tilgung* seiner Alimentenschuld im Umfange der Kinderzulagen, soweit diese im Unterhaltsbeitrag inbegriffen waren (BS, Appellationsgericht, 15.05.1963, SJZ 1964, S. 273).

96 Einem Begehren um definitive Rechtsöffnung *für vorsorglich* für die *Dauer des Scheidungsprozesses* vom Gerichtspräsidenten *festgelegte Alimente* (Art. 145 ZGB) kann der Schuldner entgegenhalten, die vorsorgliche Massnahme sei dahingefallen, weil der *gemeinsame Haushalt wieder aufgenommen wurde.* Er hat dies aber durch Urkunden zu beweisen (AG, ObGer, Ziv.Kammer, 10.05.1963, AGVE 1963, S. 111, SJZ 1966, S. 193).

97 (i.V.m. Art. 158 Ziff. 5 ZGB) – Vereinbarungen, die erst nach rechtskräftiger Beendigung eines Ehescheidungs- oder Ehetrennungsprozesses über Vermögensleistungen des einen an den andern Ehegatten getroffen werden, bedürfen zu ihrer Rechtsgültigkeit keiner gerichtlichen Genehmigung. Werden durch solche nachträgliche Vereinbarungen die Vermögensleistungen herabgesetzt, so verliert das rechtskräftige Gerichtsurteil in diesem Umfang seine Bedeutung als definitiver Rechtsöffnungstitel bzw. es ist die gerichtlich festgelegte Forderung in diesem Umfang als getilgt zu betrachten (AI, Bezirksgerichtspräsidium, 08.08.1973, SJZ 1975, S. 165).

98 Zur Einwendung des Dahinfallens von Massnahmen nach Art. 145 ZGB. – Die definitive Rechtsöffnung muss gewährt werden, wenn der Beklagte nicht mit Urkunden eine der in diesem Artikel erwähnten Einwendungen nachweisen kann. Dabei ist zu beachten, dass gegenüber einem Entscheid nach Art. 145 ZGB auch der Einwand zulässig ist, die vom Richter erlassenen vorsorglichen Massnahmen seien dahingefallen, weil die Parteien im gegenseitigen Einverständnis und in der Absicht, *die eheliche Gemeinschaft dauernd wieder herzustellen, den gemeinsamen Haushalt wieder aufgenommen hätten.* Beweispflichtig für das Dahinfallen der vorsorglichen Massnahmen nach Art. 145 ZGB infolge Wiederaufnahme des gemeinsamen Haushaltes ist derjenige Ehegatte, welcher sich darauf beruft (Bühler, Kommentar, N 73/74 zu Art. 145 ZGB und dortige Zitate) (LU, SchKKomm, 02.05.1980, LGVE 1980 I 594).

99 (i.V.m. Art. 285 Abs. 2 und § 11 des zürch. Kinderzulagengesetzes) – Eine definitive Rechtsöffnung verstösst gegen klares materielles Recht, wenn der vorgelegte Titel die *Forderung nicht bestimmt beziffert, sondern der Auslegung bedarf* und zu Berechnungen Anlass gibt, welche aufgrund der Akten *nicht einfach und sicher vorzunehmen sind* und wenn sie Kinderzulagen gewährt, obgleich im Rechtsöffnungstitel keine Rede davon ist (ZH, ObGer, III. Ziv.Kammer, 25.01.1985, ZR 1985, Nr. 59, SJZ 1986, S. 30).

100 Die Auslegung von Willenserklärungen in einer Scheidungsvereinbarung steht unter der Herrschaft des Vertrauensprinzips. Die Formulierung «so lange sich die Kinder in der Ausbildung befinden» («Ausbildung» in Einzahl) deutet auf eine Erstausbildung. *Eine Pflicht zur Finanzierung einer zweiten Ausbildung besteht nach dem Gesetz nicht* und kann hier auch dem Scheidungsurteil nicht abgeleitet werden. So stellt das Scheidungsurteil keinen Rechtsöffnungstitel dar (SH, Bezirksrichter, 24.03.1986, BlSchK 1988, S. 187).

101 *Einrede des Rechtsmissbrauchs* gegenüber einer Unterhaltsforderung (Konkubinat des Anspruchsberechtigten) – Hier beruft sich der Schuldner auf die in BGE 109 II 188 statuierte Tatsachenvermutung, bei einem mindestens *fünfjährigen Konkubinatsverhältnis seit Verlust des Rentenanspruchs* anzunehmen. Diese Praxis berührt aber nicht das Rechtsöffnungsverfahren (Vollstreckung), sondern das Abänderungsverfahren im Sinne von ZGB Art. 153. Zur Geltendmachung seiner Einrede hätte der Schuldner diese Klage einzureichen. *Es ist nicht Sache des Rechtsöffnungsrichters, abzuklären,*

Zweiter Titel: Schuldbetreibung **Art. 82**

ob die Voraussetzungen eines mehrjährigen Konkubinats und damit eines Wegfalls des Rentenanspruchs gegeben sind. Die Zulassung der Einrede, die Unterhaltsforderung sei zufolge Konkubinats entfallen, würde zu einer Umkehrung der Beweislast führen, die der Rechtsöffnung als Teil des Vollstreckungsverfahrens fremd ist (AR, ObGer-Präsident, 19.12.1986, SJZ 1988, S. 344).

102 (i.V.m. Art. 2 ZGB) – Einrede des Rechtsmissbrauchs im definitiven Rechtsöffnungsverfahren. Unzulässigkeit der Einrede des (bestrittenen) Konkubinats gegenüber Rechtsöffnung für Alimenten Verpflichtung aus Scheidungsurteil. Grundsätzlich kann nach heutiger Praxis die Einrede des Rechtsmissbrauchs auch im Vollstreckungsverfahren erhoben werden. Die Zulässigkeit der Rechtsmissbrauchseinrede muss sich aber im Rechtsöffnungsverfahren auf eindeutige, klare Fälle beschränken. Dies gilt bezüglich der definitiven Rechtsöffnung im Besonderen, da für die Einrede Beweise zu erbringen sind; Glaubhaftmachen genügt nicht. Hinsichtlich der Frage, welche Folgen ein langjähriges Konkubinat im Rechtsöffnungsverfahren zeitige und ob dies für die Einwendung der Rechtsmissbräuchlichkeit des Rechtsöffnungsgesuches ausreiche, bestehen keine bundesgerichtliche Präjudizien. In diesem Falle ist zudem bestritten, dass die Alimentengläubigerin in einem eheähnlichen Konkubinat lebt und mit ihrem Freund nur deshalb keine Ehe eingehen will, um der Scheidungsrente nicht verlustig zu gehen. Auch der Umstand, dass ein mehr als fünf Jahre dauerndes Konkubinat besteht, sagt auch nach neuerer Bundesgerichtspraxis noch nichts darüber aus, ob das Festhalten an der Alimentenberechtigung zulässig ist oder nicht (BE, Appellationshof, I. Ziv.Kammer, 22.02.1990, SJZ 1990, S. 292).

103 *Einwendung der Tilgung* gegenüber einem Rechtsöffnungsbegehren, das sich auf eine *richterliche Verpflichtung zur Leistung von Unterhaltsbeiträgen* gemäss Art. 145 ZGB stützt. – Es ist nicht willkürlich, wenn der Rechtsöffnungsrichter gestützt auf ein *vollstreckbares gerichtliches Urteil* betreffend Leistung von *Unterhaltsbeiträgen nach Art. 145 ZGB die definitive Rechtsöffnung gewährt, obwohl der Schuldner durch Urkunden nachweisen kann, dass er in früheren Monaten mehr geleistet hat als das, wozu er im betreffenden Urteil verpflichtet worden ist.* Damit ist nur die Zahlung urkundlich nachgewiesen, nicht aber, dass der Schuldner im entsprechenden Umfang eine verrechenbare Gegenforderung erworben hat. Hiefür genügt aber nur eine Urkunde, die ihrerseits zur definitiven oder provisorischen Rechtsöffnung berechtigt. Zudem setzt die Tilgung familienrechtlicher Unterhaltsansprüche durch Verrechnung eine Berechnung der konkreten unverrechenbaren Quote dieser Ansprüche voraus. Werden mehreren Personen Unterhaltsbeiträge geschuldet, so muss überdies urkundlich feststehen, für wen die zur Verrechnung gestellten früheren Mehrbeträge bestimmt waren. Diese Berechnungen gehen entschieden über die Prüfungsbefugnis des Rechtsöffnungsrichters hinaus (BGE 115 III 97).

104 Wenn die Verpfändung der Forderung dem Pfandschuldner nicht notifiziert worden ist, darf er mit befreiender Wirkung an den Verpfänder leisten. Dies ergibt sich e contrario aus dem Wortlaut von Art. 906 Abs. 2 ZGB. Ist die Notifikation erfolgt, kann der Pfandschuldner den geschuldeten Betrag hinterlegen oder Rechtsvorschlag erheben, wenn der Verpfänder ohne Zustimmung des Pfandgläubigers die Betreibung einleitet (BGE 42 III 270). In diesem Fall *darf die Rechtsöffnung nur erteilt werden, wenn der Pfandgläubiger zustimmt.* Ein unanfechtbarer Rechtsöffnungstitel ist gewiss erforderlich, aber für sich allein ungenügend. Die Erteilung der definitiven Rechtsöffnung setzt voraus, dass zum Rechtsöffnungstitel die Einwilligung des Pfandgläubigers gemäss Art. 906 Abs. 2 ZGB hinzutritt (BGE 128 III 366).

Art. 82 3. Durch provisorische Rechtsöffnung
a. Voraussetzungen

[1] Beruht die Forderung auf einer durch öffentliche Urkunde festgestellten oder durch Unterschrift bekräftigten Schuldanerkennung, so kann der Gläubiger die provisorische Rechtsöffnung verlangen.

[2] Der Richter spricht dieselbe aus, sofern der Betriebene nicht Einwendungen, welche die Schuldanerkennung entkräften, sofort glaubhaft macht.

I. Verhältnis zwischen Anerkennungsprozess und Rechtsöffnungsverfahren

1 (i.V.m. Art. 18 und 216 OR und Art. 2 Abs. 2 ZGB) Einwand der Nichtigkeit des der Schuldanerkennung zugrunde liegenden Grundgeschäfts wegen Formmangels. Simulation? Entkräftung des schuldnerischen Einwandes mit Berufung auf Rechtsmissbrauch? Rechtsmissbrauch kann vorliegen, wenn man sich auf einen Formmangel beruft, sich aber selbst ein rechtsmissbräuchliches Verhalten zu Schulden kommen lässt (BL, ObGer, 06.09.1983, BJM 1984, S. 174).

2 Die Anhebung der Anerkennungsklage beinhaltet implizit den Verzicht auf die Weiterführung des hängigen Rechtsöffnungsverfahrens. Dieser Verzicht gründet in der Tatsache, dass bei Gutheissung der Anerkennungsklage durch den ordentlichen Richter für den zugesprochenen Betrag der erhobene Rechtsvorschlag beseitigt werden kann und es bedarf eines rein vollstreckungsrechtlichen Verfahrens wie das Rechtsöffnungsverfahren eines darstellt, nicht mehr (GR, AB, 16.10.1996, PKG 1996, S. 107).

II. Zuständigkeiten

3 *Wechselt nach Zustellung des Zahlungsbefehls der Betreibungsort*, so ist zur Erteilung der Rechtsöffnung der Richter desjenigen Ortes zuständig, wo die Betreibung im Zeitpunkt der Einreichung des Rechtsöffnungsgesuches fortzusetzen wäre (LU, SchK-Komm., 12.12.1953, Max. X, Nr. 215).

4 *Örtlich zuständig zur Erteilung der Rechtsöffnung* ist einmal der Richter am Ort, wo die Betreibung angehoben wurde, ohne dass der Schuldner hiergegen mit Erfolg Beschwerde geführt hat (BGE 39 I 278, 76 I 49), des Weitern aber auch der Richter am wirklichen Wohnort bei Einleitung des Rechtsöffnungsbegehrens (vgl. Max. X, Nr. 215) (LU, SchKKomm, 17.10.1961, 22.11.1961, Max. XI, Nr. 47).

5 *Der Richter des Betreibungsortes* kann über ein Rechtsöffnungsgesuch entscheiden; *er hat von Amtes wegen seine Zuständigkeit zu prüfen*, wenn der Schuldner seinen Wohnsitz nach Zustellung des Zahlungsbefehls gewechselt hat (VD, Tribunal cantonal, 06.04.1978, BlSchK 1980, S. 42).

6 Provisorische Rechtsöffnung kann bewilligt werden, *obwohl die Rechtsöffnungsforderung bereits Gegenstand eines materiellen Prozesses im Ausland ist* (BS, Appellationsgericht (Ausschuss), 18.06.1974, BJM 1975, S. 22, BlSchK 1977, S. 184).

7 *Prüfung ausländischen Rechts bei provisorischer Rechtsöffnung.* – Eine schweizerische Bank verlangt provisorische Rechtsöffnung gegen den in den USA domizilierten Akzeptanten von Wechseln für die Wechselsumme. Der Beklagte bestreitet seine Passivlegitimation. Keiner der 15 Wechsel wurde auf ihn persönlich gezogen, sondern auf eine Incorporation. Deren Rechtsfähigkeit beurteilt sich nach dem Recht des Staates New York. Dieses Recht ist gemäss § 120 Abs. 2 Thurgauer ZPO von der Klägerin nachzuweisen. Sie konnte aktenmässig nur dartun, dass der Firmeninhaber bei einer nicht eingetragenen amerikanischen Gesellschaft persönlich haftet. Rechtspersönlichkeit und Haftungsverhältnisse bei einer amerikanischen «Company» bleiben zweifelhaft. Es darf dabei nicht einfach auf schweizerisches Ersatzrecht zurückgegriffen werden. Da ausländisches Recht bei Unklarheit als Tatsache behandelt wird, fehlt es vorläufig an der nötigen Liquidität der Sach- und Rechtslage (TG, Rekurskomm. 07.09.1973, BlSchK 1976, S. 135).

8 (i.V.m. Art. 16 Ziff. 5 LugÜ) – Für die Vollstreckung eines Entscheides erklärt Art. 16 Ziff. 5 des Lugano Übereinkommens (LugÜ) ohne Berücksichtigung des Domizils der Parteien die Gerichte am Ort der Vollstreckung ausschliesslich zuständig. Bei einer in der Schweiz angehobenen Betreibung muss deshalb die Rechtsöffnung beim zuständigen schweizerischen Richter verlangt werden. Dies gilt auch, wenn die Parteien vertraglich einen anderen Gerichtsstand vereinbart haben (VS, Tribunal cantonal, , 15.03.1995, BlSchK 1996, S. 34).

9 (i.V.m. Art. 16 Ziff. 5 LugÜ) – Das provisorische Rechtsöffnungsverfahren ist ein Vollstreckungsverfahren im Sinne von Art. 16 Ziff. 5 LugÜ. Demgemäss ist der schweizerische Rechtsöffnungsrichter auch dann zuständig, wenn der Gerichtsstand der Hauptsache nicht in der Schweiz, sondern in einem ausländischen Vertragsstaat des Luganoübereinkommens liegt (LU, SchKKomm, 30.05.1996, LGVE 1996, I 45).

III. Prozessuales/Verfahrensfragen

10 Die Rechtsöffnung kann solange geltend gemacht werden, als das Betreibungsverfahren noch fortgesetzt werden kann (Art. 88 Abs. 2 SchKG). Die Vorschrift von Art. 153a Abs. 1 SchKG bezieht sich sowohl auf die Grundpfand- als auch auf die Faustpfandbetreibung. Sie regelt lediglich die Folgen eines Rechtsvorschlages und seiner Beseitigung bezüglich der Ausdehnung der Pfandhaft auf Miet- und Pachtzinse. Im Übrigen kann der Betreibungsgläubiger aber die Beseitigung des Rechtsvorschlages verlangen, solange das Betreibungsverfahren noch fortgesetzt werden kann (BS, AB, 30.07.2003, BJM 2005, S. 45).

11 Der Rechtsöffnungsrichter hat *weder über die Gültigkeit des Rechtsvorschlages noch über seine Auslegung durch die Betreibungsbehörden zu urteilen* (BS, Dreiergericht, 13.11.1956, BJM 1957, S. 224).

12 Offenbare *unrichtige Beweiswürdigung*, wenn der Rechtsöffnungsrichter die einzige, bestrittene Parteidarstellung des Gesuchsgegners als glaubhaft erachtet, ohne diese objektiv zu überprüfen (BE, Appellationshof, II. Ziv.Kammer, 03.09.1958, ZBJV 1960, S. 26).

13 Der Rechtsöffnungskläger hat im Rechtsöffnungsverfahren den Beweis für seine Berechtigung an der in Frage stehenden Forderung durch Vorlage von Originalurkunden zu erbringen. Dazu gehört der Nachweis eines allfälligen Vertretungsverhältnisses. Die gemäss Art. 933 Abs. 1 fingierte Kenntnis der Handelsregistereinträge gilt nur für das schweizerische Handelsregister (BS, Appellationsgericht (Ausschuss), 07.03.00, BJM 2001, S. 183).

14 Es ist *Pflicht des Gläubiger, Zahlungsbefehl und Schuldurkunde* auch im *Verfahren vor der Rekursinstanz* in einem Rechtsöffnungsverfahren *aufzulegen* (LU, SchKKomm, 24.02.1964, Max. XI, Nr. 337).

15 *Anforderungen an eine Rekursbegründung*. Der rekurrierende Schuldner muss mindestens das Vorhandensein eines Rechtsöffnungstitels bestreiten oder Einwendungen im Sinne von Art. 81 oder 82 Abs. 2 SchKG geltend machen (LU, SchKKomm, 21.09.1965, Max. XI, Nr. 428).

16 *Folgen von Formfehlern des Rechtsöffnungsbegehrens* – Unrichtige rechtliche Umschreibung des Rechtsöffnungsbegehrens werden wenigstens dann von Amtes wegen korrigiert, wenn es weiter geht als nach den Akten zulässig ist. Für den Rechtsöffnungsrichter ist in erster Linie wesentlich, dass der Gläubiger die Beseitigung des erhobenen Rechtsvorschlages verlangt. Was sich daraus ergibt, ob die definitive oder nur die provisorische Rechtsöffnung, richtet sich nach den vorgelegten Urkunden. Nachteile aus dieser Praxis sind nicht zu befürchten (TG, Rekurskomm., 11.12.1951, BlSchK 1953, S. 50).

17 *Staatsrechtliche Beschwerde:* Letztinstanzlichkeit kantonaler Entscheide betreffend Bewilligung der Verweigerung der provisorischen Rechtsöffnung. Zulässigkeit der Beschwerde wegen Verletzung von BV Art. 4 (Unterscheidung von Zwischen- und Endentscheiden im Sinne von OG Art. 87) (Letztinstanzlichkeit) (BGE 94 I 365).

18 *Provisorische Rechtsöffnung kann auch verlangt werden, wenn bereits eine materielle Klage hängig ist*. Konsequenzen für die Aberkennungsklage. – Der eingeleitete Prozess hat dann als Prosekution zu gelten und wirkt somit für die gewährte provisorische Rechtsöffnung wie ein Aberkennungsprozess. Sollte der angestrengte Prozess ohne Urteil oder Urteilssurrogat oder mit einem Unzuständigkeitsentscheid enden, so ist dem Rechtsöffnungsbeklagten eine neue Frist zur Anhebung der Aberkennungsklage einzuräumen (BS, Appellationsgericht (Ausschuss), 11.12.1958, BJM 1959, S. 19).

19 *Die Hängigkeit eines materiellen Prozesses in der gleichen Sache* hindert die Durchführung eines provisorischen Rechtsöffnungsverfahrens nicht (BL, ObGer, 06.09.1983, SJZ 1984, S. 321).

20 Wird über den *Nachlass des Betreibungsschuldners die konkursamtliche Liquidation verfügt*, kann ein Rechtsöffnungsverfahren nicht fortgesetzt werden (SZ, Justizkomm., 2.05.1967, BlSchK 1971, S. 18.

21 Der Kläger hat im *Rechtsöffnungsverfahren weder einen Anspruch auf mündliche Verhandlung noch auf eine Replik* (LU, SchKKomm, 18.09.1972, Max. XII, Nr. 97).

22 Ein *hängiger Arrest* hindert weder die definitive noch die provisorische Rechtsöffnung in der bezüglichen Betreibung (VD, Tribunal cantonal, 11.01.1973, BlSchK 1975, S. 113).

23 Ist in einem Betreibungsverfahren eine Beschwerde gemäss Art. 17 SchKG hängig, so kann *der Schuldner schon während der Dauer der erteilten aufschiebenden Wirkung Rechtsvorschlag erheben*, ebenso steht nicht entgegen, dass der Gläubiger das Rechtsöffnungsbegehren stellt (ZH, ObGer, III. Ziv.Kammer, 08.05.1972, SJZ 1973, S. 106).

24 Wenn der Schuldner *weder eine Vorladung zur Rechtsöffnungsverhandlung noch den Rechtsöffnungsentscheid erhalten hat*, ist der Entscheid nichtig; die Betreibungsbehörden müssen die Fortsetzung der Betreibung verweigern (BGE 102 III 133/134).

25 Ein *abgewiesenes Rechtsöffnungsgesuch kann in der gleichen Betreibung nicht erneuert werden* (TG, Rekurskomm., 12.02.1971, BlSchK 1976, S. 8).

26 Aufgrund *des gleichen Zahlungsbefehls kann nicht eine zweite Rechtsöffnungsklage angebracht werden* (SO, ObGer, 23.10.1945, BlSchK 1947 S. 151).

27 Soweit der Gläubiger in einem früheren Betreibungsverfahren das Fortsetzungsbegehren bereits gestellt oder zu stellen berechtigt ist, *kann in einer zweiten Betreibung desselben Gläubiger für die gleiche Forderung keine provisorische Rechtsöffnung* gewährt werden (OW, ObGer-Komm., 18.02.1997, BlSchK 2000, S. 98).

28 *Ein Rechtsöffnungsentscheid äussert ausschliesslich betreibungsrechtliche Wirkungen;* er schafft bloss Recht für die betreffende Betreibung (BGE 100 III 51).

29 Im summarischen Rechtsöffnungsverfahren sind *Zeugenbescheinigungen zur Glaubhaftmachung* von Tatsachen zuzulassen (LU, SchKKomm, 19.10.1982, LGVE 1982 I 46).

30 *Gerichtliche Hinterlegung des Forderungsbetrages* macht das Rechtsöffnungsverfahren nicht gegenstandslos (ZH, ObGer, IV. Kammer, 08.04.1948, ZR 1949, Nr. 106).

31 Nur in völlig liquiden Fällen darf der Rechtsöffnungsrichter mit der Begründung, die Betreibung sei nicht mehr fortsetzungsfähig, ein Rechtsöffnungsgesuch nicht in materielle Behandlung ziehen (LU, SchKKomm, 29.09.1948, Max. IX, Nr. 608).

32 Der *Gläubiger kann nicht die definitive Rechtsöffnung verlangen, wenn er* in der gleichen Betreibung und *für den gleichen Betrag bereits die provisorische erhalten hat* (BL, ObGer, 04.03.1955, BJM 1955, S. 201).

33 *Gegen Rechtsöffnungsentscheide ist Beschwerde zulässig* (§ 242 ZPO BS) (BS, Appellationsgericht (Ausschuss), 13.09.1954, BJM 1955, S. 106).

34 *Novenverbot im Beschwerdeverfahren* – Eine neue Tatsache ist im Beschwerdeverfahren grundsätzlich unbeachtlich. Der Richter hat im Beschwerdeverfahren von Amtes wegen zu prüfen, ob ein Rechtsöffnungstitel im Sinne des Gesetzes vorliegt, ungeachtet allfälliger (erst zweitinstanzlich vorgebrachter) Einwendungen des Schuldners. Massgebend für die Beurteilung bleibt indes immer die Aktenlage. Eine Offizialtätigkeit wie im betreibungsrechtlichen Beschwerdeverfahren gibt es in Rechtsöffnungssachen nicht. Der *Richter ist nicht gehalten, den Sachverhalt zu vervollständigen und möglichen Einreden der Parteien nachzuspüren. Ein Grenzfall liegt aber dann vor, wenn die vom Schuldner nachträglich erhobenen Behauptungen einen Sach- verhalt meinen, der aus der Urkunde selbst ersichtlich sein soll* (ungenügen des Schuldbekenntnis, fehlende oder falsche Unterschrift). Da mit einer entsprechenden Beschwerde Erfolg beschieden sein könnte, müsste es sich um einen offensichtlichen Mangel beim Rechtsöffnungstitel handeln (LU, SchKKomm, 17.08.1987, LGVE 1987 I 46, BlSchK 1990, S. 32).

35 *Umwandlung eines definitiven Rechtsöffnungsbegehrens in ein Provisorisches* – Da im Rechtsöffnungsverfahren die Dispositionsmaxime gilt, ist in erster Linie ein entsprechender Antrag notwendig. Dabei schliesst ein Begehren um provisorische Rechtsöffnung dasjenige um definitive Rechtsöffnung so wenig in sich, wie es im umgekehrten Sinne der Fall ist. Sofern das Klagefundament nach wie vor dasselbe, d.h. der Komplex der klägerischen Anbringen, auf den der Begriff Klagefundament oder Klagegrund angewendet wird, der Gleiche bleibt, ist eine entsprechende Änderung des Antrages auf Wechsel des Rechtsöffnungsbegehrens im Rekursverfahren in Rechtsöffnungssachen

grundsätzlich zuzulassen. Voraussetzung ist aber, dass die Verteidigungsrechte nicht gekürzt sind (LU, SchKKomm, 23.03.1989, LGVE 1989 I 36).

36 Der Gläubiger kann den ordentlichen Prozessweg beschreiten, auch wenn er einen provisorischen Rechtsöffnungstitel besitzt (ZH, Einzelrichter Bez.Gericht, 17.05.1952, S. 127).

37 Ein *materiellrechtlicher Prozess schliesst* das Begehren um *provisorische Rechtsöffnung für die gleiche Forderung* bei einem andern Gericht *nicht aus* (BS, Appellationsgericht (Ausschuss), 11.12.1958, SJZ 1959, S. 212).

38 Zulässigkeit des *Begehrens um provisorische Rechtsöffnung neben Anerkennungsklage.* Das Rechtsöffnungsverfahren ist ein Verfahren des Vollstreckungsrechts. Es geht im Unterschied zum materiellen Prozess nicht in erster Linie darum, über den Bestand der behaupteten Forderung zu entscheiden, sondern dem Gläubiger soll die provisorische Zwangsvollstreckung für eine dem Rechtsschein nach bestehende Forderung ermöglicht werden, sofern vorauszusehen ist, dass damit das materielle Recht des Schuldners nicht gefährdet wird. – Hingegen steht der Ergreifung der Aberkennungsklage die Rechtshängigkeit eines Anerkennungsprozesses entgegen (BL, ObGer, 06.09.1983, BJM 1984, S. 174).

39 Die vertragliche Pflicht, vor Anhebung eines Prozesses ein Schlichtungsverfahren durchzuführen, gilt für das Rechtsöffnungsverfahren nicht (TG, ObGer, 23.04.2001, SJZ 2003, S. 40).

40 Der Gläubiger kann unter mehreren Rechtsöffnungstiteln wählen (BS, Dreiergericht, 28.01.1957, S. 225).

41 Wann ist eine *Spezifikation der Betreibungsforderung im Rechtsöffnungsbegehren erforderlich?* Eine Spezifikation, welche Raten im Einzelnen betrieben sind, bzw. für welche Raten die Rechtsöffnung verlangt wird, entspricht allgemeinen prozessualen Grundsätzen und der Praxis. Sind laut Schuldurkunde mehr Raten verfallen als der Gläubiger betrieben hat, so obliegt es diesem, anzugeben, auf welche sich die Betreibung bezieht. Ohne eine solche Erklärung ist der Rechtsöffnungsrichter nicht in der Lage, einen eindeutigen Entscheid zu fällen (LU, SchKKomm, 23.01.1961, Max. XI, Nr. 48).

42 Auslegung einer «*Rechtsöffnungserklärung» des Schuldners* nach erhobenem Rechtsvorschlag. – In BGE 43 III 295 und 63 III 146 hat das BGer entschieden, der Schuldner könne nicht provisorische Rechtsöffnung erteilen oder seinen *Rechtsvorschlag unter Vorbehalt der Aberkennungsklage zurückziehen.* Diese Rechtsprechung ist im vorliegenden Fall nicht anwendbar. Mit der Erklärung hat der Schuldner nur für einen Teilbetrag «Rechtsöffnung» gegeben, ohne zu sagen, dass er nur provisorische Rechtsöffnung gewähren wolle oder sich die Aberkennungsklage vorbehalte. Eine solche Erklärung lässt sich nur als teilweiser Rückzug des Rechtsvorschlages auslegen (BGE 81 III 94).

43 Die Erklärung des Beklagten, er *anerkenne das Rechtsöffnungsverfahren unter dem Vorbehalt der Aberkennungsklage*, kann nicht angefochten werden (AG, ObGer, III. Abt. 12.12.1958, SJZ 1961, S. 372).

44 *Über die Gültigkeit des Rechtsvorschlages haben die AB in SchK-Sachen zu urteilen.* Dem Betreibenden ist es daher verwehrt, im Rahmen des Rechtsöffnungsverfahrens die Gültigkeit oder Ungültigkeit eines Rechtsvorschlages feststellen zu lassen (BE, Appellationshof, I. Ziv.Kammer, 08.01.1980, ZBJV 1981, S. 544).

45 (i.V.m. Art. 16 ZGB) – *Zum Erfordernis der Handlungsfähigkeit des Schuldners* im Betreibungsverfahren. – Die Rechtsöffnung ist zu *verweigern*, wenn der Betriebene glaubhaft macht, dass er *im Zeitpunkt der Entstehung der Schuld urteilsunfähig war* (Panchaud/Caprez, Die Rechtsöffnung 1980, § 29). Nach einhelliger Auffassung in Doktrin und Gerichtspraxis wird die Urteilsfähigkeit vermutet, und wer das Gegenteil behauptet, ist dafür beweispflichtig. Wenn berechtigte Zweifel an der Urteilsfähigkeit des Schuldners bestehen, ist diese Frage von Amtes wegen zu prüfen. Nach der Praxis fehlt die Urteilsfähigkeit bei «Unfähigkeit zur richtigen Beurteilung der Lage»; sie geht demjenigen ab, der «wegen seines Geisteszustandes in Angelegenheiten der in Frage stehenden Art kein vernünftiges Urteil bilden kann» (Bucher, Berner Kommentar, N 44 zu Art. 16 ZGB unter Hinweis auf BGE 77 II 100). Selbst eine ärztlich festgestellte Geisteskrankheit bedeutet indes nicht zwangsläufig Urteilsunfähigkeit, sondern diese bedarf immer eines aufgrund konkreter Umstände

geführten Nachweises (Bucher, a.a.O., N 129 ff. zu Art. 16ZGB; Schnyder/Murer, Berner Kommentar, N 65 zu Art. 369 ZGB) (LU, SchKKomm, 01.02.1988, LGVE I 1).

46 Einwendungen des Betreibungsschuldners im provisorischen Rechtsöffnungsverfahren. *Anforderungen an die Glaubhaftmachung.* – Eine Einwendung ist dann glaubhaft vorgetragen, wenn sie unmittelbar vor dem Richter wahrscheinlich gemacht wird. Der Richter muss überwiegend geneigt sein, an die Wahrheit der vom Betriebenen geltend gemachten Gründe zu glauben (Amonn K., Grundriss des Schuldbetreibungs- und Konkursrechts, 4. Aufl., § 19 N 55; Fritzsche/Walder, Schuldbetreibung und Konkurs nach schweizerischen Recht, Bd. I, S. 264). Diese für das Rechtsöffnungsverfahren massgebende Umschreibung deckt sich mit der zivilprozessrechtlichen Definition, wonach im Falle der Glaubhaftmachung der Richter zu überzeugen ist, dass es so, wie behauptet, wahrscheinlich gegangen ist (LU, SchKKomm, 10.08.1990, LGVE 1990 I 43).

47 Die *Nichtaufführung der Schuldanerkennung im Zahlungsbefehl* steht der Erteilung der Rechtsöffnung aufgrund des im Rechtsöffnungsverfahrens vorgelegten Rechtsöffnungstitels nicht entgegen (SO, ObGer, 21.11.1945, SJZ 1947, S. 275, BlSchK 1947, S. 121).

48 Der Grundsatz, wonach der Gläubiger *für jede Betreibung ein gesondertes Rechtsöffnungsgesuch* zu stellen hat, stellt eine Form- und Ordnungsvorschrift dar. Es liegt im Ermessen des Rechtsöffnungsrichters, ob ein einziges eingereichtes Rechtsöffnungsgesuch für zwei Betreibungen zur Verbesserung zurückweisen will oder nicht. Der Rechtsöffnungsrichter muss jedoch für jede Betreibung gesondert entscheiden (LU, SchKKomm, 15.03.1985, LGVE 1985 I 38).

49 *Der provisorische Erbe* ist zur Stellung des Rechtsöffnungsbegehrens legitimiert (LU, SchKKomm, 02.01.1952, Max. X, Nr. 127).

50 Kann eine *unverteilte Erbschaft*, beschränkt auf die Vermögenswerte des Nachlasses, als solche betrieben werden so ist sie unter denselben Voraussetzungen auch im Rechtsöffnungsverfahren passivlegitimiert (BGE 113 III 79).

51 *Identität* – Auf ein in einer *Betreibung gegen den Komplementär gerichteten Betreibung* ist nicht einzutreten, *wenn das Rechtsöffnungsbegehren gegen die Kommanditgesellschaft gerichtet ist* (GR, AB, 02.09.1992; KG 1992, S. 146; das BGer hat die dagegen erhobene Beschwerde am 06.01.1993 abgewiesen).

52 (i.V.m. Art. 80 SchKG) – Definitive Rechtsöffnung bei Antrag auf provisorische Rechtsöffnung. Sind die Voraussetzungen für die Erteilung der definitiven Rechtsöffnung erfüllt, so ist diese auszusprechen, auch wenn der Gläubiger provisorische beantragt (SH, ObGer 26.06.1998, Amtsbericht SH, 1998, SJZ 1999, S. 504).

IV. Begriff «Öffentliche Urkunde»

53 Die in einem Urteil eines Gerichts gemachte Feststellung, der Beklagte habe die in Betreibung gesetzte *Forderung in der Strafprozessverhandlung anerkannt, ist keine durch öffentliche Urkunde festgestellte Schuldanerkennung.* Eine durch öffentliche Urkunde festgestellte Schuldanerkennung im Sinne des Art. 82 Abs. 1 SchKG ist nicht ohne Weiteres schon damit gegeben, dass eine Behörde oder amtliche Stelle in einem Schriftstück eine vom Schuldner ausgesprochene Anerkennung einer Schuld festhält. Als öffentliche Urkunde hat nur diejenige Urkunde zu gelten, die von einem zur Errichtung einer solchen gesetzlich befugten Organ, unter Beobachtung der dafür gesetzlich vorgeschriebenen Form, aufgenommen wurde. Eine derartige Urkunde entsteht entweder durch die gesetzlich vorgesehen, in amtlicher Eigenschaft gemachten Aufzeichnungen eines öffentlichen Beamten oder durch die seitens der zuständigen Organe (Urkundsperson) vorgenommene Verurkundung privater Willenserklärungen. In diesem Sinne werden als durch öffentliche Urkunde festgestellte Schuldanerkennungen u.a. angesehen: der Verlustschein, der Pfandausfallschein, die vom Betreibungsschuldner bei der Erhebung des Rechtsvorschlages ausgesprochene und vom BA im Zahlungsbefehl protokollierte Anerkennung eines Teils der Betreibungsforderung und der Kollokationsplan bezüglich der vom Schuldner *nicht bestrittenen Forderungen* (Max. VI, Nr. 448) (LU, SchKKomm, 20.01.1955, Max. X Nr. 361)

54 Erklärungen des Angeschuldigten bei der Einvernahme im Strafverfahren zu den Zivilansprüchen des Privatklägers können Schuldanerkennungen und damit Titel für die provisorische Rechtsöffnung sein (LU, SchKKomm, 10.11.1960, Max. IX, Nr. 788).

55 Die im *Kollokationsplan des Hauptschuldners zugelassene Forderung hat nicht die Wirkung einer durch öffentliche Urkunde festgestellten Schuldanerkennung dem Bürgen gegenüber* (SO, ObGer, 09.11.1949, ObGer-Bericht 1949, S. 146, BlSchK 1952, S. 45).

56 Die *notarielle Abschrift eines öffentlich beurkundeten Vertrages* genügt für die Erteilung der provisorischen Rechtsöffnung (BS, Dreiergericht, 30.06.1958, BJM 1958, S. 286).

57 Der Gläubiger, der das Rechtsöffnungsbegehren auf einen von ihm mit dem Schuldner *vor Gericht abgeschlossenen und von diesem genehmigten Vergleich stützen will*, darf sich nicht damit begnügen, eine Kopie des Sitzungsprotokoll auf Papier mit Kopftitel des Gericht und mit dessen Stempel vorzulegen, sondern muss eine vom Gerichtsschreiber originalgetreue beglaubigte Abschrift produzieren (VD, Tribunal cantonal, 21.08.1963, JT 1964, II, S. 28, SJZ 1965, S. 342).

58 Eine Abtretung nach Art. 131 Abs. 2 SchKG dient nicht als Rechtsöffnungstitel. Bei Rechtsvorschlag ist der ordentliche Prozessweg zu beschreiten (Amtsgerichtspräs. III Luzern-Stadt, 16.08.1965, BlSchK 1966, S. 79).

59 (i.V.m. Art. 131 Abs. 2 SchKG) – *Die Bescheinigung einer gemäss Art. 131 Abs. 2 SchKG durch das BA erfolgten Forderungsüberweisung bildet keinen Rechtsöffnungstitel.* Die Bescheinigung stellt zwar eine öffentliche Urkunde im Sinne von Art. 9 ZGB dar. Diese bescheinigt jedoch lediglich, dass die darin genannte und allenfalls in Betreibung gesetzte Forderung dem Gläubiger zur Eintreibung überwiesen wird. Daraus allein ergibt sich kein Verpflichtungswille des Schuldners (ZH, BezGer Winterthur, 27.01.1995, BlSchK 1995, S. 141).

V. Schuldanerkennung

60 Im Verfahren auf provisorische Rechtsöffnung hat der Richter eine *unterschriftlich anerkannte Indexklausel* zu berücksichtigen, sofern sich der Gläubiger auf die Klausel beruft und die Berechnungsfaktoren angibt (BS, Appellationsgericht (Ausschuss), 20.10.1975, SJZ 1976, S. 25/26).

61 Die *Echtheit der Unterschrift des Schuldners unter der Schuldanerkennung, die Bestandteil des Rechtsöffnungstitels darstellt, ist grundsätzlich vom Gläubiger und Rechtsöffnungskläger zu beweisen*. Dabei gilt jedoch auch für diesen Beweis die freie richterliche Beweiswürdigung und spricht eine natürliche Vermutung für die Echtheit der Unterschrift, wenn die Natur des Vertragsverhältnisses, der Rechtsgrund der Schuldanerkennung oder die Umstände, wie sie aus den eingelegten Dokumenten hervorgehen, auf den Beklagte als Schuldner hinweisen. Diese natürliche Vermutung der Echtheit der Unterschrift zu entkräften, liegt dann dem Schuldner ob (BL, ObGer, 27.02.1979, SJZ 1980, S. 334).

62 *Schuldübernahmevertrag als Schuldanerkennung* – Ein interner Schuldübernahmevertrag zwischen Schuldner und Unternehmer begründet erst ein Forderungsrecht des Gläubigers gegen den Schuldübernehmer, wenn der Gläubiger der Schuldübernahme zugestimmt, d.h. den früheren Schuldner entlassen und den Übernehmer als neuer Schuldner angenommen hat. Bei der Übernahme einer durch Grundpfandverschreibung sichergestellten Schuld gilt die besondere Regelung, dass der frühere Schuldner ohne Weiteres frei wird, wenn der Gläubiger nicht innert Jahresfrist schriftlich erklärt, ihn beibehalten zu wollen. Will der Gläubiger im Rechtsöffnungsverfahren beweisen, dass er im Sinne von Art. 832 Abs. 2 ZGB den Schuldübernehmer als Schuldner akzeptiert hat, so genügt die Beweispflicht, wenn er den Ablauf der Jahresfrist dartut. Der Gläubiger bleibt bei dem einmal ausgeübten Wahlrecht behaftet und kann nicht mehr einseitig darauf zurückkommen (LU, SchKKomm, 29.02.1964, Max. XI, Nr. 343).

63 Stellt eine *vom Bauherrn visierte Bauabrechnung eine Schuldanerkennung dar?* Um einen Rechtsöffnungstitel darzustellen, muss aus der Urkunde aufgrund einer summarischen Prüfung zumindest die Vermutung hergeleitet werden können, dass die Unterschrift vom Schuldner im Sinne eines Schuldbekenntnisses gegeben wurde. Das blosse Visieren einer Bauabrechnung, die nicht nur den geforderten Rechnungsbetrag aufführt, sondern im Einzelnen Art und Ausmass der geleisteten Ar-

beiten sowie Menge und Qualität des verwendeten Materials enthält, heisst nicht notwendig, der Rechnungsbetrag als solcher werde als geschuldet anerkannt, sondern die Unterschrift kann vom Schuldner ebensowohl bloss in der Meinung hingesetzt werden, die erfolgte Einsichtnahme oder die Richtigkeit der Ausmasse zu bestätigen (BE, Appellationshof, II. Ziv.Kammer, 22.08.1949, ZBJV 1951, S. 267).

64 Die *Fotokopie einer schriftlichen Schuldanerkennung* genügt als Rechtsöffnungstitel, wenn der Schuldner die Rechtsgültigkeit des Beweismittels oder seine Unterschrift nicht bestreitet (VD, Tribunal cantonal, 20.08.1975, BlSchK 1979, S. 101; AG ObGer, 13.12.1963; AGVE 1964, S. 56; SJZ 1965, S. 342).

65 Eine an sich klare *Solidarschuldverpflichtung, die der Unterzeichner dem Gläubiger mit der im Begleitbrief festgehaltenen Erklärung übermittelt, er betrachte seine Unterschrift «nicht als verbindlich», nicht als endgültige Schuldanerkennung»* ist kein Rechtsöffnungstitel (TI, AB, 29.12.1970, Rep. 1971, S. 106, SJZ 1973, S. 313).

66 *Die Bestätigung einer Person, dass sie einer Schuldpflicht unterliege, kann* nur insofern *wirksam sein, als die äussern Verhältnisse*, unter denen und in Bezug auf welche sie abgegeben wurde, *tatsächlich vorhanden sind*. Es muss also der, der Schuldanerkennung zugrunde liegende, Tatbestand in seinem ganzen Umfange erfüllt sein. Wo deshalb zu diesem Tatbestand die Erfüllung einer Bedingung gehört, kann die Schuldanerkennung erst dann als eine vollständige angesehen werden, wenn die Bedingung wirklich eingetreten ist (BL, ObGer, 05.05.1979, SJZ 1980, S. 334).

67 Eine *Zahlungsanweisung nach Art. 466 OR* stellt nur dann eine Schuldanerkennung im Sinne dieser Bestimmung dar, wenn der Anweisende den Willen bekundet, als Schuldner mit der Anweisung eine Forderung des Anweisungsempfängers zu tilgen (LU, SchKKomm, 07.10.1947, Max. IX, Nr. 528).

68 Eine Schuldanerkennung im Sinne von Art. 82 Abs. 1 SchKG liegt auch dann vor, wenn der *Schuldbetrag nur aus einer unterhalb des Textes der Anerkennung angeführten Aufstellung hervorgeht*. Verstoss gegen klares Recht. – Unter einer «klaren» gesetzlichen Bestimmung wird eine Vorschrift verstanden, die bei sorgfältiger Prüfung nicht verschiedener Auslegung fähig ist ZR XXXVI, Nr. 49. Wenn eine eindeutige Rechtsprechung besteht, verletzt eine von dieser abweichende Entscheidung nur dann nicht klares Recht, wenn sie neue Gesichtspunkte heranzieht und sich mit der bisherigen Praxis ernsthaft auseinandersetzt (Sträuli-Hauser N 20 zu § 344 Zürcher ZPO). – Das Versprechen *«ab Juli monatliche Teilzahlungen zukommen zu lassen und dafür besorgt zu sein, die Guthaben so rasch als möglich zu liquidieren»* stellt keine vorbehaltlose und unbedingte Schuldanerkennung dar (ZH, ObGer, IV. Kammer, 25.03.1948, ZR 1949, Nr. 105).

69 Wenn eine *bedingte Schuldanerkennung* vorgelegt wird, so hat der Gläubiger den Eintritt der Bedingung darzutun. Die *Glaubhaftmachung genügt dabei nicht*. Es bedarf eines sofort zu erbringenden Beweises (BE, Appellationshof, I. Ziv.Kammer, 15.07.1949, ZBJV 1951, S. 261).

70 Wer in einem *Zivilprozess im Antwortschluss eine Anerkennung ausspricht*, gibt damit eine einseitige Erklärung an das Gericht ab, der *nur prozessuale Bedeutung und nicht die einer Schuldanerkennung* im Sinne des Art. 82 SchKG zukommt (AG, ObGer, 1. Abteilung, 19.01.1951, AGVE 1951, S. 29, SJZ 1954, S. 181).

71 Der *Unmündige, der eine Schuldanerkennung* (hier eine Vaterschaftsverpflichtung) *unterschreibt, kann sich nicht mehr auf seine Unmündigkeit bei der Unterschrift berufen*, wenn er *nach Eintritt der Mündigkeit Zahlungen an die anerkannte Schuld geleistet hat* (BS, Dreiergericht, 16.10.1956, BJM 1957, S. 225).

72 *Unterschreibt eine ledige Schuldnerin* als «Frau» *und mit dem Namen ihres zukünftigen Ehemannes*, so wird dadurch eine unterschriftliche Schuldanerkennung begründet (Unterschrift ist nicht ungültig) (TG, ObGer-Rekurskomm., 07.01.1963, Rechenschaftsbericht 1963, S. 71 SJZ 1966, S. 193).

73 *Ist der buchstäbliche Sinn einer Schuldanerkennung klar*, so muss sie in diesem Sinne ausgelegt werden. Ausser wenn besondere Umstände aus den Akten hervorgehen hat der Rechtsöffnungsrichter sich nicht zu fragen, ob die Parteien sie nicht in einem anderen Sinne verstanden (VD, Tribunal cantonal, 26.08.1964, JT 1965 II S. 96, SJZ 1966, S. 348).

74 Wenn sich der Gläubiger beim Rechtsöffnungsbegehren auf *mehrere Belege als Schuldanerkennung beruft*, so müssen alle Beweisakten mit der Unterschrift des Schuldners versehen sein (FR, Cour de cassation, 05.12.1973, BlSchK 1978, S. 184).

75 *Verschiedene sich ergänzende Dokumente*, welche auf eine Schuldanerkennung des Schuldners hindeuten und ausserdem seine Unterschrift tragen, bilden einen Rechtsöffnungstitel (FR, Cour de cassation civile, 05.07.1976, BlSchK 1980, S. 14).

76 In der *Aussage des Organs einer juristischen Person* in der gegen diese gerichteten *Strafuntersuchung* kann nur dann eine *Schuldanerkennung erblickt werden, wenn das Gesellschaftsorgan sie ausdrücklich in dieser Eigenschaft gemacht hat* (ZH, ObGer, IV. Kammer, 30.09.1948, ZR 1949, Nr. 107).

77 Rechtsöffnung *gegen den Kollektivgesellschafter aufgrund von Schuldanerkennungen der Gesellschaft*. – Rechtsöffnung gegen einen *Kollektivgesellschafter* wird bewilligt in einem Fall, da eine inzwischen in Konkurs geratene Kollektivgesellschaft die Forderung anerkannt hatte, diese Forderung aber nur zufolge des Gesellschaftskonkurses fällig geworden war (BS, Dreiergericht, 30.08.1954, BJM 1955, S. 200).

78 Durch Gewährung der Rechtsöffnung gegen eine aufgrund *einer vom Prokuristen der Kommanditgesellschaft unterzeichneten Schuldanerkennung* wird nicht klares Recht verletzt (ZH, ObGer, I-II. Ziv.Kammer, 14.07.1954, ZR 1955, Nr. 87).

79 Rechtsmissbräuchliche Berufung auf einen gesellschaftsrechtlichen Formmangel (Zeichnungsberechtigung) im Rechtsöffnungsverfahren. *Eine von einem (kollektiv) Zeichnungsberechtigten allein mit «ppa» unterschriebenen Schuldurkunde ist rechtswirksam* (GR, AB, 06.04.1960, SJZ 1961, S. 94).

80 Provisorische Rechtsöffnung aufgrund einer *Schuldanerkennung, die nur von einem kollektiv zeichnungsberechtigten Verwaltungsrat unterzeichnet ist*. Ist Kollektivvertretung vorgesehen, so gilt die Wirksamkeit einer Rechtshandlung durch die beiden Kollektivvertreter nicht uneingeschränkt. Insbesondere ist dies dann der Fall, wenn die Gläubigerin in guten Treuen davon ausgehen kann, der Alleinunterzeichnende verpflichte die Schuldnerin durch seine alleinige Unterschrift. So wurde u.a. auf dem Briefpapier der Schuldnerin die Schuldanerkennung von diesem verfasst und diese im Namen der Schuldnerin unterzeichnet. Auch wurde der Rechtsvorschlag allein von X unterschrieben. So räumte die Schuldnerin dem X intern faktisch eine Stellung ein, welche ihn gegen Aussen als einzelzeichnungsberechtigten Geschäftsführer erscheinen liess (LU, SchKKomm., 07.11.1990, LGVE 1990 I 41).

81 Ein *als Schuldanerkennung aufgelegter Vertrag* muss den *unmissverständlichen, unterschriftlich verurkundeten Verpflichtungswillen des Schuldners tragen*. Wenn der Vertrag zwar vom Schuldner unterzeichnet wurde, dieser *sich aber nur zusammen mit einem Dritten verpflichten wollte*, muss dieser Umstand im Rahmen des Rechtsöffnungsverfahrens berücksichtigt werden. Fall einer *Solidarschuldvereinbarung, bei welcher die Unterschrift des Dritten fehlt*. Der Rechtsöffnungsrichter darf den Bestand einer Solidarschuldverpflichtung nur bei der vom Gesetz geforderten Liquidität annehmen, d.h. wenn alle Solidarschuldner ihre jeweiligen Verpflichtungen unterschriftlich anerkannt haben (LU, SchKKomm, 19.06.1990, LGVE 1990 I 42).

82 *Schuldanerkennung, Wahlobligation* – Hat der Schuldner unterschriftlich anerkannt, eine bestimmte Summe zu schulden mit Präzisierung, er werde die Schuld durch Arbeit ableisten, sobald der Gläubiger es verlange, so muss diese Verpflichtung als Wahlobligation im Sinne von Art. 72 OR ausgelegt werden. Wenn der Schuldner vergeblich aufgefordert wurde zu sagen, ob er bereit sei, die versprochene Arbeit zu liefern, ist anzunehmen, dass er auf die Möglichkeit, sich mit Arbeit zu befreien, verzichtet hat und die anerkannte Geldsumme fällig geworden ist (VD, Tribunal cantonal, 17.06.1965, JT 1965 II S. 116, SJZ 1966, S. 348).

83 Eine Bescheinigung auf einer *Quittung, das Geld als Darlehen erhalten zu haben*, enthält ein Rückgabeversprechen. Sie gilt daher als Schuldanerkennung (LU, SchK-Komm., 29.02.1964, Max. XI, Nr. 344).

84 Die in einem *Schreiben des Käufers enthaltene Erklärung*, er gebe zu, *einen bestimmten Betrag zu schulden*, bedeutet keine Schuldanerkennung, wenn der Käufer gleichzeitig behauptet, eine Gegenforderung in einem noch höheren Betrag zu besitzen (Unteilbarkeit des Geständnisses) (TI, AB, 05.09.1959, Rep. S. 398, SJZ 1960, S. 316).

85 Die im *Kollokationsplan des Hauptschuldners zugelassene Forderung* hat *nicht die Wirkung* einer durch *öffentliche Urkunde festgestellten Schuldanerkennung dem Bürgen gegenüber* (SO, ObGer, 09.11.1949, ObGer-Bericht 1949, S. 146, BlSchK 1952, S. 45).

86 Die *Anerkennung einer Forderung Nachlassvertrag durch den Schuldner* verschafft dem Gläubiger *keinen definitiven*, sondern nur einen provisorischen *Rechtsöffnungstitel* (ZH, ObGer, I-II. Ziv.Kammer, 27.10.1978, ZR 1978, Nr. 103, SJZ 1979, S. 144).

87 Die *Einwilligung des Eigentümers eines Bauwerkes zur Eintragung des Bauhandwerkerpfandrechts* bedeutet nicht notwendig die Anerkennung der Bauforderung (BL, ObGer, 01.07.1949, Amtsbericht 1949, S. 31, SJZ 1951, S. 380).

88 *Bauhandwerkerpfandrecht als Schuldanerkennung?* – Die Einigung des Bauhandwerkers als Subunternehmer mit dem Eigentümer der Liegenschaft über die Eintragung und summenmässige Begrenzung des Grundpfandes bildet in aller Regel keine Schuldanerkennung des Eigentümers betreffend die pfandgesicherte Forderung. Diese Einigung betrifft nur das Pfandrecht als solches (BGE 111 III 8; Praxis 74, Nr. 249).

89 Eine *Schuldanerkennung im Sinne des Gesetzes setzt voraus, dass die Urkunde die echte Unterschrift des Schuldners trägt*. Ist diese Unterschrift dagegen gefälscht, so fehlt überhaupt eine Unterschrift des Schuldners und eine durch Unterschrift bekräftigte Schuldanerkennung im Sinne von Art. 82 SchKG. Die Echtheit der Unterschrift des Schuldners ist als Bestandteil des Rechtsöffnungstitels und folglich des Klagefundamentes grundsätzlich vom Gläubiger und Rechtsöffnungskläger zu beweisen. Dabei gilt jedoch auch für diesen Beweis die freie richterliche Beweiswürdigung. Eine natürliche Vermutung der Echtheit der Unterschrift zu entkräften liegt aber dem Schuldner ob. Ein briefliches Zahlungsversprechen ohne Bezifferung der Schuldsumme taugt nicht als Rechtsöffnungstitel (BL, ObGer, 27.02.1979, BlSchK 1985, S 97).

90 Eine Schuldanerkennung aufgrund einer nicht klagbaren Forderung (OR Art. 186) ist kein Rechtsöffnungstitel (VD, Tribunal cantonal, 16.03.1989, BlSchK 1990, S. 99).

91 Ist in einer Schuldanerkennung dem Wortlaut nach unmissverständlich von einer *solidarischen Verpflichtung die Rede*, so sind im Rahmen der im Rechtsöffnungsverfahren anwendbaren summarischen Prüfung auch bei Vorliegen einer atypischen Situation für eine Solidarschuldnerschaft Zweifel über die rechtliche Qualifikation der betreffenden Verpflichtung als Solidarschuld nicht gerechtfertigt. Es kann daher auch nicht die Regel zur Anwendung kommen, dass bei zweifelhafter Qualifikation eines Vertrages für die Bewilligung der Rechtsöffnung die Formvorschriften beider in Frage kommenden Vertragstypen erfüllt sein müssen (BS, ObGer, 06.09.1989, SJZ 1990, S. 343).

92 Die vom Schuldner unterzeichnete Verpflichtung, die «restliche offene Prämie» an die Personalvorsorgeeinrichtung zu bezahlen, stellt nur dann eine zur provisorischen Rechtsöffnung berechtigende Schuldanerkennung dar, wenn die Beitragsschuld aufgrund der Versicherungsunterlagen *leicht bestimmbar ist* (GR, AB, 29.05.1989, PKG 1989, S. 139).

93 Der *Telefax* ist zumindest unter den gleichen Voraussetzungen wie eine Fotokopie als Schuldanerkennung tauglich. Gemäss einigen kantonalen Urteilen wird die Fotokopie einer Schuldanerkennung als Rechtsöffnungstitel anerkannt, wenn der Schuldner weder die Echtheit der Urkunde noch die seiner Unterschrift bestreitet (BL, ObGer, 25.02.1992, SJZ 1993, S. 344).

94 Der vom *Empfänger einer Ware unterzeichnete Lieferschein* gilt als Schuldanerkennung, wenn die Artikelbezeichnung, die gelieferte Menge und der Stückpreis aufgeführt sind und diese Angaben mit der entsprechenden Rechnung übereinstimmt (LU, SchKKomm, 08.08.1994, LGVE 1994 I 45).

95 Auch eine *unter Androhung einer Strafanzeige abgegebene Schuldanerkennung* kann einen provisorischen Rechtsöffnungstitel bilden. Die Drohung mit einer Strafanzeige ist grundsätzlich erlaubt. Sie ist nur dann widerrechtlich, wenn kein innerer Zusammenhang zwischen dem Gegenstand der An-

zeige und der verlangten Leistung besteht oder wenn der Drohende einen übermässigen Vorteil erlangen will. Ein übermässiger Vorteil im Sinne von Art. 30 Abs. 2 OR liegt vor, wenn durch die Drohung dem Schuldner die Anerkennung einer nicht bestehenden Schuld abgenötigt wird, nicht dagegen, wenn die Drohung die Anerkennung oder die Sicherstellung einer bestehenden Forderung zum Ziel hat (LU, SchKKomm, 08.01.2001, LGVE 2001 I 44, BlSchK 2004, S. 69).

VI. Verlustschein

96 Dem Inhaber eines *Konkursverlustscheines steht auch gegenüber den Erben*, soweit sie den Nachlass angetreten haben*, der Rechtsöffnungsanspruch zu* (ZH, ObGer, IV. Kammer, 06.06.1946, SJZ 1947, S. 27, BlSchK 1947, S. 170).

97 Das *Duplikat eines Verlustscheines* berechtigt ebenfalls zur provisorischen Rechtsöffnung (SO, ObGer, 08.05.1946, Rechenschaftsbericht 1946, S. 146, BlSchK 1947, S. 12, SJZ 1948, S. 311, BlSchK 1949, S. 44).

98 Aufgrund des Verlustscheines ist Rechtsöffnung zu erteilen, auch wenn die Forderungsurkunde nicht vorgelegt wird (LU, SchKKomm, 13.02.1950, Max. IX, Nr. 787).

99 Ein *provisorischer Verlustschein* ist kein Rechtsöffnungstitel (ZH, ObGer, III. Ziv.Kammer, 07.07.1954, ZR 1954, Nr. 134, SJZ 1954, S. 327, BlSchK 1956, S. 115; BS, Appellationsgericht, 01.11.1956, BJM 1957, S. 227).

100 Im Gegensatz zum definitiven Pfändungsverlustschein bildet der *provisorische Pfändungsverlustschein weder einen provisorischen Rechtsöffnungstitel, noch ist die darin verurkundete Forderung unverjährbar* (AI, Bez.Gerichtspräsident, 23.03.1971, BlSchK 1973, S. 112, SJZ 1974, S. 229).

101 Der Schuldner, der aufgrund eines *Pfändungsverlustscheines* betrieben wird, welcher zufolge *Pfändung nach einem Konkurse ausgestellt wurde*, kann die Einrede des mangelnden neuen Vermögens erheben, wenn die *Verlustscheinsforderung aus der Zeit vor dem Konkurs stammt* und in diesem nicht eingegeben wurde (VD, Tribunal cantonal, 10.12.1964, JT 1965 II, S. 119, SJZ 1966, S. 348).

102 Gemäss Art. 265 Abs. 1 SchKG ist im *Verlustschein anzugeben, ob die Forderung vom Schuldner anerkannt* oder bestritten worden ist. *Nur im ersteren Fall gilt der Verlustschein als Schuldanerkennung in diesem Sinne* (BS, AB, 09.02.1968, BJM 1968, S. 142).

103 *Konkursverlustschein als Rechtsöffnungstitel* – Nur wenn in einem Konkursverlustschein *angegeben ist, ob die Forderung vom Schuldner anerkannt worden ist, gilt der Verlustschein als Schuldanerkennung im Sinne des Art. 82 SchKG*. Ist dem Verlustschein keine solche Anerkennung zu entnehmen, weil diese wegen unbekannten Aufenthaltes des Schuldners nicht eingeholt werden konnte, liegt keine Schuldanerkennung im Sinne von Art. 82 SchKG vor, was von Amts wegen zu berücksichtigen ist (LU, SchKKomm, 10.09.2001, LGVE 2001 I 46, BlSchK 2003, S. 172).

104 (i.V.m. Art. 149 und 80 SchKG) – Der Gläubiger kann in einer gestützt auf einen Pfändungsverlustschein angehobenen Betreibung – nach Rechtsvorschlag des Schuldners – mindestens die provisorische Rechtsöffnung verlangen. Sind *Steuerforderungen* Gegenstand des Pfändungsverlustscheines, kann nur *definitive Rechtsöffnung erteilt werden* (LU, SchKKomm, 05.03.1991, LGVE 1991 I 51).

105 Das BGer hält fest, dass dem *Verlustschein im Rechtsöffnungsverfahren eine erhöhte Bedeutung,* d.h. die Bedeutung eines *provisorischen Rechtsöffnungstitel zukommt*, während er im *Aberkennungsprozess kein Beweis für den Bestand der Forderung abgebe*. Im Aberkennungsprozess werden daher die Kläger die eigentlichen Schuldurkunden vorlegen müssen (LU, SchKKomm, 14.11.1969, Max. XI, Nr. 717).

106 Der auf eine *nicht mehr existierende Kollektivgesellschaft lautende Verlustschein,* dem eine Schuldanerkennung eines bevollmächtigten Gesellschaftsvertreters zugrunde liegt, *gilt,* vorbehältlich der persönlichen Einreden, *auch gegenüber einem ehemaligen Gesellschafter als provisorischer Rechtsöffnungstitel* (GR, AB, 01.07.1971, SJZ 1972, S. 224).

107 Der *Konkursverlustschein ist kein provisorischer Rechtsöffnungstitel für öffentlichrechtliche Forderungen*. Ein solches Gesuch ist als Begehren um Erteilungder definitiven Rechtsöffnung zu behandeln (SO, ObGer, 19.10.1993, SJZ 1995, S. 455).

108 Der Pfändungsverlustschein verliert seine Wirkung nicht, wenn der Gläubiger bei einem Konkurs des Schuldners seine Forderung nicht angemeldet hat (LU, SchKKomm, 04.02.2003, LGVE 2004 I 54).

VII. Zessionen, Subrogation

109 Der die Betreibung anhebende Gläubiger, dem *die Betreibungsforderung erst nach Erhebung des Rechtsvorschlages abgetreten wurde*, kann sich nicht mit Erfolg auf den dem Zedenten zustehenden Rechtsöffnungstitel berufen (LU, SchK-Komm., 19.06.1952, Max. X, Nr. 128, SJZ 1955, S. 112).

110 Ob eine Zession unter dem Gesichtspunkt des Art. 173 ZGB ungültig sei, ist vom Rechtsöffnungs- und nicht vom Aberkennungsrichter zu entscheiden (LU, SchK-Komm., 21.07.1960, SJZ 1961, S. 160).

111 Ist eine Forderung durch *richterliches Urteil festgestellt worden* und hat sie der Gläubiger an einen *Dritten abgetreten, so kann der Zessionar im Allgemeinen nur die provisorische und nicht die definitive Rechtsöffnung* für diese Forderung *verlangen*, da jedenfalls dem Schuldner die Erhebung persönlicher Einreden gegen den Zessionar nicht abgeschnitten werden darf (VD, AB, 30.06.1960, SJZ 1961, S. 372).

112 Der Zessionar kann *in die vom Zedenten angehobene Betreibung eintreten* (GR, AB, 20.06.1972, SJZ 1973, S. 313).

113 Die *Bestätigung des Empfanges einer Forderungsabtretung* stellt *keine Anerkennung* der abgetretenen Forderung dar (FR, Cour de cassation civile, 12.01.1977, BlSchK 1980, S. 113).

114 (i.V.m. Art. 827 ZGB und Art. 110 Ziff. 1 OR) – *Bei der Subrogation*, d.h. bei der Auflösung einer für eine fremde Schuld verpfändete Sache *kann dem Pfandeigentümer*, der in die Rechte des befriedigten Gläubigers eingetreten ist, *nicht definitive, sondern* höchstens *provisorische Rechtsöffnung erteilt werden*, auch wenn der ursprüngliche Gläubiger einen definitiven Rechtsöffnungstitel gegenüber dem Schuldner hatte (AI, Bez.Gerichtspräsidium, 04.06.1975, SJZ 1976, S. 192).

115 *Definitive Rechtsöffnung kann* nur zu Gunsten *des im Urteil selbst bezeichneten Gläubigers erteilt werden. Dem Erwerber, der durch Zession oder Subrogation* – hier die Gemeinde für Unterhaltsbeiträge – *Gläubiger einer auf einem Urteil beruhenden Forderung geworden ist, können* wesentlich *mehr Einreden entgegen gehalten werden als den im Urteil als Gläubiger genannten Parteien. Das Urteil stellt hingegen als öffentliche Urkunde einen provisorischen Rechtsöffnungstitel dar. Bei der Subrogation sind die Regeln der gewöhnlichen Forderungsabtretung sinngemäss anwendbar*, wonach der Schuldner gültig befreit ist, wenn er an den früheren Gläubiger leistet, bevor ihm der abtretende oder der Erwerber die Abtretung angezeigt hat und er im guten Glauben war (BE, ObGer, II. Ziv.Kammer, 04.10.1991, ZBJV 1994, S. 93).

VIII. Schuldnervertreter

116 *Ohne Ermächtigung kann der Architekt den Bauherrn nicht* verpflichten (Art. 396 OR). Für eine vom Architekten anerkannte Handwerkerrechnung gibt es daher keine provisorische Rechtsöffnung. Eine Ausnahme wäre nur dann zu machen, wenn der Bauherr selbst dem Handwerker Anlass zur Annahme gegeben hätte, der Architekt sei zu seiner Vertretung ermächtigt (BL, ObGer, 07.06.1956, BJM 1957, S. 40).

117 Vom Architekten unterzeichnete Schlussabrechnung des Unternehmers als zur provisorischen Rechtsöffnung berechtigende Schuldanerkennung des Bauherrn. – *Weder aus Art. 396 Abs. 2 OR noch aus der SIA-Norm 102 ist eine generelle Ermächtigung des Architekten abzuleiten, dass er rechtsgenüglich finanzielle Verpflichtungen für den Bauherrn eingehen kann* (BGE 109 II 459; AGVE 1976, S. 85). Der Architekt muss sich somit um finanzielle Verpflichtungen zu begründen, auf eine *ausdrückliche Vollmacht abstützen können*. Eine vom Architekten anerkannte Schlussabrechnung ist somit nicht ohne Weiteres als Anerkennung durch den Bauherrn zu qualifizieren. So bedeutet die Unterschrift des Architekten unter einer Schlussabrechnung eines Handwerkers lediglich, dass der Architekt dem Bauherrn die Annahme dieser Schlussabrechnung empfiehlt. Dass die SIA-Norm 118 Anwendung finden soll, mit der der Architekt zur Vertretung seines Bauherrn auch in finanziellen

Zweiter Titel: Schuldbetreibung | Art. 82

Belangen ermächtigt wird, muss rechtsgenüglich nachgewiesen werden (GR, AB, 10.10.1989, PKG, 1989, S. 138).

118 Ist die Schuld *namens des Schuldners durch einen Vertreter anerkannt worden,* so hat der Gläubiger, der sich auf diese Schuldanerkennung stützt, durch Urkunden oder Gerichtsnotorietät darzutun, dass der Vertreter zur Anerkennung bevollmächtigt war (BS, Dreiergericht, 05.06.1956, BJM 1956, S. 165).

119 Rechtsöffnung bei von *der Ehefrau für den Mann unterzeichneter Schuldanerkennung.* Der Betriebene hat im Rechtsöffnungsverfahren lediglich Tilgung der von seiner Ehefrau für ihn unterzeichneten Schuldanerkennung behauptet und seine Schuld nicht grundsätzlich bestritten. Darin liegt seine nachträgliche Genehmigung der vollmachtlosen Stellvertretung durch die Ehefrau gemäss Art. 38 Abs. 1 OR (TG, Rekurskomm., 14.01.1974, Rechenschaftsbericht 1974, S. 15, SJZ 1976, S. 111, BlSchK 1978, S. 47).

120 Die *Geschäftsinhaberin wird* durch die *Unterschrift ihres Ehemannes verpflichtet,* wenn dieser im Briefkopf als Direktor bezeichnet ist (VD, Tribunal cantonal, 16.01.1975, BlSchK 1978, S. 148).

121 Der *von einem Angestellten der Schuldnerin unterzeichneten Lieferschein* stellt einen provisorischen Rechtsöffnungstitel dar, selbst dann, wenn lediglich die Quantität der gelieferten Ware aufgeführt ist und sich der Preis aus der unbestrittenen Rechnung ergibt (VD, Tribunal cantonal, 07.02.1974, BlSchK 1976, S. 138).

122 Schuldanerkennung, die von einem Vertreter des Betriebenen unterzeichnet ist. – Es verstösst auch dann nicht gegen Art. 4 BV, gestützt auf die von einem *Vertreter unterzeichnete Schuldanerkennung* provisorische Rechtsöffnung zu erteilen, *wenn keine schriftliche Vollmacht des Betriebenen vorliegt* (BGE 112 III 88).

123 *Provisorische Rechtsöffnung* aufgrund einer vom Vertreter unterzeichneten Schuldanerkennung, *auch wenn keine schriftliche Vollmacht des Vertretenen vorliegt,* aus den gesamten Umständen aber auf eine *Vertretung geschlossen werden durfte* (LU, SchKKomm, 29.08.1989, LGVE 1989 I 37).

124 Provisorische Rechtsöffnung gestützt auf ein in der Klageantwort in einem Zivilprozess durch *den bevollmächtigten Anwalt* erklärten Teilabstand für den anerkannten Betrag erteilt (BE, Appellationshof, II. Ziv.Kammer, 21.02.1983, ZBJV 1985, S. 251).

IX. Fälligkeit

125 Nur für *bei Einleitung der Betreibung fällige Darlehen* ist Rechtsöffnung zu gewähren. Das Darlehen darf nicht erst durch die Anhebung der Betreibung gekündigt worden sein (BS, Dreiergericht, 05.04.1954, BJM 1955, S. 138).

126 Nach der Rechtsprechung des Luzerner ObGer muss die Fälligkeit der Forderung im Zeitpunkt der Legung des Zahlungsbefehls gegeben sein. Die im Zahlungsbefehl enthaltene Zahlungsaufforderung für eine *nicht fällige Forderung besteht nicht zu Recht* und hat daher nicht Anspruch auf Vollstreckung (Max. VII, Nr. 388, 476; BGE 79 II 284) (LU, SchKKomm, 18.02.1960, BlSchK 1963, S. 8).

127 Rechtsöffnung kann nicht bewilligt werden, wenn die Fälligkeit des Darlehens erst durch den Zahlungsbefehl in der betreffenden Betreibung herbeigeführt worden ist (Art. 318 OR) (BS, Appellationsgericht, 01.03.1974, BJM 1974, S. 217;

128 Die provisorische Rechtsöffnung für eine Forderung auf *Rückzahlung eines Darlehens* kann dann gestützt auf den schriftlichen Darlehensvertrag bewilligt werden, wenn die betreffende Forderung bei Erlass des Zahlunsbefehls, der mit dessen Zustellung als abgeschlossen gilt, *fällig war* (BL, ObGer, 17.05.1977, BlSchK 1980, S. 50).

129 Schuld mit *unbestimmten, vom Schuldner festzusetzendem Verfalltag.* Eingriff des Richters, wenn der Schuldner seiner Bestimmungspflicht nicht nachkommt (Art. 75 OR) (BS, Appellationsgericht, 17.03.1959, BJM 1959, S. 72).

130 (i.V.m. Art. 318 OR) – Darlehensvertrag als Rechtsöffnungstitel. Die Klausel das Darlehen «*baldmöglichst*» zurückzuzahlen, enthält keinen Verzicht auf das gesetzliche Kündigungsrecht nach Art. 318 OR (LU, SchKKomm, 24.07.1981, LGVE 1981 I 39).

131 Fälligkeit des eine *Kreditlimite übersteigenden Betrages*. Wird für einen vom Schuldner anerkannten Betrag, um den eine schriftlich festgelegte Kreditlimite überschritten wird, Rechtsöffnung verlangt, so *hat der Gläubiger durch Urkunden darzutun,* dass der betreffende *Betrag fällig ist*. Der blosse Hinweis darauf, Beträge, die eine Kreditlimite überschritten, seien sofort fällig, genügt nicht (BS, Dreiergericht, 09.10.1956, BJM 1957, S. 226).

X. Schuldübernahmen

132 In einer Betreibung des Altschuldners (Verkäufer einer mit Schuldbriefen belasteten Liegenschaft) gegen den Neuschuldner (Käufer der Liegenschaft und Übernehmer der darauf lastenden Schulden) für die Deckung der aus der gegen den Altschuldner erfolgten Betreibung auf Grundpfandverwertung verbliebenen Ausfallforderung verstösst nicht gegen klares Recht, *wenn weder der auf den Altschuldner lautende Pfandausfallschein noch der Schuldübernahmevertrag als Rechtsöffnungstitel zugelassen werden* (ZH, ObGer, III. Ziv.Kammer, 26.10.1962, SJZ 1963, S. 137).

133 Schuldübernahmevertrag als Schuldanerkennung – Ein *interner Schuldübernahmevertrag zwischen Schuldner und Übernehmer begründet erst ein Forderungsrecht* des Gläubigers gegen den Schuldübernehmer, *wenn der Gläubiger der Schuldübernahme zugestimmt,* d.h. *den früheren Schuldner entlassen und den Übernehmer als neuen Schuldner angenommen hat*. Bei der Übernahme einer durch Grundpfandverschreibung sichergestellten Schuld gilt die besondere Regelung, dass der frühere Schuldner ohne Weiteres frei wird, wenn der Gläubiger nicht innert Jahresfrist schriftlich erklärt, ihn beibehalten zu wollen. Will der Gläubiger im Rechtsöffnungsverfahren beweisen, dass er im Sinne von Art. 832 Abs. 2 ZGB den Schuldübernehmer als Schuldner akzeptiert hat, so genügt die Beweispflicht, wenn er den Ablauf der Jahresfrist dartut. Der Gläubiger bleibt bei dem einmal ausgeübten Wahlrecht behaftet und kann nicht mehr einseitig darauf zurück kommen (LU, SchKKomm, 29.02.1964, Max. XI, Nr. 343).

134 Hat der Käufer einer Liegenschaft die «Übernahme der Hypotheken» versprochen (Befreiungsversprechen), so kann der Verkäufer im Unterlassungsfalle nicht Zahlung, sondern Sicherstellung verlangen. Daher keine Rechtsöffnung in einer Betreibung auf Zahlung (Art. 175 OR), (BJM 1960, S. 122).

135 (i.V.m. Art. 181 OR) – Die *Verpflichtung des Übernehmers von Aktiven und Passiven* richtet sich nach der öffentlichen Auskündigung. Die Vermutung der Übernahme sämtlicher Passiven entfällt, wenn die geforderte Summe den Betrag übersteigt, der in der veröffentlichten Bilanz als übernommene Schulden bezeichnet worden ist (VD, Tribunal cantonal, 04.11.1971, BlSchK 1977, S. 126).

XI. Wechsel

136 Die Vorlegung einer *Wechselkopie als Schuldanerkennung genügt zur Erwirkung der provisorischen Rechtsöffnung nicht*. Bejahung der Aktivlegitimation der Rechtsöffnungsgesuchstellerin, obwohl diese den Wechsel an eine Bank zum Inkasso indossiert hatte und ein Rückindossament fehlte, wobei sicher aber aus den Akten ergab, dass nach dem Willen der Indossantin und der Indossatarin der wechselmässige Inkassoauftrag dahingefallen sein sollte (BE, Appellationshof, III. Ziv.Kammer, 23.01.1945, ZBJV 1946, S. 438, BlSchK 1947, S. 150).

137 Die Vorlage *der Fotokopie eines Wechsels genügt nicht* für die Bewilligung der provisorischen Rechtsöffnung (TG, ObGer, Rekurskomm., 22.05.1963, Rechenschaftsbericht 1963, S. 70, SJZ 1965, S. 342).

138 Ein an sich formgültiger Wechsel enthält *nach dem Erlöschen seiner Wechselkraft* (Versäumung des Protest mangels Zahlung) *keine Schuldanerkennung,* aufgrund welcher die provisorische Rechtsöffnung gewährt werden könnte (ZH, ObGer, IV. Kammer, 23.12.1946, ZR 1947, Nr. 171).

139 Ein *verjährter Wechsel* kann nicht ohne Weiteres als Schuldanerkennung angesehen werden. Dagegen liegt eine solche vor, wenn der *Wechselschuldner vor Eintritt der Verjährung die schriftliche Erklärung abgibt,* dass er *die Wechselsumme schuldig sei* (TI, Appellationsgericht, 17.12.1955, Rep. 89, S. 47, SJZ 1956, S. 198).

140 Ein *verjährter Wechsel* stellt keinen Rechtsöffnungstitel dar (AG, ObGer, Ziv.Kammer, 30.04.1964, AGVE 1964, S. 54, SJZ 1966, S. 193).

141 Ein *verjährter Wechsel* stellt nur dann eine zur provisorischen Rechtsöffnung berechtigende Schuldanerkennung dar, wenn die Forderung aus dem Grundgeschäft Gegenstand der Betreibung ist und der Wechsel allein oder zusammen mit anderen Urkunden den Beweis der Grundschuld und deren Fälligkeit erbringt (Panchaud/Caprez, Die Rechtsöffnung 1980, S. 153, Fritzsche/Walder, Schuldbetreibung und Konkurs nach schweizerischem Recht, 1984, Rz 9 § 20) (GR, AB, 10, 12.02.1989, PKG 1989, S. 133).

142 Der *Wechselbürge* erwirbt (im Gegensatz zum gewöhnlichen Bürgen) nicht bloss ein akzessorisches, sondern ein eigenes originäres Recht, das wechselrechtlich durchsetzbar ist und dem gegenüber Einwendungen nur gemäss Art. 1007 OR erhoben werden können (LU, SchKKomm, 11.10.1948, Max. IX, Nr. 613).

143 Gewöhnliche *Betreibung eines Wechselbürgen gegen den Aussteller eines Wechsels, der die Verjährung des Art. 1069 anruft.* Rechtsöffnung verweigert. Der aufgrund eines Wechsels betriebene Schuldner ist berechtigt, die spezielle Wechselverjährung von 3 Jahren entgegenzuhalten, selbst wenn er in der gewöhnlichen Form betrieben wird (VD, Tribunal cantonal, 05.03.1964, JT 1964 II S. 57, SJZ 1965, S. 342).

144 (i.V.m. Art. 1007 OR) – Das *blosse Wissen um die Geltendmachung eines Einwandes durch den Schuldner* vermag die in einem Wechselakzept liegende Schuldanerkennung nicht zu entkräften (LU, SchKKomm, 03.01.1949, Max. IX, Nr. 665, ZBJV 1949, S. 239).

145 *Nicht jede Unterschrift auf einer Wechselurkunde stellt eine Schuldanerkennung dar.* – Als Schuldanerkennung, die zur Erteilung der provisorischen Rechtsöffnung berechtigt, wird nur eine öffentliche oder private Urkunde angesehen, aus der hervorgeht, dass der Betriebene *den Willen zur Bezahlung einer bestimmten Geldsumme bekundet hat*. In diesem Sinne kann als Schuldanerkennung das *Zahlungsversprechen des Ausstellers eines Eigenwechsels gelten*. Ein solches Zahlungsversprechen bleibt, weil der Zahlungswille eindeutig erklärt ist, auch dann eine Schuldanerkennung, wenn im Übrigen die Erfordernisse zu einem Wechsel nicht erfüllt sind. Demgegenüber hat eine blosse Unterschrift auf einer Wechselurkunde nur im Rahmen der wechselrechtlichen Ordnung die Bedeutung einer Schuldanerkennung. Ist der Wechsel ungültig oder wenigstens der Unterzeichnete aus irgend welchem Grunde nicht wechselmässig verpflichtet, so geht der Unterschrift mangels eines ausdrücklichen Zahlungsversprechens der Charakter einer Schuldanerkennung ab (LU, SchKKomm, 12.02.1951, Max. X, Nr. 47).

146 (i.V.m. Art. 32 Abs. 1 OR) – Durch einen Bevollmächtigten der betriebenen Aktiengesellschaft unterzeichnete Schuldanerkennung. *Es ist willkürlich, die provisorische Rechtsöffnung aufgrund eines Wechsels zu erteilen, der von einem Bevollmächtigten unterzeichnet ist*, dessen Befugnisse – wären sie auch durch konkludentes Verhalten der schuldnerischen Aktiengesellschaft erteilt – sich nicht klar aus den Akten ergeben (BGE 130 III 87).

147 (i.V.m. Art. 1018 Abs. 2 und 1045 OR) – *Der Wechsel als Rechtsöffnungstitel für die Nebenansprüche* (gesetzliche Verzugsfolgen) des Wechselberechtigten. – Der Urheber eines noch nicht eingelösten Wechsels ist berechtigt zu fordern: 1. Die Wechselsumme mit den bedungenen Zinsen; 2. Zinsen zu sechs von Hundert seit dem Verfalltag; 3. die Kosten des Protests und der Nachrichten sowie der anderen Auslagen; 4. eine Provision von höchstens einem Drittel Prozent. Es lässt sich kein stichhaltiger Grund finden, das Wechselakzept in vollstreckungsrechtlicher Hinsicht anders zu behandeln als den einfachen Schuldschein und seine vollstreckungsrechtliche Wirkung auf die Wechselsumme zu beschränken. Das Wechselakzept bildet demnach einen Vollstreckungstitel sowohl für die Wechselsumme und allfällige ausbedungene Zinsen als auch für die gesetzlichen Verzugsfolgen (Art. 1045 Ziff. 2, 3 und 4 OR). Der Rechtsöffnungsrichter hat aber zu prüfen, ob alle vom Wchselinhaber in Rechnung gestellten Ansprüche sich im gesetzlich eng begrenzten Rahmen halten (LU, SchKKomm, 23.02.1952, Max. X, Nr. 132, ZBJV 1953, S. 135).

148 Die mit der *Avalunterschrift auf dem Wechsel gegebene Schuldanerkennung ist entkräftet*, wenn der Schuldner *beweist, dass er zur Zeit der Anbringung der Unterschrift unter Verwaltungsbeiratschaft*

stand und der Beirat der Eingehung der Wechselverpflichtung nicht zustimmte (vgl. Egger, Komm. N 67 f. zu Art. 395 ZGB, BGE 60 II 508 ff.) (LU, SchKKomm, 18.03.1954, Max. X, Nr. 285).

149 *Unvollständige Wechsel sind keine Rechtsöffnungstitel.* – Fehlt bei einem Wechsel eines der Erfordernisse von Art. 991 ff. OR, so dass der Wechsel nicht als solcher oder als wechselähnliches Papier gelten kann, so ist er auch kein Rechtsöffnungstitel (BS, Dreiergericht, 05.04.1954, BJM 1955, S. 139).

150 Rechtsöffnung für einen Wechsel; Glaubhaftmachung der Tilgung. – Ist der Grund, für den der Wechsel ausgestellt worden ist (hier ein bestimmter Grundstückkauf), auf dem Wechsel selbst genannt, so braucht der Beklagte nur glaubhaft zu machen, dass er aus dieser Verpflichtung nichts mehr schuldet. Vorbehalten bleibt die Beschränkung der Einreden durch das Wechselrecht (BS, Dreiergericht, 25.06.1956, BJM 1956, S. 165).

151 Verweigerung der Rechtsöffnung *gegen den Wechselbürgen* mangels rechtzeitigen Wechselprotestes (BE, Appellationshof, 15.02.1958, SJZ 1958, S. 331).

152 Pflicht des Gläubigers zur Vorlegung des Rechtsöffnungstitels. Ein *auf fremde Währung lautendes Wechselakzept als Schuldanerkennung*. – Bei Fremdwährung ohne gesetzlichen Kurs in der Schweiz aufgrund einer Effektivklausel ist eine Umwandlung in Landesmünze ohne beidseitiges Einverständnis unzulässig. Es handelt sich hierbei nicht um eine Geldsummen- oder Wertschuld, sondern um eine Geldsortenschuld. Dies ist keine Geldschuld, sondern eine Gattungsschuld. Voraussetzung für die provisorische Rechtsöffnung ist indessen die unterschriftliche Anerkennung einer Geldschuld (LU, SchKKomm, 13.05.1963, Max. XI, Nr. 263).

153 *Sicherheitswechsel* – Der Einwand des Beklagten, es handle sich um blosse Sicherheitswechsel, ist nicht zu hören, da die Wechsel keine derartige Klausel (sog. Depotklausel) aufgrund deren der Gläubiger keinen oder noch keinen Zahlungsanspruch hat. Eine Behauptung, die Parteien hätten ausserhalb der Wechselurkunde vereinbart, dass die Wechsel blossen Sicherungszweck dienen sollen, muss mindestens glaubhaft gemacht werden (LU, SchKKomm 09.02.1963, Max. XI, Nr. 264).

154 Ein Wechsel bildet *eine Schuldanerkennung gegenüber demjenigen, denen er Verpflichtungen auferlegt, nur dann, wenn er in Ordnung, nicht verjährt und gegebenenfalls ordnungsgemäss protestiert ist.* Es obliegt dem Rechtsöffnungsrichter, zu prüfen, ob diese Voraussetzungen erfüllt sind (VD, Tribunal cantonal, 16.04.1964, JT 1964 II S. 95, SJZ 1965, S. 342).

155 Ein *gezogener Wechsel,* bei dem der *Name des Wechselnehmers fehlt,* stellt keine liquide Schuldanerkennung dar, die ein Anspruch auf provisorische Beseitigung des Rechtsvorschlages gäbe (LU, SchKKomm, 26.11.1968, max. XI, Nr. 655).

156 Ein *Wechsel braucht nicht gültig zu sein,* um eine schriftliche *Schuldanerkennung* und damit einen Rechtsöffnungstitel *zu bilden* (LU, SchKKomm, 14.07.1970, Max. XI, Nr. 778).

157 (i.V.m. Art. 1022, 1033 und 1044 OR) – Die provisorische Rechtsöffnung *gegen den Bürgen des Wechselausstellers eines Eigenwechsels,* der keine Anmerkung «ohne Kosten» trägt, ist an die Bedingung eines Protestes nicht gebunden (VD, Tribunal cantonal, 10.01.1974, BlSchK 1976, S. 84).

158 (i.V.m. Art. 998 OR) – Provisorische Rechtsöffnung gegenüber *dem Unterzeichner eines Wechsels, der keine Ermächtigung des Bezogenen besitzt* (VD, Tribunal cantonal, 11.10.1973, BlSchK 1976, S. 136).

159 Um sich *in einer Wechselbetreibung zu befreien,* genügt der Nachweis nicht, dass man *für die gleiche Forderung schon mit gewöhnlicher Betreibung betrieben ist* (VD, Tribunal cantonal, 26.08.1964, JT 1965 II S. 96, SJZ 1966, S. 348).

160 *Eigenwechsel als provisorischer Rechtsöffnungstitel in der ordentlichen Betreibung auf Pfändung.* Frage offen gelassen, ob ein ungültiger Wechsel als Schuldanerkennung im Sinne von Art. 82 Abs. 1 SchKG betrachtet werden kann. In der bisherigen Rechtsprechung liegen beide Meinungen vor. Die SchKKomm hat in einem früheren Entscheid vom 14.07.1970 (oben N 152 zu Art. 82) einen ungültigen Wechsel als Rechtsöffnungstitel anerkannt (s. auch ZR 71, Nr. 38, SJZ 1939, S. 118, Nr. 50, Panchaud/Caprez, Die Rechtsöffnung, 1980, § 65, Ziff. 24). *Wechselverpflichtung als verdeckte Bürgschaft* – Sollte angenommen werden, dass die Beklagte mit ihrer Unterschrift auf dem Wechsel-

formular eine Bürgschaft (Art. 492 ff. OR) eingehen wollte, so ist diese nur rechtsverbindlich, wenn sie formgültig, d.h. öffentlich verurkundet, abgegeben wurde, da der Haftungsbetrag Fr. 2'000.– übersteigt. Selbst dann stellt ein rechtsgültiger Bürgschaftsvertrag in der Betreibung des Gläubigers gegen den Bürgen nur dann eine Schuldanerkennung dar, wenn die Hauptschuld und die Voraussetzungen für das Vorgehen gegen den Bürgen (Art. 495 OR) feststehen würden (Panchaud/Caprez, a.a.O., § 80) (LU, SchKKomm 23.06.1989, LGVE 1989 I 35).

XII. Checks

161 Ein *Postcheck*, der innert gesetzlicher Frist nicht präsentiert wurde und überdies den Namen des Begünstigten nicht angibt, kann nicht als Rechtsöffnungstitel gelten (VD, Tribunal cantonal, 18.02.1948, JT 1949 II S. 60, SJZ 1950, S. 129).

162 Check *als provisorischer Rechtsöffnungstitel*, Voraussetzungen – *Primär ist der Check keine Schuldanerkennung des Ausstellers*. Erst das in Art. 1128 OR statuierte Rückgriffsrecht des Inhabers gegen den Aussteller kann dem Check den Charakter dieser Schuldanerkennung geben. Damit der Check zur Schuldanerkennung im Sinne von Art. 82 Abs. 1 SchKG wird, müssen die in Art. 1128 OR für den Regress des Inhabers verlangten *Voraussetzungen* gegeben und nachgewiesen sein, d.h. *der rechtzeitig eingelieferte Check darf nicht eingelöst und die Verweigerung der Zahlung muss durch öffentliche Urkunde oder schriftliche*, datierte *Erklärung Bezogenen* auf dem Check, die den Tag der Vorweisung angibt oder datierte Erklärung einer Abrechnungsstelle, dass *der Check rechtzeitig eingeliefert und nicht bezahlt worden ist, festgestellt w*orden sein (LU, SchKKomm 19.01.1966, Max. XI, Nr. 500, ZBJV 1966, S. 148).

163 (i.V.m. Art. 1100 ff. OR) – Ist ein Check nur eine Schuldanerkennung in eigener Sache? Hier bezahlte der Ehemann für eine am PW seiner Ehefrau (sie ist als Halterin des PWs eingetragen) in seinem Auftrage vorgenommene grössere Reparatur mit einem ungedeckten Check. Aufgrund des im Stellvertretungsrecht geltenden Vertrauensprinzips kann in guten Treuen und Berücksichtigung von äusseren Umständen der Ehemann als befugt erachtet werden, als vollmachtloser Stellvertreter seiner Ehefrau zu handeln. Die stillschweigende Vollmachterteilung stützt sich im Besonderen auf (alt) Art. 162 und 202 ZGB. Konnte die Gläubigerin davon ausgehen, dass der Ehemann befugt war, die Reparaturrechnung anzuerkennen, so folgt, dass die Ausstellung eines ungedeckten Checks als Schuldanerkennung gemäss Art. 82 SchKG zu werten ist. Die gegenteilige Ansicht würde zum widersinnigen Resultat führen, dass zusätzlich zu jedem sofort vorgelegten Check eine Schuldanerkennung verlangt werden müsste, was aber nicht dem Zweck eines Checks als Zahlungsmittel (Bargeldsurrogat) entsprechen würde (TG, ObGer, Rekurskomm., 13.07.1983, SJZ 1985, S. 343).

XIII. Zweiseitige Verträge

164 Zweiseitiger schriftlicher Vertrag als Rechtsöffnungstitel – Ein gegenseitiger Vertrag, bei welchem die Pflicht zur Erbringung der Leistung des Schuldners davon abhängt, dass die Vorleistung des Gläubigers vertragsgemäss erfolgt ist, kann nur als Rechtsöffnungstitel dienen, wenn kein Zweifel darüber herrscht, dass der Gläubiger seine Leistung richtig erbracht oder angeboten habe (ZH, ObGer, III. Ziv.Kammer, 20.02.1952, ZR 1953, Nr. 31).

165 Einwendungen, die sich gegen den Bestand eines zweiseitigen Vertrages richten (Willensmängel usw.) sind genau gleich glaubhaft zu machen, wie Einwendungen gegen einseitige Schuldanerkennungen (BS, Dreiergericht, 23.08.1954, BJM 1955, S. 23).

166 Wenn die Forderung aus einem zweiseitigen Vertrag erfolgt, muss der Gläubiger beweisen, dass er seine Pflichten erfüllt hat, falls der Schuldner dies bestreitet. Im Allgemeinen darf der Schuldner die exeptio non adimpleti contractus nicht zum ersten Mal in seinem Rekurs erheben, da die Parteien in zweiter Instanz keine neuen Urkunden vorbringen dürfen, ist der Gläubiger nicht in der Lage zu beweisen, dass er selber seine Leistung erbracht hat (VD, Tribunal cantonal, 1009.1964, JT 1965 II, S. 63, SJZ 1966, S. 347).

167 Zweiseitige Verträge sind nur dann als Rechtsöffnungstitel zuzulassen, wenn feststeht, dass der Gläubiger seiner Vertragspflicht nachgekommen ist. Bestreitet der Schuldner die gehörige Vertragserfüllung durch den Gläubiger, so ist die Rechtsöffnung nur dann zu erteilen, wenn diese Einrede of-

fenbar haltlos ist, wenn der Gläubiger durch Urkunden in liquider Weise sofort nachweist, dass er den Vertrag gehörig erfüllt hat oder wenn der Schuldner vorleistungspflichtig ist (Bestätigung der Basler Rechtsöffnungspraxis). – Macht der Mieter im Rechtsöffnungsverfahren geltend, der vertragsgemässe Gebrauch der Mietsache sei beeinträchtigt, so stellt es keinen Nichtigkeitsgrund dar, wenn die Rechtsöffnung für den ganzen Mietzins und nicht nur für einen Teil desselben verweigert wird (ZH, ObGer, III. Ziv.Kammer, 20.03.1978, ZR 1978, Nr. 10).

168 (i.V.m. Art. 82 OR) – Zur *Beweislastverteilung* bei zweiseitigen Verträgen – Während es sich unmittelbar aus dem Wortlaut des Art. 82 Abs. 2 SchKG ergibt, dass der Betriebene für seine Einwendungen die Behauptungs- und auch (beschränkte) Beweislast trägt, ist durch die Praxis eindeutig abgeklärt worden, dass der Richter von Amtes wegen zu prüfen hat, ob eine öffentlich beurkundete oder durch Unterschrift bekräftigte Schuldanerkennung im Sinne von Art. 82 Abs. 1 vorliege oder nicht (Max. XI, Nr. 258, 259 u. 654, IX Nr. 451, VIII Nr. 53, VII Nr. 467). Der Betreibende hat für das Vorliegen einer solchen Schuldanerkennung die volle Beweislast zu tragen. *Weniger klar ist, ob die Frage der Erfüllung oder Nichterfüllung eines zweiseitigen Vertrages von Amtes wegen oder nur auf Einrede hin zu prüfen sei und wer in diesem Punkte die Beweislast trägt.* Geht man von der materiellrechtlichen Regelung aus, wonach die Nichterfüllung beim zweiseitigen Vertrag nur dann zu berücksichtigen ist, wenn der Schuldner im Sinne von Art. 82 OR die Einrede des nicht erfüllten Vertrages erhebt, so ergibt sich ohne Weiteres, dass die Tatsache der Nichterfüllung auch im Rechtsöffnungsverfahren nur auf Einrede des Betriebenen hin zu prüfen und zu beachten ist. Für Offizialtätigkeit des Richters bleibt daher in diesem Punkte kein Raum (Caprez, SJZ Nr. 186, S. 5/6). *Die Beweislast für die Erfüllung des Vertrages bleibt* aber entsprechend den allgemeinen Regeln *beim Betreibenden*. Diese Beweislastregelung ist notwendig, denn das Rechtsöffnungsverfahren darf dem Betreibenden die Durchsetzung seiner Forderung nicht unter günstigeren Bedingungen ermöglichen als ein ordentliches Prozessverfahren. Bei der Anwendung dieses Grundsatzes ist zu beachten, dass der Betreibende den ihm obliegenden Beweis nur sehr selten mit einer Urkunde und im summarischen Rechtsöffnungsverfahren überhaupt nur schwer erbringen kann; eine strenge Interpretation der Regeln über die Beweislastverteilung hätte daher zur Folge, dass der Schuldner die Rechtsöffnung häufig auch mit einer völlig haltlosen Bestreitung der Vertragserfüllung vereiteln könnte. Eine solche Lösung entspräche aber weder den Bedürfnissen der Praxis noch dem allgemeinen Rechtsempfinden. An den Beweis der Vertragserfüllung, der grundsätzlich dem Betreibenden obliegt, sind daher umso geringere Anforderungen zu stellen, je unglaubwürdiger die Einrede des Betriebenen ist. In diesem Sinne hat der Rechtsöffnungsrichter aufgrund aller ihm bekannten Tatsachen und Behauptungen frei zu entscheiden, ob der Beweis der Vertragserfüllung erbracht sei oder nicht (LU, SchKKomm 03.08.1978, LGVE 1978 I 445, BlSchK 1982, S. 95).

169 Provisorische Rechtsöffnung aufgrund eines zweiseitigen Vertrages. Einwendungen des Schuldners «aus dem Vertrag» brauchen nicht glaubhaft gemacht zu werden (BS, Appellationsgericht (Ausschuss, 02.02.1979, BJM 1979, S. 145).

170 Die Einwendung, ein als Rechtsöffnungstitel vorgelegter zweiseitiger Vertrag sei aufgelöst, ist glaubhaft zu machen (BS, Appellationsgericht (Ausschuss, 22.03.1977, BJM 1980, S. 89).

171 Nur bei vollkommen zweiseitigen (synallagmatischen) Verträgen kann der Betriebene die Erteilung der Rechtsöffnung mit der Einwendung abwenden, der Betreibende habe seinerseits seine Verpflichtungen aus dem zweiseitigen Vertrag nicht erfüllt. Beweislastverteilung hinsichtlich des Vorliegens eines synallagmatischen Vertrages. Fall eines aussergerichtlichen Vergleichsvertrages (OW, Obergerichtskomm., 03.10.1990, BlSchK 1993, S. 186).

XIV. Zinsen

172 Der Maximalzinsvermerk in Schuldbriefen ist kein Rechtsöffnungstitel (TG, Rekurskomm., 22.09.1966, S. 77, SJZ 1968, S. 123).

173 Hat der Gläubiger den Schuldner vor Anhebung der Betreibung nicht in Verzug gesetzt, so schuldet der Betriebene *Verzugszinsen* erst seit Zustellung des Zahlungsbefehls, die die Mahnung im Sinne

von Art. 102 OR darstellt, nicht schon seit Zustellung des Betreibungsbegehrens (BE, Appellationshof, I. Ziv.Kammer, 04.10.1955, ZBJV 1956, S. 457).

174 Bei feststehender Kapitalschuld ist auch *für die Verzugszinsen* von Gesetzes wegen die nachgesuchte *Rechtsöffnung zu bewilligen* (GR, AB, 15.05.1956, SJZ 1957, S. 292).

175 Provisorische Rechtsöffnung für das Kapital und einen Teil der Zinsen. – Haben die Kaufparteien eine Zahlung «*netto 30 Tage*» vereinbart, *so ist der Käufer vom 31. Tage nach der Lieferung in Verzug*, ohne dass noch eine Mahnung seitens des Verkäufers nötig wäre (VD, Tribunal cantonal, 25.02.1965, JT 1965 II, S. 109, SJZ 1966, S. 348).

176 Provisorische Rechtsöffnung wird nur für anerkannte, *der Höhe nach bestimmbare Vertragszinsen* gewährt. – *Verzugszinspflicht ohne Mahnung*, wenn sich ein bestimmter Verfalltag infolge einer gehörig vorgenommenen Kündigung ergibt. Kommissionsforderungen im Sinne von Art. 104 Abs. 2 OR setzen einen gültigen Schuldtitel voraus (LU, SchKKomm, 10.12.1982, LGVE 1982 I 47).

177 *Zulässigkeit vertraglicher Zinsen gemäss Interkantonalem Vertrag über die Bekämpfung des Missbrauchs vertraglicher Zinsen.* Der in diesem Konkordat vorgesehene Maximalzinsfuss betrag 1 % pro Monat. Der zusätzliche Zins von 05, % darf nur zur Deckung ausgewiesener Kosten dienen. Teilweise Nichtigkeit des Vertrages bezüglich jener Klauseln, welche das Konkordat verletzen. Bewilligung der provisorischen Rechtsöffnung mit 12 % Zins seit Auszahlung des Darlehens unter Abzug der bereits erfolgten Rückzahlungen (VD, Tribunal Cantonal, 14.01.1992, BlSchK 1994, S. 56).

XV. Vertragsarten
1. Kauf- und Leasingvertrag

178 Der Rechtsöffnungsrichter, der aufgrund des *Kaufvertrages um eine Liegenschaft* die Kaufpreisrestanz verlangt und sich dabei darauf berufen kann, dass im Grundbuch der Käufer als Eigentümer eingetragen worden ist, kann nicht lediglich mit der Begründung, der Käufer habe den Aufzug auf die Liegenschaft nach Nutzen- und Schadenanfang verweigert, er habe den Nachweis für die Erfüllung des Vertrages nicht geleistet (LU, SchKKomm, 02.04.1946, Max. IX, Nr. 451, ZBJV 1946, S. 351).

179 Ist zu prüfen, *ob der Kaufvertrag vom Rechtsöffnungskläger erfüllt worden ist* bzw. ob der Beklagte eine rechtswirksame Mängelrüge erhoben hat, so *sind die Vertragsbestimmungen* über die Art, wie Mängel geltend zu machen sind, *massgebend* (LU, SchKKomm, 10.06.1947, Max. IX, Nr. 527).

180 (i.V.m. Art. 184, 213 OR) – Der Kaufvertrag, *der «Lieferung durch Nachnahme» vorsieht, stellt eine Schuldanerkennung dar* (LU, SchKKomm, 21.09.1957, Max. X, Nr. 517, BlSchK 1959, S. 113).

181 Das auf einen Kaufvertrag gestützte Rechtsöffnungsgesuch wird durch die *Einrede der Preisminderung zu Fall gebracht*, wenn diese nicht in liquider Weise entkräftet wird (BS, Appellationsgericht (Ausschuss), 01.11.1956, SJZ 1957, S. 240).

182 Kaufverträge sind für den Kaufpreis *nur Rechtsöffnungstitel, wenn die Leistung mindestens angeboten wurde* (BL, ObGer, 30.08.1957, BJM 1957, S. 273).

183 Ein *in Fotokopie vorgelegter Kaufvertrag* genügt als Rechtsöffnungstitel (mit dem für einen zweiseitigen Vertrag geltenden Einschränkungen), wenn das BA auf der Fotokopie bescheinigt, dass der Vertrag im EV-Register eingetragen ist (BS, Dreiergericht, 09.06.1958, BJM 1958, S. 286).

184 (i.V.m. Art. 92 OR) – Kaufvertrag als Rechtsöffnungstitel, wenn der Kaufpreis Zug und Zug oder postnumerando geschuldet ist. – *Erfüllung des Kaufvertrages* von Seiten des Verkäufers *durch Hinterlegung der Kaufsache*. Um schuldbefreiende Wirkung zu haben, muss die Hinterlegung so vorgenommen werden, dass ein Vertrag zu Gunsten des Gläubigers besteht, der Gläubiger also selbständig Erfüllung verlangen kann. *Massgebender Zeitpunkt für die Fälligkeit der Forderung: Legung des Zahlungsbefehls* (LU, SchKKomm, 23.03.1961, Max. XI, Nr. 52, BlSchK 1963, S. 7, SJZ 1964, S. 274).

185 Kaufvertrag als Schuldanerkennung. Ein Kaufvertrag stellt *dann eine vorbehaltlose Schuldanerkennung dar, wenn der Verkäufer beweist, dass er den Vertrag seinerseits erfüllt hat.* Hat der *Käufer rechtzeitig Mängelrüge erhoben* und erweist sich diese nicht zum Vorneherein als offensichtlich

haltlos, so ist dadurch die richtige Erfüllung des Verkäufers in Zweifel gesetzt und daher die Rechtsöffnung zu verweigern (LU, SchKKomm, 23.07.1964, Max. XI, Nr. 342).

186 Auslegung der Vereinbarung, dass der *Kaufpreis in jährlichen Raten auf einen bestimmten Zeitpunkt zu bezahlen ist*, ansonst die Restsumme fällig wird. Die Frage, ob eine Abschlagszahlung rechtzeitig geleistet wurde, ist nicht vom Rechtsöffnungsrichter, sondern vom Richter in der Sache selbst zu prüfen (BE, Appellationshof, I. Ziv.Kammer, 17.03.1964, ZBJV 1964, S. 276).

187 Ein *schriftlicher Vertrag mit beidseitigen Verpflichtungen* (Kaufvertrag) bildet für den Gläubiger der Geldforderung, der zur Vorleistung oder Leistung Zug um Zug verpflichtet ist, *nur dann einen Rechtsöffnungstitel, wenn er seine Leistung ordnungsgemäss erbracht hat*. Die Lieferung eines Buches, in dem Seiten fehlen, ist keine ordnungsgemässe Leistung des Verkäufers. Frist zur Mängelrüge: Dem Käufer ist nicht zuzumuten, das ihm gelieferte Buch sofort darauf zu untersuchen, ob keine Seiten fehlen (ZH, Einzelrichter, 28.04.1965, ZR 1965, Nr. 166).

188 (i.V.m. Art. 92 OR) – *Beweislast des Rechtsöffnungsklägers*. Prüfungspflicht des Rechtsöffnungsrichters. – Kaufvertrag als Rechtsöffnungstitel. Ein Kaufvertrag stellt nur dann eine vorbehaltlose Schuldanerkennung für den postnumerando geschuldeten Kaufpreis dar, wenn der Verkäufer beweist, dass er den Vertrag seinerseits erfüllt hat, d.h. dass er dem Käufer das Eigentum an der Kaufsache verschafft oder dieselbe gemäss Art. 92 OR hinterlegt hat (Max. X, Nr. 755, BGE 79 II 282). Im vorliegenden Fall steht unbestritten fest, dass die *Kaufsache nicht ins Eigentum des Betriebenen übergegangen ist*. Damit geht dem Kaufvertrag der Charakter einer Schuldanerkennung für den postnumerando geschuldeten Kaufpreis ab. Ob auf Seiten der Beklagten Annahmeverzug vorliegt, hatte der Amtsgerichtspräsident als Rechtsöffnungsrichter nicht zu prüfen (LU, SchKKomm, 16.10.1968, Max. XI, Nr. 654).

189 *Ungültigkeit eines Kaufvertrages*, wenn die Bedingungen der Art. 226a und 226m OR nicht erfüllt sind (VD, Tribunal cantonal, 15.12.1977, BlSchK 1979, S. 179).

190 (i.V.m. Art. 82 und 92 OR) – Um die provisorische Rechtsöffnung zu erlangen, *muss der Verkäufer, der im Besitze einer Schuldanerkennung ist, vorbringen, dass die Lieferung angeboten worden ist und dass der Betriebene es nicht rechtsgültig bestreitet*, ausserdem muss der Verkäufer den Käufer darüber informiert haben, dass die Gegenstand des Vertrages bildenden Fahrnisgegenstände bei einem Dritten hinterlegt sind. Es ist nicht nötig, dass die Hinterlegung aufgrund eines Gerichtsentscheides erfolgte, ebensowenig braucht die Hinterlegung eine amtliche zu sein (VD, Tribunal cantonal, 24.01.1980, BlSchK 1983, S. 180).

191 Erteilung der Rechtsöffnung bei *Vereinbarung einer 15%-igen Entschädigung des Kaufpreises*, für welche eine Schuldanerkennung *bei Aufhebung eines Abzahlungsvertrages* ausgestellt wurde (BE, Appellationshof, I. Ziv.Kammer, 07.05.1963, ZBJV 1964, S. 202).

192 Auch die Zweiseitigkeit des Kaufvertrages befreit den Betriebenen nicht davon, eine den Rechtsöffnungstitel der Klägers entkräftende Verrechnungsforderung glaubhaft zu machen (BL, ObGer, 26.08.1969, BJM 1970, S. 83).

193 Die Zahlung des Kaufpreises durch einen Kunden *für eine zurückgezogene Bestellung bewirkt ungerechtfertigte Bereicherung der Verkäuferin*. Deren Gutschrift hiefür ist eine Schuldanerkennung auf Verrechnung mit einer künftigen Kaufpreisschuld des Kunden. Bedeutung einer Urkundenklausel, zumal einer Wertpapier- oder einer Präsentationsklausel in der Gutschrift; deren Entkräftung bei Unmöglichkeit der Rückgabe bei Eintritt des Verrechnungsfalles. Die Empfangsbescheinigung des Postamtes allein beweist nicht schlüssig, dass der Adressat eine eingeschriebene Sendung erhalten habe (ZH, BezGer, Einzelrichter, 17.06.1971, ZR 1971, 66).

194 Verweigerung der provisorischen Rechtsöffnung wegen angeblicher *Nichtigkeit des der Forderung zugrunde liegenden Vertrages*. – Es ist nicht willkürlich, die Nichtgewährung des für den Fall der Zahlung innert dreissig Tagen vereinbarten Skontos bei Ratenzahlung als Teilzahlungszuschlag zu betrachten und deshalb den Vertrag als Abzahlungsvertrag im Sinne von Art. 226a OR einzustufen (BGE 110 II 153, Praxis 73, Nr. 223).

195 (i.V.m. Art. 201 OR) – Selbst *wirkliche Mängel* vermögen dem Kaufvertrag die Eigenschaft als Rechtsöffnungstitel nicht zu nehmen, wenn *der Käufer seiner Rügepflicht nicht nachgekommen ist* (Uri, ObGer, 01.02.1984, SJZ 1986, S. 247).

196 *Entkräftung der Schuldanerkennung durch Einrede der Formnichtigkeit.* Simulation? – Ein Ergänzungsvertrag, der sich auf einen formungültigen Vorvertrag stützt, in dem eine Gewinnbeteiligung von einem Viertel des Kaufpreises vereinbart wird, erscheint dem basellandschaftlichen ObGer als mangelhafter Rechtsöffnungstitel. Es erachtet deshalb auch den öffentlich verurkundeten Kaufvertrag als simuliert und damit als ungültig (BL, ObGer, 06.09.1983, BJM 1984, S. 174).

197 *Anwendbarkeit der Bestimmungen betreffend Abzahlungsvertrag auf in Raten rückzahlbares Kleinkreditdarlehen*, das überwiegend *für die Finanzierung eines Autokaufes gewährt wurde.* Gemäss Art. 226m Abs. 2 OR sind die Vorschriften des Abzahlungsgesetzes auf die Gewährung von Darlehen zum Erwerb beweglicher Sachen dann sinngemäss anwendbar, «wenn der Verkäufer dem Darleiher in anderer Weise zusammenwirken, um dem Käufer die Kaufsache gegen eine nachträgliche Leistung des Entgelts in Teilzahlungen zu verschaffen». Nach der Praxis ist ein Zusammenwirken von Verkäufer und Darleiher zwecks Ermöglichung des Erwerbs der Kaufsache durch den Käufer auf dem Abzahlungsweg bei Gewährung eines in Raten zurückzahlbaren Darlehens z.B. dann gegeben, wenn der Verkäufer dem Käufer die Formulare des Darlehensvertrages vermittelt hatte (vgl. BJM 1970, S. 72 ff.). Ein beim Verkäufer unterzeichneter Darlehensvertrag lässt eindeutig darauf schliessen, dass das damit gewährte Darlehen den Vorschriften des Abzahlungsgesetzes untersteht und wegen deren Nichteinhaltung nichtig ist. Die Anwendbarkeit der Vorschriften des Abzahlungsgesetzes entfällt auch nicht deswegen, weil ein kleinerer Teil des Kredites nicht für den getätigten Kauf selber, sondern für spätere im Zusammenhang mit dem Kaufgegenstand (hier Auto) erwachsende Aufwendungen (hier Steuern und Versicherungen) bestimmt war. Eine teilweise Aufrechterhaltung des Vertrages ist nur dann möglich, wenn anzunehmen ist, dass dieser Teil auch ohne den nichtigen Teil vereinbart worden wäre (BL, ObGer, 08.06.1974, BJM 1974, S. 261).

198 (i.V.m. Art. 226m OR) – Provisorische Rechtsöffnung kann nur erteilt werden, wenn der Vertrag, in welchem eine Schuldanerkennung verurkundet ist und damit der Rechtsöffnungstitel gültig ist. Auf einen eingereichten *Leasingvertrag, auf welchen das Abzahlungsrecht anzuwenden ist* trifft dies nicht zu, insbesondere darum, weil darin die vom Gesetz in Art. 226a Abs. 3 OR zwingend verlangten Angaben fehlen. Der Sozialschutz erfordert, dass nicht auf die rechtliche Formulierung der Verträge abgestellt wird, sondern auf deren wirtschaftliche Bedeutung für die Parteien und deren Zwecksetzung (ZH, Bez.Gericht Winterthur, Einzelrichter, 29.06.1987, BlSchK 1989, S. 181).

199 Ein *Leasingvertrag*, welcher nach summarischer Prüfung im Rechtsöffnungsverfahren *die gleichen wirtschaftlichen Zwecke verfolgt wie ein Abzahlungsvertrag*, ist als nichtig zu betrachten; das Rechtsöffnungsgesuch ist abzuweisen (LU, SchK Komm., 08.05.1989, LGVE 1989 I 38).

200 *Rechtsöffnung bei Leasingverträgen* – Werden bei Abschluss eines Leasinggeschäftes neben den besonderen Leasing-Bedingungen, die einen monatlichen Leasingzins zwar zahlenmässig festlegen, aber die betreffende *Summe als provisorisch bezeichnen*, auch die «Allgemeinen Bedingungen» unterzeichnet, gemäss denen der Leasingzins den effektiven Anschaffungskosten für die Leasing-Gegenstände angepasst werden darf, so stellt dies einen hinreichenden Rechtsöffnungstitel für den gestützt hierauf geforderten, den ursprünglichen, provisorischen Betrag übersteigenden Leasingzins dar (BL, ObGer, 30.11.1993, SJZ 1994, S. 331).

2. Bestell-/Lieferscheine, Fakturen

201 Ein Bestellschein bildet keinen genügenden Rechtsöffnungstitel, wenn *der Käufer bestreitet, dass vertragsgemäss erfüllt worden sei* und seine *Bestreitung nicht offensichtlich haltlos ist.* Abs. 2, wonach der Schuldner seine Einreden glaubhaft zu machen hat, findet in solchen Fällen keine Anwendung (ZH, ObGer, III. Ziv.Kammer, 21.01.1953, ZR 1953, Nr. 32).

202 Der *Bestellschein ist nicht Rechtsöffnungstitel, wenn die Zahlung erst nach Lieferung der Ware zu erfolgen hat*, denn es muss der Empfang der Ware dargetan werden (BS, Appellationsgericht, 02.12.1959, SJZ 1961, S. 128).

203 Der *von einem Angestellten der Schuldnerin unterzeichneten Lieferschein* stellt einen provisorischen Rechtsöffnungstitel dar, selbst dann, wenn lediglich die Quantität der gelieferten Ware aufgeführt ist und sich der Preis aus der unbestrittenen Rechnung ergibt (VD, Tribunal cantonal, 07.02.1974, BlSchK 1976, S. 138).

204 Der vom Empfänger einer Ware unterzeichnete Lieferschein gilt als Schuldanerkennung, wenn die Artikelbezeichnung, die gelieferte Menge und der Stückpreis aufgeführt sind und diese Angaben mit der entsprechenden Rechnung übereinstimmt (LU, SchKKomm, 08.08.1984, LGVE 1994 I 45).

205 Provisorische Rechtsöffnung kann nicht erteilt werden lediglich aufgrund vom Schuldner nicht unterschriebenen Fakturen (FR, Cour de cassation, 03.11.1970, Extraits 1970, S. 95, SJZ 1972, S. 333).

3. Sicherheitsleistungen/Hinterlegungen

206 Provisorische *Rechtsöffnung in der Betreibung auf Sicherstellung*. Die Betreibung auf Sicherheitsleistung bezweckt die Sicherung für eine bestehende oder künftige Forderung, und zwar durch Leistung an das BA. Wenn der Gläubiger nicht will, dass der Schuldner an das BA leiste, sondern vielmehr die Voraussetzungen, unter denen auf das bei einer Bank errichtete Sperrdepot gegriffen werden kann, anders umschreiben zu können, kann dieser Streit nicht Gegenstand eines Rechtsöffnungsverfahrens bilden (LU, SchKKomm 09.08.1968, Max. XI, Nr. 656, BlSchK 1970, S. 149).

207 Betreibung auf Sicherheitsleistung im Zusammenhang mit einer Nacherbeneinsetzung. *Anforderungen an den provisorischen Rechtsöffnungstitel* (Art. 490 ZGB). *Für die Rechtsöffnung* bei einer Betreibung auf Sicherstellung im Zusammenhang mit einer Nacherbeneinsetzung *genügt, dass dem Richter neben der Schuldanerkennung oder öffentlichen Urkunde betreffend den Forderungsbetrag der Beweis vorgelegt* wird, *dass durch Verfügung von Todes wegen der Schuldner als Vorerbe und der Gläubiger als Nacherbe eingesetzt wurde*. Da die Pflicht des Vorerben zur Sicherstellung des Nacherben von Gesetzes wegen vorgesehen ist, erübrigt sich, den Nachweis einer rechtsgeschäftlichen Verpflichtung des Schuldners zur Sicherstellung zu verlangen. Dabei genügt es, wenn sich erst aus der Zusammensetzung mehrerer Urkunden der notwendige Rechtsöffnungstitel ergibt (BL, ObGer, 10.01.1990, BJM 1991, S. 181).

208 (i.V.m. Art. 38 Abs. 1 SchKG) – Provisorische Rechtsöffnung für *an Bedingungen geknüpfte Sicherheitsleistung*. Eine vom Schuldner unterzeichnete, an Bedingungen geknüpfte Verpflichtung zur Sicherheitsleistung berechtigt nur zur provisorischen Rechtsöffnung, wenn der Gläubiger den Eintritt der Bedingungen nachweist (GR, AB, 23.09.1996, PKG 1996, S. 114).

209 (Art. 92 OR) – *Mit der Hinterlegung wird die Einrede des Käufers*, dass die vom Verkäufer angebotene Ware nicht vertragskonform sei, *nicht beseitigt*. Bei der Bringschuld muss die Hinterlegung, wenn sie schuldbefreiende Wirkung haben soll, am Erfüllungsort erfolgen (LU, SchKKomm, 06.04.1961, Max. XI, Nr. 53, BlSchK 1964, S. 15, SJZ 1964, S. 274).

210 Rechtsöffnung für Kaufpreis von Lieferung der Ware. Der Umstand, dass *die Ware vom Verkäufer weder geliefert noch hinterlegt worden ist*, steht nicht entgegen, dass ihm in einer Betreibung für den Kaufpreis Rechtsöffnung gewährt werde, wenn der *Verkäufer auf Verlangen des Käufers im Besitze der Ware geblieben ist* und dieser die Annahme in unberechtigter Weise verzögert hat (VD, Tribunal cantonal, 29.05.1964, JT 1964 II S. 63, SJZ 1966, S. 347).

4. Hinterlegungsvertrag

211 Der Pensionsvertrag bezüglich eines Pferdes ist als Hinterlegungsvertrag zu qualifizieren. Es ist klares Recht, dass durch die vorzeitige Rücknahme der hinterlegten Sache der Hinterlegungsvertrag beendet wird. Somit bildet der Hinterlegungsvertrag keinen Rechtsöffnungstitel für allfällige Erfüllungsansprüche bis zum Zeitpunkt, an dem der trag ordentlicherweise hätte aufgelöst werden können ZH, ObGer, III. Ziv.Kammer, 10.10.1996, ZR 1997, Nr. 61).

5. Versicherungsvertrag

212 (i.V.m. Art. 748 OR) – Bei der *Fusion zweier Versicherungsgesellschaften* gehen die laufenden Verträge infolge Universalsukzession auf die aufnehmende Gesellschaft über, ohne dass es der Zustimmung der Versicherungsnehmer bedarf (LU, SchK-Komm., 22.05.1948, Max. IX, Nr. 612).

213 (i.V.m. Art. 101 und 102 VVG) – Der sachliche Geltungsbereich des VVG ergibt sich nicht aus Art. 102 dieses Gesetzes, sondern wird durch Art. 101 bestimmt, wonach das Gesetz auf alle Versicherungsverträge Anwendung findet. Prüfung der Frage, ob der vorliegende Vertrag die Merkmale eines Versicherungsvertrages aufweist (LU, SchK-Komm., 19.05.1948, Max. IX, Nr. 614, SJZ 1952, S. 256).

214 (i.V.m. Art. 1 ff. VVG) – Unterstellung eines «Rechtsschutzvertrages» unter die Bestimmungen des VVG – Dass eine konzessionspflichtige Versicherungsunternehmung, obwohl sie nicht um Erteilung der bundesrechtlichen Bewilligung nachgesucht hat, die Versicherungstätigkeit ausübt, führt nicht zur Ungültigkeit der abgeschlossenen Versicherungsverträge. Der Versicherer muss als Rechtsöffnungskläger beweisen, dass er den vom Versicherungsnehmer unterzeichneten Antrag angenommen und den Antragsteller hievon innert gesetzlicher Frist benachrichtigt hat (LU, SchKKomm, 23.01.1950, Max. IX, Nr. 789).

215 (i.V.m. Art. 20 ff. VVG) – *Der Rechtsöffnungsbeklagte*, der sich auf Rücktritt vom Vertrag und Verzicht beruft, *hat zu beweisen, dass er vom Versicherer gemahnt* wurde. Für die betreibungsrechtliche Geltendmachung bereits verfallener Prämienforderungen ist eine Mahnung nicht Voraussetzung (LU, SchKKomm, 10.11.1950, Max. IX, Nr. 790).

216 Rechtsöffnung für Versicherungsprämien setzt keine Mahnung des Versicherers im Sinne von Art. 20 Abs. 1 VVG voraus (TG, Rekurskomm., 05.11.1970, Rechenschaftsbericht 1970, S. 65, SJZ 1971, S. 313; AG ObGer, 23.05.1973, AGVE 1975, Nr. 24, SJZ 1976, S. 295).

217 (i.V.m. Art. 20 VVG) – Der Versicherer, welcher die Bezahlung der fälligen Prämie erreichen will, kann sich darauf beschränken, *den Versicherten zu betreiben, ohne ihm die in Art. 20 VVG vorgesehene Mahnung zugestellt zu haben*; der Versicherer ist keiner anderen Beschränkung unterworfen als der zweijährigen Verjährungsfrist, welche mit der Fälligkeit der Prämie zu laufen beginnt (Art. 46 VVG). Die Rechtsöffnung ist auch dann zu bewilligen, wenn der Versicherer zwar vorbringt, die Mahnung verschickt zu haben, regelwidrig aber deren Inhalt oder Empfang durch den Adressaten nicht nachzuweisen vermag (Änderung der Rechtsprechung) (VD, Tribunal cantonal, 18.06.1981, BlSchK 1982, S. 229).

218 Die *Vermutung, der Versicherer sei vom Vertrag zurückgetreten*, gilt nicht, wenn die fällige Prämie *aufgrund einer vereinbarten Sistierung des Vertrages* für die Dauer eines Jahres nicht eingefordert wurde (BE, Appellationshof, II. Ziv.Kammer, 23.12.1963, ZBJV 1965, S. 150).

219 Der Umstand, dass in den allgemeinen Versicherungsbedingungen eines vom Betriebenen unterzeichneten Vertrages *das Regressrecht des Versicherers unter bestimmten Voraussetzungen vorgesehen ist, qualifiziert den Vertrag nicht zum Rechtsöffnungstitel* für eine vom Versicherer dem Verletzten ausbezahlte bestimmte Entschädigung, für die jener im Rahmen des Vertrages Regress nimmt (TI, SchKKomm, 04.11.1968, Rep. 1969, S. 115, SJZ 1972, S. 223).

220 (i.V.m. Art. 20 und 21 VVG) – Die provisorische *Rechtsöffnung ist zu verweigern*, wenn der Versicherer die rückständige Prämie *nicht innert zweier Monate nach Ablauf der in Art. 20 VVG festgesetzten Frist rechtlich einfordert,* da angenommen wird, dass der Versicherer vom Versicherungsvertrag zurücktritt (VD, Tribunal cantonal, 13.01.1972, BlSchK 1975, S. 15).Tribunal cantonal, 13.01.1972, BlSchK 1975, S. 15).

221 (i.V.m. Art. 19 VVG) Provisorische *Rechtsöffnung für erste Versicherungsprämie ohne Aushändigung der Police*. Wohl hat der Gläubiger bei Rechtsöffnungsgesuchen aus zweiseitigen Verträgen seine Erfüllung oder deren Offerte darzutun. Beim Versicherungsvertrag gilt jedoch die Spezialnorm in Art. 19 VVG, wonach die Prämie für die erste Versicherungsperiode im Zweifel mit Abschluss der Versicherung fällig wird. Die Aushändigung der Police an den Versicherten ist eine blosse Nebenverpflichtung und steht nicht im Austauschverhältnis mit der Zahlung der ersten Prämie (König, Privatversicherungsrecht S. 95). Gegenteilig Roelli/Keller, Komm. zum VVG, S.159 f. und Berufung auf Art. 82. Auch dann wäre aber hier mindestens Erfüllungsbereitschaft des Versicherers durch die Korrespondenz erstellt. Seine Haftung beginnt nicht erst ab Leistung der ersten Prämie, sondern mit Absendung der Annahmeerklärung des Versicherers (Ostertag N 4 zu Art. 19 VVG) (TG, Re-

kurskomm., 27.09.1976, Rechenschaftsbericht 1976, Nr. 23, SJZ 1977, S. 364, BlSchK 1978, S. 48).

222 Rechtsöffnung bei *Differenz zwischen Versicherungsantrag und Police.* Nach Art. 12 Abs. 1 VVG gilt der Policeninhalt auch als genehmigt, wenn der Versicherungsnehmer nicht innert 4 Wochen nach Empfang der Urkunde deren Berichtigung verlangt. Diese unwiderlegbare Rechtsvermutung ist auch im Verfahren auf provisorische Rechtsöffnung zu berücksichtigen (Keller, Komm. zum VVG, S. 215) (TG, Rekurs-komm., 12.11.1974, BlSchK 1978, S. 48).

223 Provisorische Rechtsöffnung für eine aufgrund einer vereinbarten Vorleistungspflicht geschuldete, *provisorisch festgesetzte Versicherungsprämie.* Nachdem die festgesetzte provisorische Prämie auf der Basis der im Vorjahr effektiv ausbezahlten Lohnsumme beruht, ist der Schuldnerin (nachdem sie die Angaben selbst eingereicht hatte) die Höhe der Prämie bekannt. Bei der provisorisch festgesetzten Prämie handelt es sich demzufolge trotz der allenfalls irreführenden Bezeichnung «provisorisch» um eine klar bestimmbare, vertraglich vereinbarte Schuld (BL, ObGer als AB, 03.04.01, BlSchK 2003, S. 122).

6. Darlehen

224 Nur für bei Einleitung der Betreibung *fälliger Darlehen* ist Rechtsöffnung zu gewähren. Das Darlehen darf nicht erst durch Anhebung der Betreibung gekündigt worden sein (BS, Dreiergericht, 05.04.1954, BJM 1955, S. 138).

225 Provisorische Rechtsöffnung für ein Darlehen – Rechtsöffnung kann nicht bewilligt werden, wenn die *Fälligkeit des Darlehens erst durch den Zahlungsbefehl* in der *betreffenden Betreibung herbeigeführt worden ist* (Art. 318 OR) (BS, Appellationsgericht, 01.03.1974, BJM 1974, S. 217).

226 Die provisorische Rechtsöffnung für eine Forderung auf Rückzahlung eines Darlehens kann dann gestützt auf den schriftlichen Darlehensvertrag bewilligt werden, wenn die betreffende Forderung *bei Erlass des Zahlungsbefehls*, der mit dessen Zustellung als abgeschlossen gilt, fällig war (BL, ObGer, 17.05.1977, BlSchK 1980, S. 50).

227 Darlehensvertrag als Rechtsöffnungstitel für den *Anspruch des Darlehensnehmers auf Zahlung des Darlehens.* – Der Darlehensvertrag gehört nicht zu den sogenannten wesentlich zweiseitigen Verträgen. Zur Rechtsöffnung bedarf es daher nicht vorgängig des Beweises, dass der Darlehensnehmer den Vertrag seinerseits erfüllt hat. Der Beklagte als Darlehensgeber vermag daher die Rechtsöffnung nur abzuwenden, wenn er im Sinne von Art. 82 Abs. 2 SchKG Einwendungen glaubhaft macht, die seine sich aus dem Darlehensvertrag ergebende Schuldverpflichtung sofort entkräften (LU, SchKKomm, 10.02.1967, Max. XI, Nr.571, SJZ 1969, S. 333).

228 Das auf einen Darlehensvertrag gestützte Rechtsöffnungsbegehren ist abzuweisen, sofern mit dem Vertragsschluss die *Unklagbarkeit des Mäklerlohnes aus Heiratsvermittlung umgangen werden sollte* (Art. 416 OR) (ZH, Bez.Gericht, Einzelrichter, 30.01.1969, SJZ 1969, S. 208).

229 Generelle Amortisationsklausel – Ist das Darlehen *bis zur gänzlichen Bezahlung terminiert und daher unkündbar?* Ein Darlehen, das zwar in Raten zurückbezahlt werden soll, wobei aber *für die Rückzahlung des Gesamtbetrages weder einzelne Raten auf einen bestimmten Termin, noch eine Kündigungsfrist, noch auch der Verfall auf beliebige Aufforderung hin vereinbart wurde*, ist als unbefristet anzusehen, das auf sechs Wochen gekündigt werden kann (Art. 318 OR). Eine Amortisationsklausel mit bestimmten Amortisationsraten und Amortisationszeiten besagt nicht, dass die Forderung terminiert sei bis zur gänzlichen Bezahlung durch Amortisation und daher unkündbar, weshalb denn auch *eine generelle Amortisationsklausel nicht eine Unkündbarkeit der Forderung zur Folge haben kann* (ZH, ObGer, IV. Kammer, 01.03.1945, SJZ 1945, S. 239 mit Verweisungen und ObGer , SO, 01.09.1944, SJZ 1946, S. 93/94) (BE, Appellationshof, I. Ziv.Kammer, 10.08.1967, ZBJV 1970, S. 34).

230 Schliesst eine Bank einen Darlehensvertrag in Kenntnis seines Zusammenhanges mit einem sogenannten Schulkaufvertrag ab, so muss sie sich auch die Einrede aus diesem entgegenhalten lassen (LU, SchKKomm, 17.09.1969, SJZ 1970, S. 57).

231 Provisorische Rechtsöffnung bei bedingtem Anspruch auf Rückerstattung. Hat der Darlehensnehmer *Anspruch auf teilweise Rückerstattung von Zins und Kosten bei vorzeitiger Rückzahlung des Darlehens*, so kann er dies nicht im Rechtsöffnungsverfahren geltend machen, sondern ist in einem späteren Rückerstattungsanspruch geltend zu machen. Der geschuldete Darlehensbetrag steht fest und ist vom Darlehensnehmer anerkannt worden, was zur Bewilligung der Rechtsöffnung ausreicht (BS, Appellationsgericht, 11.11.1969, BJM 1970, S. 200).

232 *Die Quittung für einen Betrag, welche keine Rückzahlungspflicht enthält* und ein Vergleichsvorschlag, der nicht angenommen wurde, bildet keinen Rechtsöffnungstitel (TI, SchKKomm, 01.12.1969, Rep. 1969, S. 311, SJZ 1972, S. 224).

233 Ein schriftlicher Darlehensvertrag kann nur dann einen *Rechtsöffnungstitel darstellen*, wenn *der Nachweis erbracht ist, dass der Darleiher dem Borger das Kapital übergeben hat*. Da das Darlehen ein Konsensualvertrag ist, besteht durchaus die Möglichkeit, dass der Vertragsschluss und die Hingabe des Kapitals zeitlich auseinanderfallen; auf diese Möglichkeit nimmt auch Art. 316 OR Rücksicht. Die Aushändigung der Darlehenssumme kann durch Vermerk im Darlehensvertrag selbst oder auch durch eine separate Quittung bewiesen werden (LU, SchKKomm, 09.08.1977, LGVE 1977 I 386).

7. Kontokorrentverhältnisse

234 Die vom Schuldner im *Kontokorrentverkehr unterzeichnete Richtigbefundsanzeige gilt nicht mehr als Schuldanerkennung, wenn sich aus einem darauf folgenden Kontokorrentauszug ergibt, dass der Passivsaldo vom Gläubiger auf neue Rechnung vorgetragen worden ist. Eine Richtigbefundsanzeige gilt nur dann als durch Unterschrift bekräftige Schuldanerkennung, wenn sie vom Schuldner wirklich unterzeichnet worden ist*. Der Umstand, dass in den allgemeinen Geschäftsbedingungen stipuliert ist, der Kontokorrentauszug gelte als richtig anerkannt, wenn binnen bestimmter Frist dagegen nicht Einspruch erhoben wurde, vermag die fehlende Unterschrift des Schuldners nicht zu ersetzen (TI, SchKKomm, 19.07.1956, Rep. 89, S. 399, SJZ 1957, S. 224).

235 Die Rechtsöffnung soll verweigert werden, aufgrund eines Krediteröffnungsvertrages einer Richtigbefundserklärung und eines Solidarbürgschaftsvertrages, *wenn der* betriebene *Bürge glaubhaft macht, dass seit der Anerkennung des Kontos der Saldo eine Veränderung infolge neuer Geschäfte erlitten hat* und dies *selbst dann, wenn der Krediteröffnungsvertrag eine Bestimmung enthält, dass der Richtigbefund trotz Veränderung des Kontos infolge neuer Geschäfte als Schuldanerkennung gilt* (VD, Tribunal cantonal, 15.01.1959, BlSchK 1959, S. 176).

236 Im Kontokorrentverhältnis begründet der letzte vom Kontoinhaber unterschriftlich anerkannte Kontoauszug eine Schuldanerkennung, und zwar auch dann, wenn das Kontokorrentverhältnis *im Einverständnis der Beteiligten über den Tag des letzten Abschlusses hinaus fortgesetzt worden ist*. Es bleibt dem Schuldner vorbehalten, im Aberkennungsprozess den Nachweis dafür zu erbringen, dass er den im Kontoauszug erwähnten Betrag nicht mehr schulde (GE, Cour de justice, 13.04.1956, SJZ 1960, S. 128, BlSchK 1961, S. 84).

237 Beim Kontokorrentverhältnis verliert die letzte Richtigbefundsanzeige ihre Wirkung als Schuldanerkennung, wenn der als richtig anerkannte Saldo auf neue Rechnung vorgetragen und die Rechnung in Kontokorrentform fortgesetzt worden ist (LU, SchK-Komm., 11.11.1992, LGVE 1992 I 46).

238 Die stillschweigende Genehmigung eines Kontokorrentauszuges zusammen mit dem vom Schuldner unterzeichneten Krediteröffnungsvertrag *stellt keine Schuldanerkennung für den Passivsaldo des Kontos dar* (BGE 106 III 97).

239 Das *Kontokorrentheft einer Bank stellt einen provisorischen Rechtsöffnungstitel dar*, wenn jeder Posten, insbesondere der Debitorensaldo, vom Kassier der Bank durch Unterschrift bestätigt ist (VD, Tribunal cantonal, 21.10.1971, BlSchK 1974, S. 16).

240 Unter welchen Voraussetzungen gilt der Saldo aus einem Kontokorrentverhältnis als provisorischer *Rechtsöffnungstitel gegenüber dem Solidarbürgen?* Wenn ein auf ein bestimmtes Datum gezogener Saldo vom Schuldner anerkannt wird, so liegt ein provisorischer Rechtsöffnungstitel vor. Wenn aber bei Fortführung des Kontokorrentverhältnisses ein neuer Saldo resultiert und dieser vom Schuldner

weder schriftlich noch mündlich anerkannt wird, kann das blosse Stillschweigen bzw. das Ausbleiben von Reklamationen seitens des Schuldners nicht als förmliche Anerkennung im Sinne von Art. 82 SchKG angesehen werden (LU, SchKKomm, 06.04.1982, LGVE 1981 I 45).

8. Miet- und Pachtvertrag

241 Rechtsöffnung für Forderung und Retentionsrecht aufgrund eines vom Mieter unterschriebenen Mietvertrages und der unbestritten gebliebenen Retentionsurkunde (ZH, ObGer, III. Ziv.Kammer, 10.09.1958, SJZ 1958, S. 328, BlSchK 1959, S. 114).

242 Eine mit dem *amtlichen Formular mitgeteilte Mietzinserhöhung stellt keinen Rechtsöffnungstitel dar*, selbst wenn die Erhöhung vom Mieter nicht angefochten wird. *Das Formular enthält keine Willenserklärung des Mieters* und damit auch keine Schuldanerkennung in Bezug auf den erhöhten Mietzins. Es kann daher auch nicht als Rechtsöffnungstitel dienen (LU, SchKK, 10.10.1977, LGVE 1977 I 385 und 1992 I 46 sowie FR, Cour de cassation, 11.10.1977, BlSchK 1982, S. 17).

243 *Verweigerung der provisorischen Rechtsöffnung für im Mietvertrag vorgesehene Sicherheitsleistung.* – Für die im Mietvertrag vorgesehene Sicherheitsleistung des Mieters kann der Vermieter das Retentionsrecht nicht beanspruchen. Als Mietzins kann nur eine Forderung bezeichnet werden, die als Teil der Gegenleistung zu betrachten ist, die der Mieter dem Vermieter gemäss Mietvertrag für die Überlassung des Gebrauchs der Mietsache schuldet. Eine Sicherheitsleistung, die ein Mieter zu erbringen hat, stellt kein Entgelt für die Leistungen des Vermieters aus dem Mietvertrag dar (BGE 111 II 71).

244 *Staffelmietvertrag* – Provisorische Rechtsöffnung für ausstehende Mietzinsen – Ein unter dem neuen Recht begründeter Staffelmietvertrag bildet grundsätzlich auch für die gemäss Vertrag erhöhten Mietzinse ein Rechtsöffnungstitel, sofern der Vermieter jeweils die Erhöhungen in der gesetzlich vorgeschriebener Weise angezeigt hat. Unterschied zwischen der altrechtlichen und neurechtlichen Regelung. Im Gegensatz zum geltenden Mietrecht war eine Anfechtung jeder einzelnen Erhöhungsstufe unter dem Gesichtspunkt der Missbräuchlichkeit zulässig. Das aktuelle Mietrecht schliesst eine Überprüfung der Staffelmiete – mit Ausnahme des Anfangsmietzinses – aus (Art. 270d OR). Im Falle einer Staffelmiete ist die Erhöhung bzw. Gestaltung der Mietzinse von Anfang an bekannt; diese Regelung wird vom Mietzinsschuldner bei Vertragsabschluss unterschriftlich akzeptiert (LU, SchKK, 19.02.1992, LGVE 1992 I 48, SJZ 1992, S. 340).

245 *Mietzinsforderung aus gemeinsamem Mietvertrag mehrerer Mieter.* Provisorische Rechtsöffnung. – Einrede der Vertragsauflösung durch den einen Mieter und Einrede der bloss anteilsmässigen Haftung (Art. 143, 253 ff. und 530 ff. OR). Aus der im Mietvertrag festgehaltenen Vertragsklausel «Sollte aus einem Grunde ein Mieter ausziehen, muss der Andere für die Miete gerade stehen. Kündigungszeit ist die gesetzliche» nicht ableiten, das Mietverhältnis könne – ohne Benachrichtigung des Vermieters – allein durch blosses Wegziehen durch eine Vereinbarung mit dem verbleibenden Mieter aufgelöst werden. Zur anteilsmässigen Haftung ist festzustellen, dass die Solidarität im Mietvertrag nicht ausdrücklich geregelt ist. Die Solidarität ergibt sich nicht nur aus dem Mietvertrag, sondern auch direkt aus dem Gesetz. Aus einem Mietvertrag mehrer Mieter bildet sich eine einfache Gesellschaft. Diese wird definiert als vertragliche Vereinigung mehrerer Personen zur Erreichung eines gemeinsamen Zweckes mit gemeinsamen Mitteln. In diesem Falle haben die Mieter gemeinsam den Mietzins bezahlt (gemeinsame Mittel) um die Räumlichkeiten gemeinsam benutzen zu können (gemeinsamer Zweck). Daraus folgt, dass die Mieter als einfache Gesellschaft solidarisch haften (GR, AB, 03.06.1993, PKG 1993, S.74).

246 (i.V.m. Art. 259g OR) – Der Betreibungsschuldner und Mieter kann auch nach neuem Mietrecht die Abweisung des Rechtsöffnungsgesuches mit der Begründung verlangen, *das Mietobjekt sei mangelhaft*. Die Einwendungen im Sinne von Art. 82 Abs. 2 SchKG sind unabhängig davon zu prüfen, ob der Mieter die Mietzinse hinterlegt oder die Schlichtungsbehörde angerufen hat. Die Hinterlegung ist kein eigentliches Mangelrecht. Ein Herabsetzungsanspruch führte nach altem Recht zur Verweigerung oder zur teilweisen Abweisung des Rechtsöffnungsgesuches, wenn der Mieter eine entsprechende Einrede vor dem Rechtsöffnungsrichter glaubhaft machen konnte. An dieser Beurteilung ändert das neue Recht nichts; das Gesetz erlaubt es dem Mieter ausdrücklich, bei Mängeln der

Mietsache, den Mietzins verhältnismässig herabzusetzen. Die (teilweise) Abweisung des Rechtsöffnungsgesuches für Mietzinse wegen glaubhaft gemachter Mängel des Mietobjektes ist somit grundsätzlich auch nach neuem Recht möglich (LU, SchKKomm, 14.12.1992, LGVE 1993 I 32).

247 Ein *gekündigter Mietvertrag* taugt für die Zeit nach dem Kündigungstermin nicht mehr als Rechtsöffnungstitel (LU, SchKKomm, 17.08.2001, LGVE 2001 I 45, SJZ 2002, S. 422, BlSchK 2003, S. 121).

248 (i.V.m. Art. 283 SchKG und Art. 856 VZG) – Der Mietvertrag *muss als* Rechtsöffnungstitel *für das Retentionsrecht anerkannt werden*, da die Pfandanerkennung des Retentionsrechts als im schriftlichen Vertrag konkludent enthalten anzusehen ist. (AG, ObGer, 4. Ziv.Kammer, 09.03.2000, AGVG 2000, S. 42, SJZ 2002, S. 158).

249 *Pachtvertrag* als Rechtsöffnungstitel – Dieser bildet, wenn die Erfüllung der dem Verpächter obliegenden Leistungen nicht streitig ist, für den Pachtzins eine vorbehaltlose Schuldanerkennung. Aus zuviel bezahltem Pachtzins resultiert nicht ohne Weiteres ein Rückerstattungsanspruch (LU, SchKKomm, 28.04.1969, Max. XI, Nr. 716).

250 (i.V.m. Art. 67 Ziff. 1 SchKG) – Verweigert wird die Rechtsöffnung aufgrund eines *Pachtvertrages, welcher als Verpächter mehrere physische Personen «und Konsorten» aufführt* und eines Zahlungsbefehls mit der gleichen Gläubigerbezeichnung. Solche Akten erlauben nicht, den bestehenden Zweifel in Bezug auf die Identität der Betreibenden zu zerstreuen; der Richter kann deren Identität nicht abklären und der Schuldner weiss nicht, wem er schuldet und gegen wen er gegebenenfalls Aberkennungsklage einleiten muss (VD, Tribunal cantonal, 28.09.1978, BlSchK 1982, S. 144).

9. Pfandforderungen/Grundpfandverwertungen

251 Obligation mit Grundpfandverschreibung als Rechtsöffnungstitel (LU, SchKKomm, 27.07.1973, Max. XII, Nr. 163).

252 Rechtsöffnung aufgrund einer Inhaberobligation mit Grundpfandverschreibung. Nach Art. 824 Abs. 1 ZGB kann die Grundpfandverschreibung zur Sicherung einer beliebigen, schon bestehenden, zukünftigen oder auch nur möglichen Forderung begründet werden. Im Hinblick auf diese weitgehende Fassung verstösst die Inhaberobligation mit grundpfandrechtlicher Sicherstellung nicht gegen Art. 793 ZGB. So lässt auch Art. 875 Ziff. 1 ZGB die Sicherstellung von Anleihensobligationen durch Grundpfandverschreibung zu. Die Inhaberobligation mit Grundpfandverschreibung bildet ein Wertpapier, sofern der Schuldner nach der Urkunde verpflichtet ist, an deren Inhaber zu bezahlen (R. Reutlinger, Die Inhaberobligation mit Grundpfandverschreibung und der Inhaberschuldbrief, Diss., Zürich, 1950, S. 15). Sie berechtigt den Inhaber, gegen den Schuldner die provisorische Rechtsöffnungs zu verlangen (AR, ObGer, 02.02.1972, Rechenschaftsbericht 1971/72, S. 47, SJZ 1973, S. 170).

253 (i.V.m. Art. 965 ff. OR) – Eine Inhaberobligation mit Grundpfandverschreibung *und Präsentationsklausel* berechtigt nicht zur provisorischen Rechtsöffnung, wenn die Urkunde dem Schuldner vor Anhebung der Betreibung nicht präsentiert wurde (LU, SchKKomm, 02.11.1981, LGVE 1981 I 38).

254 Der in der Betreibung auf Pfandverwertung gegen das Pfandrecht erhobene Rechtsvorschlag kann durch provisorische Rechtsöffnung beseitigt werden (AG, ObGer, Ziv.Kammer, 25.05.1973, AGVE 1973, Nr. 24, SJZ 1975, S. 148).

255 Entkräftung eines Schuldbriefes als Schuldanerkennung für den Grundpfandzins durch den Nachweis, dass bisher ein niedrigerer als der verurkundete Zins bezahlt wurde (LU, SchKKomm, 17.09.1954, Max. X, Nr. 284, SJZ 1958, S. 204).

256 Der Grundsatz, dass der Schuldbrief als Schuldanerkennung für den Grundpfandzins durch den Nachweis, dass bisher ein geringerer als der verurkundete Zins bezahlt wurde, entkräftet werden kann, kann dem als Erben Betreibenden nicht entgegengehalten werden, wenn diesem in der in Betracht kommenden Zeit infolge einer bestehenden Nutzniessung eines Dritten für die damals verfallenden Zinsen kein Verfügungsrecht zustand (LU, SchKKomm, 29.01.1955, Max. X, Nr. 362).

257 Betreibung auf *Grundpfandverwertung*. Der ein Grundpfanddarlehen begründende Inhabertitel bildet eine Schuldanerkennung im Sinne von Art. 82 SchKG. Dem ersten Titelnehmer kann der

Schuldner auch *Einreden aus dem Grundgeschäft entgegenhalten*, ebenso solche aus dem persönlichen Verhältnis zwischen Schuldner und Gläubiger während des Schuldverhältnisses. Glaubhaftmachung der Einwendungen (TI, SchKKomm, 23.09.1968, Rep. 1969, S. 127, SJZ 1972, S. 223).

258 Grundpfandverschreibungen als Rechtsöffnungstitel – Glaubhaftmachung der *Tilgung der (ursprünglichen) Pfandforderung* mit der *Folge des Unterganges des Pfandrechts*. Verweigerung der Rechtsöffnung bei Unklarheit darüber, welche Forderungen durch die vorgelegten Grundpfandverschreibungen gesichert sind (GR, AB, 12.09.1995, PKG 1995, S. 100).

259 (i.V.m. Art. 151 ff. SchKG und Art. 794 Abs. 2 ZGB) – In einer aufgrund einer *Maximalgrundpfandverschreibung* erhobenen Betreibung auf Grundpfandverwertung kann nur für den Höchsthaftungsbetrag, nicht aber für die den Höchsthaftungsbetrag übersteigende Forderung, provisorische Rechtsöffnung erteilt werden. In der Pfandurkunde wird ein Höchstbetrag angegeben, bis zu dem das Grundstück für alle Ansprüche des Gläubigers haften soll (Art. 794 Abs. 2 ZGB). Was über diesen verurkundeten Betrag hinausgeht, ist durch die Pfandhaft nicht mehr abgedeckt und stellt eine rein persönliche Forderung dar, die der Gläubiger nicht in der Betreibung auf Pfandverwertung durchsetzen kann (GR, AB, 27.11.1996, PKG 1996, S. 114).

260 Hat der Gläubiger *an den Schuldbriefen nur ein Faustpfandrecht, kann er gleichwohl die Betreibung auf Grundpfandverwertung verlangen*, wenn er ein Recht zum Selbsteintritt beinhaltendes privates Verwertungsrecht vereinbart hat. Solche Vereinbarungen sind in den Formularverträgen der Banken oft enthalten (TG, ObGer, 21.01.2000, BlSchK 2002, S. 17).

261 Der in der Betreibung auf *Faustpfandverwertung* gegen den Schuldner für Forderung und Pfand zur Verfügung stehenden Rechtsöffnungstitel kann *dem Dritteigentümer des Pfandes gegenüber nicht mit Erfolg geltend gemacht werden* (LU, SchKKomm, 29.04.1946, Max. IX, Nr. 452, ZBJV 1946, S. 352, BlSchK 1949, S. 46, SJZ 1949, S. 172).

262 Auch *nach der Löschung des Eigentümerschuldbriefes im Grundbuch* wegen Verwertung des Grundstückes kann *für das Pfandrecht an der Ausfallforderung Rechtsöffnung bewilligt werden*, sofern für die Verpfändung ein Rechtsöffnungstitel vorliegt (BS, Dreiergericht, 15.07.1954, BJM 1955, S. 23).

263 Betreibung gegen den *Dritteigentümer des Pfandes*. Ein Inhaberpfandtitel, aus dem das Pfandrecht am Grundstück des (mitbetriebenen) Dritten hervorgeht, bildet gegenüber diesem einen provisorischen Rechtsöffnungstitel. Wenn das Grundbuchblatt die speziellen Abmachungen zwischen Schuldner und Gläubiger über Rückzahlung und Kündigung des Kapitals nicht erwähnt, können sie dem Dritteigentümer gegenüber nicht geltend gemacht werden, für den in diesem Falle die gesetzlichen Bestimmungen betreffend Fälligkeit des Darlehens und Vollstreckbarkeit der Forderung gelten. Die vom vorhergehenden Inhaber ausgesprochene Kündigung gilt auch zugunsten des nachfolgenden betreibenden Inhabers (TI, SchKKomm 1969, Rep. 1970, S. 103, SJZ 1972, S. 224).

10. Konventionalstrafe

264 Rechtsöffnung für Konventionalstrafe bei Kauf mit Rücktritt. Nur der ordentliche Richter ist zur Herabsetzung der vereinbarten Konventionalstrafe zuständig. Angesichts einer offensichtlich übermässigen Strafe muss der Rechtsöffnungsrichter sich auf die Verweigerung der Rechtsöffnung beschränken. Diese Entscheidung bedeutet nicht, dass die streitige Strafklausel als gänzlich nichtig betrachtet wurde, sondern einfach, dass die Rechtsöffnung für eine noch ungewisse Summe nicht gewährt werden kann (VD, Tribunal cantonal, 11.06.1964, JT 1965 II S. 63, SJZ 1966, S. 347).

265 Konventionalstrafe im Miet- und Pachtvertrag. Ist eine *Zahlungsverpflichtung an eine Bedingung gebunden*, so berechtigt die Schuldanerkennung zur Rechtsöffnung nur, wenn der Betreibende den Eintritt dieser Bedingung darzutun vermag. Im vorliegenden Fall wurde einfach behauptet, die Kündigung sei als Vertragsbruch zu betrachten. Es wurde auf die undatierte Kündigung des Schuldners verwiesen. Diese enthielt keinen Kündigungsgrund. – Die *Kündigung allein genügt jedoch nicht, um einen Vertragsbruch zu beweisen*. Nicht jede vorzeitige Kündigung kann als Vertragsbruch betrachtet werden. Solange der urteilende Richter nicht weiss, was die Parteien besprochen haben, bevor es zur Kündigung kam und der Vertragsbruch kam und der Vertragsbruch vom Betreibenden nicht

bewiesen werden kann, kann keine Rechtsöffnung erteilt werden (AR, ObGer, 11.09.1976, BlSchK 1978, S. 45).

266 Konventionalstrafe im Werkvertrag – Bei der provisorischen Rechtsöffnung ist massgeblich, dass eine Schuldanerkennung im Sinne von Art. 82 SchKG vorliegt. *Um einen gültigen Rechtsöffnungstitel zu bilden, muss die Schuldanerkennung sich auf eine fällige Forderung beziehen*, deren Betrag in der Urkunde angegeben ist oder aus ihr bestimmt werden kann (Fritzsche, Schuldbetreibung, Konkurs und Sanierung, Bd. 1, S. 147). Im vorliegenden Fall ist wohl der fixe Betrag pro Tag als Konventionalstrafe bei Nichteinhalten der Fristen bekannt. Dem Richter ist aber absolut unbekannt, welche Fristenüberschreitung eingetreten ist und wer sie verschuldet hat. Wenn kein vom Schuldner *unterzeichnetes Schriftstück vorliegt, aus dem eindeutig hervorgeht, um wie viele Tage eine Frist überschritten wurde* oder z.B. Arbeitsrapporte vorgelegt werden, aus denen hervorgehen würde, dass noch X Tage nach Ablauf der betreffenden Frist noch Arbeiten ausgeführt worden sind, liegt keine Schuldanerkennung vor, die eine Rechtsöffnung rechtfertigen würde (AR, ObGer, 02.11.1976, BlSchK 1978, S. 46).

267 Eine Vereinbarung über eine Konventionalstrafe stellt keinen Rechtsöffnungstitel dar, wenn die Erfüllung der Hauptverpflichtung aus Gründen unmöglich wird, die nicht vom Schuldner zu vertreten sind (LU, SchKKomm, 21.01.1987, LGVE 1987 I 47, BlSchK 1990, S. 31).

268 Die in einem Mäklervertrag enthaltene Abrede, dass der Auftraggeber bei der Auslösung des Mandats einen bestimmten Pauschalbetrag zu bezahlen habe, ist grundsätzlich gültig und stellt einen Titel für die provisorische Rechtsöffnung dar (VD, Tribunal cantonal, 14.12.1955, JT 1957 II S. 30, SJZ 1958, S. 62).

269 Aufgrund eines in einem Vorvertrag vereinbarten Reuegeldes wird Rechtsöffnung für das Reuegeld bewilligt, da die Nichteinhaltung der Verpflichtung, die im Übrigen zugestanden war, durch eine amtliche (gerichtliche) Urkunde festgestellt war (BS, Dreiergericht, 30.06.1958, BJM 1958, S. 286).

11. Vergleiche/Vereinbarungen

270 Der Gläubiger, der das Rechtsöffnungsbegehren auf einen von ihm mit dem Schuldner *vor Gericht geschlossenen und von diesem genehmigten Vergleich* stützen will, *darf sich nicht damit begnügen, eine Kopie des Sitzungsprotokolls* auf Papier mit Kopftitel des Gerichts und mit dessen Stempel vorzulegen, sondern muss eine vom Gerichtsschreiber originalgetreue beglaubigte Abschrift produzieren (VD, Tribunal cantonal, 21.08.1963, JT 1964 II, S. 28, SJZ 1965, S. 342).

271 Ob eine *Erklärung des Schuldners* die Eigenschaft als Rechtsöffnungstitel zukommt, entscheidet ausschliesslich der Richter. *Eine Parteivereinbarung* hierüber ist unbeachtlich (BS, Dreiergericht, 28.02.1956, BJM 1956, S. 164).

272 Ein Urteil oder an einem solchen gleichgestellter Akt, so ein gerichtlicher Vergleich, vermögen die *definitive Rechtsöffnung nur zu rechtfertigen, wenn sie die zu zahlende Summe nennen. Es genügt aber*, dass der vom Schuldner *anerkannte Betrag aufgrund der Akten leicht bestimmbar ist*. Die Schuldanerkennung kann aus einer Gesamtheit von Aktenstücken hervorgehen. Sie kann sich z.B. aus einem Vergleich ergeben, gemäss welchem eine Partei sich verpflichtet, eine von einem sachverständigen Schiedsmann zu bestimmende Summe zu bezahlen und der vom Bericht dieses Letzteren begleitet ist (VD, Tribunal cantonal, 20.02.1964, JT 1964 II S. 53, SJZ 1965, S. 342).

273 Ein aussergerichtlich abgeschlossener Vertrag über Unterhaltsbeiträge berechtigt nur zur provisorischen, nicht zur definitiven Rechtsöffnung (TG, Rekurskomm., G, 1989, BlSchK 1991, S. 95).

12. Bürgschaften/Garantievertrag

274 Die Verpflichtung einer Bank zur Zahlung bestimmter Lieferungen binnen bestimmter Frist nach Fakturierung hat akzessorischen Charakter gegenüber der Schuld des Bestellers, für den sie rechtlich weder eine kumulative Schuldübernahme noch einen Garantievertrag, *sondern eine Bürgschaft darstellt*. Als solche bildet sie eine Schuldanerkennung der Bank und daher einen Rechtsöffnungstitel nur, wenn ausser dem Bürgschaftsvertrag und der Schuldanerkennung des Schuldners der Nachweis geleistet wird, dass der Gläubiger diesen zur Zahlung aufgefordert hat. Das gilt auch für die Solidar-

bürgschaft und auch wenn die Bank vor dem Rechtsöffnungsrichter nicht ausdrücklich die Einrede der mangelnden Belangung des Hauptschuldners erhoben hat (TI, SchKKomm, 04.03.1969, Rep. 1970, S. 77, SJZ 1972, S. 224).

275 Verweigerung der provisorischen Rechtsöffnung gegenüber dem Solidarbürgen, weil bei laufendem Abrechnungsverhältnis der *Saldo bei Eingehung der Bürgschaft anerkannt sein muss* (BE, Appellationshof, 18.10.1966, ZBJV 1968, S. 355).

276 (i.V.m. Art. 303 Abs. 2 SchKG) – Rechtsöffnung auf *einen Bürgschaftsvertrag nach Zustimmung zum Nachlassvertrag* – Dem Gläubiger, der an der Gläubigerversammlung einem Nachlassvertrag (Art. 302 SchKG) mit dem Hauptschuldner zugestimmt und dem Bürgen weder Ort und Zeit der Gläubigerversammlung zehn Tage zuvor mitgeteilt noch seine Forderung gegen den Hauptschuldner zur Abtretung gegen Zahlung angeboten hat, kann für die Forderung aus dem Bürgschaftsvertrag gegenüber dem Bürgen nicht provisorische Rechtsöffnung erteilt werden (AG, ObGer, 2. Ziv.Kammer, 21.101.1992, BlSchK 1993, S. 147).

277 (i.V.m. Art. 492 ff. OR) – In der Betreibung gegen den Solidarbürgen kann dem Betreibenden nur dann provisorische Rechtsöffnung gewährt werden, wenn *nebst der Bürgschaftsurkunde eine Schuldanerkennung des Hauptschuldners vorliegt* (BGE 122 III 125).

278 *Solidarisch haftender Mitkäufer oder Solidarbürgschaft?* Abweisung der Rechtsöffnung mangels gesetzlicher Erfordernisse über die Bürgschaft. – Für eine Solidarschuldnerschaft spricht ein erkennbares eigenes Interesse des Übernehmers und eine allfällige Gegenleistung des Gläubigers, während das blosse Sicherungsinteresse bürgschaftstypisch ist (Pestalozzi, Komm. zum Schweiz. Privatrecht, OR I, 2. Aufl., Basel 1996, Art. 111 N 32). Die Bürgschaft setzt eine zu Recht bestehende Hauptschuld voraus (Art. 492 Abs. 2 OR), während bei der Begründung einer Solidarbürgschaft die Schuld jedes einzelnen Solidarschuldners ihr eigenes rechtliches Schicksal hat. Wenn im Kaufvertrag eine Person als «Mitkäufer» und «Solidarschuldner» unterzeichnet, im Text des Kaufvertrages aber die eigentliche Käuferin alleine auftritt, ohne Erwähnung des «Mitkäufers», so kann davon ausgegangen werden, dass es sich um eine Solidarbürgschaft im Sinne von Art. 496 Abs. 1 OR handelt. Sofern die Formvorschriften über die Bürgschaft, oder nur eine davon, gemäss Art. 493 Abs. 1 und 2 und Art. 494, Abs. 1 OR nicht erfüllt sind, gilt die Bürgschaft als nicht gültig zustande gekommen (LU, Amtsgerichtspräs. III Luzern-Land als u. AB, 22.01.02, keine Veröffentlichung).

279 Ein *schriftlicher Garantievertrag nach Art. 111 OR* bildet nur dann einen provisorischen Rechtsöffnungstitel, wenn der aus dem Vertrag Berechtigte die Höhe des Schadens nachweist, der ihm dadurch entstanden ist, dass der Dritte die vom Promittenten garantierte Leistung nicht erbracht hat (LU, SchKKomm, 17.11.1947, ZBJV 1948, S. 48, BlSchK 1948, S. 178).

280 Hat sich der Schuldner unterschriftlich zur *Leistung einer Bankgarantie verpflichtet*, so kann der Gläubiger zwar eine Betreibung auf Sicherheitsleistung anheben, doch ist die Beseitigung eines Rechtsvorschlages durch Rechtsöffnung ausgeschlossen (ZH, ObGer, IV. Kammer, 03.04.1947, SJZ 1948, S. 144).

13. Arbeitsvertrag

281 Provisorische Rechtsöffnung für Lohnforderung. Der vom Arbeitgeber unterzeichnete Arbeitsvertrag *bildet eine Schuldanerkennung für den vereinbarten Lohn*, auch für die Vertragsdauer, für die der *Arbeitnehmer seine Leistungen angeboten, aber der Arbeitgeber sie ohne einleuchtende Gründe zurückgewiesen hat.* Der Umstand, dass der Arbeitnehmer vor der Betreibung eine ordentliche Klage (nun pendent) auf Zahlung des Lohnes, einschliesslich des Gegenstandes der Betreibung bildenden, einleitete, schliesst die Gültigkeit der Betreibung nicht aus (TI, SchKKomm, 30.01.1968, Rep. 1968, S. 164, SJZ 1972, S. 223).

282 Der durch Bundesratsbeschluss allgemeinverbindlich erklärte *Gesamtarbeitsvertrag* ist privatrechtlicher Natur und berechtigt weder zur definitiven Rechtsöffnung für die durch ihn begründeten Forderungen, noch stellt er einen provisorischen Rechtsöffnungstitel für solche Forderungen gegen Arbeitnehmer dar, die ihm zwar unterstellt, aber nicht Mitglieder eines als Vertragspartner aufgeführten Verbandes sind (AG, ObGer, Ziv.Kammer, 12.08.1974, SJZ 1975, S. 44).

283 Der *Lohnausweis*, den der Arbeitgeber dem Arbeitnehmer zuhanden der Steuerbehörden auszustellen hat, stellt keine Schuldanerkennung dar, gestützt auf welche provisorische Rechtsöffnung bewilligt werden könnte (BS, Appellationsgericht (Ausschuss), 19.11.1976, BJM 1977, S. 190).

284 (i.V.m. Art. 337d) – Ein schriftlicher Arbeitsvertrag für Temporäreinsatz, welcher für den Fall des Nichtantritts der Stelle durch den Arbeitnehmer eine «Konventionalstrafe» von Fr. 500.– vorsieht, taugt nicht ohne Weiteres als Rechtsöffnungstitel. Denn Art. 337d OR setzt Schaden voraus (BS, Appellationsgericht (Ausschuss), 21.02.1980, BlSchK 1981, S. 77).

14. Abonnements-/Servicevertrag

285 Der Buchführungs-Abonnementsvertrag als Schuldanerkennung – Der Eintritt des Gläubigerverzuges setzt eine Mahnung des Schuldners zur Vornahme der Vorbereitungshandlungen voraus. Diese vorausgesetzte Forderung (Art. 91 OR) muss in eine Form gekleidet sein, die dem Aufgeforderten klar macht, dass die Nichtbeachtung der Aufforderung Rechtsnachteile nach sich zieht. Die vertragliche Vereinbarung, dass der Vertrag als Rechtsöffnungstitel anerkannt wird, ist wirkungslos (LU, SchKKomm, 03.08.1961, Max. XI, Nr. 54).

286 »Automobil-Abonnement« als Schuldanerkennung – Ablehnung der Rechtsöffnung. Wenn die freie Wahl in Modell und Marke eines Occasion- oder Neuwagens durch angeschlossene Autogaragen oder Autohandelsfirmen eingeschränkt wird, genügt das Erfordernis für die Gültigkeit der für den Kaufvertrag massgebenden Bestimmbarkeit der Ware nicht. Es fehlt an den erforderlichen übereinstimmenden gegenseitigen Willensäusserungen über wesentliche Punkte. Dem Abonnement geht der Charakter eines gültigen Vertrages und damit die Wirkung einer Schuldanerkennung nach Art. 82 Abs. 1 SchKG ab (LU, SchKKomm, 04.04.1963, Max. XI, Nr. 262).

287 (i.V.m. Art. 363 und 377 OR) – Ein Servicevertrag für einen Fernsehapparat unterliegt den Regeln des Werkvertrages. Von einem solchen Vertrag kann deshalb gemäss Art. 377 OR jederzeit zurückgetreten werden (VD, Tribunal cantonal, 04.09.1980, BlSchK 1981, S. 131).

15. Werkvertrag

288 Werkvertrag als Rechtsöffnungstitel – Der Werkvertrag gehört wie der Kauf- und Mietvertrag zu den sogenannten zweiseitigen Verträgen. Er stellt daher nach ständiger Rechtsprechung des ObGer in Bezug auf den Werklohn *nur eine vorbehaltlose Schuldanerkennung* im Sinne des Art. 82 Abs. 1 dar, *wenn der Unternehmer beweist, dass er den Vertrag seinerseits richtig erfüllt hat*. Erst wenn dieser Beweis geleistet ist, greift Art. 82 Abs. 2 SchKG Platz, wonach der Schuldner die provisorische Rechtsöffnung nur abzuwenden vermag, wenn er Einwendungen glaubhaft macht, welche (an sich liquide) Schuldanerkennung sofort entkräftet (vgl. Max. X, Nr. 755, XI Nr. 54) (LU, SchKKomm, 11.02.1963, Max. XI, Nr. 261).

289 (i.V.m. Art. 368 Abs. 2 OR) – *Provisorische Aufhebung des Rechtsvorschlages* für den Rechnungsüberschuss des Unternehmers trotz mangelhafter Ausführung des Werkes (VD, Tribunal cantonal, 29.11.1973, BlSchK 1976, S. 53).

290 (i.V.m. Art. 363 und 377 OR) – Ein *Servicevertrag* für einen Fernsehapparat *unterliegt den Regeln des Werkvertrages*. Von einem solchen Vertrag kann deshalb gemäss Art. 377 OR jederzeit zurückgetreten werden (VD, Tribunal cantonal, 04.09.1980, BlSchK 1981, S. 131).

16. Auftrag-/Fernkurs-/Lehrwerkvertrag

291 (i.V.m. Art. 394 ff. OR) – Beim Fernkursvertrag handelt es sich um einen einfachen Auftrag im Sinne von Art. 394 ff. OR. Demzufolge kann der Vertrag jederzeit widerrufen oder gekündigt werden. Als Schuldanerkennung gilt der Vertrag lediglich für die bereits erbrachten Leistungen (VD, Tribunal cantonal, 13.12.1973, BlSchK 1976, S. 137).

292 Verweigerung der Rechtsöffnung aufgrund eines Lehrwerkvertrages (monatliche Lehrbriefe; LU, AG-Präsident Luzern-Land, 25.05.1964, SJZ 1965, S. 96).

293 Kann der Betriebene den Widerruf eines Auftrages oder den Verzicht auf einen Kaufvertrag geltend machen, so verstösst die Verweigerung der Rechtsöffnung aufgrund eines Sprachlehrkursvertrages nicht gegen klares Recht, unterstelle man den Vertrag dem Auftragsrecht oder betrachte man ihn

als Abzahlungskauf (SZ, Justizkomm., 18.09.1964, Rechenschaftsbericht 1964, S. 54, SJZ 1966, S. 42).

294 Verweigerung der Rechtsöffnung aufgrund des Vertrages über ein Sprachlehrwerk, das in 15 Einzellieferungen zu beziehen gewesen wäre, nachdem der Schuldner innert vier Tagen nach Vertragsabschluss den Verzicht erklärt hatte (SH, ObGer, 05.11.1965, SJZ 1966, S. 44).

295 Rücktritt vom Fernlehrkursvertrag gilt als Einwendung, welche die Schuldanerkennung entkräftet (BL, Bez.Gerichtspräsident Arlesheim, 05.07.1968, BJM 1968, S. 147).

296 Der Moderationsentscheid über eine Anwaltsrechnung stellt keinen provisorischen oder definitiven Rechtsöffnungstitel dar (VD, Tribunal cantonal, 10.06.1982, BlSchK 1984, S. 144).

297 Ein *Rahmenvertrag für Architekturleistungen*, die detaillierte Angaben über Honorarberechnungsgrundlagen enthält, kann nicht als Titel für die provisorische Rechtsöffnung anerkannt werden, da er keine festumrissene Forderung beinhaltet, sondern nur aufzeigt, wie das Architektenhonorar an Hand der honorarberechtigten Bausumme berechnet wird (BL, ObGer, 18.01.1994, SJZ 1996, S. 130).

17. Unterhaltsverträge

298 Unterhaltsverträge *im Sinne von Art. 287 ZGB* berechtigen zur provisorischen Rechtsöffnung. Kommt das Gemeinwesen für den Unterhalt des Kindes auf, geht der Unterhaltsanspruch Kraft gesetzlicher Subrogation auf das Gemeinwesen über, so dass der Schuldner nach erfolgter Notifikation des Forderungsüberganges nicht mehr mit befreiender Wirkung an den früheren Gläubiger leisten kann (Art. 289 Abs. 2 ZGB, Art. 167 OR), (GR, AB, 14.05.1985, PKG 1985, Nr. 30, BlSchK S. 106).

299 Von der *Vormundschaftsbehörde genehmigte Unterhaltsverträge* stellen entgegen neueren Lehrmeinungen *nur provisorische Rechtsöffnungstitel dar*. Das ergibt sich aus dem Wortlaut des SchKG. Für diese Lösung sprechen zudem das ungenügend und uneinheitlich geregelte vormundschaftliche Genehmigungsverfahren, das Bedürfnis und Einwendung zulassen, die bei definitiven Rechtsöffnungstiteln ausgeschlossen sind, sowie praktische Überlegungen (ZH, Bez.Gericht, Einzelrichter, 28.04.1998, ZR 1998, Nr. 100, SJZ 1999, S. 98).

XVI. Ausgleichskasse/Altersvorsorge

300 Wenn die berufliche Familienausgleichskasse einen Angeschlossenen für unbezahlte Beiträge betreibt, so kann sie nur die provisorische Rechtsöffnung erwirken, sofern sie eine Beitrittsanmeldung beim Richter vorlegen kann (Bestätigung der Rechtsprechung) VD, Tribunal cantonal, 31.10.1974, BlSchK 1977, S. 78).

301 (i.V.m. Art. 19 Abs. 2 des Waadtländer Gesetzes über die Familienzulagen) – Zur definitiven Rechtsöffnung berechtigt nur ein Beitragsentscheid der allgemeinen staatlichen Familienausgleichskasse. Für die Kassen der Berufsverbände kommt lediglich die provisorische Rechtsöffnung in Frage. – Der Gläubiger, der Inhaber eines Postcheckkontos ist, anerkennt, dass der Schuldner durch Einzahlung oder Überweisung auf dieses Konto mit befreiender Wirkung zahlen kann. Nimmt der Gläubiger am Verfahren für Einzahlungsscheine mit Referenznummer teil, so übernimmt er das Risiko, verspätet von befreienden Zahlungen des Schuldners Kenntnis zu erhalten (VD, Tribunal cantonal, 25.07.1985, BlSchK 1987, S. 190).

302 Provisorische Rechtsöffnung für Beiträge an die Betriebliche Altersvorsorge. Eine Schuldanerkennung genügt den Anforderungen von SchKG Art. 82, wenn in ihr die Änderung der für die Bestimmung des koordinierten Lohnes massgebenden Grenzbeträge vorbehalten wird (Praxis 78, Nr. 181).

XVII. Betreibungskosten

303 Wenn der Schuldner die Forderung nach Einleitung der Betreibung vollständig bezahlt, wird für die Betreibungskosten die Rechtsöffnung nicht erteilt. Die Zahlung bedeutet die Anerkennung der Schuld; der Richter stellt demnach den Rückzug des Rechtsvorschlages fest (VD, Tribunal cantonal, 16.11.1972, BlSchK 1974, S. 173/174).

304 Für Betreibungskosten ist keine Rechtsöffnung zu erteilen (LU, SchKKomm, 23.08.1982, LGVE 1982 I 41).

XVII. Gültige/ungültige Unterschriften

305 Erteilung der provisorischen Rechtsöffnung aufgrund von *Inhaberanleihensobligationen mit faskimilierter Unterschrift der Schuldnerin,* solange keine Beschlüsse der Gemeinschaft der Anleihensobligationäre gemäss Art. 1170 OR entgegenstehen und kein Anleihensvertreter zur Geltendmachung der Gläubigerrechte ermächtigt ist (ZH Bez.Gericht Uster, Einzelrichter, 28.10.1982, SJZ 1983, S. 344).

306 Der von einer Unmündigen abgeschlossene Kaufvertrag auf Abzahlung bildet nur dann einen Rechtsöffnungstitel, wenn er *nach Eintritt der Volljährigkeit zweifelsfrei genehmigt worden* ist (BS, Appellationsgericht (Ausschuss), 15.05.1963, SJZ 1964, S. 273).

307 Provisorische Rechtsöffnung für von unmündigen Personen unterzeichneter Lebensversicherungsvertrag. Hier verdiente die Unmündige monatlich Fr. 1'250.– und schloss eine Lebensversicherung mit Monatsprämien von Fr. 40.– ab. In diesem bescheidenem Ausmasse konnte sie sich ohne Zustimmung des gesetzlichen Vertreters rechtsgültig verpflichten (Rölli/Keller, Komm. VVG, S. 24, Jaeger, Komm. VVG N 43 zu Art. 74, König Privatversicherungsrecht S. 46) (TG, Rekurskomm., 30.11.1973, BlSchK 1976, S. 134).

308 Ein von einer mit elterlicher Zustimmung ausserhalb der häuslichen Gemeinschaft lebenden minderjährigen Person unterzeichneter Lebensversicherungsantrag ist keine rechtsgültige Schuldanerkennung (OW, ObGer-Komm., 29.11.1974, Amtsbericht 1972/1975, S. 38, SJZ 1977, S. 141).

309 Fälschung der Unterschrift des Schuldners durch seine Ehefrau. Glaubhaftmachung. – Die Behauptung des Schuldners, seine Frau habe seine Unterschrift unter der Schuldanerkennung gefälscht ist nicht glaubhaft gemacht, wenn die Gläubigerin dartut, dass sie von ihm bei der Kreditaufnahme einen Ausweis über seine Identität verlangt und auch erhalten hat und weiter die von ihm im Rahmen des Rechtsöffnungsverfahrens aufgestellte Behauptung, er habe zur Zeit der Kreditaufnahme getrennt gelebt sich auf den Akten als unzutreffend erwiesen hat. An der fehlenden Glaubhaftigkeit der Behauptung des Schuldners ändert auch nichts, dass die Ehefrau früher einmal wegen Fälschung der Unterschrift ihres Schwiegervaters verurteilt worden ist (BL, ObGer, 21.04.1988, SJZ 1989, S. 380).

XVIII. Einwendungen/Einreden

310 Die in einem Schreiben des Käufers enthaltene *Erklärung,* er gebe zu, *einen bestimmten Betrag zu schulden, bedeutet keine Schuldanerkennung, wenn der Käufer* gleichzeitig behauptet, *eine Gegenforderung in einem noch höheren Betrag zu besitzen* (Unteilbarkeit des Geständnisses) (TI, SchKKomm, 05.09.1959, Rep. 1959, S. 398, SJZ 1960, S. 316).

311 *Verrechnung mit einer seit Zustellung des Zahlungsbefehls erworbenen Gegenforderung* im Rechtsöffnungsverfahren. Seit Zustellung des Zahlungsbefehls eingetretene Schuldbefreiungsgründe, wie Verrechnung mit einer seither erworbenen Gegenforderung, können bis zum Aktenschluss vor dem Rechtsöffnungsrichter geltend gemacht werden, wie auch noch in einer späteren Aberkennungsklage (BE, Appellationshof, I. Ziv.Kammer, 02.06.1960, SJZ 1961, S. 373).

312 Wenn der Schuldner die Forderung des Gläubigers *zwar schriftlich anerkennt, gleichzeitig aber die Einrede der Verrechnung erhebt,* so liegt kein Titel für die provisorische Rechtsöffnung vor (FR, Cour de cassation 11.01.1960, Extraits 1960, S. 92, SJZ 1964, S. 274).

313 Auch die Zweiseitigkeit des Kaufvertrages befreit den Betriebenen nicht davon, eine den Rechtsöffnungstitel des Klägers *entkräftende Verrechnungsforderung glaubhaft zu machen* (BL, ObGer, 26.08.1969, BJM 1970, S. 83).

314 *Verrechnungseinrede* gegen ein Rechtsöffnungsbegehren. – Die Zahlung des Kaufpreises durch einen Kunden für eine *zurückgezogene Bestellung* bewirkt ungerechtfertigte Bereicherung der Verkäuferin. Deren Gutschrift hiefür ist eine Schuldanerkennung auf Verrechnung mit einer *künftigen Kaufpreisschuld des Kunden.* Bedeutung einer Urkundenklausel, zumal einer Wertpapier- oder einer Präsentationsklausel in der Gutschrift; deren Entkräftung bei Unmöglichkeit der Rückgabe bei Ein-

tritt des Verrechnungsfalles. Die Empfangsbescheinigung des Postamtes allein beweist nicht schlüssig, dass der Adressat eine eingeschriebene Sendung erhalten habe (ZH, Bez.Gericht, Einzelrichter, 17.06.1971, ZR 1971, Nr. 66).

315 Die *Verrechnungseinrede* im Rechtsöffnungsverfahren muss urkundenmässig in liquider Weise, d.h. *durch Urkunden, die ihrerseits als Titel für die provisorische Rechtsöffnungs taugen,* belegt sein (TG, Rekurskomm. 14.10.1996, BlSchK 1998, S. 224).

316 (i.V.m. Art. 120 OR) – Eine *Verrechnungserklärung des Schuldners* (Kompensant) entfaltet soweit *keine Wirkung, als seine Guthaben bereits verpfändet waren*. Geht dem Kompensaten eine Verrechnungserklärung zu, ohne dass der Kompensant seine Bestimmungsbefugnis ausgeübt hat, so ist die Verrechnungserklärung wirkungslos (LU, SchKKomm, 13.10.1992, LGVE 1992 I 49).

317 (i.V.m. Art. 102 ff. OR) – Verweigerung der provisorischen Rechtsöffnung. Der Schuldner kann bei der Rechtsöffnung erfolgreich geltend machen, er sei *an der Erfüllung des Vertrages nicht mehr interessiert,* weil die Lieferung mehr als zwei Jahre zu spät erfolgt sei (VD, Tribunal cantonal, 13.04.1972, BlSchK 1974, S. 78/79).

318 Die Einrede der abgeurteilten Sache kann im Betreibungsverfahren nicht erhoben werden; dagegen kann der Rechtsöffnungsrichter vor Abschluss eines ersten Betreibungsverfahrens für den *gleichen Betrag nicht ein zweites Mal Recht öffnen* (GR, AB, 21.02.1944, SJZ 1947, S. 82).

319 Die Einrede der abgeurteilten Sache *lässt sich nicht auf den Rückzug eines früheren Rechtsöffnungsbegehrens und einer nur beim Sühnebeamten erhobenen Forderungsklage in derselben Sache stützen* (ZH, ObGer, III. Ziv.Kammer, 20.02.1952, ZR 1952, Nr. 165, BlSchK 1954, S. 24).

320 Die *Einrede der Rechtshängigkeit im Rechtsöffnungsverfahren*. Die Einrede, die in Betreibung gesetzte Forderung sei bereits in einem zwischen den Parteien schwebenden Zivilprozess anhängig, kann nicht zur Abweisung des Begehrens um provisorische Rechtsöffnung führen (ZH, ObGer, IV. Kammer, 23.11.1944, ZR 1944, S. 278).

321 Die Einwendung, *die Betreibung sei erloschen,* kann nur berücksichtigt werden, wenn dieses Erlöschen zweifelsfrei feststeht. Dies ist nicht der Fall, wenn zwar über den Betriebenen der Konkurs eröffnet worden ist, gegen die Konkurseröffnung aber noch ein Rechtsmittel eingelegt werden kann oder hängig ist (ZH, ObGer, IV. Kammer, 25.03.1948, ZR 1949, Nr. 108).

322 Zur Begründung der Einrede der *Tilgung der Betreibungsforderung* kann nicht mit Erfolg geltend gemacht werden, *dass der Gläubiger als Ersteigerer Eigentümer eines Pfand- bzw. Pfändungsobjektes geworden sei,* dessen Wert den Steigerungspreis übersteige (LU, SchKKomm, 08.07.1950, Max. IX, Nr. 792).

323 (i.V.m. Art. 979 Abs. 3 OR) – Dem *bösgläubigen Inhaber gegenüber* kann die Einrede, dass *die Urkunde gegen den Willen des Schuldners in den Verkehr gelangt sei,* erhoben werden (LU, SchKKomm, 11.03.1951, Max. X, Nr. 48; eine staatsrechtliche Beschwerde wurde vom BGer abgewiesen.

324 *Entkräftung eines Schuldbriefes als Schuldanerkennung* für den Grundpfandzins durch den *Nachweis, dass bisher ein niedrigerer als der verurkundete Zins bezahlt wurde* (LU, SchKKomm, 17.09.1954, Max. X, Nr. 284, SJZ 1958, S. 204).

325 Der Grundsatz, dass der Schuldbrief als Schuldanerkennung für den Grundpfandzins durch den Nachweis, dass *bisher ein geringerer als der verurkundete Zins bezahlt wurde,* entkräftet werden kann, *kann dem als Erben Betreibenden nicht entgegengehalten werden,* wenn diesem in der in Betracht kommenden Zeit infolge einer bestehenden Nutzniessung eines Dritten für die damals verfallenen Zinsen kein Verfügungsrecht zustand (LU, SchKKomm, 29.01.1955, Max. X, Nr. 362).

326 *Einwendungen* im Sinne dieser Bestimmung *können auch gegenüber einer öffentlich beurkundeten Schuldanerkennung erhoben werden*. Eingeschränkt sind im Rechtsöffnungsverfahren die Einwendungen des Schuldners nur gegenüber Forderungen, die auf einem vollstreckbaren Urteil oder auf einem der in Art. 80 SchKG solchen Urteilen gleichgestellten Entscheide beruhen (LU, SchKKomm, 29.09.1956, Max. X, Nr. 436, BlSchK 29.09.1958, S. 143).

327 Betreibung auf Grundpfandverwertung. Der ein Grundpfanddarlehen begründende Inhabertitel bildet eine Schuldanerkennung im Sinne von Art. 82 SchKG. *Dem ersten Titelnehmer kann der Schuldner auch Einreden aus dem Grundgeschäft entgegenhalten*, ebenso solche *aus dem persönlichen Verhältnis zwischen Schuldner und Gläubiger* während des Schuldverhältnisses. Glaubhaftmachung der Einwendungen (TI, AB, 23.09.1968, Rep. 1969, S. 127, SJZ 1972, S. 223).

328 Einwendungen erscheinen dann als glaubhaft, wenn der Richter überwiegend geneigt ist, an ihre Wahrheit zu glauben. *Auf unbeglaubigte Fotokopien* kann bei der Beurteilung von bloss glaubhaft zu machenden Behauptungen abgestellt werden, wenn nicht vorgebracht wird, was Zweifel an der Richtigkeit der Fotokopien erweckt (GR, AB, 20.12.1971, PKG 1971, Nr. 32, SJZ 1974, S. 228).

329 Der Betriebene *bewirkt im Rechtsöffnungsverfahren* wahrscheinlich seine *Befreiung von der Betreibung*, wenn er im Sinne von Art. 82 Abs. 2 SchKG glaubhaft einwendet, *dass der Gläubiger bereits im Besitze einer vollstreckbaren Betreibung für die nämliche Forderung* ist (VD, Tribunal cantonal, 23.10.1980, BlSchK 1983, S. 105).

330 Entkräftung der Schuldanerkennung durch *Einrede der Formnichtigkeit*. Simulation? *Ein Ergänzungsvertrag*, der sich auf einen *formungültigen Vorvertrag stützt*, in dem eine Gewinnbeteiligung von einem Viertel des Kaufpreises vereinbart wird, erscheint dem basellandschaftlichen ObGer als mangelhafter Rechtsöffnungstitel. Es erachtet deshalb auch den öffentlich verurkundeten Kaufvertrag als simuliert und damit als ungültig (BL, ObGer, 06.09.1983, BJM 1984, S. 174).

331 (i.V.m. Art. 7, 16 Abs. 1 und 177 Abs. 1 IPRG) Durch eine *Schiedsgerichtsklausel kann das Rechtsöffnungsverfahren dem staatlichen Richter nicht entzogen werden*. Im Rechtsöffnungsverfahren gilt Art. 16 Abs. I IPRG nicht, wonach der Inhalt des anzuwendenden ausländischen Rechts von Amtes wegen festzustellen ist. Gelingt es dem Schuldner, die Anwendbarkeit ausländischen Rechts glaubhaft zu machen, ist es an der Gläubigerin, diese Vermutung zu entkräften (SO, ObGer, Ziv.Kammer, 08.01.1996, BlSchK 1999, S. 30).

XIX. Schuldbefreiungsversprechen

332 (Art. 175 Abs. 1 OR) – Ein Schuldbefreiungsversprechen stellt nur dann einen Rechtsöffnungstitel dar, wenn eine andere Befreiung als durch Zahlung oder Sicherheitsleistung nicht in Frage kommt (LU, SchKKomm, 19.02.1960, ZBJV 1960, S. 200).

XX. WIR-Geschäfte

333 Keine Rechtsöffnung, wenn nach der Schuldanerkennung der anerkannte Betrag in Form von WIR-Checks zu bezahlen ist (BS, Dreiergericht, 30.06.1958, BJM 1958, S. 286, BGE 94 III 74).

334 Die Verpflichtung zur Überweisung in WIR-Checks bzw. das Ausstellen von WIR-Buchungsaufträgen ist kein tauglicher Rechtsöffnungstitel (BL, ObGer, 20.02.1996, BlSchK 1997, S. 189).

335 Wer bereit ist, WIR-Geld als Zahlungsmittel entgegenzunehmen, kann keine Klage auf Barzahlung in Landesmünze erheben (TG, ObGer, 17.11.1988, SJZ 1990, S. 33).

XXI. Diverse Anwendungen

336 *Provisorische Rechtsöffnung* aufgrund einer *Quittung des Gastwirtes für ein vorausbezahltes und nachträglich abbestelltes Essen*. Der Wirt hat im summarischen Verfahren seine Forderung auf Schadenersatz wegen Warenverlust nicht glaubhaft gemacht (VD, Tribunal cantonal, 01.11.1973, BlSchK 1975, S. 8).

337 Rechtsvorschlag *gegenüber einigen Positionen einer aus zahlreichen Posten zusammengesetzten Forderung* bedeutet Anerkennung der andern, nicht bestrittenen Positionen (BS, Appellationsgericht (Ausschuss), 05.01.1953, SJZ 1954, S. 180, BlSchK 1955, 51).

338 Die Unterzeichnung eines «*Bon für Gratisprobe»* durch den die Zusendung eines Kaufgegenstandes zur Ansicht gewünscht wird mit der Verpflichtung, diesen innert einer bestimmten Frist zu zahlen oder zurück zu senden, schafft noch kein provisorischer Rechtsöffnungstitel; erforderlich ist eine ausdrückliche Wahlerklärung (ZH, ObGer, III. Ziv.Kammer, 21.09.1957, SJZ 1958, S. 40).

339 Die provisorische Rechtsöffnung kann *für den Gegenwert der gelieferten Ware* erteilt werden, *nicht aber für* denjenigen Teil der Forderung, der *die bestrittene Lieferung* betrifft (VD, Tribunal cantonal, 23.03.1972, BlSchK 1973, S. 86).

340 Wann bildet die schriftliche Erklärung zum *Eintritt in einen Verein oder in eine Genossenschaft* einen provisorischen Rechtsöffnungstitel? – Die unterzeichnete Beitrittserklärung zu einem Verein oder zu einer Genossenschaft kann, wenn sie mit der *ausdrücklichen Verpflichtung zur Übernahme der Mitgliedschaftspflichten* versehen und *die Höhe des vom Betreibungsschuldner zu leistenden Mitgliederbeitrages aus der Erklärung selber oder aus den Statuten eindeutig ersichtlich ist*, in Bezug auf die Mitgliederbeiträge als vorbehaltlose Schuldanerkennung im Sinne des Abs. 1 angesehen werden. Dies jedoch nur dann, wenn die Beitrittserklärung zur Begründung der Mitgliedschaft genügt. Wird die Mitgliedschaft dagegen erst durch einen formellen Aufnahmebeschluss begründet, so hat der Betreibungsgläubiger im Rechtsöffnungsverfahren zum Ausweis seiner Forderung ausser der Beitrittserklärung (und allenfalls der Statuten) auch einen urkundlichen Ausweis über das Zustandekommen des Aufnahmebeschlusses (z.B. Protokoll oder beglaubigter Auszug vorzulegen (LU, SchKKomm, 16.02.1970, Max. XI, Nr. 777).

341 (i.V.m. Art. 530 OR) – *Gesellschaftsvertrag als Rechtsöffnungstitel* – Ein Gesellschaftsvertrag bildet unter dem Gesichtspunkte eines Dienstvertrages als auch eines Gesellschaftsverhältnisses (oder eines gemischten Vertragsverhältnisses) nur eine Schuldanerkennung, wenn feststeht, dass der vorleistungspflichtige Kläger seinerseits erfüllt hat oder doch in gehöriger Weise Erfüllung angeboten hat. Auf entsprechende Einrede hin hat dabei – entgegen Fritzsche, Schuldbetreibung und Konkurs, Bd. I, 2. Aufl., S. 147 – der Ansprecher seine Erfüllung bzw. Erfüllungsbereitschaft zu beweisen (LU, SchKKomm, 16.02.1970, Max. XI, Nr. 777).

342 (i.V.m. Art. 535 und 543 Abs. 2 OR) – Das von einem Gesellschafter *einer einfachen Gesellschaft* entgegen dem – und dem Gläubiger mitgeteilten – Widerspruch des anderen Gesellschafters abgeschlossene Rechtsgeschäft stellt keinen Rechtsöffnungstitel in der Betreibung gegen den widersprechenden Gesellschafter dar (GR, AB, 19.04.1995, PKG 1995, S. 99).

343 Verweigerung der Rechtsöffnung, wenn der Sinn der Auslegung des vom Gläubiger angerufenen Rechtsöffnungstitels zweifelhaft ist (BE, Appellationshof, II. Ziv.Kammer, 01.02.1956, ZBJV 1957, S. 274).

344 (i.V.m. Art. 159 SchKG) – *Vor rechtskräftiger Beseitigung eines Rechtsvorschlages darf keine Konkursandrohung erlassen werden.* Wird gegen den Rechtsöffnungsentscheid Rekurs erhoben, so beginnt die zehntägige Frist für die Aberkennungsklage erst mit der Zustellung des den Rekurs abweisenden Urteils zu laufen (SO, AB, 25.05.1979, BlSchK 1984, S. 100).

Art. 83 b. Wirkungen

¹ Der Gläubiger, welchem die provisorische Rechtsöffnung erteilt ist, kann nach Ablauf der Zahlungsfrist, je nach der Person des Schuldners, die provisorische Pfändung verlangen oder nach Massgabe des Artikels 162 die Aufnahme des Güterverzeichnisses beantragen.

² Der Betriebene kann indessen innert 20 Tagen nach der Rechtsöffnung auf dem Weg des ordentlichen Prozesses beim Gericht des Betreibungsortes auf Aberkennung der Forderung klagen.

³ Unterlässt er dies oder wird die Aberkennungsklage abgewiesen, so werden die Rechtsöffnung sowie gegebenenfalls die provisorische Pfändung definitiv.

⁴ Zwischen der Erhebung und der gerichtlichen Erledigung der Aberkennungsklage steht die Frist nach Artikel 165 Absatz 2 still. Das Konkursgericht hebt indessen die Wirkungen des Güterverzeichnisses auf, wenn die Voraussetzungen zu dessen Anordnung nicht mehr gegeben sind.

I. Verfahrensfragen

1 *Verhältnis der Aberkennungsklage zum Rechtsöffnungsverfahren und des Wechsels zum Grundgeschäft* – Im Aberkennungsprozess besteht, bezogen auf das Rechtsöffnungsverfahren, keine Beschränkung der Parteistandpunkte oder gar der Beweismittel. In der Auseinandersetzung Schuldner/Gläubiger des dem Wechsel zugrunde liegenden Grundgeschäfts sind sowohl wechselrechtliche Einreden als auch solche aus dem persönlichen Verhältnis zulässig (ZH, ObGer, II. Ziv.Kammer, 16.04.1985, ZR 1986, Nr. 88).

2 Grundpfandbetreibung gegen einen *angeblichen Erben, andererseits Eröffnung der konkursamtlichen Liquidation der Erbschaft* zufolge einer *nach der gesetzlichen Frist erklärten,* auf Art. 566 Abs. 2 und 576 ZGB *gestützten Ausschlagung.* Hat der Betriebene die Aberkennungsklage versäumt, so bleibt die Betreibung trotz Erbschaftskonkurs bestehen (BGE 72 III 9).

3 Die Berücksichtigung eines erst im Laufe des Prozesses eingetretenen Schuldbefreiungsgrundes verstösst nicht gegen Bundesrecht (BGE 72 III 52).

4 *Tilgung der Forderung* – Bei der Aberkennungsklage gemäss Art. 83 Abs. 2 SchKG handelt es sich um eine negative Feststellungsklage, welche eine ungewisse Rechtslage und die sich daraus ergebende Rechtsgefährdung zu beseitigen bezweckt. Wenn während des Aberkennungsprozesses die Forderung durch einen Dritten getilgt wird, *darf das Verfahren nicht als gegenstandslos abgeschrieben werden,* sondern ist durch ein gutheissendes Urteil zu erledigen (ZH, ObGer, I. Ziv.Kammer, 18.01.1991, ZR 1991, Nr. 6).

5 Ein zusätzliches Klagebegehren ist im Aberkennungsprozess zulässig bei Konnexität der Rechtsbegehren (SO, ObGer, 05.12.1945, SJZ 1947, S. 275).

6 Auslegung der *mangelhaft formulierten Aberkennungsklage.* Der Richter hat diese ihrem wirklichen Sinn gemäss entgegenzunehmen (ZH, ObGer; IV. Kammer, 06.09.1945, ZR 1945, S. 248, BlSchK 1947, S. 83).

7 *Gegen eine Aberkennungsklage kann eine eventuelle Widerklage erhoben werden.* Soll nachträglich eine Forderung eventuell auf einen andern Rechtsgrund gestützt werden, als dies in der Betreibung geschehen ist, so hat es durch Erhebung einer eventuellen Widerklage zu geschehen. Eine (eventuelle) Widerklage zur Widerklage ist unbeschränkt zulässig (vgl. dagegen ZR XLIV, Nr. 161) (ZH, Handelsgericht, 29.05.1947, ZR 1948, Nr. 6).

8 Für den Aberkennungsprozess gilt beim *Fehlen der Aktivlegitimation des Betreibenden* im Zeitpunkt des Erlasses des Zahlungsbefehls die für den Fall der Nichtfälligkeit der Forderung befolgte Regel nicht. Vielmehr genügt es für die Abweisung einer Aberkennungsklage, wenn die Gläubigereigenschaft im Zeitpunkt der Urteilsfällung gegeben ist (ZH, Bez.Gericht, 27.01.1949, SJZ 1949, S. 222).

9 (i.V.m. § 71 ZPO) Die auf einer rechtzeitig eingereichten Aberkennungsklage *fehlende Unterschrift* des Verfassers kann gestützt auf das kant. Prozessrecht nachträglich angebracht werden (LU, ObGer, I. Kammer, 27.01.1951, Max. X, Nr. 49).

10 *Keine Prüfungspflicht des BA,* ob eine Klage frist- und formgerecht eingereicht wurde. – Die Einreichung einer Aberkennungsklage hindert den Fortgang der Betreibung. Es ist nicht Aufgabe des BA zu prüfen, ob die Klage frist- und formgerecht eingereicht worden ist. Nur aufgrund eines richterlichen Erkenntnisses, nicht aber aufgrund von Parteiangaben, kann das BA eine Betreibung weiterführen bzw. aufheben (BE, AB, 07.04.1993, BlSchK 1994, S. 60).

11 Im Aberkennungsprozess *kann der Gläubiger seine Forderung unter Wahrung ihrer Identität anders begründen als im Betreibungs- und Rechtsöffnungsverfahren* (BGer, I. Ziv.Abteilung, 29.01.1952, ZR 1955, Nr. 185).

12 Der Gläubiger ist bei der Begründung seiner Forderung nicht an den im Rechtsöffnungsverfahren eingenommenen Standpunkt gebunden (LU, ObGer, I. Kammer, 27.05.1964, Max. XI, Nr. 345).

13 Das *Urteilsdispositiv bei Abweisung einer Aberkennungsklage* hat dahin zu lauten, dass die Aberkennungsklage abgewiesen und damit die (näher bezeichnete) provisorische Rechtsöffnung eine Definitive werde (ZH, ObGer, II. Ziv.Kammer, 25.10.1955, ZR 1958, Nr. 23).

14 *Über eine Aberkennungsklage kann auch in den Betreibungsferien entschieden werden* (BS, Dreiergericht, 18.12.1956, BJM 1957, S. 226).

15 Das *Wort «aberkennen» muss in der Streitfrage nicht enthalten sein*, es genügt, wenn der Wille des Klägers aus ihr ersichtlich ist (ZH, ObGer; BGer I. Ziv.Abt. 16.02.1958, ZR 1959, Nr. 71).

16 Bei einer *Aberkennungsklage des Ehemannes, die dieser in einer Vollschuldbetreibung gegen die Ehefrau nach Erteilung der provisorischen Rechtsöffnungs erhebt, sind die Aussichten nicht ohne Weiteres die Gleichen, wie die einer gleichzeitig auch von der Ehefrau selber erhobenen Aberkennungsklage* (ZH, ObGer, I. Ziv.Kammer, 05.12.1958, ZR 1959, Nr. 83).

17 Rückweisungsverfügung nach Berner ZPO, die getroffen wurde, ohne vorher über eine vom Aberkennungskläger nach Ablauf der Frist zur Leistung der Sicherheit gestelltes Gesuch um Bewilligung der unentgeltlichen Prozessführung zu entscheiden. Kassation von Amtes wegen im Beschwerdeverfahren (BE, Appellationshof, I. Ziv.Kammer, 18.08.1958, ZBJV 1960, S. 160).

18 Ob eine *Zession* unter dem Gesichtspunkt des Art. 172 ZGB ungültig sei, ist vom Rechtsöffnungs-, nicht vom Aberkennungsrichter zu entscheiden (LU, SchKKomm, 21.07.1960, SJZ 1961, S. 160).

19 Eine *Aberkennungsklage ist nicht nötig, wenn schon vor Einleitung der Rechtsöffnung eine Klage eingereicht wurde, die dasselbe Ziel verfolgt. Diese Tatsache schliesst aber eine provisorische Pfändung nicht aus* (BE, AB, 26.07.1962, BlSchK 1963, S. 8).

20 *Schiedsverfahren.* – Schreibt ein Schiedsgericht einen vor ihm geführten Aberkennungsprozess ab, weil beide Parteien ihnen auferlegte weitere Kostenvorschüsse nicht geleistet haben, so setzt es dem Kläger die zehntägige Frist zur Einleitung des Prozesses beim ordentlichen Richter nochmals an (Schiedsgericht Zürich, 01.05.1961, ZR 1961, Nr. 101).

21 Eine Erhöhung eines Schweizerfranken-Betrages infolge Aufwertung einer Fremdwährung kann im Aberkennungsprozess nicht vorgenommen werden. Dazu wäre eine besondere Klage notwendig, (BS, Zivilgericht, 16.03.1962, Appellationsgericht (Ausschuss), 16.10.1962, BJM 1962, S. 226).

22 Wenn der Schuldner weder eine Vorladung zur Rechtsöffnungsverhandlung noch den Rechtsöffnungsentscheid erhalten hat, ist der Entscheid nichtig; die Betreibungsbehörden müssen die Fortsetzung der Betreibung verweigern (Bestätigung der Rechtsprechung) (BGE 102 III 133/134).

23 Wird das BA um Ausstellung eines provisorischen Verlustscheines ersucht, ist es berechtigt, vom Gläubiger den Nachweis zu verlangen, dass keine Aberkennungsklage eingereicht wurde (FR, Tribunal cantonal, 11.09.1972, Extraits 1972, S. 49, SJZ 1974, S. 228).

24 *Fällt ein Verfahren aus Gründen des kantonalen Zivilprozessrechts dahin und wurde deswegen die Klagefrist von Art. 83 Abs. 2 SchKG nicht gewahrt*, ist auf die Aberkennungsklage nicht einzutreten, auch wenn der Beklagte keine entsprechende Einrede erhebt. Möglichkeit, eine verspätete Aberkennungsklage als negative Feststellungsklage zu behandeln. Gerichtsstand für eine solche Klage (FR, Cour d'appel, 19.04.1982, BlSchK 1985, S. 220).

25 Fortsetzung einer bestrittenen Betreibung. – Die Betreibungsbehörden *besitzen keine Befugnisse zur Nachprüfung einer vollstreckbaren Aufhebung des Rechtsvorschlages* (GE, Autorité de surveillance, 04.12.1974, BlSchK 1976, S. 175).

26 Sistierung des Aberkennungsverfahrens – *Dass gleichzeitig mit der Aberkennungsklage* gegen den Rechtsöffnungsentscheid *eine Nichtigkeitsbeschwerde eingereicht wurde*, ist noch kein zureichender Grund, um das Aberkennungsverfahren zu sistieren (ZH, Handelsgericht, 15.01.1988, ZR 1988, Nr. 47).

27 (i.V.m. Art. 59 BV) – Reicht ein Schuldner gleichzeitig mit der Aberkennungsklage eine Klage auf Schadenersatz gegen den Aberkennungsbeklagten ein, liegt trotz der vertauschten Parteirollen Klagenhäufung vor. Eine Vereinigung der Aberkennungsklage mit einer zusätzlich erhobenen Forderungsklage ist nur bei übereinstimmender sachlicher und örtlicher Zuständigkeit möglich; Einreden des Aberkennungsklägers sind dagegen grundsätzlich unbeschränkt zulässig (Bestätigung der Rechtsprechung) (BGE 124 III 207).

28 *Rechtskraft von Rechtsöffnungsurteilen* als Grundlage für die Fortsetzung der Betreibung. Rechtsöffnungsentscheide treten mit ihrer Mitteilung in Rechtskraft. Die Beschwerde an den Kantonsge-

richtsausschuss stellt ein ausserordentliches Rechtsmittel dar, indem ihr nur durch besondere Verfügung des Kantonsgerichtspräsidenten aufschiebende Wirkung zuerkannt werden kann (ZPO GR). Es ist daher nicht Sache des die Fortsetzung begehrenden Gläubigers, die Rechtskraft des Rechtsöffnungsentscheides zu beweisen; für deren Vorhandensein spricht eine gesetzliche Vermutung (GR, AB, 03.09.1964, BlSchK 1966, S. 104).

29 (i.V.m. Art. 78 Abs. 1 SchKG) – *Einreichung* der Aberkennungsklage *vor dem Rechtsöffnungsentscheid;* Folgen für die Betreibung – Reicht der Betriebene Aberkennungsklage ein, bevor über den Rechtsvorschlag entschieden ist, so bleibt die Betreibung eingestellt und kann somit nicht fortgesetzt werden, denn nach konstanter Praxis des BGer hält auch eine vor dem Rechtsöffnungsentscheid eingereichte Aberkennungsklage das Provisorium aufrecht (BGE 117 III 17).

II. In Bezug auf provisorische Pfändung

30 Die provisorische Pfändung ist wie eine definitive zu vollziehen und kann daher auch den Lohn (Art. 83 SchKG) erfassen. Der einzige Unterschied zwischen der provisorischen und der definitiven Pfändung besteht darin, dass 1. der Gläubiger, *solange die Pfändung bloss provisorisch ist, die Verwertung nicht verlangen kann* (Art. 118 SchKG), 2. *die Pfändungsurkunde keinen definitiven oder provisorischen Verlustschein* im Sinne von Art. 115 Abs. 2 SchKG *bildet,* auch wenn die Pfändung überhaupt keine oder keine genügende Deckung ergeben hat (BGE 76 III 1), und 3. einem Gläubiger, zu dessen Gunsten erst provisorisch gepfändet wurde, die dem BA abgelieferten Lohnbeträge und der Anteil am Erlös einer von einem andern Gläubiger herbeigeführten Verwertung (Art. 144 Abs. 5 SchKG) nicht ausbezahlt werden dürfen. Die Anzeige an den Arbeitgeber (Art. 99 SchKG) fällt nicht in das Ermessen des BA, sondern Art. 99 SchKG schreibt diese Anzeige allgemein vor. Die AB können das BA von der Einhaltung dieser Vorschrift nicht entbinden, auch nicht bei provisorischer Pfändung (BGE 83 III 17).

31 Wenn kein pfändbares Vermögen vorhanden ist, bildet die Pfändungsurkunde in der provisorischen Pfändung keinen Verlustschein nach Art. 115 SchKG (GE, Autorité de surveillance, 20.04.1977, BlSchK 1978, S. 185).

32 Wenn der Schuldner eine Aberkennungsklage eingereicht und das BA zu *Unrecht eine definitive Pfändung* vorgenommen hat, *so ist diese Massnahme als provisorische Pfändung aufrecht zu erhalten* (BGE 92 III 55).

33 Im Falle der *provisorischen Pfändung* von Vermögen des Schuldners bei einer Bank kann der Gläubiger *die zwangsweise Öffnung des vom Schuldner gemieteten Tresorfaches verlangen* (BGE 102 III 6).

34 (i.V.m. Art. 21 SchKG) – Die *Verfügungen bezüglich einer definitiven Pfändung sind rückgängig zu machen,* soweit das noch möglich ist, *wenn im Beschwerdeverfahren festgestellt wird, dass nur eine provisorische Pfändung möglich gewesen wäre.* Insbesondere kann der Betriebene die Rückforderung von Zahlungen geltend machen, die er zur Verhinderung der Verwertung geleistet hat (VD, Tribunal cantonal, 13.10.1975, BlSchK 1979, S. 171).

35 Die *Lohnpfändung* ist sowohl bei der provisorischen als auch bei der definitiven Pfändung auf gleiche Art und Weise zu vollziehen (GE, Autorité de surveillance, 22.02.1978, BlSchK 1980, S. 15).

36 Die provisorische Pfändung ist *nicht zulässig,* wenn dem *Gläubiger definitive Rechtsöffnung erteilt wurde* und der Betriebene gegen den Rechtsöffnungsentscheid *ein Rechtsmittel ergriffen hat* (BGE 108 III 9).

37 Es rechtfertigt sich nicht, dem Gläubiger, der die definitive Rechtsöffnung erhalten hat, die Mittel zu gewähren, welche nach Art. 83 Abs. 1 dem Gläubiger vorbehalten sind, dem die provisorische Rechtsöffnung erteilt wurde (GE, Autorité de surveillance, 21.03.1984, BlSchK 1986, S. 24).

38 Keine provisorische Pfändung vor Rechtskraft eines definitiven Rechtsöffnungsurteils (BL, AB, 07.12.1981, BlSchK 1986, S. 74 und 1987, S. 107).

39 Die *provisorische Pfändung kann nicht verlangt werden, bevor über ein Rechtsmittel,* womit *die Bewilligung zur provisorischen Rechtsöffnung weitergezogen worden ist* und dem rechtskrafthem-

mende Wirkung zukommt, in zweiter Instanz rechtskräftig entschieden worden ist (Änderung der Rechtsprechung) (BGE 122 III 36).

40 Verlustschein aufgrund einer provisorischen Pfändung – *Nichtigkeit eines Verlustscheines,* der *für eine Forderung ausgestellt wird, für die kein Vollstreckungsmittel vorliegt.* Keine Kompetenz der Betreibungsbehörden zur Auslegung eines in einem Aberkennungsprozess abgeschlossenen unklaren Vergleichs. Durch eine Aberkennungsklage wird die Verbindlichkeit des provisorischen Rechtsöffnungsentscheides einschliesslich des damit verbundenen Kostenentscheides in Frage gestellt. Der für die Aberkennungsklage zuständige Richter ist daher verpflichtet, auch bezüglich der Zahlungsbefehls- und Rechtsöffnungskosten einen Entscheid zu treffen. Geschieht dies nicht, fehlt ein klarer Vollstreckungstitel für die vom Gläubiger geforderten Zahlungsbefehls- und Rechtsöffnungskosten. Es kann dann nicht den Betreibungsbehörden obliegen, die Tragweite eines solchen Entscheides in diesen Punkten durch Auslegung zu klären, vielmehr kann hierüber nur der Richter entscheiden. Daraus ergibt sich, dass ein *ausgestellter Verlustschein wegen Fehlens eines klaren Vollstreckungstitels für die Zahlungsbefehls- und Rechtsöffnungskosten nichtig ist.* Gemäss bundesgerichtlicher Praxis dürfen *im Zusammenhang mit provisorischen Pfändungen keine Verlustscheine ausgestellt werden,* auch keine provisorischen. Wird ein solcher trotzdem ausgestellt, so ist er nichtig (BGE 76 III 1) (BL, AB, 12.08.1996, BlSchK 1997, S. 108; vgl. N 91 hinten).

41 Eine *zweite Betreibung für die gleiche Forderung* ist nur dann unzulässig, wenn der Gläubiger in der ersten Betreibung das Fortsetzungsbegehren bereits gestellt hat oder zu stellen berechtigt ist (Bestätigung der Rechtsprechung). Die *provisorische Pfändung* nach Art. 83 SchKG ist *keine eigentliche Massnahme zur Fortsetzung der Betreibung* im Sinne von Art. 88 SchKG, welche die Einleitung einer zweiten Betreibung für die gleiche Forderung verhindert (BGE 128 III 383).

III. Güterverzeichnis

42 Entscheide über die Aufnahme des Güterverzeichnisses unterliegen nicht der Berufung (BGer II. Ziv.Abt., 02.04.1946, BlSchK 1947, S. 177).

43 Auch der Gläubiger, dem *provisorische Rechtsöffnung erteilt worden ist,* kann die *Aufnahme des Güterverzeichnisses nur verlangen, wenn die Voraussetzungen des Art. 162 SchKG erfüllt sind.* – Nur bei ausgesprochener Dringlichkeit darf vom Einholen einer Vernehmlassung des Schuldners abgesehen werden (LU, SchKKomm, 06.0.1949, Max. IX, Nr. 696, BlSchK 1952, S. 79).

44 Voraussetzungen zur Anordnung der Aufnahme eines Güterverzeichnisses. Die *Gründe zur Sicherstellung müssen mindestens glaubhaft* gemacht werden (SO, ObGer, 27.04.1949, BlSchK 1950, S. 47).

45 Das Güterverzeichnis kann auch *bei Konkursbetreibung* schon nach erteilter provisorischer Rechtsöffnung und nicht erst nach zugestellter Konkursandrohung aufgenommen werden (ZH, ObGer, II. Ziv.Kammer, 01.02.1949, SJZ 1949, S. 241).

46 Die Aufnahme des Güterverzeichnisses kann ein Gläubiger, dem provisorische Rechtsöffnung erteilt ist, nur verlangen, wenn er glaubhaft macht, dass sie zu seiner Sicherung geboten sei. Dagegen ist nicht nötig, dass dem Schuldner die Konkursandrohung vorher zugestellt worden ist (ZH, ObGer, II. Ziv.Kammer, 21.02.1956, ZR 1956, Nr. 144).

47 Die Aufnahme des Güterverzeichnisses kann auch ein Gläubiger, dem provisorische Rechtsöffnung erteilt wurde, nur verlangen, wenn diese Massnahme zu seiner Sicherung geboten erscheint (ZH, ObGer, II. Ziv.Kammer, 08.04.1968, SJZ 1968, S. 201; ZH ObGer, II. Ziv.Kammer, 24.02.1971, BlSchK 1973, S. 147).

48 Keine Bestimmung im eidgenössischen oder im kantonalen Recht sieht einen Rekurs vor, wenn der Richter die Aufnahme des Güterverzeichnisses verweigert. Daran vermag auch eine Rechtsmittelbelehrung im Entscheid nicht zu ändern (VD, Tribunal cantonal, 23.02.1989, BlSchK 1990, S. 140).

IV. Gerichtsstand

49 Um den Gerichtsstand des Betreibungsortes zu begründen, muss das Hauptbegehren dasjenige einer Aberkennungsklage sein (LU, ObGer, I. Kammer, 05.02.1947, Max. 1947, Nr. 509, BlSchK 1949, S. 145).

50 Der hier vorgesehene *Gerichtsstand des Betreibungsortes ist nicht zwingendes Rechts*. Eine von den Parteien schon vor der Betreibung abgeschlossene Gerichtsstandsvereinbarung gilt daher auch für die Aberkennungsklage (VD, Tribunal cantonal, 22.12.1978, JT 97 II S. 51, SJZ 1981, S. 61).

51 Dieser Artikel enthält *keine zwingende Gerichtsstandsnorm*. Die Frage, ob für solche Klagen auch auf ein ausländisches Gericht prorogiert werden kann, wurde vom BGer offen gelassen. – Ob eine vom Beklagten angerufene Prorogationsklausel für eine bestimmte Aberkennungsklage wegbedungen worden sei, allenfalls stillschweigend oder Kraft einer Willensvermutung, ist eine Frage des kantonalen Prozessrecht (BGE 87 III 23).

52 Ist nach dem *Recht des Betreibungsortes dieser unabdingbar gleichzeitig der Gerichtsstand* für die Aberkennungsklage, so muss die Klage dort anhängig gemacht werden, auch wenn die Parteien einen anderen Gerichtsstand vereinbart haben und die Prorogation des Gerichtsstandes für die Aberkennungsklage am Ort des vereinbarten Gerichtsstandes zulässig ist (ZH, ObGer, I. Ziv.Kammer, 25.01.1957, ZR 1957, Nr. 102).

53 Der für die Aberkennungsklage vorgesehene Gerichtsstand des Betreibungsortes kann interkantonal durch Prorogation ausgeschaltet werden (LU, ObGer, I. Kammer, 08.06.1955, Max. X, Nr. 363, BlSchK 1957, S. 143).

54 Der *Gerichtsstand des Betreibungsortes kann durch Gerichtsstandsvereinbarung* ausgeschlossen werden (BE, Appellationshof, I. Ziv.Kammer, 15.01.1957, ZBJV 1959, S. 37/38).

55 Eine *Gerichtsstandsvereinbarung* ist nach zürcherischem Prozessrecht auch im Aberkennungsprozess zu beachten (ZH, ObGer, I. Ziv.Kammer, 10.02.1972, ZR 1972, Nr. 40).

56 Die Verbindung einer Aberkennungsklage mit einer Schadenersatzklage ist statthaft, wenn *Kläger und Beklagter demselben Gerichtsstand unterliegen* (LU, ObGer, I. Kammer, 05.11.1953, Max. X, Nr. 190).

57 *Unzuständigkeit im Aberkennungsprozess* – Ist die Aberkennungsklage statt beim prorogierten, beim Richter des Betreibungsortes anhängig gemacht worden, so hat dieser die Klage nicht einfach von der Hand zu weisen, sondern dem Kläger in analoger Anwendung des Art. 139 OR eine Nachfrist von zehn Tagen zur Klageeinleitung beim zuständigen Richter anzusetzen (ZH, ObGer, I. Ziv.Kammer, 14.04.1964, ZR 1965, Nr. 167; siehe auch N 81).

58 Die unangefochtene Überweisung einer Aberkennungsklage an das zuständige Gericht wahrt die Rechtshängigkeit, ungeachtet der Frage, ob sie zu Recht erfolgt sei (ZH, ObGer, III. Ziv.Kammer, 27.02.1968, SJZ 1969, S. 333).

59 Der für Aberkennungsklagen in der Zürcher ZPO vorgesehene Gerichtsstand des Betreibungsortes ist kein ausschliesslicher. Bei Vorliegen einer Gerichtsstandsklausel ist die Aberkennungsklage am vereinbarten Gerichtsstand anzuheben (Bez.Gericht Horgen, 2. Abt. 19.10.1966, SJZ 1966, S. 359, BlSchK 1967, S. 169).

60 *Zuständig für die Beurteilung der Aberkennungsklage* ist das Gericht des Betreibungsortes zur Zeit der Einreichung der Aberkennungsklage und nicht – *wenn der Schuldner inzwischen den Wohnsitz gewechselt hat* – das Gericht am Ort wo die Betreibung eingeleitet wurde (BE, Appellationshof, I. Kammer, 13.01.1972, ZBJV 1974, S. 520).

61 Für einen *gültigen Verzicht auf den Wohnsitzrichter* kann nach Massgabe des Vertrauensprinzips erforderlich sein, dass eine geschäftsunerfahrene und rechtsunkundige Partei auf die Gerichtsstandsklausel besonders hingewiesen und ihr deren Bedeutung erklärt wird. Das gilt auch dann, wenn die Klausel an sich unmissverständlich abgefasst und von den übrigen Vertragsbestimmungen abgehoben ist (Präzisierung der Rechtsprechung) (BGE 104 Ia 278).

62 (i.V.m. Art. 2, Art. 16 Ziff. 1 lit. a, Art. 17 und 18 LugÜ) – Zuständigkeit am Ort der gelegenen Sache im Sinne des Art. 16 Ziff. 1 lit. a LugÜ). Gerichtsstand für die Anhebung einer Aberkennungs-

klage im eurointernationalen Verhältnis – Art 16 Ziff. 1 lit. a LugÜ kommt nur zur Anwendung, wenn das dingliche Recht selbst Gegenstand der Klage ist. Es reicht nicht aus, dass ein dingliches Recht berührt wird oder die Klage damit im Zusammenhang steht. Im Anwendungsbereich des LugÜ ist der Ort, an dem provisorische Rechtsöffnung erteilt wurde, auch ein Gerichtsstand für die Aberkennungsklage. Dies gilt auch bei Vorliegen einer Gerichtsstandsvereinbarung (ZH, ObGer, I. Ziv.Kammer, 02.09.02, ZR 2003, S. 1).

63 Lugano-Übereinkommen – Wohnsitzgerichtsstand des Beklagten – Wenn der Gläubiger mit Sitz in einem Mitgliedstaat des Lugano-Übereinkommens nicht eine Forderungsklage erhebt, sondern den Weg der Schuldbetreibung am schweizerischen Wohnsitz des Schuldners wählt, verstösst es nicht gegen Art. 2 Abs. 1 LugÜ anzunehmen, dass die Aberkennungsklage nach Art. 83 Abs. 2 SchKG vom betriebenen Schuldner auch in der Schweiz erhoben werden kann (BGE 130 III 285).

V. Fristen

64 Die Frist zur Erhebung der Aberkennungsklage wird durch Anhängigkeitmachung der Klage vor BezGer nicht unterbrochen, wenn der Prozess in die Zuständigkeit des Handelsgerichts fällt und wenn der Beklagte die Einrede der sachlichen Unzuständigkeit des BezGer erhebt. Die Klage ist vom BezGer von der Hand zu weisen (ZH, ObGer, I. Kammer, 16.03.1948, Kassationsgericht, 25.06.1948, Entscheid in gleicher Sache ObGer, I. Kammer, 18.09.1947, Handelsgericht 24.10.1947 und 10.12.1948, ZR 1949 Nr. 110, 111 und 112).

65 Ist der Rechtsöffnungsentscheid im konkreten Fall nicht appellabel, und sei es auch aus einem erst im Laufe des Verfahrens eingetretenen Grunde, so läuft die Frist zur Einreichung der Aberkennungsklage ohne Weiters von der Eröffnung des Rechtsöffnungsentscheides an (BGE 77 III 137).

66 Da im Kanton Waadt gegen Rechtsöffnungsentscheide die Beschwerde zulässig ist, beginnt die zwanzigtägige Frist erst nach Ablauf der Rechtsmittelfrist seit der Zustellung des Entscheides (VD, Tribunal cantonal, 30.11.1949, JT 101 II S. 96, SJZ 1955, S. 44).

67 Die Frist gemäss Abs. 2 beginnt erst mit dem unbenützten Ablauf der Rekursfrist gegen den Rechtsöffnungsentscheid bzw. falls Rekurs erhoben wurde, mit dem die Rechtsöffnung bestätigenden Entscheid der Rekursinstanz (TI, Appellationsgericht, 05.11.1969, Rep. 1969, S. 315, SJZ 1972, S. 224).

68 Sieht das kantonale Recht gegen den Rechtsöffnungsentscheid ein ordentliches Rechtsmittel vor, so beginnt die Frist für Einreichung der Aberkennungsklage erst mit dem Entscheid der oberen Instanz bzw. mit dem unbenützten Ablauf der Rechtsmittelfrist zu laufen. Ein verspätet eingereichtes Rechtsmittel vermag den Lauf der Klagefrist nicht zu hemmen (BGE 100 III 76).

69 Beginn des Fristenlaufes für die Aberkennungsklage, wenn der Rechtsöffnungsentscheid mit einem ordentlichen Rechtsmittel angefochten werden kann. – Kann der Rechtsöffnungsentscheid mit einem ordentlichen Rechtsmittel angefochten werden, so beginnt die Frist von 20 Tagen für die Einreichung der Aberkennungsklage im Sinne von Art. 83 Abs. 2 SchKG mit dem unbenützten Ablauf der Rechtsmittelfrist bzw. mit dem Entscheid der Rechtsmittelinstanz oder mit dem Rückzug des Rechtsmittels zu laufen, ungeachtet der provisorischen Vollstreckbarkeit des erstinstanzlichen Rechtsöffnungsentscheides (BGE 104 II 141).

70 (i.V.m. Art. 56 Ziff. 3 und Art. 63 SchKG) – Nach Lehre und Rechtsprechung gilt die Erteilung der Rechtsöffnung als Betreibungshandlung. Während der Betreibungsferien dürfen deshalb keine Rechtsöffnungsverhandlungen abgehalten und keine Rechtsöffnungen ausgesprochen werden. Sieht das kantonale Recht gegen den Rechtsöffnungsentscheid ein ordentliches Rechtsmittel vor und fällt das Ende der Rechtsmittelfrist in die Betreibungsferien, ist Art. 63 SchKG anwendbar (Bestätigung der Rechtsprechung). Dies hat zur Folge, dass die Frist für die Einreichung der Aberkennungsklage erst mit dem Entscheid der oberen Instanz oder aber mit dem unbenutzten Ablauf der Rechtsmittelfrist zu laufen beginnt (BGE 104 II 141, 100 III 76/77). Fällt nun das Ende dieser Frist in die Betreibungsferien, beginnt die Frist gemäss Art. 82 Abs. 2 erst nach Ablauf drei weiterer Tage nach den Betreibungsferien an zu laufen (BGE 115 III 91).

71 Die Bestimmung des Art. 139 OR kann auch auf die Frist des Art. 83 Abs. 2 SchKG angewendet werden (ZH, ObGer, I. Ziv.Kammer, 15.02.1966, SJZ 1966, S. 251; siehe auch N 56, S. 466).

72 Die Auffassung, dass die Frist zur Anhebung der Aberkennungsklage dann, wenn der Rechtsöffnungsentscheid durch Nichtigkeitsbeschwerde angefochten und diesem Rechtsmittel die aufschiebende Wirkung beigelegt ist, erst mit dem (bestätigenden) Entscheid der Kassationsinstanz zu laufen beginne, verstösst nicht gegen klares Recht. – Die Kosten der im Anschluss an den ersten Rechtsöffnungsentscheid eingereichten und nach Kassation dieser Entscheidung gegenstandslos gewordenen Aberkennungklage dürfen dem Aberkennungskläger auferlegt werden (ZH, ObGer, II. Ziv.Kammer, 09.01.1968, ZR 1968, Nr. 113, SJZ 1968, S. 103).

73 Kommt einem Rechtsmittel gegen den Rechtsöffnungsentscheid keine aufschiebende Wirkung zu und wird ihm diese auch nicht durch richterliche Verfügung erteilt, so kann trotz Hängigkeit des Rechtsmittels die Konkursandrohung erlassen werden. – Die Frist für die Aberkennungsklage beginnt in einem solchen Fall schon mit der Mitteilung des erstinstanzlichen Rechtsöffnungsentscheides zu laufen (BGE 101 III 40).

74 Einstellung des Betreibungsverfahrens – Ob die Klage rechtzeitig angehoben wurde, ist vom für den Aberkennungsprozess zuständigen Richter zu entscheiden. *Die Betreibungsbehörden brauchen den richterlichen Entscheid nur dann nicht abzuwarten, wenn offensichtlich feststeht, dass die Klage nach Ablauf der gesetzlichen Frist angehoben wurde.* Sobald hierüber Zweifel bestehen, haben sie davon abzusehen, die Rechtsöffnung als endgültig zu betrachten und das Vollstreckungsverfahren fortzusetzen (Bestätigung der Rechtsprechung) (BGE 102 III 67).

75 Die Frist zur Einleitung des Aberkennungsprozesses vor einem Schiedsgericht (gemäss einer vertraglichen Schiedsgerichtsklausel) beginnt erst, nachdem alle Mitglieder des Schiedsgerichts ihren Auftrag zur Beurteilung des betreffenden Streitfalls angenommen haben (GE, Autorité de surveillance, 11.06.1975, BlSchK 1977, S. 80).

76 Eine sich auf Mietrecht stützende Aberkennungsklage, die binnen der Frist von Art. 83 Abs. 2 SchKG bei der Schlichtungsstelle für Mietstreitigkeiten anhängig gemacht und binnen der Frist von § 35b ZPO BS beim zuständigen Richter eingereicht worden ist, ist rechtzeitig (BS, Appellationsgericht (Ausschuss), 04.11.1977, BJM 1978, S. 83).

77 (i.V.m. Art. 144 ff. ZPO BE) – Die *Verwirkungsfrist* für die Aberkennungsklage beginnt mit der im Sühnetermin mündlich erteilten Klagebewilligung zu laufen und *nicht erst mit der Zustellung des Protokolls* über die Durchführung des Aussühnungsversuches (BE, Appellationshof, III. Ziv.Kammer, 18.02.1977, ZBJV 1978, S. 370).

78 Nach Art. 63 SchKG wird unter anderem auch die Frist zur Einleitung der Aberkennungsklage verlängert (ZH, ObGer, I. Ziv.Kammer, 01.06.1982, ZR 1983, Nr. 29).

79 (i.V.m. Art. 63 und § 267 Abs. 2 ZPO LU) – Die Frist zur Anhebung der Aberkennungsklage beginnt mit der formellen Rechtskraft des Rechtsöffnungsentscheides. Wenn kein ordentliches Rechtsmittel gegeben ist, tritt die formelle Rechtskraft mit der Eröffnung des Rechtsöffnungsentscheides ein (LU, SchKKomm, 03.12.1997, LGVE 1997, Nr. 43, BlSchK 1999, S. 53).

80 (i.V.m. § 158 Abs. 2 GVG) – Beginn des Fristenlaufs für die Erhebung der Aberkennungsklage. – die Frist für die Erhebung der Aberkennungsklage beginnt ab Zustellung *des nicht begründeten provisorischen* Rechtsöffnungsentscheids zu laufen (ZH, ObGer, III. Ziv.Kammer, 25.10.2004, ZR 2005, Nr. 30).

81 Tritt der mit einer Aberkennungsklage angerufene Richter *wegen Unzuständigkeit auf die Klage nicht ein,* läuft dem Betreibungsschuldner ab Zustellung des Nichteintretensentscheides eine – *der Nachfrist des Art. 139 OR nachgebildeten – neue Klagefrist von zwanzig Tagen* (BGE 109 III 49).

82 Sieht das kantonale Prozessrecht vor, dass eine wegen Nichtleistung des Kostenvorschusses abgeschriebene Klage innert Jahresfrist wieder anhängig gemacht werden kann, so bleibt dies jedenfalls für die Fortsetzung des Betreibungsverfahrens ohne Bedeutung. Dem Schuldner kann von Bundesrechts wegen nicht zugestanden werden, das Betreibungsverfahren durch blosses Anheben der A-

berkennungsklage und Nichtleisten des Kostenvorschusses um ein Jahr hinauszuzögern (BGE 113 III 86).

83 Willkürliche Auslegung einer Bestimmung des kantonalen Prozessrechts, die ein suspensives Rechtsmittel gegen einen im Säumnisverfahren ergangenen Rechtsöffnungsentscheid vorsieht. Wo das kantonale Prozessrecht (hier des Kantons Genf) beim Einspruch gegen ein Säumnisurteil eine bestimmte Form für den Fall vorschreibt, dass dieses im ordentlichen Verfahren ergangen ist (Art. 90 ZPO/GE), nicht aber für den Fall des summarischen Verfahrens (Art. 355 Abs. 2 ZPO/GE), ist es willkürlich, diesem klaren Unterschied im Gesetz nicht Rechnung zu tragen (BGE 124 III 34).

84 Verjährungsfrist, Nachfrist im Sinne von Art. 139 OR – Geht der Kläger nicht nach Art 112 ZPO/ZH) vor und läuft unterdessen die Verjährungs- (bzw. Verwirkungs-) frist ab, so beginnt eine Nachfrist im Sinne von Art. 139 OR; diese beläuft sich bei der Aberkennungsklage auf 20 Tage und beginnt mit der Zustellung des Nichteintretensentscheides zu laufen. Wird die Klage beim zuständigen Gericht erst nach Ablauf dieser Frist eingereicht, so führt dies zur Klageabweisung (ZH, Handelsgericht, 14.04.1992, ZR 1992, Nr. 72).

85 Fristenlauf der Aberkennungsklage bei Anfechtung des Rechtsöffnungsentscheides mit genereller Nichtigkeitsbeschwerde (Praxisänderung). – Die bisherige Praxis, wonach dem Schuldner nach Abweisung einer Nichtigkeitsbeschwerde gegen eine Verfügung, mit welcher provisorische Rechtsöffnung erteilt worden war, die Frist zur Erhebung der Aberkennungsklage neu angesetzt wurde, ist mit dem massgeblichen Bundesrecht unvereinbar, eine Wiederherstellung dieser Verwirkungsfrist kommt nicht in Frage (ZH, ObGer, III. Ziv.Kammer, 27.10.1994, ZR 1995, Nr. 1).

86 *Wiederherstellung der Frist* zur Aberkennungsklage. Die Frist zur Einreichung der Aberkennungsklage kann wiederhergestellt werden. Anwendbar sind nur die Bestimmungen des Bundesrechts. – Die Frist zur Einreichung des Wiederherstellungsgesuches gemäss Art. 35 OG kann erst beginnen, wenn der Kläger davon erfahren hat, dass nach bisheriger Rechtsprechung in Art. 32 SchKG nur die schweizerische Post verstanden werde. *Auch ein Rechtsirrtum kann zur Wiederherstellung führen.* Zulässigkeit des Rekurses gegen eine Verweigerung der Wiederherstellung (ZH, ObGer, I. Ziv.Kammer, 01.03.1961, ZR 1963, Nr. 102).

87 Ob für die Aberkennungsklage eine Nachfrist gemäss Art. 139 OR zu gewähren sei, ist von den Richtern zu entscheiden. Bis zu ihrem Entscheid darf die Betreibung nicht fortgesetzt werden (BGE 91 III 15).

VI. Verfahrenskosten

88 *Aberkennungsklage in der Grundpfandbetreibung* – Die Bestimmung der Rechtsöffnungsverfügung über die Betreibungs- und Rechtsöffnungskosten und eine Entschädigung für das Rechtsöffnungsverfahren gehören zum materiellen Inhalt des Aberkennungsprozesses und können daher für sich allein Gegenstand einer Berufung bilden. Der als Schuldner und Eigentümer des Grundpfandes Betriebene, der diese Eigenschaften seiner Person bestreiten will, kann und soll gegen den Zahlungsbefehl Recht vorschlagen; er muss sich nicht darauf verweisen lassen, die Grundpfandverwertung geschehen zu lassen und sich erst gegen eine Fortsetzung der Betreibung auf Pfändung für einen allfälligen Pfandausfall gegen ihn zu wehren (ZH, ObGer, II. Ziv.Kammer, 09.09.1952, ZR Nr. 166, BlSchK 1954, S. 19).

89 Rechtsöffnungskosten im Aberkennungsprozess – *Im Aberkennungsprozess kann über die Kosten des Rechtsöffnungsverfahrens neu entschieden werden*, wenn der Aberkennungskläger ganz oder teilweise obsiegt und in der Aberkennungsklage ein dahingehendes Rechtsbegehren ausdrücklich gestellt hat. Ob und in welchem Umfange die Kosten des Rechtsöffnungsverfahrens zuzusprechen sind, beurteilt sich nach den Umständen des einzelnen Falles (BS, Präs.Konferenz Zivilgericht, Juli 1955, BJM 1955, S. 200).

90 Unterziehung unter das Rechtsbegehren einer Aberkennungsklage unter Vorbehalt der Kostenfrage. Für die Kostenliquidation ist Art. 203 ZPO/BE analog anwendbar. Der sich unterziehende Beklagte muss als in der Hauptsache unterliegend betrachet werden. Da Art. 60 ZPO/BE nicht anwendbar ist, kann er der Verurteilung zur Kostentragung nur entgehen, wenn anzunehmen ist, die Gegenpartei

habe die «Prozesskosten durch unnötige Weitläufigkeit vermehrt». Dies trifft zu, wenn die Aberkennungsklage hätte vermieden werden können (BE, Appellationshof, I. Ziv.Kammer, 02.04.1958, ZBJV 1959, S. 488).

91 Kostenauflage bei Gegenstandslosigkeit einer Aberkennungsklage zufolge Aufhebung der Rechtsöffnungsverfügung im Kassationsverfahren (ZH, ObGer, I. Ziv.Kammer, 10.12.1969, ZR 1970, Nr. 108).

92 Kostenentscheid einer provisorischen Rechtsöffnung – Die vom Schuldner geführte Aberkennungsklage umfasst ebenfalls die aus der Aufhebung des Rechtsvorschlages ergebenen Prozesskosten (FR, Cour de cassation, Extraits 1972, S. 37, SJZ 1974, S. 301, BlSchK 1975, S. 144).

93 Die Kosten einer provisorischen Pfändung gehen zu Lasten des Schuldners, wenn die Aberkennungsklage abgewiesen wird und sind vom Gläubiger zu tragen, wenn sie gutgeheissen wird. Weder das SchKG noch die GebVO zum SchKG enthalten eine Regelung, wie diese Kosten zu verlegen sind, wenn der Gläubiger im Aberkennungsprozess mit seiner Betreibungsforderung nur teilweise durchdringt. Eine teilweise Belastung des Gläubigers mit diesen Kosten rechtfertigt sich höchstens dann, wenn für die ursprüngliche geltend gemachte Forderung gestützt auf Art. 20 Abs. 1 i.V.m. Art. 16 der GebVO eine höhere Gebühr berechnet werden muss als für die anerkannte Forderung (BL, AB, 12.08.1996, BlSchK 1997, S. 108)

VII. Gläubigerwechsel

94 Die Aberkennungsklage ist gutzuheissen, wenn der Aberkennungsbeklagte im Zeitpunkt des Zahlungsbefehls nicht Gläubiger der in Betreibung gesetzten Forderung gewesen ist, mag ihm die Forderung auch im Verlaufe des Prozesses abgetreten bzw. zurückübertragen worden sein (ZH, Kassationsgericht, 24.03.1970, ZR 1970, Nr. 21, SJZ 1971, S. 42).

95 Eine Aberkennungsklage ist von den Betreibungsbehörden auch dann zu berücksichtigen, wenn sie nicht gegen den gegenwärtig Betreibenden, sondern gegen denjenigen Gläubiger gerichtet ist, der die Betreibung angehoben hatte, selbst wenn er nicht mehr existiert, z.B. eine inzwischen aufgelöste Gesellschaft. Wird eine solche Aberkennungsklage vom Richter am Protokoll abgeschrieben, zurück- oder abgewiesen oder vom Kläger zurückgezogen und war diesem der Wechsel des Gläubigers nicht mitgeteilt worden, so hat er vom Richterspruch oder vom Rückzug an neuerdings 20 Tage Frist zur Aberkennungsklage gegen den gegenwärtigen Gläubiger (BGE 73 III 17).

96 Der Aberkennungsbeklagte braucht im Zeitpunkt der Zustellung des Zahlungsbefehls nicht Gläubiger der streitigen Forderung gewesen zu sein. Es genügt, wenn er sich die Forderung nach Erlass des Zahlungsbefehls abtreten lässt, sofern diese bei Anhebung der Betreibung fällig war (BGE 128 III 44, SJZ 2002, S. 129).

VIII. Einreden

97 *Zulässige Einreden der Parteien im Aberkennungsprozess* – Aus der Rechtsnatur der Aberkennungsklage folgt, dass der Betriebene alle nur möglichen Einreden gegen die Betreibungsforderung vorbringen kann. Das BGer hat es daher als zulässig erklärt, auch Einreden zu erheben, welche erst nach Erlass des Zahlungsbefehls entstanden oder aber im Rechtsöffnungsverfahren noch nicht vorgebracht worden sind (BGE 72 III 56, 68 III 87, Max. XI, Nr. 55 mit Zitaten). – Umgekehrt kann der betreibende Gläubiger sich im Aberkennungsprozess nicht auf Tatsachen berufen, welche erst nach Erlass des Zahlungsbefehls eingetreten sind und welche den materiellen Anspruch erst nachträglich zur Entstehung oder Fälligkeit gebracht haben. Der Schuldner muss es sich nicht gefallen lassen, dass er zu früh betrieben wird. Das BGer hat es denn auch abgelehnt, solche Tatsachen zu berücksichtigen, nicht zuletzt auch im Hinblick auf die Gläubiger, welche korrekt vorgehen und sonst gegenüber dem vorzeitig betreibenden Gläubiger benachteiligt wären (BGE 72 III 56, 68 III 58) (LU, ObGer, I. Kammer, 03.04.1979, LGVE 1979 I 513).

98 Einrede der Rechtshängigkeit (i.V.m. ZPO/ZH) – Erwirkt der Gläubiger nach Ahängigmachen der Leistungsklage im ordentlichen Prozess überdies die provisorische Rechtsöffnung, woran er ein schützenswertes Interesse haben kann (prov. Pfändung, Güterverzeichnis), so ist die Aberkennungs-

klage des Schuldners nicht nötig. Ihr steht die Einrede der Rechtshängigkeit infolge der Leistungsklage entgegen. Sie ist ist auch nicht etwa aus formalen betreibungsrechtlichen Gründen erforderlich, denn die provisorische Rechtsöffnung kann nicht definitiv werden, solange der ordentliche Prozess über die Forderung schwebt (ZH, Handelsgericht, 05.02.1975, ZR 1976, Nr. 33).

99 Keine Einredebeschränkung im Aberkennungsprozess – Im Aberkennungsprozess handelt es sich um eine Auseinandersetzung der Parteien über das materielle Forderungsrecht nach den Vorschriften über das ordentliche Prozessverfahren. Der Betriebene kann alle Einreden gegen die Forderung vorbringen, sowohl diejenigen, die er bereits im Rechtsöffnungsverfahren geltend gemacht, die dort aber als unbegründet erklärt wurden, als auch alle anderen, selbst wenn sie erst nach der Rechtsöffnung entstanden sind. Wenn ein Schuldner nach Art. 85 SchKG in jedem Stadium des Verfahrens die Einstellung der Betreibung erwirken kann, indem er durch Urkunden die Tilgung oder Stundung der Schuld nachweist, ist es umso mehr am Platz, im Aberkennungsverfahren, d.h. beim Streit um das materielle Recht, den Schuldner mit allen Einreden zuzulassen (TG, ObGer, 10.01.1989, BlSchK 1991, S. 60).

100 In diesem Verfahren kann sich der Schuldner auf Umstände berufen, die sich nach Anhebung der Betreibung zugetragene haben. Bis zu welchem Zeitpunkt entsprechende Tatsachen berücksichtigt werden können, entscheidet das kantonale Recht (BGE 128 III 44/47).

Art. 84   4. Rechtsöffnungsverfahren

¹ Der Richter des Betreibungsortes entscheidet über Gesuche um Rechtsöffnung.

² Er gibt dem Betriebenen sofort nach Eingang des Gesuches Gelegenheit zur mündlichen oder schriftlichen Stellungnahme und eröffnet danach innert fünf Tagen seinen Entscheid.

1 Das Rechtsöffnungsverfahren kann nicht mit dem Beschwerdeverfahren nach Art. 17 verbunden werden. Es handelt sich um zwei verschiedene Verfahren, für die in Bezug auf Zuständigkeit, Vorgehen, Beweismöglichkeiten und Rechtsmittel ganz verschiedene Vorschriften gelten (LU, SchKKomm, 16.04.1970, Max. XI, Nr. 773).

2 *Verschiebung von Rechtsöffnungsverhandlungen* – Eine Verschiebung der Rechtsöffnungsverhandlung nur auf Gesuch des Beklagten hin ist lediglich in Ausnahmefällen möglich. Auf begründetes Gesuch hin wird dagegen Verschiebung bewilligt, wenn der Kläger das Gesuch stellt oder sich wenigstens mit der Verschiebung einverstanden erklärt (BS, Dreiergericht, 23.01.1956, BJM 1956, S. 164).

3 *Wegen Krankheit des Beklagten* kann eine Rechtsöffnungsverhandlung *nur verschoben werden*, wenn dargetan ist, dass der Beklagte keinen Vertreter mehr ernennen oder instruieren kann (BS, Dreiergericht, 28.02.1956, BJM 1956, S. 164).

4 *Voraussetzungen zur Verschiebung einer Rechtsöffnungsverhandlung* – Zur Pflicht den Schuldner vor Bewilligung der definitiven Rechtsöffnung anzuhören – Eine Beerdigung einer nahen Bekannten aus der Nachbarschaft bildet keinen Grund eine angesetzte Verhandlung zu verschieben, zumal der Schuldner Gelegenheit hat, sich schriftlich zum Rechtsöffnungsbegehren zu äussern. Auch auf diesem Wege wird der in Art. 84 geforderten Einvernahme der Parteien Genüge getan. Schliesslich könnte der Schuldner auch einen Rechtsvertreter bestellen und für die Verhandlung instruieren (BS, Appellationsgericht (Ausschuss), 20.11.1987, BJM 1988, S. 310).

5 *Postzustellungen eingeschriebener gerichtlicher Sendungen* – Wird dem Adressaten eine Abholungseinladung mit Fristansetzung in den Briefkasten oder in das Postfach gelegt, so gilt die Sendung im Zeitpunkt, in dem sie am Postschalter abgeholt wird und mangels Abholung, am letzten Tag der Abholungsfrist als zugestellt. Dieser Grundsatz gilt auch für Rechtsöffnungsverfahren und geht dem als blosse Ordnungsvorschrift zu betrachtenden Art. 84 SchKG vor (BGE 104 Ia 465).

6 Die Verwaltungskommission Zürich ist der Ansicht, dass *Verhandlungstermine* in Rechtsöffnungssachen *auf rund 15 Tage hinaus anzusetzen seien* (Beschluss vom 28.02.1990, ZR 1989, Nr. 97).

7 Der *Verhandlungstermin ist so anzusetzen*, dass dem *Schuldner, der die eingeschriebene Vorladung erst am letzten Tag der siebentägigen Abholungsfrist* der Post *in Empfang nimmt, zwei Tage zur Vorbereitung der Verhandlung verbleiben* (GR, AB, 16.12.1992, PKG 1992, S. 141).

8 Wenn der Schuldner *weder eine Vorladung zur Rechtsöffnungsverhandlung noch den Rechtsöffnungsentscheid erhalten hat*, ist der *Entscheid nichtig*, die Betreibungsbehörden müssen die Fortsetzung der Betreibung verweigern (Bestätigung der Rechtsprechung) (BGE 102 III 133/134).

9 *Örtliche Zuständigkeit des Rechtsöffnungsrichters* – Örtlich zuständig ist der Richter am Betreibungsort, auch wenn der Zahlungsbefehl auf dem Requisitionsweg an einem anderen Ort zugestellt worden ist (GR, AB, 24.08.1995, PKG 1995, S. 103).

10 Da dem *Rechtsöffnungskläger das Erscheinen zur Rechtsöffnungsverhandlung freigestellt ist*, braucht der Richter wegen verspätetem Erscheinen den Ablauf der Respektstunde nicht abzuwarten (ZH, ObGer, III. Ziv.Kammer, 28.07.1961, ZR 1966, Nr. 136).

11 Der *Beizug sachbezüglicher Urkunden, die beim Richter im Zusammenhang mit einem anderen Verfahren bereits aufliegen, ist keine Edition* im formellen Sinn. Solche Urkunden können daher im Rechtsöffnungsverfahren ohne Weiteres beigezogen werden, obwohl in diesem Verfahren grundsätzlich keine Editionen angeordnet werden (LU, SchKKomm, 21.11.1974, LGVE 1974 I 207).

12 Soweit die *Betreibungsforderung während des Rechtsöffnungsverfahrens bezahlt wird*, fällt dieses als gegenstandslos dahin (LU, SchKKomm, 26.05.1967, Max. XI, Nr. 572, SJZ 1969, S. 334).

13 (i.V.m. Art. 138 Ziff. 4 ZPO [GR]) – Aufgrund der beschränkten *Offizialmaxime* ist der Rechtsöffnungsrichter befugt, eine Partei zur *Einreichung weiterer Beweisurkunden einzuladen*. Mit dem Gebot der gleichen, gerechten und fairen Behandlung der Parteien nicht vereinbar ist hingegen, eine Partei bei der Durchsicht der Beweisurkunden beizuziehen, ohne der anderen Partei Gelegenheit zur Teilnahme oder zumindest zur Stellungnahme zu der das Ergebnis festhaltenden Aktennotiz zu geben (GR, AB, 27.10.1992, PKG 1992, S. 143).

14 Zur beschränkten *Offizialmaxime*; Pflicht des Rechtsöffnungsrichters, den Gläubiger zur *Einreichung des* als Grundlage der Betreibung bildenden *Zahlungsbefehls* anzuhalten (GR, AB, 27.10.1992, PKG 1992, S. 144).

15 Fünftagefrist zur Eröffnung des Rechtsöffnungsverfahrens – Tragweite der Vorschrift, wonach der Rechtsöffnungsrichter dem Betriebenen sofort nach Eingang des Rechtsöffnungsbegehrens Gelegenheit zur Stellungnahme zu geben und danach seinen Entscheid innert fünf Tagen zu eröffnen hat. Mit der Revision des Art. 84 SchKG läuft neu die Fünftagefrist nicht mehr ab Eingang des Gesuches, sondern ab Stellungnahme des Schuldners oder Schuldnerin. Der BR stellt in der Botschaft klar, dass diese Frist je nach Verfahrensart vom Tag der Verhandlung (mündliches Verfahren) oder vom Eingang der rechtzeitigen Stellungnahme des Schuldners oder vom Zeitpunkt an läuft, in dem festgestellt werden kann, dass die Frist zur Stellungnahme unbenützt blieb (schriftliches Verfahren) (SH, ObGer, 04.04.1997, BlSchK 1997, S. 19).

16 (i.V.m. Art. 169 OR) – Legitimation des Zessionars im Rechtsöffnungsverfahren. Der Betreibende braucht im Zeitpunkt der Betreibung nicht Gläubiger der streitigen Forderung zu sein, sondern es genügt, wenn er es nach Erlass des Zahlungsbefehls durch Zession wird. Hingegen bestehen keine Bedenken, weil bei der gewöhnlichen zivilrechtlichen Abtretung dem Schuldner der abgetretenen Forderung sämtliche Einreden aus dem Verhältnis zum ursprünglichen Gläubiger gewahrt bleiben (Art. 169 OR), so dass die rechtliche Stellung des Schuldners keine Verschlechterung erfährt (vgl. BGE 83 II 214 und 95 II 620) (LU, SchKKomm 23.07.1974, LGVE 1974 I 206).

17 Nicht unterzeichneter Rechtsöffnungsentscheid – (Abs. 1 und i.V.m. Art. 123 Abs. 2 und 236 ZPO (GR) – Die Unterzeichnung eines Urteils stellt zwar eine Gültigkeitsvoraussetzung dar. Besteht über die Identität und die Echtheit des aus einem Versehen nicht unterzeichneten Entscheids kein Zweifel, kann auf das dagegen erhobene Rechtsmittel dennoch eingetreten und die fehlende Unterschrift des Kreispräsidenten nachträglich beigebracht werden (Änderung der Rechtsprechung) (GR, AB, 25.06.1996, PKG 1996, S. 115).

Art. 85 E. Richterliche Aufhebung oder Einstellung der Betreibung
1. Im summarischen Verfahren

Beweist der Betriebene durch Urkunden, dass die Schuld samt Zinsen und Kosten getilgt oder gestundet ist, so kann er jederzeit beim Gericht des Betreibungsortes im erstern Fall die Aufhebung, im letztern Fall die Einstellung der Betreibung verlangen.

I. Verfahrensfragen

1 Der Zivilrichter ist nicht befugt, im Streit um den materiellen Bestand der in Betreibung gesetzten Forderung die Betreibung *durch vorsorgliche Verfügung zu sistieren.* Verfügungen dieser Art sind nichtig und vom BB nicht zu beachten (GR, PKG 1953, S. 129, BlSchK 1955, S. 183).

2 In diesem Verfahren *darf vorfrageweise geprüft werden, ob eine Forderung*, in Bezug auf welche die Betreibung aufgehoben werden soll, *mit der Forderung einer früheren,* durch Zahlung *erledigten Betreibung identisch ist* (LU, SchKKomm, 19.04.1956, Max. X, Nr. 437, BlSchK 1958, S. 144).

3 Die Einwendung, die *Betreibungsforderung habe überhaupt nicht bestanden*, ist in diesem Verfahren nicht zulässig. Solche Einwendungen gehören in den ordentlichen Prozess, ins Rechtsöffnungsverfahren oder allenfalls in den Aberkennungsprozess (LU, SchKKomm, 11.12.1956, Max. X, Nr. 438).

4 Die Aufhebungs- und Einstellungsgründe sind im Gesetz *nicht abschliessend aufgezählt.* Im Verfahren nach Art. 85 SchKG können vor dem Richter auch andere materiellrechtliche Einreden oder Einwendungen vorgebracht werden, die dem Schuldner erst nach dem Rechtsöffnungsverfahren zur Verfügung stehen und die zur Aufhebung oder Einstellung der Betreibung führen können. Insbesondere kann der Betriebene die Einstellung der Betreibung auch dann verlangen, wenn durch ein rechtskräftiges *Urteil der Nichtbestand der Betreibungsforderung festgestellt wurde* (LU, SchKKomm., 25.01.1978, LGVE 1978 I 446, Bl SchK 1982, S. 145).

5 Klage des Schuldners, der die Rechtsvorschlagsfrist versäumte, auf *Feststellung des Nichtbestehens der in Betreibung gesetzte Forderung.* Keine Verletzung klaren Rechts, wenn das Interesse an dieser Feststellung verneint wird (BE, Appellationshof, I. Ziv.Kammer, 22.04.1959, ZBJV 1960, S. 516).

6 Die Aufhebung der Betreibung kann nur durch den Urkundenbeweis der Tilgung der geltend gemachten Forderung, *nicht aber mit dem Nachweis des Nichtbestehens dieser Forderung erwirkt werden*, deren Bestand darf im Rahmen des Art. 85 SchKG nicht überprüft werden. Dies kann nur durch die Rückforderungsklage gemäss Art. 86 SchKG (bzw. neu Art. 85a SchKG) geltend gemacht werden (AG, ObGer, 2. Ziv.Kammer, 22.08.1985, SJZ 1987, S. 10).

7 (i.V.m. ZPO (LU) – Auf Entscheide betreffend Aufhebung oder Einstellung der Betreibung gelangen weder die kantonalrechtlichen Vorschriften über die Gerichtsferien noch die bundesrechtlichen Bestimmungen über die Betreibungsferien zur Anwendung (LU, SchKKomm 04.02.1977, LGVE 1977 I 382).

8 Eine bei der Europäischen Menschenrechtskommission eingereichte Beschwerde hindert die Fortsetzung der Betreibung nicht (GR, AB, 25.08.1976, BlSchK 1978, S. 176).

9 Wird eine Betreibung zurückgezogen, entfällt das Feststellungsinteresse, das Prozessvoraussetzung für eine Klage gemäss Art. 85 und 85a SchKG bildet, sodass auf eine entsprechende Klage nicht mehr eingetreten werden kann (BGer 24.11.00, SJZ 2001, S. 100).

10 Wenn das Konkursbegehren gestellt ist, kann der Schuldner nicht mehr die Einstellung der Betreibung verlangen. Es bleibt ihm nur noch die Möglichkeit, Tilgung einredeweise gegen das Konkursbegehren gemäss Art. 172, Ziff. 3 geltend zu machen (LU, SchK-Komm., 18.11.964, Max. XI, Nr. 346, BlSchK 1966, S. 139).

II. Einstellung oder Aufhebung erfolgt durch den Richter

11 Die Einstellung oder Aufhebung einer Betreibung kann nicht durch die AB, sondern nur durch den Richter verfügt werden (BS, AB, 08.02.1946, BlSchK 1947, S. 122).

12 Die Überprüfung, ob durch Quittungen, Korrespondenzen usw. die Tilgung der Betreibungsforderung ausgewiesen sei, kommt dem Richter und nicht den Betreibungsbehörden zu (SG, AB, 03.01.1950, BlSchK 1950, S. 165).

13 Ist die Zahlung an den Gläubiger geleistet worden und besteht bei einer Zahlung an das BA Ungewissheit, ob bzw. inwieweit die Betreibungsforderung durch sie getilgt worden ist (z.B. bei Zahlung durch einen Dritten oder in fremder Währung), so obliegt der Entscheid über die Aufhebung der Betreibung dem Richter (LU, SchK-Komm., 16.11.1953, Max. X, Nr. 216, BlSchK 1955, S. 182).

14 Ob eine ausseramtliche Zahlung an eine Betreibungsforderung anzurechnen sei, ist im Streitfalle nicht von der AB, sondern vom Richter zu entscheiden. – Solange die richterliche Einstellung nicht rechtskräftig verfügt ist, hat die Betreibung ihren Fortgang zu nehmen (AR, AB, 18.10.1973, BlSchK 1975, S. 177).

15 Das BA hat einem Fortsetzungsbegehren die gesetzliche Folge zu geben, sofern ein allfällig erhobener Rechtsvorschlag rechtskräftig durch Rechtsöffnungsentscheid beseitigt und die Forderung mitsamt Zinsen und Kosten *nicht durch Zahlung an das BA getilgt worden ist*. Macht der Schuldner geltend, die Forderung sei nach dem Rechtsöffnungsentscheid durch direkte Zahlung an den Gläubiger getilgt oder von diesem gestundet worden, so hat er gemäss Art. 85 SchKG beim Gericht (und nicht bei der AB) die Aufhebung bzw. die Einstellung der Betreibung zu verlangen (BE, AB, 24.01.1983, BlSchK 1986, S. 186).

16 Werden in einer Betreibung auf *Sicherheitsleistung* die durch den Schuldner *beigebrachten Naturalsicherheiten vom Gläubiger nicht angenommen*, hat das BA nicht zu prüfen, ob diese ausreichend wären und die Einstellung der Betreibung zu rechtfertigen vermöchten. Die Beurteilung dieser Frage fällt im Rahmen des Art. 85 SchKG in die Zuständigkeit des Richters (BGE 110 III 1, Praxis 73, Nr. 186).

17 Nach der Beseitigung des Rechtsvorschlages ist der Schuldner, der weitere Zahlungen oder Gegenansprüche geltend machen will, auf den Weg der richterlichen Aufhebung oder Einstellung der Betreibung zu verweisen (AR, AB, 233.04.1980, BlSchK 1985, S. 65).

III. Bezahlung/Tilgung der Betreibungsforderung
1. An das Betreibungsamt

18 Die Schuld erlischt durch Bezahlung an das BA. Direkte Zahlungen an den Gläubiger sind vom BA nicht zu überprüfen. Die Überprüfung darüber, ob durch Quittungen, Korrespondenzen usw. die Tilgung der Betreibungsforderung ausgewiesen sei, kommt dem Richter zu (SG, AB, 03.01.1950, BlSchK 1950, S. 165).

19 Nach der Rechtsprechung des BGer dürfen AB eine Betreibung nur dann und insoweit aufheben, als eine Zahlung an das BA erfolgt ist und zudem kein Zweifel besteht, dass diese Zahlung den Untergang der Betreibungsforderung bewirkt hat (LU, SchKKomm, 16.11.1953, Max. X, Nr. 216, BlSchK 1955, S. 182).

20 Ist die Betreibung aufgrund eines Urteils fortgesetzt worden, so kann sich der Betriebene nur dann auf Tilgung oder Stundung berufen, wenn diese nach Erlass des Urteils eingetreten ist (LU, SchKKomm, 19.04.1956, Max. X, Nr. 437, Bl SchK 1958, S. 144).

21 Der BB darf die Betreibung nur dann als durch Zahlung erloschen ansehen, wenn der Betriebene die ganze Schuld samt Zinsen und Kosten an das BA bezahlt hat (Art. 12 SchKG), keineswegs aber schon dann, wenn der Betriebene erklärt (und vielleicht sogar durch Quittungen belegt), dass er die Schuld anderweitig beglichen habe. Im letztern Falle ist es Sache des Richters – und nicht des BB – zu entscheiden, ob die Betreibung aufzuheben ist (LU, SchKKomm, 02.08.1961, Max. XI, Nr. 45).

22 Das BA hat von sich aus nur die durch seine Vermittlung erfolgten Zahlungen an die Betreibung anzurechnen. Aufhebung der Betreibung durch den Richter (BL, AB, 17.08.1960, BJM 1960, S. 297, BlSchK 1962, S. 145).

23 Hat der Gläubiger bei Stellung des Fortsetzungsbegehrens die vom Schuldner nach Zustellung des Zahlungsbefehls geleisteten Teilzahlungen nicht berücksichtigt, so kann der Schuldner hiefür nur die

teilweise Aufhebung der Betreibung im Sinne dieser Bestimmung verlangen (LU, SchKKomm, 17.12.1957, BlSchK 1959, S. 179).

24 Teilweise Tilgung der Schuld berechtigt den Richter zur *teilweisen Aufhebung der Betreibung* (LU, SchKKomm, 01.05.1969, max. XI, Nr. 718, SJZ 1971, S. 231, BlSchK 1972, S. 77).

2. An den Gläubiger

25 Das BA ist nicht befugt, das Vollstreckungsverfahren aufgrund einer vom Schuldner direkt an den Gläubiger gemachten Zahlung einzustellen (GR, AB, 18.04.1950, BlSchK 1953, S. 51).

26 Das BA ist verpflichtet, eine Betreibung fortzuführen, auch für den Fall, dass sich der Schuldner über direkt an den Gläubiger geleistete Zahlungen ausweist (SG, AB, 12.08.1953, BlSchK 1955, S. 105).

27 Das BA darf eine laufende Betreibung nicht einstellen, weil der Schuldner Tilgung der Schuld behauptet oder Zahlung verspricht (GR, PKG 1953, S. 141, BlSchK 1956, S. 14).

28 Ob eine ausseramtliche Zahlung an eine Betreibungsforderung anzurechnen sei, ist im Streitfalle nicht von der AB, sondern vom Richter zu entscheiden. – Solange die richterliche Einstellung nicht rechtskräftig verfügt ist, hat die Betreibung ihren Fortgang zu nehmen (AR, AB, 18.10.1973, BlSchK 1975, S. 177).

29 Macht der Schuldner geltend, die Forderung sei nach dem Rechtsöffnungsentscheid durch direkte Zahlung an den Gläubiger getilgt oder von diesem gestundet worden, so hat er gemäss Art. 85 SchKG beim Gericht und nicht bei der AB die Aufhebung bzw. die Einstellung der Betreibung zu verlangen (BE, AB, 24.01.1983, BlSchK 1986, S. 186).

30 Die Aufhebung einer Betreibung kann im Rahmen eines Rechtsöffnungsrekursverfahrens nicht erfolgen. Eine Betreibung erlischt durch Bezahlung der betriebenen Forderung durch den Schuldner an das BA. Erfolgt die *direkt an den Gläubiger, so bedarf es einer entsprechenden Bestätigung des Gläubigers*, um die Abschreibung des Verfahrens zu begründen. In allen anderen Fällen hat der Schuldner die Aufhebung der Betreibung beim Richter zu erwirken (LU, SchKKomm, 12.09.1990, LGVE 1990 I 44).

3. Durch Verrechnung

31 Die Verrechnung ist eine Art der Tilgung der Schuld und kann daher gültig zur Begründung eines Begehrens um Aufhebung der Betreibung angerufen werden. Der Beweis der Tilgung der Schuld durch Verrechnung muss aber klar aus den Urkunden hervorgehen (VD, Tribunal cantonal, 10.08.1964, JT 1965 II S. 124, SJZ 1966, S. 348).

32 Erst nach rechtskräftiger Beurteilung eines Forderungsverhältnisses entstandene Gegenforderungen des Schuldners können in der Betreibung nicht durch Beschwerde geltend gemacht werden; allenfalls kann der Schuldner richterliche Aufhebung der Betreibung im Sinne dieses Artikels erwirken (BS, AB, 06.02.1973, BlSchK 1975, S. 115).

33 (i.V.m. ZPO (LU) – Gründe für die richterliche Aufhebung und Einstellung der Betreibung. – Rechtskraft der *Entscheidung über das Bestehen oder nicht Bestehen einer einredeweise geltend gemachten Verrechnungsforderung*. Im Falle, wenn die Verrechnung abgewiesen werden muss, weil die geltend gemachten Gegenforderungen nicht bestehen, *darf der Richter die Verrechnung erst verneinen, wenn er sämtliche zur Verrechnung gestellten Forderungen in ihrer vollen behaupteten Höhe auf ihre Begründetheit materiell geprüft hat*; die Prüfung darf hier von Bundesrecht wegen nicht bei einem bestimmten Betrag abgebrochen werden. Ein Entscheid, mit welchem Verrechnungsforderungen abgewiesen werden, erwächst daher vollumfänglich in Rechtskraft. Gestützt auf ein solches Urteil mit welchem ein Nichtbestand einer Betreibungsforderung festgestellt worden ist, kann nach Art. 85 SchKG die Aufhebung der im Sinne von Art. 149 Abs. 3 SchKG fortgesetzten Betreibung verlangt werden (LU, SchKKomm, 24.02.1977, LGVE 1977 I 387).

34 Nach der Beseitigung des Rechtsvorschlages ist der Schuldner, der weitere Zahlungen oder Gegenansprüche geltend machen will, auf den Weg der richterlichen Aufhebung oder Einstellung der Betreibung zu verweisen (AR, AB, 23.04.1980, BlSchK 1985, S. 65).

4. Bezahlung durch Dritte

35 Mit der Zahlung wollte sich hier der Dritte an die Stelle des bisherigen Gläubigers setzen. Der Standpunkt, dass der Schuldner die Einmischung unter dem Gesichtspunkt der Geschäftsführung ohne Auftrag gefallen lassen müsse, die dessen Verbot weder unsittlich noch rechtswidrig erscheine (Art. 420 Abs. 2 OR), kann nicht geltend gemacht werden. Es stelle keinen Missbrauch dar, wenn sich der Schuldner dieser Einmischung widersetzt, die ihn unter Umständen mit einer Regresspflicht belasten würde. Die Aussicht in einen weiteren Prozess verwickelt zu werden, bildet einen ernsthaften Grund, die Zahlung durch den Dritten abzulehnen (BGE 72 III 6).

36 Eine Betreibung erlischt durch Bezahlung der betriebenen Forderung durch den Schuldner an das BA. Erfolgt die Begleichung der Betreibungsforderung durch einen Dritten, so bedarf es einer entsprechenden Bestätigung des Gläubigers, um die Abschreibung des Verfahrens zu begründen. In allen anderen Fällen hat der Schuldner die Aufhebung der Betreibung beim Richter zu erwirken (LU, SchKKomm, 12.09.1990, LGVE 1990 I 144).

5. Durch Stundung und Parteivereinbarungen

37 Die Sistierung des Vollzuges eines an sich rechtskräftigen Urteils nach kantonalem Prozessrecht (als vorsorgliche Massnahme im Revisionsprozess) ist der Stundung im Sinne von Art. 85 SchKG gleichzusetzen und berechtigt zur Einstellung der aufgrund des Urteils angehobenen Betreibung (AR, ObGer, Appellationsrichter, 20.08.1948, SJZ 1948, S. 344).

38 Bis zur richterlichen Aufhebung oder Stundung einer Betreibung muss das BA einem Verwertungsbegehren Folge leisten (SO, AB, 23.01.1962, BlSchK 1963, S. 74).

39 Weder Direktzahlungen noch Stundungsvereinbarungen unter den Parteien vermögen die Gültigkeit einer Konkursandrohung zu beeinflussen; sie sind damit für das BA unbeachtlich. Vorbehalten bleibt dagegen die richterliche Aufhebung oder Einstellung der Betreibung auf entsprechendes Begehren des Schuldners (BS, AB, 12.12.1967, BJM 1968, S. 85).

40 Eine vergleichsweise Verständigung der Parteien vor Gericht über die Abzahlung in Betreibung gesetzter Schulden bleibt für die Betreibungsbehörden solange unbeachtlich, als weder ein Rückzug der Betreibung vorliegt noch die richterliche Aufhebung oder Einstellung der Betreibung im Sinne von Art. 85 SchKG verfügt wurde (BS, AB, 12.07.1960, BlSchK 1961, S. 176).

41 Eine scheidungs- und güterrechtliche Saldoklausel in einer Ehescheidungskonvention umfasst nicht ohne Weiteres rückständige Unterhaltsbeiträge aus vorsorglichen Massnahmen während des Scheidungsprozesses. Aus einer *Saldoklausel kann nicht ohne Weiteres zwingend geschlossen werden, dass eine Forderung untergegangen ist*. Wenn die Parteien in ihrer Konvention die Bezahlung der Unterhaltsbeiträge von der Rechtskraft des Scheidungsurteils abhängig machen, so ist die Saldoklausel als Bestandteil der Vereinbarung ebenso lange nicht wirksam als dieses rechtskräftig ist (ZH, Einzelrichter Dielsdorf, 09.03.1984, SJZ 1985, S. 167).

6. Durch Sicherstellungen

42 (i.V.m. Art. 38 SchKG) – Eine *nach Rechtskraft des Zahlungsbefehls in einer ordentlichen Betreibung auf Pfändung oder Konkurs erfolgte Pfandbestellung* zur Sicherung der Forderung vermag jene nicht zur Pfandbetreibung zu ändern. Die Frage, ob der Schuldner die richterliche Einstellung verlangen könne, wurde offen gelassen (BS, AB, 13.04.1967, BlSchK 1968, S. 180).

43 Durch *Überweisung des Forderungsbetrages auf ein Sperrkonto* kann weder die Aufhebung noch die Sistierung der Betreibung bewirkt werden. Das Pfändungsverfahren ist ein Teil des Vollstreckungsverfahrens, das im SchKG abschliessend geregelt ist. Das SchKG sieht insbesondere nicht vor, dass eine Pfändung aufgehoben oder sistiert werden kann, wenn der in Betreibung gesetzte Betrag auf ein Sperrkonto überwiesen wird. Eine *Betreibung kann nur dann aufgehoben werden, wenn der Schuldner durch Urkunden beweist, dass die Schuld samt Zinsen und Kosten getilgt oder gestundet ist*. Mit der Hinterlegung des geschuldeten Betrages wird die Schuld nicht getilgt, weshalb der Fortgang des Betreibungsverfahrens damit nicht aufgehalten werden kann (LU, SchKKomm, 20.11.1989, LGVE 1989 I 39).

IV. Zession

44 Die Ablehnung der Aufhebung einer Betreibung durch den Richter ist, auch wenn die Forderung im Laufe der Betreibung an einen Dritten abgetreten wurde, nicht willkürlich, wenn die Schuld nicht getilgt ist (BGE 96 I 3).

45 (i.V.m. Art. 176 OR) – Wenn der Schuldner geltend macht, die Betreibung könne wegen Schuldübernahme durch einen Dritten nicht mehr fortgesetzt werden, so hat er nach Art. 85 SchKG die Aufhebung der Betreibung zu verlangen (GE, Autorité de surveillance, 07.12.1977, BlSchK 1980, S. 52).

V. Beweispflicht

46 Dem Schuldner obliegt im Verfahren um richterliche Aufhebung der Betreibung der Nachweis, dass die in Betreibung gesetzte Schuld samt Zinsen und Kosten getilgt ist. Kostenverteilung im Vergleichsfall (BS, Dreiergericht, 30.11.1978, BlSchK 1981, S. 79/80).

47 *Die Aufhebung der Betreibung kann nur durch den Urkundenbeweis der Tilgung*, d.h. nachträglicher Bewirkung des Erlöschens der geltend gemachten Forderung samt Zinsen und Kosten, *nicht aber mit dem Nachweis des Nichtbestehens dieser Forderung erwirkt werden*, deren Bestand darf im Rahmen des Art. 85 SchKG nicht überprüft werden. Dies kann nur durch die Rückforderungsklage gemäss Art. 86 bzw. 85a SchKG geltend gemacht werden (AG, ObGer, 2. Ziv.Kammer, 22.08.1985, SJZ 1987, S. 10)

VI. Weitere Anwendungen

48 Wird aufgrund eines Kontumazurteils eine Pfändung vollzogen, so ist die Pfändung von Amtes wegen aufzuheben, wenn das Kontumazurteil aufgehoben wird (BS, AB, 08.03.1949, BlSchK 1950, S. 49).

49 *Solidarbetreibungen* sind vollständig getrennte Betreibungsverfahren. Wird die eine Betreibung durch Zahlung erledigt, so ist die Andere gleichwohl durch Ausstellung eines Verlustscheines abzuschliessen, wenn der Gläubiger nicht den Rückzug erklärt oder der Schuldner die richterliche Aufhebung der Betreibung erwirkt (BS, AB, 15.10.1951, BlSchK 1954, S. 72).

Art. 85a   2. Im beschleunigten Verfahren

¹ Der Betriebene kann jederzeit vom Gericht des Betreibungsortes feststellen lassen, dass die Schuld nicht oder nicht mehr besteht oder gestundet ist.

² Nach Eingang der Klage hört das Gericht die Parteien an und würdigt die Beweismittel; erscheint ihm die Klage als sehr wahrscheinlich begründet, so stellt es die Betreibung vorläufig ein:

1. in der Betreibung auf Pfändung oder auf Pfandverwertung vor der Verwertung oder, wenn diese bereits stattgefunden hat, vor der Verteilung;
2. in der Betreibung auf Konkurs nach der Zustellung der Konkursandrohung.

³ Heisst das Gericht die Klage gut, so hebt es die Betreibung auf oder stellt sie ein.

⁴ Der Prozess wird im beschleunigten Verfahren durchgeführt.

1 Bei der *vorläufigen Einstellung der Betreibung* handelt es sich um eine vorsorgliche Massnahme (Abs. 2). *Das SchKG schreibt dem Kanton weder vor, gegen Massnahmenentscheide nach Art. 85 Abs. 2 SchKG ein Rechtsmittel vorzusehen, noch verbietet es ihnen dies.* Die Frage beurteilt sich deshalb nach kantonalem Recht. Die Frage der Zulässigkeit eines Rechtsmittels ist für den Kanton Solothurn zu bejahen (BGE 125 III 440, Praxis 2000, Nr. 15).

2 Negative Feststellungsklage nach erhobenem Rechtsvorschlag. *Rechtsschutzinteresse des für eine Nichtschuld Betriebenen*. Die Klage nach Art. 85a SchKG zeitigt sowohl materiell- als auch betreibungsrechtliche Wirkungen; sie führt nicht nur zur Klärung der materiellen Rechtslage und zur Aufhebung oder vorläufigen Einstellung der Betreibung, sondern hat zudem zur Folge, dass Dritte von

Zweiter Titel: Schuldbetreibung   **Art. 86**

der Betreibung keine Kenntnis erhalten. Mit Blick auf das Rechtsschutzinteresse des für eine Nichtschuld Betriebenen ist daher die negative Feststellungsklage auch dann gegeben, wenn Rechtsvorschlag erhoben wurde und die Betreibung während der Gültigkeitsdauer des Zahlungsbefehls nicht weiter geführt und auch nicht zurückgezogen wurde (ZH, ObGer, II. Ziv.Kammer, 18.03.1998, ZR 1999, Nr. 16).

3   *Feststellungsklage nach rechtskräftiger Beseitigung des Rechtsvorschlages.* – Als «Notbehelf» kann die Feststellungsklage des Art. 85a SchKG erst nach rechtskräftiger Beseitigung des Rechtsvorschlages bis zur Verteilung des Verwertungserlöses bzw. Konkurseröffnung angehoben werden (BGE 125 III 149 mit kritischer Würdigung in SJZ 2000, S. 147).

4   *Feststellungsklage – Prozessvoraussetzungen –* Legitimation zur staatsrechtlichen Beschwerde (Art. 88 OG). – Als Prozessvoraussetzung muss die Betreibung im Zeitpunkt des Urteils über die Feststellungsklage nach Art. 85a SchKG noch hängig sein. Wird sie im Verlaufe des Verfahrens zurückgezogen, darf über das Feststellungsbegehren nicht mehr materiell entschieden werden. Mit dem Rückzug der Betreibung durch den Gläubiger entfällt daher auch die Legitimation des Schuldners zur staatsrechtlichen Beschwerde gegen einen kantonal letztinstanzlichen Entscheid, mit dem auf eine Feststellungsklage nach Art. 85a SchKG nicht eingetreten worden ist (BGE 127 III 41).

5   Nach dem Wortlaut dieser Bestimmung kann sich die Klage nur auf die Schuld beziehen, weshalb der Ausdruck «Betriebener» den Drittpfandsteller nicht einschliesst (BGE 129 III 197).

6   Es ist auch dann möglich, eine allgemein negative Feststellungsklage zu erheben, wenn der Rechtsvorschlag nicht rechtskräftig beseitigt worden ist (SO, ObGer, 16.08.2001, SJZ 2003, S. 305, BlSchK 2003, S. 230).

7   Voraussetzungen für die Gewährung der aufschiebenden Wirkung bei der Revision gegen einen Abschreibungsbeschluss infolge Vergleichs, nachdem für den Vergleichsbetrag bereits definitive Rechtsöffnung erteilt wurde. Ist bereits definitive Rechtsöffnung erteilt, kann aufschiebende Wirkung erteilt werden, wenn die Revision im Sinne von Art. 85a Abs. 2 Ziff. 1 SchKG sehr wahrscheinlich begründet ist, und sie kann lediglich die drohende Verwertung verhindern (ZH, ObGer, I-II. Ziv.Kammer, 09.04.1997, ZR 1998, Nr. 2).

8   Wird eine Betreibung zurückgezogen, entfällt das Feststellungsinteresse, das Prozessvoraussetzung für eine Klage gemäss Art. 85 und 85a SchKG bildet, so dass auf eine entsprechende Klage nicht mehr eingetreten werden kann (BGer 24.11.00, SJZ 2001, S. 100).

Art. 86   F. Rückforderungsklage

¹ Wurde der Rechtsvorschlag unterlassen oder durch Rechtsöffnung beseitigt, so kann derjenige, welcher infolgedessen eine Nichtschuld bezahlt hat, innerhalb eines Jahres nach der Zahlung auf dem ordentlichen Prozesswege den bezahlten Betrag zurückfordern.

² Die Rückforderungsklage kann nach der Wahl des Klägers entweder beim Gerichte des Betreibungsortes oder dort angehoben werden, wo der Beklagte seinen ordentlichen Gerichtsstand hat.

³ In Abweichung von Artikel 63 des Obligationenrechts ist dieses Rückforderungsrecht von keiner andern Voraussetzung als dem Nachweis der Nichtschuld abhängig.

1   Die erst in der Rückforderungsklage geltend gemachte *Verrechnung ist unbeachtlich* (LU, ObGer I. Kammer, 25.09.1953, Max. X, Nr. 17, Berufung durch BGer abgewiesen; BlSchK 1955, S. 184, SJZ 1955, S. 365).

2   Die Auffassung, dass die *Anrufung des zürcherischen Friedensrichters* innerhalb Jahresfrist nicht genüge, um die Klagefrist zu wahren, verstösst nicht gegen klares Recht (ZH, Kassationsgericht, 20.03.1957, SJZ 1957, S. 306, vgl. auch BGE 98 II 181).

3 *Klage des Schuldners*, der die Rechtsvorschlagsfrist versäumte, *auf Feststellung des Nichtbestehens* der in Betreibung gesetzten Forderung. Keine Verletzung klaren Rechts, wenn das Interesse an dieser Feststellung verneint wird (BE, Appellationshof, I .Ziv.Kammer, 22.04.1959, ZBJV 1960, S. 516).

4 Im Gegensatz zum nachträglichen Rechtsvorschlag kann die Rückforderungsklage auch erhoben werden, wenn *der Schuldner es schuldhafterweise unterlassen hat, Rechtsvorschlag zu erheben*. – Berechnung der Frist im Falle von Ratenzahlungen (FR, Cour d'appel, 06.12.1978, BlSchK 1980, S. 164 und BS, AB, 16.11.1979, BlSchK 1983, S. 66).

5 (i.V.m. Art. 81 Abs. SchKG) – Die *Rückforderungsklage ist unzulässig*, wenn sie darauf abzielt, die *Richtigkeit eines ergangenen Urteils in Frage zu stellen* (VD, Chambre des recours, 24.04.1984, BlSchK 1987, S. 65).

6 Der *Kläger hat im Prozess nachzuweisen, dass er eine Nichtschuld bezahlt hat*. Dieses Erfordernis wird jedoch durch das Eingreifen der Grundsätze von Treu und Glauben gemildert, wenn der dem Kläger obliegende Beweis das Nichtvorhandensein einer Tatsache betrifft; alsdann *muss der Beklagte zur Abklärung des Sachverhaltes beitragen*, indem er den Gegenbeweis erbringt (BGE 66 II 147, 95 II 231, 119 II 306).

7 Der Schuldner, der nach der Beseitigung des Rechtsvorschlages weitere Zahlungen oder Gegenansprüche geltend machen will, ist auf den Weg der richterlichen Aufhebung oder Einstellung der Betreibung oder, wenn er durch nicht erheben oder nach der Beseitigung des Rechtsvorschlages eine Nichtschuld bezahlt hat, auf den Weg der Rückforderungsklage zu verweisen (AR, ObGer, AB, 23.04.1980, BlSchK 1985, S. 65).

8 Eine Betreibung, durch welche eine Person gezwungen wurde, die Schuld eines Dritten zu bezahlen, verstösst gegen die öffentliche Ordnung; sie ist als nichtig zu erklären, auch wenn die Beschwerdefrist nicht eingehalten wurde, (GE, Autorité des surveillance, 27.04.1983, BlSchK 1984, S. 93).

9 *Der Schuldner, der bezahlt hat, um die Zwangsvollstreckung in sein Vermögen zu verhindern*, kann die Rückforderungsklage nach Art. 86 SchKG anheben. Entscheidend ist dabei, dass sich der Schuldner durch eine angehobene Betreibung zur Zahlung veranlasst sah (BGE 61 II 5). Es kommt nicht darauf an, ob der «freiwillig», d.h. aus eigener Initiative zahlte oder aufgrund einer Betreibung, um so die Zwangsverwertung seines Vermögens zu verhindern. Entscheidend ist im einen wie im anderen Fall, dass er nicht aus freien Stücken bezahlt hat, um sich einer Betreibung zu entziehen. – Die Konvertierung einer ausländischen Währung in Schweizer Geld, um in der Schweiz eine Betreibung anzuheben, bewirkt keine Novation der in Betreibung gesetzten Forderung und steht mithin einer Rückforderungsklage gemäss Art. 86 SchKG nicht entgegen (BGE 115 III 36/37, Praxis 78, Nr. 173).

10 Der *Gerichtsstand des Betreibungsortes für die Rückforderungsklage* kann nur angerufen werden, wenn die besonderen formellen betreibungsrechtlichen Voraussetzungen erfüllt sind, durch die sich der Rückforderungsanspruch von einer gewöhnlichen Bereicherungsklage unterscheidet (ZH, Handelsgericht, 22.06.1965, SJZ 1965, S. 328).

11 Zulässigkeit einer Gerichtsstandsklausel für die Rückforderungsklage (BS, Appellationsgericht (Ausschuss), 02.09.1971, SJZ 1971, S. 343).

12 (i.V.m. Art. 271 SchKG und Art. 25 IPRG) – *Verarrestierung einer Rückforderung eines gerichtlich zugesprochenen und bezahlten Betrages* – Der Rückforderung eines gerichtlich zugesprochenen und bezahlten Betrages aufgrund einer in gleicher Sache von einem anderen Gericht erfolgten Klageabweisung steht die Einrede der «res iudicata» entgegen, weshalb der bezahlte Betrag im Hinblick auf eine angestrebte Rückforderungsklage nicht verarrestiert werden kann (LU, SchKKomm, 05.02.1997, LGVE 1997 I 58, BlSchK 1999, S. 114; die dagegen erhobene staatsrechtliche Beschwerde wurde vom BGer am 06.06.1997 abgewiesen).

Art. 87   G. Betreibung auf Pfandverwertung und Wechselbetreibung

Für den Zahlungsbefehl in der Betreibung auf Pfandverwertung gelten die besondern Bestimmungen der Artikel 151–153, für den Zahlungsbefehl und den Rechtsvorschlag in der Wechselbetreibung diejenigen der Artikel 178–189.

Keine Entscheidungen.

IX. Fortsetzung der Betreibung
Art. 88

¹ Ist die Betreibung nicht durch Rechtsvorschlag oder durch gerichtlichen Entscheid eingestellt worden, so kann der Gläubiger frühestens 20 Tage nach der Zustellung des Zahlungsbefehls das Fortsetzungsbegehren stellen.
² Dieses Recht erlischt ein Jahr nach der Zustellung des Zahlungsbefehls. Ist Rechtsvorschlag erhoben worden, so steht diese Frist zwischen der Einleitung und der Erledigung eines dadurch veranlassten Gerichts- oder Verwaltungsverfahrens still.
³ Der Eingang des Fortsetzungsbegehrens wird dem Gläubiger auf Verlangen gebührenfrei bescheinigt.
⁴ Eine Forderungssumme in fremder Währung kann auf Begehren des Gläubigers nach dem Kurs am Tage des Fortsetzungsbegehrens erneut in die Landeswährung umgerechnet werden.

I. Legitimation

1   Die Hauptniederlassung einer Aktiengesellschaft ist berechtigt, in einer Betreibung das Fortsetzungsbegehren zu stellen, in welcher das Betreibungsbegehren von ihrer seither aufgegebenen Zweigniederlassung gestellt worden ist (LU, SchKKomm, 02.01.1946, Max. IX, Nr. 453; ein Rekurs wurde vom BGer abgewiesen, BlSchK 1948, S. 177).

2   Hat der Gläubiger (Aktiengesellschaft) zu existieren aufgehört, so ist die Weiterführung der Betreibung unzulässig und jede trotzdem vorgenommene Betreibungshandlung nichtig (BGE 73 III 61).

3   Getrennt eingeleitete Betreibung von Ehegatten – Ausstellung einer gemeinsamen Pfändungsurkunde – *Legitimation des Dritten zur Anfechtung* – Ausführungen darüber, dass vorliegend keine Notwendigkeit besteht, die Betreibungen gegen die Eheleute oder eine einzelne Betreibungshandlung aufzuheben (AR, AB, 20.07.1979, Rechenschaftsbericht ObGer 1978/79, BlSchK 1984, S. 66).

II. Örtliche Zuständigkeit

4   Fortsetzung der Betreibung *bei Wohnsitzwechsel des Schuldners*. Wahrung der Frist durch ein vom BA des bisherigen Wohnsitzes unangefochtenes entgegengenommenes Fortsetzungsbegehren. Stillstand der Frist während der Hängigkeit dieses Begehrens (BGE 86 III 87).

5   Rechtmässigkeit der Anleitung der SchKK des BGer im Formular Nr. 4. Verändert der Schuldner während des Einleitungsverfahrens seinen Wohnsitz, muss der Gläubiger für die Fortsetzung der Betreibung *das Original des Doppels des Zahlungsbefehls* dem neu zuständigen BA vorlegen. Eine elektronische Kopie des Zahlungsbefehls genügt nicht (BGE 128 III 380).

6   Die Betreibungsbehörden haben die Zuständigkeit des Rechtsöffnungsrichters nicht zu überprüfen (BE, AB, 14.01.1952, BlSchK 1953, S. 14).

7   Kann das BA einem bei ihm gestellten Fortsetzungsbegehen mangels Zuständigkeit nicht Folge geben, so läuft die Frist des Art. 88 Abs. 2 nicht weiter, solange das Begehren bei diesem Amt hängig ist (BGE 86 III 87).

8   (i.V.m. Art. 46 SchKG und Art. 233 ZGB) – Die Zustellung eines Zahlungsbefehls durch ein örtlich unzuständiges Amt kann nur auf rechtzeitig eingereichte Beschwerde hin aufgehoben werden. Wurde keine Beschwerde erhoben und der Rechtsvorschlag beseitigt, ist die Betreibung durch das

zuständige Amt fortzusetzen (GE, Autorité de surveillance, 03.04.1985, BlSchK 1986, S. 179, vgl. auch N 40–47 zu Art. 46).

III. Voraussetzungen

9 Wenn der Schuldner im ordentlichen Prozess, den der Gläubiger auf den Rechtsvorschlag hin eingeleitet hat, die Klage anerkennt, so kann der Gläubiger wie im Falle der Gutheissung der Klage das Fortsetzungsbegehren stellen (BGE 77 III 148).

10 Erhebt der Schuldner in der Betreibung für die *Forderung aus einem Konkursverlustschein* Rechtsvorschlag mit der *Bestreitung zu neuem Vermögen* gekommen zu sein, so kann die Betreibung nicht fortgesetzt werden, bis ein Entscheid des Richters über die Feststellung neuen Vermögens gemäss Art. 265a SchKG vorliegt (BGE 77 III 125).

11 *Zahlt der Betriebene, der Rechtsvorschlag erhoben hat, die betriebene Schuld an das BA*, so gibt er damit dem Amt zu erkennen, dass er die Forderung des Gläubigers nicht mehr bestreiten will. Eine solche *Zahlung gilt als Rückzug des Rechtsvorschlages*. – Für eine allfällige Restanzforderung sowie für die Betreibungskosten kann der Gläubiger die Fortsetzung der Betreibung verlangen (BGer, SchKK, 21.02.1951, BlSchK 1952, S. 93).

12 Aufgrund eines vom Gläubiger nach erfolgtem Rechtsvorschlag *erstrittenen rechtskräftigen Verwaltungsentscheides* kann ohne Weiteres Fortsetzung der Betreibung verlangt werden (BGE 75 III 4) (LU, SchKKomm, 01.05.1958, Max. X, Nr. 601).

13 *Fortsetzungs- und Verwertungsbegehren können nicht unter einer Bedingung gestellt werden* (z.B. Begehren gelte nur, wenn der Schuldner nicht einen bestimmten Betrag bezahle). Bedingte Begehren sind zurückzuweisen. Aber auch ein *bedingter Rückzug eines unbedingt gestellten Begehrens ist unstatthaft*. Ein bedingter Rückzug *hat die gleichen Folgen wie ein unbedingter*, d.h. für die Weiterführung der Betreibung bedarf es eines neuen Begehrens – soweit nicht durch bedingten Rückzug eines Fortsetzungsbegehrens nach bereits erfolgter Pfändung das ganze Betreibungsverfahren zusammenbricht und ein neuer Zahlungsbefehl erlassen werden muss (BGE 85 III 68).

14 Der Gläubiger braucht bei der Fortsetzung der Betreibung nicht zu erklären, ob eine definitive oder provisorische Pfändung vorzunehmen sei (BGE 92 III 55).

15 Die *provisorische Pfändung ist nicht zulässig*, wenn dem Gläubiger *definitive Rechtsöffnung erteilt wurde* und der Betriebene gegen den Rechtsöffnungsentscheid *ein Rechtsmittel ergriffen hat* (BGE 108 III 9).

16 Wenn der Richter dem Rechtsmittel gegen den Entscheid über die definitive Rechtsöffnung aufschiebende Wirkung zuerkennt, wird die zuvor gültig erlassene Konkursandrohung in ihren Wirkungen gehemmt (BGE 130 III 657).

17 Fortsetzung der Betreibung aufgrund eines nach dem Rechtsvorschlag des Schuldners auf dem Wege des ordentlichen Prozesses erstrittenen Urteils oder eines in einem solchen Prozess abgeschlossenen gerichtlichen Vergleichs. Dem Fortsetzungsbegehren ist grundsätzlich nur zu entsprechen, wenn die Forderungssumme im Urteil oder Vergleich wie im Betreibungs- und im Fortsetzungsbegehren *in gesetzlicher Schweizerwährung angegeben ist*. Ein Vergleich, wonach sich der Betriebene zu einer *Überweisung in WIR-Checks verpflichtet, erlaubt die Fortsetzung der Betreibung nicht* (BGE 94 III 74).

18 Liegt ein rechtskräftiger Zahlungsbefehl vor, so kann der Gläubiger ohne Weiteres die Fortsetzung der Betreibung verlangen. Will der Schuldner nachträglich geltend machen, *nicht er, sondern eine andere Person sei der wirkliche Schuldner*, so hat sich das BA mit dieser Frage nicht zu befassen (BE, AB, 21.03.1967, BlSchK 1968, S. 50).

19 Eine eindeutige (ganze oder teilweise) *Schuldanerkennung im Prozess* ist vom BA als (ganzer oder teilweiser) Rückzug des Rechtsvorschlages zu betrachten und berechtigt den Gläubiger zur Fortsetzung der Betreibung im entsprechenden Umfang (SG, AB, 17.08.1967, BlSchK 1971, S. 15).

20 Will der Schuldner die betriebene Forderung samt Zins und Kosten bei einer *Pfändung beim BA nur hinterlegen und nicht bezahlen*, so ist die Zahlung als nicht erfolgt zu betrachten und die Pfändung

gleichwohl zu vollziehen (Empfehlung der Redaktion BlSchK: angebotene Zahlung entgegenzunehmen und den Barbetrag einzupfänden oder dem Schuldner die gerichtliche Hinterlegung zu empfehlen (AR, AB, 28.02.1974, BlSchK 1977, S. 185).

21 Eine bei der Europäischen Menschenrechtskommission eingereichte Beschwerde hindert die Fortsetzung der Betreibung nicht (GR, AB, 25.08.1976, BlSchK 1978, S. 176).

22 Der Gläubiger, der auf einen Rechtsvorschlag hin seine Forderung nach Massgabe von Art. 79 SchKG anerkennen lässt, kann für den anerkannten Betrag direkt Fortsetzung der Betreibung verlangen, ohne dass er das Rechtsöffnungsverfahren zu durchlaufen hätte. Für alle Beteiligten muss jedoch unzweifelhaft feststehen, dass es sich beim anerkannten Betrag um die in der Betreibung gesetzte Forderung handelt (LU, SchKKomm, 14.11.1984, LGVE 1984 I 30).

23 (i.V.m. Art. 282 und 283 SchKG) – Hat der Gläubiger *Betreibung auf Pfandverwertung eingeleitet, es aber unterlassen, Drittansprachen auf die Retentionsgegenstände zu bestreiten, so kann er nicht die Fortsetzung der Betreibung auf Pfändung oder Konkurs verlangen.* Dies könnte er nur tun, wenn er spätestens im Zahlungsbefehl seinen Verzicht auf das Pfandrechte erklärt hätte (VD, Tribunal cantonal, 23.08.1983, BlSchK 1985, S. 116).

24 (i.V.m. Art. 12 und 85 SchKG) – Das BA hat einem Fortsetzungsbegehren die gesetzliche Folge zu geben, sofern ein allfällig erhobener Rechtsvorschlag rechtskräftig durch Rechtsöffnungsentscheid beseitigt und die Forderung mitsamt Zinsen und Kosten nicht durch Zahlung an das BA getilgt worden ist. Macht der Schuldner geltend, die Forderung sei nach dem Rechtsöffnungsentscheid durch direkte Zahlung an den Gläubiger getilgt oder von diesem gestundet worden, so hat er gemäss Art. 85 SchKG beim Gericht (und nicht bei der AB) die Aufhebung bzw. die Einstellung der Betreibung zu verlangen (BE, AB, 24.01.1983, BlSchK 1986, S. 186).

25 Eine Vollstreckungserklärung eines ausländischen Urteils gemäss Art. 31 ff. LugÜ reicht als Titel für eine Fortsetzung der Betreibung gemäss Art. 88 SchKG nicht aus. Vielmehr kann auch bei Urteilen, die nach dem LugÜ vollstreckbar erklärt wurden, nicht auf die Durchführung des RÖ-Verfahren gemäss Art. 8 ff. SchKG verzichtet werden (BL, AB, 16.09.02, SJZ 2003, S. 592).

26 Eine *Verfügung der Krankenkasse, die den Rechtsvorschlag beseitigt, die aber dem Schuldner nicht zugestellt werden konnte,* stellt auch nach Ablauf der ab letztem Tag der Abholfrist gerechnete Einsprachefrist *keinen gültigen Titel für die Fortsetzung der Betreibung dar* (BL, AB, 13.10.1998, SJZ 1999, S. 356).

27 Pflicht des BA, die formellen Voraussetzungen des Fortsetzungsbegehrens zu prüfen. Dazu gehört die gültige Zustellung des Rechtsöffnungsentscheids an den Schuldner durch das Gericht. Voraussetzungen zur gültigen Zustellung eines Gerichtsentscheids, auch wenn er vom Empfänger nicht entgegengenommen worden ist. – Wer als Partei rechtsgültig in ein Gerichtsverfahren einbezogen wird, hat dafür zu sorgen, dass er Entscheide dieses Verfahrens zugestellt werden können. Verlässt eine Prozesspartei während des Verfahrens ihren Wohnsitz, hat sie für die Nachsendung der Gerichtsurkunden zu sorgen oder eine Zustellungsbevollmächtigung zu bestellen. Diese Massnahmen sind im Prozessfall nachzuweisen. Ein per «Einschreiben» bzw. «lettre signature» oder per Rückschein versandter Gerichtsentscheid, der der betreffenden Prozesspartei durch die Post zur Abholung avisiert worden ist, gilt dann als zugestellt, sobald die siebentägige Abholfrist unbenützt abgelaufen ist. Gleiches gilt im Falle eines Zurückbehaltungs- bzw. Rückbehaltungsauftrages (BGE 123 III 493) (BS, AB, 02.12.2003, BlSchK 2005, S. 153).

28 Es besteht kein Anlass, eine Rechtskraftbescheinigung des Rechtsöffnungsentscheides zu verlangen, wenn sich die Rechtskraft des Entscheides klar aus dem Gesetz ergibt. Das ist der Fall, wenn das kantonale Recht gegen den Rechtsöffnungsentscheid nur das ausserordentliche Rechtsmittel der Nichtigkeitsklage vorsieht, welcher nicht von Gesetzes wegen aufschiebende Wirkung zukommt (BGE 126 III 479).

29 Die Pfändung gestützt auf ein zu früh einlangendes Fortsetzungsbegehren ist nicht nichtig. Wenn einem verfrühten und daher fehlerhaften Fortsetzungsbegehren Folge geleistet wird, können die Gläubiger Beschwerde führen (BGE 130 III 652).

IV. Bei Teilzahlungen/Stundung

30 Hat der Gläubiger dem Schuldner Abschlagszahlungen bewilligt, so steht es ihm frei, für eine Rate nach der andern, wenn sie bei Verfall nicht bezahlt sind, die Betreibung fortzusetzen (BGE 77 III 11).

31 Das BA ist verpflichtet, eine Betreibung fortzuführen, auch für den Fall, dass sich der Schuldner über direkt an den Gläubiger geleistete Zahlungen ausweist (SG, AB, 12.08.1953, BlSchK 1955, S. 105).

32 Wird das Fortsetzungsbegehren nur für einen Teilbetrag der betriebenen (vom Schuldner anerkannten) Forderung gestellt, so ist dieses Vorgehen als Verzicht auf die weitere Geltendmachung der Restforderung aufzufassen (AR, AB, 15.12.1965, BlSchK 1966, S. 105).

33 Ob eine ausseramtliche Zahlung an eine Betreibungsforderung anzurechnen sei, ist im Streitfall nicht von der AB, sondern vom Richter zu entscheiden. – Solange die richterliche Einstellung nicht rechtskräftig verfügt ist, hat die Betreibung ihren Fortgang zu nehmen (AR, AB, 18.10.1973, BlSchK 1975, S. 177).

34 Hatte der Schuldner zunächst Rechtsvorschlag erhoben, dann aber die in Betreibung gesetzte Forderung dem Gläubiger bezahlt, so hat er die Schuld und deren Fälligkeit anerkannt und es kann der Gläubiger die Fortsetzung für die Betreibungskosten verlangen (NE, AB, 13.12.1993, BlSchK 1995, S. 230).

35 Fortsetzungsbegehren aufgrund eines gerichtlichen Vergleichs. Die Zahlungspflicht muss im Vergleich bedingungslos festgelegt sein, damit er als Grundlage der Fortsetzung der Betreibung dienen kann. Die Möglichkeit besteht, da Fortsetzungsbegehren nur für eine — vorbehaltlos anerkannte – Teilforderung zu stellen bzw. zuzulassen (SH, AB, 06.06.1997, BlSchK 1997, S. 195).

V. Nachpfändungsbegehren

36 Eine Nachpfändung, die nur auf Begehren eines Gläubigers und nicht von Amtes wegen vorgenommen werden darf, ist für frühere Gläubiger, die die Erhöhung der Pfändung nicht verlangt haben, nicht wirksam (LU, SchKKomm, 29.04.1946, Max. IX, Nr. 454, BlSchK 1948, S. 178).

37 Nachpfändung neu entdeckter Vermögensstücke des Schuldners auf Begehren eines Gläubigers, dessen Forderung nach der Schätzung des Beamten durch die bereits gepfändeten Gegenstände nicht gedeckt ist (Art. 115 Abs. 2 SchKG). Dahingehende Begehren können *nur innert der Frist gemäss Art. 88 Abs. 2 SchKG gestellt werden. Diese Frist wird durch einen Widerspruchsprozess mit Bezug auf die bereits gepfändeten Gegenstände nicht verlängert.* Nach ihrem Ablauf bleibt dem Gläubiger die Möglichkeit, einen Arrest zu erwirken (Art. 115 Abs. 2 und Art. 271 Ziff. 5 SchKG) und diesen durch eine neue Betreibung zu prosequieren (BGE 88 III 59).

38 Nachpfändungsbegehren, Formerfordernis – Gemäss Art. 145 SchKG erfolgt die Nachpfändung bei ungenügendem Verwertungserlös von Amtes wegen. Es braucht daher kein besonderes Begehren des Gläubigers vorzuliegen und damit entfällt natürlich auch jede Formvorschrift. Diese Besonderheit bezieht sich aber ausschliesslich auf das Verwertungsverfahren. Erscheint aber schon die Pfändung als ungenügend, so kann nach übereinstimmender Lehre und Praxis eine Nachpfändung, z.B. infolge Auffindens neuere pfändbarer Gegenstände, nur auf ausdrücklichen Antrag des Gläubiger erfolgen. In diesem Moment sind auch die Formerfordernisse, wie sie für betreibungsrechtliche Begehren, insbesondere für das Fortsetzungsbegehren bestehen, zu beachten (GR, AB, 21.06.1965, BlSchK 1967, S. 173).

39 Die Frist gemäss Abs. 2 gilt auch für Nachpfändungsbegehren, die der Gläubiger aufgrund eines provisorischen Verlustscheines stellt (BGE 96 III 118).

VI. Rückzug der Betreibung

40 *Gänzliche Nichtigkeit* aller nachfolgenden Betreibungshandlungen *bei Rückzug der Betreibung*. Diese Nichtigkeit kann jederzeit vor der AB jeder Instanz geltend gemacht werden (BGE 77 III 75).

41 Ein *Rückzug der Betreibung wird erst mit dem Eintreffen der Erklärung beim BA wirksam.* Der Eintritt der Wirkung wird vermindert durch einen vor der Rückzugserklärung beim Amt eintreffenden

Widerruf des Gläubigers, ohne dass das Amt zu prüfen hätte, ob dem Rückzug eine Vereinbarung zwischen den Parteien zugrunde lag (BGE 83 III 7).

42 Ein *bedingter Verzicht auf eine bereits vollzogene Pfändung* (insbesondere die Zustimmung zur einstweiligen «Sistierung» einer vollzogenen Lohnpfändung) *ist nicht zulässig*. Nimmt das BA einen solchen Verzicht entgegen und hebt es gestützt darauf die Pfändung auf, so fällt damit grundsätzlich die Betreibung als solche dahin. Der Gläubiger, der in die Aufhebung der auf sein Begehren vollzogenen Pfändung eingewilligt hat, kann in *der gleichen Betreibung kein neues Fortsetzungsbegehren stellen* (BGE 94 III 78).

43 Bei Aufhebung der Pfändung wegen Missachtung von Art. 90 SchKG bleibt das Fortsetzungsbegehren hängig. *Ein Rückzug dieses Begehrens nach Aufhebung der Pfändung bedeutet nicht Rückzug der Betreibung* (BGE 78 III 58).

VII. Fristen

44 Die Einhaltung der Frist gemäss Abs. 1 liegt *nicht bloss im Interesse des Schuldners, sondern auch im Interesse Dritter*. Das BA hat deshalb diese Frist zu beachten, selbst wenn der Schuldner zum Voraus darauf verzichtet, die Nichteinhaltung der Frist geltend zu machen (BGE 101 III 16).

45 Frist zur Stellung des *Fortsetzungsbegehrens in der Arrestprosequierungsbetreibung*. Sie läuft ohne Rücksicht auf die Dauer eines im Anschluss an den Vollzug des Arrestes eingeleiteten Widerspruchsprozesses und beträgt in Analogie zu Art. 279 Abs. 2 und Art. 281 SchKG nur zehn Tage. Wird sie versäumt, so ist das Recht auf Fortsetzung der Betreibung verwirkt. Betreibung und Arrest werden hinfällig und der Widerspruchsprozess wird gegenstandslos (ZH, ObGer, II. Ziv.Kammer, 04.06.1978, ZR 1977, Nr. 71, SJZ 1978, S. 111).

46 Nur die Maximal-, nicht auch die Minimalfrist verlängert sich um die Dauer eines Verfahrens zur Beseitigung des Rechtsvorschlages (BGE 90 III 84).

47 Das Recht der Einreichung eines Fortsetzungsbegehrens erlischt mit Ablauf eines Jahres seit der Zustellung des Zahlungsbefehls. Wie ist diese *Frist bei Einreichung einer Widerspruchsklage zu berechnen?* Unter Klage der Bestimmung von Abs. 2 ist nicht bloss die Forderungsklage im Sinne von Art. 79 SchKG, sondern auch die Aberkennungsklage, die Klage auf Feststellung neuen Vermögens und das Rechtsöffnungsbegehren nicht aber auch die Widerspruchsklage zu verstehen (BE, AB, 03.08.1962, BlSchK 1963, S. 10).

48 Verwirkung der Frist für das Pfändungsbegehren. – *Der Gläubiger, der ein Fortsetzungsbegehren mit gewöhnlicher Post zustellen lässt, hat zu beweisen*, dass er es vor Ablauf der Frist der Post übergeben hat. Ob im Beschwerdeverfahren diesbezüglich der Indizienbeweis zugelassen ist, beurteilt sich einzig nach dem kantonalen Recht (BGE 106 III 49).

49 (i.V.m. Art. 3 der VO über die im Betreibungs- und Konkursverfahren zu verwendenden Formulare v. 05.06.1996 (SR 281.31). – *Beweispflichtig für die rechtzeitige Einreichung eines Fortsetzungsbegehrens* ist grundsätzlich der Gläubiger. Ein vom Gläubiger vor Ablauf der Jahresfrist des Art. 88 Abs. 2 SchKG an das BA gerichtetes Schreiben, worin an das «Fortsetzungsbegehren Nr. XY vom 03.06.1977» erinnert wird und wofür der entsprechende Kostenvorschuss unbestrittenerweise beim Amt eingegangen war, hätte als (Ersatz-)Begehren behandelt werden sollen, wenn sich das Originalbegehren trotz Nachforschungen des Amtes nicht auffinden liess. Nach Art. 3 der VO über die im Betreibungs- und Konkursverfahren zu verwendenden Formulare *ist die Verwendung des offiziellen Formulars «Begehren um Fortsetzung der Betreibung» kein Gültigkeitserfordernis* (BS, AB, 15.09.1978, BlSchK 1981, S. 15).

50 Die Frist zur Stellung des Fortsetzungsbegehrens steht still, solange der Gläubiger nicht in den Besitz einer Urkunde gelangen kann, welche dass Rechtsöffnungsurteil als vollstreckbar erklärt (BGE 106 III 52).

51 Unter «Klage» ist nicht nur ein an den ordentlichen Richter gerichtetes Klagebegehren, sondern auch ein Rechtsöffnungsbegehren zu verstehen (BS, AB, 12.02.1946, SJZ 1947, S.61, BlSchK 1946, S. 172).

52 Die Jahresfrist zur Stellung des Fortsetzungsbegehrens wird um die Dauer des Rechtsöffnungsverfahren verlängert (BE, AB, 01.07.1948, ZBJV 1950, S. 448, BlSchK 1952, S. 46).

53 Die Frist gemäss Abs. 2 *steht von der Anhebung bis zur rechtskräftigen Beendigung des Prozesses still, jedoch nicht während einer vor oder nach dem Prozess dem Schuldner gewährten Stundung.* – Verlängert sich die Frist um die allenfalls zur Einholung einer Bescheinigung über die Prozessbeendigung erforderliche Zeit? Frage offen gelassen (BGE 77 III 56).

54 Die Frist zu Stellung des Fortsetzungsbegehrens verlängert sich um die Dauer des Rechtsöffnungsverfahrens. *Betreibung mehrer Schuldner. Fehlen einer genauen Bezeichnung der einzelnen Schuldner und der Angabe des Betrages, für den ein Jeder von ihnen betrieben wird.* Zustellung des Zahlungsbefehls nur an einen von ihnen. Fortsetzung der Betreibung gegen den Empfänger des Zahlungsbefehls aufgrund eines Rechtsöffnungsentscheides, der die ungenauen Angaben des Zahlungsbefehls verdeutlicht (BGE 79 III 58).

55 Die Verwirkungsfrist der Art. 88 Abs. 2 und Art. 166 Abs. 2 SchKG steht still, bis über die im Zeitpunkt der Zustellung des Zahlungsbefehls hängige Aberkennungsklage rechtskräftig entschieden ist (BGE 113 III 120).

56 *Der ausserordentliche Rechtsbehelf der staatsrechtlichen Beschwerde*, mit welchem die Verweigerung der definitiven Rechtsöffnung angefochten werden kann, *gehört nicht mehr zum Rechtsöffnungsverfahren* und es *wird die Frist* zur Stellung des Fortsetzungsbegehrens *nicht verlängert* (BGE 86 IV 226).

57 Soweit die Verwirkung der Betreibung offensichtlich ist, kann der Schuldner die entsprechende Einwendung im Rechtsöffnungsverfahren erheben. – *Die Verwirkungsfrist beginnt mit der Zustellung des Zahlungsbefehls an den Schuldner* und nicht mit der Zustellung der für den Gläubiger bestimmten Ausfertigung zu laufen (BGE 125 III 45, Praxis 1999, Nr. 57).

VIII. Nichtige Handlungen

58 Eine trotz Rechtsvorschlag erfolgte Fortsetzung der Betreibung ist nichtig und von Amtes wegen aufzuheben (BGE 85 III 14, 73 III 147).

59 Vollstreckungsakte und Entscheidungen der Schuldbetreibungs- und Konkursbehörden, die in unhaltbarem Widerspruch zu zwingenden Normen oder dem öffentlichen Interesse stehen, sind absolut nichtig. Voraussetzung für eine Nichtigerklärung ist weiter ein unmittelbares, praktisches Interesse im Rahmen des Zwangsvollstreckungsverfahrens.

Eine solche Nichtigerklärung erfolgte aufgrund einer vom Schuldner, obwohl verspätet, eingereichte Beschwerde gegen das BA, das in einem Betreibungsverfahren, obwohl ein erhobener Rechtsvorschlag vom Gläubiger nie beseitigt worden ist, einen Verlustschein ausgestellt hatte. Zudem war die Betreibung bereits sei beinahe zwei Jahren dahingefallen (TI, Appellationsgericht als AB, 16.05.1989, SJZ 1993, S. 33).

IX. Übrige Handlungen des BA

60 Weist das BA einen Rechtsvorschlag als ungültig zurück oder nimmt es einen Rückzug des Rechtsvorschlages (hier durch die Ehefrau des Betriebenen) als gültig entgegen und setzt es daher die Betreibung auf Begehren des Gläubigers fort, so erwächst seine Verfügung mangels Beschwerde binnen gesetzlicher Frist in Rechtskraft (BGE 73 III 145).

61 Wird der erhobene Rechtsvorschlag durch das BA abgewiesen und gibt es daher dem Fortsetzungsbegehren des Gläubigers Folge, so liegt darin für den Schuldner nicht eine Rechtsverweigerung im Sinne von Art. 17 Abs. 3 SchKG vor, sondern es ist die vom Empfang der Pfändungsankündigung an laufende Beschwerdefrist zu beobachten, ansonst die Fortsetzung der Betreibung in Rechtskraft tritt und auf die Frage, ob entgegen der Annahme des BA ein Rechtsvorschlag vorliege, nicht mehr zurückgekommen werden kann (BGE 73 III 152).

Dritter Titel: Betreibung auf Pfändung
I. Pfändung

Art. 89 A. Vollzug
1. Zeitpunkt

Unterliegt der Schuldner der Betreibung auf Pfändung, so hat das Betreibungsamt nach Empfang des Fortsetzungsbegehrens unverzüglich die Pfändung zu vollziehen oder durch das Betreibungsamt des Ortes, wo die zu pfändenden Vermögensstücke liegen, vollziehen zu lassen.

I. Voraussetzungen für den Vollzug

1 Die *trotz Erlöschens der Betreibung vorgenommene Pfändung ist nichtig*. Anfechtung ist ohne Rücksicht auf die Fristen der Art. 17 ff. SchKG zulässig (BGE 77 III 56).

2 Einem Fortsetzungsbegehren ist auch dann Folge zu geben, *wenn die Aktiven des* Schuldners *nicht ausreichen*, um eine *frühere Gläubigergruppe zu befriedigen* (GR, AB, 05.10.1959, BlSchK 1961, S. 84).

3 *Mindestvoraussetzungen einer gültigen Pfändung*. Unterbleibt die Mitteilung an den Schuldner, dass bestimmte – klar bezeichnete – Gegenstände gepfändet seien und dass ihm folglich bei Straffolge verboten sei, ohne Bewilligung des BA über diese Gegenstände zu verfügen, so liegt überhaupt keine Pfändung vor (BGE 97 III 22, 93 III 34, 94 III 80).

4 Zur Fortsetzung der Betreibung bedarf es immer eines rechtskräftigen *Zahlungsbefehls, der formgerecht zugestellt worden ist* (S, AB, 26.03.1976, BlSchK 1979, S. 175).

5 Leistet der Schuldner mehreren Vorladungen des BA keine Folge und verzögert oder verhindert er sogar den Vollzug der Pfändung, so hat er die Kosten vorsorglicher Sperrverfügungen und Requisitionen zu tragen, auch wenn sich diese zufolge späterer Zahlung als unnötig erweisen sollten (BS, AB, 26.07.1971, BlSchK 1973, S. 11).

6 Wenn der Gläubiger will, dass die *Pfändung nicht vollzogen wird*, so kann er das nur *durch einen Verzicht* auf das Fortsetzungsbegehren erlangen. Die Erklärung, vorläufig mit der Pfändung zuzuwarten, ist ein solcher Verzicht (SG, AB, 14.07.1951, BlSchK 1953, S. 83).

7 Ein bedingter Verzicht auf eine bereits vollzogene Pfändung ist nicht zulässig (BGE 94 III 78).

8 *Rückzug der Betreibung* – Gänzliche Nichtigkeit aller nachfolgenden Betreibungshandlungen. Diese Nichtigkeit kann jederzeit vor der AB jeder Instanz geltend gemacht werden (BGE 77 III 75).

9 Erfolgt die *Fortsetzung* einer Betreibung auf dem Wege der *Pfändung anstatt auf Konkurs*, so ist die *Pfändung von Amtes wegen aufzuheben* und die Betreibung durch die Ausstellung einer Konkursandrohung fortzusetzen. – Die bisher entstandenen Pfändungskosten gelten als Betreibungskosten im Sinne von Art. 68 SchKG (AR, AB, 23.11.1971, BlSchK 1972, S. 141).

10 Befugnis des BGer, nichtige Betreibungshandlungen trotz Ungültigkeit des Rekurses aufzuheben. Nichtigkeit der Handlungen, mit denen eine Betreibung unrichtigerweise *auf Pfändung statt auf Konkurs oder auf Konkurs statt auf Pfändung* fortgesetzt wird (BGE 94 III 65).

II. Rechtshilfe

11 Die Rechtshilfe eines andern BA ist erforderlich für Amtshandlungen in dessen Kreis; sie ist aber *nicht erforderlich* für Forderungspfändungen und Anzeigen. Diese können vom Betreibungsort aus auf postalischem Weg erfolgen (BGE 73 III 118).

12 Auf die Verwertung von beweglichen Sachen, die in einem andern Betreibungskreis liegen, sind die Art. 74 ff. VZG (insbesondere Art. 74 Abs. 1, 75 Abs. 1, 76 und 77 Abs. 2 entsprechend anwendbar. – Sind dem mit der Verwertung beauftragten Amt vorgehende Pfändungen bekannt, so hat es den Verwertungserlös entgegen Art. 77 Abs. 2 VZG nicht dem Auftrag gebenden Amt, sondern dem

Amt abzuliefern, bei dem die Betreibungen hängig sind, die zu diesen Pfändungen geführt haben (BGE 75 III 54):

13 Das ersuchte Amt hat bei der Pfändung selbständig vorzugehen. Die Beschwerde gegen die von ihm getroffene Verfügung muss bei der dem ersuchten Amt vorgesetzten AB eingereicht werden (LU, SchKKomm, 02.05.1958, Max. X, Nr. 603).

14 Im Rahmen der gegenseitigen allgemeinen Rechtshilfe unter Betreibungsämtern besteht keine «Amtsschweigepflicht» (BS, AB, 16.10.1962, BlSchK 1964, S. 76).

15 Die von einem ersuchten Amt vorgenommene Schätzung ist bei der AB des ersuchenden Amtes anzufechten (ZH, ObGer, II. Ziv.Kammer, 17.02.1956, ZR 1960, Nr. 90).

16 Rechtsverweigerung durch Ablehnung der Rechtshilfe? Die *Zustellung eines von einem deutschen Gericht erlassenen Arrestbefehls und Pfändungsbeschlusses an einen* in der Schweiz wohnenden *Drittschuldner* griffe als Vollstreckungshandlung des deutschen Gerichtes in die schweizerische (auch kantonale) Gebietshoheit ein. Eine Rechtshilfe ist deshalb zu verweigern (ZH, ObGer, Verwaltungskomm., 08.10.1953, ZR 1954, Nr. 21).

III. Pfändungsvollzug

17 Verhältnis zwischen Pfändung und der Verfügungsbeschränkung Art. 145 und 178 ZGB – Die privatrechtliche Regelung tritt nicht an die Stelle des Schuldbetreibungsrechts. Die Beschränkung der Verfügungsbefugnis gemäss Art. 145 oder 178 ZGB hat lediglich zur Folge, dass das Zwangsverwertungsverfahren vorübergehend sistiert oder dass seine Einleitung aufgeschoben wird, bis das Sachurteil rechtskräftig und vollstreckbar geworden ist, führt aber nicht zu einer Begünstigung innerhalb des Zwangsverwertungsverfahrens (BGE 120 III 67).

18 Pfändung von Vermögenswerten eines Ehegatten trotz richterlich angeordneter Verfügungsbeschränkung. Nach herrschenden Meinung steht die Verfügungsbeschränkung gemäss Art. 178 ZGB einem gesetzlich vorgesehenen Zugriff auf bestimmte Vermögenswerte sowie der Zwangsvollstreckung seitens eines Dritten gestützt auf einen Rechtstitel, der durch Art. 178 ZGB nicht berührt wird, grundsätzlich nicht entgegen. Ebenso entfaltet die Verfügungsbeschränkung dem gutgläubigen Dritten gegenüber keine Wirkung, wie dies auch für die Pfändung zutrifft (TG, Rekurskomm., 21.01.1994, BlSchK 1996, S. 185).

19 Pfändung einer durch *Wertpapier* verkörperten Forderung ist nur durch Pfändung des Titels angängig *und nur dort, wo er liegt*. Pfändung bei Beschlagnahme eines Titels durch die Bezirksanwaltschaft (ZH, ObGer, II. Ziv.Kammer, 22.02.1949, BGer 09.03.1949 ZR 1950, Nr. 110).

20 Arrestierung und Pfändung im Zusammenhang mit Vermögenswerten, die von einer inländischen Depotbank im Ausland angelegt wurden. *Wertpapiere sind allein an ihrem Lageort arrestier- und pfändbar.* Jedoch lässt sich der Anspruch des Bankkunden (Schuldner) gegen seine Depotbank auf Herausgabe der bei ausländischen Verwahrern befindlichen Wertpapiere bei der Depotbank arrestieren bzw. pfänden, *sofern der Bankkunde im Ausland wohnt.* In einer nicht gegen den Treuhänder gerichteten Zwangsvollstreckung darf dessen fiduziarischen Eigentum an der Treuhandanlage weder gepfändet noch mit Arrest belegt werden. Vorbehalten bleibt der Forderungsübergang nach Art. 401 OR. Dagegen können die obligatorischen, allenfalls auch dinglichen (Herausgabe-) Ansprüche des Schuldners gegen den Treuhänder Gegenstand einer Pfändung bzw. eines Arrests bilden (ZH, ObGer, II. Ziv.Kammer, 25.05.1988, ZR 1988, Nr. 118).

21 Kreisschreiben des BGer betreffend Pfändbarkeit von *Flugzeugen*. Bei der Zwangsvollstreckung solcher Objekte ist primär abzuklären, ob es sich um gewöhnliche Fahrnis handelt, was zutrifft, wenn das Flugzeug nicht im Luftfahrzeugregister beim Eidg. Amt für Luftfahrt eingetragen ist. Liegt aber ein Eintrag vor, so ist nach den besonderen Bestimmungen des BG vom 07.10.1959 über das Luftfahrzeugbuch sowie nach der daherigen VV vorzugehen, wobei ähnliche Grundsätze wie bei der Verwertung von Grundstücken zur Anwendung gelangen, mit Abweichungen für die örtliche Zuständigkeit, Verwaltung und Fristen (BGE 87 III 41).

22 Die Pfändung von *Forderungen* kann stets am Betreibungsort erfolgen und dem Drittschuldner direkt von dort aus angezeigt werden, auch wenn er in einem andern Kreis wohnt (BGE 73 III 84).

23 Für eine *Forderungspfändung* ist Rechtshilfe nicht notwendig. Beschwerde gegen Pfändungsvollzug ist bei der Behörde des Wohnortes des Schuldners einzureichen (BL, AB, 20.06.1951, Amtsbericht ObGer 1951, S. 65, BlSchK 1953, S. 171).

24 Wenn es die Umstände erfordern, darf die Pfändung vorbereitet und zum Schutze der Gläubigerinteressen eine *Sicherungsmassnahme* angeordnet werden, gemäss welcher *sämtliche Guthaben des Schuldners* bei einem Dritten gesperrt werden (BGE 107 III 67).

25 Pfändungsort für *Forderungen, die nicht in Wertpapieren* verkörpert sind, ist der Wohnsitz des Forderungsgläubigers (der mit dem Pfändungsschuldner identisch ist) und nicht der Wohnsitz des Forderungsschuldners, sofern der Forderungsgläubiger in der Schweiz einen bekannten Wohnsitz hat. Dies gilt auch für die Pfändung künftigen Lohnes (BGE 86 III 8).

26 *Wohnt der Schuldner nicht im Kreis des die Betreibung* durchführenden Amtes, so steht es diesem Amt frei, *eine Lohnpfändung selber* (nach Abklärung der tatsächlichen Verhältnisse auf dem Weg der Rechtshilfe) *zu vollziehen* oder durch das Amt des Wohnortes des Schuldners vollziehen zu lassen (91 III 81).

27 Der Schuldner, der seinen *Wohnsitz in der Schweiz aufgibt* und sich ins *Ausland begibt, ohne einen neuen Wohnsitz oder Aufenthalt zu begründen*, muss an seinem letzten Wohnsitz in der Schweiz betrieben werden. In einem solchen Fall darf das für die Pfändung zuständige BA sich nicht mit der Feststellung begnügen, dass die Pfändung nicht durchgeführt worden sei; vielmehr muss es gemäss den Art. 89 ff. SchKG vorgehen und eine Pfändungsurkunde im Sinne der Art. 112 bis 115 SchKG erstellen (BGE 120 III 110).

28 *Forderungen* (insbesondere *künftige Lohnguthaben*) kann das die Betreibung führende Amt selbst pfänden, auch wenn sich der Wohn- und Geschäftsort des Drittschuldners (der Arbeitsort des Betriebenen) nicht in seinem Bezirk befindet (BGE 86 III 8).

29 Der *Vollzug der Lohnpfändung* erfolgt dadurch, dass das BA dem Schuldner unter Hinweis auf das Verbot und auf die Straffolgen bei einer vom Amt nicht bewilligten Verfügung ausdrücklich erklärt, der erwähnte Lohnbetrag sei gepfändet (vgl. BGE 93 III 36). Die Anzeige an den Arbeitgeber, die gemäss Art. 99 SchKG womöglich zu erlassen ist, wenn der Schuldner eine unselbständige Erwerbstätigkeit ausübt, ist kein wesentlicher Bestandteil des Pfändungsvollzuges, sondern es handelt sich dabei um eine Sicherungsmassnahme, die zum Pfändungsvollzug hinzutritt (BGE 94 III 78).

30 Eine *Lohnpfändung, die für eine Forderung angeordnet wurde, welche noch nicht in Betreibung gesetzt ist* und daher auf keinen vollstreckbaren Zahlungsbefehl beruht, verstösst gegen die elementaren Grundsätze der Schuldbetreibung und ist deshalb nichtig (BGE 109 III 53).

31 *Lohnergänzungspfändungen*, die sich durch blosse Erhöhung des Deckungsbetrages ausführen lassen, können nötigenfalls auch in Abwesenheit des Schuldners vollzogen werden (BS, AB, 18.07.1961, BlSchK 1962, S. 169).

32 (i.V.m. Art. 93 SchKG) – Bei *fehlenden Buchhaltungsunterlagen* darf das BA bei Anlegung von *Verdienstpfändungen* weitgehend auf die Angaben des Schuldners abstellen, wobei ihm ein erheblicher Ermessensspielraum zugestanden werden muss. Im Umstand, dass die Pfändungsurkunde keinen Hinweis auf die Nichtexistenz von Pfändungsvorgängen enthält, liegt keine Gesetzesverletzung. Dagegen kann ein *verspäteter Pfändungsvollzug* u.U. zu Schaden führen, welcher der BB im Sinne von Art. 5 SchKG vor dem ordentlichen Richter zu vertreten hätte (GR, AB, 19.12.1979, 21.01.1980, BlSchK 1983, S. 26).

33 Die Pfändung dient der Vollstreckung *in das Vermögen des Schuldners*. In dessen Gewahrsam befindlichen Sachen sind daher *nicht zu pfänden, wenn sie zweifellos nicht ihm gehören und im Gewahrsam eines Dritten befindlichen* nur dann, wenn Eigentum des Schuldners von diesem selbst oder vom betreibenden Gläubiger behauptet worden ist oder sonstwie Anhaltspunkte für solches Eigentum bestehen. Nichtigkeit einer völlig grundlos vorgenommenen Pfändung (BGE 84 III 79).

34 *Findet sich der Schuldner zum* ordnungsgemäss *angekündigten Pfändungsvollzug nicht ein*, ist das BA befugt, die Pfändung in seiner Abwesenheit zu vollziehen, indem es Vermögenswerte, von denen es aus einer früheren Betreibung Kenntnis hat, mit Beschlag belegt. Die *Pfändung entfaltet ihre*

Wirkung jedoch erst *mit der Zustellung der Pfändungsurkunde an den Schuldner*. Wesentliches Element der Pfändung ist die Erklärung des BB an den Schuldner, dass dieser sich bei Straffolge jeder nicht bewilligten Verfügung über den mit Beschlag belegten Vermögenswert zu enthalten habe (Art. 96 Abs. 1 SchKG). Solange der Schuldner nicht ausdrücklich auf diese gesetzliche Unterlassungspflicht hingewiesen wurde, ist die Pfändung nicht wirksam und auch nicht rechtsgültig vollzogen (BGE 112 III 14, BGE 110 III 59).

35 Zulässigkeit der *Pfändung von Vermögenswerten, die anscheinend nicht dem Schuldner gehören*, Grenzen der Ermittlungen hinsichtlich besserer Rechte Dritter, zu deren Anordnung die Betreibungsbehörden gehalten sein können (BGE 107 III 67).

36 Ein Arrest oder eine Pfändung an *verpfändeten inländischen Patent- und Gebrauchsmusterrechten*, deren Inhaber im Ausland wohnt, ist am Sitz des Bundesamtes für geistiges Eigentum in Bern zu vollziehen. Ausländische Immaterialgüterrechte können in der Schweiz nicht mit Arrest belegt oder gepfändet werden (BGE 112 III 115/116).

37 Die Pfändung leidet an einem wesentlichen Mangel, wenn das BA nicht genau angibt, welche Vermögenswerte mit Beschlag belegt sind (BGE 114 III 75)76).

38 (i.V.m. Art. 99 SchKG) – *Guthaben* des Schuldners *gegenüber einem im Ausland* domizilierten Drittschuldner – hier ein Bankguthaben bei einer deutschen Bank – sind pfändbar und können diesem, allenfalls durch Vermittlung ausländischer Behörden, angezeigt werden (BL, AB, 25.04.2000, BlSchK 2001, S. 138).

39 (i.V.m. Art. 1, 6 und 12 VVAG und Art. 275 SchKG) – Der Erbanteil des Schuldners kann gepfändet werden, auch wenn der Schuldner und die Miterben behaupten, die seit der Verarrestierung durchgeführte Erbteilung habe für den Schuldner keinen Aktivwert ergeben. Bestreiten der Schuldner oder die Miterben, dass dem Schuldner aus der nach dem Arrest vollzogenen Erbteilung etwas zustehe, so existiert nach der Rechtsprechung als Arrestsubstrat der nun als bestritten geltende Liquidationsanteil weiter. Die Betreibungsbehörden können nicht darüber entscheiden, ob dem Schuldner etwas aus der Erbteilung zustehe (BGE 130 III 652).

40 (i.V.m. Art. 110 SchKG) – Nach gesetzlicher Vorschrift ist für den Beginn der *Teilnahmefrist zur Gruppenbildung* der Zeitpunkt des tatsächlichen Pfändungsvollzuges massgebend und nicht ein Datum, an welchem die Pfändung allfällig vorher hätte durchgeführt werden sollen (BS, AB, 01.03.1979, BlSchK 1981, S. 133).

Art. 90   2. Ankündigung

Dem Schuldner wird die Pfändung spätestens am vorhergehenden Tage unter Hinweis auf die Bestimmung des Artikels 91 angekündigt.

1 Unterlassung der Pfändungsankündigung macht die Pfändung nur anfechtbar. Pfändung auf Distanz dagegen nichtig (SG, AB, 14.11.1945, BlSchK 1947, S. 87).

2 Folgen der Unterlassung der Pfändungsankündigung – Eine Pfändung, der keine gehörige Ankündigung vorausging, ist auf Beschwerde des Schuldners aufzuheben, wenn der Schuldner infolge dieser Unregelmässigkeit nicht in der Lage war, ihr beizuwohnen oder sich dabei gültig vertreten zu lassen, um seine Rechte geltend zu machen (BGE 43 III 28 mit zitierten Entscheiden) (BGE 77 III 104).

3 Anders als die Pfändung ist die Aufnahme eines Retentionsverzeichnisses (Art. 283 SchKG) dem Schuldner nicht anzukündigen (BGE 93 III 20).

4 Dass der Forderungsbetrag in der Pfändungsankündigung insofern unrichtig angegeben wird, als zur Betreibungssumme die Kosten geschlagen werden, macht weder die Ankündigung noch die folgenden Betreibungshandlungen ungültig (LU, SchKKomm, 13.01.1950, Max. IX, Nr. 793; ein Rekurs wurde vom BGer abgewiesen, BlSchK 1952, S. 173).

5 Beginn der *Beschwerdefrist gegen die Pfändungsankündigung* bei Widerruf des Rückzuges des Rechtsvorschlages. Wurde dem Schuldner in einer Verfügung unmissverständlich die Fortsetzung der

Betreibung angekündigt, löst auch die mehrmalige Verschiebung der angekündigten Pfändung keine neue Beschwerdefrist aus (BGE 109 III 14).

6 Wirksamkeit einer *Pfändung, die dem Schuldner nicht angekündigt* worden war und erst nach 20 Uhr vorgenommen wurde. Der Umstand, dass eine Lohnpfändung dem Schuldner zuvor nicht angekündigt wurde, macht sie nach der Rechtsprechung nicht ungültig, wenn der Schuldner ihr tatsächlich beiwohnte und dabei seine Rechte wahren konnte (vgl. BGE 77 III 106/107) (BGE 79 III 150).

7 Eine nachträgliche Heilung der *mangelhaften Pfändungsankündigung* setzt voraus, dass der Schuldner in der Lage war, der Pfändung beizuwohnen oder sich dabei gültig vertreten zu lassen, um seine Rechte geltend zu machen. *Eine nachträgliche Heilung der Pfändungsankündigung* auf einen inzwischen schon verstrichenen Zeitpunkt ist, *wenn der Schuldner an der Pfändung nicht teilgenommen hat, ausgeschlossen* (BGE 115 III 41).

8 *Unrichtige Schuldnerbezeichnung* in der Pfändungsankündigung (Angabe des Ehemannes als Vertreter der Ehefrau in der für die Ehefrau bestimmten Ausfertigung) hat nicht ohne Weiteres die Nichtigkeit der Pfändungsankündigung zur Folge. Wesentlich ist einzig, dass der Schuldner durch die Pfändungsankündigung die Kenntnis über seine Pflichten zum Pfändungsvollzug erhält, während eine fehlerhafte Bezeichnung blosse Formalität der Anschreibung ist, der – sofern diese beim Schuldner nicht zu Missverständnissen führt – keine weitere Bedeutung zukommt (LU, SchKKomm, 28.02.1964, Max. XI, Nr. 336, BlSchK 1966, S. 77).

9 Es ist nach Ansicht der AB angebracht, dass in der Pfändungsankündigung vermerkt wird, ob der Vollzug für eine provisorische oder eine definitive Pfändung vorgesehen ist. Die Wirkung der beiden Pfändungsarten unterscheidet sich insofern, als die provisorische Pfändung rein Sicherungszweck aufweist und die Durchführung einer Verwertung bei einer bloss provisorischen Pfändung ausgeschlossen ist. Der Schuldner hat Anspruch darauf, bereits im Zeitpunkt der Pfändungsankündigung zu wissen, ob die Pfändung provisorisch oder definitiv erfolgen soll, da dies auch für seine allfällige Bereitschaft, vor der Pfändung zu bezahlen, von Bedeutung sein kann. Es kann von ihm auch nicht verlangt werden, dass er mit einer allfälligen Beschwerde gegen die Pfändungsart bis zum Pfändungsvollzug zuwartet (BL, 10.11.997, SJZ 1998, S. 281).

10 Der Pfändungsvollzug hat an der vom BA festgesetzten Stunde stattzufinden. Als Pfändungsort gilt in der Regel die Wohnung des Schuldners (SO, AB, 17.11.1960, BlSchK 1962, S. 52).

11 Leistet der Schuldner mehreren Vorladungen des BA keine Folge und verzögert oder verhindert er sogar den Vollzug der Pfändung, so hat er die Kosten vorsorglicher Sperrverfügungen und Requisitionen zu tragen, auch wenn sich diese zufolge späterer Zahlung als unnötig erweisen sollten (BS, AB, 26.07.1971, BlSchK 1973, S. 11).

12 Ein Schuldnervertreter verlangte die Aufhebung der Lohnpfändung, da sich die Gläubiger mit monatlichen Ratenzahlungen einverstanden erklärt und schriftlich zugesichert hätten, die beantragte Lohnpfändung zu stornieren. Das BA verlangt mit Recht von den Gläubigern eine klare Entscheidung und einen vorbehaltlosen Bericht an das Amt. Bloss bedingte Fortsetzungs- und Verwertungsbegehren sind unwirksam (BGE 85 III 70). Der bedingte Rückzug eines solchen Begehrens hat die gleichen Folgen wie ein unbedingter Rückzug (BGE 85 III 71/72; vgl. BGE 41 III 431 und Ziff. 3 der Erläuterungen auf dem obligatorischen Formular für das Fortsetzungsbegehren; BGE 94 III 78 ff.). Ein *bedingter Verzicht auf eine bereits vollzogene Pfändung* kann noch weniger zugelassen werden. Bei Annahme eines solchen Verzichts und wird gestützt darauf die Pfändung aufgehoben, so fällt damit grundsätzlich die Betreibung als solche dahin (BGE 94 III 82 mit weiteren Verweisungen). – Das BA ist zudem verpflichtet, die Gläubiger rechtzeitig und mit aller Deutlichkeit auf die Folgen eines bedingten Rückzugs oder Verzichts hinzuweisen. Ein Begehren, die Lohnpfändung zu sistieren, kann solange zurückgewiesen werden, als nicht alle Gläubiger das Fortsetzungsbegehren schriftlich und vorbehaltlos zurückziehen (AR, AB, 14.05.1976, Rechenschaftsbericht 1975/76, Nr. B/2, SJZ 1977, S. 192).

13 Das BA ist nicht befugt, einen Verlustschein auszustellen, wenn der Schuldner von der Pfändung nicht benachrichtigt worden ist und in seiner Wohnung nicht festgestellt wurde, ob sich dort pfänd-

bares Vermögen befinde, der Schuldner auch nicht darüber befragt wurde, ob solches anderswo vorhanden sei (FR, 15.02.1961, Extraits 1961, S. 94, SJZ 1964, S. 275).

Art. 91 3. Pflichten des Schuldners und Dritter

¹ Der Schuldner ist bei Straffolge verpflichtet:
1. der Pfändung beizuwohnen oder sich dabei vertreten zu lassen (Art. 323 Ziff. 1 StGB);
2. seine Vermögensgegenstände, einschliesslich derjenigen, welche sich nicht in seinem Gewahrsam befinden, sowie seine Forderungen und Rechte gegenüber Dritten anzugeben, soweit dies zu einer genügenden Pfändung nötig ist (Art. 164 Ziff. 1 und 323 Ziff. 2 StGB).

² Bleibt der Schuldner ohne genügende Entschuldigung der Pfändung fern und lässt er sich auch nicht vertreten, so kann ihn das Betreibungsamt durch die Polizei vorführen lassen.

³ Der Schuldner muss dem Beamten auf Verlangen Räumlichkeiten und Behältnisse öffnen. Der Beamte kann nötigenfalls die Polizeigewalt in Anspruch nehmen.

⁴ Dritte, die Vermögensgegenstände des Schuldners verwahren oder bei denen dieser Guthaben hat, sind bei Straffolge (Art. 324 Ziff. 5 StGB) im gleichen Umfang auskunftspflichtig wie der Schuldner.

⁵ Behörden sind im gleichen Umfang auskunftspflichtig wie der Schuldner.

⁶ Das Betreibungsamt macht die Betroffenen auf ihre Pflichten und auf die Straffolgen ausdrücklich aufmerksam.

I. Persönliche Teilnahme- und Auskunftspflicht

1 Die Ehefrau, die den Schuldner bei der Pfändung vertritt und dabei sein Einkommen verschweigt, macht sich des Pfändungsbetruges nach Art. 164 Ziff. 2 StGB schuldig (BS, Appellationsgericht (Ausschuss), 21.07.1955, BJM 1955, S. 198).

2 Bescheid vom 06.12.1961 des BGer an die AB in Betreibungs- und Konkurssachen für den Kanton Bern. – Pflicht des Schuldners, der Pfändung beizuwohnen oder sich dabei vertreten zu lassen. Lässt der Schuldner dieses Gebot ohne genügende Entschuldigung unbeachtet und erscheint seine Einvernahme als notwendig, so kann das BA ihn durch die Polizei vorführen lassen.

Diese Massnahme ist dem Schuldner bei der Pfändungsankündigung anzudrohen. Weitere Massnahmen des unmittelbaren Zwanges gegen die Person des Schuldners sind nicht zulässig. Verweigert dieser die Auskunft, so setzt er sich der Bestrafung nach Art. 32 Ziff. 2 StGB aus (BGE 87 III 87).

3 Leistet der Schuldner mehreren Vorladungen des Pfändungsbeamten keine Folge und verzögert oder verhindert er sogar den Vollzug der Pfändung, so hat er die Kosten vorsorglicher Sperrverfügungen und Requisitionen zu tragen, auch wenn sich diese zufolge späterer Zahlung als unnötig erweisen sollten (BS, AB, 26.07.1971, BlSchK 1973, S. 11).

4 Präsenzpflicht des Schuldners bei der Pfändung. Wenn die Pfändungsankündigung durch die Schuld des Schuldners nicht in dessen Hände gelangt, ändert dies nichts an seiner Verpflichtung zum Erscheinen. Erscheint er nicht, ist der Fall durch das BA den zuständigen Strafverfolgungsbehörden zu übergeben (GR, AB, 14.03.1960, BlSchK 1963, S. 50).

5 Der Schuldner ist bei Straffolge nicht nur verpflichtet, der Pfändung auf erste Aufforderung hin beizuwohnen, sondern auch späteren Vorladungen des BA Folge zu leisten, so oft dieser wegen auch nur möglicher Änderung der Verhältnisse Auskünfte benötigt und in pflichtgemässer Betätigung seines Ermessens die persönliche Befragung des Schuldners als erforderlich erachtet. Bei verweigertem Erscheinen ist das BA berechtigt, die polizeiliche Vorführung anzudrohen und nötigenfalls zu veranlassen (BS, AB, 15.02.1965, BlSchK 1967, S. 49).

6 *Vollzug der Pfändung bei Abwesenheit des Schuldners* – Findet sich der Schuldner zum ordnungsgemäss angekündigten Pfändungsvollzug nicht ein, ist das BA befugt, die Pfändung in seiner Abwe-

Dritter Titel: Betreibung auf Pfändung — Art. 91

senheit zu vollziehen, indem es Vermögenswerte, von denen es aus einer früheren Betreibung Kenntnis hat, mit Beschlag belegt. Die Pfändung entfaltet ihre Wirkungen jedoch erst mit der Zustellung der Pfändungsurkunde an den Schuldner. Dass die Pfändungsurkunde während der Betreibungsferien aufgenommen wurde, ist in einem solchen Fall unerheblich, vorausgesetzt, dass sie erst nach dem Betreibungsstillstand zugestellt wurde (BGE 112 III 14, Praxis 75, Nr. 250).

7 *Erhebungen von Amtes wegen bei der Pfändung.* – Der BB ist nicht berechtigt, sich mit den vom Schuldner oder dessen Vertreter *erhaltenen Auskünfte zufrieden zu geben*, wenn er an deren Richtigkeit zweifelt. Er ist verpflichtet, weitere Erhebungen anzustellen. Drittpersonen müssen dem BA über bei ihnen befindliche Vermögenswerte mit Einschluss von Lohnforderungen Auskunft erteilen. Es ist dann auch die Frage zu prüfen, ob und wieweit allenfalls die Voraussetzungen zu einer Anzeige aufgrund des Art. 164 StGB erfüllt sind (GR, AB, 08.12.1960, BlSchK 1963, S. 141).

8 *Meldepflicht des Schuldners bei Lohnpfändung.* Der Schuldner, welcher trotz Aufforderung dem BA die Eingehung eines neuen Arbeitsverhältnisses nicht meldet, ist wegen Ungehorsams im Betreibungsverfahren (Art. 323 Ziff. 2 StGB) zu verzeigen (BL, AB, 16.06.1950, Amtsbericht ObGer 1950, S. 62, BlSchK 1952, S. 173).

9 Der Schuldner ist bei Straffolge verpflichtet, über sein Einkommen und die Gewinnungskosten Auskunft zu erteilen, nötigenfalls diese zu belegen (Bern, AB, 26.03.1973, BlSchK 1975, S. 84).

10 Der BB kann bei der Pfändung vom Schuldner *nicht verlangen*, das dieser sich über *die Verwendung von Geldbeträgen ausweist*, die er möglicherweise vor Jahren besessen hat (BGE 107 III 73).

11 Die *Auskunftspflicht gemäss Art. 91 SchKG* trifft nur den Schuldner und gegebenenfalls den *Drittinhaber des Gewahrsams* an den gepfändeten bzw. verarrestierten Vermögenswerten des Schuldners, nicht aber den Drittschuldner (ZH, ObGer, II. Ziv.Kammer, 23.10.1985, ZR 1986, Nr. 84).

12 Verheimlichung von Vermögenswerten – Auskunftspflicht – Der Schuldner hat in der Betreibung auf Pfändung auch auf im Ausland erzielte Einkünfte und dort gelegene Vermögensgegenstände hinzuweisen. Die *Auskunftspflicht erstreckt sich jedoch nicht auf Vermögensverhältnisse eines Dritten*, selbst wenn diese die Höhe des schuldnerischen Vermögens beeinflussen (BGE 114 IV 11).

13 Es ist nicht Aufgabe der Betreibungsbehörden, auf blosse Vermutungen eines Gläubigers hin Erhebungen über allfällige Nebenbeschäftigungen des Schuldners anzustellen und Strafanzeige zu erstatten. Das BA genügt seiner Abklärungspflicht mit der Befragung des Schuldners über seine Einkommens- und Vermögensverhältnisse unter Hinweis auf die gesetzlichen Folgen falscher oder unvollständiger Angaben sowie durch Rückfrage beim Arbeitgeber des Schuldners (BE, AB, 11.03.1988, BlSchK 1989, S. 18; SG AB, 03.07.1989, BlSchK 1989, S. 226).

14 (i.V.m. Art. 95 SchKG) – *Pflicht zur Angabe der Vermögenswerte bei der Pfändung.* Der Betreibungsschuldner hat alle ihm gehörenden beweglichen Vermögenswerte anzugeben, damit das BA die Pfändung unter Beachtung der gesetzlich festgelegten Reihenfolge vollziehen kann. Wo die Pfändung unbeweglicher Vermögenswerte als unumgänglich erscheint, ist er verpflichtet auch das gesamte unbewegliche Vermögen anzugeben (BGE 117 III 61).

15 (i.V.m. Art. 50 Abs. 2 und Art. 149 SchKG) – Wird in einer Betreibung gegen einen im *Ausland wohnenden Schuldner*, welcher in der Schweiz zur Erfüllung einer Verbindlichkeit ein Spezialdomizil gewählt hat, eine (ergebnislose oder die Forderung nicht voll deckende) Pfändung vollzogen, hat der Gläubiger *Anspruch auf die Ausstellung eines Verlustscheines* auch dann, wenn der Schuldner der Pfändung nicht beiwohnt. Die Möglichkeit, dass der Schuldner im Ausland Vermögenswerte besitzen könnte, ist kein Grund, die Ausstellung eines Verlustscheines zu verweigern (Zürich, AB, BlSchK 1987, S. 59).

II. Mithilfe der Polizei

16 Die vom BA mit der Vorführung des Schuldners beauftragte Polizei hat die Rechtmässigkeit dieser Massnahme nicht nachzuprüfen. Hinsichtlich der Art und Weise der Ausführung handelt sie aber selbständig und auf eigene Verantwortung gemäss den die polizeilichen Tätigkeit als solche beherrschenden Grundsätze (BGE 87 III 87).

17 Die Mithilfe der Polizei darf nur dann zu einer Kostenbelastung führen, wenn eine notwendige Auslage in Frage steht (LU, SchKKomm, 28.05.1952, Max. X, Nr. 133).

18 Wenn der Schuldner dem Vollzug einer Pfändung von Schmucksachen, die er bei sich trägt, Widerstand leistet, so ist der Pfändungsbeamte berechtigt, polizeiliche Hilfe in Anspruch zu nehmen (GE, Autorité de surveillance, 19.11.1975, BlSchK 1979, S. 45).

III. Pfändung

19 Eine *Pfändung von unter Konkursbeschlag stehenden Gegenständen* ist nichtig (ZH, ObGer, II. Ziv.Kammer, 27.08.1954, BlSchK 1954, S. 183).

20 Unterlassung der Pfändungsankündigung macht die Pfändung nur anfechtbar. – *Pfändung auf Distanz dagegen nichtig* (SG, AB, 14.11.1945, BlSchK 1947, S. 87).

21 Trotz öffentlicher Bekanntmachung der Pfändungsankündigung kann ein *Verlustschein nicht ausgestellt werden*, wenn der Schuldner über seine eventuellen Aktiven nicht einvernommen werden kann (ZH, Bez.Gericht, II. Abt., 29.11.1946, BlSchK 1949, S. 47).

22 Benützt der betriebene Schuldner ein *möbliertes Zimmer (Pension oder Hotel)*, so soll in der Regel von einer Pfändung der Zimmerausstattung Umgang genommen werden (BS, AB, 15.09.1947, BlSchK 1948, S. 14).

23 Der *Erlös aus einer Faustpfandverwertung fällt* mit Ausnahme eines Überschusses, *nicht in das Schuldnervermögen* und kann daher nicht für gewöhnliche Gläubiger dieses Schuldners arrestiert oder gepfändet werden, noch sind solche Gläubiger befugt, dem betreibenden Pfandgläubiger das Recht auf den Erlös in einem Widerspruchsverfahren streitig zu machen. Vorbehalten bleibt die Anfechtungsklage nach Art. 285 ff. SchKG (BGE 74 III 6).

24 Gültigkeit des sog. Gattungsarrestes – Das BA kann die arrestierten Sachen in Verwahrung nehmen, darf jedoch hiezu keine Gewalt anwenden. Beruht die Forderung des Arrestgläubigers nicht auf einem vollstreckbaren Titel, so darf das Amt dem die Mitwirkung verweigernden Dritten nicht Strafe androhen (BGE 75 III 106).

25 Ist es infolge *Verzichts des Schuldners auf die Unpfändbarkeit eines Gegenstandes* zur Pfändung gekommen, so kann der Gläubiger die Pfändung nur dann unter Berufung auf Art. 92 SchKG anfechten, wenn sie nichtig ist (LU, SchKKomm, 13.03.1956, Max. X, Nr. 439).

26 Das BA ist nicht befugt, einen Verlustschein auszustellen, wenn *der Schuldner von der Pfändung nicht benachrichtigt worden ist* und *in seiner Wohnung nicht festgestellt wurde, ob sich dort pfändbares Vermögen befinde*, der Schuldner auch nicht darüber befragt wurde, ob solches anderswo vorhanden sei (FR, SchKK, 15.02.1961, Extraits 1961, S. 94, SJZ 1964, S. 275).

27 *Die summarische Angabe der nicht pfändbaren Aktiven* in der Pfändungsurkunde ist praxiskonform; vorausgesetzt wird die richtige Durchführung der Pfändung (BE, AB, 05.02.1973, BlSchK 1975, S. 116).

28 Die Pfändung von Vermögenswerten, die nicht genügend individualisiert sind, ist nichtig (BGE 106 III 100).

29 Der BB hat sich mit den Angaben des Schuldners, die unter Strafandrohung stehen, zu genügen. Kennt der Gläubiger *Aktiven, die verheimlicht wurden*, so kann er ein Nachpfändungsbegehren stellen. (BE, AB, 27.10.1950, BlSchK 1952, S. 22; 17.12.1954, BlSchK 1956, S. 46 und 18.06.1973, BlSchK 1977, S. 53).

30 Pflicht des BA, nach pfändbaren Gegenständen zu suchen und die Räumlichkeiten und Behältnisse des Schuldners zu besichtigen (BGE 83 III 63).

31 *Beschränkung der Pflicht des Betreibungsbehörden, nach allenfalls vom Schuldner verheimlichten Vermögensgegenständen zu forschen.* Grundsätzlich darf davon ausgegangen werden, dass sich ein Schuldner nicht den Straffolgen gemäss Art. 164 Ziff. 1 und 323 Ziff. 2 StGB aussetzen will und deshalb seine Vermögenswerte vollständig angibt. Weder das BA noch die Aufsichtsbehörden sind verpflichtet geradezu detektivische Arbeit zur Auffindung allenfalls trotz der Strafdrohung verheimlichter Vermögensgegenstände zu leisten. Einem *Begehren eines Gläubigers, ein Fahrzeug zum ef-*

fektiven Wert zu pfänden und dessen Kompetenzqualität zu verneinen, das sich einzig auf die Schlüsse aus der Buchhaltung des Schuldners bezieht, *ist nicht stattzugeben* (BGer, 01.08.1998, BlSchK 1999, S. 135).

32 Der BB kann bei der Pfändung vom Schuldner nicht verlangen, dass dieser sich über die Verwendung von Geldbeträgen ausweist, die er möglicherweise vor Jahren besessen hat. Ein solches Vorgehen würde auch zu nichts führen, dann nämlich, wenn der Schuldner keine Belege vorlegen könnte. Der BB hätte dann keine Möglichkeit, Vermögenswerte, deren Vorhandensein nicht festgestellt werden können, zu pfänden (BGE 107 III 73).

33 *Einsicht in Steuerakten* – Erhebungen bei den Steuerbehörden durch das BA. – Wenn im Rahmen der Pfändung das Bankgeheimnis durchbrochen werden darf, so muss dies auch bezüglich des Steuergeheimnisses möglich sein. Das Interesse des Pfändungsgläubigers, im Rahmen der Zwangsvollstreckung für seine Forderung befriedigt zu werden, ist als berechtigtes Interesse anzuerkennen. Um jedoch dem Persönlichkeitsschutz des Schuldners Rechnung zu tragen, ist aber vom Beizug der gesamten Steuererklärung gegen den Willen des Schuldners abzusehen und die Einholung von Auskünften auf allfällig anlässlich der letzten Steuereinschätzung festgestellten Vermögenswerte und die damals ermittelten Einkommensverhältnisse inkl. Ehefrau zu beschränken (BL, ObGer, 26.10.1993, SJZ 1994, S. 331).

34 Unpfändbarkeit eines Genossenschaftsanteils? Der *statutarische Ausschluss* der Übertragung und *Verpfändung* hindert die Pfändung nicht (BGE 84 III 21).

35 *Im Falle der provisorischen Pfändung* von Vermögen des Schuldners bei einer Bank kann der Gläubiger die zwangsweise Öffnung des vom Schuldner gemieteten Tresorfaches verlangen (BGE 102 III 6).

36 (i.V.m. Art. 118 SchKG) – *Provisorische Pfändung eines Schweizerpatentes.* – Ein Gläubiger, dessen Pfändung bloss provisorisch ist, kann die Verwertung nicht verlangen; inzwischen laufen für ihn die Fristen des Art. 116 SchKG nicht. Dagegen beginnt die ein- bzw. sechsmonatige *Frist, während welcher überhaupt kein Verwertungsbegehren gestellt werden kann,* schon mit dem Datum der provisorischen Pfändung zu laufen. – Wer Eigentümer des gepfändeten Patentes ist, kann nicht im Beschwerdeverfahren durch die AB geprüft werden. Dazu dient das Widerspruchsverfahren gemäss Art. 106 ff. SchKG. Es ist nicht Sache der Betreibungsbehörden, für die Eintragung des richtigen Eigentümers im Patentregister besorgt zu sein. – Zur Gültigkeit der Pfändung eines Erfindungspatentes bedarf es mangels anders lautender Vorschrift keiner Eintragung im Patentregister, doch ist die Anzeige von der erfolgten Pfändung an das Amt für geistiges Eigentum im Sinne einer Sicherungsmassnahme schon deshalb angezeigt, damit dieses von der Pfändung Kenntnis erhält und das BA davon unterrichten kann, wenn die Jahresgebühren fällig werden. Für Beschwerden gegen die Schätzung gepfändeter Gegenstände ist im Kanton nicht die obere (kantonale), sondern die untere AB zuständig (Art. 25 EGzSchKG), (BE, obere AB, 15.03.1983, BlSchK 1987, S. 65).

37 (i.V.m. Art. 163 ff. ZGB) – Für die *Beurteilung der Einkommensverhältnisse ist auf den Zeitpunkt der Pfändung abzustellen.* Hat der Schuldner in diesem Zeitpunkt keinen Verdienst, so bleibt für die Anteilsberechnung gemäss neuem Eherecht kein Raum. Nach Art. 163 ZGB steht es den Ehegatten frei, wie sie die Aufgaben- und Rollenverteilung in ihrer Ehe vornehmen wollen. Die von ihnen getroffene Verständigung über Mass- und Art des Beitrages ist für das BA verbindlich (SG, AB, 03.07.1989; ein Rekurs beim BGer wurde am 18.08.1989 abgewiesen (BlSchK 1989, S. 226).

38 (i.V.m. Art. 164 Ziff. 1 ZGB) – *Voraussetzungen der Pfändbarkeit des Anspruchs eines Ehegatten* aus Art. 164 ZGB. – Der Betrag zur freien Verfügung im Sinne dieser Bestimmung gehört zum ehelichen Unterhalt. Er stellt nicht ein Lohn für den haushaltführenden und kinderbetreuenden Ehegatten dar. Er soll vielmehr demjenigen Gatten, der auf eigenes Erwerbseinkommen verzichtet, ermöglichen, seine erweiterten persönlichen Bedürfnisse im gleichen Rahmen zu befriedigen wie sein Ehepartner. *Der Anspruch aus Art. 164 ZGB* ist zwingender Natur. Es kann auf ihn als solchen nicht zum Voraus verzichtet werden, weshalb *er auch nicht pfändbar ist.* Hingegen ist ein nachträglicher Verzicht auf eine konkrete einzelne Leistung nicht ausgeschlossen und ihre Pfändbarkeit grundsätzlich nicht zu verneinen, sofern der Pfändung eine Schuld zugrunde liegt, die mit den erweiterten

persönlichen Bedürfnissen des Ehegatten zusammenhängt. Die Pfändung *darf aber nicht in das Existenzminimum des betriebenen Ehegatten eingreifen und nicht der Begleichung seiner vorehelichen Schulden* dienen (BGE 114 III 78 und 83, Praxis 1989, Nr. 87 und 88).

39 Die *Pfändung leidet an* einem wesentlichen Mangel, wenn der BB, der sie vornimmt, *nicht genau angibt, welche Vermögenswerte mit Beschlag belegt sind.* Hingegen ist es nicht notwendig, die zahlreichen gepfändeten Gegenstände, die sich in einem Container befinden, dessen Inhalt bekannt ist, im vorliegenden Fall Ware eines Verkaufsladens, im Einzelnen genau zu bezeichnen.

Vermögenswerte, die im Rahmen einer gegen die Gattin gerichteten Betreibung gepfändet, aber im Konkurse des Ehegatten realisiert worden sind, ohne dass dieser die Gegenstände zu Eigentum angesprochen hat. Das Schicksal dieser Güter – oder des sie repräsentierenden Entgeltes (Erlöses) – kann nicht durch Übereinkunft zwischen dem Betreibungs- und Konkursamt besiegelt werden, ohne dass die Ehefrau und deren Gläubiger nach Art. 106 ff. SchKG Gelegenheit zur Bestreitung des Anspruchs oder zur Klageerhebung erhalten haben (BGE 114 III 75).

40 Obwohl *im Ausland erzielte Einkünfte* einer schweizerischen Zwangsvollstreckung entzogen sind, können diese für die Berechnung des Existenzminimums eine Rolle spielen (BGE 114 IV 11).

41 (i.V.m. Art. 125 und 138 SchKG) – Massgebend für das Verwertungsverfahren bezüglich Grundstücken sind die *Eigentumsverhältnisse, die sich aus dem Grundbuch ergeben* (SH, AB, 01.12.1989, BlSchK 1990, S. 228).

42 (i.V.m. Art. 145 SchKG) – Nachpfändung (nur) auf Antrag eines Gläubigers, wenn das BA Vermögensgegenstände nicht eingepfändet hat, obwohl sie zur Zeit der Pfändung bereits vorhanden waren (UR, AB, 17.07.1998, BlSchK 1999, S. 102).

43 Will der Gläubiger *ergänzend zur Pfändungsurkunde* weitere Vermögensgegenstände des Schuldners eingepfändet haben, hat er dies dem BA anzuzeigen. Das Erheben einer Beschwerde ist hierzu nicht der richtige Weg (BE, AB, 30.07.1993, BlSchK 1994, S. 108).

44 Wird eine *Beschwerde wegen unvollständigen Pfändungsvollzugs* von der AB abgewiesen, so kann sie diese im Sinne eines Nachpfändungsbegehrens zur weiteren Behandlung an das BA überweisen (BE, AB, 05.05.1995, BlSchK 1996, S. 67).

45 *Der Dritte* kann sich nicht auf die Unpfändbarkeit gemäss Art. 92 SchKG berufen (ZH, ObGer, II. Ziv.Kammer, 23.05.1947, ZR 1948, Nr. 33).

46 *Zulässigkeit der Pfändung* von Vermögenswerten, die *anscheinend nicht dem Schuldner gehören*, Grenzen der Ermittlung hinsichtlich besserer Rechte Dritter, zu deren Anordnung die Betreibungsbehörden gehalten sein können (BGE 107 III 67).

47 Die Bank, die den Besitz der verarrestierten Vermögenswerte beim Arrestvollzug nicht bestreitet, kann als tatsächlichen Besitzer vermutet werden. Erfolgt alsdann die Pfändung, ist die Bank nicht nur zur Abgabe aller erforderlichen Auskünfte, sondern auch zur Herausgabe der gepfändeten Werte in amtliche Verwahrung verpflichtet. Nötigenfalls kann polizeiliche Hilfe beansprucht werden. – Das BA hat sich auch über das Bestehen eines Nummernkontos zu vergewissern. Die Frage, ob der Betriebene auf einem Nummernkonto Werte Dritter deponiert oder ob Dritte Werte zugunsten des Betriebenen hinterlegt haben, ist im Widerspruchsverfahren zu entscheiden (VD, Tribunal cantonal, 08.01.1975, BlSchK 1979, S. 102).

IV. Pfändung von einzelnen Vermögenswerten

48 Ein Anspruch des Schuldners auf *Herausgabe von Wertpapieren durch einen Dritten* ist kein pfänd- und verwertbares Recht (BGE 72 III 74).

49 Die Pfändung *von Interimsscheinen* (Art. 688 OR) erfasst die Aktionärsrechte (BGE 75 III 6).

50 Pfändung und Verarrestierung eines *gerichtlich «zu Handen wem Rechtens» hinterlegten Depositum*. Ein «zu Handen wem Rechtens» gerichtlich hinterlegtes Depositum kann sehr wohl gepfändet und verarrestiert werden. Dementsprechend hat die mit der Verwahrung beauftragte Amtsstelle auf eine entsprechende Verfügung des BA hin ein solches Depositum, soweit es gepfändet ist, dem BA auszuhändigen. Der Streit um die Frage, wem das Depositum gehört und ob es allenfalls wegen

Dritteigentum aus der Pfändung fällt, ist im Widerspruchsverfahren auszutragen (LU, SchKKomm, 06.01.1953, Max. X, Nr. 217, BlSchK 1955, S. 184).

51 Pfändung einer vom *Mieter geleisteten Kaution*, die der Sicherstellung von Ansprüchen des Vermieters dient? – Zum pfändbaren Vermögen gehören auch betagte, d.h. noch nicht fällige Forderungen. Im Gegensatz dazu können aber blosse Anwartschaften nicht gepfändet werden. Bei einer Kaution handelt es sich zwar um einen zur Zeit der Arrestnahme bereits bestehenden Anspruch auf Rückzahlung, dessen Zeitpunkt jedoch nicht feststeht und es ungewiss ist, ob und inwieweit die Kaution vom Vermieter in Anspruch genommen wird, was ohne Weiteres durch die Arrestschuldnerin durch Nichtbezahlung der Mieten beeinflusst werden kann. Eine solche bedingte, der Höhe nach unbestimmte Forderung mit erst noch ungewissem Fälligkeitstermin wird deshalb einer künftigen Forderung – einer Anwartschaft – gleichgestellt. Hinzu kommt die lange Mietdauer von 60 Monaten, was das Betreibungsverfahren möglicherweise in untragbarer Weise verlängert. Die hier in Frage stehende Kaution wird deshalb als nicht arrestierbares Aktivum erklärt (BS, AB, 28.10.1987, BJM 1988, S. 87, BlSchK 1988, S. 233).

52 Pfändung von Mietzinsforderungen *aus einem auf unbestimmte Zeit abgeschlossenen Mietvertrag.* – Pfändbar sind – von Ausnahmen wie Lohnforderungen abgesehen – nur gegenwärtige (fällige oder nicht fällige) Mietzinsforderungen, nicht aber künftige, von denen ungewiss ist, ob sie zur Entstehung gelangen werden. Daher sind Mietzinsforderungen aus einem auf unbestimmte Zeit abgeschlossenen Mietvertrag nicht über den nächst möglichen Kündigungstermin hinaus pfändbar, da nicht feststeht, ob das Mietverhältnis fortgesetzt wird und dem Betreibungsschuldner weitere Mietzinsforderungen anwachsen werden (vgl. Jaeger/Daeniker, N 12 zu Art. 91 und N 1 zu Art. 95 SchKG) (ZH, ObGer, II. Ziv.Kammer, 28.06.1949, ZR 1950, Nr. 112, BlSchK 1952, S. 80).

53 Pfändung eines *unbestimmten Lohnanspruchs* des Schuldners *gegenüber seiner Ehefrau als Arbeitgeberin*. –Wenn beim Pfändungsvollzug festgestellt wird, dass der Schuldner im Geschäft seiner Ehefrau ohne festgesetzten Arbeitslohn arbeitet, , so darf kein Verlustschein ausgestellt werden. In diesem Falle ist dem Gläubiger mit Form. 11 Anzeige zu machen und gegebenenfalls das Verfahren zu einer bestrittenen Lohnpfändung einzuleiten (BE, AB, 10.02.1972, BlSchK 1973, S. 87).

54 Behauptet der Gläubiger, dass dem Schuldner eine *bestimmte Forderung zustehe*, so muss dieselbe vom BA gepfändet werden. ob eine solche Forderung zu Recht besteht, entscheidet der Richter (BE, AB, 12.05.1953, BlSchK 1954, S. 83).

55 *Behauptet der Gläubiger, dem Schuldner stehe eine Forderung zu*, so ist diese auch dann zu pfänden, wenn deren Bestand bestritten ist. Pfändung einer Ersatzforderung einer Ehefrau gegenüber ihrem Ehemann für eingebrachtes Frauengut (BGE 107 III 75).

V. Auskunftspflicht Dritter und Ämter

56 (i.V.m. Art. 41 OR) – Der Dritte ist im Arrestverfahren verpflichtet, dem BA über die verarrestierten Gegenstände Auskunft zu geben; widrigenfalls wird er schadenersatzpflichtig. Er kann das Berufsgeheimnis nicht entgegenhalten (GE, 1re Chambre de la Cour de justice, 15.06.1979, BlSchK 1980, S. 165/166).

57 Eine Pfandleihkasse kann gegenüber dem BA ebensowenig wie eine Bank die Auskunft über die bei ihr liegenden Gegenstände verweigern, indem sie sich auf das Bankgeheimnis beruft. Dies trifft sowohl für den Arrest wie für die Pfändung zu (GE, Autorité de surveillance, 18.07.1979, BlSchK 1981, S. 139).

58 (i.V.m. Art. 324 Ziff. 5 StGB) – Auskunftspflicht des Dritten, der Gewahrsam an Arrestgegenständen ausübt; Strafandrohung bei Verletzung dieser Pflicht. – Die Auskunftspflicht des Dritten, der Gewahrsam an den Arrestgegenständen ausübt, entsteht erst mit Ablauf der Einsprachefrist des Art. 278 SchKG und, wenn Einsprache erhoben wird, erst mit dem Eintritt der Rechtskraft des Einspracheentscheides. Das BA kann dem Dritten, der Gewahrsam an den Arrestgegenständen ausübt, nur Busse gestützt auf Art. 324 StGB androhen und nicht Haft und Busse gemäss Art. 292 StGB (BGE 125 III 391).

59 Die Betreibungsbehörden können von einer Bank die Angabe der Vermögenswerte verlangen, an welchen der Betriebene wirtschaftlich berechtigt ist, wobei sich das Auskunftsbegehren auf Verbindungen mit jeder Zweigniederlassung und im Hinblick auf mögliche Anfechtungsklagen auf die sogenannte Verdachtsperiode beziehen kann (BGE 129 III 239).

60 Einsicht in Steuerakten – Erhebungen bei den Steuerbehörden durch das BA, wenn im Rahmen der Pfändung das Bankgeheimnis durchbrochen werden darf, so muss dies auch bezüglich des Steuergeheimnisses möglich sein. Das Interesse des Pfändungsgläubigers, im Rahmen der Zwangsvollstreckung für seine Forderung befriedigt zu werden, ist als berechtigtes Interesse anzuerkennen. Um jedoch dem Persönlichkeitsschutz des Schuldners Rechnung zu tragen, ist aber vom Beizug der gesamten Steuererklärung gegen den Willen des Schuldners abzusehen und die Einholung von Auskünften auf allfällig anlässlich der letzten Steuereinschätzung festgestellten Vermögenswerte und die damals ermittelten Einkommensverhältnisse inkl. Ehefrau zu beschränken (BL, ObGer, 26.10.1993, SJZ 1994, S. 331).

61 Abs. 5 ermächtigt nicht nur das BA, bei eidgenössischen, kantonalen und kommunalen Behörden die Auskünfte einzuholen, welcher es für den Pfändungsvollzug bedarf; vielmehr leitet sich unmittelbar aus dieser Norm auch die Pflicht der Behörden – insbesondere auch der im Bereich des Sozialversicherungsrechts tätigen Ämter – ab, dem BA Auskunft zu erteilen (BGE 124 III 170).

Art. 92 4. Unpfändbare Vermögenswerte

¹ Unpfändbar sind:
1. die dem Schuldner und seiner Familie zum persönlichen Gebrauch dienenden Gegenstände wie Kleider, Effekten, Hausgeräte, Möbel oder andere bewegliche Sachen, soweit sie unentbehrlich sind;
1a. Tiere, die im häuslichen Bereich und nicht zu Vermögens- oder Erwerbszwecken gehalten werden;
2. die religiösen Erbauungsbücher und Kultusgegenstände;
3. die Werkzeuge, Geräteschaften, Instrumente und Bücher, soweit sie für den Schuldner und seine Familie zur Ausübung des Berufs notwendig sind;
4. nach der Wahl des Schuldners entweder zwei Milchkühe oder Rinder, oder vier Ziegen oder Schafe, sowie Kleintiere nebst dem zum Unterhalt und zur Streu auf vier Monate erforderlichen Futter und Stroh, soweit die Tiere für die Ernährung des Schuldners und seiner Familie oder zur Aufrechterhaltung seines Betriebes unentbehrlich sind;
5. die dem Schuldner und seiner Familie für die zwei auf die Pfändung folgenden Monate notwendigen Nahrungs- und Feuerungsmittel oder die zu ihrer Anschaffung erforderlichen Barmittel oder Forderungen;
6. die Bekleidungs-, Ausrüstungs- und Bewaffnungsgegenstände, das Dienstpferd und der Sold eines Angehörigen der Armee, das Taschengeld einer zivildienstleistenden Person sowie die Bekleidungs- und Ausrüstungsgegenstände und die Entschädigung eines Schutzdienstpflichtigen;
7. das Stammrecht der nach den Artikeln 516–520 des Obligationenrechts bestellten Leibrenten;
8. Fürsorgeleistungen und die Unterstützungen von Seiten der Hilfs-, Kranken- und Fürsorgekassen, Sterbefallvereine und ähnlicher Anstalten;
9. Renten, Kapitalabfindung und andere Leistungen, die dem Opfer oder seinen Angehörigen für Körperverletzung, Gesundheitsstörung oder Tötung eines Menschen ausgerichtet werden, soweit solche Leistungen Genugtuung, Ersatz für Heilungskosten oder für die Anschaffung von Hilfsmitteln darstellen;
9a. die Renten gemäss Artikel 20 des Bundesgesetzes vom 20. Dezember 1946 über die Alters- und Hinterlassenenversicherung oder gemäss Artikel 50 des Bundesgesetzes

vom 19. Juni 1959 über die Invalidenversicherung, die Leistungen gemäss Artikel 12 des Bundesgesetzes vom 19. März 1965 über Ergänzungsleistungen zur Alters-, Hinterlassenen- und Invalidenversicherung sowie die Leistungen der Familienausgleichskassen;
10. Ansprüche auf Vorsorge- und Freizügigkeitsleistungen gegen eine Einrichtung der beruflichen Vorsorge vor Eintritt der Fälligkeit;
11. Vermögenswerte eines ausländischen Staates oder einer ausländischen Zentralbank, die hoheitlichen Zwecken dienen.

² Gegenstände, bei denen von vornherein anzunehmen ist, dass der Überschuss des Verwertungserlöses über die Kosten so gering wäre, dass sich eine Wegnahme nicht rechtfertigt, dürfen nicht gepfändet werden. Sie sind aber mit der Schätzungssumme in der Pfändungsurkunde vorzumerken.

³ Gegenstände nach Absatz 1 Ziffern 1–3 von hohem Wert sind pfändbar; sie dürfen dem Schuldner jedoch nur weggenommen werden, sofern der Gläubiger vor der Wegnahme Ersatzgegenstände von gleichem Gebrauchswert oder den für ihre Anschaffung erforderlichen Betrag zur Verfügung stellt.

⁴ Vorbehalten bleiben die besonderen Bestimmungen über die Unpfändbarkeit des Bundesgesetzes vom 2. April 1908 über den Versicherungsvertrag (Art. 79 Abs. 2 und 80 VVG), des Urheberrechtsgesetzes vom 9. Oktober 1992 (Art. 18 URG) und des Strafgesetzbuches (Art. 378 Abs. 2 StGB).

I. Allgemeines

1 Dem Erblasser steht es nicht zu, durch Beschränkungen des Verfügungsrechts des Vermächtnisnehmers neue, vom SchKG nicht vorgesehene, Gattungen absolut oder relativ unpfändbare Gegenstände zu schaffen (BGE 72 III 74).

2 Durch testamentarische Verfügungen kann ein Guthaben der Zwangsvollstreckung nicht entzogen werden (BE, AB, 20.03.1953, BlSchK 1954, S. 74).

3 Pflicht des BA und (im Beschwerdeverfahren) der AB, die sich aus Art. 92 ergebenden Schranken der Zwangsvollstreckung zu beachten und die hiefür entscheidenden tatsächlichen Verhältnisse, soweit dies in der Schweiz geschehen kann, wenn nötig mit Hilfe anderer Betreibungsämter, abzuklären (BGE 86 III 47).

4 Wenn sich der Schuldner gegen die Pfändbarkeit wehren will, so muss er die Unpfändbarkeit gut begründen und nicht alle diesbezüglichen Fragen unbeantwortet lassen (GE, Autorité de surveillance, 03.04.1974, BlSchK 1975, S. 178).

5 Schutz der Persönlichkeitssphäre des Schuldners – Angaben, welche die AB für die Beurteilung der Kompetenzqualität eines Pfändungsgegenstandes benötigt, kann der Schuldner nicht unter Berufung auf den Schutz seiner Persönlichkeitssphäre verweigern (hier Angaben über Kundenaufträge im Zusammenhang mit der Pfändung eines Autos). Aufsichtsbehördliche Abklärungen tatsächlicher Verhältnisse von Amtes wegen. Die AB, die dem Schuldner klare Fragen gestellt und ihm eine Frist zu deren Beantwortung sowie zur Einreichung von Beweismitteln angesetzt hat, verletzt ihre Pflicht, die aus der Sicht des Art. 92 SchKG massgebenden Verhältnisse von Amtes wegen abzuklären nicht, wenn sie dem Schuldner, der ihrer Aufforderung nicht nachgekommen ist, keine Nachfrist gewährt (BGE 111 III 52, Praxis 75, Nr. 40).

6 Pfändbarkeit bzw. Verarrestierung von *Gegenständen, die einem ledigen Schuldner mit Wohnsitz im Ausland gehören*. Einem ledigen Schuldner, der keinen eigenen Haushalt führt, ist zuzumuten, in einem möblierten Zimmer Unterkunft zu nehmen und sich in Gaststätten zu verpflegen (AG, SchKKomm ObGer, 13.04.1965, BlSchK 1967, S. 74).

7 Zulässigkeit der Aufnahme von Kompetenzstücken in die Pfändungsurkunde, wenn die *Unpfändbarkeit der Gegenstände umstritten ist* (AR, AB, 22.04.1948, Rechenschaftsbericht 1947/48, S. 50, SJZ 1949, S. 379, BlSchK 1950, S. 172).

8 Ein Verzeichnis der dem Schuldner bei der Pfändung belassenen Kompetenzstücke ist dem Gläubiger nur auf ausdrückliches Verlangen hin zuzustellen. Hingegen sind in der Pfändungsurkunde sowohl das monatliche Einkommen als auch die Höhe des Existenzminimums des Schuldners anzugeben (GR, PKG 1953, S. 135, BlSchK 1955, S. 188).

9 Der Gläubiger hat keinen Anspruch darauf, ein Verzeichnis der als unpfändbar erklärten Gegenstände oder eine Berechnung des Existenzminimums mit der Abschrift der Pfändungsurkunde zu erhalten. Wenn er diese Angaben will, so hat er ein entsprechendes Begehren unter Entrichtung der im Gebührentarif festgesetzten Gebühr an das BA zu richten (BS, AB, 05.07.1965, BJM 1968, S. 56).

10 Die Forderung aus *noch nicht durchgeführter güterrechtlicher Auseinandersetzung* nach der *vom Eheschutzrichter angeordneten Gütertrennung* ist pfändbar (SG, AB, 27.05.2004, BlSchK 2005, S. 155).

II. Kompetenzbeschwerden

11 Die Betreibungsbeschwerde gegen eine Pfändung der zum Unterhalt unentbehrlichen Gegenstände ist auch nach Ablauf der Beschwerdefrist zulässig (BGE 71 III 147).

12 Die in einem Beschwerdeverfahren verfügte Kompetenzgutzuteilung hat auch Geltung in einem parallel laufenden zweiten Betreibungsverfahren, trotzdem der Schuldner es unter lassen hat, einen förmlichen Beschwerdeantrag neu zu stellen (BS, AB, 14.05.1946, BlSchK 1946, S. 162).

13 Die Pfändung der zum Lebensunterhalt unentbehrlichen Gegenstände und Berufsgeräte ist aus Gründen der *Menschlichkeit und der öffentlichen Ordnung nichtig*. Liegt ein solcher Fall vor, so ist auf eine verspätete Beschwerde gleichwohl einzutreten. – Pfändbarkeit von Berufswerkzeugen, wenn der Betrieb dauernd defizitär ist (SO, AB, 14.09.1967, BlSchK 1969, S. 46).

14 *Legitimation der Ehefrau des Schuldners zur Geltendmachung der Unpfändbarkeit?* Zur Beschwerde wegen Verletzung des Art. 92, insbesondere Ziff. 3, ist unabhängig von der Stellungnahme des Schuldners auch seine Ehefrau *befugt*, wenn sie die Unentbehrlichkeit eines Gegenstandes für die ganze Familie oder speziell für sie selbst zur Geltung bringen will (vgl. BGE 82 III 54 und 85 III 66) (91 III 52).

15 Beschwerdelegitimiert bei Berufskompetenz sind nur der Schuldner und Familienangehörige, die den Gegenstand selbst als unersetzliches Berufswerkzeug benötigen, nicht aber weitere Familienangehörige. Letztere sind, anders als bei der Lohnpfändung und Art. 92 Ziff. 1–5 nicht legitimiert, in eigenem Namen wegen Berufskompetenz Beschwerde zu führen (BGE 85 III 65).

16 Die Angestellten des Schuldners sind nicht legitimiert, Beschwerde wegen Unpfändbarkeit zu erheben (GE, Autorité de surveillance, 12.04.1978, BlSchK 1979, S. 182).

17 Befugnis des *unter Verwaltungsbeiratschaft stehenden Schuldners* wegen angeblicher Verletzung von Art. 92 SchKG (Retention unpfändbarer Gegenstände) selbständig Beschwerde zu führen (BGE 102 III 138).

18 Kompetenzanspruch nach Art. 224 SchKG i.V.m. Art. 92 SchKG – *Verwirkung des Beschwerderechts* mit Bezug auf diesen Anspruch. Ist ein Schuldner der Auffassung, es sei ein bestimmtes Vermögensstück zu Unrecht zur Konkursmasse gezogen worden, so hat er sich rechtzeitig dagegen zur Wehr zu setzen; er kann nicht erst Monates nach der Inventaraufnahme ein Freigabebegehren an die Konkursverwaltung richten. Im Konkursinventar, dessen Vollständigkeit der Schuldner unterschriftlich anzuerkennen hat (Art. 29 Abs. 3 und 4 KoV), sind die Kompetenzstücke gemäss Art. 31 KoV ausdrücklich auszuscheiden. In aller Regel weiss der Schuldner somit bei der Unterzeichnung des Inventars, ob ein Vermögensstück als Kompetenzgegenstand anerkannt worden ist oder nicht; in diesem Zeitpunkt beginnt daher grundsätzlich auch die Beschwerdefrist zu laufen (BGE 106 III 77).

19 (i.V.m. Art. 284 SchKG) – Die *heimliche Wegschaffung retinierter Gegenstände, denen der Schuldner Kompetenzcharakter beimisst*, vermag eine rechtzeitige Kompetenzbeschwerde als gesetzlicher Rechtsbehelf nicht zu ersetzen (BS, AB, 03.091975, BlSchK 1979, S. 114).

20 Ob eine Pfändung «augenscheinlich und beträchtlich in das zum Leben Notwendige eingreift und den Schuldner in eine unhaltbare Lage zu bringen droht « (BGE 71 III Nr. 36), ist von der AB von

III. Fristen

21 Die Frist für den Gläubiger zur Beschwerdeführung gegen die Ausscheidung von Kompetenzstücken läuft vom Empfang der Pfändungsurkunde an und wird dadurch, dass der Gläubiger innert derselben beim BA ein Verzeichnis der Kompetenzstücke verlangt, nicht verlängert (BGE 73 III 114).

22 Werden in einer Arrestbetreibung *bei der Pfändung noch andere als die im Arrestbefehl genannten Objekte gepfändet*, so läuft die Frist zur Geltendmachung der Kompetenzqualität für diese Objekte vom Zeitpunkt der Zustellung der Pfändungsurkunde an (SG, AB, 07.11.1950, Amtsbericht 1950, S. 11, BlSchK 1952, S. 168).

23 Wann beginnt die Frist zur Beschwerde wegen Unpfändbarkeit zu laufen, *wenn die Pfändungsurkunde nicht klar angibt, was gepfändet und was als Kompetenzstücke ausgeschieden ist?* Hier erfuhr der Beschwerdeführer erst durch die mit der Mitteilung des Verwertungsbegehrens verbundene Ankündigung der Wegnahme, dass er Gefahr laufe, die betreffenden Sachen durch Verwertung zu verlieren. Angesichts eines widerspruchsvollen Inhalts der Pfändungsurkunde wäre es gegen Treu und Glauben, die Beschwerde als verspätet zu erklären (BGE 79 III 63).

24 Ungeachtet des Ablaufs der Beschwerdefrist ist die Pfändung eines Automobils aufzuheben, wenn sich die Verhältnisse seit der Pfändung infolge Krankheit des Schuldners und dadurch bedingten Invalidität erheblich verändert haben und der Schuldner durch die Wegnahme in eine unhaltbare Lage geraten würde (BE, AB, 06.12.1955, BlSchK 1957, S. 43).

25 Das *Übersehen einer Frist* ist unerheblich und führt zur Rechtskraft der Verfügung. Ausnahmsweise kann bei einer verspäteten Kompetenzbeschwerde aus *Gründen der öffentlichen Ordnung* dann eingetreten *werden,* wenn die Verfügung *offenkundig und beträchtlich in das zum Leben Notwendige eingreift* und den Schuldner in eine völlig unhaltbare Lage zu bringen droht (BGer, SchKK, 27.08.1965, BlSchK 1966, S. 184).

26 Hat der Schuldner *nach erfolgter Pfändung eine Kompetenzbeschwerde unterlassen*, so *ist eine Wiedererwägung der Pfändbarkeit durch das BA ausnahmsweise zulässig,* wenn die *Verhältnisse beim Schuldner sich erst nach Ablauf der Beschwerdefrist* so gestaltet haben, dass ein gepfändetes Objekt – hier Auto – nun als Kompetenzstück behandelt werden muss (SO, AB, 28.02.1980, BlSchK 1984, S. 213).

27 Für den *Hausgenossen des Mieters* beginnt die Beschwerdefrist für die Geltendmachung der Unpfändbarkeit von Sachen, die er als Eigentümer oder Mieter eines Dritten besitzt, mit der Kenntnisnahme der beim Mieter aufgenommenen Retention (ZH, ObGer, II. Kammer, 12.08.1944, BGer 21.09.1944, ZR 1945, S. 197, BlSchK 1946, S. 85).

IV. Wenn die Pfändung beträchtlich in das zum Leben Notwendige eingreift oder der öffentlichen Ordnung widerspricht

28 Unter welchen Voraussetzungen sind gepfändete bzw. arrestierte Gegenstände, insbesondere Berufsgeräte, trotz Versäumnis der von der Zustellung der Pfändungs- bzw. Arresturkunde an laufenden Frist für die Unpfändbarkeitsbeschwerde frei zu geben? – Ausnahmsweise ist nach BGE 71 III 148 eine Pfändung aus Gründen der öffentlichen Ordnung trotz Versäumnis der Beschwerdefrist aufzuheben, wenn sie offenkundig und beträchtlich in das zum Leben Notwendige eingreift und den Schuldner in eine völlig unhaltbare Lage zu bringen droht. Das kann u.a. bei der *Pfändung von Berufsgeräten* zutreffen. Berufsgeräte ohne Rücksicht auf die Versäumnis der Beschwerdefrist von Amtes wegen aus der Pfändung zu entlassen, rechtfertigt sich aber nicht schon dann, wenn ihre Wegnahme dem Schuldner die Berufsausübung erschwert oder wenn er ohne sie seinen bisherigen Beruf nicht mehr in selbständiger Stellung oder überhaupt nicht mehr ausüben kann. Bleibt ihm die Möglichkeit gewahrt, sein Gewerbe weiter zu treiben oder in seinem Beruf ohne den Besitz eigener Werkzeuge Beschäftigung als Arbeitnehmer zu finden oder eine Erwerbstätigkeit ausserhalb seines bisherigen Berufes zu ergreifen um so sich und seine Familie ohne öffentliche Unterstützung durch-

zubringen oder hat er Gelegenheit, die unentbehrlichen Werkzeuge zu einem für ihn erschwinglichen Preis zu mieten, so bringt ihn die Wegnahme von gemäss Art. 92 Ziff. 3 SchKG unpfändbaren Werkzeugen nicht in eine völlig unhaltbare Lage. In eine solche gerät er nur, wenn ihm diese Möglichkeiten verschlossen sind und es ihm demzufolge bei Wegnahme der fraglichen Werkzeuge überhaupt unmöglich ist, den Lebensunterhalt für sich und seine Familie aus eigener Kraft zu bestreiten. Nur in einem solchen Fall besteht an der Freigabe der betreffenden Werkzeuge ein öffentliches Interesse, das gegenüber dem Interesse des Gläubigers am Fortbestand der nicht fristgerecht angefochtenen Pfändung den Vorrang verdient. Was danach für die Pfändung gilt, muss entsprechend auch für den Arrest gelten (BGE 76 III 33).

29 *Die Unpfändbarkeit kann auch ausserhalb der Beschwerdefrist geltend gemacht werden,* sofern der Fortbestand der Pfändung den öffentlichen Interessen widerspricht (BGE 71 III Nr. 37) (ZH, ObGer, II. Ziv.Kammer, 15.10.1948, BGer 08./20.11.1948, ZR 1950, Nr. 49).

30 Eine verspätete Kompetenzansprache kann nur berücksichtigt werden, sofern die Pfändung oder der Arrest augenscheinlich und *beträchtlich in das zum Leben Notwendige eingreift* und den Schuldner *in eine unhaltbare Lage zu bringen droht* (SG, AB, 01.05.1953, BlSchK 1955, S. 103).

31 Das Übersehen einer Frist ist unerheblich und führt zur Rechtskraft der Verfügung. *Ausnahmsweise kann* bei einer *verspäteten Kompetenzbeschwerde aus Gründen der öffentlichen Ordnung* dann eingetreten werden, wenn die Verfügung *offenkundig und beträchtlich in das zum leben Notwendige eingreift* und den Schuldner in eine völlig unhaltbare Lage zu bringen droht (BGE., 27.08.1965, BlSchK 1966, S. 184).

32 Mit Ausnahme der vom Gesetz vorbehaltenen Sachen und Rechte unterliegt das ganze Vermögen dem Zugriff der Gläubiger; es kann also von der Pfändung eines Gegenstandes nicht schon deshalb abgesehen werden, weil der Schuldner seiner bedarf (BGE 56 III 10). Eine *Pfändung ist jedoch nicht zulässig, wenn sie offenkundig und beträchtlich in das zum Leben Notwendige eingreift* und den Schuldner in eine völlig unhaltbare Lage zu bringen droht (BGE 71 III 148, 76 III 34) (LU, SchKKomm, 28.03.1957, Max. X, Nr. 518).

33 Aufhebung einer Pfändung aus Gründen der öffentlichen Ordnung auch in Fällen von unbedingt benötigten Wohnungsgegenständen (hier Couch als Schlafgelegenheit) (SO, AB, 22.12.1955, ObGer-Bericht 1955, S. 132, BlSchK 1957, S. 100).

34 (i.V.m. Art. 224 und 228 SchKG) – Auch bei Gegenständen, die der Schuldner als *Eigentum Dritter* bezeichnet, ist er zur Geltendmachung von Kompetenzansprüchen an die seit Kenntnisnahme des konkursamtlichen Inventars laufende Beschwerdefrist des Art. 17 SchKG gebunden. Die Nichtigkeit einer negativen Kompetenzverfügung ergäbe sich nur dann, wenn dem Schuldner gewisse lebensnotwendige Gegenstände aus Gründen der Menschlichkeit und der öffentlichen Ordnung zu belassen wären (BS, AB, 12.10.1978, BlSchK 1981, S. 171).

35 Was ist dem Schuldner auch bei Versäumung der Beschwerdefrist als unpfändbar freizugeben? Die Verwirkungsfrist könnte nur dann nicht Platz greifen, wenn man es mit Gegegenständen zu tun hätte, die dem Schuldner und seinen Angehörigen aus Gründen der Menschlichkeit und der öffentlichen Ordnung belassen werden müssen (BGE 84 III 33).

V. Ausscheidung von Kompetenzstücken im Rechtshilfeverfahren

36 Lässt das den *Konkurs* durchführende Amt das Konkursinventar (ganz oder teilweise) auf dem Weg der Rechtshilfe durch ein anderes Amt aufnehmen, so hat es dennoch selbst und nicht das ersuchte Amt, über die Kompetenzzuteilung von Gegenständen zu entscheiden (BGE 79 III 28).

37 Im *Betreibungsverfahren* entscheidet das im Rechtshilfeverfahren beauftragte BA über die Ausscheidung von Kompetenzgegenständen. *Beschwerden wegen Unpfändbarkeit* gegen eine auf dem Wege der Rechtshilfe vollzogene Pfändung sind bei der AB anzubringen, der das ersuchte Amt untersteht (BGE 84 III 33 und 96 III 93).

VI. Unpfändbarkeit und Drittansprachen inkl. Retentionsrecht

38 Sind unpfändbare Sachen dem Retentionsrecht des Lagerhalters nach Art. 485 Abs. 3 OR entzogen (Frage offen gelassen). Bei Bejahung dieser Frage wäre die Unpfändbarkeit nach der Sachlage zu beurteilen, wie sie damals vorlag, als das Retentionsrecht entstehen konnte (BGE 83 III 31).

39 Wird ein gepfändeter oder zur Konkursmasse gezogener Gegenstand vom Schuldner als Kompetenzstück *und von einem Dritten als Eigentum beansprucht*, so ist die Frage der Unpfändbarkeit vor Durchführung des Widerspruchsverfahrens bzw. Aussonderungsverfahrens im Konkurs (Art. 242 SchKG i.V.m. Art. 54 KOV) zu erledigen (BGE 83 III 20).

40 Der Schuldner, gegen den der Gläubiger durch *Faustpfandbetreibung das Retentionsrecht* im Sinne von Art. 895 ZGB *ausübt*, kann den Einwand, dass der retinierte Gegenstand unpfändbar sei und daher nicht retiniert werden dürfe, *nur durch Rechtsvorschlag* erheben während die *Unpfändbarkeit* im Falle des Retentionsrechts des Vermieters (Art. 268 OR) *durch Beschwerde* gegen die Aufnahme des betreffenden Gegenstandes in die Retentionsurkunde geltend zu machen ist (BGE 83 III 34).

41 Auch bei Gegenständen, die der Schuldner als *Eigentum eines Dritten* bezeichnet hat, ist er zur Geltendmachung der Unpfändbarkeit an die vom Empfang der Pfändungsurkunde an laufende Beschwerdefrist gebunden. Das Beschwerdeverfahren ist zuerst durchzuführen und ein Widerspruchsverfahren erst nachher und nur für das pfändbare Vermögen einzuleiten (BGE 84 III 33).

42 An *Kompetenzstücken ist ein Retentionsrecht ausgeschlossen* (Art. 268 Abs. 3 OR). Darüber, ob einem Gegenstand Kompetenzqualität zukommt, haben auch im Retentionsverfahren die AB zu entscheiden. Der endgültige Entscheid über die Frage, ob ein Gegenstand ein Retentionsobjekt darstellt, steht dem Richter zu (SZ, AB, 01.10.1956, BlSchK 1958, S. 104).

43 Das *Retentionsrecht der Gastwirte* für Beherbergung und Pension ist zeitlich nicht beschränkt. *Flüchtlingsgut ist nicht unpfändbar*. Die Retentionsgegenstände sind einzeln zu schätzen (BL, AB, 08.02.1957, BlSchK 1958, S. 108).

44 (i.V.m. Art. 283 SchKG) – Welche Gegenstände im Sinne von Art. 268 OR zu den retinierbaren Sachen gehören, hängt von der Zweckbestimmung des Mietobjektes ab. Betreibt der Mieter ein Verkaufsgeschäft, so unterliegen die eingebrachten und für den Verkauf bestimmten Waren ohne Weiteres dem Retentionsrecht des Vermieters. Solche Waren tragen nicht Kompetenzcharakter (BS, AB, 09.02.1979, BlSchK 1982, S. 58).

45 Vor der Arrestierung einer angeblich *einer Drittperson* (hier Ehefrau des Schuldners) *zustehenden Forderung* ist der Kompetenzanspruch des Schuldners zu prüfen und darüber zu entscheiden (BS, AB, 02.08.1968, BlSchK 1970, S. 89).

46 Die *Unpfändbarkeit ist* nach feststehender Praxis *binnen 10 Tagen seit Zustellung der Abschrift der Pfändungsurkunde geltend zu machen*, und zwar *ohne Rücksicht auf allfällige Dritteigentumsansprüche* an den vom Schuldner als Kompetenz betrachteten Gegenständen. Eine Amtspflicht, Berufswerkzeuge ohne dahingehendes Begehrens des Schuldners als unpfändbar zu erklären, besteht nur dort, wo jenen unzweifelhaft Kompetenzqualität zukommt (BS, AB, 31.08.1978, BlSchK 1981, S. 111).

47 (i.V.m. Art. 106 SchKG) – Der Entscheid über die Kompetenzqualität von gepfändeten Gegenständen (hier Auto) ist vorgängig einem richterlichen Urteil über den daran geltend gemachten Dritteigentumsanspruch zu treffen (BS, AB, 04.01.1980, BlSchK 1984, S. 67).

48 Pfändbarkeit von Möbeln, an denen Drittansprachen geltend gemacht werden. Das BA kann Möbel des Schuldners, auf die er unbedingt angewiesen ist, zu Kompetenzstücken erklären, auch wenn sie von Dritten als Eigentum beansprucht werden (BGE 111 III 55, Praxis 74, Nr. 251).

49 Unpfändbar und damit einer *Retention entzogen sind nur die Werkzeuge und Gerätschaften des Berufsmannes*, nicht aber die Hilfsmittel des Unternehmers. Werden in ein- und demselben Vertrag sowohl Wohn- als auch Geschäftsräume vermietet, so steht dem Vermieter an den sich in den Wohnräumen befindlichen Gegenständen *kein Retentionsrecht zu* (SO, AB, 05.10.1992, SJZ 1995, S. 139).

50 (i.V.m. Art. 283 SchKG und Art. 896 Abs. 2 ZGB) – An einer *unpfändbaren Tonträgersammlung eines Diskjockeys ist die Retention ausgeschlossen*. Der Beruf eines Diskjockeys lässt sich in zwei Kategorien unterscheiden, nämlich des Diskjockeys mit einer eigenen Plattensammlung und den «Plattenauflegen» ohne eigene Sammlung. Als Diskjockey mit eigener Tonträgersammlung ist dieser nicht verpflichtet, seine weitgehend selbständige Tätigkeit zu Gunsten der Tätigkeit eines blossen «Plattenauflegers» aufzugeben, damit seine Tonträgersammlung gepfändet werden kann. Eine solche Tonträgersammlung ist damit als notwendiges Berufswerkzeug zu qualifizieren und gilt als unpfändbar und auch nach Art. 896 Abs. 2 ZGB nicht retinierbar (GR, AB, 24.01.1995, PKG 1995, S. 46; vgl. auch N 133).

VII. Massgebender Zeitpunkt zur Beurteilung der Kompetenzausscheidungen

51 Um den Bedarf des Schuldners zu bemessen, muss man den Zeitpunkt der Pfändung ins Auge fassen und nur den gegenwärtigen und den während der Pfändung sich ergebenden Bedarf berücksichtigen; auch wenn Gegenstand der Pfändung bereits verfallene Leistungen sind (Lohn, Unterhaltsbeiträge, Renten usw.) und der betriebene Schuldner wegen Verzuges seines eigenen Schuldners eine Zeitlang hatte darben müssen (BGE 78 III 115).

52 Für die Beurteilung der Unpfändbarkeit ist grundsätzlich der Zeitpunkt des Pfändungsvollzuges massgebend. Steht dannzumal bereits fest, dass der Schuldner seinen Beruf wechseln muss, ist die Veränderung der Verhältnisse insofern zu berücksichtigen, als die Pfändung eines für den neuen Beruf benötigten Werkzeuges zwar vorgenommen, vom Schuldner aber verlangt wird, dass er innert zumutbarer Frist den neuen Beruf angibt (BL, AB, 19.11.1945, BlSchK 1947, S. 143).

53 Die AB hat die für die Frage der Unpfändbarkeit (hier Auto) massgebenden Tatsachen von Amtes wegen abzuklären, selbst wenn der Schuldner bloss Angaben macht, die für die Beurteilung der Lage nicht genügen (Bestätigung der Rechtsprechung). Massgebend sind die Umstände, die im Zeitpunkt der Aufnahme des Inventars bestehen (BGE 97 III 57, 98 III 31).

54 Die massgebenden tatsächlichen Verhältnisse sind von Amtes wegen abzuklären; Art. 8 ZGB gilt hier nicht. Die Einrichtung einer seit längerer Zeit nicht mehr oder nur noch selten benützten Wohnung ist für den Schuldner nicht unentbehrlich. Unentbehrlich sind zwar, wie in BGE 61 III 144 festgestellt, nicht nur solche Gegenstände, die Tag für Tag gebraucht werden. Auch «mehr oder weniger gelegentliche Verwendungen» können nach Art. 92 Ziff. 1 SchKG in Betracht kommen, aber nur, wenn sie notwendig sind. Allfällige künftige Bedürfnisse können nicht berücksichtigt werden, weil beim Entscheid über die Unpfändbarkeit grundsätzlich auf die Verhältnisse abzustellen ist, die im Zeitpunkt der Pfändung bestehen (BGE 48 III 85, 53 III 71, 54 III 62) (82 III 104).

55 Massgebend für die Kompetenzausscheidung sind die Verhältnisse des Schuldners im Zeitpunkt des Arrestvollzuges (BS, AB, 29.12.1958, BlSchK 1960, S. 148 und 21.01.1970, BlSchK 1971, S. 183).

56 Für die Ausscheidung von Kompetenzstücken sind die Verhältnisse im Zeitpunkt der *Konkurseröffnung* bzw. der Inventaraufnahme massgebend (BGE 108 III 65).

57 Bei Vorliegen von *Veränderungen der Verhältnisse* kann auf eine Verfügung über die Kompetenzausscheidung zurückgekommen werden (BS, AB, 06.08.1951, BlSchK 1954, S. 73).

58 Hat der Schuldner nach erfolgter Pfändung eine Kompetenzbeschwerde unterlassen, so ist eine Wiedererwägung der Pfändbarkeit durch das BA ausnahmsweise zulässig, wenn *die Verhältnisse beim Schuldner sich erst nach Ablauf der Beschwerdefrist so gestaltet haben*, dass ein gepfändetes Objekt – hier Auto – nun als Kompetenzstück behandelt werden muss (SO, AB, 28.02.1980, BlSchK 1984, S. 213).

59 Die Kompetenzausscheidung stellt auf die Verhältnisse im Zeitpunkt der Pfändung ab. Rechtskräftig eingepfändete Gegenstände können später, auch wenn sie dem Schuldner *unter veränderten Verhältnisse* gute Dienste leisten könnten, grundsätzlich nicht freigegeben werden (BS, AB, 13.05.1969, BlSchK 1972, S.78).

60 Zur Beurteilung der Kompetenzqualität ist der Zeitpunkt der Pfändung massgebend. Gegenüber früheren Pfändungen ist es belanglos, wenn der Schuldner ein gepfändetes *Moped, das er vorher zu*

seinem Vergnügen benützte, nun zur Arbeit benötigt (GE, Autorité de surveillance, 28.11.1973, BlSchK 1975, S. 53/54).

61 Zeitpunkt der Ausscheidung der Kompetenzstücke. *Spätestens mit der Ausfertigung der Pfändungsurkunde muss sich der BB darüber schlüssig werden, welche* von den beim Schuldner vorgefundenen *Gegenständen er als unpfändbar behandeln will*, Solange diese Frage offen bleibt, ist die Pfändung nicht vollzogen (GR, AB, 06.04.1966 BlSchK 1969, S. 47).

62 Für die Beurteilung der Kompetenzqualität eines Gegenstandes ist der Zeitpunkt der Pfändung bzw. der Retentionsaufnahme massgebend. Eine seitherige Änderung in der Lage des Schuldners (der Gegenstand ist zufolge Berufswechsels notwendiges Berufswerkzeug geworden) kann nicht berücksichtigt werden (SO, . AB, 27.08.1957, BlSchK 1959, S. 148).

VIII. Wer hat Anspruch auf Ausscheidung von Kompetenzstücken?

63 Im *Konkurse der Kollektivgesellschaft* ist die Geltendmachung von Kompetenzansprüchen durch den Gesellschafter möglich (LU, SchKKomm 04.07.1952, Max. X, Nr. 138).

64 Auch *Mitglieder einer Kommanditgesellschaft* können Kompetenzansprüche geltend machen (SG, AB, 04.07.1951, BlSchK 1952, S. 145).

65 Recht des *unbeschränkt haftenden Gesellschafters einer Kommanditgesellschaft* ihm unentbehrliche Berufswerkzeuge aus dem Gesellschaftsvermögen als Kompetenzstücke ausscheiden zu lassen (BGE 79 III 63).

66 Die Bestimmungen über die Unpfändbarkeit und *die beschränkte Pfändbarkeit von Forderungen finden nur Anwendung auf natürliche Personen* und sind daher beim Vollzug einer Pfändung gegen eine Kollektivgesellschaft nicht anwendbar (GE, Autorité de sur-veillance, 12.11.1975, BlSchK 1979, S. 46).

67 Bezüglich der Unpfändbarkeit von beruflichen Werkzeugen und Gerätschaften hat das Gesetz die natürliche Person im Auge, die ihren Beruf ausübt, nicht die juristische Person, die ein Unternehmen führt (BS, AB, 05.11.2004, BJM 2005, S. 146).

68 Auch ein flüchtiger Schuldner hat Anspruch auf Kompetenzstücke. – Der Umstand, dass der Schuldner längere Zeit ohne die Kompetenzstücke auskommen musste, hebt seinen Anspruch nicht auf (SG, AB, 30.04.1952, BlSchK 1954, S. 49).

69 Auch der unredliche und flüchtige Schuldner hat Anspruch auf die Unpfändbarkeit der zum Leben unentbehrlichen Fahrhabe (BL, AB, 04.02.1955, BJM 1955, S. 88, BlSchK 1957, S. 17).

IX. Verzicht des Schuldners auf die Kompetenzqualität

70 Auf einen Verzicht auf Geltendmachung der Kompetenzqualität kann der Schuldner zurückkommen, wenn sich in der Folge seine Verhältnisse ändern und die schuldnerische Familie durch die Aufrechterhaltung der Pfändung in eine unhaltbare Lage geraten würde (SG, AB, 28.06.1948, Amtsbericht 1948, S. 13, BlSchK 1950, S. 53).

71 In der Schuldbetreibung abgegebene Erklärungen unterstehen nicht den Art. 23 ff. OR (ZH, ObGer, II. Ziv.Kammer, 16.12.1949, ZR 1950, Nr. 119, BlSchK 1952, S. 81).

72 Die freiwillige Hingabe eines Kompetenzstückes zur Pfändung gilt als endgültiger Verzicht auf die Kompetenzqualität (SO, AB, 27.10.1956, BlSchK 1958, S. 52).

73 Selbständiger Unpfändbarkeitsanspruch der Angehörigen des Schuldners auf unentbehrliche Hausgeräte und Möbel, *ohne Rücksicht auf* einen von ihm *mündlich oder schriftlich erklärten Verzicht* und mit Beginn der Beschwerdefrist von der eigenen Kenntnis an (BGE 80 III 20).

74 (i.V.m. Art. 93 SchKG) – Ist die Einpfändung von AHV-Renteneinkommen bei Zustimmung des Schuldners rechtsgültig? Frage grundsätzlich verneint. Was ist rechtens, wenn zwei verschiedene Betreibungsämter bei Zustimmung des Schuldners Pfändungen anlegen, das eine bezüglich AHV-Rente, das Andere bezüglich «der Rente und vom Einkommen der Ehefrau»? Die Pfändung wird nur soweit als gültig erachtet, als sie sich ausschliesslich auf Frauenverdienst bezieht und vom Schuldner unangefochten blieb (GL, AB, 08.11.1977, BlSchK 1979, S. 106).

X. Unpfändbar bezeichnete Gegenstände gemäss Abs. 1 Ziff. 1–11

1. Ziff. 1: Die dem Schuldner und seiner Familie zum Gebrauch dienenden Gegenstände

75 Ein Verwandter, der hin und wieder in die Ferien beim Schuldner verbringt, gehört nicht zu dessen Familie (BGE 82 III 104).

76 Eine *Nähmaschine* ist für eine alleinstehende Frau, die für zwei Kinder zu sorgen hat, unentbehrlich (BE, AB, 18.07.1952, BlSchK 1953, S. 87).

77 Eine elektrische *Nähmaschine* ist dann als Kompetenzgut freizugeben, wenn der Schuldner ihren regelmässigen Gebrauch nachweist (BS, AB, 25.07.1968, BlSchK 1970, S. 112).

78 Der *Kühlschrank einer Familie* mit mehreren Angehörigen ist ein notwendiger Gegenstand im Sinne von Abs. 1 (GE, Autorité de surveillance, 29.01.1975, BlSchK 1977, S. 62).

79 Zum *Verkauf bestimmte Kleidungsstücke* besitzen keine Kompetenzqualität (BS, AB, 06.02.1979, BlSchK 1981, S. 183).

80 Ein *Bodenteppich* kann nicht als Kompetenzgut beansprucht werden. Dieser ist zwar nützlich und zweckmässig, aber keineswegs unentbehrlich (BE, AB, 21.06.1968, BlSchK 1970, S. 54).

81 War der *Schuldner zum Verkauf unpfändbarer Sachen gezwungen*, so kann der von ihm gelöste Preis nicht gepfändet werden, wenn er daraus binnen kurzem gleichwertige Gegenstände anschaffen will (BGE 80 III 18).

82 *Unpfändbarkeit der Versicherungssumme* – Vom Versicherungsgeld ist soviel unpfändbar, als der Schuldner zur Zeit der Pfändung zum Ersatz der zerstörten Kompetenzstücke nötig hat, und zwar auch dann, wenn er aus dem Versicherungsgeld vorab pfändbare Gegenstände angeschafft hatte (BGE 78 III 61/62).

83 Eine *Sonntagstracht* kann nur unter bestimmten Umständen als unpfändbar anerkannt werden. Der Ortsgebrauch ist zu berücksichtigen (SG, AB, 08.04.1957, GVP 1957, S. 70, SJZ 1958, S. 205, BlSchK 1959, S. 182).

84 Unpfändbarkeit einer *dem Familienbedarf* angepassten *kleinen Waschmaschine beim Fehlen anderer Vorrichtungen zum Besorgen der Wäsche ist gegeben.* Ein Anspruch des Gläubigers auf Auswechslung ist ihm abzusprechen, wenn es mit einer dem Familienbedarf angepassten kleinen und nicht luxuriös ausgestatteten Waschmaschine zu tun hat, deren Wert nicht in offensichtlichem Missverhältnis zum Wert einer nicht maschinellen Waschvorrichtung steht (BGE 86 III 6).

85 Kompetenzzuteilung einer Hoover-*Waschmaschine* mit Handmange und eingebauter Heizung bei Fehlen von anderen passenden Wascheinrichtungen (BGer, SchKK 20.01.1960, BlSchK 1961, S. 55).

86 Unpfändbarkeit einer *Waschmaschine*, wenn der Familie des Schuldners *keine andere Waschgelegenheit zur Verfügung steht* und die Anschaffung einer solchen voraussichtlich Kosten in der Höhe des Verwertungserlöses verursachen würde (ZH, ObGer, II. Ziv.-Kammer, 14.12.1959, BlSchK 1962, S. 113).

87 Die von einem Arbeitgeber als Dienstaltersehrung geschenkte «*Neuenburger-Uhr*» ist pfändbar (BE, AB, 03.12.1973, BlSchK 1976, S. 9).

88 Pfändung oder Verarrestierung eines *Personenwagens, der einem Invaliden für den Privatgebrauch dient.* – Ein solcher Personenwagen ist ein dem persönlichen Gebrauch dienender Gegenstand im Sinne von Ziff. 1. Unter bestimmten Umständen kann er als unentbehrlich und infolgedessen unpfändbar bezeichnet werden (BGE 106 III 104).

89 Ein *Invalider* kann für die Kontaktnahme mit der Aussenwelt, für seine privaten Besorgungen und für seine *eingeschränkte berufliche Tätigkeit auf die Benützung eines Personenwagens* angewiesen sein. Können diese Bedürfnisse auch *mit Hilfe eines Drittwagens (z.B. Taxi) befriedigt werden*, so ist das eigene Auto des Invaliden nicht als Kompetenzstück aus der Konkursmasse auszuscheiden (BGE 108 III 60).

90 Unpfändbarkeit eines Automobils «Lancia Beta 1600», das von einer mit *schwerer Sklerose befallenen Schuldnerin* benützt wird (GE, Autorité de surveillance, 21.04.1982, BlSchK 1984, S. 102).

91 Fernsehgeräte sind anders als Radioapparate pfändbar, wenn nicht besondere schützenswerte Bedürfnisse des Schuldners entgegenstehen. *Schützenswerte Bedürfnisse* des Schuldners sind dann gegeben, wenn z.B. der Schuldner *infolge Invalidität* oder aus *anderen Gründen wenig Kontaktmöglichkeiten zur Aussenwelt* haben kann (BS, AB, 04.01.1995, BlSchK 1955, S. 104).

2. Ziff. 2: Religiöse Erbauungsbücher und Kultusgegenstände

92 Die Pfändung und Verwertung von *Grabsteinen* nach erfolgter Aufstellung auf dem Grab ist nach bündnerischem (Gewohnheits-(Recht) unzulässig (GR, PKG 1953, S. 130, BlSchK 1955, S. 187).

93 Der *Grabstein*, der auf einem Friedhof steht, ist nach dem öffentlichen Recht des Kantons Solothurn unpfändbar (So, AB, 17.10.1961, BlSchK 1962, S. 171).

94 Nach einem Entscheid der AB für SchK von Basel-Land besitzen *Grabsteine* nicht den Charakter eines Kultusgegenstandes. Kann der Eigentümer mangels einschränkender Bestimmungen des öffentlichen Rechts darüber verfügen, so unterliegen Grabsteine der Pfändung. – (BL, AB, 08.11.1962, BlSchK 1964, S. 79) (Unbefriedigender Rechtszustand).

95 *Nicht jedes Bild religiösen Inhalts* stellt einen Kultusgegenstand dar. Nach der Rechtsprechung des BGer ist unter einem Kultusgegenstand im Sinne des Art. 92 Ziff. 2 SchKG nur ein solcher zu verstehen, der dem Gottesdienst entweder dadurch dient, dass er als blosses körperliches Mittel zur Vornahme von gottesdienstlichen Handlungen verwendet wird oder dadurch, dass er Gegenstand religiöser Verehrung ist (BGE 30 I 23). Bilder religiösen Inhalts, die sich in privaten Häusern befinden und hauptsächlich der Dekoration dienen, sind daher nicht als Kultusgegenstand anzusehen (ZR NF Bd. VII, Nr. 51) (LU, SchKKomm, 13.03.1956, Max. X, Nr. 439, BlSchK 1958, S.146).

96 *Ikonen* sind grundsätzlich als Kultusgegenstände der griechisch-orthodoxen Kirche zu werten. Sie verlieren indessen den Kompetenzcharakter, wenn der Besitzer nicht dieser Religion angehört oder sie nicht ausübt, d.h. wenn die Ikonen lediglich Sammlerzwecken dienen (BGE 88 III 47).

97 Das Recht zur Geltendmachung der Unpfändbarkeit nach Art. 92 SchKG steht auch den Familienangehörigen, welche mit dem Schuldner in einer Hausgemeinschaft leben, gegenüber der Pfändung von Gegenständen zu, die sie als persönlich unentbehrlich beanspruchen. Dieses Recht bleibt ihnen nach dem Tod des Schuldners erhalten. *Ikonen als Kultusgegenstände?* Voraussetzung für die Unpfändbarkeit ist jedoch, dass der betreffende Kultusgegenstand tatsächlich Objekt einer religiösen Verehrung bildet. Wen weder nachgewiesen noch glaubhaft gemacht wird, dass sich der Beschwerdeführer bei der Ausübung seines Glaubens der Ikone und der Heiligenstatue tatsächlich bediene und die beiden Gegenstände über ein Jahr lang seinem Zugriff durch das Konkursverfahren entzogen waren, ohne dass in dieser Zeit eine Herausgabe geltend gemacht worden wäre, weisen diese Kultusgegenstände keinen Kompetenzcharakter auf und sind auch nicht unpfändbar (BS, AB, 02.07.2003, BlSchK 2004, S. 230).

3. Ziff. 3: Berufswerkzeuge, -geräte, -instrumente

98 *Begriff des Berufes* (ein besonders für Devotionalien ausgebildeten Schreiner) *und des unentbehrlichen Werkzeuges.* – Auch ein gewöhnlicher, nicht spezialisierter Schreiner ist als Berufsmann zu betrachten und des Schutzes des Art. 92 Ziff. 3 SchKG teilhaftig. Verrichtet er die Arbeit allein, ohne die Möglichkeit der Arbeitsteilung, so ist, auch wenn er sich in reichlichem Masse mit mechanischen Hilfsmitteln ausgestattet hat, nicht ohne Weiteres von überwiegender Ausnützung kapitalistischer Erwerbsfaktoren zu sprechen. Davon könne nur die Rede sein, wenn seine Tätigkeit wesentlich bloss in der Bedienung von Maschinen bestünde, gleichviel ob er dabei seiner Fertigkeiten als Schreiner bedürfe oder nicht. Eine solche Schreinerei, bei der allerdings jeder Kompetenzanspruch ausgeschlossen wäre, gibt es als Betrieb eines Einzelnen kaum im Gegensatz zu einer von mehreren betriebenen Fabrik. *Seltenheit der Benützung einer Maschine ist* an und für sich *kein Grund, die Freigabe abzulehnen.* Sie spricht einerseits gerade für das Vorherrschen der persönlichen Tätigkeit. Andererseits schliesst sie die Unentbehrlichkeit für eine wesentliche Verrichtung nicht aus (BGE 78 III 157).

99 Ein dem Schuldner nur *als Wohnung dienender «Zigeunerwagen»* ist nicht unpfändbar. Bei diesem handelt es sich nicht um Berufsgerät eines Schirmflickers (BGE 75 III 4).

100 Unpfändbarkeit der zur Berufsausübung notwendigen Werkzeuge. – Die kantonale AB hat die massgebenden Tatsachen von Amtes wegen abzuklären, namentlich die Arbeitsfähigkeit des Schuldners, die Art und Wirtschaftlichkeit seiner Tätigkeit (BGE 89 III 33).

101 Berufswerkzeuge sind *unpfändbar*, sofern diese *dem regelmässigen Erwerb* des Schuldners *dienen* (SO, AB, 08.03.1971, BlSchK 1972, S. 79).

102 Wann darf eine zur selbständigen Berufsausübung unentbehrliche Sache gepfändet werden? *Nicht ohne Weiteres dann*, wenn der Schuldner *sein Auskommen auch in unselbständiger Stellung* finden könnte, wohl aber dann, wenn sein Betrieb *dauernd defizitär ist*, so dass die Einnahmen nicht ausreichen, sowohl den Lebensunterhalt wie auch alle Geschäftsausgaben zu decken (BGE 86 III 47).

103 Ziff. 3 gilt nur *für einen Beruf*, auf dessen *Ausübung der Schuldner angewiesen ist*, nicht aber für einen Nebenberuf, wenn das Einkommen aus dem Hauptberuf ausreicht (BGE 75 III 93).

104 *Berufswerkzeug als Kompetenzgut bei Nebenerwerb*. – Bei der Prüfung der Wirtschaftlichkeit der Berufsausübung eines nur teilzeitweise arbeitenden Selbständigerwerbenden ist das entsprechende Einkommen nicht isoliert dem Existenzminimum gegenüber zu stellen, sondern es ist die wirtschaftliche Situation des Schuldners als Ganzes in Betracht zu ziehen. Neben dem Einkommen des Schuldners sind also auch allfällige Einkünfte eines Ehe- oder Lebenspartners zu berücksichtigen. Grundsätzlich ist gemäss Art. 92 Ziff. 3 SchKG auch das bloss für eine Teilzeitbeschäftigung oder Nebenberuf benötigte Werkzeug geschützt (SH, AB, 14.05.1993, BlSchK 1994, S. 12).

105 Die Anerkennung von *Werkzeugen als Berufskompetenz setzt voraus*, dass damit eine *wirtschaftliche, d.h. gewinnbringende Tätigkeit ausgeübt wird*. Wenn sich Aufwand und Ertrag derselben aufheben, können auch zur Berufsausübung notwendige Werkzeuge gepfändet werden (BE, AB, 22.02.1989, BlSchK 1990, S. 94).

106 Der Schutz vor Pfändung bezieht sich nicht auf Gegenstände, die der Schuldner lediglich für seine *allgemeine Weiterbildung* und für einen *geplanten künftigen Nebenerwerb benötigt* (ZH, ObGer, II. Ziv.Kammer, 20.03./20.04.1956, ZR 1960, Nr. 100, BlSchK 1961, S. 113).

107 *Wissenschaftliche Forschungen* stellen an und für sich keinen Beruf dar (BGE 77 III 73).

108 Pfändbarkeit einer zur *Patentierung angemeldeten Erfindung*. – Eine solche Erfindung stellt ein übertragbares Vermögensrecht dar. Die Gründe, die dem Zugriff der Gläubiger auf eine unfertige Erfindung entgegenstehen (BGE 59 III 242) treffen bei einer zur Patentierung angemeldeten Erfindung nicht in gleicher Weise zu (BGE 75 III 5).

109 Eine *Erfindung*, die nicht zur Patentierung angemeldet ist, *unterliegt grundsätzlich nicht der Pfändung*. Schutz des Geheimnisses. Die Art der Ausbeutung zu bestimmen, ist Sache des Erfinders. *Pfändbar ist* die ihm *daraus zukommende Vergütung* unter Vorbehalt des Art. 93 SchKG. *Betriebsgeheimnisse* unterliegen *nicht der Zwangsverwertung* (BGE 75 III 89).

110 *Konstruktionspläne* des Schuldners für Skilift- und Sesselbahnanlagen sind unpfändbar (ZH, ObGer, II. Ziv.Kammer, 27.04.1967, BlSchK 1969, S. 78).

111 Die Unpfändbarkeit von Berufswerkzeugen geht *bei längerer Unterbrechung zufolge Strafvollzuges unter* (ZH, ObGer, II. Kammer, 17.07.1944, ZR 1945, S. 105, BlSchK 1946, S. 83).

112 *Vorübergehende Nichtausübung des Berufes* bewirkt keinen Untergang des Kompetenzcharakters der zur Ausübung desselben benötigten Werkzeuge und Gerätschaften (BS, AB, 28.11.1955, BlSchK 1958, S. 21; SO, AB, 09.05.1962, BlSchK 1963, S. 105).

113 Ein *Arzt*, der seine *Tätigkeit bereits seit neun Monaten nicht mehr ausüben kann*, weil er vorerst suspendiert und dann ungeachtet eines Rekurses aus dem Ärzteverzeichnis endgültig gestrichen worden ist und gegen den ein Strafverfahren mit ziemlich langer Haft hängig ist, bleibt dauernd und nicht nur vorübergehend verhindert, dem Beruf nachzugehen. Sein Personenwagen und das Mobiliar seiner Praxis verlieren daher den Charakter des unpfändbaren Berufswerkzeuges (BGE 119 III 12).

114 Auch *Werkzeuge eines Handwerkers*, die für eine selbständige Berufsausübung unzureichend scheint, sind unpfändbar. Was zur Berufsausübung im Wettbewerb mit anderen Berufsleuten in gleicher Art unentbehrlich ist, stellt das Maximum der nach Art. 92 Ziff. 3 SchKG als unpfändbar zu belassenden Gegenstände dar (BGE 61 III 49). Es kann dem Schuldner sehr wohl auch *weniger Berufswerkzeuge belassen werden, wenn er eben weniger besitzt oder beansprucht* (BGE 73 III 59).

115 Als Berufswerkzeug kommen *nur jene Gegenstände* in Betracht, die dem Schuldner und seiner Familie *zur Ausübung des Berufes im Rahmen seiner Fähigkeiten notwendig sind* (SG, AB, 21.09.1951, BlSchK 1953, S. 114).

116 Wann ist ein *Werkzeug zur Ausübung eines Berufes unerlässlich?* – Unter unpfändbaren, zur Ausübung des Berufes notwendigen Werkzeuge sind schlechthin nicht bloss solche zu verstehen, die der Schuldner selber in seiner Werkstatt gebraucht. Die *Kompetenzstücke können auch bei einem Dritten liegen* (BE, AB, 07.04.1954, BlSchK 1955, S. 110).

117 Voraussetzungen der Unpfändbarkeit von Sachen, die zu *Studienzwecken und zur beruflichen Ausbildung dienen*. – Solche Gegenstände können nur dann als unpfändbar anerkannt werden, wenn ihre Wegnahme zur Folge haben muss, dass der Betroffene nicht mehr zur Erwerbstätigkeit gelangen kann, auf die er sich vorbereitet oder dass er zu einer Richtungsänderung gezwungen wird, die ihm vernünftigerweise nicht zugemutet werden darf (BGE 81 III 136).

118 Unpfändbarkeit von Berufswerkzeugen: *Begriff des Berufes* – Berücksichtigung eines Saisonberufes (Fischerei). – Der Umstand, dass der Schuldner sich nur während der Sommermonate der Fischerei widmen kann, steht der Annahme, dass diese dem Schuldner sich nur während der Sommermonate der Fischerei widmen kann, steht der Annahme, dass diese dem Schuldner regelmässige Einkünfte verschaffe, nicht entgegen. Eine Tätigkeit, die der Schuldner nur im Sommer ausübt, während er im Winter sein Brot auf andere Weise verdient, kann sehr wohl einen Beruf im Sinne dieser Bestimmung darstellen. Auf einen solchen Saisonberuf ist bei der Pfändung auch dann Rücksicht zu nehmen, wenn diese innerhalb der Jahreszeit verlangt wird, während welcher der Schuldner ihn nicht ausübt (BGE 81 III 138).

119 Berufswerkzeuge können trotz früheren Verzichts auf die Unpfändbarkeit vom Schuldner *bei nachträglicher Veränderung der Verhältnisse* als unpfändbar angesprochen werden, wenn es ihm bei der Wegnahme der fraglichen Werkzeuge unmöglich ist, den Lebensunterhalt für sich und seine Familie selbst zu bestreiten (AR, AB, 01.03.1955, BlSchK 1957, S. 45).

120 *Kein Anspruch* auf Kompetenzzuteilung von Berufswerkzeugen für einen *Schreiner, der den Schreinerberuf nicht selbständig ausübt* (LU, AB, 03.03.1956, BlSchK 1957, S. 46).

121 *Pfändbarkeit von Gegenständen*, die einem Schuldner mit *selbständigem Betrieb zur Berufsausübung dienen*. Es kann dem Schuldner nicht gestattet werden, einen *unwirtschaftlichen und defizitären Betrieb* auf Kosten der Gläubiger, insbesondere der Lieferanten, weiter zu betreiben, indem die für einen solchen unwirtschaftlichen Betrieb beanspruchten Hilfsmittel unpfändbar erklärt werden. Es muss dem Schuldner zugemutet werden, seinen selbständigen Betrieb aufzugeben (SZ, Justizkomm., 30.06.1961, BlSchK 1964, S. 17).

122 *Keine Unpfändbarkeit* von Werkzeugen, Geräten, Maschinen und Material eines *Fabrikationsbetriebes*, in welchem der Schuldner mitarbeitet (AR, AB, 26.03.1963, BlSchK 1964, S. 171).

123 Der *Handel mit Büromaschinen kann nicht als Beruf angesehen werden*. Beruf im Sinne der Gesetzesbestimmung ist in erster Linie diejenige wirtschaftliche Tätigkeit, die der Schuldner aufgrund längerer Erfahrung Kenntnisse erworben hat. Ziff. 3 gibt dem Schuldner nicht Anspruch, dass ihm mit der Unpfändbarkeit von Werkzeugen, Gerätschaften, Instrumenten und Büchern einen Berufswechsel ermöglicht werden soll. Diese Bestimmung will es dem Schuldner lediglich möglich machen, seine *bisherige berufliche Tätigkeit beibehalten zu können*. Dies trifft nicht zu, wenn der Schuldner den Büromaschinenhandel erst seit einem halben Jahr ausübt und nicht einmal feststeht, ob er ihm eine gesicherte Existenz bietet (LU, SchKKomm., 24.05.1966, Max. X, Nr. 501, BlSchK 1969, S. 10).

124 Eine Giesserei ist kein Beruf im Sinne dieser Bestimmung (BGE 91 III 52).

125 Ein *Vertreter im Agenturverhältnis* mit einer Rolladenfabrik kann Anspruch auf Zuteilung einer Schreibmaschine und Schlagbohrmaschine als Kompetenzgut erheben (BE, AB, 01.02.1967, BlSchK 1968, S. 85).

126 Eine *landwirtschaftliche Liegenschaft* kann nicht als Kompetenzgut beansprucht werden (AR, AB, 11.07.1973, BlSchK 1976, S. 8).

127 Werkzeuge und Geräte sind *nicht mehr unpfändbar*, wenn die berufliche Tätigkeit des Schuldners *keinen genügenden Ertrag mehr abwirft* (GE, Autorité de surveillance, 15.08.1979, BlSchK 1982, S. 57).

128 Kompetenzgutzuteilung von betriebsnotwendigen Geräte und Einrichtungsgegenstände für einen *Restaurateur*, obwohl sein damit erwirtschaftetes Erwerbseinkommen nicht einmal sein Existenzminimum erreicht. (mit Anmerkung der Redaktion BlSchK) (BS, AB, 28.10.1998, BlSchK 1999, S. 141).

129 Es widerspräche ganz und gar dem Geiste des Gesetzes, die Unpfändbarkeit von Berufswerkzeugen auf selbständig erwerbende Schuldner zu beschränken; nichts spricht demnach dagegen, dass *Berufswerkzeuge auch einem in einem Anstellungsverhältnis tätigen Schuldner* als unpfändbar belassen werden (GE, Autorité de surveillance, 17.05.1981, BlSchK 1983, S. 184).

130 Unpfändbarkeit von *Musikinstrumenten eines Musikers* (ZH, ObGer, II. Kammer, 05.12.1944, BGer SchKK, 28.12.1944, ZR 1945, S. 106, BlSchK 1946, S. 78).

131 Unpfändbarkeit einer *Laute als Berufsinstrument* – Unpfändbarkeit muss vom Schuldner nicht schon beim Pfändungsvollzug geltend gemacht werden; es genügt die Geltendmachung im Beschwerdeverfahren. *Fremdenpolizeiliche Berufsverbote*, die nicht wegen Unfähigkeit oder anderer vom Schuldner zu vertretender Gründe verhängt werden, dürfen nicht als dauernde Berufsbehinderung betrachtet werden (ZH, ObGer, II. Kammer, 15.04.1947, BGer 09.06.1947, ZR 1948, Nr. 39).

132 Für einen selbständigen *Choristen ist ein Klavier* nicht pfändbar (BE, AB, 20.01.1948, BlSchK 1949, S. 20).

133 Unpfändbarkeit von *Tonübertragungs- und –modulationsgeräten* des Leiters einer Musikkapelle (BGE 88 III 50) (siehe auch N 50).

134 Die *Elektronenanlage mit Tonverstärker*, die der Schuldner berufsmässig als Akkordeonspieler benützt kann als Kompetenzgut beansprucht werden (GE, Autorité de surveillance, 07.03.1973, BlSchK 1975, S. 118).

135 Ein *Klavier* im Schatzungswerte von Fr. 1'600.– ist für einen Musiker, der wöchentlich 20 Stunden Klavierunterricht an einer Musikschule und daneben noch privat Klavierstunden erteilt, ein unentbehrliches Berufsinstrument (BS, AB, 25.05.1973, BlSchK 1975, S. 16).

136 Die Schuldnerin, welche einen kleinen *Coiffeursalon* unter Mithilfe einer Halbtagsangestellten betreibt, übt einen Beruf im Sinne von Ziff. 3 aus (GE, Autorité de surveillance, 29.10.1980, BlSchK 1981, S. 175).

137 Kompetenzgut für einen *Coiffeur*. – Als notwendige Werkzeuge im Sinne von Ziff. 3 sind alle diejenigen zu betrachten, die nach landesüblicher Auffassung zu einem rationellen und Konkurrenzfähigen Betrieb des Berufes notwendig sind (BGE 18 I 26). Dazu sind unter anderem auch der Waschtisch mit Spiegel eines Coiffeurs zu zählen (ZBJV 59, S. 351). Im vorliegenden Fall wurden alle vier Toiletten zur Ausübung der Erwerbstätigkeit als Kompetenzstücke belassen um die Konkurrenzfähigkeit Aufrecht zu erhalten (BE, AB, 17.01.1946, BlSchK 1946, S. 111).

138 Für den *Handel bestimmte Waren* sind nicht unpfändbar im Sinne von Ziff. 3 (GR, PKG 1953, S. 141, BlSchK 1956, S. 14).

139 *Videokassetten*, die in einem Videothekgeschäft *vermietet werden*, *bilden* für die Inhaberin des Geschäfts *keine unpfändbare Berufswerkzeuge* oder ähnliche Hilfsmittel im Sinne dieses Artikels (BGE 113 III 77).

140 Unpfändbarkeit der *Bibliothek eines Wirtschaftskonsulenten* und Journalisten als Berufswerkzeug (ZH, ObGer, II. Kammer, 05.11.1946/07.02.1947, BGer, SchKK, 06.12.1946, ZR 1947, Nr. 25).

Dritter Titel: Betreibung auf Pfändung | Art. 92

141 Unpfändbarkeit eines eintürigen harthölzernen *Spiegelschrankes* einer selbständig arbeitenden Damenschneiderin. Berufsunterbrechung zufolge Wohnungsnot gilt nicht als dauernde Berufsbehinderung (ZH, ObGer, II. Kammer, 03.10.1947, ZR 1948, Nr. 42).

142 Die *Nähmaschine stellt bei einer Flickerin* auch dann ein notwendiges und daher unpfändbares Berufswerkzeug, dar, wenn die Schuldnerin sich durch Zimmervermieten noch weiteren Erwerb verschaffen kann (TI, AB, 04.04.1949, Rep. 82, S. 98, SJZ 1950, S. 129).

143 *Hobelmaschine, kombinierte Kehl-, Bohr- und Fräsmaschine* sind Gegenstände, die für einen selbständigen Schreiner zum Allernotwendigsten gehören und als Kompetenzgut auszuscheiden sind (SO, AB, 11.09.1959, BlSchK 1960, S. 180).

144 Unpfändbarkeit eines *Röntgenapparates* für einen Arzt der inneren Medizin (VD, Tribunal cantonal, 05.06.1958, BlSchK 1961, S. 115).

145 Pfändung der *Apparatur eines Naturarztes* – Grundsätzlich übt der Naturarzt einen Beruf aus und betreibt keine Unternehmung. Er geniesst die Rechtswohltat von Art. 92 Ziff. 3 SchKG, wenn seine berufliche Tätigkeit bewilligt oder auch nur toleriert ist. – Prüfung der Notwendigkeit und der Rentabilität der Apparatur (BGE 106 III 108).

146 Der *antike Schrank eines Antiquitätenhändlers* ist pfändbar (GR, AB, 05.07.1962, BlSchK 1964, S. 163).

147 Eine elektrische *Schweissanlage* ist für eine Rolladen-Konstruktions- und Reparaturwerkstätte zur Berufsausübung unentbehrlich und deshalb unpfändbar (BS, AB, 26.04.1965, BlSchK 1966, S. 106, BJM 1968, S. 55).

148 Pfändung von *Vorräten eines ländlichen Gastwirtschaftsbetriebes*. – Zuteilung eines Tresor-Flachpultes als Kompetenzgut (LU, AB, 05.02.1969, BlSchK 1971, S. 145).

149 Ein *Schnellheizboiler* mit 50 Liter Inhalt stellt für einen selbständigen Fotografen, auch bei allgemeiner Warmwasserversorgung in den Mieträumlichkeiten, ein Berufskompetenzgut dar (BS, AB, 19.01.1973, BlSchK 1974, S. 80).

150 Unpfändbarkeit eines *Mähdreschers* (GE, Autorité de surveillance, 17.01.979, BlSchK 1980, S. 16).

151 Ein kleiner *Motorlastwagen*, mit dem der Schuldner Transporte ausführt, kann unpfändbar sein. Ein Lastwagen stellt nicht immer notwendigerweise ein erhebliches Kapital dar. Auch die Betriebskosten können relativ bescheiden sein, wenn es sich um einen kleinen Lastwagen handelt. Zudem nützt sich ein Personenwagen rascher ab als ein Lastwagen, sodass ein Taxibesitzer sein Betriebsmaterial häufiger erneuern und folglich mit einer höheren Amortisation rechnen muss als ein Lastwagenbesitzer (BGE 82 III 108).

152 Zuteilung eines *Lastwagens* als Kompetenzgut für einen Schuldner, bei dem die *persönliche Tätigkeit* als überwiegend angesehen werden muss (TG, Rekurskomm., 06.11.1961, BlSchK 1963, S. 144).

153 Zuteilung eines *Lastwagens* als Kompetenzgut für einen *Marktfahrer* (BE, AB, 13.11.1969, BlSchK 1971, S. 143).

154 Der *Lieferwagen* im Schätzungswerte von Fr. 1'500.–, geführt vom Eigentümer selbst *zur Ausführung von Warentransporten* für Dritte, ist unpfändbar (Grenzfall) (ZH, ObGer, II. Kammer, 05.09.1947, BGer 07.10.1947, ZR 1948, Nr. 41, BlSchK 1950, S. 13).

155 Unpfändbarkeit eines *Lieferwagens eines Vertreters für landwirtschaftliche Maschinen* (SG, AB, 02.09.1954, BlSchK 1956, S. 83).

156 Automobil eines *Altstoffhändlers* als berufsnotwendiges Werkzeug (BS, AB, 19.08.1955, BJM 1955, S. 305, BlSchK 1957, S. 183).

157 Zuteilung eines Personenwagens als Kompetenzgut an einen *70-jährigen Altstoffhändler* (BL, AB, 29.01.1969, BlSchK 1970, S. 86).

158 Der *Lieferwagen* eines Selbständigerwerbenden, welcher *Reinigungen ausführt* und damit Reinigungsmaterial transportiert, ist unpfändbar (GE, Autorité de surveillance, 19.07.1978, BlSchK 1980, S. 116).

159 Ein *Lieferwagen ist pfändbar*, wenn der Betrieb desselben *unwirtschaftlich ist* (SG, AB, 28.08.1961, BlSchK 1964, S. 18).

160 Zuteilung eines *Kombiwagens* als Kompetenzgut an einen Antennenmonteur, dessen Tätigkeit sich auf ein grösseres Arbeitsgebiet erstreckt (BE, AB, 02.09.1969, BlSchK 1971, S. 55).

161 Ein *Möbelwagen*, bei dem die Wirtschaftlichkeit fehlt, kommt keine Kompetenzqualität als Berufswerkzeug zu (SO, AB, 16.02.1979, BlSchK 1985, S. 100; vgl. auch BGE 80 III 110 und 84 III 20).

162 Unpfändbarkeit von *Einrichtungsgegenständen*, welche einer neu gegründeten *Kollektivgesellschaft* die Aufnahme der Tätigkeit als Franchisegeber ermöglichen. Definition des Franchising-Vertrages (GE, Autorité de surveillance, 08.06.1983, BlSchK 1984, S. 183).

163 Ist ein *Personalcomputer ein zur Ausübung des Berufes als selbständiger Buchalter und Treuhänder Werkzeug?* – Bei der Beantwortung der Frage, ob ein Werkzeug zur Ausübung des Berufes durch den Schuldner notwendig im Sinne von Art. 92 Ziff. 3 SchKG sei und deshalb nicht gepfändet oder retiniert werden könne, muss auf die konkreten Umstände im Augenblick der Pfändung bzw. Retention abgestellt werden. Es ist Aufgabe des BA und der AB, die entscheidenden tatsächlichen Verhältnisse abzuklären (BGE 86 III 49). Insbesondere ist zu prüfen, ob der Schuldner zur Bewältigung der bisher von ihm übernommenen Buchhaltungsarbeiten mehr Zeit aufwenden müsste, wenn er anstatt des Computers sich einer Durchschreibebuchhaltung oder irgend einer anderen Arbeitstechnik bediente; es ist zu untersuchen, ob bei Wegfall des Computers bisherige oder künftige Kundschaft ausbleiben und der Schuldner eine Verdiensteinbusse erleiden würde (BGE 110 III 53, Praxis 74, Nr. 65).

a) Beruf oder Unternehmung

164 *Bedeutung des Wertverhältnisses* zwischen der persönlichen Arbeit des Schuldners und anderen Erwerbsfaktoren. Gelegentliche Fuhren für Dritte durch einen Landwirt mittels eines Lastwagens von beträchtlichem Wert ist Unternehmung. Möglichkeit eines anderen Nebenverdienstes (BGE 85 III 19).

165 Bei einem *Rodungsunternehmer*, der mit ziemlich zahlreichen fremden Arbeitskräften arbeitet und diese mit den nötigen Werkzeugen und Gerätschaften auszurüsten hat, *gilt als typische Unternehmung* (ZH, ObGer, II. Kammer, 25.04.1944, ZR 1945, S. 204, BlSchK 1946, S. 59).

166 Der «*Löffelbagger*» *eines Bauunternehmers*, der in seinem Betrieb 12 Leute beschäftigt, kann nicht als Kompetenzgut beansprucht werden (GE, Autorité de surveillance, 21.08.1973, BlSchK 1975, S. 50).

167 Dem *Kapitalaufwand kommt keine entscheidende Bedeutung zu, sofern* die Ausübung des Betriebes Berufscharakter aufweist. Unter Werkzeuge fallen nicht nur primitive, sondern auch verfeinerte und dem Fortschritt angepasste Werkzeuge (ZH, ObGer, II. Kammer, 16.10.1945, ZR 1945, S. 351, BlSchK 1947, S. 14).

168 Das Gewerbe eines *Fuhrhalters* ist eine Unternehmung. Die mechanischen Hilfsmittel (Langholzwagen, Traktoranhänger, Jauchewagen, Pflug, Kompressorenanlage, Ladestation usw.) gehen über die handwerksmässige Ausübung bestimmter persönlicher Fähigkeiten hinaus und sind nicht mehr als Berufswerkzeuge, sondern als Hilfsmittel der Unternehmung zu werten (SG, AB, 19.02.1946, BlSchK 1948, S. 16).

169 Der Betrieb eines *Transportgeschäftes* mit zwei Lastwagen und einem Jeep ist Unternehmung. Die an den Fahrzeugen bestehenden Eigentumsvorbehalte vermögen hieran nichts zu ändern (SG, AB, 21.09.1955, BlSchK 1957, S. 144).

170 Die *Vermittlung von blosser Handelsware* ist als Unternehmung zu betrachten; die dafür dienenden Warenvorräte sind daher pfändbar (ZH, ObGer, II. Kammer, 25.07.1947, ZR 1948, Nr. 40, BlSchK 1950, S. 12).

171 Kompetenzqualität der *Stanzmaschine und des Stanzklotzes eines Sattlers* (SG, AB, 27.10.1950, Amtsbericht 1950, S. 12, BlSchK 1952, S. 176).

172 Ein Schuldner, der *Autositzschonbezüge herstellt* und versenden lässt, übt keinen Beruf aus, sondern betreibt ein Unternehmen, das den Schutz des Art. 92 Ziff. 3 nicht geniesst (BGE 91 III 55; BE, AB, 04.03.1974, BlSchK 1976, S. 83).

173 Der *Betrieb eines Tea Rooms* mit einer Einrichtung zum Preise von Fr. 40'000.– ist ein Unternehmen (BE, AB, 30.06.1952, BlSchK 1953, S. 88).

174 Eine *Teppichwäscherei und –stopferei* mit einer Kapitalinvestition von ca. Fr. 20'000.– ist ein Unternehmen (BE, AB, 22.02.1955, BlSchK 1957, S. 23).

175 Der *Betrieb einer kleinen Pension* mit wenigen Pensionären ohne Verwendung fremder Hilfskräfte stellt einen Beruf dar. Die dafür nötigen Zimmereinrichtungen sind deshalb unpfändbar (AR, AB, 20.04.1955, BlSchK 1957, S. 42).

176 Ein *Kleinartistenbetrieb*, in dem ausschliesslich die Familienangehörigen des Inhabers tätig sind, ist kein Unternehmen. Die zum Betrieb notwendigen Requisiten sowie die zum Transport der Tiere und Requisiten benötigten Fahrzeuge sind unpfändbar (BL, AB, 13.04.1957, BJM 1957, S. 231, BlSchK 1958, S. 151).

177 Unpfändbarkeit von *Bäckerei- und Wirtschaftsmobiliar* eines Kleinbetriebes ohne fremde Hilfskräfte (AR, AB, 24.06.1957, BlSchK 1959, S. 47).

178 Die *Betriebseinrichtung und das Material eines Bäckers und Konditors* ist unpfändbar, wenn seine persönliche Arbeit überwiegt. Wenn die gepfändeten Gegenstände gleichzeitig von Dritten angesprochen werden, so ist vor der Durchführung des Widerspruchsverfahrens die Kompetenzqualität abzuklären (GE, Autorité de surveillance, 20.02.1976, BlSchK 1979, S. 81).

179 Ein *Bäcker und Konditor*, der mit Frau und Tochter zusammen arbeitet, *übt einen Beruf aus* und betreibt nicht ein Unternehmen. Das gilt auch dann, wenn er die heute gebräuchlichen Maschinen verwendet und die eigenen Erzeugnisse in einem Laden verkauft. Die zur Ausübung dieses Berufes notwendigen Maschinen sind daher unpfändbar (BGE 97 III 55).

180 Ein *Unimog (Mehrzweckfahrzeug)* kann allfällig auch *für einen Nebenberuf* (Transport für Dritte) Kompetenzgut sein, wenn der Schuldner auf den damit erzielbaren Verdienst angewiesen ist und die allgemeinen Voraussetzungen des Kompetenzanspruches für die in Frage stehenden Sachen zutreffen. Gemäss BGE 82 III 108 kann auch *ein Transportgewerbe Beruf sein*. Für das Wertverhältnis *Arbeit/Kapital* ist nicht auf den im Laufe der Jahre stark verminderten Wert der Sache, sondern *auf deren Anfangswert abzustellen*. Sonst müssten kleinere Unternehmen durch die Entwertung ihres nicht erneuerten Bestandes mit der Zeit zu Berufen werden (BGE 85 III 19, vgl. N 182).

181 Die *Verwendung fremder Arbeitskräfte* durch einen Handwerker *schliesst das Vorliegen eines Berufes dann nicht aus, wenn der Geschäftsinhaber die handwerkliche Arbeit nicht aus kapitalwirtschaftlichen Gründen* durch Dritte ausführen lässt, sondern weil er gesundheitlich nicht selber dazu imstande ist (ZH, ObGer, II. Ziv.Kammer, 25.11.1955, BlSchK 1961, S. 112).

182 Nach der Rechtsprechung des BGer ist das mit einem *Lastwagen ausgeübte Transportgewerbe* nicht wegen des im Lastwagen steckenden kapitalistischen Erwerbsfaktors stets als Unternehmung zu betrachten, *sondern kann je nach den konkreten Verhältnissen Unternehmung oder ein* dem Art. 92 Ziff. 3 SchKG unterstehender *Beruf sein* (BGE 85 III 22). In diesem Fall überwiegt der Einsatz finanzieller Mittel die Bedeutung des persönlichen Arbeitseinsatzes deutlich. Der Schuldner kann sich deshalb nicht auf die Unpfändbarkeit des Lastwagens berufen (LU, SchKKomm, 10.12.1965, Max. XI, Nr. 429, BlSchK 1967, S. 119; ein Rekurs wurde vom BGer abgewiesen).

183 Beruf oder Gewerbebetrieb? – Als Beruf ist gemäss bundesgerichtlicher Praxis nur diejenige wirtschaftliche Tätigkeit zu verstehen, die «wesentlich in der Ausübung der erlernten persönlichen Fähigkeiten und der Verwertung der durch Studium angeeigneten Kenntnisse und in der Leistung von Arbeit auf Bestellung» besteht. Von einer Unternehmung bzw. Gewerbebetrieb spricht die Praxis dann, wenn daneben noch «mechanische Hilfsmittel in grösserem Umfang, welche ein kapitalistisches Element darstellen oder fremde, gemietete Arbeitskraft» verwendet wird (Komm. Jaeger, N 8 Abs. 2 zu Art. 92 SchKG). Maschinen eines selbständigen Handwerkers hat die Praxis als Berufswerkzeug nur gelten lassen, «wenn durch deren Wegnahme der Schuldner seine Konkurrenzfähig-

keit einbüssen und vom selbständigen Berufsmann zum Lohnarbeiter wechseln müsste und in dieser Stellung ein hinlängliches, sicheres Auskommen nicht finden würde und die Möglichkeit für den Schuldner vorhanden ist, sich mit Hilfe dieser Maschinen vom ökonomischen Fall wieder zu erheben» (Komm. Jaeger N 9 Abs. 1 zu Art. 92 SchKG). Wenn sich die selbständige Berufsausübung als dauernd unwirtschaftlich erweist, so fällt die Begründung für die Unpfändbarkeit – der Schutz der wirtschaftlichen Existenz des Schuldners – dahin (BGE 86 III 51). In diesem Falle ist nicht nur den Gläubigern, sondern auf lange Sicht auch dem Schuldner besser gedient, wenn der Betrieb liquidiert wird (GR, AB, 06.04.1966, BlSchK 1969, S. 47).

184 Ein *Gebäudereinigungsinstitut* mit vier Hilfspersonen gilt als Unternehmung. Folglich steht dem Geschäftsinhaber für die Reinigungsarbeiten kein Anspruch auf Kompetenzzuteilung zu (SO, AB, 22.05.1967, BlSchK 1968, S. 117).

185 Bei einer *maschinellen Einrichtung eines Industriespritzwerkes* deren Anschaffung Fr. 50'000.– und Inbetriebsetzung (monatlicher Stromverbrauch Fr. 400.–) so viel kosten und deren Bedienung keine besonderen Anforderungen stellt, lässt sich nicht mehr von Berufswerkzeugen im Sinne dieser Bestimmung sprechen. Vielmehr übertrifft der Einsatz maschineller Mittel die persönliche Arbeitsleistung des Schuldners an Bedeutung (vgl. BGE 88 III 52, 82 III 10) (BGE 95 III 81).

186 Der Betrieb einer *Karrosseriewerkstatt* mit Maschinen und Werkzeugen im Werte von Fr. 11'000.– und einem monatlichen Ertrag von Fr. 1'500.– ist nicht einem Unternehmen gleichzusetzen. Hingegen ist die verfügbare Quote des Einkommens des Betriebsinhabers pfändbar, welches aus dem Gebrauch der unpfändbaren Berufswerkzeuge resultiert (GE, Autorité de surveillance, 20.04.1977, BlSchK 1981, S. 82).

187 Kompetenzqualität eines *Taxiwagens*. Unternehmung oder Beruf? Ein Taxibetrieb mit mehreren Wagen (hier drei, wovon einer als und angeblich nicht mehr als Taxiwagen gebrauchsfähig) und einem angestellten Chauffeur, weist als Gesamtheit die Kriterien eines Unternehmens auf. Hingegen wird dem Taxihalter einen Wagen als Berufswerkzeug belassen (GR, AB, 09.06.1967, BlSchK 1969, S. 175).

188 Die Werkzeuge und Maschinen eines Schuldners sind pfändbar, wenn dieser eine *maschinell eingerichtete Buchbinderei mit drei Angestellten* betreibt. Ein solcher Betrieb gilt als Unternehmung (GE, Autorité de surveillance, 19.03.1971, BlSchK 1973, S. 117).

189 Eine *Offsetmaschine* ist nicht unpfändbar bei einer Druckerei mit drei Angestellten (GE, Autorité de surveillance, 12.04.1978, BlSchK 1979, S. 182).

b) Massgebende Kriterien zum Entscheid zur Anerkennung oder Abweisung der Kompetenzqualität an Personenwagen

190 Die Frage, ob einem Fahrzeug Kompetenzcharakter zuerkannt werden können, ist unter dem doppelten Gesichtspunkt der individuellen *(geschäftlichen) Existenzfähigkeit* des Schuldners *und der allgemeinen Wirtschaftlichkeit der Hilfsmittel* im Rahmen seines Betriebes zu prüfen. Die Verwendungskosten des Hilfsmittels müssen in einem vernünftigen Verhältnis zum Ertrag stehen. Art. 92 Ziff. 3 hat einen lohnenden Beruf im Auge. Wirft die selbständige Berufsausübung nichts ab, so soll der Schuldner das Geschäft nicht auf Kosten der Gläubiger weiterführen (BS, AB, 28.09.1982, BlSchK 1986, S. 76).

191 Befand sich der Schuldner im Zeitpunkt der Arrestlegung in *gekündigtem Arbeitsverhältnis*, so kommt es darauf an, ob er ohne eigenen Wagen konkret die Möglichkeit hatte, in der Nähe seines Wohnortes eine seinem erlernten Berufe entsprechende neue Stelle zu finden, ohne dass er wegen des fehlenden Fahrzeuges eine Lohneinbusse in Kauf nehmen musste. Die tatsächlichen Verhältnisse sind auch dann von Amtes wegen abzuklären, wenn der Schuldner selber ungenügende Angaben geliefert hat (BGE 97 III 52).

192 Massgebend für die Bestimmung der Kompetenzqualität eines Personenautos *im Konkursverfahren* sind die Verhältnisse im Zeitpunkt der Inventaraufnahme (BGE 98 III 31).

193 Unpfändbar ist ein Personenwagen, der von einem *Reisevertreter für die Berufsausübung* unter besonderen Umständen *dringend benötigt wird* (AR, AB, 27.02.1950, Rechenschaftsbericht 1949/50, S. 47, BlSchK 1952, S. 111).

194 Der Gebrauch eines Automobils kann als notwendig betrachtet werden, bei einem Schuldner, der *zwischen Wohnort und Arbeitsort täglich 34 km zurückzulegen hat, ohne die öffentlichen Verkehrsmittel benützen zu können.* Die Ermittlung der Transportkosten mit Berücksichtigung der Amortisation des Fahrzeuges erlaubt zu einem befriedigenderen Ergebnis zu gelangen, als die Festsetzung eines Pauschalbetrages, doch ist der Amortisation nur hinsichtlich der für die Bedürfnisse der Arbeit zurückgelegten Kilometer Rechnung zu tragen (104 III 73).

195 Zuteilung eines (älteren) Personenwagens als Kompetenzgut, wenn der Schuldner einen *weiten Weg zum Arbeitsplatz* zurücklegen muss und ihm *keine öffentlichen Verkehrsmittel* zur Verfügung stehen (BE, AB, 21.06.1967, BlSchK 1968, S. 185).

196 Ein Motorfahrzeug ist einem Schuldner dann zu belassen, wenn er es für die Berufsausübung wirklich *benötigt und überdies die Verwendungskosten in einem vernünftigen Verhältnis zum Ertrag stehen* (BS, AB, 04.01.1980, BlSchK 1984, S. 67).

197 Bei einem Automobil als Kompetenzstück sind *bei der Ermittlung des Notbedarfs sowohl die veränderlichen als auch die festen Kosten einzusetzen.* Nicht zu berücksichtigen sind dagegen die Kosten der Amortisation. Mit einer Kilometerpauschale von 50 Rappen wird den Kosten nicht in vollem Umfang Rechnung getragen (BGer, 03.11.2000, BlSchK 2002, S. 124).

198 Ein Personenwagen ist für den Schuldner *berufsnotwendig,* wenn er auf das Fahrzeug angewiesen ist, um zu seinem *entfernten Arbeitsort zu gelangen* und während seiner Dienstzeit *keine öffentliche Verkehrsmittel* zur Verfügung stehen (GE, Autorité de surveillance, 13.02.1974, BlSchK 1975, S. 145).

199 Ein achtjähriges Auto mit 130'000 km im Schatzungswerte von Fr. 500.– kann dem Schuldner als Kompetenzgut belassen, wenn ihm zur *Fahrt an den entfernten Arbeitsplatz kein öffentliches Verkehrsmittel zur Verfügung steht* (SO, AB, 21.01.1980, BlSchK 1985, S. 68).

200 Spart der Schuldner bei *Benützung des Privatwagens gegenüber dem öffentlichen Verkehrsmittel täglich zweieinhalb Stunden Arbeitszeitweg ein,* so kommt seinem Automobil Kompetenzcharakter zu und es sind die Arbeitswegkosten bei der Berechnung des Existenzminimums nach Kilometern anzurechnen (BS, AB, 05.10.1990, BlSchK 1991, S. 21 (dieser Entscheid wurde durch das BGer bestätigt).

201 Die Pfändung eines Personenwagens *kann jederzeit aufgehoben werden,* wenn der Schuldner *seine Anstellung und damit sein Einkommen ohne Wagen verlieren würde* (BE, AB, 18.01.1974, BlSchK 1975, S. 179).

c) PW als unpfändbare Fahrzeuge

202 Zuteilung eines Personenautos als Kompetenzgut für einen *Autozubehör-Vertreter* (BE, AB, 02.08.1968, BlSchK 1970, S. 14).

203 Zuteilung eines Personenautos als Kompetenzgut an eine *Marktfahrerin* (BE, AB, 21.07.1969, BlSchK 1970, S. 171).

204 Unpfändbarkeit eines Personenautos bei nachgewiesenem *allgemein üblichem Kundendienst* (AR, AB, 05.02.1965, BlSchK 1967, S. 51).

205 Zuteilung eines (älteren) Personenautos als Kompetenzgut an einen *Ärztebesucher als Vertreter für medizinische Artikel* (BE, AB, 19.12.1968, BlSchK 1970, S. 14).

206 Erfordernis der *Wirtschaftlichkeit des Autos* als Berufshilfsmittel; der die Unpfändbarkeit geltend machende Schuldner hat durch konkrete Angaben und Belege darzutun, dass sich für ihn die Haltung des Motorfahrzeuges wirtschaftlich rechtfertigen lässt (BGE 84 III 20).

207 Benützt der Schuldner ein *nicht als Kompetenzstück bezeichnetes Auto,* so ist es gerechtfertigt, seinen Verdienst *mindestens in der Höhe der mutmasslichen Autobetriebskosten zu pfänden* (ZH, Bez.Gericht, 29.07.1993, BlSchK 1995, S. 66).

208 Ein Automobil ist nur dann unpfändbar, wenn *seine Wegnahme die Berufsausübung verunmöglichen oder* ganz *unverhältnismässig erschweren* würde (GR, PKG 1954, S. 136, BlSchK 1957, S. 20)

209 Unpfändbarkeit des Automobils eines mit *Wasseruntersuchungen im Frankreich beschäftigten Ingenieurs* (BS, AB, 26.06.1956, BlSchK 1957, S. 184).

210 Unpfändbarkeit eines alten Kleinwagens für einen gelernten *Auto- und Maschinenmechaniker,* der Baumaschinen und Autos teilweise bei den Kunden repariert. Keine Handhabe, den Schuldner zu einer bestimmten Erwerbstätigkeit zu zwingen. Kompetenzanspruch auch für den unredlichen Schuldner (BL, AB, 28.12.1956, BJM 1957, S. 101, BlSchK 1958, S. 77).

211 Kompetenzgut eines Automobils mit *geringem Wert* an einen *Versicherungsagenten* (SO, AB, 31.07.1959, BlSchK 1960, S. 181 (vgl. auch N 244).

212 Ein *Malermeister* in der Stadt, aber *spezialisiert auf Malerarbeiten in Hotels und Pensionen,* auch *in entfernten Gegenden,* kann sein altes, im Betrieb billiges Auto, mit dem er in selbständiger Stellung mehr verdient als ohne solches als blosser Angestellter, als unpfändbar beanspruchen (BGE 87 III 61).

213 Unpfändbarkeit des Personenautos eines *selbständigen Malers* (GE, Autorité de surveillance, 07.05.1975, BlSchK 1978, S. 119).

214 Kompetenzqualität eines Automobils für einen *körperlich behinderten Provisionsreisenden* (SG, AB, , 18.03.1959, BlSchK 1962, S. 13).

215 Ein Personenauto mit einem *geringen Schätzungswert* ist unpfändbar, wenn der Schuldner dieses zur Ausübung des Berufes als *Heizungsmonteur aus gesundheitlichen Gründen dringend benötigt* (BE, AB, 05.12.1967, BlSchK 1968, S. 184).

216 Pfändung oder Verarrestierung eines Personenwagens, der einem *Invaliden für den Privatgebrauch* dient. Ein solcher Personenwagen ist ein dem persönlichen Gebrauch dienender Gegenstand im Sinne von Art. 92 Ziff. 1 SchKG. Unter bestimmten Umständen (hier aus gesundheitlichen Gründen) kann er als unentbehrlich und infolgedessen unpfändbar bezeichnet werden (BGE 106 III 104).

217 Ein dem Privatgebrauch dienender Personenwagen eines *Invaliden* ist *pfändbar, wenn die Benutzung eines Taxis zumutbar und* bei eingeschränktem Gebrauch *wirtschaftlicher ist* (LU, SchKKomm, 17.08.1982, LGVE 1982 I 49; ein Rekurs wurde vom BGer abgewiesen.).

218 Ein *Invalider kann* für die Kontaktnahme mit der Aussenwelt für seine privaten Besorgungen und für *seine eingeschränkte berufliche Tätigkeit* auf die Benützung eines Personenwagens *angewiesen sein.* Können diese Bedürfnisse auch *mit Hilfe eines Drittwagens befriedigt werden,* so ist *das eigene Auto des Invaliden nicht als Kompetenzstück* aus der Konkursmasse *auszuscheiden* (BGE 108 III 60).

219 (i.V.m. Art. 268 OR) – Der mit einem obligatorischen Alarmsystem ausgerüstete Personenwagen eines *Uhrenmaklers* ist unpfändbar und untersteht demnach nicht dem Retentionsrecht des Vermieters (GE, Autorité de surveillance, 15.08.1975, BlSchK 1979, S. 21).

220 Zuteilung eines Personenautos als Kompetenzgut für einen *technischen Berater in der Baubranche mit Verkaufstätigkeit* für Kunststoffprodukte (BE, AB, 21.08.1968, BlSchK 1970, S. 54).

221 Der Personenwagen eines *Bauführers,* der alle Tage mehrere Baustellen besuchen muss, ist als Berufswerkzeug unpfändbar. Vorausgesetzt bleibt, dass der Schuldner verpflichtet ist, seinen eigenen Wagen zu benutzen (GE, Autorité de surveillance, 22.02.1978, BlSchK 1979, S. 181).

222 Auch wenn der *Schuldner zur Zeit arbeitslos ist,* kann sein Personenauto *nicht gepfändet werden,* sofern er dieses *bei Antritt einer neuen Stelle wieder braucht* (GE, Autorité de surveillance, 01.02.1978, BlSchK 1980, S. 53).

223 Ein Automobil ist für einen *selbständigen Restaurator von Möbeln und Bildern* als *unpfändbares Berufswerkzeug anzusehen, sofern diese Tätigkeit wirtschaftlich ist,* d.h. einen vernünftigen Ertrag erbringt (BL, AB, 03.09.1979, SJZ 1980, S. 334, BlSchK 1982, S. 230).

224 Das Auto eines *Zahnarztes ist unpfändbar,* wenn er seine *Patienten bei Notfällen zu Hause* behandelt (GE, Autorité de surveillance, 01.02.1978, BlSchK 19181, S. 81/82).

225 Notwendigkeit eines Fahrzeuges für einen *Lüftungs-A-Monteur*, der seine Stellung nicht erhalten hätte, wenn er nicht im Besitze eines eigenen Autos gewesen wäre. Zudem entspricht es einer allgemein bekannten Übung, dass *Monteure der Heizungs- und Lüftungsbranche mit dem eigenen PW* an ihre jeweilige *Montagestelle fahren müssen* und haben ihr Kleinwerkzeug im eigenen Auto mitzuführen (LU, SchKKomm, 30.09.1982, LGVE 1982 I 50; ein Rekurs wurde vom BGer abgewiesen).

226 Für einen unabhängigen *Zeitungsverkäufer* ist ein Automobil zur Ausübung des Berufes *notwendig und somit unpfändbar* (BGE 117 III 20).

d) PW als pfändbare Fahrzeuge

227 Nicht als Berufsgerät zu betrachten ist das Automobil, das der Schuldner *im Betrieb einer AG*, deren einziger Aktionär er ist, verwendet (BGE 80 III 15).

228 Abweisung des Kompetenzanspruches an einem Personenwagen wegen verspäteter Einreichung der Beschwerde und *nicht Beibringung von schlüssigen Beweisunterlagen* (SO, AB, 21.05.1959, BlSchK 1960, S. 111).

229 Automobile von *Architekten* gelten nicht generell als unpfändbar. Es sind die Verhältnisse des Einzelfalles zu berücksichtigen (SO, AB, 21.10.1958, BlSchK 1961, S. 17).

230 Kein Kompetenzanspruch auf einen Personenwagen für einen *Angestellten eines Architekturbüros* (SO, AB, 08.05.1964, BlSchK 1965, S. 112).

231 Kein Kompetenzanspruch an einem Automobil für einen *Architekten* (BL, AB, 03.02.1971, BJM 1971, S. 121).

232 Selbst einem billigen Occasionsauto kommt nur dann Kompetenzqualität zu, wenn es ein *unentbehrliches Berufswerkzeug* darstellt. Zudem müssen sich seine Verwendungskosten *im Verhältnis zum Ertrag wirtschaftlich rechtfertigen* (BS, AB, 30.12.1959; Bl SchK 1961, S. 177).

233 Personenwagen für einen *Teppichhändler*. Kein Kompetenzanspruch, wenn die Verwendungskosten *in keinem vernünftigen Verhältnis zum Ertrag stehen* (SO, AB, 10.04.1962, BlSchK 1963, S. 75).

234 Ein Auto ist für einen *Kaufmann in freiberuflicher Stellung* dann nicht Kompetenzgut, wenn es zur Ausübung des Berufes *nicht unbedingt notwendig ist* und wenn die damit verbundenen *Kosten in keinem vernünftigen Verhältnis zum Ertrag stehen* (BS, Aufs .Beh., 24.12.1963, BJM 1964, S. 212, BlSchK 1964, S. 169).

235 Ein Personenwagen ist insbesondere dann pfändbar, wenn der *Betrieb unwirtschaftlich ist* und die Einnahmen des Schuldners nicht ausreichen, um sowohl den Lebensunterhalt als auch die Geschäftsauslagen zu decken (BE, AB, 23.05.1973, BlSchK 1977, S. 55).

236 Nach der Praxis gilt ein für die Berufsausübung benützter Personenwagen als pfändbar, wenn dessen Verwendung sich als *unwirtschaftlich erweist*. Der Kompetenzanspruch ist vom Schuldner in jedem Fall *näher zu begründen*. Massgebend für die Beurteilung der Kompetenzqualität ist der Zeitpunkt der Pfändung. Die hier – nebenberuflichen Gründe – ins Feld geführten Herzstörungen des Schuldners reichen nicht aus, um ihm sein Auto als Kompetenz zu belassen (SO, AB, 20.09.1978, BlSchK 1982, S. 18/19).

237 Art. 92 SchKG entbindet eine Partei *nicht von der Pflicht*, den Richter in einem Verfahren betreffend die Unpfändbarkeit eines Personenwagens über die *wesentlichen Tatsachen zu unterrichten* und die ihm *zugänglichen Beweismittel anzugeben* (BGer, SchKK, 20.11.1986, Praxis 76, Nr. 103).

238 Für einen *6 km vom Arbeitsplatz entfernt wohnenden Schuldner* ist ein Auto nicht Kompetenzstück. Abschlagszahlungen hieran können bei der Lohnpfändung nicht berücksichtigt werden (SG, AB, 04.06.1963, BlSchK 1965, S. 175).

239 Unpfändbar im Sinne dieses Artikels ist das Auto, das dem Schuldner und seiner Familie zum persönlichen Gebrauch dient und *unentbehrlich ist*. Kann der Schuldner öffentliche Verkehrsmittel benutzen, auch wenn der Wohnort auch nicht eben gut erschlossen ist, gilt ein Personenwagen im Grundsatz weder als «unentbehrlich» (BGE 106 III 104; 108 III 60) noch als «notwendig» (BGE 104 III 73; 110 III 17). Autobetriebskosten können nur dann in die Berechnung des Existenzminimums

einbezogen werden, wenn das betreffende Automobil selbst unpfändbar ist (BGer SchKK, 20.08.2002, BlSchK 2003, S. 117).

240 Ein *Maurerpolier* kann ein Personenauto «Renault» nicht als Kompetenzgut beanspruchen (BE, AB, 17.02.1967, BlSchK 1968, S. 51).

241 Pfändung des Personenautos eines *Radio- und Fernsehapparaten-Reparateurs*, wenn der Geschäftsbetrieb *dauernd defizitär ist* und die Einnahmen nicht ausreichen, um den Lebensunterhalt und die Geschäftsausgaben zu decken (BE, AB, 05.01.1968, BlSchK 1969, S. 107).

242 Ein vierjähriger Personenwagen (Renault 20 TX), den der Schuldner als *Reparateur von Fernsehapparaten und Installateur von Fernsehantennen* benützt, ist nicht unpfändbar, wenn diese Berufstätigkeit unrentabel ist und dem Schuldner monatlich nur ungefähr Fr. 800.– einbringt (GE, Autorité de surveillance, 18.07.1984, BlSchK 1986, S. 101).

243 Ein *Versicherungsvertreter* hat keinen Anspruch auf Zuteilung eines Personenwagens als Kompetenzgut (SO, AB, 07.11.1969, BlSchK 1971, S. 19; vgl. auch N 208 S. 568).

244 Keine Unpfändbarkeit eines Personenwagens, den ein *selbständiger Karrosseriespengler seinen Kunden als Ersatzfahrzeug zur Verfügung stellt*. Für die Unpfändbarkeit eines Personenwagens wird gemäss konstanter Gerichtspraxis vorausgesetzt, dass der Schuldner das Fahrzeug selber fährt oder durch seine Angestellten nutzen lässt, insofern dieses zur Berufsausübung unbedingt notwendig ist. Eine Unpfändbarkeit wäre dann gegeben, wenn aus der Überlassung eines Ersatzwagens ein substantieller Teil des Erwerbseinkommens erwirtschaftet wird oder wenn dieser eine vom Kunden erwartete Nebenleistung darstellt (BS, AB, 04.01.1995, BlSchK 1995, S. 104).

e) Zweiradfahrzeuge

245 Das *Motorrad* ist nicht als notwendiges Berufswerkzeug eines *Motorradmechanikers* zu betrachten und kann deshalb gepfändet werden (AR, AB, 30.08.1948, Rechenschaftsbericht 1947/48, S. 52, SJZ 1949, S. 379).

246 Unpfändbarkeit eines *Motorrades*, das für berufliche Zwecke täglich benötigt wird. Der Schuldner benötigt das Motorrad nicht bloss von seinem Wohnort an seinen Arbeitsort, sondern von dort zur auswärtigen Montagearbeit (AR, Rechenschaftsbericht ObGer 1952/53, S. 47, BlSchK 1955, S. 53).

247 Unpfändbarkeit eines *Fahrrades*, mit welchem der Schuldner zu seinem entfernten Arbeitsort fährt (AR, Rechenschaftsbericht ObGer 1952/53, S. 47, BlSchK 1955, S. 53).

248 Unpfändbarkeit eines *Hilfsmotorrades eines Schichtarbeiters* mit 3 km langem Weg zum Arbeitsort. Ablehnung der Auswechslung gegen ein vom Gläubiger angebotenen Fahrrad ohne Motor (BGE 82 III 152).

249 Ein Motorvelo ist nur dann unpfändbar, wenn der Schuldner für den Gang zum Arbeitsort seiner bedarf, weil er *nicht die Möglichkeit hat, öffentliche Verkehrsmittel* zu benützen (TI, AB, 17.02.1956, Rep. 90 (1957), S. 197, SJZ 1958, S. 76).

4. Ziff. 4: Tiere eines Landwirts nebst Streu, Futter und Stroh

250 Unpfändbarkeit des *Geflügelbestandes einer Hühnerfarm*, sofern es sich um eine Hühnerfarm ohne sonstigen Landwirtschaftsbetrieb handelt (BGE 77 III 18).

251 Unpfändbarkeit von *Hühnern* nur soweit sie für die Ernährung des Schuldners und seiner Familie oder für die Aufrechterhaltung seines Betriebes unentbehrlich sind (AR, AB, 06.02.1954, BlSchK 1956, S. 53).

252 *Hühner* sind Kleintiere im Sinne dieser Bestimmung (SG, AB, 03.11.1958, BlSchK 1960, S. 181 und 1965, S. 44).

253 Den unpfändbar bezeichneten Kleintieren sind die *Bienen gleichzustellen*, wenn der Schuldner die für den Unterhalt für sich und seiner Familie erforderlichen Mittel ganz oder teilweise durch Bienenzucht verschafft. – Sind die Bienen unpfändbar, so *sind es auch die zur Bienenzucht unentbehrlichen Werkzeuge.* Dem Züchter von Kleintieren, die unter diese Bestimmung fallen, sind *Werkzeuge und Gerätschaften insoweit zu belassen,* als er deren bedarf um *seine Tätigkeit in dem zur Siche-*

Dritter Titel: Betreibung auf Pfändung | Art. 92

rung seiner Existenz notwendigen Umfange weiterzuführen (BGE 77 III 109) (SO, AB, 11.06.1953, ObGer-Bericht 1953, S. 129, BlSchK 1955, S. 143).

254 Unpfändbarkeit von Kleinvieh *(Schweine)* bei einer Schweinezucht (AR, AB, 30.08.1951, BlSchK 1953, S. 51).

255 *Schweine* sind Kleintiere im Sinne dieser Bestimmung (SG, AB, 11.01.1957, BlSchK 1959, S. 181).

256 Anspruch auf *Kompetenzzuteilung von Haustieren auch dann, wenn der Landwirtschaftsbetrieb auf der bisherigen Pachtliegenschaft wegen Kündigung des Pachtvertrages nicht weitergeführt werden kann* (LU, SchKKomm, 24.01.1951, Max. X, Nr. 50, ZBJV 1951, S. 223).

5. Ziff. 5: Notwendige Nahrungs- und Feuerungsmittel oder die zur Anschaffung erforderlichen Barmittel oder Forderungen

257 Diese Bestimmung ist im Falle des Arrestes (der nur die im Arrestbefehl bezeichneten Gegenstände erfasst und bei dessen Vollzug der Schuldner nicht wie bei der Pfändung zur Angabe aller seiner Vermögensgegenstände verpflichtet ist) nicht von Amtes wegen anzuwenden. Der Schuldner kann aber verlangen, dass sie angewendet werde. Er muss dann den Betreibungsbehörden (BA und AB) gestatten, dass sie so umfassende Erhebungen wie bei der Pfändung durchführen. Die in Art. 92 Ziff. 5 vorgesehene Frist von zwei Monaten beginnt in einem solchen Fall mit dem Arrestvollzug (BGE 77 III 151).

258 Wann ist der Preis, den der Schuldner beim Verkauf von Kompetenzstücken erzielt hat, pfändbar? – Es ist nirgends vorgesehen, dass das Geldsurrogat veräusserter Kompetenzstücke unpfändbar sei. Nur die Kriegsnovellen vom 17.10.1939 und 24.01.1941 haben auch Geld und Geldwert als unpfändbar bezeichnet, aber bloss für die Anschaffung der für zwei Monate notwendigen Nahrungs- und Feuerungsmittel, also zum Verbrauch, während hier eine Milchkuh um ihres laufenden Nutzens willen unpfändbar ist. Nur bei unfreiwilligem Verlust oder beim Verkauf zwecks Anschaffung einer anderen Milchkuh kann allenfalls der Erlös bzw. die Versicherungssumme der Unpfändbarkeit teilhaftig sein, vorausgesetzt, dass daraus alsbald ein neues Kompetenzstück als Ersatz für das Verlorene oder unbrauchbar gewordene angeschafft wird (BGE 73 III 122).

259 Wann ist im Hinblick auf das zu erwartende Verwertungsergebnis von der Pfändung abzusehen? Unter welchen Voraussetzungen ist *ein mündiges Kind des Schuldners zu seiner Familie zu zählen?* – Volljährige Kinder sind zur Familie des Schuldners zu rechnen, wenn der Schuldner gegenüber der betreffenden Person eine rechtliche oder wenigstens eine moralische Unterhalts- oder Unterstützungspflicht besteht. Immerhin ist die moralische Verbundenheit von Eltern und volljährigen Kindern zu beachten, wie sie namentlich zur Geltung kommt, solange die Kinder bei den Eltern wohnen. Unter solchen Umständen rechtfertigt es sich je nach Art und Mass der beidseitigen wirtschaftlichen Bedürfnisse und Möglichkeiten, die Kinder, auch wenn sie eigenem Verdienste nachgehen, zur Familie des Schuldners zu rechnen. – Gegenstände im Sinne von Ziff. 1 sind nicht zu pfänden, wenn «von vorneherein anzunehmen ist, dass der Überschuss des Verwertungserlöses über die Kosten so gering wären, dass sich eine Wegnahme nicht rechtfertigt (BGE 82 III 19).

260 Die dem Schuldner und seiner Familie für die zwei auf die Pfändung folgenden Monate notwendigen Nahrungs- und Feuerungsmittel oder die zu ihrer Anschaffung erforderlichen Barmittel oder Forderungen sind schlechthin unpfändbar, gleichgültig, ob der Schuldner Arbeitsverdienst hat oder sicher in nächster Zeit haben wird. Das *BA hat solchen Einkünften nur dadurch Rechnung zu tragen, dass es bei der Pfändung darauf Bedacht nimmt, dem Schuldner nicht neben den notwendigen Vorräten auch noch den Lohnbetrag zugute kommen zu lassen,* der für deren Anschaffung aufzuwenden wäre (BGE 78 III 161).

261 *Unpfändbar ist eine unbezahlt gebliebene Restanz aus Arbeitslohn* und zwar auch dann, wenn der vom Lohn seinerzeit ausbezahlte Betrag damals für mehr als den Notbedarf ausreichte. *Voraussetzung ist* allerdings (auch wenn der Schuldner seine Notlage böswillig selbst verschuldet hat, dass *die Forderung im Zeitpunkt der Pfändung* bzw. Verarrestierung *für seine Existenz in den nächsten zwei Monaten unentbehrlich ist* (SH, AB, 15.11.1951, BlSchK 1954, S. 25).

262 Kompetenzqualität kommt nur dem *Brennholz zu, das der Schuldner für sich selber benötigt* (GR, AB, 15.11.1951, BlSchK 1954, S. 25).

263 Beim *Arrestvollzug* ist Art. 92 Ziff. 5 nicht von Amtes wegen anzuwenden, doch sind, wenn der Schuldner die *Unpfändbarkeit einer Forderung* im Sinne von Ziff. 5 geltend macht, *die erheblichen Tatsachen von Amtes wegen abzuklären,* auch wenn der Schuldner seinen Anspruch ungenügend begründet (BGE 91 III 57).

264 *Unpfändbarkeit einer Sammlung von Silbermünzen,* die ausser Kurs gesetzt sind, aber bei der Schweizerischen Nationalbank zum vollen Wert in gültige Noten und Münzen umgetauscht werden können. In BGE 78 III 163 (siehe N 261 oben) hat das BGer die fragliche Bestimmung grosszügig ausgelegt, indem es die dem Schuldner und seiner Familie für die zwei auf die Pfändung folgenden Monate notwendigen Nahrungs- und Feuerungsmittel oder die zu ihrer Anschaffung erforderlichen Barmittel oder Forderungen als schlechthin unpfändbar bezeichnete, gleichgültig, ob der Schuldner Arbeitsverdienst hat oder in nächsten Zeit haben wird. Eine andere Auslegung würde auch dem Sinn von Art. 92 Ziff. 5 SchKG widersprechen wonach für den Schuldner und seine Familie der notwendige Lebensunterhalt während der zwei der Pfändung folgenden Monate auf jeden Fall sichergestellt sein soll. Der Eigentümer ausser Kurs gesetzter Silbermünzen macht sich auch nicht strafbar, wenn er damit Handel treibt und sie einem Sammler zu einem höheren Preis als dem Nennwert verkauft (BGE 103 III 6).

265 (i.V.m. Art. 93 SchKG) – Einem Pfändungsschuldner mit regelmässigem Einkommen kann neben den ordentlichen Notbedarf für sich und seine Familie, in welchem u.a. auch die Heizkosten angemessen berücksichtigt sind, nicht auch noch einen Barnotbedarf für Nahrungs- und Feuerungsmittel «für die zwei auf die Pfändung folgenden Monate» zugestanden werden. Im Übrigen hat sich das BA an die von der AB als anwendbar erklärten Richtlinien der Konferenz für die Berechnung des betreibungsrechtlichen Existenzminimums zu halten (GR, AB, 04.12.1979, BlSchK 1984, S. 145/146).

6. Ziff. 7: das Stammrecht nach den Artikeln 516–520 des Obligationenrechts bestellten Leibrenten

266 Inwieweit können die Betreibungsbehörden entscheiden, ob eine Leibrente unentgeltlich bestellt worden sei? Die Betreibungsbehörden können zivilrechtliche Fragen vorfrageweise beurteilen, wenn ihre Lösung nicht zweifelhaft ist. Eine als Erbvorempfang gewährte Rente kann als unpfändbar bezeichnet werden (BGE 60 III 226) (BGE 79 III 71/72).

267 *Voraussetzung der Unpfändbarkeit* ist der Abschluss eines Leibrentenvertrages in schriftlicher Form. Gemäss Art. 92 Ziff. 7 SchKG sind unpfändbar «die gemäss Art. 519 Abs. 2 OR als unpfändbar bestellten Leibrenten». Bestellt wird eine Leibrente durch den Abschluss eines Leibrentenvertrages zwischen dem Rentengläubiger und einem Dritten einerseits und dem Rentenschuldner andererseits. Dieser Vertrag bedarf zu seiner Gültigkeit der schriftlichen Form (Art. 517 OR). Die testamentarische Zuweisung des Nachlasses an einen Erben mit der Verpflichtung, eine *sofort beginnende Leibrentenversicherung zu beantragen,* erfüllt die Voraussetzungen, welche an die Bestellung eines Leibrentenvertrages gestellt werden, *offensichtlich nicht* (BGE 120 III 121).

7. Ziff. 8: Fürsorgeleistungen und Unterstützungen von Hilfs-, Kranken- und Fürsorgekassen

268 Unterstützungen, die der Schuldner *durch Lügen und bewusste Verheimlichung erlangt hat,* sind nicht unpfändbar (BGE 87 III 6).

269 Die *zukünftige Ansprüche* eines bei der allg. Bundesverwaltung provisorisch angestellten Schuldners auf *Hilfskassenleistungen* können nicht gepfändet werden (BE, AB, 10.09.1947, ZBJV 1948, S. 187, (ein Rekurs wurde vom BGer abgewiesen) (BlSchK 1949, S. 50).

270 Leistungen einer Krankenkasse sind insoweit beschränkt pfändbar, als sie einen Ersatz für Lohnzahlung darstellen (SG, AB, 19.05.1952, BlSchK 1955, S. 108).

271 Unpfändbarkeit von *Versicherungsleistungen der Krankenkasse*, die dazu dienen, dem Kranken dasjenige zu ersetzen, was er während seiner Krankheit unumgänglich braucht (Schweiz. Krankenkassenzeitung 1954, S. 347, BlSchK 1955, S. 185).

272 Unpfändbar sind auch an sich pfändbare *Gegenstände, die als Unterstützung von den Fürsorgebehörden angeschafft worden sind* (SO, AB, 29.02.1972, BlSchK 1973, S. 47).

273 *Taggelder*, welche der Schuldner *von seiner Kranken- und Unfallkasse bezieht* zum Ausgleich des Lohnausfalles, den er infolge seiner Arbeitsunfähigkeit erleidet, sind beschränkt pfändbar wie der Lohn selber, den sie ersetzen (GE, Autorité de surveillance, 28.09.1983, BlSchK 1985, S. 69 (vgl. Art. 50 UVG vom 20.03.1981).

274 *Fürsorgeleistungen* sind gemäss ausdrücklicher Gesetzesbestimmung im revidierten SchKG *absolut unpfändbar*. Die Unpfändbarkeit ist immer voll zu wahren, auch wenn die Fürsorgeleistungen das betreibungsrechtliche Existenzminimum des Schuldners übersteigen (BE, AB, 02.05.2000, BlSchK 2001, S. 139).

8. Ziff. 9: Renten, Kapitalabfindungen und Leistungen aus Körperverletzung oder Tötung

275 Entschädigungen für *Heilungskosten sind Kompetenz*. Sie sind aber *nicht Kompetenz gegenüber Gläubigern, zu deren Befriedigung die Entschädigung bestimmt ist*. Ferner sind derartige *Entschädigungen allgemein pfändbar*, wenn der Schuldner die *Heilungskosten bereits aus pfändbaren Mitteln bezahlt hat* und statt dieser Mittel nunmehr die Entschädigung besitzt. Und endlich ist derjenige Teil der Schädigung, der die *effektiven Heilungskosten überschiesst, stets pfändbar*, weil es sich in Wirklichkeit nicht mehr um eine «Entschädigung» im Sinne dieser Bestimmung handelt (BGE 85 III 23).

276 Die dem Schuldner zustehende *Genugtuungssumme ist unpfändbar* wie die Entschädigung für Körperverletzung (GE, Autorité de surveillance, 11.03.1971, BlSchK 1973, S. 150).

277 Unpfändbarkeit von Versicherungsleistungen, die wegen einer *Beeinträchtigung der physischen Integrität* erbracht werden. – Weder folgt aus dieser Bestimmung, dass die Leistung ausschliesslich wegen Unfallfolgen erbracht werden müsse, noch dass die Körperverletzung oder die Gesundheitsstörung zu dauernden Schädigungen geführt hätten (BGE 120 III 14).

278 Die *Erwerbsausfallentschädigung* infolge *vorübergehender Arbeitsunfähigkeit* ist als Ersatzeinkommen *relativ pfändbar. Absolut unpfändbar*, d.h. ohne Rücksicht auf die Höhe des Vermögenswertes, sind nach Art. 92 Ziff. 9 «Renten, Kapitalabfindungen und andere Leistungen, die dem Opfer oder seinen Angehörigen für Körperverletzung, Gesundheitsstörung oder Tötung eines Menschen ausgerichtet werden». *Diese Bestimmung zwingt nicht, auch Lohnersatz darunter zu fassen.* Lohn und Lohnersatz werden vielmehr grundsätzlich von Art. 93 SchKG erfasst. Da der Erwerbsersatz, den eine *Haftpflichtversicherung leistet* – im Gegensatz etwa zu Art. 50 Abs. 1 UVG – durch *keine Spezialvorschrift für unpfändbar erklärt wird*, fallen diese Leistungen unter Art. 93 SchKG (BS, AB, 05.01.1993, BlSchK 1993, S. 188).

279 *Pfändbarkeit einer Erwerbsausfallentschädigung* – Die Erwerbsausfallentschädigung infolge vorübergehender Arbeitsunfähigkeit ist als Ersatzeinkommen relativ pfändbar. Solange während der Dauer einer Arbeitsunfähigkeit eine Entschädigung für den Erwerbsausfall zusteht, so gilt diese als Ersatzeinkommen und solange diese Leistung nicht für die Folgen einer bleibenden Arbeitsunfähigkeit erfolgt, gibt es keinen Grund, sie gegenüber den in Art. 93 SchKG aufgeführten Einkünften zu bevorzugen (BGE 119 III 15).

280 (i.V.m. Art. 40 ff. MVG) – Invalidenrenten der Militärversicherung gemäss Art. 23 MVG sind beschränkt pfändbar (ZG, AB, 03.03.2003, BlSchK 2004, S. 100).

281 Unpfändbarkeit von Entschädigungen für Körperverletzung oder Gesundheitsstörung. *Wieweit sind die aus solchen Entschädigungen erworbenen Vermögensstücke unpfändbar?* – Nach der Rechtsprechung des BGer sind die für Körperverletzung oder Gesundheitsstörung geschuldeten oder ausbezahlten Entschädigungen nicht nur in ihrer ursprünglichen Gestalt unpfändbar, *sondern ist der Schutz, den das Gesetz der Entschädigungsforderung oder der geleisteten Entschädigung gewährt, auf die Vermögensstücke auszudehnen, die der Schuldner nachweisbar aus solchen Entschädigun-*

gen erworben hat (BGE 22, S. 304 ff., 23 II 1910, 40 III 194, 49 III 192 E.2). Die Surrogate sind nur dann als unpfändbar zu erklären, wenn liquid ist, dass die fraglichen Gegenstände aus jener Entschädigung erworben wurde, d.h. wenn diese auf geradem Wege, der sich anhand klarer Belege Schritt für Schritt genau verfolgen lässt, in die als unpfändbar beanspruchten Gegenstände umgesetzt worden ist. Eröffnet ein Schuldner mit Hilfe der Entschädigung einen Warenhandel, so können nur diejenigen Waren, die er nachgewiesenermassen unmittelbar aus der Entschädigung (oder den an ihrer Stelle getretenen Kapitalanlagen) gekauft, als unpfändbar anerkannt werden. Eine *Ausdehnung der Unpfändbarkeit auf den Erlös aus ihrem Verkauf und die daraus erworbenen neuen Waren ist um so eher abzulehnen*, als es, von den übermässigen Schwierigkeiten der praktischen Durchführung einer solchen Lösung abgesehen – auch grundsätzlich nicht als richtig erscheint, Gelder und Waren, die der Schuldner beim Betrieb eines Geschäfts erworben hat, noch an der Unpfändbarkeit im Sinne von Art. 92 Ziff. 9 SchKG teilhaben zu lassen (BGE 82 III 77).

282 Die Unpfändbarkeit dieser Bestimmung kann Gläubigern mit vertraglichem Pfandrecht in der Pfandbetreibung nicht entgegengehalten werden (BGE 78 III 3).

283 Die Unpfändbarkeit von *Kapitalbeträgen*, die dem Schuldner als *Entschädigung für Körperverletzung oder Gesundheitsstörung* ausbezahlt worden sind, *erstreckt sich auch auf Vermögensstücke, die sich der Schuldner aus diesen Beträgen angeschafft hat*. Damit ein, aus einer solchen Anschaffung (z.B. Grundstück) grösserer Wertzuwachs den Gläubigern nicht entzogen bleibt, trägt die Praxis in solchen Fällen dadurch Rechnung, dass die Pfändung eines Grundstückes möglich ist, hingegen in Bezug auf die Verwertung die Einschränkung trifft, dass der Zuschlag nur erteilt werden darf, wenn ausser den Hypotheken, die vom Schuldner aus dem Unfallgeld geleisteten Anzahlung herausgeboten wird (BS, AB, 11.05.1954, BGE 119 III 15).

284 Die *Genugtuung für ungerechtfertigte Haft* ist nicht gemäss dieser Bestimmung unpfändbar, sofern die Haft keine Erkrankung zur Folge hatte (BGE 73 III 56).

285 Damit *Gegenstände, die aus einer Invaliditätsentschädigung angeschafft worden sein sollen*, unpfändbar sind, muss die Umsetzung der Entschädigung in die als unpfändbar beanspruchten Gegenstände liquid sein und sich anhand klarer Belege verfolgen lassen (SG, AB, 08.09.1960, BlSchK 1963, S. 44).

286 Der Schutz dieser Bestimmung dehnt sich auch auf solche Vermögensstücke aus, welche der Schuldner nachweisbar aus Entschädigung für Körperverletzung oder Gesundheitsstörung erworben hat (BS, AB, 20.10.1965, BlSchK 1966, S. 176, BJM 1968, S. 55)

9. Ziff. 9a: AHV-, IV-Renten und Ergänzungsleistungen

287 Die Pfändung eines aufgrund des AHVG festgesetzten Rentenanspruchs ist nichtig (LU, SchKKomm, 22.01.1954, max. X, Nr. 287, ZBJV 1954, S. 376, SJZ 1955, S. 44, BlSchK 1956).

288 AHV-Renten sind nicht pfändbar, auch dann nicht, wenn die (zweite) Ehefrau des nicht mehr berufstätigen Schuldners eigenen Verdienst besitzt (BS, AB, 27.05.1977, BlSchK 1978, S. 122).

289 Unpfändbarkeit eines *Personenwagens, der aus IV-Renten angeschafft worden ist?* – In BGE 82 III 81 hat das BGer die Unpfändbarkeit von Ersatzanschaffungen aus Kapitalbeträgen gemäss Art. 92 Ziff. 9 SchKG bejaht. für eine Bejahung der Kompetenzeigenschaft einer Ersatzanschaffung ist nachzuweisen, dass das Auto ausschliesslich aus Rentengeldern finanziert worden ist. Solange der Beschwerdeführer Unterstützungen der Eltern in Form von Geld erhält, wird dieser Beweis nicht erbracht werden können. Dieser Zusammenhang wurde im Entscheid 82 III 81 verlangt. Der Sinn der Pfändungsbefreiung gemäss Art. 92 Ziff. 9 und 9a ist die Sicherung des Lebensunterhalts, welcher durch den Wegfall der Arbeitstätigkeit gefährdet ist. Diesem Zweck müsste demnach auch die Ersatzanschaffung dienen, um Kompetenzeigenschaft zu haben (LU, SchKKomm, 05.08.1986, LGVE 1986 I 37).

290 (i.V.m. Art. 93 SchKG) – *Invalidenrenten* gemäss BG über die Invalidenversicherung (IVG) *sind unpfändbar*. Im Gegensatz dazu sind Invalidenrenten gemäss BG über die berufliche Alters-, Hinterlassenen- und Invalidenvorsorge (BVG) *beschränkt pfändbar* (LU, SchKKomm, 12.08.1993, LGVE 1993 I 35).

291 *Taggelder im Rahmen einer Eingliederungsmassnahme* – Zu den unpfändbaren Leistungen der Eidgenössischen Invalidenversicherung gemäss Art. 50 IVG gehören nicht nur die Renten, sondern auch die ihm Rahmen einer Eingliederungsmassnahme bezogenen Taggelder (BL, AB, 21.05.2002, BlSchK 2003, S. 173).

292 Gemäss dieser Bestimmung sind AHV-Renten unpfändbar und auch nicht verarrestierbar. Nach der Rechtslehre *gilt die Unpfändbarkeit aber nicht für Sparguthaben, die aus solchen Renten geäufnet werden.* Dient aber ein *Bankkonto bezüglich der AHV-Renten nicht als Sparkonto, sondern als Durchgangskonto*, von welchem der Schuldner die *eingehenden Renten regelmässig wieder abhebt*, so ist die *Unpfändbarkeit* der auf das betreffende Konto überwiesenen AHV-Renten *zu anerkennen* (BL, AB, 12.10.1999, SJZ 2000, S. 540).

293 (i.V.m. Art. 93 Abs. 1) Pfändbarkeit von Taggeldern nach dem BG über die Invalidenversicherung. – Der Drittschuldner ist nicht legitimiert, Beschwerde gegen die Pfändung zu führen, sondern kann nur die Pfändung von absolut unpfändbaren Vermögenswerten, sondern beschränkt pfändbares Einkommen gemäss Art. 93 Abs. 1 SchKG dar (BGE 130 III 400).

10. Ziff. 10: Ansprüche auf Vorsorge- und Freizügigkeitsleistungen gegen eine Einrichtung der beruflichen Vorsorge vor Eintritt der Fälligkeit

294 (i.V.m. Art. 93 SchKG) – Beschränkte Pfändbarkeit und Verarrestierbarkeit von Leistungen aus beruflicher Vorsorge nach Eintritt des leistungsbegründenden Ereignisses. – Leistungen aus beruflicher Vorsorge *sind nur vor Eintritt des leistungsbegründenden Ereignisses vollständig unpfändbar.* Nach Eintritt dieses Ereignisses sind sie, unabhängig davon, ob sie wegen Alter, Tod oder Invalidität ausgerichtet werden, wie anderes Einkommen nach Art. 93 SchKG beschränkt pfändbar und damit können sie auch im den Notbedarf übersteigenden Umfang mit Arrest belegt werden (BGE 120 III 71).

295 (i.V.m. Art. 331 a-c OR) – *Guthaben* des Schuldners an *eine Personalfürsorgestiftung* stellen pfändbares Vermögen dar, soweit die tatsächliche Verfügungsgewalt des Arbeitnehmers an Bedingungen geknüpft ist, deren Eintritt völlig ungewiss ist (mit Hinweis auf BGE 97 III 23) (BE, AB, 12.01.1977, BlSchK 1977, S. 186, SJZ 1979, S. 286).

296 Die Forderung des Arbeitnehmers gegenüber der *Personalfürsorgeeinrichtung* seines Arbeitgebers ist im Augenblick ihrer *Einklagbarkeit grundsätzlich pfändbar*, besonders in den Fällen des Art. 331c Abs. 4 OR (VD, Tribunal cantonal, 08.07.1981, BlSchK 1984, S. 23/24).

297 (i.V.m. Art. 30 Abs. 2 BVG) – Eintreibung und Arrestierung einer *Freizügigkeitsleistung* zugunsten eines Anspruchsberechtigten, *der die Schweiz endgültig verlassen hat*. – Solange nicht das ausdrückliche Begehren auf Barauszahlung gestellt worden ist, bleibt die Freizügigkeitsleistung zugunsten eines Anspruchsberechtigten, der die Schweiz endgültig verlassen hat, unpfändbar im Sinne von Art. 92 Ziff. 10 SchKG und kann somit auch nicht mit Arrest belegt werden (BGE 119 III 18).

298 Die *Barauszahlung einer Personalfürsorgeeinrichtung* gemäss Art. 331c Abs. 4 lit. b, Ziff. 2 OR an einen Arbeitnehmer, der *eine selbständige Erwerbstätigkeit aufnimmt*, ist weder unpfändbar im Sinne von Art. 92 Ziff. 10 SchKG noch beschränkt pfändbar im Sinne von Art. 93 SchKG (BGE 118 III 18).

299 Die *Barauszahlung an einen Arbeitnehmer, der eine selbständige Erwerbstätigkeit aufnimmt*, ist nicht unpfändbar, weder absolut gemäss Art. 92 Ziff. 10 noch beschränkt gemäss Art. 93 SchKG (BGE 117 III 20/21).

300 Unbeschränkte Pfändbarkeit der *bar ausbezahlten Freizügigkeitsleistung* infolge Beendigung des Vorsorgeschutzes, dies im Unterschied zur als Kapitalabfindung erbrachten Altersleistung. Zweckwidrige Verwendung des Altersguthabens gegenüber der Unterhaltsgläubigerin. Umgehung des Barauszahlungsverbotes durch den Schuldner (ZH, ObGer, II. Ziv.Kammer, 16.10.1992, ZR 1992, Nr. 45).

301 Zur Pfändbarkeit von *Guthaben der gebundenen Selbstvorsorge* gemäss Art. 82 BVG. Aus dem Vergleich der Zweckbestimmung der 1. und 2. Säule, die dem Versicherten die Fortsetzung der gewohnten Lebensbedingungen in angemessener Weise ermöglichen soll, mit derjenigen der 3. Säule,

die die ersten beiden Säulen entsprechend den individuellen Bedürfnissen ergänzen soll. Die betreibungsrechtliche Privilegierung, die lediglich die Existenzsicherung der zu Pfändenden im Auge hat, wird deutlich, dass Vorsorgeformen, die der Selbstvorsorge dienen, spezialgesetzliche Regelungen vorbehalten – nicht von den Unpfändbarkeitsbestimmungen von Art. 92 SchKG erfasst werden sollen (BS, Ziv.Ger., Dreiergericht, 25.11.1991, BJM 1992, S. 192, BlSchK 1993, S. 27).

302 Guthaben *der gebundenen Selbstvorsorge* (3. Säule) *sind pfändbar.* Dabei ist unerheblich, ob es sich um ein Vorsorgekonto oder um eine Vorsorgepolice handelt (BS, AB, 14.04.1993, BlSchK 1993, S. 227)

303 (i.V.m. Art. 93 SchKG) – Für die Pfändbarkeit einer *Leistung aus einer Freizügigkeitspolice* sind die gleichen Grundsätze anzuwenden, die für Leistungen aus der 2. und 3. Säule gelten. Dasselbe gilt für Guthaben, die bei Auffangeinrichtungen liegen (BGE 128 III 467).

304 Verarrestierung von Freizügigkeitsansprüchen bei Barauszahlung – Gemäss Art. 92 Ziff. 10 SchKG sind Anwartschaften gegenüber Vorsorgeeinrichtungen der zweiten Säule vor Fälligkeit nicht pfändbar. Die Pfändbarkeit setzt aber voraus, dass die objektiven Voraussetzungen für die Barauszahlung gegeben sind und auch dass die *berechtigte Person ausdrücklich ein Begehren um Barauszahlung gestellt hat.* Ein *Widerruf des Begehrens um Barauszahlung,* nachdem der Berechtigte von einer Betreibung gegen ihn Kenntnis erhalten hat (hier Arrest), ist wirkungslos, weil damit der Schuldner bloss das Ziel, seine Gläubiger zu schädigen verfolgt, das als rechtsmissbräuchlich einzustufen ist und keinen Schutz verdient (BGer, 20.08.1994, ZBJV 1994, S. 644).

305 (i.V.m. Art. 275 SchKG) – Sobald die *Voraussetzungen für die Auszahlung der Freizügigkeitsleistung gegeben sind, wird diese pfändbar und* damit auch *arrestierbar.* Zeitpunkt des Arrestvollzugs. Der Arrest stellt eine Sicherungsmassnahme zum Schutze gefährdeter Gläubigerrechte dar, die nur einen Sinn hat, wenn sie überfallartig erfolgt. Mit dem Ziel der Arrestlegung ist insbesondere nicht vereinbar, zwischen einer gleichsam vorsorglichen Sperre und dem eigentlichen Vollzug zu unterscheiden. Rechtsmissbräuchlicher Widerruf des Auszahlungsbegehrens. Dies ist dann der Fall, wenn die Absicht festgestellt wird, dass ein Widerruf einzig dem Ziel dient, die Gläubiger zu schädigen (BGE 120 III 75).

306 (i.V.m. Art. 275 SchKG und Art. 11 OR) – Anforderung an das Auszahlungsbegehren für Freizügigkeitsleistung – Stellt ein Arbeitnehmer, der die Schweiz endgültig verlässt, ein ausdrückliches Begehren um Auszahlung seiner Freizügigkeitsleistung, wird sein Guthaben fällig und kann in der Folge gepfändet und mit Arrest belegt werden. *Das Auszahlungsbegehren unterliegt keinen gesetzlichen Formvorschriften,* so dass eine telefonische Erklärung die Fälligkeit des Freizügigkeitsguthaben bewirkt (BGE 121 III 31).

307 Anwendung des Art. 92 Ziff. 10 SchKG auf *Leistungen mit Bezug auf die individuelle und an die 3. Säule A gebundene Vorsorge* (Art. 82 BVG; Art. 1 und 4 BVV 3). – Der Anspruch auf Leistungen der 3. Säule A wird ebenfalls von Art. 92 Ziff. 10 erfasst. Die Leistungen der beruflichen Vorsorge sollen die Aufrechterhaltung des früheren Lebensstandards gewährleisten und sie gehen über die blosse Befriedigung der Grundbedürfnisse hinaus, weshalb die Ansicht nicht verfehlt ist, dass die in Art. 92 Ziff. 10 SchKG vorgesehene Unpfändbarkeit keinen notwendigen Bezug mit dem Schutz des Existenzminimums hat. Der Gesetzgeber hat die Leistungen der 1. Säule (AHV/IV) klar als absolut unpfändbar gewollt (Art. 92 Ziff. 9a) und diejenigen der 2. und 3. Säule gemäss Art. 93 SchKG als beschränkt pfändbar ab ihrer Fälligkeit. Die Leistungen der 3. Säule A haben die Ergänzung, sogar den Ersatz derjenigen der 2. Säule zum Ziel; ihre Pfändung oder Arrestierung vor ihrer Fälligkeit zuzulassen, würde die Versicherten dazu anspornen, ihre Gelder in die 2. Säule zu überführen (BGE 121 III 285).

308 Pfändung eines zum Teil *aus Mitteln der beruflichen Vorsorge erworbenen Grundstücks* – Die kantonalen AB müssen allfällige Wirkungen, welche die Verfügungsbeschränkung gemäss Art. 30e BVG auf das Verwertungsverfahren hat, prüfen und ihnen gegebenenfalls unabhängig davon Rechnung tragen, *ob die Verfügungsbeschränkung im Grundbuch vorgemerkt ist.* Ein Grundstück, welches aus dem Vorbezug von Freizügigkeitsleistungen im Sinne von Art. 30c BVG erworben worden ist, *kann*

gepfändet werden und demzufolge ist Art. 92 Abs. 1 Ziff. 10 SchKG nicht anwendbar (BGE 124 III 211).

309 (i.V.m. Art. 30d und 30e BVG) – Zwangsvollstreckung in *Wohneigentum, das aus Geldern der beruflichen Vorsorge finanziert wurde*. Art. 92 Ziff. 10 SchKG bezieht sich nur auf noch nicht fällige Ansprüche des Schuldners gegenüber der Vorsorgeeinrichtung. Es regelt nicht, wie Wohneigentum, das aus zu Lasten des Vorsorgeanspruchs ausbezahlten Geldern der Vorsorgeeinrichtung finanziert wurde, in der Zwangsvollstreckung zu behandeln ist. Die Zwangsvollstreckung in das mit Vorsorgegeldern finanzierte Wohneigentum wird durch das BVG nicht ausgeschlossen. Das Eidg. Grundbuchamt hält diesbezüglich fest, dass im Falle einer Zwangsversteigerung die Anmerkung der Rückzahlungspflicht von Amtes wegen gelöscht werden muss (ZBGB 1996, S. 404). Demgemäss ist das aus Vorsorgegeldern finanziert Wohneigentum pfändbar. Aus der vorerwähnten Definition des Erlöses gemäss Art. 30 d, Abs. 5 BVG ergibt sich ferner, dass bei der Verteilung des Verwertungserlöses der *Rückzahlungsanspruch der Vorsorgeeinrichtung nur bei Befriedigung der Pfandgläubiger zum Zuge kommt, dass er aber dem Anspruch der Pfändungsgläubiger auf Anteilnahme am Verwertungserlös vorgeht*. Die vorstehenden für die direkte Zwangsvollstreckung in das Wohneigentum angestellten Überlegungen gelten sinngemäss auch für die Pfändung und Verwertung des Liquidationsanteils an einer sich auf Wohneigentum beziehenden einfachen Gesellschaft. Das heisst, auch die Pfändung eines solchen Liquidationsanteils ist zulässig und bei einer im Rahmen der Verwertung des Liquidationsanteils erfolgenden Veräusserung der Liegenschaft, sei es aufgrund des Ergebnisses von Einigungsverhandlungen oder aufgrund der Auflösung der einfachen Gesellschaft, ist mit dem Erlös der Liegenschaftsverwertung gleich zu verfahren wie bei der direkten Verwertung des Wohneigentums (BL, AB, 28.10.1997, BJM 1998, S. 106, BlSchK 1998, S. 65).

XI. Zu Absatz 2

310 Ein Flugbillett ist ein Vermögensobjekt *ohne Verkehrswert* und daher unpfändbar (SO, AB, 07.07.1958, SJZ 1958, S. 331, BlSchK 1960, S. 179).

311 Ein zwar nicht unentbehrliches, aber doch nur schwer zu entbehrendes Möbelstück ist unpfändbar, wenn der Überschuss des Verwertungserlöses über die Kosten nur einen sehr geringen Teil der Forderung des Gläubigers zu decken vermöchte (BGE 88 III 103).

312 Freigabe eines *Buffets*, wenn anzunehmen ist, dass ein Überschuss des Verwertungserlöses so gering wäre, die eine Wegnahme nicht rechtfertigt (BE, AB, 22.03.1968, BlSchK 1969, S. 136).

313 *Wertlose Gegenstände sind nicht pfändbar.* Darunter fallen auch Papiere, die dem Betreibenden als Beweismittel gegen den verstorbenen Schuldner dienen würden (GE, Autorité de surveillance, 27.04.1978, BlSchK 1980, S. 146).

XII. Auswechslung von Kompetenzgegenstände von hohem Wert (Abs. 2)

314 Wird bei der Pfändung ein *unpfändbarer Gegenstand von luxuriöser Beschaffenheit festgestellt*, so hat das BA den Gläubiger hievon zu unterrichten unter Hinweis auf sein Recht, die Auswechslung mit einem billigerem Ersatzstück zu verlangen (GE, Autorité de surveillance, 20.02.1976, BlSchK 1979, S. 142; 26.01.1977, BlSchK 1981, S. 41).

315 Von der den Gläubigern eingeräumten Möglichkeit, dem Schuldner ersatzweise einen gleichartigen Gegenstand von bedeutend geringerem Wert zur Verfügung zu stellen, soll nur mit Zurückhaltung Gebrauch gemacht werden. Der Schuldner darf dadurch nicht in seiner Persönlichkeit betroffen werden (GE, Autorité de surveillance, 13.06.1984, BlSchK 1985, S. 187).

316 Die Auswechslung von Kompetenzgegenständen gegen weniger Wertvolle soll nur zugelassen werden, wenn durch die Auswechslung für die Konkursmasse ein erheblicher wirtschaftlicher Erfolg erzielt wird (SG, AB, 23.04.1946, Amtsbericht 1946, S. 66, BlSchK 1948, S. 15, SJZ 1949, S. 108).

317 Wertvolle Kompetenzstücke sind pfändbar, wenn der Gläubiger ein weniger wertvolles Ersatzstück beschafft (SZ, Rechenschaftsbericht des KG 1953, S. 31, BlSchK 1955, S. 142).

318 Ist ein Kompetenzstück besonders wertvoll, so hat der Gläubiger das Recht, das wertvolle Kompetenzstück pfänden zu lassen, wenn er dafür dem Schuldner ein weniger Wertvolles zur Verfügung

stellt. Das BA hat dem Gläubiger zu diesem Zwecke eine kurze Frist zur Auswechslung des Gegenstandes anzusetzen, unter der Androhung, das sonst die Unpfändbarkeit der kostbaren Sache bestehen bleibe (BGE 71 III Nr. 1, 55 III 74 ff.). Macht der Gläubiger von seinem Auswechslungsrecht innert Frist Gebrauch, so *kann er den Erlös aus dem gepfändeten Objekt für sich allein in Anspruch nehmen* bis zur Deckung seiner Forderung samt Kosten und dem vom BA geschätzten Wert des Ersatzstückes sowie den Kosten der Verbringung desselben zum Schuldner (BGE 55 III 74). Damit dem Gläubiger dieses Auswechslungsrecht zugestanden werden kann, muss der Wert des beim Schuldner befindlichen Gegenstandes in einem offensichtlichen Missverhältnis zum Wert einfacherer Gegenstände derselben Art stehen (BGE 56 III 198) (BL, AB, 26.10.1954, BJM 1955, S. 24).

319 Kompetenzcharakter von *Taschen- und Armbanduhren* – Handelt es sich um eine wertvolle Uhr, so kann diese durch den Gläubiger auf seine Kosten gegen eine weniger Wertvolle ersetzt werden (AR, AB, 03.06.1966, BlSchK 1968, S. 52).

XIII. Absatz 4 und weitere Anwendungen

320 Strafprozessuale Beschlagnahme und betreibungsrechtliches Existenzminimum; Kognition – Die vom Untersuchungsrichter angeordnete Beschlagnahme nach § 83 StPO (ZH) unterliegt nach ihrer definitiven Bestätigung durch das Gericht der allfälligen Überprüfung im kantonalen Kassationsverfahren. Dabei ist der Schuldnerschutz nach Art. 92 SchKG auch in diesem Bereich zu berücksichtigen und schliesst die Einziehung gegebenenfalls aus (ZH, Kassationsgericht, 19.07.1991, ZR 1991, Nr.; SJZ 1992, S. 316).

321 Ein *Stipendium ist grundsätzlich beschränkt pfändbar* im Sinne von Art. 92 SchKG. Die rechtliche Natur des Stipendiums steht dessen Pfändbarkeit nicht entgegen. Es handelt sich dabei um eine auf öffentlichem Recht beruhende Forderung gegen das Gemeinwesen, über die der Berechtigte grundsätzlich frei verfügen kann. Freilich soll das Stipendium dazu dienen, dem Berechtigten das Studium zu ermöglichen und es soll diesem Zweck nicht entfremdet werden. Das schliesst aber dessen Pfändbarkeit nicht notwendig aus. Soweit es jedenfalls um Forderungen, geht, die mit dem Studium und dem Lebensunterhalt des Berechtigten sowie allenfalls seiner Familie im Zusammenhang stehen, verbietet auch die Zweckbestimmung des Stipendiums dessen Pfändbarkeit nicht.

So kann es z.B. der Zimmervermieterin des Studenten nicht verwehrt sein, in der Betreibung für den Mietzins auf das Stipendium greifen, wenn keine anderen pfändbaren Vermögensstücke vorhanden sind. Das Gleiche gilt für den vorliegenden Fall, wo es um Unterhaltsansprüche der geschiedenen Ehefrau und des Kindes des Schuldners geht (BGE 105 III 50).

322 Eine *Abgangsentschädigung ist grundsätzlich pfändbar*, wenn der Destinatär einen konkreten, jederzeit verwertbaren Anspruch gegenüber der Fürsorgekasse besitzt (SG, AB, 03.03.1969, BlSchK 1975, S. 51).

323 Unpfändbarkeit kann sich auch aus anderen gesetzlichen Vorschriften ergeben, selbst wenn sie in Abs. 4 nicht erwähnt sind. *WIR-Guthaben sind grundsätzlich pfändbar.* Obwohl die Allgemeinen Geschäftsbedingungen der WIR-Bank die Abtretung und Verpfändbarkeit von WIR-Guthaben ausschliesst und den Handel mit solchen verbieten, vermögen diese Vorschriften die Normen des Zwangsvollstreckungsrechts nicht ausser Kraft zu setzen, vielmehr treten sie, wenn sie diesen widersprechen, hinter diesen zurück. Massgebend sind diesbezüglich die allgemeinen Normen über die Verwertung. Sollte eine Barauszahlung durch die WIR-Bank nicht möglich sein, so steht dem BA die Möglichkeit offen, den Gläubigern eine Forderungsüberweisung im Sinne von Art. 131 Abs. 1 oder 2 SchKG anzubieten. Aus dem Vorrang der Normen des SchKG gegenüber den Allgemeinen Geschäftsbedingungen der WIR-Bank ist abzuleiten, dass die WIR-Bank die Zwangsverwertung von WIR-Guthaben dulden muss (BL, AB, 05.01.1999, BJM 2000, S. 148).

324 Künftige Matcheinnahmen eines Sportveranstalters sind nicht pfändbar. Es handelt sich dabei bloss um Anwartschaften, auch wenn Matchtermine und -orte bereits feststehen (BE, AB, 24.02.1999, BlSchK 2001, S. 10).

Dritter Titel: Betreibung auf Pfändung   Art. 93

Art. 93   5. Beschränkt pfändbares Einkommen

¹ Erwerbseinkommen jeder Art, Nutzniessungen und ihre Erträge, Leibrenten sowie Unterhaltsbeiträge, Pensionen und Leistungen jeder Art, die einen Erwerbsausfall oder Unterhaltsanspruch abgelten, namentlich Renten und Kapitalabfindungen, die nicht nach Artikel 92 unpfändbar sind, können so weit gepfändet werden, als sie nach dem Ermessen des Betreibungsbeamten für den Schuldner und seine Familie nicht unbedingt notwendig sind.

² Solches Einkommen kann längstens für die Dauer eines Jahres gepfändet werden; die Frist beginnt mit dem Pfändungsvollzug. Nehmen mehrere Gläubiger an der Pfändung teil, so läuft die Frist von der ersten Pfändung an, die auf Begehren eines Gläubigers der betreffenden Gruppe (Art. 110 und 111) vollzogen worden ist.

³ Erhält das Amt während der Dauer einer solchen Pfändung Kenntnis davon, dass sich die für die Bestimmung des pfändbaren Betrages massgebenden Verhältnisse geändert haben, so passt es die Pfändung den neuen Verhältnissen an.

I. Allgemeines

1   Die *Beschwerdefrist beginnt erst mit der Zustellung der Pfändungsurkunde* und nicht mit der Anzeige der Lohnpfändung an den Arbeitgeber (ZH, ObGer, II. Kammer, 25.05.1945, ZR 1945, S. 344, BlSchK 1947, S. 7).

2   Der *Gläubiger hat die ihm bekannte Tatsache,* aus denen er etwas *zu seinen Gunsten herleiten will, im kantonalen Verfahren geltend zu machen,* sofern ihm dazu Gelegenheit geboten ist (Art. 79 Abs. 1 OG) (BGE 81 III 151).

3   Gegen *Verfügungen über Lohnpfändungen beginnt die Beschwerdefrist mit der Eröffnung der Verfügung zu laufen,* nicht erst mit dem Zeitpunkt des Bekanntwerdens der einzelnen Elemente der Verfügung (SO, AB, 22.09.1955, ObGer-Bericht 1955, S. 131, BlSchK 1957, S. 101).

4   Der *bevormundete Schuldner,* gegen den eine Lohnpfändung verfügt wurde, kann sich, auch wenn er urteilsfähig ist, *nicht selbstständig* wegen Verletzung von Art. 93 *beschweren* (BGE 75 III 79).

5   Gegen eine *Lohnpfändung können sich* ausser dem Schuldner auch die auf sein Einkommen angewiesenen *Familienangehörigen beschweren* (BGE 82 III 54).

6   Der *Arbeitgeber* des Lohnpfändungsschuldners *ist ohne Auftrag des Letztern nicht zur Anhebung einer Beschwerde* gegen die Lohnpfändung *legitimiert* (SO, AB, 04.05.1959, BlSchK 1960, S. 83).

7   Der *Gläubiger, der die Pfändungsurkunde anfechten will, weil er mit dem Ermessensentscheid des BA betreffend das Existenzminimum des Schuldners nicht einverstanden ist,* hat *innert zehn Tagen* seit der Zustellung der Pfändungsurkunde *Beschwerde zu erheben,* auch wenn die Berechnung des Existenzminimums des Schuldners aus dieser Urkunde nicht ersichtlich ist. Es ist aber sinnvoll, dass das BA dem Gläubiger diese Berechnung mit der Pfändungsurkunde bekannt gibt (BGE 127 III 572).

8   *Beschwerderecht einer Ehefrau, die zugleich Arbeitgeberin ihres Mannes ist,* gegen eine bei diesem vorgenommene Lohnpfändung. Als Ehefrau steht ihr nicht nur gegenüber der Pfändung von Gegenständen, sondern auch gegenüber Lohnpfändungen im Sinne von Art. 93 SchKG ein eigenes Beschwerderecht zu (BL, AB, 22.08.1960, BJM 1960, S. 298, BlSchK 1962, S. 44).

9   *Nichtigkeit der (Erhöhung) der Pfändung wegen Formmangels.* – Ist dem Schuldner *die nachträgliche Erhöhung der Pfändung nicht* in der vom Gesetz vorgeschriebener Form *angekündigt worden,* so ist sie selbst dann nichtig, wenn sie vor Ablauf der Frist für die Beschwerde gegen die ursprüngliche Pfändung durchgeführt wurde (BGE 110 III 57, Praxis 73, Nr. 224).

10   Will der *Schuldner* zufolge veränderter Verhältnisse eine *Herabsetzung der gepfändeten Lohnquote* erreichen, so hat er sich an das *zuständige BA zu wenden,* selbst wenn die alte Festsetzung von der AB ausging (TG, Rekurskomm., 29.12.1944, SJZ 1946, S. 58, BlSchK 1946, S. 114).

11   Es verstösst nicht gegen Bundesrecht, wenn die kantonale AB das BA dazu verhält, bei einer Lohnpfändung *in der Pfändungsurkunde den Namen des Arbeitgebers des Schuldners anzugeben* (BGE 107 III 78).

12 *Wenn ein BA eine Lohnpfändung dem Arbeitgeber unrichtig anzeigt, so darf es nicht* später die dem Gläubiger dadurch entgangenen Beträge *durch Verfügung eines entsprechenden weiteren Lohnabzuges nachträglich einkassieren*, ohne auf den Notbedarf des Schuldners Rücksicht zu nehmen. Wird bis zum Ablauf des Lohnpfändungsjahres bereits der ganze Überschuss des Einkommens über den Notbedarf des Schuldners von der laufenden Lohnpfändung erfasst oder greift die Pfändung gar schon ins Existenzminimum, so ist es ausgeschlossen, die durch den Irrtum entstandene Einbusse durch erhöhte Lohnabzüge auszugleichen (BGE 85 III 31).

13 Auf der Pfändungsurkunde sind sowohl das *monatliche Einkommen* als auch die Höhe des *Existenzminimums des Schuldners anzugeben* (GR, PKG 11953, S. 135, BlSchK 1955, S. 188).

14 Das BA ist nicht verpflichtet, von sich aus in der Pfändungsabschrift die Details über die Berechnung des betreibungsrechtlichen Existenzminimums anzugeben (SO, AB, 25.11.1969, BlSchK 1971, S. 87).

15 *Der Gläubiger hat ein Recht* darauf, aus der Pfändungsurkunde *ersehen zu können, wie das Existenzminimum errechnet wurde* (GR, AB, 23.03.1970, BlSchK 1972, S. 109).

16 Das BA, das dem Lohnschuldner die *Dauer der Lohnpfändung angezeigt hat, ist nicht verpflichtet*, das normale *Ende der Lohnabzüge nochmals besonders anzuzeigen* (ZH, ObGer, II. Kammer, 09.03.1945, ZR 1945, S. 355, BlSchK 1947, S. 50).

17 Mit *dem Tod erlischt zwar der Pensions- (Lohn)-anspruch des Schuldners und die Pfändung wird damit hinfällig*. Die vorher entstandenen Ansprüche bleiben aber von der Pfändung erfasst. – Das *BA ist befugt, mit dem Vollzug der Aufhebung der Pfändung* bis zum *Ablauf der Beschwerdefrist zuzuwarten* (BE, AB, 22.01.1957, BlSchK 1958, S. 78).

18 Durch *testamentarische Verfügung kann* ein Guthaben der *Zwangsvollstreckung nicht entzogen werden* (BE, AB, 20.03.1953, BlSchK 1954, S.74).

19 Das *Postcheckguthaben einer Handelsgesellschaft* in einer nach Art. 43 SchKG durchgeführten Betreibung ist *ohne Rücksicht auf Lohnzahlungsverpflichtungen der Schuldnerin einzupfänden*, wenn die Forderung des Gläubigers nicht durch anderweitiges Pfändungssubstrat Deckung findet (BS, AB, 14.07.1976, BlSchK 1981, S. 176).

20 Meldepflicht des Schuldners bei Lohnpfändung – Der Schuldner, welcher trotz Aufforderung dem BA die Eingehung eines neuen Arbeitsverhältnisses nicht meldet, ist *wegen Ungehorsams* im Betreibungsverfahren (Art. 323 Ziff. 2 StGB) *zu verzeigen* (BL, AB, 16.06.1950, Amtsbericht ObGer 1950, S. 62, BlSchK 1952, S. 173).

21 Unterlässt der Schuldner, bei dem Lohn gepfändet worden ist, die Meldung eines *Stellenwechsels an das BA* oder leistet ein Schuldner *der Wegnahme gepfändeter oder verarrestierter Sachen passiven Widerstand* (z.B. durch Abwesenheit), so ist nicht Bestrafung wegen Ungehorsam im Betreibungsverfahren oder wegen Hinderung einer Amtshandlung möglich, sondern nur wegen *Ungehorsam gegen eine amtliche Verfügung* im Sinne des Art. 292 StGB und nur, wenn ihm *diese Folge und die in Aussicht stehende Strafe angedroht worden ist* (BGE 81 IV 325).

22 Im Falle einer Lohnpfändung ist der BB bei kleinen Beträgen nicht zur monatlichen Überweisung an den Gläubiger verpflichtet (SH, AB, 16.04.1948, Amtsbericht ObGer 1946, S. 80, BlSchK 1950, S. 111).

23 Die Lohnpfändung für Unterhaltsbeiträge wird nicht durch ein «absolutes Existenzminimum» beschränkt (BGE 78 III 66).

24 *Ungenügende Lohnpfändung* – Anspruch des Gläubigers auf *Ausstellung eines Verlustscheines* auch ohne besonderes Verwertungsbegehren (GR, AB, 03.10.1962, BlSchK 1965, S. 48).

25 Die Lohnpfändung ist sowohl bei der provisorischen als auch bei der definitiven Pfändung auf die gleiche Art und Weise zu vollziehen (GE, Autorité de surveillance, 22.02.1978, BlSchK 1980, S. 15).

26 Verlangt ein Interessent ausserhalb der Zwangsvollstreckung die «selbständige Festsetzung des Kompetenzbetrages», so ist er dafür gebührenpflichtig. Ein Recht auf armutsbedingten Erlass der entsprechenden (betreibungsamtlichen) Gebühr besteht grundsätzlich nicht (BS, AB, 25.04.1979, BlSchK 1981, S. 178).

II. Lohn- und Verdienstpfändung; Zeitpunkt

27 Um den Bedarf des Schuldners zu bemessen, muss man den Zeitpunkt der Pfändung ins Auge fassen und nur den gegenwärtigen und den während der Pfändung sich ergebenden Bedarf berücksichtigen; auch wenn Gegenstand der Pfändung bereits verfallene Leistungen sind (Lohn, Unterhaltsbeiträge, Renten usw.) und der betriebene Schuldner wegen Verzuges seines eigenen Schuldners eine Zeitlang hatte darben müssen (BGE 78 III 115).

28 Bei der Ermittlung des pfändbaren Einkommens sind die massgebenden tatsächlichen Verhältnisse von Amtes wegen abzuklären; dabei ist auf die Umstände im Zeitpunkt der Vornahme der Lohnpfändung abzustellen (BGE 102 III 15).

29 Bei der Ermittlung des pfändbaren Einkommens ist auf die Umstände im Zeitpunkt der Vornahme der Einkommenspfändung abzustellen. Nachträgliche Änderungen der Verhältnisse ist mit einer Revision der Pfändung Rechnung zu tragen (BGE 108 III 9).

III. Festsetzung der pfändbaren Quote; Auskunftspflicht
1. Abklärungen zur Einkommenspfändung

30 Die Betreibungsbehörden haben von Amtes wegen abzuklären, ob der Schuldner selbständig oder unselbständig erwerbend ist. Kriterien zur Qualifikation der Erwerbstätigkeit. Vorgehen bei der Ermittlung des pfändbaren Verdienstes eines selbständig erwerbenden Schuldners. Vorgehen bei der Pfändung eines umstrittenen Lohnes (siehe hinten N 190) – Bei der Ermittlung des pfändbaren Einkommens haben die Betreibungsbehörden die massgebenden tatsächlichen Verhältnisse von Amtes wegen abzuklären. Für die Abklärung der Art der Erwerbstätigkeit des Schuldners (selbständig oder unselbständig) sind folgende Kriterien zu berücksichtigen:

– Welche Rolle nimmt der Schuldner und welche seine Ehefrau im Geschäft ein?
– Wer tätigt die massgeblichen Geschäfte des Betriebes?
– Wohin fliesst der Ertrag des Geschäftes?
– Arbeitet die Ehefrau vorwiegend im Haushalt?

Bei der Ermittlung des pfändbaren Verdienstes von selbständig Erwerbenden sind beim buchführungspflichtigen Schuldner die Geschäftsbücher zur Einsichtnahme einzuverlangen (nötigenfalls unter Androhung von Strafe). Gestützt darauf ist der pfändbare Verdienstanteil festzulegen. Beim nicht buchführungspflichtigen Schuldner kann es nicht Aufgabe des BA sein, die Ertragslage eines Geschäftes eingehend zu ermitteln und so nachhinein quasi eine Buchhaltung anzufertigen. Sind aber weitgehende lückenlose Aufzeichnungen über den Geschäftsverkehr vorhanden, hat der Schuldner diese dem BA vorzulegen, um so den Verdienst festsetzen zu können. Ist der Schuldner *als Angestellter seiner Ehefrau zu betrachten*, so ist nicht einfach eine Schätzung vorzunehmen, wenn das angegebene Einkommen nicht glaubhaft ist. Es ist dann mit Formular Nr. 11 der Gläubiger aufzufordern, dem BA mitzuteilen, ob und allenfalls mit welchem Betrag nach seinem Ermessen der Lohn des Schuldners dessen Existenzminimum übersteige. Ist der vom Gläubiger angegebene Lohn höher als das Existenzminimum, so ist der Mehrbetrag zum Existenzminimum als bestrittenes Lohnguthaben zu pfänden (SO, AB, BlSchK 1991, S. 62).

31 Mit Retentionsrecht belegte Mobilien und stark überbelastete Grundstücke – Gibt der Schuldner bei der Pfändung an, *über kein Einkommen zu verfügen*, so hat das BA von Amtes wegen und zuletzt durch persönliche Befragung abzuklären, woher er sein Auskommen hat (NE, AB, 20.04.1993, BlSchK 1994, S. 61).

32 Nicht feststellbarer Lohnanspruch – *Arbeitet ein Schuldner im Geschäft seiner Ehefrau und wurde kein bestimmter Lohn vereinbart*, so hat das BA das Existenzminimum des Schuldners festzusetzen und dieses dem Gläubiger mit dem Formular Nr. 11 mitzuteilen. Der Gläubiger wird darin gleichzeitig aufgefordert, binnen zehn Tagen beim BA zu erklären, ob und eventuell mit welchem Betrag nach seinem Dafürhalten der Verdienst des Schuldners dessen Existenzminimum übersteige. Nach Eingang dieser Erklärung hat das BA die Lohnpfändung (als streitige) auf dem Überschuss zu vollziehen (BE, AB, 23.04.1954, BlSchK 1955, S. 75, vgl. N 30).

33 (i.V.m. Art. 110 SchKG) – Arbeitet ein Pfändungsschuldner *in landwirtschaftlichen Verhältnissen im Betrieb seines Vaters, ohne dass vertragliche Abmachungen über sein Arbeitsentgelt bestünden,* muss das BA bei der Festsetzung der pfändbaren Lohnquote ein erheblicher Ermessensspielraum zugestanden werden; er darf dabei weitgehend auf die Angaben des Schuldners abstellen (GR, AB, 02.10.1979, BlSchK 1984, S. 148).

34 (i.V.m. Art. 275 SchKG) – Arrestierung einer bereits verdienten und fälligen Arbeitsvergütung. *Wie weit kann sich ein Schuldner auf die beschränkte Pfändbarkeit gemäss Art. 93 SchKG berufen?* – Sind Lohnforderungen, Alimente oder andere periodische Leistungen i.S. von Art. 93 SchKG Gegenstand der Pfändung oder des Arrestes, ist für die Bestimmung des Notbedarfs des Schuldners und seiner Familie grundsätzlich unerheblich, ob es sich um fällige oder künftige Forderungen handelt; massgebend sind allein bei dem Guthaben um einen bereits fälligen Anspruch eines weiter hin berufstätigen und unvermindert erwerbsfähigen Schuldner, so ist dieses normalerweise im vollen Umfange pfänd- bzw. verarrestierbar und der Schuldner zur Bestreitung des laufenden Lebensaufwandes auf das gegenwärtige und künftige Einkommen zu verweisen (BGE 92 III 7). Ist der Schuldner hingegen infolge Verdienstlosigkeit zur Bestreitung des Lebensunterhaltes auf das fällige Guthaben angewiesen, so ist es ihm in analoger Anwendung von Art. 92 Ziff. 5 SchKG bis zu dem Betrag freizugeben, den er für den Lebensunterhalt während der Dauer von zwei Monaten unumgänglich nötig hat (BGE 53 III 77, 92 III 7/8). Lediglich dem in seiner Erwerbsfähigkeit ernsthaft beschränkten oder dauernd erwerbsunfähigen Schuldner wäre unter Umständen der gesamte Betrag als unpfändbar i.S. von Art. 93 SchKG zu belassen (BGE 78 III 110/111), BlSchK 1984, S. 194) (BE, AB, 7.11.1996, BlSchK 1997, S. 32).

35 Berechnung der familiären Lohnquote eines verheirateten Schuldners. Keine Berücksichtigung (ehe-)vertraglicher Vereinbarungen über die Tragung des Unterhalts (LU, SchK-Komm., 24.05.2000, LGVE 2000 I 53; das BGer ist auf eine dagegen erhobene Beschwerde nicht eingetreten).

2. Lohnpfändung

36 Jeder Lohnpfändung *hat eine Einvernahme des Schuldners über seine Einkommens- und Vermögensverhältnisse vorauszugehen.* Das BA *darf die Pfändung nicht aufgrund einer blossen Schätzung des schuldnerischen Einkommens vornehmen.* – Vorgehen des BA, wenn sich der Schuldner der Einvernahme entzieht oder die Auskunft verweigert. Weigert sich ein Schuldner, einer Vorladung Folge zu leisten, so ist er polizeilich vorführen zu lassen. Verweigert der Schuldner aber auch dann noch die Auskunftserteilung, so können gegen ihn die Strafbestimmungen des Art. 323 StGB angewendet werden (GR, PKG 1953, S. 139, BlSchK 1956, S. 19).

37 (i.V.m. Art. 91 SchKG) – *Mitwirkung des Schuldners* – Der Schuldner ist gegenüber dem BA zur Mitwirkung bei der von Amtes wegen zu erfolgenden Feststellung seines Existenzminimums verpflichtet, womit er allfällige *Beweismittel bereits anlässlich der Pfändung und nicht erst vor BGer anzugeben hat* (BGE 119 III 70).

38 (i.V.m. Art. 99 SchKG) – *Lohnsperre als Sicherungsmassnahme* – Die Lohnsperre als Sicherungsmassnahme dient dazu, bei renitenten Schuldnern schon vor Zustellung der Pfändungsankündigung das Pfändungssubstrat sicherzustellen. Sie entspricht betreibungsamtlicher Praxis und ist nicht zu beanstanden (BS, AB, 23.12.1993, BlSchK 1994, S. 189).

39 *Pfändung des 13. Monatslohnes* – Den 13. Monatslohn kann das BA nur kraft einer Pfändungsurkunde pfänden, welche den gesetzlichen Vorschriften entspricht. Wenn die Pfändungsurkunde die Pfändung eines Teils des monatlichen Lohnes begründet, so gilt dies nicht automatisch auch für den gesamten 13. Monatslohn (NE, Autorité de surveillance, 05.02.1997, SJZ 1998, S. 473).

a) Begriff Einkommen

40 Eine Kompetenz des Kantons über Art. 92 Ziff. 8 SchKG hinausgehende Unpfändbarkeitsbestimmungen für Sozialhilfeleistungen zu erlassen, ist ausgeschlossen (SO, AB, 14.02.1995, BlSchK 1995, S. 231).

41 *Trinkgelder sind pfändbar. Wie ist die Pfändung vorzunehmen?* – Wenn ein Angestellter ausschliesslich durch Trinkgelder entlöhnt wird und nicht verpflichtet ist, sie in eine gemeinsame Kasse einzuzahlen, kann die Pfändung nicht anders als dadurch vollzogen werden, dass ihm befohlen wird, dem BA den Betrag abzuliefern, der dem Überschuss seines Einkommens über das behördlich festgesetzte Existenzminimum für ihn und seine Familie entspricht. Um zu vermeiden, dass diese Aufforderung wirkungslos bleibt, ist immerhin wichtig, den Schuldner darauf aufmerksam zu machen, dass er sich bei Nichtbefolgung der Aufforderung die im StGB vorgesehenen Strafsanktionen zuzieht (BGE 79 III 155).

42 Die Lohnpfändung *ergreift über den Arbeitsvertrag hinausgehend überhaupt alles Einkommen aus persönlicher Tätigkeit.* Es ist daher nicht nötig, dass ein Arbeitsvertrag vorliegt. Es obliegt dem BA, den reinen Verdienst (Abzug der Gestehungskosten), sei es durch Erkundigung, sei es durch Schätzung, zu ermitteln. Sodann ist der Notbedarf des Schuldners festzustellen (BGE 85 III 38).

43 Das aus einem *ausländischen Trust herrührende Einkommen* ist auch bei unregelmässigen Bezügen nach Massgabe von Art. 93 pfändbar, wobei analog der Trinkgeldpfändung (oben N 40) bzw. der Verdienstpfändung (BGE 79 III 156 und 86 III 15) der Schuldner zur Selbstablieferung anzuhalten ist (BGE 89 III 12).

44 Als «*Lohn*» im Sinne dieses Artikels ist *auch der Erwerb zu betrachten,* den ein sog. «*unabhängiger Arbeiter*» praktisch also ein Handwerker, als *Gegenwert für die geleistete Arbeit* bezieht (FR, SchKKomm, 02.03.1961, Extraits 1961, S. 98, SJZ 1964, S. 275).

45 Als Einkommen *gilt allenfalls auch der Betrag, den eine getrennt lebende Ehefrau von ihrem Ehemann als Alimente erhalten könnte,* wenn sie sich darum bemühen würde (BE, AB, 31.08.1962, BlSchK 1964, S. 20).

46 Sind die *von der SUISA* dem Schuldner zukommenden *Vergütungen pfändbar?* – Unter Diensteinkommen im Sinne dieses Artikels ist jeder Betrag zu verstehen, der sich im Wesentlichen als Entgelt für geleistete Arbeit darstellt, also nicht nur der periodische Arbeitslohn, sondern auch der Lohn für eine einzelne Leistung (Provision, Honorar, Werklohn) und das Entgelt für sog. liberale Dienste und ebenso der Lohn für eine Nebenbeschäftigung. Im Grunde genommen handelt es sich bei den von der SUISA geleisteten Vergütungen um Lohn für die vom Urheber geleistete Arbeit. Der Urheber verschafft sich eine Vergütung für seine Arbeit, indem er dem Lizenznehmer gegen Entgelt den Gebrauch des Werkes zu wirtschaftlichen Auswertung überlässt. Die Forderung des Urhebers aus dem Lizenzvertrag ist deshalb als Diensteinkommen aufzufassen und sie ist zu den *beschränkt pfändbaren Forderungen* zu zählen (LU, SchKKomm, 30.09.1966, Max. XI, Nr. 502, SJZ 1968, S. 123, BlSchK 1969, S. 109).

47 Die Lohnpfändung ergreift über den Arbeitsvertrag hinausgehend *alles Einkommen aus persönlicher Tätigkeit.* Es ist daher nicht nötig, dass ein Arbeitsvertrag vorliegt. Es obliegt dem BA, den reinen Verdienst (nach Abzug der Gestehungskosten), sei es durch Erkundigung oder Schätzung, zu ermitteln. Sodann ist der Notbedarf des Schuldners festzustellen (BGE 85 III 38).

48 Die *periodischen Leistungen*, die der Grundeigentümer vom *Bauberechtigten und Mieter erhält*, fällt nicht unter den Begriff der Nutzniessung im Sinne dieser Bestimmung, sondern sind *im vollen Betrage pfändbar* (BGE 94 III 8).

49 Mit zu berücksichtigen sind die *Beiträge an die ehelichen Lasten*, namentlich aus ihrem Arbeitserwerb (BGE 97 III 12).

50 *Leistungen der Ehefrau an die ehelichen Lasten,* auf die der Ehemann Anspruch hat, sind beim Vollzug einer Lohnpfändung gegen ihn als Einkünfte zu berücksichtigen (GR, AB, 23.03.1970, BlSchK 1972, S. 109; BE, AB, 08.05.1972, BlSchK 1973, S. 173).

51 Unter Alimente im Sinne von Art. 93 SchKG sind *alle in Erfüllung einer familienrechtlichen Verpflichtung geleisteten regelmässigen Unterhaltsbeiträge zu verstehen,* nicht nur die durch Richterspruch verfügten (GR, PKG 1953, S. 133, BlSchK 1955, S. 179).

52 Die Leistung einer Versicherung aus *Haftpflicht bei eingetretener Arbeitsunfähigkeit* eines bei der SUVA versicherten Schuldner. – Zahlung der *Differenz zwischen der Leistung der SUVA und dem*

vollen Lohn für die Dauer der Arbeitsunfähigkeit als Verdienstersatz stellt keine Entschädigung für Körperverletzung dar und ist damit unter Wahrung des Notbedarfs des Schuldners grundsätzlich pfändbar (BE, AB, 04.04.1980, BlSchK 1982, S. 22).

53 (i.V.m. Art. 92 Ziff. 9 SchKG) – Die *Erwerbsausfallentschädigung infolge vorübergehender Arbeitsunfähigkeit* ist als Ersatzeinkommen relativ pfändbar. Absolut unpfändbar, d.h. ohne Rücksicht auf die Höhe des Vermögenswertes, sind nach Art. 92 Ziff. 9 «Renten, Kapitalabfindung und andere Leistungen, die dem Opfer oder seinen Angehörigen für Körperverletzung, Gesundheitsstörung oder Tötung eines Menschen ausgerichtet werden». Diese Bestimmung zwingt nicht, auch Lohnersatz darunter zu fassen. Lohn und Lohnersatz werden vielmehr grundsätzlich von Art. 93 SchKG erfasst. Da der Erwerbsersatz, den eine Haftpflichtversicherung leistet, im Gegensatz etwa zu Art. 50 Abs. 1 UVG, durch keine Spezialvorschrift für unpfändbar erklärt wird, fallen diese Leistungen unter Art. 93 SchKG (BS, AB, 05.01.1993, BlSchK 1993, S. 188).

b) Ermittlung des pfändbaren Einkommens (Art. 163 und 164 ZGB und Konkubinat)

54 *Pfändung der dem betriebenen Ehegatten gemäss Art. 163 und 164 ZGB zustehenden Beträge – Materiellrechtliche und betreibungsrechtliche Voraussetzungen und Modalitäten der Pfändung des ehelichen Unterhaltsanspruchs.* Pfändbar ist nicht der Anspruch als solcher, wohl aber die einzelne Leistung, sofern der Pfändung eine Schuld zugrunde liegt, die im Rahmen einer zweckmässigen Verwendung des Betrages gemäss Art. 163 ZGB (Haushaltskosten im weitesten Sinne und persönliche Grundbedürfnisse beider Ehegatten) bzw. gemäss Art. 164 ZGB (persönliche Bedürfnisse nach Massgabe der wirtschaftlichen Verhältnisse der Ehegatten) liegt. Betreibungsrechtliche Schranke des Art. 93 SchKG. – *Ob eine gegen den unterhaltsberechtigten Ehegatten in Betreibung gesetzte Forderung im Rahmen einer zweckmässigen Verwendung des Betrages gemäss Art. 163 bzw. Art. 164 ZGB liegt, ist eine Frage des materiellen Rechts und damit nicht vom BA zu entscheiden.* Der BB hat die dem betriebenen Ehegatten zustehenden Unterhaltsforderungen entsprechend dem vom Gläubiger gestellten Begehren zu pfänden; *gegebenenfalls als bestrittene Forderung*, falls die Schuldnerin oder deren Ehegatte den Bestand einer solchen Forderung in Abrede stellen (BGE 107 III 75). Das BA darf von dieser Regel nur abweichen, wenn die behauptete Forderung offensichtlich nicht besteht (BGE 109 III 105). Von den materiellrechtlichen Schranken der Pfändbarkeit von Unterhaltsansprüchen, welche der BB nur im vorstehend erwähnten, sehr eingeschränkten Umfang überprüfen darf, sind die betreibungsrechtlichen Schranken zu unterscheiden. Unterhaltsansprüche gemäss Art. 163 und 164 ZGB stellen Alimentationsbeiträge im Sinne von Art. 93 SchKG dar. Diese dürfen nur soweit gepfändet werden, als sie nicht nach dem Ermessen des BB für den Lebensunterhalt des Schuldners und seiner Familie unumgänglich notwendig sind. Der pfändbare Teil des Unterhaltsanspruches des betriebenen Ehegatten wird durch die pfändbare Einkommensquote des nicht betriebenen Ehegatten begrenzt. Diese *pfändbare Quote wird nun so berechnet, dass zunächst die Nettoeinkommen beider Ehegatten sowie ihr gemeinsames Existenzminimum zu bestimmen und Letzteres sodann im Verhältnis der Nettoeinkommen auf die Ehegatten aufzuteilen ist.* Die pfändbare Einkommensquote der einzelnen Ehegatten ergibt sich sodann, indem vom entsprechenden Nettoeinkommen der entsprechende Anteil am Existenzminimum abgezogen wird. Erzielt nur einer der beiden Ehegatten ein Einkommen, so entspricht die pfändbare Quote demnach der Differenz zwischen seinem Einkommen und dem gemeinsamen Existenzminimum. Reichen die laufenden Einnahmen für einen angemessenen Unterhalt indessen nicht aus, müssen die Ehegatten unter Umständen auf ihr Vermögen zurückgreifen. *Wieweit ein Ehegatte verpflichtet ist, sein Vermögen anzugreifen, ist eine Frage des materiellen Rechts und mithin vom ordentlichen Richter – nicht aber vom BB – zu entscheiden.* Indessen ergibt sich, dass dem Gläubiger die Möglichkeit des Zugriffs auf das Vermögen des unterhaltspflichtigen Ehegatten eröffnet werden muss. Eine Pfändung des Unterhaltsanspruches (als bestrittene Forderung) ist somit nicht nur ihm Rahmen der pfändbaren Einkommensquote des nicht betriebenen Ehegatten möglich, sondern zusätzlich auch im Rahmen von dessen Vermögen. Es obliegt anschliessend dem Gläubiger, diese Forderung nach Art. 131 SchKG vor dem ordentlichen Richter geltend zu machen. Eine Besonderheit bei der Pfändung eines Unterhaltsanspruches nach Art. 163 bzw. 164 ZGB ergibt sich aus dessen Zweckgebundenheit. Solche Ansprüche können ledig-

Dritter Titel: Betreibung auf Pfändung | Art. 93

lich dann gepfändet werden, wenn der Pfändung eine Forderung zugrunde liegt, die ihm Rahmen einer zweckmässigen Verwendung des Betrages gemäss Art. 163 bzw. 164 ZGB bleibt. Daraus ergibt sich, dass nur ein eingeschränkter Kreis von Gläubigern die Möglichkeit hat, solche Unterhaltsleistungen zu pfänden. Diese haben daher das Pfändungssubstrat in ihrem Fortsetzungsbegehren genau zu bezeichnen; eine diesbezügliche Nachforschungspflicht des BB von Amtes wegen würde zu weit führen. Andernfalls müsste dieser – wenn das übrige Vermögen eines betriebenen Ehegatten für den zu pfändenden Betrag nicht ausreicht, beim Gläubiger Auskünfte über die der Forderung zugrunde liegende Leistung einholen. Nur so könnte er anschliessend entscheiden, ob dafür grundsätzlich die Pfändung einzelner Unterhaltsansprüche gemäss Art. 163 oder 164 ZGB möglich wäre (GR, AB, 03.06.1993, PKG 1993, S. 118).

55 *Grundbetrag eines im Konkubinat lebenden Schuldners.* Klarstellung zu der in LGVE 2000 I 52 publizierten Weisung zur Berechnung des betreibungsrechtlichen Notbedarfs bei Lohn- und Verdienstpfändungen.

– Eine feste dauernde Hausgemeinschaft und insbesondere ein Konkubinatsverhältnis, aus dem Kinder hervorgegangen sind, ist unter diesem Aspekt im Wesentlichen gleich zu behandeln wie ein eheliches Familienverhältnis (BGE 106 III 17). Auszugehen ist daher vom Grundbetrag eines Ehepaares mit folgenden Besonderheiten:

– Aus Gründen der Verfahrensökonomie (einfachere Feststellung der Verhältnisse schnellere Beurteilung) ist das Existenzminimum für die betreffende Partei allein und nicht das gemeinsame Existenzminimum mit den Anteilen der beiden zusammen lebenden Personen zu ermitteln. Es ist deshalb grundsätzlich nur der halbe Ehepaargrundbetrag (Fr. 775.–) einzusetzen. Steht der betreffenden Partei die Obhut über mindestens ein unmündiges Kind zu, ist der Grundbetrag in analoger Anwendung von Ziff. 1.2. der Richtlinien um Fr. 150.– auf Fr. 925.– zu erhöhen.

– Der Betrag, der zu Lasten des Lebenspartners an die Kosten des gemeinsamen Haushalts berücksichtigt wird, darf in keinem Fall deren Hälfte übersteigen, da sich sonst die Gläubiger aus fremdem Gut befriedigen könnten/BGE 109 III 102).

– Besteht eine bloss vorübergehende oder nur lockere Hausgemeinschaft, ist grundsätzlich der ordentliche Grundbetrag für einen alleinstehenden Schuldner (Fr. 1'000.–) oder für einen allein erziehenden Schuldner (Fr. 1'200.–) einzusetzen. Das Existenzminimum ist für die betreffende Partei allein zu ermitteln. Die Vorteile des Zusammenlebens sind je nach den Umständen zu berücksichtigen (z.B. Reduktion des Grundbetrages, Anrechnung nur eines Mietzinsanteils; LU, SchKKomm, 01.06.2001, LGVE 2001 I 47, BlSchK 2003, S. 89).

56 Vorrang familienrechtlicher Unterhaltspflichten bei Lohnpfändung für Unterhaltsschulden setzt die rechtskräftige Festsetzung der geschuldeten Unterhaltsbeiträge voraus. Die Pfändung kann nicht rückwirkend korrigiert werden (LU, SchKKomm, 26.05.2000, LGVE 2000 I 5).

57 Beim Konkubinatsverhältnis darf der Beitrag, der zu Lasten des Lebenspartners an die Kosten des gemeinsamen Haushalts berücksichtigt wird, deren Hälfte nicht übersteigen (BGer 20.02.2002, SJZ 2002, S. 238, BGE 130 III 765, (siehe N 54 und 55).

c) Lohnpfändungen bei unregelmässigem Verdienst

58 *Verdienstausfall während der Wintermonaten* – Das BA muss deshalb die in den «guten Monaten» gepfändeten Lohnbetreffnisse zurückbehalten, um dem Schuldner daraus den Betrag zu ersetzen, auf den er für Monate, in welchen er verdienstlos ist oder sein Lohn das Existenzminimum nicht erreicht, Anspruch erheben kann. Dabei sind auch die Rücklagen, die er aus dem nicht gepfändeten Teil der pfändbaren Lohnquote sowie allfällige Leistungen der Arbeitslosenkasse zu berücksichtigen. Der so verbleibende Saldo stellt das effektive Pfändungsergebnis dar, welches nach Ablauf des Jahres, während dessen die Pfändung dauert, den Gläubigern überwiesen wird (BE, AB, 08.10.1945, BlSchK 1946, S. 21).

59 Dem Lohn- bzw. Verdienstpfändungsschuldner steht ein Ausgleichsanspruch aus eingegangenen Lohn- bzw. Verdienstquoten zu. Ein *zeitweiliger Mindererwerb* ist grundsätzlich mit dem an sich

pfändbaren Mehrerlös früherer oder späterer Betreffnisse auszugleichen und zwar sowohl bei einem *dauernden Einkommen von unregelmässiger Höhe als auch bei einem betraglich festen, aber nicht dauernden Einkommen*. Der Ausgleichsanspruch ist gegebenenfalls demjenigen auszuzahlen, der in der erwerbslosen Zeit des Schuldners für diesen aufgekommen ist bzw. ihn durch Vorschüsse in den Stand gesetzt hat, seine hauptsächlichsten Bedürfnisse zu befriedigen (ZH, untere AB, 30.03.1984, BlSchK 1985, S. 188).

60 Lohnpfändung bei *Handelsreisenden* – Hier kann eine feste Pfändung aufgrund des tatsächlichen Nettoeinkommens (bei teilweise veränderlichem Entgelt (z.B. Provision) erfolgen oder eine Überschusspfändung mit Ausgleichung von Mehr- und Minderbeträgen gemäss BGE 69 III 54; dabei sind nur die vom Arbeitgeber wirklich geleisteten Spesenvergütungen in Rechnung zu stellen (BGE 75 III 97).

d) Feststellung des Einkommens bzw. Notbedarfs in den übrigen Fällen

61 Wenn der Schuldner oder sein Arbeitgeber *unklare Auskünfte über den Verdienst* geben oder wenn man deren *Richtigkeit bezweifelt*, hat der Gläubiger das Recht, die Höhe des Lohnes zu bezeichnen, gestützt auf den das BA die Lohnpfändung vornimmt (GE, Autorité de surveillance, 09.09.1981, BlSchK 1982, S. 61; siehe auch «Bestrittene Lohnpfändungen» S. 339).

62 Zulässigkeit der Lohnpfändung über den durch den Arbeitsvertrag ausgewiesenen Betrag hinaus. Hier ist der Schuldner *Angestellter der AG, die seiner Ehefrau gehört*. Es sind somit der Geschäftsumfang und des vom Schuldner gesamthaft für sich und seiner Frau versteuerten Einkommen zu berücksichtigen (TG, Rekurskomm., 06.12.1948, Rechenschaftsbericht ObGer 1948, S. 60, BlSchK 1950, S. 55).

63 *Lohnpfändung bei alleinigem Aktionär seiner Arbeitgeberin* – Ist der Schuldner alleiniger Aktionär seiner Arbeitgeberin und legt er zumindest formell sein Erwerbseinkommen selbst fest, so ist es angebracht, wie bei einem Selbständigerwerbenden, eine Verdienstpfändung vorzunehmen. Danach ist das anrechenbare Nettoeinkommen durch das BA aufgrund der vorhandenen Buchhaltungsunterlagen festzustellen und *ist der von der Arbeitgeberin ausgewiesene Betrag nicht verbindlich* (BGer 18.05.1999, nicht veröffentlicht, BlSchK 2000, S. 90).

64 Die für die Frage der Pfändbarkeit massgebenden Verhältnisse sind von Amtes wegen festzustellen (BGE 62 III 136; 77 III 108) und zwar auch dann, wenn die Beschwerdefrist nicht eingehalten wurde. Die AB darf es nur dann mangels hinreichender Substanzierung der Beschwerde ablehnen, die für die Berechnung des Existenzminimums und damit für die Unpfändbarkeit des Lohnes massgebenden Faktoren nachzuprüfen, wenn dem Schuldner eine detaillierte Aufstellung über die Berechnung des Zwangsbedarfes zugegangen und ihm so Gelegenheit geboten war, in der Beschwerde dazu Stellung zu nehmen (LU, SchKKomm, 10.06.1953, Max. X, Nr. 218, BlSchK 1955, S. 188).

65 Eine *Erhöhung der gepfändeten Lohnquote von Amtes wegen durch die AB kommt nicht in Frage*. Von Amtes wegen hat die AB bei der Pfändung lediglich dafür zu sorgen, dass die Vorschriften des Gesetzes, die zwingender Natur sind, eingehalten werden (LU, SchKKomm, 28.04.1955, Max. X, Nr. 365).

66 Bei der Lohnpfändung ist die vom BA von Amtes wegen vorzunehmende Abklärung der pfändbaren Einkommensquote und der zu ihrer Bemessung dienenden tatsächlichen Verhältnisse nur im Rahmen derjenigen Berechnungsgrundlagen nachzuprüfen, die durch (rechtzeitige) Beschwerde angefochten wurden (LU, SchKKomm 13.12.1965, Max. X, Nr. 431).

67 Eine nur hinsichtlich der Höhe angefochtene Lohnpfändung kann von der AB auch nach ihrer grundsätzlichen Zulässigkeit überprüft und allenfalls aufgehoben werden (BGE 82 III 51).

68 Nachdem das BA *einen pfändbaren Verdienst verneint*, der Gläubiger deshalb mit Beschwerde eine Sachpfändung verlangt, *die untere AB* in ihrem Entscheid jedoch *beiläufig einen Verdienst erwähnt* hat, kann der Gläubiger vor der oberen AB *noch eine Verdienstpfändung verlangen* und sie muss die bezüglichen Verhältnisse abklären (BGE 87 III 104).

69 Der Schuldner hat Anspruch darauf, dass ihm gleichzeitig mit der Lohn- bzw. Verdienstpfändung die *Grundlagen der Pfändung*, wozu auch die Berechnung des Notbedarfs gehört, *bekannt gegeben werden* (BGE 100 III 12).

70 *Künftiger Lohn* kann in einem bestimmten Betreibungsverfahren *höchstens für ein Jahr seit dem Pfändungsvollzug gepfändet werden*. Im Falle der Teilnahme mehrerer Gläubiger (Art. 110, 111 SchKG) läuft diese Jahresfrist von der Pfändung an, welche die Teilnahmefristen in Gang setzt (BGE 98 III 12).

71 Dauer der Lohnpfändung beträgt auch bei *Gruppenbildung gemäss Art. 110 und 110 SchKG ein Jahr* seit der ersten Pfändung an. Bei Vollzug eines nach der Teilnahmefrist eingehenden Pfändungsbegehrens aufgrund einer anderen Betreibung, sind künftige Lohnguthaben usw. für ein Jahr pfändbar; die vorgehende Pfändung ist aber, soweit sie zeitlich noch andauert, *der Späteren voran zu stellen* (Kreisschreiben des ObGer an die BezGer und an die BÄ betreffend Dauer der Lohnpfändung bei Gruppenbildung; Änderung der Anweisung des ObGer zum SchKG, 10.12.1972, ZR 1973, Nr. 1).

72 Die einjährige Höchstdauer beginnt mit dem Vollzug des Beschlages; kommt es aber zur fruchtlosen Pfändung oder zum erfolglosen Arrestvollzug, weil die pfändbare Quote in *gesetzeswidriger oder unangemessener Weise bestimmt worden ist*, beginnt die Jahresfrist mit der im Anschluss an den Entscheid der AB erfolgenden Neuaufnahme der Pfändungs- bzw. Arresturkunde. In den übrigen Fällen bleibt der erste Vollzug massgebend (Präzisierung der Rechtsprechung) (BGE 116 III 15).

73 Voraussetzungen der Pfändung *künftigen Werklohnes*. Art der Pfändung im Falle periodischer Entlöhnung nach Massgabe der aufgewendeten Zeit. – In einem solchen Fall kann wie bei einer Dienstlohnforderung vorgegangen werden, jedenfalls wenn die bisherige Geschäftsabwicklung erwarten lässt, der Dritte werde den Schuldner jederzeit voll mit Arbeit versehen und daher voll entlöhnen. *Lohnausfall zufolge Krankheit* kann ebenso wie eine sonstige Veränderung der für die Lohnpfändung massgebenden Verhältnisse auf dem Weg eines Revisionsgesuches beim BA geltend gemacht werden (BGE 50 III 124). Sollte es aber zeitweilige zu Unterbrechungen der Arbeit für den Dritten nur wegen (mindestens ebenso hoch berechneter) Arbeiten für Gelegenheitskunden kommen, so wäre dies kein Grund zur Ermässigung der Lohnpfändung (BGE 77 III 67).

74 Die Pfändung künftigen Dirnenlohns ist rechtsgültig (BGE 91 IV 69).

75 (i.V.m. Art. 83 und 145 SchKG) – Die Pfändung des *künftigen Lohnes ist auf die Periode eines Jahres seit dem Pfändungsvollzug beschränkt*. Eine neue Betreibung und eine neue Pfändung können erst nach Abschluss der vorangegangenen Betreibung für den noch ausstehenden Forderungsbetrag erfolgen. Eine Nachpfändung kann nicht erfolgen, solange die Pfändung provisorisch ist (BGE 117 III 26).

76 Schranken der Pfändbarkeit eines *Werklohnguthabens*. – Werklohnguthaben sind pfändbar mit Ausnahme des Teils der Materialvergütung, den der Schuldner braucht, um das notwendige Material zur Fortsetzung seiner Arbeit während eines Monats anzuschaffen (BGE 71 III 175 E. 2) (BGE 82 III 127).

77 Die Pfändung einer Forderung des Schuldners für persönliche Arbeit, die er im Laufe der letzten Jahre geleistet hat, untersteht dem Art. 93 SchKG. Eine solche Forderung ist *nur insoweit unpfändbar, als der Schuldner wegen seines gegenwärtig unzureichenden Verdienstes einen Teilbetrag zur Deckung des Notbedarfs seiner Familie braucht*. Es darf ihm aber nicht mit Rücksicht auf Darlehensschulden ein höherer Betrag als unpfändbar belassen werden (BGE 92 III 6).

78 *Ungenügende Lohnpfändung*. Anspruch des Gläubigers auf Ausstellung eines Verlustscheines auch ohne besonderes Verwertungsbegehren (GR, AB, 03.10.1962, BlSchK 1965, S. 48).

79 Erklärt ein Schuldner bei der Feststellung seiner Erwerbsverhältnisse, arbeitslos zu sein und keine Arbeitslosenentschädigung zu beziehen, so ist der Betreibungsgläubiger anzufragen, ob er die Ausstellung eines Verlustscheines einer «vorsorglichen» Lohnpfändung vorziehe. Lehnt der Gläubiger die Ausstellung eines Verlustscheines ab, so ist der das Existenzminimum des Schuldners übersteigende Betrag seines künftigen Lohnes vorsorglich zu pfänden, unter Anzeige an den Schuldner.

Gleichzeitig ist diesem unter Androhung der Straffolgen von Art 292 StGB die Weisung zu erteilen, einen neuen Stellenantritt sofort dem BA anzuzeigen und allenfalls direkt an ihn selbst ausbezahlte Lohnbeträge, soweit sie das Existenzminimum übersteigen, abzuliefern (SO, AB, 22.02.1983, BlSchK 1986, S. 32).

80 *Eine Lohnpfändung kann* (mit vorläufiger Bemessung des gepfändeten Betrages) *auch vollzogen werden, wenn der Schuldner derzeit keinen Arbeitsverdienst hat.* Vorbehalten bleibt die Revision auf Antrag von Schuldner oder Gläubiger oder von Amtes wegen. Während der Dauer einer Lohnpfändung kann auch eine Erhöhung des gepfändeten Betrages grundsätzlich nur den Gläubigern der betreffenden Pfändungsgruppe zu Gute kommen (BGE 78 III 126).

81 (i.V.m. Art. 265a Abs. 4 SchKG) – Die Grundsätze zur Ermittlung des Notbedarfs eines verheirateten Schuldners sind auch im Verfahren betreffend *Feststellung neuen Vermögens anwendbar*, und zwar unabhängig davon, ob der Betreibung ein vor oder nach Eheabschluss ausgestellter Verlustschein zugrunde liegt. Unter dem neuen Eherecht *kann das Einkommen des nicht betriebenen Ehegatten in die Berechnung mit einbezogen werden.* Verfügt der Ehegatte des Schuldners über ein eigenes Einkommen, so ist das gemeinsame Existenzminimum von beiden Ehegatten (ohne Beiträge gemäss Art. 164 ZGB) im Verhältnis ihrer Nettoeinkommen zu tragen (LGVE 2000 I 52, Weisungen zur Berechnung des betreibungsrechtlichen Notbedarfs bei Lohn- und Verdienstpfändung vom 09.01.01). Es spielt auch keine Rolle, ob die Ehefrau die Schulden ihres Mannes bei der Eingehung der Ehe gekannt hat oder ob sie an deren Entstehung beteiligt war. Es geht nicht darum, das «neue Vermögen» bezüglich der Person des ehemaligen Schuldners zu ermitteln (Fritzsche/Walder, Schuldbetreibung und Konkurs nach schweiz. Recht, Bd. II, Zürich 1993, § 53 Rz 16 und Anm. 37) (LU, SchKKomm, 28.11.2001, LGVE 2001 I 48, BlSchK 2003, S. 125).

e) Bei Grenzgängern

82 Gegenüber einem im Ausland wohnhaften Schuldner sind bei einer in der Schweiz durchzuführenden Lohnpfändung die hier geltenden Normen über die Unpfändbarkeit anzuwenden (SG, AB, 31.05.1957, BlSchK 1959, S. 182).

83 Verlegt ein Lohnpfändungsschuldner seinen Wohnsitz *von der Schweiz ins Ausland*, so wird der im Ausland erzielte Verdienst der schweizerischen Zwangsvollstreckung entzogen (BE, AB, 17.03.1969, BlSchK 1970, S. 114).

84 Das *Existenzminimum von Grenzgängern*, deren Arbeitsentgelt in der Schweiz *arrestiert wird*, berechnet sich grundsätzlich vom vollen Lohn, *ohne Rücksicht darauf, wieviel davon in der Schweiz ausbezahlt* und wieviel auf dem *Clearingweg ins Ausland überwiesen wird* (BS, AB, 03.03.1958, BlSchK 1959, S. 81).

85 Existenzminimum eines *in Deutschland lebenden Arrestschuldners* – (i.V.m. Art. 275 SchKG) – Wenn die Unterschiede zwischen dem schweizerischen und dem ausländischen Kostenniveau nur geringfügig sind, wie dies im Vergleich zwischen der Schweiz und Deutschland zutrifft, sind die Grundbeträge gemäss schweizerischem Recht einzusetzen. Dies ist im Falle von Grenzgängern um so mehr gerechtfertigt, als diese auch am schweizerischen Arbeitsort gewisse Ausgaben tätigen (BL, AB, 24.04.1992, BlSchK 1994, S. 137).

86 Existenzminimum eines in *Deutschland wohnenden Schuldners* – Gegenüber einem im Ausland wohnenden Schuldner sind bei der in der Schweiz durchzuführenden Lohnpfändung die hier geltenden Unpfändbarkeitsnormen anzuwenden. Wohnt der Schuldner in der deutschen Nachbarschaft, rechtfertigt es sich, den Grundbetrag des Existenzminimums um 10 Prozent zu kürzen (SH, AB, 20.08.1993, BlSchK 1994, S. 140, SJZ 1995, S. 159).

87 Berechnung des Existenzminimums für einen in *Frankreich lebenden Arrestschuldner* – (i.V.m. Art. 275 SchKG) – Da ein ins Gewicht fallendes niedrigeres Gesamtniveau der Lebenshaltungskosten der grenznahen Gebiete in Deutschland und Frankreich nicht dargetan ist, ist nicht zu beanstanden, wenn das BA bei Grenzgängern den vollen Grundbetrag für die Berechnung des Existenzminimums einsetzt (BL, AB, 13.09.1993, BlSchK 1994, S. 35).

Dritter Titel: Betreibung auf Pfändung | **Art. 93**

f) Umfang des Notbedarfs; Berücksichtigung von Ab- oder Rückzahlungen

88 *Kein Notbedarf für juristische Personen* – (i.V.m. Art. 95 SchKG) – Eine juristische Person (vorliegend ein Verein) kann bei der Pfändung ihres Ertrages keinen Notbedarf für sich beanspruchen. Bei der Bestimmung der zu pfändenden Gegenstände soll das BA soweit möglich, auf die Interessen von Gläubiger und Schuldner Rücksicht nehmen und die Verschleuderung von Aktiven des Schuldners vermeiden (NE, Autorité de surveillance, 02.03.1998, BlSchK 1999, S. 62).

89 Für die Bemessung des Notbedarfs des Schuldners und seiner Familie sind *die an seinem Wohnort geltenden Ansätze und Berechnungsregeln anzuwenden* (BE, AB, 12.01.1972, BlSchK 1973, S. 49).

90 Das BA darf sich auf die von der zuständigen AB als verbindlich erklärten «Richtlinien für die Berechnung des betreibungsrechtlichen Existenzminimums (Notbedarf) nach Art. 93 SchKG» verlassen (GR, AB, 18.06.1979, BlSchK 1984, S. 103).

91 Lohnbezüge, die dem Betreibungsschuldner vom Arbeitgeber zwecks *Verrechnung mit der diesem zustehenden Darlehensforderung* gemacht werden, sind bei der Festsetzung des pfändbaren Lohnes zu berücksichtigen (vgl. BGE 65 III 129, 66 III 42, BGer 09.03.1944 i.S. A. Bucher) (LU, SchKKomm, 03.l9.1953, Max. X, Nr. 219).

92 Berechnung des Notbedarfs *bei Dienstmädchen* – Nach der Praxis des BGer (BGE 67 III 142 ff.) ist neben dem Barlohn die freie Station nicht in Geld zu werten, sondern es ist zu prüfen, wie weit sie den notwendigen Bedarf der Schuldnerin deckt und wie weit sie auch noch auf Barmittel angewiesen bleibt (BL, AB, 08.11.1951, Amtsbericht 1951, S. 72, BlSchK 1953, S. 173).

93 Für die Berechnung der pfändbaren Quote sind allein die tatsächlichen Einkommensverhältnisse massgebend. Es *darf nicht auf Einkommen abgestellt werden,* das der Schuldner bei zumutbarer Anstrengung *erreichen könnte* (BS, AB, 03.10.2002, BlSchK 2002, S. 145).

94 Der Umstand, dass der Schuldner sich zur Abzahlung einer *Busse in Monatsraten verpflichtet hat,* berechtigt ihn nicht, den Teil seines Lohnes, den er dazu brauche, als unpfändbar erklären zu lassen (BGE 77 III 158/159).

95 (i.V.m. Art. 378 Abs. 2 StGB; Art. 46 und 48 SchKG) – Ein im *Strafvollzug befindlicher Schuldner,* der bei Halbfreiheit wie ein frei lebender Arbeitnehmer *in einem ordentlichen Arbeitsverhältnis erwerbstätig ist, kann sich nicht* auf die *Unpfändbarkeit des sog. Peculiums berufen.* Sein Einkommen ist vielmehr normaler Lohn und kann unter Wahrung seines Existenzminimums gepfändet werden. Bei der Kompetenzberechnung ist aber ihm *das täglich zustehende Peculium (zusätzlich) zu berücksichtigen.* Besitzt der Schuldner keinen festen Wohnsitz mehr, so ist er an seinem Aufenthaltsort zu betreiben (BS, AB, 06.11.1979, BlSchK 1982, S. 97).

96 Fall eines Schuldners, der sich zur *Zahlung einer Busse* in monatlichen Raten verpflichtet hat und dem der *bedingte Strafvollzug gewährt worden ist* mit der Weisung, den *Schaden innerhalb einer bestimmten Frist zu ersetzen.* Das BA darf den zu diesem Zweck verwendeten Betrag der Festsetzung der pfändbaren Lohnquote nicht berücksichtigen (BGE 102 III 17).

97 Durch den *Strafrichter* gemäss Art. 41 Ziff. 2 StGB *angeordnete periodische Schadenersatzleistungen* sind in der *Lohnpfändung nicht zum Existenzminimum zu rechnen* (VD, Autorité inférieure de surveillance, 18.06.1970, BlSchK 1977, S. 58; FR, AB, 14.06.1976, BlSchK 1980, S. 19).

98 *Verzinsung und Amortisation von Schulden* sind bei der Berechnung des Existenzminimums *nicht zu berücksichtigen* (GR, AB, 18.04.1950, BlSchK 1953, S. 52).

99 Bei der Berechnung des Zwangsbedarfs können *bereits verfallene Haushaltungsschulden nicht* berücksichtigt werden (LU, SchKKomm 02.01.1952, Max. X, Nr. 134).

100 Eine Verpflichtung des Schuldners, einen *Teil des künftigen Lohnes,* nach Art. 93 unpfändbaren Lohnes, *einem Gläubiger zu zahlen oder pfänden zu lassen,* ist für das BA unbeachtlich (ZH, ObGer, II. Ziv.Kammer, 11.07.1953, BGer 31.08.1953, ZR 1953, Nr. 189, BlSchK 1955, S. 20).

101 *Abzahlungsverträge* für unter Eigentumsvorbehalt gekaufte *Hausratsgegenstände dürfen nur für die Kompetenzgüter,* nicht aber für die pfändbaren Gegenstände, zum betreibungsrechtlichen *Existenzminimum hinzu gerechnet werden* (SH, AB, 15.05.1953, BlSchK 1954, S. 76).

102 Das *Existenzminimum* des Schuldners und seiner Familie, das nach Art. 93 bei einer Lohnpfändung vorbehalten bleibt, *erhöht sich, wenn der Schuldner unentbehrliches*, nach Art. 92 Ziff. 1 *unpfändbares Mobiliar auf Abzahlung gekauft hat*, um den Betrag der periodisch zu leistenden Abzahlungsrate, sofern ihm dafür keine anderen Mittel zur Verfügung stehen. Massgebend ist die Höhe und Dauer der Abzahlungen wie sie vereinbart sind (BGE 82 III 23).

103 Abzahlungen an ein *Darlehen, das zur Anschaffung von Kompetenzgut verwendet worden ist*, sind bei der Berechnung des Existenzminimums nicht zu berücksichtigen (LU, SchKKomm 03.01.1956, Max. X, Nr. 441, ZBJV 1956, S. 117, SJZ 1958, S. 294, BlSchK 1958, S. 153).

104 Weitere unumgängliche notwendige Verpflichtungen, wie *Miete und Abzahlungen an Kompetenzmöbel* werden *zusätzlich zum Existenzminimum* hinzugeschlagen. *Nicht zu berücksichtigen sind dagegen Steuern und Verpflichtungen anderer Art*, wie Darlehen, für die sich der Schuldner, wenn er sie aus dem ihm verbleibenden Einkommen nicht zu decken vermag, betreiben lassen muss. Hingegen darf *noch nicht geliefertes Kompetenzmobiliar nicht mitberücksichtigt werden* (BS, 29.07.1965/13.10.1965, BJM 1968, S. 55 und 56).

105 Berücksichtigung von *Abzahlungsverpflichtungen* des Schuldners bei der Berechnung des betreibungsrechtlichen Notbedarfs. Kaufpreisraten können *nur zum Notbedarf gerechnet* werden, wenn der Schuldner *im Falle einer Versäumung der Zahlungspflicht Gefahr liefe, zum Notbedarf zählenden Hausrat zu verlieren* (ZH, ObGer, II. Ziv.Kammer, 23.03.1956, ZR 1960, Nr. 101)

106 Schulden aus dem *Kauf unpfändbarer Sachen* sind nur zum Existenzminimum hinzuzurechnen, wenn sich der *Verkäufer das Eigentum vorbehalten hat* (LU, SchK-Komm., 12.10.1965, Max. XI, Nr. 432, BlSchK 1967, S. 149).

107 *Zuschläge zum monatlichen Grundbetrag* des Notbedarfs für *laufende Abzahlungsraten* sind nach baselstädtischer Praxis im *Rahmen der auf Kompetenzstücke entfallenden Quote* zu gewähren (BS, AB, 10.10.1972, BlSchK 1974, S. 176).

g) Haushalthilfen

108 Die Auslagen für eine Haushälterin sind zum Notbedarf eines geschiedenen Schuldners nur dann hinzuzurechnen, wenn er eine Haushalthilfe benötigt (BL, AB, 26.07.1958, BJM 1958, S. 234, BlSchK 1959, S. 117).

109 Erhöhung des Existenzminimums eines Schuldners bei *Anstellung einer Haushälterin* (SO, AB, 18.10.1960, BlSchK 1962, S. 14).

110 Lohn und Unterhaltskosten einer Haushälterin als Notbedarf. – Ein gesunder, arbeitsfähiger, praktisch *alleinstehender Mann* benötigt *keine Haushälterin*. Auch der Umstand, dass der erwachsene Sohn angeblich mit dem Vater zusammen lebe, genügt nicht, um die Anstellung einer Haushälterin zu rechtfertigen bzw. deren Lohn und Unterhalt auf Kosten der Gläubiger zum Notbedarf zu schlagen (GR, AB, 09.06.1967, BlSchK 1970, S. 16).

111 Der Lohn einer Haushälterin gehört nicht zum Notbedarf eines alleinstehenden Mannes (TI, AB, 12.06.1970, Rep. 1971, S. 117, SJZ 1973, S. 314).

h) Unterstützungsbeiträge

112 *Unterstützungsbeiträge an Blutsverwandte* gemäss Art. 328/329 ZGB und Abschlagszahlungen für gekaufte notwendige Hausgeräte, die Kompetenzqualität haben, sind *abzugsberechtigte Faktoren*, die bei der Existenzberechtigung zu berücksichtigen sind (SO, AB, 10.10.1947, Bericht ObGer 1947, S. 163, BlSchK 1949, S. 146).

113 Diese Bestimmung kennt keinen Vorrang von *unterhalts- gegenüber unterstützungsberechtigten Personen*. Zur Familie des Schuldners gehören auch die mit ihm zusammenlebenden Eltern. – Ob ausser dem Schuldner noch Geschwister desselben zur Unterstützung der Eltern beizutragen vermögen, haben die Betreibungsbehörden summarisch zu prüfen (BGE 82 III 110).

114 *Freiwillige Unterstützungsleistungen an Familienangehörige*, die nicht im Haushalt des Schuldners leben. Sind diese zum Notbedarf des Schuldners hinzuzurechnen? – Unterstützungsleistungen an Familienangehörige, die nicht im Haushalt des Schuldners leben, können *nur dann zum Notbedarf*

gerechnet werden, wenn sie der Schuldner aufgrund einer behördlich festgelegten Verpflichtung leistet. Bei freiwilliger Leistung hat sich der Schuldner zunächst darüber auszuweisen, dass die Unterstützung während längerer Zeit in der behaupteten Höhe geleistet worden ist, dass *der Empfänger auf die Unterstützung angewiesen ist und dass allfällige weitere Unterstützungspflichtige ebenfalls entsprechende Leistungen erbringen.* Das BA kann zur Abklärung dieser Umstände auch selbst oder auf dem Requisitionsweg die nötigen Erhebungen durchführen (Jaeger/Daeniker, Komm. zu Art. 93 SchKG, N 7i). Es kann in einem solchen Fall die Unterstützungsleistungen je nach Massgabe der Umstände auch nur teilweise zum Notbedarf hinzurechnen. Jedenfalls ist in dieser Beziehung grosse Zurückhaltung am Platze (GR, AB, PKG 1954, S. 132, BlSchK 1957, S. 24).

115 Berücksichtigung von Unterstützungsbeiträgen an Verwandte – In der Betreibung des Schuldners durch dessen geschiedenen Ehegatten für die diesem zugesprochene Unterhaltsrente (Art. 151 bzw. 152 ZGB) sind bei der Existenzminimumsberechnung die Unterstützungsbeiträge an Verwandte des Schuldners nicht zu berücksichtigen (AG, AB, 16.02.1998, BlSchK 2000, S. 35).

116 *Frage der Verbindlichkeit* einer zwischen dem Schuldner und seiner Ehegattin über die *Unterhaltsbeiträge abgeschlossenen und vom Eheschutzrichter genehmigten Vereinbarung für das BA.* – Bei der Anwendung von Art. 93 SchKG sind die Betreibungsbehörden grundsätzlich nicht an den richterlichen Entscheid über die vom Schuldner an den Unterhalt von Familienmitgliedern zu leistenden Beiträge gebunden. In der Regel werden sie sich jedoch an den *vom Richter festgelegten Betrag halten, es sei denn,* es sei ersichtlich, dass *der Unterhaltsgläubiger keineswegs den ganzen Unterhaltsbeitrag benötigt.* Ein uneingeschränktes Ermessen steht den Betreibungsbehörden auf jeden Fall dann zu, wenn der *Richter nicht selbst den Unterhaltsbeitrag festgelegt,* sondern sich damit begnügt hat, *eine Vereinbarung der Ehegatten zu genehmigen* (BGE 130 III 45).

117 Bei der Festsetzung des *Existenzminimums* sind *lediglich familienrechtliche Unterhalts- und Unterstützungspflichten, Schulden aus Kauf oder Miete von Kompetenzstücken* und *laufende Schulden aus dem Bezug von Lebensmitteln zu berücksichtigen,* andere Schulden fallen grundsätzlich nicht in Betracht (LU, SchKKomm, 30.04.1973, Max. XII, Nr. 164).

118 Eine vom Schuldner seinem *Vater gegenüber eingegangene Verpflichtung zu Unterhaltsleistungen* ist in dem Masse, als sie weder einer rechtlichen noch moralischen Pflicht entspricht, pfändungsrechtlich unbeachtlich (LU, SchKKomm, 24.04.1945, Max. IX, Nr. 366).

119 Lebenshaltungskosten für die Familie des Schuldners und weitere Personen sind grundsätzlich nur dann in das Existenzminimum einrechenbar, sofern und soweit es rechtlich zu ihrem Unterhalt oder ihrer Unterstützung verpflichtet ist. Bloss moralisch begründete Leistungen an Familienmitglieder und andere Personen können nur unter ausserordentlichen Umständen und damit ausnahmsweise berücksichtigt werden (BS, AB, 09.01.2001, BlSchK 2002, S. 62 mit Anmerkung der Redaktion).

120 *Unterhalt des mündigen Kindes.* Der Unterhalt des mündigen Kindes ist in das Existenzminimum der Schuldnerin einzuschliessen, *vorausgesetzt, dass die Eltern diesbezüglich eine Verpflichtung übernehmen.* Gemäss Art. 277 Abs. 2 ZGB haben die Eltern für den Unterhalt des mündigen Kindes aufzukommen, wenn dieses bei der Mündigkeit noch über keine angemessene Ausbildung verfügt und soweit es ihnen nach den gesamten Umständen zugemutet werden darf. Auch wenn heutzutage den Kindern ein Recht auf Unterhalt und Ausbildung nach ihrer Mündigkeit zuerkannt wird, wenn sie höhere Studien absolvieren, wird dieses Recht jedoch durch die wirtschaftlichen Verhältnisse und Ressourcen der Eltern eingeschränkt (BGE 118 II 97/Praxis 83, Nr. 32). Es wäre stossend, wenn es den Eltern auf Kosten ihrer Gläubiger gestattet würde, für den Unterhalt eines mündigen Kindes zu sorgen (BGer SchKK, 26.11.1999, Praxis 2000, Nr. 123, BlSchK 2003, S. 118).

121 *Berücksichtigung von Pflegekindern* bei der Notbedarfsberechnung. Wenn Leistungen des Schuldners gegenüber Pflegekindern freiwillig sind, lässt es sich nicht rechtfertigen, die Rechte der betreibenden Gläubigern zu beschneiden, um dem Schuldner diese Grosszügigkeit gegenüber den leiblichen Eltern der Kinder zu ermöglichen. Eine Miteinbeziehung der Auslagen für diese Pflegekinder in die Notbedarfsrechnung kommt daher nicht in Frage (GR, AB, 24.01.1966, BlSchK 1969, S. 49).

122 Unter welchen *Voraussetzungen sind Pflegekinder als zur Familie des Schuldner gehörend* zu betrachten und bei der Berechnung des Existenzminimums zu berücksichtigen? Von den mit dem

Schuldner zusammen lebenden Personen gehört nach Rechtsprechung und Lehre zur Familie diejenigen, die nicht nur tatsächlich, sondern aufgrund einer rechtlichen oder auch nur moralischen Verpflichtung des Schuldners ihren Lebensbedarf von ihm beziehen (BGE 82 III 113, 51 III 228, 77 III 157/158; Fritzsche, Schuldbetreibung und Konkurs Bd. I, S. 194, Handbuch Joos, S. 148, Leupin, Die Lohnpfändung, BlSchK 1960, S. 8). Bei Pflegekindern muss jeweils geprüft werden, ob diese Voraussetzungen gegeben sind. Je nachdem ist ihre Zugehörigkeit zu bejahen oder zu verneinen (vgl. Handbuch Joos, S. 148, Jaeger/Daeniker N 7a zu Art. 93 SchKG (untere AB LU-Land, 12.09.1968, BlSchK 1970, S. 55).

123 Lebt ein *Kind nicht im gemeinsamen Haushalt*, sondern bei einem getrennt lebenden Elternteil, so ist zu prüfen, ob der sonst geltende Zwangsbedarf für dieses Kind nicht etwas höher anzusetzen ist (LU, SchKKomm, 14.02.1956, Max. X, Nr. 440).

124 Zur *Familie des Schuldners gehört das aussereheliche Kind*, nicht dagegen die aussereheliche Mutter, die mit ihm zusammen wohnt. Die Unterhaltsbeiträge an das aussereheliche Kind sind daher zum Notbedarf zu rechnen, nicht dagegen der Mietzins für eine Wohnung und die Abschlagszahlungen an die für eine Wohnung gekauften Möbel (AR, AB, 25.09.1959, BlSchK 1961, S. 45).

125 *Besuchskosten der nicht beim Schuldner lebenden Kinder* sollen im Existenzminimum angemessen berücksichtigt werden. Ebenso müssen den besonderen berufsbedingten Bedürfnissen des Schuldners Rechnung getragen werden (BS, AB, 22.10.1968, BlSchK 1970, S. 172).

126 Dem Schuldner, der entgegen einer gerichtlichen Obhutsregelung seine Kinder zu sich nimmt und *in natura für ihren Unterhalt aufkommt*, stehen bei der Berechnung seines Existenzminimums *keine Unterhaltszuschläge zum Grundbetrag und keine Auslagen für eine Haushalthilfe* zu (BGE 120 III 16).

127 Beherbergt der Schuldner *seine nicht bei ihm lebenden Kinder überdurchschnittlich oft*, kann sich eine Erhöhung seines Existenzminimums rechtfertigen (BS, AB, 08.01.2002, BlSchK 2001, S. 174). – Anmerkung der Redaktion BlSchK: Beim BA BS besteht eine Weisung über die Einrechnung eines Zuschlages zum Existenzminimum für Schuldner, die getrennt, geschieden oder unverheiratet sind und ihnen nicht zugeteilte Kinder betreuen. Ein Zuschlag für die durch die Kinderbetreuung entstehenden Kosten wird nur gewährt, wenn das Besuchsrecht mehr als zwei Mal monatlich über jeweils zwei Tage tatsächlich ausgeübt wird. Trifft dies zu, wird je nach dem Umfang der Betreuung ein Zuschlag von 25 bis 50 % der ordentlichen Kinderzuschläge gewährt. Bezahlt der Schuldner keine Kinderalimente, kann ein Zuschlag von bis zu 100 % der Kinderzuschläge eingerechnet werden. Leben die Kinder beim Schuldner sind auch die Kosten für die Betreuung durch Drittpersonen zu seinem Existenzminimum zuzuschlagen (s. auch BGE 120 III 16 und BlSchK 1999, S. 14).

128 Kosten für Unterhalt der Kinder unter Obhut des Schuldners – Berechnung des Existenzminimums, *wenn der Schuldner seine Kinder entgegen einer gerichtlichen Obhutsregelung, aber im Einverständnis mit der betreibenden Mutter zu sich nimmt und vollumfänglich für deren Unterhalt aufkommt*, sind die ihm dadurch entstehenden Kosten in seinem Notbedarf zu berücksichtigen (SG, AB, 03.03.1998, BlSchK 1999, S. 14).

129 Notwendige Auslagen, die mit der *höheren Schuldbildung minderjährige Kinder* zusammenhängen, sind bei der Berechnung des Notbedarf zu berücksichtigen, *nicht aber für die Ausbildung volljähriger Kinder* (LU, SchKKomm, 01.12.1971, Max. XII, Nr. 29, (BGE 98 III 34).

130 Bei der Berechnung des Existenzminimums können die Kosten für die *Privatschule der Kinder nicht* und die Wohnkosten des Schuldners nur entsprechend seiner familiären Situation und den ortsüblichen Ansätzen *berücksichtigt werden;* in beiden Fällen ist dem Schuldner zur Anpassung dieser Auslagen einen angemessenen Zeitraum zuzugestehen (BGE 119 III 70).

131 Ist das vom Schuldner für seine *18-jährige Tochter bezahlte Schulgeld* bei der Berechnung des Existenzminimums zu *berücksichtigen?* Im vorliegenden Fall bejaht. – Sofern es sich *nicht um eine Privatschule für die Grundausbildung*, die auch an unentgeltlichen staatlichen Schulen erworben werden kann und auch nicht um eine Hochschule handelt, sondern *um eine gezielte Berufsausbildung* an einer staatlich anerkannten Ausbildungsstätte für Gymnastik, welche in der *Region die ein-*

zige Möglichkeit bietet, das Gymnastikdiplom zu erlangen und ohne Stipendium, ist die Berücksichtigung in der Berechnung im Existenzminimum gerechtfertigt (BL, AB, 01.07.1997, BlSchK 1998, S. 99, SJZ 1998, S. 281).

132 (i.V.m. Art. 277 ZGB) – Die Unterhaltskosten volljähriger Kinder, welche ein Studium oder eine andere höhere Ausbildung absolvieren, können nicht dem Existenzminimum des Schuldners zugeschlagen werden. Für Grenzgänger mit Wohnsitz in Frankreich rechtfertigt sich eine Herabsetzung des Grundbetrages um zehn Prozent (BS, AB, 23.11.1999, BlSchK 2000, S.63).

133 Auslagen für Leistungssport der Kinder – *Nicht zum Existenzminimum* des Schuldners zu rechnen sind die im Zusammenhang mit dem von *seinen Kindern betriebenen Leistungssport entstehenden Auslagen.* Ebenfalls nicht berücksichtigt werden die Kosten einer privaten Maturitätsschule, welche ein Kind *nach Abschluss der obligatorischen Schulzeit* besucht (GE, Autorité de surveillance, 09.04.1997, BlSchK 1998, S.101).

i) Bemessung des Existenzminimums unter Berücksichtigung «ausserordentlicher» Auslagen

134 Bei der Bemessung des betreibungsrechtlichen Existenzminimums *dürfen andere Schulden nicht berücksichtigt werden* (z.B. die an den bedingten Strafvollzug geknüpfte Weisung, Zahlungen an den Gläubiger zu leisten) (BS, AB27.02.1954, BlSchK 1956, S. 54).

135 *Steuerschulden,* seien es laufende oder rückständige, sind bei der Feststellung des Notbedarfs *nicht zu berücksichtigen.* Der Zuschlag für die soziale Stellung ist ausschliesslich nach dem normalen Zwangsbedarf zu berechnen, d.h. ohne Berücksichtigung der Wohnungskosten, da diese ja ohnehin eingesetzt werden (GR, AB, 13.12.1955, BlSchK 1958, S. 51/52).

136 Die *laufenden Steuern* sind bei der Berechnung des Existenzminimums *zu berücksichtigen,* sofern die Steuern bisher vom Schuldner bezahlt wurden und soweit sie einer ordentlichen, gestützt auf eine Selbstdeklaration erstellten Veranlagung entsprechen (Praxisänderung) (SO, AB, 06.12.00, BlSchK 2001, S. 98).

137 Einbezug der laufenden Steuern in das Existenzminimum, sofern sie auch tatsächlich bezahlt werden (SG, KG, 21.05.2002, BlSchK 2003, S. 30, mit Anmerkung).

138 Die dem Schuldner und seiner Familie für die zwei auf die Pfändung folgenden Monate notwendigen Nahrungs- und Feuerungsmittel oder die zu ihrer *Anschaffung erforderlichen Barmittel oder Forderungen* (Art. 92 Ziff. 5) *sind schlechthin unpfändbar* gültig, ob der Schuldner Arbeitsverdienst hat oder sicher in nächster Zeit haben wird. Das BA hat solchen Einkünften nur dadurch Rechnung zu tragen, dass es bei der Pfändung darauf Bedacht nimmt, dem Schuldner *nicht neben den notwendigen Vorräten auch noch den Lohnbetrag zugute kommen zu lassen, der für deren Anschaffung aufzuwenden* wäre (BGE 78 III 161).

139 *Zuschlag* zum Existenzminimum *für erhöhten Nahrungsbedarf* bei Schuldnern, die einen sehr weiten Arbeitsweg zurückzulegen haben und deshalb zur ungewöhnlichen Zeit sich von zu Hause entfernen und verhältnismässig spät wieder heimkehren müssen (SO, AB, 08.03.1958, BlSchK 1959, S. 83).

140 Bei der Bestimmung des unpfändbaren Lohnes ist der beruflichen Stellung des Schuldners Rechnung zu tragen (BE, AB, 14.07.1952, ZBJV 1953, S. 460).

141 Zum Notbedarf gehört ein bescheidener *Betrag für kulturelle Bedürfnisse und für Freizeitbeschäftigung* (BGE 81 III 96).

142 Der Prämienaufwand für eine *private Lebensversicherung* gehört *nicht zum Existenzminimum* des Schuldners und seiner Familie (BGE 81 III 144).

143 Beiträge an eine *Pensionskasse* dürfen nur soweit vom pfändbaren Lohn abgezogen werden, als sie vom Schuldner zwangsweise geleistet werden. Beiträge, die auf den *Einkauf weiterer Dienstjahre* zurückzuführen sind, stellen freiwillige Leistungen dar und dürfen deshalb nicht in Abzug gebracht werden (BGE 93 III 18).

144 Die Einlagen in Pensions-, Kranken-, Arbeitslosen-, Sterbe- und Unfallkassen sowie die AHV-Beiträge bilden nach bundesgerichtlicher Praxis einen Teil des Zwangsbedarfs, soweit sie nicht be-

reits vom Lohn abgezogen worden sind. Entscheidend ist, dass sie vom Schuldner zwangsweise geleistet werden müssen. Im Übrigen sind im Zwangsbedarf nur die für einen genügenden Versicherungsschutz notwendigen Prämien für den Krankheitsfall einzusetzen, nicht aber solche der privaten oder halbprivaten Abteilung (SG, AB, 21.04.1984, BlSchK 1985, S. 147).

145 *Welche Verpflichtungen* des Schuldners *erhöhen seinen Notbedarf?* – Im Notbedarf können Schulden aus dem *Kauf unpfändbarer Sachen*, sofern sich der Verkäufer das Eigentum vorbehalten hat und *Schulden* aus dem *Bezug von Lebensmitteln* berücksichtigt werden. Dem Ankauf unpfändbarer Gegenstände mit Eigentumsvorbehalt des Verkäufers ist die blosse *Miete solcher Sachen* (mit oder ohne Klausel, wonach der Mieter nach Abzahlung einer bestimmten Reihe von Mieten Eigentümer werde) gleichzusetzen, so dass *Mietaufwendungen für Kompetenzstücke ebenfalls in Betracht fallen* (BGE 82 III 26/27)

146 Sowohl bei der Verdienst- wie auch bei der Lohnpfändung können gewisse Gläubiger in dem Sinne privilegiert sein, dass der Schuldner seinen Verpflichtungen ihnen gegenüber im vollen Umfange nachkommen darf. Dies gilt z.B. für Verkäufer von *Lebensmitteln, Gläubiger, die dem Schuldner Güter geliefert haben, die zum Leben oder für die Berufsausübung unerlässlich sind* und schliesslich auch für den *Vermieter von Wohnung und Geschäftsräumlichkeiten*, soweit der Mietzins bei der Berechnung des Existenzminimums berücksichtigt wird und die Geschäftslokalitäten für die Berufsausübung unumgänglich sind (BGE 112 III 117).

147 Für einen Lohnpfändungsschuldner können für die *Fahrt zum Arbeitsort bloss Auslagen für die öffentlichen Verkehrsmittel* zum Existenzminimum hinzugerechnet werden, nicht aber die Fahrkosten für ein Personenauto (AG, AB, 11.09.1964, BlSchK 1965, S. 141).

148 Ist der Schuldner zur Ausübung seines Berufes auf ein Auto angewiesen, so ist im betreibungsrechtlichen Notbedarf, neben den Auslagen für Fahrzeugsteuer, Versicherung und Benzin, auch ein *angemessener Betrag für die Instandhaltung des Fahrzeuges* einzurechnen (BE, AB, 25.04.1979, BlSchK 1981, S. 178).

149 Der *Gebrauch eines Autos für die Fahrt zur Arbeit* ist bei einer allein stehenden Mutter eines kleinen Kindes *als notwendig zu betrachten*, wenn *die Benützung der öffentlichen Verkehrsmittel mit einer Verlängerung der Fahrzeit verbunden wäre,* die das Zusammensein mit dem Kind zeitlich über Gebühr einschränken würde. Bei der Ermittlung des Notbedarfs sind daher die hiefür notwendigen Aufwendungen zu berücksichtigen (BGE 110 III 17, Praxis 73, Nr. 189).

150 Berechnung des Existenzminimums bei einem *geleasten teuren Automobil*. – Handelt es sich beim vom Schuldner geleasten, berufsnotwendigen Geschäftswagen um einen überdurchschnittlich teures Automobil, so sind richtigerweise nur für eine beschränkte Zeit die vollen Leasingkosten und danach nur noch ein den Verhältnissen angepasster, *herabgesetzter Betrag* in die Notbedarfsberechnung einzusetzen (BS, AB, 30.05.1997, BlSchK 1997, S. 223).

151 Benützt ein selbständig erwerbender Schuldner ein Auto, dem kein Kompetenzcharakter zukommt, so darf nicht eine Verdienstpfändung im Ausmass der monatlichen Automobilkosten angeordnet werden, obwohl sein Verdienst nicht einmal das Existenzminimum erreicht (BE, AB, 22.05.1998, BlSchK 1998, S. 232; mit Anmerkung der Redaktion).

152 Bei der Ermittlung des Notbedarfs darf der *Arbeitserwerb eines minderjährigen Kindes*, das mit seinen Eltern in häuslicher Gemeinschaft lebt, nicht mehr zum Lohn des betriebenen Elternteils hinzu gerechnet werden. Hingegen darf dieser Elternteil nicht zum Nachteil seiner Gläubiger auf einen *Unterhaltsbeitrag* gemäss Art. 323 Abs. 2 ZGB *aus dem Arbeitserwerb des Kindes verzichten* (BGE 104 III 77).

153 Sowohl bei der Verdienst- wie auch bei der Lohnpfändung können gewisse Gläubiger in dem Sinne privilegiert sein, dass der Schuldner seinen Verpflichtungen ihnen gegenüber im vollen Umfange nachkommen darf. Dies gilt z.B. für Verkäufer von Lebensmitteln, Gläubiger, die dem Schuldner Güter geliefert haben, die zum Leben oder für die *Berufsausübung unerlässlich sind* und schliesslich auch für den *Vermieter von Wohnung und Geschäftsräumlichkeiten,* soweit der Mietzins bei der Be-

rechnung des Existenzminimums berücksichtigt wird und die Geschäftslokalitäten für die Berufsausübung unumgänglich sind (BGE 112 III 17).

154 Bei der Festsetzung des Existenzminimums *ist darauf Rücksicht zu nehmen,* dass die eigenen Lebenshaltungskosten der Eltern durch *wirkliche oder zumutbare Beiträge der im gemeinsamen Haushalt lebenden Kinder reduziert werden* (SG, AB, 02.07.1946, Amtsbericht 1946, S. 70, SJZ 1948, s. 311, BlSchK 1948, S. 53 und 1949, S.51).

155 Notbedarf eines *tatsächlich getrennt von seiner Ehefrau lebenden Schuldners. – Das BA hat das Getrenntleben* der Eheleute *als Tatsache hinzunehmen* und nicht zu untersuchen, ob es eherechtlich begründet sei. Das Amt hat den Unterhalts- und Mietbedarf des Schuldners wie für einen Ledigen zu bestimmen und in den Schranken des von Art. 93 SchKG die Beiträge, die er der Ehefrau tatsächlich leistet, zu berücksichtigen (BGE 76 III 5).

156 Der Notbedarf eines *getrennt lebenden Ehemannes* ist ohne Rücksicht darauf, ob er zum getrennt Leben berechtigt sei oder nicht, nach Massgabe der *tatsächlich vorhandenen Verhältnisse* zu berechnen (BGE 84 III 1).

157 Wieweit kann der *Verdienst der Ehefrau bei tatsächlich getrenntem Haushalt* angerechnet werden? – Nach der Praxis des BGer wird der Frauenverdienst bei tatsächlichem Getrenntleben der Ehegatten *nicht dem Einkommen des Ehemannes zugerechnet* – selbst dann nicht, wenn eine richterliche Verfügung fehlt oder eine Scheidungsklage abgewiesen wurde (BGE 84 III 7, 76 III 6) (AR, AB, 11.03.1964, BlSchK 1965, S. 176).

158 Inwiefern sind auf *Aufwendungen, die dem Schuldner für Hilfskräfte erwachsen,* Rücksicht zu nehmen? Über das durchschnittliche Mass von Aufwendungen, die für bestimmte Arbeiten den Beizug von Gehilfen erforderlich macht, hat der Schuldner nähere Angaben zu machen. Es handelt sich dabei um Gewinnungskosten für die vom Schuldner zu beanspruchende Arbeitsvergütung; Kosten, die dem Schuldner für Ausführungen der jeweiligen Arbeit erwachsen und seinen Nettoverdienst schmälern. Die Gläubiger müssen sich damit abfinden, dass der Schuldner allenfalls in stärkerem Masse als andere seiner Berufsgenossen Hilfskräfte beizieht, so gut wie sie keinen Anspruch auf Pfändung von mehr Lohn daraus herleiten können, dass der Schuldner eine besser bezahlte Stelle zu versehen vermöchte, als er tatsächlich inne hat. Gegenteilig zu entscheiden hiesse, auf andere als die tatsächlichen Verhältnisse abstellen (BGE 74 III 70).

159 Die *freiwillig erhöhten Beiträge an die geschiedene Frau* und an die dieser zugeteilten Kinder sind bei der Berechnung des Existenzminimums anzurechnen (LU, SchKKomm, 11.12.1974, LGVE 1974 I 209).

160 Abzug von *Arzt- und Apothekerkosten* bei der Berechnung des Existenzminimums. Dem *BA steht es nicht* zu, nach Abzug des Existenzminimums vom Einkommen des Schuldners den pfändbaren Betrag aufgrund billigen Ermessens *noch mehr zu ermässigen.* Grundsätzlich wirkt eine Erhöhung der Lohnpfändung auf den Tag des Pfändungsvollzuges zurück (BGE 81 III 14/15).

161 Zum Notbedarf gehören auch die notwendigen *Aufwendungen für Gesundheitspflege,* üblicherweise mit einem *bestimmten pauschalen Betrag* in den normalen Notbedarf eingerechnet. Für *unmittelbar bevorstehende Barauslagen für Arzt, Geburt, Zahnarzt usw.* darf der *Notbedarf vorübergehend noch erhöht werden.* Dagegen darf für die *vor der Pfändung erfolgten Behandlungen,* d.h. für bereits bestehende Schulden, *keine Erhöhung des Notbedarfs erfolgen* (BGE 85 III 67).

162 Mehrausgaben für *Arzt, Medikamente und dergleichen* sind, wenn sie bei der Berechnung der Lohnkompetenz berücksichtigt werden sollen, vom Schuldner *nachzuweisen.* (Der Nachweis dürfte Glaubhaftmachung einschliessen). Im Rahmen des Gesetzes verfügte Lohnpfändungen sind keine «Lohnstehlerei» (BS, AB, 29.07.1965, BlSchK 1966, S. 177).

163 *Krankenkassenbeiträge* und während der *Dauer einer Lohnpfändung laufend zu erwartende Auslagen für ärztliche Behandlung,* so *für Selbstbehalte und Medikamente,* sind in der Berechnung des Notbedarfs grundsätzlich voll zu berücksichtigen. Dasselbe gilt für *gelegentliche Taxifahrten* gehbehinderter Familienmitglieder des Schuldners (Ehefrau mit Arthrose) (BE, AB, 27.02.1979, BlSchK 1980, S. 55).

164 *Krankenversicherungsbeiträge* sind im Existenzminimum voll zu berücksichtigen (BE, AB, 30.03.1979, BlSchK 1981, S.140).

165 *Prämien für Zusatzversicherung zur obl. Krankenversicherung* – Die Kosten der Zusatzversicherung zur obligatorischen Krankenversicherung gehören nicht zum Existenzminimum. Bis zum Ablauf der nächsten Kündigungsfrist sind sie aber noch zu berücksichtigen (SG, AB, 05.03.1998, BlSchK 1998, S. 225).

166 *Jahresfranchise für die obl. Krankenpflegeversicherung* – Bei der Ermittlung des Existenzminimums sind die unter die Jahresfranchise fallenden und vom Schuldner tatsächlich zu bezahlenden Gesundheitskosten in *voller Höhe zu berücksichtigen* (BGE 129 III 242).

167 Behandlung von Lohnabzügen und Gewinnungskosten bei der Berechnung des pfändbaren Lohnes – Es kommt *nur die Pfändung des zur Auszahlung gelangenden Nettolohnes in Frage*. Die vom Arbeitgeber gemäss gesetzlicher oder gesamtarbeitsvertraglicher Vorschriften gemachten Lohnabzüge (z.B. AHV-, SUVA-Beiträge) und die sog. Gewinnungskosten sind vom Bruttolohn in Abzug zu bringen. Unter Gewinnungskosten sind jene Auslagen zu verstehen, die der Erzielung des Einkommens dienen (z.B. Kosten der Fahrt zum Arbeitsort). Lohnabzüge und Gewinnungskosten sind deshalb bei der Ermittlung des pfändbaren Lohnes auf der Einkommensseite und nicht unter dem Existenzminimum zu berücksichtigen (LU, SchKKomm, 11.06.1963, Max. XI, Nr. 268, BGE 90 III 33).

168 *Prämien* für eine *freiwillige Alters-, Invaliden- und Hinterlassenenversicherung* gehören nicht zum Notbedarf (BGE 116 III 75/76).

k) Berücksichtigung von Miet- und Wohnungskosten

169 Zur Familie des Schuldners gehört das aussereheliche Kind, nicht dagegen die aussereheliche Mutter, die mit ihm zusammen wohnt. Die Unterhaltsbeiträge an das aussereheliche Kind sind daher zum Notbedarf zu rechnen, *nicht dagegen der Mietzins für eine Wohnung* und die Abschlagszahlungen an die für eine Wohnung gekauften Möbel (AR, AB, 25.09.1959, BlSchK 1961, S. 45).

170 *Hypothekarzinsen für das eigene Haus* des Schuldners sind nur im Rahmen des Mietzinses für eine den Bedürfnissen und finanziellen Möglichkeiten des Schuldners angemessene Wohnung zum Notbedarf zu rechnen (TI, AB, 12.06.1970, Rep. 1971, S. 117, SJZ 1973, S. 314).

171 *Lebt der Schuldner mit einer andern* (hier erwerbstätigen) *Person zusammen,* so ist bei der Berechnung seines Existenzminimums *nur der halbe Mietzins zu berücksichtigen* (BS, AB, 30.09.1977, BlSchK 1979, S. 22; vgl. N 55).

172 Bei der Ermittlung des Notbedarf ist unter Umständen der *ortsübliche Mietzins für eine Wohnung* einzusetzen, mit der sich zu begnügen der Schuldner unter den gegebenen Verhältnissen zuzumuten wäre (BGE 104 III 38).

173 Notbedarfsberechnungen in Bezug auf die *Mietzinse für Wohnungen in Kurorten*. Wenn ein Gläubiger als Beschwerdeführer den eingesetzten Mietzins als zu hoch beanstandet, müsste er schon den Nachweis erbringen, dass sich am derzeitigen Wohnort oder Umgebung des Schuldners eine billigere Wohnung finden lasse (GR, AB, 03.06.1964, BlSchK 1966, S. 86).

174 Bei der Lohnpfändung bilden *Brennmaterial und Bekleidung Bestandteile des Grundbetrages* des von der AB festgesetzten Existenzminimums. Sie dürfen nicht nochmals extra berechnet werden (BS, AB, 09.12.1966, BJM 1968, S. 55).

175 Bei der Berechnung des Existenzminimums muss der vom Betriebenen *effektiv bezahlte Mietzins berücksichtigt werden,* auch wenn er in einem Missverhältnis zu den eigenen Mitteln steht, sofern der Gläubiger nicht in der Lage ist, dem Schuldner konkrete Möglichkeiten einer billigeren Miete anzugeben (TI, AB, 07.04.1970, Rep. 1970, S. 302, SJZ 1972, S. 224).

176 Ein Schuldner *hat keinen Anspruch* auf Berücksichtigung von *Unterkunftskosten für mehr als einen Wohnort* in der Berechnung seines Existenzminimums (BS, AB, 25.04.1979, BlSchK 1981, S. 178).

177 Für die Berechnung des Existenzminimums fallen nur tatsächlich bezahlte Beträge in Betracht; daher kann ein *nicht bezahlter oder nicht geforderter Mietzins* nicht in die Berechnung des Notbedarfs einbezogen werden (BGE 112 III 19, Praxis 75, Nr. 147).

178 Der Schuldner kann von den Betreibungsbehörden zwar nicht unmittelbar zum *Bezug einer seinen wirtschaftlichen Verhältnissen angepassten Wohnung gezwungen werden*. Indessen ist der bei der Festsetzung des Existenzminimums zu berücksichtigende Mietzins auf ein Normalmass herabzusetzen, wenn der Schuldner lediglich zu seiner grösseren Bequemlichkeit eine teure Wohnung benützt (BGE 114 III 12, Praxis 77, Nr. 207).

179 Bei der Berechnung des Existenzminimums können die Kosten für die Privatschule der Kinder nicht und *die Wohnkosten* des Schuldners *nur entsprechend seiner familiären Situation und den ortsüblichen Ansätzen berücksichtigt werden;* in beiden Fällen ist dem Schuldner der zur Anpassung dieser Auslagen einen angemessenen Zeitraum zuzugestehen (BGE 119 III 70).

180 Wählt der Schuldner eine *unverhältnismässig teure Wohnung,* obwohl er bereits einer Pfändung unterliegt oder unmittelbar eine Lohnpfändung bevorsteht, so ist der in der Existenzminimumsberechnung zu berücksichtigende Mietzins trotz des langfristigen Mietvertrages herabzusetzen (SO, AB, 14.08.1996, BlSchK 1998, S. 230 und BGE 109 III 52).

181 Bei der Ermittlung des Notbedarfs ist der *ortsübliche Mietzins für eine Wohnung einzusetzen,* mit der sich begnügen dem Schuldner unter den gegebenen Umständen zuzumuten ist (GR, AB, 26.04.1989, PKG 1989, S. 171).

182 Bei *getrenntem Wohnsitz der Angehörigen des Schuldners* ist ausschliesslich darauf abzustellen, *was der Schuldner an den Unterhalt seiner Familie tatsächlich leistet.* Leistet er nichts, so ist der Schuldner für den laufenden Lebensbedarf als Lediger zu behandeln, nicht aber für die auf längere Dauer bestimmten Aufwendungen (BL, AB, 18.06.1958, BJM 1958, S. 236).

183 Weist der Schuldner nach, dass er *trotz Bemühens keine preisgünstigere* als die von ihm bewohnte, seiner wirtschaftlichen Situation an sich *nicht entsprechende Wohnung gefunden hat,* so kann bei der Berechnung des Notbedarf auf den tatsächlich bezahlten Mietzins abgestellt werden (GR, AB, 21.02.1984, PKG 1984, Nr. 47).

184 *Festsetzung eines angemessenen Mietzinses* bei der Berechnung des Existenzminimums. Muss das BA den anrechenbaren Mietzins gegenüber dem effektiven herabsetzen, so ist in der Regel grosszügig zu verfahren und auf eine durchschnittliche Miete der am Markt angebotenen Wohnungen abzustellen (SO, AB, 13.06.1996, BlSchK 1997, S. 26).

185 Bei der Herabsetzung übersetzter Wohnkosten eines Schuldners mit *einem langjährig unkündbaren Mietvertrag* muss nicht der nächste ordentliche Kündigungstermin abgewartet werden. Eine Übergangsfrist von sechs Monaten zur Anpassung der Wohnkosten ist angemessen (BGE 129 III 526).

186 Es ist mit der Pflicht des Schuldners, die Wohnkosten möglichst tief zu halten, unvereinbar, den nächsten ordentlichen Kündigungstermin abzuwarten, wenn es bis dahin noch verhältnismässig lange dauert. Die Wohnkosten sind durch vorzeitige Rückgabe oder durch Untervermietung zu senken (BGer 17.07.2003, SJZ 2003, S. 539).

187 Der Grundsatz, dass bei der Berechnung des Existenzminimums nur tatsächlich bezahlte Beträge berücksichtigt werden können, gilt auch für Wohnungsmietzinse und Krankenkassenprämien. Der Schuldner kann eine Revision der Einkommenspfändung verlangen in dem Moment, wo er nachweist, dass er einen Mietvertrag bzw. einen Versicherungsvertrag abgeschlossen hat und dass er die vereinbarten Mietzinse bzw. Versicherungsprämien auch tatsächlich bezahlt (BGE 121 III 20).

188 *Berücksichtigung einer Dienstwohnung* – Bei der Berechnung der pfändbaren Lohnquote sind auch diejenigen Einkommensteile zu berücksichtigen, welche gemäss Art. 93 SchKG der Pfändung entzogen sind. Die Miete einer Dienstwohnung ist vollumfänglich zum Existenzminimum zu rechnen, auch wenn sie unter den gegebenen Verhältnisse zu teuer erscheint (NE Autorité des surveillance, 13.0.1998, BlSchK 1999, S. 59).

189 Raumkosten *für Haustiere* fallen nicht unter die Wohnkosten des Schuldners. Die durchschnittlichen Auslagen für den Unterhalt und die Pflege von Haustieren sind im Betrag berücksichtigt, welcher dem Schuldner für seine kulturellen Bedürfnisse und die Freizeitbetätigung zusteht (BGE 128 III 337).

l) Bestrittene Lohnpfändungen

190 Nicht feststellbarer Lohnanspruch – *Arbeitet ein Schuldner im Geschäft seiner Ehefrau und wurde kein bestimmter Lohn vereinbart*, so hat das BA das Existenzminimum des Schuldners festzusetzen und dieses dem Gläubiger mit dem Formular Nr. 11 mitzuteilen. Der Gläubiger wird darin gleichzeitig aufgefordert, binnen zehn Tagen beim BA zu erklären, ob und eventuell mit welchem Betrag nach seinem Dafürhalten der Verdienst des Schuldners dessen Existenzminimum übersteige. Nach dem Eingang dieser Erklärung hat das BA die Lohnpfändung (als streitige) auf dem Überschuss zu vollziehen (BE, AB, 23.04.1954, BlSchK 1955, S. 75).

191 Pfändung eines *unbestimmten Lohnanspruchs* des Schuldners gegenüber *seiner Ehefrau als Arbeitgeberin*. – Wenn beim Pfändungsvollzug festgestellt wird, dass der Schuldner im Geschäft seiner Ehefrau ohne festgesetzten Arbeitslohn arbeitete, so *darf kein Verlustschein ausgestellt werden.* In diesem Fall ist dem Gläubiger mit Formular Nr. 11 Anzeige zu machen und gegebenenfalls das Verfahren zu einer *bestrittenen Lohnpfändung* einzuleiten (BE, AB, 10.02.1972, BlSchK 1973, S. 87).

192 Ist der Schuldner als Angestellter seiner Ehefrau zu betrachten, so ist nicht einfach eine Schätzung vorzunehmen, wenn das angegebene Einkommen nicht glaubhaft ist. Es ist dann mit Formular Nr. 11 der Gläubiger aufzufordern, dem BA mitzuteilen, ob und allenfalls mit welchem Betrag nach seinem Ermessen der Lohn des Schuldners dessen Existenzminimum übersteige. Ist der vom Gläubiger angegebene Lohn höher als das Existenzminimum, so ist der Mehrbetrag zum Existenzminimum als bestrittenes Lohnguthaben zu pfänden (SO, AB, BlSchK 1991, S. 62).

193 Lohnpfändung gegenüber einer im *Geschäft ihres Ehemannes arbeitenden Frau*. – Will der Gläubiger einer Ehefrau eine dieser angeblich zustehende Lohnforderung gegen den Ehemann pfänden lassen, so hat er die Umstände darzulegen, aus denen er schliesst, dass die Schuldnerin ihrem Ehemann nicht nur die ihr nach Familienrecht obliegende Hilfe leistet, sondern zu ihm in ein Arbeitsverhältnis getreten ist. Fehlen solche Angaben oder sind sie nicht schlüssig, so ist dem Begehren um Lohnpfändung nicht zu entsprechen (BGE 72 III 120).

194 Vorgehen bei der Lohnpfändung, wenn der *Gläubiger ein grösseres Einkommen behauptet*, als sich aus den Erhebungen des BA ergibt. – Kann die Höhe des Arbeitsverdienstes des Schuldners vom BA und im Beschwerdeverfahren einwandfrei abgeklärt werden, so ist über die Lohnpfändung auf dieser tatbeständlichen Grundlage zu verfügen. In einem solchen Fall ist eine weitere Lohnpfändung abzulehnen, auch wenn sie der Gläubiger, aber eben aufgrund als haltlos erwiesenen Behauptungen, verlangt. Bleibt dagegen das Ergebnis der Untersuchung ungewiss und bestehen ernstliche Anhaltspunkte für den vom Gläubiger behaupteten Mehrverdienst des Schuldners, so ist ein entsprechendes, das Existenzminimum *übersteigendes Lohnguthaben als bestritten zu pfänden* (BGE 81 III 149) (LU, SchKKomm, 07.07.1959, Max. X, Nr. 686).

195 Nach konstanter Praxis des BGer hat ein BA *behauptete Lohnansprüche als bestritten zu pfänden*, es sei denn, dass der Tatbestand die Existenz einer Lohnforderung überhaupt ausschliesse (BE, AB, 01.09.1961, BlSchK 1962, S. 115).

196 Bei *Zweifel über das* tatsächliche *Lohneinkommen* des Schuldners hat das BA die Lohnpfändung wie eine *bestrittene Forderung zu vollziehen*, nötigenfalls gestützt auf die Angaben des Gläubigers (GE, Autorité de surveillance, 18.09.1975, BlSchK 1977, S. 139).

197 *Voraussetzungen und Wirkungen der Pfändung eines bestrittenen Lohnguthabens.* – Kann die Höhe des Arbeitsverdienstes des Schuldners vom BA und im Beschwerdeverfahren von der AB einwandfrei festgestellt werden, so ist über die Lohnpfändung auf dieser tatsächlichen Grundlage zu verfügen. In diesem Falle ist eine weitere Lohnpfändung abzulehnen, auch wenn sie der Gläubiger, aber aufgrund als haltlos erwiesener Behauptungen verlangt. Bleibt aber das *Ergebnis der Untersuchung ungewiss* und bestehen ernsthafte Anhaltspunkte für den *vom Gläubiger behaupteten Mehrverdienst des Schuldners*, so ist ein entsprechendes (das Existenzminimum übersteigendes) *Lohnguthaben als bestrittenes zu pfänden*, sei es für sich allein oder neben einem unbestrittenen. Dadurch wird der Schuldner keineswegs in seinem Existenzminimum beeinträchtigt, denn die Pfändung einer bestrittenen Lohnforderung ist dem Arbeitgeber eindeutig als Pfändung eines allfälligen Mehrbetra-

ges über das dabei zu beziffernde Existenzminimum (und über den fest gepfändeten Lohnbetrag) anzuzeigen (BGE 81 III 147).

198 *Die Pfändbarkeit* der wirklichen Bezüge *hängt nicht davon ab, ob sie der Arbeitsvertrag als Lohn oder als Spesenersatz bezeichnet.* Die wirklichen Bezüge des Schuldners unterliegen gemäss Art. 93 nach Abzug der notwendigen Gewinnungskosten (BGE 75 III 99) der Lohnpfändung, soweit sie den Notbedarf übersteigen. Die Höhe der Gewinnungskosten (insbesondere Reiseauslagen) ist wie die Höhe des Notbedarfs von den Betreibungsbehörden frei und abschliessend festzustellen. Soweit amtlich festgestellter, *unbestrittener Spesenersatz vorliegt, darf hierüber nicht eine bestrittene Forderung eingepfändet und dem Richter die Bemessung* der Spesenhöhe *überlassen werden.* Als *bestrittene Forderung darf nur gepfändet werden,* was der Schuldner *nach der Behauptung des Gläubigers* über die vom BA festgestellten Beträge hinaus an Lohn zu beanspruchen hat (BGE 85 III 43).

199 *Kollision zwischen einem Betreibungsgläubiger und einem Verrechnungsgläubiger.* Das BA hat gleich vorzugehen, wie bei einer Pfändung einer bestrittenen Forderung (SO, AB, 22.02.1946, BlSchK 1948, S. 16).

200 Behandlung der vom Arbeitgeber vorgenommenen *Lohnabzüge bei der Lohnpfändung.* Darüber, ob der Arbeitgeber die *Lohnabzüge zu Recht oder zu Unrecht macht, haben weder das BA noch die AB zu entscheiden.* Wenn der Gläubiger der Auffassung ist, der Arbeitgeber sei nicht berechtigt, gewisse Abzüge (hier Pauschalsteuerabzug) zu machen und der Betreibungsschuldner habe dem entsprechend Anspruch auf Auszahlung dieses um den abgezogenen höheren Lohnbetrages, kann er die Pfändung dieses Lohnbetrages verlange, soweit dieser nicht zur Deckung des Zwangsbedarfs benötigt wird. Vom BA ist dann das vom BGer vorgesehene Verfahren einzuschlagen, wobei der vom Gläubiger geltend gemachte Lohnbetrag als bestrittene Forderung zu pfänden wäre (LU, SchKKomm, 27.04.1964, Max. XI, Nr. 349, BlSchK 1966, S. 86, BGE 90 III 33).

201 Die *Betreibungsinstanzen sind nicht zuständig, um die umstrittene Höhe der Lohnforderung des Betriebenen* gegenüber seinem Arbeitgeber *zu bestimmen.* Stimmen die Lohnangaben von Arbeitnehmer und Arbeitgeber nicht überein oder bestehen Indizien dafür, dass deren übereinstimmenden Angaben unzutreffend sind, muss das BA den Lohn gemäss den Angaben des Betreibenden als bestrittene Forderung pfänden (BGE 110 III 20).

202 Über Lohnpfändungen, deren *Umfang und Bestand sowohl vom Pfändungsschuldner als auch von dessen angeblichem Schuldner bestritten sind,* dazu gehören insbesondere die Fälle, wo Arbeit ohne vertraglich festgesetzte Entschädigung geleistet wird, *haben nicht die Betreibungsbehörden zu entscheiden.* Der Gläubiger hat aber darauf Anspruch, dass die nach seinen Angaben geschuldete, das Existenzminimum des Schuldners übersteigende Lohnquote als *bestrittene Forderung gepfändet* und nach Art. 131 SchKG verwertet wird. Die unterbliebene Aufforderung an den Gläubiger gemäss Formular Nr. 11 ist nachzuholen (BE, AB, 30.01.1986, BlSchK 1987, S. 193).

m) Verdienstpfändung (selbständig erwerbend)

203 Pfändung des Einkommens aus selbständiger Berufstätigkeit – Auch die *Honorareinnahmen eines Naturarztes* aus Behandlung von Patienten sind pfändbar, soweit sie den Notbedarf des Schuldners und die zu ihrer Erzielung notwendigen Auslagen (Gestehungskosten) übersteigen. Wenn *aus den Akten nicht ersichtlich ist, wieviel der Schuldner unter diesem Titel einnimmt, so ist dies kein Grund, von einer Pfändung abzusehen.* Es ist zu prüfen und nötigenfalls zu schätzen, wie hoch die Honorareinnahmen des Schuldners und die von ihm aufzuwendenden Gestehungskosten sich belaufen. Beim Entscheid darüber, welcher Teilbetrag des so errechneten Nettoeinkommens *aus der Berufstätigkeit* des Schuldners *gepfändet werden könne, ist auf das Einkommen Rücksicht zu nehmen, das der Schuldner nicht durch solche Tätigkeit, sondern anderswie erzielt.* Soweit der Schuldner seinen Notbedarf aus anderweitigen Einkünften bestreiten kann, ist er zu dessen Deckung nicht auf sein Arbeitseinkommen angewiesen (BGE 86 III 15).

204 Bei einer Verdienstpfändung (Einkommen aus selbständigem Erwerb) hat das BA die zur Ermittlung der pfändbaren Quote wesentlichen Tatsachen von Amtes wegen abzuklären. Das Verfahren ge-

mäss Formular Nr. 11 kann nur Platz greifen, wenn der Schuldner im Dienste seiner Ehefrau tätig ist, ohne dass ein bestimmter Lohn vereinbart wurde (BE, AB, 01.08.1962, BlSchK 1963, S. 12).

205 Aus einem Konkubinatsverhältnis lässt sich kein Anstellungsverhältnis konstruieren (BE, AB, 01.09.1961, BlSchK 1962, S. 115).

206 Eine Verdienstpfändung bei selbständig erwerbenden Schuldnern soll nur vorgenommen werden, wenn durch die Untersuchung der konkreten Verhältnisse unzweifelhaft ein das Existenzminimum überschreitender Verdienst erwiesen wird (SG, AB, 28.08.1962, BlSchK 1965, S. 45).

207 Erwerbseinkommenspfändung bei selbständig Erwerbenden. Pflichten des BA – Wenn der *Schuldner faktisch nicht an seinem zivilrechtlichen Wohnsitz wohnt,* sondern sich mehr oder weniger dauernd an einem andern Ort aufhält, so ist *dem BA zuzumuten, dass es auf dem Rechtshilfeweg auch am Aufenthaltsort Nachforschungen anstellen lässt.* Dass das Amt dagegen einem Schuldner, der dauernd auf der Fahrt ist, in der ganzen Schweiz her nachspürt, kann nicht verlangt werden (GR, AB, 08.06.1962, BlSchK 1965, S. 47).

208 Das Einkommen des Schuldners aus selbständiger Tätigkeit *als Agent* ist nicht unpfändbar (AR, AB, 03.08.1963, BlSchK 1965, S. 48).

209 *Wie weit geht bei der Pfändung von Einkommen* aus selbständiger Erwerbstätigkeit *die Abklärungspflicht?* Auch bei der eigentlichen Lohnpfändung nachgebildeten Pfändung des Reineinkommens aus selbständiger Arbeit hat das BA von Amtes wegen die zur Ermittlung einer allfälligen pfändbaren Verdienstquote und zu deren Bemessung entscheidenden tatsächlichen Verhältnisse abzuklären (BGE 86 III 53, 86 III, 16, 85 III 38, 81 III 149). Eine solche Abklärung kann nicht nur in der Einvernahme des Schuldners und der Angabe, man halte diese Ausführungen für richtig, bestehen. Vielmehr sind z.B. anhand von Lieferantenrechnungen, Bestellscheinen, Kundenrechnungen usw. die Angaben des Schuldners zu überprüfen. Auch der Ausweis über das steuerpflichtige Einkommen ist kein Indiz für die Richtigkeit der schuldnerischen Angaben. Es sind daher die wahren Lohn- und Einkommensverhältnisse abzuklären (BL, AB, 05.04.1963, BlSchK 1965, S. 113).

210 Die Verdienstpfändung bei selbständig Erwerbenden(hier Pächter eines Hotelbetriebes) setzt eine möglichst genaue Ermittlung des mutmasslichen Brutto- bzw. Nettoeinkommens voraus. Geben die Angaben des Schuldners, auf welche in der Regel abzustellen ist, zu begründeten Zweifeln Anlass, so sind von Amtes wegen weitere Abklärungen vorzunehmen (GR, AB, 02.10.1979, BlSchK 1984, S. 71).

211 Der Schuldner ist bei Straffolge verpflichtet, *über sein Einkommen und die Gewinnungskosten Auskunft zu erteilen*, nötigenfalls diese zu belegen (BE, Autorité cantonale de surveillance, 26.03.1973, BlSchK 1975, S. 84).

212 *Schwankungen der Einkommenspfändung* aus selbständiger Berufstätigkeit sind zu berücksichtigen (BGer 17.01.1975, BlSchK 1977, S. 64, s. auch N 30).

213 Abklärung der Einkommensverhältnisse des Schuldners, der *angeblich als Angestellter im Geschäft seiner Konkubine arbeitet, in Wirklichkeit aber dieses Geschäft selbständig führt,* von Amtes wegen; *Lohn- oder Verdienstpfändung?* Wenn der gesamte Ertrag aus dem Geschäft in die Tasche des Schuldners fliesst und die Konkubine nur formell, insbesondere gegenüber den Behörden, als Geschäftsinhaberin auftritt, so kann nicht mehr von einem Arbeitsverhältnis gesprochen werden. Vielmehr drängt sich die Annahme auf in Wirklichkeit sei der Schuldner Inhaber des Geschäfts; dieser übe somit eine selbständige Erwerbstätigkeit aus. Trifft dies zu, so ist nicht eine Lohn-, sondern eine Verdienstpfändung anzuordnen (vgl. hiezu BGE 93 III 36, 91 IV 69, 86 III 16 und 53, 85 III 39) (BGE 106 III 111).

214 Das BA darf bei Anlegung von Verdienstpfändungen *bei fehlenden Buchhaltungsunterlagen weitgehend auf die Angaben des Schuldners abstellen,* wobei ihm ein erheblicher Ermessensspielraum zugestanden werden muss. Im Umstand, dass die Pfändungsurkunde keinen Hinweis auf die Nichtexistenz von Pfändungsvorgängen enthält, liegt keine Gesetzesverletzung. Dagegen kann ein verspäteter Pfändungsvollzug u.U. zu Schaden führen, welchen der BB im Sinne von Art. 5 SchKG vor

Dritter Titel: Betreibung auf Pfändung | Art. 93

dem ordentlichen Richter zu vertreten hätte (GR, AB, 19.12.1979, 21.01.1980, BlSchK 1983, S. 26).

215 Pfändung des Reineinkommens aus selbständiger Berufstätigkeit. Pflicht des BA, *die zur Ermittlung des allfällig pfändbaren Teilbetrages des Reinverdienstes wesentlichen Tatsachen abzuklären.* Im Beschwerdeverfahren sind hingegen die unbeanstandet gebliebenen Elemente der Berechnung nicht nachzuprüfen. – Arten der Verdienstpfändung. *Unzulässig ist eine vorläufige Verdienstpfändung ohne zuverlässige Feststellungen mit Fristansetzung an den Gläubiger zur Strafanzeige* (BGE 86 III 53).

216 Bei Lohnpfändung eines *selbständigen Autofahrlehrers* darf *keine Amortisationsquote* für das Lehrfahrzeug in die Gestehungskosten eingerechnet werden (BGE 85 III 41).

217 Das Einkommen aus selbständiger Berufstätigkeit ist soweit pfändbar, als es nach Abzug der notwendigen Auslagen (Gestehungs- und Gewinnungskosten) den *Notbedarf des Schuldners übersteigt.* Zu diesem Zweck hat das BA aufgrund des durchschnittlichen Reineinkommens einerseits und das Existenzminimum andererseits festzustellen und gestützt darauf den monatlich abzuliefernden Betrag festzusetzen. Dabei darf es nicht auf die erwiesenermassen zu optimistischen Angaben des Schuldners über sein zu erwartendes Einkommen abstellen; vielmehr hat es die *tatsächlichen Verhältnisse von Amtes wegen abzuklären* (BE, AB, 30.06.1983, BlSchK 1987, S. 57).

n) Beschränkt pfändbare Forderungen

218 Beschränkt pfändbar sind Leistungen einer als Gesellschaft auf Gegenseitigkeit organisierten, durch vom Nominallohn abgezogene Beiträge des Personals gespiesenen Betriebskrankenkasse (BGE 78 III 120).

219 *Leistungen einer Krankenkasse* sind insoweit beschränkt pfändbar, als sie einen Ersatz für Lohnzahlung darstellen (SG, AB, 19.05.1953, BlSchK 1955, S. 108).

220 (i.V.m. Art. 92 Ziff. 8 SchKG) – *Taggelder,* welche der Schuldner von seiner *Kranken- und Unfallkasse bezieht zum Ausgleich des Lohnausfalles,* den er infolge seiner Arbeitsunfähigkeit erleidet, sind beschränkt pfändbar wie der Lohn selber, den sie ersetzen (GE, Autorité de surveillance, 28.09.1983, BlSchK 1985, S. 69).

221 *Pfändung eines Stipendiums* – Betreibung für Unterhaltsansprüche – Ein Stipendium ist grundsätzlich beschränkt pfändbar im Sinne von Art. 92 SchKG. Die rechtliche Natur des Stipendiums steht dessen Pfändbarkeit nicht entgegen. Es handelt sich dabei um eine auf öffentlichem Recht beruhende Forderung gegen das Gemeinwesen, über die der Berechtigte grundsätzlich frei verfügen kann. Freilich soll das Stipendium dazu dienen, dem Berechtigten das Studium zu ermöglichen und es soll diesem Zwecke nicht entfremdet werden. Das schliesst aber dessen Pfändbarkeit nicht notwendig aus. Soweit es jedenfalls um Forderungen geht, die mit dem Studium und dem Lebensunterhalt des Berechtigten sowie allenfalls seiner Familie im Zusammenhang stehen, verbietet auch die *Zweckbestimmung des Stipendiums dessen Pfändbarkeit nicht.* So kann es z.B. der Zimmervermieterin des Studenten nicht verwehrt sein, in der Betreibung für den Mietzins auf das Stipendium zu greifen, wenn keine anderen pfändbaren Vermögensstücke vorhanden sind. Das Gleiche gilt für den vorliegenden Fall, wo es um Unterhaltsansprüche der geschiedenen Ehefrau und des Kindes des Schuldners geht (BGE 105 III 50).

222 Die Bestimmungen über die Unpfändbarkeit und *die beschränkte Pfändbarkeit von Forderungen finden nur Anwendung auf natürliche Personen* und sind daher beim Vollzug einer Pfändung *gegen eine Kollektivgesellschaft nicht anwendbar* (GE, Autorité de surveillance, 12.11.1975, BlSchK 1979, S. 46).

223 (i.V.m. Art. 274 SchKG) – Ein *Arrest ist nicht wegen einer auf der verarrestierten Liegenschaft lastenden Nutzniessung aufzuheben,* da die zwangsvollstreckungsrechtliche Erfassung einer solchen Liegenschaft durch Gesetz nicht ausgeschlossen wird. Im Übrigen gehört *die Nutzniessung selbst zu den beschränkt pfändbaren Forderungen,* auch wenn eine solche im vorliegenden Fall mangels Arrestierung nicht zum Zuge kommen kann (BE, AB, 03.07.1978, BlSchK 1982, S. 69).

224 Erträge aus dem Liquidationsanteil einer Erbschaft sind im Sinne von Art. 93 Abs. 1 SchKG nur beschränkt pfändbar. Bei Pfändung eines Anteilsrechts an einem Gemeinschaftsvermögen sind künftig fällig werdende Erträge mitgepfändet (SO, AB, 12.07.2000, BlSchK 2002, S. 22).

225 *Bedeutung einer unpfändbaren Rente* – Das Erwerbseinkommen eines Schuldners, der eine unpfändbare Rente bezieht, darf soweit gepfändet werden, als es den durch die Rente nicht gedeckten Teil des Notbedarfs übersteigt (BGE 104 III 38).

226 Auch wenn ein *Rentenberechtigter sich aus gesundheitlichen Gründen vorzeitig* aus dem Erwerbsleben zurückziehen musste, wird sein als Invalidenrente bezeichneter Pensionskassenanspruch ab dem erfüllten 65. Altersjahr beschränkt pfändbar (BGE 118 III 16).

227 *Lohnersatz von einer Versicherung aus einer unfallbedingten Arbeitsunfähigkeit* – Der von einer Versicherung während der Dauer einer unfallbedingten Arbeitsunfähigkeit bezahlte *Lohnersatz ist* – eine anderslautende Spezialvorschrift vorbehalten – gemäss Art. 93 SchKG *beschränkt pfändbar*. Wenn der Erwerbsersatz von einer Haftpflichtversicherung geleistet wird, im Gegensatz zu Art. 50 Abs. 1 UVG und auch nicht durch eine Spezialvorschrift als unpfändbar erklärt wird, fallen die *Leistungen der Haftpflichtversicherungen unter Art. 93 SchKG* (BS, AB, 05.01.1993, BJM 1993, S. 209; ein Rekurs wurde vom BGer abgewiesen*)*.

228 (i.V.m. Art. 92 Ziff. 10 SchKG) – Beschränkte Pfändbarkeit und Verarrestierbarkeit *von Leistungen aus beruflicher Vorsorge nach Eintritt des leistungsbegründenden Ereignisses.* Leistungen aus beruflicher Vorsorge sind *nur vor Eintritt des leistungsbegründenden Ereignisses vollständig unpfändbar.* Nach Eintritt dieses Ereignisses sind sie, unabhängig davon, ob sie wegen Alters, Todes oder Invalidität ausgerichtet werden, wie anderes Einkommen nach Art. 93 SchKG beschränkt pfändbar und damit können sie auch in dem, den Notbedarf übersteigenden Umfang, *mit Arrest belegt werden* (BGE 120 III 71).

229 (i.V.m. Art. 92 Ziff. 9a SchKG) – *AHV-Renten sind grundsätzlich unpfändbar* – Besitzt ein Schuldner daneben *noch anderweitige Einkommen* wie hier in Form einer beschränkt pfändbaren Pension, so *kann der zusammen mit der AHV-Rente das betreibungsrechtliche Existenzminimum übersteigende Teil der Pension gepfändet werden.* Unbeachtlich ist dabei das Verbot in den Statuten der Pensionskassen, Pensionsleistungen zu verpfänden (BS, AB, 10.03.1977, BlSchK 1978, S. 121).

230 Die Taggelder der Invalidenversicherung stellen keine absolut unpfändbaren Vermögenswerte, sondern beschränkt pfändbares Einkommen gemäss Abs. 1 dar (BGE 130 III 400).

231 (i.V.m. Art. 278 ZGB) – *Alimentenbeiträge* sind beschränkt pfändbar. Das BA ist indes weder zuständig noch in der Lage, einen gesetzlichen Unterhaltsanspruch nach Art. 278 oder 328 ZGB konkret zu bestimmen und einzupfänden (BE, AB, 09.01.1984, BlSchK 1987, S. 112).

232 Unter dem Begriff der «ähnlichen Unterstützungen» im Sinne dieser Gesetzesbestimmung fallen die Leistungen bzw. Taggelder einer auf Gegenseitigkeit organisierten, durch vom Normallohn abgezogene Beiträge des Personals gespiesenen Betriebskrankenkasse. Wie der Lohn, den solche Zahlungen ersetzen, sind beschränkt pfändbar. Berechnung des pfändbaren Einkommensteils bei Vorliegen sowohl von unpfändbaren Einkünften (hier IV-Rente) als auch solchen, die beschränkt pfändbar sind (hier Krankengeld). – Zur Bestimmung des pfändbaren Einkommensteils ist vom Gesamteinkommen des Schuldners auszugehen, vom unpfändbaren wie auch vom beschränkt pfändbaren Einkommen. Diesem Gesamteinkommen ist das Existenzminimum entgegenzustellen. Übersteigt das Gesamteinkommen das Existenzminimum, ist der Mehrbetrag, sofern es nur das Krankengeld betrifft, pfändbar (SH, AB, 01.06.1990, BlSchK 1991, S. 98).

233 (i.V.m. Art. 92 Ziff. 8 SchKG) – Die Fürsorgeleistungen der öffentlichen Hand sind beschränkt pfändbar. Unpfändbar sind nur sog. Unterstützungen, d.h. Leistungen, die von Seiten von Hilfs-, Kranken- oder Sterbekassen ausbezahlt werden. Leistungen, die regelmässig zur Bestreitung des Lebensunterhalts des Schuldners ausbezahlt werden und als Ersatzeinkommen dienen, sind, wenn auch beschränkt, pfändbar (ZH, BezGer, 29.07.1993, BlSchK 1995, S. 66).

IV. Alimente

234 Lohnpfändungen sind grundsätzlich erst nach Ablauf des Lohnpfändungsjahres abzurechnen. Bei *Alimentenbetreibungen* kann jedoch von dieser *Regel eine Ausnahme gemacht werden* (BS, AB, 18.08.1968, BlSchK 1970, S. 150).

235 Das *Vorrecht*, gegebenenfalls einen Teil des zum Existenzminimum des Schuldners und seiner Familie gehörenden Lohnes pfänden zu lassen, *besteht nur für Unterhaltsforderungen aus dem letzten halben Jahr vor Zustellung des Zahlungsbefehls* und kann nicht beansprucht werden in einer ein halbes Jahr später aufgrund eines Verlustscheines gemäss Art. 149 Abs. 3 SchKG «fortgesetzten» Betreibung (BGE 75 III 49 und 87 III 7).

236 *Lohnpfändung für Alimente nach vorausgehender Pfändung für gewöhnliche Forderungen* − War bei der früheren Pfändung die Unterhaltspflicht des Schuldners unberücksichtigt geblieben, so ist nun für den Alimentengläubiger der Lohnbetrag zu pfänden, auf den das Amt die Unterhaltslast des Schuldners damals bei der Bestimmung des pfändbaren Lohnbetrages bemessen hatte. − Hatte das Amt bei der früheren Pfändung den dem Unterhaltsgläubiger unentbehrlichen Lohnbetrag dem Schuldner belassen, so hat es ihn nun für den Unterhaltsgläubiger zu pfänden, wenn der Schuldner ihn diesem nicht bezahlt (BGE 80 III 65).

237 *Unterschiedliche Behandlung der laufenden und der verfallenen Alimentenforderung in der Lohnpfändung. Kapitalisierte und privilegierte Forderungen der zweiten Gruppe.* − Mit Bezug auf verfallene Alimentenguthaben unterscheidet die Praxis solche, deren Fälligkeit mehr als ein halbes Jahr seit Anhebung der Betreibung zurückliegt und solche aus jüngerer Zeit. Jene gelten als kapitalisiert und geniessen keinerlei Privilegierung vor anderen Forderungen, während die zweite Gruppe insoweit als privilegiert zu betrachten ist, als ihr gegenüber sich der Schuldner nicht auf sein Existenzminimum berufen kann. Im Übrigen aber hält die bundesgerichtliche Praxis daran fest, dass auch der Alimentengläubiger grundsätzlich vorausgehende Lohnpfändungen Dritter sich entgegenhalten lassen muss (GR, AB, 28.11.1957, BlSchK 1960, S. 48).

238 In einer *Betreibung für verfallene Alimente sind die laufenden Alimente zu deren Zahlung der Schuldner verurteilt wurde, im vollen Betrage zum Notbedarf zu rechnen.* Zeigt sich dann, dass der *Schuldner nicht den vollen Betrag zahlt*, ist die *Lohnpfändung* in dem Sinne *zu revidieren*, dass nur der *effektiv bezahlte Betrag* in Rechnung gestellt und die *pfändbare Lohnquote entsprechend erhöht wird* (TI, AB, 12.06.1970, Rep. 1971, S. 117, SJZ 1973, S. 314).

239 *Beziehung zwischen Alimentenforderungen und Existenzminimum. Laufende Unterhaltspflichten* können dabei nur solange *berücksichtigt werden, als sie* wirklich *erfüllt werden*; hierfür trägt der Schuldner die Beweislast (GR, AB, 23.09.1958 BlSchK 1961, S. 20).

240 Übersteigt der *Lohn des Schuldners das Existenzminimum der Familie nicht*, so nehmen an einer *für Unterhaltsgläubiger erfolgten Lohnpfändung andere Gläubiger nicht teil* (BGE 72 III 50).

241 Lohnpfändung zugleich für eine *gewöhnliche Betreibung* ohne Berücksichtigung der laufenden, das *Existenzminimum voll in Anspruch nehmenden Alimentenverpflichtung; aus den Lohneingängen ist vorab die Alimentenbetreibung zu befriedigen* (BGE 84 III 29).

242 Beim Entscheid, wieweit eine Betreibung *Unterhaltsbeiträge für das ihrer Einleitung vorausgegangene halbe Jahr betreffen*, haben die Betreibungsbehörden von den *Angaben im Zahlungsbefehl auszugehen. Soweit der in Rechtskraft erwachsene Zahlungsbefehl diese Frage klar beantwortet, ist er für die Betreibungsbehörde massgebend* (BGE 86 III 11).

243 Die Rechtsprechung des BGer, wonach der *Notbedarf des Alimentengläubigers nicht mit einem höheren Betrag in Rechnung gestellt werden darf, als dafür einzusetzen wäre, wenn dieser Gläubiger im Haushalt des Schuldners leben würde*, kann *nicht angerufen werden*, wenn der *Schuldner allein lebt* (BE, AB, 04.03.1959, BlSchK 1960, S. 50).

244 Das Privileg des Alimentengläubigers bei Lohnpfändung ist von *Amtes wegen zu berücksichtigen*. Die jeweilige monatliche Lohnpfändung darf grösser sein als der gerichtlich zuerkannte monatliche Anspruch (GR, AB, 22.01.1958, BlSchK 1961, S. 19).

245 Lohnpfändung für Alimentenforderungen. Vorgehen, wenn dem *(privilegierten) Alimentengläubiger bereits Lohnpfändungen für gewöhnliche Gläubiger vorgehen*. Aus dem grundsätzlichen BGE 71 III 151 geht eindeutig hervor, dass der Alimentengläubiger, welcher *erst nach Ablauf der dreissigtägigen Frist für die Anschlusspfändung nach Art. 110 SchKG das Pfändungsbegehren stellt*, an der Pfändung der *betreffenden Gruppe nicht mehr teilnehmen kann* (SO, AB, 10.10.1961, BlSchK 1962, S. 174).

246 Privileg der Alimentenforderung bei der Lohnpfändung. Auf eine *Sicherstellungsverfügung im Vaterschaftsprozess* ist bei der Berechnung des *Notbedarfs Rücksicht zu nehmen;* andererseits ist die *Sicherheitsleistung pfändbar* (GR, AB, 08.06.1960, BlSchK 1963, S. 178).

247 Aufteilung der gepfändeten Lohnquoten bei Vorliegen mehrerer gleichzeitiger Alimentenbetreibungen. Bei *Zuerkennung des Alimentenprivilegs beider angehobenen Betreibungen* ist der gepfändete Lohn proportional zu den in Betreibung gesetzten Forderungen aufzuteilen (GR, AB, 17.06.1961, BlSchK 1964, S. 20).

248 Privilegierung der Alimentenforderung – Vom periodischen Lohnabzug ist vorweg der Alimentengläubiger zu befriedigen, aber nur bis zur Höhe des für den entsprechenden Zeitabschnitt festgesetzten Alimentenbetrages (BGE 89 III 65).

249 Eine Verfügung des BA, wonach vom gepfändeten Lohn ein bestimmter Betrag *zur Deckung nicht in Betreibung gesetzter Alimente verwendet werden soll, ist nichtig*. Alimente, die nicht bezahlt werden und nicht in Betreibung gesetzt wurden, fallen bei der Berechnung des Notbedarfs ausser Betracht (BGE 109 III 53).

250 Alimentenforderungen, die früher als ein halbes Jahr vor Einleitung der Betreibung fällig geworden sind, geniessen kein besonderes Privileg. Frage, ob eine Abweichung dieser Praxis, wenn sich ein Vaterschaftsprozess infolge Durchführung eines anthropologisch-erbbiologischen Gutachtens lange hinzieht, möglich ist, wurde offen gelassen (SO, AB, 12.08.1969, BlSchK 1970, S. 87).

251 Der Umstand, dass der Schuldner *nach der Lohnpfändung seine Arbeitsstelle aufgibt*, macht die *Beschwerde gegen die Pfändungsurkunde* (als provisorischer Verlustschein) *nicht unwirksam*. Ist bereits eine Lohnquote für eine erste Gläubigergruppe ohne Rücksicht auf die Alimentationspflicht gepfändet, so muss das BA in der Alimentenbetreibung die Berechnung der früheren Pfändung berichtigen. Bei ungenügendem Lohn: Verhältnis der Aufteilung nach BGE 68 III 26, 71 III 177, 75 III 51, 89 III 67. (TI, AB, 04.10.1968, Rep. 1969, S. 138, SJZ 1972, S. 223).

252 In einer Betreibung für Unterhaltsbeiträge sind beim BA vorsorglich gepfändete bzw. sichergestellte Lohnbetreffnisse des Schuldners – auch wenn diese vorsorgliche Pfändung sich im Beschwerdeverfahren betreffend Festsetzung des pfändbaren Lohnanteils als unzulässiger Eingriff in das Existenzminimum des Schuldners erweist – *nicht dem Schuldner, sondern dem Gläubiger auszuzahlen, wenn der Schuldner* im Zeitpunkt der Auszahlung ein *seinen Notbedarf übersteigendes Einkommen erzielt und wenn der Gläubiger seinerseits für die Deckung seines Existenzminimums auf die* geschuldeten und nicht bezahlten *Unterhaltsbeiträge angewiesen war* und sich diese Mittel daher anderweitig beschaffen musste (ZH, ObGer, II. Ziv.Kammer, 21.09.1978, ZR 1979, Nr. 26).

V. Möglichkeit des Eingriffs in den Notbedarf *(Existenzminimum)*

253 Lohnpfändung mit Eingriff in den Notbedarf des Schuldners *für die Unterhaltsforderung einer geschiedenen Frau*. – Die Wiederverheiratung der Gläubigerin macht die laufende Pfändung nicht hinfällig, kann aber deren Revision rechtfertigen, wenn und soweit die Gläubigerin fortan über Mittel zur Deckung ihres Notbedarfs verfügt (BGE 72 III 93).

254 Wird für Unterhaltsansprüche in das Existenzminimum des Schuldners eingegriffen, so mag auch eine an sich geringe Differenz bei der Berechnung der pfändbaren Quote (hier Fr. 53.05) Anlass zur Abänderung der Pfändungsurkunde sein. Die Betreibungsbehörden müssen bei der Ermittlung des pfändbaren Einkommens *von Amtes wegen abklären, ob der Alimentengläubiger auf die Unterhaltsbeiträge angewiesen ist*. Trifft dies nicht zu, so darf nicht in den Notbedarf eingegriffen werden, sondern ist die Lohnpfändung nur noch bis zum Existenzminimum zulässig. Eine von dieser Regelung abweichende Verfügung ist nichtig (BGE 111 III 134, Praxis 74, Nr. 252).

255 Massgebender *Zeitpunkt für die Frage der Zulässigkeit eines Eingriffs in das Existenzminimum* ist der Tag des Pfändungsvollzuges. Den *veränderten Einkommensverhältnissen nach diesem Zeitpunkt ist auf dem ordentlichen Weg der Revision Rechnung zu tragen* (siehe VI. S. 649). Ein Eingriff in das Existenzminimum berechnet sich nach der in BGE 71 III 177 aufgestellten Formel:

$$\frac{\text{Einkommen des Schuldners} \times \text{Notbedarf des Gläubigers}}{\text{Notbedarf des Schuldners} + \text{Notbedarf des Gläubigers}}$$

Lohnschwankungen beim Alimentengläubiger während der Pfändungsdauer sind nicht auszugleichen, da ein (vorübergehender) einseitiger Eingriff in das Existenzminimum des Gläubigers zu vermeiden ist (ZH, ObGer, II. Ziv.Kammer, 12.05.1986, ZR 1986, 101).

256 Das Recht auf Eingriff ins Existenzminimum des Schuldners besteht nur für Unterhaltsforderungen aus dem letzten Halben Jahr vor Zustellung des Zahlungsbefehls (BS, AB, 26.07.1961, BlSchK 1962, S. 172).

257 Nach ständiger Rechtsprechung und Literatur kann in das Existenzminimum des Schuldners eingegriffen werden, wenn als betreibende Gläubiger Familienmitglieder des Schuldners auftreten, die ihn *für Unterhaltsforderungen aus dem letzten halben Jahr vor Zustellung des Zahlungsbefehls* belangen. Doch ist ein solcher Eingriff *nur zulässig, wenn das Einkommen des Gläubigers* mit Einschluss der Alimentenforderung *zur Deckung seines eigenen Notbedarfs nicht ausreicht*. Dabei ist der Eingriff so zu bemessen, dass sich *der Schuldner und der Gläubiger im gleichen Verhältnis einschränken müssen*. Dieser Eingriff hat jedoch *für Gemeinwesen,* die sich den Unterhaltsanspruch gestützt auf Art. 289 ZGB abtreten lassen, *keine Gültigkeit,* weil er eine – aus sozialpolitischen Überlegungen – Ausnahme darstellt, die für ein Gemeinwesen keine Gültigkeit hat, da dieses sich nie in einer dem Rentenberechtigten vergleichbaren Notlage befindet. Dem Gemeinwesen ist dieser *Eingriff in den Notbedarf auch verwehrt, unabhängig davon, ob der Schuldner leistungswillig ist oder nicht* (BGE 116 III 10, Praxis 79, Nr. 121).

258 Der Eingriff ins Existenzminimum des Schuldners *ist unbegründet im Verhältnis zwischen bedürftigem Unterhaltspflichtigen und öffentlicher Armenpflege.* Das Eingriffsrecht haftet als privilegium personae am Berechtigten und nicht an der Forderung; es kann darum von Regressberechtigten und Zessionaren nicht in Anspruch genommen werden. Daran ändert auch Art. 289 Abs. 2 ZGB im revidierten Kindschaftsrecht nicht (SG, AB, 30.11.1979, BlSchK 1986, S. 25 und BGE 106 III 18).

259 Eine Lohnpfändung, bei der das Existenzminimum des Schuldners nicht mehr gewahrt ist, darf nur vorgenommen werden, wenn und soweit der Gläubiger auf den gerichtlich zugesprochenen Unterhaltsbeitrag zur Deckung seines Notbedarfs angewiesen ist (LU, SchK-Komm. 12.06.1958, Max. X, Nr. 604).

260 *Notbedarf des Alimentengläubigers ist nicht der Unterhaltsbeitrag, sondern ein entsprechend geringerer Betrag in Rechnung zu stellen, wenn sich ergibt, dass der Alimentengläubiger nicht den vollen Beitrag benötigt,* um (ausserhalb der Familie des Schuldners) sein Leben fristen zu können (BGE 68 III 28, 106, 71 III 177). Den Notbedarf des Alimentengläubigers niedriger anzusetzen kann sich aber auch aus einem andern Grunde aufdrängen. Nach der Rechtsprechung des BGer darf nämlich zugunsten des Alimentengläubigers nicht ein grösserer Teil des Lohnes gepfändet werden, als er bei gemeinsamem Haushalt mit dem Schuldner auf ihn entfiele (BGE 68 II 18, vgl. auch schon 45 III 85 und 50 III 17), weil sonst die mit dem Schuldner zusammen lebenden Familienangehörigen (die Glieder der engeren Familie) eine verhältnismässig stärkere Einschränkung auf sich nehmen müssten als der Alimentengläubiger. Der Notbedarf dieses Gläubigers darf daher nicht mit einem höheren Betrage in Rechnung gestellt werden, als hiefür einzusetzen wäre, wenn dieser Gläubiger im Haushalt des Schuldners leben würde (vgl. BGE 74 III 7). – Wäre der Notbedarf des Alimentengläubigers im Falle eines gemeinsamen Haushaltes niedriger als der ihm zugesprochene Unterhaltsbeitrag oder als der Betrag, den er hievon wirklich benötigt und muss er sich demzufolge gefallen lassen, dass ein Notbedarf nur mit jenem niedrigeren Betrag in Rechnung gestellt wird, so muss in der Folge richtigerweise auch der Notbedarf der übrigen Familienmitglieder aufgrund der Annahme berechnet werden, dass der Alimentengläubiger im Haushalt des Schuldners lebe (BGE 74 III 46).

261 Pfändung für eine Alimentenforderung bei variablem Einkommen. Nach den in BGE 74 III 6 niedergelegten Grundsätzen ist vom variablen Einkommen des Schuldners der Bruchteil zu pfänden, der dem Verhältnis zwischen dem monatlichen Unterhaltsbeitrag einerseits und dem monatlichen Gesamtnotbedarf (einschliesslich Unterhaltsforderung) entspricht. – Figurieren die Spesen als Zwangsausgaben auch in der Berechnung des Existenzminimums, so steht zwar grundsätzlich einer Berechnung der pfändbaren Lohnquote unter Zugrundelegung des Bruttoeinkommens, also einschliesslich der Spesenvergütung, nicht entgegen. Bei einer Lohnpfändung für eine Unterhaltsforderung muss dagegen vom Nettoeinkommen ausgegangen werden, da nur der Abzug des Gewinnaufwandes sich ergebende Nettolohn der verhältnismässigen Kürzung nach der gebräuchlichen Proportion unterliegt (vgl. BGE 75 III 97) (BE AB, 22.01.1951, BlSchK 1952, S. 23).

262 Bei der Betreibung für einen Familienangehörigen hat eine Lohnpfändung in den Notbedarf des Schuldners und seiner übrigen Angehörigen solange zu unterbleiben, als der betreibende Familienangehörige tatsächlich, sei es auch aufgrund freiwilliger Leistungen Dritter, keine Not leidet (ZH, ObGer, II. Ziv.Kammer, 12.06.1958, ZR 1958, Nr. 159).

263 Muss in den Notbedarf des Schuldners eingegriffen werden, so ist der nach der massgebenden Formel berechnete Betrag ohne Rücksicht darauf zu pfänden, ob und allenfalls in welchem Umfange der Schuldner dem Unterhaltsgläubiger vor der Pfändung ohne betreibungsrechtlichen Zwang geleistet hat (vgl. BGE 71 III 176, 74 III 6, 75 III 53) (BGE 86 III 11).

264 In das Existenzminimum des Schuldners darf bei Alimentenbetreibung nur eingegriffen werden, wenn der Unterhaltsgläubiger seinen Notbedarf nicht anderweitig decken kann, wobei für den Entscheid dieser Frage auf den Zeitpunkt der Pfändung abzustellen ist (BE AB, 23.10.1963, BlSchK 1964, S. 172).

265 Eingriff ins Existenzminimum zugunsten des Alimentengläubigers. In das Existenzminimum eines Alimentenschuldners darf nur eingegriffen werden, wenn der Alimentengläubiger zur Deckung seines eigenen Notbedarfs auf die Beiträge des Schuldners angewiesen ist (NE, AB, 28.12.1993, BlSchK 1995, S. 157).

266 Wenn *der Alimentengläubiger sowohl für eine bevorrechtete Unterhaltsforderung wie für eine gewöhnliche, nicht bevorrechtete Forderung betreibt*, so darf ein Eingriff in das Existenzminimum *nur für die Unterhaltsforderung erfolgen*. Das BA kann die Lohnpfändung von Amtes wegen korrigieren, wenn ihm neue Umstände zur Kenntnis gelangen (SG, AB, 28.11.1962, BlSchK 1965, S. 82).

267 Berechnung der pfändbaren Quote beim Eingriff in das Existenzminimum zugunsten des Alimentengläubigers. Wenn die *direkten Zahlungen des Arbeitgeber an den Gläubiger über der pfändbaren Quote liegen, bleibt kein Raum mehr für eine Lohnpfändung* (ZH, ObGer, II. Ziv.Kammer, 22.10.1971, BlSchK 1973, S. 88).

268 Der für Unterhaltsbeiträge betriebene Schuldner, dessen Verdienst den Notbedarf einschliesslich der für den Unterhalt des Gläubigers notwendigen Alimente nicht deckt, muss sich einen Eingriff in sein Existenzminimum gefallen lassen, der so zu bemessen ist, dass sich Gläubiger und Schuldner im gleichen Verhältnis einschränken müssen (Bestätigung der Rechtsprechung) (BGE 105 III 48).

269 Betreibung einer geschiedenen Ehefrau gegen ihren geschiedenen Ehegatten auf Bezahlung von Alimenten. Der geschiedene Ehemann ist wieder verheiratet; er ist arbeitslos, seine neue Gemahlin betreibt einen Coiffeursalon. Eingriff ins Existenzminimum zugunsten der Alimentengläubigerin. Gemäss ständiger Rechtsprechung ist dieser Eingriff in dem Masse zulässig, als sich Gläubiger und Schuldner im gleichen Verhältnis einschränken müssen (NE, 11.05.1993, BlSchK 1994, S. 15).

270 Berechnung des Existenzminimums, *wenn beide Ehegatten Einkommen erzielen. Berücksichtigung einer Alimentenschuld des nicht betriebenen Ehegatten und von Versicherungsprämien.* – Nicht nur der Schuldner, sondern auch sein Ehegatte kann geltend machen, mit der Einkommenspfändung werde in den Notbedarf der Familie eingegriffen (Bestätigung der Rechtsprechung). Der Notbedarf ist zwischen dem Schuldner und seinem Ehegatten auch dann im Verhältnis zu ihren Einkommen aufzuteilen, wenn ein Ehegatte neben einer vollen Erwerbstätigkeit einen Teil der Haushaltarbeiten verrichtet, während der Andere nur teilweise einer Erwerbstätigkeit nachgeht. Unterhaltsvereinba-

rungen zwischen den Ehegatten sind in dem Umfange, wie sie abgeändert und den Verhältnissen des Schuldners angepasst werden können, für das BA bei der Festsetzung des pfändbaren Einkommens nicht verbindlich. *Sind die Unterhaltsbeiträge, die der Ehegatte des Schuldners gegenüber einem Kind aus einer früheren Ehe zu erbringen hat, für die Berechnung des pfändbaren Einkommensteils zum Notbedarf zu zählen oder vom Nettoeinkommen in Abzug zu bringen?* Das BGer stützt sich hier auf seinen Entscheid in BGE 115 III 108 E. 7, worin festgehalten wird, dass es entgegen der Auffassung von Isaak Meier, Neues Eherecht und Schuldbetreibungsrecht, Zürich 1987, richtig erscheine, Unterhaltsschulden, die nur den Ehegatten des Schuldners treffen, nicht zum ehelichen Notbedarf zu rechnen. Solange die Kinder nicht im gemeinsamen Haushalt leben und der alimentenpflichtige Ehegatte für ihren Unterhalt ohne Weiteres selber aufkommen kann, besteht kein Grund, seinen betriebenen Partner für einen Teil dieser Schuld aufkommen zu lassen. Demgegenüber ist es richtig, bei der Aufteilung des Notbedarfs auf die Ehegatten dieser Schuld Rechnung zu tragen. Es erweist sich somit als angemessen, sie vom Einkommen des alimentenpflichtigen Ehegatten abzuziehen, wenn es um die Berechnung des für die Aufteilung massgeblichen Nettoeinkommen geht. Dieses Vorgehen rechtfertigt sich auf jeden Fall solange, als die Ehegatten in der Lage sind, für ihren Notbedarf einschliesslich der geschuldeten Alimente – aufzukommen (BGE 116 III 75/76).

271 Die Rechtsprechung des Sachrichters, welche dem erwerbstätigen, unterhaltpflichtigen Ehegatten auf jeden Fall das betreibungsrechtliche Existenzminimum belässt, ändert nichts daran, dass entsprechend ständiger vollstreckungsrechtlicher Praxis im Rahmen einer Lohnpfändung in das Existenzminimum des unterhaltspflichtigen Schuldners eingegriffen werden kann (BGE 123 III 332)

VI. Revision bei Veränderungen der Einkommensverhältnisse (Abs. 3)

272 Zulässigkeit der späteren Abänderung einer Lohnpfändungsverfügung durch das BA aufgrund neuen genaueren Erhebungen (AR, AB, Rechenschaftsbericht ObGer 1952/53, S. 49, BlSchK 1955, S. 55).

273 Hat der Schuldner in der *Pfändungseinvernahme unzutreffende Angaben gemacht*, so ist nicht eine Pfandrevision, sondern *eine Nachpfändung* vorzunehmen (OW, ObGer-Komm. 19.03.1997, BlSchK 2000, S. 101).

274 Nachträgliche *Änderung der tatsächlichen Verhältnisse* hat der Schuldner *nicht auf dem Beschwerdeweg*, sondern mit einem Gesuch um Revision der Einkommenspfändung beim BA geltend zu machen. Dasselbe gilt, wenn die Angaben, die der Schuldner bei der Aufnahme des Protokolls gemacht hat, falsch oder unvollständig waren. Blosse Behauptungen genügen nicht, um eine Revision der Einkommenspfändung zu veranlassen (SO, AB, 14.11.1996, BlSchK 1998, S. 229).

275 Wenn sich die *Einkommensverhältnisse nach Vollzug einer Lohnpfändung ändern*, so ist die Reduktion der Letztern *nicht auf dem Beschwerdeweg*, sondern durch ein Revisionsgesuch beim BA zu verlangen (BE, AB, 21.10.1953, BlSchK 1955, S. 78).

276 Mit einer nach Erlass der angefochtenen Verfügung des BA eingetretenen Änderung der Verhältnisse des Schuldners kann die Beschwerde nicht begründet werden. In diesem Falle kann jederzeit beim BA eine Revision der Verfügung beantragt werden (ZH, ObGer, II. Ziv.Kammer, 19.03.1956, ZR 1960, Nr. 89).

277 Eine Revision der Lohnpfändung ist grundsätzlich möglich, aber nur soweit gegenüber den Verhältnissen im Zeitpunkt der rechtskräftigen Lohnpfändung Veränderungen eingetreten sind. *Freiwillig übernommene Mehrlasten werden nicht berücksichtigt* (SG, AB, 13.11.1953, BlSchK 1955, S. 144).

278 Das BA hat, sobald ihm veränderte Einkommensverhältnisse beim Schuldner bekannt werden, eine neue Einschätzung in den von ihm geführten Betreibungen vorzunehmen. Gehen gepfändete Lohnanteile nicht mehr ein, so hat er beim Arbeitgeber den Grund zu ermitteln. Ohne formelle Revision der Lohnpfändung bleibt diese gültig. Zeigt sich im Verlaufe des Rekursverfahrens, dass dieses keinen praktischen Zweck der Vollstreckung dient, weil kein Rechtsschutzinteresse mehr besteht, ist ein Rekurs unzulässig. Ob dem Betreibenden durch eine Veranlassung des Amtes einen durch diesem zu verantwortender Schaden entstanden ist, haben nicht die AB, sondern der ordentliche Richter zu beurteilen (ZH, ObGer, II. Ziv.Kammer, 16.10.1979, ZR 1979, Nr. 139).

279 Die Revision einer Lohnpfändung wirkt vom Tage der sie begründenden Tatsachen an (SZ, AB, 09.05.1957, BlSchK 1959, S. 116).

280 Das BA kann den Schuldner beim Pfändungsvollzug unter Hinweis auf die Strafdrohung von Art. 292 StGB auffordern, ihm jeden Wechsel der Arbeitsstelle und jede Änderung der Verdienstverhältnisse unverzüglich zu melden (BGE 83 III 1).

281 Die Neufestsetzung des Existenzminimums wirkt sich auf alle Pfändungsgruppen aus (BL, AB, 03.06.1955, BJM 1955, S. 307).

282 Ergänzungspfändung bei *Stellenwechsel erfordert regelmässig eine Überprüfung des ganzen Arbeitsverhältnisses* mit Einschluss des Existenzminimums; damit verbunden ist eine erneute Beschwerdemöglichkeit (BS, AB, 09.03.1960, BlSchK 1961, S. 180).

283 Die *Pfändung und Arrestierung von Erwerbseinkommen bleibt* nicht nur bei einem Stellenwechsel des Schuldners, sondern *auch dann wirksam, wenn* dieser die *selbständige mit einer unselbständigen Erwerbstätigkeit vertauscht oder umgekehrt.* Sie erfasst im Falle, dass der Schuldner beim Pfändungs- oder Arrestvollzug über die Art seiner Tätigkeit falsche Angaben gemacht hat, das Einkommen aus der von ihm wirklich ausgeübten Tätigkeit. Eine revisionsweise verfügte Erhöhung des gepfändeten oder arrestierten Einkommensbetrages kommt den Gläubigern nachgehender Gruppen erst nach Ablauf der für die vorgehenden Gruppen erfolgten Lohnpfändungen oder nach vollständiger Befriedigung der betreffenden Gläubiger zugute. Das gilt auch dann, wenn die Verhältnisse, welche die Erhöhung rechtfertigen, beim Vollzug eines Arrestes entdeckt werden. Der Arrestgläubiger kann in einem solchen Fall nicht die entsprechende Anwendung von Art. 281 Abs. 1 SchKG verlangen (BGE 93 III 33).

284 Ergänzungspfändungen innerhalb der Teilnahmefrist führen weder zur Verlängerung dieser Frist noch zu neuer Gruppenbildung (GR, AB, 02.10.1979, BlSchK 1984, S. 148).

VII. Pfändbarkeit von Leistungen aus beruflicher Altersvorsorge

285 *BVG-Kapitalabfindungen* sind weder unpfändbar noch voll pfändbar, sondern *unterliegen der beschränkten Pfändbarkeit* gemäss Art. 93 SchKG. Im wohlverstandenen und ausgewogenen Interesse von Schuldner und Gläubiger liegt der vom BGer in BGE 78 III 110 gewiesene Weg zur Verrechnung der beschränkten Pfändbarkeit von Alterskapitalien. Demnach ist zum übrigen Einkommen des Betreibungsschuldners dasjenige Einkommen hinzuzurechnen, das er sich durch Verwendung der Gesamtabfindung zum Erwerb einer lebenslänglichen Rente im Zeitpunkt der Ausrichtung der Abfindung verschaffen könnte. Pfändbar bleibt somit wie bei einer Lohnpfändung diejenige Quote, die das monatliche Existenzminimum überschreitet, wobei sie für die Dauer eines Jahres durch betreibungsamtliche Verfügung auf geeignete Weise sicherzustellen ist (LU, SchKKomm, 10.03.1987, LGVE 1987 I 48, BlSchK 1989, S. 230, SJZ 1989, S. 68).

286 Kapitalabfindungen der beruflichen Vorsorge unterliegen der beschränkten Pfändbarkeit grundsätzlich auch dann, wenn sie bereits ausbezahlt wurden. Dem Schuldner soll es nicht zum Nachteil gereichen, wenn die Vorsorgeeinrichtung ihre Leistung als Kapital und nicht als Rente erbringt. Die beiden Leistungsformen sind grundsätzlich als gleichwertig zu betrachten. Der Schuldner kann nicht gezwungen werden, mit der ihm ausbezahlten Abfindungssumme eine Rente zu kaufen (BGE 113 III 15). Jedoch hat das BA zuerst zu errechnen bzw. zu errechnen lassen, welche jährliche bzw. monatliche Rente mit der Kapitalabfindung erworben werden könnte. Sodann ist der monatliche Notbedarf für ein Jahr zu bestimmen. Zur Befriedigung des Gläubigers steht derjenige Teil zur Verfügung, der aus der hypothetischen monatlichen Rente nach Abzug des Notbedarfs übrig bleibt. Wie bei der Lohnpfändung, erstreckt sich die Verwertung über ein Jahr (BGE 115 III 45).

287 Die Forderung des Arbeitnehmers gegenüber der Personalfürsorge-Einrichtung seines Arbeitgebers ist grundsätzlich pfändbar im Augenblick ihrer Einklagbarkeit, besonders in den Fällen des Art. 331c Abs. 4 OR (VD, Tribunal cantonal, 08.07.1981, BlSchK 1984, S. 23/24).

288 Leistungen der beruflichen Altersvorsorge unterliegen, gleichgültig, ob das Vorsorgevermögen aus Arbeitgeber- oder aus Arbeitnehmerbeiträgen geäufnet wurde und ob die Leistungen in Form von

Renten oder als Kapitalabfindung ausgerichtet werden, der beschränkten Pfändbarkeit (und Arrestierbarkeit) von Art. 93 SchKG (i.V.m. Art. 275 SchKG) (BGE 113 III 10).

289 Alle Renten der beruflichen Vorsorge, die das Erwerbseinkommen ersetzen, unabhängig davon, ob sie wegen Alters, Todes oder Invalidität ausgerichtet werden, sind, wie andere Einkommen, beschränkt pfändbar (BGer, 08.08.1994, ZBJV 1994, S. 643).

290 (i.V.m. Art. 275 SchKG) – Beschränkte Pfändbarkeit der bei der vorzeitigen Pensionierung aus gesundheitlichen Gründen ausbezahlten Kapitalabfindung nach erfülltem 65. Altersjahr. Sie besteht aus der monatlichen Rente, die der Schuldner mit der Kapitalabfindung hätte erwerben können zuzüglich sein übriges Einkommen (AHV-Rente) (GR, AB, 15.06.1994, PKG 1994, S. 121).

291 Art. 93 SchKG kann nicht angerufen werden zur Stützung des Kompetenzcharakters eines Kapitals, welches mindestens teilweise durch Lohnbeiträge des Schuldners geschaffen worden ist und welches dazu dient, zukünftig eine der durch diese Massnahme vorgesehenen Einkünfte zu ersetzen (VD, Tribunal cantonal, 08.07.1981, BlSchK 1984, S. 23/24).

292 Verarrestierung einer bar ausbezahlten Freizügigkeitsleistung durch die Ehefrau als Unterhaltsgläubigerin. – Bindung der AB an Parteibegehren – Bei nichtigen Betreibungshandlungen hat die Beschwerde jedoch lediglich die Funktion einer Anzeige an die AB, weshalb die Beschränkung an die Parteianträge entfällt. Unbeschränkte Pfändbarkeit der bar ausbezahlten Freizügigkeitsleistung infolge Beendigung des Vorsorgeschutzes, dies im Unterschied zur als Kapitalabfindung erbrachten Altersleistung. Zweckwidrige Verwendung des Altersguthabens gegenüber der Unterhaltsgläubigerin. Umgehung des Barauszahlungsverbotes durch den Schuldner (ZH, ObGer, II. Ziv.Kammer, 16.10.1991, ZR 91/92, Nr. 45).

293 (i.V.m. Art. 92, Ziff. 10 SchKG) – Für die Pfändbarkeit einer Leistung aus einer Freizügigkeitspolice sind die gleichen Grundsätze anzuwenden, die für Leistungen aus der 2. und 3. Säule gelten. Dasselbe gilt für Guthaben, die bei Auffangeinrichtungen liegen (BGE 128 III 467).

Art. 94   6. Pfändung von Früchten vor der Ernte

¹ Hängende und stehende Früchte können nicht gepfändet werden:
1. auf den Wiesen vor dem 1. April;
2. auf den Feldern vor dem 1. Juni;
3. in den Rebgeländen vor dem 20. August.

² Eine vor oder an den bezeichneten Tagen vorgenommene Veräusserung der Ernte ist dem pfändenden Gläubiger gegenüber ungültig.

³ Die Rechte der Grundpfandgläubiger auf die hängenden und stehenden Früchte als Bestandteile der Pfandsache bleiben vorbehalten, jedoch nur unter der Voraussetzung, dass der Grundpfandgläubiger selbst die Betreibung auf Verwertung des Grundpfandes eingeleitet hat, bevor die Verwertung der gepfändeten Früchte stattfindet.

Keine Entscheidungen.

Art. 95   7. Reihenfolge der Pfändung
       a. Im allgemeinen

¹ In erster Linie wird das bewegliche Vermögen mit Einschluss der Forderungen und der beschränkt pfändbaren Ansprüche (Art. 93) gepfändet. Dabei fallen zunächst die Gegenstände des täglichen Verkehrs in die Pfändung; entbehrlichere Vermögensstücke werden jedoch vor den weniger entbehrlichen gepfändet.

² Das unbewegliche Vermögen wird nur gepfändet, soweit das bewegliche zur Deckung der Forderung nicht ausreicht.

³ In letzter Linie werden Vermögensstücke gepfändet, auf welche ein Arrest gelegt ist, oder welche vom Schuldner als dritten Personen zugehörig bezeichnet oder von dritten Personen beansprucht werden.

⁴ Wenn Futtervorräte gepfändet werden, sind auf Verlangen des Schuldners auch Viehstücke in entsprechender Anzahl zu pfänden.

⁴ᵇⁱˢ Der Beamte kann von dieser Reihenfolge abweichen, soweit es die Verhältnisse rechtfertigen oder wenn Gläubiger und Schuldner es gemeinsam verlangen.

⁵ Im übrigen soll der Beamte, soweit tunlich, die Interessen des Gläubigers sowohl als des Schuldners berücksichtigen.

I. Allgemeine Verfahrensfragen

1 *Pflicht zur Angabe der Vermögenswerte bei der Pfändung* – Der Betreibungsschuldner hat alle ihm gehörenden beweglichen Vermögenswerte anzugeben damit das BA die Pfändung unter Beachtung der gesetzlich festgelegten Reihenfolge vollziehen kann. Wo die Pfändung unbeweglicher Vermögenswerte als unumgänglich erscheint, ist er verpflichtet, auch das *gesamte unbewegliche Vermögen anzugeben* (BGE 117 III 61).

2 Die Pfändung von *Vermögenswerten, die nicht genügend individualisiert* sind, ist nichtig (BGE 106 III 100).

3 Es ist zulässig, *neben einer bereits bestehenden Pfändung* nach Art. 110 Abs. 3 SchKG *zusätzlich eine Lohnpfändung vorzunehmen* (SO, AB, 25.09.1953, ObGer-Bericht 1953, S. 130, BlSchK 1955, S. 146).

4 Verhältnis zwischen der Pfändung des Schuldbetreibungsrechts und der *Verfügungsbeschränkung gemäss Art. 145 und 178 ZGB*. Die privatrechtliche Regelung tritt nicht an die Stelle des Schuldbetreibungsrechts. Die Beschränkung der Verfügungsbefugnis gemäss Art. 145 oder 178 ZGB hat lediglich zur Folge, dass das Zwangsverwertungsverfahren vorübergehend sistiert oder dass seine Einleitung aufgeschoben wird, bis das Sachurteil rechtskräftig und vollstreckbar geworden ist, führt aber nicht zu einer Begünstigung innerhalb des Zwangsverwertungsverfahrens (BGE 120 III 67).

5 (i.V.m. Art. 275 SchKG) – Der Arrest ist nach den für die Pfändung geltenden Vorschriften zu vollziehen. Der BB darf nicht einfach alle im Arrestbefehl aufgeführten Gegenstände ohne Weiteres mit Arrest belegen (GR, PKG 1952, S. 115, BlSchK 1955, S. 59).

6 Vermögensgegenstände, denen ein suspensiv bedingtes Vermächtnis zugrunde liegen, sind pfändbar (BE, AB, 21.12.1972, BlSchK 1976, S. 11).

7 (i.V.m. Art. 93 SchKG) – *Mit Retentionsrecht belegte Mobilien und stark überbelastete Grundstücke.* – Gibt der Schuldner bei der Pfändung an, über kein Einkommen zu verfügen, so hat das BA von Amtes wegen und zuletzt durch persönliche Befragung abzuklären, woher er sein Auskommen hat (NE, AB, 20.04.1993, BlSchK 1994, S. 61).

8 *Voll einbezahlte Aktien stellen kein Aktivum der Titelschuldnerin dar*, sondern ein Passivum. Eine Pfändung solcher Aktien in einem Verfahren gegen die AG (gemäss Art. 43 SchKG) ist, weil jene für die Schuldnerin keinen Vermögenswert darstellen, ausgeschlossen (AR, AB, 10.03.1982, BlSchK 1985, S. 223).

II. Reihenfolge der Pfändung
1. Bewegliche Sachen

9 Die Pfändung soll in erster Linie das bewegliche Vermögen einschliesslich der Forderungen, hierauf das unbewegliche Vermögen erfassen. Mangels solcher Vermögensstücke sind die Lohnguthaben und in letzter Linie diejenigen Vermögenstücke zu pfänden, die der Schuldner als Dritten gehörig bezeichnet oder die von Dritten beansprucht werden. Das *gilt auch dann, wenn der Dritte der Ehegatte des Betriebenen ist* (BGE 97 III 116).

10 Bewegliches und entbehrliches Vermögensstück ist auch eine Briefmarkensammlung. Dabei handelt es sich um einen leicht verwertbaren, aber schwierig zu schätzenden Vermögensgegenstand. Es

dürfte sich lohnen, einen Fachmann beizuziehen, der eine solche Sammlung schätzen kann. Die Kosten einer solchen Schätzung sind vom Gläubiger vorzuschiessen (Art. 68 SchKG) (AR, AB, 15.12.1965, BlSchK 1967, S. 51).

11 Bei einem Landwirt ist auch die Viehhabe zu pfänden, sofern keine entbehrlichen Fahrnisgegenstände vorhanden sind (AR, AB, 12.07.1957, Rechenschaftsbericht 1956/57, S. 59, SJZ 1958, S. 332, BlSchK 1959, S. 51).

12 Das BA muss nachforschen, ob pfändbares Vermögen (hier Aktien und Versicherungsansprüche) vorhanden sind. Es *darf auf die Pfändung von Grundstücke verzichten, wenn offenkundig feststeht, dass zufolge hoher Pfandbelastung bei einer Zwangsverwertung für die Pfändungsgläubiger nichts resultieren würde* (NE, 01.02.1993, BlSchK 1994, S. 21; vgl. N 35).

13 Ist *kein bewegliches Vermögen* beim Schuldner auffindbar, so ist bei Vorhandensein *unbewegliches einzupfänden*. Dabei wird nicht gegen den Grundsatz der Verhältnismässigkeit verstossen, wenn der Wert des einzig pfändbaren Grundstückes die in Betreibung gesetzte Forderung um ein Vielfaches übersteigt (SO, AB, 28.01.1983, BlSchK 1986, S. 228).

14 Ist an beweglichem Vermögen mit Einschluss der Forderungen *nichts Pfändbares vorhanden*, so muss *bei Liegenschaftsbesitz auch für kleine Forderungen das unbewegliche Vermögen gepfändet* werden (BS, AB, 20.10.1975, BlSchK 1979, S. 85).

2. Forderungen

15 Kundenguthaben. Erklärt der Schuldner, dass keine Guthaben bestehen, so kann das BA eine Pfändung nur noch vornehmen, wenn der Gläubiger in der Lage ist, bestimmte Guthaben des Schuldners näher zu bezeichnen (BE, AB, 05.03.1946, BlSchK 1946, S. 178).

16 Pfändung von *Mietzinsforderungen aus einem auf unbestimmte Zeit abgeschlossenen Mietvertrag*. Pfändbar sind – von Ausnahmen wie Lohnforderungen abgesehen – *nur gegenwärtige* (fällige oder nicht fällige) Mietzinsforderungen, *nicht aber künftige,* von denen ungewiss ist ob sie zur Entstehung gelangen werden. Daher sind Mietzinsforderungen aus einem auf unbestimmte Zeit abgeschlossenen Mietvertrag nicht über den nächst möglichen Kündigungstermin hinaus pfändbar, da nicht feststeht, ob das Mietverhältnis fortgesetzt werde und dem Betreibungsschuldner weitere Mietzinsforderungen anwachsen werden (Jaeger-Daeniker, N 12 zu Art. 91 und N 1 zu Art. 95 SchKG) (ZH, ObGer, II. Ziv.Kammer, 28.06.1949, ZR 1950, Nr. 112).

17 Arrestierung und Pfändung *einer Forderung des Schuldners aus Kauf,* also auf Sachleistung. Vorbehalt der Rechte und Einreden des Verkäufers. Wie ist vorzugehen, wenn dieser *die Lieferung bis zur Zahlung oder Sicherstellung des Kaufpreises zurückhält?* – In diesem Falle ist dem betreibenden Gläubiger anheim zu stellen, die Leistung der Sache an das BA zu unterlassen, indem er den geforderten Preis(ausstand) bezahlt oder allenfalls im Sinne von Art. 83 OR sicherstellt. Tritt demzufolge die Sache an die Stelle des arrestierten (und gepfändeten) Anspruchs, so ist der Sacherlös, soweit erforderlich und ausreichend, dem betreibenden Gläubiger als Vergütung für jenen Aufwand auszurichten (BGE 78 III 68).

18 Grundsätzlich *ist eine Forderung zu pfänden,* sobald der betreibende *Gläubiger deren Existenz behauptet.* Einem Begehren, das sich auf ein vom bevormundeten und als urteilsunfähig zu betrachtenden Schuldner aufgestelltes Bordereau mit teilweise unsinnigen Angaben stützt, hat der BB nicht zu entsprechen (BGE 81 III 17).

19 *Provisionsforderungen aus noch nicht abgeschlossenen Verkäufen sind unpfändbar* und stellen daher auch nicht neues Vermögen nach Art. 265 SchKG dar (LU, SchK-Komm., 22.02.1960, ZBJV 1960, S. 384).

20 Pfändung eines Anspruchs gegen eine Personalfürsorgestiftung. Eine Forderung *mit ungewissem Fälligkeitstermin ist pfändbar.* Schätzungswert einer solchen Forderung: Der Ungewissheit hinsichtlich der Fälligkeit lässt sich dadurch begegnen, dass bei der Schätzung auf den spätestens möglichen Verfall abgestellt wird (BGE 99 III 52).

21 *Transfersummen für Fussballspieler* sind *keine pfändbaren Aktiven,* sondern blosse Anwartschaften, wenn ihre Entstehung vom Eintritt ungewisser, zukünftiger Tatsachen abhängt. – Blosse Anwart-

schaften oder Erwartungen bilden keine pfändbaren Aktiven. Um eine Anwartschaft handelt es sich dann, wenn nicht nur der Zeitpunkt der Fälligkeit der Forderung ungewiss ist, sondern die Entstehung der Forderung überhaupt vom Eintritt einer ungewissen Tatsache abhängt (BGE 99 II 55). Im vorliegenden Fall ist ungewiss, ob der Fussballclub jemals Ansprüche auf Transfersummen durch einen allfälligen Vereinswechsel der auf der Transferliste aufgeführten Spieler erwerben wird. Die Transfersummen stellen somit, zumindest einstweilen, keine pfändbaren Vermögenswerte dar (SO, ObGer, 12.05.1986, SJZ 1988, S. 123, BlSchK 1991, S. 64).

22 Pfändung einer *bestrittenen Forderung*. Wenn der Gläubiger behauptet, der Schuldner habe eine Forderung gegen einen Dritten und dieser es bestreitet, muss das BA gleichwohl die Forderung pfänden und dem Gläubiger eine Frist setzen zur gerichtlichen Geltendmachung derselben und zum Nachweis, dass sie dem Betreibungsschuldner wirklich zusteht (TI, AB, 30.09.1968, Rep. 1969, S. 123, SJZ 1972, S. 224).

23 Verlangt ein Gläubiger die Pfändung der Forderung, welche der Schuldnerin *aus Unterstützungspflicht gemäss Art. 278 Abs. 2 ZGB* gegen ihren Ehemann *zusteht und wird diese bestritten,* so hat das BA die Forderung aufgrund der Angaben des Gläubigers als *bestrittene Forderung* ohne Rücksicht auf den Notbedarf der Eheleute *zu pfänden* (BGE 109 III 102).

24 *Pfändung der Forderung eines Treugebers.* – Eine Bank, die im Auftrag und aufgrund von Vermögenswerten, die ihr vom Betriebenen überwiesen worden sind, Dritten treuhänderisch Darlehen gewährt hat, kann sich nicht auf das Bankgeheimnis berufen und sich weigern, dem BA die erforderlichen Auskünfte für eine Abschätzung der zu pfändenden Forderung des Betriebenen, die diesem gegenüber der Bank zusteht, zu geben. Die Bank, welche beauftragt wurde, treuhänderisch Darlehen zu gewähren, hat dem Treugeber Rechenschaft abzulegen (Art. 400 OR). Der Treugeber verfügt daher gegenüber der Bank über eine Terminforderung, die Gegenstand eines Arrests oder einer Pfändung bilden kann, sofern er nicht geltend machen kann, durch Subrogation in die Rechte der Bank gegenüber dem Drittborger eingetreten zu sein/Art. 401 OR) (BGE 112 III 90/91).

3. Reihenfolge in letzter Linie: Pfändung von Gegenständen im Gewahrsam von Dritten oder die von Dritten zu Eigentum angesprochen oder Pfand- oder Retentionsrechte geltend gemacht werden

25 Verlangt der Gläubiger die Pfändung von Sachen, *die sich im Gewahrsam eines Dritten befinden,* mit der Behauptung, dass sie dem Schuldner gehören, so muss diesem *Begehren* nach ständiger Rechtsprechung *entsprochen werden* (BGer, SchKK, 10.05.1946, BlSchK 1947, S. 177).

26 Der Dritte kann sich nicht auf die Unpfändbarkeit gemäss Art. 92 SchKG berufen (ZH, ObGer, II. Kammer, 23.05.1947, ZR 1948, Nr. 33).

27 Absatz 3 gilt nicht für Vermögensstücke, die der *betreibende Gläubiger als Faustpfand* für eine *andere Forderung beansprucht* und deren Schätzungswert sowohl die Betreibung als auch die Pfandforderung deckt (BGE 73 III 72).

28 Die in Absatz 3 aufgestellte *Regel gilt nicht nur, wenn ein Dritter pfändbare Gegenstände zu Eigentum beansprucht, sondern auch,* wenn er ein *Pfand- oder Retentionsrecht daran geltend macht,* mindestens dann, wenn voraussichtlich der Erlös aus deren Verwertung die gesicherte Forderung des Dritten nicht übersteigen wird (BGE 79 III 18).

29 Es ist nicht *Aufgabe des BA*, sondern des *Richters,* in einem allfälligen *Widerspruchsverfahren* darüber zu entscheiden, ob ein *im Mitgewahrsam der Ehefrau des Schuldners stehendes Auto* ihr oder ihrem Manne gehöre. Im Rahmen der zitierten Gesetzesbestimmungen ist auch behauptetes Dritteigentum unter Vormerkung des Drittanspruchs einzupfänden (BS, AB, 26.07.1968, BlSchK 1970, S. 150).

30 Zulässigkeit der Pfändung von Vermögenswerten, *die scheinbar nicht dem Schuldner gehören;* Grenzen der Ermittlungen hinsichtlich besserer Rechte Dritter, zu deren Anordnung die Betreibungsbehörden gehalten sein können (BGE 107 III 67).

31 Vermögenswerte, von denen der Gläubiger geltend macht, sie stünden *nicht im Eigentum des Schuldners, sondern eines Dritten, dürfen weder gepfändet noch arrestiert werden,* auch dann nicht,

wenn der Gläubiger vorbringt, Schuldner und Dritter bildeten eine wirtschaftliche Einheit. Der Gläubiger, der sich auf die wirtschaftliche Identität beruft und gedenkt, dem Dritten für die Verpflichtungen des Schuldners haften zu lassen, kann dies nur in einer Betreibung gegen den Dritten tun. – Das BA hat alle *Vermögenswerte, die offensichtlich nicht dem Schuldner gehören nicht zu pfänden; Umfang der Prüfungspflicht der Betreibungsbehörden* (BGE 105 III 107).

4. Bei Anteilen an Gemeinschaftsvermögen

32 Anteile an Gemeinschaftsvermögen sind *vor den Gegenständen, die von Dritten angesprochen werden, zu pfänden*. Offen bleibt die Frage, *ob eine bestrittene Forderung* vor Gemeinschaftsanteil zu pfänden sei (BGE 73 III 103).

33 Pfändung einer Forderung des *Inhaber eines gemeinsamen Kontos* – Die Inhaber eines gemeinsamen Kontos, der interne Beziehungen unbekannt bleiben, sind Solidargläubiger der Bank. Wird einer dieser Inhaber betrieben, so kann seine Forderung folglich gepfändet werden, ohne dass die VVAG anwendbar ist. Der Mitinhaber des Kontos kann seine Rechte gegebenenfalls im Widerspruchsverfahren nach Art. 106 SchKG beanspruchen (BGE 112 III 90/91).

34 Werden anstelle des Anteilsrechts am ganzen noch nicht verteilten Erbschaftsvermögen Anteilsrecht an einzelnen Erbschaftsgegenständen (z.B. Grundstücke) gepfändet, so ist die Pfändung grundsätzlich nichtig, es wäre denn, dass die betreffenden Gegenstände gemäss Erklärung aller Erben den ganzen unverteilten Nachlass bilden (VVAG Art. 1). Mit Zustimmung der Miterben kann die Pfändung auf das Anteilsrecht an einem einzelnen Gegenstand begrenzt werden, falls es dem Gläubiger genügende Deckung bietet (Art. 97 Abs.2 SchKG) (BGE 91 III 69).

5. Grundstücke

35 Grundstücke dürfen nur gepfändet werden, wenn das bewegliche Vermögen nicht zur Deckung der Forderung ausreicht oder auf gemeinsames Verlangen des Gläubigers und des Schuldners (AR, AB, 12.07.1957, Rechenschaftsbericht 1956/57, S. 59, SJZ 1958, S. 332, BlSchK 1959, S. 51).

36 Das BA hat ein Grundstück *auch dann zu pfänden, wenn dieses überbelastet ist* (GR, AB, 18.01.1956, BlSchK 1959, S. 26, vgl. N 12).

37 Ist ein *Liegenschaftskomplex* mit einer *Gesamthypothek* belastet, wird er im Betreibungsverfahren als Einheit behandelt (GR, AB, 06.02.1957, BlSchK 1960, S. 15).

38 Haften auf *mehreren Grundstücken Gesamtpfandrechte*, so sind diese im Betreibungsverfahren als Einheit zu behandeln und in der Regel auch gesamthaft zu pfänden (SO, AB, 24.03.1964, BlSchK 1965, S. 12).

39 Pfändung eines Grundstückes, das *bereits veräussert ist* – Ein Grundstück des Schuldners ist auf Begehren des Gläubigers zu pfänden, auch wenn dieser es zur Zeit der Pfändung bereits veräussert hat, der Eigentumsübergang auf den Käufer im Hauptbuch des Grundbuches noch nicht eingetragen ist (BE, AB, 05.07.1995, BlSchK 1995, S. 233).

40 (i.V.m. Art. 10 VZG) – Pfändbarkeit von nicht auf den Schuldner (in casu den Ehemann) eingetragenen Grundstücken. Der Beweis der Eigentumsverhältnisse richtet sich nach dem Grundbucheintrag und nicht nach dem Ehevertrag. Ein Ehevertrag, mit dem Gütertrennung begründet wird, ist ein nur obligatorisch wirkendes Verpflichtungsgeschäft, das Rechtsgrund für ein nachfolgendes dinglich wirkendes Verfügungsgeschäft (Grundbucheintrag) bildet. Erst mit Letzterem ändern sich die Eigentumsverhältnisse (LU, SchKKomm, 07.05.2002, LGVE 2002 I 54, BlSchK 2003, S. 266).

6. Zu Abs. 4bis

41 Das Einverständnis des Schuldners alleine erfüllt die Voraussetzung eines gemeinsamen Antrages von Schuldner und Gläubiger auf Pfändung eines Grundstückes nicht (TG, Rekurskomm., 17.10.1958, BlSchK 1960, S. 114).

42 Grundstücke dürfen nur gepfändet werden, wenn das bewegliche Vermögen nicht zur Deckung der Forderung ausreicht oder auf gemeinsames Verlangen des Gläubigers und des Schuldners (AR, AB, 12.07.1957, Rechenschaftsbericht 1956/57, S. 59, SJZ 1958, S. 332, BlSchK 1959, S. 51).

Art. 95a b. Forderungen gegen den Ehegatten

Forderungen des Schuldners gegen seinen Ehegatten werden nur gepfändet, soweit sein übriges Vermögen nicht ausreicht.

1 (i.V.m. Art. 163 ZGB) – Der Unterhaltsanspruch des haushaltführenden gegenüber dem verdienenden Ehegatten ist pfändbar, wenn das Existenzminimum der Familie gewahrt bleibt und die gepfändete Unterhaltsleistung nicht zweckentfremdet wird. Bei der Pfändung des Unterhaltsanspruchs eines in ungetrennter Ehe lebenden Ehegatten hat das BA wie folgt vorzugehen:
   - Es bestimmt das Existenzminimum des haushaltführenden Schuldners und seiner Familie und gibt dieses den Parteien bekannt.
   - Der Gläubiger bestimmt die Höhe der zu pfändenden monatlichen Unterhaltsforderungen, welche nach seiner Auffassung nach der Deckung des Existenzminimums des Schuldners und seiner Familie noch verbleibt.
   - Das BA pfändet nach den Angaben des Gläubigers den nach der Deckung des Existenzminimums des Schuldners und seiner Familie verbleibenden Teil seiner zukünftigen Unterhaltsforderungen gegenüber dem anderen Ehegatten als bestrittene Forderung.
   - Die als bestritten gepfändete Forderung wird dem Gläubiger nach Art. 131 SchKG überwiesen.
   - Der Gläubiger erhebt beim Ehegatten des Schuldners Zahlung für die gepfändete Unterhaltsforderung. (SO, AB, 29.11.1994, BlSchK 1996, S. 189).

Art. 96 B. Wirkungen der Pfändung

¹ Der Schuldner darf bei Straffolge (Art. 169 StGB) ohne Bewilligung des Betreibungsbeamten nicht über die gepfändeten Vermögensstücke verfügen. Der pfändende Beamte macht ihn darauf und auf die Straffolge ausdrücklich aufmerksam.

² Verfügungen des Schuldners sind ungültig, soweit dadurch die aus der Pfändung den Gläubigern erwachsenen Rechte verletzt werden, unter Vorbehalt der Wirkungen des Besitzerwerbes durch gutgläubige Dritte.

1 (i.V.m. Art. 114 SchKG) – Zeitpunkt der Pfändung und Zustellung der Pfändungsurkunde. Die Pfändung ist wirksam, sobald der BB dem Schuldner mündlich oder schriftlich mitteilt, dass er ohne seine Erlaubnis über die gepfändeten Aktiven nicht mehr verfügen könne. Eine Lohnpfändung tritt deshalb in Kraft, sobald der BB dem Schuldner den monatlich pfändbaren Lohnanteil bekannt gibt und nicht erst im Zeitpunkt der Zustellung der Pfändungsurkunde (BGer 04.03.1998, BlSchK 1999, S. 103).

2 (i.V.m. Art. 281 Abs. 1 SchKG) – Ist der Schuldner bei der Pfändung nicht anwesend, beginnt die Teilnahmefrist für die provisorische Anschlusspfändung erst zu laufen, wenn ihm die Pfändungsurkunde zugestellt worden ist (BGE 130 III 661).

3 Die Bestimmung von Absatz 1 ist in der Betreibung für Mietzinse *hinsichtlich der retinierten Gegenstände sinngemäss anwendbar* (BGE 74 III 65).

4 *Gestattet der Schuldner in einer* gegen ihn vollzogenen *Pfändung die Teilnahme eines Verlustscheingläubigers aus seinem früheren Konkurs*, obschon er nicht zu neuem Vermögen gekommen ist, so ist der Verzicht auf die Einrede des mangelnden neuen Vermögens eine anfechtbare Handlung, wenn damit die Schädigung der anderen Gläubiger bezweckt wird (ZH, ObGer, II. Ziv.Kammer, 25.03.1949, SJZ 1950, S. 26, BlSchK 1950, S. 184 mit Anmerkungen und Hinweis auf Jaeger/Daeniker, Schuldbetreibung und Konkurs, Praxis N 8b zu Art. 265 SchKG).

5 Ein Eigentumsvorbehalt, der erst nach der Pfändung der Kaufsache im Eigentumsvorbehaltsregister eingetragen wird, ist gegenüber den Pfändungsgläubigern dieser Pfändung nicht zu beachten (analog BGE 93 III 96 im Konkursverfahren) (ZH, ObGer, II. Ziv.Kammer, 30.03.1973, ZR 1973, Nr. 62, BlSchK 1974, S. 55).

6   (i.V.m. Art. 959 Abs. 2 ZGB) – Das im Grundbuch vorgemerkte Kaufrecht wirkt (auch) gegenüber einer späteren Pfändung (Änderung der Rechtsprechung; BGE 102 III 20).

7   Weiterzession des gepfändeten Liquidationsanteils durch den beklagten Drittansprecher während des Verfahrens. Im Widerspruchsprozess sind nur diejenigen Drittansprüche zu beurteilen, die beim BA angemeldet wurden und dieses damit zur Einleitung des Widerspruchsverfahrens veranlasst haben. Massgebend sind die Eigentumsverhältnisse im Zeitpunkt des Urteils der Berufungsinstanz. Die Weiterzession durch den Dritten bewirkt, dass diesem kein eigenes Recht am gepfändeten Guthaben mehr zusteht, womit seine Eigentumsansprache hinfällig wurde. Die Weiterzession kann der vollzogenen Pfändung nur entgegengehalten werden, wenn der neue Zessionar gutgläubig im Sinne von Art. 96 Abs. 2 SchKG zu betrachten ist (ZH, ObGer, II. Ziv.Kammer, 10.09.1985; eine Berufung ans BGer wurde abgewiesen; ZR 1987, Nr. 49).

8   Nicht bewilligte Verfügungen des Schuldners über die arrestierten Gegenstände sind nur gegenüber dem Arrestgläubiger ungültig. Ein Gläubiger, der bereits arrestierte Gegenstände erst nach einer nicht bewilligten Verfügung des Schuldner selber mit Arrest belegen lässt, vermag daher aus dem Arrest, der vor der Verfügung des Schuldners begründet worden ist, nichts zu seinen Gunsten herzuleiten (BGE 113 III 34).

9   (i.V.m. Art. 959 Abs. 2 ZGB) – Ausübung eines im Grundbuch vorgemerkten Kaufrechts an einem Grundstück, das in der Zwischenzeit mit Arrest belegt worden ist. Der nach Vormerkung des Kaufrechts vollzogene Arrest steht einem Eigentumsübergang infolge Ausübung des Kaufrechts nicht entgegen. Der Erwerber des Grundstücks kann die Löschung der auf dem Arrest beruhenden vorgemerkten Verfügungsbeschränkung erwirken, indem er beim BA den Teil des Kaufpreises hinterlegt, der nicht durch Übernahme der vor dem Arrest begründeten Grundpfandschulden getilgt worden ist (BGE 128 III 124, BlSchK 2003, S. 75).

Art. 97   C. Schätzung Umfang der Pfändung

¹ Der Beamte schätzt die gepfändeten Gegenstände, nötigenfalls mit Zuziehung von Sachverständigen.

² Es wird nicht mehr gepfändet als nötig ist, um die pfändenden Gläubiger für ihre Forderungen samt Zinsen und Kosten zu befriedigen.

I. Schätzung der gepfändeten Gegenstände

1   Dem Drittansprecher wird grundsätzlich kein Interesse an der betreibungsamtlichen Schätzung der Pfandobjekte bzw. der Arrestgegenstände zuerkannt, weshalb er auch *nicht legitimiert ist, dagegen Beschwerde zu erheben.* Er hat seine Rechte vielmehr im Widerspruchsverfahren nach Art. 106 ff. SchKG wahrzunehmen. *Ausnahmen* von diesem Grundsatz werden nur bei der Schätzung von Objekten, die dem Retentionsrecht des Vermieters unterliegen und von Faustpfändern im Pfandverwertungsverfahren zugelassen (BGE 112 III 75, Praxis 75, N 5.196).

2   Analoge Anwendung bei der Aufnahme des Retentionsverzeichnisses (BGE 93 III 20 und 97 III 46).

3   *Bedeutung der Schätzung* – Diese und für Grundstücke ausserdem in Art. 8 und 9 Abs. 1 VZG vorgeschriebene Schätzung gehört zur Pfändung. Sie ist notwendig, damit das BA einerseits für eine genügende Deckung der in Betreibung gesetzten Forderung samt Zinsen sorgen und andererseits die Pfändung auf das hiefür nötige Mass beschränken kann und damit der Gläubiger gegebenenfalls in die Lage kommt, einen Arrest zu erwirken oder die Anfechtungsklage zu erheben (Art. 115 Abs. 2, 271 Ziff. 5 und 285 SchKG). *Sie hat also nur den Interessen der Gläubiger und des Schuldners zu dienen.* Interessen Dritter oder öffentliche Interessen werden durch eine unsachgemässe Schätzung oder durch die Unterlassung einer Schätzung nicht verletzt. Eine Pfändung darf also weder deswegen, weil die Schätzung nicht sachgemäss erfolgte, noch wegen Unterbleibens einer Schätzung von Amtes wegen als nichtig erklärt werden. Sie darf wegen solcher Mängel nicht einmal auf Beschwerde hin aufgehoben werden. Vielmehr ist in solchen Fällen die Schätzung vorzunehmen

(vgl. BGE 93 III 22) oder nachzuholen (vgl. BGE 73 III 55, wo die Nachholung der vom BA versäumten Schätzung eines arrestierten Grundstückes angeordnet wurde) (BGE 97 III 20).

4 Das BA selbst hat die Schätzung vorzunehmen und hiezu, wenn nötig, Sachverständige beizuziehen; es darf nicht einfach auf die Steuerschätzung abstellen (BGE 73 III 52).

5 Die Schätzung soll nicht nur verhindern, dass mehr als nötig mit Beschlag belegt wird, sondern auch das Interesse der Gläubiger an einer ausreichenden Deckung sicherstellen (LU, SchKKomm, 21.11.2001, LGVE 2001 I 49).

6 Bei einer Briefmarkensammlung handelt es sich um einen leicht verwertbaren, aber sehr schwierig zu schätzenden Vermögensgegenstand. Es dürfte sich lohnen, einen Fachmann beizuziehen, der eine solche Sammlung schätzen kann. Die Kosten sind vom Gläubiger vorzuschiessen (Art. 68 SchKG) (AR, AB, 15.12.1965, BlSchK 1967, S. 51).

7 *Schätzung eines Gemäldes* in einer Betreibung auf Faustpfandverwertung – Ergibt sich aus einem technischen Gutachten, dass *die Urheberschaft* eines Leonardo da Vinci zugeschriebenen Gemäldes *zweifelhaft und der Zustand des Bildes schlecht ist,* darf das BA nicht ohne Weiteres ein umfassendes zusätzliches Gutachten eines Kunstwissenschafters einholen. Lässt die kantonale AB den Betreibungsgläubigern nur denjenigen Teil des Expertenhonorars tragen, der nach ihrer Ansicht für ein unter den gegebenen Umständen angemessenes Ergänzungsgutachten aufzuwenden gewesen wäre, verstösst nicht gegen Bundesrecht (BGE 110 III 65).

8 Die betreibungsamtliche Schätzung lehnt sich an die Erlöse an, die erfahrungsgemäss bei öffentlichen Versteigerungen erzielt werden (BE, AB, 24.06.1954, BlSchK 1955, S. 111).

9 Das BA schätzt die gepfändeten Gegenstände, nötigenfalls unter Zuziehung eines Sachverständigen. *Für die Schätzung* von gepfändeten Gegenständen *ist ein im Zwangsvollstreckungsverfahren mutmasslich erzielbarer Verwertungserlös massgebend* und nicht ein bei einem freiwilligen Verkauf möglicherweise höherer erzielbarer Preis (BS, AB, 05.07.1983, BlSchK 1987, S. 28).

10 Schätzung eines für eine Schuld eines Dritten verpfändeten Gegenstandes. Der Betrag der pfandgesicherten Forderung ist vom realen Wert des Pfandgegenstandes abzuziehen, auch wenn für diese Forderung weitere Pfänder haften. Zurückbehaltung des Verwertungserlöses bis zum Austrag eines Streites darüber, ob der Pfändungsgläubiger sich für seine Forderungen gegen den Dritten in erster Linie an die anderen Pfänder zu halten habe (BGE 91 III 60).

11 Für die Schätzung des *Anteilsrechts am Erbschaftsvermögen* gilt Abs. 1; eine summarische Feststellung nach VVAG Art. 5 Abs. 3 ist nur in Ausnahmefällen zulässig (BGE 91 III 69).

12 *Eigentümertitel* auf einem *im Gesamteigentum stehenden Grundstück* sind bei der Pfändung des Anteilsrechts des Schuldners in analoger Anwendung von Art. 98 Abs. 1 SchKG und Art. 13 VZG in amtliche Verwahrung zu nehmen; die Spezialnorm des *Art. 5 Abs. 2 VVAG ist hier nicht anwendbar.* Bei der *Schätzung des Anteilsrechts fallen sie,* soweit daran keine Drittrechte bestehen, als effektive *Pfandbelastung des Grundstückes ausser Betracht* (BGE 91 III 69).

13 Der Richter ist an die Schätzung der gepfändeten Objekte durch das BA gebunden (BS, Appellationsgericht, 29.03.1963, BJM 1963, S. 157; eine dagegen erhobene Beschwerde wurde vom BGer abgewiesen).

14 Schätzungswert einer Forderung mit ungewissem Fälligkeitstermin – Der Ungewissheit bezüglich der Fälligkeit einer solchen Forderung lässt sich dadurch begegnen, dass bei der Schätzung auf den spät möglichsten Verfall abgestellt wird (BGE 99 III 52).

15 (i.V.m. Art. 155 SchKG) – Schätzung von Faustpfändern im Pfandverwertungsverfahren. Bedeutung der Schätzung in diesem Verfahren. Dieser Schätzung kommt nur untergeordnete Bedeutung zu. Ihre Hauptfunktion – Bestimmung des Deckungsumfanges und Orientierung des Gläubigers über das voraussichtliche Ergebnis der Verwertung – entfallen hier weitgehend. Wohl dient die Schätzung ausserdem zur Aufklärung allfälliger Steigerungsinteressenten (BGE 70 III 17 E. 3), doch hat dieser Zweck dort zurückzutreten, wo eine zuverlässige Schätzung nur mit einem unverhältnismässigen und dem betreibenden Gläubiger nicht zumutbaren Zeitaufwand erreicht werden kann. In solchen Fällen muss es mit einer summarischen Schätzung sein Bewenden haben (BGE 101 III 34).

16 (i.V.m. Art. 9 VZG) – Schätzung des Verkaufswertes eines *Grundstückes mit einem im Bau befindlichen Gebäude*. Zulässigkeit des Rekurses an das BGer im Bereich der Schätzung gepfändeter Vermögensstücke – Das Grundstück, dessen mutmasslicher Verkaufswert nach Art. 9 Abs. 1 VZG zu bestimmten ist, umfasst nicht nur die Bodenfläche, sondern auch die darauf befindlichen Gebäude, gleichgültig ob sie fertiggestellt sind oder nicht. Liegen voneinander abweichende Schätzungen zweier gleich kompetenter Sachverständiger vor, so ist es zulässig, sich für einen Mittelwert zu entscheiden. Nur darf Gleiches mit Gleichem miteinander in Beziehung gesetzt werden, d.h. dass natürlich nur der Mittelwert zwischen unterschiedlichen Schätzungen von Boden und darauf bestehenden Bauten in Betracht gezogen werden können. Über die Bedeutung der Schätzung für allfällige Bieter und Baupfandgläubiger liess das BGer die Frage unbeantwortet (BGE 120 III 79).

17 Obwohl der Zuschlag bei der ersten Steigerung auch zu erfolgen hat, wenn das Angebot des Meistbietenden den Schätzungswert nicht erreicht (Art. 126 i.V.m. Art. 156 SchKG) hat das BA auch in der Faustpfandbetreibung den Pfandbetreibung den Pfandgegenstand zu schätzen. Die Schätzung kann durch Beschwerde angefochten werden (analoge Anwendung von Art. 9 VZG) (ZH, ObGer, II. Ziv.Kammer, 19.09.1956, BlSchK 1961, S. 149, ZR 1960, Nr. 102).

18 Befugnis, die Entlassung von Gegenständen, die von Dritten beansprucht werden, aus dem Retentionsbeschlag zu verlangen. – Der Schuldner, der anlässlich der Aufnahme der Retentionsurkunde erklärt, dass die in die Urkunde aufgenommenen Gegenstände Dritten gehörten, ist nicht befugt, die Entlassung dieser Gegenstände aus dem Retentionsbeschlag zu verlangen. Hiezu ist einzig der Drittansprecher legitimiert (BGE 106 III 28).

II. Kosten

19 Die Kosten der Schätzung sind als Betreibungskosten vom Gläubiger vorzuschiessen (SZ, AB, 29.09.1952, Bericht des KG 1952, S. 31, BlSchK 1954, S. 141).

20 Bei einer Briefmarkensammlung dürfte es sich lohnen, einen Fachmann beizuziehen, der eine solche Sammlung schätzen kann. Die Kosten einer solchen Schätzung sind vom Gläubiger vorzuschiessen (Art. 68 SchKG) (AR, AB, 15.12.1965, BlSchK 1967, S. 51).

21 Zu den Kosten, die nach Abs. 2 und Art. 275 SchKG zu decken sind, gehören nur die Betreibungs- und Rechtsöffnungskosten sowie allenfalls die Kosten von Arrestbefehl und -vollzug; ausser Betracht fallen die Kosten ordentlicher Prozesse, z.B. des Aberkennungsprozesses sowie eines Arrestaufhebungs-, Widerspruchs- oder Kollokationsprozesses (BGE 73 III 133).

22 Die Betreibungskosten sind vom Gläubiger für jede einzelne der von ihm beantragten Betreibungshandlungen vorzuschiessen (Art. 68 SchKG). Kommt er der entsprechenden Aufforderung nicht nach, kann das BA unter Anzeige an den Gläubiger die Betreibungshandlungen einstweilen einstellen (SO, AB, 03.04.1979, BlSchK 1984, S. 98).

III. Ausmass der Pfändung (Abs. 2)

23 Haften auf mehreren Grundstücken Gesamtpfandrechte, so sind diese im Betreibungsverfahren als Einheit zu behandeln und in der Regel auch gesamthaft zu pfänden (SO, AB, 24.03.1964, BlSchK 1965, S. 13).

24 Auch im Arrestverfahren gilt der Grundsatz, nicht mehr zu arrestieren als zur Deckung von Kapital, Zins und Kosten nötig ist. Dabei darf aber nach konstanter Praxis auch ein Betrag zur Deckung der im Prosekutionsverfahren dem Gläubiger möglicherweise erwachsenden Prozesskosten (Gerichts- und Anwaltskosten) eingerechnet werden (BS, AB, 25.03.1972, BlSchK 1975, S. 187).

25 Auch im Arrestverfahren dürfen nicht mehr Gegenstände verarrestiert werden, als nötig ist, um die Forderung samt Zins und Kosten des Arrestgläubigers sicherzustellen (SO, AB, 27.11.1974, BlSchK 1977, S. 60).

26 (i.V.m. Art. 283 SchKG) – Die Bestimmung des Art. 97 Abs. 2 SchKG, welche dem Amt verbietet, mehr zu pfänden als zur Befriedigung des Gläubigers am Kapital, Zinsen und Kosten nötig ist, ist analog anwendbar auf den Retentionsvollzug für Miet- oder Pachtzins (BGE 108 III 122).

27 (i.V.m. Art. 275 SchKG) – Es dürfen nicht mehr Vermögenswerte mit Arrest belegt werden, als nötig sind, um die Gläubiger für ihre Forderungen samt Zinsen und Kosten zu befriedigen (GR, AB, 03.03.1982, PKG 1982, S. 116, BlSchK 1986, S. 149).

28 Der Grundsatz des Art. 97 Abs. 2 gilt auch für das Retentionsverfahren. Davon darf aber insoweit abgewichen werden, als notwendig erscheint, um das Risiko einer Anerkennung vorgehender Rechte zu decken (SO, AB, 19.07.1983, BlSchK 1986, S. 114).

29 (i.V.m. Art. 275 Abs. 2 SchKG) – Werden durch einen Gläubiger zwei oder mehrere Arreste *gegen denselben Schuldner und für dieselbe Forderung* erwirkt, so liegt darin ein Rechtsmissbrauch, wenn dieses Vorgehen zur Blockierung von Vermögenswerten in einem Umfang führt, der erheblich über dem Betrag liegt, der für die Befriedigung der aus Kapital, Zinsen und Kosten zusammengesetzten Forderung nötig ist. In einem solchen Fall ist es angezeigt, einen Teil oder alle der zuletzt ergriffenen Massnahmen zu widerrufen, wobei der Zeitpunkt der gemäss Art. 99 SchKG erfolgen Anzeige massgebend ist (BGE 120 III 42).

Art. 98 D. Sicherungsmassnahmen
1. Bei beweglichen Sachen

¹ Geld, Banknoten, Inhaberpapiere, Wechsel und andere indossable Papiere, Edelmetalle und andere Kostbarkeiten werden vom Betreibungsamt verwahrt.

² Andere bewegliche Sachen können einstweilen in den Händen des Schuldners oder eines dritten Besitzers gelassen werden gegen die Verpflichtung, dieselben jederzeit zur Verfügung zu halten.

³ Auch diese Sachen sind indessen in amtliche Verwahrung zu nehmen oder einem Dritten zur Verwahrung zu übergeben, wenn der Betreibungsbeamte es für angemessen erachtet oder der Gläubiger glaubhaft macht, dass dies zur Sicherung seiner durch die Pfändung begründeten Rechte geboten ist.

⁴ Die Besitznahme durch das Betreibungsamt ist auch dann zulässig, wenn ein Dritter Pfandrecht an der Sache hat. Gelangt dieselbe nicht zur Verwertung, so wird sie dem Pfandgläubiger zurückgegeben.

I. Allgemeines

1 Zur Beschwerde über die Anordnung der amtlichen Verwahrung einer gepfändeten Sache ist ein das Eigentum ansprechender Dritter nicht befugt, wenn der Schuldner alleinigen Gewahrsam hat und die Sache nicht zum Nutzen des Dritten verwendet (BGE 82 III 97).

2 Um ein gesetzesmässiges Verfahren zu sichern, kann der BB alle ihm zur Verfügung stehenden Massnahmen administrativer Art ergreifen und, wenn die Voraussetzungen von Art. 163 ff. oder Art. 292 StGB zutreffen, auch Strafsanktionen gegen diejenigen verhängen lassen, die den Verfahrensgang widerrechtlich stören (BGE 79 III 111).

3 Das dem Faustpfandgläubiger durch den Pfandvertrag eingeräumte Recht, die Pfandsachen privat zu verwerten, kann im Falle der Pfändung oder Arrestierung dieser Sachen so wenig wie im Konkurse über den Pfandschuldner ausgeübt werden (BGE 81 III 57).

4 Ob der Arrestgegenstand im *amtliche Verwahrung zu nehmen ist*, bestimmt sich nach Art. 98 SchKG. Darüber zu entscheiden, *steht nur dem BA zu*, auch bei Hängigkeit eines Widerspruchsverfahrens. Die amtliche *Inverwahrungsnahme ist unzulässig*, wenn sich der *Gegenstand im Gewahrsam des Drittansprechers befindet.* – An eine Weisung der Arrestbehörde, die zu arrestierende Sache in amtliche Verwahrung zu nehmen, ist das BA nicht gebunden (BGE 83 III 46 und 82 III 119).

5 *Gegen die Anordnung der amtlichen Verwahrung* einer gepfändeten Sache *kann sich der Drittansprecher nicht widersetzen*, wenn der Schuldner den alleinigen Gewahrsam ausübt und die Sache nicht zum Nutzen des Dritten verwendet wird (BE, AB, 16.10.1968, BlSchK 1970, S. 90).

| Dritter Titel: Betreibung auf Pfändung | Art. 98 |

6   (i.V.m. Art. 13 VZG) – Einlieferung eines verpfändeten Eigentümerschuldbriefes – Wird das Grundstück selbst arrestiert und ist ein auf dem Grundstück lastender Eigentümerpfandtitel bereits zu seinem vollen Nennwert verpfändet worden, so kann der Zweck einer amtlichen Verwahrung des Titels nicht mehr erreicht werden; eine allfällige Weitergebung des Titels vermindert das Arrestsubstrat nicht. Der Drittgewahrsamsinhaber hat den betreffenden Titel daher nicht einzuliefern (BGE 113 III 144).

7   Die amtliche *Verwahrung ist ausgeschlossen*, wenn der Pfändungsgläubiger es unterlassen hat, innert der 10-tägigen Widerspruchsfrist von Art. 106/107 auf seinen Eigentumsanspruch an einer von ihm an den Schuldner unter Eigentumsvorbehalt gelieferten Sache zu verzichten (LU, untere AB, 04.07.1962, BlSchK 1963, S. 180).

8   Die *Wegnahme gepfändeter Gegenstände* aus der *unverschlossenen Wohnung* des Schuldners stellt, nachdem diesem die Mitteilung des Verwertungsbegehrens zugestellt worden ist, keinen Hausfriedensbruch, sondern einen berechtigten Eingriff dar (BS, AB, 28.05.1968, BlSchK 1970, S. 17).

9   Eine Pfandleihkasse kann gegenüber dem BA ebensowenig wie eine Bank die Auskunft über die bei ihr liegenden Gegenstände verweigern, indem sie sich auf das Bankgeheimnis beruft. Dies trifft sowohl für den Arrest wie für die Pfändung zu (Genève, Autorité de surveillance, 18.07.1979, BlSchK 1981, S. 139).

10 Der Gläubiger hat keinen Anspruch auf Verwahrung der gepfändeten Gegenstände. Gepfändete Sachen sind nur dann in amtliche Verwahrung zu nehmen oder einem Dritten zur Verwahrung zu überlassen, wenn der BB es für angemessen erachtet oder der Gläubiger glaubhaft macht, dass dies zur Sicherung seiner durch die Pfändung begründeten Rechte geboten ist (LU, SchKKomm, 20.09.1963, Max. XI, Nr. 269).

11 Die in den Art. 98 ff. vorgesehenen Sicherungsmassnahmen dienen der Erhaltung von Vermögenswerten und können in dringenden Fällen deshalb auch während der Betreibungsferien angeordnet werden (BGE 107 III 67).

12 Massnahmen zur Sicherung der Pfändungsrechte sind zulässig, auch wenn sie im Gesetz nicht ausdrücklich vorgesehen sind; jedoch müssen sie als dringend geboten erscheinen, z.B. wegen Betreibungsferien. Sollte eine solche Massnahme ausserhalb der Betreibungsferien als dringend erscheinen, so ist sie auf jeden Fall als solche zu bezeichnen. Gegenüber dem Drittschuldner darf nicht der unzutreffende Eindruck erweckt werden, es sei bereits eine Pfändung vollzogen worden (BGE 115 III 41).

13 (i.V.m. Art. 119 Abs. 2 SchKG) – Wenn gepfändete Gegenstände zur Deckung der Forderung nur teilweise verwertet werden müssen und die übrig bleibenden Objekte vom Schuldner freiwillig eine gewisse Zeit beim BA belassen werden, so ist der Schuldner berechtigt, auch nur einzelne der zurückgelassenen Gegenstände herauszuverlangen. Der BB darf die Herausgabe eines Teils nicht davon abhängig machen, dass der Schuldner sämtliche verbliebenen Objekte mitnimmt (Zürich, Ob-Ger, II. Ziv.Kammer, 09.12.1971, BlSchK 1972, S. 146).

14 Sicherungsmassnahmen dürfen im Falle der Aufnahme eines Retentionsverzeichnisses (Art. 283 SchKG) erst getroffen werden, wenn der in der Prosequierungsbetreibung allenfalls erhobene Rechtsvorschlag beseitigt ist. Die Kosten für das vom BA bereits in einem früheren Zeitpunkt angeordnete Auswechseln von Türschlössern dürfen nicht dem Retentionsschuldner belastet werden (BGE 127 III 111).

II. Vollzug der Sicherungsmassnahmen

15 Das Amt kann die arrestierten Sachen in Verwahrung nehmen, darf jedoch hiezu keine Gewalt anwenden (BGE 75 III 106).

16 Arrestierung und Pfändung der durch *Aktionäreigenschaft begründeten Rechte*. Dem Zeichner von Aktien erwachsen schon aus der blossen Zeichnung arrestierbare und pfändbare Rechte. – Wenn der Zeichner im Zeitpunkt des Arrest- oder Pfändungsvollzuges die ihm zukommenden Aktien oder Interimsscheine noch nicht erhalten hat, sind die aus der Aktionäreigenschaft hervorgehenden Rechte zu arrestieren oder zu pfänden, und der Gesellschaft ist anzuzeigen, dass eine Übergabe jener

Urkunden an jemand anders als den Schuldner auf ihre Gefahr geschehe. – Hatte sich der Schuldner bei der Aktienzeichnung nicht als Vertreter eines Dritten zu erkennen gegeben, so wird der Arrest oder die Pfändung ohne Rücksicht darauf vollzogen, ob der Zeichner für eigene oder fremde Rechnung gehandelt habe. Diese Frage ist von den Betreibungsbehörden nicht zu prüfen (BGE 77 III 87/88).

17 Pfändung *einer durch Wertpapier verkörperten Forderung* ist nur durch Pfändung des Titels möglich und nur dort, wo er liegt. Pfändung bei Beschlagnahme eines Titels durch die Bezirksanwaltschaft. Nichtigkeit der Pfändung zieht nicht ohne Weiteres Nichtigkeit der Verwertung nach sich (ZH, ObGer, II. Ziv.Kammer, 22.02.1949, BGer 0.03.1949, ZR 1950, Nr. 110).

18 *Bei der Stellung des Verwertungsbegehrens ist* der amtliche *Gewahrsam ohne Weiteres zulässig*, kann er doch schon beim Pfändungsvollzug ausgeübt werden (BE, AB, 21.11.1950, BlSchK 1952, S. 25).

19 In analoger Anwendung sind *Eigentümertitel, die auf einem im Gesamteigentum* stehenden Grundstück errichtet werden, *vom BA in Verwahrung zu nehmen*, wenn der Anteil an einem Gemeinschaftsvermögen verarrestiert oder gepfändet wird (BGE 91 III 69).

20 Amtliche Verwahrung eines gepfändeten Personenautos wegen der Gefahr der Wertverminderung bei Überlassung an den Schuldner (AR, AB, 01.03.1955, BlSchK 1957, S. 48).

21 Die amtliche Verwahrung eines Personenwagens während der Dauer eines Aufschubsverfahrens rechtfertigt sich nur, wenn die Gefahr der Zerstörung des Fahrzeuges wahrscheinlich ist, und zwar auch dann, wenn keine Kaskoversicherung vorliegt (GE, Autorité de surveillance, 17.12.1971, BlSchK 1977, S. 188 mit Anmerkung der Redaktion).

22 Wenn sich die *Pfändung eines auf den Inhaber lautendes Sparheftes als unmöglich erweist* – namentlich bei Weigerung des Schuldners, es dem Amt herauszugeben – genügt es, die anerkannte Forderung gegen die Bank zu pfänden und es dem Erwerber der Forderung zu überlassen, das Verfahren auf Kraftloserklärung des Sparheftes durchzuführen (GE, Autorité de surveillance, 22.08.1984, BlSchK 1986, S. 30).

23 Sicherheitsmassnahmen in Bezug auf die Erhaltung einer *Sammlung von Feuerwaffen*. Wenn keine ernstliche Gründe zur Befürchtung bestehen, die gepfändeten Gegenstände könnten anderweitig Verwendung finden und wenn dieselben keiner Entwertung unterliegen, rechtfertigt sich ihre amtliche Verwahrung im Sinne des Gesetzes nicht (GE, Autorité de surveillance, 30.05.1984, BlSchK 1985, S. 22).

24 Wenn gegen den Mieter eine vollstreckbare Ausweisungsverfügung vorliegt, ist die amtliche *Verwahrung von Retentionsgegenständen* zulässig, auch wenn über das bestrittene Retentionsrecht noch ein Prozess hängig ist (BE, AB, 06.05.1949, ZBJV 1950, S. 461, BlSchK 1952, S. 90).

III. Mithilfe der Polizei

25 Zur Durchsetzung einer amtlichen Verwahrung im Sinne dieser Vorschrift kann polizeiliche Hilfe in Anspruch genommen werden, gleich wie für die Vornahme einer Pfändung nach Art. 91 Abs. 2 SchKG (SO, AB, 04.12.1957, BlSchK 1959, S. 149).

26 Wenn der Schuldner dem Vollzug einer Pfändung von Schmucksachen, die er bei sich trägt, Widerstand leistet, so ist der Pfändungsbeamte berechtigt, polizeiliche Hilfe in Anspruch zu nehmen (GE, Autorité de surveillance, 19.11.1975, BlSchK 1979, S. 45).

27 Voraussetzung zur Verwertung beweglicher Sachen ist der Besitz. Absatz 2 verpflichtet den Schuldner, die gepfändeten Gegenstände jederzeit zur Verfügung des BA zu halten. Bei seiner wiederholten Weigerung, das Auto herauszugeben, stellt die Anrufung der Polizei und deren Mithilfe bei der Wegnahme das geeignete Mittel dar (AR, AB, 09.02.1976, Rechenschaftsbericht 1975/76, Nr. B/1, SJZ 1977, S. 192).

IV. Verwahrung bei Eigentumsansprachen Dritter und Pfand- (Retentions-) ansprüchen oder Gewahrsam Dritter

28 Bei Pfändung eines Gelddepots bei einem Dritten in Form eines regulären Depots (Sachhinterlage) ist gemäss Abs. 1 vorzugehen. Bei Pfändung eines irregulären Depots (Summenhinterlage) hat eine Forderungspfändung zu erfolgen. Die Vorschrift zur Besitznahme betrifft nur die Sachpfändung von Geld (Bargeld, Banknoten usw.), findet also nur Anwendung, wenn ein möglicherweise dem Schuldner gehörender Bestand an solchen Werten festgestellt wird (BGE 77 III 60/61).

29 Der Umstand, dass ein Dritter den Gewahrsam an den gepfändeten Sachen mit dem Schuldner teilt, schliesst nicht unbedingt aus, dass das Amt sie in Verwahrung nimmt (BGE 79 III 108).

30 Eigentumsanspruch der Ehefrau des Schuldners oder Hängigkeit einer Beschwerde gegen die Pfändung hindert Verwahrung nicht. Ersatz gepfändeter Gegenstände durch andere ist möglich. Keine Kognition des BGer hinsichtlich der Voraussetzungen von Art. 98 Abs. 3 SchKG (BGE 80 III 111).

31 Im Gewahrsam eines Dritten befindliche gepfändete Sachen können nicht in Verwahrung genommen werden, wenn der Dritte Eigentumsanspruch auf diese Sachen erhebt (SG, AB, 28.08.1952, BlSchK 1954, S. 79).

32 Befindet sich die gepfändete Sache im Besitze eines Dritten (als Mit- oder alleiniger Gewahrsamsinhaber), so ist von einer amtlichen Verwahrung abzusehen, wenn der Drittanspruch durch Urkundenbeweis als glaubhaft erscheint (SO, AB, 19.02.1962, BlSchK 1963, S. 78).

33 Verwahrung eines Inhaberpapiers, das im *Miteigentum des Schuldners und eines Dritten* steht und im *Besitze dieses Dritten ist*, bei Pfändung des Anteils des Schuldners. Weil der pfändende Gläubiger ein offenkundiges Interesse daran hat, dass eine unerlaubte Verfügung über das Inhaberpapier, welche die Pfändung eines Miteigentumsanteils illusorisch machen würde, verhindert wird, ist die Verwahrung durch das BA begründet (BGE 90 III 76).

34 *Zulässigkeit der Pfändung von Vermögenswerten, die anscheinend nicht dem Schuldner gehören,* Grenzen der Ermittlungen hinsichtlich besserer Rechte Dritter, zu deren Anordnung die Betreibungsbehörden gehalten sein können (BGE 107 III 67).

35 Schon *nachgewiesener Mitgewahrsam* an einem gepfändeten Gegenstand *schliesst bei hängigem Widerspruchsverfahren die amtliche Verwahrung* desselben *aus* (BS, AB, 01.04.1970, BlSchK 1972, S. 81).

36 Verwahrung von Retentionsobjekten. Sie ist auch, entgegen von Art. 98 Abs. 3, auf Begehren des Schuldners zulässig, insbesondere dann, wenn der Schuldner befürchtet, dass durch Verbleib der Gegenstände am bisherigen Ort, diese einer Wertverminderung ausgesetzt sein könnten (SO, AB, 11.11.1991, BlSchK 1993, S. 199).

V. Kosten der Verwahrung

37 (i.V.m. Art. 68 und 2275 SchKG) – Der Gläubiger, der einen Arrestbefehl erwirkt hat, hat die *Kosten einer Verwahrung der Arrestgegenstände* zu tragen, *solange der Arrest besteht*. Dies ist auch der Fall, wenn er einem von einem Dritten angehobenen Widerspruchsverfahren unterliegt (GE, Autorité de surveillance, 10.02.1997, BlSchK 1998, S. 155).

38 Sicherungsmassnahmen dürfen im Falle der Aufnahme eines Retentionsverzeichnisses (Art. 283 SchKG) erst getroffen werden, wenn der in der Prosequierungsbetreibung allenfalls erhobene Rechtsvorschlag beseitigt ist. Die *Kosten für das* vom BA bereits in einem früheren Zeitpunkt angeordnete *Auswechseln von Türschlössern* dürfen nicht dem Retentionsschuldner belastet werden (BGE 127 III 111).

39 Verwahrung von Retentionsobjekten auf Begehren des Schuldners. Dies ist zulässig, wenn der Schuldner befürchtet, dass durch Verbleib der Gegenstände am bisherigen Ort diese einer Wertverminderung ausgesetzt sein könnten. *Wer hat die Kosten vorzuschiessen?* Nachdem hier das BA nach pflichtgemässem Ermessen eine Verwahrung selbst nicht als nötig befunden hat, ist die Erhebung eines Kostenvorschusses beim Schuldner nicht zu beanstanden (SO, AB, 11.11.1991, BlSchK 1993, S. 199).

Art. 99 2. Bei Forderungen

Bei der Pfändung von Forderungen oder Ansprüchen, für welche nicht eine an den Inhaber oder an Order lautende Urkunde besteht, wird dem Schuldner des Betriebenen angezeigt, dass er rechtsgültig nur noch an das Betreibungsamt leisten könne.

I. Allgemeines

1. Diese Gesetzesbestimmung findet auch für eine provisorische Pfändung Anwendung. für das BA besteht keine Pflicht, dem Drittschuldner die provisorische Natur der Pfändung bekannt zu geben (ZH, ObGer, II. Ziv.Kammer, 14.07.1967, BlSchK 1968, S. 119).
2. Die Pfändung von Forderungen kann stets am Betreibungsort erfolgen und dem Drittschuldner direkt von dort aus angezeigt werden, auch wenn er in einem anderen Kreis wohnt (BGE 73 III 84).
3. Die Rechtshilfe eines anderen BA ist erforderlich für Amtshandlungen in dessen Kreis; sie ist aber nicht erforderlich für Forderungspfändungen, Zustellungen und Anzeigen. Diese können vom Betreibungsort aus auf postalischem Wege erfolgen (BGE 73 III 118).
4. Guthaben des Schuldners gegenüber einem im Ausland domizilierten Drittschuldner – hier ein Bankguthaben bei einer Deutschen Bank – sind pfändbar und können diesem, allenfalls durch Vermittlung ausländischer Behörden, angezeigt werden (BL, AB, 25.04.2000, BlSchK 2001, S. 138).
5. Wenn es die Umstände erfordern, darf die Pfändung vorbereitet und zum Schutze der Gläubigerinteressen eine Sicherungsmassnahme angeordnet werden, gemäss welcher *sämtliche Guthaben des Schuldners bei einem Dritten gesperrt werden* (BGE 107 III 67).
6. Verlangt bei einer gegen einen Verein gerichteten Betreibung der Gläubiger die Pfändung der Mitgliederbeiträge, so hat er dem BA Namen und Wohnort der Schuldner dieser Beiträge mitzuteilen (FR, AB, 24.02.1959, SJZ 1962, S. 308).
7. Ein «compte-joint» als solches lässt nicht auf eine bestimmte Ausgestaltung des Verhältnisses der Kontoinhaber untereinander (Innenverhältnis) schliessen; bei der Pfändung eines solchen Guthabens sind die Bestimmungen der Verordnung über die Pfändung und Verwertung von Anteilen an Gemeinschaftsvermögen (VVAG) deshalb nur dann anzuwenden, wenn zwischen dem Betreibungsschuldner und den Mitinhabern des Kontos offensichtlich ein Gemeinschaftsverhältnis im Sinne von Art. 1 VVAG besteht (BGE 110 III 24, Praxis 73, Nr. 225).
8. Wenn der Schuldner, dessen *Anteil an einer unverteilten Erbschaft* gepfändet wurde, einwendet, es *stehe ihm kein Erbanspruch mehr zu, weil er seinen Anteil vorbezogen habe*, so hat nicht das Widerspruchsverfahren Platz zu greifen. Es handelt sich in dieser Beziehung gleich wie bei einer gewöhnlichen Forderung, von der der Forderungsschuldner oder der Betreibungsschuldner (Forderungsgläubiger) behauptet, dass sie untergegangen sei. Eine solche Forderung kann ohne Weiteres (als bestritten) gepfändet werden (LU, SchK-Komm., 18.05.1951, Max. X, Nr. 51).
9. Wenn sich die Pfändung eines auf den *Inhaber lautenden Sparheftes* als unmöglich erweist – namentlich bei Weigerung des Schuldners, es dem Amt herauszugeben – genügt es, die *anerkannte Forderung gegen die Bank zu pfänden* und es dem Erwerber der Forderung zu überlassen, das Verfahren auf Kraftloserklärung des Sparheftes durchzuführen (GE, Autorité de surveillance, 22.08.1984, BlSchK 1986, S. 30).
10. Beim Arrest von Forderungen kann das BA sich darauf beschränken, die in Art. 99 SchKG vorgeschriebene Sicherungsmassnahme zu treffen und den Drittschuldner um seine Stellungnahme zu den betroffenen Guthaben zu ersuchen. *Die Auskunftspflicht* gemäss Art. 91 SchKG *trifft nur den Schuldner und gegebenenfalls den Drittinhaber des Gewahrsams* an den gepfändeten bzw. verarrestierten Vermögenswerten des Schuldners *nicht aber den Drittschuldner* (ZH, ObGer II. Ziv.Kammer, 23.10.1985, ZR 1986, S. 84)
11. Pfändung in der Arrestbetreibung; Rückgang des Saldos auf einem bei einem Drittschuldner (Bank) arrestierten und nun zu pfändenden Konto – *Kontokorrentguthaben* des Arrestschuldners *sind auch bei einem nachträglichen Rückgang in der arrestierten Höhe zu pfänden*, deponierte Wert-

schriften und Münzen dagegen nur in dem Umfang, in dem sie im *Zeitpunkt der Pfändung effektiv noch vorhanden sind* (BGE 130 III 665).

12 Bei *Streitigkeiten über die Berechtigung an Lohnguthaben* wird das Widerspruchsverfahren den Interessen der Parteien besser gerecht als ein Vorgehen über den Prätendentenstreit. Deshalb sind solche Streitigkeiten im Widerspruchsverfahren zu erledigen. Die Frage, welcher Partei dabei die Klägerrolle zuzuteilen ist, entscheidet sich wie bei der Pfändung von gewöhnlichen Guthaben nach der grösseren Wahrscheinlichkeit der materiellen Berechtigung (SO, AB, 12.04.1983, BlSchK 1983, S. 222).

13 (i.V.m. Art. 107 SchKG) – *Erhebt die Bank als Drittschuldnerin Verrechnungseinrede*, so ist kein Widerspruchsverfahren durchzuführen. Vielmehr ist die gegenüber der Bank geltend gemachte Forderung als bestritten zu pfänden (BGE 120 III 18).

II. Anzeige als Sicherungsmassnahme

14 Die vorgesehene Anzeige an den Drittschuldner der gepfändeten Forderung ist bloss eine Sicherungsmassnahme, welche keinen Einfluss auf die Gültigkeit der Pfändung selbst hat. Bestreitet der Drittschuldner, Schuldner der gepfändeten Forderung zu sein, ändert dies nichts an der Gültigkeit der vollzogenen Pfändung; diese umfasst dann einfach eine streitige Forderung (BGE 109 III 11).

15 Die Anzeige an den Drittschuldner ist keine wesentliche Bedingung des Pfändungsvollzuges. – Immunitätsrechte des Drittschuldners hindert den Pfändungsvollzug nicht. Zum Vollzug genügt immer die blosse Eröffnung an den betriebenen Schuldner mit Eintrag in der Pfändungsurkunde (BGE 74 III 1).

16 Die Anzeige an den Arbeitgeber fällt nicht in das Ermessen des BA, sondern Art. 99 schreibt diese Anzeige allgemein vor. Die AB können das BA von der Einhaltung dieser Vorschrift nicht entbinden, auch nicht bei provisorischer Pfändung (BGE 83 III 17).

17 Die Anzeige an den Arbeitgeber, die womöglich zu erlassen ist, wenn der Schuldner eine unselbständige Erwerbstätigkeit ausübt (obligatorisches Formular Nr. 10), ist kein wesentlicher Bestandteil des Pfändungsvollzuges, sondern es handelt sich dabei wie bei der in Art. 98 vorgesehenen amtlichen Verwahrung im Falle der Pfändung von Geld, Banknoten usw. (BGE 63 III 67, 75 III 108) um eine Sicherungsmassnahme, die zum Pfändungsvollzug hinzutritt (BGE 93 III 36 mit Hinweisen) (BGE 94 III 78).

18 Bedeutung der Anzeige bei der Lohnpfändung. – Steht der Schuldner in einem bestimmten Arbeitsverhältnis, so ist dem Arbeitgeber als Drittschuldner der gepfändeten Lohnforderung nach Art. 99 SchKG freilich anzuzeigen, dass er rechtsgültig nur noch an das BA leisten könne. Bei dieser Anzeige handelt es sich jedoch nicht um einen wesentlichen Bestandteil des Pfändungsvollzuges, sondern um eine zu diesem hinzutretende Sicherungsmassnahme, die im Falle eines Stellenwechsels des Schuldners ohne Weiteres gegenüber dem neuen Arbeitgeber zu erlassen ist, ohne dass es einer erneuten Pfändung bedürfte (BGE 94 III 80/81, 93 III 36, 83 III 5, 78 III 128) (BGE 107 III 81).

Art. 100   3. Bei andern Rechten, Forderungseinzug

Das Betreibungsamt sorgt für die Erhaltung der gepfändeten Rechte und erhebt Zahlung für fällige Forderungen.

1 Diese Gesetzesbestimmung findet auch für eine provisorische Pfändung Anwendung. Für das BA besteht keine Pflicht, dem Drittschuldner die provisorische Natur der Pfändung bekannt zu geben (ZH, ObGer, II. Ziv.Kammer, 14.07.1967, BlSchK 1968, S. 119).

2 (Kreisschreiben des BGer (Plenum Nr. 14) vom 11.05.1922). – Werden in der Betreibung eines Gläubigers unter Eigentumsvorbehalt gekaufte Möbel nur zum Teil gepfändet, weil die andern, mit gleichem Kaufvertrag gekauften Möbel Kompetenzqualität besitzen, so kann der Gläubiger keine verhältnismässige Verteilung der Kaufpreisrestanz auf gepfändete und unpfändbare Möbel verlangen (BS, Zivilgerichtspräsident, 31.10.1947, SJZ 1948, S. 75, BlSchK 1949, S. 52).

3   Arrestierung und Pfändung einer Forderung des Schuldners aus Kauf, also auf Sachleistung. Vorbehalt der Rechte und Einreden des Verkäufers. Wie ist vorzugehen, wenn dieser die Lieferung bis zur Zahlung oder Sicherstellung des Kaufpreises zurückhält? – In diesem Falle ist dem betreibenden Gläubiger anheim zu stellen, die Leistung der Sache an das BA zu unterlassen, indem er den geforderten Preis(ausstand) bezahlt oder allenfalls im Sinne von Art. 83 OR sicherstellt. Tritt demzufolge die Sache an die Stelle des arrestierten (und gepfändeten) Anspruchs, so ist der Sacherlös, soweit erforderlich und ausreichend, dem betreibenden Gläubiger als Vergütung für jenen Aufwand auszurichten (BGE 78 III 68).

4   Es verstösst nicht gegen Bundesrecht, wenn die kantonale AB das BA dazu verhält, bei einer Lohnpfändung in der Pfändungsurkunde den Namen des Arbeitgebers des Schuldners anzugeben (BGE 107 III 78).

Art. 101   4. Bei Grundstücken
a. Vormerkung im Grundbuch

¹ Die Pfändung eines Grundstücks hat die Wirkung einer Verfügungsbeschränkung. Das Betreibungsamt teilt sie dem Grundbuchamt unter Angabe des Zeitpunktes und des Betrages, für den sie erfolgt ist, zum Zwecke der Vormerkung unverzüglich mit. Ebenso sind die Teilnahme neuer Gläubiger an der Pfändung und der Wegfall der Pfändung mitzuteilen.

² Die Vormerkung wird gelöscht, wenn das Verwertungsbegehren nicht innert zwei Jahren nach der Pfändung gestellt wird.

1   Bedeutung der Mitteilung an das Grundbuchamt – Die Mitteilung der Pfändung eines Grundstückes an das Grundbuchamt zwecks Vormerkung einer Verfügungsbeschränkung (Art. 15 lit. a VZG) und die Anzeigen an die Grundpfandgläubiger (Art. 102 Abs. 2 SchKG, Art. 15 lit. b VZG) und an die Versicherer (Art. 56 VVG, Art. 1 der VO betreffend die Pfändung, Arrestierung und Verwertung von Versicherungsansprüchen nach dem VVG Art. 15 lit. c VZG) sind Sicherungsmassnahmen, deren Unterlassung die Gültigkeit der Pfändung als solche nicht beeinträchtigt (vgl. BGE 94 III 80/81) (BGE 97 III 21).

2   (i.V.m. Art. 683 und 959 ZGB) – Vorgehen, wenn vor der Pfändung im Grundbuch ein Kaufsrecht zugunsten eines Dritten vorgemerkt wurde und der Kaufsrechtsberechtigte trotz der zufolge Pfändung im Grundbuch eingetragenen Verfügungsbeschränkung das Kaufsrecht ausüben will. Die Pfändung vermag die Rechte des Kaufsberechtigten nicht zu beeinträchtigen (Haab, Kommentar zu Art. 683 ZGB, Anm. 9, S. 430). Ist das Kaufsrecht vorgemerkt, so geht es demzufolge dem Beschlagsrecht der Pfändungsgläubiger vor (BGE 44 II 371). Übt der Kaufsberechtigte in diesem Falle sein Recht während der Zwangsvollstreckung aus, so ist ihm das Grundstück gestützt auf die Anmeldung des gepfändeten Eigentümers zu übertragen und fällt damit aus dem Pfändungsnexus (Homberger/Marti, SJK 432, S. 4). Bei der Mitwirkung des BA (Bewilligungserteilung) handelt es sich um die Erfüllung einer vor der Betreibung vom Schuldner eingegangene privatrechtliche Pflicht; das BA tut nichts anderes als das, was der Schuldner selbst hätte tun müssen, wäre er nicht betrieben worden (vgl. BGE 86 III 112) (ZH, BezGer, 6. Abt. , 27.07.1970, BlSchK 1972, S. 27).

3   (i.V.m. Art. 15 Abs. 1 VZG) Das BA meldete beim Grundbuchamt mit Formular Nr. 2 die Vormerkung einer Verfügungsbeschränkung auf dem Grundstück des Betreibungsschuldners an. Die Verfügungsbeschränkung beruhte auf einer provisorischen Pfändung zugunsten mehrerer Gläubiger, die gemäss Art. 110 Abs. 1 SchKG eine Gruppe bildeten. Das Grundbuchamt wies die Anmeldung ab und verlangte für jeden Gläubiger eine separate Verfügungsbeschränkung und zudem seien die Nummern der Grundstücke, auf denen die Verfügungsbeschränkung vorzumerken sei, einzeln aufzuführen. Wie das BA die Anmeldung zur Vormerkung einer Verfügungsbeschränkung im Grundbuch aufgrund einer Pfändung vorzunehmen hat wird in Art. 2 Abs. 3 der Anleitung der SchKK des BGer über die bei der Zwangsverwertung von Grundstücken zu errichtenden Aktenstücke vom 07.10.1922/29.11.1976/22.07.1996 vorgeschrieben. Dies hat mit Formular Nr. 2 zu geschehen. Die

Pfändung dient der Deckung der Forderungen sämtlicher in der Gruppe vereinigten Gläubiger. In der Anmeldung braucht demzufolge nur die gesamte Forderung und nicht die Forderung jedes einzelnen Gläubigers angegeben zu werden. Der Anmeldung ist im Weitern zu entnehmen, dass das gesamte Grundstück, also alle Grundstücke des Schuldners gepfändet sind. Dem Grundbuchamt ist dementsprechend bekannt, auf welchen Grundstücken die Vormerkung vorzunehmen ist. Das Grundbuchamt hatte keinen Grund, die dem BA gesetzlich vorgeschriebene Anmeldung abzuweisen (LU, Justizkomm, 07.07.1978, LGVE 1978 I 44, BlSchK 1982, S. 146).

4   (i.V.m. Art. 278 Abs. 4 SchKG) – Verfügungsbeschränkung über Grundstück im Arrestverfahren. Wenn die Arrestforderung im Rahmen des Arrestprosequierungsprozesses teilweise reduziert wird, wird auch die Verfügungsbeschränkung entsprechend reduziert (ZH, BezGer Horgen, 21.10.1988, SJZ 1990, S. 86).

5   Ein erst nach der Pfändung des Grundstückes errichtetes mittelbares gesetzliches Pfandrecht (Pfandrecht der Stockwerkeigentümergemeinschaft für Beitragsforderungen, Art. 712l ZGB) geht der Pfändung im Range nach. Ein nach der Pfändung begründetes Pfandrecht bleibt zwar zivilrechtlich gültig, doch kann der pfändende Gläubiger das Grundstück ohne Rücksicht darauf verwerten lassen. Nur ein allfälliger Mehrerlös kommt den später Berechtigten zu. Eine Ausnahme bilden lediglich diejenigen unmittelbaren gesetzlichen Pfandrechte, die ex lege allen anderen (eingetragenen) Pfandrechten vorgehen (vgl. Art. 808 Abs. 3 , 810 Abs. 3 und Art. 836 ZGB i.V.m. Art. 162 ff. EG z. ZGB) (GR, AB, 06.11.1989, PKG 1989, S. 175).

Art. 102   b. Früchte und Erträgnisse

¹ Die Pfändung eines Grundstückes erfasst unter Vorbehalt der den Grundpfandgläubigern zustehenden Rechte auch dessen Früchte und sonstige Erträgnisse.
² Das Betreibungsamt hat den Grundpfandgläubigern sowie gegebenenfalls den Mietern oder Pächtern von der erfolgten Pfändung Kenntnis zu geben.
³ Es sorgt für die Verwaltung und Bewirtschaftung des Grundstücks.

1   Die Verarrestierung eines Grundstückes erfasst von Gesetzes wegen auch die zivilen Früchte, insbesondere die Mietzinse (ZH, ObGer, II. Ziv.Kammer, 23.07.1957, BGer 29.08.1957, ZR 1963, Nr. 106).

2   Die Mitteilung der Pfändung eines Grundstückes an das Grundbuchamt zwecks Vormerkung einer Verfügungsbeschränkung (Art. 15 lit. a VZG) und die Anzeige an die Grundpfandgläubiger (Art. 15 lit. b VZG) und an die Versicherer und (Art. 56 VVG, Art. 1 der Verordnung betr. die Pfändung, Arrestierung und Verwertung von Versicherungsansprüchen nach dem VVG, Art. 15 lit. c VZG) sind die Sicherungsmassnahmen, deren Unterlassung die Gültigkeit der Pfändung als solcher nicht beeinträchtigt (vgl. BGE 94 III 80/81) (BGE 97 III 21).

3   (i.V.m. Art. 18 Abs. 2 VZG) Die Verwaltung und Bewirtschaftung eines Pfandgegenstandes erlaubt dem BA selbst mit Zustimmung der kantonalen AB nicht, das zu verwertende Grundstück im Rahmen einer ausserordentlichen Verwaltungsmassnahme zu parzellieren (BGE 120 III 138).

4   Der Dritte, der als Hilfsperson des BA gestützt auf einen zur Hauptsache durch das Bundesrecht geregelten Auftrag die Verwaltung besorgt und dessen Entschädigung in letzter Instanz durch die kantonale AB festgelegt wird, ist befugt, im Sinne der Art. 19 SchKG und 78 ff. OG Beschwerde zu führen und beispielsweise geltend zu machen, die Auflösung des Auftragsverhältnisses stelle einen Ermessensmissbrauch dar. – Aufhebung des mit einem Interessenkonflikt begründeten Widerrufs des Auftrags mangels konkreter Anhaltspunkte für das Vorliegen eines solchen Konflikts (BGE 129 III 400).

Art. 103   c. Einheimsen der Früchte

¹ Das Betreibungsamt sorgt für das Einheimsen der Früchte (Art. 94 und 102).

² Im Falle des Bedürfnisses sind die Früchte zum Unterhalt des Schuldners und seiner Familie in Anspruch zu nehmen.

1   Unterstützung des Schuldners und seiner Familie aus Erträgnissen des Grundstückes hat auch dann zu erfolgen, wenn der Schuldner ausserhalb des Grundstückes, immerhin aber in der Schweiz wohnt (ZH, ObGer, II. Kammer, 09.11.1945, ZR 1945, S. 359, BlSchK 1947, S. 52).

2   Der dem Schuldner zu gewährende Fruchtgenuss bemisst sich grundsätzlich nach dem Unterhaltsbedarf bis zur nächsten Ernte (BGE 73 III 122).

3   Der Schuldner kann vom BA gepfändete Mietzinse eines Grundstückes, deren er zur Fristung seines Lebensunterhaltes bedarf, nach den in Art. 93 SchKG für die Wahrung des Existenzminimums bei einer Lohnpfändung aufgestellten Vorschriften beanspruchen (BS, AB, 02.04.1953, BlSchK 1955, S. 82).

4   Im Falle des Bedürfnisses sind die gepfändeten oder arrestierten Früchte für den Unterhalt des Schuldners und seiner Familie zu verwenden. Diese Bestimmung gilt nicht nur für den Fall, dass die Früchte gemäss Art. 102 Abs. 1 SchKG von der Pfändung des Grundstücks mit erfasst werden, sondern auch bei der in Art. 94 SchKG geregelten gesonderten Pfändung der Früchte (BGE 65 III 95/96, 73 III 125). Unter den Früchten sind im Sinne von Art. 103 Abs. 2 nicht nur die natürlichen Früchten, *sondern auch die Erträgnisse* (BGE 62 III 6, 64 III 107, 65 III 20). Der Anspruch auf Gewährung von Unterhaltsbeiträgen aus den Erträgnissen des Grundstückes besteht während der ganzen Dauer der betreibungsamtlichen Verwaltung. Für den Arrest gilt in dieser Hinsicht das Gleiche wie für die Pfändung (BGE 94 III 8).

Art. 104   5. Bei Gemeinschaftsrechten

Wird ein Niessbrauch oder ein Anteil an einer unverteilten Erbschaft, an Gesellschaftsgut oder an einem andern Gemeinschaftsvermögen gepfändet, so zeigt das Betreibungsamt die Pfändung den beteiligten Dritten an.

1   Werden anstelle des Anteilsrechts am ganzen noch nicht verteilten Erbschaftsvermögen Anteilsrechte an einzelnen Erbschaftsgegenständen (z.B. Grundstücke) gepfändet, so ist die Pfändung grundsätzlich nichtig, es wäre denn, dass die betreffenden Gegenstände gemäss Erklärung aller Erben den ganzen unverteilten Nachlass bilden (VVAG Art. 1). Mit Zustimmung der Miterben kann die Pfändung auf das Anteilsrecht an einem einzelnen Gegenstand begrenzt werden falls es dem Gläubiger genügende Deckung bietet (Art. 97 Abs. 2 SchKG). – Für die Schätzung des Anteilsrechts gilt Art. 97 Abs. 1 SchKG; eine summarische Feststellung nach VVAG Art. 5 Abs. 3 ist nur in Ausnahmefällen zulässig (BGE 91 III 69).

2   (i.V.m. VVAG und Art. 544 Abs. 2 OR) – Die Auflösung des Gesamthandverhältnisses kann auch nach erfolgter Pfändung der Liquidationsanteile noch durch die Anteilhaber selbständig vorgenommen werden. Vorgehen nach Auflösung des Gesellschaftsvermögens: Wenn kein verwertbares Gemeinschaftsvermögen mehr besteht, entfällt die Möglichkeit und Notwendigkeit des Vorgehens nach der VVAG. Hier befindet sich ein Grundstück im Eigentum des Y, während an Stelle des Liquidationsanteils des X der Erlös aus der Abtretung seines Anteils getreten ist. Ohne dass es einer neuen Pfändung bedürfte (vgl. BlSchK 1963, S. 118), tritt der Liquidationserlös an die Stelle des Liquidationsanteils und ersetzt diesen als Pfändungssubstrat (Rutz in BlSchK 1975, S. 107). Aus einem Abtretungsvertrag ergibt sich, dass der Liquidationsanteil des X auf dem Wege der Übernahme sämtlicher Hypothekarschulden durch Y abgegolten worden ist, ohne dass im Übrigen für X noch ein Barerlös resultierte. Insoweit haben sich seine Passiven vermindert; ein neues Pfändungssubstrat scheint aber nicht vorzuliegen. Man kann sich fragen, ob nicht auf diese Art Gläubiger benachteiligt bzw. einzelne Gläubiger zum Nachteile anderer Gläubiger begünstigt worden seien. Weitere Abklärungen hierzu können im Rahmen dieses Verfahrens nicht getroffen werden; die Ergreifung allfälliger Rechtsbehelfe (Art. 288 SchKG) wird indessen dadurch nicht berührt (ZH, ObGer, II. Ziv.Kammer 19.10.1978, SJZ 1979, S. 196, BlSchK 1982, S. 23).

3 Bei der Verwertung eines gepfändeten Anteils an Gemeinschaftsvermögen dürfen weder das BA noch die AB sich zur Zusammensetzung der Erbengemeinschaft äussern. Sie sind nicht zuständig für die Beurteilung materiellrechtlicher Fragen und dürfen daher nicht darüber entscheiden, wer Mitglied einer Erbengemeinschaft ist. *Sie können nur versuchen, eine Einigung gemäss Art. 9 und 10 VVAG herbeizuführen* (BGE 113 III 38).

4 Es steht den Betreibungsbehörden nicht zu, über materiellrechtliche Fragen zu befinden, um den Betrag eines Anteils zu bestimmen, der dem Betriebenen von einem Gemeinschaftsvermögen zusteht, das dieser mit der Ehegattin innehat. Es besteht daher kein Grund, die Zwangsverwertung eines Grundstückes aufzuschieben, bis die güterrechtliche Auseinandersetzung im Rahmen eines hängigen Scheidungsverfahrens stattgefunden hat (BGE 113 III 40).

5 Der Erbanteil des Schuldners kann gepfändet werden, auch wenn der Schuldner und die Miterben behaupten, die seit der Verarrestierung durchgeführte Erbteilung habe für den Schuldner keinen Aktivwert ergeben. Die Betreibungsbehörden können nicht darüber entscheiden, ob dem Schuldner etwas aus der Erbteilung zustehe (BGE 130 III 652).

Art. 105 6. Kosten für Aufbewahrung und Unterhalt

Der Gläubiger hat dem Betreibungsamt auf Verlangen die Kosten der Aufbewahrung und des Unterhalts gepfändeter Vermögensstücke vorzuschiessen.

1 (i.V.m. Art. 98 SchKG) – Verwahrung von Retentionsobjekten. Sie ist auch entgegen von Art. 98 Abs. 3 auf Begehren des Schuldners zulässig, insbesondere dann, wenn der Schuldner fürchtet, dass die Gegenstände bei Verbleib am bisherigen Ort einer Wertverminderung ausgesetzt sein könnten. Wer hat die Kosten vorzuschiessen? Nachdem hier das BA nach pflichtgemässem Ermessen eine Verwahrung selbst nicht als nötig befunden hat, ist die Erhebung eines Kostenvorschusses beim Schuldner nicht zu beanstanden (SO, AB, 11.11.1991, BlSchK 1983, S. 199).

Art. 106 E. Ansprüche Dritter (Widerspruchsverfahren)
1. Vormerkung und Mitteilung

¹ Wird geltend gemacht, einem Dritten stehe am gepfändeten Gegenstand das Eigentum, ein Pfandrecht oder ein anderes Recht zu, das der Pfändung entgegensteht oder im weiteren Verlauf des Vollstreckungsverfahrens zu berücksichtigen ist, so merkt das Betreibungsamt den Anspruch des Dritten in der Pfändungsurkunde vor oder zeigt ihn, falls die Urkunde bereits zugestellt ist, den Parteien besonders an.

² Dritte können ihre Ansprüche anmelden, solange der Erlös aus der Verwertung des gepfändeten Gegenstandes noch nicht verteilt ist.

³ Nach der Verwertung kann der Dritte die Ansprüche, die ihm nach Zivilrecht bei Diebstahl, Verlust oder sonstigem Abhandenkommen einer beweglichen Sache (Art. 934 und 935 ZGB) oder bei bösem Glauben des Erwerbers (Art. 936 und 974 Abs. 3 ZGB) zustehen, ausserhalb des Betreibungsverfahrens geltend machen. Als öffentliche Versteigerung im Sinne von Artikel 934 Absatz 2 des Zivilgesetzbuches gilt dabei auch der Freihandverkauf nach Artikel 130 dieses Gesetzes.

I. Allgemeines

1 *Das BA hat eine ungenügende Kollektivbezeichnung der Drittansprecher («Gebrüder….») schon für die Anzeige an Gläubiger und Schuldner zu präzisieren und die Klagefristansetzung jedem einzelnen Ansprecher gegenüber vorzunehmen (BGE 72 III 97)*

2 *Für die Wahrung der Interessen unmündiger Kinder des Schuldners hat ein Beistand mitzuwirken (BS, AB, 18.04.1945, BlSchK 1947, S.16).*

Art. 106 Nr. 1 SchKG

3   Durch testamentarische Verfügung kann ein Guthaben der Zwangsvollstreckung nicht entzogen werden (BE, AB, 20.03.1953, BlSchK 1954, S. 74).

4   Die Anzeige vom Vollzug einer Pfändung mit dem fakultativen Formular Nr. 2 enthält nicht die Ansetzung einer Verwirkungsfrist zur Anmeldung von Drittansprachen (BGE 83 III 21).

5   Der Erlös aus einer Faustpfandverwertung fällt mit Ausnahme eines Überschusses nicht in das Schuldnervermögen und kann daher nicht für gewöhnliche Gläubiger eines Schuldners arrestiert oder gepfändet werden, noch sind solche Gläubiger befugt, dem betreibenden Pfandgläubiger das Recht auf den Erlös in einem Widerspruchsverfahren streitig zu machen. Vorbehalten bleibt die Anfechtungsklage nach Art. 285 ff. SchKG (BGE 74 III 65).

6   Zulässig ist die Arrestierung (unter Vorbehalt des Widerspruchsverfahrens) von Sachen und Guthaben, die dem Schuldner gehören, dem Namen nach aber einem Dritten zustehen (BGE 96 III 109).

7   Für die *Bestreitung des Drittanspruches ist keine bestimmte Form vorgesehen.* Entscheidend ist, ob aus der abgegebenen Erklärung der Wille zur Bestreitung hinreichend erkennbar ist (LU, SchKKomm, 16.05.1947, Max. IX, Nr. 530, ein Rekurs wurde durch das BGer abgewiesen, BlSchK 1949, S. 147).

8   Eine Drittansprache wirkt nur in der Betreibung, in welcher sie angemeldet wird und ist nicht in allen künftigen Pfändungen von Amtes wegen vorzumerken (ZH, ObGer, II. Ziv.Kammer, 28.06.1949, ZR 1950, Nr. 112, BlSchK 1952, S. 83).

9   Das Widerspruchsverfahren gilt jeweilen nur für diejenige Betreibung, in welcher es angehoben wurde. Für jede weitere Betreibung muss es neu geführt werden. Der Richter, dem die gleiche Widerspruchsklage in einer neuen Betreibung zwischen den gleichen Parteien ein zweites Mal eingereicht wird, darf die zweite Klage nicht wegen bereits bestehender Rechtshängigkeit zurückweisen. Wird ein derartiger Rückweisungs- oder Abweisungsbeschluss nicht weiter gezogen, so fällt der angesprochene Gegenstand aus der betreffenden Pfändung und das BA hat von Amtes wegen (Beschwerde jederzeit möglich) alle sich auf diesen Gegenstand beziehenden Sperren zu widerrufen (BGE 85 III 57).

10 Der Vermerk einer Drittansprache in der Pfändungsurkunde, die in Wahrheit nicht erhoben wurde, hat keine Rechtswirkung. Er ist zu streichen, auch wenn sich niemand binnen der Frist des Art. 17 SchKG darüber beschwert hat und wenn der Gläubiger die ihm nach Art. 108 SchKG angesetzte Klagefrist nicht benützt hat (BGE 86 III 17).

11 Der Ausgang eines Widerspruchsverfahrens *ist nicht von vornherein auch für eine andere Betreibung desselben Schuldners durch denselben Gläubiger massgebend.* Die Gegenstände, die damals als Eigentum des dritten Ansprechers anerkannt wurden, sind, soweit dies möglich ist, wiederum zu pfänden und es ist über die nochmals erhobene Ansprache ein neues Widerspruchsverfahren einzuleiten. Die Einrede der beurteilten Sache kann vor dem Richter erhoben werden (BGE 92 III 9).

12 Zwischen dem das Retentionsrecht für Miete ausübenden Gläubiger und dem Schuldner kann *kein Widerspruchsverfahren stattfinden.* Eine dennoch dem Gläubiger angesetzte Frist zur Anhebung einer solchen Klage ist jederzeit von Amtes wegen als nichtig zu betrachten (BGE 90 III 99).

13 Es kann nicht nachträglich in der mündlichen Verhandlung des Widerspruchsprozesses Eigentum geltend gemacht werden, nachdem im Pfändungsbegehren lediglich ein Eigentumsvorbehalt angemeldet worden war (BS, Appellationsgericht (Ausschuss), 31.10.1957, SJZ 1958, S. 123).

14 Die *Frage, ob überhaupt ein Widerspruchsverfahren durchzuführen ist,* kann auch für den Schuldner bedeutsam sein, jedoch nur im Verfahren nach Art. 106/107 SchKG. Daher hat hier der Schuldner das Recht, Stellung zu nehmen und sich allenfalls zu beschweren (BGE 86 III 53).

15 Im Streit über die Gültigkeit der *Begünstigung bei einem Versicherungsvertrag* ist das Widerspruchsverfahren anwendbar (BGE 85 III 57).

16 Der BB hat die vom Schuldner *behaupteten Drittansprüche* ohne Rücksicht auf ihre Glaubwürdigkeit in der Pfändungsurkunde vorzumerken und dem Gläubiger und Schuldner Frist zur Bestreitung derselben anzusetzen (AR, AB, 29.06.1959, BlSchK 1961, S. 46).

Dritter Titel: Betreibung auf Pfändung | Art. 106

17 Das BA hat *bei Einleitung einer Faustpfandbetreibung nicht zu prüfen,* ob das *behauptete Pfandrecht bestehe.* Weitere Pfändungsgläubiger haben die Möglichkeit, im Widerspruchsverfahren das behauptete Pfandrecht zu bestreiten (BE, AB, 03.01.1963, BlSchK 1964, S. 13).

18 *Bedeutung der Vormerkung:* Die vorgeschriebene Vormerkung einer dem Amt bekannt gegebenen Drittansprache in der Pfändungsurkunde gehört nicht zum Pfändungsvollzug als solchem, sondern es handelt sich um eine zu dieser Betreibungshandlung hinzu tretende Massnahme, die gemäss Abs. 2 bis zur Verteilung des Erlöses nachgeholt werden kann. Der Umstand, dass das Amt diese Vormerkung unterlässt und das Widerspruchsverfahren nicht einleitet, macht also die Pfändung als solche nicht ungültig (BGE 97 III 21).

19 Über eine Eigentumsansprache, die sich nicht auf *klar bestimmte Gegenstände* bezieht, kann das Widerspruchsverfahren nicht eröffnet werden (GE, Autorité de surveillance, 23.01.980, BlSchK 1980, S. 147).

20 Es kann nicht nachträglich in der mündlichen Verhandlung des Widerspruchsprozesses Eigentum geltend gemacht werden, nachdem im Pfändungsbegehren lediglich ein Eigentumsvorbehalt angemeldet worden war (BS, Appellationsgericht (Ausschuss), 31.10.1957, SJZ 1958, S. 123).

21 (i.V.m. Art. 276 Abs. 1 SchKG) – Damit ein Widerspruchsverfahren eingeleitet werden kann, muss jeder als Dritteigentum angegebene oder in Anspruch genommene *Gegenstand genau bezeichnet werden,* selbst wenn es sich um Gegenstände handelt, welche in der Arresturkunde nicht individualisiert worden sind (GE, Autorité de surveillance, 07.03.1979, BlSchK 1982, S. 101)

22 Die Pflicht, dem BA innert angemessener Frist Drittansprüche an arrestiertem oder gepfändetem Vermögen bekannt zu geben, besteht gleichermassen für die Banken. Das Bankgeheimnis befreit die Banken nicht von raschem Handeln, wenn sie nicht den Verlust ihrer Ansprüche riskieren wollen (GE, Autorité de surveillance, 27.02.1980, BlSchK 1983, S. 106).

23 *Unbekannter Drittansprecher* – Wer nicht mit Namen bekannt ist, kann keinen Drittanspruch geltend machen. Die Frage, ob seine Drittansprache verspätet sei, stellt sich daher nur für den Fall, dass seine Identität bekannt würde (BGE 109 III 56/57).

24 Wer Eigentümer des gepfändeten Patentes ist, kann nicht im Beschwerdeverfahren durch die AB geprüft werden. Dazu dient das Widerspruchsverfahren gemäss Art. 106 ff. SchKG. Es ist nicht Sache der Betreibungsbehörden, für die Eintragung des richtigen Eigentümers im Patentregister besorgt zu sein (BE, AB, 15.03.1983, BlSchK 1987, S. 65).

25 Werden Eigentums- und Pfandansprachen von verschiedenen Dritten erhoben, so können dem betreibenden Gläubiger die Fristen zur Erhebung der Klagen gegen Eigentums- und Pfandansprecher gleichzeitig angesetzt werden. Doch soll beigefügt werden, dass die Frist zur Klage gegen den Pfandansprecher erst mit dem Tag zu laufen beginnt, an welchem das gegenüber dem Eigentumsansprecher erstrittene Urteil in Rechtskraft tritt. Dem Pfandansprecher muss von dieser Art und Weise der Fristansetzung Mitteilung gemacht werden (Bestätigung der Rechtsprechung) (BGE 110 III 60).

26 Anwendungsbereich des Widerspruchsverfahrens – Wird *eine Forderung eingepfändet* oder verarrestiert, *welche von dritter Seite* – vorliegend von einer Bank – zufolge Verrechnung mit einer Gegenforderung *bestritten wird,* so ist diese Frage *nicht im Widerspruchsverfahren zu entscheiden.* Im Widerspruchsverfahren sind nur absolute Rechte (Eigentum, Pfand), die der Verwertung einer Forderung entgegenstehen könnten, abzuklären (BE, AB, 28.09.1992, BlSchK 1993, S. 60).

27 (i.V.m. Art. 107 SchKG) Erhebt die Bank als Drittschuldnerin Verrechnungseinrede, so ist kein Widerspruchsverfahren durchzuführen. Vielmehr ist die gegenüber der Bank geltend gemachte Forderung als bestritten zu pfänden (BGE 120 III 18).

28 In der Pfändungsurkunde ist nichts weiter zu vermerken, als was ein Drittanspruch umfasst. Ein vom Wortlaut einer Abtretung nicht gedeckter Zusatz darf nicht in die Pfändungsurkunde aufgenommen werden. Ist ein Resterlös für den Fall des Verkaufs eines Grundstückes abgetreten worden, so wird die Abtretung erst im Augenblick der Veräusserung wirksam. Die abgetretene bedingte Forderung

kann nicht Gegenstand eines Widerspruchsverfahrens in der Betreibung, in welcher das Grundstück gepfändet wird, bilden (BGE 119 III 22).

II. Eigentumsanspruch eines Ehegatten

29 Die Ehefrau und die Kinder, auch wenn sie im Gewerbe des Ehemannes bzw. Vaters mitarbeiten, haben diesem Inventar in der Regel keinen Mitgewahrsam, da ihre Arbeit eine vom Inhaber des Gewerbes Abhängige ist (BE, AB, 11.03.1957, BlSchK 1958, S. 80).

30 Ausschliesslicher Gewahrsam des Schuldners oder *Mitgewahrsam der Ehefrau an gepfändetem Vieh?* – Bei dieser Beurteilung sind die rechtlichen Momente zu berücksichtigen. Die Rechtsprechung hat beim Entscheid darüber, ob die Ehefrau am Inventar eines vom Ehemann betriebenen Gewerbes Mitgewahrsam habe, neben rein tatsächlichen Momenten, z.B. den Umstand erheblich erklärt, dass zwischen den Ehegatten vertragliche Gütertrennung besteht und ein dazu gehöriges Verzeichnis die streitigen Gegenstände einzeln als Bestandteile des «abgetrennten» Vermögens der Frau aufführt (BGE 68 III 179 ff., 77 III 118) oder dass die Ehefrau den Mietvertrag über die Verwahrung des Gegenstandes dienenden Räumlichkeiten abgeschlossen hat (BGE 58 III 105 ff., vgl. auch BGE 76 III 40). Im Entscheid 71 III 62 ff. wurde als Indiz für den Mitgewahrsam der Ehefrau an beim Ehemann gepfändetem Vieh u.a. die Tatsache gewertet, dass die Ehefrau im Grundbuch als Eigentümerin des Bauernhofes und in den Registern des Viehinspektors überdies als Eigentümerin des Viehs eingetragen war. In BGE 76 III 8/9 genügte die vom Gläubiger zugegebene Tatsache, dass die im Betrieb des Heimwesens mitarbeitende Ehefrau dessen Eigentümerin sei, um ihr den Mitgewahrsam am Betriebsinventar zuzubilligen, auch wenn ihre Mitarbeit nicht so intensiv sein sollte, wie es im Falle des BGE 71 III 62 zugetroffen habe (BGE 87 III 11 und 89 III 69).

31 Begriff des Besitzes im Sinne von Art. 930 ZGB ist nicht der nämliche wie derjenige des tatsächlichen Gewahrsams im Sinne des SchKG. Der Ehegatte des Schuldners ist nicht befugt, sich dem betreibenden Gläubiger gegenüber die Vermutung des Eigentums gemäss Art. 930 ZGB zu berufen (GE, Cour de Justice, 09.06.1953, Sem. 77, S. 17, SJZ 1956, S. 64).

32 Bei Gegenständen, die sich *in einem von beiden Ehegatten benutzten Ferienhaus befinden,* ist Mitgewahrsam der Ehefrau anzunehmen, auch wenn die Eheleute im Übrigen getrennt leben. Die Frist ist demnach nach Art. 108 SchKG anzusetzen (BE, AB, 29.04.1974, BlSchK 1976, S. 141).

33 Wenn *nicht tatsächlicher Mitgewahrsam der Ehefrau* des Schuldners *vorliegt,* ist im Widerspruchsverfahren nach Art. 106 SchKG Frist anzusetzen (BE, AB, 23.08.1973, BlSchK 1976, S. 142).

34 Da es Sache des Richters ist, über *Dritteigentumsansprüche* zu entscheiden, vermag die Zurückweisung eines Eigentumsanspruchs der Ehefrau des Schuldners durch das BA nicht mit dem Umstand begründet werden, dass die gepfändeten Gegenstände im Ehevertrag nicht erwähnt seien. – Nicht verfallen ist das Vindikationsrecht eines Dritten an Gegenständen, von deren Pfändung er persönlich keine Kenntnis erlangt hat und an denen er Vorzugsrechte behauptet (GE, Autorité de surveillance, 27.05.1981, BlSchK 1983, S. (143).

35 Behauptet der geschiedene Ehemann der betriebenen Schuldnerin, dass die *Betreibung eine Sondergutsschuld betreffe und die gepfändeten Gegenstände eingebrachtes Gut der Schuldnerin seien, so ist* deswegen *kein Widerspruchsverfahren einzuleiten.* Rechtsbehelfe der Schuldnerin und der Gläubiger konkurrierender Betreibungen: Es wäre Sache der Schuldnerin gewesen, durch Rechtsvorschlag und hernach durch Einrede im Prozess über die Forderungen des Rekurrenten geltend zu machen, dass die Betreibung eine Sondergutsschuld betreffe und ihre Schuldpflicht sich daher auf den Betrag beschränke, für den das Sondergut die Forderung im Zeitpunkt der Auflösung der Ehe deckte (BGE 64 III 159). Der geschiedene Ehemann kann diese Beschränkung der Schuldpflicht seiner geschiedenen Ehefrau höchstens auf dem Weg der Kollokationsklage gegen den betreibenden Gläubiger geltend machen (dann nämlich, wenn die Forderung für die er Anschlusspfändung verlangt hat, anerkannt oder geschützt wird und der Verwertungserlös nicht ausreicht, um sowohl die Forderung des Rekurrenten als auch diejenige des Ehemannes zu decken) (BGE 80 III 69).

36 Die vom Schuldner zugunsten der Konkursmasse seiner Ehefrau geltend gemachte Drittansprache kann nicht als verspätet bezeichnet werden, wenn in einer Betreibung Gegenstände für eine Forde-

rung gepfändet wurden, für welche die Ehegatten solidarisch hafteten (FR, AB, 25.02.1982, BlSchK 1985, S. 151).

III. Widerspruchsverfahren im Zusammenhang mit Grundstücken

37 Im Widerspruchsverfahren über Rechte an Grundstücken ist ohne Rücksicht auf den Gewahrsam derjenige zur Klage legitimiert, dessen Rechtsbehauptung den Eintragungen im Grundbuch widerspricht (BGE 72 III 44/45).

38 Wird ein *Miteigentumsanteil* gepfändet, der laut Grundbuch dem Schuldner zusteht, so ist demgemäss *die Klagefrist nicht dem Gläubiger*, sondern den andern Miteigentümern *anzusetzen*, wenn *sie behaupten, der Schuldner habe am Grundstück in Wirklichkeit kein Miteigentum oder es komme ihm ein kleinerer Anteil als der im Grundbuch angegebene zu* (BGE 72 III 44/45).

39 Das Widerspruchsverfahren ist auch bei Pfändung von Grundstücken durchzuführen. *Parteirollenverteilung*. – Für das Widerspruchsverfahren über Rechte an Grundstücken gilt die Besonderheit, dass für die Parteirollenverteilung dem Grundbucheintrag die Rolle des Gewahrsams zukommt. Es ist ohne Rücksicht auf den Gewahrsam derjenige zur Klage aufzufordern, dessen Rechtsbehauptung den Eintragungen im Grundbuch widerspricht (BGE 72 III 44) (LU, SchKKomm, 02.01.1951, Max. X, Nr. 135).

40 Beim *Streit um Grundstücke* kommt es nicht darauf an, wer die tatsächliche Verfügungsgewalt über das Grundstück besitzt, massgebend ist hier vielmehr der Grundbucheintrag (BGE 85 III 50).

41 (i.V.m. Art. 937 Abs. 1 ZGB) – Ist jemand im Grundbuch als Inhaber eines Rechts an einem Grundstück eingetragen, wird vermutet, dass das betreffende Recht ihm wirklich zustehe. Trotzdem hat das BA ihm gegenüber rechtzeitig zur Anmeldung gebrachte Drittansprüche ohne materielle Prüfung vorzumerken und das Widerspruchsverfahren einzuleiten. Deren Unterlassung macht aber die Pfändung nicht ungültig. Vielmehr ist das Versäumte nachzuholen (SO, AB, 28.01.1963, BlSchK 1965, S. 228).

42 (i.V.m. Art. 960 Abs. 1 ZGB) – Der BB, der auf Begehren des Arrestgläubigers Grundstücke pfändet, die zuvor arrestiert worden waren, hat in einem Fall, da der Schuldner nach Vormerkung der Verfügungsbeschränkung die Grundstücke veräussert hat, kein Widerspruchesverfahren in die Wege zu leiten (BGE 130 III 669).

IV. Fiduziarisches Eigentum

43 Im Arrestverfahren gegen den Fiduzianten dürfen keine Vermögenswerte arrestiert werden, die fiduziarisch einem Dritten gehören; solche Vermögenswerte sind Eigentum des Fiduziars, einer vom Schuldner verschiedenen Person. Der *Gläubiger kann nicht die Arrestierung* von Vermögenswerten *verlangen,* die nach *seinen eigenen Angaben fiduziarisch ihm gehören* (BGE 107 III 103).

V. Frist zur Anmeldung

44 Der Vermieter kann sein *Retentionsrecht für Mietzins und Heizkosten* in Konkurrenz mit pfändenden Gläubigern bis zum Schluss der Betreibung anmelden und er verliert das Widerspruchsrecht nur dann schon vor der Verteilung des Erlöses, wenn er die Anmeldung seines Anspruchs arglistig verzögert, d.h. mit seiner Säumnis darauf ausgeht, das Betreibungsverfahren zu stören (BGE 67 III 65, 68 III 184). – Eine Aktiengesellschaft muss sich das arglistige Verhalten ihres Geschäftsführers und einzigen Verwaltungsratsmitgliedes auch dann anrechnen lassen, wenn dieser infolge einer Interessenkollision nicht im Interesse der Gesellschaft, sondern im eigenen Interesse arglistig gehandelt hat (BE, AB 13.05.1949, SJZ 1950, S. 76).

45 Wer erst nach *längerem Zuwarten ein Anspruch geltend macht,* darf sich nicht damit begnügen, zu erklären, er habe keine Hinhaltung des BA beabsichtigt und sich von einer solchen Auswirkung seines Verhaltens nicht Rechenschaft gegeben; er muss die Gründe seines Verhaltens angeben und glaubhaft machen (BGE 84 III 86).

46 Das *Recht zur Anmeldung eines Drittanspruchs* an gepfändeter Sache *ist weder gesetzlich befristet,* noch wird es befristet durch die Anzeige des Pfändungsvollzuges mit dem fakultativen Form. Nr. 2. Aus dem Ablauf mehrerer Monate bis zur Anmeldung des Drittanspruchs (weil zuerst ein anderer

Eigentümer bezeichnet worden war und der neue Ansprecher nun erst von dessen Verzicht erfahren hat) darf nicht ohne Weiteres auf *arglistiges Zuwarten* geschlossen werden (BGE 86 III 64; vgl. auch SG, AB, 18.08.1960, BlSchK 1963, S. 80).

47 Die Geltendmachung eines Eigentumsanspruchs ist wegen Fristversäumnis nicht ausgeschlossen, wenn der Dritte seinen Anspruch nicht beweisen konnte, weil er die Beweismittel verlegt hatte (GE, Autorité de surveillance, 18.09.1975, BlSchK 1978, S. 149/150).

48 Einleitung des Widerspruchsverfahrens trotz verspäteter Anmeldung des Drittanspruchs stellt lediglich eine anfechtbare, nicht aber eine nichtige Verfügung dar. Mangels entsprechenden Antrags besteht für die AB kein Anlass zur Prüfung der Frage, ob der Drittanspruch rechtzeitig angemeldet worden sei oder nicht (BE, AB, 16.10.1979, BlSchK 1983, S. 73).

49 Frage der Rechtzeitigkeit der Anmeldung – Bei der Beantwortung der Frage, ob der Dritte seinen Eigentumsanspruch verspätet angemeldet habe, muss auf den Zeitpunkt abgestellt werden, an dem er persönlich Kenntnis vom Beschlag seiner Vermögensgegenstände bekommen hat. – Grundsätzlich muss der Eigentumsanspruch nicht angemeldet werden, solange die AB nicht über eine Beschwerde entschieden hat, die den Arrestvollzug zum Gegenstand hat (BGE 112 III 59).

50 Anmeldung des Drittanspruchs der arrestierten und in der Folge gepfändeten Vermögenswerte; Frage der Rechtzeitigkeit. – Die Pflicht, seinen Anspruch an arrestierten oder gepfändeten Vermögenswerten rechtzeitig beim BA anzumelden, trifft den Dritten grundsätzlich erst vom Zeitpunkt an, da er persönlich von den vollstreckungsrechtlichen Beschlagnahme hinlänglich Kenntnis erhalten hat und ferner rechtskräftig feststeht, dass der Arrest zulässig ist bzw. die in Frage stehenden Vermögenswerte pfändbar sind (BGE 114 III 92).

51 Drittansprache im Arrestverfahren – Die *Verweigerung der Auskunft über Vermögenswerte* des Schuldners durch deren Gewahrsamsinhaber *bewirkt nicht von Gesetzes wegen die Verwirkung von dessen Drittspracherecht*. – Es obliegt dem BA, ein versiegeltes Couvert zu öffnen, in welchem der dritte Gewahrsamsinhaber Angaben über Bestand und Umfang der schuldnerischen Vermögenswerte vorlegt. Es ist bundesrechtswidrig, die Anmeldefrist für Drittansprachen auf 10 Tage zu beschränken (BGE 109 III 22).

52 Für die Anmeldung von Drittmannsrechten an gepfändeten Forderungen sind die Grundsätze der Art. 106–109 SchKG sinngemäss anwendbar. Nach diesen Vorschriften ist die Anmeldung als solche unbefristet; der Dritte, dem keine Frist gemäss Art. 107 Abs. 2 angesetzt wurde, kann nach Abs. 2 dieses Artikels seinen Anspruch am Pfändungsgegenstand oder an dessen Erlös solange er noch nicht verteilt ist, geltend machen (95 III 15).

53 Frist zur Anmeldung des Drittanspruchs, wenn zuvor eine Sperrung in einem Fall gegenseitiger Rechtshilfe in Strafsachen verfügt worden ist. – Der Staat, zu dessen Gunsten im Rahmen gegenseitiger Rechtshilfe eine Sperrung verfügt worden ist, handelt nicht gegen den Grundsatz von Treu und Glauben, wenn er – gestützt auf die Rechtsprechung, welcher der strafrechtlichen den Vorrang vor der zivilrechtlichen Zwangsmassnahme einräumt – mit der Anmeldung seines Drittanspruchs bis zum Entscheid über die Rechtshilfe zuwartet, zumal er im Rechtshilfeverfahren klar zu erkennen gegeben hat, dass der Anspruch auf die umstrittenen Vermögenswerte erhebe und die Arrestgläubiger mit der Anmeldung des Drittanspruchs im Falle der Abweisung des Rechtshilfegesuches rechnen musste (BGE 120 III 123).

VI. Verwirkung des Widerspruchsrecht durch arglistige Verzögerung

54 Der Dritte *verwirkt* sein Widerspruchsrecht *nur dann schon vor der Verteilung des Erlöses,* wenn er die Anmeldung seines Anspruches arglistig verzögert, d.h. *mit seiner Säumnis darauf ausgeht, das Betreibungsverfahren zu stören* (BGE 67 III 65, 68 III 184). – Eine Aktiengesellschaft muss sich das *arglistige Verhalten* ihres *Geschäftsführers* und einzigen Verwaltungsratsmitgliedes auch dann anrechnen lassen, wenn dieser infolge einer Interessenkollision nicht im Interesse der Gesellschaft, sondern im eigenen Interesse arglistig gehandelt hat (LU, SchKKomm, 17.03.1953, Max. X, Nr. 220).

55 *Meldepflicht des Dritten* – Anmeldung eines Pfandanspruchs nach gerichtlicher Abweisung des zunächst angemeldeten Eigentumsanspruchs. Verwirkung des Widerspruchsrechts wegen arglistiger Verzögerung der Anmeldung (BGE 81 III 54).

56 Verwirkung der Drittansprache durch arglistige Verzögerung der Anmeldung. Ein sechsmonatiges Zuwarten seit der ersten Pfändung muss ohne Weiteres Verwirkung angenommen werden, wenn inzwischen noch weitere Pfändungen erfolgten, ohne dass ein Einspruch geltend gemacht wurde (TG, Rekurskomm., 09.06.1958, BlSchK 1960, S. 118).

57 Längeres, eine angemessene Überlegungsfrist sehr stark überschreitendes Zuwarten mit der Anmeldung im Bewusstsein der damit verbundenen Störung des Vollstreckungsverfahrens begründet den Verdacht der Arglist. Diesen kann der Dritte nur dadurch abwenden, dass er Tatsachen nennt und glaubhaft macht, die das Zuwarten als verständlich und mit Treu und Glauben vereinbar erscheinen lassen. Eine Beschwerde und eine Arrestaufhebungsklage, mit denen der Arrestschuldner die Aufhebung des Arrestes nur unter Berufung darauf verlangt, dass er die arrestierte Forderung einem Dritten abgetreten habe, bilden für diesen (zumal nach erhaltener Rechtsbelehrung) keinen beachtlichen Grund dafür, mit der Anmeldung seines Anspruchs beim BA monatelang zuzuwarten (BGE 88 III 109).

58 Unter welchen Voraussetzungen kann ein Dritter, hier die Ehefrau des Schuldners, dem das BA den Pfändungsvollzug angezeigt und die Frist für die Geltendmachung von Eigentums- und anderen Ansprachen angesetzt hat, *nach unbenütztem Ablauf noch eine Drittansprache erheben?* Böswilligkeit und Arglist liegen jedoch nicht nur dann vor, wenn der Drittsprecher die Verzögerung des Betreibungsverfahrens beabsichtigt und dies gerade der Zweck seines Zuwartens ist, vielmehr verdient eine Verzögerung der Anmeldung immer dann mit Verwirkungsfolge bedacht zu werden, wenn der Dritte sich der mit seinem Zuwarten verbundenen Hemmung des Betreibungsverfahrens bewusst ist und er für sein Verhalten keinen oder doch keinen ernsthaften Grund hatte (ZH, ObGer, II. Ziv.Kammer, 02.03.1956, ZR 1960, Nr. 105).

59 Längeres, eine angemessene Überlegungsfrist sehr stark überschreitendes Zuwarten mit der Anmeldung eines Eigentumsanspruches begründet den Verdacht der Arglist und führt zur Verwirkung des Widerspruchsrechts (BE, AB, 01.04.1964, BlSchK 1965, S. 114).

60 Eine Drittansprache kann im Widerspruchsverfahren noch bis zur Verteilung angebracht werden. Eine arglistige Verzögerung der Ansprache mit Verwirkungsfolge ist nicht leichterdings anzunehmen (SG, AB, 19.06.1963, BlSchK 1965, S. 142).

61 Die Anmeldung setzt eine hinlängliche Kenntnis vom Arrest oder von der Pfändung voraus. Aus der Tatsache, dass ein im Ausland niedergelassener Drittsprecher mit der Anmeldung seines Anspruchs lange zuwartet, darf nicht leichthin geschlossen werden, er wolle das Vollstreckungsverfahren verzögern oder müsse sich doch davon Rechenschaft geben, dass sein Verhalten eine solche Verzögerung bewirkt. *Aufklärungspflicht des BA* im Falle, dass ihm der Schuldner der arrestierten oder gepfändeten Forderung mitteilt, sein Gläubiger sei nicht der betriebene Schuldner, sondern ein bestimmter Dritter. Parteirollen im Widerspruchsprozess bei Streit um Forderungen gemäss Art. 107 SchKG (BGE 97 III 60).

62 Der *Vorwurf der arglistigen Verzögerung* Anmeldung des Drittspruchs beim BA *kann sich schon dann rechtfertigen, wenn der Dritte mit der Anmeldung seiner Rechte ohne beachtlichen Grund längere Zeit zuwartet, obwohl ihm bewusst sein muss, dass er damit den Gang des Betreibungsverfahrens hemmt* (Bestätigung der Rechtsprechung) (BGE 102 III 140, 99 III 12, 97 III 67, 95 III 15, 88 III 117). – Im Arrestverfahren ist der Drittspruch schon im Anschluss an den Arrestvollzug, nicht erst nach erfolgter Pfändung anzumelden. – Die Berufung auf das Bankgeheimnis vermag in der Regel die Verzögerung der Anmeldung des Drittspruchs nicht zu rechtfertigen (BGE 104 III 42).

63 Die *verspätete Anmeldung eines besseren Rechts* an gepfändeten oder mit Arrest belegten Sachen zieht *nur bei offensichtlichem Rechtsmissbrauch* Verwirkung nach sich. Eine verspätete Anmeldung ist *in der Regel nicht missbräuchlich,* wenn der Drittsprecher *nicht persönlich von der gegen seine Güter gerichteten Massnahme Kenntnis erhalten hat* (BGE 106 III 57).

64 Die späte Geltendmachung des Eigentums an einer gepfändeten Sache *ist nur dann offensichtlich rechtsmissbräuchlich* und zieht die Verwirkung des Widerspruchsrecht nach sich, wenn der *Eigentümer persönlich Kenntnis hatte von der Pfändung* der einzelnen von ihm beanspruchten Vermögenswerte. Nachforschungen, welche die kantonale AB durchführen muss, um im vorliegenden Fall auf einen offensichtlichen Rechtsmissbrauch des Widerspruchsrechts schliessen zu können (BGE 109 III 18/19).

65 Der Drittansprecher, welcher ohne Grund die Anmeldung seines Anspruchs auf einen Teil der mit Arrest belegten Vermögenswerte hinauszögert, hemmt damit den normalen Gang des Vollstreckungsverfahrens und *verwirkt daher sein Widerspruchsrecht* (BGE 109 III 58).

66 Der Dritte, der mit der Anmeldung seiner Eigentumsansprache auf verarrestierte Gegenstände ohne beachtlichen Grund längere Zeit zuwarte, obwohl ihm bewusst sein muss, dass er damit den Gläubiger zu überflüssigen Rechtshandlungen veranlasst oder, im Gegenteil, von notwendigen Schritten abhält, verwirkt sein Recht zur Geltendmachung der Ansprache. Rechtsmissbrauch einer verspäteten Anmeldung verneint, wenn der Rechtsvertreter der Drittansprecherin über eine grosse räumliche Distanz und in einer fremden Sprache abklären musste, ob seine Mandantin und die Arrestschuldnerin identische juristische Personen sind oder nicht. Ein Rechtsmissbrauch von Seiten der Drittansprecherin wird auch deshalb verneint, weil die Arrestgläubigerin Kenntnis von einer möglichen Drittansprache hatte und dementsprechend die Opportunität ihres Arrestbegehrens abschätzen konnte (BGE 111 III 21, Praxis 74, Nr. 226).

67 Die Pflicht, dem BA innert angemessener Frist Drittansprüche an arrestiertem oder gepfändetem Vermögen bekannt zu geben, besteht gleichermassen für die Banken. Das Bankgeheimnis befreit die Banken nicht von raschem Handeln, wenn sie nicht den Verlust ihrer Ansprüche riskieren wollen (GE, Autorité de surveillance, 27.02.1980, BlSchK 1983, S. 106).

68 Eine rechtsmissbräuchliche Verzögerung der Anmeldung liegt nicht vor, wenn zwischen der Kenntnisnahme des Ansprechers vom Arrest und dem Zeitpunkt, da das BA zur Pfändung schreiten wollte bzw. eine leere Pfändungsurkunde ausstellte, rund einen Monat verstrich und der Dritte mit der Anmeldung noch zugewartet hat bis zum rechtskräftigen Entscheid über die Pfändbarkeit der fraglichen Vermögenswerte.

Den formellen Erfordernissen der Anmeldung ist Genüge getan, wenn der Dritte dem BA die Kopie eines an den Pfändungsgläubiger gerichteten Schreibens zustellt, worin er geltend macht, an den mit Beschlag belegten Vermögenswerten berechtigt zu sein (BGE 114 III 92).

69 *Voraussetzungen der Verwirkung des Widerspruchsrechts* – Eine Verwirkung kann nicht eintreten, bevor der Dritte von der Beschlagnahme der beanspruchten Vermögensrechte persönlich Kenntnis hat und die Beschlagnahme endgültig rechtswirksam geworden ist. Zusammenfassung der Praxis (Praxis 1989, Nr. 41).

70 (i.V.m. Art. 2 ZGB) – Es verstösst gegen Treu und Glauben und ist rechtsmissbräuchlich, wenn der Schuldner, Verwaltungsrat und Alleinaktionär einer AG, bei der Pfändung von Aktien seiner Gesellschaft erklärt, eine Bank besitze daran ein Pfandrecht, welches von dieser verneint wird und vier Tage vor der Pfandverwertung namens seiner Gesellschaft einen Drittspruch an diesen Aktien geltend macht (BE, AB, 08.08.1989, BlSchK 1990, S. 238).

VII. Drittansprachen in Konkurrenz mit Retentionsrecht

71 Nach Art. 106 ff. SchKG ist auch dann vorzugehen, wenn ein Gegenstand in einer ordentlichen Betreibung gepfändet und nachher in ein Retentionsverzeichnis für eine Mietzinsbetreibung aufgenommen wurde. Solchenfalls hat das Amt *zuerst den Pfändungsgläubiger einzuladen, zur Retentionsansprache Stellung zu nehmen* und wenn er sie bestreitet, dem *Vermieter eine Frist von zehn Tagen zur gerichtlichen Klage* auf Anerkennung seines Anspruches anzusetzen (BGE 77 III 163).

72 Der Streit über das Retentionsrecht des Vermieters an von andern Gläubigern gepfändeten Gegenständen ist nicht im Widerspruchsverfahren auszutragen. Die Klägerrolle ist in diesem Falle dem Vermieter und nicht den Pfändungsgläubigern zuzuschieben (BL, AB, 12.06.1968, BlSchK 1969, S. 112).

73 Zwischen dem das Mietretentionsrecht ausübenden Gläubiger und dem Schuldner kann kein Widerspruchsverfahren stattfinden. Eine dennoch dem Gläubiger angesetzte Frist zur Anhebung einer solchen Klage ist jederzeit von Amtes wegen als nichtig zu betrachten (BGE 90 III 99).

74 Wird der Gegenstand *nach dem Retentionsbeschlag einem gutgläubigen Dritten veräussert*, so bleibt dieser nach Art. 284 SchKG in seinen Rechten geschützt. Das Widerspruchsverfahren fällt dahin und der Retentionsberechtigte hat den Dritterwerber vor dem Richter einzuklagen (BL, AB, 30.09.1959, BJM 1960, S. 9).

75 Erfolgt die *Fortschaffung von Retentionsgegenständen in Unkenntnis der Retention*, so ist dem Fortschaffenden die Stellung eines gutgläubigen Dritten und in einem Widerspruchsverfahren die Beklagtenrolle im Sinne von Art. 109 SchKG einzuräumen (BS, AB, 13.12.1962, BJM 1965, S. 25).

76 Der Umstand, dass die dem Retentionsrecht für Mietzinsforderungen unterliegenden *Gegenstände nachträglich an einen andern Ort verbracht* wurden, ändert nichts an der Rollenverteilung im Widerspruchsverfahren. Bei *gutgläubigem Rechtserwerb durch einen Dritten nach Aufnahme des Retentionsverzeichnisses* ist diesem Frist zur Klage anzusetzen, wenn sich die Gegenstände bei der Aufnahme des Verzeichnisses im Gewahrsam des Schuldners befanden (GE, Autorité de surveillance, 23.03.1983, BlSchK 1985, S. 102).

77 Auch anwendbar im Falle, dass ein Dritter an Gegenständen, die als dem Retentionsrecht des Vermieters (Art. 268 ff. OR) unterliegend in ein Retentionsverzeichnis (Art. 283 SchKG) aufgenommen wurden, das Eigentum, insbesondere einen Eigentumsvorbehalt (Art. 715 ZGB) geltend macht (BGE 96 III 69).

78 Freigabe und Widerspruchsverfahren bei der Retention. Die Behauptung des Drittansprechers und des Schuldners, die retinierten Gegenstände befänden sich im Eigentum des Ersteren, genügt nicht für eine Freigabe, solange aus den Akten nicht hervorgeht, dass der Verpächter dieses Eigentum anerkenne. Erst wenn das BA das Widerspruchsverfahren einleiten kann, wird die Frage des Eigentums abgeklärt werden können. Eine Freigabe der retinierten Gegenstände wäre nur durch eine Sicherheitsleistung zu erwirken (GR, AB, 14.06.1968, BlSchK 1971, S. 52).

79 Bei Drittanspruch (hier Retentionsrecht aus Mietverhältnis) bezüglich Gegenständen, die sich im Gewahrsam des Schuldners befinden, ist dem Gläubiger eine Bestreitungsfrist nach Art. 107 und nicht eine Klagefrist nach Art. 108 SchKG anzusetzen (BS, AB, 20.06.1973, BlSchK 1975, S. 55).

80 Die *Behauptungs- und Beweislast* für das Vorhandensein der Voraussetzungen des Retentionsrechts nach Art. 268 OR trifft im Widerspruchsverfahren nach Art. 106 SchKG den Vermieter (ZH, ObGer, III. Ziv.Kammer, 07.09.1979, ZR 1979, Nr. 75).

81 Der Eigentumsanspruch eines Dritten an den in der Retentionsurkunde verzeichneten Gegenständen bildet kein Hindernis für den Vollzug. Der *Streit um das Eigentum* an denselben oder um die grundsätzliche Frage, ob das Retentionsrecht, welches (auch) Gegenstände beschlägt, welche *nicht dem Mieter gehören, unterliegen der Beurteilung durch den Zivilrichter* und müssen im Widerspruchsverfahren getrennt werden (Bestätigung der Rechtsprechung) (BGer, 26.05.1982, BlSchK 1983, S. 132).

VIII. Konkurrenz mit Kompetenzansprachen

82 Wird ein gepfändeter oder zur Konkursmasse gezogener Gegenstand vom Schuldner als Kompetenzstück und von einem Dritten als Eigentum beansprucht, so ist die Frage der Unpfändbarkeit vor Durchführung des Widerspruchsverfahrens bzw. Aussonderungsverfahrens zu erledigen (BGE 83 III 20).

83 Auch bei Sachen, die der Schuldner als Eigentum eines Dritten bezeichnet hat, ist er zur Geltendmachung der *Unpfändbarkeit* an die vom Empfang der Pfändungsurkunde an laufende Beschwerdefrist des Art. 17 SchKG gebunden. *Das Beschwerdeverfahren ist zuerst durchzuführen* und ein Widerspruchsverfahren erst nachher und nur für pfändbares Vermögen einzuleiten (BGE 84 III 33).

84 Der Entscheid über die Kompetenzqualität von gepfändeten Gegenständen ist vorgängig einem richterlichen Urteil über den daran geltend gemachten Еritteigentumsanspruch zu treffen (BS, AB, 04.01.1980, BlSchK 1984, S. 67).

IX. Konkurrenz mit Eigentumsvorbehalten

85 *Rechte des Drittbesitzers, der die gepfändete Sache unter Eigentumsvorbehalt gekauft hat. Diesem hilft die Geltendmachung des Eigentumsvorbehaltes durch den Verkäufer nicht (ZH, ObGer, II. Kammer, 21.11.1947, ZR 1948, Nr. 44, BlSchK 1950, S. 16).*

86 Widerspruchsverfahren um ein unter Eigentumsvorbehalt des Verkäufers stehendes Automobil, dessen Pfändung sich die Ehefrau des Schuldners als angebliche Käuferin widersetzt. Verteilung der Parteirollen. Kriterien des Gewahrsams und allfälligen Mitgewahrsams. Als alleinigen Inhaber des Gewahrsams an einem Motorfahrzeug hat die Rechtsprechung bei unsicheren Benutzungsverhältnissen etwa den Titular des Fahrzeugausweises betrachtet (BGE 60 III 219, 64 III 138). Diesem Merkmal kommt aber nicht ausschliessliche Bedeutung zu (BGE 67 III 144, 76 III 38). Hier ist ausser dem auf den Schuldner ausgestellten Fahrzeugausweis von Bedeutung, dass er allein den Wagen benutzt und ihn in einer von ihm gemieteten Garage unterzubringen pflegt (BGE 80 III 25).

87 Wünscht der Gläubiger die Verwertung einer von ihm unter Eigentumsvorbehalt gelieferten Sache, so muss er innert der 10-tägigen Widerspruchsfrist von Art. 106 ff. auf seinen Eigentumsanspruch verzichten (LU, untere AB, LU-Land, 04.07.1962, BlSchK 1963, S. 181).

88 Pfändung einer dem Schuldner unter Eigentumsvorbehalt verkauften Sache. – Gültigkeit des *nach der Pfändung eingetragenen Eigentumsvorbehalts*, wenn der dadurch Begünstigte anlässlich der Eintragung des Vorbehalts noch keine Kenntnis von der Pfändung besass? Es ist nicht Sache der Betreibungsbehörden, sondern des im Widerspruchsverfahren angerufenen Richters, hierüber zu entscheiden (BGE 101 III 23).

89 Die amtliche Verwahrung gemäss Art. 98 ist ausgeschlossen, wenn der Pfändungsgläubiger es unterlassen hat, innert der 10-tägigen Widerspruchsfrist von Art. 106/107 auf seinen Eigentumsanspruch an einer von ihm an den Schuldner unter Eigentumsvorbehalt gelieferten Sache zu verzichten (LU, untere AB, LU-Land, 04.07.1962, BlSchK 1963, S. 180).

Entscheide i.V.m. den Kreisschreiben der SchKK des BGer Nr. 29 vom 31.03.1911 und des BGer Nr. 14 vom 11.05.1922 betr. Pfändung von unter Eigentumsvorbehalt verkauften Gegenständen:

90 Vorverfahren zur Feststellung eines Eigentumsvorbehaltes und des noch nicht bezahlten Kaufpreisbetrages. Wenn innert der dem Verkäufer und dem Schuldner angesetzten Frist nur der Letztere der Einladung des BA, den noch nicht bezahlten Kaufpreisbetrag anzugeben, nachkommt, bildet seine Anzeige eine genügende Grundlage zur Einleitung des Widerspruchsverfahrens (BGE 79 III 67/68).

91 Pfändung zugunsten des Vorbehaltsgläubigers. Der Entscheid über die Aufrechterhaltung des Eigentumsvorbehaltes ist auf den Zeitpunkt hinauszuschieben, an welchem die Verwertung oder das Auftreten von Drittgläubigern ihn unbedingt notwendig machen. Vorherige Fristansetzung durch das BA zur Verzichtserklärung ist unzulässig (GE, AB, 13.12.1955, BlSchK 1957, S. 49).

92 Bei der Pfändung von unter Eigentumsvorbehalt verkauften Gegenständen ist das Verfahren nach den Kreisschreiben der SchKK des BGer Nr. 29 und Nr. 14 massgebend (GR, AB, 01.10.1965, BlSchK 1967, S. 77).

93 Wenn Gegenstände vor der Eintragung in das Eigentumsvorbehaltsregister gepfändet werden, so hat das BA dem Gläubiger und Schuldner eine Frist von 10 Tagen anzusetzen, innerhalb welche sie beim BA den Anspruch des Dritten nach Art. 106 SchKG bestreiten können. – Bestreitet der Gläubiger oder Schuldner den Anspruch des Dritten, so fordert das BA den Dritten auf, binnen 10 Tagen gerichtliche Klage einzuleiten (BGE 101 III 23).

X. Verzicht auf Ansprache

94 *Verzicht auf Ansprache* auch für eine Gruppe gepfändeter Gegenstände *nur zugunsten eines Pfändungsgläubigers*. Der *zugunsten eines einzelnen Gruppengläubigers ausgesprochene Verzicht eines Dritten auf eine Eigentums- oder Pfandansprache gilt gegen den Willen des Drittansprechers nicht zugunsten aller Gruppengläubiger* (ZH, ObGer, II. Kammer, 09.03.1945, BGer, 25.04.1945, ZR 1945, S. 182, BlSchK 1946, S. 114).

95 Der Dritte, der in einer Betreibung gegen einen andern eigene *Sachen freiwillig pfänden lässt, kann auf diesen Verzicht nachher nicht zurückkommen*, weder durch Erhebung einer Drittansprache im Sinne von Art. 106 ff. SchKG noch durch Admassierung in seinem eigenen Konkurse, ebensowenig seine Konkursmasse (BGE 78 III 98).

96 Der nach Einleitung des Widerspruchsverfahrens vom Drittansprecher zugunsten eines einzelnen Gruppengläubigers erklärte Verzicht auf den Eigentumsanspruch ist rechtswirksam (BS, AB, 08.08.1951, BlSchK 1954, S. 81).

XI. Widerspruchsverfahren

97 *Einfluss der konkursamtlichen Liquidation des Schuldnervermögens auf den zwischen Gläubiger und Drittansprecher hängigen Widerspruchsprozess. Durch die Eröffnung der konkursamtlichen Liquidation fällt ein hängiger Widerspruchsprozess dahin. Bei diesem Prozess handelt es sich um eine betreibungsrechtliche Inzidentstreitigkeit. Die Widerspruchsklage ist ein Bestandteil des Betreibungsverfahrens, kann ohne eine bis zur Pfändung gediehene Betreibung nicht bestehen und verliert mit dem Wegfall der Pfändung jedenfalls dann ihre Existenzberechtigung, wenn sie sich nicht gegen den Schuldner, sondern gegen einen Dritten richtet. – Kostenverlegung – Nachdem keine Partei dafür* einzustehen hat, dass der Prozess nicht weiter geführt werden kann, muss der Kostenspruch dem mutmasslichen Ergebnis entsprechen, dass sich bei einer Beurteilung der Streitsache ergeben hätte (LU, ObGer, I. Kammer, 17.09.1952, Max. X, Nr. 137, BlSchK 1954, S. 142).

98 Das Widerspruchsverfahren ist (unter Vorbehalt der für die Lohnpfändung geltenden Ausnahmen) auch dann durchzuführen, wenn eine gepfändete (oder arrestierte) Forderung von einem Dritten beansprucht wird (Bestätigung der Praxis) (BGE 88 III 109).

99 *Im Widerspruchsverfahren ist der Streit darüber auszutragen, ob eine gepfändete Forderung dem Schuldner oder einem Dritten zusteht (BGE 97 III 64).*

100 Der Richter ist nicht befugt, einen Widerspruchsprozess als gegenstandslos zu erklären, weil die Betreibung, in welcher das Widerspruchsverfahren eröffnet wurde, nach seiner Auffassung nichtig ist (BGE 84 III 141).

101 Die Drittansprache, die der Pfändung entgegengehalten werden, sind gegenüber dem BA genau zu bezeichnen. Mit Ausnahme des Falles, dass anstelle des zunächst beanspruchten Eigentums ein Pfandrecht geltend gemacht wird, hat der Richter im Widerspruchsprozess nur diejenigen Ansprüche zu beurteilen, über welche das BA aufgrund einer solchen Anmeldung das Widerspruchsverfahren eröffnet hat. – Das Widerspruchsverfahren kann nicht dazu dienen, Vermögenswerte, die anerkanntermassen dem betriebenen Schuldner gehören, der Verwertung in einem Verfahren zu entziehen, in welchem der Schuldner nach Ansicht des Einsprechers nicht gesetzmässig vertreten ist. Die Frage, ob die Vertretungsbefugnis der von einem ausländischen Staate ernannten Zwangsverwalter einer ausländischen Handelsgesellschaft in der Schweiz anzuerkennen sei, ist von den Betreibungsbehörden zu entscheiden (BGE 84 III 141/142).

102 Beim Widerspruchsverfahren obliegt dem BA die Pflicht, derjenigen Partei, die zu klagen hat, Namen und Wohnort der Gegenpartei klar anzugeben, widrigenfalls sie sich beschweren und eine neue Klagefrist anbegehren kann. Immerhin kann sich die Klagepartei nach Treu und Glauben nicht beschweren, wenn sie selbst den Ansprecher kennt und weiss, gegen wen sie klagen muss (BGE 85 III 46).

103 Widerspruchsklage bei Verrechnungseinrede eines Dritten – Keine Widerspruchsklage bei Verrechnungseinrede eines Drittschuldners – Der Drittschuldner, der Verrechnung geltend macht, bringt zum Ausdruck, dass er die Forderung im Umfange der Gegenforderungen als getilgt erachtet. Er bestreitet damit Bestand und Höhe der Forderung an sich, was nicht Gegenstand des Widerspruchsverfahren sein kann. Mit der behaupteten Tilgung durch Verrechnung geht auch ein allfälliges akzessorisches Pfandrecht unter. Die Forderung ist als bestritten zu pfänden und kann allenfalls von Gläubigern gemäss Art. 131 Abs. 2 SchKG zur Eintreibung übernommen werden (BGer, 02.03.1994, SJZ 1994, S. 20).

104 Erhebt die Bank als Drittschuldnerin Verrechnungseinrede, so ist kein Widerspruchsverfahren durchzuführen. Vielmehr ist die gegenüber der Bank geltend gemachte Forderung als bestritten zu pfänden (BGE 120 III 18).

105 Nur wer wirklich Eigentümer des Pfandes ist, hat gestützt auf Art. 153 Abs. 2 lit. a SchKG Anspruch auf Zustellung eines Zahlungsbefehls. Die Feststellung der Eigentümerschaft fällt grundsätzlich nicht in die Zuständigkeit der AB, sondern ist zum Gegenstand eines Widerspruchsprozesses zu machen (Bestätigung der Rechtsprechung) (BGE 127 III 115).

106 Strafurteil, welches die Rückgabe eines gemäss Art. 58 StGB eingezogenen und beim kantonalen Abschleppdienst eingestellten Personenwagens an den Angeklagten anordnet. Verkauf des Wagens ohne Übergabe im Sinne von Art. 924 ZGB und Arrestnahme vor der Aufhebung der strafrechtlichen Beschlagnahme. Drittansprache durch den Käufer und den kantonalen Abschleppdienst, ohne dass die Rechte des Letzteren bestritten werden. *Parteirollenverteilung* im Widerspruchsprozess. Mangels Benachrichtigung vom Besitzesübergang (Art. 924 Abs. 2 ZGB), kann der Verwahrer – im vorliegenden Fall der kantonale Abschleppdienst – den Angeklagten und Schuldner als einzige Person betrachten, die nach Aufhebung der strafrechtlichen Beschlagnahme zur Entgegennahme der Rücknahme des Wagens berechtigt ist. Insoweit er nicht in seinen eigenen Rechten betroffen ist, übt der Verwahrer nur für den Schuldner Besitz aus; demzufolge muss der Drittansprecher, im vorliegenden Fall also der Käufer, Widerspruchsklage im Sinne von Art. 107 SchKG einleiten. (BGE 121 III 85).

107 Die Frage des guten Glaubens eines Dritterwerbers im Sinne von Art. 96 Abs. 2 SchKG ist im Widerspruchsverfahren gemäss Art. 106/109 SchKG zu beantworten (SO, ObGer, 06.04.1948, ObGer-Bericht 1948, S. 126, BlSchK 1950, S. 144).

Art. 107 2. Durchsetzung
a. Bei ausschliesslichem Gewahrsam des Schuldners

¹ Schuldner und Gläubiger können den Anspruch des Dritten beim Betreibungsamt bestreiten, wenn sich der Anspruch bezieht auf:
1. eine bewegliche Sache im ausschliesslichen Gewahrsam des Schuldners;
2. eine Forderung oder ein anderes Recht, sofern die Berechtigung des Schuldners wahrscheinlicher ist als die des Dritten;
3. ein Grundstück, sofern er sich nicht aus dem Grundbuch ergibt.

² Das Betreibungsamt setzt ihnen dazu eine Frist von zehn Tagen.

³ Auf Verlangen des Schuldners oder des Gläubigers wird der Dritte aufgefordert, innerhalb der Bestreitungsfrist seine Beweismittel beim Betreibungsamt zur Einsicht vorzulegen. Artikel 73 Absatz 2 gilt sinngemäss.

⁴ Wird der Anspruch des Dritten nicht bestritten, so gilt er in der betreffenden Betreibung als anerkannt.

⁵ Wird der Anspruch bestritten, so setzt das Betreibungsamt dem Dritten eine Frist von 20 Tagen, innert der er gegen den Bestreitenden auf Feststellung seines Anspruchs klagen kann. Reicht er keine Klage ein, so fällt der Anspruch in der betreffenden Betreibung ausser Betracht.

I. Allgemeines

1 Wer den Drittanspruch nicht bestreitet, kann am Erlös von Gegenständen des Dritten nicht teilnehmen (BE, AB, 17.07.1948, BlSchK 1949, S. 85).

2 Der Streitwert richtet sich im Widerspruchsverfahren nach der Höhe der in Betreibung gesetzten Forderung zuzüglich Betreibungsspesen und nicht nach dem Wert des streitigen Gegenstandes (GR, AB, 23.10.1946 PKG 1946, S. 47, BlSchK 1950, S. 57).

3 Zwischen der Schweiz und Schweden gilt mangels staatsvertraglicher Regelung das Prinzip der Territorialität des Konkurses. – Das anzuwendende schweizerische Recht (SchKG) anerkennt im in-

ternationalen Verkehr den Grundsatz der Einheit und Attraktivkraft des Konkurses nicht. Der schwedische Konkurs ist daher in der Schweiz unwirksam und der Zessionar eines schweizerischen Gläubigers kann grundsätzlich auf hier liegende Aktiven des schwedischen Konkursiten greifen (BL, ObGer, 23.11.1956, BJM 1958, S. 35).

II. Gewahrsamsverhältnisse

4   Der *Begriff des Besitzes* im Sinne von Art. 930 ZGB ist nicht der nämliche wie derjenige des tatsächlichen Gewahrsams im Sinne des SchKG. Der Ehegatte des Schuldners ist nicht befugt, sich dem betreibenden Gläubiger gegenüber die Vermutung des Eigentums gemäss Art. 930 ZGB zu berufen (GE, Cour de Justice, 09.06.1953, Sem. 77, S. 17, SJZ 1956, S. 64).

5   Steht die umstrittene Sache weder im Gewahrsam des Schuldners noch des Drittansprechers, so ist nach Art. 109 SchKG zu verfahren, d.h., die Klägerrolle im Widerspruchsverfahren fällt dem pfändenden Gläubiger zu (GR, AB, 22.01.1952, SJZ 1954, S. 259).

6   Gewahrsam der Ehefrau an den im Gewerbe des Ehemannes verwendeten Gegenständen. Es genügt nicht, dass diese in dem ordnungsgemäss eingetragenen und bekannt gemachten Gütertrennungsvertrag als Eigentum der Ehefrau aufgeführt sind; der Vertrag muss ausserdem durch ein Inventar ergänzt sein anhand dessen sich die Identität der gepfändeten mit den im Gütertrennungsvertrag aufgeführten feststellen lässt (BGE 77 III 116).

7   Für die Anwendung der Art. 106–109 SchKG sind in der Arrestbetreibung die Gewahrsamsverhältnisse zur *Zeit der Arrestlegung massgebend*, auch wenn erst bei der Pfändung eine Drittansprache erhoben wird (BGE 76 III 87).

8   Für den Gewahrsam ist der *Zeitpunkt* des *Pfändungsvollzuges massgebend*. Eine nachträgliche Veränderung der Gewahrsamsverhältnisse ist für den Widerspruchsprozess unerheblich (BE, AB, 01.12.1954, BlSchK 1956, S. 55).

9   Kriterien des Gewahrsams und allfälligen Mitgewahrsams. Alleinigen Inhaber des Gewahrsams an einem Motorfahrzeug hat die Rechtsprechung bei unsicheren Benutzungsverhältnissen etwa den Titular des Fahrzeugausweises betrachtet (BGE 60 III 219, 64 III 138). Hier ist ausser dem auf den Schuldner ausgestellten Fahrzeugausweis von Bedeutung, dass er allein den Wagen benutzt und ihn in einer von ihm gemieteten Garage unterzubringen pflegt (BGE 80 III 25).

10 Dass der Fahrzeugausweis auf den Namen des Drittansprechers lautet, genügt zur Anwendung von Art. 109 SchKG nicht. Die Anwendung dieser Bestimmung setzt voraus, dass der Dritte eine gewisse tatsächliche Verfügungsgewalt über das Fahrzeug hat (BE, AB, 11.09.1952, BlSchK 1953, S. 91).

11 *Gewahrsam an einem* auf der Allmend parkierten *Auto, wenn die Drittansprecherin selber nicht fährt, der Fahrzeugausweis aber sie lautet.* Zugunsten des Gewahrsams oder Mitgewahrsams der Drittansprecherin spricht die Tatsache, dass nicht nur der Fahrzeugausweis, sondern auch die staatlichen Gebührenrechnungen und die Haftpflichtversicherung auf ihren Namen lauten. Damit kann sie als Halterin das Auto jederzeit ausser Betrieb setzen (BJM 1960, S. 124).

12 Für die Beurteilung des Besitzes an einem gepfändeten Fahrzeug und die Anwendung der Art. 106 ff. SchKG ist nicht allein massgebend, auf wen der Fahrzeugausweis ausgestellt ist (GE, Autorité de surveillance, 21.03.1984, BlSchK 1984, S. 207).

13 Bei Motorfahrzeugen gilt derjenige als Gewahrsamsinhaber, auf dessen Name der Fahrzeugausweis lautet, sofern auch er als Halter das Fahrzeug benützt oder doch darüber eine gewisse tatsächliche Gewalt ausübt. Die Eigenschaft als Wagenhalter und Versicherungsnehmer für das Fahrzeug reicht zum Nachweis des Gewahrsams nicht aus (BS, AB, 20.03.1980, BlSchK 1985, S. 73).

14 Wird ein Raum von mehreren Personen bewohnt, so ist im Zweifel anzunehmen, dass der Gewahrsam an den darin befindlichen Gegenständen dem Hauseigentümer zustehe (GR, AB, 07.02.1949, PKG 1949, S. 107, BlSchK 1952, S. 148).

15 Der Hauseigentümer hat in der Regel nicht den Gewahrsam an den in den vermieteten Räumlichkeiten befindlichen, *dem Mieter gehörenden Objekten*, sondern der Mieter, der die Räumlichkeiten bewohnt (BE, AB, 27.09.1967, BlSchK 1959, S.49).

16 Das Widerspruchsverfahren um Sachen, die sich bei der Pfändung im ausschliesslichen Gewahrsam des Schuldners befunden haben, ist in allen Fällen nach Art. 106/107 SchKG einzuleiten (BGE 80 III 114).

17 Gewahrsam *an Bau- und Gerüstmaterialien und Maschinen auf dem Bauplatz*. Zumindest ist ein Mitgewahrsam anzunehmen, wenn der Gläubiger dem Schuldner das Betreten seines Grundstückes verbietet und erklärt, er retiniere das Material und Geräte zur Sicherung seiner Schadenersatzforderung. Es ist daher nach Art. 109 SchKG vorzugehen (AG, AB, 30.07.1962, BlSchK 1964, S. 137).

18 Der *Gewahrsam an einem Patent* bestimmt sich nach dem Eintrag im Patentregister (BE, AB, 10.11.1952, ZBJV 1953, S. 505).

19 Die Notifikation einer *Forderungsabtretung* an den Abtretungsschuldner berührt das Gewahrsamsverhältnis nicht, gleichgültig, ob sie vor oder nach der Pfändung oder Arrestlegung ergangen ist (BS, AB, 14.09.1961, BlSchK 1963, S. 82).

20 Pfändung einer Forderung des *Inhabers eines gemeinsamen Kontos* – Die Inhaber eines gemeinsamen Kontos, deren interne Beziehungen unbekannt bleiben, sind Solidargläubiger der Bank. Wird einer dieser Inhaber betrieben, so kann seine Forderung folglich gepfändet werden, ohne dass die Bestimmungen des VVAG anwendbar sind. Der Mitinhaber des Kontos kann seine Rechte gegebenenfalls im Widerspruchsverfahren nach Art. 106 ff. beanspruchen (BGE 112 III 90/91).

21 Bei der *Beurteilung der Frage, in wessen Gewahrsam sich eine Sache befinde*, ist allein die tatsächliche Verfügungsgewalt massgebend. Im Zweifelsfalle obliegt dem Drittansprecher der Beweis, dass er der Mieter der Lokale ist, in denen sich die verarrestierten oder gepfändeten Gegenstände befinden (GE, Autorité de surveillance, 02.03.1983, BlSchK 1985, S. 24).

22 Der Gewahrsam des Schuldners an Gegenständen, die von einer Einmanngesellschaft, der die geschäftsunerfahrene Freundin des Schuldners als Verwaltungsratspräsidentin vorsteht, zu Eigentum beansprucht werden und die sich am Aufenthaltsort des Schuldners befinden, ist als gegeben zu erachten. Dies gilt auch bezüglich eines vom Schuldner gefahrenen Automobils (BL, ObGer, 06.09.1988, SJZ 1989, S. 380).

23 Die Ehefrau und die Kinder, auch wenn sie im Gewerbe des Ehemannes bzw. Vaters mitarbeiten, haben an diesem Inventar in der Regel keinen Mitgewahrsam, da ihre Arbeit eine vom Inhaber des Gewerbes abhängige ist (BE, AB, 11.03.1957, BlSchK 1958, S. 80).

24 Ausschliesslicher Gewahrsam des Schuldners oder *Mitgewahrsam der Ehefrau an gepfändetem Vieh?* – Bei dieser Beurteilung sind die rechtlichen Momente zu berücksichtigen. Die Rechtsprechung hat beim Entscheid darüber, ob die Ehefrau am Inventar eines vom Ehemann betriebenen Gewerbes Mitgewahrsam habe, neben rein tatsächlichen Momenten, z.B. den Umstand erheblich erklärt, dass zwischen den Ehegatten vertragliche Gütertrennung besteht und ein dazu gehöriges Verzeichnis die streitigen Gegenstände einzeln als Bestandteile des «abgetrennten» Vermögens der Frau aufführt (BGE 68 III 179 ff., 77 III 118) oder dass die Ehefrau den Mietvertrag über die Verwahrung des Gegenstandes dienenden Räumlichkeiten abgeschlossen hat (BGE 58 III 105 ff., vgl. auch BGE 76 III 40). Im Entscheid 71 III 62 ff. wurde als Indiz für den Mitgewahrsam der Ehefrau an beim Ehemann gepfändetem Vieh u.a. die Tatsache gewertet, dass die Ehefrau im Grundbuch als Eigentümerin des Bauernhofes und in den Registern des Viehinspektors überdies als Eigentümerin des Viehs eingetragen war. In BGE 76 III 8/9 genügte die vom Gläubiger zugegebene Tatsache, dass die im Betrieb des Heimwesens mitarbeitende Ehefrau dessen Eigentümerin sei, um ihr den Mitgewahrsam am Betriebsinventar zuzubilligen, auch wenn ihre Mitarbeit nicht so intensiv sein sollte, wie es im Falle des BGE 71 III 62 zugetroffen habe (BGE 87 III 11 und 89 III 69).

25 Die Ehefrau eines Landwirts, die Eigentümerin des Heimwesens ist und im Betrieb mitarbeitet, hat Mitgewahrsam am Betriebsinventar (BGE 76 III 7).

26 Das Widerspruchsverfahren um Sachen, die sich bei der Pfändung im *ausschliesslichen Gewahrsam des Schuldners* befunden haben, ist in allen Fällen nach Art. 106/107 einzuleiten (BGE 80 III 114).

27 Bei Drittansprachen an gepfändeten oder arrestierten Sachen, die sich weder im Gewahrsam des Schuldners noch des Ansprechers, sondern im Gewahrsam eines Vierten befinden, lässt sich eine

einheitliche Regel für die Parteirollenverteilung im Widerspruchsprozess nicht aufstellen, sondern es kommt entscheidend darauf an, für wen der Vierte den Gewahrsam ausübt (BGE 73 III 63, 80 III 140). Soweit der Vierte den Gewahrsam ausübt zur Wahrung seiner eigenen Rechte und er somit für sich selbst besitzt, ist die Klagefrist nach Art. 109 SchKG dem Gläubiger anzusetzen. Dagegen ist die Klagefrist nach Art. 108 SchKG dem Drittansprecher anzusetzen, wenn und soweit der Vierte für den Schuldner und zwar ausschliesslich für diesen besitzt (ZH, OH, II. Ziv.Kammer, 20.07.1956, ZR 1960, Nr. 104, BlSchK 1961, S. 153).

28 Befindet sich die streitige Sache weder beim Schuldner noch beim Drittansprecher, sondern bei einem Vierten, so ist die Klagefrist anzusetzen:
 – dem Gläubiger, wenn und soweit der Vierte für sich selbst besitzt; sei es auch gemeinsam mit dem Schuldner (Art. 109 SchKG);
 – dem Drittansprecher, wenn und soweit der Vierte für den Schuldner besitzt (Art. 107 SchKG).

Besitzt der Vierte für den Schuldner zugleich für den Drittansprecher, so fällt die Klägerrolle dem Gläubiger zu (Art. 109 SchKG; BS, AB, 21.09.1964, BlSchK 1966, S. 107).

29 Unter welchen Voraussetzungen ist im Widerspruchsverfahren über die Rechte an beweglichen Sachen die Klagefrist gemäss Art. 107 SchKG dem Drittansprecher anzusetzen? Für wen übt der für den betriebenen Nachlass bestellt Erbschaftsverwalter den Gewahrsam aus? – Wenn Rechte an beweglichen Sachen streitig sind, richtet sich die Verteilung der Parteirollen im Widerspruchsverfahren ausschliesslich nach dem Gewahrsam und bei Beurteilung der Frage, in wessen Gewahrsam sich eine Sache befindet, ist allein massgebend, wer darüber die tatsächliche Verfügungsgewalt hat (BGE 54 III 148, 71 III 6). Dem Drittansprecher ist die Klagefrist gemäss Art. 107 SchKG dann, und nur dann anzusetzen, wenn *diese Verfügungsgewalt ausschliesslich beim Schuldner liegt* oder wenn sich der in Frage stehende Gegenstand in den Händen eines Dritten befindet, der das streitige Recht nicht selber beansprucht, sondern den Gewahrsam (soweit es sich nicht um die Wahrung seiner allfälligen Rechte als Pfandgläubiger, Depositär usw. handelt) ausschliesslich für den Schuldner ausübt (BGE 72 III 65 und dort zitierte Entscheide, 76 III 8, 80 III 140). In den übrigen Fällen ist Art. 108 SchKG anwendbar (BGE 83 III 27).

30 Dieser Artikel ist extensiv zu interpretieren und das Verfahren auf alle Fälle auszudehnen, in denen durch die Einbeziehung der Sache in die Betreibung das bessere Recht eines Dritten verletzt würde (BS, Appellationsgericht, 12.12.1947, Entscheidungen Appellationsgericht, 9. Bd., 1. Heft, S. 144).

31 Einleitung des Widerspruchsverfahrens, auch wenn der Dritte den Gegenstand einem Vierten ev. einem Fünften verkauft hat (BE, AB, 17.02.1954, BlSchK 1955, S. 82).

III. Mit Bezug auf Retentions- und Pfandgegenstände

32 Nach Art. 107 ist auch dann vorzugehen, wenn ein Gegenstand in einer ordentlichen Betreibung gepfändet und nachher in ein Retentionsverzeichnis für eine Mietzinsbetreibung aufgenommen wurde. Solchenfalls hat das Amt zuerst den Pfändungsgläubiger einzuladen, zur Retentionsansprache Stellung zu nehmen und wenn er sie bestreitet, dem Vermieter eine Frist von zehn Tagen zur gerichtlichen Klage auf Anerkennung seines Anspruchs anzusetzen (BGE 77 III 163).

33 Das BA hat bei Einleitung einer Faustpfandbetreibung nicht zu prüfen, ob das behauptete Pfandrecht bestehe. – Weitere Pfändungsgläubiger haben die Möglichkeit, im Widerspruchsverfahren das behauptete Pfandrecht zu bestreiten (BE, AB, 03.01.1963, BlSchK 1964, S. 13).

34 Zwischen dem das Mietretentionsrecht ausübenden Gläubiger und dem Schuldner kann kein Widerspruchsverfahren stattfinden. Eine dennoch dem Gläubiger angesetzte Frist zur Anhebung einer solchen Klage ist jederzeit von Amtes wegen als nichtig zu betrachten) BGE 90 III 99).

IV. Fristansetzung zur Klage

35 Das BA hat eine ungenügende Kollektivbezeichnung der Drittansprecher (»Gebrüder ....«) schon für die Anzeige an Gläubiger und Schuldner zu präzisieren und die Klagefristansetzung jedem einzelnen Ansprecher gegenüber vorzunehmen (BGE 72 III 97).

36 Die Fristansetzung zur Widerspruchsklage muss so abgefasst sein, dass der Empfänger bei gewöhnlicher Sorgfalt über ihren Inhalt im Klaren sein muss und ihr insbesondere entnehmen kann, um welche Gegenstände es sich handelt, wozu in casu Angabe ihres Standortes nötig ist (ZH, ObGer, II. Kammer, 23.05.1947, ZR 1948, Nr. 33).

37 Die Klagefrist ist nur bei *ausschliesslichem Gewahrsam des Schuldners* dem Dritten anzusetzen. Die Ehefrau eines Landwirtes, die Eigentümerin des Heimwesens ist und im Betrieb mitarbeitet, hat Mitgewahrsam am Betriebsinventar (BGE 76 III 7).

38 Die Frist zur Beschwerde wegen *unrichtiger Parteirollenverteilung* beginnt nicht schon mit der Fristansetzung im Sinne von Art. 107 SchKG, sondern erst mit der wirklichen Fristansetzung zur Klage. Umstände, die für den Gewahrsam des Betreibungsschuldners sprechen (ZH, ObGer, II. Ziv.Kammer, 13.12.1949, ZR 1950, Nr. 120, BlSchK 1952, S. 77).

39 Zur Frage der *Einreichung einer Klage beim zuständigen Gericht*. – Als Klageanhebung gilt auch die Einreichung einer formell mangelhaften Klage, sofern die Mängel verbesserungsfähig sind und binnen gesetzter Frist im Rückweisungsverfahren behoben werden. Anwendung dieses Grundsatzes in einem Widerspruchsprozess (LU, ObGer, I. Kammer, 08.10.1959, Max. X, Nr. 662).

40 Eine nach Fristablauf vom BA erneut angesetzte Frist vermag an einem anerkannten Drittanspruch nichts mehr zu ändern (BGE 107 III 120).

41 *Wiederherstellung der Fristen*. – Mit der Fristansetzung zur Klage beginnen zwei verschiedene Fristen zu laufen; einerseits die Frist zur Beschwerde nach Art. 17 SchKG gegen die Fristansetzung und andererseits die Frist zur Klage nach Art. 107 SchKG. Beide Fristen können im Sinne von Art. 35 OG wieder hergestellt werden. Zuständig zum Entscheid über die Wiederherstellung der Beschwerdefrist sind die betreibungsrechtlichen AB; zuständig zum Entscheid über die Wiederherstellung der Klagefrist ist der zur Behandlung der Widerspruchsklage zuständige Richter (LU, SchKKomm, 15.04.1970, Max. XI, Nr. 780).

42 (i.V.m. Art. 36 SchKG) – Ist einer Beschwerde, welche sich gegen die Fristansetzung zur Klage im Widerspruchsverfahren richtet, aufschiebende Wirkung erteilt worden so weist die AB mit ihrem Endentscheid das BA an, die Frist neu anzusetzen. Im Falle der Abweisung der Beschwerde oder des Nichteintretens geschieht dies gegenüber jener Partei, welcher das BA schon zuvor die Frist zur Klage angesetzt hatte (BGE 123 III 330).

43 (i.V.m. Art. 155 SchKG) – Werden die Art. 107 ff. SchKG analog auf die Betreibung auf Pfandverwertung angewandt, so ist den Besonderheiten dieser Betreibungsart im Unterschied zur ordentlichen Betreibung auf Pfändung Rechnung zu tragen. In der Betreibung auf Faustpfandverwertung sind für das Widerspruchsverfahren grundsätzlich die Vorschriften der Art. 106 und 107 SchKG zu befolgen; ausnahmsweise – wenn es offensichtlich ist, dass das Pfandrecht nicht mehr besteht – ist gemäss Art. 108 SchKG vorzugehen (BGE 123 III 367).

44 (i.V.m. Kreisschreiben des BGer Nr. 29 vom 31.03.1911). – Wenn Gegenstände vor der Eintragung in das Eigentumsvorbehaltsregister gepfändet werden, so hat das BA dem Gläubiger und Schuldner eine Frist von 10 Tagen anzusetzen, innerhalb welcher sie beim BA den Anspruch des Dritten nach Art. 107 SchKG bestreiten können. Bestreitet der Gläubiger oder Schuldner den Anspruch des Dritten, so fordert das BA den Dritten auf, binnen 20 Tagen gerichtliche Klage einzuleiten (BGE 101 III 23).

V. Widerspruchsverfahren und Parteirollenverteilung

45 Gegenstand der Widerspruchsklage ist die Frage, ob der gepfändete Gegenstand überhaupt oder unter welchen beschränkenden Bedingungen gepfändet werden dürfe, ob also das Pfändungspfandrecht nicht durch ein ausschliessendes oder beschränkendes Recht eines Dritten ausgeschlossen oder beschränkt sei (ZH, OH, II. Ziv.Kammer, 25.02.1949, ZR 1949, Nr. 204).

46 Das Widerspruchsverfahren ist auch bei Pfändung von Grundstücken durchzuführen. *Parteirollenverteilung*. – Für das Widerspruchsverfahren über Rechte an Grundstücken gilt die Besonderheit, dass für die Parteirollenverteilung dem Grundbucheintrag die Rolle des Gewahrsams zukommt. Es ist ohne Rücksicht auf den Gewahrsam derjenige zur Klage aufzufordern, dessen Rechtsbehauptung den

Eintragungen im Grundbuch widerspricht (BGE 72 III 44) (LU, SchKKomm, 02.01.1951, Max. X, Nr. 135).

47 Widerspruchsverfahren im Falle, dass ein Dritter behauptet, der Schuldner habe ihm den *gepfändeten Erbanteil abgetreten.* Klägerrolle beim Gläubiger (BGE 88 III 55).

48 Widerspruchsverfahren im Falle, dass ein Dritter die *gepfändeten Forderungen* als ihm zustehend beansprucht. Die Betreibungsbehörden haben aufgrund einer summarischen Prüfung der Akten zu entscheiden. Stützt sich der *Anspruch des Dritten auf eine Abtretung,* so ist die Klagefrist nur dann dem Gläubiger anzusetzen, wenn die gepfändeten Forderungen nach ihrer Bezeichnung in der Pfändungsurkunde klarerweise unter die Umschreibung unter die Umschreibung der abgetretenen Ansprüche in der Abtretungsurkunde fallen (BGE 88 III 125).

49 (i.V.m. Art. 276 Abs. 1 SchKG) – Damit ein Widerspruchsverfahren eingeleitet werden kann, *muss jeder als Dritteigentum angegebene oder in Anspruch genommene Gegenstand genau bezeichnet werden.* Selbst wenn es sich um Gegenstände handelt, welche in der Arresturkunde nicht individualisiert worden sind (GE, Autorité de surveillance, 07.03.1979, BlSchK 1982, S. 101).

50 *Der Ausgang eines Widerspruchsverfahrens ist nicht von vorneherein auch für eine andere Betreibung desselben Schuldners durch denselben Gläubiger massgebend.* Die Gegenstände, die damals als Eigentum des dritten Ansprechers anerkannt wurden, sind, soweit dies möglich ist, wiederum zu pfänden und es ist über die nochmals erhobene Anspracke ein neues Widerspruchsverfahren einzuleiten. Die Einrede der beurteilten Sache kann vor dem Richter erhoben werden (BGE 92 III 9).

51 Inhabersparhefte gelten als Wertpapier. Macht bei einer Arrestierung ein Dritter, gestützt auf eine *Zessionserklärung* daran einen Anspruch geltend, so ist das Widerspruchsverfahren nach Art. 107 ff. SchKG durchzuführen (BE, AB, 14.03.1968, BlSchK 1969, S. 136).

52 Ob in einem Widerspruchsverfahren die Klagefrist dem Drittansprecher oder dem Gläubiger anzusetzen sei, entscheidet sich im Falle, dass (nicht in einem Wertpapier verkörperte) Forderungen oder andere Rechte Gegenstand der Drittansprache sind, gemäss ständiger Rechtsprechung danach, ob die Berechtigung des Schuldners oder diejenige des Drittansprechers die grössere Wahrscheinlichkeit für sich habe (BGE 88 III 55).

53 Besitzt der Ansprecher auf seinen Namen ausgestellte oder mit einem Pfandvermerk zu seinen Gunsten versehene Interimsscheine, so kommt ihm die Beklagtenrolle nach Art. 109 SchKG zu (BGE 75 III 6).

54 Für die Parteirollenverteilung im Widerspruchsprozess ist einzig auf die nach aussen in Erscheinung tretenden, augenfälligen Herrschaftsverhältnisse abzustellen (BE, AB, 17.01.1949, BlSchK 1950, S. 174).

55 Die Frist zur Beschwerde wegen unrichtiger Parteirollenverteilung beginnt nicht schon mit der Fristansetzung im Sinne von Art. 107 SchKG, sondern mit der wirklichen Fristansetzung zur Klage. Umstände, die für den Gewahrsam des Betreibungsschuldners sprechen (ZH, ObGer, II. Ziv.Kammer, 13.12.1949, ZR 1950, Nr. 120, BlSchK 1952, S. 77).

56 (i.V.m. Art. 641 ZGB) – Zur Frage der Aktivlegitimation im Widerspruchsprozess. Wird die Aktivlegitimation des Dritten bejaht, der zur Zeit der Pfändung, nicht aber bei Klageanhebung Eigentum am gepfändeten Gegenstand hatte, so wäre diese Ansicht im Appellationsverfahren nicht ohne Weiteres zu schützen; der Entscheid verletzt aber nicht klares Recht (BE, Appellationshof, Ziv.Kammer, 23.06.1949, ZBJV 1950, S. 579).

57 Zur Annahme von Mitgewahrsam an Gegenständen im Laden der Schuldnerin genügt nicht, dass ihr Freund einen Schlüssel dazu besitzt und dort täglich ein paar Stunden arbeitet (BS, AB, 01.03.1979, BlSchK 1981, S. 133).

58 *Massgebend für die Parteirollenverteilung im Widerspruchsverfahren ist der Gewahrsam an der vom Drittanspruch betroffenen Sache.* Dabei ist die Klagefrist nach Art. 107 SchKG dem Drittansprecher nur bei ausschliesslichem Gewahrsam des Schuldners anzusetzen, andernfalls dem den Anspruch bestreitenden Gläubiger (BS, AB, 25.08.1975, BlSchK 1978, S. 187).

59 *Massgebend für die Verteilung der Parteirollen* im Widerspruchsverfahren *ist der Gewahrsam an der gepfändeten Sache.* Bei Forderungen ohne Wertpapiercharakter tritt nach bundesgerichtlicher Rechtsprechung anstelle des Gewahrsams «die in der Person des betriebenen Schuldners oder des Drittansprechers gegebene grössere Wahrscheinlichkeit der materiellen Berechtigung». – Einleitung des Widerspruchsverfahrens trotz verspäteter Anmeldung des Drittanspruchs stellt lediglich eine anfechtbare, nicht aber eine nichtige Verfügung dar. Mangels entsprechenden Antrags besteht für die AB kein Anlass zur Prüfung der Frage, ob der Drittanspruch rechtzeitig angemeldet worden sei oder nicht (BE, AB, 16.10.1979, BlSchK 1983, S. 73).

60 Pfändung eines vom Schuldner benutzten, vom Titular des Fahrzeugausweises zu Eigentum angesprochenen Automobils. Diesem kommt die Beklagtenrolle nach Art. 108 SchKG nicht nur dann zu, wenn auch eine gewisse tatsächliche Gewalt ausübt (BGE 76 III 38).

61 *Ein im Ausland an einem Automobil begründetes Pfandrecht in Form einer Mobiliarhypothek ohne Übertragung des Besitzes:* Der Pfandgläubiger, welcher nicht die ausschliessliche Macht zum Gebrauch der Sache besitzt, kann in einem Widerspruchsprozess um einen verarrestierten oder gepfändeten Gegenstand *nicht die Rolle des Beklagten beanspruchen* (GE, Autorité de surveillance, 19.03.1980, BlSchK 1982, S. 192).

62 Inanspruchnahme eines Pfandrechts im zweiten Rang an *Aktien, welche durch den Schuldner bei einer Bank hinterlegt worden sind.* – Das Verfahren nach Art. 108 SchKG ist anwendbar, wenn die Bank, welche den Besitz an den Aktien ausschliesslich für den Schuldner ausübt. Über das Pfandrecht des Dritten erst nach dem Vollzug des Arrestes in Kenntnis gesetzt worden ist (GE, Autorité de surveillance, 14.07.1982, BlSchK 1984, S. 105).

63 Beim Streit über Rechte an beweglichen Sachen sind für die Verteilung der Parteirollen im Widerspruchsverfahren einzig die Gewahrsamsverhältnisse im Zeitpunkt der Pfändung massgebend; ist der Schuldner ausschliesslich Gewahrsamsinhaber, so kommt die Klägerrolle dem Drittansprecher zu (Art. 107 SchKG). Hat dieser jedoch Gewahrsam oder teilt er diesen mit dem Schuldner, so hat der Gläubiger gegen den Drittansprecher zu klagen (Art. 108 SchKG). Handelt es sich beim gepfändeten Gegenstand um ein Motorfahrzeug, gilt nach bundesgerichtlicher Praxis derjenige als Gewahrsamsinhaber, auf dessen Namen der Fahrzeugausweis lautet, sofern er – der Halter – das Fahrzeug benutzt oder darüber noch eine gewisse tatsächliche Gewalt ausübt (BGer SchKK, 08.04.1980, BlSchK 1984, S. 215).

64 Ist eine Hypothekarschuld gestützt auf das Grundbuch in das Lastenverzeichnis aufgenommen worden, so ist das BA nicht zur Prüfung befugt, ob derjenige, der Inhaber des diesbezüglichen Schuldbriefes zu sein behauptet, materiell berechtigt ist. Das BA muss die Klägerrolle für den Widerspruchsprozess nach Massgabe von Art. 39 VZG demjenigen zuweisen, der eine Abänderung oder Löschung des in das Lastenverzeichnis aufgenommenen Rechts verlangt (BGE 112 III 26).

65 Das BA hat *bei Einleitung einer Faustpfandbetreibung nicht zu prüfen*, ob das *behauptete Pfandrecht bestehe.* Weitere Pfändungsgläubiger haben die Möglichkeit, im Widerspruchsverfahren das behauptete Pfandrecht zu bestreiten (BE, AB, 03.01.1963, BlSchK 1964, S. 13).

66 *(i.V.m. Art. 155 Abs. 1 SchKG)* Werden die Art. 106 ff SchKG analog auf die Betreibung auf Pfandverwertung angewandt, so ist den Besonderheiten dieser Betreibungsart im Unterschied zur ordentlichen Betreibung auf Pfändung Rechnung zu tragen. In der Betreibung auf Faustpfandverwertung sind für das Widerspruchsverfahren grundsätzlich die Vorschriften der Art. 106 und 107 SchKG zu befolgen; ausnahmsweise – z.B. wenn es offensichtlich ist, dass das Pfandrecht nicht mehr besteht – ist gemäss Art. 109 als Sache, weil der angefochtene Entscheid keine Feststellungen bezüglich des Weiterbestehens des Pfandrechtes enthält, zur Aktenergänzung und neuen Entscheidung an die kantonale AB zurückzuweisen (BGE 123 III 367).*

67 *Beklagtenrolle der mit dem Schuldner in gemeinsamen Haushalt lebenden Ehefrau* im Widerspruchsprozess. Wesen der Widerspruchsklage. Keine materielle Überprüfung des Bestandes einer Forderung (GR, AB, 23.08.1961, SJZ 1962, S. 380, BlSchK 1964, S. 21).

Dritter Titel: Betreibung auf Pfändung Art. 107

68 *Kosten des Widerspruchsprozesses.* – Hat der Gläubiger im Prozess mit dem Drittansprecher obsiegt, so kann er bei Zahlungsunfähigkeit des Letztern verlangen, dass aus dem Erlös, den die betreffende Sache ergibt, vorweg die Kosten des Prozesses gedeckt werden (BGE 77 III 13).

69 *Unbedingter Rückzug* der auf volle Anerkennung *eines im Pfändungsverfahren geltend gemachten Mietpfandspruchs* zielenden Klage bewirkt, dass dieser im betreffenden Betreibungsverfahren nur in der vom Schuldner anerkannten Höhe berücksichtigt werden kann (BGer, 01.06.1955, BlSchK 1958, S. 22).

70 *Widerspruchsklage mit Bezug auf Liegenschaften.* Ein Aussonderungs- oder Widerspruchsrecht des Fiduzianten an Liegenschaften besteht nicht, wenn die gepfändete Liegenschaft im Zeitpunkt der Pfändung im Grundbuch auf den Namen des Fiduziars als Eigentümer eingetragen ist. Eine analoge Anwendung des Art. 401 OR auf Liegenschaften ist nicht möglich, da die Aufzählung der Subrogation bzw. aussonderungsfähigen Rechte in Art. 401 OR abschliessend ist (ZH, ObGer, II. Ziv.Kammer, 06.06.1969, ZR 1970, Nr. 22).

71 Frist zur Stellung des Pfändungsbegehrens in der Arrestprosequierungsbetreibung. Sie läuft ohne Rücksicht auf die Dauer eines im Anschluss an den Vollzug des Arrestes ein geleiteten Widerspruchsprozesses und beträgt in Analogie zu Art. 279 Abs. 3 und Art. 281 SchKG nur zehn Tage. Wird sie versäumt, so ist das Recht auf Fortsetzung der Betreibung verwirkt, Betreibung und Arrest werden hinfällig und der *Widerspruchsprozess wird gegenstandslos* (ZH, ObGer, II. Ziv.Kammer, 04.06.1976, ZR 1977, Nr. 71, SJZ 1978, S. 111).

72 Unter welchen Voraussetzungen ist im Widerspruchsverfahren über die Rechte an beweglichen Sachen die Klagefrist dem Drittansprecher anzusetzen? Für wen übt der für den betriebenen Nachlass bestellte Erbschaftsverwalter den Gewahrsam aus? – Wenn Rechte an beweglichen Sachen streitig sind, richtet sich die *Verteilung der Parteirollen* im Widerspruchsprozess ausschliesslich nach dem Gewahrsam und bei Beurteilung der Frage, in wessen Gewahrsam sich eine Sache befindet, ist allein massgebend, wer darüber die tatsächliche Verfügungsgewalt hat (BGE 54 III 148, 71 III 6). Dem Drittansprecher ist die Klagefrist gemäss Art. 107 SchKG dann, und nur dann anzusetzen, wenn diese Verfügungsgewalt ausschliesslich beim Schuldner liegt oder wenn sich der in Frage stehende Gegenstand in den Händen eines Dritten befindet, der das streitige Recht nicht selber beansprucht, sondern den Gewahrsam (soweit es sich nicht um die Wahrung seiner allfälligen Rechte als Pfandgläubiger, Depositar usw. handelt) ausschliesslich für den Schuldner ausübt (BGE 73 III 65 und dort zitierte Entscheide, 76 III 8, 80 III 140). In den übrigen Fällen ist Art. 108 SchKG anwendbar (BGE 83 III 27).

73 (i.V.m. Art. 283 und 284 OR) – Für den Entscheid über den Gewahrsam ist der Zeitpunkt der Aufnahme des Retentionsverzeichnisses massgebend. Der Umstand, dass die dem Retentionsrecht für Mietzinsforderungen unterliegenden Gegenstände nachträglich an einen andern Ort verbracht wurden, ändert nichts an der Rollenverteilung im Widerspruchsverfahren. Bei gutgläubigem Rechtserwerb durch den Dritten nach Aufnahme des Retentionsverzeichnisses ist diesem Frist zur Klage anzusetzen, wenn sich die Gegenstände bei der Aufnahme des Verzeichnisses im Gewahrsam des Schuldners befanden (GE, Autorité de surveillance, 23.03.1983, BlSchK 1985, S. 102).

74 (i.V.m. Art. 109 SchKG) – Verteilung der Parteirollen, wenn sich die Sache – vorliegend eine *gewöhnliche Forderung* – weder im Gewahrsam des Schuldners noch in dem des Drittansprechers, sondern in jenem eines Vierten befindet. Befugnisse des BA in Anwendung der Art. 106 ff. SchKG. Hat ein Vierter den Gewahrsam inne, so ist für die Parteirollenverteilung entscheidend, für wen von jenen dreien der Vierte den Gewahrsam ausübt. Handelt es sich beim umstrittenen Vermögenswert um eine Forderung, die nicht in einem Wertpapier verkörpert ist, muss an Stelle des Gewahrsams auf die grössere Wahrscheinlichkeit der Gläubigerberechtigung abgestellt werden (BGE 120 III 84).

75 (i.V.m. Art. 275 SchKG) – Die Klagerolle im Widerspruchsverfahren ist bei einer verarrestierten Darlehensforderung dem Drittansprecher zuzuweisen, wenn die grössere Wahrscheinlichkeit seiner Berechtigung nicht glaubhaft ist (LU, SchKKomm, 23.12.1998, LGVE 1999 I 46).

76 Strafurteil, welches die Rückgabe eines gemäss Art. 58 StGB eingezogenen und beim kantonalen Abschleppdienst eingestellten Personenwagens an den Angeklagten anordnet.

Verkauf des Wagens ohne Übergabe im Sinne von Art. 924 ZGB und Arrestnahme vor der Aufhebung der strafrechtlichen Beschlagnahme. Drittansprache durch den Käufer und den kantonalen Abschleppdienst, ohne dass die Rechte des Letzteren bestritten werden. Parteirollenverteilung im Widerspruchsprozess gemäss Art. 107 ff. SchKG. Mangels Benachrichtigung von Besitzesübergang (Art. 924 Abs. 2 ZGB), kann der Verwahrer – im vorliegenden Fall der kantonale Abschleppdienst – den Angeklagten und Schuldner als einzige Person betrachten, die nach Aufhebung der strafrechtlichen Beschlagnahme zur Entgegennahme der Rücknahme des Wagens berechtigt ist. Insoweit er nicht in seinen eigenen Rechten betroffen ist, übt der Verwahrer nur für den Schuldner Besitz aus; demzufolge muss der Drittansprecher, im vorliegenden Fall also der Käufer, Widerspruchsklage im Sinne von Art. 107 SchKG einleiten (BGE 121 III 85).

77 *Abtretung eines Resterlöses aus dem Verkauf eines Grundstückes* – In der Pfändungsurkunde ist nichts weiter zu vermerken, als was ein Drittanspruch umfasst. Ein vom Wortlaut einer Abtretung nicht gedeckter Zusatz darf nicht in die Pfändungsurkunde aufgenommen werden. – Ist ein Resterlös für den Fall des Verkaufs eines Grundstückes abgetreten worden, so wird die Abtretung erst im Augenblick der Veräusserung wirksam. Die abgetretene bedingte Forderung kann nicht Gegenstand eines Widerspruchsverfahrens in der Betreibung, in welcher das Grundstück gepfändet wird, bilden (BGE 119 III 22).

78 Bei nachträglicher Abänderung oder Ergänzung des Lastenverzeichnisses durch das BA hat dieses die Betroffenen auf die Bestreitungsmöglichkeit gemäss Art. 37 Abs. 2 VZG hinzuweisen und nach erfolgter Bestreitung das Widerspruchsverfahren nach Art. 107 ff. SchKG durchzuführen (LU, SchKKomm, 16.04.1998, LGVE 1998 I 38).

VI. Beweislastverteilung im Widerspruchsprozess

79 Beweislastverteilung im Widerspruchsprozess, wenn behauptet wird, bei den gepfändeten *Gegenständen handle es sich um Frauengut bzw. Sondergut*. Überall dort, wo eheliches Güterrecht hineinspielt, kommt die Beweislastverteilung des ZGB zur Anwendung, d.h. dass die Drittsprecherin beweispflichtig ist, dass die angesprochenen Gegenstände ihr Eigentum sind (BE, Appellationshof, II. Ziv.Kammer, 27.10.1949, ZBJV 1951, S. 355).

80 Einem Begehren um Vorlage der Beweismittel ist zu entsprechen, auch wenn es erst nach Ablauf der Frist von zwei Tagen, dagegen vor Ablauf der zehntägigen Frist geltend gemacht wird (BE, AB, 03.07.1959, BlSchK 1960, S. 118).

81 Im Arrestvollzug sind auch Gegenstände verarrestierbar, welche von einem Dritten zu Eigentum angesprochen werden, unter Vorbehalt des Widerspruchsverfahrens. Die Aufforderung an den Drittansprecher zur Vorlage der Beweismittel bezweckt lediglich, dem Gläubiger die Möglichkeit zu geben, sich über die Beweislage zu informieren und ihn eventuell davon abzuhalten, einen aussichtslosen Prozess zu führen. Die Beweismittelvorlage liegt damit auch im Interesse des Drittansprechers, ohne dass dieser verpflichtet wäre, der Aufforderung nachzukommen. Allerdings besteht in diesem Falle ein erhöhtes Risiko für die Durchführung des Widerspruchsverfahrens (BE, AB, 02.07.1981, BlSchK 1985, S. 30).

VII. Grössere Wahrscheinlichkeit für die Berechtigung

82 Ob in einem Widerspruchsverfahren die Klagefrist dem Drittansprecher oder dem Gläubiger anzusetzen sei, entscheidet sich im Falle, dass (nicht in einem Wertpapier verkörperte) Forderungen oder andere Rechte Gegenstand der Drittansprache sind, gemäss ständiger Rechtsprechung danach, ob die Berechtigung des Schuldners oder diejenige des Drittansprechers die grössere Wahrscheinlichkeit für sich habe (BGE 88 III 55).

83 Für die Parteirollenvereinbarung mit Bezug auf gepfändete Liquidationsanteile ist der Anschein der besseren Berechtigung massgebend. Anschein der besseren Berechtigung ist aufgrund summarischer Prüfung zu entscheiden. Klagerolle bei Drittansprecher bei Vertrag, der nur Abtretungsversprechen enthält (BL, AB, 19.10.1993, BJM 1994, S. 245).

Art. 108 b. Bei Gewahrsam oder Mitgewahrsam des Dritten

¹ Gläubiger und Schuldner können gegen den Dritten auf Aberkennung seines Anspruchs klagen, wenn sich der Anspruch bezieht auf:
1. eine bewegliche Sache im Gewahrsam oder Mitgewahrsam des Dritten;
2. eine Forderung oder ein anderes Recht, sofern die Berechtigung des Dritten wahrscheinlicher ist als diejenige des Schuldners;
3. ein Grundstück, sofern er sich aus dem Grundbuch ergibt.

² Das Betreibungsamt setzt ihnen dazu eine Frist von 20 Tagen.

³ Wird keine Klage eingereicht, so gilt der Anspruch in der betreffenden Betreibung als anerkannt.

⁴ Auf Verlangen des Gläubigers oder des Schuldners wird der Dritte aufgefordert, innerhalb der Klagefrist seine Beweismittel beim Betreibungsamt zur Einsicht vorzulegen. Artikel 73 Absatz 2 gilt sinngemäss.

1 Unterschiede der Rechtsbehelfe im Widerspruchs- und Anfechtungsprozess. Im Widerspruchsprozess wird abgeklärt, ob ein bestimmter Gegenstand oder Wert, der von einem Dritten beansprucht wird, zum Vermögen des Schuldners gehört und zur Befriedigung des Gläubigers herangezogen werden kann. Demgegenüber bezweckt die Anfechtungsklage – ähnlich dem Arrest – den Erfolgt einer Zwangsexekution gegen den Schuldner zu gewährleisten. Sie dient dazu, einen früheren Vermögensstand des Schuldners insoweit wieder herzustellen, als dieser ihn durch gewisse, zivilrechtlich erlaubte Handlungen zum Nachteil seiner Gläubiger verhindert hat. – Die *Widerspruchsklage kann auch mit Anfechtungsansprüchen nach Art. 285 ff. SchKG begründet werden* falls gleichzeitig die Legitimation zur Anfechtungsklage gegeben ist. Frage der Legitimation, wenn der Widerspruchsprozess nach Vollzug eines Arrestes angehoben wird. – Zur Erhebung einer Anfechtungsklage ist berechtigt, wer einen provisorischen Verlustschein erhalten hat oder besitzt. Im normalen Betreibungsverfahren auf Pfändung hat ein Gläubiger, der nach Art. 108 SchKG ein Widerspruchsverfahren anheben will, in der Regel eine Pfändungsurkunde in Händen, die allenfalls einen definitiven oder provisorischen Verlust ausweist. Anders ist es im Arrestverfahren. Dort wird das Widerspruchsverfahren nach dem Arrestvollzug und nicht erst nach der Pfändung in Arrestprosequierung eingeleitet (BGE 76 III 89). Gerade wenn ein Arrestgegenstand, der Streitpunkt eines Widerspruchsprozesses ist, in der Folge gepfändet wird, muss es aber dem Kläger und Gläubiger möglich sein, diese neue betreibungsrechtliche Situation im hängigen Verfahren vorzutragen. Denn mit der Pfändung endet das Provisorium des Sicherungsbeschlages, der Arrest hat seinen Zweck erreicht, an seine Stelle tritt eben der Pfändungsbeschlag. In diesem Sinne ist die Legitimation zu bejahen (LU, SchKKomm, 17.09.1984, LGVE 1984 I 33).

2 Erledigung einer Widerspruchsklage. *Wird während eines Widerspruchsprozesses* zwischen Pfändungsgläubiger und *einer Aktiengesellschaft als Dritte über diese der Konkurs eröffnet, das Konkursverfahren mangels Aktiven eingestellt* und die beklagte Aktiengesellschaft in der Folge im Handelsregister gelöscht, so wird deren Eigentumsansprache (und nicht die Widerspruchsklage des Pfändungsgläubigers) gegenstandslos. Der Prozess ist in diesem Sinne als erledigt abzuschreiben (ZH, ObGer, III. Ziv.Kammer, 07.01.1974, ZR 1974, Nr.14).

3 Ein *Eigentümerschuldbrief, der auf einem gepfändeten Grundstück lastet, kann selbst nicht gepfändet werden;* hinsichtlich eines solchen Titels ist die Ansetzung der Frist zur Erhebung einer Widerspruchsklage nicht zulässig. – Befindet sich ein solcher Schuldbrief im Gewahrsam eines Drittansprechers, kann er vom BA nicht in Verwahrung genommen werden (BGE 104 III 15).

4 (i.V.m. Art. 683 OR) –Widerspruchsklage betreffend nicht verbriefter Inhaberaktien. Wer behauptet, an nicht verbrieften Inhaberaktien berechtigt zu sein, hat sich, ausgehend von der Gründungsurkunde, durch eine lückenlose Kette von Zessionen über seine Berechtigung auszuweisen (LU, OG, I. Kammer, 16.11.2004, LGVE 2004 I 53).

5 (i.V.m. Art. 276 Abs. 1 SchKG) – Damit ein Widerspruchsverfahren eingeleitet werden kann, muss jeder als Dritteigentum angegebene oder in Anspruch genommene Gegenstand genau bezeichnet werden. Selbst wenn es sich um Gegenstände handelt, welche in der Arresturkunde nicht individualisiert worden sind (GE, Autorité de surveillance, 07.03.1979, BlSchK 1982, S. 101).

6 Bei der Beurteilung einer Widerspruchsklage ist – wenn nach dem kantonalen Recht dem Urteil der Sachverhalt zur Zeit der Urteilsfällung zugrunde gelegt wird – auf die Eigentumsverhältnisse zur Zeit der Urteilsfällung in dem Sinne abzustellen, dass ein Untergang des Drittanspruchs zwischen Pfändungsvollzug und Urteilsfällung zu berücksichtigen ist (BGE 112 III 100).

7 Wurden Gegenstände bei einem Dritten gepfändet, so kann dieser sich den Wirkungen der Pfändung nicht entziehen, indem er bloss behauptet, sie gehören nicht dem Schuldner. – Das Berufsgeheimnis, an das der Dritte gegenüber der Person gebunden sein mag, für deren Rechnung er den Gewahrsam ausübt, entbindet ihn nicht von der Nennung dieser Person. Fehlt es an dieser für die Einleitung des Widerspruchsverfahrens durch das BA unerlässliche Angaben, so wird jene Person der Gefahr ausgesetzt, ihre Rechte nicht binnen nützlicher Frist geltend machen zu können (BGE 78 III 8).

8 Keine Zwangsvollstreckung in das Vermögen einer rechtlich selbständigen Zentralbank für Schulden des Staates. Grundsatz der Zwangsvollstreckung nur in schuldnerisches Vermögen. Beweislast des Drittansprechers. Anwendbares Recht. Begriff der juristischen Person. Das Gesellschaftsstatut wird nicht durch das schweizerische Recht bestimmt, sondern durch das Recht, nach welchem die in Frage stehende Unternehmung organisiert ist. – Massgebend ist nicht die faktische oder wirtschaftliche, sondern nur die rechtliche Selbständigkeit zur Rechtspersönlichkeit der Central Bank of Lybia. Die Berufung auf die eigene Rechtspersönlichkeit ist auch faktische Beherrschung durch den Staat nicht rechtsmissbräuchlich. Mangels Voraussetzungen kein Durchgriff auf Drittmassagut (ZH, ObGer, II. Ziv.Kammer, 28.09.1990, ZR 91/92, Nr. 27).

I. Gewahrsamsverhältnisse
1. Allgemeines

9 Bei der Beurteilung der Frage, in wessen Gewahrsam sich eine Sache befindet, ist allein die tatsächliche Verfügungsgewalt massgebend. Im Zweifelsfalle obliegt dem Drittansprecher der Beweis, dass er der Mieter der Lokale ist, in denen sich die verarrestierten oder gepfändeten Gegenstände befinden (GE, Autorité de surveillance, 02.03.1983, BlSchK 1985, S. 24).

10 Mitgewahrsam an einem «compte joint». Ein «compte joint» lässt nicht auf eine bestimmte Ausgestaltung des Verhältnisses der Kontoinhaber untereinander (Innenverhältnis) schliessen. Bei der Pfändung eines solchen Guthabens sind die Bestimmungen der VVAG deshalb nur dann anzuwenden, wenn zwischen dem Betreibungsschuldner und den Mitinhabern des Kontos offensichtlich ein Gemeinschaftsverhältnis im Sinne von Art. 1 VVAG besteht. Dies ist bei einem «compte joint» nicht der Fall. Schuldner und der Dritte haben hier Mitgewahrsam (BGE 110 III 24).

11 Die Ehefrau eines Schuldners, gegen welchen eine Pfändung vollzogen wurde, kann nicht auf der einen Seite behaupten, Eigentümerin der an seinem Domizil gepfändeten Gegenstände zu sein und auf der anderen verlangen, an der Pfändung mit den gleichen Gegenständen teilzunehmen (GE, Autorité de surveillance, 15.09.1982, BlSchK 1984, S. 28).

12 Besitzt der Ansprecher auf seinen Namen ausgestellte oder mit einem Pfandvermerk zu seinen Gunsten versehene Interimsscheine, so kommt ihm die Beklagtenrolle zu (BGE 75 III 6).

13 Ist das Pfändungsobjekt im Gewahrsam einer Aktiengesellschaft, deren einziger Verwalter der Schuldner ist, so ist Art. 108 SchKG anwendbar. – Auch wenn sich die Sache nicht im Gewahrsam oder Mitgewahrsam des Ansprechers befindet, ist die Klagefrist gemäss Art. 108 SchKG dem Gläubiger zu setzen, sofern der Schuldner keinen Gewahrsam oder nur Mitgewahrsam mit einer anderen Person hat (BGE 72 III 20).

14 Für die Anwendung der Art. 107–108 sind in der Arrestbetreibung die Gewahrsamsverhältnisse zur Zeit der Arrestlegung massgebend, auch wenn erst bei der Pfändung eine Drittansprache erhoben wird (BGE 76 III 87).

Dritter Titel: Betreibung auf Pfändung | Art. 108

2. Bei Gewahrsam oder Mitgewahrsam der Ehefrau

15 *Gewahrsam der Ehefrau* an den im Gewerbe des Ehemannes verwendeten Gegenstände. Es genügt nicht, dass diese in dem ordnungsgemäss eingetragenen und bekannt gemachten Gütertrennungsvertrag als Eigentum der Ehefrau aufgeführt sind; der Vertrag muss ausserdem durch ein Inventar ergänzt sein, anhand dessen sich die Identität der gepfändeten mit den im Gütertrennungsvertrag aufgeführten feststellen lässt (BGE 77 III 116).

16 Die Klagefrist ist nur bei ausschliesslichem Gewahrsam des Schuldners dem Dritten anzusetzen. Die *Ehefrau eines Landwirts, die Eigentümerin des Heimwesens ist und im Betrieb mitarbeitet, hat Mitgewahrsam* am Betriebsinventar (BGE 76 III 7).

17 Die Ehefrau eines Schuldners, gegen welchen eine Pfändung vollzogen wurde, kann nicht auf der einen Seite behaupten, Eigentümerin der an seinem Domizil gepfändeten Gegenstände zu sein und auf der andern Seite verlangen, an der Pfändung mit den gleichen Gegenständen teilzunehmen (GE, Autorité de surveillance, 15.09.1982, BlSchK 1984, S. 28).

18 Die *Ehefrau und die Kinder*, auch wenn sie im Gewerbe des Ehemannes bzw. Vaters mitarbeiten, *haben an diesem Inventar in der Regel keinen Mitgewahrsam*, da ihre Arbeit eine vom Inhaber des Gewerbes abhängige ist (BE, AB, 11.03.1957, BlSchK 1958, S. 80).

19 Fristansetzung nach Art. 108 SchKG, wenn die Ehefrau des Schuldners Mitgewahrsam besitzt, gleichgültig unter welchem Güterstand die Ehegatten leben (SO, AB, 18.02.1963, BlSchK 1964, S. 48).

20 Widerspruchsverfahren bei Pfändung von Forderungen – Kriterium für die Klagefristsetzung nach Art. 107 oder 109 SchKG. Nachweis der behaupteten Abtretung der Forderung an den Drittansprecher (BGE 79 III 162).

21 Bei Gegenständen, die sich in einem von beiden Ehegatten benutzten Ferienhaus befinden, ist Mitgewahrsam der Ehefrau anzunehmen, auch wenn die Eheleute im Übrigen getrennt leben. Die Frist ist demnach nach Art 108 SchKG anzusetzen (BE, AB, 29.04.1974, BlSchK 1976, S. 141).

3. Bei Gewahrsam von Fahrzeugen

22 Pfändung eines vom Schuldner benutzten, vom Titular des Fahrzeugausweises zu Eigentum angesprochenen Automobils. Diesem kommt die Beklagtenrolle nach Art. 108 SchKG nicht nur dann zu, wenn auch er das Automobil benutzt; es genügt, dass er über das Fahrzeug eine gewisse tatsächliche Gewalt ausübt (BGE 76 III 38).

23 Dass in Bezug auf die gepfändeten Motorfahrzeuge die Fahrzeugausweise auf den Drittansprecher lauten, begründet noch nicht dessen Gewahrsam (LU, SchKKomm, 19.02.1951, Max. X, Nr. 52, BlSchK 1953, S. 93).

24 Widerspruchsverfahren um ein unter Eigentumsvorbehalt des Verkäufers stehendes Automobil, dessen Pfändung sich die Ehefrau des Schuldners als angebliche Käuferin widersetzt. Verteilung der Parteirollen. Kriterien des Gewahrsams und allfälligen Mitgewahrsam. – Als alleinigen Inhaber des Gewahrsams an einem Motorfahrzeug hat die Rechtsprechung bei unsicheren Benutzungsverhältnissen etwa den *Titular des Fahrzeugausweises* betrachtet (BGE 60 III 219, 64 III 138). *Diesem Merkmal kommt aber nicht ausschliessliche Bedeutung zu* (BGE 67 III 144, 76 III 38). Hier ist ausser dem auf den Schuldner ausgestellten Fahrzeugausweis von Bedeutung, dass er allein den Wagen benutzt und ihn in einer von ihm gemieteten Garage unterzubringen pflegt (BGE 80 III 25).

25 *Gewahrsam an einem im Freien parkierten Auto,* wenn die Drittansprecherin nicht selber fährt, der Fahrzeugausweis aber auf sie lautet. Die Frist gemäss Art. 108 SchKG ist auch dann dem Gläubiger zu setzen, wenn der Schuldner bloss Mitgewahrsam, aber nicht den alleinigen Gewahrsam an der Sache hat. Dieser Sachverhalt ist hier gegeben (BL, AB, 30.06.1960, BlSchK 1961, S. 117).

26 Ein im Ausland an einem Automobil begründetes Pfandrecht in Form einer Mobiliarhypothek ohne Übertragung des Besitzes: Der Pfandgläubiger, welcher nicht die ausschliessliche Macht zum Gebrauch der Sache besitzt, kann in einem Widerspruchsprozesses um einen verarrestierten oder ge-

pfändeten Gegenstand nicht die Rolle des Beklagten beanspruchen (GE, Autorité de surveillance, 19.03.1980, BlSchK 1982, S. 192).

II. Ansetzung Klagefrist

27 Die Fristansetzung zur Widerspruchsklage nach Art. 107 oder 108 SchKG muss so abgefasst sein, dass der Empfänger bei gewöhnlicher Sorgfalt über ihren Inhalt im Klaren sein muss und ihr insbesondere entnehmen kann, um welche Gegenstände es sich handelt, wozu in casu die Angabe ihres Standortes nötig ist (ZH, ObGer, II. Kammer, 23.05.1947, ZR 1948, Nr. 33).

28 Wird ein gepfändeter Gegenstand zugleich von zwei verschiedenen Personen je für sich zu Eigentum beansprucht, so hat der diese Ansprachen bestreitende Gläubiger gegen den einen wie den andern Ansprecher zu klagen. Auch wenn zwischen diesen beiden bereits ein Streit um das Eigentum hängig ist, darf das BA mit der Klagefristansetzung nach Art. 108 SchKG nicht zuwarten (BGE 81 III 105).

29 Fristansetzung in der Betreibung gegen einen unter Verwaltungsbeiratschaft stehenden Schuldner. – Entsteht Streit darüber, ob die gepfändete Sache zum freien oder gebundenen Vermögen des Schuldners gehört, so ist darüber im Widerspruchsverfahren zu entscheiden, in welchem der Beirat als Dritter im Sinne von Art. 107 SchKG auftreten kann, obschon er nicht das eigene Recht wahrnimmt (BGE 48 III 221). Das Verfahren nach Art. 108 ist jedenfalls dann einzuschlagen, wenn der Beirat Gewahrsam am gepfändeten Gut hat (AR, AB, 07.01.1951, BlSchK 1953, S. 53).

30 Werden Eigentums- und Pfandansprachen von verschiedenen Dritten erhoben, so können dem betreibenden Gläubiger die Fristen zur Erhebung der Klagen gegen Eigentums- und Pfandansprecher gleichzeitig angesetzt werden. Doch soll beigefügt werden, dass die Frist zur Klage gegen den Pfandansprecher erst mit dem Tage zu laufen, beginnt, an welchem das gegenüber dem Eigentumsansprecher erstrittene Urteil in Rechtskraft tritt. Dem Pfandansprecher muss von dieser Art und Weise der Fristansetzung Mitteilung gemacht werden (BGE 110 III 60).

31 *Eine nach Fristablauf vom BA erneut angesetzte Frist* vermag an einem anerkannten Drittanspruch nichts mehr zu ändern (BGE 107 III 120).

32 *Verzichtet ein Gläubiger auf Klageanhebung* gemäss Art. 108 SchKG, so verwirkt er in der betreffenden Betreibung endgültig jeden Anspruch auf den von Dritten angesprochenen Gegenstand. Diese zwingende Folge lässt sich nicht durch Arrestnahme auf denselben umgehen. Vielmehr bedarf es zur Prosequierung des Arrestes einer neuen Betreibung (BS, AB, 26.02.1964, BlSchK 1965, S. 88, BJM 1964, S. 220).

33 In der Fristansetzung des Amtes an den Gläubiger zur Erhebung der Widerspruchsklage muss genau angegeben werden, bezüglich welcher Gegenstände Drittansprachen erhoben worden ist. Fehlt es daran, so ist die Fristansetzung von Amtes wegen aufzuheben (BGE 113 III 104).

III. Parteirollenverteilung

34 Behauptet der Drittansprecher einer eingepfändeten *Forderung, diese sei ihm abgetreten worden* und legt er dem Betreibungsamt gleichzeitig eine entsprechende Zessionsurkunde vor, so ist ihm für den Widerspruchsprozess die Beklagtenrolle zuzuweisen. Nur wenn die Zessionsurkunde an einem offensichtlichen Mangel leidet, hat das BA nicht darauf abzustellen (SO, AB, 06.11.1992 BlSchK 1993, S. 153).

35 Bei *abgetretenen Forderungen* liegt der Gewahrsam beim Zessionar, der die behauptete Abtretung durch Vorweisung einer Abtretungsurkunde dartun muss. Die Frist zur Klage ist dann dem Gläubiger anzusetzen (AR, AB, 11.01.1961, BlSchK 1963, S. 107; vgl. BGE 88 III 125).

36 *Weiterzession des gepfändeten Liquidationsanteils* durch den beklagten Drittansprecher während des Verfahrens. Im Widerspruchsprozess sind nur diejenigen Drittansprüche zu beurteilen, die beim BA angemeldet wurden und dieses damit zur Einleitung des Widerspruchsverfahrens veranlasst haben. Massgebend sind die Eigentumsverhältnisse im Zeitpunkt des Urteils der Berufungsinstanz. Massgebend sind die Eigentumsverhältnisse im Zeitpunkt des Urteils der Berufungsinstanz. Die Weiterzession durch den Dritten bewirkt, dass diesem kein eigenes Recht am gepfändeten Guthaben

mehr zusteht, womit seine Eigentumsansprache hinfällig wurde. Die Weiterzession kann der vollzogene Pfändung nur entgegengehalten werden, wenn der neue Zessionar als gutgläubig im Sinne von Art. 96 Abs. 2 SchKG zu betrachten ist (ZH, ObGer, II. Ziv.Kammer, 10.09.1985, eine Berufung wurde vom BGer abgewiesen, ZR 1987, Nr. 49)

37 Massgebend für die Parteirollenverteilung im Widerspruchsverfahren ist der Gewahrsam an der vom Drittanspruch betroffenen Sache. Dabei ist die Klagefrist nach Art. 107 SchKG dem Drittsprecher nur bei ausschliesslichem Gewahrsam des Schuldners anzusetzen, andernfalls dem den Anspruch bestreitenden Gläubiger (BS, AB, 25.08.1975, BlSchK 1978, S. 187).

38 Besitzt der Garageinhaber für den Drittansprecher, so fällt die Klägerrolle dem Gläubiger zu (BL, AB, 12.12. 1949, BlSchK 1952, S. 47).

39 Widerspruchsverfahren im Falle, dass ein Dritter behauptet, der Schuldner habe ihm den gepfändeten Erbanteil abgetreten. Klägerrolle beim Gläubiger (BGE 88 III 55).

40 (i.V.m. Art. 5 VVAG) – Pfändung eines Liquidationsanteils an einer ungeteilten Erbschaft. Bei Drittansprachen ist das Kriterium der besseren Berechtigung für die Parteirollenzuweisung im Widerspruchsverfahren massgebend. In casu spricht der Rechtsschein für das Vorliegen einer gültigen Abtretung des Erbanteils an die Drittansprecherin, weshalb die Klagerolle gemäss Art. 108 SchKG der Gläubigerin zuzuweisen ist (BL, AB, 19.10.1993, BlSchK 1995, S. 32).

41 Bei Drittansprachen an gepfändeten oder arrestierten Sachen, die sich weder im Gewahrsam des Schuldners noch des Ansprechers, sondern im Gewahrsam eines Vierten befinden, lässt sich eine einheitliche Regel für die Parteirollenverteilung im Widerspruchsverfahren nicht aufstellen, sondern *es kommt entscheidend darauf an, für wen der vierte den Gewahrsam ausübt* (BGE 73 III 63, 80 III 140). Soweit der Vierte den Gewahrsam zur Wahrung seiner eigenen Rechte ausübt und er somit für sich selbst besitzt, ist die Klagefrist nach Art. 108 dem Gläubiger anzusetzen. Dagegen ist die Klagefrist nach Art. 107 SchKG dem Drittansprecher anzusetzen, wenn und soweit der Vierte für den Schuldner, und zwar ausschliesslich für dessen besitzt (ZH, ObGer, II. Ziv.Kammer, 20.07.1956, ZR 1960, Nr. 104, BlSchK 1961, S. 153).

42 Besitzt der Vierte für den Schuldner und zugleich für den Drittansprecher, so fällt die Klägerrolle dem Gläubiger zu (BS, AB, 21.09.1964, BlSchK 1966, S. 107; s. auch BGE 75 III 63).

43 (i.V.m. Art. 107 SchKG) – Verteilung der Parteirollen, wenn sich die Sache – vorliegend eine gewöhnliche Forderung – weder im Gewahrsam des Schuldners noch in dem des Drittansprechers, sondern in jenem eines Vierten befindet. Befugnisse des BA in Anwendung der Art. 106 ff. SchKG. Hat ein Vierter den Gewahrsam inne, so ist für die Parteirollenverteilung entscheidend, für wen von jenen dreien der Vierte den Gewahrsam ausübt. *Handelt es sich beim umstrittenen Vermögenswert um eine Forderung, die nicht in einem Wertpapier verkörpert ist, muss an Stelle des Gewahrsams auf die grössere Wahrscheinlichkeit der Gläubigerberechtigung* abgestellt werden. (BGE 120 III 84).

44 Die *Frist zur Beschwerde wegen unrichtiger Parteirollenverteilung* beginnt nicht schon mit der Fristansetzung im Sinne von Art. 107 SchKG, sondern erst mit der wirklichen Fristansetzung zur Klage (ZH, ObGer, II. Ziv.Kammer, 13.12.1949, ZR 1950, Nr. 120, BlSchK 1952, S. 77).

IV. Bei Retentionsansprüchen

45 Die zehntägige Frist zur Rückbringung heimlich oder gewaltsam aus vermieteten oder verpachteten Räumen (Art. 284 SchKG) fortgeschafften Gegenständen gilt nicht für bereits amtlich retinierte Sachen. Erfolgte die Fortschaffung in Unkenntnis der Retention, so ist dem Fortschaffenden die Stellung eines gutgläubigen Dritten und in einem Widerspruchsverfahren die Beklagtenrolle einzuräumen (BS, AB, 13.12.1962, BlSchK 1964, S. 55, BJM 1965, S. 25).

46 Widerspruchsverfahren bei Retention eines Dritten. Gewahrsam an Bau- und Gerüstmaterialien und Maschinen auf dem Bauplatz. Zumindest ist in Mitgewahrsam anzunehmen, wenn der Gläubiger dem Schuldner das Betreten seines Grundstückes verbietet und erklärt, er retiniere das Material und Geräte zur Sicherung seiner Schadenersatzforderung. Es ist daher nach Art. 108 SchKG vorzugehen (AG, AB, 30.07.1962, BlSchK 1964, S. 137).

47 Der Streit über das Retentionsrecht des Vermieters an von andern Gläubigern gepfändeten Gegenständen ist nicht im Kollokationsprozess, sondern im Widerspruchsverfahren auszutragen. Die Klägerrolle ist in diesem Falle dem Vermieter und nicht den Pfändungsgläubigern zuzuschieben (BL, AB, 12.06.1968, BlSchK 1969, S. 112).

48 Der die Pfändung verlangende Gläubiger hat den Nachweis dafür zu erbringen, dass die betreffenden Gegenstände seinem Schuldner gehören. Ist der Letztere der Handelsangestellte eines Dritten, so hat er an den zum Geschäftsbetrieb gehörenden Sachen den Besitz nicht, so dass mit Bezug auf das Eigentum eine Vermutung zugunsten des Geschäftsinhabers besteht (GE, Cour de justice, 19.11.1957, Sem. 81 (1959, S. 49, SJZ 1960, S. 316).

V. Beweismittel

49 Beweislast im Widerspruchsprozess. – Befindet sich der fragliche Pfändungsgegenstand im Gewahrsam des Schuldners, so ist die Klage vom Dritten anzuheben; hat dagegen der Dritte die Sache in Gewahrsam, so muss der Betreibungsgläubiger klagen. Unabhängig von dieser Parteirollenverteilung hat jedoch der Dritte nach der Beweislastregel von Art. 8 ZGB den Nachweis zu erbringen, dass ihm am Pfändungsgegenstand ein Recht zusteht, welches die Pfändung ausschliesst (LU, ObGer, I. Kammer, 03.11.1977, LGVE 1977, I Nr. 389).

50 Freigabe und Widerspruchsverfahren bei der Retention. Die Behauptung des Drittansprechers und des Schuldners, die retinierten Gegenstände befänden sich im Eigentum des Ersteren, genügt nicht für eine Freigabe, solange aus den Akten nicht hervorgeht, dass der Verpächter dieses Eigentum anerkenne. Erst wenn das BA das Widerspruchsverfahren einleiten kann, wird die Frage des Eigentums abgeklärt werden können. Eine Freigabe der retinierten Gegenstände wäre nur durch eine Sicherheitsleistung zu erwirken (GR, AB, 14.06.1968, BlSchK 1971, S. 52).

51 Die Parteirolle des Gläubigers gemäss Art. 108 bewirkt nicht auch eine Umkehrung der Beweislast. Der beklagte Drittansprecher wird nicht frei von der allgemeinen Regel des Art. 8 ZGB, dass er die zur Behauptung des die Pfändung angeblich ausschliessenden rechtserforderlichen Tatsachen und Beweismittel zu bezeichnen und vorzulegen hat (GR, AB, 23.08.1961, SJZ 1962, S. 380).

52 (i.V.m. Art. 8 ZGB) – Beweislast im Widerspruchsprozess. Gewahrsam im Sinne dieses Artikels ist nicht gleichbedeutend mit Besitz im Sinne von Art. 919 Abs. 1 ZGB (LU, ObGer, I. Kammer, 04.04.1952, Max. X, Nr. 136, BlSchK 1954, S. 143).

53 Beweislastverteilung im Widerspruchsprozess, wenn behauptet wird, bei den gepfändeten Gegenständen handle es sich um Frauengut bzw. Sondergut. Überall dort, wo eheliches Güterrecht hineinspielt, kommt die Beweislastverteilung des ZGB zur Anwendung, d.h. dass die Drittsprecherin beweispflichtig ist, dass die angesprochenen Gegenstände ihr Eigentum sind (BE, Appellationshof, II. Ziv.Kammer, 22.10.1949, ZBJV 1951, S. 355).

54 Einem Begehren um Vorlage der Beweismittel ist zu entsprechen, auch wenn dieses erst nach Ablauf der Frist von zwei Tagen, dagegen vor Ablauf der zehntägigen Frist geltend gemacht wird (BE, AB, 03.07.1959, BlSchK 1960, S. 118).

55 Beweislast im Widerspruchsprozess. – Befindet sich der fragliche Pfändungsgegenstand im Gewahrsam des Schuldners, so ist die Klage vom Dritten anzuheben; hat dagegen der Dritte die Sache in Gewahrsam, so muss der Betreibungsgläubiger klagen. Unabhängig von dieser Parteirollenverteilung hat jedoch der Dritte nach der Beweisregel von Art. 8 ZGB den Nachweis zu erbringen, dass ihm am Pfändungsgegenstand ein Recht zusteht, welches die Pfändung ausschliesst (LU, ObGer, I. Kammer, 03.11.1977, LGVE 1977 I 389).

Art. 109 c. Gerichtsstand

[1] Beim Gericht des Betreibungsortes sind einzureichen:
1. Klagen nach Artikel 107 Absatz 5;
2. Klagen nach Artikel 108 Absatz 1, sofern der Beklagte Wohnsitz im Ausland hat.

² Richtet sich die Klage nach Artikel 108 Absatz 1 gegen einen Beklagten mit Wohnsitz in der Schweiz, so ist sie an dessen Wohnsitz einzureichen.

³ Bezieht sich der Anspruch auf ein Grundstück, so ist die Klage in jedem Fall beim Gericht des Ortes einzureichen, wo das Grundstück oder sein wertvollster Teil liegt.

⁴ Das Gericht zeigt dem Betreibungsamt den Eingang und die Erledigung der Klage an. Der Prozess wird im beschleunigten Verfahren durchgeführt.

⁵ Bis zur Erledigung der Klage bleibt die Betreibung in Bezug auf die streitigen Gegenstände eingestellt, und die Fristen für Verwertungsbegehren (Art. 116) stehen still.

1 Kosten des Widerspruchsprozesses. Hat der Gläubiger im Prozess mit dem Drittansprecher obsiegt, so kann er bei Zahlungsunfähigkeit des Letztern verlangen, dass aus dem Erlös, den die betreffende Sache ergibt, vorweg die Kosten des Prozesses gedeckt werden (BGE 77 III 13).

2 (i.V.m. Art. 8 ZGB) – Beweislast im Widerspruchsprozess – Gewahrsam im Sinne dieses Artikels ist nicht gleichbedeutend mit Besitz im Sinne von Art. 919 Abs. 1 ZGB (LU, ObGer, I. Kammer, 04.04.1952, Max. X, Nr. 136, BlSchK 1954, S. 143).

3 Beweislastverteilung im Widerspruchsprozess, wenn behauptet wird, bei den gepfändeten Gegenständen handle es sich um *Frauengut bzw. Sondergut.* Überall dort, wo eheliches Güterrecht hineinspielt, kommt die Beweislastverteilung des ZGB zu Anwendung, d.h., dass die Drittansprecherin beweispflichtig ist, dass die angesprochenen Gegenstände ihr Eigentum sind (BE, Appellationshof, II. Ziv.Kammer, 27.10.1949, ZBJV 1951, S. 355).

4 Der die Pfändung verlangende Gläubiger hat den Nachweis dafür zu erbringen, dass die betreffenden Gegenstände seinem Schuldner gehören. Ist der Letztere der Handelsangestellte eines Dritten, so hat er an den zum Geschäftsbetrieb gehörenden Sachen den Besitz nicht, so dass mit Bezug auf das Eigentum eine Vermutung zugunsten des Geschäftsinhabers besteht (GE, Cour de justice, 19.11.1957, Sem. 81 (1959), S. 48, SJZ 1960, S. 316).

5 Einem Begehren um Vorlage der Beweismittel ist zu entsprechen, auch wenn erst nach Ablauf der Frist von zwei Tagen, dagegen vor Ablauf der zehntägigen Frist geltend gemacht wird (BE, AB, 03.07.1959, BlSchK 1960, S. 118).

6 Befindet sich der fragliche Pfändungsgegenstand im Gewahrsam des Schuldners, so ist die Klage vom Dritten anzuheben; hat dagegen der Dritte die Sache in Gewahrsam, so muss der Betreibungsgläubiger klagen. Unabhängig von dieser Parteirollenverteilung hat jedoch der Dritte nach der Beweisregel von Art. 8 ZGB den Nachweis zu erbringen, dass ihm am Pfändungsgegenstand ein Recht zusteht, welches die Pfändung ausschliesst (LU, ObGer, I. Kammer, 03.11.1977, LGVE 1977 I 389).

7 Der nach Einleitung des Widerspruchsverfahrens vom Drittansprecher zugunsten eines einzelnen Gruppengläubigers erklärte Verzicht auf den Eigentumsanspruch ist rechtswirksam (BS, AB, 08.08.1951, BlSchK 1954, S. 81).

8 Widerspruchsklage wegen zivilrechtlicher Ungültigkeit der Abtretung, gestützt auf welche ein Dritter das gepfändete Guthaben für sich beansprucht: eine solche Klage setzt voraus, dass die Pfändung verfahrensrechtlich gültig ist (BGE 96 III 111).

Art. 110 F. Pfändungsanschluss
1. Im allgemeinen

¹ Gläubiger, die das Fortsetzungsbegehren innerhalb von 30 Tagen nach dem Vollzug einer Pfändung stellen, nehmen an der Pfändung teil. Die Pfändung wird jeweils so weit ergänzt, als dies zur Deckung sämtlicher Forderungen einer solchen Gläubigergruppe notwendig ist.

² Gläubiger, die das Fortsetzungsbegehren erst nach Ablauf der 30-tägigen Frist stellen, bilden in der gleichen Weise weitere Gruppen mit gesonderter Pfändung.

³ Bereits gepfändete Vermögensstücke können neuerdings gepfändet werden, jedoch nur so weit, als deren Erlös nicht den Gläubigern, für welche die vorgehende Pfändung stattgefunden hat, auszurichten sein wird.

I. Allgemeines

1 Übersteigt der Lohn des Schuldners das Existenzminimum der Familie nicht, so nehmen an einer für Unterhaltsgläubiger erfolgten Lohnpfändung andere Gläubiger nicht teil (BGE 72 III 50).

2 Gepfändetes Bargeld fällt in die Konkursmasse, wenn der Konkurs vor Ablauf der Teilnahmefrist eröffnet wird (BE, AB, 25.06.1952, ZBJV 1953, S. 459).

II. Gruppenbildungen und Teilnahme an der Pfändung

3 Nehmen mehrere Gläubiger nacheinander an einer Lohnpfändung teil, so ist *der Schuldner anlässlich jedes Pfändungsanschlusses befugt, eine Herabsetzung des gepfändeten Betrages zu verlangen*, jedoch immer nur binnen zehn Tagen seit Empfang der die Teilnahme vermerkenden Pfändungsurkunde. Obsiegt er, so gilt die Entscheidung gegenüber allen Gläubigern der Gruppe (BGE 78 III 75/76).

4 An der Pfändung *anfechtbar erworbener Gegenstände* kann der *unterlegene Anfechtungsbeklagte teilnehmen*, nicht aber andere Gläubiger (BE, AB, 25.10.1951, ZBJV 1953, S. 274).

5 Bei nochmaliger Pfändung soll die Pfändungsurkunde die Betreibungs- oder Gruppennummer und den Gesamtbetrag der Forderungen angeben (BGE 77 III 73).

6 Es ist zulässig, neben einer bereits bestehenden Pfändung zusätzlich eine Lohnpfändung vorzunehmen (SO, AB, 25.09.1953, ObGer-Bericht 1953, S. 130, BlSchK 1955, S. 146).

7 Ein Gläubiger wird vom BA zu Unrecht einer früheren Gruppe angeschlossen, wobei sich dieser nicht wehrt. Bei der Stellung des Verwertungsbegehrens wird er vom BA in die spätere Gruppe umgeteilt. Auch wenn ein Gläubiger zu Unrecht einer Gruppe angeschlossen wird, so gilt, sofern sein Anschluss unangefochten bleibt, sein Verwertungsbegehren für alle Gruppengläubiger dieser Gruppe, selbst dann, wenn er später selbst in eine andere Gruppe «umgeteilt» wird. Nur dann, wenn diese Umteilung vor Ablauf der Frist für die Stellung des Verwertungsbegehrens erfolgt, sind die übrigen Gläubiger der früheren Gruppe genötigt, zur Wahrung ihrer Rechte nun ihrerseits das Verwertungsbegehren zu stellen (BGE 85 III 73).

III. Zeitpunkt für die Gruppenbildung

8 Der Anschluss der Ehefrau an eine Lohnpfändung für ihre Alimente muss innert 30 Tagen seit der Pfändung erfolgen (BGE 71 III 150)

9 Die Teilnahme an einer Pfändung tritt nicht von selbst ein, sondern wird durch eine Verfügung des BA (Ergänzungspfändung oder Mitteilung des Anschlusses an den Schuldner) hergestellt. Verantwortlichkeitsklage nach Art. 5 SchKG gegenüber dem BA, wenn durch versäumte Anschlusspfändung Schaden entsteht (BGE 81 III 109).

10 Massgebend für die Gruppenbildung in einem Pfändungsverfahren ist das Datum des effektiven Pfändungsvollzuges, nicht dasjenige, an welchem der Vollzug hätte stattfinden müssen (BE, AB, 20.08.1962, BlSchK 1964, S. 11).

11 Für den Beginn der Frist für den Pfändungsanschluss kommt es nicht auf den Zeitpunkt an, an dem die Pfändung hätte vollzogen werden sollen, sondern auf denjenigen ihres tatsächlichen Vollzuges (BGE 106 III 111).

12 Die provisorische Pfändung, die gestützt auf einen im Säumnisverfahren ergangenen Rechtsöffnungsentscheid erwirkt wird, löst die Teilnahmefrist des Art. 110 SchKG aus, ungeachtet des Rechts des Schuldners, gegen den Rechtsöffnungsentscheid Einspruch zu erheben (BGE 104 III 52).

IV. Pfändungsanschluss bei der Arrestbetreibung

13 Eine Bildung von Pfändungsgruppen ist auch zulässig bei einer am Arrestort durchgeführten, der Prosequierung eines Arrestes dienenden Betreibung (SH, AB, 18.10.1963, Amtsbericht 1963, S. 53, SJZ 1966, S. 205).

14 Einem Arrestgläubiger kommt keine Sonderstellung (analog Art. 281 Abs. 1 SchKG) zu, auch wenn die zur Revision führenden Verhältnisse beim Arrestvollzug entdeckt wurden (BGE 93 III 33).

15 Ein Arrestgläubiger, der einen bereits gepfändeten Gegenstand mit Arrest belegen lässt, ist zur Teilnahme an der Pfändung berechtigt, sofern er innert der 30-tägigen Frist von Art. 100 Abs. 1 SchKG das Pfändungsbegehren stellt. Die Arrestnahme als solche berechtigt noch nicht zur Teilnahme an der Pfändung (Präzisierung der Rechtsprechung) (BGE 101 III 78).

16 Art. 281 SchKG und die durch das Kreisschreiben Nr. 27 bestätigte Rechtsprechung des BGer haben einzig den Sinn, dem Arrestgläubiger zu erlauben, ausserhalb der normalen Anschlussfrist von 30 Tagen provisorisch an der Pfändung teilzunehmen. Ist der Arrestgläubiger in der Lage, die Fortsetzung der Betreibung innerhalb dieser Frist von 30 Tagen zu verlangen, gelangt die Spezialvorschrift von Art. 281 SchKG nicht zur Anwendung. – Es darf nur dann angenommen werden, dass der Arrestgläubiger tatsächlich in der Lage ist, die Fortsetzung der Betreibung zu verlangen, wenn er eine Urkunde besitzt, aus der hervorgeht, dass der Rechtsvorschlag beseitigt ist; diese Urkunde (im vorliegenden Fall die beglaubigte Kopie eines Prozessvergleiches) muss zusammen mit dem Fortsetzungsbegehren eingereicht werden. – Die Frist für den Pfändungsanschluss beginnt nicht von dem Moment an zu laufen, in dem das BA die Pfändung hätte vornehmen sollen, sondern von dem Tage an, an dem die Pfändung tatsächlich stattgefunden hat (BGE 101 III 86).

17 Bei der Arrestbetreibung setzt der Pfändungsanschluss voraus, dass sich der Arrest auf in der Hauptpfändung mit Beschlag belegte Vermögenswerte erstreckt, dass der Arrest durch Einleitung der Betreibung prosequiert und dass im Rahmen dieser Betreibung innert der Frist des Art. 110 Abs. 1 SchKG das Pfändungsbegehren gestellt wurde (BGE 110 III 27, Praxis 73, Nr. 226).

18 (i.V.m. Art. 281 SchKG) Ist der Schuldner bei der Pfändung nicht anwesend, beginnt die Teilnahmefrist für die provisorische Anschlusspfändung erst zu laufen, wenn ihm die Pfändungsurkunde zugestellt worden ist (BGE 130 III 661).

V. Nachpfändung

19 Über Voraussetzungen und Wirkungen der Ergänzungspfändung, der Nachpfändung auf Gläubigerbegehren und der Nachpfändung von Amtes wegen. – Ein Gläubiger, der innerhalb von 30 Tagen nach dem Vollzug einer Pfändung das Pfändungsbegehren stellt, nimmt an der vollzogenen Pfändung teil und das BA hat die Pfändung insoweit zu ergänzen, als zur Deckung sämtlicher Forderungen einer solchen Gläubigergruppe notwendig ist. Nach Ablauf der Teilnahmefrist und Abschluss der Gruppenpfändung hat jeder Gläubiger, der durch die erste Pfändung nicht volle Deckung erhielt, das Recht, erneut Pfändung zu verlangen, wenn er von neuen oder schon vorher vorhanden gewesen, aber verheimlichten Vermögensstücken des Schuldners Kenntnis erhält. Diese Pfändung wird wie diejenige, die gemäss Art. 145 SchKG nach der Verwertung durchzuführen ist, wenn die Pfändung nach der amtlichen Schätzung genügend Deckung zu bieten schien, sich diese Erwartung dann aber bei der Verwertung nicht erfüllte (vgl. BGE 70 III 43), als Nachpfändung bezeichnet. Sie unterscheidet sich von der Nachpfändung im Sinne von Art. 145 SchKG dadurch, dass sie nicht von Amtes wegen, sondern bloss auf Begehren hin vorgenommen wird. Sie hat selbständigen Charakter und bildet den Ausgangspunkt für eine neue Gruppenbildung. Die auf diese Weise nachgepfändeten Gegenstände kommen der neu gebildeten Gruppe zugute. Verlangt demnach der Gläubiger einer bereits abgeschlossenen Gruppe eine Nachpfändung, so kommt die Nachpfändung nur eben diesem Gläubiger zugute. Wollen auch die andern Gläubiger der bereits abgeschlossenen Gruppe Anrechte auf die nachgepfändeten Sachen erwerben, so müssen sie ebenfalls innert der gesetzlichen Teilnahmefrist ein Nachpfändungsbegehren stellen und sich der Nachpfändung anschliessen (vgl. Jaeger, Kommentar N 4 und 5 zu Art. 110 SchKG) (BE, AB, 05.04.1949, ZBJV 1950, S. 457).

20 Im Gegensatz zur Ergänzungspfändung ist die Nachpfändung eine selbständige Pfändung, an welche ein Anschluss weiterer Gläubiger stattfinden kann (BE, AB, 10.08.1961, BlSchK 1962, S. 117).

21 Eine revisionsweise verfügte Erhöhung des gepfändeten oder arrestierten Einkommensbetrages kommt den Gläubigern verschiedener Gruppen nach Massgabe des Gruppenranges zugute (BGE 93 III 33).

Art. 111 2. Privilegierter Anschluss

¹ An der Pfändung können ohne vorgängige Betreibung innert 40 Tagen nach ihrem Vollzug teilnehmen:
1. der Ehegatte des Schuldners;
2. die Kinder, Mündel und Verbeiständeten des Schuldners für Forderungen aus dem elterlichen oder vormundschaftlichen Verhältnis;
3. die mündigen Kinder und die Grosskinder des Schuldners für die Forderungen aus den Artikeln 334 und 334bis des Zivilgesetzbuches;
4. der Pfründer des Schuldners für seine Ersatzforderung nach Artikel 529 des Obligationenrechts.

² Die Personen nach Absatz 1 Ziffern 1 und 2 können ihr Recht nur geltend machen, wenn die Pfändung während der Ehe, des elterlichen oder vormundschaftlichen Verhältnisses oder innert einem Jahr nach deren Ende erfolgt ist; die Dauer eines Prozess- oder Betreibungsverfahrens wird dabei nicht mitberechnet. Anstelle der Kinder, Mündel und Verbeiständeten kann auch die Vormundschaftsbehörde die Anschlusserklärung abgeben.

³ Soweit dem Betreibungsamt anschlussberechtigte Personen bekannt sind, teilt es diesen die Pfändung durch uneingeschriebenen Brief mit.

⁴ Das Betreibungsamt gibt dem Schuldner und den Gläubigern von einem solchen Anspruch Kenntnis und setzt ihnen eine Frist von zehn Tagen zur Bestreitung.

⁵ Wird der Anspruch bestritten, so findet die Teilnahme nur mit dem Recht einer provisorischen Pfändung statt, und der Ansprecher muss innert 20 Tagen beim Gericht des Betreibungsortes klagen; nutzt er die Frist nicht, so fällt seine Teilnahme dahin. Der Prozess wird im beschleunigten Verfahren durchgeführt.

1 Für die Berechnung der Teilnahmefrist ohne vorgängige Betreibung gilt das Datum des ersten Pfändungsvollzuges, welches den Lauf der vierzigtägigen Frist beginnen lässt, gleichgültig, ob die zum privilegierten Anschluss berechtigten Personen davon Kenntnis haben mögen oder nicht (GE, Autorité de surveillance, 15.09.1982, BlSchK 1984, S. 28).

2 Die Verfügung, mit der das BA ein Teilnahmebegehren trotz Versäumnis der Frist von 40 Tagen zulässt, ist nicht schlechthin nichtig, sondern kann nur innert der Frist des Art. 17 Abs. 2 SchKG angefochten werden. – Mündlich gestellte Teilnahmebegehren sind gültig (BGE 73 III 136).

3 Bei dieser Bestimmung handelt es sich um eine gesetzliche Frist, die durch das BA nicht verlängert werden kann (OW, KG, 17.12.1958, SJZ 1959, S. 228).

4 Ein privilegierter Anschluss ist nur während der gesetzlichen Frist von 40 Tagen möglich. Alimentenforderungen ausserehelicher Kinder geniessen kein Privileg im Sinne dieses Artikels (BE, AB, 01.06.1970, BlSchK 1972, S. 52; siehe aber Jaeger/Walder/Kull/Kottmann N 11 zu Art. 111 SchKG).

5 Die Unterlassung eines Begehrens um privilegierten Anschluss innert der gesetzlichen Frist führt zur endgültigen Verwirkung dieses Rechts in der betreffenden Gruppe (BS, AB, 09.04.1968, BlSchK 1971, S. 21).

6 Die Anschlusspfändung ist nicht möglich, wenn die Forderung des Ehemannes gegen die Ehefrau noch nicht entstanden ist (BGE 107 III 17).

7 Güterrechtliche Ansprüche bei fortbestehendem Güterstand – Die gerichtliche Überprüfung der mit privilegiertem Pfändungsanschluss geltend gemachten Forderung des Ehegatten (Art. 111 Abs. 1 Ziff. 1 und 5 SchKG) beinhaltet auch die Frage, ob die Forderung fällig ist. Möglichkeit der Geltendmachung güterrechtlicher Ansprüche ausserhalb einer umfassenden güterrechtlichen Auseinandersetzung. Übergangsrecht bezüglich der altrechtlichen Ersatzforderung der Ehefrau für eingebrachtes und nicht mehr vorhandenes Frauengut. Art. 163 und Art. 165 ZGB sind auch anwendbar, wenn ein Ehegatte die Verwaltung seines Vermögens dem anderen überlässt. Die Bestimmungen des Auftragsrechts bzw. über die ungerechtfertigte Bereicherung sind nur anwendbar, wenn die Leistungen zu einem anderen Zweck als zum Familienunterhalt oder als Beitrag zum Beruf oder Gewerbe des anderen erfolgten (BGE 127 III 46).

8 Die Anschlusspfändung besteht auch für Unterhaltsbeiträge während eines Scheidungsprozesses, die ein Ehegatte uneingeschränkt geltend machen kann (BS, Zivilgericht, 08.10.1949, SJZ 1951, S. 61).

9 Die anschlussberechtigten Personen können auch den privilegierten Pfändungsanschluss verlangen, wenn sie neben andern Gläubigern an der Pfändung bereits für eine weitere Forderung teilgenommen haben. – Die Anschlussfrist von 40 Tagen läuft von der ersten, die Gruppe einleitenden Pfändung an, gleichgültig ob und wann die anschlussberechtigten Personen hievon Kenntnis erhalten. Dies gilt auch dann, wenn das BA die Abschriften der Pfändungsurkunde erst nach Ablauf der Anschlussfrist zustellt (BGE 98 III 49).

10 Die Bestimmung, dass die Dauer eines Prozess- oder Betreibungsverfahrens nicht in Berechnung fällt, gilt nur für die einjährige Frist gemäss Abs. 2. – Nur die rechtzeitig erhobene Klage hält die provisorische Teilnahme an der Pfändung aufrecht; der Ansprecher, der die Klagefrist von Art. 111 Abs. 5 SchKG versäumt, hat sein Recht auf Geltendmachung des privilegierten Pfändungsanschlusses verwirkt (BGE 106 III 62).

11 In der privilegierten Anschlusspfändung ist ein Verlustschein auszustellen, sofern der Gläubiger zur Zeit des Anschlusses die Möglichkeit gehabt hätte, eine selbständige Betreibung einzuleiten (ZH, Bez.Gericht, 14.01.972, BlSchK 1973, S. 176).

12 Dem Gläubiger einer Forderung aus Art. 334 ZGB steht es frei, gemäss Art. 111 SchKG ohne vorgängige Betreibung an einer Pfändung teilzunehmen oder durch Betreibungsbegehren die Betreibung einzuleiten. Tut er Letzteres, so haben die übrigen Gläubiger keine Möglichkeit, ihm im Stadium der Pfändung das Recht auf Teilnahme zu bestreiten (BE, AB, 12.04.1948, BlSchK 1950, S. 178, ZBJV 1950, S. 459, BlSchK 1952, S. 84).

13 Wer gemäss Art. 111 an einer Pfändung teilnimmt, hat nur dann Anspruch auf den Erlös von Gegenständen, die von Dritten angesprochen wurden, wenn er selbst neben dem betreibenden Gläubiger die Drittansprache bestritten und einen allfälligen Widerspruchsprozess geführt hat (BGE 61 III 17) (BE, AB, 17.07.1948, BlSchK 1949, S. 111).

14 Bestreitung einer Anschlusspfändung. Die Gläubiger einer nachfolgenden Pfändungsgruppe sind nicht berechtigt, der in der vorangehenden Gruppe mangels Bestreitung zugelassene Anschlusspfändung zu bestreiten (ZH, ObGer, II. Ziv.Kammer, 08.11.1957, ZR 1960, Nr. 106, BlSchK 1962, S. 54).

15 Das Nichtbeibringen einer Bescheinigung zu Handen des BA über die Klageerhebung auf Anerkennung einer Anschlusspfändung macht die Anschlusspfändung nicht hinfällig (SH, AB, 13.06.1947, Amtsbericht ObGer 1947, S. 65, BlSchK 1949, S. 148).

Art. 112   G. Pfändungsurkunde
1. Aufnahme

¹ Über jede Pfändung wird eine mit der Unterschrift des vollziehenden Beamten oder Angestellten zu versehende Urkunde (Pfändungsurkunde) aufgenommen. Dieselbe bezeichnet den Gläubiger und den Schuldner, den Betrag der Forderung, Tag und Stunde der Pfän-

Art. 113

dung, die gepfändeten Vermögensstücke samt deren Schätzung sowie, gegebenenfalls, die Ansprüche Dritter.

² Werden Gegenstände gepfändet, auf welche bereits ein Arrest gelegt ist, so wird die Teilnahme des Arrestgläubigers an der Pfändung (Art. 281) vorgemerkt.

³ Ist nicht genügendes oder gar kein pfändbares Vermögen vorhanden, so wird dieser Umstand in der Pfändungsurkunde festgestellt.

1. Umkehr der Beweislast wegen Nichtverwendung des obligatorischen Formulars für den Pfändungsvollzug (BGE 73 III 72).

2. Die vorgeschriebene Vormerkung einer dem Amt bekanntgegebenen Drittansprache in der Pfändungsurkunde gehört nicht zum Pfändungsvollzug als solchem, sondern es handelt sich um eine zu dieser Betreibungshandlung hinzutretende Massnahme, die bis zur Verteilung des Erlöses (Art. 106 Abs. 2 SchKG) nachgeholt werden kann. Der Umstand, dass das Amt diese Vormerkung unterlässt und das Widerspruchsverfahren nicht einleitet, macht die Pfändung als solche nicht ungültig (BGE 97 III 21).

3. Die *summarische Angabe der nicht pfändbaren Aktiven in der Pfändungsurkunde* ist praxiskonform; vorausgesetzt wird die richtige Durchführung der Pfändung (BE, AB, 05.02.1973, BlSchK 1975, S. 116).

4. *Inhalt der Pfändungsurkunde* – In Absatz 1 sind nur die wesentlichen Angaben aufgeführt, die die Pfändungsurkunde enthalten muss. Weitere Angaben sind jedoch dadurch nicht ausgeschlossen. Sie sind im Gegenteil notwendig, wenn die Pfändungsurkunde ihrem Zweck erfüllen soll (Jaeger, N 5 zu Art. 112 SchKG). Welche weiteren Angaben im einzelnen Fall am Platz sind, ist im Wesentlichen eine Frage der Zweckmässigkeit (Entscheid des BGer, vom 09.11.1961, in ZR 1963, Nr. 105; vgl. auch BGE 77 III 69 ff., wo dem BA anheim gestellt, aber nicht vorgeschrieben wurde, in der leeren Pfändungsurkunde gemäss Art. 115 Abs. 1 SchKG Angaben über die Verdienst- und Familienverhältnisse des Schuldners zu machen (BGE 107 III 82).

5. Bei nochmaliger Pfändung soll die Pfändungsurkunde die Betreibungs- oder Gruppennummer *und den Gesamtbetrag der Forderungen* angeben (BGE 77 III 73).

6. Es verstösst nicht gegen Bundesrecht, wenn die kantonale AB das BA dazu verpflichtet, bei einer Lohnpfändung in der Pfändungsurkunde den Namen des Arbeitgebers des Schuldners anzugeben. Andererseits lässt sich aus Art. 112 Abs. 1 SchKG keine Pflicht des BA ableiten, bei Lohnpfändungen den Namen des Arbeitgebers in der Pfändungsurkunde anzugeben (BGE 107 III 78).

7. Massgebend für den Beginn der Beschwerdefrist gegen den Vollzug der Pfändung ist die Zustellung der Abschrift der Pfändungsurkunde. Die blosse Kenntnis von der Pfändung setzt den Fristenlauf nicht in Gang (BE, AB, 14.09.1978, BlSchK 1981, S. 129).

8. Die Beschwerdefrist gegen eine vollzogene Pfändung beginnt grundsätzlich mit der Zustellung der Pfändungsurkunde und nicht erst dann, nachdem der zur Beschwerde Legitimierte auf sein Ersuchen vom BA ergänzende Aufschlüsse erhalten hat (SO, AB, 21.10.1982, BlSchK 1986, S. 103).

9. Bis zur Zustellung der Pfändungsurkunde dürfen keine Betreibungshandlungen mehr vorgenommen werden (BGE 108 III 15).

Art. 113 2. Nachträge

Nehmen neue Gläubiger an einer Pfändung teil oder wird eine Pfändung ergänzt, so wird dies in der Pfändungsurkunde nachgetragen.

1. Über Voraussetzungen und Wirkungen der Ergänzungspfändung, der Nachpfändung auf Gläubigerbegehren und der Nachpfändung von Amtes wegen. – Ein Gläubiger, der innerhalb von 30 Tagen nach dem Vollzug einer Pfändung das Pfändungsbegehren stellt, nimmt an der vollzogenen Pfändung teil und das BA hat die Pfändung insoweit zu ergänzen, als zur Deckung sämtlicher Forderun-

gen einer solchen Gläubigergruppe notwendig ist. Nach Ablauf der Teilnahmefrist und Abschluss der Gruppenpfändung hat jeder Gläubiger, der durch die erste Pfändung nicht volle Deckung erhielt, das Recht, erneut Pfändung zu verlangen, wenn er von neuen oder schon vorher vorhanden gewesenen, aber verheimlichten Vermögensstücken des Schuldners Kenntnis erhält. Diese Pfändung wird wie diejenige, die gemäss Art. 145 SchKG nach der Verwertung durchzuführen ist, wenn die Pfändung nach der amtlichen Schätzung genügend Deckung zu bieten schien, sich diese Erwartung dann aber bei der Verwertung nicht erfüllte (vgl. BGE 70 III 43), als Nachpfändung bezeichnet. Sie unterscheidet sich von der Nachpfändung im Sinne von Art. 145 SchKG dadurch, dass sie nicht von Amtes wegen, sondern bloss auf Begehren hin vorgenommen wird. Sie hat selbständigen Charakter und bildet den Ausgangspunkt für eine neue Gruppenbildung. Die auf diese Weise nachgepfändeten Gegenstände kommen der neu gebildeten Gruppe zugute. Verlangt demnach der Gläubiger einer bereits abgeschlossenen Gruppe eine Nachpfändung, so kommt die Nachpfändung nur eben diesem Gläubiger zugute. Wollen auch die andern Gläubiger der bereits abgeschlossenen Gruppe Anrechte auf die nachgepfändeten Sachen erwerben, so müssen sie ebenfalls innert der gesetzlichen Teilnahmefrist ein Nachpfändungsbegehren stellen und sich der Nachpfändung anschliessen (vgl. Jaeger, Kommentar N 4 und 5 zu Art. 110 SchKG) (BE, AB, 05.04.1949, ZBJV 1950, S. 457).

2   Im Gegensatz zur Ergänzungspfändung ist die Nachpfändung eine selbständige Pfändung, an welche ein Anschluss weiterer Gläubiger stattfinden kann (BE, AB, 10.08.1961, BlSchK 1962, S. 117).

3   Eine revisionsweise verfügte Erhöhung des gepfändeten oder arrestierten Einkommensbetrages kommt den Gläubigern verschiedener Gruppen nach Massgabe des Gruppenranges zugute (BGE 93 III 33).

Art. 114   3. Zustellung an Gläubiger und Schuldner

Das Betreibungsamt stellt den Gläubigern und dem Schuldner nach Ablauf der 30-tägigen Teilnahmefrist unverzüglich eine Abschrift der Pfändungsurkunde zu.

1   Bis zum Ablauf der mit der Zustellung der Pfändungsurkunde für den Betriebenen beginnenden Beschwerdefrist dürfen keine weiteren Betreibungshandlungen vorgenommen und allfällige Begehren der Gläubiger nicht vollzogen werden (LU, SchKKomm, 25.10.1957, Max. X, Nr. 519 und BGE 108 III 15).

2   Massgebend für den Beginn der Beschwerdefrist gegen den Vollzug der Pfändung ist die Zustellung der Abschrift der Pfändungsurkunde. Die blosse Kenntnis von der Pfändung setzt den Fristenlauf nicht in Gang (BE, AB, 14.09.1978, BlSchK 1981, S. 129).

3   (i.V.m. Art. 96 Abs. 12 SchKG) – Zeitpunkt der Pfändung und Zustellung der Pfändungsurkunde. Die Pfändung ist wirksam, sobald der BB dem Schuldner mündlich oder schriftlich mitteilt, dass er ohne seine Erlaubnis über die gepfändeten Aktiven nicht mehr verfügen könne. Eine Lohnpfändung tritt deshalb in Kraft, sobald der BB dem Schuldner den monatlich pfändbaren Lohnanteil bekannt gibt und nicht erst im Zeitpunkt der Zustellung der Pfändungsurkunde (Tribunal fédéral, 04.03.1998, BlSchK 1999, S. 103).

Art. 115   4. Pfändungsurkunde als Verlustschein

¹ War kein pfändbares Vermögen vorhanden, so bildet die Pfändungsurkunde den Verlustschein im Sinne des Artikels 149.
² War nach der Schätzung des Beamten nicht genügendes Vermögen vorhanden, so dient die Pfändungsurkunde dem Gläubiger als provisorischer Verlustschein und äussert als solcher die in den Artikeln 271 Ziffer 5 und 285 bezeichneten Rechtswirkungen.
³ Der provisorische Verlustschein verleiht dem Gläubiger ferner das Recht, innert der Jahresfrist nach Artikel 88 Absatz 2 die Pfändung neu entdeckter Vermögensgegenstände zu

verlangen. Die Bestimmungen über den Pfändungsanschluss (Art. 110 und 111) sind anwendbar.

1 Pfändung einer nicht existierenden Forderung – Lässt sich nichts anderes pfänden, so darf das Amt die Ausstellung eines Verlustscheines nicht verweigern (BGE 74 III 80).

2 Trotz öffentlicher Bekanntmachung der Pfändungsankündigung kann *ein Verlustschein nicht ausgestellt werden, wenn der Schuldner über seine eventuellen Aktiven nicht einvernommen werden kann* (ZH, Bez.Gericht, 29.11.1946, BlSchK 1949, S. 47).

3 Pfändungsurkunde als definitiver oder provisorischer Verlustschein? Für das eine wie für das andere ist Voraussetzung eine definitive Pfändung. Die Formulare Pfändungsurkunde-Verlustschein sind bei provisorischer Pfändung nicht zu verwenden (BGE 76 III 1).

4 In der leeren Pfändungsurkunde Näheres über die Verdienst- und Familienverhältnisse des Schuldners anzugeben, ist dem BA anheim gestellt, aber nicht vorgeschrieben (BGE 77 III 69).

5 Eine Pfändungsurkunde, welche erwähnt, dass *alle gepfändeten Vermögensstücke von Dritten beansprucht werden* und dass diese Ansprüche als begründet erscheinen, ist in einem *definitiven Verlustschein* gleichzustellen (BE, Appellationshof, I. Ziv.Kammer, 16.05.1951, ZBJV 1952, S. 482).

6 Die Pfändungsurkunde, die das BA dem Gläubiger beim gänzlichen Fehlen pfändbaren Vermögens ausstellt, bildet ein *definitiver Verlustschein* und hat alle Wirkungen desselben, auch wenn das BA ihn als provisorischer Verlustschein bezeichnet (VD, Autorité de surveillance, 21.08.1963, JT 1964 II, S. 28, SJZ 1965, S. 342).

7 Ausstellung des *definitiven Verlustscheins in der Lohnpfändung* – Der Gläubiger hat erst nach Ablauf eines Jahres seit Vollzug der Lohnpfändung Anspruch auf Ausstellung eines Verlustscheins in der Höhe jenes Betrages, für den die Betreibungssumme aus den eingegangenen Lohnquoten nicht gedeckt werden kann (BGE 116 III 28).

8 Ein *provisorischer Verlustschein* ist kein Rechtsöffnungstitel (ZH, ObGer, III. Ziv.Kammer, 07.07.1954, ZR 1954, Nr. 134, SJZ 1954, S. 328, BlSchK 1956, S. 115).

9 Im Gegensatz zum definitiven Pfändungsverlustschein bildet der provisorische Pfändungsverlustschein weder einen provisorischen Rechtsöffnungstitel noch ist die darin verurkundete Forderung unverjährbar (AI, Bez.Gerichtspräsident, 23.03.19171, BlSchK 1973, S. 112, SJZ 1974, S. 229).

10 Wird das BA um Ausstellung eines *provisorischen Verlustscheines* ersucht, ist es berechtigt, vom Gläubiger den Nachweis zu verlangen, dass keine Aberkennungsklage eingereicht wurde (FR, Tribunal cantonal, 11.09.1972, Extraits 1972, 49, SJZ 1974, S. 228, BlSchK 1976, S. 56).

11 Wenn kein pfändbares Vermögen vorhanden ist, bildet die Pfändungsurkunde in der *provisorischen Pfändung keinen Verlustschein* nach Art. 115 SchKG (GE, Autorité de surveillance, 20.04.1977, BlSchK 1978, S. 185).

12 Liegt nur ein provisorischer Verlustschein vor, so braucht mit der Gutheissung einer Anfechtungsklage nicht zugewartet zu werden, bis ein endgültiger Verlustschein vorliegt, sofern in der betreffenden Betreibung später noch ein solcher ausgestellt werden kann. Die Gutheissung der Klage hat in dem Sinne zu erfolgen, dass das Anfechtungsobjekt nur verwertet werden darf, wenn in der hängigen Betreibung inzwischen ein endgültiger Verlustschein ausgestellt worden ist (BGE 115 III 138).

13 Wenn ein Gläubiger von einem Schuldner, der nichts Pfändbares besitzt, lieber Abschlagszahlungen als einen Verlustschein entgegennimmt, so soll er veranlasst werden, sein Pfändungsbegehren zurückzuziehen. Zieht er das Pfändungsbegehren nicht zurück, so ist mit der Ausstellung des Verlustscheines nicht zuzuwarten (LU, SchKKomm, 02.08.1961, Max. XI, Nr. 57).

14 Ausstellung eines Pfändungsverlustscheines. Angabe des Forderungsgrundes. Zeitpunkt der Datierung des Verlustscheines. – Die Angaben des Betreibungsbegehrens sind in der Rubrik «Grund der Forderung» ohne jede Beifügung zu wiederholen (AR, AB, 29.12.1964, BlSchK 1967, S. 18).

15 Die von einem örtlich *unzuständigen BA ausgestellte*, als *Verlustschein dienende leere Pfändungsurkunde ist nicht nichtig* (BGE 105 III 60).

16 *Begehren um Nachpfändung* neu entdeckter Vermögensstücke des Schuldners auf Ersuchen des Gläubigers, dessen Forderung nach der Schätzung des BB durch die bereits gepfändeten Gegenstände nicht gedeckt ist, *können nur innert der Frist von Art. 88 Abs. 2 SchKG gestellt werden.* Diese Frist wird durch einen Widerspruchsprozess mit Bezug auf die schon gepfändeten Gegenstände nicht verlängert. Nach ihrem Ablauf bleibt dem Gläubiger die Möglichkeit nach Art. 115 Abs. 2 einen Arrest zu erwirken (BGE 88 III 59).

17 Eine neue Betreibung und eine neue Pfändung können erst nach Abschluss der vorangegangenen Betreibung für den noch ausstehenden Forderungsbetrag erfolgen. Eine *Nachpfändung kann nicht erfolgen, solange die Pfändung provisorisch ist* (BGE 117 III 26).

II. Verwertung

Art. 116 A. Verwertungsbegehren
1. Frist

¹ Der Gläubiger kann die Verwertung der gepfändeten beweglichen Vermögensstücke sowie der Forderungen und der andern Rechte frühestens einen Monat und spätestens ein Jahr, diejenige der gepfändeten Grundstücke frühestens sechs Monate und spätestens zwei Jahre nach der Pfändung verlangen.

² Ist künftiger Lohn gepfändet worden, und hat der Arbeitgeber gepfändete Beträge bei deren Fälligkeit nicht abgeliefert, so kann die Verwertung des Anspruches auf diese Beträge innert 15 Monaten nach der Pfändung verlangt werden.

³ Ist die Pfändung wegen Teilnahme mehrerer Gläubiger ergänzt worden, so laufen diese Fristen von der letzten erfolgreichen Ergänzungspfändung an.

1 Rechtskraft einer Verfügung, durch die ein Verwertungsbegehren abgewiesen wurde (BGE 79 III 164).

2 Die Frist für die Stellung des Verwertungsbegehrens beginnt mit dem Vollzug der Pfändung durch das BA und nicht mit der Mitteilung der Pfändungsurkunde an den Gläubiger (BGE 115 III 109).

3 Bis zur richterlichen Aufhebung oder Stundung einer Betreibung muss das BA einem Verwertungsbegehren Folge leisten (SO, AB, 23.01.1962, BlSchK 1963, S. 74).

4 *Pfändungs- und Verwertungsbegehren können nicht unter einer Bedingung gestellt oder zurückgezogen werden.* Auch ein *bedingter Rückzug* eines unbedingt gestellten Begehrens *ist unstatthaft.* Ein bedingter Rückzug hat die gleichen Folgen wie ein unbedingter, d.h. für die Weiterführung der Betreibung bedarf es eines neuen Begehrens (BGE 85 III 68 und 94 III 78).

5 Das von einem einzelnen Gruppengläubiger gestellte Verwertungsbegehren wirkt zugunsten sämtlicher Gruppengläubiger, sodass die Frist für alle gewahrt ist (BGE 96 III 116).

6 Nur bei gepfändeten Grundstücken und Miteigentumsanteilen eines Grundstückes gilt die Frist von zwei Jahren für das Verwertungsbegehren (BGE 85 III 81).

7 Zu den beweglichen Vermögensstücken und Forderungen im Sinne von Art. 116 gehören auch gepfändete Liquidationsanteile an einem Gemeinschaftsvermögen (z.B. Erbschaft), wie immer sich die Gemeinschaft zusammensetzt (Fahrnis, Grundstücke, Forderungen); siehe auch Art. 8 VVAG (BGE 85 III 73)

8 (i.V.m. Art. 9 VVAG) – Verwertung von Anteilen an Gemeinschaftsvermögen – Bewilligt der Gläubiger dem Schuldner den Aufschub der Verwertung, so gilt dies als Rückzug des Verwertungsbegehrens (BGE 95 III 18). Erstreckt sich die Pfändung indessen auf einen Anteil des Betriebenen an einem Gemeinschaftsvermögen, so muss der Aufschub, der für die Verwertung eines Grundstückes gewährt worden ist, die den Aktivbestandteil des Gemeinschaftsvermögens bildet, einem Gesuch um Einstellung der von der AB mangels einer gütlichen Einigung bestimmten Verwertungsart des

Anteils am Gemeinschaftsvermögen gleichgestellt werden; die Interessierten können sich noch über die Verwertung des Gemeinschaftsvermögens verständigen (BGE 114 III 102).

9   Wünscht der Gläubiger die Verwertung *einer von ihm unter Eigentumsvorbehalt gelieferten Sache, so muss er* innert 10-tägiger Widerspruchsfrist von Art. 107 ff. SchKG *auf seinen Eigentumsanspruch verzichten* (LU, AB, LU-Land, 04.07.1962, BlSchK 1963, S. 181).

10   *Notwendigkeit eines Verwertungsbegehrens*, wenn *gepfändete Einkommensbeträge* dem BA *nicht abgeliefert werden*. Anspruch auf Ausstellung eines definitiven Verlustscheines nur bei Durchführung des Verwertungsverfahrens (LU, SchKKomm, 18.02.1966, Max. XI, Nr. 503, SJZ 1968, S. 123).

11   Die Wegnahme gepfändeter Gegenstände aus der unverschlossenen Wohnung des Schuldners stellt, nachdem diesem die Mitteilung des Verwertungsbegehrens zugestellt worden ist, keinen Hausfriedensbruch, sondern einen berechtigten Eingriff dar (BS, AB, 28.05.1968, BlSchK 1970, S. 17).

12   *Verwertung von Aktien einer AG, der ein Konkursaufschub gewährt wurde* – Aktien einer AG, der ein Konkursaufschub ohne Publikation gewährt wurde, *sind verwertbar.* Die Möglichkeit des Konkursaufschubes ohne Publikation wurde mit der Revision des Aktienrechts vom 04.10.1991 neu ins Gesetz aufgenommen. Man will damit die Sanierung von Unternehmen, bei denen der Richter mit guten Erfolgschancen für die Sanierung rechnet, fördern (Böckli, Das neue Aktienrecht, Zürich 1992, S. 466). Andererseits wird daraus auch die Konsequenz gezogen, dass ein nicht veröffentlichtes Aufschubdekret keine Wirkungen auf die laufenden oder kommenden Schuldbetreibungsmassnahmen hat. Daraus folgt, dass auch die Verkehrsfähigkeit und insbesondere die Verwertbarkeit in Zwangsvollstreckungsverfahren von Aktien solcher Gesellschaften nicht eingeschränkt ist. Diese sind daher der Verwertung in einer Betreibung zugänglich (BL, AB, 24.05.1994; ein Rekurs gegen diesen Entscheid hat des BGer am 11.07.1994 abgewiesen; BJM 1995, S. 215, BlSchK 1995, S. 145).

Art. 117   2. Berechtigung

¹ Das Recht, die Verwertung zu verlangen, steht in einer Gläubigergruppe jedem einzelnen Teilnehmer zu.

² Gläubiger, welche Vermögensstücke gemäss Artikel 110 Absatz 3 nur für den Mehrerlös gepfändet haben, können gleichfalls deren Verwertung verlangen.

1   Das von einem Gruppengläubiger gestellte Verwertungsbegehren wirkt zugunsten aller Gruppengläubiger (BGE 59 III 57, BGE 96 III 3).

2   *Bauhandwerkerpfandrecht* – Die gesetzlichen Bauhandwerkerpfandrechte sind für die Ermittlung des Zuschlagspreises nicht mitzurechnen. Der Ersteigerer muss den vom Zuschlagspreis gedeckten Teil dieser Pfandrechte bar erlegen, während für den ungedeckten Teil die Bauhandwerker im Sinne von Art. 841 ZGB und Art. 117 VZG auf Deckung aus dem den vorgehenden Pfandgläubigern zufallenden Verwertungsanteil klagen müssen (TI, AB, 24.04.1969, Rep. 1969, S. 335, SJZ 1972, S. 224).

Art. 118   3. Bei provisorischer Pfändung

Ein Gläubiger, dessen Pfändung eine bloss provisorische ist, kann die Verwertung nicht verlangen. Inzwischen laufen für ihn die Fristen des Artikels 116 nicht.

1   (i.V.m. Art. 91 ff. SchKG) – Provisorische Pfändung eines Schweizerpatentes – Ein Gläubiger, dessen Pfändung bloss provisorisch ist, kann die Verwertung nicht verlangen; inzwischen laufen für ihn die Fristen des Art. 116 SchKG nicht. Dagegen beginnt die ein- bzw. sechsmonatige Frist, während welcher überhaupt kein Verwertungsbegehren gestellt werden kann, schon mit dem Datum der provisorischen Pfändung zu laufen. – Wer Eigentümer des gepfändeten Patentes ist, kann nicht im Beschwerdeverfahren durch die AB geprüft werden. Dazu dient das Widerspruchsverfahren gemäss Art. 107 ff. SchKG. Es ist nicht Sache der Betreibungsbehörden, für die Eintragung des richtigen Ei-

Dritter Titel: Betreibung auf Pfändung   Art. 119

gentümers im Patentregister besorgt zu sein. – Zur Gültigkeit der Pfändung eines Erfindungspatentes bedarf es mangels anders lautender Vorschrift keiner Eintragung im Patentregister, doch ist die Anzeige von der erfolgten Pfändung an das Amt für geistiges Eigentum im Sinne einer Sicherungsmassnahme schon deshalb angezeigt, damit dieses von der Pfändung Kenntnis erhält und das BA davon unterrichten kann, wenn die Jahresgebühren fällig werden. Für Beschwerden gegen die Schätzung gepfändeter Gegenstände ist im Kanton Bern nicht die obere (kantonale), sondern die untere AB zuständig (Art. 25 EGzSchKG) (BE, Kant.AB, 15.03.1983, BlSchK 1987, S. 65).

Art. 119   4. Wirkungen

¹ Die gepfändeten Vermögensstücke werden nach den Artikeln 122–143a verwertet.
² Die Verwertung wird eingestellt, sobald der Erlös den Gesamtbetrag der Forderungen erreicht, für welche die Pfändung provisorisch oder endgültig ist. Artikel 144 Absatz 5 ist vorbehalten.

1   Wenn gepfändete Gegenstände zur Deckung der Forderung nur teilweise verwertet werden müssen und die übrig bleibenden Objekte vom Schuldner freiwillig eine gewisse Zeit beim BA belassen werden, so ist der Schuldner berechtigt, auch nur einzelne der zurückgelassenen Gegenstände herauszuverlangen. Der BB darf die Herausgabe eines Teils nicht davon abhängig machen, dass der Schuldner sämtliche verbliebene Objekte mitnimmt (ZH, ObGer, II. Ziv.Kammer, 09.12.1971, BlSchK 1972, S. 146).

2   (i.V.m. Art. 305bis StGB) – Die Bank, bei welcher Guthaben des Schuldners gepfändet sind, kann die Herausgabe dieser Guthaben nicht mit dem Hinweis verweigern, dass sie sich aufgrund von Art. 305bis StGB strafbar machen könne (LU, SchKKomm 01.02.1996, LGVE 1996 I 46).

Art. 120   5. Anzeige an den Schuldner

Das Betreibungsamt benachrichtigt den Schuldner binnen drei Tagen von dem Verwertungsbegehren.

1   Bis zum Ablauf der mit der Zustellung der Pfändungsurkunde für den Betriebenen beginnenden Beschwerdefrist dürfen keine weiteren Betreibungshandlungen vorgenommen und allfällige Begehren der Gläubiger nicht vollzogen werden (LU, SchKKomm, 25.20.2957, Max. X, Nr. 519).

2   Mit der Anzeige über den Eingang des Verwertungsbegehrens können dem Schuldner bereits die Daten der Verwertung und der Publikation bekannt gegeben werden. – Die Verletzung der Frist zur öffentlichen Publikation hat keine Nichtigkeit der Steigerung zur Folge (BGE 130 III 40).

Art. 121   6. Erlöschen der Betreibung

Wenn binnen der gesetzlichen Frist das Verwertungsbegehren nicht gestellt oder zurückgezogen und nicht erneuert wird, so erlischt die Betreibung.

1   Kein Rückzug des Verwertungsbegehrens liegt in der nach dessen Stellung erfolgten Zustimmung zum Vorschlag des BA, das Ergebnis des über die gepfändete Forderung schwebenden Prozesses abzuwarten (BGE 74 III 40).

2   Das Verwertungsbegehren, mit dem der Gläubiger ein Gesuch um Aufschub der Verwertung verbindet, hat als nicht gestellt zu gelten (LU, SchKKomm, 03.05.1961, max. XI, Nr. 59, BlSchK 1964, S. 51).

3   Verzichtet ein Gläubiger auf die Verwertung, wenn er längere Zeit untätig zusieht, wie das BA nach Ablauf der gesetzlichen Dauer des Verwertungsaufschubes, dessen Bedingungen der Schuldner nicht erfüllte, mit der Verwertung weiterhin zuwartet? Frage vom BGer offen gelassen. – Gewiss darf ein Gläubiger die Untätigkeit des BA nicht jahrelang dulden, ohne zu riskieren, dass sein Ver-

halten als Verzicht auf die Verwertung ausgelegt wird. Hat der Gläubiger hingegen in der Zwischenzeit das BA mehrmals an das Ausbleiben der Abschlagszahlungen erinnert, so verstösst die Annahme, er habe den Anspruch auf Verwertung verwirkt, gegen Treu und Glauben (BGE 95 III 16).

4 (i.V.m. Art. 9 VVAG) – Verwertung von Anteilen an Gemeinschaftsvermögen – Bewilligt der Gläubiger dem Schuldner den Aufschub der Verwertung, so gilt dies als Rückzug des Verwertungsbegehrens (vgl. BGE 95 III 18). Erstreckt sich die Pfändung indessen auf einen Anteil des Betriebenen an einem Gemeinschaftsvermögen, so muss der Aufschub, der für die Verwertung eines Grundstückes gewährt worden ist, die den Aktivbestandteil des Gemeinschaftsvermögens bildet, einem Gesuch um Einstellung der von der AB mangels einer gütlichen Einigung bestimmten Verwertungsart des Anteils am Gemeinschaftsvermögen gleichgestellt werden; die Interessierten können sich noch über die Verwertung des Gemeinschaftsvermögens verständigen (BGE 114 III 202).

Art. 122 **B. Verwertung von beweglichen Sachen und Forderungen**
    1. Fristen
     a. Im allgemeinen

¹ Bewegliche Sachen und Forderungen werden vom Betreibungsamt frühestens zehn Tage und spätestens zwei Monate nach Eingang des Begehrens verwertet.

² Die Verwertung hängender oder stehender Früchte darf ohne Zustimmung des Schuldners nicht vor der Reife stattfinden.

1 Beschwerden gegen eine Verfügung des um Rechtshilfe ersuchten BA. – Unterstehen das ersuchende und das ersuchte Amt derselben AB, so darf diese das Eintreten auf die Beschwerde nicht deshalb ablehnen, weil sie gegen das ersuchende statt gegen das ersuchte Amt geführt wurde (das allein aufgrund des Rechtshilfegesuches zur Ankündigung der Pfändung und zur Durchführung der Verwertung binnen der Fristen des Art. 122 SchKG zuständig war) (BGE 85 III 11).

2 Das dem *Faustpfandgläubiger* durch den Pfandvertrag eingeräumte Recht, die *Pfandsachen privat zu verwerten*, kann im Falle der Pfändung oder Arrestierung dieser Sachen so wenig wie im Konkurse über den Pfandschuldner ausgeübt werden (BGE 81 III 57).

3 Das *Nichteinhalten der Zweimonatefrist ist zulässig*, wenn im Interesse einer Kostenersparnis die Versteigerung für mehrere Pfändungen gemeinsam durchgeführt werden kann (LU, SchKKomm, 05.10.1971, Max. XII, Nr. 30, BlSchK 1973, S. 150, SJZ 1973, S. 76).

4 *Während der Dauer eines Konkursaufschubes* nach Art. 725 Abs. 4 OR darf in Betreibungen gegen den Schuldner keine Verwertung durchgeführt werden (GE, Autorité de surveillance, 14.07.1970, BlSchK 1973, S. 170).

5 (i.V.m. Art. 130 Ziff. 1). – Einverständnis der Gläubiger als Voraussetzung für den freihändigen Verkauf. Der BB darf es nicht auf eine Beschwerde der nicht Einverstandenen ankommen lassen. Die in Abs. 1 dieses Artikels festgehaltenen Fristen gelten auch für Tiere, selbst wenn diese mit der Zeit an Wert zunehmen würden und durch eine allfällige Verkaufsverzögerung eine wirtschaftlich bessere Verwertung erzielt würde. Die zu pfändenden Gegenstände inkl. Tiere sind auf den Zeitpunkt der Pfändung zu schätzen (Art. 97 SchKG), (OW, AB, 03.09.1985, BlSchK 1988, S. 190).

6 (i.V.m. Art. 132 SchKG) – Im Prozess liegende Forderungen stellen keine Vermögenswerte «anderer Art» im Sinne von Art. 132 SchKG dar. Sie sind deshalb grundsätzlich öffentlich zu versteigern, wenn keine Forderungsüberweisung nach Art. 131 SchKG zustandekommt. Das SchKG enthält diesbezüglich auch mit Blick auf den möglicherweise unbefriedigenden Versteigerungserlös solcher Forderungen keine Lücke, die nach Art. 1 Abs. 2 ZGB vom Gericht gefüllt werden könnte (BGE 120 III 131).

Art. 123 b. Aufschub der Verwertung

¹ Macht der Schuldner glaubhaft, dass er die Schuld ratenweise tilgen kann, und verpflichtet er sich zu regelmässigen und angemessenen Abschlagzahlungen an das Betreibungsamt, so kann der Betreibungsbeamte nach Erhalt der ersten Rate die Verwertung um höchstens zwölf Monate hinausschieben.

² Bei Betreibungen für Forderungen der ersten Klasse (Art. 219 Abs. 4) kann die Verwertung um höchstens sechs Monate aufgeschoben werden.

³ Der Betreibungsbeamte setzt die Höhe und die Verfalltermine der Abschlagszahlungen fest; er hat dabei die Verhältnisse des Schuldners wie des Gläubigers zu berücksichtigen.

⁴ Der Aufschub verlängert sich um die Dauer eines allfälligen Rechtsstillstandes. In diesem Fall werden nach Ablauf des Rechtsstillstandes die Raten und ihre Fälligkeit neu festgesetzt.

⁵ Der Betreibungsbeamte ändert seine Verfügung von Amtes wegen oder auf Begehren des Gläubigers oder des Schuldners, soweit die Umstände es erfordern. Der Aufschub fällt ohne weiteres dahin, wenn eine Abschlagzahlung nicht rechtzeitig geleistet wird.

1 Wird der Gläubiger während des Aufschubes zur Vorschussleistung für die Kosten der allfällig durchzuführenden Verwertung aufgefordert, so ist diese Verfügung mangels aktuellen Interesses nichtig (BGE 77 III 23).

2 Bis zur richterlichen Aufhebung oder Stundung einer Betreibung muss das BA einem Verwertungsbegehren Folge leisten (SO, AB, 23.01.1963, BlSchK 1963, S. 74).

3 In einer Betreibung auf Grundpfandverwertung kann die Verwertung des Grundpfandes nicht stattfinden, wenn einem Dritteigentümer des Pfandes ein Verwertungsaufschub gewährt worden ist (BGE 101 III 72).

I. Aufschubsbewilligung

4 Es liegt im Ermessen des BA, ob und in welchem Rahmen ein Verwertungsaufschub zu erteilen sei (BS, AB, 13.08.1960, Bl SchKG 1961, S. 183).

5 Das BA darf sich mit einer *summarischen Prüfung der gesetzlichen Voraussetzungen* für einen Verwertungsaufschub begnügen unter Rücksichtnahme auf die Verhältnisse beider Parteien (BGer, SchKK, 08.01.1964, BlSchK 1964, S. 182, BJM 1964, S. 214).

6 Die Ausstellung einer *Aufschubsbewilligung ist abzulehnen*, wenn *der Schuldner Grundstücke besitzt, deren Verkehrswert weit über den grundpfändlichen Belastungen liegen* (SO, AB, 26.06.1967, BlSchK 1968, S. 151).

7 Wenn der Schuldner bereits in mehreren Betreibungen mit den ihm gewährten Abschlagszahlungen in Rückstand geraten ist, begeht der BB keine Rechtsverletzung, wenn er dem Schuldner in neuen Betreibungen keinen solchen Aufschub mehr gewährt (BGE 97 III 118).

8 Der Umstand, dass der Schuldner ein nicht unpfändbares Personenauto erworben hat, bildet keinen Grund zur Verweigerung einer Aufschubsbewilligung (GE, Autorité de surveillance, 23.07.1974, BlSchK 1976, S. 11).

9 Wenn *mehrere Gläubigergruppen* bestehen und für die *erste Gruppe ein Aufschub bewilligt* worden ist, hat das BA mit der Bildung der zweiten Gruppe neu zu entscheiden, ob es den Aufschub weiter bewilligen will. Wenn ja, laufen die Ratenzahlungen für die erste Gruppe weiter und es werden gleichzeitig und zusätzlich zu leistenden Raten für die zweite Gruppe festgesetzt. Wenn ein weiterer Aufschub nicht gewährt wird, fällt auch der erste Aufschub dahin und die Verwertung findet mit Wirkung für alle Gruppen statt. In derselben Weise ist für allfällige weiter nachfolgende Gruppen vorzugehen. Wenn eine Rate, sei es für die eine oder die andere Gruppe, nicht termingemäss bezahlt wird, hat die Verwertung automatisch in jedem Falle zu erfolgen (GR, AB, 13.05.1958, BlSchK 1961, S. 22).

10 (i.V.m. Art. 32 VZG und Art. 143a SchKG) *Verweigerung des Aufschubs der Grundstückverwertung* – Ist gegen eine Aufschubverweigerung betreffend die Verwertung des Grundstückes Beschwerde erhoben worden, kann die kantonale AB, wenn die Verwertung schon erfolgt ist, nötigenfalls den Zuschlag aufheben. Der Schuldner kann einen Aufschub der bereits angeordneten Verwertung nur unter der Bedingung erreichen, wenn er sofort den festgesetzten Bruchteil der Betreibungssumme und die Kosten der Anordnung und des Widerrufs der Verwertung bezahlt (BGE 121 III 197/198).

11 Wenn das *Verwertungsbegehren vom Gläubiger zurückgezogen* wurde, ist nach Erneuerung desselben ein *neuer Verwertungsaufschub zulässig*, auch wenn ein früherer wegen Nichteinhaltung der Ratenzahlungen dahingefallen war (SG, AB, 30.01.963, BlSchK 1965, S. 144).

12 Einschränkende Anwendung der Aufschubsbewilligung, wenn es sich bei den gepfändeten Gegenständen um solche von luxuriösem und für den Schuldner ohne praktischen Wert handelt (FR, Chambre de poursuites et faillites, BlSchK 1980, S. 58).

13 Voraussetzung für die Aufhebung der Bewilligung auf Beschwerde des Gläubigers. – Wenn der Gläubiger behauptet, der Schuldner verfüge über die Mittel (hier in Form eines Guthabens), um die ganze Betreibungsschuld zu bezahlen, so hat der Gläubiger glaubhaft zu machen, dass das Guthaben fällig und ohne Weiteres einbringlich sei (ZH, ObGer, II. Kammer, 21.09.1945, ZR 1945, S. 363).

14 Es ist nicht Sache des BA, abzuwägen, ob für die Gläubiger die Durchführung der Verwertung oder deren Hinausschieben vorteilhafter sei. Das ist Sache des Gläubigers. Es gibt nur zwei Möglichkeiten, wenn das Verwertungsbegehren gestellt wird: ihre Durchführung innerhalb der Frist des Art. 122 bzw. 133 SchKG oder dann der Erlass einer Aufschubsbewilligung mit Abschlagszahlungen gemäss Art. 123, sofern dessen Voraussetzungen gegeben sind. Eine Verschiebung der Verwertung ist ohne Zustimmung des Gläubigers nicht zulässig (GR, AB, 13.05.1958, BlSchK 1961, S. 22).

II. Bedingungen und Verwendung der Abschlagszahlungen

15 *Anrechnung der Zahlungen von Drittschuldnern auf die Abschlagszahlungen*, die der im Genuss eines Verwertungsaufschubes stehende Schuldner zu leisten hat (BGE 84 III 76).

16 *Abschlagszahlungen erfolgen zugunsten des Gläubigers, der die Verwertung verlangt hat* und können daher nach Eingang ihm sofort zugestellt werden (BGE 96 III 3).

17 Sind vom Schuldner *freiwillig geleistete Zahlungen an das BA* als Abschlagszahlungen im Sinne dieses Artikels zu betrachten und auf sein Begehren zurückzuerstatten? Diese Frage wurde verneint. – Wer für Rechnung einer hängigen Betreibung und im Rahmen der noch unerledigt gewesenen Betreibungssumme an das BA zahlt, um eine Verwertung hinauszuschieben oder abzuwenden, leistet eine Zahlung, die dazu bestimmt ist, die Betreibungsschuld zu tilgen oder damit die Betreibung überflüssig zu machen. In diesem Sinne handelt es sich um vorbehaltslose Einzahlungen. Das BA darf daher solche Beträge nicht dem Zahlenden auf dessen einseitiges Begehren zurückerstatten (BGE 83 III 101; SG, AB, 03.09.1963; bestätigt durch BGer, SchKK, 23.09.1963, BlSchK 1965, S. 177).

18 Leistungen, *die ausserhalb der vom BA bewilligten Abschlagszahlungen dem Gläubiger erbracht werden,* sind keine Abschlagszahlungen im Sinne dieser Bestimmung. Der Entscheid darüber, ob die Betreibungsforderung durch solche Leistungen untergegangen ist, gehört ins Rechtsöffnungsverfahren oder ins Verfahren nach Art. 85 SchKG. – Bei mehreren Betreibungen sind die Abschlagszahlungen für jede Betreibung gesondert festzusetzen. Die Bewilligung des Aufschubes setzt voraus, dass der Schuldner die erste Abschlagszahlung geleistet hat (LU, SchKKomm, 03.12.1971, Max. XII, Nr. 31).

19 Bei der Festsetzung der Abschlagszahlungen hat das BA einer zugunsten des betreibenden Gläubigers bestehenden Lohnpfändung Rechnung zu tragen (BGE 74 III 16).

20 *Es ist unerlässlich, die genauen Verfalltermine festzusetzen,* da bei Unpünktlichkeit einer Abschlagszahlung der Aufschub ohne Weiteres dahinfällt. Auch die genaue schriftliche Ausfertigung der Aufschubsbewilligung und ihre Mitteilung an den Gläubiger ist unerlässlich (GR, AB, 03.06.1958, BlSchK 1961, S. 21).

21 Dauer des Aufschubes; Höhe der Abschlagszahlungen: Diese Zahlungen sind nicht nach den für die Lohnpfändung geltenden Grundsätzen zu bemessen (BGE 87 III 109).

III. Fälligkeit und Rechtzeitigkeit der Zahlungen; Dahinfallen des Aufschubs

22 Nur der Rechtsstillstand, nicht aber die Betreibungsferien hat einen Einfluss auf die Fälligkeitstermine der Ratenzahlungen (AG, AB, 23.07.1962, BlSchK 1964, S. 84).

23 Ist der Schuldner mit bewilligten Abschlagszahlungen unpünktlich, so *darf ihn das Amt nicht mahnen*, sondern hat es unverzüglich die Steigerung anzuzeigen (ZH, ObGer, Verwaltungskommission, 06.02.1957, ZR 1958, Nr. 56).

24 Der Aufschub fällt von Gesetzes wegen dahin, wenn eine Abschlagszahlung nicht pünktlich erfolgt. Das BA hat dann von sich aus ohne ein Begehren des Gläubigers abzuwarten, die Versteigerung anzuordnen. Das *BA ist nicht befugt, den Schuldner zu mahnen und ihm eine letzte Frist zur Zahlung einzuräumen* (BGE 73 III 93, 88 III 22). Da die Erteilung und das Erlöschen der Aufschubsbewilligung gestützt auf Art. 123 SchKG unabhängig vom Willen des Gläubigers erfolgen, findet Art. 121 SchKG darauf keine Anwendung. Daraus folgt, dass bei Wegfall des Aufschubes die Verwertung auch angeordnet werden muss, wenn die in Art. 116 SchKG enthaltenen Fristen bereits abgelaufen sind (BGE 95 III 18).

25 Zahlt der Schuldner eine Rate nicht pünktlich, so hat das BA die Verwertung anzuordnen und zu vollziehen, auch wenn der Schuldner auf die Steigerungsanzeige hin, die versäumte Zahlung nachholt (ZH, ObGer, II. Ziv.Kammer, 08.07.1960, BlSchK 1962, S. 86).

26 Der Aufschub der Verwertung fällt bei nicht pünktlicher Leistung einer Abschlagszahlung (vom Falle des Rechtsstillstandes abgesehen) ohne Weiteres dahin, gleichgültig, ob der Schuldner die Zahlung aus Nachlässigkeit oder mangels der nötigen Mittel oder infolge Konkurseröffnung unterlassen hat. Ein neuer Aufschub darf in derselben Betreibung nicht bewilligt werden (BGE 88 III 20).

27 Eine drei Tage nach dem Verfalltermin geleistete Abschlagszahlung kann nicht mehr als pünktlich gelten (AG, ObGer SchKKomm, 29.09.1966, AGVE 1966, S. 41, SJZ 1968, S. 124).

28 Für die Frage, ob der gewährte Aufschub dahingefallen sei, ist einzig die Pünktlichkeit einer Abschlagszahlung entscheidend. Die persönlichen Verhältnisse des Gläubigers wie des Schuldners sind nur bei der Festsetzung der Höhe und der Verfalltermine der Abschlagszahlungen zu berücksichtigen. – Pünktlich leisten bedeutet dabei, dass am bzw. spätestens bis zum festgesetzten Zeitpunkt bezahlt werden muss. Die Situation ist dieselbe wie bei einer verfahrensrechtlichen Frist. Sobald Toleranzfristen eingeführt würden, käme man zur willkürlichen Handhabung des Gesetzes. Einzig gerechtes Kriterium für eine Definition der «Pünktlichkeit» ist der Ablauf der Frist, umso mehr als die Aufschubsbewilligung ein Entgegenkommen an den Schuldner darstellt und das Betreibungswesen nicht bloss einseitig unter dem Gesichtspunkt der Schuldnerinteressen betrachtet und gehandhabt werden darf, sondern auch die Gläubiger und ihre Interessen miteinbeziehen muss. Die vom BA geübte Praxis, den Schuldner nach Verfall noch zu mahnen und ihm eine Nachfrist einzuräumen, ist ungesetzlich (LU, SchKKomm, 07.03.1974, LGVE 1974 I 210).

Art. 124   c. Vorzeitige Verwertung

¹ Auf Begehren des Schuldners kann die Verwertung stattfinden, auch wenn der Gläubiger noch nicht berechtigt ist, denselben zu verlangen.

² Der Betreibungsbeamte kann jederzeit Gegenstände verwerten, die schneller Wertverminderung ausgesetzt sind, einen kostspieligen Unterhalt erfordern oder unverhältnismässig hohe Aufbewahrungskosten verursachen.

1 Notwendigkeit eines Verwertungsbegehrens, wenn gepfändete Einkommensbeträge dem BA nicht abgeliefert werden. Anspruch auf Ausstellung eines definitiven Verlustscheines nur bei Durchführung des Verwertungsverfahrens (LU, SchKKomm, 181.02.1966, Max. XI, Nr. 503, SJZ 1968, s. 123).

2   (i.V.m. Art. 156 SchKG) – In der *Betreibung auf Pfandverwertung* kann die vorzeitige Verwertung nur erfolgen, wenn gegen den Zahlungsbefehl kein Rechtsvorschlag erhoben worden ist (GE, Autorité de surveillance, 16.05.1979, BlSchK 1980, S. 77).

3   Vorzeitige *Verwertung von Maschinen, die wegen technischer Neuerungen und der Konkurrenz* rascher Wertverminderung ausgesetzt sein sollen, wird abgelehnt (ZH, ObGer, II. Kammer, 01.08.1947, ZR 1948, Nr. 46).

4   Darunter *fällt nicht das allmähliche Sinken des Verkaufswertes von Damenkonfektion* infolge Wandlung der Mode (BGE 81 III 119).

5   (i.V.m. Art. 283 SchKG) – Vorzeitige Verwertung leicht verderblicher Ware kann schon nach Erstellung der Retentionsurkunde angeordnet werden (BS, AB, 10.02.1967, BJM 1968, S. 76, BlSchK 1969, S. 114).

6   Vorzeitige Verwertung von *Arrestgegenständen. Zuständigkeit der Betreibungsbehörde oder des Richters* zu ihrer Anordnung? Ist der Arrest als solcher nicht angefochten und hat der Richter nicht über Rechte Dritter an den arrestierten Gegenständen, sondern über die Arrestforderung zu entscheiden, so ist das BA zuständig. *Schnelle Wertverminderung eines Automobils?* Kognition des BGer. – Der Entscheid darüber steht im freien Ermessen des BA. Sein Entscheid lässt sich nur dann als gesetzeswidrig betrachten, wenn er unsinnig ist (BGE 81 III 21). Im Falle einer dem freien Ermessen der kantonalen Behörde überlassenen Entscheidung beschränkt sich seine Prüfung also darauf, ob diese Behörde ihr Ermessen überschritten oder missbraucht habe (BGE 101 III 27).

7   *Zuständig zur Anordnung der vorzeitigen Verwertung* (Notverkauf) eines Faustpfandes, das Gegenstand einer Betreibung bildet, *ist das BA*; wenn die *Betreibung durch* einen *Rechtsvorschlag gehemmt* ist dagegen *der Richter* (LU, ObGer, I. Kammer, 05.07.1977, LGVE 1977 I 390).

8   (i.V.m. Art. 271 ff. SchKG) – Auch *im Arrestverfahren kann der BB jederzeit solche Gegenstände verwerten*, welche einer schnellen Wertverminderung ausgesetzt sind oder einen kostspieligen Unterhalt erfordern (z.B. ein Fahrzeug mit starker Motorleistung und automatischem Getriebe; VD, Tribunal cantonal, 31.05.1974, BlSchK 1976, S. 143).

9   Vorzeitige *Verwertung verarrestierter Pferde* – Wohl fallen nach BGE 28 I 57 Pferde nicht schlechthin darunter. Hier waren sie aber laut Bericht des Bezirkstierarztes in bedenklichem Zustand und hätten *dringend besonderer Pflege bedurft*. Eine vorzeitige Verwertung war daher geboten (TG, Rekurskomm., 12.03.1976, BlSchK 1978, S. 85).

10 (i.V.m. Art. 275 ff. SchKG) – Die vorzeitige Verwertung von Gegenständen, welche schneller Wertverminderung unterliegen oder einen kostspieligen Unterhalt erfordern, ist anwendbar auch auf Arrestgegenstände gegen einen im Ausland befindlichen Schuldner welchem deswegen weder die Arresturkunde schon zugestellt noch vom Gläubiger die Prosekutionsmassnahmen im Sinne von Art. 279 SchKG getroffen werden konnten (GE, Autorité de surveillance, 16.04.1980, BlSchK 1982, S. 104).

11 Kriterien zum Begriff «kostspieliger Unterhalt» – Ob ein Unterhalt zu teuer sei, ist unter Berücksichtigung verschiedener Kriterien zu entscheiden. Der tatsächlich benötigte Geldbetrag kann dabei nicht allein massgebend sein. Zu berücksichtigen ist vor allem auch, in welcher Beziehung die Kosten zum Wert der Sache stehen. Eine wesentliche Rolle spielt ferner die Dauer, während der der Gläubiger die Kosten vorzuschiessen haben wird. Eine vorzeitige Verwertung wird auch eher noch gerechtfertigt sein, als der Schuldner selber die Sache bereits vor der Pfändung oder Verarrestierung zum Verkaufe angeboten hat (ZH, ObGer, II. Ziv.Kammer, 01.02.1983, ZR 1985, Nr. 15).

Art. 125   2. Versteigerung
             a. Vorbereitung

¹ Die Verwertung geschieht auf dem Wege der öffentlichen Steigerung. Ort, Tag und Stunde derselben werden vorher öffentlich bekanntgemacht.

Dritter Titel: Betreibung auf Pfändung | Art. 125

² Die Art der Bekanntmachung sowie die Art und Weise, der Ort und der Tag der Steigerung werden vom Betreibungsbeamten so bestimmt, dass dadurch die Interessen der Beteiligten bestmögliche Berücksichtigung finden. Die Bekanntmachung durch das Amtsblatt ist in diesem Falle nicht geboten.

³ Haben der Schuldner, der Gläubiger und die beteiligten Dritten in der Schweiz einen bekannten Wohnort oder einen Vertreter, so teilt ihnen das Betreibungsamt wenigstens drei Tage vor der Versteigerung deren Zeit und Ort durch uneingeschriebenen Brief mit.

1 Die Steigerung *ist jedem Gläubiger, zu dessen Gunsten die zu versteigernde Sache* (Grundstück oder Fahrnis) *gepfändet ist, besonders anzuzeigen* (BGE 73 III 139).

2 Der *Zessionar einer gepfändeten Forderung* ist *nicht ein «beteiligter Dritter»*, dem Mitteilung von der Versteigerung zu machen ist (BS, AB, 07.12.1951, BlSchK 1954, S. 82).

3 *Wird Pfandbetreibung angehoben, so obliegt es nicht dem BA, nachzuforschen, ob der Pfandgegenstand noch gepfändet wurde.* Pfändungsgläubiger, denen die Pfandverwertung nicht angezeigt worden ist, können die Steigerung aber mit Erfolg anfechten (BE, AB, 15.01.1954, BlSchK 1955, S. 21).

4 Ob bei der Versteigerung eines Inhaberschuldbriefes der *Name des Schuldners bekannt zu geben* sei, ist Ermessensfrage; in der Regel wird davon – entgegen der Praxis der Betreibungsämter – abzusehen sein. Es ist immer auf die Verhältnisse im Einzelfall abzustellen, wobei indessen als Regel gelten muss, dass der Schuldner nicht bloss gestellt werden soll, ausser es sei durch die Umstände gefordert (SO, AB, 27.11.19157, BlSchK 1959, S. 105).

5 (i.V.m. Art. 35 Abs. 2 und Art. 29 Abs. 2 VZG) – Eine Publikation einer Grundstücksteigerung in der Tagespresse ist nicht vorgeschrieben. *Name und Wohnort des Schuldners müssen nicht zwingend angegeben werden.* Das Fehlen dieser Angaben in der Publikation gäben nur dann Anlass zum Einschreiten, wenn dadurch der Publikationszweck in Frage gestellt würde, der darin besteht, eine möglichst grosse Anzahl Interessierter zu erreichen (BGE 110 III 31) (LU, SchKKomm, 26.06.2001; auf eine erhobene Beschwerde ist das BGer am 31.08.01 nicht eingetreten).

6 Verwertung von Kunstgegenständen durch ein *privates Auktionshaus* – Die Verwertung ist grundsätzlich Aufgabe der Betreibungsbehörden. Die Gläubiger hätten allenfalls dann einen Anspruch auf Verwertung von Kunstgegenständen durch ein privates Auktionshaus, wenn die öffentliche Versteigerung aufgrund besonderer Umstände als völlig unangemessen erschiene (BGE 115 III 52).

7 Der betriebene *Schuldner ist grundsätzlich befugt, an der Zwangsversteigerung* ihm gehörender Gegenstände *teilzunehmen* (BGE 93 III 39).

8 *Ein Angebot des Schuldners darf* nicht wegen Zweifel an seiner Zahlungsfähigkeit *übergangen werden.* Diese Zweifel genügen nicht, um ein Angebot ohne Weiteres als unbeachtlich zu erklären. Es ist dem Schuldner Gelegenheit zu geben, diese Zweifel zu beseitigen. Nur wenn ihm das nicht gelingt, darf sein Angebot übergangen werden (BGE 93 III 39).

9 *Wer in fremdem Namen bietet, hat sich* auf Verlangen des Steigerungsleiters *über seine Handlungsbefugnis auszuweisen.* Ist er dazu nicht in der Lage, so darf sein Angebot unberücksichtigt bleiben (BGE 82 III 55).

10 Zuschlag eines Lastwagens an der Zwangsversteigerung. Der Fahrzeugausweis und die Haftpflichtversicherungspolice folgen dem gepfändeten Fahrzeug, ohne dass sie ihrerseits gesondert gepfändet zu werden brauchten (BGE 77 III 167).

11 Der Zuschlag bewirkt den Übergang der Forderungen, es sei denn, dem BA stehe die Verfügungsmacht über den Forderungstitel nicht zu (ZH, ObGer, II. Ziv.Kammer, 22.02.1949, BGer, SchKK, 09.03.1949, ZR 1950, Nr. 110, BlSchK 1952, S. 85).

12 Eigentumsvorbehalt an einer versteigerten Sache. Vorgehen, wenn die Steigerungsbedingungen vorsehen, der Ersteigerer habe eine unter Eigentumsvorbehalt stehende Sache zu einem bestimmten Betrag auszulösen und der Ersteigerer geltend macht, der Eigentumsvorbehalt sei ungültig. Die Frage der Gültigkeit des Eigentumsvorbehaltes ist nicht von der AB zu entscheiden (BGE 105 III 77/78).

13 Einstellung einer Fahrnissteigerung wegen mangelndem Angebot. Das Zurückbehalten einer Ware wegen Nachlassens der Angebote erfolgt im Interesse von Gläubiger und Schuldner und liegt damit im Sinne des Gesetzes (BE, AB, 16.04.1958, BlSchK 1959, S. 52).

14 Die Bestimmung von Absatz 3 enthält keine blosse Ordnungsvorschrift; die Nichtbeachtung rechtfertigt die Aufhebung der Steigerung. – Wer durch Missachtung des Art. 125 Abs.3 SchKG betroffen ist, kann die Steigerung selbst innerhalb der Frist des Art 17 SchKG durch Beschwerde anfechten (BGE 82 III 35/36).

15 Aufhebung des Steigerungszuschlages wegen Missachtung der Vorschrift von Absatz 3 durch Beschwerde des Schuldners (BGE 106 III 21).

16 (i.V.m. Art. 132a SchKG) – Falsche Zeitangaben über den Beginn der öffentlichen Versteigerung bei der Verwertung in der Grundpfandbetreibung führt zum Widerruf des Zuschlags. Der Betriebene und der potentielle Bieter sind zur Beschwerde legitimiert (TI, Tribunale d'appello, 04.05.2001, BlSchK 2002, S. 25).

17 Frist für die Mitteilung der Verwertung an die Beteiligten und Steigerungspublikation. – Die Bestimmung des Abs. 3 schreibt vor, dass u.a. der Gläubiger, der in der Schweiz einen bekannten Wohnort oder einen Vertreter besitzt, durch das BA wenigstens drei Tage vor der Steigerung von Ort und Zeit derselben in Kenntnis zu setzen sei. – Abs. 1 schreibt nur vor, dass Ort, Tag und Stunde der Steigerung vorher vom BA öffentlich bekannt zu machen seien. Wie lange vor der Steigerung diese Bekanntmachung zu erfolgen habe, ist in der zitierten Bestimmung nicht gesagt. Die bundesgerichtliche Praxis (BGE 38 I 739 ff. Erw. 1), welche im Kreisschreiben Nr. 2 des Plenums des BGer vom 7.11.1912 ihren Niederschlag gefunden hat, geht indessen dahin, dass in Anlehnung an die Vorschrift von Art. 125 Abs. 3 SchKG die Steigerung beweglicher Sachen ebenfalls mindestens 3 Tage vor dem Steigerungstermin öffentlich bekannt zu machen seien. Ob ein Verstoss gegen nicht im Gesetz selbst, sondern nur in einem bundesgerichtlichen Kreisschreiben niedergelegte Fristbestimmung überhaupt die gleiche Rechtswirkung, nämlich die Ungültigkeit der Steigerung, zu bewirken vermag, wie die Verletzung zwingender Gesetzesvorschriften, erscheint indessen fraglich. Jedenfalls kann die Verletzung einer in einem Kreisschreiben niedergelegten Bestimmung dann nicht die Ungültigkeit der Steigerung zur Folge haben, wenn die Interessen des Gläubigers gleichwohl gewahrt sind (SZ, Rechenschaftsbericht des ObGer 1955, S. 32, BlSchK 1957, S. 111).

18 Mit der Anzeige über den Eingang des Verwertungsbegehrens können dem Schuldner bereits die Daten der Verwertung und der Publikation bekannt gegeben werden. Mit einer zu kurzfristigen öffentlichen Publikation kann davon ausgegangen werden, dass das interessierte Publikum nicht die nötige Vorbereitungszeit für die Steigerung findet. Die Vorschrift über die Publikation der Steigerung betrifft die Gläubiger und den Schuldner, weil sie dazu dient, einen möglichst hohen Erlös zu erzielen, nicht aber die Steigerungsinteressenten. Die Verletzung der Frist zur öffentlichen Publikation im Sinne von Art. 22 SchKG hat keine Nichtigkeit der Steigerung zur Folge (BGE 130 III 407).

Art. 126   b. Zuschlag, Deckungsprinzip

¹ Der Verwertungsgegenstand wird dem Meistbietenden nach dreimaligem Aufruf zugeschlagen, sofern das Angebot den Betrag allfälliger dem betreibenden Gläubiger im Range vorgehender pfandgesicherter Forderungen übersteigt.

² Erfolgt kein solches Angebot, so fällt die Betreibung in Hinsicht auf diesen Gegenstand dahin.

1 Das dem Pfandgläubiger durch den Pfandvertrag eingeräumte Recht, die Pfandsache privat zu verwerten, kann im Falle der Pfändung oder Arrestierung dieser Sachen so wenige wie im Konkurse über den Pfandschuldner ausgeübt werden (BGE 81 III 57, 116 III 23).

2 (i.V.m. VZG Art. 141, 54 Abs. 2 und 105 Abs. 2) – Hat der Pfandgläubiger einer grundpfandversicherten Forderung lediglich für Zinsen betrieben, so darf der Zuschlag nur erfolgen, wenn auch die Kapitalforderung überboten ist. Die Zinsforderungen selber – und zwar auch von solchen Gläubi-

Dritter Titel: Betreibung auf Pfändung **Art. 126**

gern, die kein Verwertungsbegehren gestellt haben – fallen bei der Berechnung des Zuschlagspreises nicht in Betracht. Deshalb spielt es unter dem Blickwinkel von Art. 141 SchKG Abs. 1 keine Rolle, ob die Zinsforderungen bestritten sind oder nicht; die Versteigerung braucht wegen bestrittener Zinsforderungen nicht eingestellt zu werden (BGE 110 III 72).

3 Wenn ein Grundpfandgläubiger auf dem Weg der ordentlichen Betreibung betreibt (anstatt durch Betreibung auf Grundpfandverwertung) und das BA das grundpfandbelastete Grundstück pfändet, so wird im Augenblick wo das Verwertungsbegehren gestellt wird, dieser Grundpfandgläubiger – sofern sein Grundpfandrecht im Lastenverzeichnis aufgeführt ist – als «im Range vorgehend» im Sinne von Art. 126 SchKG betrachtet (BGE 116 III 85/86).

4 (i.V.m. Art. 142a SchKG) – Die dem betreibenden Gläubiger im Range vorgehenden Pfandgläubiger können nicht auf die Einhaltung des Deckungsprinzips verzichten (BGE 104 III 79).

5 Ein Zahlungsversuch bei der Gantbeamtung während laufender Versteigerung erfolgt zur Unzeit und führt nicht zur Unterbrechung der Versteigerung (TG, ObGer, Rekurskomm., 05.05.1997, BlSchK 2000, S. 95).

6 Verwertung einer verpfändeten bzw. retinierten Sache in einer Betreibung auf Pfändung. Der Pfandgläubiger hat Anspruch auf den Erlös aus der Pfandsache, abzüglich Kosten der Verwertung dieser Sache und der Verteilung des Pfanderlöses (BGE 89 III 72).

7 Verwertung einer Forderung – Der Zuschlag einer gepfändeten Forderung an den Pfändungsgläubiger, der zugleich Schuldner derselben ist, ist zulässig (BGE 109 III 62).

8 Verkauf auf dem Wege der öffentlichen Steigerung. Pfändung pfandbelasteter Vermögenswerte. – Der Bestand eines Pfandrechts vermag für sich alleine die Verarrestierung oder Pfändung nicht auszuschliessen. Ein Arrest (oder eine Pfändung) wird im Rahmen der Art. 107 ff. SchKG erst dann hinfällig, wenn ein Dritter das Eigentum oder ein anderes Recht auf den Besitz, das demjenigen des Schuldners oder des Arrestgläubigers entgegensteht, mit Erfolg geltend gemacht hat (BGE 116 III 23).

9 Dreimaliger Ausruf mit jeweiliger Angabe, ob es der erste, zweite oder dritte Aufruf sei. Kennzeichnung des dritten Aufrufes durch erläuternde Bemerkungen des BB. Der Vorschrift des Art. 60 Abs. 1 VZG ist genügt, wenn bei jedem Aufruf unmissverständlich zum Ausdruck gebracht wird, der wievielte es ist, gleichgültig, ob sich der Gantleiter hierbei der entsprechenden Ordnungszahl oder eines andern Ausdrucksmittels bedient (BGE 83 III 38).

10 Der Zuschlag, der einer in Konkurs stehenden Aktiengesellschaft auf das Steigerungsangebot eines ihrer Organe hin erteilt wird, ist nichtig (BGE 117 III 39).

11 (i.V.m. Art. 141 SchKG) – Weder das SchKG noch das VZG schliessen aus, dass ein Steigerungsteilnehmer vor dem dritten Aufruf sein eigenes Angebot erhöht, ohne dass es durch das Angebot eines andern überboten worden wäre (OW, ObGer-Kommission, 30.08.1991, BlSchK 1993, S. 197).

12 (i.V.m. Art. 61 VZG und Art. 230 OR) – Eine zweimalige Unterbrechung einer betreibungsrechtlichen Grundstücksteigerung, welche den unmittelbar beteiligten Bietern die Möglichkeit einer Absprache eröffnet, ist zweck- und damit gesetzwidrig und führt zur Aufhebung des Zuschlages (SO, ObGer, 25.04.1995, SJZ 1996, S. 340).

13 (i.V.m. Art. 67 ff BGBB) – Der Steigerungsleiter kann nicht prima facie prüfen, ob die Bedingungen, welche das bäuerliche Bodenrecht für den Erwerb eines landwirtschaftlichen Grundstückes stellt, durch den Bieter erfüllt werden. Jedermann kann an der Versteigerung teilnehmen, ohne den Nachweis erbringen zu müssen, dass er zum Erwerb des zu versteigernden Grundstückes befugt ist (BGE 123 III 406)

14 Der Steigerungszuschlag kann wegen Willensmängel des Ersteigerers angefochten werden und wenn der Steigerungsleiter es an der nach den Umständen gebotenen Pflicht zur Aufklärung des Gantpublikums hat fehlen lassen. Z.B. hat der Steigerungsleiter bekannt zu geben, ob Radio- oder Fernsehapparate gebrauchsfähig sind (BE, AB, 14.03.1959, BlSchK 1960, S. 50).

15 Das Retentionsrecht, das ein Vermieter oder Verpächter als Dritter in einer gegen den Schuldner von anderer Seite angehobenen Betreibung auf Pfändung geltend macht, ist durch die Rechtsprechung

aus zureichenden Gründen vom Deckungsprinzip des Art. 126 ausgenommen worden (BGE 89 III 72).

16 Die Regel, wonach die Betreibung eines gepfändeten Gegenstandes dahinfällt, wenn dafür anlässlich der Versteigerung kein genügendes – d.h. die darauf lastenden vorgehenden Ansprüche deckendes – Angebot erfolgte, ist nur anwendbar auf die Betreibung, welche Anlass zur Verwertung gegeben hat. Die Regel richtet sich nicht gegen (andere) Betreibungen, welche an der Pfändung des gleichen Gegenstandes teilgenommen haben (GE, Autorité de surveillance, 25.06.1980, BlSchK 1982, S. 231).

Art. 127   c. Verzicht auf die Verwertung

Ist von vorneherein anzunehmen, dass der Zuschlag gemäss Artikel 126 nicht möglich sein wird, so kann der Betreibungsbeamte auf Antrag des betreibenden Gläubigers von der Verwertung absehen und einen Verlustschein ausstellen.

1 Von der Verwertung ist abzusehen, wenn der Erlös nicht einmal die Kosten decken würde (BGE 88 III 103).

2 Gelangt auch zur Anwendung, wenn bereits einzelne der gepfändeten Gegenstände verwertet worden sind. Dies gilt selbst dann, wenn die durchgeführte Teilverwertung bereits längere Zeit zurückliegt (BGE 97 III 71).

3 (i.V.m. Art. 92 Ziff. 1 und 3 SchKG) – Stellt das BA bei der Vorbereitung der Steigerung fest, dass der Verwertungserlös voraussichtlich die Kosten nicht decken wird, hat es den Gläubiger zu benachrichtigen. Diesem steht es frei, dennoch die Versteigerung der gepfändeten Gegenstände zu verlangen, sofern er die ungedeckt bleibenden Kosten übernimmt (GE, Autorité de surveillance, 17.10.1984, BlSchK 1985, S. 192).

4 Dürfen die Pfandgläubiger gemäss Art. 127 SchKG vorgehen, falls der betreibende Gläubiger davon absieht? – Sollte die Verwertung gemäss Art. 126 SchKG scheitern, gehen die Kosten der Versteigerung zulasten des pfändenden Gläubiger. Es liegt am pfändenden Gläubiger, ein Absehen von der Verwertung zu beantragen (BGE 116 III 23).

5 *Das Antragsrecht* in Bezug auf den *Verwertungsverzicht steht dem Schuldner nicht zu.* In BGE 116 III 23 hat das BGer festgehalten, dass die Möglichkeit eines entsprechenden Antrages von *nicht betreibenden Gläubigern ausgeschlossen ist.* Zur Frage des Antragsrechtes des Schuldners hat sich das BGer nicht geäussert. Wenn mit Berufung auf den Wortlaut der Bestimmung ein Antragsrecht nicht betreibender Pfandgläubiger ausgeschlossen wird, legt sich die Schlussfolgerung nahe, dass ein solches des Schuldners erst recht zu verneinen ist. Hingegen ist ein Verzicht auf die Verwertung von Amtes wegen möglich, wenn damit gerechnet werden muss, dass das Verwertungsergebnis unzweifelhaft nicht einmal die Verwertungskosten decken wird (BL, AB, 24.05.1994, BJM 1995, S. 138, BlSchK 1995, S. 145; ein Rekurs gegen diesen Entscheid wurde vom BGer am 11.07.1994 abgewiesen).

Art. 128   d. Gegenstände aus Edelmetall

Gegenstände aus Edelmetall dürfen nicht unter ihrem Metallwert zugeschlagen werden.

Keine Entscheide.

Art. 129   e. Zahlungsmodus und Folgen des Zahlungsverzuges

¹ Die Versteigerung geschieht gegen Barzahlung.

² Der Betreibungsbeamte kann jedoch einen Zahlungstermin von höchstens 20 Tagen gestatten. Die Übergabe findet in jedem Falle nur gegen Erlegung des Kaufpreises statt.

Dritter Titel: Betreibung auf Pfändung — Art. 130

³ Wird die Zahlung nicht rechtzeitig geleistet, so hat das Betreibungsamt eine neue Steigerung anzuordnen, auf die Artikel 126 Anwendung findet.
⁴ Der frühere Ersteigerer und seine Bürgen haften für den Ausfall und allen weitern Schaden. Der Zinsverlust wird hiebei zu fünf vom Hundert berechnet.

1 «Verrechnungsrecht» des Bieters, der zugleich einziger Gläubiger ist. Pflicht, die Forderungsurkunde quittiert herauszugeben bzw. sie zwecks Anmerkung des noch ausstehenden Forderungsbetrages vorzulegen (BGE 79 III 20).
2 Begriff der Barzahlung: Sehen die Steigerungsbedingungen Barzahlung vor, so ist der BB nicht gehalten, die Steigerung zu unterbrechen, um einem Interessenten zu ermöglichen, bei einer Bank das für den Zuschlag erforderliche Geld abzuheben (BGE 100 III 16).
3 Bei einer Verwertung eines Luftfahrzeuges ist die Regel anzuwenden, wonach das BA den Zuschlag widerrufen und eine neue Versteigerung ansetzen muss, wenn die Bezahlung während der festgesetzten Frist ausbleibt (BGE 109 III 69).
4 (i.V.m. Art. 143 SchKG und Art. 96 lit. b KOV) – Ein Kaufinteressent, welcher der Konkursverwaltung ein Freihandangebot zur Übernahme von Aktiven gemacht hat, an der in der Folge von der Konkursverwaltung für die verschiedenen Interessenten organisierten nicht öffentlichen Versteigerung trotz Einladung dazu nicht teilgenommen hat, ist nicht gehalten, der Konkursmasse den Mindererlös zwischen seiner Offerte und dem Zuschlagspreis an einen Dritten zu bezahlen (GE, Autorité de surveillance, 06.02.1980, BlSchK 1982, S. 147).

Art. 130 3. Freihandverkauf

An die Stelle der Versteigerung kann der freihändige Verkauf treten:
1. wenn alle Beteiligten ausdrücklich damit einverstanden sind;
2. wenn Wertpapiere oder andere Gegenstände, die einen Markt- oder Börsenpreis haben, zu verwerten sind und der angebotene Preis dem Tageskurse gleichkommt;
3. wenn bei Gegenständen aus Edelmetall, für die bei der Versteigerung die Angebote den Metallwert nicht erreichten, dieser Preis angeboten wird;
4. im Falle des Artikels 124 Absatz 2.

1 (i.V.m. Art. 122 SchKG) – Einverständnis aller Beteiligten als Voraussetzung für den freihändigen Verkauf. Der BB darf es nicht auf eine Beschwerde der nicht Einverstandenen ankommen lassen. Die in Art. 122 Abs. 1 SchKG festgehaltenen Fristen gelten auch für Tiere, selbst wenn diese mit der Zeit an Wert zunehmen würden und durch eine allfällige Verkaufsverzögerung eine wirtschaftlich bessere Verwertung erzielt würde. Die zu pfändenden Gegenstände (was auch für Tiere gilt) sind auf den Zeitpunkt der Pfändung zu schätzen (Art. 97 SchKG) (OW, AB, 03.09.1985, BlSchK 1988, S. 190).
2 Die Dritteigentümer von Gegenständen, die dem Retentionsrecht des Vermieters unterworfen sind, ist Beteiligter im Sinne von Art. 130 Ziff. 1 SchKG. Ein Verkauf aus freier Hand kann ohne seine Zustimmung nicht erfolgen, selbst wenn er das Retentionsrecht des Vermieters anerkennt. Etwas Anderes gilt nur, wenn der Schuldner die Eigentumsansprache mit Erfolg bestritten hat (BGE 107 III 20).
3 Das BA ist grundsätzlich nicht verpflichtet, zu prüfen, ob ein Begehren gemäss Art. 130 rechtsmissbräuchlich oder nach Art. 286 ff. SchKG anfechtbar ist (BS, AB, 09.03.1946, BlSchK 1947, S. 18).
4 Verwertung von Anteilen an Gemeinschaftsvermögen (Art. 10 Abs. 2 VVAG) – Ein Freihandverkauf ist ohne Zustimmung des Schuldners (oder eines sie ersetzendes gerichtliches Urteil) nicht zulässig (BGE 74 III 82).
5 Ein Steigerungszuschlag oder ein Freihandverkauf kann wegen eines fehlerhaften Verfahrens für das der Erwerber nicht verantwortlich ist, mindestens dann nicht mehr aufgehoben werden, wenn seit der Verwertung und der Verteilung mehr als ein Jahr verstrichen ist (BGE 73 III 23).

6   (i.V.m. Art. 51 Abs. 1 VZG) – Freihandverkauf – Folgen für ein vertragliches Vorkaufsrecht. Das vertragliche Vorkaufsrecht, das an dem auf dem Weg des Freihandverkaufs im Nachlassverfahren mit Vermögensabtretung verwerteten Grundstück besteht, kann dem Erwerber gegenüber nicht ausgeübt werden (BGE 126 III 93).

Art. 131   4. Forderungsüberweisung

¹ Geldforderungen des Schuldners, welche keinen Markt- oder Börsenpreis haben, werden, wenn sämtliche pfändende Gläubiger es verlangen, entweder der Gesamtheit der Gläubiger oder einzelnen von ihnen für gemeinschaftliche Rechnung zum Nennwert an Zahlungs Statt angewiesen. In diesem Falle treten die Gläubiger bis zur Höhe ihrer Forderungen in die Rechte des betriebenen Schuldners ein.

² Sind alle pfändenden Gläubiger einverstanden, so können sie oder einzelne von ihnen, ohne Nachteil für ihre Rechte gegenüber dem betriebenen Schuldner, gepfändete Ansprüche im eigenen Namen sowie auf eigene Rechnung und Gefahr geltend machen. Sie bedürfen dazu der Ermächtigung des Betreibungsamtes. Das Ergebnis dient zur Deckung der Auslagen und der Forderungen derjenigen Gläubiger, welche in dieser Weise vorgegangen sind. Ein Überschuss ist an das Betreibungsamt abzuliefern.

1   Der Schuldner einer gepfändeten Forderung kann diese mit einer Forderung gegen den Betreibenden verrechnen, selbst wenn die gepfändete Forderung versteigert, dem Betreibenden an Zahlungsstatt zugewiesen oder dieser zu ihrer Eintreibung ermächtigt worden ist. Art. 213 SchKG ist bei der Pfändung einer Forderung sinngemäss anwendbar (BGE 95 II 235).

2   Die *Gläubiger sind nicht verpflichtet*, sich *gepfändete Forderungen anweisen zu lassen* bzw. deren Eintreibung zu übernehmen (FR, AB, 08.11.1967, Extraits 1967, S. 104, SJZ 1969, S. 334).

3   Der Zuschlag einer gepfändeten Forderung an den Pfändungsgläubiger, der zugleich Schuldner derselben ist, ist zulässig (BGE 109 III 62).

4   Die Verwertung einer gepfändeten Forderung kann auf dem Wege der Zwangsversteigerung durchgeführt werden, falls die Betreibungsgläubiger nicht deren Abtretung an Zahlungsstatt verlangen. Die Modalitäten der Zahlung des Zuschlagspreises werden durch Art. 129 SchKG geregelt (BGE 111 III 56/57).

5   Forderungsüberweisung bei Betreibung auf Pfändung. Kommt es in diesem Falle zum Prozess, so richtet sich der Streitwert nach dem gepfändeten Forderungsbetrag. Die Zahlung der gutgesprochenen Klageforderung hat an den Kläger zu erfolgen, der einen allfälligen Überschuss an das BA abzuliefern hat (LU, ObGer, I. Kammer, 14.07.1971, Max. XII, Nr. 32, BlSchK 1973, S. 181).

6   Arrestierung und Pfändung einer Forderung des Schuldners aus Kauf, also auf Sachleistung. Vorbehalt der Rechte und Einreden des Verkäufers. Wie ist vorzugehen, wenn dieser die Lieferung bis zur Zahlung oder Sicherstellung des Kaufpreises zurückhält? – In diesem Falle ist dem betriebenden Gläubiger anheim zu stellen, die Leistung der Sache an das BA zu unterlassen, indem er den geforderten Preis(ausstand) bezahlt oder allenfalls im Sinne von Art. 83 OR sicherstellt. Tritt demzufolge die Sache an die Stelle des arrestierten (und gepfändeten) Anspruchs, so ist der Sacherlös, soweit erforderlich und ausreichend, dem betriebenden Gläubiger als Vergütung für jenen Aufwand auszurichten (BGE 78 III 68).

7   (i.V.m. Art. 168 OR) – Das Verfahren nach Art. 108 SchKG findet auf Beträge, die nach Art. 168 OR gerichtlich hinterlegt sind, keine Anwendung (GE, Autorité de surveillance, 06.03.1985, BlSchK 1987, S. 109).

8   Die Rechte an einer gepfändeten Forderung gehen nicht automatisch mit der Pfändung auf die betreibenden Gläubiger über. Diese können sich die Gläubigerrechte nur sichern, wenn sie fristgerecht d.h. gemäss Art. 116 SchKG die Verwertung der gepfändeten Forderung und deren Anweisung an sie verlangen (BS, Zivilgericht, 11.04.1985, BJM 1985, S. 257).

9 (i.V.m. Art. 143 Abs. 2 SchKG und Art. 72 VZG) – Die Verwertung der Ausfallforderung erfolgt grundsätzlich durch öffentliche Versteigerung. Die Verwertung durch Forderungsüberweisung an Zahlungs statt oder zur Eintreibung bedarf der Zustimmung aller beteiligten Gläubiger (GR, AB, 09.11.1994, PKG 1995, S. 134).

10 Der Abtretungsgläubiger ist als selbständige Partei zur Prozessführung legitimiert (LU, ObGer Anwaltskammer, 01.07.1949, ZBJV 1949, S. 376, BlSchK 1950, S. 58).

11 Überweisung einer Forderung zur Eintreibung – Der Pfändungsgläubiger, dem eine gepfändete Forderung zur Eintreibung überwiesen wird, ist berechtigt, diese Forderung im eigenen Namen geltend zu machen (BGE 93 III 45).

12 Übernimmt ein Gläubiger die Eintragung eines gepfändeten Anspruches i. S. von Abs. 2, so dient das Ergebnis vorab zur Deckung seiner Auslagen. Bei allfälligen Streitigkeiten ist nur der Schuldner, nicht aber der Drittschuldner beschwerdelegitimiert. Streitigkeiten mit den Mitgläubigern sind im Kollokationsverfahren auszutragen (BGE 89 III 36).

Art. 132   5. Besondere Verwertungsverfahren

¹ Sind Vermögensbestandteile anderer Art zu verwerten, wie eine Nutzniessung oder ein Anteil an einer unverteilten Erbschaft, an einer Gemeinderschaft, an Gesellschaftsgut oder an einem andern gemeinschaftlichen Vermögen, so ersucht der Betreibungsbeamte die Aufsichtsbehörde um Bestimmung des Verfahrens.

² Die gleiche Regel gilt für die Verwertung von Erfindungen, von Sortenschutzrechten, von gewerblichen Mustern und Modellen, von Fabrik- und Handelsmarken und von Urheberrechten.

³ Die Aufsichtsbehörde kann nach Anhörung der Beteiligten die Versteigerung anordnen oder die Verwertung einem Verwalter übertragen oder eine andere Vorkehrung treffen.

1 Ist ein Erbanteil gepfändet worden und unter den Beteiligten keine Einigung zustandegekommen, so hat die AB ohne Rücksicht auf materiellrechtliche Einreden die Verwertung des Anteils auf einem der in Absatz 3 und in der VVAG vorgesehenen Weg anzuordnen. – Die Bestimmung von Absatz 3, wonach die AB nach Anhörung der Beteiligten entscheidet, bedeutet nicht, dass diese Behörde die Beteiligten neu vorzuladen habe, sondern nur, dass sie die von ihnen geäusserte Meinung berücksichtigen müsse (BGE 87 III 106).

2 *Arrestierung des* einem *Schuldner im Ausland zustehenden Anteils an der Erbschaft* eines Italieners, der zuletzt in der Schweiz wohnte. Zuständigkeit des BA des letzten Wohnsitzes des Erblassers. Entsprechende Anwendung der VVAG. Die Bestandteile der Erbschaft sind in der Arresturkunde nicht einzeln aufzuführen (BGE III 19/20).

3 Ist das auf Verwertung eines gepfändeten *Anteils an einer unverteilten Erbschaft* gerichtete Verfahren bereis in Gang gesetzt worden, so ist es später *im Hinblick auf die Verwertung des gleichen Anteils in einer anderen Betreibung nicht zu wiederholen.* Es genügt, wenn das BA der bei der Erbteilung mitwirkenden Behörde den neuen Gläubiger meldet (BGE 97 III 68).

4 *Verwertung eines Anteils an einer unverteilten Erbschaft.* Sind die Einigungsverhandlungen zwischen Erben und Gläubigern gescheitert, so muss die AB entweder die Auflösung der Erbengemeinschaft und Liquidation der Erbschaft verfügen, den Gläubigern Frist zur Leistung eines Kostenvorschusses für die Durchführung des Teilungsprozesses setzen, bei dessen Nichtleistung der Anteil des Schuldners versteigert wird oder die Versteigerung des schuldnerischen Erbschaftsanteils anordnen (VD, Tribunal cantonal, 31.03.2003, BlSchK 2004, S. 186).

5 (i.V.m. Art. 73 VZG) – Steht ein überbautes Grundstück im Miteigentum mehrerer Personen, ohne dass Stockwerkeigentum begründet worden wäre, aber in der Weise, dass jeder Anteil das Recht auf die Nutzung bestimmter Räume gewährt und wird ein Anteil gepfändet, der zusammen mit anderen Anteilen mit einem Grundpfandrecht belastet ist, so hat die Versteigerung des Grundstückes

selbst im Sinne von Art. 73 lit. b VZG alle pfandbelasteten Anteile, aber auch nur diese zum Gegenstand (BGE 96 III 24).

6   (i.V.m. Art. 9 ff. VVAG) – Der Anteil an einer unverteilten Erbschaft ist in der Regel nicht als solcher zu versteigern, sondern es ist eine Liquidation der Gemeinschaft nach den Vorschriften über die Erbteilung (Art. 610 ff. ZGB) unter Mitwirkung des Kreisamtes als der nach Art. 609 ZGB zuständigen Behörde herbeizuführen (GR, AB, 25.11.1985, PKG 1985, Nr. 46, BlSchK 1988, S. 32).

7   (i.V.m. Art. 8 ff. VVAG) – Verwertung eines gepfändeten Gemeinschaftsanteils – Die Zustimmung des betreibenden Gläubigers zu einer Verschiebung der von der AB zwecks Auflösung der Gemeinschaft angeordneten Versteigerung des Gemeinschaftsgutes ist nicht als Rückzug des Verwertungsbegehrens zu deuten (im Gegensatz zu einem vom Gläubiger bewilligten Aufschub der Verwertung der gepfändeten Gegenstände). Die Anordnung der AB hindert die Beteiligten nicht, nachträglich über eine andere Art der Auflösung der Gemeinschaft zu verhandeln (BGE, Praxis 1989, Nr. 118).

8   (i.V.m. Art. 122 SchKG) – Im Prozess liegende Forderungen stellen keine Vermögenswerte «anderer Art» im Sinne von Art. 132 SchKG dar. Sie sind deshalb grundsätzlich öffentlich zu versteigern, wenn keine Forderungsüberweisung nach Art. 131 SchKG zustande kommt.

Das SchKG enthält diesbezüglich auch mit Blick auf den möglicherweise unbefriedigenden Versteigerungserlös solcher Forderungen keine Lücke, die nach Art. 1 Abs. 2 ZGB vom Gericht gefüllt werden könnte (BGE 120 III 131).

9   Verwertung des *Anteilsrechtes an einer einfachen Gesellschaft* im Verlassenschaftskonkurs. Wann ist das Anteilsrecht als bestrittener Masseanspruch zu betrachten, sodass für die Verwertung Art. 79 Abs. 2 KOV gilt? – Sollten sich die anderen Anteilshaber einer Liquidation widersetzen, so hätte man es mit einem bestrittenen Massarechtsanspruch zu tun. Dieser wäre entweder von der Masse selbst zu verfechten oder müsste bei deren Verzicht den einzelnen Gläubigern zur Geltendmachung nach Art. 260 SchKG angeboten werden. Nur wenn alsdann niemand die Abtretung gegen Einzahlung der von einem Interessenten offerierten Betrag verlangt und binnen nützlicher Frist davon Gebrauch macht (BGE 65 III 63, 67 III 87), wäre eine Versteigerung oder ein Freihandverkauf zulässig (BGE 78 III 167).

10 *Ernennung eines Verwalters mit der Aufgabe, die Liquidation der Gesellschaft herbeizuführen.* Darf ein Beauftragter einzelner Gläubiger mit dieser Aufgabe betraut werden? Nachdem eine solche Aufgabe nicht mit der Tätigkeit eines Beamten oder Angestellten des BA zu vergleichen ist, der in Ausstand zu treten hat, wenn es sich um die Interessen einer Person handelt, deren Beauftragter er ist, steht es der kantonalen AB frei, einen oder mehrere Gläubiger oder deren Beauftragter mit den rechtlichen Vorkehrungen zu betrauen, die für die Einleitung einer Klage auf Teilung des Vermögens einer Gesellschaft erforderlich sind (BGE 93 III 116).

11 (i.V.m. Art. 9 VVAG) – Verwertung eines Gesamthandanteils – Bestimmung des Verfahrens durch die AB. Besteht der Anteil des Schuldners an einer Erbengemeinschaft nur in einer *Nutzniessung*, so muss das BA zunächst eine einverständliche Regelung zwischen den Mitbeteiligten anstreben, bevor es die Liquidation der Erbengemeinschaft beantragt (NE, 22.05.1995, BlSchK 1996, S. 152).

12 Bezeichnung durch die untere AB eines gemeinsamen Vertreters der Gläubiger zum Zwecke, bei der zuständigen französischen Behörde die Liquidation einer vom Schuldner und einem Dritten in Frankreich als einfache Gesellschaft errichteten Immobiliengesellschaft zu beantragen (BGE 93 III 116).

13 Auflösung einer einfachen Gesellschaft gemäss Art. 545 OR – Das BA muss den Wunsch der anderen Gesellschafter, die Liquidation abzuwenden, nicht beachten. Die Verwertung kann folglich auch nicht verschoben werden bis nach Abschluss eines Scheidungsverfahrens (BGE 113 III 40, Praxis 1989, Nr. 141).

14 Wird die kantonale AB ersucht, das *Verwertungsverfahren zu bestimmen, so hat sie sich auf diese Frage zu beschränken. Über die Verteilung eines allfälligen Erlöses und* die *Berücksichtigung* bestimmter *Gläubiger und Pfändungsgruppen hat sie nichts zu bestimmen* (BGE 114 III 98).

15 Bedeutung der Vorschrift von Absatz 3: Diese verlangt nicht, die Behörde selbst habe die Beteiligten anzuhören. Die Einigungsverhandlungen werden vielmehr in der Regel vom BA geführt, und es ist

Dritter Titel: Betreibung auf Pfändung | Art. 132a

demgemäss in der Regel auch dessen Sache, beim Scheitern dieser Verhandlungen die Anträge der Beteiligten über das weitere Verfahren einzuholen. Ob die AB sich selbst um eine Einigung bemühen will, ist ihrem Ermessen anheim gestellt. Dass sie nach Anhörung der Beteiligten zu entscheiden hat, bedeutet demgemäss für sie grundsätzlich nur, dass sie deren Anträge nach Möglichkeit zu berücksichtigen hat (Art. 9/10 VVAG; BGE 87 III 108). Beantragt jedoch das BA der AB die Wiedererwägung einer früheren Entscheidung über das Verwertungsverfahren, ohne hierüber die Meinungsäusserungen der Beteiligten eingeholt zu haben und lässt sich die AB auf diesen Antrag ein, so muss die AB die Beteiligten, die auch in einem solchen Fall vor der Entscheidung angehört zu werden verdienen, selbst anhören (BGE 96 III 18).

Art. 132a   6. Anfechtung der Verwertung

¹ Die Verwertung kann nur durch Beschwerde gegen den Zuschlag oder den Abschluss des Freihandverkaufs angefochten werden.
² Die Beschwerdefrist von Artikel 17 Absatz 2 beginnt, wenn der Beschwerdeführer von der angefochtenen Verwertungshandlung Kenntnis erhalten hat und der Anfechtungsgrund für ihn erkennbar geworden ist.
³ Das Beschwerderecht erlischt ein Jahr nach der Verwertung.

1   Der Zuschlag ist auf dem Wege der Beschwerde und des Rekurses nach Art. 17 ff. SchKG anzufechten (BGE 95 III 22).

2   Bei der Anfechtung des Zuschlages auf dem Wege der Beschwerde nach Art. 17 ff. SchKG können auch *zivilrechtliche Gründe geltend gemacht* werden (BGE 95 III 21).

3   Ein Steigerungszuschlag oder ein Freihandverkauf kann wegen eines fehlerhaften Verfahrens für das der Erwerber nicht verantwortlich ist, mindestens dann nicht mehr aufgehoben werden, wenn seit der Verwertung und der Verteilung mehr als ein Jahr verstrichen ist (BGE 73 III 23).

4   Wegen eines fehlerhaften Verfahrens, für das der Ersteigerer nicht verantwortlich ist, kann der Zuschlag nach Ablauf eines Jahres seit der Steigerung grundsätzlich nicht mehr aufgehoben werden, wenn er nicht innert eines Jahres seit der Steigerung durch Beschwerde angefochten worden ist (N 1). Ist jedoch der Zuschlag nicht bloss anfechtbar (Art. 17 Abs. 1 und 2 SchKG), sondern schlechthin nichtig, so kann und soll er, selbst wenn der Ersteigerer für den unterlaufenen Verfahrensfehler nicht verantwortlich ist, jedenfalls dann auch nach Ablauf eines Jahres seit der Steigerung von Amtes wegen (Art. 13 SchKG) aufgehoben werden, wenn seine Gültigkeit schon vor Ablauf dieser Frist im Rahmen eines behördlichen Verfahrens in für den Ersteigerer erkennbarer Weise ernsthaft in Frage gestellt worden ist und die Feststellung der einmal erkannten Nichtigkeit nicht über Gebühr verzögert wird, es sei denn, er könne nicht mehr rückgängig gemacht werden (Art. 21 SchKG) (BGE 98 III 57).

5   (i.V.m. Art. 125 SchKG) Falsche Zeitangaben über den Beginn der öffentlichen Versteigerung bei der Verwertung in der Grundpfandbetreibung führt zum Widerruf des Zuschlags. Der Betriebene und der potentielle Bieter sind zur Beschwerde legitimiert (TI Tribunale d'appello, 04.05.2001, BlSchK 2002, S. 25).

6   Die Aufhebung des Zuschlages ist abzulehnen, wenn die versteigerte Sache inzwischen an einen Dritten veräussert worden ist und die eigenen Ausführungen des Beschwerdeführers zeigen, dass er die Eigentumsansprache des Dritten nicht mit stichhaltigen Gründen bestreiten vermag (BGE 73 III 139).

7   Aufhebung des Zuschlages von Interimsscheinen über Namensaktien, die nur zu 40 % liberiert sind, *wegen Grundlagenirrtum des Ersteigerers*. Pflicht des Steigerungsleiters zur Aufklärung des Publikums (BGE 79 III 114).

8   Aufhebung des Zuschlages im Beschwerdeverfahren wegen *Grundlagenirrtums* beim Steigerungskauf (Überbaubarkeit des Grundstückes) *und* wegen *Verfahrensfehlern*. Die *Aufnahme von Zusagen bei der Zwangsversteigerung in den Steigerungsbedingungen* ist ein Verfahrensfehler. Ein weiterer

9	Auch *die Bezahlung eines verhältnismässig geringfügigen Betrages an andere Gantteilnehmer, um diese vom Mitbieten abzuhalten, macht den Zuschlag anfechtbar.* Auf den Zeitpunkt der Zahlung kommt es nicht an (SG, AB, 30.01.1950, Amtsbericht 1950, S. 14, BlSchK 1952, S. 178).

Verfahrensfehler ist die *Unterlassung einer Neuschätzung oder wenigstens Überprüfung der Schätzung*, wenn zwischen Schätzungsdatum und der Versteigerung hier *zwei Jahre liegen* (BGE 95 III 24).

9 Auch *die Bezahlung eines verhältnismässig geringfügigen Betrages an andere Gantteilnehmer, um diese vom Mitbieten abzuhalten, macht den Zuschlag anfechtbar.* Auf den Zeitpunkt der Zahlung kommt es nicht an (SG, AB, 30.01.1950, Amtsbericht 1950, S. 14, BlSchK 1952, S. 178).

10 *Irrtum über die Rendite eines ersteigerten Grundstückes* kann nicht zur Aufhebung des Zuschlages führen, wenn das BA in den Steigerungsbedingungen die Gewährspflicht wegbedungen hat (BE, AB, 20.09.1951, ZBJV 1953, S. 270).

11 Hat der Schuldner das Recht zur Anfechtung des Zuschlages an einen Dritten dadurch verwirkt, dass er an der vom BA unter Missachtung seines Angebotes fortgesetzten Steigerung nicht teilnahm? Das BGer verneint diese Frage (BGE 93 III 39).

12 *Ungültigkeit eines Zuschlages, der dem Ersteigerer das Eigentum an den im Lastenverzeichnis als Zugehör* des Grundstückes bezeichneten, für dessen Benützung wesentlichen Vorrichtungen im Boden eines in einem anderen Verfahren verwerteten Nachbargrundstückes *nicht verschafft* (BGE 97 III 89).

13 Ein nichtiger Steigerungszuschlag ist grundsätzlich ohne Rücksicht auf die Einhaltung der Beschwerdefrist von Amtes wegen aufzuheben, es sei denn, er könne nicht mehr rückgängig gemacht werden, weil der Erlös aus der Steigerung bereits verteilt worden ist/(BGE 98 III 64).

14 Nichtigkeit einer im Verlaufe der Pfandverwertungsbetreibung durchgeführten Versteigerung eines Faustpfandes, wenn vor der Versteigerung über den Schuldner der Konkurs eröffnet wurde. – Die Verwertung ist keine unwiderrufliche Betreibungshandlung. – Zuständig zur Aufhebung des Steigerungszuschlages ist die AB (LU, SchKKomm, 20.09.1968, Max. XI, Nr. 659; ein dagegen eingereichter Rekurs wurde vom BGer abgewiesen).

15 Absatz 1 findet auch Anwendung bei einer im Konkursverfahren durch Verfügung freihändig verkauften Liegenschaft (BGE 128 III 104/105).

16 Irrtum in Bezug auf die überbaubare Fläche eines durch Steigerung verwerteten Grundstücks. – Der Pfandgläubiger, der ein Grundstück an einer öffentlichen Steigerung erwirbt, kann den Zuschlag nicht unter Berufung auf einen Grundlagenirrtum im Sinne von Art. 24 Abs. 1 Ziff. 4 OR aufheben lassen, wenn die kleinere überbaubare Fläche durch eine im Lastenverzeichnis aufgenommene Bauverbotsdienstbarkeit begründet ist (BGE 129 III 363).

17 Eintritt der Wirkungen eines mit Beschwerde angefochtenen Grundstückzuschlages. In Analogie zum Fall des Konkurses entfaltet der Zuschlag eines Grundstückes die Wirkungen «ex nunc» von der Eröffnung des bestätigenden Beschwerdeentscheides an, wenn es sachlich und vernünftigerweise nicht möglich ist, auf alle mit dem Aufschub der Wirkungen gemäss Art. 66 VZG verbundenen Folgen zurückzukommen (BGE 129 III 100).

18 (i.V.m. Art. 17, 18, 22 Abs. 1 SchKG; Art. 230 Abs. 1 OR; Art. 68 BGBB) – Grundsatz der Chancengleichheit bei der Versteigerung eines Objekts mit einem Maximalpreis im Sinne von Art. 68 BGBB; die Gründung von Gesellschaften zur Ersteigerung eines Objekts auf gemeinsame Rechnung ist sittenwidrig im Sinne von Art. 230 Abs. 1 OR, wenn dadurch der Wettbewerb unter den Mitbietern verletzt wird. Ist die Gleichbehandlung aller Steigerungsteilnehmer nicht mehr gegeben, ist der Zuschlag in Anwendung von Art. 22 Abs. 1 SchKG von Amtes wegen aufzuheben (LU, SchKKomm, 01.04.1998, LGVE 1998 I 37; das BGer hat eine dagegen erhobene Beschwerde abgewiesen).

Art. 133 C. Verwertung der Grundstücke
1. Frist

¹ Grundstücke werden vom Betreibungsamt frühestens einen Monat und spätestens drei Monate nach Eingang des Verwertungsbegehrens öffentlich versteigert.

Dritter Titel: Betreibung auf Pfändung | **Art. 134**

² Auf Begehren des Schuldners und mit ausdrücklicher Zustimmung sämtlicher Pfändungs- und Grundpfandgläubiger kann die Verwertung stattfinden, auch wenn noch kein Gläubiger berechtigt ist, sie zu verlangen.

1 Verschiebung wegen eines Prozesses betreffend das bäuerliche Vorkaufsrecht. Ist an der Pfandliegenschaft vor Einleitung der Grundpfandbetreibung das Vorkaufsrecht BGBB geltend gemacht worden, so ist die Versteigerung bis zur rechtskräftigen Erledigung des Prozesses über dieses Recht zu verschieben (BGE 98 III 53).

2 (i.V.m. Art. 366 ff. VZG und Art. 712a ff. ZGB) – Versteigerung von Stockwerkeinheiten; *Schicksal von auf dem Gesamtgrundstück gelegenen Parkplätzen.* – Die gemeinschaftlichen Teile eines zu Stockwerkeigentum ausgestalteten Grundstückes stehen nicht zwingend zur Verfügung sämtlicher Stockwerkeigentümer, denn das Reglement kann Abweichendes vorbehalten. – Das BA darf das Lastenverzeichnis, wie es sich aus dem Grundbuchauszug ergibt, nicht abändern. In einer Betreibung auf Pfandverwertung, in der ja der zu verwertende Gegenstand von vornherein bestimmt ist, hat es die Zwangsverwertung auf diesen Gegenstand allein zu beschränken; vorliegend auf die Stockwerkeinheiten, unter Ausschluss der Parkplätze, die als persönliche Dienstbarkeiten zugunsten des Schuldners das Gesamtgrundstück belasten (BGE 121 III 24).

3 Im Unterschied zum Konkursverfahren ist im Pfändungs- und Pfandverwertungsverfahren eine vorzeitige Verwertung von Grundstücken wegen drohender Wertverminderung nicht möglich. Im Pfändungsverfahren ist ein vorzeitiger Verkauf zwar bei der Verwertung von Fahrnis (Art. 124 SchKG) vorgesehen, nicht aber bei der Verwertung von Grundstücken. Die gleiche Regelung gilt für die Betreibung auf Grundpfandverwertung. Demgegenüber wird in Art. 128 Abs. 2 VZG im Konkurse eine Verwertung von Grundstücken vor erfolgter Lastenbereinigung bei so genannter «Überdringlichkeit» (vgl. hiezu BGE 96 III 83 ff.) ausnahmsweise als zulässig erklärt (BGE 107 III 127; siehe aber Basler Kommentar Häusermann/Stöckli/Feuz Art. 133 SchKG N 28).

4 Der Kaufsberechtigte hat keinen Anspruch darauf, dass mit der Verwertung des Grundstückes zugewartet wird, bis er die Fläche, auf die sich das Kaufsrecht bezieht, zu Eigentum erworben hat (BGE 114 III 18).

Art. 134 2. Steigerungsbedingungen
a. Auflegung

¹ Die Steigerungsbedingungen sind vom Betreibungsamte in ortsüblicher Weise aufzustellen und so einzurichten, dass sich ein möglichst günstiges Ergebnis erwarten lässt.

² Dieselben werden mindestens zehn Tage vor der Steigerung im Lokal des Betreibungsamtes zu jedermanns Einsicht aufgelegt.

1 Die Steigerungsbedingungen müssen für alle Steigerungsteilnehmer die gleichen sein. Eine Verschärfung derselben ist unzulässig im Hinblick auf die Belangung des früheren Ersteigerers für den allfälligen Ausfall (BS, AB, 25.06.1947, BlSchK 1949, S. 54).

2 Wann darf vom normalen Inhalt der Steigerungsbedingungen abgewichen werden? Stehen die Pflichten eines Ersteigerers klar und unmissverständlich fest, so spielt es für ihn keine Rolle, ob sie vom üblichen Inhalt der Steigerungsbedingungen , wie er in den Artikeln 45–51 VZG umschrieben ist, abweichen (BGE 60 III 34). – Zulässigkeit der Überbindung von Handänderungsgebühren an den Ersteigerer über den Zuschlagspreis hinaus, wenn der Schuldner noch nicht als Eigentümer im Grundbuch eingetragen ist. – Rechtsnatur der Beitragsforderung der Stockwerkeigentümergemeinschaft. – Zur Frage, ob eine solche Forderung unter die in Art. 49 VZG vorgesehenen Zahlungen fällt. Für die Beitragsforderungen der Stockwerkeigentümer besteht gegen den jeweiligen Stockwerkeigentümer ein Anspruch auf Errichtung eines Pfandrechts (Art. 712i ZGB). Der Anspruch ist realobligatorischer Natur; der jeweilige Stockwerkeigentümer hat die Eintragung des Pfandrechts auch dann zu dulden, wenn er nicht Schuldner der Forderung ist. Die Überbindung der Zahlungs-

pflicht an den Erwerber in den Steigerungsbedingungen diente dazu, einen Eintrag des Pfandrechts auf gerichtlichem Weg und allfällig dadurch bewirkte Verzögerungen zu verhindern, was zweckmässig war. Offen bleiben kann, ob die Überbindung auf Anrechnung am Zuschlagspreis zu erfolgen hatte oder nicht. Das Pfandrecht der Stockwerkeigentümer ist nur mittelbar ein gesetzliches Pfandrecht. Bis zum Eintrag ist der Anspruch lediglich obligatorisch. Art. 46 Abs. 1 VZG findet also nicht ohne Weiteres Anwendung. In jedem Fall wäre die Folge eines Verstosses höchstens *Anfechtbarkeit durch die hiezu berechtigten Beteiligten, zu denen der Ersteigerer nicht gehört*, niemals aber die Nichtigkeit. Selbst wenn die Steigerungsbedingungen nichtig oder infolge Anfechtung ungültig wären, müsste die Versteigerung mit neuen Bedingungen wiederholt und der Zuschlag an den Beschwerdeführer vorerst kassiert werden (vgl. BGE 98 III 57 und 73 III 27) (LU, SchKKomm, 17.12.1981, LGVE 1981 I Nr. 34; das BGer wies einen gegen diesen Entscheid eingereichten Rekurs ab, soweit es darauf eintrat).

3   Sind der Kollokationsplan und das mit ihm verbundene Lastenverzeichnis in Rechtskraft erwachsen, so muss sich die Konkursverwaltung – insbesondere hinsichtlich der darin festgehaltenen Rangordnung – daran halten. Die Rangordnung kann nicht mehr dadurch in Frage gestellt werden, dass die Steigerungsbedingungen mit dem darin vorgesehenen Doppelaufruf, den ein kolloziierter Gläubiger verlangt hat, angefochten werden (BGE 112 III 31).

4   (i.V.m. Art. 111 VZG) – Ein Amt das eine Steigerung, zu der niemand erschienen ist, nach zwanzig Minuten für geschlossen erklärt und sich weigert, sie bei verspäteten Erscheinen eines Pfandgläubigers wieder zu eröffnen, missbraucht das ihm zustehende Ermessen nicht. Aus Absatz 1 lässt sich keine Pflicht ableiten, eine Versteigerung eines Grundstückes bei verspätetem Erscheinen des Pfandgläubigers wieder zu eröffnen (BGE 122 III 432).

5   Voraussetzungen der Pflicht des Ersteigerers zu Zahlungen, die über den Zuschlagspreis hinausgehen (BGE 123 III 53).

6   Die vorschriftsgemäss veröffentlichten Steigerungsbedingungen, welche nicht innert gesetzlicher Frist angefochten und auch nach dem Verlesen zu Beginn der Versteigerung nicht beanstandet worden sind, können nach dem Zuschlag nicht mehr in Frage gestellt werden (BGE 123 III 406).

7   (i.V.m. Art. 52 VZG) – Ist das zu verwertende Grundstück vom BG über das bäuerliche Bodenrecht (BGBB) erfasst, gehört ein entsprechender Hinweis zum notwendigen Inhalt der Steigerungsbedingungen; werden die aufgelegten Steigerungsbedingungen *nachträglich ergänzt,* sind sie im Sinne von Art. 52 VZG *neu aufzulegen.* – Der Betreibungsschuldner, der noch vor dem Steigerungstag erfährt, dass in den aufgelegten Steigerungsbedingungen zu Unrecht nicht auf das BGBB hingewiesen worden war und deren Ergänzung verlangen will, darf damit nicht untätig bis nach Abschluss der Steigerung zuwarten; wenn er nicht zu Beginn der Steigerung die mit dem erwähnten Mangel behafteten Steigerungsbedingungen beanstandet, kann er diese nicht mehr mit einer Beschwerde gegen den Zuschlag in Frage stellen in Frage stellen (BGE 128 III 339).

8   Unzulässigkeit kantonaler Bestimmungen, die bei der Zwangsverwertung von Wohnungen im Stockwerkeigentum eine Verpflichtung zum gesamthaften Verkauf und eine vorgängige Veräusserungsbewilligung vorsehen (BGE 128 I 209).

9   Die Frist für die Anfechtung der Steigerungsbedingungen beginnt grundsätzlich mit dem Tag ihrer öffentlichen Auflegung zu laufen. Eine Ausnahme von diesem Grundsatz hat das BGer in BGE 99 III 70 gemacht für den Fall, dass die Steigerungsbedingungen das Lastenverzeichnis abändern. Mit einer derartigen (in der Regel unzulässigen) Abänderung muss kein Beteiligter rechnen (BGE 105 III 4).

10 Das BA verfügt nicht über das ihm durch Art. 816 Abs. 3 ZGB und Art. 107 Abs. 1 VZG gewährte Ermessen, wenn nach dem festgelegten Schätzungswert sofort ersichtlich ist, dass alle Grundstücke, welche Gegenstand des Gesamtpfandes bilden, verkauft werden müssen, um den betreibenden Gläubiger zu befriedigen. Im vorliegenden Fall kommt nur das Verfahren mit Gesamtruf zu einem Gesamtpreis oder mit Einzelruf nach Art. 108 Abs. 1bis VZG analog angewendet in Betracht (BGE 126 III 33, BlSchK 2002, S. 11, mit Anmerkung).

Dritter Titel: Betreibung auf Pfändung Art. 135

Art. 135 b. Inhalt

¹ Die Steigerungsbedingungen bestimmen, dass Grundstücke mit allen darauf haftenden Belastungen (Dienstbarkeiten, Grundlasten, Grundpfandrechten und vorgemerkten persönlichen Rechten) versteigert werden und damit verbundene persönliche Schuldpflichten auf den Erwerber übergehen. Der Schuldner einer überbundenen Schuld aus Grundpfandverschreibung oder aus Schuldbrief wird frei, wenn ihm der Gläubiger nicht innert einem Jahr nach dem Zuschlag erklärt, ihn beibehalten zu wollen (Art. 832 ZGB). Fällige grundpfandgesicherte Schulden werden nicht überbunden, sondern vorweg aus dem Erlös bezahlt.

² Die Steigerungsbedingungen stellen ferner fest, welche Kosten dem Erwerber obliegen.

1 *Obligatorische Verpflichtung* (mit der Mietzinsschuld verrechenbare Ersatzansprüche des Mieters für Erneuerungsarbeiten) *gehören bei der Zwangsverwertung der dem Vermieter gehörenden Liegenschaft nicht ins Lastenverzeichnis* (ZH, ObGer, IV. Kammer, 20.05.1947, SJZ 1948, S. 142).

2 Die *Aufnahme besonderer Zusicherungen in die Steigerungsbedingungen* bildet einen Verfahrensfehler, der zur Aufhebung des Zuschlages im Beschwerdeverfahren führen kann (BGE 95 III 24).

3 (i.V.m. Art. 45 ff. VZG, insbesondere Art. 45 Abs. 1 lit. a, 4t6, 48 und 49 VZG) – Nach Art. 55 Abs. 1 des Abwasserreglementes einer bernischen Gemeinde *geht die Schuldpflicht für* die vom Eigentümer noch *nicht bezahlte Einkaufsgebühr ohne Rücksicht auf den Erwerbsgrund auf den Erwerber des Grundstückes über. Besitzt diese Bestimmung auch im Zwangsvollstreckungsverfahren Gültigkeit? Frage verneint* mit dem Hinweis auf ihre Bundesrechtswidrigkeit: Nach dem Grundsatz der derogatorischen Kraft des Bundesrechts dürfen die Kantone und Gemeinden keine Vorschriften aufstellen, die dem Bundesrecht widersprechen oder die Verwirklichung von Bundesrecht verunmöglichen (BE, Verwaltungsgericht, 02.10.1978, BlSchK 1980, S. 20).

4 *Es ist nicht bundesrechtswidrig, in den Steigerungsbedingungen für einen bestimmten Betrag Barzahlung und für den Restpreis Sicherheitsleistung vorzusehen.* In diesem Falle hat der Steigerungsleiter die mit dem Zuschlag verbundenen Kosten zu schätzen und die zu verlangende Sicherheit dementsprechend anzusetzen (BGE 109 III 107).

5 Sind der *Kollokationsplan und das mit ihm verbundene Lastenverzeichnis in Rechtskraft erwachsen, so muss sich die Konkursverwaltung* – insbesondere hinsichtlich der *darin festgehaltenen Rangordnung – daran halten.* Die Rangordnung kann nicht mehr dadurch in Frage gestellt werden, dass die Steigerungsbedingungen mit dem darin vorgesehenen Doppelaufruf, den ein kollozierter Gläubiger verlangt hat, angefochten werden (BGE 112 III 31).

6 *Weist der Scheidungsrichter ein Grundstück* im Rahmen der vorsorglichen Massnahmen des Scheidungsprozesses *der Ehefrau zur Benützung zu,* so liegt nicht ein Mietvertrag im Sinne des Obligationenrechts vor. *Eine Überbindung dieses Benützungsrechts auf den Ersteigerer gemäss Art. 50 VZG ist daher ausgeschlossen* (BGE 113 III 42).

7 *Steigerungsbedingungen,* die der BB darüber aufstellt, *innert welcher Frist der Ersteigerer die Räumung des Objektes verlangen kann* und ob diesem für die Benützung ein Entgelt geschuldet wird, *sind nichtig* (BGE 113 III 42).

8 (i.V.m. Art. 34 SchKG) – *Die an den Gläubiger gerichtete Fristansetzung zur Klage auf Aberkennung eines Anspruchs im Lastenverzeichnis ist eine Mitteilung im Sinne von Art. 34 SchKG.* Die Zustellung durch eingeschriebenen Brief oder durch Übergabe gegen Empfangsbescheinigung soll sicherstellen, dass dem Beamten jederzeit der Beweis für die Mitteilung zur Verfügung steht (BGE 121 III 11).

9 Wird in einer Betreibung auf Pfandverwertung ein Grundstück freihändig verkauft, so gilt – nicht anders als im Falle der öffentlichen Versteigerung – der *Grundsatz, dass bei auf dem Grundstück lastenden Schuldbriefen Grundpfandrecht und Titel so weit gelöscht werden müssen,* als die persönliche Schuldpflicht nicht überbunden und der Gläubiger aus dem Pfanderlös nicht befriedigt wird (BGE 125 III 252).

10 Wird in einer Betreibung auf Grundpfandverwertung in den Steigerungsbedingungen unter Hinweis auf Art. 137 SchKG ausdrücklich festgehalten, dass einerseits der Antritt der Steigerungsobjekte mit

der Anmeldung des Eigentumsüberganges zur Eintragung im Grundbuch erfolge und das Grundstück bis zu diesem Zeitpunkt auf Rechnung und Gefahr des Ersteigerers in der Verwaltung des BA bleibe, so *hat die Pfandgläubigerin ab dem Steigerungstag Anspruch auf Verzinsung der dem Erwerber überbundenen Schuld sowie auf die Verzinsung des in Anrechnung an ihre Forderung deponierten Barbetrages.* Dies gilt auch dann, wenn sich der Eintrag des Eigentumsüberganges im Grundbuch zufolge eingelegter Rechtsmittel des Grundpfandschuldners hinauszögert (BL, ObGer, 19.04.1993, SJZ 1994, S. 331).

11 (i.V.m. Art. 259 SchKG) – Grundstücke betreffende Forderungen, welche im Lastenverzeichnis rechtskräftig aufgenommen bzw. im Kollokationsplan rechtskräftig kolloziert sind, sind fällig. Sie können nicht auf den Ersteigerer überbunden werden (BE, AB, 17.04.1997, BlSchK 1997, S. 229).

12 *Versteigerung einer mit Bundeshilfe gemäss Wohnbau- und Eigentumsförderungsgesetz vom 04.10.1974 (WEG; SR 843) erstellten Liegenschaft.* Prüfung der Vereinbarkeit von Art. 18 und 18a der Verordnung zum Wohnbau- und Eigentumsförderungsgesetz vom 30.11.1981 (VWEG; SR 843.1), in der seit 01.07.1998 in Kraft stehenden Fassung, mit Art. 37 und 46 des Gesetzes. – Insofern Art. 18 und 18a der Verordnung den neuen Eigentümer in allgemeiner Weise verpflichtet «die Schuldverpflichtung für die aufgelaufenen Grundverbilligungsvorschüsse» oder «Rechte und Pflichten» nach dem Gesetz zu übernehmen, ohne die Geltung hinsichtlich noch nicht verfallener und zukünftiger Verpflichtungen einzuschränken, gehen die neuen Bestimmungen über den Wortlaut von Art. 37 Abs. 1 des Gesetzes hinaus, welcher dem Bund nur Grundpfandsicherheit für die geleisteten Vorschüsse, aber kein Privileg hinsichtlich des Ranges einräumt; überdies gehen sie über die dem BR mit Art. 46 Abs. 5 des Gesetzes eingeräumte Befugnis hinaus, die weiteren Einzelheiten zu ordnen. Soweit sie vom Gesetz nicht gedeckt werden, sind die genannten Bestimmungen der Verordnung als ungültig zu betrachten (BGE 125 III 295).

13 Die Beschwerdeberechtigung gegen die *Verweigerung oder Erteilung einer Ausnahmebewilligung vom Realteilungs- und Zerstückelungsverbot* im Sinne von Art. 60 BGBB ergibt sich nicht aus dem kantonalen, sondern aus Bundesrecht (Art. 83 Abs. 3 BGBB). Sie ist an die Eigentümerstellung bzw. an die Eigenschaft als Erwerber des Grundstückes geknüpft. – Wenn ein *gemischt genutztes Grundstück* (landwirtschaftlich und nichtlandwirtschaftlich) *Gegenstand eines Zwangsverwertungsverfahrens bildet*, hat das BA, nachdem der Verkauf des Grundstückes verlangt worden ist, das Recht *und sogar die Pflicht, um eine Bewilligung für die Abtrennung des nicht landwirtschaftlichen Teils nachzusuchen;* im Falle der vollständigen oder teilweisen Verweigerung ist es auch befugt, Beschwerde zu erheben. Frage, ob der Eigentümer des Grundstückes für die Beschwerdeführung der Ermächtigung des BA bedarf, offen gelassen, weil diese Bewilligung vorliegend erteilt worden ist (BGE 129 III 583).

14 (i.V.m. Art. 58 Abs. 4 VZG) – Ein schriftliches Steigerungsangebot kann bis zu seiner Bekanntgabe bei Beginn der Steigerung zurückgezogen werden (BGE 128 III 198).

Art. 136 c. Zahlungsmodus

¹ Die Versteigerung geschieht gegen Barzahlung oder unter Gewährung eines Zahlungstermins von höchstens sechs Monaten.

² Aufgehoben.

1 Die Ausstellung eines Checks gilt als Barzahlung. Hier fällt ins Gewicht, dass sich das BA über die Deckung durch Guthaben oder Kredit sofort bei der Bank orientieren konnte (BGE 91 III 66).

2 Die dem Ersteigerer gewährte Zahlungsfrist kann nur mit Einwilligung sämtlicher Beteiligter verlängert werden. Beteiligte im Betreibungsverfahren sind: Schuldner, die betreibenden (aber wohl auch der nach dem Lastenverzeichnis sonst bar zu bezahlenden Pfand-) Gläubiger und der zu Verlust kommenden Pfandgläubiger, im Konkurse mit Einwilligung dieser Letztern und der Konkursverwaltung. Fehlt diese Einwilligung, so ist der Zuschlag gemäss Art. 143 Abs. 1 SchKG und Art. 63 VZG (mangels liquider Sicherheiten) ohne Weiteres aufzuheben; dies auf jeden Fall dann, wenn die ver-

säumte Zahlung nicht nachgeholt wird, solange entweder die Aufhebung noch nicht verfügt oder einem dagegen ergriffenen Rechtsmittel gemäss Art. 36 SchKG aufschiebende Wirkung erteilt ist (BGE 75 III 11).

3 Gewährung eines Zahlungstermins – Die Gewährung eines Zahlungstermins beinhaltet nicht eine die Fälligkeit aufschiebende Stundung des Kaufpreises, sondern ein pactum de non petendo, so dass der Kaufpreis vom Steigerungstag an zu verzinsen ist (GR, AB, 19.10.1992, PKG 1992, S. 178).

4 Soll dem Ersteigerer ein Teil des Zuschlagspreises gestundet werden, so ist bereits in den Steigerungsbedingungen ein genauer Termin für die Bezahlung des Restzuschlagspreises anzugeben; die Anordnung, wonach dieser bei der Grundbuchanmeldung zu leisten ist, ist unzulässig (BGE 112 III 23, Praxis 75, Nr. 169).

5 Verrechnung mit einer vom Schuldner bestrittenen Grundpfandforderung – Ist der Ersteigerer zugleich Gläubiger, so darf er nach der Praxis unter Umständen den Steigerungskaufpreis ganz oder zum Teil mit seiner Forderung «verrechnen». Dies folgt aus dem allgemeinen Rechtsgrundsatz, dass eine Leistung, durch die der Empfänger zu sofortiger Rückgewähr des Empfangenen verpflichtet würde, nicht erbracht zu werden braucht. In Anwendung dieses Grundsatzes, den Ersteigerer von der tatsächlichen Erfüllung der Kaufpreisschuld ganz oder teilweise zu entbinden, ist aber nur statthaft, wenn von vornherein unzweifelhaft feststeht, dass das BA den Steigerungspreis oder einen Teil davon im Falle einer Bezahlung dem Ersteigerer zurückgeben müsste (BGE 79 III 23). Dies ist nicht der Fall, wenn die Forderung, Kraft welcher der Ersteigerer von der Erlegung des Steigerungspreises befreit sein möchte, vom Schuldner in einer nach Betreibungsrecht beachtlichen Weise bestritten ist. Ob eine solche Bestreitung zu Recht erfolgt ist, haben nicht die Betreibungsbehörden, sondern die Gerichte zu entscheiden. Solange diese nicht geurteilt haben noch der Schuldner die Bestreitung zurückgezogen hat, wäre das BA nicht befugt, geschweige denn verpflichtet, dem Ersteigerer den Teil des Steigerungspreises auszuzahlen, der auf seine Forderung entfällt, wenn sie sich als begründet erweist. Vor der Erledigung des Streites über seine Forderung darf dem Ersteigerer daher auch nichts erlassen werden, diesen Teil des Steigerungspreises zu begleichen. Auf jeden Fall darf dies nicht geschehen, ohne dass von ihm eine Sicherheit verlangt wird, die volle Gewähr dafür bietet, dass dieser Betrag bei Abweisung seiner Forderung ohne Weiteres greifbar sein wird (BGE 79 III 119).

6 Verhältnis von Barzahlung und Sicherheit – Es liegt im Ermessen des BB, ob er eine Sicherheit für den gestundeten Betrag verlangen will. Eine vom Ersteigerer geforderte Barzahlung und Sicherheitsleistung kann auch kumulativ verlangt werden. Dies ergibt sich auch aus dem vorgedruckten Text auf dem Formular VZG Nr. 13 Betreibung, Gleichbehandlung der Steigerer. – Der Grundsatz der Gleichbehandlung der Steigerer gebietet nicht, bei jedem den Zuschlag erhaltenden Bieter eine Sicherheit zu verlangen, wenn die Voraussetzungen dazu vorerst nur bei einem dieser Bieter gegeben sind. Eine Gleichbehandlung wäre höchstens nur dann verletzt, wenn z.B. nicht bei allen Bietern die Barzahlung in der in den Steigerungsbedingungen erwähnten Höhe verlangt würde (ZH, ObGer, II. Ziv.Kammer, 30.09.1983, ZR 1985, Nr. 100).

Art. 136bis
Aufgehoben.

Art. 137 d. Zahlungsfrist

Wenn ein Zahlungstermin gewährt wird, bleibt das Grundstück bis zur Zahlung der Kaufsumme auf Rechnung und Gefahr des Erwerbers in der Verwaltung des Betreibungsamtes. Ohne dessen Bewilligung darf inzwischen keine Eintragung in das Grundbuch vorgenommen werden. Überdies kann sich das Betreibungsamt für den gestundeten Kaufpreis besondere Sicherheiten ausbedingen.

1   (i.V.m. Art. 45 Abs. 1 lit. e VZG) – Es ist nicht bundesrechtswidrig, in den Steigerungsbedingungen für einen bestimmten Betrag Barzahlung und für den Restpreis Sicherheitsleistung vorzusehen. In diesem Falle hat der Steigerungsleiter die mit dem Zuschlag verbundenen Kosten zu schätzen und die zu verlangende Sicherheit dementsprechend anzusetzen. Bei der Beurteilung der Zahlungsfähigkeit eines Steigerers darf der Steigerungsleiter dessen Steuerkraft und die Tatsache, dass von ihm beherrschte Gesellschaften zahlungsunfähig sind, mit berücksichtigen (BGE 109 III 107/108).

2   (i.V.m. Art. 45 Abs. 1 lit. e VZG) – Steigerungsbedingungen; Sicherstellung des gestundeten Steigerungspreises – Die Sicherstellung kann nicht generell zum Voraus in den Steigerungsbedingungen angeordnet, sondern nur vorbehalten werden aufgrund einer Prüfung der Bonität des Erwerbers im Einzelfall. Mit der zum Voraus getroffenen Zuschlagsbedingung wird über das Ziel hinausgeschossen. Ist die Zahlungsfähigkeit und Zahlungswilligkeit des Höchstbietenden nicht zweifelhaft, wäre eine solche Zuschlagsbedingung überflüssig und daher zu unterlassen. Gemäss BGE 109 III 107 ff. ist die Aufnahme einer entsprechenden Steigerungsbedingung insoweit zulässig, als sich das BA an der Steigerung das Recht vorbehält, neben der vor dem Zuschlag zu leistenden Baranzahlung noch Sicherheit für den gestundeten Restkaufpreis durch Bürgschaft oder Hinterlage von Wertpapieren zu verlangen. Ein solcher Vorbehalt kann indes nur aufgrund einer individuellen, konkreten Prüfung der Bonität des Höchstbietenden an der Steigerung selbst wirksam werden (GR, AB, 21.03.1994, PKG 1994, S. 128).

3   (i.V.m. Art. 136 SchKG) – Zinsen, die der Steigerungserlös wegen verzögerter Auszahlung abwirft, kommen in erster Linie denjenigen Gläubigern zugute, die Anspruch auf den Verwertungserlös haben. Entfällt bei einer Grundpfandverwertung der Erlös auf mehrere Pfandgläubiger, so ist die Verteilung des wegen Zahlungsaufschubes eingenommenen Zinsen im Verhältnis der einzelnen sich aus dem Lastenverzeichnis ergebenden Ansprüche auf den Verwertungserlös vorzunehmen (TG, AB, 29.11.1993, BlSchK 1994, S. 192; siehe auch BGE 108 III 26 und 31). Ein gegen diesen Entscheid erhobener Rekurs wurde vom BGer abgewiesen).

Art. 138   3. Versteigerung
a. Bekanntmachung, Anmeldung der Rechte

¹ Die Steigerung wird mindestens einen Monat vorher öffentlich bekanntgemacht.

² Die Bekanntmachung enthält:

1. Ort, Tag und Stunde der Steigerung;
2. die Angabe des Tages, von welchem an die Steigerungsbedingungen aufliegen;
3. die Aufforderung an die Pfandgläubiger und alle übrigen Beteiligten, dem Betreibungsamt innert 20 Tagen ihre Ansprüche am Grundstück, insbesondere für Zinsen und Kosten, einzugeben. In dieser Aufforderung ist anzukündigen, dass sie bei Nichteinhalten dieser Frist am Ergebnis der Verwertung nur teilhaben, soweit ihre Rechte im Grundbuch eingetragen sind.

³ Eine entsprechende Aufforderung wird auch an die Besitzer von Dienstbarkeiten gerichtet, soweit noch kantonales Recht zur Anwendung kommt.

1   Erwerb des Grundstückes nach Ansetzung der Steigerung. Kann der Erwerber verlangen, dass ihm die Steigerung mindestens einen Monat zum Voraus angezeigt werde? – Wer ein mit Verfügungsbeschränkungen im Sinne von Art. 15, 90 oder 97 VZG belastetes Grundstück erwirbt, hat kein Anspruch darauf, dass selbst dann, wenn das BA erst nach der Steigerungspublikation von seinem Eigentumserwerb erfährt, die ihm gemäss Art. 103 VZG zuzustellende Spezialanzeige mindestens einen Monat vor der Steigerung versandt werde, was in der Regel nicht ohne Verschiebung der Steigerung möglich wäre. Er muss vielmehr die Betreibungen, zu deren Gunsten die Verfügungsbeschränkungen vorgemerkt wurden, in dem Stadium hinnehmen, in welchen sie sich im Zeitpunkt befinden, als das BA von seinem Eigentumserwerb Kenntnis erhält und kann nicht mehr verlangen, als dass ihm das Amt die Spezialanzeige so bald als möglich zustellt (BGE 78 III 3).

2 In die Publikation der Versteigerung eines Grundstückes, die einer juristischen Person als Schuldnerin gehört, sind keine Angaben über die Organe oder die Gesellschafter aufzunehmen (SZ, Justizkomm., 31.08.1965, Rechenschaftsbericht 1965, S. 58, SJZ 1966, S. 348, BlSchK 1967, S. 78).

3 Die erste Steigerungspublikation ist eine Betreibungshandlung im Sinne von Art. 56 SchKG und darf nicht während der Betreibungsferien erfolgen (BGE 121 III 88).

4 Die vorgeschriebene öffentliche Bekanntmachung einer Grundstücksteigerung soll eine möglichst grosse Anzahl Interessierter erreichen. Eine Publikation, die diesen Zweck nicht erfüllt, ist gesetzeswidrig (BGE 110 III 30).

5 Minimalfrist für die Publikation der zweiten Versteigerung. – Muss eine bereits angesetzte Versteigerung verschoben werden, so ist der neue Termin rechtzeitig bekannt zu geben, damit ein bestmöglicher Verwertungserlös erzielt werden kann; eine Minimalfrist für die Publikation der Versteigerung gibt es in einem solchen Falle jedoch nicht (BGE 119 III 26).

6 (i.V.m. Art. 836 ZGB) – Bei dieser vorgesehenen Eingabefrist für Ansprüche am Grundstück handelt es sich um eine Verwirkungsfrist. Dies gilt auch dann, wenn der Anspruch durch ein ohne Grundbucheintrag bestehendes gesetzliches Pfandrecht gesichert ist. – Ob eine Forderung durch ein solches Pfandrecht gesichert sei, kann nur der ordentliche Zivilrichter entscheiden (BGE 101 III 36, GR, AB, 25.01.1989, PKG 1989, S. 172).

7 (i.V.m. Art. 36 Abs. 1 VZG) – Wer seine Forderung beim Grundbuch angemeldet hat, darf sich ganz allgemein darauf verlassen, dass sie bei der Versteigerung des Grundstückes durch das BA berücksichtigt werde (BS, AB, 23.10.1967, BJM 1968, S.78, BlSchK 1969, 50).

8 (i.V.m. Art. 36 Abs. 1 VZG) – Vom Grundsatz, dass es sich bei der Anmeldungsfrist von Abs. 2 Ziff. 3 um eine Verwirkungsfrist handelt, rechtfertigt sich keine Ausnahme, wenn der Pfandgläubiger irrtümlich eine zu niedrige Forderung eingegeben und diese erst nach Ablauf der Eingabefrist berichtigt hat (BGE 113 III 17).

9 Steigerungsanzeige; Verwertung eines Miteigentumsanteils – Ist der Umfang des zu verwertenden Grundpfandobjektes nicht bestimmt, weil in einem hängigen Grundbuchberichtigungsverfahren zu klären ist, ob der Grundpfandgegenstand mit einem Miteigentumsanteil an einem anderen Grundstück subjektiv-dinglich verknüpft ist, so kann zwar das Lastenbereinigungsverfahren eingeleitet, jedoch der Steigerungstermin bis zur rechtskräftigen Erledigung des Grundbuchberichtigungsprozesses noch nicht festgesetzt werden. Sollte im Grundbuchberichtigungsverfahren das Miteigentum bejaht werden, ist in der Folge nach Massgabe von Art. 73 ff. VZG vorzugehen (BGE 112 III 102).

10 Kein Anspruch auf Errichtung eines Bauhandwerkerpfandrechts nach Ablauf der Anmeldungsfrist bei der Zwangsverwertung von Grundstücken (Art. 837 Abs. 1 Ziff. 3 ZGB, Art. 36 Abs. 1 VZG). Der Anspruch auf Errichtung eines Bauhandwerkerpfandrechts richtet sich grundsätzlich gegen den jeweiligen Eigentümer des Grundstückes. Ist die Geltendmachung gegenüber einem anderen Grundeigentümer als dem Bauherrn davon abhängig, dass bereits Leistungen des Handwerkers oder Unternehmers erfolgt sind, durch die das Grundstück eine Wertvermehrung erfahren hat? (Frage offen gelassen). Im Falle der Zwangsverwertung eines Grundstückes kann die Eintragung nicht mehr nach Ablauf der Frist von 20 Tagen verlangt werden (ZH, ObGer, II. Ziv.Kammer, 07.12.1967, ZR 1968, Nr. 21).

11 Wenn über einen in das Lastenverzeichnis aufgenommenen Anspruch Streit entsteht oder zur Zeit der Aufstellung des Verzeichnisses bereits ein Prozess anhängig ist, so ist die Versteigerung bis zum Austrag der Sache einzustellen, sofern der Streit die Festsetzung des Zuschlagspreises beeinflusst oder durch eine vorherige Versteigerung sonst berechtigte Interessen verletzt würden. Rechtsmissbrauch kann auch im Betreibungsrecht nicht geschützt werden (AR, AB, 10.02.1978, BlSchK 1983, S. 144).

12 (i.V.m. Art. 58 Abs. 4 VZG) – Ein schriftliches Steigerungsangebot kann bis zu seiner Bekanntgabe bei Beginn der Steigerung zurückgezogen werden. Erst mit der Bekanntgabe von schriftlichen Angeboten am Anfang der Steigerung erlangt die schriftliche Offerte die steigerungsrechtliche Wirksamkeit, die sie als mit den nachfolgenden Angeboten von Steigerungsteilnehmern gleichwertig er-

Art. 139

scheinen lässt. Wo dieses vor der Eröffnung der Gant widerrufen wird, kann das schriftliche Angebot jedoch von vornherein nicht zu einem Zuschlag führen (BGE 128 III 198).

Art. 139 b. Anzeige an die Beteiligten

Das Betreibungsamt stellt dem Gläubiger, dem Schuldner, einem allfälligen dritten Eigentümer des Grundstücks und allen im Grundbuch eingetragenen Beteiligten ein Exemplar der Bekanntmachung durch uneingeschriebenen Brief zu, wenn sie einen bekannten Wohnsitz oder einen Vertreter haben.

1 Aufhebung des Steigerungszuschlages wegen *Nichtzustellung der Steigerungsanzeigen an die Grundpfandgläubiger*. Bestreitet der Adressat den Empfang der Anzeige, so obliegt der Beweis für die richtige Zustellung den Betreibungs- bzw. Konkursbehörden (SO, AB, 18.11.1968, BlSchK 1969, S. 138).

2 Verwertung von Anteilen an Gemeinschaftsvermögen (Art. 609 ZGB) i.V.m. VVAG Art. 9, 10, 12 und VZG Art. 30 und 37) – *Spezialanzeigen und Lastenverzeichnis sind auch* der gemäss Art. 609 ZGB *bei der Verwertung der Anteile mitwirkenden Erbschaftsbehörde*, hingegen mangels rechtlichen Interesses, nicht den Gläubigern der Liquidationsanteile *zuzustellen* (ZH, ObGer, II. Ziv.Kammer, 26.06.1970, ZR 1970, Nr. 117).

3 (i.V.m. Art. 257 Abs. 3 SchKG, Art. 71 KOV, Art. 129 VZG) – Bei öffentlicher Versteigerung eines Grundstückes *im Konkursverfahren hat der Schuldner* im Unterschied zu den Pfandgläubigern *kein Anspruch auf Zustellung eines Exemplars der Steigerungspublikation* (BGE 94 III 101).

4 Der *Inhaber eines Kaufsrechts* hat *keinen Anspruch auf Zustellung einer Spezialanzeige* (BGE 105 III 4/6).

5 *Könnten Name und Wohnort eines Grundpfandgläubigers durch* eine einfache *Anfrage beim Schuldner ermittelt werden, so führt der Umstand*, dass diesem Gläubiger die Steigerungsanzeige nicht zugestellt worden ist, *zur Ungültigkeit der Versteigerung* (BGE 116 III 85/86).

Art. 140 c. Lastenbereinigung, Schätzung

¹ Vor der Versteigerung ermittelt der Betreibungsbeamte die auf dem Grundstück ruhenden Lasten (Dienstbarkeiten, Grundlasten, Grundpfandrechte und vorgemerkte persönliche Rechte) anhand der Eingaben der Berechtigten und eines Auszuges aus dem Grundbuch.
² Er stellt den Beteiligten das Verzeichnis der Lasten zu und setzt ihnen gleichzeitig eine Bestreitungsfrist von zehn Tagen. Die Artikel 106–109 sind anwendbar.
³ Ausserdem ordnet der Betreibungsbeamte eine Schätzung des Grundstückes an und teilt deren Ergebnis den Beteiligten mit.

1 Obligatorische Verpflichtungen – *mit der Mietzinsschuld verrechenbare Ersatzansprüche des Mieters für Erneuerungsarbeiten* – gehören bei der Zwangsverwertung der des Vermieter gehörenden Grundstückes *nicht in das Lastenverzeichnis* (ZH, ObGer, IV. Kammer, 20.05.1947, SJZ 1948, S. 142).

2 *Ein Streit, der sich nicht auf den Bestand oder Rang einer Grundpfandlast, sondern bloss auf die Person des derzeit berechtigten Gläubigers bezieht, ist nicht im Lastenbereinigungsverfahren auszutragen*. Die Vorschrift des Art. 39 VZG über die Verteilung der Parteirollen ist auf einen solchen Streit nicht anwendbar. Das BA hat es den Streitenden zu überlassen, sich gütlich oder rechtlich auseinander zu setzen; es darf weder dem einen noch dem andern eine Klagefrist setzen (BGE 87 III 64).

3 *Das BA hat in das Lastenverzeichnis auch solche Lasten aufzunehmen, die ihm auf andere Weise als durch den Eintrag im Grundbuch zur Kenntnis gelangt sind* (ZH, ObGer, II. Ziv.Kammer, 26.06.1970, ZR 1970, Nr. 117).

4 (i.V.m. Art. 34 VZG und Art. 619 ZGB) – Bei Vormerkung eines Anteils eines Miterben im Grundbuch – Ein im Grundbuch vorgemerkter Anteil der Miterben am Veräusserungsgewinn eines landwirtschaftlichen Grundstücks ist ohne Angabe eines bestimmten Wertes im Lastenverzeichnis aufzunehmen (SH, AB, 08.10.1993, BlSchK 1995, S. 75).

5 *Die Nichtaufnahme eines bestehenden dinglichen Rechts ins Lastenverzeichnis bewirkt seinen Untergang, die Aufnahme eines nicht bestehenden dinglichen Rechts lässt dasselbe entstehen* (LU, ObGer, I. Kammer, 27.01.1960, Max. X, Nr. 759, SJZ 1962, S. 308).

6 (i.V.m. Art. 74 KOV, Art. 970 Abs. 3 ZGB) Stimmen Grundbuchauszug und Lastenverzeichnis nicht überein, so ist auf das (rechtskräftige) Lastenverzeichnis abzustellen (LU, SchKKomm, 18.11.2004, LGVE 2004 I 54).

7 *Der Gläubiger eines das Grundstück belastenden Grundpfandtitels ist mit Namen und Wohnort ins Lastenverzeichnis einzutragen. Das BA hat deshalb dafür zu sorgen, dass die unbekannten Gläubiger ihre Personalien angeben.* Fall, dass ein Gläubiger sich nicht zu erkennen gab, obwohl das BA eine bestimmte und ausdrückliche Aufforderung hiezu an seinen Vertreter gerichtet hatte. Missbräuchliches und nicht schutzwürdiges Verhalten des Gläubigers, der seinen eigenen Namen und seinen Wohnort erst nach Ablauf der hiefür gesetzten Frist angibt (BGE 97 III 72).

8 Welche Dienstbarkeiten gehören ins Lastenverzeichnis? *Ins Lastenverzeichnis aufzunehmen sind die Dienstbarkeiten, die das zu verwertende Grundstück belasten* (Art. 156 SchKG, Art. 34 lit. b, 102 und 125 VZG). Nur solche Dienstbarkeiten können Gegenstand der Bereinigung der dieses Grundstück treffenden Lasten sein. Soweit im Lastenverzeichnis Grunddienstbarkeiten zugunsten des zu verwertenden Grundstückes aufgeführt werden, wie z.B. Grenz- und Näherbaurechte, handelt es sich der Sache nach nur um beschreibende Angaben, die nicht Gegenstand des Lastenbereinigungsverfahrens sein und an der Rechtskraft des Lastenverzeichnisses nicht teilnehmen können. Dementsprechend können infolge der Zwangsverwertung eines Grundstückes nur solche Dienstbarkeiten entstehen, die in dem für das fragliche Verfahren erstellten Lastenverzeichnis als Lasten aufgeführt sind. Grunddienstbarkeiten zugunsten des verwerteten Grundstückes und zulasten eines andern, vom betreffenden Verfahren nicht erfassten Grundstückes können mit dem Zuschlag bei der Zwangsversteigerung nicht entstehen (BGE 97 III 100).

9 (i.V.m. Art. 37 ff. VZG) – Für *die Überprüfung der Begründetheit der sich aus dem Grundbuch oder aus der Anmeldung ergebenden Lasten ist nicht der BB, sondern allein der Richter im Lastenbereinigungsverfahren zuständig.* Vorgehen bei der Lastenbereinigung: Dieses richtet sich nach Art. 140 Abs. 2 SchKG und Art. 37 ff. VZG. Wenn der betriebene Grundpfandeigentümer Forderung und Pfandrecht eines Gläubigers bestritten hat, wird es aller Voraussicht nach zu einer Lastenbereinigung kommen. Es wird zweckmässig sein, dass nicht wiederum gleichzeitig ein Versteigerungstermin festgesetzt wird. Die Forderung des Gläubigers M, dessen Forderung und Pfandrecht bereits bestritten ist, die sich aber aus dem Grundbuch ergibt, ist ins Lastenverzeichnis aufzunehmen und dieses ist gemäss Art. 37 Abs. 1 und 2 VZG sämtlichen Gläubigern, zu deren Gunsten das Grundstück gepfändet ist, allen Grundpfandgläubigern und dem Schuldner mittels Formular VZG Nr. 9 mitzuteilen. Hält in der Folge der Schuldner an seiner Bestreitung fest oder bestreiten andere Grundpfandgläubiger Bestand und Rang des angemeldeten Grundpfandrechtes des Gläubigers M. so ist Letzterem mit Formular VZG Nr. 11a die Klagefrist nach Art. 107 anzusetzen (Art. 39 Abs. 1 VZG) (GR, AB, 21.09.1982, PKG 1982, S. 109, BlSchK 1986, S. 144).

10 Prinzip der Gleichbehandlung der Gläubiger öffentlichen und privaten Rechts. Die Verfahrensvorschriften, die den Rang der Grundpfandrechte im Verhältnis zueinander festlegen, können nicht als nachgiebiges oder als zwingendes Recht betrachtet werden, je nachdem, ob die sichergestellten Forderungen auf privatem oder öffentlichem Recht beruhen (BGE 120 III 20/21).

11 (Abs. 2 i.V.m. Art. 156 SchKG, Art. 37 Abs. 1 i.V.m. Art. 102 VZG) – Das Lastenverzeichnis in der Betreibung auf Pfändung oder Pfandverwertung ist den Pfändungsgläubigern, den Grundpfandgläubigern, den aus Vormerkungen berechtigten Personen sowie dem Schuldner zuzustellen. Ausserhalb des Verfahrens stehende Gläubiger haben darauf keinen Anspruch und können keinesfalls

die im Lastenverzeichnis enthaltenen Ansprüche bestreiten (BE, AB, 31.07.1995, BlSchK 1996, S. 21).

12 (i.V.m. Art. 22, 139 und 156 SchKG) – Keine Nichtigkeit bei Nichtzustellung des Lastenverzeichnisses an Pfandgläubiger – Öffentliche Versteigerung. Anfechtbarkeit des Zuschlags. – In der Betreibung auf Pfandverwertung hat die unterlassene Mitteilung des Lastenverzeichnisses an den Pfandgläubiger – dem ein unmittelbares gesetzliches Pfandrecht zusteht und dessen rechtzeitig eingegebene Forderung aus offensichtlichem Versehen des BA nicht im Lastenverzeichnis aufgeführt worden ist – keineswegs die Nichtigkeit der Versteigerung zur Folge, sondern nur ihre Anfechtbarkeit (BGer, 12.04.2000, BlSchK 2001, S. 4).

13 (i.V.m. Art. 37 und 117 VZG und Art. 841 ZGB) – Die Gültigkeit eines vorrangigen Pfandrechts kann einzig durch Bestreitung des Lastenverzeichnisses mit anschliessendem gerichtlichem Widerspruchsverfahren angefochten werden; der Bauhandwerker kann daher im Rahmen des von ihm gestützt auf Art. 841 ZGB i.V.m. Art. 117 VZG eingeleiteten Zivilverfahrens den Bestand des Pfandrechts des vorgehenden Pfandgläubigers nicht mehr in Frage stellen (VS, KG, 12.05.2001, BlSchK 2003, S. 90).

14 *Die Frist zur Anfechtung des Lastenverzeichnisses* wird weder verkürzt noch verlängert aus dem Grunde, dass die Steigerung vor deren Ablauf stattgefunden hat. Darin, dass der Gläubiger an der Steigerung teilnahm und vorbehaltlos ein Angebot machte, liegt ein stillschweigender Verzicht auf Anfechtung früherer Mängel des Lastenverzeichnisses (BGE 78 III 164/165).

15 *Der mit der Zwangsverwertung* eines Grundstückes *betraute Beamte ist nicht befugt, im Lastenverzeichnis von sich aus die Errichtung einer neuen Dienstbarkeit zulasten dieses Grundstückes vorzusehen.* Eine solche Bestimmung ist wegen Überschreitung der sachlichen Zuständigkeit des Beamten schlechthin nichtig, kann nicht rechtskräftig werden und nicht die Grundlage für die Entstehung der Dienstbarkeit auf dem Wege der Zwangsvollstreckung abgeben. Auswirkungen der Nichtigkeit einer solchen Bestimmung auf den Zuschlag des «berechtigten» Grundstückes und auf den übrigen Inhalt des Lastenverzeichnisses (BGE 97 III 89).

16 Nach Art. 818 Abs. 2 *darf der ursprünglich vereinbarte Zins nicht zum Nachteil nachgehender Grundpfandgläubiger auf über 5 % erhöht werden.* Wurde nicht von Anfang an ein höherer Zins vereinbart, so darf demgemäss *eine Erhöhung des Zinsfusses auf über 5 % nur mit Zustimmung aller nachgehenden oder konkurrierenden Grundpfandgläubiger* im Grundbuch eingetragen werden (Leemann, N 18 zu Art. 818 ZGB). Auch die Ansicht, dass auch ein nachträglich erhöhter Zins durch das Pfand gedeckt sei, wenn der verfallene Zinsbetrag kleiner sei als drei zum eingetragenen Zinsfuss berechnete Jahreszinsen, findet im Gesetz keine Stütze (BGE 101 III 74).

17 *Können spätere Tatsachen ein nachträgliches Lastenbereinigungsverfahren rechtfertigen?* – Jedenfalls nicht die behauptete Tilgung einer nicht in Betreibung stehenden Schuldbriefforderung im letzten Rang durch einen Dritten und wäre es auch allenfalls ohne Eintritt desselben in die Gläubigerrechte (BGE 76 III 41); siehe auch N 21 betr. Konkursverfahren.

18 (Abs. 2 i.V.m. Art. 17, 107 ff. SchKG und Art. 37 Abs. 2 und 40 VZG) – Bei nachträglicher Abänderung oder Ergänzung des Lastenverzeichnisses durch das BA hat dieses die Betroffenen auf die Bestreitungsmöglichkeit gemäss Art. 37 Abs. 2 VZG hinzuweisen und nach erfolgter Bestreitung das Widerspruchsverfahren nach Art. 107 ff. SchKG durchzuführen. Im Beschwerdeverfahren betreffend Anordnung des Doppelaufrufs wird nicht über die materiellrechtliche Frage des Vorranges eines Pfandrechts gegenüber einem Wohnrecht entschieden (LU, SchKKomm, 16.04.1998; das BGer hat eine dagegen erhobene Beschwerde abgewiesen, LGVE 1998 I 38, BlSchK 1999, S. 185).

19 *Ist der Umfang des zu verwertenden Grundpfandobjektes nicht bestimmt*, weil in einem hängigen Grundbuchberichtigungsverfahren zu klären ist, ob der Grundpfandgegenstand mit einem Miteigentumsanteil an einem anderen Grundstück subjektiv-dinglich verknüpft ist, *so kann zwar das Lastenbereinigungsverfahren eingeleitet, jedoch der Steigerungstermin bis zur rechtskräftigen Erledigung des Grundbuchberichtigungsprozesses noch nicht festgesetzt werden.* Sollte im Grundbuchberichtigungsverfahren das Miteigentum bejaht werden, ist in der Folge nach Massgabe von Art. 73 ff. VZG vorzugehen (BGE 112 III 102).

| Dritter Titel: Betreibung auf Pfändung | **Art. 140** |

20 Die *gemeinschaftlichen Teile eines zu Stockwerkeigentum ausgestalteten Grundstückes stehen nicht zwingend zur Verfügung sämtlicher Stockwerkeigentümer;* das Reglement kann Abweichendes vorbehalten. – Das BA darf das Lastenverzeichnis, wie es sich aus dem Grundbuchauszug ergibt, nicht abändern. In einer Betreibung auf Pfandverwertung, in der der zu verwertende Gegenstand (hier 33 Stockwerkeigentumseinheiten) von vornherein bestimmt ist, hat es die Zwangsverwertung auf diesen Gegenstand allein zu beschränken; vorliegend auf die 33 Stockwerkeinheiten, unter Ausschluss der Parkplätze, die als persönliche Dienstbarkeiten zugunsten des Schuldners das Gesamtgrundstück belasten (BGE 121 III 24).

21 Sind der Kollokationsplan und das Lastenverzeichnis in Rechtskraft erwachsen, so *muss sich die Konkursverwaltung – insbesondere hinsichtlich der darin festgehaltenen Rangordnung – daran halten.* Die Rangordnung kann nicht mehr dadurch in Frage gestellt werden, dass die Steigerungsbedingungen mit dem darin vorgesehenen Doppelaufruf, den ein kollozierter Gläubiger verlangt hat, angefochten werden (BGE 112 III 31).

22 Sagt das Lastenverzeichnis nicht, in welchem Umfang die Grundpfandschulden dem Erwerber überbunden werden, so führt das nicht zur Ungültigkeit der Versteigerung, wenn die Steigerungsbedingungen diesbezüglich klar sind (BGE 116 III 85).

23 Der Ersteigerer einer Stockwerkeinheit haftet nicht für fällige Beiträge an die gemeinschaftlichen Kosten und Lasten. – Die Bestimmungen der von den Miteigentümern vereinbarten Nutzungs- und Verwaltungsordnung können dem Rechtsnachfolger eines Miteigentümers nur insoweit im Sinne von Art. 649a ZGB entgegengehalten werden, als sie einen unmittelbaren Bezug zur gemeinschaftlichen Verwaltung und Nutzung der Sache haben. Das trifft nicht zu auf eine Bestimmung, wonach der Erwerber einer Stockwerkeinheit solidarisch mit dem Veräusserer für die Bezahlung von fälligen gemeinschaftlichen Kosten und Lasten hafte (BGE 123 III 54).

24 *Nachträgliche Abänderung des Lastenverzeichnisses im Konkursverfahren.* – Neuauflage möglich, wenn das aufgrund eines später zugestellten Grundbuchauszuges Abweichungen zum ersten Grundbuchauszug in Bezug auf die Rangverhältnisse festgestellt werden. Das neue Lastenverzeichnis ist den beteiligten (hier zurückgesetzten) Gläubigern mit der Möglichkeit zur Anfechtung zuzustellen (BGE 96 III 74).

25 (i.V.m. Art. 39 Abs. 1 VZG) – Anfechtung des Lastenverzeichnisses – Das BA hat denjenigen, der ein in das Lastenverzeichnis aufgenommenes Recht bestreitet, ohne Verzug aufzufordern, im Sinne von Art. 107 SchKG gerichtliche Klage zu erheben (BGE 112 III 109).

26 *Wird eine Last bestritten*, welche mit dem der Grundbucheintrag entsprechenden Bestand und Rang ins Lastenverzeichnis aufgenommen wurde, *so hat als Kläger aufzutreten, wer die Änderung oder Löschung der Last verlangt* (GR, AB, 13.02.1984, PKG 1984, S. 51).

27 (i.V.m. Art. 37 Abs. 2 VZG) – Rechtswirkung der Bestreitung einer im Lastenverzeichnis eingetragenen Forderung. *Die Bestreitung einer im Lastenverzeichnis eingetragenen Forderung verhindert den Eintritt der Rechtskraft des Lastenverzeichnisses im Umfange der Bestreitung nur gegenüber dem Bestreitenden* (BGE 113 III 17).

28 *Vorgehen bei bestrittenen öffentlich-rechtlichen Forderungen und gesetzlichen Pfandrechtsansprüchen, die nicht auf einer rechtskräftigen Verfügung beruhen.* – Hier hat die Elektrizitätswerk Bündner Oberland AG (EWBO) aufgrund der Steigerungspublikation (Art. 138) eine Forderung geltend gemacht und beanspruchte das gesetzliche Pfandrecht. Bezüglich der Forderung und des Pfandrechts hat die EWBO eine Verfügung an das Betreibungsamt, nicht aber an den Schuldner erlassen. Der Schuldner bestritt das gesetzliche Pfandrecht zunächst beim BA und dann bei der AB. Nachdem hier die Besonderheit besteht, dass die EWBO mit der Energieversorgung eine öffentliche Aufgabe erfüllt und ihre Forderungen gegenüber den Strombezügern öffentlich-rechtlicher Natur sind, sind im Streitfalle über Bestand der Forderung wie auch über den bestand des gesetzlichen Pfandrechts von den verwaltungsgerichtlichen Instanzen zu überprüfen und nicht vom Zivilrichter (vgl. PKG 1984, Nr. 9). Aufgrund von Art. 9 VZG ist die Klägerrolle demjenigen zuzuweisen, der eine Abänderung oder die Löschung des Rechts verlangt. Hier also dem Schuldner. Da die EWBO aber an den Schuldner selbst keine Verfügung erlassen hat, fehlt es an einem Anfechtungsobjekt. Erst

aufgrund einer gegen ihn erlassenen Verfügung kann der Schuldner beim Verwaltungsgericht diese anfechten. Das BA hat daher analog Art. 107 Abs. 1 SchKG der EWBO eine zehntägige Frist zu setzen, innert welcher diese dem Schuldner eine Verfügung betreffend ihre Forderung und den Pfandrechtsanspruch zustellt. Ergeht die Verfügung fristgerecht an den Schuldner, kann er diese beim Verwaltungsgericht überprüfen lassen. Wird die Verfügung in diesem Verfahren bestätigt oder verzichtet der Schuldner auf deren Anfechtung, so kann sie nach Rechtskraft unverändert ins Lastenverzeichnis aufgenommen werden. Würde die Gesellschaft jedoch auf den Erlass einer Verfügung verzichten, so wäre auf ihre Forderung im Lastenverzeichnis zu verzichten (GR, AB, 22.08.1988, PKG 1988, Nr. 47, SJZ 1989, S. 325, BlSchK 1991, S. 99).

29 *Ist in einer Betreibung der Rechtsvorschlag unterlassen worden oder Rechtsöffnung bewilligt worden, so kann der Schuldner Bestand und Höhe der Forderung nicht dadurch erneut in Frage stellen, dass er im Zeitpunkt der Verwertung* durch Anfechtung des Lastenverzeichnisses *die materiellrechtliche Begründetheit der Forderung und das sie sichernde Grundpfandrecht bestreitet* (BGE 118 III 22).

30 *Bestand, Umfang und Fälligkeit der Forderung sowie der Bestand des Pfandrechts können vom Schuldner und einem allfälligen Dritteigentümer des Pfandes im Lastenbereinigungsverfahren gegen den Betreibungsgläubiger nicht mehr bestritten werden.* Diese Bestreitungen müssen mit dem Rechtsvorschlag bestritten werden (Art. 74 ff. SchKG), wobei ein Rechtsvorschlag, der sich gegen das Pfandrecht richtet, zu begründen ist (Art. 85 Abs. 1 VZG). Zudem sind Rügen, dass die Forderung nicht bestehe oder nicht fällig sei oder dass das Pfandrecht nicht beansprucht werden können, nicht im Beschwerdeverfahren geltend zu machen. Hiefür ist die gerichtliche Klage einzuleiten (GR, AB, 26.04.1989, PKG 1989, S. 173; s. auch BGE 118 II 22).

31 Eine erst zu Beginn der Steigerungsverhandlung mündlich bekannt gegebene Berichtigung des Lastenverzeichnisses führt zur Aufhebung eines Versteigerungszuschlages. Das Lastenverzeichnis ist den Beteiligten unter Ansetzung einer zehntägigen Bestreitungsfrist zuzustellen, um vor der Steigerung rechtskräftig zu werden. Das Gantpublikum und nicht anwesende Grundpfandgläubiger kämen sonst um jede Einsprachemöglichkeit (Fritzsche, SchKG Bd. I, S. 301) (TG, Rekurskomm., 15.02.1972, BlSchK 1976, S. 145).

32 Die *Nichtanordnung einer neuen Schätzung vor der Versteigerung* ist ein Verfahrensfehler, wenn zwischen Schatzungsdatum und Versteigerung, hier zwei Jahre, liegen, der zur Aufhebung des Zuschlages führen kann (BGE 95 III 24).

33 Jeder Betroffene hat das Recht, die im Hinblick auf die Verwertung vorgenommene Schätzung in Frage zu stellen und (im Sinne von Art. 9 Abs. 2 VZG) eine neue Schätzung durch einen Sachverständigen zu verlangen; wie er sich seinerzeit zur Pfändungsschätzung gestellt hatte, ist ohne Belang (BGE 122 III 338).

Art. 141 d. Aussetzen der Versteigerung

¹ Ist ein in das Lastenverzeichnis aufgenommener Anspruch streitig, so ist die Versteigerung bis zum Austrag der Sache auszusetzen, sofern anzunehmen ist, dass der Streit die Höhe des Zuschlagspreises beeinflusst oder durch eine vorherige Versteigerung andere berechtigte Interessen verletzt werden.

² Besteht lediglich Streit über die Zugehöreigenschaft oder darüber, ob die Zugehör nur einzelnen Pfandgläubigern verpfändet sei, so kann die Versteigerung des Grundstückes samt der Zugehör gleichwohl stattfinden.

1 Zuständigkeit und Gründe zur Verschiebung der Steigerung. – Zuständigkeit der Betreibungsbehörde. – Einerseits zieht jeder Widerspruchsstreit die Einstellung der Betreibung in Bezug auf den betreffenden Gegenstand auch ohne gerichtliche Verfügung, von Amtes wegen, nach sich, aber andererseits ist eine solche Einstellung unter besonderen Umständen nicht gerechtfertigt und darf daher in Ausnahmefällen die Fortsetzung der Betreibung ungeachtet des Widerspruchsprozesses verfügt

werden (BGE 42 III 219, 48 III 16 und 203). Verschiebungsgründe (Art. 41/102 VZG) – *Für die Festsetzung des minimalen Zuschlagspreises ist es ohne Bedeutung, ob neben der Forderung des betreibenden Gläubigers im gleichen Range noch eine andere Pfandforderung besteht. Berücksichtigung der streitigen Forderung im Verteilungsverfahren, indem der Erlös bis zur rechtskräftigen Feststellung des darauf Berechtigten zurück zu behalten ist.* Verletzt die Versteigerung vor Austrag der Streitsache berechtigte Interessen? – Die Rechtsprechung hat es immer wieder abgelehnt, als berechtigtes Interesse den Wunsch eines Pfandansprechers gelten zu lassen, über den Bestand des streitigen Rechts orientiert zu sein, um sein Verhalten an der Steigerung als Gantliebhaber danach richten zu können (BGE 42 III 222, 67 III 46, 68 III 113) (BGE 84 III 89).

2 Verschiebung wegen eines Prozesses über das Vorkaufsrecht nach BGBB – Ist am Pfandgrundstück vor Einleitung der Grundpfandbetreibung das Vorkaufsrecht nach Art. 6 EGG (nun BGBB) geltend gemacht worden, so ist die Versteigerung bis zur rechtskräftigen Erledigung des Prozesses über dieses Recht zu verschieben (BGE 98 III 53).

3 Eine Klage auf Wiederherstellung des ursprünglichen Rechtszustandes, die von der gemäss BG über den Erwerb von Grundstücken durch Personen im Ausland (BewG; SR 211.412.41) beschwerdeberechtigten kantonalen Behörde erhoben wurde, erfüllt die Voraussetzungen von Art. 141 SchKG nicht und ist somit nicht geeignet, einen Aufschub der von den Pfandgläubigern verlangten Grundstücksteigerung zu bewirken (BGE 111 III 26).

4 Der Kaufsberechtigte hat keinen Anspruch darauf, dass mit der Verwertung des Grundstückes zugewartet wird, bis er die Fläche, auf die sich das Kaufsrecht bezieht, zu Eigentum erworben hat (BGE 114 III 18).

5 Hängt der Mindestzuschlagspreis vom Ergebnis eines Lastenbereinigungsprozesses ab, so ist die Verwertung bis zur Erledigung des Prozesses einzustellen (BGE 107 III 122).

6 Ein Streit über die Zugehörigkeit gewisser Gegenstände hindert die Versteigerung der Liegenschaft samt Inventar grundsätzlich nicht, wobei der Erlös im Falle eines gemeinsamen Zuschlags je nach Ausgang des Streites nach Art. 115 Abs. 2 VZG zu verlegen ist (BGE 68 III 113, 86 III 73). Hingegen darf gemäss BGE 57 III 19 ein Gegenstand, dessen Zugehöreigenschaft umstritten ist, nicht vor dem Entscheid des Richters im Lastenbereinigungsverfahren gesondert als Fahrnis verwertet werden (OW, ObGer, 30.08.1991, BlSchK 1993, S. 197).

7 Aussetzung der Versteigerung aufgrund des Bundesbeschlusses über den Erwerb von Grundstücken durch Personen im Ausland? Eine Klage auf Wiederherstellung des ursprünglichen Rechtszustandes, die von der beschwerdeberechtigten kantonalen Behörde erhoben wurde, erfüllt die Voraussetzungen dieses Artikels nicht und bewirkt keinen von der Pfandgläubigern verlangten Aufschub der Grundstücksteigerung (BGE 111 III 26/27, Praxis 74, Nr. 188).

Art. 142 e. Doppelaufruf

¹ Ist ein Grundstück ohne Zustimmung des vorgehenden Grundpfandgläubigers mit einer Dienstbarkeit, einer Grundlast oder einem vorgemerkten persönlichen Recht belastet und ergibt sich der Vorrang des Pfandrechts aus dem Lastenverzeichnis, so kann der Grundpfandgläubiger innert zehn Tagen nach Zustellung des Lastenverzeichnisses den Aufruf sowohl mit als auch ohne die Last verlangen.

² Ergibt sich der Vorrang des Pfandrechts nicht aus dem Lastenverzeichnis, so wird dem Begehren um Doppelaufruf nur stattgegeben, wenn der Inhaber des betroffenen Rechts den Vorrang anerkannt hat oder der Grundpfandgläubiger innert zehn Tagen nach Zustellung des Lastenverzeichnisses am Ort der gelegenen Sache Klage auf Feststellung des Vorranges einreicht.

³ Reicht das Angebot für das Grundstück mit der Last zur Befriedigung des Gläubigers nicht aus und erhält er ohne sie bessere Deckung, so kann er die Löschung der Last im Grundbuch verlangen. Bleibt nach seiner Befriedigung ein Überschuss, so ist dieser in erster Linie bis zur Höhe des Wertes der Last zur Entschädigung des Berechtigten zu verwenden.

1 *Kein Anspruch auf doppelten Aufruf, wenn Dienstbarkeiten schon vor der Grundpfandbestellung* auf dem zu verwertenden *Grundstück lasteten, aber mangels Registereintragung erst nachher eingetragen wurden.* – Die Auseinandersetzung über den Rang der verschiedenen Rechte an Grundstücken hat auf dem Weg der Kolloaktionsklage und nicht durch Beschwerde zu erfolgen (GR, AB, 13.11.1967, BlSchK 1969, S. 176).

2 Sind der Kollokationsplan und das mit ihm verbundene *Lastenverzeichnis in Rechtskraft erwachsen, so muss sich die Konkursverwaltung* – insbesondere hinsichtlich *der darin festgehaltenen Rangordnung* – *daran halten.* Die Rangordnung kann nicht mehr dadurch in Frage gestellt werden, dass die Steigerungsbedingungen mit dem darin vorgesehenen Doppelaufruf, den ein kollozierter Gläubiger verlangt hat, angefochten werden (BGE 112 III 31, Praxis 75, Nr. 104).

3 *Doppelaufruf bei Ausübung eines Kaufrechts* – Übt ein Kaufsberechtigter sein Recht vor der Versteigerung nicht aus, so wird das vorgemerkte Kaufsrecht dem Ersteigerer überbunden, sofern nicht ein vorgehender Pfandgläubiger, der den doppelten Aufruf verlangt hatte, die Löschung der Vormerkung hat erwirken können (BGE 114 III 18, Praxis 77, Nr. 111).

4 *Doppelaufruf bei öffentlichrechtlichen Eigentumsbeschränkungen* – (i.V.m. Art. 812 Abs. 2 ZGB) – Wenn zugunsten von Nachbargrundstücken und zulasten des zu versteigernden Grundstückes im öffentlichen Recht begründete Ausnützung übertragen worden ist, *so wird der Bestand* der öffentlichrechtlichen Eigentumsbeschränkung *durch die Zwangsverwertung nicht erschüttert* und es ist deshalb undenkbar, dass das Grundstück an der Steigerung einmal mit und einmal ohne Berücksichtigung der öffentlichrechtlichen Eigentumsbeschränkung ausgerufen wird (BGE 121 III 242).

5 (i.V.m. Art. 812 Abs. 2 ZGB) – Mit dem Doppelaufruf wird abgeklärt, ob eine nachrangige Dienstbarkeit den vorgehenden Grundpfandgläubiger im Sinne von Art. 812 Abs. 2 ZGB tatsächlich schädigt oder nicht. Im Hinblick des darin verankerten Grundsatzes der Alterspriorität *kann es nicht darauf ankommen, ob eine neu begründete Dienstbarkeit für das Grundstück eine geringere Belastung darstellt als die alte* (LU, SchKKomm, 22.05.1997, LGVE 1997 I 57, BlSchK 1999, S. 16, ZBGR 2000, S. 36).

6 Steigerungsbedingungen, welche wegen einer nicht im Grundbuch vorgemerkten landwirtschaftlichen Pacht den Doppelaufruf vorsehen. *Der nicht eingetragene Pachtvertrag kann den Doppelaufruf nicht verhindern.* – Indem der Gesetzgeber mit Art. 14 LPG bestimmt hat, dass im Falle der Zwangsverwertung der Erwerber in den Pachtvertrag eintritt, konnte er nicht den Schutz der Interessen der Grundpfandgläubiger, wie er insbesondere durch Art. 812 ZGB gewährleistet wird, in Frage stellen. Es kann daher nicht von einem qualifizierten Schweigen des Gesetzgebers ausgegangen werden, sondern nur von einer Gesetzeslücke, welche gemäss Art. 1 ZGB im Lichte von Art. 812 ZGB und der entsprechenden Vorschriften des Schuldbetreibungs- und Konkursrechts (Art. 142 SchKG und Art. 56 und 104 VZG) zu schliessen ist (BGE 124 III 37, Praxis 1998, Nr. 56).

7 (i.V.m. Art. 261 OR) – Doppelaufruf zufolge bestehender Mietverträge – Der Doppelaufruf ist sowohl bei im Grundbuch vorgemerkten als auch bei nicht eingetragenen, langfristigen Mietverträgen zulässig. Solche Mietverträge fallen mit dem Doppelaufruf nicht dahin, sondern gehen auf den Erwerber über. Dieser kann unbesehen dringenden Eigenbedarfs auf den nächsten gesetzlichen Termin kündigen (BGE 125 III 123).

8 *Doppelaufruf wegen nicht im Grundbuch vorgemerkter Geschäftsmieten* (Art. 261 OR); Massgeblichkeit der verbleibenden Mietdauer – Eine verbleibende Mietdauer, die länger als die in Art. 266c und 266d OR festgelegten gesetzlichen Kündigungsfristen von drei oder sechs Monaten ist, kann unter Umständen den Pfandgegenstand entwerten; es hat deshalb ein Doppelaufruf zu erfolgen (BGE 126 III 290).

9 *Doppelaufruf wegen eines nicht im Grundbuch eingetragenen Mietvertrages.* Der Mieter ist legitimiert, sich gegen die Anordnung des Doppelaufrufes zu beschweren. Formelle Voraussetzung des Doppelaufrufes gemäss Art. 142 SchKG ist, dass der Grundpfandgläubiger ihn verlangt und dass sich sein Vorrecht aus dem Lastenverzeichnis (Abs. 1) aus einem Feststellungsurteil oder aus der Zustimmung des Mieters (Abs. 2) ergibt (ZH, Bez.Gericht, 07.06.2000, BlSchK 2001, S. 177).

10 *Erstreckung des Mietverhältnisses nach Doppelaufruf* – (i.V.m. Art. 272 OR) – Kündigung eines Mietvertrages nach Zwangsvollstreckung; Erstreckung des Mietverhältnisses nach Doppelaufruf gemäss Art. 142 SchKG. *Der Ersteigerer einer Liegenschaft* wird durch den Zuschlag im Zwangsvollstreckungsverfahren Eigentümer und *kann ein bestehendes Mietverhältnis kündigen, auch wenn er noch nicht als Eigentümer im Grundbuch eingetragen ist*. Der Ersteigerer, der ein Grundstück in einer Zwangsvollstreckung mit Doppelaufruf erwirbt, kann einen langfristigen Mietvertrag ausserordentlich auf den nächsten gesetzlichen Termin kündigen (BGE III 123). Auch bei einer Kündigung nach einem Doppelaufruf kann das Mietverhältnis unter der Voraussetzung von Art. 272 ff. OR erstreckt werden. Daraus folgt: Bei jederzeit kündbaren, unbefristeten Mietverhältnissen erübrigt sich ein Doppelaufruf. Der Mietvertrag, der gemäss Art. 261 Abs. 1 OR auf den Ersteigerer übergeht, kann auch vom Erwerber jederzeit aufgelöst werden, so dass sich insofern kein Doppelaufruf rechtfertigt. Im Übrigen schliesst der Doppelaufruf nicht aus, das Mietverhältnis zu erstrecken. Nur bei langfristigen Mietverhältnissen hat der Doppelaufruf entsprechend BGE 125 III 123 ff. seine Berechtigung (BGE 128 III 82).

Art. 142a 4. Zuschlag. Deckungsprinzip. Verzicht auf die Verwertung

Die Bestimmungen über den Zuschlag und das Deckungsprinzip (Art. 126) sowie über den Verzicht auf die Verwertung (Art. 127) sind anwendbar.

1 Zuschlag eines Grundstückes an der Steigerung – Das letzte und höchste Angebot muss vom Gantleiter dreimal ausgerufen werden. Folgt auf den dritten Ausruf nicht unverzüglich ein weiteres Angebot, so hat der letzte Bieter – sofern er die Steigerungsbedingungen erfüllt – Anspruch auf den Zuschlag (BGE 118 III 52).

2 Die dem betreibenden Gläubiger im Range vorgehenden Pfandgläubiger können nicht auf die Einhaltung des Deckungsprinzips verzichten (BGE 104 III 79).

3 Der Zuschlag, der einer in Konkurs stehenden Aktiengesellschaft auf das Steigerungsangebot eines ihrer Organe hin erteilt wird, ist nichtig (BGE 117 III 39).

4 Hängt der Mindestzuschlagspreis vom Ergebnis eines Lastenbereinigungsprozesses ab, so ist die Verwertung bis zur Erledigung des Prozesses einzustellen. Im Unterschied zum Konkursverfahren ist im Pfändungs- und Pfandverwertungsverfahren eine vorzeitige Verwertung von Grundstücken wegen drohender Wertverminderung nicht zulässig (BGE 107 III 122).

5 (i.V.m. Art. 54 Abs. 2 und 105 Abs. 2 VZG) – Hat der Pfandgläubiger einer grundpfandversicherten Forderung lediglich für Zinsen betrieben, so darf der Zuschlag nur erfolgen, wenn auch die Kapitalforderung überboten ist. Die Zinsforderungen selber, und zwar auch von solchen Gläubigern, die kein Verwertungsbegehren gestellt haben, fallen bei der Berechnung des Zuschlagspreises nicht in Betracht. Deshalb spielt es keine Rolle, ob die Zinsforderungen bestritten sind oder nicht; die Versteigerung braucht wegen bestrittener Zinsforderungen nicht eingestellt zu werden (BGE 110 III 72).

6 Wenn *wegen ungenügender Pfanddeckung* das Pfand ganz oder teilweise zu löschen ist, *muss das BA den oder die Titel* – hier die Schuldbriefe – *dem Grundbuchamt zur Löschung oder Herabsetzung des Pfandrechts zustellen* (BGE 121 III 432).

7 (i.V.m. Art. 60 Abs. 2 VZG) – Erbringt ein Ersteigerer die sofort zu leistende Baranzahlung nicht, wird der Zuschlag nicht erteilt und nimmt die Steigerung beim nächst tieferen Angebot ihren Fortgang. War das ungültige Angebot das einzige, so ist das Grundstück nochmals auszurufen mit der Anfrage, wer, mit Ausnahme der Person, welche die Barzahlung nicht geleistet hat, ein Angebot mache (ZH, ObGer, 04.05.2000, BlSchK 2001, S. 157).

8 Eine Unterbrechung der Steigerung ist auch zur Beschaffung des Geldes für die verlangte Anzahlung an die Steigerungssumme nicht zulässig (BGE 130 III 133).

Art. 143 5. Folgen des Zahlungsverzuges

¹ Erfolgt die Zahlung nicht rechtzeitig, so wird der Zuschlag rückgängig gemacht, und das Betreibungsamt ordnet sofort eine neue Versteigerung an. Artikel 126 ist anwendbar.
² Der frühere Ersteigerer und seine Bürgen haften für den Ausfall und allen weitern Schaden. Der Zinsverlust wird hiebei zu fünf vom Hundert berechnet.

1   Die Steigerungsbedingungen müssen für alle Steigerungsteilnehmer die gleichen sein. Eine Verschärfung derselben ist unzulässig im Hinblick auf die Belangung des früheren Ersteigerers für den allfälligen Ausfall (BS, AB, 25.06.1947, BlSchK 1949, S. 54).

2   Zahlungsverzug – Haftung für die Verwertungskosten. Haftet der erste Ersteigerer für die gesamten Verwertungskosten, wenn die Steigerung wegen seines Verzuges wiederholt werden muss? – Hierüber hat in Anwendung Art. 143 Abs. 2 SchKG der Richter zu entscheiden. Die Steigerungsbedingungen können darüber keine Verfügung im Sinne von Art. 17 SchKG treffen. Die Haftung setzt voraus, dass aus der Nichterfüllung des ersten Steigerungskaufes ein Schaden entstanden ist (BGE 82 III 137).

3   (i.V.m. Art. 129 Abs. 3 SchKG und Art. 96 lit. b KOV) – Ein Kaufinteressent, welcher der Konkursverwaltung ein Freihandkaufsangebot zur Übernahme von Aktiven gemacht hat, an der in der Folge von der Konkursverwaltung für die verschiedenen Interessenten organisierten nicht öffentlichen Versteigerung trotz Einladung dazu nicht teilgenommen hat, ist nicht gehalten, der Konkursmasse den Mindererlös zwischen seiner Offerte und dem Zuschlagspreis an einen Dritten zu bezahlen (GE, Autorité de surveillance, 06.02.1980, BlSchK 1982, S. 147).

4   Ein Zahlungsverzug im Sinne von Art. 143 SchKG liegt grundsätzlich nur vor, wenn der Ersteigerer die Bezahlung einer dem BA zu leistenden Summe verweigert. Ein Verzug mit der Erfüllung einer dem Ersteigerer in den Steigerungsbedingungen überbundenen Verpflichtung gegenüber einem Dritten hat dagegen nicht die Aufhebung des Zuschlages zur Folge, es sei denn, die Erfüllung dieser Verpflichtung bilde eine Voraussetzung für die Fortsetzung des Verfahrens (BGE 108 III 17).

5   Zusätzliche Frist von 10 Tagen, welche dem Ersteigerer im Gefolge eines Beschwerdeverfahrens von der kantonalen AB eingeräumt wird, damit er den Zuschlagspreis bezahlen kann; soweit diese zusätzliche Frist die Verlängerung der der Beschwerde erteilten aufschiebenden Wirkung bezweckt, ist sie aus praktischen Gründen gerechtfertigt und mit der Rechtsprechung vereinbar (BGE 109 III 37).

6   Die Gewährung einer Nachfrist zur Bezahlung des Restes des Zuschlagspreises wäre unnütz, wenn der Gegenstand des Zuschlages bereits in die Konkursmasse des Schuldners gefallen ist. Dies trifft zu, wenn über den Schuldner nach dem Entscheid des BA, womit der Zuschlag widerrufen wurde, aber noch vor dem diesen Widerruf bestätigenden Beschwerdeentscheid der AB der Konkurs eröffnet worden ist (BGE 109 III 69).

7   Bei der *Verwertung eines Luftfahrzeuges* ist die Regel anzuwenden, wonach *das BA den Zuschlag widerrufen und eine neue Versteigerung ansetzen muss, wenn die Bezahlung* während der festgesetzten Frist *ausbleibt* (BGE 109 III 69).

8   (i.V.m. Art. 141 und 156 SchKG und Art. 47 VZG) – Zwangsverwertung eines Grundpfandes; Bezahlung des Kaufpreises durch Schuldübernahme – *Der Ersteigerer* eines Grundstückes *kann, anstatt den Kaufpreis dem BA bar zu bezahlen, innerhalb der festgesetzten Frist und mit dem Betrag des Zuschlagspreises die Grundpfandgläubiger direkt befriedigen, sofern deren im Lastenverzeichnis aufgenommene Forderung nicht bestritten ist* (Bestätigung der Rechtsprechung). – *Kann das BA dem Ersteigerer eine zusätzliche Frist zur Leistung einer Garantie ansetzen*, wenn dieser unnötigerweise Gläubiger befriedigt hat, deren Forderung bestritten ist? Frage offen gelassen, da im vorliegenden Fall der Beschwerde des Ersteigerers aufschiebende Wirkung erteilt worden ist und er Gelegenheit gehabt hat, während des Verfahrens die Garantie zu leisten. – Es rechtfertigt sich nicht, die Erhebung des Kaufpreises aufzuschieben, nur weil der Lastenbereinigungsprozess noch pendent ist (BGE 115 III 60).

9 (i.V.m. Art. 63 VZG) – Es würde Sinn und Zweck von Art. 143 SchKG und Art. 63 VZG widersprechen, den verspätet, aber effektiv geleisteten Restpreis zurückzuzahlen und das Grundstück erneut zu versteigern. – Das unwiderrufliche Zahlungsversprechen einer anerkannten und solventen Bank ist der Barzahlung gleichzustellen (BGE 128 III 468).

10 (i.V.m. Art. 131 SchKG und Art. 72 Abs. 1 VZG) – Verwertung einer Ausfallforderung – *Die Verwertung der Ausfallforderung erfolgt grundsätzlich durch öffentliche Versteigerung.* Die Verwertung durch Forderungsüberweisung an Zahlungsstatt oder zur Eintreibung bedarf der Zustimmung aller beteiligten Gläubiger (GR, AB, 09.11.1994, PKG 1995, S. 134).

11 Eine Pflichtverletzung der Betreibungsorgane im Vorfeld des Verfahrens ist kein Nichtigkeitsgrund (BGE 128 III 468).

12 Aufhebung des Steigerungszuschlages zufolge Nichtleistung des Verkaufspreises. In einem nachfolgend über den Schuldner eröffneten Konkurs fällt die Liegenschaft in die Konkursmasse und ist von dieser zu verwerten. Eine allfällige Ausfallforderung stellt ein Aktivum der Konkursmasse dar. Zudem steht noch nicht fest, ob überhaupt eine Ausfallforderung entsteht. Es kann daher mit der Rückerstattung der Anzahlung zugewartet werden, bis die Abrechnung der Konkursverwaltung vorliegt und, wenn eine Ausfallforderung entstanden ist, mit der Anzahlung verrechnet werden kann (Winterthur, Bez.Gericht, 16.04.1999, BlSchK 2000, S. 92).

Art. 143a 6. Ergänzende Bestimmungen

Für die Verwertung von Grundstücken gelten im Übrigen die Artikel 123 und 132a.

1 Abgesehen von besonderen Zusicherungen oder von absichtlicher Täuschung der Bietenden, was hier zu Angaben über Mietzinseinnahmen nicht zutrifft, findet in der Zwangsversteigerung eine Gewährleistung nicht statt (BGE 120 III 136).

2 Der mit der Zwangsverwertung eines Grundstückes betraute Beamte ist nicht befugt, im Lastenverzeichnis von sich aus die Errichtung einer neuen Dienstbarkeit zulasten dieses Grundstückes vorzusehen. Eine solche Bestimmung ist wegen Überschreitung der sachlichen Zuständigkeit des Beamten schlechthin nichtig, kann nicht rechtskräftig werden und nicht die Grundlage für die Entstehung der Dienstbarkeit auf dem Wege der Zwangsvollstreckung abgeben (BGE 97 III 89).

3 *Könnten Name und Wohnort eines Grundpfandgläubigers durch* eine einfache *Anfrage beim Schuldner ermittelt werden, so führt der Umstand,* dass diesem Gläubiger die Steigerungsanzeige nicht zugestellt worden ist, *zur Ungültigkeit der Versteigerung* (BGE 116 III 85/86).

4 Ungültigkeit von Angeboten für Personen, die bei Stellung Angebots nicht namentlich bezeichnet werden. Dies deshalb, weil alle Teilnehmer an der Steigerung Anspruch darauf haben zu wissen, wer mit ihnen bietet (BGE 55 III 71, 57 III 82/83) (BGE 93 III 39).

5 *Das BA darf ein Angebot des Schuldners nicht übergehen*, ohne ihm Gelegenheit zu geben, die Zweifel an seiner Fähigkeit zur Erfüllung der Steigerungsbedingungen zu beseitigen (BGE 93 III 39).

6 Eine Information der Konkursverwaltung über einen wesentlichen Preisfaktor, welche die wirklichen Verhältnisse nicht ausreichend klar erkennen lässt und geeignet ist, Kaufinteressenten zum Rückzug oder jedenfalls zur Herabsetzung ihrer Angebote zu bewegen, führt grundsätzlich zur Aufhebung des Freihandverkaufes (BGE 106 III 79).

7 Der Zuschlag, der einer in Konkurs stehenden Aktiengesellschaft auf das Steigerungsangebot eines ihrer Organe hin erteilt wird, ist nichtig (BGE 117 III 39).

8 (i.V.m. Art. 123 SchKG und Art. 32 VZG) – Verweigerung des Aufschubs der Grundstückverwertung – Ist gegen eine Aufschubverweigerung betreffend die Verwertung des Grundstückes Beschwerde erhoben worden, kann die kantonale AB, wenn die Verwertung schon erfolgt ist, nötigenfalls den Zuschlag aufheben. Der Schuldner kann einen Aufschub der bereits angeordneten Verwertung nur unter der Bedingung erreichen, wenn er sofort den festgesetzten Bruchteil der Betreibungssumme und die Kosten der Anordnung und des Widerrufs der Verwertung bezahlt (BGE 121 III 197/198).

Art. 143b 7. Freihandverkauf

¹ An die Stelle der Versteigerung kann der freihändige Verkauf treten, wenn alle Beteiligten damit einverstanden sind und mindestens der Schätzungspreis angeboten wird.

² Der Verkauf darf nur nach durchgeführten Lastenbereinigungsverfahren im Sinne von Artikel 138 Absatz 2 Ziffer 3 und Absatz 3 und Artikel 140 sowie in entsprechender Anwendung der Artikel 135–137 erfolgen.

1   Von denjenigen Pfandgläubigern, die aus dem Freihandverkauf voll befriedigt bzw. bis zur Erledigung eines allfälligen Kollokationsprozesses sichergestellt werden, muss keine Zustimmung vorliegen (BGE 72 III 32) (BGE 88 III 28/29).

2   *Löschung von Pfandrecht und Titel bei Freihandverkauf* – (i.V.m. Art. 135 Abs. 1 SchKG und Art. 68 Abs. 1 lit. b, Art. 69, Art. 110 Abs. 2 und Art. 111 Abs. 1 VZG) – Wird in einer Betreibung auf Pfandverwertung ein Grundstück freihändig verkauft, so gilt – nicht anders als im Falle der öffentlichen Versteigerung – der Grundsatz, dass bei auf dem Grundstück lastenden Schuldbriefen Grundpfandrecht und Titel so weit gelöscht werden müssen, als die persönliche Schuldpflicht nicht überbunden und der Gläubiger aus dem Pfanderlös nicht befriedigt wird (BGE 125 III 252).

3   Der Freihandverkauf bedarf wie die öffentliche Versteigerung keiner öffentlichen Beurkundung und der Eigentumserwerb erfolgt durch die zu protokollierende Verfügung des KA oder der Konkursverwaltung, mit welcher das zu verwertende Grundstück dem berücksichtigten Anbieter zugewiesen wird (Änderung der Rechtsprechung). – Auf den Freihandverkauf sind insbesondere Art. 58 Abs. 3 und Art. 67 VZG, welche die Identität des Anbieters und der im Grundbuch als Eigentümer einzutragenden Person betreffen, sowie die Regelung gemäss Art. 143 SchKG und Art. 63 VZG beim Zahlungsverzug des Ersteigerers anwendbar. Folgen der Nichtigkeit eines Freihandverkaufes im konkreten Fall (BGE 128 III 104/105, BlSchK 2002, S. 189).

Art. 144   D. Verteilung
             1. Zeitpunkt. Art der Vornahme

¹ Die Verteilung findet statt, sobald alle in einer Pfändung enthaltenen Vermögensstücke verwertet sind.

² Es können schon vorher Abschlagsverteilungen vorgenommen werden.

³ Aus dem Erlös werden vorweg die Kosten für die Verwaltung, die Verwertung, die Verteilung und gegebenenfalls die Beschaffung eines Ersatzgegenstandes (Art. 92 Abs. 3) bezahlt.

⁴ Der Reinerlös wird den beteiligten Gläubigern bis zur Höhe ihrer Forderungen, einschliesslich des Zinses bis zum Zeitpunkt der letzten Verwertung und der Betreibungskosten (Art. 68), ausgerichtet.

⁵ Die auf Forderungen mit provisorischer Pfändung entfallenden Beträge werden einstweilen bei der Depositenanstalt hinterlegt.

1   Die Verteilung des Verwertungserlöses hat das BA als einzige Vollstreckungsmassnahme von Amtes wegen vorzunehmen. Das BA darf die Verteilung nur dann nicht vornehmen, wenn der Erlös aus der Verwertung eines Grundstücks Gegenstand einer strafrechtlichen Beschlagnahme bildet (BGE 105 III 1) und im Falle des Art. 117 VZG (BGE 110 III 75).

2   *Requisitorialverwertung* – Die Aufstellung des Verteilungsplanes ist Sache des ersuchenden Amtes. Mit den in Art. 75 VZG umschriebenen Handlungen des beauftragten Amtes sind die Tätigkeiten abgeschlossen. Aus Art. 78 VZG ist zu schliessen, dass die Aufstellung des Verteilungsplanes, als Teil eines neuen Verfahrensabschnittes der Verteilung, Aufgabe des ersuchenden Amtes ist. Zudem wird es in der Praxis so sein, dass nur das ersuchende Amt in der Lage sein wird, die genauen Be-

träge der einzelnen Gläubiger zu ermitteln und ein allfälliger Mehrerlös festzustellen (GR, AB, 06.11.1989, PKG 1989, S. 175).

3 *Eine* nach Vollstreckungsrecht *vom BA zu erbringenden Zahlung kann* – im Unterschied zum Schadenersatz nach Art. 5 SchKG, wofür der Staat nach Art. 6 SchKG nur subsidiär haftet – *auf dem Beschwerdeweg eingefordert werden*, auch wenn das einkassierte Geld anders verwendet worden ist. Vorbehalten bleibt dem Staat die Rückforderung bei einem unrechtmässigen Empfänger sowie der Rückgriff auf fehlbare Beamte und Angestellte (BGE 73 III 84).

4 Die *Verteilung des Erlöses von Pfändungsobjekten, die vor der Bewilligung der Nachlassstundung bereits verwertet worden sind,* bewirkt keine während der Nachlassstundung verbotene Betreibungshandlung (SZ, Justizkomm., 27.04.1964, BlSchK 1966, S. 143).

5 *An erloschene Betreibungen erfolgt keine Zuteilung.* Dem Ersteigerer steht keine Verrechnungsmöglichkeit gegen den Betreibungsgläubiger zu, da Barzahlung zu erfolgen hat (Art. 129 SchKG). Die Betreibungsbehörden sind nicht berufen, die allfällige Entstehung einer ungerechtfertigten Bereicherung durch entsprechende gesetzwidrige Zuteilung des Verwertungserlöses zu verhüten (ZH, ObGer, II. Kammer, 23.09.1947, BGer 28.10.1947, ZR 1948, Nr. 48).

6 Im Falle einer Lohnpfändung ist der BB bei kleinen Beträgen nicht zur monatlichen Überweisung an den Gläubiger verpflichtet (SH, AB, 16.04.1948, Amtsbericht ObGer 1948, S. 80, BlSchK 1950, S. 111).

7 Lohnpfändungen sind grundsätzlich erst nach Ablauf des Lohnpfändungsjahres abzurechnen. Bei Alimentenbetreibungen kann jedoch von dieser Regel eine Ausnahme gemacht werden (BL, AB, 28.08.1968, BlSchK 1970, S. 150).

8 Abschlagszahlungen erfolgen zugunsten des Gläubigers, der die Verwertung verlangt hat und können daher nach Eingang ihm sofort zugestellt werden (BGE 96 III 3).

9 Sind in einer Betreibung auf Pfändung *Gegenstände verwertet worden, an denen Pfandrecht bestehen*, so ist den Pfandgläubigern nur der aus diesen Gegenständen erzielte Reinerlös, nach Abzug der auf sie entfallenden Verwertungs- und Verteilungskosten zuzuweisen (BGE 89 III 72).

10 Weder das SchKG noch dessen Ausführungserlasse sehen vor, dass *Erträge aus vom BA angelegten Sammelkonten den einzelnen Betreibungsparteien zuzusprechen sind.* Ebenso wenig besteht eine Regel, wonach das BA bei verzögerter Auszahlung zur Leistung von Verzugszinsen an eine Betreibungspartei verpflichtet ist (SH, AB, 21.06.1996, BlSchK 1996, S. 22).

11 Damit das Teilnahmerecht wirksam ausgeübt werden kann, *darf die Verteilung des Erlöses erst dann zum Abschluss gebracht werden, wenn der Prozess über die Rechtsbeständigkeit des Arrests oder über die Forderung selbst beendet ist.* Ohne Belang ist dabei, dass das Verwertungsbegehren nach Ablauf der Teilnahmefrist von Art. 110 SchKG gestellt worden ist (BGE 116 III 42).

12 *Leistung und Rückerstattung des Kostenvorschusses* – Der Kostenvorschuss ist von jenem Gläubiger zu leisten, der das Verwertungsbegehren gestellt hat. Hat ein Gläubiger einer nachgehenden Pfändungsgruppe das Verwertungsbegehren gestellt, so sind nach der Regel von Abs. 3 vorab die Kosten der Verwertung und Verteilung zu bezahlen und ist somit auch der geleistete Kostenvorschuss zurückzuerstatten; lediglich der Nettoerlös, der nach Abzug der Kosten verbleibt, kommt den Gläubigern der vorangehenden Pfändungsgruppen zugute (BGE 111 III 63).

13 Einem Arrestgläubiger sind neben den Pfändungskosten nur die Kosten der Arrestbewilligung und des Arrestvollzuges, *nicht aber Kosten der Arrestbetreibung, die Rechtsöffnungskosten und die* im Rechtsöffnungsverfahren zuerkannte *Parteientschädigung vorweg zuzuweisen* (BGE 90 III 39).

14 Für die Verteilung des Verwertungsergebnisses unter mehrere beteiligten Gläubiger sind die Art. 144 ff. SchKG massgebend. *Der Reinerlös ist nach Abzug der Pfändungskosten* gleichmässig auf die in gleichem Range stehenden Gläubiger zu verteilen. Dabei ist die Gesamtforderung jedes dieser Gläubiger mit Einschluss seiner Betreibungs- und allfälligen Rechtsöffnungskosten (samt Parteientschädigung) in Rechnung zu stellen (BGE 90 III 36).

15 Die Aufteilung des Mehrerlöses aus einer Pfandverwertung unter die eine einfache Gesellschaft bildenden Schuldner ist nicht Sache des BA oder der AB; die Gesellschafter haben sich darüber, al-

lenfalls auf dem Weg eines Zivilprozesses, selbst auseinanderzusetzen. – Können sich die Schuldner und frühere Pfandeigentümer über die Verteilung des ihnen gemeinsam zustehenden Mehrerlöses nicht einigen, ist der fragliche Betrag in analoger Anwendung von Art. 9 SchKG bei der Depositenanstalt zu hinterlegen (GR, AB, 16.06.1984, PKG 1984, Nr. 48).

16 Unvermeidliche Reparaturkosten, die infolge eines Transportes des zu verwertenden Objektes entstehen, gelten als Verwertungskosten (BE, AB, 21.04.1966, BlSchK 1966, S. 183).

17 Zahlungsverkehr zwischen dem Amt und dem Gläubigervertreter. – Der BB und KB ist grundsätzlich befugt, im Interesse seiner eigenen Sicherheit, bei Auszahlung von Geldern die Vorlegung einer Inkassovollmacht zu verlangen. (SO, AB, 11.09.1947, Bericht ObGer 1947, S. 160, SJZ 1948, S. 44, BlSchK 1949, S. 104).

18 Der Schuldner kann zu beliebiger Zeit eine Abschrift der Schlussrechnung gegen Gebührenvorschuss verlangen (BGE 77 III 77).

19 Die Bezahlung des Betrages der gepfändeten Forderung an das BA ist nicht nur einer Verwertung gleich zu setzen, sondern damit *erlischt auch die Schuld* gemäss Art. 12 SchKG; am Tag der Zahlung hört der Lauf der vertraglichen Zinsen auf. Der Umstand, dass eine Widerspruchsklage hängig und/oder eine strafrechtliche Beschlagnahme verfügt ist, verpflichtet das Amt lediglich, den Betrag zu hinterlegen und nach Wegfall der besagten Hindernisse mit den Zinsen der Hinterlegung zu verteilen (BGE 127 III 182).

20 (i.V.m. Art. 285 ff. SchKG) – Für die Frage, ob und inwieweit jemand an der Verteilung teilnimmt, ist alleine die betreibungsrechtliche Situation im Zeitpunkt der Verteilung massgebend. Das Anfechtungsurteil entfaltet Wirkung nur mit Bezug auf ein bestimmtes Vollstreckungsverfahren (BGE 130 III 672).

Art. 145 2. Nachpfändung

¹ Deckt der Erlös den Betrag der Forderungen nicht, so vollzieht das Betreibungsamt unverzüglich eine Nachpfändung und verwertet die Gegenstände möglichst rasch. Ein besonderes Begehren eines Gläubigers ist nicht nötig, und das Amt ist nicht an die ordentlichen Fristen gebunden.

² Ist inzwischen eine andere Pfändung durchgeführt worden, so werden die daraus entstandenen Rechte durch die Nachpfändung nicht berührt.

³ Die Bestimmungen über den Pfändungsanschluss (Art. 110 und 111) sind anwendbar.

1 Eine Nachpfändung, die nur auf Begehren eines Gläubigers und nicht von Amtes wegen vorgenommen werden darf, ist für frühere Gläubiger, die die Erhöhung der Pfändung nicht verlangt haben, nicht wirksam (LU, SchKKomm, 29.04.1946, Max. IX, Nr. 454).

2 Eine *Nachpfändung ist auch dann vorzunehmen, wenn der Schuldner seit der ersten Pfändung in das Handelsregister eingetragen worden ist.* Für diesen Fall ist *die Zustellung einer Konkursandrohung unzulässig* (BE, AB, 11.11.1949, BlSchK 1950, S. 180).

3 Die Nachpfändung erfolgt von Amtes wegen. Sie *ist nicht mehr möglich nach Ausstellung von Verlustscheinen* (BL, AB, 03.06.1955, BJM 1955, S. 307).

4 Eine Nachpfändung kann nicht erfolgen, solange die Pfändung provisorisch ist (BGE 117 III 26).

5 *Eine Nachpfändung des* in der Vorpfändung *aus dem Pfändungsnexus gefallenen Gegenstandes ist ausgeschlossen* (LU-Land, u. AB, 04.07.1962, BlSchK 1963, S. 181).

6 Nachpfändungsbegehren, Formerfordernisse: Gemäss dieser Bestimmung *erfolgt die Nachpfändung bei ungenügendem Verwertungserlös von Amtes wegen.* Es setzt voraus, dass die Verwertung der gepfändeten Gegenstände bereits stattgefunden hat (BGE 114 III 101).

7 Es braucht daher kein besonderes Begehren des Gläubigers vorzuliegen und damit entfällt auch jede Formvorschrift. Diese Besonderheit bezieht sich aber ausschliesslich auf das Verwertungsverfahren. *Erscheint aber schon die Pfändung als ungenügend, so kann* nach übereinstimmender Lehre und

Praxis eine Nachpfändung, z.B. infolge Auffindens neuer pfändbarer Gegenstände, *nur auf ausdrücklichen Antrag des Gläubigers erfolgen*. In diesem Moment sind auch die Formerfordernisse, wie sie für betreibungsrechtliche Begehren, insbesondere für das Fortsetzungsbegehren bestehen, zu beachten (GR, AB, 21.06.1965, BlSchK 1967, S. 173).

8 (i.V.m. Art. 91 SchKG) – Nachpfändung (nur) auf Antrag eines Gläubigers, wenn das BA Vermögensgegenstände nicht eingepfändet hat, obwohl sie zur Zeit der Pfändung bereits vorhanden waren (UR, AB, 17.07.1998, BlSchK 1999, S. 102).

9 Auf Antrag eines Gläubigers ist die Nachpfändung nur innert der Jahresfrist von Art. 88 Abs. 2 SchKG, also innert einem Jahr seit der Zustellung des Zahlungsbefehls, möglich (BE, AB, 29.03.1994, BlSchK 1995, S. 28).

10 Nachpfändung von Amtes wegen und Nachpfändung auf Antrag eines Gläubigers – Stellt sich nach der Verwertung der gepfändeten Vermögenswerte heraus, dass der Erlös entgegen der Schätzung des BA den Betrag der Forderungen nicht deckt, ist von Amtes wegen eine Nachpfändung vorzunehmen (BGE 114 III 98). Werden Vermögenswerte des Schuldners entgegen Art. 91 SchKG nicht in die Pfändung einbezogen oder vom BA nicht in die Pfändungsurkunde aufgenommen, obwohl sie zur Zeit der Pfändung schon vorhanden waren, so sind diese nicht von Amtes wegen, sondern nur auf ausdrücklichen Antrag eines Gläubigers nachzupfänden. Wird die Verwertung zuvor gepfändeter Gegenstände unmöglich, so ist unabhängig der Gründe, die dazu geführt haben, z.B. wenn der Schuldner unerlaubterweise über gepfändete Gegenstände verfügt oder unter Mitnahme derselben mit unbekanntem Ziel weggezogen ist, von Amtes wegen eine Nachpfändung vorzunehmen (BGE 120 III 86).

Art. 146   3. Kollokationsplan und Verteilungsliste
a. Rangfolge der Gläubiger

¹ Können nicht sämtliche Gläubiger befriedigt werden, so erstellt das Betreibungsamt den Plan für die Rangordnung der Gläubiger (Kollokationsplan) und die Verteilungsliste.

² Die Gläubiger erhalten den Rang, den sie nach Artikel 219 im Konkurs des Schuldners einnehmen würden. Anstelle der Konkurseröffnung ist der Zeitpunkt des Fortsetzungsbegehrens massgebend.

1 (i.V.m. Art. 75 und 78 VZG) – Die Aufstellung des Verteilungsplanes ist Sache des ersuchenden Amtes. Mit den in Art. 75 VZG umschriebenen Handlungen des beauftragten Amtes sind die Tätigkeiten abgeschlossen. Aus Art. 78 VZG ist zu schliessen, dass die Erstellung des Verteilungsplanes, als Teil eines neuen Verfahrensabschnittes der Verteilung, Aufgabe des ersuchenden Amtes in der Lage sein wird, die genauen Beträge der einzelnen Gläubiger zu ermitteln und ein allfälliger Mehrerlös festzustellen (GR, AB, 06.11.1989, PKG 1989, S. 175).

2 Im Kollokationsplan sind die Forderungen so aufzunehmen, wie sie aus dem dem Pfändungsbegehren vorausgegangenen Verfahren hervorgehen (BGE 81 III 20).

3 Lohnforderungen, die in einer früheren Betreibung ungedeckt blieben, geniessen in einem späteren Verfahren kein Vorrecht (LU, SchKKomm, 19.07.1965, Max. XI, Nr. 434, SJZ 1967, S. 225, BlSchK 1967, S. 178).

4 Vorrecht der dritten Klasse zugunsten eines Zahnarztes. Dauer dieses Vorrechts. – Enden Betreibungen für privilegierte Forderungen mit einem Verlustschein, so lebt bei neuerlicher Betreibung gestützt auf diesen Verlustschein das Privileg nicht wieder auf (BGE 88 III 129).

5 (i.V.m. Art. 219 Abs. 4 SchKG) – Lohnprivileg – Art. 146 Abs. 2 SchKG ist nur anwendbar, wenn festgestellt ist, dass nicht sämtliche Gläubiger befriedigt werden, was den Abschluss des Verwertungsverfahrens voraussetzt. Das trifft nicht zu, wenn eine Betreibung auf Pfändung durch nachträgliche Konkurseröffnung gemäss Art. 206 SchKG aufgehoben wird und die Pfändungsrechte auf die Konkursmasse übergehen. Frage, ob in einem solchen Fall für das Ausmass des Lohnprivilegs gleichwohl der Zeitpunkt des Pfändungsbegehrens als Ausgangspunkt für die Rückrechnung der

Frist von sechs Monaten gemäss Art. 219 Abs. 4 lit. a SchKG berücksichtigt werden könne? Bejaht unter Hinweis auf andere in der Rechtsprechung und Literatur zugelassene Abweichungen, um dem Sinn und Zweck jener Bestimmung gerecht zu werden und krasse Ungerechtigkeiten zu vermeiden. Der Lohngläubiger soll seines Privilegs nicht verlustig gehen, wenn die Konkurseröffnung durch ein von ihm nicht zu vertretendes Betreibungsverbot zeitlich hinausgeschoben wird (ZH, ObGer, II. Ziv.Kammer, 12.05.1978, ZR 1978, Nr. 104, SJZ 1979, S. 145).

6 Gläubiger gleichen Ranges sind als gleichberechtigt zu betrachten. Es ist die gesamte Forderung eines jeden, bestehend aus Kapital, Zinsen und Betreibungskosten, gemäss Art. 144 Abs. 4 als einheitliches Gesamtguthaben in Rechnung zu stellen. Dieses Gesamtguthaben ist nicht in zwei Teile zu zerlegen, einen bevorrechteten, die Betreibungskosten enthaltenden und einen nachgehenden, die Kapital- und Zinsforderungen umfassenden Teil (BGE 90 III 36).

7 (i.V.m. Art. 219 SchKG; Übergang des Unterhaltsanspruchs des Kindes auf das Gemeinwesen – Berücksichtigung betreibungsrechtlicher Privilegien im Kollokationsplan. – Das Privileg 1. Klasse für Unterhaltsforderungen gemäss Art. 219 Abs. 4, erste Klasse, lit. b SchKG, geht aufgrund von Art. 289 Abs. 2 ZGB auf das bevorschussende Gemeinwesen über (ZH, ObGer, II. Ziv.Kammer, 19.11.1990, ZR 1991, Nr. 40).

8 (i.V.m. Art. 219 Abs. 4 SchKG) – Die vom Gläubiger geltend gemachten Mahn- und Umtriebskosten sind im Kollokations- und Verteilungsplan – im Gegensatz zu den im Zusammenhang mit einer privilegierten Forderung entstandenen Zinsen und Betreibungskosten – stets in der 3. Klasse aufzunehmen (ZH, Bez.Gericht, 22.11.1999, BlSchK 2000, S. 188).

9 Das *Konkursprivileg* besteht für Prämien- und Kostenbeteiligungsforderungen der sozialen Krankenversicherung und *erstreckt sich nicht auf Forderungen für Mahn- und Bearbeitungskosten der Versicherer.* – Das BA darf Bestand und Höhe der zu kollozierenden Forderung nicht überprüfen. *Hingegen steht dem BA bezüglich des Ranges der in Betreibung gesetzten unversicherten Forderungen materielle Entscheidungsbefugnis zu* (BGE 127 III 470/471).

10 Einem Arrestgläubiger sind neben den Pfändungskosten nur die Kosten der Arrestbewilligung und des Arrestvollzuges, nicht auch die Kosten der Arrestbetreibung, die Rechtsöffnungskosten und die im Rechtsöffnungsverfahren zuerkannte Parteientschädigung vorweg zuzuweisen (BGE 90 III 36).

11 (i.V.m. Art. 334 Abs. 2 ZPO BE) – Verfügungen eines Betreibungs- oder KA lassen sich richterlichen Entscheiden nicht völlig gleichstellen und besitzen damit nicht deren Charakter der Unwiderruflichkeit. Umso mehr muss die Berichtigung von Missschreibungen, Missrechnungen und offenbaren Irrtümern, wie sie in Art. 334 Abs. 2 ZPO ohne Fristgebundenheit vorgesehen ist, mangels entsprechender Vorschrift im SchKG auch für Verfügungen der Betreibungs- und Konkursämter analog möglich sein. So darf ein BA den durch offensichtlichen Irrtum unterlassenen Abzug von Verwertungs- und Verteilungskosten vom Steigerungserlös noch nachträglich – auch nach Rechtskraft der Abrechnung – berichtigen (BE, AB, 23.04.1979, BlSchK 1980, S. 117).

12 Im Nachlassverfahren, das eine Art Vollstreckungsersatz darstellt, zeitigt die Bewilligung der Nachlassstundung, durch welche das Verfahren eröffnet wird, gleichartige Wirkungen wie Konkurseröffnung und Pfändungsvollzug. Aus diesem Grunde ist zwingend der Zeitpunkt der Bewilligung der Nachlassstundung nicht jener der Genehmigung des Nachlassvertrages dafür entscheidend, ob eine Forderung nach der alten oder neuen Privilegienordnung zu kollozieren ist (BGE 125 III 154).

13 Sobald in einer Betreibung auf Grundpfandverwertung die Steigerung durchgeführt ist und der Zuschlag nicht mehr angefochten werden kann, kommt Art. 56 Ziff. 2 SchKG nicht mehr zur Anwendung. Für den Schuldner, der *während der Betreibungsferien auf dem Amt vom Verteilungsplan Kenntnis erhält, beginnt die Frist zur Erhebung einer Beschwerde deshalb nicht erst nach Ende der Ferien zu laufen* (BGE 114 III 60).

Art. 147 b. Auflegung

Der Kollokationsplan und die Verteilungsliste werden beim Betreibungsamt aufgelegt. Diese benachrichtigt die Beteiligten davon und stellt jedem Gläubiger einen seine Forderung betreffenden Auszug zu.

Keine Entscheidungen.

Art. 148 c. Anfechtung durch Klage

¹ Will ein Gläubiger die Forderung oder den Rang eines andern Gläubigers bestreiten, so muss er gegen diesen innert 20 Tagen nach Empfang des Auszuges beim Gericht des Betreibungsortes Kollokationsklage erheben.

² Der Prozess wird im beschleunigten Verfahren durchgeführt.

³ Heisst das Gericht die Klage gut, so weist es den nach der Verteilungsliste auf den Beklagten entfallenden Anteil am Verwertungserlös dem Kläger zu, soweit dies zur Deckung seines in der Verteilungsliste ausgewiesenen Verlustes und der Prozesskosten nötig ist. Ein allfälliger Überschuss verbleibt dem Beklagten.

1 Ein Gläubiger, der seine eigene Kollokation bestreitet, hat auf dem Beschwerdeweg vorzugehen. Befugnis des Schuldners zur Anfechtung des Kollokationsplanes (BGE 81 III 20).

2 Wenn ein Gläubiger die Fälligkeit der Forderung eines andern Gläubigers bestreitet, hat er gegen diesen eine Klage auf Anfechtung des Kollokationsplanes einzuleiten (BGE 95 III 33).

3 Rechtsmittel für die Anfechtung des mit dem Kollokationsplan verbundenen Verteilungsplanes ist nicht die Kollokationsklage, sondern die betreibungsrechtliche Beschwerde (BS, AB, 17.10.1977, BlSchK 1978, S. 151).

4 Wird der Kollokationsplan durch Urteil im Kollokationsprozess abgeändert, so ist er nicht neu aufzulegen. Eine dennoch erfolgte Neuauflage ist nichtig und verschafft den Gläubigern nicht das Recht, erneut Kollokationsklage zu erheben (BGE 108 III 23).

Art. 149 4. Verlustschein
a. Ausstellung und Wirkung

¹ Jeder Gläubiger, der an der Pfändung teilgenommen hat, erhält für den ungedeckten Betrag seiner Forderung einen Verlustschein. Der Schuldner erhält ein Doppel des Verlustscheins.

¹ᵇⁱˢ Das Betreibungsamt stellt den Verlustschein aus, sobald die Höhe des Verlustes feststeht.

² Der Verlustschein gilt als Schuldanerkennung im Sinne des Artikels 82 und gewährt dem Gläubiger die in den Artikel 271 Ziffer 5 und 285 erwähnten Rechte.

³ Der Gläubiger kann während sechs Monaten nach Zustellung des Verlustscheines ohne neuen Zahlungsbefehl die Betreibung fortsetzen.

⁴ Der Schuldner hat für die durch den Verlustschein verurkundete Forderung keine Zinsen zu zahlen. Mitschuldner, Bürgen und sonstige Rückgriffsberechtigte, welche an Schuldners Statt Zinsen bezahlen müssen, können ihn nicht zum Ersatze derselben anhalten.

⁵ Aufgehoben.

I. Voraussetzungen zur Ausstellung des Verlustscheines

1 Der Abschluss der Betreibung hindert die Aufhebung von Betreibungshandlungen nicht (hier des Verlustscheins), ausser beim Vorliegen unwiderruflicher Tatsachen wie etwa Verwertung gepfände-

Art. 149 Nr. 1 SchKG

ter Sachen und Verteilung des Erlöses. – Eine öffentliche Bekanntmachung der Aufhebung des Verlustscheins anzuordnen, ist das BGer nicht zuständig (BGE 72 III 42).

2 Der Anspruch des Gläubigers auf Ausstellung des definitiven Verlustscheines kann auch dann bestehen, wenn in der Betreibung ein Verwertungsbegehren nicht gestellt worden ist (LU, SchKKomm, 31.10.1949, Max. IX, Nr. 698, BlSchK 1952, S. 87, Präzisierung in N 3).

3 Präzisierung des obigen Entscheides – Notwendigkeit eines Verwertungsbegehrens, wenn geleistete Einkommensbeträge dem BA nicht abgeliefert werden. *Anspruch auf Ausstellung eines definitiven Verlustscheines nur bei Durchführung des Verwertungsverfahrens* (LU, SchKKomm, 18.02.1966, Max. XI, Nr. 503, SJZ 1968, S. 123).

4 Ungenügende Lohnpfändung – Anspruch des Gläubigers auf Ausstellung eines Verlustscheines auch ohne besonderes Verwertungsbegehren (GR, AB, 03.10.1962, BlSchK 1965, S. 48).

5 *Ein endgültiger Verlustschein kann namentlich dann nicht mehr ausgestellt werden, wenn die in Betreibung gesetzte Forderung bezahlt oder durch das Verwertungsergebnis gedeckt worden ist oder wenn die Betreibung wegen Ausbleibens eines Verwertungsbegehrens innert der Fristen von Art. 116 SchKG oder mangels rechtzeitiger Erneuerung eines innert Frist gestellten, dann aber zurückgezogenen Verwertungsbegehrens erloschen ist* (Art. 121 SchKG; BGE 37 II 500 ff.). Dasselbe gilt aber auch dann, wenn die Frist für das Verwertungsbegehren nur in Bezug auf einzelne Pfändungsgegenstände versäumt wurde; denn die Ausstellung eines endgültigen Verlustscheines setzt (unter Vorbehalt des im vorliegenden Falle nicht in Betracht kommenden Art. 127 SchKG) die Verwertung aller gepfändeten Gegenstände voraus (BGE 48 III 133 ff., 57 III 138, 74 III 81) (BGE 96 III 115/116).

6 Anspruch der Gläubiger auf Ausstellung eines Verlustscheines im Falle, dass der Schuldner die gepfändeten Gegenstände an unbekannte Dritte verkauft und ins Ausland wegzieht (BGE 97 III 28).

7 *Voraussetzungen für die Ausstellung eines definitiven Verlustscheines im Sinne von Art. 149 SchKG in den Fällen, wo die Pfändungsurkunde mangels genügenden Vermögens einen provisorischen Verlustschein darstellt.* Voraussetzung des definitiven Verlustscheines ist nach Art. 149 SchKG, dass der Gläubiger an der Pfändung teilgenommen hat und das Betreibungs- und damit namentlich das Verwertungsverfahren grundsätzlich vollständig durchgeführt worden ist. Im Weitern muss der betreibende Gläubiger für seine Forderung samt Zinsen und Kosten nicht oder nicht vollständig gedeckt sein. Die Ausstellung des Verlustscheines geschieht diesfalls – gleich wie im Falle, wenn kein pfändbares Vermögens vorhanden ist – von Amtes wegen, ohne dass es dazu eines Antrages seitens des Gläubigers bedarf, d.h. der Moment, in welchem feststeht, dass die Forderung ganz oder teilweise ungedeckt bleibt. *Der Gläubiger, dem die Pfändungsurkunde gleichzeitig als provisorischer Verlustschein dient, hat Anspruch auf Ausstellung eines Verlustscheines gemäss Art. 149 SchKG, wenn sich herausstellt, dass eine Verwertung der gepfändeten Gegenstände aus rechtlichen oder faktischen Gründen nicht mehr möglich ist.* Denkbar sind dabei u.a. die Fälle, in denen der Schuldner die gepfändeten Gegenstände an unbekannte Dritte veräussert und selber ins Ausland wegzieht oder die unter Vormerkung von Drittansprüchen gepfändeten Gegenstände zufolge unterlassener Bestreitung bzw. Klageanhebung durch den Gläubiger aus dem Pfandnexus fallen. Wenn damit feststeht, dass die Forderung vollumfänglich ungedeckt bleibt, hat das BA das hängige Betreibungsverfahren abzuschliessen und den zu Verlust gekommenen Pfändungsgläubigern von Amtes Verlustscheine auszustellen. Dass die Ausstellung der Verlustscheine von Amtes wegen zu erfolgen hat, heisst aber nicht, dass eine solche wie nach durchgeführter Verwertung jederzeit verlangt werden kann. Vielmehr ist hier das BA wie auch der Gläubiger an die Fristen des SchKG gebunden, weshalb die Verlustscheine nur auszustellen sind, wenn binnen der Jahresfrist von Art. 121 SchKG entweder das BA aufgrund seiner amtlichen Tätigkeit vom Ausfall der sämtlichen Pfändungsgegenstände erfährt oder der Gläubiger ihm dies mitteilt und die Ausstellung des Verlustscheines verlangt (BE, AB, 02.10.1995, BlSchK 1996, S. 24).

8 *Solidarbetreibungen* sind vollständig getrennte Betreibungsverfahren. Wird die eine Betreibung durch Zahlung erledigt, so ist die andere gleichwohl durch Ausstellung eines Verlustscheines abzu-

schliessen, wenn der Gläubiger nicht den Rückzug erklärt oder der Schuldner die richterliche Aufhebung der Betreibung erwirkt (BS, AB, 15.10.1951, BlSchK 1954, S. 72).

9   Bei einer auf Verwertung arrestierter Gegenstände beschränkten Betreibung am *speziellen Betreibungsort des Arrestes ist es in keinem Falle zulässig,* dem Gläubiger *einen Verlustschein auszustellen,* der das Ungenügen des gesamten der schweizerischen Vollstreckung unterworfenen Vermögens zur Befriedigung des Gläubigers amtlich bescheinigen würde (BGE 90 III 79).

10 Anspruch des Gläubiger auf *Ausstellung eines Doppels des Verlustscheines.* Dem Verlustscheindoppel kommt die gleiche Wirkung zu wie dem Originalverlustschein (AR, AB, 11.11.1964, BlSchK 1967, S. 18).

11 Der Anspruch des Gläubigers auf Ausstellung eines Verlustscheines geht, solange jedenfalls der Untergang der Forderung nicht eindeutig feststeht, nicht unter (LU, SchKKomm, 25.06.1960, Max. X, Nr. 760, BlSchK 1963, S. 182).

12 Pfändung einer Forderung für eine aus zwei Gläubigern bestehende Gruppe. Überweisung an den einen Gläubiger (Art. 131 SchKG) mit Zustimmung des andern, obwohl des ersteren Forderung den Betrag der gepfändeten Forderung übersteigt. Untätigkeit des zur Eintreibung Ermächtigten; Auswirkungen auf die Verlustscheine (BGE 72 III 116).

13 Die Pfändungsurkunde, die das BA dem Gläubiger beim gänzlichen Fehlen pfändbaren Vermögens ausstellt, bildet ein definitiver Verlustschein und hat alle Wirkungen desselben, auch wenn das BA ihn als provisorischen Verlustschein bezeichnet (VD, AB, 21.08.1963, JT 112 (1964, II, S. 28, SJZ 1965, S. 342).

14 Grundsätzlich darf erst nach vollständig durchgeführter Betreibung ein definitiver Verlustschein ausgestellt werden. *Ausnahmen* ergeben sich z.B. *wenn der Schuldner* während der Dauer der Lohnpfändung *arbeitslos wird und der Gläubiger auf den Fortbestand der Pfändung verzichtet* oder der Schuldner seine Stelle aufgibt und sich nach unbekannt verzieht und der Gläubiger ebenfalls auf den Fortbestand der Pfändung verzichtet. Einen Anspruch auf Ausstellung eines Verlustscheines hat das BGer in BGE 97 III 29 erkannt, weil der Schuldner die gepfändeten Gegenstände an unbekannte Dritte verkauft hatte und ins Ausland wegzog (siehe vorn N 6) (BGE 116 III 28, Praxis 1990, Nr. 122).

15 (i.V.m. Art. 50 Abs. 2 und Art. 91 SchKG) – Wird in einer *Betreibung gegen einen im Ausland wohnenden Schuldner, welcher in der Schweiz* zur Erfüllung einer Verbindlichkeit *ein Spezialdomizil gewählt hat,* eine (ergebnislose oder die Forderung nicht voll deckende) Pfändung vollzogen, hat der Gläubiger Anspruch auf die Ausstellung eines Verlustscheines auch dann, wenn der Schuldner der Pfändung nicht beiwohnt. Die Möglichkeit, dass der Schuldner im Ausland Vermögenswerte besitzen könnte, ist kein Grund, die Ausstellung eines Verlustscheines zu verweigern (ZH, Bez.Gericht, BlSchK 1987, S. 59).

16 Ein Verlustschein darf grundsätzlich nur und erst nach vollständig durchgeführter Verwertung und ungenügender Deckung der in Betreibung gesetzten Forderung ausgestellt werden. Ein Wohnortwechsel des Schuldners nach der Pfändungsankündigung erfüllt diese Voraussetzungen nicht. Ein Pfändungsvollzug ist in diesem Falle auf dem Rechtshilfeweg durch das BA am neuen Wohnort des Schuldners vorzunehmen. Missachtung dieses Grundsatzes bewirkt die Nichtigkeit des Verlustscheines (SH, AB, 23.06.1989, BlSchK 1990, S. 68).

17 *Kein Anspruch* auf Ausstellung eines Verlustscheines besteht, solange nicht alle gepfändeten Gegenstände versteigert sind oder wenn der Gläubiger auf die Verwertung auch nur einzelner verzichtet hat (BS, AB, 25.03.1958, BlSchK 1959, S. 54).

18 Die *Zustellung des Verlustscheines an eine falsche Person* ist gültig, wenn er gleichwohl in die Hände des Gläubigers gelangt ist (UR, AB, 17.07.1998, BlSchK 1999, S. 102).

II. Wirkungen des Verlustscheines

1. Allgemein

19 Die Ausstellung eines Verlustscheines lässt das der Forderung zukommende Privileg unberührt (BGE 81 III 20).

20 Mit der Ausstellung eines Verlustscheines nach Art. 149 SchKG erlischt das Vorrecht, für Unterhaltsforderungen unter das Existenzminimum vom Lohn zu pfänden (BGE 87 III 7).

21 Der Verlustschein bescheinigt, dass das gesamte der schweizerischen Vollstreckung unterworfene Vermögen des Schuldners nicht genügt hat, um den Gläubiger zu befriedigen. In einer Arrestbetreibung, die nicht am schweizerischen Wohnsitz des Schuldners, sondern am Arrestort durchgeführt wird, ist kein Verlustschein auszustellen (BGE 90 III 79).

22 Behandlung eines Verlustscheines bei späterer Anfechtung des ihm zugrunde liegenden Rechtsöffnungsentscheides – Der Rechtsöffnungsentscheid eines bündnerischen Kreispräsidenten ist sofort vollstreckbar und berechtigt den Gläubiger, das Fortsetzungsbegehren zu stellen (BGE 64 III 12). – Kommt es zur Pfändung und wird ein Verlustschein ausgestellt, *so verliert dieser seine Gültigkeit auch dann nicht, wenn der Rechtsöffnungsentscheid später auf dem Beschwerdeweg aufgehoben und die Sache zu neuer Beurteilung* an die Vorinstanz zurückgewiesen wird. Ergibt sich im weiteren Verfahren eine Reduktion der durch die Rechtsöffnung geschützten Forderung, so ist der ausgestellte Verlustschein entsprechend dem endgültigen Urteil zu korrigieren (AR, Aifs.Beh., 14.05.1976, SJZ 1977, S. 192).

2. Als Schuldanerkennung

23 Aufgrund des Verlustscheines ist Rechtsöffnung zu erteilen, auch wenn die Forderungsurkunde nicht vorgelegt wird (LU, SchKKomm, 13.02.1950, Max. IX, Nr. 787).

24 Ein provisorischer Verlustschein ist kein Rechtsöffnungstitel (ZH, ObGer, III. Ziv.Kammer, 07.07.1954, ZR 1954, Nr. 134, SJZ 1954, S. 328; AI, Bez.Gerichtspräs., 23.03.1971, BlSchK 1973, S. 112, SJZ 1974, S. 229).

25 Das BGer hält fest, dass dem Verlustschein im Rechtsöffnungsverfahren eine erhöhte Bedeutung, d.h. die Bedeutung eines provisorischen Rechtsöffnungstitels zukommt, während er im Aberkennungsprozess keinen Beweis für den Bestand der Forderung abgebe. Im Aberkennungsprozess werden daher die Kläger die eigentliche Schuldurkunden vorlegen müssen (LU, SchKK, 14.11.1969, Max. XI, Nr. 717).

3. Fortsetzung der Betreibung ohne neuen Zahlungsbefehl

26 Verlangt der Gläubiger gestützt auf Abs. 3 ohne neuen Zahlungsbefehl Fortsetzung der Betreibung, so hat er Verlustschein oder Pfandausfallschein dem Fortsetzungsbegehren beizulegen (BE, AB, 14.03.1959, BlSchK 1960, S. 52).

27 Die Frist, innert welcher der Gläubiger die Betreibung ohne neuen Zahlungsbefehl fortsetzen kann, läuft schon von dem Tage an, an dem er vom Verlust wirklich Kenntnis erhielt (LU, SchKKomm, 25.06.1960, Max. X, Nr. 760, BlSchK 1963, S. 182; GE, Autorité de surveillance, 17.10.1979/09.01.1980, BlSchK 1981, S. 18 u. 84).

28 Wird gestützt auf einen Verlustschein innert sechs Monaten ein neues Fortsetzungsbegehren gestellt und liess sich der Schuldner inzwischen in irgendeiner Eigenschaft ins Handelsregister eintragen, so unterliegt er der Konkursbetreibung (BE, AB, 09.01.1967, BlSchK 1968, S. 56).

29 Nur derjenige Gläubiger, der im Besitze eines definitiven Verlustscheines ist, braucht keinen neuen Zahlungsbefehl zu erwirken (BGE 102 III 25).

30 Aufgrund des erstmals ausgestellten Pfändungsverlustscheines ist der Gläubiger berechtigt, während sechs Monaten nach Zustellung desselben die Betreibung ohne neuen Zahlungsbefehl fortzusetzen. Im neuen Pfändungsverfahren sind Gegenstände, an welchen im vorangegangenen Pfändungsverfahren Drittansprüche geltend gemacht und vom betreffenden Gläubiger durch Verzicht auf deren Bestreitung anerkannt worden sind, nicht mehr einpfändbar (BS, AB, 01.09.1980, BlSchK 1983, S. 227).

31 Ein Konkursverlustschein berechtigt nicht zur Fortsetzung der Betreibung ohne neuen Zahlungsbefehl (BE, AB, 01.05.1969, BlSchK 1970, S. 116).

32 Führt eine Betreibung aufgrund des Konkursverlustscheines zur Ausstellung eines Pfändungsverlustscheines, so gibt dieser kein Recht, die Betreibung ohne neuen Zahlungsbefehl fortzusetzen, selbst dann nicht, wenn der Schuldner im ersten Betreibungsverfahren die Einrede des mangelnden neuen Vermögens nicht erhoben hat (BGE 90 III 105).

III. Unverzinslichkeit

33 Unberechtigte Zinsforderung des Verlustscheingläubigers ist durch Rechtsvorschlag, nicht durch Beschwerde zu bestreiten (BL, AB, 27.04.1945, BlSchK 1947, S. 172).

34 Diese Vorschrift, welche die Unverzinslichkeit von Verlustscheinsforderungen festhält, ist zwingend und geht dem gemäss Art. 18 IPRG auf die materielle Forderung anwendbaren Recht vor (BL, ObGer, 14.06.1994, SJZ 1996, S. 130).

IV. Konkursverlustschein

35 Der Schuldner kann *eine vor Eröffnung des Konkurses entstandene Schuld erneuern* (durch eine neue ersetzen), indem er einen neuen Schuldschein ausstellt. – Der Verlustschein bewirkt keine Neuerung (BGE 86 III 77).

36 Rechtsöffnung aufgrund eines Verlustscheines – Der Schuldner, der aufgrund eines Verlustscheines betrieben wird, welcher zufolge einer Pfändung nach einem Konkurs ausgestellt wurde, kann die Einrede des mangelnden neuen Vermögens erheben, wenn die Verlustscheinsforderung aus der Zeit vor dem Konkurse stammt und in diesem nicht eingegeben wurde (VD, AB, 10.12.1964, JT 113 (1965), II. S. 119, SJZ 1966, S. 348).

37 Betreibung und Pfändung aus Konkursverlustschein. Kann eine Forderung aufgrund eines Konkursverlustscheines zufolge neuen Vermögens geltend, die jedoch nicht voll gedeckt werden kann, *so darf hiefür kein Pfändungsverlustschein ausgestellt werden, sondern es ist der Verwertungserlös* vermindert um die Betreibungs- und allfälligen Arrestkosten *von der Konkursverlustscheinsforderung des Gläubigers abzuziehen* (BS, AB, 13.09.1962, BJM 1962, S. 226).

38 Die spätere *Betreibung für Forderungen, welche am Konkurse nicht teilgenommen haben*, beschränkt sich auf neues Vermögen. Der Zinsenlauf endigt auch für solche Forderungen mit dem Tage der Konkurseröffnung (LU, SchKKomm, 19.07.1965, Max. XI, Nr. 435).

39 Der Konkursverlustschein bildet keinen urkundlichen Beweis für den Bestand einer Gegenforderung, die dem Begehren um definitive Rechtsöffnung im Sinne von Art. 81 Abs. 1 SchKG verrechnungsweise entgegengehalten werden könnte (BGE 116 III 66).

V. Nichtigkeit

40 Ein zu Unrecht ausgestellter Verlustschein können die AB jederzeit aufheben (BGE 73 III 23).

41 Ein *Pfändungsverlustschein, der nach der Eröffnung des Konkurses* über den Schuldner *ausgestellt wurde, ist schlechthin nichtig.* Hierbei ist es bedeutungslos, dass die Eröffnung des Konkurses entgegen dem Gesetz nicht öffentlich bekannt gemacht wurde und dass der Konkurs später widerrufen wurde (BGE 93 III 55).

42 Nichtigkeit einer Betreibung bewirkt auch Nichtigkeit des Verlustscheines. Ist die Betreibung aber gültig und nur die Annahme des Amtes falsch, es sei kein pfändbares Vermögen vorhanden, so ist der Verlustschein nur anfechtbar (BGer SchKK, 09.08.1968, BlSchK 1969, S. 149).

43 *Vollstreckungsakte und Entscheidungen* der Schuldbetreibungs- und Konkursbehörden, *die in unhaltbarem Widerspruch zu zwingenden Normen oder dem öffentlichen Interesse stehen, sind absolut nichtig.* Voraussetzung für eine Nichtigerklärung ist weiter ein unmittelbares, praktisches Interesse im Rahmen des Zwangsvollstreckungsverfahrens. Eine solche Nichtigerklärung erfolgte aufgrund einer von Schuldner (mit etlicher Verspätung) eingereichten Beschwerde gegen das BA, das in einem Betreibungsverfahren, obwohl ein erhobener Rechtsvorschlag vom Gläubiger nie beseitigt wor-

den ist, einen Verlustschein ausgestellt hatte. Zudem war die Betreibung bereits seit beinahe zwei Jahren dahin gefallen (TI, Appellationsgericht SchKK, 16.05.1989, SJZ 1993, S. 33).

44 Die Ausstellung eines Verlustscheines, ohne dass eine Pfändung und Verwertung durchgeführt wurde, ist nichtig (BGE 125 III 337).

45 (i.V.m. Art. 83 SchKG) – Nichtigkeit eines Verlustscheines, der für eine Forderung ausgestellt wird, für die kein Vollstreckungstitel vorliegt. Keine Kompetenz der Betreibungsbehörden zur Auslegung eines in einem Aberkennungsprozess abgeschlossenen unklaren Vergleichs. Durch eine Aberkennungsklage wird die Verbindlichkeit des provisorischen Rechtsöffnungsentscheides einschliesslich des damit verbundenen Kostenentscheides in Frage gestellt. Der für die Aberkennungsklage zuständige Richter ist daher verpflichtet, auch bezüglich der Zahlungsbefehls- und Rechtsöffnungskosten einen Entscheid zu treffen. Geschieht dies nicht, fehlt ein klarer Vollstreckungstitel für die vom Gläubiger geforderten Zahlungsbefehls- und Rechtsöffnungskosten. Es kann dann nicht den Betreibungsbehörden obliegen die Tragweite eines solchen Entscheides in diesem Punkte durch Auslegung zu klären, vielmehr kann hierüber nur der Richter entscheiden. Daraus ergibt sich, *dass ein ausgestellter Verlustschein wegen Fehlens eines klaren Vollstreckungstitels für die Zahlungsbefehls- und Rechtsöffnungskosten nichtig ist.* Gemäss bundesgerichtlicher Praxis (BGE 76 III 1) dürfen im Zusammenhang mit provisorischen Pfändungen keine Verlustscheine ausgestellt werden, auch keine provisorischen. Wird ein solcher trotzdem ausgestellt, so ist er nichtig (BL, AB, 12.08.1996, BlSchK 1997, S. 108).

Art. 149a b. Verjährung und Löschung

¹ Die durch den Verlustschein verurkundete Forderung verjährt 20 Jahre nach der Ausstellung des Verlustscheines; gegenüber den Erben des Schuldners jedoch verjährt sie spätestens ein Jahr nach Eröffnung des Erbganges.

² Der Schuldner kann die Forderung jederzeit durch Zahlung an das Betreibungsamt, welches den Verlustschein ausgestellt hat, tilgen. Das Amt leitet den Betrag an den Gläubiger weiter oder hinterlegt ihn gegebenenfalls bei der Depositenstelle.

³ Nach der Tilgung wird der Eintrag des Verlustscheines in den Registern gelöscht. Die Löschung wird dem Schuldner auf Verlangen bescheinigt.

1 Wann die Erbschaft als angetreten zu gelten hat, wird im Gesetz nicht näher umschrieben. Die Forderung kann schon während der Ausschlagungsfrist gegen die Erben geltend gemacht werden. Wohl sieht Art. 59 SchKG für Erbschaftsschulden während der für Antritt oder Ausschlagung der Erbschaft eingeräumten Überlegungsfrist Rechtsstillstand vor. Der Rechtsstillstand steht jedoch weder Anhebung der Betreibung durch den Gläubiger (gehemmt ist nur der Vollzug) noch der gerichtlichen Einklagung der Forderung gegen die Erben entgegen, noch hemmt er die Verjährung (LU, SchKKomm, 10.01.1946, Max. IX, Nr. 456, BlSchK 1949, S. 58, SJZ 1949, S. 124).

2 Verjährung von Verlustscheinsforderungen gegenüber den Erben. Begriff des Erbschaftsantrittes im Sinne dieser Bestimmung. – Die Erbschaft ist erst mit dem Ablauf der Ausschlagungsfrist, einer allfälligen (früheren) ausdrücklichen Annahmeerklärung oder wenn sie nicht mehr ausgeschlagen werden kann, angetreten (ZH, ObGer, II. Ziv.Kammer, 02.02.1954, ZR 1955, Nr. 95, BlSchK 1956, S. 118).

Art. 150 5. Herausgabe der Forderungsurkunde

¹ Sofern die Forderung eines Gläubigers vollständig gedeckt wird, hat derselbe die Forderungsurkunde zu quittieren und dem Betreibungsbeamten zuhanden des Schuldners herauszugeben.

Dritter Titel: Betreibung auf Pfändung — Art. 150

² Wird eine Forderung nur teilweise gedeckt, so behält der Gläubiger die Urkunde; das Betreibungsamt hat auf derselben zu bescheinigen oder durch die zuständige Beamtung bescheinigen zu lassen, für welchen Betrag die Forderung noch zu Recht besteht.

³ Bei Grundstückverwertungen veranlasst das Betreibungsamt die erforderlichen Löschungen und Änderungen von Dienstbarkeiten, Grundlasten, Grundpfandrechten und vorgemerkten persönlichen Rechten im Grundbuch.

1   Der Gläubiger hat die Forderungsurkunde dem BA zu Handen des Schuldners herauszugeben, bevor das Geld vom BA überwiesen wird (BE, AB, 09.05.1952, BlSchK 1953, S. 16).

2   »Verrechnungsrecht« des Bieters, der zugleich einziger Gläubiger ist. Pflicht, die Forderungsurkunde quittiert herauszugeben bzw. sie zwecks Anmerkung des noch ausstehenden Forderungsbetrages vorzulegen (BGE 79 III 20).

3   Wird eine betriebene Forderung im Sinne von Art. 123 SchKG durch Ratenzahlungen getilgt und in der Folge der Forderungstitel (Inhaberschuldbrief) von mehreren Personen zu Eigentum angesprochen, so hat das BA die Forderungsurkunde beim zuständigen Richter zu Handen wem Rechtens zu hinterlegen (SO, AB, 16.10.1957, BlSchK 1958, S. 111).

4   Gemeint ist damit jede Beweisurkunde, auch ein allfälliger Verlustschein (Jaeger, N 2 zu Art. 150 SchKG; über den Grad der Beweiskraft des Pfändungsverlustscheines vgl. BGE 69 III 89). Das BA hat dem Gläubiger die Ablieferung des Geldes zu verweigern, solange dieser den Forderungstitel nicht herausgibt (Jaeger, N 3 zu Art. 150 SchKG). So vorzugehen ist jedoch nur möglich, wenn die Forderung durch Zahlung an das BA oder durch Betreibungsmassnahmen gedeckt wird (BGE 95 III 45).

Vierter Titel: Betreibung auf Pfandverwertung

Art. 151 A. Betreibungsbegehren

¹ Wer für eine durch Pfand (Art. 37) gesicherte Forderung Betreibung einleitet, hat im Betreibungsbegehren zusätzlich zu den in Artikel 67 aufgezählten Angaben den Pfandgegenstand zu bezeichnen. Ferner sind im Begehren anzugeben:
a. der Name des Dritten, der das Pfand bestellt oder den Pfandgegenstand zu Eigentum erworben hat;
b. die allfällige Verwendung des verpfändeten Grundstücks als Familienwohnung des Schuldners oder des Dritten (Art. 169 ZGB).

² Betreibt ein Gläubiger aufgrund eines Faustpfandes, an dem ein Dritter ein nachgehendes Pfandrecht hat (Art. 886 ZGB), so muss er diesen von der Einleitung der Betreibung benachrichtigen.

1 Genaue Bezeichnung des Pfandes im Betreibungsbegehren *und im Zahlungsbefehl* (BGE 81 III 3/4.
2 Wird die Betreibung auf Verwertung eines *Faust- oder Grundpfandes verlangt*, so empfiehlt es sich, dies auf dem Betreibungsbegehren *ausdrücklich zu vermerken* (BE, AB, 19.06.1969, BlSchK 1970, S. 147).
3 *Grundpfandbetreibung gegen einen angeblichen Erben, andererseits Eröffnung der konkursamtlichen Liquidation der Erbschaft* zufolge einer von jenem nach der gesetzlichen Frist erklärten, auf Art. 566 ZGB gestützten Ausschlagung. Hat der Betriebene die Aberkennungsklage versäumt, so bleibt die Betreibung trotz Erbschaftskonkurs bestehen. Wird der Letztere mangels Aktiven eingestellt und geschlossen, so hindert die Grundpfandbetreibung den Kanton nach Art. 230a SchKG über das Grundstück zu verfügen (BGE 72 III 9).
4 *Die Prozessentschädigungen*, die dem *im Aberkennungsprozess* obsiegenden Gläubiger einer pfandversicherten Forderung gesprochen werden, *sind ohne besondere Parteiabmachung* bei Begründung des Pfandrechts *nicht pfandversichert* (ZH, ObGer; II. Kammer, 28.04.1944, ZR 1945, S. 194, BlSchK 1946, S. 152).
5 Pfandbetreibung, wenn für den Mietzins beim Auszug des Mieters eine Faustpfandvereinbarung von Möbeln erfolgte (BGE 74 III 11).
6 Es ist nicht Sache von BA und AB, sondern des Richters im Rechtsöffnungs- bzw. Lastenbereinigungsverfahren, *über den Bestand des von einem Betreibungsgläubiger behaupteten Pfandrechts zu befinden (*BGE 105 III 63).
7 Ist die eingeleitete Faustpfandbetreibung rechtskräftig, so kann das Pfand dem vorgehenden Faustpfandgläubiger abgefordert werden (ZH, ObGer, II. Kammer, 18.06.1946, BGer 18.07.1946, ZR 1947, Nr. 15, BlSchK 1948, S. 117).
8 In der Betreibung auf Pfandverwertung hat das *BA vor der Durchführung der Verwertung ex officio zu prüfen*, ob das vom Gläubiger behauptete Pfandrecht tatsächlich besteht (GR, AB, 26.04.1949, PKG 1949, S. 110, BlSchK 1952, S. 113).
9 Wird Pfandbetreibung angehoben, so *obliegt es nicht dem BA, nachzuforschen, ob der Pfandgegenstand noch gepfändet wurde*. Pfändungsgläubiger, denen die Pfandverwertung nicht angezeigt worden ist, können die Steigerung aber mit Erfolg anfechten (BE, AB, 15.01.1954, BlSchK 1955, S. 21).
10 Der Pächter, der den laufenden Pachtzins bei der Behörde hinterlegt, bestellt damit dem Verpächter ein Pfandrecht (Oftinger, Das Fahrnispfand, Systematischer Teil, N 216); dieses ist durch Betreibung auf Pfandverwertung geltend zumachen. Die Aufnahme einer Retentionsurkunde ist unzulässig (LU, SchKKomm, 28.05.1957, Max. X, Nr. 520, BlSchK 1959, S. 120).

Vierter Titel: Betreibung auf Pfandverwertung Art. 151

11 Der Betriebene, der auf dem Beschwerdeweg unter Berufung auf das beneficium excussionis realis die Aufhebung der gegen ihn eingeleiteten gewöhnlichen Betreibung verlangt, hat in liquider Weise darzutun, dass die in Betreibung gesetzte Forderung durch ein Pfand im Sinne von Art. 37 SchKG gesichert ist. Letzteres ist bei einer mietrechtlichen Sicherheitsleistung nach Art. 257e OR der Fall (BGE 129 III 360).

12 (i.V.m. Art. 816 Abs. 3 ZGB) – Betreibung für eine Forderung, *für die mehrere Grundstücke verpfändet sind*. Die Bestimmung des Art. 816 Abs. 3 ZGB, wonach in diesem Falle die Betreibung auf Pfandverwertung gleichzeitig gegen alle Grundstücke zu richten ist, *hat zwingenden Charakter* (BGE 100 III 48; siehe nachfolgend N 13).

13 Die Bestimmung des *Art. 816 Abs. 3 ZGB bezieht sich nicht nur auf das Gesamtpfand* (Art. 798 Abs. 1 ZGB), *sondern auch auf die Verpfändung mit geteilter Pfandhaft* (Art. 798 Abs. 2 ZGB). Die Verwertung ist hingegen nur soweit durchzuführen, als dies zur Deckung der Forderung des betreibenden Grundpfandgläubigers sowie allfälliger dem letzteren im Range vorgehender Pfandforderungen erforderlich ist. Dabei sind in erster Linie diejenigen Grundstücke zu verwerten, auf welchen dem betreibenden Gläubiger keine Grundpfandrechte im Range nachgehen (Art. 107 und 119 Abs. 2 VZG) (BE, AB, 06.12.1994, BlSchK 1995, S. 96).

14 Eine Betreibung auf Pfandverwertung kann nicht durch Pfändung oder Konkurs fortgesetzt werden, auch wenn das Pfand dahin gefallen ist (BE, AB, 16.03.1971, BlSchK 1972, S. 112).

15 (i.V.m. Art. 836 ZGB) – Die *gesetzlichen Grundpfandrechte*, welche keiner Eintragung bedürfen, werden durch das kantonale Recht bestimmt. Beim Fehlen einer solchen Bestimmung ist die Betreibung auf Pfändung oder Konkurs einzuleiten (BE, AB, 27.01.1977, BlSchK 1977, S. 147).

16 Betreibt ein Gläubiger mit Pfandrecht an einer Grundpfandforderung unrichtigerweise auf Verwertung eines Grundpfandes, so hat der Schuldner Recht vorzuschlagen, wenn er die Verwertung des Grundstückes verhindern und nur die Verwertung der Grundpfandforderung zulassen will. Versäumt er dies, so nimmt die Betreibung, so wie sie angehoben wurde, ihren Fortgang. – Nur wenn der Gläubiger anerkennt, bloss ein Faust- bzw. Forderungspfand zu haben und dennoch Grundpfandbetreibung anhebt, steht dem Schuldner der Weg der Beschwerdeführung nach Art. 17 ff. SchKG binnen zehn Tagen offen (BGE 78 III 93).

17 (i.V.m. Art. 282 und 283 SchKG) – Hat der Gläubiger Betreibung auf Pfandverwertung eingeleitet, *es aber unterlassen, Drittansprachen auf die Retentionsgegenstände zu bestreiten*, kann er nicht Fortsetzung der Betreibung auf Pfändung oder Konkurs verlangen. Dies könnte er nur tun, wenn er spätestens im Zahlungsbefehl seinen Verzicht auf das Pfandrecht erklärt hätte (VD, Tribunal cantonal, 23.08.1983, BlSchK 1985, S. 116).

18 Der Schuldner, gegen den der Gläubiger durch Faustpfandbetreibung das Retentionsrecht im Sinne von Art. 895 ZGB ausübt, kann den Einwand, dass der retinierte Gegenstand unpfändbar sei und daher nicht retiniert werden dürfe, nur durch Rechtsvorschlag erheben, während die Unpfändbarkeit im Falle des Retentionsrechtes des Vermieters (Art. 268 OR) durch Beschwerde gegen die Aufnahme des betreffenden Gegenstandes in die Retentionsurkunde geltend zu machen ist (BGE 83 III 34).

19 (i.V.m. Art. 268 und 116 OR) – Kollokation einer Mietzinsforderung; Probleme bezüglich des Retentionsrechts – Die Mietzinsforderung wird durch die Ausstellung eines Wechsels nicht getilgt; es sind sowohl wechselrechtliche Einreden als auch solche aus dem persönlichen Verhältnis zulässig. Die Einleitung der Wechselbetreibung begründet keinen Verzicht auf die Geltendmachung des Retentionsrechts. Der Gläubiger verliert das Retentionsrecht als materiellen Anspruch auch dann nicht, wenn er auf Konkurs statt auf Pfandverwertung betreibt (ZH, ObGer, II. Ziv.Kammer, 24.02.1987, ZR 1988, Nr. 44).

20 Der *Drittpfandgeber* ist als Mitbetriebener zu betrachten. Dies ergibt sich aus BGE 51 III 25, der erklärt, eine Pfandverwertung dürfe solange nicht durchgeführt werden, als nicht dem Drittpfandgeber auch ein Zahlungsbefehl zugestellt wurde (BS, AB, BJM 1968, S. 54).

21 Zahlt der Schuldner an das BA unter der Bedingung, dass der Gläubiger der Herausgabe des Pfandes an ihn zustimme, so ist er vor die Wahl zu stellen, entweder auf die Bedingung zu verzichten oder die Betreibung weitergehen zu lassen (BGE 74 III 23).

22 Die (vom ordentlichen Richter auf Rechtsvorschlag hin zu entscheidende) Frage, welche Art Eigentum (Miteigentum oder Gesamteigentum) den Solidarschuldnern an den als Faustpfand bezeichneten Schuldbriefen zustehe, fällt nicht in die Prüfungsbefugnis der AB (BS, AB, 17.03.1970, BlSchK 1971, S. 186).

Art. 152   B. Zahlungsbefehl
1. Inhalt. Anzeige an Mieter und Pächter

[1] Nach Empfang des Betreibungsbegehrens erlässt das Betreibungsamt einen Zahlungsbefehl nach Artikel 69, jedoch mit folgenden Besonderheiten:
1. Die dem Schuldner anzusetzende Zahlungsfrist beträgt einen Monat, wenn es sich um ein Faustpfand, sechs Monate, wenn es sich um ein Grundpfand handelt.
2. Die Androhung lautet dahin, dass, wenn der Schuldner weder dem Zahlungsbefehle nachkommt, noch Rechtsvorschlag erhebt, das Pfand verwertet werde.

[2] Bestehen auf dem Grundstück Miet- oder Pachtverträge und verlangt der betreibende Pfandgläubiger die Ausdehnung der Pfandhaft auf die Miet- oder Pachtzinsforderungen (Art. 806 ZGB[1)]), so teilt das Betreibungsamt den Mietern oder Pächtern die Anhebung der Betreibung mit und weist sie an, die fällig werdenden Miet- oder Pachtzinse an das Betreibungsamt zu bezahlen.

1 Eine Betreibung, die mit einem Zahlungsbefehl für die *Betreibung auf Pfandverwertung* eingeleitet worden ist, *kann nicht auf dem Weg der Pfändung oder des Konkurses fortgesetzt werden*, selbst wenn der Gläubiger im Fortsetzungsbegehren erklärt, das Pfandrecht sei weggefallen (BGE 87 III 50).

2 Der BB darf die Ausstellung des Zahlungsbefehls nicht verweigern, wenn die eigenen Angaben des Gläubigers ein Pfandrecht *wenigstens als möglich erscheinen lassen* (BGE 105 III 120).

3 Aberkennungsklage in der Grundpfandbetreibung. – Die Bestimmungen der Rechtsöffnungsverfügung über die *Betreibungs- und Rechtsöffnungskosten und eine Entschädigung für das Rechtsöffnungsverfahren gehören zum materiellen Inhalt des Aberkennungsprozesses* und können daher für sich allein Gegenstand einer Berufung bilden. Der als *Schuldner und Eigentümer des Grundpfandes Betriebene, der diese Eigenschaften seiner Person bestreiten will, kann und soll gegen den Zahlungsbefehl Recht vorschlagen;* er muss sich nicht darauf verweisen lassen, die Grundpfandverwertung geschehen zu lassen und sich erst gegen eine Fortsetzung der Betreibung auf Pfändung für einen allfälligen Pfandausfall gegen ihn zu wehren (ZH, ObGer, II. Ziv.Kammer, 09.09.1952, ZR 1952, Nr. 166).

4 Beim *Nachlassvertrag mit Vermögensabtretung* kann der Nachlassschuldner nach wie vor auf Pfandverwertung betrieben werden (BE, Appellationshof, III. Ziv.Kammer, 08.12.1976, SJZ 1978, S. 109).

5 (i.V.m. Art. 806 ZGB) – Der Schuldner ist nicht verpflichtet, für von ihm benutzte Wohn- und Geschäftsräume einen Mietzins zu bezahlen, wenn die Liegenschaft vom BA verwaltet wird (GE, Autorité de surveillance, 14.04.1969, BlSchK 1973, S. 151).

6 Art. 95 verbietet dem Amt nicht, eingegangene Mietzinse für Abschlagszahlungen zur teilweisen Rückzahlung des einem vorgehenden Pfandgläubiger geschuldeten Kapitals zu verwenden, selbst wenn ein nachgehender Pfandgläubiger für die Zinsen oder für verfallene Annuitäten nicht befriedigt worden ist (BGE 95 III 33).

7 Gemäss Art. 94 Abs. 1 VZG fallen *Kündigungen an Mieter und Ausweisungen von Mietern* nach dem Erlass der Zinssperre auch im Pfandverwertungsverfahren *in die ausschliessliche Befugnis des BA* (BGE 109 III 45).

8 (i.V.m. Art. 91 und 94 VZG) – Der BB ist bis zum ordentlichen Abschluss des Grundpfandverwertungsverfahrens befugt, die den Grundpfandgläubigern nach Art. 806 ZGB verfallenen Mietzinsforderungen auf dem Betreibungswege einzufordern. Mit der Versteigerung des grundpfändlich belasteten Grundstückes fällt die Legitimation nicht ohne Weiteres dahin. – Zur Verrechenbarkeit von Mietzinsschulden mit einem Mietzinsdepot nach Auflösung des Mietverhältnisses. Die Verrechnung von Mietzinsschulden mit einer Gegenforderung (in casu: Rückerstattung der «Mietzinsvorauszahlung») ist auch dann zulässig, wenn infolge Anhebung der Betreibung auf Verwertung des Grundpfandes die ausstehenden Mietzinsen der Pfandhaft unterliegen (LU, SchKKomm, 03.04.1985, LGVE 1985, Nr. 40).

9 (i.V.m. Art. 91 ff. VZG) – In der Betreibung auf Grundpfandverwertung kann die Miet- und Pachtzinssperre schon angeordnet werden, bevor der Grundpfandgläubiger das Verwertungsbegehren gestellt hat (BGE 117 III 33).

10 Die Mietzinssperre hat ohne Rücksicht auf allfällige Rechtsgeschäfte des Grundeigentümers bezüglich der Mietzinsen zu erfolgen. Hat der Schuldner die zukünftigen Mietzinsen an einen Dritten zediert, so handelt es sich um ein materiell-rechtliches Geschäft, das im Betreibungsverfahren nicht berücksichtigt werden darf. Über die Frage, wem das bessere Recht an den Mietzinsen zusteht, hat der Zivilrichter im Widerspruchsverfahren gemäss Art. 106 SchKG zu entscheiden (BE AB, 06.03.1991, BlSchK 1992, S. 16).

11 Die Miet- oder Pachtzinssperre kann nicht nur mit dem Betreibungsbegehren, sondern – wenn mit dem Betreibungsbegehren nicht ausdrücklich darauf verzichtet wurde – auch noch zu einem späteren Zeitpunkt verlangt werden. Das spätere Begehren um Anordnung von Miet- oder Pachtzinssperre und die ihm Folge leistende Anordnung des BA können jedoch keine Rückwirkung auf den Zeitpunkt der Anhebung der Betreibung auf Grundpfandverwertung oder der Konkurseröffnung entfalten; vielmehr werden sie erst ab dem Zeitpunkt wirksam, wo das Begehren gestellt und der Kostenvorschuss geleistet wird (BGE 121 III 187).

12 (i.V.m. Art. 317 ff. SchKG) – Beim Nachlassvertrag mit Vermögensabtretung erstreckt sich die Pfandhaft im Sinne von Art. 806 Abs. 1 ZGB auf die Miet- oder Pachtzinsforderungen, die seit der Bestätigung des Nachlassvertrages bis zur Verwertung auflaufen (BGE 108 III 83).

13 Ein Grundpfandgläubiger, der die Ausdehnung der Pfandhaft auf die Mietzinsforderungen erhalten hat, kann darauf nicht rückwirkend verzichten (BGE 130 III 720).

Art. 153   2. Ausfertigung. Stellung des Dritteigentümers des Pfandes

¹ Die Ausfertigung des Zahlungsbefehls erfolgt gemäss Artikel 70.

² Das Betreibungsamt stellt auch folgenden Personen einen Zahlungsbefehl zu:

a. dem Dritten, der das Pfand bestellt oder den Pfandgegenstand zu Eigentum erworben hat;
b. dem Ehegatten des Schuldners oder des Dritten, falls das verpfändete Grundstück als Familienwohnung dient (Art. 169 ZGB).

Der Dritte und der Ehegatte können Rechtsvorschlag erheben wie der Schuldner.

³ Hat der Dritte das Ablösungsverfahren eingeleitet (Art. 828 und 829 ZGB), so kann das Grundstück nur verwertet werden, wenn der betreibende Gläubiger nach Beendigung dieses Verfahrens dem Betreibungsamt nachweist, dass ihm für die in Betreibung gesetzte Forderung noch ein Pfandrecht am Grundstück zusteht.

⁴ Im Übrigen finden mit Bezug auf Zahlungsbefehl und Rechtsvorschlag die Bestimmungen der Artikel 71–86 Anwendung.

Art. 153   **Nr. 1**   **SchKG**

1. Wer mit dem Schuldner gemeinschaftlicher Eigentümer des Pfandgrundstückes ist, muss als Dritteigentümer in die gegen jenen angehobene Betreibung einbezogen werden, selbst wenn eine besondere Betreibung gegen ihn als Mitschuldner hängig ist (BGE 77 III 30).

2. Der Dritteigentümer eines gemäss Art. 895 ff. ZGB retinierten Gegenstandes ist in der Pfandbetreibung gleich zu behandeln wie der Dritteigentümer eines Faustpfandes (BGE 73 III 97).

3. Nur wer wirklich Eigentümer des Pfandes ist, hat gestützt auf Art. 153 Abs. 2 lit. a Anspruch auf Zustellung eines Zahlungsbefehls. Die Feststellung der Eigentümerschaft fällt grundsätzlich nicht in die Zuständigkeit der AB, sondern ist zum Gegenstand eines Widerspruchsprozesses zu machen (Bestätigung der Rechtsprechung) (BGE 127 III 115).

4. (i.V.m. Art. 206 Abs. 1 SchKG) – Im Konkursverfahren kann gegen den Schuldner eine Betreibung auf Pfandverwertung angehoben werden, wenn das Pfand einem Dritten gehört. Betriebener ist der Schuldner persönlich und nicht die Konkursmasse. Betreibungsurkunden (Zahlungsbefehl) sind der Konkursverwaltung zuzustellen (BGE 121 III 28).

5. Erwerb des Pfandgrundstückes nach Ansetzung der Steigerung. Hat der Erwerber auf Zustellung eines Zahlungsbefehls Anspruch? – Wenn im Zeitpunkt der Eintragung als Eigentümer im Grundbuch eine Verfügungsbeschränkung zugunsten einer Betreibung vorgemerkt ist, muss der Erwerber eine Verwertung über sich ergehen lassen, ohne auf nachträgliche Zustellung in der betreffenden Betreibung eines Zahlungsbefehls Anspruch zu haben (BGE 78 III 3).

6. Dem Dritteigentümer von *retinierten Gegenständen* (gemäss Art. 895 ff. ZGB) ist ebenfalls ein Zahlungsbefehl zuzustellen. Erhebt dieser Rechtsvorschlag, so darf dem Verwertungsbegehren erst nach dessen Beseitigung Folge gegeben werden (BS, AB, 02.04.1954, BlSchK 1956, S. 57).

7. Dem Dritteigentümer von *retinierten Möbeln* hat nicht die Stellung eines Betriebenen (Art. 177 Abs. 3 ZGB) – Bei einer Depotleistung zwecks Vermeidung der Rückschaffung handelt es sich nicht um ein der Genehmigung durch die Vormundschaftsbehörde bedürftiges Rechtsgeschäft (BE, AB, 12.07.1961, BlSchK 1962, S. 147).

8. (i.V.m. Art. 100 VZG) – Rechtsstellung des Dritteigentümers – Erwirbt ein Dritter während einer hängigen Betreibung die Pfandsache, noch bevor im Grundbuch eine Verfügungsbeschränkung gemäss Art. 90 bzw. Art. 97 VZG vorgemerkt wurde, so ist ihm nachträglich ein Zahlungsbefehl zuzustellen (GR, AB, 16.10.1995, PKG 1995, S. 132).

9. *Wenn ein Dritter* im Verlaufe einer Betreibung auf Pfandverwertung *den Pfandgegenstand als sein Eigentum beansprucht*, so muss das BA dem Dritteigentümer ebenfalls einen Zahlungsbefehl zustellen. Bis zur rechtskräftigen Erledigung dieses Zahlungsbefehls bleibt ein allfällig bereits eingereichtes Verwertungsbegehren sistiert (GE, Autorité de surveillance, 28.02.1973, BlSchK 1974, S. 178).

10. Wird in der Betreibung auf Grundpfandverwertung dem Dritteigentümer des Grundpfandes ein Zahlungsbefehl zugestellt, damit er unabhängig vom Betreibungsschuldner seine Rechte wahren kann, so handelt es sich lediglich um ein Nebenverfahren der gegen den Forderungsschuldner gerichteten Betreibung, in welchem die gleichen Betreibungs- und richterlichen Behörden zuständig sind wie im Hauptverfahren (LU, SchKKomm, 25.04.1954, Max. X, Nr. 288).

11. Die Bestimmung des Absatzes 2 ist immer dann anzuwenden, wenn eine andere Person als der Schuldner wirklicher Eigentümer des Pfandes ist. Als wirklicher Eigentümer hat dabei zu gelten, wer (bei Grundstücken) im Grundbuch als Eigentümer eingetragen ist oder wer vom Gläubiger selber als solcher bezeichnet wird oder wessen Eigentumsrecht gerichtlich festgestellt worden ist, gleichgültig, wie sich der Schuldner zur Eigentumsansprache des Dritten stellt. Wird das Eigentumsrecht des Dritten vom Gläubiger bestritten, so ist es zunächst im Widerspruchsprozess festzustellen (LU, SchKKomm, 27.01.1960, BlSchK 1963, S. 184).

12. Die *Klage des Betreibungsgläubigers gegen den Drittpfandeigentümer* auf Feststellung der mit dem Rechtsvorschlag bestrittenen Forderung bzw. auf Beseitigung eines solchen Rechtsvorschlages *ist ihrer Natur nach nicht ein persönlicher Anspruch*, sondern eine dingliche Klage und darf deshalb auch im interkantonalen Verhältnis am Ort der gelegenen Sache angebracht werden. – Pfandgesicherte

Forderungen als solche dürfen wegen ihrer Konnexität mit dem Pfandrecht am Ort der gelegenen Sache eingeklagt werden (LU, ObGer, I. Kammer, 14.11.1961, Max. XI, Nr. 61).

13 Wenn der Gläubiger die Betreibung auf Verwertung eines Grundpfandes anstelle der Betreibung auf Verwertung eines *Faustpfandes* gewählt hat, so muss der Schuldner sich dagegen mittels Rechtsvorschlag zur Wehr setzen und kann *nicht den Beschwerdeweg* gemäss Art. 17 ff. SchKG beschreiten (BGE 122 III 295).

14 (i.V.m. Art. 88 VZG) – *Betreibungsrechtliche Stellung der Ehefrau bei der Pfandverwertung der Familienwohnung.* Durch die Zustellung des Zahlungsbefehls erhält die Ehefrau die Stellung einer Mitbetriebenen bezüglich der Verwertung des als Familienwohnung bezeichneten Pfandgrundstückes. Als Mitbetriebene kann die Ehefrau mit dem Rechtsvorschlag sowohl Bestand, Umfang oder Fälligkeit der Forderung bestreiten als auch Bestand und Umfang des Pfandrechts. Überdies steht ihr die Einwendung zu, die Verpfändung des Grundstückes habe gegen Art. 169 ZGB verstossen. – Im Rechtsöffnungsverfahren erlaubt die betreibungsrechtliche Stellung der Ehefrau als Mitbetriebene im Verfahren der Pfandverwertung der als Familienwohnung dienenden Liegenschaft einerseits Einwendungen nach Art. 169 ZGB vorzutragen, die den Schutz der Familienwohnung dienen und andererseits die dem Schuldner zustehenden Einreden geltend zu machen, falls sich dieser passiv verhält und sie dadurch der Gefahr ausgesetzt würde, die Familienwohnung zu verlieren. Für die Rechtsöffnung reicht jedoch die Schuldanerkennung des betriebenen Ehegatten aus, ohne dass sich der Gläubiger über einen besonderen Rechtsöffnungstitel gegenüber der Ehefrau ausweist (LU, SchKKomm, 05.08.1999, LGVE 1999 I 43, SJZ 2001, S. 37).

15 Die Einleitung einer Betreibung auf Grundpfandverwertung ist nicht ausgeschlossen, wenn die einseitige Ablösung der auf dem Grundstück lastenden Grundpfandrecht im Sinne von Art. 828 ff. ZGB (Purgationsverfahren) im Gange ist (BGE 100 III 51).

Art. 153a C. Rechtsvorschlag. Widerruf der Anzeige an Mieter und Pächter

¹ Wird Rechtsvorschlag erhoben, so kann der Gläubiger innert zehn Tagen nach der Mitteilung des Rechtsvorschlages Rechtsöffnung verlangen oder auf Anerkennung der Forderung oder Feststellung des Pfandrechts klagen.

² Wird der Gläubiger im Rechtsöffnungsverfahren abgewiesen, so kann er innert zehn Tagen nach Eröffnung des Urteils Klage erheben.

³ Hält er diese Fristen nicht ein, so wird die Anzeige an Mieter und Pächter widerrufen.

1 (i.V.m. Art. 93 VZG) – Betreibung auf Grundpfandverwertung; anwendbares Verfahren im Falle einer Mietzinssperre, wenn zugleich die Forderung oder das Pfandrecht und das Pfandrecht an den Mietzinsen bestritten werden. – *In Anwendung der unter dem alten Recht herrschenden, aber immer noch gültigen Rechtsprechung (BGE 71 III 52)* muss der Pfandgläubiger nicht gleichzeitig mit seinem Begehren um Beseitigung des Rechtsvorschlages einen Prozess auf Feststellung seines Pfandrechtes an den Mietzinsen in die Wege leiten; er kann zuwarten, bis das Rechtsöffnungsgesuch definitiv entschieden ist und innert der vom BA anzusetzenden Frist von 10 Tagen die ordentliche Klage auf Feststellung seines Pfandrechts an den Mietzinsen einleiten (BGE 126 III 482).

2 Frist zur Beseitigung des Rechtsvorschlages in der Betreibung auf Pfandverwertung – Art. 153a Abs. 1 SchKG ist nur anwendbar, wenn in der Betreibung auf Grundpfandverwertung die Betreibung auf die Miete oder Pachtzins ausgedehnt wird. Ist dies nicht der Fall, kann der Gläubiger bis zum Ablauf der in Art. 154 SchKG geregelten Verwertungsfristen die Rechtsöffnung verlangen oder Klage erheben (BS, AB, 30.07.2003, BlSchK 2005, S. 158).

3 (i.V.m. Art. 82 SchKG) – Provisorische Rechtsöffnung in der Betreibung auf Grundpfandverwertung. Auch beim Schuldbrief bildet die Fälligkeit der Forderung die Voraussetzung für die Erteilung der provisorischen Rechtsöffnung (BL, AB, BJM 2005, S. 84).

Art. 154   D. Verwertungsfristen

¹ Der Gläubiger kann die Verwertung eines Faustpfandes frühestens einen Monat und spätestens ein Jahr, die Verwertung eines Grundpfandes frühestens sechs Monate und spätestens zwei Jahre nach der Zustellung des Zahlungsbefehls verlangen. Ist Rechtsvorschlag erhoben worden, so stehen diese Fristen zwischen der Einleitung und der Erledigung eines dadurch veranlassten gerichtlichen Verfahrens still.

² Wenn binnen der gesetzlichen Frist das Verwertungsbegehren nicht gestellt oder zurückgezogen und nicht erneuert wird, so erlischt die Betreibung.

1. (i.V.m. Art. 32 Abs. 4 SchKG) – Fortsetzungs- statt Verwertungsbegehren in einer Betreibung auf Pfandverwertung – Als verbesserlicher Fehler im Sinne von Art. 32 Abs. 4 SchKG ist es zu bezeichnen, wenn der Gläubiger in der Betreibung auf Pfandverwertung anstelle des Verwertungsbegehrens (Art. 88 SchKG) einreicht (BGer SchKK 12.01.1999, BlSchK 1999, S. 134).
2. Die gerichtliche Klage (Rechtsstreit im ordentlichen Verfahren oder Rechtsöffnungsverfahren) hemmt nur den Lauf der Maximalfrist, nicht auch der Minimalfrist für das Begehren um Verwertung des Grundpfandes (BGE 90 III 84, 124 III 79).
3. Die sechsmonatige Wartefrist des Gläubigers vor Stellung des Grundpfandverwertungsbegehrens wird durch die Dauer eines Forderungsprozesses zur Beseitigung des Rechtsvorschlages nicht verlängert (BS, AB, 18.01.1963, BJM 1964, S. 136, BlSchK 1964, S. 112).
4. Bei Rechtsvorschlag gegen Verwertung eines Grundpfandes wird in die Frist von zwei Jahren seit Zustellung des Zahlungsbefehls weder die Zeit des Rechtsöffnungsverfahrens noch die Zeit der Hängigkeit der Aberkennungsklage eingerechnet (TI, SchKK, 17.07.1968, Rep. 1968, S. 130, SJZ 1972, S. 225).
5. Die vor Eröffnung eines Konkurses angehobene Betreibung auf Pfandverwertung kann nach Einstellung und Schliessung des Konkurses mangels Aktiven weitergeführt werden, dabei ist die Dauer des Konkursverfahrens auf die Maximalfristen des Art. 154 SchKG zuzuschlagen (BGE 105 III 63).
6. Gewährt der Gläubiger, nachdem er in der Betreibung auf Pfändung oder Pfandverwertung das Verwertungsbegehren gestellt hat, dem Schuldner eine Stundung oder ersucht er das BA, die Verwertung zu verschieben, so gilt das Verwertungsbegehren nach der Rechtsprechung als zurückgezogen (BGer SchKK, 08.08.1967, BJM 1968, S. 82, BlSchK 1969, S. 23).
7. In der Betreibung auf Grundpfandverwertung kann die Verwertung des Grundpfandes nicht stattfinden, wenn einem Dritteigentümer des Pfandes ein Verwertungsaufschub gewährt worden ist (BGE 101 III 72).

Art. 155   E. Verwertungsverfahren
1. Einleitung

¹ Hat der Gläubiger das Verwertungsbegehren gestellt, so sind die Artikel 97 Absatz 1, 102 Absatz 3, 103 und 106–109 auf das Pfand sinngemäss anwendbar.

² Das Betreibungsamt benachrichtigt den Schuldner binnen drei Tagen von dem Verwertungsbegehren.

1. Über Nutzniessungsansprüche Dritter an den Mietzinseingängen eines der Grundpfandbetreibung unterliegenden Grundstückes ist das Widerspruchsverfahren erst nach Stellung des Verwertungsbegehrens durchzuführen (BS, AB, 29.06.1951, BlSchK 1954, S. 84).
2. In einer Betreibung auf Grundpfandverwertung kann die Verwertung des Grundpfandes nicht stattfinden, wenn einem Dritteigentümer des Pfandes ein Verwertungsaufschub gewährt worden ist (BGE 101 III 72).
3. Bedeutung der Schätzung. Ihre Hauptfunktion – Bestimmung des Deckungsumfanges – dient der Orientierung des oder der Gläubiger über das voraussichtliche Ergebnis der Verwertung. Wohl dient

Vierter Titel: Betreibung auf Pfandverwertung   Art. 156

die Schätzung ausserdem zur Aufklärung allfälliger Steigerungsinteressenten (BGE 70 III 17), doch hat dieser Zweck dort zurückzutreten, wo eine zuverlässige Schätzung nur mit einem unverhältnismässigen und dem betreibenden Gläubiger nicht zumutbaren Zeitaufwand erreicht werden kann. Die analoge Anwendung des Art. 99 Abs. 2 bzw. 9 Abs. 2 VZG auf die Schätzung von Fahrnis rechtfertigt sich nur dort, wo anerkannte Schätzungskriterien bestehen; dies ist bei nicht kotierten Aktien nicht der Fall (BGE 101 III 34/35, 110 III 65 E.2, GE Autorité de surveillance, 01.02.1984, BlSchK 1984, S. 185).

4   Auch wenn ein Kanton zwei Aufsichtsbehörden über Schuldbetreibung und Konkurs kennt, besteht von Bundesrechts wegen kein Anspruch auf Anordnung einer weiteren Schätzung des Grundstücks durch die obere kantonale AB (BGE 120 III 135).

5   Liegen voneinander abweichende Schätzungen zweier gleich kompetenter Sachverständiger vor, so ist es zulässig, dass sich die AB für einen Mittelwert entscheidet (BGE 120 III 79 E 2b und 2c).

6   Inwiefern kann das BGer Schätzungsentscheide der obern kantonalen AB überprüfen? Nach Art. 9 Abs. 2 VZG werden Streitigkeiten über die Höhe der Schätzung endgültig durch die kantonale AB beurteilt. Solche Streitigkeiten können nicht an das BGer weitergezogen werden. Dieses kann Schätzungsentscheide nur daraufhin überprüfen, ob die bundesrechtlichen Vorschriften über das bei der Schätzung einzuschlagende Verfahren richtig angewendet worden seien (BGE 83 III 65).

7   Die hängige Betreibung auf Grundpfandverwertung steht einer Handänderung zufolge Ausübung des Kaufsrechts nicht entgegen; insbesondere fallen die Erklärungen, die vom kaufsrechtbelasteten Eigentümer hiefür abzugeben sind, nicht unter die zur Sicherung der Pfandverwertung vorgemerkte Verfügungsbeschränkung (BGE 114 III 18).

8   Das BA hat dem Dritteigentümer des Pfandes die Mitteilung des Verwertungsbegehrens zuzustellen. Der Dritteigentümer des Pfandes, der diese Mitteilung nicht erhält, kann nicht Beschwerde führen, wenn er vom Verwertungsbegehren gleichwohl früh genug Kenntnis erlangt hat, um seine Interessen wahren zu können (BGE 96 III 124).

9   Der Schuldner ist nicht verpflichtet, für von ihm benutzte Wohn- und Geschäftsräume einen Mietzins zu bezahlen, wenn das Grundstück vom BA verwaltet wird (GE, Autorité de surveillance, 14.04.1969, BlSchK 1973, S. 151).

10 (i.V.m. Art. 102 Abs. 3 SchKG und Art. 94 und 101 VZG) – Verwaltung des Pfandgegenstandes in der Betreibung auf Grundpfandverwertung; Unterscheidung zwischen der Zeit vor und nach Stellung des Verwertungsbegehrens. Die Verwaltung nach Art. 94 VZG ist auf die dringlichen Sicherungsmassnahmen beschränkt, welche in dieser Bestimmung aufgezählt sind, währenddem die auf Art. 101 VZG gestützten Verwaltungsbefugnisse weiter gehen. Baurechtszinsen können nicht mit laufenden Abgaben im Sinne von Art. 94 VZG verglichen werden (BGE 129 III 90).

11 Bei der Mitteilung des Verwertungsbegehrens durch das BA handelt es sich nicht um eine anfechtbare Verfügung im Sinne von Art. 17 SchKG (SH, AB, 02.07.1993, BlSchK 1994, S. 8).

Art. 156   2. Durchführung

¹ Für die Verwertung gelten die Artikel 122–143b. Die Steigerungsbedingungen (Art. 135) bestimmen jedoch, dass der Anteil am Zuschlagspreis, der dem betreibenden Pfandgläubiger zukommt, in Geld zu bezahlen ist, wenn die Beteiligten nichts anderes vereinbaren. Sie bestimmen ferner, dass die Belastung des Grundstücks, die zugunsten des Betreibenden bestand, im Grundbuch gelöscht wird.

² Vom Grundeigentümer zu Faustpfand begebene Eigentümer- oder Inhabertitel werden im Falle separater Verwertung auf den Betrag des Erlöses herabgesetzt.

1   Können spätere Tatsachen ein nachträgliches Lastenbereinigungsverfahren rechtfertigen? Jedenfalls nicht die behauptete Tilgung einer nicht in Betreibung stehenden Schuldbriefforderung im letzten Rang durch einen Dritten und wäre es auch allenfalls ohne Eintritt desselben in die Gläubigerrechte (BGE 76 III 41).

2 Erwerb der Pfandliegenschaft nach Ansetzung der Steigerung. Kann der Erwerber verlangen, dass ihm die Steigerung mindestens einen Monat zum Voraus angezeigt werde? – Wer eine mit Verfügungsbeschränkungen im Sinne von Art. 15, 90 oder 97 VZG belasteten Liegenschaft erwirbt, hat kein Anspruch darauf, dass selbst dann, wenn das BA erst nach der Steigerungspublikation von seinem Eigentumserwerb erfährt, die ihm gemäss Art. 103 VZG zuzustellende Spezialanzeige mindestens einen Monat vor der Steigerung versandt werde, was in der Regel nicht ohne Verschiebung der Steigerung möglich wäre. Er muss vielmehr die Betreibungen, zu deren Gunsten die Verfügungsbeschränkungen vorgemerkt wurden, in dem Stadium hinnehmen, in welchen sie sich im Zeitpunkte befinden, da das BA von seinem Eigentumserwerb Kenntnis erhält und kann nicht mehr verlangen, als dass ihm das Amt die Spezialanzeige so bald als möglich zustellt (BGE 78 III 3).

3 Steigerungsbedingungen, welche die Zahlung des Betrages, der den Baupfandgläubigern zusteht, zusätzlich zur verlangten Akontozahlung vorschreiben, verletzen die Art. 106 und 117 VZG nicht (BGE 119 III 127).

4 Im Pfändungs- und Pfandverwertungsverfahren ist eine vorzeitige Verwertung von Grundstücken wegen drohender Wertverminderung nicht zulässig (BGE 107 III 127).

5 In der Betreibung auf Pfandverwertung kann die vorzeitige Verwertung nur erfolgen, wenn gegen den Zahlungsbefehl kein Rechtsvorschlag erhoben worden ist (GE, Autorité de surveillance, 16.05.1979, BlSchK 1980, S. 77).

6 In einer Betreibung auf Grundpfandverwertung kann die Verwertung des Grundpfandes nicht stattfinden, wenn einem Dritteigentümer des Pfandes ein Verwertungsaufschub gewährt worden ist (BGE 101 III 72).

7 Zuständigkeit und Gründe zur Verschiebung der Steigerung. *Zuständigkeit der Betreibungsbehörden.* – Einerseits zieht jeder Widerspruchsstreit die Einstellung der Betreibung in Bezug auf den betreffenden Gegenstand auch ohne gerichtliche Verfügung von Amtes wegen nach sich, aber andererseits ist eine solche Einstellung unter besonderen Umständen nicht gerechtfertigt und darf daher in Ausnahmefällen die Fortsetzung der Betreibung ungeachtet des Widerspruchsprozesses verfügt werden (BGE 42 III 219, 48 III 16 und 203). – *Verschiebungsgründe* – Für die Festsetzung des minimalen Zuschlagspreises ist es ohne Bedeutung, ob neben der Forderung des betreibenden Gläubigers im gleichen Rang noch eine andere Pfandforderung besteht. Berücksichtigung der streitigen Forderung im Verteilungsstadium, indem der Erlös bis zur rechtskräftigen Feststellung des darauf Berechtigten zurückzubehalten ist. – *Verletzt die Versteigerung vor Austrag der Streitsache berechtigte Interessen?* – Die Rechtsprechung hat es immer wieder abgelehnt, als berechtigtes Interesse den Wunsch eines Pfandanspruchers gelten zu lassen, über den Bestand des streitigen Rechts orientiert zu sein, um sein Verhalten an der Steigerung als Gantliebhaber danach richten zu können (BGE 42 III 222, 67 III 46, 68 III 113) (BGE 84 III 89).

8 Ausübung eines im Grundbuch vorgemerkten Kaufsrechts während der Hängigkeit einer das fragliche Grundstück betreffenden Grundpfandbetreibung. – Die hängige Betreibung auf Grundpfandverwertung steht einer Handänderung zufolge Ausübung des Kaufsrecht nicht entgegen; insbesondere fallen die Erklärungen, die vom kaufsrechtbelasteten Eigentümer hiefür abzugeben sind, nicht unter die zur Sicherung der Pfandverwertung vorgemerkte Verfügungsbeschränkung. – Der Kaufsberechtigte hat keinen Anspruch darauf, dass mit der Verwertung des Grundstückes zugewartet wird, bis er die Fläche, auf die sich das Kaufsrecht bezieht, zu Eigentum erworben hat (BGE 114 III 18).

9 *Anfechtung der Schätzung des Pfandgegenstandes in der Faustpfandbetreibung* (Art. 97 und 155 SchKG) durch Beschwerde. Obwohl der Zuschlag bei der ersten Steigerung auch zu erfolgen hat, wenn das Angebot des Meistbietenden den Schätzungswert nicht erreicht, hat das BA auch in der Faustpfandbetreibung den Pfandgegenstand zu schätzen. Die Schätzung kann durch Beschwerde angefochten werden (analog zu Art. 9 VZG) (ZH, II. Ziv.Kammer, 19.10.1956, ZR 1960, Nr. 102, BlSchK 1961, S. 149).

10 (i.V.m. Art. 22, 139 und 140 SchKG) – Öffentliche Versteigerung – Anfechtbarkeit des Zuschlages. – In der Betreibung auf Pfandverwertung hat die unterlassene Mitteilung des Lastenverzeichnisses an den Pfandgläubiger – dem ein unmittelbares gesetzliches Pfandrecht zusteht und dessen recht-

zeitig eingegebene Forderung aus offensichtlichem Versehen des BA nicht im Lastenverzeichnis aufgeführt worden ist – keineswegs die Nichtigkeit der Versteigerung zur Folge, sondern nur ihre Anfechtbarkeit (BGer, 12.04.2000, BlSchK 2001, S. 4).

11 Wer in fremdem Namen bietet, hat sich auf Verlangen des Steigerungsleiters über seine Handlungsbefugnis auszuweisen. Ist er dazu nicht in der Lage, so darf sein Angebot unberücksichtigt bleiben (BGE 82 III 55).

12 Auch wenn Ausweise, wie das Familienbüchlein oder der Geburtsschein in den gesetzlichen Vorschriften nicht genannt werden, so ist es doch normal und üblich, dass sie verlangt werden. Das Erfordernis eines Ausweises kann nach dem Zuschlag nicht mehr angefochten werden, wenn dies nicht schon innert gesetzlicher Frist nach der Veröffentlichung geschehen ist und das Erfordernis im Übrigen auch nicht bestritten worden ist, als unmittelbar vor Beginn der Steigerung daran erinnert wurde (BGE 120 III 25).

13 (i.V.m. Art. 143 SchKG und Art. 41 und 47 VZG) – Zwangsverwertung eines Grundpfandes; Bezahlung des Kaufpreises durch Schuldübernahme – Der Ersteigerer eines Grundstückes kann anstatt den Kaufpreis dem BA bar zu bezahlen, innerhalb der festgesetzten Frist und mit dem Betrag des Zuschlagspreises die Grundpfandgläubiger direkt befriedigen, sofern deren im Lastenverzeichnis aufgenommene Forderung nicht bestritten ist. – Kann das BA dem Ersteigerer eine zusätzliche Frist zur Leistung einer Garantie ansetzen, wenn dieser unnötigerweise Gläubiger befriedigt hat, deren Forderung bestritten ist? Frage offen gelassen, da im vorliegenden Fall der Beschwerde des Ersteigerers aufschiebende Wirkung erteilt worden ist und er Gelegenheit gehabt hat, während des Verfahrens die Garantie zu leisten. – Es rechtfertigt sich nicht, die Erhebung des Kaufpreises aufzuschieben, nur weil der Lastenbereinigungsprozess noch pendent ist (BGE 115 III 60).

14 (i.V.m. Art. 85 Abs. 1 OR und 818 Abs. 1 ZGB) – Wenn wegen ungenügender Pfanddeckung das Pfand ganz oder teilweise zu löschen ist, muss das BA den oder die Titel – im vorliegenden Fall die Schuldbriefe – dem Grundbuchamt zur Löschung oder Herabsetzung des Pfandrechts zustellen. – Entsprechend Art. 85 Abs. 1 OR, der auf die Zwangsverwertung und insbesondere auf die Betreibung auf Pfandverwertung anwendbar ist, muss der Ertrag aus der Pfandverwertung zuerst auf die Kosten der Betreibung und die Verzugszinsen und sodann auf das Kapital angerechnet werden (BGE 121 III 432).

15 Art. 111 VZG, der im Falle ergebnisloser Betreibung die Löschung des Pfandrechts vorsieht, reiht sich folgerichtig in die Systematik des SchKG wie auch in jene der Pfandrechte ein (BGE 122 III 432).

16 Ein abgeschlossenes Pfandverwertungsverfahren hat nicht zur Folge, dass die Nichtigkeit des Zuschlages nicht mehr festgestellt werden könne (BGE 112 III 67).

Art. 157   3. Verteilung

¹ Aus dem Pfanderlös werden vorweg die Kosten für die Verwaltung, die Verwertung und die Verteilung bezahlt.

² Der Reinerlös wird den Pfandgläubigern bis zur Höhe ihrer Forderungen einschliesslich des Zinses bis zum Zeitpunkt der letzten Verwertung und der Betreibungskosten ausgerichtet.

³ Können nicht sämtliche Pfandgläubiger befriedigt werden, so setzt der Betreibungsbeamte, unter Berücksichtigung des Artikels 219 Absätze 2 und 3 die Rangordnung der Gläubiger und deren Anteile fest.

⁴ Die Artikel 147, 148 und 150 finden entsprechende Anwendung.

1 VZG Art. 112 verpflichtet die Betreibungsämter, allen nicht voll gedeckten Gläubigern und dem Schuldner schriftlich Mitteilung von der Auflegung des Verteilungsplanes, der Kostenrechnung und der Abrechnung über die eingegangenen Erträgnisse zuzustellen. Eine Verletzung dieser Pflicht stellt einen Mangel im Verfahren dar, welcher den Eintritt der Rechtskraft der Verteilungsliste und damit

Betreibungshandlungen aufgrund vorzeitig ausgestellter Pfandausfallscheine hindert (BS, AB, 25.05.1970, BJM 1972, S. 238, BlSchK 1972, S. 185).

2 Im Requisitionsauftrag zur Veräusserung eines Grundstückes, zum Einzug des Kaufpreises und zur Anweisung der den Grundpfandgläubigern zustehenden Betreffnisse ist auch die Erstellung und Auflegung eines Verteilungsplanes enthalten. Dessen Nichterstellung ist durch Beschwerde bei der für das requirierte KA zuständigen AB zu rügen (BS, AB, 06.06.1980, BlSchK 1983, S. 38).

3 Der Anspruch des Grundpfandgläubigers auf den Verwertungserlös und auf die dazugehörigen Nebenrechte entsteht mit der Bezahlung des Zuschlagpreises durch den Ersteigerer an die Konkursverwaltung (BGE 108 III 31).

4 Wenn ein Gläubiger die Fälligkeit der Forderung eines andern Gläubigers bestreitet, hat er gegen diesen eine Klage auf Anfechtung des Kollokationsplanes einzuleiten (BGE 95 III 36/37).

5 Das BA darf nicht zur Verteilung schreiten, wenn der Erlös aus der Verwertung eines Grundstücks Gegenstand einer strafrechtlichen Beschlagnahme bildet (BGE 105 III 1).

6 Die durch den *Umbau einer Liegenschaft angefallenen Kosten* sind von der Konkursmasse und nicht vom Pfandgläubiger zu tragen, da sie weder der Erhaltung noch der Nutzung dienen (BGE 120 III 152).

7 Die bei der Betreibung auf Grundpfandverwertung anfallenden *Grundstückgewinnsteuern sind als Kosten der Verwertung* im Sinne dieses Artikels Abs. 1 zu betrachten und dem zufolge vom Bruttoerlös abzuziehen und zu bezahlten, bevor der Nettoerlös an die Gläubiger verteilt wird. Dieses Verfahren gilt auch im Konkurs gemäss Art. 262 Abs. 1 SchKG (BGE 122 III 246, BlSchK 2003, S. 72).

8 *Die Mehrwertsteuer*, die bei der Verwertung eines Grundstücks anfällt, *ist aus dem Erlös des betreffenden Grundstücks vorab zu decken* (BGE 129 III 200).

9 Entsprechend Art. 85 Abs. 1 OR, der auf die Zwangsverwertung und insbesondere auf die Betreibung auf Pfandverwertung anwendbar ist, muss der *Ertrag aus der Pfandverwertung zuerst auf die Kosten der Betreibung und die Verzugszinsen* und sodann auf das Kapital angerechnet werden (BGE 121 III 432).

10 *Abschlagszahlungen aus Miet- und Pachtzinsen im Falle mehrerer Betreibungen* von Grundpfandgläubigern – Betreiben mehrere Grundpfandgläubiger den Schuldner auf Verwertung des nämlichen Grundstückes, so kann derjenige unter ihnen, der sich darauf ausgewiesen hat, dass seine Forderung vom Schuldner anerkannt oder rechtskräftig festgestellt worden ist, nur im Einverständnis mit allen anderen oder nach Aufstellung eines Kollokationsplanes Abschlagszahlungen aus Miet- und Pachtzinsen erhalten, in welchem Stadium auch immer die verschiedenen Betreibungen sich befinden (BGE 122 III 88).

11 (i.V.m. Art. 334 Abs. 2 ZPO BE) – Verfügungen eines BA oder KA besitzen nicht den Charakter der Unwiderruflichkeit. So sind Berichtigung von Missschreibungen, Missrechnungen und offenbaren Irrtümern, wie sie in Art. 334 Abs. 2 ZPO ohne Fristgebundenheit vorgesehen ist, mangels entsprechender Vorschrift im SchKG, möglich. Ein BA darf den durch offensichtlichen Irrtum unterlassenen Abzug von Verwertungs- und Verteilungskosten vom Steigerungserlös noch nachträglich – auch nach Rechtskraft der Abrechnung – berichtigen (BE, AB, 23.04.1979, BlSchK 1980, S. 117).

12 Wird nach der Verwertung des Pfandobjektes über den Grundpfandeigentümer der Konkurs eröffnet und fällt eine Forderung, die als durch ein Pfandrecht gesichert in das Lastenverzeichnis aufgenommen worden war, nachträglich dahin, *fällt der dadurch frei werdende Anteil des Erlöses grundsätzlich nicht in die Konkursmasse;* es sind daraus vorab die ungedeckt gebliebenen Pfandgläubiger zu befriedigen (BGE 129 III 246).

13 Das Retentionsrecht geht mit der Verwertung des Retentionsgegenstandes unter. – Eine Verteilung von Bargeld vor Ablauf der dreissigtägigen Verwertungsfrist ist unzulässig (BE, AB, 17.08.1957, BlSchK 1958, S. 118).

14 Der vertragliche Zinsanspruch der Grundpfandgläubiger hört mit der Verwertung des Pfandes auf. Wirft andererseits der Pfanderlös wegen Bewilligung eines Zahlungstermins einen Zinsertrag ab, so

Vierter Titel: Betreibung auf Pfandverwertung | **Art. 158**

haben die Pfandgläubiger auf diesen Ertrag pro rata ihrer Forderungen Anspruch (BE, AB, 02.04.1967, BlSchK 1968, S. 57).

15 Anspruch der Grundpfandgläubiger auf die Zinserträgnisse des Verwertungserlöses. – *Ist die sofortige Verteilung des Erlöses* aus der Pfandverwertung unabhängig vom Willen der Grundpfandgläubiger *nicht möglich, so bilden die* aus der Anlage *dieses Erlöses* fliessenden Zinserträgnisse ein *den Grundpfandgläubigern zustehendes Nebenrecht der Grundpfandforderung* (BGE 108 III 31).

16 Abschlagsverteilung des Erlöses aus der Verwertung eines pfandbelasteten Grundstückes; *Zuteilung der vom Ersteigerer* ab dem Tag der Steigerung bis zu jenem *der Bezahlung geschuldeten Zinsen im Falle der Gewährung eines Zahlungstermins. Allein den Grundpfandgläubigern* – entsprechend ihren Forderungen – *stehen die* zwischen der Leistung der Akontozahlung und der aufgeschobenen *Bezahlung des Restzuschlagspreises anwachsenden Zinsen zu* (BGE 122 III 40).

17 (i.V.m. Art. 144 SchKG) – Weder das SchKG noch dessen Ausführungserlasse sehen vor, dass Erträge aus vom BA angelegten Sammelkonten den einzelnen Betreibungsparteien zuzusprechen sind. Ebensowenig besteht eine Regel, wonach das BA bei verzögerter Auszahlung zur Leistung von Verzugszinsen an eine Betreibungspartei verpflichtet ist (SH, AB, 21.06.1996, BlSchK 1996, S. 22).

18 Art. 111 VZG, der im Falle ergebnisloser Betreibung die Löschung des Pfandrechts vorsieht, reiht sich folgerichtig in die Systematik des SchKG wie auch in jene der Pfandrechte ein (BGE 122 III 432).

19 Wenn die in Art. 95 Abs. 1 VZG vorgesehene Voraussetzung (vom Schuldner anerkannte oder rechtskräftig festgestellte Forderung) nicht erfüllt ist, sind Abschlagszahlungen ausgeschlossen (BGE 130 III 720).

Art. 158   4. Pfandausfallschein

¹ Konnte das Pfand wegen ungenügenden Angeboten (Art. 126 und 127) nicht verwertet werden oder deckt der Erlös die Forderung nicht, so stellt das Betreibungsamt dem betreibenden Pfandgläubiger einen Pfandausfallschein aus.

² Nach Zustellung dieser Urkunde kann der Gläubiger die Betreibung, je nach der Person des Schuldners, auf dem Wege der Pfändung oder des Konkurses führen, sofern es sich nicht um eine Gült oder andere Grundlast handelt. Betreibt er binnen Monatsfrist, so ist ein neuer Zahlungsbefehl nicht erforderlich.

³ Der Pfandausfallschein gilt als Schuldanerkennung im Sinne von Artikel 82.

1 Wenn in einer Pfandbetreibung, gegen die kein Rechtsvorschlag erhoben wurde, das Pfand wegen einer Drittansprache nicht verwertet werden kann, ist dem Betreibenden *kein Pfandausfallschein auszustellen* und er kann nicht verlangen, dass die Betreibung auf dem Weg der Pfändung oder des Konkurses fortgesetzt werde (BGE 79 III 124).

2 Das Recht auf Ausstellung eines Pfandausfallscheines steht nicht demjenigen zu, der nur ein Pfandrecht an durch das Ergebnis der Verwertung des Grundstückes nicht gedeckten Schuldbriefen besitzt (BGE 97 III 119).

3 (i.V.m. Art. 120 VZG) – Den nicht gedeckten nachgehenden Grundpfandgläubigern, die nicht selbst auf Pfandverwertung betrieben haben, ist ein Pfandausfallschein auszustellen, sofern ihre Forderungen fällig sind, und auch sie können innert Monatsfrist die Betreibung ohne Einleitungsverfahren fortsetzen (BE, AB, 15.11.1955, BlSchK 1957, S. 51).

4 (i.V.m. Art. 120 VZG) – Für die Ausstellung eines Pfandausfallscheines muss neben der Fälligkeit der durch das Pfand gesicherten Forderung auch das Erfordernis der persönlichen Haftung des Schuldners für eben dieses Forderung erfüllt sein. Letzteres trifft für den Schuldbriefschuldner in jedem Falle zu (BE, AB, 14.02.1996, BlSchK 1996, S. 68).

5 Der Pfandausfallschein hat eine doppelte rechtliche Bedeutung. Einmal verurkundet er die Tatsache, dass eine Pfandforderung im Pfandverwertungsverfahren ganz oder teilweise ungedeckt geblieben

ist. Zweitens gibt er dem Gläubiger das Recht, die Betreibung für die ungedeckt gebliebene Forderung in das übrige Vermögen des Schuldners fortzusetzen, sofern nicht, wie bei der Gült oder einer andern Grundlast, blosse Pfandhaftung besteht. Nicht immer wird aber für eine zu Verlust gekommene Pfandforderung ein Pfandausfallschein ausgestellt. Für nicht fällige Ausfallforderungen bei einer Grundstückverwertung wird nach VZG Art. 120 nur eine einfache, den Ausfall verurkundende Bescheinigung ausgestellt, die kein Recht auf Zugriff auf das übrige Schuldnervermögen ohne (neuen) Zahlungsbefehl gibt (BGE 85 III 137).

6   Kann der Retentionsgläubiger auch dann noch ein Rückschaffungsbegehren stellen und die Verwertung nachträglich zugeschaffter bzw. wieder zum Vorschein gekommener Gegenstände verlangen, wenn seinem Verwertungsbegehren hinsichtlich der vorhandenen Objekte stattgegeben und ohne Rücksicht auf die vorerst nicht auffindbaren Retentionsgegenstände ein Pfandausfallschein ausgestellt worden ist? – *Der Pfandausfallschein ist nicht Ersatz für ein wegen Unauffindbarkeit nicht verwertetes Retentionsobjekt, sondern bescheinigt nur die in Art. 158 SchKG genannten Tatsachen. Deshalb haften die Pfand- und Retentionsgegenstände weiterhin für die betriebene Forderung* und unterstehen ungeachtet der formellen Erledigung des Verfahrens jedenfalls dann dem zwangsvollstreckungsrechtlichen Beschlag der fraglichen Betreibung, wenn die Frist zur Stellung des Verwertungsbegehrens noch nicht abgelaufen ist. Solche Gegenstände sind analog Art. 269 SchKG nachträglich zu verwerten, ohne dass eine neue Betreibung einzuleiten wäre (ZH, Bülach, AB, 28.06.1979, BlSchK 1983, S. 108/109).

7   *Ersteigert der Gläubiger selbst den Schuldbrief bei einer Faustpfandverwertung*, so wird er Schuldbriefgläubiger und kann nun die Grundpfandforderung unabhängig von der allfälligen Restforderung aus dem andern Rechtsverhältnis (z.B. Darlehen) geltend machen, d.h. dass nunmehr auch ihm nach Art. 120 VZG gegebenenfalls ein Pfandausfallschein ausgestellt werden kann (BGE 89 III 43).

8   Ein im Zuge einer *Grundpfandbetreibung für eine andere als die in Betreibung gesetzte Forderung ausgestellter Pfandausfallschein berechtigt nicht zur Fortsetzung der Betreibung ohne Zahlungsbefehl* gegen den nicht entlassenen Pfandschuldner (SG, AB, 21.03.1958, BlSchK 1960, S. 184).

9   Im Falle von Art. 158 Abs. 2 SchKG wird der Eintritt der Verwirkung des Zahlungsbefehls hinausgeschoben; sie tritt nicht ein, solange die Frist für das Begehren um Fortsetzung der Betreibung nicht abgelaufen ist (BGE 121 III 486).

Fünfter Titel: Betreibung auf Konkurs
I. Ordentliche Konkursbetreibung

Art. 159 A. Konkursandrohung
1. Zeitpunkt

Unterliegt der Schuldner der Konkursbetreibung, so droht ihm das Betreibungsamt nach Empfang des Fortsetzungsbegehrens unverzüglich den Konkurs an.

1 Bei Parteienwechsel auf Schuldnerseite infolge Geschäftsübernahme mit Aktiven und Passiven kann eine Betreibung nicht ohne Weiteres fortgesetzt werden, sondern muss eine solche in der Regel neu angehoben werden (BE, AB, 05.09.1962, BlSchK 1963, S. 184).

2 Ob eine Zwangsvollstreckung durch Betreibung auf Pfändung oder durch Betreibung auf Konkurs fortzusetzen ist, muss von Amtes wegen geprüft werden (BGE 115 III 89).

3 Reicht der Betriebene Aberkennungsklage ein, bevor über den Rechtsvorschlag entschieden ist, so bleibt die Betreibung eingestellt und kann somit nicht fortgesetzt werden (BGE 117 III 17).

4 Wird ordentliche *Betreibung auf Pfändung oder Konkurs eingeleitet anstelle der* von Art. 41 Abs. 1 SchKG *vorgesehenen Betreibung auf Pfandverwertung, so ist die Zustellung* des Zahlungsbefehls innert der zehntägigen Frist des Art. 17 Abs. 2 SchKG *anzufechten* (BGE 120 III 105).

5 Die *Zustellung der Konkursandrohung* an einen der Konkursbetreibung unterliegenden Schuldner *für eine öffentlichrechtliche Forderung ist nichtig* (SO, AB, 02.06.1987, BlSchK 1988, S. 99).

6 (i.V.m. Art. 282 und 283 SchKG) – Hat der Gläubiger *Betreibung auf Pfandverwertung eingeleitet, es aber unterlassen, Drittansprachen auf die Retentionsgegenstände zu bestreiten*, kann er nicht Fortsetzung der Betreibung auf Pfändung oder Konkurs verlangen. Dies könnte er nur tun, wenn er spätestens im Zahlungsbefehl seinen Verzicht auf das Pfandrecht erklärt hätte (VD, Tribunal cantonal, 23.08.1983, BlSchK 1985, S. 116).

7 Fortsetzung einer bestrittenen Betreibung. – Die Betreibungsbehörden besitzen keine Befugnisse zur Nachprüfung einer vollstreckbaren Aufhebung des Rechtsvorschlages (GE, Autorité de surveillance, 04.12.1974, BlSchK 1976, S. 175).

8 *Eine Konkursandrohung ist nichtig, wenn* sich nachträglich herausstellt, dass *der Zahlungsbefehl nicht in Rechtskraft erwachsen ist.* Dies ist der Fall, wenn der Rechtsöffnungsentscheid im Zeitpunkt der Zustellung der Konkursandrohung noch nicht rechtskräftig geworden oder wenn rechtzeitig eine Aberkennungsklage eingereicht worden ist (VS, KG, 18.08.1993, BlSchK 1994, S. 26).

9 Eine *Konkursandrohung kann erst dann ausgestellt werden, wenn die in Betreibung gesetzte Forderung definitiv vollstreckbar ist.* Eine Konkursandrohung, die während der Hängigkeit eines Aberkennungsprozesses erlassen wird, ist nichtig (BE, AB, 05.09.1967, BlSchK 1969, S. 79, LU SchKKomm, 27.09.1982, LGVE 1982 I 48).

10 Eine *während der Dauer des Rechtsöffnungsverfahrens oder des Aberkennungsprozesses erlassene Konkursandrohung ist nichtig* und auf Beschwerde hin aufzuheben. Die Nichtigkeit gilt ex tunc, also seit Erlass der Konkursandrohung. (SH, AB, 19.01.1993, BlSchK 1994, S. 64).

11 *Kommt einem Rechtsmittel gegen den Rechtsöffnungsentscheid keine aufschiebende Wirkung zu* und wird ihm diese auch nicht durch richterliche Verfügung erteilt, *so kann trotz Hängigkeit des Rechtsmittels die Konkursandrohung erlassen werden* (BGE 101 III 40).

12 Liegt ein rechtskräftiger Zahlungsbefehl vor, so kann der Gläubiger ohne Weiteres die Fortsetzung der Betreibung verlangen. *Will der Schuldner nachträglich geltend machen*, nicht er, sondern *eine andere Person sei der wirkliche Schuldner*, so hat sich das BA mit dieser Frage nicht zu befassen (BE, AB, 21.03.1967, BlSchK 1968, S. 50).

13 Weder *Direktzahlungen noch Stundungsvereinbarungen unter den Parteien vermögen die Gültigkeit einer Konkursandrohung zu beeinflussen;* sie sind damit für das BA unbeachtlich. Vorbehalten bleibt

dagegen die richterliche Aufhebung oder Einstellung der Betreibung auf entsprechendes Begehren des Schuldners (BS, AB, 12.12.1967, BJM 1968, S. 85, BlSchK 1969, S. 140).

14 Die von einem *örtlich unzuständigen BA erlassene Konkursandrohung* ist nichtig. Prüfungsbefugnis des Konkursrichters und der AB. Berücksichtigung von einem Nichtigkeitsgrund betreffend Nova im Rekursverfahren vor BGer (OG Art. 79) (BGE 96 III 31).

15 (i.V.m. Art. 46 SchKG) Bei Zweifeln über seine örtliche Zuständigkeit hat der Konkursrichter das Verfahren auszusetzen und den Fall an die AB zu überweisen (GR, AB, 11.07.1995, PKG 1995, S. 137).

16 (i.V.m. Art. 48 SchKG) – Schuldner, die weder in der Schweiz noch im Ausland einen festen Wohnsitz haben, können an ihrem schweizerischen Aufenthaltsort betrieben werden; diese Regelung gilt ohne Weiteres auch für die Betreibung auf Konkurs (BGE 119 III 51).

17 (i.V.m. Art. 88 SchKG) – Wenn der Richter dem Rechtsmittel gegen den Entscheid über die definitive Rechtsöffnung aufschiebende Wirkung zuerkennt, wird die zuvor gültig erlassene Konkursandrohung in ihren Wirkungen gehemmt (BGE 130 III 657).

Art. 160   2. Inhalt

¹ Die Konkursandrohung enthält:
1. die Angaben des Betreibungsbegehrens;
2. das Datum des Zahlungsbefehls;
3. die Anzeige, dass der Gläubiger nach Ablauf von 20 Tagen das Konkursbegehren stellen kann;
4. die Mitteilung, dass der Schuldner, welcher die Zulässigkeit der Konkursbetreibung bestreiten will, innert zehn Tagen bei der Aufsichtsbehörde Beschwerde zu führen hat (Art. 17).

² Der Schuldner wird zugleich daran erinnert, dass er berechtigt ist, einen Nachlassvertrag vorzuschlagen.

1 Für die in einem durch Abstandserklärung erledigten Rechtsöffnungsverfahren vom Schuldner anerkannten Kosten muss nicht eine neue Betreibung angehoben werden. Diese Kosten sind nach Massgabe der Betreibungsakten und Ausweise in die Konkursandrohung aufzunehmen (SO, AB, 29.03.1945, BlSchK 1947, S. 123).

2 Für Konkursandrohungen aufgrund eines Pfandausfallscheines ohne neuen Zahlungsbefehl genügen die dort verlangten Angaben nicht. Als *Betreibungssumme ist der Pfandausfall*, an Stelle des (nicht vorhandenen Zahlungsbefehls) *der Pfandausfallschein mit Ausstellungs- und Zustellungsdatum, das ausstellende Amt und die Nummer der Betreibung*, in welcher der Pfandausfallschein ausgestellt wurde, anzugeben. Zu diesem Zweck muss mit dem Begehren auf Erlass der Konkursandrohung jeweils der Pfandausfallschein dem BA zugestellt werden (BGE 85 III 173).

3 (i.V.m. Art. 22 SchKG) – *Konkursandrohung mit nicht in Betreibung gesetzten Beträgen* – Eine Konkursandrohung, in welcher nicht in Betreibung gesetzte Forderungsbeträge aufgeführt sind, ist nichtig. Aus Gründen des Schuldnerschutzes selbst dann, wenn nur für eine einzelne von mehreren Forderungsbeträgen keine angehoben worden ist, die die Annahme der Teilnichtgkeit kaum praktikabel wäre (ZG, AB, 23.11.01, GVP 2001, S. 149).

4 Das BA hat vor der Ausstellung der Konkursandrohung nicht abzuklären, ob die im Betreibungsbegehren vermerkten *Angaben zum Wohnort des Gläubigers* noch zutreffen; die Nichtberücksichtigung einer allfälligen Änderung führt nicht zur Aufhebung der Konkursandrohung (BGE 128 III 470).

5 Die von einem *örtlich nicht zuständigen BA* erlassene Konkursandrohung ist nichtig (BGE 96 III 31).

Fünfter Titel: Betreibung auf Konkurs   Art. 161

6 Kommt einem Rechtsmittel gegen den Rechtsöffnungsentscheid keine aufschiebende Wirkung zu und wird ihm diese auch nicht durch richterliche Verfügung erteilt, so kann trotz Hängigkeit des Rechtsmittels die Konkursandrohung erlassen werden (BGE 101 III 40).

7 Unter Berufung auf Ziff. 4 kann der Schuldner nach Zustellung der Konkursandrohung nicht mehr geltend machen, dass die Forderung pfandgesichert und deshalb nur die Betreibung auf Pfandverwertung zulässig sei. – Die zu früh gestellte Konkursandrohung wird mit Ablauf der Frist nach Art. 159 bzw. nach definitiver Beseitigung des Rechtsvorschlages nicht gültig (LU, SchKKomm, 22.07.1949, Max. IX, Nr. 699).

8 Wenn der Schuldner kein Rechtsvorschlag gegen eine Betreibung erhoben hat, so kann er sich bei der Zustellung der Konkursandrohung nicht mehr bei der Zustellung der Konkursandrohung über eine missbräuchliche Betreibung beschweren (NE, AB, 07.05.1993, BlSchK 1994, S. 143).

9 Der Anspruch auf Vorausverwertung von Pfändern (beneficium excussionis realis) ist auch im Falle der Betreibung auf Konkurs mit *Beschwerde gegen den Zahlungsbefehl* geltend zu machen (BGE 110 III 5).

10 Wird ordentliche *Betreibung auf Pfändung oder Konkurs eingeleitet anstelle der* von Art. 41 Abs. 1 SchKG *vorgesehenen Betreibung auf Pfandverwertung, so ist die Zustellung* des Zahlungsbefehls innert der zehntägigen Frist des Art. 17 Abs. 2 SchKG *anzufechten* (BGE 120 III 105).

Art. 161   3. Zustellung

¹ Für die Zustellung der Konkursandrohung gilt Artikel 72.
² Ein Doppel derselben wird dem Gläubiger zugestellt, sobald die Zustellung an den Schuldner erfolgt ist.
³ Aufgehoben.

1 Wenn der Schuldner keinen Rechtsvorschlag gegen eine Betreibung erhoben hat, so kann er sich nicht mehr bei der Zustellung der Konkursandrohung über eine missbräuchliche Betreibung beschweren (NE, AB, 07.06.1993, BlSchK 1994, S. 143).

Art. 162   B. Güterverzeichnis
1. Anordnung

Das für die Eröffnung des Konkurses zuständige Gericht (Konkursgericht) hat auf Verlangen des Gläubigers, sofern es zu dessen Sicherung geboten erscheint, die Aufnahme eines Verzeichnisses aller Vermögensbestandteile des Schuldners (Güterverzeichnis) anzuordnen.

1 Auch der Gläubiger, dem provisorische Rechtsöffnung erteilt worden ist, kann die Aufnahme des Güterverzeichnisses nur verlangen, wenn die Voraussetzungen des Art. 162 SchKG erfüllt sind. – Nur bei ausgesprochener Dringlichkeit darf von der Einholung einer Vernehmlassung des Schuldners abgesehen werden (LU, SchKKomm, 06.08.1949, Max. IX, Nr. 696, BlSchK 1952, S. 79).

2 Die Aufnahme des Güterverzeichnisses kann ein Gläubiger, dem provisorische Rechtsöffnung erteilt ist, nur verlangen, wenn er glaubhaft macht, dass sie zu seiner Sicherung geboten sei. Dagegen ist nicht nötig, dass dem Schuldner die Konkursandrohung zugestellt worden ist (ZH, ObGer, II. Ziv.Kammer, 21.02.1956, ZR 1956, Nr. 144, BlSchK 1958, S. 56).

3 Die Aufnahme des Güterverzeichnisses kann auch ein Gläubiger, dem provisorische Rechtsöffnung erteilt wurde, nur verlangen, wenn diese Massnahme zu seiner Sicherung geboten erscheint ZH, ObGer, II. Ziv.Kammer, 08.04.1968, SJZ 1968, S. 201, 24.02.1971, ZR 1971, Nr. 64, BlSchK 1973, S. 147).

Art. 163

4 Voraussetzungen zur Anordnung der Aufnahme eines Güterverzeichnisses. Die Gründe zur Sicherstellung müssen mindestens glaubhaft gemacht werden (SO, ObGer, 27.04.1947, BlSchK 1950, S. 47).

5 Entscheide des Konkursrichters nach dieser Bestimmung sind nicht rekurrabel (LU, SchKKomm, 22.07.1954, Max. X, Nr. 289, BlSchK 1956, S. 141).

6 Anspruch auf Errichtung eines Güterverzeichnisses nach Vollstreckbarerklärung (BGE 126 III 441).

7 Für die Anordnung des Güterverzeichnisses sind im Rahmen eines provisorischen Rechtsöffnungsverfahrens an die Glaubhaftmachung des Sicherungsbedürfnisses des Gläubigers erhöhte Anforderungen zu stellen (LU, SchKKomm, 18.02.2002, LGVE 2002 I 53 (BlSchK 2003, S. 228).

Art. 163   2. Vollzug

¹ Das Betreibungsamt nimmt das Güterverzeichnis auf. Es darf damit erst beginnen, wenn die Konkursandrohung zugestellt ist; ausgenommen sind die Fälle nach den Artikeln 83 Absatz 1 und 183.
² Die Artikel 90–92 finden entsprechende Anwendung.

1 Das Güterverzeichnis kann auch bei Konkursbetreibung schon nach erteilter provisorischer Rechtsöffnung und nicht erst nach zugestellter Konkursandrohung aufgenommen werden (ZH, ObGer, II. Ziv.Kammer, 01.02.1949, SJZ 1949, S. 241).

Art. 164   3. Wirkungen
            a. Pflichten des Schuldners

¹ Der Schuldner ist bei Straffolge (Art. 169 StGB) verpflichtet, dafür zu sorgen, dass die aufgezeichneten Vermögensstücke erhalten bleiben oder durch gleichwertige ersetzt werden; er darf jedoch davon so viel verbrauchen, als nach dem Ermessen des Betreibungsbeamten zu seinem und seiner Familie Lebensunterhalt erforderlich ist.
² Der Betreibungsbeamte macht den Schuldner auf seine Pflichten und auf die Straffolge ausdrücklich aufmerksam.

Keine Entscheidungen.

Art. 165   b. Dauer

¹ Die durch das Güterverzeichnis begründete Verpflichtung des Schuldners wird vom Betreibungsbeamten aufgehoben, wenn sämtliche betreibende Gläubiger einwilligen.
² Sie erlischt von Gesetzes wegen vier Monate nach der Erstellung des Verzeichnisses.

Keine Entscheidungen.

Art. 166   C. Konkursbegehren
            1. Frist

¹ Nach Ablauf von 20 Tagen seit der Zustellung der Konkursandrohung kann der Gläubiger unter Vorlegung dieser Urkunde und des Zahlungsbefehls beim Konkursgerichte das Konkursbegehren stellen.
² Dieses Recht erlischt 15 Monate nach der Zustellung des Zahlungsbefehls. Ist Rechtsvorschlag erhoben worden, so steht diese Frist zwischen der Einleitung und der Erledigung eines dadurch veranlassten gerichtlichen Verfahrens still.

Fünfter Titel: Betreibung auf Konkurs | **Art. 167**

1. Der Gläubiger kann das Konkursbegehren gültig stellen unbekümmert um den Militärdienst des Schuldners (BE, Appellationshof, II. Ziv.Kammer, 17.06.1955, ZBJV 1956, S. 235).

2. Konkursbegehren ohne Beilage der Betreibungsurkunden – Legt der Gläubiger dem Konkursbegehren die in dieser Bestimmung erwähnten Urkunden nicht bei, so muss ihm das Konkursgericht eine Nachfrist ansetzen. Anders zu entscheiden käme überspitztem Formalismus gleich (UR, ObGer, 24.07.1998, BlSchK 1999, S. 105).

3. Zur Konkurseröffnung örtlich zuständig ist der Richter, in dessen Amtskreis sich das Betreibungsforum befindet. Ist der Schuldner eine natürliche Person, so ist der Ort der Betreibung an seinem Wohnsitz. Bei einer Einzelfirma wird der Betreibungsort durch den *tatsächlichen Wohnsitz des Firmainhabers bestimmt*, selbst wenn dieser Wohnsitz nicht mit dem im Handelsregister angegebenen Sitz der Firma übereinstimmt (VD, Tribunal cantonal, 10.12.1964, JT 113 (11965) II, S. 126, SJZ 1966, S. 347).

4. Das Konkursbegehren einer juristischen Person ist abzuweisen, wenn dieses von einem nicht zeichnungsberechtigten Angestellten unterzeichnet ist (VD, Tribunal cantonal, 02.12.1971, BlSchK 1973, S. 183).

5. (i.V.m. § 344 Ziff. 1, 345 ZPO ZH) – Die Rüge der örtlichen Unzuständigkeit des Konkursrichters im interkantonalen Verhältnis ist mit der staatsrechtlichen Beschwerde beim BGer, nicht mit der Nichtigkeitsbeschwerde beim Kassationsgericht zu erheben (ZH, Kassationsgericht, 24.03.1975, ZR 1975, Nr. 37).

6. Das BA muss auf Verlangen des Gläubigers die Konkursandrohung zustellen, solange die Frist von Art. 166 Abs. 2 nicht abgelaufen ist; nur der Richter ist zuständig zur Beurteilung der Frage, ob das Konkursbegehren rechtzeitig gestellt worden ist (BGE 106 III 52).

7. Wird das Konkursbegehren zwar vor Ablauf der in Art. 166 Abs. 1 SchKG vorgesehenen Frist von zwanzig Tagen der Post übergeben, geht es aber erst nach Ablauf der Frist bei der zuständigen Behörde ein, muss es zugelassen werden (BGE 122 III 130).

8. Wird im Falle der Ausstellung eines Pfandausfallscheines die Fortführung der Betreibung auf Konkurs fortgesetzt, so wird gemäss Art. 158 Abs. 2 der Eintritt der Verwirkung des Zahlungsbefehls hinausgeschoben; sie tritt nicht ein, solange die Frist für das Begehren um Fortsetzung der Betreibung nicht abgelaufen ist (BGE 121 III 486).

9. Unterbrechung der fünfzehnmonatigen Frist; Begriff der «gerichtlichen Erledigung». – Bereits der Ablauf der Frist zur Anhebung der Aberkennungsklage bringt diese Frist des Art. 166 Abs. 2 SchKG zum Laufen und nicht etwa erst die Bescheinigung des Audienzrichteramtes, dass keine Aberkennungsklage eingereicht wurde. Würde erst die Bescheinigung, dass ein Schuldner keine Aberkennungsklage einleite, die fünfzehnmonatige Frist wieder zum Laufen bringen, hätte ein Gläubiger die Möglichkeit, den Unterbruch dieser Frist nach seinen Bedürfnissen zu verlängern. Derartiges darf aber dem Schuldner nicht zugemutet werden (ZH, Konkursrichter Zürich, 27.08.1993, ZR 1995, Nr. 55).

10. Die Verwirkungsfrist gemäss Abs. 2 steht still, bis über die im Zeitpunkt der Zustellung des Zahlungsbefehls hängige Anerkennungsklage rechtskräftig entschieden ist (BGE 113 III 121).

Art. 167   2. Rückzug

Zieht der Gläubiger das Konkursbegehren zurück, so kann er es vor Ablauf eines Monats nicht erneuern.

1. Ein Zahlungsaufschub durch den Gläubiger gilt als Rückzug des Konkursbegehrens. Das neue Konkursbegehren ist wiederum schriftlich einzureichen und der Konkursrichter hat eine neue Parteiverhandlung anzusetzen (SG, KG, Rekursrichter für SchK, 26.10.1967, SJZ 1969, S. 334).

2. Die Zustimmung des Gläubigers zur Verschiebung der Konkurseröffnung gilt als Rückzug des Konkursbegehrens (AR, ObGer-Präsident, 31.03.1969, BlSchK 1971, S. 23).

Art. 168

3 Die besonderen Rechtsfolgen, welche die Gewährung der aufschiebenden Wirkung im Konkursverfahren zeitigt, können nicht dazu führen, dass das BGer einem in der Beschwerdeantwort erklärten Rückzug des Konkursbegehrens Rechnung trägt (BGE 118 III 38).

Art. 168   3. Konkursverhandlung

Ist das Konkursbegehren gestellt, so wird den Parteien wenigstens drei Tage vorher die gerichtliche Verhandlung angezeigt. Es steht denselben frei, vor Gericht zu erscheinen, sei es persönlich, sei es durch Vertretung.

1 Die Vorladung zur Konkursverhandlung ist rechtsgültig, wenn die Sendung einer Person ausgehändigt wird, die nach den postalischen Vorschriften zur Entgegennahme eingeschriebener Sendungen befugt ist. Die Ehefrau ist als empfangsberechtigt anzusehen (LU, SchKKomm, 14.404.1950, Max. IX, Nr. 794, BlSchK 1952, S. 149).

2 Wird eine Vorladung zur Verhandlung gemäss Art. 171 SchKG *an eine zur Vertretung einer AG, über welche der Konkurs eröffnet werden soll, nicht befugte Person ausgehändigt* und von dieser nicht weitergeleitet, so ist die Konkursverhandlung als nicht geschehen zu betrachten (SG, AB, 23.02.1967, BlSchK 1971, S. 57).

3 Die *Aushändigung der Vorladung* zu einer Konkursverhandlung *an einen Angestellten* ist rechtsgenügend (VD, Tribunal cantonal, 08.03.1973, BlSchK 1974, S. 147/148).

4 Die Zustellung der Vorladung zur Konkursverhandlung gegen eine Aktiengesellschaft an ein *aus dem Verwaltungsrat ausgeschiedenes, aber im Handelsregister eingetragenes Mitglied erfolge rechtsgültig*, solange der Eintrag im Handelsregister nicht gelöscht ist, auch wenn der betreffende Verwaltungsrat dem Konkursrichter mitgeteilt hat, er sei aus dem Verwaltungsrat ausgeschieden. Der Konkursrichter ist berechtigt, die Vorladung auch einer vom Gläubiger nicht bezeichnete, aber in Art. 65 Abs. 1 Ziff. 2 SchKG aufgeführten Personen zuzustellen, wenn dies – z.B. weil sich der Geschäftssitz der Schuldnerin im Ausland befindet – der beförderlichen Behandlung der Sache dient (ZH, ObGer, II. Ziv.Kammer, 14.02.1973, ZR 1973, Nr. 61).

5 Die Zustellung der Konkursverhandlungsanzeige hat nach den Regeln des SchKG zu erfolgen, nicht nach kantonalem Prozessrecht (BS, Appellationsgericht, 19.06.1951, SJZ 1952, S. 127).

6 Die Gültigkeit der Zustellung der Vorladung zur Konkursverhandlung bestimmt sich in erster Linie nach dem kantonalen Prozessrecht (SG, AB, 23.02.1967, BlSchK 1971, S. 58).

7 Die Unterlassung der rechtzeitigen Vorladung vor den Konkursrichter erster Instanz muss in zweiter Instanz gehört werden (SO, AB, 08.03.1951, ObGer-Bericht 1951, S. 167, BlSchK 1953, S. 174).

8 Bei Konkursbegehren in Wechselbetreibungen braucht den Parteien keine Terminanzeige zugestellt zu werden (BE, Appellationshof I. Ziv.Kammer, 01.03.1968, ZBJV 1970, S. 193).

9 Die Vorladungsfrist zur Konkurseröffnung muss mindestens dreimal 24 Stunden umfassen (BS, Appellationsgericht, 19.08.1970, BJM 1970, S. 186, BlSchK 1973, S. 17).

10 (i.V.m. ZPO ZH) – Werden Ort, Tag und Stunde der Verhandlung nicht auch dem Gläubiger angezeigt, so leidet das Konkursdekret an dem Nichtigkeitsgrund der nicht gehörigen Vorladung. Der nicht vorgeladene Gläubiger ist auch dann beschwert und zum Rekurs legitimiert, wenn zwar gemäss seinem Antrag entschieden wurde, er aber durch den Mangel daran gehindert wurde, seinen Antrag noch vor der Gerichtentscheidung zu modifizieren (ZH, Kassationsgericht, 04.02.1975, ZR 1975, Nr. 2, SJZ 1975, S. 298).

11 (i.V.m. Art. 169 Abs. 2 SchKG) – Der Konkursrichter muss die Parteien zu einer neuen nach Ort, Tag und Stunde bestimmten Konkursverhandlung vorladen, wenn er seinen Entscheid über das Konkursbegehren vertagt. Die Parteien müssen genau wissen, bis zu welchem Zeitpunkt sie noch konkursbedingende und hindernde Tatsachen setzen und dem Konkursrichter vorbringen können. Nur auf solche Weise lassen sich Rechtswillkür und nichtige Konkurserkenntnisse vermeiden (FR, KG, 10.11.1975, BlSchK 1981, S. 44).

12 Die Regel, wonach eine zur Post aufgegebene Mitteilung, die dem Adressaten nicht direkt übergeben werden konnte und von diesem trotz entsprechendem Avis während der siebentägigen Abholungsfrist am Postschalter nicht bezogen worden ist, als zugestellt betrachtet wird, gilt auch für die in Art. 168 SchKG vorgesehene Vorladung zur Konkursverhandlung (FR, Cour d'appel, 31.01.1979, BlSchK 1983, S. 99).

13 (i.V.m. § 179 Abs.2 GVG) – Gescheiterte Zustellung der Vorladung zur Konkursverhandlung; Frage der schuldhaften Verhinderung – Ein bestehendes Prozessverhältnis verpflichtet die Parteien, dafür zu sorgen, dass Ihnen Vorladungen (und Entscheide) zugestellt werden können. Diese prozessuale Verpflichtung entsteht mit der Begründung eines Verfahrensverhältnisses und gilt insoweit, als während eines hängigen Verfahrens mit der Zustellung eines behördlichen Aktes gerechnet werden muss. Die Zustellung der Konkursandrohung an den Schuldner durch das BA vermag noch kein solches Prozessrechtsverhältnis mit Bezug auf ein allfälliges Konkurseröffnungsverfahren beim Konkursrichter zu begründen (ZH, ObGer, II. Ziv.Kammer, 29.11.2004, ZR 2005, Nr. 43).

14 *Ein Konkursdekret kann im Rekursverfahren aufgehoben werden, wenn der Schuldner* nachweist, dass er *von der Vorladung zur Verhandlung über die Konkurseröffnung keine Kenntnis erhielt*, weil die Post die mit ihr getroffene Vereinbarung über Zustellungen an ihn nicht befolgt und dass er die Schuld nebst allen Verfahrenskosten innert der Rekursfrist getilgt hat (ZH, ObGer, II. Ziv.Kammer, 22.05.1951, ZR 1955, Nr. 158).

15 Eine Konkurseröffnung kann im Rekursverfahren aufgehoben werden, wenn der Schuldner nachweist, dass er *von der Vorladung zur Verhandlung über die Konkurseröffnung unverschuldet keine Kenntnis erhielt,* weil seine Ehefrau sie in Empfang nahm und ihm nicht übergab, und dass er die Schuld nebst allen Verfahrenskosten innert der Rekursfrist getilgt hat (ZH, ObGer, II. Ziv.Kammer, 06.11.1951, ZR 1955, Nr. 159).

16 Anfechtung des Konkursdekretes wegen verspäteter Zustellung der Vorladung zur Konkursverhandlung. Wann gilt eine Sendung als zugestellt? – Nach der Rechtsprechung des BGer gilt eine Sendung nicht schon dann als zugestellt, wenn die Abholungseinladung in den Briefkasten geworfen wird, vielmehr erst dann, wenn sie innert der Abholungsfrist auf der Post in Empfang genommen wird (BGE 80 IV 204, 83 III 95 f., 85 IV 116, 74 I 88).

17 Eine Vorladung die innert der Abholfrist auf der Post in Empfang genommen wird, der Empfang aber mit dem Tag der Konkursverhandlung zusammenfällt, gilt als nicht rechtzeitig zugestellt (LU, SchKKomm, 06.11.1968, Max. XI, Nr. 660, BlSchK 1970, S. 174).

18 Der Schuldner, dem die Vorladung zur Konkursverhandlung erst nach Eröffnung des Konkurses zugestellt wird, ist in seinem rechtlichen Gehör, das er an der Konkursverhandlung zur Geltung bringen kann, verletzt. Das Konkursdekret muss daher im Falle einer Berufung (Rekurs) aufgehoben werden (LU, SchKKomm, 08.02.1973, Max. XII, Nr. 166).

19 Inhalt der Konkursverhandlungsanzeige. Was diese Anzeige im Einzelnen enthalten muss, wird nicht gesagt. Aus ihrem Zweck ergibt sich, dass er Empfänger klar soll erkennen können, um welche Betreibung es sich handelt. Es müssen daher der Gläubiger, der Schuldner, die Forderung und die Betreibungsnummer ersichtlich sein (LU, SchKKomm, 08.10.1962, Max. XI, Nr. 156, SJZ 1964, S. 276, BlSchK 1964, S. 173).

20 Wird der Entscheid über das Konkursbegehren ausgesetzt, so sind die Parteien zu einer neuen, nach Ort, Tag und Stunde bestimmten Verhandlung schriftlich vorzuladen. Telefonische Vorladung genügt nicht (ZH, Kassationsgericht, 11.11.1968, SJZ 1969, S. 363).

21 Die *Vorladung* zur Konkursverhandlung *hat in allen Fällen zu erfolgen, auch wenn dem Gericht das Konkursbegehren zum vorneherein,* z.B. weil verspätet gestellt, *als unstatthaft erscheint* (ZH, ObGer, 11.11.1994, ZR 1995, Nr. 58).

Art. 169   4. Haftung für die Konkurskosten

¹ Wer das Konkursbegehren stellt, haftet für die Kosten, die bis und mit der Einstellung des Konkurses mangels Aktiven (Art. 230) oder bis zum Schuldenruf (Art. 232) entstehen.

² Das Gericht kann von dem Gläubiger einen entsprechenden Kostenvorschuss verlangen.

1   Wird das Konkursverfahren mangels Aktiven eingestellt, so hat der Gläubiger eine neue Betreibung einzuleiten; die von ihm bezahlten Kosten des KA kann er zur Hauptforderung hinzuschlagen (Zürich, Bez.Gericht, 17.07.1951, SJZ 1952, S. 127).

2   Der Gläubiger, welcher das Konkursbegehren stellt, haftet unter allen Umständen und allein für die Bezahlung der bis zur Einstellung des Konkurses mangels Aktiven oder bis zum Schuldenruf entstehenden Kosten, soweit sie sich im Rahmen der Gebührenverordnung halten und für die Feststellung und Schätzung der Aktiven notwendig sind (BS, AB, 07.05.1956, BlSchK 1958, S. 25).

3   Einstellung des Konkurses – Enthält die Konkursmasse rasch realisierbare Aktiven, so sind diese und nicht die Kaution nach Abs. 22 zur Deckung der Kosten heranzuziehen (ZH, Bez. Gericht, 13.01.1954, BlSchK 1955, S. 24).

4   Der Gläubiger, welcher das Konkursbegehren stellt, haftet für die bis zur Einstellung des Konkurses bzw. bis zum Schuldenruf entstehenden Kosten. Im summarischen Verfahren, in welchem keine Gläubigerversammlung stattfindet, muss die Kostenpflicht in analoger Weise auf das Feststellungsverfahren beschränkt bleiben. Der vom Gläubiger geleistete Kostenvorschuss haftet demgemäss nur für die bis zum Entscheid über die Durchführung des summarischen Verfahrens aufgelaufenen Kosten und ist, soweit er diese übersteigt, zurück zu erstatten. Die geleisteten Kostenvorschüsse für die Deckung der Kosten zur Durchführung des summarischen Konkursverfahrens zu verwenden, widerspricht der Bestimmung von Art. 169 SchKG. Das Begehren des Gläubigers, die von ihm aus dem Kostenvorschuss entnommenen Kosten zur Deckung der Konkurskosten, sei im Verlustschein aufzunehmen, wurde von der AB abgelehnt (BE, AB, 25.07.1983, BlSchK 1987, S. 72).

5   Kosten einer ausgeschlagenen Erbschaft. – Die Kosten des Verfahrens können weder auf die Teilungsbehörde, die als Organ der Einwohnergemeinde keine Rechtspersönlichkeit besitzt, noch auf die ausschlagenden Erben überwälzt werden. Erstere ist aufgrund gesetzlicher Pflicht tätig geworden, Letztere haben ihre Rechte und Pflichten an der Erbschaft aufgegeben. Die entstandenen Kosten sind vielmehr, soweit möglich, aus den vorhandenen Aktiven zu decken, wobei nur ein allfälliger Überschuss unter die Erben im Sinne von Art. 573 Abs. 2 ZGB zu verteilen ist. Reichen die Aktiven zur Kostendeckung nicht aus, *so muss der Staat die Kostenforderung abschreiben* (LU, SchKK, 15.11.1979, BlSchK 1982, S. 194).

6   (i.V.m. Art. 191 SchKG und Art. 35 KOV) – Der dem Schuldner obliegende Kostenvorschuss kann auch von einem Dritten ganz oder teilweise für ihn geleistet werden. Dann fällt ein Überschuss über die Verfahrenskosten nicht in die Konkursmasse, sondern ist dem Dritten zurückzugeben (ZH, ObGer, II. Ziv.Kammer, 04.02.1954, ZR 1954, Nr. 18, BlSchK 1955, S. 112).

7   (i.V.m. Art. 191 SchKG und Art. 35 KOV) – Der Konkursrichter ist berechtigt, vom Schuldner, der sich zahlungsunfähig erklärt, einen Kostenvorschuss zu verlangen (VD, Tribunal cantonal, 21.08.1980, BlSchK 1982, S. 65).

8   (i.V.m. Art. 52 und 54 Geb.-VO) – Gegen den Gebührenbezug nach der Gebührenverordnung zum SchKG durch Gerichtsstellen sind nur kantonalrechtliche Beschwerdemittel gegeben. – Auch die Gebühr für die Konkurseröffnung ist eine Pauschalgebühr, durch die sämtliche Kosten abgegolten werden. Zu den vom Gläubiger vorzuschiessenden Konkurskosten gehören auch diejenigen des so genannten vorbereitenden Verfahrens (LU, SchKKomm, 22.11.1982, LGVE I 53).

9   Der *Kostenvorschuss* im Sinne von Abs. 2 *muss vor der Konkurseröffnung eingefordert werden*. Der Konkursrichter, der den Gläubiger erst nach der Konkurseröffnung zur Vorschussleistung auffordert und mit der Mitteilung des Konkursdekretes zuwartet bis der verlangte Betrag eingetroffen ist, verstösst gegen das Willkürverbot. – Die rechtzeitige Hinterlegung eines vom Richter ordnungsgemäss

verlangten Kostenvorschusses ist Voraussetzung dafür, dass die geforderte Amtshandlung (Konkurseröffnung) vorgenommen werden kann (BGE 97 I 609).

10 (i.V.m. Art. 35 Abs. 1 KOV) – Der vom Konkursrichter gemäss Art. 169 Abs. 2 SchKG eingeholte Kostenvorschuss bildet keine obere Grenze der Haftung des Gläubigers für die bis zur Einstellung des Konkurses mangels Aktiven oder bis zum Schuldenruf entstehenden Kosten. Mit dieser Bestimmung sollen die Kosten des Konkursverfahrens gedeckt werden. Die Haftung für Kosten, die durch die Konkursmasse nicht gedeckt werden können, wollte der der Gesetzgeber dem den Konkurs beantragenden Gläubiger überbinden und nicht dem Staat (LU, ObGer SchKKomm, 09.09.1999, LGVE 1999 I 44).

11 Vollstreckung für Konkurskosten gegenüber dem für die Kosten haftenden Gläubiger. Erhebt der für die Konkurskosten haftende Betriebene Rechtsvorschlag, so ist aufgrund der rechtskräftigen Kostenverfügung des KA definitive Rechtsöffnung zu bewilligen (ZH, Bez.-Gericht, 13.10.1993, BlSchK 1994, S. 30).

Art. 170   5. Vorsorgliche Anordnungen

Das Gericht kann sofort nach Anbringung des Konkursbegehrens die zur Wahrung der Rechte der Gläubiger notwendigen vorsorglichen Anordnungen treffen.

1 Entscheide des Konkursrichters nach dieser Bestimmung sind nicht rekurrabel (LU, SchKK, 22.07.1954, Max. X, Nr. 289, BlSchK 1956, S. 141).

2 Zuständigkeit und Voraussetzungen für die Anordnung eines Güterverzeichnisses nach Verweigerung des Rechtsvorschlages in einer Wechselbetreibung. Nach Art. 183 SchKG trifft das selbe Gericht, das den Rechtsvorschlag verweigert, vorsorgliche Massnahmen, wie insbesondere die Aufnahme des Güterverzeichnisses. – Da die Wechselbetreibung im beschleunigten Verfahren durchzuführen ist und bereits dem Zahlungsbefehl auch die Bedeutung einer Konkursandrohung zukommt, rechtfertigt es sich, wie im Falle des Art. 170 das beantragte Güterverzeichnis sofort anzuordnen, ohne von der Gläubigerin einen weiteren Nachweis als denjenigen ihres Forderungsrechts zu verlangen (BS, Dreiergericht, 06.09.1967, BJM 1967, S. 137, BlSchK 1968, S. 152).

Art. 171   D. Entscheid des Konkursgerichts
1. Konkurseröffnung

Das Gericht entscheidet ohne Aufschub, auch in Abwesenheit der Parteien. Es spricht die Konkurseröffnung aus, sofern nicht einer der in den Artikeln 172–173a erwähnten Fälle vorliegt.

1 Ein vom *örtlich nicht zuständigen Konkursrichter erlassenes Konkurserkenntnis* muss von der Berufungsinstanz auch dann, wenn ein Rechtsmittel nicht vorliegt, aufgehoben werden (LU, SchKKomm, 24.07.1946, Max. IX, Nr. 457).

2 Eröffnet der Konkursrichter den Konkurs nicht an der angesetzten Verhandlung, so ist weder eine nochmalige Verhandlung anzuberaumen, noch den Zeitpunkt bekannt zu geben, an welchem der Entscheid getroffen werde (LU, SchKKomm, 14.04.1947, Max. IX, Nr. 531; eine dagegen eingereichte Beschwerde wurde vom Staatsgerichtshof abgewiesen, BlSchK 1950, S. 18).

3 Das Fernbleiben des Konkursrichters von der Konkursverhandlung kann die Nichtigkeit des Konkurserkenntnisses zur Folge haben (TG, Rekurskomm., 06.02.1958, BlSchK 1960, S. 120, SJZ 1961, S. 160).

4 (i.V.m. Art. 169 Abs. 2 SchKG) – Der Konkursrichter muss die Parteien zu einer neuen, nach Ort, Tag und Stunde bestimmten Konkursverhandlung vorladen, wenn er seinen Entscheid über das Konkursbegehren vertagt. Die Parteien müssen genau wissen, bis zu welchem Zeitpunkt sie noch konkursbedingende und hindernde Tatsachen setzen und dem Konkursrichter vorbringen können.

Nur auf solche Weise lassen sich Rechtswillkür und nichtige Konkurserkenntnisse vermeiden (FR, Appellationshof), 10.11.1975, BlSchK 1981, S. 44).

5   Das Konkursgericht hat nicht zu prüfen, ob der Zahlungsbefehl ordnungsgemäss zugestellt worden ist; die bezügliche Einwendung fällt in die Kompetenz der AB und muss mittels Beschwerde geltend gemacht werden (VS, AB, 10.09.1964, JT 113 (1965) II, S. 96, SJZ 1966, S. 348).

6   Die Parteien können, statt persönlich an der Konkursverhandlung teilzunehmen, schriftliche Eingaben einreichen, die vom Konkursrichter, sofern sie rechtzeitig bei ihm einlangen, berücksichtigt werden müssen (LU, SchKKomm, 31.03.1968, Max. XI, Nr. 661).

7   (i.V.m. ZPO BE) – Gegen ein Konkurserkenntnis ist die Wiedereinsetzung zulässig (BE, Appellationshof, I. Ziv.Kammer, 21.05.11968, ZBJV 1970, S. 190).

8   Wird eine Vorladung zur Verhandlung an eine zur Vertretung der AG, über welche der Konkurs eröffnet werden soll, nicht befugte Person ausgehändigt und von dieser nicht weitergeleitet, so ist der Konkursvorstand als nicht geschehen zu betrachten (SG, AB, 23.02.1967, BlSchK 1971, S. 57).

9   Verbindlichkeit des Konkursdekretes für die Konkursbehörden. KB und AB können ein Konkursdekret jedenfalls dann nicht auf seine Gesetzmässigkeit überprüfen, wenn mit der Durchführung des Konkurses bereits begonnen worden ist (BGE 100 III 19).

10 Der Entscheid über die Konkurseröffnung obliegt allein dem Konkursgericht. Nur im Falle der Nichtigkeit, wenn das KA offenkundig unzuständig oder sein eigenes Handeln offenbar gesetzwidrig wäre, könnte es den Vollzug ablehnen. Dies trifft nicht zu im Falle, wo über einen nicht der Konkursbetreibung unterliegenden Schuldner der Konkurs eröffnet wurde (SH, AB, 21.101.994, BlSchK 1996, S. 27).

11 Inhalt des Konkursdekretes: Der Inhalt des Konkurserkenntnisses ist im Gesetz nicht geregelt. Das Erkenntnis muss aber alles enthalten, was zu einer Vollziehung erforderlich ist. Dazu gehört vor allem die genaue Bezeichnung des Schuldners. Von gewissen Ausnahmen abgesehen, ist es ein leitender Grundsatz des Gesetzes, der nach Möglichkeit von Amtes wegen zu berücksichtigen ist, dass der Konkurs nur über den Eingetragenen eröffnet werden soll (H. Fritzsche, Schuldbetreibung Konkurs, Bd. II, S. 7). «Von Amtes wegen berücksichtigen» bedeutet für den Konkursrichter, dass er sich nicht unter allen Umständen auf den Zahlungsbefehl oder die Konkursandrohung verlassen darf. Ein Nachschlagen im Ragionenbuch ist ihm zuzumuten. Besteht in Bezug auf die Schuldnerbezeichnung durch den Gläubiger eine Verwechslungsgefahr mit einem andern im Handelsregister eingetragenen Schuldner oder ist die Schuldnerbezeichnung ungenau, ist das Gesuch zur Verbesserung zurückzuweisen und eine genaue Bezeichnung zu verlangen. Bei einer Feststellung des Konkursrichters, dass ein Schuldner nicht der Konkursbetreibung unterliegt, so muss er den Fall der AB überweisen; er ist nicht berechtigt, die Betreibung von sich aus nichtig zu erklären (LU, SchKKomm, 15.11.1973, Max. XII, Nr. 167, BlSchK 1976, S. 57).

12 (i.V.m. Art. 32 SchKG) – Die Regel, wonach eine zur Post aufgegebene Mitteilung, die dem Adressaten nicht direkt übergeben werden konnte und von diesem trotz entsprechendem Avis während der siebentägigen Abholungsfrist am Postschalter nicht bezogen worden ist, als zugestellt betrachtet wird, gilt auch für die in Art. 168 SchKG vorgesehen Vorladung zur Konkursverhandlung (FR, Cour d'appel, 31.01.1979, BlSchK 1983, S. 99)

13 (i.V.m. Art. 172, Ziff. 3 SchKG) – Unter Tilgung, deren Urkundenbeweis zur Abwendung des Konkurses geleistet sein muss, versteht das Gesetz die Befriedigung des betreibenden Gläubigers für die von diesem in Betreibung gesetzte Forderung durch Zuführung des Forderungsbetrages samt Zinsen und Kosten an den Gläubiger oder zu dessen Handen an das für ihn die Forderung eintreibende BA bzw. Konkursgericht. – Die Verarrestierung der Gegenstand der Konkursbetreibung bildenden Forderung des betreibenden Gläubigers auf Begehren des Schuldners oder einer Drittperson steht der Konkurseröffnung bei fehlender urkundlich nachgewiesener Tilgung nicht entgegen, selbst dann nicht, wenn der Schuldner den Forderungsbetrag samt Zinsen und Kosten an das BA des Arrestortes leistet (AG, ObGer, 1. Ziv.Kammer, 07.05.1992, BlSchK 1993, S. 175).

14 (i.V.m. Art. 32 Abs. 1 und 172 Ziff. 3 SchKG) – Konkurseröffnung; rechtliches Gehör. Anhörung durch den Richter, Tilgung der Konkursforderung im Rahmen der Konkurseröffnungsverhandlung. – Zur Konkurseröffnungsverhandlung vorgeladene und erschienene Prozessparteien haben Anspruch auf Anhörung durch den Richter; *dem Konkursrichter – nicht der Gerichtskanzlei obliegt die Prüfung der Voraussetzungen für die Durchführung der Verhandlung.* Ein Aktenentscheid hat nur dann zu ergehen, wenn der Schuldner zur festgesetzten Verhandlung nicht erschienen ist oder auf deren Durchführung verzichtet hat. – Tilgung der Konkursforderung anlässlich des Vorladungstermins an das Konkursgericht zuhanden des Gläubigers; gegebenenfalls ist die Zahlung im Sinne von Art. 32 Abs. 2 SchKG an das zuständige BA weiterzuleiten (ZH, ObGer, II. Ziv.Kammer, 22.06.2001, ZR 2002, Nr. 17, BlSchK 2003, S. 126).

Art. 172   2. Abweisung des Konkursbegehrens

Das Gericht weist das Konkursbegehren ab:
1. wenn die Konkursandrohung von der Aufsichtsbehörde aufgehoben ist;
2. wenn dem Schuldner die Wiederherstellung einer Frist (Art. 33 Abs. 4) oder ein nachträglicher Rechtsvorschlag (Art. 77) bewilligt worden ist;
3. wenn der Schuldner durch Urkunden beweist, dass die Schuld, Zinsen und Kosten inbegriffen, getilgt ist oder dass der Gläubiger ihm Stundung gewährt hat.

I. Zu Ziff. 1

1 Ist die trotz Anhebung der Aberkennungsklage zugestellte Konkursandrohung nichtig, wenn die Klage in der Folge nicht prosequiert wird? Nachdem der Schuldner seinen Willen bekundet hat, die Forderung nicht mehr zu bestreiten und somit den Rechtsvorschlag nicht aufrecht zu erhalten, ist die Frage nach der Wirksamkeit der in einem verfrühten Zeitpunkt erlassene Konkursandrohung aus praktischen Überlegungen zu bejahen. Nachdem sowohl die Konkursandrohung selbst nicht angefochten, als auch auf die Fortsetzung des Aberkennungsprozesses verzichtet wurde, besteht keinerlei praktisches Bedürfnis, vom Gläubiger zu verlangen, eine neue Konkursandrohung zu veranlassen. Das wäre ein zweckloser Formalismus, an dem auch der Schuldner keinerlei Interesse haben kann (SG, AB, 17.04.1951, BlSchK 1953, S. 158).

2 Der Konkursrichter erster wie zweiter Instanz hat nicht nur diese genannten allfälligen Einreden, sondern auch von Amtes wegen seine örtliche Zuständigkeit zu prüfen. Domizilwechsel erst kurz vor der Konkurseröffnung zum Zwecke der Begründung eines passenden Betreibungs- oder Konkursortes begründet keine entsprechende Änderung des Gerichtsstandes (BS, Appellationsgericht, 02.07.1948, Entscheidungen 9. Bd., 1. Heft, S. 144).

3 Erlässt ein Amt eine Konkursandrohung bzw. Pfändungsankündigung oder Zahlungsbefehl zur Wechselbetreibung nach einem Wohnsitzwechsel des Schuldners, so ist die entsprechende Betreibungsurkunde nichtig und zwar selbst dann, wenn der Schuldner seine Wohnsitzveränderung dem Amt nicht gemeldet und den Erlass der betreffenden Urkunde nicht innert der ordentlichen Beschwerdefrist angefochten hat. Zur Aufhebung hängiger Konkursbegehren aufgrund nichtiger Konkursandrohungen ist nicht die AB zuständig; dagegen sind dem Konkursrichter Beschwerdeschrift und -entscheid bezüglich der betreffenden Konkursandrohungen zur Kenntnis zu bringen (BS, AB, 16.06.1980, BlSchK 1984, S. 208/209).

4 Will der Schuldner die Richtigkeit der in der Konkursandrohung in Abzug gebrachten Teilzahlungen bestreiten, hat er dies durch Vorlage der entsprechenden Quittungen an der allfälligen Konkursverhandlung zu tun (GE, Autorité de surveillance, 18.01.1984, BlSchK 1984, S. 219/220).

5 Wird eine Vorladung zur Verhandlung gemäss Art. 171 SchKG an eine zur Vertretung einer AG, über welche der Konkurs eröffnet werden soll, nicht befugte Person ausgehändigt und von dieser nicht weitergeleitet, so ist der Konkursvorstand als nicht geschehen zu betrachten (SG, AB, 23.02.1967, BlSchK 1971, S. 57).

6 Das Konkursbegehren einer juristischen Person ist abzuweisen, wenn dieses von einem nicht zeichnungsberechtigten Angestellten unterzeichnet ist (VD, Tribunal cantonal, 02.12.1971, BlSchK 1973, S. 183).

II. Zu Ziff. 3

7 Zur Abwendung einer Konkurseröffnung muss der Schuldner auch die Kosten des konkursrichterlichen Verfahrens vor dem erstinstanzlichen Entscheid über das Konkursbegehren bezahlen oder sicherstellen (ZH, ObGer, Verwaltungskomm., 07.07.1951, ZR 1952, Nr. 53, BlSchK 1954, S. 26).

8 Die Hinterlegung des Betrages der in Betreibung gesetzten Forderung genügt nicht zur Abweisung des Konkursbegehrens (SZ, Rechenschaftsbericht KG 1954, S. 31, BlSchK 1957, S. 24).

9 Das BA hat von sich aus nur die durch seine Vermittlung erfolgten Zahlungen an die Betreibung anzurechnen. Aufhebung der Betreibung ist durch den Richter zu erwirken (BS, AB, 17.08.1960, BlSchK 1962, S. 145).

10 Wenn das Konkursbegehren gestellt ist, kann der Schuldner nicht mehr die Einstellung der Betreibung verlangen. Es bleibt ihm nur noch die Möglichkeit, Tilgung einredeweise gegen das Konkursbegehren geltend zu machen (LU, SchKKomm, 18.11.1964, Max. XI, Nr. 346, BlSchK 1966, S. 139, SJZ 1966, S. 334).

11 Der erforderliche Urkundenbeweis für eine vor der Konkurseröffnung erfolgte Tilgung oder Stundung der Betreibungsforderung wird im Rekursverfahren noch entgegen genommen, auch wenn er dem Konkursrichter nicht vorgelegt worden ist (LU, SchKKomm, 24.02.1964, Max. XI, Nr. 350).

12 Einrede der Stundung infolge Abtretung zahlungshalber. Hat der Schuldner dem Gläubiger Forderungen gegen Dritte zahlungs- und sicherungshalber abgetreten, so ist die zu sichernde oder zu tilgende Forderung gestundet, bis der Gläubiger Rückzession anbietet. Der Widerruf der Abtretung durch den Schuldner ist unwirksam und beendigt die Stundung nicht. Dem Konkursbegehren des Gläubigers steht die Stundungseinrede nur entgegen, wenn durch Urkunden bewiesen ist, dass die Abtretung zahlungs- oder sicherungshalber erfolgt (ZH, Kassationsgericht, 03.01.1967, SJZ 1967, S. 126).

13 (i.V.m. Art. 171 SchKG) – Unter Tilgung, deren Urkundenbeweis zur Abwendung des Konkurses geleistet sein muss versteht das Gesetz die Befriedigung des betreibenden Gläubigers für die von diesem in Betreibung gesetzte Forderung durch Zuführung des Forderungsbetrages samt Zinsen und Kosten an den Gläubiger oder zu dessen Handen an das für ihn die Forderung eintreibende BA bzw. Konkursgericht. – Die Verarrestierung der Gegenstand der Konkursbetreibung bildenden Forderung des betreibenden Gläubigers auf Begehren des Schuldners oder einer Drittperson steht der Konkurseröffnung bei fehlender urkundlich nachgewiesener Tilgung nicht entgegen, selbst dann nicht, wenn der Schuldner den Forderungsbetrag samt Zinsen und Kosten an das BA des Arrestortes leistet (AG, ObGer, II. Ziv.Kammer, 07.05.1992, BlSchK 1993, S. 175).

14 Für den Nachweis der Tilgung einer Geldschuld durch Überweisung auf das Postkonto durch Einzahlung am Postschalter genügt die Vorlage der Postquittung (BL, ObGer, 11.01.1994, BJM 1995, S. 138).

15 (i.V.m. Art. 32 Abs. 1 und 171 SchKG) – Konkurseröffnung – rechtliches Gehör. Anhörung durch den Richter – Tilgung der Konkursforderung im Rahmen der Konkurseröffnungsverhandlung – Zur Konkurseröffnungsverhandlung vorgeladene und erschienene Prozessparteien haben Anspruch auf Anhörung durch den Richter; dem Konkursrichter – nicht der Gerichtskanzlei obliegt die Prüfung der Voraussetzungen für die Durchführung der Verhandlung. Ein Aktenentscheid hat nur dann zu ergehen, wenn der Schuldner zur festgesetzten Verhandlung nicht erschienen ist oder auf deren Durchführung verzichtet hat. – Tilgung der Konkursforderung anlässlich des Vorladungstermins an das Konkursgericht zuhanden des Gläubigers; gegebenenfalls ist die Zahlung im Sinne von Art. 32 Abs. 2 SchKG an das zuständige BA weiterzuleiten (ZH, ObGer, II. Ziv.Kammer, 22.06.2001, ZR 2002, Nr. 17, BlSchK 2003, S. 126).

Art. 173 3. Aussetzung des Entscheides
a. Wegen Einstellung der Betreibung oder Nichtigkeitsgründen

¹ Wird von der Aufsichtsbehörde infolge einer Beschwerde oder vom Gericht gemäss Artikel 85 oder 85a Absatz 2 die Einstellung der Betreibung verfügt, so setzt das Gericht den Entscheid über den Konkurs aus.

² Findet das Gericht von sich aus, dass im vorangegangenen Verfahren eine nichtige Verfügung (Art. 22 Abs. 1) erlassen wurde, so setzt es den Entscheid ebenfalls aus und überweist den Fall der Aufsichtsbehörde.

³ Der Beschluss der Aufsichtsbehörde wird dem Konkursgerichte mitgeteilt. Hierauf erfolgt das gerichtliche Erkenntnis.

1 Die Eintragung im Handelsregister hat die Betreibung auf Konkurs zur Folge, unbekümmert darum, ob die Eintragung zu Recht erfolgte oder nicht. Hat der Konkursrichter erhebliche Zweifel an der Zulässigkeit der Konkursbetreibung, so muss er den Entscheid aussetzen und den Fall der AB überweisen; er ist nicht befugt, selber die Betreibung auf Konkurs als unstatthaft zu erklären (ZH, ObGer, II. Ziv.Kammer, 23.02.1951, SJZ 1951, S. 357).

2 Der um Eröffnung des Konkurses ersuchte Richter hat von Amtes wegen zu prüfen, ob die Vorschriften über den Betreibungsort beachtet wurden. Ist das offensichtlich nicht der Fall, so kann er sich unzuständig erklären. Hat er Zweifel über seine Zuständigkeit, z.B. wenn fraglich, wo der Schuldner seinen Wohnsitz hat, so hat der Richter die Entscheidung über das Konkursbegehren auszusetzen und den Fall in Anwendung dieser Bestimmung der AB vorzulegen (BGE 96 III 31).

3 Ob der Schuldner der Konkursbetreibung unterliegt, hat im Beschwerdefall die AB zu entscheiden. Dass der Bezirksgerichtspräsident in Personalunion Konkursrichter und (untere) AB für Schuldbetreibung und Konkurs ist, ändert nichts (SZ, Justizkomm., 18.09.1970, BlSchK 1972, S. 149).

4 (i.V.m. Art. 43 SchKG) – Der Konkursrichter hat das Konkurserkenntnis auszusetzen und den Fall der AB zu unterbreiten, wenn er glaubt, der Schuldner unterliege nicht der Konkursbetreibung. Diese Bestimmung ist analog anzuwenden, wenn der Konkursrichter eine Verletzung der Vorschriften über den Betreibungsort feststellt oder wenn er zweifelt, dass der Rechtsvorschlag gültig beseitigt worden ist. Dieses Vorgehen wird auch dann als angezeigt erachtet, wenn der Konkursrichter glaubt, die in Betreibung gesetzte Forderung könne auch gegen den an sich der Konkursbetreibung unterliegenden Schuldner nur auf dem Weg der Betreibung auf Pfändung vollstreckt werden (SO, AB, 02.06.1987, BlSchK 1989, S. 187).

5 (i.V.m. Art. 65 und 67 SchKG) – Zustellung von Betreibungsurkunden an GmbH – nichtige Betreibungshandlung – Die „faktische" Geschäftsführerin einer GmbH ohne eingetragene Geschäftsführung bzw. zeichnungsberechtigte Gesellschafterin ist nicht legitimiert, Betreibungsurkunden für die GmbH entgegenzunehmen und Rechtsmittel zu erheben. Ein Gläubiger hat grundsätzlich bereits im Betreibungsbegehren den Namen eines berechtigten Vertreters anzugeben, dem die Urkunden zugestellt werden sollen. Fehlen diese Angaben im Betreibungsbegehren, so hat das BA den Gläubiger unverzüglich davon in Kenntnis zu setzen und ihm Gelegenheit zur Ergänzung zu geben, sofern das Amt selbst nicht schon aufgrund der von ihm zu führenden Handelsregisterkartei (Art. 15 Abs. 4 SchKG) in der Lage war, die zum Empfang der Betreibungsurkunden berechtigten Personen zu ermitteln (ZH, ObGer, II. Ziv.Kammer, 06.11.2003, ZR 2005, Nr. 10).

6 (i.V.m. Art. 43 SchKG) – Betreibung für öffentlichrechtliche Ansprüche – Bereits begründete Zweifel über die rechtliche Natur der in Betreibung gesetzten Forderung zwingen zum Vorgehen gemäss Absatz 2 dieses Artikels; dies darum, weil die Missachtung von Art. 43 SchKG wegen der beteiligten Interessen Dritter in jedem Stadium der Betreibung die Nichtigkeit der getroffenen Verfügungen zur Folge hat (BGE 956 III 33, 94 III 68). Der Konkursrichter hat von Amtes wegen zu prüfen, ob das BA die Bestimmung von Art. 43 beachtet hat (BS, Appellationsgericht, 05.01.1990, BJM 1990, S. 261, BlSchK 1991, S. 70).

7   Die Nichtigkeit einer Betreibungshandlung kann wohl jederzeit geltend gemacht werden, doch muss dies vor der sachlich zuständigen Instanz geschehen. *Die SchKK des BGer ist nur dann befugt,* die Nichtigkeit einer Betreibungshandlung festzustellen, wenn sie mit einem Rekurs gegen einen Entscheid einer (oberen) kantonalen AB angerufen worden ist (BGE 118 III 4).

Art. 173a   b. Wegen Einreichung eines Gesuches um Nachlass- oder Notstundung oder von Amtes wegen

¹ Hat der Schuldner oder ein Gläubiger ein Gesuch um Bewilligung einer Nachlassstundung oder einer Notstundung anhängig gemacht, so kann das Gericht den Entscheid über den Konkurs aussetzen.

² Das Gericht kann den Entscheid über den Konkurs auch von Amtes wegen aussetzen, wenn Anhaltspunkte für das Zustandekommen eines Nachlassvertrages bestehen; es überweist die Akten dem Nachlassrichter.

³ Bewilligt der Nachlassrichter die Stundung nicht, so eröffnet der Konkursrichter den Konkurs.

1   Wünscht der Schuldner, der ein Stundungsgesuch eingereicht hat, dass das Konkurserkenntnis ausgesetzt werde, so muss er beim Konkursrichter einen ausdrücklichen Antrag stellen. Der Konkursrichter hat dem Stundungsgesuch durch Aussetzen des Konkurserkenntnisses im Allgemeinen Rechnung zu tragen; indessen kann er den Konkurs sofort eröffnen, wenn das Stundungsgesuch offenbar trölerisch eingereicht wurde (ZH, ObGer, II. Ziv.Kammer, 23.05.1950, SJZ 1950, S. 278, BlSchK 1952, S. 25).

2   Den offenbar trölerischen Begehren um Bewilligung der Nachlassstundung sind jene gleichzustellen, deren Begründung und Begleitung von Akten derart mangelhaft ist, dass sich weder das Nachlassgericht noch das Konkursgericht auch nur eine vorläufige Meinung über die Erfolgsaussichten bilden können. In beiden Fällen ist die Aussetzung des Konkurserkenntnisses abzulehnen (ZH, ObGer, II. Ziv.Kammer, 01.04.1953, BlSchK 1954, S. 186, SJZ 1954, S. 15).

3   Die Aussetzung des Konkursdekretes ist nur dann zu verweigern, wenn die Einreichung des Stundungsgesuches als missbräuchlich, z.B. wenn früher bereits ein Stundungsgesuch abgelehnt worden ist, zu bezeichnen ist (LU, SchKKomm, 16.04.1959, Max. X, Nr. 687, BlSchK 1961, S. 85).

4   Inwieweit sind Nachlasswürdigkeit und Aussichten des Stundungsgesuches zu prüfen? Der Konkursrichter hat der Pendenz eines Stundungsgesuches Rechnung zu tragen, sofern es sich nicht um ein offenbar trölerisch eingereichtes handelt, mit dem der Schuldner lediglich Zeit zu gewinnen sucht, obgleich es keine Erfolgsaussichten hat. Nur wenn sich das Stundungsgesuch von vorneherein als aussichtslos erweist, besteht kein Grund, das Konkurserkenntnis auszusetzen. Die Aussichtslosigkeit muss sich für den Konkursrichter aus dem Stundungsgesuch und den Akten des Nachlassverfahrens, möglicherweise aus seiner Kenntnis der Verhältnisse des Schuldners aus früheren Verfahren ergeben (ZH, ObGer, II. Ziv.Kammer, 15.05.1964, ZR 1965, Nr. 170).

5   Während der Dauer eines Konkursaufschubes (Art. 725 Abs. 4 OR) darf in Pfändungsbetreibungen gegen den Schuldner (für öffentlichrechtliche Forderungen) keine Verwertung stattfinden (BGE 77 III 37).

6   Konkursaufschub (Art. 725 Abs. 4 OR) – Die Bewilligung des Konkursaufschubes ist amtlich zu publizieren (Art. 297 Abs. 4 SchKG) (BGE 101 III 99).

7   (i.V.m. Art. 725a OR) – Erachtet der Konkursrichter die Voraussetzungen für einen Kon- kursaufschub als nicht gegeben, so hat er die Konkurseröffnung auszusprechen (LU, SchKKomm, 28.08.1953, Max. X, Nr. 223, BlSchK 1955, S. 189).

8   Aufschub der Eröffnung des Konkurses über eine Aktiengesellschaft (Art. 725 Abs. 4 OR). Es ist denkbar, dass während des Aufschubes Betreibungsbegehren entgegengenommen werden, doch darf ihnen nicht stattgegeben werden, solange der Konkurs aufgeschoben ist (BGE 104 III 20).

9 Hat ein der Konkursbetreibung unterliegender Schuldner die Aussetzung des Konkurserkenntnisses erwirkt, so können ihn die privilegierten Lohngläubiger schon vom Erlass dieser Verfügung an auf Pfändung betreiben (BGE 78 III 19).

10 Der Konkursrichter hat eine andernorts ergangene Nachlassstundung zu beachten (BS, Appellationsgericht, 10.08.1957, BJM 1957, S. 279).

11 Es ist klares Recht, dass das Konkurserkenntnis auch in der Wechselbetreibung ausgesetzt werden kann, wenn der Schuldner ein Gesuch um Nachlassstundung oder Notstundung anhängig gemacht hat (ZH, Kassationsgericht, 13.10.1958, SJZ 1958, S. 329).

12 Gilt für die Wechselbetreibung nicht (ZH, Handelsgericht, Präsident, 09.06.1965, SJZ 1965, S. 328).

13 Das Konkursdekret kann nur für Betreibungen auf Konkurs ausgesetzt werden, nicht aber für Betreibungen auf Pfändung für öffentlichrechtliche Forderungen nach Art. 43 SchKG (BE, AB, 19.07.1967, BlSchK 1969, S. 17).

14 Keine Aussetzung des Konkursdekretes bei Konkurseröffnung ohne vorgängige Betreibung (LU, SchKKomm, 09.01.975, LGVE I 266).

15 Ist ein Konkursbegehren hängig, so kann der Konkursrichter das Konkurserkenntnis nach Einreichung eines Gesuches um Bewilligung einer Nachlassstundung aussetzen. Diese Massnahme hat jedoch keine Wirkung für die Fortsetzung von Betreibungen für öffentlichrechtliche Forderungen des Art. 43 SchKG (BE, AB, 25.01.1968, BlSchK 1969, S. 141).

16 Der Gläubiger, der einem aussergerichtlichen Nachlassvertrag nicht zugestimmt hat, kann die Eröffnung des Konkurses über den insolventen Schuldner beantragen. Liegt im Zeitpunkt der gerichtlichen Verhandlung über die Konkurseröffnung kein Gesuch um Bewilligung einer Nachlassstundung vor, so kann keine nachträgliche Frist zur Vorlegung des Nachlassgesuches eingeräumt werden (letzter Punkt scheint allerdings fraglich zu sein; VD, Tribunal cantonal, 11.10.1973, BlSchK 1977, S. 17).

17 Die Aussetzung des Konkurserkenntnisses erfolgt nicht von Amtes wegen; der Schuldner muss ein entsprechendes Gesuch stellen. Der Entscheid ist dem Ermessen des Richters überlassen, doch muss er grundsätzlich ein Gesuch um Bewilligung einer Nachlassstundung berücksichtigen, ausser wenn dieses offensichtlich Verzögerungszwecken dient oder wenn es sich ohne Weiteres als aussichtslos erweist (FR, Cour d'appel, 12.09.1979, BlSchK 1983, S. 113).

Art. 173b 3bis. Verfahren bei Banken

Betrifft das Konkursbegehren eine Bank oder einen Effektenhändler, so überweist das Konkursgericht die Akten an die Bankenkommission; diese verfährt nach den Artikeln 25–37g des Bankengesetzes vom 8. November 1934.

Keine Entscheidungen.

Art. 174 4. Weiterziehung

¹ Der Entscheid des Konkursgerichtes kann innert zehn Tagen nach seiner Eröffnung an das obere Gericht weitergezogen werden. Die Parteien können dabei neue Tatsachen geltend machen, wenn diese vor dem erstinstanzlichen Entscheid eingetreten sind.

² Das obere Gericht kann die Konkurseröffnung aufheben, wenn der Schuldner mit der Einlegung des Rechtsmittels seine Zahlungsfähigkeit glaubhaft macht und durch Urkunden beweist, dass inzwischen:

1. die Schuld, einschliesslich der Zinsen und Kosten, getilgt ist;
2. der geschuldete Betrag beim oberen Gericht zuhanden des Gläubigers hinterlegt ist; oder
3. der Gläubiger auf die Durchführung des Konkurses verzichtet.

³ Erkennt das obere Gericht dem Rechtsmittel aufschiebende Wirkung zu, so trifft es die notwendigen vorsorglichen Anordnungen zum Schutz der Gläubiger (Art. 170).

I. Zuständigkeit

1   Die örtliche Unzuständigkeit ist durch Berufung und nicht durch eine an sich mögliche Beschwerde nach ZPO geltend zu machen (BS, Appellationsgericht, 22.04.1949, SJZ 1950, S. 129).

2   Ein aufgrund einer Insolvenzerklärung erlassenes Konkursdekret wurde in Zug auf Berufung des KA aufgehoben, weil der Schuldner seine Ausweisschriften nur dort hinterlegt hatte, weil er im Amtsblatt des bisherigen Wohnsitzkantons nicht erscheinen wollte. Besteht keine Absicht, am Hinterlegungsort der Schriften dauernd zu verbleiben und dort den Mittelpunkt der Lebensbeziehungen zu schaffen, so vermag die Schriftendeposition keinen zivilrechtlichen Wohnsitz zu begründen (ZH, Justizkomm., 29.10.1982, BlSchK 1985, S. 153, SJZ 1985, S. 342).

II. Weiterziehung des Entscheides

3   Ein *Konkurseröffnungsentscheid ohne Rechtsmittelbelehrung* ist weder unwirksam noch nichtig. Gemäss bundesgerichtlicher Rechtsprechung stellt das Fehlen der Rechtsmittelbelehrung einen Mangel dar, aus welchem den Parteien kein Rechtsnachteil erwachsen darf, wenn sich das zur Verfügung stehende Rechtsmittel nicht ohne Weiteres aus dem Gesetz ergibt, das dem Betroffenen oder seinem Anwalt bekannt sein musste. Dies heisst, dass z.B. um eine Wiederherstellung gegen die Folgen einer Fristversäumnis nachgesucht werden kann, wobei der Betroffene indessen nicht längere Zeit einfach untätig bleiben kann. Wer einen Entscheid ohne Rechtsmittelbelehrung erhält und diesen anfechten will, muss sich deshalb bei seinem Anwalt oder bei der entscheidenden Behörde ohne Verzug erkundigen, innert welcher Frist der Entscheid angefochten werden kann (Hauser/Schweri, Komm. zum zürcherischen Gerichtsverfassungsgesetz, Zürich 2002 N 16 zu § 188 mit Hinweis auf BGE 119 IV 334, Praxis 1995, N 239) (LU, SchKKomm, 17.03.2003, LGVE 2003 I 56).

4   Vor BGer können auch nicht rechtserhebliche Behauptungen, die vor der kantonalen Rekursinstanz nicht erhoben worden sind, vorgetragen werden (BGE 85 III 131).

5   Zulässigkeit des Rekurses gegen vorsorgliche Massnahmen des Konkursrichters im Konkursaufschubverfahren (ZH, Kassationsgericht, 23.07.1970, ZR 1970, Nr. 114).

6   Die Einzahlung der Hauptforderung samt Zins und Kosten auf das Postkonto des zuständigen BA vor der Konkurseröffnung rechtfertigt deren Wiederaufhebung im Rechtsmittelverfahren, auch wenn die Gutschrift erst nachher erfolgt ist (BS, Appellationsgericht, 11.03.1952, SJZ 1953, S. 146).

7   Der nach Art. 172, Ziff. 3 erforderliche Urkundenbeweis für eine vor der Konkurseröffnung erfolgte Tilgung oder Stundung der Betreibungsforderung wird im Rekursverfahren noch entgegengenommen, auch wenn er dem Konkursrichter nicht vorgelegt worden ist (LU, SchKKomm, 24.02.1964, Max. XI, Nr. 350).

8   *Bei einem Auftrag zur Schuldentilgung* hat sich der Schuldner vor dem Konkurstermin mindestens zu erkundigen, *ob die Zahlung erfolgt sei* (BS, Appellationsgericht, 03.10.1969, BJM 1970, S. 80).

9   (i.V.m. Art. 191 SchKG) – Im Falle einer Konkurseröffnung infolge *Insolvenzerklärung ist nachträgliche Bezahlung von Schulden keine Konkurs hindernde Tatsache*, die nachträglich mit Rekurs geltend gemacht werden könnte. Gegebenenfalls kommt ein Widerruf des Konkurses in Frage (OW, ObGerKomm., 18.12.1992, SJZ 1995, S. 277).

10 (i.V.m. § 281 Ziff. 3 ZPO (ZH) – Schicksal des beim oberen Gericht zu Handen des Gläubigers hinterlegten Betrages bei zweitinstanzlicher Bestätigung des Konkurserkenntnisses. Es verstösst nicht gegen klares materielles Recht im Sinne von § 181 Ziff. 3 ZPO, wenn das obere Gericht bei Bestätigung des erstinstanzlichen Konkurserkenntnisses den (von einem Dritten) nach Art. 174 Abs. 2 Ziff. 2 SchKG zu Handen des Gläubigers hinterlegte Betrag dem zuständigen KA zu Handen des Konkursverfahrens überweisen lässt. Gegen *eine Rückerstattungspflicht an den Hinterlegenden* spricht denn auch, dass die Annahme einer solchen zu einem durch nichts zu rechtfertigenden Widerspruch zur Rechtslage führen würde, wie sie im Falle der Tilgung der Konkursforderung besteht, welche das Gesetz bezüglich ihrer konkurs-(eröffnungs)rechtlichen Bedeutung der Hinterlegung

Fünfter Titel: Betreibung auf Konkurs — Art. 174

gleichstellt (vgl. Art. 174 Abs. 2 Ziff. 1 SchKG). Bei der Tilgung dürfte nämlich ausser Frage stehen, dass die oberinstanzliche Bestätigung des Konkurserkenntnisses jedenfalls keine Rückleistungspflicht des Gläubigers an den Hinterlegenden begründet. Die Bejahung einer Rückerstattungspflicht bei Art. 174 Abs. 2 Ziff. 2 SchKG würde somit zu einer sachlich kaum begründbaren Besserstellung desjenigen (Schuldners oder Dritten) führen, der die Konkursforderung nicht tilgt, sondern den geschuldeten Betrag zu Handen des Gläubigers beim oberen Gericht hinterlegt. Wenn es im Übrigen aus erfüllungsrechtlicher Sicht keinen Unterschied macht, ob eine Geldforderung durch den Schuldner persönlich oder für diesen durch einen Dritten beglichen wird, ist auch nicht einzusehen, weshalb eine «Hinterlegung zu Handen des Gläubigers» im Sinne von Art. 174 Abs. 2 Ziff. 2 SchKG unterschiedlich zu behandeln sein sollte, je nachdem, ob sie vom Schuldner selbst oder von einem Dritten vorgenommen wurde (ZH, Kassationsgericht, 14.12.1999, ZR 2000 Nr. 57, SJZ 2001, S. 305).

11 *Aufeinanderfolgende Gesuche um Konkursaufhebung* – Die Praxis einer kantonalen Berufungsinstanz, *die Anzahl der zulässigen Gesuche um Konkursaufhebung* aufgrund der gesamten Umstände *zu beschränken*, stellt keine rechtsungleiche Behandlung dar, wenn der Betriebene, der schon mehrere Konkursaufhebungen erlangt hatte, auf gebührende Weise darauf aufmerksam gemacht wird, dass ein nächstes Gesuch nicht mehr anhand genommen werde (BGE 109 III 77).

12 Muss aufgrund der Umstände *(offensichtliche) Zahlungsunfähigkeit angenommen werden*, so *kann der Schuldner nach erfolgter Androhung nicht mehr damit rechnen*, im Rekursverfahren gestützt auf neue Tatsachen *die Aufhebung des Konkurses zu erreichen* (ZH, ObGer, II. Ziv.Kammer, 10.06.1987, ZR 1988, Nr. 30, BlSchK 1989, S. 65 und 235).

13 Liegen Umstände vor, aus denen hervorgeht, dass ein Schuldner offensichtlich zahlungsunfähig ist, so ist der Konkurs zu eröffnen, auch wenn der Schuldner alle in Betreibung gesetzten Forderungen innert der zehntägigen Berufungsfrist gemäss Art. 174 Abs. 2 beglichen hat (AG, ObGer, 2. Ziv.Kammer, 28.02.1994, SJZ 1996, S. 381).

14 Aufschiebende Wirkung – Zeitpunkt der Konkurseröffnung – *Ist einem vom Schuldner* gegen das Konkurserkenntnis eingelegten Rechtsmittel *aufschiebende Wirkung erteilt*, so wird auch der Eintritt der Wirkungen des Konkurses auf das Vermögen des Schuldners (namentlich der Dispositionsunfähigkeit gemäss Art. 204 SchKG) und auf die Rechte der Gläubiger gehemmt (BGE 79 III 43).

15 Bei Berufung gegen ein Konkurserkenntnis mit Gewährung des Suspensiveffektes gilt, wenn die Berufung abgewiesen wird, für die Wirkung der Konkurseröffnung nicht das Datum des erstinstanzlichen Erlasses. Entscheidend ist allgemein der Zeitpunkt des Rückzuges der Berufung, der Aufhebung der Suspensivwirkung oder des Urteils der Berufungsinstanz (VS, KG, 07.09.1971, ZWR 1972, S. 247, SJZ 1974, S. 231).

16 Das Novenverbot im Verfahren der staatsrechtlichen Beschwerde gilt auch für die Beschwerdeantwort. – Die besonderen Rechtsfolgen, welche die Gewährung der aufschiebenden Wirkung im Konkursverfahren zeitigt, können nicht dazu führen, dass das BGer einem in der Beschwerdeantwort erklärten Rückzug des Konkursbegehrens Rechnung trägt (BGE 118 III 37).

17 (i.V.m. Art. 19 SchKG) – Unzulässigkeit eines gegen das Konkursdekret gerichteten Rekurses. *Nichtigkeit einer Betreibungshandlung;* Frage der für die Nichtigerklärung zuständigen Instanz. *Die Nichtigkeit* einer Betreibungshandlung *kann* wohl *jederzeit geltend gemacht werden*, doch muss dies *vor der sachlich zuständigen Instanz geschehen*. Die SchKK des Bundesgerichts ist nur dann befugt, die Nichtigkeit einer Betreibungshandlung festzustellen, wenn sie mit einem Rekurs gegen einen Entscheid einer (oberen) kantonalen AB angerufen worden ist (BGE 118 III 4).

18 Kein Rückkommen auf ausserkantonale Rechtsöffnungsentscheide nach Konkurseröffnung – Wenn einem Schuldner keine Frist für Einreden gegen einen ausserkantonalen Rechtsöffnungsentscheid angesetzt worden ist (Art. 79 Abs. 2 SchKG), so hat er nach Zustellung der Konkursandrohung gegen diese innert Frist Beschwerde zu erheben. Unterlässt er dies, wird die Konkursandrohung rechtskräftig und er kann nicht mehr durch die Weiterziehung des Konkurseröffnungsentscheides auf die unterlassene Bestreitung der Gültigkeit der Konkursandrohung darauf zurückkommen (AG, KG, 12.01.1999, BlSchK 2000, S. 187).

19 (i.V.m. Art. 175 SchKG und Art. 29 BV) – Staatsrechtliche Beschwerde gegen den Entscheid des oberen Gerichts, der Berufung keine aufschiebende Wirkung zuzuerkennen. – Das Konkursgericht stellt den Zeitpunkt der Konkurseröffnung fest. Wird gegen dessen Urteil Berufung eingelegt und dieser durch das obere Gericht aufschiebende Wirkung gewährt, wird die Wirkung der Konkurseröffnung hinausgeschoben. Verweigert das obere Gericht die aufschiebende Wirkung, wird sie aber vom BGer der gegen diesen Entscheid erhobenen staatsrechtlichen Beschwerde gewährt, so muss im Falle der Abweisung der Beschwerde der Zeitpunkt des Konkurses durch das BGer erneut festgestellt werden (BGer, 09.09.2003, BlSchK 2005, S. 131).

1. Legitimation

20 Legitimation der zeichnungsberechtigten Mitglieder der Verwaltung einer Aktiengesellschaft zur Einreichung eines Rechtsmittels gegen das Konkurserkenntnis (BE, Appellationshof, III. Ziv.Kammer, 30.09.1974, ZBJV 1976, S. 539).

21 Täuscht ein Schuldner dem Konkursrichter – sei es durch Urkundenfälschung oder aus Versehen – vor, eine Schuld sei bis zum Tage der erstinstanzlichen Verhandlung bezahlt und veranlasst diesen, das Konkursbegehren zu Unrecht abzuweisen bzw. als durch Zahlung erledigt abzuschreiben, so ist der Gläubiger trotz der inzwischen erfolgten Bezahlung der Forderung zum Rekurse legitimiert und es ist der Konkurs über den Schuldner durch die Rekursinstanz zu eröffnen (ZH, ObGer, II. Ziv.Kammer, 10.01.1973, BlSchK 1974, S. 41).

22 Die Gläubiger haben im Falle der Konkurseröffnung durch Insolvenzerklärung des Schuldners keine Legitimation, das Konkurserkenntnis weiterzuziehen (Bestätigung der Rechtsprechung) (BGE 123 III 402).

23 (i.V.m. Art. 725 Abs. 3 und 4 OR) – Legitimation eines Verwaltungsrates bzw. eines Geschäftsführers zur Berufung nach Art. 174 SchKG gegen das erstinstanzliche Konkurserkenntnis. Begriff der Überschuldung der Gesellschaft gemäss Art. 725 Abs. 3 OR: neben der Bilanz (und wo diese nicht aussagekräftig ist) muss der Gesamtzustand der Unternehmung mitberücksichtigt werden. Zuständigkeit des Verwaltungsrates, durch Mehrheitsbeschluss die Benachrichtigung des Richters zu veranlassen (ZH, ObGer, II. Ziv.Kammer, 13.06.1986, ZR 1987, Nr. 44).

24 (i.V.m. § 11 des Gerichtsorganisationsgesetzes LU) – Ein KA ist nicht befugt, gegen ein Konkursdekret Berufung einzulegen. Leidet das Konkurserkenntnis an einem Mangel, das ein Einschreiten von Amtes wegen erheischt, kann die SchKKomm als AB nach dem Gerichtsorganisationsgesetz tätig werden (LU, SchKKomm, 06.02.1984, LGVE 1984 I 34).

25 (i.V.m. Art. 191 und 194 SchKG) – Das Zürcher ObGer hält an seiner bisherigen Praxis fest, wonach das KA zum Rekurs gegen ein Konkursdekret nach einer Insolvenzerklärung nicht legitimiert ist. Hingegen sei das KA *an ein nichtiges Konkurserkenntnis nicht gebunden* und könne den Vollzug verweigern, wogegen der Betroffene sich bei der AB beschweren kann (ZH, ObGer, II. Ziv.Kammer, 15.11.1988, ZR 1989, Nr. 22).

26 Die Legitimation des KA zur Berufung bei Insolvenzkonkursen ist zu bejahen. Es ist zu berücksichtigen, dass das BGer eine solche den Gläubigern zugestanden hat (BGE 32 I 30 ff.) und dass die Wahrung der Gläubigerinteressen auch zur Aufgabe des KA gehört. Die Zulassung der Berufung des KA zur Wahrung von Gläubigerinteressen ist auch im Interesse der Kostenvermeidung geboten, können doch so bei anfechtbaren oder nichtigen Konkursdekreten die bis zur Publikation entstehenden Konkurskosten vermieden werden. Im Übrigen ist die prozessuale Aktivlegitimation einer staatlichen Behörde dem schweizerischen Recht nicht fremd, wird eine solche doch auch durch das ZGB verschiedentlich vorgesehen (BL, ObGer, 14.01.1986, BJM 1987, S. 214, SJZ 1987, S. 364, BlSchK 1988, S. 236).

27 Ein Gläubiger des Schuldners, über den gemäss Art. 191 SchKG der Konkurs auf eigenes Begehren eröffnet worden ist, ist nicht legitimiert, gegen die Konkurseröffnung Berufung zu erklären (BS, Appellationsgericht, 17.06.1998, BJM 1998, S. 312, BlSchK 1999, S.146).

28 (i.V.m. Art. 22 und 173 Abs. 2 SchKG) – Keine Legitimation des KA zur Beschwerde gegen das Konkursdekret, um dessen Nichtigkeit feststellen zu lassen (Änderung der Rechtsprechung). Ein

Konkursdekret darf von den Konkursbehörden dann als unwirksam betrachtet und sein Vollzug abgelehnt werden, wenn es offensichtlich nichtig ist und das KA die Durchführung des Konkurses noch nicht an die Hand genommen hat (ZG, Justizkomm., 28.12.2000, GVP 2000, S. 141).

2. Einreden zur Zustellung

29 Zustellung an eine zur Entgegennahme ermächtigte Person (Vorladung zur Konkursverhandlung). – Für die Entgegennahme von Betreibungsurkunden ist nicht massgebend, welcher Art das interne Verhältnis ist, ob dauernde oder vorübergehende Anstellung, festes Verhältnis, einzelner Auftrag oder blosse Gefälligkeit; erforderlich und genügend ist einzig, dass der betreffende Empfänger als Hilfsperson und damit als zur Entgegennahme ermächtigt zu gelten hat (BS, Appellationsgericht, 01.11.1951, SJZ 1953, S. 145).

30 Ein Konkursdekret kann im Rekursverfahren aufgehoben werden, wenn der Schuldner nachweist, dass er von der Vorladung zur Verhandlung über die Konkurseröffnung keine Kenntnis erhielt, weil die Post die mit ihr getroffene Vereinbarung über Zustellungen an ihn nicht befolgt und dass er die Schuld nebst allen Verfahrenskosten innert der Rekursfrist getilgt hat (ZH, ObGer, II. Ziv.Kammer, 22.05.1951, ZR 1955, Nr. 158, BlSchK 1957, S. 25).

31 Eine Konkurseröffnung kann im Rekursverfahren aufgehoben werden, wenn der Schuldner nachweist, dass er von der Vorladung zur Verhandlung über die Konkurseröffnung unverschuldet keine Kenntnis erhielt, weil seine Ehefrau sie in Empfang nahm und ihm nicht übergab und dass er die Schuld nebst allen Verfahrenskosten innert der Rekursfrist getilgt hat (ZH, ObGer, II. Ziv.Kammer, 06.11.1951, ZR 1955, Nr. 159, BlSchK 1957, S. 52).

32 Die dem Schuldner während der Betreibungsferien zur Verhandlung vor dem Konkursrichter zugestellte Vorladung ist nicht unbeachtlich. Erst nach der erstinstanzlichen Konkurseröffnung geschaffene Konkurshindernisse sind von der Rekursinstanz berücksichtigen, sofern dem Schuldner die rechtzeitige Abwendung der Konkurseröffnung durch ein unvorhergesehenes und unverschuldetes Hindernis verunmöglicht worden ist. Für die Gewährung eines Rechtsstillstandes ist auch nach Erlass der Konkursandrohung nur das BA zuständig. Auch einer juristischen Person kann ein Rechtsstillstand gemäss Art. 61 SchKG bewilligt werden, wenn ihr einziges zeichnungsberechtigtes Organ krank ist und andere vertretungsberechtigte Personen fehlen. Wirkung eines dem Schuldner erst nach erfolgter Konkurseröffnung (rückwirkend) gewährten Rechtsstillstand. – Eine nach Eröffnung des Konkurses erteilte Bewilligung des Rechtsstillstandes kann die Konkurseröffnung nicht beeinflussen, auch dann nicht, wenn sie mit rückwirkender Kraft ausgestattet ist (ZH, ObGer, II. Ziv.Kammer, 11.11.1955, BlSchK 1957, S. 77).

33 Aufhebung eines Konkursdekretes, wenn die postalischen Vorschriften bei der Zustellung der Vorladung zur Konkursverhandlung nicht eingehalten werden. Ein Sohn eines Schuldners ist nur berechtigt, Sendungen entgegenzunehmen, wenn sie zusammen in ungetrenntem Haushalt leben (LU, SchKKomm, 24.404.1959, BlSchK 1960, S. 92).

34 Der Schuldner, dem die Vorladung zur Konkursverhandlung erst nach Eröffnung des Konkurses zugestellt wird, ist in seinem rechtlichen Gehör, das er an der Konkursverhandlung zur Geltung bringen kann, verletzt. Das Konkursdekret muss daher im Falle einer Berufung (Rekurs) aufgehoben werden (LU, SchKKomm, 08.02.1973, Max. XII, Nr. 166).

35 (i.V.m. Art. 32 SchKG) – Die Regel, wonach eine zur Post aufgegebene Mitteilung, die dem Adressaten nicht direkt übergeben werden konnte und von diesem trotz entsprechendem Avis während der siebentägigen Abholungsfrist am Postschalter nicht bezogen worden ist, als zugestellt betrachtet wird, gilt auch für die in Art. 168 SchKG vorgesehene Vorladung zur Konkursverhandlung (FR, Cour d'appel, 31.01.1979, BlSchK 1983, S. 99).

III. Fristen/Wiedereinsetzung in vorigen Stand

36 Die Bestimmung, dass während der Betreibungsferien endigenden Fristen bis zum dritten Tag nach Ferienende verlängert werden, findet auch auf die Frist zum Rekurs gegen die Konkurseröffnung Anwendung (ZH, ObGer, II. Ziv.Kammer, 23.01.1951, SJZ 1951, S. 125, BlSchK 1952, S. 150).

37 Der Konkursrichter kann die gesetzliche Rekursfrist von zehn Tagen nicht abkürzen; doch kann die Angabe einer kürzeren Rekursfrist in der Rechtsmittelbelehrung nicht zur Aufhebung der Konkurseröffnung selber führen. Der Konkursrichter ist nicht verpflichtet, einem Gesuch des Gläubigers um Verschiebung der Konkursverhandlung stattzugeben, damit dem Schuldner eine Verlängerung der Zahlungsfrist gewährt werde (ZH, ObGer, II. Ziv.Kammer, 19.05.1951, ZR 1955, S. 160).

38 Eine Wiederherstellung der Frist, innert welcher eine Berufung gegen eine Konkurseröffnung erhoben werden kann, ist in analoger Anwendung von Art. 35 OG möglich (BS, Appellationsgericht, 02.03.1994, BJM 1994, S. 140, BlSchK 1995, S. 25).

39 Im Berufungsverfahren gegen Konkursdekrete sind Noven zulässig (Änderung der Rechtsprechung) (LU, SchKKomm, 06.12.1977, LGVE 1977 I 391).

40 Voraussetzungen der Wiedereinsetzung in den vorigen Stand. Nach konstanter Praxis wird die Wiedereinsetzung in den vorigen Stand im Rahmen der Konkursberufung gewährt, wenn der Ausbruch des Konkurses auf besondere Umstände, an denen der Schuldner kein wesentliches Verschulden trifft, zurückzuführen ist und die Durchführung des Konkurses als grosse Härte erscheint. Die Behauptung, die Einzahlung an den den Konkurs begehrenden Gläubiger sei einige Stunden vor der angesetzten Konkursverhandlung erfolgt, ist zu beweisen. Für ein Unternehmen, das in vorhergehenden Jahren mit Verlusten arbeitete und die Geschäftstätigkeit eingestellt hat, bedeutet die Konkurseröffnung keine grosse Härte (BS, Appellationsgericht, 28.10.1969, BJM 1970, S. 79).

41 Die Wiedereinsetzung in den vorigen Stand wird im Rahmen der Konkursberufung gewährt, wenn der Ausbruch des Konkurses auf besondere Umstände, an denen der Schuldner kein wesentliches Verschulden trifft, zurückzuführen ist und wenn die Durchführung des Konkurses als grosse Härte erscheint. Beide Voraussetzungen müssen kumulativ erfüllt sein (BS, Appellationsgericht, 20.06.1979 und 07.08.1979, BlSchK 1982, S. 106 und 1983, S. 229, BlSchK 1984, S. 31, 1985, S. 104).

42 Der Gläubiger darf durch eine allfällige Aufhebung des von ihm erwirkten Konkurserkenntnisses keinen Nachteil erleiden; er hat Anspruch auf Bezahlung seiner Forderung einschliesslich Zins und Kosten spätestens im Zeitpunkt der Gutheissung der Berufung. Hinterlegt der Berufungskläger trotz entsprechender Verfügung des Instruktionsrichters innert der gesetzten Frist gesetzten Frist den zur Befriedigung des Gläubigers nötigen Betrag nicht, so fehlt es an einer unerlässlichen Vorbedingung für die Wiedereinsetzung (BS, Appellationsgericht, 05.09.1980, BlSchK 1984, S. 107).

43 Das in der *Wechselbetreibung* erlassene Konkursdekret kann mit Sachbeschwerde angefochten werden (§ 282 Abs. 1 lit. a, ZPO LU). Da neue Tatsachen (Noven) im Beschwerdeverfahren nicht zulässig sind, kann die innert der Beschwerdefrist erfolgte Zahlung der Betreibungsforderung nebst Kosten nicht zur Aufhebung des Konkursdekretes führen (LU, SchKKomm, 03.01.1986, LGVE 1986 I 39).

44 Eine auf Wiedereinsetzung in den vorigen Stand gerichtete Beschwerde ist auch bei Konkurseröffnung aufgrund einer *Wechselbetreibung* möglich. Die Restitution ist aber an strengere Voraussetzungen geknüpft als in der ordentlichen Konkursbetreibung und kann nur erfolgen, wenn der Schuldner keinerlei fassbares Verschulden am Konkursausbruch trifft (BS, Appellationsgericht, 09.02.1981, BlSchK 1986, S.35).

45 (i.V.m. Art. 33 Abs. 4 SchKG) – Voraussetzungen und funktionale Zuständigkeit zur Wiederherstellung der zehntägigen Frist zur Weiterziehung des konkursrichterlichen Entscheides. Die Voraussetzungen für die Restitution der Weiterziehungsfrist gemäss Art. 174 Abs. 1 SchKG beurteilt sich nicht nach § 169 GVG, sondern nach Art. 33 Abs. 4 SchKG. Wird das Restitutionsrecht erst nach erfolgter Mitteilung des (zweitinstanzlichen) Endentscheides (im Rahmen einer gegen diesen erhobene Nichtigkeitsbeschwerde) beim Kassationsgericht gestellt, so richtet sich die funktionale Zuständigkeit zur Beurteilung desselben nach § 200 Abs. 2 GVG (ZH, Kassationsgericht, 11.12.02, ZR 2003, Nr. 29).

IV. Glaubhaftmachung/Zahlungsfähigkeit

46 Die Tatsache allein, dass die Schuld nach Eröffnung des Konkurses bezahlt worden ist und der Gläubiger in der Folge das Konkursbegehren zurückzieht, bilden noch keinen Grund für die Aufhe-

bung des Konkursdekretes. Das Rechtsmittel des Rekurses wird missbraucht, wenn ein hoffnungslos überschuldeter Schuldner es dazu benützt, die längst fällige Zwangsliquidation, die er nur durch Eingehung neuer Schulden umgehen kann, hinauszuzögern. Voraussetzungen für die Berücksichtigung einer Gutheissung des Rekurses sind, dass damit gerechnet werden kann, dass der Schuldner nach der Aufhebung des Konkurserkenntnisses seinen Verpflichtungen wieder aus eigenen Mitteln nachkommen kann (vorübergehende Illiquidität) und dass dem Schuldner bezüglich der Zahlungssäumnis keine grobe Nachlässigkeit zur Last gelegt werden kann (SH, ObGer, 09.07.1993, BlSchK 1994, S. 31).

47 Der Schuldner muss seine Zahlungsfähigkeit glaubhaft machen, indem er dem Gericht Unterlagen vorlegt, welche Rückschlüsse auf seine gesamten finanziellen Verpflichtungen zulassen (ZH, ObGer, II. Ziv.Kammer, 16.07.1997, BlSchK 1997, S. 228).

48 Was heisst Glaubhaftmachen der Zahlungsfähigkeit? An das Vorliegen der Zahlungsfähigkeit im Sinne dieses Artikels dürfen keine strengen Anforderungen gestellt werden. Sie soll, da sie nur glaubhaft zu machen ist, wahrscheinlicher sein als die Zahlungsunfähigkeit. Sie ist dann zu bejahen, wenn die Möglichkeit besteht, dass der Konkurs doch noch verhindert werden kann. Die Zahlungsfähigkeit im Sinne dieses Artikels ist trotz Zahlungseinstellung als gegeben zu betrachten, wenn der Schuldner glaubhaft machen kann, dass er im Verhältnis zu seinen Schulden immer noch über erhebliche Mittel verfügt, die eine Sanierung als möglich erscheinen lassen (Isaak Meier, Konkursrecht, Revisionspunkte und aktuelle Fragen in «Aktuelle Fragen des Schuldbetreibungs- und Konkursrechts nach revidiertem Recht», Basel 1996, S. 100). Die Zahlungsfähigkeit kann aber nicht allein schon deshalb bejaht werden, weil der Schuldner nach der erstinstanzlichen Konkurseröffnung den betreibenden Gläubiger bezahlt. Hingegen kann jedoch die Tatsache, dass der Schuldner weitere offene Betreibungen inzwischen beglichen hat, als Indiz für eine lediglich vorübergehende Illiquidität gewertet werden. Die Zahlungsfähigkeit muss aber wahrscheinlicher sein als die Zahlungsunfähigkeit. Hiefür hat der Schuldner objektive Anhaltspunkte namhaft zu machen, blosse Behauptungen genügen nicht (ZG, ObGer, Justizkomm., 04.04.1997, BlSchK 1997, S. 224).

49 Begriff der Zahlungsfähigkeit i.S. von Art. 174 Abs. 2 SchKG. Anforderungen an deren Glaubhaftmachung und ratio legis von Art. 174 Abs. 2 SchKG. – Art. 174 Abs. 2 SchKG. – Diese Bestimmung verlangt, dass der Schuldner seine Zahlungsfähigkeit glaubhaft macht. Die bisherige Lehre und Praxis deutet darauf hin, dass eine Aufhebung des Konkurserkenntnisses (nur) voraussetze, dass «die wirtschaftliche Lebensfähigkeit des schuldnerischen Betriebes nicht zum Vornherein nicht verneint werden» müsse, was dann der Fall sei, wenn der betreffende Schuldner «hoffnungslos überschuldet und damit konkursreif» sei. Die Zahlungsfähigkeit ist trotz Zahlungseinstellung als gegeben zu betrachten, wenn der Schuldner glaubhaft machen kann, dass er im Verhältnis zu seinen Schulden immer noch über erhebliche Mittel verfügt, die eine Sanierung als möglich erscheinen lassen. Eine erfolgte Zahlungseinstellung kann – ebenso wie die quantitative Bedeutung der ausstehenden Schulden – ein Indiz hiefür sein. Ebenso spielen auch die Anzahl und Höhe hängiger Betreibungen und allfällige seit der Konkurseröffnung eingegangene Konkursbegehren eine Rolle, wobei gerade auch das Unvermögen, relativ bescheidene Beträge zu bezahlen, auf fehlende Zahlungsfähigkeit hindeuten kann (BGE 109 III 79). Für die Annahme bestehender Zahlungsfähigkeit sollte ernsthaft damit zu rechnen sein, dass der Schuldner seinen Verpflichtungen in der Folge wieder aus eigenen Mitteln werden nachkommen können. Glaubhaft gemacht ist die Zahlungsfähigkeit bereits, wenn sie mittels schlüssiger Belege «ausreichend» wahrscheinlich gemacht wird, dies ist der Fall, wenn eine überwiegende Wahrscheinlichkeit für die Zahlungsfähigkeit spricht, d.h. die Zahlungsfähigkeit wahrscheinlicher ist als die Zahlungsunfähigkeit, wobei im einzelnen Fall ein recht weiter richterlicher Ermessensspielraum besteht (ZH, Kassationsgericht 23.10.1997, ZR 1998 Nr. 31, siehe auch ZR 2003, Nr. 28, SJZ 2003, S. 306).

Art. 175 E. Zeitpunkt der Konkurseröffnung

[1] Der Konkurs gilt von dem Zeitpunkte an als eröffnet, in welchem er erkannt wird.

Art. 176

² Das Gericht stellt diesen Zeitpunkt im Konkurserkenntnis fest.

1 Nach der Konkurseröffnung ist eine Verwertung von gepfändeten Gegenständen unzulässig; alle gegen den Konkursiten laufenden Betreibungen sind von Gesetzes wegen aufgehoben (GR, AB, 01.10.1965, BlSchK 1967, S. 149).

2 (i.V.m. Art. 55 SchKG) – Zeitpunkt der Konkurseröffnung und Einheit des Konkurses – Der gleichzeitig mit mehreren Konkursbegehren befasste Richter entscheidet über jedes Begehren, spricht die Konkurseröffnung aber nur einmal auf einen bestimmten Zeitpunkt aus (FR, Tribunal Cantonal, 07.12.2004, RFJ 2005, S. 52).

3 Bei Berufung gegen ein Konkurserkenntnis mit Gewährung des Suspensiveffektes gilt, wenn die Berufung abgewiesen wird, für die Wirkung der Konkurseröffnung nicht das Datum des erstinstanzlichen Erlasses. Entscheidend ist allgemein der Zeitpunkt des Rückzuges der Berufung, der Aufhebung der Suspensivwirkung oder des Urteils der Berufungsinstanz (VS, KG, 07.09.1971, ZWR 1972, S. 247, SJZ 1974, S. 231; FR, AB, 25.01.1982, BlSchK 1985, S. 151; BL, AB, 10.08.1999, BlSchK 2000, S. 190).

Art. 176 F. Mitteilung der gerichtlichen Entscheide

¹ Das Gericht teilt dem Betreibungs-, dem Konkurs-, dem Handelsregister- und dem Grundbuchamt unverzüglich mit:
1. die Konkurseröffnung;
2. den Widerruf des Konkurses;
3. den Schluss des Konkurses;
4. Verfügungen, in denen es einem Rechtsmittel aufschiebende Wirkung erteilt;
5. vorsorgliche Anordnungen.

² Die Konkurseröffnung wird im Grundbuch angemerkt.[4]

1 Das KA ist zur Vollstreckung eines von einem örtlich unzuständigen Konkursgericht erlassenen Konkurserkenntnisses nicht verpflichtet (BL, AB, 07.01.1955, BJM 1955, S. 26).

2 Unverbindlichkeit des auf einer nichtigen Betreibung beruhenden Konkursdekretes. Zur Feststellung der zuständigen Instanz. – Ein Konkursdekret, welches auf einer ungültigen Betreibung beruht, ist für das KA nicht verbindlich, braucht also vom Amt *nicht vollzogen zu werden.* Nach Jaeger, Komm. N 4 zu Art. 176 SchKG muss sich das KA hierüber bei Einleitung des Verfahrens schlüssig werden, wobei dann diese Entscheidung mittels betreibungsrechtlicher Beschwerde angefochten werden kann. *Ist das Verfahren aber einmal im Gange, so können allfällig später zu Tage tretende Mängel die Pflicht* der Konkursbehörde, *den Konkurs durchzuführen, nicht mehr beeinflussen* (LU, SchKKomm, 25.06.1970, Max. XI, Nr. 781, BlSchK 1972, S. 151; BGE 30 I 144 und 100 III 19).

3 Wem obliegt die Pflicht, dem Grundbuchamt die Konkurseröffnung mitzuteilen? – Nach Art. 176 SchKG wird die Konkurseröffnung vom Konkursrichter u.a. dem Grundbuchführer desjenigen Kreises mitgeteilt, in welchem die Betreibung durchgeführt wurde. Besitzt der Schuldner noch in andern Konkurskreisen Grundstücke, so ist es Sache des KA, den zuständigen Grundbuchämtern die Konkurseröffnung ebenfalls anzuzeigen (LU, Justizkomm., 13.06.1978, LGVE 1978 I 448, BlSchK 1982, S. 108).

---

4 Geändert und in Kraft gesetzt per 01.01.2005.

II. Wechselbetreibung

Art. 177   A. Voraussetzungen

¹ Für Forderungen, die sich auf einen Wechsel oder Check gründen, kann, auch wenn sie pfandgesichert sind, beim Betreibungsamte die Wechselbetreibung verlangt werden, sofern der Schuldner der Konkursbetreibung unterliegt.
² Der Wechsel oder Check ist dem Betreibungsamte zu übergeben.

I. Voraussetzungen zur Einleitung der Betreibung

1   Für eine Wechselbetreibung ist der Wechselprotest keine Voraussetzung, da diese Betreibungsart einzuleiten ist, sofern die Bedingungen des Art. 177 SchKG erfüllt sind (BE, AB, 09.11.1949, BlSchK 1950, S. 181).

2   Gültigkeit des Titels, Erfordernis des Wechselprotestes. – Elemente, die der BB zu prüfen hat, bevor er einem Begehren um Wechselbetreibung stattgibt; enthält der vorgelegt Titel die vom Gesetz geforderten Angaben (Art. 991, 1096 und 1100 OR) offensichtlich nicht, muss der BB die Wechselbetreibung verweigern. Die *Vorlegung des Protestes ist notwendig, falls die wechselrechtlichen Wirkungen, auf die sich der Gläubiger beruft, davon abhängen.* Titel und Protest bilden ein Ganzes, das der BB in seiner Gesamtheit zu prüfen hat, wenn es um die Feststellung geht, ob der Titel bei erster Betrachtung eine Wechselbetreibung zulasse. – Ein Wechsel, der den Namen des Bezogenen nicht enthält (Art. 991 Ziff. 3 OR), gilt nicht als Wertpapier (Art. 992 Abs. 1 OR) und kann, da das Zahlungsversprechen fehlt (Art. 1096 Ziff. 2 und 1097 Abs. 1 OR), auch nicht als Eigenwechsel betrachtet werden (BGE 111 III 33/34/Praxis 74, Nr. 158).

3   Wer Wechselbetreibung anheben will, hat im Betreibungsbegehren als Forderungsgrund den betreffenden Wechsel oder Scheck mit dem Datum der Ausstellung anzugeben. Wird eine dieser Angabe ermangelnder Zahlungsbefel zur Wechselbetreibung zugestellt so ist er auf Beschwerde des Schuldners aufzuheben, sofern sich nicht ohne Weiteres aus den Akten ergibt, dass der Schuldner rechtzeitig auf andere Weise über den Forderungstitel orientiert war (BGE 78 III 12).

4   Der BB darf eine Wechselbetreibung nicht einleiten, wenn sich bei der Prüfung des vom Gläubiger eingereichten Schecks ergibt, dass das Wertpapier innert Frist nicht vorgelegt und nicht zu Protest gegeben wurde (LU, SchKKomm, 16.06.1986, LGVE 1986 I 38, BlSchK 1989, S. 68)

5   Das BA, dem mit dem Begehren um Wechselbetreibung ein Scheck vorgelegt wird, darf die Zustellung des Zahlungsbefehls nur ablehnen, wenn es dem vorgelegten Titel klar und offensichtlich an formellen Erfordernissen gebricht (BGE 113 III 123).

6   Die Bestimmungen des SchKG betreffend die Wechselbetreibung finden auf die «Anweisung an Ordre» keine Anwendung. Wechselurkunden (gezogene und eigene), welche die Bezeichnung «Wechsel» im Text nicht enthalten, sind deshalb von einer Wechselbetreibung ausgeschlossen (SO, AB, 02.06.1961, BlSchK 1962, S. 90.

7   Aufhebung einer Wechselbetreibung, wenn der beigelegte Forderungstitel den gesetzlichen Vorschriften nicht entspricht (FR, AB, 29.02.1971, BlSchK 1975, S. 181).

8   Ein Postscheck gilt als Wechsel und berechtigt eine Wechselbetreibung einzuleiten, wenn der Schuldner der Konkursbetreibung unterliegt (VD, 27.07.1993, BlSchK 1995, S. 235).

9   Pflicht des Gläubigers, das Original des Wechsels dem BA zu übergeben; Erfüllung dieser Pflicht bei gleichzeitiger Betreibung mehrer aus demselben Wechsel verpflichteter Personen (BGE 74 III 33).

10   Bei Einleitung einer Wechselbetreibung muss dem Betreibungsbegehren der *Wechsel in Original* beigefügt werden; eine blosse Fotokopie genügt nicht (BE, AB, 08.09.1969, BlSchK 1971, S. 88).

11   (i.V.m. Art. 178 und 188 SchKG) – Wenn sich die Wechselurkunde nicht bei den Akten befindet, darf kein Zahlungsbefehl ausgestellt werden und in der Folge kein Konkurs eröffnet werden (Bundgericht II. Abt. 20.12.1999, Praxis 2000, Nr. 71, BlSchK 2002, S. 131).

II. Prüfung der formellen Voraussetzungen

12 Sowohl das BA als auch die AB haben in der Wechselbetreibung nur darüber zu entscheiden, ob die Bedingungen einer Konkursbetreibung und ein formell gültiger Wechsel vorliegen (BS, AB, 25.07.1967, BJM 1986, S. 86, BlSchK 1969, S. 81).

13 Das BA kann in einer Wechselbetreibung nicht abschliessend beurteilen, ob der Wechsel gültig ist (SO, AB, 09.05.1974, BlSchK 1975, S. 181).

14 Prüfung der formellen Voraussetzungen für die Durchführung einer Wechselbetreibung gegen einen Schuldner, der ein Geschäft mit Aktiven und Passiven übernommen hat (GE, Autorité de surveillance, 23.02.1970, BlSchK 1973, S. 184).

15 (i.V.m. Art. 991 OR) – Der Einwand, es fehle an einem Wechselprotest, führt zu einer materiellrechtlichen Frage, die vom Rechtsöffnungsrichter zu beurteilen ist. *Der BB und in gleicher Weise die AB über Schuldbetreibung und Konkurs haben demgegenüber nur zu prüfen*, ob die eingereichte *Forderungsurkunde alle wesentlichen Erfordernisse* eines Wechsels *erfüllt* und eine *wechselmässige Verpflichtung des Schuldners begründet* BGE 118 III 24).

III. Weitere Entscheide

16 Art. 17 SchKG findet auch bei der Wechselbetreibung Anwendung (GE, Autorité de surveillance, 21.09.1962, Sem. 86 (1964), S. 29, SJZ 1964, S. 365).

17 Wenn der Schuldner einwenden will, der Gläubiger habe eigenmächtig und entgegen den Abmachungen einen anderen Ausstellungsort (der den Betreibungsort fixiert) in den Wechsel eingesetzt, muss er wegen Betreibung am falschen Ort nicht Beschwerde erheben, sondern um Bewilligung des Rechtsvorschlages nachsuchen (BGE 86 III 81).

18 Ist ein vom örtlich unzuständigen BA erlassener, vom Schuldner unangefochten gebliebener Zahlungsbefehl in der Wechselbetreibung nichtig und führt er zur Unbeachtlichkeit des darauf abgestützten Konkursdekretes, selbst wenn dieses vom örtlich zuständigen Konkursrichter ausgesprochen wurde? Frag bejaht mit der Begründung, dass der Zahlungsbefehl in der Wechselbetreibung bereits schon die Konkursandrohung enthält, die rein formal, in dieser Betreibungsart wegfällt. Nichtigkeit ist von Amtes wegen zu prüfen und bewirkt grundsätzlich, unbekümmert um eine rechtzeitige Anfechtung durch Beschwerde, jederzeit die Aufhebung der fraglichen Betreibung. Ob die Nichtigkeit des Zahlungsbefehls bei der Wechselbetreibung auch die Nichtigkeit des Konkurserkenntnisses zur Folge hat, vermag die AB nicht in endgültiger und verbindlicher Weise zu entscheiden. Dagegen kann sie vorfrageweise einem als nicht erachtenden Konkursdekret die Vollstreckbarkeit absprechen (SO, AB, 22.02.1982, BlSchK 19185, S. 223 mit Anmerkung der Redaktion; vgl. auch N 3 zu Art. 172).

19 (i.V.m. Art. 268 und 116 OR) – Die Mietzinsforderung wird durch die Ausstellung eines Wechsels nicht getilgt; es sind sowohl wechselrechtliche Einreden als auch solche aus dem persönlichen Verhältnis zulässig. Die Einleitung der Wechselbetreibung begründet keinen Verzicht auf die Geltendmachung des Retentionsrechts (ZH, ObGer, II. Ziv.Kammer, 24.02.1987, ZR 1988, Nr. 44).

Art. 178   B. Zahlungsbefehl

¹ Sind die Voraussetzungen der Wechselbetreibung vorhanden, so stellt das Betreibungsamt dem Schuldner unverzüglich einen Zahlungsbefehl zu.

² Der Zahlungsbefehl enthält:
1. die Angaben des Betreibungsbegehrens;
2. die Aufforderung, den Gläubiger binnen fünf Tagen für die Forderung samt Betreibungskosten zu befriedigen;
3. die Mitteilung, dass der Schuldner Rechtsvorschlag erheben (Art. 179) oder bei der Aufsichtsbehörde Beschwerde wegen Missachtung des Gesetzes führen kann (Art. 17 und 20);

Fünfter Titel: Betreibung auf Konkurs Art. 179

4. den Hinweis, dass der Gläubiger das Konkursbegehren stellen kann, wenn der Schuldner dem Zahlungsbefehl nicht nachkommt, obwohl er keinen Rechtsvorschlag erhoben hat oder sein Rechtsvorschlag beseitigt worden ist (Art. 188).

³ Die Artikel 70 und 72 sind anwendbar.

1 Aufhebung einer Wechselbetreibung, wenn der beigelegte Forderungstitel den gesetzlichen Vorschriften nicht entspricht (FR, AB, 29.02.1972, BlSchK 1975, S. 181).

2 Wer Wechselbetreibung anheben will, hat im Betreibungsbegehren als Forderungsgrund den betreffenden Wechsel oder Scheck mit dem Datum der Ausstellung anzugeben. Wird eine dieser Angabe ermangelnder Zahlungsbefehl zur Wechselbetreibung zugestellt, so ist er auf Beschwerde des Schuldners aufzuheben, sofern sich nicht ohne Weiteres aus den Akten ergibt, dass der Schuldner rechtzeitig auf andere Weise über den Forderungstitel orientiert war (BGE 78 III 12).

3 (i.V.m. Art. 177 und 188 SchKG) – Wenn sich die Wechselurkunde nicht bei den Akten befindet, darf kein Zahlungsbefehl ausgestellt werden und in der Folge kein Konkurs eröffnet werden. Weil Art. 178 Abs. 1 SchKG verlangt, dass der Zahlungsbefehl erst ausgestellt werden darf, wenn alle Voraussetzungen erfüllt sind, kann in der Folge bei Fehlen einer dieser Voraussetzungen der Konkurs nicht eröffnet werden. Der Gesetzeszweck verlangt, dass einzig der aus dem Wertpapier Berechtigte in die Rechte des Schuldners eingreift (BGer, II. Abt., 20.12.1999, Praxis 2000, Nr. 71, BlSchK 2002, S. 131).

4 (i.V.m. Art. 177 Abs. 1 SchKG) – Der BB darf eine Wechselbetreibung nicht einleiten, wenn sich bei der Prüfung des vom Gläubiger eingereichten Check ergibt, dass das Wertpapier innert Frist nicht vorgelegt und nicht zu Protest gegeben wurde (LU, SchKKomm, 16.06.1986, BlSchK 1989, S. 68).

5 Lautet ein Eigenwechsel «zahlen Sie», so fehlt das unbedingte Zahlungsversprechen und der Wechsel ist unwirksam, weil auch ein Bezogener fehlt (ZH, ObGer, II. Ziv.Kammer, 07.09.1983, ZR 1984, Nr. 47).

6 (i.V.m. Art. 991 OR) – Der Einwand, es fehle an einem Wechselprotest, führt zu einer materiellrechtlichen Frage, die vom Rechtsöffnungsrichter zu beurteilen ist. Der BB und in gleicher Weise die AB haben demgegenüber nur zu prüfen, ob die eingereichte Forderungsurkunde alle wesentlichen Erfordernisse eines Wechsels erfüllt und eine wechselmässige Verpflichtung des Schuldners begründet (BGE 118 III 24).

7 (i.V.m. Art. 32 SchKG) – Wird der Rechtsvorschlag am letzten Tag der Frist statt an das BA an den zur Bewilligung zuständigen Richter aufgegeben, so gilt er als rechtzeitig, wenn der Richter, der ihn tags darauf erhält, ihn unverzüglich dem BA überweist (BGE 73 III 38).

8 (i.V.m. Art. 40 SchKG und Art. 581 OR) – Behauptet der Schuldner in der Wechselbetreibung, dass Bestimmungen des Gesetzes missachtet worden seien, so hat er dies innert fünf Tagen seit Zustellung des Zahlungsbefehls durch Beschwerde geltend zu machen. Bei unbenütztem Ablauf der Frist validiert die Wechselbetreibung, vorausgesetzt, dass der Schuldner dieser tatsächlich unterliegt. Die nach Einleitung der Betreibung wegfallende Konkursfähigkeit – z.B. durch Löschung des Schuldners im Handelsregister – ändert nichts mehr am Fortgang der Wechselbetreibung als einer besonderen Art von Konkursbetreibung (SO, AB, 23.08.1982, BlSchK 1986, S. 106).

9 Der Schuldner hat die Urkunden, durch welche er die Tilgung oder Stundung der Schuld beweisen will, an der Verhandlung selbst vorzulegen; die Berufung auf von anderen Gerichten oder Betreibungsbehörden beizuziehenden Akten genügt nicht (ZH, ObGer, II. Ziv.Kammer, 03.09.1954, ZR 1955, Nr. 78, BlSchK 1956, S. 120).

Art. 179 C. Rechtsvorschlag
1. Frist und Form

¹ Der Schuldner kann beim Betreibungsamt innert fünf Tagen nach Zustellung des Zahlungsbefehls schriftlich Rechtsvorschlag erheben; dabei muss er darlegen, dass eine der

Voraussetzungen nach Artikel 182 erfüllt ist. Auf Verlangen bescheinigt ihm das Betreibungsamt die Einreichung des Rechtsvorschlags gebührenfrei.

² Mit der im Rechtsvorschlag gegebenen Begründung verzichtet der Schuldner nicht auf weitere Einreden nach Artikel 182.

³ Artikel 33 Absatz 4 ist nicht anwendbar.

1 Im Ersuchen des Schuldners um Zahlungsaufschub ohne das Wort «Rechtsvorschlag» zu erwähnen liegt kein gültiger Rechtsvorschlag vor (BL, AB, 02.12.1996, BlSchK 1997, S. 66).
2 (i.V.m. Art. 32 SchKG) – Aufgabe des BA ist es, die Rechtzeitigkeit auch eines Rechtsvorschlages in der Wechselbetreibung, welcher im Ausland zur Post aufgegeben wurde, zu überprüfen. Sache des Richters ist es dagegen, einen rechtzeitig erhobenen Wechselrechtsvorschlag allenfalls zu bewilligen. Beweispflichtig für die rechtzeitige Aufgabe bei der Post ist der Absender; damit obliegt ihm auch der Beweis, dass die Sendung rechtzeitig in den Besitz der schweizerischen Post gelangt ist (GR, AB, 19.01.1978, BlSchK 1984, S. 94).

Art. 180   2. Mitteilung an den Gläubiger

¹ Der Inhalt des Rechtsvorschlags wird dem Betreibenden auf der für ihn bestimmten Ausfertigung des Zahlungsbefehls mitgeteilt; wurde ein Rechtsvorschlag nicht eingegeben, so wird dies in derselben vorgemerkt.

² Diese Ausfertigung wird dem Betreibenden sofort nach Eingabe des Rechtsvorschlags oder, falls ein solcher nicht erfolgte, unmittelbar nach Ablauf der Eingabefrist zugestellt.

Keine Entscheidungen.

Art. 181   3. Vorlage an das Gericht

Das Betreibungsamt legt den Rechtsvorschlag unverzüglich dem Gericht des Betreibungsortes vor. Dieses lädt die Parteien vor und entscheidet, auch in ihrer Abwesenheit, innert zehn Tagen nach Erhalt des Rechtsvorschlages.

1 (i.V.m. Art. 32 SchKG) – Wird der Rechtsvorschlag am letzten Tag der Frist statt an das BA an den zur Bewilligung zuständigen Richter aufgegeben, so gilt er dannzumal als rechtzeitig, wenn der Richter, der ihn tags darauf erhält, ihn unverzüglich dem BA überweist (BGE 73 III 38).
2 Ein Verfahren auf Bewilligung des Wechselrechtsvorschlages darf nicht bis zum Abschluss eines möglicherweise präjudiziellen anderen Rechtsverfahrens eingestellt werden (ZH, ObGer, Verwaltungskomm., 16.05.1956, ZR 1957, Nr. 46).
3 Erschöpfung der kantonalen Rechtsmittel als Voraussetzung für Staatsrechtliche Willkürbeschwerde wegen Bewilligung des Rechtsvorschlags gemäss Art. 182 Ziff. 4 SchKG (BGE 90 I 201).
4 Frist für den Gerichtsentscheid über die Bewilligung des Rechtsvorschlags (BGE 90 I 201).
5 (i.V.m. § 361 ZPO LU) Das Verfahren betreffend Bewilligung des Rechtsvorschlages in der Wechselbetreibung ist schriftlich. Der Anspruch auf rechtliches Gehör ist gewahrt, wenn sich der Gläubiger wie der Schuldner äussern können. Ein bundesrechtlicher Anspruch auf Vorladung der Parteien zu einer mündlichen Verhandlung besteht nicht (LU, SchKKomm, 24.04.1991, LGVE 1991 I 52).

Art. 182   4. Bewilligung

Das Gericht bewilligt den Rechtsvorschlag:
1. wenn durch Urkunden bewiesen wird, dass die Schuld an den Inhaber des Wechsels oder Checks bezahlt oder durch denselben nachgelassen oder gestundet ist;
2. wenn Fälschung des Titels glaubhaft gemacht wird;

3. wenn eine aus dem Wechselrechte hervorgehende Einrede begründet erscheint;
4. wenn eine andere nach Artikel 1007 des Obligationenrechts zulässige Einrede geltend gemacht wird, die glaubhaft erscheint; in diesem Falle muss jedoch die Forderungssumme in Geld oder Wertschriften hinterlegt oder eine gleichwertige Sicherheit geleistet werden.

I. Zu Ziffer 1

1 Der Richter, der in der Wechselbetreibung über die Zulässigkeit eines Rechtsvorschlages zu entscheiden hat, ist nicht befugt, seinen Entscheid von Amtes wegen auf Gründe zu stützen, die der Betriebene nicht geltend gemacht hat (GE, Cour de Justice, 05.07.1952, Sem. 75, S. 300, SJZ 1954, S. 101).

2 Tilgung einer Kaufpreisrestanz durch Übergabe von Wechseln. Annahme einer «Novation». – Die Wendung im Vertrag «Tilgung» der Restschuld durch Übergabe der Wechsel kann nichts anderes heissen, als dass dadurch die alte Verbindlichkeit als untergegangen betrachtet wurde. Durch die Novation ging nicht der ganze Kaufvertrag unter, sondern nur der die Zahlungspflicht betreffende Teil, indem die Novation der sofortigen Erfüllung an Stelle einer Bezahlung, entsprechend der ersten Hälfte des Kaufpreises, gleichzusetzen ist. Mit der Annahme der Novation wird der Zusammenhang der Wechselforderung und dem Kaufgeschäft unterbrochen. Dadurch *wird die vom Schuldner behauptete Mängelrüge zu einer Gegenforderung gegen den Gläubiger, die in keiner Beziehung mehr zur Wechselforderung steht und deshalb nicht als wechselrechtliche Einrede geltend gemacht werden kann.* Damit liegt keine der in Art. 182 SchKG genannten Voraussetzungen für die Bewilligung des Rechtsvorschlages vor (SO, ObGer, 12.06.1947, ObGer-Bericht 1947, S. 131, BlSchK 1949, S. 149).

3 Gewöhnliche Betreibung eines Wechselbürgen gegen den Aussteller eines Wechsels, der die *Verjährung* des Art. 1069 OR anruft; Rechtsöffnung verweigert. Der aufgrund eines Wechsels betriebene *Schuldner ist berechtigt*, die spezielle *Wechselverjährung von 3 Jahren entgegenzuhalten*, selbst wenn er in der gewöhnlichen Form betrieben wird (VD, AB, 05.03.196z4, JT 112 (1964) II, S. 57, SJZ 1965, S. 342).

4 Urkunden im Sinne von Ziff. 1 sind auch Beweisurkunden, die vom Betreibenden stammen oder die ein Dritter über eine Handlung ausgestellt hat, zu der er vom Betreibenden ermächtigt ist. *Keine Urkunde ist die in einem Gerichtsprotokoll enthaltene Zeugenaussage eines Dritten, der im Zeitpunkt der Aussage keine Vertretungsmacht mehr für den Betreibenden hatte* und deren Richtigkeit bestritten ist. Die Rücktrittserklärung des Verwaltungsrates einer AG ist unter Vorbehalt der Rechte gutgläubiger Dritter mit der Abgabe der Willenserklärung wirksam (ZH, Kassationsgericht, 11.03.1966, BGer 14.06.1966, SJZ 1967, S. 293).

5 Klausel «Wert in Rechnung». – Der betriebene Bezogene muss, damit sein Rechtsvorschlag zu bestätigen ist, das der Ausstellung und der Annahme zugrunde liegende Rechtsverhältnis glaubhaft machen und dartun, dass er aus diesem dem Gläubiger nichts schuldet. Die Klausel «Wert in Rechnung» genügt nicht, die Natur des Grundverhältnisses und die bezügliche Nichterfüllung des Gläubigers darzutun (TI, AB, 15.01.1970, Rep. 1970, S. 313, SJZ 1972, S. 225).

6 (i.V.m. Art. 1000 und 1007 OR) – Mit der Bezahlung der Schuld ist damit die Wechselschuld und nicht etwa die dem Wechsel zugrunde liegende Forderung aus dem zwischen dem Wechselschuldner und dem Wechselaussteller bestehenden Rechtsverhältnis gemeint. Es ist deshalb auch nur die Bezahlung an den Inhaber des Wechsels beachtlich. Die Einrede der Bezahlung an einen andern als den Inhaber des Wechsels ist eine solche nach Art. 1007 OR und fällt unter Art. 182 Ziff. 4 SchKG (LU, SchKKomm, 22.09.1969, Max. XI, Nr. 719).

7 (i.V.m. Art. 117 OR) – Mit dem Bestehen eines sog. faktischen Kontokorrentverhältnis ist die Einrede der Verrechnung noch nicht glaubhaft gemacht (LU, SchKKomm, 28.05.1973, Max. XII, Nr. 168, SJZ 1975, S. 80).

8 Es ist nicht willkürlich, den Rechtsvorschlag nicht zu bewilligen, wenn der Gegenbeweis des Gläubigers Zweifel an den Urkunden aufkommen lässt, welche der Schuldner nach Art. 182 Ziff. 1 zum Beweis vorzulegen hat (BGE 113 III 89).

9 Beruft sich der Schuldner auf Erfüllung der Wechselschuld durch Verrechnung, muss er eine Urkunde vorlegen, woraus sich zweifelsfrei die Verrechnungslage und der Untergang der Wechselforderung ableiten lässt (LU, SchKKomm, 06.04.1994, LGVE 1994 I 48).

II. Zu Ziffer 2

10 Der Rechtsvorschlag wird nur in Fällen solcher Fälschungen bewilligt, die auf die Gültigkeit der Verpflichtung des Betriebenen an sich Einfluss haben. Die nachträgliche Streichung der Klausel «ohne Kosten» ist keine derartige Fälschung (BE, Appellationshof, III. Ziv.Kammer, 24.04.1956, ZBJV 1957, S. 277/278).

11 Das *abredewidrige Ausfüllen eines Wechselblanketts* stellt keine Fälschung im Sinne von Art. 182 Ziff. 2 dar. – Es ist auch keine aus dem Wechselrecht gemäss Ziff. 3 (LU, SchK-Komm., 06.01.1968, Max. XI, Nr. 662 und ZH, Kassationsgericht, 11.03.1966, BGer 14.06.1966, SJZ 1967, S. 293).

12 *Änderung des in der Wechselurkunde eingesetzten Remittenten* nach dem Wechselakzept ohne Einverständnis des Akzeptanten wird nicht als Wechselfälschung gewertet, doch reicht sie für die Einwendung gemäss Ziff. 2, nachdem die Änderung der Wechselurkunde offenkundig und auch nicht bestritten und diese nachträglich ohne Einverständnis des Akzeptanten erfolgt ist (BS, ObGer, 08.09.1987, BJM 1988, S. 202, BlSchK 1989, S. 70).

III. Zu Ziffer 3

13 *Zeichnungsberechtigung* – Ob eine Person, die einen Wechsel für eine Firma unterschrieben hat, zeichnungsberechtigt ist, entscheidet sich im Verfahren betreffend Bewilligung des Rechtsvorschlages ausschliesslich nach dem Eintrag im Handelsregister. Ob eine nicht im Handelsregister als zeichnungsberechtigt eingetragene Person trotzdem in Wirklichkeit zeichnungsberechtigt ist, kann in diesem Verfahren nicht geprüft werden (BS, Dreiergericht, 09.06.1958, S. 287).

14 Der Aussteller eines Wechsels, dem das Wertpapier nach dem Ablauf der Protestfrist indossiert wurde, ist als Nachindossatar zur Geltendmachung der Wechselforderung nicht legitimiert (BE, Appellationshof, III. Ziv.Kammer, 19.09.1969, ZBJV 1972, S. 25).

IV. Zu Ziffer 4:

15 Es lässt sich nicht ohne Nichtigkeitsgrund die Auffassung vertreten, dass die *Verrechnung mit einer bestrittenen Gegenforderung*, auch wenn sie ebenfalls eine Wechselforderung ist, die Bewilligung des Rechtsvorschlags ohne Hinterlegung der Wechselsumme nicht rechtfertigt (ZH, Kassationsgericht, 13.04.1972, ZR 1972, Nr. 21, SJZ 1972, S. 225).

16 Welche Bedeutung kommt der im Akzept genannten Summe zu? Eine Annahmeerklärung kann nicht höher als der Betrag der Wechselsumme sein. Ein Mehrakzept ist nicht zulässig (Glarus, ObGer, 29.11.1976, BlSchK 1979, S. 47)

17 Zum *Unterschied zwischen den Einreden nach Ziff. 3 und 4*. Die Behauptung, der Wechselausstellung liege kein gültiges Rechtsgeschäft zugrunde, sie sei namentlich erpresst worden, stellt nicht eine «aus dem Wechselrecht hervorgehende» Einrede nach Ziff. 3, sondern eine «andere» Einrede nach Ziff. 4 dar (SO, ObGer, 02.12.1965, SJZ 1966, S. 324, BlSchK 1967, S. 79).

18 Nur Ziff. 4 dieser Bestimmung kann angerufen werden, wenn in der Wechselbetreibung der Betriebene Rechtsvorschlag geltend machen will, dass die Schuld mit befreiender Wirkung für ihn auf einen Dritten übergegangen sei (LU, SchKKomm, 15.06.1954, Max. X, Nr. 291).

19 Beruft sich der Schuldner zur Glaubhaftmachung seiner gemäss Art. 1007 OR vorgebrachten Einwendungen auf Akten eines hängigen Strafverfahrens, so kann der Richter den Entscheid ausstellen zu einer amtlichen Erkundigung bei den Strafverfolgungsbehörden oder zum Beizug der Strafakten, beides in sehr raschen Verfahren (BS, Dreiergericht, 06.11.1956, BJM 1957, S. 226).

20 Die Deposition der Forderungssumme durch einen Wechselverpflichteten hat nur Wirkung für diesen und befreit einen andern aus dem gleichen Wechsel Verpflichteten, der ebenfalls um Rechtsvorschlag nachsucht, nicht davon, die Forderungssumme seinerseits zu hinterlegen (BS, Appellationsgericht, 21.10.1970, BJM 1971, S. 23).

21 Es ist nicht willkürlich, wenn der Richter *nicht kotierte Obligationen ohne festen Kurswert* nicht als genügende Hinterlage im Sinne von Art. 182 Ziff. 4 SchKG anerkannt und wenn er dem Schuldner, der bereits im Genuss einer kurzen Hinterlegungsfrist war, nicht noch eine Nachfrist zur Beibringung einer solchen Hinterlage ansetzt (BGE 110 III 32, Praxis 73, Nr. 190).

22 Da dem Bürgen eigene und unverzichtbare Einreden offen stehen, stellt *die Solidarbürgschaft einer Bank* die unverzügliche und bedingungslose Bezahlung der Schuld nicht sicher und ist deshalb keine genügende Hinterlegung im Sinne von Art. 182 Ziff. 4 SchKG. – Die Verfügung, mit der dem Gläubiger einerseits die Hinterlegung der Forderungssumme durch den Betriebenen angezeigt und andererseits Frist zur Anhebung der Klage auf Zahlung angesetzt wird, ist ein Endentscheid im Sinne von Art. 87 OG. (BGE 119 III 75).

V. Rechtsmittel betreffend Bewilligung des Rechtsvorschlages

23 Erschöpfung der kantonalen Rechtsmittel als Voraussetzung für staatsrechtliche Willkürbeschwerde wegen Bewilligung des Rechtsvorschlages gemäss Ziff. 4 (BGE 90 I 201).

24 Der Entscheid, mit dem ein Rechtsvorschlag bewilligt wird, ist ein Entscheid, der, wenn er von der letzten kantonalen Instanz ausgeht, mit staatsrechtlicher Beschwerde angefochten werden kann (BGE 95 I 253).

25 (i.V.m. Art. 86 und 87 OG) – Der Entscheid, durch den die Bewilligung des Rechtsvorschlages in der Wechselbetreibung verweigert wird, kann Gegenstand einer staatsrechtlichen Beschwerde sein. – Dieser Entscheid wird mit der Begründung, die Forderungssumme sei spätestens in der erstinstanzlichen Verhandlung, d.h. vor der Urteilsfällung, zu hinterlegen, verstösst nicht gegen Art. 4 BV (BGE 104 III 95).

26 Da dem Bürgen eigene und unverzichtbare Einreden offenstehen, stellt die Solidarbürgschaft einer Bank die unverzügliche und bedingungslose Bezahlung der Schuld nicht sicher und stellt deshalb keine genügende Hinterlegung i.S. dieses Artikel dar (Bger. II Ziv.Abt. 14.07.1993, Praxis 1994, Nr. 253).

Art. 183 5. Verweigerung. Vorsorgliche Massnahmen

¹ Verweigert das Gericht die Bewilligung des Rechtsvorschlages, so kann es vorsorgliche Massnahmen treffen, insbesondere die Aufnahme des Güterverzeichnisses gemäss den Artikeln 162–165 anordnen.

² Das Gericht kann nötigenfalls auch dem Gläubiger eine Sicherheitsleistung auferlegen.

1 Da die Wechselbetreibung im beschleunigten Verfahren durchzuführen ist und bereits dem Zahlungsbefehl auch die Bedeutung einer Konkursandrohung zukommt, rechtfertigt es sich, wie im Falle des Art. 170 SchKG (d.h. nach Vorliegen des Konkursbegehrens in der gewöhnlichen Betreibung) das beantragte Güterverzeichnis sofort anzuordnen, ohne von der Gläubigerin einen weiteren Nachweis als denjenigen ihres Forderungsrechts zu verlangen (BS, Dreiergericht, 06.09.1967, BJM 1967, S 237, BlSchK 1968, S. 152).

2 BV Art. 4 verpflichtet die Kantone nicht, die Revision solcher Entscheide zuzulassen (BGer, II. Ziv.Abteilung, 18.10.1983, Praxis 1983, Nr. 291).

3 Verweigert in der Wechselbetreibung das Gericht dem Schuldner die Bewilligung des Rechtsvorschlages, so stellt sich die Frage einer *Sicherheitsleistung durch den Gläubiger.* Der Gläubiger soll für allfällige Schadenersatzansprüche des Schuldners wegen der Betreibung Sicherheit leisten. Es braucht nicht der ganze denkbare Schaden, der durch einen ungerechtfertigten Konkurs entstehen könnte, gedeckt zu sein. Das Gericht hat hier Ermessensspielraum, so wie es in der Frage, ob über-

haupt Sicherheit geleistet werden solle, schon Ermessensspielraum hat. Ohne dass er vorher die Sicherheit geleistet hat, ist der Gläubiger nicht berechtigt, Konkurseröffnung zu verlangen. Es wird gegebenenfalls Sache des Konkursrichters sein, zu überprüfen, ob die angebotene Sicherheit genügt (Jaeger, Art. 183, N5) (SO, ObGer, 02.12.1965, SJZ 1966, S. 194).

4   Auferlegung einer Sicherheitsleistung. Diese Massnahme kann das Gericht ohne Parteiantrag von Amtes wegen anordnen. Dazu besteht Anlass, wenn der Rechtsvorschlag verweigert werden müsste, aber die vorgebrachten Tatsachen, ohne dem Richter völlig glaubhaft zu erscheinen, doch nicht ausser dem Bereich der Möglichkeit liegen und der Gläubiger für eine allfällige Schadenersatzklage des Schuldners nicht sonst genügend Sicherheit bietet, so wenn er z.B. im Ausland wohnt (LU, SchKKomm, 22.09.1969, Max. XI, Nr. 720).

5   Verweigerung der Bewilligung des Rechtsvorschlags in der Wechselbetreibung, jedoch nur unter der Voraussetzung der Sicherheitsleistung durch den Gläubiger. Die hier vorgebrachten Tatsachen und Belege schliessen nicht ganz aus, dass der Schuldner, dem wegen der Verweigerung des Rechtsvorschlags zur Konkursvermeidung nur noch die Zahlung bleibt, dadurch eine eventuell tatsächlich nicht bestehende Schuld bezahlen muss, deren Rückforderung bzw. allfälliger Schadenersatz von der im Ausland domizilierten Gläubigerbank mit Schwierigkeiten verbunden wäre. Es rechtfertigt sich daher, dem Gläubiger die gemäss Art. 183 Abs. 2 SchKG beantragten Sicherheitsleistung, unter Androhung, dass ohne eine solche dem Konkursbegehren keine Folge gegeben werden könnte (BE, Appellationshof, I. Ziv.Kammer, 11.12.1974, ZBJV 1976, S. 548).

Art. 184   6. Eröffnung des Entscheides. Klagefrist bei Hinterlegung

¹ Der Entscheid über die Bewilligung des Rechtsvorschlags wird den Parteien sofort eröffnet.

² Ist der Rechtsvorschlag nur nach Hinterlegung des streitigen Betrages bewilligt worden, so wird der Gläubiger aufgefordert, binnen zehn Tagen die Klage auf Zahlung anzuheben. Kommt der Gläubiger dieser Aufforderung nicht nach, so wird die Hinterlage zurückgegeben.

1   Hinterlegung der Forderungssumme gemäss Art. 182 Ziff. 4. – Nicht willkürlich ist die Gewährung einer Frist von einigen Tagen zur Hinterlegung der Sicherheiten gemäss Art. 182 Ziff. 4 SchKG, sofern diese Frist vor dem Entscheid über die Bewilligung des Rechtsvorschlages abläuft (BGE 90 I 201).

2   Der Entscheid, mit dem ein Rechtsvorschlag bewilligt wird, ist ein Entscheid, der, wenn er von der letzten Instanz ausgeht, mit staatsrechtlicher Beschwerde angefochten werden kann (BGE 95 I 253).

Art. 185   7. Weiterziehung

Der Entscheid über die Bewilligung des Rechtsvorschlags kann innert fünf Tagen nach der Eröffnung an das obere Gericht weitergezogen werden.

1   (i.V.m. Art. 178 Ziff. 3, 181 SchKG) – Begründung des Wechselrechtsvorschlages und Weiterziehung des Bewilligungsentscheides:
    – Gegen den erstinstanzlichen Entscheid über die Bewilligung des Wechselrechtsvorschlages ist unabhängig vom Streitwert gemäss § 272 Abs. 1 ZPO der Rekurs zulässig.
    – Die Begründungspflicht gemäss Art. 178 Ziff. 3 SchKG stellt eine blosse Ordnungsvorschrift dar, deren Verletzung den Richter nicht von der materiellen Überprüfung der erst bei ihm vorgebrachten Einreden entbindet.
    – Im Rekursverfahren gegen den Bewilligungsentscheid sind nach zürcherischem Prozessrecht Nova unbeschränkt zulässig. (ZH, ObGer, II. Ziv.Kammer, 04.04.1978, ZR 1978, Nr. 55, SJZ 1978, S. 348).

Fünfter Titel: Betreibung auf Konkurs | Art. 186

2 Die Auffassung ist nicht willkürlich, wonach sich die Zulassung von Noven – echten und unechten – im Berufungsverfahren gegen den Entscheid über die Zulässigkeit des Rechtsvorschlages in der Wechselbetreibung ausschliesslich nach kantonalem Recht beurteilt BGE 119 III 108).

Art. 186   8. Wirkungen des bewilligten Rechtsvorschlages

Ist der Rechtsvorschlag bewilligt, so wird die Betreibung eingestellt; der Gläubiger hat zur Geltendmachung seines Anspruchs den ordentlichen Prozessweg zu betreten.

1 Der Entscheid, mit dem ein Rechtsvorschlag bewilligt wird, ist ein Entscheid, der, wenn er von der letzten kantonalen Instanz ausgeht, mit staatsrechtlicher Beschwerde angefochten werden kann (BGE 95 I 253).

Art. 187   D. Rückforderungsklage

Wer infolge der Unterlassung oder Nichtbewilligung eines Rechtsvorschlags eine Nichtschuld bezahlt hat, kann das Rückforderungsrecht nach Massgabe des Artikels 86 ausüben.

1 Zahlung an den *Konkursrichter* ist derjenigen an das Betreibungsamt gleichzustellen und befreit den Schuldner: BGE 90 II 116 E. 5.
2 Möglichkeit der *Arrestierung* der bezahlten Summe: BGE 90 II 117 E. 5.

Art. 188   E. Konkursbegehren

¹ Ist ein Rechtsvorschlag nicht eingegeben, oder ist er beseitigt, nichtsdestoweniger aber dem Zahlungsbefehle nicht genügt worden, so kann der Gläubiger unter Vorlegung des Forderungstitels und des Zahlungsbefehls sowie, gegebenenfalls, des Gerichtsentscheides, das Konkursbegehren stellen.
² Dieses Recht erlischt mit Ablauf eines Monats seit der Zustellung des Zahlungsbefehls. Hat der Schuldner einen Rechtsvorschlag eingegeben, so fällt die Zeit zwischen der Eingabe desselben und dem Entscheid über dessen Bewilligung sowie, im Falle der Bewilligung, die Zeit zwischen der Anhebung und der gerichtlichen Erledigung der Klage nicht in Berechnung.

1 Auch in der Wechselbetreibung ist die Erneuerung eines Konkursbegehrens zulässig (TG, Rekurskomm. SchK, 31.08.1945, BlSchK 1947, S. 92).
2 Für die Berechnung der Monatsfrist ist der Zeitpunkt der Mitteilung des Rechtsöffnungsentscheides massgebend. Tragweite der Praxis des Konkursrichters, auf begründetes Begehren hin den Gläubiger unmittelbar vor der Konkursverhandlung über einen allfälligen Rückzug noch anzufragen (BS, Appellationsgericht, 08.05.1950, SJZ 1951, S. 380).
3 Die Monatsfrist zur Stellung eines Konkursbegehrens seit Zustellung des Zahlungsbefehls in der Wechselbetreibung wird auch durch ein Verfahren unterbrochen, durch das der Rechtsvorschlag beseitigt wurde. An die Monatsfrist kommen nur Zeitabschnitte in Anrechnung, die auf einen dem Gläubiger zugestellten, vollstreckbaren Entscheid über die Bewilligung des Rechtsvorschlages folgen. Berechnung der die Monatsfrist unterbrechenden Zeitabschnitte bei ordentlichen und ausserordentlichen Rechtsmitteln mit Zuerkanntnis aufschiebender Wirkung (ZH, ObGer, III. Ziv.Kammer, 10.11.1954, ZR 1955, Nr. 79).
4 Teilzahlungen tilgen eine Forderung nicht und hindert den Gläubiger nicht an der Stellung des Konkursbegehrens (BGE 119 III 112).

5 (i.V.m. Art. 177 und 178) – Wenn sich die *Wechselurkunde nicht bei den Akten befindet, darf kein Zahlungsbefehl ausgestellt* werden *und* in der Folge *kein Konkurs eröffnet werden*. Weil Art. 178 Abs. 1 SchKG verlangt, dass der Zahlungsbefehl erst ausgestellt werden darf, wenn *alle Voraussetzungen erfüllt sind,* kann in der Folge bei Fehlen einer dieser Voraussetzungen der Konkurs nicht eröffnet werden. Der Gesetzeszweck verlangt, dass einzig der aus dem Wertpapier Berechtigte in die Rechte des Schuldners eingreift (BGer, II. Ziv.Abteilung, 20.12.1999, Praxis 2000, Nr. 71, BlSchK 2002, S. 131).

Art. 189 F. Entscheid des Konkursgerichts

¹ Das Gericht zeigt den Parteien Ort, Tag und Stunde der Verhandlung über das Konkursbegehren an. Es entscheidet, auch in Abwesenheit der Parteien, innert zehn Tagen nach Einreichung des Begehrens.

² Die Artikel 169, 170, 172 Ziffer 3, 173, 173a, 175 und 176 sind anwendbar.

1 Auch in der Wechselbetreibung ist die Erneuerung eines Konkursbegehrens zulässig (TG, Rekurskomm., 31.08.1945, SJZ 1947, S. 62).

2 Die Wechselbetreibung ist ausschliesslich durch das Bundesrecht geregelt, der Richter daher nicht befugt, dieses Verfahren aufgrund der Bestimmungen des kantonalen Rechts zu sistieren (TI, Appellationsgericht, 30.10.1952, Rep. 86, S. 54, SJZ 1953, S. 366).

3 Ein Konkurserkenntnis in einer Wechselbetreibung ist nicht weiterziehbar (TG, Rekurskomm., 26.10.1955, BlSchK 1957, S. 146).

4 Eine Beschwerde gegen ein Konkurserkenntnis in einer Wechselbetreibung ist nur wegen Mängel im Verfahren, nicht aber wegen Mängel im Recht zulässig (TG, Rekurskomm., 06.07.1957, BlSchK 1959, S. 152).

5 (i.V.m. ZPO LU) – Gegen Konkursdekrete in der Wechselbetreibung ist das Rechtsmittel der Beschwerde zugelassen (Änderung der Rechtsprechung) (LU, SchKKomm, 25.04.1979, LGVE 1979 I Nr. 514).

6 Gegen die Konkurseröffnung nach erfolgter Wechselbetreibung ist die Berufung unzulässig (FR, Cour d'appel, 26.04.1979, BlSchK 1981, S. 182).

7 Die AB kann, auch nachdem der Konkurs bereits erklärt ist, eine Wechselbetreibung, die eines gültigen Zahlungsbefehls ermangelt, von Amtes wegen aufheben und den Konkursbeschluss als nicht vollstreckbar erklären lassen (BL, AB, 07.01.1955, BJM 1955, S. 26).

8 Der Konkursrichter darf das Konkursdekret aufheben, wenn sich nach der Konkurseröffnung ergibt, dass der Schuldner im Konkurskreis keinen Wohnsitz hatte (ZH, ObGer, III. Ziv.Kammer, 14.05.1969, SJZ 1969, S. 258).

9 Es ist klares Recht, dass das Konkurserkenntnis auch in der Wechselbetreibung ausgesetzt werden kann, wenn der Schuldner ein Gesuch um Nachlassstundung oder Notstundung anhängig gemacht hat (ZH, Kassationsgericht, 13.10.1958, SJZ 1959, S. 329).

10 Wiedereinsetzung bei Wechselkonkurs nur, wenn den Konkursiten keinerlei fassbares Verschulden am Konkursausbruch trifft (BS, Appellationsgericht, 17.07.1963, BlSchK 1964, S. 138).

11 Gegen die in der Wechselbetreibung nach Art. 189 SchKG ausgesprochene Konkurseröffnung ist die Berufung von Bundesrechts wegen ausgeschlossen. Auch besteht keine Beschwerdemöglichkeit nach Art. 17 SchKG, denn es handelt sich beim Konkursdekret nicht um eine Verfügung des BA oder KA, sondern um einen richterlichen Entscheid. Das Appellationsgericht lässt jedoch in solchen Fällen nach ständiger Praxis die Beschwerde als kantonales Rechtsmittel zu. Die im Vergleich zur ordentlichen Konkursbetreibung strengeren Voraussetzungen lassen eine Restitution allerdings nur zu, wenn den Konkursiten keinerlei fassbares Verschulden am Konkursausbruch trifft oder wenn zwingende Verfahrensvorschriften verletzt wurden (BS, Appellationsgericht, 06.11.1978, BJM 1979, S. 87)

III. Konkurseröffnung ohne vorgängige Betreibung

Art. 190   A. Auf Antrag eines Gläubigers

¹ Ein Gläubiger kann ohne vorgängige Betreibung beim Gerichte die Konkurseröffnung verlangen:
1. gegen jeden Schuldner, dessen Aufenthaltsort unbekannt ist oder der die Flucht ergriffen hat, um sich seinen Verbindlichkeiten zu entziehen, oder der betrügerische Handlungen zum Nachteile der Gläubiger begangen oder zu begehen versucht oder bei einer Betreibung auf Pfändung Bestandteile seines Vermögens verheimlicht hat;
2. gegen einen der Konkursbetreibung unterliegenden Schuldner, der seine Zahlungen eingestellt hat;
3. im Falle des Artikels 309.

² Der Schuldner wird, wenn er in der Schweiz wohnt oder in der Schweiz einen Vertreter hat, mit Ansetzung einer kurzen Frist vor Gericht geladen und einvernommen.

I. Verfahren

1   Für das Verfahren gilt kantonales Prozessrecht (BS, Appellationsgericht, 18.03.1960, BJM 1960, S. 125).

2   Die Stellung des Gläubigers ist freier als bei der ordentlichen Konkurseröffnung; insbesondere kann er im Rekursverfahren Behauptungen, die er vor dem Konkursrichter zur Begründung seines Begehrens nach Art. 190 SchKG aufgestellt hat, fallen lassen oder Gegenbehauptungen des Schuldners anerkennen; immerhin darf er sich dabei nicht in Widerspruch zu feststehenden Tatsachen setzen (ZH, ObGer, II. Ziv.Kammer, 10.12.1954, ZR 1958, Nr. 26).

3   Das BGer hat die Schriftlichkeit dieses Verfahrens als nicht willkürlich bezeichnet. – Es genügt, dass der Gläubiger seine Behauptungen und der Schuldner seine Einwendungen glaubhaft macht; da es sich um eine folgenschwere Massnahme gegenüber dem Schuldner handelt, wird man es mit dem Erfordernis der Glaubhaftmachung nicht leicht nehmen dürfen; namentlich muss andererseits – schon zur Wahrung der Rechtsgleichheit – angegenommen werden, dass der Schuldner seine Einwendungen gegen das Begehren ebenfalls nur glaubhaft zu machen hat.

Wann ist eine Verschiebung der Konkurseröffnung zu verweigern? Sicher dann, wenn Anhaltspunkte dafür vorliegen, dass Organe der Gesellschaft an der Unterbilanz irgendwelche Schuld tragen und dass voraussichtlich Anfechtungs- und Verantwortlichkeitsansprüche bestehen (BS, Appellationsgericht, 18.03.1960, BJM 1960, S. 125).

4   Der Gläubiger hat den behaupteten Konkursgrund nicht nur glaubhaft zu machen, sondern ihn strikte nachzuweisen (BS, Appellationsgericht, 02.05.1983, BJM 1984, S. 83).

5   Für das Verfahren betreffend Eröffnung des Konkurses ohne vorgängige Betreibung gelten für die Zivilgerichtskammer die Verfahrensvorschriften (§§ 7, 15 EG z. SchKG). Allgemein *bekannte Tatsachen* müssen weder bewiesen noch auch nur behauptet werden (BS, Appellationsgericht, 11.06.1986, BJM 1987, S. 97).

6   Bei Schuldenflucht ist auch die Spezialexekution (Einzelbetreibung) zulässig (LU, SchK-Komm., 20.05.1949, Max. IX, Nr. 694, BlSchK 1952, S. 78).

7   (i.V.m. Art. 194 SchKG) – Im Verfahren nach Art. 190 Ziff. 1 SchKG ist der Schuldner, dem Schuldnerflucht vorgeworfen wird, zum Gegenbeweis zugelassen. Nach Art. 194 sind die Vorschriften über die Konkursberufung auch auf die ohne vorgängige Betreibung ausgesprochene Konkurseröffnung anwendbar (BS, Appellationsgericht, 13.09.1978, BlSchK 1980, S. 170).

8   (i.V.m. § 293 ZPO ZH) – Revision – Die Tatsache, dass im Konkurseröffnungsverfahren nach Art. 190 die blosse Glaubhaftmachung des Anspruchs genügt, schliesst den späteren Gegenbeweis durch den Beklagten im Rahmen eines Revisionsverfahrens nicht aus. Ein nachträglich ergangenes Urteil, durch welches rechtskräftig festgestellt wird, dass der der Konkurseröffnung zugrunde liegende Vertrag wegen Täuschung des Konkursiten für diesen unverbindlich ist, stellt ein Beweismittel im Sinne von § 293 ZPO dar (ZH, Kassationsgericht 17.09.1985, ZR 1985, Nr. 133).

9   Der Entscheid des Zivilgerichts über den Widerruf eines Nachlassvertrages kann mit Beschwerde nach § 242 ZPO BS beim Appellationsgericht angefochten werden, *nicht dagegegen der Entscheid über eine Konkurseröffnung nach Art. 190 SchKG*. Zur Begründung von Willkür nach § 242 Ziff. 2 ZPO kann nicht einfach auf frühere Rechtsschriften verwiesen werden, die in einem Verfahren mit anderer Kognition eingereicht worden sind (BS, Appellationsgericht, 06.10.1977, BJM 1978, S. 147).

II. Legitimation

10 Zu einem Konkursbegehren nach Art. 190 ist jeder Gläubiger berechtigt, gleichgültig, ob seine Forderung fällig ist oder nicht. Die Konkurseröffnung bewirkt deren Fälligkeit (BGE 85 III 146).

11 Es ist nicht willkürlich, wenn dem Zessionar einer auf Art. 754 ff. OR gestützten Forderung das Recht abgesprochen wird, die Konkurseröffnung ohne vorgängige Betreibung gegen den zur Verantwortung gezogenen Verwaltungsrat zu verlangen. Durch die Abtretung nach Art. 260 SchKG erlangt der Zessionar einer auf Art. 754 ff. OR gestützten Forderung keine Gläubigereigenschaft im Sinne von Art. 191 Abs. 1 SchKG (BGE 122 III 488).

III. Örtliche Zuständigkeit

12 Domizilwechsel – Die blosse polizeiliche Abmeldung wenige Tage vor der Konkurseröffnung berührt den Wohnsitz noch nicht, wenn der Schuldner in dem von ihm neu gemieteten Zimmer am neuen Ort nie übernachtet hat, dagegen regelmässig bei seiner Frau in seiner alten Wohnung die Mahlzeiten einnimmt, dort seine Möbel und Effekten und weiterhin den Mittelpunkt seiner Lebensverhältnisse hat (BS, Appellationsgericht, 02.07.1948, Entscheidungen Appellationsgericht, 9. Bd., 1. Heft, S. 144, SJZ 1949, S. 173).

13 Über eine Gesellschaft kann der Konkurs ohne vorgängige Betreibung nur am ordentlichen Betreibungsort eröffnet werden, über eine Aktiengesellschaft somit an dem Ort, wo diese ihren Sitz hat und wo sie im Handelsregister eingetragen sein muss (BGE 107 III 53).

14 (i.V.m. Art. 46, 50 Abs. 2 und 52 SchKG) – Die Konkurseröffnung ohne vorgängige Betreibung kann nur am ordentlichen Betreibungsort erfolgen. Wenn es sich um eine juristische Person handelt, ist das der Ort, wo sich ihr Sitz befindet bzw. wo sie sich ins Handelsregister einzutragen hat. Die besonderen Betreibungsorte, derjenige nach Art. 50 Abs. 2 SchKG oder des Arrestortes fallen ausser Betracht (VD, Tribunal cantonal, 06.11.1980, BlSchK 1981, S. 142, BGE 107 III 53).

15 Art. 53 SchKG ist auch auf den Konkurs ohne vorgängige Betreibung anwendbar. Der Richter, der im Zeitpunkt der Zustellung der Vorladung zur Konkursverhandlung an den Schuldner örtlich zuständig ist, bleibt es auch dann, wen dieser in der Folge sein Domizil wechselt (BGE 121 III 13).

IV. Gründe
1. Zahlungsflucht

16 Begriff der Zahlungsflucht. Die Auffassung, dass eine Abreise ins Ausland, die weder heimlich noch überstürzt erfolgt, keine Flucht im Sinne des Gesetzes ist, verstösst nicht gegen klares Recht. Eine gefestigte Rechtsprechung, durch die der Begriff der Zahlungsflucht klargestellt wäre, besteht nicht (ZH, Kassationsgericht, 06.07.1954, SJZ 1955, S. 348, BlSchK 1956, S. 142).

17 Der auf dem Zahlungsbefehl angebrachte Vermerk «abgereist ohne Hinterlassung einer Adresse» berechtigt noch nicht zu der Annahme, dass die Verwaltungsratsmitglieder der Aktiengesellschaft, gegen welche die Betreibung sich richtet, die Flucht ergriffen hätten oder dass die Gesellschaft ihre Zahlungen eingestellt habe. Ebenso wenig kann das aus der Tatsache hergeleitet werden, dass die Gesellschaft im Verfahren vor erster Instanz säumig gewesen ist (GE, Cour de Justice, 15.01.1946, Sem. 68, S. 446, SJZ 1948, S. 74).

18 Gegen einen Schuldner, der seinen Geschäftsbetrieb auf nicht übliche Weise veräussert und sich ins Ausland begeben hat, ohne seine Gläubiger zu benachrichtigen, kann der Konkurs ohne vorgängige Betreibung verlangt werden (GE, Cour de Justice, 03.09.1957, Sem. 80 (1958), S. 538, SJZ 1960, S. 209, BlSchK 1961, S. 87).

19 Beim Konkursgrund des unbekannten Aufenthalts ist nicht das Fehlen eines festen Wohnsitzes entscheidend, sondern all das objektive Unbekanntsein des tatsächlichen Aufenthaltsortes (BS, Appellationsgericht, 11.06.1986, BJM 1987, S. 97).

20 Die nach vorgenommener (vergeblicher) Vorladung erfolgte Publikation eines Handelsregistereintrages, wonach die schuldnerische Firma ein neues Domizil mit neuem Verwaltungsrat begründet hat, ist nicht zu berücksichtigen. Vor allem dann nicht, wenn der Gläubiger mit dem Begehren um Konkurseröffnung den unbekannten Aufenthalt der Schuldnerin dargestellt hat und die Vorladung zur Konkursverhandlung von der Post als unzustellbar retourniert wurde (BS, Appellationsgericht, 20.12.1996, BJM 1997, S. 312).

2. Betrügerische Handlungen

21 Eine betrügerische Handlung ist auch die widerrechtliche Gläubigerbegünstigung. – Betrügerisch handelt der Schuldner, der eine für einen Baukredit reservierte leere Pfandstelle zweckwidrig zweckwidrig verwendet (BS, Appellationsgericht, 18.03.1960, BJM 1960, S. 125).

22 Voraussetzung der Konkurseröffnung wegen betrügerischen Handlungen zum Nachteil der Gläubiger. Diese betrügerischen Handlungen sind mit dem Straftatbestand des Betruges gemäss Art. 148 StGB nicht identisch. Sie liegen dann vor, wenn der Schuldner sie in der Absicht vornimmt, seine Gläubiger zu schädigen oder einzelne zu begünstigen. Voraussetzung ist, dass dem Gläubiger schon vor ihrer Begehung eine Forderung gegen den Schuldner zustand, so dass ihm nachher nicht mehr zugemutet werden kann, den in der Regel längeren ordentlichen Betreibungsweg zu beschreiten. Die vom Schuldner begangenen betrügerischen Handlungen müssen überdies bewirken, dass die Befriedigung der Forderungsrechte aller oder einzelner Gläubiger vereitelt oder erschwert wird (BGE 97 I 311) (AR, Kantonsgerichtspräsident, 27.04.1983, BlSchK 1986, S. 110 und BS, Appellationsgericht, 02.09.1980, BJM 1981, S. 41).

23 Es ist nicht willkürlich, den Konkurs ohne vorgängige Betreibung auf Antrag eines Gläubigers auszusprechen, dessen Forderung nach der Vermögensverheimlichung entstanden ist (BGE 120 III 88).

24 Eine Konkurseröffnung ohne vorgängige Betreibung wegen betrügerischer Handlungen setzt voraus, dass schon vor deren Begehung zwischen dem Täter und dem Geschädigten ein Schuldverhältnis bestanden hat. Überdies müssen die betrügerischen Handlungen geeignet und in der Absicht begangen worden sein, die Befriedigung der (bestehenden) Forderungen des Gläubigers zu vereiteln oder zu erschweren (ZH, ObGer, II. Ziv.Kammer, 29.05.1984, ZR 1985, Nr. 92).

3. Zahlungseinstellung

25 Die *Nichtbezahlung einer bestrittenen Forderung* beinhaltet jedoch bei Weitem keine Zahlungseinstellung (BS, Appellationsgericht, 02.09.1980, BJM 1981, S. 44b/und ZR 1985, S. 226).

26 Zahlungseinstellung im Sinne von Ziff. 2 liegt nicht nur dann vor, wenn sämtliche Zahlungen eingestellt werden, sondern schon dann, wenn sich die Zahlungssperre auf einen wesentlichen Teil des Geschäftsbetriebes bezieht. Ist dies der Fall, so könnte nur dann kein Konkursgrund nach Art. 190 Ziff. 2 vorliegen, wenn die Zahlungssperre auf aussergewöhnliche Umstände vorübergehender Natur zurückgeführt werden kann, dergestalt, dass die Zahlungsfähigkeit an sich nicht in Frage gestellt ist (BGE 85 III 146).

27 Zahlungseinstellung liegt vor, wenn der Schuldner in einem Ausmass mit den einzelnen Gläubigern je separat Stundungs- oder Umschuldungsvereinbarungen schliesst, das einem aussergerichtlichen Nachlassvertrag vergleichbar ist (ZH, ObGer, II. Ziv.Kammer, 19.03.1986, ZR 1987, Nr. 6, BlSchK 1989, S. 25).

28 Der Gläubiger, der einem *aussergerichtlichen Nachlassvertrag nicht zugestimmt hat*, kann die Eröffnung des Konkurses über den insolventen Schuldner beantragen. Liegt im Zeitpunkt der gerichtlichen Verhandlung über die Konkurseröffnung kein Gesuch um Bewilligung einer Nachlassstundung vor, so kann keine nachträgliche Frist zur Vorlegung des Nachlassgesuches eingeräumt werden (letzterer Punkt scheint allerdings fraglich zu sein; VD, Tribunal cantonal, 11.10.1973, BlSchK 1977, S. 17).

29 (i.V.m. Art. 172 OR) – Aufschiebende Einrede des Schuldners und Zedenten bei Abtretung zahlungs- oder sicherungshalber. Rechtsmissbrauch im Falle von Art. 190 Abs. 1 Ziff. 2 SchKG, wenn der Gläubiger die eigene Forderung gestundet hat? – Wird eine Forderung sicherungs- oder zahlungshalber abgetreten, steht dem Schuldner und Zedenten eine aufschiebende Einrede zu. Ein einseitiger Widerruf, verbunden mit dem Angebot der Rückzession, beseitigt die Einrede des Schuldners noch nicht. Dies ist vielmehr erst der Fall, wenn entweder die Verwertungsvereinbarung einvernehmlich aufgehoben wurde oder die Unmöglichkeit der Verwertung feststeht und zugleich das Angebot der Rückzession erfolgt ist. Die «Unmöglichkeit» der Verwertung ist dahingehend zu relativieren, dass auch blosse Unzumutbarkeit der Verwertung genügen muss. Der Gläubiger darf innert nützlicher Frist Erfüllung der abgetretenen Forderung erwarten, andernfalls die aufschiebende Wirkung des Schuldners dahin fällt (ZH, ObGer, II. Ziv.Kammer, 19.03.1986, ZR 1987, Nr. 6, BlSchK 1989, S. 25).

4. Bei öffentlich-rechtlichen Forderungen

30 Die Herbeiführung des Konkurses für öffentlich-rechtliche Forderungen ist dann ausgeschlossen, wenn der Tatbestand des angerufenen materiellen Konkursgrundes die Anhebung einer Betreibung auf Pfändung nicht schlechthin verunmöglicht oder nicht als aussichtslos erscheinen lässt (ZH, ObGer, II. Ziv.Kammer, 31.08.1984, ZR 1985, Nr. 99).

31 Für an öffentliche Kassen oder Beamte geschuldete Leistungen aus öffentlichem Recht kann die Konkurseröffnung ohne vorgängige Betreibung verlangt werden, sofern sie das öffentliche Recht selber für die entsprechende Leistungen nicht ausschliesst (VD, Tribunal cantonal, 21.11.1985, BlSchK 1989, S. 16).

32 Prüfung der Voraussetzungen unter welchen die Zahlungseinstellung bei unbezahlt gebliebenen öffentlich-rechtlichen Forderungen anzunehmen ist. Wie jeder andere Gläubiger muss auch ein öffentlich-rechtlicher Gläubiger dartun, dass wirklich eine Zahlungseinstellung des Schuldners vorliegt. Zahlungseinstellung liegt dann vor, wenn der Schuldner während einer gewissen Dauer Zahlungen unterlässt, weil ihm die Bereitstellung der dafür nötigen Mittel nicht gelingen kann. Sofern für die Gläubigerin in naher Zukunft keine Aussicht besteht, dass sie bei neuen Pfändungen für ihre Forderungen befriedigt wird, sind die Voraussetzungen für eine Konkurseröffnung ohne vorgängige Betreibung gegeben (BL, ObGer, 16.08.1994, BlSchK 1995, S. 148).

33 Konkurseröffnung ohne vorgängige Betreibung wegen Zahlungseinstellung ist auch für öffentlich-rechtliche Forderungen (Steuern) zulässig. Dies im Hinblick, dass in diesen Fällen eine vollständige Befriedigung der Gläubiger als zweifelhaft oder als gefährdet erscheinen lässt. Diese besondere Situation lässt selbst die Konkurseröffnung über Schuldner zu, die im Rahmen einer ordentlichen Betreibung nicht konkursfähig wären. E contrario muss auch die objektive Beschränkung der Vollstreckung gemäss Art. 43 SchKG zurückstehen (LU, SchK-Komm., 18.01.1991, LGVE 1991 I 40).

5. Weitere Anwendungsfälle

34 Zweckmässigkeitserwägungen haben bei der Prüfung der Frage, ob der Konkurs nach Art. 190, insbesondere Ziff. 2, zu eröffnen ist, ausser Betracht zu bleiben. Der Konkursrichter hat nicht zu prüfen, ob eine Konkurseröffnung unzweckmässig ist, z.B. weil nur wenige Gläubiger die Konkurseröffnung begehren oder weil die Rechte der Gläubiger durch die konkursmässige Liquidation gefährdet werden. Wo eine bestimmte Amtshandlung oder Verfügung beim Vorliegen der gesetzlichen Voraussetzungen geboten ist (sei es auf Antrag, sei es ex officio) bleibt kein Raum für deren Verweigerung oder Unterlassung aus Gründen der Angemessenheit (BGE 85 III 146).

35 (i.V.m. Art. 725 OR) – Wenn die Forderungen der Gläubiger durch die Aktiven nicht mehr gedeckt sind, so ist der Konkurs über die Aktiengesellschaft ohne vorgängige Betreibung zu eröffnen. Die Feststellung der Passiven erfolgt nach der vorgelegten Zwischenbilanz (VD, Tribunal cantonal, 22.02.1973, BlSchK 1978, S. 155).

36 Konkurseröffnung ohne vorgängige Betreibung über einen Verwaltungsrat. Eine solche Konkurseröffnung ist zulässig, wenn der wegen betrügerischer Machenschaften in ein Strafverfahren verwi-

Fünfter Titel: Betreibung auf Konkurs　　　　　　　　　　　　　　　　　　　　　　Art. 191

ckelte Schuldner zum Nachteil seiner Privat- und Geschäftsgläubiger über sein Vermögen verfügt hat (VS, KG, 07.02.1995, BlSchK 1996, S. 74).

37　Die in Art. 309 zur Verfügung gestellt zwanzigtägige Frist wird gewahrt durch das vom Gläubiger binnen der zufolge Betreibungsferien gemäss Art. 63 SchKG eintretenden Fristverlängerung gestellte Konkursbegehren (LU, SchKKomm, 13.11.1947, Max. IX, Nr. 525, das BGer hat eine Beschwerde abgewiesen; BlSchK 1949, S. 140/141).

Art. 191　　B. Auf Antrag des Schuldners

¹ Der Schuldner kann die Konkurseröffnung selber beantragen, indem er sich beim Gericht zahlungsunfähig erklärt.

² Der Richter eröffnet den Konkurs, wenn keine Aussicht auf eine Schuldenbereinigung nach den Artikeln 333 ff. besteht.

I. Voraussetzungen

1　Die Insolvenzerklärung kann nicht von einem einzelnen Verwaltungsratsmitglied ausgehen; es bedarf dafür eines Beschlusses des ganzen Verwaltungsrates (SO, AB, 26.09.1956, BlSchK 1958, S. 179).

2　Der Konkursrichter ist berechtigt, vom Schuldner, der sich zahlungsunfähig erklärt, einen Kostenvorschuss zu verlangen (VD, Tribunal cantonal, 21.08.1980, BlSchK 1982, S. 65).

3　Der dem Schuldner obliegende Kostenvorschuss kann auch von einem Dritten ganz oder teilweise für ihn geleistet werden. Dann fällt ein Überschuss über die Verfahrenskosten nicht in die Konkursmasse, sondern ist dem Dritten zurückzuerstatten (ZH, ObGer, II. Ziv.Kammer, 04.02.1954, ZR 1954, Nr. 18, BlSchK 1955, S. 112).

II. Rechtsmittel
1. Durch den Schuldner

4　Gegen ein Konkursdekret, das auf Antrag des Schuldners erlassen wurde, kann der Schuldner appellieren, wenn er sich darauf beruft, dass er die Insolvenzerklärung aus Irrtum abgegeben habe. Rechtserheblich ist nur ein *Irrtum über die Zahlungsunfähigkeit* (BE, Appellationshof, I. Ziv.Kammer, 23.07.1947, ZBJV 1948, S. 4983, BlSchK 1949, S. 113).

5　Ein angeblicher Irrtum des Schuldners über die Durchführung und die wirtschaftlichen und gesellschaftlichen Folgen des Konkurses kann nicht zur Begründung des Rekurses gegen die selbst veranlasste Konkurseröffnung dienen (ZH, ObGer, II. Ziv.Kammer, 23.01.1951, ZR 1955, Nr. 161).

6　Die Insolvenzerklärung muss mit Willen des Schuldners abgegeben worden sein, um so die Konkurseröffnung bewirken zu können. Der Schuldner kann den Beweis, dass er über die Bedeutung der Erklärung der Zahlungsunfähigkeit in einem Irrtum befangen gewesen sei, auch noch im Rekursverfahren und durch gewichtige Anzeichen leisten. «Kurzschlusshandlung»! (ZH, ObGer, II. Ziv.Kammer, 02.07.1957, ZR 1957, Nr. 118, BlSchK 1958, S. 174).

7　Es ist fraglich, ob die unverschuldet versäumte Berufungsfrist wieder hergestellt werden kann. Zur Gutheissung der Berufung wäre jedenfalls die Geltendmachung einer seelischen Depression oder eines teilweisen Irrtums über die Höhe der Schulden nicht genügend (BS, Appellationsgericht, 17.11.1956, BJM 1957, S. 168, SJZ 1957, S. 222, BlSchK 1958, S. 157).

8　Der Schuldner kann sich im Rekursverfahren grundsätzlich nicht darauf berufen, er habe das vorgedruckte Formular, in welchem um Eröffnung des Konkurses nachgesucht wird, vor dem Unterzeichnen nicht gelesen (ZH, ObGer, II. Ziv.Kammer, 14.12.1967, ZR 1968, Nr. 114, BlSchK 1970, S. 19).

9　(i.V.m. Art. 174 Abs. 1 SchKG) – Im Falle einer Konkurseröffnung infolge Insolvenzerklärung ist die nachträgliche Bezahlung von Schulden keine konkurshindernde Tatsache, die nachträglich mit Rekurs geltend gemacht werden könnte. Gegebenenfalls kommt ein Widerruf des Konkurses in Frage (OW, ObGer-Komm., 18.12.1992, SJZ 1995, S. 277).

2. Durch Dritte

10 Das KA ist nicht berechtigt, ein aufgrund von Art. 191 SchKG ausgesprochenes Konkurserkenntnis anzufechten (ZH, ObGer, IV. Kammer, 18.09.1947, SJZ 1948, S. 145, BlSchK 1949, S. 22).

11 Legitimation des KA zur Appellation gegen die Konkurseröffnung zufolge Insolvenzerklärung des Schuldners bei örtlicher Unzuständigkeit gemäss Art. 46 SchKG (BL, 14.01.1986, BJM 1987, S. 214).

12 Dem Gläubiger steht bei Konkurseröffnung auf Begehren des Schuldners das Recht auf Weiterziehung des Entscheides nicht zu (BE, Appellationshof, II. Ziv.Kammer, 15.05.1949, ZBJV 1950, S. 535, BlSchK 1952, S. 87).

13 Hat ein Schuldner selbst die Konkurseröffnung beantragt, so sind seine Gläubiger nicht befugt, gegen das Konkurserkanntnis Beschwerde zu führen, da ihnen in diesem Verfahren die Eigenschaft einer Partei nicht zusteht (VD, Tribunal cantonal, 27.04.1961, JT 111 (1963) II, S. 90, SJZ 1964, S. 276).

14 Die Annahme, die Gläubiger seien zur Anfechtung der aufgrund einer Insolvenzerklärung erfolgten Konkurseröffnung nicht legitimiert, ist nicht willkürlich (BGE 111 III 66, Praxis 74, Nr. 253).

15 Die Revision des SchKG änderte nichts am Umstand, dass die Gläubiger im Falle der Konkurseröffnung durch Insolvenzerklärung des Schuldners nicht legitimiert sind, das Konkurserkenntnis weiterzuziehen (Bestätigung der Rechtsprechung) (BGE 123 III 402).

III. Rechtsmissbräuchliche Insolvenzerklärung

16 Indem ein Schuldner die Insolvenzerklärung offensichtlich nicht zum Zwecke der Einrede des fehlenden neuen Vermögens in späteren Betreibungen, sondern in der Absicht abgibt, das Zugriffsrecht der Gläubiger, d.h. seiner Frau und seines Kindes, zunichte zu machen, handelt er rechtsmissbräuchlich im Sinne von Art. 2 ZGB (BE, Appellationshof, III. Ziv.Kammer, 14.06.1978, ZBJV 1979, S. 483, BlSchK 1980, S. 79).

17 Ein Rechtsmissbrauch liegt in der Abgabe einer Insolvenzerklärung nur vor – aber immer dann – wenn der Schuldner damit offensichtlich nicht einen wirtschaftlichen Neubeginn auf solider Grundlage anstrebt, sondern ausschliesslich seine Belangbarkeit für die bestehenden Zahlungsverpflichtungen einschränken will. Hier wurde im März 1979 das Konkursverfahren über den Schuldner geschlossen. Es wurden für rund Fr. 13'000.– Verlustscheine ausgestellt. Im Dezember 1984 ersuchte der Schuldner erneut mit der Abgabe der Insolvenzerklärung um Eröffnung des Konkurses. Nach seinen Angaben sollen neue Schulden von rund Fr. 50'000.– bestehen. Ausser dem geleisteten Kostenvorschuss und einem vierzehnjährigen PW, der als nicht mehr als verwertbar gelten kann, waren keine Aktiven vorhanden. Anstatt den ersten Konkurs für einen wirtschaftlichen Neuanfang zu nutzen, beruht die neue grosse Überschuldung auf Nachlässigkeit, finanzielle Unbekümmertheit und uneingeschränkte Fortführung der jahrelangen Misswirtschaft. In diesem Falle liegt die Abgabe der Insolvenzerklärung zur Eröffnung des Konkurses ein offensichtlicher Rechtsmissbrauch vor, der keinen Rechtsschutz finden kann (AG, ObGer, 2. Ziv.Kammer, 11.06.1985, SJZ 1985, S. 392).

18 Eine rechtsmissbräuchliche Insolvenzerklärung liegt vor, wenn der Schuldner nicht einen wirtschaftlichen Neubeginn beabsichtigt, sondern es ihm lediglich darum geht, seine Belangbarkeit für die bestehenden Zahlungsverpflichtungen einzuschränken (Aufhebung der Lohnpfändung) (SO, Amtsgerichtspräsident Olten-Gösgen, 23.08.1994, BlSchK 1995, S. 193).

19 Um das Ansinnen eines Schuldners als zweckwidrig zu bewerten und ihm gestützt darauf die Konkurseröffnung zu verweigern, bedarf es eines offenbaren Rechtsmissbrauchs. Rechtsmissbräuchlich wird die Insolvenzerklärung, wenn sie einzig deshalb erfolgt, um die Gläubiger zu schädigen. – Das BGer wies eine staatsrechtliche Beschwerde eines Schuldners ab, weil dieser keine Vorkehrungen, seinen Verpflichtungen zu mindern oder mit den Gläubigern zumindest eine Lösung zu suchen. Damit gehe es ihm nur darum, Pfändungen zu verhindern. An einer Gleichbehandlung der Gläubiger sei ihm nichts gelegen. – In einem weitern Entscheid erachtet das BGer dem Schuldner, der Verbindlichkeiten von über Fr. 100'000.– hat und das BA ein pfändbarer Betrag von Fr. 1'820.– fest-

stellte, als zumutbar, den Gläubigern jährlich mindestens Fr. 20'000.– abzuzahlen. Wenn dies auch einige Jahre daure, so sei doch ein Ende abzusehen (ZBJV 1994, S. 719).

20 Da nach Durchführung eines Konkurses für die Bemessung des neuen Vermögens in der Regel die einjährige Zeitspanne vor der nach Schluss des Konkursverfahrens erneut eingeleiteten Betreibung in Betracht fällt, erscheint eine Insolvenzerklärung insbesondere dann als missbräuchlich, wenn wegen der alljährlichen Abgabe der Insolvenzerklärung sämtlichen Gläubigern der Zugriff auf Vermögenswerte des Schuldners von vornherein verwehrt bleibt (ZH, Konkursrichter ZH, 30.11.1995, BlSchK 1995, S. 196).

21 Der Richter handelt nicht willkürlich, wenn er die Insolvenzerklärung des Schuldners abweist, welcher durch den Konkurs die Bezahlung eines einzigen Gläubigers verhindern will (BGer, 25.05.1994, BlSchK 1995, S. 179).

22 Wenn offensichtlich ersichtlich ist, dass der Gesuchsteller keinen wirtschaftlichen Neubeginn anstrebt, sondern seine Belangbarkeit für die bestehenden Zahlungsverpflichtungen, insbesondere die Steuerschulden einschränken will, ist ein Gesuch um Konkurseröffnung rechtsmissbräuchlich (LU, AB, Willisau, 31.05.1999, 31.05.1999, BlSchK 2001, S. 144).

23 Da nach einem durchgeführten Konkursverfahren für die Bemessung des neuen Vermögens in der Regel die einjährige Zeitspanne vor der nach Schluss des Konkursverfahrens erneut eingeleiteten Betreibungen in Betracht fällt, erscheint die Insolvenzerklärung insbesondere dann als missbräuchlich, wenn wegen der alljährlichen Abgabe der Insolvenzerklärung sämtlichen Gläubigern der Zugriff auf Vermögenswerte des Schuldners zum Vorneherein verwehrt bleibt. Rechtsmissbräuchlich ist eine Insolvenzerklärung somit dann, wenn sie einzig erfolgt, um die Gläubiger zu schädigen (Bezirksrichter ZH, 30.11.1994, ZR 1995, S. 146).

24 Schlägt der Schuldner in einer nach Abschluss des summarisch durchgeführten Konkursverfahrens angehobenen Betreibung für eine Konkursforderung nicht Recht vor, kann die Abgabe einer nachfolgenden Insolvenzerklärung rechtsmissbräuchlich sein (SO, ObGer Ziv.Kammer, 18.01.1994, BlSchK 1996, S. 197).

25 Stellt sich im Nachhinein heraus, dass ein auf Antrag des Schuldners eröffneter Konkurs als nichtig zu bezeichnen ist, so kann das Konkursdekret auf Anzeige des KA hin durch das Gericht wieder aufgehoben werden. Die Nichtigkeit kann sich daraus ergeben, dass die Insolvenzerklärung des Schuldners rechtsmissbräuchlich ist und auch die Interessen der Gläubiger für die Aufhebung des Konkursdekretes sprechen (LU, Amtsgerichtspräsident III LU-Land, 11.07.1996, BlSchK 1996, S. 228).

26 Hat der Schuldner bereits mehrmals eine Insolvenzerklärung abgegeben, kann die erneute Insolvenzerklärung rechtsmissbräuchlich sein, wenn der Schuldner wiederum neue Schulden angehäuft hat oder wenn er sich nicht bemüht hat, mit seinen Gläubigern eine Lösung seiner finanziellen Situation zu finden, obwohl ihm dies aufgrund seiner finanziellen Möglichkeiten im Verhältnis zu den ausstehenden Forderungen möglich gewesen wäre (Konkursrichter ZH, 19.06.1998, ZR 1998, Nr. 118).

27 Voraussetzungen der Aussicht auf eine Schuldenbereinigung. Eine offensichtlich rechtsmissbräuchliche Insolvenzerklärung führt nicht zum Konkurs. Aussicht auf eine Schuldenbereinigung wird nach herrschender Praxis im Kanton Luzern in der Regel angenommen, wenn der Schuldner mit dem pro Monat berechneten Überschuss über dem «erweiterten und erhöhten Existenzminimum» (betreibungsrechtliches Existenzminimum und 20% des Grundbetrages und laufende Steuerschulden) 50 % der Schulden in drei Jahren zu tilgen vermag. Ein offensichtlich rechtsmissbräuchliches Konkursbegehren (Art. 2 Abs. 2 ZGB) muss der Richter abweisen. Als Hauptfall des Rechtsmissbrauchs kann gelten, wenn der Schuldner mit der Insolvenzerklärung keinen wirtschaftlichen Neubeginn auf solider Grundlage bezweckt, sondern andere Ziele verfolgt. Das normwidrige Verhalten richtet sich ausschliesslich auf den Nachteil der Gläubiger bzw. ihre Schädigung. Eine solche Schädigungsabsicht kann insbesondere gegeben sein, wenn der Schuldner durch die Insolvenzerklärung die Bezahlung eines einzigen Gläubigers verhindern will. Rechtsmissbrauch kann auch vorliegen, wenn es dem Schuldner nur darum geht, seine Gläubiger zu prellen um wieder in den Genuss seines vollen Loh-

nes zu kommen (Amtsgerichtspräs. I Willisau LU, 31.05.1999; ein dagegen eingereichter Rekurs an die SchKKomm des ObGer abgewiesen, LGVE 1999 I 45).

28 Der Richter kann den Antrag des Schuldners auf Konkurseröffnung ablehnen, wenn eine offensichtliche Sanierungsaussicht gegeben ist und der Schuldner trotzdem keinen Sanierungsantrag stellt. Aus diesem Verhalten kann davon ausgegangen werden, dass mit der Abgabe der Insolvenzerklärung kein Neustart geplant ist, sondern ein Entziehen der bestehenden Verbindlichkeiten angestrebt wird. Ein solches Vorgehen ist rechtsmissbräuchlich und verdient keinen Schutz (SH, KG, 04.03.2002, BlSchK 2003, S. 176).

Art. 192 C. Gegen Kapitalgesellschaften und Genossenschaften

Gegen Aktiengesellschaften, Kommanditaktiengesellschaften, Gesellschaften mit beschränkter Haftung und Genossenschaften kann der Konkurs ohne vorgängige Betreibung in den Fällen eröffnet werden, die das Obligationenrecht vorsieht (Art. 725a, 764 Abs. 2, 817, 903 OR).

1 Eine nach Abgabe der Insolvenzerklärung, aber vor der Konkurseröffnung durch den Wegfall ihres einzigen Organs handlungsunfähig gewordene Aktiengesellschaft kann durch ihren Beistand Aufhebung der Konkurseröffnung verlangen, weil sie unverschuldet die Möglichkeit versäumt hatte, ihre Insolvenzerklärung rechtzeitig zu widerrufen. Ein Rechtsanwalt bedarf als blosser Bote einer Willenserklärung des Vertretenen keiner schriftlichen Vollmacht, (ZH, ObGer, II. Ziv.Kammer, 25.03.1960, ZR 1965, Nr. 171).

2 Die Konkurseröffnung über eine überschuldete AG kann auch dann aufgeschoben werden, wenn bereits ein Gläubiger ein Konkursbegehren gestellt hat (LU, SchKKomm, 11.11.1966, ZBJV 1967, S. 200).

3 *Legitimation zur Konkursanmeldung für eine Aktiengesellschaft.* Ein einzelzeichnungsberechtigtes Mitglied des Verwaltungsrates ist nicht legitimiert ohne Beschluss des Verwaltungsrates die Insolvenzerklärung abzugeben. Die im Handelsregister als einzelzeichnungsberechtigten Personen sind ermächtigt, alle Rechtshandlungen vorzunehmen, die der *Zweck der Gesellschaft mit sich bringen kann.* Die Konkursanmeldung nach Art. 192 SchKG ist keine solche Vertretungshandlung, die sich irgendwie aus dem Gesellschaftszweck ergibt. Sie führt zur Auflösung der Gesellschaft und diese hat mit dem Gesellschaftszweck nichts zu tun (LU, SchKKomm, 26.01.1972, Max. XII, Nr. 81, ZBJV 1972, S. 320).

4 Die Insolvenzerklärung kann nicht von einem einzelnen Verwaltungsratsmitglied ausgehen; es bedarf dafür eines Beschlusses des ganzen Verwaltungsrates (SO, AB, 236.09.1956, BlSchK 1958, S. 179).

5 *Legitimation eines Verwaltungsrates* bzw. eines Geschäftsführers *zur Berufung nach Art. 174 SchKG gegen* das erstinstanzliche *Konkurserkenntnis.* Begriff der Überschuldung der Gesellschaft gemäss Art. 725a OR: Neben der Bilanz (und wo diese nicht aussagekräftig ist) muss der Gesamtzustand der Unternehmung mitberücksichtigt werden. Zuständigkeit des Verwaltungsrates, durch Mehrheitsbeschluss die Benachrichtigung des Richters zu veranlassen (ZH, ObGer, II. Ziv.Kammer, 13.06.1986, ZR 1987, Nr. 44).

6 Grundsätzlich ist im Erfordernis der Prüfung der Zwischenbilanz durch die Revisionsstelle selbst dann festzuhalten, wenn die Gesellschaft wirtschaftlich nicht mehr in der Lage ist, eine Prüfung in Auftrag zu geben oder sie über keine Revisionsstelle mehr verfügt. Der Rückweisung des Konkursbegehrens steht jedoch der vom Gesetz beabsichtigte Gläubigerschutz entgegen (Konkursrichter ZH, 21.04.1994, ZR 1995, S. 149).

7 Fehlt es an der gesetzlich vorgeschriebenen Prüfung der Zwischenbilanz zu Veräusserungs – Fortsetzungswerten, kann die Konkurseröffnung wegen Überschuldung trotzdem erfolgen, wenn sich die Überschuldung aus den übrigen Akten klar ergibt. Ein Konkursaufschub ist jedoch schon aus diesem Grunde ausgeschlossen (ZH, Justizkomm., 07.04.2004, GVP 2004, S. 179).

8   Haftung des Staates bei angeblich verspäteter Konkurseröffnung über eine Aktiengesellschaft; Unterscheidung zwischen unmittelbarem und mittelbarem Schaden der Gesellschaftsgläubiger – Unterscheidung zwischen Gesellschaftsschaden und Gläubigerschaden. Kriterien für die Abgrenzung von unmittelbarem und mittelbarem Gläubigerschaden gemäss der bundesgerichtlichen Rechtsprechung Art. 7225a OR bezweckt, im Interesse der Gläubiger und der Gesellschaft die Rahmenbedingungen zu schaffen, um realistische Chancen auf eine Sanierung der Gesellschaft gegebenenfalls wahrzunehmen. Gegenüber der Gesellschaft und den Gläubigern *übernimmt der Konkursrichter in ähnlichem Umfang Verantwortung* wie die Gesellschaftsorgane; es ist deshalb sachgerecht, die Unterscheidung zwischen mittelbarem und unmittelbarem Gläubigerschaden auch dann Platz greifen zu lassen, wenn nicht ein Gesellschaftsorgan, sondern gestützt auf Art. 725a OR das Gemeinwesen ins Recht gefasst wird (BGE 127 III 374).

9   (i.V.m. Art. 725a OR) – Konkursaufschub – Überschuldung der Aktiengesellschaft – Der Konkursaufschub ist zu verweigern, wenn die überschuldete Gesellschaft keinen realistischen Sanierungsplan vorlegt (VS, Tribunal de district, 08.10.2004, BlSchK 2005, S. 164).

Art. 193   D. Gegen eine ausgeschlagene oder überschuldete Erbschaft

¹ Die zuständige Behörde benachrichtigt das Konkursgericht, wenn:
1. alle Erben die Erbschaft ausgeschlagen haben oder die Ausschlagung zu vermuten ist (Art. 566 ff. und 573 ZGB);
2. eine Erbschaft, für welche die amtliche Liquidation verlangt oder angeordnet worden ist, sich als überschuldet erweist (Art. 597 ZGB).

² In diesen Fällen ordnet das Gericht die konkursamtliche Liquidation an.

³ Auch ein Gläubiger oder ein Erbe kann die konkursamtliche Liquidation verlangen.

1   Dieser Artikel bestimmt nur das zur Liquidation einer ausgeschlagenen Erbschaft zu beachtende Verfahren. Ob eine Erbschaft ausgeschlagen worden sei oder nicht, ist eine Frage des materiellen Rechts (BGE 82 III 39).

2   Antritt der Erbschaft durch den überlebenden Ehegatten. Nach Eröffnung der konkursamtlichen Liquidation ist aufgrund der im Rekursverfahren abgegebenen Antrittserklärung das Konkurserkenntnis aufzuheben (ZH, ObGer, II. Kammer, 25.05.1945, ZR 1945, S. 181, BlSchK 1946, S. 116).

3   (i.V.m. Art. 573 Abs. 1 ZGB; Art. 28 NAG) – Zulässigkeit des Rekurses gegen die Anordnung der konkursamtlichen Nachlassliquidation und Legitimation der Erben zu dessen Ergreifung. Örtliche Zuständigkeit, wenn der schweizerische Erblasser zur Zeit des Todes Wohnsitz in Italien hatte. Nach italienischem IPR sind Ausländer mit letztem Wohnsitz in Italien hinsichtlich der Folgen der Erbausschlagung ihrem Heimatrecht und Heimatrichterstand unterworfen. Ein Konkurs hat jedoch nur territoriale Wirkungen, d.h. er bleibt auf das inländische Vermögen beschränkt (ZH, ObGer, II. Ziv.Kammer, 14.06.1978, ZR 1978, S. 216).

4   Das KA hat die Befugnis, den die konkursamtliche Liquidation anordnenden Gerichtsentscheid anzufechten. Hat sich ein Erbe offensichtlich in die Erbschaft eingemischt und damit sein Ausschlagungsrecht gemäss Art. 571 Abs. 2 ZGB verwirkt, so muss der Konkursrichter die Konkurseröffnung verweigern (BE, Appellationshof, 26.01.2001, BlSchK 2002, S. 28).

5   (i.V.m. Art. 597 und 571 Abs. 2 ZGB) – Erstinstanzlich wird die Klage einer durch das KA vertretenen ausgeschlagenen Erbschaft gegen eine Erbin, welche sich in die Erbschaft eingemischt hat (u.a. durch Verheimlichung und Verkauf von Gegenständen) gutgeheissen und die konkursamtliche Erbschaftsliquidation antragsgemäss im Sinne von Art. 196 SchKG widerrufen. Das ObGer tritt auf die gegen den Entscheid gerichtete Beschwerde nicht ein, weil nach aargauischem Recht solche Entscheide des Konkursgerichts nicht weiterziehbar sind. Die Frage, ob das Konkursgericht auf Antrag des KA die angeordnete konkursamtliche Liquidation nachträglich widerrufen könne, wird offen gelassen, die Aktivlegitimation der Masse aber bejaht (AG, ObGer, 08.11.1979, BlSchK 1981, S. 88 mit Anmerkung der Redaktion).

6 Gemischter Versicherungsvertrag mit Begünstigungsklausel (VVG Art. 77, 78 79) – Recht des Begünstigten im Falle einer Liquidation der Erbschaft des Versicherungsnehmers nach den Regeln des Konkurses. Die Rechte des Begünstigten werden nicht beeinträchtigt, die Forderung, die sich seit der Bezeichnung im Vermögen des Begünstigten befindet, fällt nicht in die Erbmasse. Den Gläubigern bleibt die Anfechtungsklage BGE 112 II 157, Praxis 1987, Nr. 149).

7 Legitimation des Gläubigers neben der Konkursmasse zur Klage nach Art. 579 ZGB? Ist die Konkursmasse zur Klage legitimiert, schliesst dies die Legitimation einzelner Gläubiger auch nach Konkursabschluss nicht ohne Weiteres aus. Die Aktiv- und Passivlegitimation fliesst aus dem materiellen Recht. Sie kann sich gemäss Rechtsprechung auch auf interessierte Dritte erstrecken.

Der Anspruch gemäss ZGB Art. 579 ähnelt den Anfechtungsansprüchen gemäss Art. 285 ff. SchKG. Während Art. 579 I ZGB eine auf den Vorempfang beschränkte Erbenhaftung begründet, haben die Anfechtungstatbestände von Art. 285 ff. SchKG die Rückführung von Vermögen des Schuldners in die Konkursmasse zum Ziel. Deshalb lässt sich die Aktivlegitimation unterschiedlich ausgestalten. Der Gläubiger ist aktivlegitimiert (BGE 116 II 253, Praxis 1990, Nr. 212).

8 (i.V.m. Art. 52 AHVG, Art. 537 ZGB, Art. 207 SchKG) – Ersatzforderung für ausstehende AHV-Beiträge in der Konkursmasse der ausgeschlagenen Erbschaft – Eine Schadenersatzforderung gemäss Art. 52 AHVG geht auf die Erben über, welche die Erbschaft angenommen haben. Bei Ausschlagung der Erbschaft mit nachfolgendem Liquidationsverfahren durch das KA ist die Forderung gegen die Konkursmasse der ausgeschlagenen Erbschaft geltend zu machen. Beim Verfahren um Haftung des Arbeitgebers gemäss Art. 52 AHVG handelt es sich um einen Zivilprozess im Sinne von Art. 207 SchKG (BGE 119 I 165, Praxis 1995, Nr. 214).

9 Tragung der Kosten bei Nichteröffnung oder Einstellung des Konkurses mangels Aktiven. – Wird eine Erbschaft im ordentlichen oder summarischen Verfahren liquidiert, so werden aus dem Verwertungserlös der Aktiven vorab sämtliche Kosten gedeckt, welche aus der Eröffnung und Durchführung des Konkurses erwachsen sind. Nicht geregelt ist dagegen die Kostentragung bei Nichteröffnung oder Einstellung des Konkurses mangels Aktiven. Im Gegensatz zu einem normalen Konkurs wird die konkursamtliche Liquidation einer ausgeschlagenen Erbschaft nicht auf Antrag und im Interesse eines Gläubigers, sondern von Gesetzes wegen angeordnet, wenn die Erben ihre Rechte und Pflichten gegenüber dem Nachlass durch ihre Ausschlagung zum Erlöschen bringen. Die Kosten bei Nichteröffnung oder Einstellung des Konkurses mangels Aktiven können nicht der Teilungsbehörde, die ja keine Rechtspersönlichkeit besitzt, überbunden werden. Es besteht jedoch auch kein Anlass und keine Grundlage dafür, die entstandenen Kosten derjenigen Einwohnergemeinde zu überbinden, deren Organ, die Teilungsbehörde, gehandelt hat. Auch wenn es diese Behörde ist, die dem Konkursrichter die konkursamtliche Liquidation der Erbschaft anzuordnen, so handelt sie aber nicht im eigenen Interesse, sondern nimmt nur eine ihr gesetzlich auferlegt Pflicht wahr. Es wäre daher nicht gerechtfertigt, ihr die entstandenen Kosten zu überwälzen. – Den Erben, welche die Erbschaft ausgeschlagen und damit sowohl ihre Rechte als auch ihre Pflichten daran aufgegeben haben, dürfen die Kosten ebenfalls nicht überbunden werden. Eine andere Lösung würde dem Grundsatz widersprechen, dass die Erben durch die Ausschlagung jeglicher Haftung für die Schulden des Erblassers und der Erbschaft entgehen (BGE 79 III 196). Die Tatsache, dass die Erben für die Konkurskosten nicht belangt werden können, schliesst jedoch nicht aus, dass die ausgeschlagene (herrenlose) Erbschaft selbst für die mit ihrer Liquidation verbundenen Kosten hafte. Wenn die Liquidation im ordentlichen oder summarischen Verfahren durchgeführt wird, werden diese Kosten ohne Weiteres aus den Aktiven des ausgeschlagenen Vermögenskomplexes gedeckt. Die entstandenen Kosten sind vorab aus der Erbschaft zu decken, wenn das Konkursverfahren mangels genügender Aktiven gar nicht eröffnet oder eingestellt wird. Diese Regelung steht auch nicht im Widerspruch zu Art. 573 Abs. 2 ZGB, denn *diese Bestimmung räumt den Erben lediglich eine Anwartschaft auf einen allfälligen Aktivenüberschuss ein*. Es entspricht übrigens durchaus dem allgemeinen Rechtsempfinden, wenn die Aktiven der Verlassenschaft für die in ihrem Zusammenhang entstandenen Kosten haften (LU, SchKKomm, 15.11.1979, LGVE 1979 I 525, BlSchK 1982, S. 194).

10 Finem Erben, der die Erbschaft unter öffentlichem Inventar angenommen oder die amtliche Liquida-

Fünfter Titel: Betreibung auf Konkurs   Art. 194

tion verlangt hat, können die Kosten des Konkursverfahrens nicht auferlegt werden, wenn in der Folge, wegen Überschuldung der Erbschaft die Erbschaftsbehörde das Konkursgericht benachrichtigt und dieses die konkursamtliche Liquidation anordnet (BGE 124 III 286).

Art. 194 E. Verfahren

¹ Die Artikel 169, 170 und 173a–176 sind auf die ohne vorgängige Betreibung erfolgten Konkurseröffnungen anwendbar. Bei Konkurseröffnung nach Artikel 192 ist jedoch Artikel 169 nicht anwendbar.

² Die Mitteilung an das Handelsregisteramt (Art. 176) unterbleibt, wenn der Schuldner nicht der Konkursbetreibung unterliegt.

1   Die Konkurseröffnung ohne vorgängige Betreibung setzt in der Regel keine kontradiktorische Verhandlung voraus (LU, SchKKomm, 24.06.1971, Max. XII, Nr. 33).

2   Im Verfahren nach Art. 190 Ziff. 1 SchKG ist der Schuldner, dem Schuldnerflucht vorgeworfen wird, zum Gegenbeweis zugelassen. Nach Art. 194 SchKG sind die Vorschriften über die Konkursberufung auch auf die ohne vorgängige Betreibung ausgesprochene Konkurseröffnung anwendbar (BS, Appellationsgericht, 13.09.1978, BlSchK 1980, S. 170).

IV. Widerruf des Konkurses

Art. 195 A. Im allgemeinen

¹ Das Konkursgericht widerruft den Konkurs und gibt dem Schuldner das Verfügungsrecht über sein Vermögen zurück, wenn:
1. er nachweist, dass sämtliche Forderungen getilgt sind;
2. er von jedem Gläubiger eine schriftliche Erklärung vorlegt, dass dieser seine Konkurseingabe zurückzieht; oder
3. ein Nachlassvertrag zustandegekommen ist.

² Der Widerruf des Konkurses kann vom Ablauf der Eingabefrist an bis zum Schlusse des Verfahrens verfügt werden.

³ Der Widerruf des Konkurses wird öffentlich bekanntgemacht.

1   *Als Gläubiger* im Sinne dieser Vorschrift ist *nur derjenige mitzuzählen*, dessen Forderung gegen den Schuldner weder bezahlt noch sichergestellt ist (ZH, Konkursrichter ZH, 06.06.1958, ZR 1958, Nr. 160, BlSchK 1959, S. 153).

2   *Keine Rückzugserklärung ist erforderlich* für Forderungen, die getilgt oder sichergestellt sind oder nicht zu Recht bestehen (LU, SchKKomm, 10.01.1968, Max. XI, Nr. 663, BlSchK 1971, S. 25).

3   Der mit einem Widerrufsbegehren befasste Richter hat nicht Rücksicht zu nehmen auf *Gläubiger, die ihre Forderungen nicht eingereicht haben* oder deren Forderungen definitiv abgewiesen worden sind, sei es durch die Konkursverwaltung, sei es durch den Richter in einem Kollokationsprozess. – Bezüglich der Gläubiger, deren Forderungen bestritten worden und noch nicht Gegenstand eines definitiven Entscheides gewesen sind, bleibt die Frage, ob sie zu berücksichtigen sind oder nicht, der Würdigung des Richters anheim gestellt (VD, Tribunal cantonal, 10.09.1964, JT 113 (1965) II, S. 57, SJZ 1966, S. 348).

4   *Ist über den Konkurswiderruf zu befinden, bevor das Kollokationsverfahren durchgeführt ist*, so entscheidet der Konkursrichter nach freiem Ermessen, ob und wie ein Gläubiger, dessen Forderung vom Schuldner bestritten wird, mitzuzählen ist (LU, SchKKomm, 07.10.1950, Max. IX, Nr.796, BlSchK 1952, S. 179).

5   Mit der Feststellung des Konkursrichters, dass nachdem alle im Konkurs angemeldeten Forderungen zurückgezogen oder bezahlt worden sind, Forderungen von verbleibenden «Gläubigern» unbegrün-

det seien, hat er seine Befugnis nicht überschritten und wird nicht als unhaltbar bezeichnet (unveröffentlichter Entscheid des BGer, 25.05.1990).

6 *Ein Widerruf* des Konkurses im Sinne von Art. 195 SchKG *kann erst erfolgen, nachdem ein endgültiges Konkurserkenntnis vorliegt* und die Gläubiger ihre Forderungen im Konkurs eingereicht haben. Die Gesamtheit der Passiven muss feststehen, damit der Schuldner den Nachweis erbringen, dass sämtliche Gläubiger ihre Konkurseingaben zurückziehen (BGE 111 III 72).

7 *Widerruf vor Erledigung der Kollokationsprozesse zufolge anderweitiger Sicherstellung* der Gläubiger. Als Voraussetzung für den Widerruf sind zugunsten eines jeden einzelnen Gläubiger Beträge an Kapital, Zins bis zum mutmasslichen Ende allfälligen materiellen Prozesse und die mutmasslichen ordentlichen Kosten und eigenen ausserordentlichen Kosten der betreffenden Gläubiger für die allfälligen materiellen Prozesse sicherzustellen. Ferner sind die mutmasslichen ordentlichen und ausserordentlichen Kosten jedes einzelnen Kollokationsprozesses zugunsten der daran beteiligten Gläubiger sicherzustellen. Die deponierten Beträge können nur aufgrund eines rechtskräftigen gerichtlichen Urteils bzw. Verwaltungsentscheides oder aufgrund einer übereinstimmenden Erklärung der Beteiligten freigegeben werden (BS, Dreiergericht, 07.01.1965, Appellationsgericht, 05.03.1965 und BGer, 17.11.1965 1965, BJM 1966, S. 130).

8 Der Widerruf hat keine Auswirkungen auf die Nichtigkeit eines Steigerungszuschlags, der zuvor in Konkurs stehenden Aktiengesellschaft erteilt wird (BGE 117 III 39/43).

9 Keine analoge Anwendung gemäss Abs. 1 Ziff 2 auf den Widerruf eines Auflösungsbeschlusses einer AG (BGE 123 III 481).

10 Wer hat oder kann den Antrag auf Konkurswiderruf stellen? Die Konkursverwaltung hat nur beim Konkurswiderruf zufolge Zustandekommens eines Nachlassvertrages Antrag zu stellen. Für einen Konkurswiderruf infolge Rückzug der Konkurseingaben oder gegen den Nachweis, dass alle Forderungen getilgt sind bedarf es dagegen nicht notwendigerweise eines Antrages der Konkursverwaltung; es genügt vielmehr ein Gesuch des Schuldners an das Konkursgericht. Dieses und allenfalls die kantonale Appellationsinstanz haben über das Gesuch zu entscheiden. Die AB haben hiezu keine Kognitionsbefugnis, insbesondere auch nicht über die Voraussetzungen eines Konkurswiderrufes (BGE 85 III 86).

11 Das Gesetz schreibt nicht vor, wer einen Konkurswiderruf beantragen kann. Die Legitimation, die dem Schuldner zusteht, schliesst eine solche auf Seiten des KA nicht aus. Der Entscheid über die Frage der Aktivlegitimation zur Antragstellung fällt aber in die Zuständigkeit des Konkursrichters (BS, AB, 18.04.1964, BJM 1964, S. 218, BlSchK 1965, S. 14).

12 Im Zeitpunkt der Konkurseröffnung hängige Forderungsprozesse gegen den Schuldner (Art. 207 SchKG). Die Deponierung der Beträge in der Höhe der eingeklagten Forderungen beim zuständigen Gericht wurde vom BGer neben dem vom Gesetz verlangten Rückzug der Konkurseingaben als einen gleichbedeutenden Sachverhalt betrachtet (unveröffentlichter Entscheid des BGer, 25.05.1990).

13 (i.V.m. Art. 317 SchKG) – Nachlassvertrag mit Vermögensabtretung; Antrag auf Widerruf zufolge Befriedigung aller Gläubiger. – Analog dem Konkurswiderruf kann auch der Nachlassvertrag mit Vermögensabtretung auf Antrag des Nachlassschuldners widerrufen werden. Dieser Antrag auf Widerruf wurde vom Liquidator gestellt, nachdem alle Gläubiger (wenn auch lediglich mittels Bankgarantie) befriedigt worden sind (TI, Appellationsgericht SchKK, 09.01.1990, SJZ 1993, S. 33).

Art. 196 B. Bei ausgeschlagener Erbschaft

Die konkursamtliche Liquidation einer ausgeschlagenen Erbschaft wird überdies eingestellt, wenn vor Schluss des Verfahrens ein Erbberechtigter den Antritt der Erbschaft erklärt und für die Bezahlung der Schulden hinreichende Sicherheit leistet.

Keine Entscheide.

Sechster Titel: Konkursrecht
I. Wirkungen des Konkurses auf das Vermögen des Schuldners

Art. 197 A. Konkursmasse
1. Im allgemeinen

¹ Sämtliches pfändbare Vermögen, das dem Schuldner zur Zeit der Konkurseröffnung gehört, bildet, gleichviel wo es sich befindet, eine einzige Masse (Konkursmasse), die zur gemeinsamen Befriedigung der Gläubiger dient.

² Vermögen, das dem Schuldner vor Schluss des Konkursverfahrens anfällt, gehört gleichfalls zur Konkursmasse.

I. Allgemeines

1   Ist einem vom Schuldner gegen das Konkurserkenntnis eingereichten Rechtsmittel aufschiebende Wirkung erteilt, so wird auch der Eintritt der Wirkungen des Konkurses auf das Vermögen des Schuldners (namentlich der Dispositionsunfähigkeit gemäss Art. 104) und auf die Rechte der Gläubiger gehemmt (BGE 79 III 43).

2   Eine ausländische Konkursmasse ist nicht befugt, in einer gegen den Schuldner in der Schweiz durchgeführten Betreibung Rechtsvorschlag zu erheben (GR, AB, 09.05.1951, BlSchK 1954, S. 27, eine dagegen eingereichte Beschwerde wies das BGer ab).

3   Abtretung einer Forderung durch die Verwaltung nach Einstellung und Schliessung eines Genossenschaftskonkurses. Wirkungen der Konkurseröffnung und des mangels Aktiven eingestellten Konkurses auf den Bestand und das Verfügungsrecht einer Genossenschaft und auf die Vertretungsbefugnis ihrer Organe; OR Art. 911 Ziff. 3, Art. 913 Abs. 1, 740 Abs. 5, und 939; SchKG Art. 204 Abs. 2, 230, 269; HRegV Art. 65/66. Wird eine durch Eröffnung des Konkurses aufgelöste Genossenschaft nach Schliessung des Konkursverfahrens im Handelsregister nicht gelöscht, weil sie noch Aktiven besitzt, die das KA kannte, aber als zur Deckung der Konkurskosten nicht ausreichend erachtete, so ist die Verwaltung befugt, diese Aktiven zum Zwecke der Liquidation freihändig zu veräussern (BGE 90 II 247).

II. Feststellung der Aktiven

4   Solange die *Nichtexistenz angeblicher Ansprüche* der Konkursmasse nicht eindeutig festgestellt ist, bilden sie grundsätzlich Bestandteil der Aktivmasse und sind, ausdrücklicher Verzicht der Gläubiger auf deren Geltendmachung vorbehalten, zu verwerten. Verzichtet die Gesamtheit der Gläubiger auf die Verfolgung der Ansprüche – sei es wegen Aussichtslosigkeit, sei es wegen des Kostenrisikos oder aus andern Gründen – so ist den Gläubigern Gelegenheit zur Stellung von Abtretungsbegehren gemäss Art. 260 SchKG zu geben. Die Entscheidung über die Geltendmachung fragwürdiger Ansprüche durch die Konkursmasse steht grundsätzlich den Gläubigern und nicht dem Konkursverwalter zu (BS, AB, 17.04.1962, BlSchK 1964, S. 114).

5   Ist die *Zugehörigkeit eines Vermögensrechts zur Konkursmasse streitig,* so hat sich das KA an die Angaben der Gläubiger zu halten und das Recht ins Inventar aufzunehmen (BGE 104 III 23).

6   Kann der Auftraggeber aufgrund von Art. 401 OR die Herausgabe von Geldbeträgen verlangen, die der Beauftragte für Rechnung des Auftraggebers einkassiert und auf ein auf seinen Namen eröffnetes Sonderkonto bei einer Bank gelegt hat? – *OR Art. 401 schafft eine Ausnahme des Art. 197 zugunsten des Auftraggebers.* Der Auftraggeber, der seinen Verbindlichkeiten aus dem Auftragsverhältnis nachgekommen ist, tritt nach dieser Vorschrift von Gesetzes wegen in die Rechte des Beauftragten ein, der für seine Rechnung Forderungen oder bewegliche Sachen erworben hat. Er kann im Konkurse des Beauftragten die für seine Rechnung erworbenen Forderungen und beweglichen Sachen herausverlangen. Diese Vorschrift gilt für jede Form des Auftrages, sofern ihre Voraussetzungen erfüllt sind (BGE 99 II 393 E. 5). Sie bezieht sich nur auf die Forderungen und auf die bewegli-

chen Sachen, die der Beauftragte im eigenen Namen für Rechnung des Auftraggebers erwirbt (BGE 102 II 103/104).

7 (i.V.m. Art. 401 OR und Art. 642 ZGB). *Fiduziarisches Eigentum, das der Schuldner erworben hat*, unterliegt nicht allgemein der Aussonderung. Insbesondere gibt Art. 401 OR dem Fiduzianten kein Recht auf Aussonderung eines im Grundbuch auf den Namen des Fiduziars eingetragenen Grundstückes. – An Bestandteilen einer Sache ist kein gesondertes Eigentum, also auch kein fiduziarisches, möglich (ZH, ObGer, II. Ziv.Kammer, 03.06.1977, ZR 1978, Nr. 43).

8 *Befindet sich eine Sache im Besitz eines Dritten* und übt dieser Gewahrsam nicht für den Schuldner aus, so bildet sie zunächst nicht Bestandteil der Konkursmasse. Es bleibt dieser vorbehalten, jene auf dem Klageweg zur Masse zu ziehen (BS, AB, 10.11.1965, BlSchK 1967, S. 52).

9 (i.V.m. Art. 199 SchKG) – Massgebend für die *Beurteilung der Frage, in wessen Gewahrsam sich ein Gegenstand befindet, ist die tatsächliche Verfügungsgewalt*. Frage der Nichtigkeit einer angeblichen «Fernpfändung» die nicht bewiesen und vom Beschwerdeführer bestritten wurde, offen gelassen (BS, AB, 05.01.1972, BlSchK 1975, S. 85).

10 Für die Bestimmung des Gewahrsams ist im Konkursverfahren der Zeitpunkt der Konkurseröffnung, mit welchem der Schuldner die Verfügungsgewalt über sein Vermögen verliert (BGE 122 III 436/37).

11 Mit der Eröffnung des Konkurses geht der *Anspruch auf Verwertung von gepfändeten Vermögensstücke* (inkl. Grundstücke) auf die Konkursmasse über. Dieser Anspruch besteht auch, wenn der Schuldner sie vor der Konkurseröffnung veräussert hat (BGE 110 III 81, Praxis 1984, Nr. 259).

12 *Forderungen, die vor der Konkurseröffnung abgetreten worden*, aber erst nachher entstanden sind, fallen der Konkursmasse zu (BGE 111 III 73/74).

13 Der *Titel einer Zeitung* ist nicht offenkundig unabtretbar und kann daher in das Inventar aufgenommen werden. Ist der Bestand eines zur Masse gehörenden Rechts streitig, so hat sich das KA an die Angaben der Gläubiger zu halten (BGE 81 III 122).

14 Gerät eine Partei während der Rechtshängigkeit des Scheidungsprozesses in Konkurs, so sind ihre finanziellen Interessen von der Konkursverwaltung zu wahren. Schon vor der Konkurseröffnung über den Ehemann vom Scheidungsrichter gesperrtes Mannesvermögen, das zur Sicherstellung glaubhaft gemachter güterrechtlicher Ansprüche der Ehefrau, bestimmt ist, fällt nicht in die Konkursmasse. Ebenso wenig ist der Scheidungsprozess in Sinne von Art. 207 SchKG einzustellen. Über das Begehren um Herausgabe gesperrter Vermögenswerte ist nicht von AB über die Konkursämter, sondern vom Scheidungsgericht zu entscheiden (ZH, ObGer, I. Ziv.Kammer, 23.11.1964, Kassationsgericht, 15.02.1965, BGer II. Ziv.Abteilung, 09.04.1965, ZR 1965, Nr. 133).

15 (i.V.m. Art. 67 Ziff. 1 SchKG) – Keine Nichtigkeit einer nach Konkurseröffnung über den Gläubiger vollzogenen Betreibungshandlung, wenn dieser sie zuvor gegen seine Schuldner verlangt hatte. Eine solche Betreibung kann durch die Konkursmasse fortgesetzt werden; wenn es sich beim Gläubiger, über welchen der Konkurs verhängt wurde, um eine juristische Person handelt, ist Grund vorhanden, seine Firma durch die Worte «in Liquidation» zu ergänzen, obwohl die Weglassung dieses Ausdruckes keine Nichtigkeit der Handlung zur Folge hat (GE, Autorité de surveillance, 03.11.1982, BlSchK 1984, S. 59; vgl. BGE 90 II 247).

16 Eine *Nutzniessung* fällt grundsätzlich nicht in die Konkursmasse, solange die Verfügungsmacht aus irgend einem rechtlichen Grund dem Nutzungsberechtigten entzogen ist. So fallen periodische Leistungen, die der Grundeigentümer vom Bauberechtigten und Mieter als Entgelt für die Benützung seines Grundstückes erhält, nicht unter den Begriff der Nutzniessung im Sinne von Art. 93 SchKG, sondern sind im vollen Betrag pfändbar und im Konkurs fallen sie in die Konkursmasse (BGE 94 III 9).

17 Das Bestehen einer *unwiderruflichen Begünstigungsklausel hindert nicht, die aus einer Personenversicherung* fliessenden Rechte im Konkurse des Arbeitnehmers zu inventarisieren. Diese Rechte sind admassierbar, wenn die Anfechtungsklage zum Ziele führt (Art. 79–82 VVG; VD, Tribunal cantonal, 08.07.1981, BlSchK 1984, S. 23/24).

| Sechster Titel: Konkursrecht | Art. 197 |

18 *Dritten gehörende Pfandobjekte* können nicht zur Konkursmasse gezogen werden. Die Liquidation eines allfälligen Pfandrechts hat daher ausserhalb des Konkursverfahrens zu erfolgen, ebenso die Austragung eines Streites zwischen mehreren Ansprechern (BE, AB, 13.07.1967, BlSchK 1969, S. 53).

19 *Eintragung des Bauhandwerkerpfandrechts nach Konkurseröffnung* (Art. 837 ZGB) – Der Unternehmer, der die Frist (Art. 839 ZGB) beobachtet, kann dieses Pfandrecht selbst nach Eröffnung des Konkurses über den Besteller, dem das Grundstück gehört, eintragen lassen (BGE 95 II 31, 119 III 124).

20 Ein *Eigentumsvorbehalt*, der erst *nach Eröffnung des Konkurses* über den Erwerber eingetragen wird, ist nicht zu beachten (BGE 93 III 96).

21 Eigentumsvorbehalt – Voraussetzungen, unter denen ein *im Ausland begründeter Eigentumsvorbehalt* an zum Erwerber in die Schweiz verbrachten Sachen in der Schweiz anerkannt wird. Ein in Deutschland durch eine formlose Abrede gültig begründeter Eigentumsvorbehalt an Sachen, die in die Schweiz verbracht werden und deren Erwerber hier wohnt, kann in der Schweiz nur dann und erst dann anerkannt werden, wenn er vor Konkurseröffnung gemäss Art. 715 ZGB am Wohnsitz des Erwerbers in das dafür bestimmte Register eingetragen wird (BGE 93 III 96).

22 Ansprüche, die sich gegen die Konkursverwaltung wegen deren Amtshandlungen richten, bilden ihrer Natur nach nicht Bestandteil der Konkursmasse, die nach Massgabe von Art. 260 SchKG an die Gläubiger abgetreten werden können. Sie können daher nicht in das Konkursinventar aufgenommen werden (BGE 114 III 21).

III. Fragen zum ausländischen Bezug

23 Das in der Schweiz gelegene Vermögen eines in Konkurs geratenen Schuldners im Ausland kann nur zur Konkursmasse gezogen werden, wenn der Staatsvertrag dies vorsieht (GE, Autorité de surveillance, 13.10.1969, BlSchK 1973, S. 118).

24 Zwischen der Schweiz und Schweden gilt mangels staatsvertraglicher Regelung das Prinzip der Territorialität des Konkurses. – Das anzuwendende schweizerische Recht (SchKG) anerkennt im internationalen Verkehr den Grundsatz der Einheit und Attraktivkraft des Konkurses nicht. Der schwedische Konkurs ist daher in der Schweiz unwirksam, und der Zessionar eines schweizerischen Gläubigers kann grundsätzlich auf hier liegende Aktiven des schwedischen Konkursiten greifen (BS, Ob-Ger, 23.11.1956, BJM 1958, S. 35).

25 Dass der Schuldner im Ausland im Konkurse ist, hindert nicht, in der Schweiz gegen ihn einen Arrest zu bewilligen, sofern nicht ein Staatsvertrag die Ausdehnung des Konkursbeschlages auf in der Schweiz liegendes Vermögen vorsieht. – Eine Vereinbarung, dass Gerichtsstand und Erfüllungsort der verarrestierten Forderung am Sitz des Arrestschuldners und Gläubigers dieser Forderung im Ausland seien, hindert die Arrestnahme in der Schweiz am Sitz des Schuldners der verarrestierten Forderung nicht (BS, Zivilgericht, 24.07.1971, BJM 1971, S. 205, BlSchK 1975, S. 18)

26 Die ausländische Konkursmasse kann nicht in der Schweiz liegendes Vermögen des Schuldners arrestieren lassen (BGE 102 III 71).

27 Mit Belgien besteht weder bezüglich des Arrestes noch bezüglich von Konkursvermögen eine staatsvertragliche Regelung. Der in der Schweiz bewilligte Arrest kann deshalb nicht dahinfallen, weil über den Arrestschuldner in Belgien ein Nachlassvertrag gerichtlich genehmigt worden ist (BE, AB, 26.10.1973, BlSchK 1977, S. 84).

28 Die Übereinkunft zwischen der schweizerischen Eidgenossenschaft und der Krone Württemberg betreffend die Konkursverhältnisse und gleiche Behandlung der beidseitigen Staatsangehörigen in Konkursfällen vom 12.12.1885/13.05.1826 stellt kantonales Recht dar (Bestätigung der Rechtsprechung); ob sie noch in Kraft sei und ob die Voraussetzungen der Anwendbarkeit im konkreten Fall erfüllt seien, beurteilt sich daher nicht nach Bundesrecht. Die Übereinkunft mit der Krone Württemberg ist nur hinsichtlich der Frage der Vollstreckbarkeit eines ausländischen Konkurserkenntnisses anwendbar; die Wirkungen und das Verfahren eines gestützt auf die Übereinkunft auch in der Schweiz zu vollziehenden Konkurses richten sich nach Art. 197 ff. SchKG. Es ist deshalb in der

Schweiz eine eigene Konkursmasse zu bilden, zu verwalten und zu verwerten; erst ein nach abgeschlossener Verteilung allenfalls verbleibender Überschuss wäre der deutschen Konkursmasse zu überweisen (BGE 109 III 83).

29 Obwohl ein im Ausland eröffneter Konkurs in der Schweiz gewisse Wirkungen entfalten mag, steht das Territorialprinzip im Vordergrund. Der ausländische Konkursit kann sich deshalb der Verarrestierung seiner in der Schweiz liegender Vermögenswerte nicht widersetzen. Denkbar ist allenfalls, dass durch ein Zusammenwirken des ausländischen Konkursiten mit der Konkursverwaltung auf privatrechtlicher Basis erreicht werden kann, dass die in der Schweiz liegenden Vermögenswerte der Konkursmasse im Ausland zufliessen. Der Gläubiger, welcher auf die in der Schweiz liegenden Vermögenswerte Arrest legen lässt, nachdem er vorerst seine Forderungen in dem im Ausland eröffneten Konkurs angemeldet hatte, handelt nicht rechtsmissbräuchlich. Es ist nicht zu prüfen, ob gestützt auf das auf den Konkurs anwendbare ausländische Recht Gleichheit hergestellt werden könnte zwischen den Gläubigern, die sich auf die Anmeldung ihrer Forderung im (ausländischen) Konkurs beschränken und jenen Gläubigern, die sich mittels Arrest der Vermögensgegenstände zu bemächtigen wissen, welche der Konkursmasse entgangen sind. Die Frage, ob der ausländische Konkursit unabhängig vom Liquidator handeln kann, wurde offen gelassen (BGE 111 III 38, Praxis 75, Nr. 16).

30 Eine sich auf Art. 58 f. StGB und § 83 StPO (ZH) stützende Kontensperre stellt einen einseitigen hoheitlichen Akt dar, der die entsprechenden Vermögenswerte der freien Verfügung der Konteninhaberin entzieht. – Die in ihrer Verfügungsmacht über staatlich beschlagnahmte eigene Vermögenswerte (Bankguthaben) zeitweise Beschränkte, muss bezüglich einer während der Sperre vorgenommenen, somit unvollständigen Zession die Verfügungsmacht erst wieder einmal erlangen, damit die Zession überhaupt wirksam wird. Mit der Durchführung des schweizerischen Mini-Konkurses (IPRG Art. 166 ff.) ist der Schuldnerin aus konkursrechtlichen Gründen die Verfügungsmacht über die sich in der Schweiz befindlichen Vermögen entzogen. Sowohl die Kontosperre als auch der konkursrechtliche Entzug der Verfügungsmacht gelten auch für Dritte, die Vermögensgegenstände des Schuldners verwahren oder bei denen dieser Guthaben hat (ZH, Handelsgericht, 15.11.1999, Bestätigung durch BGer 05.06.2000, ZR 2001, Nr. 2).

31 (i.V.m. Art. 166 ff. IPRG) – Zur Anerkennung eines ausländischen Konkursdekretes gemäss Art. 167 IPRG ist im Kanton Graubünden der Bezirksgerichtspräsident am Ort des Vermögens als ordentlicher Konkursrichter im summarischen Verfahren zuständig (GR, AB, 07.06.1989, PKG 1989, S. 192).

IV. Anfallendes Vermögen während des Verfahrens

32 Was der Schuldner während des Konkursverfahrens durch seine persönliche Tätigkeit erwirbt, gehört nicht zur Konkursmasse (BGE 72 III 83 und GR AB, 19.04.1963, BlSchK 1966, S. 21).

33 Ob einem Schuldner während des Konkurses erwachsenes, erst nach Konkursschluss entdecktes Guthaben zum Konkursvermögen gehöre, haben die AB im Beschwerdeverfahren zu entscheiden. Frage verneint hinsichtlich einer vom Arbeitgeber zu zahlenden Entschädigung wegen vorzeitiger Entlassung (BGE 77 III 34).

34 Die Abgangsentschädigung, die eine Pensionskasse einem austretenden, sich im Konkurs befindlichen Mitglied zugesprochen hat und die betragsmässig festgelegt worden ist, stellt nicht eine blosse Anwartschaft dar, die im Konkurs nicht mit Beschlag belegt werden könnte. Es handelt sich bei einer solchen Entschädigung nicht um Erwerbseinkommen, das dem Konkursbeschlag entzogen wäre. Ihrer Einbeziehung in die Konkursmasse steht auch nicht entgegen, dass die Pensionskasse die Abgangsentschädigung mit einer Schadenersatzforderung verrechnen will (BGE 109 III 80).

35 (i.V.m. Art. 204 SchKG) – Nach der Konkurseröffnung gehören Forderungen des Schuldners zur Konkursmasse. Hier eine Prozessentschädigung die mit Urteil vor der Konkurseröffnung dem Schuldner zugesprochen wurde, aber erst nach der Konkurseröffnung zugestellt worden ist. Ausschliesslich die Konkursmasse kann einen Anspruch geltend machen. Die Konkursverwaltung darf grundsätzlich ohne Zustimmung der Gläubiger auf die Admassierung einer Forderung nicht verzichten (LU, SchKKomm, 17.03.1992, LGVE 1992 I 54).

36 Wechselt der Schuldner nach der Konkurseröffnung von einer unselbständigen zu einer selbständigen Erwerbstätigkeit und verlangt die Barauszahlung seines Pensionskassenguthabens, so fällt dieses in die Konkursmasse (BGE 118 III 43).

Art. 198   2. Pfandgegenstände

Vermögensstücke, an denen Pfandrechte haften, werden, unter Vorbehalt des den Pfandgläubigern gesicherten Vorzugsrechtes, zur Konkursmasse gezogen.

1 Ein *vor der Konkurseröffnung durch vorläufige Eintragung vorgemerktes Bauhandwerkerpfandrecht* kann nach diesem Zeitpunkt noch endgültig eingetragen werden (SJZ 1957, S. 56, BlSchK 1958, S. 59/60, siehe auch N 19 zu Art. 197).

2 *Mit dem Zeitpunkt der Konkurseröffnung* ist eine *Betreibung auf Verwertung der Pfänder ausgeschlossen* (BGE 94 III 1).

3 *Hat ein Dritter zugunsten des Schuldners ein Pfand errichtet*, so ist dieser Pfandgegenstand nicht zur Konkursmasse zu ziehen, sondern das Pfandrecht vom Berechtigten ausserhalb des Konkurses durch Betreibung auf Pfandverwertung zu liquidieren. Diese Betreibung ist nicht gegen die Konkursmasse, sondern gegen den Gemeinschuldner zu richten (BE, AB, 18.02.1974, BlSchK 1976, S. 146).

4 Kollokation eines *Drittpfandrechts im Konkurse des Pfandeigentümers* – Die Anmeldung des Pfandrechts im Konkurse des Pfandeigentümers ist für seine rechtsgültige Beanspruchung auch dann ausreichend, wenn es zur Sicherung einer Solidarschuld bestellt worden ist; in einem Fall, da sich auch der persönlich haftende Mitverpflichtete im Konkurs befindet, ist die Geltendmachung der pfandgesicherten Forderung in jenem Konkurs demnach nicht erforderlich (BGE 113 III 128).

Art. 199   3. Gepfändete und arrestierte Vermögenswerte

¹ Gepfändete Vermögensstücke, deren Verwertung im Zeitpunkte der Konkurseröffnung noch nicht stattgefunden hat, und Arrestgegenstände fallen in die Konkursmasse.
² Gepfändete Barbeträge, abgelieferte Beträge bei Forderungs- und Einkommenspfändung sowie der Erlös bereits verwerteter Vermögensstücke werden jedoch nach den Artikeln 144–150 verteilt, sofern die Fristen für den Pfändungsanschluss (Art. 110 und 111) abgelaufen sind; ein Überschuss fällt in die Konkursmasse.

1 Massgebend für die *Beurteilung der Frage, in wessen Gewahrsam sich ein Gegenstand befindet*, ist die tatsächliche Verfügungsgewalt. Frage der Nichtigkeit einer angeblichen «Fernpfändung», die nicht bewiesen und vom Beschwerdeführer bestritten wurde, wurde offen gelassen (BS, AB, 05.01.1972, BlSchK 1975, S. 85).

2 Ob ein vom BA eingezogener Geldbetrag den Pfändungsgläubigern als Verwertungserlös verhaftet sei oder wegen des angeblichen Hinfalls der Betreibungen in die Konkursmasse falle, haben die AB zu entscheiden, und zwar die dem BA, nicht die dem KA vorgesetzten AB (BGE 74 III 40).

3 Ein *Grundstück, das nicht auf den Namen des Schuldners im Grundbuch eingetragen ist*, kann von der Konkursverwaltung nur durch Klage zur Masse gezogen werden. Dies gilt auch dann, wenn es vor der Konkurseröffnung dem Pfändungsbeschlag unterlag. Tragweite dieser Bestimmung: Sie will zum Ausdruck bringen, dass mit der Konkurseröffnung das Vorzugsrecht der Gläubiger aus dem gepfändeten Gegenstand bezahlt zu machen, dahinfällt. Sie hat dabei den Normalfall im Auge, dass sich der Gegenstand im Gewahrsam des Schuldners befindet und unbestrittenermassen zu dessen Vermögen gehört (BGE 99 III 15).

4 (i.V.m. Art. 45 Abs. 1 lit. e VZG) – *Die anlässlich der Steigerung zu leistende Anzahlung* fällt in die Konkursmasse, sofern der Steigerungszuschlag wegen Nichtbezahlung der Restbarzahlung aufgehoben wurde und die neuerliche Versteigerung bei der Konkurseröffnung noch nicht erfolgt ist (BE, AB, 26.06.1972, BlSchK 1974, S. 44).

5 *Gepfändete Vermögensstücke können nach der Konkurseröffnung über den Schuldner nicht mehr zugunsten der betreibenden Gläubiger verwertet werden.* Auch dann nicht, wenn der Schuldner sie vor der Konkurseröffnung veräussert hat (BGFE 110 III 81; Praxis 1984, Nr. 259).

6 Die *freiwillige öffentliche Versteigerung von gepfändeten Gegenständen* ist keine Verwertung, die dem Einbezug des Erlöses in die Konkursmasse entgegensteht (LU, SchK-Komm., 09.05, 1968, Max. XI, Nr. 650).

7 *Gepfändetes Bargeld* fällt in die Konkursmasse, wenn der Konkurs vor Ablauf der Teilnahmefrist eröffnet wird (BE, AB, 25.06.1952, ZBJV 1953, S. 459).

8 *Der Erlös aus gepfändeten Gegenständen* fällt in die Konkursmasse, wenn im Zeitpunkt der Konkurseröffnung die Teilnahmefrist noch nicht abgelaufen war (SG, AB, 13.02.1952, BlSchK 1954, S. 85).

9 *Bei Lohnpfändungen ist Absatz 2 anwendbar*, sobald *dem Drittschuldner die Pfändung angezeigt und der Lohn*, der Gegenstand der Pfändung bildet, *fällig geworden ist*. Der Umstand, dass die Lohnpfändung im Zeitpunkt der Konkurseröffnung noch auf dem Beschwerdeweg angefochten werden konnte, ändert nichts (BE, AB, 12.01.1951, ZBJV 1953, S. 175).

10 (i.V.m. Art. 123 SchKG) – *Abschlagszahlungen aus einer Aufschubbewilligung* gemäss Art. 123 SchKG fallen, wenn über den Schuldner der Konkurs eröffnet wird und die Pfändungsanschlussfristen abgelaufen sind, nicht in die Konkursmasse. Sie sind nach der Vorschrift von Art. 199 Abs. 2 SchKG an die Pfändungsgläubiger zu verteilen (ZH, ObGer, 31.08.2000, BlSchK 2002, S. 68).

11 Wann gelten die «Beträge bei Forderungs- und Einkommenspfändung» als abgeliefert? Ist als Zahlungszeitpunkt der Zeitpunkt der Überweisung durch den Forderungsschuldner oder derjenige des Eingangs beim Amt massgebend? Im Hinblick, dass es sich bei der Geldschuld um eine Bringschuld handelt und auch im Interesse einer einfachen praktikablen Abgrenzung des Anwendungsbereichs von Art. 199 Abs. SchKG, ist es gerechtfertigt, auf den Zeitpunkt des Eingangs der Zahlungen beim BA abzustellen. Gleicher Meinung sind die Kommentatoren Amonn/Gasser, Grundriss des Schuldbetreibungs- und Konkursrecht, § 40 N 21. Ist eine Zahlung beim BA nach der Konkurseröffnung eingegangen, so ist diese der Konkursmasse abzuliefern (BL, AB, 10.08.1999, BlSchK 2000 S. 190).

12 (i.V.m. Art. 157 SchKG) – Wird nach Verwertung des Pfandobjekts über den Grundpfandeigentümer der Konkurs eröffnet und fällt eine Forderung, die als durch ein Pfandrecht gesichert in das Lastenverzeichnis aufgenommen worden war, nachträglich dahin, fällt der dadurch frei werdende Anteil des Erlöses grundsätzlich nicht in die Konkursmasse; es sind daraus vorab die ungedeckt gebliebenen übrigen Pfandgläubiger zu befriedigen (BGE 129 III 246/248)

Art. 200   4. Anfechtungsansprüche

Zur Konkursmasse gehört ferner alles, was nach Massgabe der Artikel 214 und 285–292 Gegenstand der Anfechtungsklage ist.

1 Bestandteil der Konkursmasse bildet auch, was Gegenstand der Anfechtungsklage sein kann. Ob Dritten bessere Rechte an den abgetretenen Ansprüchen zustehen, ist als materiellrechtliche Frage vom Richter und nicht von den Zwangsvollstreckungsbehörden zu entscheiden (BGer 20.02.1959, BlSchK 1960, S. 150).

2 (i.V.m. Art. 221 SchKG und Art. 25 und 27 Abs. 2 KOV) – Anfechtungsansprüche gemäss Art. 285 ff. SchKG sind, sofern sie nicht offensichtlich inexistent sind, im Inventar vorzumerken und, sofern die Gesamtheit der Gläubiger durch Beschluss auf deren Geltendmachung verzichtet, den Gläubigern zur Abtretung gemäss Art. 260 SchKG anzubieten. – Pflicht der Konkursverwaltung, konkreten Hinweisen auf allfällige Vermögenswerte, in casu kurz vor der Konkurseröffnung angeblich «ohne Gewinn» erfolgte, allenfalls anfechtbare Veräusserung eines Grundstückes nachzugehen (GR, AB, 07.11.1995, PKG 1995, S. 140).

Art. 201 5. Inhaber- und Ordrepapiere

Wenn sich in den Händen des Schuldners ein Inhaberpapier oder ein Ordrepapier befindet, welches ihm bloss zur Einkassierung oder als Deckung für eine bestimmt bezeichnete künftige Zahlung übergeben oder indossiert worden ist, so kann derjenige, welcher das Papier übergeben oder indossiert hat, die Rückgabe desselben verlangen.

Keine Entscheidungen.

Art. 202 6. Erlös aus fremden Sachen

Wenn der Schuldner eine fremde Sache verkauft und zur Zeit der Konkurseröffnung den Kaufpreis noch nicht erhalten hat, so kann der bisherige Eigentümer gegen Vergütung dessen, was der Schuldner darauf zu fordern hat, Abtretung der Forderung gegen den Käufer oder die Herausgabe des inzwischen von der Konkursverwaltung eingezogenen Kaufpreises verlangen.

1 (i.V.m. Art. 401 Abs. 3 OR) – Voraussetzungen des Aussonderungsrechts für den Auftraggeber: Kein Aussonderungsrecht
  - für den Betrag, den ein Rechtsanwalt für die Konkursitin eingetrieben und bis zur Konkurseröffnung für sie verwaltet hat;
  - für den Saldo eines Postcheckkontos, das auf den Namen der Konkursitin lautete, selbst wenn die auf das Konto geleisteten Zahlungen dem Gläubiger zugute kommen sollten (ZH, ObGer, II. Ziv.Kammer, 05.12.1978, ZR 1979, Nr. 82).

2 Macht ein Dritter geltend, dass eine Forderung ihm und nicht dem Schuldner zustehe und hält die Konkursverwaltung diesen Anspruch für unbegründet, so hat die Konkursmasse gegen den Drittansprecher zu klagen (BE, AB, 09.07.1962, BlSchK 1962, BlSchK 1963, S. 42).

3 Zahlt ein Drittschuldner mangels Notifikation einer erfolgten Abtretung an den ursprünglichen Gläubiger, so bleibt dem Zessionar nur der Weg der Klage gegen die Konkursmasse offen, wenn er der Meinung sein sollte, deren Verwaltung habe durch Entgegennahme einer Zahlung des Drittschuldners gegen Bestimmungen des Abtretungsvertrages verstossen (BE, AB, 04.04.1979, BlSchK 1980, S. 29).

4 (i.V.m. Art. 401 OR) – Globale Debitorenzession – Konkurs des Zedenten – Herausgabepflicht des KA gegenüber dem Zessionar in Bezug auf Debitorenzahlungen, die ihm nach der Konkurseröffnung direkt von Drittschuldnern der abgetretenen Forderungen zugegangen sind. Hingegen wird eine Herausgabepflicht von Zahlungen auf ein Konto, das auf Dritte, aber auf Rechnung des Konkursiten lautet, verneint (BL, AB, 11.09.1981, BJM 1982 Heft 2, BlSchK 1985, S. 228).

Art. 203 7. Rücknahmerecht des Verkäufers

¹ Wenn eine Sache, welche der Schuldner gekauft und noch nicht bezahlt hat, an ihn abgesendet, aber zur Zeit der Konkurseröffnung noch nicht in seinen Besitz übergegangen ist, so kann der Verkäufer die Rückgabe derselben verlangen, sofern nicht die Konkursverwaltung den Kaufpreis bezahlt.

² Das Rücknahmerecht ist jedoch ausgeschlossen, wenn die Sache vor der öffentlichen Bekanntmachung des Konkurses von einem gutgläubigen Dritten auf Grund eines Frachtbriefes, Konnossements oder Ladescheines zu Eigentum oder Pfand erworben worden ist.

Keine Entscheidungen.

Art. 204 B. Verfügungsunfähigkeit des Schuldners

¹ Rechtshandlungen, welche der Schuldner nach der Konkurseröffnung in Bezug auf Vermögensstücke, die zur Konkursmasse gehören, vornimmt, sind den Konkursgläubigern gegenüber ungültig.

² Hat jedoch der Schuldner vor der öffentlichen Bekanntmachung des Konkurses einen von ihm ausgestellten eigenen oder einen auf ihn gezogenen Wechsel bei Verfall bezahlt, so ist diese Zahlung gültig, sofern der Wechselinhaber von der Konkurseröffnung keine Kenntnis hatte und im Falle der Nichtzahlung den wechselrechtlichen Regress gegen Dritte mit Erfolg hätte ausüben können.

1. Zeitpunkt der Konkurseröffnung – Ist einem vom Schuldner gegen das Konkurserkenntnis eingelegten Rechtsmittel aufschiebende Wirkung erteilt, so wird auch der Eintritt der Wirkungen des Konkurses auf das Vermögen des Schuldners (namentlich der Verfügungsunfähigkeit) und auf die Rechte der Gläubiger gehemmt (BGE 79 III 43).

2. (i.V.m. Art. 865, 866 und 973 ZGB) – Solange die Konkurseröffnung weder publiziert noch im Grundbuch vorgemerkt worden ist (Art. 960 Abs. 1 Ziff. 2 ZGB) vermag die mit der Konkurseröffnung eintretende Verfügungsunfähigkeit des Schuldners gegenüber dem Rechtserwerb des gutgläubigen Dritten im Bereich des Immobiliarsachenrechts keine Wirkung zu entfalten (BGE 115 III 111).

3. Mit Ausnahme der in Art. 92 als Kompetenzstücke bezeichneten Vermögensteile bildet sämtliches Vermögen, das dem Schuldner zur Zeit der Konkurseröffnung angehört, eine einzige Masse (Konkursmasse), die zur gemeinschaftlichen Befriedigung der Gläubiger dient. Zur Konkursmasse gehört ferner auch Vermögen, das dem Schuldner während des Konkursverfahrens anfällt. Die Verfügungs- und Verpflichtungsfähigkeit des Schuldners über das Vermögen in der Konkursmasse geht mit der Konkurseröffnung auf die Konkursverwaltung über, so dass Rechtshandlungen, die er zu derartigen Vermögensstücken vornimmt, den Konkursgläubigern gegenüber ungültig sind. So fallen *künftige Forderungen,* die nach der Konkurseröffnung über den Zedenten entstehen, in die Konkursmasse (BGE 111 III 73).

4. Abtretung einer Forderung durch die Verwaltung einer Genossenschaft nach Einstellung und Schliessung des Konkurses. Wirkungen der Konkurseröffnung und der mangels Aktiven erfolgten Schliessung des Konkursverfahrens auf den Bestand und das Verfügungsrecht einer Genossenschaft und auf die Vertretungsbefugnis ihrer Organe (OR 911, Ziff. 3, 913 Abs. 1, 740 Abs. 5, 939; SchKG 197, 230, 269; HRegV 56/66). Wird eine durch Eröffnung des Konkurses aufgelöste Genossenschaft nach Einstellung des Konkursverfahrens im Handelsregister nicht gelöscht, weil sie noch Aktiven besitzt, die das KA kannte, aber als zur Deckung der Konkurskosten nicht ausreichend erachtete, so ist die Verwaltung befugt, diese Aktiven zum Zwecke der Liquidation freihändig zu veräussern (OR 913 Abs. 1, 740 Abs. 2 und 743 Abs. 4) (BGE 90 II 247).

5. (i.V.m. Art. 197 SchKG) – Nach der Konkurseröffnung gehören Forderungen des Schuldners zur Konkursmasse. Hier eine Prozessentschädigung die mit Urteil vor der Konkurseröffnung dem Schuldner zugesprochen wurde, aber erst nach der Konkurseröffnung zugestellt worden ist. Ausschliesslich die Konkursmasse kann einen Anspruch geltend machen. Die Konkursverwaltung darf grundsätzlich ohne Zustimmung der Gläubiger auf die Admassierung einer Forderung nicht verzichten (LU, SchKKomm, 17.03.1992, LGVE 1992 I 54).

6. Fall von *Veräusserung von Vermögen der Konkursmasse durch die Organe der Konkursitin und von Freihandverkauf durch die Konkursverwaltung ohne Zustimmung der ersten Gläubigerversammlung.* Mit der Konkurseröffnung verlieren die Organe einer konkursiten Gesellschaft die Verfügungsfähigkeit über das Massavermögen. Handlungen, die dieser Bestimmung widersprechen, sind den Konkursgläubigern gegenüber ex lege wirkungslos. Gegen diese gesetzliche Unwirksamkeit kann *der Dritte auch keinen gutgläubigen Besitzerwerb geltend machen* (BE, AB, 07.04.1993, BlSchK 1993, S. 230).

7 Ein Eigentumsvorbehalt, der erst nach der Eröffnung des Konkurses über den Erwerber eingetragen wird, ist wirkungslos und ist nicht zu beachten. Die Eintragung dürfte jedoch zulässig sein und bei einem Konkurswiderruf wirksam werden (BGE 93 III 96).

8 Mietvertrag, Zession künftiger Mietzins, Konkurs eines «Mitvermieters», Rückzession – Der Vermieter, der sich Mietzinsansprüche «rückzedieren» liess, auf welche er vor der fiduziarischen Abtretung an eine Bank gemeinsam mit einem Dritten Anspruch hatte, ist legitimiert, allein gegen den Mieter vorzugehen und von ihm die Bezahlung seiner Schulden zu verlangen. Bedeutung des Konkurses des «Mitvermieters» bzw. der Betreibung auf Verwertung des auf dem vermieteten Gebäude haftenden Pfandrechts für die Abtretung künftiger Mietzinsforderungen, welche nach der Eröffnung des Konkurses bzw. der Einleitung der Betreibung auf Pfandverwertung entstehen (BGE 130 III 248).

9 Der Schuldner hat im Konkurse keinen Anspruch darauf, Passivprozesse selbst als Beklagter weiter zu führen, wenn die Konkursmasse deren Weiterführung abgelehnt hat. Die Bestimmung in der Zürcher ZPO findet auf Passivprozesse des Kridaren keine Anwendung (ZH, ObGer I. Ziv.Kammer, 11.03.1970, ZR 1970, Nr. 109).

10 Der gesetzliche Anspruch *der Stockwerkeigentümergemeinschaft auf Errichtung eines Pfandrechts* für drei verfallene Jahresbeitragsforderungen stellt eine Realobligation dar. Dieses *Pfandrecht kann die Stockwerkeigentümergemeinschaft auch noch während des Zwangsvollstreckungsverfahrens beim Richter eine vorläufige Eintragung* des Pfandrechts nach Art. 961 Abs. 1 Ziff. 1 ZGB *erwirken*, die im Lastenverzeichnis von Amtes wegen berücksichtigt werden müsste (BGE 106 II 183/193).

11 Gültigkeit einer während des Konkursverfahrens vom Schuldner gegen eine sozialversicherungsrechtlichen Verfügung erhobene Beschwerde. Rechtsmittelfrist bei Zustellung einer sozialversicherungsrechtlichen Verfügung an den Konkursiten. Mit Einstellung eines Zivilprozesses gemäss Art. 207 SchKG stehen auch die gesetzlichen Rechtsmittelfristen still (BGE 116 V 288).

Art. 205   C. Zahlungen an den Schuldner

¹ Forderungen, welche zur Konkursmasse gehören, können nach Eröffnung des Konkurses nicht mehr durch Zahlung an den Schuldner getilgt werden; eine solche Zahlung bewirkt den Konkursgläubigern gegenüber nur insoweit Befreiung, als das Geleistete in die Konkursmasse gelangt ist.

² Erfolgte jedoch die Zahlung vor der öffentlichen Bekanntmachung des Konkurses, so ist der Leistende von der Schuldpflicht befreit, wenn ihm die Eröffnung des Konkurses nicht bekannt war.

Keine Entscheidungen.

Art. 206   D. Betreibungen gegen den Schuldner

¹ Alle gegen den Schuldner hängigen Betreibungen sind aufgehoben, und neue Betreibungen für Forderungen, die vor der Konkurseröffnung entstanden sind, können während des Konkursverfahrens nicht eingeleitet werden. Ausgenommen sind Betreibungen auf Verwertung von Pfändern, die von Dritten bestellt worden sind.

² Betreibungen für Forderungen, die nach der Konkurseröffnung entstanden sind, werden während des Konkursverfahrens durch Pfändung oder Pfandverwertung fortgesetzt.

³ Während des Konkursverfahrens kann der Schuldner keine weitere Konkurseröffnung wegen Zahlungsunfähigkeit beantragen (Art. 191).

I. Folgen auf hängige Betreibungen

1 Mit der Konkurseröffnung sind alle gegen den Schuldner anhängigen Betreibungen aufgehoben. Während des Konkursverfahrens angehobene Betreibungen für vor der Konkurseröffnung entstandene Forderungen sind nichtig. Dagegen sind Betreibungen gegen den Schuldner für Forderungen,

die erst nach der Konkurseröffnung entstanden sind, möglich (BS, AB, 24.10.1979, BlSchK 1982, S. 109).

2 Mit der Aufhebung der Betreibungen infolge Eröffnung des Konkurses über den Schuldner werden die hängigen Widerspruchsprozesse gegenstandslos (BGE 99 III 12).

3 Nach der Konkurseröffnung ist eine Verwertung von gepfändeten Gegenständen unzulässig; alle gegen den Konkursiten laufenden Betreibungen sind von Gesetzes wegen aufgehoben (GR, AB, 01.10.1965, BlSchK 1967, S. 149).

4 Auch eine Betreibung auf Verwertung der Pfänder ist ausgeschlossen, wenn der Hauptschuldner in Konkurs gefallen ist (BGE 94 III 1).

5 Die Einwendung im Rechtsöffnungsverfahren, die Betreibung sei erloschen, kann nur berücksichtigt werden, wenn dieses Erlöschen zweifelsfrei feststeht. Dies ist nicht der Fall, wenn zwar über den Betriebenen der Konkurs eröffnet worden ist, gegen die Konkurseröffnung aber noch ein Rechtsmittel eingelegt werden kann oder hängig ist (ZH, ObGer, IV. Kammer, 25.03.1948, ZR 1949, Nr. 108).

6 Nach Eröffnung der konkursamtlichen Liquidation einer Erbschaft (ZGB Art. 573) kann diese nicht mehr betrieben werden. Das gilt grundsätzlich auch, wenn der Konkurs mangels Aktiven gemäss Art. 230 SchKG eingestellt und geschlossen wird. Lediglich die zuvor zugunsten einzelner Gläubiger vollzogenen, infolge der Konkurseröffnung nach Art. 206 dahin gefallenen Pfändungen leben in diesem Falle wieder auf, so dass die betreffenden Gläubiger diese Gegenstände für sich verwerten lassen können. Andere Gläubiger haben keinen Zugriff auf etwa sonst vorhandene Erbschaftsaktiven; diese fallen nach Analogie des Art. 573 ZGB an die ausschlagenden Erben (BGE 87 III 72).

7 Auswirkungen der Konkurseröffnung auf hängige Betreibungen und Lohnpfändungen. – Die Konkurseröffnung bewirkt die Aufhebung hängiger Betreibungen sowie die Einstellung bestehender Lohnpfändungen. Diese gesetzliche Bestimmung erleidet jedoch einige Ausnahmen, nämlich: Betreibung auf Verwertung eines im Eigentum eines Dritten stehenden Pfandes sind zulässig, selbst wenn der Konkursit als persönlicher Schuldner daran beteiligt ist; ebenso Betreibungen auf Verwertung eines Gegenstandes, an welchem der Konkursit ein Mit- oder Gesamteigentumsrecht zusteht und schliesslich noch für nach Konkurseröffnung entstandene Forderungen (ZH, ObGer, II. Ziv.Kammer, 01.06.1987, ZR 1989, Nr. 32).

8 Die nach der Konkurseröffnung, aber vor deren Publikation erfolgte Verwertung eines gepfändeten Grundstückes ist nichtig und der in der Versteigerung erteilte Zuschlag aufzuheben (GR, AB, 01.03.1993, PKG 1993, S. 122).

9 In jedem Falle wo es um einen Mietvertrag über Geschäftsräume geht, sind *nach der Konkurseröffnung entstandene Mietzinsforderungen im Umfange des gesetzlichen Retentionsrechts als Konkursforderungen zu behandeln,* dies unabhängig davon, ob der Schuldner eine natürliche oder eine juristische Person ist (BGE 124 III 41).

10 Betreibung auf Pfandverwertung gegen eine Aktiengesellschaft, die sich im Konkurs befindet. Die Zustellung des Zahlungsbefehls an den einzigen Verwaltungsrat der Aktiengesellschaft als persönlicher Eigentümer des Pfandes ist gültig (FR, Tribunal cantonal, 22.07.1971, BlSchK 1975, S. 24).

II. Neue Betreibungen im Laufe des Konkursverfahrens

11 Eine nach der Konkurseröffnung angehobene Betreibung muss als nichtig aufgehoben werden. Hievon ausgenommen sind Betreibungen auf Verwertung eines *von einem Dritten bestellten Pfandes* sowie eines im *Mit- oder Gesamteigentum des Schuldners stehenden Pfandes* (BGE 93 III 75). Ferner ist es zulässig, den Schuldner für Forderungen, die erst nach der Konkurseröffnung entstanden sind, schon während des hängigen Konkursverfahrens zu betreiben, aber nur auf Pfändung, wobei die Pfändung auf den Erwerb des Schuldners aus persönlicher Tätigkeit beschränkt bleibt (BGE 72 III 83, 79 III 128) (BE, AB, 06.05.1971, BlSchK 1972, S. 178).

12 Für die nach der Konkurseröffnung entstandenen Forderungen kann der Schuldner schon während des Konkursverfahrens betrieben werden. Solche Betreibungen sind jedoch für Forderungen jeder Art auf dem Wege der Pfändung fortzusetzen (BGE 79 III 127, BS, AB, 17.04.1963, BJM 1965, S. 24).

13 Ausschluss von Betreibungen gegen den Konkursiten; Nichtigkeit eines Verlustscheins. – Ein Pfändungsverlustschein, der nach Eröffnung des Konkurses über den Schuldner ausgestellt wurde, ist schlechthin nichtig. Hiefür ist es bedeutungslos, dass die Eröffnung des Konkurses entgegen dem Gesetz nicht öffentlich bekannt gemacht wurde und dass der Konkurs später widerrufen wurde (BGE 93 III 55).

14 Der Zahlungsbefehl ist zuzustellen, wenn den Angaben im Betreibungsbegehren entnommen werden kann, dass die Forderung nach Konkurseröffnung entstanden ist (GE, Autorité de surveillance, 27.03.1985, BlSchK 1988, S. 78).

15 (i.V.m. Art. 153 SchKG) – Eine Betreibung auf Pfandverwertung kann gegen den Schuldner während der Dauer seines Konkursverfahrens angehoben werden, wenn das Pfand einem Dritten gehört. Betriebener ist der Konkursit persönlich und nicht die Konkursmasse. Auch der Dritteigentümer wird als Betriebener betrachtet. Die Betreibungsurkunden sind der Konkursverwaltung zuzustellen, wo die Betreibung aufgrund einer der Ausnahmen von Art. 206 SchKG gegen den Schuldner während der Dauer seines Konkursverfahrens angehoben worden ist und zur Konkursmasse gehörendes Vermögen betrifft (BGE 121 III 28).

16 Schadenersatzforderung der AHV gemäss Art. 52 AHVG – Mit der Klage auf Schadenersatz gemäss Art. 52 AHVG macht die Ausgleichskasse *eine von der Prämienforderung zu unterscheidende Forderung* geltend. Ist die Schadenersatzforderung erst nach der Konkurseröffnung entstanden, ist eine neue Betreibung gemäss Abs. 2 zulässig. Ist sie jedoch vor Konkurseröffnung entstanden, kann keine neue Betreibung eingeleitet werden (BGE 121 III 382/386).

17 (i.V.m. Art. 89 VZG) – Steht die Pfandliegenschaft im Eigentum eines Dritten, so kann die Betreibung auf Pfandverwertung auch während des Konkurses des persönlich haftenden Schuldners durchgeführt werden (Art. 89 VZG). Diese Betreibung ist dann ebenso sehr gegen den Pfandeigentümer wie gegen den Forderungsschuldner gerichtet und der Dritte besitzt dieselbe Rechtsstellung die der Schuldner. Er erhält eine für ihn bestimmte Ausfertigung des Zahlungsbefehls (Art. 153 SchKG) und er kann mittels Rechtsvorschlag den Bestand oder die Fälligkeit der Forderung oder den Bestand des Pfandrechts bestreiten (Art. 88 VZG). Wird eine ausdrückliche Bestreitung des Pfandrechts unterlassen, so wird angenommen, der Rechtsvorschlag habe nur der Forderung als solcher gegolten; das Pfandrecht gilt als anerkannt (Art. 85 VZG). Erfolgt ein Rechtsvorschlag unter ausdrücklicher Bestreitung des Pfandrechts, so bezieht sich dies auch auf den Bestand und die Fälligkeit der Forderung als Voraussetzungen für den Bestand des Pfandrechts (Art. 75 SchKG und BGE 75 I 104) (GR, AB, 25.04.1985, BlSchK 1988, S. 102).

III. Aufhebung des Konkursdekretes

18 Eine vor der Konkurseröffnung angehobene Betreibung Pfandverwertung, die gestützt auf Art. 206 SchKG durch die Konkurseröffnung dahin gefallen ist, wird wieder gültig, wenn das Konkursdekret angefochten und von der Berufungsinstanz aufgehoben wird (BGE 111 III 70, Praxis 75, Nr. 42).

19 Die Aufhebung der Konkurseröffnung im Rechtsmittelverfahren lässt die bei der Konkurseröffnung hängigen und durch sie aufgehobenen Betreibungen wieder aufleben. Dabei ist eine allfällig erteilte aufschiebende Wirkung für die Frage des Wiederauflebens irrelevant (OW, AB, 24.10.1985, BlSchK 1988, S. 107).

IV. Bezüglich Steuerforderung auf Kapitalgewinn

20 Die Kapitalsteuer ist eine einmalige Steuer, welche im Zeitpunkt des Eintritts der in § 55 SG (BS) aufgezählten Tatbestände entsteht. Eine Steuerforderung entsteht in dem Zeitpunkt, in dem der Tatbestand, an dessen Erfüllung das Steuergesetz das Zustandekommen der Steuerforderung knüpft, gegeben ist. Für den einmaligen, nicht periodischen Charakter der Kapitalgewinnsteuer spricht auch die Tatsache, dass die Steuerverwaltung für Kapitalgewinn, die während des Konkursverfahrens auf der Verwertung von Aktiven erzielt werden, jeweils die entsprechenden Steuerforderungen als Massaschuld geltend macht. In diesem Falle wird nicht der Schuldner persönlich betrieben. Es wäre stossend, in einem solchen Fall den Steuerpflichtigen persönlich zu belangen, wird doch der gesamte im Konkursverfahren realisierte Kapitalgewinn in die Konkursmasse gezogen. Anderes kann aber

auch nicht gelten, wenn der Kapitalgewinn kurz vor der Konkurseröffnung realisiert worden ist und damit ebenfalls zur Konkursmasse gezogen wird (BS, Appellationsgericht, 10.08.1987, BJM 1988, S. 33).

Art. 207   E. Einstellung von Zivilprozessen und Verwaltungsverfahren

[1] Mit Ausnahme dringlicher Fälle werden Zivilprozesse, in denen der Schuldner Partei ist und die den Bestand der Konkursmasse berühren, eingestellt. Sie können im ordentlichen Konkursverfahren frühestens zehn Tage nach der zweiten Gläubigerversammlung, im summarischen Konkursverfahren frühestens 20 Tage nach der Auflegung des Kollokationsplanes wieder aufgenommen werden.

[2] Unter den gleichen Voraussetzungen können Verwaltungsverfahren eingestellt werden.

[3] Während der Einstellung stehen die Verjährungs- und die Verwirkungsfristen still.

[4] Diese Bestimmung bezieht sich nicht auf Entschädigungsklagen wegen Ehr- und Körperverletzungen oder auf familienrechtliche Prozesse.

I. Begriff Zivilprozess, Zeitpunkt

1 (i.V.m. Art. 166 Abs. 1 IPRG) – Art. 207 gilt für den im Ausland eröffneten Konkurs nicht, wenn dieser in der Schweiz nicht anerkannt ist.   Die Verwaltung des im Ausland eröffneten Konkurses darf in der Schweiz tätig werden, sofern dafür keine Zwangsmassnahmen nötig sind (VD, Tribunal cantonal, 29.03.2000, SJZ 2001, S. 329).

2 Diese Bestimmungen beziehen sich auf Prozesse im Inland. Die sinngemässe Anwendung von Art. 63 KOV bei Prozessen im Ausland fällt daher ausser Betracht, wenn im Rahmen der Abwicklung eines Nachlassvertrages mit Vermögensabtretung der Kollokationsplan zu erstellen ist (130 III 769).

3 (i.V.m. Art. 63 KOV und Art. 321 Abs. 2 SchKG) – Vormerkung streitiger Forderungen im Kollokationsplan im beim Nachlassvertrag mit Vermögensabtretung – Vormerkung streitiger Forderungen im Kollokationsplan Art. 63 KOV) . – Art. 207 SchKG und der darauf beruhende Art. 63 KOV beziehen sich auf Prozesse im Inland. Die sinngemässe Anwendung von Art. 63 KOV bei Prozessen im Ausland fällt daher ausser Betracht, wenn im Rahmen der Abwicklung des Nachlassvertrages mit Vermögensabtretung der Kollokationsplan zu erstellen ist. Es ist deshalb nicht zu beanstanden, dass die Liquidatorin gestützt auf Art. 245 SchKG i.V.m. Art. 321 Abs. 2 SchKG über die Anerkennung der streitigen Forderung der Gläubigerin entscheiden durfte (BGE 130 III 769).

4 Hängiger Widerspruchsprozess zwischen Gläubiger und Drittansprecher. – Durch die Eröffnung des Konkurses fällt ein hängiger Widerspruchsprozess dahin. Im Widerspruchsverfahren zwischen den betreibenden Gläubigern und dem Dritten, der das Eigentum an einem gepfändeten Gegenstand beansprucht, wird lediglich darüber entschieden, ob der betreffende Gegenstand in der laufenden Betreibung zugunsten der Gläubiger verwertet werden dürfe oder ob er aus der Pfändung zu entlassen sei. Durch die Konkurseröffnung werden die hängigen Betreibungen aufgehoben und damit werden auch die hängigen Widerspruchsprozesse gegenstandslos (LU, ObGer, I. Kammer, 17.09.1952, Max. X, Nr. 137; BGE 99 III 14).

5 Ein zur Zeit der Konkurseröffnung hängiges Rechtsöffnungsverfahren, in welchem der Konkursit Betreibungsgläubiger und damit Rechtsöffnungskläger ist, ist nicht einzustellen. Die Konkursverwaltung muss darüber entscheiden, ob sie das Rechtsöffnungsverfahren für die Masse weiterführen oder im Hinblick auf die Verwicklung in einen allfälligen Aberkennungsprozess den Abstand erklären will (Zug, ObGer, Justizkomm., 19.09.1997, BlSchK 1999, S. 22).

6 Beim Verfahren um Rückerstattung von zu Unrecht ausbezahlter Arbeitslosentaggelder handelt es sich um einen Zivilprozess im Sinne von Art. 207 SchKG. – *In welchem Stadium muss sich der Sozialversicherungsprozess befinden,* um im Sinne von Art. 207 SchKG eingestellt werden zu können? – Ein Zivilprozess muss im Zeitpunkt der Konkurseröffnung bereits rechtshängig sein. Soweit sich der Sozialversicherungsprozess ebenfalls im Klageverfahren abwickelt, wie z.B. Streitigkeiten nach

Art. 73 BVG ist somit erforderlich, dass die Klage im Zeitpunkt der Konkurseröffnung bereits bei der zuständigen ersten Instanz eingereicht t worden ist (BGE 116 V 284).

7 Die blosse Anhebung eines Sühneversuches genügt der Bestimmung von Absatz 1 nicht (BGE 54 III 164).

8 (i.V.m. ZPO (ZH) – Es ist dem Richter verwehrt, deshalb auf einen Entscheid zurückzukommen und ihn aufzuheben, weil ihm *nachträglich zur Kenntnis kommt*, dass über eine der Parteien *während des Verfahrens der Konkurs eröffnet wurde*, was bei rechtzeitiger Kenntnis zur Einstellung des Prozesses geführt hätte (ZH, ObGer, III. Ziv.Kammer, 08.10.1975, ZR 1976, Nr. 88).

9 Die Rechtshängigkeit ist nicht ausschlaggebendes Kriterium zur Beurteilung der Frage, ob eine Sache Gegenstand eines Prozesses im Sinne von Art. 63 Abs. 1 KOV bildet (BGE 113 III 132).

10 Widerklage auf Nichtigerklärung eines Patentes. – Wirkungen des Konkurses des Beklagten und Widerklägers auf seine Parteistellung. – Der Anspruch auf Nichtigerklärung eines Patentes gehört nicht zur Konkursmasse. Soweit ein Prozess sich nicht auf die Konkursmasse bezieht, wird die Prozessführungsbefugnis des Schuldners durch den Konkurs nicht berührt (ZH, Handelsgericht, 05.02.1953, ZR 1953, Nr. 33).

11 (i.V.m. Art. 87 OG) – Einstellung eines Zivilprozesses gegenüber dem Streitberufenen. Zulässigkeit der staatsrechtlichen Beschwerde gegen einen Entscheid betreffend Einstellung eines Verfahrens. – Einstellung eines Zivilprozesses im Sinne von Art. 207 SchKG bei einer Streitverkündigung nach der Walliser ZPO. Eine Streitverkündung kann im Prozessverfahren, das zwischen zwei Dritten hängig ist, keine Auswirkungen auf das Vermögen eines Schuldners als Streitberufener haben. Die Einstellungsverfügung ist deshalb aufzuheben (BGE 120 III 143).

12 Ein Prozess betreffend die güterrechtliche Auseinandersetzung ist keine familienrechtliche Streitigkeit im Sinne von Art. 207 Abs.4 SchKG. Ein hängiger Prozess über diese Auseinandersetzung ist deshalb gemäss Art. 207 SchKG einzustellen (ZH, ObGer, I. Ziv.Kammer, 07.10.1999, ZR 2000 Nr. 51).

II. Aberkennungsprozess

13 Beim Aberkennungsprozess handelt es sich, obwohl durch eine Betreibungshandlung ausgelöst, um einen Forderungsprozess gemäss Abs. 1. Der Konkursit ist nach dem Verzicht der Konkursverwaltung und der einzelnen Gläubiger auf die Prozessführung zur selbständigen Fortsetzung des Rechtsstreites nicht befugt. Der vom Schuldner angehobene Aberkennungsprozess ist unter diesen Umständen als durch Anerkennung der eingeklagten Forderung von Seiten der Konkursmasse erledigt, abzuschreiben (Bestätigung von ZR 1970, Nr. 109) (ZH, ObGer, I. Ziv.Kammer, 13.07.1972, ZR 1972, Nr. 78).

14 Beim Aberkennungsprozess handelt es sich nicht um eine betreibungsrechtliche Frage, sondern darum, ob eine Forderungsschuld besteht oder nicht. Der bei Konkurseröffnung hängige Aberkennungsprozess ist deshalb nach Massgabe von Art. 207 Abs. 1 SchKG zunächst einzustellen und alsdann gemäss dem in Art. 63 KOV vorgesehenen Verfahren abzuschliessen (Bestätigung der Rechtsprechung) (BGE 118 III 40).

III. Zur Fortsetzung von Prozessen

15 Der konkursite Kläger kann eine vor Ausbruch des Konkurses anhängig gemachte Klage nur fortsetzen, wenn sowohl die Konkursmasse als auch die Konkursgläubiger auf die Weiterführung des Prozesses verzichtet haben. Diesem Verzicht ist eine Vereinbarung zwischen der Konkursverwaltung und dem Prozessbeklagten gleichzustellen. – Der Kläger, der einen solchen Anspruch weiter verfolgt, kann das Recht auf unentgeltliche Prozessführung nicht beanspruchen (§ 71 f. ZPO BL) (BL, ObGer, 23.05.1958, BJM 1958, S. 231).

16 Der Schuldner hat im Konkursverfahren keinen Anspruch darauf, Passivprozesse *während des Konkursverfahrens selbst als Beklagter weiterzuführen*, wenn die Konkursmasse deren Weiterführung abgelehnt hat. § 48 Abs. 2 ZP (ZH) findet auf Passivprozesse des Schuldners keine Anwendung (ZH, ObGer, I. Ziv.Kammer, 11.03.1970, ZR 170, Nr. 109, BlSchK 1972, S. 113).

17 Verfahrensrechtliche Wirkungslosigkeit verspäteter, *nach dem Widerruf des Konkurses* abgegebener Mitteilungen des KA. – Mit dem Widerruf des Konkurses erlangt der Schuldner die Prozess- und Postulationsfähigkeit zurück. Nach diesem Zeitpunkt vom KA gegenüber dem Gericht in einem Prozess abgegebene Mitteilungen entfalten selbst dann keine prozessuale Wirkungen, wenn die Willensbildung für die verspätet mitgeteilte prozessuale Vorkehr vor dem Widerruf erfolgt ist (ZH, ObGer, I-II. Ziv.Kammer, 29.06.1971, ZR 1971, Nr. 65).

18 Prozessführung des Abtretungsgläubigers in einem Passivprozess betreffend Errichtung eines Bauhandwerkerpfandrechts. Die Fortsetzung des Prozesses durch den Abtretungsgläubiger erfüllt die Funktion eines Kollokationsprozesses. Der gegen den jeweiligen Eigentümer des Grundstücks gerichtete Pfandanspruch lässt den ihm zugrunde liegenden schuldrechtlichen Anspruch gegenüber dem ursprünglichen Schuldner oder dessen Konkursmasse unberührt. Erwirbt der Abtretungsgläubiger während des Prozesses das Grundstück, so kann er gemäss § 47 ZPO (ZH) mit Zustimmung der Gegenpartei als Beklagter aus eigenem Recht in den Prozess eintreten (ZH, ObGer, I. Ziv.Kammer, 09.09.1970, ZR 1971, Nr. 110).

19 (i.V.m. Art. 63 KOV) – Bildet eine Forderung gegen den Schuldner den Gegenstand eines bereits vor der Konkurseröffnung hängig gewordenen Rechtsstreites, so ist darüber kein Kollokationsverfahren einzuleiten. Verzichtet die zweite Gläubigerversammlung auf die Weiterführung eines solchen Rechtsstreites durch die Masse, so bleibt die Abtretung der Rechte der Masse an einzelne Gläubiger im Sinne des Art. 260 SchKG vorbehalten (BGE 88 III 42).

20 Spricht sich die Masse nicht über die Fortsetzung eines gemäss dieser Bestimmung eingestellten Prozesses aus, so kann der Prozessgegner der Masse zehn Tage nach der zweiten Gläubigerversammlung die Wiederaufnahme des Prozesses verlangen. Er kann von der Masse auch einen Entscheid darüber verlangen, ob sie den Prozess weiterführen oder die Prozessführungsbefugnis gemäss Art. 260 SchKG abtreten wolle. Das Fehlen eines Entscheides der Masse hat nicht die Anerkennung der vor Gericht streitigen Forderung zur Folge (BGE 109 III 31).

21 *Verzichtet die Konkursmasse* der beklagten Partei *auf Fortführung* eines hängigen *Zivilprozesses, und wird dieser* androhungsgemäss als durch Anerkennung der Klage durch die Konkursmasse *erledigt abgeschrieben, so gehen die Kosten- und Entschädigungsfolgen nicht zu Lasten der Masse*, da diese nicht in die Parteistellung des Schuldners eintritt, sondern als gewöhnliche Konkursforderungen zu Lasten des Schuldners (ZH, ObGer, I. Ziv.Kammer, 17.02.1959, ZR 1959, Nr. 81).

22 Im Vaterschaftsprozess über Vermögensleistungen ist der Konkursmasse des Beklagten oder allfälligen Abtretungsgläubigern mit Bezug *auf die im Zeitpunkt des Konkurses verfallenen Unterhaltsbeiträge* Gelegenheit zu geben, in den Prozess einzutreten, es sei denn, die klagende Partei verzichte ausdrücklich auf Beteiligung am Konkursergebnis (ZH, ObGer, II. Ziv.Kammer, 24.11.1972, ZR 1972, Nr. 118, SJZ 1973, S. 139, BlSchK 1977, S. 18/19).

23 Abtretung von Ansprüchen im Konkurs – Säumnisfolgen im Falle des Nichteintritts der Abtretungsgläubiger. – Hat die Konkursverwaltung in einem bei Konkurseröffnung pendenten Prozess dem Gericht mitgeteilt, dass dieser nicht von der Konkursmasse, wohl aber von Abtretungsgläubigern weitergeführt werde, so können der Konkursverwaltung nur Säumnisfolgen für den Fall des Nichteintritts der Abtretungsgläubiger angedroht werden. Sind bereits solche in den Prozess eingetreten, so erübrigt sich dies bezüglich der noch nicht eingetretenen und können sich diese jederzeit anschliessen, haben aber den Prozess in der Lage aufzunehmen, in der sie ihn vorfinden. Vorbehalten bleibt der Widerruf der Abtretung ihnen gegenüber durch die Konkursverwaltung (ZH, Kassationsgericht, 30.12.1990, BlSchK 1993, S. 30).

24 (i.V.m. Art. 35 OR) – Mit der Konkurseröffnung erlischt grundsätzlich die vom nachmaligen Gemeinschuldner einem Anwalt erteilte Prozessvollmacht. Damit besitzt dieser weder Anspruch auf Weiterführung des Prozesses namens der Konkursmasse noch auf Rückerstattung eines allfällig von ihm für seinen Klienten geleisteten Gerichtskostenvorschusses, sondern nur auf Kollokation seiner Deservitenforderung in der 3. Klasse, soweit er nicht dinglich gesichert ist (BS, AB, 10.04.1981, BlSchK 1985, S. 76).

IV. Bei Einstellung des Konkurses mangels Aktiven

25 Wird der Konkurs über die beklagte juristische Person mangels Aktiven eingestellt, deren Firma jedoch zwecks Verwertung pfandbelasteter oder retinierter Aktiven noch nicht gelöscht, so ist der Prozess um eine vom Konkurs erfasste Forderung der 3. Klasse dennoch als gegenstandslos geworden, unter Kostenfolgen zu Lasten des Klägers abzuschreiben (ZH, Handelsgericht, 01.11.1977, ZR 1977, Nr. 125).

26 Wird der über die beklagte Partei – vorliegend eine GmbH – eröffnete Konkurs mangels Aktiven eingestellt und die Gesellschaft im Handelsregister gelöscht, ist das gerichtliche Verfahren als gegenstandslos geworden abzuschreiben. Die Verfahrenskosten sind dem Kläger aufzuerlegen (Bestätigung der Rechtsprechung) (ZH, ObGer, I. Ziv.Kammer, 21.01.2003 und Kassationsgericht 04.12.03, ZR 2004, Nr. 51).

27 Weiterführung des Passivprozesses einer natürlichen Person nach Einstellung des Konkurses mangels Aktiven. Dem Beklagten ist die Möglichkeit zu geben, sich über die Weiterführung des Prozesses dem Gericht gegenüber verbindlich zu äussern (ZH, Bez.Gericht., 21.10.1983, SJZ 1984, S. 132).

II. Wirkungen des Konkurses auf die Rechte der Gläubiger

Art. 208 A. Fälligkeit der Schuldverpflichtungen

¹ Die Konkurseröffnung bewirkt gegenüber der Konkursmasse die Fälligkeit sämtlicher Schuldverpflichtungen des Schuldners mit Ausnahme derjenigen, die durch seine Grundstücke pfandrechtlich gedeckt sind. Der Gläubiger kann neben der Hauptforderung die Zinsen bis zum Eröffnungstage und die Betreibungskosten geltend machen.

² Von noch nicht verfallenen unverzinslichen Forderungen wird der Zwischenzins (Diskonto) zu fünf vom Hundert in Abzug gebracht.

1 *Zeitpunkt der Konkurseröffnung* – Ist einem vom Schuldner gegen das Konkurserkenntnis eingelegten Rechtsmittel *aufschiebende Wirkung erteilt*, so wird auch der Eintritt der Wirkungen des Konkurses auf das Vermögen des Schuldners und auf *die Rechte der Gläubiger gehemmt* (BGE 79 III 43).

2 Diese Bestimmung ist auf Alimentenforderungen nicht anwendbar. Der Alimentenanspruch des ausserehelichen Kindes gehört nicht zu den gemäss Art. 131 OR verjährbaren Leibrenten oder ähnlichen periodischen Leistungen (BS, Appellationsgericht (Ausschuss), 28.04.1953, BJM 1954, S. 100).

3 Rechte des Wechselgläubigers im Konkurse des Wechselbürgen – Die Belangbarkeit des Wechselbürgen setzt im Unterschied zur Belangbarkeit des Solidarbürgen (Art. 496 OR) nicht voraus, dass derjenige, für den er sich verbürgt hat, mit seiner Leistung in Rückstand gekommen und erfolglos gemahnt worden oder offenkundig zahlungsunfähig ist. Es steht vielmehr im Belieben des Wechselgläubigers, den Wechselbürgen vor den andern Wechselverpflichteten zu belangen (Art. 1044 Abs. 2 OR). Diese Grundsätze gelten auch dann, wenn der Wechselbürge in Konkurs fällt. Der Wechselgläubiger ist auch in diesem Falle befugt, zunächst den Wechselbürgen in Anspruch zu nehmen, und zwar selbst dann, wenn die verbürgte Wechselschuld zur Zeit der Konkurseröffnung noch nicht fällig war. Als selbständige Verbindlichkeit wird die Schuldpflicht des Wechselbürgen mit der Konkurseröffnung über ihn gegenüber der Konkursmasse fällig. Teilzahlungen, die der Wechselgläubiger vor der Anmeldung seiner Forderung im Konkurse des Wechselbürgen von andern Wechselverpflichteten erhalten hat, hindern ihn nach Art. 217 Abs. 1 SchKG nicht, in diesem Konkurse die Wechselforderung in ihrem vollen ursprünglichen Betrag anzumelden. Die Wechselforderung bleibt als Konkursforderung auch dann im vollen ursprünglichen Betrag aufrecht, wenn der Wechselgläubiger nach ihrer Anmeldung und Kollokation von andern Wechselverpflichteten teilweise oder ganz befriedigt wird (BGE 96 III 39).

4   Umfang der Sicherung für verfallene Zinsen beim Schuldbrief (Art. 818 Abs. 1 Ziff. 3 ZGB) – Es ist zulässig, Schuldbriefe sicherheitshalber zu Eigentum zu übertragen und zu vereinbaren, dass diese bis zum Betrage des Schuldbriefkapitals sowie des laufenden und dreier verfallener Jahreszinsen beliebige Forderungen sicherstellen sollen. Sofern eine Schuld in der entsprechenden Höhe besteht, dienen die Schuldbriefe diesfalls der Sicherung dieses gesamten Betrags, selbst wenn die verfallenen Zinsen aus dieser Schuld bezahlt sind. Bereits in BGE 51 II 152 wird es ausdrücklich als zulässig bezeichnet, dass Schuldbriefzinsen nicht nur zur Sicherung einer Darlehenszinsforderung, sondern auch zur Sicherung einer Kapitalforderung dienen können (BGE 115 II 349, Praxis 49, Nr. 203).

Art. 209   B. Zinsenlauf

¹ Mit der Eröffnung des Konkurses hört gegenüber dem Schuldner der Zinsenlauf auf.
² Für pfandgesicherte Forderungen läuft jedoch der Zins bis zur Verwertung weiter, soweit der Pfanderlös den Betrag der Forderung und des bis zur Konkurseröffnung aufgelaufenen Zinses übersteigt.

1   Bei pfandversicherten Forderungen hört der Zinsenlauf mit der Verwertung auf (BGE 96 III 86, FR, Chambre des poursuites et faillites, 171.04.1974, BlSchK 1978, S. 157).
2   (i.V.m. Art. 818 ZGB) – Werden in einem Konkursverfahren wegen der nicht pünktlichen Bezahlung der Zinsen so genannte Mehrzinse (Strafzinse) geltend gemacht, so können diese von der Konkursverwaltung im Kollokationsplan (Lastenverzeichnis) abgewiesen werden (ZH, Bez.Gericht, 14.01.1960, BlSchK 1961, S. 57).
3   Die spätere Betreibung für Forderungen, welche am Konkurse nicht teilgenommen haben, beschränkt sich auf neues Vermögen. Der Zinsenlauf endigt auch für solche Forderungen mit dem Tag der Konkurseröffnung (LU, SchKKomm, 22.10.1965, Max. XI, Nr. 435, BlSchK 1967, S. 179).

Art. 210   C. Bedingte Forderungen

¹ Forderungen unter aufschiebender Bedingung werden im Konkurs zum vollen Betrag zugelassen; der Gläubiger ist jedoch zum Bezug des auf ihn entfallenden Anteils an der Konkursmasse nicht berechtigt, solange die Bedingung nicht erfüllt ist.
² Für Leibrentenforderungen gilt Artikel 518 Absatz 3 des Obligationenrechts.

1   Eine Forderung, für welche Sicherungsabtretungen bestellt worden sind, ist im Konkurs des Schuldners als bedingt zu kollozieren; der Anspruch auf Konkursdividende besteht nur nach Massgabe der nach Eingang der Drittzahlungen allenfalls noch verbleibenden Restforderung (ZH, ObGer, I-II. Ziv.Kammer, 26.02.1967, SJZ 1957, S. 104, BlSchK 1958, S. 82).
2   Eine durch fiduziarische Zession gesicherte Forderung ist im Konkursrecht nicht als pfandgesichert, sondern als aufschiebende bedingt zu kollozieren. Behauptet die Konkursmasse, die abgetretene Forderung stehe ihr zu, hat sie gegen den Gläubiger den Gläubigerprätedentenstreit anzustrengen. Hat die Konkursmasse die Forderung gegen den Drittschuldneer schon eingeklagt, so kann der Gläubiger gemäss ZPO dem hängigen Prozess als Intervenient beitreten (BL, AB, 25.05.1959, BJM 1960, S. 11, BlSchK 1961, S. 47).

Art. 211   D. Umwandlung von Forderungen

¹ Forderungen, welche nicht eine Geldzahlung zum Gegenstande haben, werden in Geldforderungen von entsprechendem Werte umgewandelt.
² Die Konkursverwaltung hat indessen das Recht, zweiseitige Verträge, die zur Zeit der Konkurseröffnung nicht oder nur teilweise erfüllt sind, anstelle des Schuldners zu erfüllen. Der Vertragspartner kann verlangen, dass ihm die Erfüllung sichergestellt werde.

Sechster Titel: Konkursrecht | **Art. 211**

²ᵇⁱˢ Das Recht der Konkursverwaltung nach Absatz 2 ist jedoch ausgeschlossen bei Fixgeschäften (Art. 108 Ziff. 3 OR¹⁾) sowie bei Finanztermin-, Swap- und Optionsgeschäften, wenn der Wert der vertraglichen Leistungen im Zeitpunkt der Konkurseröffnung aufgrund von Markt- oder Börsenpreisen bestimmbar ist. Konkursverwaltung und Vertragspartner haben je das Recht, die Differenz zwischen dem vereinbarten Wert der vertraglichen Leistungen und deren Marktwert im Zeitpunkt der Konkurseröffnung geltend zu machen.

³ Vorbehalten bleiben die Bestimmungen anderer Bundesgesetze über die Auflösung von Vertragsverhältnissen im Konkurs sowie die Bestimmungen über den Eigentumsvorbehalt (Art. 715 und 716 ZGB).

1   Analoge Anwendung auf Forderungen in ausländischer Währung (BGE 105 III 94).

2   *Lehnt es die Konkursverwaltung ab, eine Verpflichtung des Konkursiten zu erfüllen, so wird dadurch der Vertrag* (hier Mietvertrag) mit dem Gläubiger *nicht aufgehoben*. Die Ablehnung hat lediglich zur Folge, dass die betreffende Verpflichtung nicht zur Massaschuld wird (BGE 104 III 84).

3   Es liegt im Ermessen der Konkursverwaltung bzw. der Gläubigergesamtheit, ob sie die Rechte aus einem Verkaufsversprechen freihändig veräussern, ob sie in den Vertrag eintreten oder ob sie versuchen will, den Vertrag rückgängig zu machen und eine geleistete Anzahlung zurückzufordern. Eine Rückforderung könnte nur zur Entstehung gelangen, wenn der Konkursit das Recht zustünde, vom von ihm abgeschlossenen Vertrag zurückzutreten (BGE 105 III 11).

4   Zuständig für die *Beurteilung der Frage der Verbindlichkeit oder der Erfüllbarkeit eines Vertrages*, den zu erfüllen die Konkursverwaltung beschlossen hat, ist ausschliesslich der Zivilrichter; auch *der Entschluss der Konkursverwaltung* als solcher *kann* durch den Vertragspartner *nicht mit Beschwerde angefochten werden* (BGE 110 III 84, Praxis 74, Nr. 43).

5   (i.V.m. Art. 229 Abs. 3 SchKG) – Fällt ein Mieter in Konkurs, kann der Vermieter von der Konkursverwaltung nicht dessen Ausweisung aus der Wohnung verlangen. Leistet der Mieter keine Sicherheit und tritt die Konkursverwaltung nicht in das Vertragsverhältnis ein, hat der Vermieter die Ausweisung auf dem zivilrechtlichen Weg zu erwirken (LU, SchKKomm, 17.07.1985, LGVE 1985 I 41).

6   Das *KA ist befugt*, schon *vor der ersten Gläubigerversammlung einen Mietvertrag um eine Liegenschaft des Konkursiten abzuschliessen*. Im Rahmen der Aktivenverwaltung ist die Konkursverwaltung insbesondere auch befugt, Verträge abzuschliessen (Arbeitsverträge bei Fortführung des schuldnerischen Betriebes, Mietverträge über Liegenschaften usw.). Das Schuldbetreibungs- und Konkursgesetz enthält keine Bestimmungen, wonach die der Konkursverwaltung hinsichtlich der Masse eingeräumten Verwaltungskompetenzen beschränkt wären, solange die Verwaltung bis zur ersten Gläubigerversammlung dem KA obliegt, sodass es diesem etwa nicht möglich wäre, Mietverträge über Massagegenstände abzuschliessen (GR, AB, 12.12.1988, PKG 1988, S. 165).

7   Eigentumsvorbehalt, Konkurs des Käufers – Die Konkursverwaltung kann in den Vertrag eintreten und durch gänzliche Befriedigung des Verkäufers die Sache für die Masse erwerben (vorbehalten Kompetenzqualität). Will sie dies nicht, so kann der Verkäufer entweder unter Verzicht auf den Eigentumsvorbehalt die Kaufpreisrestanz in der 3. Klasse kollozieren lassen oder den Eigentumsvorbehalt durch Vindikation der Sache geltend machen, wobei die gegenseitigen Ansprüche nach Art. 716 ZGB zu bereinigen sind (Retentionsrecht der Masse für die Rückforderung der Abzahlungen). – In der Einforderung des Kaufpreises, auch durch Betreibung und Konkursbegehren liegt kein Verzicht auf den Eigentumsvorbehalt (BGE 73 III 165).

8   (i.V.m. Art. 368 OR, Art. 310 SchKG) – Klage auf Sachgewährleistung gegen einen Unternehmer, der sich in Nachlassliquidation befindet; Abweisung der Klage, weil die Arbeiten vor der Bekanntmachung der Nachlassstundung ausgeführt worden waren; es besteht keine Verbindlichkeit der Masse, die deshalb nicht passivlegitimiert ist. Der Bauherr hätte im Nachlassverfahren die Geldforderung geltend machen sollen, in die sich sein Anspruch umgewandelt hatte, damit sie in den Kollokationsplan aufgenommen werde (BGE 107 III 106).

517

Art. 212   E. Rücktrittsrecht des Verkäufers

Ein Verkäufer, welcher dem Schuldner die verkaufte Sache vor der Konkurseröffnung übertragen hat, kann nicht mehr von dem Vertrage zurücktreten und die übergebene Sache zurückfordern, auch wenn er sich dies ausdrücklich vorbehalten hat.

1 Die Konkursverwaltung kann in den Vertrag eintreten und durch gänzliche Befriedigung des Verkäufers die Sache für die Masse erwerben (vorbehalten Kompetenzqualität). Will sie dies nicht, so kann der Verkäufer entweder unter Verzicht auf den Eigentumsvorbehalt die Kaufpreisrestanz in der 3. Klasse kollozieren lassen oder den Eigentumsvorbehalt durch Vindikation der Sache geltend machen, wobei die gegenseitigen Ansprüche nach Art. 716 ZGB zu bereinigen sind (Retentionsrecht der Masse für die Rückforderung der Abzahlungen). – In der Einforderung des Kaufpreises, auch durch Betreibung und Konkursbegehren liegt kein Verzicht auf den Eigentumsvorbehalt (BGE 73 III 165).

2 Eine Beschlagnahmung einer dem Konkursiten unter *Eigentumsvorbehalt* verkauften und vom Verkäufer «zwecks Sicherstellung» zurückgenommenen Sache ist unzulässig. Art. 232 Ziff. 4 SchKG ist in einem solchen Falle nicht entsprechend anwendbar. Das Kreisschreiben Nr. 29 vom 31.03.1911 ist im Konkursverfahren nicht anwendbar (BGE 90 III 18/22).

3 Ein nach der Konkurseröffnung eingetragener Eigentumsvorbehalt ist im Konkursverfahren nicht zu beachten (BGE 93 III 96).

Art. 213   F. Verrechnung
           1. Zulässigkeit

¹ Ein Gläubiger kann seine Forderung mit einer Forderung, welche dem Schuldner ihm gegenüber zusteht, verrechnen.

² Die Verrechnung ist jedoch ausgeschlossen:
1. wenn ein Schuldner des Konkursiten erst nach der Konkurseröffnung dessen Gläubiger wird, es sei denn, er habe eine vorher eingegangene Verpflichtung erfüllt oder eine für die Schuld des Schuldners als Pfand haftende Sache eingelöst, an der ihm das Eigentum oder ein beschränktes dingliches Recht zusteht (Art. 110 Ziff. 1 OR);
2. wenn ein Gläubiger des Schuldners erst nach der Konkurseröffnung Schuldner desselben oder der Konkursmasse wird.
3. Aufgehoben.

³ Die Verrechnung mit Forderungen aus Inhaberpapieren ist zulässig, wenn und soweit der Gläubiger nachweist, dass er sie in gutem Glauben vor der Konkurseröffnung erworben hat.

⁴ Im Konkurs einer Kommanditgesellschaft, einer Aktiengesellschaft, einer Kommanditaktiengesellschaft, einer Gesellschaft mit beschränkter Haftung oder einer Genossenschaft können nicht voll einbezahlte Beträge der Kommanditsumme oder des Gesellschaftskapitals sowie statutarische Beiträge an die Genossenschaft nicht verrechnet werden.

I. Grundsätzliche Anwendungen

1 Diese Vorschrift ist mit Abweichung, dass als Stichtag die Bekanntmachung der Nachlassstundung oder gegebenenfalls des vorausgegangenen Konkursaufschubes nach Art. 725a OR gilt, auch auf den Liquidationsvergleich anwendbar (BGE 107 III 25 und 139, Praxis 1981, Nr. 224).

2 Eine Vereinbarung durch welche eine Schuld direkt durch werkvertragliche Leistungen getilgt werden soll ohne dass ein Recht zur Darlehensrückzahlung vereinbar wird, stellt keinen Verrechnungsvertrag dar, sondern eine Abmachung durch Hingabe an Erfüllung statt (BGE 126 III 367/68).

3 Mit der Einräumung eines Kaufsrechts erwirbt der Verkäufer keine bedingte Forderung auf Bezahlung des Kaufpreises, sondern lediglich eine *Anwartschaft*. Mit dieser blossen Anwartschaft des Konkursiten kann der *Gläubiger seine Konkursforderung nicht verrechnen* (BGE 105 III 4).

4 Der Verrechnungsausschluss gemäss Absatz 2 gilt im Anwendungsbereich von AHVG Art. 20 Abs. 2 nicht (BGE 104 V 5).

5 Massgeblicher Zeitpunkt für das Verrechnungsverbot ist, wenn dem Konkurs eine Nachlassstundung vorausging, das Datum ihrer Bekanntmachung und nicht dasjenige der Konkurseröffnung (SO, Amtsgericht, 07.06.1982, SJZ 1984, S. 214).

6 (i.V.m. Art. 418s, 123 OR) – Die Konkurseröffnung über den Geschäftsherrn bewirkt die Auflösung des Alleinvertretungsvertrages (AVV) ex nunc. Das gilt auch für eine nach dem Heimatrecht des ausländischen Geschäftsherrn erfolgte Konkurseröffnung, soweit eine Fortsetzung des AVV mangels entsprechendem in der Schweiz oder in Drittstaaten gelegenem, vom Konkursbeschlag nicht betroffenem Vermögen nicht möglich ist. – Die *ausländische Konkursmasse* kann sich nicht auf das Verrechnungsverbot von Art. 123 Abs. 2 OR und Art. 213 Abs. 2 SchKG berufen. – Eine Schadenersatzpflicht wegen vorzeitiger Beendigung eines AVV infolge Konkurses des Geschäftsherrn besteht nicht, es sei denn, der Konkurs sei gerade deshalb herbeigeführt worden, um sich von den Verpflichtungen aus dem AVV zu befreien. – Eine Pflicht der Konkursmasse zur Rücknahme von vom Alleinvertreter gekauften Ersatzteilen besteht nur ausnahmsweise (ZH, Handelsgericht, 31.05.1977, SJZ 1978, S. 109).

II. Unzulässige Verrechnungen

7 Die Verrechnung ist ausgeschlossen, wenn der Rechtsgrund der Forderung in Tatsachen liegt, die nach der Konkurseröffnung oder der Bekanntmachung der Nachlassstundung eingetreten sind. Massgebend ist der Zeitpunkt, in welchem der Rechtsgrund der Forderung entstanden ist (BGE 107 III 139 und 29).

8 Ist die Errichtung eines Grundpfandes für eine fremde Schuld eine entgeltliche Verfügung, weil im Falle, dass der Pfandgläubiger durch Ablösung oder Verwertung des Pfandes aus dem Vermögen des Pfandeigentümers befriedigt wird, die Forderung des Pfandgläubigers nach Art. 827 Abs. 2 ZGB auf den Pfandeigentümer übergeht? *Ausschluss der Verrechnung* der Forderung des Pfandeigentümers im Konkurse des Pfandschuldners mit Forderungen desselben gegen ihn (BGE 95 III 56/57).

9 Wer nicht mehr Konkursgläubiger ist, weil ihm seine Forderung auf dem Weg der Zwangsversteigerung entzogen wurde, kann nicht die Verrechnung der auf seine alte Forderung entfallende Konkursdividende mit einer ihm gegenüber der Masse obliegenden Verbindlichkeit verlangen (BGE 84 III 137).

10 (i.V.m. Art. 50 Abs. 3 UVG) – Verrechnung für Forderungen aufgrund des UVG mit fälligen Leistungen. Die Verrechenbarkeit von ausstehenden Prämienforderungen des Unfallversicherers gegenüber dem ehemaligen Inhaber einer Einzelfirma mit dessen nach Konkurseröffnung entstandenen Ansprüchen auf Taggeldleistungen ist im Hinblick auf das Erfordernis der Gegenseitigkeit zwar zu bejahen, die Verrechnung ist jedoch unzulässig, weil im Bereich von Art. 50 Abs. 3 UVG das in Art. 213 Abs. 2 Ziff. 2 statuierte Verrechnungsverbot zur Anwendung gelangt (BGE 125 V 313).

III. Zulässige Verrechnungen

11 Absatz 2 Ziff. 1 schliesst die Verrechnung einer *nach der Konkurseröffnung fälligen*, aber vorher begründeten Forderung nicht aus (BGE 106 III 114).

12 Ein Gläubiger kann seine Konkursforderung auch mit einer bedingten Forderung verrechnen, wenn die Bedingung im Laufe des Konkursverfahrens eintritt (BGE 95 III 57).

13 Der Schuldner einer gepfändeten Forderung kann diese mit einer Forderung gegen den Betriebenen verrechnen, selbst wenn die gepfändete Forderung versteigert, dem Betreibenden an Zahlungsstatt zugewiesen oder dieser zur Eintreibung ermächtigt worden ist. Die Bestimmung des Art. 213 SchKG ist auf die Pfändung einer Forderung sinngemäss anwendbar (BGE 95 II 235).

14 Befugnis einer schweizerischen Konkurs- bzw. Nachlassmasse im Kollokationsverfahren gegenüber einem Gläubiger die Verrechnung mit Forderungen gegen diesen zu erklären, die ihr nach der Konkurseröffnung bzw. nach der Bekanntmachung der Nachlassstundung abgetreten wurden. Es bestehen keine triftigen Gründe dafür, die Konkurs- oder Nachlassmasse daran zu hindern, einem Gläubiger die Verrechnung mit einem nach Konkurseröffnung oder Veröffentlichung der Nachlassstundung erworbenen Anspruch entgegenzuhalten (BGE 109 III 112/13, Praxis 1984, Nr. 66).

IV. Im Zusammenhang mit Mietvertrag

15 Im Konkurse des Vermieters bewirkt erst die Veräusserung der Mietsache gemäss Art. 261 OR eine Änderung des Mietverhältnisses. Als Gläubiger der Konkursitin (für seine Forderung aus dem Kontokorrentverhältnis) war dieser als Mieter für die nach Konkurseröffnung entstandenen Mieten erst nach der Konkurseröffnung Schuldner (der Masse) geworden. Allfällige Vorausverfügungen sind lediglich bis zur Eröffnung des Konkurses wirksam (BGE 115 III 65).

16 Hat der Mieter im Mietvertrag auf Verrechnung allfälliger Gegenforderungen mit seiner Mietzinsschuld verzichtet, so ist auch seine Konkursmasse an diesen Verzicht gebunden (ZH, Bez.Gericht, 18.11.1954, SJZ 1957, S. 108).

17 *Verrechnung Miete mit Unterhaltsforderung* – Die von ihrem Ehemann getrennt lebende Ehefrau des Schuldners kann von der Konkursverwaltung verlangten Mietzins nicht mit ihrer Forderung auf Unterhaltsbeitrag bzw. auf unentgeltliches Wohnen, welche sie gestützt auf eine Trennungskonvention geltend macht, verrechnen (BGE 117 III 64).

18 Mietzinskaution bei Übergang des Mietverhältnisses – Sicherheitsleistung des Mieters bei Übergang des Mietverhältnisses (Art. 257e und 261 OR); Verrechnungsverbot im Konkurs. – Die Pflicht zur Hinterlegung der Mietzinskaution trifft jenen Vermieter, der die Kaution vom Mieter oder Veräusserer des Mietobjektes im Sinne von Art. 261 OR erhalten hat. Sie geht bei Veräusserung des Mietobjektes nicht ohne Weiteres auf den Erwerber über. Im Konkurse des Vermieters wird der Hinterlegungsanspruch grundsätzlich zu einer Konkursforderung und kann nicht mit Mietzinsforderungen der Masse verrechnet werden. – *Hinterlegt der Vermieter die Kaution* gemäss den gesetzlichen Vorschriften *auf einem Konto, welches auf den Namen des Mieters lautet, fällt die Kaution nicht in die Konkursmasse.* Die daraus entstehenden Rechte werden im Konkurse von der Konkursverwatung wahrgenommen und gehen bei der Verwertung des Grundstückes auf den Erwerber über. Dagegen fällt eine nicht ordnungsgemäss hinterlegte Kaution grundsätzlich in die Konkursmasse. Der Erwerber, der in ein bestehendes Mietverhältnis eintritt, kann den Mieter, der die Kaution bereits dem Veräusserer bezahlt und nicht zurückerhalten hat, nicht erneut zu deren Leistung anhalten (BGE 127 III 273).

V. Massaforderungen

19 Massaforderungen sind mit Massaschulden, insbesondere mit der Konkursdividende zu verrechnen; Forderungen des Konkursiten dagegen mit der vollen Konkursforderung. Der Konkursverwaltung steht zu, eine im Kollokationsplan anerkannte Konkursforderung auch noch im Verteilungsstadium mit einer Forderung des Konkursiten zu verrechnen, die bei der Aufstellung des Kollokationsplanes infolge einer Sicherungszession noch einem Dritten zustand und erst *seither durch Rückzession* in das Konkursvermögen gelangt war. Fristansetzung an den die Gegenforderung bestreitenden Konkursgläubiger zur Geltendmachung des ihm durch die Verrechnung vorenthaltene Konkursbetreffnisses; angemessene nicht an Art. 250 SchKG gebundene Fristbestimmung (BGE 83 III 67/68).

VI. In Bezug auf Aktien- und Personengesellschaften

20 Die Konkursverwaltung kann ausstehende Aktienbeträge einer konkursiten Aktiengesellschaft einfordern und die Verrechnung mit Forderungen des Aktionärs ablehnen. Nicht erhältliche Aktienbeträge kann sie gegen eine dem Aktionär zukommende Konkursdividende verrechnen, auch wenn der Aktionär seine Forderung während des Konkurses einem Dritten abgetreten hat (BGE 76 III 13).

21 Analoge Anwendung des Verrechnungsverbotes auf eine überschuldete Aktiengesellschaft in Liquidation (BL, Bez. Gericht Arlesheim, 10.12.1969, BJM 1970, S. 230).

Sechster Titel: Konkursrecht Art. 214

22 Absatz 4 schliesst die Verrechnung rückständiger Aktienbeträge mit Forderungen gegen die Aktiengesellschaft im Konkurs der Gesellschaft aus. Diese Bestimmung gilt analog auch im Nachlassvertragsverfahren mit Vermögensabtretung (BL, ObGer, 01.02.1994; eine Berufung wurde vom BGer abgewiesen (BJM 1995, S. 211).

23 Ausschliessung der Verrechnung der Einzahlungspflicht der Kommanditsumme mit einer Kontokorrentforderung nach Konkursausbruch (Anfechtbarkeit nach Art. 285 ff. SchKG) (BS, Ziv.Gericht, 11.07/21.09.1956, BJM 1957, S. 95).

VII. Bei Abtretung von Forderungen an Gläubiger (Art. 260 SchKG)

24 Die Verrechnungserklärung, die ein Konkursgläubiger abgab und von der Konkursverwaltung nicht anerkannt wurde, steht eine Abtretung der der Masse zustehenden Gegenforderung an andere Konkursgläubiger nicht entgegen. Eine Aktivforderung geht auch bei einer ausdrücklichen Anerkennung der Verrechnungserklärung durch die Konkursverwaltung unter. Indessen darf eine solche Zustimmung nicht schon allein aufgrund der Tatsache angenommen werden, dass nur die Restforderung des Gläubigers kolloziert wurde (BGE 45 III 245 E. 2) (BGE 103 III 8).

25 Ist die rechtskräftig kolloziert Forderung, die einem von Abtretungsgläubigern geltend gemachten Anspruch der Konkursmasse verrechnungsweise entgegengehalten wird, nochmals zu substanzieren? – Auch für die Realisierung von Aktiven auf dem in Art. 260 SchKG vorgesehenen Weg ist der Kollokationsplan verbindlich und er bleibt es auch für den Fall, dass der Anspruch der Masse – wie hier – erst nach dem formellen Abschluss des Konkursverfahrens geltend gemacht wird. Die klagenden Abtretungsgläubiger müssen sich demnach – im Gegensatz zu einem Konkursiten, der die kollozierte Forderung nicht anerkannt hat (s. Art. 265 Abs. 1 SchKG) – entgegenhalten lassen, sie hätten die von der Beklagten zur Verrechnung gestellten, in den Kollokationsplan aufgenommenen Forderungen, durch den Verzicht auf Anfechtung des Planes, selber anerkannt. Diese sind nochmals zu substanzieren, denn die Kläger fordern die Zahlung eines noch geschuldeten Kaufpreises anstelle der Konkursmasse und die Konkursverwaltung hätte als deren Vertreterin gegen die Verrechnungserklärung nicht einwenden können, sie lasse die (eigene) Kollokationsverfügung nicht gelten. Mehr Einrede, als die Masse hätte erheben können, stehen aber den Klägern nicht zu (BGE 103 III 50).

Art. 214   2. Anfechtbarkeit

Die Verrechnung ist anfechtbar, wenn ein Schuldner des Konkursiten vor der Konkurseröffnung, aber in Kenntnis von der Zahlungsunfähigkeit des Konkursiten, eine Forderung an denselben erworben hat, um sich oder einem andern durch die Verrechnung unter Beeinträchtigung der Konkursmasse einen Vorteil zuzuwenden.

1 Wesen dieser Bestimmung: Einen wesentlichen Unterschied zwischen der in diesem Artikel vorgesehenen Möglichkeit der Verrechnungsanfechtung im Konkursverfahren und der paulianischen Anfechtung stellt jedenfalls der Umstand dar, dass die paulianische Anfechtungsklage eine Rechtshandlung des Betreibungsschuldners zum Gegenstand hat, während Art. 214 Handlungen eines Schuldners des Konkursiten voraussetzt, die völlig unabhängig sind von jeglicher Mitwirkung des Letzteren. Mit seinem Wortlaut und seiner systematischen Stellung im Gesetzesabschnitt über die Wirkungen des Konkurses auf die Rechte der Gläubiger kann aus Art. 214 nur ein Anspruch gegen den Schuldner des Konkursiten abgeleitet werden, der eine Forderung an denselben erworben und gestützt darauf die Verrechnung erklärt hat (BGE 95 III 86).

2 Für die Anfechtung des die Verrechnung ermöglichenden Rechtsgeschäftes zwischen dem nachmaligen Konkursiten und seinem Gläubiger (einem späteren Konkursgläubiger) sind die Regeln über die paulianische Anfechtung (Art. 285 ff. SchKG) massgebend, nicht diejenigen des Art. 214 SchKG (BGE 103 III 46).

3 Art. 214 SchKG setzt keine Täuschungsabsicht voraus; es genügt die Absicht des Verrechnenden, sich auf Kosten der Mitgläubiger einen in der gegebenen Situation nicht mehr gerechtfertigten Vorteil zu verschaffen (Präzisierung der Rechtsprechung) (BGE 122 III 133).

Art. 215 G. Mitverpflichtungen des Schuldners
1. Bürgschaften

¹ Forderungen aus Bürgschaften des Schuldners können im Konkurse geltend gemacht werden, auch wenn sie noch nicht fällig sind.

² Die Konkursmasse tritt für den von ihr bezahlten Betrag in die Rechte des Gläubigers gegenüber dem Hauptschuldner und den Mitbürgen ein (Art. 507 OR). Wenn jedoch auch über den Hauptschuldner oder einen Mitbürgen der Konkurs eröffnet wird, so finden die Artikel 216 und 217 Anwendung.

1 Die Frage, ob der Pfandeigentümer die ihm zur Zeit der Konkurseröffnung über den Pfandschuldner noch nicht zustehende, sondern erst später durch Subrogation auf ihn übergehende Forderung des Pfandgläubigers im Konkurse des Pfandschuldners mit Forderungen des Pfandschuldners gegen ihn verrechnen kann, hat mit der Frage, ob im Konkurse des Bürgen noch nicht fällige Bürgschaftsforderungen geltend gemacht werden können, nichts gemein. Eine analoge Anwendung von Art. 215 Abs. 1 auf Pfandforderungen kommt deshalb nicht in Frage (BGE 95 III 56/57).

Art. 216 2. Gleichzeitiger Konkurs über mehrere Mitverpflichtete

¹ Wenn über mehrere Mitverpflichtete gleichzeitig der Konkurs eröffnet ist, so kann der Gläubiger in jedem Konkurse seine Forderung im vollen Betrage geltend machen.

² Ergeben die Zuteilungen aus den verschiedenen Konkursmassen mehr als den Betrag der ganzen Forderung, so fällt der Überschuss nach Massgabe der unter den Mitverpflichteten bestehenden Rückgriffsrechte an die Massen zurück.

³ Solange der Gesamtbetrag der Zuteilungen den vollen Betrag der Forderung nicht erreicht, haben die Massen wegen der geleisteten Teilzahlungen keinen Rückgriff gegeneinander.

1 Bei der Liquidation zufolge Nachlassvertrag mit Vermögensabtretung ist diese Bestimmung ebenfalls anwendbar, obschon Art. 297 Abs. 4 SchKG nur die Art. 213 und 214 anführt (BGE 79 III 141).

2 Die Anmeldung des Pfandrechts im Konkurse des Pfandeigentümers ist für seine rechtsgültige Beanspruchung auch dann ausreichend, wenn es zur Sicherung einer Solidarschuld bestellt worden ist; in einem Fall, da sich auch der *persönlich haftende Mitverpflichtete im Konkurs befindet, ist die Geltendmachung* der pfandgesicherten *Forderung in jenem Konkurse demnach nicht erforderlich* (BGE 113 III 128).

Art. 217 3. Teilzahlungen von Mitverpflichteten

¹ Ist ein Gläubiger von einem Mitverpflichteten des Schuldners für seine Forderung teilweise befriedigt worden, so wird gleichwohl im Konkurse des letztern die Forderung in ihrem vollen ursprünglichen Betrage aufgenommen, gleichviel, ob der Mitverpflichtete gegen den Schuldner rückgriffsberechtigt ist oder nicht.

² Das Recht zur Eingabe der Forderung im Konkurse steht dem Gläubiger und dem Mitverpflichteten zu.

³ Der auf die Forderung entfallende Anteil an der Konkursmasse kommt dem Gläubiger bis zu seiner vollständigen Befriedigung zu. Aus dem Überschusse erhält ein rückgriffsberechtigter Mitverpflichteter den Betrag, den er bei selbständiger Geltendmachung des Rückgriffsrechtes erhalten würde. Der Rest verbleibt der Masse.

1 (Abs. 3) – Haften für eine Konkursforderung neben dem Konkursiten weitere Personen solidarisch, so sind Zahlungen, die der Gläubiger von diesen andern Personen erhält, der Konkursverwaltung mitzuteilen. Dies deshalb, weil der Gläubiger von der auf den ursprünglichen Forderungsbetrag ent-

fallende Dividende nicht mehr erhält, als zusammen mit den Zahlungen von Mitverpflichteten des Konkursiten zu seiner vollen Befriedigung nötig ist (BGE 96 III 43 E 2a).

2   (i.V.m. KOV Art. 61) – Stellung des Drittpfandeigentümers im Konkurse, der die Forderung des Gläubigers durch Verwertung des Pfandes teilweise befriedigt hat. – Gemäss Absatz drei ist die Forderung des Hauptgläubigers auch bei teilweiser Befriedigung durch den Mitverpflichteten des Konkursiten im vollen ursprünglichen Betrage zugunsten des Hauptgläubigers aufzunehmen. Die auf die Forderung entfallende Dividende ist dem Hauptgläubiger bis zu seiner vollen Befriedigung zukommen zu lassen. Der Rückgriffsberechtigte Mitverpflichtete erhält erst bei einem allfälligen Überschuss den Betrag, den er bei selbständiger Geltendmachung des Rückgriffsrechts erhalten würde (BGE 60 III 217, 110 III 113). Der Mitverpflichtete hat Anspruch auf einen Verlustschein für den Betrag, mit dem er den Hauptgläubiger befriedigt hat abzüglich einer allfälligen Dividende (BS, AB, 11.04.1986; ein Rekurs wurde vom BGer abgewiesen; BJM 1988, S. 148).

3   Auf kollozierte Forderungen, für welche ganz oder zum Teil im Eigentum eines Dritten stehende Gegenstände als Pfand haften, ist Art. 217 SchKG anwendbar. Der Drittpfandeigentümer ist gleich gestellt, wie ein rückgriffsberechtigter Mitverpflichteter im Sinne von Art. 217 Abs. 3. Der auf die Forderung entfallende Anteil an der Masse steht dem Gläubiger bis zu seiner vollständigen Befriedigung zu. Erst wenn dessen Forderung gedeckt ist, kommt der Überschuss dem Drittpfandeigentümer zugute (BGE 110 III 112, Praxis 74, Nr. 17).

4   Begriff des Mitverpflichteten (-schuldners) – Unter Mitschuldner versteht man alle Schuldner, welche entweder nebeneinander oder nacheinander voll für die gleiche Schuld haften. Darunter fallen nicht aber die Gesellschafter einer Kollektiv- oder Kommanditgesellschaft (BGE 121 III 193, Praxis 1996, Nr. 85).

Art. 218   4. Konkurs von Kollektiv- und Kommanditgesellschaften und ihren Teilhabern

¹ Wenn über eine Kollektivgesellschaft und einen Teilhaber derselben gleichzeitig der Konkurs eröffnet ist, so können die Gesellschaftsgläubiger im Konkurse des Teilhabers nur den im Konkurse der Gesellschaft unbezahlt gebliebenen Rest ihrer Forderungen geltend machen. Hinsichtlich der Zahlung dieser Restschuld durch die einzelnen Gesellschafter gelten die Bestimmungen der Artikel 216 und 217.

² Wenn über einen Teilhaber, nicht aber gleichzeitig über die Gesellschaft der Konkurs eröffnet ist, so können die Gesellschaftsgläubiger im Konkurse des Teilhabers ihre Forderungen im vollen Betrage geltend machen. Der Konkursmasse stehen die durch Artikel 215 der Konkursmasse eines Bürgen gewährten Rückgriffsrechte zu.

³ Die Absätze 1 und 2 gelten sinngemäss für unbeschränkt haftende Teilhaber einer Kommanditgesellschaft.

1   Die Rechte des Gläubigers einer Kommanditgesellschaft im Konkurse des unbeschränkt haftenden Gesellschafters richten sich in analoger Weise wie bei der Kollektivgesellschaft. Der Gesellschaftsgläubiger kann im Konkurse des Teilhabers den im Konkurse der Gesellschaft unbezahlt gebliebenen Rest seiner Forderung geltend machten (AR, AB, 29.08.1955, BlSchK 1957, S. 55).

2   Haftung des unbeschränkt haftenden Gesellschafters einer Kommanditgesellschaft. – Gestützt auf Art. 604 OR kann der unbeschränkt haftende Gesellschafter vor Abschluss des über die Kommanditgesellschaft eröffneten Konkurs belangt werden (ZH, ObGer, III. Ziv.Kammer, 14.07.1954, ZR 1955, Nr. 87).

3   Sinngemässe Anwendbarkeit des Art. 757 Abs. 1 OR (Kündigung des Gesellschaftsverhältnisses durch die Konkursverwaltung) auf den Liquidationsvergleich. – Sachliche Zuständigkeit der kantonalen AB bzw. des BGer als Rekursinstanz. Die Grundsatzfrage, ob ein Liquidationsvergleich ebenso wie der Konkurs Anlass zur Auflösung einer Personengesellschaft bilden kann ist vollstreckungsrechtlicher Natur, ihre Beurteilung mithin Sache der AB. Dagegen ist die Frage des Kündigungstermins bzw. der Rechtzeitigkeit der Kündigung dem materiellen Recht zuzuordnen. Soweit die Vorin-

stanz sich dazu geäussert hat, hat sie demnach in Überschreitung ihrer Zuständigkeit entschieden und vermag ihr Urteil den Zivilrichter, falls er noch angerufen werden sollte, nicht zu binden. – Da die Interessenlage für alle Beteiligten die Gleiche ist wie beim Konkurs, ist Art. 575 Abs. 1 OR sinngemäss auch auf den Liquidationsvergleich anzuwenden. – Der Kündigung des Gesellschaftsverhältnisses brauchen – wie im Falle des Konkurses – keine Einigungsverhandlungen im Sinne von Art. 9 VVAG voranzugehen (BGE 102 III 33).

Art. 219   H. Rangordnung der Gläubiger

¹ Die pfandgesicherten Forderungen werden aus dem Ergebnisse der Verwertung der Pfänder vorweg bezahlt.

² Hafteten mehrere Pfänder für die nämliche Forderung, so werden die daraus erlösten Beträge im Verhältnisse ihrer Höhe zur Deckung der Forderung verwendet.

³ Der Rang der Grundpfandgläubiger und der Umfang der pfandrechtlichen Sicherung für Zinse und andere Nebenforderungen bestimmt sich nach den Vorschriften über das Grundpfand.

⁴ Die nicht pfandgesicherten Forderungen sowie der ungedeckte Betrag der pfandgesicherten Forderungen werden in folgender Rangordnung aus dem Erlös der ganzen übrigen Konkursmasse gedeckt:

Erste Klasse

a. Die Forderungen von Arbeitnehmern aus dem Arbeitsverhältnis, die in den letzten sechs Monaten vor der Konkurseröffnung entstanden oder fällig geworden sind[5], sowie die Forderungen wegen vorzeitiger Auflösung des Arbeitsverhältnisses infolge Konkurses des Arbeitgebers und die Rückforderungen von Kautionen.
b. Die Ansprüche der Versicherten nach dem Bundesgesetz vom 20. März 1981 über die Unfallversicherung sowie aus der nicht obligatorischen beruflichen Vorsorge und die Forderungen von Personalvorsorgeeinrichtungen gegenüber den angeschlossenen Arbeitgebern.
c. Die familienrechtlichen Unterhalts- und Unterstützungsansprüche, die in den letzten sechs Monaten vor der Konkurseröffnung entstanden und durch Geldzahlungen zu erfüllen sind.

Zweite Klasse

a. Die Forderungen von Personen, deren Vermögen kraft elterlicher Gewalt dem Schuldner anvertraut war, für alles, was derselbe ihnen in dieser Eigenschaft schuldig geworden ist.

   Dieses Vorzugsrecht gilt nur dann, wenn der Konkurs während der elterlichen Verwaltung oder innert einem Jahr nach ihrem Ende veröffentlicht worden ist.
b. Die Beitragsforderungen nach dem Bundesgesetz vom 20. Dezember 1946 über die Alters- und Hinterlassenenversicherung, dem Bundesgesetz vom 19. Juni 1959 über die Invalidenversicherung, dem Bundesgesetz vom 20. März 1981 über die Unfallversicherung, dem Erwerbsersatzgesetz vom 25. September 1952 und dem Arbeitslosenversicherungsgesetz vom 25. Juni 1982.
c. Die Prämien- und Kostenbeteiligungsforderungen der sozialen Krankenversicherung.
d. Die Beiträge an die Familienausgleichskasse.

Dritte Klasse

Alle übrigen Forderungen.

⁵ Bei den in der ersten und zweiten Klasse gesetzten Fristen werden nicht mitberechnet:

---

5   Geändert und in Kraft gesetzt per 01.01.2005.

Sechster Titel: Konkursrecht   Art. 219

1. die Dauer eines vorausgegangenen Nachlassverfahrens;
2. die Dauer eines Konkursaufschubes nach den Artikeln 725a, 764, 817 oder 903 des Obligationenrechts;
3. die Dauer eines Prozesses über die Forderung;
4. bei der konkursamtlichen Liquidation einer Erbschaft die Zeit zwischen dem Todestag und der Anordnung der Liquidation.

I. Pfandversicherte Forderungen

1   Die pfandversicherten Forderungen werden aus dem Ergebnis der Verwertung der Pfänder vorweg bezahlt. – Der gegen das KA gerichtete Anspruch auf Auszahlung des Verwertungserlöses ist vollstreckungsrechtlicher Natur und kann daher auf dem Beschwerdeweg durchgesetzt werden. – Das KA, das für die Verwertung von Pfandobjekten sich der Dienste eines Dritten bedient, ist für die Weiterleitung des mit seinem Einverständnis an diesen geleisteten Zuschlagspreises an die Gläubiger verantwortlich; gegebenenfalls hat es den Erlös vorzuschiessen (BGE 102 III 161).

2   Das gesetzliche Retentionsrecht des Vermieters kann nur für Mietzinsforderungen, nicht auch für Schadenersatzforderungen in Anspruch genommen werden. – Dem Vermieter eines Geschäftslokal ist im Konkurse des Mieters für seine zukünftige Mietzinsforderung jedenfalls insoweit zuzulassen, als ihm das gesetzliche Retentionsrecht zusteht (BGE 104 III 84).

3   Kollokation einer Mietzinsforderung – Die Mietzinsforderung wird durch die Ausstellung eines Wechsels nicht getilgt; es sind sowohl wechselrechtliche Einreden als auch solche aus dem persönlichen Verhältnis zulässig. Die Einleitung der Wechselbetreibung begründet keinen Verzicht auf die Geltendmachung des Retentionsrechts. Der Gläubiger verliert das Retentionsrecht als materiellen Anspruch auch dann nicht, wenn er auf Konkurs statt auf Pfandverwertung betreibt. Es steht nichts im Wege, das Retentionsrecht erst im Konkurse anzumelden. Es erstreckt sich auch auf eine mietzinsähnliche Forderung nach Auflösung des Mietvertrages und auf die kollozierten Kosten der Aufnahme des Retentionsverzeichnisses (ZH, ObGer, II. Ziv.Kammer, 24.02.1987, ZR 1988, Nr. 44).

4   (i.V.m. Art. 33 des BG über das Luftfahrzeugbuch (SR 748.217.1) – Streichung eines Flugzeuges im Luftfahrzeugbuch bedeutet nicht den Untergang rechtskräftig kollozierter pfandgesicherter Forderungen am betreffenden Fahrzeug (BS, AB, 13.02.1975, BlSchK 1978, S. 191).

5   Tragweite einer in die Lastenverzeichnisse verschiedener Grundstücke aufgenommenen Gesamtpfandklausel in einem Falle, da die im Kollokationsplan und in den Lastenverzeichnissen vermerkten Pfandbeträge von Grundstück zu Grundsstück verschieden sind. – Liegt den Eigentümerschuldbriefen nach den Einträgen des KA nicht ein einheitlicher, der gesamten Kapitalforderung der Gläubigerin (hier eine Bank) entsprechender Pfandbetrag zugrunde, haften verschiedene an verschiedenen Orten gelegene Grundstücke nicht als Gesamtpfänder für die Summe der von der Gläubigerin gewährten Darlehen. Massgebend ist nur, was der aussenstehende Gläubiger oder ein Steigerungsinteressent aus dem Kollokationsplan bzw. aus den Lastenverzeichnissen, die nach ungenütztem Ablauf der Klage- bzw. Beschwerdefrist verbindlich geworden sind, schliessen durfte und musste (BGE 103 III 28/29).

6   Umfang des Rechts des Gläubiger von durch einen Generalpfandvertrag einer Bank zur Deckung aller gegenwärtigen und künftigen Verbindlichkeiten unter anderem auch die bei der Bank hinterlegten Wertpapiere einschliesslich der verfallenen, laufenden und künftigen Zinsen. Dazu gehörten drei Inhaberschuldbriefe zulasten eines des Pfandgebers gehörenden Grundstückes. Im nachfolgenden Konkurse des Pfandnehmers machte die Bank für ihre Forderungen das Pfandrecht an diesen Titeln einschliesslich der verfallenen Grundpfandzinsen geltend. – Dem im Generalpfandvertrag vereinbarten auch auf alle verfallenen, laufenden und künftigen Zinse ausgedehnten Pfandrecht steht der vom BGer seit 1918 ständig verfolgten Praxis nichts entgegen. Der Schutz, den das Gesetz den nachgehenden Grundpfandgläubigern gewährt, besteht einzig darin, dass das Pfandrecht an den hypothekarisch gesicherten Zinsen sich auf drei zur Zeit der Konkurseröffnung oder des Pfandverwertungsbegehrens verfallenen Jahreszinsen und den laufenden Zins beschränken muss (Art. 818 Abs. 1 Ziff. 3 ZGB; BGE 44 II 250, 51 II 153; BGE 111 93 E. 3a). – Nach Art. 126 VZG ist die Bank

als durch Faustpfand, d.h. durch den Schuldbrief in seinem ganzen Umfang einschliesslich der verfallenen Zinsen gesichert zu kollozieren. Dieser Betrag, d.h. «der Betrag der zugelassenen Faustpfandforderung», ist in den Schranken von Art. 818 ZGB ins Lastenverzeichnis aufzunehmen (BGE 104 III 35).

7   Grundpfandrechtliche Sicherung einer Forderung durch den «jeweiligen unbenützten bzw. abbezahlten Teilbetrag eines Schuldbriefes». – Es ist zulässig, dass der Gläubiger dem Schuldner im Rahmen der im Schuldbrief und im Grundbuch verurkundeten Forderungs- bzw. Pfandsumme ein neues Darlehen gewähren kann, ohne dass zu diesem Zwecke ein neuer Pfandvertrag beurkundet oder eine anderweitige Form eingehalten werden muss. Es ist auch möglich, die Kontokorrentforderung durch formlose oder schriftliche Vereinbarung an die Stelle der geleisteten Abzahlungen treten zu lassen. Eine solche interne Vereinbarung hat rechtlich die Bedeutung, dass der Schuldner für den Fall der Geltendmachung der vollen Schuldbriefsumme auf die Einrede, er habe Abzahlungen an die Schuldbriefforderung geleistet, zum Voraus verzichtet; abstrakte Natur der Schuldbriefforderung (BGE 105 III 122).

8   Der Eigentümer eines Schuldbriefes kann als Grundpfandgläubiger nicht gleichzeitig ein Faustpfandrecht am Titel beanspruchen (BGE 105 III 122).

9   Faustpfandrecht an Eigentümerschuldbriefen, die ein Grundeigentümer zur Sicherstellung der Darlehensschuld eines Dritten verpfändet hat; Stellung des Faustpfandgläubigers im Konkurse des Verpfänders. Dem Faustpfandgläubiger steht kein aus dem Pfandtitel fliessendes Gläubigerrecht gegen den Schuldner des Titels zu; sein Recht beschränkt sich darauf, sich aus dem Erlös des Grundpfandes bezahlt zu machen (BGE 107 III 128).

10 Ergibt sich bei der Verwertung des belasteten Grundstückes im Konkurse des Verpfänders ein Pfandausfall, so kann der Pfandgläubiger nicht im gleichen Konkurs eine entsprechende Forderung (in der dritten Klasse) kollozieren lassen; eine solche Pfandausfallforderung kann nur gegenüber dem Darlehensschuldner geltend gemacht werden (BGE 107 III 128).

11 Bei der Heranziehung der Überschüsse aus der Verwertung mehrerer Grundstücke zur Deckung eines Ausfalles, der sich bei einem weiteren Grundstück ergeben hat, ist Art. 219 Abs. 2 SchKG zu beachten (BGE 103 III 30).

12 Reihenfolge der Befriedigung von Grundpfandgläubigern und Inhabern beschränkt dinglicher Rechte bei Abschlagsverteilungen aus dem Erlös für ein Grundstück; Wirkungen einer Vereinbarung über den Rangvorgang. – Ist ein Grundstück zuerst mit einer Nutzniessung oder einer anderen Dienstbarkeit und hernach mit einem oder mehreren Pfandrechten belastet worden, kann die Nutzniessung oder Dienstbarkeit den Pfandgläubigern im Augenblick der Verwertung aufgrund des Grundsatzes der Alterspriorität entgegengehalten werden. Dieser Grundsatz kann indessen durch Abschluss einer Vereinbarung über den Rangvorgang durchbrochen werden. Im vorliegenden Fall kann die Vereinbarung über den Rangvorgang, die nur zwischen der Nutzniesserin und der Pfandgläubigerin im 3. Rang abgeschlossen worden ist, der Pfandgläubigerin im 1. und 2. Rang nicht entgegengehalten werden. Die Letztere muss deshalb mit ihrer ganzen Forderung in die provisorische Verteilungsliste aufgenommen werden, während die Gläubigerin im 3. Rang in der Höhe des restlichen Erlöses aufzunehmen und, wie auch die Nutzniesserin, für den ungedeckten Teil in die 3. Klasse des Art. 219 SchKG zu verweisen ist (BGE 119 III 32).

II. 1. Klasse

1. Forderungen aus dem Arbeitsverhältnis

13 Lohnforderungen, die in einer früheren Betreibung ungedeckt blieben, geniessen in einem späteren Verfahren kein Vorrecht (LU, SchKKomm, 19.07.1965, Max. XI, Nr. 434, BlSchK 1967, S. 178; ZH, ObGer II. Ziv.Kammer, 04.08.1988, ZR 1988, Nr. 104, BlSchK 1990, S. 71).

14 (i.V.m. Art. 146 Abs. 2 SchKG) – Art. 146 Abs. 2 SchKG ist nur anwendbar, wenn festgestellt ist, dass nicht sämtliche Gläubiger befriedigt werden, was den Abschluss des Verwertungsverfahrens voraussetzt. Das trifft nicht zu, wenn eine *Betreibung auf Pfändung durch nachträgliche Konkurseröffnung gemäss Art. 206 SchKG aufgehoben wird und die Pfändungsrechte auf die Konkursmasse*

übergehen. Frage, ob in einem solchen Falle für das Ausmass des Lohnprivilegs gleichwohl der Zeitpunkt des Fortsetzungsbegehrens als Ausgangspunkt für die Rückrechnung der Frist von sechs Monaten gemäss Art. 219 Abs. 4 lit. a SchKG berücksichtigt werden könne. Bejaht unter Hinweis auf andere in der Rechtsprechung und Literatur zugelassene Abweichungen, um dem Sinn und Zweck jener Bestimmung gerecht zu werden und krasse Ungerechtigkeiten zu vermeiden. Der Lohngläubiger soll seines Privilegs nicht verlustig gehen, wenn die Konkurseröffnung durch ein von ihm nicht zu vertretendes Betreibungsverbot zeitlich hinausgeschoben wird (ZH, ObGer, II. Ziv.Kammer, 12.05.1978, ZR 1978, Nr. 104, SJZ 1979, S. 145).

15 *Spesenforderungen, die einen Auslagenersatz darstellen*, sind in der Regel für die Zeit *nach der Konkurseröffnung nicht zu berücksichtigen*. Auch wenn die Spesen in regelmässigen Abständen pauschal entschädigt werden, sind sie (selbst bei ungerechtfertigter Entlassung) nicht zu vergüten, denn sie sind dazu bestimmt, dem Arbeitnehmer die mit der Erwerbstätigkeit verbundenen Kosten zu decken (Brühwiler, N 3 zu Art. 337c OR; JAR 11984, S. 179). Spesen im Sinne von Art. 327a OR sind somit ihrer Natur entsprechend nach Aufgabe der Arbeitstätigkeit nicht mehr geschuldet (LU, Amtsgericht LU-Land, I. Abt. 17.01.1989, unveröffentl. Entscheid).

16 Der *Abgeltungsanspruch für nicht bezogene Ferien* entsteht, wenn feststeht, dass diese nicht mehr in Natura gewährt werden können. In diesem Fall ist der Abgeltungsanspruch bei Konkurseröffnung entstanden, so dass dieser vollumfänglich in der 1. Klasse kolloziert werden muss. – Ist ausschliesslich der Rang im Kollokationsplan streitig und nicht der Abgeltungsanspruch, unterliegt dass Verfahren nicht der Kostenfreiheit (BGE 131 III 451).

17 Der unter dem Titel Verlustbeteiligung zurückbehaltene Teil des monatlichen Lohnes ist nicht als Kaution zu qualifizieren, sondern ist als gewöhnliche Forderung aus dem Arbeitsverhältnis insoweit privilegiert, als die Rückbehalte sechs Monate vor der Konkurseröffnung des Arbeitgebers gemacht wurden (AR, OH, 27.02.2001, GVP 2001, S. 109).

18 Konkursdividende auf Forderungen des Arbeitnehmers, welche diesem wegen vorzeitiger Auflösung des Arbeitsverhältnisses zufolge Konkurses zustehen, unterliegen der paritätischen AHV/IV/EO-Beitragspflicht (BGE 102 V 156).

19 Die Pflicht zur Bezahlung eines Betrages für Büroreinigung und eines sog. «Saläranteils» für eine Empfangsperson an eine andere Firma, erhebt die daraus entstehenden Forderungen nicht zu einer solchen, welche im Konkurse in der 1. Klasse zu privilegieren sind (ZH, Bez. Ger. 29.10.1959, SJZ 1960, S. 129, BlSchK 1961, S. 87).

20 Anwendung dieser Bestimmung auf leitende Angestellte, Direktoren und Verwaltungsräte einer Aktiengesellschaft. – Ein einzelzeichnungsberechtigter Verwaltungsrat und später einziger Verwaltungsrat, der diese Stellung mit derjenigen des Mehrheitsaktionärs kumuliert, kann nicht den Arbeitnehmern gleichgestellt werden, die das Konkursprivileg gemäss Abs. 4 lit. 2 dieses Artikels beanspruchen können. Auch wenn bezüglich der Verwaltungsräte auf die ihnen tatsächlich und rechtlich zustehenden Kompetenzen abgestellt wird, kommt man nicht darum herum, das Konkursprivileg der Verwaltungsräte, die zugleich Mehrheitsaktionäre sind, abzulehnen. Ein solcher Verwaltungsrat beherrscht die Aktiengesellschaft tatsächlich und rechtlich und ist praktisch ein Unternehmer mit beschränkter Haftung. Wenn schon Direktoren, die keine Aktien besitzen, aber tatsächlich die Geschäftsführung selbständig besorgen, kein Konkursprivileg beanspruchen können, so muss dies erst recht für Verwaltungsräte mit mehrheitlichem Aktienbesitz gelten, die eine viel stärkere Stellung haben (ZH, ObGer, II. Ziv.Kammer, 13.12.1977, ZR 1978, Nr. 25).

21 Kein Konkursprivileg für Löhne von Führungskräften einer AG – Hier ein Hauptverantwortlicher des konkursiten Unternehmens, der das halbe Aktienkapital besass. Es widerspräche dem Schutzgedanken des Gesetzes, wenn dieser auf das Lohnprinzip als Arbeitnehmer zum Nachteil der Belegschaft berufen könnte (TG, ObGer, 01.11.1977, Rechenschaftsbericht 1977, Nr. 21, SJZ 1978, S. 363).

22 Fall in dem die Frau des verstorbenen Verwaltungsratspräsidenten nach dessen Tod die Geschäfte weitergeführt hat, ohne selbst Mitglied des Verwaltungsrates zu sein, aber nur sie alle Einzelheiten der Firma kannte. Da innerhalb der Firma ihr niemand mehr Weisungen erteilt hat, war sie in wirtschaftlicher Hinsicht und faktisch Organ der Firma. Die Frau unterstand innerhalb der Firma keinem

Subordinationsverhältnis. Da das Lohnprivileg seine Rechtfertigung nur in der sozial schwachen Stellung der in der ersten Klasse des Art. 219 aufgeführten Personen im Allgemeinen und ihrer wirtschaftlichen Abhängigkeit im Besonderen finden kann, hat diese Frau keinen Anspruch auf Kollokation ihrer Ansprüche in der 1. Klasse (BS, Zivilgericht, 31.08.1984, BJM 1984, S. 308).

23 Ausschluss von Führungskräften trotz Bestehen eines Arbeitsvertrages einer AG, die in keinem tatsächlichen Abhängigkeitsverhältnis zur Gesellschaft standen (FR, Appellationshof, 16.04.1985, BlSchK 1989, S. 192).

24 In der ersten Klasse kollozierte Forderung eines Verwaltungsrates einer AG, der gemäss Arbeitsvertrag erst seit 2½ Monaten als Direktor der Gesellschaft angestellt war (VD, Tribunal cantonal, 02.11.1993, SJZ 1994, S. 389).

25 Das für die Gewährung des Lohnprivilegs erforderliche tatsächliche Unterordnungsverhältnis fehlt bei einem Arbeitnehmer, welcher nicht nur Geschäftsführer, sondern auch Mitglied des Verwaltungsrates der in Konkurs gefallenen Gesellschaft war und dem daher Organstellung zukam (BGE 118 III 46).

2. Ansprüche aus Sozialversicherungen

26 Konkursprivileg für die Forderungen von Personalvorsorgeeinrichtungen gegenüber den angeschlossenen Arbeitgebern. Das Konkursprivileg besteht unabhängig von ihrer rechtlichen Grundlage *für alle Forderungen* von Personalvorsorgeeinrichtungen gegenüber den angeschlossenen Arbeitgebern (BGE 129 III 468).

27 Konkursprivileg für die Forderungen von Personalvorsorgeeinrichtungen gegen den angeschlossenen Arbeitgeber. – Im Sinne des Konkursprivilegs «angeschlossen» ist ein Arbeitgeber, wenn seine Arbeitnehmer bei einer Vorsorgeeinrichtung versichert sind, die er selber errichtet hat oder mit der er einen Anschlussvertrag abgeschlossen hat (BGE 129 III 476).

28 (i.V.m. Art. 146 SchKG) – Die vom Gläubiger (hier der BVG-Stiftung) geltend gemachten Mahn- und Umtriebskosten sind im Kollokations- und Verteilungsplan – im Gegensatz zu den im Zusammenhang mit einer privilegierten Forderung entstandenen Zinsen und Betreibungskosten – stets in der dritten Klasse aufzunehmen (ZH, Bez.Gericht, 22.11.1999, BlSchK 2000, S. 188).

3. Familienrechtliche Ansprüche

29 Vom periodisch gepfändeten Lohnabzug ist vorweg der Alimentengläubiger zu befriedigen, aber nur bis zur Höhe des für den entsprechenden Zeitabschnitt festgesetzten Alimentenbetrages (BGE 89 III 65).

30 Das Privileg 1. Klasse für (Kinder)-Alimentenforderungen bleibt mit der Abtretung an die bevorschussende Stelle bestehen (BGE 106 III 20).

III. 2. Klasse

1. Ansprüche der sozialen Krankenversicherungen

31 Das Konkursprivileg besteht nur für Prämien- und Kostenbeteiligungsforderungen der sozialen Krankenversicherung und erstreckt sich nicht auf Forderungen für Mahn- und Bearbeitungskosten der Versicherer (BGE 127 III 470).

IV. 3. Klasse

32 Wirkung der Kollokation – Die Tatsache, dass eine Forderung in der 3. Klasse kolloziert ist, schliesst keineswegs aus, dass im Zusammenhang mit der Frage, ob diese Forderung in eine privilegierte Klasse zu weisen sei, auch der Bestand der Forderung überprüft wird (LU, ObGer, SchKKomm, 28.09.1977, LGVE 1977 I Nr. 392).

33 Ergibt sich bei der Verwertung des belasteten Grundstückes im Konkurse des Verpfänders ein Pfandausfall, so kann der Pfandgläubiger nicht im gleichen Konkurse eine entsprechende Forderung (in der 3. Klasse) kollozieren lassen; eine solche Pfandausfallforderung kann nur gegenüber dem Darlehensschuldner geltend gemacht werden (BGE 107 III 128).

34 Kapitaleinbringung in Form von Darlehen durch Aktionäre zwecks Vermeidung des Konkurses der AG. Im Konkurse können solche Darlehen nicht als Konkursforderungen im Kollokationsplan figurieren, sondern müssen aus diesem eliminiert werden (FR, Cour appellation, 20.04.1970, Extraits 1970, S. 75, SJZ 1972, S. 333).

Art. 220   I. Verhältnis der Rangklassen

¹ Die Gläubiger der nämlichen Klasse haben unter sich gleiches Recht.

² Die Gläubiger einer nachfolgenden Klasse haben erst dann Anspruch auf den Erlös, wenn die Gläubiger der vorhergehenden Klasse befriedigt sind.

1   Die Abrede in einem Insertionsvertrag, es werde ein «Mengenrabatt» von 50 % gewährt, der aber im Konkursfalle dahinfalle, schafft ein unzulässiges Konkursprivileg (BS, Appellationsgericht (Ausschuss, 02.10.1950, SJZ 1951, S. 297, BlSchK 1952, S. 88, BJM 195, 1955, S. 21).

Siebenter Titel: Konkursverfahren
I. Feststellung der Konkursmasse und Bestimmung des Verfahrens

Art. 221 A. Inventaraufnahme

¹ Sofort nach Empfang des Konkurserkenntnisses schreitet das Konkursamt zur Aufnahme des Inventars über das zur Konkursmasse gehörende Vermögen und trifft die zur Sicherung desselben erforderlichen Massnahmen.

² Aufgehoben.

1 Massgebend für die Beurteilung der Frage, in wessen Gewahrsam sich ein Gegenstand befindet, ist die tatsächliche Verfügungsgewalt. Frage der Nichtigkeit einer angeblichen «Fernpfändung», die nicht bewiesen und vom Beschwerdeführer bestritten wurde, wurde offengelassen (BS, AB, 05.01.1972, BlSchK 1975, S. 85).

2 Das KA kann Gegenstände beschlagnahmen, an denen ein Dritter *unselbständigen Besitz* (Pfandbesitz) und der Schuldner unselbständigen Besitz hat oder die im Mitbesitz des Schuldners und eines Dritten stehen (BGE 73 III 79).

3 Das KA kann die Herausgabe von Gegenständen erzwingen, die ein Dritter nur als Pfandgläubiger im Sinne von Art. 232 Ziff. 4 SchKG besitzt, d.h. an denen er nur ein Pfandrecht beansprucht (BGE 51 III 137 ff., 86 III 29) (BGE 90 III 18).

4 *Ein Recht*, das nach Angabe eines Gläubigers zur Masse gehört, ist zu inventieren. Der Entscheid über die Zugehörigkeit zur Masse steht nicht den Konkursbehörden, sondern dem ordentlichen Richter zu (BGE 104 III 23).

5 Rechte, deren Zugehörigkeit zur Konkursmasse umstritten sind, sind zu inventarisieren (BGE 104 III 23). Vorgehen bei Inventarisierung von vom Schuldner abgetretener Forderungen. Durch Inventarisierung wird die Zugehörigkeit einer Forderung zur Konkursmasse materiell rechtlich nicht verbindlich festgestellt (BL, AB, 11.11.1993, BJM 1994, S. 144)

6 Inventarisierung von Guthaben, die aufgrund einer Debitorenzession von einem Dritten (Zessionar) beansprucht wird (BGE 104 III 23). Anerkennt der Drittschuldner die Berechtigung des Konkursiten an der betreffenden Forderung und zahlt er an die Konkursmasse, so muss der Zessionar den Weg der Klage gegen die Konkursmasse beschreiten, wenn er der Meinung ist, diese habe durch Entgegennahme der Zahlungen gegen den Abtretungsvertrag verstossen (BL, AB, 19.10.1993, BlSchK 1994, S. 145).

7 Im Konkurse eines Vereins sind auf Verlangen eines Gläubigers die Beitragsforderungen in das Konkursinventar aufzunehmen (AR, AB, 03.04.2000, GVP 2000, S. 114).

8 *Inventarisierung von Drittmannsgut* ist zulässig, nicht aber eine Beschlagnahme (LU, SchKKomm, 26.05.1964, Max. XI, Nr. 35, BlSchK 1966, S. 141).

9 *Gegenstände*, die sich *im Besitze eines Dritten* befinden, der daran das Eigentum beansprucht, kann das KA nicht beschlagnahmen, solange der Richter nicht entschieden hat, dass sie zur Masse gehören (BGE 99 III 12, 100 III 64, 110 III 87, Praxis 1984, Nr. 260).

10 Gegen die Weigerung der Konkursverwaltung, einen Gegenstand ins Konkursinventar aufzunehmen, kann jeder Gläubiger Beschwerde führen (BGE 64 III 36, 114 III 22 E. 5b).

11 Das KA ist befugt, schon vor der ersten Gläubigerversammlung einen Mietvertrag um eine Liegenschaft des Konkursiten abzuschliessen. Im Rahmen der *Aktivenverwaltung* ist die Konkursverwaltung insbesondere auch befugt, Verträge abzuschliessen (Arbeitsverträge bei Fortführung des schuldnerischen Betriebes, Mietverträge über Liegenschaften usw.). Das SchKG enthält keine Bestimmungen, wonach die der Konkursverwaltung hinsichtlich der Masse eingeräumten Verwaltungskompetenzen beschränkt wären, solange die Verwaltung bis zur ersten Gläubigerversammlung dem KA obliegt, so dass es diesem etwa nicht möglich wäre, Mietverträge über Massagegenstände abzuschliessen (GR, AB, 12.12.1988, PKG 1988, S.165, BlSchK 1991, S. 27).

12 (i.V.m. Art. 232 SchKG) – Massnahmen zur Sicherung des zur Konkursmasse gehörenden Vermögens. – Die Konkursverwaltung darf einen Betrag mit dem zu verrechnen begehrt worden ist, nicht einfordern, ohne die dem Kollokationsverfahren vorbehaltene Behandlung dieser Verrechnung abzuwarten. Die Anordnung, den streitigen Betrag unverzüglich auf das Bankkonto der Konkursmasse zu überweisen, kann sich hier weder auf Art. 221 Abs. 1 noch auf irgendeine andere Bestimmung des Bundesrechts stützen (BGE 120 III 28).

13 Inventaraufnahme und Schätzung von grösseren Warenlagern. – Zwischen dem Bilanzwert und dem konkursamtlichen Schätzungswert liegen völlig verschiedene Kriterien zugrunde, weshalb sich daraus keine Schlüsse zur Frage der Vollständigkeit eines Inventars ziehen lassen. Beim Bilanzwert handelt es sich um einen durch Abschreibungen verringerten Anschaffungswert, der unter Berücksichtigung der Nachfrage objektiv erzielbar erscheint. Die Schätzung erfolgt aufgrund der Erfahrungen des Amtes, und wenn diese nicht ausreicht, mit Hilfe von Sachverständigen (BS, AB, 17.06.1994, BlSchK 1995, S. 22).

14 (i.V.m. Art. 200 + 285 SchKG; Art. 25/27 KOV) – Anfechtungsansprüche gemäss Art. 285 ff. sind, sofern sie nicht offensichtlich inexistent sind, im Inventar vorzumerken und, sofern die Gesamtheit der Gläubiger durch Beschluss auf deren Geltendmachung verzichtet, den Gläubigern zur Abtretung gemäss Art. 260 SchKG anzubieten. – Pflicht der Konkursverwaltung, konkreten Hinweisen auf allfällige Vermögenswerte, hier kurz vor der KE angeblich „ohne Gewinn" erfolgte, allenfalls anfechtbare Veräusserung eines Grundstücks, nachzugehen (GR, AB, 07.11.1995, PKG 1995, S. 140).

Art. 222 B. Auskunfts- und Herausgabepflicht

¹ Der Schuldner ist bei Straffolge verpflichtet, dem Konkursamt alle seine Vermögensgegenstände anzugeben und zur Verfügung zu stellen (Art. 163 Ziff. 1 und 323 Ziff. 4 StGB).

² Ist der Schuldner gestorben oder flüchtig, so obliegen allen erwachsenen Personen, die mit ihm in gemeinsamem Haushalt gelebt haben, unter Straffolge dieselben Pflichten (Art. 324 Ziff. 1 StGB).

³ Die nach den Absätzen 1 und 2 Verpflichteten müssen dem Beamten auf Verlangen die Räumlichkeiten und Behältnisse öffnen. Der Beamte kann nötigenfalls die Polizeigewalt in Anspruch nehmen.

⁴ Dritte, die Vermögensgegenstände des Schuldners verwahren oder bei denen dieser Guthaben hat, sind bei Straffolge im gleichen Umfang auskunfts- und herausgabepflichtig wie der Schuldner (Art. 324 Ziff. 5 StGB).

⁵ Behörden sind im gleichen Umfang auskunftspflichtig wie der Schuldner.

⁶ Das Konkursamt macht die Betroffenen auf ihre Pflichten und auf die Straffolgen ausdrücklich aufmerksam.

1 Ist ein Rechtsanwalt zugleich Verwaltungsratsmitglied einer Gesellschaft und wird er im Konkurse dieser Gesellschaft in seiner Eigenschaft als Verwaltungsratsmitglied aufgefordert, alle Geschäftsakten herauszugeben, so ist zwischen der Geschäftskorrespondenz der Gesellschaft und den internen Unterlagen des Anwaltes zu unterscheiden. Herauszugeben ist nur die Geschäftskorrespondenz, worunter aber auch deren Korrespondenz mit dem Anwalt fällt. Hält der Anwalt gewisse Unterlagen zugleich für sich und für die Gesellschaft, so hat er die Geschäftsakten der Gesellschaft entsprechend zu ergänzen und herauszugeben (BGE 114 III 105).

2 Aufforderung an eine Bank, die bei ihr liegenden Vermögenswerte des Konkursiten zwecks Erstellung des Inventars anzugeben und sie der Konkursverwaltung zur Verfügung zu stellen. Die Auskunftspflicht nach Art. 232 Abs. 2 Ziff. 3 und 4 SchKG geht dem Bankgeheimnis vor (BGE 94 III 83).

3 Das Bankgeheimnis entbindet die Organe der Bank in deren Konkurs nicht von der Auskunftspflicht gegenüber der Konkursverwaltung. Es gilt auch nicht für die Konkursverwaltung selbst; deren grundsätzliche Pflicht zur Verschwiegenheit (namentlich nach Art. 8a und 249 SchKG).

4   Eine sich auf Art. 58 f. StGB und § 83 StPO (ZH) stützende Kontensperre stellt einen einseitigen hoheitlichen Akt dar, der die entsprechenden Vermögenswerte der freien Verfügung der Konteninhaberin entzieht. – Die in ihrer Verfügungsmacht über staatlich beschlagnahmte eigene Vermögenswerte (Bankguthaben) zeitweise Beschränkte, muss bezüglich einer während der Sperre vorgenommenen, somit unvollständigen Zession die Verfügungsmacht erst wieder einmal erlangen, damit die Zession überhaupt wirksam wird.

Mit der Durchführung des schweizerischen Mini-Konkurses (IPRG Art. 166 ff.) ist der Schuldnerin aus konkursrechtlichen Gründen die Verfügungsmacht über die sich in der Schweiz befindlichen Vermögen entzogen. Sowohl die Kontosperre als auch der konkursrechtliche Entzug der Verfügungsmacht gelten auch für Dritte, die Vermögensgegenstände des Schuldners verwahren oder bei denen dieser Guthaben hat (ZH, Handelsgericht, 15.11.1999, Bestätigung durch BGer 05.06.2000, ZR 2001, Nr. 2).

Art. 223   C. Sicherungsmassnahmen

¹ Magazine, Warenlager, Werkstätten, Wirtschaften u.dgl. sind vom Konkursamte sofort zu schliessen und unter Siegel zu legen, falls sie nicht bis zur ersten Gläubigerversammlung unter genügender Aufsicht verwaltet werden können.

² Bares Geld, Wertpapiere, Geschäfts- und Hausbücher sowie sonstige Schriften von Belang nimmt das Konkursamt in Verwahrung.

³ Alle übrigen Vermögensstücke sollen, solange sie nicht im Inventar verzeichnet sind, unter Siegel gelegt sein; die Siegel können nach der Aufzeichnung neu angelegt werden, wenn das Konkursamt es für nötig erachtet.

⁴ Das Konkursamt sorgt für die Aufbewahrung der Gegenstände, die sich ausserhalb der vom Schuldner benützten Räumlichkeiten befinden.

(siehe auch Art. 222 N 1)

1   Die Beschlagnahmung einer dem Konkursiten unter Eigentumsvorbehalt verkauften und vom Verkäufer «zwecks Sicherstellung» zurückgenommenen Sache ist unzulässig. Eine zwangsweise Wegnahme ist nur dann ohne Weiteres zulässig, wenn der Drittbesitzer das Eigentum des Konkursiten anerkennt und nicht ein auch von der Konkursverwaltung zu beachtendes Recht auf den Besitz der Sache geltend macht (BGE 90 III 18).

2   Die endgültige Entscheidung über die Frage, was als Vermögen des Schuldners zur Konkursmasse gehört und was Dritte beanspruchen können, obliegt dem Richter (BGE 100 III 64).

3   Ein auf dem Grundstück des Konkursiten lastender Eigentümerpfandtitel ist vom KA in Verwahrung zu nehmen und bei der Grundstückverwertung wie eine leere Pfandstelle zu behandeln und im Grundbuch löschen zu lassen (BGE 91 III 76).

4   Will ein Dritter vermeiden, dass seine Räumlichkeiten in die Siegelung einbezogen werden, die für die Räumlichkeiten des Schuldners angeordnet worden ist, müssen die Räumlichkeiten so voneinander getrennt sein, dass die Siegelung ohne besonderen Aufwand vollzogen werden kann. Die gegenüber dem Schuldner angeordnete Sicherungsmassnahme darf nicht illusorisch werden, weil Dritte sich mit dem Schuldner in die Räumlichkeiten teilen (BGE 119 III 78).

5   Beschlagnahme von Sachen, die zum gemeinsamen Haushalt von in Gütertrennung lebenden Ehegatten gehören (i.V.m. Art. 248 und 930 ZGB). – Unabhängig vom Güterstand können sich Ehegatten bezüglich der Sachen, die zum gemeinsamen Haushalt gehören, nicht auf die Eigentumsvermutung von Art. 930 ZGB berufen. Leben die Ehegatten in Gütertrennung, so ist gemäss Art. 248 Abs. 2 ZGB Miteigentum beider Ehegatten anzunehmen, wenn das Eigentum weder des einen noch des anderen Ehegatten an den zum gemeinsamen Haushalt gehörenden Sachen bewiesen werden kann (BGE 116 III 32, Praxis 1990, Nr. 204).

Siebenter Titel: Konkursverfahren

Art. 224 D. Kompetenzstücke

Die in Artikel 92 bezeichneten Vermögensteile werden dem Schuldner zur freien Verfügung überlassen, aber gleichwohl im Inventar aufgezeichnet.

1 Im Konkurse einer Kollektivgesellschaft ist die Geltendmachung von Kompetenzansprüchen durch den Gesellschafter möglich (LU, SchKKomm, 04.07.1952, Max. X, Nr. 138).

2 Auch Mitglieder einer Kommanditgesellschaft können Kompetenzansprüche geltend machen (SG, AB, 04.07.1951, BlSchK 1952, S. 145).

3 Recht des *unbeschränkt haftenden Gesellschafters* einer Kommanditgesellschaft, ihm unentbehrliche Berufswerkzeuge aus dem Gesellschaftsvermögen als Kompetenzstücke ausscheiden zu lassen (BGE 79 III 63).

4 Lässt das den Konkurs führende Amt das Konkursinventar ganz oder teilweise auf dem Wege der Rechtshilfe durch ein anderes Amt aufnehmen, so hat es dennoch selbst und nicht das ersuchte Amt, zu entscheiden, welche Gegenstände dem Schuldner zu belassen sind (BGE 79 III 28).

5 Auch bei Gegenständen, die der Konkursit als Eigentum Dritter bezeichnet, ist er zur Geltendmachung von Kompetenzansprüchen an die seit Kenntnisnahme vom konkursamtlichen Inventar laufende Beschwerdefrist des Art. 17 SchKG gebunden. Die Nichtigkeit einer negativen Kompetenzverfügung ergäbe sich nur dann, wenn dem Konkursiten gewisse lebensnotwendige Gegenstände aus Gründen der Menschlichkeit und der öffentlichen Ordnung zu belassen wären (BS, AB, 12.10.1978, BlSchK 1981, S. 171).

6 Verwirkung des Beschwerderechts mit Bezug auf diesen Anspruch. – Ist ein Schuldner der Auffassung, es sei ein bestimmtes Vermögensstück zu Unrecht zur Konkursmasse gezogen worden, so hat er sich rechtzeitig dagegen zur Wehr zu setzen; er kann nicht erst Monate nach der Inventaraufnahme ein Freigabebegehren an die Konkursverwaltung richten. Im Konkursinventar, dessen Vollständigkeit der Schuldner unterschriftlich anzuerkennen hat (Art. 29 Abs. 3 u. 4 KOV), sind die Kompetenzstücke gemäss Art. 31 KOV ausdrücklich auszuscheiden. In aller Regel weiss der Schuldner somit bei der Unterzeichnung des Inventars, ob ein Vermögensstück als Kompetenzgegenstand anerkannt worden ist oder nicht; in diesem Zeitpunkt beginnt daher grundsätzlich auch die Beschwerdefrist zu laufen (BGE 106 III 77).

Art. 225 E. Rechte Dritter
1. An Fahrnis

Sachen, welche als Eigentum dritter Personen bezeichnet oder von dritten Personen als ihr Eigentum beansprucht werden, sind unter Vormerkung dieses Umstandes gleichwohl im Inventar aufzuzeichnen.

1 Eine Pfändung von unter Konkursbeschlag stehenden Gegenständen ist nichtig (ZH, ObGer, II. Ziv.Kammer, 27.08.1954, BlSchK 1954, S. 183).

2 Inventarisierung von Drittmannsgut ist zulässig, nicht aber eine Beschlagnahme (LU, SchK-Komm. 26.05.1964, Max. XI, Nr. 351, BlSchK 1966, S. 141).

3 (i.V.m. Art. 34 und 47 ff. KOV) – Sachen, welche als Eigentum Dritter bezeichnet oder von Drittpersonen als ihr Eigentum beansprucht werden, sind unter Vormerkung des entsprechenden Anspruchs im Konkursinventar aufzuzeichnen. Bei Anerkennung des Anspruchs erfolgt die Freigabe – unter Vorbehalt von Art. 48 Abs. 2 und Art. 51 KOV – im ordentlichen Verfahren erst nach der 2. Gläubigerversammlung (SO, AB, 18.12.1978, BlSchK 1982, S. 67).

Art. 226 2. An Grundstücken

Die im Grundbuch eingetragenen Rechte Dritter an Grundstücken des Schuldners werden von Amtes wegen im Inventar vorgemerkt.

Keine Entscheidungen.

Art. 227 F. Schätzung

In dem Inventar wird der Schätzungswert jedes Vermögensstückes verzeichnet.

1   Im Hinblick auf einen derzeit erzielbaren Liquidationserlös ist bei einem Warenlager nicht einfach der Bilanzwert als Schätzungswert zu übernehmen (BS, AB, 17.06.1994, BlSchK 1995, S. 22).

Art. 228 G. Erklärung des Schuldners zum Inventar

¹ Das Inventar wird dem Schuldner mit der Aufforderung vorgelegt, sich über dessen Vollständigkeit und Richtigkeit zu erklären.
² Die Erklärung des Schuldners wird in das Inventar aufgenommen und ist von ihm zu unterzeichnen.

1   Auch bei Gegenständen, die der Schuldner als Eigentum Dritter bezeichnet, ist er zur Geltendmachung von Kompetenzansprüchen an die seit Kenntnisnahme vom konkursamtlichen Inventar laufende (zehntätige) Beschwerdefrist des Art. 17 SchKG gebunden. Die Nichtigkeit einer negativen Kompetenzverfügung ergäbe sich nur dann, wenn dem Schuldner gewisse lebensnotwendige Gegenstände aus Gründen der Menschlichkeit und der öffentlichen Ordnung zu belassen wären (BS, AB, 12.10.1l978, BlSchK 1981, S. 171).

Art. 229 H. Mitwirkung und Unterhalt des Schuldners

¹ Der Schuldner ist bei Straffolge (Art. 323 Ziff. 5 StGB) verpflichtet, während des Konkursverfahrens zur Verfügung der Konkursverwaltung zu stehen; er kann dieser Pflicht nur durch besondere Erlaubnis enthoben werden. Nötigenfalls wird er mit Hilfe der Polizeigewalt zur Stelle gebracht. Die Konkursverwaltung macht ihn darauf und auf die Straffolge ausdrücklich aufmerksam.
² Die Konkursverwaltung kann dem Schuldner, namentlich wenn sie ihn anhält, zu ihrer Verfügung zu bleiben, einen billigen Unterhaltsbeitrag gewähren.
³ Die Konkursverwaltung bestimmt, unter welchen Bedingungen und wie lange der Schuldner und seine Familie in der bisherigen Wohnung verbleiben dürfen, sofern diese zur Konkursmasse gehört.

I. Präsenzpflicht des Schuldners

1   Die Verfügung der Konkursverwaltung, mit der sie den Schuldner zwingen will, seine angenommene Arbeitsstelle beizubehalten, entbehrt einer gesetzlichen Grundlage. Eine Pflicht des Schuldners, im Dienst der Konkursmasse zu arbeiten oder eine bestimmte Stelle anzunehmen oder beizubehalten, lässt sich aus diesem Artikel nicht ableiten (GR, AB, 19l.04.1963, BlSchK 1966, S. 22).

II. Unterhaltsanspruch des Schuldners

2   Das vom französischen Konkursverwalter um Rechtshilfe ersuchte KA ist nicht befugt, dem Schuldner Unterhaltsbeiträge zu gewähren (BGE 94 III 83).

3   Gegen die Weigerung der Konkursverwaltung, dem Schuldner einen Unterhaltsbeitrag zu gewähren, kann er Beschwerde führen (BGE 106 III 75).

Siebenter Titel: Konkursverfahren — Art. 230

4 Aus dieser Bestimmung lässt sich kein Anspruch auf kostenloses Wohnen herleiten; vielmehr legt die Konkursverwaltung die Bedingungen fest, zu welchen die Familie des Schuldners in der Wohnung bleiben kann (BGE 117 III 63/64).

III. Verbleib des Schuldners und seiner Familie in der Wohnung

5 Eine rechtskräftige Verfügung der Konkursverwaltung, worin bestimmt wird, wie lange der Schuldner und seine Familie im Genusse der bisherigen Wohnung zu belassen sind, ist als Vollstreckungstitel anzuerkennen. Ein richterlicher Befehlsentscheid über die Rechtmässigkeit der Verfügung erübrigt sich (AG, Reg.Rat, 10.03.1950, AGVE 1950, S. 416, BlSchK 1952, S. 180).

6 Die Konkursverwaltung bestimmt nach eigenem Ermessen, wie lange der Schuldner in der bisherigen Wohnung zu belassen ist (LU, SchKKomm, 03.11.1982, LGVE 1982 I 38).

7 (i.V.m. Art. 19 VZG) – Die Bestimmung des Art. 19 VZG gilt nur im Pfändungsverfahren und gemäss Art. 101 VZG zusätzlich im Grundpfandverwertungsverfahren (BGE 77 III 122). Im Konkursverfahren schliesst dagegen die Vorschrift des Art. 229 Abs. 3 SchKG, nach welcher die Konkursverwaltung bestimmt, wie lange der Schuldner und seine Familie im Genusse der bisherigen Wohnung zu belassen sind, die Anwendung von Art. 19 VZG aus. Der Konkursverwaltung steht dabei ein Ermessensspielraum zu. Bei ihrem Entscheid hat sie zwischen den Interessen der Gläubiger an einer möglichst ungehinderten Verwertung des Grundstücks und denjenigen des Schuldners an der Weiterbenutzung der bisherigen Wohnung abzuwägen. Zudem hat die Konkursverwaltung ganz allgemein das Interesse der Gläubiger an einem günstigen Konkursergebnis zu berücksichtigen (LU, SchKKomm, 18.05.1978, LGVE 1978 I 449, BlSchK 1983, S. 32).

8 (i.V.m. Art. 19 VZG) – Keine analoge Anwendung von Art. 19 VZG. Im Konkursverfahren im Unterschied zur Rechtslage im Pfändungsverfahren, wo Art. 19 VZG ein solches ausdrücklich statuiert, besteht im Konkursverfahren kein Recht des Schuldners bis zur Verwertung unentgeltlich in seiner – zur Konkursmasse gehörenden – Wohnung bzw. Liegenschaft zu verbleiben. Vielmehr werden gemäss Art. 229 Abs. 3 sowohl die Dauer als auch die Bedingungen eines allfälligen Verbleibens von der Konkursverwaltung festgesetzt (ZH, Kassationsgericht, 28.03.00, ZR 2001, Nr. 1, BlSchK 2002, S. 71).

9 (i.V.m. Art. 237 Abs. 3 SchKG) – Vom Konkursiten bewohntes Eigenheim. – Es ist Sache der Konkursverwaltung und nicht des Gläubigerausschusses, festzulegen, wie lange und unter welchen Bedingungen – insbesondere gegen Bezahlung welcher Entschädigung – der Schuldner weiter in seiner Wohnung verbleiben darf (NE, Autorité de surveillance, 30.09.1998, BlSchK 2000, S. 37).

10 Fällt ein Mieter in Konkurs, kann der Vermieter von der Konkursverwaltung nicht dessen Ausweisung aus der Wohnung verlangen. Leistet der Mieter keine Sicherheit und tritt die Konkursverwaltung nicht in das Vertragsverhältnis ein, hat der Vermieter die Ausweisung auf dem zivilrechtlichen Weg zu erwirken (LU, SchKKomm, 17.07.1985, LGVE 1985 I 41).

11 Legitimation des gerichtlich bestellten Sachwalters im Nachlassverfahren mit Vermögensabtretung zur Stellung des Ausweisungsbegehrens gegenüber dem Nachlassschuldner (LU, Justizkomm., 11.11.1954, Max. X, Nr. 295, BlSchK 1956, S. 180).

Art. 230 I. Einstellung des Konkursverfahrens mangels Aktiven
  1. Im allgemeinen

¹ Reicht die Konkursmasse voraussichtlich nicht aus, um die Kosten für ein summarisches Verfahren zu decken, so verfügt das Konkursgericht auf Antrag des Konkursamtes die Einstellung des Konkursverfahrens.

² Das Konkursamt macht die Einstellung öffentlich bekannt. In der Publikation weist es darauf hin, dass das Verfahren geschlossen wird, wenn nicht innert zehn Tagen ein Gläubiger die Durchführung des Konkursverfahrens verlangt und die festgelegte Sicherheit für den durch die Konkursmasse nicht gedeckten Teil der Kosten leistet.

³ Nach der Einstellung des Konkursverfahrens kann der Schuldner während zwei Jahren auch auf Pfändung betrieben werden.

⁴ Die vor der Konkurseröffnung eingeleiteten Betreibungen leben nach der Einstellung des Konkurses wieder auf. Die Zeit zwischen der Eröffnung und der Einstellung des Konkurses wird dabei für alle Fristen dieses Gesetzes nicht mitberechnet.

1   Abklärungen darüber, ob allenfalls das Konkursbegehren bzw. die Insolvenzerklärung des Schuldners rechtsmissbräuchlich sei, fallen einzig in den Kompetenzbereich des Konkursrichters (ZH, ObGer, II. Ziv.Kammer, 01.06.1987, ZR 1989, Nr. 32).

2   (i.V.m. Art. 1183 OR) – Vorgängig der endgültigen Einstellung eines Konkurses mangels Aktiven ist keine Versammlung der Anleihensgläubiger einzuberufen (LU, SchKKomm, 10.09.1986, LGVE 1986 I 40, BlSchK 1989, S. 72).

3   ~~Verrechnungsguthaben des Schuldners bei der WIR-Bank – Der Vorbehalt der WIR-Bank, der mit der Überweisung des einem Verrechnungsguthaben des Schuldners entsprechenden Geldbetrag an die Konkursmasse verbunden worden ist und wonach der Geldbetrag im Falle einer Einstellung des Konkursverfahrens mangels Aktiven an die Bank zurückzuerstatten sei, ist für die Konkursorgane unbeachtlich (BGE 127 III 371).~~

I. Anfechtung der Einstellungsverfügung

4   Gegen den Antrag des KA auf Einstellung des Konkursverfahrens ist weder eine Berufung noch eine Beschwerde zulässig (SG, AB, 09.06.1954, BlSchK 1956, S. 93, BL, AB, 22.10.2001, BlSchK 2003, S. 129).

5   Keine Befugnis des KA, sich über die konkursrichterliche Einstellungsverfügung hinwegzusetzen. Der Konkursrichter ist allein zuständig, über die Gewährung einer Nachfrist für die Vorschussleistung zu entscheiden (BGE 74 III 77) oder darüber zu befinden, ob die Voraussetzungen für die Schliessung des Verfahrens eingetreten seien (BGE 97 III 37E. 2). Dem KA bleiben im Wesentlichen einzig die Publikation der Einstellungsverfügung und die Bemessung der Höhe der sicherzustellenden Kosten vorbehalten, beides Massnahmen, die den Vollzug der richterlichen Einstellungsverfügung gewährleisten sollen. Jede der richterlichen Einstellung des Konkursverfahrens folgende Amtshandlung des KA, die über die sich aus Art. 230 SchKG ergebenden Massnahmen hinausgeht und auf die Weiterführung des Verfahrens gerichtet ist, fällt ins Leere und ist unbeachtlich (BGE 102 III 78).

6   Die Anzeige des KA an die Gläubiger über den Schluss des Konkursverfahrens gemäss Abs. 2 bildet keine auf dem Beschwerdeweg anfechtbare Verfügung. Die AB können nicht dazu veranlasst werden, von Amtes wegen die Nichtigkeit gerichtlicher Entscheidungen auszusprechen (BGE 120 III 1).

II. Wiedereröffnung eines eingestellten Konkurses

7   Werden nach der Einstellung dem KA oder dem Konkursrichter vorher nicht bekannte Vermögenswerte entdeckt, so kommt nicht das Verfahren nach Art. 269 SchKG zu Anwendung. Es hat vielmehr das Konkursgericht auf Antrag des KA auf den Einstellungsbeschluss zurückzukommen (LU, SchKKomm, 25.01.958, Max. X, Nr. 608, BlSchK 1961, S. 23).

8   Ein mangels Aktiven eingestelltes Konkursverfahren kann wiedereröffnet werden. Voraussetzung hiefür ist, dass nachträglich, d.h. nach Schluss des Konkursverfahrens, *neue Aktiven* des Schuldners *entdeckt werden*. Ob die neu entdeckten Aktiven konkret vorhanden oder realisierbar sind, spielt für die Wiedereröffnung keine Rolle (ZH, II. Ziv.Kammer, 17.12.1976, ZR 1977, Nr. 30).

9   Eine Offerte des Konkursverwalters zur Abtretung streitiger Ansprüche nach Art. 260 SchKG ohne vorgängigen Beschluss der Gläubiger, auf deren Realisierung durch die Masse zu verzichten, ist gesetzeswidrig. – Eine durch den *nachträglichen Abschluss von Vergleichen* bewirkte Vermehrung des freien Massavermögens *kann für den Konkursrichter* unter Umständen *Anlass bilden, auf seine – noch nicht veröffentlichte – Einstellungsverfügung zurückzukommen* (BGE 102 III 78).

Siebenter Titel: Konkursverfahren — Art. 230

III. Kosten des Verfahrens

10 Da das *Beschlagsrecht der Konkursgläubiger am Vermögen des Konkursiten dahinfällt, sobald das mangels Aktiven eingestellte Verfahren geschlossen ist* (BGE 90 II 253 mit Hinweisen), haben für die Verfahrenskosten die Gläubiger aufzukommen, die die Konkurseröffnung verlangt hatten. Eine *nachträgliche konkursrichterliche Verfügung*, wonach die Kosten aus dem Massavermögen zu beziehen seien, *ist in einem solchen Fall nichtig*. Ein Massavermögen, aus dem die entstandenen Kosten in einem inzwischen anbegehrten Arrestverfahren gegen den Schuldner bezogen werden könnten, besteht nach der Schliessung des eingestellten Konkursverfahrens nicht mehr und darf vom BA nicht beachtet bzw. in die Arresturkunde aufgenommen werden (BGE 102 III 85).

11 Der die Einstellung eines Konkursverfahrens mangels genügender Aktiven verfügende *Konkursrichter ist nicht befugt, der Konkursverwaltung Anweisungen bezüglich der Belastung der Verfahrenskosten zu erteilen*. Mit rechtskräftiger Einstellung des Konkurses sind der Konkursverwaltung *Verwertungsmassnahmen untersagt*, da in jenem Zeitpunkt der zwangsvollstreckungsrechtliche Beschlag am schuldnerischen Vermögen dahinfällt. Ungedeckte Kosten, die nicht aus vorhandenen liquiden Mitteln gedeckt werden können, hat der Gläubiger, welcher das Konkursbegehren gestellt hat, zu tragen (SZ, KG, Rekurskomm., 08.01.1979, BlSchK 1981, S. 47).

12 Sind in der Konkursmasse rasch realisierbare Aktiven vorhanden, so sind diese und nicht die Kaution nach Art. 169 Abs. 2 zur Deckung der Kosten des KA heranzuziehen (ZH, Bez. Gericht, 2. Abt., 13.011.1954, BlSchK 1955, S. 24).

IV. Kostenvorschuss für durchzuführendes Verfahren

13 Verlangt ein ausländischer Gläubiger innert der publizierten Frist die Durchführung des Konkurses und ersucht er mit Hinweis auf Schwierigkeiten der Geldüberweisung um Einräumung einer Nachfrist zur Vorschussleistung, so hat über dieses Gesuch der Konkursrichter zu entscheiden (BGE 74 III 75).

14 Sicherheitsleistung durch einen Gläubiger bei mangels Aktiven eingestelltem Konkursverfahren. Es besteht *kein Anspruch des mittellosen Gläubigers auf unentgeltliche Rechtspflege* und damit auf Erlass der vom KA geforderten Sicherheitsleistung (ZH, ObGer, 21.12.1995, BlSchK 1997, S. 28).

15 Das KA darf nur für das Konkursverfahren einen Kostenvorschuss verlangen, nicht aber für die Massaverbindlichkeiten in einem dem Konkurse vorangegangenen Nachlassvertrag mit Vermögensabtretung (ZH, ObGer, II. Ziv.Kammer, 29.01.1954, BlSchK 1961, S. 88).

16 Das KA darf den Kostenvorschuss für die Durchführung des Konkurses so hoch ansetzen, dass damit auch nicht genauer abschätzbare Kosten gedeckt werden können. Hingegen verbietet es der Zweck der vom Gesetz vorgesehenen Sicherheitsleistung, dass durch sie Kosten gedeckt werden, die in der Vergangenheit angefallen sind und wegen einer Fehleinschätzung durch das KA einen grösseren als ursprünglich angenommenen Betrag erreichen (BGE 117 III 67).

17 Ein vom Gläubiger für die Durchführung des Konkurses geleisteter Kostenvorschuss deckt die zu erwartenden Aufwendungen des KA. Weitere Kostenvorschüsse, die vorbehalten wurde, können ebenso nur für künftige Auslagen des KA verlangt werden. Die Erhebung eines Kostenvorschusses für bereits erbrachte Leistungen ist ausgeschlossen (LU, SchKKomm 05.11.1991, LGVE 1991 I 53).

18 Die Höhe der Sicherheitsleistung ist eine reine Ermessensfrage, so dass die Beschwerde an das BGer nur wegen Ermessensüberschreitung oder Missbrauch zulässig ist. – Die im konkreten Fall erhobene Rüge gegen den verlangten Betrag von Fr. 50'000.– ist – soweit zulässig – im Hinblick auf den Umfang (etwa 500 Mio. Franken) und die in gewissen Teilen komplizierte Abklärung der Schulden, die Ermittlung Verwaltung und Verwertung der insbesondere im Ausland gelegenen Aktiven (mehr als 180 Mio. Franken) und die ungenügenden Angaben in der Bilanz der Schuldnerin unbegründet. Festlegung einer neuen Frist zur Zahlung der Sicherheitsleistung, um die Gewährung der aufschiebenden Wirkung zu berücksichtigen (BGE 130 III 90).

V. Wirkungen auf hängige Prozesse (Art. 207 SchKG)

19 Die mit der Prozesseinstellung infolge Konkurseröffnung verbundenen Wirkungen treten von Gesetzes wegen ein. – Wird der Konkurs über die beklagte juristische Person mangels Aktiven eingestellt, deren Firma jedoch zwecks Verwertung pfandbelasteter oder retinierter Aktiven noch nicht gelöscht , so ist der Prozess um eine vom Konkurs erfasste Forderung in der 3. Klasse dennoch als gegenstandslos geworden unter Kostenfolgen zu Lasten des Klägers abzuschreiben (ZH, Handelsgericht, 01.11.1977, ZR 1977, Nr. 125).

20 Weiterführung des Passivprozesses einer natürlichen Person nach Einstellung des Konkurses mangels Aktiven. – Dem Beklagten ist die Möglichkeit zu geben, sich über die Weiterführung des Prozesses dem Gericht gegenüber verbindlich zu äussern (ZH, BezGer 21.10.1983, SJZ 1984, S. 132).

21 Wird der Konkurs über eine juristische Person mangels Aktiven definitiv eingestellt, diese jedoch wegen einer Spezialliquidation noch *nicht im Handelsregister gelöscht*, so ist entgegen ZR 77 Nr. 125 der Prozess nicht als gegenstandslos geworden abzuschreiben. Die juristische Person kann, solange sie im Handelsregister eingetragen ist, betrieben werden. Der gegen die noch im Handelsregister eingetragene juristische Person hängige Prozess muss nach der definitiven Einstellung des Konkurses mangels Aktiven normal fortgeführt werden (ZH, ObGer, I. Ziv.Kammer, 12.04.1994, BlSchK 1996, S. 145).

22 Gegenstandslosigkeit des gerichtlichen Verfahrens; Kostenfolgen – Wird der über die beklagte Partei – vorliegend eine GmbH – eröffnete Konkurs mangels Aktiven eingestellt und die Gesellschaft im *Handelsregister gelöscht*, ist das gerichtliche Verfahren als gegenstandslos geworden abzuschreiben. Die Verfahrenskosten sind dem Kläger aufzuerlegen (Bestätigung der Rechtsprechung) (ZH, ObGer, I. Ziv.Kammer. 21.05.2003 und Beschluss des Kassationsgerichts ZH, 04.12.2003, ZR 2004, Nr. 51).

VI. Wiederaufleben vor Konkurseröffnung hängiger Betreibungen

23 Ist gegen eine Gesellschaft der Konkurs nicht eröffnet worden, weil zuwenig Konkursaktiven vorgefunden wurden und der Gläubiger auch keinen Kostenvorschuss im Sinne von Art. 169 Abs. 3 SchKG geleistet hat, so kann die Gesellschaft in einem neuen Betreibungsverfahren wiederum nur auf Konkurs betrieben werden. Eine Anwendung des Abs. 3, wonach der Schuldner nach der Einstellung des Konkursverfahrens während zwei Jahren auch auf Pfändung betrieben werden kann, ist nicht gerechtfertigt (BGE 113 III 116).

24 Diese in der Revision 1997 neu eingefügte Bestimmung umschliesst sämtliche Betreibungsarten, und zwar in jedem Betreibungsstadium. Automatisch lebt aber die Betreibung nicht wieder auf, sondern der Gläubiger muss hiefür ein Fortsetzungsbegehren beim BA stellen. Sind ihm Konkurskosten entstanden, kann er diese gleichzeitig geltend machten (BE, AB, 21.11.1997, BlSchK 1998, S. 72).

25 Diese Bestimmung ist für den Gläubiger nicht anwendbar, der den im nachhinein mangels Aktiven eingestellten Konkurs erwirkt hat. Dies, weil er seine aus dem Zahlungsbefehl fliessenden Rechte gänzlich ausgeschöpft hat (VD, Autorité de surveillance, 15.12.197, BlSchK 1998, S. 77).

26 Der als Ausnahmebestimmung zu Art. 206 Abs. 1 SchKG konzipierte Art. 230 Abs. 4 SchKG ist nur auf Betreibungen anwendbar, die im Moment des Konkurses noch fortgesetzt werden können. Somit kann die Betreibung, für die das Fortsetzungsbegehren gestellt worden ist und zur Eröffnung des Konkurses geführt hat, nach dessen Einstellung nicht wieder aufleben (BGE 124 III 123).

27 Konkurrenz *zwischen einem auf Absatz 4 gestützten Begehren um Wiederaufnahme einer* wegen der Konkurseröffnung aufgehobenen *Betreibung auf Pfandverwertung einem Begehren um Verwertung des Pfandes gemäss Art. 230a Abs. 2 SchKG*.

Die vor der Konkurseröffnung eingeleiteten Betreibungen leben nach Einstellung des Konkurses wieder auf, d.h. nach der Veröffentlichung des Eintrages der Einstellung und des Schlusses des Konkursverfahrens mangels Aktiven im SHAB.

Die Einstellung des Konkursverfahrens mangels Aktiven einer juristischen Person bedeutet nicht notwendigerweise das Ende des Verfahrens, wenn die Masse mit Pfandrechten belastete Vermögenswerte umfasst; in diesem Fall bleibt das KA zuständig, um die Spezialliquidation nach aufeinander folgenden Regeln von Art. 230a Abs. 2–4 SchKG von Amtes wegen zu eröffnen und durchzuführen.

Wenn ein Pfandgläubiger die Verwertung seines Pfandes gemäss Art. 230a Abs. 2 SchKG verlangt, darf der Konkurs nicht geschlossen werden (Art. 268 Abs. 2 SchKG) und kann die durch den Konkurs aufgehobene Betreibung auf Pfandverwertung noch nicht wieder aufleben; daher geht bei dieser Ausgangslage das Verfahren nach Art. 230a Abs. 2 SchKG demjenigen nach Art. 230 Abs. 4 SchKG vor (BGE 130 III 482).

VII. Konkursamtliche Liquidation einer Erbschaft

28 *Betreibung einer Erbschaft* – Wirkungen der Anordnung der konkursamtlichen Liquidation und der Einstellung dieses Verfahrens mangels Aktiven. Neben einer konkursamtlichen Liquidation ist kein Raum für Spezialexekutionen. – Gläubigern, die vor Anordnung der konkursamtlichen Liquidation die Pfändung erwirkt hatten, ist erlaubt, nach Einstellung und Schliessung dieses Verfahrens mangels Aktiven, ihre Betreibung zu Ende zu führen (BGE 79 III 164).

29 Nach Eröffnung der konkursamtlichen Liquidation einer Erbschaft (ZGB Art. 573) kann diese nicht mehr betrieben werden. Das gilt grundsätzlich auch, wenn der Konkurs mangels genügender Aktiven eingestellt und geschlossen wird. Lediglich die zuvor zugunsten einzelner Gläubiger vollzogenen, infolge Konkurseröffnung nach Art. 206 SchKG dahin gefallenen Pfändungen leben in diesem Falle wieder auf, so dass die betreffenden Gläubiger nun diese Gegenstände für sich verwerten lassen können. Andere Gläubiger haben keinen Zugriff auf etwa noch sonst vorhandenen Erbschaftsaktiven; diese fallen nach Analogie des Art. 573 Abs. 2 ZGB an die ausschlagenden Erben (BGE 87 III 72).

30 (i.V.m. Art. 573 Abs. 2 ZGB und Art. 230a SchKG) – Eigentumsübertragung eines Grundstücks aus einem mangels Aktiven eingestellten und geschlossenen Nachlasskonkurs an die berechtigten Erben. – Rechtsgrundausweis – Die Rechtsnachfolge von Art. 573 Abs. 2 ZGB gilt analog, wenn der Erbschaftskonkurs mangels Aktiven eingestellt wurde (vgl. BGE 87 III 77) (ZH, BezGer Bülach, 12.12.1985, ZR 1986, Nr. 52).

VIII. Wirkungen der Einstellung des Verfahrens bei einer Genossenschaft

31 *Abtretung einer Forderung durch die Verwaltung nach der Einstellung und Schliessung des Konkurses.* Wirkungen der Konkurseröffnung und der mangels Aktiven erfolgten Schliessung des Konkursverfahrens auf den Bestand und das Verfügungsrecht einer Genossenschaft und auf die Vertretungsbefugnis ihrer Organe; OR Art. 911 Ziff. 3, 913 Abs. 1, 740 Abs. 5, 939; SchKG Art. 197, 204 Abs. 2, 269; HRegV Art. 65/66. Wird eine durch Eröffnung des Konkurses aufgelöste Genossenschaft nach Schliessung des Konkursverfahrens im Handelsregister nicht gelöscht, weil sie noch Aktiven besitzt, die das KA kannte, aber als zur Deckung der Konkurskosten nicht ausreichend erachtete, so ist die Verwaltung befugt, diese Aktiven zum zwecke der Liquidation freihändig zu veräussern: OR Art. 913 Abs. 1, 740 Abs. 1 und 743 Abs. 4 (BGE 90 II 247).

IX. In Bezug auf Sozialversicherungen

32 *Geltendmachung des Anspruchs auf Insolvenzentschädigung* – Die 60-tägige Frist gemäss Art. 53 AIVG beginnt mit der Konkurspublikation im Schweiz. Handelsamtsblatt zu laufen. Wird das Konkursverfahren mangels Aktiven eingestellt und ist eine Konkurspublikation noch nicht erfolgt, so ist für den Beginn der Frist die *Publikation der Einstellung des Konkursverfahrens massgebend*. Eine «vorläufige Konkursanzeige» ist gesetzlich nicht vorgeschrieben und erfolgt nicht in allen Fällen. Sie stellt daher keine öffentliche Bekanntmachung im Sinne von SchKG Art. 231 Abs. 3 bzw. 232 Abs. 1 dar. Noch weniger kommt die Mitteilung des Handelsregisters im SHAB in Frage (BGE 114 V 354, Praxis 1989, Nr. 238).

33 (i.V.m. Art. 52 AHVG, Art. 82 AHVV) – Bei einer Einstellung des Konkursverfahrens mangels Aktiven liegt die Schadenskenntnis grundsätzlich im Zeitpunkt der Publikation der Verfahrenseinstellung vor. Im Sinne einer formellen Übereinstimmung der Rechtsprechung mit BGE 123 V 16 E 5c ist nicht mehr zu präzisieren, dass die Kenntnis des Schadens und dessen Entstehung zeitlich zusammenfallen (BGE 129 V 193).

34 (i.V.m. Art. 52 AHVG, Art. 82 Abs. 1 AHVV) – Arbeitgeberhaftung – Leistet ein Gläubiger nach der Publikation der Einstellung des Konkurses mangels Aktiven die für die Durchführung des Konkursverfahrens erforderliche Kostensicherheit, so ändert dies nichts daran, dass die Ausgleichskasse in der Regel im Zeitpunkt der Publikation Kenntnis des Schadens hat (BGE 128 V 10).

Art. 230a 2. Bei ausgeschlagener Erbschaft und bei juristischen Personen

¹ Wird die konkursamtliche Liquidation einer ausgeschlagenen Erbschaft mangels Aktiven eingestellt, so können die Erben die Abtretung der zum Nachlass gehörenden Aktiven an die Erbengemeinschaft oder an einzelne Erben verlangen, wenn sie sich bereit erklären, die persönliche Schuldpflicht für die Pfandforderungen und die nicht gedeckten Liquidationskosten zu übernehmen. Macht keiner der Erben von diesem Recht Gebrauch, so können es die Gläubiger und nach ihnen Dritte, die ein Interesse geltend machen, ausüben.

² Befinden sich in der Konkursmasse einer juristischen Person verpfändete Werte und ist der Konkurs mangels Aktiven eingestellt worden, so kann jeder Pfandgläubiger trotzdem beim Konkursamt die Verwertung seines Pfandes verlangen. Das Amt setzt dafür eine Frist.

³ Kommt kein Abtretungsvertrag im Sinne von Absatz 1 zustande und verlangt kein Gläubiger fristgemäss die Verwertung seines Pfandes, so werden die Aktiven nach Abzug der Kosten mit den darauf haftenden Lasten, jedoch ohne die persönliche Schuldpflicht, auf den Staat übertragen, wenn die zuständige kantonale Behörde die Übertragung nicht ablehnt.

⁴ Lehnt die zuständige kantonale Behörde die Übertragung ab, so verwertet das Konkursamt die Aktiven.

Keine Entscheidungen.

Art. 231 K. Summarisches Konkursverfahren

¹ Das Konkursamt beantragt dem Konkursgericht das summarische Verfahren, wenn es feststellt, dass:
1. aus dem Erlös der inventarisierten Vermögenswerte die Kosten des ordentlichen Konkursverfahrens voraussichtlich nicht gedeckt werden können; oder
2. die Verhältnisse einfach sind.

² Teilt das Gericht die Ansicht des Konkursamtes, so wird der Konkurs im summarischen Verfahren durchgeführt, sofern nicht ein Gläubiger vor der Verteilung des Erlöses das ordentliche Verfahren verlangt und für die voraussichtlich ungedeckten Kosten hinreichende Sicherheit leistet.

³ Das summarische Konkursverfahren wird nach den Vorschriften über das ordentliche Verfahren durchgeführt, vorbehältlich folgender Ausnahmen:
1. Gläubigerversammlungen werden in der Regel nicht einberufen. Erscheint jedoch aufgrund besonderer Umstände eine Anhörung der Gläubiger als wünschenswert, so kann das Konkursamt diese zu einer Versammlung einladen oder einen Gläubigerbeschluss auf dem Zirkularweg herbeiführen.
2. Nach Ablauf der Eingabefrist (Art. 232 Abs. 2 Ziff. 2) führt das Konkursamt die Verwertung durch; es berücksichtigt dabei Artikel 256 Absätze 2–4 und wahrt die Interessen

der Gläubiger bestmöglich. Grundstücke darf es erst verwerten, wenn das Lastenverzeichnis erstellt ist.
3. Das Konkursamt bezeichnet die Kompetenzstücke im Inventar und legt dieses zusammen mit dem Kollokationsplan auf.
4. Die Verteilungsliste braucht nicht aufgelegt zu werden.

1 Im summarischen Konkursverfahren darf keine ausseramtliche Konkursverwaltung eingesetzt werden. Das summarische Verfahren zeichnet sich dadurch aus, dass es einfach, rasch und weitgehend formlos ist. Die Vereinfachung des Verfahrens liegt nicht zuletzt auch darin, dass Gläubigerversammlungen nur ausnahmsweise vorgesehen sind und folgerichtig weder eine gewählte Konkursverwaltung noch ein Gläubigerausschuss tätig wird. Weder das geltende Recht noch der neugefasste Art. 231 des rev. SchKG halten ausdrücklich fest, dass es im summarischen Verfahren keine ausseramtliche Konkursverwaltung gibt. Wie im bisherigen Recht in der Konkursverordnung Art. 96 Abs. 2 lit. a werden auch im rev. SchKG Art. 231 Abs. 3 Ziff. 1 im summarischen Konkursverfahren Gläubigerversammlungen in der Regel nicht einberufen, was darauf schliessen lässt, dass das Wirken einer ausseramtlichen Konkursverwaltung ausgeschlossen ist (BGE 121 III 142).

2 Ist das summarische Konkursverfahren eröffnet, so wird der Konkurs nur dann im ordentlichen Verfahren weitergeführt, wenn ein Gläubiger das vor der Verteilung des Erlöses begehrt und die Kosten sicherstellt. Im summarischen Konkursverfahren erfolgt die Verwertung von Grundstücken gemäss Art. 96 KOV. Art. 128 VZG gilt nur für das ordentliche Konkursverfahren (LU, SchKKomm, 04.12.1969, Max. XI, Nr. 721).

3 Der Übergang vom summarischen zum ordentlichen Konkursverfahren vollzieht sich erst in dem Zeitpunkt, da der Gläubiger, der das ordentliche Konkursverfahren verlangt hat, den Kostenvorschuss leistet. Das KA setzt zwar die Höhe des Vorschusses fest, hat aber keine Frist für dessen Leistung zu setzen (Archiv für Schuldbetreibung und Konkurs II 1893), im Gegensatz zu Art. 230 Abs. 2 SchKG, im Falle der Einstellung des Verfahrens mangels Aktiven (BGE 113 III 135).

4 (zu Abs. 3 Ziff. 2 und i.V.m. Art. 243 Abs. 2 und Art. 256 Abs. 3 SchKG) – Ein kaufmännisches Unternehmen kann einen Vermögenswert darstellen, der schneller Wertverminderung ausgesetzt und deshalb ohne Aufschub zu verkaufen ist, sobald es zu vorteilhaften Bedingungen, die die Erhaltung der Arbeitsplätze und die Fortsetzung des Mietvertrages gewährleisten, abgetreten werden kann (BGE 131 III 280).

5 Auslegung des Kaufvertrages; Fall, bei dem die Gelegenheit, höhere Angebote zu machen, einzig den Gläubigern und nicht jeder interessierten Personen, eingeräumt worden ist. Das KA verletzt das Gebot des Handelns nach Treu und Glauben, wenn es die Durchführung eines neuen Freihandverkaufs anordnet, statt festzustellen, dass der abgeschlossene Vertrag für den die gestellten Bedingungen erfüllt worden sind, zustande gekommen seien (BGE 131 III 280).

6 (i.V.m. Art. 260 SchKG) Abtretung von Rechtsansprüchen – Die Bestimmungen, die das summarische Konkursverfahren ordnen, regeln nicht, wie die Masse den Beschluss zu fassen hat zu verzichten, ein Organ der Schuldnerin zu belangen. *Der Abtretung oder dem Abtretungsangebot* von Rechtsansprüchen der Masse *muss ein Beschluss der Masse* über den Verzicht auf deren Geltendmachung *vorangehen.* Die Gläubiger müssen Gelegenheit erhalten, zu diesem Punkt Stellung zu nehmen. Art. 260 SchKG hat zwingenden Charakter, da er eine Abtretung von Rechtsansprüchen der Masse nur unter der Voraussetzung vorsieht, dass diese auf deren Geltendmachung verzichtet hat. Die Abtretung oder das Abtretungsangebot, die bzw. das vor dem Verzichtsbeschluss erfolgt, ist nichtig (BGE 118 III 57).

7 Verbot, im summarischen Konkursverfahren Abschlagszahlungen an die Gläubiger zu leisten. – Dem klaren Wortlaut von Art. 96 KOV entsprechend, ist es im summarischen Konkursverfahren ausgeschlossen, den Gläubigern eine oder mehrere Abschlagszahlungen zu leisten (BGE 117 III 44).

8 (i.V.m. Art. 9 Abs. 2 VZG) – Im summarischen Konkursverfahren besteht kein Anspruch auf Vornahme einer zweiten Schätzung von Fahrnis gemäss Art. 9 Abs. 2 VZG (BGE 114 III 29).

II. Schuldenruf

Art. 232 A. Öffentliche Bekanntmachung

¹ Das Konkursamt macht die Eröffnung des Konkurses öffentlich bekannt, sobald feststeht, ob dieser im ordentlichen oder im summarischen Verfahren durchgeführt wird.

² Die Bekanntmachung enthält:
1. die Bezeichnung des Schuldners und seines Wohnortes sowie des Zeitpunktes der Konkurseröffnung;
2. die Aufforderung an die Gläubiger des Schuldners und an alle, die Ansprüche auf die in seinem Besitz befindlichen Vermögensstücke haben, ihre Forderungen oder Ansprüche samt Beweismitteln (Schuldscheine. Buchauszüge usw.) innert einem Monat nach der Bekanntmachung dem Konkursamt einzugeben;
3. die Aufforderung an die Schuldner des Konkursiten, sich innert der gleichen Frist beim Konkursamt zu melden, sowie den Hinweis auf die Straffolge bei Unterlassung (Art. 324 Ziff. 2 StGB);
4. die Aufforderung an Personen, die Sachen des Schuldners als Pfandgläubiger oder aus anderen Gründen besitzen, diese Sachen innert der gleichen Frist dem Konkursamt zur Verfügung zu stellen, sowie den Hinweis auf die Straffolge bei Unterlassung (Art. 324 Ziff. 3 StGB) und darauf, dass das Vorzugsrecht erlischt, wenn die Meldung ungerechtfertigt unterbleibt;
5. die Einladung zu einer ersten Gläubigerversammlung, die spätestens 20 Tage nach der öffentlichen Bekanntmachung stattfinden muss und der auch Mitschuldner und Bürgen des Schuldners sowie Gewährspflichtige beiwohnen können;
6. den Hinweis, dass für Beteiligte, die im Ausland wohnen, das Konkursamt als Zustellungsort gilt, solange sie nicht einen anderen Zustellungsort in der Schweiz bezeichnen.

1   Eine «vorläufige Konkursanzeige» ist gesetzlich nicht vorgeschrieben und erfolgt nicht in allen Fällen. Sie stellt daher keine öffentliche Bekanntmachung im Sinne von Absatz 1 dar. Noch weniger kommt die Mitteilung des Handelsregisters im SHAB in Frage (BGE 114 V 354, Praxis 1989, Nr. 238).

2   (i.V.m. Art. 246 SchKG) – Substanziierungspflicht des Gläubigers in seiner Forderungseingabe bezüglich der Nebenrechte seiner Grundpfandforderung. Will er das Privileg der Pfandhaft für die letzten drei vor der Konkurseröffnung verfallenen Jahreszinse in Anspruch nehmen, ist es ihm zuzumuten, dieses in der Forderungsanmeldung ziffernmässig zumindest minimal bestimmt anzumelden (BE, AB, 04.07.1995, BlSchK 1995, S. 238).

3   Im Konkurs des Mieters hat der Vermieter von Geschäftsräumen seine Forderung *und das Retentionsrecht* im Konkurs anzumelden (BGE 124 III 215).

4   Konkurspublikation – Insolvenzentschädigung – Geltendmachung des Anspruchs auf Insolvenzentschädigung. Die 60-tägige Frist gemäss Art. 53 AIVG beginnt mit der Konkurspublikation im Schweiz. Handelsamtsblatt zu laufen. Wird das Konkursverfahren mangels Aktiven eingestellt und ist eine Konkurspublikation noch nicht erfolgt, so ist für den Beginn der Frist die Publikation der Einstellung des Konkursverfahrens massgebend. Eine «vorläufige Konkursanzeige» ist gesetzlich nicht vorgeschrieben und erfolgt nicht in allen Fällen. Sie stellt daher keine öffentliche Bekanntmachung im Sinne von SchKG Art. 231 Abs. 3 bzw. 232 Abs. 1 dar. Noch weniger kommt die Mitteilung des Handelsregisters im SHAB in Frage (BGE 114 V 354, Praxis 1989, Nr. 238).

5   In Ziff. 4 werden alle Personen, die Sachen des Schuldners besitzen, zur Ablieferung diese Sachen an die Masse aufgefordert. Gegen Dritte, die dieser Aufforderung nicht nachkommen, kann nach BGE 51 III 135 polizeilicher Zwang angewendet werden. Dies setzt aber voraus, dass es sich um Sa-

chen handelt, deren Zugehörigkeit zur Konkursmasse vom Dritten nicht bestritten wird oder an denen er höchstens ein Pfandrecht oder ein anderes die Verwertung im Konkurse nicht hinderndes, jedoch zu berücksichtigendes Recht (z.B. Nutzniessung) geltend macht. Beansprucht dagegen der Dritte Eigentum oder ein die konkursrechtliche Verwertung ausschliessendes Recht an der Sache, so scheidet Art. 232 Ziff. 4 aus. Die Konkursmasse hat den Prozessweg zu beschreiten. Dies liegt z.B. vor, wenn eine Bank behauptet, sie habe als Willensvollstreckerein gemäss letztwilliger Verfügung das ausschliessliche Recht zur Verwahrung und Verwaltung über das dem Schuldner als Erben gehörende, von ihr aber verwaltete Vermögen. Hier muss vor der Admassierung der ordentliche Richter entscheiden (BGE 86 III 26)

6 (i.V.m. Art. 221 Abs. 1 SchKG) – Verrechnungsbegehren – Massnahmen zur Sicherung des zur Konkursmasse gehörenden Vermögens. – Die Konkursverwaltung darf einen Betrag, mit dem zu verrechnen begehrt worden ist, nicht einfordern, ohne die dem Kollokationsverfahren vorbehaltene Behandlung dieser Verrechnung abzuwarten. Die Anordnung, den streitigen Betrag unverzüglich das Bankkonto der Konkursmasse zu überweisen, kann sich hier weder auf Art. 221 Abs. 1 SchKG noch auf irgendeine andere Bestimmung des Bundesrechts stützen (BGE 120 III 28).

7 Keine Anwendung von Ziff. 4 auf Sachen, die der Schuldner unter Eigentumsvorbehalt gekauft und der Verkäufer «zwecks Sicherstellung» wieder zurückgenommen hat (BGE 90 III 18).

8 Anwaltsgeheimnis im Konkursverfahren. – Zum Zwecke der Auskunftserteilung in einem Konkursverfahren ist der Rechtsanwalt vom Berufsgeheimnis zu befreien. Die Ermächtigung der Aufsichtskommission kann aber nur im allgemeinen Rahmen von Art. 232 Ziff. 4 SchKG erteilt werden (ZH, Aufsichtskomm. über die Rechtsanwälte, 07.12.1977, ZR 1977, Nr. 123).

9 (i.V.m. Art. 245 SchKG) – Einer Konkursmasse *kann in einem zwischen Dritten hängigen Prozess nicht der Streit verkündet werden.* Es bestehen nur zwei Möglichkeiten, einen Anspruch gegen einen Schuldner feststellen zu lassen: entweder wird ein vor Konkurseröffnung eingeleiteter Prozess nach der zweiten Gläubigerversammlung weitergeführt oder es hat derjenige, der nicht vorher geklagt hatte, zwingend nach Art. 244 ff. SchKG vorzugehen (VD, Tribunal cantonal, 02.07.1985, BlSchK 1989, S. 30).

10 Gläubigergemeinschaft einer Anleihensobligation – Keine Aktivlegitimation zur Prospekthaftungsklage – Gemäss Art. 1164 OR ist die Gläubigergemeinschaft befugt, in den Schranken des Gesetzes die geeigneten Massnahmen zur Wahrung der gemeinsamen Interessen der Anleihensgläubiger, insbesondere gegenüber einer Notlage des Schuldners, zu treffen. So ist sie auch befugt, die Rechte der Obligationäre im Konkurse des Schuldners wahrzunehmen (Art. 1183 OR), hingegen nicht im Nachlassvertrag (Art. 1184 OR). Nicht auf das Anleihensverhältnis gerichtete Gläubigerinteressen, selbst wenn sie gemeinsam sein sollten, kann die Gläubigergemeinschaft nicht in eigenem Namen wahrnehmen. Es ist daher ausgeschlossen, dass die Gläubigergemeinschaft Ansprüche aus Prospekthaftung im eigenen Namen geltend machen kann (BGE 113 II 285, Praxis 1988, Nr. 20).

11 Konkurs, der auf dem Gebiete des früheren Königreichs Württemberg eröffnet wurde; öffentliche Bekanntmachung und Durchführung in der Schweiz.

– Die Übereinkunft zwischen der Schweizerischen Eidgenossenschaft und der Krone Württemberg betreffend die Konkursverhältnisse und gleiche Behandlung der beiderseitigen Staatsangehörigen in Konkursfällen vom 12.12.1825/13.05.1826 stellt kantonales Recht dar (Bestätigung der Rechtsprechung); ob sie noch in Kraft sei und ob die Voraussetzungen der Anwendbarkeit im konkreten Fall erfüllt seien, beurteilt sich daher nicht nach Bundesrecht.

– Die Übereinkunft mit der Krone Württemberg ist nur hinsichtlich der Frage der Vollstreckbarkeit eines ausländischen Konkurserkenntnisses anwendbar; die Wirkungen und das Verfahren eines gestützt auf die Übereinkunft auch in der Schweiz zu vollziehenden Konkurses richten sich nach den Art. 197 ff. SchKG. Es ist deshalb in der Schweiz eine eigene Konkursmasse zu bilden, zu verwalten und zu verwerten; erst ein nach abgeschlossener Verteilung allenfalls verbleibender Überschuss wäre der deutschen Konkursmasse zu überweisen (BGE 109 III 83).

Art. 233 B. Spezialanzeige an die Gläubiger

Jedem Gläubiger, dessen Name und Wohnort bekannt sind, stellt das Konkursamt ein Exemplar der Bekanntmachung mit uneingeschriebenem Brief zu.

1   Verpflichtung des KA trotz der Publikation der Konkurseröffnung diese den ihm bekannten Gläubigern durch ein Exemplar der Bekanntmachung schriftlich mitzuteilen (BGE 123 III 404 E. 3bb).

Art. 234 C. Besondere Fälle

Hat vor der Liquidation einer ausgeschlagenen Erbschaft oder in einem Nachlassverfahren vor dem Konkurs bereits ein Schuldenruf stattgefunden, so setzt das Konkursamt die Eingabefrist auf zehn Tage fest und gibt in der Bekanntmachung an, dass bereits angemeldete Gläubiger keine neue Eingabe machen müssen.

Keine Entscheidungen.

III. Verwaltung

Art. 235 A. Erste Gläubigerversammlung
1. Konstituierung und Beschlussfähigkeit

¹ In der ersten Gläubigerversammlung leitet ein Konkursbeamter die Verhandlungen und bildet mit zwei von ihm bezeichneten Gläubigern das Büro.
² Das Büro entscheidet über die Zulassung von Personen, welche, ohne besonders eingeladen zu sein, an den Verhandlungen teilnehmen wollen.
³ Die Versammlung ist beschlussfähig, wenn wenigstens der vierte Teil der bekannten Gläubiger anwesend oder vertreten ist. Sind vier oder weniger Gläubiger anwesend oder vertreten, so kann gültig verhandelt werden, sofern dieselben wenigstens die Hälfte der bekannten Gläubiger ausmachen.
⁴ Die Versammlung beschliesst mit der absoluten Mehrheit der stimmenden Gläubiger. Bei Stimmengleichheit hat der Vorsitzende den Stichentscheid. Wird die Berechnung der Stimmen beanstandet, so entscheidet das Büro.

1   Die Bestellung des Büros einer Gläubigerversammlung kann nicht nachträglich auf dem Beschwerdeweg angefochten werden, wenn an der Gläubigerversammlung selbst kein Einspruch gegen die Zusammensetzung des Büros erhoben wurde. Stimmrecht von Gläubigern, deren Kollozierung gemäss Art. 59 KOV sistiert wurde. Frage offen gelassen. Zur gültigen Beschlussfassung der Gläubigerversammlung ist nicht nur die Anwesenheit, sondern auch die Mitwirkung mindestens des vierten Teils der Gläubiger erforderlich. Zuständigkeit der Gläubigerversammlung und nicht der AB zum Entscheid von die Verwertung betreffenden Ermessensfragen (BE, AB, 13.10.1951, ZBJV 1953, S. 271).

2   *Befugnis des Büros zur Überprüfung der* von einem Gläubigervertreter vorgelegten *Vollmachten*. Zulässigkeit der Beschwerde gegen den Entscheid des Büros (Beschwerdelegitimation). – Ungültigkeit der Vollmachten, deren Erteilung der Vertreter durch die Zusicherung besonderer Vorteile erwirkt hat (Stimmenkauf). Zusicherung des Vertreters, dass er ein Honorar und den Ersatz seiner Auslagen nur bei Auszahlung einer Dividende von mindestens 10 % verlangen werde. Befugnis des Büros gemäss Abs. 2 schliesst ein, dass das Büro berechtigt ist, darüber zu entscheiden, ob jemand, der sich als Gläubigervertreter vorstellt, ohne als solcher eingeladen worden zu sein, in dieser Eigenschaft an der Verhandlung teilnehmen und für die vertretenen Gläubiger das Stimmrecht ausüben darf (BGE 86 III 94).

3 *Gültigkeit der Vollmacht* zur Vertretung: Die Bevollmächtigung ist nur gültig, wenn kein Stimmenkauf vorliegt und die Interessen der Gläubiger nicht mit jenen des Konkursiten vermengt werden (BGE 96 III 104 ff.). Unter diesem Vorbehalt erscheint es als zulässig, dass sich eine grosse Zahl von Gläubigern durch die gleiche Person an der Gläubigerversammlung vertreten lässt. Es muss auch als zulässig betrachtet werden, eine Vollmacht zur Vertretung eines Gläubigers an der Gläubigerversammlung dahin einzuschränken, dass dem Vertreter Weisungen für seine Stimmabgabe erteilt werden. Dadurch kann ein Gläubiger, der an der Versammlung nicht persönlich teilnehmen kann oder will, seinen Willen gezielter zur Geltung bringen, als wenn er die zu treffenden Entscheidungen vollumfänglich seinem Vertreter überlässt. Die gewohnheitsmässige Nichtbestellung eines Büros anlässlich der Ersten Gläubigerversammlung entspricht dem Gesetz zweifellos nicht (BGE 97 III 121).

4 Vom BGer wird bezweifelt, ob ein *Gläubigervertreter*, der die Vertretung an der ersten Gläubigerversammlung (nicht im ganzen Konkursverfahren) *unentgeltlich* übernahm und den Gläubigern den Zeitaufwand und die Auslagen für eine persönliche Teilnahme an der Gläubigerversammlung ersparte, einen «besonderen Vorteil» im Sinne der Rechtsprechung (BGE 86 III 100 mit Hinweisen) zusicherte und sich damit des «Stimmenkaufs» schuldig macht (BGE 96 III 104).

5 Vollmacht zur Teilnahme an der ersten Gläubigerversammlung – Ein Gläubigervertreter, welcher in dieser Eigenschaft an den Verhandlungen der ersten Gläubigerversammlung teilnehmen und für die vertretenen Gläubiger das Stimmrecht ausüben will, hat sich mit einer schriftlichen Vollmacht auszuweisen. Die Vollmachtsurkunde muss im Zeitpunkt der ersten Gläubigerversammlung vorliegen und kann nicht noch nachträglich ausgestellt werden (ZH, ObGer, II. Ziv.Kammer, 04.02.1986, ZR 1986, Nr. 122; bestätigt durch das BGer vom 14.04.1986).

6 Ein Gläubiger oder Gläubigervertreter kann bei der *Wahl der Mitglieder eines Gläubigerausschusses* sich selbst die Stimme geben (SG, AB, 09.08.1955, BlSchK 1957, S. 113, SJZ 1958, S. 333).

7 Wegfall der Beschlussfähigkeit im Verlaufe einer Versammlung zufolge Verminderung der Zahl der Anwesenden. Umgekehrt stellt sich die zunächst fehlende Beschlussfähigkeit nicht automatisch ein, wenn das Quorum nachträglich erreicht wird (GR, AB, 05.11.1962, BlSchK 1964, S. 187).

8 Beschlussfassung über die Weiterführung bzw. Eröffnung von Zivilprozessen im Namen der Konkursmasse und Erhebung von Kostenvorschüssen. – Die Konkursverwaltung, die solche Vorschüsse nur von den Gläubigern verlangt, die sich für die Weiterführung bzw. Eröffnung eines Prozesses ausgesprochen haben, nicht aber von denjenigen, die in der Minderheit geblieben sind, verstösst nicht gegen Bundesrecht (BGE 110 III 93/94, Praxis 74, Nr. 108).

9 Analoge Anwendung von Bestimmungen über das Konkursverfahren im *Nachlassvertragsverfahren*. Ist insbesondere die Bestimmung über die Beschlussfähigkeit der Gläubigerversammlung im Konkurse anwendbar? Die Konstituierung der Gläubigerversammlung kann nicht von einem bestimmten Quorum abhängig gemacht werden. Die Verschiedenheit der Funktionen, welche der Gläubigerversammlung im Konkurse und im Nachlassliquidationsverfahren zukommen, stünde dieser Gleichstellung entgegen. Im Konkurse ist die Gläubigerversammlung ein eigentliches Organ, das berufen ist, Entscheidungen von grosser Tragweite zu fällen (Art. 237 und 253); beim Nachlassvertrag mit Vermögensabtretung besteht die wesentliche und zugleich notwendige Aufgabe dieser Versammlung dagegen in der Wahl der Liquidatoren und des Gläubigerausschusses (BGE 82 III 85).

Art. 236   2. Beschlussunfähigkeit

Ist die Versammlung nicht beschlussfähig, so stellt das Konkursamt dies fest. Es orientiert die anwesenden Gläubiger über den Bestand der Masse und verwaltet diese bis zur zweiten Gläubigerversammlung.

Keine Entscheidungen.

Art. 237 3. Befugnisse
a. Einsetzung von Konkursverwaltung und Gläubigerausschuss

¹ Ist die Gläubigerversammlung beschlussfähig, so erstattet ihr das Konkursamt Bericht über die Aufnahme des Inventars und den Bestand der Masse.

² Die Versammlung entscheidet, ob sie das Konkursamt oder eine oder mehrere von ihr zu wählende Personen als Konkursverwaltung einsetzen wolle.

³ Im einen wie im andern Fall kann die Versammlung aus ihrer Mitte einen Gläubigerausschuss wählen; dieser hat, sofern die Versammlung nichts anderes beschliesst, folgende Aufgaben:
1. Beaufsichtigung der Geschäftsführung der Konkursverwaltung, Begutachtung der von dieser vorgelegten Fragen, Einspruch gegen jede den Interessen der Gläubiger zuwiderlaufende Massregel;
2. Ermächtigung zur Fortsetzung des vom Gemeinschuldner betriebenen Handels oder Gewerbes mit Festsetzung der Bedingungen;
3. Genehmigung von Rechnungen, Ermächtigung zur Führung von Prozessen sowie zum Abschluss von Vergleichen und Schiedsverträgen;
4. Erhebung von Widerspruch gegen Konkursforderungen, welche die Verwaltung zugelassen hat;
5. Anordnung von Abschlagsverteilungen an die Konkursgläubiger im Laufe des Konkursverfahrens.

I. Wahl der Konkursverwaltung

1 Voraussetzungen der Bestellung einer ausseramtlichen Konkursverwaltung. Literatur und Praxis stimmen darin überein, dass die Einsetzung ausseramtlicher Konkursverwaltungen nur dann erfolgen sollte, wenn in der Person oder Amtsführung des Konkursbeamten oder dann in der Besonderheit des Konkursfalles dafür Veranlassung gegeben ist, d.h., wenn diese Massnahme sich als angemessen erweist. Diese *Voraussetzung ist nicht gegeben,* wenn die *Schwierigkeiten des Falles ausschliesslich in der gegensätzlichen Interessenlage der Gläubigergruppen liegen* (GR, AB, 18.03.1963, BlSchK 1966, S. 23).

2 *Die* von den Gläubigern gewählte *ausseramtliche Konkursverwaltung versieht ein öffentliches Amt* (BGE 94 III 95).

3 Als ausseramtliche Konkursverwaltung kann auch eine juristische Person gewählt werden (BGE 101 III 43).

4 *Anforderungen an die Unabhängigkeit und die fachliche und charakterliche Eignung des ausseramtlichen Konkursverwalters.* Der Umstand, dass der als Konkursverwalter gewählte Rechtsanwalt am selben Ort tätig ist wie der als einziger Verwaltungsrat der Konkursitin aufgetretene Rechtsanwalt und Präsident des dortigen BezGer, vermag für sich allein die erforderliche Unabhängigkeit nicht in Frage zu stellen. (GR, AB, 15.05.1996, PKG 1996, S. 148).

5 Auch für die Wahl einer ausseramtlichen Konkursverwaltung ist die absolute Mehrheit der stimmenden Gläubiger nötig. – Befugnis der AB, eine gewählte Konkursverwaltung von Amtes wegen abzusetzen, wenn deren Zusammensetzung an ihrer Unabhängigkeit zweifeln lässt (FR, SchKK, 09.03.1970, Extraits 1970, S. 87, SJZ 1972, S. 333).

6 (i.V.m. Art. 10 Abs. 1 Ziff. 3 SchKG) – Der Konkursbeamte, der Vertreter bzw. Organ eines Konkursgläubigers ist, hat nicht nur beim Erlass derjenigen Verfügungen in den Ausstand zu treten, die sich direkt auf die Forderung dieses Gläubigers beziehen, sondern seine Ausstandspflicht erstreckt sich auf das gesamte Konkursverfahren (BGE 99 III 46; SO, AB; 04.11.1982, BlSchK 1986, S. 91).

7 Kann der ausseramtlichen Konkursverwaltung ein KB angehören, der vor der Konkurseröffnung als Sachwalter im Sinne von Art. 725a Abs. 2 amtete? Der Umstand, Sachwalter gewesen zu sein, ist kein Hindernis für die Zugehörigkeit zu einer ausseramtlichen Konkursverwaltung; die Mitglieder ei-

ner solchen Verwaltung versehen wie der Sachwalter ein öffentliches Amt (BGE 94 III 95, N 2 oben) und beide Tätigkeiten werden nicht neben-, sondern nacheinander ausgeübt (BGE 104 III 1).

8 Bestätigt die 2. Gläubigerversammlung eine ausseramtliche Konkursverwaltung in ihrem Amt, *so kann der Beschluss der 1. Gläubigerversammlung*, mit dem die ausseramtliche Konkursverwaltung eingesetzt wurde, *nicht mehr mit Beschwerde angefochten werden* (BGE 105 III 67).

9 (i.V.m. Art. 256 SchKG) – Führt eine (möglicherweise) fehlerhafte Einsetzung einer ausseramtlichen Konkursverwaltung zur Nichtigkeit sämtlicher nachfolgender Konkurshandlungen? Durch ihre Bestätigung an der 2. Gläubigerversammlung wird ein allfälliger Mangel in der Einsetzung geheilt. Im Übrigen wäre durch die Aufhebung des Einsetzungsbeschlusses kein praktischer Verfahrenszweck mehr zu erreichen. – Beschliessen die Gläubiger, die Verwertung von Massagegenständen einem Auktionator zu übertragen, so kann ein solches Vorgehen trotz Unbehagen nicht ohne Weiteres als bundesrechtswidrig bezeichnet werden, wenn das Recht der Gläubiger, an der Auktion selbst mitzubieten, gewahrt ist (BGer, 31.10.1979, BlSchK 1982, S. 137).

10 *Amtsenthebung einer gewählten Konkursverwaltung*, die sich über eine richterlich angeordnete aufschiebende Wirkung hinweggesetzt hat (BGE 112 III 72).

11 *Keine Beschwerdelegitimation eines Mitglieds des Gläubigerausschusses*. Einerseits ist seine Befugnis, als Gläubigervertreter zu handeln, nicht ausgewiesen, andererseits kann es wegen des Kollegialprinzips als Mitglied des Gläubigerausschusses nicht allein auftreten (BGE 119 III 118).

12 *Prüfungsbefugnis der kantonalen AB und des BGer bezüglich der Bestellung des Gläubigerausschusses*. Mit der *Absetzung eines Mitgliedes des Gläubigerausschusses* wegen Missachtung des Kollegialprinzips und vorsätzlicher Verletzung der Schweigepflicht hat hier die kantonale AB das ihr zustehende Ermessen weder überschritten noch missbraucht (BGE 119 III 118 E. 4).

II. Gläubigerausschuss: Wahl, Organisation und Aufgaben

13 Gläubigerausschuss hat fakultativen Charakter. Es ist darüber anders als bezüglich der Ernennung des Konkursverwalters, kein ausdrücklicher Entscheid der Gläubigerversammlung zu fassen, sofern nicht in der Gläubigerversammlung ein Antrag betreffend Gläubigerausschuss gestellt wird (BS, AB, 23.07.1965, BJM 1968, S. 58).

14 Der Schuldner ist mangels eines rechtsgeschützten Interesses nicht legitimiert, die Einsetzung eines Gläubigerausschusses zu verlangen (BGer, 27.08.1965, BlSchK 1966, S. 184).

15 *Voraussetzung für die Wahl in den Gläubigerausschuss* ist allein, dass der Gewählte im Zeitpunkt der Wahl handlungsfähig, im Besitze der bürgerlichen Ehren und Rechte und vom Gemeinschuldner unabhängig ist (GR, AB, 26.01.1971, BlSchK 1974, S. 20).

16 Aus Ziff. 1 folgt, dass in den Gläubigerausschuss möglichst nur solche Gläubiger aufzunehmen sind, die zum Schuldner personell keine Verbindungen haben, damit die Gefahr von Interessenskollisionen ausgeschaltet werden kann (BGE 97 III 121).

17 *Prüfung der Angemessenheit der Einsetzung eines Gläubigerausschusses*. – In einem Konkursverfahren, in dem die freien Aktiven sehr gering sind, keine offensichtliche Prozesse zu führen haben wird und die Konkursmasse mit den relativ spärlichen Mitteln sich kaum erlauben könnte, Kollokationsprozesse zu provozieren, scheint der AB von Basel-Stadt ein Gläubigerausschuss als unangemessen. Weitere Argumente sind die Schwerfälligkeit des Verfahrens beim Vorhandensein eines Gläubigerausschusses und nicht zuletzt die vermehrten Kosten (BS, AB, 17.10.1985, BJM 1986, S. 96).

18 Bei der *Entscheidung über eine Beschwerde betreffend Bestellung und Zusammensetzung des Gläubigerausschusses* hat die AB ihr eigenes Ermessen an die Stelle des Ermessens der Gläubigerversammlung zu setzen. Das BGer kann in diesem Zusammenhang nur prüfen, ob die AB ihr Ermessen überschritten oder missbraucht habe (BGE 97 III 121).

19 *Zulässigkeit der Wahl des ehemaligen Verwaltungsratspräsidenten einer Aktiengesellschaft, über die der Konkurs eröffnet worden ist, zum Mitglied des Gläubigerausschusses*. Wahlfähig als Mitglied eines Gläubigerausschusses ist jeder handlungsfähige Gläubiger, der in bürgerlichen Ehren und Rechten steht. Ernannt werden kann auch nur ein einzelner Gläubiger, und zwar selbst dann, wenn

mit dem die Konkursverwaltung besorgenden KB oder mit dem Schuldner verwandt ist. Der Gemeinschuldner persönlich ist hingegen nicht wählbar, jedoch ist es möglich, dass jemand Organ der Konkursitin als juristische Person war und gleichzeitig auch deren Gläubiger sein kann. In einem solchen Fall ist seine Zugehörigkeit zum Gläubigerausschuss nicht schlechterdings ausgeschlossen. Es wird aber zu unterscheiden sein, ob es sich bei der Schuldnerin um eine Einmann-Aktiengesellschaft gehandelt hat oder ob er (Organ und Gläubiger) wirtschaftlich daran nur unbedeutend beteiligt war, ferner ob er hauptberuflich in der Geschäftsführung tätig war oder das Verwaltungsratsmandat nur nebenbei ohne nennenswerten Zeitaufwand ausgeübt hat oder schliesslich, ob gegen ihn ein Verfahren aufgrund von Art. 753 oder 754 OR anhängig sei oder in Aussicht stehe (SG, AB, 10.04.1965, GVP 1965, S. 68, SJZ 1968, S. 274).

20 Beschlüsse des Gläubigerausschusses können mittels Beschwerde an die AB angefochten werden (GR, AB, 28.04.1950, BlSchK 1953, S. 54).

21 Die Konkursverwaltung ist legitimiert, Beschlüsse des Gläubigerausschusses mittels Beschwerde bei der AB anzufechten (GR, AB, 01.03.1976, BlSchK 1979, S. 112).

22 Die von der ersten Gläubigerversammlung oder vom Gläubigerausschuss beschlossene Weiterführung des Geschäfts des Schuldners steht unter der Voraussetzung, dass sich die damit verfolgten Zwecke binnen angemessener Zeit verwirklichen lassen. Hatte die erste Gläubigerversammlung selbst die Weiterführung beschlossen, so soll der Gläubigerausschuss die Schliessung nur im Falle der Not (zur Abwendung beträchtlichen Schadens) anordnen. Grundsätzlich ist die Stellungnahme der zweiten Gläubigerversammlung abzuwarten (BGE 95 III 25).

23 Ist ein Gläubigerausschuss ernannt worden, so hat ihm die Konkursverwaltung auf alle Fälle den Kollokationsplan zu unterbreiten (FR, SchKK, 14.03.1951, Entscheidungen 1951, S. 51, SJZ 1955, S. 44).

24 (Abs. 3 Ziff. 4 und i.V.m. Art. 247 Abs. 3 SchKG) – Folgen, wenn die Konkursverwaltung diese Bestimmungen gänzlich oder teilweise missachtet. Eine Missachtung der Verpflichtung zur Vorlegung des Kollokationsplanes hat nicht dessen Ungültigkeit zur Folge, da die bezügliche Verpflichtung nicht zwingender Natur ist, nicht im öffentlichen Interesse liegt und der Gläubigerausschuss ein lediglich fakultatives Kontrollorgan ist, wonach die Verletzung der Genehmigungspflicht nach Art. 247 Abs. 3 nur innert der 10-tägigen Beschwerdefrist nach Art. 17 SchKG gerügt werden kann. Bei teilweiser Unterlassung des Genehmigungsverfahrens ist die Prüfung des Planes über die unterbliebenen Verfahrensschritte nachzuholen und es ist dem Gläubigerausschuss i. S. von Art. 247 Abs. 3 eine Frist von 10 Tagen anzusetzen, um im Rahmen seiner Zuständigkeit allfällige Abänderungen des Kollokationsplanes anzubringen. Führt das Genehmigungsverfahren zu Änderungen des Planes, so ist dieser lediglich hinsichtlich der betroffenen Forderungen neu aufzulegen. Werden entsprechende Verfügungen vom Gläubigerausschuss jedoch nicht getroffen, so bleibt der bereits aufgelegene Kollokationsplan unverändert in Kraft (SH, AB, 08.07.1994, BlSchK 1994, S. 222).

25 Überprüfung von Anwaltsrechnungen für im Auftrag der Liquidationsmasse geführte Prozesse durch den Gläubigerausschuss? Da die von den einzelnen Anwälten angewandten Honoraransätze innerhalb des vom Tarif gewährten Spielraums voneinander abweichen, hat der Gläubigerausschuss kein Recht, den von einem Anwalt gewählten Ansatz wegen Unangemessenheit zu beanstanden, soweit er sich innerhalb des Tarifs bewegt. Dies ist ausschliesslich der Liquidationskommission vorbehalten. Jedoch steht dem Gläubigerausschuss hinsichtlich der Frage der Tarifeinhaltung ein umfassendes Prüfungsrecht zu. Er darf hiefür die Unterlagen beiziehen, die ihm erforderlich erscheinen. Die Abklärungsmassnahmen richten sich primär gegen die Liquidationskommission. Nur sofern nach deren Auskünften und allfälliger Einsichtnahme in die massgeblichen Prozessakten noch Ungereimtheiten verbleiben, die die Tarifmässigkeit der Rechnungen fragwürdig erscheinen lassen, sind ergänzende Prüfungsmassnahmen direkt beim betroffenen Anwalt zulässig (BL, AB, 15.03.1972, BJM 1972, S. 144, BlSchK 1975, S. 121).

26 Ein von der Konkursverwaltung mit Ermächtigung des Gläubigerausschusses abgeschlossener Vergleich kann mit Beschwerde nicht angefochten werden. Die Befugnis des Gläubigerausschusses, die Konkursverwaltung zum Abschluss von Vergleichen zu ermächtigen, bezieht sich auch auf Aktivpro-

Siebenter Titel: Konkursverfahren **Art. 238**

zesse, die im Zeitpunkt der Konkurseröffnung bereits hängig sind. Der Abschluss eines Vergleichs durch die Konkursverwaltung bzw. den Gläubigerausschuss ist eine rechtsgeschäftliche Handlung und nicht eine auf staatlicher Vollstreckungsgewalt beruhender konkursrechtliche Verfügung. Er unterliegt daher nicht der Anfechtung durch Beschwerde (BGE 102 III 84) (BGE 103 III 21).

27 (Abs. 3 Ziff. 5) Einem formell rechtskräftig kollozierten Gläubiger darf die Auszahlung seines Betreffnisses einer Abschlagsverteilung nicht wegen bloss unbestimmten Verdachtes betrügerischer Machenschaften einstweilen verweigert werden. – Fehlt es an gewichtigen Indizien für solche Machenschaften des Gläubigers oder des Dritten, der ihm die Forderung zediert hat, so steht es der Konkursverwaltung frei, ihrerseits gerichtliche Klage zu erheben (BGE 91 III 87).

Art. 238   b. Beschlüsse über dringliche Fragen

¹ Die Gläubigerversammlung kann über Fragen, deren Erledigung keinen Aufschub duldet, Beschlüsse fassen, insbesondere über die Fortsetzung des Gewerbes oder Handels des Gemeinschuldners, über die Frage, ob Werkstätten, Magazine oder Wirtschaftsräume des Gemeinschuldners offen bleiben sollen, über die Fortsetzung schwebender Prozesse, über die Vornahme von freihändigen Verkäufen.

² Wenn der Gemeinschuldner einen Nachlassvertrag vorschlägt, kann die Gläubigerversammlung die Verwertung einstellen.

1   Voraussetzungen für die Weiterführung des Betriebes des Gemeinschuldners und Gründe zur Schliessung des Geschäftsbetriebes: Im vorliegenden Fall bewilligte die erste Gläubigerversammlung die Weiterführung eines Druckereibetriebes. Das geschah im Hinblick auf eine allfällige, von jener Gläubigerversammlung gleichfalls bewilligten freihändigen Veräusserung des ganzen Geschäftes (d.h. des fonds de commerce mit zugehörigen Markenrechten usw., sei es mit oder ohne die Passiven (Art. 15 KOV Ziff. 1) und zugleich mit Rücksicht darauf, dass der Schuldner beabsichtigte, einen die Verwertung vermeidenden Nachlassvertrag vorzuschlagen. Solche Beschlüsse stehen unter der selbstverständlichen Voraussetzung, dass sich die damit verfolgten Zwecke binnen angemessener Zeit verwirklichen lassen. Nachdem die normale Konkursdauer (Art. 270 SchKG) überschritten ist und sowohl die Bemühungen des Schuldners um die Finanzierung eines Nachlassvertrages wie auch die auf freihändigen Verkauf des Betriebes abzielenden Schritte der Konkursverwaltung fehlschlugen, darf die Verwertung auf dem Wege der Versteigerung nicht mehr verzögert werden. Dabei kann sich auch die Schliessung des Geschäftsbetriebes vor der Verwertung als notwendig erweisen, da eben Gegenstand der Verwertung keinesfalls immer das Geschäft als Ganzes ist. Schliessung des Betriebes auch aus Gründen zur Abwendung beträchtlichen Schadens (BGE 95 III 25).

2   Beschlüsse im Konkurse einer AG, die der einzige Verwaltungsrat und Alleinaktionär mit Hilfe von durch irreführende Angaben erlangten Vertretungsvollmachten zahlreicher Gläubiger durchgesetzt hat, sind nichtig, ausser wenn die beschlossenen Anordnungen nicht mehr rückgängig gemacht oder berichtigt werden können (BGE 96 III 104).

3   Das KA ist befugt, schon vor der ersten Gläubigerversammlung einen Mietvertrag um eine Liegenschaft des Schuldners abzuschliessen. Im Rahmen der Aktivenverwaltung ist die Konkursverwaltung insbesondere auch befugt, Verträge abzuschliessen (Arbeitsverträge bei Fortführung des schuldnerischen Betriebes, Mietverträge über Liegenschaften usw.). Das Schuldbetreibungs- und Konkursgesetz enthält keine Bestimmungen, wonach die der Konkursverwaltung hinsichtlich der Masse eingeräumten Verwaltungskompetenzen beschränkt wären, solange die Verwaltung bis zur ersten Gläubigerversammlung dem KA obliegt, so dass es diesem etwa nicht möglich wäre, Mietverträge über Massagegenstände abzuschliessen (GR, AB, 12.12.1988, PKG 1988, S. 165, BlSchK 1991, S. 27).

4   Die Einreichung eines Vorschlags des Nachlassvertrages in einem hängigen Konkursverfahren genügt für sich allein nicht zur Einstellung der Verwertung. Trölerischer Charakter eines Nachlassbegehrens, das an einem Tag eingereicht wird, an dem eine Verwertungshandlung stattfindet, wobei die Eröffnung des summarischen Konkursverfahrens ungefähr zehn Monate zurückliegt und das die

549

materiellen Anforderungen an einen Entwurf im Sinne von Art. 293 SchKG nicht erfüllt (BGE 120 III 94/95).

Art. 239 4. Beschwerde

¹ Gegen Beschlüsse der Gläubigerversammlung kann innert fünf Tagen bei der Aufsichtsbehörde Beschwerde geführt werden.

² Die Aufsichtsbehörde entscheidet innerhalb kurzer Frist, nach Anhörung des Konkursamtes und, wenn sie es für zweckmässig erachtet, des Beschwerdeführers und derjenigen Gläubiger, die einvernommen zu werden verlangen.

1. Bei der Entscheidung über eine Beschwerde betreffend Bestellung und Zusammensetzung des Gläubigerausschusses hat die AB ihr eigenes Ermessen an die Stellen des Ermessens der Gläubigerversammlung zu setzen. Das BGer kann in diesem Zusammenhang nur prüfen, ob die AB ihr Ermessen überschritten oder missbraucht habe (BGE 97 III 121).

2. Beschlüsse sind nicht nur wegen Gesetzwidrigkeit, sondern auch wegen Unangemessenheit durch Beschwerde anfechtbar, jedoch nur bis zur letzten kantonalen AB. Fall der Beschwerde gegen die Einsetzung eines Gläubigerausschusses durch die erste Gläubigerversammlung, wenn sich nur ungeeignete Gläubiger melden, aber der Ausschuss trotzdem bestellt wird. In diesem Falle ist von der Bildung eines Gläubigerausschusses abzusehen (BGE 86 III 121).

3. Bestätigt die 2. Gläubigerversammlung eine ausseramtliche Konkursverwaltung in ihrem Amt, *so kann der Beschluss der 1. Gläubigerversammlung*, mit dem die ausseramtliche Konkursverwaltung eingesetzt wurde, *nicht mehr mit Beschwerde angefochten werden* (BGE 105 III 67).

4. Die Konkursverwaltung ist zur Einreichung einer Beschwerde gegen einen Beschluss einer Gläubigerversammlung nicht befugt (FR, AB, 03.03.1972, BlSchK 1975, S. 148).

5. Legitimation des unbeschränkt haftenden Gesellschafters der Schuldnerin – Kognition der AB – Nach der Praxis ist der Schuldner befugt, Gläubigerbeschlüsse über die Verwertung mit Beschwerde anzufechten, wenn sie in seine gesetzlich geschützten Rechte und Interessen eingreifen, was namentlich dann der Fall ist, wenn sie gegen gesetzliche Vorschriften über das Verwertungsverfahren verstossen und dadurch sein Interesse an der Erzielung eines möglichst günstigen Verwertungserlöses verletzen. Die AB haben bei einer Beschwerde des Schuldners lediglich die Gesetzmässigkeit des Gläubigerbeschlusses zu überprüfen. In diesem beschränkten Ausmass ist ein unbeschränkt haftender Gesellschafter als Vertreter der Konkursitin zur Beschwerde legitimiert (BGE 103 III 23).

6. Im Nachlassverfahren mit Vermögensabtretung sind die AB befugt, die Ernennung des Gläubigerausschusses aufzuheben oder zu ändern. – Die Frist zur Anfechtung der Zusammensetzung des Gläubigerausschusses beträgt fünf Tage und beginnt vom Tage der Gläubigerversammlung an zu laufen, welche die Mitglieder des Ausschusses bezeichnet (BGE 81 III 27).

Art. 240 B. Konkursverwaltung
1. Aufgaben im Allgemeinen

Die Konkursverwaltung hat alle zur Erhaltung und Verwertung der Masse gehörenden Geschäfte zu besorgen; sie vertritt die Masse vor Gericht.

1. Die Befugnisse des Konkursverwalters können durch die AB im Sinne von Art. 13 SchKG beschränkt werden, wobei insbesondere Verträge und Verfügungen ihrer Genehmigung unterstellt werden (BGE 88 III 68).

2. Vertretungsbefugnis der Konkursverwaltung im Prozess (BGE 90 III 86).

3. Befugnisse und Pflichten der Konkursverwaltung: Den umfassenden Befugnissen der zweiten Gläubigerversammlung entsprechend, ist der Zuständigkeitsbereich der Konkursverwaltung begrenzt. Trotz der Vertretungsbefugnis gemäss der Bestimmung des Art. 240 SchKG kann die Konkursver-

waltung nicht über die Aufhebung oder Weiterführung von Prozessen befinden. Auf die Geltendmachung eines Aktivums vermag nicht sie, sondern allein die zweite Gläubigerversammlung gültig zu verzichten (BGE 103 III 11). Bezüglich der Herausgabe von Sachen, die von Dritten zu Eigentum angesprochen werden, kommt der Konkursverwaltung nicht in dem Umfang Verfügungsmacht zu, wie es der Wortlaut von Art. 242 SchKG vermuten liesse. Entsprechend sieht Art. 47 KOV einschränkend vor, dass die Anzeige an den Drittansprecher und die Herausgabe des angesprochenen Gegenstandes zu unterbleiben hat, bis feststeht, ob die zweite Gläubigerversammlung etwas anderes beschliesst oder ob nicht einzelne Gläubiger nach Art. 260 SchKG die Abtretung der Ansprüche der Masse auf den Gegenstand verlangen (zur Ausnahme gemäss Art. 51 KOV, BGE 75 III 16; im Übrigen BGE 107 III 86). Für die Anfechtungsklage, die nach Art. 285 Abs. 2, Ziff. 2 SchKG von der Konkursverwaltung zu erheben ist, liegt die Rechtszuständigkeit ausschliesslich bei der Masse selbst (BGE 116 III 102 E. b,e).

4   Zuständigkeit zur Führung von Aussonderungsprozessen – Zur Führung von Aussonderungsprozessen ist die Konkursverwaltung und nicht die zweite Gläubigerversammlung zuständig (ZH, ObGer, II. Ziv.Kammer, 16.07.1985, ZR 1986, Nr. 18, BlSchK 1988, S. 36).

5   Es liegt nicht in der sachlichen Zuständigkeit der Konkursverwaltung, Forderungen, welche die Konkursmasse und Dritte gleichzeitig beanspruchen, durch eine entsprechende Verfügung zu admassieren. Eine solche Massnahme ist nichtig, denn es ist Sache des Richters, hierüber zu befinden (BGE 90 III 90).

6   Verbot der Verwertung eines Grundstückes während der Hängigkeit eines Prozesses über dingliche Lasten. Ausnahmen, Voraussetzungen, unaufschiebbare Reparaturen sind in der Regel kein hinreichender Grund (BGE 78 III 78).

7   Die Konkursverwaltung ist berechtigt, zur Besorgung von Rechtsgeschäften einen Anwalt zuzuziehen und aus der Masse zu bezahlen (TG, ObGer, 22.11.1955, BlSchK 1957, S. 113).

8   Im Prozess der Konkursmasse ist der Schuldner nicht als Partei, sondern als Dritter zu behandeln und daher als Zeuge einzuvernehmen (LU, ObGer, I. Kammer, 18.12.1948, Max. IX, Nr. 589, ZBJV 1949, S. 95, BlSchK 1950, S. 32).

9   Berechtigung des KA zum Rekurs gegen die Sistierung einer Strafuntersuchung wegen Gläubigerbegünstigung abgesprochen. Für die Anstrengung strafrechtlicher Sanktionen, wozu auch die Einreichung eines Rekurses zu zählen ist, ist die Zustimmung der Gläubiger notwendig (ZH, Staatsanwaltschaft, 30.11.1949, SJZ 1950, S. 61).

10 Der klagenden Konkursmasse (auch) einer inländischen juristischen Person kann eine Kaution für die mutmasslichen Prozesskosten der Gegenpartei auferlegt werden (Praxisänderung; § 73 ZPO BL) – Eine unentgeltliche Prozessführung wird einer Konkursmasse gemäss Lehre und Rechtsprechung nicht bewilligt (BL, ObGer, 04.09.2001, BlSchK 2003, S. 180).

11 Eine Betreibung auf Pfandverwertung kann gegen den Schuldner während der Dauer seines Konkursverfahrens angehoben werden, wenn das Pfand einem Dritten gehört. Betriebener ist der Gemeinschuldner persönlich und nicht die Konkursmasse. Auch der Dritteigentümer wird als Betriebener betrachtet. Die Betreibungsurkunden sind der Konkursverwaltung zuzustellen, wo die Betreibung aufgrund einer Ausnahme von Art. 206 SchKG gegen den Schuldner während der Dauer seines Konkursverfahrens angehoben worden ist und zur Konkursmasse gehörendes Vermögen betrifft (BGE 121 III 28).

Art. 241   2. Stellung der ausseramtlichen Konkursverwaltung

Die Artikel 8–11, 13, 14 Absatz 2 Ziffern 1, 2 und 4 sowie die Artikel 17–19, 34 und 35 gelten auch für die ausseramtliche Konkursverwaltung.

1   Die Befugnisse des Konkursverwalters können durch die AB im Sinne von Art. 13 SchKG beschränkt werden, wobei insbesondere Verträge und Verfügungen ihrer Genehmigung unterstellt werden (BGE 88 III 68).

2   (i.V.m. Art. 17, 18 und 141 SchKG) – Die ausseramtliche Konkursverwaltung untersteht der Aufsicht des Kantons, in welchem der Konkurs eröffnet wurde, und zwar unabhängig vom Sitz der ausseramtlichen Konkursverwaltung (LU, ObGer, SchKKomm, 01.03.1995, LGVE 1995 I 52).

Art. 242   3. Aussonderung und Admassierung

¹ Die Konkursverwaltung trifft eine Verfügung über die Herausgabe von Sachen, welche von einem Dritten beansprucht werden.

² Hält die Konkursverwaltung den Anspruch für unbegründet, so setzt sie dem Dritten eine Frist von 20 Tagen, innert der er beim Richter am Konkursort Klage einreichen kann. Hält er diese Frist nicht ein, so ist der Anspruch verwirkt.

³ Beansprucht die Masse bewegliche Sachen, die sich im Gewahrsam oder Mitgewahrsam eines Dritten befinden, oder Grundstücke, die im Grundbuch auf den Namen eines Dritten eingetragen sind, als Eigentum des Schuldners, so muss sie gegen den Dritten klagen.

I. Gewahrsamsverhältnisse

1   Beansprucht ein Dritter Eigentum an einer körperlichen Sache oder an einem Wertpapier, so ist Art. 242 Abs. 2 ihm gegenüber nur anwendbar, wenn der Schuldner bzw. die Konkursmasse am betreffenden Gegenstand den ausschliesslichen Gewahrsam hat. Bei Wertpapieren, die auf den Namen des Drittansprechers lauten, ist diese Voraussetzung keinesfalls erfüllt, selbst wenn sie sich in den Händen des Schuldners bzw. der Masse befinden, da zur Verfügung darüber die Mitwirkung des Titulars unerlässlich ist (BGE 76 III 9).

2   Dieses Verfahren darf nur angewendet werden, wenn sich die streitigen Gegenstände im Gewahrsam der Konkursmasse befinden (bei Grundstücken Eintrag auf den Namen des Schuldners im Grundbuch). Ist dies nicht der Fall, so hat die Masse die Klägerrolle. Sie ist dafür auch an keine Klagefrist gebunden. Dem Drittbesitzer darf die Konkursverwaltung die Verfügung über die streitigen Gegenstände nicht verbieten (BGE 85 III 50 und 143).

3   Für nicht in der Konkursmasse befindliche Gegenstände, an welchen Dritteigentum behauptet wird, ist keine abweisende Verfügung mit Klagefristansetzung zu treffen. Denn die Konkursverwaltung nimmt mit der blossen Mitteilung, dass sich die zu Eigentum angesprochenen Objekte nicht in der Masse befinden und dass sich deshalb der daran geltend gemachte Eigentumsanspruch als gegenstandslos erweise, zu diesem nicht materiell Stellung. Von Rechtsverweigerung im Sinne des Art. 17 Abs. 3 SchKG kann in solchen Fällen keine Rede sein (BS, AB, 25.10.1961, BlSchK 1963, S. 55).

4   Um über die Herausgabe beweglicher Sachen zu verfügen und Dritten deren Eigentumsansprache für unbegründet gehalten wird, eine Frist anzusetzen, muss sich die betreffende Sache im ausschliesslichen Gewahrsam der Masse befinden. Andernfalls obliegt es der Masse oder gegebenenfalls den Abtretungsgläubigern, nach Art. 260 SchKG gegen den Dritten, der Gewahrsam an den Vermögenswerten hat, auf Herausgabe der Sache zu klagen (BGE 110 III 87). Für die *Bestimmung des Gewahrsams kommt es* im Konkursverfahren auf *den Zeitpunkt der Konkurseröffnung an*, in welchem Zeitpunkt der Schuldner die Verfügungsgewalt über sein Vermögen verliert (Art. 197 SchKG) (BGE 122 III 436, 93 III 102, 85 III 50, 76 III 12).

5   Wenn der *Drittansprecher Gewahrsam hat oder ein Vierter,* der diesen *nicht für den Konkursiten*, sondern für sich oder den Dritten ausübt, so muss die Konkursverwaltung selbst auf dem Klageweg vorgehen und darf keinerlei Verfügungen bezüglich dieser Sachen erlassen, auch dann nicht, wenn sie der Auffassung ist, der Dritte oder der Vierte übe den Gewahrsam lediglich aufgrund eines nichtigen Grundgeschäfts aus und die Sache gehöre daher nach wie vor dem Konkursiten (BS, AB, 101.11.1965, BJM 1968, S. 57).

6   Das KA kann *Dritte nicht* unter Strafandrohung *zur Herausgabe von als Eigentum beanspruchten Gegenständen verpflichten* (TG, Rekurskomm., 15.11.1973, Rechenschaftsbericht 1973, Nr. 25, SJZ 1974, S. 366).

II. Eigentumsansprachen auf Forderungen

7 Dieser Artikel findet auf *Forderungen keine Anwendung*. Die Auseinandersetzung zwischen Masse und Drittansprecher hat dem Weg des gewöhnlichen Prätendentenprozesses zu erfolgen (LU, SchKKomm, 27.01.1947, Max. IX, Nr. 532, ZBJV 1947, S. 279, BlSchK 1948, S. 18/1949, S. 151, SJZ 1949, S. 349).

8 Hat im Fall, dass ein Dritter ein auf den *Namen des Gemeinschuldners lautendes Bankguthaben aufgrund von OR Art. 401 als ihm zustehend beansprucht,* eine Fristansetzung zur Klage gemäss Abs. 2 zu erfolgen? Rechtsbehelfe des Drittansprechers: Analoge Anwendung von Art. 168 OR beim Streit darüber, ob ein Forderungsübergang von Gesetzes wegen stattgefunden habe. Wenn es sich nicht um eine in einem Wertpapier verkörperte Forderung, sondern um eine gewöhnliche Forderung handelt, ist SchKG Art. 242 Abs. 2 nicht anwendbar. Wird gegen eine *solche Forderung ein Anspruch geltend gemacht,* so kann der Ansprecher dies dem Forderungsschuldner (hier eine Bank) zur Kenntnis bringen, solange eine Auszahlung nicht erfolgt ist. Der Ansprecher hat gegen die Konkursmasse eine Klage auf Feststellung seines Anspruchs einzuleiten oder aber es kann die Konkursmasse selbst an den Richter gelangen. Ausserdem hat der Ansprecher die Möglichkeit den Forderungsschuldner (Bank) zur Hinterlegung des streitigen Betrages anzuhalten (BGE 87 III 14).

9 Behandlung eines Begehrens um *Rückerstattung einer auf das Postkonto des Gemeinschuldners geleistete Zahlung.* Art. 242 SchKG ist nur auf Drittansprachen an Sachen, nicht auf Drittansprachen an Forderungen anwendbar. Eine Klagefristansetzung ist ausgeschlossen. Es ist der Prozessweg zu beschreiten, wobei dies diejenige Partei tun wird, die an einer baldigen Freigabe das grössere Interesse hat (LU, SchKKomm, 15.03.1961, Max. XI, Nr. 63, BlSchK 1964, S. 52).

10 Macht ein Dritter geltend, dass eine Forderung ihm und nicht dem Konkursiten zustehe und hält die Konkursverwaltung diesen Anspruch für unbegründet, so ist das Verfahren gemäss Absatz 2 nicht anwendbar, sondern die Masse hat gegen den Drittansprecher zu klagen (BE, AB, 09.07.1962, BlSchK 1963, S. 42).

11 Forderungen, welche die Konkursmasse und Dritte gleichzeitig beanspruchen, können von der Konkursverwaltung nicht durch eine Verfügung als Massagut «erkannt» werden. Eine solche Massnahme ist nichtig. Es ist Sache des Richters zu entscheiden, wer von den Prätendenten Gläubiger der Forderung ist (BGE 90 III 90).

12 Über die Forderungsberechtigung der Konkursmasse ist nicht im Aussonderungsverfahren, sondern im Prätendentenstreit zu entscheiden. Hat die Konkursmasse die Forderung gegen den Drittschuldner schon eingeklagt, so kann der Gläubiger dem hängigen Prozess als Intervenient beitreten (BL, AB, 25.05.1959, BJM 1960, S. 11).

13 Wenn streitig ist, wem eine Forderung zusteht, muss die Konkursmasse nur dann gegen den Drittansprecher klagen, wenn ihr an der gerichtlichen Feststellung ihres Gläubigerrechts liegt. Ist nichts gegeben, was Gegenstand eines Aussonderungsanspruchs bilden könnte, kann die Konkursverwaltung dem Dritten (auch) keine Klagefrist nach Art. 46 KOV setzen. Zahlt der Drittschuldner mangels Notifikation einer erfolgten Abtretung an den ursprünglichen Gläubiger, so bleibt dem Zessionar nur der Weg der Klage gegen die Konkursmasse offen, wenn er der Meinung sein sollte, deren Verwaltung habe durch Entgegennahme einer Zahlung des Drittschuldners gegen Bestimmungen des Abtretungsvertrages verstossen (BE, AB, 04.04.1979, BlSchK 1980, S. 29).

14 Bei Streitigkeiten über die Berechtigung von Forderungen ist gemäss ständiger Rechtsprechung nicht nach dieser Bestimmung vorzugehen. Die Konkursverwaltung kann deshalb hier nicht verfügungsmässig vorgehen. Es ist Sache des Richters, zu entscheiden, wer von den Prätendenten Gläubiger der Forderung ist. Will die Konkursverwaltung feststellen lassen, dass die Konkursmasse Gläubigerin der betreffenden noch nicht bezahlten Forderung ist, hat sie entweder gegen den Schuldner der abgetretenen Forderung einen Prozess zu eröffnen oder – falls dieser Schuldner den streitigen Betrag gemäss Art. 168 Abs. 1 OR hinterlegt – gegen den anderen Prätendenten gerichtlich vorzugehen (BE, AB, 27.01.1995, BlSchK 1995, S. 150).

15 Bei Forderungen, *die nicht in einem Wertpapier verkörpert sind,* bleibt die Fristansetzung an den Drittansprecher zur Aussonderungsklage auch dann unzulässig, wenn der Forderungsbetrag der Konkursverwaltung nachträglich zur Verwahrung überwiesen wird (ZH, ObGer, II. Ziv.Kammer, 27.03.1985, ZR 1985, Nr. 141).

16 Globale Debitorenzession – Konkurs des Zedenten. *Herausgabepflicht des KA gegenüber dem Zessionar in Bezug auf Debitorenzahlungen, die ihm nach der Konkurseröffnung* direkt von Drittschuldnern der abgetretenen Forderungen *zugegangen sind.* Hingegen wird eine Herausgabepflicht von Zahlungen auf ein auf Dritte, aber auf Rechnung des Schuldners lautendes Konto verneint (BL, AB, 11.09.1981, BJM 1982, Heft 2 und BlSchK 1985, S. 228).

17 *Nicht in einem Wertpapier verkörperte Forderungen* (in casu: Erlös aus dem Weiterverkauf der streitigen Gegenstände) sind nicht in das Aussonderungsverfahren einzubeziehen. Aus der schuldrechtlichen Vereinbarung ergibt sich der Wille der Beteiligten, in welchem Sinne die Vertragserfüllung, d.h. die dingliche Verfügung zu verstehen ist. Hier ergab sich, dass nicht im Ernst der Wille bestand, im Sinne der Art. 714 ff. ZGB die Kaufgegenstände infolge besonderer Rechtsverhältnisse zwar weiterhin beim Veräusserer zu belassen, dem Erwerber aber trotzdem vorbehaltlos das Eigentum daran zu verschaffen (Besitzeskonstitut). In Art. 717 ZGB wird aber dem Besitzeskonstitut die Wirkung gegenüber Dritten abgesprochen, wenn ihm ein Rechtsmissbrauch zugrunde liegt, darin bestehend, dass die Bestimmungen über das Faustpfand umgangen werden. Diese Unwirksamkeit wirkt sich im Besonderen beim Konkurs oder der Pfändung des Veräusserers aus, indem der Erwerber weder die Aussonderung verlangen noch mit der Widerspruchsklage durchdringen kann (ZH, ObGer, II. Ziv.Kammer, 08.05.1984, ZR 1985, Nr. 16).

18 Bestätigung der Rechtsprechung, wonach das Aussonderungsverfahren gemäss Art. 242 SchKG nicht anwendbar ist, wenn ein Dritter geltend macht, er selber und der Gemeinschuldner sei der Gläubiger einer inventarisierten Forderung, die nicht in einem Wertpapier verkörpert ist (BGE 128 III 388).

19 *Aussonderung von Bargeld (Banknoten)* – Im Zusammenhang mit einer Aussonderung sprechen das SchKG und die KOV nur von Sachen. Bei Forderungen, die nicht in einem Wertpapier verkörpert sind, ist die Fristansetzung an den Drittansprecher zur Aussonderung ungültig (ZR 1985, Nr. 141, BGE 105 III 14). So stellen beschlagnahmte Banknoten keine Sache dar, sondern nur eine Forderung (LU, Amtsgerichtspräsident LU-Land als untere AB, 16.03.1994, keine Publikation).

20 *Aussonderung einer Mietzinskaution* – Für einen Mieter, der dem Vermieter eine Kaution geleistet hat, stellt sich im Falle eines Konkurses des Vermieters die Frage, ob für die Kaution ein Aussonderungsrecht besteht und gegebenenfalls verrechnungsweise geltend gemacht werden kann. – Wird das Mietzinsdepot mit anderen Geldern des Vermieters vermengt, so findet ein Eigentumswechsel statt. Das Hinterlegungsvertragsrecht, welches Anwendung findet, sofern der Vermieter die Kaution einfach in seinem Vermögen belässt, kennt *keinen konkursrechtlichen Aussonderungsanspruch* (Schönenberger, Zürcher Kommentar, N 8 zu Art. 481 OR). Welche Vermögenswerte gestützt auf Art. 401 Abs. 3 OR vom Aussonderungsrecht erfasst werden, ist umstritten (BGE 117 II 429 mit Hinweisen). Sie kommt aber in jedem Fall nur zur Anwendung, wenn der auszusondernde Geldbetrag hinreichend individualisiert ist (Russenberger, Basler Kommentar, N 20 f. zu Art. 242 SchKG mit Hinweisen; Amonn/Gasser, Grundriss des Schuldbetreibungs- und Konkursrechts, 6. Aufl., Bern 1997, § 40 N 32 und § 24 N 16).

Eine Verrechnung mit nach Konkurseröffnung anfallenden Mietzinsen ist nach Art. 213 Abs. 2 Ziff. 2 SchKG ausgeschlossen (BGE 127 III 273).

III. Eigentumsansprachen in Konkurrenz mit Pfand- und Kompetenzansprüchen (Art. 53 und 54 KOV)

1. Mit Pfandansprachen

21 Eigentumsansprache an einem Gegenstand, an dem zugleich ein Retentionsrecht geltend gemacht wird (Art. 53 KOV) – Die Konkursverwaltung hat sich erst dann über das Retentionsrecht auszusprechen, wenn das die Eigentumsansprache abweisende Urteil in Rechtskraft erwachsen ist; bleibt die

Eigentumsansprache unbestritten, so hat sich die Konkursverwaltung nicht mit dem allfälligen Streit zwischen dem Drittansprecher und dem Gläubiger, der das Retentionsrecht geltend macht, zu befassen (BGE 107 II 84/85).

22 (i.V.m. Art. 284 SchKG) – Der Käufer von Gegenständen, welche unter Retentionsbeschlag stehen, kann sich nach ihrer Wegnahme einer Rückschaffung derselben nicht widersetzen, gleichgültig, ob ihm der Retentionsbeschlag bekannt war oder nicht. Eigentums- und Pfandansprüche sind in der hängigen Mietpfandbetreibung wie bei der ordentlichen Pfändung im Widerspruchsverfahren zu behandeln (BGE 104 III 27), wobei dem gutgläubigen Dritten die Rolle des Beklagten im Sinne von Art. 108 SchKG einzuräumen ist. *Fällt die Mietpfandbetreibung zufolge Konkurs des Mieters dahin, bleibt das Retentionsrecht des Vermieters trotzdem wirksam;* es ist mitsamt der Forderung beim KA anzumelden. Nach Rückschaffung der Gegenstände hat das KA das Aussonderungsverfahren einzuleiten unter Berücksichtigung von Art. 53 KOV (GR, AB, 16.01.1979, BlSchK 1983, S. 186/187).

23 *Konkurrenz zwischen Zugehöreigenschaft und Pfandansprache* – Macht ein Dritter eine Eigentumsansprache an Zugehör geltend, so ist darüber *nicht gemäss Art. 242 SchKG zu verfügen,* sondern die Konkursverwaltung hat, wie wenn überhaupt nichts im Grundbuch angemerkt wäre, *im Kollokationsverfahren bzw. im Lastenverzeichnis eine klare Verfügung darüber zu treffen,* was als Zugehör anerkannt und im Lastenverzeichnis als vom Grundpfand mitbelastet zu gelten hat. Will ein Betroffener diese Entscheidung bestreiten, so hat er eine Kollokationsklage einzureichen. Das Fehlen eines unzweideutigen diesbezüglichen Entscheides im Kollokationsplan bzw. Lastenverzeichnis kann mit Beschwerde angefochten werden (GR, AB, 11.07.1995, PKG 1995, S. 144).

2. Mit Kompetenzansprüchen

24 Wird ein gepfändeter oder *zur Konkursmasse gezogener Gegenstand* vom Schuldner als Kompetenzstück und von einem Dritten als Eigentum beansprucht, so ist die Frage der Unpfändbarkeit *vor Durchführung des Widerspruchsverfahrens* bzw. Aussonderungsverfahren zu erledigen (BGE 83 III 20).

IV. Handlungen der Konkursverwaltung

25 Zuständiges KA – Das durch *Rechtshilfe beauftragte KA* ist nicht befugt, eine Verfügung über die Aussonderung von Dritteigentum zu verfügen. Diese Handlung ist der *örtlich zuständigen Konkursverwaltung vorbehalten,* nachdem es auch ihr obliegt, eine Anerkennung einer Eigentumsansprache den Gläubigern zu unterbreiten (Art. 47 KOV) (GR, AB, 11.07.1995, PKG 1995, S. 144).

26 Nach dem unmissverständlichen Text von Art. 242 Abs. 1 verfügt die Konkursverwaltung über die Herausgabe von Sachen, welche von einem Dritten zu Eigentum angesprochen werden. Der Anspruch, für dessen Geltendmachung durch Klage die Konkursverwaltung nach Art. 242 Abs. 2 SchKG dem Dritten Frist anzusetzen hat, bezieht sich somit ausschliesslich auf das Eigentum sowie auf Aussonderungsansprüche, welche von Gesetzes wegen ausdrücklich anerkannt werden (Art. 201 und 203 SchKG, Art. 401 und 1053 OR). Streitigkeiten, die sich auf *beschränkt dingliche Rechte beziehen* (z.B. den Umfang der Pfandhaft) sind demgegenüber *im Kollokationsverfahren gemäss Art. 250 SchKG auszutragen* (BGE 114 III 25 E.2).

27 *Befugnisse der Konkursverwaltung* – Entsprechend den umfassenden Befugnissen der zweiten Gläubigerversammlung, ist der Zuständigkeitsbereich der Konkursverwaltung begrenzt. Diese hat gemäss Art. 240 SchKG alle zur Erhaltung und Verwertung der Masse dienenden Geschäfte zu besorgen und die Masse vor Gericht zu vertreten. Trotz dieser Vertretungsbefugnis kann die Konkursverwaltung nicht über die Aufhebung oder Weiterführung von Prozessen befinden. Auf die Geltendmachung eines Aktivums vermag nicht sie, sondern allein die zweite Gläubigerversammlung gültig zu verzichten (BGE 103 III 11). Bezüglich der Herausgabe von Sachen, die von dritter Seite als Eigentum angesprochen werden, kommt der Konkursverwaltung nicht in dem Umfang Verfügungsmacht zu, wie es der Wortlaut von Art. 242 SchKG vermuten liesse. Entsprechend sieht Art. 47 KOV einschränkend vor, dass die Anzeige an den Drittansprecher und die Herausgabe des angesprochenen Gegenstandes zu unterbleiben hat, bis feststeht, ob die zweite Gläubigerversammlung etwas

Anderes beschliesst oder ob nicht einzelne Gläubiger nach Art. 260 SchKG die Abtretung der Ansprüche der Masse auf den Gegenstand verlangen (BGE 116 III 102 E.4b; BGE 127 III 275).

28 *Pflicht der Konkursverwaltung* über einen aufgrund eines Kaufvertrages mit Eigentumsvorbehalt *nach Ablauf der Eingabefrist angemeldeten Eigentumsanspruch eine Verfügung zu treffen,* auch wenn vorher aufgrund des gleichen Vertrages eine pfandgesicherte Forderung eingegeben und kolloziert worden war (BGE 81 III 24).

29 Die *Klagefristansetzung* an den ansprechenden Dritten darf nur dann erfolgen, *wenn die Masse Gewahrsam an den* vom Dritten *angesprochenen Sachen hat* (BS, AB, 19.05.1965, BJM 1968, S. 56).

30 Nur wenn sich die von einem Dritten angesprochenen Sache im *ausschliesslichen Gewahrsam der Konkursmasse* befindet, ist die Konkursverwaltung berechtigt, dem Drittansprecher nach Art. 242 Abs. 2 SchKG eine Frist von 20 Tagen zur Anhebung der Aussonderungsklage anzusetzen. Hat die Konkursverwaltung die von einem Dritten *angesprochenen Vermögenswerte im Verlaufe des Konkursverfahrens veräussert* und dadurch den Gewahrsam an der Sache verloren, gelangt als Surrogat der veräusserten Gegenstände der Erlös – als für den Drittansprecher auszuscheidender Vermögenswert – in den Gewahrsam der Konkursmasse (Art. 45 KOV) (BGE 122 III 436).

31 *Entweder bestreitet die Konkursverwaltung den Anspruch des Dritten* und setzt diesem unverzüglich eine Frist von zwanzig Tagen zur Anhebung der Klage an (Abs. 2 und Art. 46 KOV) *oder sie anerkennt ihn und gibt dem Dritten von ihrer Verfügung Kenntnis,* wenn feststeht, dass *die zweite Gläubigerversammlung nichts anderes beschlossen oder kein Gläubiger die Abtretung* der Ansprüche der Masse auf den Gegenstand *verlangt hat* (Art. 47 ff. KOV) (BGE 107 III 84/85).

32 Vorgehen, wenn in einem Konkursverfahren eine *Sache von mehreren Personen zu Eigentum angesprochen wird.* – Der Streit zwischen den mehreren Eigentumsansprechern ist ausserhalb des Konkursverfahrens auszutragen. Erheben mehrere gleichzeitig Eigentumsanspruch auf die nämliche Sache, die die Konkursmasse selber nicht für sich beansprucht, so kann die Konkursverwaltung den Anspruch des einen Ansprechers anerkennen und braucht dann über den Anspruch des andern keine Verfügung mehr zu erlassen, sondern kann die Sache dem einen herausgeben und dem andern überlassen, gegen diesen vorzugehen, was sie jedoch nur bei klarer Rechtslage tun wird, ansonst sich empfehlen wird, die Sache zu hinterlegen (BE, AB, 10.11.1969, BlSchK 1971, S. 147).

33 *Will die Konkursverwaltung die*, hier auf einen Eigentumsvorbehalt gestützten, *Eigentumsansprache eines Dritten bestreiten, hat sie dem Dritten eine Frist von zwanzig Tagen* zur Anhebung der Aussonderungsklage *anzusetzen und kann nicht den behaupteten Anspruch einfach ohne Klagefristansetzung durch Kollokation der Forderung in der 3. Klasse abweisen* (GR, AB, 03.06.1993, PKG 1993, S. 123).

34 (i.V.m. Art. 249 SchKG) – Enthält eine *Kollokationsverfügung gleichzeitig die Abweisung eines Herausgabeanspruchs,* so ist für den *Beginn des Fristenlaufs einer Beschwerde* gegen die Abweisungsverfügung die individuelle Zustellung massgebend und *nicht die öffentliche Bekanntmachung des Kollokationsplanes* (LU, SchKKomm, 30.08.2001, LGVE 2001 I 39).

35 *Nichtigkeit der vom KA ohne Anhörung der Gläubiger verfügten Aussonderung.* – Eine direkte Aussonderung durch die Konkursverwaltung ist nur nach Massgabe der Ausnahmebestimmung von Art. 51 KOV möglich, wenn die Eigentumsverhältnisse liquide sind, die Herausgabe im offenbaren Interesse der Masse liegt oder der Drittansprecher eine angemessene Kaution leistet. Bei einem *Leasingvertrag* kann aber die Qualifikation mit seinen bekannten Erscheinungsformen in der Rechtswirklichkeit, die von reiner Miete bis zum verkappten Abzahlungsvertrag (Kaufvertrag) reichen, alles andere als rechtlich einfach sein. Namentlich zeitigt die Nähe des Leasingvertrages zur Miete oder zum Kaufvertrag hinsichtlich der für die Aussonderung bzw. die Zugehörqualifikation massgeblichen Eigentumsfrage jeweils ein gegensätzliches Ergebnis (GR, AB, 11.07.1995, PKG 1995, S.144)

36 Admassierung eines Anspruchs eines Begünstigten aus einer Personalvorsorgeeinrichtung bei einer ausgeschlagenen Erbschaft des Versicherten? – Das BGer hat festgehalten, dass Art. 79 Abs. 1 VVG im Falle des Todes eines Versicherten vor Konkurseröffnung über dessen Nachlass nicht zur Anwen-

dung kommt, sondern in diesem Falle die Begünstigten den Anspruch gegenüber der Versicherung Kraft eigenen Rechts und nicht Kraft Erbrechts erworben haben (BGE 112 II 523). Dasselbe gilt auch im Bereich der beruflichen Vorsorge. Einschränkende Bestimmungen, wonach gesetzliche oder in Reglementen der Vorsorgeeinrichtung vorgesehenen Ansprüche von Hinterbliebenen im Falle der Ausschlagung der Erbschaft und der Liquidation des Nachlasses des Verstorbenen auf dem Wege des Konkurses erlöschen und in die Konkursmasse des Nachlasses fallen, enthält das BG über die berufliche Vorsorge (BVG) nicht (BL, AB, 15.02.00, BJM 2001, S. 123).

V. Aussonderungsverfahren

37 Wenn sich die angesprochene Sache im *Allein- oder Mitgewahrsam des Dritten befindet*, müssen die Konkursmasse bzw. die Abtretungsgläubiger als Kläger auftreten (BS, AB, 04.01.1946, BlSchK 1947, S. 54).

38 Befindet sich eine *Sache im Besitze eines Dritten und übt dieser den Gewahrsam nicht für den Schuldner aus,* so bildet sie zunächst nicht Bestandteil der Konkursmasse. Vielmehr bleibt es dieser vorbehalten, jene auf dem Klageweg zur Masse zu ziehen (BS, AB, 10.11.1965, BlSchK 1967, S. 52).

39 *Bei Aussonderungsklagen um Mobilien im Konkurse bestimmt sich der Streitwert nach dem amtlichen Schatzungswert* der zur Aussonderung verlangten Gegenstände (LU, ObGer, I. Kammer, 20.12.1945, Max. IX, Nr. 369, ZBJV 1946, S. 48, BlSchK 1946, S. 181).

40 *Beweislast im Prozess der Konkursmasse gegen die Ehefrau des Schuldners um Herausgabe von Gegenständen.* – Die beklagte Ehefrau bestreitet das Eigentum der Konkursmasse und damit die Herausgabepflicht. Es handelt sich also um eine Aussonderungsklage der Konkursmasse. – Da die Klägerin Gegenstände beansprucht, an denen die Beklagte Besitz hat, gilt für die Beklagte die Vermutung des Eigentums nach Art. 930 ZGB. Die Klägerin muss ihr Eigentum an den herausverlangten Gegenständen dartun, und sie muss die Vermutung des Eigentums der Beklagten zerstören (BE, Appellationshof, III. Ziv.Kammer, 13.05.1952, ZBJV 1954, S. 461).

41 Im Aussonderungsprozess kann der Ansprecher nicht behaupten, die Käuferschaft eines Gegenstandes (hier Auto) welche diesen aus einer Konkursmasse erworben haben und später selbst in Konkurs geraten ist, sei beim Erwerb desselben bösgläubig gewesen (Art. 936 ZGB), nachdem sein Eigentumsanspruch im Konkurse des ursprünglichen Eigentümers rechtskräftig abgewiesen worden war. Mit der konkursamtlichen Verwertung des Gegenstandes ist der Aussonderungsanspruch endgültig untergegangen (BS, Dreiergericht, 14.07.1980, BlSchK 1983, S. 79).

42 (i.V.m. Art. 401 OR und Art. 642 ZGB) – Aussonderung *fiduziarisches Eigentum* – Fiduziarisches Eigentum, das der Gemeinschuldner erworben hat, unterliegt nicht allgemein der Aussonderung. Insbesondere gibt Art. 401 OR dem Fiduzianten kein Recht auf Aussonderung eines im Grundbuch auf den Namen des Fiduziars eingetragenen Grundstücks. – *An Bestandteilen einer Sache ist kein gesondertes Eigentum, also auch kein fiduziarisches, möglich* (ZH, ObGer, II. Ziv.Kammer. 03.06.1977, ZR 1978, Nr 43).

43 Will *der Kurrentgläubiger die* von einem Dritten erhobene und *von der Konkursverwaltung anerkannte Eigentumsansprache* an Sachen, die sich *im Gewahrsam des Ansprechers befinden, bestreiten* und den *Einbezug der betreffenden Gegenstände in die Konkursmasse verlangen,* so hat er weder einen Aussonderungs- noch einen Lastenbereinigungs- bzw. Kollokationsprozess anzuheben, *sondern sich die betreffenden Rechtsansprüche von der Konkursverwaltung* im Sinne von Art. 260 SchKG *abtreten zu lassen* und hierauf den ordentlichen Prozessweg zu beschreiten (ZH, ObGer, I. Ziv.Kammer, 23.06.1960, ZR 1961, Nr. 100, BlSchK 1963, S. 51).

44 Besass der Konkursit zur Zeit der Konkurseröffnung keinen ausschliesslichen Gewahrsam an den umstrittenen Gegenständen, kann die Konkursverwaltung nicht gemäss Art. 242 SchKG Vorgehen, sondern hat selbst oder ein Abtretungsgläubiger im Sinne von Art. 260 SchKG eine Aussonderungsklage gegen den Dritten anzustrengen. Im vorliegenden Fall ist der Prozess in Analogie zu Art. 53 KOV ausserhalb des Konkursverfahrens zu führen (NE, 25.02.1993, BlSchK 1994, S. 147).

45 Wird in einem Konkurs das Eigentum eines Drittansprechers bestritten, so kommt es im Streit darüber hinsichtlich der *Parteirollenverteilung* auf die Gewahrsamsverhältnisse im Zeitpunkt der Konkurseröffnung an (BGE 110 III 87, Praxis 1984, Nr. 260).

46 *Zuständigkeit zur Führung von Aussonderungsprozessen* – Zur Führung von Aussonderungsprozessen ist die Konkursverwaltung und nicht die zweite Gläubigerversammlung zuständig (ZH, ObGer, II. Ziv.Kammer, 16.07.1985, ZR 1986, Nr. 18, BlSchK 1988, S. 36).

47 *Leasing als Umgehung des Faustpfandprinzips* – Aussonderungsklage einer Leasingfirma, welche einer Konkursitin auf der Basis eines so genannten «sale and lease back» -Verhältnisses einen Lastwagen finanziert hatte. Abgrenzung zum Finanzierungsleasing. Die Klage ist aufgrund von Art. 717 ZGB abzuweisen, wenn sich, wie im vorliegenden Fall, die Eigentumsübertragung auf die Leasingfirma als Umgehung des Faustpfandprinzips erweist (BE, Handelsgericht, 22.09.1991, BlSchK 1993, S. 62).

48 Die Absicht, mit dem Abschluss eines Kaufvertrages die Bestimmungen über das Faustpfand zu umgehen, macht eine Veräusserung unwirksam (BS, Appellationsgericht, 30.03.2001, BlSchK 2002, S. 75; das BGer hat eine Berufung abgewiesen).

VI. In Bezug auf den Nachlassvertrag

49 Will der Liquidator (Sachwalter) den Anspruch eines Dritten auf einen Vermögensgegenstand anerkennen, so hat er den Gläubigern davon Kenntnis zu geben und ihnen die Abtretung des Rechts der Masse auf Bestreitung des Aussonderungsanspruchs anzubieten (VD, SchKK, 14.02.1957, JT 105 (1957) II, S. 126, SJZ 1959, S. 92).

50 Es fällt nicht in die Zuständigkeit des Sachwalters, sich über die Begründetheit der Ansprache eines Dritten betreffend das Eigentum einer ins Inventar aufgenommenen Sache auszusprechen. Der Streit hierüber ist erst dann auszutragen, wenn es zur Verwertung des betreffenden Gegenstandes kommt und der Entscheid darüber steht dem Richter zu (FR, SchKK, 20.12.1961, Entscheidungen 1961, S. 101, SJZ 1964, S. 276).

VII. Weitere Anwendungen

51 *Aussonderungsrecht des Auftraggebers im Konkurse des Beauftragten und beim Nachlassvertrag mit Vermögensabtretung* – Wirkung des Konkursaufschubes. Constitutum possessorium im Bankverkehr. Auf wenn der Beauftragte die Wertschriften, die er auf Rechnung des Auftraggebers erwerben sollte, vor dem Konkursaufschub bestellt hat, so ist damit noch nicht bewiesen, dass deren nach dem Konkursaufschub erfolgter Erwerb für Rechnung des Auftraggebers erfolgt sei. – Stellung der Organe und des Sachwalters einer Aktiengesellschaft während des Konkursaufschubes. Nichtigkeit von Rechtshandlungen, durch welche ein Gläubiger zum Nachteil des anderen begünstigt wird. – Im Bankverkehr besteht das Besitzeskonstitut (Art. 717 ZGB) darin, dass die Bank dem Depotinhaber eine Mitteilung zukommen lässt, bestimmte Wertschriften seien in sein Depot eingeliefert worden und würden inskünftig dort für ihn verwahrt (ZH, ObGer, II. Ziv.Kammer, 20.03.1975, BGer I. Ziv.Abt. 07.08.1975, ZR 1976, Nr. 20).

52 *Kosten der Verwahrung der ausgesonderten Gegenstände in der Zeit zwischen Konkurseröffnung und Herausgabe* – Kann die Konkursmasse vom Dritteigentümer Ersatz dieser Kosten verlangen? Konkursverwaltung und AB sind zum Entscheid über eine solche Forderung nicht zuständig. Dagegen können die Konkursgläubiger den AB durch Beschwerde gegen die Schlussrechnung Art. 261 SchKG) die Frage unterbreiten, ob die Masse mit diesen Kosten belastet werden dürfe. Vertragliche Übernahme dieser Kosten durch den Dritteigentümer? Geschäftsführung ohne Auftrag für ihn? Begründung seiner Ersatzpflicht durch analoge Anwendung von Art. 262 Abs. 2 SchKG? Haftung des Gläubigers, der gemäss Art. 260 SchKG die Abtretung der Masseansprüche auf die zu Eigentum angesprochenen Gegenstände verlangt? Abzug seiner Kosten vom Prozessergebnis (Art. 260 Abs. 2 SchKG)? Deckung dieser Kosten aus dem Konkurserlös (Art. 262 Abs. 2 SchKG)? Die Konkursverwaltung darf dem die Abtretung verlangenden Gläubiger unter Androhung sofortiger Herausgabe an den Drittansprecher eine Frist ansetzen, innert der er für die Kosten der weiteren Verwahrung unbedingte Gutsprache sowie Sicherheit zu leisten hat (BGE 76 III 45/46).

Art. 243 4. Forderungseinzug. Notverkauf

¹ Unbestrittene fällige Guthaben der Masse werden von der Konkursverwaltung, nötigenfalls auf dem Betreibungswege, eingezogen.

² Die Konkursverwaltung verwertet ohne Aufschub Gegenstände, die schneller Wertverminderung ausgesetzt sind, einen kostspieligen Unterhalt erfordern oder unverhältnismässig hohe Aufbewahrungskosten verursachen. Zudem kann sie anordnen, dass Wertpapiere und andere Gegenstände, die einen Börsen- oder einen Marktpreis haben, sofort verwertet werden.

³ Die übrigen Bestandteile der Masse werden verwertet, nachdem die zweite Gläubigerversammlung stattgefunden hat.

I. Einzug fälliger Guthaben

1   Einziehung von unbestrittenen fälligen Guthaben der Masse auf dem Betreibungswege; *Begriff des unbestrittenen Guthabens* – Nach Lehre und Rechtsprechung hat die Konkursverwaltung gegen alle Drittschuldner, die auf eine vorausgegangene briefliche Aufforderung weder bezahlt noch eine ausdrückliche Bestreitung offenbar trölerisch und der Rechtsvorschlag des Schuldners durch (provisorische oder definitive) Rechtsöffnung zu beseitigen, so ist für solche Forderungen trotz der Bestreitung die Betreibung fortzusetzen. Liegt dagegen eine ernsthafte Bestreitung vor, so ist es Sache der 2. Gläubigerversammlung, darüber zu entscheiden, ob der Prozessweg beschritten oder ob das Guthaben im Sinne von Art. 260 SchKG den Gläubigern zur Abtretung angeboten werden soll (BGE 93 III 26) (BGE 108 III 21).

2   Bankenkonkurs – Freihandverkauf einer Forderung der Masse. Befugnisse der Konkursverwaltung (Art. 36 Abs. 2 BankG, Art. 253 Abs. 2 und 256 Abs. 1 SchKG) und Rechte der Gläubiger. Ist ein Guthaben der Masse zwar unbestritten und fällig, aber schwer einbringlich, so darf die Konkursverwaltung davon absehen, es gemäss Abs. 1 einzuziehen. Fall einer Forderung gegen überschuldete Firmen im Ausland (BGE 93 III 23).

II. Notverkauf

1. Bewegliche Sachen

3   *Patente und Patentanmeldungen* sind als Sachen mit kostspieligem Unterhalt zu qualifizieren und demzufolge ohne Aufschub zu verwerten. Die Abtretung ist möglich, doch bleibt die Frage offen, ob im Besitze von Dritten befindliche ausländische Patente (als Immaterialgüter) überhaupt admassierbar sind. Dürfen in dringlichen Fällen Abtretungsurkunden unter den nötigen Vorbehalten schon vor rechtskräftiger Zulassung einer Konkursforderung unter Ansetzung einer Verwertungsanstelle einer Klagefrist, ausgestellt werden (BS, AB, 03.05.1966, BlSchK 1967, S. 83).

4   Es liegt im *Ermessen der Konkursverwaltung*, abzuwägen und zu entscheiden, wann die Voraussetzungen eines Notverkaufs (hier von Weinen und Spirituosen) gegeben sind. Der ihr zustehende Ermessensspielraum soll dabei keinesfalls zu eng angesetzt werden (BS, AB, 21.03.1977, BlSchK 1978, S. 85)

5   *Notverkauf des Warenlagers vor der ersten Gläubigerversammlung* ist erlaubt, wenn dieser Verkauf für die Gläubiger voraussichtlich einmalig günstig ist. Der Konkursverwaltung steht hier ein nicht enger Ermessensspielraum zu (BS, AB, 17.06.1994, BlSchK 1995, S. 22).

6   *Notverkauf von dritten Personen angesprochenen Gegenstände*. Der Entscheid darüber, ob die gesetzlichen Voraussetzungen dieses Tatbestandes gegeben sind, steht im freien Ermessen der Konkursverwaltung (NE, 05.02.1998, Autorité de surveillance, BlSchK 1999, S. 67).

7   Möglichkeit und Voraussetzung der vorzeitigen Verwertung und des Freihandverkaufs im Konkursverfahren. – Folgen der Nichtbeachtung. – Gemäss Art. 256 SchKG setzt der Freihandverkauf zu den in Art. 243 genannten Bedingungen auch noch eine entsprechende Beschlussfassung der Gläubiger voraus. Wenn für einen Freihandverkauf keinen entsprechenden Beschluss der Gläubigerversammlung vorliegt, so ist die Zustimmung auf dem Zirkularweg einzuholen. Eine Rückgängigma-

chung der Freihandverkäufe kommt nicht in Frage, solange die Käufer gutgläubig gewesen sind, d.h., wenn sie nicht hätten erkennen müssen, dass die Gläubiger mit dem Freihandverkauf nicht einverstanden sind. Wenn ein Gläubiger glaubt, dass dadurch Gläubiger zu Schaden gekommen sind, so steht ihm der Weg der Verantwortlichkeitsklage offen (GR, AB, 18.10.1966, BlSchK 1969, S. 19).

2. Grundstücke

8   Inwiefern *steht es im Interesse der AB, die Verwertung vor rechtskräftiger Bereinigung der Lasten ausnahmsweise zu bewilligen?* Was für Interessen können der Bewilligung entgegenstehen? – Ist das im Pfändungs- und im Pfandverwertungsverfahren geltende Deckungsprinzip (Art. 141, 142 und 156 SchKG) ausgeschaltet, so soll immerhin (nach Art. 128 Abs. 1 VZG) jeder Pfandgläubiger in die Lage kommen, sein Verhalten bei der Verwertung nach dem Ergebnis des seinen (und allenfalls eine vorgehende) Pfandforderung betreffenden Kollokationsprozess einzurichten. So soll es nach ausdrücklicher Vorschrift «selbst im Falle der Dringlichkeit» sein. Mit dem blossen Vorbehalt «berechtigter Interessen» im Art. 128 Abs. 1, ist der AB ein weitgehendes Ermessen eingeräumt. Würde der Kollokationsprozess etwa eine Dienstbarkeit betreffen, so könnte der Prozessausgang unter Umständen für den Wert des Grundstückes in den Händen des Erwerbers so bedeutend sein, dass sich die vorzeitige Verwertung keinesfalls rechtfertigen liesse und andere, wenn auch mit Unzukömmlichkeiten verbundene Massnahmen zur Verhinderung eines allzu raschen Verderbes getroffen werden müssten (BGE 72 III 27).

9   Das Lastenverzeichnis (Art. 125 VZG) kann in besonderen Gefahrsfällen vor dem übrigen Kollokationsplan aufgelegt werden; (Erweiterung der Regeln von Art. 59 Abs. 2 KOV). Wird es angefochten, so kann vorzeitige Verwertung nur mit Bewilligung der AB nach Art. 128 Abs. 2 VZG stattfinden (BGE 75 III 100).

10 Ein *Ausnahmefall* im Sinne von Art. 128 Abs. 2 VZG ist nach der Rechtsprechung des BGer namentlich *dann gegeben, wenn ganz besondere Umstände eine unverzügliche Verwertung fordern*, die Verwertung *als «überdringlich» erscheinen lassen* (72 III 27, 25 III 102, 78 III 79, 80 III 80, 88 III 25 E. 2, 37 E. 4). Ist diese Voraussetzung erfüllt, so können nur besonders wichtige Interessen die Verweigerung der Bewilligung zur vorzeitigen Verwertung rechtfertigen. Der Entscheid darüber, ob die vorzeitige Verwertung nach diesen Grundsätzen im einzelnen Fall gerechtfertigt sei, liegt weitgehend im Ermessen der kantonalen AB. Das BGer kann hier nur eingreifen, wenn die kantonalen Behörden die erwähnten Grundsätze verkannt oder bei ihrer Anwendung das ihnen zustehende Ermessen überschritten haben (BGE 96 III 84).

11 *Verbot der Verwertung* eines Grundstücks *während der Hängigkeit eines Prozesses über dingliche Lasten.* Ausnahmen, Voraussetzungen, unaufschiebbare Reparaturen sind in der Regel kein hinreichender Grund (BGE 78 III 78).

12 *Berücksichtigung der Werteinbusse*, die daraus entstünde, dass der *Betrieb des Schuldners vor der Verwertung eingestellt werden müsste*, wenn damit bis nach Abschluss des Kollokationsverfahrens zugewartet würde (BGE 80 III 79).

13 (i.V.m. Art. 128 VZG) – *Zumindest bei der Beantwortung der Frage, ob berechtigte Interessen verletzt würden,* fällt der Umstand, dass die zweite Gläubigerversammlung den Antrag der ausseramtlichen Konkursverwaltung auf vorzeitige Verwertung abgelehnt hat, ins Gewicht. Die vorzeitige Verwertung rechtfertigt sich im vorliegenden Fall nicht, weil dadurch voraussichtlich kein bedeutend höherer Erlös erzielt wird und weil damit gerechnet werden muss, dass weder die zweite Grundpfandgläubigerin noch die übrigen Gläubiger für ihre Forderungen befriedigt werden (BGE 115 III 85).

IV. Erwahrung der Konkursforderungen. Kollokation der Gläubiger

Art. 244 A. Prüfung der eingegebenen Forderungen

Nach Ablauf der Eingabefrist prüft die Konkursverwaltung die eingegebenen Forderungen und macht die zu ihrer Erwahrung nötigen Erhebungen. Sie holt über jede Konkurseingabe die Erklärung des Gemeinschuldners ein.

I. Prüfungs- und Erwahrungspflicht der Konkursverwaltung

1 Die Konkursverwaltung hat nach dem Ergebnis seiner Nachforschungen zu entscheiden, ohne Rücksicht darauf, ob seine Entscheidung für die Masse günstig sei oder nicht; die Konkursverwaltung hat auch das Interesse des Gemeinschuldners zu berücksichtigen und darf im Kollokationsplan nur Eingaben zulassen, deren Urheber wirklich Gläubiger sind (BGE 93 III 59).

2 (i.V.m. Art. 198 SchKG und Art. 60 Abs. 3 KOV) – Die Anmeldung des Pfandrechts im Konkurs des Pfandeigentümers ist für seine rechtsgültige Beanspruchung auch dann ausreichend, wenn es zur Sicherung einer Solidarschuld bestellt worden ist; in einem Fall, da sich auch der persönlich haftende Mitverpflichtete im Konkurs befindet, ist die Geltendmachung der pfandgesicherten Forderung in jenem Konkurs demnach *nicht erforderlich* (BGE 113 III 128).

3 Das *Bankgeheimnis* (Art. 47 Abs. 1 lit. b und Abs. 2 BankG) *entbindet die Organe der Bank in deren Konkurs nicht vor der Auskunftspflicht* gegenüber der Konkursverwaltung. Es gilt auch nicht für die Konkursverwaltung selbst; deren grundsätzliche Pflicht zur Verschwiegenheit wird begrenzt durch die konkursrechtliche Offenbarungspflichten (namentlich nach Art. 8a und 249 SchKG).

Anwendungsbereich des Art. 10 der VO betreffend das Nachlassverfahren von Banken und Sparkassen: Diese Vorschrift gilt nur für das Nachlassverfahren von Banken und Sparkassen, und zwar für den durch Bestätigung oder Verwerfung des Nachlassvertrages abzuschliessenden Verfahrensabschnitt. Beim Vollzug eines Nachlassvertrages mit Vermögensabtretung (Liquidationsvergleich) ist dann aber ein Kollokationsverfahren, das nach Art. 30 VNB die öffentliche Auflegung des Kollokationsplanes zur Einsicht durch die Gläubiger nötig macht und ausdrücklich den konkursrechtlichen Vorschriften, namentlich den Art. 246, 248–251 SchKG unterstellt. Diese Ordnung ist zwingend (BGE 61 III 91; 86 III 114).

4 *Nachlassstundung einer Bank* – Abklärungspflicht des Sachwalters; Neutrale *Rechtsstellung des Sachwalters gleicht derjenigen eines Konkursverwalters.* Die Auskunft über die Abwicklung seiner Rechtsbeziehungen zur Bank darf einem Kunden derselben vom Sachwalter nicht verweigert werden, auch wenn die Bank die von jenem erhobene Forderung bestreitet. Es gehört zu den Aufgaben des Sachwalters, sich auch selber genau Rechenschaft über die Verbindlichkeiten der Bank zu geben und «über Höhe von Forderungen, deren wirklicher Betrag sich nicht aus den Büchern der Bank ergibt, z.B. aus Indossamente, Garantie und Kautionsverträgen, Bürgschaften und dergleichen, von sich aus Erhebungen anzustellen» (Art. 5 Abs. 2 VBN). *Die Pflicht einer Konkursverwaltung erschöpft sich bei der Erwahrung von Konkurseingaben nicht in der Einladung zum Vorlegen von Beweismitteln.* In manchen Fällen sind nähere Erkundigungen einzuziehen, beim Ansprecher selbst und gegebenenfalls auch anderwärts. Auf diesem Weg erhält die Konkursverwaltung oftmals leicht diejenigen Aufschlüsse, die ihr sonst erst im Prozess zur Kenntnis kommen und sie dann zur Anerkennung der einfach «mangels Ausweises» abgewiesenen Ansprache veranlassen, mit entsprechender Kostenbelastung (BGE 92 III 45)

5 Das KA ist verpflichtet, im Rahmen des Kollokationsverfahrens von Amtes wegen die zur Erwahrung der eingegebenen Forderungen nötigen Erhebungen zu machen. Dasselbe trifft auch auf die im Kollokationsverfahren zur Verrechnung gebrachten Gegenforderungen der Konkursmasse zu. Eine Verrechnung kann nur bei tatsächlichem Bestand der Gegenforderung gültig erfolgen (BL, AB, 03.05.1979, BJM 1981, S. 45, BlSchK 1985, S. 91; vgl. BGE 96 III 106, N 13 nachfolgend).

6   Die Konkursverwaltung darf eine *Forderung nicht bloss auf mündliche Erklärungen des Gläubigers hin zulassen,* auch nicht, um einen Kollokationsprozess zu vermeiden, zu dessen Führung ihr mangels Aktiven die Mittel fehlen würden (BGE 93 III 59).

7   Das Einverlangen von Beweismitteln auch für Eventualforderungen liegt im Interesse einer zweckmässigen Geschäftserledigung und ist nicht zu beanstanden (BS, AB, 19.05.1965, BlSchK 1967, S. 81).

8   Indem angemeldete Forderungen zugelassen werden, die nicht hinreichend belegt sind, verletzt die Konkursverwaltung die Vorschriften über die Aufstellung des Kollokationsplanes (BGE 93 III 59).

9   Die Konkursverwaltung hat nach dem Ergebnis seiner Nachforschungen zu entscheiden, ohne Rücksicht darauf, ob seine Entscheidung für die Masse günstig sei oder nicht; die Konkursverwaltung hat auch das Interesse des Gemeinschuldners zu berücksichtigen und darf im Kollokationsplan nur Eingaben zulassen, deren Urheber wirklich Gläubiger sind (BGE 93 III 59).

II. Erklärungen des Gemeinschuldners

10 Vom Gemeinschuldner nicht ausdrücklich anerkannte Forderungen sind auf dem Verlustschein *als «bestritten»* zu vermerken (BS, AB, 09.02.1968, BJM 1968, S. 142).

11 Rechtsmissbrauch, wenn der Konkursit oder ein Dritter absichtlich einen Konkursgläubiger zur Anmeldung einer Konkursforderung auffordert, damit er diese bestreiten kann (NE, Autorité cantonal de surveillance, 04.07.1974, BlSchK 1977, S. 24).

12 (i.V.m. Art. 28 OR und Art. 148 StGB) – Nichtigkeit einer im Kollokationsplan enthaltenen Verfügung, die durch betrügerische Machenschaften erwirkt worden ist. Vorausgesetzt wird aber ein betrügerisches Vorgehen im Sinne des Strafgesetzbuches; zivilrechtliche Täuschung genügt nicht (SG, Kts.Gericht, 2. Ziv.Kammer, 09.03.1984, SJZ 1986, S. 69).

13 (i.V.m. Art. 55 KOV) – Mangels gesetzlicher Grundlage ist keine Konkursverwaltung befugt, die Bestreitung von Konkursforderungen durch den Gemeinschuldner dann nicht zu verurkunden, wenn er seine entsprechende Stellungnahme weder begründet noch Beweismittel dafür vorlegt. Gemäss Art. 245 SchKG ist die Konkursverwaltung bei ihrem Entscheid über eine Kollozierung der Konkursforderung nicht an seine Erklärungen gebunden. Sie kann den Gemeinschuldner aber zur Mitwirkung bei der Prüfung der Konkurseingaben verpflichten und seine entsprechende Verfügung mit der Strafdrohung der Art. 323 Ziff. 5 und 326 StGB im Unterlassungsfalle versehen (BE, AB, 27.02.1989, BlSchK 1991, S. 22).

14 Die Unterlassung der gehörigen Einvernahme des Schuldners führt nur dann zur Aufhebung des Kollokationsplanes, wenn dessen Erklärungen die Konkursverwaltung nachweisbar zu einer anderen Entscheidung über eine bestimmte Forderung veranlasst hätten (GR, AB, 26.08.1986, PKG 1986, Nr. 40).

15 Die Bestimmung, wonach über jede Konkurseingabe die Erklärung des Gemeinschuldners einzuholen ist, ist *nicht eine zwingende Vorschrift des öffentlichen Rechts,* deren Verletzung die jederzeit mögliche Feststellung der Nichtigkeit zur Folge hätte (Bestätigung der Rechtsprechung) (BGE 71 III 183; 103 III 20; 122 III 137).

III. Beschwerdeführung

16 Weist die Konkursverwaltung eine im Konkurse eingegebene Forderung ab, ohne die zu deren Erwahrung nötigen Erhebungen gemacht zu haben, so kann gegen ihre Entscheidung Beschwerde geführt werden (BGE 96 III 106)

17 Legitimation des Schuldners zur Beschwerde auf Berichtigung des Kollokationsplanes, in den eine nicht genügend belegte Forderung aufgenommen wurde (BGE 93 III 59/60).

18 Der Schuldner kann wegen Verletzung der in Art. 244 SchKG und Art. 59 KOV aufgestellten Vorschriften betreffend die Prüfungspflicht der Konkursverwaltung Beschwerde führen (BGE 93 III 59).

19 Bei ungenügender Erfüllung der der Konkursverwaltung auferlegten Abklärungspflicht bei der Überprüfung der eingegebenen Forderungen kann gegen eine Kollokationsverfügung Beschwerde geführt werden (BL, AB, 16.09.1997, BlSchK1998, S. 68).

IV. Weitere Verfahrensanwendungen

20 Die Abrede in einem *Insertionsvertrag*, es werde ein *«Mengenrabatt» von 50% gewährt, der aber bei Konkurs dahinfalle,* schafft ein *unzulässiges Konkursprivileg* und kann vom Richter nicht geschützt werden (BS, Appellationsgericht (Ausschuss), 02.10.1950, SJZ 1951, S. 297, BlSchK 1952, S. 88).

21 Keine gesetzliche Vorschrift verbietet der Konkursverwaltung, sich von einem Dritten die Übernahme des Kostenrisikos eines allfälligen Kollokationsprozesses gegen die Masse versprechen zu lassen (BS, AB, 11.08.1960, BlSchK 1962, S. 151).

22 Inhalt des Kollokationsplanes: Dass die Konkursverwaltung mit der Kollokation einer Forderung Auflagen verbinden könne, ist im Gesetz nicht vorgesehen (BGE 96 III 42).

23 Bei *Streitigkeiten über die Anspruchsberechtigung einer* von der Konkursmasse *anerkannten Forderung* muss die Konkursverwaltung darüber entscheiden, wer unter den Gläubigern sie als Berechtigten über die Forderung einschreiben will. *Diese Kollokation hat* für die Konkursverwaltung *nicht zur Folge, dass sie verpflichtet ist, die Dividende an die eingeschriebene Person auszurichten.* Im Zeitpunkt der Verteilung soll die Konkursverwaltung die zur Forderung gehörende Dividende hinterlegen, bis der Streit unter den verschiedenen Anspruchsberechtigten entschieden ist (VD, Cour des poursuites et faillites du Tribunal cantonal, 30.04.1959, BlSchK 1960, S. 187).

Art. 245   B. Entscheid

Die Konkursverwaltung entscheidet über die Anerkennung der Forderungen. Sie ist hiebei an die Erklärung des Gemeinschuldners nicht gebunden.

1 Über das Bestehen einer *Masseschuld ist nicht im Kollokationsverfahren zu befinden.* – Ist eine als Masseschuld geltend gemachte Forderung nur als Konkursforderung anerkannt, so bedarf es eines gegen die Masse ergehendes Urteil der Zivilgerichte bzw. Verwaltungsbehörden oder -gerichte. – Was kann der Kläger tun, wenn das Urteil gerade die Qualifikation der Forderung als Konkursforderung oder Masseschuld offen lässt? Solchen Falls ist der Gläubiger in erster Linie auf ein bei der Behörde, die das Urteil ausgefällt hat, zu stellendes Erläuterungsbegehren, unter Umständen auf den Weg einer Nachklage zu verweisen. Die AB können in der Regel nur angegangen werden, um das Urteil dahin nachzuprüfen, ob sich der Charakter des Anspruchs (Masseschuld oder Konkursforderung) unzweifelhaft aus den Urteilsgründen ermitteln lasse. Ausserdem kommt aber auch in Frage, den Gläubiger auf den Weg der Betreibung gegen die Masse zu verweisen, wodurch sich die Frage, ob das Urteil die Masse unzweifelhaft im Sinne einer Masseschuld verpflichte, vor dem Rechtsöffnungsrichter austragen lässt; wird die Rechtsöffnung erteilt, so ist damit für das Betreibungsverfahren massgebend festgestellt, dass sich die Forderung als Masseschuld in das Brutto-Konkursvermögen vollstrecken lässt und bei dieser Sachlage kann die Einrede, es bestehe keine Masseschuld, nicht mehr mit einer Beschwerde gegen die Pfändung geltend gemacht werden (BGE 50 III 172) (BGE 75 III 19).

2 Masseverbindlichkeiten sind nicht im Kollokationsplan aufzunehmen. – Über das Vorliegen einer solchen Verbindlichkeit haben auch dann nicht die AB zu entscheiden, wenn sich der Ansprecher auf Art. 22 Abs. 2 oder 25 Abs. 2 der VNB vom 11.04.1935 beruft. – Die Klage gegen die Masse ist unbefristet, doch kann die Konkursverwaltung dem Ansprecher die Verteilung ohne Rücksicht auf die beanspruchte Vorabdeckung androhen für den Fall, dass er nicht binnen angemessener Frist klage (BGE 75 III 57).

3 Wer sich als Gläubiger des Gemeinschuldners hat kollozieren lassen, verliert grundsätzlich nicht sein Recht zur Behauptung, seine Ansprüche richteten sich in Wirklichkeit gegen die Masse (BGE 106 III 118).

4 Vom Gemeinschuldner nicht ausdrücklich anerkannte Forderungen sind auf dem Verlustschein *als «bestritten» zu vermerken* (BS, AB, 09.02.1968, BJM 1968, S. 142).

5   (i.V.m. Art. 244 SchKG) Die Unterlassung der gehörigen Einvernahme des Schuldners führt nur dann zur Aufhebung des Kollokationsplanes, wenn dessen Erklärungen die Konkursverwaltung nachweisbar zu einer anderen Entscheidung über eine bestimmte Forderung veranlasst hätten (GR, AB, 26.08.1986, PKG 1986, Nr. 40).

6   In mündlichen Erklärungen einer Partei können Beweismittel, wie das Gesetz sie fordert, nicht erblickt werden. Ein Entscheid über die Anerkennung oder Abweisung einer Forderung hängt nicht von der Überzeugung ab, das die Eingabesteller Opfer des Konkursiten waren, sondern davon, ob der Verwaltungsrat absichtlich oder fahrlässig seine Pflichten verletzt und damit der Gesellschaft und mittelbar ihren Gläubigern Schaden verursacht haben. Indem angemeldete Forderungen zugelassen werden, für die keine Beweismittel und damit nicht hinreichend belegt sind, verletzt die Konkursverwaltung die Vorschriften über die Aufstellung des Kollokationsplanes (BGE 93 III 59, Praxis 1968, Nr. 29).

Art. 246   C. Aufnahme von Amtes wegen

Die aus dem Grundbuch ersichtlichen Forderungen werden samt dem laufenden Zins in die Konkursforderungen aufgenommen, auch wenn sie nicht eingegeben worden sind.

1   Anmerkung und Haftung der Zugehör: *Die Anmerkung der Zugehör im Grundbuch gilt zugunsten eines jeden Pfandgläubigers*, unabhängig vom Zeitpunkt der Pfandbestellung. Will das Amt für ein bestimmtes Pfandrecht die Ausdehnung der Pfandhaft auf die Zugehör verneinen, so hat es das klar und eindeutig zu erklären und dem betreffenden Gläubiger eine Spezialanzeige zuzustellen (BGE 97 III 39).

2   Die *Aufnahme verfallener Hypothekarzinsen* unter die Konkursforderungen (Art. 246 SchKG) kann wegen verspäteter Anmeldung dieser Zinsen nicht durch gerichtliche Klage, sondern nur durch Beschwerde an die AB anfochten werden (BGE 99 III 25).

Art. 247   D. Kollokationsplan
1. Erstellung

¹ Innert 60 Tagen nach Ablauf der Eingabefrist erstellt die Konkursverwaltung den Plan für die Rangordnung der Gläubiger (Kollokationsplan, Art. 219 und 220).

² Gehört zur Masse ein Grundstück, so erstellt sie innert der gleichen Frist ein Verzeichnis der darauf ruhenden Lasten (Pfandrechte, Dienstbarkeiten, Grundlasten und vorgemerkte persönliche Rechte). Das Lastenverzeichnis bildet Bestandteil des Kollokationsplanes.

³ Ist ein Gläubigerausschuss ernannt worden, so unterbreitet ihm die Konkursverwaltung den Kollokationsplan und das Lastenverzeichnis zur Genehmigung; Änderungen kann der Ausschuss innert zehn Tagen anbringen.

⁴ Die Aufsichtsbehörde kann die Fristen dieses Artikels wenn nötig verlängern.

I. Ordnung des Kollokationsplanes (Art. 56 KOV)
1. Grundpfandgesicherte Forderungen

1   Ein Lastenverzeichnis, das keine klare Entscheidung darüber enthält, ob sich die Pfandhaft auf die Zugehör erstrecke oder nicht, ist nachträglich zu ergänzen und neu aufzulegen. – Das Lastenverzeichnis kann durch die Steigerungsbedingungen nicht abgeändert werden (BGE 99 III 70).

2   Im Lastenverzeichnis sind nicht nur die Belastungen des zur Konkursmasse gehörenden Miteigentumsanteils, sondern auch diejenigen des Grundstückes selbst aufzuführen (GR, AB, 07.11.1989, PKG 1989, S. 180).

3   (i.V.m. Art. 891 Abs. 2 und 904 ZGB) – Die Frage nach dem *Umfang* der durch das *Faustpfand gewährten Sicherheit* und nach demjenigen *der Pfandhaft bei verpfändeten Grundpfandtiteln* ist materiellrechtlicher Natur. Es drängt sich auf, im Kollokationsplan über diese Punkte einen klaren

Entscheid zu treffen, zumal den Betroffenen die Möglichkeit offen steht, den Kollokationsplan mit Klage anzufechten (BGE 102 III 89).

4 (i.V.m. Art. 818 Abs. 1 Ziff. 3 ZGB) – Es ist zulässig, Schuldbriefe sicherheitshalber zu Eigentum zu übertragen und zu vereinbaren, dass diese bis zum Betrage des Schuldbriefkapitals sowie des laufenden und dreier verfallener Jahreszinsen beliebige Forderungen sicherstellen sollen. Sofern eine *Schuld in der entsprechenden Höhe besteht, dienen die Schuldbriefe diesfalls der Sicherung dieses gesamten Betrages, selbst wenn die verfallenen Zinsen aus dieser Schuld bezahlt sind.*

Der Bundesbeschluss vom 06.10.1989 über eine Pfandbelastungsgrenze für nichtlandwirtschaftliche Grundstücke hat keinen Einfluss auf die Gültigkeit dieser Sicherungsvereinbarung, welche vor seinem Inkrafttreten geschlossen wurde (BGE 115 II 349).

5 (i.V.m. Art. 317 ff. SchKG) – Enthält der Kollokationsplan bzw. das Lastenverzeichnis *keinen Entscheid darüber, ob sich die Pfandhaft auf die Mietzinserträgnisse erstrecke,* so ist er nachträglich zu ergänzen und neu aufzulegen (BGE 105 III 28).

6 (i.V.m. Art. 818 Abs. 1 ZGB) – Die in einem einer Betreibung vorausgegangenen Prozess über den Bestand der Forderung dem Kläger zugesprochene *aussergerichtliche Entschädigung* darf *nicht als pfandgesichert ins Lastenverzeichnis* aufgenommen werden (GR, AB, 24.01.1984, PKG 1984, Nr. 52).

7 (i.V.m. Art. 36 Abs. 1 VZG) – Forderungen, die keine Belastung des Grundstückes darstellen, dürfen nicht in das Lastenverzeichnis aufgenommen werden. Das Betreibungs- oder KA ist zur Prüfung der in einem gewissen Grad immer auch materiellrechtlichen Frage, ob eine Forderung eine Belastung des Grundstückes darstelle, befugt; denn wenn die angemeldete Forderung durch das *geltend gemachte Pfandrecht nicht gedeckt ist, stellt sie keine Belastung des Grundstückes dar* und ist somit gemäss Art. 36 Abs. 1 VZG nicht in das Lastenverzeichnis – und dementsprechend nicht als pfandgesichert in den Kollokationsplan – aufzunehmen (BGE 117 III 36 E. 3).

8 Bauhandwerkerpfandrecht nach der Konkurseröffnung – Wenn die endgültige Eintragung des Bauhandwerkerpfandrechts bei Konkurseröffnung noch nicht Gegenstand eines Prozesses im Sinne von Art. 63 KOV bildet, ist über die endgültige Eintragung im Kollokationsverfahren zu entscheiden. Das Pfandrecht kann im Konkurse nicht mehr geltend gemacht werden, wenn der Bauhandwerker die Abweisung des Pfandrechts im Lastenverzeichnis nicht mit Kollokationsklage angefochten hat und die Kollokation rechtskräftig geworden ist (BGE 119 III 124).

9 (i.V.m. Art. 125 und 126 VZG und Art. 507 OR) – Die vom Schuldner *durch Inhaberschuldbriefe sichergestellte Bürgschaft* zugunsten des Grundpfandgläubigers des nämlichen Grundstückes *gibt dem Bürgen keinen Anspruch auf definitive Kollokation seiner* (hier pfandversicherten) *Bürgschaftsforderung.* Rechte gegenüber dem Konkursiten entstehen dem Bürgen erst mit Zahlungen an den Gläubiger. Dann, und erst dann, gehen die Gläubigerrechte kraft Legalzession im Sinne von Art. 507 OR entsprechend auf ihn über. Hat im Zeitpunkt der Kollokation diese Subrogation noch nicht stattgefunden, besitzt der Bürge gegenüber dem Konkursiten auch keine (definitive) Forderung (BE, AB, 30.08.1989, BlSchK 1991, S. 36/37).

2. Faustpfandgesicherte Forderungen

10 (i.V.m. Art. 891 Abs. 2 und 904 ZGB) – Die Frage nach dem *Umfang der durch das Faustpfand gewährten Sicherheit* und nach demjenigen *der Pfandhaft bei verpfändeten Grundpfandtiteln* ist materiellrechtlicher Natur. Es drängt sich auf, im Kollokationsplan über diese Punkte einen *klaren Entscheid zu treffen,* zumal den Betroffenen die Möglichkeit offen steht, den Kollokationsplan mit Klage anzufechten (BGE 102 III 89).

11 Vergleich zwischen der Konkursverwaltung und einem Pfandgläubiger des Inhalts, dass dieser seine Eingabe *gegen Entlassung des Pfandgegenstandes an Zahlungsstatt zurückziehe.* Kollozierung der Forderung unter den pfandgesicherten Forderungen mit der Bemerkung «Angelegenheit erledigt». – Recht der Konkursgläubiger, diesen Vergleich anzufechten, unter Vorbehalt von Art. 237 Ziff. 3 SchKG (Art. 66 Abs. 3 KOV). Mit Rücksicht hierauf ist die Bemerkung «Angelegenheit erledigt» zu

streichen und in der entsprechenden Kolonne der Vergleich und sein Inhalt anzumerken (BGE 75 III 61/62).

12 Der Faustpfandgläubiger an Eigentümerpfandtiteln ist im Konkurse des Eigentümers des belasteten Grundstückes berechtigt, auf die seit der Konkurseröffnung bis zur Verwertung auflaufenden Miet- oder Pachtzinsforderungen zu greifen (BGE 106 III 67).

13 Faustpfandrecht an Eigentümerschuldbriefen, die ein Grundeigentümer zur Sicherstellung der Darlehensschuld eines Dritten verpfändet hat; Stellung des Faustpfandgläubigers im Konkurs des Verpfänders. Ergibt sich bei der Verwertung des belasteten Grundstückes im Konkurse des Verpfänders ein Pfandausfall, so kann der Pfandgläubiger nicht im gleichen Konkurs eine entsprechende Forderung (in der dritten Klasse) kollozieren lassen; eine solche Pfandausfallforderung kann nur gegenüber dem Darlehensschuldner geltend gemacht werden, denn der Grundeigentümer, der sein Grundstück für die Schuld eines Dritten verpfändet, haftet nur mit dem verpfändeten Grundstückwert, und nicht auch persönlich (BGE 107 III 128).

3. Drittpfandgesicherte Forderungen

14 Auf kollozierte Forderungen, für welche ganz oder zum Teil im Eigentum eines Dritten stehende Gegenstände als Pfand haften, ist Art. 217 SchKG anwendbar. Der Drittpfandeigentümer ist gleich gestellt, wie ein rückgriffsberechtigter Mitverpflichteter im Sinne von Art. 217 Abs. 3. Der auf die Forderung entfallende Anteil an der Masse steht dem Gläubiger bis zu seiner vollständigen Befriedigung zu. Erst wenn dessen Forderung gedeckt ist, kommt der Überschuss dem Drittpfandeigentümer zugute (BGE 110 III 112, Praxis 1985, Nr. 17).

15 Kollokation eines *Drittpfandrechts im Konkurse des Pfandeigentümers* – Die Anmeldung des Pfandrechts im Konkurse des Pfandeigentümers ist für seine rechtsgültige Beanspruchung auch dann ausreichend, wenn es zur Sicherung einer Solidarschuld bestellt worden ist; in einem Fall, da sich auch der persönlich haftende Mitverpflichtete im Konkurs befindet, ist die Geltendmachung der pfandgesicherten Forderung in jenem Konkurs demnach nicht erforderlich (BGE 113 III 128).

16 Als *drittpfandgesichert gelten auch abgetretene Versicherungsansprüche aus Lebensversicherungen mit Begünstigungsklausel zugunsten des Ehegatten oder der Nachkommen (Art. 61 KOV).* Vorerst muss sich die Konkursverwaltung darüber schlüssig werden, ob sie die Begünstigung auf dem Prozessweg bestreiten oder auf eine Bestreitung verzichten will. Im letztern Falle hat sie den Konkursgläubigerin Gelegenheit zu geben, ihrerseits nach Art. 260 SchKG den Prozess durchzuführen. Bis zur Erledigung dieser Frage ist die Pfandforderung einstweilen als unversicherte zu kollozieren. Eine Kollokationsverfügung über das Pfandrecht als solches ist nur dann zu treffen, wenn die Begünstigung gerichtlich als ungültig oder anfechtbar erklärt worden ist. ist die Begünstigung nicht bestritten oder ist sie gerichtlich anerkannt worden, so ist die Forderung entsprechend der allgemeinen Regeln des Art. 61 KOV ohne Rücksicht auf das Pfand, aber unter Erwähnung desselben, in ihrem vollen anerkannten Betrag unter die unversicherten Forderungen aufzunehmen. Damit wird dem Umstand Rechnung getragen, dass der Versicherungsanspruch nicht in die Konkursmasse fällt, sondern zum Vermögen eines Dritten – des Begünstigten – gehört; die Liquidation des Pfandrechts an diesem dem Dritten zustehenden Vermögensrecht hat daher ausserhalb des Konkurses zu erfolgen (BGE 105 III 132).

4. Forderungen in pendenten Prozessverfahren (Art. 207 SchKG und Art. 63 KOV)

17 Eine Forderung, die zur Zeit der *Konkurseröffnung Gegenstand eines Aberkennungsprozesses bildet*, ist im Kollokationsplan zunächst nur pro memoria vorzumerken, und zwar auch dann, wenn der Gemeinschuldner sie (zum Teil) nur mangels Fälligkeit bestritten hat (BGE 83 III 75).

18 Bildet eine Forderung gegen den Schuldner den Gegenstand eines bereits vor der Konkurseröffnung hängig gewordenen Rechtsstreites, so ist darüber kein Kollokationsverfahren einzuleiten. Darüber, ob der Prozess durch die Konkursmasse weiterzuführen sei oder nicht hat die zweite Gläubigerversammlung zu beschliessen. Verzichtet die zweite Gläubigerversammlung auf Weiterführung eines solchen Rechtsstreits durch die Masse, so bleibt die Abtretung der Rechte der Masse an einzelne

Gläubiger im Sinne des Art. 260 SchKG vorbehalten. Der Prozessgewinn des obsiegenden Zessionars ist in einem solchen Falle nach Art. 250 Abs. 3 SchKG zu berechnen (BGE 88 III 42).

19 Bevor *die Konkursverwaltung* eine Forderung eines Gläubigers im Sinne von Art. 63 Abs. 1 KOV vormerkt, *hat* sie *zu prüfen, ob diese mit der bei einem Gericht bereits eingeklagten Forderung identisch ist.* Hiezu benötigt die Konkursverwaltung die einschlägigen Schriftstücke des hängigen Prozesses, die sie, soweit nicht schon bei den Unterlagen des Konkursiten vorhanden, in analoger Anwendung von Art. 59 Abs. 1 KOV vom betreffenden Gläubiger einfordern kann (BGE 112 III 36).

20 (i.V.m. Art. 63 KOV, Art. 207 und 321 Abs. 2 SchKG) – Kollokation der Gläubiger beim Nachlassvertrag mit Vermögensabtretung. Vormerkung streitiger Forderungen im Kollokationsplan (Art. 63 KOV) – Art. 207 SchKG und der darauf beruhende Art. 63 KOV beziehen sich auf Prozesse im Inland. Die sinngemässe Anwendung von Art. 63 KOV bei Prozessen im Ausland fällt daher ausser Betracht, wenn im Rahmen der Abwicklung des Nachlassvertrages mit Vermögensabtretung der Kollokationsplan zu erstellen ist. Es ist deshalb nicht zu beanstanden, dass die Liquidatorin gestützt auf Art. 245 SchKG i.V.m. Art. 321 Abs. 2 SchKG über die Anerkennung der streitigen Forderung der Gläubigerin entscheiden durfte (BGE 130 III 769).

5. Verantwortlichkeitsansprüche und Anfechtungshandlungen

21 *Verantwortlichkeitsansprüche aus Gründerhaftung und Haftung aus Geschäftsführung sind im Konkurse einer AG keine Masseforderungen,* sondern Forderungen der Gemeinschuldnerin. Eine Verrechnung mit Konkursforderungen sind daher im Kollokationsverfahren vorzunehmen. Eine Verrechnung kann nicht im Verteilungsstadium nachgeholt werden. Eine selbständige Geltendmachung der Schadenersatzforderung ist damit aber nicht ausgeschlossen (LU, SchKKomm, 09.05.1963, Max. XI, Nr. 271).

22 Tragweite des Kreisschreibens des BGer vom 09.07.1915 (Nr. 10) betreffend die Kollokation von Forderungen, *deren vom Konkursiten vorgenommene Tilgung der Anfechtung unterliegt.* Im Kollokationsstadium kann eine Verrechnung, soweit sie überhaupt zulässig ist, nicht mit der Konkursdividende, sondern nur mit der Schuld des Konkursiten vorgenommen werden (BGE 83 III 43).

23 *Kollokation der gemäss Art. 291 SchKG im Falle der Gutheissung der Anfechtungsklage wieder in Kraft tretenden Forderung des Anfechtungsbeklagten.* Mit Kreisschreiben Nr. 10 vom 09.07.1915 (BGE 41 III 240 ff. (vgl. auch BGE 96 III 42, 83 III 44, 79 III 36) hat das BGer angeordnet, dass im Kollokationsplan auch über die Anerkennung oder Bestreitung der im Falle der Gutheissung der Anfechtungsklage wieder auflebenden Forderung eine für diesen Fall bedingte Verfügung zu erlassen ist (BGE 103 III 17).

24 Wenn nach Auffassung der Konkursverwaltung ein Anfechtungstatbestand im Sinne von Art. 285 ff. SchKG gegeben ist, kann sie eine als faustpfandgesicherte Forderung in der 3. Klasse kollozieren und das damit geltend gemachte Faustpfandrecht abweisen (BGE 114 III 110).

II. Kollokationen

25 Bedingte Zulassung oder Abweisung ist unstatthaft. Eventualforderungen, die nicht hinreichend belegt sind, müssen entweder abgewiesen werden oder es ist eine Frist zur Einreichung der Belege zu setzen. Befürchtungen des Gläubigers, die Konkursverwaltung könnte aufgrund der Belege Rechte gegen den Gläubiger geltend machen, ändern an der Editionspflicht nichts (BS, AB, 19.01.1965, BJM 1968, S. 58).

26 (i.V.m. Art. 321 SchKG) – Ausser wenn die Voraussetzungen von Art. 59 Abs. 3 KOV gegeben sind, ist ein partieller, auf bestimmte Forderungsklassen beschränkter Kollokationsplan unzulässig. Um das Verfahren zu beschleunigen, kann der Liquidator demzufolge nicht sofort ausschliesslich über die für die erste Klasse angemeldeten Forderungen entscheiden (BGE 115 III 144).

27 Pflicht der Konkursverwaltung, sich über die Zulassung oder Abweisung einer Forderung *eindeutig auszusprechen* (BGE 85 III 96, 96 III 42).

28 Ein Kollokationsplan, der *keine klare Entscheidung darüber enthält, ob eine* angemeldete *Forderung zugelassen werde oder nicht,* kann mit Beschwerde angefochten werden (BGE (103 III 13, 102 III 89).

29 Die Konkursverwaltung darf einen Betrag, mit dem zu verrechnen begehrt worden ist, nicht einfordern, ohne die dem Kollokationsverfahren vorbehaltene Behandlung dieser Verrechnung abzuwarten. Die Anordnung, den streitigen Betrag unverzüglich auf das Bankkonto der Konkursmasse zu überweisen, kann sich im vorliegenden Fall weder auf Art. 221 Abs. 1 SchKG noch auf irgendeine andere Bestimmung des Bundesrechts stützen (BGE 120 III 28).

30 Auch der im Nachlassvertrag mit Vermögensabtretung erstellte Kollokationsplan hat über sämtliche Anmeldungen einen klaren und unmissverständlichen Entscheid über Zulassung oder Abweisung zu enthalten (GR, AB, 02.10.1979, BlSchK 1985, S. 35).

III. Weitere Anwendungen

31 Unterhaltsrenten sind normalerweise *nicht als Konkursforderungen zu behandeln* soweit *es sich nicht um verfallene Beiträge handelt.* Die Rente selbst (zukünftige Beiträge) ist nur dann eine Konkursforderung, wenn die Rente gemäss Vereinbarung oder Urteil von den gesetzlichen Bedingungen (insbesondere Art. 153, 157 ZGB) unabhängig ist. Das heisst bei einer gemäss Art. 151 ZGB geschuldeten Rente, dass sie nur dann Konkursforderung ist, wenn sie auch bei Wiederverheiratung des Berechtigten weiter bezahlt werden soll (BGE 85 III 185).

32 Ist die rechtskräftig kollozierte Forderung, die einem von Abtretungsgläubigern geltend gemachten Anspruch der Konkursmasse verrechnungsweise entgegengehalten wird, nochmals zu substanzieren? – Auch für die Realisierung von Aktiven auf dem in Art. 260 SchKG vorgesehenen Weg ist der Kollokationsplan verbindlich und er bleibt es auch für den Fall, dass der Anspruch der Masse – wie hier – erst nach dem formellen Abschluss des Konkursverfahrens geltend gemacht wird. Die klagenden Abtretungsgläubiger müssen sich demnach – im Gegensatz zu einem Konkursiten, der die kollozierte Forderung nicht anerkannt hat (vgl. Art. 265 Abs. 1 SchKG) – entgegenhalten lassen, sie hätten die von der Beklagten zur Verrechnung gestellten, in den Kollokationsplan aufgenommenen Forderungen – durch den Verzicht auf Anfechtung des Planes – selber anerkannt. Diese sind nicht nochmals zu substanzieren, denn die Kläger fordern die Zahlung eines noch geschuldeten Kaufpreises anstelle der Konkursmasse und die Konkursverwaltung hätte als deren Vertreterin gegen die Verrechnungserklärung nicht einwenden können, sie lasse die (eigene) Kollokationsverfügung nicht gelten. Mehr Einreden, als die Masse hätte erheben können, stehen aber den Klägern nicht zu (BGE 103 III 50).

33 *Wirkung der Kollokation* – Die Tatsache, dass eine Forderung in der 3. Klasse kolloziert ist, schliesst keineswegs aus, dass im Zusammenhang mit der Frage, ob diese Forderung in eine privilegierte Klasse zu weisen sei, auch der Bestand der Forderung überprüft wird (LU, ObGer, I. Kammer, 28.09.1977, LGVE 1977 I Nr. 392).

34 Der Kollokationsplan ist tunlich rasch aufzustellen. – Grundsätzlich kann jeder Gläubiger verlangen, dass der Kollokationsplan innerhalb der üblichen Fristen aufgestellt und dabei auch über seine Ansprache verfügt werde. Auflegung des Kollokationsplanes und ebenso ein Aussetzen einzelner Kollokationsverfügungen ist nur beim Vorliegen ernsthafter Hindernisse oder Schwierigkeiten zulässig. Fehlt es an sachlichen Gründen, so ist die Verschiebung willkürlich, liegt ausserhalb des dem Ermessen gezogenen Rahmens und verletzt damit das Gesetz. Der Umstand, dass eine Konkurseingabe heikle Rechtsfragen aufwirft, bildet im Allgemeinen keinen Grund, die Verfügung über sie im Kollokationsplan aufzuschieben (BGE 92 III 27; vgl. BGE 121 III 35 nachfolgend N 36).

35 (i.V.m. Art. 321 SchKG und Art. 59 Abs. 2 KOV) – Die Aussetzung der Kollokationsverfügung und die nachträgliche Ergänzung des Kollokationsplanes sind zulässig, wenn ernsthafte Hindernisse oder Schwierigkeiten einer abschliessenden Kollokation aller angemeldeten Forderungen entgegenstehen (BGE 119 III 130).

36 (i.V.m. Art. 28 Abs. 3 VNB und Art. 59 Abs. 3 KOV) – Nachlassverfahren mit Vermögensabtretung: *Aussetzung der Kollokation* – Der Gläubiger kann nicht mit einer Beschwerde an die Nachlassbe-

Siebenter Titel: Konkursverfahren   **Art. 248**

hörde veranlassen, dass die von der Liquidatorin seinerzeit ausgesetzte Kollokation seiner Forderung erneut geprüft wird, wenn diese keine neue Verfügung erlassen hat. – Bei einer solchen Eingabe handelt es sich weder um eine Rechtsverzögerungs- noch um eine Rechtsverweigerungsbeschwerde. Im Nachlassverfahren von Banken ist Art. 59 Abs. 3 KOV grosszügig zu handhaben (BGE 121 III 35).

37 Ist ein Gläubigerausschuss ernannt worden, so hat ihm die Konkursverwaltung auf alle Fälle den Kollokationsplan zu unterbreiten (FR, SchKK, 14.03.1951, Entscheidungen 1951, S. 51, SJZ 1955, S. 44).

Art. 248   2. Abgewiesene Forderungen

Im Kollokationsplan werden auch die abgewiesenen Forderungen, mit Angabe des Abweisungsgrundes, vorgemerkt.

1 Behandlung von Forderungseingaben im Kollokationsplan; die Abweisung der Forderung muss mit einer Begründung in den Kollokationsplan aufgenommen werden. Auch eine Zurückstellung muss im Kollokationsplan vermerkt werden (GR, AB, 31.12.1957, BlSchK 1960, S. 17).

2 Zur Beschwerde gegen Verfügungen der Konkursverwaltungen sind nur Personen legitimiert, die durch den angefochtenen Akt in ihrem rechtlich geschützten Interesse betroffen sind. Ein im Konkursverfahren rechtskräftig abgewiesener Gläubiger kann sich auf dieses Interesse nicht berufen, wenn die Konkursverwaltung der Gläubigerschaft den Verzicht der Konkursmasse auf dubiose Forderungsansprüche beantragt (BS, AB, 20.08.1980, BlSchK 1985, S. 27).

3 Auch der im Nachlassvertrag mit Vermögensabtretung erstellte Kollokationsplan hat über sämtliche Anmeldungen einen klaren und unmissverständlichen Entscheid über Zulassung oder Abweisung zu enthalten (GR, AB, 02.10.1979, BlSchK 1985, S. 35).

Art. 249   3. Auflage und Spezialanzeigen

[1] Der Kollokationsplan wird beim Konkursamte zur Einsicht aufgelegt.

[2] Die Konkursverwaltung macht die Auflage öffentlich bekannt.

[3] Jedem Gläubiger, dessen Forderung ganz oder teilweise abgewiesen worden ist oder welcher nicht den beanspruchten Rang erhalten hat, wird die Auflage des Kollokationsplanes und die Abweisung seiner Forderung besonders angezeigt.

1 *Unterlässt die Konkursverwaltung die Kollokationsanzeige*, so kann sie dafür u.U. schadenersatzpflichtig erklärt werden (SH, AB, 09.07.1948, BlSchK 1950, S. 20 auch GR, AB, 02.10.1979, BlSchK 1985, S. 35).

2 Die *Unterlassung der Spezialanzeige gemäss Absatz 3* stellt eine Ordnungswidrigkeit dar, die u.U. zur Schadenersatzpflicht der Konkursverwaltung führt, aber nicht zu einem erneuten Beginn des Fristenlaufs für die Kollokationsklage führen kann (GR, AB, 10.07.1956, BlSchK 1959, S. 29).

3 *Mängel in der Zustellung der Spezialanzeige können nicht* Anlass *zur Aufhebung des Kollokationsplanes geben*. Insbesondere hindert die Unterlassung der Anzeige das Inkrafttreten in keiner Weise, ist doch für dieses nur die öffentliche Bekanntmachung massgebend (LU, SchKKomm, 15.05.1961, Max. XI, Nr. 64).

4 Die *Konkursverwaltung ist nicht verpflichtet*, anlässlich der Auflage des Kollokationsplanes *die zu erwartende Höchstdividende anzugeben* (BE, AB, 23.06.1949, BlSchK 1950, S. 59, ZBJV 1950, S. 464).

5 *Während der* Frist für die *Auflage des Kollokationsplanes darf den Gläubigern die Einsicht in die zur Vorbereitung einer Kollokationsklage erforderlichen Akten*, insbesondere in das Inventar, *in keiner Weise erschwert werden* (BGE 103 III 18 E. 7).

6 (i.V.m. Art. 242 SchKG) – *Enthält eine Kollokationsverfügung gleichzeitig die Abweisung eines Herausgabeanspruchs*, so ist für den Beginn des Fristenlaufs der Beschwerde gegen die Abweisungsverfügung die individuelle Zustellung massgebend und nicht die öffentliche Bekanntmachung des Kollokationsplanes (LU, SchKKomm, 30.08.2001, LGVE 2001 I 39).

7 (i.V.m. Art. 717, 884 Abs. 3, 841, 855 Abs. 2 und 872 ZGB) – Fiduziarische Übereignung von Schuldbrief – Wesen der fiduziarischen Sicherungsübereignung – Verwertet der Gläubiger den ihm fiduziarisch übereigneten Schuldbrief durch Selbsteintritt, so wird er durch nichts beschränkter Rechtsträger daran; über diesen Vorgang hat er abzurechnen und einen allfälligen Überschuss herauszugeben. *Geht eine bereits kollozierte Forderung nachträglich unter,* so steht der Konkursmasse eine entsprechende Einrede zu (BGE 119 II 326/29).

8 (i.V.m. Art. 250 SchKG) – *Das Recht, den Kollokationsplan anzufechten ist* gemäss Art. 249 und 250 SchKG vielmehr *den Konkursgläubigern vorbehalten*; einem Drittschuldner steht es nur zu, wenn er zugleich Gläubiger ist und im Konkurs als solcher auftritt (BGE 103 III 50/52) (BGE 111 II 81/84).

Art. 250   4. Kollokationsklage

¹ Ein Gläubiger, der den Kollokationsplan anfechten will, weil seine Forderung ganz oder teilweise abgewiesen oder nicht im beanspruchten Rang zugelassen worden ist, muss innert 20 Tagen nach der öffentlichen Auflage des Kollokationsplanes beim Richter am Konkursort gegen die Masse klagen.

² Will er die Zulassung eines anderen Gläubigers oder dessen Rang bestreiten, so muss er die Klage gegen den Gläubiger richten. Heisst der Richter die Klage gut, so dient der Betrag, um den der Anteil des Beklagten an der Konkursmasse herabgesetzt wird, zur Befriedigung des Klägers bis zur vollen Deckung seiner Forderung einschliesslich der Prozesskosten. Ein Überschuss wird nach dem berichtigten Kollokationsplan verteilt.

³ Der Prozess wird im beschleunigten Verfahren durchgeführt.

I. Beschwerde an Aufsichtsbehörde oder Kollokationsklage

1 Unterschied zwischen der Beschwerde (Art. 17 SchKG) und der Klage (Art. 250 SchKG) – Eine Beschwerde richtet sich gegen eine Verletzung gesetzlicher Verfahrensvorschriften. Es geht hier um die Prüfung über das Formelle des Kollokationsplanes. Klagen beinhalten materiellrechtliche Fragen, z.B. über den Inhalt einer Kollokationsverfügung (BGE 119 III 84).

2 Der Kollokationsplan kann *wegen Formmangels durch Beschwerde* angefochten werden. Die Gründe der gänzlichen oder teilweisen *Abweisung einer Eingabe* unterliegen der richterlichen *Überprüfung im Kollokationsprozess* (BGE 83 III 80).

3 *Verfahrensfehler,* die bei der Aufstellung des Kollokationsplanes begangen worden sein sollen, sind durch *Beschwerde geltend zu machen* (93 III 87, BGE 96 III 42/76).

4 Gegen einen gesetzlichen *Verfahrensregeln widersprechenden Kollokationsplan kann Beschwerde* erhoben werden. Durch *Missachtung von Art. 63 KOV* wird kein zwingendes Recht verletzt. Dieser Verstoss führt daher nicht zur Nichtigkeit des Kollokationsplanes. Er kann aber durch Beschwerde gerügt werden (BGE 86 III 23).

5 Eine Verfügung, durch welche die Konkursverwaltung eine zur Zeit der Konkurseröffnung bereits *im Prozess liegende Forderung gegen den Konkursiten abweist* statt sie gemäss Art. 63 Abs. 2 KOV zunächst lediglich pro memoria im Kollokationsplan vorzumerken, ist *nicht schlechthin nichtig,* sondern nur innert der Frist von Art. 17 Abs. 2 SchKG *anfechtbar.* Wird die Frist zur Beschwerde gegen eine solche Verfügung versäumt, so ist der Streit darüber, ob die betreffende Forderung bei der Verteilung der Konkursmasse zu berücksichtigen sei, im vom abgewiesenen Gläubiger eingeleiteten Kollokationsprozess nach Art. 250 SchKG auszutragen (BGE 93 III 84).

Siebenter Titel: Konkursverfahren | **Art. 250**

6 Will ein Gläubiger des Konkursiten geltend machen, ein Dritter, der Gläubiger und Schuldner der Masse ist, habe nach Verrechnung seiner Forderung mit der Gegenforderung des Konkursiten nicht nur keine (Rest-)Forderung mehr, sondern eine (Rest-)Schuld, so muss er mit der *Kollokationsklage die Zulassung der (Rest-)Forderung dieses Dritten anfechten und mit der Aufsichtsbeschwerde verlangen,* dass die Konkursverwaltung es der *Gläubigergesamtheit ermögliche, über das Vorgehen* hinsichtlich der behaupteten *(Rest-)Schuld zu entscheiden* (ZH, ObGer, III. Ziv.Kammer, 27.12.1976, ObGer, II. Ziv.Kammer, 16.03.1977, BGer, 28.04.1977, ZR 1977, Nr. 33, BlSchK 1977, S. 175).

II. Kollokationsklage

7 Zweck des Kollokationsverfahrens im Konkurs ist die Feststellung der Passivmasse, d.h. die Ermittlung der Forderungen, die Anspruch auf einen Anteil am Konkursergebnis haben und die Festlegung ihrer Rangordnung untereinander. Der rechtskräftige *Kollokationsplan bildet die Grundlage der Verteilung.* Dementsprechend geht es im Kollokationsprozess *nicht um die rechtskräftige Beurteilung einer Forderung als solcher, sondern nur um die Frage,* inwiefern ein *Gläubiger Anspruch auf den Erlös aus der Liquidation der Aktiven* des Schuldners haben soll (vgl. BGE 98 II 318 E 4, 65 III 30/31) (BGE 103 III 46/49).

8 *Ansprüche aus Art. 841 ZGB* sind rein persönliche Forderungen – Im Falle des Konkurses über den Eigentümer der Pfandliegenschaft *können Streitigkeiten über solche Ansprüche nicht Gegenstand des Kollokations- oder Verteilungsverfahren sein.* Ob solche Ansprüche bestehen, zeigt sich erst bei der Versteigerung und diese findet erst nach Eintritt der Rechtskraft des Kollokationsplanes bzw. Lastenverzeichnisses statt. Diese Ansprüche sind deshalb ausserhalb des Konkurses geltend zu machen (BGE 39 I 302) (BGE 96 III 129 E. 3).

9 Die Kantone können vorsehen, dass dem Kollokationsprozess *ein Vermittlungsverfahren vorauszugehen habe.* Machen sie von dieser Möglichkeit Gebrauch, so ist es auch ihnen überlassen, innerhalb des Bezirkes des Konkursgerichts das für das Vermittlungsverfahren zuständige Vermittleramt zu bezeichnen (BGE 100 III 35).

10 Grundsatz der Territorialität des Konkurses: *Aktivlegitimation einer ausländischen Konkursmasse –* Bejahung der Aktivlegitimation einer bahamischen Konkursmasse für die Kollokationsklage in einem schweizerischen Konkurs. Sie ist jedenfalls dann gegeben, wenn keine Interessenkonflikte bestehen zwischen jener Masse und der ausländischen, in Konkurs gefallenen Gesellschaft sowie deren Gläubiger oder Aktionäre (BGE 109 III 113).

11 Bei der *Behandlung einer Kollokationsklage* kann *der Richter nicht prüfen,* ob *der Kollokationsplan an einem Mangel formeller Natur leide* (BGE 105 III 122).

12 Der Kollokationsplan kann von den Beteiligten, die mit einer darin enthaltenen Verfügung über eine Konkursforderung oder über den Bestand, Umfang oder Rang eines beschränkt dinglichen Rechts nicht einverstanden sind, durch Klage angefochten werden (BGE 96 III 76).

13 Werden bei *der Auflage des Kollokationsplanes* im Nachlassvertragsverfahren mit Vermögensabtretung Formmängel gerügt, so ist dies gleich wie im Konkursverfahren durch *Beschwerde zu tun.* Ist *hingegen die Forderung oder die Rangfolge der Forderung streitig,* so ist hiezu der Richter im Rahmen der *Kollokationsklage zuständig* (GR, AB, 02.10.1979, BlSchK 1985, S.35).

14 Ein Gläubiger, welcher den Kollokationsplan anfechten will, hat innert zwanzig Tagen seit der öffentlichen Bekanntmachung der Auflegung beim *Konkursgericht Klage* (und nicht bei der dafür unzuständigen AB Beschwerde) einzureichen (BS, AB, 08.05.1981, BlSchK 1985, S. 109).

15 Der *materiellrechtliche Inhalt von Kollokationsverfügungen kann nicht durch Beschwerde gerügt werden,* sondern ist *durch Anhebung einer Kollokationsklage anzufechten.* Ebenso ist *eine Bestreitung eines* auf der gemeinschaftlichen Stammparzelle zugelassene, allen anderen Pfandrechten vorgehenden, *gesetzlichen Pfandrechts für öffentlichrechtliche Forderungen nicht* durch Beschwerde anzufechten (GR, AB, 07.11.1989, PKG 1989, S. 180).

16 Eine *materiellrechtliche Anfechtung* des Kollokationsplanes auf dem *Beschwerdeweg ist nicht möglich* (BS, AB, 20.07.1960, BlSchK 1962, S. 19).

17 Die Anfechtung des Kollokationsplanes ist grundsätzlich binnen 20 Tagen seit der öffentlichen Bekanntmachung der Planauflage zu erheben. Was *vorerst die Klage anbelangt,* so wird eine im Kollokationsplan enthaltene Entscheidung nach Ablauf der Klagefrist rechtskräftig, auch wenn der betreffende Gläubiger die in Art. 249 Abs. 3 SchKG vorgesehene *Spezialanzeige nicht oder zu spät erhalten hat.* Art. 249 Abs. 3 ist nur eine Ordnungsvorschrift, deren Verletzung allenfalls zu Schadenersatzansprüchen gegen das KA führt. *Beschwerden wegen Verfahrensmängeln bei der Erstellung des Kollokationsplanes sind innert 10 Tagen* seit Auflage des Kollokationsplanes zu erheben (Art. 17 SchKG). Einzig dann, wenn der Kollokationsplan eine so *unklare Verfügung über eine angemeldete Forderung enthält,* dass ihretwegen der Plan als *Grundlage für die Erstellung der Verteilungsliste untauglich ist* (keine klare Zulassung oder Abweisung einer Forderung, sondern lediglich Vormerkung «angemeldet»), *muss noch eine Beschwerde im Verteilungsverfahren möglich sein.* Bei Gutheissung einer derartigen Beschwerde hat dann das Amt die unklar behandelte Forderung durch *Ergänzung des Kollokationsplanes* im Sinne von Art. 59 Abs. 3 KOV nachträglich noch zu behandeln und den ergänzten Kollokationsplan erneut mit öffentlicher Bekanntmachung aufzulegen (BGE 85 III 93).

18 Die *Unterlassung einer Kollokationsklage* lässt sich *nicht mit einer Beschwerde gegen die Verteilungsliste* beheben (BGer, SchKK, 31.08.1961, BlSchK 1963, S. 88).

19 Die Auseinandersetzung *über den Rang der verschiedenen Rechte an Grundstücken* hat auf dem Weg *der Kollokationsklage und nicht durch Beschwerde zu erfolgen* (GR, AB, 13.11.1967, BlSchK 1969, S. 176).

20 Der *Prätendentenstreit über eine* während der Frist zur Anfechtung des Kollokationsplanes *neu von einem anderen Ansprecher eingegebene, von der Konkursverwaltung* bereits zugunsten des *ersten Ansprecher im Plan aufgenommene Forderung ist nicht im Kollokationsprozess,* sondern vor dem *ordentlichen Richter auszutragen* (ZH, ObGer, III. Ziv.Kammer, 17.01.1969, ZR 1970, Nr. 110, SJZ 1969, S. 378).

21 Die Frage den *Umfang der Pfandhaft betreffend* ist materiellrechtlicher Natur und ist daher im Kollokationsverfahren zu entscheiden (BGE 97 III 39, BGE 105 III 30, 106 III 69, 108 III 83/85).

22 Lastenverzeichnis im Konkurs – Umfang der Pfandhaft – Wird im Lastenverzeichnis in klarer und eindeutiger Weise angeführt, welche Gegenstände als Zugehör betrachtet werden, kann der Entscheid der Konkursverwaltung nicht mit Beschwerde, sondern nur mit Kollokationsklage angefochten werden (BGE 106 III 24).

23 Ebenfalls auf dem Weg einer Kollokationsklage erfolgt die Auseinandersetzung zwischen der Konkursmasse einer Aktiengesellschaft und deren früheren Verwaltungsräten, wenn die Konkursverwaltung deren Forderungsanmeldungen mit Schadenersatzansprüchen der Masse aus schlechter Geschäftsführung verrechnet (GE, Autorité de surveillance, 19.03.1980, BlSchK 1983, S. 185).

24 Die begründete Anfechtungsklage eines Gläubigers gegen einen andern Gläubiger kann nicht deshalb abgewiesen werden, weil die (nicht angefochtene) Konkursforderung des Klägers ebenfalls anfechtbar gewesen wäre (ZH, Kassationsgericht, 17.10.1951, SJZ 1953, S. 261).

25 Richtet sich die Klage gegen einen andern Gläubiger, so ist nicht der Kläger, sondern der Beklagte für den Bestand seiner Forderung beweispflichtig (AR, ObGer, 24.09.1951, BlSchK 1954, S. 59).

26 Klagt ein *nicht zugelassener Gläubiger gegen die Masse auf Zulassung* und *gleichzeitig gegen einen andern Gläubiger auf Wegweisung,* so hängt seine *Klagelegitimation* in diesem Prozess davon ab, ob er in jenem ganz oder zum Teil obsiegt (ZH, ObGer, III. Ziv.Kammer, 02.10.1957, SJZ 1958, S. 86, BlSchK 1959, S. 56).

27 Ein Rechtsschutzinteresse des Kollokationsklägers und –gläubigers ist nur zu bejahen, wenn er durch die angefochtene Kollokation an bessere Befriedigung verhindert wird, mit andern Worten, ein rechtlich erhebliches Interesse besteht bereits dann, wenn die beantragte Wegweisung eines Mitgläubigers geeignet ist, den Anteil des Beklagten an der Konkursmasse herabzusetzen. Hingegen wird kein Gläubiger ein Interesse haben, den Gläubiger einer nachgehenden Klasse abweisen zu lassen (LU, ObGer, I. Kammer, 30.04.1986, LGVE 196 I 41, BlSchK 1988, S. 239).

28 Im Kollokationsprozess klagt der Kläger gegen einen Mitgläubiger auf eigenes Risiko, aber an Stelle der Masse und übt im Prozess deren Rechte aus. So kommt ein Prozessgewinn sowohl nach Art. 260 Abs. 2 wie nach Art. 250 Abs. 2 SchKG der Masse zugute, soweit er den zur Befriedigung des klagenden Gläubigers erforderlichen Betrag übersteigt (BGE 115 III 70).

29 *Der Gläubiger darf* im Kollokationsprozess gegen einen Mitgläubiger *eine Gegenforderung der Masse auch ohne Abtretung nach Art. 260 SchKG zur Verrechnung bringen,* wenn die Konkursverwaltung bei der Kollokation darauf verzichtet hat (LU, ObGer, I. Kammer, 30.04.1986, LGVE 1986 I 42).

30 Kollokationsklage gegen einen Mitgläubiger – Das Interesse an der Kollokationsklage, mit der die Zulassung eines andern Gläubiger bestritten wird, *fällt mit der vollständigen Befriedigung des klagenden Gläubigers nicht dahin* (BGE 115 III 68).

31 (i.V.m. ZPO ZH) – Der zur Kollokation zugelassene Gläubiger ist als Nebenintervenient der Konkursmasse in dem von einem anderen Gläubiger gegen sie geführten Kollokationsprozess zuzulassen (ZH, ObGer, III. Ziv.Kammer, 29.03.1977, ZR 1977, Nr. 6, BlSchK 1977, S. 127).

32 Wenn die endgültige Eintragung des *Bauhandwerkerpfandrechts bei Konkurseröffnung* noch nicht Gegenstand eines Prozesses im Sinne von Art. 63 KOV bildet, ist über die endgültige Eintragung im Kollokationsverfahren zu entscheiden. Das Pfandrecht kann im Konkurse nicht mehr geltend gemacht werden, wenn der Bauhandwerker die Abweisung des Pfandrechts im Lastenverzeichnis nicht mit Kollokationsklage angefochten hat und die Kollokation rechtskräftig geworden ist (BGE 119 III 124).

33 (i.V.m. Art. 125 Abs. 1 VZG) – Der Streit, ob ein Gegenstand Zugehör und den Grundpfandgläubigern mitverhaftet sei, ist im Kollokationsprozess zu entscheiden. *Anerkennt der Liquidator die Zugehöreigenschaft,* richtet sich die *Kollokationsklage gegen sämtliche Grundpfandgläubiger. Bestreitet der Liquidator die Zugehöreigenschaft,* ist die *Klage gegen die Liquidationsmasse* zu führen (OW, ObGer, 12.07.1990, BlSchK 1994, S. 104).

34 (i.V.m. Art. 117 VZG) – Die Ansprüche aus Art. 841 ZGB können nicht Gegenstand des Kollokationsverfahrens im Sinne von Art. 147–250 SchKG sein; denn ob solche Ansprüche in Frage kommen, zeigt sich erst bei der Versteigerung (BGE 39 I 303) und diese darf nach Art. 128 VZG grundsätzlich erst nach Abschluss des Kollokationsverfahrens über die Pfandrechte am zu verwertenden Grundstücks stattfinden. Art. 250 Abs. 1 SchKG, wonach Klagen auf Anfechtung des Kollokationsplanes beim Konkursgericht anzubringen sind, *ist daher auf Klagen aus Art. 841 ZGB nicht anwendbar* (BGE 96 III 126/129).

35 (i.V.m. Art. 249 SchKG) – Das Recht, den Kollokationsplan anzufechten, ist gemäss Art. 249 und 250 SchKG vielmehr den Konkursgläubigern vorbehalten; einem Drittschuldner steht es nur zu wenn er zugleich Gläubiger ist und im Konkurse als solcher auftritt (BGE 103 III 50/51) (BGE 111 II 81/84).

36 Das Anheben einer Kollokationsklage ist nicht treuwidrige, wenn der KB die Abänderung des Kollokationsplanes zwar zugesichert hat, aber der Kläger unmittelbar vor Ablauf der Klagefrist von den anwesenden Mitarbeitern des KA die Auskunft erhält, diese sei nicht erfolgt. Aufgrund der Kollokationsklage darf der KB die zugesicherte Abänderung nicht mehr selbst vornehmen (BGE 130 III 380).

37 (i.V.m. Art. 43 und 46 OG) – Die Berufung gegen ein Kollokationsurteil ist nur zulässig, wenn Ansprüche des Bundeszivilrechts umstritten sind (BGE 129 III 415).

III. Klage bei öffentlich-rechtlichen Forderungen

38 Auch für öffentlich-rechtliche Forderungen kann ein Kollokationsprozess nach Massgabe von Art. 250 SchKG angestrengt werden. Für die Beurteilung der Kollokationsklage ist der Konkursrichter am, an dem der Konkurs durchgeführt wird, zuständig. Änderung der Rechtsprechung (BGE 120 III 32).

39 Rechtsweg zur Bestreitung einer Verrechnungssteuer-Forderung im Konkursfall. – Sieht das Gesetz zur Beurteilung des Bestehens einer öffentlich-rechtlichen Forderung eine besondere Instanz vor, ist

der Konkursrichter nicht befugt, darüber im Rahmen der Anfechtung des Kollokationsplanes zu entscheiden (BGE 120 III 147).

40 Für Kollokationsklagen gegen die Zulassung eines Gläubigers aus öffentlichem Recht kommt als zuständiges Konkursgericht das Verwaltungsgericht in Frage (GR, AB, 07.11.1989, PKG 1989, S. 182; auf die beim Verwaltungsgericht eingereichte Kollokationsklage wurde nicht eingetreten, weil es in Graubünden grundsätzlich keine Kollokationsklage für öffentlich-rechtliche Ansprüche gebe).

IV. Anfechtungsfrist

41 Auf die im Schweiz. Handelsamtsblatt veröffentlichte Frist zur Anfechtung des Kollokationsplanes darf sich der gutgläubige Leser verlassen. Allenfalls wäre gegen eine durch eine unrichtige (offensichtlich fehlerhafte) Veröffentlichung verursachte Versäumnis, soweit zulässig, Wiederherstellung zu erteilen (ZH, ObGer, II. Ziv.Kammer, 22.04.1952, ZR 1952, Nr. 82, BlSchK 1954, S. 13).

42 Die Frist für die Anfechtung des bereinigten Lastenverzeichnisses muss für alle Beteiligte gleichzeitig beginnen (BGE 96 III 77).

43 Die Frist zur Anfechtung des Kollokationsplanes kann nicht wieder hergestellt werden (ZH, ObGer, II. Ziv.Kammer, 09.05.1969, SJZ 1970, S. 139).

44 Restitution der Frist für die Kollokationsklage? Die AB Basel-Landschaft anerkennt grundsätzlich eine Restitutionsmöglichkeit nicht nur bezüglich der Beschwerdefrist, sondern auch bezüglich der Frist für die Kollokationsklage. Für die Einräumung einer Restitutionsmöglichkeit bei unverschuldeter Verhinderung an der Fristwahrung spreche namentlich der Anspruch des Betroffenen auf rechtliches Gehör. Die durch Verweigerung der Restitutionsmöglichkeit erfolgende Beeinträchtigung dieses Anspruches wiege erheblich schwerer als der den übrigen Gläubigern aus der Gewährung erwachsende Nachteil (vgl. BGE 96 I 164) (BL, AB, 20.05.1986, BJM 1987, S. 150, BlSchK 1988, S. 191).

45 Die Frist für die Kollokationsklage beginnt nur dann mit der öffentlichen Bekanntmachung zu laufen, wenn am Tage dieser Bekanntmachung das KA der Öffentlichkeit zugänglich ist, so dass Gläubiger Einsicht in den Kollokationsplan nehmen können. Trifft dies nicht zu, so fällt für die Fristberechnung gemäss Art. 250 Abs. 1 i.V.m. Art. 31 Abs. 1 erst jener der öffentlichen Bekanntmachung folgende Werktag in Betracht, an welchem das KA, wo der Kollokationsplan aufliegt, dem Publikumsverkehr geöffnet ist (BGE 112 III 42, Praxis 1986, Nr. 123).

46 Eine nicht binnen gesetzlicher Frist angefochtene Kollokation wird rechtskräftig. Sie kann nicht *wegen eines später entdeckten Irrtums nachträglich berichtigt werden*. Ein solcher Irrtum gibt der Konkursmasse auch keinen Anspruch, aus ungerechtfertigter Bereicherung (Art. 62 ff. OR) den sie mit dem gemäss Kollokation ermittelten Konkursbetreffnis des Gläubigers verrechnen könnte (BGE 87 III 79, 97 III 42).

47 Die Bestimmung von Art. 139 OR verpflichtet den unzuständigen Richter nicht, dem Kläger eine Nachfrist anzusetzen. Die Frage der Anwendbarkeit von Art. 139 OR stellt sich erst, wenn die zurückgewiesene Klage beim zuständigen Richter bzw. in verbesserter Form neu eingereicht wird (BGE 100 III 38).

V. Streitwert

48 Wenn sich die Kollokationsklage auf den gültigen Bestand einer Forderung bezieht, hat als Streitwert nicht wie nach der früheren Praxis der streitige Forderungsbetrag, sondern die dafür zu erwartende Konkursdividende zu gelten (BGE 65 III 27 ff., 65 II 43). Das hat zur Folge, dass in solchen Fällen eine nur den streitigen Forderungsbetrag nennende Streitwertangabe ungenügend ist, da auch die darauf vermutlich entfallende Konkursdividende und damit der Betrag des wahren Streitinteresses genannt werden muss (BGE 79 III 172). Demgemäss ist beim Kollokationsstreit über ein Pfandrecht zu beachten, dass bei dessen Wegfall die als solche unbestrittene Forderung immerhin in 3 (oder allenfalls sogar in einer privilegierten) Klasse am Konkursergebnis teilnimmt. Nur die Differenz macht das Streitinteresse des Pfandansprechers aus und nur sie (der Betrag, um welchen der Anteil des Beklagten an der Konkursmasse herabgesetzt wird), kann, wenn sich der Pfandansprecher

in der Beklagtenrolle befindet, nach Art. 250 Abs. 3 SchKG zur Befriedigung des Klägers dienen (BGE 81 III 73).

49 Worüber hat sich die Berufungsschrift in dieser Hinsicht auszusprechen? Der Streitwert entspricht dem voraussichtlich auf den umstrittenen Anspruch (Forderungsbetrag, Klassenvorrang nach Art. 219 SchKG, Pfandrecht usw.): entfallenden Konkursbetreffnis bzw. Mehrbetreffnis (vgl. BGE 65 III 28 und 65 II 41). Für den Kollokationskläger geht hier der Streitwert um den Dividendenanteil, der er je nach Wegweisung oder Zulassung der Forderung gewinnt oder verliert; für den beklagten «A» um den Wert der Konkursdividende, die er bei endgültiger Kollokation seines Anspruches erhält. – Die Berufungsschrift hat gemäss Art. 55 Abs. 1 lit. a OG diese Fragen abzuklären und eine in sachentsprechender Weise kurz begründete Streitwertangabe zu machen (BGE 82 III 94).

50 Der Streitwert der Kollokationsklage ist grundsätzlich gleich dem Betrage der mutmasslichen Konkursdividende. Doch sind für die Bemessung von *Kosten- und Entschädigungsfolgen, Prozesskautionen usw.* besondere Umstände im Sinne *einer Erhöhung zu berücksichtigen* (ZH, ObGer, II. Ziv.Kammer, 11.12.1972, ZR 1973, Nr. 66, SJZ 1973, S. 38; Kassationsgericht 21.12.2004, ZR 2005, Nr. 37).

51 Streitwert im Kollokationsverfahren *um ein Kaufsrecht* – Der Streitwert entspricht nicht dem Werte des Kaufsrechtsgegenstandes oder dem vereinbarten Kaufpreis; vielmehr ist ein *unbestimmter Betrag anzunehmen*, der mindestens der Differenz zwischen dem festgesetzten und dem zur Zeit der Geltendmachung des Kaufsrechts gültigen Preise gleichkommt (ZH, ObGer, III. Ziv.Kammer, 20.11.1973, NR 1975, Nr. 41).

VI. Prozessführungsrecht

52 Zulässigkeit einer Abtretung des Prozessführungsrechts bezüglich Passivprozessen (ZH, I. Ziv.Kammer, 14.06.1955, ZR 1956, Nr. 142, BlSchK 1958, S. 57).

53 Prozessführung des Abtretungsgläubiger in einem Passivprozess betreffend Errichtung eines Bauhandwerkerpfandrechts. Die Fortsetzung des Prozesses durch den Abtretungsgläubiger erfüllt die Funktion eines Kollokationsprozesses (ZH, ObGer, I. Ziv.Kammer, 09.09.1970, ZR 1971, Nr. 110).

VII. Prozesserledigungen

54 *Folgen des Rückzugs der vom Gläubiger eingeleiteten Kollokationsklage* – Wird die Frist zur Beschwerde gegen eine Verfügung, durch welche die Konkursverwaltung eine zur Zeit der Konkurseröffnung bereits im Prozess liegende Forderung gegen den Konkursiten abweist, statt sie gemäss Art. 63 Abs. 1 KOV zunächst lediglich pro memoria im Kollokationsplan vorzumerken, versäumt, so ist der Streit darüber, ob die betreffende Forderung bei der Verteilung der Konkursmasse zu berücksichtigen sei, im Kollokationsprozess auszutragen. Im Falle eines Rückzuges der Kollokationsklage scheidet der Gläubiger aus dem hängigen Konkursverfahren aus und nimmt deshalb an der Verteilung des Massevermögens nicht teil (BGE 93 III 84).

55 Zu einem Vergleich im Kollokationsstreit ist die Konkursmasse legitimiert. Sofern kein Gläubigerausschuss eingesetzt wurde, muss der Kollokationsplan nochmals aufgelegt werden. Der Konkursit kann den Vergleich nicht durch eine Beschwerde anfechten (BE, AB, 08.01.1954, BlSchK 1955, S. 25).

56 Schliesst die Konkursverwaltung in einem Kollokationsprozess einen Vergleich, so können die Gläubiger den dadurch abgeänderten Kollokationsplan mittels Klage anfechten. Ist der abgeänderte Kollokationsplan in Rechtskraft erwachsen, darf die zweite Gläubigerversammlung darauf nicht mehr zurückkommen (BGE 107 III 136).

57 Der aussergerichtliche Vergleich zwischen der Konkursmasse und dem Gläubiger betreffend Kollozierung seiner Forderung hat nicht die Wirkung eines rechtskräftigen Urteils. Das KA kann sich daher weigern, den Kollokationsplan abzuändern, wenn es der Meinung ist, dass der Vergleich mit einem Willensmangel behaftet sei. Seine Verfügung kann mit Beschwerde an die AB angefochten werden (BGE 113 III 90).

58 Wird der Kollokationsplan durch Urteil im Kollokationsprozess abgeändert, so ist er nicht neu aufzulegen. Eine dennoch erfolgte Neuauflage ist nichtig und verschafft den Gläubigern nicht das Recht, erneut Kollokationsklage zu erheben (BGE 108 III 23).

59 Es ist kein Grund zur Einstellung eines Kollokationsprozesses, wenn die Akten eines damit zusammenhängenden Strafverfahrens den Klägern noch nicht zugänglich sind (ZH, ObGer, Verwaltungskomm., 29.06.1960, ZR 1961, Nr. 96, BlSchK 1963, S. 18).

VIII. Prozessgewinn

60 Kollokation eines Konkursgläubigers gemäss seiner Eingabe, jedoch mit Hinweis auf einen von der Konkursverwaltung mit ihm vor Aufstellung des Kollokationsplanes abgeschlossenen Vergleich, wonach sich diese Ansprüche auf einen bestimmten Betrag verringern, falls die Kollokation unangefochten bleibt. Eine *Kollokationsklage anderer Gläubiger ist* mit Rücksicht auf diesen Vergleich *nur zulässig, wenn sie eine Herabsetzung der Ansprüche des Beklagten auf einen noch geringeren Betrag als die Vergleichssumme verlangen wollen.* Führt der Prozess zu diesem Ergebnis, *worin besteht alsdann der Prozessgewinn der Kläger* im Sinne von Absatz 2? Wenn die Klage dazu führt, die Ansprüche des beklagten Gläubigers gegenüber dem zuvor von der Masse mit ihm abgeschlossenen Vergleich weitgehend zu vermindern, verdienen die Kläger nicht den ganzen Prozesserfolg als solchen für sich in Anspruch zu nehmen. Richtigerweise hat ihnen nur eben der effektive Erfolg, die weitergehende Herabsetzung des Anteils des beklagten Gläubigers an der Konkursmasse, zu vorzugsweiser Befriedigung zu dienen (BGE 78 III 133).

61 *Abklärungen* über die *Zuweisung des Gewinns* an den obsiegenden Kollokationskläger *sind im Verteilungsstadium auszutragen.* Richtet sich die Kollokationsklage eines Gläubigers auf Herabsetzung der Ansprüche eines Mitgläubigers, so dient gemäss Art. 250 Abs. 2 der Betrag, um welchen der Anteil des Beklagten an der Konkursmasse herabgesetzt wird, zur Befriedigung des Klägers bis zur vollen Deckung seiner Forderung mit Einschluss der Prozesskosten, während ein allfälliger Überschuss nach Massgabe des berichtigten Kollokationsplanes verteilt wird. Der Sinn dieser Bestimmung ist der, dass der im Kollokationsplan unterliegende Beklagte sich mit der Konkursdividende begnügen muss, die ihm aufgrund des durch Urteil oder Abstandserklärung berichtigten Kollokationsplanes zukommt, während die Differenz zwischen dieser Dividende und der Konkursdividende, wie sie sich für den Beklagten nach dem ursprünglichen Kollokationsplan ergab, zur Befriedigung des obsiegenden Klägers bis zur Höhe seiner Forderung herangezogen wird. Der Prozessgewinn, auf den der obsiegende Kollokationskläger nach Art. 250 Abs. 2 SchKG Anspruch hat, besteht mit andern Worten im Betrag der Differenz zwischen derjenigen Konkursdividende, welche dem Beklagten nach dem ursprünglichen Kollokationsplan zugekommen wäre und derjenigen, die ihm nun nach der aufgrund des Urteils oder Abstandserklärung berichtigten Kollokation wirklich zukommt (BGE 40 III 176) (BE, AB, 13.10.1948, ZBJV 1950, S. 452, BlSchK 1952, S. 49).

62 Hat die Gutheissung einer Klage auf Anfechtung des Kollokationsplanes die Herabsetzung eines Forderungsbetrages zur Folge, so besteht der Prozessgewinn für den Kläger in der Differenz zwischen dem Dividendenbetrag, der nach dem ursprünglichen Kollokationsplan auf den Beklagten entfallen wäre und demjenigen Dividendenbetrag, der dem Beklagten nach dem berichtigten Kollokationsplan zukommt. Die Tatsache, dass die bezüglich ihrer Höhe bestrittene Forderung pfandgesichert ist, erlaubt es dem Kläger, der dieses Vorrecht nicht bestreitet, nicht, am Erlös der Pfandverwertung im Verhältnis der erstrittenen Herabsetzung des Forderungsbetrages teilzunehmen (BGE 114 III 114).

63 Zur Bestimmung des Prozessgewinnes, der dem Gläubiger zukommt, welcher den Kollokationsplan mit Erfolg anficht, ist notwendig, dass dieser Plan während der Rechtshängigkeit des Kollokationsplanes nicht abgeändert wird (BGE 98 III 67).

IX. Rechtsmissbrauch und Abänderungen bezüglich Kollokationsplan und Lastenverzeichnis

1. Missbrauch und betrügerische Angaben

64 Soweit die im Kollokationsplan enthaltenen Verfügungen durch betrügerische Angaben erwirkt wurden, sind sie nichtig und können keine Rechtskraft erlangen. Zur Annahme solcher Machenschaften bedarf es mindestens gewichtiger Indizien (BGE 88 III 131).

65 Rechtsmissbrauch wenn der Konkursit oder ein Dritter absichtlich einen Konkursgläubiger zur Anmeldung einer Konkursforderung auffordert, damit er diese bestreiten kann (NE, Autorité cantonal de surveillance, 04.07.1974, BlSchK 1977, S. 25).

66 Die *Auszahlung der Konkursdividende* für eine rechtskräftig kollozierte Konkursforderung *kann von der Konkursverwaltung verweigert werden,* wenn sich nach der Kollokation herausstellt, dass die *kollozierte Forderung auf unreellen Machenschaften beruht.* – Will der Gläubiger diese Einwendung nicht gelten lassen, so hat er die Konkursmasse gerichtlich auf Auszahlung der Konkursdividende zu belangen (SO, AB, 22.10.1965, BlSchK 1966, S. 50).

2. Gegenforderungen

67 Die *Konkursverwaltung ist nicht berechtigt, eine Konkursforderung in einem höheren als dem angemeldeten Betrag zu kollozieren.* Sie kann Gegenforderungen des Gemeinschuldners (Konkursmasse) deren Tilgung oder Verrechnung sie nicht anerkennt, durch gerichtliche Klage geltend machen und auf diese Weise die Verrechnungsfrage abklären (SO, AB, 26.10.1964, BlSchK 1965, S. 116).

68 Eine Gegenforderung der Konkursmasse, die vor Konkurseröffnung entstanden ist, kann, wenn der Kollokationsplan in Rechtskraft erwachsen ist, *nicht mit dem Dividendenanspruch verrechnet werden.* Die Verrechnung hat bei der Auflage des Kollokationsplanes, zahlenmässig genau fixiert und ohne irgendwelche Vorbehalte, zu erfolgen (SO, AB, 06.11.1965, BlSchK 1966, S. 110).

3. Abänderungen des Kollokationsplanes

69 Solange keine Kollokationsklage angehoben ist, darf die Konkursverwaltung innerhalb der Beschwerdefrist eine Kollokationsverfügung abändern, auch ohne dass neue Tatsachen oder Beweismittel vorliegen (BE, AB, 22.05.1950, ZBJV 1952, S. 162).

70 *Voraussetzungen, unter denen der Kollokationsplan bzw. ein dazu gehörendes Lastenverzeichnis nachträglich abgeändert werden darf:* Eine vom KKB verschuldete Unterlassung kann eine nachträgliche Ergänzung des Kollokationsplanes rechtfertigen (BGE 55 III 43/44). Ferner ist bei der Verteilung, die grundsätzlich aufgrund des rechtskräftigen Kollokationsplanes zu erfolgen hat (Art. 261 SchKG), gegebenenfalls auf eine seit der Kollokation eingetretene Änderung des Rechtsverhältnisses Rücksicht zu nehmen (BGE 39 I 662 ff., 52 III 121, 87 III 84; vgl. 90 III 47/48), was sich praktisch gleich auswirkt, wie eine Abänderung des Kollokationsplanes. Die Rechtsprechung schliesst auch die Möglichkeit einer Revision des Kollokationsplanes wegen neuer Tatsachen nicht aus (BGE 90 III 48). Mit Bezug auf die Lastenbereinigung im Konkurse hat das BGer in BGE 76 III 44 angenommen, eine nach Erstellung des Lastenverzeichnisses eingetretene Änderung der Verhältnisse rechtfertige die Anordnung eines nachträglichen Bereinigungsverfahrens, wenn sich bestimmte Rechte und erhebliche Interessen nur so genügend wahren lassen (BGE 96 III 78).

71 Im Bereinigungsverfahren, das in *Abänderung des Lastenverzeichnisses nur das Rangverhältnis zwischen Grundpfandrechten betrifft,* kann auf die öffentliche Bekanntmachung der Auflegung des abgeänderten Lastenverzeichnisses verzichtet werden. Entsprechende Anwendung der für die Lastenbereinigung im Konkurse grundsätzlich nicht geltenden Art. 37 und 39 VZG. Behandlung einer Beschwerde gegen das Lastenverzeichnis als Bestreitung im Sinne von Art. 37 Abs. 2 VZG (BGE 96 III 74).

72 Das KA darf ein im Grundbuch vorgemerktes und ins Lastenverzeichnis aufgenommenes Kaufrecht *nach Ablauf der Vormerkungsdauer* ohne weitere Förmlichkeit im Lastenverzeichnis streichen (BGE 105 III 4).

73 Der Grundsatz, wonach ein *rechtskräftiger Kollokationsplan* unter Vorbehalt der Berücksichtigung verspäteter Konkurseingaben *nicht einseitig abgeändert werden kann, gilt als uneingeschränkt* (Bestätigung der Rechtsprechung). Doch darf auf die Kollokation nur zurückgekommen werden, wenn sich eine Änderung der Verhältnisse nach Eintritt der Rechtskraft des Planes ergeben hat oder bekannt geworden ist (BGE 102 III 155/156).

74 *Art. 65 KOV ist auch anwendbar, wenn ein Gläubiger nicht gegen die Masse, sondern gegen einen anderen Gläubiger klagt.* In diesem Falle kann die Konkursverwaltung, da sie nicht Partei ist, die Klage nicht im Sinne von Art. 66 KOV anerkennen. – Ein rechtskräftiger Kollokationsplan darf nur aus schwerwiegenden Gründen abgeändert werden. Diese Regeln gelten auch für das summarische Verfahren (BGE 98 III 67).

75 Sind der Kollokationsplan und das mit ihm verbundene Lastenverzeichnis in Rechtskraft erwachsen, so muss sich die Konkursverwaltung – insbesondere hinsichtlich der darin festgehaltenen Rangordnung – daran halten. Die Rangordnung kann nicht mehr dadurch in Frage gestellt werden, dass die Steigerungsbedingungen mit dem darin vorgesehenen Doppelaufruf, den ein kolozierter Gläubiger verlangt hat, angefochten werden (BGE 112 III 31).

Art. 251   5. Verspätete Konkurseingaben

¹ Verspätete Konkurseingaben können bis zum Schlusse des Konkursverfahrens angebracht werden.

² Der Gläubiger hat sämtliche durch die Verspätung verursachten Kosten zu tragen und kann zu einem entsprechenden Vorschusse angehalten werden.

³ Auf Abschlagsverteilungen, welche vor seiner Anmeldung stattgefunden haben, hat derselbe keinen Anspruch.

⁴ Hält die Konkursverwaltung eine verspätete Konkurseingabe für begründet, so ändert sie den Kollokationsplan ab und macht die Abänderung öffentlich bekannt.

⁵ Der Artikel 250 ist anwendbar.

I. Verspätete Forderungseingaben

1 Ob eine verspätete Konkurseingabe noch zugelassen werden kann ist im betreibungsrechtlichen Beschwerdeverfahren und nicht im Rahmen einer Kollokationsklage zu prüfen.

Voraussetzungen, unter denen eine verspätete Konkurseingabe trotz bereits rechtskräftigem Kollokationsplan zugelassen wird. – Verspätete, nicht bereits im Kollokationsverfahren angemeldete Konkurseingaben können bis zum Schluss des Konkursverfahrens angebracht werden. Jedoch darf die Rechtskraft des Kollokationsplanes dadurch nicht in Frage gestellt werden. Nach konstanter Rechtsprechung wird eine nachträgliche Eingabe aber nur zugelassen, wenn es sich dabei um eine erstmals geltend gemachte Forderung handelt und nicht etwa der rechtskräftig gewordene Kollokationsplan hinsichtlich einer bereits getroffenen Kollokationsverfügung abgeändert werden will. Dies ist nur dann der Fall, wenn der verspätete Anspruch auf andern tatsächlichen und rechtlichen Vorgängen beruht als die früheren Eingaben desselben Gläubigers oder aber, wenn der Gläubiger, der für seine frühere Forderung einen höheren Betrag oder einen besseren Rang beansprucht, sich *auf neue Tatsachen berufen kann, die er mit der Eingabe noch nicht geltend machen konnte* (BGE 108 III 80, 115 III 73).

2 Durch die Zulassung verspäteter Konkurseingaben darf die Rechtskraft des Kollokationsplanes nicht in Frage gestellt werden. Die nachträgliche Geltendmachung eines Pfandrechts für eine bereits rechtskräftig kollozierte Forderung ist daher grundsätzlich unzulässig. – Dagegen ist die nachträgliche Anmeldung eines Anfechtungsanspruchs, der im Zeitpunkt der Konkurseröffnung mangels Legitimation noch nicht geltend gemacht werden konnte, zulässig. Dabei handelt es sich nicht um eine Forderung, die erst nach Konkurseröffnung entstanden ist (BGE 106 III 40).

3 Erst nach Auflegung des Kollokationsplanes erbrachte Bürgschaftsleistungen zugunsten des Konkursiten sind im Konkurse dann vom zahlenden Bürgen geltend zu machen, wenn eine Subrogation in die Rechte des Bürgschaftsgläubigers aus besonderen Umständen (hier vergleichsweiser Rückzug der verbürgten Forderung zur teilweisen Abgeltung eines der Konkursmasse ihm gegenüber zustehenden paulianischen Anfechtungsanspruchs) nicht stattfinden kann (BS, AB, 30.09.1960, BlSchK 1962, S. 19).

4 Eine Forderung der Ausgleichskasse für persönliche AHV/IV/EO-Beiträge eines Selbstständigerwerbenden, die im ausserordentlichen Verfahren gemäss Art. 24 AHVV festgesetzt worden sind, kann von der Ausgleichskasse nachträglich zur Kollokation angemeldet werden (BGE 115 III 71).

5 Eine nachträgliche Forderungseingabe, die nach nahezu vier Jahren nach der erfolgten Bestätigung des Nachlassvertrages erfolgte, ist nicht zurückzuweisen. Art. 251 Abs. 1 SchKG lässt verspätete Konkurseingaben ohne Einschränkung bis zum Schluss des Konkursverfahrens zu. Der Gläubiger hat lediglich die in Abs. 2 und 3 der genannten Bestimmung angeführten Nachteile zu tragen (BGE 106 III 47).

6 Eine nach vier Jahren nach der ersten Forderungseingabe erfolgten erweiterten Forderungseingabe wurde für rechtsmissbräuchlich bezeichnet und die Aufnahme dieser Forderung im Lastenverzeichnis verweigert (BS, AB, 07.03.1989, BJM 1989, S. 212, BlSchK 1990, S. 114).

7 Diese Bestimmung ist auch im *Nachlassverfahren mit Vermögensabtretung* analog *anwendbar.* Die nachträgliche Anmeldung eines Pfandrechts für eine rechtskräftig als ungesichert kollozierte Forderung ist unzulässig, es sei denn, die rechtzeitige Anmeldung des Pfandrechts wäre unmöglich gewesen (BE, AB, 04.11.1950, ZBJV 1952, S. 171).

8 Eine im Zustimmungsverfahren für einen *Nachlassvertrag mit Vermögensabtretung* nicht angemeldete Forderung kann im Liquidationsverfahren noch nachträglich, auch nach Aufstellung des Kollokationsplanes in analoger Anwendung angemeldet werden und nimmt am Liquidationsergebnis teil (SG, AB, 06.05.1953, BlSchK 1955, S. 152).

9 Auch im Nachlassvertrag mit Vermögensabtretung ist eine nachträgliche Forderungsanmeldung möglich (BE, AB, 11.02.1980, BlSchK 1984, S. 174).

10 Ergibt sich die Forderung eines Gläubigers aus den Geschäftsbüchern des Schuldners, so darf die Unterlassung ihrer Kollokation im *Nachlassvertrag mit Vermögensabtretung* durch den Liquidator weder zum Verlust bereits vorgenommener Abschlagsverteilungen (wie dies bei verspäteten Eingaben in einem Konkursverfahren zutrifft) noch zu einer Belastung des Gläubigers mit Nachtragskollokationskosten führen (BS, AB, 18.08.1980, BlSchK 1984, S. 198).

II. Kostenfolgen

11 Der Gläubiger, der im Konkursverfahren eine Forderung verspätet anmeldet, kann nach Art. 251 SchKG nur zum Vorschuss *derjenigen Kosten angehalten werden, die durch die Verspätung verursacht* worden sind (GR, AB, 26.01.1949, PKG 1949, S. 105, BlSchK 1952, S. 115).

12 Diese Bestimmung gilt auch für eine *weitere (zusätzliche zur bereits kollozierten) Forderung.* Bezahlt der Gläubiger den von ihm hierfür verlangten Vorschuss innert angesetzter Frist nicht, so ist das Konkursverfahren ohne Rücksicht auf jene abzuschliessen (BS, AB, 30.09.1960, BlSchK 1962, S. 19).

13 Die Verfügung der Konkursverwaltung, wodurch die durch die Verspätung der Konkurseingabe verursachten Kosten dem Gläubiger eine zehntägige Frist zur Leistung eines Kostenvorschusses ansetzt, kann durch Beschwerde angefochten werden. Die Nichtleistung des Vorschusses, der übrigens nicht zur Deckung der Kosten der Prüfung der Forderung bestimmt ist, berechtigt die Konkursverwaltung dazu, alle mit der verspäteten Eingabe zusammenhängenden Vorkehrungen zu unterlassen (VS, Tribunal cantonal, 21.09.1984, BlSchK 1985, S. 231).

V. Verwertung

Art. 252 A. Zweite Gläubigerversammlung
1. Einladung

¹ Nach der Auflage des Kollokationsplanes lädt die Konkursverwaltung die Gläubiger, deren Forderungen nicht bereits rechtskräftig abgewiesen sind, zu einer zweiten Versammlung ein. Die Einladung muss mindestens 20 Tage vor der Versammlung verschickt werden.

² Soll in dieser Versammlung über einen Nachlassvertrag verhandelt werden, so wird dies in der Einladung angezeigt.

³ Ein Mitglied der Konkursverwaltung führt in der Versammlung den Vorsitz. Der Artikel 235 Absätze 3 und 4 findet entsprechende Anwendung.

1 Die Bestellung des Büros einer Gläubigerversammlung kann nicht nachträglich auf dem Beschwerdeweg angefochten werden, wenn an der Gläubigerversammlung selbst kein Einspruch gegen die Zusammensetzung des Büros erhoben wurde. Stimmrecht von Gläubigern, deren Kollozierung gemäss KOV Art. 59 sistiert wurde? Frage offen gelassen. Zur gültigen Beschlussfassung der Gläubigerversammlung ist nicht nur die Anwesenheit, sondern auch die Mitwirkung mindestens des vierten Teils der Gläubiger erforderlich. Zuständigkeit der Gläubigerversammlung und nicht der AB zum Entscheid von die Verwertung betreffenden Ermessensfragen (BE, AB, 13.10.1951, ZBJV 1953, S. 271).

2 Führt möglicherweise eine fehlerhafte Einsetzung einer ausseramtlichen Konkursverwaltung zur Nichtigkeit sämtlicher nachfolgenden Konkurshandlungen? – Durch ihre Bestätigung an der zweiten Gläubigerversammlung wird ein allfälliger Mangel in der Einsetzung geheilt. Im Übrigen wäre durch die nachträgliche Aufhebung des Einsetzungsbeschlusses kein praktischer Verfahrenszweck mehr zu erreichen (BGer SchKK, 31.10.1979, BlSchK 1982, S. 137).

3 Es liegt in der Machtbefugnis der Gläubiger, die Verwertung von Rechten aus einem Verkaufsversprechen zu beschliessen (BGE 105 III 11 E. 3).

4 Beschliessen die Gläubiger, die *Verwertung von Kunstgegenständen einem Auktionator* zu übertragen, so kann ein solches Vorgehen trotz Unbehagen nicht ohne Weiteres als bundesrechtswidrig bezeichnet werden, wenn das Recht der Gläubiger, an der Auktion selbst mitzubieten, gewährt ist (BGer SchKK, 31.10.1979, BlSchK 1982, S. 137).

5 Soll an der zweiten Gläubigerversammlung über einen Nachlassvertrag verhandelt werden, so muss dies in der Einladung an die Gläubiger ausdrücklich erwähnt werden. Schlägt der Konkursit nach Abhaltung dieser Versammlung einen Nachlassvertrag vor, so kann die Einberufung einer weiteren Gläubigerversammlung erst nach Leistung eines entsprechenden Kostenvorschusses erfolgen (SO, AB, 18.05.1967, BlSchK 1968, S. 58).

Art. 253 2. Befugnisse

¹ Die Konkursverwaltung erstattet der Gläubigerversammlung einen umfassenden Bericht über den Gang der Verwaltung und über den Stand der Aktiven und Passiven.

² Die Versammlung beschliesst über die Bestätigung der Konkursverwaltung und, gegebenen Falles, des Gläubigerausschusses und ordnet unbeschränkt alles Weitere für die Durchführung des Konkurses an.

I. Bestätigung der Konkursverwaltung ev. des Gläubigerausschusses

1 Voraussetzungen der Bestellung einer ausseramtlichen Konkursverwaltung. Literatur und Praxis stimmen darin überein, dass die Einsetzung ausseramtlicher Konkursverwaltungen nur dann erfolgen sollte, wenn in der Person oder Amtsführung der KB oder dann in der Besonderheit des Kon-

kursfalles dafür Veranlassung gegeben ist, d.h. wenn diese Massnahme sich als angemessen erweist. Diese *Voraussetzung ist nicht gegeben,* wenn die Schwierigkeiten des Falles *ausschliesslich in der gegensätzlichen Interessenlage der Gläubiger liegen* (GR, AB, 18.03.1963, BlSchK 1966, S. 23).

2 Bestätigt die zweite Gläubigerversammlung eine *ausseramtliche Konkursverwaltung in ihrem Amte,* so kann der Beschluss der ersten Gläubigerversammlung, mit dem die ausseramtliche Konkursverwaltung eingesetzt wurde, nicht mehr mit Beschwerde angefochten werden (BGE 105 III 67).

3 Eine Auswechslung der Konkursverwaltung widerspricht grundsätzlich dem Ziel des Gesetzes, wenn das Konkursverfahren praktisch vor dem Abschluss steht und in Anbetracht des Verwertungsergebnisses die Zweitklassgläubiger zum grossen Teil und die Drittklassgläubiger gänzlich zu Verlust kommen; vorbehalten bleibt freilich der Fall, dass der amtierende Konkursverwalter aus irgend einem Grunde nicht imstande sein sollte, das Verfahren zu seinem Abschluss zu führen (BGE 109 III 87, Praxis 1984, Nr. 23).

4 Ob die Nichtbestätigung eines Mitgliedes des Gläubigerausschusses gerechtfertigt, ist, kann das BGer nicht prüfen, da es sich dabei um eine Ermessensfrage handelt (BGE 97 III 126). Eine Ermessensüberschreitung liegt dabei nicht vor (BGE 101 III 77).

II. Beschlüsse der Gläubigerversammlung

5 Ausübung eines im Grundbuch vorgemerkten Rückkaufsrechts im Konkurs des Käufers. Bewilligung der Rückübertragung durch die Konkursverwaltung. Eine solche von der Konkursverwaltung an Stelle des Schuldners vorgenommene rechtsgeschäftliche Handlung unterliegt nicht der Beschwerdeführung nach Art. 17 SchKG. Vorbehalten bleibt die gerichtliche Anfechtung der Rückübertragung durch die Konkursmasse gemäss Art. 975 ZGB. Auf *Begehren eines Konkursgläubigers ist darüber ein Gläubigerbeschluss herbeizuführen* und bei Verzicht der Masse ist Art. 260 SchKG anzuwenden (BGE 86 III 106).

6 Grundstücke sind üblicherweise auch im Konkurse öffentlich zu versteigern. Über einen freihändigen Verkauf darf ein Gläubigerbeschluss in der Regel erst ergehen, wenn die Verwertung als solche zulässig ist und ein bestimmtes Kaufangebot vorliegt. Eine freihändige Veräusserung lässt sich nur rechtfertigen, wenn sich vermutlich durch Versteigerung kein höherer Erlös erzielen liesse und also kein Gläubiger geschädigt wird (BGE 87 III 111).

7 Der Beschluss der zweiten Gläubigerversammlung, die Kunstsammlung des Konkursiten auf dem Weg der Auktion zu verwerten, ist nicht nichtig. Eine bereits durchgeführte Auktion kann auf dem Beschwerdeweg nicht rückgängig gemacht werden (BGE 105 III 67).

8 Zum Widerruf der von der ersten Gläubigerversammlung beschlossenen Weiterführung des Geschäftsbetriebes des Schuldners ist grundsätzlich die zweite Gläubigerversammlung zuständig; zur Abwendung grösseren Schaden ist jedoch notfalls *auch der Gläubigerausschuss berechtigt,* eine solche Massnahme zu treffen (BGE 95 III 30).

9 Es steht der Konkursverwaltung nicht zu, auf die Geltendmachung eines Aktivums zu verzichten, sondern einzig der zweiten Gläubigerversammlung (BGE 103 III 8).

10 Schliesst die Konkursverwaltung in einem Kollokationsprozess einen Vergleich, so können die Gläubiger den dadurch abgeänderten Kollokationsplan mittels Klage anfechten. Ist der abgeänderte Kollokationsplan in Rechtskraft erwachsen, darf die zweite Gläubigerversammlung *nicht mehr darauf zurückkommen* (BGE 107 III 136).

III. Beschwerden

11 Voraussetzungen zur Beschwerdeführung gegen Beschlüsse der zweiten Gläubigerversammlung (Die Beschwerdeführung gegen Beschlüsse der ersten Gläubigerversammlung regelt Art. 239 SchKG). – Die Beschwerdeführung gegen Beschlüsse der zweiten Gläubigerversammlung ist im Gesetz nicht geregelt. Die Entscheidungsbefugnis dieser Versammlung ist nur insofern unbeschränkt, als diese Versammlung über Fragen der Angemessenheit abschliessend zu befinden hat; *wegen Gesetzeswidrigkeit* können dagegen auch gegen Beschlüsse der zweiten Gläubigerversammlung Beschwerde geführt werden. Ein gesetzeswidriger Beschluss liegt auch dann vor, wenn die Versamm-

lung bzw. die Gläubigermehrheit unter Missbrauch der ihr eingeräumten Macht eine mit dem Zwecke des Konkursverfahrens offenkundig unverträgliche Massnahme beschlossen hat (BGE 86 III 102).

12 *Wegen Unangemessenheit kann* gegen einen Beschluss der zweiten Gläubigerversammlung *nicht Beschwerde geführt werden*, hingegen wegen Gesetzeswidrigkeit, sei es wegen Verletzung einer bestimmten Verfahrensregel, wegen Missachtung von Individualrechten der einzelnen Gläubiger, die ihnen nicht durch Mehrheitsbeschluss entwunden werden dürfen oder wegen einer mit dem Zweck des Konkurses offenkundig unverträglichen Massnahme und damit um einen Missbrauch der in Art. 253 Abs. 2 SchKG der zweiten Gläubigerversammlung eingeräumten Macht (BGE 87 III 111, LU SchKKomm, 21.01.1958, Max. X, Nr. 609).

13 Beschlüsse der zweiten Gläubigerversammlung können auch dann Gegenstand einer Beschwerde sein, wenn sie dem Sinne des Konkurses nicht entsprechen (BE, AB, 12.11.1963, BlSchK 1965, S. 16).

14 Die Beschlüsse der zweiten Gläubigerversammlung bzw. Zirkulationsbeschlüsse der Gläubiger sind wegen willkürlicher Handhabung des Ermessens mit dem Rekurs nach Art. 19 SchKG anfechtbar (BGE 101 III 52).

15 Die Konkursverwaltung ist zur Einreichung einer Beschwerde gegen einen Beschluss einer Gläubigerversammlung nicht befugt (FR, Chambre des poursuites et faillites, 03.01.1972, BlSchK 1975, S. 148).

16 Legitimation des unbeschränkt haftenden Gesellschafters der Gemeinschuldnerin zur Anfechtung von Gläubigerbeschlüssen. – Nach der Praxis ist der Konkursit befugt, Gläubigerbeschlüsse über die Verwertung mit Beschwerde anzufechten, wenn sie in seine gesetzlich geschützten Rechte und Interessen eingreifen, was namentlich dann der Fall ist, wenn sie gegen gesetzliche Vorschriften über das Verwertungsverfahren verstossen und dadurch sein Interesse an der Erzielung eines möglichst günstigen Verwertungserlöses verletzen (BGE 103 III 21).

Art. 254   3. Beschlussunfähigkeit

Ist die Versammlung nicht beschlussfähig, so stellt die Konkursverwaltung dies fest und orientiert die anwesenden Gläubiger über den Stand der Masse. Die bisherige Konkursverwaltung und der Gläubigerausschuss bleiben bis zum Schluss des Verfahrens im Amt.

Keine Entscheide.

Art. 255   B. Weitere Gläubigerversammlungen

Weitere Gläubigerversammlungen werden einberufen, wenn ein Viertel der Gläubiger oder der Gläubigerausschuss es verlangt oder wenn die Konkursverwaltung es für notwendig hält.

1 Will der Schuldner nach der zweiten Gläubigerversammlung einen Nachlassvertrag vorschlagen, so soll ihm die Konkursverwaltung unverzüglich eine kurze Frist zur Leistung eines Kostenvorschusses für die Kosten einer ausserordentlichen Gläubigerversammlung ansetzen (BGE 48 III 135). Tritt die Konkursverwaltung in dieser Weise auf das Nachlassgesuch des Schuldners ein, so braucht sie deswegen die Verwertung nicht einzustellen. Hiezu ist die Konkursverwaltung, wie aus Art. 332 und 238 Abs. 2 SchKG hervorgeht, erst verpflichtet, nachdem die Gläubigerversammlung darüber Beschluss gefasst hat (BGE 78 III 17).

2 Das Gesetz verlangt nur die Einberufung zweier Gläubigerversammlungen. Weitere Gläubigerversammlungen finden nur statt, wenn die Mehrheit der Gläubiger oder der Gläubigerausschuss es verlangt oder wenn die Konkursverwaltung es für notwendig hält. Allfällig nötige Beschlüsse können in der Regel auf dem Zirkularweg gefasst werden (BS, AB, 14.10.1961, BlSchK 1963, S. 108).

Art. 255a C. Zirkularbeschluss

¹ In dringenden Fällen, oder wenn eine Gläubigerversammlung nicht beschlussfähig gewesen ist, kann die Konkursverwaltung den Gläubigern Anträge auf dem Zirkularweg stellen. Ein Antrag ist angenommen, wenn die Mehrheit der Gläubiger ihm innert der angesetzten Frist ausdrücklich oder stillschweigend zustimmt.

² Sind der Konkursverwaltung nicht alle Gläubiger bekannt, so kann sie ihre Anträge zudem öffentlich bekannt machen.

1   Zirkulationsbeschlüsse der Gläubiger sind den Beschlüssen der zweiten Gläubigerversammlung gleich gestellt (BGE 101 III 54 und 77).

2   Ob die Beschlüsse der zweiten Gläubigerversammlung auf dem ordentlichen oder auf dem Zirkularwege zu fassen sind, bleibt dem Ermessen der Konkursverwaltung überlassen (BGE 103 III 79).

3   Sind Zirkularbeschlüsse anstelle der zweiten Gläubigerversammlung wegen zu hohen Kosten zulässig? Die Regelung der Frage, wie der Gläubigerausschuss nach der Demission eines Mitgliedes zusammengesetzt sein soll, ist relativ dringlich, der daher zu einem Zirkularbeschluss führen kann. Auch die Abwägung der Interessen der Verfahrensökonomie einerseits und der Bedeutung der Gläubiger andererseits rechtfertigen eine Zulassung eines Zirkularbeschlusses in diesem Punkt, da es sich bei den Organen des Gläubigerausschusses im Falle der Demission eines Mitgliedes und einer allfälligen Ersatzwahl nicht um eine derart bedeutsame Frage handelt, dass zwingend die Einberufung einer Gläubigerversammlung geboten wäre (BL, AB, 03.07.2000, SJZ 2001, S. 282).

4   Die von der Konkursverwaltung auf dem Zirkularweg eingeholte Ermächtigung zum Freihandverkauf mit Vorbehalten und Bedingungen soll unmissverständlich abgefasst sein (BS, AB, 25.08.1976, BlSchK 1979, S. 183).

Art. 256 D. Verwertungsmodus

¹ Die zur Masse gehörenden Vermögensgegenstände werden auf Anordnung der Konkursverwaltung öffentlich versteigert oder, falls die Gläubiger es beschliessen, freihändig verkauft.

² Verpfändete Vermögensstücke dürfen nur mit Zustimmung der Pfandgläubiger anders als durch Verkauf an öffentlicher Steigerung verwertet werden.

³ Vermögensgegenstände von bedeutendem Wert und Grundstücke dürfen nur freihändig verkauft werden, wenn die Gläubiger vorher Gelegenheit erhalten haben, höhere Angebote zu machen.

⁴ Anfechtungsansprüche nach den Artikeln 286–288 dürfen weder versteigert noch sonstwie veräussert werden.

I. Beschlüsse der Gläubigerversammlung

1   Wie ein *Freihandverkauf durchgeführt* werden soll, ist dem Ermessen der Gläubigerversammlung bzw. der Konkursverwaltung überlassen. Ein solcher Verkauf ist auch noch möglich, wenn der Vorschlag zu einem Nachlassvertrag vorliegt (LU, SchK-Komm., 10.02.1948, Max. IX, Nr. 616, BlSchK 1950, S. 112).

2   Der Beschluss der zweiten Gläubigerversammlung, die Kunstsammlung des Schuldners auf dem *Wege der Auktion zu verwerten*, ist nicht nichtig. Eine bereits durchgeführte Auktion kann auf dem Beschwerdeweg nicht rückgängig gemacht werden (BGE 105 III 67).

3   Beschliessen die Gläubiger, die Verwertung von Kunstgegenständen einem Auktionator zu übertragen, so kann ein solches Vorgehen trotz Unbehagen nicht ohne Weiteres als bundesrechtswidrig bezeichnet werden, wenn das Recht der Gläubiger, an der Auktion selbst mitzubieten, gewahrt ist (BGer, SchKK, 31.10.1979, BlSchK 1982, S. 137).

4 Die vom KA in dem an die Gläubiger gerichteten Zirkular gesetzte Frist zur Verwerfung des Freihandverkaufes bzw. zur Stellung eines höheren Angebotes *ist nicht nur eine Ordnungsfrist*. *Sie dient vielmehr der Rechtssicherheit*, d.h. sie begrenzt den Zeitraum, innert dessen die Gläubiger dem angestrebten Verkauf zu widersprechen bzw. *höhere Angebote einzureichen haben*, im Interesse aller am Konkursverfahren Beteiligten klar. Ohne eine solche klare zeitliche Begrenzung der Willenskundgebung der Gläubiger stünde nie eindeutig fest, ob der vom KA beantragte Freihandverkauf überhaupt abgeschlossen werden kann. Das Gebot der Gleichbehandlung aller Gläubiger schliesst es grundsätzlich aus, dass das KA ohne nochmalige Konsultation aller Gläubiger einen Freihandverkauf mit einem verspäteten Höherbietenden tätigt (BL, AB, 26.07.1979, SJZ 1980, S. 334).

5 (i.V.m. Art. 231 SchKG) – Das summarische Verfahren liegt zur Hauptsache in den Händen der Konkursverwaltung. In solchen Fällen bedarf ein Freihandverkauf eines Grundstückes keines Beschlusses der Gläubigerversammlung. Hingegen ist den Gläubigern Gelegenheit zu höheren Angeboten einzuräumen (BGer, 12.05.2003, BlSchK 2005, S. 144).

II. Verwertung verpfändeter Vermögensstücke

6 Es *bedarf nicht der Zustimmung eines Pfandgläubigers* mit fälliger Forderung, der *aus dem Preise vollständig bar befriedigt* werden kann (BGE 72 III 27).

III. Vorzeitige Verwertung und Freihandverkauf

7 Befugnis der Konkursverwaltung, vor der zweiten Gläubigerversammlung die Verwertungsart für Mobilien festzulegen; bei einem Freihandverkauf ist den Gläubigern aber die Möglichkeit zu geben, höhere Angebote zu unterbreiten (BGE 105 III 76).

8 Die Zustimmung zu einem Freihandverkauf ist *ungültig*, wenn den *Gläubigern nicht Gelegenheit geboten wurde, höhere Angebote* zu machen (BGE 82 III 61).

9 Ein Freihandverkauf zu einem Preis, der neben der Deckung der Kosten und Masseschulden die vollständige Befriedigung aller angemeldeten und noch nicht rechtskräftig abgewiesenen Konkursforderungen gestattet, bedarf nicht der Zustimmung der Gläubiger. *Doch ist allen Gläubigern* (und im Falle des Konkurses einer Aktiengesellschaft auch allen Aktionären) *Gelegenheit zu geben*, den angebotenen *Preis zu überbieten* (BGE 88 III 28).

10 *Rechtsnatur des Freihandverkaufes*. – Der Freihandverkauf ist wie die öffentliche Steigerung ein Institut der Zwangsvollstreckung mit dem Zweck, das beschlagnahmte Vermögen zu versilbern. Gemeinsames Merkmal bei der Verwertungsarten ist die Unfreiwilligkeit der Veräusserung (vgl. Haab/Simonius/Scherrer/Zobl, N 64 zu Art. 656 ZGB; Stutz: Der Freihandverkauf im SchKG, Diss. Zürich 1978, S. 88), und in beiden Fällen wird diese durch den BB bzw. den KB vorgenommen. Ein Unterschied besteht in der Art der Preisbildung und in der Durchführung der Veräusserung. An die Stelle der Angebote der Steigerungsinteressenten und des Steigerungszuschlages tritt beim Freihandverkauf die Vereinbarung zwischen dem BB oder dem KB und dem Erwerber, wobei jenem naturgemäss nicht die Stellung des Verkäufers im zivilrechtlichen Sinne zukommen kann. Der Beamte ist in seinem Handeln nicht frei; vielmehr ist es u.a. seine Pflicht, das günstigste Angebot ausfindig zu machen und den Gläubigern sowie gegebenenfalls den Aktionären der Schuldnerin Gelegenheit zu geben, ein Angebot zu überbieten (vgl. BGE 101 III 57; 88 III 39 E. 6). Nur die Einstufung des Freihandverkaufes als staatlicher Hoheitsakt vermag daher den Verhältnissen gerecht zu werden. – Die Gleichstellung von Freihandverkauf und öffentlicher Steigerung hinsichtlich der Rechtsnatur hat zur Folge, dass jener grundsätzlich (in analoger Anwendung des für die öffentliche Steigerung geltenden Art. 132a SchKG) auf dem Beschwerdeweg angefochten werden kann (BGE 106 III 82).

11 Möglichkeit und Voraussetzung einer vorzeitigen Verwertung und des Freihandverkaufs im Konkursverfahren. Folgen der Nichtbeachtung. – Wenn für einen Freihandverkauf *keinen entsprechenden Beschluss der Gläubigerversammlung vorliegt*, so ist die Zustimmung der Gläubiger auf dem Zirkularweg einzuholen. *Eine Rückgängigmachung der Freihandverkäufe* kommt nicht in Frage, solange die Käufer gutgläubig gewesen sind, d.h. wenn sie nicht erkennen hätten müssen, dass die Gläubiger mit dem Freihandverkauf nicht einverstanden seien. Wenn ein Gläubiger glaubt, dass da-

durch Gläubiger zu Schaden gekommen sind, so steht ihm der Weg der Verantwortlichkeitsklage offen (GR, AB, 18.10.1966, BlSchK 1969, S. 19).

12 Die Frage, *ob ein*, vom Käufer aus betrachtet, *gültig abgeschlossener Freihandverkauf wegen Missachtung der gesetzlichen Verfahrensregeln aufgehoben werden kann*, wurde vom BGer offen gelassen. – Vor Abschluss des Freihandverkaufes ist allen Gläubigern Gelegenheit zu geben, den angebotenen Preis zu überbieten (BGE 101 III 52).

13 *Eine Information der Konkursverwaltung über einen wesentlichen Preisfaktor, welche die wirklichen Verhältnisse nicht ausreichend klar erkennen lässt und geeignet ist, Kaufinteressenten zum Rückzug oder jedenfalls zur Herabsetzung ihrer Angebote zu bewegen, führt grundsätzlich zur Aufhebung des Freihandverkaufes.* – Im Falle der Aufhebung eines Freihandverkaufes betreffend ein Grundstück steht es der vollstreckungsrechtlichen AB nicht zu, das Grundbuchamt anzuweisen, den Grundbucheintrag zu löschen und den früheren Zustand wieder herzustellen; es ist vielmehr Sache der Konkursverwaltung, die notwendig gewordene Berichtigung des Grundbuches anzustreben und für die Rückerstattung des Kaufpreises besorgt zu sein (BGE 106 III 79).

14 Einstellung des Verwertungsverfahrens im Falle, dass der Konkursit in die Lage kommt, die Konkursgläubiger ohne Verwertung seiner Aktiven vollständig zu befriedigen und dass der dafür erforderliche Betrag gerichtlich hinterlegt wird. – Weisungen für den Fall, dass das Verwertungsverfahren wieder aufgenommen werden muss (BGE 88 III 68).

IV. Verwertung von Aktiven im Einzelnen

15 *Anspruch auf Einzahlung ausstehender Aktienbeträge.* – Verwertung dieses Anspruchs im Konkurse der Gesellschaft. Rechte des Ersteigerers. – Die Zwangsversteigerung lässt den Einzahlungsanspruch wie eine andere Forderung der Konkursitin im vollen Umfange, nicht etwa bloss im Umfange des Steigerungspreises, auf den Erwerber übergehen. Der Anspruch auf Einzahlung der ausstehenden Aktienbeträge unterliegt im Falle des Konkurses der AG der Höhe nach nur einer Beschränkung: es darf nicht mehr eingefordert werden, als zur Zahlung der Schulden nötig ist. *Bedeutung des Eintrages im Aktienbuch* (Art. 687 Abs. 1 und 3, 685 Abs. 2 u. 4, 686 Abs. 3). Übertragung des nicht indossierten Titels verbunden mit separater Abtretungserklärung. Die blosse Verpflichtung zur Übertragung ersetzt die schriftliche Abtretungserklärung nicht (OR Art. 684 Abs. 2, Art. 967 Abs. 2) (BGE 90 II 167).

16 *Bankenkonkurs, Freihandverkauf einer Forderung der Masse.* – Befugnisse der Konkursverwaltung und Rechte der Gläubiger: Ist ein Guthaben der Masse zwar unbestritten und fällig, aber schwer einbringlich, so darf die Konkursverwaltung davon absehen, es gemäss Art. 243 Abs. 1 SchKG einzuziehen. Fall einer Forderung gegen überschuldete Firmen im Ausland. Voraussetzungen, unter denen die Konkursverwaltung ein solches Guthaben durch Freihandverkauf verwerten darf, ohne den Konkursgläubigern gemäss Art. 260 Abs. 3 SchKG Gelegenheit zu geben, die Abtretung zu verlangen (BGE 93 III 23).

17 *Freihandverkauf von Grundstücken – Tragweite und Ausgestaltung des Rechts der Gläubiger zum höheren Angebot* – Die Ausübung des Rechts zum höheren Angebot geschieht in der Weise, dass der Berechtigte dem KA innert Frist mitteilt, er wolle das betreffende Objekt zu einem bestimmten Preis erwerben und, sofern verlangt, ebenfalls für den gebotenen Betrag Sicherheit oder einen entsprechenden Finanzierungsnachweis leistet. Der Gläubiger hat aber keinen durchsetzbaren Anspruch darauf, dass die Verwertung an ihn erfolgt. Reicht ein Gläubiger fristgerecht ein höheres Angebot ein, steht es im Ermessen der Konkursverwaltung, ob sie ein steigerungsähnliches Verfahren durchführen und die übrigen Interessenten vom Eingang eines höheren Angebotes informieren will, um diese ihrerseits zu einem besseren Angebot zu bewegen. Anders als bei der Steigerung hat derjenige Interessent, der ein höheres Angebot macht, keinen Anspruch darauf, dass die Verwertung an ihn geschieht. Das KA hat aber bei seinem Entscheid die Interessen der Gläubiger bestmöglich zu wahren. *Wenn aufgrund eines ursprünglichen tieferen Angebotes kein Gebrauch vom Recht auf ein höheres Angebot gemacht wird, ist das KA nicht verpflichtet, ein mittlerweile höheres Angebot eines Interessenten den Gläubigern noch einmal mitzuteilen um eine Gelegenheit zu höheren Ange-*

boten einzuräumen. Zweck dieses Instituts ist eine Gleichbehandlung der zum höheren Angebot berechtigten Personen (BGE 50 III 367, 63 III 87, 88 III 39). Die Gleichbehandlung ist aber verwirklicht, wenn das Recht einmal gewahrt wird. Es steht der Konkursverwaltung frei, das höchste der fristgemäss eingegangenen Angebote ohne weitere Vorkehrungen anzunehmen um den Kaufvertrag bzw. die Freihandverkaufsverfügung zu erlassen (ZH, Justizkomm., 09.07.1998, BlSchK 1999, S. 107).

18 Der Freihandverkauf bedarf wie die öffentliche Versteigerung keiner öffentlichen Beurkundung und der Eigentumserwerb erfolgt durch die zu protokollierende Verfügung des KA oder der Konkursverwaltung, mit welcher das zu verwertende Grundstück dem berücksichtigten Anbieter zugewiesen wird (Änderung der Rechtsprechung). Auf den Freihandverkauf sind insbesondere Art. 58 Abs. 3 und Art. 67 VZG, welche die Identität des Anbieters und der im Grundbuch als Eigentümer einzutragenden Person betreffen, sowie die Regelung gemäss Art. 143 SchKG und Art. 63 VZG beim Zahlungsverzug des Ersteigerers anwendbar. Folgen der Nichtigkeit eines Freihandverkaufs im konkreten Fall (BGE 128 III 104/105, BlSchK 2002, S. 189).

19 (i.V.m. Art. 22 SchKG) – Nichtigkeit einer Freihandverkaufsverfügung wegen inhaltlicher Fehler – *Eine Freihandverkaufsverfügung ist nichtig, wenn die Umschreibung des zu verwertenden Objekts den Anforderungen zur Individualisierung nicht genügt.* Bei der Verwertung von registrierten Immaterialgüterrechten – im konkreten Fall Marken – ist zur Individualisierung die Erwähnung der wichtigsten Registerangaben erforderlich (BGE 131 III 237).

20 Keine Anwendbarkeit von Art. 333 Abs. 1 OR bei Erwerb eines Betriebes aus dem Konkurs des früheren Inhabers. – Wer einen Betrieb erwirbt und mit den Arbeitnehmern die im Zeitpunkt der Übernahme bestehenden Arbeitsverhältnisse weiterführt, haftet nicht für offene, vor der Übernahme fällig gewordene Lohnforderungen aus den Arbeitsverhältnissen, wenn die Übernahme des Betriebes aus der Konkursmasse des bisherigen Arbeitgebers erfolgt ist. Auslegung von Art. 333 OR nach Wortlaut, Sinn und Zweck und den ihm zugrunde liegenden Wertungen und Zielsetzungen. Europarechtskonforme Auslegung und Berücksichtigung von Reformbestrebungen des schweizerischen Gesetzgebers (BGE 129 III 335).

21 Vermögenswerte, die im Rahmen einer gegen die Gattin gerichteten Betreibung gepfändet, aber im Konkurse des Ehegatten verwertet worden sind, ohne dass dieser die Gegenstände zu Eigentum angesprochen hat. – Das Schicksal dieser Gegenstände – oder des sie repräsentierenden Erlöses – kann nicht durch Übereinkunft zwischen dem BA und dem KA besiegelt werden, ohne dass die Ehefrau und deren Gläubiger nach Art. 107 ff. SchKG Gelegenheit zur Bestreitung des Anspruchs oder zur Klageerhebung erhalten haben (BGE 114 III 75).

22 Ein Kaufinteressent, welcher der Konkursverwaltung ein Freihandangebot zur Übernahme von Aktiven gemacht hat, an der er in der Folge von der Konkursverwaltung für die verschiedenen Interessenten organisierten nicht öffentlichen Versteigerung trotz Einladung dazu nicht teilgenommen hat, ist nicht gehalten, der Konkursmasse den Mindererlös zwischen seiner Offerte und dem Zuschlagspreis an einen Dritten zu bezahlen (GE, Autorité de surveillance, 06.02.1980, BlSchK 1982, S. 147).

V. Begriff und Bezifferung des «Gegenstandes von bedeutendem Wert»

23 Begriff und Bezifferung des «Gegenstandes von bedeutendem Wert» im Sinne dieser Bestimmung, welche nach dem neuen Recht auch im summarischen Verfahren zum Tragen kommt. Nach dem revidierten Art. 256 Abs. 3 SchKG dürfen Vermögensgegenstände von bedeutendem Wert und Grundstücke nur freihändig verkauft werden, wenn die Gläubiger vorher Gelegenheit erhalten haben, höhere Angebote zu machen. Diese Bestimmung ist auch im summarischen Konkursverfahren zu berücksichtigen. Wie ein bedeutender Wert zu bestimmen ist, lässt sich weder aus der Botschaft (154) noch den Materialien der damaligen Expertenkommission oder des Bundesparlaments entnehmen. Nach Auffassung weniger Autoren, die sich bis anhin dazu äusserten, ist jedenfalls ein objektiver Massstab anzuwenden. Das Objekt muss demnach für sich betrachtet, unabhängig von der Höhe der Passiven und dem Vorliegen weiterer Aktiven einen bedeutenden Wert aufweisen. Die Nennung

der Grundstücke in Art. 256, bei denen immer das Recht zum höheren Angebot zu gewähren ist, eignet sich nur begrenzt als Referenzmassstab dafür, was ein bedeutender Wert ist. Dennoch lässt sich daraus ungefähr die Grössenordnung des Wertes eingrenzen. Die Rede ist von mindestens fünfstelligen Frankenbeträgen (Lorandi, Der Freihandverkauf im schweizerischen Schuldbetreibungs- und Konkursrecht, S. 322; I. Meier, in Aktuelle Fragen des Schuldbetreibungs- und Konkursrechts nach revidiertem Recht, S. 115).

Im Rahmen des Art. 256 scheint es angemessen, den bedeutenden Wert von Vermögensgegenständen objektiv mit Fr. 100'000.– zu beziffern. Zu beachten ist aber, dass sich dieser Betrag auf den objektiven Verkehrswert eines Vermögensgegenstandes bezieht, d.h. auf den Wert, der bei einer Veräusserung im gewöhnlichen Geschäftsverkehr unter normalen Umständen mutmasslich als Preis erzielt werden kann. Im konkursamtlichen Inventar sind die Vermögensstücke indessen mit dem Schätzungswert zu bezeichnen (Art. 227 SchKG). Es erscheint sachgerecht, auch für die Beurteilung des bedeutenden Werts auf den Schätzungswert abzustellen. Hierunter versteht man den derzeitigen Liquidationswert, also denjenigen Wert, der bei einer Veräusserung im Konkursverfahren realistisch ist (Fritzsche/Walder, Schuldbetreibung und Konkurs nach schweizerischem Recht, Bd. II, 3. Aufl., § 44 Rz 10; Amonn/Gasser, Grundriss des Schuldbetreibungs- und Konkursrecht, 6. Aufl., § 22, Rz 48). Angesichts von wenigen Kaufinteressenten und der relativ raschen Liquidation im Konkurs ist dieser eher tief anzusetzen. Er liegt jedenfalls deutlich unter dem objektiven Verkehrswert, nach der Praxis bei rund der Hälfte. Mithin ist ab einem *Inventar- bzw. Liquidationswert von Fr. 50'000.–* von einem bedeutenden Wert im Sinne von Art. 256 Abs. 3 SchKG zu sprechen, welcher bedingt, dass den Gläubigern Gelegenheit zu geben ist, höhere Angebote zu machen (SG, AB, 26.06.1998, BlSchK 1999, S. 112).

VI. Anfechtbarkeit

24 Kein Beschwerderecht übergangener Kaufinteressenten bei einem Freihandverkauf durch das KA (TG, Rekurskomm., 08.02.1974, BlSchK 1978, S. 48).

25 Die Anfechtung eines vom KA mit Ermächtigung der Gläubigerversammlung abgeschlossenen freihändigen Verkaufes von Aktiven im Beschwerdeverfahren kann nur damit begründet werden, dass das KA die Ermächtigung dazu nicht besessen oder konkursrechtliche Vorschriften verletzt habe (ZH, ObGer, II. Ziv.Kammer, 01.02.1955, ZR 1960, Nr. 107, BlSchK 1962, S. 91).

VII. Einzelne Anwendungen

26 Die Versteigerung eines bestrittenen Buchguthabens kann der Buchschuldner nicht verhindern (BE, AB, 17.04.1967, BlSchK 1968, S. 49)

27 Keine Versteigerung von Verantwortlichkeitsansprüchen – (i.V.m. Art. 260 Abs. 3 SchKG und Art. 757 Abs. 2 OR) – Die allgemeine Regelung des Konkursrechts, wonach nicht abgetretene Rechtsansprüche versteigert werden können, widerspricht derjenigen von Art. 757 Abs. 2 OR, wonach die Gläubiger und die Aktionäre nach Verzicht der Gläubigergesamtheit die der Aktiengesellschaft zustehenden Verantwortlichkeitsansprüche direkt geltend machen können. Die aktienrechtliche Bestimmung geht als neueres und spezielleres Recht vor, weshalb nicht abgetretene Verantwortlichkeitsansprüche nicht versteigert werden dürfen. Eine Versteigerung wäre nichtig (BL, AB, 23.02.1996, BlSchK 1997, S. 34).

Art. 257 E. Versteigerung
1. Öffentliche Bekanntmachung

¹ Ort, Tag und Stunde der Steigerung werden öffentlich bekanntgemacht.

² Sind Grundstücke zu verwerten, so erfolgt die Bekanntmachung mindestens einen Monat vor dem Steigerungstage und es wird in derselben der Tag angegeben, von welchem an die Steigerungsbedingungen beim Konkursamte zur Einsicht aufgelegt sein werden.

³ Den Grundpfandgläubigern werden Exemplare der Bekanntmachung, mit Angabe der Schätzungssumme, besonders zugestellt.

1 Die Frist für die Anfechtung der Steigerungsbedingungen beginnt nach der Rechtsprechung mit dem Tag ihrer öffentlichen Auflegung zu laufen (BGE 51 III 179). Von diesem Grundsatz hat das BGer in BGE 99 III 70 eine Ausnahme gemacht für den Fall, dass die *Steigerungsbedingungen das Lastenverzeichnis abändern* (BGE 105 III 6).

2 Ist es Pflicht des KA, die Versteigerung von Grundstücken erst dann vorzunehmen, wenn interessierte Grundpfandgläubiger den Zeitpunkt als günstig erachten? Das KA hat sich an diese Bestimmung, die Grundstückverwertung «mindestens einen Monat vor dem Steigerungstage» bekannt zu machen, zu halten. Es fragt sich einzig, ob das Ermessen bei der Festsetzung des Ganttermins missbraucht wird, sodass seine Verfügung im Sinne von Art. 17 SchKG als «den Verhältnissen nicht angemessen» erschiene. Dies wäre der Fall, wenn es einen Zeitpunkt gewählt hätte, der offenbar für die Verwertung des Grundstückes des Schuldners besonders ungünstig wäre. Dazu ist auch das Interesse der Mehrheit der Konkursgläubiger zu berücksichtigen, dass das Verwertungsstadium seinen Abschluss findet (BS, AB, 12.11.1957, BlSchK 1959, S. 84).

3 Aufhebung des Steigerungszuschlages wegen Nichtzustellung der Steigerungsanzeigen an die Grundpfandgläubiger. – Die Steigerungsanzeigen sind durch eingeschriebenen Brief zuzustellen (Art. 34 SchKG). Bestreitet der Adressat den Empfang der Anzeige, so obliegt der Beweis für die richtige Zustellung den Betreibungs- bzw. Konkursbehörden (SO, AB, 18.11.1968, BlSchK 1969, S. 138).

4 Eine erst zu Beginn der Steigerungsverhandlung mündlich bekannt gegebene Berichtigung des Lastenverzeichnisses führt zur Aufhebung eines Steigerungszuschlages. Das Lastenverzeichnis ist den Beteiligten unter Ansetzung einer zehntägigen Bestreitungsfrist zuzustellen, um vor der Steigerung rechtskräftig zu werden. Das Gantpublikum und nicht anwesende Grundpfandgläubiger kämen sonst um jede Einsprachemöglichkeit (Fritzsche, SchKG I, S. 301) (TG, Rekurskomm., 15.2.1972, BlSchK 1976, S. 145).

5 Aufhebung eines Steigerungszuschlages wegen irrtümlicher Orientierung des Publikums; hier liess der BB das Publikum in der rechtsirrtümlichen Auffassung, der Ersteigerer habe Ausübung eines Vorkaufsrechts durch einen Dritten zu gewärtigen (TG, Rekurskomm., 08.01.1971, BlSchK 1976, S. 147).

Art. 258   2. Zuschlag

¹ Der Verwertungsgegenstand wird nach dreimaligem Aufruf dem Meistbietenden zugeschlagen.

² Für die Verwertung eines Grundstücks gilt Artikel 142 Absätze 1 und 3. Die Gläubiger können zudem beschliessen, dass für die erste Versteigerung ein Mindestangebot festgesetzt wird.

1 Es ist unzulässig, wenn die Gantbeamtung an einer Zwangsversteigerung zwecks Erreichung eines höheren Erlöses (bzw. des Schätzungswertes) selbst mitbietet und den Gegenstand, wenn dieser zufolge Höchstangebotes an sie zurückfällt, an eine zweite Gant bringt (BS, AB, 16.05.1979, BlSchK 1980, S. 149).

2 (i.V.m. Art. 58 VZG) – Ungültigkeit von Angeboten für Personen, die bei Stellung des Angebotes nicht namentlich bezeichnet werden (BGE 93 III 39).

3 Irgendwelche Zusicherungen dürfen bei der Zwangsversteigerung überhaupt nicht in die Steigerungsbedingungen aufgenommen werden. Die Aufnahme solcher Zusagen ist ein Verfahrensfehler, der zur Aufhebung des Zuschlags im Beschwerdeverfahren führen kann (BGE 95 III 24).

4 (i.V.m. Art. 60 VZG) – Das letzte und höchste Angebot muss vom Gantleiter dreimal ausgerufen werden. Folgt auf den dritten Ausruf nicht unverzüglich ein weiteres Angebot, so hat der letzte Bieter – sofern er die Steigerungsbedingungen erfüllt – Anspruch auf den Zuschlag (BGE 118 III 52).

Art. 259 3. Steigerungsbedingungen

Für die Steigerungsbedingungen gelten die Artikel 128, 129, 132a, 134–137 und 143 sinngemäss. An die Stelle des Betreibungsamtes tritt die Konkursverwaltung.

1 Der Zuschlag ist auf dem Weg der Beschwerde und des Rekurses nach Art. 17 ff. SchKG anzufechten (BGE 95 III 22).

2 Aufhebung des Zuschlages im Beschwerdeverfahren wegen Grundlagenirrtums beim Steigerungskauf (Überbaubarkeit des Grundstücks) und wegen Verfahrensfehlern (BGE 95 III 24).

3 (i.V.m. Art. 135 SchKG) – Grundstücke betreffende Forderungen, welche im Lastenverzeichnis rechtskräftig aufgenommen bzw. im Kollokationsplan rechtskräftig kolloziert sind, sind fällig. *Sie können nicht auf den Ersteigerer überbunden werden* (BE, Aufs.Beh., 17.04.1997, BlSchK 1997, S. 229).

4 Der Freihandverkauf bedarf wie die öffentliche Versteigerung keiner öffentlichen Beurkundung, und der Eigentumserwerb erfolgt durch die zu protokollierende Verfügung des Konkursamtes oder der Konkursverwaltung, mit welcher das zu verwertende Grundstück dem berücksichtigten Anbieter zugewiesen wird (Änderung der Rechtsprechung). – Auf den Freihandverkauf sind insbesondere Art. 58 Abs. 3 und Art. 63 VZG beim Zahlungsverzug des Ersteigerers anwendbar (BGE 128 III 104).

Art. 260 F. Abtretung von Rechtsansprüchen

¹ Jeder Gläubiger ist berechtigt, die Abtretung derjenigen Rechtsansprüche der Masse zu verlangen, auf deren Geltendmachung die Gesamtheit der Gläubiger verzichtet.

² Das Ergebnis dient nach Abzug der Kosten zur Deckung der Forderungen derjenigen Gläubiger, an welche die Abtretung stattgefunden hat, nach dem unter ihnen bestehenden Range. Der Überschuss ist an die Masse abzuliefern.

³ Verzichtet die Gesamtheit der Gläubiger auf die Geltendmachung und verlangt auch kein Gläubiger die Abtretung, so können solche Ansprüche nach Artikel 256 verwertet werden.

I. Ohne Beschlussfassung der Gläubiger keine Abtretung

1 Nichtigkeit einer Abtretung, die ausgestellt wurde, ohne dass zuvor die Mehrheit der Gläubiger auf die Geltendmachung des Anspruchs für die Masse verzichtet hätte und allen Gläubigern Gelegenheit zur Stellung von Abtretungsbegehren gegeben worden wären (BGE 79 III 6).

2 Die Abtretung von Rechtsansprüchen der Konkursmasse muss durch einen Beschluss der Gläubigerversammlung oder durch einen Zirkularbeschluss erfolgen (BE, AB, 16.01.1954, BlSchK 1955, S. 27, BGE 86 III 20).

3 Die Abtretung von Rechtsansprüchen der Konkursmasse an einzelne Gläubiger hat zur Voraussetzung, dass die Gläubigerversammlung auf deren Geltendmachung verzichtet hat. Der *Gläubigerausschuss ist hiefür nicht zuständig* (SZ, Rechenschaftsbericht KG 1954, S. 32, BlSchK 1956, S. 179).

4 Auch im summarischen Konkursverfahren dürfen streitige Rechtsansprüche der Masse erst dann den Gläubigern zur Abtretung offeriert werden, wenn die Gesamtheit der Gläubiger durch Mehrheitsbeschluss auf deren Geltendmachung durch die Masse verzichtet hat (AR, AB, 03.03.1971, BGer, 26.03.1971, BlSchK 1972, S. 82).

5 Es steht der Konkursverwaltung nicht zu, auf die Geltendmachung eines Aktivums zu verzichten, sondern einzig der zweiten Gläubigerversammlung (BGE 103 III 8).

6 Die Abtretung oder dem Abtretungsangebot von Rechtsansprüchen der Masse muss ein Beschluss der Masse über den Verzicht auf deren Geltendmachung vorangehen. Die Gläubiger müssen Gelegenheit erhalten, zu diesem Punkt Stellung zu nehmen. Art. 260 SchKG hat zwingenden Charakter, da er eine Abtretung von Rechtsansprüchen der Masse nur unter der Voraussetzung vorsieht, dass diese auf deren Geltendmachung verzichtet hat. Die *Abtretung oder das Abtretungsangebot, die bzw. das vor dem Verzichtsbeschluss erfolgt, ist nichtig* (BGE 102 III 82, 118 III 57).

7   *Ausnahme im Bankenkonkurs* – Die den Gläubigern zustehende Befugnis, auf die Geltendmachung von Rechtsansprüchen zu verzichten, wird im Bankenkonkurs gemäss Art. 36 Abs. 2 BankG von der Konkursverwaltung ausgeübt. Im Übrigen gelten im Bankenkonkurs für die Behandlung streitiger Ansprüche die allgemeinen Regeln. So ist auch den Gläubigern Gelegenheit zu geben, innert einer gesetzten Frist Abtretungsbegehren im Sinne von Art. 260 SchKG zu stellen (BGE 93 III 23/27).

II. Voraussetzungen zur Abtretung

8   Die Konkursverwaltung kann einem Gläubiger das Bestreitungs- und Prozessführungsrecht hinsichtlich einer von ihr *nicht kollozierten und bloss* gemäss Konkursverordnung *vorgemerkten Konkursforderung* (Passivprozess), die bei Konkurseröffnung bereits Gegenstand eines vom Konkursiten geführten Aberkennungsprozesses bildete, abtreten mit der Wirkung, dass der betreffende Abtretungsgläubiger an Stelle des Schuldners in den Prozess eintreten und diesen weiterführen kann (ZH, ObGer, I. Ziv.Kammer, 14.06.1955, ZR 1956, Nr. 142, BlSchK 1958, S. 57).

9   Im Konkurse einer AG sind auch *die Aktionäre befugt, die Abtretung von Verantwortlichkeitsansprüchen zu verlangen* (BE, AB, 07.08.1952, ZBJV 1953, S. 461).

10 Ein Bevormundeter, der Gläubiger einer Lohnforderung ist, kann im Konkurse des Arbeitgebers nicht selbstständig die Abtretung von Rechtsansprüchen der Masse verlangen und gegen die Verweigerung oder den Widerruf einer solchen Abtretung Beschwerde führen, selbst wenn man annimmt, Art. 412 ZGB gelte auch für die Ausübung einer Erwerbstätigkeit in abhängiger Stellung (Frage offen gelassen) und die Vormundschaftsbehörde habe dem Bevormundeten die hier vorgesehene Bewilligung erteilt (BGE 94 III 17).

11 Wann steht *weder der Gesellschaft* (und ihrer Konkursmasse) *noch einem Gläubiger, der an der Gründung mitgewirkt hatte, ein Anspruch aus Art. 753 OR zu?* Jedenfalls dann, wenn die Gründer oder der Gründer und Aktionär um Machenschaften (hier vorgetäuschte Bargründung, indem der einzuzahlende Betrag bei einem Dritten geborgt und nur zum Scheine einbezahlt und dann sogleich wieder zurückgezogen wurde) wussten. – Auch jedem Aktionär, der an der Gründung beteiligt war und dem fehlerhaften Gründungsvorgang zugestimmt hat (BGE 86 III 158).

12 Sind Forderungen nach Massgabe von Art. 260 SchKG abgetreten worden, so darf die Konkursverwaltung nicht weitere Forderungen gemäss Art. 164 OR zedieren, ohne dass hiefür die Zustimmung der Abtretungsgläubiger vorliegt (BGE 115 III 76).

13 Nach Abschluss des Konkursverfahrens kann eine Abtretung im Sinne von Art. 260 SchKG nur im Rahmen von Art. 269 SchKG stattfinden (BGE 120 III 36).

III. Beschwerdelegitimation

14 Beschwerde- und Rekurslegitimation des Dritten, gegen den der abgetretene Anspruch sich richtet (BGE 79 III 6).

15 Der Drittschuldner kann eine gemäss Art. 260 und Art. 269 SchKG erteilten Abtretung wegen Verletzung von Art. 269 Abs. 1 SchKG nur dann auf dem Beschwerdeweg anfechten, wenn sich aufgrund der eigenen Angaben des KA oder der Konkursakten ohne weitere Beweiserhebungen unzweifelhaft ergibt, dass sie zu Unrecht erteilt wurde (BGE 74 III 72).

16 Beschwerdelegitimation eines Abtretungsgläubigers – Tritt die Masse eine Forderung gegen einen Dritten, der zugleich auch Gläubiger ist, ab, so ist dieser zur Beschwerde legitimiert, die Abtretung sei nicht in Übereinstimmung mit den entsprechenden Gesetzes- und Verordnungsbestimmungen erfolgt. Jeder Gläubiger kann sich über eine Abtretungsverfügung der Konkursverwaltung beschweren, wenn sie seiner Ansicht nach ordnungswidrig ist, selbst wenn er selbst Schuldner der abgetretenen Forderung ist (BGE 119 III 81).

IV. Formalitäten zur Abtretung

1. In Bezug auf Fristen

a) Stellung von Abtretungsbegehren

17 (i.V.m. Art. 48 Abs. 1 KOV) – Die in Zirkularschreiben der Konkursverwaltung an Gläubiger üblicherweise gesetzte Frist von 10 Tagen zur Stellung von Abtretungsbegehren hat weder das SchKG noch die KOV ausdrücklich festgelegt. Die zehntägige Frist hat sich in der Praxis für die Stellung solcher Begehren aber derart eingebürgert, dass sie einer gesetzlichen Frist nahe kommt. In jedem Falle muss sie nach ihrem Sinn und Zweck unerstreckbar sein (BS, AB, 03.01.1977, BlSchK 1980, S. 59).

18 Wann sind Abtretungsbegehren verwirkt? Im summarischen Konkursverfahren kann, soweit nicht Aussonderungsansprüche in Frage stehen, eine Verwirkungsfrist zur Stellung von Abtretungsbegehren nur mit Bezug auf Ansprüche angesetzt werden, die den Gläubigern in einer öffentlichen Bekanntmachung oder einem Zirkularschreiben zur Kenntnis gebracht worden sind (BGE 77 III 79).

b) Frist zur gerichtlichen Geltendmachung der Ansprüche

19 Es ist das gute Recht der Konkursverwaltung, nach *unbenütztem Ablauf der gesetzten Klagefrist die Abtretung zu widerrufen* (BS, AB, 24.03.1961, BlSchK 1963, S. 85).

20 Die vom KA anzusetzende *Frist zur gerichtlichen Geltendmachung eines abgetretenen Rechtsanspruchs* der Konkursmasse ist *keine Verwirkungs-, sondern eine Ordnungsfrist.* Die Annullierung der Abtretung nach erbetener (vorsorglicher) Fristverlängerung bei gleichzeitigem Gesuch um Zustellung eines Duplikats der Abtretungsurkunde wegen Unauffindbarkeit des Originals, wenige Tage nach Ablauf der als erstreckbar bezeichneten Frist, stellt eine unangemessene Massnahme dar, die den Rahmen pflichtgemässen Ermessens sprengt (BS, AB, 03.01.1973, BlSchK 1975, S. 91).

21 Wahrung der Klagefrist durch Einleitung des Sühneverfahrens. *Mit unbeachtetem Fristablauf fällt die Abtretung* des Massarechtsanspruches *nicht ohne Weiteres dahin* (LU, SchKKomm, 31.10.1956, Max. X, Nr. 442).

22 Beschwerde betreffend Erstreckung der Frist zur Geltendmachung der im Konkurse abgetretenen Rechtsansprüche. – Die Frist liegt im alleinigen Interesse der Konkursmasse; keine Beschwerde des Dritten bei Nichtbeachtung der Frist durch die Abtretungsgläubiger. *Erlöschen* der Klageermächtigung der Abtretungsgläubiger *erst mit Widerruf durch das KA* (keine Verwirkungs-, sondern bloss Ordnungsfrist (ZH, ObGer, II. Ziv.Kammer, 11.01.1979, ZR 1979, Nr. 54).

23 Die Konkursverwaltung *darf eine Abtretungserklärung widerrufen, wenn der abgetretene Anspruch erfüllt wird,* bevor der Abtretungsgläubiger rechtserhebliche Schritte zu dessen Eintreibung unternommen hat (BS, AB, 04.06.1986, BJM 1987, S. 313).

24 Die Abtretung fällt dahin oder muss widerrufen werden, wenn der Konkurs selbst widerrufen oder eingestellt wird (BGE 109 III 27/29).

2. Abtretung unter Bedingungen

25 (i.V.m. Art. 755 OR) – Die Abtretung von Rechtsansprüchen ist bei *entsprechend formuliertem Antrag nur dann zu gewähren, wenn der Konkursmasse gleichzeitig das damit verbundene Vergleichsinteresse bezahlt wird.* Die Geltendmachung des verursachten Schadens gegenüber den Organen der Gesellschaft wird durch die Konkursverwaltung nicht nur durch gerichtliche Klage, sondern auch durch aussergerichtlichen Vergleichsabschluss vollzogen (BS, AB, 09.06.1966, BlSchK 1967, S. 120).

26 Wie hat sich das KA gegen seine eigenen Verfügungen gegenüber Abtretungsmodalitäten zu verhalten? Wenn das KA in bestimmter Weise verfügt, die Gläubiger könnten die *Abtretung einer Forderung* nach Art. 260 *nur gegen Zahlung eines bestimmten Betrages an die Konkursmasse verlangen,* so liegt darin eine Verfügung im Sinne von Art. 17 SchKG vor, an die das Amt gebunden ist. *Anders ist es nur, wenn das Amt allgemeine Erklärungen abgibt oder sich Änderungen vorbehält.* An eine bestimmte Erklärung ist das Amt gebunden, da die Gläubiger darauf zählen dürfen. So darf z.B. das Amt, wenn es die Zahlung eines bestimmten Betrages verlangt, nicht einem Bewerber des-

sen Dividendenanspruch am verlangten Betrage in Abzug bringen, ohne das Gleiche allen Gläubigern anzubieten. Die andern Gläubiger können sich gegen solches Vorgehen beschweren. Immerhin müssen sie dann aber, wenn sie sich das Verschweigen einer derartigen Abweichung des Amtes von seiner ursprünglichen Verfügung benachteiligt fühlen, binnen zehn Tagen seit Kenntnis vom Sachverhalt auch wirklich Beschwerde führen, ansonst es bei der vom Amt vorgenommenen Abweichung bleibt (BGer BlSchK 1960, S. 172).

27 Bei Vergleichen ist zu beachten, dass für *Kollokationsstreitigkeiten* die besonderen Vorschriften des Art. 66 KOV mit der Pflicht, Abtretung nach Art. 260 SchKG anzubieten, geltend, während sonstige Vergleiche nicht als Verzichte im Sinne des Art. 260 anzusprechen sind. Daher kann die *Gläubigergesamtheit Vergleiche der zweiten Art auch ohne Vorbehalt der Abtretung nach Art. 260 oder Abtretung nur gegen Sicherstellung des der Masse durch den Vergleich zukommenden Betreffnisses beschliessen.* Liegt kein eigentlicher Vergleich, sondern ein Verzicht auf ein Massaaktivum vor, so ist stets Art. 260 anzuwenden (BGE 86 III 124).

28 *Abtretung* einer Forderung *nach Schluss des Konkursverfahrens* – Nach Schluss des Konkursverfahrens kann eine Abtretung im Sinne von Art. 260 SchKG nur im Rahmen von Art. 269 SchKG stattfinden (BGE 120 III 36).

29 *Ein Gläubiger*, über *dessen Forderung* zur Zeit der Konkurseröffnung ein Prozessverfahren hängig war und deshalb die Forderung *lediglich pro memoria im Kollokationsplan vorgemerkt ist*, kann wie andere nicht definitiv zugelassene Gläubiger eine *bedingte Abtretung verlangen* (BGE 128 III 291).

V. Stellung des Abtretungsgläubigers

30 (i.V.m. Art. 290 SchKG) – Keine Gläubigereigenschaft eines Abtretungsgläubigers – Durch eine Abtretung nach Art. 260 SchKG erlangt der Zessionar einer auf Art. 754 ff. OR gestützten Forderung keine Gläubigereigenschaft im Sinne von Art. 191 Abs. 1 SchKG und somit auch keine Berechtigung zur Stellung eines Begehrens auf Konkurseröffnung ohne vorgängige Betreibung gegen den zur Verantwortung gezogenen Verwaltungsrat (BGE 122 III 488).

VI. Gegenstand der Abtretung

31 Ein *Verantwortlichkeitsanspruch gemäss Art. 5 SchKG ist kein Rechtsanspruch*, der Bestandteil der Konkursmasse ist und daher auch nicht nach Art. 260 SchKG abtretbar. Er steht den einzelnen geschädigten Gläubigern persönlich zu (BE, AB, 07.03.1949, ZBJV 1950, S. 455, BlSchK 1950, S. 182, BGE 114 III 21).

32 Eine *Anfechtungsklage nach Art. 286 ff. SchKG und eine Grundbuchberichtigungsklage*, die sich beide auf den gleichen Grundstückkauf beziehen, *stellen nicht die Verfolgung des gleichen Anspruchs dar*. Die Gläubiger eines Konkursiten sind nur zur Verfolgung solcher Ansprüche legitimiert, die ihnen von der Konkursverwaltung formrichtig abgetreten wurden (BE, Appellationshof, I. Ziv.Kammer, 18.09.1956, ZBJV 1958, S. 140).

33 *In Bezug auf Vindikationsklagen* – Will der Kurrentgläubiger die von einem Dritten erhobene und von der Konkursverwaltung anerkannte Eigentumsansprache an Gegenständen, die sich im Gewahrsam des Ansprechers befinden, bestreiten und den Einbezug dieser Gegenstände in die Konkursmasse verlangen, so hat er weder einen Aussonderungs- noch einen Lastenbereinigungs- bzw. Kollokationsprozess im beschleunigten Verfahren anzuheben, sondern sich die *betreffenden Rechtsansprüche* von der Konkursverwaltung im Sinne von Art. 260 *abtreten zu lassen* und hierauf den ordentlichen Prozessweg zu beschreiten (ZH, ObGer, I. Ziv.Kammer, 23.06.1960, ZR 1961, Nr. 100, BlSchK 1963, S. 51).

34 *Anspruch aus einem Schuldbefreiungsversprechen* im Sinne von Art. 175 OR als Gegenstand einer Abtretung nach Art. 260 SchKG:
- Eine Abtretung nach Art. 260 ist nach ihrem wahren Sinne auszulegen, entsprechend Art. 18 OR.
- Der Anspruch aus einem Befreiungsversprechen im Sinne von Art. 175 OR kann den Gegenstand einer solchen Abtretung bilden; er ist als Bestandteil der Konkursaktiven zu betrachten.

Handelt es sich um eine *Steuerschuld*, welche nach dem *öffentlichen Recht nicht von einem Dritten an Stelle des Schuldners übernommen oder neben diesem mit übernommen werden kann*, so verpflichtet das Befreiungsversprechen den Dritten zur direkten Zahlung der fälligen Schuld an die Fiskalbehörde. Eine dahingehende Klage steht (gestützt auf Abtretung nach Art. 260 SchKG) einem Konkursgläubiger zu, der (hier als Eigentümer eines mit gesetzlichem Pfandrecht belegten Grundstücks) für die betreffende Steuerschuld einzustehen und gegenüber dem Konkursiten rückgriffsberechtigt ist (BGE 92 III 57).

35 *Patente und Patentanmeldungen* sind als Sachen mit kostspieligem Unterhalt zu qualifizieren und demzufolge ohne Aufschub zu verwerten. Die *Abtretung ist möglich*, doch bleibt die Frage offen, ob *im Besitze von Dritten befindliche ausländische Patente* (als Immaterialgüter) überhaupt admassierbar sind. Dürfen in dringlichen Fällen Abtretungsurkunden unter den nötigen Vorbehalten schon vor rechtskräftiger Zulassung einer Konkursforderung, unter Ansetzung einer Verwertungsstatt einer Klagefrist, ausgestellt werden?

Hier wurden dem KA Auflagen zur Abklärung auferlegt, welche Forderungen sich für die Masse, die Abtretungsgläubiger und Konkursgläubiger, die beschränkt dinglichen Rechte (insbesondere Pfandrechte) an abgetretenen Massaaktiven geltend machen, in Bezug auf Kollokation, Bestreitung der Pfandrechte und Verwertung ergeben (BS, AB, 03.05.1966, BlSchK 1967, S. 83, BJM 1968, S. 59).

36 Abtretung *unsicherer Rechtsansprüche* – Die Konkursmasse kann nicht gleichzeitig auf die Geltendmachung einer Forderung verzichten und den Abtretungsgläubigern das Vorgehen im Einzelnen vorschreiben (AR, AB, 14.11.1969, BlSchK 1971, S. 91).

37 (i.V.m. Art. 269 SchKG) – Ein Anfechtungsanspruch nach Art. 285 ff. SchKG entsteht nicht schon dadurch, dass sein Bestehen den Konkursorganen nur aus unentschuldbarer Nachlässigkeit unbekannt geblieben ist. Verweigerung der Abtretung dieses Anspruchs nach Konkursschluss (BGE 90 III 41/48).

38 (i.V.m. Steuerrecht) – Die Konkursverwaltung, die sich der Steuerforderung nicht namens der Konkursmasse widersetzen, diese Möglichkeit aber den Gläubigern offen halten will, muss vorsorglich Rekurs einreichen. Der Rekurs braucht in diesem Falle nicht begründet zu werden, er hat den Gläubigern, die sich den Bestreitungsanspruch haben abtreten lassen, eine Nachfrist zur Begründung des Rekurses anzusetzen (Verwaltungsgericht Zürich, 02.03.1977, ZR 1977, Nr. 49).

39 Bestandteil der Konkursmasse bildet auch, was Gegenstand der Anfechtungsklage sein kann. Ob Dritten bessere Rechte an den abgetretenen Ansprüchen zustehen, ist als materiellrechtliche Frage vom Richter und nicht von den Zwangsvollstreckungsbehörden zu entscheiden (BGer, SchKK 20.02.1959, BlSchK 1960, S. 152).

40 Solange die *Nichtexistenz angeblicher Ansprüche der Konkursmasse nicht eindeutig festgestellt ist*, bilden sie grundsätzlich *Bestandteil der Aktivmasse* und sind, ausdrücklicher Verzicht der Gläubiger auf deren Geltendmachung vorbehalten, zu verwerten. Verzichtet die Gesamtheit der Gläubiger auf die Verfolgung der Ansprüche – sei es wegen Aussichtslosigkeit, sei es wegen des Kostenrisikos oder aus anderen Gründen – so ist den Gläubigern Gelegenheit zur Stellung von Abtretungsbegehren zu geben. Die Entscheidung über die Geltendmachung fragwürdiger Ansprüche durch die Konkursmasse steht grundsätzlich den Gläubigern und nicht dem Konkursverwalter zu (BS, AB, 17.04.1962, BlSchK 1964, S. 114).

41 Abtretung von *Massaansprüchen, welche die Konkursverwaltung erst verrechnungsweise geltend macht*. – Die Konkursverwaltung hatte eine angemeldete Forderung des ehemaligen Direktors gegen die AG mit der Begründung abgelehnt, dass Verantwortlichkeitsansprüche der AG zur Verrechnung gestellt würden. Materiell wurde seine Forderung nicht beurteilt. Die Verantwortlichkeitsansprüche wurden also nur einredeweise herangezogen, nicht aber geltend gemacht. Der Abweisungsgrund stellt rechtlich nur ein Motiv dar. Im Bestreitungsfalle kann die Konkursverwaltung vor Gericht auch andere Gründe anführen (Jaeger, N2 zu Art. 248 SchKG). Inzwischen wurde die Forderung des einstigen Direktors gegen die AT rechtskräftig abgewiesen. Die Verantwortlichkeitsansprüche sind daher unter Vorbehalt der Rechte der Gläubigergesamtheit nach Art. 260 SchKG dem die

Abtretung verlangenden Gläubiger abzutreten (TG, Rekurskomm., 11.07.1974, BlSchK 1978, S. 49).

42 (i.V.m. Art. 754–756 OR) – *Verantwortlichkeitsansprüche der Gesellschaft und der Gesellschaftsgläubiger gegen einen Verwaltungsrat und Liquidator einer Aktiengesellschaft;* Abtretung dieser Ansprüche im Gesellschaftskonkurs.

- Voraussetzungen der Geltendmachung; Abtretung im Konkurs;
- Voraussetzungen des Nachkonkurses;
- Anwendung dieser Rechtsgrundsätze bezüglich der Ansprüche der Gesellschaft und der einzelnen Gläubiger (ZH, ObGer, II. Ziv.Kammer, 07.09.1976, BGer 31.03.1977, ZR 1979, Nr. 78).

43 Ob sich eine Kollektivgesellschaft Verantwortlichkeitsansprüche gegen ein Mitglied des Verwaltungsrates einer Aktiengesellschaft, das zugleich bei ihr Gesellschafter ist, abtreten lassen kann, hat der Richter zu beurteilen und nicht die Konkursverwaltung oder die AB (BGE 107 III 91/92).

VII. Abtretung an mehrere Gläubiger

44 Abtretung von Rechtsansprüchen der Masse an mehrere Gläubiger – Streitgenossenschaft – Fristansetzung und –verlängerung für die Geltendmachung der Ansprüche – *Grundsatz der Gleichbehandlung der Gläubiger* – Da die Abtretungsgläubiger nicht verpflichtet sind, Klage einzuleiten und den Prozess bis zu einem gerichtlichen Urteil weiterzuführen, kann eine Streitgenossenschaft nur zwischen jenen Gläubigern bestehen, welche die ihnen abgetretenen Rechtsansprüche geltend machen wollen.

Wenn *Rechtsansprüche an mehrere Gläubiger abgetreten* worden sind, muss *die Konkursverwaltung allen dieselbe Frist zur Klageeinleitung ansetzen;* und *ebenso muss sie eine Fristverlängerung allen Abtretungsgläubigern und nicht nur einem von ihnen einräumen.* Dem Grundsatz der Gleichbehandlung aller Gläubiger *widerspricht es indessen nicht, wenn Fristverlängerung nur jenen Abtretungsgläubigern gewährt wird, die darum* innert der angesetzten Frist *ersucht haben* und nicht auch jenen Abtretungsgläubigern, *welche die Frist unbenützt haben verstreichen lassen,* obwohl der Widerruf der Abtretung für den Fall, dass keine Klage eingeleitet werde, angedroht wurde (BGE 121 III 291/292).

45 Haben sich mehrere Gläubiger denselben Anspruch der Masse abtreten lassen, bilden sie unter sich eine notwendige Streitgenossenschaft, da nur ein einziges Urteil über den Anspruch ergehen kann; es muss ihnen aber das Recht gewahrt bleiben, unabhängig voneinander Tatsachenbehauptungen aufzustellen, ihren Rechtsstandpunkt zu vertreten und auf eine Weiterführung des Prozesses ohne Rechtsverlust für die übrigen Gläubiger zu verzichten (BGE 121 III 488/494).

46 Abtretung von Rechtsansprüchen der Konkursmasse an mehrere Gläubiger. Die Gläubiger müssen gemeinsam handeln. Wenn nur einer davon gegen den Abtretungsschuldner den Rechtsweg beschreitet, so muss er einen allfälligen Gewinn nicht mit den andern teilen (NE, Autorité de surveillance, 05.02.1998, BlSchK 1999, S. 149).

47 Die Abtretungsgläubiger sind nicht gehalten, als Streitgenossen zu handeln. Die Bildung einer notwendigen Streitgenossenschaft ist nicht in allen Fällen durch das Bundesrecht vorgeschrieben; sie kann sich auch einfach aus der Natur der Sache ergeben (BGE 107 III 91/92).

VIII. Wirkung der Abtretung bei:
1. Vollständiger Befriedigung des Abtretungsgläubigers

48 Die Abtretung eines Rechtsanspruchs der Masse an einen Konkursgläubiger fällt mit dessen vollständiger Befriedigung nicht von selbst dahin. Solange die Abtretungsverfügung nicht widerrufen worden ist, bleibt der Abtretungsgläubiger zur Verfolgung des abgetretenen Anspruchs legitimiert (BGE 113 III 20, 115 III 69).

Siebenter Titel: Konkursverfahren | **Art. 260**

2. Verzicht des Abtretungsgläubigers auf die Konkursforderung

49 Das Prozessführungsrecht gemäss Art. 260 ist ein Nebenrecht der Konkursforderung, das im Sinne des Art. 270 OR dem Schicksal dieser Forderung folgt. Mit dem Untergang der Konkursforderung durch Verzicht fällt deshalb auch das Prozessführungsrecht dahin (BGE 109 III 27).

3. Der abgetretene Anspruch vom Drittschuldner wird anerkannt vor Einleitung von prozessualen oder ausserprozessualen Vorkehren

50 Wenn der abgetretene Rechtsanspruch zwar *erst nach der Abtretung, aber noch bevor der Abtretungsgläubiger* zu dessen Eintreibung *irgendwelche* (prozessual oder ausserprozessual) *Vorkehren getroffen hat,* vom Drittschuldner anerkannt (z.B. bezahlt) wird, ist die *Abtretung zu widerrufen* (BGE 84 III 40).

IX. Prozessuales

51 Der Abtretungsgläubiger im Sinne von Art. 260 SchKG ist berechtigt, auf die Geltendmachung der abgetretenen Rechtsansprüche zu verzichten oder mit der Gegenpartei darüber gerichtliche bzw. aussergerichtliche Vergleiche abzuschliessen. Die Gültigkeit derartiger Vergleiche hängt nicht von der Genehmigung durch die Konkursverwaltung ab (BGE 102 III 29).

52 Die Frage, wann und unter welcher Form ein Abtretungsgläubiger tatsächlich am Prozess teilnimmt, ist vom kantonalen Recht zu beantworten. Im freiburgischen Recht ist sie durch Art. 85 Abs. 2 der kantonalen Prozessordnung geregelt. – Wenn der Abtretungsgläubiger den Prozess verliert, muss er alle Spesen einschliesslich derjenigen, die vor seinem Eintritt in den Prozess entstanden sind, tragen. Fall, in welchem der Konkursit selbst zur Zahlung der Auslagen verurteilt werden kann (FR, Cour d'appel, 22.06.1981, BlSchK 1984, S. 112).

53 Einer ausdrücklichen Erklärung des Abtretungsgläubigers oder einer durch sein sonstiges Verhalten bekundeten Willensäusserung gegenüber dem Gericht bedarf es nicht nur zu dessen Eintritt in einen Aktivprozess des Konkursiten, sondern auch zum Eintritt in einen Passivprozess (ZH, ObGer, II. Ziv.Kammer, 03.12.1984, ZR 1985, N. 94).

54 Wer von einem rechtskräftig kollozierten Gläubiger aufgrund einer Abtretung von Rechtsansprüchen der Masse belangt wird, kann nicht einwenden, die Kollokation sei zu Unrecht erfolgt. Ein weiterer Beweis, als die Legitimation durch die von der Konkursverwaltung ausgestellten Abtretungsverfügung darf für eine Klageberechtigung nicht verlangt werden (BGer, I. Ziv.Abt. 05.03.1985, Praxis 1985, Nr. 189).

55 Prozessführungsrecht eines Abtretungsgläubigers von Mehreren. – Wird ein Massarechtsanspruch einer Kollektivgesellschaft abgetreten, so kann ein Abtretungsgläubiger jenen nur dann allein einklagen, wenn kein anderer Kollektivgesellschafter in derselben Sache klagt (ZH, I. Ziv.Kammer, 03.11.1997, ZH 1998, Nr. 24; eine dagegen eingereichte Nichtigkeitsbeschwerde wurde vom Kassationsgericht abgewiesen).

56 Für den Eintritt des Abtretungsgläubigers in den Passivprozess des Konkursiten massgeblicher Zeitpunkt im Hinblick auf die Kostenpflicht. Eine während der Gerichtsferien eingereichte Abstandserklärung der Abtretungsgläubigerin ist als ungesäumt eingereicht zu betrachten, wenn die Ansetzung der Frist zur Klagebeantwortung auch während der Gerichtsferien erfolgt. Innert dieser angesetzten richterlichen Fristen beginnen erst nach den Gerichtsferien zu laufen (ZH, ObGer, I. Ziv.Kammer, 28.02.1968, ZR 1968, Nr. 115, BlSchK 1970, S. 117).

57 Der Gläubiger darf im Kollokationsprozess gegen einen Mitgläubiger eine Gegenforderung der Masse auch ohne Abtretung nach Art. 260 SchKG zur Verrechnung bringen, wenn die Konkursverwaltung bei der Kollokation verzichtet hat (LU, ObGer, I. Kammer, 30.04.1986, LGVE 1986 I 42).

58 *Nichtzulässigkeit der Rückübertragung* der nach Art. 260 SchKG *abgetretenen Prozessführungsbefugnis im Passivprozess.* Auch wenn ein Passivprozess des Konkursiten nach erfolgter Abtretung gemäss Art. 260 SchKG die Funktion eines Kollokationsprozesses im Sinne von Art. 250 SchKG übernimmt, ist bei der Bemessung der Gerichts- und Anwaltsgebühren vom vollen Streitwert zur Zeit der Anhängigmachung auszugehen (Bestätigung der Rechtsprechung). Die nach Eröffnung des Kon-

kurses eingetretene Reduktion des tatsächlichen Streitinteresses auf die mutmassliche Konkursdividende *ist bei der Bemessung der Gerichts- und Anwaltsgebühren innerhalb des durch den ursprünglichen Streitwert gespannten Rahmens zu berücksichtigen* (ZH, ObGer, I. Ziv.Kammer, 05.01.1978, ZR 1978, Nr. 99).

59 Streitwert eines bei Konkurseröffnung gegen den Konkursiten anhängig gewesenen Passivprozesses, in den ein Konkursgläubiger nach Art. 260 SchKG als Beklagter eingetreten ist. – Tritt ein Konkursgläubiger in diesem Sinne in einen Passivprozess gegen den Konkursiten ein, so bemisst sich der Streitwert – gleich wie im Falle einer Kollokationsklage nach Art. 250 SchKG – nicht nach dem Forderungsbetrag, sondern nach dem Betrag der auf die Forderungssumme mutmasslich entfallenden Konkursdividende (BGE 87 II 192/193) (ZH, ObGer, II. Ziv.Kammer, 28.09.1982, ZR 1983, Nr. 49).

60 Der Abtretungsgläubiger ist gestützt auf die Abtretung berechtigt, aber nicht verpflichtet, anstelle der Masse in einen bereits hängigen Prozess des Konkursiten einzutreten. Dem Bundesrecht ist aber nur zu entnehmen, dass der Prozesseintritt nicht bereits mit der Ausstellung der Abtretungsurkunde oder mit der Mitteilung der Abtretung an das Gericht bewirkt werde. Ob der Abtretungsgläubiger in der Folge den Prozess tatsächlich aufgenommen habe, bestimmt sich nach kantonalem Prozessrecht. – Mit dem Prozesseintritt übernimmt der Abtretungsgläubiger nach Bundesrecht das ganze Prozessrisiko (BGE 105 III 135).

61 Mit Vorbehalt der Vorschriften über die Bereinigung der Konkurspassiven (Kollokation, Art. 250 und KOV Art. 66) *hat über die Führung eines Prozesses oder Abschluss eines Vergleiches in der Regel die Gesamtheit der Gläubiger zu entscheiden.* Kann es auch in einem nicht dringlichen Falle die Konkursverwaltung ausnahmsweise von sich aus tun? Jedenfalls *dann nicht*, wenn die Masse nach dem Vorschlag des Gegners ohne Prüfung seiner Beweismittel auf einen Teil ihres streitigen Anspruchs verzichten müsste (BGE 86 III 124).

X. Kosten

62 Welche Kosten kann ein nach Art. 260 SchKG prozessierender Gläubiger nach Abs. 2 vom Prozessergebnis abziehen? – Abzugsberechtigt sind keinesfalls die Kosten, die dem Beklagten auferlegt und bei ihm einbringlich sind. Allerdings können selbst bei vollständiger Kostenfolge zulasten des Beklagten und voller Einbringlichkeit beim Beklagten noch abzugsberechtigte Kosten bestehen, wenn etwa die Prozessordnung gegenüber dem unterliegenden Gegner ein niedrigerer Tarif zur Anwendung kommt, als er zwischen Anwalt und Klient gilt. Als abzugsberechtigt kommen ferner Kosten in Betracht, die wegen Verwandtschaft der Parteien oder aus einem andern nicht die Art der Prozessführung des Gegners betreffenden Grunde nicht dem Beklagten auferlegt wurden (BGE 73 III 41).

63 Vom Ergebnis der nach Art. 260 SchKG geltend gemachten Rechtsansprüche können nur diejenigen Kosten abgezogen werden, die vom Prozessgegner nicht erhältlich sind (AR, AB, 08.12.1951, BlSchK 1953, S. 57).

XI. Prozessgewinn

64 Prozessgewinne aus nach Art. 260 SchKG abgetretenen Forderungen sind nach Art. 250 Abs. 3 zu verteilen (BGE 88 III 42).

65 Der Prozessgewinn des Klägers besteht im Betrag der Differenz zwischen derjenigen Konkursdividende, welche dem Beklagten nach der ursprünglichen Kollokation zugekommen wäre und derjenigen, welche ihm nun nach der gerichtlich bereinigten Kollokation wirklich zukommt (ZG, AB, 06.12.02, GVP 2002, S. 185).

66 Überschuss des von Abtretungsgläubigern erzielten Erlöses – Der Überschuss geht auch dann an das KA (zu Handen der Masse), wenn das Konkursverfahren in der Zwischenzeit abgeschlossen worden ist (BGE 122 III 341).

XII. Verwertung von Ansprüchen

67 Rechtsansprüche der Masse gegenüber Dritten, die gemäss Art. 260 nicht zur Abtretung verlangt werden, können ohne Weiteres versteigert werden ohne dass der Drittschuldner hievon benachrichtigt werden muss (BE, AB, 22.12.1947, BlSchK 1949, S. 59).

68 (i.V.m. Art. 256 SchKG und Art. 757 Abs. 2 OR) – Keine Versteigerung von Verantwortlichkeitsansprüchen – Die allgemeine Regelung des Konkursrechts, wonach nicht abgetretene Rechtsansprüche versteigert werden können, widerspricht derjenigen von Art. 757n Abs. 2 OR, wonach die Gläubiger und die Aktionäre nach Verzicht der Gläubigergesamtheit die der Aktiengesellschaft zustehenden Verantwortlichkeitsansprüche direkt geltend machen können. Die aktienrechtliche Bestimmung geht als neueres und spezielleres Recht vor, weshalb nicht abgetretene Verantwortlichkeitsansprüche nicht versteigert werden dürfen. Eine Versteigerung wäre nichtig (BL, AB, 23.02.1996, BlSchK 1997, S. 34).

XIII. Einzelfälle

69 Pfändung von Rechtsansprüchen, welche die Konkursmasse den Konkursgläubigern abgetreten hat. – Gegenstand der Abtretung ist nur das Recht zur gerichtlichen Geltendmachung der streitigen Ansprüche der Konkursmasse. Dieses Prozessführungsrecht stellt ein Nebenrecht der Konkursforderung des Abtretungsgläubigers im Sinne von Art. 170 OR dar. Es kann daher nur zusammen mit dieser Forderung gepfändet werden (BGE 98 III 71).

70 (i.V.m. Art. 754–756 und 42–44 OR) – Verantwortlichkeit der Kontrollstelle einer Aktiengesellschaft bei Konkurs der kontrollierten Gesellschaft. – Bei der Feststellung des unmittelbaren Schadens einzelner geschädigter Gläubiger gelten die gewöhnlichen Regeln des kausalen Zusammenhanges. Mittelbarer Schaden: Anforderungen an die Sorgfaltspflicht der Kontrollstelle, insbesondere Pflicht zur Einholung und Beurteilung von Gutachten über Liegenschaftswerte. Eine Entbindung von der Schadenersatzpflicht wegen Zustimmung der leitenden Organe ist in der Regel abzulehnen. Verneinung der Haftbarkeit, weil nicht feststeht, dass die Gefährdung der Gläubiger bei Eröffnung des Konkurses grösser war als in den vorangehenden Jahren. Berechnung des unmittelbaren Schaden der Gläubiger, Schätzung der noch zu erwartenden Restdividende. Fragen des Selbstverschuldens wegen «Spekulieren». Keine Reduktion des Schadenersatzes wegen geringen Verschuldens eines einzelnen Solidarschuldners (ZH ObGer, II. Ziv.Kammer, 26.06.1979, ZR 1979, Nr. 134).

71 (i.V.m. Art. 80 KOV) – Verfrühter Schluss des Konkursverfahrens; Wirkung auf ein laufendes Verfahren zur Abtretung von Rechtsansprüchen der Masse. – Wenn die gesetzlichen Voraussetzungen zur Abtretung erfüllt sind und nur noch die Abtretungsbescheinigung gemäss Art. 80 Abs. 1 KOV auszustellen ist, ändert der infolge eines Fehlers des KA verfrühte Schluss des Konkursverfahrens nichts am erworbenen Recht des Gläubigers, der die Abtretung verlangt hat (BGE 127 III 526).

Art. 260bis

Aufgehoben.

VI. Verteilung

Art. 261 A. Verteilungsliste und Schlussrechnung

Nach Eingang des Erlöses der ganzen Konkursmasse und nachdem der Kollokationsplan in Rechtskraft erwachsen ist, stellt die Konkursverwaltung die Verteilungsliste und die Schlussrechnung auf.

1 Beruht eine Konkurseingabe auf Inhaberschuldbriefen verschiedener Grundstücke, so ist der Steigerungserlös im Verhältnis der Höhe der als Faustpfand haftenden Schuldbriefe und nicht nach dem

Verhältnis der Schätzung der Grundstücke vorzunehmen (BE, AB, 08.11.1962, BlSchK 1964, S. 53/54).

2 Wird der Erlös aus der Verwertung von Pfandgegenständen wegen hängiger Prozesse oder aus andern Gründen nicht sogleich ausbezahlt, sondern zinstragend angelegt, stehen die Zinsen in erster Linie denjenigen Gläubigern zu, die Anspruch auf den Verwertungserlös haben (BGE 108 III 26).

3 Reihenfolge der Befriedigung von Grundpfandgläubigern beschränkt dinglicher Rechte bei Abschlagsverteilungen aus dem Erlös für ein Grundstück; Wirkungen einer Vereinbarung über den Rangvorgang. – Ist ein Grundstück *zuerst mit einer Nutzniessung oder einer anderen Dienstbarkeit und hernach mit einem oder mehreren Pfandrechten belastet worden*, kann die Nutzniessung oder Dienstbarkeit den Pfandgläubigern im Augenblick der Verwertung aufgrund des Grundsatzes der Alterspriorität entgegengehalten werden. Dieser Grundsatz kann indessen durch *Abschluss einer Vereinbarung über den Rangvorgang durchbrochen werden.*

Im vorliegenden Fall kann die Vereinbarung über den Rangvorgang, die nur zwischen der Nutzniessung und der Pfandgläubigerin im 3. Rang abgeschlossen worden ist, der Pfandgläubigerin im 1. und 2. Rang nicht entgegengehalten werden. Die letztere muss deshalb mit ihrer ganzen Forderung in die provisorische Verteilungsliste aufgenommen werden, während die Gläubigerin im 3. Rang in der Höhe des restlichen Erlöses aufzunehmen und, wie auch die Nutzniesserin, für den ungedeckten Teil in die 3. Klasse des Art. 219 SchKG zu verweisen ist (BGE 119 III 32).

4 Qualifikation einer Forderung als Masseverbindlichkeit oder als Konkursforderung – Wird eine Forderung nicht als Masseverbindlichkeit anerkannt, so obliegt es dem Gläubiger, der eine solche behauptet, innert angemessener Frist vor dem Zivilrichter oder vor der zuständigen Verwaltungsbehörde gegen die Konkursmasse zu klagen (BGE 125 III 293).

5 Einem formell rechtskräftig kollozierten Gläubiger darf die Auszahlung seines Betreffnisses einer Abschlagverteilung nicht wegen bloss unbestimmten Verdachtes betrügerischer Machenschaften einstweilen verweigert werden.

Fehlt es an gewichtigen Indizien für solche Machenschaften des Gläubigers oder des Dritten, der ihm die Forderung zediert hat, so steht es der Konkursverwaltung frei, ihrerseits gerichtliche Klage zu erheben.

Im Beschwerdeverfahren nach Art. 17/18 SchKG hat die AB sich Einblick in die für die Entscheidung wesentlichen Aktenstücke zu verschaffen und sie selbständig zu würdigen; sie darf das Ergebnis der Würdigung durch die Konkursverwaltung nicht unbesehen hinnehmen (BGE 91 III 87/88).

Art. 262 B. Verfahrenskosten

[1] Sämtliche Kosten für Eröffnung und Durchführung des Konkurses sowie für die Aufnahme eines Güterverzeichnisses werden vorab gedeckt.

[2] Aus dem Erlös von Pfandgegenständen werden nur die Kosten ihrer Inventur, Verwaltung und Verwertung gedeckt.

I. In Bezug auf Kosten aus der Verwertung von Pfandgegenständen

1 *Nicht zu den Kosten der Pfandverwaltung* gehören die Kollokationsprozesskosten der Masse betreffend eine Hypothek (hier die letzte). Unzulässig, diese Kosten vorweg dem auf vorgehende Pfandforderungen entfallenden Pfanderlös zu entnehmen; unzulässig, für sie in den Steigerungsbedingungen Barzahlung auf Rechnung des Preises (Art. 46 VZG) zu verlangen (BGE 72 III 67).

2 Unter besonderen Umständen kann ein verhältnismässiger Teil der allgemeinen Kosten als Verwaltungs- und Verwertungskosten auf den Pfanderlös verlegt werden (SG, AB, 05.01.1959, BlSchK 1962, S. 22).

3 Auf den Erlös von Pfandgegenständen dürfen grundsätzlich nur die Kosten ihrer Verwaltung und Verwertung verlegt werden. – Unter besonderen Umständen kann jedoch ein verhältnismässiger Teil der allgemeinen Kosten aus dem Pfanderlös gedeckt werden. – Diese Bestimmung gilt auch für

die Liquidation von Pfändern im Nachlassvertrag mit Vermögensabtretung gemäss Art. 324 SchKG (SO, AB, 18.01.1969, BlSchK 1969, S. 178/179, SJZ 1971, S. 113).

4   Sind in einer Betreibung auf Pfändung Gegenstände verwertet worden, an denen Pfandrechte bestehen, so ist den Pfandgläubigern nur der aus diesen Gegenständen erzielte Reinerlös nach Abzug der auf sie entfallenden Verwertungs- und Verteilungskosten i. S. von Art. 244 SchKG zuzuweisen (BGE 89 III 72).

5   Die durch den Umbau einer Liegenschaft angefallenen Kosten sind von der Konkursmasse und nicht vom Pfandgläubiger zu tragen, da sie weder der Erhaltung noch der Nutzung dienen (BGE 120 III 152).

II. Massaauslagen (-verbindlichkeiten) und Massakosten

6   Ist eine als Massaschuld geltend gemachte Forderung nur als Konkursforderung anerkannt, so bedarf es eines gegen die Masse ergehendes *Urteil der Zivilgerichte bzw. Verwaltungsbehörde oder –gerichte.* – Was kann der Kläger tun, wenn das Urteil gerade die Qualifikation der Forderung als Konkursforderung oder Massaschuld offen lässt? In diesem Falle ist der Gläubiger in erster Linie auf ein bei der Behörde, die das Urteil gefällt hat, zu stellendes Erläuterungsbegehren, unter Umständen auf den Weg einer Nachklage zu verweisen. Die AB können in der Regel nur angegangen werden, um das Urteil dahin nachzuprüfen, ob sich der Charakter des Anspruchs (Massaschuld oder Konkursforderung) unzweifelhaft aus den Urteilsgründen ermitteln lasse. Ausserdem kommt aber auch in Frage, den Gläubiger auf den Weg der Betreibung gegen die Masse zu verweisen, wodurch sich die Frage, ob das Urteil die Masse unzweifelhaft im Sinne einer Massaschuld verpflichte, vor dem Rechtsöffnungsrichter austragen lässt; wird die Rechtsöffnung erteilt, so ist damit für das Betreibungsverfahren massgebend festgestellt, dass sich die Forderung als Massaschuld in das Brutto-Konkursvermögen vollstrecken lässt, und bei dieser Sachlage kann die Einrede, es bestehe keine Massaschuld, nicht mehr mit einer Beschwerde gegen die Pfändung geltend gemacht werden (BGE 50 III 172) (BGE 75 III 19).

7   Die AB kann nicht darüber entscheiden, ob es sich um eine Schuld des Konkursiten oder um eine Massaschuld handelt (FR, Chambre des poursuites et faillites, 11.12.1978, BlSchK 1980, S. 136).

8   Sachliche Zuständigkeit für den Entscheid über die Frage, ob eine Verbindlichkeit Massaschuld oder Konkursforderung ist. – Keine Befristung der gegen die Konkursmasse zu richtende Klage eines Gläubigers, mit der festgestellt werden soll, dass die Verbindlichkeit eine Massaschuld darstellt. Die Konkursverwaltung kann aber dem Gläubiger androhen, dass, wenn der nicht innert angemessener Frist Klage einreicht, zur Verteilung schreite, ohne dass sie Rücksicht auf seinen Anspruch auf Vorabbefriedigung nehme (BGer, 15.06.1999, Praxis 1999, Nr. 154).

9   Die Frage, ob innerhalb der Massaverbindlichkeiten eine Rangfolge besteht, ist von den AB über Schuldbetreibung und Konkurs zu prüfen, nicht aber, ob eine Forderung als Massaverbindlichkeit zu betrachten oder zu kollozieren ist (BGE 113 III 148).

10 *Reicht das vorhandene Vermögen nicht einmal zur Deckung sämtlicher Massaverbindlichkeiten aus, so sind in erster Linie die Auslagen des KA und der Konkursverwaltung zu begleichen.* Hernach kommen die übrigen Massaverbindlichkeiten an die Reihe mit Ausnahme der Gebühren des KA und der Konkursverwaltung, die erst in letzter Linie zu berücksichtigen sind (BGE 113 III 151 E. 3a).

11 Masseverbindlichkeiten sind *nicht im Kollokationsplan aufzunehmen.* – Über das Vorliegen solcher Verbindlichkeiten haben auch dann nicht die AB zu entscheiden, wenn sich der Ansprecher auf Art. 22 Abs. 2 oder 25 Abs. 2 der VO über den Bankennachlass vom 11.04.1935 beruft. Die Klage gegen die Masse ist unbefristet, doch kann die Konkursverwaltung dem Ansprecher die Verteilung ohne Rücksicht auf die beanspruchte Vorabdeckung androhen, für den Fall, dass er nicht binnen angemessener Frist klage (BGE 75 III 57).

12 Die *Gebühren für die Aufnahme eines öffentlichen Inventars sind* soweit *als Massakosten zu betrachten,* als das Konkursverfahren durch die Inventaraufnahme verbilligt worden ist. – Weitere Ansprüche sind durch den Zivilrichter zu beurteilen (GR, AB, 28.04.1950, BlSchK 1953, S. 54).

13 Die *Parteientschädigung, die dem die Konkurseröffnung beantragenden Gläubiger* im Konkurserkenntnis oder bei Abweisung einer Berufung gegen dieses Erkenntnisses zulasten des Konkursiten *zugesprochen wurde, gehört nicht zu den* aus der Konkurseröffnung erwachsenen *Kosten* im Sinne von Art. 262 SchKG und ist daher nicht vorab zu decken (BGE 80 III 82).

14 *Mehrwertsteuer* – Mehrwertsteuer, die bei der Verwertung eines Grundstückes anfällt, ist aus dem Erlös des betreffenden Grundstückes vorab zu decken (BGE 129 III 200).

15 Grundstückgewinnsteuer als Massaschuld – Sofern nicht schon die Steuerbehörde darüber entschieden hat, ob eine Steuer als Massaschuld zu bezeichnen ist, ist die Konkursverwaltung befugt, über diese Frage mit der Schlussrechnung zu befinden. Wie andere Massaschulden muss die Grundstückgewinnsteuer, die wegen des bei der Zwangsversteigerung eines Grundstückes erzielten Mehrerlöses geschuldet wird, vor der Verteilung des Erlöses vollständig bezahlt werden. Die bei der *Betreibung auf Grundpfandverwertung* anfallenden Grundstückgewinnsteuern sind als Kosten der Verwertung im Sinne von Art. 157 Abs. 1 SchKG zu betrachten und demzufolge vom Bruttoerlös abzuziehen und zu bezahlen, bevor der Nettoerlös an die Gläubiger verteilt wird (BGE 120 III 153/154, 122 III 246).

16 Der aufgrund von Art. 712h ZGB geschuldete Beitrag für einen dem Konkursiten gehörenden Miteigentumsanteil stellt vom Tag der Konkurseröffnung an eine Massaschuld dar. Es genügt, dass die Kosten und Lasten an sich geeignet sind, den Wert der Liegenschaft als ganzer zu erhalten, ohne dass deren Nutzen eigens für den Anteil des Konkursiten nachgewiesen zu werden braucht. Darunter fallen auch die Beiträge an den Renovationsfonds. Der Massagläubiger verliert sein Recht auf vollständige Deckung der Kosten nicht, wenn die Konkursverwaltung es unterlässt, auf dem Erlös aus Pfandgegenständen den ihm zustehenden Betrag vorweg zu erheben (BGE 106 III 118).

17 Stellt eine *Heizöllieferung* an eine Immobiliengesellschaft *kurz vor Konkurseröffnung über diese* deshalb eine *Massaschuld dar,* weil die entsprechenden Heizkostenanteile der Mieter wiederum der Konkursmasse zufallen? Entscheid wird dem ordentlichen Richter vorbehalten, auch wenn die Frage andeutungsweise verneint wird (BS, AB, 06.03.1967, BJM 1968, S. 144, BlSchK 1969, S. 144).

III. In Bezug auf Steuerforderungen

18 Die Behandlung von Steuerforderungen während der konkursamtlichen und Nachlassliquidation von Aktiengesellschaften, Kommanditaktiengesellschaften, Gesellschaften mit beschränkter Haftung und Erwerbsgenossenschaften. – Das BGer hat festgestellt, dass die vor der Nachlassstundung entstandenen Steuern unter den Nachlassvertrag fallen, die erst während der Stundung und der nachfolgenden Liquidation entstandenen dagegen Massaverbindlichkeiten darstellen (VO des BG betreffend das Nachlassverfahren von Banken und Sparkassen). Analog ist im Konkursfall zu verfahren; *vor dem Konkurs fällige Steuerforderungen* sind eigentliche *Konkursforderungen*, nachher entstandene erfüllen die Merkmale einer Massaschuld (vgl. Lott: «Die Besonderheiten in der Zwangsvollstreckung von eidg. Steuerforderungen nach schweizerischem Betreibungsrecht» Aarau 1950, S. 8 ff.) (Aargauisches Beamtenblatt 1953, S. 113, BlSchK 1954, S. 144).

19 Als Konkursforderung kann ein Steueranspruch nur dann gelten, wenn er schon vor dem Konkurs bestand oder durch die Konkurseröffnung zur Entstehung kam. Nach BGE 85 I 125 E. 3 ist die konkursrechtliche Qualifikation einer Steuerforderung Sache der zuständigen Steuerbehörden. Gemäss Entscheid des bernischen Verwaltungsgerichts entstehen *Steuerforderungen auf Grundstückgewinne erst mit dem Eintrag des Kaufes im Grundbuch* (Monatsschrift für bernisches Verwaltungsrecht, Bd. 61, S. 106). Hier gehörte das Grundstück unzweifelhaft der Konkursmasse an und ebenso sicher kam die Steuerforderung während des Konkurses im Zusammenhang mit diesem Grundstück zustande. Sie wurde aber nicht dadurch begründet, dass die Konkursverwaltung in den vom Konkursiten bereits abgeschlossenen Kaufvertrag eintrat, sonst hätte sie auch die dem Verkäufer noch obliegende finanzielle Verpflichtung übernehmen müssen. Aufgrund der Annahme, die Konkursverwaltung habe nicht eigentlich über das Grundstück verfügt, so dass durch ihre Tätigkeit die Steuerschuld entstanden wäre, kann die *Steuerforderung auch nicht als Massaverbindlichkeit gelten*. Ein solcher Steueranspruch erscheint nun weder als Konkursforderung noch als Massaverbindlichkeit. Er

muss daher als neue, im damaligen Verfahren gar nicht erfassbare Forderung angesehen werden, der gegenüber dem jetzigen Betreibungsverfahren auch keine aus dem früheren Konkurse abgeleitete Einreden möglich sind (BS, Appellationsgericht (Ausschuss), 21.04.1965, BJM 1966, S. 245).

20 Eine im kantonalen Recht begründete *Kapitalsteuer*, die nicht bloss bis zur Konkurseröffnung, sondern bis zur vollständigen Liquidation zu zahlen ist, stellt keine Massaschuld dar (BE, Verwaltungsgericht, 07.02.1977, BlSchK 1978, S. 15).

21 Art. 262 behandelt alle Massagläubiger gleich und ein Kanton kann sich bei fehlender bundesrechtlicher Vorschrift für seine Steuerforderungen nicht mittels kantonaler Bestimmungen eine Vorrangstellung einräumen (BGE 111 Ia 86/87).

IV. Im Stundungs- und Nachlassverfahren

22 Honorarforderung des Sachwalters im Stundungsverfahren. – Ist die Honorarforderung des Sachwalters im Stundungsverfahren im nachfolgenden Konkurs eine Massaverbindlichkeit? Art. 310 Abs. 2 SchKG ist jedenfalls nur anwendbar, wenn bereits in der Nachlassstundung ein Nachlassvertrag mit Vermögensabtretung ins Auge gefasst und in der Publikation der Stundung darauf hingewiesen wurde (Bestätigung der Rechtsprechung) (BGE 105 III 20).

23 Sachwalterkosten aus einem vorangehenden Nachlassverfahren sind im nachfolgenden Konkurse des Nachlassschuldners nicht Massaverbindlichkeiten (Art. 295, 319 SchKG). Wenn eine sinngemässe Anwendung des Art. 310 Abs. 2 auf die Sachwalterkosten in Frage käme, so nur in Bezug auf die Sachwalterkosten im Nachlassverfahren mit Vermögensabtretung/LU, ObGer, I. Kammer, 13.01.1955, Max. X, Nr. 368, SJZ 1955, S. 90).

24 Steuerforderungen als Einkommens- und Personalsteuern, die ohne Zustimmung des Sachwalters im Sinne von Art. 310 Abs. 2 SchKG entstehen, sind *keine Massaverbindlichkeiten.* Der Nachlassvertrag umfasst fällige wie nicht fällige, selbst der Höhe nach noch unbestimmte Forderungen, sofern nur die Rechtsgrundlage schon vor der Bestätigung vorhanden war (LU, SchKKomm, 15.02.1984, LGVE 1984 I 35).

25 Nachlassvertrag der *Banken und Sparkassen:* Analoge Anwendung auf die Verfahrenskosten, die aus dem Liquidationsvergleich einer Bank entstehen, d.h. die Verfahrenskosten sind vom Schuldner bzw. von der Liquidationsmasse zu bezahlen (BGE 95 III 74).

V. Andere Kosten

26 Inventurkosten für Gegenstände, die zugunsten eines Dritteigentümers ausgesondert werden, dürfen diesem nicht belastet werden. Offen bleibt die Frage, ob bei verpfändeten Vermögensstücken die Inventurkosten zu den Verwaltungs- und Verwertungskosten im Sinne von Art. 262 Abs. 2 SchKG und Art. 85 Abs. 2 KOV zu zählen sind.

Wenn das KA befugterweise und auftragsgemäss das Dritteigentum verwertet hat, drängt sich die Analogie zu Art. 262 Abs. 2 SchKG oder auch zu Art. 401 OR (Auslagenersatz im Auftragsrecht) auf (BS, AB, 06.06.1979, BlSchK 1981, S. 20).

27 Kosten- und Entschädigungsfolgen bei Konkurs einer Partei – Verzichtet die Konkursmasse der beklagten Partei auf Fortführung eines hängigen Zivilprozesses und wird dieser androhungsgemäss als durch Anerkennung der Klage durch die Konkursmasse erledigt abgeschrieben (Art. 63 Abs. 2 KOV), *so gehen die Kosten- und Entschädigungsfolgen nicht zu Lasten der Masse,* da diese nicht in die Parteistellung des Schuldners eintritt, sondern als gewöhnliche Konkursforderung zu Lasten des Konkursiten (ZH, ObGer, I. Ziv.Kammer, 17.02.1959, ZR 1959, Nr. 81, GR, AB, 12.06.1989, PKG 1989, S. 113).

28 (i.V.m. Art. 193 SchKG, Art. 593 Abs. 1 ZGB) – Einem Erben, der die Erbschaft unter öffentlichem Inventar angenommen oder die amtliche Liquidation verlangt hat, können die Kosten des Konkursverfahrens nicht auferlegt werden, wenn in der Folge – wegen Überschuldung der Erbschaft – die Erbschaftsbehörde das Konkursgericht benachrichtigt und dieses die konkursamtliche Liquidation anordnet (BGE 124 III 286).

29 Aufforderung an einen Gläubiger, einen ihm überwiesenen Betrag zurückzuerstatten, welcher der Deckung der Massakosten im Sinne von Art. 262 SchKG dienen soll. – Die an einen Gläubiger gerichtete Aufforderung des KA, ihm einen zu Unrecht bezogenen Betrag zurückzuerstatten, ist keine im Sinne von Art. 17 SchKG anfechtbare Verfügung. Dem KA steht die Klage aus ungerechtfertigter Bereicherung offen (Bestätigung der Rechtsprechung) (BGE 123 III 335).

Art. 263 C. Auflage von Verteilungsliste und Schlussrechnung

¹ Die Verteilungsliste und die Schlussrechnung werden während zehn Tagen beim Konkursamte aufgelegt.
² Die Auflegung wird jedem Gläubiger unter Beifügung eines seinen Anteil betreffenden Auszuges angezeigt.

I. Beschwerden
1. Legitimation

1 Die Verteilungsliste kann sowohl von einem Pfandgläubiger als auch von einem Bürgen, der diesem neben dem Pfandobjekt haftet, angefochten werden (BGE 103 III 26).

2 Legitimation des Nachlassschuldners zur Beschwerde gegen eine provisorische Verteilungsliste. *Im Konkurs ist der Schuldner* zur Beschwerde gegen die provisorische Verteilungsliste *nicht legitimiert.* Eine *Ausnahme* von diesem Grundsatz rechtfertigt sich aber dann, wenn die *Liquidation einen Aktivenüberschuss ergibt.* Diesfalls können Abschlagszahlungen den Anspruch des Konkursiten auf Herausgabe des Aktivenüberschusses – gleich jenem der Konkursgläubiger auf Dividende – gefährden. Der Konkursit ist insoweit an der Liquidation des an die Gläubiger «abgetretenen» Vermögens beteiligt und berechtigt, auf eine rechtmässige Art der Liquidation hinzuwirken. *Dasselbe gilt für den Schuldner beim Nachlassvertrag* mit Vermögensabtretung (BGE 129 III 559).

2. Frist

3 Stellt das KA den Gläubigern anstelle der Anzeige gemäss Absatz 2 eine vollständige Abschrift der Verteilungsliste zu, so beginnt die zehntägige Beschwerdefrist mit deren Zustellung. Eine *falsche Rechtsmittelbelehrung* hemmt den Ablauf dieser Frist nicht, sondern kann nur ein Grund für die Wiederherstellung gegen die Folgen der Fristversäumnis sein (Art. 35 OG) (BGE 86 III 31).

4 Die provisorische Verteilungsliste kann innert zehn Tagen seit ihrer Auflegung beim KA oder seit ihrer Mitteilung an die Gläubiger durch Beschwerde bei der AB angefochten werden (Art. 17 Abs. 2 SchKG, Art. 82 und 88 KOV). In einer Beschwerde gegen die endgültige Verteilungsliste lässt sich nicht mehr anfechten (BGE 94 III 50).

3. Anfecht- und nichtanfechtbare Begründungen

5 Eine Beschwerde gegen die Versteigerung sämtlicher Kompetenzstücke ist auch noch gegen die Auflage der Verteilungsliste zulässig. Wurden die Kompetenzgegenstände vom KA versteigert, so kann der Schuldner den daraus erzielten Erlös beanspruchen (BL, AB, 04.02.1955, BJM 1955, S. 88, BlSchK 1957, S. 17).

6 Die Verteilungsliste kann *nicht mit der Begründung angefochten werden*, es seien noch *nicht alle Aktiven liquidiert.* Wenn ein Gläubiger der Auffassung ist, dass noch Aktiven bestehen, die noch nicht liquidiert sind, so hat er die Konkursverwaltung darauf aufmerksam zu machen. Diese hat dann nach Prüfung der Sachlage entweder diese Aktiven noch zu liquidieren, d.h. im Falle von Forderungsansprüchen diese Forderungen einzuziehen und eventuell gerichtlich geltend zu machen oder derselben gegebenenfalls den Gläubigern nach Art. 260 SchKG zur Abtretung zu offerieren. Sollte die Konkursverwaltung ein solches Vorgehen ablehnen oder untätig bleiben, so wäre dagegen der gewöhnliche Weg der Aufsichtsbeschwerde offen (SG, AB, 26.07.1954, BlSchK 1956, S. 121).

Siebenter Titel: Konkursverfahren — Art. 264

7 Ansprüche aus Art. 841 ZGB sind nicht durch Anfechtung der Verteilungsliste geltend zu machen (BGE 96 III 130).

8 Die Frage des Rangverhältnisses zwischen den Bauhandwerkerpfandrechten einerseits und den vertraglichen Pfandrechten andererseits kann mit einer Beschwerde gegen die Verteilungsliste nicht mehr angefochten werden (BGE 96 III 80).

Art. 264 D. Verteilung

¹ Sofort nach Ablauf der Auflegungsfrist schreitet die Konkursverwaltung zur Verteilung.
² Die Bestimmungen des Artikels 150 finden entsprechende Anwendung.
³ Die den Forderungen unter aufschiebender Bedingung oder mit ungewisser Verfallzeit zukommenden Anteile werden bei der Depositenanstalt hinterlegt.

1 Wenn der Kollokationsplan in Rechtskraft erwachsen ist, kann eine Gegenforderung der Konkursmasse (des Schuldners), die vor der Eröffnung des Konkurses entstanden ist, nicht mit dem Dividendenanspruch verrechnet werden. Die Verrechnung hat bereits mit der Auflage des Kollokationsplanes, zahlenmässig genau fixiert und ohne irgendwelche Vorbehalte, zu erfolgen (SO, AB, 06.11.1965, BlSchK 1966, S. 110).

2 Kein Verzugszins für unberechtigt zurückbehaltene Abschlagszahlungen; das Konkursrecht sieht solche Verzugszinse nicht vor (LU, SchKKomm, 09.05.1963, Max. XI, Nr. 271, vgl. auch BGE 63 III 158).

Art. 265 E. Verlustschein
1. Inhalt und Wirkungen

¹ Bei der Verteilung erhält jeder Gläubiger für den ungedeckt bleibenden Betrag seiner Forderung einen Verlustschein. In demselben wird angegeben, ob die Forderung vom Gemeinschuldner anerkannt oder bestritten worden ist. Im erstern Falle gilt der Verlustschein als Schuldanerkennung im Sinne des Artikels 82.

² Der Verlustschein berechtigt zum Arrest und hat die in den Artikeln 149 Absatz 4 und 149a bezeichneten Rechtswirkungen. Jedoch kann gestützt auf ihn eine neue Betreibung nur eingeleitet werden, wenn der Schuldner zu neuem Vermögen gekommen ist. Als neues Vermögen gelten auch Werte, über die der Schuldner wirtschaftlich verfügt.

³ Aufgehoben.

I. Verlustschein

1 Für eine angemeldete, aber versehentlich nicht kollozierte Forderung *kann nach Abschluss des Konkursverfahrens* kein Verlustschein ausgestellt werden (SG, AB, 09.11.1948, Amtsbericht 1948, S. 17, BlSchK 1950, S. 58).

2 Der Gläubiger hat auch im Konkurse einer juristischen Person Anspruch auf Ausstellung eines Verlustscheines (GR, PKG 1954, S. 1281, BlSchK 1957, S. 27).

3 Entgegen einer verbreiteten Praxis sind in Gesellschaftskonkursen Verlustscheine und nicht bloss Ausfallbescheinigungen auszustellen (OW, ObGer-Komm., 12.08.1983, BlSchK 1987, S. 114).

4 Im Konkursverfahren hat die *Ausstellung von Verlustscheinen von Amtes wegen zu erfolgen*. Es geht also nicht an, sie einem Gläubiger deswegen zu verweigern, weil er das bezüglich Begehren erst nach Schluss des Konkursverfahrens gestellt hat (TI, SchKKomm, 30.11.1958, Rep. 90 (1957), S. 200, SJZ 1958, S. 76).

5 (i.V.m. Art. 244 SchKG) – Vom Schuldner *nicht ausdrücklich anerkannte Forderungen* sind auf dem Verlustschein als «bestritten» zu vermerken (BS, AB, 09.02.1968, BJM 1968, S. 142).

Art. 265

6 Der Schuldner kann eine vor Eröffnung des Konkurses entstandene Schuld erneuern (durch eine neue ersetzen) indem er einen neuen Schuldschein ausstellt. – Der Verlustschein bewirkt keine Neuerung (BGE 86 III 77).

7 Die spätere *Betreibung für Forderungen, welche am Konkurse nicht teilgenommen haben*, beschränkt sich auf neues Vermögen. Der Zinsenlauf endigt auch für solche Forderungen mit dem Tag der Konkurseröffnung (LU, SchKKomm, 19.07.1965, Max. XI, Nr. 435).

8 Forderungen derjenigen *Gläubiger, welche am Konkurs nicht teilgenommen haben*, können auch nach durchgeführtem Konkurs in Betreibung gesetzt werden; eine Einschränkung ergibt sich insoweit, als solche Forderungen denselben Beschränkungen unterliegen wie diejenigen, für welche ein Konkursverlustschein ausgestellt worden ist. Dies bedeutet insbesondere die Unverzinslichkeit der Forderung nach Abschluss des Konkursverfahrens und für den Betriebenen die Möglichkeit, der Betreibung die Einrede des mangelnden neuen Vermögens entgegenzuhalten (LU, SchKKomm 09.12.1986, LGVE 1986 I 43, BlSchK 1988, S. 240).

9 (i.V.m. Art. 81 SchKG) – Der Konkursverlustschein bildet keinen urkundlichen Beweis für den Bestand einer Gegenforderung, die dem Begehren um definitive Rechtsöffnung im Sinne von Art. 81 Abs. 1 SchKG verrechnungsweise entgegengehalten werden könnte (BGE 116 III 66).

10 Hat der Konkursit Miteigentum an einem Grundstück, das als Ganzes für eine Forderung des Gläubigers haftet und gemäss Art. 130c VZG kolloziert wurde, ist ebenfalls ein Konkursverlustschein auszustellen. – Bei einer späteren Betreibung auf Pfandverwertung des Grundstückes als Ganzes bleibt dem Konkursiten die Einrede des mangelnden neuen Vermögens verwehrt. Anderseits führt eine solche Betreibung für den in dieser Betreibung nicht gedeckten Betrag nicht zur Ausstellung eines Pfandausfallscheines. Dem Gläubiger bleibt hiefür der Konkursverlustschein erhalten. Das BGer empfiehlt, im Konkursverlustschein, die für den ungedeckten Betrag von nach Art. 130c Abs. 2 VZG kollozierten Forderungen ausgestellt wird, auf diese Besonderheiten hinzuweisen (BGE 102 III 49).

11 Pfändungsverlustschein als *Ersatz eines Konkursverlustscheines* – Einrede des mangelnden neuen Vermögens. – Wird für eine Konkursforderung später ein Pfändungsverlustschein ausgestellt, so kann der Schuldner in einer Betreibung, die sich auf diesen Pfändungsverlustschein stützt, die Einrede des mangelnden neuen Vermögens geltend machen (BS, Dreiergericht, 25.05.1954, BJM 1955, S 138).

12 Betreibung und Pfändung aus Konkursverlustschein. – Kann eine Forderung aufgrund eines Konkursverlustscheines zufolge neuen Vermögens geltend gemacht werden, die jedoch nicht voll gedeckt werden kann, so darf hiefür *keinen Pfändungsverlustschein ausgestellt werden*, sondern es ist der Verwertungserlös vermindert um die Betreibungs- und allfälligen Arrestkosten von der Konkursverlustscheinsforderung des Gläubigers abzuziehen (BS, AB, 13.09.1962, BJM 1962, S. 226).

II. Neues Vermögen

13 Auch in den Fällen, wo der Rechtsvorschlag zu begründen ist, schreibt das Gesetz dafür keinen bestimmten Wortlaut vor. Tragweite der Wendung «Situation unverändert» als Einrede des mangelnden neuen Vermögens (VD, Tribunal cantonal, 26.09.1985, BlSchK 1988, S. 38).

14 Setzt der Gläubiger eine Forderung in Betreibung, für die kein Konkursverlustschein ausgestellt worden ist, die jedoch gemäss der Vorschrift von Art. 267 SchKG den nämlichen Beschränkungen unterliegt, so bedeutet es keine Verletzung klaren Rechts, wenn der Rechtsöffnungsrichter die vom Schuldner erst im Rechtsöffnungsverfahren erhobene Einrede des mangelnden neuen Vermögens gelten lässt (ZH, ObGer, IV. Kammer, 11.09.1947, SJZ 1948, S. 208).

15 Die Einrede des mangelnden neuen Vermögens kann vom Schuldner gegenüber dem Gläubiger, der eine *ausländische Verlustscheinforderung auf Konkurs* betreibt, nicht erhoben werden. Die Einrede setzt voraus, dass sein ganzes in der Schweiz gelegenes Vermögen unter eine Generalexekution gefallen ist (BGE 90 III 105).

16 Dem Schuldner steht gegenüber der Forderung aus einem Konkursverlustschein die Einrede des fehlenden neuen Vermögens insoweit nicht zu, als er bei ordentlicher Wirtschaftsführung neues

Vermögen hätte bilden können und sollen (SH, ObGer, 05.04.1957, Amtsbericht 1957, S. 51, SJZ 1959, S. 333, BlSchK 1961, S. 26).

17 (i.V.m. Art. 75 SchKG) – Die Einrede des mangelnden neuen Vermögens kann nicht gehört werden, wenn sie erst in zweiter Instanz vorgebracht wird und der Schuldner, der von der Zustellung des Zahlungsbefehls keine Kenntnis hatte, da dieser seinem Beirat zugestellt worden war, sie in der Rechtsöffnungsverhandlung hätte vorbringen können (VD, Tribunal cantonal, 12.01.1984, BlSchK 1986, S. 71)

18 Verfügt der Schuldner über das betreibungsrechtliche Existenzminimum, so besitzt er somit noch nicht notwendigerweise neues Vermögen im Sinne von Art. 265 Abs. 2 SchKG (BGE 53 III 27). Massgebend ist vielmehr, ob er standesgemäss leben, sich nach dem Konkurs eine neue Existenz aufbauen und zusätzlich Ersparnisse beiseite legen kann (BGE 109 III 93).

19 Vom vergangenen Einkommen des Schuldners wird auch derjenige Betrag zum neuen Vermögen gerechnet, der das zur Führung eines standesgemässen Lebens Notwendige übersteigt und Ersparnisse zu machen erlauben würde, selbst wenn solche Ersparnisse nicht gemacht worden sind. Zum Einkommen des Ehemannes kommt der Beitrag der Ehefrau an die ehelichen Lasten in Betracht. Als Zeitraum, während dessen Ersparnisse hätten gemacht werden können, ist ein Jahr vor Anhebung der Betreibung zu rechnen (ZH, ObGer, II. Ziv.Kammer, 18.03.1955, ZR 1955, Nr. 164, BlSchK 1957, S. 114).

20 Der Schuldner ist nicht nur dann zu neuem Vermögen gekommen, wenn er aus seinem Einkommen Ersparnisse gemacht hat, sondern auch dann, wenn er bei richtiger Lebensweise solche hätte machen können. Die Ehefrau ist verpflichtet, mit einem angemessenen Teil ihres Einkommens an die Kosten des Haushaltes beizutragen (GE, Cour de justice, 24.09.1957, Sem. 1959, S. 19, SJZ 1960, S. 209).

21 Nach ständiger allgemeiner schweizerischer Praxis darf als neues Vermögen im Sinne von Art. 265 SchKG auch der Arbeitserwerb gezählt werden, soweit dieser nicht für ein standesgemässes Leben benötigt wird (SJZ 1962, S. 320, BGE 79 I 113). Als neues Vermögen ist auch derjenige Teil des Einkommens anzusehen, der bei vernünftiger Wirtschaftsführung hätte erspart werden können, d.h. derjenige Betrag der zur Bestreitung des standesgemässen Lebens nicht beansprucht wird. Nach Basler Praxis bildet sich allerdings aus Erwerbseinkommen erst dann neues Vermögen, *wenn der Lohn das doppelte Existenzminimum übersteigt* (BS, Appellationsgericht (Ausschuss) 14.06.1973, BJM 1974, S. 104, BlSchK 1976, S. 60).

22 Neues Vermögen des Schuldners durch in Form von Ersparnis kapitalisierten Arbeitsverdienst. Neues Vermögen ist grundsätzlich nur das Nettovermögen, d.h. der Überschuss der seit dem Konkurs erworbenen Aktiven über die neu begründeten Passiven. Gemäss Praxis stellt allerdings auch der in Form von Ersparnis kapitalisierte Arbeitsverdienst neues Vermögen dar. Es wird vom Einkommen des Schuldners derjenige Betrag zum neuen Vermögen gerechnet, der das zur Führung eines standesgemässen Lebens Notwendige übersteigt und daher als Ersparnisse beiseite gelegt werden kann (BGE 79 I 115 und 99 Ia 19). *Als neues Vermögen gemäss Basler Praxis gilt derjenige Teil des schuldnerischen Einkommens, der das doppelte Existenzminimum (des Grundbetrages) übersteigt.* Der über das so berechnete Existenzminimum hinausgehende Teil des Einkommens wird zur Bestreitung eines standesgemässen Lebens nicht als nötig betrachtet und könnte daher bei vernünftiger Wirtschaftsführung erspart werden. Dabei ist der Zeitraum, während dessen Ersparnisse gemacht werden können auf ein Jahr vor Anhebung der Betreibung zu bemessen, analog zum Lohnpfändungsjahr (BS, Appellationsgericht, 09.01.1985, SJZ 1985, S. 293; vgl. Zürcher Praxis nachfolgend N 23).

23 Als neues Vermögen gilt nur das Nettovermögen eines Schuldners, d.h. der Überschuss der nach Beendigung des Konkurses erworbenen Aktiven über die neuen Schulden (BGE 102 III 54 und 99 Ia 19). Neues Vermögen kann auch Arbeitsverdienst darstellen. Jedoch wird dieser nur soweit zum neuen Vermögen gerechnet, als er das zur Führung eines standesgemässen Lebens Notwendige übersteigt und Ersparnisse zu machen erlaubt. Als massgeblicher Zeitraum fällt die einjährige Zeitspanne vor der nach Schluss des Konkursverfahrens erneut eingeleiteten Betreibung in Betracht.

Welcher Anteil des Verdienstes der Ehefrau des Schuldners bei der Feststellung eines allfälligen neuen Vermögens zu berücksichtigen ist, ist durch den Richter zu bestimmen. Ihr Beitrag soll nicht in erster Linie zur Befriedigung von Gläubigern ihres Ehemannes, sondern zur Bestreitung der Auslagen für den gemeinsamen Lebensunterhalt dienen. Im Rahmen des Art. 265 SchKG *soll der Schuldner in seinen Mitteln nicht auf den blossen Notbedarf beschränkt werden.* Er soll ein standesgemässes Leben, d.h. einen normalen, seinen persönlichen und beruflichen Verhältnissen entsprechenden Lebenswandel führen können. Auch sollten ihm notwendige Anschaffungen möglich sein. Welche Mittel einem Schuldner zuzubilligen sind, ist nach den Umständen des konkreten Einzelfalles zu beurteilen. In der Praxis wird heute *für einen standesgemässen Lebensunterhalt einen Zuschlag von zwei Dritteln des betreibungsrechtlichen Existenzminimums zugestanden.* Hinzu kommen Zuschläge zum Grundbedarf, wie Miete, Heizung, Beleuchtung, Krankenkassenbeiträge, Auslagen für den Arbeitsweg unter Benützung der öffentlichen Verkehrsmittel (sofern möglich), Raten für Kreditrückzahlungen, Alimentenverpflichtungen (in beiden Fällen ist von den in der massgeblichen Zeitspanne tatsächlich geleisteten Zahlungen auszugehen) und Rückstellungen für die Bezahlung von Steuern (ZH, ObGer, II. Ziv.Kammer, 08.10.1984, ZR 1985, Nr. 58; (vgl. oben N 22, Basler Praxis).

24 Die Rechtsprechung der Kantone und die Lehre sind über den Begriff von neuem Vermögen unterschiedlich. Die eine Auffassung geht dahin, dass die Betreibung nur angehoben werden kann, wenn der Schuldner zu neuem Vermögen gelangt ist. Dabei muss das neue Vermögen bereits bei der Anhebung der Betreibung vorhanden sein. Als Vermögen kann daher nur jener Teil des früheren Einkommens angesehen werden, den der Schuldner als Ersparnis hätte zurücklegen können. Wenn der Schuldner hätte Ersparnisse zurücklegen können, wird es so gehalten, wie wenn er tatsächlich zu neuem Vermögen gelangt wäre. Massgebend sind die Einkommensverhältnisse des Schuldners im letzten Jahr vor Anhebung der Betreibung. Der Richter setzt den Betrag, den der Schuldner in diesem Jahr hätte ersparen können, als neues Vermögen fest. Dieser Betrag kann sodann unter Vorbehalt von Art. 93 SchKG gepfändet werden. Die andere in der Rechtsprechung vertretene Auffassung nimmt das laufende Einkommen des Schuldners insoweit als neues Vermögen im Sinne von Art. 265 Abs. 2 SchKG, als es das zur Führung eines standesgemässen Lebens Notwendige übersteigt. Vom Einkommen des Schuldners kann also soviel zugunsten der Gläubiger von vor der Konkurseröffnung entstandenen Forderungen gepfändet werden, als der Schuldner zur Vermögensbildung verwenden könnte. Im BGE 109 III 94 ff. (siehe N 16) führt das BGer aus, dass in der Praxis seit langem anerkannt werde, dass auch der Arbeitsverdienst neues Vermögen darstellen könne. Heute werde der Arbeitsverdienst allgemein schon insoweit zum neuen Vermögen gerechnet, als er das zur Führung eines standesgemässen Lebens Notwendige übersteige und erlaube, Ersparnisse zu machen. Jedoch hat das BGer sich nicht eingehend mit den verschiedenen in Rechtsprechung und Literatur vertretenen Auffassungen beschäftigt und dazu Stellung genommen. Das ObGer Solothurn hat entschieden, dass als neues Vermögen auch das laufende Einkommen des Schuldners zu zählen ist, soweit es das zur Führung eines standesgemässen Lebens Erforderliche übersteigt (SO, ObGer, 12.07.1985, SJZ 1987, S. 344).

25 (i.V.m. Art. 93 SchKG) – Bei der Einkommenspfändung, die zum Zwecke der Vollstreckung richterlich festgestellten neuen Vermögens zu vollziehen ist, steht dem Schuldner nur das betreibungsrechtliche Existenzminimum zu. Dies gilt u.a. auch für die anrechenbaren Wohnkosten (BL, AB, 29.08.2000, BlSchK 2001, S. 175).

26 Der Entscheid darüber, welcher Betrag zum neuen Vermögen gerechnet wird, liegt weitgehend im Ermessen des Richters. Dieser ist für die Feststellung neuen Vermögens nicht an die Weisungen der AB gebunden. So sind z.B. Steuerschulden Bestandteil neuer Passiven und sind zugunsten des Schuldners zu berücksichtigen. Der Schuldner kann nicht dazu verpflichtet werden, alle denkbaren Quellen zum Erwerb neuer Aktiven auszuschöpfen. Er ist nur verpflichtet, seine Aktiven nicht zu vermindern und seine Passiven nicht zu erhöhen. Allgemein ist zu bemerken, dass die Bestimmungen des Art. 265 Abs. 2 den Schuldner beim Wiederaufbau seiner Existenz schützen will (BS, Appellationsgericht, 29.07.1988, BJM 1989, S. 317, BlSchK 1990, S. 141).

27 Ermittlung des neuen Vermögens im Fall, wo das Einkommen des Schuldners den für eine standesgemässe Lebensführung erforderlichen Betrag übersteigt. Effektiv bezahlte, sehr hohe Wohnkosten sind bei dieser Berechnung auf die Mietkosten für eine durchschnittliche standesgemässe Wohnung zu reduzieren (BL, ObGer, 16.05.2000, BlSchK 2001, S. 181).

28 Bestimmung des Grenzwertes für die Annahme neuen Vermögens. – Der Grenzwert für die Annahme neuen Vermögens entspricht dem Betrag, der dem Schuldner erlaubt, einen standesgemässen Lebensunterhalt zu bestreiten und Ersparnisse zu bilden. Methoden zur Bestimmung dieses Betrages. Die Bestimmung dieses Betrages durch Erhöhung sämtlicher Positionen des erweiterten Notbedarfs um 50 bis 66 % ist willkürlich (BGE 129 III 385).

29 Provisionsforderungen aus noch nicht abgeschlossenen Verkäufen sind unpfändbar und stellen daher auch nicht neues Vermögen dar (LU, SchKKomm, 22.02.1960, ZBJV 1960, S. 384).

Art. 265a 2. Feststellung des neuen Vermögens

¹ Erhebt der Schuldner Rechtsvorschlag mit der Begründung, er sei nicht zu neuem Vermögen gekommen, so legt das Betreibungsamt den Rechtsvorschlag dem Richter des Betreibungsortes vor. Dieser hört die Parteien an und entscheidet endgültig.

² Der Richter bewilligt den Rechtsvorschlag, wenn der Schuldner seine Einkommens- und Vermögensverhältnisse darlegt und glaubhaft macht, dass er nicht zu neuem Vermögen gekommen ist.

³ Bewilligt der Richter den Rechtsvorschlag nicht, so stellt er den Umfang des neuen Vermögens fest (Art. 265 Abs. 2). Vermögenswerte Dritter, über die der Schuldner wirtschaftlich verfügt, kann der Richter pfändbar erklären, wenn das Recht des Dritten auf einer Handlung beruht, die der Schuldner in der dem Dritten erkennbaren Absicht vorgenommen hat, die Bildung neuen Vermögens zu vereiteln.

⁴ Der Schuldner und der Gläubiger können innert 20 Tagen nach der Eröffnung des Entscheides über den Rechtsvorschlag auf dem ordentlichen Prozessweg beim Richter des Betreibungsortes Klage auf Bestreitung oder Feststellung des neuen Vermögens einreichen. Der Prozess wird im beschleunigten Verfahren durchgeführt.

I. Einrede des mangelnden neuen Vermögens

1 Die Einrede des mangelnden neuen Vermögens *kann innerhalb der Rechtsvorschlagsfrist* nachgeholt werden (ZH, ObGer, II. Kammer, 16.05.1947, ZR 1948, Nr. 37).

2 Die *Erweiterung des Rechtsvorschlages* bezüglich der Konkursverlustscheinsforderung durch Bestreitung neuen Vermögens ist *innert der Rechtsvorschlagsfrist zulässig*, auch wenn der ursprüngliche Rechtsvorschlag dem Gläubiger bereits mitgeteilt worden war (TG, ObGer, Rekurskomm., 07.03.1955, SJZ 1955, S. 266, BlSchK 1956, S. 82).

3 Die Einrede des mangelnden neuen Vermögens kann vom Schuldner gegenüber dem Gläubiger, der eine ausländische Verlustscheinforderung aus Konkurs betreibt, nicht erhoben werden. Die Einrede setzt voraus, dass sein ganzes in der Schweiz gelegenes Vermögen unter eine Generalexekution gefallen ist (BGE 90 III 105).

4 Es verstösst gegen klares Recht, die Einrede des mangelnden neuen Vermögens noch im Prozess betreffend Beseitigung des Rechtsvorschlages zuzulassen, und zwar gleichgültig, ob die Forderung im Konkurse angemeldet worden war oder nicht (BS, Appellationsgericht, 25.09.1974, BJM 1975, S. 84).

5 Die erst im Rechtsöffnungsverfahren erhobene Einwendung des mangelnden neuen Vermögens ist unbeachtlich, auch wenn der Schuldner dem Gläubiger schon vor der Einleitung der Betreibung mitgeteilt hat, er besitze kein neues Vermögen. Die Pflicht zur Geltendmachung der Einrede durch (begründeten) Rechtsvorschlag ergibt sich aus Art. 69 Abs. 3 SchKG (ZH, ObGer, IV. Kammer, 25.04.1946, ZR 1946, Nr. 41, SJZ 1947, S. 90, BlSchK 1947, S. 124).

6 (i.V.m. Art. 75 Abs. 2 SchKG) Anforderungen an die Erklärung – Soweit Zweifel hinsichtlich der Erklärung des Rechtsvorschlages bestehen, wird der Grundsatz «in dubio pro debitore» angewendet. Dies geschieht in Abwägung der beidseitigen Interessen, die zeigt, dass der Schuldner von der Aufhebung des Rechtsvorschlages viel schwerer getroffen wird als der Gläubiger von seiner Aufrechterhaltung (BGE 108 III 6). Bei der Einrede mangelnden neuen Vermögens ist allzu grosse Strenge gegenüber dem Schuldner umso weniger angebracht, als die Rechtsstellung des Gläubigers betreffend Feststellung des neuen Vermögens mit der Teilrevision des SchKG verbessert worden ist. Wenn im Zahlungsbefehl der Hinweis des Gläubigers auf Aufgabe eines Landwirtschaftsbetriebes und auf den Verkauf von Vieh aufgeführt wird, wird sinngemäss geltend gemacht, dass der Schuldner daraus zu neuem Vermögen gekommen sei. Mit dem Einwand des Schuldners gegenüber dem BA, er habe den Landwirtschaftsbetrieb bereits vor einigen Jahren aufgegeben und habe auch noch das vorhandene Vieh verkauft, kann dies als Einrede des mangelnden neuen Vermögens anerkannt werden (LU, SchKKomm, 16.09.1997, LGVE 1997 I 55, BlSchK 1999, S. 54, SJZ 1999, S. 16).

7 Geht die Einrede auf einen Rechtsnachfolger des Konkursiten über? Kann die Einrede einer Verrechnungserklärung entgegengehalten werden? Es besteht kein klares Recht darüber, ob die Einrede mangelnden neuen Vermögens einer Verrechnungserklärung entgegengehalten werden könne. Jedoch müsste nach Auffassung des Zürcher ObGer die Frage verneint werden. Im Weiteren besteht kein klares Recht des Inhaltes, dass die Befugnis, die Einrede des mangelnden neuen Vermögens zu erheben, gegebenenfalls auf Rechtsnachfolger des Konkursiten übergeht. Wenn der Sinn und Zweck des Art. 265 Abs. 2 darin erblickt wird, dem Konkursit die Möglichkeit zu geben, sich zu erholen, so ist nicht einzusehen, warum die zu diesem Zweck dem Schuldner eingeräumte Möglichkeit, die Einrede des mangelnden neuen Vermögens zu erheben, auch demjenigen zustehen soll, dem der Konkursit eine Forderung abtritt (vgl. dazu Hans Wüst, Die Geltendmachung der Konkursverlustforderung, Zürich, 1983) (ZH, ObGer, III. Ziv.Kammer, 12.11.1985, ZR 1985, Nr. 131).

8 Die Vorschrift, wonach der mit fehlendem neuen Vermögen begründete Rechtsvorschlag dem Richter vorzulegen ist, betrifft das Verhältnis zwischen Gläubiger und Schuldner. Eine betreibungsamtliche Verfügung, die gegen diese Vorschrift verstösst, ist deshalb nicht im Sinne von Art. 22 Abs. 1 SchKG nichtig (BGE 130 III 678).

9 Die vom Schuldner auf dem Zahlungsbefehl angebrachte Formulierung «ich erhebe Rechtsvorschlag, ich kann nichts zahlen» gilt als Einrede fehlenden neuen Vermögens nach Art. 265a SchKG. Der Rechtsvorschlag ist deshalb dem Richter vorzulegen (SG, AB, 13.10.2003, BlSchK 2004, S. 192).

10 Hat der Schuldner im Rechtsvorschlag gegen eine Betreibung aufgrund eines Konkursverlustscheines sowohl die Forderung bestritten als auch die Einrede fehlenden neuen Vermögens erhoben, so ist bei Gutheissung der Klage auf Feststellung neuen Vermögens im Urteilsspruch, der die Fortsetzung der (neuen) Betreibung als zulässig erklärt, der Vorbehalt der Beseitigung des Rechtsvorschlages gegen die Forderung aufzunehmen (ZH, II. Ziv.Kammer, 11.02.1975, ZR 1975, Nr. 3).

11 Es liegt in der Zuständigkeit des BA, die Einrede des mangelnden neuen Vermögens zurückzuweisen, wenn sie in einer Betreibung erhoben wird, die sich gar nicht auf einen Konkursverlustschein stützt (GE, Autorité de surveillance, 27.03.1985, BlSchK 1988, S. 78).

12 Es ist Sache des Richters und nicht der AB, über die geltend gemachte Einrede neuen Vermögens zu entscheiden. Doch sind die AB kompetent, über die Zulässigkeit einer solchen Einrede zu befinden, sei es, um gegebenenfalls abzuklären, ob sich die Frage neuen Vermögens überhaupt stellt oder nicht (GE, Autorité de surveillance, 19.01.1983, BlSchK 1984, S. 143).

13 Sachliche Zuständigkeit zur Prüfung der formellen Voraussetzungen. Folgen des Fehlens dieser Voraussetzungen – Die AB von Basel-Landschaft schliesst sich der in BGE 36 I 319 ff. eingehend begründeten Auffassung, wonach die Überprüfung der formellen Zulässigkeit der Einrede bei den Betreibungsbehörden liegt, an. Gemäss ständiger Praxis wird die Zuständigkeit der Betreibungsbehörden für die Überprüfung der Einhaltung der allgemeinen formellen Voraussetzungen des Rechtsvorschlages (Fristwahrung, Form und Inhalt der Erklärung) als gegeben erachtet. Aufgrund der besonderen konkursrechtlichen Voraussetzungen der Einrede des mangelnden Neuvermögens (in der Schweiz durchgeführter Konkurs, Entstehung der Betreibungsforderung vor Konkurseröffnung) be-

stehe kein innerer Grund, eine andere Zuständigkeit anzunehmen, besitzen die Vollstreckungsinstanzen doch bessere Kenntnisse in den Spezialfragen der Vollstreckungsrechte als der Zivilrichter. Auch aus Art. 69 Ziff. 3 SchKG lässt sich nicht eine richterliche Zuständigkeit zur Überprüfung der Gültigkeit der Einrede des mangelnden neuen Vermögens ableiten. Der erwähnte Bundesgerichtsentscheid hält im weitern fest, dass das Fehlen der konkursrechtlichen Voraussetzungen der Einrede des mangelnden neuen Vermögens deren Nichtigkeit zur Folge habe und daher von den Betreibungsbehörden jederzeit festgestellt werden könne (BGE 90 III 105) (BS, AB, 13.10.1987, BJM 1988, S. 203, BlSchK 1989, S. 236).

14 Hat der Schuldner in einer Betreibung seinen Rechtsvorschlag mit der Einrede des mangelnden neuen Vermögens begründet, so kann auf ein Rechtsöffnungsbegehren in dieser Betreibung erst dann eingetreten werden, wenn die genannte Einrede definitiv und rechtskräftig, allenfalls im beschleunigten Verfahren, beseitigt worden ist (ZH, Bez.Gericht Zürich, 16.04.1997, ZR 1997, Nr. 56).

15 Die Einrede des mangelnden neuen Vermögens bleibt dem Schuldner einer Konkursverlustscheinforderung erhalten, wenn gegen ihn in einer späteren Betreibung ein neuer (Pfändungs-) Verlustschein ausgestellt wird (BS, Appellationsgericht, 24.04.1990, BJM 1992, S. 21, und 25.05.1954, BJM 1955, S. 138).

16 Appellabilität von Urteilen in Prozessen betreffend die Einrede des mangelnden neuen Vermögens. § 5 Ziff. 2 ZPO BS verweist ausdrücklich auf Art. 265a Abs. 2 und 3 SchKG und bezieht sich auf den vom Richter im summarischen Verfahren zu treffenden Entscheid über den Rechtsvorschlag wegen fehlendem neuen Vermögens, nicht jedoch auf den ordentlichen Prozess über die Einrede des fehlenden neuen Vermögens (BL, ObGer, 16.05.2000, BJM 2001, S. 117).

17 Rechtsvorschlag wegen mangelnden neuen Vermögens; provisorische Pfändung (Art. 83 Abs. 1 SchKG) – Falls die Betreibungsforderung nicht (mehr) bestritten ist, kann der Betreibungsgläubiger – nach Ablauf der Zahlungsfrist – das Fortsetzungsbegehren einreichen und die provisorische Pfändung verlangen, sobald der Richter im summarischen Verfahren (Art. 265 Abs. 1 bis 3) festgestellt hat, dass der Betriebene zu neuem Vermögen gekommen sei (BGE 126 III 204).

18 Sicherungsmöglichkeit des Gläubigers während des beschleunigten Verfahrens nach Abs. 4 (BGE 126 III 207).

II. Zuständigkeit zur Überprüfung der Einrede

19 Bestreitet der Schuldner, zu neuem Vermögen gekommen zu sein, so hat das BA weder zu prüfen, ob diese Einrede in materieller Hinsicht begründet sei, noch zu untersuchen, ob sie dem Schuldner formell zustehe; darüber hat allein der Richter zu entscheiden (BS, AB, 14.09.1989, BlSchK 1991, S. 103).

20 Erhebt der Schuldner die Einrede des fehlenden neuen Vermögens zweifelsfrei ohne Berechtigung, soll das BA den Rechtsvorschlag nicht dem Richter vorlegen. Stattdessen soll es den mit «kein neues Vermögen» begründeten Rechtsvorschlag zurückzuweisen und den Schuldner zur Erklärung Aufforderung, ob er gewöhnlichen Rechtsvorschlag erheben wolle (BE, AB, 16.04.1999, BlSchK 2003, S. 96 mit Anmerkung der Redaktion).

21 Forderungen derjenigen Gläubiger, welche am Konkurs nicht teilgenommen haben, können auch nach durchgeführtem Konkurs in Betreibung gesetzt werden; eine Einschränkung ergibt sich nur insoweit, als solche Forderungen denselben Beschränkungen unterliegen wie diejenigen, für welche ein Konkursverlustschein ausgestellt worden ist (Art. 267 SchKG). Dies bedeutet insbesondere die Unverzinslichkeit der Forderung nach Abschluss des Konkursverfahrens und für den Betriebenen die Möglichkeit, der Betreibung die Einrede des mangelnden neuen Vermögens entgegenzuhalten (LU, SchKKomm, 09.12.1986, LGVE 1986 I 43, BlSchK 1988, S. 240).

22 Prüfungsbefugnis des BA – Das BA prüft die Zulässigkeit eines Rechtsvorschlages nur in formeller Hinsicht. Es hat aber nicht zu prüfen, ob die Einrede mangelnden neuen Vermögens im konkreten Fall zulässig ist; denn darüber hat der Richter zu befinden (Bestätigung der Rechtsprechung (BGE 124 III 379).

Art. 265b   Nr. 1 SchKG

23 Der Entscheid betreffend Bewilligung des Rechtsvorschlages gemäss Art. 265a Abs. 2 ist ein Endentscheid im Sinne von Art. 87 OG. Er gilt als letztinstanzlich soweit mit der staatsrechtlichen Beschwerde eine Verletzung des rechtlichen Gehörs gerügt wird (BGE 126 III 110).

24 (i.V.m. Art. 68 SchKG) – Die Kosten des Verfahrens zur Feststellung neuen Vermögens nach Art. 265a Abs. 1 SchKG sind Betreibungskosten im Sinne von Art. 68 Abs. 1 SchKG und somit vom Gläubiger vorzuschiessen (NW, ObGer, 10.09.1998, Gerichts- und Verwaltungspraxis 1997–2000, S. 94).

25 Kostenvorschusspflicht des Schuldners als Kläger – Im summarischen Verfahren der Einrede mangelnden Neuvermögens ist dem Schuldner die Klägerrolle zuzuweisen und hat er die Kostenvorschusspflicht zu tragen. Im summarischen Verfahren gemäss Art. 265a SchKG ist es der Schuldner, der das gerichtliche Verfahren auslöst, da seine Einrede ohne weiteres Zutun des Gläubigers dem Richter vorgelegt wird. Im Gegensatz zum Rechtsöffnungsverfahren geht es beim summarischen Verfahren der Einrede des fehlenden Neuvermögens nicht um die Beseitigung des Rechtsvorschlages, sondern gemäss Wortlaut von Art. 265a Abs. 2 und 3 SchKG um dessen Bewilligung. Die Initiative im Einredeverfahren gemäss Art. 265a SchKG liegt folglich beim Schuldner als Gesuchsteller und nicht beim Gläubiger (BL, ObGer, 24.04.2001, BlSchK 2003, S. 93 und Bger 03.06.04, SJZ 2004, S. 396).

Art. 265b   3. Ausschluss der Konkurseröffnung auf Antrag des Schuldners

Widersetzt sich der Schuldner einer Betreibung, indem er bestreitet, neues Vermögen zu besitzen, so kann er während der Dauer dieser Betreibung nicht selbst die Konkurseröffnung (Art. 191) beantragen.

Keine Entscheidungen.

Art. 266   F. Abschlagsverteilungen

¹ Abschlagsverteilungen können vorgenommen werden, sobald die Frist zur Anfechtung des Kollokationsplanes abgelaufen ist.
² Artikel 263 gilt sinngemäss.

1 Einem formell rechtskräftig kollozierten Gläubiger darf die Auszahlung seines Betreffnisses einer Abschlagsverteilung nicht wegen bloss unbestimmten Verdachtes betrügerischer Machenschaften einstweilen verweigert werden. – Fehlt es an gewichtigen Indizien für solche Machenschaften des Gläubigers oder des Dritten, der ihm die Forderung zediert hat, so steht es der Konkursverwaltung frei, ihrerseits gerichtliche Klage zu erheben (BGE 91 III 87).

2 Abschlagsverteilungen dürfen nur vorgenommen werden, wenn feststeht, dass aus dem Netto-Endergebnis der Liquidation – also nach Deckung der gesamten Liquidationskosten und sonstigen Masseverbindlichkeiten – alle vorgehenden Gläubiger volle Deckung erhalten und allen gleichrangigen Gläubigern gleichviel wird ausbezahlt werden können, wie die Abschlagsverteilungen ausmachen. Grundsätzlich haben sämtliche Gläubiger im gleichen Rang Anspruch auf die gleichen Abschlagszahlungen (BGE 105 III 88).

3 Die Auszahlung der Konkursdividende für eine rechtskräftig kollozierte Konkursforderung kann von der Konkursverwaltung verweigert werden, wenn sich nach der Kollokation herausstellt, dass die kollozierte Forderung auf unreellen Machenschaften beruht. – Will der Gläubiger diese Einwendung nicht geltend lassen, so hat er die Konkursmasse gerichtlich auf Auszahlung der Konkursdividende zu belangen (SO, AB, 22.10.1965, BlSchK 1966, S. 50).

4 Bei Abschlagsverteilungen ist der auf streitige Forderungen entfallende Betrag zurückzubehalten und zinstragend anzulegen. Der Zinsertrag kommt anteilsmässig denjenigen Gläubigern zugute, de-

| Siebenter Titel: Konkursverfahren | Art. 267 |

ren Forderung zu Unrecht bestritten wurde und die deshalb an der Abschlagsverteilung nicht teilnehmen durften (BGE 105 III 88).

5 Abschlagsverteilung des Erlöses aus der Verwertung einer pfandbelasteten Liegenschaft; Zuteilung der vom Ersteigerer ab dem Tag der Steigerung bis zu jenem der Bezahlung geschuldeten Zinsen im Falle der Gewährung eines Zahlungstermins. – Allein den Grundpfandgläubigern – entsprechend ihren Forderungen – stehen die zwischen der Leistung der Akontozahlung und der aufgeschobenen Bezahlung des Restzuschlagspreises anwachsenden Zinsen zu (BGE 122 III 40).

6 Eine Gegenforderung der Konkursmasse, die vor der Eröffnung des Konkurses entstanden ist, kann, wenn der Kollokationsplan in Rechtskraft erwachsen ist, nicht mit dem Dividendenanspruch verrechnet werden. Die Verrechnung hat bei der Auflage des Kollokationsplanes zahlenmässig genau fixiert und ohne irgendwelche Vorbehalte zu erfolgen (SO, AB, 06.11.1965, BlSchK 1966, S. 110).

7 Gegen die Abschlagsverteilungsliste, die dem Wechselgläubiger die sofortige Auszahlung der auf die zugelassene Forderung entfallende Dividende verweigert, ist Beschwerde zu führen (BGE 96 III 44).

8 Die provisorische Verteilungsliste kann innert zehn Tagen seit ihrer Auflegung beim KA oder seit ihrer Mitteilung an die Gläubiger durch Beschwerde bei der AB angefochten werden. In einer Beschwerde gegen die endgültige Verteilungsliste lässt sie sich nicht mehr anfechten (BGE 94 III 50).

9 Im Konkurs ist der Schuldner gegen die provisorische Verteilungsliste nicht zur Beschwerde legitimiert. Eine Ausnahme von diesem Grundsatz rechtfertigt sich aber dann, wenn die Liquidation einen Aktivenüberschuss ergibt und der Schuldner einen Anspruch auf Herausgabe des Aktivenüberschusses geltend macht. Mit der Beschwerde kann aber nur geltend gemacht werden, dass der Verteilungsplan nicht dem Kollokationsplan entspricht und dass die Voraussetzungen dafür nicht erfüllt sind, den rechtskräftigen Kollokationsplan nachträglich abzuändern (BGE 129 III 559).

Art. 267　G. Nicht eingegebene Forderungen

Die Forderungen derjenigen Gläubiger, welche am Konkurse nicht teilgenommen haben, unterliegen denselben Beschränkungen wie diejenigen, für welche ein Verlustschein ausgestellt worden ist.

1 Wie weit kann eine im Konkurse nicht angemeldete Forderung in einer nachträglichen Betreibung noch geltend gemacht werden (hier Steuerforderung)? Der Steuerverwaltung und dem Eintrag im Steuerregister kommt keine konstitutive Wirkung zu. Die Steuerforderung entsteht von Gesetzes wegen, sofern der Tatbestand, an welchem das Gesetz anknüpft, gegeben ist. Die Steuerforderung stellt in dem Umfange eine Konkursforderung dar, als sie bei Ausbruch des Konkurses pro rata temporis, d.h. im Umfange eines Bruchteils der Jahresforderung bestanden hat. Für diesen Teil kann der Einwand des mangelnden neuen Vermögens geltend gemacht werden (BE, Appellationshof, I. Ziv.Kammer, 16.01.1952, BlSchK 1953, S. 17).

2 Steuerforderungen, die nicht vor der Konkurseröffnung, jedoch während des Konkursverfahrens entstanden ist; Konkursforderung oder Massaverbindlichkeit? – Als Konkursforderung kann ein Steueranspruch nur dann gelten, wenn er schon vor dem Konkurse bestand oder durch die Konkurseröffnung zur Entstehung kam. Nach BGE 85 I 125 E. 3 ist die konkursrechtliche Qualifikation einer Steuerforderung Sache der zuständigen Steuerbehörden. Das bernische Verwaltungsgericht hat mit eingehender Begründung entschieden, dass Steuerforderungen auf Grundstückgewinne erst mit dem Eintrag des Kaufes im Grundbuch entstehen (Monatsschrift für bernisches Verwaltungsrecht, Bd. 61, S. 106 ff.). Hier gehörte das Grundstück unzweifelhaft der Konkursmasse an und ebenso sicher kam die Steuerforderung während des Konkurses im Zusammenhang mit diesem Grundstück zustande. Sie wurde aber nicht dadurch begründet, dass die Konkursverwaltung in den vom Konkursiten bereits abgeschlossenen Kaufvertrag eintrat, sonst hätte sie auch die dem Verkäufer noch obliegende finanzielle Verpflichtung übernehmen müssen. Aufgrund der Annahme, die Konkursverwaltung habe nicht eigentlich über das Grundstück verfügt, so dass durch ihre Tätigkeit die Steuer-

schuld entstanden wäre, kann die Steuerforderung auch nicht als Massaverbindlichkeit gelten. Ein solcher Steueranspruch erscheint nun weder als Konkursforderung noch als Massaverbindlichkeit. Er muss daher als neue, im damaligen Verfahren gar nicht erfassbare Forderung angesehen werden, der gegenüber auch keine aus dem früheren Konkurse abgeleitete Einreden möglich sind (BS, Appellationsgericht, 21.04.1965, BJM 1966, S. 245).

3 Der Schuldner, der aufgrund eines Verlustscheines betrieben wird, welcher zufolge einer Pfändung nach einem Konkurse ausgestellt wurde, kann die Einrede des mangelnden neuen Vermögens erheben, wenn die Verlustscheinsforderung aus der Zeit vor dem Konkurse stammt und in diesem nicht eingegeben wurde (VS, Tribunal cantonal, 10.12.1964, JT 113 (1965) II, S. 119, SJZ 1966, S. 348).

4 Die spätere Betreibung für Forderungen, welche am Konkurse nicht teilgenommen haben, beschränkt sich auf neues Vermögen. Der Zinsenlauf endigt auch für solche Forderungen seit dem Tage der Konkurseröffnung (LU, SchKKomm, 19.07.1965, Max. XI, Nr. 435).

5 Forderungen derjenigen Gläubiger, welche am Konkurse nicht teilgenommen haben, können auch nach durchgeführtem Konkurse in Betreibung gesetzt werden; eine Einschränkung ergibt sich nur insoweit, als solche Forderungen denselben Beschränkungen unterliegen wie diejenigen, für welche ein Konkursverlustschein ausgestellt worden ist. Dies bedeutet insbesondere die Unverzinslichkeit der Forderung nach Abschluss des Konkursverfahrens und für den Betriebenen die Möglichkeit, der Betreibung die Einrede des mangelnden neuen Vermögens entgegenzuhalten (LU, SchK-Komm., 09.12.1986, LGVE 1986 I 43, BlSchK 1988, S. 240).

VII. Schluss des Konkursverfahrens

Art. 268 A. Schlussbericht und Entscheid des Konkursgerichtes

¹ Nach der Verteilung legt die Konkursverwaltung dem Konkursgerichte einen Schlussbericht vor.
² Findet das Gericht, dass das Konkursverfahren vollständig durchgeführt sei, so erklärt es dasselbe für geschlossen.
³ Gibt die Geschäftsführung der Verwaltung dem Gerichte zu Bemerkungen Anlass, so bringt es dieselben der Aufsichtsbehörde zur Kenntnis.
⁴ Das Konkursamt macht den Schluss des Konkursverfahrens öffentlich bekannt.

Keine Entscheidungen.

Art. 269 B. Nachträglich entdeckte Vermögenswerte

¹ Werden nach Schluss des Konkursverfahrens Vermögensstücke entdeckt, welche zur Masse gehörten, aber nicht zu derselben gezogen wurden, so nimmt das Konkursamt dieselben in Besitz und besorgt ohne weitere Förmlichkeit die Verwertung und die Verteilung des Erlöses an die zu Verlust gekommenen Gläubiger nach deren Rangordnung.
² Auf gleiche Weise verfährt das Konkursamt mit hinterlegten Beträgen, die frei werden oder nach zehn Jahren nicht bezogen worden sind.
³ Handelt es sich um einen zweifelhaften Rechtsanspruch, so bringt das Konkursamt den Fall durch öffentliche Bekanntmachung oder briefliche Mitteilung zur Kenntnis der Konkursgläubiger, und es finden die Bestimmungen des Artikels 260 entsprechende Anwendung.

1 Die Frage, ob man es mit neu entdeckten Ansprüchen zu tun habe, ist unter Umständen der gerichtlichen Entscheidung vorzubehalten (BGE 73 III 155).

Siebenter Titel: Konkursverfahren | **Art. 269**

2 Ob einem Schuldner während des Konkurses erwachsenes, erst nach Konkursschluss entdecktes Guthaben zum Konkursvermögen gehöre, haben die AB im Beschwerdeverfahren zu entscheiden. Frage verneint hinsichtlich einer vom Arbeitgeber zu zahlenden Entschädigung wegen vorzeitiger Entlassung (BGE 77 III 34).

3 Ein Anfechtungsanspruch wird nicht im Sinne dieser Gesetzesnorm «entdeckt», wenn sein Bestehen den Organen des Konkurses nur wegen unentschuldbarer Nachlässigkeit unbekannt geblieben war (BGE 90 III 41).

4 Art. 269 SchKG *stellt den Entscheid*, ob ein Vermögenswert als neu entdecktes Vermögen in den Nachkonkurs einbezogen werden soll, *nicht völlig dem Ermessen des KA anheim*. Im Hinblick auf die Folgen einer Ablehnung kann sich das KA nur ausnahmsweise – bei eindeutiger Sach- und Rechtslage – weigern, für behauptete Rechtsansprüche einen Nachkonkurs zu eröffnen (BGE 90 III 45). Sieht es selber keine Möglichkeit, solche Rechtsansprüche für die Konkursmasse durchzusetzen, so kann es entsprechend der Bestimmung von Abs. 3 vorgehen. Es ist denn auch nach der Rechtsprechung in erster Linie Sache des Richters und nicht des KA bzw. der AB in Schuldbetreibungs- und Konkurssachen, darüber zu entscheiden, ob die Voraussetzungen für einen Nachkonkurs gegeben sind oder nicht (BGE 117 III 70).

5 Der Ausschluss des Nachkonkurses setzt voraus, dass eine Mehrheit der zur Teilnahme an der zweiten Gläubigerversammlung berechtigten Gläubiger vor Abschluss des Konkursverfahrens um die Existenz und Massezugehörigkeit der nachträglich ausfindig gemachten Vermögenswerte wussten. Das Wissen eines einzelnen Gläubigers genügt nicht (Präzisierung der Rechsprechung). Offengelassen wurde, ob bereits das blosse Kennenmüssen zum Ausschluss des Nachkonkurses führte und wie es sich bei fehlbarem Verhalten der Konkursverwaltung verhielte (BGE 116 III 96).

6 Keine Anwendung, wenn die Konkursorgane das Vorhandensein des Vermögensstückes kannten oder kennen mussten (BGE 90 III 41).

7 Vorgehen, wenn dem KA nach Schluss des Konkursverfahrens Anfechtungsansprüche gemäss Art. 285 ff. SchKG zur Kenntnis gebracht werden. – Ob solche Ansprüche bestehen, hat weder das KA noch die AB zu entscheiden (BGE 43 III 14, 73 III 157). Das KA ist auch nicht verpflichtet, Erhebungen zu machen über die Richtigkeit der Angaben, auf die sich der Anfechtungsanspruch stützt; es genügt, dass der in Frage kommende Rechtsanspruch bestimmt bezeichnet wird (BGE 58 III 3). *Voraussetzung des Vorgehens nach Art. 269 SchKG ist jedoch, dass es sich um einen erst nach Konkursschluss entdeckten Rechtsanspruch handelt*, d.h. dass sein Bestehen den Organen des Konkurses weder bekannt war noch bekannt sein musste (BGE 90 III 41, N 3 und 6 vorn). Dabei ist der Entscheid darüber, ob der nachträglich gemeldete Rechtsanspruch im Sinne von Art. 269 SchKG neu entdeckt worden sei, grundsätzlich Sache der Gerichte, die dem aufgrund einer Abtretung gemäss Art. 260 und 269 SchKG Belangten von jeher die Möglichkeit eingeräumt haben, die Aktivlegitimation des Klägers mit der Begründung zu bestreiten, der abgetretene Rechtsanspruch stelle kein erst nach Konkursschluss entdecktes Vermögensstück dar und falle demnach nicht unter den nachträglichen Konkursbeschlag, sodass das KA darüber nicht habe verfügen können, was damit gerechtfertigt wird, dass ein Anspruch erst dann als bekannt gelten kann, wenn alle für seine Begründung wesentlichen Tatsachen bekannt sind und dass daher die Frage, ob die Konkursverwaltung einen bestimmten Anspruch schon vor Konkursschluss entdeckt habe unlöslich mit der materiellen Frage zusammenhängt, welche Tatsachen diesen Anspruch zu begründen vermögen (BGE 74 III 74). Eine Ausnahme ist nur dann zu machen, wenn sich aufgrund der eigenen Angaben des KA oder der Konkursakten ohne weitere Beweiserhebung unzweifelhaft ergibt, dass der Rechtsanspruch den Konkursorganen bekannt war oder sein Bestehen ihnen bloss wegen unentschuldbarer Nachlässigkeit unbekannt geblieben ist (BGE 74 III 75, 90 III 41). Ein Anfechtungsanspruch der erst nach durchgeführtem Konkurs entdeckt wird, kann nicht von jedem früheren Konkursgläubiger selbständig eingeklagt werden; legitimiert hiezu ist vielmehr nur das KA als Vertreter der Gläubigergesamtheit und im Falle des Verzichts der Gläubigermehrheit auf dieses Vorgehen der einzelne Gläubiger nur aufgrund einer Abtretung nach Art. 260 SchKG (BE, AB, 21.05.1969, BlSchK 1971, S. 148).

8 Abtretung einer Forderung durch die Verwaltung nach Einstellung und Schliessung des Konkurses. Wirkungen der Konkurseröffnung der mangels Aktiven erfolgten Schliessung des Konkursverfahrens auf den Bestand und das Verfügungsrecht einer Genossenschaft und auf die Vertretungsbefugnis ihrer Organe; Art. 911 Ziff. 3, 913 Abs. 1, 740 Abs. 5, 939 OR; Art. 204 Abs. 2, 230 SchKG; Art. 56/66 HRegV. Wird diese durch Eröffnung des Konkurses aufgelöste Genossenschaft nach Schliessung des Konkursverfahrens im Handelsregister nicht gelöscht, weil sie noch Aktiven besitzt, die das KA kannte, aber als zur Deckung der Konkurskosten nicht ausreichend erachtete, so ist die Verwaltung befugt, diese Aktiven zum Zwecke der Liquidation zu veräussern; Art. 913 Abs. 1, 740 Abs. 1 und 743 Abs. 4 OR (BGE 90 II 247).

9 Der Drittschuldner kann eine gemäss Art. 260 und 269 SchKG erteilte Abtretung wegen Verletzung von Art. 269 Abs. 1 SchKG nur dann auf dem Beschwerdeweg anfechten, wenn sich aufgrund der eigenen Angaben des KA oder der Konkursakten ohne weitere Beweiserhebungen unzweifelhaft ergibt, dass sie zu Unrecht erteilt wurde (BGE 74 III 72).

10 *Entsprechende Anwendung auf die* bis zum Ablauf der zehnjährigen Verjährungsfrist *nicht bezogenen Konkursdividenden.* Wie beim Nachlassvertrag mit Vermögensabtretung und beim Bankennachlassvertrag sind innert der Frist von zehn Jahren nicht bezogene Konkursdividenden vom KA zu verteilen.

Wenn das Amt trotz den durch die Umstände gebotenen Nachforschungen einzelne Gläubiger, die an der Hauptverteilung teilgenommen hatten oder ihre Rechtsnachfolger nicht mehr auffindet, so ist der Restbetrag unter die Gläubiger zu verteilen, die erreicht werden konnten (BGE 93 III 113).

11 Werden nach Einstellung des Konkursverfahrens mangels Aktiven dem KA oder dem Konkursrichter vorher nicht bekannte Vermögenswerte entdeckt, so kommt nicht das Verfahren nach Art. 269 zur Anwendung. Es hat vielmehr das Konkursgericht auf Antrag des KA auf den Einstellungsbeschluss zurückzukommen (LU, SchKKomm 25.01.1958, Max. X, Nr. 608).

12 Abgrenzung der Kompetenzen der Gerichte und der Konkursbehörden in Bezug auf die Frage, ob ein Anspruch ein neu entdecktes Vermögensstück darstelle; Beweislast (BGE 90 III 41).

13 Gegen einen Verwertungsbefehl der AB kann das KA nicht Beschwerde führen (BGE 108 III 77).

Art. 270   C. Frist für die Durchführung des Konkurses

¹ Das Konkursverfahren soll innert einem Jahr nach der Eröffnung des Konkurses durchgeführt sein.

² Diese Frist kann nötigenfalls durch die Aufsichtsbehörde verlängert werden.

1 Rechtsverzögerung – Bestehen auf einem KA wegen Personalmangels Geschäftsrückstände, so soll die kantonale AB Massnahmen anordnen. Im vorliegenden Fall hätte sie, gestützt auf kantonales Recht, auf der Beiziehung von Angestellten bestehen und dafür sorgen können, dass ein Gesuch um Verlängerung der Frist für die Beendigung des Konkursverfahrens vorgelegt wird. Sodann hätte sie das KA einladen können, das verzögerte Konkursverfahren innert nützlicher Frist abzuschiessen. Der Kanton, welcher die Organisation des Betreibungs- und Konkurswesens in personeller Hinsicht vernachlässigt, macht sich unter Umständen haftpflichtig (BGE 119 III 1).

Achter Titel: Arrest

Art. 271 A. Arrestgründe

¹ Der Gläubiger kann für eine fällige Forderung, soweit diese nicht durch ein Pfand gedeckt ist, Vermögensstücke des Schuldners mit Arrest belegen lassen:
1. wenn der Schuldner keinen festen Wohnsitz hat;
2. wenn der Schuldner in der Absicht, sich der Erfüllung seiner Verbindlichkeiten zu entziehen, Vermögensgegenstände beiseite schafft, sich flüchtig macht oder Anstalten zur Flucht trifft;
3. wenn der Schuldner auf der Durchreise begriffen ist oder zu den Personen gehört, welche Messen und Märkte besuchen, für Forderungen, die ihrer Natur nach sofort zu erfüllen sind;
4. wenn der Schuldner nicht in der Schweiz wohnt, kein anderer Arrestgrund gegeben ist, die Forderung aber einen genügenden Bezug zur Schweiz aufweist oder auf einem vollstreckbaren gerichtlichen Urteil oder auf einer Schuldanerkennung im Sinne von Artikel 82 Absatz 1 beruht;
5. wenn der Gläubiger gegen den Schuldner einen provisorischen oder einen definitiven Verlustschein besitzt.

² In den unter den Ziffern 1 und 2 genannten Fällen kann der Arrest auch für eine nicht verfallene Forderung verlangt werden; derselbe bewirkt gegenüber dem Schuldner die Fälligkeit der Forderung.

³ Aufgehoben.

I. Voraussetzungen

1 (i.V.m. Art. 80 und 81 SchKG) – Zur Frage der *Vollstreckbarkeit eines auf Zahlung monatlicher Unterhaltsbeiträge* lautenden Urteils. Der Arrest bewirkt nicht erst künftig entstehende Unterhaltsforderungen. – Der Rechtsöffnungstitel muss schon zu Beginn der Betreibung bestanden haben (LU, SchKKomm, 09.11.1963, Max. XI, Nr. 260).

2 Der Arrest ist zulässig für den vermutlich *nicht gedeckten Teil einer pfandgesicherten Forderung*. Zur Arrestprosequierung ist die Betreibung auf Pfandverwertung einzuleiten (GE, Autorité de surveillance, 22.04.1971, BlSchK 1973, S. 119).

3 Die *Behauptung des Schuldners allein, Eigentümer oder Gläubiger einer verarrestierten Sache oder Forderung sei ein Dritter* bzw. die Beanspruchung dieser Rechte durch einen Dritten, bildet noch keinen Grund, den Arrestvollzug einzustellen oder aufzuheben. *Bezeichnet aber der Gläubiger selbst bestimmte Vermögenswerte als Eigentum eines Dritten* oder gehören sie offensichtlich nicht dem Schuldner, so dürfen sie nicht mit Arrest belegt werden (GR, AB, 04.10.1982, BlSchK 1987, S. 115).

4 Der Gläubiger, der *Vermögensstücke mit Arrest belegen lassen will, die Dritten zu gehören scheinen*, hat glaubhaft zu machen, dass jene in Wirklichkeit Eigentum seines Schuldners sind. Darüber zu befinden, ob dem Gläubiger diese Glaubhaftmachung gelungen sei, ist Sache der Arrestbehörde, nicht der Vollzugsbehörde. Diese hat dem Arrestbefehl selbst dann Folge zu leisten, wenn die Arrestbehörde den Gläubiger von jeglichem Beweis entbunden hat (BGE 107 III 33).

5 Der Arrest kann nur Vermögensstücke erfassen, die nach der Meinung des *Gläubigers dem Schuldner gehören*. Behauptet dieser, das Eigentum daran stehe einem Dritten *zu oder werde von einem Dritten beansprucht*, so hat das BA das Widerspruchsverfahren einzuleiten. Eine vorher vom Strafrichter angeordnete Beschlagnahme hindert den Vollzug eines auf diesen Artikel gestützten Arrest nicht, geht diesem aber im Falle eines Konfliktes vor (BGE 93 III 89).

6 *Durchgriff im Arrestverfahren auf das Vermögen einer vom Arrestschuldner wirtschaftlich beherrschten liechtensteinischen Stiftung.* – Grundsätzlich haftet der Schuldner für seine Verbindlichkeiten nur

mit seinem eigenen Vermögen. Bei der Zwangsvollstreckung dürfen daher Vermögenswerte, die ohne jeden Zweifel nicht dem Schuldner gehören oder vom Gläubiger selbst als Eigentum von Dritten bezeichnet werden, bei Gefahr der Nichtigkeit weder verarrestiert noch gepfändet werden. Die Betreibungsbehörden dürfen, welches auch die behauptete wirtschaftliche Realität sei, nicht gegen eine Person vorgehen, die ein vom Schuldner verschiedenes Rechtssubjekt ist (BGE 105 III 112). Davon kann nur unter ausserordentlichen Umständen abgewichen werden. Gemäss Lehre und Rechtsprechung ist ein «Durchgriff» durch die eine Person auf eine andere, mit ihr wirtschaftlich identische Person zulässig, falls der Grundsatz von Treu und Glauben im Geschäftsverkehr dies im Verhältnis zu Dritten verlangt, die Berufung auf die rechtliche Verschiedenheit des wirtschaftlich identischen Vermögens sich mithin als rechtsmissbräuchlich erweist. Dies ist insbesondere dann anzunehmen, wenn eine Gesellschaft zur Schädigung Dritter – etwa um ihnen den Zugriff auf das Vermögen des Schuldners zu entziehen oder zur Vertragsumgehung – geschaffen wurde oder benützt wird (vgl. BGE 102 III 65). Solche Umstände sind vom Arrestgläubiger aber glaubhaft zu machen (ZH, ObGer, II. Ziv.Kammer, 13.07.1988, SJZ 1989, S. 85).

7   Die Verarrestierung von Lohnguthaben eines Grenzgängers in der Schweiz ist auch dann möglich, wenn Schuldner und Gläubiger im Ausland, auch im gleichen Staate, wohnhaft sind (VS, Autorité supérieure de surveillance, 02.02.1973, BlSchK 1974, S. 48).

8   (Abs. 1 Ziff. 5) – Der *Einwand des mangelnden neuen Vermögens ist nicht der geeignete Einwand, um den Arrestvollzug abzuwenden.* Erhebt der Schuldner die Einrede des mangelnden neuen Vermögens, so hat das BA den Arrest dessen ungeachtet zu vollziehen, wenn es *nicht in den Notbedarf eingreifen muss* (BGE 109 III 93).

9   (i.V.m. Art. 83 SchKG und Art. 84 Abs.1 1 lit. a und c OG; Art. 39 Abs. 1 des LugÜ) Arrestbefehl zu vorsorglichen Massnahmen – Die Weigerung, einen Arrestbefehl mit Bezug auf Sicherungsmassnahmen im Sinne von Art. 39 Abs. 1 LugÜ zu erlassen, ist nicht willkürlich. Eine solche Weigerung bedeutet auch keine willkürliche Anwendung von kantonalen – vorliegendenfalls freiburgischen – Bestimmungen mit Bezug auf vorsorgliche Massnahmen (BGE 126 III 438).

10 Sucharrest – In casu wird das Vorliegen eines offensichtlichen und damit rechtsmissbräuchlichen Sucharrests verneint. Wenn die Gläubigerin in der Lage ist, zu Konten, bei zwei Niederlassungen der Drittschuldnerin (Bank) präzise Angaben zu machen, so kann ihr nicht entgegengehalten werden, es lägen keine plausibel begründeten Behauptungen über die Existenz von Arrestgegenständen bei weiteren Zweigniederlassungen vor (BGer, SchKK, 17.02.1999, nicht publiziert, BlSchK 2000, S. 142).

II. Zahlungsflucht

11 Bei der Entscheidung der Frage, ob ein Arrestgrund gegeben sei, ist auf die Verhältnisse abzustellen, wie sie im Zeitpunkte des Arrestgesuches bestanden hatten. Hieran ändert auch der Umstand nichts, dass die durch den Arrest gesicherte Forderung seither bezahlt worden ist. – Eine *Fluchtgefahr* besteht jedenfalls dann, wenn der Schuldner in rascher Folge Veräusserungsgeschäfte vornimmt, die über den Rahmen der normalen geschäftlichen Tätigkeit hinausgehen, so wenn er Angestellte entlässt, ohne sie zu ergänzen usw. (TI, Appellationsgericht, 13.05.1954, Rep. 88, S. 44, SJZ 1956, S. 64).

12 Nicht gefordert wird zur Annahme von Schuldnerflucht die endgültige Vereitelung der Zwangsvollstreckung. Nach Lehre und Rechtsprechung genügt bereits die blosse Erschwerung der zwangsweisen Erfüllung der Verbindlichkeiten. Der Begriff der Flucht ist weit zu fassen und es genügt daher, wenn der Schuldner seinen bisherigen allgemeinen Betreibungsstand aufgibt und in der Schweiz keinen neuen begründet (GL, Zivilgericht, 14./20/21.08.1986, BlSchK 1989, S. 75).

13 Glaubhaftmachung der Absicht des Schuldners, sich seinen Verbindlichkeiten zu entziehen. Wenn diese Absicht feststeht, sind «Anstalten zur Flucht» alle Vorbereitungen zu einer Ausreise, die dem Gläubiger die Rechtsverfolgung verunmöglichen oder doch erheblich erschweren (SG, II. Ziv.Kammer, 04.11.1954, BlSchK 1957, S. 147).

14 Zahlungsflucht als Arrestgrund – Die blosse Absicht des Schuldners, ins Ausland zu verreisen, genügt hiefür nicht. Flüchtig macht sich nur, wer in der Absicht, seinen bisherigen Wohnsitz zu verlassen, seine Beziehungen und Verbindungen an diesem Ort abbricht, um den Gläubigern den Zugriff auf sein Vermögen zu verunmöglichen oder zu erschweren. Es bedürfte weiterer konkreter Umstände, um aus der Absicht des Schuldners, ins Ausland zu verreisen, auf eine Absicht auf Zahlungsflucht zu schliessen (TG, AG, 30.04.1981, BlSchK 1986, S. 79)

15 Absicht des Schuldners, sich seinen Verbindlichkeiten zu entziehen sind alle Vorbereitungen zu einer Ausreise, die dem Gläubiger die Rechtsverfolgung verunmöglichen oder erheblich erschweren. Der Gläubiger hat glaubhaft zu machen, dass der Schuldner beabsichtigt, sich der Erfüllung seiner Verbindlichkeiten zu entziehen, z.B. durch grundlose Weigerung des Schuldners, eine fällige Schuld zu bezahlen, obwohl ihm die Mittel hiefür zur Verfügung stehen und er gleichzeitig im Begriffe ist, nach einem fernen Land auszuwandern, wo eine Rechtsverfolgung praktisch ausgeschlossen oder nur unter grössten Schwierigkeiten möglich ist (SG, II. Ziv.Kammer, 04.11.1954, BlSchK 1957, S. 147).

16 Ist die Aufgabe des früheren Wohnsitzes nachgewiesen, so besteht der Arrestgrund gemäss Ziff. 1, sofern nicht die Begründung eines neuen effektiven Wohnsitzes dargetan wird; die Berufung auf Art. 24 Abs. 1 ZGB und auf ein Postfach als Spezialdomizil genügt ebensowenig wie die Bestellung eines gewillkürten Vertreters mit festem Domizil. Wenn ein Grundstück, das das einzige Aktivum des Schuldners darstellt, im Zeitpunkt der Fälligkeit der Verpflichtungen erheblich belastet wird, ist der Arrestgrund gemäss Ziff. 2 erfüllt (BE, Appellationshof, II. Ziv.Kammer, 04.12.1969, ZBJV 1972, S. 32).

17 Arrestgrund der Zahlungsflucht – Anwendungsbereich – Dieser Arrestgrund setzt das Bestehen eines ordentlichen schweizerischen Betreibungsortes, an welchem der Schuldner seine Belangbarkeit durch unredliche Machenschaften zu vereiteln such. An dieser Rechtslage hat sich mit der per 01.01.1997 in Kraft getretenen Teilrevision des SchKG vom 16.12.1994 nichts geändert (ZH, ObGer, II. Ziv.Kammer, 23.03.1998, ZR 1999, Nr. 70).

18 Vermögensverheimlichung – Der Arrestgrund des Verheimlichens von Vermögenswerten ist nicht schon damit nachzuweisen, dass der Schuldner einen bestimmten Vermögensgegenstand nicht erwähnt. Es kommt im Wesentlichen auf die Umstände an. Solange die Forderungen noch gedeckt sind, kann – selbst wenn sogar eine Entzugsabsicht nachgewiesen wäre – nicht von einem «Beiseiteschaffen» gesprochen werden. Unter Vermögensverheimlichung ist ohnehin nur die wissentliche Nichtangabe von existierenden Vermögensgegenstände zu verstehen (SG, KG, III. Ziv.Kammer, 19.02.1993, GVP 1993, Nr. 79).

19 Beiseiteschaffen von Vermögenswerten – Was ist unter dem Begriff des «Beiseiteschaffens von Vermögenswerten» zu verstehen? Da der Arrest in erster Linie die Gewährleistung der Zwangsvollstreckung in *vorhandenen Aktiven* bezweckt, fällt die *Vergrösserung der Passiven* nicht darunter (BL, KG, 17.12.2002, BlSchK 2003, S. 133).

III. Wohnsitz

20 Eine im Ausland – hier in Liechtenstein – domizilierte Aktiengesellschaft, die in der Schweiz eine Geschäftsniederlassung besitzt, kann für Schulden der Letztern am Orte der Niederlassung betrieben werden, auch wenn diese im Handelsregister nicht eingetragen ist. Infolgedessen ist ihr gegenüber der sog. «Ausländerarrest» nicht zulässig (GE, Cour de justice, 04.11.1949, Sem. 72, S. 302, SJZ 1951, S. 211).

21 Zur Arbeitsaufnahme in der Schweiz eingereiste Fremdarbeiter haben hier Wohnsitz. Daher besteht kein Arrestgrund nach Ziff. 4, wohl aber u. U. ein solcher nach Ziff. 2 (BL, ObGer, 29.04.1949, Amtsbericht 1949, S. 33, SJZ 1951, S. 376).

22 Der feste Wohnsitz eines Ausländers besteht trotz der Absicht, ihn gelegentlich wieder aufzuheben, wenn bei der Arrestnahme der Lebensmittelpunkt an diesem Wohnort ist (BS, Zivilgericht, 03.03.1950, SJZ 1951, S. 316).

23 Auch bei Ausländern kommt es für die Begründung des Wohnsitzes auf die polizeiliche Anmeldung nicht entscheidend an (BS. Appellationsgericht, 18.06.1964, SJZ 1965, S. 325).

24 (i.V.m. Art. 23 ff. ZGB) Bei der Bestimmung des Wohnsitzes ist nicht auf den innern Willen abzustellen, sondern auf die objektiv erkennbaren Umstände. Der Wohnsitz hat sich nach für Dritte erkennbaren Kriterien zu bestimmen. Die Hinterlegung der Papiere bzw. die formelle Anmeldung bei der kommunalen Einwohnerkontrolle ist dabei lediglich in Indiz (ZH, ObGer, II. Ziv.Kammer, ZR 1983, Nr. 55).

25 (Abs. 1 Ziff. 2) – Ordentlicher schweizerischer Betreibungsort als Voraussetzung des Arrestgrundes – Dieser Arrestgrund setzt das Bestehen eines ordentlichen schweizerischen Betreibungsortes voraus, an welchem der Schuldner seine Belangbarkeit durch unredliche Machenschaften zu vereiteln sucht. An dieser Rechtslage hat sich mit der per 01.01.1997 in Kraft getretenen Teilrevision vom 16.12.1994 nichts geändert (ZH, ObGer, II. Ziv.Kammer, 23.03.1998, ZR 1999, Nr. 70)

26 Der *Gläubiger hat einen schweizerischen Wohnsitz nachzuweisen*. Es genügt die Aufgabe des früheren ausländischen Wohnsitzes und ein Aufenthalt von gewisser Stetigkeit in der Schweiz, sei es auch mit Ortswechsel jeweilen nach einigen Wochen oder Monaten (BGE 74 III 18).

27 *Ansprüche* eines Arrestschuldners *an einem unverteilten Nachlass* sind, sofern der anspruchsberechtigte Arrestschuldner in der Schweiz wohnt, an dessen schweizerischen Wohnort und nicht am Orte des Nachlasses zu verarrestieren. Ein am Orte des Nachlasses genommener Arrest ist nichtig (BS. AB, 05.04.1965, BJM 1968, S. 60).

28 *Arrestierung eines Erbanteils – Arrestort* – Wohnt der Schuldner nicht in der Schweiz oder hat er keinen festen Wohnsitz, so ist sein Anspruch auf den Liquidationsanteil an einer unverteilten Erbschaft am Betreibungsort der Erbengemeinschaft gemäss Art. 49 SchKG zu arrestieren, und zwar unabhängig davon, wo sich die einzelnen zur Erbschaft gehörenden Vermögensstücke befinden (BGE 109 III 90).

29 Die Verarrestierung von Lohnguthaben eines Grenzgängers in der Schweiz ist auch dann möglich, wenn der *Schuldner und Gläubiger im Ausland*, auch im gleichen Staate *wohnhaft sind* (VS, AB, 02.02.1973, BlSchK 1974, S. 48).

30 Arrest zwischen Parteien mit ausländischem Wohnsitz, Ziff. 4 ist auch anwendbar, wenn Gläubiger und Schuldner im gleichen Auslandstaate wohnen (TG, Rekurskomm., 20.08.1975, Rechenschaftsbericht ObGer 1975, Nr. 26, SJZ 1977, S. 12, BlSchK 1978, S. 50).

31 Arrestbefehl gegen einen in der Schweiz wohnhaften Schuldner, Aktien einer Immobiliengesellschaft betreffend, welche bei einer ausländischen Bank deponiert sind. – Unmöglichkeit der Arrestierung, wenn die Wertpapiere nicht in der Schweiz liegen. – Frage des Eigentums an den arrestierten Gegenständen und des Rechtsmissbrauchs (GE, Autorité de surveillance, 30.11.1983, BlSchK 1984, S. 225).

32 Genügender Bezug zur Schweiz – Ein «genügender Bezug zur Schweiz» ist gegeben, wenn die Forderung, für die ein neues Arrestbegehren gestellt worden ist, bereits Gegenstand einer Klage auf Prosequierung eines früheren Arrestes bildet, der unter der Herrschaft des alten Rechts bewilligt worden war. Das gilt selbst dann, wenn die Zuständigkeit der schweizerischen Gerichte für die Beurteilung der Klage einzig gestützt auf Art. 4 IPRG bejaht worden ist (BGE 124 III 219).

33 Voraussetzungen für die Annahme eines genügenden Bezugs zur Schweiz – Der Begriff des genügenden Bezugs zur Schweiz ist nicht einschränkend auszulegen. Bei zweiseitigen Verträgen – hier ein Darlehen – kann sich der genügende Bezug daraus ergeben, dass der Erfüllungsort für die Leistung des Arrestgläubigers, die als Gegenleistung zu derjenigen des Arrestschuldners zu erbringen ist, in der Schweiz liegt (BGE 123 III 494).

IV. Auf der Durchreise begriffen/Taschenarrest

34 Gegenstand des Ausländerarrestes können nur Vermögenswerte sein, die dauernd oder jedenfalls für eine gewisse Dauer in der Schweiz gelegen sind. Dies trifft bei einem Check, der der Arrestgläubiger selbst im Rahmen einer vom Arrestschuldner angehobenen Betreibung zu dessen Gunsten

zwecks Zahlung beim Kreisamt hinterlegt hat, nicht zu. Bei der gegebenen Sachlage erscheint der erwirkte Arrest zudem rechtsmissbräuchlich (GR, AB, 16.01.1991, PKG 1991, S. 160).

35 (Abs. 1 Ziff. 4) – Ein auf diese Bestimmung gestützter Arrestbefehl, gemäss welchem Gegenstände zu arrestieren sind, welche vom Arrestschuldner zur Präsentation an eine vier Tage dauernde Messe in die Schweiz verbracht worden sind, ist nicht offensichtlich ungesetzlich. Auch liegt seitens des Arrestgläubigers kein offensichtlicher Verstoss gegen Treu und Glauben vor, da der Arrestschuldner seine Produkte aus eigenem Antrieb zur Ausstellung in die Schweiz brachte. Das BA hat deshalb einen solchen Arrest zu vollziehen (BS, AB, 14.08.1992, BlSchK 1993, S. 33).

36 Unzulässiger Taschenarrest. – Ein gegenüber einer sich auf der Durchreise befindlichen Schuldnerin anlässlich der Ausübung des Besuchsrechts in einem für diese Zwecke bestimmten Foyer vollzogener Arrest ist offensichtlich rechtsmissbräuchlich und deshalb nichtig (GE, Autorité de surveillance, 16.04.1997, BlSchK 1998, S. 102).

V. Verarrestierung von in der Schweiz liegendem Vermögen eines ausländischen Konkursiten

37 Dass der Schuldner im Ausland im Konkurse ist, hindert nicht, in der Schweiz gegen ihn einen Arrest zu bewilligen (BS, Zivilgericht 24.07.1972, BJM 1972, S. 205, BlSchK 1975, S. 18).

38 Obwohl ein im Ausland eröffneter Konkurs in der Schweiz gewisse Wirkungen entfalten mag, steht das Territorialprinzip im Vordergrund. Der ausländische Konkursit kann sich deshalb der Verarrestierung seiner in der Schweiz liegender Vermögenswerte nicht widersetzen. – Der Gläubiger, welcher auf die in der Schweiz liegenden Vermögenswerte Arrest legen lässt, nachdem er vorerst seine Forderungen in dem im Ausland eröffneten Konkurs angemeldet hatte, handelt nicht rechtsmissbräuchlich (BGE 111 III 38).

39 Die ausländische Konkursmasse kann nicht in der Schweiz liegendes Vermögens des Konkursiten arrestieren lassen (BGE 102 III 71).

VI. Verarrestierung von Vermögenswerten

40 Arrestlegung auf ein *Flugbillett* – Unpfändbarkeit nach Zivilrecht wegen Unübertragbarkeit und Verneinung der Kompetenzqualität (SO, ObGer, AB, 07.07.1958, SJZ 1958, S. 331).

41 Die Forderung auf Auszahlung von *Dividenden aus Namenaktien* kann nur mit den entsprechenden Coupons, in denen sie verbrieft ist, arrestiert werden (BGE 99 III 20).

42 Aktienrechtliche *Dividendenansprüche* können nicht getrennt von den beim Bezug des Betreffnisses vorzulegenden Coupons verarrestiert werden, sondern nur dort, wo sich die Coupons körperlich befinden (BS, AB, 29.06.1972, BlSchK 1975, S. 184).

43 Arrestierbarkeit des Anspruchs eines Bankkunden gegen die inländische Depotbank auf Herausgabe von Wertpapieren, die bei ausländischen Korrespondenzbanken hinterlegt sind (BGE 108 III 94/95).

44 Der Anspruch der Akkreditivbank gegen die von ihr beauftragte Korrespondenzbank auf Ablieferung der von dieser aufgenommenen Akkreditivdokumente ist nicht arrestierbar (BGE 108 III 94/95).

45 Arrestierung und Pfändung im Zusammenhang mit Vermögenswerten, die von einer inländischen Depotbank im Ausland angelegt wurden. *Wertpapiere sind allein an ihrem Lageort arrestier- und pfändbar.* Jedoch lässt sich der Anspruch des Bankkunden (Schuldner) gegen seine Depotbank auf Herausgabe der bei ausländischen Verwahrern befindlichen Wertpapiere bei der Depotbank arrestieren bzw. pfänden, sofern der Bankkunde im Ausland wohnt. In einer nicht gegen den Treuhänder gerichteten Zwangsvollstreckung darf dessen fiduziarisches Eigentum an der Treuhandanlage weder gepfändet noch mit Arrest belegt werden. Vorbehalten bleibt der Forderungsübergang nach Art. 401 OR. Dagegen können die obligatorischen, allenfalls auch dinglichen (Herausgabe-)Ansprüche des Schuldners gegen den Treuhänder Gegenstand einer Pfändung bzw. eines Arrestes bilden (ZH, ObGer, II. Zivilkammer, 25.05.1988, ZR 1988, Nr. 118, BlSchK 1990, S. 103).

46 Arrestierbarkeit von Akkreditivdokumenten im internationalen Akkreditivgeschäft. – Werden bei der Korrespondenzbank Akkreditivdokument eingereicht, die an Ordre oder auf den Namen der Akkreditivbank lauten, so erwirbt die Akkreditivbank daran fiduziarisches Eigentum, soweit diesen Doku-

menten Wertpapiercharakter zukommt. Befinden sich diese Dokumente noch bei der Korrespondenzbank, so ist deren Verwertbarkeit vermindert, weil ein Ersteigerer die Dokumente erst herausverlangen kann, wenn die Ansprüche der Korrespondenzbank aus dem Auftragsverhältnis mit der Akkreditivbank befriedigt worden sind. Können zudem im konkreten Fall die Ansprüche der Akkreditivbank gegenüber dem Akkreditivsteller nicht arrestiert werden, so ist für die Realisierung der Dokumente gegenüber dem Akkreditivsteller mit so grossen Komplikationen zu rechnen, dass eine Versteigerung der Dokumente zu vernünftigen Bedingungen ausgeschlossen ist. Diese sind daher *nicht arrestierbar* (BGE 113 III 26).

47 Ein Arrest und die anschliessende *Pfändung von im Arrestbefehl nicht genannten Gegenständen* sind absolut nichtig, wenn der Wohnsitz des Schuldners nicht mit dem Arrestort übereinstimmt (GE, Autorité de surveillance, 23.01.1980, BlSchK 1983, S. 33).

48 Ein Blankowechsel (Blankoakzept) gilt als Wertpapier und kann am Ort, wo es aufgefunden wird, arrestiert werden (BGE 88 III 98).

49 (i.V.m. Art. 1 VVAG) – *Arrestierung eines Gemeinschaftskontos* (compt joint), über das die Inhaber mit Einzelunterschrift verfügen können. – Fall bei einem Gemeinschaftskonto nicht klar ersichtlich ist, dass das Verhältnis unter den Inhabern, die über das Konto mit Einzelunterschrift verfügen können, auf Gesamteigentum beruht, ist die Verordnung des BGer über die Pfändung und Verwertung von Anteilen (VVAG) an Gemeinschaftsvermögen *nicht anzuwenden*; Arrestobjekt ist in einem solchen Falle der Anspruch auf Auszahlung des ganzen Kontoguthabens, der jedem Inhaber gegenüber der Bank zusteht. Ist auch der Anspruch des Mitinhabers arrestiert worden, so hat dieser den Weg des Widerspruchsverfahrens im Sinne der Art. 106 ff. SchKG zu beschreiten; wo jedoch der Mitinhaber seinerseits als Solidarschuldner betrieben wurde, hat die Durchführung eines solchen Verfahrens freilich keinen Sinn (BGE 112 III 53, Praxis 1986, Nr. 221).

50 (i.V.m. Art. 86 SchKG und Art. 25 IPRG) – Verarrestierung einer Rückforderung eines gerichtlich zugesprochenen und bezahlten Betrages – Der Rückforderung eines gerichtlich zugesprochenen und bezahlten Betrages aufgrund einer in gleicher Sache von einem anderen Gericht erfolgten Klageabweisung steht die Einrede des «res judicata» entgegen, weshalb der bezahlte Betrag im Hinblick auf eine angestrebte Rückforderungsklage nicht verarrestiert werden kann (LU, ObGer, SchKKomm, 05.02.1997, LGVE 1997 I 58, BlSchK 1999, S. 114).

VII. Arrestaufhebung

51 Dahinfallen des Arrestes, wenn der einzige Arrestgegenstand dem Beschlag entzogen wird. Nichtigkeit der darauf gestützten Arrestbetreibung (LU, SchKKomm, 21.08.1981, LGVE 1981 I 40; das BGer hat einen dagegen eingereichten Rekurs abgewiesen).

52 Aufhebung der Arrestprosequierung eines gegen einen Verstorbenen gerichteter Arrest von Amtes wegen. – Wenn das BA im Laufe des Verfahrens erfährt, dass der Schuldner schon im Zeitpunkt, als das Arrestgesuch gestellt wurde, verstorben war, kann es nicht anders, als die von ihm getroffenen Massnahmen aufzuheben (BGE 120 III 39).

VIII. In Verbindung mit dem Luftfahrtgesetz (LFG)

53 (Art. 52–60 des BG vom 07.10.1959 über das Luftfahrzeugbuch und Art. 39–44 der dazugehörigen Vollziehungsverordnung vom 02.09.1986) – Bei der Zwangsvollstreckung von Luftfahrzeugen finden die speziellen Bestimmungen der Gesetzgebung über die Luftfahrt nur Anwendung, wenn die zu pfändenden oder zu arrestierenden Luftfahrzeuge im Luftfahrzeugbuch eingetragen sind. Sind sie nicht eingetragen, unterstehen sie den Bestimmungen über die Pfändung und Verwertung von beweglichen Sachen (GE, Autorité de surveillance, 08.06.1983, BlSchK 1986, S. 146).

54 Arrestierung eines Luftfahrzeuges – und dann seiner Strahltriebwerke – anlässlich eines Zwischenhaltes in der Schweiz während eines gewerbsmässigen Fluges; da die geltend gemachte Forderung keinen unmittelbaren Zusammenhang mit dem Flug hat, verbieten die besonderen Bestimmungen des Luftfahrtgesetzes die Arrestierung des Luftfahrzeuges oder seiner Strahltriebwerke (BGE 115 III 130).

IX. Weitere Entscheidungen

55 *Ausserhalb seines Kreises befindliche Gegenstände* darf das BA nicht arrestieren. Forderungen können aber auch dann am Domizil des Drittschuldners arrestiert werden, wenn die Arrestnahme mangels festen Wohnsitzes des Schuldners erfolgt, ohne dass sich müsste behaupten lassen, dieser weile im Ausland (BGE 75 III 25).

56 Eine *erst nach Arrestvollzug auf Begehren des Veräusserers eingetragener Eigentumsvorbehalt* ist gegenüber den Gläubigern des Erwerbers (Arrestschuldners) wirkungslos, d.h. der Arrestgegenstand bleibt trotz dem Eintrag unter Arrestbeschlag (BS, Zivilgericht, 28.06.1963, BJM 1966, S. 88).

57 *Immunität gegenüber der Vollstreckung* – Hat die Immunität gegenüber der Vollstreckung die Vermögenswerte zu schützen, die ein Privater als Konsul von sich aus dem Betrieb der konsularischen Vertretung eines ausländischen Staates zugewiesen hat, wie wenn es sich um dessen eigene Vermögenswerte handeln würde? Frage offen gelassen. Fehlender Beweis darüber, welches genau der Teil der arrestierten Vermögenswerte ist, der dem konsularischen Dienst zugewiesen worden war. – Unterscheidung – aus der Sicht der konsularischen Immunität – zwischen Handlungen eines Honorarkonsuls im Rahmen seiner amtlichen Tätigkeit einerseits und solchen, die mit seinem privaten Leben oder mit seiner beruflichen oder kommerziellen Tätigkeit andererseits zusammenhängen (BGE 108 III 107/108).

58 Sich widersprechende Angaben des Gläubigers über die Eigentümerschaft der zu arrestierenden Vermögenswerte führen zur Nichtigkeit des Arrestvollzuges (BGE 107 III 155).

59 Vermögenswerte, von denen der Gläubiger geltend macht, sie stünden nicht im Eigentum des Schuldners, sondern eines Dritten, sind nicht arrestierbar (BGE 108 III 114).

60 Aufhebung eines Arrestes über Vermögenswerte, die der Gläubiger selbst als sein Eigentum beansprucht (BGE 107 III 100).

61 Der *Vollzug von zwei Arresten für die gleiche Forderung* ist möglich, fraglich ist lediglich, ob dieselben Gegenstände zweimal verarrestiert werden können (GE, Autorité de surveillance, 27.02.1976, BlSchK 1979, S. 113).

Art. 272   B. Arrestbewilligung

¹ Der Arrest wird vom Richter des Ortes bewilligt, wo die Vermögensgegenstände sich befinden, wenn der Gläubiger glaubhaft macht, dass:
1. seine Forderung besteht;
2. ein Arrestgrund vorliegt;
3. Vermögensgegenstände vorhanden sind, die dem Schuldner gehören.

² Wohnt der Gläubiger im Ausland und bezeichnet er keinen Zustellungsort in der Schweiz, so ist das Betreibungsamt Zustellungsort.

I. Örtliche Zuständigkeit

1 *Gewöhnliche Forderungen* können *nicht nur beim Fehlen eines festen Wohnsitzes, sondern auch bei mangelnder Bestimmbarkeit des Wohnsitzes* des Arrestschuldners am Wohnsitze des Drittschuldners arrestiert werden (BGE 76 III 18).

2 Der Arrest wird von der *zuständigen Behörde des Ortes bewilligt, wo das Vermögensstück sich befindet,* wobei bei Forderungen der Wohnort des Gläubigers (= Arrestschuldner) als Arrestort gilt (BE, AB, 10.06.1963, BlSchK 1964, S. 141).

3 Ein zum *Liquidationsanteil an einer unverteilten Erbschaft* gehörendes Grundstück begründet keinen Arrestort (TG, Rekurskomm., 01.03.1965, BlSchK 1967, S. 21).

4 *Dividendencoupons* können nur am Orte ihrer Lage arrestiert werden. Befinden sie sich nicht an dem im Arrestbefehl angegebenen Orte, so fällt der Arrest ins Leere (BGE 99 III 20).

5   Namenaktien, auch vinkulierte, sind Wertpapiere. Ebenso wie bei Inhaberaktien ist es unzulässig, losgelöst vom Titel ein diesem zugrunde liegendes «Beteiligungsrecht» am Sitze der Aktiengesellschaft zu arrestieren (BGE 92 III 20).

6   Der Arrest an verpfändeten *inländischen Patent- und Gebrauchsmusterrechten*, deren Inhaber im Ausland wohnt, ist am Sitze des Bundesamtes für geistiges Eigentum, d.h. in Bern, zu vollziehen. *Ausländische Immaterialgüterrechte* können in der Schweiz nicht mit Arrest belegt werden (BGE 112 III 115/116).

7   *Immaterialgüterrechte*, welche einer *natürlichen oder juristischen Person mit Wohn- bzw. statutarischen Sitz in der Schweiz* verpfändet wurden, können als am *Wohn- bzw. statutarischen Sitz des Pfandgläubigers gelegen gelten*. Zugunsten der Lage solcher Rechte am Sitze des Pfandgläubigers spricht, dass deren Verpfändung gemäss Art. 899 Abs. 2 ZGB den Bestimmungen über das Faustpfand untersteht und das Faustpfand gemäss Art. 884 Abs. 2 ZGB den Besitz der Pfandsache voraussetzt. Der statutarische Sitz des Pfandgläubigers eines Immaterialgüterrechts kann jedoch *nur dann als Arrestort anerkannt werden, wenn der Pfandgläubiger an diesem Orte effektiv eine Geschäftstätigkeit ausübt*. Ein Briefkastendomizil genügt nicht (BL, ObGer, 14.04.1986, SJZ 1987, S. 364).

8   Örtliche Zuständigkeit für den Vollzug des Arrestbefehls. – Unterhält der Schuldner Konten und hat er Guthaben sowohl am Hauptsitz einer Bank als auch bei in anderen Betreibungskreisen gelegenen Filialen, für die eine eigene Buchhaltung geführt wird, so können diese Guthaben nicht global beim Hauptsitz, sondern sie müssen je gesondert bei allen Zweigniederlassungen der Drittschuldner verarrestiert werden (GR, AB, 11.07.1984, PKG 1984, Nr. 49; vgl. nachfolgend N 9 und 10).

9   Örtliche Zuständigkeit bei Arrestierung von Vermögenswerten des *ausländischen Schuldners bei einer Grossbank* – Sämtliche Forderungen des im Ausland wohnhaften Arrestschuldners gegenüber einer Bank als Drittschuldner können an deren Hauptsitz verarrestiert werden, auch wenn es sich um solche aus dem Geschäftsbetrieb mit Filialen handelt (Praxisänderung; siehe ZR 1981 Nr. 32). Die Arrestierung von Sachwerten wie etwa Wertschriften, Edelmetalle, Schrankfachinhalte und Depots usw., die bei Filialen einer Grossbank gelegen sind, hat dagegen am Ort der betreffenden Filiale zu erfolgen (ZH, ObGer, II. Ziv.Kammer, 14.05.1999, ZR 2000, Nr. 39).

10 Örtliche Zuständigkeit bei der Arrestierung von Vermögenswerten eines ausländischen Arrestschuldners bei einer Grossbank. Der Arrest ist vom Richter des Ortes bzw. des Bezirkes zu bewilligen, wo sich die Vermögensgegenstände (hier Forderungen) befinden. Der Arrest über ein Guthaben bei einer Filiale einer Bank ist dort und nicht am Ort des Hauptsitzes zu bewilligen (Bez. Ger. Zürich, 10.01.2001, BlSchK 2002, S. 153).

11 Örtliche Zuständigkeit bei Arrestierung von *Forderungen, die nicht in Wertpapieren verkörpert sind und deren Inhaber im Ausland wohnt*. Forderungen, deren Inhaber im Ausland wohnt, werden am schweizerischen Wohnsitze bzw. Sitz des Drittschuldners arrestiert. Der Arrest ist am Orte der Zweigniederlassung des Drittschuldners anzuordnen und zu vollziehen, wenn die Forderung auf dem Geschäftsverkehr mit der Zweigniederlassung beruht. Die Anknüpfung an den Ort der Zweigniederlassung bildet jedoch die Ausnahme und die Tatsachen, die sie rechtfertigen, müssen bewiesen sein und unzweifelhaft einen überwiegenden Zusammenhang mit der Zweigniederlassung herstellen. Ist dies nicht der Fall, richtet sich die örtliche Zuständigkeit nach dem Wohnsitz oder nach dem Sitz des Drittschuldners (BGE 107 III 147).

12 *Forderungen* gelten als am Wohnsitze ihres Gläubigers gelegen, sofern dieser in der Schweiz domiziliert ist. Ein am unrichtigen Orte erlassener Arrest ist nichtig (BS, AB, 05.04.1965, BlSchK 1966, S. 113).

13 Soll eine Forderung mit Arrest belegt werden, so sind grundsätzlich die Behörden am Wohnsitze des Gläubigers dieser Forderung, d.h. des Arrestschuldners, zuständig. Wohnt dieser im Ausland oder hat er keinen festen Wohnsitz, so kann am Wohnsitz des Schuldners der zu verarrestierenden Forderung Arrest gelegt werden (ZH, ObGer, II. Ziv.Kammer, 01.10.1981, BlSchK 1984, S. 115).

14 Örtliche Zuständigkeit für die Arrestbewilligung – *Hat der Arrestschuldner Wohnsitz im Ausland, kann der Arrest auf seine Bankguthaben am Ort der kontoführenden Bankfiliale genommen werden;* dies schliesst jedoch eine Verarrestierung dieser Guthaben am Hauptsitz der Bank nicht aus (ZH, ObGer, II. Ziv.Kammer, 16.07.2004, ZR 2005, Nr. 39).

15 Eine *Vereinbarung, dass Gerichtsstand und Erfüllungsort der verarrestierten Forderung* am Sitze des Arrestschuldners und Gläubiger dieser Forderung im Ausland seien, hindert die Arrestnahme in der Schweiz am Sitze des Schuldners der verarrestierten Forderung nicht (BS, Zivilgericht, 24.07.1972, BJM 1972, S. 205, BlSchK 1975, S. 18).

16 Das Zertifikat über einen *Stammanteil an einer deutschen und auch schweizerischen GmbH* trägt in der Regel nur Charakter einer Beweisurkunde und nicht denjenigen eines Wertpapiers (Art. 789 Abs. 3 OR). Die durch eine Beweisurkunde bestätigte Forderung kann folglich nur am Orte des (Arrest-)Schuldners oder am Orte des Drittschuldners verarrestiert werden (ZG, Justizkomm., 13.05.1957, BlSchK 1958, S. 88).

17 (i.V.m. Art. 277 SchKG und Art. 2 Abs. 1 ZGB) – Wenn ein Arrest, bei dem im Sinne von Art. 277 SchKG Sicherheit geleistet wurde, hinfällig wird, sind auch die Sicherheiten gegenstandslos und dem Schuldner unverzüglich zurückzuerstatten; ein zweiter Arrest desselben Gläubigers mit Beschlagnahme der geleisteten Sicherheiten, die hätten zurückerstattet werden sollen und sich ohne rechtliche Grundlage noch in den Händen des BB befinden, verstösst gegen Treu und Glauben (BGE 108 III 101/102).

II. Am unrichtigen Ort bewilligter Arrest

18 Ein am unrichtigen Ort bewilligter Arrest ist nichtig und nicht bloss anfechtbar (TG, Rekurskomm., 31.05.1965, BlSchK 1967, S. 87).

19 Unzulässigkeit des Arrestes der tatsächlich in New York liegenden Aktien bei dem in der Schweiz domizilierten Aufbewahrer. Ein Arrest, der an einem andern Orte bewilligt oder vollzogen worden ist, als an demjenigen wo sich die zu arrestierende Sache befindet, ist nichtig (BGE 90 II 158/159).

20 (i.V.m. Art. 2 ZGB) – Es ist rechtsmissbräuchlich, wenn an mehreren Orten für die gleiche Forderung ein Arrest vollzogen wird und dadurch mehr Vermögenswerte blockiert werden, als zur Erfüllung der Forderung nötig sind. Drittsprachen rechtfertigen es nicht, mehr Vermögen mit Arrest zu belegen, sondern nur allenfalls andere Vermögenswerte zu blockieren (BGE 120 III 49).

III. Glaubhaftmachung der Forderung

21 Ob der der Arrestgläubiger seine Forderung hinreichend glaubhaft gemacht hat, ist im Prozess zwischen dem Drittansprecher und dem Arrestgläubiger nicht zu prüfen (BGE 102 III 105/106).

22 Mit einem behaupteten Versand einer an einem bestimmten Datum versandten Rechnung an den Schuldner wird eine Arrestforderung noch nicht glaubhaft gemacht (ZH, ObGer, II. Ziv.Kammer, 23.05.1984, ZR 1986, Nr. 113; eine Nichtigkeitsbeschwerde wurde durch das Kassationsgericht abgewiesen).

23 Verweigerung der Arrestbewilligung wegen fehlender Glaubhaftigkeit der Arrestforderung – Glaubhaftmachung ist weniger als Beweis, aber mehr als blosse Behauptung. Sie besteht im Nachweis von Tatsachen, welche auf den Bestand der behaupteten Forderung schliessen lassen, indem sie dafür eine gewisse Wahrscheinlichkeit begründen. Die Wahrscheinlichkeit setzt mehr voraus als eine glaubwürdige Behauptung, nämlich bestimmte objektive Anhaltspunkte. Sind durch offene Fragen und den voraussichtlichen Schwierigkeiten bei der Beweisführung, welche dem Gläubiger in einem Schadenersatzprozess gegen den Arrestschuldner obliegt, eher fraglich und als ungünstig einzuschätzen, fehlt die Glaubhaftigkeit einer Arrestforderung (ZH, ObGer, II. Ziv.Kammer, 22.02.1984, ZR 1985, Nr. 88).

24 Glaubhaftmachung einer anwaltlichen Honorarforderung. Bezeichnung des Arrestgegenstandes. Glaubhaftmachung des Vorliegens von Vermögensgegenständen, welche dem Schuldner gehören (umgekehrter Durchgriff; ZH, ObGer, II. Ziv.Kammer, 13.04.2004, ZR 2005, Nr. 8).

IV. Glaubhaftmachung der Arrestgegenstände

25 Verweigerung der Arrestbewilligung wegen Fehlens eines tauglichen Arrestobjektes. Beim Arrest handelt es sich weder um eine Vollstreckungsmassnahme – wie bei der Pfändung – noch um die Schaffung irgendeines materiellen Vorzugsrechts zugunsten des Gläubigers. Der Arrest hat reine Sicherungsfunktion und dementsprechend auch nur provisorischen Charakter. *Handelt es sich beim Arrestgegenstand um eine Forderung des Arrestschuldners gegen den Arrestgläubiger,* d.h. eine eigene Schuld des Arrestgläubigers, so richtet sich die Vollstreckung, deren Erfolg mit dem Arrest gesichert werden soll, letztlich gegen den Arrestgläubiger selber. Ein rechtlich schützenswertes Interesse an einer solchen Sicherung besteht nicht. Nach allgemeinen Rechtsgrundsätzen kann niemand einen Anspruch gegen sich selber geltend machen (BGE 43 III 62 (ZH, ObGer, II. Ziv.Kammer, 23.05.1984, ZR 1986, Nr. 113; eine Nichtigkeitsbeschwerde wurde durch das Kassationsgericht abgewiesen).

26 Arrestgegenstände sind dann als glaubhaft gemacht zu erachten, wenn aufgrund objektiver Anhaltspunkte eine gewisse Wahrscheinlichkeit für deren Vorhandensein besteht (ZH, ObGer, II. Ziv.Kammer, 19.03.1986, ZR 1986, Nr. 95, BlSchK 1988, S. 1992).

27 Es ist in der Regel keine Glaubhaftmachung der Arrestgegenstände durch Beibringung von beweismässigen Anhaltspunkten für deren Vorliegen erforderlich. Vielmehr genügt bezüglich der Arrestgegenstände grundsätzlich eine plausible begründete Behauptung des Gläubigers, ausser wenn Anhaltspunkte für einen Sucharrest gegeben sind oder wenn die bezeichneten Arrestgegenstände dem Anschein nach einem Dritten gehören. Abgrenzung eines Sucharrestes von einem gezielten Arrest: Bei der Abklärung dieser Frage sind die gesamten Umstände, sowohl in objektiver als auch in subjektiver Hinsicht zu berücksichtigen (SJZ 83/1987, S.85 f.; Amonn, Grundriss des Schuldbetreibungs- und Konkursrechts, 3. Aufl., Bern 1983, N 25 zu § 51). Bezeichnet der Gläubiger nur einen einzigen Ort (z.B. eine Bank wo sich die nur der Gattung nach umschriebenen Arrestgegenstände befinden sollen, so kann in der Regel nicht auf einen Sucharrest geschlossen werden, auch dann nicht, wenn der Gläubiger zwar an mehreren Orten Arrest zu legen beantragt, die zu verarrestierenden Gegenstände jedoch konkret, d.h. nicht nur der Gattung nach, bezeichnet und seine Behauptung von deren Vorhandensein einleuchtend zu begründen vermag (ZH, ObGer, II. Ziv.Kammer, 03.04.1987, ZR 1987, Nr. 57).

28 Arrestierung von *nicht dem Schuldner, sondern seiner Ehefrau gehörenden Gegenstände.* Die Prüfung der Arrestbehörde , ob sich die im Arrestgesuch erwähnten Vermögensstücke im Eigentum des Schuldners befinden, verletzt keine Gesetzesvorschrift, sondern entspricht ständiger Praxis, wonach der Arrest nur Vermögensstücke des Schuldners umfassen kann (BGE 107 III 33). Die Möglichkeit der Verarrestierung von Vermögensstücken, die dem Namen nach einem Dritten gehören, schliesst nicht aus, dass die Arrestbehörde von Fall zu Fall die Eigentumsverhältnisse an den zu verarrestierenden Gegenständen prüfen muss und der Gläubiger das Eigentum des Schuldners an den zu beschlagnahmenden Gegenständen glaubhaft zu machen hat. Eine Anfechtbarkeit einer Schenkung ändert nichts an den Eigentumsverhältnissen im Zeitpunkt des Entscheides über das Arrestgesuch, selbst ein die Gültigkeit der Rechtshandlung entsprechendes Urteil macht sodann den Übergang des Eigentums nicht rückgängig, sondern zeitigt nur betreibungsrechtliche Wirkungen. Als fiduziarische Eigentümerin an übereigneten Sachen wird sie nach schweizerischer Rechtsauffassung als Vollberechtigte betrachtet (BE, Appellationshof, III. Ziv.Kammer, 10.01.1983, ZbJV 1985, S. 254).

29 Ein *Arrest kann nur auf Sachen und Rechte gelegt werden, die* zumindest nach glaubwürdigen Angaben des Gläubigers *rechtlich und nicht bloss wirtschaftlich dem Schuldner gehören.* Dritteigentum darf nur im Falle eines sog. «Durchgriffs» verarrestiert werden, d.h. wenn der Schuldner seine Vermögenswerte rechtsmissbräuchlich einer von ihm beherrschten Gesellschaft übertragen hat (ZG, Justizkomm., 28.05.2002, GVP 2002, S. 190).

30 Soweit der Arrestgläubiger zur Deckung der gleichen Forderung gleichzeitig mehrere Betreibungen gegen seine Solidarschuldner eingeleitet hat, kann er in allen gleichzeitig eröffneten Arrestverfahren die Verarrestierung *der gleichen Vermögenswerte* verlangen (BGE 115 III 134).

31 (i.V.m. Art. 82 SchKG) – *Untauglichkeit des Arrestobjektes* – Auch bei fehlender Verrechnungsmöglichkeit im Rechtsöffnungsverfahren ist die Verarrestierung einer Forderung, die gegen den Arrestgläubiger selbst gerichtet ist, als unzulässig zu betrachten, weil damit das abschliessende Einredesystem des Art. 81 SchKG umgangen werden könnte (ZH, Kassationsgericht, 05.11.1991, BlSchK 1993, S. 146).

V. Weitere Entscheidungen

32 (i.V.m. Art. 31 Abs. 1, Art. 32 Abs. 1 lit. a, 34 Abs. 1 und 39 Abs. 1 LugÜ und Art. 38 Abs. 1 SchKG) – *Vollstreckungserklärung und Vollstreckung, Massnahme ohne Anhörung des Schuldners zur Sicherung der Zwangsvollstreckung eines gestützt auf das LugÜ zu vollstreckenden Urteils auf Geldzahlung.* – Gemäss dem zur Durchführung und Sicherung der Zwangsvollstreckung massgebenden SchKG (Art. 38 Abs. 1) ist
- für die Zwangsvollstreckung des Urteils auf Geldzahlung ist die Betreibung einzuleiten; in dieser nach dagegen erhobenem Rechtsvorschlag des Schuldners durch den Rechtsöffnungsrichter über die Vollstreckbarkeit und Zulassung der Zwangsvollstreckung des Urteils zu entscheiden und kein Raum für eine gesonderte Vollstreckungserklärung in einem sog. Exequaturverfahren;
- Massnahme ohne Anhörung des Schuldners zur Sicherung der Zwangsvollstreckung im Sinne der Art. 34 Abs. 1 und Art. 39 Abs. 1 LugÜ der Arrest, dieser auf Begehren des Gläubigers um Erlass einer solchen Sicherungsmassnahme bei vorliegendem rechtskräftigen Urteil gestützt auf Art. 34 Abs. 1 LugÜ vorbehaltlos, ohne Nachweis eines Arrestgrundes durch Arrestbefehl anzuordnen;
- der Arrest, soll er als Sicherungsmassnahme nicht hinfällig werden (Art. 280 SchKG), durch fristgemässe Anhebung der Betreibung zu prosequieren (Art. 279 SchKG) und in dieser nach erfolgtem Rechtsvorschlag durch Rechtsöffnungsentscheid des Rechtsöffnungsrichters über die Vollstreckbarkeit und Zulassung des Urteils zur Zwangsvollstreckung zu entscheiden (AG, ObGer, 15.08.2003, BlSchK 2004, S. 193/194).

33 Vindikationsansprüche sind nicht arrestierbar (BGE 108 III 94/95).

34 Auslegung einer missverständlichen Umschreibung der Arrestgegenstände (BGE 108 III 118).

35 Die völkerrechtliche Immunität gegenüber der Zwangsvollstreckung kann nicht beansprucht werden für Vermögenswerte einer ausländischen Staatsbank, die nicht in erkennbarer Weise einem konkreten hoheitlichen Zweck gewidmet sind (BGE 111 Ia 62, Praxis 1985, Nr. 190).

36 Arrestbewilligung für Sicherheitsleistung – Voraussetzungen zur Arrestbewilligung für Sicherheitsleistung von künftig fällig werdenden Unterhaltsbeiträgen im Sinne von Art. 151 ZGB. Nach der Rechtsprechung des BGer ist die Sicherstellung einer gestützt auf Art. 151 ZGB zugesprochenen Rente mangels einer ausdrücklichen bundesrechtlichen Regelung in sinngemässer Anwendung von Art. 43 Abs. 2 OR i.V.m. Art. 7 ZGB zulässig. Voraussetzungen sind einerseits die Gefährdung der Erfüllung der Rentenzahlungspflicht und andererseits die persönliche Leistungsfähigkeit des Verpflichteten (BGE 107 II 396). Nach Zürcher Praxis ist sodann ein Arrest auf Sicherheitsleistung von Unterhaltsbeiträgen zulässig, wenn nebst der glaubhaft gemachten Forderung gemäss der vom BGer aufgestellten Kriterien ein Arrestgrund gegeben ist (ZH, Bez.Gericht, 23.02.1995, BlSchK 1995, S. 190).

Art. 273 C. Haftung für Arrestschaden

¹ Der Gläubiger haftet sowohl dem Schuldner als auch Dritten für den aus einem ungerechtfertigten Arrest erwachsenden Schaden. Der Richter kann ihn zu einer Sicherheitsleistung verpflichten.

² Die Schadenersatzklage kann auch beim Richter des Arrestortes eingereicht werden.

1 Eine Arrestkaution kann dem Arrestgläubiger auch nach Bewilligung und Vollzug des Arrestes noch auferlegt werden. Eine Verpflichtung des Gläubigers zur Sicherstellung einer Haftpflichtforderung für

einen allfälligen Schaden aus dem Arrest ist insbesondere dann angezeigt, wenn er seine Forderung nicht eigentlich beweisen kann, sondern Zweifel daran offen lassen muss (ZH, ObGer, II. Ziv.Kammer, 27.07.1951, ZR 1955, Nr. 166).

2 Voraussetzungen und Inhalt der Arrestkaution werden ausschliesslich durch Bundesrecht bestimmt. Ob die Voraussetzungen gegeben sind, hat der Richter von Amtes wegen im Rahmen seines pflichtgemässen Ermessens zu prüfen. Die Auferlegung einer Arrestkaution bei Fehlen der gesetzlichen Voraussetzungen stellt eine Verweigerung des rechtlichen Gehörs gegenüber dem Arrestgläubiger dar (ZH, Kassationsgericht, 15.11.1982, BGer 19.04.1983, ZR 1984, Nr. 26).

3 Der Betrag, der bei einem Arrest zu leistenden Sicherheit kann je nach den Umständen erhöht werden, namentlich wenn sich deren Wert infolge eines Kursverlustes der hinterlegten Wertpapiere oder der ausländischen Währung, in der die Sicherheit geleistet wurde, vermindert. Der Richter kann ohne in Willkür zu verfallen von einem ersten Entscheid, mit dem die Höhe der für den Arrest zu leistenden Sicherheit festgesetzt wurde, abweichen, wenn aufgrund neuer Vorbringen eine neue Sicht der Situation wahrscheinlich gemacht wird (BGE 112 III 112).

4 Sicherheitsleistung für Schaden aus ungerechtfertigtem Arrest – Das BA kann die Begründetheit eines Arrestbefehls nicht überprüfen und hat diesem Folge zu leisten, vorbehältlich den Regeln, die bei der Pfändung zu beachten wären. Die Arrestbehörde ist ausschliesslich zuständig über die Arrestbewilligung sowie über die vollständige oder teilweise Aufrechterhaltung eines Arrest zu entscheiden, wenn die verfügten Sicherheiten durch den Gläubiger ganz, teilweise oder gar nicht geleistet wurden (GE, Autorité de surveillance, 18.07.1984, BlSchK 1985, S. 111).

5 Vor der nachträglichen Festsetzung einer Sicherheitsleistung ist der Arrestgläubiger anzuhören. – Wenn dem Arrestschuldner die Möglichkeit gegeben ist, Kautionsgesuche oder Gesuche um Erhöhung einer bereits festgesetzten Kaution im Anschluss an bereits bewilligte Arrest zu stellen und so den Richter veranlassen, eine Kaution nach bewilligtem Arrest den konkreten Umständen anzupassen, muss es auch dem Arrestgläubiger unbenommen bleiben, nachträglich die Reduktion einer ex officio verfügten Kaution zu beantragen und Gründe vorzubringen, die dem Arrestrichter bei der ursprünglichen Kautionsverfügung nicht bekannt waren. Wenn sich aber der Arrestgläubiger zur ex officio verfügten Arrestkaution nachträglich äussern und deren Herabsetzung verlangen kann, besteht kein Anlass, ihn zu einem erst nachträglich gestellten Kautionsbegehren nicht anzuhören (BS, Appellationsgericht, , 06.01.1989, BJM 1990, S. 96).

6 Der Richter, der im Falle eines Arrestes für die Auflage einer Sicherheitsleistung angegangen wird, kann der Tatsache Rechnung tragen, dass die Forderung weniger wahrscheinlich erscheint als im Zeitpunkt, als der Arrest angeordnet worden ist. Die gegenüber der Arrestlegung nachträglichen Umstände, wie jene, die durch die Anhörung des Schuldners im Rahmen des Begehrens um Sicherheitsleistung zu Tage treten, betreffen indessen die Gültigkeit der Arrestverfügung nicht. – Der Arrestgläubiger, von dem die Leistung von Sicherheiten verlangt wird, haftet nicht für den Schaden, den der Schuldner erleidet, weil das BA mehr arrestiert hat, als die Arrestverfügung bestimmt. – Die Kosten der zur Arrestprosequierung angehobenen Betreibung können keinen Schaden bilden, von dem der Arrestschuldner verlangen kann, dass die Wiedergutmachung durch die Leistung von Sicherheiten garantiert werde; andererseits ist es nicht willkürlich, den Kosten einer zur Arrestprosequierung angehobenen gerichtlichen Klage Rechung zu tragen. – Die Dauer der Nichtverfügbarkeit der arrestierten Güter bildet ein Element zur Abschätzung des allfälligen Schadens; indessen ist den Zinsen Rechnung zu tragen, welche diese Güter weiterhin abwerfen (BGE 113 III 94/95).

7 Zulässigkeit der staatsrechtlichen Beschwerde – Kantonales Recht, das betreffend Sicherheitsleistung des Arrestgläubigers ein vom Einspracheverfahren gesondertes und damit gleichlaufendes Rechtsmittelverfahren vorsieht, ist bundesrechtswidrig (BGE 126 III 486).

Art. 274   D. Arrestbefehl

¹ Der Arrestrichter beauftragt den Betreibungsbeamten oder einen anderen Beamten oder Angestellten mit dem Vollzug des Arrestes und stellt ihm den Arrestbefehl zu.

Achter Titel: Arrest | Art. 274

² Der Arrestbefehl enthält:
1. den Namen und den Wohnort des Gläubigers und seines allfälligen Bevollmächtigten und des Schuldners;
2. die Angabe der Forderung, für welche der Arrest gelegt wird;
3. die Angabe des Arrestgrundes;
4. die Angabe der mit Arrest zu belegenden Gegenstände;
5. den Hinweis auf die Schadenersatzpflicht des Gläubigers und, gegebenen Falles, auf die ihm auferlegte Sicherheitsleistung.

1 Das mit dem Vollzug beauftragte BA hat die Grundlagen des Arrestbefehls nicht nachzuprüfen, und es darf keine im Arrestbefehl *nicht genannten Gegenstände* arrestieren (BGE 92 III 20).

2 Enthält der Arrestbefehl diese vorgeschriebenen Angaben nicht, so können die Parteien gegen dessen Vollzug Beschwerde führen (BGE 93 III 89).

3 (i.V.m. Art. 67 Abs. 1 Ziff. 2 SchKG) – Bezeichnung der Parteien im Arrestbefehl – Der Arrestbefehl kann und soll sogar das Organ nennen, welches von Gesetzes wegen die öffentlichrechtliche Körperschaft vertritt (BGE 120 III 42).

4 Nichtigkeit eines Arrestbefehls wegen ungenügender Schuldnerbezeichnung, aus welcher nicht klar hervorgeht, ob die Erben als Solidarschuldner oder die unverteilte Erbschaft belangt werden (GR, AB, 25.09.1989, PKG 1989, S. 187).

5 *Im Arrestbefehl ist* – anders als im Zahlungsbefehl – *die Angabe der Forderungsgrundes nicht unabdingbar notwendig.* Dies gilt besonders, wenn dem Schuldner der Forderungsgrund genau bekannt war und ihm daher ein schützenswertes Interesse an einer Beschwerde auf den angeblichen Mangel fehlt (GR, AB, 04.07.1988, PKG 1988, S. 167, BlSchK 1991, S. 109).

6 Das BA hat den Vollzug eines Arrestes abzulehnen, wenn Vermögenswerte mit Arrest belegt werden sollten, die nicht in seinem Amtskreis liegen; vollzieht es den Arrest dennoch, so ist er nichtig (BGE 112 III 115).

7 Die örtliche Unzuständigkeit der Behörde, welche einen Arrest über ausserhalb ihres Amtskreises liegende Vermögensgegenstände verfügt, kann mit Beschwerde bei der kantonalen AB und hernach allenfalls mit Rekurs beim BGer geltend gemacht werden. Die staatsrechtliche Beschwerde ist unzulässig (BGE 118 III 7).

8 Verweigerung des Arrestvollzuges, wenn ein Drittgläubiger vom Rechtsmissbrauch, der zur Aufhebung des Arrestes führte, Kenntnis hat und noch beim BA liegende Vermögenswerte zu seinen Gunsten verarrestieren lassen will (BGE 108 III 119).

9 Es *kann nicht in einem und demselben Arrestverfahren gegen mehrere Schuldner vorgegangen werden;* der Gläubiger muss gegen jeden einzelnen Schuldner einen Arrestbefehl erlangen. Ein Arrestbefehl, der beide Ehegatten als Schuldner bezeichnet, ist daher nicht vollziehbar (BGE 80 III 91).

10 *Was im Arrestbefehl nicht als Arrestgegenstand bezeichnet ist, kann nicht verarrestiert werden.* Im Übrigen besitzt das BA im Arrestverfahren gegenüber einer Bank, welche die zwangsweise Öffnung eines Tresorfaches ohne Zustimmung des Inhabers verweigert, keinerlei Zwangsmittel (BE, AB, 16.02.1978, BlSchK 1979, S. 143).

11 Ein Arrest und die anschliessende Pfändung von *im Arrestbefehl nicht genannten Gegenständen sind absolut nichtig,* wenn der Wohnsitz des Schuldners nicht mit dem Arrestort übereinstimmt (GE, Autorité de surveillance, 23.01.1980, BlSchK 1983, S. 33).

12 Es ist zulässig, einen Arrest auf Gegenstände zu erwirken, die nur der Gattung nach bezeichnet sind. Der Arrest ist jedoch erst vollzogen, wenn die arrestierten Gegenstände spezifiziert und die Frage der Pfändbarkeit und der Rechte Dritter geklärt worden sind (BGE 100 III 25).

13 Die Arrestierung von Gegenständen, die nach eigener Behauptung des Gläubigers nicht dem Schuldner, sondern einem Dritten gehören oder im Gesamteigentum des Schuldners und weiterer Personen stehen, ist als nichtig vom Amtes wegen aufzuheben (Art. 1VVAG). Gilt eine Ausnahme,

627

wenn sämtliche Teilhaber eines Gemeinschaftsverhältnisses für eine Solidarschuld belangt werden? Frage offen gelassen (BGE 82 III 63).

14 (i.V.m. Art. 1 VVAG) – *Arrestierung eines Gemeinschaftskontos* (compt joint), über das die Inhaber mit Einzelunterschrift verfügen können. – Falls bei einem Gemeinschaftskonto nicht klar ersichtlich ist, dass das Verhältnis unter den Inhabern, die über das Konto mit Einzelunterschrift verfügen können, auf Gesamteigentum beruht, ist die Verordnung des BGer über die Pfändung und Verwertung von Anteilen (VVAG) an Gemeinschaftsvermögen *nicht anzuwenden*, Arrestobjekt ist in einem solchen Falle der Anspruch auf Auszahlung des ganzen Kontoguthabens, der jedem Inhaber gegenüber der Bank zusteht. Ist auch der Anspruch des Mitinhabers arrestiert worden, so hat dieser den Weg des Widerspruchsverfahrens im Sinne der Art. 106 ff. SchKG zu beschreiten; wo jedoch der Mitinhaber seinerseits als Solidarschuldner betrieben wurde, hat die Durchführung eines solchen Verfahrens freilich keinen Sinn (BGE 112 III 53, Praxis 1986, Nr. 221).

15 Arrestierung einer Forderung – Wenn im Arrestbefehl als Arrestgegenstand lediglich eine Forderung *ohne Angabe eines ihr zugrunde liegenden Schuldbriefes genannt ist, begeht das BA keine Rechtsverweigerung*, indem es nur die Forderung arrestiert und das Begehren des Gläubigers auf Deposition des ausserhalb seiner Zuständigkeit befindlichen Schuldbriefes ablehnt (TI, SchKK, 28.01.1969, Rep. 1970, S. 111, SJZ 1972, S. 225).

16 Die *Verarrestierung einer* von einem Gerichte *erst noch festzusetzenden Parteientschädigung ist nichtig*, da sie einen offensichtlich (noch) nicht existenten Gegenstand erfasst (ZH, ObGer, II. Ziv.Kammer, 01.10.1981, BlSchK 1984, S. 115).

17 (i.V.m. Art. 93 SchKG) – Ein Arrest ist nicht wegen einer auf der verarrestierten Liegenschaft lastenden Nutzniessung aufzuheben, da die zwangsvollstreckungsrechtliche Erfassung einer solchen Liegenschaft durch Gesetz nicht ausgeschlossen wird. Im Übrigen gehört die Nutzniessung selbst zu den beschränkt pfändbaren Forderungen, auch wenn eine solche im vorliegenden Falle mangels Arrestierung nicht zum Zuge kommen kann (BE, AB, 03.07.1978, BlSchK 1982, S. 69).

Art. 275 E. Arrestvollzug

Die Artikel 91–109 über die Pfändung gelten sinngemäss für den Arrestvollzug.

I. Vollzug
1. Allgemeines

1 Kompetenzen der Betreibungsbehörden beim Arrestvollzug – Nach dem neuen Schuldbetreibungs- und Konkursrecht, das am 01.01.1997 in Kraft getreten ist, sind die Kompetenzen der Betreibungsbehörden beschränkt auf die formelle Überprüfung des Arrestbefehls und auf die eigentlichen Massnahmen des Arrestvollzugs, wie sie in den Art. 92–106 SchKG vorgesehen sind. Rügen zu den materiellen Voraussetzungen des Arrests, namentlich solche, die das Eigentum oder die Inhaberschaft an den zu arrestierenden Gegenständen betreffen oder mit denen Rechtsmissbrauch geltend gemacht wird, fallen in die Zuständigkeit des Einspracherichters (Art. 278 SchKG). Aufhebung von Entscheiden, in denen die kantonale AB auf Rügen dieser Art eingetreten ist (BGE 129 III 203).

2 Das mit dem Vollzug beauftragte BA hat die Grundlagen des Arrestbefehls nicht nachzuprüfen und *es darf keine im Arrestbefehl nicht genannten Gegenstände arrestieren* (BGE 92 III 20).

3 Die Arrestnahme stellt keine «willkürliche Verletzung des freien Verfügungsrechts des Schuldners», sondern ein gesetzlicher Eingriff in dasselbe dar. Denn Zweck des Arrests als Zwangsvollstreckungsmittel ist, dem Gläubiger im Rahmen des SchKG das zu verschaffen, was der Schuldner nicht freiwillig leistet (BS, AB, 30.12.1959, BlSchK 1962, S. 24).

4 Der Arrest bedeutet nicht eigentliche Zwangsvollstreckung, sondern ist nur eine im Hinblick darauf ergriffene vorsorgliche Massnahme, die dem Gläubiger erlaubt, unter gewissen Voraussetzungen die Beschlagnahme von Vermögensstücken zu erreichen, die er nicht pfänden oder inventarisieren lassen kann, weil er die Formalitäten der Betreibung noch nicht erfüllt hat. Der Schuldner soll mit dem Arrest daran gehindert werden, über sein Vermögen zu verfügen, es beiseite zu schaffen oder auf

andere Weise das Ergebnis einer hängigen oder künftigen Betreibung zu beeinträchtigen (BGE 107 III 35, Praxis 1981, Nr. 194) (BGE 115 III 28/35).

5 *Drittansprachen rechtfertigen es nicht, mehr Vermögen mit Arrest zu belegen*, sondern nur allenfalls andere Vermögenswerte zu blockieren (BGE 120 III 49).

6 Der Arrest ist sofort zu vollziehen (BGE 98 III 74).

7 Fehlt im Arrestbefehl die Angabe des Namens von Dritten, denen Vermögenswerte des Arrestschuldners lediglich formell gehören sollen, ist der Arrestbefehl insoweit nicht durchführbar. Das BA darf über entsprechende Dritte nicht selber Nachforschungen machen oder Auskünfte verlangen. Die Steuerbehörde muss als Arrestbehörde (Art. 170 DBG (SR 642.11) selber im Arrestbefehl die Namen von Dritten angeben, die lediglich formell Vermögenswerte des Schuldners halten (BGE 130 III 579).

8 Die Arrestierung (und auch die Pfändung) von *Vermögensstücken, die* ihrer Natur nach *nicht verwertet werden können*, ist als schlechthin nichtig anzusehen (BGE 113 III 26/33, 108 III 94/101, 72 III 77, 60 III 234/235).

9 Ein im Ausland, hier in der Bundesrepublik Deutschland hängiges Nachlassverfahren steht der Arrestnahme für eine in jenem Verfahren eingegebene Forderung in der Schweiz nicht entgegen. Anders wäre es, wenn ein Staatsvertrag dies vorsehen würde. Die Zunutzemachung dieser Rechtslage um in Umgehung des Vergleichs volle Deckung für eine Forderung zu erhalten, begründet keinen Rechtsmissbrauch, mag aber als fragwürdig erscheinen (ZH, ObGer, II. Ziv.Kammer, 06.06.1983, ZR 1984, Nr. 37, SJZ 1984, S. 232).

10 Ein rechtsmissbräuchlich erwirkter Arrest darf vom BA nicht vollzogen werden (BGE 105 III 18).

11 Das BA hat den Vollzug eines Arrestes abzulehnen, wenn Vermögenswerte mit Arrest belegt werden sollten, die nicht in seinem Amtskreis liegen; vollzieht es den Arrest dennoch, so ist er nichtig (BGE 112 III 115).

12 Der Vollzug eines Arrestes ist zu verweigern, wenn die zu arrestierenden Vermögenswerte nach den Angaben des Gläubigers selbst nicht dem einzelnen Schuldner persönlich zustehen (BGE 105 III 140).

13 Ein Wertpapierdepot, das der Bank verpfändet ist, die das Depotkonto führt, befindet sich am Sitz dieser Bank, wo immer die einzelnen Papiere aufbewahrt werden (BGE 105 III 117).

14 *Mit dem Ziel der Arrestlegung ist insbesondere nicht vereinbar, zwischen einer gleichsam vorsorglichen Sperre und dem eigentlichen Vollzug zu unterscheiden.* Jedes andere Verständnis findet nicht nur keine Stütze im Gesetz, es würde zudem zu einer (überflüssigen) Sicherstellung der spätern Beschlagnahme im Rahmen des Arrestes führen (BGE 75 III 106). Dafür besteht kein Bedarf, denn *der Arrest ist umgehend zu vollziehen.* Einzig im Rahmen des Pfändungsvollzugs ist unter Umständen eine vorsorgliche Sperre von Guthaben bei Dritten notwendig und erlaubt (107 III 67 E. 2) (BGE 120 III 75/78).

15 Die Arrestnahme stellt keine «willkürliche Verletzung des freien Verfügungsrechts des Schuldners», sondern ein gesetzlicher Eingriff in dasselbe dar. Denn Zweck des Arrests als Zwangsvollstreckungsmittel ist, dem Gläubiger im Rahmen des SchKG das zu verschaffen, was der Schuldner nicht freiwillig leistet (BS, AB, 30.12.1959, BlSchK 1962, S. 24).

16 Der Arrest ist nach den für die Pfändung geltenden Vorschriften zu vollziehen. Der BB darf nicht einfach alle im Arrestbefehl aufgeführten Gegenstände ohne Weiteres mit Arrest belegen (GR, PKG 1952, S. 115, BlSchK 1955, S. 59).

17 Wenn die Bank bei Arrestvollzug nur Kenntnis davon nimmt, aber hinterher dem BA mitteilt, sie besitze keine Vermögenswerte des Schuldners, so ist der Arrest wegen Nichtexistenz des Arrestgegenstandes zu annullieren mit der Folge, dass der Arrestort nicht mehr Betreibungsort für die Prosequierungsbetreibung gemäss Art. 279 SchKG ist (TI, AB, 24.07.1969, Rep. 1969, S.3 50, SJZ 1972, S. 225).

2. Bei Erbschaften

18 Die Arrestierung einer so genannten Erbanwartschaft ist nichtig (SG, AB, 23.04.1946, Amtsbericht 1946, S. 66, SJZ 1949, S. 109, BlSchK 1950, S. 91).

19 Arrestierung eines Erbanspruchs – Ein Anteilsrecht des Schuldners am Nachlass seiner Mutter ist trotz der erbrechtlichen Nutzniessung des Ehegatten der Erblasserin arrestierbar. Für den Arrestvollzug sind die für die Pfändung aufgestellten Regeln anwendbar. Ist eine Sache oder Forderung pfändbar, so kann sie auch arrestiert werden. Die erbrechtliche Nutzniessung eines Ehegatten ist nicht wie die Nutzniessung des Ehemannes am Frauengut oder die elterliche Nutzniessung am Kindesvermögen ein zwingend höchst persönliches Recht, das die Pfändung oder Arrestierung ausschliesst oder das Recht des Betreibungsgläubigers zurücktreten lässt. Das auf solche Weise belastete Anteilsrecht des Schuldners an der Hinterlassenschaft seiner Mutter ist ein Vermögensobjekt, das von ihm veräussert werden kann, auch wenn das Forderungsrecht insofern aufschiebend bedingt ist, als es erst mit dem Eintritt des Todes des Nutzniessungsberechtigten geltend gemacht werden kann. Es kann somit auch arrestiert, gepfändet und verwertet werden (BGE 91 III 73) (LU, ObGer, I. Kammer, 23.07.1979, LGVE 1979 I 517).

20 In der Betreibung gegen einen Schuldner, der einer Erbengemeinschaft angehört, dürfen nicht einzelne Gegenstände des ungeteilten Nachlasses gepfändet bzw. verarrestiert werden, sondern nur der ganze Erbanteil des Schuldners (ZH, ObGer, II. Ziv.Kammer, 18.10.1976; ein Rekurs wurde vom BGer am 15.11.1976 abgewiesen, ZR 1977, Nr.3).

21 Arrestierung eines Erbanteils – Arrestort – Wohnt der Schuldner nicht in der Schweiz oder hat er keinen festen Wohnsitz, so ist sein Anspruch auf den Liquidationsanteil an einer unverteilten Erbschaft am Betreibungsort der Erbengemeinschaft gemäss Art. 49 SchKG zu arrestieren, und zwar unabhängig davon, wo sich die einzelnen zur Erbschaft gehörenden Vermögensstücke befinden (BGE 109 III 90).

22 Arrestierung eines Anteils an einer unverteilten Erbschaft – Arrestort – Der Anteil eines im Ausland wohnenden Schuldners an einer im Ausland gelegenen unverteilten Erbschaft kann in der Schweiz nicht mit Arrest belegt werden, auch wenn ein zur Erbschaft gehörendes Grundstück in der Schweiz liegt (BGE 118 III 62).

II. Kosten

23 Auch im Arrestverfahren dürfen *nicht mehr Gegenstände verarrestiert werden, als nötig ist, um die Forderung samt Zins und Kosten des Arrestgläubigers sicherzustellen* (SO, AB, 27.11.1974, BlSchK 1977, S. 60).

24 (i.V.m. Art. 97 SchKG) – Es *dürfen nicht mehr Vermögenswerte mit Arrest belegt werden, als nötig sind, um die Gläubiger für ihre Forderungen samt Zinsen und Kosten zu befriedigen* (GR, AB, 03.03.1982, PKG 1982, S. 116, BlSchK 1986, S. 149).

25 Auch im Arrestverfahren gilt der Grundsatz, nicht mehr zu arrestieren als zur Deckung von Kapital, Zins und Kosten nötig ist. Dabei darf aber nach konstanter Praxis *auch ein Betrag zur Deckung der im Prosequierungsverfahren dem Gläubiger möglicherweise erwachsenden Prozesskosten* (Gerichts- und Anwaltskosten) eingerechnet werden (BS, AB, 28.03.1972, BlSchK 1975, S. 187).

26 (i.V.m. Art. 68 und 98 SchKG) *Kosten der Verwahrung von Arrestgegenständen* – Der Gläubiger, der einen Arrestbefehl erwirkt hat, hat die Kosten einer Verwahrung der Arrestgegenstände zu tragen, solange der Arrest besteht. Dies ist auch der Fall, wenn er einem von einem Dritten angehobenen Widerspruchsverfahren unterliegt (GE, Autorité de surveillance, 19.02.1997, BlSchK 1998, S. 155).

III. Arrestobjekte

27 Das beauftragte Amt darf keine andern als die im Arrestbefehl angeführten oder sich aus ihm ergebenden Gegenstände arrestieren. Geschieht es dennoch, so ist der Arrest als nichtig zu erklären und aufzuheben (BGE 90 III 49).

28 Die Verarrestierung eines *Grundstückes* erfasst von Gesetzes wegen auch die zivilen Früchte, insbesondere die Mietzinsen (ZH, ObGer, II. Ziv.Kammer, 23.07.1957, BGer 29.08.1957, ZR 1963, Nr. 106).

29 *Arrestierung von Wertpapieren, Einlagen, Guthaben bei Banken* – Gültigkeit des so genannten Gattungsarrestes. – Das Amt kann die arrestierten Sachen in Verwahrung nehmen, darf jedoch hiezu keine Gewalt anwenden. – Beruht die Forderung des Arrestgläubigers nicht auf einem vollstreckbaren Titel, so darf das Amt dem die Mitwirkung verweigernden Dritten nicht Strafe androhen (BGE 75 III 106).

30 Arrestvollzug bei gattungsmässiger Umschreibung der Gegenstände im Arrestbefehl (»Depots und Guthaben»). Erweist es sich im Laufe der Arrestbetreibung, dass keine zur angegebenen Gattung gehörenden Gegenstände vorhanden sind, so ist der Arrest als erfolglos aufzuheben (BGE 80 III 86).

31 Die Arrestierung eines *Schecks beim Bezogenen* ist weder hinsichtlich des Schecks selber noch hinsichtlich der damit verbundenen Forderung gültig (BGE 98 III 74).

32 Der Arrest an einem verpfändeten, *als Wertpapier qualifizierten deutschen Schuldbrief* kann nicht am Ort vollzogen werden, wo dessen Besitzerin (hier eine Aktiengesellschaft) lediglich ein Briefkastendomizil hat und keinerlei Geschäftstätigkeit ausübt, und zwar ungeachtet des Umstandes, dass die Gesellschaft am erwähnten Ort ihren Sitz hat (BGE 112 III 115).

1. Forderungen, Guthaben und Rechte

33 Aufhebung eines Arrestes wegen *Nichtexistenz des arrestierten Gegenstandes*. Eine individuell bezeichnete arrestierte Forderung darf das BA nur dann als nicht existierend betrachten, wenn ausser Zweifel steht, dass sie nie entstanden oder aber in gültiger Weise erloschen ist (BGE 90 III 93).

34 Vor der Arrestierung einer angeblich einer Drittperson (hier Ehefrau des Schuldners) zustehenden Forderung ist der Kompetenzanspruch des Schuldners zu prüfen und darüber zu entscheiden (BS, AB, 02.08.1968, BlSchK 1970, S. 89).

35 Wird eine *Forderung* arrestiert oder gepfändet, so bleiben dem Schuldner die Einreden erhalten, die der Forderung entgegenstanden. Zu den Einreden, die auch gegenüber einer gepfändeten Forderung geltend gemacht werden können, gehört nun insbesondere diejenige der Verrechnung. Dabei ist nicht erforderlich, dass die Verrechnung im Zeitpunkt, als der Drittschuldner vom Arrest Kenntnis erhielt, bereits zulässig und erklärt war. Vielmehr genügt es wenn der Schuldner in diesem Zeitpunkt die Aussicht hatte dereinst verrechnen zu können (BGE 95 II 238). Voraussetzung dafür ist, dass die Gegenforderung bei der Arrestnahme wenigstens dem Rechtsgrunde nach bereits besteht.

Wird *ein Kontokorrentguthaben arrestiert*, so sind bei der Berechnung des Saldos auch solche Posten zu berücksichtigen, die im Zeitpunkt des Arrestes noch nicht gebucht waren, sofern der Rechtsgrund für die die entsprechende Buchung damals schon bestand. Die Anerkennung des Kontokorrentsaldos schliesst die Geltendmachung von *versehentlich nicht in die Saldoberechnung einbezogenen Posten nicht aus* (BGE 100 III 79).

36 Beim Arrest von Forderungen kann das BA sich darauf beschränken, die in Art. 99 SchKG vorgeschriebene Sicherungsmassnahme zu treffen und den Drittschuldner um seine Stellungnahme zu den betroffenen Guthaben zu ersuchen. Die Auskunftspflicht gemäss Art. 91 SchKG trifft nur den Schuldner und gegebenenfalls den Drittinhaber des Gewahrsams an den gepfändeten bzw. verarrestierten Vermögenswerten des Schuldners, nicht aber den Drittschuldner (ZH, ObGer, II. Ziv.Kammer, 23.101.1985, ZR 1986, Nr. 84).

37 Künftige Einnahmen aus einem Match sind verarrestierbar, wenn auch die Schuldner des Match-Eintrittes im Zeitpunkt des Arrestbefehls nicht feststehen, so sind doch der Rechtsgrund der Forderung gegenüber Matchbesuchern und der Fälligkeitszeitpunkt bekannt und ist von daher eine hinreichende Abgrenzung des Arrestobjektes im Vollzugszeitpunkte möglich. Im Weitern ist zu beachten, dass genau genommen, nicht künftige Forderungen, sondern der im Vollzugszeitpunkt bereits realisierte Erlös aus künftigen Forderungen verarrestiert werden soll (BL, ObGer, 25.03.1988, SJZ 1989, S. 381, BlSchK 1990, S. 118).

38 Arrestierung von *Bankguthaben, die der Betriebene mit Wohnsitz im Ausland bei einer ausländischen Zweigniederlassung der schweizerischen Bank als Drittschuldnerin hält.* Wenn die Forderung des Betriebenen mit Wohnsitz im Ausland auf Beziehungen mit einer Zweigniederlassung des Drittschuldners beruht, muss der Arrest am Sitz dieser Zweigniederlassung angeordnet und vollzogen werden, wenn dieser Ort unzweifelhaft den überwiegenden Anknüpfungspunkt darstellt. Diese Ausnahme vom Grundsatz der Lokalisierung der Forderung am Sitz des Drittschuldners rechtfertigt sich indessen nur, wenn die Zweigniederlassung ebenfalls ihren Sitz in der Schweiz hat; eine Forderung, welche auf Beziehungen des Schuldners mit einer ausländischen Niederlassung des in der Schweiz domizilierten Drittschuldners beruht, gilt demnach als an dessen schweizerischem Wohnsitz gelegen (BGE 128 III 473).

39 Das BA hat sich auch über das Bestehen eines Nummernkontos zu vergewissern. Die Frage, ob der Betriebene auf einem Nummernkonto Werte Dritter deponiert oder ob Dritte Werte zugunsten des Betriebenen hinterlegt haben, ist im Widerspruchsverfahren zu entscheiden (VD, Tribunal cantonal, 08.01.1975, BlSchK 1979, S. 102).

40 Der *Anspruch auf einen Anteil am Liquidationserlös einer Aktiengesellschaft*, der dem Aktionär zusteht, kann im Falle, dass die Gesellschaft Inhaberaktien ausgegeben hat, nicht getrennt von diesen arrestiert werden. Dabei bleibt es auch, wenn sich die Gesellschaft im Konkurs befindet (BGE 88 III 140).

41 *Arrestierung eines Anspruchs gegen eine inländische Bank auf Herausgabe von im Ausland verwahrten Wertpapieren.* – Ansprüche auf Übertragung des Eigentums können beim Drittschuldner arrestiert werden, sofern ihr Inhaber im Ausland wohnt. – Der Anspruch des Bankkunden gegen die inländische Depotbank auf Herausgabe von Wertpapieren, die in deren Namen bei ausländischen Korrespondenzbanken hinterlegt sind, ist bei der Depotbank arrestierbar, sofern der Kunde im Ausland wohnt. Die von der Praxis befürchteten Schwierigkeiten können nur dann eintreten, wenn es dem BA nicht gelingt, sich die Titel aushändigen zu lassen. *In diesem Falle ist der Herausgabeanspruch zu verwerten.* Dabei ist allerdings richtig, *dass der Ersteigerer des Anspruchs nicht ohne Weiteres Eigentümer der Wertpapiere wird*, wenn diese ihm von der Bank herausgegeben werden. Die Bank kann ihm nicht mehr Rechte verschaffen, als sie selber hat. Ist sie bloss Besitzerin der Papiere und dem Arrestschuldner nicht zur Verschaffung des Eigentums verpflichtet, so kann auch der Ersteigerer bloss den Besitz an den Titeln erwerben. War der Arrestschuldner nicht Eigentümer, so kann es daher diesfalls auch der Ersteigerer nicht werden. Dieser kann sich nicht darauf berufen, er habe das Eigentum gutgläubig erworben, da er die Titel von der Bank nicht «zu Eigentum übertragen» erhalten hat (Art. 714 Abs. 2 und 933 ZGB). Er muss somit in der Tat damit rechnen, dass die Titel nachträglich vom wahren Eigentümer vindiziert werden könnten (BGE 102 III 94/95).

42 *Arrestierung und Pfändung der durch die Aktionäreigenschaft begründeten Rechte.* – Dem Zeichner von Aktien erwachsen schon aus der blossen Zeichnung arrestier- und pfändbare Rechte. Wenn der Zeichner im Zeitpunkte des Arrest- oder Pfändungsvollzuges die ihm zukommenden Aktien oder Interimsscheine noch nicht erhalten hat, sind die aus der Aktionäreigenschaft hervorgehenden Rechte zu arrestieren oder zu pfänden und der Gesellschaft ist anzuzeigen, dass eine Übergabe jener Urkunden an jemand anders als dem Schuldner auf ihre Gefahr geschehe. – Hatte sich der Schuldner bei der Aktienzeichnung nicht als Vertreter eines Dritten zu erkennen gegeben, so wird der Arrest oder die Pfändung ohne Rücksicht darauf vollzogen, ob der Zeichner für eigene oder fremde Rechnung gehandelt habe. Diese Frage ist von den Betreibungsbehörden nicht zu prüfen (BGE 77 III 87/88).

43 Ausübung eines im Grundbuch vorgemerkten Kaufrechts an einem Grundstück, das in der Zwischenzeit mit Arrest belegt worden ist (Art. 959 Abs. 2 ZGB; Art. 96 Abs. 1 SchKG) – Der nach Vormerkung des Kaufrechts vollzogene Arrest steht einem Eigentumsübergang infolge Ausübung des Kaufrechts nicht entgegen. Der Erwerber des Grundstücks kann die Löschung der auf dem Arrest beruhenden vorgemerkten Verfügungsbeschränkung erwirken, indem er beim BA den Teil des Kaufpreises hinterlegt, der nicht durch Übernahme der vor dem Arrest begründeten Grundpfandschulden getilgt worden ist (BGE 128 III 124).

44 Die Arrestierung oder Pfändung einer Forderung oder eines Rechts ist auch dann vorzunehmen, wenn deren Bestand umstritten ist (GR, AB, 24.09.1956, BlSchK 1959, S. 30).

45 Bei der *Arrestierung künftiger Guthaben* ist das BA beim Arrestvollzug nicht befugt, die Frage zu prüfen, ob es sich um künftige Guthaben handle, die nicht der Zwangsvollstreckung unterworfen werden dürfen. Diese Frage hatte bereits der Richter im Bewilligungsverfahren zu prüfen (BGE 79 III 3).

2. Lohn- und Verdienstforderungen, und andere periodische Leistungen, Freizügigkeitsleistungen

46 Die *Pfändung und Arrestierung von Erwerbseinkommen bleibt nicht nur bei einem Stellenwechsel des Schuldners, sondern auch dann wirksam, wenn dieser die selbständige mit einer unselbständigen Erwerbstätigkeit vertauscht oder umgekehrt.* Sie erfasst im Falle, dass der Schuldner beim Pfändungs- oder Arrestvollzug über die Art seiner Tätigkeit falsche Angaben gemacht hat, das Einkommen aus der von ihm wirklich ausgeübten Tätigkeit. Eine *revisionsweise verfügte Erhöhung des gepfändeten oder arrestierten Einkommensbetrages* kommt den *Gläubigern nachgehender Gruppen erst nach Ablauf der für die vorgehenden Gruppen erfolgten Lohnpfändungen* oder nach vollständiger Befriedigung der betreffenden Gläubiger zugute (Art. 110 Abs. 3 SchKG). Das gilt auch dann, wenn die Verhältnisse, welche die Erhöhung rechtfertigen, beim Vollzug eines Arrestes entdeckt werden. Der Arrestgläubiger kann in einem solchen Falle nicht die entsprechende Anwendung von Art. 281 Abs. 1 SchKG verlangen (BGE 93 III 33).

47 Wird der *Verdienst eines Selbständigerwerbenden* mit Arrest belegt oder gepfändet, so sind von seinem Bruttoeinkommen vorerst die Gestehungskosten abzuziehen; die Differenz zwischen diesem Nettoeinkommen und dem Notbedarf des Schuldners ergibt den Betrag, der verarrestiert oder gepfändet werden kann (BGE 112 III 19).

48 (i.V.m. Art. 93 und 92 Ziff. 5 SchKG) – Sind *Lohnforderungen, Alimente oder andere periodische Leistungen im Sinne von Art. 93 SchKG Gegenstand der Pfändung oder des Arrestes*, ist für die Bestimmung des Notbedarfs des Schuldners und seiner Familie unerheblich, ob es sich um fällige oder künftige Forderungen handelt; massgebend sind allein die Bedürfnisse des Schuldners und seiner Familie im Zeitpunkt der Pfändung und während der Zeitspanne, in der sie ihre Wirkungen entfaltet. Schulden, die der Schuldner vor der Pfändung oder dem Arrest zur Bestreitung seines Lebensunterhaltes und desjenigen seiner Familie eingegangen ist, sind nicht zu berücksichtigen. Handelt es sich um eine fällige Forderung, hat das Amt die unpfändbare Quote nach Art. 92 Ziff. 5 SchKG zu bestimmen, wenn der Schuldner zum Zeitpunkt der getroffenen Massnahme ohne jegliches Einkommen ist (GE, Autorité de surveillance, 1.09.1983, BlSchK 1985, S. 194).

49 (i.V.m. Art. 93 SchKG) – *Arrestierung einer bereits verdienten und fälligen Arbeitsvergütung.* Wie weit kann sich ein Schuldner auf die beschränkte Pfändbarkeit gemäss Art. 93 SchKG berufen? Sind Lohnforderungen, Alimente oder andere periodische Leistungen i.S. von Art. 93 SchKG Gegenstand der Pfändung oder des Arrestes, ist für die Bestimmung des Notbedarfs des Schuldners und seiner Familie grundsätzlich unerheblich, ob es sich um fällige oder künftige Forderungen handelt; massgebend sind allein die Bedürfnisse des Schuldners und seiner Familie im Zeitpunkt der Pfändung und während der Zeitspanne, in der sie ihre Wirkungen entfaltet (BGE 53 III 76). Handelt es sich bei dem Guthaben um einen bereits fälligen Anspruch eines weiterhin berufstätigen und unvermindert erwerbsfähigen Schuldner, so ist dieses normalerweise im vollen Umfange pfänd- bzw. verarrestierbar und der Schuldner zur Bestreitung des laufenden Lebensaufwandes auf das gegenwärtige und künftige Einkommen zu verweisen (BGE 92 III 7). Ist der Schuldner hingegen infolge Verdienstlosigkeit zur Bestreitung des Lebensunterhalts auf das fällige Guthaben angewiesen, so ist es ihm in analoger Anwendung von Art. 92 Ziff. 5 SchKG bis zu dem Betrag freizugeben, der er für den Lebensunterhalt während der Dauer von zwei Monaten unumgänglich nötig hat (BGE 53 III 77, 92 III 7/8). Lediglich dem in seiner Erwerbsfähigkeit ernsthaft beschränkten oder dauernd erwerbsunfähigen Schuldner wäre unter Umständen der gesamte Betrag als unpfändbar i.S. von Art. 93 SchKG zu belassen (BGE 78 III 110/111; BlSchK 1985, S. 194) (AB, 07.11.1996, BlSchK 1997, S. 32).

a) Existenzminimum und beschränkte Pfändbar- bzw. Verarrestierbarkeit

50 Existenzminimum eines in Deutschland lebenden Arrestschuldners – Wenn die Unterschiede zwischen dem schweizerischen und dem ausländischen Kostenniveau nur geringfügig sind, wie dies im Vergleich zwischen der Schweiz und Deutschland zutrifft, sind die Grundbeträge gemäss schweizerischem Recht einzusetzen. Dies ist im Falle von Grenzgängern umso mehr gerechtfertigt, als diese auch am schweizerischen Arbeitsort gewisse Ausgaben tätigen (BL, AB, 24.04.1992, BlSchK 1994, S. 137).

51 Berechnung des Existenzminimums eines in Frankreich lebenden Arrestschuldners. – Da ein ins Gewicht fallendes niedrigeres Gesamtniveau der Lebenshaltungskosten der grenznahen Gebiete in Deutschland und Frankreich nicht dargetan ist, ist nicht zu beanstanden, wenn das BA bei Grenzgängern den vollen Grundbetrag für die Existenzminimumsberechnung einsetzt (BL, AB, 13.09.1993, BlSchK 1994, S. 35).

52 Arrestierung und Pfändung der *Erträgnisse* eines dem Schuldner gehörenden *Grundstückes*. Die periodischen Leistungen, die der Grundeigentümer vom Bauberechtigten und Mieter als Entgelt für die Benützung seines Grundstückes erhält, *fallen nicht unter den Begriff der Nutzniessung im Sinne von Art. 93 SchKG,* sondern sind im vollen Betrage pfändbar. Solche Leistungen können auch insoweit gepfändet oder arrestiert werden, als sie noch nicht fällig sind, aber nur für die Dauer eines Jahres seit dem Pfändungs- bzw. Arrestvollzug (BGE 94 III 8).

53 Kapitalabfindung aus beruflicher Vorsorge – Beschränkte Pfändbarkeit der bei der vorzeitigen Pensionierung aus gesundheitlichen Gründen ausbezahlten Kapitalabfindung nach erfülltem 65. Altersjahr. Sie besteht aus der monatlichen Rente, die der Schuldner mit der Kapitalabfindung hätte erwerben können zuzüglich ein übriges Einkommen (AHV-Rente) (GR, AB, 15.06.1994, PKG 1994, S. 121).

54 (i.V.m. Art. 92 Ziff. 10 SchKG, Art. 30 ABS. 2 BVG) – Eintreibung und Arrestierung einer *Freizügigkeitsleistung* zugunsten eines Anspruchsberechtigten, der die Schweiz endgültig verlassen hat. Solange nicht das *ausdrückliche Begehren auf Barauszahlung gestellt worden ist,* bleibt die Freizügigkeitsleistung zugunsten eines Anspruchsberechtigten, der die Schweiz endgültig verlassen hat, unpfändbar im Sinne von Art. 92 Ziff. 10 SchKG und kann somit auch nicht mit Arrest belegt werden (BGE 119 III 18).

55 (i.V.m. Art. 92, Ziff. 10 SchKG) – Sobald die Voraussetzungen für die Auszahlung der Freizügigkeitsleistung gegeben sind, wird diese pfändbar und damit auch arrestierbar. Zeitpunkt des Arrestvollzugs. Der Arrest stellt eine Sicherungsmassnahme zum Schutze gefährdeter Gläubigerrechte dar, die nur einen Sinn hat, wenn sie überfallartig erfolgt. Mit dem Ziel der Arrestlegung ist insbesondere nicht vereinbar, zwischen einer gleichsam vorsorglichen Sperre und dem eigentlichen Vollzug zu unterscheiden. *Rechstmissbräuchlicher Widerruf des Auszahlungsbegehrens.* Dies ist dann der Fall, wenn die Absicht festgestellt wird, dass ein Widerruf einzig dem Ziel dient, die Gläubiger zu schädigen (BGE 120 III 75).

56 Anforderungen an das Auszahlungsbegehren – Stellt ein Arbeitnehmer, der die Schweiz endgültig verlässt, ein ausdrücklicher Begehren um Auszahlung seiner Freizügigkeitsleistung, wird sein Guthaben fällig und kann in der Folge gepfändet und mit Arrest belegt werden. Das Auszahlungsbegehren unterliegt keinem gesetzlichen Formvorschriften, so dass auch eine telefonische Erklärung die Fälligkeit des Freizügigkeitsguthabens bewirkt (BGE 121 III 31).

IV. Drittansprachen (Widerspruchsverfahren)

57 *In welchem Falle sind* die von einem Dritten nicht dem Arrestschuldner, *sondern einem andern gutgeschriebenen Forderungen* (mit Vorbehalt des Widerspruchsverfahrens) *zu arrestieren?* Dann nämlich, wenn der Gläubiger selber von einer Gutschrift zugunsten eines Dritten ausgeht, aber behauptet, es handle sich in Wirklichkeit um eine Forderung des Arrestschuldners; sie sei nur zum Scheine auf den Namen dieses Dritten gebucht oder zu Unrecht von diesem beansprucht oder nicht gültig übertragen worden – was im Widerspruchsverfahren abgeklärt werden müsste (BGE 80 III 86).

58 Pfändung und Verarrestierung eines *gerichtlich «zuhanden wem rechtens» hinterlegten Depositums.* – Ein «zuhanden wem rechtens» gerichtlich hinterlegtes Depositum kann sehr wohl gepfändet und verarrestiert werden. Dementsprechend hat die mit der Verwahrung beauftragte Amtsstelle auf eine entsprechende Verfügung des BA hin ein solches Depositum, soweit es gepfändet ist, dem BA auszuhändigen. Der Streit um die Frage, wem das Depositum gehört und ob es allenfalls wegen Dritteigentum aus der Pfändung fällt, ist im Widerspruchsverfahren auszutragen (LU, SchKKomm, 06.01.1953, Max. X, Nr. 217, BlSchK 1955, S. 184).

59 Es ist zulässig, *Arrest auf Forderungen* zu nehmen, die auf *den Namen eines Dritten lauten,* aber nach den Behauptungen des Arrestgläubigers dem Arrestschuldner gehören. Wem die arrestierte Forderung zusteht, muss im Widerspruchsverfahren abgeklärt werden (BGE 82 III 145).

60 Zulässig ist die Arrestierung (unter Vorbehalt des Widerspruchsverfahrens) von Sachen und Guthaben, die dem Schuldner gehören, dem Namen nach aber einem Dritten zustehen (BGE 96 III 109).

61 Im Arrestverfahren ist der Drittanspruch schon im Anschluss an den Arrestvollzug, nicht erst nach erfolgter Pfändung, anzumelden (BGE 104 III 42).

62 Vermögenswerte, *die vom Arrestgläubiger als Eigentum eines Dritten bezeichnet werden,* können nicht mit Arrest belegt werden. Dies gilt auch dann, wenn der Gläubiger behauptet, das Eigentum des Dritten sei lediglich fiduziarischer Natur und die Vermögenswerte stünden wirtschaftlich gesehen dem Arrestschuldner zu (BGE 106 III 86).

63 Der Gläubiger, der Vermögensstücke mit Arrest belegen lassen will, die Dritten zu gehören scheinen, hat glaubhaft zu machen, dass jene in Wirklichkeit Eigentum seines Schuldners sind. – Darüber zu befinden, ob dem Gläubiger diese Glaubhaftmachung gelungen sei, ist Sache der Arrestbehörde, nicht der Vollzugsbehörde (BGE 107 III 33).

64 Die Pflicht, dem BA innert angemessener Frist Drittansprüche an arrestiertem oder gepfändetem Vermögen bekannt zu geben, besteht gleichermassen für die Banken. Das Bankgeheimnis befreit die Banken nicht von raschem Handeln, wenn sie nicht den Verlust ihrer Ansprüche riskieren wollen (GE, Autorité de surveillance, 27.02.1980, BlSchK1983, S. 106).

65 (i.V.m. Art. 107 ff. SchKG) – Die Klägerrolle im Widerspruchsverfahren ist bei einer verarrestierten Darlehensforderung dem Drittansprecher zuzuweisen, wenn die grössere Wahrscheinlichkeit seiner Berechtigung nicht glaubhaft ist. Für die Beurteilung der Gewahrsamsverhältnisse ist dabei der Zeitpunkt der Arrestlegung massgebend (BGE 122 III 437) (LU, ObGer SchKKomm, 23.12.1998, LGVE 1999 I 46).

V. Auskunftspflicht Dritter

66 Der *Drittschuldner kann nicht zur Vorlegung einer Abrechnung gezwungen werden,* insbesondere nicht durch die Androhung von Ungehorsamsstrafe (ZH, ObGer, II. Kammer, 22.01.1946, ZR 1947, Nr. 11, BlSchK 1948, S. 86).

67 Von der *Bank* wird lediglich verlangt, dass sie jene Guthaben angebe bzw. sperre, von denen sie weiss oder wissen muss, dass sie dem Arrestschuldner gehören, auch wenn sie auf den Namen eines Dritten lauten (BGE 96 III 109).

68 Das BA kann das an die *Bank gerichtete Ersuchen um Auskunftserteilung* nur dann mit der Androhung der in Art. 292 StGB vorgesehenen Strafe verbinden, wenn die Forderung, für welche der Arrest vollzogen wird, sich auf einen vollstreckbaren Titel stützen kann (BGE 107 III 97 u. 151, 109 III 24, 103 III 91).

69 Das BA, das mit einem Arrestbegehren befasst ist, hat Dritte aufzufordern, über die bei ihnen zu arrestierenden Gegenstände *Auskunft* zu erteilen. Darauf hat es zu entscheiden, ob der Arrest erfolglos war oder ob er zum Ziel geführt hat oder zum geführt haben kann. – Banken sind verpflichtet, dem BA Auskunft zu erteilen über die Arrestgegenstände, die in ihrem Besitze sind; sie können sich nicht auf das Bankgeheimnis berufen. Verweigern sie ihre Mitwirkung gleichwohl, so haften sie zivilrechtlich für allfälligen Schaden. Dasselbe gilt bezüglich der Auskunft von Banken über Wohnort bzw. Zustelldomizil eines Schuldners, der verarrestierbare Vermögenswerte bei ihnen hinterlegt hat (BGE 101 III 58, 112 III 6).

70 Die *Bank*, die den Besitz der verarrestierten Vermögenswerte beim Arrestvollzug nicht bestreitet, kann als tatsächlicher Besitzer vermutet werden. Erfolgt alsdann die Pfändung, ist die *Bank nicht nur zur Abgabe aller erforderlichen Auskünfte, sondern auch zur Herausgabe der gepfändeten Werte* in amtliche Verwahrung verpflichtet (VD, Tribunal cantonal, 08.01.1975, BlSchK 1979, S. 102).

71 Der Dritte ist im Arrestverfahren verpflichtet, dem BA über die verarrestierten Gegenstände *Auskunft zu geben;* widrigenfalls wird er schadenersatzpflichtig. Er kann das Berufsgeheimnis nicht entgegenhalten (GE, 1re Chambre de la Cour de justice, 15.06.1979, BlSchK 1980, S. 165/166).

72 *Banken a*ls (allfällige) Drittschuldner sind nach der bundesgerichtlichen Rechtsprechung über das Vorhandensein (oder Nichtvorhandensein) von Arrestgegenständen schon im Stadium des Arrestvollzuges auskunftspflichtig. Bei Auskunftsverweigerung im Arrestverfahren sind aber keine betreibungsrechtliche Zwangsmassnahmen zulässig, doch kann jene zur Begründung allfälliger Schadenersatzansprüche gegenüber der betreffenden Bank führen (BS, AB, 16.08.1976, BlSchK 1981, S. 24).

73 Die Verweigerung der *Auskunft* über Vermögenswerte des Schuldners durch deren Gewahrsinhaber bewirkt nicht von Gesetzes wegen die Verwirkung von dessen Drittanspracherecht. Es ist bundesrechtswidrig, die Anmeldefrist für Drittansprachen auf 10 Tage zu beschränken (BGE 109 III 22).

74 (i.V.m. Art. 91 Abs. 4 SchKG und Art. 324 Ziff. 5 StGB) – Auskunftspflicht des Dritten, der Gewahrsam an Arrestgegenständen ausübt; Strafandrohung bei Verletzung dieser Pflicht. – Die Auskunftspflicht des Dritten, der Gewahrsam an den Arrestgegenständen ausübt, entsteht erst mit Ablauf der Einsprachefrist des Art. 278 SchKG und, wenn Einsprache erhoben wird, erst mit dem Eintritt der Rechtskraft des Einspracheentscheides. Das BA kann dem Dritten, der Gewahrsam an den Arrestgegenständen ausübt, nur Busse gestützt auf Art. 324 StGB androhen und nicht Haft und Busse gemäss Art. 292 StGB (BGE 125 III 391).

75 Einsprache gegen die Arrestierung von Vermögenswerten, von denen der Gläubiger selbst nicht behauptet, dass sie dem Schuldner gehören. – Die Bank ist als Drittinhaberin der mit Arrest belegten Vermögensstücke zur *Einsprache* legitimiert, selbst wenn sie die Auskunft über das Vorhandensein von Arrestgegenständen verweigert, da insoweit eine Auskunftspflicht nicht besteht (BGE 108 III 114).

76 Die Bank, der die Arrestierung von Vermögenswerten, die sie allenfalls verwahren sollte, angezeigt worden ist, ist befugt, auf dem *Beschwerdeweg* zu verlangen, dass die Arrestanzeige ergänzt werde. – Das BA ist frei, in der Anzeige eines Arrestes an den Besitzer oder Drittschuldner die Angabe des Betrages der geltend gemachten Forderung zu unterlassen (BGE 103 III 36).

77 Grundsätzlich kann gepfändet werden, was gültig verarrestiert worden ist. Die Einrede der Unpfändbarkeit ist innert zehn Tagen seit Zustellung der Arresturkunde durch *Beschwerde* geltend zu machen (BE, AB, 21.12.1972, BlSchK 1976, S. 15/16).

78 Beschwerden die Verarrestierung unpfändbarer Gegenstände sind innert 10 Tagen seit Zustellung der Arresturkunde zu erheben. Bei nachfolgender Pfändung der Arrestgegenstände kann auf deren Unpfändbarkeit nicht mehr zurückgekommen werden (BS, AB, 09.10.1972, BlSchK 1976, S. 19).

VI. Vorzeitige Verwertung

79 (i.V.m. Art. 124 SchKG) – Auch im Arrestverfahren kann der BB jederzeit solche Gegenstände verkaufen, welche einer schnellen Wertverminderung ausgesetzt sind oder einen kostspieligen Unterhalt erfordern (VD, Tribunal cantonal, 31.05.1974, BlSchK 1976, S. 143).

80 Die vorzeitige Verwertung von Gegenständen, welche schneller Wertverminderung unterliegen oder einen kostspieligen Unterhalt erfordern, ist anwendbar, auch auf Gegenstände eines Arrestes gegen einen im Ausland befindlichen Schuldner, welchem deswegen weder die Arresturkunde schon zugestellt noch vom Gläubiger die Prosequierungsmassnahmen im Sinne von Art. 279 getroffen werden konnten (GE, Autorité de surveillance, 16.04.1980, BlSchK 1982, S. 104).

81 Ein vertraglich vereinbartes *Selbstverkaufsrecht* des Pfandgläubigers *kann nicht mehr ausgeübt werden*, wenn das Pfand gepfändet oder *arrestiert worden ist* (BGE 108 III 91, 81 III 57).

Achter Titel: Arrest | Art. 275

VII. Missbräuchliche Anwendungen

82 Der Gläubiger, der seine Pflichten als Verkäufer erfüllt hat und in der Folge die gelieferte Ware mit Arrest belegen lässt, um sich für eine nach der Bestellung der arrestierten Ware entstandenen Schadenersatzforderung gegen den Käufer Deckung zu verschaffen, handelt nicht rechtsmissbräuchlich (BGE 110 III 36).

83 Der durch einen Alleinvertriebsvertrag Begünstigte, der nach Auflösung dieses Vertrages im Hinblick auf steigende Nachfrage am Ende der Vertragsdauer in den Genuss grösserer Lieferungen kommt, handelt nicht rechtsmissbräuchlich, wenn er – um seinen Schadenersatzanspruch zu sichern – die Verarrestierung der Forderung verlangt, welche dem Vertragspartner gegen seine Filiale zusteht (BGE 120 III 159).

84 Rechtsmissbräuchliche Beschwerde gegen den Arrestvollzug. – Ein Gläubiger, der ein Pfandrecht an dem mit Arrest zu belegenden Inhaberschuldbrief geltend macht und in der Lage wäre, Auskunft darüber zu geben, wo sich das Wertpapier im Augenblick des Arrestvollzuges befunden hat, handelt rechtsmissbräuchlich, wenn er mit einer Nichtigkeitsbeschwerde die örtliche Zuständigkeit des Betreibungsamtes in Frage stellt (BGE 116 III 107).

85 (i.V.m. Art. 97 Abs. 2 SchKG) – Zwei oder mehrere Arreste gegen denselben Schuldner – Werden durch einen Gläubiger zwei oder mehrere Arreste gegen denselben Schuldner und für dieselbe Forderung erwirkt, so liegt darin ein Rechtsmissbrauch, wenn dieses Vorgehen zur Blockierung von Vermögenswerten in einem Umfang führt, der erheblich über dem Betrag liegt, der für die Befriedigung der aus Kapital, Zinsen und Kosten zusammengesetzten Forderung nötig ist. In einem solchen Fall ist es angezeigt, einen Teil oder alle der zuletzt ergriffenen Massnahmen zu widerrufen, wobei massgebend der Zeitpunkt der gemäss Art. 99 SchKG erfolgten Anzeige ist (BGE 120 III 42).

86 Arrestvollzug an mehreren Orten für dieselbe Forderung – Es ist rechtsmissbräuchlich, wenn an mehreren Orten für die gleiche Forderung ein Arrest vollzogen wird und dadurch mehr Vermögenswerte blockiert werden, als zur Erfüllung der Forderung nötig sind (BGE 120 III 49).

VIII. Weitere Entscheide

87 Nicht bewilligte Verfügungen des Schuldners über die arrestierten Gegenstände sind nur gegenüber dem Arrestgläubiger ungültig. Ein Gläubiger, der bereits arrestierte Gegenstände erst nach einer nicht bewilligten Verfügung des Schuldners selber mit Arrest belegen lässt, vermag daher aus dem Arrest, der vor der Verfügung des Schuldners begründet worden ist, nichts zu seinen Gunsten herzuleiten (BGE 113 III 34).

88 Solange gegen den Arrest ein Einspracheverfahren gemäss Art. 278 SchKG hängig ist, muss der Dritte noch nicht mit der Realisierung der betreffenden Gegenstände rechnen. Er ist während dieser Zeitspanne daher nicht gehalten, seine Drittansprache zu erheben (BGE 113 III 104).

89 Voraussetzungen für den Hinfall einer Arrestprosequierungsbetreibung und – damit verbunden – die Gegenstandslosigkeit des anschliessenden Rechtsöffnungsverfahrens, insbesondere wegen Erfolglosigkeit des Arrestes. – Ein Rechtsöffnungsverfahren ist dann als gegenstandslos abzuschreiben, wenn die Arrestbetreibung durch eine nachträgliche Aufhebung des Arrestes dahingefallen ist oder wenn in einer auf den Arrestort beschränkten Arrestbetreibung sich der Arrestvollzug im nachhinein als gänzlich erfolglos erweist. Wenn der Arrestort und der ordentliche Betreibungsort zusammenfällt, ist die Voraussetzung für den Hinfall nicht erfüllt, solange nicht feststeht, ob sich die Arrestprosequierungsbetreibung auf die Arrestgegenstände beschränkt oder nicht (LU, SchKKomm, 03.12.1985, LGVE 1985 I 35).

90 (i.V.m. Art. 17 und 278 SchKG) – Abgrenzung zwischen Beschwerde gegen Arrestvollzug und der Einsprache gegen den Arrestbefehl. Materielle Rügen sind seit der Einführung der Arresteinsprache durch das revidierte SchKG ohne Ausnahme Thema dieses Rechtsmittels. Hat der Arrestrichter eine bestimmte Anzahl Gegenstände in Kenntnis von deren Rechnungswert verarrestieren lassen, so ist die Rüge, es seien mehr als erforderlich Gegenstände mit Arrest belegt worden, materieller Natur und mit Arresteinsprache geltend zu machen *(BE, AB, 22.03.2000, BlSchK 2001, S. 146;* mit Anmerkung der Redaktion, die die Meinung der AB nicht teilt. Die Schätzung der Gegenstände dient

der Feststellung des Umfangs der Pfändung und ist eine Ermessenssache, die in die Zuständigkeit des BA fällt. Die rechtliche Lage ist ähnlich wie im Falle der Bestreitung der Pfändbarkeit, die auf dem Beschwerdeweg zu rügen ist).

Art. 276   F. Arresturkunde

¹ Der mit dem Vollzug betraute Beamte oder Angestellte verfasst die Arresturkunde, indem er auf dem Arrestbefehl die Vornahme des Arrestes mit Angabe der Arrestgegenstände und ihrer Schätzung bescheinigt, und übermittelt dieselbe sofort dem Betreibungsamte.

² Das Betreibungsamt stellt dem Gläubiger und dem Schuldner sofort eine Abschrift der Arresturkunde zu und benachrichtigt Dritte, die durch den Arrest in ihren Rechten betroffen werden.

1   Zustellung von Betreibungsurkunden an einen in den USA wohnhaften Schuldner. Hindernis zur Zustellung der Abschrift der Arresturkunde hat nicht Hinfall des Arrestes zur Folge (LU, SchKKomm, 02.09.1965, Max. XI, Nr. 425).

2   Das BA, das mit einem Arrestbegehren befasst ist, hat die Dritten aufzufordern, über die bei ihnen zu arrestierenden Gegenstände Auskunft zu erteilen. Darauf hat es zu entscheiden, ob der Arrest erfolglos war oder nicht (BGE 100 III 26).

3   Die ausländische Konkursmasse kann nicht in der Schweiz liegendes Vermögen des Konkursiten arrestieren lassen (BGE 102 III 71).

4   Im Arrestverfahren ist der Drittanspruch schon im Anschluss an den Arrestvollzug, nicht erst nach erfolgter Pfändung, anzumelden (BGE 104 III 42).

5   Damit ein Widerspruchsverfahren eingeleitet werden kann, muss jeder als Dritteigentum angegebene oder in Anspruch genommene Gegenstand genau bezeichnet werden, selbst wenn es sich um Gegenstände handelt, welche in der Arresturkunde nicht individualisiert worden sind (GE, Autorité de surveillance, 07.03.1979, BlSchK 1982, S. 101).

6   Werden sämtliche gegenüber einer Bank bestehenden Forderungen des Schuldners verarrestiert, so genügt es, wenn das BA die Arrestnahme lediglich dem Hauptsitz der Bank mitteilt (BGer 17.02.1999, BlSchK 2000, S. 142).

Art. 277   G. Sicherheitsleistung des Schuldners

Die Arrestgegenstände werden dem Schuldner zur freien Verfügung überlassen, sofern er Sicherheit leistet, dass im Falle der Pfändung oder der Konkurseröffnung die Arrestgegenstände oder an ihrer Stelle andere Vermögensstücke von gleichem Werte vorhanden sein werden. Die Sicherheit ist durch Hinterlegung, durch Solidarbürgschaft oder durch eine andere gleichwertige Sicherheit zu leisten.

1   Sicherheitsleistung für die Überlassung von Arrestgegenständen an den Schuldner zur freien Verfügung. Leistung durch den Drittansprecher der Arrestgegenstände. – Die Sicherheitsleistung gibt dem Arrestgläubiger *kein Vorzugsrecht,* sondern nur die Befugnis, die Pfändung der Sicherheit bzw. Einwerfung in die Konkursmasse zu verlangen (ZH, Handelsgericht, 13.11.1944, ZR 1944, S. 379, BlSchK 1946, S. 23).

2   Der Umstand, dass der Arrestgläubiger neben der Arrestforderung gegen einen Schadenersatzschuldner einer direkten Anspruch gegen dessen Haftpflichtversicherer hat (Art. 65 SVG), bildet keine Sicherheit im Sinne dieser Bestimmung (BGE 78 III 140).

3   Freigabe der Arrestgegenstände gegen Sicherheitsleistung kann der Schuldner auch dann verlangen, wenn die Gegenstände sonst amtlich verwahrt werden müssten. – Die Sicherheitsleistung ist aufgrund einer amtlichen Schätzung der Gegenstände zu bemessen. Erweist sich die seinerzeit beim Ar-

restvollzug im Hinblick auf Art. 97 (275 u. 276) SchKG vorgenommene Schätzung nun zur Anwendung von Art. 277 als zu wenig genau, so ist eine neue Schätzung vorzunehmen (BGE 82 III 119).

4 Festsetzung der Sicherheitsleistung – Wenn der Wert der Arrestgegenstände unbekannt ist, so entspricht der Höchstbetrag für die Sicherheitsleistung demjenigen Betrag, auf den das BA die Arrestforderung nebst Nebenrechten geschätzt hat. Wird für die Arrestforderung samt Zinsen und Kosten Sicherheit durch Solidarbürgschaft geleistet, so sind die Arrestgegenstände dem Schuldner zur freien Verfügung zu überlassen, auch wenn er ihre Schätzung durch das BA verhindert hat (BGE 114 III 38/39, Praxis 78, N. 65).

5 Damit die Arrestgegenstände frei werden und der Schuldner nach seinem Belieben über sie verfügen kann, sind die Arrestgegenstände durch mindestens gleichwertige Sicherheiten zu ersetzen. Gemäss dieser Bestimmung muss auch dann die Sicherheit nur im Betrage der Forderung einschliesslich deren Nebenrechte bestellt werden, auch wenn das mit Arrest belegte Grundstück einen höheren Wert aufweist (BGE 116 III 35/36).

6 Ist auch im Retentionsverfahren nach Art. 283 SchKG anwendbar – Die vom Beschlag erfassten Gegenstände können dem Schuldner bei anderweitiger einwandfreier Sicherheitsleistung (z.B. unwiderrufliche Bankgarantie) zur freien Verfügung überlassen werden (BS, AB, 06.08.1964, BlSchK 1966, S. 87).

7 Rechtsnatur und Wirkung der Sicherheit – Die Person, welche die Solidarbürgschaft leistet, wird nicht Schuldner des Arrestgläubigers. Die aus der Solidarbürgschaft sich ergebende Forderung gehört daher nicht zum Vermögen des Arrestgläubigers und kann nicht zu dessen Lasten gepfändet oder mit Arrest belegt werden (BGE 106 III 130).

8 Auf die Sicherheiten, die vom Arrestschuldner geleistet werden, um das Vorhandensein der Arrestgegenstände zu garantieren, hat der Arrestgläubiger keinen privatrechtlichen, sondern lediglich einen aus dem öffentlichen Recht fliessenden Anspruch, daraus befriedig zu werden, wenn die Arrestgegenstände nicht mehr vorhanden sind. Die Sicherheiten stellen demnach kein pfändbares oder arrestierbares Vermögen des Arrestgläubigers dar (GE, Autorité de surveillance, 18.07.1984, BlSchK 1985, S. 235).

9 Voraussetzungen für die Freigabe der Arrestgegenstände bei der Sicherheitsleistung durch Solidarbürgschaft. – Die Sicherheitsleistung hat nicht nur die Arrestforderung, sondern auch die Zinsen und Kosten zu umfassen. Zudem muss die Bürgschaft, die auf eine bestimmte Summe zu stellen ist, zugunsten des BA lauten und nicht zugunsten des Arrestgläubigers (BE, AB, 19.08.1970, BlSchK 1972, S. 85).

10 Wieweit ist der Arrestschuldner im Hinblick auf die Schadensminderungspflicht gehalten, zur Abwendung des Arrestes Sicherheit zu leisten? Die Abwendung des Arrestes durch Sicherstellung ist ein Institut, das zugunsten des Arrestschuldners wirkt, so dass dieser im Normalfall nicht dazu verpflichtet ist, dem Gläubiger in dieser Hinsicht entgegenzukommen. Erst recht nicht kann er dazu verpflichtet sein, weitere Vermögensbestandteile faktisch der Immobilisierung durch den Arrest zu unterwerfen. Unter dem Gesichtspunkt der Schadenminderungspflicht dürfte dem Arrestschuldner zugemutet werden, die Zustimmung des Arrestgläubigers zur Anlegung des verarrestierten Betrages auf einem fremden Markt (hier auf dem kanadischen) zu erlangen. Allein die Ablehnung eines für den Arrestschuldner vom Arrestgläubiger ungeeigneten Vorschlages führt zur Frage, ob nicht schon dies genügen würde, ein Antrag auf Erhöhung der Arrestkaution abzuweisen. Wenn aber der Arrestgläubiger sich damit einverstanden erklärt, dass der Arrest durch eine Bankgarantie in der Höhe von ¾ der Arrestsumme abgelöst werde, und dies den berechtigten und begründeten Interessen des Arrestschuldners entspricht, indem die Gefahr eines Schadens aus einer allfälligen Zinsdifferenz entfällt, ist die Grundlage für eine Erhöhung der Arrestkaution nicht gegeben (ZH, Kassationsgericht, 28.05.1985, ZR 1985, Nr. 78).

11 Steht aufgrund eines vom Gläubiger nicht angefochtenen Urteils im Arrestprosequierungsverfahren fest, dass dessen Forderung geringer ist als die ursprüngliche Arrestforderung, ist die Sicherheit durch das BA entsprechend herabzusetzen (GR, AB, 07.09.1992, PKG 1992, S. 185).

12 Wenn ein Arrest, für dessen Gegenstände Sicherheit geleistet wurde, hinfällig wird, sind auch die Sicherheiten gegenstandslos und dem Schuldner unverzüglich zurückzuerstatten; ein zweiter Arrest desselben Gläubigers mit Beschlagnahme der geleisteten Sicherheiten, die hätten zurückerstattet werden sollen und sich ohne rechtliche Grundlage noch in den Händen des BA befinden, verstösst gegen Treu und Glauben (BGE 108 III 101/102).

13 Der Gläubiger, dem ein Arrest bewilligt worden ist, kann für eine andere Forderung als jene, für welche der Arrest verlangt wurde, auch die vom Arrestschuldner geleistete Sicherheit arrestieren lassen, sofern er nicht durch ungesetzliche oder unredliche Mittel Kenntnis von der Sicherheitsleistung erlangt hat (BGE 114 III 33).

14 Entlassung von Arrestgegenständen aus dem Arrestbeschlag nach Sicherheitsleistung. Das Gesuch um Entlassung der Arrestgegenstände aus dem Arrestbeschlag kann nicht mehr gestellt werden, nachdem im nachfolgenden Arrestprosequierungsverfahren die Pfändung vollzogen worden ist (BGE 120 III 89).

15 Sobald in der zur Arrestprosequierung eingeleiteten Betreibung die mit Arrest belegten Gegenstände gepfändet sind, fällt eine Freigabe nach Art. 277 SchKG in jedem Falle ausser Betracht (BGE 129 III 391).

Art. 278   H. Einsprache gegen den Arrestbefehl

¹ Wer durch einen Arrest in seinen Rechten betroffen ist, kann innert zehn Tagen, nachdem er von dessen Anordnung Kenntnis erhalten hat, beim Arrestrichter Einsprache erheben.

² Der Arrestrichter gibt den Beteiligten Gelegenheit zur Stellungnahme und entscheidet ohne Verzug.

³ Der Einspracheentscheid kann innert zehn Tagen an die obere Gerichtsinstanz weitergezogen werden. Vor dieser können neue Tatsachen geltend gemacht werden.

⁴ Einsprache und Weiterziehung hemmen die Wirkung des Arrestes nicht.

⁵ Während des Einspracheverfahrens und bei Weiterziehung des Einspracheentscheides laufen die Fristen nach Artikel 279 nicht.

1 Der *Bestand und die Fälligkeit der Arrestforderung sind* nicht durch Einsprache, sondern *durch Rechtsvorschlag gegen den Zahlungsbefehl* in der Arrestbetreibung *zu bestreiten* (BGE 93 III 72).

2 Die *Frage, ob die Forderung pfandversichert sei, ist im Einspracheverfahren* und nicht im Beschwerdeverfahren *geltend zu machen* (BE, AB, 07.08.1973, BlSchK 1976, S. 184).

3 Solange gegen den Arrest ein Einspracheverfahren hängig ist, muss der Dritte noch nicht mit der Realisierung der betreffenden Gegenstände rechnen. Er ist während dieser Zeitspanne daher nicht gehalten, seine Drittansprache zu erheben (BGE 113 III 104).

4 Zugewinnausgleich nach deutschem Recht. Die Bestreitung des Arrestgrundes im Einspracheverfahren ist unbeachtlich. Nach deutschem Scheidungsrecht sind Vereinbarungen über die vermögensrechtliche Auseinandersetzung formlos gültig. Die dreijährige Verjährungsfrist für Zugewinnausgleichsansprüche nach deutschem Recht beginnt regelmässig mit dem Zeitpunkt, in welchem der anspruchsberechtigte Ehegatte von der Beendigung des Güterstandes erfährt. Der Arrestbefehl zählt nicht zu den in § 209 BGB angeführten Akten der Verjährungsunterbrechung, dagegen haben die gestützt darauf vorgenommenen Vollstreckungshandlungen diese Wirkung (ZH, ObGer, II. Ziv.Kammer, 14.02.1984, ZR 1985, Nr. 17).

5 (i.V.m. Art. 33 Abs. 2 SchKG) – Fristerstreckung durch BA – Dem mit dem Arrestvollzug befassten BB steht die Kompetenz zu, die gesetzliche Frist von Art. 33 Abs. 2 SchKG zu verlängern. Dies gilt selbstredend einzig für die in Art. 278 Abs. 1 SchKG vorgesehene Einsprachefrist an den Arrestrichter und nicht für die in Art. 278 Abs. 3 SchKG statuierte Frist zur Weiterziehung des Entscheides des Arrestrichters an die obere Gerichtsinstanz (ZH, ObGer, II. Ziv.Kammer, 22.01.1998, ZR 2000, Nr. 18, BlSchK 2000, S. 147).

6 (i.V.m. Art. 17 und 92 Abs.2 Ziff. 5 SchKG) – Solange und soweit eine Arresteinsprache gegeben ist, fehlt es am Rechtsschutzinteresse für eine Beschwerde gemäss Art. 17 Abs. 1 SchKG. Bei Mängeln im Arrestvollzug, die keine Grundlage im Arrestbefehl haben, steht alleine die Beschwerde zur Verfügung. – *Die Sperrung von Vermögenswerten durch eine Strafverfolgungsbehörde kann die Pfändung dieser Vermögenswerte und damit auch deren Verarrestierung nicht verhindern.* Auch für einen in Deutschland wohnhaften Arrestschuldner bestimmt sich die Pfändbarkeit eines Arbeitserwerbs nach Schweizer Recht. Sofern der Arrestschuldner zur Bestreitung seines Lebensunterhalts auf Bankguthaben angewiesen ist, wird ihn in analoger Anwendung von Art. 92 Abs. 1 Ziff. 5 SchKG derjenige Betrag freigegeben, den er für die Dauer von zwei Monaten braucht (BS, AB, 15.05.2003, BJM 2005, S. 42).

7 (i.V.m. Art. 271 SchKG und § 281 Ziff. 1 und 3 ZPO (ZH) – *Verteilung der Parteirollen im Arresteinspracheverfahren* – Prüfungspflicht des Gerichts auch hinsichtlich der Gläubigerstellung des Gesuchstellers. Im Unterschied zur Parteirollenverteilung bei der altrechtlichen Arrestaufhebungsklage kommt im (neuen) Arresteinspracheverfahren nach Art. 278 SchKG dem Gesuchsteller (Arrestgläubiger) prozessual die Rolle des Klägers und dem Gesuchsgegner (Arrestschuldner) die Stellung des Beklagten zu. Zu den Voraussetzungen einer Arrestbewilligung gehört auch die Gläubigereigenschaft des Gesuchstellers, welche ebenfalls glaubhaft zu machen ist (ZH, Kassationsgericht, 07.05.2001, ZR 2002, Nr. 4, BlSchK 2002, S. 149).

8 (Abs. 5; i.V.m. Art. 279 und 280 Ziff. 1 SchKG) – *Hemmung der Frist zur Arrestprosequierung während des Arresteinspracheverfahrens* – Der Gläubiger, dessen Rechtsöffnungsgesuch in der Betreibung zur Arrestprosequierung abgewiesen wird, muss im Falle, dass ein Arresteinspracheverfahren hängig ist, Klage auf Anerkennung seiner Forderung innert zehn Tagen nach dem endgültigen kantonalen Urteil über die Arresteinsprache einreichen; andernfalls fällt der Arrest dahin. Rechtsmittel des Gläubigers, um dem nachteiligen Umstand abzuhelfen, dass die staatsrechtliche Beschwerde nicht die Fortsetzung des kantonalen Verfahrens ist (BGE 129 III 599).

9 Bei der *Weiterziehung des Einspracheentscheids des Arrestrichters* an die obere Gerichtsinstanz handelt es sich um ein ordentliches Rechtsmittel. Mindestens bis zum unbenützten Ablauf der zehntägigen Rechtsmittelfrist bleibt der Arrest in Kraft (BS, AB, 08.10.2002, BlSchK 2003, S. 136).

10 (i.V.m. Art. 91 Abs. 4 und 275 SchKG, Art. 324 Ziff. 5 StGB) – Die Auskunftspflicht des Dritten, der Gewahrsam an den Arrestgegenständen ausübt, entsteht erst mit unbenütztem Ablauf der Einsprachefrist des Art. 278 SchKG und, wenn Einsprache erhoben wird, erst mit dem Eintritt der Rechtskraft des Einspracheentscheides.

Das BA kann dem Dritten, der Gewahrsam an den Arrestgegenständen ausübt, nur Busse gestützt auf Art. 324 StGB androhen und nicht Haft und Busse gemäss Art. 292 StGB (BGE 125 III 391).

11 Das kantonale Recht des Tessins, das betreffend Sicherheitsleistung des Arrestgläubigers ein vom Einspracheverfahren gesondertes und damit gleichlaufendes Rechtsmittelverfahren vorsieht, ist bundesrechtswidrig (BGE 126 III 485/486).

12 Streitwert im Einspracheverfahren – Für die Berechnung des Streitwertes im Einspracheverfahren (Art. 48 GebVO) ist in erster Linie die durch Arrest gesicherte Forderung massgebend, allenfalls der Wert der Arrestobjekte, wenn er geringer als die Arrestforderung ist (ZH, Kassationsgericht, 22.12.1984, ZR 1985, Nr. 44).

13 (i.V.m. Art. 33 Abs. 2 SchKG) – Dem mit dem Arrestvollzug befassten BA steht die Kompetenz zu, die gesetzliche Frist von Art. 33 Abs. 2 SchKG zu verlängern (ZH, ObGer, 22.01.1998, BlSchK 2000, S. 147).

Art. 279 I. Arrestprosequierung

[1] Hat der Gläubiger nicht schon vor der Bewilligung des Arrestes Betreibung eingeleitet oder Klage eingereicht, so muss er dies innert zehn Tagen nach Zustellung der Arresturkunde tun.

² Erhebt der Schuldner Rechtsvorschlag, so muss der Gläubiger innert zehn Tagen, nachdem ihm dieser mitgeteilt worden ist, Rechtsöffnung verlangen oder Klage auf Anerkennung seiner Forderung einreichen. Wird er im Rechtsöffnungsverfahren abgewiesen, so muss er die Klage innert zehn Tagen nach Eröffnung des Urteils einreichen.

³ Hat der Schuldner keinen Rechtsvorschlag erhoben oder ist dieser beseitigt worden, so muss der Gläubiger innert zehn Tagen, seitdem er dazu berechtigt ist (Art. 88), das Fortsetzungsbegehren stellen. Die Betreibung wird, je nach der Person des Schuldners, auf dem Weg der Pfändung oder des Konkurses fortgesetzt.

⁴ Hat der Gläubiger seine Forderung ohne vorgängige Betreibung gerichtlich eingeklagt, so muss er die Betreibung innert zehn Tagen nach Eröffnung des Urteils einleiten.

I. Fristen

1 Das Einhalten der Frist für die Arrestprosequierungsklage ist ohne Einfluss auf den materiellen Klageanspruch. Der Richter hat nur mit Rücksicht auf den Gerichtsstand des Arrestes zu prüfen, ob die Klage fristgerecht eingereicht wurde. Diese Prüfung erübrigt sich, wenn die örtliche Zuständigkeit durch den Gerichtsstand des Vermögens ohnehin begründet ist (BE, Appellationshof, I. Ziv.Kammer, 15.02.1949, ZBJV 1950, S. 364).

2 (i.V.m. Art. 585 ff. ZGB) – Die Anordnung des erbrechtlichen öffentlichen Inventars ist ohne Einfluss auf den Ablauf der Arrestprosequierungsfrist. Nimmt der Vertreter des nach Anhebung der Arrestprosequierungsbetreibung gestorbenen Gläubigers das mit einem Rechtsvorschlag versehene Gläubigerdoppel des Zahlungsbefehls vorbehaltlos entgegen, so ist er verpflichtet, das zur Wahrung der Prosequierungsfrist Erforderliche zu tun, ansonst der Arrest dahinfällt (BE, AB, 12.03.1951, ZBJV 1953, S. 178).

3 Das Urteil im Arresteinspracheverfahren darf nicht während der Betreibungsferien mitgeteilt werden. Geschieht dies gleichwohl, so beginnt die Frist, innert welcher der Gläubiger die Betreibung anzuheben, Rechtsöffnung zu verlangen oder die Klage auf Anerkennung seines Forderungsrechts einzuleiten hat, erst mit dem ersten auf die Ferien folgenden Tage, an welchem die Mitteilung erfolgen durfte (BGE 96 III 46).

4 Frist zu Stellung des Pfändungsbegehrens in der Arrestprosequierungsbetreibung. Sie läuft ohne Rücksicht auf die Dauer eines im Anschluss an den Vollzug des Arrestes eingeleiteten Widerspruchsprozesses und beträgt in Analogie zu Art. 279 Abs. 2 und Art. 281 SchKG nur zehn Tage. Wird sie versäumt, so ist das Recht auf Fortsetzung der Betreibung verwirkt; Betreibung und Arrest werden hinfällig und der Widerspruchsprozess wird gegenstandslos (ZH, ObGer, II. Ziv.Kammer, 04.06.1976, ZR 1977, Nr. 71, SJZ 1978, S. 111).

5 Bei der Arrestprosequierungsklage findet kein Sühneversuch statt, auch nicht fakultativ. Die Fristwahrung erfolgt erst durch die Klage und es gibt keine bundesrechtliche oder kantonalrechtliche Nachfrist (AG, ObGer, 2. Ziv.Abteilung, 13.07.1976, AGVE 1976, Nr. 9, SJZ 1978, S. 112; eine staatsrechtliche Beschwerde wurde vom BGer abgewiesen).

6 Der *Fristenlauf* für die Einleitung der Arrestprosequierungsklage *wird durch ein hängiges Widerspruchsverfahren jedenfalls dann gehemmt,* wenn es sich um einen so genannten Ausländerarrest (Art. 271 Ziff. 4 SchKG) handelt und der Gerichtsstand für die Klage vom Ausgang dieses Verfahrens abhängt (BGE 108 III 36).

7 Die Frist wird durch die Einleitung der Forderungsklage gewahrt, auch wenn der Gläubiger die Möglichkeit gehabt hätte, provisorische Rechtsöffnung zu verlangen. – Hinfall des Arrestes infolge nicht behebbarer formeller Mängel der Forderungsklage (BGE 81 III 153).

8 Die *Frist zur Prosequierung steht still,* wenn gegen die in der Arresturkunde enthaltenen Feststellungen rechtzeitig Beschwerde erhoben worden ist (TG, Rekurskomm., 20.11.1989, BlSchK 1990, S. 143).

9 (i.V.m. Art. 278 Abs. 5 und 280 Ziff. 1 SchKG) – Hemmung der Fristen zur Arrestprosequierung während des Arresteinspracheverfahrens – *Der Gläubiger, dessen Rechtsöffnungsgesuch in der Be-*

treibung zur Arrestprosequierung abgewiesen wird, muss im Fall, dass ein Arresteinspracheverfahren hängig ist, Klage auf Anerkennung seiner Forderung innert zehn Tagen nach dem endgültigen kantonalen Urteil über die Arresteinsprache einreichen; anderenfalls fällt der Arrest dahin. Rechtsmittel des Gläubigers, um dem nachteiligen Umstand abzuhelfen, dass die staatsrechtliche Beschwerde nicht die Fortsetzung des kantonalen Verfahrens ist (BGE 129 III 599).

10 *Fristbeginn im Unterschied zu Art. 278 SchKG* – Gemäss Art. 278 Abs. 5 SchKG laufen die Fristen gemäss Art. 279 SchKG zur Arrestprosequierung während des Einspracheverfahrens und bei Weiterziehung des Einspracheentscheides betreffend den Arrestbefehl nicht.

Die Einsprache gegen den Arrest und dessen Prosequierung unterliegen der gleichen zehntägigen Frist, eine Frist, die ziemlich häufig nicht bei beiden Rechtsmitteln gleichzeitig abläuft, weil der Beginn im einen und im andern Falle verschieden ist (*die Kenntnis des Arrests* im ersten Fall, der *Erhalt der Arresturkunde* im zweiten Fall). *Der Arrestgläubiger*, der sich nicht vorgängig vergewissern kann, ob der Schuldner Einsprache erhoben hat, *muss folglich vorsichtshalber innert der erwähnten Frist einen ersten Schritt zur Prosequierung unternehmen, wenn er nicht will, dass der Arrest gemäss Art. 280 SchKG dahinfällt* (BGE 129 III 601).

11 Der Gläubiger muss auf die Gefahr hin, dass der Arrest dahinfällt, diesen innert zehn Tagen vom Moment an, da er die Arresturkunde erhalten hat, prosequieren; ob der Schuldner diese Urkunde ebenfalls erhalten hat, ist nicht massgebend (BGE 126 III 293).

II. Prosequierung durch Betreibung

12 Der Arrest muss auch dann durch Einleitung einer Betreibung prosequiert werden, wenn er aufgrund eines provisorischen Verlustscheines erwirkt worden ist (GR, AB, 13.06.1950, BlSchK 1953, S. 58).

13 Im Arrestverfahren ist der Drittanspruch schon im Anschluss an den Arrestvollzug, nicht erst nach erfolgter Pfändung, anzumelden (BGE 104 III 42).

14 *Wohnt der Schuldner in der Schweiz*, so *kann die Arrestprosequierung nach Wahl des Gläubigers* durch Betreibung *am Wohnort des Schuldners statt am Arrestort* stattfinden (BGE 77 III 128).

15 *Fällt der Arrestort mit dem ordentlichen Betreibungsort des Schuldners zusammen*, so braucht sich die Arrestbetreibung nicht auf die Pfändung und Verwertung der Arrestobjekte zu beschränken (BE, AB, 22.01.1960, BlSchK 1961, S. 50).

16 Mehrfache Betreibung für eine und dieselbe Forderung. Voraussetzungen – Es ist grundsätzlich unzulässig, gleichzeitig zwei oder mehrere Betreibungen für ein und dieselbe Forderung zu führen. Dieser Grundsatz erleidet eine *Ausnahme bei der Arrestprosequierung* dann, *wenn dem Gläubiger für die gleiche Forderung an verschiedenen Orten ein Arrest bewilligt worden ist* und für den Schuldner kein allgemeiner Betreibungsort besteht (GE, Cour de Justice, 10.04.1986, BlSchK 1988, S. 19).

17 Bei *einer pfandversicherten Forderung* ist ein Arrest nur für den nicht gedeckten Teil der Forderung zulässig. Die Prosequierung hat durch eine Betreibung auf Pfandverwertung zu erfolgen, wobei gestützt auf einen eventuellen Pfandausfallschein Pfändung der verarrestierten Gegenstände verlangt werden kann (BE, AB, 05.04.1965, BlSchK 1965, S. 179).

18 Der Arrest ist zulässig für den vermutlich nicht gedeckten Teil einer *pfandgesicherten Forderung*. Zur Arrestprosequierung ist nicht die ordentliche Betreibung, sondern die Betreibung auf Pfandverwertung einzuleiten (GE, Autorité de surveillance, 22.04.1971, BlSchK 1973, S. 119).

19 Die *Identität des Betriebenen mit dem Arrestschuldner* ist gegeben, auch wenn von mehreren durch gemeinsamen Arrestbefehl belangten Schuldnern nur einer betrieben wird. Auch in einem solchen Falle ist dem für die ganze Arrestforderung gestellten Betreibungsbegehren zu entsprechen. Will der Schuldner die solidarische Verpflichtung bestreiten, so kann er Recht vorschlagen (BGE 86 III 130).

20 Lugano-Übereinkommen – Betreibung am Arrestort – Lugano-Übereinkommen vom 16.09.1988 über die gerichtliche Zuständigkeit und die Vollstreckung gerichtlicher Entscheidungen in Zivil- und

Handelssachen. Die Einleitung der Betreibung (Ausstellung des Zahlungsbefehls) am Arrestort verstösst nicht gegen das Lugano-Übereinkommen (BGE 120 III 92).

21 Bei einer auf Verwertung arrestierter Gegenstände beschränkten Betreibung am *speziellen Betreibungsort des Arrestes ist es in keinem Falle zulässig*, dem Gläubiger *einen Verlustschein auszustellen*, der das Ungenügen des gesamten der schweizerischen Vollstreckung unterworfenen Vermögens zur Befriedigung des Gläubigers amtlich bescheinigen würde (BGE 90 III 79).

22 Es ist unzulässig, in einer am *speziellen Betreibungsort des Arrestes geführten Betreibung einen Verlustschein auszustellen*, es sei denn, dass der Arrestort zufällig mit dem allgemeinen Betreibungsort des schweizerischen Wohnsitzes zusammenfällt (AG, AB, 04.10.1965, BlSchK 1966, S. 171).

23 Sowohl der Arrest wie auch die nachfolgende Betreibung gegen eine nicht existente juristische Person sind ungültig. Dies *gilt auch für einen Anlagefonds, der nicht eine juristische Person, sondern lediglich eine einfache Gesellschaft der Beteiligten ist* (GE, Autorité de surveillance, 20.02.1974, BlSchK 1975, S. 56/57).

24 Pfändung in der Arrestbetreibung – Kontokorrentguthaben des Arrestschuldners sind auch bei einem nachträglichen Rückgang in der arrestierten Höhe zu pfänden, deponierte Wertschriften und Münzen dagegen nur in dem Umfang, in dem sie im Zeitpunkt der Pfändung effektiv noch vorhanden sind (BGE 130 III 665).

III. Prosequierung durch Klage

25 *Eine im Zeitpunkte der Erhebung der Arrestforderungsklage anfechtbarer und angefochtener Arrest vermag keinen Arrestgerichtsstand für diese Klage zu begründen.* Dagegen ist die Arrestforderungsklage trotz Dahinfallen oder Ungültigkeit des ursprünglichen Arrests am Arrestort an Hand zu behalten, wenn im Zeitpunkte des Entscheides an die Stelle des ursprünglichen am selben Ort ein neuer, gültiger Arrest getreten ist (ZH, ObGer, I. Ziv.Kammer, 06.07.1959, ZR 1961, Nr. 99).

26 Der *Arrestgläubiger, der vor der Arrestnahme eine Feststellungsklage* und eventualiter *eine Klage auf Geldzahlung gegen den Arrestschuldner eingeleitet hatte*, wobei die geforderte Geldsumme *mit der Arrestforderung identisch ist, hat den Arrest ordnungsgemäss prosequiert* (ZH, ObGer, II. Ziv.Kammer, 01.09.1964, ZR 1965, Nr. 172).

27 Rechtzeitigkeit der Arrestprosequierungsklage – *Abgrenzung der Entscheidungsbefugnisse zwischen Betreibungsbehörden und Gerichte.* Die Frage, ob ein Arrest rechtzeitig durch Klage prosequiert worden sei, geht den Richter nur insofern an, als seine örtliche Zuständigkeit nach dem am Gerichtsort geltenden Prozessrecht vom Bestehen eines gültigen Arrestes abhängt. Für den Richter ist also die Beobachtung der Klagefrist eine Prozessvoraussetzung. Das Urteil des Richters ist für die Betreibungsbehörden nur insoweit verbindlich, als es sich darum handelt, ob eine vom Gläubiger fristgerecht vorgenommene Prozesshandlung nach Prozessrecht geeignet sei, die Streithängigkeit der Klage auf Anerkennung der Forderung zu begründen. Dagegen ist von den Betreibungsbehörden zu beurteilen, ob die Prozesshandlungen, die nach Auffassung des Richters die Streithängigkeit begründet, nach Massgabe des Vollstreckungsrechtes rechtzeitig vorgenommen wurde. Wenn z.B. dieser Punkt deswegen zweifelhaft erscheint, weil ungewiss ist, was als Mitteilung des Rechtsvorschlages im Sinne von Art. 279 Abs. 2 zu gelten hat, so kann der Richter hierüber nicht ein für die Betreibungsbehörden verbindliche Entscheidung treffen (vgl. BGE 66 III 59) (BGE 80 III 93).

28 *Verzichtet ein Gläubiger auf Klageanhebung gemäss Art. 108 SchKG, so verwirkt er* in der betreffenden Betreibung *endgültig jeden Anspruch auf den von Dritten angesprochenen Gegenstand.* Diese zwingende Folge lässt sich *nicht durch Arrestnahme auf denselben umgehen.* Vielmehr bedarf es zur Prosequierung des Arrestes einer neuen Betreibung (BS, AB, 26.02.1964, BJM 1964, S. 220, BlSchK 1965, S. 88).

29 Eine hängige Klage vermag den Arrest nur aufrecht zu erhalten, wenn sie die *Arrestforderung betrifft.* Sollte ein Arrest für einen Anspruch auf Sicherheitsleistung zulässig sein (Frage offen gelassen), so müsste der Arrestbefehl gegebenenfalls klar sagen, dass der Arrest für einen solchen Anspruch zu vollziehen ist. Ein Arrest für eine Geldforderung lässt sich nicht durch eine Klage auf Sicherheitsleistung aufrecht erhalten (BGE 93 III 72).

30 Eine Gerichtsstandsvereinbarung schliesst eine Klage am forum arresti nur aus, wenn die Vereinbarung einen ausdrücklichen Verzicht auf dieses forum enthält (BS, Zivilgericht, 07.03.1967, BJM 1967, S. 191).

31 Zur Arrestprosequierung ist auch eine mangelhafte oder bei einem unzuständigen Richter angebrachte Klage geeignet:
- wenn der Mangel noch innert der Prosequierungsfrist des Art. 279 Abs. 2 behoben wird;
- sonst nur, wenn die bei Ablauf dieser Frist bestehende Rechtshängigkeit ohne Unterbrechung andauert; gegebenenfalls bei Benützung einer prozessualen Nachfrist, sofern die Klag während deren Laufes hängig bleibt (BGE 75 III 73).

32 Dasselbe gilt für die Frage der örtlichen Zuständigkeit des mit der Prosequierungsklage angerufenen Gerichts. Insbesondere kann ein von den Parteien vereinbarter vertraglicher Gerichtsstand nicht ohne Weiteres die Unzuständigkeit des gesetzlichen forum arresti zur Folge haben. Jedenfalls kann ein vereinbarter vertraglicher Gerichtsstand nicht die Arrestnahme und das Arresteinspracheverfahren hindern. Erst für die Arrestprosequierungsklage stellt sich die Frage, vor welchem Richter sie anzubringen ist (BS, AB, 09.08.1965, BJM 1968, S. 60).

33 (i.V.m. Art. 49 OG) – Berufung gegen Zwischenentscheid über die örtliche Zuständigkeit. Diese Bestimmung enthält keine bundesrechtliche Zuständigkeitsvorschrift für die Arrestprosequierungsklage (BGE 95 II 204).

34 Gerichtsstand des Arrestes bejaht, wenn der Arrest erst nach Einreichung einer Klage auf Herausgabe der Gegenstände genommen worden ist (BE, Appellationshof, II. Ziv.Kammer, 27.09.1967, ZBJV 1970, S. 186).

35 Der Umstand, dass im Arrestprosequierungsprozess die Einrede der Unzuständigkeit erhoben worden ist, hindert eine Partei nicht, auch auf dem Beschwerdeweg den Betreibungszustand zu bestreiten (BGE 100 III 26).

36 Fällt die Arrestprosequierungsklage in die Zuständigkeit eines Schiedsgerichtes, so hat der Gläubiger innert zehn Tagen die ersten Schritte zur Bestimmung der Schiedsrichter zu unternehmen. Er hat die Klage sodann innert zehn Tagen nach Bestellung des Schiedsgerichtes einzuleiten (BGE 101 III 58).

37 *Vor einem Schiedsgericht angehobene Klage zur Prosequierung des Arrestes* – Ist für die zur Prosequierung des Arrestes anzuhebende Klage auf Anerkennung des Forderungsrechts ein Schiedsgericht zuständig, dessen Mitglieder in der Schiedsklausel nicht bezeichnet sind, so hat der Betreibende innert 10 Tagen die für die Bezeichnung der Schiedsrichter notwendigen Vorkehren zu treffen, und sobald sich das Schiedsgericht konstituiert hat, innert weiterer 10 Tagen die Klage einzureichen.

Hat der Kläger nach den für das Schiedsverfahren anwendbaren Regeln nicht sofort einen Schiedsrichter zu bezeichnen, sondern zu warten, bis ihm hiefür eine Frist gesetzt wird, so hat er seine Wahl innert 10 Tagen seit deren Mitteilung zu treffen, gleichgültig, welche Frist ihm von der Schiedsbehörde gewährt wird. Diese Frist beginnt in jedem Falle an dem Tage zu laufen, an dem die Zweifel über die Zuständigkeit des Schiedsgerichts definitiv beseitigt sind (BGE 112 III 120).

38 Der Arrest bleibt auch dann in vollem Umfange bestehen, wenn nur ein Teil der ursprünglichen Forderung eingeklagt wurde (BE, AB, 26.10.1973, BlSchK 1977, S. 84).

39 Zur Arrestprosequierung ist nur eine Klage tauglich, die zu einem Vollstreckungstitel führt, d.h. sie muss auf die Zahlung einer Geldforderung gerichtet sein. Eine Klage, mit der Herausgabe von Nachlassgegenständen verlangt wird, ist zur Arrestprosequierung nicht geeignet (BGE 106 III 92).

40 Gültige Arrestprosequierung a) durch Klageanhebung am Arrestort binnen gesetzlicher Frist; b) nach Rückweisung dieser Klage wegen örtlicher Unzuständigkeit des Gerichts, weil der aufrechtstehende Schuldner schon vor der Klageanhebung seinen Wohnsitz in die Schweiz, und zwar in einen andern Kanton, verlegt hatte; durch neue Klage am Wohnort des Schuldners während der gegen den Rückweisungsentscheid laufenden Appellationsfrist (BGE 82 III 40).

41 Art. 2 des *Abkommens zwischen der Schweiz und dem Fürstentum Liechtenstein* über die Anerkennung und Vollstreckung von gerichtlichen Entscheidungen und Schiedssprüchen in Zivilsachen vom

25.04.1968 schliesst die Anwendung der Vorschriften des kantonalen Rechts über den Gerichtsstand des Arrestortes nicht aus. – Eine Arrestnahme, die Anlass zu einer Widerspruchsklage bezüglich des Arrestobjektes gab, begründet nur dann den Gerichtsstand des Arrestortes für die Arrestprosequierungsklage, wenn im Widerspruchsprozess das Recht des Dritten am Arrestobjekt verneint wird. Bis zu diesem Entscheid ist das Prosequierungsverfahren einzustellen (ZH, ObGer, I. Ziv.Kammer, 22.10.1974, ZR 1976, Nr. 29).

42   Ein in der Schweiz erwirkter Arrest kann sowohl durch Klage als auch durch Widerklage vor einem ausländischen Gericht prosequiert werden, sofern das ausländische Urteil im Arrestkanton anerkannt und vollstreckt wird. Verwandtschaft genügt im Allgemeinen nicht zur Begründung von Konnexität zwischen Haupt- und Gegenanspruch. Frage der Einlassung in das Verfahren (Kassationsgericht). In einem Zwischenverfahren mit einem eng begrenzten, leicht zu überschauenden Thema genügt es, jede Partei einmal anzuhören (ZH, ObGer, I. Ziv.Kammer, 28.09.1977, Kassationsgericht, 24.02.1978, ZR 1978, Nr. 101).

43   *Können mit der Arrestprosequierungsklage noch weitere Forderungen geltend gemacht werden?* – Wer einen Arrest nehmen will, hat seine Forderung glaubhaft zu machen. Die Forderung ist im Arrestbefehl anzugeben. Nach der Betreibung und Rechtsvorschlag hat der Gläubiger Klage auf Anerkennung seiner Forderung einzureichen, wenn er nicht schon vor der Bewilligung des Arrestes geklagt hat. Dem entspricht, dass die Klage die Arrestforderung betreffen muss (BGE 93 III 88, Praxis 75, Nr. 31) und dass im Arrestprosequierungsprozess zu prüfen ist, ob diese materiellrechtlich begründet sei. Das Bundesrecht gibt dem Gläubiger keinen Anspruch, in diesem Prozess eine Forderung geltend zu machen, die er auf andere tatsächliche oder rechtliche Gründe stützt, als sie im Arrestbefehl aufgeführt sind. Ob der Grundsatz der Prozessökonomie ein weiteres Entgegenkommen rechtfertige, beurteilt sich nach kantonalem prozessrecht (BGE 110 III 97, Praxis 74, Nr. 86).

44   *Betreibung auf Leistung von Zahlungen an Dritte.* Arrestprosequierung; – Identität zwischen Gegenstand der Klage und Forderung, für welche der Arrest bewilligt wurde, beim Vertrag zugunsten Dritter. – Art. 38 Abs. 1 SchKG sagt, dass die Zwangsvollstreckung, welche auf eine Geldzahlung gerichtet ist, auf dem Wege der Schuldbetreibung durchgeführt werden. Dieser Grundsatz erfährt auch beim Vertrag zugunsten Dritter keine Ausnahme. Bei jedem Vertrag zugunsten Dritter auf Geldleistung ist der Promittent auch Gläubiger, denn er ist nicht nur Vertragspartei, sondern er kann in jedem Fall auch die Leistung an den Dritten verlangen; beim unechten Vertrag zugunsten Dritter ist er sogar der Einzige, der dies tun kann, da je dem Dritten kein selbständiges Forderungsrecht zusteht. Es ist dem Betreibungsschuldner überlassen, durch geeignete Massnahmen (Rechtsvorschlag und anschliessende zweckentsprechende Anträge im Rechtsöffnungsverfahren) dafür zu sorgen, dass bei einem Vertrag zugunsten Dritter der Betrag wirklich dem Dritten und nicht dem betreibenden Gläubiger zukommt. Hingegen muss eine materielle Identität der im Arrest- und Zahlungsbefehl bezeichneten Forderung mit der Forderung, die dann Gegenstand der Prosequierungsklage ist, bestehen (ZH, Kassationsgericht, 09.03, 1983, SJZ 1984, S. 60).

45   Der Prosequierungsrichter ist unzuständig, wenn kein Arrestgegenstand besteht. *Ist ein Arrestgegenstand vorhanden, der als Eigentum eines Dritten bezeichnet wird, so besteht die Zuständigkeit des Gerichtes des Arrestortes trotzdem, wenn in Bezug auf diesen Gegenstand kein Widerspruchsverfahren eingeleitet worden ist.* Ein *ausländischer Prozess gilt als Arrestprosequierung*, wenn das ausländische Urteil in der Schweiz vollstreckbar ist. – Die Einrede der abgeurteilten Sache ist gegenüber einem ausländischem urteil nur möglich, wenn es in der Schweiz vollstreckbar ist. Die Entscheidung des Einzelrichters über die Vollstreckbarkeit ist für den ordentlichen Richter verbindlich. – *Einrede der Rechtshängigkeit.* Kriterien für die Identität der Entscheidung. Notwendigkeit der Vollstreckbarkeit des ausländischen Urteils. Wer die der Rechtshängigkeit bestreiten will, muss das Fehlen des Gegenrechts beweisen (ZH, Handelsgericht, 19.11.1974, ZR 1974, Nr. 106).

IV. Dahinfallen des Arrestes

46   Bevor ein BA einen Arrest als hinfällig erklärt und die Arrestgegenstände dem Schuldner herausgibt, hat es das Fehlen einer gültigen Prosequierung von Amtes wegen abzuklären (GR, AB, 05.08.1968, PKG 1968, Nr. 51, BlSchK 1970, S. 152, SJZ 1970, S. 140).

| Achter Titel: Arrest | Art. 280 |

47 Der Hinfall eines Arrestes nach diesem Artikel ist von den Betreibungsbehörden festzustellen. Der Schuldner kann den Hinfall jederzeit feststellen lassen (BGE 93 III 67/72).

48 Ist ein Arrest dahingefallen, müssen die Betreibungsbehörden die Arrestgegenstände von Amtes wegen freigeben. Geschieht dies nicht, kann der Schuldner jederzeit verlangen, dass die Freigabe nachgeholt werde (BGE 106 III 92).

V. Weitere Entscheide

49 *Der Arrest begründet kein Pfandrecht des Arrestgläubigers am arrestierten Gegenstand oder Grundstück* und kann daher normalerweise nur durch die ordentliche Betreibung auf Pfändung oder Konkurs, nicht aber durch eine Betreibung auf Pfandverwertung prosequiert werden (AI, Bez.Gerichtspräsidium, 03.01.1969, Rechenschaftsbericht 1969, S. 166, SJZ 1974, S. 313).

50 Während der Hängigkeit eines Arresteinspracheverfahrens (Art. 278 SchKG) kann der Gläubiger – muss aber nicht – den Arrest im Sinne dieser Bestimmung prosequieren (BS, AB, 09.10.1972, BlSchK 1974, S. 21).

51 Es ist weder Sache des BA noch der AB über Fragen wie die Vollstreckbarkeit eines noch nicht gefällten Urteils oder die Zuständigkeit des angerufenen Gericht zu entscheiden (BE, AB, 29.06.1977, BlSchK 1977, S. 189).

52 (i.V.m. Art. 265 Abs. 2 und 3 aSchKG) Bestreitet der aufgrund eines Konkursverlustscheines betriebene Arrestschuldner durch Rechtsvorschlag, dass er zu neuem Vermögen gekommen sei, so fällt der Arrest dahin, wenn der Gläubiger nicht binnen 10 Tagen nachdem er vom Rechtsvorschlag und seiner Begründung Kenntnis erhalten hat, oder – falls der Rechtsvorschlag schon vor Zustellung der Arresturkunde erhoben wurde – binnen 10 Tagen seit Zustellung der Arresturkunde auf Feststellung neuen Vermögens klagt. Dasselbe gilt, wenn der Gläubiger diese Klage zwar rechtzeitig anhebt, sie aber zurückzieht oder vom Richter damit endgültig abgewiesen wird.

Hat der für eine Forderung aus Konkursverlustschein betriebene Schuldner durch Rechtsvorschlag neben der Forderung das Vorhandensein neuen Vermögens bestritten und der Gläubiger seine Klage auf Feststellung neuen Vermögens zurückgezogen, so vermag die fragliche Betreibung den nach diesem Rückzug erwirkten Arrest nicht aufrechtzuerhalten, selbst wenn der Gläubiger binnen 10 Tagen seit Zustellung der Arresturkunde ein Rechtsöffnungsbegehren stellt und der Richter die Rechtsöffnung bewilligt.

Nichtigkeit der Massnahmen, mit denen das BA ein nach diesem Artikel (Abs. 4) dahingefallenes Arrestverfahren weiterführt (BGE 93 III 67).

Art. 280 K. Dahinfallen

Der Arrest fällt dahin, wenn der Gläubiger:
1. die Fristen nach Artikel 279 nicht einhält;
2. die Klage oder die Betreibung zurückzieht oder erlöschen lässt; oder
3. mit seiner Klage vom Gericht endgültig abgewiesen wird.

1 Ist ein Arrest dahingefallen, müssen die Betreibungsbehörden die Arrestgegenstände von Amtes wegen freigeben. Geschieht dies nicht, kann der Schuldner jederzeit verlangen, dass die Freigabe nachgeholt werde (BGE 106 III 92).

2 (Ziff. 1 i.V.m. Art. 278 Abs. 5 und 279 SchKG) – Der Gläubiger, dessen Rechtsöffnungsgesuch in der Betreibung zur Arrestprosequierung abgewiesen wird, muss im Falle, dass ein Arresteinspracheverfahren hängig ist, Klage auf Anerkennung seiner Forderung innert zehn Tagen nach dem endgültigen kantonalen Urteil über die Arresteinsprache einreichen; anderenfalls fällt der Arrest dahin (BGE 129 III 599).

3 Massnahme, mit denen das BA ein dahingefallenes Arrestverfahren weiterführt, sind nichtig (BGE 93 III 67).

Art. 281 L. Provisorischer Pfändungsanschluss

¹ Werden nach Ausstellung des Arrestbefehls die Arrestgegenstände von einem andern Gläubiger gepfändet, bevor der Arrestgläubiger selber das Pfändungsbegehren stellen kann, so nimmt der letztere von Rechtes wegen provisorisch an der Pfändung teil.
² Der Gläubiger kann die vom Arreste herrührenden Kosten aus dem Erlöse der Arrestgegenstände vorwegnehmen.
³ Im Übrigen begründet der Arrest kein Vorzugsrecht.

1. Absatz 1 über die Teilnahme an der provisorischen Pfändung des Arrestgläubigers ist nur anwendbar, wenn nach Ausstellung des Arrestbefehls ein anderer Gläubiger als erster ein Pfändungsbegehren stellt (BGE 113 III 34).

2. Absatz 1 setzt voraus, dass der Arrest vor dieser Pfändung genommen wurde. Massgebend ist dabei das Datum des Arrestbefehls und nicht das Datum des Arrestvollzuges (BS, AB, 24.01.1966, BJM 1968, S. 60).

3. Anwendungsvoraussetzungen – Es ist nicht erforderlich, dass der Arrestgläubiger selbst um die Teilnahme im Sinne von Art. 281 SchKG nachsuchen muss. Sofern er von der Teilnahme – die bewilligt worden ist, weil er die Pfändung bis dahin nicht selbst erwirken konnte – zu profitieren beabsichtigt, obliegt es ihm bloss, binnen zehn Tagen nach Erteilung der definitiven Rechtsöffnung oder Erlass eines vollstreckbaren Urteils die definitive Pfändung zu beantragen.

   Damit das Teilnahmerecht wirksam ausgeübt werden kann, darf die Verteilung des Erlöses erst dann zum Abschluss gebracht werden, wenn der Prozess über die Rechtsbeständigkeit des Arrestes oder über die Forderung selbst beendet ist. Ohne Belang ist dabei, dass das Verwertungsbegehren nach Ablauf der Teilnahmefrist von Art. 110 SchKG gestellt worden ist.

   Die Frage, ob und in welchem Umfang jemand an einer Zwangsvollstreckung teilnimmt, bildet stets Gegenstand eines Entscheides der mit der Vollstreckung betrauten Behörde. Das Versäumnis eines solchen Entscheides kann keinen Verlust eines gesetzlichen Rechts zu Folge haben (BGE 116 III 42).

4. Das Vorrecht gilt nur für die Kosten der Arrestbewilligung und des Arrestvollzuges, nicht auch für die Kosten der anschliessenden Betreibung und eines Rechtsöffnungsverfahrens (BGE 90 III 36).

5. (i.V.m. Art. 95 Abs. 3 SchKG) – Der Arrest verschafft dem Gläubiger kein dingliches Recht am Arrestobjekt; gegenüber anderen betreibenden Gläubigern verschafft er dem Arrestgläubiger nur das Vorzugsrecht des provisorischen Anschlusses (BS, AB, 13.06.1972, BlSchK 1976, S. 22/23).

6. Der Arrest begründet keinerlei Vorzugsrecht materieller Natur. Bei der Auslegung und Anwendung der ihn betreffenden gesetzlichen Bestimmungen ist dem höchst provisorischen Charakter des Arrestes Rechnung zu tragen.

   Die durch den Arrest gewährte Sicherheit verleiht dem Gläubiger nicht den Anspruch, sich aus dem Erlös der Verwertung der mit Beschlag belegten Vermögenswerte vorweg befriedigen zu lassen. Letztere können daher jederzeit zugunsten anderer Gläubiger gepfändet oder nochmals arrestiert werden. Stehen zwei Arreste zueinander in Konkurrenz, ist die vom zweiten Gläubiger erwirkte Beschlagnahme nicht – im Sinne einer analogen Anwendung von Art. 110 Abs. 3 SchKG – auf den Teil der bereits ein erstes Mal arrestierten Vermögenswerte beschränkt, der nach einer Befriedigung des ersten Gläubigers noch übrig bleiben würde. Dieser hat keine Vorzugsstellung, solange er nicht die Pfändung erwirkt hat (BGE 116 III 111/112).

7. Der Arrestgläubiger, der im Sinne dieser Bestimmung provisorisch an einer Pfändung teilnimmt, hat ein Begehren um endgültige Pfändung binnen der Frist von 10 Tagen des Art. 279 SchKG zu stellen, der in dieser Hinsicht analog anwendbar ist. – Enthält ein Begehren um Verwertung implicite dasjenige um endgültige Pfändung? – Die Stellung des Verwertungsbegehrens bedeutet nicht, dass das dem vorausgehenden Begehren um definitive Pfändung ohne Weiteres überflüssig geworden ist. Es kann nicht angenommen werden, dass im Verwertungsbegehren das Pfändungsbegehren implicite mitenthalten ist (BGE 84 III 100).

8   Die Arrestbetreibung kann als solche binnen der Fristen des Art. 88 Abs. 1 und 2 SchKG fortgesetzt werden. Die nach Art. 281 Abs. 1 SchKG erlangte provisorische Teilnahme an einer Pfändung fällt jedoch dahin, wenn der Arrestgläubiger die Pfändung nicht binnen zehn Tagen verlangt, seitdem er dazu – wegen Unterbleibens eines Rechtsvorschlages oder kraft definitiver Rechtsöffnung oder eines vollstreckbaren Urteils – in die Lage gekommen ist. – Dies gilt auch dann, wenn der Arrestgläubiger mit dem Gläubiger identisch ist, der jene erste Pfändung erlangt hatte (BGE 92 III 9).

9   Ist der Arrestgläubiger in der Lage, die Fortsetzung der Betreibung innerhalb der normalen Anschlussfrist von 30 Tagen zu verlangen, gelangt die Spezialvorschrift von Art. 281 SchKG nicht zur Anwendung. – Es darf nur dann angenommen werden, dass der Arrestgläubiger tatsächlich in der Lage ist, die Fortsetzung der Betreibung zu verlangen, wenn er eine Urkunde besitzt, aus der hervorgeht, dass der Rechtsvorschlag beseitigt ist; diese Urkunde muss zusammen mit dem Fortsetzungsbegehren eingereicht werden. – Die Frist für den Pfändungsanschluss beginnt nicht von dem Moment an zu laufen, in dem das BA die Pfändung hätte vornehmen sollen, sondern von dem Tage an, an dem die Pfändung tatsächlich stattgefunden hat (BGE 101 III 86).

10 Hat der Arrestgläubiger innerhalb von 30 Tagen nach Erhalt der provisorischen Rechtsöffnung kein Fortsetzungsbegehren gestellt und werden die Arrestgegenstände in der Folge für einen andern Gläubiger gepfändet, so nimmt er an dieser Pfändung nicht teil (BGE 119 III 93).

11 (i.V.m. Art. 96 Abs. 1 SchKG) – Ist der Schuldner bei der Pfändung nicht anwesend, beginnt die Teilnahmefrist für die provisorische Anschlusspfändung erst zu laufen, wenn ihm die Pfändungsurkunde zugestellt worden ist (BGE 130 III 661).

Neunter Titel: Besondere Bestimmungen über Miete und Pacht

Art. 282

Aufgehoben.

Diese Bestimmung regelte den Zahlungsbefehl, der mit der Androhung verbunden war, dass nach Ablauf der Zahlungsfrist von OR Art. 257d bzw. 287 (früher Art. 265 bzw. 293) der Mieter oder Pächter ausgewiesen würde. Dieses Institut wurde mit der Revision des Miet- und Pachtrechts vom 15.12.1989 (in Kraft getreten am 01.07.1990) aufgehoben.

Art. 283 Retentionsverzeichnis

¹ Vermieter und Verpächter von Geschäftsräumen können, auch wenn die Betreibung nicht angehoben ist, zur einstweiligen Wahrung ihres Retentionsrechtes (Art. 268 ff. und 299c OR) die Hilfe des Betreibungsamtes in Anspruch nehmen.

² Ist Gefahr im Verzuge, so kann die Hilfe der Polizei oder der Gemeindebehörde nachgesucht werden.

³ Das Betreibungsamt nimmt ein Verzeichnis der dem Retentionsrecht unterliegenden Gegenstände auf und setzt dem Gläubiger eine Frist zur Anhebung der Betreibung auf Pfandverwertung an.

I. Prüfung des Begehrens durch das Betreibungsamt

1. Prüfungsbefugnis der Betreibungsbehörden mit Bezug auf die Frage, ob das vom Vermieter geltend gemachte Retentionsrecht nach Art. 268 OR bestehe. Zur Sicherung von Ersatzansprüchen aus Schadenersatz wegen Vertragsverletzung darf ein Retentionsverzeichnis nicht aufgenommen werden (BGE 86 III 36).
2. Beschränkte Kognitionsbefugnis des BA bezüglich Bestand des Retentionsrechts: Einem Retentionsbegehren ist stattzugeben, wenn sich nicht aus den vom Gesuchsteller bekannt gegebenen Tatsachen klar ergibt, das kein Retentionsrecht besteht (BS, AB, 13.08.1962, BJM 1964, S. 190, BlSchK 1964, S. 118).
3. Umfang der Befugnis des BA zur Prüfung der Voraussetzungen. Dem BA fehlt die rechtliche Möglichkeit, Bestand und Umfang der Forderung zu prüfen. Dies ist allenfalls Sache des Richters. Der BB könnte seine Hilfe an den Gläubiger nur verweigern, wenn die geltend gemachte Forderung sich nicht offensichtlich auf ein bestehendes Mietverhältnis stützt (GR, AB, 21.09.1964, BlSchK 1966, S. 53).
4. Glaubhaftmachung eines Mietverhältnisses genügt zur Entgegennahme eines Retentionsbegehrens durch das BA. Auf Fragen des materiellen Rechts haben sich die Betreibungsbehörden nicht einzulassen (BS, AB, 20.05.1959, BlSchK 1960, S. 149).
5. Die Aufnahme einer Retentionsurkunde ist nur dann abzulehnen, wenn das beanspruchte Retentionsrecht der Grundlage offenkundig entbehrt (BE, AB, 30.11.1950, ZBJV 1952, S. 173).
6. Das BA darf die Aufnahme einer Retentionsurkunde nur ablehnen, wenn aus den vom Gesuchsteller bekannt gegebenen Tatsachen klar hervorgeht, dass nach Gesetz und Praxis von einem Retentionsrecht nicht die Rede sein kann. – Die Retention für den laufenden Halbjahreszins ist dabei nur zu bewilligen, wenn dem Retentionsbegehren das Vorhandensein einer wirklichen und unmittelbaren Gefahr glaubhaft gemacht wird (SO, AB, 24.12.1974, BlSchK 1977, S. 27).
7. Das BA ist nur dann berechtigt und verpflichtet, die Aufnahme einer Retentionsurkunde aus materiellen Gründen abzulehnen, wenn sich aufgrund der Akten zweifelsfrei ergibt, dass das beanspruchte Retentionsrecht nicht besteht. Bestand der Forderung und allfällige dagegen erhobene

Einwände und Einreden unterliegen der Beurteilung durch den Richter (BS, AB, 28.03.1972, BlSchK 1974, S. 116).

8 Der BB kann die Aufnahme eines Retentionsverzeichnisses verweigern, wenn seiner Meinung nach kein Mietverhältnis vorliegt bzw. das beanspruchte Retentionsrecht offensichtlich nicht besteht (TG, Rekurskomm., 10.01.1983, BlSchK 1986, S. 113).

9 Das BA darf ein Retentionsbegehren nur dann ablehnen, wenn klar ist, dass nach Gesetz und Rechtsprechung von einem Retentionsrecht nicht die Rede sein kann. Eine solche Klarheit herrscht *bei nur mündlich abgeschlossenem Mietvertrag* nicht. Deshalb ist die Aufnahme einer Retentionsurkunde zu schützen. Eigentumsansprachen Dritter schliessen die Aufnahme einer Retentionsurkunde nicht aus (SO, AB, 08.12.1978, BlSchK 1982, S. 71).

10 Das BA darf die Aufnahme eines Retentionsverzeichnisses nicht aus Gründen des materiellen Rechts ablehnen, ausser wenn das vom Vermieter beanspruchte Retentionsrecht unzweifelhaft nicht besteht (BGE 97 III 44).

11 Befugnis der Betreibungsbehörden zu prüfen, ob der Vermieter ein sich aus Art. 268 OR ergebendes Retentionsrecht habe. Befugnis dieser Behörden, den Betrag der Mietzinsen und die Zeitabschnitte zu bestimmen, auf die sich diese beziehen (BGE 103 III 40).

12 Der BB hat einem Retentionsbegehren auch Folge zu geben, wenn es von einem vertraglichen Zessionar der Mietzinsforderung gestellt wird (AR, ObGer, 06.12.1954, SJZ 1956, S. 64).

13 (i.V.m. Art. 712k ZGB) – Retentionsrecht der Stockwerkeigentümergemeinschaft für die auf die letzten drei Jahre entfallenden Beitragsforderungen. Das Retentionsrecht der Stockwerkeigentümergemeinschaft umfasst auch Sachen des Untermieters bzw. Mieters nur insoweit, als dieser seinen Unter-Mietzins nicht bezahlt hat. Demnach unterliegen die durch den Untermieter eingebrachten Sachen dem Zugriff des Haupt-Vermieters, doch kann sich der Untermieter vom Retentionsrecht befreien, indem er den Unter-Mietzins bezahlt (BE, AB, 11.06.1998, BlSchK 1999, S. 195).

II. Voraussetzungen

14 (i.V.m. Art. 895 ff. ZGB) – Die in diesem Artikel geregelte Wahrung des Retentionsrechts nach Art. 268–268b und 299c OR gilt nur für den Vermieter bzw. Verpächter von unbeweglichen Sachen. *Beim Retentionsrecht nach Art. 895 ZGB ist keine Aufnahme einer Retentionsurkunde möglich* (SO, AB, 19.09.1974, BlSchK 1976, S. 116).

15 Zur Sicherung des laufenden Halbjahreszinses darf ein Retentionsverzeichnis nur aufgenommen werden, wenn der Vermieter das Bestehen einer wirklichen und unmittelbaren Gefahr für sein Recht glaubhaft macht (BGE 97 III 44).

16 Aufnahme eines Retentionsverzeichnisses gegenüber einem Schuldner, dem die *provisorische Nachlassstundung bewilligt worden ist.* Für die Aufnahme eines Retentionsverzeichnisses zur Sicherung von künftigem (laufendem) Mietzins ist die Gefährdung des Retentionsrecht auch dann darzutun, wenn der genannte Zins unmittelbar an verfallenen Zins anschliesst, für den das gleiche Gesuch gestellt worden ist (BGE 129 III 395, SJZ 2003, S. 412).

17 Ob der Mietzins vorauszahlbar ist oder nicht, bezieht sich das Retentionsrecht des Vermieters für verfallenen Mietzins auf das verflossene Jahr vor dem letzten Zinstermin, welcher dem Retentionsbegehren voraus gegangen ist. – Zur Inanspruchnahme des Retentionsrechts für laufenden Mietzins muss der Gläubiger das wahrscheinliche Bestehen einer wirklichen und unmittelbaren Gefahr nachweisen (GE, Autorité de surveillance, 03.06.1981, BlSchK 1984, S. 118).

18 Das laufende Halbjahr im Sinne von Art. 268 OR beginnt unabhängig davon, ob der Zins prae- oder postnumerando zahlbar sei, mit dem letzten Zinstermin vor dem Retentionsbegehren (BGE 97 III 44).

19 Bei verfallenem Mietzins bildet allein die Tatsache des Mietzinsrückstandes ausreichenden Grund zur Aufnahme einer Retentionsurkunde (BS, AB, 06.02.1979, BlSchK 1981, S. 183).

20 Es ist gerechtfertigt, die Aufnahme der Retentionsurkunde zuzulassen, sobald der Mietzins auch für die laufende Mietperiode zur Zahlung fällig geworden, aber nicht entrichtet worden ist, ohne dass

der Vermieter eine konkrete und unmittelbare Gefährdung seiner Rechte glaubhaft machen müsste (AG, ObGer, SchKKomm, 18.10.1984, BlSchK 1985, S. 156).

21 Wegen vorausgegangener amtlicher Verwahrung der retinierbaren Gegenstände darf das BA die Aufnahme eines Retentionsverzeichnisses nicht ablehnen, ebenso wenig wegen bereits erfolgter Verwertung dieser Gegenstände zugunsten von Pfändungsgläubiger, solange der Erlös noch nicht verteilt ist. Das Retentionsrecht erstreckt sich auch für Heizkostenbeiträge (BGE 63 II 381, 72 III 37) (BGE 75 III 28).

22 Die Aufnahme eines Retentionsverzeichnisses für den Mietzins aus einer mehr als ein Jahr zurückliegenden Mietperiode darf nicht wegen dieser verflossenen Zeit abgelehnt werden, wenn die Miete damals zu Ende ging (BGE 79 III 75).

23 Die Aufnahme eines Retentionsverzeichnisses entfällt, wenn für den Mietzins beim Auszug des Mieters eine Faustpfandverpfändung von Möbeln erfolgte (74 III 11).

24 Voraussetzungen der Retention für den laufenden Halbjahreszins. Diese sind mit einem Schreiben des Mieters, mit dem die Absicht bekannt gibt, Einrichtungen und Inventar zu verkaufen, gegeben (BL AB, 29.06.1999, BlSchK 2000, S. 234).

III. Umfang des Retentionsrecht

25 Das dem Vermieter von Gesetzes wegen zustehende Retentionsrecht gelangt bereits im Zeitpunkt des Einbringens der Gegenstände in die vermieteten Räume (BGE 116 III 120/125).

26 Diese Bestimmung findet auch auf das Retentionsrecht der Stockwerkeigentümergemeinschaft nach Art. 712k ZGB Anwendung. Das Retentionsrecht beschlägt Sachen der Nutzniesserin einer Stockwerkeigentumswohnung, wenn diese – entsprechend den Vorgaben bei einem Untermieter – ihren Verpflichtungen aus der Nutzniessung nicht nachgekommen ist. Die Nutzniesserin kann nicht als Drittperson gelten, deren Gegenstände sich als dem Stockwerkeigentümer anvertrautes Gut in der Wohnung befinden (BS, AB, 19.10.2004, BJM 2005, S. 152).

27 Retentionsrecht für Stockwerkeigentümerbeiträge – Retentionsurkunde
– Legitimation des Mieters einer Stockwerkeinheit zur Beschwerde gegen den Vollzug der Retention;
– Geltendmachung des Retentionsrechts durch den Verwalter der Stockwerkeigentümergemeinschaft;
– Die Erben des verstorbenen Verwalters sind nicht berechtigt, in seinem Namen das Retentionsbegehren zu stellen;
– *Für jeden der beiden Miteigentümer* einer Stockwerkeinheit als Beitragsschuldner *und für jede Stockwerkeinheit* ist je eine separate Retentionsurkunde auszufertigen;
– Der Vollzug der Retention erfolgt ohne vorgängige Anzeige an den Schuldner und ist auch in Abwesenheit des Mieters der Stockwerkeinheit zulässig (GR, AB, 29.10.1991, PKG 1991, S. 163).

28 *Auslegung des Begriffs des Geschäftsraumes* – Unter Geschäftsraum ist jeder Raum zu verstehen, der dem Betrieb eines Gewerbes oder im weiteren Sinne der Ausübung einer beruflichen Tätigkeit dient (BGE 118 II 40, 113 II 406). Die Anwendung der Schutzbestimmungen des Mietrechts kann nicht mit Hinweis auf das Fehlen der Raumeigenschaft verneint werden, wenn es sich um bauliche Anlagen dreidimensionaler Ausdehnung handelt, in denen sich im Rahmen der von der Mieterseite ausgeübten Geschäftstätigkeit Personen aufhalten. So handelt es sich bei einer Autowaschanlage im Freien mit drei Waschzellen, die den Raum gegen oben und auf drei Seiten hin begrenzen, zwei fest installierte Staubsauger, ein Maschinenlokal und ein dem Betreuer der Anlage zur Verfügung stehendes Büro um Geschäftsräume für welche ein einheitlicher Mietvertrag über sämtliche Anlageteile vorliegt (BGE 124 III 109).

29 Handelt es sich beim Mietobjekt *um eine Gewerbeaussenfläche*, ist die Retention an den sich darauf befindlichen Sachen nichtig, da dieses Mietobjekt keine Eigenschaft eines Geschäftsraumes aufweist (BL, AB, 23.10.2000, BlSchK 2001, S. 184).

30 Für Instandstellungskosten besteht ebenfalls ein Retentionsrecht (BGE 80 III 128).

31 Für verfallener Mietzins beginnt der Fristenlauf nach Zustellung der Retentionsurkunde und für laufenden Mietzins 10 Tage nach der Fälligkeit. Für mietzinsähnliche Kosten (Heizung, Beleuchtung usw.) tritt die Fälligkeit längstens bei Beendigung des Mietvertrages ein und damit beginnt analog zum laufenden Mietzins ebenfalls der Fristenlauf von 10 Tagen. – Für Instandstellungskosten ist ein Retentionsrecht nur gegeben, wenn sie mietzinsähnlich, unmittelbar aus Vertragserfüllung für den Gebrauch der Mietsache entstanden, ziffernmässig bestimmt und nicht auf vertragswidriges Verhalten des Mieters (Beschädigung und Übernutzung der Mietsache) zurückzuführen sind (BGE 80 III 128) (SO, AB, 31.12.1971, BlSchK 1972, S. 152).

32 Das Retentionsrecht besteht nicht nur für Miet- und Pachtzinse, sondern auch für im Vertrag ausbedungene (ordentliche) Instandstellungskosten. *Geht aus dem Mietvertrag nicht eine genau bestimmte bzw. bestimmbare Geldleistung als Vertragserfüllung hervor, so besteht für die vom Vermieter geltend gemachte Forderung aus Vertragsverletzung kein Retentionsrecht.* Unterlassene Prosequierung der Retention macht diese zudem wirkungslos. – Ein *gewöhnliches Pfand- oder Eigentumsrecht* des Gläubigers bedarf keiner betreibungsrechtlichen Sicherung durch Inventarisierung; die Aufnahme solcher Gegenstände in eine Retentionsurkunde ist unzulässig (SO, AB, 29.12.1978, BlSchK 1984, S. 73/74).

33 Aus hygienischen Gründen ist das Shampoonieren textiler Bodenbeläge bei der Wohnungsübergabe als notwendig und ortsüblich zu bezeichnen. Für die entsprechenden Auslagen besteht deshalb ein Retentionsrecht. Kosten, die im Zusammenhang mit der Reinigung des Mietobjektes beim Auszug entstehen, sind Aufwendungen, die zur Vertragserfüllung gehören (TG, ObGer, Rekurskomm., 13.06.1983, SJZ 1985, S. 78).

34 Mit der Wegschaffung der Einrichtungsgegenstände aus den Mieträumen geht das Retentionsrecht des Vermieters unter Vorbehalt der Rückschaffung gemäss Art. 284 SchKG unter; dass die Gegenstände sich zur Zeit der Stellung des Retentionsbegehrens noch in den Mieträumen befinden genügt nicht (BE, AB, 18.08.1952 und 11.02.1955, ZBJV 1953, S. 503, BlSchK 1957, S. 58).

35 Für die Ersatzforderung aus Art. 266g OR (Rücktritt aus wichtigen Gründen) besteht kein Retentionsrecht (BGE 86 III 36).

36 Besteht für die Forderung des Vermieters ein Retentionsrecht, wenn der Mieter einen auf bestimmte Zeit abgeschlossenen Mietvertrag vorzeitig kündigt? Nach neuerer Rechtsprechung kann das Retentionsrecht des Vermieters für eine Mietzinsforderung oder eine *mietzinsähnliche Forderung* in Anspruch genommen werden, nicht aber für eine Schadenersatzforderung (BGE 104 III 87). Eine mietzinsähnliche Forderung ist dann zu bejahen, wenn man einer Kündigung nach Art. 266g OR – unabhängig von der Frage des wichtigen Grundes – unmittelbare Auflösungswirkung zuerkennt. Erweist sich nämlich, dass die Kündigung ungerechtfertigt erfolgt ist, so stehen dem Vermieter im Sinne des positiven Vertragsinteresses Schadenersatzansprüche zu, die grundsätzlich den ausstehenden Mietzinsen entsprechen. Die Forderung des Vermieters ist unter diesem Gesichtspunkte näher dem Mietzins verwandt als dem Schadenersatzanspruch, weshalb das Retentionsrecht besteht (vgl. BGE 63 II 380) (LU, SchK-Komm., 17.12.1985, LGVE 1985 I 42).

37 Für die im *Mietvertrag vorgesehene Sicherheitsleistung des Mieters* kann der Vermieter *das Retentionsrecht nicht beanspruchen.* Als Mietzins kann eine Forderung bezeichnet werden, wenn sie als Teil der Gegenleistung zu betrachten ist, die der Mieter dem Vermieter gemäss Mietvertrag für die Überlassung der Mietsache zum Gebrauch schuldet (vgl. BGE 80 III 130). Diese Voraussetzung ist z.B. bei Schadenersatzforderungen des Vermieters nicht erfüllt, weshalb für solche Forderungen kein Retentionsrecht besteht (BGE 104 III 87, 86 III 39, 63 II 373). Die Sicherheitsleistung, die hier der Mieter zu erbringen hat, stellt kein Entgelt für die Leistungen des Vermieters aus dem Mietvertrag dar. Sie hat überhaupt keinen selbständigen Charakter, sondern soll lediglich die Ansprüche des Vermieters aus dem Mietverhältnis sicherstellen (BGE 111 II 71).

IV. Der Retention unterliegenden Objekte

38 Befugnis der Betreibungsbehörden zum Entscheid darüber, ob ein Gegenstand wegen Unpfändbarkeit nicht in das Retentionsverzeichnis gemäss Abs. 3 aufgenommen werden dürfe. Dem Retentionsrecht des Vermieters sind alle gemäss Art. 92 SchKG unpfändbaren Gegenstände entzogen (Art. 268 Abs. 3 OR) (BGE 82 III 77).

39 Handelsware in einem Ladengeschäft unterliegt dem Retentionsrecht. Zum Verkauf bestimmte Kleidungsstücke besitzen keine Kompetenzqualität (BS, AB, 06.02.1979, BlSchK 1981, S. 183).

40 Handelsware ist pfändbar und damit auch retinierbar (SO, AB, 08.12.1978, BlSchK 1982, S.71).

41 (i.V.m. Art. 92 SchKG) – Welche Gegenstände im Sinne von Art. 268 OR zu den retinierbaren Sachen gehören, hängt von der Zweckbestimmung des Mietobjekts ab. Betreibt der Mieter ein Verkaufsgeschäft, so unterliegen die eingebrachten und für den Verkauf bestimmten Waren ohne Weiteres dem Retentionsrecht des Vermieters. Solche Waren tragen nicht Kompetenzcharakter (BS, AB, 09.02.1979, BlSchK 1982, S. 58).

42 Nicht als Mietzins zu retinieren sind Gegenstände, die zweifellos nicht zur Einrichtung oder Benutzung der vermieteten Räume gehören (BGE 79 III 75).

43 Das Retentionsrecht des Vermieters einer Hotelliegenschaft erstreckt sich auch auf das im Tank des Grundstückes gelagerte Heizöl (BGE 109 III 42).

44 *Künftige Einnahmen aus einem Wirtschaftsbetrieb kommen als Retentionsobjekt nicht in Betracht.* Das BA hat bei der Aufnahme der Retentionsurkunde nicht einfach dem Begehren des Gläubigers stattzugeben, sondern es muss prüfen, ob die vom Gläubiger zur Aufnahme in das Retentionsverzeichnis vorgeschlagenen Gegenstände den genannten gesetzlichen Anforderungen entsprechen. Es hat auszuscheiden: – 1. die nicht in den vermieteten Räumlichkeiten befindlichen Objekte, wenn sie nicht nur vorübergehend daraus entfernt wurden – 2. von den sich darin befindlichen alle, a) welche nicht zu ihrer Einrichtung oder Benutzung gehören und b) nach den Grundsätzen des Art. 92 SchKG nicht pfändbar sind. Die Prüfungsbefugnis des BA über die in Ziff. 1 und 2a genannten Punkte ist keine definitive; der endgültige Entscheid obliegt dem Richter (LU, SchKKomm, 16.12.1955, Max. X, Nr. 367, BlSchK 1957, S. 118).

45 Sich in Fabrikation befindende Maschinen und Einzelteile gehören zur Benutzung der Mieträumlichkeiten, sofern sie sich nicht zufällig dort befinden und dort für eine gewisse Zeit zu Fertigungs- und Montagezwecken bleiben. Im Verzeichnis können auch Fahrzeuge aufgeführt werden, die auf dem Parkplatz stehen, der zu den Mieträumlichkeiten gehört (BGE 120 III 52/53).

46 (i.V.m. Art. 92 Ziff. 3 SchKG und Art. 896 Abs. 2 ZGB) – *Unpfändbarkeit einer Tonträgersammlung eines Diskjockeys* – An einer unpfändbaren Tonträgersammlung eines Diskjockeys ist die Retention ausgeschlossen. – Der Beruf eines Diskjockeys lässt sich in zwei Kategorien unterscheiden, nämlich des Diskjockeys mit einer eigenen Tonträgersammlung und den «Plattenaufleger» ohne eigene Sammlung. Als Diskjockey mit eigener Tonträgersammlung ist dieser nicht verpflichtet, seine weitgehend selbstständige Tätigkeit zu Gunsten der Tätigkeit eines blossen «Plattenauflegers» aufzugeben, damit seine Tonträgersammlung gepfändet werden kann. Eine solche Plattensammlung ist damit als notwendiges Berufswerkzeug zu qualifizieren und gilt als unpfändbar und ist auch nach Art. 896 Abs. 1 ZGB nicht retinierbar (GR, AB, 24.01.1995, PKG 1995, S. 46).

47 *Der Miet- und Pachtzinsgläubiger, der auf die Aufnahme gewisser Gegenstände ins Retentionsverzeichnis verzichtet, verliert damit sein Retentionsrecht nicht.* Er kann es, sofern diese Gegenstände von dritter Seite gepfändet werden, im Widerspruchsverfahren zur Geltung bringen (BS, AB, 04.01.1956, BJM 1956, S. 87).

48 Nicht als Mietzins zu retinieren sind Gegenstände, die zweifellos nicht zur Einrichtung oder Benutzung der vermieteten Räume gehören (BGE 79 III 75).

49 Die Bestimmung des Art. 97 Abs. 2 SchKG, welche dem Amt verbietet, mehr zu pfänden als zur Befriedigung des Gläubigers an Kapital, Zinsen und Kosten nötig ist, ist analog anwendbar auf den Retentionsvollzug für Miet- oder Pachtzins (BGE 108 III 122).

50 Das Amt hat einen Untermieter, der seiner Zahlungspflicht nachkommt und von dem kein Gegenstand aufgezeichnet wurde, nicht zu verpflichten, die aus Untermiete geschuldeten Mietzinse inskünftig an das Amt zugunsten des Mieters zu zahlen (BGE 120 III 52/53).

51 Konkurriert die Pfändung des Gläubigers mit keiner andern Pfändung, so kann nachträglich nicht noch auf die Retention betrieben werden (SO, AB, 04.06.1959, BlSchK 1961, S. 119).

52 Wenn gegen den Mieter eine vollstreckbare Ausweisungsverfügung vorliegt, ist die amtliche Verwahrung von Retentionsgegenständen zulässig, auch wenn über das bestrittene Retentionsrecht noch der Prozess hängig ist (BE, AB, 06.05.1949, ZBJV 1950, S. 461, BlSchK 1952, S. 90).

V. Drittansprüche an Retentionsgegenständen

53 Die Behauptung des Drittansprechers und des Schuldners, die retinierten Gegenstände befänden sich im Eigentum des ersteren genügt nicht für eine Freigabe, solange aus den Akten nicht hervorgeht, dass auch der Verpächter dieses Eigentum anerkennt. Erst wenn das BA das Widerspruchsverfahren einleiten kann, wird die Frage des Eigentums abgeklärt werden können. Eine Freigabe der retinierten Gegenstände wäre nur durch eine Sicherheitsleistung zu erwirken (GR, AB, 14.06.1968, BlSchK 1971, S. 52).

54 Der Eigentumsanspruch eines Dritten an den in der Retentionsurkunde verzeichneten Gegenstände bildet kein Hindernis für den Vollzug. Der Streit um das Eigentum an denselben oder um die grundsätzliche Frage, ob das Retentionsrecht, welches (auch) Gegenstände beschlägt, welche nicht dem Mieter gehören, unterliegen der Beurteilung durch den Zivilrichter und müssen im Widerspruchsverfahren voneinander getrennt werden (Bestätigung der Rechtsprechung) (BGE 108 III 122).

55 Behandlung von mit Drittansprachen belasteten Gegenständen. Nichtigkeit einer Nachretention, wenn sich die davon betroffenen Gegenstände im Zeitpunkt der Nachretention nicht mehr in den Mieträumen befinden. Die *Bedeutung der Retentionsurkunde* liegt darin, dass das Retentionsrecht bezüglich der *in die Mieträumlichkeiten eingebrachten und zu deren Einrichtung oder Benutzung gehörenden Gegenstände* spezifiziert wird, d.h. konkret festgestellt wird, welche Gegenstände retiniert sind und über welche der Schuldner frei verfügen kann (BL, AB, BJM 1993, S. 267, BlSchK 1994, S. 150).

56 Die Auseinandersetzung zwischen dem retinierenden und betreibenden Vermieter und dem Drittsprecher erfolgt nach der Praxis des BGer in der Weise, dass wenn ein Dritter einen zugunsten des Vermieters retinierten Gegenstand zu Eigentum beansprucht und das Retentionsrecht des Vermieters bestreitet, diesem nach Eingang des Verwertungsbegehrens gemäss Art. 106 SchKG eine Frist von zehn Tagen zu setzen, innert welcher er gegenüber dem BA zu erklären hat, ob er an seinem Retentionsrecht am betreffenden Gegenstand festhalte. Gibt der Vermieter eine solche Erklärung ab, so ist dem Dritten gemäss Art. 107 SchKG Frist zur Klage auf Aberkennung des Retentionsrechts zu setzen. Befinden sich die vom Dritten beanspruchten Gegenstände im Gewahrsam des Schuldners, wie dies bei retinierten Gegenstände gewöhnlich zutrifft, so ist nicht nur dem Vermieter Gelegenheit zur Erklärung zu geben, ob er an seinem Retentionsrecht festhalte, sondern überdies dem Schuldner Frist zur Bestreitung des Drittanspruchs zu setzen, worauf gegebenenfalls der Dritte gegen den Schuldner gemäss Art. 107 SchKG auf Anerkennung seines Anspruchs zu klagen hat (BGE 96 III 66/69).

57 (i.V.m. Art. 130 Ziff. 1 SchKG) – Der Dritteigentümer von Gegenständen, die dem Retentionsrecht des Vermieters unterworfen sind, ist Beteiligter im Sinne von Art. 130 Ziff. 1 SchKG. Ein Verkauf aus freier Hand kann ohne seine Zustimmung nicht erfolgen, selbst wenn er das Retentionsrecht des Vermieters anerkennt. Etwa Anderes gilt nur, wenn der Schuldner die Eigentumsansprache mit Erfolg bestritten hat (BGE 107 III 20).

58 Werden die in das Retentionsverzeichnis aufgenommenen Gegenstände von einem Dritten, der daran das Eigentum beansprucht, aus den Mieträumen entfernt, so kann der Vermieter jederzeit ihre Rückverbringung verlangen, ohne dass die Voraussetzungen von Art. 284 SchKG erfüllt sein müssten. – Die Auseinandersetzung zwischen dem Vermieter und dem Drittansprecher darüber, ob

der Eigentumsanspruch und das Retentionsrecht begründet seien und ob jener Anspruch dem Retentionsrecht vorgehe, hat im Widerspruchsverfahren zu erfolgen (BGE 104 III 25).

59 Der Schuldner, der anlässlich der Aufnahme der Retentionskunde erklärt, dass die in die Urkunde aufgenommenen Gegenstände Dritten gehören, ist nicht befugt, die Entlassung dieser Gegenstände aus dem Retentionsbeschlag zu verlangen. Hiezu ist einzig der Drittansprecher legitimiert (BGE 106 III 28/29).

60 Der Streit über das Retentionsrecht des Vermieters an zugunsten eines andern Gläubigers gepfändeten Gegenständen ist auch dann im Widerspruchsverfahren auszutragen, wenn nach der Pfändung eine Retentionsurkunde aufgenommen und Pfandbetreibung eingeleitet worden ist (Bestätigung der Rechtsprechung) (BGE 81 III 7).

61 Der Umstand, dass die dem Retentionsrecht für Mietzinsforderungen unterliegenden Gegenstände nachträglich an einen andern Ort verbracht wurden, ändert nichts an der Rollenverteilung im Widerspruchsverfahren. Bei gutgläubigem Rechtserwerb durch einen Dritten nach Aufnahme des Retentionsverzeichnisses ist diesem Frist zur Klage anzusetzen, wenn sich die Gegenstände bei der Aufnahme des Verzeichnisses im Gewahrsam des Schuldners befanden (GE, Autorité de surveillance (23.03.1983, BlSchK 1985, S. 102).

62 Streitigkeiten über das Eigentum an Retentionsgegenständen und über den Bestand des Retentionsrechts an Sachen, die nicht dem Mieter gehören, fallen in die Kompetenz des Zivilrichters und sind im Widerspruchsverfahren auszutragen. Für das Beschwerdeverfahren vorbehalten bleibt lediglich der Fall, dass das Eigentum des Dritten oder der Nichtbestand des Retentionsrechts zum Vornherein als unbestreitbar erscheinen (SO, AB, 19.07.1983, BlSchK 1986, S. 114).

VI. Sicherungsmassnahmen und vorzeitige Verwertung

63 Sicherungsmassnahmen dürfen (in analoger Anwendung von Art. 98 SchKG) im Falle der Aufnahme eines Retentionsverzeichnisses erst getroffen werden, wenn der in der Prosequierungsbetreibung allenfalls erhobene Rechtsvorschlag beseitigt ist. – Vorbehalten werden Fälle, in denen gegen den Mieter eine vollstreckbare Ausweisungsverfügung vorliegt oder in Anwendung von Art. 124 Abs. 2 SchKG ein durchzuführender Verkauf von rasch verderblicher oder hohe Unterhaltskosten verursachender Waren.

Die Kosten für das vom BA bereits in einem früheren Zeitpunkt angeordnete Auswechseln von Türschlössern dürfen nicht dem Retentionsschuldner belastet werden (BGE 127 III 111/113).

64 Vorzeitige Verwertung leicht verderblicher Ware kann schon nach Erstellung der Retentionsurkunde angeordnet werden (BS, AB, 10.02.1967, BlSchK 1969, S. 114).

VII. Prosequierung durch Betreibung

65 Bei Aufnahme einer Retentionsurkunde für bereits verfallenen Mietzins, ist die Betreibung (analog zu Art. 279 SchKG BGE 102 III 145) innert 10 Tagen nach Zustellung der Retentionsurkunde anzuheben (BE, AB, 09.06.1950, BlSchK 1952, S. 52).

66 Frühester Termin für die Anhebung der Betreibung im Retentionsverfahren. – Betreibung jeder Mietzinsrate oder erst bei Verfall aller Teilraten bei einem Halbjahreszins? Der Vermieter ist berechtigt, innerhalb von zehn Tagen nach dem Verfall jeder Mietzinsrate zu betreiben, ist aber dazu nicht verpflichtet, sondern kann warten, bis alle Teilraten des Halbjahreszinses fällig geworden sind und hat dann noch zehn Tage Zeit, um die Betreibung einzuleiten, ohne dass er damit die Rechte aus der Retentionsurkunde verliert (vgl. BGE 66 III 11) (GR, AB, 12.02.1968, BlSchK 1971, S. 92).

67 Für verfallener Mietzins beginnt der Fristenlauf nach Zustellung der Retentionsurkunde und für den laufenden Mietzins 10 Tage nach der Fälligkeit. für mietzinsähnliche Kosten (Heizung, Beleuchtung usw.) tritt die Fälligkeit längstens bei Beendigung des Mietvertrages ein, und damit beginnt analog zum laufenden Mitzins ebenfalls der Fristenlauf von 10 Tagen (SO, AB, 31.12.1971, BlSchK 1972, S. 152).

68 Zur Erhaltung des Retentionsbeschlages genügt es, wenn der Vermieter innert 10 Tagen nach Verfall der letzten Zinsrate Betreibung anhebt (BGE 66 III 12). Dabei ist der in der Retentionsurkunde

69 Zur Erhaltung des Retentionsbeschlags für den laufenden Mietzins genügt es, wenn innert 10 Tagen nach Verfall der letzten Zinsrate der Mietzinsperiode, für welche die Retention erfolgte, Betreibung angehoben wird. Dies gilt auch dann, wenn die einzelnen laufen Zinsraten gesondert in Betreibung gesetzt werden und dabei die Frist von 10 Tagen seit Fälligkeit der einzelnen Raten nicht eingehalten wird (BGE 105 III 84).

70 Das Retentionsrecht des Vermieters von Geschäftsräumen darf durch Betreibung auf Pfandverwertung nur im Umfang der in der Retentionsurkunde genannten Forderung prosequiert werden (BGE 120 III 157).

71 Wird im Rechtsvorschlag auch das Retentionsrecht bestritten und klagt der Gläubiger in der Folge nur auf Anerkennung der Forderung, so fällt der Retentionsbeschlag dahin (GR, AB, 20.07.1956, BlSchK 1959, S. 31).

72 Hinfall des Retentionsbeschlages wenn zur Beseitigung des Rechtsvorschlages nur auf Anerkennung der Forderung geklagt wird. Unwirksamkeit einer nachträglichen Klageergänzung (BGE 76 III 21).

73 Das Retentionsrecht, das ein Vermieter oder Verpächter als Dritter in einer gegen den Schuldner von anderer Seite angehobenen Betreibung von Art. 283 geltend macht, ist gemäss konstanter Praxis der rechtsprechenden Organe zu Recht vom Deckungsprinzip des Art. 126 SchKG ausgenommen (BGE 89 III 72).

74 Für die Prosequierung der Retentionsbetreibung sind die für die Arrestprosequierung geltenden Regeln (Art. 279 SchKG) analog anwendbar. Wird die Rechtsöffnung nur für die Forderung erteilt, nicht dagegen für das Retentionsrecht, oder ergibt sich aus dem Rechtsöffnungsentscheid klar, dass zur Beurteilung des Retentionsrechts eine ordentliche Klage notwendig ist, so fällt der Retentionsbeschlag dahin, wenn der Vermieter nicht innert einer Frist von 10 Tagen seit Mitteilung des Rechtsöffnungsentscheides Klage erhebt (BGE 102 III 145/146).

75 Der Mietvertrag muss als Rechtsöffnungstitel anerkannt werden, da die Pfandanerkennung des Retentionsrechts als im schriftlichen Mietvertrag konkludent enthalten anzusehen ist (AG, ObGer, 4. Ziv.Kammer, 09.03.2000, AGVG 2000, S. 42, SJZ 2002, S. 158).

76 Der Vermieter kann sein Retentionsrecht für Mietzins und Heizkosten in Konkurrenz mit pfändenden Gläubigern bis zum Schluss der Betreibung anmelden, und er verliert das Widerspruchsrecht nur dann schon vor der Verteilung des Erlöses, wenn er die Anmeldung seines Anspruchs arglistig verzögerte, also mit der Säumnis darauf ausging, das Betreibungsverfahren zu stören (BE, Appellationshof, 13.05.1949, SJZ 1950, S. 76).

VIII. Sicherstellung der fälligen Mieten

77 Sicherstellung eines streitigen Miet- oder Pachtzinses durch Hinterlegung eines Barbetrages. Verzeichnung dieser Hinterlage in der Retentionsurkunde an Stelle von Einrichtungs- und Gebrauchsgegenständen; eine gerichtliche Hinterlegung ist nur dann in diesem Sinne zu berücksichtigen, wenn sie als gültig anerkannt ist. Fehlt es noch an der nach Zürcher ZPO erforderlichen richterlichen Bewilligung, so *steht es dem BA nicht zu, gegen den Willen des Schuldners den bei der Gerichtskasse liegenden Barbetrag auch für den Fall, dass der Richter die Hinterlegung nicht zulässt, der Retention zu unterstellen und im Hinblick darauf zu sperren* (BGE 90 III 53).

78 Art. 277 SchKG ist auch im Retentionsverfahren nach Art. 283 SchKG anwendbar. – Die vom Beschlag erfassten *Gegenstände können dem Schuldner bei anderweitiger einwandfreier Sicherheitsleistung* (z.B. unwiderrufliche Bankgarantie einer schweizerischen Grossbank) zur freien Verfügung überlassen werden (BS, AB, 06.08.1964, BlSchK 1966, S. 87).

79 Eine *Barhinterlage vermag die Retentionsgegenstände vom Retentionsbeschlag nur zu befreien, wenn sie den gesamten geschuldeten bzw. künftigen Mietzins samt Zinsen und Kosten deckt.* Durch Hinterlegung können nicht bloss einzelne Objekte vom Retentionsbeschlag befreit werden (BS, AB, 15.05.2003, BJM 2005, S. 90).

80 Die vom Mieter, bei dem ein Retentionsverzeichnis aufgenommen wurde, hinterlegte Deckung für die Mietzinsforderung ist dem Hinterleger herauszugeben, wenn der Vermieter nicht innert gesetzter Frist nach dem Rechtsvorschlag die Mietzinsbetreibung prosequiert (BGE 73 III 129).

IX. Untergang oder Hinfall der Retention

81 Hinfall des Retentionsbeschlages wenn zur Beseitigung des Rechtsvorschlages nur auf Anerkennung der Forderung geklagt wird. Unwirksamkeit einer nachträglichen Klageergänzung (BGE 76 III 21).

82 Mit der Wegschaffung der Einrichtungsgegenstände aus den Mieträumen geht das Retentionsrecht des Vermieters unter Vorbehalt der Rückschaffung gemäss Art. 284 SchKG unter; dass die Gegenstände sich zur Zeit der Stellung des Retentionsbegehrens noch in den Mieträumen befinden, genügt nicht (BE, AB, 18.08.1952 u. 11.02.1955, ZBJV 1953, S. 503, BlSchK 1957, S. 58).

83 Das Retentionsrecht geht mit der Verwertung des Retentionsgegenstandes unter. – Eine Verteilung von Bargeld vor Ablauf der dreissigtägigen Verwertungsfrist ist unzulässig (BE, AB, 17.08.1957, BlSchK 1958, S. 118).

84 Die Retentionsurkunde fällt dahin und das Retentionsrecht geht unter, wenn die Wirkungen der Aufnahme der Retentionsurkunde nach dem Willen des Gläubigers hinausgeschoben werden, indem die Zustellung der Urkunde an den Schuldner verzögert wird (BGE 106 III 28).

X. Rechtsmittel

85 Will der Schuldner das Retentionsrecht des Vermieters bestreiten, so hat er Rechtsvorschlag zu erheben. Will er dagegen die Pfändbarkeit der in der Retentionsurkunde verzeichneten Gegenstände bestreiten, so hat er den Beschwerdeweg zu beschreiten (BGE 90 III 99).

86 Gegen die Aufnahme einer Retentionsurkunde kann sich der Drittansprecher nur dann beschweren, wenn seine Eigentumsansprache vom BA nicht berücksichtig wird. Die Einleitung des Widerspruchsverfahren hat erst nach Stellung des Verwertungsbegehrens zu erfolgen (SO, AB, 04.08.1967, BlSchK 1968, S. 123).

87 Befugnis des unter Verwaltungsbeiratschaft stehenden Schuldners wegen angeblicher Verletzung von Art. 92 SchKG (Retention unpfändbarer Gegenstände) selbstständig Beschwerde zu führen (BGE 102 III 138).

88 (i.V.m. Art. 92 SchKG) – Der Schuldner ist berechtigt, die Frage der Unpfändbarkeit der retinierten Gegenstände durch Beschwerde bei der AB zu unterbreiten; aber die *Berufung, die er im Namen von Dritten* an die besagte Behörde *zur Prüfung der Eigentumsansprüche* geltend macht, *ist unzulässig* (GE, Autorité de surveillance, 29.01.1975, BlSchK 1977, S.62).

XI. Retentionsrecht im Konkurs

89 *Begehren eines Konkursiten auf Berücksichtigung des Retentionsrechts* seines Vermieters im Konkurse für nach Konkurseröffnung entstandene Miete. Nicht der Konkursit, sondern einzig dessen Vermieter kann im Konkurse ein Mietretentionsrecht geltend machen. Ein Retentionsrecht, das über die Befristung des Art. 268 OR hinaus geltend gemacht werden will, geht dem Konkursbeschlag nach (BJM 1968, S. 60).

90 Behandlung des Retentionsrechts im Rahmen eines über den Mieter eröffneten Konkursverfahrens. Der Drittansprecher kann die Freigabe der retinierten Gegenstände dadurch erreichen, dass er beim Richter den entsprechenden Geldbetrag hinterlegt (LU, SchKKomm 10.12.1990, LGVE 1991 I 55).

91 In jedem Fall, wo es um einen Mietvertrag über Geschäftsräume geht, sind nach der Konkurseröffnung entstandene Mietzinsforderungen im Umfang des gesetzlichen Retentionsrechts bis zur Beendigung des Mietverhältnisses längstens aber für die Dauer von sechs Monaten seit der Konkurseröffnung als Konkursforderungen zu behandeln, dies unabhängig davon, ob der Schuldner eine natürliche oder eine juristische Person ist (BGE 124 III 41).

XII. Kosten im Zusammenhang mit dem Retentionsrecht

92 Art. 282) Die Kosten des Ausweisungsverfahrens wegen Nichtbezahlung der Miete können den Betreibungskosten nicht gleichgestellt werden. Sie kommen daher nicht in den Genuss des Retenti-

onsrechts des Art. 268 OR, da sie der Mietforderung, die Gegenstand der Betreibung bildet, untergeordnet sind (VD, Tribunal Cantonal, 15.12.1958, BlSchK 1960, S. 19).

93 Kosten eines Räumungsbefehls und der Räumung sind keine Retentionskosten, weil es sich nicht um eine Betreibung im Sinne von Art. 38 SchKG handelt (BGE 85 III 54).

94 Art. 268 Abs. 1 OR ist gemäss Art. 895 ff. ZGB auszulegen, wo der Umfang des Retentionsrechts analog Art. 891 Abs. 2 festgelegt wird. Von Gerichtskosten ist dabei nicht die Rede. Auch nach Art. 281 Abs. 2 SchKG sind die Kosten eines Rechtsöffnungsverfahrens oder sonstiger Prosequierung durch die Arrestnahme auch nicht gedeckt (BGE 90 III 40) TG, Rekurskomm., 06.02.1976, BlSchK 1979, S. 28).

XIII. Weitere Entscheide

95 Wenn der Vermieter wusste, dass sein Mieter die Mieträume verlassen wird und den Mobiliarumzug des Mieters auf keine Weise hindert, verwirkt er das Recht zur Stellung eines Rückschaffungsgesuches von Möbeln, die nicht Gegenstand einer Retentionsurkunde waren (GE, Autorité de surveillance, 15.08.1979, BlSchK 1982, S. 149).

96 Ein Schuldner darf erst wegen Verstrickungsbruch verurteilt werden, wenn abgeklärt worden ist, ob der Gläubiger die Frist gemäss Art. 283 Abs. 3 einhielt und ob es sich wirklich um eine Miete und nicht etwa um eine Umgehung der Vorschriften über den Eigentumsvorbehalt handelte und ob nicht etwa das Retentionsrecht wegen Unterlassung der Kündigung gemäss Art. 2368a Abs. 2 erloschen war (BE, I. Strafkammer, 03.02.1972, ZBJV 1974, S. 73).

Art. 284 Rückschaffung von Gegenständen

Wurden Gegenstände heimlich oder gewaltsam fortgeschafft, so können dieselben in den ersten zehn Tagen nach der Fortschaffung mit Hilfe der Polizeigewalt in die vermieteten oder verpachteten Räumlichkeiten zurückgebracht werden. Rechte gutgläubiger Dritter bleiben vorbehalten. Über streitige Fälle entscheidet der Richter im beschleunigten Prozessverfahren.

I. Begriff Heimlichkeit

1 Die Wegschaffung ist heimlich, sobald sie ohne Wissen des Vermieters erfolgt und der Mieter nach den Umständen nicht in guten Treuen annehmen darf, jener würde sich ihr nicht widersetzen, wenn er darum wüsste (BGE 76 III 56).

2 Die *Aufforderung des BA* an den ausgezogenen Mieter, *Sachen in die geräumte Wohnung zurückzubringen, ist eine Verfügung,* die dem Beschwerderecht nach Art. 17 SchKG unterliegt. – Die *Wegschaffung der Möbel geschieht nicht heimlich,* wenn der Mieter in guten Treuen annehmen kann, *der im Hause weilende Vermieter nehme sie wahr und sei damit einverstanden* (BGE 80 III 36).

3 Über die Frage der Heimlichkeit der Wegschaffung von Retentionsgegenständen entscheidet die AB (BE, AB, 13.04.1953, BlSchK 1954, S. 87).

4 Wenn der Vermieter wusste, dass sein Mieter die Mieträume verlassen wird, und den Mobiliarumzug des Mieters auf keine Weise hindert, verwirkt er das Recht zu Stellung eines Rückschaffungsgesuches von Möbeln, die nicht Gegenstand einer Retentionsurkunde waren (GE, Autorité de surveillance, 15.08.1979, BlSchK 1982, S. 149).

5 Wenn der Auszug des Mieters *mit Wissen des Hausabwartes als Vertreter des Vermieters erfolgt, ist das* gesetzliche *Erfordernis der heimlichen oder gewaltsamen Fortschaffung für ein Rückschaffungsbegehren nicht gegeben* (BS, AB, 12.12 1963, BJM 1964, S. 222, BlSchK 1965, S. 90).

6 Eine Entfernung von Retentionsgegenständen erfolgt dann heimlich, wenn der Mieter sie ohne Wissen des Vermieters vornimmt oder vornehmen lässt und dabei nicht in guten Treuen annehmen kann, dieser würde sie dulden, wenn er von ihr Kenntnis hätte. Es ist dabei nicht erforderlich, dass der Mieter sich des Nichtwissens des Vermieters bewusst ist, sondern es genügt, dass er nach den Umständen um die fehlende Billigung des Vermieters wissen muss (BGE 101 II 94).

7 (i.V.m. Art. 92 SchKG) – Die heimliche Wegschaffung retinierter Gegenstände, denen der Schuldner Kompetenzcharakter beimisst, vermag eine rechtzeitige Kompetenzbeschwerde als gesetzlichen Rechtsbehelf nicht zu ersetzen (BS, AB, 03.09.1975, BlSchK 1979, S. 114).

II. Rückschaffung/Frist

8 Die zehntägige Frist zur Rückbringung heimlich oder gewaltsam aus vermieteten oder verpachteten Räumen fortgeschafften Gegenstände gilt nicht für bereits amtlich retinierte Sachen. Erfolgte die Fortschaffung in Unkenntnis der Retention, so ist dem Fortschaffenden die Stellung eines gutgläubigen Dritten und in einem Widerspruchsverfahren die Beklagtenrolle im Sinne von Art. 109 SchKG einzuräumen (BS, AB, 13.12.1962, BlSchK 1964, S. 55).

9 Der Vermieter kann die Rückverbringung unbefugterweise weggenommener, im Retentionsverzeichnis aufgezeichneter Gegenstände durch den Mieter verlangen, ohne die Frist des Art. 284 einhalten zu müssen (BGE 54 III 270, 69 III 67, 66 III 83) (BGE 97 III 77).

10 Örtliche Zuständigkeit – Umfang der Prüfungspflicht der Betreibungsbehörden hinsichtlich des Bestandes des Retentionsrecht – Die *Retentionsurkunde kann im Rechtshilfeverfahren* im Auftrage desjenigen Betreibungsamtes aufgenommen werden, wo sich die Retentionsgegenstände im Zeitpunkte der Retention befanden. Das BGer erachtet ein solches Vorgehen als zulässig, wenn die Retentionsgegenstände nicht wirklich zurückgeschafft, sondern am neuen Ort belassen werden, wobei es ausdrücklich festhält, dass das vollziehende Amt als Rechtshilfeorgan des Amtes, in dem sich die ursprünglichen Mieträumlichkeiten befinden, handelt (BGE 52 III 36). Nach bundesgerichtlicher Rechtsprechung haben die Betreibungsbehörden bei Eingang eines Rückschaffungsbegehrens den Bestand des Retentionsrechts summarisch zu überprüfen, wobei aber der endgültige Entscheid über dessen Bestand dem Richter vorbehalten bleibt (BGE 52 III 122). Eine Ablehnung eines Rückschaffungsbegehrens mit Berufung auf Nichtbestand des Retentionsrechts ist in Analogie zur Praxis bei ordentlichen Begehren auf Aufnahme einer Retentionsurkunde nur dann gerechtfertigt, wenn dieser klar feststeht (BL, AB, 11.06.1987, BJM 1988, S. 227).

11 Gemäss dieser Bestimmung besteht ein Rücknahmerecht, sofern die Gegenstände heimlich oder gewaltsam entfernt wurde, selbst wenn noch kein Retentionsverzeichnis verlangt oder aufgenommen worden ist. Voraussetzung für die Rückschaffung entfernter Retentionsgegenstände ist eine heimlich oder gewaltsame Fortschaffung derselben. Dies ist der Fall, wenn das Mobiliar des Mieters von diesem hinter dem Rücken des Vermieters und ohne dessen Kenntnis unter Umständen fortgeschafft wird, dass jener nicht in guten Treuen annehmen durfte, der Vermieter würde sich damit abfinden, wenn er darum wüsste (AR, AB, 16.03.1963, BlSchK 1965, S. 18).

12 Heimlichkeit liegt nur vor, wenn die Fortschaffung hinter dem Rücken des Vermieters und unter Umständen, die dieser nicht kannte und nicht kennen konnte, erfolgte und vorausgesetzt, dass der Mieter wusste oder wissen musste, dass der Retentionsberechtigte gegen die Entfernung protestieren würde (BGE 101 II 94, vorn N 6). – Bei Widerspruch des neuen Besitzers hat das BA vorläufig von einer Rückschaffung abzusehen und es dem Retentionsgläubiger anheim zu stellen, Klage gegen den neuen Besitzer zu erheben (GR, AB, 15.01.1992, PKG 1992, S. 187).

13 Heimlichkeit ist dann anzunehmen, wenn die Wegschaffung ohne Wissen des Retentionsgläubigers erfolgt, wobei genügt, dass der Mieter nach den Umständen um die fehlende Zustimmung des Vermieters wissen musste. Zudem hat der Gläubiger die Voraussetzungen der Rückschaffung nur glaubhaft zu machen und nicht zu beweisen. Ein Rückschaffungsgesuch darf nur dann abgelehnt werden, wenn die Voraussetzungen zweifelsfrei nicht vorhanden sind (BL, AB, 07.05.2002, BlSchK 2003, S. 138).

III. Rückschaffung i.V.m. Eigentumsansprüchen Dritter

14 Werden die in das Retentionsverzeichnis aufgenommenen Gegenstände von einem Dritten, der daran das Eigentum beansprucht, aus den Mieträumen entfernt, so kann der Vermieter jederzeit ihre Rückbringung verlangen, ohne dass die Voraussetzungen von Art. 284 SchKG erfüllt sein müssen. – Die Auseinandersetzung zwischen dem Vermieter und dem Drittansprecher darüber, ob der Eigen-

tumsanspruch und das Retentionsrecht begründet seien und ob jener Anspruch dem Retentionsrecht vorgehe, hat im Widerspruchsverfahren zu erfolgen (BGE 104 III 25).

15 Kein Grund für die Ablehnung des Rückschaffungsbegehrens stellt ein von einem Dritten angemeldeten Eigentumsanspruch an den Retentionsgegenständen dar, da die Auseinandersetzung zwischen dem Vermieter und dem Drittsprecher nach ständiger bundesgerichtlicher Praxis im Widerspruchsverfahren zu erfolgen hat (BL, AB, 11.06.1987, BJM 1988, S. 227).

16 (i.V.m. Art. 242 SchKG und Art. 53 KOV) – *Der Käufer von Gegenständen, welche unter Retentionsbeschlag stehen*, kann sich nach ihrer Wegnahme einer Rückschaffung derselben nicht widersetzen, gleichgültig, ob ihm der Retentionsbeschlag bekannt war oder nicht. Eigentums- und Pfandanspruch sind in der hängigen Mietpfandbetreibung wie bei der ordentlichen Pfändung im Widerspruchsverfahren zu behandeln (BGE 104 III 25, siehe N 12), wobei dem gutgläubigen Dritten die Rolle des Beklagten im Sinne von Art. 109 SchKG einzuräumen ist. *Fällt die Mietpfandbetreibung zufolge Konkurses des Mieters dahin*, bleibt das Retentionsrecht des Vermieters trotzdem wirksam; es ist mitsamt der Forderung beim KA anzumelden. Nach Rückschaffung der Gegenstände hat das KA das Aussonderungsverfahren einzuleiten (Art. 242 SchKG unter Berücksichtigung des Art. 53 KOV) (GR, AB, 16.01.1979, BlSchK 1983, S. 186/187).

17 Sind die Retentionsgegenstände bereits weggeschafft, so darf die Retentionsurkunde erst nach erfolgter Rückschaffung aufgenommen werden. Erhebt ein Dritter Eigentumsansprache an den weggeschafften Gegenständen, hat der Retentionsberechtigte gegen den Dritten auf Rückschaffung zu klagen. Das BA hat hierzu keine Frist anzusetzen (ZH, ObGer, II. Ziv.Kammer, 28.04.1983, ZR 1984, Nr. 38).

18 Eine Klage auf Rückschaffung von Retentionsobjekten im Sinne dieser Bestimmung kann beim Richter im beschleunigten Verfahren erst anhängig gemacht werden, wenn vorher alle andern in diesem Artikel vorgesehenen Rechtsmittel ausgeschöpft worden sind, also praktisch nur gegenüber Rechten, welche von Dritten an diesen Retentionsgegenständen geltend gemacht werden (Zürich, SJZ 1960, S. 316, BlSchK 1962, S. 181).

IV. Weitere Anwendungen

19 Wird der Gegenstand *nach dem Retentionsbeschlag einem gutgläubigen Dritten veräussert,* so bleibt dieser nach Art. 284 SchKG in seinen Rechten geschützt. Das Widerspruchsverfahren fällt dahin, und der Retentionsberechtigte hat den Dritterwerber vor dem Richter einzuklagen (BL, AB, 30.09.1959, BJM 1960, S. 9, BlSchK 1961, S. 51).

20 Werden retinierte Gegenstände mit Zustimmung des BA in andere Lokalitäten des gleichen Ortes verbracht und dort dem Schuldner zur weiteren Benützung zur Verfügung gestellt, so ändert dies am Retentionsbeschlag nichts. Die Verfügungsgewalt an den retinierten Gegenständen wird durch das BA ausgeübt, wobei dessen und des Schuldners Verantwortlichkeit die gleiche bleibt. Dem Retentionsgläubiger steht es frei, gegen entsprechenden Kostenvorschuss die Rücküberführung der Gegenstände in die ursprünglichen Mieträumlichkeiten zu erzwingen (AR, AB, 23.04.1980, BlSchK 1983, S. 35).

21 Kann der Retentionsgläubiger auch dann noch ein Rückschaffungsbegehren stellen und die Verwertung nachträglich zugeschaffter bzw. wieder zum Vorschein gekommener Gegenstände verlangen, wenn seinem Verwertungsbegehren hinsichtlich der vorhandenen Objekte stattgegeben und ohne Rücksicht auf die vorerst nicht auffindbaren Retentionsgegenstände ein Pfandausfallschein ausgestellt worden ist? Der Pfandausfallschein ist nicht Ersatz für ein wegen Unauffindbarkeit nicht verwertetes Retentionsobjekt, sondern bescheinigt nur die in Art. 158 SchKG genannten Tatsachen. Deshalb haften die Pfand- und Retentionsgegenstände weiterhin für die betriebene Forderung und unterstehen ungeachtet der formellen Erledigung des Verfahrens jedenfalls dann dem zwangsvollstreckungsrechtlichen Beschlag der fraglichen Betreibung, wenn die Frist zur Stellung des Verwertungsbegehrens noch nicht abgelaufen ist. Solche Gegenstände sind analog Art. 269 SchKG nachträglich zu verwerten, ohne dass eine neue Betreibung einzuleiten wäre (ZH, untere AB, 28.06.1979, BlSchK 1983, S. 108/109).

Zehnter Titel: Anfechtung

Art. 285 A. Zweck. Aktivlegitimation

¹ Mit der Anfechtung sollen Vermögenswerte der Zwangsvollstreckung zugeführt werden, die ihr durch eine Rechtshandlung nach den Artikeln 286–288 entzogen worden sind.
² Zur Anfechtung sind berechtigt:
1. jeder Gläubiger, der einen provisorischen oder definitiven Pfändungsverlustschein erhalten hat;
2. die Konkursverwaltung oder, nach Massgabe der Artikel 260 und 269 Absatz 3, jeder einzelne Konkursgläubiger.

1 Die paulianische Anfechtungsklage setzt nicht die Gültigkeit der Rechtshandlung voraus (BGE 73 III 142).

2 Anfechtungsklage gemäss Art. 285 SchKG; *Gerichtsstand LugÜ* – Auf die nach Konkurseröffnung eingeleitete Anfechtungsklage gemäss Art. 285 SchKG ist das LugÜ nicht anwendbar, wohl aber der Art. 289 SchKG (BGE 131 III 227).

3 (i.V.m. Art. 573 ZGB) – *Zweck der Anfechtungsklage im Konkurse* ist die Ergänzung des Konkursvermögens, nicht Erzielung eines Überschusses für die Erben des Schuldners (BGE 73 III 41).

4 *Unterschiede der Rechtsbehelfe im Widerspruchs- und Anfechtungsprozess* – Im Widerspruchsprozess wird abgeklärt, ob ein bestimmter Gegenstand oder Wert, der von einem Dritten beansprucht wird, zum Vermögen des Schuldners gehört und zur Befriedigung des Gläubigers herangezogen werden kann. Demgegenüber bezweckt die Anfechtungsklage – ähnlich dem Arrest – den Erfolg einer Zwangsexekution gegen den Schuldner zu gewährleisten. Sie dient dazu, einen früheren Vermögensgegenstand des Schuldners insoweit wieder herzustellen, als dieser ihn durch gewisse, zivilrechtlich erlaubte Handlungen zum Nachteil seiner Gläubiger vermindert hat. – Die *Widerspruchsklage kann auch mit Anfechtungsansprüchen nach Art. 285 ff. SchKG begründet werden*, falls gleichzeitig die Legitimation zur Anfechtungsklage gegeben ist. Frage der Legitimation, wenn der Widerspruchsprozess nach Vollzug eines Arrestes angehoben wird. Zur Erhebung einer Anfechtungsklage ist berechtigt, wer einen provisorischen Verlustschein erhalten hat oder besitzt. Im Betreibungsverfahren auf Pfändung hat ein Gläubiger, der nach Art. 109 SchKG ein Widerspruchsverfahren anheben will, in der Regel eine Pfändungsurkunde in Händen, die allenfalls einen definitiven oder provisorischen Verlust ausweist. Im Arrestverfahren wird das Widerspruchsverfahren nach dem Arrestvollzug und nicht erst nach der Pfändung in der Arrestprosequierung eingeleitet (BGE 76 III 89). Gerade wenn ein Arrestgegenstand, der Streitpunkt eines Widerspruchsprozesses ist, in der Folge gepfändet wird, muss es aber dem Kläger und Gläubiger möglich sein, diese neue betreibungsrechtliche Situation im hängigen Verfahren vorzutragen. Denn mit der Pfändung endet das Provisorium des Sicherungsbeschlages, der Arrest hat seinen Zweck erreicht, an seine Stelle tritt eben der Pfändungsbeschlag. In diesem Sinne ist die Legitimation zu bejahen (LU, ObGer, I. Kammer, 17.09.1984, LGVE 1984 I 33).

5 Die Art. 286–288 sind nicht von Amtes wegen anzuwenden. – Anfechtungsklage im Konkurs: Der Anspruch des Beklagten auf Rückerstattung seiner Gegenleistung nach Art. 291 Abs. 1 Satz 3 nimmt an der Masse teil. Die Handlung, die den Schuldner nur zur Rückerstattung dieser Gegenleistung verpflichtet, ist nicht anfechtbar (BGE 74 III 84).

6 Die in Art. 285 ff. SchKG vorgesehene *Anfechtungsklage ist auch beim Nachlassvertrag mit Vermögensabtretung möglich*. Sie kann nach dem bündnerischen Prozessrecht im Kollokationsprozess einredeweise geltend gemacht werden (GR, AB, 08./10.06.1949, SJZ 1950, S. 177).

7 *Bei allen im Gesetz umschriebenen Arten der Anfechtungsklage wird*, wie sich aus dem Wortlaut der Art. 286–288 und 290 ergibt, *vorausgesetzt, dass die anfechtbaren Rechtshandlungen vom Betreibungsschuldner vorgenommen worden sind*. Der Begriff der Rechtshandlung ist dabei im wei-

Zehnter Titel: Anfechtung | **Art. 285**

testen Sinne des Wortes zu verstehen und geht wesentlich weiter als etwa der Begriff des Rechtsgeschäftes. Es muss jedoch stets ein Verhalten des Schuldners selbst oder eines von ihm bestellten Vertreters im Spiele sein, damit Anfechtungsansprüche im Sinne dieser Artikel entstehen können. Handlungen von Dritten, die ohne jede Mitwirkung des Schuldners erfolgen, bilden nach schweizerischem Recht keine genügende Voraussetzung für die Erhebung einer Anfechtungsklage (BGE 95 III 86).

8 Die Anfechtungsklage bezieht sich nur auf Handlungen, die zu einer Verringerung des beschlagsfähigen Vermögens geführt haben. Wird ein unpfändbares Vermögensstück veräussert oder weggegeben, so ist eine Anfechtung ausgeschlossen (SG, KG, II. Ziv.Kammer, 27.10.1967, SJZ 1969, S. 364).

9 Für die Anfechtung des die Verrechnung ermöglichenden Rechtsgeschäftes zwischen dem nachmaligen Konkursiten und seinem Gläubiger (einem späteren Konkursgläubiger) sind die Regeln über die paulianische Anfechtung massgebend, nicht diejenigen des Art. 214 SchKG (BGE 103 III 51/52).

10 Grundsätzlich kann nur der Gläubiger, der einen definitiven Verlustschein erhalten hat, ein eine Anfechtungsklage gutheissendes Urteil erwirken (Bestätigung der Rechtsprechung) (BGE 103 III 99).

11 Die *Legitimation, die ein provisorischer Verlustschein verleiht, fällt dahin,* wenn sich ergibt, dass in der fraglichen Betreibung *ein endgültiger Verlustschein nicht mehr ausgestellt werden kann.* Fall, dass der Gläubiger es mit Bezug auf einzelne Pfändungsgegenstände (die Gegenstände einer vom Gläubiger verlangten Nachpfändung) unterlassen hat, innert der gesetzlichen Frist (Art. 116 SchKG) das Verwertungsbegehren zu stellen (BGE 96 III 111, 115 III 138).

12 Gemäss Art. 285 Abs. 2 Ziff. 2 ist die Konkursverwaltung zur Anfechtungsklage legitimiert. Ihr steht deshalb auch eine entsprechende Einrede im Prozess zu (BGE 114 III 110).

13 *Bedeutung des provisorischen Verlustscheines.* – Das Erfordernis des Verlustscheines schützt in erster Linie den Anfechtungsbeklagten. Es ist eine Frage der Aktivlegitimation (nicht Prozessvoraussetzung), ob ein Verlustschein vorhanden ist. Liegt nur ein provisorischer Verlustschein vor, so braucht mit der Gutheissung einer Anfechtungsklage nicht zugewartet zu werden, bis ein endgültiger Verlustschein vorliegt, sofern in der betreffenden Betreibung später noch ein solcher ausgestellt werden kann. Die Gutheissung der Klage hat in dem Sinne zu erfolgen, dass das Anfechtungsobjekt nur verwertet werden darf, wenn in der hängigen Betreibung inzwischen ein endgültiger Verlustschein ausgestellt worden ist (BGE 115 III 138).

14 Ein provisorischer Verlustschein genügt ausnahmsweise dann, wenn mit der Anfechtungsklage ein Drittanspruch beseitigt werden soll, der in derjenigen Betreibung erhoben wurde, welche zu diesem provisorischen Verlustschein geführt hat (BGE 103 III 104). In diesem Fall kann vor Abschluss des Widerspruchsverfahrens kein endgültiger Verlustschein beigebracht werden. Um das Widerspruchsverfahren abzuschliessen, muss aber die Anfechtungsklage beurteilt werden (BGE 115 III 138/142).

15 Pfändung eines Grundstückes, das nicht auf den Namen des Schuldners im Grundbuch eingetragen ist: Fälle/Vorgehen – Es besteht die Möglichkeit, ein Grundstück zu pfänden, das nicht auf den Namen des Schuldners im Grundbuch eingetragen ist, sofern der Gläubiger ein der in Art. 10 VZG vorgesehenen Fälle oder eine nach Art. 285 ff. SchKG anfechtbare Veräusserung durch den Schuldner glaubhaft macht (BGE 81 III 99). Dabei hat das BA sofort nach der Pfändung das Widerspruchsverfahren einzuleiten. – Gleichgültig, ob das gepfändete Grundstück auf den Namen des Schuldners oder eines Dritten im Grundbuch eingetragen ist, muss das BA spätestens am Tag nach Vornahme der Pfändung oder des Arrestes dem Grundbuchamt die Anmeldung zur Vormerkung einer Verfügungsbeschränkung gemäss Art. 960 Ziff. 2 ZGB zustellen (LU, ObGer, Justizkomm. 07.04.1966, Max. XI, Nr. 506).

16 (i.V.m. Art. 960 ZGB) – Ist eine Verfügungsbeschränkung zur Sicherung paulianischer Anfechtungsansprüche zulässig? Frage bejaht. – Wohl können streitige oder vollziehbare Ansprüche durch Vormerkung nur gesichert werden, wenn sie sich im Falle endgültiger Durchsetzung grundbuchlich auswirken. Auch macht eine erfolgreiche Anfechtung den Grundbucheintrag nicht ungerechtfertigt, noch wird der Erwerber zur Rückübertragung des Eigentums auf den Konkursschuldner verpflichtet.

In diesem Sinne lässt sich trotz des Wortlautes des Art. 285 SchKG nicht von Ungültigkeit einer Rechtshandlung im zivilrechtlichen Sinne sprechen. Vielmehr soll damit dem Gläubiger lediglich das Beschlagsrecht gesichert werden, das ihm durch die angefochtene Rechtshandlung entzogen wurde (Amonn, Schuldbetreibungs- und Konkursrecht, S. 397) (TG, Rekurskomm., 16.10.1981, Rechenschaftsbericht ObGer 1981, BlSchK 1984, S. 38).

17 Verkaufsversprechen (»promesse de vente«) verbunden mit einem im Grundbuch vorgemerkten Kaufsrecht. Nachträglicher definitiver Vertragsabschluss. Grundsätzlich kann nur der Gläubiger, der einen definitiven Verlustschein erhalten hat, ein eine Anfechtungsklage gutheissendes Urteil erwirken. – Das öffentlich beurkundete Verkaufsversprechen (»promesse de vente«), in dem sich die Parteien über alle Vertragspunkte geeinigt haben, stellt einen Grundstückkaufvertrag, nicht einen Vorvertrag dar. Der Umstand, dass sich der Käufer verpflichtet, «für sich oder für einen von ihm zu bezeichnenden Dritten» zu erwerben, und die Tatsache, dass die Grundbucheintragung für einen späteren Zeitpunkt vorgesehen ist, haben nicht zur Folge, dass die Parteien einen weiteren Vertrag zu schliessen hätten. – Es ist zulässig, einen Grundstückkaufvertrag mit einem im Grundbuch vorgemerkten Kaufsrecht zu verbinden. Wurde der Vertrag in der Form eines Verkaufsversprechens (»promesse de vente«) geschlossen, schliesst der definitive Vertragsschluss die Ausübung des Kaufsrechts ein. Wo die versprochene Leistung durch Vormerkung im Grundbuch dinglich gesichert worden ist, ist das Verpflichtungsgeschäft Gegenstand der Anfechtungsklage (BGE 103 III 97).

18 Eintritt des begünstigten Ehegatten in den Versicherungsvertrag bei Konkurs des Versicherungsnehmers. – Die Konkursverwaltung hat dem Begünstigten auf Begehren sogleich eine Bescheinigung gemäss Art. 82 Abs. 2 VV und Art. 22 der VO vom 10.05.1910 betreffend die Pfändung, Arrestierung und Verwertung von Versicherungsansprüchen auszustellen. Dabei bleibt das Recht der Konkursmasse, die Gültigkeit der Begünstigung zu bestreiten oder diese gemäss Art. 285 ff. SchKG anzufechten, vorbehalten (BGE 81 III 140).

19 Erst das obsiegende Urteil im Anfechtungsprozess gibt den Verlustscheingläubigern das Recht, zurück zu erstattende Leistung als Gegenstand der Zwangsvollstreckung für sich in Anspruch zu nehmen (BE, AB, 08.10.1971, BlSchK 1973, S. 55).

20 Hat ein streitiger Anfechtungsanspruch der Masse nach Art. 285 ff. SchKG nicht Gegenstand eines Gläubigerbeschlusses gebildet, so können die Gläubiger während der ganzen Dauer des Konkursverfahrens verlangen, dass dies nachgeholt werde. Lehnt die Konkursverwaltung ein solches Begehren lediglich deshalb ab, weil sie den Anspruch nicht für begründet hält, so kann sich der Gesuchsteller darüber jederzeit wegen Rechtsverweigerung beschweren. – Konkurrierende Anfechtungsansprüche. Verzichtet die Masse auf die Geltendmachung, so ist den Gläubigern die Abtretung aller in Betracht fallenden Ansprüche anzubieten und es ist ihnen zu überlassen, gegen wen sie vorgehen wollen (BGE 77 III 79).

21 (i.V.m. Art. 193 ZGB) – Die Ansprüche aus Art. 193 ZGB und aus Art. 285 ff. SchKG beruhen auf unterschiedlichen Voraussetzungen und haben andere Folgen. So verpflichtet Art. 193 ZGB den Ehegatten, der z.B. vom Schuldnergatten ehevertraglich Güter zugeteilt erhielt, neben diesem dem Gläubiger subsidiär bis zum Wert des empfangenen Gutes für die Schuld zu haften, ohne dass dies etwas an der Berechtigung am Haftungssubstrat ändert (BGE 123 III 438 E. 3b). Dabei ist unerheblich, ob die ehevertragliche Güterzuweisung in der Absicht der Gläubigerbenachteiligung vorgenommen wurde. Dagegen dienen die Rechtsbehelfe nach Art 285 ff. SchKG dem Gläubiger dazu, Werte, die dem Schuldnervermögen durch bestimmte Rechtshandlungen entzogen worden sind, dem Haftungssubstrat unter Beachtung unterschiedlicher zeitlicher Schranken wieder zuzuführen. Die Bestimmung von Art. 193 ZGB ist nur auf Forderungen anwendbar, die vor der ehevertraglichen Güterverschiebung entstanden sind, massgeblicher Zeitpunkt bei Rentenansprüchen, die der Gläubiger gestützt auf Art. 193 ZGB gegen den Ehegatten des Schuldners richtet. Der Haftungsanspruch nach Art. 193 ZGB verjährt in zehn Jahren (Art. 7 ZGB und Art. 127 OR). Die Fristen von Art. 285 ff. sind nicht anwendbar (BGE 127 III 1).

22 (i.V.m. Art. 193 ZGB) – Schutz der Gläubiger bei Aufhebung des Güterstandes – Begriff der «Aufhebung des Güterstandes unter Ehegatten». – Die Übertragung eines Miteigentumsanteils an einem

Grundstück von einem Ehegatten auf den andern mit dem Ziel, dem Letzteren die Beteiligung am Vorschlag zukommen zu lassen, gilt als Aufhebung des Güterstandes unter Ehegatten (BGE 123 III 438).

23 (i.V.m. Art. 251 SchKG) – Durch die Zulassung verspäteter Konkurseingaben darf die Rechtskraft des Kollokationsplanes nicht in Frage gestellt werden. Die nachträgliche Geltendmachung eines Pfandrechts für eine bereits rechtskräftig kollozierte Forderung ist daher grundsätzlich unzulässig. – Dagegen ist *die nachträgliche Anmeldung eines Anfechtungsanspruchs,* der im Zeitpunkt der Konkurseröffnung *mangels Legitimation noch nicht geltend gemacht werden konnte,* zulässig. Es handelt sich dabei nicht um eine Forderung, die erst nach der Konkurseröffnung entstanden ist und deshalb nicht berücksichtigt werden darf (BGE 106 III 40).

24 (i.V.m. Art. 248 SchKG und Art. 58 KOV) – Kollokation einer als pfandgesichert angemeldeten Forderung und des Faustpfandrechts, welches der paulianischen Anfechtung unterliegt. – Wenn nach der Auffassung der Konkursverwaltung ein Anfechtungstatbestand im Sinne von Art. 285 ff. SchKG gegeben ist, kann sie eine als pfandgesichert angemeldete Forderung in der 3. Klasse kollozieren und das damit geltend gemachte Faustpfandrecht abweisen (BGE 114 III 110).

25 Bemessung des Streitwertes – Der Streitwert vor BGer bemisst sich nach den Rechtsbegehren wie sie vor der letzten kantonalen Instanz noch streitig waren (BGE 85 III 185/188).

Art. 286 B. Arten
1. Schenkungsanfechtung

¹ Anfechtbar sind mit Ausnahme üblicher Gelegenheitsgeschenke alle Schenkungen und unentgeltlichen Verfügungen, die der Schuldner innerhalb des letzten Jahres vor der Pfändung oder Konkurseröffnung vorgenommen hat.

² Den Schenkungen sind gleichgestellt:

1. Rechtsgeschäfte, bei denen der Schuldner eine Gegenleistung angenommen hat, die zu seiner eigenen Leistung in einem Missverhältnisse steht;
2. Rechtsgeschäfte, durch die der Schuldner für sich oder für einen Dritten eine Leibrente, eine Pfrund, eine Nutzniessung oder ein Wohnrecht erworben hat.

1 Übergangsrechtliche Behandlung der Anfechtungsklage – Hat die massgebende Pfändung bzw. die Konkurseröffnung nach dem 01.01.1997 stattgefunden, findet für die Anfechtungsklage i.S. v. Art. 286–288 SchKG das neue Recht Anwendung (BGE 131 III 327).

2 Ein Missverhältnis zwischen Leistung und Gegenleistung im Sinne von Abs. 1 Ziff. 1 liegt vor, wenn die Leistung, die der Schuldner erhält, erheblich geringer ist als seine eigene Leistung. Ob ein solches Missverhältnis bestehe, beurteilt sich nach dem wirtschaftlichen Wert der Leistungen. Ist die Leistung des Schuldners wirtschaftlich erheblich mehr wert als die Gegenleistung, so ist das Geschäft nach Art. 286 anfechtbar, wenn der Schuldner seine Mehrleistung ohne rechtliche Verpflichtung hiezu erbrachte. Ob das Missverhältnis der Leistungen des Schuldners und die Gefahr einer Schädigung der Gläubiger für den Empfänger und den Schuldner erkennbar waren, ist unerheblich (BGE 95 III 47/52).

3 Anfechtbarkeit eines Kaufvertrages, mit welchem der Schuldner eine Liegenschaft veräussert und sich als Gegenleistung ein Wohnrecht daran einräumen lässt. Die Anfechtbarkeit besteht unabhängig des Verhältnisses von Leistung und Gegenleistung und selbst bei gutem Glauben der Beteiligten. Nichtberücksichtigung dieses Wohnrechts bei der Zwangsverwertung der Liegenschaft (BGE 130 III 235).

4 Eine Anfechtungsklage nach dieser Bestimmung und eine Grundbuchberichtigungsklage, die sich beide auf den gleichen Grundstückskauf beziehen, stellen nicht die Verfolgung des gleichen Anspruchs dar. Die Gläubiger eines Schuldners sind nur zur Verfolgung solcher Ansprüche legitimiert,

die ihnen von der Konkursverwaltung formrichtig abgetreten wurden (BE, Appellationshof, I. Ziv.Kammer, 18.09.1956, ZBJV 1958, S. 140).

5   Missverhältnis zwischen der Leistung des Pfandeigentümers (Schuldner) und dem wirtschaftlichen Vorteil, den ihm ein Stillhalteversprechen der Pfandgläubigerin gegenüber ihm nahe stehenden Gesellschaften möglicherweise verschafft (BGE 95 III 58).

6   Das vom Gesetz zur Gutheissung der Schenkungsanfechtung verlangte Missverhältnis zwischen der Leistung des Verkäufers und der Gegenleistung des Käufers ist gegeben, wenn dieser für ein Heimwesen mit einem Verkehrswerte von etwa Fr. 100'000.– einen Kaufpreis von Fr. 55'000.– entrichtet (ZH, ObGer, II. Ziv.Kammer, 25.03.1969, ZR 1970, Nr. 23, BlSchK 1972, S. 55).

Art. 287   2. Überschuldungsanfechtung

¹ Die folgenden Rechtshandlungen sind anfechtbar, wenn der Schuldner sie innerhalb des letzten Jahres vor der Pfändung oder Konkurseröffnung vorgenommen hat und im Zeitpunkt der Vornahme bereits überschuldet war:
1. Bestellung von Sicherheiten für bereits bestehende Verbindlichkeiten, zu deren Sicherstellung der Schuldner nicht schon früher verpflichtet war;
2. Tilgung einer Geldschuld auf andere Weise als durch Barschaft oder durch anderweitige übliche Zahlungsmittel;
3. Zahlung einer nicht verfallenen Schuld.

² Die Anfechtung ist indessen ausgeschlossen, wenn der Begünstigte beweist, dass er die Überschuldung des Schuldners nicht gekannt hat und auch nicht hätte kennen müssen.

1   Ziff. 1 kann nicht angerufen werden bei einer zum vornehrein, wenn auch nicht mit öffentlicher Beurkundung, vereinbarten Grundpfandbestellung (BGE 74 III 48).

2   Ziff. 1 will nicht nur Pfandbestellungen, sondern auch andere auf dingliche Sicherheit gerichtete Rechtshandlungen treffen, z.B. Zessionen mit vorwiegendem Sicherungscharakter (BGE 85 III 193).

3   Anfechtbare Pfandbestellung für ein Darlehen zur Befriedigung einzelner Gläubiger, bei schwerer Überschuldung und erkennbar geringer Aussicht auf Sanierung. Die Anfechtung der Pfandbestellung oder der Zahlung an die begünstigten Gläubiger steht der Konkursmasse zur Wahl (BGE 74 III 48).

4   Die vor der «periode suspect» von einem Jahr eingegangene Verpflichtung zur Grundpfandbestellung bedarf nicht der öffentlichen Beurkundung. Genügend ist eine klare und ernsthafte Bereitschaftserklärung des späteren Konkursiten, für eine bestimmte Forderung eine Sicherheit zu leisten. Eine Pfandrechtsbegründung, welche der Überschuldungsanfechtung standhält, unterliegt der Deliktspauliana; indessen ist es in solchen Fällen mit der Begünstigungsabsicht und ihrer Erkennbarkeit streng zu nehmen (SG, KG, II. Ziv.Kammer, 13.01.1984, SJZ 1986, S. 112).

5   Die schon bei der Darlehensgewährung ausbedungene Ausstellung eines Schuldbriefes ist keine Tilgung im Sinne von Ziff. 2 (BGE 74 III 48).

6   Paulianische Anfechtung der Zahlung von fälligen Honorarforderungen und von Kostenvorschüssen an eine Treuhandfirma. Ist eine Zession für einen bestimmten Betrag an Zahlungsstatt, d.h. zur Tilgung einer fälligen Schuld erfolgt, so ist mit ihr kein Sicherungszweck verfolgt worden, sodass Art. 287 Abs. 1 Ziff. 2 keine Anwendung finden kann. Forderungsabtretungen zur Begleichung von Honoraransprüchen in Ermangelung genügender Barmittel des Mandanten können sowohl bei Treuhändern als auch bei Anwälten ein durchaus übliches Zahlungsmittel darstellen (BS, Zivilgericht, 16.06.1983, BJM 1983, S. 240).

7   Die Übernahme eines Lastwagens an Zahlungsstatt ist kein übliches Zahlungsmittel (BS, Zivilgericht, 16.11.1951, SJZ 1953, S. 213, BlSchK 1954, S. 118).

8   Anfechtbar sind auch Zuwendungen Dritter, sofern sie mit Zustimmung des Schuldners und auf dessen Kosten erfolgen; dagegen nicht, wenn der Dritte zu eigenen Lasten interveniert, gleichgültig, ob er einen künftigen Ersatz aus dem Vermögen des Schuldners anstrebt. Aber selbst im ersteren

Falle ist die Anfechtung ausgeschlossen, falls der Empfänger die Zuwendung in guten Treuen als zu Lasten des leistenden Dritten gehend betrachten durfte. – Als übliches Zahlungsmittel eines Bauunternehmers für Materialbezüge hat keinesfalls ein samt der Liegenschaft übertragener Eigentümerschuldbrief (Inhaberschuldbrief auf eigenem Grundstück) zu gelten (BGE 74 III 56).

9   Der ausserehelicher Vater, der im Vaterschaftsprozess von der ersten und der zweiten kantonalen Instanz zur Zahlung verurteilt worden ist und während der Hängigkeit des Prozesses vor BGer seinem Schwager als Deckung für vorgeschossene Prozesskosten seinen Anteil am väterlichen Erbe abtritt, kann nicht behaupten, seine Geldschuld durch «übliche Zahlungsmittel» getilgt zu haben. – In der Handlungsweise des Beklagten liegt aber auch die Begünstigung eines Gläubigers vor einem andern, da bei der sog. Deliktspauliana dolus eventualis genügt und im vorliegenden Fall der Beklagte die Abtretung gerade zu dem Zwecke vorgenommen hat, um im Falle seiner endgültigen Verurteilung den Rechtstrieb der Klägerin wirkungslos zu machen (TI, Appellationsgericht, 21.06.1948, Rep. 82, S. 98, SJZ 1950, S. 130).

10 Ziff. 2 anerkennt als übliche Zahlungsmittel nur Leistungen, die am betreffenden Orte und in den betreffenden Gewerbekreisen, denen die Beteiligten angehören, als übliche Zahlungsmittel gelten und dazu allfällig noch eine Zahlweise, die zwischen den Beteiligten selbst nachweislich in Gebrauch gekommen ist. Blosse Abtretungen oder Anweisungen zahlungshalber haben dabei in der Regel den Charakter eines «üblichen Zahlungsmittel» nicht (BGE 85 III 193).

11 Paulianische Anfechtung eines Kaufvertrages hinsichtlich Liegenschaften, bei dem die begünstigte Käuferin den Kaufpreis teilweise mit Gegenforderungen verrechnet hat. Dies ist u.a. dann gegeben, wenn dadurch die Gläubiger mindestens im Umfange der Differenz zwischen Kaufpreis und hypothekarischer Belastung offensichtlich geschädigt werden. Eine weitere Schädigung ist darin zu erblicken, dass durch den Verkauf den Gläubigern ein Vermögenswert entzogen wurde, ohne dass auf der andern Seite sich die Aktiven der Verkäuferin gemehrt hätten. Die Verminderung der Passiven wirkt sich ebenfalls nicht zugunsten der übrigen Gläubiger aus, schon deshalb nicht, weil die Dividendenaussicht gleich null beträgt. Auch im Liegenschaftshandel stellt ein Grundstück kein übliches Zahlungsmittel im Sinne der bis heute geltenden Gerichtspraxis dar. Enge personelle Verflechtungen zwischen der begünstigten Gläubigerfirma einerseits und der Schuldnerin und deren Kontrollstelle andererseits. Wer durch Mandate (Kontrollstelle, Verwaltungsrat, Mitglied einer Verwaltung, Direktor) Verbindungen oder Beziehungen mit dem Schuldner hatte, wird kaum in der Lage sein, Entlastungsbeweise zu erbringen, dass er eine missliche wirtschaftliche Lage des Schuldners nicht gekannt habe oder nicht kennen konnte (BS, Zivilgericht, 24.08.1984, BJM 1985, S. 201, BlSchK 1988, S. 111).

12 Aktiengesellschaft, Aktienliberierung, Simulation, Kapitalrückzahlung – Beteiligung eines Gesellschaftsgläubigers an einer Kapitalerhöhung in der Weise, dass die AG ihm für seine Forderung einen Wechsel ausstellt, den er diskontieren lässt und mit dem Erlös die gezeichneten Aktien liberiert. In diesem Vorgehen liegt keine simulierte Barliberierung, keine Verrechnung von Liberierungsschuld und Gläubigeranspruch, die nach HRegV Art. 80 in der öffentlichen Urkunde angegeben werden muss, kein Sachverhalt, auf den HRegV Art. 80 sinngemäss anwendbar ist und kein nach OR Art. 680 unzulässige Kapitalrückzahlung (BGE 87 II 169).

13 Die Anfechtungsklage aus dem Grunde der Überschuldung ist nur dann zulässig, wenn innerhalb eines Jahres gegenüber dem Schuldner eine Pfändung stattfindet, und es genügt nicht, dass gegen ihn während dieses Zeitraumes ein Arrest erwirkt worden sei (TI, Appellationsgericht, 09.06.1952, Rep. 85, S. 208, SJZ 1953, S. 366)

14 Die Frist von einem Jahr von der angefochtenen Rechtshandlung an wird schon durch eine Pfändung gewahrt, nicht erst durch die nachfolgende Konkurseröffnung. Eine Verrechnungserklärung eines Gläubigers des Konkursiten ist selber nicht anfechtbar, weil sie nicht ein vom Schuldner vorgenommenes Rechtsgeschäft ist; die ihr zugrunde liegende vertragliche Leistung des Schuldners (hier Lieferung von Autos aus Kauf) ist kein unübliches Zahlungsmittel, wenn sie dem gewöhnlichen Geschäftsverkehr der Vertragsparteien entspricht. Der dem Beklagten obliegenden Beweis dafür, dass er die schlechte Vermögenslage des Schuldners nicht gekannt habe, kann nur ein Wahrscheinlich-

keitsbeweis sein; Anzeichen dafür. Fehlen des Tatbestandes der Absichtsanfechtung (Deliktspauliana) nach Art. 288 SchKG (ZH, ObGer, I. Ziv.Kammer, 17.06.1965, Kassationsgericht 29.10.1965, BGer II. Ziv.Abt., 25.02.1966, ZR 1966, Nr. 138).

15 Gestattet der Schuldner in einer gegen ihn vollzogenen Pfändung die Teilnahme eines Verlustscheingläubigers aus seinem früheren Konkurs, obschon er nicht zu neuem Vermögen gekommen ist, so ist der Verzicht auf die Einrede des mangelnden neuen Vermögens eine anfechtbare Handlung, wenn damit die Schädigung der andern Gläubiger bezweckt wird (ZH, ObGer, II. Ziv.Kammer, 25.03.1949, SJZ 1950, S. 26, BlSchK 1950, S. 184 mit Anmerkungen; vgl. Jaeger/Daeniker, Schuldbetreibung und Konkurs Praxis, N 8b zu Art. 265).

Art. 288   3. Absichtsanfechtung

Anfechtbar sind endlich alle Rechtshandlungen, welche der Schuldner innerhalb der letzten fünf Jahre vor der Pfändung oder Konkurseröffnung in der dem andern Teile erkennbaren Absicht vorgenommen hat, seine Gläubiger zu benachteiligen oder einzelne Gläubiger zum Nachteil anderer zu begünstigen.

1 Der Sachwalter im Nachlassverfahren ist nicht ein obligationenrechtlicher Beauftragter des Schuldners, sondern ein vom Richter ernanntes Organ der Zwangsvollstreckung, das im Interesse der Gläubiger tätig sein soll. Sein Honorar ist unabhängig von den Ansprüchen der Gläubiger aus den vorhandenen Mitteln voll zu bezahlen. Bezüge des Sachwalters zur Deckung seines Honoraranspruchs sind nicht anfechtbar gemäss Art. 287 und 288 SchKG (BE, Appellationshof, I-II. Ziv.Kammer, 30.10.1944, ZBJV 1946, S. 169, BlSchK 1947, S. 21).

2 Voraussetzungen der Anfechtung eines Geschäftes, bei dem der Schuldner eine gleichwertige Gegenleistung erhielt. Ein Geschäft, bei dem der Schuldner eine gleichwertige Gegenleistung erhält, ist daher nur dann gemäss Art. 288 anfechtbar, wenn der Schuldner schon bei dessen Abschluss eine die Gläubiger oder einzelne von ihnen schädigende Verwendung der Gegenleistung ins Auge gefasst hatte und dies für den Geschäftspartner erkennbar war (BGE 79 III 174).

3 Die Anforderungen an die Vorsichtspflicht des Begünstigten dürfen nicht besonders hoch gespannt werden. Der normale Geschäftsverkehr müsste gelähmt werden, wollte man den Beteiligten zumuten, vor jedem für sie günstigen Geschäft alle erdenklichen Erkundigungen einzuziehen und besondere Sicherungsvorkehren gegen eine allfällige Benachteiligung unbekannter Gläubiger der Gegenpartei zu treffen (BS, Appellationsgericht, 14.06.1957, BJM 1957, S. 226).

4 Wer sich bei durchschnittlicher Aufmerksamkeit bei erkennbarer Überschuldung des Schuldners ein Guthaben abtreten lässt, macht sich der rechtswidrigen Selbsthilfe schuldig, weshalb eine Absichtsanfechtung gegeben ist (BGE 89 III 47).

5 Tragweite des Begriffs «Rechtshandlungen» – Ob ein Schuldner eine Handlung selber vornahm oder ein von ihm beauftragter Dritter bleibt sich gleich, denn für Handlungen seines Vertreters hat der Schuldner einzustehen (BGE 91 III 98).

6 Das Gesetz verlangt nur die Erkennbarkeit der Benachteiligungsabsicht des Schuldners, nicht den Benachteiligungsvorsatz des Gläubigers (LU, ObGer, I. Kammer, 21.03.1973, Max. XII, Nr. 170).

7 Anfechtbare Pfandbestellung für ein Darlehen zur Befriedigung einzelner Gläubiger, bei schwerer Überschuldung und erkennbar geringer Aussicht auf Sanierung. Die Anfechtung der Pfandbestellung oder der Zahlung an die begünstigten Gläubiger steht der Konkursmasse zur Wahl (BGE 74 III 48).

8 Die Abrede in einem Insertionsvertrag, *es werde ein «Mengenrabatt» von 50 % gewährt, der aber bei Konkurs dahinfalle, schafft ein unzulässiges Konkursprivileg* (BS, Appellationsgericht, 02.10.1950, BJM 1955, S. 21, SJZ 1951, S. 297, BlSchK 1952, S. 88).

9 Gestattet der Schuldner in einer gegen ihn vollzogenen Pfändung die Teilnahme eines Verlustscheingläubiger aus seinem früheren Konkursverfahren, obschon er nicht zu neuem Vermögen gekommen ist, so *ist der Verzicht auf die Einrede des mangelnden neuen Vermögens eine anfechtbare Handlung*, wenn damit die Schädigung der anderen Gläubiger bezweckt wird (ZH, ObGer,

Zehnter Titel: Anfechtung | Art. 288

II. Ziv.Kammer, 25.03.1949, SJZ 1950, S. 26, BlSchK 1950, S. 184 mit Anmerkungen in BlSchK und SJZ; vgl. Jaeger/Daeniker, Schuldbetreibung und Konkurs Praxis, N 8 zu Art. 265).

10 (i.V.m. Art. 193 ZGB) – Der Gläubiger, der verzichtet hat, nach Massgabe des Art. 193 ZGB seine Rechte an einem Vermögenswert geltend zu machen, der bei der güterrechtlichen Auseinandersetzung der Ehefrau des Schuldners zugewiesen wird, ist grundsätzlich nicht befugt, gegen diese eine Anfechtungsklage im Sinne von Art. 288 SchKG zu erheben, zumal er durch den Wechsel im Güterstand der Ehegatten keinen Nachteil erlitten hat (BGE 111 III 43/44, Praxis 1985, Nr. 152).

11 Verkauf des lebenden und toten Gutsinventars an den Verpächter und Darlehensgeber unter Verrechnung des Kaufpreises mit der Darlehensforderung. Paulianische Anfechtung dieser Rechtshandlung bei der konkursamtlichen Liquidation der Erbschaft des Verkäufers. Widerlegung des Einwandes des Beklagten, er hätte sich auch ohne das angefochtene Tilgungsgeschäft, nämlich auf dem Betreibungswege, Deckung verschaffen können. – Wiederauflebende Forderung als Gegenstand einer Kollokation. Die Konkurseingabe mit Retentionsrecht für Pachtzins an dem vom Beklagten an die Masse zu leistenden Wertersatz ist im Kollokationsverfahren zu bereinigen. Die Konkursverwaltung hat das Ergebnis dieses Verfahrens abzuwarten, bevor sie über die Verteilung der Ersatzleistung verfügt (BGE 89 III 14).

12 Eine Verrechnungserklärung eines Gläubigers des Konkursiten ist selber nicht anfechtbar, weil sie nicht ein vom Schuldner vorgenommenes Rechtsgeschäft ist; die ihr zugrunde liegende vertragliche Leistung des Konkursiten (hier Lieferung von Automobilen aus Kauf) ist kein unübliches Zahlungsmittel, wenn sie dem gewöhnlichen Geschäftsverkehr der Vertragsparteien entspricht. Der dem Beklagten obliegende Beweis dafür, dass er die schlechte Vermögenslage des Schuldners nicht gekannt habe, kann nur ein Wahrscheinlichkeitsbeweis sein; Anzeichen dafür. Fehlen des Tatbestandes der Absichtsanfechtung (Deliktspauliana) (ZH, ObGer, I. Ziv.Kammer, 17.06.1965, Kassationsgericht, 29.10.1965, BGer, II. Ziv.Abt. 25.02.1966, ZR 1966, Nr. 138).

13 Anfechtung der Rückzahlung von Vorschüssen eines Angestellten an die in schlechter Lage befindlichen Gesellschaft, die ihr die Entlöhnung ihres Personals ermöglichen sollte und dabei die Rückzahlung binnen kurzer Frist ausbedungen worden war. Anfechtungsklage abgewiesen mangels eines Schadens und mit Rücksicht auf die besonderen Verhältnisse dieser Geschäftsabwicklung (BGE 78 III 83).

14 Keine Anfechtbarkeit, wenn der Schuldner von Anfang an zur Pfandbestellung verpflichtet war, obwohl die Übergabe der Sicherheiten erst nach Kreditgewährung erfolgte. Bei einer Pfandbestellung, die von Anfang an vereinbart war, so ist die erforderliche Aufmerksamkeit nach einem milderen Massstab zu beurteilen als gewöhnlich. Den Gläubiger trifft in solchen Fällen eine weniger weitgehende Pflicht, Erkundigungen über den Schuldner einzuholen, bevor er die Aushändigung des versprochenen Pfandes verlangen darf. Er darf sich zunächst an das ihm vom Schuldner bei Vertragsabschluss gegebene Sicherstellungsversprechen halten und braucht sich nur dann Gedanken über eine allfällige Schädigung der andern Gläubiger zu machen, wenn die schlechte finanzielle Lage des Schuldners offensichtlich ist (BGE 99 III 89).

15 Die Anfechtbarkeit ist zu verneinen, wenn einer der Gläubiger dem Schuldner gegen die Abtretung bestimmter Forderungen Kredit gewährt, und zwar bis zu 70 % der jeweils abgetretenen Guthaben. – Objektive Voraussetzung der hier in Betracht kommenden Anfechtungsklage (Deliktspauliana) ist in jedem Falle, dass die angefochtene Handlung die Gläubiger oder einzelne von ihnen tatsächlich schädigt, indem sie das Vollstreckungsergebnis oder ihren Anteil daran vermindert oder ihre Stellung im Vollstreckungsverfahren sonst wie verschlechtert. Die subjektiven Voraussetzungen der Anfechtung nach Art. 288 sind dann gegeben, wenn der Schuldner die angefochtene Handlung in der Absicht vorgenommen hat, seine Gläubiger zu benachteiligen oder einzelne Gläubiger zum Nachteil anderer zu begünstigen und wenn diese Absicht für den andern Teil erkennbar gewesen ist (BGE 99 III 32/33) mit Hinweisen). – Eine Schädigung der Gläubiger tritt nach der neuern Rechtsprechung und Lehre nicht ein, wenn die angefochtene Rechtshandlung des Schuldners in der Beteiligung an einem Rechtsgeschäft besteht, das ihm für seine Leistung eine gleichwertige Gegenleistung einbrachte, es sei denn, der Schuldner habe mit dem Geschäft den Zweck verfolgt, über seine letzten

Aktiven zum Schaden der Gläubiger verfügen zu können und sein Geschäftspartner habe das erkannt oder bei pflichtgemässer Aufmerksamkeit erkennen müssen (BGE 99 III 34). Ein Austausch gleichwertiger Leistungen ist namentlich in der Gewährung von Krediten gegen Pfandbestellung oder gegen Zession von Guthaben zu erblicken. Die Frage der Anfechtbarkeit stellt sich dabei nur, wenn ursprünglich ohne Sicherheit gewährte Darlehen nachträglich durch Pfandbestellung, Forderungsabtretung oder anderweitige Garantien gesichert werden (BGE 83 III 82, 89 III 47). Nur wenn der Kreditgeber weiss oder bei gehöriger Aufmerksamkeit wissen muss, dass der Konkurs des Schuldners unmittelbar bevorsteht und die von ihm gewährten Kredite nur noch dazu dienen können, einzelne Gläubiger gegenüber andern zu bevorzugen, oder dass der Schuldner die erhaltenen Mittel zu seinem persönlichen Vorteil, insbesondere etwa für eine Flucht verwenden will, ist ein Kreditgeschäft nach Art. 288 SchKG anfechtbar (BGE 74 III 51, 79 III 174) (BGE 101 III 92).

Art. 288a 4. Berechnung der Fristen

Bei den Fristen der Artikel 286–288 werden nicht mitberechnet:
1. die Dauer eines vorausgegangenen Nachlassverfahrens;
2. die Dauer eines Konkursaufschubes nach den Artikeln 725a, 764, 817 oder 903 des Obligationenrechts;
3. bei der konkursamtlichen Liquidation einer Erbschaft die Zeit zwischen dem Todestag und der Anordnung der Liquidation;
4. die Dauer der vorausgegangenen Betreibung.

1 Anfechtung einer Pfandbestellung – Der *Beginn der Zeitspanne*, um welche sich die Frist des Art. 287 SchKG zu verlängern ist *tritt mit der Stundungsbewilligung der Nachlassstundung ein* und nicht erst mit deren Bekanntmachung. *Berechnung der Anfechtungsfrist, wenn dem Konkurs eine Nachlassstundung vorangegangen ist, auf die der Schuldner vor Ablauf der Stundungsdauer von sich aus verzichtet hat; die Jahresfrist verlängert sich um die Zeitspanne*, die zwischen der der Bewilligung der Nachlassstundung *und dem Tag liegt, an welchem der auf der Verzichtserklärung beruhende Abschreibungsbeschluss der Nachlassbehörde öffentlich bekannt gemacht wird* (BGE 110 III 99; Praxis 74, Nr. 44).

Art. 289 C. Anfechtungsklage
1. Gerichtsstand

Die Anfechtungsklage ist beim Richter am Wohnsitz des Beklagten einzureichen. Hat der Beklagte keinen Wohnsitz in der Schweiz, so kann die Klage beim Richter am Ort der Pfändung oder des Konkurses eingereicht werden.

1 Das Anfechtungsurteil entfaltet Wirkung nur mit Bezug auf ein bestimmtes Vollstreckungsverfahren (BGE 130 III 672)

Art. 290 2. Passivlegitimation

Die Anfechtungsklage richtet sich gegen die Personen, die mit dem Schuldner die anfechtbaren Rechtsgeschäfte abgeschlossen haben oder von ihm in anfechtbarer Weise begünstigt worden sind, sowie gegen ihre Erben oder andere Gesamtnachfolger und gegen bösgläubige Dritte. Die Rechte gutgläubiger Dritter werden durch die Anfechtungsklage nicht berührt.

1 (i.V.m. Art. 286 Abs. 2 Ziff. 2 SchKG) – Im Anfechtungsprozess ist stets die Person passivlegitimiert, mit der der Schuldner das anfechtbare Rechtsgeschäft abgeschlossen hat, nicht aber dieser selbst, auch nicht als Wohnrechtsbegünstigter. Besteht die hauptsächliche Gegenleistung eines Geschäfts

in einer Wohnrechtseinräumung und stehen Leistung und Gegenleistung ansonsten nicht in einem Missverhältnis, ist grundsätzlich nur das Wohnrecht anfechtbar (SZ, KG, 13.05.2003, SJZ 2003, S. 507).

Art. 291 D. Wirkung

¹ Wer durch eine anfechtbare Rechtshandlung Vermögen des Schuldners erworben hat, ist zur Rückgabe desselben verpflichtet. Die Gegenleistung ist zu erstatten, soweit sie sich noch in den Händen des Schuldners befindet oder dieser durch sie bereichert ist. Darüber hinaus kann ein Anspruch nur als Forderung gegen den Schuldner geltend gemacht werden.

² Bestand die anfechtbare Rechtshandlung in der Tilgung einer Forderung, so tritt dieselbe mit der Rückerstattung des Empfangenen wieder in Kraft.

³ Der gutgläubige Empfänger einer Schenkung ist nur bis zum Betrag seiner Bereicherung zur Rückerstattung verpflichtet.

1 Anfechtungsklage im Konkurs – Der Anspruch des Beklagten auf Rückerstattung seiner Gegenleistung nach Abs. 1 Satz 3 nimmt an der Masse teil. – Die Handlung, die den Schuldner nur zur Rückerstattung dieser Gegenleistung verpflichtet, ist nicht anfechtbar (BGE 74 III 84).

2 Gegenstand der Rückgabe der Rückgewähr ist das anfechtbare erworbene Vermögensobjekt (LU, ObGer, I. Kammer, 19.06.1952, Max. X, Nr. 140).

3 An der Pfändung anfechtbar erworbener Gegenstände kann der unterlegene Anfechtungsbeklagte teilnehmen, nicht aber andere Gläubiger (BE, AB, 25.10.1951, ZBJV 1953, S. 274).

4 Ein Rückerstattungsanspruch kann als bedingte Forderung für den Fall der Gutheissung der Anfechtungsklage kolloziert werden (BE, AB, 09.07.1959, BlSchK 1961, S. 53).

5 Ausser der Sache selbst sind auch die aus ihr bis zur Inverzugsetzung bezogenen Erträgnisse zurück zu erstatten (BGE 98 III 44).

6 Wiederauflebende Forderung als Gegenstand einer Kollokation. Dem Beklagten bleibt vorbehalten, die ihm dafür zustehende Konkursdividende aus der ihm nach Absatz 1 obliegende Ersatzleistung zu beziehen.

Steht dem Beklagten ferner an dem von ihm an die Masse zu leistenden Wertersatz ein Retentionsrecht für Pachtzins zu? Die dahingehende Konkurseingabe ist im Kollokationsverfahren zu bereinigen. Die Konkursverwaltung hat das Ergebnis dieses Verfahrens abzuwarten, bevor sie über die Verteilung der Ersatzleistung verfügt (BGE 89 III 14).

7 Wer durch eine anfechtbar Rechtshandlung Vermögen des Schuldners erworben hat, ist zu dessen Rückgabe verpflichtet oder aber hat, falls die Objekte nicht mehr vorhanden sind, angemessen Ersatz zu leisten (BGE 89 III 14).

8 Besteht eine anfechtbare Rechtshandlung in der Tilgung einer Forderung, so tritt dieselbe mit der Rückerstattung des Empfangenen bzw. der Ersatzleistung wieder in Kraft und kann entsprechend kolloziert werden, wobei jedoch eine eventuelle Konkursdividende nicht mit der Ersatzleistung verrechnet werden darf, da die Dividende noch keinesfalls feststeht. Möglich ist indessen die Rückbehaltung der Ersatzleistung gegen angemessene Sicherheitsleistung zwecks späterer Verrechnung mit der Dividende (BGE 89 III 14).

9 Kollokation der im Falle der Gutheissung der Anfechtungsklage wieder in Kraft tretenden Forderung des Anfechtungsbeklagten. Mit Kreisschreiben Nr. 10 vom 09.07.1915 (BGE 41 III 240 ff.; vgl. auch BGE 96 III 42, 83 III 44, 79 III 36) hat das BGer angeordnet, dass im Kollokationsplan auch über die Anerkennung oder Bestreitung der im Falle der Gutheissung der Anfechtungsklage wieder auflebenden Forderung eine für diesen Fall bedingte Verfügung zu erlassen ist (BGE 103 III 17).

10 Der paulianische Rückerstattungsanspruch umfasst primär das Begehren auf Rückerstattung, sekundär dasjenige auf Wertersatz. – Dispositionsmaxime; Bindung des Gerichts an die Parteianträge;

Erweiterung des Klagebegehrens in zweiter Instanz. – Die luzernische Gerichtspraxis lässt grundsätzlich die Änderung bzw. Erweiterung der Klagebegehren zu, wobei allerdings gewisse Beschränkungen zu beachten sind. So muss das zusätzlich geltend gemachte Begehren auf dem gleichen Klagegrund wie der ursprüngliche Klageschluss beruhen, und die Änderung darf nicht in trölerischer Absicht erfolgt sein (Max. XII, Nr. 85 und 487) (LU, ObGer, I. Kammer, 05.05.1982, LGVE 1982 I 54).

11 Nach diesen Bestimmungen ist derjenige, der durch eine anfechtbare Rechtshandlung Vermögen des Schuldners erworben hat, zur Rückgabe desselben verpflichtet und die Gegenleistung zu erstatten soweit sie sich noch in den Händen des Schuldners befindet oder durch sie bereichert ist (BJM 1985, S. 201/210).

Art. 292   E. Verwirkung

Das Anfechtungsrecht ist verwirkt:
1. nach Ablauf von zwei Jahren seit Zustellung des Pfändungsverlustscheins (Art. 285 Abs. 2 Ziff. 1);
2. nach Ablauf von zwei Jahren seit der Konkurseröffnung (Art. 285 Abs. 2 Ziff. 2).

Keine Entscheidungen.

Elfter Titel: Nachlassverfahren
I. Nachlassstundung

Art. 293 A. Bewilligungsverfahren
1. Gesuch; vorsorgliche Massnahmen

¹ Ein Schuldner, der einen Nachlassvertrag erlangen will, muss dem Nachlassrichter ein begründetes Gesuch und den Entwurf eines Nachlassvertrages einreichen. Er hat dem Gesuch eine Bilanz und eine Betriebsrechnung oder entsprechende Unterlagen beizulegen, aus denen seine Vermögens-, Ertrags- oder Einkommenslage ersichtlich ist, sowie ein Verzeichnis seiner Geschäftsbücher, wenn er verpflichtet ist, solche zu führen (Art. 957 OR).
² Ein Gläubiger, der ein Konkursbegehren stellen kann, ist befugt, beim Nachlassrichter ebenfalls mit einem begründeten Gesuch die Eröffnung des Nachlassverfahrens zu verlangen.
³ Nach Eingang des Gesuchs um Nachlassstundung oder nach Aussetzung des Konkurserkenntnisses von Amtes wegen (Art. 173a Abs. 2) trifft der Nachlassrichter unverzüglich die zur Erhaltung des schuldnerischen Vermögens notwendigen Anordnungen. In begründeten Fällen kann er die Nachlassstundung für einstweilen höchstens zwei Monate provisorisch bewilligen, einen provisorischen Sachwalter ernennen und diesen mit der Prüfung der Vermögens-, Ertrags- oder Einkommenslage des Schuldners und der Aussicht auf Sanierung beauftragen.
⁴ Auf die provisorisch bewilligte Nachlassstundung finden die Artikel 296, 297 und 298 Anwendung.

1 Der Schuldner kann einen Nachlassvertrag auch dann anstreben, wenn seine sämtlichen Gläubiger im Besitze von Verlustscheinen sind (VS, AB, 03.03.1948, JT 97 II, S. 62, SJZ 1950, S. 193).

2 Einer Kollektivgesellschaft kann trotz Liquidation innerhalb sechs Monaten seit Löschung im Handelsregister Nachlassstundung gewährt werden (LU, ObGer, Justizkomm., 237.03.1951, Max. X, Nr. 54, BlSchK 1953, S. 96).

3 Eine einfache Gesellschaft im Sinne von Art. 530 OR ist nicht befugt, eine Nachlassstundung zu verlangen, da ihr die Eigenschaft eines Rechtssubjektes abgeht (TI, SchKKomm, 29.03.1958, Rep. 91 (1958), S. 172, SJZ 1958, S. 333).

4 Auch eine Erbengemeinschaft bzw. eine unverteilte Erbschaft ist legitimiert, ein Nachlassvertragsbegehren zu stellen (LU, SchKKomm, 13.12.1967, Max. XI, Nr. 574, BlSchK 1969, S. 181, SJZ 1969, S. 365).

5 (i.V.m. Art. 294) – Die Ausschöpfung der Höchstdauer der Stundung im einvernehmlichen privaten Schuldbereinigungsverfahren schliesst nicht aus, dass im nachfolgenden Nachlassstundungsverfahren eine neuerliche Stundung gewährt werden kann. Die Bewilligung der Nachlassstundung setzt materiell voraus, dass Aussicht auf das Zustandekommen eines Nachlassvertrages besteht (ZG, Justizkomm., 08.03.2001, GVP 2001, S. 162).

6 Die Nachlassvertragsbegehren einer Kollektivgesellschaft und deren Gesellschafter können nicht in einem einzigen Verfahren erledigt werden (LU, Justizkomm., 08.07.1964, Max. XI, Nr. 352, BlSchK 1966, S. 142).

7 Voraussetzung der Bewilligung einer Nachlassstundung ist ein Nachlassvertragsentwurf, der dem Gericht über die Aussichten der Abfindung der Gläubiger genügende Klarheit gibt (TG, ObGer, 04.09.1952, BlSchK 1954, S. 89).

8 Bei der Behandlung des Nachlassstundungsgesuches sind die erforderlichen Unterlagen (Entwurf eines Nachlassvertrages, Bilanz, Betriebsrechnung, Verzeichnis der Geschäftsbücher) streng zu überprüfen, sodass Stundungsgesuche immer dann abzuweisen sind, wenn entweder die erforderlichen Unterlagen nicht eingereicht werden oder der Entwurf des Nachlassvertrages unvollständig ist

und namentlich keine genauern Angaben über die mutmassliche Nachlassdividende und über deren Sicherstellung enthält (TG, ObGer, 22.09.1953, BlSchK 1955, S. 60).

9 Der Entwurf des Nachlassvertrages hat den Gläubigern genaue Auskunft darüber zu geben, wie der Schuldner sie zu befriedigen gedenkt (AR, ObGer, 30.03.1971, Rechenschaftsbericht 1970/71, S. 33, SJZ 1972, S. 157).

10 Die vorgeschriebenen Belege zum Nachlassvertragsbegehren können noch nachträglich beigebracht werden (LU, SchKKomm, 13.12.1967, Max. XI, Nr. 575, SJZ 1969, S. 365).

11 Formelle Erfordernisse für das Nachlassvertragsbegehren. – Wenn eine derartige Unklarheit über die tatsächlichen finanziellen Verhältnisse des Gesuchstellers besteht, dass das Gericht nicht in der Lage ist, zu beurteilen, ob seine Vermögenslage die Gutheissung des Stundungsgesuches nach Art. 294 zulässt, muss ein Nachlassstundungsgesuch mangels Vorliegen der formellen Voraussetzungen für das Eintreten abgelehnt werden. Zum Allermindesten müsste der Gesuchsteller ein genaues Verzeichnis der Gläubiger und ihrer Forderungsbeträge einreichen und genügende Grundlage über die Aktiven abgeben (AR, ObGer, 01.09.1953, Rechenschaftsbericht 1953/54, S. 45, SJZ 1956, S. 62, BlSchK 1957, S. 60).

12 Sofern das Gesetz nichts anderes vorsieht, dürfen die Klauseln des Nachlassvertrages weder die Höhe der eingegebenen Forderungen berühren noch den Anspruch der Gläubiger beeinträchtigen, gleiche Dividenden zu erhalten bzw. gemäss den gesetzlichen Bestimmungen dem Erlös der abgetretenen Vermögenswerte befriedigt zu werden (BGE 105 III 92).

13 Rekurse gegen verfahrensleitende Beschlüsse der Nachlassbehörde sind gemäss ZPO (ZH) zulässig. Der Schuldner wird durch die Nachlassstundung nur in seiner Dispositionsfähigkeit beschränkt; Geschäftsführungs- und Vertretungsbefugnis werden ihm nicht vollständig entzogen; ein im Konkursaufschubsverfahren erfolgter, im Handelsregister eingetragener Entzug der Vertretungsbefugnis des Schuldners kann, wenn diesem eine Nachlassstundung bewilligt wird, durch geeignete Publikation im Handelsregister widerrufen werden (ZH, ObGer, II. Ziv.Kammer, 14.07.1970, ZR 1970, Nr. 112).

14 (i.V.m. Art. 23 SchKG, § 281 ff. ZPO ZH) – Gegen Entscheide in Nachlassvertragssachen ist die kantonale Nichtigkeitsbeschwerde gemäss ständiger Rechtsprechung und einhelliger Lehre ausgeschlossen (ZH, Kassationsgericht, 05.09.1994, ZR 1996, Nr. 31).

15 Befreiende Wirkung des Nachlassvertrages auf die Gesellschafter einer Kollektivgesellschaft. – Der ordentliche Nachlassvertrag oder jener mit Vermögensabtretung, den eine Kollektivgesellschaft mit den Gläubigern abschliesst, befreit die Gesellschafter von den Gesellschaftsschulden, die durch die abgetretenen Aktiven nicht gedeckt sind (Bestätigung der Rechtsprechung) (BGE 109 III 128).

16 Die ab Stundungsdatum geschuldeten Beiträge an die Sozialversicherungseinrichtungen sind Masseverbindlichkeiten. – Masseverbindlichkeiten werden vom Nachlassvertrag nicht erfasst und dürfen daher sofort bezahlt werden. – Die Weisung des Sachwalters an den Nachlassschuldner, die ab Stundungsdatum aufgelaufenen Sozialversicherungsbeiträge zu bezahlen, ist deshalb nicht gesetzeswidrig (BGE 100 III 30).

17 Eine Weisung des provisorischen Sachwalters an Gesellschaften, denen eine provisorische Nachlassstundung gewährt worden ist, die Zahlungen aus den Vereinbarungen mit Frühpensionierten, die keine Arbeitsleistungen mehr zu erbringen hatte, einzustellen seien, ist weder kompetenz- noch sonst wie bundesrechtswidrig (BGE 129 III 94).

18 Für die Ersetzung eines Sachwalters ist die Nachlassbehörde und nicht die AB zuständig. – Der Sachwalter ist befugt, bei der Ausübung seines Amtes Hilfspersonen beizuziehen. – Ins Inventar sind auch die Kompetenzstücke und die von Dritten angesprochenen Gegenstände aufzunehmen. – Für die Verlängerung der Nachlassstundung ist ausschliesslich die Nachlassbehörde zuständig, wobei (hier) offen bleibt, ob neben dem Sachwalter auch der Schuldner zur Stellung eines entsprechenden Gesuches legitimiert ist (SO, AB, 27.12.1982, BlSchK 1983, S. 235).

Elfter Titel: Nachlassverfahren | **Art. 294**

Art. 294 2. Ladung. Entscheid und Weiterziehung

¹ Liegt ein Gesuch um Nachlassstundung vor oder werden provisorische Massnahmen angeordnet, so lädt der Nachlassrichter den Schuldner und den antragstellenden Gläubiger unverzüglich zur Verhandlung vor. Er kann auch andere Gläubiger anhören oder vom Schuldner die Vorlage einer detaillierten Bilanz und einer Betriebsrechnung oder entsprechender Unterlagen sowie das Verzeichnis seiner Bücher verlangen.

² Sobald der Nachlassrichter im Besitz der notwendigen Unterlagen ist, entscheidet er möglichst rasch über die Bewilligung der Nachlassstundung; er berücksichtigt dabei namentlich die Vermögens-, Ertrags- oder Einkommenslage des Schuldners und die Aussichten auf einen Nachlassvertrag.

³ Wo ein oberes kantonales Nachlassgericht besteht, können der Schuldner und der gesuchstellende Gläubiger den Entscheid binnen zehn Tagen nach der Eröffnung an das obere Nachlassgericht weiterziehen.

⁴ Soweit der Entscheid die Ernennung des Sachwalters betrifft, kann ihn auch jeder andere Gläubiger weiterziehen.

1 (i.V.m. Art. 110 Ziff. 5 StGB) – Beweiseignung einer Bilanz im Nachlassverfahren. Eine im Nachlassverfahren vom Schuldner eingereichte Bilanz stellt eine Urkunde dar, der von Gesetzes wegen Beweiseignung hinsichtlich der dargestellten Vermögenslage zukommt. Da die Überprüfung des Stundungsbegehrens «meistens eher oberflächlich» ausfällt, muss sich der Nachlassrichter zur Beurteilung der Vermögenslage des Schuldners zwangsläufig auf die von ihm eingereichte Bilanz stützen. Aus dieser praktischen Bedeutung und aus dem Umstand, dass nur dem ehrlichen Schuldner die Rechtswohltat des Nachlassvertrages zukommen sollen, ergibt sich die Beweiseignung einer im Nachlassverfahren eingereichten Bilanz für die Darstellung der tatsächlichen Vermögenslage (BGE 114 IV 32).

2 Es ist unzulässig, das Eintreten auf ein Nachlassgesuch von der Sicherstellung der Nachlassdividende abhängig zu machen, nachdem der Gesuchsteller bereits bei der Einreichung des Entwurfes des Nachlassvertrages darüber Auskunft zu geben hat, wie er die Gläubiger zu befriedigen gedenkt (ZH, ObGer, I. Ziv.Kammer, 08.03.1950, ZR 1951, Nr. 84, BlSchK 1952, S. 182).

3 Die Erteilung der Nachlassstundung darf nicht von strengeren Voraussetzungen abhängig gemacht werden als Art. 306 SchKG sie für die Bestätigung eines Nachlassvertrages aufstellt (BE, AB, 08.03.1950, ZBJV 1952, S. 158 und 28.03.1968, BlSchK 1969, S. 181).

4 Prüfung der Voraussetzungen durch den Nachlassrichter in Bezug auf den Stand der Buchführung des Schuldners. Der Nachlassrichter ist verpflichtet, die für seinen Entscheid erforderlichen Tatsachen von Amtes wegen erheben und mit den ihm zur Verfügung stehenden prozessualen Mitteln die Herausgabe jener Akten zu erwirken, die der Schuldner nicht selber besitzt (Buchhaltung, die sich bei der Buchhaltungs- oder Treuhandstelle befindet). Zumindest ist eine Tatsachenbehauptung des Gesuchstellers auf ihren Wahrheitsgehalt zu prüfen (SZ, KG, 16.12.1969, BlSchK 1971, S. 151).

5 Die Vorlage eines Nachlassvertragesentwurfes, welcher sich auf überprüfbare Tatsachen, z.B. auf eine nachgeführte Buchhaltung stützt, ist Bedingung für das Eintreten auf das Stundungsgesuch (BE, AB, 27.05.1970, BlSchK 1972, S. 87).

6 (i.V.m. BG über die *Banken und Sparkassen*) – Der Umstand, dass die Eidgenössische Bankenkommission der Bank die Bewilligung zur Ausübung der Geschäftstätigkeit entzogen hat, bevor über das Gesuch um Bankenstundung entschieden war, durfte das Stundungsgericht nicht dazu veranlassen, dieses Gesuch abzuweisen. Die Bankenstundung ist auch nach dem Entzug der Bewilligung zulässig, sofern die Überschuldung noch nicht ausgewiesen ist (BGE 117 III 83/84).

7 Anforderungen an die Buchführung – Im Nachlassverfahren genügt es, wenn die Bücher wenigstens ein Minimum einer ordentlichen Buchhaltung darstellen und über die Vermögenslage des Gesuchstellers Aufschluss zu geben vermögen. Hier hat der Inhaber einer Einzelfirma in der Transportbranche dem Gericht ein Postcheckbuch, ein Lohnbuch und eine Debitorenkartei vorgelegt. Ferner

hatte er die bezahlten und unbezahlten Rechnungen aufbewahrt. Das Gericht trat auf das Stundungsgesuch ein (SG, Bez.Gericht, 22.02.1965, SJZ 1967, S. 81, BlSchK 1967, S. 150).

8 Wann ist ein Schuldner nachlasswürdig? Wird die fehlende Nachlasswürdigkeit durch die Interessen der Gläubiger im vorgeschlagenen Nachlassvertrag aufgewogen? – Das Erfordernis der Nachlasswürdigkeit des Schuldners ist nur fakultativ. Es kann entfallen, wenn es sich beim Gesuchsteller um eine juristische Peson handelt, die durch vorgeschlagenen Nachlassvertrag mit Vermögensabtretung liquidiert werden soll (vgl. BGE 95 III 71). Handelt es sich hingegen um eine natürliche Person, so wird eine fehlende Nachlasswürdigkeit nicht ohne Weiteres durch die Interessen der Gläubiger am vorgeschlagenen Nachlassvertrag ausgeglichen. Die Verwertung der Aktiven verläuft beim Liquidationsvergleich in der Regel nicht günstiger als im Konkursfalle. Solange nur selektive Verkäufe getätigt werden können, werden gute Preise erzielt. Dies ist anders, wenn die Gesamtaktiven zu liquidieren sind. Auch die Konkursverwaltung kann ohne Weitere unter Mitwirkung des Schuldners Freihandverkäufe tätigen. Ebenso ist der Zeitdruck, unter dem eine Konkursverwaltung für die Liquidation steht, mit demjenigen für ein Nachlassverfahren vergleichbar. Selbst die Verfahrenskosten sind in einem Konkursverfahren erfahrungsgemäss eher günstiger als in einem Nachlassverfahren. Hier wurde die Beschwerde des Schuldners abgewiesen. (eine staatsrechtliche Beschwerde wurde vom BGer abgewiesen) (BS, Appellationsgericht, 29.10.1986, BJM 1988, S. 25, BlSchK 1989, S. 78).

9 Verweigerung der Nachlassstundung wegen ungenügender Buchführung (LU, SchKKomm 15.02.1954, Max. X, Nr. 293, ZBJV 1954, S. 191, BlSchK 1956, S. 152).

10 Verweigerung der Nachlassstundung wegen ungenügender Buchführung, auch wenn der kurz vor Einreichung des Stundungsgesuches neu bestellte Verwaltungsrat hiefür nicht verantwortlich ist (LU, Justizkomm., 22.03.1957, Max. X, Nr. 522).

11 Leichtfertiges Handeln eines nicht Buchführungspflichtigen beim Fehlen jeglicher Notizen über seinen Geldverkehr (ZH, ObGer, II. Ziv.Kammer, 30.09.1958, ZR 1959, Nr. 10).

12 Ungenügende Buchhaltung kann entschuldbar sein (ZH, ObGer, II. Ziv.Kammer, 10.06.1958, Nr. 161, BlSchK 1959, S. 186).

13 Die Nichteinreichung eines Bücherverzeichnisses kann nicht als einen schweren formellen Mangel angesehen werden. – Ein Strafverfahren im Stadium der Nachlassstundung. Das Strafverfahren abzuwarten verbietet die Dringlichkeit der Behandlung des Nachlassstundungsgesuches. Es geht nicht an, dem strafrechtlichen Entscheid vorauszugreifen. Eine Benachteiligung der Interessen der Gläubiger entsteht dabei nicht, denn sie können später im Bestätigungsverfahren, wenn das Urteil im Strafverfahren vorliegen wird, ihr Einwendungen wieder geltend machen können (SO, ObGer als zweitinstanzl. Nachlassbehörde, 15.09.1956, BlSchK 1957, S. 151).

14 Die Gewährung einer Nachlassstundung ist zu verweigern, wenn von vornherein feststeht, dass ein vom Schuldner vorgeschlagener Nachlassvertrag nicht homologiert werden könnte. Diese Vorschrift ist auch im Nachlassverfahren der Banken anwendbar, da das Bankengesetz und die daherigen Verordnungen keine abweichenden Bestimmungen enthalten (BGE 87 III 33).

15 Abweisung des Gesuches um Nachlassstundung zufolge Fehlens der Nachlasswürdigkeit (u.a. dürftige Buchführung, Fehlen von Belegen über die Schätzung von Grundstücken, unvollständige Angaben über Hypothekarverpflichtungen (SH, ObGer, 05.06.1992, BlSchK 1993, S. 67).

16 Das Gesuch um Bewilligung einer Nachlassstundung ist abzulehnen, wenn bereits im Bewilligungsverfahren im Hinblick auf die Voraussetzungen, die der Art. 306 SchKG umschreibt, eine spätere Bestätigung des Nachlassvertrages offensichtlich nicht in Frage kommt (BE, AB, 31.10.1968, BlSchK 1969, S. 146).

17 Im Bewilligungsverfahren darf der Nachlassrichter nicht auf die Zustimmung oder Ablehnung seitens der Gläubiger abstellen, wie es im Bestätigungsverfahren gemäss Art. 306 SchKG vorgesehen ist (ZH, ObGer, II. Ziv.Kammer, 11.08.1978, ZR 1978, Nr. 100, BlSchK 1980, S. 173).

18 Gläubiger können den Beschluss über die Bewilligung einer Nachlassstundung nicht anfechten (BS, Appellationsgericht, 21.09.1945, SJZ 1946, S. 78, BlSchK 1946, S. 117).

19 Kein Appellationsrecht des Gläubigers gegen die Bewilligung einer Nachlassstundung (SO, ObGer, 13.03.1959, BlSchK 1961, S. 121).

20 Nur ein Entscheid über die Abweisung einer Nachlassstundung kann weitergezogen werden; somit ist nur der Schuldner zum Weiterzug legitimiert (FR, Cour appellation, 11.12.1970, Extraits 1970, S. 74, SJZ 1972, S. 114 und 333, BlSchK 1973, S. 93).

21 Gegen Verfügungen des Nachlassrichters ist eine Beschwerde im Sinne von Art. 17 SchKG nicht gegeben (GR, PKG 1954, S. 142, BlSchK 1957, S. 28).

22 Wo ein oberes kantonales Nachlassgericht besteht, können Schuldner und Gläubiger bei ihm Beschwerde gegen die Ernennung des Sachwalters führen; die gegenteilige Auffassung ist willkürlich und verstösst gegen BV 4 (BGE 103 Ia 76).

23 Nach der Eröffnung des Konkurses ist es nicht mehr möglich, eine Nachlassstundung zu bewilligen, dies auch nicht während der Berufungsfrist gegen das Konkursdekret (FR, Cour d'appel, 07.01.1980, BlSchK 1982, S. 233).

Art. 295 3. Bewilligung und Dauer der Nachlassstundung. Ernennung und Aufgaben des Sachwalters

¹ Besteht Aussicht auf einen Nachlassvertrag, so gewährt der Nachlassrichter dem Schuldner die Nachlassstundung für vier bis sechs Monate und ernennt einen oder mehrere Sachwalter. Die Dauer der provisorisch gewährten Stundung wird nicht angerechnet.

² Der Sachwalter:

a. überwacht die Handlungen des Schuldners;
b. erfüllt die in den Artikeln 298–302 und 304 bezeichneten Aufgaben;
c. erstattet auf Anordnung des Nachlassrichters Zwischenberichte und orientiert die Gläubiger über den Verlauf der Stundung.

³ Auf die Geschäftsführung des Sachwalters sind die Artikel 8, 10, 11, 14, 17–19, 34 und 35 sinngemäss anwendbar.

⁴ Auf Antrag des Sachwalters kann die Stundung auf zwölf, in besonders komplexen Fällen auf höchstens 24 Monate verlängert werden. Bei einer Verlängerung über zwölf Monate hinaus sind die Gläubiger anzuhören.

⁵ Die Stundung kann auf Antrag des Sachwalters vorzeitig widerrufen werden, wenn dies zur Erhaltung des schuldnerischen Vermögens erforderlich ist, oder wenn der Nachlassvertrag offensichtlich nicht abgeschlossen werden kann. Der Schuldner und die Gläubiger sind anzuhören. Die Artikel 307–309 gelten sinngemäss.

1 Eine bewilligte Nachlassstundung wird durch die Einreichung des Nachlassvertragsentwurfes ohne Weiteres erstreckt, bis über die Genehmigung des Nachlassvertrages rechtskräftig entschieden ist (SZ, AB, 26.07.1948, Rechenschaftsbericht KG 1948, S. 35, BlSchK 1950, S. 115).

2 Der Sachwalter im Nachlassverfahren ist nicht ein obligationenrechtlich Beauftragter des Schuldners, sondern ein vom Richter ernanntes Organ der Zwangsvollstreckung, das im Interesse der Gläubiger tätig sein soll. Sein Honorar ist unabhängig von den Ansprüchen der Gläubiger aus den vorhandenen Mitteln voll zu bezahlen (BE, Appellationshof, III. Ziv.Kammer, 30.10.1944, ZBJV 1946, S. 169, BlSchK 1947, S. 21).

3 Mit der Bestätigung des Nachlassvertrages ist das Sachwaltermandat beendigt (AR, AB, 30.06.1947, Rechenschaftsbericht 1946/47, S. 62, SJZ 1949, S. 365, BlSchK 1950, S. 187).

4 Deckung der voraussichtlichen Kosten des Sachwalters. Der im Stundungsvergleich ernannte Sachwalter ist nicht gehalten, ohne hinreichende Deckung seiner voraussichtlichen Kosten tätig zu sein. Bei Nichtbefolgung einer Aufforderung zur Ergänzung des Vorschusses kann der Sachwalter um Entlassung vom Amte nachsuchen (LU, SchKKomm, 24.07.1969, Max. XI, Nr. 722, SJZ 1971, S. 231, BlSchK 1972, S. 118).

Art. 295   Nr. 1 SchKG

5   Es verstösst nicht gegen Bundesrecht, wenn die der Nachlassrichter in seinem Entscheid über die Nachlassstundung den Schuldner für die Kosten des Sachwalters vorschusspflichtig erklärt und der Sachwalter gestützt darauf einen Kostenvorschuss einfordert (BGE 100 III 33).

6   Die Nachlassstundung hemmt den Eintritt von Verwirkungsfolgen nicht, die vom Richter für den Fall der Nichtleistung eines Prozesskostenvorschusses angedroht wurden. Die Nachlassstundung hemmt nur den Lauf der Fristen, die durch Betreibung unterbrochen werden können. Sie verhindert indessen weder das Fälligwerden einer Forderung (BGE 39 II 798) noch den Eintritt von Verwirkungsfolgen richterlich gesetzter Fristen in einem zivilprozessualen Ausweisungsverfahren, da Letztere durch eine Betreibungshandlung nicht unterbrochen werden können. *Gerichtliche Schritte gegen einen Schuldner während der Stundung sind daher nicht untersagt* (LU, SchKKomm, 29.11.1983, BlSchK 1986, S. 117).

7   Die Bestellung eines Sachwalters ist mit Beschwerde beim oberen Nachlassgericht anfechtbar. Legitimation zu einer solchen Beschwerde. – Nach der Rechtsprechung des BGer ist eine unter Missachtung des Art. 10 SchKG erfolgte Amtshandlung von jedermann anfechtbar, der ein rechtmässiges Interesse an der Beachtung der in Frage liegenden Gesetzesbestimmung hat (BGE 36 I 101). – Unparteilichkeit als Voraussetzung zur Wählbarkeit als Sachwalter (LU, SchKKomm, 05.10.1959, Max. X, Nr. 689).

8   Die Bestellung eines ungeeigneten Sachwalters durch den Nachlassrichter kann durch das obere Nachlassgericht aufgehoben werden (SZ, KG, 06.05.1960, BlSchK 1962, S. 184).

9   Verweigert ein vom Nachlassrichter gewählter Sachwalter die Übernahme des Sachwaltermandates, so hat der Nachlassrichter unverzüglich einen andern Sachwalter einzusetzen (BE, AB, 27.04.1967, BlSchK 1969, S. 21).

10   (i.V.m. Art. 37 BankG) – Die Ernennung mehrerer Sachwalter im Bankennachlassverfahren ist zulässig (LU, SchKKomm, 23.12.1970, Max. XI, Nr. 785, BlSchK 1972, S. 182).

11   (i.V.m. Art. 725a OR und Art. 37 BankG) – Das Stundungsgesuch nach Art. 293 SchKG ersetzt das Gesuch um Konkursaufschub nach Art. 725a OR auch bei Bankaktiengesellschaften (LU, SchKKomm, 30.12.1970, Max. XI, Nr. 783).

12   Der Sachwalter in der Nachlassstundung ist nicht verantwortlich, wenn der Vertreter des Schuldners seinen Mandanten nicht über den Gang des Verfahrens orientiert (GE, Autorité de surveillance, 23.05.1979, BlSchK 1980, S. 82).

13   Gemäss Abs. 3 aufgeführten Bestimmung i.V.m. Art. 14 Abs. 2 SchKG untersteht der Sachwalter im Nachlassverfahren der Disziplinarhoheit der AB (ZH, Bez.Gericht , 25.03.1999, ZR 2001, Nr. 40, BlSchK 2001, S. 151).

14   Disziplinarverfahren gegen Sachwalter im Nachlassverfahren. – Gemäss Art. 55 Abs. 1 GebVOSchKG setzt das Nachlassgericht das Honorar des Sachwalters pauschal fest. Nach dem in Art. 1 GebVO begründeten Grundsatz der Ausschliesslichkeit dürfen im Nachlassverfahren tätigen Organe nur die in der GebVO vorgesehenen Entschädigungen beziehen. Lässt sich ein Sachwalter eine Garantie für die Bezahlung der Differenz zwischen dem von ihm verlangten und dem vom Nachlassgericht vorerst in Aussicht gestellte Honorar bieten, begeht er in objektiver Hinsicht eine Amtspflichtverletzung; Ausführungen über subjektive Voraussetzungen einer Amtspflichtverletzung durch einen Sachwalter (ZH, AB, über Sachwalter, 25.03.1999, ZR 2001, Nr. 15, BlSchK 2001, S. 151).

15   Die Sistierung einer angeordneten Versteigerung gepfändeter Vermögensstücke kann erst nach bewilligter Nachlassstundung erfolgen. Die blosse Einreichung des Nachlassstundungsgesuches bewirkt noch keinen Rechtsstillstand (GE, Autorité de surveillance, 17.03.1972, BlSchK 1973, S. 111).

16   Eine Weisung des provisorischen Sachwalters an Gesellschaften, denen eine provisorische Nachlassstundung gewährt worden ist, die Zahlungen aus den Vereinbarungen mit Frühpensionierten, die keine Arbeitsleistungen mehr zu erbringen hatte, einzustellen seien, ist weder kompetenz- noch sonst wie bundesrechtswidrig (BGE 120 III 94).

Elfter Titel: Nachlassverfahren | **Art. 296**

17 (i.V.m. Art. 56 SchKG) – Die Vorschriften über die Betreibungsferien und den Rechtsstillstand sind auf Verfügungen des Sachwalters im Nachlassverfahren und auf die Frist zur Beschwerde Abs. 3 nicht anwendbar (BGE 73 III 91).

18 (i.V.m. Art. 8a Abs. 1 SchKG) – Umfassendes Einsichtsrecht der Gläubiger während der Nachlassstundung, auch in die Verwaltungsratsprotokolle der sich in Nachlassstundung befindlichen Gesellschaft (Bez.Gericht Zürich, 31.03.2003, BlSchK 2003, S. 263).

19 Mit dem Ablauf der Nachlassstundung fallen die Wirkungen der Stundung automatisch dahin, ohne dass es hiefür eines Entscheides der Nachlassbehörde bedürfte (BGE 130 III 380).

Art. 296   4. Öffentliche Bekanntmachung

Die Bewilligung der Stundung wird öffentlich bekanntgemacht und dem Betreibungsamt sowie dem Grundbuchamt unverzüglich mitgeteilt. Die Nachlassstundung ist spätestens zwei Tage nach Bewilligung im Grundbuch anzumerken.

1 Die Wirkungen der Nachlassstundung treten jedoch mit der Stundungsbewilligung und nicht erst mit deren Bekanntmachung ein (BGE 110 III 99/102).

Art. 297   B. Wirkungen der Stundung
1. Auf die Rechte der Gläubiger

¹ Während der Stundung kann gegen den Schuldner eine Betreibung weder eingeleitet noch fortgesetzt werden. Verjährungs- und Verwirkungsfristen stehen still. Für gepfändete Vermögensstücke gilt Artikel 199 Absatz 2 sinngemäss.

² Auch während der Stundung sind folgende Betreibungen zulässig:
1. die Betreibung auf Pfändung für die Forderungen der ersten Klasse (Art. 219 Abs. 4);
2. die Betreibung auf Pfandverwertung für grundpfandgesicherte Forderungen; die Verwertung des Grundpfandes bleibt dagegen ausgeschlossen.

³ Mit der Bewilligung der Stundung hört gegenüber dem Schuldner der Zinsenlauf für alle nicht pfandgesicherten Forderungen auf, sofern der Nachlassvertrag nichts anderes bestimmt.

⁴ Für die Verrechnung gelten die Artikel 213–214a. An die Stelle der Konkurseröffnung tritt die Bekanntmachung der Stundung, gegebenenfalls des vorausgegangenen Konkursaufschubes nach den Artikeln 725a, 764, 817 und 903 des Obligationenrechts.

1 Der *Konkursrichter hat eine andernorts ergangene Nachlassstundung zu beachten* (BS, Appellationsgericht, 10.08.1957, BJM 1957, S. 279).

2 Auch wenn von *einer örtlich unzuständigen Nachlassbehörde eine Nachlassstundung gewährt wurde, ist eine Betreibung unzulässig* (Bestätigung der Rechtsprechung) (BGE 98 III 37).

3 *Betreibungen, die während einer Nachlassstundung angehoben werden, sind nichtig, soweit sie die in Art. 219, erste Klasse genannten Lohnforderungen und familienrechtlichen Unterhaltsbeiträge übersteigen* (ZH, ObGer, II. Kammer, 17.04.1945, ZR 1945, S. 367, BlSchK 1947, S. 24).

4 Während der Nachlassstundung *darf auch ein Entscheid über die Bewilligung des Rechtsvorschlages in der Wechselbetreibung nicht getroffen werden* (LU, SchK-Komm., 06.06.1947, Max. IX, Nr. 534, BlSchK 1949, S. 154, SJZ 1949, S. 349).

5 Die Nachlassstundung lässt die gültig vollzogene und nicht binnen nützlicher Frist angefochtenen Betreibungshandlungen fortbestehen. Nichts hindert infolgedessen den Gläubiger, sich auf diese zu berufen, wenn die Nachlassstundungsdauer abgelaufen ist, ohne dass der Schuldner einen Nachlassvertrag vorgeschlagen hätte (BGE 76 III 107).

6 *Eine entgegen dem* in dieser Bestimmung für die Stundung *statuierten Betreibungsverbot eingeleitete Betreibung fällt in jedem Fall* gleich wie eine bereits vor der Erteilung der Stundung angehobene Betreibung mit der Bestätigung des Nachlassvertrages gemäss Art. 311 SchKG *dahin* (BE, AB, 06.04.1957, BlSchK 1958, S. 92).

7 *Erst die gerichtliche Bewilligung einer Nachlassstundung hindert die Fortsetzung einer Betreibung,* nicht aber die Einreichung eines Nachlassstundungsgesuches (BE, AB, 15.11.1965, BlSchK 1967, S. 57).

8 Gemäss Absatz 2 ist *die Betreibung für die in Art. 219 SchKG genannten Lohnforderung* 1. Klasse auch *während eines gerichtlichen Nachlassverfahrens zulässig*. Dieses *Recht steht auch dem Zessionar der Lohnforderung zu*, ebenso dem Pfändungsgläubiger zu den Bedingungen gemäss Art. 131 Abs. 2 SchKG (SO, AB, 17.06.1966, BlSchK 1967, S. 22).

9 Gegenüber dem in Nachlassstundung stehenden Mieter ist *die Aufnahme einer Retentionsurkunde* nur bei drohender Wegschaffung von Retentionsobjekten zulässig. *Auf diese Rechtsprechung kann sich auch der* in Nachlassstundung befindliche *Untermieter berufen.* – Während der Nachlassstundung kann gegen den Schuldner eine Betreibung weder angehoben noch fortgesetzt werden. Davon ausgenommen sind jedoch Betreibungen für Forderungen 1. Klasse gemäss Art. 219 SchKG und auf Grundpfandverwertungen. Erhält das BA erst nachträglich von der Nachlassstundung Kenntnis, sind die inzwischen vorgenommenen Betreibungshandlungen von Gesetzes wegen aufgehoben. Die während der Nachlassstundung aufgenommene Retentionsurkunde ist, ausser bei drohender Wegschaffung der Retentionsobjekte, unzulässig (BGE 50 III 7) (ZH, u. AB, Bülach, 22.03.1978, SJZ 1978, S. 345).

10 Die Aufnahme eines Retentionsverzeichnisses ist auch gegenüber einem Schuldner, dem Nachlassstundung gewährt worden ist, zulässig (SO, AB, 26.11.1975, SOG Nr. 15, SJZ 1976, S. 266).

11 Aufnahme eines Retentionsverzeichnisses gegenüber einem Schuldner, dem die provisorische Nachlassstundung bewilligt worden ist. Wohl ist zur Einleitung der Prosequierung des Retentionsverzeichnisses die Betreibung einzuleiten, was während der Stundung ausgeschlossen ist. Nachdem die Betreibung erst mit der Zustellung des Zahlungsbefehls beginnt, ist das während der hängigen Nachlassstundung gestellte Betreibungsbegehren vom BA zu protokollieren und allenfalls nach dem Wegfall der Stundung zu vollziehen (BGE 129 III 395/396 E.2.).

12 Während der Dauer der Nachlassstundung darf eine *Betreibung auf Faustpfandverwertung nicht fortgesetzt werden.* – Werden in einer Betreibung für Mietzinsforderungen die auf Begehren des Vermieters retinierten Gegenstände während der Stundung durch ein Bardepot ersetzt, so darf dieses Depot dem betreibenden Vermieter einstweilen nicht bezahlt werden (BGE 102 III 109).

13 *Im Pfändungsverfahren kann vor der Bewilligung einer Nachlassstundung* durch den Nachlassrichter *eine Verwertung nicht aufgehalten werden* (SG, AB, 05.11.1968; bestätigt des BGer 22.11.1968, BlSchK 1975, S. 120).

14 Der Konkursrichter hat die Konkurseröffnung ohne Überprüfung des Entscheides des Nachlassrichters zu sistieren, auch wenn die bewilligte Stundung auf suspekte Weise erfolgt ist und obwohl dem Gläubiger im Stundungsverfahren jegliche Parteistellung fehlt (BS, Appellationsgericht, 10.08.1957, SJZ 1958, S. 106).

15 Die Sistierung einer angeordneten Versteigerung gepfändeter Vermögensstücke kann *erst nach bewilligter Nachlassstundung erfolgen*. Die blosse Einreichung des Nachlassstundungsgesuches bewirkt noch keinen Rechtsstillstand (GE, Autorité de surveillance, 17.03.1972, BlSchK 1973, S. 111).

16 Die *Eintragung eines gültig vereinbarten Eigentumsvorbehaltes* kann vom Veräusserer auch noch verlangt werden, nachdem dem Erwerber eine Nachlassstundung bewilligt wurde (SZ, Justizkomm., 07.03.1960, BlSchK 1962, S. 185, SJZ 1963, S. 174).

17 Die *Möglichkeit, den Eigentumsvorbehalt eintragen zu lassen*, ist nicht an eine Frist gebunden. Die Kognitionsbefugnis der Organe der Zwangsvollstreckung beschränkt sich auf die Prüfung der formellen Voraussetzungen für die Eintragung. Die Gewährung einer Nachlassstundung schliesst die

Eintragung nicht aus (LU, SchKKomm, 13.01.1969, Max. XI, Nr. 724, SJZ 1971, S. 230, BlSchK 1973, S. 23).

18 Die Verteilung des Erlöses von Pfändungsobjekten, die vor der Bewilligung der Nachlassstundung bereits verwertet worden sind, bewirkt keine nach Art. 297 SchKG während der Nachlassstundung verbotene Betreibungshandlung (SZ, Justizkomm., 27.04.1964; eine Beschwerde des Schuldners wurde vom BGer abgewiesen; BlSchK 1966, S. 143).

19 Verwendung eines Liquidationsüberschusses – Ein Liquidationsüberschuss nach Deckung der kollozierten Forderungen dient zur Bezahlung der Zinsen, die die Gläubiger für die Zeit nach der Bewilligung der Stundung hätten verlangen können, wenn es nicht zum Abschluss des Nachlassvertrages *mit Vermögensabtretung* gekommen wäre. Vorbehalten bleibt der Nachlassvertrag, in dem die Verzinslichkeit der Forderungen für den Fall eines Aktivenüberschusses ausgeschlossen wird (BGE 129 III 559).

20 (i.V.m. Art. 310 Abs. 2 und 329 Abs. 2 SchKG) – Betreibung für Masseverbindlichkeiten im Nachlassvertrag mit Vermögensabtretung – Die Mehrwertsteuer für Arbeiten, die der Schuldner während der Nachlassstundung mit Zustimmung des Sachwalters ausgeführt hat, ist eine Masseverbindlichkeit, die nicht vom Nachlassvertrag betroffen ist. Für solche Forderungen kann der Gläubiger gegen die Masse die Betreibung auf Pfändung anheben (BGE 126 III 294).

21 Bei der Liquidation zufolge Nachlassvertrag mit Vermögensabtretung ist Art. 216 SchKG ebenfalls anwendbar, obschon Art. 297 Abs. 4 nur die Art. 213 und 214 SchKG anführt (BGE 79 III 141).

22 (i.V.m. Art. 725a Abs. 3 und Art. 32 VNB). – Die Bewilligung des Konkursaufschubes ist amtlich zu publizieren. Wird die Publikation des Konkursaufschubes unterlassen, so ist für den Ausschluss der Verrechnung gemäss dieser Bestimmung und Art. 32 VNB die tatsächliche Kenntnis des Gläubigers vom Konkursaufschub massgebend (BGE 101 III 99).

23 Art. 213 Abs. 2 SchKG schliesst die Verrechnung nur bezüglich Forderungen aus, deren Rechtsgrund auf Tatsachen beruht, die in die Zeit nach der Konkurseröffnung oder der Bekanntmachung der Nachlassstundung fallen. Dass die Forderung zu jenem Zeitpunkt betagt oder bedingt war, ist ohne Belang (BGE 107 III 25 u. 139).

24 (i.V.m. Art. 585 f. ZGB) – Für die Verrechnung, die von einem Gläubiger des Erblassers im Laufe des Verfahrens eines öffentlichen Inventars vorgenommen wurde, welches der konkursamtlichen Liquidation der Erbschaft vorausging, ist die im SchKG für die Nachlassstundung vorgesehene Regelung analog anwendbar (BGE 130 III 241).

Art. 298 2. Auf die Verfügungsbefugnis des Schuldners

¹ Der Schuldner kann seine Geschäftstätigkeit unter Aufsicht des Sachwalters fortsetzen. Der Nachlassrichter kann jedoch anordnen, dass gewisse Handlungen rechtsgültig nur unter Mitwirkung des Sachwalters vorgenommen werden können, oder den Sachwalter ermächtigen, die Geschäftsführung anstelle des Schuldners zu übernehmen.

² Ohne Ermächtigung des Nachlassrichters können während der Stundung nicht mehr in rechtsgültiger Weise Teile des Anlagevermögens veräussert oder belastet, Pfänder bestellt, Bürgschaften eingegangen oder unentgeltliche Verfügungen getroffen werden.

³ Handelt der Schuldner dieser Bestimmung oder den Weisungen des Sachwalters zuwider, so kann der Nachlassrichter auf Anzeige des Sachwalters dem Schuldner die Verfügungsbefugnis über sein Vermögen entziehen oder die Stundung widerrufen. Der Schuldner und die Gläubiger sind anzuhören. Die Artikel 307–309 sind anwendbar.

1 Über die Gültigkeit eines der eidgenössischen Alkoholverwaltung vom Schuldner während der Nachlassstundung mit Zustimmung des Sachwalters bestellten Pfandrechts hat im nachfolgenden Konkurse der Konkursrichter zu entscheiden. Art. 298 schliesst die Verpfändung von Vermögen des Schuldners während der Nachlassstundung nicht unbedingt aus (BGE 77 III 43).

Art. 299

2   Ein von einer dem Schuldner im Sinne von Art. 298 SchKG erteilten Weisung betroffener Gläubiger und Zessionar ist zur Beschwerde legitimiert (BGE 82 III 131).

3   Der Schuldner wird durch die Nachlassstundung nur in seiner Dispositionsfähigkeit beschränkt; Geschäftsführungs- und Vertretungsbefugnis werden ihm nicht vollständig entzogen; ein im Konkursaufschubverfahren erfolgter und im Handelsregister eingetragener Entzug der Vertretungsbefugnis des Schuldners kann, wenn diesem eine Nachlassstundung bewilligt wird, durch geeignete Publikation im Handelsregister widerrufen werden (Art. 20 Abs. 2 HRegV) (ZH, ObGer, II. Ziv.Kammer, 14.07.1970, ZR 1970, Nr. 112).

4   Die Nachlassstundung hindert den Schuldner nicht, seinen Prozess selbständig zu führen (ZH, ObGer, II. Ziv.Kammer, 11.02.1975, ZR 1975, Nr. 3).

5   Voraussetzungen des Widerrufs einer Nachlassstundung. Die erwähnten Widerrufsgründe sind abschliessend geregelt (SG, KG, II. Ziv.Kammer, 15.04.1966, GVP 1966, S. 65, SJZ 1968, S. 173).

6   Hat die Nachlassbehörde die Stundung widerrufen, so ist der Schuldner berechtigt, diesen Entscheid weiter zu ziehen und das Gesuch um Nachlassstundung im Berufungsverfahren zurückzuziehen (AR, ObGer, 2. Abt., 24.11.1969, SJZ 1970, S. 140).

Art. 299   C. Besondere Aufgaben des Sachwalters
1. Inventaraufnahme und Pfandschätzung

¹ Der Sachwalter nimmt sofort nach seiner Ernennung ein Inventar über sämtliche Vermögensbestandteile des Schuldners auf und schätzt sie.

² Der Sachwalter legt den Gläubigern die Verfügung über die Pfandschätzung zur Einsicht auf; er teilt sie vor der Gläubigerversammlung den Pfandgläubigern und dem Schuldner schriftlich mit.

³ Jeder Beteiligte kann innert zehn Tagen beim Nachlassrichter gegen Vorschuss der Kosten eine neue Pfandschätzung verlangen. Hat ein Gläubiger eine Neuschätzung beantragt, so kann er vom Schuldner nur dann Ersatz der Kosten beanspruchen, wenn die frühere Schätzung wesentlich abgeändert wurde.

1   Bei juristischen Personen sind auch Verantwortlichkeitsansprüche gegenüber den Mitgliedern der Verwaltung der Kontrollstelle ins Inventar aufzunehmen (BE, AB, 05.05.1977, BlSchK 1977, S. 144).

2   Die Frist zur Anfechtung der Schätzung der Vermögensstücke beginnt für alle Gläubiger mit der öffentlichen Aktenauflage und endigt erst mit dem Tage der Gläubigerversammlung (BGE 94 III 25).

3   Die Abänderung des Inventars im Nachlassverfahren stellt keine mit Beschwerde anfechtbare Verfügung dar (LU, SchKKomm, 19.11.1970, Max. XI, Nr. 784, BlSchK 1972, S. 155).

4   Weder der Sachwalter noch die AB hat über einen Eigentumsanspruch eines Dritten zu entscheiden. Der Entscheid darüber ist ausserhalb des Nachlassverfahrens zu treffen (SG, AB, 23.10.1951, BlSchK 1953, S. 95).

5   Es fällt nicht in die Zuständigkeit des Sachwalters, sich über die Begründung einer Drittansprache an einer ins Inventar aufgenommenen Sache auszusprechen. Der Streit hierüber ist erst dann auszutragen, wenn es zur Verwertung des betreffenden Gegenstandes kommt und der Entscheid darüber steht dem Richter zu (FR, SchKK, 10.12.1961, Entscheidungen 1961, S. 101, SJZ 1964, S. 276).

6   Unter Eigentumsvorbehalt veräusserte Gegenstände im Nachlassverfahren – Erhält der Käufer einer unter Eigentumsvorbehalt verkauften und noch nicht ganz abbezahlten Sache Nachlassstundung, so kann der Verkäufer seine restliche Kaufpreisforderung anmelden und auf sein dingliches Recht verzichten. In diesem Fall nimmt er mit einer Forderung 3. Klasse am Nachlassverfahren teil. Er kann aber auch, wenn die Voraussetzungen gegeben sind, vom Vertrag zurücktreten und die Rückgabe der Sache verlangen, was dann eine entsprechende Auseinandersetzung zwischen Verkäufer und Käufer nach sich zieht. Wird die Rückgabe vollzogen, ist der Verkäufer gleich wie ein gedeckter

Pfandgläubiger (vgl. Art. 310 SchKG) am Nachlassverfahren nicht beteiligt. Er hat aber auch die Möglichkeit die restliche Kaufpreisforderung geltend zu machen, zugleich aber auch seinen Eigentumsanspruch aufrechterhalten und sich damit die endgültige Entscheidung vorbehalten. Alsdann handelt es sich bei der Kaufpreisforderung bezüglich Berechnung des Kopf- und Summenmehrs um eine Forderung 3. Klasse, bei der, analog der ungedeckten pfandgesicherten Forderungen, derjenige Betrag mitzählt, welcher nach der Schätzung des Sachwalters «ungedeckt» ist. Wie sich die Abwicklung später gestaltet, wird sich erst entscheiden, wenn der Gläubiger seine Wahl getroffen hat. – Betreibungsrechtliche AB sind nicht befugt, Feststellungen zivilrechtlicher Art zu treffen und diesbezügliche Anweisungen an den Sachwalter zu erlassen. Ob ein Gläubiger auf ein angebliches Surrogat greifen kann, ist Sache einer zivilrechtlichen Auseinandersetzung zwischen den Beteiligten (LU, SchKKomm, 12.06.1975, LGVE 1975 I 267).

7   (i.V.m. Art. 9 Abs. 2 VZG) – Die vom Sachwalter getroffene Schätzung kann innert der zehntägigen Beschwerdefrist angefochten werden. Legitimiert ist der Nachlassschuldner und jeder Gläubiger. Das Begehren bedarf keiner näheren Begründung. Es ist ihm entsprechen, indem die Neuschätzung durch Sachverständige angeordnet wird, sobald der von der AB zu bestimmende Kostenvorschuss vom Anfechtenden geleistet ist. Einer Neuschätzung ist derjenige Wert zugrunde zu legen, der im Zeitpunkt der Inventaraufnahme bei einer den Umständen angemessenen, jede Verschleuderung vermeidenden Liquidation voraussichtlich erhältlich wäre (Wert der über dem Konkurswert liegt, aber den Verkehrswert nicht erreicht) (SO, AB, 20.04.1982, BlSchK 1985, S. 196).

Art. 300   2. Schuldenruf

¹ Der Sachwalter fordert durch öffentliche Bekanntmachung (Art. 35 und 296) die Gläubiger auf, ihre Forderungen binnen 20 Tagen einzugeben, mit der Androhung, dass sie im Unterlassungsfall bei den Verhandlungen über den Nachlassvertrag nicht stimmberechtigt sind. Jedem Gläubiger, dessen Name und Wohnort bekannt sind, stellt der Sachwalter ein Exemplar der Bekanntmachung durch uneingeschriebenen Brief zu.

² Der Sachwalter holt die Erklärung des Schuldners über die eingegebenen Forderungen ein.

1   Der Sachwalter eines Gläubigers, dem die Nachlassstundung erteilt worden ist, hat die Befugnis, im Nachlassvertrag eines Schuldners die Forderung des Gläubigers anzumelden. Bei der Entscheidung der Frage, ob die vom Nachlassschuldner angebotene Dividende im richtigen Verhältnis zu seinen Mitteln stehe, ist u.a. auch in Betracht zu ziehen, ob dem Nachlassschuldner fremde Hilfe angeboten worden sei, die im Falle der Nichtgenehmigung des Nachlassvertrages dahinfiele (GE, Cour de Justice, 09.11.1951, Sem. 74, S. 492, SJZ 1953, S. 146).

2   Eine im Zustimmungsverfahren für einen Nachlassvertrag mit Vermögensabtretung nicht angemeldete Forderung kann im Liquidationsverfahren noch nachträglich, auch nach Aufstellung des Kollokationsplanes, in analoger Anwendung von Art. 251 SchKG angemeldet werden und nimmt am Liquidationsergebnis teil (SG, AB, 06.05.1953, BlSchK 1955, S. 152).

3   Das Privileg für eine Vorsorgestiftung gegen den Arbeitgeber erlischt nicht, wenn sie es unterlassen hat, ihre Forderung innert der Eingabefrist einzugeben. Die verspätete Anmeldung hat nur die in Art. 251 SchKG für den Fall der Verspätung einer Konkurseingabe vorgesehenen Folgen (BGE 97 III 83).

4   Das BGer hat sich nicht endgültig entschieden, welche Forderungen zeitlich dem Nachlassvertrag unterliegen, ob der Stundungsentscheid oder dessen Publikation massgebend sein soll. Es erklärt aber, dass es sich um einen Zeitpunkt zu Beginn des Verfahrens handeln muss. Forderungen, die erst später zur Entstehung gelangen, fallen nicht unter den ordentlichen Nachlassvertrag; denn hier gelangt Art. 310 SchKG nicht zur Anwendung. Diese erst später entstandenen Forderungen werden aber durch einen nachfolgenden Schuldnerkonkurs miterfasst und sind dort als (gewöhnliche) Konkursforderungen zu behandeln (BGE 85 III 203).

Art. 301

5 Beim Nachlassvertrag mit Vermögensabtretung (Bank) sind Forderungen fremder Währung auf denjenigen Tag in Schweizerfranken umzuwandeln, an dem die Bestätigung des Nachlassvertrages rechtskräftig geworden ist (analog Art. 211 Abs. 1 SchKG) (BGE 110 III 105, Praxis 74, Nr. 109).

6 Betreibung einer Steuerschuld, deren Taxation erst nach der Bewilligung einer Nachlassstundung in Rechtskraft erwachsen ist. Rechtsvorschlag und Verweigerung der Rechtsöffnung. Gutheissung des Rekurses (VD, Tribunal cantonal, 07.02.1980, BlSchK 1983, S. 139).

7 Im Nachlassvertrag mit Vermögensabtretung gehen auch die Steuerforderungen wie alle andern nicht angemeldeten Forderungen unter. Forderungen gegen den Schuldner müssen spätestens bis am Tage der Bestätigung des Nachlassvertrages entstanden sein, um dem Nachlassvertrag unterworfen zu werden. Forderungen, die bis zur Schlussverteilung nicht angemeldet wurden und auch nicht aus den Büchern ersichtlich waren, gehen mit Abschluss des Verfahrens in ihrer Ganzheit unter. Der Nachlassvertrag umfasst fällige wie nicht fällige, selbst der Höhe nach noch unbestimmte Forderungen, sofern nur die Rechtsgrundlage schon vor der Bestätigung vorhanden war. Dazu gehören auch die Steuerforderungen. Selbstverständlich sind Steuerforderungen als Einkommens- und Personalsteuern, die ohne Zustimmung des Sachwalters im Sinne von Art. 310 entstanden sind, keine Massaverbindlichkeiten (LU, SchKKomm, 15.02.1984, LGVE 1984 I 35).

Art. 301   3. Einberufung der Gläubigerversammlung

¹ Sobald der Entwurf des Nachlassvertrages erstellt ist, beruft der Sachwalter durch öffentliche Bekanntmachung eine Gläubigerversammlung ein mit dem Hinweis, dass die Akten während 20 Tagen vor der Versammlung eingesehen werden können. Die öffentliche Bekanntmachung muss mindestens einen Monat vor der Versammlung erfolgen.
² Artikel 300 Absatz 1 Satz 2 ist anwendbar.

Keine Entscheidungen.

Art. 301a–d
Aufgehoben.

Art. 302   D. Gläubigerversammlung

¹ In der Gläubigerversammlung leitet der Sachwalter die Verhandlungen; er erstattet Bericht über die Vermögens-, Ertrags- oder Einkommenslage des Schuldners.
² Der Schuldner ist gehalten, der Versammlung beizuwohnen, um ihr auf Verlangen Aufschlüsse zu erteilen.
³ Der Entwurf des Nachlassvertrags wird den versammelten Gläubigern zur unterschriftlichen Genehmigung vorgelegt.
⁴ …

1 In diesem Nachlassverfahren ist kein Raum für einen Eintretensentscheid im Sinne von Art. 294 Abs. 1 SchKG. Die in Art. 304 SchKG vorgesehene Verhandlung ist stets durchzuführen, wenn dem Nachlassgesuch nicht ein Mangel anhaftet, der die Bestätigung des Nachlassvertrages zum Vorneherein ausschlösse und von dem zweifelsfrei feststünde, dass er auch bis zur Verhandlung und durch diese nicht gehoben werden könne (ZH, ObGer, I. Ziv.Kammer, 03.03.1950, ZR 1951, Nr. 87, BlSchK 1952, S. 185).

2 (i.V.m. Art. 19 VNB) – *Grundsatz der Gleichbehandlung der Gläubiger im Nachlassvertrag* – Sofern das Gesetz nichts anderes vorsieht, dürfen die Klauseln des Nachlassvertrages weder die Höhe der eingegebenen Forderungen berühren noch den Anspruch der Gläubiger beeinträchtigen, gleiche Dividenden zu erhalten bzw. gemäss den gesetzlichen Bestimmungen aus dem Erlös der abgetretenen Vermögenswerte befriedigt zu werden.

Unzulässigkeit einer Klausel in einem Nachlassvertrag mit Vermögensabtretung, durch die bezüglich Forderungen in ausländischen Währungen der Umwandlungstag festgelegt wird (BGE 105 III 92).

3 Es widerspricht der schweizerischen Rechtsordnung nicht, in einem Nachlassvertrag mit Vermögensabtretung vorzusehen, dass die Erlöse aus den Arresten, die gewisse Gläubiger an Vermögenswerten des Schuldners und/oder an solchen von Kunden des Schuldners im Ausland erwirkten, auf die *Dividenden der betreffenden Gläubiger angerechnet werden sollen* (BGE 103 III 54).

4 Unterschriftliche Genehmigung des Nachlassentwurfes durch die versammelten Gläubiger. Eine Abweichung von dieser klaren Bestimmung hält vor dem Gesetz nicht stand und lässt sich auch nicht durch Gewohnheitsrecht begründen (ZH, ObGer, II. Ziv.Kammer, 07.10.1976, ZR 1977, Nr. 31, BlSchK 1977, S. 191).

Art. 303   E. Rechte gegen Mitverpflichtete

¹ Ein Gläubiger, welcher dem Nachlassvertrag nicht zugestimmt hat, wahrt sämtliche Rechte gegen Mitschuldner, Bürgen und Gewährspflichtige (Art. 216).

² Ein Gläubiger, welcher dem Nachlassvertrag zugestimmt hat, wahrt seine Rechte gegen die genannten Personen, sofern er ihnen mindestens zehn Tage vor der Gläubigerversammlung deren Ort und Zeit mitgeteilt und ihnen die Abtretung seiner Forderung gegen Zahlung angeboten hat (Art. 114, 147, 501 OR).

³ Der Gläubiger kann auch, unbeschadet seiner Rechte, Mitschuldner, Bürgen und Gewährspflichtige ermächtigen, an seiner Stelle über den Beitritt zum Nachlassvertrag zu entscheiden.

1   Einschränkende Auslegung – Mitteilung über die Gläubigerversammlung ist nicht nötig, wenn Zeit und Ort den Gläubigern bereits bekannt sind. Zahlungsaufforderung genügt als Angebot der Abtretung der Forderung (LU, ObGer, I. Kammer, 16.09.1970, Max. XI, Nr. 786, ZBJV 1971, S. 234, BlSchK 1972, S. 183).

2   Befreiende Wirkung des Nachlassvertrages auf die Gesellschafter einer Kollektivgesellschaft. – Der ordentliche Nachlassvertrag oder jener mit Vermögensabtretung, den eine Kollektivgesellschaft mit den Gläubigern abschliesst, befreit die Gesellschafter von den Gesellschaftsschulden, die durch die abgetretenen Aktiven nicht gedeckt sind (Bestätigung der Rechtsprechung) (BGE 109 III 128).

3   Obliegenheiten des Gläubigers, der dem Nachlassvertrag zugestimmt hat, bezüglich der Mitschuldner des Schuldners – Sinn und Zweck von Art. 303 Abs. 2 SchKG und Begriff des Mitschuldners. – Wenn ein erstes Gesuch um einen Nachlassvertrag zurückgezogen worden ist, so muss der Gläubiger, der dem zweiten Nachlassvertrag zustimmt, die Abtretung seiner Rechte dem Mitschuldner gegen Bezahlung offerieren, unbekümmert der Haltung, die der Gläubiger während des ersten Nachlassverfahrens eingenommen hat.

Der Gläubiger, der es unterlassen hat, entsprechend dem Absatz 2 dieses Artikels vorzugehen, verliert alle seine Rechte gegenüber dem Mitschuldner; er behält seine Rechte auf die Nachlassdividende nur, wenn diese nicht vom Schuldner bezahlt worden ist (BGE 121 III 191).

4   (i.V.m. Art. 82 SchKG) – Rechtsöffnung auf Bürgschaftsvertrag nach Zustimmung zum Nachlassvertrag – Dem Gläubiger, der an der Gläubigerversammlung einem Nachlassvertrag mit dem Hauptschuldner zugestimmt und dem Bürgen weder Ort und Zeit der Gläubigerversammlung zehn Tage zuvor mitgeteilt noch seine Forderung gegen den Hauptschuldner zur Abtretung gegen Zahlung angeboten hat, kann für die Forderung aus dem Bürgschaftsvertrag gegenüber dem Bürgen nicht provisorische Rechtsöffnung erteilt werden (AG, ObGer, 2. Ziv.Kammer, 21.10.1992, BlSchK 1993, S. 147).

Art. 304 F. Sachwalterbericht; öffentliche Bekanntmachung der Verhandlung vor dem Nachlassgericht

¹ Vor Ablauf der Stundung unterbreitet der Sachwalter dem Nachlassrichter alle Aktenstücke. Er orientiert in seinem Bericht über bereits erfolgte Zustimmungen und empfiehlt die Bestätigung oder Ablehnung des Nachlassvertrages.

² Der Nachlassrichter trifft beförderlich seinen Entscheid.

³ Ort und Zeit der Verhandlung werden öffentlich bekanntgemacht. Den Gläubigern ist dabei anzuzeigen, dass sie ihre Einwendungen gegen den Nachlassvertrag in der Verhandlung anbringen können.

1 Auf einen Nachlassvertrag ist nicht einzutreten, wenn die Nachlassakten erst nach Ablauf der Nachlassstundung dem Nachlassrichter übermittelt werden (BE, AB, 10.01.1953, ZBJV 1953, S. 454).

2 Es ist willkürlich, einen Nachlassvertrag zu bestätigen, wenn der Sachwalter die Akten mit dem Gutachten erst nach Ablauf der Nachlassstundung dem Nachlassrichter unterbreitet (BGE 85 III 79).

3 Hat der Schuldner gutgläubig eine nach Auffassung des Nachlassrichters ungenügende Nachlassofferte gemacht, darf ihm ausnahmsweise bei weitschichtigen, schwer überblickbaren Verhältnissen Gelegenheit zu deren Verbesserung gegeben werden (TG, ObGer, 10.04.1959, BlSchK 1961, S. 122).

4 Die Gläubiger haben ein unentziehbares Recht darauf, dass sie durch öffentliche Bekanntmachung vom Zeitpunkt der Bestätigungsverhandlung in Kenntnis gesetzt werden (BE, AB, 11.02.1963, BlSchK 1964, S. 142).

5 (i.V.m. Art. 35 SchKG) – Die Einladung der Gläubiger zur Verhandlung vor dem Nachlassrichter muss im kantonalen Amtsblatt und im Schweizerischen Handelsamtsblatt veröffentlicht worden sein; ist dies nicht geschehen, so kann ein Gläubiger gegen die Bestätigung Beschwerde führen, selbst wenn er dagegen nicht opponiert hat (FR, Cour appellation, 19.09.1967, Extraits 1967, S. 101, SJZ 1969, S. 366).

6 Die Frage, ob in einem Nachlassverfahren ein Gläubiger stimmberechtigt sei, hat der zuständige Nachlassrichter und nicht der Sachwalter zu entscheiden (SG, AB, 25.09.1968, BlSchK 1975, S. 151).

7 Mit dem Ablauf der Nachlassstundung fallen die Wirkungen der Stundung automatisch dahin, ohne dass es hierfür eines Entscheides des Nachlassbehörde bedürfte (BGE 130 III 380).

II. Allgemeine Bestimmungen über den Nachlassvertrag

Art. 305 A. Annahme durch die Gläubiger

¹ Der Nachlassvertrag ist angenommen, wenn ihm bis zum Bestätigungsentscheid die Mehrheit der Gläubiger, die zugleich mindestens zwei Drittel des Gesamtbetrages der Forderungen vertreten, oder ein Viertel der Gläubiger, die aber mindestens drei Viertel des Gesamtbetrages der Forderungen vertreten, zugestimmt hat.

² Die privilegierten Gläubiger und der Ehegatte des Schuldners werden weder für ihre Person noch für ihre Forderung mitgerechnet. Pfandgesicherte Forderungen zählen nur zu dem Betrag mit, der nach der Schätzung des Sachwalters ungedeckt ist.

³ Der Nachlassrichter entscheidet, ob und zu welchem Betrage bedingte Forderungen und solche mit ungewisser Verfallzeit sowie bestrittene Forderungen mitzuzählen sind. Dem gerichtlichen Entscheide über den Rechtsbestand der Forderungen wird dadurch nicht vorgegriffen.

Elfter Titel: Nachlassverfahren | **Art. 306**

1 Im Nachlassvertragsverfahren sind Forderungen aus Solidarschuldverhältnissen gleich wie im Konkursverfahren, zum vollen Betrag einzusetzen (analog Art. 217 SchKG) (SO, ObGer, 07.12.1965, BlSchK 1967, S. 122).

2 Die Frage, ob in einem Nachlassverfahren ein Gläubiger stimmberechtigt sei, hat der zuständige Nachlassrichter und nicht der Sachwalter zu entscheiden (SG, AB, 25.09.1968, BlSchK 1975, S. 151).

3 Im *Nachlassverfahren von Banken ist es zulässig,* Gläubiger von kleinen Forderungen vorab und vollständig zu befriedigen, wenn dadurch die Kosten für Kollokation und Verteilung beträchtlich gesenkt werden können. Eine solche Ersparnis an Kosten und Zeit kommt allen Gläubigern zugute.

Der Entscheid, ob unter den kleinen, vorab zu befriedigenden Forderungen solche bis zu Fr. 5'000.– oder bis zu Fr. 10'000.– zu verstehen seien, ist ein Ermessensentscheid. Das BGer kann den Entscheid der kantonalen Behörde auch auf Ermessen prüfen (BGE 111 III 86).

4 *Quorumsberechnung* im Nachlassvertragsverfahren *hinsichtlich der pfandversicherten Bürgschaftsschulden des Schuldners* und seiner Verpflichtungen als Aussteller eines gezogenen Wechsels. Wenn der Schuldner für pfandgesicherte Forderungen nicht als Hauptschuldner, sondern als Bürge haftet, ist nach dem Wortlaut dieses Artikels vorzugehen. Ob das Pfand vom Schuldner, vom Bürgen oder von einem Dritten bestellt worden ist, bleibt in diesem Zusammenhang unbeachtlich.

Die Verpflichtung des Schuldners als Aussteller eines gezogenen Wechsels ist bei der Quorumsberechnung in der vollen Höhe der Wechselschuld zu berücksichtigen (BL, ObGer, 15.12.1964, BJM 1965, S. 144, BlSchK 1967, S. 24).

5 Ob Kopf- und Summenmehr erreicht sind und bis zu welchem Betrage bedingte und bestrittene Forderungen mitzuzählen sind, ist vom Nachlassrichter selbstständig zu prüfen. Das Gutachten des Sachwalters ist hierin für den Richter nicht verbindlich, hat aber in der Praxis – besonders bei gründlicher Arbeit des Sachwalters – für den Nachlassrichter eine ausschlaggebende Bedeutung, denn der Sachwalter vertritt in seiner amtlichen Funktion keine Parteiinteressen. Auch bei der Frage der Zulassung bestrittener Forderungen wird sich der Nachlassrichter im Allgemeinen an die Vorschläge des Sachwalters halten. Im Zweifelsfalle wird er eher für die Zulassung entscheiden, damit nicht bei Bestätigung des Nachlassvertrages die auf solche Forderungen entfallende Dividende zu gering ausfällt (LU, SchKKomm, 07.08.1969, Max. XI, Nr. 723; eine dagegen eingereichte Beschwerde wurde vom BGer abgewiesen).

6 Bei der Schätzung des Pfandausfalles, um den sich der Gesamtbetrag der für die Berechnung des Summenmehrs in Betracht fallenden Forderungen erhöht, ist nicht auf den so genannten Fortführungswert, sondern auf den Verkehrswert der Pfandgegenstände abzustellen, d.h. auf den Wert, der bei einer Veräusserung dieser Gegenstände mutmasslich erzielt werden kann (BGE 107 III 40).

7 Schätzung des Pfandausfalls beim so genannten Prozent- oder Dividendenvergleich. Hier erscheint die Rechtsprechung des BGer fraglich, wonach nicht auf den Fortsetzungswert, sondern notwendigerweise auf den Verkehrswert abzustellen ist. Im vorliegenden Fall wird auf den Liquidationswert der Pfandgegenstände bei Fortführung des Unternehmens abgestellt, da es sich um rasch an Wert verlierende Ware handelt (BezGer Bülach, 26.09.2001, BlSchK 1993, S. 75).

Art. 306   B. Bestätigungsentscheid
1. Voraussetzungen

¹ ...

² Die Bestätigung des Nachlassvertrages wird an folgende Voraussetzungen geknüpft:
1. Die angebotene Summe muss in richtigem Verhältnis zu den Möglichkeiten des Schuldners stehen; bei deren Beurteilung kann der Nachlassrichter auch Anwartschaften des Schuldners berücksichtigen.

1bis. Bei einem Nachlassvertrag mit Vermögensabtretung (Art. 317 Abs. 1) muss das Verwertungsergebnis oder die vom Dritten angebotene Summe höher erscheinen als der Erlös, der im Konkurs voraussichtlich erzielt würde.

2. Der Vollzug des Nachlassvertrages, die vollständige Befriedigung der angemeldeten privilegierten Gläubiger sowie die Erfüllung der während der Stundung mit Zustimmung des Sachwalters eingegangenen Verbindlichkeiten müssen hinlänglich sichergestellt sein, soweit nicht einzelne Gläubiger ausdrücklich auf die Sicherstellung ihrer Forderung verzichten.

3 Der Nachlassrichter kann eine ungenügende Regelung auf Antrag eines Beteiligten oder von Amtes wegen ergänzen.

1 Hat der Schuldner gutgläubig eine nach Auffassung des Nachlassrichters ungenügende Nachlassofferte gemacht, darf ihm ausnahmsweise bei weitschichtigen, schwer überblickbaren Verhältnissen Gelegenheit zu deren Verbesserung gegeben werden (TG, ObGer, 10.04.1959, SJZ 1961, S. 225).

2 Die Nachholung der Sicherheitsleistung während der Dauer des Rekursverfahrens darf höchstens dann berücksichtigt werden, wenn den Gesuchsteller an der Verspätung keine Schuld trifft (ZH, ObGer, I. Kammer, 09.03. und 07.07.1948, ZR 1949, Nr. 113).

3 Die Sicherstellung der Nachlassdividende kann auch noch vor der Verhandlung der zweitinstanzlichen Nachlassbehörde erfolgen. Im Nachlassverfahren sind in Analogie zum summarischen Verfahren in appellatorio nova zulässig (SO, ObGer, 02.09.1965, BlSchK 1967, S. 89).

4 Werden bei einem Nachlassvertrag mit Vermögensabtretung zusätzlich bestimmte Barleistungen versprochen, so kann der Nachlassvertrag nur bestätigt werden, wenn diese Barleistungen sichergestellt sind (BE, AB, 15.02.1951, ZBJV 1953, S. 177).

5 Die Sicherstellung der zum Vollzuge eines Nachlassvertrages notwendigen Mittel hat auf den Zeitpunkt der gerichtlichen Bestätigungsverhandlung hin in Form einer Real- oder Personalsicherheit zu erfolgen. Im blossen Hinweis auf ausstehende Guthaben sowie erst noch zu tätigenden Verkauf von Land und Mobilien liegt keine genügende Sicherstellung vor (BE, AB, 28.02.1967, BlSchK 1968, S. 88).

6 Die hinlängliche Sicherstellung der Vollziehung des Nachlassvertrages und der vollständigen Befriedigung der angemeldeten privilegierten Gläubiger ist eine materielle Voraussetzung seiner Bestätigung. Von dieser Regel kann nur abgewichen werden, wenn alle Gläubiger, und nicht nur deren Mehrheit, selbst eine qualifizierte, darauf verzichten. Für die Sicherstellung darf nicht zwischen der angebotenen Leistung und dem nach Art. 306 Abs. 2 Ziff. 2 an sich angemessenen Teilbetrag unterschieden werden (FR, Cour d'appel, 09.12.1981, und 26.01.1982, BlSchK 1986, S. 37 und 1987, S. 76).

7 Wann sind die privilegierten Gläubiger hinlänglich sichergestellt? Die Deckung der Forderungen muss wahrscheinlich erscheinen bzw. dürfen keine erheblichen Zweifel gegen eine solche Annahme sprechen (OW, ObGer-Kommission, 24.04.1985, BlSchK 1989, S. 33).

8 Zeitpunkt der Herausgabe einer von der Schuldnerin dem Nachlassrichter als Sicherheit zur Erfüllung des Nachlassvertrages hinterlegten Bankgarantie. Der Nachlassrichter darf aufgrund der ihm obliegenden Aufsichtspflicht eine bei ihm hinterlegte Sicherheit nur dann wieder herausgeben, wenn der Nachweis über den Vollzug des Nachlassvertrages sowie über die vollständige Befriedigung der angemeldeten privilegierten Gläubiger – vorbehältlich deren ausdrücklichen Verzichts oder aber einer hinlänglichen Sicherheit für die dannzumal noch bestehenden Nachlassforderungen – erbracht ist (ZH BezGer Bülach, 06.09.1995, BlSchK 1997, S. 75).

9 Sicherstellung der Vollziehung beim Nachlassvertrag mit Vermögensabtretung – Beim Liquidationsvergleich erhalten die Gläubiger mit der rechtskräftigen Bestätigung des Nachlassvertrages das Verfügungsrecht über die Aktiven. Damit ist die Vollziehung sichergestellt, weshalb es hier keiner besonderen Sicherstellung der privilegierten Gläubiger bedarf. Voraussetzung ist allerdings, dass die

Aktiven zu einer vollständigen Befriedigung der angemeldeten privilegierten Gläubiger ausreichen (LU, SchKKomm, 19.08.1966, Max. XI, Nr. 510, BlSchK 1968, S. 188, SJZ 1968, S. 124).

10 Die mit der Rechtskraft des Nachlassvertrages fällig werdende Nachlassdividende muss am Tage seiner Bestätigung verfügbar sein, zusammen mit dem Betrag, den der Schuldner den angemeldeten privilegierten Gläubigern zur vollen Deckung ihrer Forderungen zu bezahlen hat. Fehlt diese Sicherstellung im Zeitpunkte der Vertragsbestätigung, muss der Nachlassvertrag verworfen werden. Sie kann nur bis zum Ablauf der Rekursfrist nachgeholt werden, dies grundsätzlich auch dann, wenn die Ansetzung einer Nachfrist durch den Nachlassrichter unterblieben war, insbesondere wenn Zweifel an der Fähigkeit des Schuldners bestehen, den Nachlassvertrag reibungslos zu vollziehen (ZH, ObGer, II. Ziv.Kammer, 06.10.1976, ZR 1977, Nr. 4).

11 Die Frage, ob in einem Nachlassverfahren ein Gläubiger stimmberechtigt sei, hat der zuständige Nachlassrichter und nicht der Sachwalter zu entscheiden (SG, AB, 25.09.1968, BlSchK 1975, S. 151).

12 Bei der Entscheidung der Frage, ob die vom Nachlassschuldner angebotene Dividende im richtigen Verhältnis zu seinen Mitteln stehe, ist u.a. auch in Betracht zu ziehen, ob dem Nachlassschuldner fremde Hilfe angeboten worden sei, die im Falle der Nichtgenehmigung des Nachlassvertrages dahinfiele (GE, Cour de Justice, 09.11.1951, Sem. 74, S. 492, SJZ 1953, S. 146).

13 Zum Umfang der Prüfungsberechtigung des Nachlassrichters. Verwerfung des Nachlassvertrages wegen ungenügenden Angebots des Schuldners. – Stehen einem Schuldner Mittel zur Deckung von 52 % der Passiven zur Verfügung, dann erscheint ein Angebot, die Gläubiger mit 40 % der Passiven abzufinden, als ungenügend. Das dem Schuldner zugunsten der Gläubiger zuzumutende Opfer ist damit nicht erbracht (Amonn, Grundriss des Schuldbetreibungs- und Konkursrechts, S. 416). Das allein genügt schon, um den vom Schuldner angebotene Nachlassvertrag in Abweisung des Rekurses zu verwerfen (ZH, ObGer, II. Ziv.Kammer, 28.06.1982, ZR 1983, Nr. 51; eine gegen diesen Entscheid eingereichte Beschwerde wurde vom BGer abgewiesen).

14 Prüfung der Angemessenheit der Nachlassdividende. Beträgt die ausgerechnete Deckungsquote bei Fortführung des Unternehmens 25, 87 % und bei einer Liquidation 8, 8 % so erscheint die offerierte Nachlassdividende von 15 % angemessen, wenn davon auszugehen ist, dass ein grösserer Teil des Betriebsinventars und des Warenlagers in absehbarer Zeit unter dem Fortführungswert liquidiert werden müssen (ZH, Bülach, BezGer, 21.09.2001, BlSchK 1993, S. 75).

15 Verweigerung der Bestätigung eines Nachlassvertrages. – Die Bestätigung des Nachlassvertrages setzt voraus, dass seine Vollziehung hinlänglich sichergestellt ist. Eine Sicherstellung, die nur einen Teil der im Nachlassverfahren dem Schuldner überbundenen Verpflichtungen deckt, genügt nicht. Die Mehrheit der Gläubiger kann der Minderheit einen Verzicht auf die Vollziehung nicht aufzwingen. die Sicherstellung muss spätestens auf die Bestätigungsverhandlung erbracht werden. Der Nachlassrichter hat dem Schuldner hiezu keine Frist anzusetzen (VD, Tribunal cantonal, 25.06.1964, JT 113 (1965) II, S. 61, SJZ 1966, S. 349).

16 Die Bestimmung von Art. 104 Abs. 3 OR ist auf die Nachlassdividende nicht anwendbar. Beim so genannten Prozentvergleich wird den Gläubigern ein gleichmässiger, in Prozenten festgesetzter Nachlass ihrer Forderungen zur Genehmigung unterbreitet. Dabei kommt der Gleichstellung der Gläubiger innerhalb der einzelnen Rangklassen entscheidende Bedeutung zu. Gerät ein Schuldner bei der Auszahlung der Nachlassdividende in Verzug, so müssen die Gläubiger auch in diesem Stadium gleichgestellt bleiben, was bei einer Anwendung von Art. 104 Abs. 3 OR, wie übrigens auch von Abs. 2 bei vertraglicher Vereinbarung eines 5 % übersteigenden Zinssatzes, gerade nicht der Fall wäre. Ausstehende Nachlassdividenden sind zum gesetzlichen Verzugszins von 5 % zu verzinsen (LU, ObGer, I. Kammer, 16.09.1975, LGVE 1975 I 253).

17 Zulässige Methode der Ausscheidung der Vermögenswerte beim Nachlassvertrag mit teilweiser Vermögensabtretung. – Unter dem Gesichtspunkt der Rechtssicherheit ist es gleichgültig, ob die Generalklausel zugunsten der *den Gläubigern überlassenen* Vermögensmasse *oder* zugunsten der *der Gesellschaft verbleibenden Vermögensmasse* lautet, denn in beiden Fällen ergibt sich eine abschliessende genau Ausscheidung.

Die Unterscheidung zwischen unmittelbarem und mittelbarem Schaden der Gesellschaftsgläubiger ist nicht danach vorzunehmen, in welcher Vermögensmasse der Schaden unmittelbar eintritt bzw. ob die haftungsbegründenden Handlungen zu einer Beeinträchtigung des Vermögens der Gesellschaft geführt haben. *Massgebliches Kriterium* ist vielmehr *die Rechtsgrundlage der jeweiligen Schadenersatzpflicht* BGE 122 III 176).

18 (i.V.m. Art. 310 Abs. 1 SchKG) – Verbindlichkeit des bestätigten Nachlassvertrages – Der bestätigte Nachlassvertrag kann privilegierten Forderungen, die nicht eingegeben wurden, entgegengehalten werden. Er kann die Auffangeinrichtung entgegengehalten werden, welche, um ihre Rechte zu wahren, ihre Forderung hätte eingeben und nötigenfalls die Mitwirkung des Sachwalters (Art. 300 und 301 SchKG) verlangen müssen (BGE 130 V 526).

Art. 306a 2. Einstellung der Verwertung von Grundpfändern

¹ Der Nachlassrichter kann auf Begehren des Schuldners die Verwertung eines als Pfand haftenden Grundstückes für eine vor Einleitung des Nachlassverfahrens entstandene Forderung auf höchstens ein Jahr nach Bestätigung des Nachlassvertrages einstellen, sofern nicht mehr als ein Jahreszins der Pfandschuld aussteht. Der Schuldner muss indessen glaubhaft machen, dass er das Grundstück zum Betrieb seines Gewerbes nötig hat und dass er durch die Verwertung in seiner wirtschaftlichen Existenz gefährdet würde.

² Den betroffenen Pfandgläubigern ist vor der Verhandlung über die Bestätigung des Nachlassvertrages (Art. 304) Gelegenheit zur schriftlichen Vernehmlassung zu geben; sie sind zur Gläubigerversammlung (Art. 302) und zur Verhandlung vor dem Nachlassrichter persönlich vorzuladen.

³ Die Einstellung der Verwertung fällt von Gesetzes wegen dahin, wenn der Schuldner das Pfand freiwillig veräussert, wenn er in Konkurs gerät oder wenn er stirbt.

⁴ Der Nachlassrichter widerruft die Einstellung der Verwertung auf Antrag eines betroffenen Gläubigers und nach Anhörung des Schuldners, wenn der Gläubiger glaubhaft macht, dass:

1. der Schuldner sie durch unwahre Angaben gegenüber dem Nachlassrichter erwirkt hat; oder
2. der Schuldner zu neuem Vermögen oder Einkommen gelangt ist, woraus er die Schuld, für die er betrieben ist, ohne Gefährdung seiner wirtschaftlichen Existenz bezahlen kann; oder
3. durch die Verwertung des Grundpfandes die wirtschaftliche Existenz des Schuldners nicht mehr gefährdet wird.

Keine Entscheidungen.

Art. 307 3. Weiterziehung

Wo ein oberes kantonales Nachlassgericht besteht, kann der Entscheid über den Nachlassvertrag innert zehn Tagen nach der Eröffnung an dieses weitergezogen werden.

1 (i.V.m. Art. 32 SchKG) – Fristwahrung bei Benützung der Post – Für die Zeit der Postaufgabe gilt der Poststempel nicht absolut als Beweis; der Gegenbeweis, dass die Sendung entgegen dem Poststempel rechtzeitig der Post übergeben wurde, kann nicht nur durch Bescheinigung oder Zeugnis eines Postangestellten, sondern irgend einer Person erbracht werden. Dem Einwerfen in den Briefkasten ist die Übergabe in die Hand eines Bahnangestellten, der diesen Briefkasten kurze Zeit nachher zu leeren hat, gleichzusetzen (BGer, II. Ziv.Abteilung, 14.06.1950, ZR 1951, Nr. 86, BlSchK 1952, S. 184).

Elfter Titel: Nachlassverfahren | **Art. 308**

2 Die Frist zur Weiterziehung eines Entscheides über den *Widerruf* eines Nachlassvertrages beträgt zehn Tage. Art. 307 SchKG ist auf jeden Fall des Art. 316 analog anwendbar (GE, Cour de Justice, 18.11.1955, Sem. 79 (1957), S. 440, SJZ 1958, S. 258).

3 (i.V.m. ZPO ZH) – Die Frist zur Anfechtung des Entscheides über die Bestätigung des Nachlassvertrages kann nicht erstreckt werden (ZH, ObGer, II. Ziv.Kammer, 01.02.1979, ZR 1979, Nr. 27).

4 (i.V.m. Art. 33 und 35 OG, § 209 Abs. 2 und 221 GVG) – a) Rechtsmittelfristen sind nicht erstreckbar. Ein unvollständig begründeter Rekurs kann nach zürcherischem Recht nachträglich nicht ergänz werden. b) Restitution gemäss § 221 GVG ist auf bundesrechtliche Fristen nicht anwendbar. Art. 35 OG findet und Rechtsmittelfristen des SchKG analog Anwendung, insbesondere auch im Nachlassverfahren. c) Die Unmöglichkeit, den Rekurs wegen ausserordentlichen Umfange der angefochtenen Entscheidung sowie wegen Schwierigkeit und Bedeutung der Streitsache innert der Rekursfrist gewissenhaft und vollständig zu bearbeiten, kann ein unverschuldetes Hindernis im Sinne von Art. 35 OG darstellen (ZH, ObGer, II. Ziv.Kammer, 04.09.1967, SJZ 1967, S. 377).

5 Die Nachholung der Sicherheitsleistung während der Dauer des Rekursverfahrens darf höchstens dann berücksichtigt werden, wenn den Gesuchsteller an der Verspätung keine Schuld trifft (ZH, ObGer, I. Kammer, 09.03. und 07.07.1948, ZR 1949, Nr. 313).

6 Die Sicherstellung der Nachlassdividende kann auch noch vor der Verhandlung der zweitinstanzlichen Nachlassbehörde erfolgen. Im Nachlassverfahren sind in Analogie zum summarischen Verfahren in appellatorio nova zulässig (SO, ObGer, 02.09.1965, BlSchK 1967, S. 89).

7 Einem Gläubiger, welcher an der erstinstanzlichen Verhandlung nicht teilgenommen hat, ist das Appellationsrecht zuzugestehen, wenn eine Gesetzesverletzung zu seinem Nachteil stattgefunden hat (SO, ObGer, 24.01.1950, ObGer-Bericht 1950, S. 116, BlSchK 1952, S. 183).

8 Zum Rekurs gegen die Verwerfung eines Nachlassgesuches durch die untere Nachlassbehörde ist nur der Schuldner befugt, nicht aber seine Gläubiger. Die staatsrechtliche Beschwerde ist ausschliesslich kassatorischer Natur (ZH, ObGer, II. Ziv.Kammer, 27.11.1953, BGer, Staatsrechtliche Kammer, 09.01.1954, ZR 1954, Nr. 20).

9 (i.V.m. Art. 88 OG und Art. 293 SchKG) – Wenn die Bestätigung eines Nachlassvertrages von der letzten Instanz verweigert worden ist, ist ein Gläubiger zur Führung einer staatsrechtlichen Beschwerde nach Art. 88 OG nur berechtigt, falls er selbst die Eröffnung des Nachlassverfahrens verlangt oder im kantonalen Verfahren wenigstens ausdrücklich um Bestätigung des Nachlassvertrages ersucht hat (BGE 129 III 758).

10 Zur Weiterziehung eines Entscheides über die Bestätigung eines Nachlassvertrages sind nur Gläubiger berechtigt, die sich am erstinstanzlichen Verfahren beteiligt haben (BE, AB, 27.04.1970, BlSchK 1972, S. 118).

11 Legitimation eines Gläubigers zur Beschwerde gegen einen bestätigten Nachlassvertrag, dem er selber nicht zustimmte (Praxis 78, Nr. 194).

12 Eine mündliche Verhandlung ist im Verfahren vor der obern Nachlassbehörde nicht zwingend vorgeschrieben. Vom Standpunkte des Bundesrechts aus aber muss lediglich das rechtliche Gehör gewährleistet sein. Im Übrigen steht die Ordnung des Verfahrens – abgesehen von der Dauer der Weiterzugsfrist – dem kantonalen Recht zu (BGE 60 I 11) (LU, SchKKomm, 24.01.1967, Max. XI, Nr. 576).

13 Die obere Nachlassbehörde handelt nicht willkürlich, wenn sie auf die Beschwerde einer Gläubigerin gegen die Bestätigung des Nachlassvertrages nicht eintritt mit der Begründung, die Beschwerdeführerin habe sich vor der unteren Nachlassbehörde nicht gegen den Vertrag ausgesprochen (BGE 122 III 398).

Art. 308 4. Öffentliche Bekanntmachung

¹ Der Entscheid wird, sobald er rechtskräftig ist, öffentlich bekanntgemacht und dem Betreibungsamt sowie dem Grundbuchamt mitgeteilt. Er wird auch dem Handelsregisteramt

mitgeteilt, wenn ein im Handelsregister eingetragener Schuldner einen Nachlassvertrag mit Vermögensabtretung erwirkt hat.

² Mit der öffentlichen Bekanntmachung des Entscheides fallen die Wirkungen der Stundung dahin.

1 Gemäss neuem Bankengesetz ist anstelle des Nachlassvertrages ein Sanierungsplan vorgesehen (Art. 28 ff. BaGes).

Art. 309 C. Wirkungen
1. Ablehnung

Wird der Nachlassvertrag abgelehnt oder die Nachlassstundung widerrufen (Art. 295 Abs. 5 und 298 Abs. 3), so kann jeder Gläubiger binnen 20 Tagen seit der Bekanntmachung über jeden Schuldner die sofortige Konkurseröffnung verlangen.

1 Die zur Verfügung gestellte zwanzigtägige Frist wird gewahrt durch das vom Gläubiger innert der zufolge Betreibungsferien gemäss Art. 63 SchKG eintretenden Fristverlängerung gestellte Konkursbegehren (LU, SchKKomm, 13.11.1947, Max. IX, Nr. 525, BlSchK 1949, S. 140/141).

2 (i.V.m. Art. 40 SchKG) – Es obliegt den Gläubigern, während der Dauer einer Nachlassstundung ihre Rechte wahrzunehmen. Sie müssen daher unter Umständen während der Nachlassstundung ein Fortsetzungsbegehren stellen, um den Schuldner noch innert der Frist des Art. 40 Abs. 1 SchKG auf Konkurs betreiben zu können (BGE 122 III 204).

Art. 310 2. Bestätigung
a. Verbindlichkeit für die Gläubiger

¹ Der bestätigte Nachlassvertrag ist für sämtliche Gläubiger verbindlich, deren Forderungen entweder vor der Bekanntmachung der Stundung oder seither ohne Zustimmung des Sachwalters entstanden sind. Ausgenommen sind die Pfandgläubiger für den durch das Pfand gedeckten Forderungsbetrag.

² Die während der Stundung mit Zustimmung des Sachwalters eingegangenen Verbindlichkeiten verpflichten in einem Nachlassvertrag mit Vermögensabtretung oder in einem nachfolgenden Konkurs die Masse.

1 Der Nachlassvertrag entfaltet seine Wirkungen nur mit Bezug auf diejenigen Forderungen, die bis zum Ende der Eingabefrist fällig geworden sind; er bewirkt keine Neuerung, sondern verleiht dem Nachlassschuldner bloss eine Einrede. Bei einem über die Eingabefrist hinaus fortgesetzten Mietverhältnis werden also die erst nach Ablauf der genannten Frist fällig gewordenen Mietzinsraten durch den Nachlassvertrag nicht berührt (GE, Cour de Justice, 12.10.1951, Sem. 74 (1952), S. 363, SJZ 1952, S. 380, BlSchK 1954, S. 29).

2 Ein bestätigter Nachlassvertrag äussert seine Wirkungen für alle Gläubiger, auch für diejenigen, die am Verfahren nicht teilgenommen haben (SZ, Rechenschaftsbericht 1951, S. 28, BlSchK 1953, S. 178).

3 (i.V.m. Art. 46 SchKG) – Art der Betreibung und Wirkung des Nachlassvertrages für einen Gläubiger, der nicht am Nachlassverfahren teilgenommen hat. – Es ist Sache des Schuldners, im Rechtsöffnungsverfahren geltend zu machen, dass die Forderung des Gläubiger dem Nachlassvertrag unterstanden habe. – Das bei einem örtlich unzuständigen BA eingereichte Fortsetzungsbegehren ist nichtig (FR, Tribunal cantonal, 28.08.2003, BlSchK 1 2005, S. 103)

4 Für eine Erfassung einer Forderung im Nachlassvertrag, ist der Zeitpunkt der Entstehung entscheidend, nicht ob sie im Konkurse eingegeben wurde oder nicht. Von einem Liquidationsvergleich werden alle Schuldverpflichtungen betroffen, die bis zu dessen rechtskräftiger Bestätigung entstanden

sind, soweit es sich nicht um Masseverbindlichkeiten handelt. Das gilt auch beim Liquidationsvergleich im Konkurs. Eine Einkommenssteuerschuld ist keine Masseverbindlichkeit. Wird eine zur Zeit der Bestätigung des Nachlassvertrages existente Forderung erst nach der Verteilung des Liquidationserlöses geltend gemacht, so steht dem Schuldner im Rechtsöffnungsverfahren der Einwand des erfüllten Nachlassvertrages zu (ZH, ObGer, III. Ziv.Kammer, 09.01.1961, SJZ 1961, S. 289, BlSchK 1964, S. 143).

5 (i.V.m. Art. 306 Abs. 2 Ziff. 2 SchKG) – Verbindlichkeit des bestätigten Nachlassvertrages – Der bestätigte Nachlassvertrag kann privilegierten Forderungen, die nicht eingegeben wurde, entgegengehalten werden. Er kann der Auffangeinrichtung entgegengehalten werden, welche, um ihre Recht zu wahren, ihre Forderung hätte eingeben und nötigenfalls die Mitwirkung des Sachwalters (Art. 300 und 301 SchKG) verlangen müssen (BGE 130 V 526).

6 Im Nachlassvertrag mit Vermögensabtretung gehen auch Steuerforderungen wie alle andern nicht angemeldeten Forderungen unter (LU, SchKKomm, 15.02.1984, LGVE 1984 I 35; vgl. auch N 7 zu Art. 300).

7 Gerichtlich genehmigte Nachlassverträge gelten auch für nachträgliche eingeklagte Forderungen; es bedarf hiefür keiner Einrede des Nachlassschuldners im Forderungsprozess (TG, Rekurskomm., 24.06.1970, Rechenschaftsbericht 1970, S. 69, SJZ 1971, S. 313, BlSchK 1976, S. 61).

8 *Befreiende Wirkung des Nachlassvertrages auf die Gesellschafter einer Kollektivgesellschaft* – Der ordentliche Nachlassvertrag oder jener mit Vermögensabtretung, den eine Kollektivgesellschaft mit ihren Gläubigern abschliesst, befreit die Gesellschafter von den Gesellschaftsschulden, die durch die abgetretenen Aktiven nicht gedeckt sind (Bestätigung der Rechtsprechung) (BGE 109 III 128; Praxis 1984, Nr. 59).

9 Die ab Stundungsdatum geschuldeten Beiträge an Sozialversicherungseinrichtungen sind Masseverbindlichkeiten. Masseverbindlichkeiten werden vom Nachlassvertrag nicht erfasst und dürfen daher sofort bezahlt werden (BGE 100 III 30).

10 Beim Liquidationsvergleich kann der Nachlassschuldner vom Grundpfandgläubiger selbstständig auf Grundpfandverwertung betrieben werden (ZH, ObGer, II. Ziv.Kammer, 01.08.1958, BGer 09.09.1958, ZR 1959, Nr. 11; BE Appellationshof, III. Ziv.Kammer, 08.12.1976, SJZ 1978, S. 109).

11 (i.V.m. Art. 297 und 319 Abs. 2 SchKG) – Die Mehrwertsteuer für Arbeiten, die der Schuldner während der Nachlassstundung mit Zustimmung des Sachwalters ausgeführt hat, ist eine Masseverbindlichkeit, die nicht vom Nachlassvertrag betroffen ist. Für solche Forderungen kann der Gläubiger gegen die Masse die Betreibung auf Pfändung anheben (BGE 126 III 294).

12 (i.V.m. Art. 368 OR) – Klage auf Sachgewährleistung gegen einen Unternehmer, der sich in Nachlassliquidation befindet; Abweisung der Klage, weil die Arbeiten vor der Bekanntmachung der Nachlassstundung ausgeführt worden waren; es besteht keine Verbindlichkeit der Masse, die deshalb nicht passivlegitimiert ist. Der Bauherr hätte im Nachlassverfahren die Geldforderung geltend machen sollen, in die sich sein Anspruch umgewandelt hatte, damit sie in den Kollokationsplan aufgenommen werde (BGE 107 III 106).

13 (i.V.m. Art. 56 Ziff. 4 und Art. 297 SchKG) – Recht auf Betreibung zwecks Unterbrechung der Verjährung. Wenn eine Forderung auf Schadenersatz oder auf Preisminderung erst nach Bestätigung des Nachlassvertrages mit Vermögensabtretung einklagbar wird, kann sie Anlass zu einer Betreibung gegen die Nachlassliquidationsmasse geben (NE, Autorité cantonal de surveillance, 09.05.1979, BlSchK 1983, S. 189).

14 Honorarforderung des Sachwalters im Stundungsverfahren. – Ist die Honorarforderung des Sachwalters im Stundungsverfahren im nachfolgenden Konkurse eine Masseverbindlichkeit? – Art. 310 Abs. 2 SchKG ist jedenfalls nur anwendbar, wenn bereits in der Nachlassstundung ein Nachlassvertrag mit Vermögensabtretung ins Auge gefasst und in der Publikation der Stundung darauf hingewiesen wurde (Bestätigung der Rechtsprechung) (BGE 105 III 20).

15 Ob der nicht durch Abschlagszahlungen gedeckte Saldo des Sachwalters im nachfolgenden Konkurs als Masseverbindlichkeit zu betrachten ist, entscheiden ausschliesslich die Gerichte (BGE 78 III 172).

16 Für die Beantwortung der Frage, ob beim Nachlassvertrag mit Vermögensabtretung die Honorarforderung des Sachwalters (gegebenenfalls) gleichrangig neben den andern Masseverbindlichkeiten steht, sind die im Konkurs für die Gebühren der Konkursverwaltung analog anzuwenden.

Soweit das Sachwalterhonorar überhaupt als Masseverbindlichkeit zu betrachten ist, ist es innerhalb dieser Verbindlichkeiten an letzter Stelle zu berücksichtigen (BGE 113 III 148).

17 Parteientschädigungen, die nach Bekanntmachung der Stundung zugesprochen werden, unterliegen nicht dem Nachlassvertrag. Kostenvergütungsansprüche entstehen nach der Rechtsprechung mit der Rechtskraftbeschreitung des sie feststellenden gerichtlichen Erlasses (Max. VIII Nr. 255). Ob und in welchem Umfang Vergütungsansprüche (Prozesskosten und Entschädigungen) entstehen, entscheidet erst der Richter im Urteil (LU, SchKKomm, 02.05.2003, LGVE 2003 I 51).

Art. 311   b. Dahinfallen der Betreibungen

Mit der Bestätigung des Nachlassvertrages fallen alle vor der Stundung gegen den Schuldner eingeleiteten Betreibungen mit Ausnahme derjenigen auf Pfandverwertung dahin; Artikel 199 Absatz 2 gilt sinngemäss.

1 Eine entgegen dem in Art. 297 SchKG für die Stundung statuierten Betreibungsverbot eingeleitete Betreibung fällt in jedem Falle gleich wie eine bereits vor der Erteilung der Stundung angehobene Betreibung dahin (BE, AB, 06.04.1957, BlSchK 1958, S. 92).

Art. 312   c. Nichtigkeit von Nebenversprechen

Jedes Versprechen, durch welches der Schuldner einem Gläubiger mehr zusichert als ihm gemäss Nachlassvertrag zusteht, ist nichtig (Art. 20 OR).

1 Beim *Nachlassvertrag einer Kollektiv- oder Kommanditgesellschaft* wird der Gesellschafter der Schuldnerin gleichgehalten. – Eine nach Bestätigung des Nachlassvertrages ausgestellte Schuldanerkennung auf eine die Dividende übersteigende Leistung fällt ebenfalls unter Art. 312 SchKG, wenn sie in Erfüllung (bzw. Erneuerung) einer vor der Bestätigung gegebenen Mehrzusicherung erfolgte, selbst wenn der Schuldner in diesem Zeitpunkte mit der Dividende in Verzug und sich der Unverbindlichkeit der vorherigen Zusicherung bewusst war (BGE 79 III 86).

2 Sofern das Gesetz nichts anderes vorsieht, dürfen die Klauseln des Nachlassvertrages weder die Höhe der eingegebenen Forderungen berühren noch den Anspruch der Gläubiger beeinträchtigen, gleiche Dividenden zu erhalten bzw. gemäss den gesetzlichen Bestimmungen aus dem Erlös der abgetretenen Vermögenswerte befriedigt zu werden. – Unzulässigkeit einer Klausel in einem Nachlassvertrag mit Vermögensabtretung, durch die bezüglich Forderungen in ausländischen Währungen der Umwandlungstag festgelegt wird (BGE 105 III 92).

Art. 313   D. Widerruf des Nachlassvertrages

[1] Jeder Gläubiger kann beim Nachlassrichter den Widerruf eines auf unredliche Weise zustandegekommenen Nachlassvertrages verlangen (Art. 20, 28, 29 OR).

[2] Die Artikel 307–309 finden sinngemässe Anwendung.

1 Der Widerruf und ebenso die Ablehnung des Widerrufs eines Nachlassvertrages durch eine kantonale Behörde unterliegt nicht der Berufung an das BGer (BGE 74 III 26).

2 Unredlichkeiten des Nachlassschuldners führen nur dann zum Widerruf, wenn sie für den Abschluss des Nachlassvertrages kausal gewesen sind (BE, AB, 10.06.1947, ZBJV 1948, S. 1983, BlSchK 1949, S. 60).

3 Trotz Dividendenverzug kein Wiederaufleben der ursprünglichen Forderung ohne Aufhebungs- oder Widerrufsbeschluss des Nachlassrichters gemäss Art. 313 bzw. 316 SchKG, auch nicht zufolge dahingehender Vereinbarung (BGE 79 III 86).

4 Die erteilte Zustimmung zu einem Nachlassvertrag ist unwiderruflich. Vorbehalten bleibt der Widerruf eines auf unredliche Weise zustande gekommenen Vertrages (BE, AB, 27.04.1970, BlSchK 1972, S. 118).

5 Unredlich zustande gekommen ist ein Nachlassvertrag unter anderem, wenn der Schuldner unwahre Angaben über sein Vermögen gemacht, seine Gläubiger sonst wie getäuscht hat oder wenn er sich der Erschleichung eines gerichtlichen Nachlassvertrages z.B. durch zu günstige oder zu ungünstige Darstellung seiner Vermögenslage schuldig gemacht hat. Hier hat der Schuldner Debitoren von Fr. 468'000.– angegeben, wobei darin bestrittene oder sogar nicht mehr existente Forderungen enthalten waren. Von der Bewertung durch den Sachwalter mit 70 % dieses Betrages konnten nur rund 10 % realisiert werden. Diese Machenschaften des Schuldners sind unredlich und führen zum Widerruf des Nachlassvertrages (TG, ObGer, 23.02.1984, BlSchK 1986, S. 39).

III. Ordentlicher Nachlassvertrag

Art. 314 A. Inhalt

¹ Im Nachlassvertrag ist anzugeben, wieweit die Gläubiger auf ihre Forderungen verzichten und wie die Verpflichtungen des Schuldners erfüllt und allenfalls sichergestellt werden.

² Dem ehemaligen Sachwalter oder einem Dritten können zur Durchführung und zur Sicherstellung der Erfüllung des Nachlassvertrages Überwachungs-, Geschäftsführungs- und Liquidationsbefugnisse übertragen werden.

1 Es widerspricht der schweizerischen Rechtsordnung nicht, in einem Nachlassvertrag mit Vermögensabtretung vorzusehen, dass die Erlöse aus den Arresten, die gewissen *Gläubiger an Vermögenswerten des Schuldners und/oder an solchen Kunden des Schuldners im Ausland* erwirkten, *auf die Dividenden der betreffenden Gläubiger angerechnet werden sollen* (BGE 103 III 54).

2 Grundsatz der Gleichbehandlung der Gläubiger – Sofern das Gesetz nichts anderes vorsieht, dürfen die Klauseln des Nachlassvertrages weder die Höhe der eingegebenen Forderungen berühren noch den Anspruch der Gläubiger beeinträchtigen, gleiche Dividenden zu erhalten bzw. gemäss den gesetzlichen Bestimmungen aus dem Erlös der abgetretenen Vermögenswerte befriedigt zu werden (BGE 105 III 92).

3 Betreibungen, welche vom Nachlassvertrag erfasste Forderungen betreffen und mit dessen Bestätigung dahinfallen, können zurückgezogen werden, sofern die notwendige Erklärung des Gläubigers vorliegt. Daraus kann jedoch nicht geschlossen werden, dass die im Nachlassvertrag erwähnte Klausel zum Rückzug keine Wirkung dahingehend entfalten kann, dass sie einen Rückzug der Betreibungen durch die nicht zustimmenden Nachlassgläubiger darstelle (BGE 129 III 284/287).

4 Die Bestätigung des Nachlassvertrages setzt voraus, dass seine Vollziehung hinlänglich sichergestellt sei. Eine Sicherstellung, die nur einen Teil der im Nachlassverfahren dem Schuldner überbundenen Verpflichtungen deckt, genügt nicht (VD, Tribunal cantonal, 25.06.1964, JT 113 (1965) II, S. 61, SJZ 1966, S. 349).

5 Die *Sicherstellung* der zum Vollzuge eines Nachlassvertrages notwendigen Mittel hat *auf den Zeitpunkt der gerichtlichen Bestätigungsverhandlung hin in Form einer Real- oder Personalsicherheit zu erfolgen*. Im blossen Hinweis auf ausstehende Guthaben sowie erst noch zu tätigenden Verkauf von Land und Mobilien liegt keine genügende Sicherstellung vor (BE, AB, 28.02.1967, BlSchK 1968, S. 88).

Art. 315 B. Bestrittene Forderungen

¹ Der Nachlassrichter setzt bei der Bestätigung des Nachlassvertrages den Gläubigern mit bestrittenen Forderungen eine Frist von 20 Tagen zur Einreichung der Klage am Ort des Nachlassverfahrens, unter Androhung des Verlustes der Sicherstellung der Dividende im Unterlassungsfall.

² Der Schuldner hat auf Anordnung des Nachlassrichters die auf bestrittene Forderungen entfallenden Beträge bis zur Erledigung des Prozesses bei der Depositenanstalt zu hinterlegen.

1   Die Frage, ob eine Forderung bestritten ist und wer als Gläubiger einer bestrittenen Forderung zu gelten hat, entscheiden sich nach der Aktenlage im Zeitpunkt des Bestätigungsentscheides (LU, Justizkomm., 25.01.1956, Max. X, Nr. 443, BlSchK 1958, S. 159).

2   (i.V.m. § 186 Abs. 12 lit. a ZPO LU) – Die Frist zur Einreichung der Klage für bestrittene Forderungen ist mit einem Aussöhnungsversuch nicht gewahrt. Wird die Klagefrist nach Art. 315 Abs. 1 nicht eingehalten, entfällt ein Anspruch auf Hinterlegung nach Abs. 2 (LU, SchKKomm, 21.03.2003, LGVE 2003 I 58).

3   Die Hinterlegung kann auch nach der gerichtlichen Bestätigung des Nachlassvertrages angeordnet werden. Auf sie ist nur zu verzichten, wenn die gänzliche oder auch nur teilweise Klagegutheissung nach dem Ermessen des Nachlassrichters ausgeschlossen oder zumindest sehr unwahrscheinlich ist (LU, SchKKomm, 11.02.2003, LGVE 2003 I 59).

Art. 316 C. Aufhebung des Nachlassvertrages gegenüber einem Gläubiger

¹ Wird einem Gläubiger gegenüber der Nachlassvertrag nicht erfüllt, so kann er beim Nachlassrichter für seine Forderung die Aufhebung des Nachlassvertrages verlangen, ohne seine Rechte daraus zu verlieren.

² Artikel 307 findet sinngemäss Anwendung.

1   Der Widerruf und ebenso die Ablehnung des Widerrufs eines Nachlassvertrages durch eine kantonale Behörde unterliegt nicht der Berufung an das BGer (BGE 74 III 26).

2   Trotz Dividendenverzug kein Wiederaufleben der ursprünglichen Forderung ohne Aufhebungs- oder Widerrufsbeschluss des Nachlassrichters gemäss Art. 313 bzw. 316 SchKG, auch nicht zufolge dahingehender Vereinbarung (BGE 79 III 86).

3   Wird als Sicherheit für die Nachlassdividende ein Grundpfandtitel ausgestellt, so bedeutet die Nichtbezahlung des bedungenen Zinses und der Abzahlungen eine Nichterfüllung der Bedingungen des Nachlassvertrages und der Gläubiger ist befugt, dessen Aufhebung zu verlangen (TI, SchKK, 30.07.1951, Rep. 85 (1952), S. 58, SJZ 1952, S. 380, BlSchK 1954, S. 30).

4   Der *Gläubiger einer bestrittenen Forderung* ist nicht berechtigt, das Gesuch um Aufhebung des Nachlassvertrages zu stellen, solange die Bestreitung nicht zurückgezogen oder gerichtlich beseitigt wird. – Die Aufhebung setzt eine förmliche Mahnung voraus (LU, Justizkomm., 04.10.1957, Max. X, Nr. 523, BlSchK 1959, S. 121).

5   Der *Gläubiger, der die Nachlassdividende nicht ausbezahlt erhält*, obschon er den Schuldner nach Ablauf des im Nachlassvertrag vorgesehenen Termins zweimal gemahnt hat, hat mit Bezug auf seine Forderung einen Anspruch auf Aufhebung des Nachlasses, und zwar auch dann, wenn der Schuldner die Dividende noch vor der Verhandlung bezahlt, die der mit dem Begehren um Aufhebung des Nachlasses angerufene Richter angesetzt hat (BGE 110 III 41; Praxis 73, Nr. 164).

Art. 316a–t
Aufgehoben.

IV. Nachlassvertrag mit Vermögensabtretung

Art. 317 A. Begriff

¹ Durch den Nachlassvertrag mit Vermögensabtretung kann den Gläubigern das Verfügungsrecht über das schuldnerische Vermögen eingeräumt oder dieses Vermögen einem Dritten ganz oder teilweise abgetreten werden.
² Die Gläubiger üben ihre Rechte durch die Liquidatoren und durch einen Gläubigerausschuss aus. Diese werden von der Versammlung gewählt, die sich zum Nachlassvertrag äussert. Sachwalter können Liquidatoren sein.

1   Grundpfandgesicherte Forderungen fallen nicht unter den Nachlassvertrag, sodass die Gläubiger solcher Forderungen die Liquidationsmasse (Art. 319 Abs. 2) auf Grundpfandverwertung betreiben können (BGE 84 III 105).

2   Aktienrechtliche Verantwortlichkeit – Klagerecht des Gesellschaftsgläubigers – Dem Gesellschaftsgläubiger steht beim gerichtlichen *Nachlassvertrag mit (teilweiser) Vermögensabtretung* – nicht aber beim Prozentvergleich – das Klagerecht gemäss Art. 758 aOR zu, *soweit die aktienrechtlichen Verantwortlichkeitsansprüche zu den Nachlasswerten gehören*.
    Die Ansprüche aus aktienrechtlicher Verantwortlichkeit gehören beim gerichtlichen Nachlassvertrag mit teilweiser Vermögensabtretung nicht zwingend zu den Vermögenswerten, welche den Gläubigern zur Liquidation überlassen werden. Massgebend sind vielmehr die entsprechenden Anordnungen im Nachlassvertrag (BGE 122 III 166).

3   *Legitimation des gerichtlich bestellten Sachwalters* im Nachlassverfahren mit Vermögensabtretung *zur Stellung des Ausweisungsbegehrens gegenüber dem Nachlassschuldner* (LU, Justizkomm., 11.11.1954, Max. X, Nr. 295, BlSchK 1956, S. 180).

4   *Gegen den Schuldner*, der einen Nachlassvertrag mit Vermögensabtretung erhalten hat, *ist eine nachfolgende Betreibung für eine vor der Nachlassstundung entstandene Forderung unzulässig*, auch wenn der Gläubiger sie nicht eingegeben und der Schuldner nach Bestätigung des Nachlassvertrages dem Gläubiger Abschlagszahlungen geleistet hat (TI, SchKK, 09.05.1968, Rep. 1969, S. 146, SJZ 1972, S. 226).

5   Beim Nachlassvertrag mit Vermögensabtretung erstreckt sich die *Pfandhaft im Sinne von Art. 806 Abs. 1 ZGB auf die Miet- oder Pachtzinsforderungen*, die seit der Bestätigung des Nachlassvertrages bis zur Verwertung auflaufen (BGE 108 III 83/84).

6   Sofern das Gesetz nichts anderes vorsieht, *dürfen die Klauseln des Nachlassvertrages weder die Höhe der eingegebenen Forderungen berühren noch den Anspruch der Gläubiger beeinträchtigen, gleiche Dividenden zu erhalten* bzw. gemäss den gesetzlichen Bestimmungen aus dem Erlös der abgetretenen Vermögenswerte befriedigt zu werden. – Unzulässigkeit einer Klausel in einem Nachlassvertrag mit Vermögensabtretung, durch die bezüglich Forderungen in ausländischen Währungen der Umwandlungstag festgelegt wird (BGE 105 III 92).

7   (i.V.m. Art. 56 Ziff. 4 und 297 SchKG) – *Recht auf Betreibung zwecks Unterbrechung der Verjährung*. Wenn eine Forderung auf Schadenersatz oder auf Minderung erst nach Bestätigung des Nachlasslassvertrages mit Vermögensabtretung einklagbar wird, kann sie Anlass zu einer Betreibung gegen die Nachlassliquidationsmasse geben (NE, Autorité de surveillance, 09.05.1979, BlSchK 1983, S. 189).

8   Auch nach dem revidierten SchKG ist *die Durchführung von Grundpfandbetreibungen* gegen einen *in Nachlassliquidation befindlichen Schuldner zulässig* (BL, AB, 01.07.1997, BlSchK 1998, S. 71).

9   *Parteifähigkeit der Nachlassmasse beim Nachlassvertrag mit Vermögensabtretung* . Parteifähig ist die Nachlassmasse und nicht der Liquidator (Zürich, BezGer 04.05.1979, ZR 1979, Nr. 28, SJZ 1980, S. 232).

10 Es widerspricht der schweizerischen Rechtsordnung nicht, in einem Nachlassverfahren mit Vermögensabtretung vorzusehen, dass die *Erlöse aus den Arresten, die gewisse Gläubiger an Vermögenswerten des Schuldners* und/oder an solchen von Kunden des Schuldners *im Ausland erwirkten, auf die Dividenden der betreffenden Gläubiger angerechnet werden sollen* (BGE 103 III 54).

11 *Behandlung von Lebensversicherungsansprüchen* bei Vorliegen einer Begünstigungsklausel zugunsten des Ehegatten und Verpfändung der Police (Rechtserörterung in BlSchK 1956, S. 183 u. VO des BGer betreffend die Pfändung, Arrestierung und Verwertung von Versicherungsansprüchen (SR 281.51) und BGE 81 III 142).

12 Frage der Sicherstellung der Vollziehung beim Nachlassvertrag mit Vermögensabtretung – Beim Liquidationsvergleich erhalten die Gläubiger mit der rechtskräftigen Bestätigung des Nachlassvertrages das Verfügungsrecht über die Aktiven. Damit ist die Vollziehung sichergestellt, weshalb es hier keiner besonderen Sicherstellung der privilegierten Gläubiger bedarf. Voraussetzung ist allerdings, dass die Aktiven zu einer vollständigen Befriedigung der angemeldeten privilegierten Gläubiger ausreichen (LU, SchKKomm, 19.08.1966, Max. XI, Nr. 10, BlSchK 1968, S. 188, SJZ 1968, S. 124).

13 (i.V.m. Art. 11 SchKG) Anwendbarkeit des Verbots, für eigene Rechnung Rechtsgeschäfte abzuschliessen, auf Mitglieder des Gläubigerausschusses im Rahmen der Durchführung eines Nachlassvertrages mit Vermögensabtretung. Der anlässlich einer öffentlichen Versteigerung bei Durchführung eines Nachlassvertrages mit Vermögensabtretung erfolgte Zuschlag eines Grundstückes an ein Mitglied des Gläubigerausschusses ist ungültig nach Massgabe von Art. 11 SchKG (BGE 122 III 335).

14 Die AB kann den Nachlassverwalter (im Nachlassverfahren mit Vermögensabtretung) mit einer Ordnungsstrafe im Sinne von Art. 14 Abs. 2 SchKG belegen (BGE 114 III 120).

Art. 317a–o
Aufgehoben.

Art. 318   B. Inhalt

¹ Der Nachlassvertrag enthält Bestimmungen über:
1. den Verzicht der Gläubiger auf den bei der Liquidation oder durch den Erlös aus der Abtretung des Vermögens nicht gedeckten Forderungsbetrag oder die genaue Ordnung eines Nachforderungsrechts;
2. die Bezeichnung der Liquidatoren und der Mitglieder des Gläubigerausschusses sowie die Abgrenzung der Befugnisse derselben;
3. die Art und Weise der Liquidation, soweit sie nicht im Gesetz geordnet ist; wird das Vermögen an einen Dritten abgetreten, die Art und die Sicherstellung der Durchführung dieser Abtretung;
4. die neben den amtlichen Blättern für die Gläubiger bestimmten Publikationsorgane.

² Wird nicht das gesamte Vermögen des Schuldners in das Verfahren einbezogen, so ist im Nachlassvertrag eine genaue Ausscheidung vorzunehmen.

1 Im Nachlassverfahren mit Vermögensabtretung sind die AB befugt, die Ernennung des Gläubigerausschusses aufzuheben oder zu ändern. – Die Frist zur Anfechtung der Zusammensetzung des Gläubigerausschusses beträgt fünf Tage und beginnt vom Tage der Gläubigerversammlung an zu laufen, welche die Mitglieder des Ausschusses bezeichnet (BGE 81 III 27).

2 Befreiende Wirkung des Nachlassvertrages auf die Gesellschafter einer Kollektivgesellschaft. – Der ordentliche Nachlassvertrag oder jener mit Vermögensabtretung, den eine Kollektivgesellschaft mit ihren Gläubigern abschliesst, befreit die Gesellschafter von den Gesellschaftsschulden, die durch die

abgetretenen Aktiven nicht gedeckt sind (Bestätigung der Rechtsprechung (BGE 109 III 128, Praxis 1984, Nr. 59).

3   Die Einsetzung bzw. Wahl des Gläubigerausschusses auf dem Zirkularweg ist zulässig und keineswegs rechtswidrig. Kognition der AB bei der Überprüfung der Zusammensetzung des Gläubigerausschusses. – Bei der Bestellung des Gläubigerausschusses, sollten nach Möglichkeit Gläubiger gewählt werden, welche Branchenkenntnisse besitzen und mit Bank-, Wertpapier- und Grundstückgeschäften vertraut sind. Wünschenswert wäre auch die angemessene Vertretung von verschiedenen Gläubigergruppen, doch ist dies nicht zwingend vorgeschrieben.

Die AB ist bei der Überprüfung der Zusammensetzung des Gläubigerausschusses in ihrer Kognition nicht beschränkt. Sie hat nicht nur zu prüfen, ob die Einsetzung und Zusammensetzung rechtskonform war, sondern auch, ob die Beschlüsse angemessen waren und hat ihr Ermessen an die Stelle des Ermessens jener Instanz, die die Wahl vorgenommen hat, zu setzen (BGE 86 III 121). Die AB ist befugt, die Bestellung eines Gläubigerausschusses durch die Gläubigerversammlung aufzuheben oder den Ausschuss anders zu besetzen, wenn sie es für angezeigt erachtet. So kann der Gläubigerausschuss ergänzt werden, wenn wichtige Gläubiger darin nicht vertreten sind (BGE 59 III 132) (GR, AB, 06.03.1989, PKG 1989, S. 189).

4   Der Nachlassvertrag mit Vermögensabtretung hat die Befugnis der Liquidatoren gegenüber denjenigen des Gläubigerausschusses abzugrenzen. Wird die Kompetenz zur Anhebung einer Verantwortlichkeitsklage dem Ersteren zugestanden, so besteht zur Einberufung einer (weiteren) Gläubigerversammlung, welche über die Fortführung des Prozesses zu entscheiden hätte, weder Anlass noch gesetzliche Grundlage (BE, AB, 30.08.1984, BlSchK 1986, S. 118).

5   (i.V.m. Art. 63 Abs. 1, 81 OG, Art. 19 VNB) – Wird nur eine bestimmte Klausel des *Nachlassvertrages einer Bank* angefochten, ist es dem BGer verwehrt, von Amtes wegen zu prüfen, ob die allgemeinen Voraussetzungen der Bestätigung des Nachlassvertrages erfüllt seien (BGE 105 III 92).

Art. 319   C. Wirkungen der Bestätigung

¹ Mit der rechtskräftigen Bestätigung des Nachlassvertrages mit Vermögensabtretung erlöschen das Verfügungsrecht des Schuldners und die Zeichnungsbefugnis der bisher Berechtigten.

² Ist der Schuldner im Handelsregister eingetragen, so ist seiner Firma der Zusatz «in Nachlassliquidation» beizufügen. Die Masse kann unter dieser Firma für nicht vom Nachlassvertrag betroffene Verbindlichkeiten betrieben werden.

³ Die Liquidatoren haben alle zur Erhaltung und Verwertung der Masse sowie zur allfälligen Übertragung des abgetretenen Vermögens gehörenden Geschäfte vorzunehmen.

⁴ Die Liquidatoren vertreten die Masse vor Gericht. Artikel 242 gilt sinngemäss.

1   Die Mehrwertsteuer für Arbeiten, die der Schuldner während der Nachlassstundung mit Zustimmung des Sachwalters ausgeführt hat, ist eine Masseverbindlichkeit, die nicht vom Nachlassvertrag betroffen ist. Für solche Forderungen kann der Gläubiger gegen die Masse die Betreibung auf Pfändung anheben (BGE 126 III 294).

Art. 320   D. Stellung der Liquidatoren

¹ Die Liquidatoren unterstehen der Aufsicht und Kontrolle des Gläubigerausschusses.

² Gegen die Anordnungen der Liquidatoren über die Verwertung der Aktiven kann binnen zehn Tagen seit Kenntnisnahme beim Gläubigerausschuss Einsprache erhoben und gegen die bezüglichen Verfügungen des Gläubigerausschusses bei der Aufsichtsbehörde Beschwerde geführt werden.

³ Im übrigen gelten für die Geschäftsführung der Liquidatoren die Artikel 8–11, 14, 34 und 35 sinngemäss.

1   Das vorgesehene Einspracheverfahren gilt nur hinsichtlich Verwertungsmassnahmen BGE 77 III 132).

2   Gegen Verfügungen des Liquidators, die *nicht die Verwertung der Aktiven* zum Gegenstand haben, ist direkt bei der AB und nicht beim Gläubigerausschuss Beschwerde zu führen. Eine vom Richter zurückgewiesene und innert der gesetzten Nachfrist nicht wieder angebrachte Kollokationsklage ist ohne Einfluss auf eine innerhalb der Beschwerdefrist durch den Liquidator vorgenommene Abänderung einer Kollokationsverfügung (Art. 65 KOV) (BE, AB, 31.07.1951, ZBJV 1953, S. 267).

3   Verwertungsanordnungen der Liquidatoren. *Abgrenzung zwischen Einsprache an den Gläubigerausschuss und der Beschwerde an die AB.* Gegen Anordnungen der Liquidatoren über die Verwertung von Aktiven ist zunächst innert zehn Tagen seit Kenntnisnahme Einsprache beim Gläubigerausschuss zu erheben. Erst der Einspracheentscheid ist mit Beschwerde an die kantonale AB anfechtbar. Die Einsprache ist nicht ein Wiedererwägungsantrag, sonder eine echte Beschwerde an die übergeordnete Instanz. Sie ist jedoch immer dann ausgeschlossen, wenn der Gläubigerausschuss die Verfügung selber oder zusammen mit den Liquidatoren getroffen hat. Sobald der Gläubigerausschuss schon irgendwie am Beschluss der Liquidatoren beteiligt war, hat sich die Beschwerde direkt an die AB zu richten. In allen übrigen Fällen jedoch, in welchen eine im Zusammenhang mit der Verwertung der Aktiven von den Liquidatoren erlassene Verfügung angefochten wird, darf der Gläubigerausschuss nicht umgangen werden (BE, AB, 22.07.1997, BlSchK 1997, S. 232).

4   *Die Liquidatoren unterstehen* nach dieser Bestimmung *der Aufsicht und der Kontrolle des Gläubigerausschusses.* Wegen *Rechtsverweigerung und Rechtsverzögerung eines Liquidators ist vorerst beim Gläubigerausschuss Beschwerde zu führen.* Erst der Entscheid des Gläubigerausschusses (bzw. die Verweigerung oder Verzögerung eines Entscheides) kann bei der AB angefochten werden (LU, SchKKomm, 17.09.1954, Max. X, Nr. 295, ZBJV 1955, S. 36).

5   *Das BGer gibt auch dem Schuldner ein Beschwerderecht gegen die Anordnungen der Liquidatoren* über die Verwertung. Er kann beim Gläubigerausschuss Einsprache und gegen dessen Verfügung Beschwerde erheben. In analoger Anwendung konkursrechtlicher Anwendung findet dieses Beschwerderecht des Schuldners seine Grenze darin, dass sich die Beschwerde nur auf Gesetzesverletzung, Rechtsverweigerung und Rechtsverzögerung stützen darf. Wegen blosser Unangemessenheit kann sich der Schuldner dagegen nicht beschweren (BGE 85 III 175).

6   Gegen die Verfügungen des Liquidators beim Nachlassvertrag mit Vermögensabtretung ist die Beschwerde nur insoweit zulässig, als sie sich auf die Liquidation der Vermögensmasse bezieht, nicht aber insoweit deren Zusammensetzung in Frage steht (VD, Tribunal cantonal, 14.02.1957, JT 105 (1957) II, S. 126, SJZ 1959, S. 92).

7   Beim Nachlassvertrag mit Vermögensabtretung ist grundsätzlich auch der Schuldner befugt, Verfügungen des Liquidators auf dem Beschwerdeweg anzufechten (BGE 102 III 33).

8   *Der Liquidator* im Nachlassverfahren mit Vermögensabtretung *untersteht nicht nur der Aufsicht und Kontrolle des Gläubigerausschusses, sondern auch der Aufsicht der betreibungsrechtlichen AB,* wobei er von dieser entlassen und durch einen andern ersetzt werden kann (LU, SchKKomm, 04.10.1961, Max. XI, Nr. 46).

9   Die AB kann den Nachlassverwalter (im Nachlassverfahren mit Vermögensabtretung) mit einer Ordnungsstrafe im Sinne von Art. 14 Abs. 2 SchKG belegen (BGE 114 III 120).

10 *Aufsichtsbefugnis über die Geschäftsführung des Liquidators* – Eine allgemeine Aufsichtsbefugnis der betreibungsrechtlichen AB über die Geschäftsführung des Liquidators besteht nicht. Art. 320 unterstellt den Liquidator der Aufsicht und Kontrolle des Gläubigerausschusses. Aufsichtsrechte und -pflichten der betreibungsrechtlichen AB sind gegeben, soweit es die Gebühren des Liquidators, für die der Tarif keinen bestimmten Betrag vorsieht, gemäss Art. 55 GebVO nach Massgabe der Leistungen vom Nachlassgericht festzusetzen sind (LU, SchK-Komm. 20.02.1960, ZBJV 1960, S. 385, BlSchK 1962, S. 186).

11 *Disziplinarverfahren gegen Sachwalter im Nachlassverfahren* (Art. 14 Abs. 2 SchKG) – Gemäss Art. 55 Abs. 1 GebVO setzt das Nachlassgericht das Honorar des Sachwalters pauschal fest; nach dem in Art. 1 GebVO begründeten Grundsatz der Ausschliesslichkeit dürfen die im Nachlassverfahren tätigen Organe nur die in der Gebührenverordnung vorgesehenen Entschädigungen beziehen. Lässt sich ein Sachwalter eine Garantie für die Bezahlung der Differenz zwischen dem von ihm verlangten und dem von Nachlassgericht vorerst in Aussicht gestellten Honorar bieten, begeht er in objektiver Hinsicht eine Amtspflichtverletzung. Subjektive Voraussetzungen einer Amtspflichtverletzung durch einen Sachwalter; Zumessung der disziplinarischen Massnahme bei Amtspflichtverletzung durch einen Sachwalter (ZR 2001, Nr. 15, BlSchK 2001, S. 151).

12 Der Sachwalter in der Nachlassstundung ist nicht verantwortlich, wenn der Vertreter des Schuldners seinen Mandanten nicht über den Gang des Verfahrens orientiert (GE, Autorité de surveillance, 23.05.1979, BlSchK 1980, S. 82).

13 Die Liquidatoren haben hinsichtlich Art und Zeitpunkt der Verwertung die grösstmögliche Freiheit. – Die Beschwerde gegen eine Anordnung des Liquidators kann unter Umgehung des Gläubigerausschusses direkt bei der AB angebracht werden, wenn die Anordnung auf einem Beschluss des Gläubigerausschusses beruht (BS, AB, 14.10.1957, BJM 1958, S. 89, BlSchK 1959, S. 86).

14 Im diesem Verfahren bildet die Genehmigung des Übernahmevertrages eine Verfügung des Gläubigerausschusses. Diese ist nicht beim Gläubigerausschuss, sondern bei der AB anzufechten (ZH, Handelsgericht, 11.09.1958, ObGer, II. Ziv.Kammer, 27.01.1959, Kassationsgericht, 17.04.1959, BGer 17.06.1959, BlSchK 1962, S. 148).

15 Wird die vertraglich vereinbarte Berechtigung des Totalunternehmers, «die dem Unterakkordanten zustehende Forderung mit befreiender Wirkung an diesen direkt zu bezahlen», durch das Nachlassliquidationsverfahren über die mit der Ausführung des Rohbaus beauftragte Baufirma, welche Unterakkordanten beigezogen hat, aufgehoben? Ergäbe sich bei Ausübung dieses vertraglichen Rechts eine verpönte Gläubigerbegünstigung? Frage offen gelassen, da vom Richter auf Klage hin zu entscheiden. – Meinungsäusserungen eines Amtes, eines Sachwalters oder eines Liquidators haben keinen Verfügungscharakter und können daher nicht angefochten werden. Ebenso wenig können auf dem Wege einer Beschwerde umstrittene Rechtsfragen geklärt werden (BS, AB, 04.07.1975, BlSchK 1979, S. 29).

Art. 321 E. Feststellung der teilnahmeberechtigten Gläubiger

¹ Zur Feststellung der am Liquidationsergebnis teilnehmenden Gläubiger und ihrer Rangstellung wird ohne nochmaligen Schuldenruf gestützt auf die Geschäftsbücher des Schuldners und die erfolgten Eingaben von den Liquidatoren ein Kollokationsplan erstellt und zur Einsicht der Gläubiger aufgelegt.

² Die Artikel 244–251 gelten sinngemäss.

1 Eine im Zustimmungsverfahren nicht angemeldete Forderung kann im Liquidationsverfahren noch nachträglich, auch nach Aufstellung des Kollokationsplanes, in analoger Anwendung von Art. 251 SchKG angemeldet werden und nimmt am Liquidationsergebnis teil (SG, AB, 06.05.1953, BlSchK 1955, S. 152).

2 (i.V.m. Art. 251 SchKG) – Die aus den Büchern hervorgehenden Forderungen sind im Nachlassvertrag mit Vermögensabtretung von Amtes wegen (auch ohne Forderungsanmeldung des Gläubigers) zu kollozieren und partizipieren an allen Dividendenausschüttungen, selbst wenn der Gläubiger seine Forderung nachträglich noch durch eine Eingabe geltend macht. Die Unterlassung der Liquidatorin darf auch nicht zur Belastung des Gläubigers mit Nachtragskollokationskosten führen (BS, AB, 18.08.1980, BlSchK 1984, S. 110 und 198).

3 Die Regeln des Konkurses sind im Nachlassvertrag mit Vermögensabtretung anwendbar, insbesondere des Kollokationsverfahrens. Die Tatsache, dass die pfandversicherten Gläubiger im Nachlass-

vertrag nicht eingerechnet werden, hindert nicht, dass sie in das Kollokationsverfahren einzubeziehen sind (NE, 27.04.1995, BlSchK 1997, S. 117).

4 (i.V.m. Art. 59 Abs. 2 KOV) – Verschiebung einer Kollokationsverfügung – Unzulässig, wenn keine ernstlichen Hindernisse oder Schwierigkeiten bestehen. Der Umstand, dass eine Konkurseingabe heikle Rechtsfragen aufwirft, bildet im Allgemeinen keinen Grund, die Verfügung über sie im Kollokationsplan aufzuschieben. – Ist die Verschiebung mit Rücksicht auf eine der Konkursmasse allenfalls je nach dem Ausgang eines Prozesses mit einem Dritten erwachsende Rückgriffsforderung zulässig? Sie ist es nicht, wenn die selbstständige Geltendmachung des Rückgriffsrechtes keine erheblichen Nachteile für die Masse mit sich bringen wird und ausserdem zur Zeit keine konkreten Anhaltspunkte für einen den Rückgriff rechtfertigenden Sachverhalt bestehen (BGE 92 III 27).

5 (i.V.m. Art. 59 Abs. 2 KOV) – Die Aussetzung der Kollokationsverfügung und die nachträgliche Ergänzung des Kollokationsplanes sind zulässig, wenn ernsthafte Hindernisse oder Schwierigkeiten einer abschliessenden Kollokation aller angemeldeten Forderungen entgegenstehen (BGE 119 III 130).

6 Der Kollokationsplan ist so zu erstellen, dass er über die Zulassung oder Nichtzulassung der angemeldeten Forderungen zweifelsfrei Aufschluss gibt (BE, AB, 05.05.1977, BlSchK 1977, S. 144).

7 Auch der im Nachlassvertrag mit Vermögensabtretung erstellte *Kollokationsplan hat über sämtliche Anmeldungen einen klaren und unmissverständlichen Entscheid über Zulassung oder Abweisung zu enthalten.* Werden bei der Auflage des Kollokationsplanes Formmängel gerügt, so ist dies durch Beschwerde bei der AB zu tun. Ist hingegen die Forderung oder die Rangfolge der Forderung streitig, ist der Richter im Rahmen der Kollokationsklage (Art. 250) zuständig (GR, AB, 02.10.1979, BlSchK 1985, S. 35).

8 Gleich wie im Konkurse besitzt der Gläubiger, dessen Forderung ganz oder teilweise abgewiesen wird oder welche nicht den beanspruchten Rang erhalten hat, auch im Nachlassvertrag mit Vermögensabtretung Anspruch auf eine Spezialanzeige im Sinne von Art. 68 KOV 8BE, AB, 08.05.1980, BlSchK 1984, S. 75).

9 Ausser wenn die Voraussetzungen von Art. 59 Abs. 2 KOV gegeben sind, ist ein partieller, auf bestimmte Forderungsklassen beschränkter Kollokationsplan unzulässig. Um das Verfahren zu beschleunigen, kann der Liquidator demzufolge nicht sofort ausschliesslich über die für die erste Klasse angemeldeten Forderungen entscheiden (BGE 115 III 144).

10 Enthält der Kollokationsplan keinen Entscheid darüber, ob sich die Pfandhaft auf die Mietzinserträgnisse erstrecke, so ist er nachträglich zu ergänzen und neu aufzulegen (BGE 105 III 28).

11 Wie ist vorzugehen, wenn eine zufolge Verrechnung bestrittene Forderung kolloziert wird, obwohl über die angemeldete Forderung des Gläubigers und die zur Verrechnung gestellte Gegenforderung des Nachlassschuldners bereits ein Prozess anhängig ist? Nach Errichtung des Kollokationsplanes hat dieser Prozess die Funktion eines Kollokationsprozesses übernommen. Der Gläubiger kann nicht gezwungen werden, für die gleiche Forderung eine neue Klage einzureichen. Unter diesen Voraussetzungen ist die Fristansetzung in der Kollokationsverfügung für den Gläubiger unbeachtlich. Die Liquidatorin hat zusammen mit dem Gläubigerausschuss zu entscheiden, ob der Zivilprozess von der Nachlassmasse fortgesetzt oder ob gemäss Art. 325 SchKG i.V.m. Art. 260 SchKG vorgegangen werden soll (BE, AB, 30.05.1978, BlSchK 1981, S. 161, mit Anmerkung der Redaktion).

12 (i.V.m. Art. 63 KOV und Art. 207 und 245 SchKG) – Vormerkung streitiger Forderungen im Kollokationsplan (Art. 63 KOV) – Das Recht der Nachlassliquidatorin, eine Kollokationsverfügung zu treffen kann Gegenstand des Beschwerdeverfahrens sein. – Art. 207 SchKG und der darauf beruhende Art. 63 KOV beziehen sich auf Prozesse im Inland. Die sinngemäss Anwendung von Art. 63 KOV bei Prozessen im Ausland fällt daher ausser Betracht, wenn im Rahmen der Abwicklung des Nachlassvertrages mit Vermögensabtretung der Kollokationsplan zu erstellen ist. Es ist deshalb nicht zu beanstanden, dass die Liquidatorin gestützt auf Art. 245 SchKG i.V.m. Art. 321 Abs. 2 über die Anerkennung der streitigen Forderung der Gläubigerin entscheiden durfte (BGE 130 III 769).

Elfter Titel: Nachlassverfahren | **Art. 322**

13 Ein Privileg erlischt nicht, wenn die Gläubigerin es unterlassen hat, ihre Forderung innert der Frist des Art. 300 SchKG einzugeben. Die verspätete Anmeldung hat nur die in Art. 251 SchKG für den Fall der Verspätung einer Konkurseingabe vorgesehenen Folgen (BGE 97 III 83).

Art. 322 F. Verwertung
1. Im allgemeinen

¹ Die Aktiven werden in der Regel durch Eintreibung oder Verkauf der Forderungen, durch freihändigen Verkauf oder öffentliche Versteigerung der übrigen Vermögenswerte einzeln oder gesamthaft verwertet.

² Die Liquidatoren bestimmen im Einverständnis mit dem Gläubigerausschuss die Art und den Zeitpunkt der Verwertung.

1 Beim Nachlassvertrag mit Vermögensabtretung ist wie bei einem Konkurse, keine Abtretung des schuldnerischen Geschäftes mit Aktiven und Passiven an einen Dritten möglich. Bei diesem Nachlassvertrag werden die Aktiven des Schuldners dessen Verfügungsfähigkeit entzogen und derjenigen seiner Gläubiger unterstellt. Die Schulden bleiben dagegen Schulden des Schuldners. Sie werden aus dem Verwertungserlös bezahlt und erlöschen durch teilweise Bezahlung. Sie können daher nicht Gegenstand einer Zession sein. Damit ist eine Liquidation durch Verkauf des ganzen Geschäftes mit Aktiven und Passiven beim Nachlassvertrag mit Vermögensabtretung ausgeschlossen (BGE 85 I 131).

2 Verwertung eines Eigentümerpfandtitels in der Faustpfandbetreibung gegen eine Aktiengesellschaft in Nachlassliquidation mit Vermögensabtretung. Sofern die Verwertung des Grundstückes nicht eingeleitet ist, kann der Eigentümerpfandtitel gesondert verwertet werden im Hinblick auf Art. 317, 322 und 324 SchKG im Gegensatz zu Art. 35 VZG und Art. 76 KOV (ZH, ObGer, II. Ziv.Kammer, 13.12.1949, ZR 1950, Nr. 121, BlSchK 1952, S. 92).

3 Fällt bei einem Nachlassvertrag mit Vermögensabtretung ein Grundstück in die Liquidationsmasse, so ist eine betreibungsrechtliche Verwertung zufolge Grundpfandbetreibung ausgeschlossen. Die Verwertung hat der Nachlassliquidator zu vollziehen (LU, SchKKomm 08.07.1954, Max. X, Nr. 294, BlSchK 1955, S. 119).

4 Im Nachlassvertrag mit Vermögensabtretung haben die Liquidatoren hinsichtlich Art und Zeitpunkt der Verwertung die grösstmögliche Freiheit. – Eine Beschwerde gegen eine Anordnung des Liquidators kann unter Umgehung des Gläubigerausschusses direkt bei der AB angebracht werden, wenn die Anordnung auf einem Beschluss des Gläubigerausschusses beruht (BL, AB, 14.10.1957, BJM 1958, S. 89).

Art. 323 2. Verpfändete Grundstücke

Mit Ausnahme der Fälle, in denen das Vermögen einem Dritten abgetreten wurde, können Grundstücke, auf denen Pfandrechte lasten, freihändig nur mit Zustimmung der Pfandgläubiger verkauft werden, deren Forderungen durch den Kaufpreis nicht gedeckt sind. Andernfalls sind die Grundstücke durch öffentliche Versteigerung zu verwerten (Art. 134–137, 142, 143, 257 und 258). Für Bestand und Rang der auf den Grundstücken haftenden Belastungen (Dienstbarkeiten, Grundlasten, Grundpfandrechte und vorgemerkte persönliche Rechte) ist der Kollokationsplan massgebend (Art. 321).

1 Fällt bei einem Nachlassvertrag mit Vermögensabtretung ein Grundstück in die Liquidationsmasse, so ist eine betreibungsrechtliche Verwertung zufolge Grundpfandbetreibung ausgeschlossen. Die Verwertung hat der Nachlassliquidator zu vollziehen (LU, SchKKomm, 08.07.1954, Max. X, Nr. 294, BlSchK 1955, S. 119).

2   Das Zustandekommen eines Nachlassvertrages mit Vermögensabtretung führt nicht ohne Weiteres zum Erlöschen der Solidarbürgschaft. Beim genehmigten Nachlassvertrag mit Vermögensabtretung kann der zahlende Gläubiger Rückgriff auf die Mitbürgen gemäss Art. 507 OR nehmen ohne die vorgängig durch Subrogation an ihn übergegangene Grundpfänder zu verwerten (VS, Zivilgerichtshof I, 05.02.2002, ZBGR 2005, S. 19/ZWR 36, S. 265).

Art. 324   3. Faustpfänder

¹ Die Pfandgläubiger mit Faustpfandrechten sind nicht verpflichtet, ihr Pfand an die Liquidatoren abzuliefern. Sie sind, soweit keine im Nachlassvertrag enthaltene Stundung entgegensteht, berechtigt, die Faustpfänder in dem ihnen gut scheinenden Zeitpunkt durch Betreibung auf Pfandverwertung zu liquidieren oder, wenn sie dazu durch den Pfandvertrag berechtigt waren, freihändig oder börsenmässig zu verwerten.

² Erfordert es jedoch das Interesse der Masse, dass ein Pfand verwertet wird, so können die Liquidatoren dem Pfandgläubiger eine Frist von mindestens sechs Monaten setzen, innert der er das Pfand verwerten muss. Sie fordern ihn gleichzeitig auf, ihnen das Pfand nach unbenutztem Ablauf der für die Verwertung gesetzten Frist abzuliefern, und weisen ihn auf die Straffolge (Art. 324 Ziff. 4 StGB) sowie darauf hin, dass sein Vorzugsrecht erlischt, wenn er ohne Rechtfertigung das Pfand nicht abliefert.

1   Aussonderungsrecht der Faustpfandgläubiger (im Gegensatz zur konkursrechtlichen Regelung Art. 232, Ziff. 4). – Über die Rechtsgültigkeit des Pfandrechts (und über allfällige Anfechtungsgründe nach Art. 285 ff. SchKG) ist gleichwohl im Kollokationsverfahren zu befinden (BGE 77 III 132).

2   Beim Nachlassvertrag mit Vermögensabtretung kann der Nachlassschuldner nach wie vor auf Pfandverwertung betrieben werden (BE, Appellationshof, III. Ziv.Kammer, 08.12.1976, SJZ 1978, S. 109).

3   Verwertung eines Eigentümerpfandtitels in der Faustpfandbetreibung gegen eine Aktiengesellschaft in Nachlassliquidation mit Vermögensabtretung. Sofern die Verwertung des Grundstückes nicht eingeleitet ist, kann der Eigentümerpfandtitel gesondert verwertet werden im Hinblick auf Art. 317, 322 und 324 SchKG im Gegensatz zu Art. 35 VZG und Art. 76 KOV (ZH, ObGer, II. Ziv.Kammer, 13.12.1949, ZR 1950, Nr. 121, BlSchK 1952, S. 92).

4   Der Drittpfandbesteller kann trotz des Liquidationsvergleichs eine Pfandbetreibung gegen ihn nicht verhindern (BS, AB, 12.02.1954, BlSchK 1956, S. 60).

5   Auf den Erlös von Pfandgegenständen dürfen grundsätzlich nur die Kosten ihrer Verwaltung und Verwertung verlegt werden. Unter besonderen Umständen kann jedoch ein verhältnismässiger Teil der allgemeinen Kosten aus dem Pfanderlös gedeckt werden. Diese Bestimmung gilt auch für die Liquidation von Pfändern im Nachlassvertrag mit Vermögensabtretung gemäss Art. 324 (SO, AB, 28.01.1969, BlSchK 1969, S. 178).

Art. 325   4. Abtretung von Ansprüchen an die Gläubiger

Verzichten Liquidatoren und Gläubigerausschuss auf die Geltendmachung eines bestrittenen oder schwer einbringlichen Anspruches, der zum Massevermögen gehört, wie namentlich eines Anfechtungsanspruches oder einer Verantwortlichkeitsklage gegen Organe oder Angestellte des Schuldners, so haben sie davon die Gläubiger durch Rundschreiben oder öffentliche Bekanntmachung in Kenntnis zu setzen und ihnen die Abtretung des Anspruches zur eigenen Geltendmachung gemäss Artikel 260 anzubieten.

1   Schliessen bei einem Nachlassvertrag mit Vermögensabtretung die Liquidatoren unter Zustimmung des Gläubigerausschusses über einen bestrittenen Anspruch einen Vergleich ab, so liegt durch diese Vergleichserledigung kein Verzicht der Liquidationsorgane auf die Geltendmachung dieses Anspru-

ches vor. Er muss daher nicht den Gläubigern zur eigenen Geltendmachung angeboten werden (TG, Rekurskomm., 14.12.1964, Rechenschaftsbericht 1964, S. 82, SJZ 1965, S. 329, BlSchK 1966, S. 24).

2 Aktienrechtliche Verantwortlichkeit; Klagerecht des Gesellschaftsgläubigers im Nachlassverfahren mit teilweiser Vermögensabtretung – Dem Gesellschaftsgläubiger steht beim gerichtlichen Nachlassvertrag mit (teilweiser) Vermögensabtretung – nicht aber beim Prozentvergleich – das Klagerecht gemäss Art. 757 OR zu, soweit die aktienrechtlichen Verantwortlichkeitsansprüche zu den Nachlasswerten gehören (BGE 122 III 166).

Art. 326 G. Verteilung
1. Verteilungsliste

Vor jeder, auch bloss provisorischen, Abschlagszahlung haben die Liquidatoren den Gläubigern einen Auszug aus der Verteilungsliste zuzustellen und diese während zehn Tagen aufzulegen. Die Verteilungsliste unterliegt während der Auflagefrist der Beschwerde an die Aufsichtsbehörde.

1 Bei Abschlagsverteilungen ist der auf streitige Forderungen entfallende Betrag zurückzubehalten und zinstragend anzulegen. Der Zinsertrag kommt anteilsmässig denjenigen Gläubigern zugute, deren Forderung zu Unrecht bestritten wurde und die deshalb an der Abschlagsverteilung nicht teilnehmen durften (BGE 105 III 88).

2 Darf der Liquidator zur Verteilung schreiten, wenn eine von ihm nicht anerkannte Masseforderung vorher geltend gemacht, aber nicht eingeklagt worden ist? Es besteht kein stichhaltiger Grund, es hier anders zu halten als im Konkurs. – Wird im Konkursverfahren die Klage angehoben noch bevor das Konkursvermögen ohne Rücksicht auf die vom Ansprecher beanspruchte Vorabdeckung erteilt ist, und dringt er mit der Klage durch, so wird das Urteil beachtet werden müssen (BGE 75 III 61). Deshalb hat die Konkursverwaltung, wenn sie von der Hängigkeit einer solchen Klage Kenntnis erhält, einer allfälligen Gutheissung derselben Rechnung zu tragen. Dagegen ist sie nicht gehalten, mit der Verteilung zuzuwarten, wenn der Ansprecher mit der Klageerhebung zögert. Die Masse kann sich gegen einem zögernden Ansprecher unter gegebenen Voraussetzungen mit einer Provokations- oder negativen Feststellungsklage behelfen. Sie kann aber auch dem Ansprecher eröffnen, dass sie über seinen Anspruch hinwegsehend zur Verteilung schreite, sofern er nicht innert angemessener Frist Klage gegen sie erhebe (LU, SchKKomm, 31.01.1956, Max. X, Nr. 444, BlSchK 1958, S. 180).

3 Bei Geltendmachung der Verrechnung einer Masseforderung z.B. Rückforderungsanspruch aus anfechtbarem Rechtsgeschäft, mit einer Masseschuld (hier Dividende) hat der Liquidator dem Gläubiger Frist zur Klage auf Auszahlung der auf ihn entfallenden Dividende anzusetzen (BE, AB, 24.11.1970, BlSchK 1972, S. 119).

4 Im Rahmen eines Beschwerdeverfahrens gegen die Verteilungsliste dürfen materiellrechtliche Fragen über den Bestand der Forderung nicht entschieden werden; in diesem Verfahrensstadium darf in der Regel nur geprüft werden, ob die Verteilungsliste dem Kollokationsplan entspricht (BGE 102 III 155/156).

5 AHV-Beiträge auf Verzugszinsen – Als Spielart der Entschädigung, die vom Schuldner einzig wegen seines Zahlungsrückstandes zu leisten ist und kein Einkommen aus Erwerbstätigkeit darstellt, fallen die Verzugszinsen nicht unter den Begriff des massgeblichen Lohnes gemäss Art. 5 Abs. 2 AHVG (BGE 120 III 163).

6 (i.V.m. Art. 297 Abs. 3 SchKG) – Verwendung eines Liquidationsüberschusses – Ein Liquidationsüberschuss nach Deckung der kollozierten Forderungen dient zur Bezahlung der Zinsen, die die Gläubiger für die Zeit nach der Bewilligung der Stundung hätten verlangen können, wenn es nicht zum Abschluss des Nachlassvertrages mit Vermögensabtretung gekommen wäre. Vorbehalten bleibt

der Nachlassvertrag, in dem die Verzinslichkeit der Forderungen für den Fall eines Aktivenüberschusses ausgeschlossen wird (BGE 129 III 559).

Art. 327 2. Pfandausfallforderungen

¹ Die Pfandgläubiger, deren Pfänder im Zeitpunkt der Auflage der vorläufigen Verteilungsliste schon verwertet sind, nehmen an einer Abschlagsverteilung mit dem tatsächlichen Pfandausfall teil. Dessen Höhe wird durch die Liquidatoren bestimmt, deren Verfügung nur durch Beschwerde gemäss Artikel 326 angefochten werden kann.

² Ist das Pfand bei der Auflegung der vorläufigen Verteilungsliste noch nicht verwertet, so ist der Pfandgläubiger mit der durch die Schätzung des Sachwalters festgestellten mutmasslichen Ausfallforderung zu berücksichtigen. Weist der Pfandgläubiger nach, dass der Pfanderlös unter der Schätzung geblieben ist, so hat er Anspruch auf entsprechende Dividende und Abschlagszahlung.

³ Soweit der Pfandgläubiger durch den Pfanderlös und allfällig schon bezogene Abschlagszahlungen auf dem geschätzten Ausfall eine Überdeckung erhalten hat, ist er zur Herausgabe verpflichtet.

1   Steht das Pfand im Eigentum eines Dritten, so ist im Kollokationsplan gemäss Art. 61 Abs. 1 KOV der ganze anerkannte Forderungsbetrag ohne Rücksicht auf das Pfandrecht unter die ungesicherten Forderungen aufzunehmen und bei der Verteilung ist Art. 61 Abs. 2 KOV zu beachten. Aus Artikel 327 kann keine von Art. 61 KOV abweichende Vorschrift für die Kollokation abgeleitet werden. Art. 327 legt bloss für den Fall, dass ein Pfandgläubiger nach der eine betreffende Kollokation *lediglich mit dem durch den Pfanderlös nicht gedeckten Betrag an der Verteilung des übrigen Vermögens des Schuldners teilnimmt,* fest, was als Pfandausfall zu gelten habe und wie eine auf einem mutmasslichen Pfandausfall beruhenden Zuteilung gegebenenfalls später zu berücksichtigen sei. Die in Absatz 3 vorgesehene Herausgabe einer Überdeckung kann sich zweifellos nur auf die Verwertung eines *dem Schuldner gehörenden Pfandes beziehen.*

    Über das Eigentum des Schuldners oder eines Dritten am Pfandgegenstand ist somit im Kollokationsverfahren mitzuentscheiden. Die rechtskräftige Kollokationsverfügung ist für die Verteilung massgebend. Vorbehalten bleibt die Nichtigkeit einer durch betrügerische Angaben erschlichenen Kollokation (BGE 87 III 117).

Art. 328 3. Schlussrechnung

Gleichzeitig mit der endgültigen Verteilungsliste ist auch eine Schlussrechnung, inbegriffen diejenige über die Kosten, aufzulegen.

Keine Entscheidungen.

Art. 329 4. Hinterlegung

¹ Beträge, die nicht innert der von den Liquidatoren festzusetzenden Frist erhoben werden, sind bei der Depositenanstalt zu hinterlegen.

² Nach Ablauf von zehn Jahren nicht erhobene Beträge sind vom Konkursamt zu verteilen; Artikel 269 ist sinngemäss anwendbar.

1   Wenn das Amt trotz den durch die Umstände gebotenen Nachforschungen einzelne Gläubiger, die an der Hauptverteilung teilgenommen hatten, oder ihre Rechtsnachfolger nicht mehr auffindet, so ist der Restbetrag unter die Gläubiger zu verteilen, die erreicht werden konnten (BGE 93 III 113).

Art. 330   H. Rechenschaftsbericht

¹ Die Liquidatoren erstellen nach Abschluss des Verfahrens einen Schlussbericht. Dieser muss dem Gläubigerausschuss zur Genehmigung unterbreitet, dem Nachlassrichter eingereicht und den Gläubigern zur Einsicht aufgelegt werden.

² Zieht sich die Liquidation über mehr als ein Jahr hin, so sind die Liquidatoren verpflichtet, auf Ende jedes Kalenderjahres einen Status über das liquidierte und das noch nicht verwertete Vermögen aufzustellen sowie einen Bericht über ihre Tätigkeit zu erstatten. Status und Bericht sind in den ersten zwei Monaten des folgenden Jahres durch Vermittlung des Gläubigerausschusses dem Nachlassrichter einzureichen und zur Einsicht der Gläubiger aufzulegen.

1   Eine allgemeine Aufsichtsbefugnis der betreibungsrechtlichen AB über die Geschäftsführung des Liquidators besteht nicht. Art. 320 unterstellt den Liquidator der Aufsicht und Kontrolle des Gläubigerausschusses. Aufsichtsrechte und –pflichten der betreibungsrechtlichen AB sind gegeben, als die Gebühren des Liquidators, für die der Tarif keinen bestimmten Betrag vorsieht, gemäss Art. 55 GebVO nach Massgabe der Leistungen von dieser Behörde festzusetzen sind.

Aufsicht des Nachlassrichters durch den vom Liquidator auf Ende eines Kalenderjahres zu erstellenden Status über das liquidierte und das noch nicht verwertete Vermögen über Liquidationsverfahren, die sich über ein Jahr hinziehen (LU, SchKKomm, 20.02.1960, ZBJV 1960, S. 385, BlSchK 1962, S. 186).

2   Die Verfügung eines Nachlassrichters, der diesen Bericht nach Ablauf eines Jahres *seit der Genehmigung des Nachlassvertrages verlangt*, wird auf Beschwerde des Liquidators, dessen Legitimation dazu bejaht wird, hin aufgehoben (GR, AB, 04.07.1978, BlSchK 1982, S. 110).

Art. 331   I. Anfechtung von Rechtshandlungen

¹ Die vom Schuldner vor der Bestätigung des Nachlassvertrages vorgenommenen Rechtshandlungen unterliegen der Anfechtung nach den Grundsätzen der Artikel 285–292.

² Massgebend für die Berechnung der Fristen ist anstelle der Pfändung oder Konkurseröffnung die Bewilligung der Nachlassstundung oder des Konkursaufschubes (Art. 725a, 764, 817 oder 903 OR), wenn ein solcher der Nachlassstundung vorausgegangen ist.

³ Soweit Anfechtungsansprüche der Masse zur ganzen oder teilweisen Abweisung von Forderungen führen, sind die Liquidatoren zur einredeweisen Geltendmachung befugt und verpflichtet.

Keine Entscheidungen.

V. Nachlassvertrag im Konkurs

Art. 332

¹ Wenn ein Schuldner, über welchen der Konkurs eröffnet ist, einen Nachlassvertrag vorschlägt, so begutachtet die Konkursverwaltung den Vorschlag zuhanden der Gläubigerversammlung. Die Verhandlung über denselben findet frühestens in der zweiten Gläubigerversammlung statt.

² Die Artikel 302–307 und 310–331 gelten sinngemäss. An die Stelle des Sachwalters tritt jedoch die Konkursverwaltung. Die Verwertung wird eingestellt, bis der Nachlassrichter über die Bestätigung des Nachlassvertrages entschieden hat.

³ Der Entscheid über den Nachlassvertrag wird der Konkursverwaltung mitgeteilt. Lautet derselbe auf Bestätigung, so beantragt die Konkursverwaltung beim Konkursgerichte den Widerruf des Konkurses.

1 Der Kommanditär ist nicht legitimiert, in dem über die die Kommanditgesellschaft eröffneten Konkursverfahren ein selbstständiges Nachlassvertragsgesuch zu stellen (AR, Rechenschaftsbericht ObGer 1952/53, S. 51, BlSchK 1955, S. 60/61).

2 Ob eine Forderung vom Nachlassvertrag erfasst wird, entscheidet sich nach dem Zeitpunkte ihrer Entstehung, nicht darnach, ob sie im Konkurse eingegeben wurde oder nicht. Von einem Liquidationsvergleich werden alle Schuldverpflichtungen betroffen, die bis zu dessen rechtskräftiger Bestätigung entstanden sind, soweit es sich nicht um Masseverbindlichkeiten handelt. *Das gilt auch beim Liquidationsvergleich im Konkurs.* Eine Einkommenssteuerschuld ist keine Masseverbindlichkeit. Wird eine zur Zeit der Bestätigung des Nachlassvertrages existenten Forderung erst nach der Verteilung des Liquidationserlöses geltend gemacht, so steht dem Schuldner im Rechtsöffnungsverfahren der Einwand des erfüllten Nachlassvertrages zu (ZH, ObGer, III. Ziv.Kammer, 09.01.1961, SJZ1961, S. 289, BlSchK 1964, S. 143).

3 Die Konkursverwaltung ist berechtigt, dem einen Nachlassvertrag im Konkurs anstrebenden Schuldner Frist zur Vorschussleistung für das Vorbereitungsverfahren und zur Sicherstellung der nicht gedeckten Grundpfandforderungen, der privilegierten Forderungen und der auf die Forderungen 5. Klasse entfallenden Nachlassdividende zu setzen, mit der Androhung, dass bei Nichteinhaltung der Frist das Konkursverfahren seinen Fortgang nehme (AR, AB, 05.11.1982, BlSchK 1983, S. 193/194; eine gegen diesen Entscheid geführte Beschwerde wurde vom BGer abgewiesen).

4 Im summarischen Konkursverfahren ist Eintretensvoraussetzung, dass der Schuldner die Kosten der einzuberufenden Gläubigerversammlung vorschiesst. Die Konkursverwaltung hat keine Kompetenzen, die Sicherstellung der Vollziehung des vorgeschlagenen Nachlassvertrages zu verlangen. Die Aufschiebung der Verwertung tritt nicht schon bei der blossen Einreichung des Nachlassvertragsvorschlages ein, sondern in der Zeit zwischen der Annahme des Nachlassvertrages und dem Bestätigungsentscheid des Nachlassrichters (GR, AB, 09.11.1994, PKG 1994, S. 130).

VI. Einvernehmliche private Schuldenbereinigung

Art. 333   1. Antrag des Schuldners

¹ Ein Schuldner, der nicht der Konkursbetreibung unterliegt, kann beim Nachlassrichter die Durchführung einer einvernehmlichen privaten Schuldenbereinigung beantragen.

² Der Schuldner hat in seinem Gesuch seine Schulden sowie seine Einkommens- und Vermögensverhältnisse darzulegen.

1 Da es sich dabei um eine aussergerichtliche Vereinbarung handelt und die nicht zustimmenden Gläubiger frei sind, ihre Forderungen mit den Mitteln der Zwangsvollstreckung geltend zu machen, unterliegt die einvernehmliche private Schuldenbereinigung auch nicht der Genehmigung durch den Nachlassrichter (AG, ObGer, 4. Ziv.Kammer, 04.11.1998, AGVE 1998, S. 45).

2 Im Verfahren der einvernehmlichen privaten Schuldenbereinigung haben die Gläubiger vor erster Instanz keine Parteistellung (LU, ObGer, SchKKomm, 06.07.2004, LGVE 2004 I 55).

Art. 334   2. Stundung. Ernennung eines Sachwalters

¹ Erscheint eine Schuldenbereinigung mit den Gläubigern nicht von vornherein als ausgeschlossen, und sind die Kosten des Verfahrens sichergestellt, so gewährt der Nachlassrichter dem Schuldner eine Stundung von höchstens drei Monaten und ernennt einen Sachwalter.

Elfter Titel: Nachlassverfahren — Art. 335

² Auf Antrag des Sachwalters kann die Stundung auf höchstens sechs Monate verlängert werden. Sie kann vorzeitig widerrufen werden, wenn eine einvernehmliche Schuldenbereinigung offensichtlich nicht herbeigeführt werden kann.

³ Während der Stundung kann der Schuldner nur für periodische familienrechtliche Unterhalts- und Unterstützungsbeiträge betrieben werden. Die Fristen nach den Artikeln 88, 93 Absatz 2, 116 und 154 stehen still.

⁴ Der Entscheid des Nachlassrichters wird den Gläubigern mitgeteilt; Artikel 294 Absätze 3 und 4 gilt sinngemäss.

1   Die Ausschöpfung der Höchstdauer der Stundung im einvernehmlichen privaten Schuldbereinigungsverfahren schliesst nicht aus, dass im nachfolgenden Nachlassstundungsverfahren eine neuerliche Stundung gewährt werden kann. Die Bewilligung der Nachlassstundung setzt materiell voraus, dass Aussicht auf das Zustandekommen eines Nachlassvertrages besteht (ZG, Justizkomm.08.03.2001, GVP 2001, S. 162).

Art. 335   3. Aufgaben des Sachwalters

¹ Der Sachwalter unterstützt den Schuldner beim Erstellen eines Bereinigungsvorschlags. Der Schuldner kann darin seinen Gläubigern insbesondere eine Dividende anbieten oder sie um Stundung der Forderungen oder um andere Zahlungs- oder Zinserleichterungen ersuchen.

² Der Sachwalter führt mit den Gläubigern Verhandlungen über den Bereinigungsvorschlag des Schuldners.

³ Der Nachlassrichter kann den Sachwalter beauftragen, den Schuldner bei der Erfüllung der Vereinbarung zu überwachen.

Keine Entscheidungen.

Art. 336   4. Verhältnis zur Nachlassstundung

In einem nachfolgenden Nachlassverfahren wird die Dauer der Stundung nach den Artikeln 333 ff. auf die Dauer der Nachlassstundung angerechnet.

Siehe N 1 zu Artikel 334.

Zwölfter Titel: Notstundung

Art. 337 A. Anwendbarkeit

Die Bestimmungen dieses Titels können unter ausserordentlichen Verhältnissen, insbesondere im Falle einer andauernden wirtschaftlichen Krise, von der Kantonsregierung mit Zustimmung des Bundes für die von diesen Verhältnissen in Mitleidenschaft gezogenen Schuldner eines bestimmten Gebietes und auf eine bestimmte Dauer anwendbar erklärt werden.

Art. 338 B. Bewilligung
1. Voraussetzungen

¹ Ein Schuldner, der ohne sein Verschulden infolge der in Artikel 337 genannten Verhältnisse ausserstande ist, seine Verbindlichkeiten zu erfüllen, kann vom Nachlassrichter eine Notstundung von höchstens sechs Monaten verlangen, sofern die Aussicht besteht, dass er nach Ablauf dieser Stundung seine Gläubiger voll wird befriedigen können.
² Der Schuldner hat zu diesem Zwecke mit einem Gesuche an den Nachlassrichter die erforderlichen Nachweise über seine Vermögenslage zu erbringen und ein Verzeichnis seiner Gläubiger einzureichen; er hat ferner alle vom Nachlassrichter verlangten Aufschlüsse zu geben und die sonstigen Urkunden vorzulegen, die von ihm noch gefordert werden.
³ Unterliegt der Schuldner der Konkursbetreibung, so hat er überdies dem Gesuche eine Bilanz und seine Geschäftsbücher beizulegen.
⁴ Nach Einreichung des Gesuches kann der Nachlassrichter durch einstweilige Verfügung die hängigen Betreibungen einstellen, ausgenommen für die in Artikel 342 bezeichneten Forderungen. Er entscheidet, ob und wieweit die Zeit der Einstellung auf die Dauer der Notstundung anzurechnen ist.

Art. 339 2. Entscheid

¹ Der Nachlassrichter macht die allfällig noch notwendigen Erhebungen und ordnet sodann, wenn das Gesuch sich nicht ohne weiteres als unbegründet erweist, eine Verhandlung an, zu der sämtliche Gläubiger durch öffentliche Bekanntmachung eingeladen werden: nötigenfalls sind Sachverständige beizuziehen.
² Weist das vom Schuldner eingereichte Gläubigerverzeichnis nur eine verhältnismässig kleine Zahl von Gläubigern auf und wird es vom Nachlassrichter als glaubwürdig erachtet, so kann er von einer öffentlichen Bekanntmachung absehen und die Gläubiger, Bürgen und Mitschuldner durch persönliche Benachrichtigung vorladen.
³ Die Gläubiger können vor der Verhandlung die Akten einsehen und ihre Einwendungen gegen das Gesuch auch schriftlich anbringen.
⁴ Der Nachlassrichter trifft beförderlich seinen Entscheid. Er kann in der Stundungsbewilligung dem Schuldner die Leistung eine einer oder mehrerer Abschlagszahlungen auferlegen.

Art. 340 3. Weiterziehung

¹ Wo ein oberes kantonales Nachlassgericht besteht, können der Schuldner und jeder Gläubiger den Entscheid innert zehn Tagen nach seiner Eröffnung an dieses weiterziehen.
² Zur Verhandlung sind der Schuldner und diejenigen Gläubiger vorzuladen, die an der erstinstanzlichen Verhandlung anwesend oder vertreten waren.

Zwölfter Titel: Notstundung — Art. 341

³ Eine vom Nachlassrichter bewilligte Notstundung besitzt Wirksamkeit bis zum endgültigen Entscheid des oberen kantonalen Nachlassgerichts.

Art. 341 4. Sichernde Massnahmen

¹ Der Nachlassrichter ordnet spätestens bei Bewilligung der Notstundung die Aufnahme eines Güterverzeichnisses an. Für dieses gelten die Artikel 163 und 164 sinngemäss. Der Nachlassrichter kann weitere Verfügungen zur Wahrung der Rechte der Gläubiger treffen.

² Bei Bewilligung der Stundung kann er einen Sachwalter mit der Überwachung der Geschäftsführung des Schuldners beauftragen.

Art. 342 5. Mitteilung des Entscheides

Die Bewilligung der Stundung wird dem Betreibungsamt und, falls der Schuldner der Konkursbetreibung unterliegt, dem Konkursgerichte mitgeteilt. Sie wird öffentlich bekanntgemacht, sobald sie rechtskräftig geworden ist.

Art. 343 C. Wirkungen der Notstundung
    1. Auf Betreibungen und Fristen

¹ Während der Dauer der Stundung können Betreibungen gegen den Schuldner angehoben und bis zur Pfändung oder Konkursandrohung fortgesetzt werden. Gepfändete Lohnbeträge sind auch während der Stundung einzufordern. Dasselbe gilt für Miet- und Pachtzinse, sofern auf Grund einer vor oder während der Stundung angehobenen Betreibung auf Pfandverwertung die Pfandhaft sich auf diese Zinse erstreckt. Dagegen darf einem Verwertungs- oder einem Konkursbegehren keine Folge gegeben werden.

² Die Fristen der Artikel 116, 154, 166, 188, 219, 286, 287 und 288 verlängern sich um die Dauer der Stundung. Ebenso erstreckt sich die Haftung des Grundpfandes für die Zinsen der Grundpfandschuld (Art. 818 Abs. 1 Ziff. 3 ZGB) um die Dauer der Stundung.

Art. 344 2. Auf die Verfügungsbefugnis des Schuldners
    a. Im allgemeinen

Dem Schuldner ist die Fortführung seines Geschäftes gestattet; doch darf er während der Dauer der Stundung keine Rechtshandlungen vornehmen, durch welche die berechtigten Interessen der Gläubiger beeinträchtigt oder einzelne Gläubiger zum Nachteil anderer begünstigt werden.

Art. 345 b. Kraft Verfügung des Nachlassrichters

¹ Der Nachlassrichter kann in der Stundungsbewilligung verfügen, dass die Veräusserung oder Belastung von Grundstücken, die Bestellung von Pfändern, das Eingehen von Bürgschaften, die Vornahme unentgeltlicher Verfügungen sowie die Leistung von Zahlungen auf Schulden, die vor der Stundung entstanden sind, rechtsgültig nur mit Zustimmung des Sachwalters oder, wenn kein solcher bestellt ist, des Nachlassrichters stattfinden kann. Diese Zustimmung ist jedoch nicht erforderlich für die Zahlung von Schulden der zweiten Klasse nach Artikel 219 Absatz 4 sowie für Abschlagszahlungen nach Artikel 339 Absatz 4.

² Fügt der Nachlassrichter der Stundungsbewilligung diesen Vorbehalt bei, so ist er in die öffentliche Bekanntmachung aufzunehmen, und es ist die Stundung im Grundbuch als Verfügungsbeschränkung anzumerken.

Art. 346   3. Nicht betroffene Forderungen

¹ Die Stundung bezieht sich nicht auf Forderungen unter 100 Franken und auf Forderungen der ersten Klasse (Art. 219 Abs. 4).
² Doch ist für diese Forderungen während der Dauer der Stundung auch gegen den der Konkursbetreibung unterstehenden Schuldner nur die Betreibung auf Pfändung oder auf Pfandverwertung möglich.

Art. 347   D. Verlängerung

¹ Innerhalb der Frist nach Artikel 337 kann der Nachlassrichter auf Ersuchen des Schuldners die ihm gewährte Stundung für höchstens vier Monate verlängern, wenn die Gründe, die zu ihrer Bewilligung geführt haben, ohne sein Verschulden noch fortdauern.
² Der Schuldner hat zu diesem Zweck dem Nachlassrichter mit seinem Gesuch eine Ergänzung des Gläubigerverzeichnisses und, wenn er der Konkursbetreibung unterliegt, eine neue Bilanz einzureichen.
³ Der Nachlassrichter gibt den Gläubigern durch öffentliche Bekanntmachung von dem Verlängerungsbegehren Kenntnis und setzt ihnen eine Frist an, binnen welcher sie schriftlich Einwendungen gegen das Gesuch erheben können. Wurde ein Sachwalter bezeichnet, so ist er zum Bericht einzuladen.
⁴ Nach Ablauf der Frist trifft der Nachlassrichter seinen Entscheid. Dieser unterliegt der Weiterziehung wie die Notstundung und ist wie diese bekannt zu machen.
⁵ Das obere kantonale Nachlassgericht entscheidet auf Grund der Akten.

Art. 348   E. Widerruf

¹ Die Stundung ist auf Antrag eines Gläubigers oder des Sachwalters vom Nachlassrichter zu widerrufen:
1. wenn der Schuldner die ihm auferlegten Abschlagszahlungen nicht pünktlich leistet;
2. wenn er den Weisungen des Sachwalters zuwiderhandelt oder die berechtigten Interessen der Gläubiger beeinträchtigt oder einzelne Gläubiger zum Nachteil anderer begünstigt;
3. wenn ein Gläubiger den Nachweis erbringt, dass die vom Schuldner dem Nachlassrichter gemachten Angaben falsch sind, oder dass er imstande ist, alle seine Verbindlichkeiten zu erfüllen.

² Über den Antrag ist der Schuldner mündlich oder schriftlich einzuvernehmen. Der Nachlassrichter entscheidet nach Vornahme der allfällig noch notwendigen Erhebungen auf Grund der Akten, ebenso im Falle der Weiterziehung das obere kantonale Nachlassgericht. Der Widerruf der Stundung wird wie die Bewilligung bekanntgemacht.
³ Wird die Stundung nach Ziffer 2 oder 3 widerrufen, so kann weder eine Nachlassstundung noch eine weitere Notstundung bewilligt werden.

Art. 349   F. Verhältnis zur Nachlassstundung

¹ Will der Schuldner während der Notstundung einen Nachlassvertrag vorschlagen, so ist der Nachlassvertragsentwurf mit allen Aktenstücken und mit dem Gutachten des Sachwalters vor Ablauf der Stundung einzureichen.
² Nach Ablauf der Notstundung kann der Schuldner während eines halben Jahres weder eine Nachlassstundung noch eine weitere Notstundung verlangen.

³ Der Schuldner, der ein Gesuch um Notstundung zurückgezogen hat oder dessen Gesuch abgewiesen ist, kann vor Ablauf eines halben Jahres keine Notstundung mehr verlangen.

Art. 350   G. Verhältnis zum Konkursaufschub

¹ Ist einer Aktiengesellschaft eine Notstundung bewilligt worden, so darf ihr innerhalb eines Jahres seit deren Beendigung kein Konkursaufschub gemäss Artikel 725 des Obligationenrechts gewährt werden.

² Hat der Richter einer Aktiengesellschaft auf Grund von Artikel 725 des Obligationenrechts einen Konkursaufschub bewilligt, so darf ihr innerhalb eines Jahres seit dessen Beendigung keine Notstundung gewährt werden.

³ Diese Bestimmungen gelten auch beim Konkursaufschub der Kommanditaktiengesellschaft, der Gesellschaft mit beschränkter Haftung und der Genossenschaft (Art. 764, 817 und 903 OR).

Dreizehnter Titel: Schlussbestimmungen

Art. 351 A. Inkrafttreten

¹ Dieses Gesetz tritt mit dem 1. Januar 1892 in Kraft.
² Der Artikel 333 tritt schon mit der Aufnahme des Gesetzes in die eidgenössische Gesetzessammlung in Kraft.
³ Mit dem Inkrafttreten dieses Gesetzes werden alle demselben entgegenstehenden Vorschriften sowohl eidgenössischer als auch kantonaler Gesetze, Verordnungen und Konkordate aufgehoben, soweit nicht durch die folgenden Artikel etwas anderes bestimmt wird.

Art. 352 B. Bekanntmachung

Der Bundesrat wird beauftragt, gemäss den Bestimmungen des Bundesgesetzes vom 17. Juni 1874 betreffend Volksabstimmung über Bundesgesetze und Bundesbeschlüsse, die Bekanntmachung dieses Gesetzes zu veranstalten.

Schlussbestimmungen der Änderung vom 16. Dezember 1994

Art. 1 A. Ausführungsbestimmungen

Der Bundesrat, das Bundesgericht und die Kantone erlassen die Ausführungsbestimmungen.

Art. 2 B. Übergangsbestimmungen

¹ Die Verfahrensvorschriften dieses Gesetzes und seine Ausführungsbestimmungen sind mit ihrem Inkrafttreten auf hängige Verfahren anwendbar, soweit sie mit ihnen vereinbar sind.
² Für die Länge von Fristen, die vor dem Inkrafttreten dieses Gesetzes zu laufen begonnen haben, gilt das bisherige Recht.
³ Die im bisherigen Recht enthaltenen Privilegien (Art. 146 und 219) gelten weiter, wenn vor dem Inkrafttreten dieses Gesetzes der Konkurs eröffnet oder die Pfändung vollzogen worden ist.
⁴ Der privilegierte Teil der Frauengutsforderung wird in folgenden Fällen in einer besonderen Klasse zwischen der zweiten und der dritten Klasse kolloziert:
a. wenn die Ehegatten weiter unter Güterverbindung oder externer Gütergemeinschaft nach den Artikeln 211 und 224 des Zivilgesetzbuches in der Fassung von 1907 leben;
b. wenn die Ehegatten unter Errungenschaftsbeteiligung nach Artikel 9c des Schlusstitels zum Zivilgesetzbuch in der Fassung von 1984 leben.
⁵ Die Verjährung der vor Inkrafttreten dieses Gesetzes durch Verlustschein verurkundeten Forderungen beginnt mit dem Inkafttreten dieses Gesetzes zu laufen.

Art. 3 C. Referendum

Dieses Gesetz untersteht dem fakultativen Referendum.

Art. 4 D. Inkrafttreten

Der Bundesrat bestimmt das Inkrafttreten.

Schlussbestimmung zur Änderung vom 24. März 2000

Art. 1

Die im bisherigen Recht enthaltenen Privilegien (Art. 146 und 219) gelten weiter, wenn vor dem Inkrafttreten dieses Gesetzes der Konkurs eröffnet, die Pfändung vollzogen oder die Nachlassstundung bewilligt worden ist.

Anhang

Nr. 2 Verordnung des Bundesgerichts über die Zwangsverwertung von Grundstücken (VZG)

vom 23. April 1920 (Stand am 1. Januar 1997)

SR 281.42

Das Schweizerische Bundesgericht,

in Anwendung von Artikel 15 des Schuldbetreibungs- und Konkursgesetzes (SchKG),

verordnet:

Allgemeine Bestimmungen

Art. 1   A. Sachlicher Geltungsbereich

¹ Den Vorschriften dieser Verordnung unterliegen die in der Schweiz gelegenen Grundstücke im Sinne des Artikels 655 des Zivilgesetzbuches (ZGB).

² Für die Verwertung der Eigentumsrechte des Schuldners an Grundstücken, die im Gesamteigentum stehen (z. B. einer unverteilten Erbschaft angehören), gilt nicht diese Verordnung, sondern die Verordnung vom 17. Januar 1923 über die Pfändung Verwertung von Anteilen an Gemeinschaftsvermögen.

Art. 2   B. ...

Aufgehoben.

Art. 3   C. Anmeldung für Eintragungen und Vormerkungen im Grundbuch
I. Zeitpunkt

Die den Betreibungs- und Konkursämtern obliegenden Anmeldungen für die Eintragungen und Vormerkungen im Grundbuch haben unverzüglich nach Stellung des Antrages oder des Verwertungsbegehrens oder nach Vornahme der Pfändung oder des Arrestes zu erfolgen. Sie dürfen, auch wenn eine Beschwerde gegen diese Handlungen anhängig sein sollte, nur unterlassen werden, wenn und solange dieser durch provisorische Verfügung der Aufsichtsbehörde aufschiebende Wirkung beigelegt worden ist.

Art. 4   II. Zuständigkeit

Zuständig zur Anmeldung ist dasjenige Amt, welches die der Anmeldung zugrunde liegende Amtshandlung selbst vorgenommen hat, auch wenn es nur als beauftragtes Amt eines andern gehandelt hat. In letzterem Falle hat es jedoch den ihm zukommenden Ausweis über die Anmeldung (Art. 5 hiernach) mit den andern Akten dem ersuchenden Amte zuzustellen.

Art. 5   III. Verkehr mit dem Grundbuchamt

Die Zustellung der Anmeldung zur Eintragung oder Löschung erfolgt in zwei gleichlautenden Doppeln des einheitlichen Formulars entweder durch die Post, nach den für die Zustellung von Gerichtsurkunden geltenden Postvorschriften (Art. 28 der V[1] vom 1. September 1967 zum Postverkehrsgesetz), oder durch persönliche Übergabe gegen Bescheinigung des Empfängers auf dem einen Doppel. Das mit der Zustellungsbescheinigung des Grundbuchamtes versehene Doppel ist bei den amtlichen Akten der betreffenden Betreibung oder des Konkurses aufzubewahren.

Art. 6 IV. Verfügungsbeschränkung
1. Löschung

Eine vorgemerkte Verfügungsbeschränkung ist zur Löschung anzumelden:
a. Von Amtes wegen:
   1. bei Wegfall der Pfändung oder des Arrestes infolge Erhebung eines Drittanspruches, der im Verfahren nach den Artikeln 106 ff. SchKG nicht bestritten worden ist;
   2. wenn die Betreibung infolge Verwertung des Grundstückes oder Bezahlung erloschen ist;
   3. wenn der gestundete Kaufpreis für das versteigerte Grundstück bezahlt worden ist;
   4. wenn ein Pfändungsanschluss aus irgendeinem Grunde dahinfällt. In diesem Falle bezieht sich jedoch die Löschung nur auf die Vormerkung des Anschlusses;
   5. wenn ein Arrest infolge Nichtanhebung der Betreibung oder Klage innert Frist erlischt;
   6. wenn der Schuldner Sicherheit gemäss Artikel 277 SchKG leistet.
b. Auf Antrag des betriebenen Schuldners, sofern er den erforderlichen Ausweis und den Kostenvorschuss dafür leistet:
   1. wenn eine provisorische Pfändung infolge Gutheissung der Aberkennungsklage dahinfällt;
   2. wenn eine Pfändung infolge Durchführung eines gerichtlichen Widerspruchsverfahrens dahinfällt;
   3. wenn ein Arrest infolge Durchführung des Einspracheverfahrens oder durch sonstiges gerichtliches Urteil aufgehoben wird;
   4. wenn die Betreibung infolge einer rechtskräftigen Verfügung des Richters nach Artikel 85 oder 85a SchKG aufgehoben oder eingestellt wurde oder infolge unbenützten Ablaufes der Frist zur Stellung des Verwertungsbegehrens erloschen ist.

Art. 7 2. Zuständigkeit

Zuständig zur Anmeldung der Löschung ist das Amt gemäss Artikel 4.

A. Verwertung im Pfändungsverfahren
I. Pfändung
1. Pfändungsvollzug

Art. 8 A. Umfang und Vollzug der Pfändung

Das Betreibungsamt vollzieht die Pfändung auf Grund der Angaben im Grundbuch unter Zuziehung des Schuldners (Art. 91 SchKG), indem es so viele Grundstücke schätzt und in die Pfändungsurkunde einträgt, als erforderlich ist, um die Forderung nebst Zins und Kosten zu decken (Art. 97 SchKG).

Art. 9 B. Schätzung

[1] Die Schätzung soll den mutmasslichen Verkaufswert des Grundstückes und seiner Zugehör, unabhängig von einer allfälligen Kataster- oder Brandassekuranzschätzung, bestim-

men. Die aus dem Grundbuch ersichtlichen Pfandforderungen sind summarisch anzugeben, jedoch ist zu ihrer Feststellung ein Widerspruchsverfahren nicht einzuleiten.

² Jeder Beteiligte ist berechtigt, innerhalb der Frist zur Beschwerde gegen die Pfändung (Art. 17 Abs. 2 SchKG) bei der Aufsichtsbehörde gegen Vorschuss der Kosten eine neue Schätzung durch Sachverständige zu verlangen. Hat ein Gläubiger die Schätzung beantragt, so kann er Ersatz der Kosten vom Schuldner nur dann beanspruchen, wenn die frühere Schätzung des Betreibungsamtes wesentlich abgeändert wurde. Streitigkeiten über die Höhe der Schätzung werden endgültig durch die kantonale Aufsichtsbehörde beurteilt.

1 Das BA selbst hat die Schätzung vorzunehmen und hiezu wenn nötig, Sachverständige beizuziehen; es darf nicht einfach auf die Steuerschätzung abstellen (BGE 73 III 52).

2 (i.V.m. Art. 97 Abs. 1 SchKG) – Schätzung des Verkaufswerts eines Grundstücks mit einem im Bau befindlichen Gebäude – Zulässigkeit des Rekurses an das BGer im Bereich der Schätzung gepfändeter Vermögensstücke. – Das Grundstück, dessen mutmasslicher Verkaufswert nach Art. 9 Abs. 1 VZG zu bestimmen ist, umfasst nicht nur die Bodenfläche, sondern auch die darauf befindlichen Gebäude, gleichgültig, ob sie fertig gestellt sind oder nicht. Liegen voneinander abweichende Schätzungen zweier gleich kompetenter Sachverständiger vor, so ist es zulässig, sich für einen Mittelwert zu entscheiden. Nur darf Gleiches mit Gleichem miteinander in Beziehung gesetzt werden; d.h. dass natürlich nur der Mittelwert zwischen unterschiedlichen Schätzungen von Boden und darauf bestehenden Bauten in Betracht gezogen werden können. Über die Bedeutung der Schätzung für allfällige Bieter und Baupfandgläubiger liess das BGer die Frage unbeantwortet (BGE 120 III 79).

3 Die ausserdem in Art. 97 Abs. 1 SchKG und Art. 8 VZG vorgeschriebene Schätzung gehört zur Pfändung. Sie ist notwendig, damit das BA einerseits für eine genügende Deckung der in Betreibung gesetzten Forderungen samt Zinsen sorgen und andererseits die Pfändung auf das hiefür nötige Mass beschränken kann (BGE 73 III 55, 82 III 125) und damit der Gläubiger gegebenenfalls in die Lage kommt, einen Arrest zu erwirken oder die Anfechtungsklage zu erheben (Art. 115 Abs. 23, 271 Ziff. 5 und 285 SchKG). Sie hat also nur den Interessen der Gläubiger und des Schuldners zu dienen. Interessen Dritter oder öffentliche Interessen werden durch eine unsachgemässe Schätzung oder durch die Unterlassung einer Schätzung nicht verletzt. Eine Pfändung darf also, weil die Schätzung nicht sachgemäss erfolgte, noch wegen Unterbleibens einer Schätzung von Amtes wegen als nichtig erklärt werden. Sie darf wegen solcher Mängel auch nicht auf Beschwerde hin aufgehoben werden. Vielmehr ist in solchen Fällen die Schätzung neu vorzunehmen (BGE 93 III 22) oder nachzuholen (vgl. BGE 73 III 55) (BGE 97 III 20).

4 Im (summarischen) Konkursverfahren können die Grundpfandgläubiger eine neue Schätzung verlangen, wenn der Erlös bei gesamthafter Verwertung im Verhältnis der Schätzung der Einzelgrundstücke zu verteilen ist (GR, AB, 07.11.1989, PKG 1989, S. 177).

5 Im summarischen Konkursverfahren besteht kein Anspruch auf Vornahme einer zweiten Schätzung von Fahrnis gemäss Absatz 2 dieses Artikels (BGE 114 III 29).

6 (i.V.m. Art. 99 Abs. 2 VZG) – Keine analoge Anwendung des Art. 99 Abs. 2 VZG bei nicht kotierten Aktien (BGE 101 III 34/35).

7 Eine *Neuschätzung* durch Sachverständige *kann auch mit Bezug auf einen Grundpfandtitel verlangt werden* (Bestätigung der Rechtsprechung). Stellen der Eigentümer des Pfandtitels und der Betreibungsschuldner mit rechtzeitiger Beschwerde das Begehren, es sei eine neue Schätzung vorzunehmen, dürfen sich die vollstreckungsrechtlichen AB demnach nicht darauf beschränken, die betreibungsamtliche Schätzung zu überprüfen (BGE 110 III 69).

8 Neue Schätzung durch Sachverständige – Das Bundesrecht gibt den Beteiligten keinen Anspruch auf Einholung einer Oberexpertise durch die obere AB. Entscheid unterliegt der Kognition des BGer (BGE 86 III 91).

9 (i.V.m. Art. 99 Abs. 2 VZG) Neue Schätzung von Grundstücken im Pfandverwertungsverfahren. – Anders als im Pfändungsverfahren kann nur der die Verwertung verlangende Gläubiger, nicht aber ein weiterer Grundpfandgläubiger, eine neue Schätzung verlangen. Art. 9 VZG regelt das Verfahren

A. Verwertung im Pfändungsverfahren Art. 9

bei der Pfändung, in welchem jeder Beteiligte eine neue Schätzung verlangen kann (GR, AB, 24.09.1991, S. 156).

10 (i.V.m. Art. 99 Abs. 2 VZG) – Auch wenn ein Kanton zwei Aufsichtsbehörden über Schuldbetreibung und Konkurs kennt, besteht von Bundesrechts wegen kein Anspruch auf Anordnung einer weiteren Schätzung des Grundstücks durch die obere AB. Es geht nicht an, dass durch wiederholte Begehren um eine neue Schätzung das Zwangsverwertungsverfahren ungebührlich verzögert wird (BGE 120 III 135).

11 (i.V.m. Art. 140 Abs. 3 SchKG) – Jeder Betroffene hat das Recht, die im Hinblick auf die Verwertung vorgenommene Schätzung in Frage zu stellen und im Sinne dieser Bestimmung eine neue Schätzung durch einen Sachverständigen zu verlangen; wie er sich seinerzeit zur Pfändungsschätzung (Art. 97 Abs. 1 SchKG) gestellt hatte, ist ohne Belang. Die Frist zur Bestreitung der Schätzung beginnt mit der Zustellung der Spezialanzeige, wenn der Schätzungswert darin bekannt gegeben wird, spätestens jedoch mit dem Empfang des Formulars VZG Nr. 13 Betr. (BGE 122 III 338).

12 Im Verfahren betreffend Neuschätzung der Liegenschaft in der Grundpfandverwertung *besteht kein Anspruch auf eine dritte Schätzung.* Gemäss Abs. 2 ist jeder Beteiligte berechtigt, innerhalb der Frist Beschwerde über die Pfändung bei der AB (gegen Vorschuss der Kosten) eine neue Schätzung durch Sachverständige zu verlangen. Auch wenn ein Kanton zwei AB über Schuldbetreibung und Konkurs kennt, besteht nach dem Wortlaut und Sinn von Art. 9 Abs. 2 und Art. 99 Abs. 2 VZG insgesamt nur Anspruch auf eine neue Schätzung durch Sachverständige. Ein Grund zum Abweichen davon kann sich ergeben, wenn sich der Gutachter auf irrtümliche rechtliche Annahmen oder unzutreffende tatsächliche Feststellungen abstützt, wenn dass Gutachten ohne genügende Überzeugungskraft von anerkannten Lehrmeinungen abweicht, wenn es methodisch falsch oder in sich widersprüchlich erscheint oder wenn die Schlüsse des Gutachters nicht nachvollziehbar sind (vgl. BGE 120 III 81, 118 Ia 146, 118 V 290, AGVE 1996, S. 260). Es besteht keine Veranlassung, eine dritte Schätzung einzuholen, wenn beide Gutachten sich an die anerkannten Bewertungsgrundsätze halten und beide im Ergebnis nur unwesentlich voneinander abweichen (LU, SchKKomm, 23.03.2001, LGVE 2001 I 41; auf eine dagegen erhobene Beschwerde ist das BGer am 23.05.2001 nicht eingetreten).

13 (i.V.m Art. 68 SchKG) – Jeder «Beteiligte», also auch der Schuldner kann innert der Beschwerdefrist bei Vorschuss der Kosten die Neuschätzung einer gepfändeten Liegenschaft anbegehren (BS, AB, 17.03.1970, BJM 1970, S. 199).

14 (i.V.m. Art. 99 Abs. 2 VZG) – Der Betreibungsschuldner ist legitimiert, gegen den Schätzungsentscheid der AB Beschwerde zu erheben und eine tiefere Schätzung zu beantragen (BGE 129 III 595).

15 Die Schätzung eines Grundstückes soll nicht «möglichst hoch» sein, sondern den mutmasslichen Verkaufswert des Grundstückes bestimmen. Diesem Zweck dient die Regel, dass die AB sich für einen Mittelwert (nicht den höheren Wert) entscheiden darf, wenn voneinander abweichende Schätzungen zweier gleich kompetenter Sachverständiger vorliegen (BGE 129 III 597).

16 Verlangt der Schuldner die Schätzung, so hat er deren Kosten auch dann zu tragen, wenn der Schätzungswert abgeändert wird (ZH, ObGer, II. Ziv.Kammer, 19.12.1969, ZR 1970, Nr. 116).

17 (i.V.m. Art. 17 VZG) – Im Rahmen der Verwaltungsmassnahmen ebenso wie zur Schätzung des Grundstückes steht dem BA der Zugang zum Grundstück auch ohne Einwilligung und Zugegensein des Eigentümers offen (BS, AB, 18.03.2003, BlSchK 2003, S. 231).

18 Inwiefern kann das BGer *Schätzungsentscheide der oberen kantonalen AB* überprüfen? Nach Art. 9 Abs. 2 VZG werden Streitigkeiten über die Höhe der Schätzung endgültig durch die kantonalen AB beurteilt. Solche Streitigkeiten können nicht an das BGer weitergezogen werden. Dieses kann Schätzungsentscheide nur daraufhin überprüfen, ob die bundesrechtlichen Vorschriften über das der Schätzung einzuschlagende Verfahren richtig angewendet worden ist (BGE 83 III 65).

Art. 10   C. Nicht auf den Schuldner eingetragene Grundstücke

¹ Grundstücke, die im Grundbuch auf einen andern Namen als denjenigen des Schuldners eingetragen sind, dürfen nur gepfändet werden, wenn der Gläubiger glaubhaft macht, dass entweder:
1. der Schuldner das Eigentum ohne Eintragung im Grundbuch (zufolge Aneignung, Erbgang, Enteignung, Zwangsvollstreckung, richterlichem Urteil) erworben hat (Art. 656 Abs. 2 ZGB), oder
2. das Grundstück kraft ehelichen Güterrechts für die Schulden des betriebenen Schuldners haftet, oder
3. der Grundbucheintrag unrichtig ist.

² In diesen Fällen hat das Betreibungsamt sofort nach der Pfändung das Widerspruchsverfahren einzuleiten.

1   Wann ist ein nicht auf den Namen des betriebenen Schuldners eingetragenes Grundstück zu pfänden? Ausser dem in dieser Bestimmung vorgesehenen Falle kommt die nach Art. 285 ff. SchKG anfechtbare Veräusserung durch den Schuldner an den jetzt eingetragenen Eigentümer in Betracht. – Hatte der Schuldner das Grundstück dem Rechtsvorgänger des jetzt eingetragenen Eigentümers laut rechtskräftigem Urteil in anfechtbarer Weise veräussert, und war vor dem Übergang auf den gegenwärtigen Eigentümer bereits eine Verfügungsbeschränkung im Sinne von Art. 960 Ziff. 1 ZGB zugunsten des Gläubigers vorgemerkt, so ist das Grundstück unter Vorbehalt eines Widerspruchsverfahrens über die Gültigkeit und die Wirkungen der Vormerkung zu pfänden (BGE 81 III 98).

2   Pfändung eines Grundstückes, das im Grundbuch auf einen andern Namen als denjenigen des Schuldners eingetragen ist. – Das Widerspruchsverfahren ist auch dann einzuleiten, wenn die im Grundbuch eingetragene Person gestorben ist. Gegen wen hat der Gläubiger zu klagen? – Nach Anleitung 9 der VO des BGer vom 07.10.1920 hat der Gläubiger Klage gegen den im Grundbuch Eingetragenen anzuheben. Diese Regel lässt sich im Falle des Erwerbs durch Erbgang nicht anwenden, weil der Eingetragene gestorben ist. Es ist deshalb die Klage gegen die Rechtsnachfolger des Eingetragenen zu richten. Es wird jedoch nicht verlangt, dass der Gläubiger bestimmt alle Rechtsnachfolger einklagt. Wenn er jedoch glaubhaft gemacht hat, dass der Schuldner der einzige Erbe des Eingetragenen ist, so ist ihm die Frist von Anleitung 9 zur Klage gegen den Schuldner anzusetzen. – Mit dieser Klage ist gerichtlich festzustellen, dass der Schuldner Eigentümer der gepfändeten Grundstücke ist, obwohl er nicht als solcher im Grundbuch eingetragen ist (BGE 84 III 16).

3   Dem Gläubiger ist die Frist zur Einleitung der Widerspruchsklage auch dann anzusetzen, wenn das gepfändete Grundstück im Grundbuch als Eigentum einer Aktiengesellschaft eingetragen ist, deren Aktien im alleinigen Eigentum des Schuldners stehen. Die blosse Tatsache, dass zwischen dem Schuldner und der Aktiengesellschaft eine wirtschaftliche Einheit besteht, stellt keinen offenbaren Rechtsmissbrauch im Sinne von Art. 2 Abs. 2 ZGB dar (GE, Autorité de surveillance, 16.01.1974, BlSchK 1975, S. 153).

4   Es geht nicht an, die Zwangsvollstreckung durch eine wörtliche Auslegung von Art. 10 VZG verhindern zu wollen, wenn nach der zivilrechtlichen Praxis die rechtliche Dualität von Gesellschaft und Alleinaktionär wegen Rechtsmissbrauchs unbeachtlich ist (BGE 102 III 165/166).

5   Pfändung eines im Grundbuch auf den Namen eines Dritten, nicht des Schuldners, eingetragenen Grundstückes – Die in Art. 10 Abs. 1 Ziff. 3 VZG vorgesehene Voraussetzung der unrichtigen Eintragung im Grundbuch muss in einem weiten Sinne verstanden werden; es genügt, wenn die Unrichtigkeit glaubhaft gemacht wird (BGE 117 III 29).

6   (i.V.m. Art. 95 SchKG) – Pfändbarkeit von nicht auf den Schuldner (in casu den Ehemann) eingetragenen Grundstücken. *Der Beweis der Eigentumsverhältnisse richtet sich nach dem Grundbucheintrag und nicht nach dem Ehevertrag.* Ein Ehevertrag, mit dem Gütertrennung begründet wird, ist ein nur obligatorisch wirkendes Verpflichtungsgeschäft, das Rechtsgrund für ein nachfolgendes dinglich

wirkendes Verfügungsgeschäft (Grundbucheintrag) bildet. Erst mit Letzterem ändern sich die Eigentumsverhältnisse (LU, SchKKomm, 07.05.2002, LGVE 2002 I 54, BlSchK 2003, S. 266).

7 Das BA kann unter dem Gesichtswinkel der Glaubhaftigkeit prüfen, ob der Schuldner den zu pfändenden Vermögensgegenstand nur veräussert hat – hier um die Veräusserung eines Grundstückes an den Sohn – um ihn der Zwangsverwertung zu entziehen (BGE 114 III 88).

8 Wenn ein Dritter als Eigentümer des arrestierten Grundstückes im Grundbuch eingetragen ist, setzt ihn das BA unverzüglich und ohne besondere Aufforderung vom Arrest in Kenntnis. Die Frist für die staatsrechtliche Beschwerde gegen den Arrestbefehl beginnt mit der dadurch erlangten Kenntnis vom Arrest zu laufen (BGE 114 III 118).

Art. 11 D. Bestandteile und Zugehör
I. Im allgemeinen

¹ Gegenstände, die nach der am Orte üblichen Auffassung Bestandteile oder Zugehör sind, werden in der Pfändungsurkunde nicht erwähnt; sie gelten ohne weiteres als mit dem Grundstück gepfändet.

² Dagegen sind diejenigen beweglichen Sachen, die im Grundbuch als Zugehör angemerkt sind (Art. 805 Abs. 2 und 946 Abs. 2 ZGB) oder deren Eigenschaft als Zugehör zu Zweifeln Anlass geben könnte, als solche einzeln aufzuführen und zu schätzen. Befindet sich bei den Grundbuchakten ein genaues Verzeichnis über die Zugehörstücke (Inventar) und stimmt dieses mit den vorhandenen Gegenständen überein, so können diese unter Hinweis auf das Verzeichnis summarisch der Gattung nach bezeichnet und geschätzt werden.

³ Verlangt ein Beteiligter, dass noch weitere Gegenstände als Zugehör in die Pfändungsurkunde aufgenommen werden, so ist einem solchen Begehren ohne weiteres zu entsprechen.

⁴ Streitigkeiten über die Bestandteils- oder Zugehöreigenschaft werden im Lastenbereinigungsverfahren ausgetragen (Art. 38 Abs. 2 hiernach).

1 Vollzug der Pfändung eines Grundstückes mit Zugehör. – Bewegliche Sachen, die im Grundbuch als Zugehör angemerkt sind, müssen als solche in der Pfändungsurkunde einzeln aufgeführt und geschätzt werden; begnügt sich das BA mit dem Hinweis auf die Vor- und Anmerkungen im Grundbuch, hat dies allerdings nicht etwa zur Folge, dass die Zugehör nicht als gepfändet zu gelten hätten (BGE 112 III 23, Praxis 75, Nr. 169).

Art. 12 II. Gesonderte Pfändung der Zugehör

¹ Die gesonderte Pfändung der Zugehör eines Grundstückes ist nur zulässig, wenn der Schuldner und alle aus dem Grundbuche ersichtlichen Berechtigten (Grundpfandeigentümer usw.) damit einverstanden sind.

² Ist die gesondert gepfändete und verwertete Zugehör im Grundbuch angemerkt, so hat das Betreibungsamt dem Grundbuchamt nach der Verwertung ein Verzeichnis über diese Gegenstände zur Streichung derselben als Zugehör im Grundbuch einzureichen.

Art. 13 E. Eigentümertitel

¹ Im Besitze des Schuldners befindliche Eigentümerpfandtitel, die nicht gepfändet wurden, weil sie zur Deckung der in Betreibung gesetzten Forderung nicht ausreichen, sind vom Betreibungsamt für die Dauer der Pfändung des Grundstückes in Verwahrung zu nehmen (Art. 68 Abs. 1 Buchst. *a* hiernach).

² Nach Pfändung des Grundstückes ist eine Pfändung von Eigentümerpfandtiteln ausgeschlossen.

Art. 14

1 Ein Eigentümerschuldbrief, der auf einem gepfändeten Grundstück lastet, kann selbst nicht gepfändet werden; hinsichtlich eines solchen Titels ist die Ansetzung der Frist zur Erhebung einer Widerspruchsklage demnach nicht zulässig. – Befindet sich ein solcher Schuldbrief im Gewahrsam eines Drittansprechers, kann er vom BA nicht in Verwahrung genommen werden (BGE 104 III 15).

2 (i.V.m. Art. 98 Abs. 4 SchKG) – Einlieferung eines verpfändeten Eigentümerschuldbriefes – Wird das Grundstück selbst arrestiert und ist ein auf dem Grundstück lastender Eigentümerpfandtitel bereits zu seinem vollen Nennwert verpfändet worden, so kann der Zweck einer amtlichen Verwahrung des Titels nicht mehr erreicht werden; eine allfällige Weitergabe des Titels vermindert das Arrestsubstrat nicht. Der Drittgewahrsamsinhaber hat den betreffenden Titel daher nicht einzuliefern (BGE 113 III 144).

Art. 14 F. Früchte

¹ Die hängenden und stehenden Früchte sowie die laufenden Miet- und Pachtzinse gelten von Gesetzes wegen als mit dem Grundstück gepfändet (Art. 102 Abs. 1 SchKG). Sie sind daher in der Pfändungsurkunde nicht als besondere Pfändungsobjekte aufzuführen und können, solange die Pfändung des Grundstückes dauert, nicht mehr gesondert gepfändet werden. Von den bestehenden Miet- und Pachtverträgen ist immerhin in der Pfändungsurkunde Vormerk zu nehmen.

² Werden die Früchte oder Miet- und Pachtzinse vor der Pfändung des Grundstückes gesondert gepfändet, so ist hiervon den Grundpfandgläubigern, gleich wie von der Pfändung des Grundstückes (Art. 15 Abs. 1 Buchst. *b* hiernach), Anzeige zu machen.

Art. 15 G. Anzeigen

¹ Das Betreibungsamt hat spätestens am Tage nach Vornahme der (provisorischen oder definitiven) Pfändung:

a. beim zuständigen Grundbuchamt eine Verfügungsbeschränkung im Sinne der Artikel 960 ZGB und 101 SchKG zur Vormerkung im Grundbuch anzumelden; ebenso ist jeder definitive oder provisorische Anschluss eines neuen Gläubigers an die Pfändung beim Grundbuchamt anzumelden (Art. 101 SchKG);

b. den Grundpfandgläubigern oder ihren im Grundbuch eingetragenen Vertretern sowie gegebenenfalls den Mietern und Pächtern von der Pfändung Kenntnis zu geben, erstern unter Hinweis auf die Artikel 102 Absatz 1, 94 Absatz 3 SchKG und 806 Absatz 1 und 3 ZGB, letztern mit der Anzeige, dass sie inskünftig die Miet-(Pacht-)zinse rechtsgültig nur noch an das Betreibungsamt bezahlen können (Art. 91 Abs. 1 hiernach);

c. wenn eine Schadensversicherung besteht, den Versicherer von der Pfändung zu benachrichtigen und ihn darauf aufmerksam zu machen, dass er nach Artikel 56 des Bundesgesetzes vom 2. April 1908 über den Versicherungsvertrag, eine allfällige Ersatzleistung bis auf weitere Anzeige gültig nur an das Betreibungsamt ausrichten könne; ebenso ist dem Versicherer, wenn die Pfändung in der Folge dahinfällt, ohne dass es zur Verwertung gekommen wäre (infolge Rückzugs oder Erlöschens der Betreibung, Zahlung usw.), hiervon sofort Anzeige zu machen (Art. 1 und 2 der V vom 10. Mai 1910 betreffend die Pfändung, Arrestierung und Verwertung von Versicherungsansprüchen).

² Vom Erlass dieser Anzeigen ist in der Pfändungsurkunde Vormerk zu nehmen.

³ In dringlichen Fällen soll die Anmeldung der Verfügungsbeschränkung beim Grundbuchamt (Abs. 1 Bst. a) vor der Aufnahme der Pfändungsurkunde erfolgen.

A. Verwertung im Pfändungsverfahren Art. 16

1 Schliesst das Bestehen einer Verfügungsbeschränkung im Sinne von Art. 960 Ziff. 1 ZGB die Zwangsverwertung des betreffenden Grundstückes aus? Die als vorsorgliche Massnahme erlassene Verfügungsbeschränkung eines Vertragspartners im Kaufvertrag um das Grundstück kann sich nur auf die freiwillige Veräusserung und Belastung des Grundstückes, nicht dagegen auf dessen Zwangsverwertung beziehen. Ein Entscheid hierüber hat allenfalls im Widerspruchsverfahren zu ergehen (BGE 72 III 6).

2 Die Mitteilung der Pfändung eines Grundstückes an das Grundbuchamt zwecks Vormerkung einer Verfügungsbeschränkung und die Anzeigen an die Grundpfandgläubiger (Art. 101 und 102 Abs. 2 SchKG) und an die Versicherer (Art. 56 VVG, Art. 1 der VO betr. die Pfändung, Arrestierung und Verwertung von Versicherungsansprüchen nach dem VVG) sind Sicherungsmassnahmen, deren Unterlassung die Gültigkeit der Pfändung als solche nicht beeinträchtigt (vgl. BGE 94 III 80/81) (BGE 97 III 21).

2. Verwaltung

Art. 16   A. Im allgemeinen. Dauer und Ausübung

¹ Das Betreibungsamt sorgt von Amtes wegen, solange die Pfändung besteht, für die Verwaltung und Bewirtschaftung des Grundstückes (Art. 102 Abs. 3 SchKG), es sei denn, dass sich dieses im Besitze eines Drittansprechers befindet.

² Die Verwaltung geht auch dann auf das Betreibungsamt über, wenn sie vom Schuldner vor der Pfändung vertraglich einem Dritten übertragen worden ist. Sie verbleibt beim Betreibungsamt auch während einer vorläufigen Einstellung der Betreibung (Rechtsstillstand, Nachlassstundung) und während eines dem Schuldner nach Artikel 123 SchKG (Art. 143a SchKG) erteilten Aufschubes.

³ Die Verwaltung und Bewirtschaftung kann auf Verantwortung des Betreibungsamtes einem Dritten, die Bewirtschaftung auch dem Schuldner selbst übertragen werden. In letzterem Falle hat der Schuldner immerhin keine besondere Vergütung zu beanspruchen, sofern ihm nach Artikel 103 SchKG ein Teil der Früchte oder des Erlöses als Beitrag an seinen Unterhalt überlassen wird.

⁴ Sofern die Verwaltung nicht genügend Einnahmen verspricht, ist das Betreibungsamt berechtigt, von dem Gläubiger für die Auslagen Vorschuss zu verlangen (Art. 105 SchKG).

1 Für die Verwaltung einer Liegenschaft kann das BA diejenige (natürliche oder juristische) Person beiziehen, welche es bei pflichtgemässem Ermessen am geeignetsten für diese Aufgabe hält. Dies gilt auch in den Fällen, wo der Schuldner vor der Pfändung vertraglich einen Dritten damit beauftragt hat (AG, ObGer, 2. Ziv.Kammer, 21.10.1992, BlSchK 1993, S. 151).

2 (i.V.m. Art. 94 Abs. 2 VZG) – Widerruf eines Verwaltungsauftrages – Beschwerde des Verwalters – Der Dritte, der als Hilfsperson des BA gestützt auf einen zur Hauptsache durch das Bundesrecht geregelten Auftrag die Verwaltung besorgt und dessen Entschädigung in letzter Instanz durch die kantonale AB festgelegt wird, ist befugt, im Sinne des Art. 19 SchKG und 78 ff. OG Beschwerde zu führen und beispielsweise geltend machen, die Auflösung des Auftragsverhältnisses stelle einen Ermessensmissbrauch dar.

Aufhebung des mit einem Interessenkonflikt begründeten Widerrufs des Auftrags mangels konkreter Anhaltspunkte für das Vorliegen eines solchen Konflikts (BGE 129 III 400).

3 Der Entscheid des BA, die Bewilligung für die Teilung eines landwirtschaftlichen Grundstückes zu erhalten, ist keine Verwaltungshandlung (BGE 129 III 587).

Art. 17 B. Umfang
I. Ordentliche Verwaltungsmassnahmen

Die Verwaltung und Bewirtschaftung des gepfändeten Grundstückes umfasst alle diejenigen Massnahmen, die zur Erhaltung des Grundstückes und seiner Ertragsfähigkeit sowie zur Gewinnung der Früchte und Ertragnisse nötig sind, wie Anordnung und Bezahlung kleinerer Reparaturen, Besorgung der Anpflanzungen, Abschluss und Erneuerung der üblichen Versicherungen, Kündigung an Mieter, Ausweisung von Mietern, Neuvermietungen, Einbringung und Verwertung der Früchte zur Reifezeit, Bezug der Miet- und Pachtzinse, nötigenfalls auf dem Betreibungswege, Geltendmachung des Retentionsrechts für Mietzinsforderungen, Bezahlung der laufenden Abgaben für Gas, Wasser, Elektrizität u.dgl. Während der Verwaltungsperiode fällig werdende oder vorher fällig gewordene Pfandzinse dürfen dagegen nicht bezahlt werden.

1 Der BB ist zur Neuverpachtung eines gepfändeten Grundstückes befugt (AR, AB, 04.05.1950, Rechenschaftsbericht 1949/50, S. 48, BlSchK 1952, S. 123).

2 Zuständigkeit des BB, wenn in der Grundpfandbetreibung zwar das Verwertungsbegehren noch nicht gestellt ist, aber bereits eine Zinssperre besteht. – Der BB ist berechtigt, alle diejenigen Reparaturen anzuordnen und aus den Mietzinsen des verpfändeten Grundstückes zu bezahlen, welche die durch den Gebrauch der Mietsache entstandenen Verschlechterungen beseitigen und so Herabsetzungsansprüche des Mieters verhindern, d.h. die Erträgnisse erhalten helfen (LU, SchKKomm, 19.01.1982, LGVE 1982 I Nr. 55).

3 (i.V.m. Art. 9 VZG) – Im Rahmen der Verwaltungsmassnahmen ebenso wie zur Schätzung des Grundstückes steht dem BA der Zugang zum Grundstück auch ohne Einwilligung und Zugegensein des Eigentümers offen (BS, AB, 18.03.2003, BlSchK 2003, S. 231).

4 Zuständigkeit des BA zur Anordnung der Räumung einer Liegenschaft, wenn diese im Grundpfandverwertungsverfahren versteigert worden ist. – Wenn das BA berechtigt ist, Mieter auszuweisen, muss es auch die Kompetenz haben, den früheren Eigentümer eines versteigerten Grundstückes auszuweisen. Eine unterschiedliche Behandlung von Mieter und früherem Eigentümer wäre im Hinblick auf die Stellung des Ersteigerers schwer verständlich. Gemäss Art. 19 kann der Schuldner bis zur Verwertung des Grundstückes weder zur Bezahlung einer Entschädigung für die von ihm benutzten Wohn- und Geschäftsräume verpflichtet, noch zu deren Räumung genötigt werden. Mit Umkehrschluss aus Art. 19 VZG ergibt sich somit, dass der Schuldner eben nach der Verwertung des Grundstückes, nach erfolgter Versteigerung, zur Räumung des von ihm bewohnten Grundstücks verpflichtet werden kann. Sein Wohnrecht ist mit dem Steigerungszuschlag verwirkt (BlSchK 1954, S. 173). Das BA ist auch nach der Versteigerung für Verfügungen zuständig. Zwar erlangt der Erwerber gemäss Art. 656 Abs. 2 ZGB bei der Zwangsvollstreckung schon vor der Eintragung in das Grundbuch das Eigentum, kann aber im Grundbuch erst dann über das Grundstück verfügen, wenn die Eintragung erfolgt ist. Schliesslich weisen auch die Steigerungsbedingungen (Form. VZG 13 Betr.) ausdrücklich darauf hin, dass der Antritt des Steigerungsobjektes mit der Anmeldung des Eigentumsüberganges zur Eintragung im Grundbuch erfolge. Bis zu diesem Zeitpunkt bleibe das Grundstück auf Rechnung und Gefahr des Ersteigerers in der Verwaltung des BA. Daraus ergibt sich, dass die Verwaltungskompetenz des BA nach dem Steigerungszuschlag noch andauert, und zwar bis zur Anmeldung des Eigentumsüberganges zur Eintragung im Grundbuch (LU, ObGer, SchKKomm, 16.03.1993, Das BGer hat alle dagegen eingereichte Rechtsmittel abgewiesen (LGVE 1993 I 37).

Art. 18 II. Ausserordentliche Verwaltungsmassnahmen

¹ Erfordert die Verwaltung die Führung von Prozessen oder andere, mit grösseren Kosten verbundene oder sonstwie aussergewöhnliche Massnahmen, so hat das Betreibungsamt, wenn Gefahr im Verzuge ist, von sich aus das Nötige vorzukehren, jedoch die betreibenden

Gläubiger, einschliesslich der Grundpfandgläubiger, die Betreibung angehoben haben (Art. 806 ZGB), und den Schuldner unverzüglich von den getroffenen Massnahmen zu benachrichtigen, unter Hinweis auf ihr Beschwerderecht.

² Ist keine Gefahr im Verzuge, so soll das Betreibungsamt die Gläubiger und den Schuldner vorher um ihre Ansicht befragen, unter Ansetzung einer angemessenen Frist und unter Formulierung eines bestimmten Vorschlages über die zu treffenden Massnahmen und die Art der Kostendeckung, der bei unbenutztem Ablauf der Frist als angenommen gilt. Verständigen sich Gläubiger und Schuldner über die Vornahme anderer Massnahmen, so hat das Betreibungsamt die ihm erteilten Instruktionen zu befolgen, vorausgesetzt, dass die Gläubiger einen allfällig erforderlichen Kostenvorschuss leisten oder dass sonst genügend Mittel vorhanden sind. Sind die Beteiligten über das zu beobachtende Verhalten nicht einig, so ersucht das Betreibungsamt die Aufsichtsbehörde um die nötige Weisung.

1 Die Verwaltung und Bewirtschaftung eines Pfandgegenstandes erlaubt dem BA selbst mit Zustimmung der kantonalen AB nicht, das zu verwertende Grundstück im Rahmen einer ausserordentlichen Verwaltungsmassnahme zu parzellieren. Frage, ob das BA bei der Festlegung der Steigerungsbedingungen eine Neuparzellierung des Grundstückes vornehmen darf, offen gelassen (BGE 120 III 138).

Art. 19   C. Stellung des Schuldners

Der Schuldner kann bis zur Verwertung des Grundstückes weder zur Bezahlung einer Entschädigung für die von ihm benutzten Wohn- und Geschäftsräume verpflichtet noch zu deren Räumung genötigt werden.

1 Diese Bestimmung findet im Konkursverfahren keine Anwendung (BGE 117 III 63/65).
2 Die Konkursverwaltung bestimmt nach eigenem Ermessen, wie lange der Konkursit in der bisherigen Wohnung zu belassen ist (LU, SchKKomm, 03.11.1982, LGVE 1982 I Nr. 38).
3 Verwaltung der zu verwertenden Grundstücke – Stellung des Schuldners – Das Recht des Schuldners, unentgeltlich in den von ihm benutzten Wohn- und Geschäftsräumen zu verbleiben, gilt nicht bis zum Steigerungszuschlag, sondern nur bis zur Stellung des Verwertungsbegehrens. Dieses Recht erfasst jedoch nur die vom Schuldner tatsächlich persönlich und dauernd benutzten Wohn- und Geschäftsräume, nicht aber eine blosse Ferienwohnung (GR, AB, 30.08.1994, PKG 1994, S. 125).
4 Das BA ist berechtigt, den Schuldner und dessen Familienangehörige auf den Zeitpunkt der Versteigerung zur Räumung der von ihnen benutzten Wohn- oder Geschäftsräume aufzufordern. Dem steht auch ein zwischen dem Schuldner und dessen Ehefrau in offensichtlich rechtsmissbräuchlicher Absicht abgeschlossener Mietvertrag nicht entgegen (BE, AB, 19.04.1995, BlSchK 1995, S. 239).

Art. 20   D. Rechnungsführung
I. Verwaltungskosten

¹ Über die Kosten der Verwaltung hat das Betreibungsamt eine besondere Rechnung zu führen, die gleichzeitig mit der Verteilungsliste den Beteiligten zur Einsicht aufzulegen ist und der Beschwerde an die kantonalen Aufsichtsbehörden unterliegt. Diese entscheiden endgültig, soweit es sich nicht um die Anwendung der Gebührenverordnung handelt.

² Die Entschädigung, die ein Dritter für die Verwaltung und Bewirtschaftung zu beanspruchen hat (Art. 16 Abs. 3 hiervor), wird im Streitfalle von den kantonalen Aufsichtsbehörden festgesetzt.

Art. 21 II. Einnahmen und Ausgaben

¹ Über die aus der Verwaltung entstandenen Einnahmen und Ausgaben hat das Betreibungsamt laufend eine spezifizierte Rechnung zu führen, die jederzeit vom Schuldner und den betreibenden Gläubigern eingesehen werden kann und gleichzeitig mit der Verteilungsliste zur Einsicht der Beteiligten aufzulegen ist.

² Streitigkeiten werden von der Aufsichtsbehörde beurteilt.

Art. 22 E. Früchte und Erträgnisse

¹ Der Erlös der Früchte und die eingegangenen Erträgnisse sind in erster Linie zur Bestreitung der Verwaltungsauslagen und -kosten und zur Ausrichtung allfälliger Beiträge an den Unterhalt des Schuldners und seiner Familie (Art. 103 Abs. 2 SchKG) zu verwenden. Der Überschuss ist nach Ablauf der Teilnahmefrist der Artikel 110 und 111 SchKG und nach vorheriger Auflegung eines provisorischen Verteilungsplanes in periodischen Abschlagszahlungen an die Berechtigten zu verteilen. Dabei sind in erster Linie die Grundpfandgläubiger zu berücksichtigen, deren vor der Verwertung der Früchte angehobene Betreibung auf Pfandverwertung unbestritten ist.

² Reicht der Reinerlös der Früchte und Erträgnisse zur völligen Deckung aller beteiligten Forderungen der Grundpfand- und Pfändungsgläubiger aus, so stellt das Betreibungsamt die Betreibung von sich aus ein und nimmt die Schlussverteilung vor, sofern die Pfandverwertungsbetreibungen rechtskräftig sind und für die Pfändungsgläubiger die Teilnahmefrist abgelaufen ist.

³ Kommt es nicht zur Verwertung des Grundstückes (Art. 121 SchKG), so ist ein allfälliger Reinerlös der Früchte und Erträgnisse den darauf berechtigten betreibenden Gläubigern auszurichten.

⁴ Wird über den Schuldner der Konkurs eröffnet, bevor das Grundstück verwertet ist, so wird der noch nicht verteilte Reinerlös der Früchte und sonstigen Erträgnisse nach den Artikeln 144–150 SchKG verteilt, sofern die Fristen für den Pfändungsanschluss abgelaufen sind (Art. 110 und 111 SchKG); ein Überschuss fällt in die Konkursmasse.

1 Unterstützung des Schuldners und seiner Familie aus Erträgnissen des Grundstückes hat auch dann zu erfolgen, wenn der Schuldner ausserhalb des Grundstückes, aber immerhin in der Schweiz wohnt (ZH, ObGer, II. Kammer, 09.11.1945, ZR 1945, S. 359, BlSchK 1947, S. 52)
2 Der Schuldner kann vom BA gepfändete Mietzinse eines Grundstückes, auf die er für seinen Lebensunterhalt angewiesen ist, nach den in Art. 93 SchKG für die Wahrung des Existenzminimums bei einer Lohnpfändung aufgestellten Vorschriften beanspruchen (BS, AB, 02.04.1953, BlSchK 1955, S. 82).

3. Pfändung eines Miteigentumsanteils

Art. 23 A. Inhalt der Pfändungsurkunde, Schätzung, Miet- und Pachtzinse

¹ Bei der Pfändung eines Miteigentumsanteils an einem Grundstück hat die Pfändungsurkunde die Personalien des Schuldners und der übrigen Miteigentümer sowie die ihnen zustehenden Bruchteile (Art. 646 Abs. 1 ZGB) bzw. Wertquoten (Art. 712e Abs. 1 ZGB) anzugeben und die Beschreibung sowie den Schätzungswert des im Miteigentum stehenden Grundstücks und seiner Zugehör, im Falle von Stockwerkeigentum auch die Beschreibung sowie den Schätzungswert der dem Schuldner zugeschiedenen Grundstücksteile und ihrer allfälligen besondern Zugehör zu enthalten.

A. Verwertung im Pfändungsverfahren　　　　　　　　　　　　　　　　　　　　　　　Art. 23a

² Für die Schätzung und die summarische Angabe der Pfandforderungen gilt Artikel 9 hievor entsprechend; neben den auf dem gepfändeten Anteil haftenden Pfandforderungen sind auch die Pfandforderungen anzugeben, die das Grundstück als ganzes belasten.

³ Für die der Pfändung der Miet- und Pachtzinse aus der Vermietung oder Verpachtung eines zu Stockwerkeigentum ausgestalteten Miteigentumsanteils gilt Artikel 14 hievor entsprechend.

Art. 23a　　B. Anzeigen

Artikel 15 hievor ist sinngemäss anzuwenden, wobei zu beachten ist:
a. Eine Verfügungsbeschränkung ist nur für den gepfändeten Anteil vormerken zu lassen, nicht auch für die andern Anteile, doch soll eine Anmerkung auf dem Blatt des Grundstücks selbst auf die Anteilspfändung sowie darauf hinweisen, dass jede Verfügung im Sinne von Artikel 648 Absatz 2 ZGB der Bewilligung des Betreibungsamtes bedarf.
b. Die Pfändung ist den am gepfändeten Anteil pfandberechtigten Gläubigern und im Falle von Stockwerkeigentum auch den Mietern oder Pächtern des betreffenden Stockwerks anzuzeigen. Ferner ist sie den Versicherern mitzuteilen, bei denen eine Schadenversicherung für das Grundstück als ganzes oder für den gepfändeten Stockwerkanteil besteht.
c. Wirft das Grundstück als solches einen Ertrag ab, so hat das Betreibungsamt die Pfändung eines Anteils auch den übrigen Miteigentümern und einem allfälligen Verwalter anzuzeigen mit der Weisung, die auf den gepfändeten Anteil entfallenden Erträgnisse künftig dem Betreibungsamt abzuliefern (Art. 104 und 99 SchKG). Ausserdem ist die Pfändung in einem solchen Falle den Pfandgläubigern anzuzeigen, denen das Grundstück als ganzes haftet (vgl. Art. 94 Abs. 3 SchKG und Art. 806 ZGB).

Art. 23b　　C. Bestreitung des Miteigentums oder des Quotenverhältnisses

¹ Verlangt der Gläubiger, dass das Grundstück selbst gepfändet werde, weil er die Rechte der Mitberechtigten des Schuldners bestreiten will, so ist dem Begehren zu entsprechen, unter gleichzeitiger Ansetzung einer Klagefrist an den pfändenden Gläubiger nach Artikel 108 SchKG zur Einleitung des Widerspruchsverfahrens.

² Dieses Verfahren ist auch einzuleiten, wenn behauptet wird, dass nicht Miteigentum, sondern Gesamteigentum vorliege oder dass eine andere Quotenteilung bestehe.

³ Wird die Frist nicht eingehalten oder der Gläubiger abgewiesen, so ist der im Grundbuch eingetragene Anteil zu pfänden.

Art. 23c　　D. Verwaltung

¹ Das Betreibungsamt ersetzt den Schuldner bei der Verwaltung des Grundstücks als solchem und verwaltet bei Stockwerkeigentum die dem Schuldner zugeschiedenen Teile.

² Die Artikel 16-22 dieser Verordnung gelten dabei sinngemäss.

Art. 23d　　E. Zuständigkeit

Zur Vornahme der Pfändung und zur Verwaltung ist stets das Betreibungsamt der gelegenen Sache (Art. 24 hiernach) zuständig.

4. Requisitorialpfändung

Art. 24

¹ Liegt das zu pfändende Grundstück in einem andern Betreibungskreis, so hat das Betreibungsamt den Beamten dieses Kreises, und wenn es in mehreren Kreisen liegt, denjenigen Beamten, in dessen Kreis der wertvollere Teil liegt, mit dem Vollzug der Pfändung zu beauftragen (Art. 89 SchKG), indem es ihm den Betrag, für den zu pfänden ist, mitteilt.

² Das beauftragte Amt vollzieht die Pfändung unter Beobachtung der Vorschriften der Artikel 89 und 90 SchKG und der Artikel 8, 9, 11, 14 und 15 hiervor und übermittelt die Pfändungsurkunde, von der es eine Abschrift als Beleg aufbewahrt, dem ersuchenden Amt, unter Beilegung des Ausweises über die erfolgte Anmeldung einer Verfügungsbeschränkung im Grundbuch. Das ersuchende Amt trägt den Inhalt der Pfändungsurkunde in seine Originalpfändungsurkunde ein, versendet die Abschriften der letzteren an die Parteien (Art. 114 SchKG) und besorgt allfällige Fristansetzungen.

³ Die Verwaltung und Bewirtschaftung der Liegenschaft (Art. 16-21 hiervor) ist ausschliesslich Sache des beauftragten Amtes, dem auch die Verteilung der Erträgnisse an die Gläubiger gemäss Artikel 22 hiervor übertragen werden kann.

1   Zuständig zur Pfändung und Verwaltung eines Grundstückes oder von Miteigentumsanteilen an Grundstücken ist stets das BA der gelegenen Sache. Dagegen ist der Anteil des Schuldners an Gesamthandvermögen, auch wenn dieses nur aus Grundstücken bestehen sollte, am Wohnort des Schuldners zu pfänden (VVAG Art. 2) (BGE 85 III 81).

II. Verwertung
1. Vorbereitungsverfahren
A. Allgemeine Vorschriften

Art. 25   A. Verwertungsfrist

¹ Ist die Pfändung bloss provisorisch, so kann der Gläubiger die Verwertung des Grundstückes erst verlangen, wenn die Pfändung definitiv geworden ist und seit der provisorischen Pfändung sechs Monate verflossen sind. Die Frist, während welcher die Verwertung verlangt werden kann, ist von dem Zeitpunkte an zu berechnen, wo die provisorische Pfändung sich in eine definitive verwandelte (Art. 116 und 118 SchKG).

² Aufgehoben.

1   Ist an der Pfandliegenschaft vor Einleitung der Grundpfandbetreibung das Vorkaufsrecht nach Art. 6 EGG (neu BGBB) geltend gemacht worden, so ist die Versteigerung bis zur rechtskräftigen Erledigung des Prozesses über dieses Recht zu verschieben (BGE 98 III 53).

Art. 26   II. ...
Aufgehoben.

Art. 27   B. Gesonderte Verwertung der Zugehör

Umfasst die Pfändung auch bewegliche Sachen, die Zugehör des Grundstückes sind (Art. 11 hiervor), so dürfen diese nur mit Zustimmung sämtlicher Beteiligter gesondert versteigert werden. Ist die gesondert verwertete Zugehör im Grundbuch angemerkt, so hat das Betreibungsamt die Vorschrift des Artikels 12 Absatz 2 hiervor zu beobachten.

Art. 28 C. Einforderung eines Grundbuchauszuges

¹ Nach der Mitteilung des Verwertungsbegehrens an den Schuldner (Art. 120 SchKG) fordert das Betreibungsamt einen Auszug aus dem Grundbuch über das zu versteigernde Grundstück ein oder lässt einen allfällig früher eingeholten Auszug als dem jetzigen Grundbuchinhalt entsprechend bestätigen oder ergänzen.

² Das Betreibungsamt hat anhand des Grundbuchauszuges durch Befragung des Schuldners Namen und Wohnort der Pfandgläubiger zu ermitteln und allfällig die Angaben des Auszuges danach zu berichtigen.

Art. 29 D. Bekanntmachung der Steigerung
         I. Steigerungspublikation

¹ Der Zeitpunkt der Steigerung ist so festzusetzen, dass die Frist zur Beschwerde gegen die Steigerungsbedingungen vor dem Steigerungstag abgelaufen ist.

² Die Bekanntmachung der Steigerung soll ausser den in Artikel 138 SchKG geforderten Angaben den Namen und Wohnort des Schuldners sowie die genaue Bezeichnung des zu versteigernden Grundstücks und die Schätzung enthalten. Die Aufforderung an die Pfandgläubiger (Art. 138 Abs. 2 Ziff. 3 SchKG) ist dahin zu ergänzen, dass in der Eingabe an das Betreibungsamt auch angegeben werden soll, ob die Pfandforderung ganz oder teilweise fällig oder gekündigt sei, wenn ja, für welchen Betrag und auf welchen Termin.

³ Die Aufforderung zur Anmeldung nach Artikel 138 Absatz 2 Ziffer 3 SchKG ist auch an alle Inhaber von Dienstbarkeiten zu richten, die unter dem frühern kantonalen Recht entstanden und noch nicht in die öffentlichen Bücher eingetragen sind. Damit ist die Androhung zu verbinden, dass die nicht angemeldeten Dienstbarkeiten gegenüber einem gutgläubigen Erwerber des belasteten Grundstückes nicht mehr geltend gemacht werden können, soweit es sich nicht um Rechte handelt, die auch nach dem ZGB ohne Eintragung in das Grundbuch dinglich wirksam sind.

⁴ Aufgehoben.

1 Jeder Grundpfandgläubiger, auch der nicht betreibende, ist gegenüber den die Verwertung des Grundstückes betreffenden Massnahmen aktiv beschwerdelegitimiert (BGE 87 III 1).

2 In der Publikation der Versteigerung einer Liegenschaft, die einer juristischen Person als Schuldnerin gehört, sind keine Angaben über die Organe oder die Gesellschafter aufzunehmen (SZ, Justizkomm., 31.08.1965, Rechenschaftsbericht 1965, S. 58, SJZ 1966, S. 348, BlSchK 1967, S. 78).

3 (Abs. 2 und i.V.m. Art. 28g ZGB) – Klarheit der Steigerungspublikation – Inhalt der Steigerungspublikation und Eingriff in die Persönlichkeitsrechte eines Betroffenen. Das BA muss eine Berichtigung veröffentlichen, wenn die Angaben in einer Publikation nicht genügend klar sind. Zum Beispiel, wenn zu Unrecht der Anschein erweckt wird, einer der erwähnten Schuldner befinde sich in Konkurs (NE, 19.06.1995, BlSchK 1997, S. 78).

Art. 30 II. Spezialanzeigen

¹ Die Spezialanzeigen (Art. 139 SchKG) sind sofort mit der Bekanntmachung der Steigerung zu versenden. Ist in der Bekanntmachung der Schätzungswert des Grundstücks angegeben, so gilt die Zustellung dieser Spezialanzeige zugleich als Mitteilung nach Artikel 140 Absatz 3 SchKG.

² Solche Anzeigen sind jedem Gläubiger, dem das Grundstück als Pfand haftet oder für den es gepfändet ist, den im Gläubigerregister des Grundbuches eingetragenen Pfandgläubigern und Nutzniessern an Grundpfandforderungen, dem Schuldner, einem allfälligen dritten Eigentümer des Grundstücks und allen denjenigen Personen zuzustellen, denen ein

sonstiges, im Grundbuch eingetragenes oder vorgemerktes Recht an dem Grundstück zusteht. Soweit nach dem Auszug aus dem Grundbuch für Grundpfandgläubiger Vertreter bestellt sind (Art. 860, 875, 877 ZGB), ist die Anzeige diesen zuzustellen.

³ In den Spezialanzeigen an die Pfandgläubiger ist diesen mitzuteilen, ob ein Pfändungsgläubiger oder ein vorhergehender oder nachgehender Pfandgläubiger die Verwertung verlangt habe.

⁴ Spezialanzeigen sind auch den Inhabern gesetzlicher Vorkaufsrechte im Sinne von Artikel 682 Absätze 1 und 2 ZGB zuzustellen. In einem Begleitschreiben ist ihnen mitzuteilen, dass und auf welche Weise sie ihr Recht bei der Steigerung ausüben können (Art. 60a hiernach).

1   Die Steigerung ist jedem Gläubiger, zu dessen Gunsten die zu versteigernde Sache (Grundstück oder Fahrnis) gepfändet ist besonders anzuzeigen (BGE 73 III 139).

2   Erwerb der Pfandliegenschaft nach Ansetzung der Steigerung. Kann der Erwerber verlangen, dass ihm die Steigerung mindestens einen Monat zum Voraus angezeigt werde? Wer ein mit Verfügungsbeschränkungen im Sinne von Art. 15, 90 oder 97 VZG belastetes Grundstück erwirbt, hat kein Anspruch darauf, dass selbst dann, wenn das BA erst nach der Steigerungspublikation von seinem Eigentumserwerb erfährt, die ihm gemäss Art. 103 VZG zuzustellende Spezialanzeige mindestens einen Monat vor der Steigerung versandt werde, was in der Regel nicht ohne Verschiebung der Steigerung möglich wäre. Er muss vielmehr die Betreibungen, zu deren Gunsten die Verfügungsbeschränkungen vorgemerkt wurden, in dem Stadium hinnehmen, in welchen sie sich im Zeitpunkt befinden, da das BA ihm die Spezialanzeige so bald als möglich zustellt (BGE 78 III 3).

Art. 31   III. Im Falle der Einstellung der Steigerung

Wird die Steigerung erst nach Ablauf der Frist zur Anmeldung der Lasten eingestellt, so braucht die neue Steigerung nur mindestens 14 Tage vorher ausgekündigt zu werden. Die Aufforderung des Artikels 138 Absatz 2 Ziffer 3 SchKG ist nicht zu wiederholen.

Art. 32   E. Aufschubsbewilligung nach erfolgter Publikation

¹ Nach erfolgter Anordnung der Verwertung darf ein Aufschub (Art. 123, 143a SchKG) nur bewilligt werden, wenn der Schuldner ausser dem festgesetzten Bruchteil der Betreibungssumme die Kosten der Anordnung und des Widerrufs der Verwertung sofort bezahlt.

² Die Abschlagszahlungen sind sofort nach ihrem Eingang an den Gläubiger, der die Verwertung verlangt hat, abzuliefern.

1   Verweigerung des Aufschubs der Verwertung eines Grundstückes – Ist gegen eine Aufschubverweigerung betreffend die Verwertung des Grundstückes Beschwerde erhoben worden, kann die kantonale AB, wenn die Verwertung schon erfolgt ist, nötigenfalls den Zuschlag aufheben.

Der Schuldner kann einen Aufschub der bereits angeordneten Verwertung nur unter der Bedingung erreichen, wenn er sofort den festgesetzten Bruchteil der Betreibungssumme und die Kosten der Anordnung und des Widerrufs der Verwertung bezahlt (BGE 121 III 197/198).

B. Lastenverzeichnis

Art. 33   A. Zeitpunkt der Aufstellung

Nach Ablauf der Anmeldungsfrist (Art. 138 Abs. 2 Ziff. 3 SchKG) hat das Betreibungsamt das Lastenverzeichnis anzufertigen, und zwar so rechtzeitig, dass es mit den Steigerungsbedingungen (Art. 134 Abs. 2 SchKG) aufgelegt werden kann.

Art. 34 B. Inhalt
I. Im allgemeinen

¹ In das Lastenverzeichnis sind aufzunehmen:

a. die Bezeichnung des zu versteigernden Grundstückes und allfällig seiner Zugehör (Art. 11 hiervor), mit Angabe des Schätzungsbetrages, wie in der Pfändungsurkunde enthalten;

b. die im Grundbuch eingetragenen sowie die auf Grund der öffentlichen Aufforderung (Art. 29 Abs. 2 und 3 hiervor) angemeldeten Lasten (Dienstbarkeiten, Grundlasten, Grundpfandrechte und vorgemerkte persönliche Rechte), unter genauer Verweisung auf die Gegenstände, auf die sich die einzelnen Lasten beziehen, und mit Angabe des Rangverhältnisses der Pfandrechte zueinander und zu den Dienstbarkeiten und sonstigen Lasten, soweit sich dies aus dem Grundbuchauszug (Art. 28 hiervor) oder aus den Anmeldungen ergibt. Bei Pfandforderungen sind die zu überbindenden und die fälligen Beträge (Art. 135 SchKG) je in einer besonderen Kolonne aufzuführen. Weicht die Anmeldung einer Last vom Inhalt des Grundbuchauszuges ab, so ist auf die Anmeldung abzustellen, dabei aber der Inhalt des Grundbucheintrages anzugeben. Ist ein Anspruch in geringerem Umfang angemeldet worden, als aus dem Grundbuch sich ergibt, so hat das Betreibungsamt die Änderung oder Löschung des Grundbucheintrages mit Bewilligung des Berechtigten zu erwirken.

² Aufzunehmen sind auch diejenigen Lasten, die vom Berechtigten angemeldet werden, ohne dass eine Verpflichtung zur Anmeldung besteht. Lasten, die erst nach der Pfändung des Grundstückes ohne Bewilligung des Betreibungsamtes in das Grundbuch eingetragen worden sind, sind unter Angabe dieses Umstandes und mit der Bemerkung in das Verzeichnis aufzunehmen, dass sie nur berücksichtigt werden, sofern und soweit die Pfändungsgläubiger vollständig befriedigt werden (Art. 53 Abs. 3 hiernach).

1 Forderungsansprüche, die nicht grundpfändlich gesichert sind, dürfen nicht in das Lastenverzeichnis aufgenommen werden (BS, AB, 16.01.1954, BlSchK 1956, S. 122).

2 Jeder Grundpfandgläubiger, auch der nicht betreibende, ist gegenüber den die Verwertung des Grundstückes betreffenden Massnahmen aktiv beschwerdelegitimiert (BGE 87 III 1).

3 Nicht Bestreitung, sondern Beschwerde muss erhoben werden, wenn geltend gemacht wird, das Lastenverzeichnis sei nicht den Eingaben oder den Einträgen im Grundbuch entsprechend erstellt worden oder gäbe nur unklar Auskunft über eine Last. Beschränkte Beschwerdelegitimation des Schuldners (BE, AB, 30.08.1978, BlSchK 1982, S. 8).

4 Ein nicht im Grundbuch eingetragenes bzw. vorgemerktes Benützungsrecht an einem Grundstück kann nicht ins Lastenverzeichnis aufgenommen werden. Überschreitet das BA offenkundig seine sachliche Zuständigkeit, so ist die Aufnahme in das Lastenverzeichnis nichtig (BGE 113 III 42).

5 (i.V.m. Art. 140 SchKG, Art. 619 ZGB) – Ein im Grundbuch vorgemerkter Anteil der Miterben am Veräusserungsgewinn eines landwirtschaftlichen Grundstücks ist ohne Angabe eines bestimmten Wertes im Lastenverzeichnis aufzunehmen (SH, AB, 08.10.1993, BlSchK 1995, S. 75).

Art. 35 II. Leere Pfandstellen und Eigentümertitel

¹ Leere Pfandstellen sind bei der Aufstellung des Lastenverzeichnisses nicht zu berücksichtigen, desgleichen im Besitze des Schuldners befindliche Eigentümerpfandtitel, die nicht gepfändet aber nach Artikel 13 hiervor in Verwahrung genommen worden sind (Art. 815 ZGB und Art. 68 Abs. 1 Bst. a hiernach).

² Sind die Eigentümerpfandtitel verpfändet oder gepfändet, so dürfen sie, wenn das Grundstück selbst gepfändet ist und infolgedessen zur Verwertung gelangt, nicht gesondert versteigert werden, sondern es ist der Betrag, auf den der Pfandtitel lautet, oder sofern der

Betrag, für den er verpfändet oder gepfändet ist, kleiner ist, dieser Betrag nach dem Range des Titels in das Lastenverzeichnis aufzunehmen.

1 Verwertung eines Eigentümerpfandtitels in der Faustpfandbetreibung gegen eine Aktiengesellschaft in Nachlassliquidation zufolge Vermögensabtretung. Sofern die Verwertung des Grundstückes nicht eingeleitet ist, kann der Eigentümerpfandtitel gesondert verwertet werden im Hinblick auf Art. 317, 322 und 324 SchKG im Gegensatz zu Art. 35 VZG und Art. 76 KOV (ZH, ObGer, II. Ziv.Kammer, 13.12.1949, ZR 1950, Nr. 121).

2 Die Berufung auf Absatz 2 dieser Bestimmung ist unbehelflich, wenn die Verwertung der Eigentümerpfandtitel in der Betreibung auf Pfandverwertung bereits erfolgt ist (BS, Amtsbericht ObGer 1953, S. 67, BlSchK 1955, S. 148).

3 Überschreitung des Verbotes gesonderter Versteigerung des Grundstückes und dem darauf lastenden Schuldbrief führt zur Aufhebung des Steigerungszuschlages über Letzteren (BS, AB, 02.08.1957, BlSchK 1959, S. 88).

4 Läuft gleichzeitig gegen den Eigentümer des Drittpfandes ein auf die Verwertung des Grundpfandes abzielendes Zwangsvollstreckungsverfahren, so hat die gesonderte Verwertung (verpfändeter oder gepfändeter) Eigentümerpfandtitel zu unterbleiben (BS, AB, 26.04.1965, BlSchK 1967, S. 14).

Art. 36 III. Von der Aufnahme ausgeschlossene Ansprüche

¹ Ansprüche, die nach Ablauf der Anmeldungsfrist geltend gemacht werden, sowie Forderungen, die keine Belastung des Grundstückes darstellen, dürfen nicht in das Lastenverzeichnis aufgenommen werden. Das Betreibungsamt hat den Ansprechern von der Ausschliessung solcher Ansprüche sofort Kenntnis zu geben, unter Angabe der Beschwerdefrist (Art. 17 Abs. 2 SchKG).

² Im übrigen ist das Betreibungsamt nicht befugt, die Aufnahme der in dem Auszug aus dem Grundbuch enthaltenen oder besonders angemeldeten Lasten in das Verzeichnis abzulehnen, diese abzuändern oder zu bestreiten oder die Einreichung von Beweismitteln zu verlangen. Ein von einem Berechtigten nach Durchführung des Lastenbereinigungsverfahrens erklärter Verzicht auf eine eingetragene Last ist nur zu berücksichtigen, wenn die Last vorher gelöscht worden ist.

1 Zinse, die nicht mehr grundpfandgesichert sind, stellen keine Belastung des Grundstückes dar und sind im Lastenverzeichnis abzuweisen (BS, AB, 24.08.1946, BlSchK 1947, S. 185).

2 Forderungsansprüche, die nicht grundpfändlich gesichert sind, dürfen nicht in das Lastenverzeichnis aufgenommen werden (BS, AB, 16.01.1954, BlSchK 1956, S. 122).

3 (i.V.m. Art. 138 Abs. 1 Ziff. 3 SchKG) – Wer seine Forderung beim Grundbuch angemeldet hat, darf sich ganz allgemein darauf verlassen, dass sie bei der Versteigerung des Grundstücks durch das BA berücksichtigt werde (BS, AB, 23.10.1967, BJM 1968, S. 78).

4 Kein Anspruch auf Errichtung eines Bauhandwerkerpfandrechts nach Ablauf der Anmeldefrist bei der Zwangsverwertung von Grundstücken (Art. 837 Abs. 1, Ziff. 3 ZGB, Art. 138 Abs. 2 Ziff. 3 SchKG). Der Anspruch auf Errichtung eines Bauhandwerkerpfandrechts richtet sich grundsätzlich gegen den jeweiligen Eigentümer des Grundstücks. Ist die Geltendmachung gegenüber einem andern Grundeigentümer als dem Bauherrn davon abhängig, dass bereits Leistungen des Handwerkers oder Unternehmers erfolgt sind, durch die das Grundstück eine Wertvermehrung erfahren hat? Frage offen gelassen. – Im Falle der Zwangsverwertung eines Grundstücks kann die Eintragung nicht mehr nach Ablauf der Frist von Art. 138 Abs. 2 Ziff. 3 SchKG verlangt werden (ZH, ObGer, II. Ziv.Kammer, 07.12.1967, ZR 1968, Nr. 21).

5 Nicht Bestreitung, sondern Beschwerde muss erhoben werden, wenn geltend gemacht wird, das Lastenverzeichnis sei nicht den Eingaben oder den Einträgen im Grundbuch entsprechend erstellt

worden oder gäbe nur unklar Auskunft über eine Last. Beschränkte Beschwerdelegitimation des Schuldners (BE, AB, 30.08.1978, BlSchK 1982, S. 8).

6   (i.V.m. Art. 138 Abs. 2, Ziff. 3 SchKG) – Vom Grundsatz, dass es sich bei der Anmeldefrist von Art. 138 Abs. 2 Ziff. 3 SchKG um eine Verwirkungsfrist handelt, rechtfertigt sich keine Ausnahme, wenn der Pfandgläubiger irrtümlich eine zu niedrige Forderung eingegeben und diese erst nach Ablauf der Eingabefrist berichtigt hat (BGE 113 III 17).

7   Für Forderungen aus der Lieferung elektrischer Energie besteht mangels gesetzlicher Grundlage kein gesetzliches Pfandrecht. – Besteht kein gesetzliches Pfandrecht, so stellt die Forderung keine Belastung des Grundstücks dar; das BA ist daher befugt, die Aufnahme in das Lastenverzeichnis gestützt auf Art. 36 Abs. 1 VZG abzulehnen (BGE 117 III 36).

8   Das Grundstück nicht belastende Forderungen – Im BGE 117 III 36 E. 3 hat das BGer ausgeführt, dass gemäss Art. 36 Abs. 1 VZG Forderungen, die keine Belastung des Grundstücks darstellen, nicht in das Lastenverzeichnis aufgenommen werden. Das Betreibungs- oder Konkursamt ist deshalb zur Prüfung der in einem gewissen Grad immer auch materiellrechtlichen Frage, ob eine Forderung eine Belastung des Grundstückes darstelle, befugt; denn wenn für die angemeldete Forderung kein Pfandrecht besteht, stellt sie keine Belastung des Grundstücks dar und ist somit gemäss der erwähnten Bestimmung nicht ins Lastenverzeichnis aufzunehmen (BGE 120 III 32).

9   (i.V.m. Art. 133 ff. SchKG und Art. 712a ff. ZGB) – Die gemeinschaftlichen Teile eines zu Stockwerkeigentum ausgestalteten Grundstücks stehen nicht zwingend zur Verfügung sämtlicher Stockwerkeigentümer; denn das Reglement kann Abweichendes vorbehalten. – Das BA darf das Lastenverzeichnis, wie es sich aus dem Grundbuchauszug ergibt, nicht abändern. In einer Betreibung auf Pfandverwertung, in der ja der zu verwertende Gegenstand von vornherein bestimmt ist, hat es die Zwangsverwertung auf diesen Gegenstand allein zu beschränken; vorliegend auf die Stockwerkeinheiten, unter Ausschluss der Parkplätze, die als persönliche Dienstbarkeiten zugunsten des Schuldners das Gesamtgrundstück belasten (BGE 121 III 24).

Art. 37   C. Mitteilung

¹ Das Lastenverzeichnis ist sämtlichen Gläubigern, zu deren Gunsten das Grundstück gepfändet ist, allen Grundpfandgläubigern sowie den aus Vormerkungen Berechtigten (Art. 959 ZGB) und dem Schuldner mitzuteilen.

² Die Mitteilung erfolgt mit der Anzeige, dass derjenige, der einen im Verzeichnis aufgeführten Anspruch nach Bestand, Umfang, Rang oder Fälligkeit bestreiten will, dies innerhalb von zehn Tagen, von der Zustellung an gerechnet, beim Betreibungsamt schriftlich unter genauer Bezeichnung des bestrittenen Anspruchs zu erklären habe, widrigenfalls der Anspruch für die betreffende Betreibung als von ihm anerkannt gelte (Art. 140 Abs. 2 und 107 Abs. 2 und 4 SchKG).

³ Ist infolge einer früheren Betreibung bereits ein Prozess über eine im Lastenverzeichnis enthaltene Last anhängig, so hat das Betreibungsamt hiervon im Lastenverzeichnis von Amtes wegen Vormerk zu nehmen, unter Angabe der Prozessparteien und des Rechtsbegehrens. Der Ausgang des pendenten Prozesses ist auch für das Lastenverzeichnis der neuen Betreibung massgebend.

1   Können spätere Tatsachen ein nachträgliches Lastenbereinigungsverfahren rechtfertigen? Jedenfalls nicht die behauptete Tilgung einer nicht in Betreibung stehenden Schuldbriefforderung im letzten Rang durch einen Dritten, und wäre es auch allenfalls ohne Eintritt desselben in die Gläubigerrechte (BGE 76 III 41).

2   Ein Streit, der sich nicht auf den Bestand oder Rang einer Grundpfandlast, sondern bloss auf die Person des derzeit berechtigten Gläubigers bezieht, ist nicht im Lastenbereinigungsverfahren auszutragen. Die Vorschrift des Art. 39 VZG über die Verteilung der Parteirollen ist auf einen solchen Streit nicht anwendbar. Das BA hat den Streitenden zu überlassen, sich gütlich oder rechtlich ausei-

nanderzusetzen; es darf weder dem einen noch dem andern eine Klagefrist ansetzen (BGE 87 III 64).

3   Das Lastenverzeichnis ist sämtlichen Gläubigern, zu deren Gunsten das Grundstück gepfändet ist, allen Grundpfandgläubigern sowie den aus Vormerkungen Berechtigten und dem Schuldner mitzuteilen. Erfolgt eine Bestreitung, so hat das BA nach Art. 107 Abs. 5 SchKG zu verfahren. Handelt es sich um ein im Grundbuch eingetragenes Recht, dessen Bestand oder Rang vom Eintrag abhängt, so ist die Klägerrolle demjenigen zuzuweisen, der eine Abänderung oder die Löschung des Rechts verlangt. Wenn über einen in das Lastenverzeichnis aufgenommenen Anspruch Streit entsteht oder zur Zeit der Aufstellung des Verzeichnisses bereits ein Prozess anhängig ist, so ist die Versteigerung bis zum Austrag der Sache einzustellen, sofern der Streit die Festsetzung des Zuschlagspreises beeinflusst oder durch eine vorherige Versteigerung sonst berechtigte Interessen verletzt würden. – Rechtsmissbrauch kann auch im Betreibungsrecht nicht geschützt werden (AR, AB, 10.02.1978, BlSchK 1983, S. 144).

4   (i.V.m. Art. 140 SchKG) – Für die Überprüfung der Begründetheit der sich aus dem Grundbuch oder aus der Anmeldung ergebenden Lasten ist nicht der Betreibungsbeamte, sondern allein der Richter im Lastenbereinigungsverfahren zuständig. Vorgehen bei der Lastenbereinigung: Diese richtet sich nach Art. 140 Abs. 2 SchKG und Art. 37 ff VZG. Wenn der betriebene Grundpfandeigentümer Forderung und Pfandrecht eines Gläubigers bestritten hat, wird es aller Voraussicht nach zu einer Lastenbereinigung kommen. Die Forderung des Gläubigers, dessen Forderung und Pfandrecht bereits bestritten ist, die sich aber aus dem Grundbuch ergibt, ist ins Lastenverzeichnis aufzunehmen und dieses ist gemäss Art. 37 Abs. 1 und 2 VZG sämtlichen Gläubigern, zu deren Gunsten das Grundstück gepfändet ist, allen Grundpfandgläubigern und dem Schuldner mittels Formular VZG Nr. 9 mitzuteilen. Hält in der Folge der Schuldner an seiner Bestreitung fest oder bestreiten andere Grundpfandgläubiger Bestand und Rang des angemeldeten Grundpfandrechts des Gläubiger, so ist Letzterem die Klagefrist nach Art. 107 Abs. 5 SchKG anzusetzen (Art. 39 Abs. 1 VZG) (GR, AB, 21.09.1982, PKG 1982, S. 109, BlSchK 1986, S. 144).

5   (i.V.m. Art. 107 Abs. 2 SchKG und Art. 140) – Rechtswirkung der Bestreitung einer im Lastenverzeichnis eingetragenen Forderung. – Die Bestreitung einer im Lastenverzeichnis eingetragenen Forderung verhindert den Eintritt der Rechtskraft des Lastenverzeichnisses im Umfange der Bestreitung nur gegenüber dem Bestreitenden (BGE 113 III 17).

6   Berechtigter Personenkreis für Zustellung Lastenverzeichnis – (Abs. 1 i.V.m. Art. 102 VZG und Art. 140 Abs. 2 i.V.m. Art. 156 SchKG) – Das Lastenverzeichnis in der Betreibung auf Pfändung oder Pfandverwertung ist den Pfändungsgläubigern, den Grundpfandgläubigern, den aus Vormerkungen berechtigten Personen sowie dem Schuldner zuzustellen. Ausserhalb des Verfahrens stehende Gläubiger haben darauf keinen Anspruch und können keinesfalls die im Lastenverzeichnis enthaltenen Ansprüche bestreiten (BE, AB, 31.07.1995, BlSchK 1996, S. 21).

7   Abänderung Lastenverzeichnis – Voraussetzungen – (Abs. 2 und i.V.m. Art. 40 VZG, Art. 17, 107 ff., 140 Abs. 2 SchKG) – Voraussetzungen der Abänderung des Lastenverzeichnisses. Bei nachträglicher Abänderung oder Ergänzung des Lastenverzeichnisses durch das BA hat dieses die Betroffenen auf die Bestreitungsmöglichkeit gemäss Art. 37 Abs. 2 VZG hinzuweisen und nach erfolgter Bestreitung das Widerspruchsverfahren nach Art. 107 ff. SchKG durchzuführen. Im Beschwerdeverfahren betreffende Anordnung des Doppelaufrufs wird nicht über die materiellrechtliche Frage des Vorranges eines Pfandrechts gegenüber einem Wohnrecht entschieden (LU, SchKKomm, 16.04.1998, LGVE 1998 I 38, Das BGer hat eine dagegen erhobene Beschwerde abgewiesen).

8   Mitteilung des Lastenverzeichnisses – Beweis – (i.V.m. Art. 34 SchKG) – Die Zustellung ist vom BA zu beweisen, das bei der Zustellung mehrerer Urkunden auch hiefür den Beweis erbringen muss, d.h. es muss auch der Inhalt der Postsendung, z.B. Begleitbrief, aus dem der genaue Inhalt der Postsendung entnommen werden kann, beweisen (GR, AB, 06.07.1994, PKG 1994, S. 118).

9   (i.V.m. Art. 140 SchKG, Art. 117 VZG und Art. 841 ZGB) – Vorrecht Bauhandwerker gegenüber vorgehenden Pfandgläubigern – Die Gültigkeit eines vorrangigen Pfandrechts kann einzig durch Bestreitung des Lastenverzeichnisses mit anschliessendem gerichtlichem Widerspruchsverfahren ange-

fochten werden; der Bauhandwerker kann daher im Rahmen des von ihm gestützt auf Art. 841 ZGB i.V.m. Art. 117 VZG eingeleiteten Zivilverfahrens den Bestand des Pfandrechts des vorgehenden Pfandgläubigers nicht mehr in Frage stellen (VS, KG, 12.06.2001, BlSchK 2003, S. 90).

10 (i.V.m. Art. 34 und 64 SchKG) – Abgrenzung zwischen Mitteilungen und Betreibungsurkunden – Der Zahlungsbefehl und die Konkursandrohung gehören zu den Betreibungsurkunden und wohl auch die Pfändungsurkunde. Spezialanzeigen gemäss Art. 37 Abs. 2 VZG gehören eindeutig zu den Mitteilungen, SchKK des BGer, 25.09.2002, BlSchK 2003, S. 113).

Art. 38   D. Bereinigung
I. Zugehör

¹ Während der Frist für die Anfechtung des Lastenverzeichnisses können die Pfandgläubiger, die bisher dazu noch nicht in der Lage waren, beim Betreibungsamt verlangen, dass noch weitere Gegenstände als Zugehör der Liegenschaft in das Verzeichnis aufgenommen werden (Art. 11 Abs. 3 hiervor).

² Sind im Lastenverzeichnis Gegenstände als Zugehör des Grundstückes aufgeführt (Art. 34 Abs. 1 Buchst. *a* hiervor), so hat das Betreibungsamt gleichzeitig mit der nach Artikel 37 hiervor zu erlassenden Anzeige den Pfändungsgläubigern, dem Schuldner, und wenn die Gegenstände von einem Dritten als Eigentum beansprucht werden, auch diesem mitzuteilen, dass innerhalb der gleichen Frist die Zugehöreigenschaft dieser Gegenstände oder einzelner derselben beim Betreibungsamt bestritten werden könne.

³ Werden die Zugehörgegenstände zugleich von einem Dritten als Eigentum beansprucht, so ist die zehntägige Frist zur Bestreitung dieses Anspruchs (Art. 107 Abs. 2 SchKG) sämtlichen Pfändungs- und Pfandgläubigern und dem Schuldner anzusetzen.

Art. 39   II. Parteirolle und Gerichtsstand im Prozess

Erfolgt eine Bestreitung, so verfährt das Betreibungsamt nach Artikel 107 Absatz 5 SchKG. Handelt es sich um ein im Grundbuch eingetragenes Recht, dessen Bestand oder Rang vom Eintrag abhängt, oder um ein ohne Eintrag gültiges gesetzliches Pfandrecht, so ist die Klägerrolle demjenigen zuzuweisen, der eine Abänderung oder die Löschung des Rechtes verlangt.

1   Ein Streit, der sich nicht auf den Bestand oder Rang einer Grundpfandlast, sondern bloss auf die Person des derzeit berechtigten Gläubigers bezieht, ist nicht im Lastenbereinigungsverfahren auszutragen. Die Vorschrift des Art. 39 VZG über die Verteilung der Parteirollen ist auf einen solchen Streit nicht anwendbar. Das BA hat den Streitenden zu überlassen, sich gütlich oder rechtlich auseinanderzusetzen; es darf weder dem einen noch dem andern eine Klagefrist ansetzen (BGE 87 III 64).

2   Das Lastenverzeichnis ist sämtlichen Gläubigern, zu deren Gunsten das Grundstück gepfändet ist, allen Grundpfandgläubigern sowie den aus Vormerkungen Berechtigten und dem Schuldner mitzuteilen. Erfolgt eine Bestreitung, so hat das BA nach Art. 107 Abs. 2 SchKG zu verfahren. Handelt es sich um ein im Grundbuch eingetragenes Recht, dessen Bestand oder Rang vom Eintrag abhängt, so ist die Klägerrolle demjenigen zuzuweisen, der eine Abänderung oder die Löschung des Rechts verlangt. Wenn über einen in das Lastenverzeichnis aufgenommenen Anspruch Streit entsteht oder zur Zeit der Aufstellung des Verzeichnisses bereits ein Prozess anhängig ist, so ist die Versteigerung bis zum Austrag der Sache einzustellen, sofern der Streit die Festsetzung des Zuschlagspreises beeinflusst oder durch eine vorherige Versteigerung sonst berechtigte Interessen verletzt würden (AR, AB, 10.02.1978, BlSchK 1983, S. 144).

3   Ist eine Hypothekarschuld gestützt auf das Grundbuch in das Lastenverzeichnis aufgenommen worden, so ist das BA nicht zur Prüfung befugt, ob derjenige, der Inhaber des diesbezüglichen

Schuldbriefes zu sein behauptet, materiell berechtigt ist. Das BA muss die Klägerrolle für den Widerspruchsprozess nach Massgabe von Art. 39 VZG demjenigen zuweisen, der eine Abänderung oder Löschung des in das Lastenverzeichnis aufgenommenen Rechts verlangt (BGE 112 III 26).

4 (i.V.m. Art. 140 SchKG) – Das BA hat denjenigen, der ein in das Lastenverzeichnis aufgenommenes Recht bestreitet, ohne Verzug aufzufordern, im Sinne von Art. 108 SchKG gerichtliche Klage zu erheben (BGE 112 III 109).

5 Wird eine Last bestritten, welche mit dem der Grundbucheintrag entsprechenden Bestand und Rang ins Lastenverzeichnis aufgenommen wurde, so hat als Kläger aufzutreten, wer die Änderung oder Löschung der Last verlangt (GR, AB, 13.02.1984, PKG 1984, Nr. 51).

Art. 40   III. Ergänzung oder Berichtigung durch die Aufsichtsbehörde

Wird das Lastenverzeichnis infolge einer Beschwerde durch Verfügung der Aufsichtsbehörde ergänzt oder berichtigt, so hat das Betreibungsamt die Ergänzung oder Änderung den Beteiligten wiederum unter Ansetzung einer zehntägigen Bestreitungsfrist mitzuteilen.

1 (i.V.m. Art. 37 Abs. 2 VZG und Art. 17, 107 ff, 140 Abs. 2 SchKG) – Bei nachträglicher Abänderung oder Ergänzung des Lastenverzeichnisses durch das BA hat dieses die Betroffenen auf die Bestreitungsmöglichkeit gemäss Art. 37 Abs. 2 VZG hinzuweisen und nach erfolgter Bestreitung das Widerspruchsverfahren nach Art. 107 ff. SchKG durchzuführen. Im Beschwerdeverfahren betreffend Anordnung des Doppelaufrufs wird nicht über die materiellrechtliche Frage des Vorranges eines Pfandrechts gegenüber einem Wohnrecht entschieden (LU, SchKKomm, 16.04.1998, LGVE 1998 I 38, das BGer hat eine dagegen erhobene Beschwerde abgewiesen).

Art. 41
Aufgehoben.

Art. 42   IV. Vom Schuldner anerkannte, von einem Gläubiger mit Erfolg bestrittene Ansprüche

Ist ein Anspruch von einem Gläubiger mit Erfolg bestritten, vom Schuldner dagegen durch Nichtbestreitung anerkannt worden, so kann der Ansprecher verlangen, dass das Grundstück sowohl mit als ohne Anzeige der von ihm behaupteten Last ausgeboten und dass, wenn das Angebot für das Grundstück mit der Last zur Befriedigung des Gläubigers, der den Anspruch bestritten hat, ausreiche, das Grundstück unter Berücksichtigung der Last zugeschlagen werde (Art. 56 hiernach).

Art. 43   V. Anfechtung von Rang und Höhe. Verhältnis zwischen Gläubigern einer Gruppe

¹ Rang und Höhe der im Lastenverzeichnis aufgeführten Pfandforderungen können von demjenigen, der dazu im Lastenbereinigungsverfahren Gelegenheit hatte, bei der Verteilung nicht mehr angefochten werden.

² Nahmen mehrere Gläubiger an der Pfändung teil, so wirkt eine Bestreitung und gerichtliche Anfechtung des Lastenverzeichnisses nicht zugunsten derjenigen Gruppengläubiger, welche die Last nicht bestritten haben.

1 (i.V.m. Art. 140 SchKG und Art. 112 Abs. 2 VZG) – Abänderung eines rechtskräftigen Lastenverzeichnisses von Amtes wegen. – Rechtsmittel und Frist zur Anfechtung des Lastenverzeichnisses – Prinzip der Gleichbehandlung der Gläubiger öffentlichen und privaten Rechts. Die Verfahrensvorschriften, die den Rang der Grundpfandrechte im Verhältnis zueinander festlegen, können nicht als

nachgiebiges oder als zwingendes Recht betrachtet werden, je nach dem, ob die sichergestellten Forderungen auf privatem oder öffentlichem Recht beruhen.

Aufnahme privilegierter gesetzlicher Grundpfandrechte in das Lastenverzeichnis unter dem Titel rechtsgeschäftlich vereinbarter; leicht feststellbar könne eine solche Ungenauigkeit auf rechtzeitig erhobenen Beschwerde hin berichtigt werden; im Stadium der Verteilung ist dies nicht mehr möglich (BGE 120 III 20/21).

Art. 44 E. Revision der Schätzung

Nach Durchführung des Lastenbereinigungsverfahrens ist festzustellen, ob seit der Pfändung Änderungen im Werte des Grundstückes, wie namentlich infolge Wegfall von Lasten, eingetreten sind. Das Ergebnis einer solchen neuen Schätzung ist den Beteiligten mitzuteilen. Die Bestimmung des Artikels 9 Absatz 2 hiervor findet entsprechende Anwendung.

C. Steigerungsbedingungen

Art. 45 A. Inhalt
I. Im allgemeinen

¹ Die Steigerungsbedingungen müssen ausser der Angabe des Schuldners, des Gläubigers, auf dessen Begehren die Verwertung erfolgt, des Ortes und der Zeit der Steigerung sowie der Beschreibung des Grundstückes und seiner Zugehör mindestens folgende Bestimmungen enthalten:

a. die Bestimmung, dass das Grundstück mit allen nach dem Lastenverzeichnis darauf haftenden Belastungen (Dienstbarkeiten, Grundlasten, Grundpfandrechte und vorgemerkte persönliche Rechte) versteigert werde, unter Überbindung der damit verbundenen persönlichen Schuldpflicht auf den Erwerber für nicht fällige Forderungen, soweit sie nach dem Zuschlagspreis noch zu Recht bestehen (Art. 135 SchKG);
b. wenn mehrere Grundstücke zu versteigern sind, die Angabe, ob sie gesamthaft oder in Einzelgruppen und in welchen oder parzellenweise und evtl. in welcher Reihenfolge sie versteigert werden;
c. wenn ein doppeltes Ausgebot den Grundstücks oder seiner Zugehör stattfindet (Art. 42 hiervor, 57 und 104 hiernach), die Bestimmung, dass der Meistbieter beim ersten Ausgebot für sein Angebot behaftet bleibe bis nach Schluss des zweiten Ausgebotes (Art. 56 hiernach);
d. die Angabe der Beträge, die der Ersteigerer auf Abrechnung am Zuschlagspreis bar zu bezahlen, sowie diejenige Posten, die er über den Zuschlagspreis hinaus zu übernehmen hat (Art. 46 und 49 hiernach);
e. die Bestimmung, ob und allfällig für welchen Betrag an der Steigerung selbst Barzahlung zu leisten sei, ob ein Zahlungstermin im Sinne des Artikels 136 SchKG gewährt werde und ob und welche Sicherheit in diesem Falle für den gestundeten Betrag an der Steigerung selbst oder innerhalb einer in den Steigerungsbedingungen zu bestimmenden Frist verlangt werden kann. Für den Fall, dass die Barzahlung oder Sicherheit an der Steigerung selbst verlangt wird, ist zu bestimmen, dass der Zuschlag von ihrer Leistung abhängig gemacht werde und dass deshalb jeder Bieter bei seinem Angebot so lange behaftet bleibe, als nicht dem Höherbietenden der Zuschlag erteilt sei;
f. wenn das Betreibungsamt den Betrag der einzelnen Angebote beschränken will, die Bestimmung, dass jeden Angebot das vorhergehende um einen bestimmten Betrag übersteigen müsse;

g. eine Bestimmung über die Wegbedingung der Gewährspflicht.

² Das entsprechend dem Ausgange allfälliger Prozesse oder Beschwerden berichtigte oder ergänzte Lastenverzeichnis ist den Steigerungsbedingungen als Anhang beizufügen.

1 Das Lastenverzeichnis kann durch die Steigerungsbedingungen nicht abgeändert werden (BGE 99 III 70).

2 Wann darf vom normalen Inhalt der Steigerungsbedingungen abgewichen werden? Stehen die Pflichten eines Ersteigerers klar und unmissverständlich fest, so spielt es für ihn keine Rolle, ob sie vom üblichen Inhalt der Steigerungsbedingungen (Art. 45–51 VZG), abweichen (BGE 60 III 34). Zulässigkeit der Überbindung von Handänderungsgebühren an den Ersteigerer zum Zuschlagspreis hinaus, wenn der Schuldner noch nicht als Eigentümer im Grundbuch eingetragen ist. – *Rechtsnatur der Beitragsforderung der Stockwerkeigentümergemeinschaft.* – Für die Beitragsforderung der Stockwerkeigentümergemeinschaft besteht gegen den jeweiligen Stockwerkeigentümer ein Anspruch auf Errichtung eines Pfandrechts (Art. 712i ZGB). Der Anspruch ist realobligatorischer Natur; der jeweilige Stockwerkeigentümer hat die Eintragung des Pfandrechts auch dann zu dulden, wenn er nicht Schuldner der Forderung ist. Die Überbindung der Zahlungspflicht an den Erwerber in den Steigerungsbedingungen diente hier dazu, einen Eintrag der Pfandrechts auf gerichtlichem Weg und allfällig dadurch bewirkte Verzögerungen zu verhindern, was zweckmässig war. Offen bleiben kann, ob die Überbindung auf Anrechnung am Zuschlagspreis zu erfolgen hatte oder nicht. Das Pfandrecht der Stockwerkeigentümer ist nur mittelbar ein gesetzliches Pfandrecht. Die Folge eines Verstosses gegen Art. 46 Abs. 1 VZG wäre höchstens die Anfechtbarkeit durch die hiezu berechtigen Beteiligten, zu denen der Ersteigerer nicht gehört, niemals aber die Nichtigkeit. Selbst wenn die Steigerungsbedingungen nicht oder infolge Anfechtung ungültig wären, müsste die Versteigerung mit neuen Bedingungen wiederholt und der Zuschlag an den Beschwerdeführer vorerst kassiert werden (vgl. BGE 98 III 57 und 73 III 27) (LU, SchKKomm, 17.12.1981, LGVE 1981 I 34, das BGer hat einen gegen diesen Entscheid erhobenen Rekurs abgewiesen, soweit es darauf eintrat).

3 Nach Art. 55 Abs. 1 des Abwasserreglementes einer bernischen Gemeinde geht die Schuldpflicht für die vom Eigentümer noch nicht bezahlte Einkaufsgebühr ohne Rücksicht auf den Erwerbsgrund auf den Erwerber des Grundstücks über. Diese Bestimmung hat im Zwangsvollstreckungsverfahren keine Gültigkeit. Nach dem Grundsatz der derogatorischen Kraft des Bundesrechts dürfen die Kantone und Gemeinden keine Vorschriften aufstellen, die dem Bundesrecht widersprechen oder die Verwirklichung von Bundesrecht verunmöglichen (BE, Verwaltungsgericht, 02.10.1978, BlSchK 1980, S. 20).

4 Es ist nicht bundesrechtswidrig, in den Steigerungsbedingungen für einen bestimmten Betrag Barzahlung und für den Restkaufpreis Sicherheitsleistung vorzusehen. In diesem Falle hat der Steigerungsleiter die mit dem Zuschlag verbundenen Kosten zu schätzen und die zu verlangende Sicherheit dementsprechend anzusetzen.

Bei der Beurteilung der Zahlungsfähigkeit eines Steigerers darf der Steigerungsleiter dessen Steuerkraft und die Tatsache, dass von ihm beherrschte Gesellschaften zahlungsunfähig sind, mitberücksichtigen (BGE 109 III 107/108).

5 (Abs. 1 lit. g i.V.m. Art. 234 Abs. 1 OR) – Abgesehen von besonderen Zusicherungen oder von absichtlicher Täuschung der Bietenden, findet in der Zwangsversteigerung eine Gewährleistung nicht statt (vgl. BGE 95 III 22) (BGE 120 III 136).

Art. 46   II. Barzahlung des Steigerungspreises
1. effektiv

¹ Auf Abrechnung am Zuschlagspreis ist in den Steigerungsbedingungen vom Ersteigerer Barzahlung zu verlangen für die fälligen, durch vertragliches oder gesetzliches Pfandrecht gesicherten Kapitalforderungen, die fälligen Kapitalzinse, inbegriffen Verzugszinse und Betreibungskosten, die Verwaltungskosten, soweit sie nicht aus den eingegangenen Erträg-

A. Verwertung im Pfändungsverfahren **Art. 47**

nissen Deckung finden, die Verwertungskosten und für den allfälligen, den Gesamtbetrag der pfandgesicherten Forderungen übersteigenden Mehrerlös.

² Als fällig sind diejenigen Kapital- und Zinsforderungen zu behandeln, die nach den Angaben im rechtskräftigen Lastenverzeichnis im Zeitpunkt der Versteigerung fällig sind, inbegriffen solche mit gesetzlichem Pfandrecht, sowie in Betreibung gesetzte Pfandforderungen, wenn ein Rechtsvorschlag nicht erfolgt oder gerichtlich aufgehoben worden ist.

³ Pfandforderungen, die nicht fällig sind, müssen dem Ersteigerer stets überbunden werden (Art. 45 Abs. 1 Buchst. *a* hiervor).

1   Nicht zu den Kosten der Pfandverwaltung (Art. 262 Abs. 2 SchKG) gehören die Kollokationsprozesskosten der Masse betreffend eine Hypothek. Es ist unzulässig, die Kosten vorweg dem auf vorgehende Pfandforderungen entfallenden Pfanderlös zu entnehmen und für sie in den Steigerungsbedingungen Barzahlung auf Rechnung des Preises zu verlangen (BGE 72 III 67).

Art. 47   2. auf andere Weise

¹ Will der Ersteigerer eine bar zu bezahlende Pfandforderung auf andere Weise tilgen (z.B. durch Schuldübernahme oder Novation), so darf das Betreibungsamt dies nur berücksichtigen, wenn ihm innerhalb der in den Steigerungsbedingungen für die Zahlung festgesetzten oder durch Zustimmung sämtlicher Beteiligter verlängerten Frist (Art. 63 Abs. 1 hiernach) eine Erklärung des Gläubigers über dessen anderweitige Befriedigung vorgelegt wird.

² Wird ein solcher Ausweis nicht erbracht, so hat das Betreibungsamt sofort nach Ablauf des Zahlungstermins eine neue Steigerung anzuordnen (Art. 143 SchKG).

1   Der Titular einer ins Lastenverzeichnis aufgenommenen, von einem andern Gläubiger durch noch hängige Klage bestrittenen fälligen Pfandforderung kann (wenigstens für sich allein) nicht wirksam auf die Barzahlung verzichten (BGer, 05.12.1957, BlSchK 1959, S. 20).

2   Zusätzliche Frist von 10 Tagen, welche dem Ersteigerer im Gefolge eines Beschwerdeverfahrens von der kantonalen AB eingeräumt wird, damit er den Zuschlagspreis bezahlen kann; soweit diese zusätzliche Frist die Verlängerung der der Beschwerde erteilten aufschiebenden Wirkung bezweckt, ist sie aus praktischen Gründen gerechtfertigt und mit der Rechtsprechung vereinbar (BGE 109 III 37).

Art. 48   III. Überbindung
   1. auf Abrechnung am Zuschlagspreis

¹ Die bis zum Steigerungstag laufenden Zinse der überbundenen Pfandforderungen werden dem Ersteigerer auf Abrechnung am Zuschlagspreis überbunden, sofern die Steigerungsbedingungen nicht ausdrücklich etwas anderes bestimmen.

² Hinsichtlich der im Zeitpunkt der Versteigerung laufenden Erträgnisse können die Steigerungsbedingungen bestimmen, dass sie als Entgelt für die Überbindung der laufenden Zinse der nicht fälligen Pfandforderungen dem Ersteigerer zufallen. An Stelle des Steigerungstages kann auch ein entsprechender Zinstermin als massgebend für Nutzens- und Schadensanfang bestimmt werden. Dagegen dürfen schon eingezogene und noch ausstehende fällige Erträgnisse dem Ersteigerer nicht zugewiesen werden.

Art. 49   2. ohne Abrechnung am Zuschlagspreis

¹ Ohne Abrechnung am Zuschlagspreis sind dem Ersteigerer durch die Steigerungsbedingungen zur Zahlung zu überbinden:
a.   die Kosten der Eigentumsübertragung und der in bezug auf die Grundpfandrechte, Dienstbarkeiten usw. erforderlichen Löschungen und Änderungen im Grundbuch und

Art. 50

in den Pfandtiteln, mit Einschluss der Kosten des in Artikel 69 hiernach vorgeschriebenen Verfahrens betreffend fehlende Pfandtitel über Grundpfandrechte, die durch die Versteigerung ganz oder teilweise untergegangen sind, sowie die Handänderungsabgaben;

b. die im Zeitpunkt der Versteigerung noch nicht fälligen und daher im Lastenverzeichnis nicht aufgeführten Forderungen mit gesetzlichem Pfandrecht (Art. 836 ZGB, Brandassekuranzsteuern, Liegenschaftensteuern usw.), ferner die laufenden Abgaben für Gas, Wasser, Elektrizität u.dgl.

² Zu weiteren Zahlungen über den Zuschlagspreis hinaus kann der Ersteigerer nicht verpflichtet werden, ausser es sei in den Steigerungsbedingungen vorgesehen.

1 Belastung des Ersteigerers mit den Verteilungskosten: Von dieser Belastung sind ausgenommen die nicht tarifierten Kosten, wie z.B. diejenigen der (allenfalls wiederholten) Vorzeigung der Liegenschaft an Interessenten (BGE 78 III 131).

2 Nach Art. 55 Abs. 1 des Abwasserreglementes einer bernischen Gemeinde geht die Schuldpflicht für die vom Eigentümer noch nicht bezahlte Einkaufsgebühr ohne Rücksicht auf den Erwerbsgrund auf den Erwerber des Grundstücks über. Diese Bestimmung hat im Zwangsvollstreckungsverfahren keine Gültigkeit. Nach dem Grundsatz der derogatorischen Kraft des Bundesrechts dürfen die Kantone und Gemeinden keine Vorschriften aufstellen, die dem Bundesrecht widersprechen oder die Verwirklichung von Bundesrecht verunmöglichen (BE, Verwaltungsgericht, 02.10.1978, BlSchK 1980, S. 20).

3 Grundstückgewinsteuer – Die in den Steigerungsbedingungen aufgeführten Forderungen, die dem Ersteigerer ohne Anrechnung am Zuschlagspreis zu überbinden sind, müssen bereits vor der Versteigerung bestehen. Dies ist nicht der Fall bei der Grundstückgewinsteuer, die mit dem Zuschlag entsteht (BGE 120 III 128).

4 Die bei der Grundstückversteigerung anfallende Grundstückgewinsteuern sind Kosten der Verwertung (Art. 157 Abs. 1 SchKG) und demzufolge vom Bruttoerlös abzuziehen und zu bezahlen bevor der Nettoerlös an die Gläubiger verteilt wird (BGE 122 III 246).

5 (i.V.m. Art. 106 und 117 VZG) – Art. 106 VZG ist auch auf die Verwertung im Konkursverfahren anwendbar. – Steigerungsbedingungen, welche die Zahlung des Betrages, der den Baupfandgläubigern zusteht, zusätzlich zur verlangten Akontozahlung vorschreiben, verletzen die Art. 107 und 117 VZG nicht (BGE 119 III 127).

6 (Abs. 2 und i.V.m. Art. 649a und 712h-k ZGB) – Fällige Beiträge an gemeinschaftliche Kosten bei Stockwerkeinheiten – Die Bestimmungen der von den Miteigentümern vereinbarten Nutzungs- und Verwaltungsordnung können dem Rechtsnachfolger eines Miteigentümers nur insoweit im Sinne von Art. 649a ZGB entgegengehalten werden, als sie einen unmittelbaren Bezug zur gemeinschaftlichen Verwaltung und Nutzung der Sache haben. Dass trifft nicht zu auf eine Bestimmung, wonach der Erwerber einer Stockwerkeinheit solidarisch mit dem Veräusserer für die Bezahlung von fälligen gemeinschaftlichen Kosten und Lasten haftet. Voraussetzungen, unter denen bei der Zwangsverwertung eines Grundstückes der Ersteigerer verpflichtet sein kann, Zahlungen über den Zuschlagspreis hinaus zu leisten (BGE 123 III 53/54).

Art. 50 3. Miet- und Pachtverträge

Bestehen auf dem Grundstück Miet- oder Pachtverträge, so gehen sie mit dem Eigentum an der Sache auf den Erwerber über (Art. 261, 261b und 290 Bst. a OR).

1 Weist der Scheidungsrichter eine Liegenschaft im Rahmen der vorsorglichen Massnahmen des Scheidungsprozesses der Ehefrau zur Benützung zu, so liegt nicht ein Mietvertrag im Sinne des Obligationenrechts vor. Eine Überbindung dieses Benützungsrechts auf den Ersteigerer gemäss dieses Artikels ist daher ausgeschlossen. Steigerungsbedingungen, die der Betreibungsbeamte darüber

A. Verwertung im PfändungsverfahrenArt. 51

aufstellt, innert welcher Frist der Ersteigerer die Räumung des Objekts verlangen kann und ob diesem für die Benützung ein Entgelt geschuldet wird, sind ebenfalls nichtig (BGE 113 III 42).

Art. 514. Vorkaufsrecht

¹ Vertraglich begründete Vorkaufsrechte (Art. 216 Abs. 2 und 3 OR) können bei der Zwangsversteigerung nicht ausgeübt werden, gesetzliche Vorkaufsrechte nur nach Massgabe von Artikel 60a hiernach.

² Besteht zu Lasten des versteigerten Grundstücks ein im Grundbuch vorgemerktes Vorkaufsrecht, so wird es, wenn es nicht infolge des Ergebnisses eines doppelten Aufrufes des Grundstücks gelöscht werden muss (Art. 56 hiernach), so wie es im Lastenverzeichnis enthalten ist, dem Ersteigerer überbunden. Vorbehalten bleibt ein gerichtlicher Entscheid darüber, ob es nach seinem Inhalt bei einem künftigen Verkauf des Grundstücks geltend gemacht werden könne oder ob es erloschen sei.

1Die Zwangsverwertung bildet keinen Vorkaufsfall. Nach der bundesgerichtlichen Rechtsprechung (BGE 44 II 365) kann das vertragliche Vorkaufsrecht nicht gegenüber jedem Erwerber, sondern nur gegenüber dem Käufer geltend gemacht werden, und es kann auch nicht ausgeübt werden, wenn das betreffende Grundstück dem Besteller des Vorkaufsrechts durch Zwangsverwertung entzogen wird (ZH, ObGer, II. Kammer, 11.01.1946, BGer SchKK, 15.02.1946, ZR 1947, Nr. 12).

2(i.V.m. Art. 130 SchKG) – Freihandverkauf, Folgen für ein vertragliches Vorkaufsrecht – Das vertragliche Vorkaufsrecht, das an dem auf dem Weg des Freihandverkaufs im Nachlassverfahren mit Vermögensabtretung verwerteten Grundstück besteht, kann dem Erwerber gegenüber nicht ausgeübt werden (BGE 126 III 93).

Art. 52B. Abänderungen

Nachträgliche Abänderungen der Steigerungsbedingungen sind nur zulässig, wenn sie neu aufgelegt, publiziert und den Beteiligten nach Artikel 139 SchKG speziell zur Kenntnis gebracht werden.

1(i.V.m. Art. 134 Abs. 1 SchKG) – Ist das zu verwertende Grundstück vom BG über das bäuerliche Bodenrecht (BGBB) erfasst, gehört ein entsprechender Hinweis zum notwendigen Inhalt der Steigerungsbedingungen; werden die aufgelegten Steigerungsbedingungen nachträglich ergänzt, sind sie im Sinne von Art. 52 VZG neu aufzulegen.

Der Betreibungsschuldner, der noch vor dem Steigerungstag erfährt, dass in den aufgelegten Steigerungsbedingungen zu Unrecht nicht auf das BGBB hingewiesen worden war, und deren Ergänzung verlangen will, darf damit nicht untätig bis nach Abschluss der Steigerung zuwarten; wenn er nicht zu Beginn der Steigerung die mit dem erwähnten Mangel behafteten Steigerungsbedingungen beanstandet, kann er diese nicht mehr mit einer Beschwerde gegen den Zuschlag in Frage stellen (BGE 128 III 339).

2. Steigerungsakt und Zuschlag

A. Voraussetzungen des Zuschlags

Art. 53A. Im allgemeinen

¹ Bei der Berechnung des Zuschlagspreises (Art. 142a in Verbindung mit Art. 126 Abs. 1 SchKG) dürfen von den dem betreibenden Gläubiger vorgehenden pfandgesicherten Forderungen (Kapital, rückständige Zinsen, laufender Zins bis zum Steigerungstag, allfällige Verzugszinse und Betreibungskosten) nur diejenigen berücksichtigt werden, die im Lastenver-

zeichnis enthalten und unbestritten geblieben oder gerichtlich gutgeheissen, evtl. noch beim Richter anhängig sind (Art. 141 SchKG).

² Ist das Grundstück in mehreren Pfändungen (Gruppen) enthalten, so fallen nur diejenigen pfandgesicherten Forderungen in Betracht, die gegenüber der Pfändung, in der die Verwertung verlangt wird, zu Recht bestehen.

³ Pfandlasten, die erst nach der Pfändung ohne Bewilligung des Betreibungsamtes in das Grundbuch eingetragen wurden, fallen bei der Berechnung des Zuschlagspreises ausser Betracht, wenn sie nicht schon vorher kraft Gesetzes entstanden sind und allen eingetragenen Belastungen vorgehen.

Art. 54 B. Wenn ein Pfandgläubiger auf Pfändung betreibt und
I. der Pfandgläubiger die Verwertung verlangt

¹ Hat ein Pfandgläubiger für eine grundpfandgesicherte Forderung auf Pfändung betrieben und das ihm verpfändete Grundstück in Pfändung erhalten, so kann, wenn der Pfandgläubiger die Verwertung verlangt und die in Betreibung gesetzte Forderung im Lastenverzeichnis enthalten ist (Art. 53 Abs. 1 hiervor), der Zuschlag erfolgen, wenn nur die dem betreibenden Gläubiger im Range vorgehenden grundpfandgesicherten Forderungen überboten sind.

² Wenn jedoch der Pfandgläubiger nur für Zinse oder nur für einen Teil der Kapitalforderung auf Pfändung betrieben hat, so darf nur zugeschlagen werden, wenn auch die Kapitalforderung, soweit sie nicht in Betreibung gesetzt wurde, überboten ist.

1   Die Berechnung des Zuschlagspreises, wenn der betreibende Grundpfandgläubiger nur die Zinsforderung geltend macht. Diese fallen bei der Berechnung des Zuschlagspreises ausser Betracht. Überboten muss einzig die Kapitalforderung werden, sofern sie nicht in Betreibung gesetzt wurde. Ob der nach der Deckung der Vorgänge erzielte Mehrerlös ausschliesslich zur Befriedigung des betreibenden Zinsgläubigers oder auch für die im gleichen Range stehenden Zinsforderungen eines mitbetreibenden Gläubigers heranzuziehen ist, ist ein Problem der Verteilung und betrifft den Mindestzuschlagspreis nicht (GR, AB, 23.10.1984, PKG 1984, Nr. 50, vgl. BGE 110 III 72, 84 III 92/93).

Art. 55 II. ein anderer Gläubiger die Verwertung verlangt

Ist der Gläubiger, für dessen grundpfandgesicherte Forderung das Grundpfand selbst gepfändet ist, mit dieser Betreibung Teilnehmer einer Gruppe und wird die Verwertung von einem andern Gruppengläubiger verlangt, so muss auch jene grundpfandgesicherte Forderung, sofern sie im Lastenverzeichnis enthalten ist, überboten sein, damit der Zuschlag erfolgen kann.

B. Steigerungsverfahren

Art. 56 A. Doppelaufruf
I. Im allgemeinen

Muss der Aufruf des Grundstückes sowohl mit als ohne Anzeige einer Last stattfinden (Art. 42 hiervor und 104 hiernach), so ist, wenn dies nicht schon in den Steigerungsbedingungen erwähnt ist, jedenfalls vor Beginn der Steigerung den Beteiligten davon Kenntnis zu geben. Für den Zuschlag gelten folgende Bestimmungen:

a. Der erste Aufruf *mit* der Last erfolgt mit dem Bemerken, dass der Meistbieter für sein Angebot behaftet bleibe bis nach Schluss eines allfälligen zweiten Aufrufs ohne die Last. Reicht beim ersten Aufruf das Angebot zur Befriedigung des Gläubigers aus oder

A. Verwertung im Pfändungsverfahren Art. 57

wird ein allfälliger Fehlbetrag vom Dienstbarkeits- oder Grundlastberechtigten sofort bar bezahlt, so wird die Last dem Ersteigerer überbunden; ein zweiter Aufruf findet nicht statt.

b. Wird der Gläubiger durch das Meistgebot beim ersten Aufruf mit der Last nicht voll gedeckt, so muss ein zweiter Aufruf stattfinden mit dem Bemerken, dann das Grundstück *ohne* die Last zugeschlagen werde, es sei denn, dass auch dieser Aufruf keinen höhern Erlös ergebe. Wird durch den zweiten Aufruf ein höherer Erlös erzielt, so wird der Zuschlag erteilt und muss die Last im Grundbuch gelöscht werden, selbst wenn der Gläubiger voll gedeckt wird (Art. 116 hiernach).

c. Ergibt der Aufruf ohne die Last keinen höhern Erlös, so wird der Zuschlag dem Höchstbietenden im ersten Aufruf mit der Last erteilt und ihm diese überbunden.

1 Schutz der Interessen des Grundpfandgläubigers bei Zwangsversteigerung eines Grundstücks, das mit einer nicht im Grundbuch vorgemerkten landwirtschaftlichen Pacht belegt ist. – Indem der Gesetzgeber mit Art. 14 LPG bestimmt hat, dass im Falle der Zwangsverwertung der Erwerber in den Pachtvertrag eintritt, konnte er nicht den Schutz der Interessen der Grundpfandgläubiger, wie er insbesondere durch Art. 812 ZGB gewährleistet wird, in Frage stellen. Es kann daher nicht von einem qualifizierten Schweigen des Gesetzgebers ausgegangen werden, sondern nur von einer Gesetzeslücke, welche gemäss Art. 1 ZGB im Lichte von Art. 812 ZGB und der entsprechenden Vorschriften des SchKG (Art. 142 SchKG, Art. 56 und 104 VZG) zu schliessen ist (124 III 37).

Art. 57 II. Zugehör

Wenn Zugehörgegenstände mit dem Grundstück zu verwerten sind, so können der Schuldner und jeder betreibende Gläubiger und Pfandgläubiger vor der Steigerung zunächst getrennte und hernach gemeinsame Ausbietung von Zugehör und Grundstück verlangen. Übersteigt dabei das Ergebnis des Gesamtrufes die Summe der Einzelangebote, so gilt der Zuschlag an die Einzelangebote als dahingefallen.

Art. 58 B. Angebot
 I. Form

¹ Angebote, die an Bedingungen oder Vorbehalte geknüpft sind oder nicht auf eine bestimmte Summe lauten, darf das Betreibungsamt nicht berücksichtigen.

² Von Personen, die als Stellvertreter in fremdem Namen oder als Organ einer juristischen Person bieten, kann vor dem Zuschlag der Nachweis der Vertretungsbefugnis verlangt werden. Die allfälligen Ausweise sind, wenn dem Vertretenen zugeschlagen wird, bei den Akten aufzubewahren.

³ Angebote für namentlich nicht bezeichnete oder erst später zu bezeichnende Personen oder für noch nicht bestehende juristische Personen dürfen nicht angenommen werden.

⁴ Schriftliche Angebote sind bei Beginn der Steigerung den Teilnehmern bekanntzugeben und unter den gleichen Bedingungen wie mündliche Angebote zu berücksichtigen.

1 Wer in fremdem Namen bietet, hat sich auf Verlangen des Steigerungsleiters über seine Handlungsbefugnis auszuweisen. Ist er dazu nicht in der Lage, so darf sein Angebot unberücksichtigt bleiben (BGE 82 III 55).

2 Fortsetzung der Steigerung im Falle, dass sich das letzte Angebot als nach Art. 58 Abs. 3 VZG ungültig erweist (entsprechende Anwendung von Art. 60 Abs. 2 VZG). – Befugnis des betriebenen Schuldners, an der Steigerung teilzunehmen. – Das BA darf ein Angebot des Schuldners nicht übergehen, ohne ihm Gelegenheit zu geben, die Zweifel an seiner Fähigkeit zur Erfüllung der Steigerungsbedingungen zu beseitigen. – Hat der Schuldner das Recht zur Anfechtung des Zuschlages an

einen Dritten dadurch verwirkt, dass er an der vom BA unter Missachtung seines Angebotes fortgesetzten Steigerung nicht teilnahm? Das BGer verneint diese Frage. Nachdem das BA sein Angebot als unbeachtlich behandelt und einen Zwischenruf des Vertreters des Pfändungsgläubigers, dieses Angebot sei ungültig, nicht zurückgewiesen hatte, konnte es dem Schuldner als zwecklos erscheinen, sich weiterhin an der Steigerung zu beteiligen. Aus seinem Verhalten dürfen daher keine für ihn nachteiligen Schlüsse gezogen werden (BGE 93 III 39).

3 Ungültigkeit von Angeboten für Personen, die bei Stellung des Angebotes nicht namentlich bezeichnet werden (BGE 93 III 39).

4 Nichtigkeit des freihändigen Verkaufs einer Liegenschaft im Konkurs, wenn der Offerent nicht bekannt gegeben wurde oder die bietende juristische Person noch nicht gegründet worden ist (BGE 128 III 104).

5 Der Zuschlag des Vollstreckungsbeamten ist eine betreibungsrechtliche Verfügung. Die Rechtsnatur wie auch die Besonderheiten des – öffentlich durchzuführenden – Steigerungsverfahrens lassen nicht zu, die allgemeinen Regeln über das Zustandekommen eines Vertrages, insbesondere die Bestimmungen über Antrag und Annahme (Art. 3 ff. OR) hier auch nur sinngemäss anzuwenden (BGE 128 III 198/199).

6 Ein schriftliches Steigerungsangebot kann bis zu seiner Bekanntgabe bei Beginn der Steigerung zurückgezogen werden (BGE 128 III 198).

Art. 59   II. Gemeinsames Angebot mehrerer

Bieten mehrere Personen gemeinsam und erklären sie nichts anderes, so wird ihnen das Grundstück zu Miteigentum zu gleichen Teilen zugeschlagen.

Art. 60   III. Ausruf der Angebote und Zuschlag

¹ Jedes Angebot wird dreimal ausgerufen und dabei jeweilen angegeben, ob es sich um den ersten, zweiten oder dritten Ausruf handelt. Das Betreibungsamt ist verpflichtet, demjenigen Bieter, der das letzte und höchste Angebot gemacht hat, sofort öffentlich den Zuschlag zu erteilen.

² Der Zuschlag erfolgt, wenn nach den Steigerungsbedingungen eine sofort zu leistende Barzahlung oder Sicherheitsleistung verlangt wird, nur nach deren Leistung; andernfalls wird in Fortsetzung der Steigerung das nächst tiefere Angebot nochmals dreimal ausgerufen und, wenn es nicht überboten wird, daraufhin der Zuschlag erteilt.

1 Dreimaliger Ausruf mit jeweiliger Angabe, ob es der erste, zweite oder dritte Aufruf sei. Kennzeichnung des dritten Aufrufes durch erläuternde Bemerkungen des BB. Der Vorschrift des Art. 60 Abs. 1 VZG ist genügt, wenn bei jedem Aufruf unmissverständlich zum Ausdruck gebracht wird, der wievielte es ist, gleichgültig, ob sich der Gantleiter hiebei der entsprechenden Ordnungszahl oder eines andern Ausdrucksmittels bedient (BGE 83 III 38)

2 Aufhebung einer konkursamtlicher Versteigerung wegen fehlerhaften Ausrufsverfahrens. – Bei einer Gant machte ein Bürger von Liechtenstein das höchste Angebot. Da er keine Bewilligung der Bodenrechtskommission zum Erwerb der Liegenschaft vorweisen konnte, schlug der Gantleiter diese sofort dem zweithöchsten Offerenten zu. – In diesem Falle hat der Steigerungsleiter nach Verweigerung des Zuschlages an den Ausländer das nächst tiefere Angebot erneut dreimal auszurufen und darf jenem Bieter die Liegenschaft erst zuschlagen, wenn er nicht überboten wird. Das gegenteilige Vorgehen verunmöglicht höher Angebote Dritter. Die Steigerung ist daher analog BGE 93 III 39 gesamthaft aufzuheben und zu wiederholen (TG, Rekurskomm., 11.11.1975, BlSchK 1978, S. 87).

3 Verhältnis von Barzahlung und Sicherheit. – Es liegt im Ermessen des BB, ob er eine Sicherheit für den gestundeten Betrag verlangen will. Eine vom Ersteigerer geforderte Barzahlung und Sicherheitsleistung kann auch kumulativ verlangt werden. Dies ergibt sich auch aus dem vorgedruckten Text

A. Verwertung im Pfändungsverfahren   Art. 60a

auf dem Formular VZG Nr. 13. Der Grundsatz der Gleichbehandlung der Steigerer gebietet nicht, bei jedem den Zuschlag erhaltenden Bieter eine Sicherheit zu verlangen, wenn die Voraussetzungen dazu vorerst nur bei einem dieser Bieter gegeben sind. Eine Gleichbehandlung wäre höchstens nur dann verletzt, wenn z.B. nicht bei allen Bietern die Barzahlung in der in den Steigerungsbedingungen erwähnten Höhe verlangt würde (ZH, ObGer, II. Ziv.Kammer, 30.09.1983, ZR 1985, Nr. 100).

4   (Abs. 2) – Erbringt ein Ersteigerer die sofort zu leistende Baranzahlung nicht, wird der Zuschlag nicht erteilt und nimmt die Steigerung beim nächst tieferen Angebot ihren Fortgang. War das ungültige Angebot das Einzige, so ist das Grundstück nochmals auszurufen mit der Anfrage, wer ein Angebot mache (ZH, ObGer, 04.05.2000, BlSchK 2001, S. 157).

5   Das unwiderrufliche Zahlungsversprechen einer anerkannten und solventen Bank ist der Barzahlung gleichzustellen (BGE 128 III 468).

6   (i.V.m. Art. 258 SchKG) – Das letzte und höchste Angebot muss vom Gantleiter dreimal ausgerufen werden. Folgt auf den dritten Ausruf nicht unverzüglich ein weiteres Angebot, so hat der letzte Bieter – sofern er die Steigerungsbedingungen erfüllt – Anspruch auf den Zuschlag (BGE 118 III 52).

7   (i.V.m. Art. 61 Abs. 1 VZG) – Wird gemäss den Steigerungsbedingungen vor dem Zuschlag eine Anzahlung an die Steigerungssumme verlangt, darf die Steigerung nicht zur Beschaffung des Geldes unterbrochen werden (BGE 130 III 133).

Art. 60a   IV. Ausübung gesetzlicher Vorkaufsrechte

¹ Gesetzliche Vorkaufsrechte können nur an der Steigerung selbst und zu den Bedingungen, zu welchen das Grundstück dem Ersteigerer zugeschlagen wird, ausgeübt werden (Art. 681 Abs. 1 ZGB).

² Vereinbarungen im Sinne von Artikel 681b Absatz 1 ZGB, die dem Vorkaufsberechtigten Vorzugsrechte gewähren, sind bei der Steigerung nicht zu beachten.

³ Nach dreimaligem Ausruf des Höchstangebotes hat der Leiter der Steigerung die anwesenden oder vertretenen Inhaber eines gesetzlichen Vorkaufsrechtes aufzufordern, sich über dessen Ausübung auszusprechen. Bis dies geschehen ist, bleibt der Meistbietende an sein Angebot gebunden.

⁴ Erklärt einer der Berechtigten, er wolle das Vorkaufsrecht zum angebotenen Preise ausüben, so wird ihm der Zuschlag erteilt. Geben mehrere Berechtigte diese Erklärung gemeinsam ab, so ist Artikel 59 hiervor, bei Miteigentümern Artikel 682 Absatz 1 Satz 2 ZGB anwendbar.

Art. 61   C. Steigerung und Protokoll

¹ Die Steigerung ist ohne Unterbrechung durchzuführen.

² Über jede Steigerung ist im Anschluss an die Steigerungsbedingungen ein Protokoll zu führen, das vom Steigerungsbeamten sowie vom Ersteigerer zu unterzeichnen ist.

1   (i.V.m. Art. 60 Abs. 2 VZG) – Wird gemäss den Steigerungsbedingungen vor dem Zuschlag eine Anzahlung an die Steigerungssumme verlangt, darf die Steigerung nicht zur Beschaffung des Geldes unterbrochen werden (BGE 130 III 133).

2   Im Lastenverzeichnis und Steigerungsprotokoll. Im Letztern (gegebenenfalls in dem diesem beigelegten Beschrieb) sind alle Gegenstände genau zu umschreiben (BGE 75 III 100).

Art. 62   D. Versicherte Zugehör

Werden Zugehörgegenstände, deren Gesamtheit den Gegenstand eines Versicherungsvertrages bildet (Art. 15 Abs. 1 Buchst. *c* hiervor), mitversteigert, so ist bei der Versteigerung auf die Versicherung aufmerksam zu machen. Wird die Gesamtheit der versicherten

Gegenstände von einer und derselben Person erworben, so ist der Versicherer vom Übergang des Eigentums sofort in Kenntnis zu setzen (Art. 3 der V vom 10. Mai 1910 betreffend die Pfändung, Arrestierung und Verwertung von Versicherungsansprüchen).

Art. 63 E. Zahlungverzug des Ersteigerers

¹ Befindet sich der Ersteigerer im Zahlungsverzug und können allfällige von ihm bestellte Sicherheiten nicht sofort ohne Betreibung oder Prozess liquidiert werden, so hat das Betreibungsamt, sofern nicht sämtliche Beteiligte (Schuldner, zu Verlust gekommene Pfandgläubiger, betreibende Gläubiger) zu einer Verlängerung der Zahlungsfrist ihre Einwilligung erteilen, ohne weiteres den Zuschlag aufzuheben und sofort eine neue Steigerung nach Artikel 143 Absatz 1 SchKG anzuordnen. Die Aufhebung des Zuschlages ist im Steigerungsprotokoll (Art. 61 hiervor) vorzumerken und dem Ersteigerer schriftlich anzuzeigen.

² Ist der Eigentumsübergang bereits im Grundbuch eingetragen (Art. 66 Abs. 3 hiernach), so beauftragt das Betreibungsamt das Grundbuchamt unter Hinweis auf die Aufhebung des Zuschlages mit der Löschung des Eintrages sowie der entsprechenden Vormerkung im Grundbuch.

1   Die dem Ersteigerer gewährte Zahlungsfrist (Art. 136 SchKG) kann nur mit Einwilligung sämtlicher Beteiligter verlängert werden. Im Konkursverfahren die zu Verlust kommenden Pfandgläubiger und die Konkursverwaltung. Fehlt diese Einwilligung, so ist der Zuschlag gemäss Art. 143 Abs. 1 SchKG und Art. 63 VZG (mangels Sicherheiten) ohne Weiteres aufzuheben; dies auf jeden Fall dann, wenn die versäumte Zahlung nicht nachgeholt wird, solange entweder die Aufhebung noch nicht verfügt oder einem dagegen ergriffenen Rechtsmittel gemäss Art. 36 SchKG aufschiebende Wirkung erteilt ist (BGE 75 III 11).

2   Die Steigerungsbedingungen müssen für alle Steigerungsteilnehmer die gleichen sein. Eine Verschärfung derselben ist unzulässig im Hinblick auf die Belangung des früheren Ersteigerers für den allfälligen Ausfall (BS, AB, 25.06.1947, BlSchK 1949, S. 54).

3   Zusätzliche Frist von 10 Tagen, welche dem Ersteigerer im Gefolge eines Beschwerdeverfahrens von der kantonalen AB eingeräumt wird, damit er den Zuschlagspreis bezahlen kann; soweit diese zusätzliche Frist die Verlängerung der der Beschwerde erteilten aufschiebenden Wirkung bezweckt, ist sie aus praktischen Gründen gerechtfertigt und mit der Rechtsprechung vereinbar (BGE 109 III 37).

4   Bei der Verwertung eines Luftfahrzeuges ist die Regel anzuwenden, wonach das BA den Zuschlag widerrufen und eine neue Versteigerung ansetzen muss, wenn die Bezahlung während der festgesetzten Frist ausbleibt (BGE 109 III 69).

5   Der Ersteigerer darf die Bezahlung des Restes des Zuschlagspreises nicht von der Zusicherung abhängig machen, dass das ihm zugeschlagene Luftfahrzeug in den Registern des ausländischen Landes, wo es eingetragen ist, gelöscht werde. Unterscheidung zwischen dem Luftfahrzeugregister und dem Luftfahrzeugbuch (BGE 109 III 69).

6   (i.V.m. Art. 195 SchKG) – Aufhebung eines Zuschlages nach Widerruf des Konkursverfahrens, da der Ersteigerer die restliche Zahlung von Fr. 50'000.– zwei bis drei Tage zu spät geleistet habe? Nach dem Widerruf eines Konkurses fehlt dem KA die Zuständigkeit (Parteifähigkeit). Als einzige Instanz zur Gewährung einer Verlängerung der Zahlungsfrist ist das KA. Die Duldung einer Verzögerung von zwei bis drei Tagen ist nicht zu beanstanden. Das BGer hat den gegen diesen Entscheid eingereichten Rekurs abgewiesen und festgestellt, dass eine verspätete Zahlung nicht von Amtes wegen die Aufhebung des Steigerungszuschlages zur Folge hat. Es bedürfe hiezu vielmehr der ausdrücklichen Verfügung des KA (AR, AB, 27.10.1983, BlSchK 1986, S. 233).

7   Es würde Sinn und Zweck von Art. 143 SchKG und Art. 63 VZG widersprechen, den verspätet, aber effektiv geleisteten Restpreis zurückzuzahlen und das Grundstück erneut zu versteigern.

Das unwiderrufliche Zahlungsversprechen einer anerkannten und solventen Bank ist der Barzahlung gleichzustellen (BGE 128 III 468).

Art. 64 F. Neue Steigerung
I. Bekanntmachung

¹ Die neue Steigerung darf nicht vor Ablauf eines Monats seit der frühern stattfinden.

² Sie ist in der Bekanntmachung ausdrücklich als «Neue Steigerung infolge Zahlungsverzugs des Ersteigerers» zu bezeichnen.

³ Eine neue Schätzung des Grundstücks ist nicht vorzunehmen; ebensowenig erfolgt eine nochmalige Fristansetzung zur Anmeldung von Ansprüchen nach Artikel 138 Absatz 2 Ziffer 3 SchKG.

Art. 65 II. Lastenverzeichnis und Steigerungsbedingungen

¹ Das für die frühere Steigerung aufgestellte Lastenverzeichnis ist auch für die neue und eine allfällig weiter notwendig werdende Steigerung massgebend. Kommen dem Betreibungsamt neue, in der Zwischenzeit entstandene öffentlich-rechtliche Lasten zur Kenntnis, so hat es sie von Amtes wegen zu berücksichtigen. In diesem Falle ist die Ergänzung des Lastenverzeichnisses den Interessenten nach Artikel 140 Absatz 2 SchKG (Art. 37 hiervor) mitzuteilen. In der Zwischenzeit fällig gewordene, im Lastenverzeichnis als laufend angemerkte Kapitalzinse sind mit dem entsprechenden Betrag unter die fälligen und bar zu bezahlenden Forderungen einzustellen, ohne dass aber deswegen eine Neuauflage des Lastenverzeichnisses nötig wäre.

² Die übrigen Steigerungsbedingungen können vom Betreibungsamt innerhalb der Grenzen der ihm in Artikel 134 Absatz 1 SchKG eingeräumten Befugnisse abgeändert werden. Werden sie erst nach ihrer Auflegung abgeändert, so ist die Vorschrift des Artikels 52 hiervor zu beobachten.

Art. 66 G. Vollzug des Zuschlages
I. Anmeldung des Eigentumsübergangs

¹ Die Anmeldung des durch den Zuschlag bewirkten Eigentumsüberganges an dem versteigerten Grundstück zur Eintragung in das Grundbuch erfolgt durch das Betreibungsamt von Amtes wegen, sobald feststeht, dass der Zuschlag nicht mehr durch Beschwerde angefochten werden kann oder die erhobene Beschwerde endgültig abgewiesen worden ist.

² Sie soll in der Regel erst erfolgen, nachdem die Kosten der Eigentumsübertragung sowie der Zuschlagspreis vollständig bezahlt sind.

³ Auf besonderes begründetes Begehren des Ersteigerers kann das Amt ausnahmsweise die Anmeldung auch vorher vornehmen, sofern der Ersteigerer für den ausstehenden Rest des Zuschlagspreises ausreichende Sicherheit leistet. In diesem Fall ist aber gleichzeitig eine Verfügungsbeschränkung nach Artikel 960 ZGB und Artikel 74 Absatz 2 der Verordnung vom 22. Februar 1910 betreffend das Grundbuch im Grundbuch anzumerken.

⁴ In denjenigen Kantonen, in denen die Eintragung im Grundbuch von der Bezahlung einer Handänderungssteuer abhängig gemacht wird, muss vor der Anmeldung auch diese an das Amt bezahlt oder der Ausweis über direkt geleistete Bezahlung erbracht werden.

⁵ Ist der Schuldner noch nicht als Eigentümer im Grundbuch eingetragen (z.B. als Erbe), so veranlasst das Betreibungsamt dessen vorgängige Eintragung gleichzeitig mit der Anmeldung des Eigentumsübergangs auf den Ersteigerer.

1 Der Freihandverkauf bedarf wie die öffentliche Versteigerung keiner öffentlichen Beurkundung, und der Eigentumserwerb erfolgt durch die zu protokollierende Verfügung des KA oder der Konkursverwaltung, mit welcher das zu verwertende Grundstück dem berücksichtigten Anbieter zugewiesen wird (Änderung der Rechtsprechung) (BGE 128 III 104/105).

2   In Analogie zum Fall des Konkurses entfaltet der Zuschlag eines Grundstückes die Wirkungen «ex nunc» von der Eröffnung des bestätigenden Beschwerdeentscheides an, wenn es sachlich und vernünftigerweise nicht möglich ist, auf alle mit dem Aufschub der Wirkungen gemäss dieser Bestimmung verbundenen Folgen zurückzukommen (BGE 129 III 100).

Art. 67   II. Person, die einzutragen ist

Das Betreibungsamt darf nur denjenigen, dem der Zuschlag erteilt worden ist, als Eigentümer in das Grundbuch eintragen lassen. Die Eintragung eines Dritten, der als Zessionar oder als vertraglicher Vorkaufsberechtigter in den Steigerungskauf einzutreten erklärt, ist unzulässig, selbst wenn der Ersteigerer damit einverstanden ist.

1   Die Zwangsverwertung bildet keinen Vorkaufsfall. Nach der bundesgerichtlichen Rechtsprechung (BGE 44 II 365 ff.) kann das vertragliche Vorkaufsrecht nicht gegenüber jedem Erwerber, sondern nur gegenüber dem Käufer geltend gemacht werden, und es kann auch nicht ausgeübt werden, wenn das betreffende Grundstück dem Besteller des Vorkaufsrechts durch Zwangsverwertung entzogen wird (ZH, OG, II. Kammer, 11.01.1946, Bundesgericht 15.02.1946, ZR 1947, Nr. 12).

2   Auch wenn Ausweise, wie das Familienbüchlein oder der Geburtsschein, in den gesetzlichen Vorschriften nicht genannt werden, so ist es doch normal und üblich, dass sie verlangt werden.

Das Erfordernis eines Ausweises kann nach dem Zuschlag nicht mehr angefochten werden, wenn dies nicht schon innert gesetzlicher Frist nach der Veröffentlichung geschehen ist und das Erfordernis im Übrigen auch nicht bestritten worden ist, als unmittelbar vor Beginn der Steigerung daran erinnert wurde (BGE 120 III 25).

Art. 68   III. Löschungen im Grundbuch

¹ Gleichzeitig mit der Anmeldung des Eigentumsübergangs zur Eintragung im Grundbuch hat das Betreibungsamt zur Löschung anzumelden:

a. leere Pfandstellen sowie Eigentümerpfandtitel, über die der Schuldner nicht verfügt hat (Art. 815 ZGB). Sind solche Titel verpfändet und ist die Faustpfandforderung fällig und deshalb dem Ersteigerer die entsprechende Pfandschuld nicht überbunden worden, so sind die Titel ebenfalls zu entkräften oder insoweit abzuschreiben, als sie durch den Zuschlagspreis nicht gedeckt sind;
b. die Pfandrechte und sonstigen Lasten, die nicht überbunden werden konnten;
c. die infolge der Pfändung des Grundstückes vorgemerkte Verfügungsbeschränkung (Art. 15 Abs. 1 Buchst. a hiervor).

² Ferner sind allfällige, im Lastenbereinigungsverfahren festgestellte, noch nicht im Grundbuch eingetragene Lasten (Dienstbarkeiten u.dgl.) zur Eintragung anzumelden.

1   (i.V.m. Art. 143 b, 135 Abs. 1 SchKG, Art. 110 Abs. 2 und Art. 69, und 111 Abs. 1 VZG) – Wird in einer Betreibung auf Pfandverwertung ein Grundstück freihändig verkauft, so gilt – nicht anders als im Falle der öffentlichen Versteigerung – der Grundsatz, dass bei auf dem Grundstück lastenden Schuldbriefen Grundpfandrecht und Titel so weit gelöscht werden müssen, als die persönliche Schuldpflicht nicht überbunden und der Gläubiger aus dem Pfanderlös nicht befriedigt wird (BGE 125 III 252).

Art. 69   IV. Zu löschende Pfandtitel

¹ Das Betreibungsamt hat die Titel über die durch die Versteigerung ganz oder teilweise untergegangenen Grundpfandrechte vor der Verteilung einzufordern. Werden sie nicht beigebracht, so hat das Betreibungsamt trotzdem die erforderlichen Löschungen oder Ab-

änderungen im Grundbuch zu veranlassen, die auf die betreffenden Forderungen entfallenden Beträge aber zu hinterlegen.

² Die stattgefundene Löschung oder Abänderung des Grundpfandrechts ist in diesem Falle durch einmalige Publikation im Amtsblatt zu veröffentlichen und dem Gläubiger, sofern sein Name und sein Wohnort bekannt sind, durch eingeschriebenen Brief zur Kenntnis zu bringen mit der Anzeige, dass die Veräusserung oder Verpfändung des gänzlich zu Verlust gekommenen Pfandtitels oder des teilweise zu Verlust gekommenen über den erlösten Betrag hinaus als Betrug strafbar wäre.

³ Ist der Inhaber des Titels unbekannt, so hat das Betreibungsamt die Löschung oder Abänderung des Grundpfandrechts öffentlich bekanntzumachen, unter Hinweis auf die in Absatz 2 hiervor erwähnte Folge einer Veräusserung oder Verpfändung des Titels.

Art. 70 V. Anzeige an Mieter und Pächter

¹ Bestehen auf dem versteigerten Grundstück Miet- oder Pachtverträge, so teilt das Betreibungsamt dem Mieter oder Pächter den Eigentumsübergang mit, unter Angabe des Zeitpunktes, von wann an der Erwerber den Zins zu beziehen berechtigt ist.

² Ist der Kaufpreis dem Ersteigerer gestundet worden, so erfolgt diese Anzeige erst, nachdem der Kaufpreis bezahlt und die im Grundbuch vorgemerkte Verfügungsbeschränkung vom Betreibungsamt zur Löschung angemeldet worden ist.

Art. 71 H. Ergebnislosigkeit der Steigerung

¹ Bleibt die Steigerung ergebnislos, weil kein genügendes Angebot im Sinne von Artikel 142a in Verbindung mit Artikel 126 Absatz 1 SchKG oder gar kein Angebot erfolgt, oder hat das Betreibungsamt nach Artikel 127 SchKG von der Verwertung abgesehen, so fällt die Betreibung in Hinsicht auf das gepfändete Grundstück und dessen Zugehör dahin; eine gesonderte Verwertung der letzteren ist unzulässig, es wäre denn, dass alle Beteiligten (Schuldner, pfändende Gläubiger und Pfandgläubiger) sich damit einverstanden erklären.

² Der noch nicht verteilte Reinerlös der Früchte und sonstigen Erträgnisse des Grundstückes (Art. 22 Abs. 1 hiervor) sowie einer allfälligen Ausfallforderung (Art. 72 hiernach) ist den betreibenden Pfändungs- und Pfandgläubigern (Art. 806 ZGB) zuzuweisen.

³ Vom Wegfall der Pfändung und der dadurch begründeten Verfügungsbeschränkung ist den Mietern oder Pächtern sowie dem Grundbuchamt sofort Anzeige zu machen.

Art. 72 J. Ausfallforderung

¹ Hat der Ersteigerer den Steigerungskauf nicht gehalten und ist an der neuen Steigerung (Art. 63 hiervor) ein geringerer Erlös erzielt worden, so hat das Betreibungsamt die Ausfallforderung zunächst in ihrer Höhe festzustellen und, falls sie vom Schuldner derselben innert Frist nicht beglichen wird, den bei der Verwertung des Grundstückes zu Verlust gekommenen betreibenden Gläubigern und Pfandgläubigern Anzeige zu machen mit der Aufforderung an sie, ein allfälliges Begehren um Verwertung der Forderung gemäss den Artikeln 130 Ziffer 1 und 131 SchKG innert der Frist von zehn Tagen anzubringen. Wird kein solches Begehren gestellt, so ist die Forderung an einer einzigen öffentlichen Steigerung zu verkaufen.

² Hat der Schuldner der Ausfallforderung für die Erfüllung der Steigerungsbedingungen Sicherheiten bestellt, so sind diese denjenigen Gläubigern, welche die Forderung zur Eintreibung oder als Erwerber übernommen haben, oder dem Erwerber zu übergeben (Art. 170 Abs. 1 OR).

³ Muss auch die neue Steigerung wegen Nichthaltung des Kaufs wiederholt werden und entsteht dadurch ein Mehrverlust, so ist diese Schadenersatzforderung gegen den zweiten Ersteigerer in gleicher Weise wie die ursprüngliche Ausfallforderung zu verwerten.

1 (i.V.m. Art. 143 Abs. 2 und Art. 131 SchKG) – Die Verwertung einer Ausfallforderung erfolgt grundsätzlich durch öffentliche Versteigerung. Die Verwertung durch Forderungsüberweisung an Zahlungsstatt oder zur Eintreibung bedarf der Zustimmung aller beteiligten Gläubiger (GR, AB, 09.11.1994, PKG 1995, S. 134).

3. Verwertung eines Miteigentumsanteils

Art. 73   A. Grundbuchauszug

Ist ein Miteigentumsanteil zu verwerten, so hat der vom Betreibungsamt einzufordernde Auszug aus dem Grundbuch (Art. 28 hiervor) nicht nur über den Anteil des Schuldners, sondern auch über das Grundstück als ganzes Auskunft zu geben.

1 Wird bei der Verwertung eines gepfändeten Miteigentumsanteils das verpfändete Grundstück als Ganzes öffentlich versteigert, so besteht kein Vorkaufsrecht des Miteigentümers (BE, AB, 07.08.1952, ZBJV 1953, S. 500).

2 Steht ein überbautes Grundstück im Miteigentum mehrerer Personen, ohne dass Stockwerkeigentum begründet worden wäre, aber in der Weise, dass jeder Anteil das Recht auf die Nutzung bestimmter Räume gewährt, und wird ein Anteil gepfändet, der zusammen mit andern Anteilen mit einem Grundpfandrecht belastet ist, so hat die Versteigerung des Grundstückes selbst in diesem Sinne alle pfandbelasteten Anteile, aber auch nur diese zum Gegenstand (BGE 96 III 27).

3 Verwertung von Miteigentumsanteilen im Konkurse – siehe Bescheid der SchKK des BGer vom 05.07.1976 an das Inspektorat für die Notariate, Grundbuch- und Konkursämter des Kantons Zürich (BGE 102 III 49 ff.).

4 Steigerungsanzeige – Verwertung eines Miteigentumsanteils – Ist der Umfang des zu verwertenden Grundpfandobjektes nicht bestimmt, weil in einem hängigen Grundbuchberichtigungsverfahren zu klären ist, ob der Grundpfandgegenstand mit einem Miteigentumsanteil an einem anderen Grundstück subjektiv-dinglich verknüpft ist, so kann zwar das Lastenbereinigungsverfahren eingeleitet, jedoch der Steigerungstermin bis zur rechtskräftigen Erledigung des Grundbuchberichtigungsprozesses noch nicht festgesetzt werden. Sollte im Grundbuchberichtigungsverfahren das Miteigentum bejaht werden, ist in der Folge nach Massgabe von Art. 73 ff. VZG vorzugehen (BGE 112 III 102).

Art. 73a   B. Bekanntmachung der Steigerung; Anmeldung von Rechtsansprüchen
I. Publikation

¹ Die Publikation der Versteigerung eines Miteigentumsanteils hat anzugeben, welcher Bruchteil bzw. welche Wertquote dem Schuldner zusteht, und muss die Beschreibung sowie den Schätzungswert des im Miteigentum stehenden Grundstücks und seiner Zugehör, im Falle von Stockwerkeigentum auch die Beschreibung sowie den Schätzungswert der dem Schuldner zugeschiedenen Grundstücksteile und ihrer allfälligen besondern Zugehör enthalten.

² Die Aufforderung zur Anmeldung von Pfandrechten und von solchen Dienstbarkeiten, die unter dem frühern kantonalen Recht entstanden und noch nicht in die öffentlichen Bücher eingetragen sind (Art. 29 Abs. 2 und 3 hiervor), hat sich nicht bloss auf derartige Rechte am gepfändeten Anteil, sondern auch auf derartige Rechte am Grundstück selbst zu beziehen.

A. Verwertung im Pfändungsverfahren Art. 73b

³ Ist nach dem Grundbuchauszug (Art. 73 hiervor) das Grundstück selbst pfandbelastet, so wird einstweilen der Zeitpunkt der Steigerung nicht festgesetzt, sondern nur die öffentliche Aufforderung im Sinne von Absatz 2 hiervor erlassen und die Lastenbereinigung durchgeführt.

Art. 73b II. Spezialanzeigen

¹ Für die Spezialanzeigen gilt Artikel 30 hiervor.

² Ist das Grundstück als solches verpfändet, so ist ein Exemplar der öffentlichen Aufforderung im Sinne von Artikel 73a Absätze 2 und 3 hiervor auch den Gläubigern der das Grundstück als solches belastenden Pfandforderungen sowie den Personen zuzustellen, denen nach dem Gläubigerregister an einer solchen Forderung ein Pfandrecht oder die Nutzniessung zusteht.

Art. 73c C. Lastenverzeichnis
I. Inhalt

Das Lastenverzeichnis (Art. 33 ff. hiervor) muss über den zu verwertenden Miteigentumsanteil und das Grundstück als solches die in Artikel 73a Absatz 1 hiervor vorgeschriebenen Angaben enthalten und die im Grundbuch eingetragenen sowie die auf Grund der öffentlichen Aufforderung (Art. 29 Abs. 2 und 3 und Art. 73a Abs. 2 hiervor) angemeldeten Belastungen des Anteils einerseits und des Grundstücks als solchem anderseits getrennt aufführen.

Art. 73d II. Mitteilung

Das Lastenverzeichnis ist sämtlichen Gläubigern, zu deren Gunsten der Miteigentumsanteil gepfändet ist, allen Grundpfandgläubigern, denen der Anteil oder das Grundstück selbst haftet, sowie den aus Vormerkungen Berechtigten und dem Schuldner mitzuteilen.

Art. 73e D. Vorgehen bei Pfandbelastung des Grundstücks als solchem.
I. Einigungsverhandlungen

¹ Ist nach dem Ergebnis des Lastenbereinigungsverfahrens das Grundstück als solches pfandbelastet, so hat die Steigerung einstweilen zu unterbleiben.

² Das Betreibungsamt versucht, durch Verhandlungen mit den am Grundstück als solchem pfandberechtigten Gläubigern und mit den andern Miteigentümern eine Aufteilung der betreffenden Pfandlasten auf die einzelnen Anteile herbeizuführen und im Falle, dass der Schuldner für eine durch das Grundstück als solches gesicherte Pfandforderung zusammen mit andern Miteigentümern solidarisch haftet, eine entsprechende Aufteilung der Schuldpflicht zu erreichen. Haben die Verhandlungen Erfolg, so ist, nachdem die erforderlichen Änderungen im Grundbuch vorgenommen sind, das Lastenverzeichnis ihrem Ergebnis anzupassen und der Anteil des Schuldners auf dieser Grundlage zu versteigern.

³ Das Betreibungsamt kann auch versuchen, durch Verhandlungen mit den Beteiligten die Aufhebung des Miteigentums zu erreichen und so zu ermöglichen, dass der betreibende Gläubiger aus dem Ergebnis der Verwertung der dem Schuldner zugewiesenen Parzelle oder aus dem Anteil des Schuldners am Ergebnis des Verkaufs des Grundstücks als solchem oder aus der dem Schuldner zukommenden Auskaufsumme (vgl. Art. 651 Abs. 1 ZGB ganz oder teilweise befriedigt werden kann.

⁴ Soweit zur Herbeiführung der angestrebten Änderungen der rechtlichen Verhältnisse nach Zivilrecht eine Mitwirkung des Schuldners erforderlich ist, tritt das Betreibungsamt an seine Stelle (Art. 23c hiervor).

⁵ Die obere kantonale Aufsichtsbehörde kann zur Durchführung dieser Einigungsverhandlungen sich selbst oder die untere Aufsichtsbehörde als zuständig erklären.

Art. 73f II. Versteigerung des Anteils

¹ Gelingt es nicht, die Pfandbelastung des Grundstücks als solchem und gegebenenfalls die Solidarschuldpflicht aufzuteilen, und kommt es auch nicht zur Aufhebung des Miteigentums, so ist der gepfändete Anteil nach vorheriger Publikation (Art. 73a Abs. 1 hiervor) und Benachrichtigung der Beteiligten im Sinne von Artikel 30 Absätze 2-4 und 73b Absatz 2 hiervor für sich allein zu versteigern. Die Aufforderung im Sinne von Artikel 29 Absätze 2 und 3 und Artikel 73a Absatz 2 hiervor ist dabei nicht zu wiederholen. Die Zwangsverwertung des Grundstücks als solchem ist unter Vorbehalt von Artikel 106a hiernach ohne Zustimmung aller Beteiligten nicht zulässig.

² Wird vor der Versteigerung des Anteils eine Grundpfandbetreibung angehoben, die das Grundstück als solches zum Gegenstand hat (Art. 106a hiernach), so ist dieser Betreibung der Vortritt einzuräumen.

Art. 73g E. Steigerungsbedingungen

¹ Die Bedingungen für die Versteigerung eines Miteigentumsanteils müssen ausser dem Schuldner und dem Gläubiger, auf dessen Begehren die Verwertung erfolgt (Art. 45 Abs. 1 am Anfang hiervor), auch die Personen nennen, die neben dem Schuldner Miteigentümer sind.

² Ist wegen Scheiterns der Einigungsverhandlungen im Sinne von Artikel 73e hiervor ein Miteigentumsanteil an einem Grundstück zu verwerten, das als ganzes verpfändet ist, so haben die Steigerungsbedingungen zu bestimmen, dass der Ersteigerer hinsichtlich der nach dem rechtskräftigen Lastenverzeichnis am Grundstück als ganzem bestehenden Pfandrechte und der dadurch gesicherten Forderungen ohne Anrechnung dieser Belastung auf den Steigerungspreis vollständig in die Rechtsstellung des Schuldners eintritt. Vorbehalten bleibt eine allfällige Erklärung des Gläubigers im Sinne von Artikel 832 Absatz 2 ZGB, er wolle den frühern Schuldner beibehalten (Art. 135 Abs. 1 Satz 2 SchKG).

³ Für die auf Grund von Artikel 712c ZGB errichteten Vorkaufs- und Einspruchsrechte gelten die Bestimmungen von Artikel 51 hiervor über die vertraglich begründeten und im Grundbuch vorgemerkten Vorkaufsrechte entsprechend.

Art. 73h F. Zuschlagspreis

Bei der Berechnung des nach Artikel 142a in Verbindung mit Artikel 126 SchKG erforderlichen Mindestangebots sind die auf dem Grundstück als ganzem lastenden Grundpfandforderungen nicht zu berücksichtigen.

Art. 73i G. Entsprechend anwendbare Bestimmungen

Unter Vorbehalt der Artikel 73–73h hiervor sind auf die Verwertung eines Miteigentumsanteils die Vorschriften der Artikel 25–72 hiervor entsprechend anwendbar.

4. Requisitorialverwertungen

Art. 74   A. Fälle

¹ Liegt das zu versteigernde Grundstück in einem andern Betreibungskreis, so ist das Verwertungsbegehren gleichwohl dem Betreibungsamt des Betreibungsortes einzureichen, auch wenn der Schuldner seit der Pfändung in einen andern Betreibungskreis gezogen ist. Der Beamte des Betreibungsortes beauftragt mit der Verwertung denjenigen des Kreises, in dem das Grundstück liegt, und leistet ihm auf Begehren einen angemessenen Kostenvorschuss.

² Liegt das Grundstück in mehreren Kreisen, so ist dasjenige Betreibungsamt zum Vollzug der Verwertung zuständig, in dessen Kreis der wertvollere Teil des Grundstückes liegt.

³ Sind mehrere gemeinsam verpfändete Grundstücke gesamthaft zu versteigern, so ist die Verwertung, wenn sich eines der Grundstücke im Betreibungskreis des Betreibungsortes befindet, durch das Betreibungsamt dieses Kreises zu vollziehen. Liegt kein Grundstück in diesem Kreis, so ist dasjenige Betreibungsamt zuständig, in dessen Kreis das wertvollere Grundstück liegt.

1   Auf die Verwertung von beweglichen Sachen, die in einem andern Betreibungskreis liegen, sind die Art. 74 ff. (VZG, insbesondere Abs. 1, Art. 75 Abs. 1, 76 und 77 Abs. 2) entsprechend anwendbar.
 – Sind dem mit der Verwertung beauftragten Amt vorgehende Pfändungen bekannt, so hat es den Verwertungserlös entgegen Art. 77 Abs. 2 VZG nicht dem auftraggebenden Amt, sondern dem Amt abzuliefern, bei dem die Betreibungen hängig sind, die zu diesen Pfändungen geführt haben (BGE 75 III 54).

Art. 75   B. Pflichten des ersuchten Amtes

¹ Das beauftragte Betreibungsamt hat alle mit der Verwertung verbundenen Verrichtungen, insbesondere die amtliche Verwaltung, die öffentlichen Bekanntmachungen (Art. 138, 143 SchKG), die nötigen Mitteilungen (Art. 139, 140 Abs. 2 SchKG, die Aufstellung des Lastenverzeichnisses (Art. 140 SchKG) und der Steigerungsbedingungen (Art. 134, 135 SchKG), den Einzug der Steigerungssumme sowie die Anmeldung des Eigentumsübergangs an dem versteigerten Grundstück im Grundbuch von sich aus zu besorgen.

² Wo das Gesetz auf das Ermessen des Betreibungsbeamten oder auf den Ortsgebrauch abstellt (Art. 134 Abs. 1, 135 Abs. 2, 137, 140 Abs. 3 SchKG), entscheidet der beauftragte Beamte.

³ Die Auswahl der Blätter für die Bekanntmachungen und die Festsetzung der Steigerungstermine steht innerhalb der gesetzlichen Schranken zunächst ebenfalls dem beauftragten Beamten zu; doch hat dieser begründete Begehren des auftraggebenden Beamten zu berücksichtigen.

1   Die Aufstellung des Verteilungsplanes ist Sache des ersuchenden Amtes. Mit den in Art. 75 VZG umschriebenen Handlungen des beauftragten Amtes sind die Tätigkeiten abgeschlossen. Aus Art. 78 VZG ist zu schliessen, dass die Aufstellung des Verteilungsplanes, als Teil eines neuen Verfahrensabschnittes der Verteilung, Aufgabe des ersuchenden Amtes ist. Zudem wird es in der Praxis so sein, dass nur das ersuchende Amt in der Lage sein wird, die genauen Beträge der einzelnen Gläubiger zu ermitteln und ein allfälliger Mehrerlös festzustellen (GR, AB, 06.11.1989, PKG 1989, S. 175).

Art. 76 C. Mitteilungen und Fristansetzungen

Zur richtigen Besorgung der Mitteilungen und Fristansetzungen (Art. 139, 140 Abs. 2 SchKG) hat der Beamte des Betreibungsortes dem Beauftragten mit dem Auftrag ein Verzeichnis der an der Betreibung beteiligten Gläubiger mit ihren Forderungssummen zuzustellen.

Art. 77 D. Aufschubbewilligung. Einkassierte Gelder

¹ Der beauftragte Beamte darf von sich aus keine Aufschubbewilligung im Sinne des Artikels 123 SchKG erteilen.

² Die bei dem beauftragten Amte eingehenden Gelder sind sofort dem ersuchenden Amte abzuliefern, wenn nicht etwas anderes bestimmt worden ist (Art. 24 hiervor).

Art. 78 E. Protokoll und Nachpfändung

¹ Nach Vollzug der Verwertung übermittelt der beauftragte Beamte dem ersuchenden Amte eine Abschrift des Verwertungsprotokolles mit den Belegen, die Schlussrechnung über das Ergebnis der Verwertung und den Erlös nach Abzug der Kosten. Das Original des Verwertungsprotokolls ist bei den Akten des beauftragten Amtes aufzubewahren.

² Zur Anordnung einer Nachpfändung (Art. 145 SchKG) sowie zur Aufstellung des Kollokationsplanes und zur Verteilung des Erlöses ist ausschliesslich das Betreibungsamt des Betreibungsortes zuständig (Art. 24 hiervor).

5. Versteigerung eines Miteigentumsanteils auf Anordnung des Richters

Art. 78a

¹ Zur Versteigerung auf Anordnung des Richters nach Artikel 649b Absatz 3 ZGB ist das Betreibungsamt oder, wenn das kantonale Recht es so bestimmt, das Konkursamt zuständig, in dessen Kreis das im Miteigentum stehende Grundstück oder der wertvollere Teile desselben liegt.

² Die Kosten des Versteigerungsverfahrens sind vom Gesuchsteller vorzuschiessen und aus dem Erlös vorweg zu decken.

³ Der Zuschlag kann zu einem den Betrag der Pfandforderungen erreichenden Preise erteilt werden, auch wenn kein Überschuss erzielt wird.

⁴ Das Ergebnis der Steigerung ist in allen Fällen, auch wenn sie erfolglos geblieben ist, dem Richter mitzuteilen.

⁵ Im übrigen sind die Artikel 73–73i hiervor, Artikel 73e Absatz 3 ausgenommen, entsprechend anwendbar. Eine Verwertung des im Miteigentum stehenden Grundstücks selbst infolge Grundpfandbetreibung (Art. 73f Abs. 2 hiervor und Art. 106a hiernach) ist indes nur abzuwarten, wenn sie unmittelbar bevorsteht.

III. Verteilung

Art. 79 A. Zeitpunkt der Verteilung

¹ Die Aufstellung des Kollokationsplanes und die Verteilung des Erlöses (Art. 144 ff. SchKG) dürfen erst erfolgen, wenn auch eine allfällige Ausfallforderung (Art. 72 hiervor) verwertet ist. Vorbehalten bleibt die Bestimmung des Artikels 199 SchKG.

² Der Kollokationsplan soll sich nur auf die Rangordnung der Pfändungsgläubiger erstrecken.

³ Die im rechtskräftigen Lastenverzeichnis enthaltenen fälligen Forderungen sollen sofort nach Eingang des Zuschlagspreises bezahlt werden, auch wenn die Schlussverteilung für die Pfändungsgläubiger noch nicht möglich ist.

Art. 80   B. Aufzulegende Aktenstücke

Mit dem Kollokationsplan und der Verteilungsliste sind gleichzeitig auch die Schlussrechnung über die Erträgnisse der Verwaltung und die Rechnung über die Kosten und Gebühren der Verwaltung und Verwertung zur Einsicht der Beteiligten und des Ersteigerers aufzulegen mit der Anzeige, dass sie durch Beschwerde angefochten werden können.

Art. 81   C. Verteilungsgrundsätze
          I. Im allgemeinen

Die Verteilung des Reinerlöses erfolgt nach folgenden Grundsätzen:

Zunächst sind diejenigen Grundpfandgläubiger und Inhaber von Pfandrechten an Pfandtiteln zu befriedigen, deren Forderungen im Lastenverzeichnis als fällig aufgeführt und unbestritten geblieben oder gerichtlich gutgeheissen sind; der Rest ist unter die Gläubiger, zu deren Gunsten das Grundstück gepfändet oder arrestiert war, zu verteilen; für die Gläubiger mit provisorischer Pfändung ist der Betrag zu deponieren.

Grundpfandgläubiger, deren Pfandrechte erst nach der Pfändung in das Grundbuch eingetragen oder im Lastenbereinigungsverfahren aberkannt, aber vom Schuldner durch Nichtbestreitung anerkannt worden sind, haben erst dann Anspruch auf den Erlös, wenn die Pfändungsgläubiger befriedigt sind, es sei denn, dass die nachträglich eingetragenen Pfandrechte schon vorher kraft Gesetzes entstanden sind und allen eingetragenen Belastungen vorgehen.

1   Ein erst nach der Pfändung des Grundstücks errichtetes mittelbares gesetzliches Pfandrecht (Pfandrecht der Stockwerkeigentümergemeinschaft für Beitragsforderungen, Art. 712i ZGB) geht der Pfändung im Range nach. Ein nach der Pfändung begründetes Pfandrecht bleibt zwar zivilrechtlich gültig, doch kann der pfändende Gläubiger das Grundstück ohne Rücksicht darauf verwerten lassen. Nur ein allfälliger Mehrerlös kommt den später Berechtigten zu. Eine Ausnahme bilden lediglich diejenigen unmittelbaren gesetzlichen Pfandrechte, die allen anderen (eingetragenen) Pfandrechten vorgehen (Art. 808 Abs. 3, 810 Abs. 3 und Art. 836 ZGB i.V.m. Art. 162 ff EG z. ZGB (GR, AB, 06.11.1989, PKG 1989, S. 175).

Art. 82   II. Wenn ein Grundpfandgläubiger auf Pfändung betreibt

¹ Hat ein Gläubiger für eine grundpfandgesicherte Forderung auf Pfändung betrieben und das ihm verpfändete Grundstück in Pfändung erhalten, so wird der Mehrerlös über die vorgehenden Pfandforderungen zunächst zur Deckung der in Betreibung gesetzten Zins- oder Kapitalforderung und sodann der nachgehenden grundpfandgesicherten Forderungen nach ihrer Rangordnung verwendet.

² Reicht der Mehrerlös zur Deckung der in Betreibung gesetzten Forderung nicht aus, so kann der Grundpfandgläubiger für den Ausfall sein Recht als Pfändungsgläubiger auf den Erlös aus den übrigen in der Pfändung enthaltenen Gegenständen nach der gesetzlichen Rangordnung geltend machen.

Art. 83 III. Früchte und Erträgnisse

Die Früchte und Erträgnisse des Grundstückes fallen, wenn dieses in mehreren (Einzel- oder Gruppen-)pfändungen enthalten ist, auch insoweit den Gläubigern einer vorgehenden Pfändung zu, als sie erst *nach* Vollzug einer nachgehenden Pfändung verwertet oder fällig werden, und zwar für so lange, als die Pfändung des Grundstückes selbst dauert. Vorbehalten bleiben die Rechte der betreibenden Grundpfandgläubiger nach Artikel 94 Absatz 3 SchKG und Artikel 806 ZGB (Art. 114 hiernach).

Art. 84 D. Verlustschein

¹ Dem betreibenden Gläubiger ist auch dann ein Verlustschein (Art. 149 SchKG) auszustellen, wenn die Steigerung erfolglos geblieben ist und eine Pfändung im Sinne des Artikels 145 SchKG nicht möglich war.

² Aufgehoben.

Art. 84a E. Verteilung des Erlöses aus einem Miteigentumsanteil

Ist der Erlös aus der Verwertung eines pfandbelasteten Miteigentumsanteils an einem als ganzes verpfändeten Grundstück zu verteilen, so gelten die Bestimmungen der Artikel 79 Absatz 3 und 81 Absatz 2 hiervor über die Bezahlung fälliger Pfandforderungen nur für die allein den Miteigentumsanteil, nicht auch für die das Grundstück als ganzes belastenden Pfandforderungen.

B. Verwertung im Pfandverwertungsverfahren

I. Vorverfahren

Art. 85 A. Rechtsvorschlag

Erhebt der Schuldner gegen den Zahlungsbefehl Rechtsvorschlag, so wird, wenn in diesem nichts anderes bemerkt ist, angenommen, er beziehe sich auf die Forderung und auf das Pfandrecht.

1 (i.V.m. Art. 82 und 283 SchKG) – Der Mietvertrag muss als Rechtsöffnungstitel für das Retentionsrecht anerkannt werden, da die Pfandanerkennung das Retentionsrecht als im schriftlichen Mietvertrag konkludent enthalten anzusehen ist (AG, ObGer, 4. Ziv.Kammer, 09.03.2000, AGVG 2000, S. 42, SJZ 2002, S. 158).

Art. 86 B. Unzulässigkeit

Die Anhebung einer Betreibung auf Grundpfandverwertung ist, ausser in den in den Artikeln 56–62 SchKG bestimmten Fällen, auch während der Dauer des öffentlichen Inventars für Schulden des Erblassers gegen die Erben oder die Erbmasse ausgeschlossen (Art. 586 ZGB), nicht dagegen während der Inventaraufnahme nach Art. 398 ZGB.

Art. 87 C. Pfandgegenstand
I. Subsidiäre Haftung

Haften von mehreren gemeinsam verpfändeten Grundstücken einzelne nur subsidiär, so wird die Betreibung zunächst nur gegen die andern angehoben und durchgeführt. Ergibt sich dabei ein Ausfall für die in Betreibung gesetzte Forderung, so hat der Gläubiger zur

B. Verwertung im Pfandverwertungsverfahren Art. 88

Verwertung der subsidiär haftenden Grundstücke ein neues Betreibungsbegehren zu stellen.

Art. 88 II. Eigentum eines Dritten. Familienwohnung
1. Allgemeine Vorschriften

¹ Wird vom betreibenden Gläubiger, sei es im Betreibungsbegehren, sei es im Verlaufe der Betreibung, das Pfand als im Eigentum eines Dritten stehend oder als Familienwohnung dienend bezeichnet, oder ergibt sich dies erst im Verwertungsverfahren, so ist dem Dritten oder dem Ehegatten des Schuldners oder des Dritten durch Zustellung eines Zahlungsbefehls die Möglichkeit zu verschaffen, Rechtsvorschlag zu erheben.

² Dieses Recht kann jedoch derjenige Dritteigentümer, der das Grundstück erst nach der Vormerkung einer Verfügungsbeschränkung im Grundbuch gemäss den Artikeln 90 und 97 hiernach erworben hat, nicht für sich beanspruchen.

³ Im übrigen kann das Betreibungsverfahren gegen ihn nur fortgeführt werden, soweit es auch gegen den persönlichen Schuldner möglich ist, und es sind auf dasselbe die Vorschriften der Artikel 57–62, 297 SchKG, 586 ZGB anwendbar. Die Betreibung gegen den persönlichen Schuldner wird unter Vorbehalt der Artikel 98 und 100 dieser Verordnung von derjenigen gegen den Dritteigentümer nicht berührt.

⁴ Diese Bestimmungen sind sinngemäss anwendbar, wenn das Pfandgrundstück im Mit- oder Gesamteigentum des Schuldners und eines Dritten steht.

1 Wer mit dem Schuldner gemeinschaftlicher Eigentümer des Pfandgrundstückes ist, muss als Dritteigentümer in die gegen jenen angehobene Betreibung einbezogen werden, selbst wenn eine besondere Betreibung gegen ihn als Mitschuldner hängig ist (BGE 77 III 30).

2 Erwerb der Pfandliegenschaft nach Ansetzung der Steigerung. Hat der Erwerber auf Zustellung eines Zahlungsbefehls Anspruch? – Wenn im Zeitpunkt der Eintragung als Eigentümer im Grundbuch eine Verfügungsbeschränkung zugunsten einer Betreibung vorgemerkt ist, muss der Erwerber eine Verwertung über sich ergehen lassen, ohne auf nachträgliche Zustellung in der betreffenden Betreibung eines Zahlungsbefehls Anspruch zu haben (BGE 78 III 3).

3 Wird in der Betreibung auf Grundpfandverwertung dem Dritteigentümer des Grundpfandes ein Zahlungsbefehlsdoppel zugestellt, damit er unabhängig vom Betreibungsschuldner seine Rechte wahren kann, so handelt es sich lediglich um ein Nebenverfahren der gegen den Forderungsschuldner gerichteten Betreibung, in welchem die gleichen Betreibungs- und richterlichen Behörden zuständig sind wie im Hauptverfahren (LU, SchKKomm, 25.09.1954, Max. X, Nr. 288).

4 Die Klage des Betreibungsgläubigers gegen den Drittpfandeigentümer auf Feststellung der mit dem Rechtsvorschlag bestrittenen Forderung bzw. auf Beseitigung eines solchen Rechtsvorschlages ist ihrer Natur nach nicht eine persönliche Ansprache, sondern eine dingliche Klage und darf deshalb auch im interkantonalen Verhältnis am Ort der gelegenen Sache angebracht werden. – Pfandgesicherte Forderungen als solche dürfen wegen ihrer Konnexität mit dem Pfandrecht am Ort der gelegenen Sache eingeklagt werden (LU, ObGer, I. Kammer, 14.11.1961, Max. XI, Nr. 61).

5 (i.V.m. Art. 153 Abs. 2 lit. b und Abs. 4 SchKG) – Betreibungsrechtliche Stellung der Ehefrau bei der Pfandverwertung der Familienwohnung – Durch die Zustellung des Zahlungsbefehls erhält die Ehefrau die Stellung einer Mitbetriebenen bezüglich der Verwertung des als Familienwohnung bezeichneten Pfandgrundstückes. Als Mitbetriebene kann die Ehefrau mit dem Rechtsvorschlag sowohl Bestand, Umfang oder Fälligkeit der Forderung bestreiten als auch Bestand um Umfang des Pfandrechts. Überdies steht ihr die Einwendung zu, die Verpfändung des Grundstücks habe gegen Art. 169 ZGB verstossen.

Im Rechtsöffnungsverfahren erlaubt die betreibungsrechtliche Stellung der Ehefrau als Mitbetriebene im Verfahren der Pfandverwertung der als Familienwohnung dienenden Liegenschaft einerseits Einwendungen nach Art. 169 ZGB vorzutragen, die den Schutz der Familienwohnung dienen und andererseits die dem Schuldner zustehenden Einreden geltend zu machen, falls sich dieser passiv verhält und sie dadurch der Gefahr ausgesetzt würde, die Familienwohnung zu verlieren. Für die Rechtsöffnung reicht jedoch die Schuldanerkennung des betriebenen Ehegatten aus, ohne dass sich der Gläubiger über einen besonderen Rechtsöffnungstitel gegenüber der Ehefrau ausweist (LU, SchKKomm, 05.08.1999, LGVE 1999 I 43, SJZ 2001, S. 37).

Art. 89   2. Konkurs des persönlich haftenden Schuldners

¹ Ist der persönliche Schuldner im Konkurs, gehört aber das Grundstück nicht zur Konkursmasse, so kann die Betreibung auf Pfandverwertung gegen den Gemeinschuldner und den Dritteigentümer auch während des Konkursverfahrens durchgeführt werden.

² Wird der Nachlass des Schuldners konkursamtlich liquidiert (Art. 193 SchKG), oder ist eine juristische Person infolge Konkurses untergegangen, so ist die Betreibung auf Pfandverwertung ausschliesslich gegen den dritten Pfandeigentümer zu richten.

³ Diese Bestimmungen sind auch dann anwendbar, wenn das Pfandgrundstück im Mit- oder Gesamteigentum des Schuldners und eines Dritten steht.

1   Absatz 1 ist auf die Verwertung eines von einem Dritten bestellten Faustpfandes im Konkurse der persönlichen Schuldners analog anwendbar (BE, AB, 16.09.1948, ZBJV 1950, S. 450).

2   (i.V.m. Art. 206 SchKG) – Betreibung auf Pfandverwertung gegen eine Aktiengesellschaft, die sich im Konkurs befindet. Die Zustellung des Zahlungsbefehls an den einzigen Verwaltungsrat der Aktiengesellschaft als persönlicher Eigentümer des Pfandes ist gültig (FR, Tribunal cantonal, 22.07.1971, BlSchK 1975, S. 24).

3   (i.V.m. Art. 206 SchKG) – Eine Betreibung auf Pfandverwertung kann gegen den Schuldner während der Dauer seines Konkursverfahrens angehoben werden, wenn das Pfand einem Dritten gehört. Betriebener ist der Konkursit persönlich und nicht die Konkursmasse. Auch der Dritteigentümer wird als Betriebener betrachtet (BGE 121 III 28).

Art. 90   D. Fakultative Verfügungsbeschränkung

¹ Auf Verlangen des betreibenden Pfandgläubigers hat das Betreibungsamt eine Verfügungsbeschränkung nach Artikel 960 ZGB zur Vormerkung im Grundbuch anzumelden (vgl. Art. 15 Abs. 1 Bst. a und 23a Bst. a hiervor), wenn entweder:
1. ein Rechtsvorschlag gegen den Zahlungsbefehl nicht (oder nicht in rechtsgültiger Form oder Frist) eingereicht oder
2. der gültig erhobene Rechtsvorschlag durch Urteil im Rechtsöffnungs- oder im ordentlichen Prozessverfahren oder durch Rückzug rechtskräftig beseitigt worden ist.

² Diese Vorschrift ist dem betreibenden Gläubiger mit der Zustellung des Doppels des Zahlungsbefehls zur Kenntnis zu bringen.

1   Schliesst das Bestehen einer Verfügungsbeschränkung im Sinne von Art. 960 Ziff. 1 ZGB die Zwangsverwertung der betreffenden Liegenschaft aus? Die als vorsorgliche Massnahme erlassene Verfügungsbeschränkung eines Vertragspartners im Kaufvertrag um die Liegenschaft kann sich nur auf die freiwillige Veräusserung und Belastung der Liegenschaft, nicht dagegen auf deren Zwangsverwertung beziehen. Ein Entscheid hierüber hat allenfalls im Widerspruchsverfahren zu ergehen (BGE 72 III 6).

2   (i.V.m. Art. 17 und 22 SchKG und Art. 97 VZG) – Die Anmeldung einer Verfügungsbeschränkung im Grundbuch durch das BA ist als betreibungsrechtliche Handlung mit Beschwerde nach Art. 17 SchKG anfechtbar. Verstösst eine solche Anmeldung gegen die in Art. 90 bzw. 97 VZG, hat dies keine Nichtigkeit zur Folge (LU, SchKKomm, 05.01.2004, LGVE 2004 I 51).

Art. 91 E. Miet- und Pachtzinse
I. Zinsensperre

¹ Verlangt der betreibende Pfandgläubiger die Ausdehnung der Pfandhaft auf die Miet- und Pachtzinsforderungen (Art. 806 ZGB), so stellt das Betreibungsamt sofort nach Empfang des Betreibungsbegehrens fest, ob und welche Miet- oder Pachtverträge auf dem Grundstück bestehen, und weist die Mieter oder Pächter unter Hinweis auf die Gefahr der Doppelzahlung unverzüglich an, die von nun an fällig werdenden Miet- und Pachtzinse an das Betreibungsamt zu bezahlen.

² Die Anzeige ist auch während der Betreibungsferien sowie während eines dem Schuldner oder dem Pfandeigentümer gewährten Rechtsstillstandes zu erlassen, sofern der Zahlungsbefehl schon vor Beginn der Ferien oder des Rechtsstillstandes erlassen worden ist. Sie kann unterbleiben, wenn das Grundstück schon gepfändet ist (Art. 15 Abs. 1 Bst. b hiervor), und ist nicht zu wiederholen, wenn ein neues Betreibungsbegehren auf Pfandverwertung gestellt oder das Grundstück gepfändet wird.

1 (i.V.m. Art. 806 ZGB und Art. 152 Abs. 2 SchKG) – Einer Miet- und Pachtzinssperre unterliegen, wenn das auf dem Grundstück betriebene Hotel mit Restaurant nicht vermietet oder verpachtet ist, weder die Forderungen des Eigentümers an Hotelgäste und Restaurantbesucher, noch, falls er das Haus durch einen Geranten führen lässt, sein Guthaben an diesem (BGE 77 III 119).

2 Über Nutzniessungsansprüche Dritter an den Mietzinseingängen einer der Grundpfandbetreibung unterliegenden Liegenschaft ist das Widerspruchsverfahren erst nach Stellung des Verwertungsbegehrens durchzuführen (BS, AB, 29.06.1951, BlSchK 1954, S. 84).

3 Wenn auch die Anzeige der Mietzinssperre entgegen dieser Bestimmung schon vor der Zustellung des Zahlungsbefehls erfolgte, so ist sie deswegen nicht ungültig, und es hat keine Rückerstattung der dafür erhobenen Kosten zu erfolgen, weil sie wenige Tage später doch erfolgen müsste (BGE 81 III 67/68).

4 Mietzinssperre bei Ferienhäusern, die an Dritte vermietet werden. – In diesem Falle ergeben sich Besonderheiten bei der Durchführung der Sperre: Die Mieten werden jedes Jahr neu vergeben. Der Schuldner ist daher ausdrücklich zu verpflichten, sobald als möglich mitzuteilen, wer die Ferienhäuser im folgenden Jahre mieten wird. Hierauf sind die verschiedenen Reiseagenturen und einzelnen Mieter mit dem Formular 98 aufzufordern, die Entschädigungen unter Androhung doppelter Zahlung an das BA zu leisten. Es steht dem Amt frei, einen erklärenden Begleitbrief beizufügen, da es sich hier mehrheitlich um ausländische Mieter handelt (AR, AB, 19.11.1976, BlSchK 1978, S. 53).

5 Gesetzliche Grundlage des VZG und insbesondere der Art. 91 ff. betreffend Miet- und Pachtzinssperre – In der Betreibung auf Grundpfandverwertung kann die Miet- und Pachtzinssperre schon angeordnet werden, bevor der Grundpfandgläubiger das Verwertungsbegehren gestellt hat (BGE 117 III 33).

6 Der Betreibungsbeamte ist bis zum ordentlichen Abschluss des Grundpfandverwertungsverfahrens befugt, die den Grundpfandgläubigern nach Art. 806 ZGB verfallenen Mietzinsforderungen auf dem Betreibungswege einzufordern. Mit der Versteigerung der grundpfändlich belasteten Liegenschaft fällt die Legitimation nicht ohne Weiteres dahin. – Zur Verrechenbarkeit von Mietzinsschulden mit einem Mietzinsdepot nach Auflösung des Mietverhältnisses. Die Verrechnung von Mietzinsschulden mit einer Gegenforderung (hier Rückerstattung der Mietzinsvorauszahlung) ist auch dann zulässig, wenn infolge Anhebung der Betreibung auf Verwertung des Grundpfandes die ausstehenden Mietzinse der Pfandhaft unterliegen (LU, SchKKomm, 03.04.1985, LGVE 1985 I 40).

7 Die Miet- oder Pachtzinssperre kann nicht nur mit dem Betreibungsbegehren, sondern – wenn mit dem Betreibungsbegehren nicht ausdrücklich darauf verzichtet wurde – auch noch zu einem späteren Zeitpunkt verlangt werden. Das spätere Begehren um Anordnung von Miet- oder Pachtzinssperre und die ihm Folge leistende Anordnung des BA können jedoch keine Rückwirkung auf den Zeitpunkt der Anhebung der Betreibung auf Grundpfandverwertung oder der Konkurseröffnung entfal-

ten; vielmehr werden sie erst ab dem Zeitpunkt wirksam, wo das Begehren gestellt und der Kostenvorschuss geleistet wird (BGE 121 III 187).

Art. 92 II. Anzeige an den Pfandeigentümer

¹ Gleichzeitig mit dem Erlass der Anzeigen an die Mieter (Pächter) ist dem Pfandeigentümer anzuzeigen, dass die von nun an fällig werdenden Miet- und Pachtzinse infolge der gegen ihn angehobenen Betreibung auf Grundpfandverwertung durch das Betreibungsamt eingezogen werden und dass ihm daher bei Straffolge (Art. 292 StGB) nicht mehr gestattet sei, Zahlungen für diese Zinsforderungen entgegenzunehmen oder Rechtsgeschäfte über sie abzuschliessen.

² Dieser Anzeige ist beizufügen, dass der Pfandeigentümer, welcher die Einrede erheben will, dass sich das Pfandrecht nicht auch auf die Miet-(Pacht-)zinse oder dass es sich nur auf einen Teil davon erstrecke, dies dem Betreibungsamt binnen zehn Tagen seit Empfang der Anzeige, unter Angabe der Gründe und allfällig der bestrittenen Teilbeträge, zu erklären hat.

Art. 93 III. Rechtsvorschlag

¹ Ist gegen den Zahlungsbefehl Rechtsvorschlag erhoben worden, so fordert das Betreibungsamt den Gläubiger auf, innerhalb von zehn Tagen entweder direkt Klage auf Anerkennung der Forderung und Feststellung des Pfandrechts anzuheben oder ein Rechtsöffnungsbegehren zu stellen und, wenn dieses abgewiesen werden sollte, innerhalb von zehn Tagen seit rechtskräftiger Abweisung den ordentlichen Prozess auf Feststellung der Forderung und des Pfandrechts einzuleiten.

² Hat der Pfandeigentümer die Einrede erhoben, dass sich das Pfandrecht nicht auch auf die Miet-(Pacht-)zinse oder dass es sich nur auf einen Teil davon erstrecke, so fordert das Betreibungsamt den Gläubiger auf, innerhalb zehn Tagen Klage auf Feststellung des bestrittenen Pfandrechts an den Miet-(Pacht-)zinsen anzuheben.

³ Die Aufforderung erfolgt mit der Androhung, dass, wenn diese Fristen nicht eingehalten werden, die an die Mieter (Pächter) erlassenen Anzeigen widerrufen oder bei bloss teilweiser Bestreitung der Miet-(Pacht-)zinssperre entsprechend eingeschränkt, und dass allfällig bereits bezahlte Miet-(Pacht-)zinsbeträge, bei bloss teilweiser Bestreitung der Zinsensperre die bestrittenen Teilbeträge, dem Vermieter (Verpächter) ausgehingegeben werden.

⁴ Werden die Fristen eingehalten, so bleibt die Miet-(Pacht-)zinssperre in vollem Umfange oder allfällig nur für den von der Klage festgehaltenen Teilbetrag aufrecht.

1 Rechtsvorschlag und Aberkennungsklage hemmen die Mietzinssperre im Verfahren auf Grundpfandverwertung nicht. Der Entscheid darüber, ob Mietzinsen unter die Pfandhaft fallen oder nicht, ist im Streitfall nicht durch die Betreibungsbehörden, sondern durch den ordentlichen Richter zu entscheiden (GR, AB, 26.10.1966, BlSchK 1969, S. 110).

2 (i.V.m. Art. 806 ZGB und Art. 152 Abs. 2 SchKG) – Der Schuldner ist nicht verpflichtet, für von ihm benützte Wohn- und Geschäftsräume einen Mietzins zu bezahlen, wenn die Liegenschaft vom BA verwaltet wird (GE, Autorité de surveillance, 14.04.1969, BlSchK 1973, S. 151).

3 (i.V.m. Art. 153a SchKG) – Anwendbares Verfahren im Falle einer Mietzinssperre, wenn zugleich die Forderung oder Pfandrecht und das Pfandrecht an den Mietzinsen bestritten werden. – In Anwendung der unter dem alten Recht herrschenden, aber immer noch gültigen Rechtsprechung (BGE 71 III 52) muss der Pfandgläubiger nicht gleichzeitig mit seinem Begehren um Beseitigung des Rechtsvorschlages einen Prozess auf Feststellung seines Pfandrechts an den Mietzinsen in die Wege leiten; er kann zuwarten, bis das Rechtsöffnungsgesuch definitiv entschieden ist und innert der vom BA

B. Verwertung im Pfandverwertungsverfahren   Art. 94

anzusetzenden Frist von 10 Tagen die ordentliche Klage auf Feststellung seines Pfandrechts an den Mietzinsen einleiten (BGE 126 III 482).

Art. 94 IV. Pflichten des Amtes während der Zinsensperre

¹ Das Betreibungsamt hat nach Erlass der Anzeigen an die Mieter und Pächter nach Artikel 91 hiervor alle zur Sicherung und zum Einzug der Miet- und Pachtzinse erforderlichen Massnahmen an Stelle des Schuldners oder Pfandeigentümers zu treffen, wie Einforderung auf dem Betreibungswege, Geltendmachung des Retentionsrechts, Kündigung in Mieter, Ausweisung von Mietern, Neuvermietungen. Es ist berechtigt, dringliche Reparaturen anzuordnen und aus den eingegangenen Miet- und Pachtzinsen die laufenden Abgaben für Gas, Wasser, Elektrizität u.dgl., die Kosten für Reparaturen sowie Unterhaltsbeiträge nach Artikel 103 Absatz 2 SchKG zu bezahlen.

² Das Betreibungsamt kann diese Massnahmen auf seine Verantwortung auch einem Dritten übertragen.

1   Zuständigkeit des BB, wenn in der Grundpfandbetreibung zwar das Verwertungsbegehren noch nicht gestellt ist, aber bereits eine Zinssperre besteht. Zur Frage der Verwaltungsbefugnisse des BB. Er ist berechtigt, alle diejenigen Reparaturen anzuordnen und aus den Mietzinsen des verpfändeten Grundstückes zu bezahlen, welche die durch den Gebrauch der Mietsache entstandenen Verschlechterungen beseitigen und so Herabsetzungsansprüche des Mieters verhindern, d.h. die Erträgnisse erhalten helfen (LU, SchKKomm, 19.01.1982, LGVE 1982 I 55).

2   Gemäss Absatz 1 fallen Kündigungen an Mieter und Ausweisungen von Mietern nach dem Erlass der Zinssperre auch im Pfandverwertungsverfahren in die ausschliessliche Befugnis des BA (BGE 109 III 45).

3   (i.V.m. Art. 102 Abs. 3 und Art. 155 Abs. 1 SchKG, Art. 101 VZG)) – Verwaltung des Pfandgegenstandes in der Betreibung auf Grundpfandverwertung – Unterscheidung zwischen der Zeit vor und nach der Stellung des Verwertungsbegehrens. Die Verwaltung nach Art. 94 VZG ist auf die dringlichen Sicherungsmassnahmen beschränkt, welche in dieser Bestimmung aufgezählt sind währenddem die auf Art. 101 VZG gestützten Verwaltungsbefugnisse weitere gehen. – *Baurechtszinse* gleichen Hypothekarzinsen und *dürfen nach der Zinsensperre* gemäss Art. 102 SchKG i.V.m. Art. 91 und 94 VZG vom BA *nicht* unter dem Titel von laufenden Ausgaben *an den Baurechtsgeber ausbezahlt werden* (BGE 129 III 90/93).

4   (i.V.m. Art. 16 Abs. 3 VZG) – Widerruf des erteilten Verwaltungsauftrages. Beschwerde des Verwalters – Der Dritte, der als Hilfsperson des BA gestützt auf einen zur Hauptsache durch das Bundesrecht geregelten Auftrag die Verwaltung besorgt und dessen Entschädigung in letzter Instanz durch die kantonale AB festgelegt wird, ist befugt, im Sinne der Art. 19 SchKG und 78 ff. OG Beschwerde zu führen und beispielsweise geltend zu machen, die Auflösung des Auftragsverhältnisses stelle einen Ermessensmissbrauch dar.

Aufhebung des mit einem Interessenkonflikt begründeten Widerrufs des Auftrags mangels konkreter Anhaltspunkte für das Vorliegen eines solchen Konflikts (BGE 129 III 400).

Art. 95 V. Verwendung der Zinse
1. Abschlagszahlungen an Gläubiger

¹ An nicht betreibende Grundpfandgläubiger dürfen aus den eingegangenen Miet- und Pachtzinsen für fällig werdende Zinsforderungen keine Zahlungen geleistet werden, dagegen können an den betreibenden Gläubiger, der sich darüber ausweist, dass seine Forderung anerkannt oder rechtskräftig festgestellt ist, auch vor der Stellung des Verwertungsbegehrens Abschlagszahlungen geleistet werden.

² Sind mehrere solche Betreibungen von Grundpfandgläubigern auf Verwertung des nämlichen Grundstückes hängig, so können Abschlagszahlungen an sie vorgenommen werden, wenn und soweit sämtliche betreibende Grundpfandgläubiger mit der Verteilung einverstanden sind oder, sofern einer Widerspruch erhebt, wenn vorher durch Aufstellung eines Kollokationsplanes gemäss Artikel 157 Absatz 3 SchKG Rang und Bestand der Pfandforderung festgestellt wurde. Der Verteilung vorgängig ist eine Verteilungsliste aufzulegen.

1 Dieser Artikel verbietet dem Amte nicht, eingegangene Mietzinse für Abschlagszahlungen zur teilweisen Rückzahlung des einem vorgehenden Pfandgläubiger geschuldeten Kapitals zu verwenden, selbst wenn ein nachgehender Pfandgläubiger für die Zinsen oder für verfallene Annuitäten nicht befriedigt worden ist (BGE 95 III 33).

2 Abschlagszahlungen aus den eingegangenen Miet- und Pachtzinsen sind den berechtigten Pfandgläubigern nach ihrem Rang und innerhalb des gleichen Ranges proportional zur Höhe ihrer Forderung auszurichten (SH, AB, 05.11.1993, BlSchK 1994, S. 153).

3 Betreiben mehrere Grundpfandgläubiger den Schuldner auf Verwertung des nämlichen Grundstückes, so kann derjenige unter ihnen, der sich darüber ausgewiesen hat, dass seine Forderung vom Schuldner anerkannt oder rechtskräftig festgestellt worden ist, nur im Einverständnis mit allen anderen oder nach Aufstellung eines Kollokationsplanes Abschlagszahlungen aus Miet- und Pachtzinsen erhalten, in welchem Stadium auch immer die verschiedenen Betreibungen sich befinden (BGE 122 III 88).

4 Absatz 1 räumt keinen Ermessensspielraum ein – Wenn die in dieser Bestimmung vorgesehene Voraussetzung (vom Schuldner anerkannte oder rechtskräftig festgestellte Forderung) nicht erfüllt ist, sind Abschlagszahlungen ausgeschlossen.
Ein Grundpfandgläubiger, der die Ausdehnung der Pfandhaft auf die Mietzinsforderungen erhalten hat, kann darauf nicht rückwirkend verzichten (BGE 130 III 720).

Art. 96   2. Konkurs des Schuldners

Wird über den Schuldner, der zugleich Eigentümer des Grundpfandes ist, der Konkurs eröffnet, bevor das Grundstück verwertet ist, so fallen die vor der Eröffnung des Konkurses fällig gewordenen und noch nicht verteilten Miet- und Pachtzinse in die Konkursmasse, unter Vorbehalt des den betreibenden Grundpfandgläubigern nach Artikel 806 Absatz 1 ZGB zustehenden Vorzugsrechts (Art. 198 SchKG).

1 Zusammentreffen des Konkurses des Schuldners und der Pfandverwertung von ihm gehörenden Liegenschaften. Ist im Zeitpunkt der Konkurseröffnung die Verwertung abgeschlossen, steht der Erlös vorab den Pfandgläubigern zu (BGE 129 III 248).

II. Verwertung

Art. 97   A. Vorverfahren
I. Obligatorische Verfügungsbeschränkung

¹ Nachdem das Verwertungsbegehren gestellt ist, hat der Betreibungsbeamte von Amtes wegen eine Verfügungsbeschränkung nach Artikel 960 ZGB zur Vormerkung im Grundbuch anzumelden (vgl. Art. 15 Abs. 1 Bst. a und 23a Bst. a hiervor).

² Ist eine solche Vormerkung im Grundbuch bereits enthalten, so ist eine nochmalige Anmeldung nicht notwendig.

1 (i.V.m. Art. 17 und 22 SchKG und Art. 90 VZG) – Die Anmeldung einer Verfügungsbeschränkung im Grundbuch durch das BA ist als betreibungsrechtliche Handlung mit Beschwerde nach Art. 17

SchKG anfechtbar. Verstösst eine solche Anmeldung gegen die Art. 90 bzw. 97 VZG, hat dies keine Nichtigkeit zur Folge (LU, SchKKomm, 05.01.2004, LGVE 2004 I 51).

Art. 98 II. Berechnung der Verwertungsfristen

[1] Für die Berechnung der Verwertungsfristen des Artikels 154 SchKG ist, wenn das verpfändete Grundstück einem Dritten gehört oder als Familienwohnung dient, das Datum der letzten Zustellung des Zahlungsbefehls, sei es an den Schuldner, an den Dritteigentümer oder an den Ehegatten des Schuldners oder des Dritten, massgebend.

[2] Bei der Berechnung der Frist, während welcher die Verwertung verlangt werden kann, fallen, ist Rechtsvorschlag erhoben worden, die Zeit zwischen der Einleitung und Erledigung eines dadurch veranlassten gerichtlichen Verfahrens sowie die Dauer eines dem Dritteigentümer zukommenden Rechtsstillstandes oder einer Nachlassstundung (Art. 297 SchKG) oder eines über dessen Nachlass eröffneten Inventars (Art. 586 ZGB) nicht in Betracht.

[3] Während der Zeiten, die nach Absatz 2 hiervor bei der Berechnung der Fristen des Artikels 154 SchKG ausser Betracht fallen, kann auch die Verwertung nicht stattfinden.

Art. 99 III. Grundbuchauszug und Schätzung

[1] Nach der Mitteilung des Verwertungsbegehrens an den Schuldner und gegebenenfalls den Dritteigentümer des Grundpfandes (Art. 155 Abs. 2 SchKG) fordert das Betreibungsamt einen Auszug aus dem Grundbuch über das zu versteigernde Grundstück ein (Art. 28 und 73 hiervor) und ordnet die Schätzung an (Art. 9 Abs. 1 und 23 hiervor).

[2] Das Ergebnis der Schätzung ist, wenn es nicht in die Steigerungspublikation nach Artikel 29 hiervor aufgenommen wird, dem Gläubiger, der die Verwertung verlangt, sowie dem Schuldner und einem allfälligen Dritteigentümer mit der Anzeige mitzuteilen, dass sie innerhalb der Beschwerdefrist bei der Aufsichtsbehörde eine neue Schätzung durch Sachverständige im Sinne des Artikels 9 Absatz 2 hiervor verlangen können.

1 Keine Analoge Anwendung von Absatz 2 bei nicht kotierten Aktien (BGE 101 III 34/35).

2 Inwiefern kann das BGer Schätzungsentscheide der oberen kantonalen AB überprüfen? Nach Art. 9 Abs. 2 VZG werden Streitigkeiten über die Höhe der Schätzung endgültig durch die kantonale AB beurteilt. Solche Streitigkeiten können nicht an das BGer weitergezogen werden. Dieses kann Schätzungsentscheide nur daraufhin überprüfen, ob die bundesrechtlichen Vorschriften über das bei der Schätzung einzuschlagende Verfahren richtig angewendet worden seien (BGE 83 III 65).

3 Eine Neuschätzung durch Sachverständige im Sinne von Art. 9 Abs. 2 VZG kann auch mit Bezug auf einen Grundpfandtitel verlangt werden (Bestätigung der Rechtsprechung). Stellen der Eigentümer des Pfandtitels und der Betreibungsschuldner mit rechtzeitiger Beschwerde das Begehren, es sei eine neue Schätzung vorzunehmen, dürfen sich die vollstreckungsrechtlichen AB demnach nicht darauf beschränken, die betreibungsamtliche Schätzung zu überprüfen (BGE 110 III 69, Praxis 74, Nr. 16).

4 (i.V.m. Art. 9 VZG) – Anders als im Pfändungsverfahren kann nur der die Verwertung verlangende Gläubiger, nicht aber ein weiterer Grundpfandgläubiger, eine neue Schätzung verlangen. Art. 9 VZG regelt das Verfahren bei der Pfändung, bei dem jeder Beteiligte eine neue Schätzung verlangen kann (GR, AB, 24.09.1991, PKG 1991, S. 156).

5 Auch wenn der Kanton zwei AB über Schuldbetreibung und Konkurs kennt, besteht von Bundesrechts wegen kein Anspruch auf Anordnung einer weiteren Schätzung des Grundstückes durch die obere kantonale AB. Es geht nicht an, dass durch wiederholte Begehren um eine neue Schätzung das Zwangsverwertungsverfahren ungebührlich verzögert wird (BGE 120 III 135).

6   Der *Betreibungsschuldner ist legitimiert*, gegen den Schätzungsentscheid der AB *Beschwerde zu erheben* und eine tiefere Schätzung zu beantragen (BGE 129 III 595).

Art. 100   IV. Wenn sich nachträglich ergibt, dass Pfand Dritteigentum oder Familieneigentum ist

¹ Ergibt sich erst nach der Stellung des Verwertungsbegehrens, dass das verpfändete Grundstück Eigentum eines Dritten ist oder als Familienwohnung dient, so ist diesem oder dem Ehegatten des Schuldners oder des Dritten nachträglich ein Zahlungsbefehl zuzustellen. Die Verwertung darf erst vorgenommen werden, wenn der letztere rechtskräftig und die sechsmonatige Frist seit dessen Zustellung abgelaufen ist.

² Diese Vorschriften finden jedoch keine Anwendung, wenn im Zeitpunkt des Eigentumserwerbs durch den Dritten eine Verfügungsbeschränkung nach Artikel 90 oder 97 hiervor im Grundbuch vorgemerkt war.

³ Ergibt sich erst aus dem Grundbuchauszug, dass für die in Betreibung gesetzte Forderung mehrere Grundstücke verschiedener Eigentümer haften, und ist nicht gegen alle Betreibung angehoben, so ist der Gläubiger aufzufordern, binnen einer kurzen Frist den Kostenvorschuss für die nachträgliche Zustellung des Zahlungsbefehls zu leisten, unter der Androhung, dass sonst die Betreibung als dahingefallen betrachtet werde.

1   Wer mit dem Schuldner gemeinschaftlicher Eigentümer des Pfandgrundstückes ist, muss als Dritteigentümer in die gegen jenen angehobene Betreibung einbezogen werden, selbst wenn eine besondere Betreibung gegen ihn als Mitschuldner hängig ist (BGE 77 III 30).

2   Erwerb der Pfandliegenschaft nach Ansetzung der Steigerung. Hat der Erwerber auf Zustellung eines Zahlungsbefehls Anspruch? Wenn im Zeitpunkt der Eintragung als Eigentümer im Grundbuch eine Verfügungsbeschränkung zugunsten einer Betreibung vorgemerkt ist, muss der Erwerber eine Verwertung über sich ergehen lassen, ohne auf nachträgliche Zustellung in der betreffenden Betreibung eines Zahlungsbefehls Anspruch zu haben (BGE 78 III 3).

3   Rechtsmissbrauch – Die Ehefrau, welche in der gegen ihren Mann geführten Grundpfandbetreibung nachträglich die Missachtung dieser Vorschrift geltend macht, obwohl sie den an den Ehemann gerichteten Zahlungsbefehl entgegengenommen hatte, handelt rechtsmissbräuchlich, BGer 10.11.1994, BlSchK 1995, S. 55).

4   (i.V.m. Art. 153 SchKG) – Rechtsstellung des Dritteigentümers – Erwirbt ein Dritter während einer hängigen Betreibung die Pfandsache, noch bevor im Grundbuch eine Verfügungsbeschränkung gemäss Art. 90 bzw. Art. 97 VZG vorgemerkt wurde, so ist ihm nachträglich ein Zahlungsbefehl zuzustellen (GR, AB, 16.10.1995, PKG 1995, S. 132).

Art. 101   B. Verwaltung

¹ Von der Stellung des Verwertungsbegehrens an hat das Betreibungsamt in gleicher Weise für die Verwaltung und Bewirtschaftung des Grundstückes zu sorgen wie im Pfändungsverfahren von der Pfändung an (Art. 155 Abs. 1, 102 Abs. 3 SchKG sowie Art. 16 ff. und 23c hiervor), es sei denn, dass der betreibende Gläubiger ausdrücklich darauf verzichtet.

² Gehört das Grundstück einem Dritten, so kann es vom Betreibungsamt erst in Verwaltung genommen werden, wenn ein allfälliger Rechtsvorschlag des Dritten beseitigt ist.

1   Verwaltung durch das BA nach der Versteigerung – Darf das BA nach der Versteigerung des Objektes dessen Räumung anordnen? – Nach Art. 19 VZG kann der Schuldner bis zur Verwertung des Grundstückes nicht genötigt werden, die von ihm benützten Wohn- und Geschäftsräume zu räumen. Andererseits bestimmt Art. 16 Abs. 1 VZG, dass das BA von Amtes wegen für die Verwaltung und Bewirtschaftung des Grundstückes zu sorgen hat, «solange die Pfändung besteht», aber nicht

B. Verwertung im Pfandverwertungsverfahren   Art. 102

länger. Eine Ausnahme besteht für den Fall, wenn dem Ersteigerer ein Zahlungstermin gewährt worden ist (Art. 137 SchKG). Nutzen und Gefahr einer Liegenschaft gehen bereits mit der Eigentumsübertragung und nicht erst mit der Erlangung der Verfügungsgewalt auf den Erwerber über. Der Eigentumsübergang erfolgt nicht erst mit dem Grundbucheintrag, sondern mit dem Zuschlag als originärer Eigentumserwerb (Art. 656 Abs. 2 ZGB). Damit ist das BA nach der Steigerung nicht mehr befugt, den Schuldner von Amtes wegen auszuweisen. Vom Moment des Zuschlages an, ist es Sache des neuen Eigentümers, den früheren Eigentümer aus der Liegenschaft wegzuweisen (OW, ObGer-Kommission, 13.09.1991, BlSchK 1993, S. 223).

2   (i.V.m. Art. 102 Abs. 3 und Art. 155 Abs. 1, Art. 94 VZG) – Verwaltung des Pfandgegenstandes in der Betreibung auf Grundpfandverwertung; Unterscheidung zwischen der Zeit vor und nach der Stellung des Verwertungsbegehrens. Die Verwaltung nach Art. 94 VZG ist auf die dringlichen Sicherungsmassnahmen beschränkt, welche in dieser Bestimmung aufgezählt sind, währenddem die auf Art. 101 VZG gestützten Verwaltungsbefugnisse weiter gehen. Baurechtszinsen können nicht mit laufenden Abgaben im Sinne von Art. 94 VZG verglichen werden (BGE 129 III 90).

Art. 102   C. Verwertung
              I. Im allgemeinen

Auf die Vorbereitung und Durchführung der Verwertung sind die Artikel 13, 28 Absatz 2, 29–42, 43 Absatz 1, 44–53, 54 Absatz 2, 56–70 und 72, im Falle der Verwertung eines Miteigentumsanteils die Artikel 73–73i sowie 74–78 hiervor entsprechend anwendbar; ausserdem gelten dafür die nachstehenden besonderen Vorschriften.

1   Jeder Grundpfandgläubiger, auch der nicht betreibende, ist gegenüber den die Verwertung des Grundstückes betreffenden Massnahmen aktiv beschwerdelegitimiert (BGE 87 III 1).

2   Können spätere Tatsachen ein nachträgliches Lastenbereinigungsverfahren rechtfertigen? Jedenfalls nicht die behauptete Tilgung einer nicht in Betreibung stehenden Schuldbriefforderung im letzten Rang durch einen Dritten, und wäre es auch allenfalls ohne Eintritt desselben in die Gläubigerrechte (BGE 76 III 41).

3   Erwerb der Pfandliegenschaft nach Ansetzung der Steigerung. Kann der Erwerber verlangen, dass ihm die Steigerung mindestens einen Monat voraus angezeigt werde? Wer eine mit Verfügungsbeschränkungen im Sinne von Art. 15, 90 oder 97 VZG belasteten Liegenschaft erwirbt, hat kein Anspruch darauf, dass selbst dann, wenn das BA erst nach der Steigerungspublikation von seinem Eigentumserwerb erfährt, die ihm zuzustellende Spezialanzeige mindestens einen Monat vor der Steigerung versandt werde, was in der Regel nicht ohne Verschiebung der Steigerung möglich wäre. Er muss vielmehr die Betreibungen, zu deren Gunsten die Verfügungsbeschränkungen vorgemerkt wurden, in dem Stadium hinnehmen, in welchen sie sich im Zeitpunkt befinden, das BA von seinem Eigentumserwerb Kenntnis erhält und kann nicht mehr verlangen, als dass ihm das Amt die Spezialanzeige so bald als möglich zustellt (BGE 78 III 3).

4   Wer in fremdem Namen bietet, hat sich auf Verlangen des Steigerungsleiters über seine Handlungsbefugnis auszuweisen. Ist er dazu nicht in der Lage, so darf sein Angebot unberücksichtigt bleiben (BGE 82 III 55).

5   Zuständigkeit und Gründe zur Verschiebung der Steigerung – Zuständigkeit der Betreibungsbehörden – Einerseits zieht jeder Widerspruchsstreit die Einstellung der Betreibung in Bezug auf den betreffenden Gegenstand auch ohne gerichtliche Verfügung, von Amtes wegen, nach sich, aber andererseits ist eine solche Einstellung unter besonderen Umständen nicht gerechtfertigt und darf daher in Ausnahmefällen die Fortsetzung der Betreibung ungeachtet des Widerspruchsprozesses verfügt werden (BGE 42 III 219, 48 III 16 und 203). – Verschiebungsgründe – Für die Festsetzung des minimalen Zuschlagspreises ist es ohne Bedeutung, ob neben der Forderung des betreibenden Gläubigers im gleichen Rang noch eine andere Pfandforderung besteht. Berücksichtigung der streitigen Forderung im Verteilungsstadium, indem der Erlös bis zur rechtskräftigen Feststellung des dar-

auf Berechtigten zurückzubehalten ist. – Verletzt die Versteigerung vor Austrag der Streitsache berechtigte Interessen? Die Rechtsprechung hat es immer wieder abgelehnt, als berechtigtes Interesse den Wunsch eines Pfandansprechers gelten zu lassen, über den Bestand des streitigen Rechts orientiert zu sein, um sein Verhalten an der Steigerung als Gantliebhaber danach richten zu können (BGE 42 III 22, 67 III 46, 68 III 113) (BGE 84 III 89).

6   (i.V.m. Art. 140 Abs. 2 und 156 SchKG, Art. 37 VZG) – Das Lastenverzeichnis in der Betreibung auf Pfändung oder Pfandverwertung ist den Pfändungsgläubigern, den Grundpfandgläubigern, den aus Vormerkungen berechtigten Personen sowie dem Schuldner zuzustellen. Ausserhalb des Verfahrens stehende Gläubiger haben darauf keinen Anspruch und können keinesfalls die im Lastenverzeichnis enthaltenen Ansprüche bestreiten (BE, AB, 03.07.1995, BlSchK 1996, S. 21).

Art. 103   II. Besondere Bestimmungen
1. Bei Dritteigentum

Gehört das Grundstück einem Dritten, so ist in der Bekanntmachung der Steigerung (Art. 29 Abs. 2 hiervor) auch dessen Name und Wohnort anzugeben und sind ein Exemplar dieser Bekanntmachung (Art. 30 hiervor) sowie das Lastenverzeichnis (Art. 34 hiervor) auch ihm zuzustellen.

Art. 104   2. Doppelaufruf

[1] Haften auf dem Grundstück Dienstbarkeiten, Grundlasten oder im Grundbuch nach Artikel 959 ZGB vorgemerkte persönliche Rechte (Vorkaufs-, Kaufs-, Rückkaufsrechte, Miet-(Pacht-)rechte usw.), so zeigt das Betreibungsamt den Grundpfandgläubigern gleichzeitig mit der Zustellung des Lastenverzeichnisses an, dass die Inhaber derjenigen Pfandrechte, die diesen Lasten im Range vorgehen, binnen zehn Tagen beim Betreibungsamt schriftlich den doppelten Aufruf nach Artikel 142 SchKG verlangen können, sofern der Vorrang des Pfandrechts sich aus dem Lastenverzeichnis ergibt und nicht mit Erfolg bestritten wird.

[2] Ist ein Miteigentumsanteil zu verwerten, so ist Artikel 142 SchKG hinsichtlich der den Anteil und der das Grundstück als ganzes belastenden Rechte im Sinne von Absatz 1 anwendbar.

1   Steigerungsbedingungen, welche wegen einer nicht im Grundbuch vorgemerkten landwirtschaftlichen Pacht den Doppelaufruf (Art. 142) SchKG vorsehen. Grundsatz «Kauf bricht Pacht nicht». – Indem der Gesetzgeber mit Art. 14 LPG bestimmt hat, dass im Falle der Zwangsverwertung der Erwerber in den Pachtvertrag eintritt, konnte er nicht den Schutz der Interessen der Grundpfandgläubiger, wie er insbesondere durch Art. 812 ZGB gewährleistet wird, in Frage stellen. Es kann daher nicht von einem qualifizierten Schweigen des Gesetzgebers ausgegangen werden, sondern nur von einer Gesetzeslücke, welche gemäss Art. 1 ZGB im Lichte von Art. 812 ZGB und der entsprechenden Vorschriften des Schuldbetreibungs- und Konkursrechts (Art. 142 SchKG und Art. 104 VZG) zu schliessen ist (BGE 124 III 37).

Art. 105   3. Betreibender Gläubiger nach Art. 142a (126) SchKG

[1] Als betreibender Gläubiger nach Artikel 142a in Verbindung mit Artikel 126 SchKG gilt derjenige Gläubiger, auf dessen Begehren die Steigerung angeordnet wurde, und unter mehreren derjenige, der den andern pfandrechtlich vorgeht.

[2] Steht der Pfandgläubiger, auf dessen Begehren die Verwertung angeordnet wurde, im gleichen Rang mit anderen Pfandgläubigern, so gelten diese als mitbetreibend, auch wenn sie die Verwertung nicht verlangt haben.

B. Verwertung im Pfandverwertungsverfahren Art. 106

Art. 106 4. Bauhandwerkerpfandrecht

Der Zuschlagspreis berechnet sich auch dann nach Artikel 142a in Verbindung mit Artikel 126 SchKG sowie den Artikeln 53 Absatz 1 und 105 hiervor, wenn Pfandforderungen zugunsten von Handwerkern und Unternehmern nach den Artikeln 839 ff. ZGB bestehen. Für alle diese Forderungen ist jedoch in den Steigerungsbedingungen für den Fall, dass sie nicht vollständig gedeckt werden, Barzahlung zu verlangen (Art. 840 ZGB).

1   (i.V.m. Art. 49 und Art. 117 VZG) – Art. 106 VZG ist auch auf die Verwertung im Konkursverfahren anwendbar. Steigerungsbedingungen, welche die Zahlung des Betrages, der den Baupfandgläubigern zusteht, zusätzlich zur verlangten Akontozahlung vorschreiben, verletzen die Art. 106 und 117 VZG nicht (BGE 119 III 127).

Art. 106a 4a. Verwertung eines im Miteigentum stehenden, als ganzes verpfändeten Grundstücks

[1] Muss infolge Grundpfandbetreibung eines Gläubigers, dem ein im Miteigentum stehendes Grundstück als ganzes verpfändet ist, die Verwertung angeordnet werden, so ist das Grundstück als ganzes zu versteigern.

[2] In die Lastenbereinigung sind auch die Belastungen der einzelnen Miteigentumsanteile einzubeziehen.

[3] Der Steigerungserlös dient in erster Linie zur Deckung der das Grundstück als ganzes belastenden Pfandforderungen. Ein allfälliger Überschuss entfällt auf die einzelnen Miteigentumsanteile im Verhältnis ihrer Bruchteilsquoten (Art. 646 ZGB), bei Stockwerkeigentum im Verhältnis der nach Artikel 9 und 23 hiervor festzustellenden Schätzungswerte.

[4] Für den Teil des Steigerungspreises, der den Gläubigern der die Anteile belastenden Pfandforderungen zukommt, ist in den Steigerungsbedingungen Barzahlung zu verlangen.

[5] Die Verteilungsliste (Art. 112 hiernach) hat auch die Verteilung eines allfälligen Überschusses des Erlöses über die das ganze Grundstück belastenden Pfandforderungen zu regeln.

1   Ist über einen Miteigentümer des Grundstückes der Konkurs eröffnet und gegen einen weiteren Miteigentümer die Betreibung auf Pfandverwertung eingeleitet worden, so kann das als ganzes verpfändete Grundstück im Konkurs nicht versteigert werden; vielmehr muss in der Betreibung auf Grundpfandverwertung die Verwertung angeordnet werden (BGE 115 III 120).

Art. 107 5. Haftung mehrerer Grundstücke

[1] Haften für die in Betreibung gesetzte Forderung mehrere Grundstücke, die dem gleichen Eigentümer gehören, so sind nur so viele Stücke zu verwerten, als zur Deckung der Forderung des betreibenden Pfandgläubigers sowie allfälliger dem letztern im Range vorgehender Pfandforderungen erforderlich ist (Art. 119 Abs. 2 SchKG). Dabei sind in erster Linie diejenigen Grundstücke zu verwerten, auf welchen dem betreibenden Gläubiger keine Grundpfandgläubiger im Range nachgehen.

[2] Gehören die gemeinsam verpfändeten Grundstücke verschiedenen Eigentümern, so sind zuerst die dem Schuldner gehörenden Grundstücke zu verwerten. Die Grundstücke Dritter dürfen erst verwertet werden, wenn jene keine Deckung bieten. In diesem Falle müssen alle Grundstücke an der gleichen Steigerung verwertet werden (Art. 816 Abs. 3 ZGB).

[3] Die Reihenfolge der zu versteigernden Grundstücke ist in den Steigerungsbedingungen anzugeben (Art. 45 Abs. 1 Buchst. *b* hiervor).

Art. 108

1 Zu beachtende Reihenfolge bei der Verwertung von mehreren Grundstücken. Einzelaufruf oder/und Gesamtaufruf? – Es ist zu berücksichtigen, dass die Interessen der Dritteigentümer und der nachgehenden Pfandgläubiger einzelner gemeinsam verpfändeter Grundstücke sowie auch die Interessen des betriebenen Schuldners bei der Zwangsvollstreckung nur soweit als notwendig beeinträchtigt werden dürfen. – Wenn es denkbar ist, dass die Angebote für Pfandobjekte zusammen den Zuschlagspreis nicht erreichen könnten und ein Zuschlag somit unterbleiben müsste und andererseits aber nur so viele Grundstücke versteigert werden dürfen, als, nach Erreichen des Mindestzuschlagspreises, zur Deckung der betriebenen Forderung erforderlich sind, kann diesen unterschiedlichen Interessen am besten Rechnung getragen werden, dass einem Einzelaufruf auch ein Gesamtruf folgt. Dabei sind vorerst so viele Grundstücke einzeln aufzurufen, bis ein Zuschlag möglich und überdies volle Deckung für die betriebene Forderung gegeben ist. Anschliessend folgt für diese Grundstücke ein Gesamtaufruf. Der Zuschlag wird dann dem Meistbietenden für den höheren Gesamterlös erteilt (GR, AB, 13.02.1984, PKG 1984, Nr. 51).

Art. 108 6. Getrennt verpfändete Grundstücke

¹ Getrennt verpfändete Grundstücke dürfen nur dann gesamthaft oder gruppenweise versteigert werden, wenn sie eine wirtschaftliche Einheit bilden, die sich ohne starke Wertverminderung nicht auflösen lässt.

¹bis Dem Gesamt- oder Gruppenruf muss stets ein Einzelruf vorausgehen. Die Meistbietenden beim Einzelruf bleiben an ihre Angebote gebunden, bis der Gesamt- oder Gruppenruf erfolgt ist. Der Zuschlag wird je nachdem, ob der Einzelruf oder der Gesamt- oder Gruppenruf den höhern Gesamtpreis ergibt, den Meistbietenden beim Einzelruf oder dem bzw. den Meistbietenden beim Gesamt- oder Gruppenruf erteilt.

² Dieses Verfahren ist, wenn immer möglich, in den Steigerungsbedingungen vorzusehen, jedenfalls aber bei Beginn der Steigerung den Teilnehmern bekanntzugeben.

³ In den Steigerungsbedingungen ist ferner darauf hinzuweisen, dass der bei der gesamthaften Verwertung jedem einzelnen Grundstück zukommende Anteil am Erlös wenigstens so hoch sein muss wie das höchste Angebot, welches für das betreffende Grundstück bei der Einzelversteigerung gemacht worden ist.

1 Fall, in dem die gesamthafte Versteigerung der Grundstücke, obwohl sie einen höheren Ertrag erbringt als die Einzelversteigerung, gewisse Grundstücke zulasten anderer benachteiligt. Diesfalls muss in den Steigerungsbedingungen darauf hingewiesen werden, dass der bei der gesamthaften Verwertung jedem einzelnen Grundstück zukommende Anteil am Ertrag wenigstens so hoch sein muss, wie das höchste Angebot, welches für das betreffende Grundstück bei der Einzelversteigerung gemacht wurde (BGE 115 III 55).

2 Ermessensbefugnis des BA bei der Verwertung eines Gesamtpfandrechts im Sinne von Art. 798 Abs. 1 ZGB. Verkauf der Stockwerkeinheiten gesamthaft oder einzeln (Art. 45 Abs. 1 lit. b und Art. 108 Abs. 2 VZG). Das BA verfügt nicht über das ihm durch Art. 816 Abs. 3 ZGB und Art. 107 Abs. 1 VZG gewährte Ermessen, wenn nach dem festgelegten Schätzungswert sofort ersichtlich ist, dass alle Grundstücke, welche Gegenstand des Gesamtpfandes bilden, verkauft werden müssen, um den betreibenden Gläubiger zu befriedigen. Im vorliegenden Fall kommt nur das Verfahren mit Gesamtruf zu einem Gesamtpreis oder mit Einzelruf nach Art. 108 Abs. 2 VZG – analog angewendet – in Betracht (BGE 126 III 33).

Art. 109 7. Gleichzeitige Pfändung des Unterpfandes

Wenn das infolge einer Grundpfandbetreibung verwertete Grundstück zugleich gepfändet war, so ist von der Verwertung in den einschlägigen Pfändungsurkunden mit der Nummer der Pfandverwertungsbetreibung Vormerk zu nehmen.

Art. 110 8. Anmeldung im Grundbuch

¹ Das Betreibungsamt hat gleichzeitig mit den in Artikel 68 hiervor vorgeschriebenen Anmeldungen beim Grundbuchamt die nach den Artikeln 90 und 97 hiervor vorgemerkte Verfügungsbeschränkung zur Löschung anzumelden.

² Die Urkunden über die ganz oder teilweise zu Verlust gekommenen Pfandrechte sind, wenn es sich um Schuldbriefe oder Gülten handelt, dem Grundbuchamt zur Abschreibung oder Entkräftung einzureichen, diejenigen über Grundpfandverschreibungen dürfen dem Gläubiger nur aushingegeben werden, nachdem das Betreibungsamt darin den Untergang des Pfandrechts angemerkt hat.

1 Abs.2 i.V.m. Art. 143b, 135 Abs. 1 SchKG, Art. 68 Abs. 1 lit. b, Art. 69 und 111 Abs. 1 VZG) – Wird in einer Betreibung auf Pfandverwertung ein Grundstück freihändig verkauft, so gilt – nicht anders als im Falle der öffentlichen Versteigerung – der Grundsatz, dass bei auf dem Grundstück lastenden Schuldbriefen Grundpfandrecht und Titel so weit gelöscht werden müssen, als die persönliche Schuldpflicht nicht überbunden und der Gläubiger aus dem Pfanderlös nicht befriedigt wird (BGE 125 III 252).

Art. 111 9. Ergebnislosigkeit der Verwertung

¹ War die Betreibung ergebnislos (Art. 158 SchKG und Art. 71 hiervor), so hat das Betreibungsamt das Pfandrecht für die in Betreibung gesetzte Forderung (Kapital, Rate oder Annuität) sowie die nach den Artikeln 90 und 97 hiervor vorgemerkte Verfügungsbeschränkung zur Löschung anzumelden. Die an Mieter und Pächter erlassenen Anzeigen (Art. 91 hiervor) sind unverzüglich zu widerrufen.

² Der Reinerlös der Früchte und sonstigen Erträgnisse des Grundstückes ist den betreibenden Pfandgläubigern zuzuweisen.

1 Wenn wegen ungenügender Pfanddeckung das Pfand ganz oder teilweise zu löschen ist, muss das BA den oder die Grundpfandtitel dem Grundbuchamt zur Löschung oder Herabsetzung des Pfandrechtes zustellen (BGE 121 III 432, 125 III 252).

2 Ein Amt, das eine Steigerung, zu der niemand erschienen ist, nach zwanzig Minuten für geschlossen erklärt und sich weigert, sie bei Erscheinen des Pfandgläubigers wieder zu eröffnen, missbraucht das ihm zustehende Ermessen nicht (BGE 122 III 432).

III. Verteilung

Art. 112 A. Verteilungsliste

¹ Nach Eingang des vollständigen Erlöses der Versteigerung stellt das Betreibungsamt gestützt auf das Ergebnis des Lastenbereinigungsverfahrens die Verteilungsliste auf. Eine nochmalige gerichtliche Anfechtung der darin festgestellten Forderungen ist weder hinsichtlich des Forderungsbetrages noch des Ranges möglich.

² Die Verteilungsliste ist gleichzeitig mit der Kostenrechnung (Art. 20 hiervor) und der Abrechnung über die eingegangenen Erträgnisse während zehn Tagen zur Einsicht der Gläubiger aufzulegen. Jedem nicht voll gedeckten Gläubiger und dem Schuldner ist hiervon schriftlich Anzeige zu machen, jenem unter Kenntnisgabe des auf seine Forderung entfallenden Anteils.

1 Dieser Artikel verpflichtet die BA, allen nicht voll gedeckten Gläubigern und dem Schuldner schriftlich Mitteilung von der Auflegung des Verteilungsplanes, der Kostenrechnung und der Abrechnung

über die eingegangenen Erträgnisse zuzustellen. Eine Verletzung dieser Pflicht stellt einen Mangel im Verfahren dar, welcher den Eintritt der Rechtskraft der Verteilungsliste und damit Betreibungshandlungen aufgrund vorzeitig ausgestellter Pfandausfallsscheine hindert (BS, AB, 25.05.1970 BJM 1972, S. 238, BlSchK 1972, S. 185).

2   Im Requisitionsauftrag zur Veräusserung einer Liegenschaft zum Einzug des Kaufpreises und zur Anweisung der den Grundpfandgläubigern zustehenden Betreffnisse ist auch die Erstellung und Auflegung eines Verteilungsplanes enthalten. Dessen Nichterstellung ist durch Beschwerde bei der für da requirierte KA zuständigen AB zu rügen (BS, AB, 06.06.1980, BlSchK 1983, S. 38).

3   Vom Ersteigerer bezahlte Verzugszinsen sind Ertrag des unverteilten Verwertungserlöses und stehen der Gesamtheit der Gläubiger zu (BGE 89 III 41, 94 III 50).

4   Anspruch der Grundpfandgläubiger auf die Zinserträgnisse des Verwertungserlöses. Ist die sofortige Verteilung des Erlöses aus der Pfandverwertung unabhängig vom Willen der Grundpfandgläubiger nicht möglich, so bilden die aus der Anlage dieses Erlöses fliessenden Zinserträgnisse ein den Grundpfandgläubigern zustehendes Nebenrecht der Grundpfandforderung (Bestätigung der Rechtsprechung). − Der Anspruch des Grundpfandgläubigers auf den Verwertungserlös und auf die dazugehörigen Nebenrechte entsteht mit der Bezahlung des Zuschlagspreises durch den Ersteigerer an die Konkursverwaltung (BGE 108 III 31).

5   (i.V.m. Art. 140 SchKG und Art. 43 Abs. 2 VZG) − Abänderung eines rechtskräftigen Lastenverzeichnisses von Amtes wegen − Rechtsmittel und Frist zur Anfechtung des Lastenverzeichnisses − Prinzip der Gleichbehandlung der Gläubiger öffentlichen und privaten Rechts. Die Verfahrensvorschriften, die den Rang der Grundpfandrechte im Verhältnis zueinander festlegen, können nicht als nachgiebiges oder als zwingendes Recht betrachtet werden, je nach dem, ob die sichergestellten Forderungen auf privatem oder öffentlichem Recht beruhen. Aufnahme privilegierter gesetzlicher Grundpfandrechte in das Lastenverzeichnis unter dem Titel rechtsgeschäftlich vereinbarter: Leicht feststellbar könne eine solche Ungenauigkeit auf rechtzeitig erhobene Beschwerde hin berichtigt werden; im Stadium der Verteilung ist dies nicht mehr möglich (BGE 120 III 20/21).

Art. 113   B. Konkurrenz zwischen Pfändungs- und Pfandgläubigern

¹ War das infolge einer Pfandverwertungsbetreibung verwertete Grundstück zugleich gepfändet, so sind in der Verteilungliste (Art. 157 Abs. 3 SchKG) nur die Pfandgläubiger, nicht auch die bei der Pfändung beteiligten Gläubiger zu berücksichtigen, und ein allfälliger Überschuss nach Deckung der Verwaltungs-, Verwertungs- und Verteilungskosten (Art. 157 Abs. 1 SchKG) und des betreibenden Pfandgläubigers sowie allfälliger nachgehender Pfandgläubiger ist für die Pfändungsgläubiger zurückzubehalten und bei Erledigung der Pfändungsbetreibung in die Verteilung einzubeziehen.

² Solange die Pfandgläubiger nicht vollständig gedeckt sind, darf, soweit die Pfändungsgläubiger diesen im Rang nicht vorgehen, der Erlös des verpfändeten Grundstückes weder für die Kosten der Pfändungsbetreibung noch für die Forderungen der Pfändungsgläubiger in Anspruch genommen werden.

³ Bei der spätern Verteilung in der betreffenden Pfändung (Art. 144 ff. SchKG) sind die Pfandgläubiger nicht in den Kollokationsplan aufzunehmen.

Art. 114   C. Miet- und Pachtzinse

¹ Der Reinerlös der seit der Stellung eines Begehrens auf Grundpfandbetreibung bis zur Verwertung des Grundstückes eingegangenen Miet- und Pachtzinse ist dem betreibenden Grundpfandgläubiger für seine Forderung zuzuweisen ohne Rücksicht darauf, ob der Erlös des Grundstückes ihm genügende Deckung bieten würde.

² Haben mehrere Grundpfandgläubiger zu verschiedenen Zeiten das Betreibungsbegehren gestellt, so hat für die nach Stellung seines Begehrens fällig werdenden Miet- und Pachtzinse derjenige das Vorrecht, der den bessern Rang hat.

³ Der Reinerlös der natürlichen Früchte, die nach Stellung des Verwertungsbegehrens bezogen wurden, sowie der Erlös einer allfälligen Ausfallforderung (Art. 72 hiervor) sind zum Grundstückserlös hinzuzurechnen und zur Befriedigung sämtlicher Pfandgläubiger nach ihrer Rangordnung zu verwenden.

Art. 115   D. Zugehör

¹ Der Erlös für Zugehörgegenstände, die nur einzelnen Grundpfandgläubigern verpfändet waren, ist ausschliesslich diesen Gläubigern nach ihrer Rangordnung zuzuteilen in der Weise, dass jeder dieser Gläubiger für seine Forderung zuerst auf den Erlös des Grundstückes und erst, soweit er daraus nicht befriedigt wird, auf denjenigen der Zugehörgegenstände angewiesen wird. Ein allfälliger Überschuss dieses Erlöses fällt, wenn keine Pfändungen bestehen, dem Pfandeigentümer zu.

² Die Verteilung des Erlöses auf Grundstück und Zugehör erfolgt, wenn letztere nicht gesondert verwertet worden ist (Art. 27 hiervor), nach dem Verhältnis ihrer rechtskräftig festgestellten Schätzung.

Art. 116   E. Dienstbarkeits- und Grundlastberechtigte, deren Recht gelöscht worden ist

¹ Muss eine den Grundpfandrechten nachgehende Last nach dem Ergebnis eines doppelten Aufrufes des Grundstückes gelöscht werden (Art. 56 hiervor) und bleibt nach Deckung des vorgehenden Grundpfandgläubigers ein nach Artikel 812 Absatz 3 ZGB zu verwendender Überschuss, so hat das Betreibungsamt den Berechtigten aufzufordern, ihm binnen zehn Tagen den Wert der Belastung anzugeben, den er dieser beilegt. Kommt der Berechtigte der Aufforderung nicht nach, so wird angenommen, er verzichte auf den ihm zustehenden Entschädigungsanspruch.

² Die Angabe des Wertes der Belastung ist in die Verteilungsliste aufzunehmen. Die Vorschriften der Artikel 147 und 148 SchKG finden in bezug auf diese Forderung entsprechende Anwendung.

Art. 117   F. Bestreitung durch Bauhandwerker

¹ Kommen bei der Verteilung Pfandforderungen von Bauhandwerkern oder Unternehmern (Art. 837 Abs. 1 Ziff. 3 ZGB) zu Verlust, so setzt das Betreibungsamt den letztern eine Frist von zehn Tagen an, um beim Gericht des Betreibungsortes einen allfälligen Anspruch auf Deckung aus dem den vorgehenden Pfandgläubigern zufallenden Verwertungsanteil (Art. 841 Abs. 1 ZGB) einzuklagen.

² Wird der Prozess innerhalb dieser Frist anhängig gemacht, so bleibt die Verteilung hinsichtlich des streitigen Anteils bis zu gütlicher oder rechtlicher Erledigung des Prozesses aufgeschoben. Wenn und soweit die Klage gutgeheissen wird, hat das Betreibungsamt den Baupfandgläubiger die ihnen auf Grund des Urteils zukommenden Betreffnisse aus dem Verwertungsanteil des vorgehenden unterlegenen Pfandgläubigers zuzuweisen.

³ Ist bei der Steigerung das Pfandrecht des vorgehenden Pfandgläubigers dem Ersteiger überbunden worden, so wird der obsiegende Baupfandgläubiger bis zur Höhe seines Anspruchs auf Deckung aus dem vorgehenden Pfandrecht gemäss dem ergangenen Urteil in jenes eingewiesen. Zu diesem Zwecke hat das Betreibungsamt die notwendigen Eintragungen im Grundbuch und in den Pfandtiteln von Amtes wegen zu veranlassen.

⁴ Wird der Prozess nicht innert der angesetzten Frist anhängig gemacht, so schreitet das Betreibungsamt ohne Rücksicht auf die Ansprüche der zu Verlust gekommenen Bauhandwerker zur Verteilung.

1. Wen können zu Verlust kommende Bauhandwerker nach Art. 117 belangen? Sie haben sich an die vorgehenden Pfandgläubiger, unter Umständen an deren Rechtsvorgänger (Art. 841 Abs. 2 ZGB), zu halten. Der Ersteigerer kann von den Bauhandwerkern nicht belangt werden. Selbst dann nicht, wenn er – mit Zustimmung des BA – den Steigerungspreis direkt an die Pfandgläubiger auszahlt. Der Ersteigerer tritt nie an Stelle jener vorgehenden Pfandgläubiger. Art. 117 Abs. 2 darf daher ihm gegenüber nicht zur Anwendung gelangen (BGE 85 III 101).

2. Die gesetzlichen Bauhandwerkpfandrechte sind für die Ermittlung des Zuschlagspreises nicht mitzurechnen. Der Ersteigerer muss den vom Zuschlagspreis gedeckten Teil dieser Pfandrechte bar erlegen, während für den ungedeckten Teil der Bauhandwerker im Sinne von Art. 841 ZGB und Art. 117 VZG auf Deckung aus dem den vorgehenden Pfandgläubigern zufallenden Verwertungsanteil klagen müssen (TI, SchKK, 24.04.1969, Rep. 1969, S. 335, SJZ 1972, S. 224).

3. Wie in BGE 53 II 471, 62 II 93/94 und 83 III 45 festgestellt, hat die Versäumung der Klagefrist gemäss Absatz 1 nicht zur Folge, dass die Handwerker und Unternehmer ihre materiellrechtlichen Ansprüche aus Art. 841 ZGB verlieren, sondern, sie büssen damit nur das Recht ein, im Falle ihres Obsiegens für den ihnen nach dem Urteil zukommenden Betrag unmittelbar aus dem Verwertungsanteil der im Prozess unterlegen vorgehenden Pfandgläubiger befriedigt zu werden. Wollen die Handwerker und Unternehmer diesen wesentlichen Vorteil nicht verlieren, so müssen sie in den nicht seltenen Fällen, wo Ansprüche gegen mehrere vorgehende Pfandgläubiger gleichen oder verschiedenen Ranges in Frage kommen, innert der ihnen hier angesetzten Frist gegen alle diese Pfandgläubiger klagen, m.a.W.: sie müssen alle diese Gläubiger gleichzeitig belangen (BGE 96 III 131).

4. Ist eine Klage aus Art. 841 ZGB nur gegen den vorgehenden Grundpfandgläubiger oder auch gegen allfällige am Grundpfandtitel berechtigte Faustpfandgläubiger zu richten? Da es nicht Sache der AB ist hierüber zu entscheiden, ist die Auszahlung des streitigen Anteils am Verwertungserlös bis zum Abschluss des Bauhandwerkerprozesses aufzuschieben und der entsprechende Betrag zu hinterlegen (BGE 100 III 57).

5. (i.V.m. Art. 132 VZG) – Die Konkursverwaltung darf die Verteilung des Verwertungsergebnisses bis zur Erledigung eines allfälligen Prozessverfahrens zwischen den vorgehenden Grundpfandgläubigern und den nachgehenden Bauhandwerkerpfandgläubigern nicht durchführen (FR, AB, 18.07.1972, BlSchK 1976, S. 25).

6. Die Konkursverwaltung hat bei der Erstellung der Verteilungsliste keine Befugnis, den Rang der Bauhandwerkerpfandrechte gegenüber früher eingetragenen Grundpfandforderungen zu bestimmen (FR, Tribunal cantonal, 07.12.1971, BlSchK 1978, S. 54).

7. (i.V.m. Art. 49 und 106 VZG) – Art. 106 VZG ist auch auf die Verwertung im Konkursverfahren anwendbar. – Steigerungsbedingungen, welche die Zahlung des Betrages, der den Bauhandwerkerpfandgläubigern zusteht, zusätzlich zur verlangten Akontozahlung vorschreiben, verletzen die Art. 106 und 117 VZG nicht (BGE 119 III 127).

8. (i.V.m. Art. 140 SchKG, Art. 37 VZG und Art. 841 ZGB) – Vorrecht der Bauhandwerker gegenüber vorgehenden Pfandgläubigern – Die Gültigkeit eines vorrangigen Pfandrechts kann einzig durch Bestreitung des Lastenverzeichnisses mit anschliessendem gerichtlichem Widerspruchverfahren angefochten werden; der Bauhandwerker kann daher im Rahmen des von ihm gestützt auf Art. 841 ZGB i.V.m. Art. 117 VZG eingeleiteten Zivilverfahrens den Bestand des Pfandrechts des vorgehenden Pfandgläubigers nicht mehr in Frage stellen (VS, KG, 12.06.2001, BlSchK 2003, S. 90).

Art. 118 G. Bei gesamthafter Verwertung getrennt verpfändeter Grundstücke

Sind getrennt verpfändete Grundstücke nach Artikel 108 hiervor gesamthaft versteigert worden, so ist der im Gesamtruf erzielte Erlös auf die einzelnen Grundstücke nach dem Verhältnis der Schätzung der Einzelgrundstücke, die im Lastenbereinigungsverfahren vorgenommen wurde, zu verlegen.

1 Neue Schätzung von Grundstücken im Konkursverfahren – Im summarischen Konkursverfahren können die Grundpfandgläubiger eine neue Schätzung verlangen, wenn der Erlös bei gesamthafter Verwertung im Verhältnis der Schätzung der Einzelgrundstücke zu verteilen ist (GR, AB, 07.11.1989, PKG 1989, S. 177).

Art. 119 H. Bei Verwertung solidarisch verpfändeter Grundstücke

Werden mehrere verpfändete Grundstücke verschiedener solidarisch haftender Eigentümer nicht vom gleichen Ersteigerer erworben, so ist bei der Verteilung nach folgenden Grundsätzen zu verfahren:
Diejenigen Grundpfandforderungen, denen keine nur auf einzelnen Grundstücken haftende Pfandforderungen im Range vorgehen, sind auf die einzelnen Grundstücke nach dem durch die Steigerung ausgewiesenen Wertverhältnis derselben zu verlegen.
Gehen dagegen der Gesamtpfandforderung Einzelpfandforderungen im Range vor, so erfolgt die Verlegung der Gesamtpfandforderung auf die einzelnen Grundstücke nach dem Verhältnis der vom Steigerungserlös der einzelnen Grundstücke nach Deckung der Einzelpfandforderungen noch vorhandenen Restbeträge.
Der in Betreibung gesetzten Forderung vorgehende Gesamtpfandforderungen sind bar zu bezahlen, auch wenn sie nicht fällig sind.

Art. 120 J. Pfandausfallschein
I. Im allgemeinen

Konnte das Pfand wegen ungenügenden Angebotes nicht verwertet werden, oder deckt der Erlös die Forderung des betreibenden Pfandgläubigers nicht, so ist diesem ein Pfandausfallschein gemäss Artikel 158 SchKG auszustellen. Den übrigen Pfandgläubigern wird lediglich eine Bescheinigung des Inhaltes ausgestellt, dass ihre Forderungen ungedeckt geblieben sind.

1 Den nicht gedeckten nachgehenden Grundpfandgläubigern, die nicht selbst auf Pfandverwertung betrieben haben, ist ein Pfandausfallschein auszustellen, sofern ihre Forderungen fällig sind, und auch sie können innert Monatsfrist die Betreibung ohne Einleitungsverfahren fortsetzen (BE, AB, 15.11.1955, BlSchK 1957, S. 51).

2 Der Pfandausfallschein hat eine doppelte rechtliche Bedeutung. Einmal verurkundet er die Tatsache, dass eine Pfandforderung im Pfandverwertungsverfahren ganz oder teilweise ungedeckt geblieben ist. Zweitens gibt er dem Gläubiger das Recht, die Betreibung für die ungedeckt gebliebene Forderung in das übrige Vermögen des Schuldners fortzusetzen, sofern nicht, wie bei der Gült oder einer anderen Grundlast, blosse Pfandhaftung besteht; (vgl. VZG Art. 121). Nicht immer wird aber für eine zu Verlust gekommene Pfandforderung ein Pfandausfallschein ausgestellt. Für nicht fällige Ausfallforderungen bei einer Grundstückverwertung wird nur eine einfache, den Ausfall verurkundende Bescheinigung ausgestellt, die kein Recht auf Zugriff auf das übrige Schuldnervermögen ohne neuen Zahlungsbefehl gibt (BGE 85 III 137).

3 Ersteigert der Gläubiger selbst den Schuldbrief bei einer Faustpfandverwertung, so wird er Schuldbriefgläubiger und kann nun die Grundpfandforderung unabhängig von der allfälligen Restforderung aus dem andern Rechtsverhältnis (z.B. Darlehen) geltend machen (Art. 159 Abs. 2 SchKG), d.h.

dass nunmehr auch ihm nach Art. 120 VZG gegebenenfalls ein Pfandausfallschein ausgestellt werden kann (BGE 89 III 43).

4 (i.V.m. Art. 158 SchKG) – Für die Ausstellung eines Pfandausfallscheines muss neben der Fälligkeit der durch das Pfand gesicherten Forderung auch das Erfordernis der persönlichen Haftung des Schuldners für eben diese Forderung erfüllt sein. Letzteres trifft für den Schuldbriefschuldner in jedem Falle zu (BE, AB, 14.01.1996, BlSchK 1996, S. 68).

Art. 121   II. In nach Bestätigung des Nachlassvertrages durchgeführter Verwertung

Ist für eine vor der Bestätigung eines Nachlassvertrages entstandene Pfandforderung gestützt auf eine nach diesem Zeitpunkt vorgenommene Pfandverwertung dem Gläubiger ein Pfandausfallschein zugestellt worden, so findet Artikel 158 Absatz 2 SchKG keine Anwendung. Eine Betreibung für die ungedeckt gebliebene Forderung ist demnach auch binnen Monatsfrist nur mit Zustellung eines neuen Zahlungsbefehls zulässig, es sei denn, dass der Schuldner gegen die ohne vorangegangenes Einleitungsverfahren fortgeführte Betreibung binnen zehn Tagen seit der Vornahme der Pfändung oder der Zustellung der Konkursandrohung keine Beschwerde erhoben hat.

C. Verwertung im Konkursverfahren

Art. 122   A. Verhältnis zur Verordnung über die Geschäftsführung der Konkursämter

Für die Verwertung von Grundstücken im Konkursverfahren gelten die Vorschriften der Verordnung vom 13. Juli 1911 über die Geschäftsführung der Konkursämter, mit den aus den nachstehenden Bestimmungen sich ergebenden Ergänzungen und Änderungen.

Art. 123   B. Besondere Vorschriften.
              I. Anmeldung der Dienstbarkeiten

¹ Im Anschluss an die Konkurspublikation (Art. 232 SchKG) sind die Inhaber von Dienstbarkeiten, die unter dem früheren kantonalen Recht ohne Eintragung entstanden und noch nicht im Grundbuch eingetragen sind, ausdrücklich aufzufordern, diese Rechte innert einem Monat beim Konkursamt unter Einlegung allfälliger Beweismittel anzumelden.

² Die Aufforderung erfolgt mit genauer Bezeichnung des Gemeinschuldners und des zu verwertenden Grundstückes und mit der in Artikel 29 Absatz 3 hiervor bestimmten Androhung.

³ Aufgehoben.

Art. 124   II. Anzeige an Mieter und Pächter

Sofort nach Empfang des Konkurserkenntnisses hat das Konkursamt an die allfälligen Mieter und Pächter eines im Eigentum des Gemeinschuldners stehenden Grundstückes von der Konkurseröffnung schriftliche Anzeige zu machen und sie aufzufordern, die von nun an fällig werdenden Miet- und Pachtzinse unter Hinweis auf die Gefahr der Doppelzahlung an das Konkursamt zu bezahlen.

Art. 125   III. Lastenbereinigung

¹ Zur Feststellung der auf dem Grundstücke haftenden beschränkten dinglichen Rechte (Pfandrechte, Dienstbarkeiten, Grundlasten, Vorkaufs-, Kaufs-, Rückkaufs-, Miet- und Pachtrechte usw.) gemäss Artikel 58 Absatz 2 der Verordnung vom 13. Juli 1911 über die Geschäftsführung der Konkursämter ist ein besonderes Verzeichnis sämtlicher auf den

C. Verwertung im Konkursverfahren | Art. 125

einzelnen Grundstücken haftender Forderungen sowie aller andern bei der Steigerung dem Erwerber zu überbindenden dinglichen Belastungen, soweit sie nicht von Gesetzes wegen bestehen und übergehen, anzufertigen, welches auch die genaue Bezeichnung der Gegenstände (Grundstücke und Zugehör), auf die sich die einzelnen Lasten beziehen, enthalten muss.

² Diese Lastenverzeichnisse bilden einen Bestandteil des Kollokationsplanes. Anstelle der Aufführung der grundpfandgesicherten Forderungen ist im Kollokationsplan auf die bestehenden besonderen Verzeichnisse zu verweisen.

1. Im Konkursverfahren kann das Lastenverzeichnis in besonderen Gefahrsfällen vor dem übrigen Kollokationsplan aufgelegt werden (Art. 243 Abs.2 SchKG). Wird es angefochten, so kann eine vorzeitige Verwertung nur mit Bewilligung der AB nach Art. 128 Abs. 2 VZG stattfinden (BGE 75 III 100).

2. Bereinigung der Zugehör einer Liegenschaft im Konkurs – Was Zugehör ist, soll in dem mit dem Kollokationsplan aufzulegenden Lastenverzeichnis festgelegt werden, unter Vorbehalt der Kollokationsklage nach Art. 250 SchKG. Hiebei unabgeklärt gebliebene Punkte sind bei der Verwertung der Liegenschaft (in dem mit den Steigerungsbedingungen aufzulegenden Lastenverzeichnis) zu bereinigen. Es ist nicht zulässig, diese Verfügungen der Konkursverwaltung erst nach Aufstellung der entsprechenden Verteilungsliste anzufechten (BGE 86 III 70).

3. Im Konkursverfahren gehört die Feststellung von Zugehör zum Kollokationsverfahren bzw. Lastenverzeichnis. Über die Bestreitung der Zugehöreigenschaft entscheidet nicht die AB, sondern der Richter, BE, Autorité de surveillance, 27.09.1972, BlSchK 1974, S. 149).

4. Anspruch auf ein Zugehörverzeichnis – Grundsätzlich ist das BA nicht verpflichtet, dem Schuldner von sich aus ein solches zuzustellen. Es ist jedoch dem Schuldner zuzustellen, wenn er dieses verlangt und die entsprechenden Kosten vorschiesst (GR, AB, 01.07.1959, BlSchK 1961, S. 155).

5. Ob die Vorschriften über das Verfahren zur Feststellung des gegenseitigen Rangverhältnisses der Grundpfandrechte, die durch eine erfolgte Abänderung allenfalls verletzt werden können, zwingender Natur sind, wird vom BGer bezweifelt, weil die Feststellung dieses Verhältnisses nur die Grundpfandgläubiger berührt, also nur für einen begrenzten Personenkreis von Bedeutung ist (vgl. BGE 93 III 87, wo mit entsprechender Begründung angenommen wurde, eine gegen Art. 63 Abs. 1 KOV verstossende Kollokationsverfügung sei nicht schlechthin nichtig) (BGE 96 III 77).

6. Der mit der Zwangsverwertung eines Grundstücks betraute Beamte ist nicht befugt, im Lastenverzeichnis von sich aus die Errichtung einer neuen Dienstbarkeit zulasten dieses Grundstücks vorzusehen. Eine solche Bestimmung ist wegen Überschreitung der sachlichen Zuständigkeit des Beamten schlechthin nichtig, kann nicht rechtskräftig werden und nicht die Grundlage für die Entstehung der Dienstbarkeit auf dem Wege der Zwangsvollstreckung abgeben. Auswirkungen der Nichtigkeit einer solchen Bestimmung auf den Zuschlag des «berechtigten» Grundstücks und auf den übrigen Inhalt das Lastenverzeichnisses (BGE 97 III 89).

7. Die Aufnahme verfallener Hypothekarzinsen unter die Konkursforderungen (Art. 246 SchKG) kann wegen verspäteter Anmeldung dieser Zinsen nicht durch gerichtliche Klage, sondern nur durch Beschwerde an die AB angefochten werden (BGE 99 III 25).

8. Ein Lastenverzeichnis, das keine klare Entscheidung darüber enthält, ob sich die Pfandhaft auf die Zugehör erstrecke oder nicht, ist nachträglich zu ergänzen und neu aufzulegen. – Das Lastenverzeichnis kann durch die Steigerungsbedingungen nicht abgeändert werden (BGE 99 III 70).

9. Umfang der Pfandhaft. – Wird im Lastenverzeichnis in klarer und eindeutiger Weise angeführt, welche Gegenstände als Zugehör betrachtet werden, kann der Entscheid der Konkursverwaltung nicht mit Beschwerde, sondern nur mit Kollokationsklage angefochten werden (BGE 106 III 24).

10. Tragweite einer in die Lastenverzeichnisse verschiedener Grundstücke aufgenommenen Gesamtpfandklausel in einem Fall, da die im Kollokationsplan und in den Lastenverzeichnissen vermerkten Pfandbeträge von Grundstück zu Grundstück verschieden sind. – Liegt den Eigentümerschuldbriefen

nach den Einträgen des KA nicht ein einheitlicher, der gesamten Kapitalforderung der Gläubigerin (hier eine Bank) entsprechender Pfandbetrag zugrunde, haften verschiedene an verschiedenen Orten gelegene Grundstücke nicht als Gesamtpfänder für die Summe der von der Gläubigerin gewährten Darlehen. Massgebend ist nur, was der aussenstehende Gläubiger oder ein Steigerungsinteressent aus dem Kollokationsplan bzw. aus den Lastenverzeichnissen, die nach ungenütztem Ablauf der Klage- bzw. Beschwerdefrist verbindlich geworden waren, schliessen durfte und musste (BGE 103 III 28/29).

11 Lastenverzeichnis im Konkurs – Erstellung eines gesonderten Lastenverzeichnisses für jedes Grundstück als Regel – Voraussetzungen für die ausnahmsweise Zusammenfassung mehrerer Grundstücke in einem Lastenverzeichnis. Dies kann etwa dann sinnvoll sein, wenn die Einträge betreffend die einzelnen Stockwerkeinheiten identisch sind. Diesfalls sind in der Rubrik «Grundversicherte Forderungen» zunächst die Lasten der gemeinschaftlichen Liegenschaft und in der Folge diejenigen der ersten Stockwerkeinheit aufzuführen; für die folgenden Stockwerkeinheiten, die einzeln aufzulisten sind, kann betreffend Inhalt auf die erste Einheit verwiesen werden (GR, AB, 03.05.1994, PKG 1994, S. 129).

12 (i.V.m. Art. 250 SchKG) – Kollokationsprozess beim Nachlassvertrag mit Vermögensabtretung – Der Streit, ob ein Gegenstand Zugehör und den Grundpfandgläubigern mitverhaftet sei, ist im Kollokationsprozess zu entscheiden. Anerkennt der Liquidator die Zugehöreigenschaft, richtet sich die Kollokationsklage gegen sämtliche Grundpfandgläubiger. Bestreitet der Liquidator die Zugehöreigenschaft, ist die Klage gegen die Liquidationsmasse zu führen (OW, ObGer, 12.07.1990, BlSchK 1994, S. 104).

Art. 126   IV. Faustpfandforderungen, für welche Eigentümertitel haften

¹ Forderungen, für welche Eigentümerpfandtitel als Faustpfänder haften, sind als faustpfandgesichert zu kollozieren, während die verpfändeten Pfandtitel mit dem Betrag der zugelassenen Faustpfandforderung unter die grundpfandgesicherten Forderungen aufzunehmen sind, unter Verweisung auf die Faustpfandkollokation.

² Ist eine faustpfandgesicherte Forderung kleiner als der verpfändete Grundpfandtitel, so ist der Mehrbetrag nicht als Grundpfand zu kollozieren.

1 Durch Schuldbriefe gesicherten Bankkredit. Umfang des Rechts des Gläubigers an den verpfändeten Titeln – Durch einen Generalpfandvertrag wurden einer Bank zur Deckung aller gegenwärtigen und künftigen Verbindlichkeiten u.a. auch die hinterlegten Wertpapiere verpfändet. Dazu gehörten drei Inhaberschuldbriefe zulasten eines dem Pfandgeber gehörenden Grundstückes. Im Konkurse des Pfandnehmers machte die Bank für ihre Forderungen das Pfandrecht an diesen Titeln einschliesslich der verfallenen Grundpfandzinsen geltend. Die Konkursverwaltung liess das Pfandrecht an diesen Zinsen nicht gelten. – Dem im Generalpfandvertrag vereinbarten auch auf alle verfallenen, laufenden und künftigen Zinse ausgedehnten Pfandrecht steht gemäss bisheriger Praxis des BGer nichts entgegen. Der Schutz, den das Gesetz den nachgehenden Grundpfandgläubigern gewährt, besteht am Pfandrecht an den hypothekarisch auf drei zur Zeit der Konkurseröffnung oder des Pfandverwertungsbegehrens verfallene Jahreszinsen und den laufenden Zins (Art. 818 Abs. 1 Ziff. 3 ZGB; BGE 44 II 250, 51 II 153, 102 III 93). – Gemäss Art. 126 VZG ist die Bank als durch Faustpfand, d.h. durch den Schuldbrief in seinem ganzen Umfange einschliesslich der verfallenen Zinsen, gesichert zu kollozieren. Dieser Betrag, d.h. «der Betrag der zugelassenen Faustpfandforderung», ist in den Schranken von ZGB Art. 818 ins Lastenverzeichnis aufzunehmen (BGE 104 III 35).

2 Der Eigentümer eines Schuldbriefes kann als Grundpfandgläubiger nicht gleichzeitig ein Faustpfandrecht am Titel beanspruchen (BGE 105 III 122).

3 Der Faustpfandgläubiger an Eigentümerpfandtiteln ist im Konkurse des Eigentümers des belasteten Grundstückes berechtigt, auf die seit der Konkurseröffnung bis zur Verwertung auflaufenden Miet- oder Pachtzinsforderungen zu greifen (BGE 106 III 67).

4   Das Deckungsprinzip gilt für die Festsetzung des Mindestzuschlagspreises nicht für die in Betreibung gesetzte Forderung, sondern für die dem betreibenden Gläubiger vorgehenden Forderung (BGE 107 III 124).

5   Faustpfandrecht an Eigentümerschuldbriefen, die ein Grundeigentümer zur Sicherstellung der Darlehensschuld eines Dritten verpfändet hat; Stellung des Faustpfandgläubigers im Konkurse des Verpfänders. Ergibt sich bei der Verwertung des belasteten Grundstückes im Konkurs des Verpfänders ein Pfandausfall, so kann der Pfandgläubiger nicht im gleichen Konkurs eine entsprechende Forderung in der 3. Klasse kollozieren lassen; eine solche Pfandausfallforderung kann nur gegenüber dem Darlehensschuldner geltend gemacht werden (BGE 107 III 128).

Art. 127   V. Legitimation zur Anfechtung der Lastenverzeichnisse

¹ Die Kurrentgläubiger sind zur Anfechtung der Lastenverzeichnisse über die Grundstücke (Art. 125 hiervor) nicht berechtigt, soweit es sich nur um die Frage des Vorranges eines Pfandgläubigers vor dem andern handelt, und sie können sich auch nicht einer solchen von einem Pfandgläubiger gegen einen andern angestrengten Kollokationsklage anschliessen.

² Will ein Pfandgläubiger nur den Rang eines andern bestreiten, so hat er nur gegen diesen und nicht auch gleichzeitig gegen die Masse zu klagen.

Art. 128   VI. Zeitpunkt der Verwertung

¹ Wenn nach den Einträgen im Grundbuch oder dem Ergebnis des öffentlichen Aufrufes (Art. 123 hiervor) Pfandrechte oder andere beschränkte dingliche Rechte an dem Grundstück geltend gemacht werden, so darf die Verwertung (Versteigerung oder Verkauf aus freier Hand), selbst im Falle der Dringlichkeit, erst stattfinden, nachdem das Kollokationsverfahren über diese Rechte durchgeführt und allfällige Kollokationsprozesse rechtskräftig erledigt sind.

² Ausnahmsweise können die Aufsichtsbehörden die Versteigerung schon vorher bewilligen, wenn keine berechtigten Interessen verletzt werden. In diesem Falle ist in den Steigerungsbedingungen auf einen allfällig pendenten Prozess hinzuweisen und eine vorläufige Eintragung im Grundbuch (Art. 961 ZGB) vorzumerken.

1   Grundstückverwertung im Konkurs – Inwiefern steht es im Ermessen der AB, die Verwertung vor rechtskräftiger Bereinigung der Lasten ausnahmsweise zu bewilligen? – Mit dem blossen Vorbehalt «berechtigter Interessen» in Absatz 2 dieser Bestimmung ist der AB ein weitgehendes Ermessen eingeräumt. Würde der Kollokationsprozess etwa eine Dienstbarkeit betreffen, so könnte der Prozessausgang unter Umständen für den Wert der Liegenschaft in den Händen des Erwerbers so bedeutend sein, dass sich die vorzeitige Verwertung keinesfalls rechtfertigen liesse und andere, wenn auch mit Unzukömmlichkeiten verbundene Massnahmen zur Verhinderung eines allzu raschen Verderbes getroffen werden müssten (BGE 72 III 27).

2   Verbot der Verwertung eines Grundstücks während der Hängigkeit eines Prozesses über dingliche Lasten. Ausnahmen, Voraussetzungen; unaufschiebbare Reparaturen sind in der Regel kein hinreichender Grund (BGE 78 III 78).

3   Vorzeitige Grundstücksverwertung im Konkurs – Voraussetzungen – Berücksichtigung der Werteinbusse, die daraus entstünde, dass der Betrieb des Konkursiten vor der Verwertung eingestellt werden müsste, wenn damit bis nach Abschluss des Kollokationsverfahrens zugewartet würde (BGE 80 III 79).

4   Die Bewilligung gemäss Absatz 2 ist zu erteilen, wenn ein ernsthaftes Kaufangebot zu einem Preise vorliegt, der neben der Deckung der Kosten und Masseschulden die vollständige Befriedigung aller angemeldeten und noch nicht rechtskräftig abgewiesenen Konkursforderungen gestattet. In einem solchen Falle kann die vorzeitige Verwertung nicht bloss auf dem Wege der Versteigerung, sondern auch durch einen Freihandverkauf erfolgen. Ein Freihandverkauf zu einem solchen Preise bedarf

nicht der Zustimmung der Gläubiger, doch ist allen Gläubigern (und im Falle des Konkurses einer Aktiengesellschaft auch allen Aktionären) Gelegenheit zu geben, den angebotenen Preis zu überbieten (BGE 88 III 28).

5   Das Bewilligungsverfahren für die vorzeitige Verwertung von Grundstücken im Konkurse ist auch anwendbar, wenn zwar das vorzeitige Lastenverzeichnis nicht angefochten wurde, aber der übrige Kollokationsplan noch nicht in Rechtskraft erwachsen ist. Auch hier ist die besonders sorgfältige Prüfung der Angemessenheit der vorzeitigen Verwertung im Interesse der Gläubiger geboten, besonders deswegen, weil ihr Kreis noch nicht vollständig feststeht (BS, AB, 12.08.1975, Amtsbericht 1975, S. 48, SJZ 1977, S. 82).

6   Vorzeitige Versteigerung von Liegenschaften en bloc im Konkurse – Gemäss Absatz 2 können die AB ausnahmsweise die Versteigerung vorher bewilligen, wenn keine berechtigten Interessen verletzt werden. Hier wurde die Zustimmung der AB von der Konkursverwaltung nicht eingeholt. Sie kann aber noch in diesem Beschwerdeverfahren erteilt werden. Ein Ausnahmefall liegt namentlich vor, wenn die Verwertung «überdringlich» erscheint (BGE 96 III 84) und keine besonders wichtige Interessen entgegenstehen. – Hier würden zufolge erheblicher hypothekarischer Belastung der Grundstücke durch Zuwarten mit der Verwertung hohe Zinsverluste eintreten. Das Konkursrecht soll aber den Gläubigern einen möglichst grossen Teil ihrer Forderungen retten. Die vorzeitige Verwertung wird den Zinsausfall gegenüber dem Schuldner unterbrechen (96 III 86). Ferner brächte die Überwinterung der teilweise nicht fertig erstellten Häuser besondere Probleme. Anderseits wird der Beschwerdeführer durch vorzeitige Verwertung nicht in berechtigten Interessen verletzt. – Streitig ist ferner die Versteigerung en bloc. Voraussetzung dafür ist, dass die einzelnen Grundstücke eine wirtschaftliche Einheit bilden, deren Zerstörung durch getrennte Versteigerung eine starke Wertverminderung zur Folge hätte (BGE 63 III 11). Hier lasten auf den Parzellen Gesamtpfandrechte, die aufzuteilen mangels Einverständnisses der Hypothekargläubiger nach Art. 811 ZGB ausgeschlossen ist. Die Grundstücke bilden wegen dieser Gesamtverpfändung eine wirtschaftliche Einheit. Einzelversteigerungen würden zu Komplikationen führen. Art. 108 VZG bildet kein Hindernis, weil hier keine getrennt verpfändeten Grundstücke vorliegen. Die Versteigerung en bloc ist deshalb zu bewilligen (TG, Rekurskomm. 05.11.1974, BlSchK 1978, S. 55).

7   Bei Vorliegen ganz besonderer Umstände kann die Verwertung schon vor Abschluss des Kollokationsverfahrens und vor Erledigung allfälliger Kollokationsprozesse bewilligt werden (GR, AB, 05.10.1976, BlSchK 1979, S. 185).

8   Rekurs der Konkursverwaltung wegen Verweigerung der Bewilligung zur Versteigerung einer Liegenschaft vor Erledigung der Kollokationsprozesse über ihre Pfandbelastung. Für die Erteilung dieser Bewilligung ist eine sog. «Überdringlichkeit» der Verwertung Voraussetzung. Ein Entscheid liegt weitgehend im Ermessen der kantonalen AB. Das BGer kann in diesem Punkte nur eingreifen, wenn die kantonalen Behörden Grundsätze verkannt oder bei ihrer Anwendung das ihnen zustehende Ermessen überschritten haben. Keine besondere Umstände im Sinne der Rechtsprechung zu Art. 128 Abs. 2 sind z.B.: Zustimmung aller Grundpfandgläubiger zur vorzeitigen Verwertung, lange zu erwartende Dauer von hängigen Prozessen, Vermutung eines Vorteils, wenn mehrere Grundstücke zusammen versteigert werden können (BGE 88 III 23).

9   Die Verwertung von Grundstücken im Konkurse vor Erledigung der Kollokationsprozesse ist angezeigt, wenn bei sofortigem Verkauf ein bedeutend höherer Erlös erzielt werden kann als bei Zuwarten mit der Verwertung bis nach Abschluss des Prozesses (BGE 111 III 77).

10   (i.V.m. Art. 243 SchKG) – Voraussetzungen für die vorzeitige Verwertung eines Grundstücks im summarischen Konkursverfahren. – Für eine vorzeitige Verwertung ist unabdingbare Voraussetzung, dass das Lastenverzeichnis erstellt und aufgelegt wurde (BE, AB, 12.08.1994, BlSchK 1995, S. 73).

11   Zumindest bei der Beantwortung der Frage, ob berechtigte Interessen verletzt würden, fällt der Umstand, dass die zweite Gläubigerversammlung den Antrag der ausseramtlichen Konkursverwaltung auf vorzeitige Verwertung abgelehnt hat, ins Gewicht. Die vorzeitige Verwertung rechtfertigt sich im vorliegenden Fall nicht, weil dadurch voraussichtlich kein bedeutend höherer Erlös erzielt

C. Verwertung im Konkursverfahren — Art. 129

wird und weil damit gerechnet werden muss, das weder die zweite Grundpfandgläubigerin noch die übrigen Gläubiger für ihre Forderungen befriedigt werden (BGE 119 III 85).

12 Diese Bestimmung ist auf die Verwertung von Fahrnis nicht analog anwendbar. Die Verwertung von retinierten Gegenständen darf daher nach der zweiten Gläubigerversammlung ohne Rücksicht auf allfällige Kollokationsprozesse über das Retentionsrecht angeordnet werden (BGE 107 III 88).

Art. 129 VII. Spezialanzeige

¹ In den Spezialanzeigen an die Pfandgläubiger nach Artikel 257 SchKG (Art. 71 der Verordnung vom 13. Juli 1911 über die Geschäftsführung der Konkursämter, KOV), ist denjenigen Gläubigern, denen nach dem Lastenverzeichnis (Art. 125 hiervor) ein anderes beschränktes dingliches Recht (Dienstbarkeit, Grundlast, Vorkaufsrecht usw.) im Range nachgeht, gleichzeitig anzuzeigen, dass sie binnen zehn Tagen beim Konkursamt schriftlich den doppelten Aufruf des Grundstücks im Sinne des Artikels 142 SchKG verlangen können, mit der Androhung, dass sonst Verzicht auf dieses Recht angenommen würde.

² Spezialanzeigen sind in entsprechender Anwendung von Artikel 30 Absatz 4 hiervor auch den Inhabern gesetzlicher Vorkaufsrechte im Sinne von Artikel 682 Absätze 1 und 2 ZGB zuzustellen.

1 Bei öffentlicher Versteigerung einer Liegenschaft im Konkurse hat der Konkursit keinen Anspruch auf eine besondere Anzeige (BGE 94 III 101).

2 Die Rangordnung des Kollokationsplanes kann nicht mehr dadurch in Frage gestellt werden, dass die Steigerungsbedingungen mit dem darin vorgesehenen Doppelaufruf, den ein kollozierter Gläubiger verlangt hat, angefochten werden (BGE 112 III 31).

Art. 130 VIII. Steigerung

¹ Hinsichtlich der Steigerungsbedingungen und der Durchführung des Steigerungsverfahrens finden die Artikel 45–52, 56–70, 106 Absatz 2, 108 und 110 Absatz 2 hiervor entsprechende Anwendung.

² Die Konkursverwaltung kann sich in den Steigerungsbedingungen auf Grund eines Beschlusses der Gläubigerversammlung das Recht vorbehalten, den Zuschlag zu verweigern, falls das Höchstangebot nicht einen bestimmt zu bezeichnenden Betrag erreicht.

³ Kommt es in einem solchen Falle nicht zu einem Freihandkauf, so kann in einer nachfolgenden neuen Steigerung auch zugeschlagen werden, wenn der gemäss Absatz 2 hiervor bezeichnete Mindestbetrag nicht erreicht wird.

⁴ Die Bestimmung des Artikels 135 Absatz 1 Satz 2 SchKG findet im Konkursverfahren keine Anwendung.

1 Lastenverzeichnis und Steigerungsprotokoll. Im Letztern (gegebenenfalls in dem diesem beigelegten Beschrieb) sind alle Gegenstände genau zu umschreiben (BGE 75 III 100).

2 Die Frist für die Anfechtung der Steigerungsbedingungen beginnt grundsätzlich mit dem Tag ihrer öffentlichen Auflegung zu laufen. Eine Ausnahme ist dann gegeben, wenn die Steigerungsbedingungen das Lastenverzeichnis abändern (BGE 105 III 4/6).

3 Wer in fremdem Namen bietet, hat sich auf Verlangen des Steigerungsleiters über seine Handlungsbefugnis auszuweisen. Ist er dazu nicht in der Lage, so darf sein Angebot unberücksichtigt bleiben (BGE 82 III 55).

Art. 130a a. Besonderheiten der Verwertung eines Miteigentumsanteils
1. Grundbuchauszug. Anmeldung von Dienstbarkeiten

[1] Umfasst die Konkursmasse einen Miteigentumsanteil an einem Grundstück, so gilt Artikel 73 hiervor für den nach Artikel 26 KOV einzuholenden Grundbuchauszug entsprechend.

[2] Die Aufforderung zur Anmeldung von Dienstbarkeiten, die unter dem frühern kantonalen Recht ohne Eintragung in die öffentlichen Bücher entstanden und noch nicht eingetragen sind (Art. 123 hiervor), ist an die Inhaber solcher Dienstbarkeiten am Grundstück selbst und im Falle von Stockwerkeigentum, das vom frühern kantonalen Recht beherrscht wird (Art. 20bis SchlT/ZGB), auch an die Inhaber solcher Dienstbarkeiten an dem zur Konkursmasse gehörenden Stockwerk zu richten.

Art. 130b 2. Anzeigen. Verwaltung

[1] Die Konkurseröffnung ist neben den am Miteigentumsanteil des Gemeinschuldners pfandberechtigten Gläubigern auch den Gläubigern anzuzeigen, denen das Grundstück als Ganzes verpfändet ist, doch sind diese nicht zur Einreichung der Pfandtitel aufzufordern.

[2] Hat der Gemeinschuldner einen Miteigentumsanteil an einem Grundstück, das einen Ertrag abwirft, so gilt Artikel 23a Buchstabe c Satz 1 hiervor entsprechend.

[3] Auf die Verwaltung ist Artikel 23c Absatz 1 hiervor sinngemäss anwendbar.

Art. 130c 3. Lastenverzeichnis. Kollokationsplan

[1] Im Lastenverzeichnis (Art. 125 hiervor) sind nicht nur die Belastungen des Anteils, sondern auch diejenigen des Grundstücks selbst aufzuführen, und zwar getrennt.

[2] Pfandforderungen, die das Grundstück als ganzes belasten, sind mit dem auf den Gemeinschuldner entfallenden Teilbetrag, bei Solidarhaftung des Gemeinschuldners mit ihrem Gesamtbetrag, als ungesicherte Forderungen zu kollozieren (Art. 61 Abs. 1 KOV); dies für den Fall, dass die Einigungsverhandlungen nach Artikel 130e hiernach und Artikel 73e hiervor sowie die Versteigerung des Miteigentumsanteils des Gemeinschuldners zu den nach Artikel 130f hiernach und Artikel 73g hiervor geltenden Bedingungen ergebnislos bleiben.

Art. 130d 4. Steigerungspublikation und Spezialanzeigen

[1] Die Steigerungspublikation (Art. 257 Abs. 1 und 2 SchKG) muss die in Artikel 73a Absatz 1 hiervor genannten Angaben enthalten.

[2] Spezialanzeigen (Art. 257 Abs. 3 SchKG, Art. 71 KOV, Art. 129 hiervor) sind auch den Gläubigern zuzustellen, denen das Grundstück selbst oder ein dieses belastender Pfandtitel verpfändet ist.

Art. 130e 5. Vorgehen bei Pfandbelastung des Grundstücks als solchem

Ist nach dem Ergebnis des Lastenbereinigungsverfahrens das Grundstück als ganzes pfandbelastet, so sind die Artikel 73e und 73f hiervor entsprechend anwendbar.

Art. 130f 6. Steigerungsbedingungen

Für die Steigerungsbedingungen gilt Artikel 73g hiervor entsprechend, jedoch ohne den in Absatz 2 dieser Bestimmung enthaltenen Vorbehalt von Artikel 832 Absatz 2 ZGB (Art. 130 Abs. 4 hiervor).

Art. 130g 7. Vorbehalt der Grundpfandbetreibung

¹ Dem Gläubiger einer das Grundstück als ganzes belastenden Pfandforderung bleibt vorbehalten, diese bei Fälligkeit schon während des Konkursverfahrens (Art. 89 Abs. 1 hiervor) auf dem Wege der Grundpfandbetreibung (Art. 106a hiervor) geltend zu machen.

² Erfolgt die Pfandverwertung vor Ausrichtung einer allfälligen Konkursdividende an den Pfandgläubiger, so ist Artikel 61 Absatz 2 KOV anwendbar. Vorbehalten bleibt Artikel 217 SchKG.

Art. 131 IX. Ausfallforderung

Die Ausfallforderung (Art. 143 Abs. 2 SchKG) ist, wenn sie bestritten und ihr Einzug durch die Konkursverwaltung nicht möglich ist, zur Geltendmachung nach Artikel 260 SchKG zunächst den ungedeckten Pfandgläubigern und eventuell hernach den Kurrentgläubigern anzubieten und, wenn keiner von ihnen die Abtretung verlangt, öffentlich zu versteigern. Artikel 72 hiervor findet entsprechende Anwendung.

Art. 132 X. Verteilung

Für die Verteilung des Erlöses finden die Bestimmungen der Artikel 115–118 hiervor entsprechende Anwendung.

1 (i.V.m. Art. 117 Abs. 2 VZG) – Die Konkursverwaltung darf die Verteilung des Verwertungsergebnisses bis zur Erledigung eines allfälligen Prozessverfahrens zwischen den vorgehenden Grundpfandgläubigern und den nachgehenden Bauhandwerkerpfandgläubigern nicht durchführen (FR, AB, 28.07.1972, BlSchK 1976, S. 25).

Art. 133–134
Aufgehoben.

Schlussbestimmungen

Art. 135

¹ Die vorliegende Verordnung tritt am 1. Januar 1921 in Kraft.
² Aufgehoben.

Art. 136

¹ Alle mit den Bestimmungen dieser Verordnung im Widerspruch stehenden Verordnungsvorschriften und Anweisungen werden aufgehoben.

² Insbesondere wird die Verordnung des Bundesgerichtes vom 21. Dezember 1916 betreffend die von den Betreibungs- und Konkursämtern anzumeldenden Eintragungen und Vormerkungen im Grundbuch aufgehoben und Artikel 74 Absatz 3 der Verordnung vom 13. Juli 1911 über die Geschäftsführung der Konkursämter durch Artikel 69 Absatz 3 hiervor abgeändert.

Schlussbestimmungen der Änderung vom 4. Dezember 1975

¹ Diese Änderung tritt am 1. April 1976 in Kraft.
² Sie findet auch auf die Verwertung von Grundstücken in den bereits hängigen Betreibungen und Konkursen Anwendung, sowie es nach dem Stande des Verfahrens noch möglich ist.

Nr. 3 Verordnung über die Geschäftsführung der Konkursämter (KOV)

vom 13. Juli 1911 (Stand am 1. Januar 1997)

SR 281.32

Das Schweizerische Bundesgericht,

in Anwendung von Artikel 15 des Schuldbetreibungs- und Konkursgesetzes (SchKG)
verordnet:

A. Protokoll-, Akten- und Rechnungswesen

I. Allgemeine Bestimmungen

Art. 1 1. Obligatorische Verzeichnisse und Bücher

Die Konkursämter haben folgende Verzeichnisse und Bücher zu führen:
1. ein Verzeichnis der Konkurse und Rechtshilfegesuche in Konkursen;
2. ein Kassabuch;
3. ein Kontokorrentbuch;
4. ein Bilanzheft.

Art. 2 2. Obligatorische Formulare

Für folgende, von den Konkursbeamten zu errichtende Aktenstücke sind einheitliche *Formulare* zu verwenden:
1. Konkursprotokoll;
2. Inventar;
3. Verzeichnis der Forderungseingaben;
4. Einladung zur Gläubigerversammlung;
5. Kollokationsplan;
6. Abtretung von Rechtsansprüchen der Masse gemäss Artikel 260 SchKG;
7. Steigerungsanzeigen gemäss Artikel 257 SchKG;
8. Kostenrechnung und Verteilungsliste;
9. Anzeige an die Gläubiger und an den Gemeinschuldner über die Auflegung der Verteilungsliste;
10. Verlustschein;
11. Gebühren- und Auslagenrechnung;
12. Aufgehoben.
13. Bekanntmachungen über die Konkurseröffnung, die Auflegung des Kollokationsplanes, den Konkurswiderruf, die Einstellung und den Schluss des Konkursverfahrens.

Art. 3 3. Muster für Bücher, Verzeichnisse und Formulare

[1] Die in den Artikeln 1 und 2 genannten Bücher, Verzeichnisse und Formulare müssen den im Anhang zu der vorliegenden Verordnung aufgestellten Mustern entsprechen.

[2] Die Kantone können noch weitere Formulare (für Steigerungsprotokolle, Anzeigen u. dgl.) gestatten oder vorschreiben.

Art. 4   4. Konkursverzeichnis

¹ Die in das *Konkursverzeichnis* in der Reihenfolge ihres Eingangs einzutragenden Geschäfte sind fortlaufend zu numerieren. Jedes Jahr ist mit der Numerierung neu zu beginnen und das Verzeichnis am Ende jedes Jahres abzuschliessen. Die unerledigten Fälle aus dem Vorjahr sind im Verzeichnis des neuen Jahres summarisch vorzumerken.

² Das Verzeichnis ist am Schlusse mit einem alphabetischen Register nach den Namen der Gemeinschuldner zu versehen.

Art. 5   5. Mitteilungen, Empfangsscheine und Bekanntmachungen

¹ Sämtliche Mitteilungen der Konkursämter sind in Kopie zu den Akten zu legen.

² Für jede Geld- oder Wertsendung sowie für jeden eingeschriebenen Brief sind Postempfangsscheine zu erheben und zu den Akten zu legen, oder es ist die Versendung in einem Postquittungenbuch zu bescheinigen.

³ Erfolgt die Mitteilung mittels öffentlicher *Bekanntmachung,* so ist ein Exemplar des Blattes oder ein mit dem Datum der Publikation versehener Ausschnitt zu den Akten zu legen.

Art. 6   6. Protokoll- und Aktenführung durch den Stellvertreter

¹ Befindet sich der Konkursbeamte im *Ausstande,* so übermittelt er die Akten unverzüglich seinem *Stellvertreter.* Kann auch dieser nicht amten und muss daher ein *ausserordentlicher Stellvertreter* bezeichnet werden, so soll der Konkursbeamte bei der zuständigen kantonalen Instanz die Ernennung eines solchen beantragen.

² Die Eintragung des vom Stellvertreter durchgeführten Konkurses erfolgt stets im Verzeichnis des zuständigen Konkursamtes. Dabei ist in der Rubrik «Bemerkungen» auf die Besorgung des Konkurses durch den ordentlichen oder ausserordentlichen Stellvertreter hinzuweisen und der Grund des Ausstandes anzugeben.

³ Der Stellvertreter hat auf sämtlichen von ihm zu unterzeichnenden Aktenstücken seine Eigenschaft als Stellvertreter anzuführen und nach Erledigung des Konkurses Protokoll und Akten an das zuständige Konkursamt abzuliefern.

Art. 7   7. Amtsübergabe bei Beamtenwechsel

¹ Bei jedem Beamtenwechsel hat eine förmliche *Amtsübergabe* unter Leitung einer von der kantonalen Aufsichtsbehörde zu bezeichnenden Amtsstelle stattzufinden. Dabei sind sämtliche Bücher abzuschliessen und vom bisherigen Konkursbeamten eigenhändig zu unterzeichnen. Ferner ist die Rechnungsführung nachzuprüfen und festzustellen, ob der Kassabestand mit der Summe der Kontokorrentsaldi nach Abrechnung des Depositensaldos übereinstimmt, sowie das Enddatum der Amtstätigkeit des bisherigen und das Anfangsdatum derjenigen des neuen Beamten in den Büchern zu verurkunden.

² Über den Übergabeakt ist ein Protokoll aufzunehmen, das von sämtlichen anwesenden Personen zu unterzeichnen ist.

II. Protokollführung

Art. 8   Konkursprotokoll
               a. Zweck und Inhalt

Die Konkursbeamten haben in allen Konkursen, auch in denjenigen, welche mangels Aktiven eingestellt werden, sowie über jedes bei ihnen eingehende Rechtshilfegesuch sofort nach Eingang des Konkurserkenntnisses oder des Auftrages des ersuchenden Konkursamtes ein *Protokoll* anzulegen und nachzuführen, in welchem sämtliche Konkurshandlungen und sonstigen das Konkursverfahren beeinflussenden Vorgänge jeweilen unverzüglich in zeitlicher Reihenfolge zu verurkunden sind.

Art. 9 b. Eintragungen

Die Eintragungen sollen nur den *wesentlichen* Inhalt der einzelnen Handlungen und Vorgänge, soweit zum Verständnis des Protokolls oder für die Beweiskraft erforderlich, wiedergeben. Ebenso sind Mitteilungen des Konkursamtes nur insoweit zu notieren, als ihr Inhalt *rechtserheblich* ist. Für gerichtliche Verfügungen, Beschlüsse- und Urteile genügt die summarische Erwähnung des *Dispositivs*. Im übrigen ist stets auf die Akten in der hierfür bestimmten Rubrik zu verweisen.

Art. 10 c. Anlage und Aufbewahrung

[1] Die Eintragungen im Protokoll erfolgen auf fliegenden Bogen, welche zu paginieren und durch einen gemäss dem vorgeschriebenen Formular betitelten Umschlag zusammenzuhalten sind. Das Protokoll ist am Schluss vom Konkursbeamten unter Beisetzung des amtlichen Stempels zu unterzeichnen.

[2] Aufgehoben.

[3] Diesem Protokoll sind als integrierende Bestandteile beizulegen: das Inventar, das Verzeichnis der Forderungseingaben, die Kostenrechnung, die Protokolle der Gläubigerversammlungen, des Gläubigerausschusses, die Berichte der Konkursverwaltung und die gerichtlichen Verfügungen über den Schluss oder den Widerruf des Konkursverfahrens.

[4] Nach Erledigung eines Rechtshilfegesuches liefert das ersuchte Amt die sämtlichen Akten dem ersuchenden Amte ab.

Art. 11 d. Edition

Die *Hauptakten* (Protokoll und integrierende Bestandteile gemäss Art. 10) dürfen in der Regel an Drittpersonen oder Gerichte nur dann ausgegeben werden, wenn die Umstände den Ersatz durch beglaubigte Abschriften oder durch die persönliche Einvernahme des Konkursverwalters nicht erlauben.

III. Elektronische Datenverarbeitung

Art. 12 Zulässigkeit

Die Führung der in Artikel 1 genannten Verzeichnisse und Bücher sowie die Erstellung der in Artikel 2 erwähnten Aktenstücke und der Mitteilungen gemäss Artikel 5 können mit Bewilligung der kantonalen Aufsichtsbehörde mittels elektronischer Datenverarbeitung erfolgen.

IV. Ordnung und Aufbewahrung der Akten

Art. 13 1. Ordnung und Numerierung der Akten

[1] Sämtliche dem Konkursamt zugehende Schriftstücke sind sofort mit dem Eingangsdatum zu versehen.

² Die Akten jedes Konkurses sind, unter Vorbehalt der besonderen Bestimmungen der Artikel 21 und 24 Absatz 2 betreffend die Kassa- und Kostenbelege, nach Materien (Inventar, Eigentumsansprachen, unpfändbare Gegenstände, Kollokationsplan usw.) zu sondern, innerhalb jeder Materie nach alphabetischer oder zeitlicher Ordnung zu numerieren und in einem mit der Bezeichnung des Konkurses zu überschreibenden Ordner beisammenzuhalten.

³ Die von den Konkursgläubigern eingelegten Belege erhalten die Nummer der entsprechenden Forderungseingabe und werden fortlaufend mit Buchstaben bezeichnet.

Art. 14 2. Aufbewahrung
a. der Akten

¹ Die Akten erledigter Konkurse dürfen nach Ablauf von zehn Jahren, vom Tage der Erledigung an gerechnet, vernichtet werden, ebenso die Kassabücher nebst Belegen, die Kontokorrentbücher und Bilanzhefte nach Ablauf von zehn Jahren seit deren Abschluss.

² Das Konkursverzeichnis ist während 40 Jahren seit dessen Abschluss aufzubewahren.

Art. 15 b. der Geschäftsbücher und Geschäftspapiere

Hinsichtlich der Aufbewahrung der vom Konkursamt zu den Konkursakten beigezogenen Geschäftsbücher und Geschäftspapiere des Gemeinschuldners ist nach folgenden Grundsätzen zu verfahren:
1. Wird das vom Gemeinschuldner betriebene Geschäft im Konkursverfahren als Ganzes an einen Dritten veräussert, so sind die Geschäftsbücher und Geschäftspapiere auf Verlangen dem Erwerber zu übergeben.
2. Findet kein solcher Übergang des Geschäfts und damit der Geschäftsbücher und Geschäftspapiere auf einen Dritten statt, so ist wie folgt zu verfahren:
    a. Im Falle des Konkurses über eine Einzelfirma sind die Geschäftsbücher und Geschäftspapiere nach durchgeführtem Konkursverfahren dem Gemeinschuldner herauszugeben, und es ist alsdann seine Sache, für ihre Aufbewahrung während der zehnjährigen Frist des Artikels 962 des Obligationenrechts zu sorgen.
    b. War der Gemeinschuldner eine Kollektiv- oder Kommanditgesellschaft, so hat die Rückgabe der Geschäftsbücher und Geschäftspapiere an denjenigen unbeschränkt haftenden Gesellschafter zu erfolgen, der von den andern Gesellschaftern zu ihrer Empfangnahme ermächtigt ist. Besteht hierüber unter ihnen kein Einverständnis, so bleiben die Bücher und Papiere so lange beim Konkursamt, bis sie entweder gerichtlich einem der Gesellschafter zugesprochen worden sind oder die gesetzliche zehnjährige Frist vom Tage der letzten Eintragung an abgelaufen ist.
    c. Die Geschäftsbücher und Geschäftspapiere von falliten Aktiengesellschaften und Genossenschaften sind auch nach Schluss des Konkursverfahrens auf dem Konkursamt aufzubewahren, solange nicht die nach Artikel 747 des Obligationenrechts hierzu kompetente Handelsregisterbehörde einen anderen sicheren Ort für die Niederlegung auf die Dauer von zehn Jahren bestimmt hat.
3. Ist die Aufbewahrung durch den Gemeinschuldner nicht möglich, so sind die Bücher und Papiere auf dem Konkursamt aufzubewahren.
4. Die kantonalen Aufsichtsbehörden haben dafür zu sorgen, dass die Konkursämter, welche nicht in der Lage sind, die nach vorstehenden Grundsätzen bei ihnen liegenden Bücher und Papiere aufzubewahren, sie an einem zentralen Orte archivieren können.

Art. 15a 3. Aufzeichnung auf Bild- und Datenträgern

¹ Die aufzubewahrenden Akten können mit Zustimmung der kantonalen Aufsichtsbehörde auf Bild- oder Datenträgern aufgezeichnet und die Originalakten hierauf vernichtet werden.

² Die kantonale Aufsichtsbehörde sorgt dafür, dass die Vorschriften der bundesrätlichen Verordnung vom 2. Juni 1976 über die Aufzeichnung von aufzubewahrenden Unterlagen sinngemäss befolgt werden.

V. Buch-, Kassa- und Rechnungsführung

Art. 16 1. Kassabuch

¹ Alle Ein- und Auszahlungen, welche dem Konkursamt oder von ihm auf Rechnung einer Konkursliquidation gemacht werden, wie namentlich Konkurskosten (Vorschüsse und Saldo), inventierte Barschaft, eingehende Guthaben, Miet- und Pachtzinse, Steigerungserlöse, Bezüge des Konkursamtes auf Rechnung der Konkursgebühren, Einzahlungen und Rückzüge bei der Depositenanstalt, Abschlagsverteilungen, Ausrichtung der Dividenden, sind unverzüglich nach ihrer zeitlichen Folge in das *Kassabuch* einzutragen.

² Die Eintragungen sollen enthalten: das Datum der Zahlung, die Angabe des Konkurses, Name und Wohnort des Zahlenden oder des Empfängers, Betrag der ein- oder ausbezahlten Summe (ersterer im Soll, letzterer im Haben) und das Folio der entsprechenden Eintragung im Kontokorrentbuch.

³ Das Kassabuch ist monatlich abzuschliessen und der Saldo vorzutragen.

Art. 17 2. Kontokorrentbuch
       a. Anlage im allgemeinen

¹ Für jede Konkursliquidation ist im *Kontokorrentbuch* eine laufende Rechnung zu eröffnen, welche eine übersichtliche chronologische Zusammenstellung sämtlicher auf die Liquidation bezüglicher Kassavorgänge auf Grund der Eintragungen im Kassabuch geben soll und mit der Beendigung der Liquidation abzuschliessen ist.

² Die Eintragungen sollen enthalten: das Datum der Zahlung, Name und Wohnort des Zahlenden oder des Empfängers, kurze Bezeichnung der Natur der Zahlung, Hinweis auf den Eintrag im Kassabuch, Betrag der ein- oder ausbezahlten Summe (ersterer im Haben, letzterer im Soll). Setzt sich ein Kassaposten aus mehreren Teilposten zusammen, so sind diese aufzuführen.

Art. 18 b. Buchung der Depositen

¹ Ferner ist im Kontokorrentbuch über den *Verkehr mit der Depositenanstalt* ein besonderes Konto zu führen, in welchem sämtliche Einlagen und Rückzüge des Konkursamtes (erstere im Soll, letztere im Haben), sowie allfällige Zinsen einzutragen sind, unter Angabe des Konkursfalles, auf dessen Rechnung die Zahlungen stattgefunden haben.

² Die Einlagen sind bei der Depositenanstalt auf den Namen der betreffenden Konkursmasse (nicht des Konkursamtes) einzutragen, in der Meinung, dass die Depositenanstalt für jeden Konkurs ein besonderes Konto zu führen habe.

A. Protokoll-, Akten- und Rechnungswesen — Art. 19

Art. 19   3. Bilanzheft

¹ Die am Ende jedes Monats vorzunehmenden *Kassaabschlüsse* (Art. 16 Abs. 3) sind im *Bilanzheft* einzutragen und vom Konkursbeamten zu unterzeichnen. Durch die Bilanz soll sowohl die Übereinstimmung der Eintragungen im Kassabuch mit denjenigen im Kontokorrentbuch als auch die Übereinstimmung des Barsaldos und der Depositen mit den Eintragungen im Kassa- und Kontokorrentbuch festgestellt werden.

² Die Übereinstimmung der Eintragungen in beiden Büchern ist nachgewiesen, wenn die Summe der Saldobeträge der einzelnen Konti nach Abrechnung des Depositensaldos dem Betrag des Kassasaldos entspricht. Allfällige Buchungsfehler sind aufzusuchen und zu berichtigen, bevor der Saldo vorgetragen wird.

Art. 20   4. Form der Eintragungen und Berichtigungen

Die Eintragungen im Kassabuch, Kontokorrentbuch und Bilanzheft sind in sorgfältiger Schrift unter Vermeidung von Rasuren, Durchstreichungen, Zwischenschriften und Lücken auszuführen. Die Berichtigung irrtümlicher Eintragungen erfolgt durch Nachträge oder Einschaltung von Storniposten.

Art. 21   5. Quittungen

Die *Quittungen* (Art. 16) sind entweder, für jede Liquidation gesondert, in zeitlicher Reihenfolge zu numerieren, in einem mit der Bezeichnung des Konkurses überschriebenen Umschlag zu sammeln und nach Abschluss der Liquidation bei den übrigen Akten des Konkurses aufzubewahren, oder sie sind fortlaufend in der Reihenfolge der Eintragungen im Kassabuch zu numerieren, jedes Jahr mit Nr. 1 beginnend, und nach Jahrgängen geordnet aufzubewahren. Im ersten Falle sind die Belegnummern im Kontokorrentbuch, im zweiten Falle im Kassabuch vorzumerken.

Art. 22   6. Depositen

¹ Alle erheblichen Bareingänge sowie Wertpapiere und Wertsachen sind spätestens am vierten Tage nach dem Eingange der Depositenanstalt (Art. 9 und 24 SchKG) zu übergeben. Es darf immerhin soviel Barschaft zurückbehalten werden, als zur Deckung nahe bevorstehender Auslagen erforderlich ist. Die Ablieferung der Gelder hat ohne Rücksicht darauf zu erfolgen, ob Zinsen vergütet werden.

² Im Falle eines Rechtshilfegesuches sind die bei dem ersuchten Konkursamt eingegangenen Gelder, Wertschriften und Wertsachen sofort der ersuchenden Amtsstelle abzuliefern.

Art. 23   7. Gesonderte Buch- und Kassaführung

Den Konkursbeamten ist *untersagt:*
a. sowohl im Barverkehr als im Verkehr mit der Depositenanstalt Amtsgelder mit ihrem Privatvermögen zu vermischen;
b. da, wo der Beamte noch ein anderes staatliches Amt bekleidet, das Kassabuch und das Kontokorrentbuch für andere Eintragungen als für das Konkursamt zu benutzen, es sei denn, dass es in besondern Kolonnen geschieht;
c. die aus einer Konkursmasse stammenden Bareingänge auch nur vorübergehend zur Befriedigung von Bedürfnissen einer andern Konkursmasse zu verwenden. Soweit der Beamte selbst zur Bestreitung von Auslagen für Rechnung einer Konkursmasse Vorschüsse leistet, müssen diese sofort als solche gebucht werden.

Art. 24 8. Gebühren- und Auslagenrechnung

¹ Über die *Gebühren* und *Auslagen* des Konkursamtes sowie der Mitglieder des Gläubigerausschusses ist vom Konkursbeamten für jeden Konkurs und für jedes Rechtshilfegesuch von der Eröffnung des Verfahrens an eine besondere detaillierte Rechnung zu führen.

² Die Belege für die Barauslagen (Massakosten) sind fortlaufend nach ihrem Datum zu numerieren, in einem Umschlag zu sammeln und nach Schluss des Verfahrens bei den übrigen Akten des Konkurses aufzubewahren.

Art. 24a 9. Andere Organisationsart

Die kantonale Aufsichtsbehörde kann eine andere Art der Organisation der Buch-, Kassa- und Rechnungsführung zulassen, sofern sie den vorstehenden Anforderungen genügt.

B. Verfahren in den einzelnen Stadien des Konkurses

I. Feststellung der Konkursmasse und Bestimmung des Verfahrens
(Art. 221–231 SchKG)

Art. 25 1. Inventar
a. Anlage im allgemeinen

¹ Im Inventar sind in besonderen Abteilungen, jedoch mit fortlaufender Numerierung, aufzunehmen: die Grundstücke, die beweglichen Sachen, die Wertschriften, Guthaben und sonstigen Ansprüche und die Barschaft. Am Schluss des Inventars sind die Schatzungssummen der einzelnen Kategorien zusammenzustellen. Finden sich für einzelne Kategorien keine Objekte vor, so ist dies in der Zusammenstellung zu bemerken.

² Statt kategorienweise in besondern Abteilungen können die einzelnen Gegenstände auch ununterschieden nacheinander aufgenommen werden.

³ Bei allen Objekten ist anzugeben, wo sie sich befinden (Konkurskreis, Gemeinde, Räumlichkeit).

1   (i.V.m. Art. 221 und 200 SchKG und Art. 27 Abs. 2 KOV) – Inventar, Feststellung Anfechtungsansprüche – Anfechtungsansprüche gemäss Art. 285 ff. SchKG sind, sofern sie nicht offensichtlich inexistenz sind, im Inventar vorzumerken und, sofern die Gesamtheit der Gläubiger durch Beschluss auf deren Geltendmachung verzichtet, den Gläubigern zur Abtretung gemäss Art. 260 SchKG anzubieten. – Pflicht der Konkursverwaltung, konkreten Hinweisen auf allfällige Vermögenswerte, in casu kurz vor der Konkurseröffnung angeblich «ohne Gewinn» erfolgte, allenfalls anfechtbare Veräusserung einer Liegenschaft, nachzugehen (GR, AB, 07.11.1995, PKG 1995, S. 140).

Art. 26 b. Bei Grundstücken im besondern

¹ Die Grundstücke sind auf Grund eines Auszuges aus dem Grundbuch unter Angabe der Rechte Dritter aufzuzeichnen oder es ist auf den Auszug zu verweisen.

² Sind die Grundstücke vermietet oder verpachtet, so sind Angaben über die Personalien des Mieters oder Pächters, die Dauer des Rechtsverhältnisses, die Höhe des Zinses und den Verfalltermin ins Inventar oder in eine besondere Liste aufzunehmen.

Art. 27　　c. Inventarisierung von Objekten im Ausland und von Anfechtungsansprüchen

¹ Die im Ausland liegenden Vermögensstücke sind ohne Rücksicht auf die Möglichkeit ihrer Einbeziehung in die inländische Konkursmasse ins Inventar einzustellen.
² Stehen der Konkursmasse Anfechtungsansprüche nach den Artikeln 214 und 285 ff. SchKG zu, so sind sie im Inventar vorzumerken, unter Beifügung einer ungefähren Schätzung für den Fall eines günstigen Ergebnisses der Anfechtung.

Art. 28　　d. Behandlung der Eigentümerpfandtitel

Im Besitz des Gemeinschuldners befindliche Pfandtitel über auf seinem Grundstück pfandgesicherte Forderungen sind im Inventar nicht als Aktiven aufzuführen, sondern lediglich pro memoria vorzumerken und vom Konkursamt in Verwahrung zu nehmen (vgl. Art. 75 hiernach).

Art. 29　　e. Anerkennung durch den Gemeinschuldner und Unterzeichnung

¹ Das Inventar ist zu datieren und hat die Dauer der Inventur sowie die Namen sämtlicher mitwirkender Personen anzugeben.
² Der Konkursbeamte und die nötigenfalls zugezogenen Schätzer haben das Inventar zu unterzeichnen.
³ Sodann ist der Gemeinschuldner vom Konkursbeamten anzufragen, ob er das Inventar als vollständig und richtig anerkenne, und auf die Straffolgen einer unvollständigen Vermögensangabe ausdrücklich aufmerksam zu machen.
⁴ Die Erklärungen des Gemeinschuldners sind mit Bezug auf jede Abteilung des Inventars zu protokollieren und von ihm zu unterzeichnen.

Art. 30　　f. Anerkennung an Stelle des Gemeinschuldners

¹ Ist der Gemeinschuldner gestorben oder flüchtig, so sind seine erwachsenen Hausgenossen zur Abgabe dieser Erklärungen (Art. 29 Abs. 3 und 4) anzuhalten. Im Fall des Konkurses über eine Kollektiv- oder Kommanditgesellschaft sind die Erklärungen von allen unbeschränkt haftenden Gesellschaftern abzugeben, welche anwesend und zur Geschäftsführung befugt sind, im Fall des Konkurses über eine Aktiengesellschaft oder eine Genossenschaft von ihren Organen.
² Können die Erklärungen nicht erhältlich gemacht werden, so ist der Grund ihres Fehlens vorzumerken.

Art. 31　　g. Ausscheidung der Kompetenzstücke und Mitteilung an den Gemeinschuldner

¹ Die *Kompetenzstücke* mit Einschluss einer allfälligen Familienheimstätte (Art. 349 ff. ZGB) sind am Schlusse des Inventars *auszuscheiden,* unter Verweisung auf die Nummer der einzelnen Gegenstände im Inventar.
² Von dieser Ausscheidung ist dem Gemeinschuldner entweder bei der Vorlage des Inventars oder durch besondere schriftliche Verfügung Mitteilung zu machen.
³ *Verzichtet* der Gemeinschuldner auf die Kompetenzqualität bestimmter Gegenstände zugunsten der Konkursmasse, so ist diese Erklärung im Inventar von ihm zu unterzeichnen.

Art. 32 h. Mitteilung von der Ausscheidung an die Gläubiger

¹ Von der Verfügung über die Kompetenzstücke ist an der ersten Gläubigerversammlung durch Auflegung des Inventars den anwesenden Konkursgläubigern Kenntnis zu geben, und es läuft alsdann für sie die Frist für die Beschwerde an die Aufsichtsbehörden von diesem Zeitpunkt an. Eine spätere Anfechtung der Verfügung durch die Konkursgläubiger ist ausgeschlossen.

² Ist die Ausscheidung der Kompetenzstücke bis zur ersten Gläubigerversammlung nicht möglich und ebenso im summarischen Verfahren soll die Mitteilung von der Auflegung des Inventars mit der Bekanntmachung über die Auflage des Kollokationsplanes verbunden werden, in welchem Falle die Frist für die Anfechtung des Inventars vom Tage der Auflegung an läuft.

Art. 33 i. Fruchterlös

Der Ertrag aus den natürlichen und den zivilen Früchten, welche die Grundstücke während des Konkurses abwerfen, ist im Inventar in einer besonderen Abteilung sukzessive anzugeben.

Art. 34 k. Vormerkung der Eigentumsansprachen und ihrer Erledigung

¹ Ebenso sind die *Eigentumsansprachen* (Art. 242 SchKG) in einer besondern Abteilung des Inventars unter Angabe des Ansprechers, der Inventarnummer des angesprochenen Gegenstandes und der allfälligen Belege fortlaufend zusammenzustellen. Im Inventar selber ist bei den angesprochenen Gegenständen in der Rubrik «Bemerkungen» auf diesen Vormerk hinzuweisen.

² Am Ende des Titels sind die Erklärungen des Gemeinschuldners sowie die spätern Verfügungen der Konkursverwaltung über die Eigentumsansprachen und das Resultat allfälliger Prozesse summarisch vorzumerken.

Art. 35 2. Kostenvorschuss

¹ Hat das Konkurserkenntnis vom Gläubiger oder Schuldner, auf dessen Begehren die Eröffnung des Konkurses ausgesprochen wurde, nicht einen Kostenvorschuss für die bis und mit der Einstellung des Konkurses mangels Aktiven oder bis zum Schuldenruf erlaufenden Kosten gefordert, so kann das Konkursamt selbst von den nach Artikel 169 SchKG für diese Kosten Haftenden noch einen solchen verlangen.

² Die Aufnahme des Inventars darf dadurch keine Verzögerung erfahren.

1   Der dem Schuldner obliegende Kostenvorschuss kann auch von einem Dritten ganz oder teilweise für ihn geleistet werden. Dann fällt ein Überschuss über die Verfahrenskosten nicht in die Konkursmasse, sondern ist dem Dritten zurückzuerstatten (ZH, ObGer, II. Ziv.Kammer, 04.02.1954, ZR 1954, Nr. 18).

2   (i.V.m. Art. 191 und 169 SchKG) – Der Konkursrichter ist berechtigt, vom Schuldner, der sich zahlungsunfähig erklärt, einen Kostenvorschuss zu verlangen (VD, Tribunal cantonal, 21.08.1980, BlSchK 1982, S. 65).

3   (i.V.m. Art. 169 Abs. 1 u. 2 SchKG) – Der vom Konkursrichter gemäss Art. 169 Abs. 2 SchKG eingeholte Kostenvorschuss bildet keine obere Grenze der Haftung des Gläubigers für die bis zur Einstellung des Konkurses mangels Aktiven oder bis zum Schuldenruf entstehenden Kosten. Mit dieser Bestimmung sollen die Kosten des Konkursverfahrens gedeckt werden. Die Haftung für Kosten, die durch die Konkursmasse nicht gedeckt werden können, wollte der Gesetzgeber dem den Konkurs

beantragenden Gläubiger überbinden und nicht dem Staat (LU, SchKKomm, 09.09.1999, LGVE 1999 I 44).

Art. 36   3. Abschluss der Geschäftsbücher

Wird das Geschäft des Gemeinschuldners bis zur ersten Gläubigerversammlung weiter betrieben, so sind die Bücher auf den Tag der Konkurseröffnung abzuschliessen und von da an auf Rechnung der Konkursmasse weiterzuführen, sofern nicht besondere Bücher von der Konkursverwaltung geführt werden.

Art. 37   4. Einvernahme des Gemeinschuldners

Anlässlich der Inventaraufnahme hat der Konkursbeamte den Gemeinschuldner über folgende Punkte einzuvernehmen:
a. über die dem Namen und Wohnort nach bekannten Gläubiger, sofern die Bücher darüber nicht Aufschluss geben;
b. über den Bestand von Prozessen im Sinn von Artikel 207 Absatz 1 SchKG;
c. über den Bestand von Schadens- und Personenversicherungen (vgl. Art. 54 und 55 des BG vom 2. April 1908 über den Versicherungsvertrag);
d. ob Kinder oder Mündel unter seiner Gewalt stehen und ob zu ihren Gunsten Eigentums- oder Forderungsansprüche bestehen;
e. ob er Unteroffizier, Offizier oder Fachoffizier (Soldat, Gefreiter oder Unteroffizier in Offiziersfunktion) der Armee sei.

Art. 38   5. Beschlagnahme von Postsendungen

Die Konkursämter sind berechtigt, von der zuständigen Kreispostdirektion für die Dauer des Konkurses die Einsichtnahme oder Auslieferung von Postsendungen und Postscheckgeldern, die an den Gemeinschuldner adressiert oder von ihm abgesandt werden, sowie Auskunfterteilung über den Postverkehr des Gemeinschuldners zu verlangen (vgl. Art. 14 und 18 der Verordnung 1 vom 1. September 1967 zum Postverkehrsgesetz). Der Gemeinschuldner hat jedoch das Recht, der Öffnung der Sendungen beizuwohnen.

1   Eine Postsperre ist im Konkurse nur anzuordnen, wenn die Umstände des einzelnen Falles diese Massnahme als zur Wahrung der Gläubigerinteressen unbedingt notwendig erscheinen lassen. Art. 38 muss sehr eng ausgelegt, und die Anordnung der Postsperre darf den Grundsatz der Verhältnismässigkeit nicht verletzen. In jedem einzelnen Konkurse muss konkret geprüft werden, ob sich diese Massnahme aufdränge und allenfalls wann sie wieder aufgehoben werden könne. Auf keinen Fall geht es an, die Postsperre sozusagen routinemässig anzuordnen und sie stets und ohne Beachtung des einzelnen Konkursfalles bis zum Abschluss des Verfahrens aufrecht zu erhalten (BGE 103 III 76).

2   Das Prinzip der Verhältnismässigkeit sollte auch bei der Öffnung der dem KA ausgelieferten Post beachtet werden. Im Lichte des Verhältnismässigkeitsprinzips erscheint es angebracht, Sendungen, bei denen schon vom Absender her ersichtlich ist, das ihr Inhalt nichts für das Konkursverfahren ergibt, ungeöffnet an den Schuldner weiterzuleiten. Zu dieser Kategorie Sendungen sind, wenn dem KA nichts Konkretes für das Gegenteil sprechende Fakten bekannt sind, beispielsweise Briefe von Ärzten und sozialen sowie kirchlicher Stellen zu rechnen. Im Weitern sollten auch die Korrespondenzen eines Strafverteidigers ungeöffnet an den Schuldner übermittelt werden, da das KA insoweit mit der Korrespondenzkontrolle nicht weiter gehen sollte, als dies die Strafverfolgungsbehörden tun und in Bezug auf Sendungen, die im Rahmen einer von diesem angeordneten Kontrolle geöffnet wur-

den, kein Interesse an einer nochmaligen Öffnung durch das KA besteht (BL, AB, 24.06.1982, BJM 1983, S. 18).

Art. 39 6. Bestimmung des einzuschlagenden Verfahrens

¹ Bei der Begutachtung der Frage, ob der Erlös der inventarisierten Aktiven voraussichtlich zur Deckung der Kosten des ordentlichen Verfahrens hinreichen werde (Art. 231 Abs. 1 Ziff. 1 SchKG), hat das Konkursamt zu berücksichtigen, dass, soweit Pfandrechte an den Vermögensstücken haften, nur ein allfälliger Überschuss des Erlöses über die pfandgesicherten Forderungen hinaus zur Deckung der allgemeinen Konkurskosten verwendet werden kann (Art. 262 SchKG).

² Deckt der mutmassliche Überschuss in Verbindung mit dem Erlös aus den unverpfändeten Aktiven die voraussichtlichen Kosten nicht, so hat das Konkursamt beim Konkursgericht Durchführung des Konkurses im summarischen Verfahren oder Einstellung des Konkurses, sind die Verhältnisse einfach, Durchführung des Konkurses im summarischen Verfahren zu beantragen.

II. Schuldenruf
(Art 231-234 SchKG)

Art. 40 1. Spezialanzeigen über die Konkurseröffnung

¹ In die Spezialanzeigen nach Art. 233 SchKG ist der Inhalt der Konkurspublikation aufzunehmen. Damit ist die Aufforderung an die Pfandgläubiger sowie an die Drittpersonen, denen die Pfandtitel weiterverpfändet worden sind, zu verbinden, diese Titel dem Konkursamt einzugeben.

² Solche Spezialanzeigen sind im ordentlichen Verfahren zu erlassen:
a. an die Gläubiger, deren Namen und Wohnort bekannt sind;
b. an das Gericht, vor welchem ein Zivilprozess im Sinn von Artikel 207 Absatz 1 SchKG, und an die Behörde, vor welcher ein Verwaltungsverfahren im Sinn von Artikel 207 Absatz 2 SchKG hängig ist;
c. an den Versicherer, wenn der Gemeinschuldner eine Schadens- oder eine Personenversicherung abgeschlossen hatte;
d. an die zuständige Vormundschaftsbehörde, wenn Kinder oder Mündel unter seiner Gewalt stehen;
e. an die Grundbuchämter der andern Konkurskreise, in denen der Gemeinschuldner laut dem Inventar Grundstücke besass.

³ Die Namen der Gläubiger, an welche Spezialanzeigen ergehen, sind im Konkursprotokoll oder in einer besondern, vom Konkursbeamten zu unterzeichnenden Liste zusammenzustellen.

Art. 41 2. Rückgabe der Beweismittel

Beweismittel sollen, wenn der Gläubiger nicht spezielle Gründe geltend macht, bis zum Ablauf der Frist zur Anfechtung des Kollokationsplanes bei den Akten behalten und erst hernach zurückgegeben werden.

B. Verfahren in den einzelnen Stadien des Konkurses   Art. 42

III. Verwaltung
(Art. 235-243 SchKG)

Art. 42   1. Protokolle der Gläubigerversammlungen

¹ Über jede *Gläubigerversammlung* ist vom Konkursamt ein ausführliches Protokoll aufzunehmen, welches die Namen sämtlicher erschienener Gläubiger und ihrer Vertreter, evtl. unter Verweisung auf eine besonders angefertigte, vom Konkursbeamten und den Mitgliedern des Büros zu unterzeichnende Liste der bekannten Gläubiger sowie die Feststellung enthalten soll, ob die Versammlung *beschlussfähig* war (Art. 236 und 254 SchKG).

² Der vom Konkursamt gemäss den Artikeln 237 Absatz 1 und 253 Absatz 1 zu erstattende *Bericht* soll entweder schriftlich abgefasst, unterzeichnet und unter Vormerkung am Protokoll zu den Akten gelegt oder, falls er mündlich erstattet wird, in seinen wesentlichen Bestandteilen protokolliert werden.

³ Das Protokoll soll im übrigen sämtliche gestellten Anträge und gefassten Beschlüsse enthalten, ohne Wiedergabe der Diskussion, und ist vom Konkursbeamten und den Mitgliedern des Büros zu unterzeichnen.

Art. 43   2. Aktenübergabe an ausseramtliche Konkursverwaltungen. Mitteilung

¹ Wird von der Gläubigerversammlung eine *ausseramtliche Konkursverwaltung* eingesetzt (Art. 237 Abs. 2 und 253 Abs. 2 SchKG), so hat das Konkursamt ihr die Akten und das Protokoll zu übergeben und die Aufsichtsbehörde unter Mitteilung der Namen, des Berufes und des Wohnortes der Mitglieder der Konkursverwaltung und eines Auszuges aus dem Protokoll der Gläubigerversammlung davon zu benachrichtigen.

² Ist der Gemeinschuldner im Handelsregister eingetragen, so hat das Konkursamt die ausseramtliche Konkursverwaltung auch dem Handelsregisteramt mitzuteilen.

Art. 44   3. Protokoll des Gläubigerausschusses

Ist ein Gläubigerausschuss bestellt worden, so ist über die von ihm gefassten Beschlüsse ein Protokoll zu führen, das nach Erledigung des Konkurses mit dem Konkursprotokoll zu verbinden ist (Art. 10).

1   Der Konkursgläubiger ist berechtigt, in die Protokolle des Gläubigerausschusses im Konkursverfahren Einsicht zu nehmen (FR, Tribunal cantonal, 17.08.1971, BlSchK 1975, S. 23).

Art. 45   4. Aussonderungsansprüche
           a. Verfügung der Konkursverwaltung

Die *Verfügung über die Herausgabe von Sachen,* welche sich in der Verfügungsgewalt der Masse befinden und von einem Dritten zu *Eigentum* angesprochen werden (Art. 242 SchKG und Art. 34 dieser V), ist nach Ablauf der Eingabefrist (Art. 232 Abs. 2 Ziff. 2 SchKG) zu erlassen, ohne Rücksicht darauf, ob der Ansprecher selbst den Anspruch angemeldet habe oder ob die Sache vom Gemeinschuldner oder von einer andern Person als Dritteigentum bezeichnet worden sei. Die Verfügung ist auch dann noch zu erlassen, wenn der Anspruch erst nach der Versteigerung des angesprochenen Gegenstandes, jedoch vor der Verteilung des Erlöses angemeldet wird.

1   Entweder bestreitet die Konkursverwaltung den Anspruch des Dritten und setzt diesem unverzüglich eine Frist von zwanzig Tagen zur Anhebung der Klage an (Art. 242 Abs. 2 SchKG und Art. 46 KOV) oder sie anerkennt ihn und gibt dem Dritten von ihrer Verfügung erst Kenntnis, wenn feststeht, dass

die zweite Gläubigerversammlung nichts Anderes beschlossen oder kein Gläubiger die Abtretung der Ansprüche der Masse auf den Gegenstand verlangt hat (Art. 47 ff. KOV) (BGE 107 III 84/85).

2   (i.V.m. Art. 242 SchKG) – Verfügung über Eigentumsansprache und nicht durch Kollokationsverfügung – Will die Konkursverwaltung die (auf einen Eigentumsvorbehalt gestützte) Eigentumsansprache eines Dritten bestreiten, hat sie dem Ansprecher eine Frist von zwanzig Tagen zur Anhebung der Aussonderungsklage anzusetzen und kann sie den behaupteten Anspruch nicht einfach ohne Klagefristansetzung durch Kollokation der Forderung in der 3. Klasse abweisen (GR, AB, 03.06.1993, PKG 1993, S. 123).

3   (i.V.m. Art. 242 SchKG und Art. 51 KOV) – Nichtigkeit der vom KA ohne Anhörung der Gläubiger verfügten Aussonderung. Eine direkte Aussonderung durch die Konkursverwaltung ist nur nach Massgabe der Ausnahmebestimmung von Art. 51 KOV möglich, wenn die Eigentumsverhältnisse liquide sind, die Herausgabe im offenbaren Interesse der Masse liegt oder der Drittansprecher eine angemessene Kaution leistet. Bei einem Leasingvertrag kann aber die Qualifikation mit seinen bekannten Erscheinungsformen in der Rechtswirklichkeit, die von reiner Miete bis zum verkappten Abzahlungsvertrag (Kaufvertrag) reichen, alles andere als rechtlich einfach sein. Namentlich zeitigt die Nähe des Leasingvertrages zur Miete oder zum Kaufvertrag hinsichtlich der für die Aussonderung bzw. die Zugehörqualifikation massgeblichen Eigentumsfrage jeweils ein gegensätzliches Ergebnis. – *Nichtigkeit der durch das requirierte KA verfügten Aussonderung*. Wenn schon das örtlich zuständige KA eine direkte Aussonderung ohne vorgängigen Beschluss der Gläubiger nicht verfügen kann, umso weniger kann eine entsprechende Befugnis dem lediglich rechtshilfeweise beauftragten KA zukommen. – *Eigentumsansprachen an Zugehör* sind nicht im Aussonderungsverfahren, sondern im Kollokationsverfahren auszutragen. Das Fehlen eines unzweideutigen diesbezüglichen Entscheides im Kollokationsplan bzw. Lastenverzeichnis kann mittels Beschwerde gerügt werden (GR, AB, 11.07.1995, PKG 1995, S. 144).

Art. 46   b. Klagefristansetzung an den Drittansprecher

In die Klagefristansetzung an den Ansprecher nach Artikel 242 Absatz 2 SchKG ist die genaue Bezeichnung des streitigen Gegenstandes sowie die Androhung aufzunehmen, dass der Anspruch als verwirkt gelte, wenn die Frist nicht eingehalten werde.

1   Der italienisch sprechende Einwohner des Kantons Graubünden hat ein Recht darauf, dass die kantonale Verwaltung und die Gerichtsbehörden mit ihm in seiner Muttersprache verkehren. Wenn er die Zustellung eines Erkanntnisses in einer andern als seiner Muttersprache nicht entgegennehmen will, ist er indessen verpflichtet, ohne Verzug von der Behörde einen italienisch redigierten Entscheid einzuverlangen (GR, AB, 231.087.1957, SJZ 1958, S. 364).

2   Wenn streitig ist, wem eine Forderung zusteht, muss die Konkursmasse nur dann gegen den Drittansprecher klagen, wenn ihr an der gerichtlichen Feststellung ihres Gläubigerrechts liegt. Ist nichts gegeben, was Gegenstand eines Aussonderungsanspruchs bilden könnte, kann die Konkursverwaltung dem Drittansprecher (auch) keine Klagefrist nach Art. 46 KOV setzen. Zahlt der Drittschuldner (Debitor cessus) mangels Notifikation einer erfolgten Abtretung an den ursprünglichen Gläubiger, so bleibt dem Zessionar nur der Weg der Klage gegen die Konkursmasse offen, wenn er der Meinung sein sollte, deren Verwaltung habe durch Entgegennahme einer Zahlung des Drittschuldners gegen Bestimmungen des Abtretungsvertrages verstossen (BE, AB, 04.04.1979, BlSchK 1980, S. 29).

Art. 47   c. Wahrung der Gläubigerrechte

[1] Will die Konkursverwaltung den Anspruch *anerkennen,* so soll die Anzeige davon an den Drittansprecher und die Herausgabe des angesprochenen Gegenstandes an ihn unterbleiben, bis feststeht, ob die zweite Gläubigerversammlung etwas anderes beschliesst oder ob nicht einzelne Gläubiger nach Artikel 260 SchKG Abtretung der Ansprüche der Masse auf den Gegenstand verlangen.

² Die Verwahrungskosten gehen zulasten der Konkursmasse, nach erfolgter Abtretung der Ansprüche gemäss Artikel 260 SchKG zulasten des Abtretungsgläubigers. Die Konkursverwaltung kann diesem unter Androhung sofortiger Herausgabe des Gegenstandes an den Drittansprecher eine Frist ansetzen, innert der er für die Kosten der weiteren Verwahrung unbedingte Gutsprache sowie Sicherheit zu leisten hat.

Art. 48 aa. Im ordentlichen Verfahren

¹ Zu diesem Zweck hat die Konkursverwaltung in der *Einladung zur zweiten Gläubigerversammlung* ausdrücklich zu bemerken, dass Abtretungsbegehren im Sinne von Artikel 260 SchKG bei Vermeidung des Ausschlusses in der Versammlung selbst oder spätestens binnen zehn Tagen nach ihrer Abhaltung zu stellen seien.

² Lassen indessen die besondern Umstände des Falles eine Erledigung der Eigentumsansprache *vor* der zweiten Gläubigerversammlung als wünschenswert erscheinen, so kann zu diesem Zwecke entweder eine besondere Gläubigerversammlung einberufen oder den Gläubigern durch Zirkular eine angemessene Frist angesetzt werden, binnen der sie, bei Vermeidung des Ausschlusses, der Konkursverwaltung mitzuteilen haben, ob sie den Anspruch gemäss Artikel 260 Absatz 1 SchKG an Stelle der Masse bestreiten wollen.

1   Die von der Konkursverwaltung auf dem Zirkularweg eingeholte Ermächtigung zum Freihandverkauf mit Vorbehalten und Bedingungen soll unmissverständlich abgefasst sein (BS, AB, 25.08.1976, BlSchK 1979, S. 183).

2   Die in Zirkularschreiben der Konkursverwaltung an die Gläubiger üblicherweise gesetzte Frist von 10 Tagen zur Stellung von Abtretungsbegehren hat weder das SchKG noch die KOV ausdrücklich festgelegt. Die zehntägige Frist hat sich in der Praxis für die Stellung solcher Begehren aber derart eingebürgert, dass sie einer gesetzlichen Frist nahe kommt. In jedem Falle muss sie nach ihrem Sinn und Zweck nicht erstreckbar sein (BS, AB, 31.01.1977, BlSchK 1980, S. 59).

Art. 49 bb. Im summarischen Verfahren

Im summarischen Verfahren hat in wichtigeren Fällen eine Fristansetzung zu erfolgen, welche mit der Bekanntmachung der Auflegung des Kollokationsplanes zu verbinden ist.

Art. 50 cc. Bei nachträglich eingegebenen Ansprüchen

Nachträglich eingegebene Ansprüche sind in wichtigeren Fällen den Gläubigern nach dem Ermessen der Konkursverwaltung durch öffentliche Bekanntmachung oder durch Zirkular mitzuteilen oder es ist, wenn nötig, eine besondere Gläubigerversammlung einzuberufen.

Art. 51 dd. Ausnahmen

Die obigen Vorschriften (Art. 47-50) finden keine Anwendung, wenn das Eigentum des Drittansprechers von vornherein als bewiesen zu betrachten oder die sofortige Herausgabe des angesprochenen Gegenstandes im offenbaren Interesse der Masse liegt oder endlich vom Drittansprecher angemessene Kaution geleistet wird.

1   Nichtigkeit der vom KA ohne Anhörung der Gläubiger verfügten Aussonderung. Eine direkte Aussonderung durch die Konkursverwaltung ist nur nach Massgabe der Ausnahmebestimmung von Art. 51 KOV möglich, wenn die Eigentumsverhältnisse liquide sind, die Herausgabe im offenbaren Interesse der Masse liegt oder der Drittansprecher eine angemessene Kaution leistet. Bei einem Leasingvertrag kann aber die Qualifikation mit seinen bekannten Erscheinungsformen in der Rechts-

wirklichkeit, die von reiner Miete bis zum verkappten Abzahlungsvertrag (Kaufvertrag) reichen, alles andere als rechtlich einfach sein. Namentlich zeitigt die Nähe des Leasingvertrages zur Miete oder zum Kaufvertrag hinsichtlich der für die Aussonderung bzw. die Zugehörqualifikation massgeblichen Eigentumsfrage jeweils ein gegensätzliches Ergebnis (GR, AB, 11.07.1995, PKG 1995, S. 144)

2 (i.V.m. Art. 53 KOV) – Konkurrenz von Pfand- mit Eigentumsansprache – Konkurrierende Ausübung eines Retentionsrechts und einer Eigentumsansprache an zur Konkursmasse gehörenden Gegenständen. Sofortige Herausgabe der Gegenstände an den Drittansprecher gegen Leistung einer Kaution. Prosequierung des Retentionsrechts (Betreibung auf Pfandverwertung) des Vermieters mit Bezug auf die Kaution (Art. 283 Abs. 3 SchKG).

Die Kaution, die der Drittansprecher gestützt auf Art. 51 KOV zwecks sofortiger Herausgabe der angesprochenen Gegenstände geleistet hat, kann nicht Gegenstand einer Betreibung auf Pfandverwertung während der Dauer des Konkursverfahrens bilden; diese Betreibung bezieht sich nicht auf einen Gegenstand, der einem Dritten gehört; eine Ausnahme von Art. 206 SchKG rechtfertigt sich nicht. Diesfalls muss der Vermieter darauf verwiesen werden, seine Forderung und sein Retentionsrecht im Konkurs einzugeben (BGE 121 III 93).

Art. 52 d. Klagefristansetzung bei Massarechtsabtretungen

Wird eine *Abtretung* der Rechtsansprüche der Masse verlangt, so setzt die Konkursverwaltung nach erfolgter Abtretung und Ausstellung einer Bescheinigung hierüber an die Abtretungsgläubiger dem Dritten die in Artikel 242 Absatz 2 SchKG vorgeschriebene Frist zur Klage an, unter Angabe der Gläubiger, gegen die er als Vertreter der Masse gerichtlich vorzugehen hat.

Art. 53 e. Konkurrenz von Pfand- mit Eigentumsansprachen

Werden Gegenstände vindiziert und daran zugleich von einem Konkursgläubiger Pfand- oder Retentionsrechte geltend gemacht, so ist folgendermassen zu verfahren:
- Wird der Eigentumsanspruch im Konkurs anerkannt, so ist ein allfälliger Streit zwischen dem Vindikanten und dem Pfandansprecher nicht im Konkursverfahren auszutragen.
- Kommt es dagegen zu einem Prozess über die Eigentumsansprache, so ist über die Pfandansprache erst nach rechtskräftiger Abweisung des Drittansprechers durch einen Nachtrag zum Kollokationsplan zu verfügen.

1 Die Konkursverwaltung hat sich erst dann über das Retentionsrecht auszusprechen, wenn das die Eigentumsansprache abweisende Urteil in Rechtskraft erwachsen ist; bleibt die Eigentumsansprache unbestritten, so hat sich die Konkursverwaltung nicht mit dem allfälligen Streit zwischen dem Drittansprecher und dem Gläubiger, der das Retentionsrecht geltend macht, zu befassen (BGE 107 III 84/85).

Art. 54 f. Konkurrenz von Pfand- oder Eigentums- mit Kompetenzansprachen

[1] Kompetenzstücke, an denen vertragliche Pfandrechte geltend gemacht werden, sind, sofern diese Rechte im Kollokationsverfahren anerkannt werden, in die Konkursmasse zu ziehen und zugunsten der Pfandansprecher zu verwerten. Ein allfälliger Überschuss ist dem Gemeinschuldner zuzuweisen.

[2] Werden von Dritten zu Eigentum angesprochene Gegenstände von der Masse als Kompetenzstücke anerkannt, so unterbleibt das Verfahren nach Artikel 242 SchKG und ist der Dritte darauf zu verweisen, den Anspruch gegen den Gemeinschuldner *ausserhalb* des Konkursverfahrens geltend zu machen.

B. Verfahren in den einzelnen Stadien des Konkurses | Art. 55

1 Wird ein gepfändeter oder zur Konkursmasse gezogener Gegenstand vom Schuldner als Kompetenzstück und von einem Dritten als Eigentum beansprucht, so ist die Frage der Unpfändbarkeit vor Durchführung des Widerspruchsverfahrens bzw. Aussonderungsverfahrens zu erledigen (BGE 83 III 20).

IV. Erwahrung der Konkursforderungen. Kollokation der Gläubiger
(Art. 244-251 SchKG)

Art. 55 1. Protokollierung der Erklärungen des Gemeinschuldners

Die *Erklärungen des Gemeinschuldners* über die einzelnen Forderungen (Art. 244 SchKG) sind entweder im Verzeichnis der Forderungseingaben oder in einem besondern Protokoll zu verurkunden und von ihm zu unterzeichnen. Ist der Gemeinschuldner gestorben oder abwesend, so ist dies anzugeben. Die Bestimmung in Artikel 30 Absatz 1 hiervor betreffend die Kollektiv-, Kommandit-, Aktiengesellschaften und Genossenschaften findet hier ebenfalls Anwendung.

Art. 56 2. Kollokationsplan
a. Anordnung

¹ Der Kollokationsplan ist nach folgender Ordnung zu erstellen:
A. Pfandgesicherte Forderungen (vgl. Art. 37 SchKG):
   1. grundpfandgesicherte;
   2. faustpfandgesicherte.
B. Ungesicherte Forderungen: Klassen I–III (Art. 219 SchKG).

² Liegen für einzelne Kategorien oder Klassen des Kollokationsplanes keine Anmeldungen vor, so ist dies jeweilen zu bemerken.

1 Inhalt des Kollokationsplanes: Dass die Konkursverwaltung mit der Kollokation einer Forderung Auflagen verbinden könne, ist im Gesetz nicht vorgesehen (BGE 96 III 42).

Art. 57 b. Abänderungen

Abänderungen des Kollokationsplanes innert der Beschwerdefrist, Erläuterungen oder Vervollständigungen dürfen nur durch unterschriftlich beglaubigte Randbemerkung erfolgen und sind jeweilen neu zu publizieren.

Art. 58 c. Inhalt

¹ Jede Ansprache ist in derjenigen Klasse und in demjenigen Rang aufzunehmen, der ihr von der Konkursverwaltung oder vom Gläubigerausschuss zuerkannt wird.

² Bei jeder Ansprache ist die Verfügung der Verwaltung über Anerkennung oder Abweisung, im letzteren Fall mit kurzer Angabe des Grundes, vorzumerken. Diese Verfügung hat sich auch auf die geltend gemachten oder im Grundbuch enthaltenen beschränkten dinglichen Rechte (Pfandrechte, Nutzniessung, Wohnrecht, Grunddienstbarkeiten) nach Bestand, Umfang und Rang zu erstrecken.

1 Ob die Vorschriften über das Verfahren zur Feststellung des gegenseitigen Rangverhältnisses der Grundpfandrechte, die durch eine erfolgte Abänderung allenfalls verletzt werden können, zwingen-

der Natur sind, wird vom BGer bezweifelt, weil die Feststellung dieses Verhältnisses nur die Grundpfandgläubiger berührt, also nur für einen begrenzten Personenkreis von Bedeutung ist (vgl. BGE 93 III 87, wo mit entsprechender Begründung angenommen wurde, eine gegen Art. 63 Abs. 1 KOV verstossende Kollokationsverfügung sei nicht schlechthin nichtig) (BGE 96 III 77).

2 (i.V.m. Art. 285 und 248 SchKG) – Kollokation einer als pfandgesichert angemeldeten Forderung und des Faustpfandrechts, welches der paulianischen Anfechtung unterliegt – Wenn nach der Auffassung der Konkursverwaltung ein Anfechtungstatbestand im Sinne von Art. 285 ff. SchKG gegeben ist, kann sie eine als pfandgesichert angemeldete Forderung in der 3. Klasse kollozieren und das damit geltend gemachte Faustpfandrecht abweisen (BGE 114 III 110).

Art. 59 d. Form der Kollokationsverfügungen

¹ Erscheint eine Forderung als nicht hinreichend belegt, so kann die Verwaltung sie abweisen oder dem Ansprecher zur Einreichung weiterer Beweismittel eine Frist ansetzen.

² Bedingte Zulassungen oder Abweisungen sind unstatthaft, ausser im Fall, wo die Tilgung einer im Bestand unbestrittenen Forderung angefochten wird, die bei Rückerstattung des Empfangenen wieder auflebt (Art. 291 Abs. 2 SchKG).

³ Kann die Konkursverwaltung sich über die Zulassung oder Abweisung einer Ansprache noch nicht aussprechen, so soll sie entweder mit der Aufstellung des Kollokationsplanes zuwarten oder aber den Kollokationsplan nachträglich ergänzen und unter öffentlicher Bekanntmachung wieder auflegen.

1 Das Lastenverzeichnis (Art. 125 VZG) kann in besonderen Gefahrsfällen vor dem übrigen Kollokationsplan aufgelegt werden (Art. 243 Abs. 2 SchKG; Erweiterung der Regeln von Art. 59 Abs. 3 KOV) (BGE 75 III 100).

2 (Art. 321 i.V.m. Art. 247 SchKG) – Verschiebung einer Kollokationsverfügung. Ermessensfrage? – Grundsätzlich kann jeder Gläubiger verlangen, dass der Kollokationsplan innerhalb der üblichen Fristen erstellt und dabei auch über seine Ansprache verfügt werde. Auflegung des Kollokationsplanes und ebenso ein Aussetzen einzelner Kollokationsverfügungen ist nur beim Vorliegen ernsthafter Hindernisse oder Schwierigkeiten zulässig. Fehlt es an sachlichen Gründen, so ist die Verschiebung willkürlich, liegt ausserhalb des dem Ermessen gezogenen Rahmens und verletzt damit das Gesetz. – Der Umstand, dass eine Konkurseingabe heikle Rechtsfragen aufwirft, bildet im Allgemeinen keinen Grund, die Verfügung über sie im Kollokationsplan aufzuschieben. – Ist die Verschiebung zulässig mit Rücksicht auf eine der Konkursmasse allenfalls je nach dem Ausgang eines Prozesses mit einem Dritten erwachsende Rückgriffsforderung? Sie ist es nicht, wenn die selbstständige Geltendmachung des Rückgriffsrechts keine erheblichen Nachteile für die Konkursmasse mit sich bringen wird und ausserdem zur Zeit keine konkreten Anhaltspunkte für einen den Rückgriff rechtfertigenden Sachverhalt bestehen (BGE 92 III 27).

3 (i.V.m. Art. 321 SchKG) – Die Aussetzung der Kollokationsverfügung und die nachträgliche Ergänzung des Kollokationsplanes sind zulässig, wenn ernsthafte Hindernisse oder Schwierigkeiten einer abschliessenden Kollokation aller angemeldeten Forderungen entgegenstehen (BGE 119 III 130).

Art. 60 e. Umschreibung der Ansprachen

¹ Die Ansprachen sind fortlaufend zu numerieren.

² Bei jeder Ansprache ist der Forderungsgrund zu bezeichnen und auf die Nummer der Ansprache im Verzeichnis der Forderungseingaben zu verweisen.

³ Der Kollokationsplan hat für jede Pfandansprache genau anzugeben, auf welchen Massagegenstand sie sich bezieht; bei Grundstücken sind die mitverhafteten Früchte und Erträgnisse sowie die Zugehör, bei Forderungen allfällig mitverpfändete Zinsbetreffnisse unzwei-

deutig zu bezeichnen, unter Verweisung auf die Einträge im Inventar. Ist ein Dritter persönlicher Schuldner, so ist dies ebenfalls zu bemerken.

1 Enthält der Kollokationsplan keinen Entscheid darüber, ob sich die Pfandhaft auf die Mietzinserträgnisse erstrecke, so ist er nachträglich zu ergänzen und neu aufzulegen (BGE 105 III 28).

Art. 61   f. Drittpfandgesicherte Forderungen

¹ Forderungen, für welche ganz oder zum Teil im Eigentum eines Dritten stehende Gegenstände als Pfand haften, sind ohne Rücksicht auf das Pfand, aber unter Erwähnung desselben, in ihrem vollen (anerkannten) Betrag unter die ungesicherten Forderungen aufzunehmen.

² Hat die Pfandverwertung vor erfolgter Ausrichtung der Konkursdividende an den Pfandgläubiger stattgefunden, so ist der Pfandeigentümer an Stelle des Gläubigers zum Bezug der Dividende berechtigt, sofern und insoweit er nach dem geltenden materiellen Recht durch die Einlösung des Pfandes in die Rechte des Gläubigers eingetreten ist. Ist die Subrogation streitig, so ist die Dividende zu hinterlegen.

1   Verwertung von Ansprüchen aus Lebensversicherung mit Begünstigung des Ehegatten oder der Nachkommen im Konkurs; Macht ein Gläubiger mit seiner Forderung ein Pfandrecht an einer Personenversicherung mit Begünstigung des Ehegatten oder der Nachkommen geltend, so hat die Konkursverwaltung nach Art. 11 der VO des BGer betreffend die Pfändung, Arrestierung und Verwertung von Versicherungsansprüchen nach dem VVG zu entscheiden, ob sie die Begünstigung auf dem Prozesswege bestreiten oder auf diese verzichten will; bei Verzicht hat sie den Gläubigern Gelegenheit zu geben, ihrerseits nach Art. 260 SchKG den Prozess durchzuführen. Bis zur Erledigung dieser Frage ist die Pfandforderung als unversicherte zu kollozieren. Eine Kollokationsverfügung über das Pfandrecht ist nur dann zu treffen, wenn die Begünstigung gerichtlich als ungültig oder anfechtbar erklärt worden ist. Wird die Begünstigung nicht bestritten oder ist sie gerichtlich anerkannt worden, ist die Forderung gemäss Art. 61 KOV ohne Rücksicht auf das Pfand, aber unter Erwähnung desselben, in ihrem vollen anerkannten Betrag unter die unversicherten Forderungen aufzunehmen. Die Liquidation des Pfandes erfolgt ausserhalb des Konkursverfahrens (BGE 105 III 122/132).

2   Steht das Pfand im Eigentum eines Dritten, so ist im Kollokationsplan der ganze Forderungsbetrag, ohne Rücksicht auf das Pfandrecht, unter die ungesicherten Forderungen aufzunehmen. Bei der Verteilung ist Absatz 2 zu beachten (BGE 87 III 117).

3   (i.V.m. Art. 217 Abs. 3 SchKG) – Stellung des Drittpfandeigentümers im Konkurs, der die Forderung des Gläubigers durch Verwertung des Pfandes teilweise befriedigt hat. – Gemäss Art. 217 Abs. 3 SchKG ist die Forderung des Hauptgläubigers auch bei teilweiser Befriedigung durch den Mitverpflichteten des Konkursiten im vollen ursprünglichen Betrage zugunsten des Hauptgläubigers aufzunehmen. Die auf die Forderung entfallende Dividende ist dem Hauptgläubiger bis zu seiner vollen Befriedigung zukommen zu lassen. Der rückgriffsberechtigte Mitverpflichtete erhält erst bei einem allfälligen Überschuss den Betrag, den er bei selbstständiger Geltendmachung des Rückgriffsrechts erhalten würde (BGE 60 III 217, 110 III 112 = Praxis 74, Nr. 17). Der Mitverpflichtete hat Anspruch auf einen Verlustschein für den Betrag, mit dem er den Hauptgläubiger befriedigt hat abzüglich einer allfälligen Dividende (BS, AB, 22.04.1986; ein beim BGer erhobener Rekurs wurde abgewiesen; BJM 1988, S. 148).

4   Nach dieser Bestimmung sind drittpfandgesicherte Forderungen als ungesichert zu kollozieren. Haftet jedoch das im Miteigentum beider Ehegatten stehende Grundstück für die solidarischen Grundpfandschulden des Ehepaares, so ist im Konkurs oder im Nachlassvertrag mit Vermögensabtretung eines Ehegatten Art. 61 Abs. 1 KOV nicht anwendbar. Die Forderung ist im Umfange der Pfanddeckung als pfandgesichert zu kollozieren (LU, SchKKomm, 27.11.2000, LGVE 2000 I 54).

Art. 62   g. Forderungen mit ausländischem Pfandobjekt

Wenn die Pfandobjekte zwar dem Gemeinschuldner gehören, aber im *Ausland* liegen und nach dem massgebenden Rechte nicht zur inländischen Konkursmasse gezogen werden können, so wird die auf die Forderung entfallende Dividende so lange zurückbehalten, als das Pfand nicht im Ausland liquidiert worden ist, und nur soweit ausgerichtet, als der Pfandausfall reicht. Die auszurichtende Dividende berechnet sich nach dem Pfandausfall.

Art. 63   h. Im Prozess liegende Forderungen

[1] Streitige Forderungen, welche im Zeitpunkt der Konkurseröffnung bereits *Gegenstand eines Prozesses bilden,* sind im Kollokationsplan zunächst ohne Verfügung der Konkursverwaltung lediglich pro memoria vorzumerken.

[2] Wird der Prozess weder von der Masse noch von einzelnen Gläubigern nach Artikel 260 SchKG fortgeführt, so gilt die Forderung als *anerkannt,* und die Gläubiger haben *kein* Recht mehr, ihre Kollokation nach Artikel 250 SchKG anzufechten.

[3] Wird der Prozess dagegen fortgeführt, so erfolgt je nach dessen Ausgang die Streichung der Forderung oder ihre definitive Kollokation, welche von den Gläubigern ebenfalls nicht mehr angefochten werden kann.

[4] Bei der Verhandlung darüber, ob der Prozess fortgeführt werden soll, ist nach Analogie von Artikel 48 hievor zu verfahren.

1 Eine Forderung, die zur Zeit der Konkurseröffnung Gegenstand eines Aberkennungsprozesses bildet, ist im Kollokationsplan zunächst nur pro memoria vorzumerken, und zwar auch dann, wenn der Schuldner sie (zum Teil) nur mangels Fälligkeit bestritten hat (BGE 83 III 75).

2 Zulässigkeit einer Abtretung des Prozessführungsrechts bezüglich Passivprozessen (ZH, ObGer, I. Ziv.Kammer, 14.06.1955, ZR 1956, Nr. 142, BlSchK 1958, S. 57).

3 Bildet eine Forderung gegen den Schuldner den Gegenstand eines bereits vor der Konkurseröffnung hängig gewordenen Rechtsstreites, so ist darüber kein Kollokationsverfahren einzuleiten. Verzichtet die zweite Gläubigerversammlung auf Weiterführung eines solchen Rechtsstreites durch die Masse, so bleibt die Abtretung der Rechte der Masse an einzelne Gläubiger im Sinne des Art. 260 SchKG vorbehalten (BGE 88 III 42).

4 Der Gläubiger einer im Prozess liegenden, im Kollokationsplan pro memoria vorgemerkten Forderung ist nicht befugt, gegen den Eintritt der Masse in den Prozess Beschwerde zu führen (BGE 90 III 86).

5 Eine Verfügung, durch welche die Konkursverwaltung eine zur Zeit der Konkurseröffnung bereits im Prozess liegende Forderung gegen den Konkursiten abweist, statt sie zunächst lediglich pro memoria im Kollokationsplan vorzumerken, ist nicht schlechthin nichtig, sondern nur innert der Frist von Art. 17 Abs. 2 SchKG anfechtbar. Die Frist zur Beschwerde wegen Verfahrensfehlern, die bei der Aufstellung des Kollokationsplanes begangen worden sein sollen, läuft nach der Rechtsprechung des BGer gleich wie die Frist für die Klage auf Anfechtung des Kollokationsplanes für alle Beteiligten von der öffentlichen Bekanntmachung der Auflegung des Kollokationsplanes an, sofern dieser nicht etwa erst später als in der Bekanntmachung angegeben aufgelegt wird (BGE 56 III 226, 71 III 182; vgl. auch BGE 48 III 192) (BGE 93 III 84).

6 Eine Forderung, welche aufgrund des Absatzes 2 als anerkannt gilt, darf von der Konkursverwaltung nicht mehr als streitig behandelt werden, selbst wenn der Prozess um sie formell noch hängig ist. – Spricht sich die Masse nicht über die Fortsetzung eines gemäss Art. 207 SchKG eingestellten Prozesses aus, so kann der Prozessgegner der Masse innert zehn Tagen nach der zweiten Gläubigerversammlung die Wiederaufnahme des Prozesses verlangen. Er kann von der Masse auch einen Entscheid darüber verlangen, ob sie den Prozess weiterführen oder die Prozessführungsbefugnis ge-

mäss Art. 260 SchKG abtreten wolle. Das Fehlen eines Entscheides der Masse hat nicht die Anerkennung der vor Gericht streitigen Forderung zur Folge (BGE 109 III 31).

7   Eine im Konkurse angemeldete Forderung, die im Zeitpunkt der Konkurseröffnung bereits Gegenstand eines Prozesses gebildet hatte, ist grundsätzlich lediglich pro memoria im Kollokationsplan vorzumerken. – Bevor die Konkursverwaltung die Vormerkung ausführt, hat sie zu prüfen, ob die angemeldete Forderung mit der beim Gerichte eingeklagten identisch sei; waren die beim Gericht eingeklagten Ansprüche betragsmässig nicht festgelegt worden, hat aber der Gläubiger die angemeldete Forderung im Hinblick auf die kollokationsrechtlichen Bedürfnisse beziffert, so darf die Konkursverwaltung die Vormerkung nur dann verweigern, wenn der vom Gläubiger angerufene Richter den genannten Betrag offensichtlich nicht wird zusprechen können (BGE 112 III 36).

8   Die Kosten eines infolge Konkurseröffnung eingestellten und weder von der Masse noch von einzelnen Gläubigern fortgesetzten Prozesses gegen den Konkursiten stellen nicht eine Masseschuld dar, sondern sind als Schuld des Konkursiten zu kollozieren (GR, AB, 12.06.1989, PKG 1989, S. 113).

9   Die Rechtshängigkeit ist nicht ausschlaggebendes Kriterium zur Beurteilung der Frage, ob eine Sache Gegenstand eines Prozesses im von Art. 63 Abs. 1 KOV bildet. Die Durchführung einer Sühneverhandlung genügt nicht (BGE 54 III 164) (BGE 113 III 132).

10 Diese Bestimmungen beziehen sich auf Prozesse im Inland. Die sinngemässe Anwendung von Art. 63 KOV bei Prozessen im Ausland fällt daher ausser Betracht, wenn im Rahmen der Abwicklung des Nachlassvertrages mit Vermögensabtretung der Kollokationsplan zu erstellen ist (BGE 130 III 769).

Art. 64   i. Protokollierung der Verfügungen des Gläubigerausschusses und des Prozessergebnisses

¹ Ist ein Gläubigerausschuss ernannt worden, so sind seine Verfügungen im Kollokationsplan anzugeben.

² Ebenso ist von allfälligen Kollokationsstreitigkeiten und der Art und Weise ihrer Erledigung im Kollokationsplan Vormerk zu nehmen.

Art. 65   k. Nachträgliche Abänderungen
aa. Innerhalb der Anfechtungsfrist

¹ Innerhalb der Anfechtungsfrist darf die Konkursverwaltung die im Kollokationsplan getroffene Entscheidung nur so lange abändern, als nicht eine Klage gegen die Masse oder einen andern Gläubiger angehoben ist.

² Die Abänderung ist neu zu publizieren (Art. 67 Abs. 3).

1   Solange keine Kollokationsklage angehoben ist, darf die Konkursverwaltung innerhalb der Beschwerdefrist eine Kollokationsverfügung abändern, auch ohne dass neue Tatsachen oder Beweismittel vorliegen (BE, AB, 22.05.1950, ZBJV 1952, S. 162).

2   Analoge Anwendung im Nachlassverfahren mit Vermögensabtretung. Eine vom Richter zurückgewiesene und innert der Nachfrist des Art. 163 Berner ZPO nicht wieder angebrachte Kollokationsklage ist ohne Einfluss auf eine innerhalb der Beschwerdefrist durch den Liquidator vorgenommene Abänderung einer Kollokationsverfügung (BE, AB, 31.07.1951, ZBJV 1953, S. 267).

3   Ist auch anwendbar, wenn ein Gläubiger nicht gegen die Masse, sondern gegen einen andern Gläubiger klagt. In diesem Falle kann die Konkursverwaltung, da sie nicht Partei ist, die Klage nicht im Sinne von Art. 66 KOV anerkennen (BGE 98 III 67).

4   Der Grundsatz, wonach ein rechtskräftiger Kollokationsplan unter Vorbehalt der Berücksichtigung verspäteter Konkurseingaben nicht einseitig abgeändert werden kann, gilt nicht uneingeschränkt (Bestätigung der Rechtsprechung). Doch darf auf die Kollokation nur zurückgekommen werden,

Art. 66

wenn sich eine Änderung der Verhältnisse nach Eintritt der Rechtskraft des Planes ergeben hat oder bekannt geworden ist (BGE 102 III 155/156).

5 Das Anheben einer Kollokationsklage ist nicht treuwidrig, wenn der Konkursbeamte die Abänderung des Kollokationsplanes zwar zugesichert hat, aber der Kläger unmittelbar vor Ablauf der Klagefrist von den anwesenden Mitarbeitern des KA die Auskunft erhält, diese sei nicht erfolgt. Aufgrund der Kollokationsklage darf der Konkursbeamte die zugesicherte Abänderung nicht mehr selbst vornehmen (BGE 130 III 380).

Art. 66 bb. Im Prozess

¹ Will die Konkursverwaltung in dem gegen sie geführten Kollokationsstreit es *nicht* zu einem gerichtlichen Entscheide kommen lassen und anerkennt sie das geltend gemachte Rechtsbegehren nachträglich ganz oder zum Teil, so kann diese Anerkennung nur unter Vorbehalt der Rechte der Konkursgläubiger erfolgen, gemäss Artikel 250 SchKG die Zulassung der Forderung oder den ihr neu angewiesenen Rang ihrerseits noch zu bestreiten.

² Zu diesem Zwecke hat die Konkursverwaltung die aus ihrer nachträglichen Anerkennung sich ergebende Abänderung des ursprünglich aufgelegten Kollokationsplanes neu aufzulegen und zu publizieren.

³ Vorbehalten bleibt die dem Gläubigerausschuss allfällig übertragene Kompetenz zum Abschluss oder zur Genehmigung von Vergleichen gemäss Artikel 237 Absatz 3 Ziffer 3 SchKG. In diesen Fällen hat eine Neuauflage und Publikation des durch den Vergleich abgeänderten Kollokationsplanes nicht stattzufinden.

1 Kollokation eines Konkursgläubigers gemäss seiner Eingabe, jedoch mit Hinweis auf einen von der Konkursverwaltung mit ihm vor Aufstellung des Kollokationsplanes abgeschlossenen Vergleich, wonach sich diese Ansprüche auf einen bestimmten Betrag verringern, falls die Kollokation unangefochten bleibt. Eine Kollokationsklage anderer Gläubiger ist mit Rücksicht auf diesen Vergleich nur zulässig, wenn sie eine Herabsetzung der Ansprüche des Beklagten auf einen noch geringern Betrag als die Vergleichssumme verlangen wollen. Führt der Prozess zu diesem Ergebnis, worin besteht alsdann der Prozessgewinn der Kläger im Sinne von Abs. 3? Wenn die Klage dazu führt, die Ansprüche des beklagten Gläubigers gegenüber des zuvor von der Masse mit ihm abgeschlossenen Vergleich weitergehend zu vermindern, verdienen die Kläger nicht den ganzen Prozesserfolg als solchen für sich in Anspruch zu nehmen. Richtigerweise hat ihnen nur eben der effektive Erfolg, die weitergehende Herabsetzung des Anteils des beklagten Gläubigers an der Konkursmasse, zu vorzugsweiser Befriedigung zu dienen (BGE 78 III 133).

2 Zu einem Vergleich im Kollokationsstreit ist die Konkursmasse legitimiert. Sofern kein Gläubigerausschuss eingesetzt wurde, muss der Kollokationsplan nochmals aufgelegt werden. Der Konkursit kann den Vergleich nicht durch eine Beschwerde anfechten (BE, AB, 08.01.1954, BlSchK 1955, S. 25).

3 Schliesst die Konkursverwaltung in einem Kollokationsprozess einen Vergleich, so können die Gläubiger den dadurch abgeänderten Kollokationsplan mittels Klage anfechten. Ist der abgeänderte Kollokationsplan in Rechtskraft erwachsen, darf die zweite Gläubigerversammlung darauf nicht mehr zurückkommen (BGE 107 III 136).

4 Der aussergerichtliche Vergleich zwischen der Konkursmasse und dem Gläubiger hat nicht die Wirkung eines rechtskräftigen Urteils. Das KA kann sich daher weigern, den Kollokationsplan abzuändern, wenn es der Meinung ist, dass der Vergleich mit einem Willensmangel behaftet sei. Seine Verfügung kann mit Beschwerde an die AB angefochten werden (BGE 113 III 90).

Art. 67   I. Publikation

¹ Die Bekanntmachung der Auflegung des Kollokationsplanes hat in den gleichen Blättern zu erfolgen, in denen der Konkurs publiziert wurde.

² Im Zeitpunkt der Auflegung des Planes sollen alle von der Konkursverwaltung oder dem Gläubigerausschuss erklärten Bestreitungen im Kollokationsplan gehörig vorgemerkt sein.

³ Für nachträgliche Abänderungen genügt nicht eine Anzeige an den Gläubiger, sondern es ist innert der Anfechtungsfrist die Bekanntmachung der Auflegung des Kollokationsplanes zu widerrufen und der neu erstellte oder abgeänderte Plan wiederum aufzulegen und dessen Bekanntmachung anzuordnen.

Art. 68   m. Spezialanzeigen

In den nach Artikel 249 Absatz 3 SchKG zu versendenden Spezialanzeigen ist der Grund der Abweisung zu bezeichnen und beizufügen, dass die zwanzigtägige Anfechtungsfrist (Art. 250 SchKG) vom Tage der öffentlichen Bekanntmachung der Auflegung des Kollokationsplanes an zu laufen beginne.

1   Die Zustellung der Spezialanzeige hat auf den Beginn des Fristenlaufs bei Publikation der Planauflage keinen Einfluss (BS, Zivilgericht, 15.11.1963, Appelationsgericht 12.05.1964, BJM 1966, S. 31).

Art. 69   n. Behandlung verspäteter Konkurseingaben

Wird eine Konkursforderung erst nach erfolgter Auflegung des Kollokationsplanes eingegeben, so hat eine Publikation der Verfügung über sie nur zu erfolgen, wenn sie ganz oder teilweise *zugelassen* wird. Wird sie vollständig abgewiesen, so genügt die blosse Anzeige davon an den Gläubiger. Vorbehalten bleiben die Artikel 65 und 66.

1   Hat die Anzeige über die vollständige Abweisung der Forderung eine Rechtsmittelbelehrung zu enthalten? Frage offen gelassen, weil dem Gläubiger später zur Kenntnis gebracht wurde, dass bestrittene Forderungen mit Kollokationsklage anzufechten sind (BE, Aufs.Beh., 1980, BlSchK 1984, S. 174).

Art. 70   o. Im summarischen Verfahren

Ein Kollokationsplan ist stets auch im summarischen Verfahren zu erstellen. Dabei sind die auf die Errichtung, Auflage, Publikation und Anfechtung des Kollokationsplanes bezüglichen Vorschriften des SchKG sowie der vorliegenden Verordnung in gleicher Weise zu beobachten.

V. Verwertung
(Art. 252-260 SchKG)

Art. 71   1. Spezialanzeigen über Grundstückssteigerungen

Spezialanzeigen nach Artikel 257 SchKG sind ausser an die Grundpfandgläubiger auch an diejenigen Gläubiger zu erlassen, denen die Pfandtitel über die auf dem Grundstück haftenden Pfandrechte verpfändet sind (vgl. Art. 40 Abs. 1 hiervor).

1   Bei öffentlicher Versteigerung eines Grundstückes im Konkurse hat der Konkursit keinen Anspruch auf eine besondere Anzeige (BGE 94 III 101).

Art. 72   2. Steigerungsprotokoll
            a. Anlage im allgemeinen

¹ Über jede Steigerung ist ein besonderes *Protokoll* zu führen, welches angeben soll: die leitenden Personen, den Tag und die Dauer sowie den Ort der Steigerung und den Betrag des Erlöses für jedes speziell versteigerte Objekt. Das Protokoll ist vom Steigerungsbeamten zu unterzeichnen. Bei der Verwertung von Wertschriften und Guthaben sind ausserdem die Namen der Ersteigerer zu verurkunden, bei der Verwertung von Fahrnis nur dann, wenn die Gegenstände insgesamt (en bloc) von einer und derselben Person erworben werden.

² Wird die Steigerung von einem andern öffentlichen Amt vorgenommen, so soll dies aus dem Protokoll ebenfalls hervorgehen.

1   Lastenverzeichnis und Steigerungsprotokoll. Im Letztern (gegebenenfalls in dem diesem beigelegten Beschrieb) sind alle Gegenstände genau zu umschreiben (BGE 75 III 100).

Art. 73   b. Bei Liegenschaftssteigerungen im besondern

Das Protokoll über die Verwertung von Liegenschaften soll insbesondere noch enthalten: die Erklärung des Steigerungsbeamten: «Die Liegenschaft wird hiermit um den Preis von Fr. ... zugeschlagen an N.N.» und die Unterschrift des Erwerbers, der als der «Ersteigerer» zeichnet. Wo nicht zugeschlagen wird, ist am Fusse des Protokolls zu bemerken: «Die Liegenschaft wurde nicht zugeschlagen», und zwar unter Angabe des Grundes, warum der Zuschlag unterblieben ist. Wurde der Zuschlag an Bedingungen geknüpft, so sind diese genau anzugeben.

Art. 74   3. Löschung der untergegangenen Grundpfandrechte

¹ Werden die Pfandtitel über Grundpfandrechte, welche durch die Versteigerung ganz oder teilweise untergegangen sind, nicht beigebracht, so hat die Konkursverwaltung trotzdem die erforderlichen Löschungen oder Abänderungen im Grundbuch zu veranlassen.

² Die stattgefundene Löschung oder Abänderung des Grundpfandrechts ist durch einmalige Publikation im Amtsblatt zu veröffentlichen und dem Gläubiger, sofern sein Name und sein Wohnort bekannt sind, durch eingeschriebenen Brief zur Kenntnis zu bringen, mit der Anzeige, dass die Veräusserung oder Verpfändung des gänzlich zu Verlust gekommenen Pfandtitels oder des teilweise zu Verlust gekommenen über den erlösten Betrag hinaus als Betrug strafbar wäre.

³ Ist der Inhaber des Titels unbekannt, so hat das Betreibungsamt die Löschung oder Abänderung des Grundpfandrechts öffentlich bekanntzumachen, unter Hinweis auf die in Absatz 2 hiervor erwähnte Folge einer Veräusserung oder Verpfändung des Titels.

Art. 75   4. Spezialfälle
            a. Entkräftung der Eigentümerpfandtitel und Löschung der leeren Pfandstellen

Im Besitz des Gemeinschuldners befindliche Pfandtitel über auf seinem Grundstück grundpfandgesicherte Forderungen sowie leere Pfandstellen dürfen gemäss Artikel 815 des Zivilgesetzbuches bei der Aufstellung der Steigerungsbedingungen nicht berücksichtigt werden. Die Pfandtitel sind ohne weiteres zur Entkräftung zu bringen und die leeren Pfandstellen nach der Versteigerung im Grundbuch zu löschen.

B. Verfahren in den einzelnen Stadien des Konkurses Art. 76

Art. 76 b. Behandlung der vom Gemeinschuldner verpfändeten Eigentümerpfandtitel

Die vom Gemeinschuldner verpfändeten Pfandtitel über auf seinem Grundstück grundpfandgesicherte Forderungen dürfen nicht separat versteigert werden, sondern es ist für die betreffenden Forderungen anlässlich der Versteigerung des Grundstücks in den Steigerungsbedingungen Barzahlung zu verlangen, und es sind die Titel nach der Versteigerung zur Entkräftung zu bringen.

1 Verwertung eines Eigentümerpfandtitels in der Faustpfandbetreibung gegen eine Aktiengesellschaft in Nachlassliquidation mit Vermögensabtretung. Sofern die Verwertung des Grundstückes nicht eingeleitet ist, kann der Eigentümerpfandtitel gesondert verwertet werden im Hinblick auf Art. 317, 322 und 324 SchKG im Gegensatz zu Art. 35 VZG und Art. 76 KOV (ZH, ObGer, II. Ziv.Kammer, 13.12.1949, ZR 1950, Nr. 121).

2 Der Faustpfandgläubiger an Eigentümerpfandtiteln ist im Konkurse des Eigentümers des belasteten Grundstückes berechtigt, auf die seit der Konkurseröffnung bis zur Verwertung auflaufenden Miet- oder Pachtzinsforderungen zu greifen (BGE 106 III 67).

Art. 77 c. Verwertung von versicherten Gegenständen und von Lebensversicherungsansprüchen

¹ Sind die zur Verwertung gelangenden Gegenstände gegen Schaden *versichert* (vgl. Art. 37 und 40 Abs. 2 hiervor), so ist bei der Verwertungshandlung auf die bestehende Versicherung aufmerksam zu machen. Wird die Gesamtheit der versicherten Gegenstände von einer und derselben Person erworben, so ist der Versicherer vom Übergang des Eigentums sofort in Kenntnis zu setzen.

² Bezüglich der Verwertung (Versteigerung oder Verkauf aus freier Hand) eines Lebensversicherungsanspruchs sind die Vorschriften der Artikel 10 und 15-21 der Verordnung vom 10. Mai 1910 betreffend die Pfändung, Arrestierung und Verwertung von Versicherungsansprüchen massgebend.

Art. 78 d. Verwertung von Vieh

Handelt es sich um die Verwertung von Vieh, so sind die Vorschriften des Tierseuchengesetzes vom 1. Juli 1966 (Art. 14) und der Tierseuchenverordnung vom 27. Juni 1995 (Art. 11) betreffend die Übergabe von Verkehrsscheinen an den Käufer zu beachten.

Art. 79
Aufgehoben.

Art. 80 5. Abtretung von Rechtsansprüchen der Masse

¹ Die *Abtretung* von Rechtsansprüchen der Masse an einzelne Gläubiger im Sinne von Artikel 260 SchKG erfolgt unter den im vorgeschriebenen Formular festgesetzten Bedingungen.

² Die aus der Flüssigmachung des Prozessergebnisses entstehenden Kosten dürfen nicht der allgemeinen Masse belastet werden.

1 Wenn die gesetzlichen Voraussetzungen zur Abtretung erfüllt sind und nur noch die Abtretungsbescheinigung gemäss Art. 80 Abs. 1 auszustellen ist, ändert der infolge eines Fehlers des KA verfrühte Schluss des Konkursverfahrens nichts am erworbenen Recht des Gläubigers, der die Abtretung verlangt hat (BGE 127 III 526).

Art. 81
Aufgehoben.

VI. Verteilung
(Art. 261-267 SchKG)

Art. 82 1. Abschlagsverteilungen

¹ Bevor *Abschlagsverteilungen* vorgenommen werden (Art. 237 Abs. 3 Ziff. 5 und 266 SchKG), ist eine *provisorische Verteilungsliste* aufzustellen, welche unter Mitteilung an die Gläubiger während zehn Tagen beim Konkursamt aufzulegen ist (Art. 263 SchKG).

² Teilbeträge, die auf streitige Forderungen, auf Forderungen unter aufschiebender Bedingung oder mit ungewisser Verfallzeit (Art. 264 Abs. 3 SchKG), auf Sicherheitsansprüche sowie auf solche Forderungen entfallen, welche verspätet, jedoch noch vor der Abschlagsverteilung angemeldet wurden (Art. 251 Abs. 3 SchKG), sind zurückzubehalten.

1   Die provisorische Verteilungsliste kann innert zehn Tagen seit ihrer Auflegung beim KA oder seit ihrer Mitteilung an die Gläubiger durch Beschwerde bei der AB angefochten werden. In einer Beschwerde gegen die endgültige Verteilungsliste lässt sie sich nicht mehr anfechten (BGE 94 III 50).

2   Bei Abschlagsverteilungen ist der auf streitige Forderungen entfallende Betrag zurückzubehalten und zinstragend anzulegen. Der Zinsertrag kommt anteilsmässig denjenigen Gläubigern zugute, deren Forderung zu Unrecht bestritten wurde und die deshalb an der Abschlagsverteilung nicht teilnehmen durften (BGE 105 III 88).

Art. 83   2. Erstellung der definitiven Verteilungsliste
           a. Voraussetzungen
           aa. Erledigung der Prozesse

¹ Die *definitive Verteilungsliste* darf erst erstellt werden, wenn sämtliche, auf die Feststellung der Aktiv- und Passivmasse bezüglichen Prozesse erledigt sind.

² Auf die von einzelnen Gläubigern gemäss Artikel 260 SchKG geführten Prozesse braucht dagegen keine Rücksicht genommen zu werden, wenn zum vornherein feststeht, dass ein Überschuss für die Masse nicht zu erwarten ist (vgl. Art. 95 hiernach).

Art. 84   bb. Bestimmung der Spezialvergütung nach Art. 48 Gebührenverordnung

Glaubt die Konkursverwaltung (und eventuell der Gläubigerausschuss), auf eine Spezialvergütung nach Artikel 48 der Gebührenverordnung vom 23. September 1996 zum SchKG Anspruch erheben zu können, so hat sie vor der endgültigen Feststellung der Verteilungsliste der zuständigen Aufsichtsbehörde ausser sämtlichen Akten eine detaillierte Aufstellung ihrer Verrichtungen, für welche die Verordnung keine Gebühren vorsieht, zur Festsetzung der Entschädigung einzureichen.

Art. 85   b. Anlage im allgemeinen

Bei der Aufstellung der Verteilungsliste ist wie folgt zu verfahren:
- In erster Linie sind bei verpfändeten Vermögensstücken sowohl der Erlös als die Kosten ihrer Inventur, Verwaltung und Verwertung für alle einzeln genau anzugeben. Diese speziellen Kosten sind vom Erlös der betreffenden Pfandgegenstände in Abzug zu bringen.

B. Verfahren in den einzelnen Stadien des Konkurses   Art. 86

– Ergibt sich nach Abzug der Kosten und vollständiger Deckung der Pfandforderungen ein Überschuss, so wird er zum Erlös des freien Massevermögens geschlagen. Ergibt sich umgekehrt auf den Pfandobjekten ein Ausfall, so ist er unter die Forderungen in der ersten bis dritten Klasse einzureihen, sofern eine persönliche Haftung des Schuldners für die Forderung besteht.
– Der Gesamterlös des freien Massevermögens nebst einem allfälligen Mehrerlös aus der Liquidation der Pfandobjekte wird vorab zur Deckung der gesamten übrigen Konkurskosten, zu denen auch die Kosten eines vorausgegangenen öffentlichen Inventars zu rechnen sind, verwendet; der Rest ist nach Massgabe des Kollokationsplanes unter die Kurrentgläubiger zu verteilen.

Art. 86   c. Im Fall des Art. 260 SchKG im besonderen

Sind von einzelnen Gläubigern Prozesse nach Artikel 260 SchKG mit Erfolg durchgeführt worden, so hat die Verteilungsliste, evtl. in einem Nachtrag, auch die Verteilung des Ergebnisses unter die Abtretungsgläubiger und die Masse festzustellen.

Art. 87   3. Anzeige über die Auflegung der Verteilungsliste

[1] Die Anzeige an die einzelnen Gläubiger sowie an den Gemeinschuldner über die Auflegung der Verteilungsliste hat durch eingeschriebene Sendung zu erfolgen (Art. 34 SchKG).
[2] Diese Anzeige hat auch im Falle von Abänderungen der Verteilungsliste stattzufinden, es sei denn, dass die Änderung durch einen Entscheid der Aufsichtsbehörde erfolgt ist.

Art. 88   4. Vornahme der Verteilung.
           Voraussetzung

Bevor die Konkursverwaltung zur *Verteilung* des Erlöses an die Gläubiger schreitet, hat sie sich darüber zu vergewissern, ob während der gesetzlichen Frist von zehn Tagen Beschwerden gegen die Verteilungsliste bei der Aufsichtsbehörde eingelangt sind, und bejahendenfalls ihre Erledigung abzuwarten.

Art. 89   5. Ausstellung der Verlustscheine bei Heimstätten

Besitzt der Gemeinschuldner im Zeitpunkte der Ausstellung der Verlustscheine ein zur *Heimstätte* erklärtes Gut oder Haus (Art. 349 ff. ZGB und Art. 31 hiervor), so ist davon in den *Verlustscheinen* Vormerk zu nehmen, mit Angabe des Schatzungswertes der Heimstätte und der auf ihr ruhenden Lasten. Ferner sind in den Verlustscheinen die Bestimmungen des Zivilgesetzbuches und die ergänzenden kantonalen Vorschriften über die Zwangsverwaltung der Heimstätten und die Befriedigung der Gläubiger aufzunehmen.

Art. 90
Aufgehoben.

Art. 91
Aufgehoben.

VII. Schluss des Konkursverfahrens
(Art. 268-270 SchKG)

Art. 92   1. Schlussbericht

¹ Der *Schlussbericht* der Konkursverwaltung (Art. 268 SchKG) ist stets schriftlich abzufassen und dem Konkursgerichte mit sämtlichen Akten und Belegen, mit Einschluss der Quittungen der Gläubiger für die Konkursdividende, einzureichen. Eine Abschrift des Berichts ist bei den Akten aufzubewahren.

² Der Bericht soll eine gedrängte Darstellung des Verlaufs der Liquidation enthalten. Er hat namentlich über die Ursachen des Konkurses, die Aktiven und Passiven und den Gesamtbetrag der Verluste summarisch Aufschluss zu geben und zu erwähnen, ob und eventuell welche Beträge gemäss Artikel 264 Absatz 3 SchKG bei der Depositenanstalt hinterlegt werden mussten.

Art. 93   2. Summarisches Verfahren

Die Erstattung eines Schlussberichtes und die Bekanntmachung der Schlussverfügung haben auch im summarischen Verfahren stattzufinden. Dagegen ist eine Publikation der Schlussverfügung bei Einstellung des Konkursverfahrens im Sinne des Artikels 230 Absatz 2 SchKG nicht erforderlich.

Art. 94
Aufgehoben.

Art. 95   3. Einfluss von Prozessen nach Art. 260 SchKG

Hat eine Abtretung von Rechtsansprüchen der Masse an einzelne Konkursgläubiger im Sinne von Artikel 260 SchKG stattgefunden und ist anzunehmen, dass aus der Verfolgung der abgetretenen Rechte ein Überschuss zugunsten der Masse sich nicht ergeben werde, so hat das Konkursamt dem Konkursgerichte unter Einsendung der Akten darüber Antrag zu stellen, ob das Konkursverfahren sofort geschlossen oder ob mit dem Schluss des Verfahrens bis nach durchgeführter Geltendmachung des Anspruchs zugewartet werden soll.

1   Verfrühter Schluss des Konkursverfahrens; Wirkung auf ein laufendes Verfahren zur Abtretung von Rechtsansprüchen der Masse (Art. 260 SchKG). – Wenn die gesetzlichen Voraussetzungen zur Abtretung erfüllt sind und nur noch die Abtretungsbescheinigung gemäss Art. 80 Abs. 1 KOV auszustellen ist, ändert der infolge eines Fehlers des KA verfrühte Schluss des Konkursverfahrens nichts am erworbenen Recht des Gläubigers, der die Abtretung verlangt hat (BGE 127 III 526).

VIII. Summarisches Verfahren

Art. 96   Besondere Vorschriften für das summarische Verfahren

Für das summarische Verfahren gelten, ausser den in den Artikeln 32, 49, 70 und 93 enthaltenen Vorschriften, folgende Besonderheiten:
a. Schlägt der Gemeinschuldner einen Nachlassvertrag vor, so ist eine Gläubigerversammlung einzuberufen, wenn er die Kosten dafür vorschiesst.
b. Für Grundstückssteigerungen gelten die Bestimmungen der Artikel 134–137 und 143 SchKG; ein allfälliger Zahlungstermin darf jedoch nicht mehr als drei Monate betragen.

Im übrigen gelten für die Verwertung die Vorschriften der Artikel 71–78 und 80 dieser Verordnung.

c. Für die Verteilung ist unter Beachtung der Vorschriften der Artikel 262 und 264 Absatz 3 SchKG sowie der Artikel 83 und 85 hiervor eine Verteilungsliste zu erstellen. Abschlagsverteilungen sind nicht vorzunehmen, dagegen Verlustscheine nach Artikel 265 SchKG auszustellen. Auch ist Artikel 150 SchKG analog zur Anwendung zu bringen.

1 Im Verfahren nach Art. 230a SchKG sind nur die Grundpfandgläubiger (nicht auch andere Gläubiger des nach Art. 230 SchKG eingestellten Konkursverfahrens) beteiligt und beschwerdelegitimiert. Bei Berechtigung des KA zum Freihandverkauf von Grundstücken kann es das innert der den Interessenten gesetzten Frist eingehende Höchstangebot annehmen (BS, AB, 26.03.1976, BlSchK 1979, S. 61).

2 Gläubigerversammlung im summarischen Konkursverfahren – Kein Anspruch der Gläubiger auf Einberufung einer neuen Gläubigerversammlung bei Beschlussunfähigkeit der ersten Versammlung (GR, AB, 05.11.1962, BlSchK 1964, S. 187).

3 Ein Kaufinteressent, welcher der Konkursverwaltung ein Freihandangebot zur Übernahme von Aktiven gemacht hat, an der in der Folge von der Konkursverwaltung für die verschiedenen Interessenten organisierten nicht öffentlichen Versteigerung trotz Einladung dazu nicht teilgenommen hat, ist nicht gehalten, der Konkursmasse den Mindererlös zwischen seiner Offerte und dem Zuschlagspreis an einen Dritten zu bezahlen (GE, Autorité de surveillance, 06.02.1980, BlSchK 1982, S. 147).

4 Verbot, im summarischen Konkursverfahren Anzahlungen an die Gläubiger zu leisten. Dem klaren Wortlaut von Art. 96 lit. c KOV entsprechend, ist es im summarischen Konkursverfahren ausgeschlossen, den Gläubigern eine oder mehrere Abschlagszahlungen zu leisten (BGE 117 III 44).

5 Entgegen dem Wortlaut dieser Bestimmung sind im Sinne der Lückenfüllung auch im summarischen Konkursverfahren Abschlagszahlungen als zulässig zu betrachten, wenn dieses sehr lange dauert und der Vorteil der vorzeitigen Verteilung den Nachteil der dadurch verursachten Mehrkosten aufwiegt (BL, AB, 28.09.1995, BlSchK 1996, S. 235).

C. Geschäftsführung der ausseramtlichen Konkursverwaltungen

Art. 97 1. Bezeichnung der anwendbaren allgemeinen Bestimmungen

Die in den Artikeln 1 Ziffern 2–4, 2, 3, 5, 8–10, 13, 15–34, 36, 38, 41, 44–69, 71–78, 80, 82–89, 92, 93 und 95 der vorliegenden Verordnung aufgestellten Vorschriften gelten auch für eine von den Gläubigern gewählte Konkursverwaltung (Art. 241 SchKG und Art. 43 hiervor).

Art. 98 2. Besondere Bestimmungen

¹ Die Auflegung des Kollokationsplanes, der Steigerungsbedingungen und der Kostenrechnung und Verteilungsliste hat, auch wenn eine ausseramtliche Konkursverwaltung eingesetzt ist, beim zuständigen Konkursamt zu erfolgen. Die Kantone können vorschreiben, dass der Vollzug der öffentlichen Steigerungen durch das Konkurs- oder ein anderes öffentliches Amt oder unter dessen Mitwirkung zu geschehen habe.

² Nach Schluss des Verfahrens hat die Konkursverwaltung das Protokoll und die Akten an das Konkursamt zur Aufbewahrung in dessen Archiv abzuliefern.

³ Aufgehoben.

1 (i.V.m. Art. 17, 18 und 241 SchKG) – Zuständige AB bei ausseramtlichen Konkursverwaltungen – Die ausseramtliche Konkursverwaltung untersteht der Aufsicht des Kantons, in welchem der Kon-

kurs eröffnet wurde, und zwar unabhängig vom Sitz der ausseramtlichen Konkursverwaltung (LU, SchKKomm, 01.03.1995, LGVE 1995 I 52).

D. Schlussbestimmungen

Art. 99   1. Zeitpunkt des Inkrafttretens

[1] Die vorliegende Verordnung tritt auf den 1. Januar 1912 in Kraft.
[2] Aufgehoben.

Art. 100   2. Übergangsbestimmung

[1] Alle mit den obigen Bestimmungen im Widerspruch stehenden Verordnungsvorschriften und Anweisungen werden aufgehoben.
[2] Insbesondere wird Artikel 12 der Verordnung vom 10. Mai 1910 betreffend die Pfändung, Arrestierung und Verwertung von Versicherungsansprüchen durch Artikel 61 hiervor abgeändert.

Nr. 4 **Gebührenverordnung zum Bundesgesetz über Schuldbetreibung und Konkurs (GebV SchKG)**

vom 23. September 1996 (Stand am 23. Dezember 1997)

SR 281.35

Der Schweizerische Bundesrat,

gestützt auf Artikel 16 des Bundesgesetzes über Schuldbetreibung und Konkurs (SchKG),

verordnet:

1. Kapitel: Allgemeine Bestimmungen

Art. 1 Geltungsbereich

[1] Diese Verordnung regelt die Gebühren und Entschädigungen der Ämter, Behörden und übrigen Organe, die in Anwendung des SchKG oder anderer Erlasse des Bundes im Rahmen einer Zwangsvollstreckung, eines Nachlassverfahrens oder einer Notstundung Verrichtungen vornehmen.

[2] Für Verrichtungen, die in dieser Verordnung nicht besonders tarifiert sind, kann eine Gebühr bis zu 150 Franken erhoben werden. Die Aufsichtsbehörde kann höhere Gebühren festsetzen, wenn die Schwierigkeit der Sache, der Umfang der Bemühungen oder der Zeitaufwand es rechtfertigt.

1   Der Beizug eines Dritten für Verrichtungen, die dem KA obliegen, darf nicht zu einer die Ansätze des Gebührentarifs übersteigenden Belastung der Masse bzw. von Pfandgläubigern führen. Die Missachtung von Art. 1 hat nicht Nichtigkeit zur Folge (BGE 103 III 44).

2   Herabsetzung einer übersetzten Gebührenrechnung durch die AB. Das betroffene KA ist zur Beschwerde gegen das requirierte KA legitimiert (SO, AB, 30.10.1995, BlSchK 1996, S. 77).

Art. 2 Aufsicht

Die Aufsichtsbehörde überwacht die Anwendung der Verordnung; den Betreibungs- und Konkursbeamten, ausseramtlichen Konkursverwaltern, Sachwaltern und Liquidatoren steht das Recht der Weiterziehung zu (Art. 18 und 19 SchKG).

Art. 3 Kostenrechnung

Auf Verlangen einer Partei wird auf deren Kosten eine detaillierte Kostenrechnung, welche die entsprechenden Bestimmungen dieser Verordnung nennen muss, erstellt; die Gebühr bestimmt sich nach Artikel 9.

Art. 4 Berechnung nach Zeitaufwand

[1] Ist die Gebühr nach Zeitaufwand zu berechnen, so fällt die für den Gang oder die Reise beanspruchte Zeit ausser Betracht.

[2] Der Bruchteil einer halben Stunde zählt als halbe Stunde.

[3] Die Dauer der Verrichtung ist in der Urkunde anzugeben.

Art. 5 Berechnung nach Seitenzahl

[1] Ist die Gebühr nach der Anzahl Seiten eines Schriftstückes zu berechnen, so gilt jede beschriebene Seite als ganze Seite.

² Seiten, die ausschliesslich Standardtexte wie Gesetzestexte oder Erläuterungen enthalten, werden nicht gezählt.

Art. 6   Berechnung nach Forderungsbetrag

Ist die Gebühr nach dem Betrag der in Betreibung gesetzten Forderung zu berechnen, so fallen nicht bezifferte Zinsen ausser Betracht.

Art. 7   Zustellung auf Ersuchen eines andern Amtes

Die Gebühr für die Zustellung auf Ersuchen eines anderen Amtes, einschliesslich Eintragung, beträgt 10 Franken je Zustellung.

Art. 8   Nacht-, Sonntags- und Feiertagszuschlag

Die Gebühr wird verdoppelt, wenn die Verrichtung ausserhalb des Amtslokals in der Zeit von 20 Uhr bis 7 Uhr, an Sonntagen oder an staatlich anerkannten Feiertagen (Art. 56 Ziff. 1 SchKG) vorgenommen werden muss.

Art. 9   Schriftstücke

¹ Die Gebühr für die Erstellung eines nicht besonders tarifierten Schriftstücks beträgt:
a.   8 Franken je Seite bis zu einer Anzahl von 20 Ausfertigungen;
b.   4 Franken je Seite für jede weitere Ausfertigung.
² Schriftstücke im Geldverkehr und Aktenexemplare sind gebührenfrei.
³ Für Fotokopien aus bestehenden Akten kann das Amt eine Gebühr von 2 Franken je Kopie erheben.
⁴ Das Amt kann für das Ausfüllen von Formularen für Begehren eine Gebühr bis zu 5 Franken erheben.

1   (Gebühr für Auskünfte gemäss Art. 8a SchKG und i.V.m. Art. 12 und 5 GebVO) – Die massgebenden Kriterien zur Festsetzung der Gebühr finden sich in der Gebührenverordnung zum SchKG und nicht in der von BÄ anderer Kantone begründeten Praxis. Im konkreten Fall Bestätigung einer Gebühr für Papierausdrucke aus einem informatisierten Register, die gestützt auf Art. 12, Art. 9 Abs. 1 lit. a und Art. 5 Abs. 1 GebVO festgesetzt wurde (BGE 129 III 366).

Art. 10   Telefongespräche

Für ein Telefongespräch kann eine Gebühr von 5 Franken erhoben werden.

Art. 11   Öffentliche Bekanntmachungen

Die Gebühr für eine öffentliche Bekanntmachung beträgt bis 40 Franken. Übersteigt der Zeitaufwand eine halbe Stunde, so erhöht sich die Gebühr um 40 Franken für jede weitere halbe Stunde.

Art. 12   Akteneinsicht und Auskunft

¹ Die Gebühr für die Vorlegung von Akten oder für Auskünfte aus Akten beträgt 9 Franken. Die Vorlegung von Forderungstiteln (Art. 73 SchKG) und Auskünfte darüber sind gebührenfrei.

² Übersteigt der Zeitaufwand eine halbe Stunde, so erhöht sich die Gebühr um 40 Franken für jede weitere halbe Stunde.

³ Für schriftliche Auskünfte wird zusätzlich die Gebühr nach Artikel 9 erhoben.

Art. 13 Auslagen im allgemeinen

¹ Unter Vorbehalt der Absätze 2 und 3 sind alle Auslagen, wie Verwaltungskosten, Post- und Fernmeldetaxen, Honorare für Sachverständige, Kosten für den Beizug der Polizei sowie Bankspesen zu ersetzen. Die Mehrkosten einer Nachnahme trägt die Partei, welche sie verursacht.

² Bei Zustellung durch das Amt gelten als Auslagen nur die dadurch eingesparten Posttaxen.

³ Keinen Anspruch auf Ersatz begründen:
a. Kosten des Materials und der Vervielfältigung gebührenpflichtiger Schriftstücke;
b. die allgemeinen Telekommunikationsgebühren;
c. Postkontotaxen, unter Vorbehalt von Artikel 19 Absatz 3;
d. Die Einschreibegebühr bei Zustellung eines Zahlungsbefehls, einer Pfändungsankündigung oder einer Konkursandrohung durch das Amt.

1 (i.V.m. Art. 16 GebVO) – Wird der Zahlungsbefehl durch das BA zugestellt, ist als Auslage einzig die dadurch nicht angefallene Posttaxe geschuldet, unter Ausschluss der Kosten für eine eingeschriebene Sendung (Abs. 3 lit. d dieser Bestimmung). Soweit die Posttaxen zu ersetzen sind, sind sie zu der in Art. 16 GebVO vorgesehenen Grundgebühr hinzuzuschlagen.

Die Zustellung der für den Gläubiger bestimmten Ausfertigung des Zahlungsbefehls (Art. 76 Abs. 2 SchKG) wird von Art. 13 Abs. 3 lit. d GebVO nicht erfasst; es handelt sich um eine Mitteilung des BA im Sinne von Art. 34 SchKG, die durch eingeschriebenen Brief (Lettre Signature) vollzogen wird und für die Ersatz nach Art. 13 Abs. 1 GebVO geschuldet ist (BGE 130 III 387).

Art. 14 Wegentschädigung, Spesenvergütung

¹ Die Wegentschädigung, einschliesslich Transportkosten, beträgt 2 Franken für jeden Kilometer des Hin- und des Rückweges.

² Die Entschädigung für Mahlzeiten, Übernachtungen und Nebenauslagen bestimmt sich nach Artikel 47 Absatz 2 der Beamtenordnung (1) vom 10. November 1959.

³ Die Aufsichtsbehörde kann in besonderen Fällen die Entschädigung angemessen erhöhen, wenn die Entlegenheit des Ortes einen Aufwand an Zeit oder Kosten verursacht, den die in den Absätzen 1 und 2 vorgesehene Entschädigung offensichtlich nicht deckt.

Art. 15 Mehrere Verrichtungen

¹ Mehrere Verrichtungen sind soweit möglich miteinander zu besorgen; die Wegentschädigung ist auf die verschiedenen Verrichtungen zu gleichen Teilen umzulegen.

² Werden an mehreren Orten Verrichtungen besorgt, so ist die Entschädigung nach der Entfernung der Orte verhältnismässig auf die einzelnen Verrichtungen umzulegen.

2. Kapitel: Gebühren des Betreibungsamtes

Art. 16 Zahlungsbefehl

¹ Die Gebühr für den Erlass, die doppelte Ausfertigung, die Eintragung und die Zustellung des Zahlungsbefehls bemisst sich nach der Forderung und beträgt:

Forderung/Franken			Gebühr/Franken
	bis	100	7.–
über 100	bis	500	20.–
über 500	bis	1 000	40.–
über 1 000	bis	10 000	60.–
über 10 000	bis	100 000	90.–
über 100 000	bis	1 000 000	190.–
über 1 000 000			400.–

² Die Gebühr für jede weitere doppelte Ausfertigung beträgt die Hälfte der Gebühr nach Absatz 1.

³ Die Gebühr für jeden Zustellungsversuch beträgt 7 Franken je Zahlungsbefehl.

⁴ Die Gebühr für die Eintragung eines vor Ausfertigung des Zahlungsbefehls zurückgezogenen Betreibungsbegehrens beträgt, ohne Rücksicht auf die Höhe der Forderung, 5 Franken.

1 Die Gebühr für den Zahlungsbefehl ist mit dessen Ausstellung und Zustellung bzw. versuchter Zustellung verfallen. Ein nicht zustellbarer Zahlungsbefehl ist dem Gläubiger zu übergeben (BE, AB, 12.05.1981, BlSchK 1986, S. 20).

Art. 17 Feststellung von Miete und Pacht

Die Gebühr für die Feststellung der Miet- und Pachtverhältnisse bei Grundstücken beträgt 40 Franken je halbe Stunde.

Art. 18 Rechtsvorschlag

Die mit dem Rechtsvorschlag verbundenen Verrichtungen sind gebührenfrei.

Art. 19 Einzahlung und Überweisung

¹ Die Gebühr für die Entgegennahme einer Zahlung und deren Überweisung an einen Gläubiger bemisst sich nach der betreffenden Summe und beträgt:

Summe/Franken		Gebühr/Franken
bis	1000	5.–
über	1000	5 Promille, jedoch höchstens 500.–

² Einzahlungen des Amtes auf ein Depot und Abhebungen sind gebührenfrei (Art. 9 SchKG).

³ Auslagen für die Überweisung von Zahlungen an einen Gläubiger gehen zu seinen Lasten.

Art. 20 Vollzug der Pfändung

¹ Die Gebühr für den Vollzug einer Pfändung, einschliesslich Abfassung der Pfändungsurkunde, bemisst sich nach der Forderung und beträgt:

Forderung/Franken			Gebühr/Franken
	bis	100	10.–
über 100	bis	500	25.–
über 500	bis	1 000	45.–
über 1 000	bis	10 000	65.–
über 10 000	bis	100 000	90.–
über 100 000	bis	1 000 000	190.–
über 1 000 000			400.–

² Die Gebühr für eine fruchtlose Pfändung beträgt die Hälfte der Gebühr nach Absatz 1, jedoch mindestens 10 Franken. Für einen erfolglosen Pfändungsversuch beträgt die Gebühr 10 Franken.

³ Erfordert der Vollzug mehr als eine Stunde, so erhöht sich die Gebühr um 40 Franken für jede weitere halbe Stunde.

⁴ Die Gebühr für die Protokollierung des Fortsetzungsbegehrens, das infolge Zahlung, Rückzug des Fortsetzungsbegehrens, Einstellung oder Aufhebung der Betreibung zu keiner Pfändung führt, beträgt 5 Franken.

Art. 21 Arrestvollzug und Aufnahme eines Retentionsverzeichnisses

Die Gebühr für den Arrestvollzug und für die Aufnahme eines Retentionsverzeichnisses bemisst sich nach Artikel 20.

Art. 22 Ergänzung der Pfändung und Nachpfändung, Pfändungsanschluss und Revision von Einkommenspfändungen

¹ Die Gebühr für eine Ergänzung der Pfändung (Art. 110 und 111 SchKG) und für eine Nachpfändung von Amtes wegen (Art. 145 SchKG) oder auf Begehren eines Gläubigers bestimmt sich nach Artikel 20.

² Die Gebühr für die Vormerkung der Teilnahme eines weiteren Gläubigers an der Pfändung ohne Ergänzung derselben beträgt 6 Franken.

³ Die Gebühr für die Revision der Einkommenspfändung (Art. 93 SchKG) beträgt die Hälfte der Gebühr nach Artikel 20 Absatz 1.

Art. 23 Pfändung für mehrere Forderungen

¹ Die gleichzeitige Pfändung für mehrere Forderungen gegen denselben Schuldner gilt als eine Pfändung. Die Gebühr bemisst sich nach dem Gesamtbetrag der Forderungen.

² Gebühren und Auslagen sind auf die einzelnen Betreibungen im Verhältnis der Forderungsbeträge zu verteilen.

³ Verursacht ein Gläubiger zusätzliche Gebühren und Auslagen, so sind diese einzeln nach dem Verursacherprinzip zu verrechnen.

Art. 24 Abschrift der Pfändungsurkunde

Die Gebühr für die Abschrift der Pfändungsurkunde (Art. 112 SchKG) oder eines Nachtrages dazu (Art. 113 SchKG) bestimmt sich nach Artikel 9 Absatz 1.

Art. 25 Beweismittel für Drittansprüche

Die Gebühr für die Vorlegung der Beweismittel für einen Drittanspruch im Pfändungs-, Arrest- oder Retentionsverfahren geht zu Lasten des Gesuchstellers und bestimmt sich nach Artikel 12.

Art. 26 Verwahrung beweglicher Sachen

¹ Die Gebühr für die Verwahrung von gepfändeten oder arrestierten Wertschriften sowie von Wertschriften, die zur Faustpfandverwertung eingeliefert wurden, beträgt monatlich 0, 3 Promille vom Kurswert oder, wenn dieser nicht feststellbar ist, vom Schätzungswert, höchstens jedoch 500 Franken insgesamt je Verwahrung.

² Die Gebühr für die Verwahrung von Pfandtiteln, die beim Gläubiger in der Betreibung auf Grundpfandverwertung eingefordert wurden, beträgt monatlich 0, 1 Promille vom Nennwert, höchstens jedoch 500 Franken insgesamt je Verwahrung.

³ Die Gebühr für die Verwahrung einer anderen Wertsache beträgt je Stück 5 Franken monatlich.

⁴ Das Amt setzt für die Verwahrung von Gebrauchs- oder Verbrauchsgegenständen, unter Berücksichtigung des Schätzungswertes, eine angemessene Gebühr fest.

Art. 27 Verwaltung von Grundstücken

¹ Die Gebühr für die Verwaltung von Grundstücken, einschliesslich Abschluss von Miet- oder Pachtverträgen sowie Buch- und Rechnungsführung, beträgt 5 Prozent der während der Dauer der Verwaltung erzielten oder erzielbaren Miet- oder Pachtzinse.

² Wird das Grundstück nicht genutzt, so beträgt die jährliche Gebühr 1 Promille des Schätzungswertes des Grundstücks.

³ Die tatsächlichen Verwaltungskosten (Unkosten, Barauslagen) gelten als Auslagen.

⁴ Die Aufsichtsbehörde kann in besonderen Fällen die Gebühr angemessen erhöhen.

1   Der vom BR gestützt auf Art. 16 SchKG festgesetzte Gebührentarif hat abschliessenden Charakter. In Gebührensachen schreitet das BGer nicht von Amtes wegen, sondern nur auf Beschwerde hin ein. Die Erhebung einer zusätzlichen, von Schwierigkeit des Einzelfalles unabhängigen Gebühr von 3 % für die amtliche Verwaltung von Grundstücken ist unvereinbar mit dem klaren Wortlaut von Art. 27 Abs. 4 GebVO und dem abschliessenden Charakter der eidgenössischen Tarifgestaltung (BGE 126 III 490; 128 III 476, Praxis 2001, Nr. 15).

Art. 28 Schätzung von Pfändern

Gebühren und Auslagen für die Schätzung von Faustpfändern und Grundstücken bei Betreibung auf Pfandverwertung, einschliesslich Abfassung der Schätzungsurkunde, bestimmen sich nach Artikel 20.

Art. 29 Lastenverzeichnis und Steigerungsbedingungen

¹ Die Gebühr für die Aufstellung des Lastenverzeichnisses beträgt 300 Franken für jedes Grundstück.

² Die Gebühr für die Festsetzung der Steigerungsbedingungen beträgt 150 Franken für jedes Grundstück.

³ Sind für bewegliche Sachen besondere Steigerungsbedingungen festzusetzen, so beträgt die Gebühr 100 Franken.

⁴ Die Gebühr für die Bereinigung des Lastenverzeichnisses und der Steigerungsbedingungen für weitere Steigerungen beträgt die Hälfte der Gebühren nach den Absätzen 1 und 2.

1 Die Gebühren für die Aufstellung des Lastenverzeichnisses und für die Festsetzung der Steigerungsbedingungen sind auch dann pro Grundstück zu entrichten, wenn das BA mehrere Grundstücke in je einem Exemplar der genannten Urkunden zusammengenommen hat (BGE 129 III 478).

Art. 30 Versteigerung, Freihandverkauf und Ausverkauf

¹ Die Gebühr für die Vorbereitung und Durchführung einer Versteigerung, eines Freihandverkaufs oder eines Ausverkaufs, einschliesslich Abfassung des Protokolls, bemisst sich:
a. bei der Versteigerung nach dem gesamten Zuschlagspreis;
b. beim Freihandverkauf nach dem gesamten Kaufpreis;
c. beim Ausverkauf nach dem gesamten Erlös.

² Sie beträgt:

Zuschlagspreis, Kaufpreis oder Erlös/Franken			Gebühr/Franken
	bis	500	10.–
über 500	bis	1 000	50.–
über 1 000	bis	10 000	100.–
über 10 000	bis	100 000	200.–
über 100 000			2 Promille

³ Die Gebühr darf auf keinen Fall den erzielten Erlös übersteigen.

⁴ Findet sich kein Erwerber, so bemisst sich die Gebühr nach dem Schätzungswert und vermindert sich um die Hälfte, beträgt aber höchstens 1000 Franken.

⁵ Dauert die Verwertung länger als eine Stunde, so erhöht sich die Gebühr um 40 Franken für jede weitere halbe Stunde.

⁶ Die Kosten für Gehilfen und Lokale gelten als Auslagen.

⁷ Die Gebühr für die Eintragung des Verwertungsbegehrens beträgt 5 Franken, wenn die Verwertung infolge Zahlung, Rückzug des Begehrens oder Einstellung der Betreibung nicht durchgeführt wird. Erfolgt der Rückzug oder die Zahlung erst nach der Bekanntmachung, so bemisst sich die Gebühr nach Absatz 4.

1 Gebühr für den Freihandverkauf eines Grundstückes. Das Amt hat auch dann Anspruch auf diese Gebühr, wenn der Grundpfandgläubiger den Erwerber beigebracht hat und der Kaufvertrag von einem Notar ausgearbeitet worden ist (NE, Autorité de Surveillance, 06.05.1997, BlSchK 1999, S. 70).

2 (i.V.m. Art. 16 SchKG, Art. 5 Abs. 2, Art. 8 und 9 BV) – Wird für einen ausgesprochen bescheidenen Verwertungsaufwand, aus dem jedoch ein sehr hoher Erlös resultiert, eine Gebühr von 2 Promille erhoben, liegt ein Verstoss gegen das Äquivalenzprinzip vor. Art. 16 SchKG ermächtigt den BR zur Festsetzung eines Gebührentarifs, jedoch nicht zur Erhebung einer Abgabe mit (teilweisem) Steuercharakter (BGE 130 III 225).

Art. 31 Verwertung aus mehreren Betreibungen

Werden Gegenstände aus verschiedenen Betreibungen gleichzeitig verwertet, so ist die Verwertungsgebühr nach dem Gesamterlös zu berechnen. Dieser Betrag ist auf die einzelnen Betreibungen zu verteilen, und zwar im Verhältnis des Erlöses aus den betreffenden Objekten oder, wenn sich kein Erwerber findet, im Verhältnis zu den Schätzungswerten.

Art. 32 Mitteilungen an das Grundbuchamt

Die Gebühr für die doppelt auszufertigende Mitteilung einer Handänderung an das Grundbuchamt sowie die Veranlassung der erforderlichen Löschungen und Umschreibungen (Art. 150 Abs. 3 SchKG) beträgt 100 Franken.

Art. 33 Einzug und Überweisung

Die Gebühr für den Einzug des Verwertungserlöses und der Zahlungen aus Einkommenspfändungen und deren Überweisung an einen Gläubiger bestimmt sich nach Artikel 19; überbundene Beträge gelten nicht als Verwertungserlös.

Art. 34 Erstellung des Kollokations- und Verteilungsplans

¹ Die Gebühr für die Erstellung eines Kollokations- und Verteilungsplanes beträgt:
a. 25 Franken für die erste Seite bei beweglichen Sachen und Forderungen;
b. 70 Franken für die erste Seite bei Grundstücken allein oder zusammen mit beweglichen Sachen oder Forderungen;
c. 8 Franken für jede weitere Seite.

² Die Gebühr für die Abrechnung einer Einkommenspfändung, für die kein Verteilungsplan notwendig ist, beträgt 10 Franken je Betreibung.

Art. 35 Anweisung von Forderungen

¹ Die Gebühr für die Anweisung von Forderungen des Schuldners an Zahlungs Statt (Art. 131 Abs. 1 SchKG) bestimmt sich sinngemäss nach Artikel 19 Absatz 1.

² Die Gebühr für die Anweisung von Forderungen des Schuldners zur Eintreibung (Art. 131 Abs. 2 SchKG) beträgt 20 Franken.

Art. 36 Besondere Art der Abgeltung

Die Gebühr für die Feststellung, dass eine in bar zu tilgende Forderung auf andere Weise abgegolten wird, beträgt 20 Franken.

Art. 37 Eigentumsvorbehalt

¹ Die Gebühr für die Verrichtungen bei der Eintragung von Eigentumsvorbehalten nach Verordnung vom 19. Dezember 1910 betreffend die Eintragung der Eigentumsvorbehalte geht zu Lasten des Antragstellers und beträgt:

Restschuld/Franken	Gebühr/Franken
a. für die Eintragung des Eigentumsvorbehaltes:	
bis 1 000	25.–
über 1 000 bis 5 000	50.–
über 5 000 bis 10 000	60.–
über 10 000	6 Promille, jedoch höchstens 150.–
b. für die Eintragung einer Zession	10.–
c. für die Vorlegung des Registers oder für eine sich darauf stützende Auskunft	9.–
d. für Auszüge, Bescheinigungen und schriftliche Mitteilungen überdies für jede Seite	8.–

² Die Löschung einer Eintragung und die Bestätigung von Verrichtungen im Sinne von Absatz 1 Buchstaben a und b auf dem Vertrag sind gebührenfrei.

³ Im Falle des Verkaufs derselben Sache an mehrere Erwerber mit Wohnsitz im gleichen Registerkreis ist nur eine Gebühr geschuldet.

Art. 38 Selbständige Festsetzung des Kompetenzbetrages

¹ Die Gebühr für die Festsetzung des Kompetenzbetrages ausserhalb der Zwangsvollstreckung geht zu Lasten des Gesuchstellers und beträgt 40 Franken.

² Dauert die Verrichtung länger als eine Stunde, so beträgt die Gebühr 40 Franken für jede weitere halbe Stunde.

Art. 39 Konkursandrohung

Die Gebühr für den Erlass der Konkursandrohung bestimmt sich nach Artikel 16.

Art. 40 Güterverzeichnis

Die Gebühr für die Erstellung eines Güterverzeichnisses (Art. 162 und 163 SchKG) beträgt 40 Franken je halbe Stunde.

Art. 41 Löschung eines Verlustscheines

Die Löschung eines Verlustscheines ist gebührenfrei.

Art. 42 Übrige Eintragungen

Die Gebühr für eine in den Artikeln 16–41 nicht besonders tarifierte Eintragung beträgt 5 Franken.

3. Kapitel: Gebühren im Konkursverfahren

Art. 43 Geltungsbereich

Die Gebühren nach den Artikeln 44–46 gelten sowohl für die amtliche wie für die ausseramtliche Konkursverwaltung.

Art. 44 Feststellung der Konkursmasse

Die Gebühr beträgt 50 Franken je halbe Stunde für die:
a. Schliessung und Versiegelung sowie andere sichernde Massnahmen;
b. Einvernahme des Konkursiten oder anderer Personen;
c. Aufnahme und Bewertung der Aktiven;
d. Reinschrift des Inventars;
e. Aufstellung eines vorläufigen Gläubigerverzeichnisses.

1 Der Ansatz für Verrichtungen im Zusammenhang mit der Feststellung der Konkursmasse (Aufnahme, Kontrolle und Reinschrift des Inventars) beträgt pro halbe Stunde Fr. 50.–. Zur Inventaraufnahme gehört auch die Vormerkung der Eigentumsansprachen (Art. 34 KOV), wofür der gleiche Ansatz gilt. Wenn nicht gesagt werden kann, dass der Zeitaufwand unverhältnismässig oder offensichtlich

übersetzt sei, so besteht für die AB kein Anlass, korrigierend in die Kostenrechnungen des KA einzugreifen (SO, AB, 05.05.1976, BlSchK 1981, S. 50).

Art. 45 Gläubigerversammlung

Die Gebühr für die Ausarbeitung des Berichtes an die Gläubigerversammlung, für deren Leitung und für die Protokollierung bemisst sich nach den durch das Inventar ausgewiesenen Aktiven und beträgt:

Aktiven/Franken	Gebühr/Franken
bis 500 000	400.–
über 500 000	1000.–

Art. 46 Andere Verrichtungen

¹ Die Gebühr beträgt:
a. 20 Franken für die Einschreibung und Prüfung jeder Konkursforderung, einschliesslich der Abfassung, Reinschrift und Auflegung des Kollokationsplanes;
b. 20 Franken für eine Verfügung über einen Eigentumsanspruch;
c. je 200 Franken für die Schlussrechnung, den Verteilungsplan und den Schlussbericht an das Konkursgericht; dauert die Verrichtung länger als eine Stunde, so erhöht sich die Gebühr um 50 Franken je weitere halbe Stunde;
d. 20 Franken für eine Abtretung von Rechtsansprüchen auf Verlangen eines Gläubigers.

² Im übrigen bestimmen sich die Gebühren sinngemäss nach:
a. den Artikeln 26 und 27 für die Verwahrung und Verwaltung von Gegenständen des Massevermögens;
b. Artikel 19 für den Einzug von Forderungen und für die Begleichung von Masseschulden;
c. den Artikeln 29, 30, 32 und 36 für die Verwertung des Massevermögens;
d. Artikel 33 für die Verteilung des Erlöses.

³ Die Entschädigung je halbe Sitzungsstunde beträgt:
a. 60 Franken für den Präsidenten des Gläubigerausschusses und den Protokollführer;
b. 50 Franken für die übrigen Mitglieder des Gläubigerausschusses und den Konkursverwalter, der nicht als Protokollführer mitwirkt.

⁴ Für Verrichtungen ausserhalb von Sitzungen beträgt die Entschädigung für den Präsidenten und die übrigen Mitglieder des Gläubigerausschusses 50 Franken je halbe Stunde.

Art. 47 Anspruchsvolle Verfahren

¹ Für Verfahren, die besondere Abklärungen des Sachverhaltes oder von Rechtsfragen erfordern, setzt die Aufsichtsbehörde das Entgelt für die amtliche und die ausseramtliche Konkursverwaltung fest; sie berücksichtigt dabei namentlich die Schwierigkeit und die Bedeutung der Sache, den Umfang der Bemühungen sowie den Zeitaufwand.

² Ferner kann in solchen Verfahren die Aufsichtsbehörde sowohl bei amtlicher wie bei ausseramtlicher Konkursverwaltung die Entschädigungsansätze für die Mitglieder des Gläubigerausschusses (Art. 46 Abs. 3 und 4) erhöhen.

1 Gebühren für die ausseramtliche Konkursverwaltung – Gebühren für die a.a. Konkursverwaltung in anspruchsvollen Verfahren. – Da auch in einem anspruchsvollen Verfahren nicht nur anspruchsvolle

Arbeiten zu erledigen sind, rechtfertigt es sich, eine Mischrechnung vorzunehmen und nicht die in anderen Bereichen für entsprechende, anspruchsvolle Arbeiten marktüblichen Ansätze zu verrechnen. Die verrechneten Ansätze müssen in einem vernünftigen Verhältnis zu den im Gebührentarif für die einfachen Verfahren festgesetzten Entschädigungen stehen. Es ist zulässig, unter den Ansätzen der Treuhand-Kammer zu bleiben und mit Blick auf den sozialen Zweck des Gebührentarifs die anwaltliche Tätigkeit im Rahmen der ausserordentlichen Konkursverwaltung gleich zu entschädigen wie die amtliche Verteidigung (BGE 120 III 97).

2 Entgelt der a.a. Konkursverwaltung für anspruchsvolle Verfahren – Anforderungen an die ausseramtliche Konkursverwaltung, die ein solches Entgelt verlangt. Überprüfungsbefugnis der kantonalen und eidgenössischen AB in der Sache. – Wenn von der a.a. Konkursverwaltung verlangt wird, eine detaillierte Liste der Verrichtungen aufzustellen und à jour zu halten sowie für die Spezialvergütung die Eigenschaft der Person, welche die Arbeiten ausgeführt hat und die aufgewendete Zeit anzugeben, so wird dem Begriff der «detaillierten Aufstellung nach Art. 84 KOV keine übertrieben strenge Bedeutung beigemessen, welche einen Ermessensmissbrauch darstellen würde. – Kürzung von gewissen Honorarzahlungen durch die kantonale AB, weil die vorgelegten Unterlagen ungenügend sind und die in Rechnung gestellte Zeit nach Meinung des Gläubigerausschusses und des kantonalen KA völlig übertrieben oder unverhältnismässig ist; der Umfang dieser Kürzung (hier um 50 %) ist eine Frage des Ermessens, die in der Zuständigkeit der kantonalen AB liegt (BGE 130 III 176).

4. Kapitel: Gerichtsgebühren

1. Abschnitt: Allgemeine Bestimmungen

Art. 48   Spruchgebühr

Sofern diese Verordnung nichts anderes vorsieht, bestimmt sich die Spruchgebühr für einen gerichtlichen Entscheid in betreibungsrechtlichen Summarsachen (Art. 25 Ziff. 2 SchKG) wie folgt nach dem Streitwert:

Streitwert/Franken			Gebühr/Franken
	bis	1 000	40–150
über 1 000	bis	10 000	50–300
über 10 000	bis	100 000	60–500
über 100 000	bis	1 000 000	70–1000
über 1 000 000			120–2000

Art. 49   Pauschalgebühr und Kostenvorschuss

¹ Die Spruchgebühr ist eine Pauschale, durch die auch sämtliche Auslagen abgedeckt sind.
² Sie ist von der Partei vorzuschiessen, die das Gericht angerufen oder einen Entscheid weitergezogen hat. Artikel 194 Absatz 1 zweiter Satz SchKG bleibt vorbehalten.

Art. 50   Kantonale Tarife

Im ordentlichen und im beschleunigten Zivilprozess bestimmen sich die Gerichtskosten nach kantonalem Recht.

2. Abschnitt: Betreibungs- und Konkurssachen

Art. 51 Aufhebung des Rechtsstillstandes

Die Gebühr für einen Entscheid über Aufhebung des Rechtsstillstandes (Art. 57d SchKG) beträgt 40–150 Franken.

Art. 52 Konkurseröffnung

Die Gebühr für den Entscheid über die Konkurseröffnung beträgt:
a. in nicht streitigen Fällen 40–200 Franken;
b. in streitigen Fällen 50–500 Franken.

Art. 53 Andere Verfügungen des Konkursgerichts

Die Gebühr beträgt 40–200 Franken für:
a. vorsorgliche Anordnungen;
b. die Einstellung des Konkurses;
c. die Anordnung des summarischen Verfahrens;
d. den Widerruf des Konkurses;
e. das Schlussdekret.

3. Abschnitt: Nachlassverfahren, Schuldenbereinigung und Notstundung

Art. 54 Nachlassstundung

Die Gebühr für Entscheide des Nachlassgerichts beträgt 200–2500 Franken; das Nachlassgericht kann sie in besonderen Fällen bis auf 5000 Franken erhöhen.

Art. 55 Honorar der Organe

[1] Das Nachlassgericht setzt das Honorar des Sachwalters sowie im Falle eines Liquidationsvergleichs das Honorar der Liquidatoren und der Mitglieder des Gläubigerausschusses pauschal fest.

[2] Im Falle eines Nachlassvertrages im Konkurs setzt die Aufsichtsbehörde das Honorar der Konkursverwaltung pauschal fest.

[3] Bei der Festsetzung des Honorars nach den Absätzen 1 und 2 werden namentlich die Schwierigkeit und die Bedeutung der Sache, der Umfang der Bemühungen, der Zeitaufwand sowie die Auslagen berücksichtigt.

1   Festsetzung des Honorars der Organe bei einem Liquidationsvergleich. – Es ist unbestritten, dass die Ansätze der Gebührenverordnung zum SchKG mit Fr. 60.– bzw. 50.– pro halbe Stunde für die Entschädigung freiberuflicher Sachwalter und Liquidatoren usw. zu niedrig ist. Art. 55 Abs. 3 GebVO verlangt, dass bei der Honorarfestsetzung neben dem Umfang der Bemühungen und dem Zeitaufwand die Schwierigkeit und die Bedeutung der Sache zu berücksichtigen sind. Dies heisst aber keinesfalls, dass zwingend der Verbandstarif mit Bezug auf die Bemessung der Stundenansätze zur Anwendung käme. So wird ein Anwalt, der als Liquidator eine öffentlich-rechtliche Funktion übernimmt, nicht den Anwaltstarif anwenden können. Das staatliche Zwangsmonopol hat im Bereich des Schuldbetreibungs- und Konkursrechts durchaus eine soziale Komponente . Durch das Zurverfügungstellen der staatlichen Institution des Schuldbetreibungs- und Konkursrechts soll sichergestellt

werden, dass die Mittel des (privaten) Schuldners entsprechend den gesetzlichen Regelungen gleichmässig auf die (privaten) Gläubiger verteilt werden können und deren Verlust möglichst gering gehalten werden kann. Die Entschädigung für diese staatliche Leistung kann sich daher nicht am Gewinn orientieren (ZH, ObGer, II. Ziv.Kammer, 19.11.1998, ZR 1999, Nr. 44).

2   Im Falle eines *Liquidationsvergleichs setzt das Nachlassgericht und nicht die AB über die Betreibungs- und Konkursämter das Honorar des Liquidators fest.* Möglichkeit der Genehmigung bei noch nicht beendetem Liquidationsverfahren. Kürzung des Honorars aus verschiedenen Gründen (Bez.Gericht Zürich, 08.05.1998, ZR 1999, Nr. 10).

3   Im Falle eines noch nicht beendetem Liquidationsverfahren kann das Nachlassgericht einen Vorentscheid über den Stundenansatz des Liquidators und der Mitglieder des Gläubigerausschusses stellen. Kriterien für die Festsetzung des Stundenansatzes (siehe N 1) (ZH, ObGer, II. Ziv.Kammer, 19.11.998, ZR 1998, Nr. 44).

4   Nach Art. 295 Abs. 3 SchKG i.V.m. Art. 14 Abs. 2 SchKG untersteht der Sachwalter im Nachlassverfahren der Disziplinarhoheit der AB. Nach dem in Art. 1 GebVO begründeten Grundsatz der Ausschliesslichkeit dürfen im Nachlassverfahren tätigen Organe nur die in der GebVO vorgesehenen Entschädigungen beziehen. Lässt sich ein Sachwalter eine Garantie für die Bezahlung der Differenz zwischen dem von ihm verlangen und dem von der Nachlassbehörde vorerst in Aussicht gestellten Honorar bieten, begeht er eine Amtspflichtverletzung (untere AB, Zürich, 25.03.1999, ZR 2001 Nr. 15, BlSchK 2001, S. 151).

Art. 56   Einvernehmliche private Schuldenbereinigung

¹ Die Gebühr für Bewilligung, Verlängerung oder Widerruf der Stundung beträgt 40–200 Franken.

² Für die Festsetzung des Honorars des Sachwalters gilt Artikel 55 sinngemäss.

Art. 57   Notstundung

Gebühren und Honorare im Notstundungsverfahren bestimmen sich sinngemäss nach den Artikeln 40, 54 und 55.

4. Abschnitt: Stundungs-, Konkurs- und Nachlassverfahren über Banken

Art. 58   Stundung

¹ Die Gebühr für Entscheide des Stundungsgerichts im Stundungsverfahren über Banken und Sparkassen (Art. 29–35 des Bankengesetzes) beträgt höchstens 7000 Franken.

² Das Stundungsgericht holt vor der Ernennung des Kommissärs in der Regel Offerten ein und legt das Honorar pauschal oder mittels Stundenansatz fest.

Art. 59   Konkurs

¹ Die Gebühr für Entscheide des Konkursgerichts im Konkursverfahren einer Bank (Art. 36 des Bankengesetzes) beträgt:
a.   200–2000 Franken für die Konkurseröffnung in nicht streitigen Fällen;
b.   500–7000 Franken für die Konkurseröffnung in streitigen Fällen;
c.   100–1000 Franken für andere Verfügungen.

² Das Konkursgericht holt vor der Ernennung der Konkursverwaltung oder des an ihre Stelle tretenden Kommissärs in der Regel Offerten ein und legt das Honorar pauschal oder mittels Stundenansatz fest.

Art. 60 Nachlass

¹ Die Gebühr für Entscheide der Nachlassbehörde im Nachlassverfahren einer Bank (Art. 37 des Bankengesetzes) beträgt höchstens 7000 Franken.

² Die Nachlassbehörde holt vor der Ernennung des Sachwalters und des Liquidators in der Regel Offerten ein und legt das Honorar pauschal oder mittels Stundenansatz fest. Das Honorar des Gläubigerausschusses wird durch die Nachlassbehörde pauschal oder mittels Stundenansatz festgelegt.

5. Abschnitt: Weiterziehung und Beschwerdeverfahren; Parteientschädigung

Art. 61 Gebühren

¹ Das obere Gericht, an das eine betreibungsrechtliche Summarsache (Art. 25 Ziff. 2 SchKG) weitergezogen wird, kann für seinen Entscheid eine Gebühr erheben, die höchstens das Anderthalbfache der für die Vorinstanz zulässigen Gebühr beträgt.

² Unentgeltlich sind:

a. das Beschwerdeverfahren und die Weiterziehung eines Beschwerdeentscheides (Art. 17–19 SchKG);

b. im Stundungs-, Konkurs- und Nachlassverfahren der Banken das Beschwerdeverfahren vor dem Stundungsgericht, dem Konkursgericht und der Nachlassbehörde.

Art. 62 Parteientschädigung

¹ In betreibungsrechtlichen Summarsachen (Art. 25 Ziff. 2 SchKG) kann das Gericht der obsiegenden Partei auf Verlangen für Zeitversäumnisse und Auslagen auf Kosten der unterliegenden Partei eine angemessene Entschädigung zusprechen, deren Höhe im Entscheid festzusetzen ist.

² Im Beschwerdeverfahren nach den Artikeln 17–19 des SchKG darf keine Parteientschädigung zugesprochen werden.

1 Die Parteientschädigung im Rechtsöffnungsverfahren umfasst auch die Auslagen für die Inanspruchnahme eines Anwalts. – Kriterien für die Bemessung der Anwaltskosten. Angemessen entschädigt ist der Anwalt dann, wenn sein zeitlicher Aufwand, die Schwierigkeit der sich stellenden Rechtsfragen und die mit dem Fall verbundene Verantwortung, die sich auch in der Höhe des Streitwertes zeigen kann, berücksichtigt wird. Die Abstellung auf den mutmasslichen Arbeits- und Zeitaufwand wird diesen Anforderungen nicht gerecht. Es ist der tatsächliche Zeitaufwand und die Verantwortung des Anwalts zu berücksichtigen (BGE 119 III 68).

5. Kapitel: Schlussbestimmungen

Art. 63

¹ Die Gebührenverordnung vom 7. Juli 1971 zum Bundesgesetz über Schuldbetreibung und Konkurs wird aufgehoben. Sie findet jedoch Anwendung auf Verrichtungen, die bis 31. Dezember 1996 vorgenommen wurden und für welche später abgerechnet wird.

² Diese Verordnung tritt am 1. Januar 1997 in Kraft.

Sachregister

Die erste Zahl bezeichnet, wenn nichts anderes vermerkt, den SchKG-Artikel, die zweite, nach dem Schrägstrich die betreffende Randziffer.

Bundesgesetz über Schuldbetreibung und Konkurs (SchKG)

A
Aberkennungsklage
- Aktivlegitimation des Betreibenden fehlte beim Erlass des Zahlungsbefehls 83/8
- bei Verlangen eines prov. Verlustscheines kann über die Nichteinreichung einer Aberkennungsklage ein Nachweis verlangt werden 83/23
- Einfluss Aufwertung einer Fremdwährung 83/21
- Einreden 83/97–100
- Einreichung Klage vor dem RÖ-Entscheid 83/29
- ev. Widerklage gegen Aberkennungsklage 83/7
- Fortsetzung einer bestrittenen Betreibung 83/25
- Fristbeginn zur Anhebung
- Fristen 63/16; 83/64–87
- Gerichtsstand 83/49–63
- Gläubiger kann Forderung anders begründen als im Betreibungs- und RÖ-Verfahren 83/11–12
- Gläubigerwechsel 83/94–96
- Gleichzeitige Einreichung einer Aberkennungsklage und einer Klage auf Schadenersatz. Bedingungen zur Vereinigung beider Verfahren 83/27
- keine Sistierung des Aberkennungsverfahrens bei gleichzeitiger Nichtigkeitsbeschwerde gegen RÖ-Entscheid 83/26
- Pfandbetreibung gegen Erben und gleichzeitige Eröffnung der konkursamtl. Liquidation; Versäumnis der Aberkennungsklage 83/2
- Unterschrift fehlt auf eingereichter Aberkennungsklage 83/9
- Urteilsdispositiv bei Abweisung der Aberkennungsklage 83/13
- Verfahrensfragen 83/1, 3–6
- Verfahrenskosten 83/88–93

Abtretung von Rechtsansprüchen
- Ausnahme im Bankenkonkurs 260/7
- ohne Beschlussfassung der Gläubiger keine Abtretung 260/1–6
- *Beschwerdelegitimation*
  - eines Abtretungsgläubigers 260/16
  - eines Dritten, gegen den sich der abgetretene Anspruch richtet 260/14
  - eines Drittschuldners, nur unter erfüllten Voraussetzungen 260/15
- *Voraussetzungen zur Abtretung*
  - Abtretung an mehrere Gläubiger 260/44–47
  - Abtretung unter Bedingungen 260/25–29
  - Gegenstand der Abtretung 260/31–43, 69
  - keine Abtretung nach Abschluss des Verfahrens 260/13, 28, 37
  - Kreis der Abtretungsberechtigten 260/8–12
  - Formalitäten zur Abtretung 260/17, 18
  - Frist zur gerichtlichen Geltendmachung der Ansprüche 260/19–24
  - Stellung des Abtretungsgläubigers 260/30
- *Wirkung der Abtretung*
  - Anspruch wird von Drittschuldner anerkannt vor Einleitung gerichtlicher oder aussergerichtlicher Vorkehren 260/50
  - bei vollständiger Befriedigung des Abtretungsgläubigers 260/48
  - bei Verzicht des Abtretungsgläubigers auf Konkursforderung 260/49
- Feststellung des unmittelbaren Schadens bei Verantwortlichkeitsansprüchen gegen Kontrollstelle; unmittelbarer und mittelbarer Schaden 260/70
- Kosten: welche können vom Prozessergebnis abgezogen werden? 260/62–63
- Prozessgewinn 260/64–66
- Prozessuales 260/ 51–61
- verfrühter Schluss des Konkursverfahrens; vor Erledigung des Abtretungsprozesses 260/71
- Verwertung von Ansprüchen, die nicht zur Abtretung verlangt werden 260/67

Aktivlegitimation der Parteien zur Anhebung einer Betreibung
- ausländische Gesellschaft als Gläubigerin mit angeblich fiktivem Sitz 67/64
- Inhaber der elterlichen Gewalt für minderjährige Kinder 67/65
- keine für minderjährige Kinder 67/66
- geschiedene Ehefrau für rückständige Alimente bei inzwischen volljährigen Kindern 67/67
- Anlagefonds ist nicht aktiv betreibungsfähig 67/69
- Gläubigergemeinschaft als auch einzelne Anleihensgläubiger 67/70
- Handlungsfähigkeit eines in Auflösung begriffenen Vereins 67/71
- nachträgliche Behauptung, Gläubigerin sei nicht handlungsfähig gewesen 67/68
- keine Aktivlegitimation einer ausländischen Konkursmasse zur Betreibung in der Schweiz 67/72
- Betreibungsfähigkeit von Körperschaften 67/73–76
- Erben / Erbengemeinschaften 67/77–81

Anfechtungsklage
- Art. 286–288 sind nicht von Amtes wegen anzuwenden 285/5
- Paulianische Anfechtungsklage setzt nicht die Gültigkeit der Rechtshandlung voraus 285/1
- das LugÜ ist auf die nach Konkurseröffnung eingeleitete Anfechtungsklage gemäss Art. 285 SchKG nicht anwendbar, hingegen aber Art. 289 285/2
- Zweck der Anfechtungsklage im Konkurs ist die Ergänzung des Konkursvermögens 285/3
- Unterschiede der Rechtsbehelfe im Widerspruchs- und Anfechtungsprozess 285/4
- ist auch im Nachlassvertrag mit Vermögensabtretung anwendbar 285/6
- anfechtbare Rechtshandlungen müssen immer vom Betreibungsschuldner vorgenommen worden sein 285/7
- anfechtbare Handlungen müssen zu einer Verringerung des beschlagsfähigen Vermögens geführt haben 285/8
- Anwendung auf ein das die Verrechnung ermöglichendes Rechtsgeschäft zwischen dem späteren Konkursiten und seinem Gläubiger 285/9
- nur ein definitiver Verlustschein führt zu einem gutheissenden Urteil in der Anfechtungsklage 285/10
- die Legitimation eines provisorischen Verlustscheines fällt dahin, wenn festgestellt wird, dass in dieser Betreibung kein definitiver Verlustschein ausgestellt werden kann 285/11
- Konkursverwaltung ist zur Anfechtungsklage legitimiert 285/12
- Bedeutung des provisorischen Verlustscheins 285/13–14

- Pfändung eines nicht auf den Namen des Schuldners lautenden Grundstücks, sofern der Gläubiger eine anfechtbare Veräusserung glaubhaft macht 285/15
- Zulässigkeit einer Verfügungsbeschränkung zur Sicherung paulianischer Anfechtungsansprüche 285/16
- Verkaufsversprechen («promesse de vente») verbunden mit einem im Grundbuch vorgemerkten Kaufsrecht 285/17
- Bestreitung einer Begünstigung im Lebensversicherungsvertrag 285/18
- erst das Urteil im Anfechtungsprozess gibt den Verlustscheingläubigern das Recht, die zurück zu erstattende Leistung für sich in Anspruch zu nehmen 285/19
- wenn über einen streitigen Anfechtungsanspruch der Masse kein Gläubigerbeschluss gefasst wurde 285/20
- unterschiedliche Voraussetzungen der Ansprüche aus Art. 193 ZGB und Art. 285 SchKG 285/21
- Begriff der «Aufhebung des Güterstandes unter Ehegatten» 285/22
- nachträgliche Anmeldung eines Anfechtungsanspruchs, der im Zeitpunkt der Konkurseröffnung noch nicht geltend gemacht werden konnte, zulässig 285/23
- Abweisung eines Pfandrechts, wenn die angemeldete Forderung der paulianischen Anfechtung unterliegt 285/24
- Bemessung des Streitwertes 285/25
- Schenkungsanfechtung 286/1–6
- Überschuldungsanfechtung 287/1–15
- Absichtsanfechtung 288/1–15
- Berechnung der Fristen 288a/1
- das Anfechtungsurteil entfaltet sich nur mit Bezug auf ein bestimmtes Vollstreckungsverfahren 289/1
- Passivlegitimation 290/1
- Wirkung der Anfechtung 291/1–11

Angaben (Parteibezeichnung) im Betreibungsbegehren
- zum Wohnort des Gläubigers 67/86–89
- zum Forderungsbetrag (-summe) 67/90–109; 69/31–35
- klare Gläubigerbezeichnung im BB, die keine Zweifel über Identität offen lassen als Voraussetzung 67/39–46
- klare Bezeichnung des Schuldners und Adresse 67/47–52
- Gläubigerbezeichnung «XY und dessen Ehefrau» im Zahlungsbefehl zulässig 67/39
- Genügende Gläubigerbezeichnung, wenn der Schuldner über die Identität des Gläubigers nicht im Zweifel sein kann 67/40, 54; 69/13
- mehrere Gläubiger in einer Betreibung 67/56–63
- unrichtige oder unvollständige Namensnennung, aber keine Unklarheit über die Identität 69/11
- Verwendung eines Sammelnamens 69/12
- Verwechslungsgefahr durch unvollständige Angaben 69/14
- Willensvollstrecker kann im eigenen Namen Erbschaftsforderung eintreiben 69/12
- zweifelsfreie Gläubigerbezeichnung 69/15
- keine Ungültigkeit der B bei ungenauer Bezeichnung des Gläubigers 69/16
- fehlende oder nicht klare Gläubigerbezeichnung = Nichtigkeit des ZB 69/17, 19
- unrichtige oder fehlende Adressangabe des Gläubigers als Beschwerdegrund 69/18, 21
- amtlicher Name, Allianzname 69/20
- Schuldnerbezeichnung bei einer Personenmehrheit 69/22
- Kollektivbezeichnungen «Erbengemeinschaft des X» sind nichtig 69/23
- Mitglieder einer Erbengemeinschaft sind aus der dem ZB angehefteten Liste ersichtlich 69/24
- Kombination zweier verschiedener Gläubiger mit zwei verschiedenen Forderungen in einem ZB unzulässig 69/25
- fehlende Parteifähigkeit einer Zweigniederlassung, wenn Rechtspersönlichkeit fehlt 69/26
- Solidarbetreibungen sind getrennte Betreibungsverfahren 69/28
- Geltendmachung Unterhaltsansprüche mehrere Kinder in einer einzigen Betreibung 69/27
- bei gesetzlicher Vertretung oder Beistandschaft 68c/1–4

Anordnungen oder Verfügungen der AB
- nach Abschluss einer Betreibung 21/1
- keine zur Feststellung einer Pflichtwidrigkeit 21/2
- ausgeschlossen bei Unmöglichkeit einer Berichtigung oder Rückgängigmachung 21/3
- Aufhebung def. Pfändung durch AB, wenn nur prov. möglich war 21/5
- Behandlung einer Rüge als Anzeige 21/8
- Beschwerde hat praktischen Zweck zu verfolgen 21/4, 6

Ansprüche Dritter (Widerspruchsverfahren), siehe Drittansprachen

Arrest
- *Arrestbewilligung*
- örtliche Zuständigkeit 272/1–17
- am unrichtigen Ort bewilligter Arrest 272/18–20
- Glaubhaftmachung der Forderung 72/21–24
- Glaubhaftmachung der Arrestgegenstände 272/25–31
- im Zusammenhang mit einer Massnahme ohne Anhörung des Schuldners zur Sicherung der Zwangsvollstreckung eines gestützt auf das LugÜ zu vollstreckenden Urteils auf Geldzahlung 272/32
- Vindikationsansprüche sind nicht arrestierbar 272/33
- Auslegung einer missverständlichen Umschreibung der Arrestgegenstände 272/34
- keine völkerrechtliche Immunität einer ausländischen Staatsbank für Vermögenswerte, die nicht einem hoheitlichen Zweck gewidmet sind 272/35
- Arrestbewilligung für Sicherheitsleistung von künftig fällig werdenden Unterhaltsbeiträgen i.S. von Art. 151 ZGB 272/36
- Haftung für Arrestschaden 273/1–7
- *Arrestgründe*
- Voraussetzungen 271/1–10
- Zahlungsflucht 271/11–19
- Wohnsitz 271/20–33
- auf der Durchreise begriffen – Taschenarrest 271/34–36
- Arrestierung von in der Schweiz liegendem Vermögen eines ausländischen Konkursiten 271/37–39
- Verarrestierung von Vermögenswerten 271/40–50
- keiner ein Flugbillett 271/40
- Dividenden 271/41–42
- Anspruch eines Bankkunden auf Herausgabe von Wertpapieren bzw. Akkreditivdokumenten, die bei einer ausländischen Korrespondenzbank liegen 271/43–46
- Arrest und anschliessende Pfändung von im Arrestbefehl nicht genannten Gegenständen ist nichtig 271/47
- eines Gemeinschaftskontos («compte joint») 271/49, 275/15
- eines Blankowechsels 271/48
- Rückforderung eines gerichtlich zugesprochenen und bezahlten Betrages 271/50

Arrestprosequierung SchKG – B

- von Luftfahrzeugen 271/53–54
- Arrestaufhebung 271/51–52
- ausserhalb des Kreises des BA befindliche Gegenstände 271/55
- nach Arrestvollzug eingetragener Eigentumsvorbehalt 271/56
- Immunität gegenüber einer Vollstreckung 271/57
- sich widersprechende Angaben des Gläubigers über die Eigentümerschaft der Vermögenswerte 271/58
- Gläubiger macht geltend, Vermögenswerte stünden nicht im Eigentum des Schuldners, sondern eines Dritten 271/59
- Aufhebung eines Arrests über Vermögensstücke, die der Gläubiger selbst als Eigentum beansprucht 271/60
- Möglichkeit des Vollzugs von zwei Arresten für die gleiche Forderung 271/61
- *Arrestvollzug*
- erforderliche Angaben im Arrestbefehl 274/1–17
- Vollzug 275/1–17
- bei Erbschaften 275/18–22
- Kosten 275/23–26
- Arrestobjekte 275/27–32
- Forderungen, Guthaben 275/34–41, 45
- Rechte 275/42–44
- nicht existierende Forderung 275/33
- Lohn- und Verdienstforderungen 275/46–49
- Existenzminimum und beschränkte Pfändbar- bzw. Verarrestierbarkeit 275/50–56
- Eigentumsansprüche Dritter 275/57–65
- Auskunftspflicht Dritter 275/66–76
- Frist zur Einrede bzw. Beschwerde wegen Unpfändbarkeit 275/77–78
- vorzeitige Verwertung 275/79–80
- vereinbartes Selbstverkaufsrecht des Pfandgläubigers kann nicht ausgeübt werden 275/81
- missbräuchliche Anwendungen 275/82–86
- *Arrest, weitere Entscheide*
- nicht bewilligte Verfügungen des Schuldners über Arrestgegenstände sind nur gegenüber Arrestgläubiger ungültig 275/87
- bei hängigem Einspracheverfahren gemäss Art. 278 SchKG ist nicht mit der Verwertung der Gegenstände zu rechnen 275/88
- Voraussetzungen für den Hinfall einer Arrestprosequierungsbetreibung 275/89
- Abgrenzung zwischen Beschwerde gegen Arrestvollzug und der Einsprache gegen den Arrestbefehl 275/90
- Arresturkunde 276/1–5
- Sicherheitsleistung des Schuldners 277/1–15
- Einsprache gegen den Arrestbefehl 278/1–13

Arrestprosequierung
- Fristen 279/1–11
- Prosequierung durch Betreibung 279/12–24
- Prosequierung durch Klage 279/25–45
- Dahinfallen des Arrests 279/46–48
- weitere Entscheide 279/49–52
- Gründe für das Dahinfallen des Arrests 280/1–3
- provisorischer Pfändungsanschluss 281/1–11
- Ausstandspflicht der Betreibungs- und Konkursbeamten 10/1–16

B
Beschwerden
- Verfahren 17/1–51; 18/1–4, 6–12
- Form und Inhalt der Beschwerde 17/52–62, 18/13–19
- Noven 17/63–66, 18/21
- gegen falsch eingeleitete Betreibungsarten 17/67–70

- Legitimation / Parteifähigkeit 17/71–79, 130–136; 18/20, 22–23, 25, 27
- des Schuldners 17/80–84
- des Schuldners im Konkurs- und Nachlassvertragsverfahren 17/85–95
- Dritte 17/96–123
- betroffene Ämter 17/124–129
- Handlungsunfähige 17/137–144; 18/26
- örtliche Zuständigkeit 17/145–161
- örtliche Zuständigkeit im Konkursverfahren 17/162–164
- Fristen 17/165–212; 18/28–32
- Verfügungen 17/213–254
- im Betreibungsverfahren 17/255–275
- Rechtsvorschlag 17/276–286
- Pfändungsverfahren 17/287–298
- Konkursverfahren 17/299–310
- Kollokationsplan 17/311–327
- Verwertungshandlungen 17/328–339
- im Nachlassverfahren 17/340–345
- Rechtsverweigerung 17/346–355
- Rechtsverzögerung 17/356–358
- Arrestverfahren 17/359–370

Beschwerdeverfahren
- Verfahren 17/1–51
- Form und Inhalt der Beschwerde 17/52–62; 18/13–18
- Noven 17/63–66; 18/21
- Betreibungsarten 17/67–70
- Legitimation / Parteifähigkeit 17/71–79
- des Schuldners 17/80–84
- des Schuldners im Konkurs- und Nachlassverfahren 17/85–95
- Dritte 17/96–123
- betroffene Ämter 17/124–136
- Handlungsunfähige 17/137–144; 18/2
- örtliche Zuständigkeit 17/145–161
- örtliche Zuständigkeit im Konkursverfahren 17/162–164
- Fristen 17/165–212; 18/28–32
- Verfügungen 17/213–254
- im Betreibungsverfahren 17/255–275
- Rechtsvorschlag 17/276–286
- Pfändungsverfahren 17/287–298
- Konkursverfahren 17/299–310
- Kollokationsplan 17/311–327
- Verwertungshandlungen 17/328–339
- im Nachlassverfahren 17/340–345
- Rechtsverweigerung 17/346–355
- Rechtsverzögerung 17/356–358
- Arrestverfahren 17/359–370
- Untersuchungsgrundsatz / Mitwirkungspflicht der AB 20a/1
- kostenloses Verfahren 20a/2
- Gebühren und Auslagen bei bös- oder mutwilliger Beschwerdeführung 20a/3
- bei Neuschätzung Grundstück, nur Expertenkosten, keine Gerichtskosten 20a/4
- keine Umwandlung von Bussen in Haft 20a/5

Beschwerdeweiterzug an das Bundesgericht
- nur gegen Entscheide der kant. AB und nur die, die gegen schweiz. Bundesrecht verstossen 19/1–4, 6, 9, 25–26
- Rekurs gegen Entscheide richterlicher Instanzen nicht möglich 19/6
- bei Ermessensentscheiden nur Prüfung, ob die AB ihr Ermessen überschritten haben, möglich 19/7, 13
- Unzuständigkeit des Rekurses gegen Zwischenentscheid 19/20, 21

- Legitimation eines KA, wenn Nichtigkeit einer amtlichen Verfügung geltend gemacht wird 19/32
- Legitimation eines BA bei Anwendung des Gebührentarifs 19/33
- für die Besoldung des Konkursbeamten hat das BGer keine Entscheidkompetenz 19/27
- Entscheid über ein Ausstandsbegehren ist mit staatsrechtlicher Beschwerde anzufechten 19/28
- Entgelt des Sachwalters im Nachlassvertragsverfahren kann nicht Gegenstand einer Beschwerde oder eines Rekurses bilden 19/24
- Fristbeginn für Rekurs 19/29–31
- Unzulässigkeit eines gegen das Konkursdekret gerichteten Rekurses (Art. 174 SchKG) 19/35
- nicht zulässig ist die Beschwerde wegen Verletzung von Bundesrecht und wegen Ermessensüberschreitung gegen Entscheide über Disziplinarmassnahmen 19/36
- Zulässigkeit neuer Beweismittel 19/15
- freie Prüfungsbefugnisse des BGer über die Frage der Übermittlung des Rechtsvorschlages durch die Post und die Tragung der Gefahr eines Verlustes durch die Post 19/12
- Vereinigung eines Rekurses und einer staatsrechtlichen Beschwerde 19/22

Betreibung
- siehe auch Ort der Betreibung
- gegen eine im HR nicht eingetragene Kollektivgesellschaft 38/1
- gegen eine einfache Gesellschaft 38/2
- ohne Mahnung ist nicht missbräuchlich 38/12
- auf Sicherstellung: ist auf dem ZB ausdrücklich als solche zu bezeichnen 38/14; 69/29
- Anhebung – schriftlich, auch ohne Formular 67/1
- Rückweisung Begehren eines Urteilsunfähigen 67/2
- richterliches Verbot neuer Betreibungen bei Aufschub einer Konkurseröffnung 67/4
- neue Anhebung einer B bei zurückgezogenen oder dahingefallenen Betreibungen zulässig 67/3
- mehrere B für gleiche Forderung 67/5–6
- Vermerk auf dem BB, wenn B auf Verwertung eines Faust- oder Grundpfandes verlangt wird 67/7
- kann nicht durch Betreibung vollstreckt werden, wenn eine andere Form als Geld vereinbart wurde 38/22

Betreibung auf Pfandverwertung
- genaue Angabe des Pfandes im Begehren und im ZB 69/8; 151/1
- ist im Begehren ausdrücklich zu verlangen 151/2
- Grundpfandbetreibung gegen einen Erben nebst Eröffnung der konkursamtl. Liquidation der Erbschaft 151/3
- ohne besondere Parteiabmachung sind Prozessentschädigungen um eine pfandversicherte Forderung nicht pfandversichert 151/4
- für Mietzins beim Auszug des Mieters bei einer Faustpfandvereinbarung 151/5
- über den Bestand eines behaupteten Pfandanspruchs hat der Richter zu befinden 151/6
- Abforderung des Pfandes eines vorgehenden Pfandgläubigers bei rechtskräftiger Faustpfandbetreibung 151/7
- vor der Verwertung des Pfandes hat BA zu prüfen, ob Pfandrecht besteht 151/8
- keine Abklärung durch BA, ob Pfand noch gepfändet wurde 151/9
- mit Hinterlegung des laufenden Pachtzinses wird dem Verpächter ein Pfandrecht bestellt 151/10
- Begehren auf Aufhebung der gewöhnlichen Betreibung durch Beschwerde, um eine Pfandverwertung zu erlangen 151/11
- Betreibung für eine Forderung, für die mehrere Grundstücke verpfändet sind, hat sich auf alle Grundstücke zu beziehen 151/12
- Anwendung des Art. 816 Abs. 3 ZGB – bezieht sich nicht nur auf das Gesamtpfand, sondern auch auf die Verpfändung mit geteilter Pfandhaft 151/13
- bei Betreibung auf Pfandverwertung keine Fortsetzung auf Pfändung oder Konkurs bei Wegfall des Pfandes 151/14
- Gesetzliches Pfandrecht ohne Eintrag im GB wird durch kant. Recht bestimmt 151/15
- irrtümliche Betreibung eines Gläubigers mit Pfandrecht an einer Grundpfandforderung auf Verwertung des Grundstückes 151/16
- bei einer Betreibung auf Pfandverwertung wurden Drittsprachen auf die Retentionsgegenstände nicht bestritten 151/17
- Bestreitung der Pfändbarkeit eines retinierten Gegenstandes durch Rechtsvorschlag 151/18
- Einleitung einer Wechselbetreibung begründet keinen Verzicht auf Geltendmachung des Retentionsrechts 151/19
- Drittpfandgeber ist als Mitbetriebener zu betrachten. Pfandverwertung unterbleibt, bis diesem ein ZB zugestellt wird 151/20
- Zahlung des Schuldners unter der Bedingung der Herausgabe des Pfandes 151/21
- ob Mit- oder Gesamteigentum den Solidarschuldnern an als Faustpfand bezeichneten Schuldbriefen zusteht, ist vom Richter zu prüfen 151/22
- Rechtsvorschlag in der Betreibung auf Pfandverwertung 153a/1–3

Betreibung auf Sicherstellung durch
- 1. Gesetz – 2. Parteivereinbarung – 3. Urteil 38/16
- ist nicht auf Sicherheiten in Geld beschränkt 38/21
- Prüfung des BA nur formelle Voraussetzungen 38/17
- keine Umwandlung einer auf Geldzahlung gerichteten Betreibung auf eine auf Sicherheitsleistung 69/9
- Leistung des Schuldners durch Naturalsicherheiten; Frage der Deckung durch den Richter zu prüfen 38/18
- im Zusammenhang mit einer Nachereneinsetzung 38/20
- Erwirkung dieses Anspruchs durch Arrest 38/19; 69/30
- vom Schuldner unterzeichnete, an Bedingungen geknüpfte Verpflichtung zur Sicherheitsleistung; prov. RÖ nur mit Nachweis des Eintritts der Bedingungen 38/23

Betreibungsart
- Bestreitung der vom Gläubiger gewählten Betreibungsart durch Rechtsvorschlag 38/29
- Bauhandwerkerpfandrecht; Betreibung auf Pfandverwertung erst möglich, wenn Pfandrecht definitiv im Grundbuch eingetragen ist 38/30
- Betreibung auf Leistung von Zahlungen an Dritte – Arrestprosequierung 38/31
- auf dem Betreibungsbegehren ist nichts anderes vermerkt = gewöhnliche Betreibung 38/32
- Wechselbetreibung darf nur auf Verlangen eingeleitet werden. Prüfungspflicht des BA auf HR-Eintrag 38/33
- bleibt bestehen, auch bei nachträglicher Pfandbestellung oder Geltendmachung 38/4–6
- Wahl falscher Betreibungsart, durch Beschwerde, auch nach Fristablauf, sofern durch Versehen des BA 38/7; 69/4
- Pfändung statt Konkursandrohung 38/8, 39/15–16

Betreibungsbegehren

- auf Geldzahlung bleibt bestehen, kann nicht in eine B auf Sicherheitsleistung geändert werden 38/11
- Betreibung gegen eine im HR gelöschte Anstalt in Liechtenstein mit Grundstück in der Schweiz 40/13
- keine Betreibung gegen eine gelöschte AG 40/14
- keine Verlängerung der sechsmonatigen Frist nach Löschung im HR durch RÖ- oder Gerichtsverfahren 40/16
- Stellung Fortsetzungsbegehren während der Dauer einer Nachlassstundung zur Fristwahrung der sechsmonatigen Frist 40/15

Betreibungsbegehren
- Protokollierung bei örtlicher Unzuständigkeit 8/2
- Betreibungsregister – Löschungen Eintragungen 8/4–5

Betreibungsferien
- keine Anwendung auf Einstellung der Betreibung 56/2
- richtet sich nur beschränkt an die AB 56/3
- keine Anwendung auf Aberkennungsklage 56/4
- keine Anwendung bei Beschwerde bei der EMRK 56/5
- keine Anwendung nach Rechtskraft eines Steigerungszuschlages 56/6
- keine Anwendung auf Verfügungen des Sachwalters in Nachlassvertragsverfahren 56/8
- keine Anwendung auf Konkurseröffnung ohne vorgängige Betreibung 56/9
- Anordnung Sicherungsmassnahmen gemäss Art. 98 ff. in dringenden Fällen 56/10
- Zustellungen von Betreibungsurkunden sind nicht ungültig; entfaltet Rechtswirkung erst am ersten Tag nach Ablauf der Betreibungsferien 56/11–15, 18–19
- wirksame Pfändung, bei Nichtankündigung und Vollzug nach 20 Uhr 56/17
- Pfändungsvollzug bei Versäumnis des Schuldners, bei der Pfändung anwesend zu sein während der Betreibungsferien 56/20
- in Rechtsöffnungssachen 56/21–23
- Handlungen in Konkurssachen 56/24–27

Betreibungskosten
- Begriff 68/1–6
- Vorschusspflicht des Gläubigers 68/7–17
- Tragung durch den Schuldner 68/18–23
- Arrestgläubiger – Die Vorabdeckung erstreckt sich nur auf die Pfändungskosten, Kosten der Arrestbewilligung und des -vollzugs 68/24
- Verteilung des Verwertungsergebnisses unter Gläubigern 68/25
- Betreibung bleibt bis zur ganzen Bezahlung der Betreibungskosten hängig 68/26
- keine Verwirkung des Rechts gemäss Abs. 2 Art. 68 68/27
- Prozessentschädigungen im Aberkennungsprozess sind ohne Vereinbarung nicht pfandgesichert 68/28
- Prozesskostenvorschuss betr. Nichtigkeitsbeschwerde 68/29
- Kostenvorschuss auch bei Begehren um Neuschätzung eines Grundstückes 68/30
- bei Bezahlung einer durch Rechtsvorschlag gehemmten Betreibung ohne Kosten bleibt Betreibung für den Betrag der Betreibungskosten bestehen 68/31
- für Betreibungskosten keine Rechtsöffnung 68/32
- keine Abrechnungspflicht des BA vor Abschluss eines Verfahrens 68/33
- keine unentgeltliche Rechtspflege im RÖ-Verfahren 68/35
- kein Recht des Schuldners im RÖ-Verfahren auf Sicherstellung der Parteientschädigung 68/36
- Zustellung RÖ-Entscheid per Nachnahme 68/37

- Konkursverfahren – keine Behandlung der verspäteten Konkurseingabe bei Nichtleistung des verlangten Kostenvorschusses (Art. 251) 68/34

Betreibungsort
- einer Kollektivgesellschaft nach Löschung im HR 40/8
- einer im Ausland domizilierten AG am Sitz einer schweiz. Niederlassung 40/12
- im Ausland wohnende Schuldner mit Geschäftsniederlassung in der Schweiz oder mit Spezialdomizil 50/1–23

Betreibungsurkunden
- Begriff 64/1–4

Beweismittel vom Gläubiger
- Vorlagepflicht des BA nur, soweit es die Forderungstitel vom Gläubiger erhalten hat 73/1
- soll Prüfung und Beurteilung der betriebenen Forderung erleichtern 73/2
- Gläubiger reicht keine Beweismittel ein – keine Folgerung, dass keine Schuld vorliegt 73/3

Bundesgericht
- kann in Ausübung der Oberaufsicht eingreifen bei einem gültigen Rekurs gegen einen Entscheid der kant. AB in B- und Konkursverfahren 15/1
- Stellungnahme zu grundsätzlichen Fragen ausserhalb eines Betreibungsverfahrens 15/3
- Weisungen an kant. BA kann vom Bundesgericht nicht mit Beschwerde verlangt werden 15/5
- alleinige Kompetenz der Kantone über Zusammenarbeit, mit ausserkantonalen EDV-Anbietern zusammen zu arbeiten 15/4

D

Dauer eines Konkursverfahrens
- 270/1

Deckungsprinzip
- 142a/1–8

Definitive Rechtsöffnung, siehe Rechtsöffnung, definitive

Depositenanstalt / Geldhinterlegung
- 24/1–3

Disziplinarmassnahmen
- Anzeige von Betroffenen gegen Verfehlungen von B- oder Konkursbeamten 14/17
- Anzeige gegen einen Beamten ist im Disziplinarverfahren nicht Partei 14/9
- Bestrafung eines BB wegen Blossstellung eines Schuldners 14/4
- kein Anspruch auf disziplinarische Ahndung haben Gläubiger und Schuldner 14/7, 8
- keine Disziplinierung wegen Androhung polizeilicher Vorführung 14/10
- keine Legitimierung des Beschwerdeführers zur Anfechtung einer Rüge 14/11
- keine Rekursmöglichkeit gegen Disziplinarverfügungen der AB 14/6
- Ordnungsstrafe gegen Sachwalter im Nachlassvertragsverfahren durch AB 14/16
- und der a.a. Konkursverwaltung 13/5
- Unterstellung der Liquidatoren im Nachlassvertragsverfahren 13/2
- Voraussetzungen zur Amtsenthebung einer a.a. KV 14/14, 18
- wegen Gläubigerbegünstigung 14/12
- wegen Verfehlungen ausserhalb der Amtstätigkeit 14/13
- Zuständigkeit der unteren AB zur Anordnung einer vorsorglichen Amtsenthebung 14/14

- der AB 14/1–19
- stehen nur den kant. AB zu 14/3,5

Doppelaufruf
- 142/1–10

Dritte, die Sachen des Schuldners als Pfandgläubiger oder aus anderen Gründen besitzen
- 232/5, 7

Drittansprachen (BA) / Ansprüche Dritter (Widerspruchsverfahren)
- Allgemeines 106/1–28
- Eigentumsansprache eines Ehegatten 106/29–36
- Fiduziarisches Eigentum 106/43
- Frist zur Anmeldung 106/44–53
- in Konkurrenz mit Kompetenzansprachen 106/82–84
- in Konkurrenz mit Eigentumsvorbehalten 106/85–93
- Verwirkung des Widerspruchsrechts durch arglistige Verzögerung 106/54–70
- Verzicht auf Ansprache 106/94–96
- in Konkurrenz mit Retentionsrecht 106/71–81
- Widerspruchsverfahren 106/97–107
- Widerspruchsverfahren im Zusammenhang mit Grundstücken 106/37–42

Drittansprachen – Bestreitung durch Schuldner und Gläubiger – Sache im Gewahrsam des Schuldners
- Allgemeines 107/1–3
- Beweislastverteilung im Widerspruchsprozess 107/79–81
- Fristansetzung zur Klage 107/35–44
- Gewahrsamsverhältnisse 107/4–31
- mit Bezug auf Retentions- und Pfandgegenstände 107/32–34
- grössere Wahrscheinlichkeit für die Berechtigung 107/82–83
- Widerspruchsverfahren und Parteirollenverteilung 107/45–78
- Klage der Gläubiger und Schuldner gegen den Dritten; Sache im Gewahrsam oder Mitgewahrsam des Dritten 108/1
- Unterschiede der Rechtsbehelfe im Widerspruchs- und Anfechtungsprozess 108/1
- Erledigung einer Widerspruchsklage 108/2
- Eigentümerschuldbrief, lastend auf gepfändetem Grundstück 108/3
- betreffend nicht verbriefte Inhaberaktien 108/4
- Voraussetzung für ein Widerspruchsverfahren; genaue Bezeichnung des als Dritteigentum bezeichneten Gegenstandes 108/5
- Abstellung auf Eigentumsverhältnisse bei Urteilsfällung 108/6
- Pfändung von Gegenständen bei einem Dritten, der behauptet, sie gehörten nicht dem Schuldner 108/7
- keine Zwangsvollstreckung auf das Vermögen einer selbstständigen Zentralbank für Schulden des Staates 108/8
- Unterschiede der Rechtsbehelfe im Widerspruchs- und Anfechtungsprozess 108/1

Dritte Klasse, siehe Rangordnung der Gläubiger

E

Eigentumsansprüche, siehe Drittansprachen

Einheit des Konkurses
- mehrfache Konkurseröffnung ist möglich bei Hängigkeit eines Rekurses gegen frühere Konkurseröffnungen 55/1–2
- gleichzeitige Behandlung mehrerer Konkursbegehren 55/3
- Konkurseröffnung über Schweizer Filiale, deren Hauptsitz sich in Frankreich befindet 55/4

Einstellung des Konkursverfahrens mangels Aktiven
- Einstellung mangels Aktiven einer AG, deren Konkurs nicht eröffnet wurde; keine Anwendung von Art. 230 Abs. 3 230/23
- Anfechtung der Einstellungsverfügung 230/4–6
- keine Einberufung einer Versammlung der Anleihensgläubiger 230/2
- bei einer konkursamtlichen Liquidation einer Erbschaft 230/28–30
- Kosten des Verfahrens 229/10–12
- Kostenvorschuss für durchzuführendes Verfahren 230/13–18
- bei hängigem Prozessverfahren 207/25–27; 230/19–22
- über rechtsmissbräuchliche Insolvenzerklärung entscheidet der Konkursrichter 230/1
- Vorbehalt der WIR-Bank, eine Auszahlung bei Einstellung des Verfahrens zurückzufordern 230/3
- Wiedereröffnung eines eingestellten Konkurses 230/7–9
- Wirkungen bei einer Genossenschaft 230/31
- in Bezug auf Sozialversicherungen 230/32–34

Einstellung der konkursamtlichen Liquidation mangels Aktiven
- Gläubiger, die vor Anordnung der amtlichen Liquidation die Pfändung erwirkt hatten, können nach Einstellung die Betreibung weiterführen 49/5
- neue Betreibungen können keine angehoben werden 206/6

Einstellung von Zivilprozessen
- Aberkennungsprozess 207/13–14
- Anhebung eines Sühneversuchs genügt nicht 207/7
- diese Bestimmung bezieht sich nur auf Prozesse im Inland 207/1–3
- keine Einstellung eines hängigen RÖ-Verfahrens 207/5
- Anspruch auf Nichtigerklärung eines Patentes gehört nicht zur Konkursmasse 207/10
- Prozess um die güterrechtliche Auseinandersetzung ist keine familienrechtliche 207/12
- Rechtshängigkeit ist nicht Kriterium, ob eine Sache Gegenstand eines Prozesses ist 207/9
- Richter kann nicht auf Entscheid zurückkommen und aufheben 207/8
- in welchem Stadium muss sich ein Sozialversicherungsprozess befinden? 207/6
- Streitverkündung hat keine Auswirkungen auf das Vermögen des streitberufenen Schuldners 207/11
- hängiger Widerspruchsprozess wird gegenstandslos 207/4

Erbschaft
- amtliche Liquidation (auch im Ausland) schliesst Betreibung aus 49/1–2, 6–7
- Arrestbegehren gegen unverteilte ausländische Erbschaft 49/4
- bei einem B-Begehren gegen eine Erbschaft hat das BA abzuklären, ob diese amtlich liquidiert worden ist 49/9
- Betreibung der Erbschaft eines in Italien verstorbenen Schweizers 49/3
- Betreibung von Erbschaftsschulden – Klarheit, gegen wen die Betreibung gerichtet werden will 49/10
- betriebene Erbschaft (beschränkt auf Vermögenswerte des Nachlasses) ist im RÖ-Verfahren passivlegitimiert 49/16

Erlös aus fremden Sachen

- Erbengemeinschaft ist ohne Bestellung einer Vertretung gemäss Art. 602 ZGB nicht parteifähig 49/14
- Erbenvertreter – im Zahlungsbefehl als solcher bezeichnet, gilt für das ganze Verfahren 65/40
- Erbschaft als solche ist nicht rechts- oder parteifähig 49/17
- Erbschaftsschulden – Unklare Schuldnerbezeichnungen sind zurückzuweisen 65/45
- Nichtigkeit einer Betreibung bei Zustellung eines Zahlungsbefehls an einen nicht bevollmächtigten Vertreter 49/11; 65/41
- Parteifähigkeit einer Erbschaft im Zivilprozess 49/13
- kann sich ein testamentarisch Enterbter gegen die Betreibung der Erbengemeinschaft wehren? 49/8
- der Willensvollstrecker ist zur Entgegennahme der für die unverteilte Erbschaft bestimmten B-Urkunden legitimiert 49/12; 65/42
- im Rekursverfahren abgegebene Antrittserklärung 193/2
- Zulässigkeit des Rekurses gegen die Anordnung der konkursamtlichen Liquidation. Legitimation der Erben zu dessen Ergreifung 193/3
- KA ist befugt, den Entscheid über die Anordnung der Liquidation anzufechten 193/4
- Klage des KA auf Widerruf der Erbschaftsliquidation zufolge Einmischung eines Erben 193/5
- Rechte aus Begünstigung aus einer Versicherung werden im Liquidationsverfahren nicht beeinträchtigt 193/6
- Legitimation des Gläubigers neben der Konkursmasse zur Klage nach Art. 579 ZGB 193/7
- Ersatzforderung für ausstehende AHV-Beiträge in der Konkursmasse der ausgeschlagenen Erbschaft 193/8
- Tragung der Kosten bei Nichteröffnung oder Einstellung der konkursamtlichen Liquidation mangels Aktiven 193/9–10

Erlös aus fremden Sachen
- Voraussetzungen des Aussonderungsrechts für den Auftraggeber 202/1
- Macht die Konkursmasse eine Forderung, die von einem Dritten beansprucht wird, streitig, hat sie gegen den Ansprecher zu klagen 202/2
- Zahlung eines Drittschuldners mangels Notifikation der Abtretung an den ursprünglichen Gläubiger 202/3
- Globale Debitorenzession – Konkurs des Zedenten – Herausgabepflicht des KA gegenüber dem Zessionar in Bezug auf Zahlungen, die ihm direkt zugegangen sind 202/4
- Erlöschen der Betreibung 121/1–4

Erste Klasse, siehe Rangordnung der Gläubiger

F

Faustpfand
- Anhebung Faustpfandbetreibung am Wohnort oder am Ort der gelegenen Sache 51/1
- Rückgabe des gepfändeten Faustpfandes an den Pfandgläubiger bei Rückzug der Betreibung 51/1

Feststellungsklage
- Möglichkeit, eine allgemeine negative Feststellungsklage zu erheben, wenn der RV nicht beseitigt worden ist 85a/6
- Klage kann sich nur auf den «Betriebenen» beziehen; Drittpfandsteller ausgeschlossen 85a/5
- Negative Feststellungsklage nach RV; Rechtsschutzinteresse des für eine Nichtschuld Betriebenen 85a/2

- als «Notbehelf» kann die Klage erst nach Beseitigung des RV bis zur Verteilung bzw. Konkurseröffnung angehoben werden 85a/3
- bei Rückzug der Betreibung entfällt Feststellungsinteresse 85a/8
- vorläufige Einstellung der Betreibung ist eine vorsorgliche Massnahme 85a/1
- Voraussetzungen für die Gewährung der aufschiebenden Wirkung bei der Revision gegen Abschreibungsbeschluss, bei bereits definitiver RÖ-Erteilung 85a/7
- Betreibung muss im Zeitpunkt des Urteils noch hängig sein; Legitimation zur staatsrechtlichen Beschwerde 85a/4
- Forderungsanweisungen an Gläubiger 131/1–12
- Verpfändete Forderungen, die nicht in Wertpapieren bestehen, befinden sich am Wohnsitz des Pfandgläubigers 51/2
- ein der Bank verpfändetes Wertpapierdepot befindet sich am Sitz dieser Bank 51/2

Forderungsanmeldungen im Konkurs
- unter aufschiebender Bedingung 210/ 1–2
- Forderungen aus Bürgschaften des Schuldners 215/1
- Substanziierungspflicht des Gläubigers betreffend Grundpfandforderung 232/2
- Vermieter von Geschäftsräumen; Forderung und Retentionsrecht 232/3
- Konkursverwaltung darf einen Betrag, mit dem zu verrechnen begehrt worden ist, nicht einfordern 232/6
- von Amtes wegen aufzunehmende Forderungen 246/1–2
- Forderungen / Einzug fälliger Guthaben 243/ 1–2

Fortsetzung der Betreibung
- bei Konkurs der Gläubigerin 67/53
- nach Anerkennung der Forderung gemäss Art. 79 folgt kein RÖ-Verfahren 88/22
- Beschwerde bei der EMRK hemmt Fortsetzung der Betreibung nicht 88/21
- ein zu früh gestelltes Fortsetzungsbegehren wird vollzogen; Gläubiger können Beschwerde führen 88/29
- Einleitung einer B auf Pfandverwertung; Bestreitung von Drittansprachen auf die Retentionsgegenstände unterlassen – keine Fortsetzung der B auf Pfändung oder Konkurs 88/23
- keine Rechtskraftbescheinigung des RÖ-Entscheides, wenn sich diese klar aus dem Gesetz ergibt 88/28
- Pflicht des BA, zur Prüfung formeller Voraussetzungen über gültige Zustellung des RÖ-Entscheides an den Schuldner 88/27
- bei Teilzahlungen / Stundung 88/30–35
- Nachpfändungsbegehren 88/36–39
- Rückzug der Betreibung 88/40–43
- Fristen 88/44–57
- Legitimation 88/1–3
- örtliche Zuständigkeit 88/4–8
- Voraussetzungen
  - wenn Schuldner im Prozessverfahren die Klage anerkennt 88/9
  - ganze oder teilweise Schuldanerkennung im Prozess 88/19
  - aufschiebende Wirkung eines Rechtsmittels gegen Entscheid auf def. RÖ hemmt die bereits erlassene Konkursandrohung 88/16
  - aufgrund eines erstrittenen Verwaltungsentscheides 88/12
  - Forderungssumme muss im richterlichen Urteil oder Vergleich in Schweizer Währung angegeben sein 88/17

G – SchKG Freihandverkauf

- mit Entscheid des Richters über neues Vermögen 88/10
- keine Fortsetzungs- und Verwertungsbegehren mit Bedingungen 88/13
- keine zusätzliche Erklärungen des Gläubigers 88/14
- prov. Pfändung unzulässig bei def. RÖ, wenn gegen RÖ-Entscheid ein Rechtsmittel ergriffen worden ist 88/15
- keine Wirkung auf Fortsetzung bei Behauptung des Schuldners, eine andere Person sei der wirkliche Schuldner 88/18
- Hinterlegung und nicht Bezahlung des Betrages beim BA 88/20
- Zahlung des Schuldners nach Rechtsvorschlag gilt als Rückzug des RV 88/11

Freihandverkauf
- siehe auch Verwertung, Freihandverkäufe im Konkurs
- Grundstück bedarf keiner öffentlichen Beurkundung 143b/3
- Dritteigentümer von Retentionsgegenständen gilt als Beteiligter 130/2
- Einverständnis aller Beteiligten als Voraussetzung 130/1
- Information über einen Preisfaktor, die die tatsächlichen Verhältnisse nicht klar erkennen lässt 143a/6
- Löschung von Pfandrecht und Titel beim Freihandverkauf 143b/2
- keine Zustimmung von Pfandgläubigern, die voll gedeckt werden 143b/1
- Steigerungszuschlag oder Freihandverkauf wegen Verfahrensfehler kann nach mehr als einem Jahr nicht mehr aufgehoben werden 130/5
- keine Verpflichtung zur Prüfung, ob Begehren rechtsmissbräuchlich oder nach Art. 286 ff. anfechtbar ist 130/3
- Vertragliches Vorkaufsrecht kann beim Freihandverkauf im Nachlassverfahren nicht ausgeübt werden 130/6
- Verwertung von Anteilen an Gemeinschaftsvermögen; Zustimmung des Schuldners 130/4

Fristen
- Fristen allgemein 31/1–5
- Betreibung 31/6–9
- Konkurs 31/10
- Anwendung auf die AB 63/17
- Fristwahrung, Einhaltung 32/1–18
- Fristverlängerung, Änderung und Wiederherstellung 33/1–13
- auch der Drittansprecher in der B auf Pfandverwertung kann gegen die Fristansetzung einer Klage diesen Artikel anrufen 63/13
- bei Kompetenzbeschwerden 92/21–27
- im Pfandverwertungsverfahren zur Leistung eines Kostenvorschusses für neue Schätzung 63/14
- *Art. 63 findet keine Anwendung auf:*
- Verfügungen des Sachwalters im Nachlassverfahren und Art. 295 Abs. 3 SchKG 63/1
- Konkursverfahren 63/2
- Einreichung Beschwerde gegen einen während der Betreibungsferien aufgelegten Verteilungsplan im Grundpfandverwertungsverfahren 63/3
- Anwendung bei Konkurseröffnung und auf die Rekursfrist 63/4–5
- bei der gemäss Art. 309 zur Verfügung gestellten Frist zur Stellung des Konkursbegehrens 63/6
- Konkursbegehren kann auch während des Militärdienstes des Schuldners gestellt werden 63/7

- *bei Betreibungshandlungen*
- Art. 31 Abs. 3 ist auf die B-Ferien nicht anwendbar 63/8
- Auslauf der RV-Frist während der Verhaftung 63/10
- Beginn der Frist zur Anhebung der Aberkennungsklage 63/16
- Fristverlängerung auch bei Einleitung einer Aberkennungsklage 63/15
- während der Betreibungsferien erfolgte Zustellung 63/9
- *Zustellung RÖ-Entscheide*
- während des Rechtsstillstandes 63/11
- während der Betreibungsferien 63/12

G

Geldhinterlegung an Depositenanstalt
- 9/1–3

Gemeinschaftsvermögen
- Auflösung des Gesamthandverhältnisses nach erfolgter Pfändung der Liquidationsanteile. Vorgehen nach Auflösung 104/2
- keine Befugnis der B-Behörden, einen Betrag eines Anteils eines Gemeinschaftsvermögens zu bestimmen 104/4
- Nichtigkeit einer Pfändung, wenn einzelne Erbschaftsgegenstände statt Anteilsrecht am Gesamtvermögen gepfändet werden 104/1
- Pfändung eines Erbanteils, auch bei Behauptung, die Erbteilung habe keinen Aktivwert für den Schuldner 104/5
- weder BA noch AB können sich zur Zusammensetzung der Erbengemeinschaft äussern 104/3

gepfändete Vermögensstücke und Konkurseröffnung
- Abschlagszahlungen aus einer Aufschubsbewilligung 199/10
- wann gelten «Beträge bei Forderungs- und Einkommenspfändung» als abgeliefert? 199/11
- Anzahlung an einer Steigerung, deren Steigerungszuschlag aufgehoben wurde 199/4
- vom BA eingezogener Barbetrag und Erlös aus Gegenständen 199/2, 7–8
- Frage, in wessen Gewahrsam sich ein Gegenstand befindet 199/1
- Grundstück, das nicht auf den Namen des Schuldners im GB eingetragen ist 199/3
- Erlös aus freiwilliger öffentlicher Versteigerung von gepfändeten Gegenständen 199/6
- keine Verwertung gepfändeter Gegenstände nach Konkurseröffnung 199/5
- bei Lohnpfändungen, wenn dem Drittschuldner die Pfändung angezeigt worden und die Lohnquote fällig geworden ist 199/9
- nach Verwertung eines Pfandobjekts wird über den Grundpfandeigentümer der Konkurs eröffnet und eine im Lastenverzeichnis aufgeführte Forderung fällt dahin 199/12
- Geschäftsniederlassung in der Schweiz – Begriff 50//1–6

Gewahrsamsverhältnisse
- allgemein 108/9–14
- Ansetzung Klagefrist 108/27–33
- Beweislast 108/49–55
- Gewahrsam oder Mitgewahrsam der Ehefrau 108/15–21
- bei Gewahrsam von Fahrzeugen 108/22–26
- Parteirollenverteilung 108/34–44
- bei Retentionsansprüchen 108/45–48

835

Gläubigerausschuss

Gläubigerausschuss
- Anfechtbarkeit der Beschlüsse des Gläubigerausschusses 237/20–21
- Eigenes Ermessen der AB bei der Entscheidung über eine Beschwerde betreffend Bestellung und Zusammensetzung des Gläubigerausschusses 237/18
- der Schuldner ist nicht legitimiert, die Einsetzung eines Gläubigerausschusses zu verlangen 237/14
- Gläubigerausschuss hat fakultativen Charakter 237/13
- die Konkursverwaltung hat dem Gläubigerausschuss den Kollokationsplan zu unterbreiten 237/23
- Folgen, wenn die Konkursverwaltung diese Vorschrift missachtet 237/24
- Prüfung der Angemessenheit der Einsetzung eines Gläubigerausschusses 237/17
- Überprüfung von Anwaltsrechnungen durch den Gläubigerausschuss für die Konkursmasse geführte Prozesse 237/25
- keine Anfechtung eines von der Konkursverwaltung mit Ermächtigung des Gläubigerausschusses abgeschlossenen Vergleichs 237/26
- einem rechtskräftig kollozierten Gläubiger darf die Auszahlung seiner Dividende nicht wegen unbestimmten Verdachts auf betrügerische Machenschaften verweigert werden 237/27
- Wahl eines ehemaligen VR-Präsidenten der konkursiten AG zum Mitglied des Gläubigerausschusses 237/19
- Verwirklichung des von der Gläubigerversammlung oder des Gläubigerausschusses verfolgten Zwecks zur Weiterführung des Geschäfts des Schuldners 237/22
- Voraussetzung für die Wahl in den Gläubigerausschuss 237/15–16

Gläubigerversammlung
- Beschlüsse 238/1–4
- ausseramtliche Konkursverwaltung 237/1–4, 7
- für die Wahl ist die absolute Mehrheit der stimmenden Gläubiger nötig 237/5
- die a.a. KV versieht ein öffentliches Amt 237/2
- durch die Bestätigung der a.a. KV an der 2. Gläubigerversammlung wird ein allfälliger Mangel in der Einsetzung an der 1. Gläubigerversammlung geheilt 237/8–9; 239/3
- Prüfungsbefugnis der kant. AB und des Bundesgerichts bezüglich Bestellung des Gläubigerausschusses 237/12
- Analoge Anwendung dieser Bestimmungen im Nachlassverfahren mit Vermögensabtretung 235/9
- Amtsenthebung einer gewählten KV, die sich über eine angeordnete aufschiebende Wirkung hinweggesetzt hat 237/10
- Ausstand des Konkursbeamten, der Vertreter oder Organ eines Gläubigers ist 237/6
- Beschlussfassung über Weiterführung oder Einleitung von Zivilprozessen und Erhebung von Kostenvorschüssen 235/8
- Gläubiger oder Gläubigervertreter kann sich bei Wahlen selbst die Stimme geben 235/6
- Wegfall der Beschlussfähigkeit, wenn im Verlaufe der Versammlung die Zahl der Anwesenden vermindert wird 235/7
- Gültigkeiten von Vollmachten zur Gläubigervertretung 235/2–5

- *Beschwerde gegen Beschlüsse*
  - betreffend Bestellung und Zusammensetzung des Gläubigerausschusses 239/1
  - wegen Gesetzesverletzung und Unangemessenheit 239/2
  - keine Legitimation der Konkursverwaltung 239/4
  - keine Legitimation eines Mitgliedes des Gläubigerausschusses 237/11
  - Legitimation des unbeschränkt haftenden Gesellschafters der Konkursitin 239/5
  - im Nachlassverfahren mit Vermögensabtretung sind die AB befugt, die Ernennung des Gläubigerausschusses aufzuheben oder zu ändern 239/6
  - keine nachträgliche Anfechtung der Bestellung des Büros auf dem Beschwerdeweg 235/1; 252/1

Gläubigerversammlung, Zweite ~ (siehe auch Verwertung)
- keine nachträgliche Beschwerde gegen Bestellung des Büros 252/1; 235/1
- Bestätigung einer möglicherweise fehlerhaft eingesetzten a.a. Konkursverwaltung 252/2
- Beschluss über die Verwertung von Rechten aus einem Verkaufsversprechen 252/3
- Beschluss zur Verwertung von Kunstgegenständen durch Auktionar 252/4; 253/7
- Stimmrecht von Gläubigern, deren Kollozierung zurückgestellt wurde 252/1
- Vorschlag eines Nachlassvertrages des Schuldners nach der 2. Gläubigerversammlung 252/5

Gläubigervertreter
- Anwalt, der ohne sein Wissen als Vertreter des Betreibenden bezeichnet worden ist 76/6
- Bestreitung der Vertretungsberechtigung durch den Betriebenen 67/83
- Keine Nichtigkeit einer Betreibung beim Tod des Gläubigers vor Anhebung der Betreibung 67/85
- vollmachtloser Stellvertreter 67/84
- Zahlungsverkehr zwischen Amt und Gläubiger-Vertreter 67/82

Grundpfand
- Betreibungsort 51/3–4, 5
- Für Wasserzins, Grundgebühr und Zählermiete besteht im Kanton BE keine Pfandhaft 51/6

Grundstück
- *Erträgnisse*
  - Verarretierung erfasst auch Mietzinse 102/1
- *Verwaltung*
  - erlaubt keine Parzellierung des Grundstückes 102/3
  - Dritter besorgt im Auftrag die Verwaltung. Dieser ist auch beschwerdelegitimiert 102/4
  - Anzeige der Pfändung an GB-Amt, Grundpfandgläubiger und Versicherer sind Sicherungsmassnahmen 102/2
  - Güterverzeichnis 162/1–7; 163/1; 83/42–48

H

Haftung des Gläubigers für Konkurskosten
- der Gläubiger, der das K'begehren stellt, haftet allein für die Bezahlung der bis zur Einstellung des Konkurses mangels Aktiven oder bis zum Schuldenruf entstehenden Kosten 169/2, 4
- Kann die Konkursmasse rasch Aktiven realisieren, so sind diese vorab zur Deckung der Kosten heranzuziehen 169/3
- der Kostenvorschuss muss vor der Konkurseröffnung vom Gläubiger eingefordert werden 169/9
- die vom Gläubiger bezahlten Kosten können einer neuen Betreibung zur Hauptforderung hinzugeschlagen werden 169/1
- Kosten einer ausgeschlagenen Erbschaft 169/5

- der vom Konkursrichter eingeholte Kostenvorschuss bildet keine obere Grenze der Haftung des Gläubigers für die entstehenden Kosten 169/10
- gegen den Gebührenbezug nach GebVO zum SchKG durch Gerichtsstellen sind nur kant. Beschwerdemittel gegeben 169/8
- erhebt der für die Konkurskosten haftende Betriebene Rechtsvorschlag, so ist aufgrund der Kostenverfügung des KA def. RÖ zu erteilen 169/11
- **Kosten bei Insolvenzerklärungen**
- der dem Schuldner obliegende Kostenvorschuss kann auch von einem Dritten geleistet werden 169/6
- der Konkursrichter kann vom Schuldner, der sich zahlungsunfähig erklärt, einen Kostenvorschuss verlangen 169/7

Haftung des Kantons
- Beurteilung von Ansprüchen ist Sache des Richters 5/2
- keine, bei blossen Feststellungsbegehren pflichtwidrigen Verhaltens 5/3
- bei Unterlassung der Zustellung der Spezialanzeige an Inhaber von Pfandrechten 5/4
- Unterschied zwischen der Einforderung einer Zahlung nach Vollstreckungsrecht und einem Schadenersatz nach Art. 5 SchKG 5/5
- bei irriger Gesetzesauslegung 5/6
- a.a. Konkursverwaltung versieht ein öffentliches Amt 5/7
- Folgen bei fehlender Geldhinterlegung durch BA 5/8
- Schadenersatzanspruch – Verjährung 1 Jahr 6/1
- kant. Urteile über Haftungsklagen mit Verwaltungsgerichtsbeschwerde an BGer. weiterziehbar 5/9

Handelsregister
- *Einwände gegen Eintrag 39/2; 40/2, 17*
- *Streichung / Löschung*
  - Einzelfirma zufolge Konkurs 40/1
  - Kollektivgesellschaft, unterliegt noch sechs Monate der Konkursbetreibung 40/4
  - Beginn der Sechsmonatefrist bei der Liquidation im Nachlassverfahren mit Vermögensabtretung 40/11
  - Nachlassstundung für im HR gelöschte Kollektivgesellschaft innerhalb sechs Monaten seit Löschung möglich 40/7
  - keine Anwendung der Sechsmonatefrist gemäss Abs. 1 bei Umwandlung Kollektivgesellschaft in eine andere Gesellschaft oder Einzelfirma 40/3
  - nach durchgeführter Liquidation und Löschung ist Kollektivgesellschaft nicht mehr betreibungsfähig 40/9
  - sechsmonatige Frist gilt nicht für juristische Personen 40/10
  - Betreibungsort einer Kollektivgesellschaft nach Löschung am bisherigen Geschäftssitz 40/8
  - Gesellschafter einer im Konkurs befindlichen Kollektivgesellschaft unterliegt noch 6 Monate nach Abschluss des Konkurses der Konkursbetreibung 40/6
  - Löschung im Handelsregister vor Beendigung der Liquidation ist rechtswidrig; Gesellschaft bleibt rechts- und konkursfähig 40/5

I

Insolvenzerklärung
- Voraussetzungen bei einer AG: nur durch Beschluss des Verwaltungsrates 191/1
- Einforderung eines Kostenvorschusses 191/2
- Kostenvorschuss kann auch von einem Dritten geleistet werden 191/3
- *Rechtsmittel*
  - Rekurs, Berufung, Appellation gegen den auf Antrag des Schuldners eröffneten Konkurs durch den Schuldner 191/4–9
  - Anfechtung durch KA nur bei örtlicher Unzuständigkeit 191/10–11
  - keine Legitimation der Gläubiger 191/12–15
- *rechtsmissbräuchliche*
  - Insolvenzerklärung zur Verhinderung des Zugriffsrechts der Gläubiger bzw. der Ehefrau und des Kindes 191/16
  - eine erneute, zweite Insolvenzerklärung aufgrund jahrelanger Misswirtschaft und finanzieller Unbekümmertheit 191/17
  - wenn kein wirtschaftlicher Neubeginn beabsichtigt, sondern die Belangbarkeit der Zahlungsverpflichtungen einzuschränken und Pfändungen zu verhindern ist 191/18–20, 22–23, 26
  - Schuldner will die Zahlung eines einzigen Gläubigers verhindern 191/21, 27
  - hat der Schuldner auf eine Betreibung für eine Verlustscheinforderung nicht Recht vorgeschlagen, kann die Abgabe einer nachfolgenden Insolvenzerklärung missbräuchlich sein 191/24
  - Feststellung der Rechtsmissbräuchlichkeit im Laufe des Konkursverfahrens 191/25
  - Offensichtliche rechtsmissbräuchliche Insolvenzerklärung führt nicht zum Konkurs. Voraussetzungen der Aussicht auf eine Schuldenbereinigung 191/27
  - Abweisung des Antrages des Schuldners auf Konkurseröffnung, wenn eine offensichtliche Sanierungsaussicht gegeben ist 191/28

Inventaraufnahme
- Gewahrsamsfrage 221/1
- Herausgabepflicht von Gegenständen mit unselbstständigem Besitz und an denen nur ein Pfandrecht beansprucht wird 221/2–3
- ein Recht, das nach Angabe des Gläubigers zur Masse gehört 221/4–5
- Guthaben, die abgetreten sind 221/6
- Beitragsforderungen eines Vereins 221/7
- Gegenstände im Besitze eines Dritten 221/8–9
- Beschwerde gegen die Konkursverwaltung, die sich weigert, einen Gegenstand zu inventieren 221/10
- Abschluss eines Mietvertrages um ein Grundstück vor der 1. Gläubigerversammlung 221/11
- bei Eigentumsanspruch Dritter 225/1–3
- Inventar ist durch Schuldner zu unterzeichnen 228/1

K

Klasse / Konkursklassen, siehe Rangordnung der Gläubiger

Kollokationsverfahren
- *im Betreibungsverfahren 146/1–13*
  - Anfechtung 148/1–4
- *im Konkursverfahren*
  - Prüfungs- und Erwahrungspflicht der KV 244/1–9
  - Beschwerden 244/16–19
  - Erklärungen des Schuldners 244/10–15
  - Inhalt des Kollokationsplanes 244/22
  - Versprechen zur Übernahme des Kostenrisikos bei Kollokationsprozess 244/21

Kollokationsplan
- ist dem Gläubigerausschuss zu unterbreiten 247/37
- Abänderung des Koll.-Planes 250/69–75
- Anerkennung von Forderungen, für welche keine Beweismittel vorliegen 245/6

Kompetenzansprüche

- Bedingte Zulassung oder Abweisung ist unstatthaft 247/25
- abgewiesene Forderungen 248/1–3
- *Anfechtung*
  - Frist 250/41–47
  - durch Beschwerde 250/1–6
  - durch Kollokationsklage 250/7–37
  - Kollokationsprozess durch Einleitung eines Vermittlungsverfahrens 250/9
  - Klage bei öffentlich-rechtlichen Forderungen 250/38–40
  - Prozesserledigungen 250/54–59
  - Prozessführungsrecht 250/52–53
  - Prozessgewinn 250/60–63
  - Streitwert 250/48–51
  - durch Drittschuldner 249/8
  - Auflage des Planes und Anzeige an Gläubiger – Mängel in der Zustellung der Spezialanzeige 249/1–3
  - zugesprochene aussergerichtliche Entschädigung im vorausgegangenen Prozess über eine Forderung ist nicht pfandgesichert 247/6
  - Aussetzen einzelner Kollokationsverfügungen 247/35
- *Behandlung von*
  - Bauhandwerkerpfandrecht nach KE. Wenn kein Prozess hängig ist, ist über die def. Eintragung im Kollokationsverfahren zu entscheiden 247/8
  - Forderungen in pendenten Prozessverfahren 247/17–20
  - Verantwortlichkeitsansprüchen aus Gründungs- und Organhaftung, Anfechtungshandlungen 247/21–24
  - vom Schuldner durch Inhaberschuldbriefe sichergestellten Bürgschaft, gibt dem Bürgen keinen Anspruch auf definitive Kollokation seiner Forderung 247/9
  - keine Verpflichtung des KA, eine zu erwartende Höchstdividende anzugeben 249/4
- *Drittpfandgesicherte Forderungen*
  - kollozierte Forderungen, für die ganz oder teilweise im Eigentum eines Dritten stehende Gegenstände haften 247/14
  - Kollokation eines Drittpfandrechts im Konkurse des Pfandeigentümers 247/15
  - als drittpfandgesichert gelten auch abgetretene Versicherungsansprüche aus Lebensversicherungen mit Begünstigungsklausel 247/16
  - Einsicht in die zur Vorbereitung einer Kollokationsklage nötigen Akten 249/5
- *Faustpfandgesicherte Forderungen*
  - Faustpfandrecht an Eigentümerschuldbriefen, die der Grundeigentümer zur Sicherstellung der Darlehensschuld eines Dritten verpfändet hat 247/13
  - Anspruch des Faustpfandgläubigers an Eigentümertiteln im Konkurse des Eigentümers des belasteten Grundstückes, auf die seit der KE aufgelaufenen Miet- oder Pachtzinsforderungen zu greifen 247/12
  - Umfang der durch das Faustpfand gewährten Sicherheit und Pfandhaft bei verpfändeten Grundpfandtiteln 247/10
  - Vergleich zwischen Konkursverwaltung und Pfandgläubiger auf Rückzug der Eingabe gegen Entlassung des Pfandgegenstandes an Zahlung statt 247/11
  - klarer Entscheid in der Frage nach dem Umfang der durch Faustpfand gewährten Sicherheit und nach demjenigen der Pfandhaft bei verpfändeten Grundpfandtiteln 247/3

- wer als Gläubiger in einer Forderung kolloziert ist, verliert sein Recht zur Behauptung nicht, die Forderung richte sich gegen die Masse 245/3
- ist eine kollozierte Forderung, die einem von Abtretungsgläubigern geltend gemachten Anspruch der Konkursmasse verrechnungsweise entgegengehalten wird, nochmals zu substanzieren 247/32
- in der 3. Klasse kollozierte Forderung schliesst bei einer Prüfung über ein Privileg auch die Überprüfung über den Bestand nicht aus 247/33
- Lastenverzeichnis enthält keine klare Feststellung, ob sich die Pfandhaft auf Zugehör erstreckt oder nicht 246/1
- im Lastenverzeichnis sind die Belastungen des zur Konkursmasse gehörenden Miteigentums-Anteils und diejenigen des Grundstücks selbst aufzuführen 247/2
- Lastenverzeichnis enthält keine Angaben, ob sich die Pfandhaft auf die Mietzinserträge erstreckte 247/5
- Massaverbindlichkeiten sind nicht im Koll.-Plan aufzunehmen 245/1–2
- vom Schuldner nicht ausdrücklich anerkannte Forderungen sind im Verlustschein als «bestritten» zu vermerken 245/4
- ein partieller, auf bestimmte Forderungsklassen beschränkter Koll.-Plan ist unzulässig (Ausnahme Art. 59 Abs. 3 KOV) 247/26
- wenn die angemeldete Forderung durch das geltend gemachte Pfandrecht nicht gedeckt ist, stellt sie keine Belastung des Grundstückes dar 247/7
- *Rechtsmissbrauch Koll.-Plan und Lastenverzeichnis:*
  - Missbrauch und betrügerische Angaben 250/64–66
  - Gegenforderungen 250/67–68
  - Unterhaltsrenten und zukünftige Renten 247/31
  - Unterlassung der Befragung über Forderungseingaben 245/5
  - Vereinbarung, dass Schuldbriefe bis zum Betrage des Schuldbriefkapitals und des laufenden und dreier Jahreszinse beliebige Forderungen sicherstellen 247/4
  - Verfügung: KV und Sachwalter im Nachlassvertrag haben sich über die Zulassung oder Abweisung eindeutig auszusprechen 247/27–28, 30
  - bei einem Begehren um Verrechnung eines Betrages, darf die KV diesen Betrag nicht vor der Behandlung im Koll.-Plan einfordern 247/29
  - Kollokationsverfügung enthält gleichzeitig die Abweisung eines Eigentumsanspruchs 249/6
  - Verwertung eines dem Gläubiger fiduziarisch übereigneten Schuldbriefes durch Selbsteintritt 249/7
  - Kollokationsprozess durch Einleitung eines Vermittlungsverfahrens 250/9

Kompetenzansprüche
- *Unpfändbarkeit / Allgemeines*
  - keine Neuschaffung von unpfändbaren Gegenständen durch Vermächtnis des Erblassers 92/1–2
  - Geltendmachung der Unpfändbarkeit durch den Schuldner 92/4
  - Pfändung von Gegenständen, die einem ledigen Schuldner mit Wohnsitz im Ausland gehören 92/6
  - Pflicht, die Schranken der Vollstreckung aus Art. 92 zu beachten und die tatsächlichen Verhältnisse abzuklären 92/3
  - Schutz der Persönlichkeitssphäre bei Auskunftserteilung 92/5
  - Unpfändbarkeit von Gegenständen ist umstritten 92/7
  - Zustellung Verzeichnis über Kompetenzstücke ist dem Gläubiger nur auf Verlangen zuzustellen 92/8–9

- Pfändbarkeit der Forderung aus noch nicht vollzogener Auseinandersetzung nach der richterlich angeordneten Gütertrennung 92/10

Kompetenzstücke
- Berufswerkzeuge, -geräte, -instrumente
- Begriff Beruf 92/98, 100–107, 113, 117–118, 123, 136–137
- bei Unselbständigerwerbenden 92/125, 129
- bei Unterbrechung oder vorübergehender Nichtausübung des Berufes 92/111–112
- bei defizitärem Erwerb 92/127–128
- Einrichtungsgegenstände für neu gegründete Kollektivgesellschaft zur Aufnahme der Tätigkeit 92/162
- Tiere eines Landwirts 92/250–256
- Gebrauchsgegenstände des Schuldners und seiner Familie 92/75–91
- Religiöse Erbauungsbücher und Kultusgegenstände 92/92–97
- Notwendige Nahrungs- und Feuerungsmittel, Barmittel, Forderungen 92/257–265
- AHV-, IV-Renten, Ergänzungsleistungen 92/287–293
- Ansprüche auf Vorsorge- und Freizügigkeitsleistungen vor Eintritt der Fälligkeit 92/294–309
- Bestellung von Leibrenten 92/266–267
- Fürsorgeleistungen und Unterstützungen 92/268–274
- Renten, Kapitalabfindungen und Leistungen aus Körperverletzung oder Tötung 92/275–286
- Überschuss aus Verwertung ist zu gering 92/310–313
- Ausscheidung von Kompetenzstücken im Rechtshilfeverfahren 92/36–37
- *im Einzelnen*
- antiker Schrank eines Antiquars 92/146
- Apparaturen eines Arztes oder Naturarztes 92/144–145
- Bibliothek eines Wirtschaftskonsulenten 92/140
- elektr. Schweissanlage 92/147
- Hobelmaschine, kombinierte Kehl-, Bohr-, Fräsmaschine 92/143
- Musikinstrumente oder -anlagen 92/130–135
- Nähmaschine 92/142
- Patente, Erfindungen, Konstruktionspläne 92/108–110
- Spiegelschrank für Schneiderin 92/141
- Gegenstände zu Studienzwecken u. Ausbildung 92/117
- keine Kompetenz für Videokassetten zur Vermietung; für den Handel bestimmte Waren 92/138–139
- Werkzeuge 92/114–116, 119–122
- *berufliche, schwere Motorfahrzeuge, unpfändbare*
- Mähdrescher eines Landwirts 92/150
- kleiner Motorlastwagen für Kleinunternehmer 92/151
- Last- und Lieferwagen 92/152–156, 158–161
- Beruf oder Unternehmung 92/164–189
- Massgebende Kriterien zum Entscheid der Kompetenzqualität an PW 92/190–201
- PW als unpfändbare Fahrzeuge 92/202–226
- PW als pfändbare Fahrzeuge 92/227–244
- Zweiradfahrzeuge 92/245–249
- *weitere Anwendungen*
- Auswechslung von Kompetenzgegenständen mit hohem Wert 92/314–319
- strafprozessuale Beschlagnahme und Existenzminimum 92/320
- Stipendium 92/321
- Abgangsentschädigung 92/322
- WIR-Guthaben 92/323
- zukünftige Matcheinnahmen 92/324

- *Unpfändbarkeit und Drittansprachen im Retentionsverfahren 92/38–49*
- Arrestierung einer angeblich einem Dritten zustehenden Forderung 92/45
- Beschwerde bezüglich Unpfändbarkeit u. allfl. Drittansprüche innert 10 Tagen seit Zustellung der Pfändungsurkunde 92/46
- Unpfändbare Gegenstände und Retentionsrecht des Lagerhalters 92/38
- in der Faustpfandbetreibung betr. Retentionsrecht i.S.v. Art. 895 ZGB kann der Einwand der Unpfändbarkeit der Gegenstände durch RV geltend gemacht werden 92/40
- im Falle des Retentionsrechts des Vermieters (Art. 268 OR) hat über die Kompetenzqualität die AB zu entscheiden; über die Existenz des Retentionsrechts der Richter 92/42
- Unpfändbarkeit an Gegenständen, die als Eigentum eines Dritten bezeichnet werden 92/41
- ein Entscheid über die Kompetenzqualität ist vor einem richterlichen Urteil über einen Dritteigentumsanspruch zu treffen 92/47
- Kompetenzgut und Drittansprache 92/46
- Kompetenzgut und Drittansprache an Möbeln 92/48
- Unpfändbar und einer Retention entzogen sind nur Werkzeuge und Gerätschaften eines Berufsmannes, nicht aber die Hilfsmittel des Unternehmers 92/49
- Retention bei nur einem Vertrag für Geschäfts- und Wohnräume zusammen 92/49
- *Zeitpunkt über die Beurteilung von Kompetenzausscheidungen*
- Beurteilung bei der Pfändung 92/51–62
- Veränderungen der Verhältnisse 92/57–59
- im Konkursverfahren 92/56
- *Wer hat Anspruch auf Kompetenzstücke?*
- bei Personengesellschaften 92/63–66
- natürliche Personen 92/67–69
- Verzicht des Schuldners 92/70–74

Kompetenzausscheidungen im Konkursverfahren
- bei Kollektiv- und Kommanditgesellschaften 224/1–3
- Ausscheidung im Retentionsverfahren durch ersuchendes Amt 224/4

Kompetenzgut und Drittansprache im Konkurs; Verfahren nach Art. 54 KOV
- an zu Eigentum Dritter bezeichneten Gegenständen, Geltendmachung von K'Ansprüchen durch Beschwerde innert Frist seit Kenntnisnahme des Inventars 224/5
- Verwirkung des Beschwerderechts mit Bezug auf diesen Anspruch 224/6

Kompetenzbeschwerden
- zulässig nach Ablauf der Frist aus Gründen der Menschlichkeit und der öffentlichen Ordnung 92/13
- Pfändung von zum Unterhalt unentbehrlichen Gegenständen 92/11
- Pfändung bringt Schuldner in eine unhaltbare Lage 92/20
- wenn die Pfändung in das zum Leben Notwendige eingreift oder der öffentlichen Ordnung widerspricht 92/28–35
- *Legitimation*
- der Ehefrau des Schuldners 92/14
- unter Verwaltungsbeiratsschaft stehender Schuldner 92/17
- bei Berufskompetenz nur der Schuldner und Familienmitglieder, die den Gegenstand selbst als unersetzliches Berufswerkzeug benötigen 92/15

Konkurs

SchKG – K

- *keine Legitimation*
  - Angestellte des Schuldners zur Beschwerde wegen Unpfändbarkeit 92/16
  - heimliche Wegschaffung retinierter Gegenstände, denen der Schuldner Kompetenzqualität beimisst 92/19
  - Verwirkung des Beschwerderechts im Konkurs. Fristbeginn mit der Unterzeichnung des Inventars 92/18
- *Fristen*
  - Beginn für den Gläubiger seit Empfang der Pfändungsurkunde 92/21–22
  - Beginn, wenn die Pfändungsurkunde nicht klar angibt, was gepfändet und was als Kompetenzgut ausgeschieden ist 92/23
  - Beginn für Hausgenossen des Mieters 92/27
  - wenn sich die Verhältnisse beim Schuldner drastisch verändert haben 92/24–26
  - Übersehen einer Frist; Ausnahmen 92/25
- Konkurs
  - über mehrere Mitverpflichtete 216/1–2
  - über Kollektivgesellschaft 218/1–3
- *Folgen auf hängige Betreibungen*
  - Aufhebung aller anhängigen Betreibungen 206/1
  - Ausnahme: Betreibung auf Verwertung eines Pfandes, im Eigentum eines Dritten 206/7
  - Aufhebung des Konkursdekretes – Vor KE angehobene Betreibung auf Pfandverwertung lebt mit Aufhebung des Konkursdekretes wieder auf 206/18
  - auch die übrigen Betreibungen 206/19
  - bezüglich Steuerforderung auf Kapitalgewinn 206/20
  - Ausschluss einer Betreibung auf Verwertung von Pfändern 206/4
  - Betreibung ist nicht erloschen, wenn gegen die KE noch ein Rechtsmittel eingelegt werden kann oder hängig ist 206/5
  - gilt auch nach Eröffnung einer konkursamtlichen Liquidation einer Erbschaft. Nach Einstellung des Verfahrens nach Art. 230 keine neue Betreibung möglich 206/6
  - vor der Publikation der KE erfolgte Grundstückverwertung ist nichtig 206/8
  - hängiger Widerspruchsprozess wird gegenstandslos 206/2
  - Mietvertrag um Geschäftsräume; nach KE entstehende Mietzinsforderungen als Konkursforderungen 206/9
  - für nach KE entstandene Forderungen ist Betreibung möglich 206/1
  - Betreibung auf Pfandverwertung gegen eine konkursite Aktiengesellschaft – Zustellung des ZB an den einzigen VR als persönlicher Eigentümer des Pfandes 206/10
  - Verwertung gepfändeter Gegenstände ist unzulässig 206/3
- *neue Betreibungen im Laufe des Konkursverfahrens*
  - sind nichtig, wenn sie nicht das von einem Dritten bestellte oder das im Mit- oder Gesamteigentum des Schuldners befindliche Pfand betreffen 206/11
  - sofern ein Pfand einem Dritten gehört, kann eine Betreibung gegen den Schuldner angehoben werden 206/15–17
  - für nach der KE entstandene Forderungen sind Betreibungen statthaft, aber nur auf Pfändung 206/12, 14
  - Nichtigkeit eines nach der KE über den Schuldner ausgestellten Pfändungsverlustscheins 206/13
  - Schadenersatzforderung der AHV gem. Art. 52 AHVG 206/16

Konkursandrohung
- Konkursandrohung, die während eines Aberkennungsprozesses erlassen wird, ist nichtig 159/9–10
- Einreichung einer Aberkennungsklage, bevor über Rechtsvorschlag entschieden ist. Betreibung bleibt eingestellt 159/3
- Anfechtung des Zahlungsbefehls, wenn B auf Pfändung oder Konkurs anstelle der B auf Pfandverwertung 159/4; 160/10
- eine B am Aufenthaltsort kann auch auf Konkurs fortgesetzt werden 159/16
- Einwand auf Vorausverwertung von Pfändern ist auch bei B auf Konkurs bei der Zustellung des ZB mit Beschwerde zu erheben 160/9
- Betreibung auf Pfandverwertung mit Unterlassung der Bestreitung von Drittansprachen auf Retentionsgegenstände kann nicht auf Pfändung oder Konkurs fortgesetzt werden 159/6
- Fortsetzung auf Pfändung oder Konkurs; Prüfung von Amtes wegen 159/2
- Nichtige Konkursandrohung bei nachträglicher Feststellung fehlender Rechtskraft des Zahlungsbefehls 159/8
- Nichtigkeit einer Zustellung der KA für eine öffentlich-rechtliche Forderung 159/5
- KA durch ein örtlich unzuständiges BA ist nichtig 159/14–15, 160/5
- Parteiwechsel auf Schuldnerseite zufolge Geschäftsübernahme. Fortsetzung der Betreibung? 159/1
- Schuldner macht nachträglich geltend, eine andere Person sei der wirkliche Schuldner; ist durch BA nicht zu beachten 159/12
- keine Befugnis der B-Behörden zur Prüfung einer vollstreckbaren Aufhebung des Rechtsvorschlages 159/7
- einem Rechtsmittel gegen die erteilte RÖ wird aufschiebende Wirkung zuerkannt. Die zuvor gültig zugestellte KA wird in ihren Wirkungen gehemmt 159/17
- wird einem Rechtsmittel gegen die RÖ keine aufschiebende Wirkung erteilt, kann KA erlassen werden 159/11; 160/6
- Direktzahlungen an Gläubiger oder Stundungsvereinbarungen vermögen Gültigkeit einer KA nicht zu beeinflussen 159/13
- *Inhalt der Konkursandrohung*
  - für in einem durch Abstandserklärung erledigten RÖ-Verfahren vom Schuldner anerkannte Kosten ist keine neue B anzuheben, sondern sie sind in die KA aufzunehmen 160/1
  - Einwand, Forderung sei pfandgesichert, kann nach Zustellung der KA nicht mehr geltend gemacht werden 160/7
  - nach Zustellung der KA keine Beschwerde des Schuldners über missbräuchliche Betreibung möglich 160/8; 161/1
  - bei einer KA aufgrund eines Pfandausfallscheines ist dieser dem BA zuzustellen 160/2
  - keine Abklärung des BA bei Ausstellung einer KA, ob Angaben zum Wohnort noch stimmen 160/4
  - Konkursanzeige: Verpflichtung (im ordentlichen Verfahren Art. 40 KOV), jedem dem KA bekannten Gläubiger ein Exemplar der Bekanntmachung zuzustellen 233/1

Konkursbegehren
- Abweisung eines Begehrens einer jur. Person durch nicht zeichnungsberechtigte Person 166//4
- ohne Beilagen der Betreibungsurkunden 166//2
- Begehren, das vor Ablauf der Frist der Post übergeben worden ist, aber erst nach Fristablauf bei der Behörde eintrifft; Zulassung 166/7
- die Verwirkungsfrist steht still, bis über hängige Anerkennungsklage entschieden ist 166/10
- Stellung während des Militärdienstes des Schuldners zulässig 166/1
- Beurteilung der Frage, ob K-Begehren rechtzeitig gestellt worden ist, durch den Richter 166//6
- Rüge gegen örtliche Unzuständigkeit im interkantonalen Verhältnis ist mit staatsrechtlicher Beschwerde zu erheben 166/5
- Fortsetzung der Betreibung auf Konkurs aufgrund eines Pfandausfallscheines. Eintritt der Verwirkung des Zahlungsbefehls 166/8
- zur Konkurseröffnung örtlich zuständiger Richter 166/3
- Unterbrechung der 15-monatigen Frist. Begriff der «gerichtlichen Erledigung» 166/9
- *Rückzug des Konkursbegehrens 167/1–3*
  - Abweisung des Konkursbegehrens
  - wenn die Konkursandrohung von der AB aufgehoben ist 172/1–5
  - wenn der Schuldner durch Urkunden beweist, dass die Schuld, Zinsen und Kosten inbegriffen, getilgt ist oder dass der Gläubiger ihm Stundung gewährt hat 172/7–15
  - Aussetzung des Entscheides 173/1–7
  - wegen Einreichung eines Gesuches um Nachlass- oder Notstundung oder von Amtes wegen 173a/1–17

Konkursbetreibung und Handelsregister
- bewirkt die Konkursbetreibung auch für private Verpflichtungen 39/6, 7, 13
- Stand des Eintrages ist massgebend. Einwand, Eintrag bestehe nicht zu Recht 39/1, 12
- bei offensichtlichem Irrtum eines Eintrages 39/2
- Prüfung auf Eintrag erstreckt sich auf den Registerbezirk der Wohnsitzberechtigten 39/3
- gegen eine nicht eingetragene Gesellschaft; Vorgehen des BA 39/4
- für die Fortsetzung der B auf Konkurs ist der Eintrag im Zeitpunkt der Einreichung des Fortsetzungsbegehrens massgebend 39/5
- gegen ein Mitglied einer Kollektivgesellschaft, solange der Eintrag besteht 39/9, 13
- Kollektivgesellschaft bleibt beim Tod einzelner Gesellschafter betreibungsfähig 39/14
- gegen Gesellschafter einer im Konkurs befindlichen Kollektivgesellschaft noch 6 Monate nach Konkurs möglich 39/8; 40/6
- Fortsetzung auf Konkurs bei einer Betreibung gegen eine AG als Leitung eines Anlagefonds auf Erbringung einer durch die Bankenkomm. auferlegten Sicherheitsleistung 39/11
- Wirksamkeit bei Sitzverlegung einer AG. Mit dem Eintrag im HR wird diese wirksam 39/10, 17

Konkurseröffnung
- Legitimation – jeder Gläubiger ist berechtigt, mit oder ohne fällige Forderung das Konkursbegehren zu stellen 190/10
- keine bei einer gestützt auf Art. 260 SchKG erfolgter Abtretung von Ansprüchen aus Art. 754 ff. OR 190/11
- Ablehnung des Vollzugs durch KA 171/10
- Begriff Tilgung der in Betreibung gesetzten Forderung 171/13
- Fernbleiben des Konkursrichters von der Verhandlung 171/3
- Inhalt des Konkursdekretes 171/11
- Konkursverhandlung ist als nicht abgehalten zu betrachten, wenn Vorladung zur Verhandlung an nicht befugte Personen ausgehändigt und nicht weitergeleitet wurde 171/8
- statt der persönlichen Teilnahme können schriftliche Eingaben eingereicht werden 171/6
- die innert Frist bei der Post nicht abgeholte Mitteilung gilt auch für die Vorladung zur Konkursverhandlung 171/12
- rechtliches Gehör – dem Konkursrichter allein obliegt die Prüfung der Voraussetzungen für Durchführung der Verhandlung 171/14; 172/15
- KA und AB können ein Konkursdekret nicht mehr auf seine Gesetzmässigkeit überprüfen, wenn mit der Durchführung des Konkurses begonnen worden ist 171/9
- keine Eröffnung an der angesetzten Verhandlung 171/2
- bei Vertagung des Entscheides über das Konkursbegehren 171/4
- Konkurseröffnung durch den örtlich nicht zuständigen Konkursrichter 171/1
- *ohne vorgängige Betreibung*
  - Anwendung des kant. Prozessrechts 190/1
  - Berufung gegen Konkurseröffnung 190/7; 194/2
  - Stellung des Gläubigers ist freier als bei der ordentlichen KE 190/2
  - Die geforderte blosse Glaubhaftmachung des Anspruchs schliesst den späteren Gegenbeweis des Beklagten nicht aus 190/8
  - Behaupteter Konkursgrund ist nachzuweisen 190/4
  - keine Anfechtung der Konkurseröffnung durch Beschwerde 190/9
  - Bei Schuldenflucht ist auch die Einzelbetreibung zulässig 190/6
  - Bei behauteter Schuldenflucht ist der Schuldner zum Gegenbeweis zugelassen 190/7
  - allgemeine Tatsachen müssen weder bewiesen noch nur behauptet werden 190/5
  - Verweigerung einer Verschiebung der KE 190/3
  - Vorschrift der Schriftlichkeit dieses Verfahrens ist nicht willkürlich 190/3
- *örtliche Zuständigkeit*
  - Domizilwechsel – Blosse polizeiliche Abmeldung wenige Tage vor KE berührt Wohnsitz noch nicht 190/12
  - Über eine Gesellschaft, wo diese den Sitz hat und im HR eingetragen sein muss 190/13–14
  - Massgebend ist der Zeitpunkt der Zustellung der Vorladung zur Konkursverhandlung 190/15
- *Gründe*
  - betrügerische Handlungen 190/21–24
  - bei öffentlich-rechtlichen Forderungen 190/30–33
  - Zahlungseinstellung 190/25–29
- *Zahlungsflucht*
  - Begriff der Zahlungsflucht 190/16
  - auf nicht übliche Weise veräusserter Geschäftsbetrieb und Absetzung ins Ausland 190/18
  - nicht das Fehlen eines festen Wohnsitzes ist entscheidend 190/19
  - Vermerk auf Zahlungsbefehl «abgereist ohne Hinterlegung einer Adresse» 190/17
  - nach Vorladung zur Konkursverwaltung erfolgte Publikation eines HR-Eintrages über Begründung eines neuen Domizils und neuen Verwaltungsrats 190/20

Konkursverhandlung   SchKG – K

- *Weitere Anwendungen*
  - für Zweckmässigkeitserwägungen bleibt kein Raum 190/34
  - Gläubiger sind durch die Aktiven bei einer AG nicht mehr gedeckt 190/35
  - Anwendung bei einem Verwaltungsrat wegen betrügerischer Machenschaften 190/36
  - im Falle des Art. 309 SchKG 190/37
- *Über juristische Personen wegen Überschuldung (Art. 725a OR)*
  - Aufschub der KE, wenn ein Gläubiger das Konkursbegehren gestellt hat 192/2
  - Erfordernis der Prüfung der Zwischenbilanz durch Revisionsstelle 192/6
  - Haftung des Staates bei angeblich verspäteter KE über eine AG 192/8
  - Legitimation zur Konkursanmeldung für eine AG 192/3
  - Legitimation eines Verwaltungsrates zur Berufung gegen das Konkursdekret 192/5
  - Verweigerung des Konkursaufschubes bei Fehlen eines Sanierungsplanes 192/9
  - Fall einer Aufhebung der Konkurseröffnung nach Abgabe der Insolvenzerklärung 192/1

Konkursverhandlung
- Aushändigung Vorladung an Personen, die nach postalischen Vorschriften befugt sind, eingeschriebene Sendungen entgegenzunehmen 168/1
- Aushändigung an eine zur Vertretung der AG nicht befugte Person 168/2; 171/8; 172/5
- an einen Angestellten 168/3
- an einen ausgeschiedenen VR, aber im HR noch eingetragenes Mitglied 168/4
- Aufhebung des Konkursdekretes im Rekursverfahren bei Nachweis des Schuldners, dass er keine Vorladung zur Konkursverhandlung erhalten hat 168/14–15
- fiktive Zustellung gilt auch für Vorladung zur Konkursverhandlung 168/12
- gescheiterte Zustellung der Vorladung zur Konkursverhandlung bei bestehendem Prozessverhältnis 168/13
- Inhalt der Vorladung zur Konkursverhandlung 168/10; 168/19
- neue Vorladung, wenn Entscheid über das Konkursbegehren vertagt wird 168/11, 20
- Schuldner, dem die Vorladung erst nach Eröffnung des Konkurses zugestellt wird 168/18
- Unterlassung der rechtzeitigen Vorladung vor den Konkursrichter 168/7
- verspätete Zustellung der Vorladung 168/16
- Vorladung innert Frist bei der Post abgeholt. Empfang fällt mit dem Verhandlungstag zusammen 168/17
- Vorladungsfrist mindestens 3 x 24 Stunden 168/9
- in Wechselbetreibungen müssen den Parteien keine Terminanzeigen zugestellt werden 168/8
- Vorladung ist immer vorzunehmen, auch wenn das Konkursbegehren als unstatthaft erscheint 168/21
- Zustellung der Vorladung nach Regeln des kant. Prozessrechts oder nach SchKG 168/5–6

Konkursmasse
- wird eine eingereichten Berufung aufschiebende Wirkung erteilt, wird der Eintritt der Wirkungen des Konkurses auf das Vermögen gehemmt 197/1
- Abtretung einer Forderung durch Verwaltung nach Einstellung und Schliessung eines Genossenschaftskonkurses 197/3
- Feststellung der Aktiven 197/4–22
- keine Befugnis einer ausländischen Konkursmasse, in einer gegen den Schuldner in der Schweiz angehobenen B Rechtsvorschlag zu erheben 197/2
- Fragen zum ausländischen Konkurs 197/23–31
- während des Verfahrens anfallendes Vermögen 197/32–36
- was Gegenstand der Anfechtungsklage ist, gehört zur Konkursmasse 200/1–2
- Rücktrittsrecht des Verkäufers 212/1–3
- *Aussonderung / Eigentumsansprüche / Admassierung (Gewahrsamsverhältnisse)*
  - Voraussetzung: beanspruchte Gegenstände müssen sich beim Schuldner bzw. in der Konkursmasse befinden 242/1–4
  - Drittansprecher hat Gewahrsam 242/5
- *keine Anwendung von Art. 242 auf:*
  - Eigentumsansprache auf Forderungen 242/7–20
  - Eigentumsansprüche in Konkurrenz mit Pfand- und Kompetenzansprüchen 242/21–23
  - Kompetenzansprüche 242/24
- *Handlungen der Konkursverwaltung*
  - Verfügung über Eigentumsansprachen hat ausschliesslich durch die Konkursverwaltung zu erfolgen und nicht durch rechtshilfebeauftragtes Konkursamt 42/25–26
  - in Bezug auf beschränkt dingliche Rechte sind im Kollokationsverfahren auszutragen 242/26
  - Befugnisse der Konkursverwaltung sind beschränkt; Beschlussfassung durch die 2. Gläubigerversammlung 242/27, 35
  - Pflicht der Konkursverwaltung, eine Verfügung zu treffen über einen nach Eingabefrist angemeldeten, im EV-Register eingetragenen Eigentumsanspruch 242/28
  - Klagefristansetzung durch Verfügung nur, wenn die Konkursmasse den ausschliesslichen Gewahrsam hat 242/29–30
  - über einen angemeldeten Eigentumsanspruch hat die Konkursverwaltung eine Verfügung über Anerkennung oder Bestreitung des Anspruchs zu erlassen 242/31
  - Gegenstand wird von mehreren Personen gleichzeitig zu Eigentum angesprochen 242/32
  - unbedingte Fristansetzung zur Klage an den Ansprecher bei Abweisung des Herausgabeanspruchs 242/33–34
  - Admassierung eines Anspruchs eines Begünstigten aus einer Personalvorsorgeeinrichtung bei einer ausgeschlagenen Erbschaft des Versicherten 242/36
- *Aussonderungsverfahren*
  - angesprochene Sachen befinden sich im Allein- oder Mitgewahrsam des Dritten 242/37
  - die Sache befindet sich bei einem Dritten, der den Gewahrsam nicht für den Schuldner ausübt 242/38, 44
  - Bestimmung des Streitwertes bei Aussonderungsklagen um Mobilien 242/39
  - Beweislast im Prozess der Konkursmasse gegen die Ehefrau des Schuldners 242/40
  - behauptete Bösgläubigkeit 242/41
  - bei fiduziarischem Eigentum 242/42
  - Gläubiger will eine von der Konkursverwaltung anerkannte Eigentumsansprache bestreiten 242/43
  - Parteirollenverteilung im Aussonderungsstreit 242/45
  - Aussonderungsprozess wird von der Konkursverwaltung geführt 242/46
  - Kaufvertrag oder Leasing als Umgehung des Faustpfandprinzips 242/47–48
  - im Nachlassvertrag 242/49–50
  - Aussonderungsrecht des Auftraggebers im Konkurse des Beauftragten und im Nachlassvertrag 242/51

L – SchKG   **Konkursverwaltung**

- Kosten der Verwahrung bis zur Aushändigung 242/52

Konkursverwaltung
- Befugnisse des KV können durch AB beschränkt werden 240/1
- Beschränkende Befugnisse der KV 240/3
- Forderungen können nicht durch Verfügung admassiert werden 240/5
- bei einem Drittpfand kann der Schuldner während des Konkursverfahrens auf Pfandverwertung betrieben werden 240/11
- keine Verwertung eines Grundstückes während eines Prozessverfahrens über dingliche Lasten 240/6
- der klagenden Konkursmasse einer juristischen Person kann Kaution auferlegt werden 240/10
- KV ist befugt, für Rechtsgeschäft einen Anwalt zuzuziehen 240/7
- Konkursverwaltung ist befugt, vor der 1. Gläubigerversammlung einen Mietvertrag um ein Grundstück abzuschliessen 221/11
- im Prozess der Konkursmasse ist der Schuldner nicht Partei 240/8
- für einen Rekurs gegen die Sistierung einer Strafuntersuchung ist die Zustimmung der Gläubiger notwendig 240/9
- Vertretungsbefugnis der Konkursverwaltung im Prozess 240/2
- zur Führung von Aussonderungsprozessen ist die Konkursverwaltung zuständig 240/4

Kosten
- in Bezug auf Verwertung von Pfandgegenständen 262/1–5
- Massaauslagen (-verbindlichkeiten) 262/6–17
- in Bezug auf Steuerforderungen 262/18–21
- Gläubiger hat Kosten für Aufbewahrung und Unterhalt gepfändeter Gegenstände vorzuschiessen 105/1
- im Stundungs- und Nachlassverfahren 262/22–25
- keine Anwendung von Art. 27 Abs. 3 für RÖ- und KE-Kosten 27/1

– andere Kosten
- Inventurkosten für ausgesonderte Dritteigentumsansprüche 262/26
- Kosten- und Entschädigungsfolgen bei Konkurs einer Partei 262/27
- keine Auferlegung an Erben, die die Erbschaft und das öffentliche Inventar angenommen oder die amtliche Liquidation verlangt haben 262/28
- Rückforderung eines an einen Gläubiger überwiesenen Betrages 262/29

L

Lastenverzeichnis
- Inhalt des Lastenverzeichnisses (LV) 140/1–4, 8, 22
- Anfechtung des Lastenverzeichnisses mit der ein ins Lastenverzeichnis aufgenommenes Recht bestritten wird 140/25
- Aufnahme eines nicht bestehenden oder Nichtaufnahme eines bestehenden dinglichen Rechts 140/5
- Bauhandwerker kann in dem von ihm eingeleiteten Zivilverfahren den Bestand des Pfandrechts des vorgehenden Pfandgläubigers nicht mehr in Frage stellen 140/13
- erst zu Beginn einer Versteigerung bekannt gegebene Berichtigung des LV führt zur Aufhebung des Zuschlages 140/31
- der Gläubiger eines Grundpfandtitels ist mit Namen und Wohnort im LV einzutragen 140/7
- im Lastenbereinigungsverfahren kann der Schuldner Bestand, Umfang und Fälligkeit sowie Pfandausfall gegen Betreibungsgläubiger nicht mehr bestreiten 140/30
- bei Bestreitung einer im LV aufgrund des Grundbucheintrages aufgenommenen Last hat als Kläger aufzutreten, wer die Änderung oder Löschung verlangt 140/26
- Bestreitung einer Forderung verhindert die Rechtskraft des LV im Umfang der Bestreitung nur gegenüber dem Bestreitenden 140/27
- Vorgehen bei bestrittenen öffentlich-rechtlichen Forderungen und gesetzlichen Pfandansprüchen ohne rechtskräftige Verfügung 140/28
- in der Betreibung wird kein RV erhoben oder Rechtsöffnung bewilligt. Schuldner kann die Forderung nicht erneut in Frage stellen durch Anfechtung des LV und die Begründetheit und das Pfandrecht bestreiten 140/29
- gemeinschaftliche Teile eines zu Stockwerkeigentum ausgestalteten Grundstücks stehen nicht zwingend zur Verfügung sämtlicher Stockwerkeigentümer 140/20
- ausserhalb des Verfahrens stehende Gläubiger haben keinen Anspruch auf Zustellung des LV 140/11
- Prinzip der Gleichbehandlung der Gläubiger öffentlichen und privaten Rechts 140/10
- Grundbuchauszug und Lastenverzeichnis stimmen nicht überein 140/6
- keine Haftung des Ersteigerers einer Stockwerkeinheit für fällige Beiträge an die gemeinschaftlichen Kosten und Lasten 140/23
- Steigerung hat vor Ablauf der Anfechtungsfrist des Lastenverzeichnisses stattgefunden 140/14
- nachträgliche Abänderung des LV im Konkurs zufolge Abweichungen eines 2. GB-Auszuges zum ersten 140/24
- nachträgliche Abänderung oder Ergänzung des LV durch BA. Die Betroffenen sind auf die Bestreitungsmöglichkeit hinzuweisen 140/18
- der Beamte ist nicht befugt, im LV von sich aus die Errichtung einer neuen Dienstbarkeit zulasten dieses Grundstückes vorzusehen 140/15; 143a/2
- Nichtanordnung einer neuen Schätzung vor der Versteigerung kann zur Aufhebung des Zuschlages führen, wenn dazwischen 2 Jahre liegen 140/32
- Begehren um eine neue Schätzung kann jeder Betroffene stellen 140/33
- keine Nichtigkeit bei Nichtzustellung des LV an Pfandgläubiger 140/12
- Konkursverwaltung muss sich an den rechtskräftigen Kollokationsplan und LV halten 140/21
- für die Überprüfung der Begründetheit über die aus Grundbuch oder Anmeldung ergebenden Lasten ist der Richter zuständig 140/9
- behauptete Tilgung einer nicht in Betreibung stehenden Schuldbriefforderung im letzten Rang durch einen Dritten rechtfertigt ein nachträgliches Lastenbereinigungsverfahren nicht 140/17
- Umfang des zu verwertenden Grundstückes ist nicht bestimmt zufolge hängigen Grundbuchbereinigungsverfahrens 140/19
- Erhöhung des ursprünglich vereinbarten Zinses zum Nachteil nachgehender Grundpfandgläubiger 140/16

Lohn- und Verdienstpfändung
- Zeitpunkt 93/27–29
- Angabe des monatlichen Einkommens und die Höhe des Existenzminimums in der Pfändungsurkunde 93/13

Massaauslagen (-verbindlichkeiten)   SchKG – M

- Angabe über Details des Existenzminimums in der Pfändungsurkunde 93/14–15
- keine besondere Anzeige über den Ablauf der Lohnpfändung an Arbeitgeber 93/16
- beschränkt pfändbare Forderungen 93/218–233
- Berücksichtigung ausserordentlicher Auslagen 93/124–133
- Bemessung des Existenzminimums unter Berücksichtigung «ausserordentlicher» Auslagen 93/134–168
- Berücksichtigung von Miet- und Wohnkosten 93/169–189
- keine selbstständige Beschwerdeführung eines bevormundeten Schuldners 93/4
- Beschwerdelegitimation von Familienangehörigen gegen Lohnpfändung 93/5
- Beginn der Beschwerdefrist gegen Verfügungen über Lohnpfändung 93/3
- Beginn der Beschwerdefrist erst mit Zustellung Pfändungsurkunde 93/1
- dem Gläubiger zu seinen Gunsten bekannte Tatsachen sind im kant. Verfahren geltend zu machen 93/2
- bestrittene Lohnpfändungen 93/190–202
- Nichtigkeit einer nachträglichen Erhöhung der Pfändung ohne Ankündigung an den Schuldner 93/9
- Begriff Einkommen 93/40–53
- Ermittlung des pfändbaren Einkommens 93/54–57
- Eingriff ins Existenzminimum 93/253–271
- beim Tod des Schuldners ist das BA befugt, mit der Aufhebung der Pfändung bis Ablauf der Beschwerdefrist zu warten 93/17
- Unterstützungsbeiträge inkl. Kosten der Kinder 93/112–133
- Verdienstpfändung selbstständig Erwerbender 93/203–217
- testamentarische Verfügung kann Zwangsvollstreckung nicht verhindern 93/18
- *Gläubiger, der mit dem festgesetzten Existenzminimum nicht einverstanden ist*
- Beschwerde innert 10 Tagen seit Zustellung der Pfändungsurkunde 93/7
- Festsetzung der pfändbaren Quote – Auskunftspflicht des Schuldners 93/30–35
- Festsetzung des Kompetenzbetrages ausserhalb eines Betreibungsverfahrens ist gebührenpflichtig 93/26
- Feststellung Einkommen bzw. Notbedarf in weiteren Fällen 93/61–81
- falsche Lohnpfändungsanzeige an Arbeitgeber 93/12
- bei Grenzgängern 93/82–87
- Begehren um Herabsetzung der gepfändeten Lohnquote an das BA 93/10
- Legitimation Ehefrau und Arbeitgeberin ihres Mannes 93/8
- keine Beschwerdelegitimation des Arbeitgebers ohne Auftrag 93/6
- Lohnpfändung bei unregelmässigem Verdienst 93/58–60
- Lohnpfändung 93/36–39
- Lohnpfändung bei kleinen Beträgen 93/22
- Lohnpfändung und Existenzminimum für Unterhaltsbeiträge 93/23
- Lohnpfändung bei definitiver wie auch bei prov. Pfändung 93/25
- Lohnpfändung für Alimente 93/234–252
- ungenügende Lohnpfändung 93/24
- Meldepflicht über neues Arbeitsverhältnis an BA 93/20–21
- Name des Arbeitgebers in der Pfändungsurkunde 93/11
- Haushaltshilfen 93/108–111
- Umfang des Notbedarfs; Berücksichtigung von Ab- oder Rückzahlungen 93/88–107
- Schuldner leistet durch Abwesenheit passiven Widerstand gegen eine Wegnahme gepfändeter Gegenstände 93/21
- Pfändbarkeit von Leistungen aus beruflicher Altersvorsorge 93/285–293
- Einzug des Postcheckguthabens ohne Rücksicht auf Lohnzahlungen 93/19
- Revision bei Veränderungen des Einkommens 93/272–284

M

Massaauslagen (-verbindlichkeiten)
- 262/6–17
- in Bezug auf Steuerforderungen 262/18–21
- im Stundungs- und Nachlassverfahren 262/22–25
- *weitere Kosten*
- Inventurkosten für Gegenstände Drittansprecher 262/26
- Kosten und Entschädigungsfolgen bei Konkurs einer Partei 262/27
- keine für einen Erben, der die Erbschaft unter öffentl. Inventar angenommen oder die amtliche Liquidation verlangt hat 262/28
- Rückforderung eines an einen Gläubiger überwiesenen Betrages zur Deckung von Massakosten 262/29
- Frage, ob innerhalb der Massaverbindlichkeiten eine Rangfolge besteht, ist von der AB zu prüfen 262/9
- Mitteilungen der Betreibungs- und Konkursämter 34/1–7
- Mitverpflichtete Teilzahlungen von 217/1–4

Miete und Pacht, siehe Retentionsrecht

Mitwirkung und Unterhaltsanspruch des Schuldners im Konkursverfahren
- Präsenzpflicht 229/1
- *Unterhaltsanspruch*
- das vom französischen Konkursverwalter ersuchte KA ist nicht befugt, Unterhaltsbeiträge zu gewähren 229/2
- gegen die Weigerung, Unterhaltsbeiträge zu gewähren, kann Beschwerde geführt werden 229/3
- kein Anspruch auf kostenloses Wohnen 229/4
- Verbleib des Schuldners und seiner Familie in der Wohnung. Die Konkursverwaltung bestimmt die Dauer des Verbleibens des Schuldners in der Wohnung 229/5–9
- keine Möglichkeit des Vermieters des Konkursiten, die KV zu dessen Ausweisung zu veranlassen 229/10
- Im Nachlassverfahren mit Vermögensabtretung ist der Sachwalter legitimiert, das Ausweisungsbegehren zu stellen 229/11

N

Nachkonkurs zufolge neu entdeckten Vermögens
- 269/1–13

Nachlassverfahren
- Gesuch um Nachlassstundung 293/1–18
- Entscheid über Bewilligung 294/1–23
- Bewilligung und Dauer der Nachlassstundung 295/1–19
- Öffentliche Bekanntmachung 296/1
- *Wirkungen der Stundung*
- auf die Rechte der Gläubiger 297/1–24

844

Nachlassvertrag mit Vermögensabtretung

- auf die Verfügungsbefugnis des Schuldners 298/1–6
- Aufgaben des Sachwalters 299/1–7
- Gläubigerversammlung 302/1–4
- Rechte gegen Mitverpflichtete 303/1–4
- Sachwalterbericht, Verhandlung vor dem Nachlassgericht 304/1–7
- Schuldenruf durch öffentliche Bekanntmachung 300/1–7
- *allgemeine Bestimmungen über den Nachlassvertrag*
  - Annahme durch die Gläubiger 305/1–7
  - Ablehnung des Nachlassvertrages oder Widerruf der Nachlassstundung 309/1–2
- *Bestätigung des Nachlassvertrages*
  - Verbindlichkeit für die Gläubiger 310/1–17
  - Dahinfallen der Betreibungen 311/1
  - Nichtigkeit von Nebenversprechen 312/1–2
  - Widerruf des Nachlassvertrages 313/1–5
  - Weiterzug des Entscheides 307/1–13
- *ordentlicher Nachlassvertrag*
  - Erforderlicher Inhalt 314/1–5
  - bestrittene Forderungen 315/1–3
  - Nichterfüllung des Nachlassvertrages gegenüber einem Gläubiger 316/1–5

Nachlassvertrag mit Vermögensabtretung
- Definition 317/1–14
- Inhalt des Vertrages 318/1–5
- Stellung der Liquidatoren 320/1–15
- Mehrwertsteuer als Massaverbindlichkeit 319/1
- Feststellung der teilnahmeberechtigten Gläubiger 321/1–13
- Faustpfänder 324/1–5
- verpfändete Grundstücke 323/1–2
- Verwertung 322/1–4
- Abtretung von Ansprüchen an die Gläubiger 325/1–2
- Verteilung / Verteilungsliste 326/1–6
- Pfandausfallforderungen 327/1
- zu deponierende Beträge 329/1
- Schlussbericht 330/1–2

Nachlassvertrag im Konkurs
- 332/1–4

Nachpfändung
- 145/1–10

Nichtigkeit von Betreibungshandlungen gegen Schuldner mit dipl. Immunität
- 21/7

Nichtigkeit von Verfügungen, siehe Verfügungen, nichtige

nicht angemeldete Forderungen im Konkurse
- 267/1–5

Nichtschuld bezahlt, siehe unter Rückforderung

Notverkauf
- bewegliche Sachen 243/3–7
- Grundstücke 243/8–13

O

öffentliche Bekanntmachung(en)
- 35/1–4
- Beschwerde dagegen innert der Frist gem. Art. 17 SchKG 66/25
- eines Zahlungsbefehls bei bekanntem ausländischem Wohnort, aber wo Übermittlung der Urkunde ausgeschlossen ist 66/22
- nur zulässig, wenn in der Schweiz ein Betreibungsort besteht 66/23
- ist letztes Mittel, entsprechende Nachforschungen durch Gläubiger und BA erforderlich 66/24–26, 29
- Frist zur Stellung eines Publikationsbegehrens an Gläubiger und zur Leistung eines Kostenvorschusses 66/30
- Pflicht des BA zur Überprüfung der Angaben des Gläubigers des Wohnortes 66/27
- Treu und Glauben widersprechende Haltung des Bevollmächtigten des Schuldners 66/27
- Vorgehen zur Publikation, wenn sich der Schuldner beharrlich der Zustellung entzieht 66/30
- Zustellung einer B-Urkunde durch öffentliche Bekanntmachung kann nur ausnahmsweise erfolgen 66/31

öffentliche Bekanntmachung der Steigerung
- bei Anfechtung des Lastenverzeichnisses oder ist bei Erstellung des LV bereits ein Prozess hängig, ist bis zur Erledigung keine Steigerung anzusetzen 138/11
- bei einer juristischen Person als Schuldnerin sind in der Publikation keine Angaben über Organe der Gesellschaft zu machen 138/2
- Anmeldung der Forderung beim Grundbuchamt 138/7
- Errichtung Bauhandwerkerpfandrecht nach Ablauf der publizierten Anmeldefrist nicht mehr möglich 138/10
- Eingabefrist für Ansprüche am Grundstück ist eine Verwirkungsfrist 138/6, 8
- Erwerb des Grundstückes nach Ansetzung der Steigerung. Muss Voranzeige an Erwerber ergehen? 138/1
- keine Minimalfrist für Publikation der zweiten Steigerung bei verschobener Steigerung 138/5
- Publikation soll eine möglichst grosse Anzahl Interessierter erreichen 138/4
- keine Steigerungspublikation in den Betreibungsferien 138/3
- Rückzug eines schriftlichen Steigerungsangebotes bis zur Bekanntgabe bei Beginn der Steigerung 138/12
- Verwertung Miteigentumsanteil bei hängigem Grundbuchberichtigungsverfahren 138/9

öffentlich-rechtliche Forderungen
- Ausschluss der Konkursbetreibung 43
- Begriff «im öffentlichen Recht begründete Leistungen» an öffentliche Kassen 43/8–9
- BVG-Beiträge 43/18–22
- Energielieferungen 43/10
- Krankenkassen 43/12–17
- Swisscom 43/11
- Ausnahmen (Konkurseröffnung ohne vorgängige Betreibung) 43/23–24
- keine Verwertung in Pfändungsbetreibungen während der Dauer eines Konkursaufschubes 43/1
- Einreichung eines Nachlassstundungsgesuches hat keine Wirkung für die Fortsetzung von Betreibungen für öffentlich-rechtliche Forderungen 43/2
- Wechselbetreibung für Steuerschuld eines Dritten unzulässig 43/4
- zulässig für AHV-Beitragsforderung aufgrund Zahlungsversprechen in Form einer Wechselverbindlichkeit 43/5
- Ausschluss einer Wechsel- bzw. Konkursbetreibung in Bezug auf Mitverpflichtung zweier Gesellschafter für eine Steuerschuld 43/6
- nicht anwendbar, wenn Steuern (MwSt.) Bestandteil des Kaufpreises bildet 43/3
- Nichtigkeit einer Konkursandrohung, wenn der Schuldner für öffentlich-rechtliche Forderungen der Pfändung unterliegt 43/7

Ort der Betreibung
- Aufgabe des Wohnsitzes 46/16–21
- anfechtbare Handlungen 46/49–52

845

Pfand

- besonderer Betreibungsort 46/37–38
- mit ausländischem Bezug 46/27–29
- Einzelfirma 46/12–14
- Fortsetzung der Betreibung 46/43–48
- juristische Personen 46/30–32
- Lugano-Übereinkommen 46/62–63
- Örtliche Zuständigkeit, wenn der schweiz. Erblasser zur Zeit des Todes in Italien Wohnsitz hatte 46/53
- Sitzverlegung 46/33–36
- Studiumsaufenthalt 46/22–26
- Verhältnis der Gerichtsinstanzen zu Verfahrensfragen 46/53–56
- weitere Zuständigkeitsfragen 46/57–61

P

Pfand
- Begriff 41/1–7
- Retentionsrecht des Vermieters als Faustpfand 37/1
- Einleitung einer Betreibung auf Pfandverwertung nicht zwingend 41/8
- keine Prüfungspflicht des BA auf Bestand des Pfandes 41/9
- Faustpfandbestellung für Forderungen mehrerer Gläubiger. Verzicht eines einzelnen Gläubigers 41/11
- irrtümliche Einleitung einer Grundpfandbetreibung durch BA 41/10
- Pfandbestellung; Zeitpunkt 41/18–20
- im Ausland gelegen 41/15
- Beweispflicht des Schuldners, dass für eine betriebene Forderung Pfandrecht besteht 41/12–13
- Rüge betr. Feststellung über die Beweise 41/14
- im Falle einer Schadenersatzforderung mit Haftpflichtversicherung mit Pfandrecht 41/17
- Verhältnis Schuldbrief zum ursprünglichen Schuldverhältnis. Neuerung oder bleibt ursprüngliche Forderung neben der im Schuldbrief verkörperten Forderung erhalten 41/16
- mit Bezug auf Arrestbetreibung zulässig nur für den ungedeckten Teil der Pfandforderung 41/21
- Existenz eines Pfandes kann nur mit Einsprache gegen den Arrestbefehl geltend gemacht werden 41/22–23
- vereinbartes Selbstverkaufsrecht 41/24–25
- Verzicht des Schuldners auf das beneficium excussionis realis 41/26–28
- in Bezug auf das «beneficium excussionis realis» 41/29–38

Pfandausfallschein
- keine Ausstellung, wenn Pfand zufolge einer Drittansprache nicht verwertet werden kann 158/1
- keine Ausstellung an denjenigen, der nur ein Pfandrecht an Schuldbriefen besitzt, die durch die Verwertung des Grundstückes nicht gedeckt sind 158/2
- Ausstellung an nicht gedeckte nachgehende Pfandgläubiger, die selbst nicht auf Pfandverwertung betrieben haben, sofern ihre Forderungen fällig sind 158/3
- Erfordernisse für die Ausstellung eines Pfandausfallscheines neben der Fälligkeit der Forderung 158/4
- doppelte rechtliche Bedeutung 158/5
- Ersteigerung des Schuldbriefes bei einer Faustpfandverwertung durch den Gläubiger selbst 158/7
- für eine andere als die in Betreibung gesetzte Forderung 158/8

- solange die Frist für die Fortsetzung der B nicht abgelaufen ist, wird der Eintritt der Verwirkung des Zahlungsbefehls hinausgeschoben 158/9
- wenn nach Ausstellung des Pfandausfallscheines noch Retentionsgegenstände zum Vorschein kommen 158/6
- Pfandbestellung nach Rechtskraft des ZB auf Pfändung ändert nichts 38/4–5
- keine Verwertung des Pfandes, wenn dieses von einem Dritten zu Eigentum angesprochen wird 38/24
- die Einleitung einer B auf Pfandverwertung für pfandgesicherte Forderung ist nicht zwingend 38/25
- bei einer Betreibung auf Pfandverwertung keine Möglichkeit der Fortsetzung auf Pfändung oder Konkurs 38/26
- keine Prüfung des BA, ob das Pfandrecht besteht 38/27
- Aufhebung der B, wenn diese irrtümlich auf Grundpfandverwertung eingeleitet worden ist 38/28
- für dieselbe Forderung können nicht zwei Betreibungen (Pfändung und Pfandbetreibung) geführt werden 38/27
- Pfandrechte an Vermögensstücken im Konkursverfahren 198/1–4

pfandversicherte Forderungen, siehe Rangordnung der Gläubiger

Pfändungsankündigung
- Lohnpfändung nicht angekündigt und nach 20 Uhr vorgenommen ist gültig 90/6
- mangelhafte Pfändungsankündigung; Heilung 90/7
- keine Ankündigung zur Aufnahme eines Retentionsverzeichnisses 90/3
- Pfändungsankündigung mit unrichtiger Schuldnerbezeichnung 90/8
- unrichtiger Betrag, in dem die Kosten enthalten sind, macht Ankündigung nicht ungültig 90/4
- Anzeige, ob prov. oder def. Pfändung vollzogen wird 90/9
- Unterlassung der Ankündigung unanfechtbar 90/1–2
- mehrmalige Verschiebung der angekündigten Pfändung löst keine neue Beschwerdefrist aus 90/5
- Bedingter Verzicht auf bereits vollzogene Pfändung nicht möglich 90/12
- Schuldner verzögert oder verhindert den Vollzug 90/11
- kein Verlustschein ohne Feststellung über pfändbares Vermögen beim Schuldner und ohne Befragung 90/13
- Vollzug zur vom BA festgesetzten Stunde 90/10

Pfändung
- Voraussetzungen für den Vollzug 89/1–10
- bei Rechtshilfe 89/11–16
- Aufhebung def. Pfändung, wenn nur provisorische möglich war durch Beschwerde 83/34
- beschränkte Pflicht des BA, nach allfällig verheimlichten Vermögensgegenständen zu forschen 91/31
- der BB hat sich mit Angaben des Schuldners zu begnügen. Gläubiger kann Nachpfändungsbegehren stellen 91/29
- Einsicht in Steuerakten 91/33
- Erlös aus Faustpfandverwertung fällt nur dem Pfandgläubiger zu 91/23
- kein Verlustschein ist auszustellen, wenn Schuldner von der Pfändung nicht benachrichtigt worden ist und keine Feststellung über pfändbares Vermögen gemacht worden und der Schuldner auch nicht befragt worden ist 91/26
- keine Pfändung von Zimmerausstattung bei Miete eines möbl. Zimmers oder im Hotel 91/22
- Teilpfändung von unter Eigentumsvorbehalt gekauften Möbeln 100/2

- Gattungsarrest – Das BA kann arrestierte Sachen ohne Gewaltanwendung in Verwahrung nehmen 91/24
- eines Grundstückes 101/1–5
- Individualisierung von gepfändeten Vermögenswerten 91/28
- Nachpfändung auf Antrag eines Gläubigers für vorhandene, aber nicht gepfändete Gegenstände 91/42
- Pflicht des BA, nach pfändbaren Gegenständen zu suchen und Räumlichkeiten und Behältnisse zu besichtigen 91/30
- Schuldner verzichtet auf Unpfändbarkeit eines Gegenstandes; Anfechtung durch den Gläubiger 91/25
- öffentliche Bekanntmachung der Pfändungsankündigung. Kein VS, wenn Schuldner nicht über seine evtl. Aktiven befragt werden konnte 91/21
- von unter Konkursbeschlag stehenden Gegenständen sind nichtig 91/19
- bei Unterlassung der Pfändungsankündigung ist Pfändung anfechtbar, aber nicht nichtig 91/20
- Genossenschaftsanteile sind pfändbar 91/34
- zwangsweise Öffnung eines Tresorfaches bei prov. Pfändung 91/35
- prov. Pfändung eines Schweizer Patentes 91/36
- genaue Angabe des BB, welche Gegenstände mit Beschlag belegt sind 91/39
- Einkünfte im Ausland; Berücksichtigung bei der Existenzminimumsberechnung 91/40
- Eigentumsverhältnisse bezüglich Grundstücke; Eintrag im Grundbuch ist massgebend 91/41
- Pfändung für angeblich nicht dem Schuldner gehörende Gegenstände zulässig 91/46
- Ergänzungsbegehren sind an das BA zu stellen, nicht mit Beschwerde 91/43–44
- kein Anspruch eines Dritten auf Kompetenzqualität 91/45
- Vermögenswerte bei einer Bank, deren Besitz sie nicht bestreitet 91/47
- Vermögenswerte, die in der Betreibung gegen die Ehefrau gepfändet, aber im Konkurse des Ehemannes retiniert worden sind 91/39
- Voraussetzungen der Pfändbarkeit des Anspruchs aus Art. 164 ZGB 91/38
- Zeitpunkt zur Beurteilung der Einkommensverhältnisse 91/37

Pfändungsvollzug
- in Abwesenheit des Schuldners 89/34
- Verhältnis zwischen Pfändung und Verfügungsbeschränkung 89/17
- Erbanteil des Schuldners 89/39
- bei einer durch Wertpapier verkörperten Forderung 89/19
- Forderungen 89/22–25
- Lohnpfändung 89/26, 28–31
- Gegenstände gehören zweifellos nicht dem Schuldner;
  - im Gewahrsam eines Dritten 89/33, 35
- bei ungenauen Angaben über Vermögensbeschlag leidet die Pfändung an einem wesentlichen Mangel 89/37
- Guthaben gegenüber einem im Ausland befindlichen Drittschuldner (Bank) 89/38
- von Vermögenswerten eines Ehegatten bei richterlich angeordneter Verfügungsbeschränkung 89/18
- Patent- und Gebrauchsmusterrechte 89/36
- Pfändbarkeit von Flugzeugen 89/21
- Schuldner gibt seinen Wohnsitz in der Schweiz auf und begibt sich ins Ausland ohne einen neuen Wohnsitz oder Aufenthalt zu begründen 89/27
- Verdienstpfändung bei fehlenden Unterlagen 89/32
- Wertpapiere, die durch eine inländische Bank bei einer ausländischen Depotbank angelegt wurden 89/20
- Pfändung auf Distanz, nichtig 90/1
- Beginn der Teilnahmefrist zur Gruppenbildung 89/40

Pfändungen einzelner Vermögenswerte
- Anspruch auf Herausgabe von Wertpapieren durch einen Dritten 91/48
- Interimsscheine 91/49
- vom Mieter geleistete Kaution 91/51
- «zu Handen wem Rechtens» hinterlegtes Depositum 91/50
- Mietzinsforderungen aus einem Mietvertrag 91/52
- unbestimmter Lohn, gegen Ehefrau als Arbeitgeberin 91/53
- Behauptung des Gläubigers, dem Schuldner stehe eine bestimmte Forderung zu 91/54–55

– Auskunftspflicht Dritter und Ämter
- Einsicht in Steuerakten 91/60
- der Dritte, der Gewahrsam an Arrestgegenständen ausübt 91/58
- Banken 91/59
- Verpflichtung des Dritten, im Arrestverfahren über verarrestierte Gegenstände 91/56
- Pfandleihkassen 91/57
- nebst eidg. kant. und Gde. Behörden auch Ämter im Bereich des Sozialversicherungsrechts 91/61

– Schätzung und Umfang der Pfändung
- Schätzung der gepfändeten Gegenstände 97
- Analoge Anwendung bei der Aufnahme eines Retentionsverzeichnisses 97/2
- Ausmass der Pfändung 97/23–29
- Bedeutung der Schätzung 97/3
- einer Briefmarkensammlung 97/6
- eines für eine Schuld eines Dritten verpfändeten Gegenstandes 97/10
- Entlassung von Retentionsgegenständen, die von Dritten angesprochen werden, kann nicht vom Schuldner verlangt werden 97/18
- Eigentümertitel auf einem im Gesamteigentum stehenden Grundstück 97/12
- Anteilsrechte an Erbschaftsvermögen 97/11
- Schätzungswert einer Forderung mit ungewisser Fälligkeit 97/14
- eines Gemäldes mit zweifelhafter Urheberschaft 97/7
- eines Grundstückes mit einem im Bau befindlichen Gebäude 97/16
- Schätzung hat das Interesse der Gläubiger an einer genügenden Deckung sicherzustellen 97/5
- Kosten der Schätzung 97/20–24
- Kriterien für die Höhe der Schätzung 97/8–9
- keine Beschwerdelegitimation des Drittansprechers 97/1
- von Faustpfändern im Pfandverwertungsverfahren 97/5
- eines Gegenstandes in einer Faustpfandbetreibung 97/17
- Richter ist an die Schätzung durch das BA gebunden 97/13
- BA darf nicht die Steuerschätzung übernehmen 97/4

Pfändung von Forderungen
- Anzeige an Drittschuldner als Sicherungsmassnahme 99/14–18
- beim Arrest von Forderungen, Sicherungsmassnahmen gemäss 99/10
- Guthaben gegenüber einem im Ausland domizilierten Drittschuldner (Bank) 99/4

Pfändung in der Arrestbetreibung

- Bank erhebt als Drittschuldnerin Verrechnungseinrede 99/13
- bei einem «compte joint» sind die Bestimmungen der VVAG nur einem offensichtlichen Gemeinschaftsverhältnis anzuwenden 99/7
- Pfändung des Anteils an einer unverteilten Erbschaft mit dem Einwand des Schuldners, es stehe ihm, weil vorbezogen, kein Erbanspruch mehr zu 99/8
- bei Streitigkeiten über die Berechtigung an Lohnguthaben; Widerspruchsverfahren statt Prätendentenstreit 99/12
- Gläubiger hat dem BA Namen und Wohnort der Schuldner von Mitgliederbeiträgen zu nennen, wenn er die Pfändung dieser Beiträge verlangt 99/6
- auch anwendbar bei prov. Pfändung 99/1

Pfändung in der Arrestbetreibung

- Kontokorrentguthaben sind auch bei einem nachträglichen Rückgang in der arrestierten Höhe zu pfänden; deponierte Wertschriften und Münzen nur in dem Umfange, in dem sie bei der Pfändung noch vorhanden sind 99/11

Pfändungsanschluss

- Allgemeines 110/1–2
- Gruppenbildung und Teilnahme 110/3–7
- Nachpfändung 110/19–21
- Pfändungsanschluss bei der Arrestbetreibung 110/13–18
- Zeitpunkt der Gruppenbildung 110/8–12

Pfändungsanschluss, privilegierter

- Nichtbeibringen einer Bescheinigung über Klageerhebung auf Anerkennung einer Anschlusspfändung 111/15
- Bestreitung einer Anschlusspfändung 111/14
- für die Bestimmung, dass die Dauer eines Betreibungs- oder Prozessverfahrens nicht in Berechnung fällt, gilt nur die einjährige Frist gemäss Abs. 2 111/10
- Forderung des Ehemannes gegen Ehefrau ist noch nicht entstanden 111/6
- Fristen 111/1–5
- güterrechtliche Ansprüche bei fortbestehendem Güterstand 111/7
- Gläubiger einer Forderung aus Art. 334 ZGB; Wahl der Teilnahme an Pfändung oder Betreibungsbegehren 111/12
- Unterhaltsbeiträge während eines Scheidungsprozesses 111/8
- Pfändungsanschluss auch dann möglich, wenn Gläubiger neben andern Gläubigern an der Pfändung für eine weitere Forderung teilgenommen hat 111/9
- Teilnahme an Pfändung gemäss Art. 111 in Konkurrenz mit Drittansprachen 111/13
- in einer Anschlusspfändung ist ein Verlustschein auszustellen, wenn der Gläubiger Möglichkeit gehabt hätte, selbstständige Betreibung einzuleiten 111/11

Pfändungsurkunde

- Beginn der Beschwerdefrist gegen den Vollzug 112/7–8
- bis zur Zustellung der Pfändungsurkunde dürfen keine Betreibungshandlungen mehr vorgenommen werden 112/9
- Nichtvormerkung einer Drittansprache in der Pfändungsurkunde 112/2
- Umkehr der Beweislast durch Nichtverwendung des obligatorischen Formulars 112/1
- Inhalt der Pfändungsurkunde 112/4
- Lohnpfändung – Ist der Name des Arbeitgebers des Schuldners anzugeben? 112/6
- nochmalige Pfändung; Angaben in der Pfändungsurkunde 112/5
- summarische Angabe über nicht pfändbare Aktiven 112/3
- Teilnahme neuer Gläubiger oder Ergänzung der Pfändung 113/1–3
- Zustellung Abschrift Pfändungsurkunde an Gläubiger und Schuldner 114/1–3
- Pfändungsurkunde als provisorischer oder definitiver Verlustschein 115/1–17
- Private Schuldenbereinigung Art. 333–336
- Prozess vor Konkurseröffnung eingeleitet; einer Konkursmasse kann in einem zwischen Dritten hängigen Prozess nicht der Streit verkündet werden 232/9
- Protokoll: Bestätigung des Postzustellers über die Zustellung des ZB qualifiziert sich als Urkunde 8/1

Protokolle / Einsichtsrecht

- kein Anspruch auf Replik zu Protokollerklärungen der Gegenpartei im Prozessverfahren 25/1

– im Betreibungsverfahren

- schützenswertes Interesse 8a/1–2

– Allgemeines

- Interessenkreis 8a/3–8, 12, 23, 36–37
- Umfang des Einsichtsrechts, erstellen von Kopien 8a/10–11, 13–16, 18, 25, 27–28
- telefonische Auskünfte 8a/9
- Löschungen von Betreibungen 8a/17, 19, 26, 29
- Rechtsschutzinteresse des für eine Nichtschuld Betriebenen 8a/19, 21
- Abgrenzung zwischen berechtigter Auskunft und strafbarer Verletzung des Amtsgeheimnisses 8a/26
- bei Rückzug einer Betreibung 8a/32–33
- Löschung von verjährten Betreibungen von Amtes wegen 8a/18

– Konkurs- und Nachlassvertragsverfahren

- Umfang der Akteneinsicht 8a/35–42
- Einsicht in die Akten eines widerrufenen Konkurses 8a/43
- Einsichtsberechtigte 8a/44–47

Provisorische Pfändung

- bei prov. Pfändung keine Begehren auf Verwertung möglich; kein prov. oder def. Verlustschein 83/30
- auch bei keinem pfändbaren Vermögen bildet Pfändungsurkunde keinen Verlustschein 83/31
- bei zu Unrecht vorgenommener def. Pfändung ist diese als provisorisch aufrechtzuerhalten 83/32
- auch bei prov. Pfändung von Vermögen – Verlangen nach zwangsweiser Öffnung eines Safes 83/33; 91/35
- Gläubiger, der def. RÖ erhalten hat, kann nicht die Mittel gemäss Art. 83 Abs. 1 benützen 83/37
- keine prov. Pfändung vor Rechtskraft der def. RÖ 83/38
- prov. RÖ nicht zulässig, bei Weiterziehung einer def. RÖ 83/36
- keine prov. Pfändung, wenn Rechtsmittel zur prov. RÖ ergriffen worden ist 83/39
- Nichtigkeit eines Verlustscheines, für dessen Forderung kein Vollstreckungsmittel vorliegt 83/40
- Rückgängigmachung einer def. Pfändung, wenn nur prov. möglich war 83/34
- Vorgehen bei prov. und def. Lohnpfändung gleich 83/35
- zweite Betreibung für die gleiche Forderung ist dann unzulässig, wenn in einer ersten Betreibung das Fortsetzungsbegehren gestellt oder dazu berechtigt ist 83/41

- **Teilnahme- und Auskunftspflicht**
  - Auskunftspflicht trifft nur Schuldner und evtl Drittinhaber des Gewahrsams 91/11
  - Pflicht zur Angabe von Vermögenswerten, auch von unbeweglichen 91/14
  - Ehefrau vertritt Schuldner und verschweigt sein Einkommen 91/1
  - blosse Vermutungen eines Gläubigers über allfällige Nebenbeschäftigungen 91/13
  - Betreibung mit Spezialdomizil in der Schweiz. Anspruch auf Ausstellung eines VS bei ergebnisloser oder ungenügender Deckung 91/15
  - Erhebungen von Amts wegen bei der Pfändung 91/7
  - Dieselben Straffolgen auch bei späteren Vorladungen, die nötig werden 91/5
  - Meldepflicht des Schuldners bei neuem Arbeitsvertrag 91/8
  - Nichtbeachtung der Aufforderung – Vollzugsverhinderung 91/2–3
  - Pflicht zur Angabe über Einkommen und Gewinnungskosten und evtl. zu belegen 91/9
  - Pfändungsvollzug bei Abwesenheit des Schuldners 91/6
  - Präsenzpflicht des Schuldners – Schuldner verhindert den Empfang der Pfändungsankündigung 91/3
  - Ausweise über die Verwendung von Geldern über Jahre hinweg kann der BB nicht verlangen 91/10; 91/32
  - Auskunftspflicht über im Ausland erzielte Einkünfte und dort gelegene Vermögenswerte 91/12
  - keine Rechtshilfe notwendig 99/2–3
  - u. U. Anordnung einer Sperre sämtlicher Guthaben bei einem Dritten 99/5
  - Arrestierung und Pfändung einer Forderung auf Sachleistung 100/3
  - auf den Inhaber lautende Sparhefte; bei Weigerung des Schuldners, diese herauszugeben 99/9

Provisorische Rechtsöffnung, siehe Rechtsöffnung, provisorische

Prüfungsbefugnis BA
- grundsätzliche Kriterien 67/8
- Ergänzung von ungenügenden Angaben durch BA nicht zulässig 67/9–11, 13
- Begehren gegen eine nicht im HR eingetragene Gesellschaft – Vorgehen 67/12
- mangelnde Angabe des Vertreters der zu betreibenden Gesellschaft 67/14–15
- Umrechnung einer auf fremde Währung lautenden Schuld ist Sache des Gläubigers 67/16, 21
- Anforderungen an die Berechnung der geforderten Zinsen 67/17
- ungenügende Gläubigerbezeichnung kann verbessert werden 69/10
- keine Befugnis des BB, eine für wucherisch gehaltene Zinsforderung zu reduzieren 67/18; 69/6
- weitschweifige Ausführungen über Forderungsgründe zu kürzen ist zulässig 67/19
- mangelhafte Bezeichnung des Forderungsgrundes; Rückweisung des Begehrens 67/20
- bei Angabe eines Zustellungsdomizils in der Schweiz ist der Wohnort des Gläubigers im Ausland anzugeben 67/22
- angegebener Wohnsitz des Gläubigers stimmt nicht mit dem tatsächlichen überein; Massnahme 67/23
- Betreibung eines «Sekretariats» als Schuldnerbezeichnung ist zurückzuweisen 67/24
- keine Überprüfungsbefugnis des BB über das Bestehen einer Vertretungsvollmacht, wenn Unterzeichnung im Namen des Gläubigers erfolgt 67/25; 69/5
- vorgedruckte Unterschriften (auf einer Rückzugserklärung) ersetzt die eigenhändige nicht 67/26
- nur Unterzeichnung eines Begleitschreibens genügt, sofern die darauf bezogenen B-Begehren genügend identifiziert sind 67/28
- Änderung der Schuldnerbezeichnung durch BA, kann Nichtigkeit der Betreibung nach sich ziehen 67/29
- Verjährungsunterbrechung – Einreichung des Begehrens beim BA genügt; kein Zahlungsbefehl erforderlich 67/30–31
- negative Feststellungsklage des Betriebenen bei Unterbrechung der Verjährung durch Betreibung 67/32
- offensichtlich unbegründete bzw. rechtsmissbräuchliche B-Begehren 67/33–35, 3
- fehlende Rechtspersönlichkeit 67/36
- Stellung des Fortsetzungsbegehrens durch Hauptsitz einer AG, wenn BB von aufgegebener Zweigniederlassung gestellt worden ist 67/37, 55
- bei Tod eines der Betreibenden während des Verfahrens 67/38

Publikation Konkurseröffnung
- «vorläufige Konkursanzeige» erfolgt nicht in allen Fällen 232/1
- Insolvenzentschädigung – Geltendmachung des Anspruchs – Fristenlauf 232/4
- Konkurseröffnung im Gebiet des früheren Königsreichs Württemberg; öffentliche Bekanntmachung und Durchführung in der Schweiz 232/11
- Publikation s. auch öffentliche Bekanntmachungen

R

Rangordnung der Gläubiger
- *pfandversicherte Forderungen*
  - Anspruch auf Auszahlung des Verwertungserlöses kann durch Beschwerde durchgesetzt werden 219/1
  - Retentionsrecht des Vermieters 219/2–3
  - Streichung eines Flugzeuges im Luftfahrzeugbuch; kollozierte Pfandforderung bleibt bestehen 217/4
  - Tragweite einer in die Lastenverzeichnisse verschiedener Grundstücke aufgenommenen Gesamtpfandklausel mit verschiedenen Pfandbeträgen von Grundstück zu Grundstück 219/5
  - Grundpfandrechtliche Sicherung einer Forderung durch den «jeweiligen unbenützten bzw. abbezahlten Teilbetrag eines Schuldbriefes» 219/7
  - Umfang des Rechts der durch einen Generalpfandvertrag gesicherten Verbindlichkeiten 219/6
  - Eigentümer eines Schuldbriefes als Grundpfandgläubiger kann nicht gleichzeitig Faustpfandrecht beanspruchen 219/8
  - Faustpfandrecht an Eigentümerschuldbriefen, die zur Sicherstellung einer Schuld eines Dritten verpfändet sind 219/9
  - Pfandausfall bei einer Grundstückverwertung im Konkurse des Verpfänders kann Pfandgläubiger die Pfandausfallforderung nicht im Konkurs anmelden 219/10
  - Beachtung von Absatz 2 bei Heranziehung von Überschüssen aus der Verwertung mehrerer Grundstücke zur Deckung eines Ausfalles bei einem weiteren Grundstück 219/11
  - Reihenfolge der Befriedigung von Grundpfandgläubigern und Inhabern beschränkt

Rechtsöffnung

dinglichen Rechte bei Abschlagsverteilungen; Wirkungen einer Rangvorgangsvereinbarung 219/12
- **Erste Klasse**
  - Forderungen aus dem Arbeitsverhältnis
    - ungedeckte Lohnforderungen aus einem früheren Verfahren geniessen in einem späteren Verfahren kein Vorrecht 219/13
    - Betreibung auf Pfändung wird durch Konkurseröffnung aufgehoben. Berücksichtigung des Privilegs in Bezug auf die Rückrechnung der sechsmonatigen Frist 219/14
    - Entstehung des Abgeltungsanspruchs für nicht bezogene Ferien. Kollozierung vollumfänglich in der 1. Klasse 219/16
    - Spesenforderungen stellen einen Auslagenersatz dar und sind in der Regel nach der Konkurseröffnung nicht zu berücksichtigen 219/15
    - der als Verlustbeteiligung zurückbehaltene Teil des Lohnes ist nicht als Kaution zu qualifizieren, sondern als privilegierte Forderung unter Berücksichtigung der Sechsmonatsfrist 219/17
    - kein Konkursprivileg für Löhne von Führungskräften einer AG 219/20–23
    - Unterordnungsverhältnis fehlt bei einem Geschäftsführer, der auch Mitglied des Verwaltungsrates war 219/25
    - in der 1. Klasse kollozierte Forderung für V-Rat, der erst 2,5 Monate als Direktor angestellt war 219/24
    - Konkursdividende auf Lohnforderungen unterstehen der AHV/IV/EO-Pflicht 219/18
    - kein Privileg 1. Klasse für die Bezahlung für Büroreinigung und «Saläranteil» für eine Empfangsperson an eine andere Firma 219/19
  - Ansprüche aus Sozialversicherungen
    - Das Konkursprivileg besteht für alle Forderungen von Personalvorsorgeeinrichtungen 219/26
    - im Sinne des Privilegs «angeschlossen» ist ein Arbeitgeber, wenn die Arbeitnehmer bei einer Vorsorgeeinrichtung versichert sind 219/27
    - Mahn- und Umtriebskosten (hier BVG-Stiftung) sind in der 3. Klasse zu kollozieren 219/28, 31
    - Familienrechtliche Ansprüche 219/29–30
- **Zweite Klasse**
  - für Ansprüche der sozialen Krankenversicherungen sind nur für Prämien und Kostenbeteiligungsforderungen privilegiert. Mahn- und Bearbeitungskosten sind Drittklassforderungen 219/31
- **Dritte Klasse**
  - Pfandausfall bei der Grundstückverwertung des Verpfänders. Kein Anspruch des Pfandgläubigers auf Kollozierung des Pfandausfalles im Konkurs 219/33
  - Kapitaleinbringung in Form von Darlehen durch Aktionäre zur Vermeidung eines Konkurses 219/34
  - Wirkung der Kollokation – Überprüfung des Bestandes einer Forderung im Zusammenhang mit der Frage eines Privilegs einer in der 3. Klasse kollozierten Forderung 219/32
  - unzulässiges Konkursprivileg: die Abrede eines Mengenrabatts, der im Konkursfalle dahinfalle 220/1

Rechtsöffnung
- Ansetzung des Verhandlungstermins in RÖ-Sachen 84/6–7
- RÖ-Richter ist befugt, eine Partei zur Einreichung weiterer Beweisurkunden einzuladen 84/13–14
- kein Anspruch auf eine schriftliche Replik des RÖ-Klägers zu Protokollerklärungen 25/1
- Betreibungsforderung wird während des RÖ-Verfahrens bezahlt 84/12
- neu läuft die Fünftagefrist zur Eröffnung des RÖ-Verfahrens nicht mehr ab Eingang des Gesuches, sondern ab Stellungnahme des Schuldners 84/15
- Legitimation des Zessionars im RÖ-Verfahren 84/16
- Postzustellungen eingeschriebener gerichtlicher Sendungen – Gilt im Zeitpunkt, in dem sie am Postschalter abgeholt wird, und mangels Abholung am letzten Tag der Abholfrist als zugestellt 84/5
- Schuldner hat weder Vorladung noch RÖ-Entscheid erhalten 84/8
- nicht unterzeichneter RÖ-Entscheid kann nachträglich beigebracht werden 84/17
- Sachbezügliche Urkunden, die beim Richter in andern Verfahren aufliegen, können im RÖ-Verfahren beigezogen werden 84/11
- dem Kläger ist das Erscheinen zur RÖ-Verhandlung freigestellt 84/10
- Verschiebung der RÖ-Verhandlung 84/2–4
- RÖ-Verfahren kann nicht mit Beschwerdeverfahren verbunden werden 84/1
- örtliche Zuständigkeit des RÖ-Richters 84/9

Rechtsöffnung, definitive
- **Verfahren / Formelles / Prozessuales**
  - Gesuch richtet sich nicht gegen den Betriebenen 80/1
  - jede Betreibung erfordert ein besonderes RÖ-Gesuch 80/23; 80/44; 81/11
  - Behörde statt Gemeinwesen als Gläubigerin aufgeführt 80/5
  - geschiedener Ehegatte ist für Kinderbeiträge persönlich anspruchsberechtigt 80/4
  - Erben als Betreibende 80/6
  - Passivlegitimation einer unverteilten Erbschaft als Betriebene 80/7
  - Kläger hat weder Anspruch auf mündliche Verhandlung noch auf eine Replik 80/24, 200
  - italienisch sprechender Einwohner in GR hat Anspruch auf Verkehr mit den Behörden in seiner Muttersprache 80/10
  - Kompetenz des RÖ-Richters zur Überprüfung der sachlichen Voraussetzungen 80/3
  - Formfehler in RÖ-Begehren; in der Regel keine Nachteile 80/8
  - Bestreitung einer an die Mitglieder einer einfachen Gesellschaft erteilten Generalvollmacht 80/9
  - keine «res iudicata» des RÖ-Entscheides in einem späteren Verfahren 80/11–12
  - Pflicht zur Auflage von Zahlungsbefehl und Schuldurkunde vor Rekursinstanz im RÖ-Verfahren 80/14
  - Spezifikation der Forderung in der RÖ-Klage bei Ratenzahlungen 80/13
  - zeitliche Begrenzung zur Geltendmachung bis zum Ablauf der Frist gemäss Art. 88 SchKG 80/2
  - wenn Forderung an einen Dritten abgetreten wurde 80/15–17
  - für öffentlich-rechtliche Forderungen berechtigt der Verlustschein zur def. RÖ 80/18
  - Rekursentscheid in RÖ-Sachen ist kein Urteil, gegen das die Nichtigkeitsbeschwerde gegeben ist 80/20
  - Anforderungen an Rekursbegründung 80/19
  - Novenverbot: beschränkte Untersuchungsmaxime im Nichtigkeitsbeschwerdeverfahren 80/21
  - keine Fortsetzung des RÖ-Verfahrens bei Anordnung einer konkursamtl. Liquidation einer Erbschaft 80/22
  - bei hängiger Beschwerde kann Schuldner während der aufschiebenden Wirkung RV erheben 80/25
  - Untergang der Schuld nach Erlass des ZB 80/26

Rechtsöffnung, definitive

- bei Fristverpassung zur Stellung des Fortsetzungsbegehrens nach def. RÖ 80/27
- formelle Rechtsverweigerung im RÖ-Verfahren 80/28
- Bewilligung der RÖ für einen von mehreren betreibenden Gläubigern, wenn die andern das RÖ-Begehren, nicht aber die Betreibung zurückziehen 80/29
- Zuständigkeit des RÖ-Richters nach Wohnsitzwechsel nach Einleitung der Betreibung 80/30
- Örtliche Zuständigkeit für Rechtsöffnung 80/31–32
- Gerichtsstand für RÖ 80/34–36
- def. RÖ aufgrund eines Verlustscheines und einem unverjährten Gerichtsurteils 80/33
- Nebst feststehendem Kapital ist auch für Verzugszinsen RÖ zu erteilen 80/37
- Verweigerung der def. RÖ 80/38–39
- Vollmacht an Anwalt zur Anerkennung einer Klage. Keine Einwendung des Vollmachtgebers möglich 80/40
- Aufschiebende Wirkung auf Vollstreckung eines Urteils; keine Rechtsöffnung 80/43
- ist für jede Betreibung ein gesondertes RÖ-Gesuch zu stellen? 80/44
- Verhältnis zwischen RÖ- und Befehlsverfahren (ZPO ZH) 80/45
- Rechtsöffnung für Prozessentschädigung verweigert, da Höhe unbestimmt 80/46
- RÖ ist auch für kleine Beträge zu erteilen 80/47
- Beantragte def. RÖ und prov. RÖ mangels eines Antrages nicht erteilt 80/49
- Nachweis der Tilgung kann nur mit eindeutiger Urkunde erbracht werden 80/50
- Gläubigereigenschaft und Aktivlegitimation des ehemaligen gesetzl. Vertreters bezüglich Kinderalimente 80/51
- mit Zustellung RÖ-Entscheid an Schuldnerin statt an ihren Anwalt, ist dieser nicht gültig eröffnet 80/48
- **Rechtsöffnungs-Richter – Aufgaben / Zuständigkeit**
- Begründung, B sei nicht mehr fortsetzungsfähig, deshalb keine materielle Behandlung mehr 80/177
- Kompetenz zur Überprüfung sachlicher Voraussetzungen (Wiederaufnahme des gemeinsamen Haushaltes) 80/180
- Stellungnahme zur Frage der Verrechenbarkeit von Unterhaltsbeiträgen 80/178
- Vorfrageweise Beachtung über die Nichtigkeit einer Betreibung 80/184
- zur Prüfung der gesetzlichen Voraussetzungen für zugesprochene Unterhaltsbeiträge 80/179
- bei Vorliegen einer Verfügung einer Krankenkasse sind nur die Rechtskraft und die Vollstreckbarkeit zu prüfen 80/196
- Nichtige Beschlüsse einer Behörde über Verfahrenskosten 80/192
- kein Hinausgehen über die Parteianträge 80/181, 183
- keine Prüfungsbefugnis über Dahinfallen einer Verfügung zur Leistung von AHV-Beiträgen 80/193
- hat nicht über die Gültigkeit des RV und deren Auslegung durch das BA zu urteilen 80/182
- Befindet darüber, ob der Schuldner zu Recht Rechtsvorschlag erhoben hat 80/186
- Offizialtätigkeit des Richters bei definitiver RÖ 80/185
- Überprüfung einer Rechtskraftbescheinigung auf ihre Richtigkeit 80/187
- Beiträge an Strassengenossenschaft, die nicht ziffernmässig bestimmt sind 80/188
- Bestimmung des anwendbaren Rechts für Modalitäten der Schulderfüllung 80/189
- keine Vorlegung des Urteils oder betrifft nicht den Betriebenen 80/190
- Forderung stützt sich auf Verlustschein und auf ein unverjährtes Urteil – def. RÖ 80/191
- keine RÖ für 1/3 des 13. Monatslohnes 80/197
- bei angeordneter konkursamtlicher Nachlassliquidation über den Betreibungsschuldner keine Fortsetzung des RÖ-Verfahrens 80/198; 81/10
- kein Anspruch des Klägers auf mündliche Verhandlung oder auf eine Replik 80/200; 82/21
- Auch bei einer hängigen Beschwerde kann während der aufschiebenden Wirkung das RÖ-Begehren gestellt werden 80/201; 81/13
- Untergang der Schuld nach Erlass des Zahlungsbefehls 80/202
- Rechtsöffnungsverfahren 80/203–210
- Kostenentscheide 80/211–218
- in Arrestsachen 80/219–223
- **vollstreckbare Entscheide und Rechtskraft**
- Rechtsöffnungstitel muss bereits zu Beginn der Betreibung bestanden haben 80/56
- Fehlen einer Rechtsmittelbelehrung 80/52
- Konkordat über die Gewährung gegenseitiger Rechtshilfe für Vollstreckung öffentl.-rechtlicher Ansprüche 80/58–59
- Anforderungen an den Nachweis der Vollstreckbarkeit. Übersetzung von Urkunden 80/54
- RÖ-Entscheid erwächst nur für eine bestimmte Betreibung in materielle Rechtskraft 80/61
- Urteil des Gerichtspräsidenten wird mit Zustellung des Nichtigkeitsentscheides vollstreckbar 80/53
- Entscheid ist vollstreckbar, wenn die formelle Rechtskraft gegeben ist 80/55
- Erfordernis der Vollstreckbarkeit von Verwaltungsentscheiden. Fristgemässe Einreichung eines Rechtsmittels bei unzuständiger Behörde 80/60
- Vollstreckung eines Urteils, das den Schuldner wahlweise zu einer Sachleistung oder zur Geldzahlung verhält 80/57
- Entscheid ist nur dann vollstreckbar, wenn die formelle Rechtskraft gegeben ist 81/33
- Einwendungen gegen die Vollstreckbarkeit eines Urteils 81/35
- für die def. RÖ ist die Fälligkeit nicht Voraussetzung 81/40
- blosse amtliche Aufforderung einer AHV-Ausgleichskasse zur Bezahlung einer Gebühr stellt keine hinreichende Verfügung dar 81/31
- gerichtlicher Vergleich mit bedingter Schuldanerkennung 81/32
- Herausgabe einer beweglichen Sache und Vollstreckbarkeit der Schadenersatzforderung bei nicht Erzwingbarkeit der Herausgabepflicht 81/36
- Prüfung der formellen Rechtskraft eines ausserkantonalen Zivilurteils 81/37
- Prüfung der formellen Rechtskraft eines ausserkantonalen Zivilgerichts in einer arbeitsrechtlichen Streitigkeit 81/38
- rechtskräftige Beschlüsse einer Behörde über Verfahrenskosten sind keine RÖ-Titel, wenn sie nichtig oder willkürlich sind 81/29
- gegen Verfügungen der «Billag» bleiben dem Schuldner Einwendungen des Art. 81 Abs. 2 versagt 81/39
- Vollstreckbarkeit aussergerichtlicher Entschädigungsforderung aus Scheidungsprozess bei Abtretung an einen Dritten 81/30

Rechtsöffnung, definitive SchKG – R

- Vollstreckung aufgrund nach ausserkantonalem Übertretungsrecht rechtskräftig ausgestellter Geldbussen 81/34
- **Rechtsöffnung und Vollstreckungserklärung ausländischer Urteile / Staatsverträge**
  - Britische Schiedssprüche sind nicht vollstreckbar bei schweizerischer Gerichtsbarkeit 80/63
  - auf vorläufig vollstreckbare ausländische Urteile gibt es keine def. RÖ 80/65
  - in Bezug auf deutsche Vollstreckungsbescheide und Versäumnisurteile 80/64, 66–68, 70–74
  - Haager Abkommen über Unterhaltspflicht gegenüber Kindern 80/69, 71
  - keine Anwendbarkeit betr. Nichtanerkennung eines Urteils eines inländischen Verbandsschiedsgerichts im Streit zwischen einem Mitglied und einem Nichtmitglied auf ausländische Schiedssprüche 80/75
  - keine def. RÖ aufgrund eines ausländischen Urteils ohne Nachweise über Zustellung und Rechtskraft 80/76
  - Vollstreckungsvoraussetzungen gemäss Vertrag mit Italien 80/77
  - Vollstreckbarkeit eines österreichischen Urteils; def. RÖ 80/78
  - Österreichischer ZB als def. RÖ-Titel 80/79
  - Bedingte Vergleiche und Urteile 80/80–85
  - ausländische allgemein 81/41, 44, 49, 51, 52
  - britische 81/42
  - deutsche 81/50
  - italienische 81/54, 55
  - polnische 81/47
  - rumänische 81/45
  - Haager Übereinkommen 81/48
  - New Yorker Übereinkommen 81/43, 53
- **gerichtliche Urteile und Vergleiche**
  - Begriff gerichtliche Schuldanerkennung 80/93–94
  - im Urteil werden dem Beklagten keine Verzugszinsen auferlegt: Berücksichtigung in der RÖ 80/86
  - keine Rechtsöffnung für volljähriges Kind für Unterhaltsbeiträge 80/87
  - ein Strafgerichtsurteil bildet keinen RÖ-Titel, solange gegen das Urteil eine Nichtigkeitsbeschwerde hängig ist 80/88
  - Anerkennung einer Schuld in einer Strafuntersuchung nicht ohne weiteres RÖ-Titel 80/89
  - Anerkennung einer Forderung im Nachlassverfahren; prov. RÖ-Titel 80/90
  - vom Sachwalter unterzeichnete Richtigbefundsanzeige und Kollozierung im Koll.-Plan im Konkurs reichen nicht zur RÖ betr. Verwertung eines Drittpfandes 80/91
  - Ausserkantonale gerichtliche Schuldanerkennung durch Gerichtsbeschluss „Unzulässigkeit der Irrtumseinrede 80/92
  - vor Gerichtsbehörde abgeschlossener Vergleich. Anerkennung, wenn Protokoll erstellt und Verfahren als geschlossen erklärt 80/95
  - gerichtliche Vergleiche und Urteile 80/96–100
  - vor dem Friedensrichter abgeschlossene Vergleiche 80/101–103
- **Schiedsgerichtsurteile**
  - def. RÖ gestützt auf einen Schiedsspruch, obwohl der Gläubiger die dem Spruch zugrunde liegende Schiedsvereinbarung nicht vorgelegt hat 80/110
  - keine Einwendung möglich, wenn gegen den als RÖ-Titel in Anspruch genommenen Schiedsspruch Nichtigkeitsbeschwerde hätte erhoben werden können 80/108
  - rechtskräftiges Schiedsurteil auf blosse Verpflichtung eines Schuldners zur Entlastung des Gläubigers von Verbindlichkeiten gegenüber Dritten 80/104
  - Schiedsspruch als def. RÖ-Titel eines Urteils von Verbandsschiedsgerichten 80/105–106
  - Schiedsspruch als def. RÖ-Titel in einem Kanton, der solchen Sprüchen Vollstreckbarkeit zuerkennt. Hinweis des BA, wenn die Betreibung in einem andern Kanton erfolgt 80/109
  - Vergleich, dessen Genehmigung nicht die Unterschrift aller Schiedsrichter trägt 80/107
- **Verfügungen und Entscheidungen kant. Verwaltungsbehörden**
  - AHV-Beitragsverfügung mit Rektifikationsvorbehalt als RÖ-Titel? 80/113
  - Beschlüsse der Ausgleichskasse, die sich auf Bezahlung der AHV-Beiträge beziehen 80/114
  - Verwaltungsbehörde einer Bundesverwaltungsstelle kann Verfügung auf Bezahlung oder Sicherstellung erlassen 80/130
  - def. RÖ aufgrund ausserkant. Urteile der Verwaltungsgerichte über öffentl.-rechtl. Ansprüche 80/125
  - Fortsetzung der Betreibung aufgrund eines Verwaltungsentscheides, der auf den RV hin erstritten worden ist 80/111
  - auf Rechtsvorschlag erstrittener Verwaltungsentscheid kann Betreibung fortgesetzt werden 80/124
  - Rechnungen der Gefängnisverwaltung und der Bezirkskasse für Strafvollzugskosten sind keine rechtsgültigen Verwaltungsentscheide 80/116
  - Entscheid des Gemeinderates über einen Unterhaltsanspruch bildet keinen RÖ-Titel 80/132
  - Veranlagungsentscheid über die Grundstückgewinnsteuer mit Steueraufschub nur bedingter RÖ-Titel 80/118
  - Honorare für Beistand sind Urteilen gleichgestellt 80/126
  - Ein in Anwendung des eidg. Jagdgesetzes ergangener Entscheid über die Schadenersatzpflicht des Wildfrevlers stellt einen def. RÖ-Titel dar 80/117
  - kein RÖ-Verfahren, wenn ein rechtskräftiger Entscheid über öffentl.-rechtl. Ansprüche eines innerkant. Organs vorliegt 80/131
  - Verwaltungsentscheid, durch welchen eine Mehrheit von Personen als Solidarschuldner erklärt wird 80/119
  - Entscheid des Meliorationsamtes für Rückerstattung von Beiträgen bildet RÖ-Titel 80/128
  - mit öffentl.-rechtl. Verpflichtungen ergangener Beschlüsse und Entscheide wird auch die öffentliche Hand verpflichtet 80/121–122
  - Verfügung über Perimeterbeiträge 80/133
  - def. RÖ einer mit Stempel und Unterschrift versehenen Prämienrechnung einer kommunalen Viehversicherung 80/127
  - Zahlungsverfügung der Spitalverwaltung def. RÖ-Titel 80/129
  - Entscheid einer Verwaltungsbehörde ohne Unterschrift gilt nicht als RÖ-Titel 80/115
  - die Erstellung von Verwaltungsverfügungen auf elektronischem Weg bedürfen keiner Unterschrift 80/134
  - Voraussetzungen einer rechtskräftigen, einem vollstreckbaren Gerichtsurteil gleichgestellten Entscheidung einer Verwaltungsbehörde 80/112
  - rechtskräftige Wasserzinsforderungen sind def. RÖ-Titel 80/120

- *Verfügungen privater Organisationen und Gesellschaften*
  - Administrativentscheid muss dem Empfänger eröffnet worden sein unter Angabe von Rekursweg und -frist 80/141
  - Beitragsentscheid von Kassen der Berufsverbände 80/142
  - Beitragsentscheid der staatl. Familienausgleichskasse 80/142
  - Bundesratsbeschluss über GAV – kein RÖ-Titel 80/139
  - Konventionalstrafverfügung paritätischer Berufskommission keine Rechtsöffnung 80/135
  - Krankenkassenbeiträge 80/136
  - Krankenkassenverfügung, die dem Schuldner nicht zugestellt werden konnte 80/137–138
  - Verfügungen privater Versicherungseinrichtungen betr. obl. Unfallversicherung 80/140
- *in Bezug auf familienrechtliche Unterhaltsansprüche / Zahlungen*
  - Alimenteninkassostellen sind berechtigt, Ehegatten bei der Vollstreckung ihrer persönlichen Unterhaltsbeiträge zu vertreten 80/155
  - Anforderungen an einschränkende Indexklauseln in Scheidungsurteilen 80/156
  - aussergerichtlich abgeschlossener Vertrag, nur provisorische RÖ 80/157
  - Massnahme-Entscheid nach Art.145 ZGB ist def. RÖ-Titel für Unterhaltsbeiträge vor der Scheidung 80/153
  - Definitive RÖ für im Urteil festgesetzte Unterhaltsbeiträge gemäss Art. 151 ZGB 80/154
  - von Gläubigerwechsel bei Inkassoabtretung zur Vollstreckung des Unterhaltsanspruchs an Gemeinde oder Behörde 80/154
  - von der Vormundschaft genehmigte Unterhaltsverträge nur prov. Rechtsöffnung 80/160
  - Darf für mehreren Kindern zustehende Unterhaltsansprüche in einer einzigen Betreibung geltend gemacht werden? 80/143
  - für Kinderzulagen, die der Pflichtige erhält, kann der Inhaberin der elterlichen Gewalt die def. RÖ erteilt werden 80/145
  - nachträgliche Vereinbarungen über Vermögensleistungen des einen an den andern Ehegatten 80/146
  - Verweigerung der def. RÖ für Kinderzulagen bei Arbeitslosigkeit des Pflichtigen 80/147
  - wenn Kinderzulagen zusätzlich zu den Kinderalimenten zu bezahlen sind 80/150
  - wenn die Zahlung des Teuerungsausgleichs nur dann zu leisten ist, wenn sich das Einkommen des Pflichtigen erhöht hat 80/151, 159
  - Keine def. Rechtsöffnung, wenn vorgelegter Titel die Forderung nicht bestimmt beziffert 80/157
  - Richterliche Anweisung an den Arbeitgeber, die Unterhaltsbeiträge an den gesetzlichen Vertreter der Kinder zu leisten 80/149
  - Wegfall der Verpflichtung bei «Zusammenleben mit einem anderen Mann» 80/152
  - Zuständigkeit des Gemeinderates zur Festsetzung der Unterhaltsansprüche bei Entzug der elterlichen Gewalt 80/148
  - Ehegatte mit elterlicher Gewalt des Kindes ist gegenüber dem beitragspflichtigen Gatten persönlich anspruchsberechtigt 81/91
  - kein Abzug der vom Arbeitgeber ausgerichteten Kinderzulagen vom Betrag der zu bezahlenden Unterhaltsleistungen 81/92
  - Tilgung von Kinderzulagen durch Arbeitgeber der geschiedenen Ehefrau 81/93
  - Ausrichtung der Kinderzulagen an die geschiedene Ehefrau statt an den unterhaltspflichtigen geschiedenen Ehemann 81/95
  - Der Unterhaltspflichtige wird durch die Unterstützungen der Sozialbehörden gegenüber dem Unterhaltsberechtigten von der Schuld nicht befreit 81/94
  - Die vorsorglich für die Dauer des Scheidungsprozesses festgelegten Alimente fallen bei Wiederaufnahme des gemeinsamen Haushaltes dahin 81/96, 98
  - nachträgliche Vereinbarungen (nach Beendigung eines Ehescheidungs- oder Trennungsprozesses) über Vermögensleistungen mit Herabsetzung 81/97
  - Definitive RÖ verstösst gegen klares, materielles Recht, wenn der Titel die Forderung nicht bestimmt beziffert 81/99
  - Formulierung «solange sich die Kinder in der Ausbildung befinden» deutet auf eine Erstausbildung 81/100
  - Rechtsöffnungsrichter hat nicht abzuklären, ob Voraussetzungen eines mehrjährigen Konkubinats gegeben sind 81/101–102
  - Definitive RÖ für Unterhaltszahlungen, wobei der Schuldner nachweislich in früheren Monaten mehr geleistet hat, als er dazu verpflichtet war 81/103
  - Ist die Verpfändung einer Forderung dem Pfandschuldner notifiziert worden, kann der Pfandschuldner den Betrag hinterlegen und Rechtsvorschlag erheben. RÖ nur, wenn Pfandgläubiger zustimmt 81/104
- *in Steuersachen*
  - Befugnis, die Frage der Doppelbesteuerung zu überprüfen 80/195
  - Beweis für ordnungsgemässe Zustellung der Veranlagungsverfügung 80/166
  - Einwand des Doppelbesteuerungsverbotes 80/161
  - rechtskräftige Steuereinschätzung; keine Befugnis zur Prüfung auf sachliche Begründetheit der Steuerforderung 80/194
  - Steuerabkommen als def. RÖ-Titel 80/162
  - Verzugszinsforderung auf rechtskräftigem Steuerentscheid 80/164
  - mit prov. Steuernote ausgelöster gesetzlicher Verzugszins 80/165
  - Betreibung einer Steuerschuld, deren Taxation erst nach Bewilligung der Nachlassstundung rechtskräftig wurde 80/167
  - (freiburgischer) Fiskalbordereau als vollstreckbaren Entscheid 80/168
  - Steuerrechnungen, aus denen sich nicht ergibt, dass rechtskräftige Veranlagung vorliegt 80/169
  - Solidarische Mithaftung im Steuerrecht 80/170
  - Steuerveranlagungsverfügung, die trotz Veranlagungsverjährung ergeht 80/171
  - Absehen der Gültigkeitserfordernis der Unterschrift bei in grosser Zahl mittels EDV erlassener Veranlagungsverfügungen 80/172
  - def. RÖ für Verzugszinsen auf rechtskräftig veranlagten Steuerforderungen 80/173
  - RÖ-Titel ist die rechtskräftige Veranlagungsverfügung selbst 80/174
  - prov. Steuerveranlagung in Rechtskraft erwachsen 80/175
  - Pfändungsverlustschein mit Steuerforderung nur def. RÖ 80/176

Rechtsöffnung, provisorische

- *Einreden*
  - Tilgung 81/56–67
  - Verrechnung 81/68–79
  - Verjährung 81/80–81
  - Einwendungen in Steuersachen 81/82–90
- **Rechtsöffnung, provisorische**
- *Prozessuales / Verfahrensfragen*
  - Schuldnervertreter 82/116–124
  - Anforderungen an die Glaubhaftmachung von Einwendungen des Schuldners 82/46
  - Begrenzung der Frist, die RÖ zu verlangen 82/10
  - Betreibung gegen Komplementär, wenn sich RÖ-Begehren gegen Kommanditgesellschaft richtet 82/51
  - Beweis des Klägers für seine Berechtigung an der Forderung und Vertretungsverhältnis 82/13
  - Über die Gültigkeit des Rechtsvorschlages haben die AB zu urteilen 82/44
  - Anerkennung des RÖ-Verfahrens unter Vorbehalt der Aberkennungsklage 82/43
  - Anforderungen an Rekursbegründung 82/15
  - hängiger Arrest hindert die RÖ nicht 82/22
  - bei hängiger Beschwerde kann während der Dauer der aufschiebenden Wirkung RV erhoben werden 82/23
  - kein Begehren auf def. RÖ, wenn die prov. bereits erteilt ist 82/32
  - unrichtige Beweiswürdigung, wenn RÖ-Richter nur die bestrittene Parteidarstellung erachtet 82/12
  - def. RÖ bei Antrag auf provisorische 82/52
  - Erfordernis der Handlungsfähigkeit des Schuldners im Betreibungsverfahren 82/45
  - gegen RÖ-Entscheid ist Beschwerde zulässig 82/33
  - Folgen von Formfehlern im RÖ-Verfahren 82/16
  - gerichtliche Hinterlegung des Schuldbetrages macht RÖ-Verfahren nicht gegenstandslos 82/30
  - keine Fortsetzung des RÖ-Verfahrens, wenn über den Schuldner die konkursamtliche Nachlassliquidation angeordnet wurde 82/20
  - keine Erneuerung eines abgewiesenen RÖ-Entscheides 82/25–26
  - keine RÖ in einer zweiten B, wenn in einer ersten B das Fortsetzungsbegehren gestellt ist oder werden könnte 82/27
  - keine materielle Behandlung des RÖ-Gesuches bei Feststellung, dass die B nicht fortsetzungsfähig ist 82/31
  - Legitimation des prov. Erben zur Stellung des RÖ-Begehrens 82/49
  - Nichtaufführung der Schuldanerkennung im ZB steht der Rechtsöffnung nicht entgegen 82/47
  - Novenverbot im Beschwerdeverfahren in einer RÖ-Sache 82/34
  - nichtiger Entscheid, wenn Schuldner weder Vorladung noch RÖ-Entscheid erhalten hat 82/24
  - Passivlegitimation einer unverteilten Erbschaft 82/50
  - Ein Prozessverfahren schliesst ein RÖ-Begehren für die gleiche Forderung nicht aus 82/37
  - Begehren und prov. RÖ neben Anerkennungsklage sind zulässig; Hingegen steht der Ergreifung einer Aberkennungsklage die Rechtshängigkeit eines Anerkennungsprozesses entgegen 82/38
  - prov. RÖ auch möglich bei hängiger materieller Klage 82/18–19
  - RÖ-Entscheid Wirkung nur für die betreffende Betreibung 82/28
  - Ein RÖ-Gesuch für zwei Betreibungen 82/48
  - im RÖ-Verfahren sind Zeugenbescheinigungen zugelassen 82/29
  - Rechtsöffnungserklärung des Schuldners 82/42
  - Spezifikation der Betreibungsforderung im RÖ-Begehren 82/41
  - staatsrechtliche Beschwerde möglich 82/17
  - Auch mit einem prov. RÖ-Titel kann der ordentliche Prozessweg beschritten werden 82/36
  - Vorlage der Urkunden auch im Rekursverfahren durch Gläubiger 82/14
  - Umwandlung eines def. RÖ-Titels in einen provisorischen 82/35
  - Vereinbarung über ein vorgängiges Schlichtungsverfahren gilt für das RÖ-Verfahren nicht 82/39
  - Wahlrecht des Gläubigers unter mehreren RÖ-Titeln 82/40
- *Verhältnis zwischen Anerkennungsprozess und Rechtsöffnungsverfahren, Zuständigkeiten*
  - Bei Betreibung in der Schweiz hat die RÖ durch schweizerische Richter zu erfolgen, auch wenn ein anderer Gerichtsstand vereinbart wurde 82/8–9
  - Wechsel des B-Ortes nach Zustellung ZB 82/3
  - Örtliche Zuständigkeit des RÖ-Richters 82/4–5
  - Prüfung ausländischen Rechts bei prov. RÖ 82/7
  - RÖ-Forderung ist bereits Gegenstand eines Prozesses im Ausland 82/6
- *öffentliche Urkunde – Begriff*
  - Feststellung eines Gerichts, der Beklagte habe eine betriebene Forderung in der Strafprozessverhandlung anerkannt, ist keine durch öffentliche Urkunde festgestellte Schuldanerkennung 82/53
  - Erklärung bei der Einvernahme im Strafverfahren zu Zivilansprüchen des Privatklägers können Schuldanerkennungen sein 82/54
  - Im Kollokationsplan zugelassene Forderung ist keine durch öffentliche Urkunde festgestellte Schuldanerkennung 82/55
  - notarielle Abschrift eines öffentlich beurkundeten Vertrages genügt für prov. RÖ 82/56
  - Kopie eines Sitzungsprotokolls über einen vom Gericht genehmigten Vergleich genügt nicht 82/57
  - Abtretung gemäss Art. 131 SchKG durch das BA ist kein RÖ-Titel 82/58,59
- *Urkundenauflagen im RÖ-Verfahren*
  - zweiseitige Verträge
    - Erfüllung des Vertrages 82/164–168
    - Einwendungen 82/165; 82/169–171
    - Zinsen 82/172–177
    - Abonnements-/Servicevertrag 82/285–287
    - Arbeitsvertrag 82/281–284
    - Auftrag / Fernkurs-/Lehrwerkvertrag 82/291–297
    - Bürgschaften / Garantievertrag 82/274–280
    - Darlehen 82/224–233
    - Kontokorrentverhältnisse 82/234–240
    - Konventionalstrafe 82/264–269
    - Miet- und Pachtverträge 82/241–250
    - Schuldbefreiungsversprechen 82/332
    - Unterhaltsverträge (Art. 287 ZGB) 82/298–299
    - Vergleiche / Vereinbarungen 82/270–273
    - Werkvertrag 82/288–290
    - WIR-Geschäfte 82/333–335
    - Ausgleichskasse / Altersvorsorge 82/300–302
    - Betreibungskosten 82/303–304
    - Schuldanerkennung 82/60–95
    - gültige / ungültige Unterschriften 82/305–309
    - Bestell-/Lieferscheine, Fakturen 82/201–205
    - Sicherheitsleistungen 82/206–210
    - Hinterlegungsvertrag 82/211
    - Schuldübernahmen 82/132–135
    - Schuldübernahmevertrag 82/62

854

Rechtsöffnung, provisorische

- Anerkennung einer Forderung im Nachlassvertrag 82/86
- Aussage eines Organs einer jur. Person in einer Strafuntersuchung 82/76
- unterschriftlich anerkannte Indexklausel 82/60
- Echtheit der Unterschrift 82/61
- Bauhandwerkerpfandrecht als Schuldanerkennung? 82/87–88
- vom Bauherr unterzeichnete Bauabrechnung 82/63
- Bedingte Schuldanerkennung 82/69
- Buchstäblicher Sinn einer Schuldanerkennung 82/73
- Berufung auf mehrere Belege als Schuldanerkennung 82/74
- Echtheit der Unterschrift 82/89
- Im Kollokationsplan zugelassene Forderung: Wirkung gegenüber dem Bürgen 82/85
- Quittung mit Bescheinigung, das Geld als Darlehen erhalten zu haben 82/83
- vom Empfänger unterzeichneter Lieferschein 82/94
- Solidarschuldverpflichtung mit im Begleitbrief enthaltener Erklärung als «nicht verbindlich» 82/65
- Aufgrund einer Schuldanerkennung der Kollektivgesellschaft gegen Gesellschafter RÖ erteilt 82/77
- als Schuldanerkennung aufgelegter Vertrag mit Verpflichtung eines Dritten 82/81
- Schuldanerkennung / Wahlobligation 82/82
- Schuldanerkennung aufgrund einer nicht klagbaren Forderung 82/90
- in Schuldanerkennung ist von solidarischer Verpflichtung die Rede 82/91
- abgegebene Schuldanerkennung unter Androhung einer Strafanzeige 82/95
- Schuldurkunde alleine von einem kollektiv Zeichnungsberechtigten mit «ppa» unterzeichnet 82/79–80
- Unterzeichnung einer vom Prokuristen der Kommanditgesellschaft ausgestellten Schuldanerkennung 82/78
- unmündiger unterschreibt Schuldanerkennung; keine Berufung darauf nach Mündigkeit, wenn… 82/71
- Schuldbetrag ist unterhalb des Textes in einer Aufstellung angebracht 82/68
- Tauglichkeit eines Telefax 82/93
- Unterschrift mit «Frau» und mit dem Namen ihres zukünftigen Ehemannes 82/72
- Verpflichtung, «restliche offene Prämie» zu bezahlen 82/92
- verschiedene sich ergänzende Dokumente 82/75
- Wirksamkeit einer Bestätigung einer Person, dass sie einer Schuldpflicht unterliege 82/66
- Im Zivilprozess im Antwortschluss abgegebene Anerkennung 82/70
- Fälligkeitsvoraussetzungen 82/125–131
- Verlustscheine 82/96–108
- Kaufvertrag
  - Angebot der Lieferung und Käufer informiert, dass die Gegenstände hinterlegt sind 82/190
  - 15%ige Entschädigung des Kaufpreises bei Aufhebung Abzahlungsvertrag 82/191
  - Erfüllung 82/179, 184–185, 187–188
  - Einrede der Formrichtigkeit 82/196
  - Fotokopie des Kaufvertrages 82/183
  - Anwendung der Bestimmungen betr. Abzahlungsvertrag auf in Raten rückzahlbarer Kleinkredit für die Finanzierung eines Autokaufes 82/197
  - um Grundstück 82/178
  - Leasingverträge 82/198–200
  - wenn mindestens Leistung angeboten wurde 82/182
  - Lieferung per Nachnahme 82/180
  - angebliche Nichtigkeit des der Forderung zugrunde liegenden Vertrages 82/194
  - Einrede der Preisminderung 82/181
  - Kaufpreis ist in jährlichen Raten auf einen bestimmten Zeitpunkt zu zahlen 82/186
  - Unterlassung der Rügepflicht des Käufers 82/195
  - Ungültigkeit des Kaufvertrages bei Nichterfüllung von Art. 226a und 226m OR 82/189
  - Betriebener hat Verrechnungsforderung glaubhaft zu machen 82/192
  - Zahlung des Kaufpreises für zurückgezogene Bestellung 82/193
- Pfandforderung / Grundpfandverwertung
  - RÖ für Pfandrecht an der Ausfallforderung 82/262
  - Betreibung gegen Dritteigentümer des Pfandes 82/263
  - Einreden aus dem Grundgeschäft und solche aus dem persönlichen Verhältnis zwischen Schuldner und Gläubiger 82/257
  - Entkräftung eines Schuldbriefes als Schuldanerkennung für Grundpfandzins, weil bisher ein niedrigerer als der verurkundete Zins bezahlt wurde 82/255–256
  - Faustpfandverwertung, in der das Pfand einem Dritten gehört 82/261
  - Betreibung auf Grundpfandverwertung bei Schuldbriefen mit Faustpfandrecht 82/260
  - Betreibung aufgrund einer Maximalgrundpfandverschreibung bis zum Höchsthaftungsbetrag 82/259
  - Obligation mit Grundpfandverschreibung (und Präsentationsklausel) 82/251–253
  - Tilgung der (ursprünglichen) Pfandforderung mit Untergang des Pfandrechts 82/258
- Versicherungsvertrag
  - Differenz zwischen Versicherungsantrag und Police 82/222
  - Einforderung rückständige Prämie innert gesetzlicher Frist (Art. 20 VVG) 82/220
  - bei Fusion zweier Versicherungsgesellschaften 82/212
  - Geltungsbereich des VVG 82/213
  - Mahnung von Versicherung 82/215–217
  - provisorisch festgesetzte Versicherungsprämie 82/223
  - Rechtsschutzvertrag dem VVG unterstellt 82/214
  - Regressrecht des Versicherers unter bestimmten Voraussetzungen 82/219
  - RÖ für erste Prämie ohne Aushändigung der Police 82/221
  - vereinbarte Sistierung des Vertrages 82/218
  - Zessionen, Subrogationen 82/109–115
- Wechsel
  - Wechselbürge 82/142–143
  - Blosses Wissen um die Geltendmachung eines Einwandes durch den Schuldner 82/144
  - Unterzeichner eines Wechsels ohne Ermächtigung des Bezogenen 82/158
  - Checks 82/161–163
  - Einwand, es handle sich um einen Sicherheitswechsel 82/153
  - Wechsel nach Erlöschen seiner Wechselkraft 82/138

Rechtsstillstand

- auf fremde Währung lautendes Wechselakzept 82/152
- bei gezogenem Wechsel fehlt der Name des Wechselnehmers 82/155
- nicht gültiger Wechsel als Schuldanerkennung 82/156,158,160
- Für die Befreiung in der Wechselbetreibung genügt der Nachweis nicht, dass für dieselbe Forderung bereits eine gewöhnliche Betreibung erfolgt ist 82/159
- Kopie des Wechsels genügt nicht 82/136–137
- Mangel des rechtzeitigen Protests 82/151
- Wechsel als RÖ-Titel für Nebenansprüche (Zinsen, Verzugsfolgen) 82/147
- RÖ gegen den Bürgen des Wechselausstellers eines Eigenwechsels 82/157
- Glaubhaftmachung der Tilgung 82/150
- Befugnisse eines Unterzeichners des Wechsels nicht klar 82/146
- unvollständiger Wechsel ist kein RÖ-Titel 82/149
- Wechsel darf nicht verjährt sein und gegebenenfalls ordnungsgemäss protestiert sein 82/154
- Voraussetzung zur Schuldanerkennung eines Wechsels durch Unterschrift 82/145
- verjährter Wechsel 82/139–141, 143
- zur Zeit der Anbringung der Avalunterschrift bestand eine Verwaltungsbeiratschaft 82/148
- *Einwendungen / Einreden*
  - bezüglich Verrechnung 82/310–316
  - bei zu später Lieferung 82/317
  - keine Einrede der abgeurteilten Sache im Betreibungsverfahren möglich 82/318
  - vor Abschluss eines ersten Betreibungsverfahrens kann für denselben Betrag kein zweites Mal Rechtsöffnung erteilt werden 82/318
  - Einrede auf Rückzug eines früheren Begehrens und nur Begehren beim Sühnerichter 82/319
  - Einrede der Rechtshängigkeit im RÖ-Verfahren 82/320
  - der erloschenen Betreibung 82/321
  - der Tilgung einer Forderung, dass der Gläubiger durch Ersteigerung von Pfändungsobjekten Eigentümer geworden sei, deren Wert die Forderung übersteige 82/322
  - können auch gegenüber einer öffentlich beurkundeten Schuldanerkennung erhoben werden 82/326
  - Betreibung / Grundpfandverwertung; Einreden gegen den ersten Titelnehmer aus Grundgeschäft 82/327
  - Formnichtigkeit, formungültiger Vorvertrag, Simulation 82/330
  - Gläubiger ist im Besitze einer vollstreckbaren Betreibung für dieselbe Forderung 82/329
  - Glaubhaftmachung der Anwendbarkeit ausländischen Rechts 82/331
  - Nachweis eines bisher niedrigeren bezahlten Zinses als der verurkundete Zins 82/324–325
  - durch unbeglaubigte Fotokopien 82/328
  - Urkunde ist gegen den Willen des Schuldners in Verkehr gebracht worden 82/323
- *Rückforderungsklage*
  - Beweispflicht über die Bezahlung einer Nichtschuld; Beitrag des Beklagten zur Abklärung des Sachverhalts 86/6
  - Anrufung des zürch. Friedensrichters innert Jahresfrist genügt nicht zur Wahrung der Klagefrist 86/2
  - Schuldner, der nach der Beseitigung des RV weitere Zahlungen oder Gegenansprüche geltend machen will 86/7
  - Gerichtsstand für die Rückforderungsklage 86/10
  - Gerichtsstandsklausel für Rückforderungsklage 86/11
  - Verneinung des Interesses dieser Feststellung, wenn die RV-Frist versäumt wurde 86/3; gegenteilige Meinung, Entscheid 86/4
  - Unzulässigkeit der Klage, wenn ein ergangenes Urteil in Frage gestellt wird 86/5
  - Verarrestierung einer Rückforderung eines gerichtl. zugesprochenen und bezahlten Betrages 86/12
  - Rückforderungsklage setzt nicht voraus, dass die Zahlung «freiwillig» (aus eigener Initiative) oder aufgrund einer Betreibung erfolgte 86/9
  - Erst in der Rückforderungsklage geltend gemachte Verrechnung 86/1
  - Zwang, eine Schuld eines Dritten zu bezahlen 86/8
- *weitere Anwendungen*
  - prov. RÖ aufgrund einer Quittung des Gastwirtes bei Vorauszahlung und nachträglich abbestelltem Essen 82/336
  - RV gegenüber einzelnen Positionen aus mehreren Posten zusammengesetzter Forderung = Anerkennung der übrigen nicht bestrittenen Positionen 82/337
  - Unterzeichnung eines «Bon für Gratisprobe» für Zustellung eines Kaufgegenstandes 82/338
  - RÖ für Gegenwert der gelieferten Ware, nicht aber die Forderung für bestrittene Lieferung 82/339
  - Beitrittserklärung zu einem Verein oder einer Genossenschaft 82/340
  - Gesellschaftsvertrag 82/341
  - keine RÖ, wenn Sinn der Auslegung des RÖ-Titels zweifelhaft ist 82/343
  - kein RÖ-Titel bei einem von einem Gesellschafter einer einfachen Gesellschaft entgegen dem – und dem Gläubiger mitgeteilten – Widerspruch des andern Gesellschafters abgeschlossenen Rechtsgeschäft 82/342
  - keine Konkursandrohung vor Beseitigung eines RV 82/344

Rechtsstillstand
- *bei Erbschaft*
  - Zulassung einer Betreibung bei a.o. Verhältnissen 59/1
  - Ausschluss einer Einleitung und die Fortsetzung einer Betreibung bei amtlicher Liquidation 59/2
- *bei Militärdienst*
  - gilt nicht für Militärpatient in der Klinik, der eine Invalidenrente erhält 57/2
  - gilt nicht für Militärpatient in Heimpflege und der Leistungen der Militärversicherung erhält 57/1
  - auch während eines freiwilligen Einsatzes 57/4
  - Zustellung des Zahlungsbefehls während des Militärdienstes ist nicht nichtig, sondern nur anfechtbar 57/5
  - vom BA während des Militärdienstes dem Lohnempfänger abgezogener Lohn ist zurückzustatten 57/3
  - Konkursbegehren kann gültig gestellt werden 57/7
  - Urteil im Forderungsprozess nach Art. 79 SchKG ist keine Betreibungshandlung 57/8
  - Zustellung des ZB während eines Militär- oder Zivildienstes ist nichtig 57/6
- *bei Verhaftung*
  - Bestellung eines Vertreters ist bei jeder einzelnen Betreibung neu zu setzen 60/2, 11
  - auch wenn eine Arresturkunde zuzustellen ist 60/5
  - Freiheitsstrafe dauert ein Jahr oder mehr 60/3
  - gilt auch für Gesellschaften, deren sämtliche Organe verhaftet sind 60/7, 8

- Arrestschuldner in Gefangenschaft kann nicht die Zustellung von B-Urkunden an seinen Wohnsitz im Ausland verlangen 60/4
- Die Nichtgewährung des Rechtsstillstandes zur Bestellung eines Vertreters stellt Rechtsverweigerung dar 60/11, 12
- Verhafteter hatte keine Gelegenheit, einen Vertreter zu bestellen 60/10
- kein Rechtsstillstand für Kommanditgesellschaft, wenn sich der einzige bevollmächtigte Komplementär in Haft befindet 60/6
- wenn nicht sämtliche Organe einer Gesellschaft verhaftet sind und zudem ein neuer Direktor und ein Rechtsvertreter bestellt worden sind 60/9
- Rechtsvorschlagsfrist, die während der Verhaftung ablaufen würde 60/1; 63/10; 69/39
- *bei schwerer Erkrankung*
  - Bewertung summarisch gehaltener Arztzeugnisse ohne Diagnose 61/14
  - Begriff schwere Krankheit 61/5–6, 9
  - die Schwere einer Erkrankung bemisst sich nach dem Umstand, dass der Schuldner ausser Stande ist, einen Vertreter zu bestellen 61/10–12, 14
  - bei chronischer Krankheit nur auf bestimmte Zeit 61/4
  - Gewährung des Rechtsstillstandes spielt für die Lage des Gläubigers keine Rolle 61/13
  - Gebot der Menschlichkeit 61/1
  - Militärpatient in Hauspflege 61/3
  - bei Verlust des Arbeitsverdienstes zufolge Krankheit 61/2
  - Voraussetzungen für die Gewährung des Rechtsstillstandes 61/7–8
  - Dauer des Rechtsstillstandes 61/32–35
  - keine Gewährung des Rechtsstillstandes 61/15–22
  - Personenkreis 61/23–28
  - Zuständigkeit für Bewilligung 61/29–31

Rechtsvorschlag
- *Anforderungen an die Erklärung*
  - das Wort «Rechtsvorschlag» genügt 74/16–17
  - RV per Fax ist zulässig 74/39
  - blosse Unterschrift in der Rubrik «Rechtsvorschlag» genügt 74/19
  - ohne jeglichen Vermerk in der Rubrik «RV» ist nicht darauf zu schliessen, es sei RV erhoben worden 74/22
  - ohne Einschränkung erhobener RV bezieht sich auf ganze Forderung 74/23
  - nur gegen die Betreibungskosten ist ausgeschlossen 74/24
  - Mindestanforderung – der Wille, die Forderung zu bestreiten, oder die Absicht, die Fortsetzung der B zu verhindern, muss zum Ausdruck kommen 74/18, 20
  - rechtsmissbräuchliche Unterlassung des RV 74/25
  - bei Rechtsvorschlag «da kein neues Vermögen vorhanden» ist zu vermuten, dass die Schuld selbst nicht bestritten ist 74/26
  - im Zweifel sind Erklärungen des Schuldners zu seinen Gunsten auszulegen 74/21
  - gegen die Ablehnung des nachträglichen RV durch den Richter, nur staatsrechtliche Beschwerde 74/27
  - dem im Ausland wohnenden Schuldner kann das BA die Frist verlängern 69/38
  - Bestreitung des Rechts, die Forderung auf dem Betreibungsweg geltend zu machen, ist mit RV zu erklären 69/37
  - Bestreitung der Vertretung des Gläubigers ist durch Beschwerde zu erheben 69/36
  - die Frist, die während der Verhaftung des Schuldners abläuft, verlängert sich um 3 Tage 69/39
- bei einer zweiten Zustellung des ZB (Ungültigkeit des ersten) bleibt ein auf die erste Zustellung hin erklärter RV wirksam 71/1
- bei der Zustellung durch die Post; sofortige Prüfung (Feststellung), dass der RV richtig vorgemerkt und bescheinigt worden ist 72/3
- RV kann bei der Zustellung des ZB gegenüber dem Postboten erklärt werden 72/7
- Übergabe des ZB am Postschalter ist der Zustellung durch Postboten gleichgestellt, auch wenn der Schuldner den ZB zurückwirft 72/6
- nach Zustellung der Konkursandrohung den Nichterhalt des ZB reklamiert. Aufhebung wegen Verletzung der Zustellform 72/5
- *Legitimation*
  - Personen, die den ZB entgegennehmen dürfen, können RV erheben 74/1
  - Abwesenheit seit längerer Zeit mit unbekanntem Aufenthalt – Befugnis für Erhebung des RV der zu bestellende Beistand 74/2
  - Organe von juristischen Personen für eine Stiftung 74/3
  - für Handelsgesellschaft, Genossenschaft oder juristische Personen 74/4–7
  - Geschäftsführung ohne Auftrag 74/8–9
  - Überprüfung der Legitimation – BA von Amtes wegen 74/10–12
  - Anfechtung der Legitimation zum RV 74/11
  - Anfechtung durch Beschwerde 74/12
- *mündlicher Rechtsvorschlag*
  - Voraussetzungen, damit ein tel. erklärter RV gültig ist 74/28
  - am Postschalter, wenn Betriebener Inhaber eines Postfaches ist 74/29
  - Erklärung ist im Betreibungsbuch zu protokollieren 74/30
  - Schuldner trägt Risiko für die richtige Protokollierung des BA 74/31
  - vorerst mündlicher und ohne Begründung erhobener RV; später noch schriftlich unter Angabe einer ungültigen Erklärung 74/38
  - erhoben durch eine für den Schuldner handelnde Person, wenn Zweifel über Identität des Erklärenden bestehen 74/36
- *telefonisch erklärter Rechtsvorschlag*
  - Beweispflicht beim Schuldner 74/32; 74/37
  - sofern dieser nicht sofort abgelehnt wird, ist dieser gültig 74/33
  - Amt muss sich im Klaren sein, wer die Erklärung abgibt 74/34
  - Zweifel über den bei der Zustellung des ZB mündlich erhobenen RV vor über einem Jahr 74/35
  - Erklärung gegenüber der Post, gegenüber dem Postboten; Risiko der Nichtprotokollierung u. Nichtübermittlung an das BA trägt der Schuldner 74/40–41
  - Schuldner wirft ZB auf Schaltertisch zurück mit der Bemerkung, er verweigere diesen ZB = gültiger RV 74/42
  - Rechtsvorschlag wird vom Postboten nicht protokolliert 74/46–47
  - RV nicht auf Gläubigerdoppel übertragen; hat keine Gültigkeit 74/44
  - Gültiger RV 74/91–108
  - Ungültiger RV 74/109–117
- *Frist zur Erhebung des Rechtsvorschlages*
  - Beginn mit der tatsächlichen Zustellung 74/48
  - Für die Berechnung der Frist ist das Zustelldatum auf dem Schuldnerdoppel massgebend 74/52

Rechtsvorschlag, Beseitigung

- Fristenlauf an Samstagen 74/57
- Berechnung der Frist – Bei unklarer Schrift ist auf das für den Schuldner günstigere Datum abzustellen 74/49
- Frist ist eingehalten, wenn RV vor Ablauf der Frist beim ersuchenden oder ersuchten Amt eingereicht wird 74/51
- Ein fehlerhaft zugestellter ZB entfaltet seine Wirkung mit dessen tatsächlicher Kenntnisnahme 74/54, 58
- Anwalt hat für Fehler der Übermittlung an das BA einzustehen. Folgen treffen die von ihm vertretene Partei 74/50
- vom unzuständigen BA erlassener ZB ist nicht nichtig. Fristenwahrung in Bezug auf den ZB 74/53
- ein bei der Zustellung des ZB erklärter RV ist sofort wirksam und gilt als beim BA erhoben, auch wenn dieses keine Kenntnis erhält 74/56
- zeitliche Zugänglichkeit eines Briefkastens beim BA 74/59
- Fristverlängerung für RV 74/60–61
- Wiederherstellung versäumter Frist 74/62
- Beweispflicht 74/63–71
- **Begründung des Rechtsvorschlages**
- Anwendung des Grundsatzes «in dubio pro debitore», soweit Zweifel hinsichtlich der Erklärung des RV bestehen 75/11
- Begründung der Einrede des mangelnden neuen Vermögens 75/4–8
- Einrede des mangelnden Vermögens 265a/1–18
- Zuständigkeit zur Überprüfung dieser Einrede 265a/19–25
- erst im RÖ-Verfahren erhobene Einrede des mangelnden neuen Vermögens 75/1–2
- Prüfung des BA nur die Zulässigkeit eines RV in formeller Hinsicht 75/10
- Rückweisung der Einrede des mangelnden neuen Vermögens durch BA, wenn sich die betriebene Forderung nach der KE bezieht 75/9
- **zum Voraus erklärter Rechtsvorschlag**
- gültig 74/72–73
- ungültig 74/74–75
- **Zuständigkeit für die Entgegennahme**
- massgebend ist die Erklärung des RV an das BA, nicht die an den Gläubiger 74/76
- versehentlich an unzuständiges Amt gerichteter RV ist gültig 74/77
- kann auch beim ersuchten (ausländischen) Amt erklärt werden 74/78
- beim Gläubiger statt beim BA eingereichter RV ist nicht gültig 74/79
- Am Spezialdomizil erhobener RV. Abklärung BA über Befugnis 74/80
- **Mitteilung des Rechtsvorschlages an Gläubiger**
- Fortsetzung der Betreibung trotz RV 76/1
- Fristbeginn für Beschwerde gegen ein BA, das das Vorliegen eines gültigen RV verneint 76/3
- Fortsetzung der B, wenn Bestreitung der Schuld und die Einrede des mangelnden neuen Vermögens abgewiesen worden sind 76/4
- Fehlt auf dem ZB für den Gläubiger die Protokollierung des erhobenen RV, kann der Schuldner Beschwerde führen 76/5
- Zustellung des Gläubigerdoppels mit RV ist eine beschwerdefähige Verfügung 76/2
- versehentliche Unterlassung der Mitteilung des RV an Gläubiger. Fortsetzung bleibt verhindert 74/88
- Die Zustellung des ZB für den Gläubiger per Nachnahme stellt eine anfechtbare Verfügung dar 76/6

- **nachträglicher Rechtsvorschlag**
- Befugnis des Schuldners, die Gültigkeit der Abtretung zu bestreiten 77/1
- gegen Abweisung des nachträglichen RV steht nur die staatsrechtliche Beschwerde offen 77/3
- keine Willkür, wenn dem Schuldner, der in der vom Zedenten angehobenen Betreibung rechtzeitig Recht vorgeschlagen hat, die Bewilligung in der Betreibung des Zessionars den nachträglichen RV zu verweigern und ihn ins RÖ-Verfahren zu verweisen 77/2
- **Wirkung des Rechtsvorschlages**
- Betreibung wird eingestellt 78/1
- Einstellung der Betreibung hemmt auch die Einforderung der Kosten beim Schuldner 78/3
- Erlass einer Konkursandrohung oder vorgenommener Pfändung trotz bestehendem RV ist nichtig 78/4–6
- nur bei Rechtsvorschlag an BA / nicht an Gläubiger 78/2
- Einreichung einer Aberkennungsklage vor dem RÖ-Entscheid 78/11
- Rückzug des RV 78/7–10
- **Handlungen oder Unterlassungen des BA**
- bei Abweisung des RV durch BA; mit Beschwerde anfechtbar 74/86, 89
- zweite Zustellung des ZB wegen Ungültigkeit. RV auf die erste Zustellung bleibt wirksam 74/87

Rechtsvorschlag, Beseitigung

- **durch Anerkennungsklage**
- kein Recht der Betreibungsbehörden (BA, AB, Bundesgericht) zur Überprüfung einer gerichtlichen Aufhebung des RV 79/1
- Verhältnis zwischen Anerkennungsklage und RÖ-Verfahren 79/2, 20
- Bei Anerkennung der Klage durch den Schuldner kann die Betreibung fortgesetzt werden 79/4
- Prozess auch möglich bei prov. RÖ-Titeln 79/5
- Rückzug durch Vergleich 79/6
- Mit Klageanerkennung ist RV beseitigt 79/7
- Rechtskräftigwerden von Urteilen der Anwaltskammer 79/8
- Fortsetzung der Betreibung aufgrund einer Zivilklage aus strafbarer Handlung 79/9
- Urteil über Gutheissung der Klage ist keine Rechtsöffnung, sondern Aufhebung des RV 79/10–12, 80/41
- Zivilurteil hat auf die hängige Betreibung Bezug zu nehmen und den RV als aufgehoben zu erklären 80/42
- vier mögliche RV in einer Drittpfandbetreibung. Fortsetzung der B, wenn alle beseitigt sind 79/13
- Erbengemeinschaft hat keine Parteifähigkeit, nur die einzelnen Erben 79/14
- Erledigung durch Vergleich mit Bedingungen 79/15
- Forderungsabtretung gemäss Art. 131 SchKG ist kein RÖ-Titel 79/16
- ganze oder teilweise Schuldanerkennung im Prozess berechtigt zur Fortsetzung der Betreibung 79/17
- nach Gutheissung der Anerkennungsklage kann Fortsetzung der B verlangt werden 79/22
- staatsrechtliche Beschwerde gegen letztinstanzliche kant. Entscheide zulässig 79/18
- prov. RÖ nach Einreichung der Leistungsklage 79/19
- Abstandserklärung nach bernischem Zivilprozessrecht; Wirkung nach kant. Recht 79/21
- Zuständigkeit des Sozialversicherungsgerichts als RÖ-Richter 79/23
- **im Verwaltungsverfahren**
- nach Beseitigung des RV kein RÖ-Verfahren nötig 79/24–25

- nach Verwaltungsentscheid direkte Fortsetzung der B möglich 79/26–28
- **durch Sozialversicherungen vollstreckbare Verfügungen können erlassen werden, durch:**
- Krankenkassen als jur. Personen des öffentlichen Rechts für Prämien im Bereich der obl. Krankenversicherung der freiwilligen Taggeldversicherung 79/29, 34
- Inkassostelle für Radio- und Fernsehempfangsgebühren 79/38
- Verwaltung kant. Heilanstalten 79/32
- keine Anwendung auf Auffangeinrichtung der beruflichen Vorsorge 79/30
- Anforderungen an den Inhalt des Verfügungsdispositivs 79/31; 80/62
- Zustellfiktion gilt nicht bei Zustellung der Verfügung durch Krankenkasse 79/36
- Die Praxis über die Beseitigung des RV durch Krankenkasse widerspricht Art. 58 Abs. 1 BV und Art. 6 Ziff. 1 EMRK nicht 79/37
- **bei ergangenem Urteil in einem andern Kanton**
- Schuldner muss Gelegenheit haben, Einreden nach Art. 81 Abs. 2 SchKG zu erheben 79/35; 79/39–42
- Verfügung einer Krankenkasse für eine ausserhalb des Kantons einzufordernde Prämie; mögliche Einreden gem. Art. 81 Abs. 2 SchKG 79/35

Rechtsvorschlag oder Beschwerde
- durch RV, wenn statt Faustpfand- eine Grundpfandbetreibung durchzuführen ist 74/13
- durch RV bei Bestreitung einer Schuld 74/14
- während der Hängigkeit einer Beschwerde kann RV während der Dauer der aufschiebenden Wirkung erhoben werden 74/15

Rechtsvorschlag in der Betreibung auf Grundpfandverwertung
- anwendbares Verfahren im Falle einer Mietzinssperre, wenn zugleich die Forderung oder das Pfandrecht und das Pfandrecht an den Mietzinsen bestritten werden 153a/1
- Frist zur Beseitigung des RV 154/2
- provisorische RÖ. Beim Schuldbrief bildet die Fälligkeit der Forderung die Voraussetzung 153a/3

Reihenfolge der Pfändung
- allgemeine Verfahrensfragen 95/1–8
- Reihenfolge – Bewegliche Sachen 95/9–14
- Forderungen 95/15–24
- Gegenstände im Gewahrsam von Dritten / Eigentumsansprüche Dritter / Pfand- und Retentionsansprüche 95/25–31
- Anteile an Gemeinschaftsvermögen 95/32–34
- Grundstücke 95/35–40
- Abweichung dieser Regelung (Abs. 4bis) 95/41–42

Retentionsrecht
- Retentionsrecht des Vermieters als Faustpfand (i.V.m. Art. 206 Abs. 1) 37/1
- Retentionsbegehren, Prüfung durch BA 283/1–13
- Voraussetzungen 283/14–24
- Umfang des Retentionsrechts 283/25–37
- der Retention unterliegende Objekte 283/38–52
- Drittansprache an Retentionsgegenstände 283/53–62
- Kosten im Retentionsverfahren 283/92–94
- Sicherungsmassnahmen und vorzeitige Verwertung 283/63–90
- Aufnahme des Retentionsverzeichnisses ist nicht anzukündigen 89/3
- Prosequierung durch Betreibung 283/65–76
- Rechtsmittel 283/85–88
- Retentionsrecht im Konkurs 283/89–91
- Sicherstellung der fälligen Mieten 283/77–80
- Untergang oder Hinfall der Retention 283/81–84
- Auszug des Mieters wurde durch Vermieter nicht verhindert 283/95
- Verstrickungsbruch 283/96
- Heimliche Fortschaffung der Gegenstände und Rückschaffung 284
- Begriff Heimlichkeit 284/1–7
- Rückschaffung / Frist 284/8–13
- Rückschaffung in Verbindung mit Eigentumsanspruch 284/14–18
- Retentionsgegenstände werden gutgläubigem Dritten veräussert 284/19
- Retentionsgegenstände werden mit Zustimmung des BA in andere Räume verbracht 284/20
- Rückschaffungsbegehren und Verwertung nach Ausstellung eines Pfandausfallscheines 284/21
- Rückgängigmachung des Steigerungszuschlages zufolge nicht rechtzeitiger Zahlung 143/1–2
- Rücktrittsrecht des Verkäufers im Konkurs 212/1–3

Rückzug des Rechtsvorschlages
- ist dem BA zu erklären, nicht dem Gläubiger (mit Ausnahme) 74/81, 84
- durch einen Dritten, nur im Auftrag und Einverständnis des Schuldners 74/82
- Rückzug durch Ehefrau des Schuldners; nur mit Vollmacht 74/85
- Schuldanerkennung, nach dem RV ausgestellt, gilt nicht als Rückzug 79/3
- Zahlung des Schuldners an BA gilt als Rückzug des RV 74/83

S

Schuldnerflucht
- auch Einzelbetreibung zulässig 54/1
- Entscheid über Erfüllung der Voraussetzungen eines Konkurses liegt beim Konkursrichter 54/2

Sicherungsmassnahmen, siehe Vollzug der Sicherungsmassnahmen

Sicherungsmassnahmen im Konkursverfahren
- 223/1–5

Spezialdomizil
- Annahme einer Begründung eines Spezialdomizils 50/17
- Spezialdomizil fällt nicht ohne weiteres mit Erfüllungsort zusammen 50/9
- keine Formvorschriften für Vereinbarung 50/19, 22
- Mit dem vereinbarten Gerichtsstand ist nicht ohne weiteres ein Spezialdomizil für die Betreibung gegeben 50/7, 12, 16
- Im HR nicht eingetragene Zweigniederlassung in der Schweiz mit Sitz im Ausland 50/15
- keine Eintragung in HR möglich für Geschäftsniederlassung in der Schweiz 50/11
- Konkursbetreibung am Spezialdomizil ausgeschlossen 50/21
- Für ergebnislose Pfändung am Spezialdomizil ist ein Verlustschein auszustellen 50//13
- Am Spezialdomizil erhobener RV ist durch das BA zu überprüfen 50/20
- Spezialdomizil auf bezogene Verbindlichkeiten der schweiz. Geschäftsniederlassung hat keine Geltung für Forderungen anderer Art. 50/10
- Aus Art. 66 Abs. 1 SchKG ergibt sich kein Spezialdomizil gemäss Abs. 2 von Art. 50 50/23
- Eine zur Entgegennahme betreibungsamtlicher Dokumente ausgestellte Vollmacht genügt nicht 50/18

Steigerung

- Begründung für Wechselverpflichtungen 50/8
- Wohnsitz im Ausland oder Fehlen eines festen Wohnsitzes; Betreibung am Spezialdomizil 50/14
- Sprache / Amtssprache vor Konkursrichter 25/2

Steigerung
- Aufhebung des Steigerungszuschlages zufolge Nichtleistung des Verkaufspreises und nachfolgende Konkurseröffnung über den Schuldner 143/12
- Beschwerde gegen Aufschubsverweigerung, wenn die Verwertung bereits erfolgt ist 143a/8
- Fällige Forderungen auf Grundstücke können nicht auf den Ersteigerer überbunden werden 259/3
- keine Gewährleistung zu Angaben über Mietzinseinnahmen 143a/1
- Nichtigkeit eines Zuschlages an Organe einer konkursiten Aktiengesellschaft 143a/7
- Pflichtverletzung der Betreibungsorgane im Vorfeld des Verfahrens; keine Nichtigkeit 143/11
- Steigerungsakt 258/1–4
- Schriftliches Steigerungsangebot – Rückzug bis zur Bekanntgabe bei Beginn der Steigerung 138/12
- Ungültigkeit eines Angebotes ohne Namensnennung 143a/4
- Verschiebung und Einstellung der Verwertung 141/2–7
- Versteigerung von Grundstücken im Konkursverfahren 257/1–5
- Zuständigkeit und Gründe zur Verschiebung einer Steigerung 141/1
- Zuschlag ist mit Beschwerde und Rekurs anzufechten 258/1–2
- Zweifel des BA an der Zahlungsfähigkeit eines Bieters 143a/5

Steigerungsanzeige, Zustellung an alle Beteiligten
- Anzeige an mitwirkende Erbschaftsbehörde bei Verwertung von Anteilen an Gemeinschaftsvermögen (Erbschaft) 139/2
- erforderliche Ermittlung des Namens und Wohnorts eines Grundpfandgläubigers durch Anfrage beim Schuldner 139/5; 143a/3
- keine Anzeige an den Inhaber eines Kaufsrechts 139/4
- Nichtzustellung der Steigerungsanzeige hat Aufhebung des Zuschlags zur Folge 139/1
- keine Anzeige an den Schuldner im Konkurs 139/3

Steigerungsbedingungen
- Inhalt der Steigerungsbedingungen 135/1–14
- Wann darf vom normalen Inhalt der Steigerungsbedingungen abgewichen werden? 134/2
- Anfechtung der Schätzung des Gegenstandes in der Faustpfandbetreibung 156/9
- persönliche Ausweise bei der Steigerung 156/12
- Ausstellung eines Checks gilt als Barzahlung 136/1
- Es liegt im Ermessen des BB, ob für den gestundeten Betrag Sicherheit zu leisten ist 136/6
- Stundungsgewährung in den Steigerungsbedingungen 136/4
- Verlängerung der Zahlungsfrist nur mit Zustimmung aller Beteiligten und ist zu verzinsen 136/2–3
- Verrechnung mit einer vom Schuldner bestrittenen Grundpfandforderung 136/5
- Bedingung in den Steigerungsbedingungen, die die Zahlung des Betrages, der den Baupfandgläubigern zusteht, vorschreibt 156/3
- Bezahlung des Steigerungskaufpreises durch Schuldübernahme 156/13
- Unterliegt das Grundstück dem BGBB, ist dies in den Steigerungsbedingungen aufzunehmen; bei nachträglicher Ergänzung sind sie neu aufzulegen 134/7

- Einheitliche Bedingungen für alle Teilnehmer 134/1
- Ertrag aus der Pfandverwertung ist zuerst auf die Kosten und die Verzugszinsen anzurechnen 157/9; 156/14
- kein Ermessen des BA nach Art. 107 Abs. 1 VZG, wenn sofort ersichtlich ist, dass alle Grundstücke, die das Gesamtpfand bilden, verwertet werden müssen 134//10
- Erwerb des Grundstückes nach Ansetzung der Steigerung. Hat Erwerber Anspruch auf eine einen Monat voraus zuzustellende Anzeige? 156/2
- Wer in fremdem Namen bietet, hat sich auf Verlangen auszuweisen 156/11
- Frist zur Anfechtung der Steigerungsbedingungen. Ausnahme, wenn Steigerungsbedingungen Lastenverzeichnis abändern 134/9
- Eine mangels Interessenten als geschlossen erklärte Steigerung muss nicht mehr eröffnet werden 134/4
- Grundstücke werden mit allen darauf haftenden Belastungen, Grundlasten, Grundpfandrechten usw. versteigert 135/1–14
- Unzulässigkeit kantonaler Bestimmungen, die bei Zwangsverwertung von Stockwerkeigentum eine Veräusserungsbewilligung vorsehen 134/8
- Ausübung eines Kaufsrechts während hängigen Grundpfandverwertungsverfahrens 156/8
- Feststellung einer Nichtigkeit auch nach abgeschlossenem Pfandverwertungsverfahren möglich 156/16
- bei ungenügender Pfanddeckung sind Pfandtitel zur Löschung oder Herabsetzung des Pfandrechts dem GB-Amt zuzustellen 156/14
- Rechtskräftige Steigerungsbedingungen, die auch nach dem Verlesen an der Steigerung nicht beanstandet werden, können nach dem Zuschlag nicht mehr in Frage gestellt werden 134/6
- Die Konkursverwaltung muss sich an die im rechtskräftigen Lastenverzeichnis festgehaltene Rangordnung halten 134/3; 135/5
- Nachträgliche Behauptung der Tilgung einer nicht betriebenen Schuldbriefforderung im letzten Rang durch einen Dritten rechtfertigt kein nachträgliches Lastenbereinigungsverfahren 156/1
- Unterlassene Mitteilung des Lastenverzeichnisses an den Pfandgläubiger kann angefochten werden 156/10
- Verschiebung der Steigerung; Zuständigkeit und Gründe 156/7
- Verteilung der Zinsen, die der Steigerungserlös wegen verzögerter Auszahlung abwirft 137/3
- Vorsehung von Sicherheitsleistungen in den Steigerungsbedingungen 137/1–2
- keine Steigerung, wenn dem Dritteigentümer des Pfandes Verwertungsaufschub gewährt worden ist 155/2; 156/6
- vorzeitige Verwertung 156/4–5
- Zahlungen des Ersteigerers, die über den Zuschlagspreis hinausgehen 134/5

Summarisches Konkursverfahren
- darf keine ausseramtliche Konkursverwaltung eingesetzt werden 231/1
- Einem Abtretungsangebot (Art. 260) muss ein Beschluss der Gläubiger über den Verzicht auf Geltendmachung von Rechtsansprüchen durch die Masse vorausgehen 231/6
- Fall, bei dem für den Verkauf nur den Gläubigern Gelegenheit gegeben wurde, höhere Angebote zu machen, nicht aber übrigen interessierten Personen 231/5

U – SchKG   **Umwandlung von Forderungen (Art. 211)**

- Verbot, Abschlagszahlungen an Gläubiger vorzunehmen 231/7
- Besteht kein Anspruch auf Vornahme einer zweiten Schätzung von Fahrnis 231/8
- Übergang vom summarischen zum ordentlichen Verfahren 231/2–3
- bei schneller Wertverminderung kann ohne Aufschub verkauft werden 231/4
- Schätzung eines Warenlagers im Konkursverfahren; keine Übernahme des Bilanzwertes 227/1

U
Umwandlung von Forderungen (Art. 211)
- Mit der Ablehnung des Eintritts in den Mietvertrag wird dieser nicht aufgehoben 211/2
- Abweisung einer Klage auf Sachgewährleistung gegen einen Unternehmer in Nachlassliquidation 211/8
- Analoge Anwendung für ausländische Währung 211/1
- Beschluss der Konkursverwaltung über eine Verbindlichkeit oder Erfüllbarkeit eines Vertrages ist nicht durch die AB zu beurteilen 211/4
- Eigentumsvorbehalt bei Konkurs des Käufers 211/7
- KA ist befugt, vor der 1. Gläubigerversammlung einen Mietvertrag um eine Liegenschaft des Konkursiten abzuschliessen 211/6
- Vermieter kann von der Konkursverwaltung nicht die Ausweisung des Schuldners verlangen 211/5
- Vorgehen bei Rechten aus einem Verkaufsversprechen 211/3

V
verbotene Rechtsgeschäfte
- der Beamten und Angestellten der B- und KÄ 11/1–3
- auf Mitglieder des Gläubigerausschusses beim Nachlassvertrag 11/2
- als Hilfsperson des KA als Liegenschaftsverwaltung 11/3

Verfügungsverbot des Schuldners
- Zeitpunkt der Wirkung der Pfändung 96/1
- Verfügungen des Schuldners über arrestierte Gegenstände sind nur gegenüber dem Arrestgläubiger ungültig 96/8
- Eintrag eines Eigentumsvorbehalts im Eigentumsvorbehaltsregister nach der Pfändung 96/5
- Teilnahme eines Konkursverlustscheingläubigers an der Pfändung 96/4
- Das im Grundbuch vorgemerkte Kaufrecht wirkt auch gegenüber einer späteren Pfändung 96/6
- Ausübung eines im GB vorgemerkten Kaufrechts an einem Grundstück, das inzwischen mit Arrest belegt worden ist 96/9
- Gilt auch für retinierte Gegenstände in einer Mietzinsbetreibung 96/3
- Beginn der Teilnahmefrist für die prov. Anschlusspfändung 96/2
- Weiterzession des gepfändeten Liquidationsanteils 96/7

Verfügungen, nichtige
- Unzulässigkeit einer Zusprechung einer Geldsumme als vorsorgliche Massnahme im arbeitsrechtlichen Prozessverfahren 38/13
- Betreibungshandlung gegen urteilsunfähige Personen (Zustellung ZB) ist nicht die Betreibung, sondern die Zustellung nichtig 22/2
- Erbschaft als Betreibungsgläubigerin ist nicht rechts- oder parteifähig 22/3
- Fortsetzung der Betreibung auf Konkurs statt Pfändung oder umgekehrt 22/6
- Freihandverkauf durch Konkursamt ohne Beschluss der 1. Gläubigerversammlung 204/6
- Konkursandrohung bei nur teilweise rechtskräftigem Zahlungsbefehl 22/7
- Missbrauch muss offensichtlich sein 22/1
- Unterlassung Mitteilung des Lastenverzeichnisses ist nicht nichtig, aber anfechtbar 22/5
- Aufhebung Steigerungszuschlag an eine Gesellschaft, die zur Ersteigerung eines Objekts auf gemeinsame Rechnung gegründet worden ist 22/4
- Verstoss der Anmeldung einer Verfügungsbeschränkung im Grundbuch gegen die Art. 90, 97 VZG hat keine Nichtigkeit zur Folge 22/8

Verfügung über Freihandverkäufe
- 256/18–19

Verfügungsunfähigkeit des Schuldners im Konkursverfahren
- Anspruch der Konkursmasse auf eine vor Konkurseröffnung dem Schuldner durch Urteil zugesprochene Prozessentschädigung 204/5
- Bei aufschiebender Wirkung auf eine Berufung gegen das Konkursdekret wird die Wirkung auch auf die Verfügungsunfähigkeit gehemmt 204/1
- Eintrag eines Eigentumsvorbehalts nach Konkurseröffnung ist wirkungslos 204/7
- künftige Forderungen, die nach KE über den Zedenten entstehen, fallen in die Konkursmasse 204/3
- Mietvertrag, Zession künftiger Mietzins, Konkurs eines Mitvermieters, Rückzession 204/8
- Der der Stockwerkeigentümergemeinschaft zustehende Anspruch auf Errichtung eines Pfandrechts kann während des Konkursverfahrens geltend gemacht werden 204/10
- Schuldner hat keinen Anspruch, Passivprozesse selbst weiterzuführen, wenn die Konkursmasse die Fortführung abgelehnt hat 204/9
- Eine vom Schuldner während des Konkursverfahrens gegen eine sozialversicherungsrechtliche Verfügung erhobene Beschwerde ist gültig 204/11
- Verkauf von Vermögen der Konkursmasse durch Organe der konkursiten Gesellschaft und durch Konkursverwaltung ohne Zustimmung der 1. Gläubigerversammlung 204/6
- Wenn KE weder publiziert noch im Grundbuch vorgemerkt worden ist, hat Verfügungsunfähigkeit gegenüber einem gutgläubigen Dritten im Bereich des Immobiliensachenrechts keine Wirkung 204/2
- Wirkung der Einstellung des Konkursverfahrens mangels Aktiven auf das Verfügungsrecht einer Genossenschaft und Vertretungsbefugnis 204/4

Verlustschein
- Nichtigkeit 149/40–45

Pfändungsverlustschein
- Fortsetzung der B ohne neuen Zahlungsbefehl 149/26–32
- als Schuldanerkennung 149/23–25
- Unverzinslichkeit 149/33–34
- Voraussetzungen zur Ausstellung 82/1–18
- Wirkungen 149/19–22

Konkursverlustschein 149/35–39
- Voraussetzungen zum Anspruch 265/1, 4–6, 9–10
- im Konkurs nicht angemeldete Forderungen 265/7–8
- vom Schuldner nicht ausdrücklich anerkannte Forderungen sind im VS als bestritten zu vermerken 265/5
- Verjährung 149a/1–2

Vermögensstücke, siehe gepfändete Vermögensstücke und Konkurseröffnung SchKG – V

- Einrede des mangelnden neuen Vermögens 265/13–29
- Rückkauf Verlustschein 150/1–4
- Pfändungsverlustschein als Ersatz eines Konkursverlustscheines 265/11–12
- Anspruch auf Verlustschein auch im Konkurse von juristischen Personen (Gesellschaftskonkursen) 265/2–3
- Verjährungsunterbrechung durch Einreichung des B-Begehrens genügt; keine Zustellung des ZB 67/31

Vermögensstücke, siehe gepfändete Vermögensstücke und Konkurseröffnung

Verrechnung
- bei Abtretung von Forderungen an Gläubiger (Art. 260) 213/25–26
- Der Schuldner einer gepfändeten Forderung mit einer Forderung gegen den Betriebenen 213/14
- Verrechnung anfechtbare (durch Schuldner des Konkursiten) 214/1–3
- *Verrechnung im Konkurs*
  - mit einer Anwartschaft des Konkursiten ist eine Verrechnung ausgeschlossen 213/3
  - Auflösung eines Alleinvertretungsvertrages durch KE ex nunc 213/6
  - mit Massaforderungen 213/20
  - eine ausländische Konkursmasse kann sich nicht auf das Verrechnungsverbot berufen 213/6
  - diese Vorschrift ist auch auf den Liquidationsvergleich anwendbar 213/1
  - Vereinbarung einer Schuldentilgung durch werkvertragliche Leistungen 213/2
  - Massgebender Zeitpunkt für das Verrechnungsverbot ist das Datum der vorausgegangenen Bekanntmachung der Nachlassstundung und nicht dasjenige der KE 213/5
  - Verrechnungsausschluss gemäss Abs. 2 gilt im Anwendungsbereich von AHVG Art. 20 nicht 213/4
- *zulässige ~*
  - eine nach KE fällige, aber vorher entstandene Forderung 213/12
  - mit bedingter Konkursforderung 213/13
  - Konkurs- oder Nachlassmasse gegenüber einem Konkursgläubiger mit Forderungen gegen diesen, die ihr nach Konkurseröffnung oder Nachlassstundung abgetreten wurden 213/15
- *im Zusammenhang mit Mietvertrag*
  - eine nicht ordnungsgemäss hinterlegte Kaution fällt in die Konkursmasse 213/19
  - keine Verrechnung der Miete mit Unterhaltsforderung (unentgeltliches Wohnen) 213/18
  - Auf einen Verzicht des Mieters auf Verrechnung allfälliger Gegenforderungen mit der Mietzinsschuld ist auch die Konkursmasse gebunden 213/17
  - Vorausverfügungen sind nur bis zur Konkurseröffnung wirksam 213/16
- *unzulässige ~*
  - der Forderung des Pfandeigentümers im Konkurs des Pfandschuldners mit Forderungen desselben gegen ihn 213/8
  - ist die Errichtung eines Grundpfandes für eine fremde Schuld eine entgeltliche Verfügung? 213/7
  - bei Entzug des Konkursgläubigers durch Zwangsversteigerung 213/9
  - Forderungen aufgrund des VVG mit fälligen Leistungen 213/10
  - Rechtsgrund der Forderung ist nach KE oder Nachlassstundung eingetreten 213/7

- *in Bezug auf Aktien- und Personengesellschaften*
  - ausstehende Aktienbeträge können nicht mit Forderungen des Aktionärs verrechnet werden 213/21–23
  - analoge Anwendung des Verrechnungsverbots auf überschuldete AG in Liquidation 213/22
  - keine Verrechnung der einzuzahlenden Kommanditsumme mit Kontokorrentforderung 213/24

verspätete Konkurseingaben
- Ausgleichskasse für persönliche AHV/IV/EO-Beiträge, die im a.o. Verfahren festgesetzt worden sind 251/4
- Bei erst nach Auflage des Koll.-Planes erbrachten Bürgschaftsleistungen zugunsten des Konkursiten 251/3
- Rechtskraft des Kollokationsplanes darf nicht in Frage gestellt werden 251/2
- Ist auch im Nachlassverfahren mit Vermögensabtretung analog anwendbar 251/7–10
- Auch nach vier Jahren angemeldete Forderung ist entgegenzunehmen 251/5
- eine nach vier Jahren nach der ersten Forderungsanmeldung eingereichte erweiterte Forderung ist rechtsmissbräuchlich 251/6
- Voraussetzungen unter denen eine verspätete (nach rechtskräftigem Kollokationsplan) Konkurseingabe zugelassen wird 251/1
- Kostenfolgen 251/11–13

Versteigerung
- Versteigerung gegen Barzahlung 129/1–4
- Anhebung einer Pfandbetreibung, BA hat nicht abzuklären, ob der Pfandgegenstand noch gepfändet wurde 125/3
- Anzeige an Schuldner und Gläubiger 125/1, 14,17–18
- Aufhebung des Zuschlages durch Beschwerde des Schuldners wegen Missachtung von Abs. 3 Art. 125; 125/1
- dreimaliger Ausruf mit unmissverständlicher Angabe über den ersten, zweiten oder dritten Ausruf 126/9
- Aufhebung des Zuschlages, wenn der Steigerungsleiter an der gebotenen Pflicht zur Aufklärung des Gantpublikums hat fehlen lassen 126/14
- Auf Deckungsprinzip kann nicht verzichtet werden 126/4
- Ausnahme des Deckungsprinzips beim Retentionsrecht, das ein Vermieter als Dritter in einer gegen den Schuldner oder von anderer Seite angehobenen Betreibung geltend macht 126/15
- «Beteiligter Dritter» ist nicht der Zessionar einer gepfändeten Forderung 125/2
- Durchführung der Verwertung durch Auktionshaus 125/6
- Einstellung einer Fahrnissteigerung mangels Angebot 125/13
- Eigentumsvorbehalt an einer versteigerten Sache 125/12
- Grundpfandgläubiger hat, statt auf Grundpfandverwertung zu betreiben, nur die ordentliche Betreibung verlangt 126/3
- Versteigerung eines Inhaberschuldbriefes; Bekanntgabe des Schuldners? 125/4
- Versteigerung eines Lastwagens; Fahrzeugausweis und Versicherungspolice folgen dem gepfändeten Fahrzeug 125/10
- eigenes letztes Angebot kann selber überboten werden 126/11
- Anwendung der Regel, wonach die Betreibung einer gepfändeten Sache dahinfällt, wenn hiefür kein genügendes Angebot erfolgte 126/16

- Wer in fremdem Namen bietet, hat sich auf Verlangen über die Handlungsbefugnis auszuweisen 125/9
- Pfändung pfandbelasteter Vermögenswerte – Verkauf durch öffentliche Versteigerung 126/8
- Keine Prüfung durch Steigerungsleiter, ob der Bieter die Bedingungen beim Erwerb eines landwirtschaftlichen Grundstückes erfüllt 126/13
- Steigerungspublikation, Inhalt 125/5,16
- Verwertung einer retinierten Sache in einer Betreibung auf Pfändung 126/6
- Selbstverkaufsrecht des Pfandgläubigers darf in der Zwangsvollstreckung nicht ausgeübt werden 126/1
- Schuldner ist befugt, an der Versteigerung teilzunehmen und mitzubieten, ohne dass sein Angebot übergangen werden darf 125/7–8
- zweimalige Unterbrechung einer Grundstücksteigerung führt zur Aufhebung des Zuschlages 126/12
- Zahlungsversuch während laufender Versteigerung erfolgt zur Unzeit 126/5
- wenn der Pfandgläubiger nur für Zinsen betrieben hat 126/2
- zulässig ist der Zuschlag einer gepfändeten Forderung an den Pfändungsgläubiger, der zugleich Schuldner derselben ist 126/7
- Zuschlag bewirkt Übergang der Forderung 125/11
- Nichtig ist ein Zuschlag, der Organen einer im Konkurs stehenden Aktiengesellschaft erteilt wird 126/10

Versteigerung von Grundstücken (im Betreibungsverfahren)
- in diesem Verfahren ist eine vorzeitige Verwertung wegen drohender Wertverminderung nicht möglich 133/3
- kein Anspruch eines Kaufsberechtigten auf Hinausschieben der Verwertung, bis er die Fläche mit dem Kaufrecht erworben hat 133/4
- Versteigerung von Stockwerkeinheiten; Schicksal von auf dem Gesamtgrundstück gelegenem Parkplatz 133/2
- vor der Einleitung der Grundpfandbetreibung ist das Vorkaufsrecht gemäss BGBB geltend gemacht worden 133/1

Verteilungsverfahren in der Pfandverwertung
- Abrechnungspflicht der BÄ, allen nicht voll gedeckten Gläubigern und dem Schuldner die Auflage des Verteilungsplanes mit Kostenrechnung, Abrechnung und über Erträge zuzustellen 157/1
- Abschlagszahlungen an Gläubiger, der die Verwertung verlangt hat 144/8
- Abschlagszahlungen aus Miet- und Pachtzinsen im Falle mehrerer Betreibungen 157/10
- Zeitpunkt der Entstehung des Anspruchs des Grundpfandgläubigers auf den Verwertungserlös 157/3
- An Pfandgläubiger auszuzahlender Nettoerlös 144/9
- Eine vom BA zu erbringende Zahlung kann mittels Beschwerde eingefordert werden 144/3
- Berichtigung aus Irrtümern sind möglich, auch Steigerungsabrechnungen nach Rechtskraft 157/11
- An erloschene Betreibungen erfolgt keine Zuteilung 144/5
- Gläubiger bestreitet Fälligkeit eines andern Gläubigers 157/4
- Befugnis des BA, von Gläubigervertretern Inkassovollmacht zu verlangen 144/17
- Hinterlegung des Betrages bei hängiger Widerspruchsklage oder strafrechtlicher Beschlagnahme 144/19
- keine Verteilung darf vorgenommen werden, wenn Grundstück Gegenstand eines Strafverfahrens bildet 144/1
- Konkurseröffnung nach Verwertung eines Grundstückes. Eine dahinfallende, im Lastenverzeichnis aufgeführte pfandgesicherte Forderung fällt nicht in die Konkursmasse 157/12
- Kosten eines Umbaues während des Konkursverfahrens sind von der Konkursmasse und nicht vom Pfandgläubiger zu tragen 157/6
- bei Lohnpfändungen 144/6–7
- Aufteilung des Mehrerlöses aus einer Pfandverwertung unter die eine einfache Gesellschaft bildenden Schuldner 144/15
- Verteilung des Erlöses unter mehrere Gläubiger im gleichen Rang 144/14
- Dem Arrestgläubiger sind neben den Pfändungskosten nur die Kosten der Arrestbewilligung und des Arrestvollzuges vorweg zuzuweisen 144/13
- Verteilung des Erlöses darf erst dann abgeschlossen werden, wenn Prozess über die Rechtsbeständigkeit des Arrests oder über die Forderung selbst beendet ist 144/11
- Im Rechtshilfeverfahren ist Aufstellung des Verteilungsplanes Sache des ersuchenden Amtes 144/2
- Reihenfolge der Verteilung des Erlöses aus der Pfandverwertung 157/9
- Leistung und Rückerstattung des Kostenvorschusses 144/12
- Erträge aus vom BA angelegten Sammelkonten; keine Verzugszinspflicht des BA 144/10
- Schuldner kann Kopie der Schlussrechnung gegen Gebührenvorschuss verlangen 144/18
- Für die Teilnahme an der Verteilung ist die betreibungsrechtliche Situation massgebend 144/20
- Grundstückgewinn- und Mehrwertsteuern sind Verwertungskosten, die vorab zu bezahlen sind 157/7–8
- keine Verteilung, wenn die Verwertung Gegenstand einer strafrechtlichen Beschlagnahme bildet 157/5
- an erloschene Betreibung erfolgt keine Zuteilung 144/5
- Verteilung des Verwertungserlöses von Pfändungsobjekten, die vor der Bewilligung einer Nachlassstundung verwertet worden sind 144/4
- Unvermeidliche Reparaturkosten gelten als Verwertungskosten 144/16
- Verteilung im Konkursverfahren 262/1–5

Verteilungsliste / Auflage und Beschwerde
- Legitimation 263/1–2
- Frist 263/3–4
- anfecht- und nicht anfechtbare Begründungen 263/5–8
- Verteilung (Auszahlungen) 264/1–2
- Vertretungskosten im Zwangsvollstreckungsverfahren 27
- gewerbsmässige Vertretung (Art. 27): keine Anwendung auf Verfahren der RÖ und Konkurseröffnungen 27/1

Verwahrung
- Auskunftspflicht einer Pfandleihkasse 98/9
- Drittansprecher kann sich gegen die Verwahrung einer gepfändeten Sache nicht widersetzen 98/5
- Dritteigentümer einer in Verwahrung liegenden Sache ist nicht zur Beschwerde befugt 98/1
- Die Verwahrung eines in Gewahrsam des Drittansprechers befindlichen Gegenstandes ist unzulässig 98/4
- Eigentümerschuldbrief; Grundstück ist selbst arrestiert und der Schuldbrief voll verpfändet 98/6
- Entscheid über eine Verwahrung steht nur dem BA zu 98/4

Verwertung SchKG – V

- Herausgabe von Objekten an Schuldner nach durchgeführtem Verfahren 98/13
- Vereinbarte private Pfandverwertung ist weder bei Pfändung noch Arrestierung möglich 98/3
- Sicherung eines gesetzmässigen Verfahrens 98/2
- Bei Aufnahme eines Retentionsverzeichnisses dürfen Sicherungsmassnahmen erst nach Beseitigung des RV in der Betreibung getroffen werden 98/14
- Massnahmen zur Sicherung der Pfändungsrechte sind zulässig 98/12
- Verwahrungsnahme ist auch während der Betreibungsferien möglich 98/11
- kein Anspruch auf Verwahrung beim Gläubiger 98/10
- Verwahrung ausgeschlossen bei Unterlassung des Pfändungsgläubigers, innert Frist auf seinen Eigentumsanspruch zu verzichten 98/7
- Wegnahme gepfändeter Gegenstände aus unverschlossener Wohnung des Schuldners 98/8

Verwertung

– **Begehren**
- Wirkung 119/1–2
- Anzeige an Schuldner 120/1–2
- Anspruch auf def. Verlustschein nur bei Durchführung des Verwertungsverfahrens 116/10
- Verwertung von Aktien einer AG, der ein Konkursaufschub gewährt wurde 116/12
- bis zur richterlichen Aufhebung oder Stundung ist dem Verwertungsbegehren Folge zu leisten 116/3
- Rechtskraft einer Verfügung, mit der ein Verwertungsbegehren abgewiesen wurde 116/1
- können nicht unter Bedingungen gestellt oder zurückgezogen werden 116/4
- Begehren zur Verwertung einer vom Gläubiger unter Eigentumsvorbehalt gelieferten Sache 116/9
- Schuldner hat (im B'verfahren) keine Miete für Benützung von Wohn- und Geschäftsräumen zu bezahlen 155/9
- keine Verwertung, wenn dem Dritteigentümer des Pfandes Verwertungsaufschub gewährt wird 155/2; 156/6
- Fristbeginn zur Stellung des Verwertungsbegehrens 116/2
- Frist von 2 Jahren gilt nur bei Pfändungen von Grundstücken und Miteigentumsanteilen 116/6
- zu den beweglichen Vermögensstücken und Forderungen zählen auch Liquidationsanteile an Gemeinschaftsvermögen 116/7
- Verwertung von Anteilen an Gemeinschaftsvermögen 116/8
- Ein von einem Gruppengläubiger gestelltes Verwertungsbegehren wirkt für alle Gruppengläubiger 116/5
- Hängiges Grundpfandverwertungsverfahren steht einer Handänderung zufolge Ausübung eines Kaufsrechts nicht entgegen 155/7
- Mitteilung des Verwertungsbegehrens durch das BA ist keine anfechtbare Verfügung 155/11
- Zustellung der Mitteilung des Verwertungsbegehrens an Dritteigentümer des Pfandes 155/8
- Widerspruchsverfahren über Nutzniessungsansprüche Dritter an Mietzinsen 155/1
- Hauptfunktion bzw. Bedeutung der Schätzung 155/3
- kein Anspruch auf Anordnung einer weiteren Schätzung durch obere AB 155/4
- Überprüfung von Schätzungsentscheiden durch Bundesgericht 155/6

- Entscheidung der AB bei voneinander abweichenden Schätzungen zweier gleich kompetenter Sachverständigen 155/5
- Unterscheidung der Verwaltung des Pfandgegenstandes zwischen der Zeit vor und nach der Stellung des Verwertungsbegehrens 155/10
- kein Verwertungsbegehren möglich bei prov. Pfändung 118/1
- Recht, die Verwertung zu verlangen in einer Gläubigergruppe 117/1
- Wegnahme von Gegenständen aus unverschlossener Wohnung des Schuldners bei vorheriger Anzeige 116/11
- Zeitpunkt der Verwertung von beweglichen Sachen und Forderungen 122/1–6
- Beschwerde gegen das um Rechtshilfe ersuchte BA 122/1
- vertraglich vereinbartes Selbstverkaufsrecht an Pfandgegenständen kann nicht ausgeübt werden 122/2
- Nichteinhaltung der Zweimonatefrist im Interesse einer Kostenersparnis durch Versteigerung für mehrere Pfändungen zulässig 122/3
- keine Verwertung während der Dauer eines Konkursaufschubes 122/4
- Einverständnis der Gläubiger zu einem Freihandverkauf; gilt auch für Tiere 122/5
- Im Prozess liegende Forderungen stellen keine Vermögenswerte «anderer Art» im Sinne von Art. 132 SchKG dar 122/6

– **Verwertung Nutzniessung, Anteile an unverteilter Erbschaft und anderen Gemeinschaftsvermögen**
- Aufsichtsbehörde hat sich auf die Frage, das Verwertungsverfahren zu bestimmen, zu beschränken 132/14
- Auflösung einfache Gesellschaft 132/13
- Gemeinschaftsanteil; Anordnung der AB hindert die Beteiligten nicht, nachträglich über eine andere Art der Auflösung zu verhandeln 132/7
- Bedeutung der Vorschrift von Abs. 3 Art. 132: Diese verlangt nicht, die Behörde selbst habe die Beteiligten anzuhören 132/15
- Anteile an Erbschaft 132/1–4, 6, 132/9, 11
- Ernennung eines Verwalters mit der Aufgabe, die Liquidation der Gesellschaft herbeizuführen 132/10
- Überbautes Grundstück im Miteigentum ohne Stockwerkeigentumsbegründung 132/5
- Im Prozess liegende Forderungen stellen keine Vermögenswerte anderer Art dar 132/8
- Bestimmung eines gemeinsamen Vertreters der Gläubiger, betr. Antrag zur Liquidation einer einfachen Gesellschaft in Frankreich aufzulösen 132/12
- von beschlagnahmten Gegenständen aus strafrechtlichen oder fiskalischen Verfahren 144/1–3

Verwertung, Beschlüsse der 2. Gläubigerversammlung
- Auswechslung einer Konkursverwaltung, wenn das Konkursverfahren kurz vor dem Abschluss steht 253/3
- Mit der Bestätigung einer a.a. Konkursverwaltung im Amte ist eine Anfechtung des Beschlusses der 1. Gläubigerversammlung ausgeschlossen 253/2
- Beschluss über Freihandverkauf eines Grundstückes 253/6
- Nichtbestätigung eines Mitgliedes des Gläubigerausschusses 253/4

- Beschlussfassung auf Begehren eines Gläubigers über die Ausübung eines im Grundbuch eingetragenen Rückkaufsrechts im Konkurse des Käufers 253/5
- Verzicht auf Geltendmachung eines Aktivums 253/9
- Anfechtbar ist ein von der Konkursverwaltung abgeschlossener Vergleich im Kollokationsprozess. Kein Zurückkommen nach Rechtskraft des Koll.-Planes 253/10
- Widerruf der von der 1. Gläubigerversammlung beschlossenen Weiterführung des Geschäftsbetriebs des Schuldners; notfalls durch Gläubigerausschuss 253/8
- Beschwerden gegen Beschlüsse der 2. Gläubigerversammlung 253/11–16
- Im summarischen Verfahren kein Beschluss einer Gläubigerversammlung, jedoch ist den Gläubigern Gelegenheit zu höheren Angeboten zu geben 256/5
- Einberufung weiterer Gläubigerversammlungen 255/1–2

- *Beschlussfassungen auf dem Zirkularweg*
  - Art und Weise der Verwertung durch Freihandverkauf 256/1–3
  - angesetzte Frist im Zirkular ist nicht nur eine Ordnungsfrist 256/4
  - unmissverständliche Abfassung des Zirkulars 255a/4

Verwertung, Freihandverkäufe im Konkurs
- ausstehende Aktienbeträge 256/15
- Bankenkonkurs 256//16
- Freihandverkauf durch Verfügung 256/18–19
- Erwerb eines Betriebes und Weiterführung der bestehenden Arbeitsverhältnisse in Verbindung mit Art. 333 OR; 256/20
- gepfändete Gegenstände der Gattin werden im Konkurse des Ehegatten verwertet 256/21
- Haftet Kaufsinteressent mit einem Freihandkaufsangebot für Minderlös an einer nicht öffentlichen Steigerung, an der dieser nicht teilnimmt? 256/22
- Begriff und Bezifferung des «Gegenstandes von bedeutendem Wert» 256/23
- Anfechtbarkeit 256/24–25

- *Einzelanwendungen*
  - Buchschuldner kann Versteigerung eines bestrittenen Guthabens nicht verhindern 256/26
  - keine Versteigerung von Verantwortlichkeitsansprüchen 256/27

- *Anfechtbarkeit von Verwertungshandlungen*
  - kein Beschwerderecht übergangener Kaufinteressenten 256/24
  - Freihandverkauf des KA nur mit Begründung, dass das KA keine Ermächtigung dazu besessen hat oder konkursrechtliche Vorschriften verletzt habe 256/25

Verwertung, vorzeitige
- auf Begehren des Schuldners oder wegen schneller Wertverminderung, teuren Unterhalts und hoher Aufbewahrungskosten 124/1–11

Verwertungsaufschub
- Aufschubsbewilligung 123/4–14
- Bedingungen und Verwendung der Abschlagszahlungen 123/15–21
- Fälligkeit und Rechtzeitigkeit der Zahlungen und Dahinfallen des Aufschubs 123/22–28
- kein Aufschub bis zur gerichtlichen Aufhebung oder Stundung durch den Richter 123/2
- keine Kostenvorschusspflicht während der Gewährung eines Aufschubs 123/1
- keine Verwertung des Grundpfandes, wenn dem Dritteigentümer Verwertungsaufschub gewährt worden ist 123/3

Verwertungsfristen bei Pfandbetreibungen
- Keine Verwertung, wenn einem Dritteigentümer des Pfandes ein Verwertungsaufschub gewährt worden ist 154/7
- Fortsetzungs- statt Verwertungsbegehren in einer Betreibung auf Pfandverwertung 154/1
- gerichtliche Klage hemmt nur den Lauf der Maximalfrist, nicht auch der Minimalfrist für das Verwertungsbegehren 154/2
- Gewährung einer Stundung durch den Gläubiger, nachdem dieser das Verwertungsbegehren gestellt oder das BA um Verschiebung der Verwertung ersucht hat 154/6
- Verlängerung der Frist bei KE und Einstellung mangels Aktiven 154/5
- keine Verlängerung der 6-monatigen Wartefrist zur Stellung des Verwertungsbegehrens durch die Dauer eines Prozesses zur Beseitigung des RV 154/3–4

Verwertungsverzicht
- wenn der Erlös die Kosten nicht decken würde 127/1
- Gläubiger kann gegen Übernahme der Kosten die Verwertung verlangen 127/3
- auch Anwendung, wenn bereits eine Teilverwertung stattgefunden hat 127/2
- Gläubiger kann ein Absehen von der Verwertung beantragen 127/4
- Dem Schuldner und einem nicht betreibenden Gläubiger steht kein Antragsrecht zu 127/5

Verwertung verpfändeter Gegenstände
- bei voller Befriedigung des Pfandgläubigers keine Zustimmung nötig 256/6
- vorzeitige Verwertung und Freihandverkauf 256/7–14
- Beendigung des Zinsanspruchs mit der Verwertung des Pfandes 157/14
- Erträge aus vom BA angelegten Sammelkonten 157/17
- Löschung der Pfandrechte nach ergebnisloser Verwertung 157/18
- bei vom Schuldner nicht anerkannter oder nicht rechtskräftig festgestellter Forderung sind Abschlagszahlungen ausgeschlossen 157/19
- Retentionsrecht – Verteilung von Bargeld vor Ablauf der 30-tägigen Verwertungsfrist ist unzulässig 157/13
- Tragweite und Ausgestaltung des Rechts der Gläubiger zum höheren Angebot 256/17
- Zinsertrag aus Verzugszinszahlungen oder aus Anlage des Erlöses stehen den Grundpfandgläubigern zu 157/14–16

Vollzug der Sicherungsmassnahmen
- Durch Aktionäreigenschaft begründete Rechte. Diese erwachsen bereits aus der blossen Zeichnung 98/16
- bei Sammlung von Feuerwaffen 98/23
- mit Stellung des Verwertungsbegehrens ist der Gewahrsam ohne weiteres zulässig 98/18
- Verwahrung von Retentionsgegenständen, wenn gegen Mieter eine Ausweisungsverfügung vorliegt 98/24
- Pfändung eines auf den Inhaber lautenden Sparhefts unmöglich 98/22
- Verwahrung von Eigentümertitel, die auf einem im Gesamteigentum stehenden Grundstück stehen 98/19
- Verwahrung eines PWs wegen Gefahr der Wertverminderung bei Belassen beim Schuldner 98/20
- do. während der Dauer eines Aufschubverfahrens 98/21

- zur Wegnahme von arrestierten Sachen darf keine Gewalt angewendet werden 98/15
- durch Wertpapier verkörperte Forderung ist nur durch Pfändung des Titels möglich 98/17
- **Verwahrung bei Eigentums- oder Pfandansprüchen Dritter**
  - Eigentumsanspruch der Ehefrau oder Hängigkeit einer Beschwerde gegen Pfändung hindert Verwahrung nicht 98/30
  - Ersatz gepfändeter Gegenstände durch andere ist möglich 98/30
  - Pfändung eines Gelddepots bei einem Dritten in einem regulären Depot 98/28
  - keine Verwahrung von im Gewahrsam eines Dritten befindlichen gepfändeten Gegenständen mit Eigentumsanspruch durch diesen 98/31–32
  - Kosten der Verwahrung 98/37–39
  - Verwahrung eines Inhaberpapiers im Miteigentum des Schuldners und eines Dritten im Besitze dieses Dritten 98/33
  - Ausschluss einer Verwahrung bei nachgewiesenem Mitgewahrsam und hängigem Widerspruchsprozess 98/35
  - Pfändung von Vermögenswerten, die anscheinend nicht dem Schuldner gehören, zulässig 98/34
  - Verwahrung von Retentionsgegenständen auch auf Begehren des Schuldners zulässig 98/36

W

Wechselbetreibung
- Beschwerde gegen Anhebung am falschen Ort 20/1
- **Voraussetzungen**
  - Aufhebung der Wechselbetreibung, wenn Wechsel den gesetzlichen Vorschriften nicht entspricht 177/7
  - im Betreibungsbegehren ist Wechsel als Forderungsgrund anzugeben 177/3
  - Beschwerden nach Art. 17 möglich 177/16
  - keine Einleitung, wenn das Erfordernis der Bezeichnung «Wechsel» im Text fehlt 177/6
  - Ablehnung der B, wenn Wechsel den formellen Erfordernissen fehlt 177/5
  - Einsetzung Ausstellungsort entspricht nicht der Abmachung. Einwand durch Gesuch um Rechtsvorschlag 177/17
  - Gültigkeit des Wechsels; wann ist die Vorlegung des Protests notwendig? 177/2
  - Wechsel für Mietzinsforderung. Wechselbetreibung kein Verzicht auf Retentionsrecht 177/19
  - Original des Wechsels ist dem BA zu übergeben. Vorgehen bei gleichzeitiger B mehrerer verpflichteten Personen aus diesem Wechsel 177/9
  - Dem Begehren muss Wechsel im Original beiliegen 177/10
  - Nichtigkeit eines vom örtlich unzuständigen BA erlassenen und vom Schuldner unangefochtenen ZB 177/18
  - Postcheck gilt als Wechsel 177/8
  - Wechselprotest ist keine Voraussetzung 177/1
  - Wechsel muss innert Frist vorgelegt und zu Protest gegeben worden sein 177/4
  - Prüfung der formellen Voraussetzungen 177/12–15
  - ohne Wechselurkunde kein Zahlungsbefehl und keine Konkurseröffnung 177/11; 178/3
- **Zahlungsbefehl**
  - Aufhebung der Betreibung, wenn Wechsel nicht den Vorschriften entspricht 178/1
  - BB hat den Wechsel mit dem Ausstellungsdatum zu enthalten 178/2
  - Eigenwechsel mit «zahlen Sie» ist unwirksam 178/5
  - ohne Vorlegung innert Frist und ohne Protest keine Wechselbetreibung 178/4
  - kein Zahlungsbefehl und keine Konkurseröffnung ohne Wechselurkunde 178/3; 177/11
- **Einwand des Fehlens eines Wechselprotests**
  - Verfahren auf Bewilligung des RV darf nicht bis zum Abschluss eines möglichen anderen Präjudizverfahrens eingestellt werden 181/2
  - Beurteilung durch den RÖ-Richter. Überprüfung der Erfüllung der Erfordernisse eines Wechsels durch BB und AB 178/6
  - Nach Einleitung der Betreibung wegfallende Konkursfähigkeit 178/8
  - Geltendmachung von Missachtungen von Gesetzesbestimmungen sind innert 5 Tagen durch Beschwerde geltend zu machen 178/8
- **Rechtsvorschlag**
  - Frist für Entscheid über Bewilligung des RV 181/4
  - Rechtzeitigkeit der Aufgabe eines RV im Ausland ist durch BA zu überprüfen 179/2
  - zur staatsrechtlichen Beschwerde ist die Erschöpfung der kant. Rechtsmittel Voraussetzung 181/3
  - Urkunden über Tilgung oder Stundung der Schuld sind an der Verhandlung selbst vorzulegen 178/9
  - kein bundesrechtlicher Anspruch auf Vorladung zu einer mündlichen Verhandlung 181/5
  - Aufgabe des Rechtsvorschlages am letzten Tag der Frist an das BA statt an den Richter 181/1
- **Bewilligung des Rechtsvorschlages**
  - eine andere nach Art. 1007 OR zulässige Einrede 182/17–18
  - eine Annahmeerklärung kann nicht höher als der Betrag der Wechselsumme sein 182/16
  - Berufung des Schuldners auf Akten eines Strafverfahrens 182/19
  - Deposition der Forderungssumme bei zwei Verpflichteten aus dem gleichen Wechsel 182/20
  - wenn Hinterlage von nicht kotierten Obligationen ohne festen Kurswert nicht genügen 182/21
  - Nur Ziff. 4 Art. 182 kann angerufen werden, wenn der Schuldner geltend machen will, dass die Schuld mit befreiender Wirkung auf einen Dritten übergegangen sei 182/18
  - Solidarbürgschaft einer Bank stellt die unverzügliche und bedingungslose Bezahlung der Schuld nicht sicher 182/22
  - Unterschied zwischen den Einreden nach Ziffer 3 und 4 (Art. 182) 182/17
  - Verrechnung mit bestrittener Gegenforderung mit Hinterlegung der Wechselsumme 182/15
  - Bezahlung der Schuld; es ist nur die Bezahlung an den Inhaber des Wechsels beachtlich 182/6
  - Glaubhaftmachung einer Fälschung des Titels 182/10
  - Abredewidriges Ausfüllen eines Wechselblanketts stellt keine Fälschung dar 182/11
  - Änderung des eingesetzten Remittenten, obwohl keine Fälschung, reicht dies für den Einwand nach Ziff. 2; 182/12
  - nachträgliche Streichung der Klausel «ohne Kosten» ist keine Fälschung 182/10
  - Entscheid darf sich nicht auf Gründe stützen, die der Betriebene nicht geltend macht 182/1
  - Tilgung einer Kaufpreisrestanz mit Wechsel; Annahme einer «Novation» 182/2

- Urkunden Sinne von Ziff. 1 Art. 182; keine Urkunde ist die in einem Gerichtsprotokoll enthaltene Zeugenaussage eines Dritten, der keine Vertretungsvollmacht für den Betreibenden hatte (und die Richtigkeit bestritten ist) 182/4
- Wechselschuldner ist berechtigt, die dreijährige Wechselverjährung entgegenzuhalten 182/3
- keine glaubhafte Einrede der Verrechnung bei Bestehen eines Kontokorrentverhältnisses 182/7
- Erfüllung der Wechselschuld durch Verrechnung ist urkundlich zu belegen 182/9
- aus dem Wechselrecht hervorgehende Einrede 182/13–14
- Klausel «Wert in Rechnung» genügt nicht, u.a. die Nichterfüllung des Gläubigers darzutun 182/5
- keine Bewilligung des RV, wenn Gläubiger an vom Schuldner vorgelegten Urkunden zweifelt 182/8
- Rechtsmittel betreffend Bewilligung des RV 182/23–26
- Verweigerung der Bewilligung des RV 183/1–5
- Eröffnung des Entscheides über die Bewilligung des RV an die Parteien 184/1–2
- Weiterzug der Bewilligung des RV an das obere Gericht 185/1–2
- Entscheid über die Bewilligung des RV der letzten kantonalen Instanz kann mit staatsrechtlicher Beschwerde angefochten werden 186/1
- Bezahlung einer Nichtschuld aus Unterlassung oder Nichtbewilligung eines RV 187/1–2

- *Stellung des Konkursbegehrens*
- Berechnung der Monatsfrist 188/2–3
- Erneuerung des Konkursbegehrens ist auch in der Wechselbetreibung zulässig 188/1; 189/1
- ohne Wechselurkunde kein Zahlungsbefehl und keine Konkurseröffnung 188/5
- Stellung Konkursbegehren trotz Teilzahlungen 188/4

- *Konkursverhandlung*
- keine Befugnis des Konkursrichters, aufgrund kantonaler Bestimmungen das Verfahren zu sistieren 189/2
- kein Weiterzug des Konkurserkenntnisses 189/3, 6, 11
- Beschwerde gegen Konkurserkenntnis nur wegen Verfahrensmängeln möglich 189/4
- Gegen Konkursdekrete ist die Beschwerde zugelassen 189/5
- AB kann mangels eines gültigen ZB den erklärten Konkurs aufheben 189/7
- Aufhebung des Konkursdekretes durch den Konkursrichter wegen örtlicher Unzuständigkeit 189/8
- Aussetzung des Konkurserkenntnisses, wenn Schuldner ein Gesuch um Nachlassstundung oder Notstundung anhängig gemacht hat 189/9
- Wiedereinsetzung bei Wechselkonkurs möglich bei Fehlen eines fassbaren Verschuldens 189/10
- Wirkungen des Konkurses auf die Rechte der Gläubiger 208/1–4

Weiterziehung des Entscheides des Konkursgerichts/Zuständigkeit
- Aufhebung eines Konkurses aufgrund der Insolvenzerklärung, weil mit der Hinterlegung der Ausweisschriften kein dauerndes Verbleiben beabsichtigt war 174/2
- Berufung und nicht Beschwerde wegen örtlicher Unzuständigkeit 174/1
- Vortragung von auch nicht rechtserheblichen Behauptungen, die vor der Vorinstanz nicht erhoben worden sind, vor Bundesgericht 174/4
- Beschränkung der Anzahl der zulässigen Gesuche um Konkursaufhebung aufgrund der gesamten Umstände 174/11
- Während der B-Ferien zugestellte Vorladung zur Verhandlung. Nach Eröffnung des Konkurses gewährter Rechtsstillstand 174/32
- keine Zuständigkeit des Bundesgerichts um die Nichtigkeit einer Betreibungshandlung festzustellen 174/17

- *Einreden der Zustellung*
- Erforderlich und genügend ist, dass der Empfänger als Hilfsperson als ermächtigt zu gelten hat 174/29
- Aufhebung, wenn Einzahlung der gesamten Forderung vor KE auf Postkonto, die Gutschrift jedoch erst nachher erfolgte 174/6
- Schuldner hat Vorladung erst nach Eröffnung des Konkurses erhalten 174/34
- Nachweis von fehlender Kenntnis der Vorladung und Bezahlung der Schuld inkl. aller Kosten innert Rekursfrist 174/30, 31
- Folgen der aufschiebenden Wirkung 174/14
- Fiktive Zustellung der Vorladung zur Konkursverhandlung 174/35

- *Fristen*
- Die Bestimmung über die während der Betreibungsferien endigenden Fristen finden für den Rekurs Anwendung 174/36
- Im Berufungsverfahren sind Noven zulässig 174/39
- keine Kürzung der Rekursfrist 174/37
- Verschiebung der Verhandlung auf Gesuch des Gläubigers 174/37
- Wiederherstellung der Frist im Berufungsverfahren möglich 174/38
- Beim oberen Gericht zu Handen des Gläubigers (von einem Dritten) hinterlegter Betrag. Schicksal dieses Betrages bei Bestätigung des Konkurserkenntnisses 174/10
- Insolvenzerklärung – Nachträgliche Bezahlung von Schulden nach KE kann nicht mit Rekurs geltend gemacht werden 174/9
- keine Befugnis des KA 174/24–25

- *Legitimation*
- keine der Gläubiger bei Insolvenzerklärung 174/22, 27
- der zeichnungsberechtigten Mitglieder der Verwaltung einer AG 174/20, 23
- Bei der Zustellung postalische Vorschriften nicht eingehalten 174/33
- Konkursdekret ohne Rechtsmittelbelehrung ist weder unwirksam noch nichtig 174/3
- staatsrechtliche Beschwerde: in einer Beschwerdeantwort erklärter Rückzug des Konkursbegehrens 174/16
- kein Rückkommen auf ausserkantonale Rechtsöffnungsentscheide nach KE 174/18
- Erkundigungspflicht des Schuldners über erfolgte Zahlung bei Auftrag zur Schuldentilgung 174/8
- staatsrechtliche Beschwerde gegen Entscheid des oberen Gerichts, der Berufung keine aufschiebende Wirkung zuzuerkennen 174/19
- Urkundenbeweise über Tilgung oder Stundung vor KE, kann noch im Rekursverfahren vorgelegt werden 174/7
- Täuschung des Konkursrichters durch den Schuldner bezüglich Tilgung von Schuld 174/21
- Rekurs gegen vorsorgliche Massnahmen im Konkursaufschubsverfahren 174/5
- Bei Annahme offensichtlicher Zahlungsunfähigkeit kann Schuldner nicht mehr auf Aufhebung des Konkurses rechnen 174/12
- bei offensichtlicher Zahlungsunfähigkeit ist auch der Konkurs zu eröffnen, wenn alle Forderungen innert der Berufungsfrist bezahlt wurden 174/13

Widerruf des Konkurses

- Bei Abweisung der Berufung neues Datum der Konkurseröffnung 174/15
- **Legitimation des KA**
  - bei Insolvenzkonkursen 174/26
  - bei offensichtlicher Nichtigkeit 174/28
- **Wiedereinsetzung in den vorigen Stand**
  - 174/36–45
  - Glaubhaftmachung der Zahlungsfähigkeit 174/46–49

Widerruf des Konkurses
- Wer hat oder kann den Antrag auf Konkurswiderruf stellen? 195/10–11
- Wer gilt als Gläubiger? 195/1
- Gläubiger, die keine Forderung angemeldet haben oder definitiv abgewiesen sind 195/3
- keine Rückzugserklärung für getilgte oder sichergestellte Forderungen 195/2
- Konkursrichter ist befugt, Forderungen als unbegründet festzustellen 195/5
- vor Auflage des Kollokationsplanes 195/4
- Bei im Zeitpunkt der KE hängigen Forderungsprozessen gegen den Schuldner 195/12
- vor Erledigung von Kollokationsprozessen 195/7
- Erst möglich, wenn ein endgültiges Konkurserkenntnis vorliegt und das Total der Passiven feststeht 195/6
- keine Auswirkungen auf die Nichtigkeit eines Steigerungszuschlages 195/8
- beim Nachlassvertrag mit Vermögensabtretung 195/13
- keine analoge Anwendung von Abs. 1 Ziff. 2 auf den Widerruf eines Auflösungsbeschlusses einer AG 195/9

Widerspruchsklage
- Kosten des Widerspruchsprozesses 109/1
- Beweislastverteilung 109/2–6
- Verzicht auf Eigentumsansprache nach Einleitung des Verfahrens 109/7
- wegen zivilrechtlicher Ungültigkeit der Abtretung 109/8

Wohn- und Geschäftsräume, benützt durch Schuldner
- im Betreibungsverfahren 155/9
- im Konkursverfahren 229/5–9

Wohnsitz des Schuldners
- Abklärung durch BA im Handelsregister des Wohnsitzberechtigten 15/2
- Beweispflicht für neu begründeten Wohnsitz 48/5
- fehlender oder mangelnder fester Wohnsitz 48/1–3, 10–14
- Aufenthaltsort 48/4, 9, 11
- Strafanstalt als Aufenthaltsort 48/8
- Indizien für Aufenthaltsort 48/15
- Betreibung am Aufenthaltsort mit nachweisbarem Wohnsitz 48/7
- Scheindomizil 49/6

Wohnsitzwechsel
- Einfluss auf Zuständigkeit des RÖ-Richters 53/1–3
- Aufenthaltsort im Ausland (langfristig) 53/6
- Beschwerde gegen Pfändungsankündigung am falschen Betreibungsort 53/10
- Art. 53 ist anwendbar auf Konkurs ohne vorgängige Betreibung 53/11–12
- während der Dauer einer Lohnpfändung 53/4
- Erlass einer Pfändungsankündigung oder Konkursandrohung nach Wohnsitzwechsel 53/9
- nach der ersten gültigen Pfändungsankündigung 53/5
- krankheitshalber Aufenthalt ausserhalb des Wohnsitzes 53/8
- Verlegung Firmensitz – Eintragswirkungen erst mit dem Eintrag im HR 53/13–14

SchKG – Z

Z

Zahlungen
- an BA mit befreiender Wirkung setzt Zahlungsangebot in Schweizer Franken voraus 12/14
- Befreiung einer Forderung durch Zahlung an das BA 12/1–2, 16, 22
- direkt an den Gläubiger; Wirkungen 12/3–4, 6–7, 12, 19–20
- durch einen Dritten 12/8–10, 15
- Ablieferung durch Arbeitgeber von nicht gepfändetem Lohn 12/18
- Erlöschen der Betreibung 12/5, 11, 22
- keine Entgegennahme für gelöschte Betreibungen 12/21
- Weisung des Schuldners zur Verwendung der Zahlung 12/17
- für auf fremde Währung lautende Forderungen 12/13–14

Zahlungsbefehl
- liefert keinen Beweis für den Bestand einer Forderung 69/2
- ohne Unterschrift ist trotz des formellen Mangels gültig 69/3
- gibt nicht den richtigen Wohnort des Schuldners an, ist er aufzuheben 69/7
- Wortlaut der B-Formulare ist für die ganze Schweiz einheitlich 69/1
- Die Betreibung gegen den Ehegatten als Mitschuldner in einem einzigen ZB ist nichtig 70/6–7, 9
- Bei der Betreibung einer Erbengemeinschaft ist gegen jeden Erben eine einzelne Betreibung einzuleiten. Dem persönlich haftenden Erben ist ein gesonderter ZB zuzustellen 70/10
- Mehrere Betreibungen für die gleiche Forderung 70/3
- Gemeinsame Betreibung mehrerer Gläubiger in einer einzigen Betreibung 70/1
- Beim Arrest gegen mehrere Schuldner durch gemeinsamen Arrestbefehl kann nur einer betrieben werden 70/4
- Gegen mehrere Schuldner kann nicht in einem und demselben Arrestverfahren vorgegangen werden 70/2
- Bei Betreibung zweier Solidargläubiger wird einer urteilsmässig abgewiesen. Betreibung kann im Namen des allein verbliebenen Gläubigers fortgesetzt werden 70/5
- Mehrere Solidarschuldner können gemeinsam betrieben werden 70/8
- **in der Pfandbetreibung / Befugnis des BA zur Verwaltung**
  - BA kann eingegangene Mieten für Abschlagszahlungen zur Rückzahlung des einem vorgehenden Pfandgläubiger geschuldeten Kapitals verwenden 152/6
  - Befugnis des BA zu Kündigungen und Ausweisungen an und von Mietern 152/7
  - Miet- und Pachtzinssperren 152/9–11
  - im Falle des Nachlassvertrages mit Vermögensabtretung 152/12
  - Im Grundpfandverwertungsverfahren ist das BA befugt, Mietzinsforderungen auf dem Betreibungsweg einzufordern 152/8
  - Beim Nachlassvertrag mit Vermögensabtretung kann der Nachlassschuldner auf Pfandverwertung betrieben werden 152/4
  - Ausstellung des ZB darf nicht verweigert werden, wenn Pfandrecht als möglich erscheint 152/2
  - Der Schuldner, der die Betreibungs-, RÖ-Kosten und Gerichtsentschädigung eines Aberkennungsprozesses

Z – SchKG Zahlungsverzug – Folgen

bestreiten will, kann gegen den ZB Recht vorschlagen 152/3
- Zur Verrechenbarkeit von Mietzinsschulden mit Mietzinsdepot 152/8
- eingeleitete Pfandbetreibung kann nicht auf Pfändung oder Konkurs fortgesetzt werden 152/1
- kein rückwirkender Verzicht auf Ausdehnung der Pfandhaft auf Mietzinsforderungen 152/13

Zahlungsverzug – Folgen
- Steigerungsbedingungen müssen für alle die gleichen sein 143/1
- Haftung des ersten Ersteigerers für die Verwertungskosten, wenn die Steigerung wiederholt werden muss? Voraussetzung Entstehung eines Schadens 143/2
- Offerent für einen Freihandverkauf nimmt an einer nicht öffentlichen Steigerung für Interessenten nicht teil. Ist nicht haftbar für einen Mindererlös zwischen seiner Offerte und dem Zuschlagspreis 143/3
- Begriff Zahlungsverzug 143/4
- Einräumung einer zusätzlichen Frist von 10 Tagen an den Ersteigerer zur Bezahlung des Zuschlagspreises von der AB im Beschwerdeverfahren 143/5
- Gewährung wäre unnütz, wenn keine Nachfrist gewährt wird, wenn der Gegenstand in der Zwischenzeit in die Konkursmasse gefallen ist 143/6
- besondere Regelung bei der Verwertung eines Luftfahrzeuges 143/7
- Bezahlung des Kaufpreises durch Schuldübernahme 143/8
- das unwiderrufliche Zahlungsversprechen einer anerkannten und solventen Bank ist der Barzahlung gleichzustellen 143/9
- die Verwertung einer Ausfallforderung (Art. 72 VZG) hat grundsätzlich durch öffentliche Versteigerung zu erfolgen 143/10
- Aufhebung des Steigerungszuschlages zufolge Nichtleistung des Verkaufspreises. Nachfolgender Konkurs über den Schuldner 143/12

Zustellung, Zahlungsbefehl / Betreibungsurkunden
- Ort der Zustellung 64/49–50, 52
- *durch die Post*
- ergibt sich aus dem Gesetz und kann nicht beanstandet werden 72/1
- Frist bei Abholungsanzeige; Zustellungszeitpunkt 72/2
- Zustellungsbestätigung durch Post gilt als amtliche Urkunde 8/1
- Zustellungsort 46/39–42
- *Formelles*
- Anzeige über Konkursverhandlung 64/5
- Bestätigung des Postboten über Zustellung ZB 64/6
- Zustellung am Ort der Berufsausübung 64/8
- Betreibungsurkunde aus der Schweiz im Ausland 64/7
- von eingeschriebenen Sendungen an Postfachinhaber 64/10
- durch Einlegen in den Briefkasten am Arbeitsort 64/9
- Vereinbarung mit Schuldner über Zustellung 64/12
- an Verwandte zur Zustellung an unbekannt wohnenden Schuldner 64/11
- an 14-jährige, nicht beim Schuldner wohnende Tochter 64/13
- Arrestbefehl ins Ausland auf postalischem Weg 64/14
- bei postlagernd adressierten Sendungen 64/15
- an in der Wohnung des Schuldners zur Haushaltung gehörende Personen oder Angestellte oder wo er seinen Beruf ausübt 64/51, 53–70
- durch Gemeinde- oder Polizeipersonen 64/71–74

- *an Vertreter des Schuldners*
- durch örtlich unzuständiges BA an den vertraglichen Vertreter 64/42
- bei Anwesenheit des Schuldners am Betreibungsort; keine Zustellung an Vertreter 64/43
- Entgegennahme durch ermächtigte Person. Erforderlich und genügend ist, dass diese als Hilfsperson zu gelten hat 64/44
- an nicht bevollmächtigten Anwalt 64/46
- gewillkürter Vertreter der Betreibungsparteien 64/47
- an Schuldner in Haft im Ausland. Vertretungsbefugnis Ehefrau? 64/48

- *an juristische Person oder Gesellschaft*
- formelle Anforderungen – Angaben im B-Begehren 65/1–2
- an Mitglied der Verwaltung, Prokurist 65/4, 22
- an Ehefrau des Geschäftsführers zulässig 64/45
- an Vormundschaftsbehörde am Sitz der AG bei fehlenden Geschäftsräumlichkeiten, VR wohnt nicht in der Schweiz 65/6
- Ersatzzustellungen gemäss Abs. 2 Art. 65 65/5
- keine Zustellung an Geschäftsführer(in) einer GmbH ohne Eintrag im HR 65/7
- an juristische Person oder Gesellschaft im Ausland 65/10
- an nicht berechtigten Vertreter ist Betreibung nichtig 65/9
- Stockwerkeigentümerschaft 65/8
- Bestellung eines Beistandes bei juristischen Personen ohne Organe 65/9

- *an Kollektiv- oder Kommanditgesellschaft*
- auch ausserhalb des Geschäftslokals gültig 65/11
- an nicht berechtigte Personen 65/12
- an eine Angestellten einer andern Gesellschaft in den gleichen Räumen 65/13, 23
- an VR-Mitglied, wenn dieses die Forderung dem Gläubiger abgetreten hat 65/14
- Vorladung zur Konkursverhandlung gegen AG an ein aus dem VR ausgeschiedenes Mitglied, aber im HR nicht gelöschter Eintrag 65/15
- an den dem VR nicht angehörenden Geschäftsführer 65/20
- Übergabe des ZB an verantwortliches Organ einer jur. Person 65/21
- an Domizilhalter einer Gesellschaft 65/24
- Zustellung ZB und Befugnis zum RV bei erfolgtem Wechsel in der Verwaltung einer Genossenschaft 65/25
- Beweispflicht für ordnungsgemässe Zustellung des BA 65/22

Zustellung, fehlerhafte
- Zustellung von B-Urkunden an den Schuldner können nur gemäss Art. 64 erfolgen 64/17
- wirkungslose Ersatzzustellung, wenn Schuldner keine Mitteilung erhält 64/16
- Einwurf in den Briefkasten des Schuldners, mit Ausnahme 64/18–21; 72/11–12
- Einlegung in den Briefkasten am Arbeitsort; keine Amtsgeheimnisverletzung 64/22
- durch Anheften des ZB an Wohnungstüre 64/23
- Zustellung ZB an Ehemann darf nicht am Arbeitsort der Ehefrau erfolgen 64/24
- gültige Zustellung bei rechtzeitiger Kenntnis vom ZB 64/25; 72/9–10
- keine Wiederholung bei mangelhafter Zustellung eines ZB bei fehlendem Rechtsschutzinteresse 64/26–27
- Zustellung ZB oder Pfändungsurkunde am unrichtigen Ort begründet nur die Anfechtbarkeit 64/28, 31, 35

869

Zustellung, Zahlungsbefehl in der Pfandbetreibung

- Fristbeginn bei fehlerhafter Zustellung 64/29–30; 72/14–15
- trotz vorschriftswidriger Zustellungsweise ist der ZB nicht aufzuheben, wenn der Schuldner diesen trotzdem erhalten hat 72/8, 10, 13
- Beweispflicht für ordnungsgemässe Zustellung des BA 65/22
- wenn nicht beweisbar; Verfahren als nichtig betrachtet 72/16
- an Familienmitglied, das die Ferien beim Schuldner verbringt, ist nicht gültig 72/22
- ungültige Zustellung von B-Urkunden an gesetzlichen Vertreter und an dessen Ehefrau oder an Angestellten, wenn diese als Gläubiger auftreten 65/26, 28
- Übergabe des ZB an einen subalternen Angestellten einer AG, der bei der Post nur die Post abholt 65/29
- an Concièrge eines Appartementhauses im Ausland 65/30
- an nicht berechtigten Vertreter einer jur. Person; wird geheilt, wenn die Betriebene Kenntnis erhält 65/31
- eine Abtretungsofferte gemäss Art. 260 an das Rechtsdomizil einer AG bei einer nicht bevollmächtigten Treuhandgesellschaft 65/33
- Schuldner kommt nie in den Besitz des ZB 64/32–33
- ZB einer andern als im ZB erwähnten Person zugestellt 64/34
- ZB nicht am Wohnort des Schuldners zugestellt, sondern der von ihm getrennt lebenden Ehefrau 64/37
- an Ehemann bei Gütertrennung und Betreibung gegen Ehefrau 64/36
- erfolgt gegen gesetzliche Vorschriften Nichtigkeit 64/39
- Abholungseinladung betr. ZB darf nicht ins Postfach des Schuldners gelegt werden 64/38
- bei unzurechnungsfähigem Schuldner 64/40

Zustellung, Zahlungsbefehl in der Pfandbetreibung

- an Dritteigentümer eines retinierten Gegenstandes 153/2
- Feststellung der Eigentümerschaft fällt nicht in die Zuständigkeit der AB 153/3
- Gemeinschaftlicher Eigentümer mit dem Schuldner wird als Dritteigentümer in die Betreibung einbezogen 153/1
- Im Konkursverfahren kann gegen den Schuldner eine Betreibung auf Pfandverwertung angehoben werden, wenn das Pfand einem Dritten gehört 153/4
- Erwerb des Pfandgrundstückes nach Ansetzung der Steigerung. Anspruch des Erwerbers auf Zustellung des ZB? 153/5
- bei Dritteigentümerschaft 153/6–8
- wenn ein Dritter im Verfahren den Pfandgegenstand als Eigentum beansprucht 153/9
- Stellung des Dritteigentümers in der Betreibung auf Grundpfandverwertung 153/10
- als wirklicher Eigentümer hat zu gelten, wer im Grundbuch als Eigentümer eingetragen ist oder vom Gläubiger als solcher bezeichnet wurde oder gerichtlich festgestellt worden ist 153/11
- Klage Betreibungsgläubiger gegen Drittpfandeigentümer; Gerichtsstand 153/12
- Betreibung auf Verwertung eines Grundpfandes anstelle auf Verwertung eines Faustpfandes. Ist mit RV zu begegnen 153/13
- betreibungsrechtliche Stellung der Ehefrau bei der Pfandverwertung der Familienwohnung 153/14
- Die Einleitung einer B auf Grundpfandverwertung ist nicht ausgeschlossen, wenn die einseitige Ablösung der Grundpfandrechte im Gange ist (Art. 828 ZGB) 153/15

Zustellung in einer Erbschaft

- bei einem B-Begehren gegen eine Erbschaft hat das BA zu prüfen, ob diese bereits amtlich liquidiert worden ist. Keine Abklärung von Amtes wegen über erfolgte Erbteilung 65/34
- Rechtsmissbrauch – Zustellung ZB an einen Miterben, von dem kein RV zu erwarten ist, und keine Betreibung gegen den andern Miterben, von dem ein RV zu erwarten ist 65/35
- Auszahlung eines Verwertungsüberschusses des BA an den Erben, dem die B-Urkunden zuzustellen waren 65/36
- Anhebung eines Arrestverfahrens gegenüber einer ausländischen Erbschaft 65/37
- eines in Italien verstorbenen Schweizers 65/38
- Arrestbetreibung gegen eine unverteilte ausländische Erbschaft 65/39
- unklare Schuldnerbezeichnung; gegen die Erbschaft oder einzelne Erben 65/45

- *Erbenvertreter*
  - im ZB als solcher bezeichnet, gilt für das ganze Verfahren 65/40
  - Nichtigkeit eines an einen vom Gläubiger bezeichneten (nicht bevollmächtigten) Vertreter zugestellten ZB 65/41
  - Willensvollstrecker ist zur Entgegennahme von B-Urkunden für die Erbschaft legitimiert 65/42
  - Gültigkeit Zustellung ZB an Willensvollstrecker 65/43
  - Feststellung einer zur Vertretung der Erbschaft nicht legitimierten Person erst im Pfändungsstadium 65/44
  - Zeitpunkt der Konkurseröffnung 175/1–3
  - Zinsenlauf nach der Konkurseröffnung 209/1–3
  - Zinsen, die der Steigerungserlös wegen verzögerter Auszahlung abwirft; Verteilung 137/3

Zustellungsbescheinigung

- Fehlen dieser Bescheinigung; Zustellung nichtig 72/17
- Unterlassung dieser Bescheinigung – Beweis auf andere Weise erbracht 72/19
- Zustellung auf diplomatischem Weg mit separater Empfangsbestätigung 72/18
- Beweispflicht: zustellende Behörde, mit Vorbehalt des Gegenbeweises 72/20
- ist vom BB oder Angestellten des BA auszustellen, der den ZB tatsächlich übergeben hat 72/21
- durch die Polizei; wenn weder Schuldner noch andere empfangsberechtigte Personen angetroffen werden können 72/23

Zweite Gläubigerversammlung, siehe Verwertung, Beschlüsse der 2. Gläubigerversammlung

Zweite Klasse, siehe Rangordnung der Gläubiger

Verordnung des Bundesgerichts über die Zwangsverwertung von Grundstücken (VZG)

A

Anmeldung im Grundbuch
- Auch beim Freihandverkauf sind die auf dem Grundstück lastenden Schuldbriefe, Grundpfandrechte und Titel zu löschen VZG 68/1

Aufschub der Verwertung
- Hängige Beschwerde gegen die Verweigerung des Aufschubs der Verwertung. Aufhebung des Zuschlags möglich bei einer bereits erfolgten Versteigerung VZG 32/1

Ausfallforderung
- Die Verwertung einer Ausfallforderung erfolgt grundsätzlich durch öffentliche Versteigerung. Verwertung durch Forderungsüberweisung an Zahlungs statt oder zur Eintreibung bedarf der Zustimmung aller beteiligten Gläubiger VZG 72/1

B

Bauhandwerkerpfandrecht
- Art. 106 VZG ist auch auf die Verwertung im Konkursverfahren anwendbar VZG 106/1
- Bedingung, dass die Zahlung des Betrages, der den Bauhandwerkerpfandgläubigern zusteht, zusätzlich zur verlangten Anzahlung zu leisten ist VZG 117/7
- keine Befugnis der Konkursverwaltung, bei der Verteilung den Rang der Bauhandwerkerpfandrechte gegenüber früher eingetragenen Grundpfandforderungen zu bestimmen VZG 117/6
- Die gesetzlichen Bauhandwerkerpfandrechte sind für die Ermittlung des Zuschlagspreises nicht mitzurechnen VZG 117/2
- Ist eine Klage aus Art. 841 ZGB nur gegen den vorgehenden Grundpfandgläubiger oder auch allfällige am Grundpfandtitel berechtigte Faustpfandgläubiger zu richten? VZG 117/4
- Eine Überbindung eines Benützungsrechts, das durch den Scheidungsrichter der Ehefrau zugesprochen worden ist, auf den Ersteigerer ist ausgeschlossen VZG 50/1
- Nur durch Bestreitung des Lastenverzeichnisses mit nachfolgendem Widerspruchsprozess kann die Gültigkeit eines vorrangigen Pfandrechts angefochten werden VZG 117/8
- Vor Erledigung eines Prozessverfahrens zwischen vorgehenden Grundpfandgläubigern und nachgehenden Bauhandwerkerpfandgläubiger darf keine Verteilung vorgenommen werden VZG 117/5
- Vorgehen der Bauhandwerkerpfandgläubiger zur Geltendmachung ihrer Ansprüche nach Art. 841 ZGB VZG 117/3
- Wen können zu Verlust kommende Bauhandwerker nach Art. 117 belangen? VZG 117/1

D

Dritteigentum
- Wer mit dem Schuldner gemeinschaftlicher Eigentümer des Pfandgrundstückes ist, muss als Dritteigentümer in eine gegen jenen angehobene Betreibung einbezogen werden VZG 88/1; 100/1
- Dem Dritteigentümer des Grundpfandes wird in der Betreibung auf Grundpfandverwertung ein Zahlungsbefehl zugestellt, damit er selbstständig seine Rechte wahren kann VZG 88/3
- Rechtsmissbräuchliche Geltendmachung des Drittanspruchs der Ehefrau des Schuldners durch verzögerte Anmeldung VZG 100/3
- Erwerb während einer hängigen Betreibung der Pfandsache vor der Vormerkung der Verfügungsbeschränkung VZG 100/4

E

Eigentümerschuldbrief / Eigentümerpfandtitel
- nicht pfändbar VZG 13/1
- Eigentümerschuldbrief im Gewahrsam eines Drittansprechers VZG 13/1
- zum vollen Nennwert verpfändeter Eigentümerschuldbrief VZG 13/2
- Verwertung eines Eigentümerpfandtitels in der Faustpfandbetreibung gegen eine AG in Nachlassliquidation VZG 35/1
- Berufung auf Abs. 2 Art. 35, wenn die Verwertung des Pfandtitels in der Betreibung bereits erfolgt ist VZG 35/2
- Überschreitung des Verbots gesonderter Versteigerung des Grundstücks und dem darauf lastenden Schuldbrief führt zur Aufhebung des Steigerungszuschlages VZG 35/3
- Bei gleichzeitig laufender Verwertung gegen den Eigentümer des Drittpfandes des Grundpfandes und Eigentümerpfandtitels VZG 35/4
- Unterstützung des Schuldners und seiner Familie aus Erträgnissen, auch wenn der Schuldner ausserhalb des Grundstückes, aber in der Schweiz wohnt VZG 22/1–2
- Erwerb der Pfandliegenschaft nach Ansetzung der Steigerung; Zustellung Zahlungsbefehl? VZG 88/2; 102/3

F

Familienwohnung
- Betreibungsrechtliche Stellung der Ehefrau bei der Pfandverwertung der Familienwohnung VZG 88/5
- Faustpfandforderungen, für welche Eigentümertitel haften VZG 126/1–5

Freihandverkauf im Konkurs
- Nichtigkeit, wenn Offerent nicht bekannt gegeben wurde oder die bietende juristische Person noch nicht gegründet ist VZG 58/4
- bedarf keiner öffentlichen Beurkundung VZG 66/1

Früchte und Erträgnisse
- Unterstützung des Schuldners und seiner Familie daraus hat auch dann zu erfolgen, wenn der Schuldner ausserhalb des Grundstückes, aber in der Schweiz wohnt VZG 22/1
- gepfändete Mietzinse können vom Schuldner, wenn er darauf angewiesen ist, nach den Bestimmungen über die Lohnpfändung beansprucht werden VZG 22/2

Grundstück

G
Grundstück
- nicht auf den Schuldner eingetragen – Pfändung VZG 10/1–2

Grundbucheintrag beim Freihandverkauf
- Löschung der Schuldbriefe und Grundpfandtitel, soweit die persönliche Schuldpflicht nicht überbunden wird VZG 110/1
- Bei ungenügender Pfanddeckung Zustellung Titel an GB-Amt zur Löschung oder Herabsetzung VZG 111/1

K
Klage des Betreibungsgläubigers
- gegen Drittpfandeigentümer auf Beseitigung eines Rechtsvorschlages VZG 88/4

Konkurs des persönlich haftenden Schuldners
- Abs. 1 des Art. 89 ist auf die Verwertung eines von einem Dritten bestellten Faustpfandes analog anwendbar VZG 89/1
- Betreibung auf Pfandverwertung gegen eine AG, die sich im Konkurs befindet. Zustellung des ZB an den einzigen Verwaltungsrat VZG 89/2
- Betreibung auf Pfandverwertung gegen den Schuldner ist im Konkursverfahren möglich, wenn das Pfand einem Dritten gehört VZG 89/3
- Konkurseröffnung und Pfandverwertungsverfahren – Ist die Verwertung im Zeitpunkt der KE abgeschlossen, steht der Erlös den Pfandgläubigern zu VZG 96/1

L
Lastenverzeichnis
- Abänderung des Lastenverzeichnisses – Voraussetzungen VZG 37/7
- Abänderung eines rechtskräftigen Lastenverzeichnisses von Amtes wegen VZG 43/1
- keine Abänderung des Lastenverzeichnisses durch Steigerungsbedingungen VZG 45/1
- Aufnahme eines im Grundbuch vorgemerkten Anteils der Miterben am Veräusserungsgewinn ist im Lastenverzeichnis ohne Betrag aufzunehmen VZG 34/5
- keine Aufnahme von nicht grundpfändlich gesicherten Forderungen VZG 34/1
- Die Aufnahme eines im GB nicht eingetragenen Benützungsrechts im Lastenverzeichnis ist nichtig VZG 34/4
- kein Anspruch auf Errichtung eines Bauhandwerkerpfandrechts nach Ablauf der Anmeldefrist bei der Zwangsverwertung von Grundstücken VZG 36/4
- Nicht den Eingaben oder den Einträgen im Grundbuch entsprechendes Lastenverzeichnis ist mit Beschwerde anzufechten VZG 34/3
- Bereinigung der Zugehör eines Grundstückes hat im Lastenverzeichnis zu erfolgen unter Vorbehalt der Kollokationsklage VZG 125/2–3
- Nicht Bestreitung, sondern Beschwerde muss erhoben werden, wenn Lastenverzeichnis nicht den Eingaben oder den Einträgen im Grundbuch entspricht VZG 36/5
- Bestreitung der Forderung und Pfandrecht durch den Schuldner, sind aber im GB eingetragen VZG 37/4
- Berechtigter Personenkreis für die Zustellung des Lastenverzeichnisses VZG 37/6
- Forderungsansprüche, die nicht grundpfändlich gesichert sind VZG 36/2
- Eine im Grundbuch angemeldete Forderung ist im Lastenverzeichnis aufzunehmen VZG 36/3
- Eine zu niedrig eingegebene Forderung kann nach Ablauf der Eingabefrist nicht erhöht werden VZG 36/6
- Forderung und Pfandrecht sind bereits bestritten, sind aber im GB eingetragen VZG 37/4
- Auch der nicht betreibende Grundpfandgläubiger ist gegen Massnahmen über das zu verwertende Grundstück beschwerdelegitimiert VZG 34/2
- Die gemeinschaftlichen Teile eines zu Stockwerkeigentum ausgestalteten Grundstücks stehen nicht zwingend zur Verfügung sämtlicher Stockwerkeigentümer VZG 36/9
- Klägerrolle ist demjenigen zuzuweisen, der eine Abänderung oder Löschung eines Rechts verlangt VZG 39/2–5
- Lastenverzeichnis im Konkurs VZG 125/11
- Lastenbereinigung im Konkurs – Auflage kann in gewissen Fällen vor dem Kollokationsplan erfolgen VZG 125/1
- Lastenverzeichnis, das keine klare Entscheidung über die Pfandhaft der Zugehör enthält VZG 125/8
- Mitteilung des Lastenverzeichnisses an alle Gläubiger, den Grundpfandgläubigern und den aus Vormerkungen Berechtigten und Schuldner VZG 37/3
- Abgrenzung zwischen Mitteilungen und Betreibungsurkunde? VZG 37/10
- Können spätere Tatsachen ein nachträgliches Lastenbereinigungsverfahren rechtfertigen? 37/1
- Nachträgliche Abänderung oder Ergänzung des Lastenverzeichnisses VZG 40/1
- Parteirolle und Gerichtsstand – ein Streit, der sich bloss auf die Person des Gläubigers bezieht, ist nicht im Lastenbereinigungsverfahren auszutragen VZG 39/1
- Prüfung und Beurteilung, ob eine Forderung eine Belastung des Grundstücks darstelle VZG 36/8
- Rechtswirkung der Bestreitung einer im Lastenverzeichnis eingetragenen Forderung VZG 37/5
- Denjenigen, der ein im Lastenverzeichnis aufgenommenes Recht bestreitet, hat das BA aufzufordern, eine gerichtliche Klage einzureichen VZG 39/4
- Ein Streit, der sich nicht auf den Bestand oder Rang einer Grundlast bezieht, ist nicht im Lastenbereinigungsverfahren auszutragen VZG 37/2
- Ein Streit um die Mitverhaftung einer Zugehör an die Gläubiger ist im Kollokationsprozess zu entscheiden VZG 125/12
- Tragweite einer in die Lastenverzeichnisse verschiedener Grundstücke aufgenommenen Gesamtpfandklausel, wo die im Kollokationsplan inkl. Lastenverzeichnis vermerkten Pfandbeträge von Grundstück zu Grundstück verschieden sind VZG 125/10
- Für die Überprüfung der Begründung der sich aus Grundbuch oder aus der Anmeldung ergebenden Lasten ist der Richter zuständig VZG 37/4
- Umfang der Pfandhaft – Lastenverzeichnis, in welchem klar ersichtlich ist, welche Gegenstände als Zugehör betrachtet werden, kann nur mit Kollokationsklage angefochten werden VZG 125/9
- Voraussetzungen zur Abänderung des Lastenverzeichnisses VZG 37/7, 43/1
- Voraussetzung für die (ausnahmsweise) Zusammenfassung mehrerer Grundstücke in einem Lastenverzeichnis VZG 125/11
- Vorrecht Bauhandwerker gegenüber vorgehenden Pfandgläubigern. Gültigkeit eines vorrangigen

Pfandrechts kann nur durch Bestreitung des Lastenverzeichnisses mit nachfolgendem Widerspruchsverfahren angefochten werden VZG 37/9
– Sind die Vorschriften über das Verfahren zur Feststellung des gegenseitigen Rangverhältnisses der Grundpfandrechte, die durch eine erfolgte Abänderung allenfalls verletzt werden können, zwingender Natur? VZG 125/5
– Zinse, die nicht mehr grundpfandgesichert sind, sind von Aufnahme im Lastenverzeichnis ausgeschlossen VZG 36/1

M

Miet- und Pachtverträge
– Eine Überbindung eines Benützungsrechts, das durch den Scheidungsrichter der Ehefrau zugesprochen worden ist, auf den Ersteigerer ist ausgeschlossen VZG 50/1
– Mietvertrag muss als RÖ-Titel für das Retentionsrecht anerkannt werden VZG 85/1
– Miet- und Pachtzinssperre kann auch noch in einem späteren Zeitpunkt verlangt werden, wenn darauf nicht ausdrücklich verzichtet wurde VZG 91/7
– Miete hat der Schuldner im Betreibungsverfahren für die Benützung von Wohn- und Geschäftsräumen nicht zu bezahlen, wenn das Grundstück vom BA verwaltet wird VZG 93/2
– Miet- und Pachtzinse als Erträgnisse – Verwendung VZG 95/1–4

Miteigentum
– Verwertung von Anteilen im Konkurs VZG 73/3
– Wird bei der Verwertung eines Miteigentumsanteils das verpfändete Grundstück als Ganzes versteigert, so besteht kein Vorkaufsrecht des Miteigentümers VZG 73/1
– Miteigentum mehrerer Personen an einem überbauten Grundstück ohne Begründung von Stockwerkeigentum, aber so, dass jedem Anteil das Recht auf die Nutzung bestimmter Räume gewährt ist. Pfändung eines Anteils VZG 73/2
– Ist der Umfang des zu verwertenden Grundpfandobjekts nicht bestimmt, weil in einem hängigen Grundbuchberichtigungsverfahren abzuklären ist, ob das Grundpfandobjekt mit einem Miteigentumsanteil an einem anderen Grundstück subjektiv-dinglich verknüpft ist? VZG 73/4

O

Ort der Pfändung
– Pfändung von Grundstücken oder von Miteigentumsanteilen durch das BA am Ort der gelegenen Sache VZG 24/1
– Der Anteil des Schuldners am Gesamthandvermögen am Wohnort des Schuldners VZG 24/1

P

Pachtvertrag (landwirtschaftlicher)
– Schutz der Interessen des Grundpfandgläubigers bei der Versteigerung eines Grundstückes, das mit einer nicht im Grundbuch vorgemerkten landwirtschaftlichen Pacht belegt ist VZG 56/1

Pfandausfallschein
– auszustellen für nicht gedeckte nachgehende Grundpfandgläubiger VZG 120/1
– Ersteigerung des Schuldbriefes bei einer Faustpfandverwertung durch den Gläubiger selbst. Anspruch auf Pfandausfallschein VZG 120/3
– rechtliche Bedeutung VZG 120/2
– Voraussetzungen für die Ausstellung VZG 120/4

Pfandrecht
– Nach der Pfändung des Grundstücks errichtetes gesetzliches Pfandrecht (Beitragsforderungen bei StWE), das der Pfändung nachgeht. Verteilung VZG 81/1

Publikation / Steigerungspublikation
– Beschwerdelegitimiert ist jeder Grundpfandgläubiger, auch der nicht betreibende VZG 29/1
– Juristische Person als Schuldnerin. In der Publikation sind keine Angaben über Organe oder Gesellschafter aufzunehmen VZG 29/2
– Klarheit der Publikation VZG 29/3

R

Rechtshilfe
– Verwertung von beweglichen Sachen, die in einem andern Betreibungskreis liegen. Hat das beauftragte Amt Kenntnis von vorgehenden Pfändungen, so ist ein Verwertungserlös dem Amt abzuliefern, bei dem die Betreibungen hängig sind, die zu diesen Pfändungen geführt haben VZG 74/1
– Die Erstellung des Verteilungsplanes ist Sache des ersuchenden Amtes VZG 75/1

Retentionsrecht
– Mietvertrag muss als Rechtsöffnungstitel für das Retentionsrecht anerkannt werden VZG 85/1

S

Spezialanzeigen
– Die Steigerung ist jedem Gläubiger, zu dessen Gunsten das Grundstück oder Fahrnis gepfändet ist, besonders anzuzeigen VZG 30/1
– Erwerb der Pfandliegenschaft nach Ansetzung der Steigerung. Kann der Erwerber verlangen, dass ihm die Steigerung mindestens einen Monat zum Voraus angezeigt werde, und hat er Anspruch auf Zustellung der Spezialanzeige? VZG 102/3; 30/2

Spezialanzeigen im Konkursverfahren Art. 129
– Bei öffentlicher Versteigerung eines Grundstücks hat der Schuldner keinen Anspruch auf eine besondere Anzeige VZG 129/1
– Rangordnung im Kollokationsplan kann nicht mehr durch die Steigerungsbedingungen in Frage gestellt werden VZG 129/2
– kein Anspruch auf neue Schätzung von Fahrnis im summarischen Konkursverfahren VZG 9/5
– kein Anspruch der Beteiligten auf eine Oberexpertise VZG 9/8, 10
– kein Anspruch auf eine dritte Schätzung VZG 9/12
– kein Anspruch auf Anordnung einer neuen Schätzung durch die obere AB VZG 99/5
– BA hat Schätzung vorzunehmen evtl. unter Beizug von Sachverständigen VZG 9/1
– Schätzung hat den Interessen des Schuldners und der Gläubiger zu dienen VZG 9/3
– Schätzung soll den mutmasslichen Verkaufswert bestimmen VZG 9/15
– neue Schätzung im summarischen Konkursverfahren, wenn der Erlös bei gesamthafter Verwertung im Verhältnis der Schätzung der Einzelgrundstücke verteilt wird VZG 9/4

Steigerungsbedingungen VZG – V

- Neuschätzung eines Grundpfandtitels VZG 9/7
- keine Anwendung von Art. 99 bei nicht kotierten Aktien VZG 9/6
- Im Pfandverwertungsverfahren kann nur der die Verwertung verlangende Gläubiger neue Schätzung verlangen VZG 9/9; 99/4
- Jeder Betroffene kann neue Schätzung verlangen VZG 9/11, 13–14
- Streitigkeiten über die Höhe der Schätzung können nicht ans Bundesgericht weitergezogen werden VZG 9/18; VZG 99/2
- neue Schätzung durch Sachverständige kann auch für Grundpfandtitel verlangt werden VZG 99/3
- Neuschätzung eines Grundpfandtitels VZG 9/7
- Verkaufswert eines im Bau befindlichen Gebäudes VZG 9/2
- Schätzung von Fahrnis als Pfand; keine neue Schätzung möglich bei nicht kotierten Aktien VZG 99/1; 9/6
- Schuldner hat die Kosten der Schätzung zu tragen, wenn er dies verlangt hat VZG 9/16
- Freier Zugang zum Grundstück durch BA VZG 9/17
- Legitimation des Schuldners, Beschwerde gegen Schätzungsentscheid zu erheben und eine tiefere Schätzung zu verlangen VZG 99/6
- Neuschätzung von Grundstücken im Konkursverfahren können Grundpfandgläubiger verlangen, wenn der Erlös bei Gesamtruf im Verhältnis der Schätzung der Einzelgrundstücke zu verteilen ist VZG 118/1

Steigerungsbedingungen
- Wann darf vom normalen Inhalt der Steigerungsbedingungen abgewichen werden? VZG 45/2
- Lastenverzeichnis kann durch die Steigerungsbedingungen nicht abgeändert werden VZG 45/1
- Vorschriften von Kantonen und Gemeinden, die dem Bundesrecht widersprechen oder die Verwirklichung von Bundesrecht verunmöglichen VZG 45/3; 49/2
- Steigerungsbedingungen können für einen bestimmten Betrag Barzahlung und für den Restkaufpreis Sicherheitsleistung vorsehen VZG 45/4
- Bei der Zwangsversteigerung findet keine Gewährleistung statt VZG 45/5
- Unzulässigkeit, Kosten eines Kollokationsprozesses dem Pfanderlös zu entnehmen und für sie in den Steigerungsbedingungen Barzahlung zu verlangen VZG 46/1
- Nachträgliche Ergänzung der Steigerungsbedingungen und Neuauflage VZG 52/1
- Gleiche Steigerungsbedingungen für alle VZG 63/2

Steigerungsangebote
- BA darf ein Angebot des Schuldners nicht übergehen, ohne ihm Gelegenheit zu geben, die Zweifel an der Fähigkeit zur Erfüllung der Steigerungsbedingungen zu beseitigen VZG 58/2
- Wer in fremdem Namen bietet, hat sich auf Verlangen über seine Handlungsbefugnis auszuweisen VZG 58/1; 102/4; 130/3
- Ungültigkeit von Angeboten, die nicht namentlich bezeichnet werden VZG 58/3
- Schriftliche Steigerungsangebote können bis zur Bekanntgabe bei Beginn der Steigerung zurückgezogen werden VZG 58/6
- Der Steigerungszuschlag ist eine betreibungsrechtliche Verfügung VZG 58/5

Steigerungskaufpreis
- Bei hängiger Klage über eine bestrittene fällige Pfandforderung kann nicht auf die Barzahlung verzichtet werden VZG 47/1
- Zusätzliche Frist von 10 Tagen, die dem Ersteigerer im Laufe eines Beschwerdeverfahrens von der AB eingeräumt wird, damit dieser den Zuschlagspreis bezahlen kann VZG 47/2
- Belastung des Ersteigerers mit den Verteilungskosten: davon sind nicht tarifierte Kosten ausgenommen VZG 49/1
- Grundstückgewinnsteuern sind Verwertungskosten VZG 49/4
- Zusätzlich zur verlangten Akontozahlung ist der Betrag, der den Bauhandwerkerpfandgläubigern zusteht, zu bezahlen VZG 49/5
- Fällige Beiträge an gemeinschaftliche Kosten bei Stockwerkeigentum VZG 49/6

Steigerungsausruf und Zuschlag
- Kennzeichnung des dritten Ausrufs VZG 60/1
- Fehlerhaftes Ausrufsverfahren; Aufhebung der Versteigerung; bei nicht zustande gekommenem Zuschlag ist mit der Steigerung beim nächst tieferen Angebot fortzufahren und nicht diesem sofort den Zuschlag zu geben VZG 60/2
- Erfolgt auf den dritten Ausruf nicht unverzüglich ein weiteres Angebot, so hat der letzte Bieter Anspruch auf den Zuschlag VZG 60/6
- Verhältnis von Barzahlung und Sicherheit VZG 60/3
- Beurteilung der Zahlungsfähigkeit eines Steigerers, dessen Steuerkraft und der von ihm beherrschten zahlungsunfähigen Gesellschaften VZG 45/4
- Die Steigerung darf nicht zur Beschaffung des Geldes unterbrochen werden VZG 61/1
- Die geforderte Baranzahlung kann nicht erbracht werden. Vorgehen, wenn das ungültige Angebot das einzige war VZG 60/4
- Das unwiderrufliche Zahlungsversprechen einer anerkannten und solventen Bank ist der Barzahlung gleichzustellen VZG 60/5
- Steigerung, an der niemand erschienen ist, wird nach 20 Minuten als geschlossen erklärt. Weigerung einer Wiedereröffnung für einen später erscheinenden Pfandgläubiger VZG 111/2
- Wirkungen des Zuschlages eines Grundstückes VZG 66/2

Steigerungsprotokoll
- Im Lastenverzeichnis und im Steigerungsprotokoll sind alle Gegenstände genau zu umschreiben VZG 61/2, 130/1
- Steigerungsbedingungen; Beginn des Fristenlaufs für die Anfechtung VZG 130/2

V

Verfügungsbeschränkung
- Durch Vertragspartner, die sich nur auf eine freiwillige Veräusserung und Belastung bezieht VZG 15/1, 90/1
- Betreibungsrechtliche Anmeldung ist mit Beschwerde anfechtbar VZG 90/2; 97/1
- Als Sicherungsmassnahme VZG 15/2

Verteilungsliste
- Anspruch der Grundpfandgläubiger auf die Zinserträgnisse des Verwertungserlöses VZG 112/4
- Abänderung eines rechtskräftigen Lastenverzeichnisses von Amtes wegen. Im Stadium der Verteilung ist keine Beschwerde gegen das LV mehr möglich VZG 112/5

- BA ist verpflichtet, allen nicht voll gedeckten Gläubigern und dem Schuldner die Auflage des Verteilungsplanes, Kostenrechnung und Abrechnung über Erträgnisse zuzustellen VZG 112/1
- Verteilung von vom Ersteigerer bezahlten Verzugszinsen VZG 112/3
- Verteilung des Ergebnisses darf bis zur Erledigung eines Prozessverfahrens zwischen den vorgehenden Grundpfandgläubigern und den Bauhandwerkerpfandgläubigern nicht vorgenommen werden VZG 132/1
- Im Rechtshilfeverfahren ist die Erstellung des Verteilungsplanes Sache des ersuchenden Amtes VZG 75/1

Verwaltung / Verwaltungsaufgaben des BA
- Neuverpachtung eines Grundstückes VZG 17/1
- Anordnung von Reparaturen, um Herabsetzungsansprüche des Mieters zu verhindern VZG 17/2
- Gewährleistung eines uneingeschränkten Zuganges zum Grundstück VZG 17/3
- Anordnung der Räumung nach der Versteigerung VZG 17/4
- Räumungsaufforderung an den Schuldner auf den Zeitpunkt der Versteigerung VZG 19/4
- Das unentgeltliche Verbleiben des Schuldners in der Wohnung gilt nur bis zur Stellung des Verwertungsbegehrens VZG 19/3

Verwaltungsbefugnisse des BA
- VZG 94/1–2, 101/1
- im Konkursverfahren
- Art. 19 findet keine Anwendung VZG 19/1
- Die Konkursverwaltung bestimmt die Dauer der Überlassung einer Wohnung des Schuldners VZG 19/2
- Teilung eines landwirtschaftlichen Grundstücks ist keine Verwaltungshandlung VZG 16/3
- keine Parzellierung eines Grundstücks als a.o. Verwaltungsmassnahme möglich VZG 18/1
- Widerruf (Aufhebung) eines Verwaltungsauftrages VZG 16/2
- Für die Verwaltung des Grundstücks kann eine Drittperson beauftragt werden VZG 16/1
- Verwaltung des Pfandgegenstandes; Unterscheidung zwischen vor und nach dem Verwertungsbegehren VZG 101/2

Verwertung
- Jeder Grundpfandgläubiger ist gegenüber Massnahmen um die Verwertung des Grundstücks beschwerdelegitimiert VZG 102/1
- Können spätere Tatsachen eine nachträgliche Abänderung des Lastenverzeichnisses rechtfertigen? VZG 102/2
- Kein Ermessen bei der Verwertung eines Gesamtpfandrechts, wenn nach dem Schätzungswert ersichtlich ist, dass alle Grundstücke verkauft werden müssen VZG 108/2
- Verschiebung einer Steigerung – Zuständigkeit und Gründe VZG 102/5
- Personenkreis, denen das Lastenverzeichnis in der Betreibung oder Pfandverwertung zuzustellen ist VZG 102/6
- Steigerungsbedingungen, die wegen einer im Grundbuch nicht vorgemerkten landwirtschaftlichen Pacht den Doppelaufruf vorsehen. Grundsatz «Kauf bricht Pacht nicht» VZG 104/1
- Reihenfolge bei mehreren Grundstücken – Einzel- und/oder Gesamtaufruf? VZG 107/1
- Gesamthafte Versteigerung der Grundstücke bringt einen höheren Ertrag als die Einzelverwertung, benachteiligt aber einzelne andere Grundstücke VZG 108/1

Verwertung im Konkursverfahren
- Keine Verwertung im Konkursverfahren, wenn über einen Miteigentümer der Konkurs eröffnet worden ist und gegen einen weiteren Miteigentümer eine Betreibung auf Pfandverwertung angehoben worden ist VZG 106a/1
- Verbot der Verwertung eines Grundstückes während der Hängigkeit eines Prozesses VZG 128/2
- Rekurs der Konkursverwaltung wegen Verweigerung der Bewilligung zur vorzeitigen Versteigerung vor Erledigung von Kollokationsprozessen VZG 128/8–9
- Inwieweit steht es im Ermessen der AB, die Verwertung vor Rechtskraft des Lastenverzeichnisses zu bewilligen? VZG 128/1
- Voraussetzungen für die vorzeitige Verwertung im summarischen Konkursverfahren VZG 128/10
- Vorzeitige Verwertungen VZG 128/3–7
- Die Bestimmung von Art. 128 ist auf die Verwertung von Fahrnis nicht analog anwendbar VZG 128/12
- Vorzeitige Verwertung, wenn die Gläubigerversammlung den Antrag der Konkursverwaltung abgelehnt hat VZG 128/11

Vorkaufsrecht
- Geltendmachung des Vorkaufsrechts nach BGBB, das vor Einleitung der Grundpfandverwertung geltend gemacht worden ist VZG 25/1
- Die Zwangsverwertung bildet keinen Vorkaufsfall VZG 51/1–2; 67/1
- Wird bei der Verwertung eines Miteigentumsanteils das mitverpfändete Grundstück als Ganzes versteigert, so besteht kein Vorkaufsrecht des Miteigentümers VZG 73/1

W

Widerspruchsverfahren
- Beweis der Eigentumsverhältnisse richtet sich nach dem Grundbucheintrag, nicht nach dem Ehevertrag VZG 10/6
- Fristansetzung, auch wenn Grundstück Eigentum einer AG ist und die Aktien im alleinigen Besitz des Schuldners sind VZG 10/3
- Glaubhaftmachung der Unrichtigkeit der Eintragung im Grundbuch VZG 10/5
- Als Eigentümer eines arrestierten Grundstückes ist ein Dritter im GB eingetragen VZG 10/8
- Prüfung der Glaubhaftigkeit einer Veräusserung des Grundstückes an Sohn, um dieses der Zwangsverwertung zu entziehen VZG 10/7
- rechtliche Dualität von Gesellschaft und Alleinaktionär VZG 10/4

Z

Zahlungsverzug
- Abhängigmachung der Bezahlung des Restes des Zuschlagspreises von der Zusicherung, dass das ersteigerte Luftfahrzeug in den Registern im Ausland, wo dieses eingetragen ist, gelöscht wird VZG 63/5
- Anwendung bei der Verwertung eines Luftfahrzeuges VZG 63/4
- Aufhebung eines Zuschlages nach Widerruf des Konkursverfahrens, da der Ersteigerer die Restzahlung zu spät bezahlt habe VZG 63/6
- Verlängerung gewährter Zahlungsfrist nur mit Einverständnis aller Beteiligten VZG 63/1

Zinssperre (Miet- und Pachtzinse)

- Das unwiderrufliche Zahlungsversprechen einer anerkannten und solventen Bank ist einer Barzahlung gleichzustellen VZG 63/7
- Zusätzliche Zahlungsfrist von 10 Tagen dem Ersteigerer von der AB gewährt VZG 63/3

Zinssperre (Miet- und Pachtzinse)
- Erlass Mietzinssperre erfolgt vor der Zustellung des Zahlungsbefehls; hat keine Ungültigkeit zur Folge VZG 91/3
- Anordnung der Mietzins- und Pachtzinssperre, bevor das Verwertungsbegehren gestellt wurde VZG 91/5
- Baurechtszinse dürfen nach der Zinssperre nicht an den Baurechtgeber bezahlt werden VZG 94/3
- Besonderheiten bei Mietzinssperren bei Ferienhäusern, die an Dritte vermietet werden VZG 91/4
- Einzug verfallener Mietzinsforderungen auf dem Betreibungsweg durch BA. Verrechenbarkeit Mietzinsschulden mit Mieterdepot VZG 91/6
- Miet- oder Pachtzinssperre kann auch noch zu einem späteren Zeitpunkt vom Gläubiger verlangt werden VZG 91/7
- Forderungen des Eigentümers des Hotels an Gäste und Restaurantbesucher unterliegen nicht dieser Bestimmung, wenn der Miet- und Pachtzins vorhanden sind VZG 91/1
- Bei Nutzniessungsansprüchen Dritter an den Mietzinsen VZG 91/2
- Verfahren, wenn im Falle der Mietzinssperre Forderung oder Pfandrecht und das Pfandrecht an den Mietzinsen bestritten werden VZG 93/3
- **Pflichten des Amtes während der Zinssperre**
- Verwaltungsbefugnisse des BB, wenn Verwertungsbegehren noch nicht gestellt ist, aber eine Zinssperre besteht VZG 94/1
- Kündigungen und Ausweisungen von Mietern fallen nach der Zinssperre in die Befugnis des BA VZG 94/2
- Unterscheidung von Verwaltung in der Zeit vor und nach der Stellung des Verwertungsbegehrens VZG 94/3
- Verwendung der Zinse: für Abschlagszahlungen an Pfandgläubiger VZG 95/1–3

Zugehör
- Zugehör sind in der Pfändungsurkunde aufzuführen und zu schätzen VZG 11/1
- Streit, ob ein Gegenstand Zugehör und den Grundpfandgläubigern mitverhaftet sei, ist im Kollokationsprozess zu entscheiden VZG 125/12
- BA ist nicht verpflichtet, dem Schuldner von sich aus das Verzeichnis der Zugehör zuzustellen VZG 125/4

Zuschlag
- Der Zuschlag eines Grundstückes entfaltet die Wirkungen «ex nunc» von der Eröffnung des bestätigenden Beschwerdeentscheides an VZG 66/2
- Zuschlagspreis – Berechnung, wenn Grundpfandgläubiger nur die Zinsforderung geltend macht VZG 54/1

Verordnung über die Geschäftsführung der Konkursämter (KOV)

A

Abtretungsbescheinigung
- Ausstellung der Abtretungsbescheinigung von Massarechtsansprüchen gemäss Art. 80 nach verfrühtem Schluss des Konkursverfahrens 1443/1 Art. 80; KOV 95/1

Aussonderungsansprüche
- Bestreitung oder Anerkennung des Anspruchs des Dritten durch Konkursverwaltung mit Fristansetzung im Bestreitungsfalle KOV 45/1
- Bestreitung des Anspruchs durch Verfügung über Eigentumsansprache und nicht durch Kollokationsverfügung KOV 45/2
- Direkte Aussonderung unter Anwendung von Art. 51 KOV möglich KOV 45/3
- Eigentumsansprachen an Zugehör sind im Kollokations- bzw. Lastenbereinigungsverfahren auszutragen KOV 45/3
- Gegenstand in Konkurrenz mit Kompetenzstück KOV 54/1
- Konkurrenz von Pfand- bzw. Retentions- mit Eigentumsansprache KOV 53/1
- Nichtigkeit der vom KA ohne Anhörung der Gläubiger verfügten Aussonderung KOV 51/1
- Nichtigkeit der durch das requirierte KA verfügten Aussonderung KOV 45/3

D

Drittansprachen
- Bei Drittansprachen an Forderungen hat keine Klagefristansetzung an Drittansprecher zu erfolgen KOV 46/2

E

Eigentümerpfandtitel
- Sofern das Begehren um Verwertung des Grundstückes nicht eingereicht ist, kann der Eigentümerpfandtitel in der Faustpfandbetreibung im Nachlassvertrag mit Vermögensabtretung gesondert verwertet werden KOV 76/1
- Im Konkurs des Eigentümers ist der Faustpfandgläubiger an Eigentümerpfandtiteln berechtigt, auf die seit der Konkurseröffnung bis zur Verwertung aufgelaufenen Miet- oder Pachtzinse zu greifen KOV 76/2

Einstellung des Konkurses mangels Aktiven
- bei einer ausgeschlagenen Erbschaft oder juristischen Personen: Im diesem Verfahren nach Art. 230a SchKG sind nur die Grundpfandgläubiger beteiligt und beschwerdelegitimiert KOV 96/1

F

Freihandverkauf
- Angebot eines Interessenten, der an der hiefür organisierten internen Versteigerung nicht teilnahm. Keine Verpflichtung zur Bezahlung eines Mindererlöses KOV 96/3

G

Gläubigerversammlung im summarischen Konkursverfahren
- Kein Anspruch auf Einberufung einer neuen Gläubigerversammlung bei Beschlussunfähigkeit der ersten Versammlung KOV 96/2

I

Inventierung
- Anfechtungsansprüche gemäss Art. 285 ff. SchKG KOV 25/1

K

Kollokationsplan
- Verletzt eine Abänderung des gegenseitigen Rangverhältnisses der Grundpfandrechte die zwingenden Vorschriften KOV 58/1
- Eine Forderung, über die ein Aberkennungsprozess hängig ist, ist pro memoria vorzumerken KOV 63/1
- Abweisung des Pfandrechts, wenn eine angemeldete faustpfandgesicherte Forderung der paulianischen Anfechtung unterliegt KOV 58/2
- Auflegung des Lastenverzeichnisses vor dem Kollokationsplan KOV 59/1
- Drittpfandeigentümer hat Forderung des Gläubigers durch Verwertung des Pfandes teilweise befriedigt. Stellung des Drittpfandeigentümers KOV 61/3
- Drittpfandgesicherte Forderung ist als ungesicherte Forderung zu kollozieren KOV 61/2
- Ergänzung und Neuauflage des Koll.-Planes, wenn Entscheid über die Erstreckung der Pfandhaft auf die Mietzinse fehlt KOV 60/1
- Inhalt des Kollokationsplanes – Keine Kollokation mit Auflagen KOV 56/1
- Keine Anwendung von Art. 61 bei Haftung des im Miteigentum beider Ehegatten stehenden Grundstückes für solidarische Grundpfandschulden KOV 61/4
- *Abänderung innerhalb der Auflage*
- kann vorgenommen werden, ohne dass neue Tatsachen oder Beweismittel vorliegen KOV 65/1
- Analoge Anwendung im Nachlassverfahren mit Vermögensabtretung KOV 65/2
- Ist anwendbar, wenn sich eine Kollokationsklage nicht gegen die Masse, sondern gegen einen andern Gläubiger richtet KOV 65/3
- Nach Rechtskraft des Kollokationsplanes 65/4
- Kollokationsklage ist nicht treuwidrig, wenn der KB die Abänderung zusichert, aber nicht ausführt KOV 65/5
- Kollokation gemäss Eingabe des Gläubigers mit Hinweis auf einen abgeschlossenen Vergleich. Kollokationsklage zulässig? KOV 66/1
- Neuauflage des Planes nach Abschluss eines Vergleichs, den die Gläubiger anfechten können KOV 66/2–3
- Zu einem Vergleich im Kollokationsstreit ist die Konkursmasse legitimiert KOV 66/2
- Kollokation einer Forderung mit Auflagen KOV 56/1
- Verschiebung (Rückstellung) einer Kollokationsverfügung 59/2–3
- Aussergerichtlicher Vergleich zwischen Konkursmasse und Gläubiger hat keine urteilsmässige Wirkung.

Kostenvorschuss

– Weigerung des KA, den Koll.-Plan abzuändern KOV 66/4
– Hat die Verfügung über die Abweisung einer Forderung eine Rechtsmittelbelehrung zu enthalten? KOV 69/1
– Zustellung der Kollokationsverfügung hat keinen Einfluss auf den Beginn des Fristenlaufes KOV 68/1

Kostenvorschuss
– für Konkursverfahren kann auch von einem Dritten geleistet werden KOV 35/1
– Richter ist berechtigt, vom Schuldner, der sich insolvent erklärt, einen Kostenvorschuss zu verlangen KOV 35/2
– Der vom Konkursrichter nach Art. 169 SchKG eingeholte Kostenvorschuss bildet keine obere Grenze der Haftung des Gläubigers KOV 35/3

P

Postsperre
– Anordnung und Verhältnismässigkeit KOV 38/1–2

Protokoll, Gläubigerausschuss
– Konkursgläubiger ist berechtigt, Einsicht zu nehmen KOV 44/1

Protokoll, Steigerungsprotokoll
– Konkursit hat keinen Anspruch auf eine besondere Anzeige über die Versteigerung eines Grundstückes KOV 71/1
– Im Steigerungsprotokoll sind alle Gegenstände genau zu umschreiben KOV 72/1

Prozess, bei Konkurseröffnung im Prozess liegende Forderungen
– Abtretung des Prozessführungsrechts im Passivprozess KOV 63/2
– Beim Aberkennungsprozess ist die Forderung im Kollokationsplan pro memoria vorzumerken KOV 63/1
– Begriff der Hängigkeit eines Prozesses. Sühneverhandlung genügt nicht KOV 63/9
– Diese Bestimmungen beziehen sich nur auf Prozesse im Inland KOV 63/10
– Beschluss der 2. Gläubigerversammlung, auf Weiterführung des Prozesses zu verzichten KOV 63/3
– Gerichtskosten für Abschreibung des Prozesses zufolge Nichtfortführung sind keine Massakosten KOV 63/8
– keine Befugnis des Gläubigers einer im Koll.-Plan p.m. vorgemerkten Forderung gegen den Eingriff der Masse in den Prozess, Beschwerde zu führen KOV 63/4
– Konkursverwaltung weist eine im Prozess liegende Forderung ab. Mit Beschwerde anfechtbar KOV 63/5
– kein Entscheid der Masse über die Fortsetzung des eingestellten Prozesses. Weiteres Vorgehen KOV 63/6
– Prüfungspflicht der Konkursverwaltung über die Identität der angemeldeten Forderung mit den eingeklagten Ansprüchen KOV 63/7
– Sprache – Italienisch sprechender Einwohner in Graubünden hat ein Recht darauf, dass die Behörden mit ihm in seiner Muttersprache verkehren KOV 46/1

S

Steigerung
– Konkursit hat keinen Anspruch auf eine besondere Anzeige über die Versteigerung eines Grundstücks KOV 71/1
– Im Steigerungsprotokoll sind alle Gegenstände genau zu umschreiben KOV 72/1

V

Versicherung
– Ansprüche aus Lebensversicherungen mit Begünstigung des Ehegatten und der Nachkommen; Verwertung und Pfandanspruch eines Gläubigers KOV 61/1

Verteilung
– Bei der Auflage der definitiven Verteilungsliste lässt sich die vorausgegangene prov. Verteilungsliste nicht mehr anfechten KOV 82/1
– Bei Abschlagsverteilungen ist der auf streitige Forderungen entfallende Betrag zurückzubehalten. Zuteilung Zinsertrag KOV 82/2
– Verbot, im summarischen Konkursverfahren Abschlagszahlungen an die Gläubiger zu leisten; Ausnahme KOV 96/4–5

Z

Zirkularschreiben
– Text zur Einholung einer Ermächtigung zum Freihandverkauf ist unmissverständlich abzufassen KOV 48/1
– Gesetzte Frist von 10 Tagen hat sich derart durchgesetzt, dass sie einer gesetzlichen nahe kommt, muss aber erstreckbar sein KOV 48/2

Navigator.ch
Kompendium CD-ROM
Edition 2006/10
ISBN 3-280-07154-2
ISBN 978-3-280-07154-0

Die wichtigsten Rechtsdaten auf einer CD-ROM

Die juristischen Datenbanken von Navigator.ch bieten eine wertvolle und auserlesene Sammlung zum Schweizer Recht:

- 23 Kommentare aus dem Orell Füssli Verlag: aBV, Ausländerrecht, ZGB, OR, Miet- und Gesellschaftsrecht, FusG, URG, MSchG, DesG, KG, SchKG, IPRG, StGB, DBG, RPG, SVG, BetmG, ArG, BVG, AFG, Börsenrecht, GwG;
- bereits über 5500 durch namhafte Autoren kommentierte Gesetzesartikel aus dem Orell Füssli Verlag;
- BGE: publizierte Entscheide des Bundesgerichts seit 1928; VPB: publizierte Entscheide der Bundesverwaltung seit 1987 und ausgewählte Leitsätze kantonaler Entscheide von Gerichts- und Verwaltungsbehörden seit 1980;
- SR Teil 0-9; kantonale Gesetzessammlungen BL, GR, NW, SZ, ZH;
- durchdachte Verknüpfungen zwischen Kommentaren, Erlassen und Entscheiden;
- treffsichere Volltext- und Referenzsuche sowie permanent sichtbare Inhaltsverzeichnisse und Trefferlisten.

Effizientes Recherchieren, Praxisbezug und Überschaubarkeit sind die wesentlichen Vorteile der Navigator.ch-Publikationen. Nicht der Anspruch auf eine umfassende Rechtsbibliothek, statt dessen aber der schnelle Zugriff auf relevante Rechtsdaten steht dabei an erster Stelle. Ob im Büro, zu Hause oder unterwegs mit dem Notebook: Bei der CD-ROM ist die Suche in Echtzeit unübertroffen. Dank hilfreichen Merkmalen zur Orientierung, wie etwa die farbliche Abgrenzung der Dokumente (Gelb für Kommentare, Rot für Erlasse, Grün für Entscheide) entsteht ein solides Handwerkszeug für den juristischen Alltag.

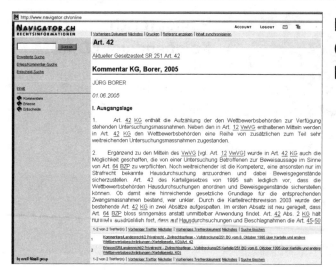

Navigator.ch Online-Datenbanken

Die wichtigsten Rechtsinformationen in einer Datenbank

Intelligent verknüpft, einheitlich zu bedienen und gezielt abrufbar.

Exklusive Inhalte:

- 23 Kommentare aus dem Orell Füssli Verlag: aBV, Ausländerrecht, ZGB, OR, Miet- und Gesellschaftsrecht, FusG, URG, MSchG, DesG, KG, SchKG, IPRG, StGB, DBG, RPG, SVG, BetmG, ArG, BVG, AFG, Börsenrecht, GwG;
- BGE: publizierte Entscheide des Bundesgerichts seit 1928; VPB: publizierte Entscheide der Bundesverwaltung seit 1987 und ausgewählte Leitsätze kantonaler Entscheide von Gerichts- und Verwaltungsbehörden seit 1980;
- SR Teil 0–9;
- durchdachte Verknüpfungen zwischen Kommentaren, Erlassen und Entscheiden;
- intelligente Suche sowie permanent sichtbare Inhaltsverzeichnisse und Trefferlisten.

Vorteil der Online-Datenbank ist die hohe Aktualität der Daten: Nachführungen werden bis zu sechsmal jährlich vorgenommen. Eine Installation ist nicht notwendig. Der Zutritt erfolgt über einen Online-Account. Die Datenbank kann daher überall genutzt werden, wo ein Zugang zum Internet zur Verfügung steht. Sie richtet sich sowohl an Anwälte und Notare, Justiz- und Verwaltungsbehörden, Unternehmensjuristen und Treuhänder als auch an Studierende und Anwaltspraktikanten, die lieber online arbeiten.